Fachlexikon der sozialen Arbeit

Vierte, vollständig überarbeitete
Auflage 1997

Herausgegeben vom
Deutschen Verein
für öffentliche und
private Fürsorge

Eigenverlag

Die Deutsche Bibliothek – CIP-Einheitsaufnahme

Fachlexikon der sozialen Arbeit / hrsg. vom Deutschen Verein
für öffentliche und private Fürsorge. [Red.: Roland Becker …].
– 4., vollst. überarb. Aufl. – Stuttgart ; Berlin ; Köln : Kohlhammer, 1997
  ISBN 3-17-006782-6

Redaktion

Roland Becker
Ralf Mulot
Manfred Wolf

ISBN 3-17-006782-6

1. Aufl. 1980
2. Aufl. 1986
3. Aufl. 1993
4., vollständig überarbeitete Auflage 1997

© 1997 by Deutscher Verein für öffentliche und private Fürsorge –
Eigenverlag, Frankfurt am Main
Das Werk einschließlich aller seiner Teile ist urheberrechtlich geschützt

Technische Gesamtherstellung:
Hassmüller KG, Graphische Betriebe, 60437 Frankfurt am Main

Die Auslieferung an Nichtmitglieder des Vereins erfolgt durch den
Verlag W. Kohlhammer GmbH Stuttgart, Berlin, Köln

Vorwort des Vorsitzenden

Das Fachlexikon der sozialen Arbeit erschien im Jahre 1980 zum 100jährigen Bestehen des Deutschen Vereins für öffentliche und private Fürsorge in der ersten Auflage. Seither hat es sich zum erfolgreichsten Verlagsprojekt des Deutschen Vereins entwickelt. Mittlerweile ist es zu einem unverzichtbaren Nachschlagewerk für die Aus- und Fortbildung sowie für Theorie und Praxis der sozialen Arbeit in der Bundesrepublik Deutschland geworden.

Die anspruchsvolle Konzeption des Fachlexikons, die in der Einleitung dargestellt wird, ist nur in einer Institution wie dem Deutschen Verein realisierbar, weil hier sowohl in seiner Geschäftsstelle durch Referentinnen und Referenten als auch in seinen Fachausschüssen und Fortbildungswerken durch Expertinnen und Experten aus allen Bereichen der sozialen Arbeit und Sozialpolitik ein Höchstmaß an Sachverstand und Engagement organisiert ist.

Insofern spiegelt das Fachlexikon auch die Breite und Tiefe der haupt-, neben- und ehrenamtlichen Arbeit im Deutschen Verein.

An der Ausarbeitung der 1702 Stichwörter der vierten Auflage waren einschließlich der Referentinnen und Referenten der Geschäftsstelle des Deutschen Vereins 628 Autoren beteiligt.

Ihnen allen danke ich dafür, daß sie dieses umfassende Vorhaben mitverwirklicht haben. Durch ihr Engagement ist die vierte, vollständig überarbeitete und aktualisierte Auflage entstanden. In ihr spiegelt sich auch der grundlegende wirtschaftliche, soziale und kulturelle Wandel der letzten Jahre des 20. Jahrhunderts wider.

So berücksichtigt die vierte Auflage sowohl Änderungen der rechtlichen Rahmenbedingungen, die sich aus intensiver gesetzgeberischer Tätigkeit ergeben haben, als auch die aktuellen Entwicklungen um die Verwaltungsmodernisierung der öffentlichen und freien Träger, wie sie unter dem Stichwort „Neue Steuerung" diskutiert und erprobt werden. Dies hat zur Aufnahme einer Vielzahl neuer Stichwörter wie auch zur Änderung bisheriger Stichwörter geführt.

Ich bin sicher, daß das Fachlexikon auch weiterhin ein informatives Nachschlagewerk sein wird, das einen schnellen Überblick über aktuelle und kontroverse Entwicklungen ermöglicht. Es wird darüber hinaus auch künftig einen hohen Stellenwert in der Diskussion um Aufgaben und Inhalte sozialer Arbeit haben und auch Außenstehende in zentrale Entwicklungen im Bereich der sozialen Sicherheit und der sozialen Dienste und Einrichtungen einführen.

Frankfurt am Main, im August 1997 *Manfred Scholle*
Vorsitzender

Inhalt

Einleitung: Zur Konzeption des Fachlexikons . . . . S. IX
Hinweise für die Benutzung . . . . S. XI
Abkürzungsverzeichnis . . . . S. XIII
Stichwörter in alphabetischer Reihenfolge . . . . S. 1
Literaturverzeichnis . . . . S. 1060
Autorenverzeichnis . . . . S. 1161

Einleitung: Zur Konzeption des Fachlexikons

Das Fachlexikon der sozialen Arbeit wendet sich in erster Linie an Sozialarbeiter/ Sozialarbeiterinnen, Sozialpädagogen/Sozialpädagoginnen, Verwaltungs- und Leitungsfachkräfte sowie an Lehrende und Lernende im Bereich der sozialen Arbeit.

Die vierte, vollständig überarbeitete Auflage dieses Standardwerks berücksichtigt die Vielzahl von Veränderungen im Sozialrecht ebenso wie aktuelle Entwicklungen, die mit Reformbestrebungen bei Sozialverwaltungen und freien Trägern verbunden sind. In Stichwörtern wie „Verwaltungsreform", „Controlling", „Finanzierung sozialer Dienste", „Organisations- und Personalentwicklung" werden die damit verbundenen Fragestellungen und Perspektiven anschaulich beleuchtet.

Angesichts vielfältiger und komplexer Herausforderungen, mit denen die Nutzer des Fachlexikons in der Berufspraxis wie in der Aus-, Fort- und Weiterbildung ständig konfrontiert sind, ist seit der 1. Auflage Praxisorientierung die bestimmende Zielsetzung. Die Stichwörter sind vorrangig aus der Perspektive der Praxis sozialer Arbeit verfaßt, ohne jedoch grundlegende Informationen über den Stand in Wissenschaft und Forschung zu vernachlässigen.

Die Konzeption des Fachlexikons legt einerseits den weitgehenden Verzicht auf eine wissenschaftliche Vertiefung von Einzelfragen zugunsten einer praxisnahen Wiedergabe des Diskussionsstandes in allen für die soziale Arbeit relevanten Wissensbereichen und Arbeitsfeldern nahe. Andererseits wird durch ein System von Verweisen zwischen Grundsatz-, Haupt- und Nebenstichwörtern sowie durch Angabe weiterführender Literatur am Ende von Stichwörtern eine Vertiefung der Fragestellungen problemlos ermöglicht.

Alle Publikationen im Bereich der sozialen Arbeit zeugen von den Diskrepanzen zwischen Wissenschaft, Theorie und Praxis, vor allem zwischen unterschiedlichen und z.T. kontroversen Auffassungen zu aktuellen Entwicklungen und Grundsatzfragen in der sozialen Arbeit. In diesem Zusammenhang erwies sich die Einhaltung der konzeptionellen Zielsetzung als schwieriges Unterfangen. Dennoch sollten die Grundlinien wissenschaftlich-theoretischer und fachlich-praktischer Positionen so deutlich werden, daß der Zweck einer umfassenden Orientierung für Leserinnen und Leser erreicht wird.

Im Unterschied zu Lexika mit überwiegendem Handbuchcharakter und mit relativ wenigen, aber umfassend abgehandelten Stichwörtern haben wir eine Vielzahl kürzerer Beiträge – vor allem aus den Bereichen Pädagogik, Psychologie, Psychiatrie, Soziologie, Sozialmedizin, Ökonomie, Rechts- und Verwaltungswissenschaften – aufgenommen, um eine rasche Orientierung zu ermöglichen. Daneben soll die gründlichere Darstellung einiger für die soziale Arbeit besonders relevanter Bereiche einen Überblick über die Gesamtzusammenhänge bieten.

Die Beiträge sind mit Autorennamen gekennzeichnet. Stichwörter, die Institutionen beschreiben, sind in der Regel von einem gegenwärtigen Funktionsträger der jeweiligen Institution gezeichnet. Einige Stichwörter sind mit dem Namen des Bearbeiters aus der Vorauflage und des aktuellen Überarbeiters gekennzeichnet. Hat ein Autor der früheren Auflagen ausdrücklich auf eine weitere Bearbeitung verzichtet, ist nur der Name des verantwortlichen Überarbeiters vermerkt, auch wenn keine gravierenden Änderungen am ursprünglichen Text vorgenommen werden mußten. Informationen zur Person können dem Autorenverzeichnis im Anhang entnommen werden.

Allgemeiner Redaktionsschluß war Januar 1997. Danach wurden nur noch unverzichtbare Aktualisierungen berücksichtigt.

Manfred Wienand
Geschäftsführer

Hinweise für die Benutzung

1. Die Text- und Verweisstichwörter sowie auch das Abkürzungs-, das Literatur- und das Autorenverzeichnis sind a l p h a b e t i s c h geordnet, wobei die Umlaute ä, ö und ü wie ihre Grundlaute a, o und u behandelt werden. Der Buchstabe ß ist wie ss eingeordnet. Die für Lexika gültige Konvention der Nichtberücksichtigung von Leerzeichen, Bindestrichen und anderen Sonderzeichen bei der alphabetischen Sortierung wird auch hier befolgt.

   Beispiel: Sozialethik steht vor
   Soziale Vorsorge
   Schmidtchen steht vor
   Schmid-Urban

2. Für den Titel des Stichworts wird im jeweils folgenden Text eine A b k ü r z u n g benutzt. Diese besteht aus dem Anfangsbuchstaben oder bei mehrgliedrigen Begriffen im allgemeinen aus einer Kombination aller Anfangsbuchstaben

   Beispiel: Familie = F., familiengerechte Hilfe = f. H.

   oder aus der für den Begriff gebräuchlichen Kurzform, die in vielen Fällen in Klammern gesetzter Bestandteil des Stichworttitels ist.

   Beispiel: Allgemeine Ortskrankenkasse = AOK

3. U n t e r s c h i e d l i c h e B e d e u t u n g e n eines Begriffs sind im Sachartikel durch arabische Ordnungsziffern gekennzeichnet.

4. Die Q u e r v e r w e i s e (→) dienen zum Auffinden weiterer Textstichwörter, die vertiefende, ergänzende oder weiterführende Informationen zur Thematik enthalten.

5. Die den Textstichwörtern angefügten gekürzten L i t e r a t u r a n g a b e n sind im Literaturverzeichnis in vollständiger Form aufgeführt.

   Beispiel: Braunmühl: Vernunft =
   Braunmühl, E. v.: Zur *Vernunft* kommen. Eine „Antipsychopädagogik",
   Weinheim/Basel 1990

   Dabei richtet sich die alphabetische Reihenfolge nach dem Namen des Autors (Zuname, Anfangsbuchstabe des Vornamens) oder Herausgebers.

   Beispiel: Meyer, H. L.: ... *Trainingsprogramm* ... steht vor
   Meyer, J. E.: ... *Depersonalisation* ...

   Sodann erfolgt die Einordnung nach dem in der Kurzform genannten und im Literaturverzeichnis *kursiv* gedruckten Suchbegriff.

   Beispiel: Freud, S.: *Hemmung* ... steht vor
   Freud, S.: Der *Humor* ...

   Die Publikation eines einzelnen Autors oder Herausgebers ist einem gemeinschaftlich verfaßten oder herausgegebenen Werk vorgeordnet.

   Beispiel: Schellhorn, W.: *Vorschüsse* ... steht vor
   Schellhorn, W./Jirasek, H.: Einkommen, Einsatz des Einkommens,
   Einkommensgrenzen ...

Zu beachten ist, daß sich die Reihenfolge bei Mehrfachautorenschaft (in der Kurzform immer durch denselben Zusatz »u. a.« kenntlich gemacht) nur nach dem Namen des zuerst genannten Autors oder Herausgebers und dem *kursiv* gedruckten Suchbegriff richtet.

Beispiel: Schellhorn, W./Reinehr, W./Schwörer, H.: Die *Kostenerstattung* ...

steht vor

Schellhorn, W./Jirasek, H.:   *Praktische Sozialhilfe* ...

Abkürzungsverzeichnis

a. a. O. am angegebenen Ort
ABA Arbeit, Beruf und Arbeitslosenhilfe (Zeitschrift)
ABM Arbeitsbeschaffungsmaßnahme(n)
Abs. Absatz
Abschn. Abschnitt
Abt. Abteilung
ActGer. Actuelle Gerontologie (Zeitschrift, seit 1984 vereinigt und benannt mit ZfGer)
AdL Alterssicherung der Landwirte
AdVermiG Adoptionsvermittlungsgesetz
a. F. alte Fassung
AFET Arbeitsgemeinschaft für Erziehungshilfe e.V. (früher Allgemeiner Fürsorgeerziehungstag e.V.)
AFG Arbeitsförderungsgesetz
AFKG Arbeitsförderungs-Konsolidierungsgesetz
AG Aktiengesellschaft, Ausführungsgesetz
AGBSHG Ausführungsgesetz zum BSHG
AGJ Arbeitsgemeinschaft für Jugendhilfe
AGJ-Mitt. AGJ-Mitteilungen (Zeitschrift, seit 1976 ForumJH)
AGJWG Ausführungsgesetz zum JWG
ALG Gesetz über die Alterssicherung der Landwirte
Alg Arbeitslosengeld
Alhi Arbeitslosenhilfe
ANBA Amtliche Nachrichten der Bundesanstalt für Arbeit (Zeitschrift)
ÄndG Änderungsgesetz
Anm. Anmerkung(en)
AO Abgabenordnung
AOK Allgemeine Ortskrankenkasse
AöR Archiv für öffentliches Recht (Zeitschrift)
AP Arbeitsgerichtliche Praxis (Zeitschrift)
ArbA Arbeitsamt
ArbG Arbeitsgericht
ArbGG Arbeitsgerichtsgesetz
ArblVers. Arbeitslosenversicherung
ArbplSchG Arbeitsplatzschutzgesetz
ArbuSozPol. Arbeit und Sozialpolitik (Zeitschrift)
ArchKomWiss. Archiv für Kommunalwissenschaften (Zeitschrift)
ArchSozArb Archiv für Wissenschaft und Praxis der sozialen Arbeit (Zeitschrift)
Art. Artikel
AS Arbeits- und Sozialstatistik (seit 1979 integriert in BABl.)
ASD Allgemeiner Sozialdienst
AsylVfG Asylverfahrensgesetz
AuB Arbeit und Beruf (Zeitschrift)
Aufl. Auflage
AuslG Ausländergesetz
AVAVG Gesetz über Arbeitsvermittlung und Arbeitslosenversicherung
AVG Angestelltenversicherungsgesetz
AV-Prax. AV-Praxis-Zeitschrift für audiovisuelle Kommunikation
AWO Arbeiterwohlfahrt
Az. Aktenzeichen

BA Bundesanstalt für Arbeit
BABl. Bundesarbeitsblatt
BAföG Bundesausbildungsförderungsgesetz
BAG Bundesarbeitsgericht, Bundesarbeitsgemeinschaft der Freien Wohlfahrtspflege
BAGE Sammlung »Entscheidungen des Bundesarbeitsgerichts«
BAGLJÄ Bundesarbeitsgemeinschaft der Landesjugendämter
BAGSO Bundesarbeitsgemeinschaft der Seniorenorganisationen
BAnz. Bundesanzeiger
BAR Bundesarbeitsgemeinschaft für Rehabilitation
BauGB Baugesetzbuch
BauNVO Baunutzungsverordnung
BB Der Betriebsberater (Zeitschrift)
BBauBl. Bundesbaublatt
BBauG Bundesbaugesetz
BBG Bundesbeamtengesetz
BBiG Berufsbildungsgesetz
Bd(e). Band (Bände)
BdO Bundesverband der Ortskrankenkassen
BDSG Bundesdatenschutzgesetz
b:e betrifft: erziehung (Zeitschrift)
bearb. bearbeitet
BEG Bundesentschädigungsgesetz
BehindR Behindertenrecht (Zeitschrift)
BerBiFG Berufsbildungsförderungsgesetz
BerHG Beratungshilfegesetz
BErzGG Bundeserziehungsgeldgesetz
BetrVG Betriebsverfassungsgesetz
BewHi. Bewährungshilfe (Zeitschrift)
BfA Bundesversicherungsanstalt für Angestellte
BFH Bundesfinanzhof
BGA Bundesgesundheitsamt
BGB Bürgerliches Gesetzbuch
BGBl. Bundesgesetzblatt
BGH Bundesgerichtshof
BGHSt. Sammlung »Entscheidungen des Bundesgerichtshofes in Strafsachen«
BGHZ Sammlung »Entscheidungen des Bundesgerichtshofes in Zivilsachen«
BHO Bundeshaushaltsordnung
BIBB Bundesinstitut für Berufsbildung
BKA Bundesamt für das Kriminalwesen
BKGG Bundeskindergeldgesetz
BKK Die Betriebskrankenkasse (Zeitschrift)
BldW Blätter der Wohlfahrtspflege (Zeitschrift)
BliWaG Blindenwarenvertriebsgesetz
BlStSozArbR Blätter für Steuerrecht, Sozialversicherung und Arbeitsrecht (Zeitschrift)
BMA Bundesminister(ium) für Arbeit und Sozialordnung
BMBau Bundesminister(ium) für Raumordnung, Bauwesen und Städtebau

Abkürzungsverzeichnis

BMBF Bundesminister(ium) für Bildung, Wissenschaft, Forschung und Technologie
BMBW Bundesminister(ium) für Bildung und Wissenschaft
BMF Bundesminister(ium) der Finanzen
BMFJ Bundesminister(ium) für Frauen und Jugend (Januar 1991 bis November 1994); Bundesminister(ium) für Familie und Jugend (bis Oktober 1969)
BMFSFJ Bundesministerium für Familie, Senioren, Frauen und Jugend (seit November 1994)
BMFT Bundesminister(ium) für Forschung und Technologie
BMFuS Bundesminister(ium) für Familie und Senioren (Januar 1991 bis November 1994)
BMG Bundesminister(ium) für Gesundheit (seit Januar 1991)
BMI Bundesminister(ium) des Innern
BMJ Bundesminister(ium) der Justiz
BMJFFG Bundesminister(ium) für Jugend, Familie, Frauen und Gesundheit (Juni 1986 bis Januar 1991)
BMJFG Bundesminister(ium) für Jugend, Familie und Gesundheit (bis Juni 1986)
BpB Bundeszentrale für politische Bildung
BPersVG Bundespersonalvertretungsgesetz
BR Bundesrat
BR-Drucks. Bundesratsdrucksache
BRRG Beamtenrechtsrahmengesetz
BSeuchG Bundesseuchengesetz
BSG Bundessozialgericht
BSGE Sammlung »Entscheidungen des Bundessozialgerichts«
BSHG Bundessozialhilfegesetz
BStBl. Bundessteuerblatt
BT Bundestag
BtBG Betreuungsbehördengesetz
BT-Drucks. Bundestagsdrucksache
BtG Betreuungsgesetz
BtMG Betäubungsmittelgesetz
BtPrax Betreuungsrechtliche Praxis (Zeitschrift)
BuH Begegnen und Helfen (Zeitschrift)
BVA Bundesversicherungsamt
BVerfG Bundesverfassungsgericht
BVerfGE Sammlung »Entscheidungen des Bundesverfassungsgerichts«
BVerfGG Gesetz über das Bundesverfassungsgericht
BVerwG Bundesverwaltungsgericht
BVerwGE Sammlung »Entscheidungen des Bundesverwaltungsgerichts«
BVFG Bundesvertriebenengesetz
BVG Bundesversorgungsgesetz
bz behinderten zeitschrift (früher dbk)
bzw. beziehungsweise

ca. circa
Car. Caritas (Zeitschrift)
CarKorr. Caritas Korrespondenz (Zeitschrift)
CDU Christlich-Demokratische Union
christl. christlich
CJ Catering Journal (Zeitschrift)
COMECON Council of Mutual Economic Aid (Rat für gegenseitige Wirtschaftshilfe)
CSU Christlich-Soziale Union

DAngVers. Die Angestelltenversicherung (Zeitschrift)
DÄrztebl. Deutsches Ärzteblatt (Zeitschrift)
DAVorm. Der Amtsvormund (Zeitschrift)
DBH Deutsche Bewährungs-, Gerichts- und Straffälligenhilfe e.V.
dbk Das behinderte Kind (Zeitschrift, seit 1983 bz)
DCV Deutscher Caritasverband
DDR Deutsche Demokratische Republik
Demo. Die demokratische Gemeinde (Zeitschrift)
ders. derselbe
DFT Deutscher Fürsorgetag
DGB Deutscher Gewerkschaftsbund
DGfE Deutsche Gesellschaft für Erziehungswissenschaft
dgl. desgleichen, dergleichen
DGPPT Deutsche Gesellschaft für Psychotherapie, Psychosomatik und Tiefenpsychologie
d. h. das heißt
Diak. Diakonie (Zeitschrift, früher IMis)
dies. dieselbe(n)
Dipl. Diplom
Diss. Dissertation
DIV Deutsches Institut für Vormundschaftswesen
dj deutsche jugend (Zeitschrift)
DJH Deutsches Jugendherbergswerk
DJI Deutsches Jugendinstitut
DJI-Dok. DJI-Dokumentation (Zeitschrift)
DKrkPflZ Deutsche Krankenpflege-Zeitschrift
DOK Die Ortskrankenkasse (Zeitschrift)
DÖV Die öffentliche Verwaltung (Zeitschrift)
DPWV Deutscher Paritätischer Wohlfahrtsverband (seit Anfang 1990 Kurzform »Der PARITÄTISCHE«)
DPWV-Nachr. DPWV-Nachrichten (Zeitschrift)
DRentVers. Deutsche Rentenversicherung (Zeitschrift)
DRiG Deutsches Richtergesetz
DRK Deutsches Rotes Kreuz
DSM-III-R Diagnostic and Statistical Manual of Mental Disorders, Third Edition, Revised (Diagnostisches und Statistisches Manual Psychischer Störungen)
DV Deutscher Verein für öffentliche und private Fürsorge
DVBl. Deutsches Verwaltungsblatt (Zeitschrift)
DVO Durchführungsverordnung
DVP Deutsche Verwaltungspraxis (Zeitschrift)

DW Diakonisches Werk
DZA Deutsches Zentrum für Altersfragen e. V.

EAGFL-A Europäischer Ausrichtungs- und Garantiefonds für die Landwirtschaft, Abteilung Ausrichtung
EAGV Vertrag zur Gründung der Europäischen Atomgemeinschaft
ebd. ebenda
ECOSOC Economic and Social Council of the United Nations (Wirtschafts- und Sozialrat der Vereinten Nationen)
EDV Elektronische Datenverarbeitung
EEA Einheitliche Europäische Akte
EFRE Europäischer Fonds für regionale Entwicklung
EG Europäische Gemeinschaft(en)
EGBGB Einführungsgesetz zum Bürgerlichen Gesetzbuch
EGKS Europäische Gemeinschaft für Kohle und Stahl
EGKSV Vertrag über die Gründung der Europäischen Gemeinschaft für Kohle und Stahl
EheG Ehegesetz
1. EheRG Erstes Gesetz zur Reform des Ehe- und Familienrechts
EIB Europäische Investitionsbank
EinglHVO Eingliederungshilfe-Verordnung
Einigungsvertrag Vertrag zwischen der Bundesrepublik Deutschland und der Deutschen Demokratischen Republik über die Herstellung der Einheit Deutschlands
EKD Evangelische Kirche in Deutschland
EntlG Gesetz zur Entlastung der Gerichte in der Verwaltungs- und Finanzgerichtsbarkeit
Erl. Erläuterungen
ESF Europäischer Sozialfonds
EuG Sammlung »Entscheidungen und Gutachten der Spruchstellen für Fürsorgestreitigkeiten«
EuGH Gerichtshof der Europäischen Gemeinschaften
EuGRZ Europäische Grundrechte-Zeitschrift
EuM Entscheidungen und Mitteilungen des Reichsversicherungsamtes
EURATOM Europäische Atomgemeinschaft
EuZW Europäische Zeitschrift für Wirtschaftsrecht
e.V. eingetragener Verein
EVPO Entwurf einer Verwaltungsprozeßordnung
evtl. eventuell
EWG Europäische Wirtschaftsgemeinschaft
EWGV Vertrag zur Gründung der Europäischen Wirtschaftsgemeinschaft
EZ Erzieher-Zeitung (Zeitschrift)
EzA Entscheidungssammlung zum Arbeitsrecht

f. folgend(e)
Fam. Die Familie (Zeitschrift)
FamDyn. Familiendynamik (Zeitschrift)
FamG Familiengericht
FamGHM Familie gestern heute morgen (Zeitschrift)
FamRÄndG Gesetz zur Vereinheitlichung und Änderung familienrechtlicher Vorschriften
FamRZ Zeitschrift für das gesamte Familienrecht
FAO Food and Agricultural Organization of the United Nations (Ernährungs- und Landwirtschaftsorganisation der Vereinten Nationen)
FDP Freie Demokratische Partei
FE Fürsorgeerziehung
FEH Freiwillige Erziehungshilfe
FELEG Gesetz zur Förderung der Einstellung der landwirtschaftlichen Erwerbstätigkeit
FEVS Sammlung »Fürsorgerechtliche Entscheidungen der Verwaltungs- und Sozialgerichte«
ff. fortfolgende
FGG Gesetz über die Angelegenheiten der freiwilligen Gerichtsbarkeit
FGO Finanzgerichtsordnung
FH Fachhochschule
FKPG Gesetz zur Umsetzung des Föderalen Konsolidierungsprogramms
FlüHG Flüchtlingshilfegesetz
ForumJH Forum Jugendhilfe (Zeitschrift, früher AGJ-Mitt.)
FRG Fremdrentengesetz
FRV Fürsorgerechtsvereinbarung
FuR Familie und Recht (Zeitschrift)

GA, GÄ Gesundheitsamt, Gesundheitsämter
GdB Grad der Behinderung im Sinne des Schwerbehindertengesetzes (früher MdE)
GdW Gesamtverband der Wohnungswirtschaft
GefHi Gefährdetenhilfe (Zeitschrift)
gem. gemäß
gen. genannt
GesPol. Gesundheitspolitik (Zeitschrift)
GG Grundgesetz
ggf. gegebenenfalls
GjS Gesetz über die Verbreitung jugendgefährdender Schriften
GKV Gesetzliche Krankenversicherung
GleichberG Gleichberechtigungsgesetz
GmbH Gesellschaft mit beschränkter Haftung
GMBl. Gemeinsames Ministerialblatt der Bundesministerien
GMK Konferenz der für das Gesundheitswesen zuständigen Minister und Senatoren der Länder
GONW Gemeindeordnung für das Land Nordrhein-Westfalen
grad. graduiert
GrDyn. Gruppendynamik (Zeitschrift)

Abkürzungsverzeichnis XVI

GRG Gesetz zur Strukturreform im Gesundheitswesen
GrPsyGrDyn. Gruppenpsychotherapie und Gruppendynamik (Zeitschrift)
GS Die Grundschule (Zeitschrift)
GVBl. Gesetz- und Verordnungsblatt
GVG Gerichtsverfassungsgesetz

H. Heft
Halbs. Halbsatz
HBeglG Haushaltsbegleitgesetz
HdbJugR Handbuch des gesamten Jugendrechts. Rechts- und Verwaltungsvorschriften (Loseblattsammlung)
HdSW Handwörterbuch der Sozialwissenschaften
HdWW Handwörterbuch der Wirtschaftswissenschaft
HeimG Heimgesetz
HEZG Hinterbliebenenrenten- und Erziehungszeiten-Gesetz
HGB Handelsgesetzbuch
HGrG Haushaltsgrundsätzegesetz
HHG Häftlingshilfegesetz
HRG Hochschulrahmengesetz
HRK Hochschulrektorenkonferenz (früher WRK)
Hrsg. Herausgeber
hrsg. herausgegeben
(2.) HStruktG (2.) Haushaltsstrukturgesetz
HuA Heim und Anstalt (Zeitschrift)
HwO Handwerksordnung

IAO Internationale Arbeitsorganisation
ICD-10 International Classification of Diseases, Tenth Revision (Internationale Klassifikation psychischer Störungen)
i. d. F. in der Fassung
i. d. R. in der Regel
i. e. S. im eigentlichen Sinne, im engeren Sinne
IGfH Internationale Gesellschaft für Heimerziehung
ijrr international journal of rehabilitation research (Zeitschrift)
IKOS Informations- und Kontaktstelle für Mitarbeit und Selbsthilfe
IMis. Die Innere Mission (Zeitschrift, seit 1975 Diak.)
inkl. inklusive
insbes. insbesondere
IQ Intelligenzquotient
IRR International Rehabilitation Review (Zeitschrift)
i. S. (d., v.) im Sinne (des/der, von)
ISI Informationsdienst Soziale Indikatoren
ISS Institut für Sozialarbeit und Sozialpädagogik e.V.
IT Integrative Therapie (Zeitschrift)
i. V. m. in Verbindung mit
IVSS Internationale Vereinigung für Soziale Sicherheit
i. w. S. im weiteren Sinne

JA, JÄ Jugendamt, Jugendämter
JArbSchG Jugendarbeitsschutzgesetz
JBG Jugend Beruf Gesellschaft (Zeitschrift)
Jg. Jahrgang
JGG Jugendgerichtsgesetz
JGH Jugendgerichtshilfe
Jh. Jahrhundert
JHG Jugendhilfegesetz
JÖSchG Jugendschutzgesetz
JS Jugendschutz (Zeitschrift)
JuS Juristische Schulung (Zeitschrift)
Juwo. Jugendwohl (Zeitschrift)
JWG Jugendwohlfahrtsgesetz
JZ Juristenzeitung

Kap. Kapitel
KB Kriminalsoziologische Bibliographie
KBG Körperbehindertengesetz
KDVG Kriegsdienstverweigerungsgesetz
Kette Die Kette (Zeitschrift)
KFürsV Verordnung zur Kriegsopferfürsorge
KG Kammergericht
KGheute Kindergarten heute (Zeitschrift)
KGSt Kommunale Gemeinschaftsstelle für Verwaltungsvereinfachung
KGSt-Mitt. KGSt-Mitteilungen (Zeitschrift)
KJB Karlsruher Juristische Bibliographie
KJHG Gesetz zur Neuordnung des Kinder- und Jugendhilferechts (Kinder- und Jugendhilfegesetz)
KKZ Kommunale Kassenzeitschrift
KMK Ständige Konferenz der Kultusminister und -senatoren der Länder in der Bundesrepublik Deutschland
Komm. Kommentar
KommPolBl. Kommunalpolitische Blätter (Zeitschrift)
KrimJ Kriminologisches Journal (Zeitschrift)
Krkhs. Das Krankenhaus (Zeitschrift)
KrV Die Krankenversicherung (Zeitschrift)
KSchG Kündigungsschutzgesetz
KSVG Künstlersozialversicherungsgesetz
KVÄG Gesetz zur Weiterentwicklung der gesetzlichen Krankenversicherung
KVLG Gesetz über die Krankenversicherung der Landwirte
KVLG 1989 Zweites Gesetz über die Krankenversicherung der Landwirte
KZfSS Kölner Zeitschrift für Soziologie und Sozialpsychologie

LAG Lastenausgleichsgesetz, Landesarbeitsgericht
LdR Ergänzbares Lexikon des Rechts (Loseblattausgabe)
LFZG Lohnfortzahlungsgesetz
LG Landgericht
LHO Landeshaushaltsordnung
Lit. Literatur
LPlanGNW Landesplanungsgesetz für das Land Nordrhein-Westfalen
LVA Landesversicherungsanstalt

MatHE Materialien zur Heimerziehung (Zeitschrift)
m. a. W. mit anderen Worten
MdE Minderung der Erwerbsfähigkeit
MDR Monatsschrift für Deutsches Recht (Zeitschrift)
MeSozPäd. Medien und Sozialpädagogik (Zeitschrift)
Mio. Million(en)
MMG Medizin, Mensch, Gesellschaft (Zeitschrift)
Mrd. Milliarde(n)
MRVerbG Mietrechtsverbesserungsgesetz
MschrKrim. Monatsschrift für Kriminologie und Strafrechtsreform (Zeitschrift)
MuA Mensch und Arbeit (Zeitschrift)
MuSchG Mutterschutzgesetz
m. w. N. mit weiteren Nachweisen

NDV Nachrichtendienst des Deutschen Vereins für öffentliche und private Fürsorge (Zeitschrift)
NDV-RD Rechtsprechungsdienst als Beilage zum Nachrichtendienst des Deutschen Vereins
NeG Gesetz über die rechtliche Stellung der nichtehelichen Kinder
neubearb. neubearbeitet
n. F. neue Fassung
NJW Neue Juristische Wochenschrift (Zeitschrift)
NPrax. Neue Praxis (Zeitschrift)
Nr. Nummer
NRB Neuer Rundbrief Berlin (Zeitschrift)
NRW Nordrhein-Westfalen
NVwZ Neue Zeitschrift für das Verwaltungsrecht
NZA Neue Zeitschrift für das Arbeitsrecht (seit Januar 1993); Neue Zeitschrift für Arbeits- und Sozialrecht (bis Dezember 1992)
NZS Neue Zeitschrift für Sozialrecht (bis Dezember 1992 NZA)

o. ä. oder ähnliche(s)
OECD Organization for Economic Cooperation and Development (Organisation für wirtschaftliche Zusammenarbeit)
OEG Gesetz über die Entschädigung für Opfer von Gewalttaten
ÖffGesundhWesen Das öffentliche Gesundheitswesen (Zeitschrift)
o. g. oben genannt
o. J. ohne Jahr
OLG Oberlandesgericht
o. O. ohne Ortsangabe
OVG Oberverwaltungsgericht
OWiG Gesetz über Ordnungswidrigkeiten

päd.ex. päd. extra (Zeitschrift)
päd.ex.Soz.arb. päd.extra Sozialarbeit (Zeitschrift, seit 1985 sozial extra)
PflegeVG Pflege-Versicherungsgesetz
poldok. Politische Dokumentation (Zeitschrift)
Prax. Die Praxis (Zeitschrift)
Pro-Fam-Info pro-familia-information (Zeitschrift, seit 1981 Sozialpädagogik und Familienplanung)
PSH Praktische Sozialhilfe (Zeitschrift)
PStG Personenstandsgesetz
PsychErzUnt. Psychologie in Erziehung und Unterricht (Zeitschrift)
PsychHeute Psychologie heute (Zeitschrift)
PsychKG Gesetze der Länder über Hilfen und Schutzmaßnahmen bei psychischen Krankheiten
PsyRu. Psychologische Rundschau (Zeitschrift)

RAG Rentenanpassungsgesetz
rd. rund
RdA Recht der Arbeit (Zeitschrift)
RdJB Recht der Jugend und des Bildungswesens (Zeitschrift, früher Recht der Jugend [RDJ])
Rdnr. Randnummer
RechtsVO Rechtsverordnung
REFA Reichsausschuß für Arbeitszeitermittlung
Reg. Regierung
RegEntw. Regierungsentwurf
RegUnterhV Regelunterhalt-Verordnung
Reha. Die Rehabilitation (Zeitschrift)
RehaAnglG Rehabilitationsangleichungsgesetz
RFV Reichsverordnung über die Fürsorgepflicht
RGBl. Reichsgesetzblatt
Rgr Reichsgrundsätze über Voraussetzung, Art und Maß der öffentlichen Fürsorge
RJWG Reichsjugendwohlfahrtsgesetz
RKEG Gesetz über die religiöse Kindererziehung
RKF Bundeskonferenz der Rektoren und Präsidenten kirchlicher Fachhochschulen in der Bundesrepublik Deutschland
RKG Reichsknappschaftsgesetz
R & P Recht und Psychiatrie (Zeitschrift)
RPflG Rechtspflegergesetz
RRG Rentenreformgesetz
RRG 1992 Gesetz zur Reform der gesetzlichen Rentenversicherung
RsDE Beiträge zum Recht der sozialen Dienste und Einrichtungen (Zeitschrift)
Rspr. Rechtsprechung
RVG Reichsversorgungsgesetz
RVO Reichsversicherungsordnung

S. Satz, Seite
s. (a.) siehe (auch)
SAE Sammlung Arbeitsrechtlicher Entscheidungen
SArb. Der Sozialarbeiter (Zeitschrift)
SchKG Schwangerschaftskonfliktgesetz
SchwbAV Ausgleichsabgabenverordnung Schwerbehindertengesetz
SchwbAwV Ausweisverordnung Schwerbehindertengesetz

Abkürzungsverzeichnis

SchwbG Schwerbehindertengesetz
SF Sozialer Fortschritt (Zeitschrift)
SFHÄndG Schwangeren- und Familienhilfeänderungsgesetz
SFHG Schwangeren- und Familienhilfegesetz
SG Suchtgefahren (Zeitschrift), Sozialgericht
SGb. Die Sozialgerichtsbarkeit (Zeitschrift), Sozialgerichtsbarkeit
SGB Sozialgesetzbuch
SGB I Sozialgesetzbuch – Allgemeiner Teil – (Erstes Buch)
SGB IV Sozialgesetzbuch – Gemeinsame Vorschriften für die Sozialversicherung – (Viertes Buch)
SGB V Sozialgesetzbuch – Gesetzliche Krankenversicherung – (Fünftes Buch)
SGB VI Sozialgesetzbuch – Gesetzliche Rentenversicherung – (Sechstes Buch)
SGB VIII Sozialgesetzbuch – Kinder- und Jugendhilfe – (Achtes Buch)
SGB X Sozialgesetzbuch – Verwaltungsverfahren, Schutz der Sozialdaten, Zusammenarbeit der Leistungsträger und ihre Beziehungen zu Dritten – (Zehntes Buch)
SGB XI Sozialgesetzbuch – Soziale Pflegeversicherung – (Elftes Buch)
SGG Sozialgerichtsgesetz
SjE Sammlung jugendrechtlicher Entscheidungen
SKWPG Gesetz zur Umsetzung des Spar-, Konsolidierungs- und Wachstumsprogramms
s. o. siehe oben
sog. sogenannt
SozArb. Soziale Arbeit (Zeitschrift)
Soz.arb. Sozialarbeit; Sozialarbeiter/-innen
SozEntsch. Sozialrechtliche Entscheidungssammlung
Sozpäd. Sozialpädagogik (Zeitschrift)
Soz.päd. Sozialpädagogik; Sozialpädagogen/Sozialpädagoginnen
SozPädBl. Sozialpädagogische Blätter (Zeitschrift, früher Blätter des Pestalozzi-Fröbel-Verbandes)
SozPädMat. Sozialpädagogische Materialien (Zeitschrift)
SozR Sozialrecht. Rechtsprechung und Schrifttum (Loseblattausgabe)
SozSich. Soziale Sicherheit (Zeitschrift)
SozVers. Die Sozialversicherung (Zeitschrift)
SozWelt Soziale Welt (Zeitschrift)
Sp. Spalte
SPD Sozialdemokratische Partei Deutschlands
SR Soziologische Revue (Zeitschrift)
SsE Sammlung sozialhilferechtlicher Entscheidungen
Staat Der Staat (Zeitschrift)
StBauFG Städtebauförderungsgesetz
StGB Strafgesetzbuch
StPO Strafprozeßordnung
StrEG Gesetz über die Entschädigung für Strafverfolgungsmaßnahmen
StREG Strafrechtsreform-Ergänzungsgesetz
StVollstrO Strafvollstreckungsordnung
StVollzG Strafvollzugsgesetz
SVBehG Gesetz über die Sozialversicherung Behinderter

TdH Terre des Hommes
THG Tuberkulosehilfegesetz
TuP Theorie und Praxis der sozialen Arbeit (Zeitschrift)
TuPSozPäd. Theorie und Praxis der Sozialpädagogik (Zeitschrift)
TVG Tarifvertragsgesetz

u. ä. und ähnlich
u. a. (m.) unter anderem (anderen), und andere(s) (mehr)
überarb. überarbeitet
UJ Unsere Jugend (Zeitschrift)
UN United Nations (Vereinte Nationen)
UNDP United Nations Development Programme (Entwicklungsprogramm der Vereinten Nationen)
UNESCO United Nations Educational, Scientific and Cultural Organization (Organisation der Vereinten Nationen für Erziehung, Wissenschaft und Kultur)
UNICEF United Nations Children's Fund (Weltkinderhilfswerk der Vereinten Nationen)
Urt. Urteil
USA Vereinigte Staaten von Amerika
USG Unterhaltssicherungsgesetz
USK Urteilssammlung für die gesetzliche Krankenversicherung
usw. und so weiter
u. U. unter Umständen

VBL Versorgungsanstalt des Bundes und der Länder
VereinhG Gesetz über die Vereinheitlichung des Gesundheitswesens
VerwArch. Verwaltungsarchiv (Zeitschrift)
VerwFort. Verwaltung und Fortbildung (Zeitschrift)
VerwG Verwaltungsgericht
VerwRSpr. Sammlung »Verwaltungsrechtsprechung in Deutschland«
VG Vormundschaftsgericht
VGH Verwaltungsgerichtshof
vgl. vergleiche
v. H. vom Hundert
VHS Volkshochschule
VO Verordnung
VOP Verwaltung, Organisation, Personalwesen (Zeitschrift)
Vorbem. Vorbemerkung
VSSR Vierteljahresschrift für Sozialrecht (Zeitschrift)
VwGO Verwaltungsgerichtsordnung
VwVfG Verwaltungsverfahrensgesetz
VwVG Verwaltungs-Vollstreckungsgesetz

WdK Welt des Kindes (Zeitschrift)
WHO World Health Organization (Weltgesundheitsorganisation)
WiBErz. Wirtschaft und Berufserziehung (Zeitschrift)
WiSta. Wirtschaft und Statistik (Zeitschrift)
WISU Das Wirtschaftsstudium (Zeitschrift)
(2.) WKSchG (2.) Wohnraumkündigungsschutzgesetz
WoBauG Wohnungsbaugesetz
II. WoBauG Zweites Wohnungsbaugesetz
WoBindG Wohnungsbindungsgesetz
WoGG Wohngeldgesetz
WPflG Wehrpflichtgesetz
WRK Westdeutsche Rektorenkonferenz (jetzt HRK)
WRV Weimarer Reichsverfassung
WSI Wirtschafts- und Sozialwissenschaftliches Institut des Deutschen Gewerkschaftsbundes
WSI-Mitt. WSI-Mitteilungen (Zeitschrift)
WzS Wege zur Sozialversicherung (Zeitschrift)

z. B. zum Beispiel
ZBlJugR Zentralblatt für Jugendrecht und Jugendwohlfahrt (Zeitschrift, seit 1983 ZfJ)
ZBlSozVers. Zentralblatt für Sozialversicherung, Sozialhilfe und Versorgung (Zeitschrift)
ZDG Zivildienstgesetz
ZfF Zeitschrift für das Fürsorgewesen
ZfGer. Zeitschrift für Gerontologie
ZfHeilPäd. Zeitschrift für Heilpädagogik
ZfJ Zentralblatt für Jugendrecht (Zeitschrift, früher ZBlJugR)
ZfKA Zeitschrift für Kulturaustausch
ZfklinPsych. Zeitschrift für klinische Psychologie
ZfS Zeitschrift für Soziologie
ZfSH/SGB Zeitschrift für Sozialhilfe und Sozialgesetzbuch
ZfStrVo. Zeitschrift für Strafvollzug und Straffälligenhilfe
Ziff. Ziffer
ZÖF Zeitschrift für öffentliche Fürsorge
ZPäd. Zeitschrift für Pädagogik
ZPO Zivilprozeßordnung
ZRP Zeitschrift für Rechtspolitik
Zs. Zeitschrift
ZSfSW Zeitschrift für die gesamte Strafrechtswissenschaft
ZSpr. Zentrale Spruchstelle für Fürsorgestreitigkeiten
ZSR Zeitschrift für Sozialreform
z. T. zum Teil
z. Z. zur Zeit

A

Abänderungsklage Hauptanwendungsfall der A. ist die Anpassung der in vollstreckbarer Form geregelten → Unterhaltspflicht an veränderte persönliche oder wirtschaftliche Verhältnisse. Abänderungsgründe können sein: Veränderungen des unterhaltsrechtlich relevanten Einkommens, das Hinzutreten oder der Wegfall von Unterhaltsberechtigten, Wegfall oder Entstehen eines besonderen Bedarfs. Die Grundlagen des abzuändernden Titels sind zu wahren. Eine Bindung an Unterhaltstabellen und Quoten besteht nicht. Ein Urteil darf nur für die Zeit nach Erhebung der A. abgeändert werden (§ 323 Abs. 3 ZPO), die überdies nur auf Gründe gestützt werden darf, die nach Schluß der mündlichen Verhandlung im Vorprozeß entstanden sind (§ 323 Abs. 2 ZPO).
Diese Beschränkungen sind auf die in § 323 Abs. 4 ZPO genannten Titel nicht anzuwenden (BGH, Großer Zivilsenat, Beschluß vom 4. 10. 1982, in BGHZ 85, 64 – betreffend Prozeßvergleich –) Die A. ist unzulässig, wenn der Unterhalt minderjähriger Kinder mit annähernd gleichem Ergebnis im vereinfachten Verfahren angepaßt werden kann (§ 323 Abs. 5 ZPO).
Lit. Graba: Unterhaltsurteil; Graba: Vollstreckungsgegenklage. *Bernd Künkel*

Abenteuerspielplatz → Spielplatz/Spielorte für Kinder.

Abhängigkeit Der Begriff A. wird im Suchtbereich als Standardbegriff verwendet. Wir unterscheiden psychische und physische A. (→ Sucht/Suchtgefährdung, drug addiction). Parallele Begriffe zur psychischen A. sind Gewöhnung und Gewohnheitsbildung (drug habituation). Die → Weltgesundheitsorganisation (WHO) definierte 1957 psychische A. als ein Stadium periodischer oder chronischer Berauschung durch wiederholte Einnahme der → Drogen (vgl. M. Glatt).
Typische Kennzeichen sind: a) ein Verlangen (aber kein Zwang), ständig eine Droge (dazu zählen wir auch Alkohol) einzunehmen, um das Gefühl eines gesteigerten Wohlbefindens zu genießen, welches sie verschafft, b) geringe oder fehlende Neigung, die Dosis zu steigern, c) ein bestimmter (aber vielfach sehr schwer bestimmbarer) Grad psychischer A. vom Effekt der Droge, aber Fehlen physischer A., Fehlen eines Entzugssyndroms, d) schädliche Folgen, wenn überhaupt, vorwiegend für den Abhängigen. Die vielgeübte Unterscheidung zwischen abhängig- und süchtigmachenden weichen und harten Drogen (soft drugs, hard drugs) ist zwar nicht falsch, darf aber nicht unberücksichtigt lassen, daß es einen »harten Mißbrauch« weicher Drogen gibt, der durchaus Suchtcharakter hat.

Psychische A. (drug habituation) und physische A. (drug addiction) sind vom Sachverständigenausschuß der WHO unter dem Oberbegriff A. (drug dependence) zusammengefaßt worden und nach den verschiedenen Typen einer A. aufgegliedert worden, wobei Alkohola. (→ Alkoholismus) eine Sonderstellung einnimmt.
Eine A. kann für eine oder mehrere Drogen bestehen. Die Einteilung nach ICD-10 (Klassifikationssystem von Krankheiten) definiert und unterteilt A. als »psychische und Verhaltensstörungen durch psychotrope Substanzen«. ICD-10, F1 sieht die Unterteilungen F10 Störungen durch Alkohol, F11 Störungen durch Opioide, F12 Störungen durch Cannabinoide, F13 Störungen durch Sedativa oder Hypnotika, F14 Störungen durch Kokain, F15 Störungen durch andere Stimulantien einschließlich Koffein, F16 Störungen durch Halluzinoge, F17 Störungen durch Tabak, F18 Störungen durch flüchtige Lösungsmittel, F19 Störungen durch multiplen Substanzgebrauch und Konsum anderer psychotroper Substanzen. Die neue Einteilung nach ICD-10, F1, bietet die Möglichkeit, das klinische Erscheinungsbild (z. B. Intoxikation, Gebrauch, A., Entzugssyndrom) zu differenzieren.
Die verschiedenen A.formen lassen sich mit der neuen Aufteilung nach ICD-10, F1, praxisnäher definieren. Bedacht werden muß, daß bei physischer A. immer auch eine psychische vorliegt. Psychische A. als Symptom für eine psychosoziale Reifungsstörung ist ein Kernproblem der Sucht und damit auch der Behandlung.
Eine umfassende Definition von A. erscheint insbes. für die praktische soziale Arbeit notwendig, um die Vielschichtigkeit von möglichen Interventionen bemessen zu können. Folgende Definition soll das Gesamtspektrum der A. erfassen; wir verstehen unter stoffgebundener A. und deren Folgen:
1. den Konsum von psychisch hochwirksamen Drogen,
2. die psychische und physische Bindung an eine Droge/Substanz,
3. die ökonomische Bindung an den/die Drogenhändler bzw. die Drogenszene,
4. die Tendenz zur Dosissteigerung beim Konsumenten,
5. die Erreichung eines bestimmten Konsumniveaus (Erhaltungsdosis) und dem anschließenden, zwangsläufigen Zyklus von Konsum mit raschfolgenden Entzugserscheinungen,
6. Folgeschäden der Drogenbindung für den einzelnen (körperlich, seelisch und sozial) und die Gesellschaft,
7. einen polytoxikomanen Drogenkonsum,
8. eine Spezialisierung des Konsumverhaltens auf eine bestimmte Droge/Drogengruppe und die Entwicklung einer Hauptform von A.,

9. die Affinität von individuellem Bedürfnis und Drogenwirkungen,
10. Entstehung und Verlauf der »Drogenkarriere« und A. (s. Bröhmer u.a.) sind schichtspezifisch,
11. Entstehung und Verlauf der A. (vgl. DHS) sind geschlechtsspezifisch.
Neben der stoffgebundenen A. nehmen die Formen nichtstoffgebundener A. immer mehr zu, bzw. sie werden zunehmend entdeckt; dazu gehören die Spielsucht, die Arbeitssucht (workaholics), die Sexsucht u.a. A. ist derzeitige Ausprägung als ein Spiegel der Konsumgesellschaft zu verstehen, die immer mehr die psychische und physische Befindlichkeit der Bevölkerung prägt und zur Auflösung zwischenmenschlicher Beziehungen führt.
Gesellschafts- und gesundheitspolitisch gesehen sind die Formen des illegalen Drogenkonsums wesentlich mehr im Zentrum des öffentlichen Interesses als z.B. die Medikamentena. von Frauen (Merfert-Diete u.a.) oder alten Menschen, die Problematik des Alkoholkonsums im Straßenverkehr oder die Nikotinsucht. Die Definitionsversuche werden oft dazu benutzt, um bestimmte Konsumentengruppen auszugrenzen (z.B. die Heroinabhängigen) oder aus wirtschaftlich-politischen Gründen von der gesellschaftsweit stärksten Abhängigkeitsproblematik, der Alkoholsucht, abzulenken. Eine Definition von A. ist immer auch auf dem Hintergrund des/der Definierenden zu sehen und im Spektrum von Ideologie, Wirtschafts- und politischen Interessen zu verorten (IG-Metall).
Lit. Arnold u.a.: Suchtkrankheiten; Bauer u.a.: Psychiatrie; DHS: Abhängigkeit; Feuerlein: Alkoholismus; Glatt: Alkoholiker; IG-Metall: Suchtbuch; Meifert-Diete u.a.: Sucht; Schmidbauer u.a.: Rauschdrogen; Schrappe: Behandlung; Szasz, T.: Drogen.

Horst Brömer/Bernd-Michael Becker

Ablaufdiagramm → Planungsablauf.

Ablauforganisation → Organisation.

Ablösung Bezeichnung für den intrapsychischen Erwerb eines Gefühls des Getrenntseins von der primären Bezugsperson. Mahler beschreibt den Verlauf der »psychischen Geburt des Menschen« unter den Vorzeichen eines fortschreitenden Prozesses von »Loslösung und Individuation«, der mit 36 Monaten mit der Errichtung eines einheitlichen Selbstbildes (→ Identität), das auf echten Ich-Identifikationen beruht, und der Erlangung libidinöser Objektkonstanz abgeschlossen wird.
In der autistischen Phase – von Geburt bis zum 3. Lebensmonat – kann der Säugling weder das eigene Selbst noch andere Personen wahrnehmen. Die schrittweise sich vollziehende Wahrnehmung, daß Bedürfnisse von außen befriedigt werden, führt den Säugling in die Symbiose (→ Symbiotische Beziehung). Die sich anschließende Phase der Loslösung und → Individuation unterteilt Mahler in die Subphasen der Differenzierung, Übung und Wiederannäherung. Die charakteristische → Angst dieser Periode ist die Trennungsangst. In der Subphase der Wiederannäherung wird sich das Kind seiner Getrenntheit von der Mutter immer stärker bewußt und entdeckt, daß es nicht groß und vollkommen ist, sondern klein und hilflos. Durch Wiederannäherung an die Mutter sucht es die verlorene Einheit und Größe wiederherzustellen. Die A. ist schließlich möglich durch den Zugewinn autonomer Fähigkeiten unter der Voraussetzung, daß die Mutter jederzeit selbstverständlich als Lieferantin von Objektlibido (→ Libido) zur Verfügung steht, das Kind zum »Auftanken« kommen und zwischen autonomen und symbiotischen Bedürfnissen oszillieren kann. Je weniger emotional verfügbar die Mutter z. Z. der Wiederannäherung ist, desto beharrlicher versucht das Kind ihre Aufmerksamkeit und Zuwendung zu bekommen, ein Zurückgestoßenwerden kann die Ursache späterer → Depression sein.
S. a. → Overprotection.
Lit. Blos: Adoleszenz; Mahler u.a.: Geburt.

Hannelore Barth

Abschiebung von Ausländern ist die zwangsweise Durchsetzung einer einem Ausländer obliegenden Ausreisepflicht (→ Ausländerrecht). Nach § 49 Abs. 1 Ausländergesetz (AuslG) ist ein Ausländer abzuschieben, wenn die Ausreisepflicht vollziehbar ist und es nicht gesichert erscheint, ob er dieser Pflicht nachkommen wird, oder wenn die Überwachung der Ausreise geboten ist. Letzteres wird generell für inhaftierte Ausländer angenommen (§ 49 Abs. 2 S. 1 AuslG). Überwachungsbedürftigkeit der Ausreise eines Ausländers wird zudem von Gesetzes wegen ausnahmslos angenommen im Falle nicht erfolgter freiwilliger Ausreise innerhalb der gesetzten Frist, bei Ausweisung wegen besonderer Gefährlichkeit i.S.d. § 47 AuslG, bei Mittellosigkeit, fehlendem Paß, Falschangaben oder Verweigerung von Angaben gegenüber der Ausländerbehörde oder wenn der Betroffene seine mangelnde Bereitschaft zur freiwilligen Ausreise zu erkennen gibt (§ 49 Abs. 2 S. 2 AuslG).
§ 51 Abs. 1 AuslG enthält ein Verbot der A. politisch Verfolgter (→ Asylrecht). Dieses greift als zwingende Rechtsfolge ein bei asylberechtigten und sonstigen Ausländern, die als → Flüchtlinge i.S.d. Genfer Flüchtlingskonvention (GFK) anerkannt sind (§ 51 Abs. 2 S. 1 AuslG, → Asylberechtigte). Gehört ein sich auf drohende politische Verfolgung berufender Ausländer nicht zu diesem Personenkreis, so stellt das Bundesamt für die Anerkennung ausländischer

Flüchtlinge in einem Verfahren nach dem Asylverfahrensgesetz (AsylVfG) für andere Behörden verbindlich fest, ob die Voraussetzungen des § 51 Abs. 1 AuslG gegeben sind (§ 51 Abs. 2 S. 2 AuslG). Weitere im Falle eines Asylantrages von dem Bundesamt und im übrigen von der Ausländerbehörde zu beachtende A.hindernisse sind gem. § 53 Abs. 1, 2 und 4 AuslG die konkrete Gefahr drohender Folter oder Todesstrafe sowie sonstiger erniedrigender Behandlungen insbes. i. S. d. Art. 3 der Europäischen Menschenrechtskonvention. Darüber hinaus kann eine A. in einen anderen Staat unterbleiben, wenn für einen Ausländer dort eine erhebliche konkrete Gefahr für Leib, Leben oder Freiheit besteht (§ 53 Abs. 6 S. 1 AuslG). In einem ausländischen Staat der dortigen Bevölkerung oder einer Bevölkerungsgruppe drohende allgemeine Gefahren (z. B. [Bürger-]Krieg; Naturkatastrophen) sind ggf. im Rahmen einer von der obersten Landesbehörde gem. § 54 AuslG zu treffenden Entscheidung über die Aussetzung von A. zu berücksichtigen.
Bertold Huber

Abstammung als biologische Kategorie bedeutet die durch Zeugung und Geburt begründete generative Zuordnung eines Menschen zu seinen Eltern. A. ist als Rechtsbegriff die hauptsächlichste (daneben nur noch durch Adoption begründbare) Voraussetzung des Rechtsbandes der → Verwandtschaft (§ 1589 BGB) und, durch sie vermittelt, der Schwägerschaft (§ 1590 BGB). Für die Dichte dieses Rechtsbandes ist entscheidend, ob das Gesetz der A. als eheliche (§§ 1591 ff. BGB: → Eheliches Kind) oder als nichteheliche (→ Nichteheliches Kind) feststellt.
Ein Kind ist ehelich, wenn es nach der Eheschließung seiner Eltern oder innerhalb von 302 Tagen nach Auflösung der Ehe geboren ist; es bleibt ehelich, solange die Ehelichkeit nicht angefochten (→ Anfechtung der Ehelichkeit) und die Nichtehelichkeit nicht rechtskräftig (→ Rechtskraft) festgestellt ist (§§ 1591, 1593 BGB, → Scheineheliches Kind). Ob das Kind vor oder nach der Eheschließung gezeugt wurde, ob die Empfängnis auf einer künstlichen Samenübertragung beruht, ist hier unerheblich. Die Frage, ob der Ehemann seiner Frau während der gesetzlichen Empfängniszeit (§ 1592 BGB) beigewohnt hat, wofür § 1591 Abs. 2 BGB eine gesetzliche Vermutung aufstellt, ob die Frau evtl. mit einem anderen Manne Geschlechtsverkehr gepflogen hat, ob es den Umständen nach offenbar unmöglich ist, daß die Frau das Kind von dem Manne empfangen hat (§ 1591 Abs. 1 BGB), ist nur in dem die Anfechtung der Ehelichkeit betreffenden Rechtsstreit von Bedeutung.
Die aus der Geburt erhellende A. von der Mutter begründet die Verwandschaft mit ihr und ihren Verwandten, ob ehelich oder nichtehelich. Die Abstammung des außerhalb der Ehelichkeit stehenden Kindes von einem Mann wird, als nichteheliche, durch → Vaterschaftsanerkennung oder durch gerichtliche Entscheidung (→ Vaterschaftsprozeß) festgestellt (§ 1600a BGB). Diese Feststellung (nur sie) begründet rechtlich die Verwandtschaft mit dem Vater und damit auch mit dessen Verwandten. Im Rahmen der → Kindschaftsrechtsreform soll nach der Vorstellung der Bundesregierung im Gesetzentwurf zur Reform des Kindschaftsrechts (Bundestags-Drucksache 13/4899, S. 5 ff., 51 ff., 82 ff.) die das Abstammungsrecht prägende Unterscheidung zwischen ehelicher und nichtehelicher Abstammung zugunsten einer einheitlichen Regelung aufgegeben werden.
Jochem Baltz/Dieter Brüggemann

Abstandsgebot Das wichtigste Instrument zur Begrenzung der Leistungen im Rahmen der → Hilfe zum Lebensunterhalt ist das Abstandsgebot nach § 22 Bundessozialhilfegesetz (BSHG). Es soll verhindern, daß die Leistungen der Hilfe zum Lebensunterhalt höher sind als Einkommen aus Erwerbsarbeit. Für größere Haushalte dürfen die Leistungen der Hilfe zum Lebensunterhalt das Einkommen aus Erwerbsarbeit überschreiten. Schon bei der Verabschiedung des BSHG ließen die Auseinandersetzungen um das Abstandsgebot erkennen, daß der Abstand der Sozialhilfe zu Haushalten mit Niedriglohn zumindest für einen Teil der beteiligten politischen Gruppen von zentraler Bedeutung war. Der Anreiz zur Erwerbstätigkeit sollte gewahrt bleiben. Dies wurde in die → Regelsatzverordnung (RegelsatzVO) (§ 4) – und nicht in das BSHG – aufgenommen. Seit Mitte der siebziger Jahre stiegen die Zahlen der Sozialhilfeempfänger und Arbeitslosen an, und das Abstandsgebot rückte wieder verstärkt in den Mittelpunkt des Interesses. Bei der anstehenden Warenkorbreform Anfang der achtziger Jahre wurde mit dem Argument, daß es am Abstand der → Regelsätze zu den unteren Arbeitnehmereinkommen mangele, die Neuberechnung der Regelsätze verhindert. 1982 wurde die Bedeutung des Abstandsgebots betont und ins BSHG selbst übernommen (§ 22 Abs. 3 S. 2 BSHG).
In der bis 1993 geltenden Version des § 22 war das Abstandsgebot relativ weich gefaßt. Im Gesetz selbst wurde nicht definiert, was eine größere Haushaltsgemeinschaft ist; welche Form von Arbeitseinkommen gemeint war; welche Niedriglohneinkommen zum Vergleich herangezogen werden sollten und wie groß der Abstand sein sollte. In den Untersuchungen zur Überschneidung von Sozialhilfe- und Erwerbseinkommen wurde von dem Grenztypus einer vierköpfigen Kernfamilie (Eltern und zwei Kindern) ausgegangen, in der ein Alleinverdie-

ner ein durchschnittliches Niedriglohneinkommen bezog.
Bis 1993 war diese Interpretation des Gesetzes unumstritten. 1993 und schließlich 1996 wurde das Abstandsgebot konkretisiert und verschärft. Seit 1993 muß das Abstansgebot zwingend beachtet werden. Die Größe der Vergleichshaushaltsgemeinschaft wurde auf fünf Personen festgelegt. Das Abstandsgebot wurde 1996 zum vorläufig letzten Mal geändert. Wurden bislang die einmaligen Leistungen der Hilfe zum Lebensunterhalt nicht im Abstandsgebot berücksichtigt, so sind diese ab jetzt in die Berechnungen mit einzubeziehen. Zudem wurde der Abstand von Hilfe zum Lebensunterhalt – Einkommen zu den Niedriglohneinkommen auf 7,5% festgelegt – wobei der Entwurf sogar 15% vorsah. Diese Änderung ist u. a. auf eine außerhalb der Sozialhilfe liegende familienpolitische Veränderung zurückzuführen: Durch die Erhöhung des Kindergeldes 1995, das bei der Hilfe zum Lebensunterhalt voll angerechnet wird, hatte sich der Einkommensabstand zwischen Hilfe zum Lebensunterhalt-Familien mit drei Kindern und entsprechenden Familien mit Erwerbseinkommen beträchtlich vergrößert, die Gefahr einer Kollision war damit nicht mehr gegeben. Die in der heutigen Gesetzesfassung vorgeschriebene Referenzfamilie mit drei Kindern kann kaum in einem Maßstab angesehen werden, der in einer relevanten Weise gesellschaftliche Realität, geschweige denn Normalität darstellt. Bei den Überprüfungen des Abstandsgebotes fällt dieses jedoch nicht auf, da nicht das Einkommen tatsächlich vorhandener Haushalte zur Überprüfung herangezogen wird, sondern aus Tarifverträgen, Steuertabellen, Wohngeldtabellen und dem gesetzlichen Kindergeld als Einkommen einer hypothetischen fünfköpfigen Einzelverdienerfamilie berechnet und dieses Ergebnis mit dem Einkommen einer entsprechend großen Familie aus Hilfe zum Lebensunterhalt verglichen wird.
Lit. Eylert: Sozialhilfeleistungen.
Peter Klein/Stephan Leibfried

Abstieg, sozialer → Mobilität

Abtreibung → Schwangerschaftsabbruch

Abwehrmechanismen (→ Psychoanalyse)
Der Begriff Abwehr beschreibt allgemein den Kampf des Ich, sich gegen Gefahr zu schützen. Die Gefahr entsteht dadurch, daß verdrängte Triebansprüche, die mit einer realen oder phantasierten Strafe assoziiert werden, ins → Bewußtsein durchzubrechen drohen. Dies kündigt sich durch schmerzliche Gefühle von → Angst oder → Schuldgefühle an, und diese Gefühle zwingen das Ich, den Triebwunsch abzuwehren (Über-Ich-Angst). Abwehr setzt auch da ein, wo das Ich fürchtet, von Triebregungen überflutet und außer Funktion gesetzt zu werden (Angst vor Ich-Verlust), was durch den Autonomieverlust auch immer verbunden ist mit der Angst vor narzißtischer Kränkung. Zur Bewältigung dieser inneren Gefahren, die auch durch bestimmte äußere Situationen ausgelöst werden können, »bedient sich das Ich verschiedener Verfahren, um seiner Aufgabe zu genügen, allgemein ausgedrückt, um Gefahr, Angst, Unlust zu vermeiden. Wir nennen diese Verfahren »Abwehrmechanismen« (Freud, S.). A. sind also der Gattungsname für eine ganze Klasse verschiedener Operationstypen, deren sich das Ich in seinem Abwehrkampf bedient, der mindestens teilweise unbewußt vor sich geht (→ Unbewußtes). Dadurch kommt es zu einem partiellen Ausfall bestimmter Ich-Funktionen und demzufolge zu einer Störung der Realitätseinschätzung.
Das Vorherrschen bestimmter A. kann bestimmten Erkrankungstypen zugeordnet werden, so ist z. B. die → Verdrängung charakteristisch für die → Hysterie, während eine Reaktionsbildung in der Form reaktiver Ichveränderungen, die Isolierung und das Ungeschehenmachen für die Zwangsneurose (→ Neurose) typisch sind. S. Freuds Konzept der Abwehr als Schutz des Ich gegen Triebansprüche wurde von Anna Freud fortgeführt. Sie beschrieb 1936 einige Mechanismen zur Abwehr unangenehmer äußerer Realität und Gefahr wie die Verleugnung und die Icheinschränkung und einige Mechanismen, die sich auf die Abwehr von Es-Strebungen beziehen: Askese und Intellektualisierung in der → Pubertät und die altruistische Abtretung.
Jeder Mensch verwendet nur ein beschränktes Repertoire möglicher A. Für deren Auswahl können konstitutionelle Momente, dominante Triebe, genetische Stufen des unbewußten Konfliktes oder → Fixierungen durch Erfolgserfahrungen maßgebend sein. Die Verwendung der einzelnen A. setzt die Existenz eines organisierten Ich als Basis voraus. Der Umgang mit den A. stellt in Form der Widerstandsbearbeitung (→ Widerstand) in der → Übertragung einen Hauptfaktor der psychoanalytischen Arbeit dar, um das Ich zur Aufgabe eines rigiden, pathologischen Gebrauchs der Abwehr gegen neurotische Konflikte zu befähigen und dadurch einen konstruktiven Umgang mit der Abwehr zu einer adäquaten Realitätsbewältigung freizusetzen. Die A. sind Ichleistungen, die das Individuum für seine psychische Entwicklung und sein psychisches Fortbestehen benötigt. Außerhalb der beschützenden analytischen Situation kommt es oft darauf an, die Abwehrbestrebungen des Ich zu unterstützen. Aus der Erforschung der A. als den unbewußten Unternehmungen des Ich eröffnete sich die Entwicklung einer psychoanalytischen Ich-Psychologie.

Lit. Freud, A.: Ich; Freud, S.: Analyse; Laplanche u. a.: Psychoanalyse.; Sandler u. a.: Abwehr; Waelder: Psychoanalyse.

Willi Baumann

Abweichendes Verhalten Als a. V. gilt jenes Verhalten von Individuen und Gruppen, das mit den als richtig und erwünscht angesehenen Normen (→ Norm) und Werten einer Gesellschaft nicht in Einklang steht. Demnach kann a. V. nur im Verhältnis zu den sozialen Normen bestimmt werden. Es gilt zwischen informellen (etwa Sitten, Gebräuche) und formal kodifizierten Normen in Form von Gesetzen zu unterscheiden. Das Maß an Verbindlichkeit, das den Normen zugesprochen wird, drückt sich im Grad ihrer Institutionalisierung und in der Härte der negativen Sanktionen, die im Falle einer (entdeckten) Normverletzung angewendet werden, aus. Normen sind folglich von unterschiedlichem Gewicht, haben differierende Geltungsbereiche und sind historischem Wandel unterworfen. Im Laufe seines Lebens verhält sich jeder Mensch immer wieder normabweichend, zeigt Norm-Unter-, Über- und Nichterfüllungen. Allein die Rollenvielfalt (→ Rolle) eines Individuums und die damit verbundenen widersprüchlichen Erwartungen sorgen dafür, daß Konformität nicht durchgängig erfüllt werden kann. Darüber hinaus führt der rasche soziale Wandel zu Desorientierungen und zu Diskrepanzen zwischen erwartetem und gezeigtem Verhalten. Deshalb werden Normen gesellschaftlich durchaus elastisch gehandhabt und Abweichungen in einem gewissen Maße toleriert. A. V. gibt es in allen Gesellschaften und in allen Teilgruppen, insofern ist a. V. normal; in Zeiten gesellschaftlicher Umbrüche gar der unverzichtbare Motor sozialen Wandels.

Neben diesem tolerierten Bereich a. V. existiert ein Bündel unterschiedlicher Phänomene nicht konformen Verhaltens, das als nicht tolerabel erscheint und deshalb das Ziel öffentlicher Kontrolle, Intervention und Repression ist. Zu diesen Phänomenen zählen u. a. Kriminalität, Sucht, Geisteskrankheit, Prostitution und Suizid. Diese Verhaltensweisen weichen von gesamtgesellschaftlich dominanten Standards ab, die sich an den Leitbildern eines geordneten Lebens orientieren und deren Befolgung als Grundlage für eine stabile gesellschaftliche und wirtschaftliche Ordnung gilt. Der Abweichende wird entsprechend als soziales Problem und gesellschaftliche Bedrohung identifiziert, ihn trifft ein generelles Unwerturteil und er fordert eine dementsprechende professionelle Reaktion heraus. Diese war von Beginn an eng mit dem Interesse an den Ursachen a. V. verbunden. Hier stehen sich jene Theorien, die Abweichung als in den Verhaltensdispositionen des Individuums liegend erklären, und jene, die die gesellschaftlichen Reaktionen auf a. V. als konstituierendes Moment für Abweichung identifizieren, gegenüber. Die ersteren, als ätiologisch bezeichneten Konzepte bemühen sich darum, die Frage zu beantworten, warum ein bestimmter Mensch ein bestimmtes a. V. zeigt. Der Betroffene wird als anders geartet begriffen. Durch den Vergleich zu Menschen, die sich konform verhalten, sollen jene Faktoren gefunden werden, die die zum a. V. führenden Störungen und Defizite auslösen. Diese Forschung orientiert sich am Vorgehen der Naturwissenschaften (→ Positivismus). Die unter diesem Paradigma zusammengefaßten Ansätze stellen unterschiedliche Merkmale in den Vordergrund ihrer Untersuchungen, sie betonen entweder physische Gründe, befassen sich mit der Persönlichkeit des Abweichenden oder interessieren sich für die sozialkulturellen Umstände des Devianten. Den letzteren Zusammenhang stellen vier prominente nordamerikanische Erklärungsansätze in den Mittelpunkt ihrer Betrachtungen: die Anomietheorie Mertons, die Theorie der differentiellen Kontakte Sutherlands, die Theorie der differentiellen Gelegenheiten von Cloward und Ohlin, sowie die Subkulturtheorie Cohens. Für sie liegt die Ursache a. V. in der Zugehörigkeit des Abweichenden zu einer bestimmten → Schicht oder → Subkultur. Dabei sieht Merton die Differenz zwischen der kulturellen Zielsetzung einer Gesellschaft und den schichtspezifisch eingeschränkten Möglichkeiten, diese als allgemein erreichbar erklärten Ziele zu erreichen, als Auslöser von a. V. Auf die Mitglieder der strukturell von der Zielerreichung ausgeschlossenen Schicht entstehe ein solcher Druck, daß sie die fehlenden legitimen Mittel zur Zielerreichung durch illegitime Mittel ersetzten. Sutherland geht davon aus, daß a. V. gelernt wird und dieses Wissen innerhalb bestimmter Bevölkerungsgruppen in größerem Umfang weitergegeben wird als in anderen. Cloward und Ohlin greifen sowohl die Anomietheorie als auch das Kontaktkonzept Sutherlands auf, erweitern diese jedoch um die Idee der Gelegenheitsstruktur. Für sie kommt es neben den anomischen Zuständen und dem Erlernen a. V. auch darauf an, Zugang zu den benötigten illegitimen Mitteln zu haben. Dieser sei in bestimmten gesellschaftlichen Gruppen leichter als in anderen. Alle drei Ansätze gehen von einer rationalen Orientierung des Abweichenden an den gesellschaftlich gültigen Zielen aus. Lediglich die Wahl der Mittel zur Zielerreichung fällt aus den beschriebenen Gründen zu Ungunsten der gesellschaftlich anerkannten Mittel aus. Cohen bewertet a. V. hingegen als Angriff auf eben diese gesellschaftlichen Ziele und Werte. Durch diesen Angriff verschaffe sich der Angreifer innerhalb des Wertesystems der Subkultur jene Anerkennung, die ihm die dominante Gesamtkultur versage. Ein ebenfalls am Indi-

viduum orientierter Strang der Ursachendiskussion richtet den Blick auf den Prozeß der → Sozialisation, dessen Ziel das Erlernen gesellschaftlich konformen Verhaltens sein soll. Im Umkehrschluß wird a. V. als Ergebnis mißlungener Sozialisation verstanden, wehalb in diesem Kontext a. V. auch als Dissozialität bezeichnet wird. Die Sozialisationsdiskussion befaßte sich erstmals intensiver mit dem geschlechtsspezifischen Aspekt a. V. Dieser wird im Rahmen der Theorieentwicklung durchaus weiter diskutiert und findet auch in der praktischen Sozialen Arbeit einen Niederschlag, ist jedoch bis heute kein durchgängiger Aspekt der Diskussion um a. V. In allen bisher referierten Ansätzen haben die gesellschaftlichen Kontroll- und Interventionsinstanzen nur die Rolle der auf individuelle oder gesellschaftliche Fehlanpassungen Reagierenden. Fragen nach den Gründen für die Etablierung von Normen, den dahinter stehenden Interessen und den Mechanismen ihrer Durchsetzung werden innerhalb dieser Theorien nicht gestellt. Hier leitete der → Labeling Approach einen theoretischen und auch handlungsleitenden Perspektivwechsel ein. Der Labeling Approach (auch Etikettierungs-, Definitions- oder Reaktionsansatz genannt) lenkt den Blick weg von den wesensmäßigen Eigenschaften der Betroffenen, hin zu den Wahrnehmungs- und Zuschreibungsprozessen des sozialen Umfeldes und dem Verhalten der Instanzen → sozialer Kontrolle, durch deren Aktivitäten Abweichung erst als solche definiert werde. Aufbauend auf den Erkenntnissen des → Symbolischen Interaktionismus und den Einsichten der Ethnomethodologie (Schütz) interessierte man sich für die Organisationsstrukturen, Handlungsspielräume und die Definitionsmacht der Institutionen sozialer Kontrolle und deren Beitrag zur Definition von a. V. So wendet sich Becker gegen die Auffassung von a. V. als angeboren oder Krankheit. Am Beispiel der Marihuana-Raucher und der Tanzmusiker zeigt er exemplarisch die Interaktion von Regelverletzern und Regelsetzern als komplizierten sozialen Prozeß, in dessen Verlauf erst die Definition Abweichung entstehe. Mehrere Ebenen werden als am Zuschreibungsprozeß beteiligt erkannt: gesellschatliche Normsetzung, interpersonelle Reaktion, Vorgehen von Instanzen. Erst wenn auf die primäre Devianz formell reagiert wird, komme es zu einem Prozeß, in dessen Verlauf der Betroffene Lebenschancen einbüßt, u.U. das Selbstbild des Abweichlers annimmt und fortgesetzt entsprechendes Verhalten zeigt (Sekundäre Devianz). Damit wird a. V. nicht mehr als im Täter vorfindliche Qualität verstanden, sondern als Ergebnis eines auf Machtverhältnissen ruhenden Etikettierungsprozesses. Gerade diese von Sack in die deutsche Diskussion eingebrachten Erkenntnisse um die Prozesse der Zuschreibung (→ Stigmatisierung) haben in großem Maße Einfluß auf die Diskussion um Ziele und Methoden der Sozialen Arbeit genommen. Im Zuge der Rezeption des Labeling Approach und seiner Weiterentwicklung vor dem Hintergrund machttheoretischer und gesellschaftskritischer Ansätze entstand ein kritisches Verhältnis zu den stigmatisierenden Effekten der eigenen professionellen Handlungen und forderte die Entwicklung von Alternativen zu den Reaktionen der Instanzen sozialer Kontrolle ein. So ist bspw. die gesamte theoretische und praktische Entwicklung im Bereich der → Diversion direkte Konsequenz des Perspektivwechsels. Dennoch bilden - nicht zuletzt vor dem Hintergrund der Kritik am Labeling Approach, er vernachlässige in unzulässiger Weise das Subjekt als handelnde Person - auch weiterhin ätiologische Ansätze einen wichtigen Bezugspunkt sozialpädagogischen Handelns. Norm und individuelle Abweichung bleiben grundlegende Bezugsgrößen für die Legitimation von Prävention und Intervention als Aufgaben der Sozialen Arbeit.
Lit. Becker: Außenseiter; Bröking: Frauenkriminalität; Brückner u.a.: Frauenprojekte; Goffmann: Stigma; Keckeisen: Labeling approach; Lamnek: Verhalten; Lamnek: Abweichendes Verhalten; Merton: Sozialstruktur; Sack: Abweichendes Verhalten.

Hilde van den Boogaart

Abwesenheitspflegschaft ist eine Pflegschaft für eine durch Abwesenheit an der Besorgung ihrer Vermögensangelegenheiten verhinderte Person. Der gesetzlichen Grundtatbestand der A. wurde in § 1911 Abs. 1 → Bürgerliches Gesetzbuch (BGB) geregelt. Danach kann nur eine volljährige Person einen Abwesenheitspfleger erhalten, sofern ihre Vermögensangelegenheiten der Fürsorge bedürfen. Durch die gesetzliche Begrenzung des Wirkungskreises des Abwesenheitspflegers auf die Besorgung von Vermögensangelegenheiten ist es ihm untersagt, höchstpersönliche Rechtshandlungen, wie z.B. eine Ehelichkeitsanfechtungsklage (→ Anfechtung der Ehelichkeit), für den abwesenden Pflegling vorzunehmen.
Die Anordnung und Aufhebung der A. geschieht von Amts wegen durch das örtlich zuständige → Vormundschaftsgericht.
Weitere Fälle einer notwendigen Anordnung einer A. sind geregelt in: § 1911 Abs. 2 BGB; §§ 88, 89 des Gesetzes über die Angelegenheiten der freiwilligen Gerichtsbarkeit (für Zwecke der erbrechtlichen Auseinandersetzung); § 292 Abs. 2 StPO (A. über das beschlagnahmte Vermögen eines Angeschuldigten).
Lit. Dölle: Familienrecht; Firsching: Familienrecht; Gernhuber: Familienrecht; Soergel u.a.: Familienrecht (Komm.).

Manfred Wienand

Abzahlungsgesetz → Verbraucherkreditgesetz (VerbrKrG).

Adap(ta)tion → Anpassung.

Administration → Verwaltung.

Adoleszenz Ein zur Psychologie des → Jugendalters gehöriger Begriff, der unterschiedliche Altersspannen betreffen kann: a) Nach abgeschlossener Geschlechtsreife (Pubeszenz → Pubertät) eine Zeit zunehmender Stabilisierung der persönlichen und sozialen Orientierungen, bis der Status des Erwachsenen erreicht ist: von der → Volljährigkeit mit 18-21 Jahren auch Heranwachsende oder junge Erwachsene genannt. b) Vor allem im englischen Sprachraum umfaßt der Begriff das gesamte Jugendalter von etwa 12-21 Jahren.
Schon die klassische → Entwicklungspsychologie hatte das Alter von 12-21 Jahren in verschiedenen Modellen als Krise beschrieben: z. B. A. Busemann in seinem Spiralmodell als Wechsel von emotionalen und intentionalen Phasen der Erregung mit konfliktbelasteten Umweltbezügen und der Beruhigung mit dominanten Sachinteressen. Andere Autoren wie O. Kroh beschrieben in ihrem Stufenmodell den Übergang von der Kindheit zum Jugendalter (→ Pubertät) als 2. Trotzalter, in dem über das eigene ICH reflektiert und die Wertordnung der Erwachsenen überprüft wird. Solche Reifungskrisen sollten auftreten als Folge der körperlichen Veränderungen und der Geschlechtsreifung und wurden als biologisch determiniert gedeutet. Auch die Auseinandersetzung mit dem eigenen ICH, seine Abgrenzung mit den Normen der Gesellschaft und der Entwurf eines eigenen Lebensplans (E. Spranger) hatten somit ihre Wurzeln in der Triebentwicklung, die nur durch die jeweiligen Bildungschancen variiert wurde (→ Pubertät, H. Roth).
Die empirischen Belege für solche Modelle wurden in jüngerer Zeit durch Befragungen nachgereicht (z. B. H. Fend). Die Ergebnisse bestätigen die Krisenhaftigkeit des Übergangs vom Kind zum Jugendlichen, aber nicht mehr als Folge genetischer Programme, sondern der Auseinandersetzung mit dem eigenen Selbst, mit den sozialen Erwartungen, bezogen auf Leistung und Geschlechtsrolle und den Konflikten, die sich aus den rasch wechselnden Formen unkonventioneller Selbstdarstellung ergeben.
Heute werden die Störungen in dem Verhältnis zum eigenen Selbst, die Suche nach dem künftigen Platz in der Welt, die Kritik an den Forderungen der Erwachsenen, die sie nicht glaubwürdig vertreten oder die jeder Stellungnahme ausweichen, neue Interessen und Formen des Lernens, die Neubewertung von Lernangeboten nicht mehr auf die biologische Umstellung zurückgeführt. Das gestörte Gleichgewicht spiegelt eine Wechselwirkung: Der Erwachsene reagiert auf die wahrnehmbaren Veränderungen mit eigener Desorientierung. In den Familien mit Jugendlichen erreicht der Grad der Zufriedenheit mit Ehe und Familie einen Tiefpunkt (H. Fend). Man reagiert überempfindlich und interpretiert die ungewohnten Verhaltensweisen als Aggression, der mit Gewalt, Ironie und Abwertung begegnet wird.
Die Adoleszenzkrise ist kein Unfall der Entwicklung, sondern eine Krise der Interaktion zwischen den Generationen. Das Gleichgewicht zwischen Führen und Freilassen muß neu ausgependelt werden. Die Formen des Umgangs sind nicht mehr durch Alter und Macht bestimmbar, sondern in gegenseitiger Achtung vor den Überzeugungen des Partners. Das bedeutet standhalten ebenso wie nachgeben.
S. a. → Entwicklungspsychologie.
Lit. Ausubel: Jugendalter; Busemann: Spiralmodell; Fend: Identitätsentwicklung; Fend: Pubertät; Fend: Übergang; Muuss: Adoleszenz. *Gisela Oestreich*

Adoption → Annahme als Kind.

Adoptionsvermittlungsgesetz (AdVermiG) Gegenstand des AdVermiG ist die Adoptionsvermittlung. Diese ist – jedenfalls heute – eine Aufgabe der → Jugendhilfe und müßte daher eigentlich im → Kinder- und Jugendhilfegesetz (KJHG – SGB VIII) geregelt sein. Aus historischen und rechtspolitischen Gründen ist die Adoptionsvermittlung jedoch – seit sie kodifiziert ist – immer ein selbständiges Gesetz gewesen. Im Gesetzgebungsverfahren zum KJHG wurde die Einbindung in dieses Gesetz zwar wiederholt gefordert, erreicht wurde aber lediglich die Einbeziehung des AdVermiG in das → Sozialgesetzbuch (SGB) als ein gesetzgeberisch noch zu integrierender besonderer Teil. Das heute geltende AdVermiG stammt von 2.7. 1976 (BGBl. I S.1762, in Kraft getreten am 1. 1. 1977) und wurde aufgrund der Einbeziehung der Ersatzmuttervermittlung neu gefaßt am 27. 1. 1989 (BGBl. I S. 2016). Die Ersatzmuttervermittlung wurde – ebenso wie unkontrollierte Adoptionsvermittlung – verboten und pönalisiert. Sie ist somit keine Jugendhilfe und wäre besser nicht in das AdVermiG aufgenommen worden.
Historisch gibt es fachlich qualifizierte Adoptionsvermittlung als Hilfe für Kinder, die Eltern brauchen, seit Beginn dieses Jh., auch wenn das damals geltende zivile Adoptionsrecht eher darauf ausgerichtet war, kinderlosen Eltern den erwünschten Nachwuchs zu verschaffen.
Das AdVermiG verfolgt als Hauptziel, für Kinder, die elternlos aufwachsen müssen (u. a. wegen Tod, Scheidung, Erziehungsunfähigkeit der Eltern), neue und geeignete Eltern zu finden. Dies geschieht in der Wei-

se, daß der Staat sich vorbehält festzulegen, wer Adoptionsvermittlung betreiben darf (§§ 1 bis 4) und daß er vorschreibt, wie die Adoptionsvermittlung methodisch zu erfolgen hat (§§ 7 bis 12). Die übrigen Vorschriften des Gesetzes befassen sich mit illegaler Adoptionsvermittlung (§§ 5 und 6), Ersatzmuttervermittlung (§§ 13a bis d) sowie den Sanktionen bei Verstößen gegen die Vorschriften (§§ 14 bis 14b). Zum Vermitteln von Kindern auf unterer Ebene sind befugt: die → Jugendämter (JÄ) sowie die örtlichen Stellen der → Arbeiterwohlfahrt (AWO), des → Deutschen Caritasverbandes (DCV) und des → Diakonischen Werks der Evangelischen Kirche in Deutschland, die diesen Verbänden angeschlossenen Fachverbände und sonstigen Organisationen, sofern sie von der nach Landesrecht zuständigen Behörde als Adoptionsvermittlungsstelle anerkannt worden sind. Auf überlokaler Ebene sind dazu befugt: die → Landesjugendämter mit zentraler Adoptionsstelle und die zentralen Stellen der genannten → freien Träger, sofern sie anerkannt sind (§ 2). Voraussetzung für eine Anerkennung als Adoptionsvermittlungsstelle ist, daß die Stelle über entsprechend ausgebildete und beruflich geeignete Fachkräfte verfügt (§§ 3 und 4).

Bei schwer vermittelbaren oder → ausländischen Kindern oder bei solchen, die ihren Wohnsitz oder gewöhnlichen Aufenthalt außerhalb Deutschlands haben, hat die zentrale Adoptionsstelle die Adoptionsvermittlungsstelle bei ihrer Arbeit zu unterstützen (§§ 10 und 11). Ebenso hat sie regelmäßig zu prüfen, ob für Heimkinder eine Adoption in Betracht kommt (§ 12).

Das KJHG betont an verschiedenen Stellen (§§ 36 Abs. 1 S. 2, 37 Abs. 1 S. 4), daß die Adoption als Alternative zu erzieherischen Hilfen (→ Hilfe zur Erziehung [HzE]), der → Fremdunterbringung im Prozeß der Hilfeplanung (→ Hilfeplan) zu berücksichtigen ist.

Die Haupttätigkeit der Adoptionsvermittlungsstellen besteht im Prüfen von Adoptionsbewerbern und Zusammenführen von elternlosen Kindern mit den ausgewählten Bewerbern. Ist die Auswahl erfolgt, so trägt die Stelle dafür Sorge, daß die rechtlichen Voraussetzungen erfüllt, insbesondere die erforderlichen Einwilligungserklärungen abgegeben oder ersetzt werden (→ Annahme als Kind) (§ 7). Sie gibt das Kind in Adoptionspflege (§ 1743 BGB, § 8) und berät und unterstützt die Annehmenden in dieser Zeit (§ 9 Abs. 1). Auch nach Zustandekommen der Adoption bietet sie ihre Dienste der Adoptionshilfe an (§ 9 Abs. 2).

Die Bedeutung des AdVermiG ist unter menschlichen und fachlichen Gesichtspunkten groß. Es bewirkt, daß Kinder nicht zu Handelsobjekten gemacht werden können und daß ihnen, wenn sie Eltern brauchen, solche entsprechend ihren Bedürfnissen ausgesucht werden. Die rechtspolitische Bedeutung des Gesetzes dagegen ist erheblich geringer. Von den im Jahre 1994 zustande gekommenen 8 449 Adoptionen (lt. Jugendhilfestatitsitik des Statistischen Bundesamtes) waren 4 340 Stiefkind- und 411 Verwandtenadoptionen. In diesen 4 751 Fällen ging es nicht um das Zusammenführen von Minderjährigen und Adoptionsbewerbern mit dem Ziel der Adoption (§ 1 S. 1), sondern darum, ein Kind in seiner Familie zu belassen und seine Rechtsposition dort (vermeintlich) zu verbessern. Hier wird die Adoptionsvermittlungsstelle i. d. R. gar nicht eingeschaltet. Lediglich das JA wird vom Vormundschaftsgericht (VG) gem. § 49 Nr. 1m FGG angehört. Der echten Vermittlungszahl von 3 698 Kindern steht dagegen eine Zahl von 23 189 Adoptionsbewerbern gegenüber, die von den Adoptionsvermittlungsstellen aufwendig geprüft werden mit dem Resultat, daß zwei Drittteln von ihnen nie ein Kind wird vermittelt werden können. Ein weiterer Schwachpunkt des Gesetzes besteht darin, daß es nicht verhindern kann, daß Eltern Kinder aus der Dritten Welt adoptieren, ohne daß je eine fachlich arbeitende Vermittlungsstelle eingeschaltet worden ist.

Lit. Oberloskamp: Kind; Wiesner u. a.: SGB VIII, Anh. III. *Helga Oberloskamp*

Advokatenplanung → Anwaltsplanung

Affekt Komplexe Empfindung von Lust, Unlust oder eine Mischung beider, begleitet von Gedanken, Erinnerungen, Wünschen und Ängsten (→ Angst). Nach Brenner bilden bewußte und unbewußte Vorstellungen und Empfindungen (→ Unbewußtes, → Bewußtsein) zusammen den A., der genetisch betrachtet seinen Vorläufer in einer auf Triebspannung und -abfuhr beruhenden Lust- und Unlustempfindung hat. Die Unterschiede und Feinheiten des affektiven Erlebens einzelner Menschen leiten sich davon ab, welche Gefühle von Lust und Unlust mit den Vorstellungen verknüpft sind. Freuds Hauptthesen zur → Psychodynamik und → Psychopathologie entstanden in Zusammenhang mit seinen Überlegungen zur Funktion der A., die er als subjektive Äußerungsform der Quantität an vorhandener Triebenergie ansah. So suchte er den Ursprung des hysterischen Symptoms (→ Hysterie) in einem traumatischen Ereignis (→ Trauma), das keine adäquate Abfuhr erfahren konnte. In den Arbeiten über die Aktualneurosen hielt er den Energiestau des Sexualtriebes für die Ursache der Angstsymptome.

Inzwischen konnte durch Beiträge der neueren A.forschung Freuds These der angeborenen A. nachgewiesen werden. Aufgrund empirischer Untersuchungen versteht man den A. als System mit drei Funktionskreisen: 1. Steuerung des bewußten und un-

bewußten Denkens und Handelns des Individuums, 2. Regulierung der Interaktionen und darüber hinaus des sozialen Zusammenlebens, 3. Selbstwahrnehmung und Selbsteinschätzung. Die drei Funktionskreise ermöglichen es, drei Gruppen von A. zu unterscheiden: die informationsverarbeitenden (z. B. Neugier, Interesse, Überraschung), die beziehungsregulierenden (z. B. Ekel, Wut, Angst, Trauer) und die selbstreflexiven (z. B. Schuld, Scham, → Depression). Neu ist die 4. Gruppe der nachtragenden A. (z. B. Bitterkeit, Grimm, Groll, Hader). In der therapeutischen Situation ist die Beobachtung von A. Voraussetzung für → Diagnose, Prognose, Behandlungsplan und → Therapie. Der Therapeut als teilnehmender Beobachter bemerkt, wie der Patient auf bestimmte Situationen und Inhalte gefühlsmäßig reagiert, und er hat eine intuitive Vorstellung davon, ob die affektive Reaktion angemessen, zu intensiv, nicht stark genug ist oder gänzlich fehlt (Affektarmut).
Lit. Landauer, K.: Affekte; Brenner, C.: Psychoanalyse.   *Hannelore Barth*

Aggression/Aggressivität bezeichnet umgangssprachlich widerspenstiges bis wütendes Verhalten und Gefühle, die zu diesem führen. Übersehen wird häufig, daß aggressives Verhalten oft Durchsetzungsverhalten ist, das vom Gegenüber als Angriff erlebt wird. Insofern kann jedes Verhalten von anderen als A. empfunden werden. Es gibt Verhalten, das als A. erlebt wird, und solches, das als Angriff und Verteidigung gemeint ist. A. als Angriff und Verteidigung löst im menschlichen Organismus Stoffwechselveränderungen aus, z. B. schnellen Pulsschlag. A. drückt sich nicht nur in körperlichen (Schlägerei), sondern in vielfältigen Formen (z. B. Sprache) aus.
A. wird von verschiedenen psychologischen Schulen verschieden erläutert. Einige Theorien (z. B. → Psychoanalyse, Vergleichende → Verhaltensforschung) gehen davon aus, daß A. zur Instinkt-/Triebausstattung des Menschen gehört. Andere nehmen A. als ausschließlich gelernt an (z. B. Konditionierungstheorie). Es gibt Versuche, beide Theorierichtungen zu vereinen. Diese integrierten Modelle zählen die Fähigkeit zur A. ebenso wie bestimmte somatische Begleiterscheinungen zur genetischen Grundausstattung des Menschen. Sie betonen aber, daß die Häufigkeit von A. und die Form, in der sie sich entladen (z. B. Zuschlagen/Wortwechsel), gelernt werde. Diese Modelle sind für die Praxis vorteilhafter als einseitige.
Da aggressives Verhalten zur Durchsetzung notwendig, als Angriff und Verteidigung aber bedrohlich wirkt, ist der Umgang mit A. besonders schwierig. Durchsetzung berechtigter Interessen wird meist von Partnern als Angriff erlebt. Dadurch entsteht bei ihnen A., die das Durchsetzungsverhalten verhindert oder einen Teufelskreis von A. fördert. Dieser Prozeß bleibt bei gleichrangigen Partnern wenig gefährlich, führt aber zu Krisen, wenn er zwischen Ranghohen und Rangniederen geschieht. Der Rangniedere kann sich meist nicht durchsetzen und muß seine A. an einen weiter unten Stehenden weitergeben oder sie gegen sich selbst wenden (Autoa.).
Es gibt zwei Formen der Fehlentwicklung von A.: a) Es kann eine zu niedrige Frustrationsschwelle vorliegen. Dann wird die kleinste Einschränkung aggressiv aufgenommen. b) Es kann die Äußerungsmöglichkeit von A. so blockiert sein, daß nur Autoa. möglich ist. Hinzu kommt mangelndes Selbstbewußtsein bis hin zu Selbstmordgedanken. Diese Störung wird selten erkannt, da der Autoaggressive unauffällig und anpassungsfähig ist. Sie gewinnt zunehmend mehr Bedeutung für Erklärungsmodelle sowohl psychosomatischer Erkrankungen (→ Psychosomatik) als auch für den Verlauf von Immunschwächerkrankungen wie Krebs, → Multiple Sklerose (MS) und andere (Bach, G. R. u. a.).
Den Fehlentwicklungen entsprechen zwei Therapieansätze: a) Bei zu niedriger Frustrationsschwelle wird geübt, nicht auf jede Kleinigkeit mit A. zu reagieren. Außerdem wird die Vielfalt aggressiver Äußerungsformen erweitert. b) Bei Autoa. wird gelernt, Durchsetzungs- und Verteidigungsverhalten auszuführen. Beide Therapieansätze vermitteln Lernprozesse, beide bauen zunächst Selbstwertgefühl auf, das im einen Fall befähigt, → Frustrationen ruhig hinzunehmen, im anderen, bestimmter für die eigenen Bedürfnisse aufzutreten (→ Selbstsicherheitstraining).
Lit. Bach, G. R. u. a.: Aggression; Weingarten, A. u. a.: Verhaltensweisen.
Andrea Weingarten/Siglind Willms

Agnosie (Unterform der → Werkzeugstörungen) Störung des (Wieder-)Erkennens optischer, akustischer oder taktiler Wahrnehmungen trotz intakter Funktion der entsprechenden Sinnesorgane. Als Ursache kommen krankhafte Prozesse in umschriebenen Regionen des Gehirns in Frage. Die Diagnose A. ist erst nach Ausschluß einer (z. B. toxischen) Bewußtseinsstörung oder einer angeborenen oder erworbenen Intelligenzschwäche zu stellen.
Formen: Optische A. (»Seelenblindheit«): Gezeigte Gegenstände oder Personen, die von früher bekannt sind, können nicht erkannt werden. Räumliche A.: Störung der optisch-räumlichen Orientierung, der Patient findet sich in vertrauter Umgebung (z. B. Wohnviertel, Krankenhaus) nicht mehr zurecht und verläuft sich. Akustische A.: Bekannte Töne oder Geräusche werden zwar gehört, können aber ihrer Herkunft nach nicht gedeutet werden. Taktile A.: Ge-

Agnosie, akustische

genstände können durch Betasten nicht erkannt werden.
Bei A. liegt immer ein Verlust der Fähigkeit vor, Sinneswahrnehmungen mit entsprechenden im Gedächtnis fixierten Erinnerungsbildern so in Beziehung zu setzen, daß Wiedererkennen eintritt. *Werner Richtberg*

Agnosie, akustische (Synonym A. auditive), sensorische Hörstummheit (Seelentaubheit veraltet). Bezeichnung für die Unfähigkeit, bei intakten Hörorganen bewußt zu hören. Geräusche, Töne und Lautsprache werden zwar aufgenommen, können aber nicht in ihrer Bedeutung erkannt und behalten werden. Als Ursachen kommen Schädigungen (z.B. → Frühkindliche Hirnschädigung, → Werkzeugstörungen) im Bereich der Bahnen und Zentren des Zentralnervensystems in Betracht, die die akustischen Reize weiterleiten, verarbeiten und die auditiven Informationen speichern. A. steht bei Kindern im Zusammenhang mit gravierenden Sprachentwicklungsverzögerungen (→ Sprachentwicklung, → Sprachbehinderte) und kann gemeinsam mit Störungen des Schriftspracherwerbs (Dyslexie, Dysgraphie, → Lese-/Rechtschreibschwäche) auftreten. Zwischen einer totalen akustischen A. und gestörten Teilfunktionen der auditiven Verarbeitung gibt es fließende Übergänge z.B. in Form einer verminderten Hör-Gedächtnisspanne, bei der Gehörtes nur für eine sehr kurze Zeit behalten werden kann. Bei Erwachsenen ist die akustische A. differentialdiagnostisch unter anderem gegen eine sensorische Aphasie abzugrenzen. Die Diagnose der akustischen A. setzt eine längere Beobachtung voraus. Eine Überprüfung des Gehörs (Audiometrie) ist oft erschwert und muß durch spezielle Verfahren ergänzt werden. → Sprachtherapie und gegebenenfalls eine → schulische Rehabilitation tragen dazu bei, die Auswirkungen möglichst gering zu halten und die auditiven Fähigkeiten soweit wie möglich auszubauen.
Lit. Wirth: Sprachstörungen. *Gregor Dupuis*

Agogik Aus dem niederländischen Sprachraum stammende Bezeichnung für eine Form der → Theoriebildung auf vorwissenschaftlicher Ebene mit dem Ziel, das im Bereich sozialer Dienstleistungs- und Bildungsaktivitäten vorhandene Erfahrungswissen zu systematisieren, die handlungsleitenden Prinzipien herauszuarbeiten sowie die darin implizit enthaltenen Wertvorstellungen zu reflektieren.
Formal betrachtet überwiegen in der A. Fallstudien mit häufig intuitivem Charakter (→ Intuition) sowie ausführliche Beschreibungen von Problemen gegenüber der Analyse und Interpretation von Zusammenhängen. Deshalb verwenden einige Autoren A. synonym zu »Praxistheorie«.

In der »agogischen Aktion« sollen die Erkenntnisse der A. planmäßig und systematisch umgesetzt werden, während »Agologie« als die über der A. stehende Stufe wissenschaftlicher Theoriebildung Untersuchungsinstrumente entwickelt, mit deren Hilfe die aus der praktischen Tätigkeit abgeleiteten → Hypothesen überprüft werden können.
Die A. versteht sich als Beitrag zur Weiterentwicklung des klassischen Methodeninventars der Sozialarbeit/Sozialpädagogik (→ Methoden der Sozialarbeit).
Lit. Van Beugen: Intervention.
Wilfried Reifarth

Agoraphobie → Phobien

AIDS steht für Acquired Immuno Deficiency Syndrome und bedeutet soviel wie Erworbenes Immundefekt-Syndrom. A. wurde erstmals 1981 als eigenständiges Krankheitsbild beschrieben und stellt das Endstadium einer Erkrankung, verursacht durch die Aufnahme von menschlichen Immundefektviren (Human Immunodeficiency Virus [HIV]), dar.
Zwischen dem Eindringen der Viren in die menschliche Blutbahn (HIV-Infektion) und dem Endstadium der Erkrankung A., welche schließlich zum Tode führt, liegen durchschnittlich 1/2–8 Jahre, wobei es jedoch enorme individuelle Abweichungen geben kann.
Zielzellen für HIV sind bevorzugt eine Untergruppe von weißen Blutkörperchen (T4-Helferzellen), die Abwehrreaktionen gegen eine Vielzahl von unterschiedlichen Erregern (Bakterien, Viren, Pilze) steuern. Als Folge ist der menschliche Organismus einer Vielzahl von Erregern ausgesetzt, die sich in therapeutisch oft nur schwer beherrschbaren Infektionen äußern. Bei HIV-infizierten Personen konnte das A.-Virus in fast allen Körperflüssigkeiten nachgewiesen werden. Es besteht eine lebenslange Infektiösität. Für die Virusübertragung ist jedoch neben Blut, Samen- und Scheidenflüssigkeit lediglich die Muttermilch von Bedeutung.
Zur Virusübertragung kommt es, wenn virushaltige Körperflüssigkeiten und Ausscheidungen in den Blutkreislauf anderer Menschen gelangen. Dies kann geschehen durch:
– Sexualpraktiken, bei denen Samenflüssigkeit, Scheidensekret oder Blut durch Haut- oder Schleimhautverletzungen in den Körper eindringen können. Besonders risikoreich ist daher ungeschützter Analverkehr, aber auch durch Vaginal- und Oralverkehr besteht die Möglichkeit einer Ansteckung.
– Die gemeinsame Benutzung von Nadeln und Spritzen, die mit virushaltigen Blutresten verunreinigt sind.
– Eine Virusübertragung während der Schwangerschaft von der HIV-infizierten

Mutter auf das ungeborene Kind durch direkten Blutkontakt oder über die Muttermilch. Die Wahrscheinlichkeit einer Übertragung (Transmissionsrate) liegt in Europa zwischen 20% und 30%.
– HIV-haltige Blutgerinnungsfaktoren, wie sie für Bluter lebensnotwendig sind. Darüber hinaus wurden zahlreiche Transfusionsempfänger durch Gabe von Blutkonserven infiziert. Heute werden diese Übertragungswege durch Hitzebehandlung der Gerinnungsfaktoren und durch Untersuchung jeder Blutspende nahezu ausgeschlossen.
Da es bisher keine prophylaktische Impfmöglichkeit und kausale Therapie gibt, sind neben den Bereichen Prävention und Testdurchführung besonders die psychosoziale Betreuung und Beratung wichtige Felder der → Sozialarbeit/Sozialpädagogik.
Ein HIV-Antikörpertest sollte nur nach einem Beratungsgespräch, in dem die Indikation, der Zeitpunkt der letzten Ansteckungsmöglichkeit sowie psychische Verarbeitungsmöglichkeiten im Falle eines positiven Testergebnisses besprochen wurden, durchgeführt werden. Kostenlose und anonyme HIV-Antikörpertestungen werden von vielen Einrichtungen des Öffentlichen Gesundheitsdienstes (→ Gesundheitsdienst, öffentlicher [ÖGD]) angeboten. Da die HIV-Antikörper (Eiweiße, die der Mensch gegen das Virus bildet) in der Regel erst 3 Monate nach einer Infektion in ausreichender Konzentration nachgewiesen werden können (Serokonversionszeit), gibt erst ein Testergebnis nach dieser Zeit hinreichende Sicherheit. Darüber hinaus ist zum Nachweis einer HIV-Infektion neben einem Suchtest (ELISA) ein Bestätigungstest (z. B. WB) zwingend erforderlich. Liegt ein positives Testergebnis vor, gewinnen besonders häufig Fragen im Zusammenhang mit Kranken- und Rentenversicherung, Sozialhilfe oder aber mit häuslicher und stationärer Pflege an Bedeutung.
Lit. Deutsche AIDS-Hilfe: Sozialrecht; Lichtenberg, P.: AIDS. *Klemens Messing*

Akademie für Jugendarbeit und Sozialarbeit → Deutscher Verein für öffentliche und private Fürsorge (DV)

Akkulturation → Enkulturation

Aktenanalyse Auf der → Inhaltsanalyse beruhende Methode der empirischen Sozialarbeitsforschung, deren Untersuchungsgegenstand Akten bzw. einzelne in ihnen enthaltene Schriftstücke bilden. Als Sekundärerhebungsmethode dient sie der Analyse von Schriftmaterial, das unabhängig von den Forschungsabsichten, die mit der A. verfolgt werden, erstellt worden ist. Die Verwendung der A. setzt eine kritische Bewertung der Akte als Instrument der → Verwaltung voraus, die vor allem rechtlichen und verwaltungstechnischen Erfordernissen angepaßt ist und für die als einzige Systematik die zeitliche Abfolge der Aufnahme der unterschiedlichen Schriftstücke wie Erhebungsbögen, Vermerke, Verfügungen, Berichte, Gutachten, Briefe u. ä. gilt. Die Abbildung von sozialer Realität im Akteninhalt soll vordringlich die Aufgabe erfüllen, durch eine gezielte Dokumentation Komplexität zu reduzieren und Handlungsbegründung und -orientierung zu liefern. Dagegen stellt die mittels der A. vorgenommene Abbildung des Akteninhalts eine systematische und methodisch vollzogene Reduzierung der Materialmenge der Akte mit dem Ziel dar, zunächst beschreibende, erklärende und bewertende Aussagen über den manifesten Akteninhalt selbst zu machen, in einem weiteren Schritt aber auch die in der Akte abgebildete soziale Realität zu erfassen. Die Aussagen, die eine A. zuläßt, sind maßgeblich durch den Umfang und die Qualität der → Aktenführung sowie durch den Interpretationsrahmen (Theorie) des Aktenanalytikers und die Qualität des von ihm eingesetzten Instruments (→ Validität und → Reliabilität) bestimmt.
Helmut Lukas

Akteneinsicht 1. Im → Verwaltungsverfahren: Die wirksame Wahrnehmung der eigenen Rechte im Verwaltungsverfahren setzt mitunter die Kenntnis der Unterlagen voraus, auf die eine Behörde ihre Entscheidung stützen will. Die neueren Verfahrensgesetze (s. § 29 VwVfG, § 25 SGB X; § 35 KOVerwaltungsverfahrensgesetz) haben sich für das »Prinzip der beschränkten Aktenöffentlichkeit« (Badura) entschieden. Danach hat die Behörde den Beteiligten Einsicht in die das Verfahren betreffenden Akten zu gestatten, soweit deren Kenntnis zur Geltendmachung oder Verteidigung ihrer rechtlichen Interessen erforderlich ist. Hierzu gehört auch die Auskunft über die einschlägigen innerdienstlichen Vorschriften (BVerwG DVBl. 1981, S. 190), insbesondere dann, wenn – wie im Sozialhilferecht (§ 4 BSHG) – die konkrete Leistung im Ermessen des Leistungsträgers steht (BVerwG NJW 1984, S. 2590); (→ Sozialhilferichtlinien). Die Einsicht kann auch Nichtbeteiligten gewährt werden, wenn die Kenntnis des Akteninhalts Voraussetzung einer wirksamen Rechtsverfolgung ist (BVerwGE 30, 160). Dies gilt bis zum Abschluß des Verwaltungsverfahrens nicht für Entwürfe zu Entscheidungen und die Arbeiten zu ihrer unmittelbaren Vorbereitung, also nicht für Aktenvermerke und interne Stellungnahmen und Entwürfe. Die Behörde ist zur Gestattung der A. nicht verpflichtet, soweit durch sie der ordnungsgemäße Erfüllung der Aufgaben der Behörde im vorliegenden Fall oder allgemein beeinträchtigt, das Bekanntwerden des Inhalts

der Akten dem Wohle des Bundes oder eines Landes Nachteile bereiten würde oder soweit die Vorgänge nach einem Gesetz oder ihrem Wesen nach, namentlich wegen der berechtigten Interessen der Beteiligten oder dritter Personen, geheimgehalten werden müssen. Die A. erfolgt i. d. R. bei der Behörde, die die Akten führt. Die Begrenzung oder Versagung der A. ist ein → Verwaltungsakt. Ein → Rechtsbehelf hiergegen kann nach § 44 a VwGO nur gleichzeitig mit den gegen die Sachentscheidung zulässigen Rechtsbehelfen geltend gemacht werden.
2. Im → Verwaltungsprozeß besteht ein umfassendes Recht auf Einsicht in die Gerichts- und die dem Gericht vorliegenden Akten (§ 100 VwGO); zur Vorlage ihrer Akten vor Gericht sind die Behörden verpflichtet, es sei denn, die oberste Aufsichtsbehörde verweigert die Vorlage wegen einer Geheimhaltungsbedürftigkeit des Akteninhalts (vgl. § 99 VwGO).
3. Innerhalb des öffentlichen Dienstes: Beamte und Angestellte des öffentlichen Dienstes sowie deren Bevollmächtigte haben das Recht auf Einsicht in die vollständigen Personalakten (§ 56c BRRG, § 13 BAT).
Lit. Giese u.a.: SGB I und X, dort § 25; Kopp: Verwaltungsverfahrensgesetz; Marburger: Akteneinsicht; weitere Lit. s.: → Verwaltungsverfahren. *Jürgen Sauer*

Aktenführung ist der gängige Begriff für die Sammlung, Ordnung und Handhabung von Schriftgut oder vergleichbaren Medien der Dokumentation. Eine allgemeine gesetzliche Orientierung dazu gibt es nicht. Schon der Begriff der (Einzel-)Akte ist rechtlich nur schwer einzugrenzen. So ist in § 3 Abs. 8 BDSG Akte nur sehr allgemein definiert als »jede sonstige amtliche oder dienstliche Zwecken dienende Unterlage«, die keine Datei i. S. d. § 3 Abs. 2 BDSG ist. Auch wird datenschutzrechtlich nicht als Akte verstanden, wenn es sich um »Vorentwürfe und Notizen, die nicht Bestandteil eines Vorgangs werden sollen« (§ 3 Abs. 3 S. 2 BDSG), handelt. Neben der Vollzugskontrolle einerseits und der Selbstkontrolle andererseits sowie der Gewährleistung von Bearbeitungskontinuität bei Personalwechsel wird man als weiterreichende Funktion von A. heutzutage die organisationsinterne und -externe Kommunikation benennen müssen, jedenfalls dann, wenn die Akten auch zur Weitergabe vorgesehen sind. Diese Kommunikationsfunktion ist immer in Gefahr, eher die Position des Aktenführenden zu dokumentieren als die Sache (oder Person), um die es geht (»wer viel schreibt, der bleibt«). Ohnehin führt die schriftliche Umsetzung von Lebenssachverhalten zu einer Verkürzung dieser Sachverhalte. Um so wichtiger ist es, Sachverhaltsbeschreibungen erkennbar von Wertungen zu trennen. Es kommt hinzu, daß die schriftliche Fixierung bestimmter Vorgänge eine → Stigmatisierung von Betroffenen zur Folge haben kann, die geeignet ist, den eigentlich gewünschten Effekt sozialer Arbeit zu behindern. Eine weitere Gefahr bedeutet die Standardisierung von Informationen, z. B. durch Formulare. Nicht zuletzt aber ist hinsichtlich der → Erhebung, der Sammlung und der Weitergabe personenbezogener Informationen das Recht des Bürgers auf informationelle Selbstbestimmung zu beachten. Für die Phase der Erhebung bzw. Sammlung personenbezogener Informationen gilt das an der jeweiligen Aufgabenstellung zu orientierende Erforderlichkeitsprinzip, das z. B. im Verfahrensrecht des → Sozialgesetzbuches (SGB) in der Mitwirkungspflicht (§ 60 SGB I) seine Entsprechung hat. Als unzulässig gilt insofern die verbreitete Sammlung personenbezogener Informationen auf Vorrat (»sie könnten irgendwann einmal von Bedeutung sein«). Zur Datenerhebung und Speicherung liegen im Bereich des SGB bereichsspezifische konkretisierende Regelungen vor. Hinsichtlich der Weitergabe (Offenbarung, Verwendung, Verarbeitung) personenbezogener Informationen (→ Sozialgeheimnis) ist insbesondere zu fragen, ob es nicht ausreicht, daß anstelle der Gesamtakte nur (die erforderlichen) Teile der Akte weitergereicht werden. Bei Berufsgruppen, die der → Schweigepflicht nach § 203 Abs. 1 StGB unterliegen (Ärzte, Psychologen, Sozialarbeiter etc.), dürfte unvermeidlich sein, die Informationen, die vom Betroffenen nur im Hinblick auf die vertrauensspezifische Funktion der Schweigepflichtigen preisgegeben worden sind, in – von der institutionellen Akte – getrennten Akten aufzubewahren. Eine ähnliche Schlußfolgerung verlangt § 65 KJHG - SGB VIII. In seinen Grundsätzen zur »Aktenführung in der kommunalen Sozialverwaltung« (NDV 1990, S. 335) empfiehlt der → Deutsche Verein für öffentliche und private Fürsorge (DV) darüber hinaus eine weitere Differenzierung. Im Lichte des Datenschutzes ist auch dafür Sorge zu tragen, daß die in den Akten dokumentierten Informationen zutreffend sind. Andernfalls kann – unter bestimmten Voraussetzungen – der Betroffene ein Recht auf Änderung oder Löschung (bzw. Sperrung) geltend machen (s. Beschluß des BVerfG vom 6. 6. 1983, in NJW 1983, S. 2135 ff., zum Änderungsanspruch bei Akten der Ausländerbehörde). Das dem Datenschutzrecht zugrunde liegende Transparenzgebot verlangt grundsätzlich auch – in Entsprechung zum informationellen Selbstbestimmungsrecht – die Gewährung von → Akteneinsicht durch den Betroffenen, bzw. Aktenauskunft an den Betroffenen, soweit nicht (datenschutzrechtliche) Belange Dritter dadurch tangiert werden.

Lit. Knischewski: Sozialarbeiter; Krahmer: Sozialdatenschutz; Müller, S.: Aktenanalyse; Proksch: Sozialdatenschutz; Stadt Essen: Aktenführung.

Thomas Mörsberger

Aktion psychisch Kranke – ein Zusammenschluß von Parlamentarierinnen/Parlamentariern und engagierten Fachleuten aus der Psychiatrie – tritt für die Verbesserung der Versorgung → psychisch Kranker und (→ seelisch) Behinderter ein. Seit 25 Jahren gestaltet die AKTION die Weiterentwicklung psychiatrischer Versorgungsstrukturen durch differenzierte Informations- und Öffentlichkeitsarbeit sowie durch die Beteiligung an wesentlichen psychiatriepolitischen Reformprojekten mit. Auf der Basis der Empfehlung der → Psychiatrie-Enquête, der Ergebnisse des Modellprogramms Psychiatrie der Bundesregierung und deren Auswertung in den »Empfehlungen der Expertenkommission zur Reform der Versorgung im psychiatrischen und psychotherapeutisch/psychosomatischen Bereich« sowie der Empfehlung im Bericht »Zur Lage der Psychiatrie in der ehemaligen DDR« setzt sich die AKTION insbesondere für den Ausbau ambulanter und komplementärer Versorgungsstrukturen für psychisch kranke Menschen und für Maßnahmen ein, die geeignet sind, ein hohes Niveau der Versorgung und Behandlung dieser Personen zu gewährleisten. Arbeitsweise: fortlaufende Unterrichtung von Mandatsträgerinnen/-trägern und zuständigen Behörden in Bund, Ländern und Gemeinden; Einwirken auf die Gesetzgebung in den Länderparlamenten und dem Deutschen Bundestag; Information der Bevölkerung durch Broschüren u.a.; Austausch mit Psychiatrieerfahrenen und Angehörigen. Anschrift: Brungsgasse 4–6, 53117 Bonn.

Birgit Meiners

Aktionsforschung → Handlungsforschung

Aktivierende Behandlung → Familientherapie, → Gesprächsführung, Methoden der

Aktivierende Pflege Seit Inkrafttreten des Pflege-Versicherungsgesetzes (→ Pflegeversicherung, gesetzliche) existiert folgende Interpretation dessen, was man unter a. P. versteht, eine klare Angabe darüber, welchen Stellenwert diese haben sollte. »Die Pflege soll als aktivierende Pflege erbracht werden, die vorhandene und wiedererlernbare Fähigkeiten des pflegebedürftigen Menschen fördert und sichert. Selbständigkeit und Selbsthilfefähigkeit des Pflegebedürftigen sind zu unterstützen und der Pflegebedürftige zur Mithilfe bei der Ausführung aller Pflegeleistungen anzuleiten. Aktivierende Maßnahmen sollen alle körpernahen Verrichtungen einbeziehen, aber auch die hauswirtschaftliche Versorgung, die Organisation des Tagesablaufs und die Gestaltung der Wohnung oder des Pflegeheimes. Die Angehörigen des Pflegebedürftigen sollen sich an der aktivierenden Pflege beteiligen. Die aktive Einbeziehung des Pflegebedürftigen ist eine wesentliche Voraussetzung, Pflegebedürftigkeit zu überwinden, den Pflegezustand zu verbessern oder einer Verschlimmerung vorzubeugen. Dazu gehört z. B. die Ermunterung und ggf. Hilfestellung beim bettlägerigen Pflegebedürftigen zum Aufstehen und Umhergehen, die geistige Anregung insbesondere bei alleinstehenden, vereinsamten Menschen, die Anleitung zum selbständigen Essen statt passiver Nahrungsaufnahme usw.« (Stellungnahme der Bundesregierung zu § 28. Abs. 4 SGB XI). A. P. setzt demnach ein grundsätzlich rehabilitatives Pflegeverständnis voraus, welches auf eine Verbesserung der Ausgangssituation abzielt. Dies steht derzeit im Gegensatz zur Pflegepraxis, die überwiegend noch Versorgungscharakter hat. Die generelle Umsetzung dieses gesetzlich verankerten Anspruchs nach »a. P.« kann nur unter der Voraussetzung eines ergebnisorientierten Qualitätsansatzes im Gesundheitswesen gewährleistet werden. Bei dem heutigen maßnahmeorientierten System werden Aktivierungserfolge finanziell eher bestraft. (→ Rehabilitative Pflege)

Lit. Klie: Pflegeversicherung; Stösser: Pflegestandards; Stösser: Qualitätsstandards.

Adelheid von Stösser

Akzeleration (Entwicklungsbeschleunigung) Autoren entwicklungspsychologischer Modelle (→ Entwicklungspsychologie), die – überwiegend biologisch orientiert – das kalendarische Alter eines Menschen als Maßstab seiner Funktionstüchtigkeit setzten, beobachteten vor allem nach 1920 ein »früheres Auftreten praktisch aller Entwicklungserscheinungen, insbes. ein verstärktes Längen- und Gewichtswachstum« (Undeutsch, S. 337). Erwachsene waren etwa 6–10 cm größer als 100 Jahre zuvor, 13/14jährige bis zu 15 cm. U. a. wurden der 1. und 2. Zahndurchbruch, die Verknöcherung des Skelettsystems und die Geschlechtsreifung früher beobachtet (säkulare A.) Bei einzelnen Individuen wurden zusätzliche Verfrühungen gegenüber den für bestimmte Altersstufen erwarteten Maßen und Leistungen beobachtet (individuelle A.). Pädagogen äußerten sich besorgt über die frühe Geschlechtsreife und postulierten die nicht zu verallgemeinernde Gefahr eines seelisch-geistigen Entwicklungsrückstands (asynchrone gegenüber harmonisch synchroner A.). Die Ursachen blieben ungeklärt. Veränderte Ernährungs-, Bewegungs- und Bekleidungsgewohnheiten hätten – im städtischen Milieu – stärkere Entwicklungsreize ausgelöst. Andere Autoren nehmen eine »Zuchtwahl« an, nach der besonders aktive und reizempfindliche Men-

Alimente

schen in die Städte abgewandert seien (Selektionstheorie z. B. bei Bennholdt-Thomsen). Schmeing bezog A. auf die Menschheitsentwicklung. Verfrühung der → Pubertät bedeutet ihm eine Gefährdung des seelisch-geistigen Aufstiegs des Menschen und sei Anzeichen einer Rückentwicklung (Stufentheorie). Die Diskussion der 50er Jahre ist heute schwer nachvollziehbar, zumal für viele ihrer → Hypothesen – besonders über das Auseinanderklaffen bzw. die Parallelität von körperlicher und seelischgeistiger Entwicklung – das Beobachtungsmaterial nicht zweifelsfrei zu sichern war. Das Problem wird heute kaum mehr diskutiert, obwohl Vermutungen auf einen Stillstand der Entwicklungsbeschleunigung hinweisen.

Lit. Bennholdt-Thomsen: Reifungsbeschleunigung; Mietzel: Entwicklungspsychologie; Otter: Akzeleration; Schmeing: Reifungsstufen; Thomae, H.: Entwicklung; Ungerer: Akzeleration.   *Gisela Oestreich*

Alimente → Unterhaltspflicht

Alkoholismus Der Begriff A. geht auf Magnus Huss (Stockholm 1852) zurück. Er verstand darunter eine Zusammenfassung aller Krankheitssymptome des Nervensystems, die in dieser Form bei Personen auftreten, die lange Zeit Alkohol im Übermaß zu sich genommen haben. Beim chronischen A. handelt es sich nach der Definition von Huss um Schäden auf körperlichem und (oder) psychischem Gebiet. Die Komponente sozialer Schäden durch Alkoholmißbrauch findet sich zuerst bei Bleuler, der den Begriff 1920 wie folgt definiert: »Wer sich oder seine Familie durch den Alkoholgenuß deutlich schädigt, ohne daß man ihm das begreiflich machen kann, oder ohne daß der den Willen oder die Kraft hat, sich zu bessern, muß als Alkoholiker betrachtet werden.« Die gegenwärtig gebräuchlichste Definition wurde von der Weltgesundheitsorganisation (WHO) im Jahre 1951 verabschiedet: »Alkoholiker sind exzessive Trinker, deren Abhängigkeit vom Alkohol einen solchen Grad erreicht hat, daß sie deutlich Störungen und Konflikte in ihrer körperlichen und geistigen Gesundheit, ihren mitmenschlichen Beziehungen, ihren sozialen und wirtschaftlichen Funktionen aufweisen; oder sie zeigen Prodrome (Vorläufer) einer solchen Entwicklung. Daher brauchen sie Behandlung.« Diese Definition beruht auf den Forschungsergebnissen von Jellinek, der zum ersten Male in umfassender Weise den Verlauf der Alkoholsucht aufzeigte. Nach Jellinek läßt sich der alkoholische Krankheitsprozeß in vier Phasen einteilen: a) die voralkoholische, symptomatische Phase, b) die Prodromal-Phase, Vorläufer der Sucht, c) die kritische Phase, d) die chronische Phase. Folgen des chronischen Alkoholmißbrauchs sind u. a. Alkoholpsychosen, Alkoholepilepsie, Delirium tremens, Korsakow-Psychose und Alkoholdemenz.

Die Rechtsprechung sieht nach dem Urteil des BSG vom 18. 6. 1968 Trunksucht nicht erst im fortgeschrittenen Stadium als Krankheit an, vielmehr bildet → Sucht selbst einen regelwidrigen Körper- und Geisteszustand, der sich im Verlust der Selbstkontrolle und in der krankhaften Abhängigkeit vom Suchtmittel, im »Nichtmehr-aufhören-Können« äußert. Die Sucht muß nicht schon im vorgerückten Stadium bestehen (s. Krasney).

Die Entstehung des A. ist vieldimensional. Sie ist gekennzeichnet durch ein unspezifisches, wenn auch charakteristisches Bedingungsgefüge, das nach Feuerlein weitgehend von drei Faktorengruppen, die auch für die Entstehung anderer Formen von → Drogenabhängigkeit Geltung haben, bestimmt wird: a) von den spezifischen Wirkungen der Drogen, die zur → Abhängigkeit führen, b) von den spezifischen Eigenschaften der konsumierenden Individuums, c) von den Besonderheiten des Sozialfeldes bzw. des soziokulturellen Hintergrundes. Diese drei Bedingungen sind je nach Individuum und je nach Verhältnissen des Sozialfeldes in unterschiedlichem Ausmaß wirksam. Obwohl ein geschlossener theoretischer Ansatz zur Suchtentwicklung noch fehlt, sind die individuelle Diagnostik und die Erstellung eines Gesamtbehandlungsplanes für jeden Patienten erforderlich. Entsprechend der Persönlichkeitsstruktur des Alkoholkranken empfiehlt sich hinsichtlich der therapeutischen Grundkonzeption z. B. ein psychoanalytischer, verhaltenstheoretischer oder → systemischer Ansatz. Beim A. hat sich die Jellineksche Typenlehre mit Alpha-, Beta-, Gamma-, Delta- und Epsilontrinkern bewährt. Andere Autoren grenzen von den »primären« Alkoholikern die depressiven und soziopathischen Alkoholiker ab. Für Diagnostik und Therapie sind Informationen über die Ausgangspersönlichkeit vor Beginn der Suchterkrankung wichtig. Diese Primärstörungen sind von den eingetretenen psychischen Folgen bei bereits Abhängigen zu unterscheiden.

Nach Wanke ist Sucht ein »unabweisbares Verlangen nach einem bestimmten Erlebniszustand. Diesem Verlangen werden die Kräfte des Verstandes untergeordnet. Es beeinträchtigt die freie Entfaltung der Persönlichkeit und zerstört die sozialen Bindungen und sozialen Chancen eines Individuums«. Wanke sieht daher das multidisziplinäre Team (→ Therapeutisches Team), das sich aus verschiedenen Berufsgruppen zusammensetzt, und die → therapeutische Gemeinschaft als wesentliche Bestandteile der Suchtkrankenbehandlung an. Innerhalb des Behandlungsverbundes haben die einzelnen Berufe (Sozialarbeiter, Ärzte, Psychologen) ihre Schwerpunkte an verschiedenen Stellen des Heilungsgeschehens. Wichtig ist es, die sozialen Bezugspersonen (→ Bezugsgruppe) in die Therapie einzubeziehen. Rieth weist auf die soziale Ächtung des Alkoholikers und dessen besondere Selbstwertproblematik hin, die seine Motivation, sich helfen zu lassen, bzw. seine Krankheitseinsicht wesentlich behindert. Durch die Mitarbeit von Mitgliedern von Abstinenz- und → Selbsthilfegruppen kann diese Problematik besser überwunden werden. Bei den Therapiezielen ist zu beachten, daß die Abstinenz nur eine Voraussetzung für die Erreichung der Genesung ist. Ziele sind nach Wanke die Umstrukturierung der Persönlichkeit, die Nachreifung und die freie Selbstverfügbarkeit. Dieser Aufgabe widmen sich vor allem fachlich orientierte ambulante und stationäre Einrichtungen der → freien Wohlfahrtspflege und des öffentlichen → Gesundheitswesens. Bei Fachkliniken werden auch private Träger tätig. Bei der Re-Integration leisten die Selbsthilfeorganisationen Blaues Kreuz, Kreuzbund, Guttempler-Orden, Anonyme Alkoholiker sowie Freundeskreise für Suchtkrankenhilfe eine wesentliche Hilfe.

Die Zuständigkeit im gegliederten Sozialleistungssystem sowie die Finanzierung sind in den »Empfehlungsvereinbarungen« zwischen den Spitzenverbänden der Krankenversicherung und Rentenversicherung (stationär vom 20.11.1978, ambulant vom 7.1.1991) geregelt. Sie sind eingebunden in das »Gesamtkonzept« der o. g. Sozialversicherungsträger vom 15. 5. 1985. Ansonsten kommt das → Bundessozialhilfegesetz (BSHG) zum Tragen (s. Krasney).

Lit. Antons u. a.: Suchtentwicklung; Feuerlein: Alkoholismus; Knischewski: Alkoholismustherapie; Krasney: Vorschriften; Laubenthal: Sucht; Nicol-Verlag: Alkoholsucht; Rieth: Alkoholkrank.

Ernst Knischewski

Alleinerziehende sind Mütter oder Väter, die die elterliche Verantwortung für ein Kind oder mehrere minderjährige Kinder weitgehend alleine tragen. 1994 lebten im Bundesgebiet insgesamt 1,6 Mio. Alleinerziehende mit fast 2,3 Mio. Kindern unter 18 Jahren. Es handelt sich um eine sehr heterogene Gruppe, die sich hinsichtlich des Familienstandes (ledig, getrennt lebend, geschieden oder verwitwet), der Kinderzahl und des Alters der Kinder, des Einkommens und der Bewertung der eigenen Lebenssituation unterscheidet.

1994 waren im gesamten Bundesgebiet 17,2% aller Familien mit minderjährigen Kindern sogenannte Ein-Eltern-Familien (alte Bundesländer: 15,1%, neue Bundesländer: 24,5%). Die Zahl der alleinerziehenden Frauen überwiegt bei weitem: 86% alleinerziehenden Müttern stehen nur knapp 14% alleinerziehende Väter gegenüber.

Bis heute sind die alleinerziehenden Mütter nach Scheidung auch überwiegend Inhaberinnen des alleinigen elterlichen Sorgerechts; die Väter haben ein gesetzlich verankertes Umgangsrecht, das jedoch in vielen Fällen längerfristig gar nicht oder nur sehr sporadisch wahrgenommen wird. Nach der geplanten Reform des Kindschaftsrechts sind diesbezüglich u.U. Veränderungen zu erwarten, da geplant wird, die → elterliche Sorge bei Scheidungen nur auf Antrag juristisch zu klären und einem Antrag auf Übertragung der alleinigen elterlichen Sorge nur stattzugeben, wenn der andere Elternteil zustimmt oder die Übertragung der elterlichen Sorge auf den Antragsteller dem Wohl des Kindes am besten entspricht. Zukünftig wird dann vermutlich formell die Zahl der Eltern, die das Sorgerecht gemeinsam ausüben, steigen, wohingegen im alltäglichen Zusammenleben weiterhin eher mit einer wachsenden Zahl Alleinerziehender zu rechnen ist.

Da das Einkommen eines Elternteils i. d. R. nach der Trennung/Scheidung zur Finanzierung von 2 Haushalten nicht ausreicht, sind die meisten Alleinerziehenden auf eigene Erwerbstätigkeit angewiesen, wenn sie nicht von → Sozialhilfe leben wollen. Fehlende bzw. unzureichende Kinderbetreuungsangebote sowie Arbeitszeiten, die sich mit den familiären Erfordernissen nicht vereinbaren lassen, stehen einer Erwerbstätigkeit insbesondere alleinerziehender Mütter mit Kleinkindern oder alleinerziehender Mütter mehrerer Kinder entgegen. Familien geraten häufig in finanzielle Notlagen, aus denen Mehrfachbelastungen resultieren (Existenzangst, beengte oder schlechte Wohnverhältnisse, kein Geld für attraktive Freizeitgestaltung und Urlaubsreisen etc.), die sich auch auf den sozialen Status der Einelternfamilien auswirken.

In der Forschung wird die Lebenssituation Alleinerziehender zunehmend differenzierter beurteilt. Neben den Belastungen für die Alleinerziehenden (psychosoziale Krise und materielle Armut) werden zunehmend auch die besonderen Chancen thematisiert: Alleinerziehende praktizieren häufig einen eher partnerschaftlichen Erziehungsstil, und ihre Kinder sind besonders selbständig. Die Entwicklung der Kinder nach Trennung/Scheidung hängt vor allem von der Qualität der Beziehungen zu beiden Elternteilen ab. Gelingt es den Eltern, ihre Paarkonflikte von der Elternebene zu trennen, so entwickeln sich die Kinder besser als in Familien, in denen die Ehepartner trotz hohen Konfliktpotentials zusammenbleiben. S. a. → Kindschaftsrechtsreform, → Verband alleinstehender Mütter und Väter (VAMV).

Lit. Häsing u. a.: Handbuch; Napp-Peters: Scheidung; Nave-Herz u. a.: »Ein-Eltern-Familien«; Statistisches Bundesamt: Blickpunkt: Familien.

Petra Winkelmann

Alleinstehender → Haushaltsvorstand, → Regelsatz

Alleinstehende Wohnungslose In den 80er Jahren ist der Begriff »Nichtseßhafte« (→ Nichtseßhaftigkeit) sowohl in der Literatur als auch in der Praxis zunehmend durch »a. W.« ersetzt worden. Daß sich der neue Begriff weitgehend durchgesetzt hat, ist nicht einer inhaltlichen Eindeutigkeit zuzuschreiben, sondern vielmehr der Tragfähigkeit für viele unterschiedliche Interessen und Zielsetzungen unter dem allgemeinen Konsens, den Begriff »Nichtseßhafte« durch einen anderen Begriff abzulösen. Der Begriff a. W. hat keine andere Funktion (mehr), als die für die Aufrechterhaltung der Kommunikation mit unveränderten Inhalten und Konzeptionen wichtige und anerkannte Konvention zu übernehmen, »Nichtseßhafte« zu meinen.
Es ist ausreichend und zutreffend, von wohnungslosen Personen und Haushalten zu sprechen und damit die besondere, mit einem objektiven Kriterium eindeutig zu erfassende Lebenslage derer zu bezeichnen, die, im Unterschied zu anderen Personen und Haushalten in unzumutbaren oder nicht ausreichenden Wohnunterkünften, über gar keinen Wohnraum zur Führung und Aufrechterhaltung ihres privaten Haushalts verfügen. Unter dem zusammenfassenden Oberbegriff der Obdachlosigkeit (→ Obdachlosigkeit/Obdachlosenhilfe) oder der (von den Kommunen eingeführten Alternative) Wohnungsnotfälle wird somit die Differenzierung der Betroffenen nach der zu beantwortenden und für die jeweilige Lebensbewältigung entscheidenden Frage vorgenommen, ob die Betroffenen über Wohnraum verfügen oder nicht.
W. sind Personen und Haushalte, die nach dem Verlust oder der ersatzlosen Aufgabe ihrer Wohnung oder bisherigen Wohnunterkunft oder nach Beendigung ihres Aufenthaltes in einer Anstalt oder sonstigen Einrichtung obdachlos geworden sind und
– die seitdem keinen Wohnraum zu ihrer privaten Verfügung und zur Führung und Aufrechterhaltung ihres eigenen Haushalts besitzen und
– weder materiell noch in ihrer gegenwärtigen Lebenslage über ausreichende Mittel und soziale wie persönliche Ressourcen verfügen, um in gesicherten und ausreichenden Wohn- und Existenzverhältnissen leben zu können und
– die deshalb ohne Wohnung, ohne festen Wohnsitz und ohne gesicherte wirtschaftliche Existenzgrundlage von Gelegenheitsarbeiten und/oder Sach- und Geldleistungen der → Sozialhilfe oder privater Personen leben und
– im Freien, in selbsterrichteten Schlafstellen oder in Gemeinschafts-, Sammel- oder sonstigen Behelfsunterkünften oder in Hotel- bzw. Pensionsbetrieben nächtigen bzw. → Unterkunft erhalten haben.
Obdachlos zu werden und dann keine Wohnmöglichkeit mehr zu haben oder zu erhalten, geht über die lokale Segregation und Ausgliederung obdachlos gewordener Haushalte in unzureichenden und benachteiligenden Wohnersatzunterkünften hinaus und kommt einer faktischen Ausbürgerung gleich, die (in Deutschland) ihren sprachlichen Ausdruck und damit gleichzeitig auch endgültigen Vollzug in der Bezeichnung und Behandlung der Betroffenen als »Nichtseßhafte« gefunden hat.
Aus der unterschiedlichen kommunalen Praxis der → Wohnungssicherung und ordnungspolitischen Reaktion gegenüber obdachlosen Ein- und Mehrpersonenhaushalten und schließlich aus der Lebenslage der »nackten« Obdachlosigkeit erklärt sich die überwiegende Anzahl a. W. Die Bewältigungsstrategien in dieser → Lebenslage sind für Frauen, Männer und betroffene Lebensgemeinschaften unterschiedlich und abhängig von den Rahmenbedingungen für die Erschließung lebensnotwendiger Ressourcen an den offiziellen und nichtoffiziellen Märkten für Arbeit (→ Arbeitsmarkt), Beschäftigung, Einkommen und Unterkunft und dem Sozialhilfesystem. Sie können zu verdeckten Formen der Lebensbewältigung (vor allem bei Frauen) bis zu dem öffentlich auffälligen Betteln und »Wohnen« auf der Straße führen.
Lit. Albrecht, G. u. a.: Lebensläufe; John, W.: Wohnsitz; Ruhstrat: Arbeit; Treuberg: Nichtseßhaftigkeit.

Heinrich Holtmannspötter

Allgemeine Ortskrankenkasse → Krankenkassen

Allgemeiner Fürsorgeerziehungstag e. V. → Arbeitsgemeinschaft für Erziehungshilfe (AFET) e. V. – Bundesvereinigung –

Allgemeiner Sozialdienst → Sozialdienst, Allgemeiner (ASD)

Alltag Die Frage nach Alltag und → Lebenswelt – im folgenden, einem weitverbreiteten Sprachgebrauch folgend, zunächst synonym verwandt – ist in den letzten Jahren für die Sozialarbeit (→ Sozialarbeit/Sozialpädagogik) zunehmend wichtig geworden als Bezugspunkt des Konzepts einer alltags- oder lebensweltorientierten Sozialen Arbeit. Alltag und Lebenswelt werden im folgenden nur innerhalb dieses Zusammenhangs erörtert.
Lebensweltorientierte Soziale Arbeit wird als Titel, als »framework« oder Rahmenkonzept benützt für vielfältige Reformtendenzen der Sozialen Arbeit (8. Jugendbericht, KJHG – SGB VIII). In diesem Konzept sind alte Traditionen der Sozialarbeit (Analyse der Menschen in ihren Lebensver-

hältnissen, Ansatz bei den Problemen, die dort gegeben sind), ebenso wie der Sozialpädagogik (Ausgang von den subjektiven Deutungen und dem Erfahrungs- und Bildungsanspruch der Menschen) aufgenommen und im Kontext einer Sozialen Arbeit als Sozialwissenschaft neu und erweitert gefaßt worden, – durchaus korrespondierend mit parallelen Entwicklung in der → Erwachsenenbildung oder der Schulpädagogik, aber ebenso in der → Gemeindepsychiatrie oder der → Kriminologie.

Lebensweltorientierte Soziale Arbeit bezieht sich auf ein phänomenologisch-kritisches Konzept von A. und Lebenswelt. A. wird in der gegenwärtigen sozialwissenschaftlichen Diskussion in unterschiedlicher Weise rekonstruiert; die Konzepte sind zugleich beschreibend und normativ. Gegenüber einem phänomenologisch-konservativen A.konzept mit Akzenten auf der pragmatischen Unmittelbarkeit und den belastungsfähigen Ressourcen im A. betont ein kritisches Konzept, daß diese Unmittelbarkeit nur als Pseudokonkretheit verstanden werden kann, also vermittelt mit gesellschaftlichen Strukturen und im Horizont sozialethischer Ziele gesehen werden muß. A. wird verstanden als Schnittstelle von Objektivem und Subjektivem, von Lebenslagen und Lebensbewältigungsmustern; Alltag erscheint gleichsam als Stegreifbühne, auf der in vorgegebenen, prägenden Rollenmustern agiert wird.

Das Konzept A. sieht den Menschen bedingt und agierend in der Ganzheitlichkeit erfahrener Wirklichkeit; diese ist räumlich, zeitlich und sozial gegliedert. Die Bewältigung der hier sich stellenden vielfältigen, komplexen Aufgaben ist orientiert an pragmatischen Erledigungszwängen, gesichert durch Routinen und Typisierungen. Die Lebenswelt eines Menschen wiederum ist in sich gegliedert in unterschiedliche Lebensarrangements (z. B. der → Familie, der Arbeit, der Öffentlichkeit), die in ihren unterschiedlichen, je spezifischen Lebensmustern in ihren Überschneidungen und vor allem in ihren Widersprüchlichkeiten miteinander verbunden werden müssen. – Wenn dieser A. in heutigen Bedingungen geprägt ist durch die heutigen gesellschaftlichen Strukturen, dann ist er geprägt durch Ungleichheit (der Ressourcen, aber ebenso des Geschlechts, der Generation, der nationalen Zugehörigkeit, der regionalen Infrastruktur), durch Brüchigkeit und Offenheit vorgegebener Lebensmuster (Pluralisierung und Individualisierung der Lebenslagen und der Lebensführung) und durch die Vergesellschaftung dieser Lebensmuster. Damit aber werden die Handlungsmuster des Pragmatismus und der Routinen, wie sie für A. konstitutiv sind, problematisiert, ja außer Kraft gesetzt, – jedenfalls in weiten Bereichen, denn natürlich gibt es weiterhin vielfältige Verläßlichkeiten, unhinterfragte Selbstverständlichkeiten, Vertrauen in Verläßlichkeiten. A.orientierungen also müssen in der neuen Offenheit in mühsam aufwendigen Verhandlungen um einen tragfähigen Konsens oder in gewollten Inszenierungen hergestellt werden. Solche Anstrengungen um Konsens gelten natürlich auch für die den A. bestimmenden normativen Orientierungen, die im Horizont von Gerechtigkeit und Anerkennung im Konkreten ausgehandelt werden müssen. – So erweist sich die derzeitige Konjunktur der Frage nach A. als Indiz der Krise des A.: Es braucht neue Anstrengungen, um eine Balance von Verläßlichkeit und Offenheit sowie zwischen Pragmatismus und Reflexivität herzustellen.

Alltagsorientierte Soziale Arbeit, als Versuch, Menschen in ihrem A. zur → Selbsthilfe, zum → Empowerment zu befähigen, ist ein Versuch der Antwort auf diese Krisen - natürlich nur innerhalb der Grenzen ihrer bescheidenen, durch Gesetze und Traditionen festgelegten Zuständigkeit für bestimmte soziale Probleme und Krisen in der krisenhaften heutigen Normalität.

Die Profilierung der Sozialen Arbeit als alltags- und lebensweltorientiert aber muß noch unter einem zweiten, gleichsam sozialarbeitsinternen Aspekt gesehen werden. Soziale Arbeit agiert in und für die Moderne generell charakteristischen Strukturen der Verrechtlichung, der Institutionalisierung, der → Professionalisierung; im Zuge des Ausbaus der institutionalisierten Sozialen Arbeit wird die Ambivalenz dieser Strukturen der Vergesellschaftung zunehmend deutlich. Die Orientierung an Gleichheit, an Verläßlichkeit, an Sicherung in den Ansprüchen und an Kontrollierbarkeit innerhalb der Programme geht einher mit Egalisierung auch unterschiedlicher Situationen, mit Selektivität der Hilfe und mit einer Verfremdung der Lebensprobleme der Adressaten in den institutionell-professionellen Vorgaben. A.orientierte Soziale Arbeit versteht sich als Kritik an solchen Gefährdungen einer entfremdenden, kolonialisierenden Sozialen Arbeit, – ebenso im Kontext einer allgemeinen Institutions- und Professionskritik wie der neu sich formierenden Selbstzuständigkeit der Bürger in den sozialen Bewegungen und im bürgerschaftlichen Engagement. Lebensweltorientierte Soziale Arbeit versteht diese Kritik aber nicht als prinzipielle Frage nach der Leistungsfähigkeit moderner, sozialstaatlicher Dienstleistungsstrukturen, sondern als Herausforderung, ihre Dienstleistungen so zu strukturieren, daß sie die A.probleme und Ressourcen der Adressaten sehen, respektieren und Hilfen in diesem Horizont realisieren. Lebensweltorientierte Soziale Arbeit ist der Versuch, die unhintergehbaren Selbstverständlichkeiten vergesellschafteter, moderner Hilfsstrukturen mit dem Respekt vor den Gegebenheiten und Bedürf-

nissen gegebener Lebensverhältnisse zu vermitteln.
Die Konkretisierung dieses Programms ist Thema der neueren Diskurse in der Sozialen Arbeit. Lebensweltorientierte Soziale Arbeit zielt ebenso auf die Konkretisierung des Anspruchs auf → soziale Gerechtigkeit in unserer Gesellschaft wie – bezogen auf die Einzelnen und ihre »Kunst des Lebens« (Salomon) – auf die Stabilisierung von Handlungskompetenz in den heutigen Widersprüchlichkeiten und Offenheiten; sie zielt damit auf die Kompetenz der Entscheidungsfähigkeit im Offenen und auf Konfliktfähigkeit, die – in den Anstrengungen von Widersprüchlichkeit und Offenheit – sich nicht in Dogmatismus, Rücksichtslosigkeit, Resignation oder die vielfältigen Formen des ausweichenden Verhaltens flüchten muß. Lebensweltorientierte Soziale Arbeit konkretisiert sich in bezug auf die Strukturen des Gefüges von Dienstleistungen in Maximen, wie Prävention, Regionalisierung, Alltäglichkeit (A. hier im engeren Sinn verstanden als Zugänglichkeit von Hilfen, als Niedrigschwelligkeit), auf Integration, Partizipation und auf Einmischung (in andere Bereiche von Politik und Planung) und auf Vernetzung (als Anstrengung um Koordination und Kooperation zwischen den unterschiedlichen Angeboten in der Lebenswelt). Lebensweltorientierte Soziale Arbeit konkretisiert sich – analog zu solchen institutionellen Maximen – in Konzepten zu professionellen Handlungsmustern, in denen die Balance zwischen wissenschaftlichen Deutungsmustern und A.erfahrungen, zwischen Nähe und Distanz, zwischen professionellem Selbstbewußtsein und Respekt vor der Kompetenz und Leistungsfähigkeit der nicht-professionellen Akteure bestimmt werden muß; es geht ebenso um die Klärung einer stellvertretenden Verantwortung (advokatorischen Ethik) wie um die Reichweite und Tragfähigkeit des Konzepts stellvertretender Deutung oder um neue Aspekte spezifischer Beziehungskonstellationen (z. B. in der Reinterpretation des pädagogischen Bezugs). Diese institutionellen und professionellen Maximen konkretisieren sich in der Unterschiedlichkeit der Arbeitsfelder der Sozialen Arbeit unterschiedlich; dies für die unterschiedlichen Arbeitsfelder – z.B. die Straßensozialarbeit, die Jugendkulturarbeit, die → Kindertageseinrichtungen, die → Fremdunterbringung, die Suchtarbeit usw. – durchzuarbeiten ist, so scheint mir, die dringende Aufgabe innerhalb der Diskussion zur lebensweltorientierten Sozialen Arbeit.
So deutlich das Konzept lebensweltorientierter Sozialer Arbeit sich abzeichnet, so wenig ist es in derzeitiger Praxis schon realisiert. Die Defizite in gegebener Praxis sind evident: Die Ängstlichkeit, sich jenseits pädagogisch generalisierender, normativer Vorgaben auf die Offenheiten heutiger Situationen einzulassen, ohne darin den Anspruch auf gelingendere Lebensverhältnisse und Empowerment fallen zu lassen, die Sektorierung von Zuständigkeiten, deren Gegen- und Nebeneinander Aufwand und Ineffektivität erzeugt, die Zögerlichkeit einer Anerkennung der Kollegialität auch zu nicht-professionellen Akteuren, z. B. in der Kooperation mit bürgerschaftlichem Engagement. Gravierender aber ist die Befangenheit der Möglichkeiten Sozialer Arbeit in Gesetzesregelungen, die heutigen Lebensschwierigkeiten nur bedingt gerecht werden, so wie es deutlich wird am Gegenbild einer A.begleitung für jene, die weder durch die → Jugendhilfe noch durch Soziale Arbeit in ihren Schwierigkeiten, mit heutigem A. zu Rande zu kommen, gestützt werden oder die prinzipiell patriarchalische Struktur der bestehenden Sozialen Arbeit (ebenso wie der → Sozialpolitik). Daß ein solcher Prospekt lebensweltorientierter Sozialer Arbeit nur realisierbar ist, wenn, zugleich mit den inhaltlich-strukturellen Entwicklungen, jene Modernisierungsrückstände aufgearbeitet werden, die, zur Zeit z. B. im Kontext der Dienstleistungsdiskuission, in bezug auf Organisationsstrukturen, Transparenz, Evaluation und vor allem Forschung (→ Praxisforschung) eingeklagt werden, ist evident, hier aber nicht Thema.

Lit. BMJFFG (Hg.): 8. Jugendbericht; Dewe u.a.: Alltagstheorien; Hörster: Kritik; Kosik: Dialektik; Schütz, A.: Aufsätze; Thiersch: Soziale Arbeit; Thiersch: Lebenswelt; Thiersch: Alltag; Treptow: Utopie. *Hans Thiersch*

Altenbegegnungsstätten → Altentagesstätte/Altenbegegnungsstätte

Altenbeirat → Seniorenvertretungen

Altenbericht → Seniorenbericht der Bundesregierung

Altenheim → Altenpflegeheim

Altenhilfe ist nach dem → Bundessozialhilfegesetz (BSHG) gekennzeichnet durch die Aufgabe, »dazu beizutragen, Schwierigkeiten, die durch das Alter entstehen, zu verhüten, zu überwinden oder zu mildern und alten Menschen die Möglichkeit zu erhalten, am Leben in der Gemeinschaft teilzunehmen« (§ 75 Abs. 1 S. 2; s.a. untenstehende Ausführungen des BSHG). Im Unterschied dazu sieht Grunow A. nicht als Hilfe, die die Schwierigkeiten überwindet, »die durch das Alter entstehen, sondern als Hilfe, der ... versuchen muß, die im Alter sich dokumentierenden Benachteiligungen des gesamten Lebenszyklus auszugleichen« (Grunow, S. 389). A. muß sowohl unter

dem Gesichtspunkt der Nothilfe als auch dem der → Prävention konzipiert und angeboten werden (Fülgraff, S. 823).
Hilfe für alte Menschen zählt Weller zu den ältesten sozialen Betätigungen, die ihren Ausdruck fanden in Nächstenliebe, Armenhilfe, Wohlfahrtspflege und Sozialarbeit (Weller, S. 302). Betrachtet man die historische Entwicklung, so sind in unserem Kulturkreis die alten Menschen bis weit ins 19. Jh. im Familienverband – in der Großfamilie – versorgt worden (→ Familie). Nur soweit eine solche Versorgung nicht gegeben war, wurden Hilfeeinrichtungen notwendig. Im Mittelalter nahmen kirchliche und bürgerliche Spitäler – neben anderen Gruppen Hilfebedürftiger - arme und kranke alte Menschen auf. Sie erhielten freie Unterkunft und Pflege während Krankheit und Siechtum, auch Nahrung und Kleidung bei bestimmten Gelegenheiten. Im allgemeinen mußten sie sich jedoch aus eigenen Mitteln oder aus Almosen verpflegen, die in Kirchen, Klöstern und an Haustüren gespendet wurden (Scherpner, S. 166). Auch Wohlhabenden boten die Spitäler die Möglichkeit einer Versorgung im Alter. Durch Pfründenkauf konnte ein Spitalplatz, oft zugleich auch eine Leibrente für den Lebensabend, gesichert werden. Gegen Ende des Mittelalters nahm die »Verpfründung« der Spitäler stark zu, so daß nur noch wenig Platz für die Versorgung der Armen blieb. Daher entstanden daneben – in Form von Stiftungen – Armenwohnungen, in denen meist ältere und alte Menschen frei wohnen konnten. Zu Beginn der Neuzeit entwickelten sich vor allem in den Städten Anfänge einer geordneten Hausarmenpflege (Scherpner, S. 167). Durch sie erhielten jetzt auch die in Familien oder die selbständig außerhalb des Spitals lebenden alten Menschen in Notfällen Hilfe. Die überkommenen Formen der Altersversorgung blieben daneben bestehen, neue Spitäler wurden auch weiterhin gegründet. Die Gleichzeitigkeit »geschlossener Anstaltsfürsorge« und »offener Unterstützung« (Scherpner, S. 167) ist somit in ersten Ansätzen vorgebildet. Heime für alte Menschen haben vor allem während des 19. und 20. Jh. Wandlungen erfahren. Neuzeitliche Altenheime entstanden, seit im Gefolge der Industrialisierung die Großfamilie sich allmählich reduzierte auf ihren Kern, die Eltern und unmündigen Kinder, und alte pflegebedürftige Familienmitglieder immer häufiger in Heimen untergebracht wurden (Weller, S. 302).
Nur ein geringer Teil alter Menschen lebt heute in Heimen. Mitte der 80er Jahre gab es in der BRD und West-Berlin für rund 4,5% der über 65 Jahre alten Bevölkerung Plätze in → Altenwohnanlagen, Altenheimen und → Altenpflegeheimen. Nach einer von dem Sozialforschungsinstitut Infratest durchgeführten Heimerhebung lebten Ende 1994 in Deutschland rund 660 000 Personen in 8 300 Alteneinrichtungen. Die Wahrscheinlichkeit, einen Teil des Lebens in einem Altenheim oder Altenpflegeheim zu verbringen, steigt jedoch mit wachsendem Lebensalter. So wurde für Mannheim (1982) in der Gruppe der 80- bis 85jährigen ein Heimbewohneranteil von 8,3%, für die 85- bis 90jährigen von 15% und für die über 90jährigen von rund 21% errechnet (Bickel u.a.). Jeder 4. bis 5. alte Mensch wird irgendwann in einem Heim versorgt (Goberg). Von besonderer Bedeutung für den Heimaufenthalt alter Menschen ist das am 1. 1. 1975 in Kraft getretene »Gesetz über Altenheime, Altenwohnheime und Pflegeheime für Volljährige«, das → Heimgesetz (HeimG) mit seinen Verordnungen. Das erste Gesetz zur Änderung des HeimG wurde am 27. 4. 1990 verkündet. In der ehemaligen DDR gelten das HeimG und die Rechtsverordnungen dazu mit Wirkung vom 3. 10. 1990 (Goberg).
Die heutige A. ist in ihrem Umfang, ihren Aufgaben und in ihren Hilfeformen nicht zuletzt dadurch bedingt, daß sich der Anteil der alten Menschen an der Bevölkerung in den vergangenen Jahrzehnten ständig erhöht hat. Er betrug Ende 1994 für Deutschland insgesamt 15,4%, das sind 12,5 Mio. Menschen im Alter von 65 und mehr Jahren. Diese Zahl machte zum gleichen Zeitpunkt für alle 60jährigen und älteren 16,9 Mio. aus, das bedeutet einen Anteil an der Bevölkerung von 20,7%. 10,3 Mio. = 61,2% dieser Altersgruppen sind Frauen und 6,6 Mio. = 38,8% Männer. Nach der Sterbetafel 1992/94 haben 65jährige Männer im gesamten Bundesgebiet eine weitere Lebenserwartung von 14,5 und gleichaltrige Frauen von 18,2 Jahren. Für das Jahr 2030 wird für Deutschland eine Zahl von 24,4 Mio. 60 Jahre und mehr zählende Personen prognostiziert, das bedeutet einen Anteil von 34,9% an der Bevölkerung. Bei den 80jährigen und älteren wird bis zum Jahr 2020 eine Zuwachsrate von mehr als 50% (4,6 Mio.) vorausgesagt. Dabei kommt es zu einem stärkeren Übergewicht der alten Frauen. In dem Bereich der alten Bundesländer kamen 1972 bei den Geburtsjahrgängen 1912/1916 auf 100 Männer 139 Frauen. Bis 1987 hatte sich dieser Frauenüberschuß auf 171 je 100 Männer erhöht. Für 1997 wird ein Verhältnis von 100 : 230 vorausberechnet. Auffallend ist der starke Anteil alleinlebender alter Menschen. So gab es im April 1994 in Deutschland 5,1 Mio. Einpersonenhaushalte von über 65jährigen; davon überragen mit 4,3 Mio. (= 84%) die Frauen. Auch deshalb ist Altenhilfe vor allem Arbeit mit und für Frauen (Lohmann, Sachverständigenkommission zur Erstellung des 1. Altenberichts, Statistisches Bundesamt, Wingen, Perspektiven).
Ein rascher Auf- und Ausbau der A. hat in den letzten Jahren in der Bundesrepublik stattgefunden. Die gegenwärtig vorhandene

Altenhilfe

Vielfalt an Veranstaltungen, Diensten und Einrichtungen hat sich jedoch erst in den letzten Jahrzehnten entwickelt. Nicht immer herrschte in der Fachwelt Einigkeit in der Bezeichnung der Angebote. Um eine Einheitlichkeit zu erreichen, ist im → Deutschen Verein für öffentliche und private Fürsorge (DV) eine »Nomenklatur der Veranstaltungen, Dienste und Einrichtungen der Altenhilfe« ausgearbeitet worden. 1992 wurde eine Überarbeitung herausgebracht. Dieser Katalog der Begriffsbestimmungen bietet gleichzeitig einen Überblick über die derzeitigen Angebote und Leistungen im Bereich der A. Einige der in dem Begriffskatalog enthaltenen Begriffe sind in dieses Lexikon aufgenommen worden (s. → Altenpflegeheim, → Tagespflege, → Altentagesstätte/Altenbegegnungsstätte, → Angehörigenarbeit, → Angehörigengruppen, → Geriatrische Kliniken oder Abteilungen und gerontopsychiatrische Kliniken oder Abteilungen, → Geriatrische und gerontopsychiatrische Tageskliniken, → Hospizbewegungen, → Mahlzeitendienste, → Telefonhilfen, → Vorbereitung auf das Alter). Das Ziel ihrer Arbeit sehen die zuständigen Stellen der A. in dem selbständigen und selbstverantwortlichen alten Menschen, für den Hilfe die »soziale Teilhabe« (Füllgraf, S. 837) gewähren und erhalten soll. Als grundlegende Prinzipien für alle Veranstaltungen, Dienste und Einrichtungen der A. werden in der Vorbemerkung der »Nomenklatur« angeführt: »Erhaltung der menschlichen Würde und der individuellen Persönlichkeit im Alter, Wahrung eigenständiger Lebensführung und der Grundlagen für eine angemessene Lebensqualität, Vermittlung von Selbstwertgefühl, sozialer Aktivität und dem Bewußtsein, trotz gegebener Rollenverluste am Leben in der Gesellschaft teilzuhaben.« In dem 1993 vorgelegten »Ersten Altenbericht der Bundesregierung« (BT-Drucks. 12/5897) wird von der Regierung eine Sichtweise herausgestellt, die dem Alter als Lebensphase Eigenständigkeit zubilligt und ein verändertes Selbstverständnis der Älteren einräumt, dem Rechnung zu tragen sei. Die Differenziertheit der Lebenssituation sowie die Wünsche und Erwartungen älterer Menschen werden als Orientierungsrahmen für politisches Handeln hervorgehoben. Als Ziele werden u. a. genannt: die Förderung der Selbständigkeit und der gesellschaftlichen Beteiligung; Unterstützung bei Hilfe- und Pflegebedürftigkeit im Hinblick auf Selbständigkeit.

Eine Verwirklichung der Ziele von A. setzt die zureichende finanzielle Absicherung voraus. Die materielle Sicherung alter Menschen gründet auf einem mehrgliedrigen System. Den gewichtigsten Teil stellt die gesetzliche → Rentenversicherung dar, die 1889 mit dem Gesetz über die Invaliditäts- und Alterssicherung begründet wurde. Als bedeutsam für die finanzielle Situation alter Menschen erwies sich die 1957 eingeführte Dynamisierung der Rente. Die → Rentenreform von 1972 dehnte die Versicherungsberechtigung aus, führte die flexible Altersgrenze (→ Renten wegen Alters) ein und brachte eine Rente nach Mindesteinkommen. Probleme sind aber weiterhin vorhanden. So ist z. B. die finanzielle Alterssituation vieler Frauen schlechter als die der Männer. Am 11. 7. 1985 ist das Gesetz zur Neuordnung der Hinterbliebenenrenten sowie zur Anerkennung von Kindererziehungszeiten in der gesetzlichen Rentenversicherung (Hinterbliebenenrenten- und Erziehungszeiten-Gesetz – HEZG, BGBl. I 1985, S. 1450) beschlossen worden. Das Gesetz sieht die Übertragung der nach geltendem Recht bestehenden Voraussetzungen für → Witwenrenten auf die → Witwerrenten vor. Gleichzeitig wird selbsterworbenes Erwerbs- und Erwerbsersatzeinkommen oberhalb eines dynamisch ausgestalteten Freibetrages berücksichtigt, und zwar zu 40% In Höhe dieses Betrages ruht die → Hinterbliebenenrente. Für die Erziehung jedes Kindes wird Müttern ein Versicherungsjahr in der Rentenversicherung angerechnet, für Geburten ab 1992 sind es nach dem → Rentenreformgesetz 1992 (RRG 1992) drei Jahre. Nach diesem Gesetz wird für die Pflege von Pflegebedürftigen eine Berücksichtigungszeit (→ Berücksichtigungszeiten für Kindererziehung und Pflege) eingeführt. Weiter sieht das Rentenreformgesetz u. a. die stufenweise Abschaffung der vorgezogenen und flexiblen Altersgrenze zugunsten der Regelarbeitsgrenze von 65 Jahren, die Möglichkeit der Weiterarbeit nach dem 65. Lebensjahr, die Zahlung von Renten bei Teilzeitarbeit vor.

Träger der vielfältigen Veranstaltungen, Dienste und Einrichtungen der A. sind i. d. R. die → Gemeinden, die Kreise (→ Landkreise), die überörtlichen Träger der Sozialhilfe (→ Sozialhilfeträger) sowie die sechs Verbände der → freien Wohlfahrtspflege. Um geeignete Lösungen bemühen sich neben verschiedenen Stellen besondere Einrichtungen wie das → Kuratorium Deutsche Altershilfe – Wilhelmine-Lübke-Stiftung e. V. (KDA) und das → Deutsche Zentrum für Altersfragen e. V. (DZA). Initiativen zur → Selbsthilfe und Selbstorganisation aller Menschen sind in der Bundesrepublik zahlreich. Die älteste Selbsthilfegruppe ist die 1958 gegründete Lebensabendbewegung. Beispielhaft seien weiter die Seniorenräte angeführt, die zunehmend an Bedeutung gewinnen. Landesseniorenvertretungen gibt es in mehreren Bundesländern und auf Bundesebene die Bundesseniorenvertretung. 1991 kam es zur Gründung der → Bundesarbeitsgemeinschaft der Senioren-Organisationen (BAGSO). Weite Verbreitung finden inzwischen → Seniorenbüros, die ab 1992 arbeiten.

Nach den Vorstellungen vieler Verantwortlicher in der A. ist der ambulanten Hilfe Vorrang einzuräumen: sie soll dazu verhelfen, den alten Menschen möglichst lange ein selbständiges Leben in der eigenen Häuslichkeit zu sichern.
Zukunftsorientierte A. benötigt → Planung und Berücksichtigung aller relevanten Daten. Planungsinstrumente im Bereich der A. sind die Altenpläne (→ Altenhilfeplanung) der Bundesländer, Gemeinden und Kreise. Wissenschaftliche Grundlagen für die Entwicklung und Durchführung der A. liefern → Gerontologie und → Geriatrie.

Margarete Heinz

A. (rechtlich): 1. w. S. umfaßt die A. nach dem BSHG die Gesamthilfe der Vorschriften dieses Gesetzes, die für alte Menschen von besonderer Bedeutung sind. Dazu gehört die → Hilfe zum Lebensunterhalt, vor allem mit ihrem → Mehrbedarf für Personen, die das 65. Lebensjahr vollendet haben oder jünger, aber erwerbsunfähig i. S. d. gesetzlichen Rentenversicherung (→ Erwerbsunfähigkeitsrente) sind und (in beiden Fällen) einen Schwerbehindertenausweis (→ Schwerbehinderte) mit dem Merkzeichen G (erhebliche Beeinträchtigung der Bewegungsfähigkeit im Straßenverkehr i. S. d. § 60 Abs. 1 S. 1→ Schwerbehindertengesetz [SchwbG]) besitzen (§ 23 Abs. 1 S.1 BSHG mit Übergangsregelung in § 23 Abs. 1 S. 2 BSHG), sowie mit der stationären Hilfegewährung in Alteneinrichtungen, soweit sie nicht im Rahmen der → Hilfe in besonderen Lebenslagen erfolgt. Zur A. i. w. S. gehören unter den Arten der Hilfe in besonderen Lebenslagen insbes. → vorbeugende Gesundheitshilfe, → Krankenhilfe, → Eingliederungshilfe für Behinderte, → Blindenhilfe trotz → Pflegeversicherung, → Hilfe zur Pflege, → Hilfe zur Weiterführung des Haushalts sowie die A. i. e. S. nach § 75.

Aufgabe der A. i. e. S. ist neben der Hilfe zur Vorbereitung auf das Alter (§ 75 Abs. 3), dazu beizutragen, durch das Alter entstehende Schwierigkeiten zu verhüten, zu überwinden oder zu mildern und alten Menschen die Möglichkeit zur Teilnahme am Leben in der Gemeinschaft zu erhalten (§ 75 Abs. 1 S. 2). Auf sie besteht kein Anspruch, vielmehr handelt es sich um eine → Soll-Leistung (§ 75 Abs. 1 und 3).
Die A. wird – außer im Verhältnis zur → Hilfe zur Überwindung besonderer sozialer Schwierigkeiten, gegenüber der sie Vorrang hat (§ 72 Abs. 1 S. 2) – nur ergänzend gewährt. Sie tritt neben die Hilfe nach den übrigen anderen Vorschriften des BSHG (§ 75 Abs. 1 S. 1).
A. soll »alten Menschen« gewährt werden (§ 75 Abs. 1 S. 1). Damit ist keine Altersgrenze gesetzt, die Vollendung des 65. Lebensjahres kann nur einen gewissen Anhaltspunkt geben. Die Hilfe zur Vorbereitung auf das Alter gilt für Personen, die noch nicht alt sind, bei denen aber das Alter nahe ist.
Unter den in Betracht kommenden Maßnahmen hebt § 75 Abs. 2 beispielhaft, nicht abschließend einige besonders heraus, nämlich die Hilfe bei der Beschaffung und zur Erhaltung einer den Bedürfnissen des alten Menschen entsprechenden Wohnung (Nr. 1), die Hilfe in allen Fragen der Aufnahme in einer Einrichtung, die der Betreuung alter Menschen dient, insbes. bei der Beschaffung eines geeigneten Heimplatzes (Nr. 2), die Hilfe in allen Fragen der Inanspruchnahme altersgerechter Dienste (Nr. 3), die Hilfe zum Besuch von Veranstaltungen oder Einrichtungen, die der Geselligkeit, der Unterhaltung, der Bildung oder den kulturellen Bedürfnissen alter Menschen dienen (Nr. 4), die Hilfe zur Ermöglichung der Verbindung alter Menschen mit nahestehenden Personen (Nr. 5) und die Hilfe zu einer Betätigung, wenn sie vom alten Menschen gewünscht wird (Nr. 6). Hierbei dürfte letztere nur relativ begrenzte Bedeutung haben, während alle übrigen Hilfen sehr wesentlich für alte Menschen sind. Die Maßnahmen, die im Rahmen der Hilfe zur Vorbereitung auf das Alter in Betracht kommen, werden im Gesetz nicht – auch nicht beispielhaft – bestimmt.
Soweit im Einzelfall als Maßnahme der A. – wie wohl überwiegend – → persönliche Hilfe erforderlich ist, soll sie ohne Rücksicht auf vorhandenes → Einkommen oder → Vermögen gewährt werden (§ 75 Abs. 4). Sonst findet die → Einkommensgrenze des § 79 Anwendung, wobei die sozialpolitische Zielsetzung besonderer Art der Hilfe in besonderen Lebenslagen beim Einsatz des Einkommens über diese Grenze zu beachten ist.
Für die A. i. e. S. ist der örtliche Sozialhilfeträger sachlich zuständig (§ 99; → Zuständigkeit, sachliche und örtliche).

Lit. Bickel u.a.: Inanspruchnahme; Birk u.a.: BSHG (Komm.); Bundesministerium für Familie und Senioren: Erster Altenbericht; DV: Nomenklatur Altenhilfe; Fülgraff, B.: Hilfen; Goberg: HeimG (Komm.); Gottschick u.a.: BSHG (Komm.); Grunow: Rehabilitation; Knopp u.a.: BSHG (Komm.); Lohmann: Altenhilfe; Mergler u.a.: BSHG (Komm.); Oltmanns u.a.: Altern; Sachverständigenkommission zur Erstellung des 1. Altenberichts: 1. Teilbericht; Schellhorn u.a.: BSHG (Komm.); Scherpner, H.: Altenfürsorge; Statistisches Bundesamt: Statistisches Jahrbuch 1996; Wehlitz: Altenhilfe; Weller: Sozialgeschichte (Kap. Altenhilfe).*Hans-Gerd Ronge*

Altenhilfefachberater/-in → Fachberatung

Altenhilfeplanung ist neben → Jugendhilfe- und Behindertenhilfeplanung als Fach-

Altenkuren

sozialplanung (→ Sozialplanung) fest etabliert. Umfassendere Ansätze, die diese Planungen als integrierte Bestandteile einer sozialen Kommunalpolitik behandeln, lassen sich kaum finden. Angesichts der demographischen Entwicklung soll über A. die Handlungssicherheit für die Gestaltung kommunaler Altenpolitik erhöht werden. Im Vordergrund stehen die Themen → Gesundheit, Hilfe- und Pflegebedürftigkeit, Wohnen, Arbeit, Freizeit und → Kommunikation. Ziel ist, eine den → Bedarfen und → Bedürfnissen der älteren Menschen entsprechende Infrastruktur an Diensten und Einrichtungen zu entwickeln sowie darauf hinzuwirken, daß möglichst viele Lebensbereiche altengerecht ausgestaltet werden. Einerseits hat A. durch das Pflege-Versicherungsgesetz (PflegeVG) weiteren Aufwind bekommen, da den Ländern die Aufgabe zufällt, für eine ausreichende Versorgungsstruktur zu sorgen und Einrichtungen im investiven Bereich zu fördern. Andererseits besteht in der Folge des PflegeVG die Gefahr, daß A. auf das Thema Pflege verengt wird. Die Praxis der A. ist durch verschiedene Verfahren und Methoden geprägt (→ Planungsgrundlagen und -methoden). Dies zeigt sich z. B. bei der Beteiligung älterer Menschen, die von einer repräsentativen Befragung bis zu einer Mitarbeit von Seniorenvertretern (→ Seniorenvertretungen) in einem Beirat reichen kann, ebenso wie beim Umgang mit Richtwerten. Werden diese als zentrale Zielgrößen begriffen, die es zu erreichen gilt, oder als Hilfsgrößen verstanden, die vor dem Hintergrund örtlich/regionaler Besonderheiten zu hinterfragen sind und entsprechend modifiziert Verwendung finden? Differenzierter sind → Indikatoren, die Annahmen über die Entwicklung von Bedürfnissen älterer Menschen und deren Umsetzung in Nachfrageverhalten nach Diensten und Angeboten enthalten, um so zu Bedarfsaussagen zu kommen. Durch das sich ausdifferenzierende Hilfeangebot für ältere Menschen ist es zu einer wichtigen Aufgabe geworden, ein integriertes Hilfesystem zu konzipieren, das z. B. durch eine Koordinierungsstelle abgesichert werden kann. Unzureichend eingestellt hat sich A. bislang auf den veränderten rechtlichen Rahmen, der auf Wettbewerb zwischen den Anbietern zielt. Aufgabe wird es sein, daß über A. (Förder-)Bedingungen entwickelt werden, um im gewünschten Sinn Einfluß nehmen zu können.
Lit. Freie und Hansestadt Hamburg: Sozialberichte; Glagow u. a.: Gesellschaftssteuerung; Igl: Dortmunder Beiträge; MAGS: Bedarfsplanung. *Jürgen Burmeister*

Altenkuren → Kur

Altenpflege ist die Gesamtheit aller pflegerischen Dienste für alte Menschen. Sie umschließt neben → Grundpflege und (medizinischer) → Behandlungspflege auch die soziale Betreuung der Pflegebedürftigen. Hinzu kommen therapeutische Bestandteile als → aktivierende Pflege und Hilfen zur → Rehabilitation: der Verzicht darauf gilt weithin als Widerspruch zu Erkenntnissen der → Gerontologie, besonders der → Geriatrie und der → Gerontopsychiatrie, zu den Leistungsanforderungen und Qualitätsvorgaben der → Pflegeversicherung (§§ 11 Abs. 1, 28 Abs. 3 und 4 SGB XI), aber auch zu den Aufgaben der → Sozialhilfe (§§ 1 Abs. 2, 2 Abs. 1 → Bundessozialhilfegesetz [BSHG]).
Bereits daraus ergeben sich (Mindest-)Anforderungen an die Qualität der A. Eine Qualitätssicherung wird außer in heimrechtlichen Vorschriften (Personalverordnung, Mindestbauverordnung u. a.) ausdrücklich in § 93 Abs. 2 BSHG und § 80 SGB XI verlangt. Dem stehen u. U. aber die Begrenzungen und Kürzungen (»Deckelung«) der von öffentlichen Kostenträgern oder überhaupt erlangbaren Vergütungen bzw. Entgelte (→ »Pflegesätze«) entgegen. Eine Verschärfung würde diese Problematik erfahren, wenn sich die Meinung durchsetzen sollte, daß eine (Anteils-)Finanzierung der A. durch die Pflegeversicherung mit dem Verbot verkoppelt sei, die ggf. angebotene qualitativ »bessere« Pflege – »besser« als auf der Basis des insoweit eingeengten Versorgungsauftrags des Pflegedienstes möglich – anteilig vom Pflegebedürftigen (bzw. mit Einschränkungen von der → Sozialhilfe?) bezahlen zu lassen.
Die Ausübung der A. ist, anders als die der Krankenpflege, (noch) nicht bundeseinheitlich geregelt. Ausbildung und staatliche Anerkennung der → Altenpfleger/-innen geschieht auf Grund unterschiedlicher Regelungen der einzelnen Bundesländer. Zur Verbesserung der Struktur, der Inhalte und der Form der Ausbildung und damit zur Verbesserung der Attraktivität der beruflichen A. wird, auch zwecks Vereinheitlichung, ein (Bundes-)Altenpflegegesetz gefordert, dessen Vorlage die Bundesregierung mehrfach zugesichert hat. Es soll auch zur Festigung eigenständiger Fachlichkeit der A. beitragen. Darin sollen u. a. neben Vorschriften über Ausbildungsinhalte, Zugangsvoraussetzungen und Ausbildungsdauer die umstrittenen Fragen zur Zahlung einer Ausbildungsvergütung und zur Finanzierung der Ausbildungskosten entschieden werden. Das Gesetz soll sicherstellen, daß die Ausbildung in der A. auf die auszuübenden Tätigkeiten gerichtet ist, wobei Fachkreise übereinstimmend bei der Benennung dieser Tätigkeiten und der Zielsetzungen erwarten. Nach einheitlicher Meinung geht es dabei vor allem um Erhaltung und Aktivierung eigenständiger Lebensführung und individueller Kompetenz alter Menschen, um Pflege und Mitwirkung bei der Behandlung und Rehabilitation kranker, pflegebe-

dürftiger, behinderter und psychisch veränderter alter Menschen, um Betreuung und Beratung alter Menschen in ihren persönlichen und sozialen Angelegenheiten, um → Sterbebegleitung, um Anregung und Begleitung von Familien- und → Nachbarschaftshilfe u. a. m.
Zur A. in stationären (→ Altenpflegeheim, Altenheim) und teilstationären (Tagespflegeheim, Altentagesheim, Altentagespflegeheim; [Alten]Tagespflege) Einrichtungen rechnen alle Leistungen der allgemeinen Pflege einschl. aktivierender Pflege, der → Krankenhilfe, der sozialen Betreuung und der (vor allem hauswirtschaftlichen) Versorgung – auch mit Unterkunft und Verpflegung –, während A. i. e. S. fachspezifische pflegerische Leistungen vor allem der Grundpflege unter dem Prinzip der Reaktivierung meint. Die Definition der → Pflegebedürftigkeit (§ 68 BSHG) stellt sich im Rahmen der sozialen Pflegeversicherung (§§ 14 und 15 SGB XI) anders dar als seither: Nicht wenige tatsächlich Pflegebedürftige sind gegenüber den Pflegekassen nicht leistungsberechtigt (»Pflegestufe Null«). Zusätzlich zur generellen Problematik der fehlenden Finanzierung der Behandlungspflege als SGB V – Leistung durch die Krankenkassen ist dies eine besonders bedeutsame Schwierigkeit bei der Refinanzierung stationärer Pflege.
Außerhalb von Einrichtungen kann A., auch gestützt durch häusliche Pflegehilfe (§ 36 SGB XI) und Pflegegeld (§ 37 SGB XI), → Familie und Nachbarschaftshilfe nicht ersetzen, sondern ergänzen und aktivieren. Sie geschieht hier durch → Sozialstationen, Gemeindepflegestationen und andere → sozialpflegerische Dienste, zumeist in organisatorischer und personeller Verbindung mit → häuslicher Krankenpflege oder Familien- und Hauspflege (→ Familienpflege, Hauspflege). § 3a BSHG legt den Vorrang der »offenen Hilfe« fest, hier der A. außerhalb von Einrichtungen gegenüber der A. in einem Heim (§§ 3 Abs. 1 und 2, 68 Abs. 1, 69 Abs. 1 BSHG). Ebenso verfährt das Recht der sozialen Pflegeversicherung (§§ 3, 41, 42, 43 SGB XI).

Siegfried Gößling

Altenpflegeheim Das A. (Altenkrankenheim, Pflegeabteilung im Altenheim) dient der umfassenden Pflege, Versorgung und Betreuung pflegebedürftiger Menschen und chronisch Kranker. Die Aufnahme sollte nicht nur auf unbestimmte Zeit, sondern auch als temporäre stationäre Pflege möglich sein.
Das A. ist nach Bau, Ausstattung und Personalbesetzung darauf ausgerichtet, körperliche, geistige und soziale Fähigkeiten zu erhalten und zu verbessern, verlorene Kompetenzen in den verschiedenen Lebensbereichen wiederzugewinnen, die erforderliche Pflege ständig zu gewährleisten und sie reaktivierend zu gestalten. Dies setzt neben den nötigen Funktionsräumen (für Pflege, Therapie), Gemeinschaftsflächen und den Pflegeplätzen die Tätigkeit von Fachkräften voraus. In allen A. müßten die Pflegedienste von ausgebildeten → Altenpflegern/Altenpflegerinnen und anderen, gerontologisch gebildeten Fachkräften maßgeblich gestaltet werden. Außerdem sind Beschäftigungs-/Ergotherapeutinnen (Beschäftigungs-/Ergotherapeuten), Bewegungstherapeutinnen / Krankengymnastinnen (Bewegungstherapeuten/Krankengymnasten), Sozialarbeiter/-innen Sozialpädagoginnen/Sozialpädagogen und andere erforderlich. Soweit die hauptamtliche Anstellung von therapeutischen Fachkräften nicht möglich erscheint, sollte die Verfügbarkeit solcher Dienste in einem Verbundsystem sichergestellt sein.
Im Hinblick auf das alle Lebensbedürfnisse umfassende Leistungsangebot muß das A. neben seinen Standardleistungen, insbes. der Grundpflege und der allgemeinen Betreuung, individuellen Bedarf erkennen und befriedigen, um partielle Über- und Unterversorgung zu vermeiden. Die leitenden Mitarbeiterinnen und Mitarbeiter sollen über gerontologische Kenntnisse verfügen, an der ärztlichen Versorgung sollten geriatrisch geschulte Ärztinnen/Ärzte beteiligt sein.
Die besondere Ausgestaltung von Ausstattung und Leistung kann eine Spezialisierung auf bestimmte → Hilfebedürftigkeiten bewirken, zum Beispiel auf die Pflege und Betreuung psychisch Veränderter und psychiatrisch Erkrankter, auf (auch medizinische) → Rehabilitation, auf Pflege Sterbender, auf zeitlich befristete Pflege, auf »beschütztes« Wohnen im Pflegebereich. Es müssen dann aber die Angebote der Einrichtung den Bedürfnissen der bevorzugt aufgenommenen Gruppe entsprechen, ohne Minderheiten zu vernachlässigen.
Die Erfüllung der Anforderungen der Heimmindestbauverordnung (nach dem → Heimgesetz) reicht nicht aus, um einen möglichst weitgehenden Wohncharakter von Pflegeplätzen zu gewährleisten (→ Pflegeversicherung, gesetzliche).

Nomenklatur des Deutschen Vereins

Altenpflegehelfer/-in Anders als bei der Krankenpflegehilfe (im Krankenpflegegesetz als Bundesrecht geregelt) handelt es sich bei A. (Regelung seither nach Landesrecht) nicht um einen allgemein staatlich anerkannten Ausbildungsberuf. Diskutiert werden vor allem eine zweijährige Ausbildung als Vorstufe zum Altenpfleger (so in Hamburg bereits beschlossen) oder eine einjährige Ausbildung mit eigenem Abschluß und ausdrücklich zuerkannten Zuständigkeiten (Vorentwürfe hierzu in einigen Ländern). Haus- oder verbandsintern werden vereinzelt, auch im Vorgriff auf ei-

Altenpfleger/-in

ne erwartete bundeseinheitliche Regelung in dem noch fehlenden Altenpflegegesetz, entsprechende Lehrgänge mit unterschiedlicher Dauer bei nicht einheitlicher Zielsetzung angeboten, und zwar auch berufsbegleitend und überwiegend zur Qualifizierung nicht ausgebildeter Pflegekräfte. Bestrebungen, A. derart zu befähigen, daß sie Teile der Aufgaben des → Altenpflegers übernehmen können (→ Altenpflege), sind umstritten. So wird vom A. einerseits eine Verbesserung der Pflegequalität erhofft (mehr Fachwissen der vorhandenen Mitarbeiter), andererseits eine Verschlechterung der Pflegequalität befürchtet (Verdrängung ausgebildeter Altenpfleger aus Kostengründen). Die Rolle des A. wird unter dem Aspekt des Heimrechts (Personalverordnung, keine Fachkraft) und unter dem der Pflegeversicherung (Qualitätsvereinbarung [en], qualifizierte Kraft) noch unterschiedlich gesehen. *Siegfried Gößling*

Altenpfleger/-in Die Ausbildung zum A. wurde, 1969 beginnend, in allen Bundesländern staatlich geregelt. Sie dauert entweder 2 oder 3 Jahre und umfaßt entweder einen theoretischen Teil mit Praktikumszeiten von 18 und ein Fachpraktikum von 6 Monaten oder 12 Monate theoretische und praktische Ausbildung und 12 Monate Berufspraktikum oder fachpraktische Ausbildungszeiten innerhalb der Gesamtzeit von 36 Monaten. Am Ende stehen Prüfung und staatliche Anerkennung nach jeweiliger Regelung des Bundeslandes. Es handelt sich um einen sozialpflegerischen Beruf, d. h., die Aufgaben des A. bestehen nicht nur aus pflegerischen, sondern auch aus sozialen Hilfen (→ Altenpflege). Mit Beschluß der Arbeits- und Sozialministerkonferenz vom 18.7.1985 und Beschluß der Kultusministerkonferenz vom 9.11.1984 haben sich die Länder in einer Rahmenvereinbarung über die gegenseitige Anerkennung sowie über grundsätzliche Vorgaben für die Ausbildung geeinigt. Es müssen mindestens 1 400 theoretische und 1 000 fachpraktische Stunden unterrichtet werden. Problematisch sind die (noch) fehlende Bundeseinheitlichkeit (Altenpflegegesetz) sowie, auch im Zusammenhang damit, die Finanzierung einer zum Teil noch fehlenden Ausbildungsvergütung (staatliche Leistung, Umlageverfahren, Pflegesätze) und der Ausbildungskosten (Landesmittel, Umlage, Pflegesätze, Eigenmittel des Schülers, AFG, BAföG, BSHG). Die Ausbildung erfolgt an Fachschulen bzw. an staatlich anerkannten Lehranstalten unterschiedlicher Trägerschaft, überwiegend in Anbindung an eine stationäre Einrichtung der → Altenhilfe. *Siegfried Gößling*

Altenselbsthilfe → Selbsthilfegruppen haben sich im Laufe der Geschichte stets dort gebildet, wo eine Gruppe von Menschen in gemeinsamer Not war und ihre Situation erkannte. Daher ist → Selbsthilfe eine wesentliche Möglichkeit, um Defizite zu verringern.
»Die Betroffenen müssen es selber machen«, ist ein häufig verwendeter Definitionsvorschlag von Selbsthilfegruppen, um auf ihre Notwendigkeit und die damit verbundene Art, Probleme zu lösen, hinzuweisen. Allgemein kann Selbsthilfe als Chance der Teilhabe verstanden werden. Dies bedeutet, daß alte Menschen ihre politische Apathie und alltägliche Lebenssituation durchbrechen. Die Bedürfnisse der alten Menschen sind verallgemeinerungsfähig. Alte Menschen nehmen nicht mehr am Produktionsprozeß teil. Viele von ihnen geraten in Resignation, Entpolitisierung und politische Machtlosigkeit. Sie besitzen keine Lobby und erhalten keine Massenloyalität. Mitglieder einer Selbsthilfegruppe erkennen ihren Wert für die Gruppe und übernehmen Funktionen, die ihnen leichtfallen. Es müssen solche Funktionen sein, in denen sie sich sicher fühlen. Das festigt die Selbstsicherheit der alten Menschen und verstärkt die Standfestigkeit. Gleichzeitig erhöhen sie ihre Sach- und Handlungskompetenz. Dadurch wird auch die Hemmung vor der Öffentlichkeit abgebaut.
Ist das Ziel der Selbsthilfegruppe erreicht, so löst sie sich nach einiger Zeit wieder auf. Selbsthilfe unterscheidet man allgemein in drei Formen:
a) Kommunikative Selbsthilfe bedeutet Überwindung von Einsamkeit, Knüpfen von neuen Beziehungen (→ Altentagesstätte/Altenbegegnungsstätte), z. B. durch Telefonketten (→ Telefonhilfen).
b) Soziale Selbsthilfe bedeutet Bewältigung von Angst vor Abhängigkeit im Alter sowie die Chance, Sinn- und Funktionslosigkeit im Alter zu bekämpfen. Der alte Mensch übernimmt soziale Aufgaben, z. B. in Altenwerkstätten.
c) Politische Selbsthilfe bedeutet Mitwirkung der Alten an Entscheidungen, die ihr Leben betreffen (→ Heimbeirat).
A.maßnahmen werden immer notwendiger, weil die Grenzen der wohlfahrtsstaatlichen Wachstums erreicht und damit verbunden auch Schranken des fürsorglichen Handelns in der professionalisierten Form (→ Sozialstation) entstanden sind. Außerdem verkümmert der überversorgte alte Mensch in seiner Lebensaktivität und verliert aufgrund des Mangels an Eigenverantwortung seine eigenständige Persönlichkeit. A. entwickelt eine politische Bürgerkultur, die sich von der Obrigkeit der Vergangenheit trennt und auf partizipatorische Elemente nicht verzichtet. Alte Menschen erreichen durch Selbsthilfe eine hohe Selbständigkeit. Sie beginnen, Überversorgung durch Eigenverantwortung und gesellschaftliche Ohnmacht durch den Anspruch auf Mitwir-

kung zu ersetzen. Alte Menschen stellen die Frage nach der Wandlungsfähigkeit staatlicher und privater → Altenhilfe (→ Kurzzeitpflege). Dabei darf nicht verkannt werden, daß die Bereitschaft dieser Institutionen, partizipatorische Innovationen aufzugreifen, immer größer wird. A. gewinnt dort an Gewicht, wo sie als innovatives Element innerhalb staatlicher und privater Altenfürsorge richtig eingesetzt wird. Dies darf sich nicht nur auf Mitsprache beschränken, sondern soll Mitbestimmung beinhalten. Darüber hinaus besitzt sie als weitgehend autonome Bewegung zur (Wieder-)Gewinnung von Selbständigkeit und Handlungsfähigkeit präventiven und rehabilitativen Charakter. *Helmut Wallrafen-Dreisow*

(Alten)Tagespflege Tagespflege (T.) ist die teilstationäre Pflege und Versorgung pflegebedürftiger alter Menschen in einer Einrichtung während des Tages, an einigen oder allen Wochentagen. Dabei wird vorausgesetzt, daß die Betreuung und Versorgung in der eigenen Häuslichkeit während der Nacht, am Morgen und Abend und gegebenenfalls am Wochenende sichergestellt sind.
Ziele der T. sind:
– Aufrechterhaltung der relativen Selbständigkeit pflegebedürftiger alter Menschen in der eigenen Häuslichkeit – auch zur Entlastung der Angehörigen;
– Aktivierung und Rehabilitation alter Menschen durch entsprechende medizinisch-therapeutische und pflegerische Angebote sowie durch soziale → Beratung und Betreuung.
Zu dem Angebot gehören darüber hinaus auch Mahlzeiten.
In der → Altenhilfe fehlen weitgehend Pflege- und Betreuungshilfen, die zwischen einer ambulanten Grundpflege beziehungsweise Haushaltshilfe und der Dauerbetreuung in einer stationären Einrichtung liegen. Insbesondere die Familien müßten in stärkerem Maß Unterstützung bei der Pflege alter Angehöriger erhalten. T. kann hierzu einen wichtigen Beitrag leisten. Die Bedeutung der T. liegt nicht nur in ihrem zeitlich angepaßten Angebot. Wichtig ist im Idealfall auch ihr zentraler Standort zwischen Fremd- und Eigenhilfe, zwischen der möglichst weitgehenden Aufrechterhaltung bisheriger Lebensvollzüge und der Bereithaltung eines relativ umfangreichen, differenzierten und qualifizierten Hilfeangebotes. Flankierende Angebote sind notwendig, insbesondere müssen organisierte Hol- und Bringedienste verfügbar sein.
T.heime sind meist in Anbindung an stationäre Einrichtungen organisiert, zum Teil auch in Verbindung mit einer → Sozialstation. Vorteile einer organisatorischen Anbindung an eine Einrichtung der Altenhilfe mit differenzierten Therapieangeboten können sein: gegenseitige Nutzung therapeutischer, pflegerischer und sozialer Angebote (einschließlich Fahrdiensten) mit einer besseren Auslastung, flexibler Personaleinsatz, bessere Verteilung der Fixkosten für zentrale beziehungsweise übergreifende Dienste.
Die Abgrenzung zwischen T.heim (mit umfassenden rehabilitativen Angeboten) und Tagesheim (auch Tageseinrichtung, Tagespflegestätte), das hauptsächlich auf Betreuung und Versorgung ausgerichtet ist, ist heute fließend geworden.
Der Einsatz der Mitarbeiterinnen und Mitarbeiter (Berufsgruppen) richtet sich nach der jeweiligen Konzeption der T. (Art und Umfang des Angebotes).
Die Öffnungszeiten sollten im Bedarfsfall so gestaltet sein, daß Berufstätigkeit und familiäre (Abend- und Wochenend-)Pflege miteinander vereinbar sind.
Nomenklatur des Deutschen Vereins

Altentagesstätte / Altenbegegnungsstätte
Die At./Ab. ist eine an mehreren Wochentagen geöffnete Einrichtung für alte Menschen, die deren Bedürfnissen nach Kommunikation, Freizeitgestaltung, Information und Bildung dient. Sie verfügt über → Fachkräfte – hauptamtliche oder freiwillige Tätigkeit – und bietet außer zwangloser Begegnung und entsprechenden Veranstaltungen auch Beratung zur Überwindung persönlicher und sozialer Schwierigkeiten an.
At./Ab. sollten im Bedarfsfall auch Hilfen anderer Träger vermitteln (wie zum Beispiel pflegerische, hauswirtschaftliche und Mobilitätshilfen, spezielle Fachdienste), um neben der Erfüllung ihrer psychosozialen Aufgabe den Besucherinnen/Besuchern die Fortsetzung eines Lebens in relativer Selbständigkeit zu ermöglichen. Sie können auch selbst Mahlzeiten, Hilfen zur Körperpflege und gesundheitliche Hilfen (Gymnastik, → Ergotherapie und anderes mehr) anbieten. At./Ab. sollten auch zur Teilnahme am gesellschaftlichen und kulturellen Leben in der Gemeinde anregen.
Die At./Ab. soll ein Treffpunkt sein, der gelegentliche oder regelmäßige Kontakte zwischen den alten Menschen selbst und anderen Gruppen und Generationen fördert. Wichtig wäre es, besonders diejenigen alten Menschen zum Besuch zu ermutigen, die zum Beispiel aufgrund von Kontaktschwäche und Vereinsamung nicht von sich aus eine solche Einrichtung aufsuchen. Alten Menschen, die in ihrer Mobilität beeinträchtigt sind, könnte der Besuch durch Fahr- und Begleitdienste ermöglicht werden. Die Integration neuer Besucherinnen/Besucher und der Abbau allgemeiner Hemmschwellen bedürfen besonderer Anstrengungen (zum Beispiel durch entsprechende Darstellung und Öffnung nach draußen). At./Ab. sind ein wichtiges Feld für die persönliche Beratung und können Ausgangspunkt für aufsuchende Hilfen sein.

Die Qualität der Arbeit und die Annahme von Tages- und Begegnungsstätten wird entscheidend durch die Beteiligung und das Engagement der alten Menschen selber bestimmt. Entsprechende Angebote sollen deshalb gemeinsam mit alten Menschen entwickelt werden und ihre Lebenssituation und Biographie berücksichtigen.
Eine flexible Gestaltung dieser Angebote ist im Hinblick auf die sich verändernden Bedürfnisse neuer Altersgenerationen besonders wichtig.

Nomenklatur des Deutschen Vereins

Altenwohnanlagen orientieren sich an spezifischen Wohnbedürfnissen älterer Menschen und sind konzeptionell mit dem Anspruch einer sogenannten »behindertengerechten« und »schwellenfreien« Bauweise verbunden. Die entsprechenden Richtlinien können in der DIN-Norm 18025, Teil 2, nachgelesen werden. Erhältlich sind entsprechende Informationsbroschüren bei Verbraucherzentralen, Wohnberatungsstellen und dem Ministerium für Arbeit, Gesundheit, Soziales des jeweiligen Bundeslandes.
Altenwohnanlagen vertreten den Anspruch der Förderung einer weitestgehenden Selbständigkeit und Mobilität älterer Menschen in den eigenen »vier Wänden«, und sie stehen in unmittelbarer Nachfolge der Altenheime. Im Falle einer geringfügigen Pflegebedürftigkeit können die in A. lebenden Menschen Pflegedienste über ein hausinternes Notrufsystem in Anspruch nehmen. Die Abrechnung der Pflegeleistungen erfolgt über die Pflegekassen.
Mit Einführung der Pflegeversicherung (→ Pflegeversicherung, gesetzliche) zum 1. 7. 96, der einseitig favorisierten Privatisierung sozialer Dienstleistungen und Einrichtungen (vgl. SGB XI, Pflegeversicherung) in der ambulanten/stationären Altenhilfe, ist die Gefahr verbunden, daß sog. A. als Investorenmodelle ausschließlich unter funktionalen Aspekten erstellt werden. Die grundsätzliche Fragwürdigkeit von Wohnanlagen für spezifische soziale Gruppen (alte Menschen) könnte sich in der Folge auf sog. Zwänge der Marktorientierung reduzieren. Die kontroverse Diskussion einer sozialen Frage nach Wohnqualität im Alter/Gesundheitsförderung und wirtschaftlicher Bauweise, darf nicht als vermeintlicher Widerspruch aufgrund einer fachspezifischen Denkweise (Architekten, Ingenieure, Investoren) ausgeklammert bleiben. Dies gilt auch für Fragen nach (Wohn-)Konzeptionen zur Erhaltung des sozialen Umfeldes alter Menschen. Wohnungen für alte Menschen dürfen das Leiden am Leben, Krankheit, Sterben und Tod nicht zusätzlich forcieren, sondern sollten den Prozeß des Aussöhnens mit gelebtem und nicht gelebtem Leben unterstützen können. Der Investitionsmarkt A. scheint alte Menschen dagegen zunehmend als statische Größe zu betrachten, und der Begriff selbst reduziert sich in der öffentlichen Meinung wohl eher auf den Satz, daß in A. alte Menschen wohnen.

Wilhelm Frieling-Sonnenberg

Alternative soziale Bewegung Seit Ende der 60er Jahre sind selbstorganisierte Projekte und Initiativen, z.T. mit Selbsthilfecharakter (→ Selbsthilfe, → Selbsthilfegruppen) als inhaltliche Alternative gegenüber den Angeboten der bis dahin die Felder der sozialen Arbeit dominierenden Träger (→ Öffentliche Träger, Träger der → freien Wohlfahrtspflege und → Jugendverbände) entstanden.
Ziel der 1. Gründergeneration war u.a. auch, selbstbestimmte Arbeitsplätze anstelle von Beschäftigung in bürokratischen Arbeitsorganisationen zu erreichen. Die a. s. B. ist hauptsächlich durch folgende Aspekte gekennzeichnet: Selbstorganisation; Autonomie des Handelns; Transparenz der Binnenstruktur (überschaubare, kleine Gruppen); Versuch, die herkömmliche Trennung von Lebenswelten, Ressorts und Arbeitsbereichen aufzuheben (ganzheitlicher Ansatz); Veränderungen der internen Verkehrsformen in der Weise, daß einerseits emotionale und subjektive Faktoren berücksichtigt werden, andererseits auf Effektivität des Handelns im üblichen Sinne verzichtet wird.
Ideales Ziel war es, statt »glatter Ergebnisse in möglichst kurzer Zeit« Konsens zwischen allen Projektmitarbeitern und/oder -betroffenen herbeizuführen.
In einem weiteren Entwicklungsschritt (2. Hälfte der 70er Jahre) entstanden zunehmend Projekte in Bereichen wie Vorschule/Schule, berufliche Bildung, Arbeit, Bauen/Wohnen, Stadtsanierung, die zwar seit langem ursächlich für Probleme sind und deshalb Gegenstand sozialarbeiterischen/sozialpädagogischen Handelns (→ Sozialarbeit/Sozialpädagogik) werden, die aber nach traditionellem Zuständigkeitsverständnis nicht zur sozialen Arbeit gehören (vgl. Kreft/Lukas, Mielenz). Die dramatische Verschlechterung der wirtschaftlichen Situation (»strukturelle Arbeitslosigkeit«) hat schließlich die quantitative Ausweitung dieser Projekte weiter gefördert (»alternative Arbeitsplätze«).
Sie lassen sich inzwischen über die folgende Gruppenbildung näher beschreiben:
1. Soziale Gruppen: Hierzu gehören z.B. die vielfältigen Initiativen des Gesundheits- und Sozialbereichs, Frauen- und Ausländerprojekte (→ Selbsthilfegruppen): Dies sind vorrangig Selbsthilfeprojekte, die betroffenen gemeinsam arbeiten.
2. Sozial-ökonomische Gruppen: Hierzu gehören z.B. die zahlreichen Berufsausbildungs- und Arbeitsprojekte, die zugleich bestimmte soziale Aufgaben wahrnehmen

(z. B. Orientierung auch auf soziale Gruppen; Ziel: Hilfe zur Selbsthilfe).
3. Ökonomische Gruppen: Zentral ist hier die Teilnahme am Wirtschaftsgeschehen, (mögliche) soziale Aufgaben sind demgegenüber nachrangig.
Soziale und sozial-ökonomische Projekte haben sich schließlich fachlich und politisch durchgesetzt (vgl. Kreft).
Die a. s. B. war die wichtigste inhaltliche Herausforderung der traditionellen Träger der Sozialen Arbeit nach 1945. Die öffentlichen Träger (vgl. exemplarisch dazu den Beschluß der Jugendministerkonferenz vom 1. 6. 1984, in NDV 1984, S. 448) und vor allem die Wohlfahrtsverbände stellten sich dann mit Beginn der 80er Jahre zunehmend darauf ein, übernahmen einerseits organisatorische Elemente der Alternativbewegung und wurden anderersetis in Arbeitsbereichen tätig, die zuvor Projekte und Initiativen exemplarisch erschlossen hatten (vgl. Kreft/Lukas, Vilmar u. a.).
Die a. s. B. hat keine eigenständige, bundesweit wirkende Organisation herausgebildet. Die Diskussionen um die Gründung eines 7. Wohlfahrtsverbandes sind erfolglos beendet. Viele Gruppen, Projekte und Initiativen schlossen sich inzwischen dem → Deutschen Paritätischen Wohlfahrtsverband (DPWV) an, die »Bundesarbeitsgemeinschaft Netzwerke« ist wieder aufgelöst worden.
Damit sind aber die Gruppen und Projekte weder verschwunden noch wirkungslos geworden. Mit ihren idealtypischen Handlungsmaximen (Betroffenennähe, Ganzheitlichkeit, Basisdemokratie, Ökologie und Selbstbestimmung) bleiben sie ein reizvoller Gegentyp gesellschaftlichen Handelns zu traditionellen Großorganisationen der Sozialen Arbeit; zumal in Zeiten, in denen diese immer stärker nach Effektivität und Effizienz ihres »outcomes« beurteilt werden.
Lit. Kreft: Selbstorganisierte Projekte; Kreft u. a.: Jugendhilfe; Mielenz: Jugendarbeitslosigkeit; Vilmar u. a.: Selbsthilfegesellschaft. *Dieter Kreft*

Altersdepression → Gerontopsychiatrie

Altersgemischte Kindergruppen Ende der achtziger Jahre ist eine starke Bewegung in der homogenen Kindergruppenstruktur der Kindertagesstätte (→ Kindertageseinrichtungen) gekommen. Dies hat mindestens drei Gründe: Es liegen wesentlich genauere Forschungsergebnisse über das frühe Bindungsverhalten von Kleinkindern vor. Viele Kinder wachsen als Einzelkinder heran, ihnen fehlt die Geschwistererfahrung und damit die Übung sozialen Verhaltens (→ Sozialverhalten). In den fünf neuen Bundesländern wurde die neue Struktur oft als rettender Strohhalm aufgegriffen. Es fehlten immer mehr Kinder, um die altershomogenen Gruppen aufzufüllen.
Es gibt zwei unterschiedliche Mischungsstrukturen: Die große Altersmischung (AM) umfaßt alle Altersstufen vom Säugling bis zum Grundschulkind einschließlich. Die kleine AM bezieht sich entweder auf die Altersgruppen vom Säugling bis zum 6. Lebensjahr, (ehemals Krippe und → Kindergarten) oder vom 3. bis etwa 11. Lebensjahr (ehemals Kindergarten und Hort). Die Gruppengröße entspricht i. d. R. dem früheren Umfang.
Der pädagogische Effekt der AM liegt in der besonderen Binnenstruktur der jeweiligen Kindergruppe. Es müssen immer so viele Kinder einer Altersgruppe vorhanden sein, daß die Chance besteht, daß die Kinder in spontan gebildeten Kleingruppen aufgrund ihres gleichen Entwicklungsstandes – nicht des Alters – voneinander im Spiel lernen. Sinnvoll ist es, wenn die Kindergruppen schon aufgrund von Entwicklungsabschnitten gebildet werden; damit entfällt der Leistungsgedanke »Dreijährige müssen..., Sechsjährige müssen«, sondern den Kindern wird die Entwicklungszeit gegeben, die sie benötigen.
Die veränderten Anforderungen an die Erzieherin liegen darin, binnendifferenzierte Aufgaben für die Kindergruppe zu entwickeln, so daß es ein Angebot für alle Kinder bleibt, aber von jedem Kind entsprechend seines Entwicklungsstandes angenommen werden kann. Hierin liegt auch der besondere Reiz für die Integrationspädagogik.
Hinzu kommt, daß die Erzieherin den Tagesablauf wesentlich mehr nach dem Schulende der Schulkinder richten muß.
Die AM hat weiterhin Auswirkungen auf die → Eltern- und Teamarbeit. Die Eltern und die Erzieherin arbeiten länger miteinander, Vertrauen erwächst und Eltern können sich aufgrund von Erfahrungen gegenseitig beraten. Die Rolle der Erzieherin rückt aus dem Mittelpunkt.
Die Teamarbeit wird dadurch gefördert, daß alle Mitarbeiter gleiche Arbeit verrichten. Die Hierarchie von der Krippen- zur Horterzieherin entfällt.
Der Begriff Familiengruppe für die AM ist eher irreführend, weil wieder der Gedanke einer Vater-Mutter-Kind-Hierarchie auftaucht und die Idee »Erziehung und Lernen in und durch die Kindergruppe« in den Hintergrund gedrängt wird.
Lit. Klein, L. u. a.: Familiengruppe; Krappmann u. a.: Altersgemischte Gruppen; Schmitt-Wenkebach: Altersmischung.
Barbara Schmitt-Wenkebach

Altershomogene Gruppen Ausgehend von einem (kognitiven) Leistungsbild des Menschen wurde die Kindergruppeneinteilung in Kindertagesstätten (→ Kindertageseinrichtungen) von Beginn an in drei große Bereiche geteilt: → Krippe, Kinder bis zum dritten Lebensjahr, → Kindergarten, drei bis sechs Jahre; → Hort, sieben bis zwölf Jahre alte Kinder. Traditionell gab es dann noch eine weitergehende Einteilung in Lieger, Krabbler und Läufer in der Krippe. Im Kindergarten wurden die Drei- bis Vierjährigen in der Jüngsten-Gruppe, später in der Mittleren- und Älteren-Gruppe gefaßt. In den Bundesländern mit einer ausgewiesenen Vorschulerziehung war der letzte Kindergartenjahrgang dann die Vorschulgruppe. Entsprechende Einteilung gab es auch für den Hort.

Im weitestgehenden Falle kann davon ausgegangen werden, daß die Kinder jährlich die Erzierherin wechselten. Das Ziel dieser Pädagogik lag mehr auf einer Gruppenleitung durch die Erzieherin als in der Führung durch die Kindergruppe. Die Leitungsvorgaben bildeten die Grundlagen für Maßstab und Vergleich.

Mit dem Konzept des → Situationsansatzes ging die Grundlage für die altershomogene Kindergruppe immer mehr verloren. Im Kindergarten- bzw. Elementarbereich gab es Aufweichungen des starren homogenen Gruppensystems.

Barbara Schmitt-Wenkebach

Alterspsychiatrie → Gerontopsychiatrie

Altersrolle → Rolle

Alterssicherung ist ein Teil der → Daseinsvorsorge. Sie wird notwendig dadurch, daß im Alter regelmäßig das Erwerbseinkommen ausfällt. Bezogen auf den einzelnen Bürger gehören zur A. alle Maßnahmen, die seinen Lebensbedarf im Alter sicherstellen. Dabei kann es sich um Vorsorgemaßnahmen für den künftigen Bedarfsfall handeln, aber auch um die konkreten Leistungen, die nach Eintritt des Altersfalles gewährt werden. Für den einzelnen kann A. in diesem Sinne nicht nur durch die Leistungen des staatlichen Sozialsystems, sondern auch auf privatrechtlichem Wege, etwa durch Privatversicherung oder durch Unterhalt, gewährleistet werden.

Neben diesem auf das Individuum bezogenen Begriff der A. steht die institutionelle Begriffsbildung. Zur A. als System gehören alle Institutionen und Einrichtungen, die → soziale Sicherheit für den Fall des Alters gewährleisten sollen. In der Bundesrepublik Deutschland besteht kein Einheitssystem, sondern ein für verschiedene Personengruppen unterschiedliches System der A. Zwar wurden durch das → Rentenreformgesetz 1992 (RRG 1992) einige Gesetze des Rentenrechts im 6. Buch des → Sozialgesetzbuchs (SGB) zusammengefaßt, so daß jedenfalls für die Arbeiter-, Angestellten- oder die knappschaftliche → Rentenversicherung keine unterschiedlichen Regelungskomplexe mehr existieren, Sondermaterien, wie z. B. das Fremdrentenrecht, die → Beamtenversorgung etc. bleiben hingegen als eigenständige Gesetze existent.

Hinzu kommt, daß für die einzelnen Personengruppen nicht unbedingt nur eine Institution zuständig ist, sondern häufig eine Kumulation der Systeme Platz greift. Man kann in diesem Zusammenhang von Basissystemen und Ergänzungssystemen sprechen. Die Basissysteme sollen den Grundbedarf decken, während die Ergänzungssysteme eine Verbesserung des durch ein Basissystem erreichten Versorgungsniveaus herbeiführen sollen. Nach den verschiedenen Personengruppen kann man wie folgt unterscheiden:

a) Beamte und die ihnen Gleichgestellten: Die A. wird durch Pensionen gewährleistet. Es handelt sich dabei um eine Vollversorgung, die regelmäßig nicht durch Zusatzsysteme aufgestockt werden muß. Das schließt individuelle private Vorsorge für den Fall des Alters nicht aus.

b) Arbeiter und Angestellte des öffentlichen Dienstes: Die Grundsicherung erfolgt durch die gesetzliche Rentenversicherung, der alle Arbeitnehmer angehören. Die Renten aus der gesetzlichen Rentenversicherung werden aufgestockt durch Leistungen von Zusatzversorgungskassen (→ Zusatzversicherung), die durch Tarifvertrag begründet sind. Durch die Zusatzversorgungsleistungen wird erreicht, daß die Arbeitnehmer des öffentlichen Dienstes im Regelfall eine Versorgung von 75% des letzten Bruttoarbeitseinkommens erhalten. Dadurch werden die Arbeiter und Angestellten unter Umständen versorgungsmäßig besser gestellt als die Beamten, weil die Renten der gesetzlichen Rentenversicherung praktisch nicht besteuert werden, im Gegensatz zu den Beamtenpensionen.

c) Arbeiter und Angestellte in der privaten Wirtschaft: Als Arbeitnehmer werden sie von der gesetzlichen Rentenversicherung erfaßt, welche nunmehr durch das RRG 1992 im SGB VI für diesen Bereich eine Kodifikation erfahren hat. Hinzu können als Ergänzungssystem vor allem Leistungen der betrieblichen Altersversorgung (→ Altersversorgung, betriebliche) treten.

d) Selbständige: Für die Selbständigen besteht kein einheitliches Sicherungssystem. Teilweise werden sie als freiwillig Versicherte oder aufgrund einer Pflichtversicherung kraft Antrages, § 4 SGB VI, oder aufgrund Versicherungspflicht nach § 2 SGB VI von der gesetzlichen Rentenversicherungspflicht erfaßt, teilweise bestehen aber auch Sondersysteme, so vor allem für Landwirte (→ Altershilfe der Landwirte) und für manche freie Berufe, für die besondere Versorgungswerke existieren (Berufständische Versorgungswerke).

e) Nicht erwerbstätige Personen: Dieser Personenkreis wird heute noch nicht von einem obligatorischen Sicherungssystem erfaßt. Notfalls muß die → Sozialhilfe eingreifen. Zu diesem Personenkreis gehören u. a. die nicht erwerbstätigen Hausfrauen, die bisher auf eine abgeleitete Sicherung durch die Ehemänner (→ Witwenrente) angewiesen sind. Veranlaßt durch eine Entscheidung des BVerfG, das die einschränkenden Voraussetzungen der → Witwerrente beanstandet hatte, wurde das Recht der → Hinterbliebenenrente geändert. Die Änderung ist mit Wirkung vom 1.1. 1986 erfolgt. Nun erhalten Witwer wie Witwen eine abgeleitete Hinterbliebenenrente, müssen sich aber Erwerbs- und bestimmte Erwerbsersatzeinkommen ab einem bestimmten Betrag anrechnen lassen.

Die wirtschaftliche Lage, die durch sinkende Produktivitätszuwächse und eine hohe Arbeitslosigkeit gekennzeichnet ist, hat zu erheblichen Finanzierungsschwierigkeiten bei der gesetzlichen Rentenversicherung geführt. Diese Schwierigkeiten werden sich in den nächsten Jahrzehnten durch den steigenden Anteil älterer Menschen an der Gesamtbevölkerung noch erheblich verschärfen.

Durch das RRG 1992 versuchte der Gesetzgeber, zur Stabilisierung der Rentenfinanzierung dieser demographischen Entwicklung ein erstes Korrektiv entgegenzusetzen, z. B. durch stufenweise Anhebung der Regelaltersgrenzen, ohne daß diese Problematik dadurch umfassend gelöst wurde.

Zwar wurden ähnliche ökonomische Ziele auch bei der Neufassung des Beamtenversorgungsgesetzes vom 24. 10. 1990 (BGBl. I S. 2298) verfolgt, eine weitergehende Harmonisierung zwischen den verschiedenen A.systemen wurde aber bislang nicht erreicht. Weitere Schritte sind, nachdem der Versorgungsbericht für den öffentlichen Dienst im Herbst 1996 vorgelegt worden ist, nunmehr zu erwarten.

Insbes. bestehen derzeit nach der Wiederherstellung der deutschen Einheit Aufgaben erheblichen Ausmaßes, die A.systeme der ehemaligen DDR und der alten Bundesrepublik zusammenzuführen. Nach dem Einigungsvertrag vom 31. 8. 1990 wird im Grundsatz das Recht der Bundesrepublik Deutschland auf die neuen Bundesländer übertragen, insbesondere trat auch das RRG 1992 in seinen wesentlichen Teilen am 1. 1. 1992 in den neuen Bundesländern in Kraft. Ab 1992 werden die Rentenversicherung Ost und West auch zu einem Finanzverbund zusammengefaßt. Die Details der Überleitung des Rentenrechts auf die neuen Bundesländer sind im Renten-Überleitungsgesetz vom 25. 7. 1991 (BGBl. I S. 1606) geregelt.

Lit. Haberkorn: Sozialpolitik; Hilger: Ruhegeld; Maydell: Altersversorgung; Ruland: Rentenversicherung; Schaub: Arbeitsrechtshandbuch. *Bernd von Maydell*

Alterssicherung der Landwirte. Die AdL ist am 1. 1. 1995 im Zuge der Agrarsozialreform an die Stelle der 1957 eingeführten Altershilfe für Landwirte getreten. Sie ist Teil des berufsständischen agrarsozialen Sicherungssystems und verfolgt sowohl sozial- als auch agrarpolitische Ziele. Rechtsgrundlage ist das Gesetz über die AdL (ALG). Die Durchführung obliegt den bei den landwirtschaftlichen Berufsgenossenschaften errichteten landwirtschaftlichen Alterskassen. Seit dem 1. 1. 1995 gilt die AdL auch in den neuen Bundesländern.

Versichert sind selbständig tätige Landwirte, deren Unternehmen die Mindestgröße erreicht, ihre Ehegatten sowie mitarbeitende Familienangehörige. Die Versicherten erhalten Leistungen zur → medizinischen Rehabilitation; zur Aufrechterhaltung des Unternehmens wird Betriebs- und → Haushaltshilfe geleistet. Im Versicherungsfall (Erwerbsunfähigkeit, Alter, Tod) werden Renten gezahlt, die aber nur eine teilweise Sicherung bewirken und durch andere Versorgungselemente (z. B. Altenteil) zu ergänzen sind. Die Rentenansprüche sind u. a. davon abhängig, daß das Unternehmen abgegeben ist bzw. keine selbständige landwirtschaftliche Tätigkeit ausgeübt wird.

Die AdL wird durch Beiträge und Bundesmittel finanziert. Die Beitragsentwicklung ist an der gesetzlichen Rentenversicherung gekoppelt, der Unterschied zwischen Beitragseinnahmen und Ausgaben wird aus Bundesmitteln gedeckt. Der Beitrag ist für alle Landwirte und ihre Ehegatten gleich hoch; für mitarbeitende Familienangehörige beträgt er die Hälfte und wird vom Landwirt getragen. Versicherte mit einem Jahreseinkommen bis zu 40 000 DM erhalten einen Zuschuß zum Beitrag.

In Ausführung des Gesetzes zur Förderung der Einstellung der landwirtschaftlichen Erwerbstätigkeit (FELEG) gewähren die Alterskassen Produktionsaufgaberenten an ehemalige Landwirte und Ausgleichsgelder an ehemalige Arbeitnehmer.

Lit.: Alterssicherung (Komm.). *Gerhard Zindel*

Alterssoziologie → Gerontosoziologie

Altersstufen im Recht Die Rechtsordnung berücksichtigt das Hineinwachsen junger Menschen in die Eigenständigkeit und Verantwortlichkeit gesellschaftlich definierter Rollen sowie das Nachlassen der körperlichen und geistigen Kräfte im höheren Lebensalter durch fiktive Altersgrenzen, an die bestimmte Rechtsfolgen geknüpft sind. Im Rahmen der Entwicklung eines jungen Menschen sind im geltenden Recht A. festgelegt, die dem jungen Menschen auf bestimmten Gebieten mit zunehmendem Lebensalter »Teilmündigkeiten« zuschreiben, die dem Prozeß des Erwachsenwerdens entsprechen sollen. Viele dieser A. sind in Wissenschaft und Praxis sehr umstritten und markieren die Vegetationszonen der

Reformvorhaben der → Jugendhilfe und des → Familienrechts. Insbes. in der Reform des Familienrechts und der Diskussion um die Herabsetzung der → Volljährigkeit wurden die Interessenkonflikte um die Vorrangigkeit des → Elternrechts im Verhältnis zu den Emanzipations- und Partizipationsansprüchen (→ Emanzipation) des jungen Menschen sowie dem Schutzgedankens für Minderjährige (→ Minderjährigkeit, → Jugendschutz, → Kinderschutz) deutlich. In der sozialen Arbeit, insbes. in der → Erziehungsberatung und in der → Familienberatung, ist ein Kontaktwissen des Beraters über die Bedeutung der A. hilfreich. Grundlegende A. mit entsprechenden Rechtsfolgen sind: Vollendung der Geburt: Beginn der → Rechtsfähigkeit des Menschen (§ 1 BGB); 6. Lebensjahr: Einschulungsalter (→ Schulpflicht, allgemeine); 7.–14., 15. und 16. Lebensjahr: A. mit zunehmendem Handlungsspielraum und Selbstverantwortung z. B. ab dem 7. beschränkte → Geschäftsfähigkeit, bedingte Deliktsfähigkeit (§§ 106 ff. BGB, § 828 Abs. 2 BGB); ab dem 14. bedingte strafrechtliche Verantwortung (§§ 3 i.V.m. 1 Abs. 2 JGG), im Rahmen der Begriffsbestimmung des § 7 KJHG (SGB VIII) Beteiligungs- und Anhörungsrechte beim → Jugendamt (§ 8 KJHG – SGB VIII –), insbes. eigene Antrags-, Anhörungs- und Beschwerderechte im Vormundschafts-, Familiengerichts- und Jugendgerichtsverfahren (§ 50b Abs. 2 FGG, § 59 FGG, § 50 JGG); ab dem 15. Ende der allgemeinen Schulpflicht und sozialrechtliche Handlungs- und Prozeßfähigkeit (§ 36 Abs. 1 SGB I); 18. Lebensjahr: → Volljährigkeit; ferner Altersgrenzen im Beamtenrecht und → Sozialrecht: z.B. Altersgrenzen für Ansprüche auf bestimmte Sozialleistungen, u. a. → Kindergeld (bis 16 Jahre bzw. 27 Jahre, § 2 BKGG), → Ausbildungsförderung (30 Jahre, § 10 BAföG), Krankenversicherungsleistungen für Kinder im Rahmen der Familienhilfe (18, 25 Jahre, § 205 Abs. 2 RVO) und Grenzen für die Erwerbstätigkeit im Sozialversicherungsrecht (→ Sozialversicherung): vorgezogene (60 Jahre), flexible (63 Jahre) und allgemeine Altersgrenze (65 Jahre; § 1248 RVO).

Lit. Bauer, u.a.: Recht und Familie; Bley u.a.: Sozialrecht; Kreft u.a.: Wörterbuch; Schleicher: Jugend- und Familienrecht.

Jost Bauer

Altersversorgung, betriebliche Die Leistungen der b. A. gehören zu den → betrieblichen Sozialleistungen. Die b. A. dient der → Alterssicherung. Regelmäßig handelt es sich dabei um Leistungen, die die Renten der gesetzlichen → Rentenversicherung ergänzen und aufstocken. Demgemäß wächst die sozialpolitische Bedeutung der b. A. als der zweiten Säule der Alterssicherung, wenn das Leistungsniveau der gesetzlichen Rentenversicherung, der ersten Säule, sinkt. Die b. A. bedarf jeweils einer besonderen rechtlichen Grundlage. Der → Arbeitsvertrag allein verpflichtet den Arbeitgeber noch nicht zu solchen Leistungen. Es kommen sehr unterschiedliche Rechtsgrundlagen in Betracht, nämlich der einzelne Arbeitsvertrag, Gesamtzusagen des Arbeitgebers, → Tarifverträge oder Betriebsvereinbarungen. Vielfältig sind auch die Formen, in denen der Arbeitgeber eine b. A. durchführen kann:

a) Der Arbeitgeber kann die Zahlung eines Ruhegeldes aus den laufenden betrieblichen Mitteln versprechen; in diesem Falle spricht man von einer Direktzusage.

b) Der Arbeitgeber kann aber auch besondere Einrichtungen schaffen, die die Auszahlung des Ruhegeldes übernehmen. Soweit dem einzelnen Arbeitnehmer ein Rechtsanspruch auf diese Leistungen eingeräumt wird, spricht man von Pensionskassen; fehlt ein solcher Anspruch, so handelt es sich um eine Unterstützungskasse.

c) Die Altersversorgung kann auch überbetrieblich organisiert werden, indem sich verschiedene Arbeitgeber einer Branche zusammenschließen und eine gemeinsame Altersversorgungseinrichtung schaffen.

d) Durch Tarifvertrag können die Tarifvertragsparteien besondere Alterssicherungsinstitutionen als gemeinsame Einrichtungen schaffen, § 4 Abs. 2 Tarifvertragsgesetz.

e) Schließlich ist auch möglich, daß der Arbeitgeber sich nur an dem Aufbau einer Alterssicherung für den Arbeitnehmer durch Zahlung von Beiträgen, etwa für eine Lebensversicherung oder eine Höherversicherung in der gesetzlichen Rentenversicherung verpflichtet.

Die betrieblichen Ruhegelder haben nach dem 2. Weltkrieg eine steigende Bedeutung erlangt; inzwischen haben ca. 65% der Arbeitnehmer der Privatwirtschaft eine Anwartschaft auf eine Leistung der b. A., wobei allerdings damit noch nicht gesagt ist, daß es im Altersfall auch tatsächlich zu einer Ruhegeldzahlung kommt. Von den gegenwärtigen Rentnern erhalten nur ca. 20–25% ein betriebliches Ruhegeld. Für die Verbreitung dieser Leistungen sind auch die steuerlichen Vorteile bedeutsam, die der Arbeitgeber in Anspruch nehmen kann, soweit er Ruhegeldzusagen erteilt. Die Bestrebungen, die Lohnnebenkosten im Interesse einer besseren Wettbewerbsfähigkeit der Wirtschaft zu senken, haben in den letzten Jahren zu einer Stagnation im Ausbau der b. A. geführt.

Für die betrieblichen Ruhegelder existierte ursprünglich keine gesetzliche Grundlage. Dies führte zu erheblicher Unsicherheit und einer umfangreichen arbeitsrechtlichen Judikatur. Der Gesetzgeber hat diese Rechtsprechung 1975 im Gesetz zur Verbesserung der gesetzlichen Altersversorgung

festgeschrieben. In diesem Gesetz sind insbes. die Fragen der Unverfallbarkeit, des Insolvenzschutzes, des Auszehrungsverbotes beim Zusammentreffen von Renten der gesetzlichen Rentenversicherung und Betriebsruhegeldern und der Anpassung von Betriebsrenten geregelt. Schließlich enthält das Gesetz auch steuerliche Bestimmungen.
Lit. Haberkorn: Sozialpolitik; Hilger: Ruhegeld; Höfer: Altersversorgung; Höfer: Gesetz; Höhne u. a.: Anpassung; Maydell: Betriebliche Altersversorgung; Maydell: Geldschuld; Schaub: Arbeitsrechts-Handbuch; Steinmeyer: Altersversorgung.

Bernd von Maydell

Altstadtsanierung → Sanierung

Alzheimer Krankheit → Gerontopsychiatrie

Ambiguitätstoleranz bezeichnet (nach E. Frenkel-Brunswik) die Fähigkeit eines Menschen, Urteile in der Schwebe zu halten bzw. zu nuancieren und sich, wenn ein Sachverhalt mehrere Deutungsmöglichkeiten zuläßt, nicht vorschnell im Sinne von → Vorurteilen festlegen zu müssen. Krappmann hält A. für die entscheidendste Voraussetzung zur Herausbildung persönlicher → Identität, weil das Individuum ständig gezwungen ist, sich mit Erwartungen anderer auseinanderzusetzen, die sich mit seinen eigenen Bedürfnissen nicht decken. A. wird um so wichtiger, je weniger die → Rollen festgelegt sind, in denen sich das Individuum bewegt. Fehlende A. wird in vielen Untersuchungen als ein wesentliches Merkmal der »autoritären Persönlichkeit« beschrieben: solche Menschen neigen dazu, mehrdeutige und komplexe Wahrnehmungen und Erfahrungen, die im Widerspruch zur eigenen Bedürfnisstruktur stehen, in eindeutige und einfache umzudeuten. Dabei orientieren sie ihr Handeln an selbstentworfenen Prinzipien und lassen die besonderen Umstände der Situation und die Erwartungen anderer außer acht.
Lit. Krappmann: Identität. *Wilfried Reifarth*

Ambivalenz bezeichnet das simultane Vorhandensein zweier antagonistischer Gefühle (Zuneigung – Abneigung; Haß – Liebe) einem psychologischen Objekt gegenüber, insbes. Personen gegenüber, mit denen man in einer engen gefühlsmäßigen Beziehung steht. Dieses Nebeneinander widersprüchlicher Gefühle ist ein durchaus normales Phänomen und wird von psychisch stabilen Menschen auch bewältigt. Der psychisch Gestörte jedoch haßt und liebt nebeneinander, ohne daß sich die Affekte abschwächen.
Vor allem in der psychoanalytischen Literatur (→ Psychoanalyse) wird ambivalenten Gefühlsregungen und den damit verbundenen → Konflikten eine entscheidende Rolle bei der Genese neurotischer Störungen (→ Neurose) zugemessen: Danach setzt sich nur eine Seite der A., die sozial akzeptable, vor dem → Bewußtsein durch, während die andere verdrängt (→ Verdrängung) wird. Verdrängte Impulse aber sind nicht wirkungslos; sie stehen nur nicht mehr der bewußten Kontrolle zur Verfügung. Ihr Einfluß macht sich z. B. in plötzlich auftretenden heftigen Aggressionsausbrüchen bemerkbar, die der Person selbst fremd und überraschend erscheinen. Außerdem zeigen sie sich in bestimmten neurotischen Symptomen, die als Kompromißbildung zwischen Vorstoß dieser Impulse zum Bewußtsein und ihrer Verdrängung aufgefaßt werden. (Es ist zu konstatieren, daß die Gültigkeit des hier in seinen Grundzügen entworfenen Neurosemodells nicht unumstritten ist.)
Bleuler hat auf die in der → Schizophrenie offen zutage tretenden ambivalenten Komplexe aufmerksam gemacht (vgl. Bleuler). Nicht nur im Gefühlsbereich können die beschriebenen Antagonismen auftreten, sondern auch im Bereich des Wollens: Hier spricht man von »Ambitendenzen«.
Lit. Bleuler: Psychiatrie; Brenner, C.: Psychoanalyse; Hänn: Ambivalenz.

Klaudius Siegfried

Ambulante ärztliche Versorgung Die → Krankenkassen stellen als Leistung bei → Krankheit ambulante → Krankenbehandlung zur Verfügung. Zur ambulanten Krankenbehandlung gehört neben einer Reihe weiterer Leistungen die ambulante ärztliche (zahnärztliche) Behandlung; sie wird durch Vertragsärzte bzw. -zahnärzte erbracht (→ Vertragsärztliche Versorgung). Der Versicherte hat Anspruch auf die ärztliche Versorgung, die zur Erkennung, Heilung oder Verhütung einer Verschlimmerung der Krankheit oder zur Linderung von Krankheitsbeschwerden nach den Regeln der ärztlichen Kunst erforderlich und zweckmäßig ist. Leistungen, die für die Erzielung des Behandlungserfolges nicht notwendig oder unwirtschaftlich sind, kann der Versicherte nicht beanspruchen; der Vertragsarzt darf sie nicht bewirken oder verordnen, und die Krankenkasse darf sie nicht bewilligen (§ 27 S. 1, § 12 Abs. 1 SGB V; → Sozialgesetzbuch [SGB]). Zum Inhalt der a.ä.V. gehören neben der eigentlichen Behandlung Beratungen, Besuche und Sonderleistungen (kleinere Operationen o. ä.). Ferner rechnen zu ihr u. a. Maßnahmen zur Früherkennung von Krankheiten (→ Früherkennungsuntersuchungen), die Anordnungen der Hilfeleistungen durch andere Personen (→ Krankenpflegeberufe), die Verordnung von → Arznei-, Verband-, → Heil-, → Hilfsmitteln, Brillen, → häuslicher Krankenpflege, häuslicher Pflegehilfe und → Krankenhausbehandlung sowie die Ausstellung von Bescheinigungen und die Erstellung von Be-

Ambulante Dienste, allgemeine

richten für Zwecke der → Krankenversicherung und des Nachweises des Lohnfortzahlungsanspruches. A.ä.V. kann außer bei Krankheit auch bei Schwangerschaft beansprucht werden (ärztliche Betreuung). Zur ärztlichen Betreuung gehören insbes. Untersuchungen zur Feststellung der Schwangerschaft und Vorsorgeuntersuchungen (→ Früherkennungsuntersuchungen). Bei einer nicht rechtswidrigen Sterilisation und bei einem nicht rechtswidrigen → Schwangerschaftsabbruch besteht ebenfalls Anspruch auf ärztliche Versorgung.
Lit. Hauck u.a.: SGB (Komm.) zu § 27 SGB V; Krauskopf: SozKV (Komm.).

Ernst Picard

Ambulante Dienste, allgemeine → Sozialpflegerische Dienste

Ambulante Dienste für ältere Menschen: Der Begriff »Ambulante Dienste« wird für die organisatorische Bündelung von Angeboten verwendet, wie sie bisher einerseits die seit rd. 30 Jahren bekannten → Sozialstationen und zum anderen die als Ergänzung zur Sozialstation seit rd. 15 Jahren bekannten Mobilen Sozialen (Hilfs-)Dienste erbringen. Dabei handelt es sich um Leistungen der Kranken- und → Altenpflege sowie der Haus- und → Familienpflege, ergänzt um hauswirtschaftliche Versorgung, Hol- und Bring-Dienste, kleine Hausmeisterleistungen, Essen auf Rändern u.ä. Vor dem Hintergrund gesellschaftlicher Entwicklungen – u.a. sind die demographischen Veränderungen (→ Demographie), die Singularisierung und eine allgemeine Krise des Sozialstaates (→ Sozialstaatsprinzip), verbunden mit sozial- und gesundheitspolitischen Zielsetzungen (→ Pflegeversicherung, → Gesundheitsreform- und Gesundheitsstrukturgesetz, »Ambulantisierungsstrategien«) zu nennen, – wird der Bedarf an Angeboten zur Unterstützung des selbständigen Lebens in der privaten Wohnung immer offensichtlicher. Der Zusatz Ambulante Dienste »für ältere Menschen« verweist auf die Hauptzielgruppe solcher Dienste. Zunehmend wird aber problematisiert, ob diese Engführung dem Versorgungsauftrag angemessen ist. Auch für pflegebedürftige Kinder, → psychisch Kranke, geistig und körperlich → Behinderte sowie chronisch Kranke, Tumorpatienten oder etwa für Aidskranke muß eine ambulante Versorgung gesichert werden. Ob hierzu jeweils eigene zielgruppenspezifische Dienste aufzubauen bzw. vorzuhalten sind, wird kontrovers diskutiert. Gut ausgebaute Ambulante Dienste, so eine der möglichen Zukunftsprojektionen, können zielgruppenübergreifend die jeweils besonderen Bedarfe abdecken. Dabei kommt der Verzahnung von gesundheits- und sozialpflegerischen Angeboten, von Beratungsleistungen unterschiedlicher Art (allgemeine Lebensfragen, leistungsrechtliche Anliegen, Ausstattung mit → Hilfsmitteln, Wohnraumanpassung, aber auch zur Unterstützung der Teilhabe an sozialen und kulturellen Aktivitäten im Wohnumfeld) (→ Wohnraumanpassung) eine wachsende Bedeutung zu. Zukunftsorientierte Ambulante Dienste sind deshalb Teil einer umfassenden Infrastruktur des Gemeinwesens (→ Gemeinwesenarbeit). Sie verflechten sich mit teilstationären Angeboten (→ teilstationäre Pflegeeinrichtungen) wie der → Kurzzeit- und → Tagespflege bzw. der Tagesklinik, aber auch mit den verfügbaren stationären Angeboten wie den Kliniken, → Rehabilitationseinrichtungen und Seniorenzentren. Die nutzerzentrierte Koordination unterschiedlicher Dienstleistungsangebote ist in diesem Zusammenhang eine sozialpolitische Forderung, die mit regionalspezifischen Mitteln umzusetzen ist. Je nach Bundesland und Kommune werden Koordinierungs- oder Informationsstellen (→ Kooperation/Koordination) Dienstleistungszentren (→ Dienstleistungen, → Netzwerke, soziale) u.ä. mit öffentlichen Mitteln gefördert. Die übrigen Angebote der Ambulanten Dienste müssen inzwischen fast ausschließlich über Leistungsentgelte der Kostenträger (Selbstzahler, Kranken- bzw. Pflegekasse und ggf. → Bundessozialhilfegesetz) finanziert werden. Früher übliche öffentliche Zuschüsse sind weitgehend weggefallen, bzw. – so steht zu erwarten – werden sich noch weiter reduzieren.

Werner Göpfert-Divivier

Ambulante Krankenpflege → Gemeindekrankenpflege

Amtsarzt ist die Funktionsbezeichnung, die nach den Ländergesetzen des öffentlichen Gesundheitsdienstes (ÖGD) (→ Gesundheitsdienst, öffentlicher) dem Leiter des Gesundheitsamtes (GA) vorbehalten ist. Die Domäne der Amtsärzte ist neben der Leitung des Gesundheitsamtes die amtsärztlichen Gutachten.
Die Voraussetzungen für die Einstellung als Amtsarzt sind die Approbation als Arzt und der erfolgreiche Abschluß eines Lehrgangs für öffentliches Gesundheitswesen. Solche sechsmonatigen Lehrgänge werden von den Akademien für öffentliches Gesundheitswesen in Düsseldorf und München veranstaltet. Zusätzliche Anforderungen an eine ausreichende ärztliche Berufserfahrung in einigen Spezialgebieten und Tätigkeit in einem Gesundheitsamt werden über das Zulassungsverfahren zu diesen Lehrgängen gestellt. Die Lehrgänge selbst sind wesentlicher Bestandteil der → Weiterbildung zum Arzt für öffentliches Gesundheitswesen. Mit zunehmender Spezialisierung der Aufgaben der Gesundheitsämter haben neben den Ärzt/-innen auch andere Berufe wie etwa → Sozialarbeiter/-innen

und Sozialpädagog/-innen, Soziolog/-innen, Epidemiolog/-innen oder Umweltingenieur/-innen erhebliche Bedeutung errungen, so daß neuerdings überlegt wird, auch andere Berufe für die Leitung eines Gesundheitsamtes zuzulassen. Auch steht zur Diskussion, eine Rotation der Leitungsfunktion einzuführen. Wegen der starken Spezialisierung im ÖGD in Sozialmedizin, Sozialpädiatrie, Psychiatrie, Epidemiologie, Umweltmedizin u.a. ist es in der Regel nicht mehr für eine einzige Person möglich, auf all diesen Gebieten eine ausreichende Spezialisierung vorzuweisen. Daher wird für die Zukunft auch an eine kollegiale Leitung von Gesundheitsämtern gedacht. Die Leitung eines Gesundheitsamtes erfordert nach heutigen Maßstäben in erster Linie Management- und besondere Kommunikationsfähigkeiten (Organisieren, Vernetzen, Motivieren) sowie gesundheitspolitisches Engagement, d.h. Einmischen in auf die Gesundheit bezogene soziale und ökologische Belange der Kommune. *Johannes Spatz*

Amtsgeheimnis Dem A. (gleichbedeutend: Dienstgeheimnis) unterliegt jeder Vorgang, mit dem eine Behörde befaßt ist, dessen Kenntnis nicht über einen begrenzten Personenkreis hinausgeht und dessen Geheimhaltung durch Gesetz (z.B. → Datenschutz, → Sozialgeheimnis) oder dienstliche Anordnung vorgeschrieben oder ihrer Natur nach erforderlich ist. Die daraus folgende Verschwiegenheitspflicht gilt nicht für Mitteilungen im dienstlichen Verkehr oder über Tatsachen, die offenkundig sind oder ihrer Bedeutung nach keiner Geheimhaltung bedürfen. Dienstrechtlich basiert die Verschwiegenheitspflicht bei Beamten auf § 39 Beamtenrechtsrahmengesetz, § 61 Bundesbeamtengesetz bzw. den Beamtengesetzen der Länder, bei Angestellten auf § 9 Bundesangestelltentarifvertrag. Strafrechtlich ist das Gebot der Amtsverschwiegenheit in § 353b Strafgesetzbuch normiert. Dieser Tatbestand ist aber nicht schon mit der unbefugten Offenbarung von Dienstgeheimnissen erfüllt, sondern erst, wenn dadurch »wichtige öffentliche Interessen gefährdet« werden. Die Verschwiegenheitspflicht schließt die Verpflichtung ein, ohne Genehmigung des Dienstvorgesetzten weder gerichtlich noch gegenüber anderen Behörden auszusagen (→ Aussagegehmigung). Sinn und Zweck des A. ist das öffentliche Interesse. Das Rechtsinstitut A. darf daher nicht etwa mißbraucht werden, um legitime Kritik von außen oder durch Mitarbeiter abzuwehren. Die Orientierung am öffentlichen Interesse, das von der gesetzlichen Aufgabenstellung, nicht von den Interessen der dort Arbeitenden auszugehen hat, markiert auch den maßgeblichen Unterschied zwischen A. einerseits und Sozialgeheimnis/Datenschutz andererseits: So verdrängt zwar in beiden Fällen die → Einwilligung die Geheimhaltungspflicht. Über eine Befreiung von dieser Pflicht entscheidet beim A. aber der Dienstvorgesetzte (zwecks Interpretation des öffentlichen Interesses), beim Sozialgeheimnis der Betroffene. Das ändert nichts daran, daß ein Verstoß gegen datenschutzrechtliche Bestimmungen zugleich eine Verletzung des A. sein kann. Zu unterscheiden von der Verschwiegenheitspflicht im Hinblick auf das öffentliche Interesse ist die Pflicht zur Loyalität gegenüber dem Arbeitgeber/Dienstherrn aus arbeits-/dienstrechtlichen Prinzipien.
Lit. Düwel: Amtsgeheimnis; Kühnel u.a.: Dienstrecht; Mörsberger, T.: Verschwiegenheitspflicht. *Thomas Mörsberger*

Amtshaftung ist der Übergang einer persönlichen → Haftung eines Beamten auf → Schadensersatz aus einer vorsätzlichen oder fahrlässigen Verletzung einer ihm gegenüber einem Dritten obliegenden Amtspflicht auf den Staat oder die Amtsführungskörperschaft, in deren Diensten der Beamte steht. Grundlage der A. ist demnach eine Amtspflichtverletzung eines Beamten, die einen Schaden zur Folge hat, für den der Staat eintritt. Der Staat befreit durch seinen Haftungseintritt den Beamten von dessen unmittelbarer Haftung gegenüber dem Dritten. Bei Vorsatz oder grober Fahrlässigkeit des Beamten kann die eintretende Körperschaft jedoch gegen den Beamten Rückgriff nehmen.
Rechtsgrundlage der persönlichen Haftung des Beamten ist § 839 des → Bürgerlichen Gesetzbuchs (BGB). Die Übernahme der Haftung durch den Staat folgt aus Art. 34 des → Grundgesetzes (GG). Die A. verfolgt rechtspolitisch einen doppelten Zweck: Zum einen soll jedermann, der durch einen Beamten in Ausübung seines öffentlichen Amtes durch pflichtwidriges Tun oder Unterlassen schuldhaft geschädigt wird, in Gestalt des Staates bzw. der Anstellungskörperschaft einen solchen Rentenschuldner erhalten. Zum anderen soll durch die Haftungsübernahme des Staates und die Beschränkung seines Rückgriffsrechts gegenüber dem handelnden Beamten auf Vorsatz und grobe Fahrlässigkeit gewährleistet werden, daß die Entscheidungs- und Handlungsbereitschaft des Beamten nicht allzusehr durch die Besorgnis beeinträchtigt wird, daß er auch bereits bei leichter Fahrlässigkeit für einen aus seinem Verhalten resultierenden Schaden eintreten muß.
Die Voraussetzungen der A.:
a) Das Handeln des Beamten muß in Ausübung eines öffentlichen Amtes erfolgen. Beamter i.S. der A. ist jedermann, der hoheitlich tätig wird (sog. haftungsrechtlicher Beamtenbegriff). Eine Ernennung zum Beamten oder eine Anstellung im öffentlichen Dienst ist nicht unbedingt erforderlich. Im Sinne einer funktionalen Betrachtungswei-

se ist vielmehr maßgebend, daß das Handeln in Erfüllung öffentlicher Aufgaben erfolgt. Die Ausübung eines öffentlichen Amtes liegt dann vor, wenn eine Behörde durch ihre Bediensteten ihre gesetzlichen Aufgaben in öffentlich-rechtlicher Form wahrnimmt, wobei sie sich ggf. der Dienste von Privatpersonen als Verwaltungshelfer (sog. Beliehener) bedienen kann. Ob ein Verhalten als Ausübung eines öffentlichen Amtes anzusehen ist, hängt davon ab, ob die Zielsetzung, die ihr zugrunde liegt, hoheitlicher Natur ist oder jedenfalls hoheitlichem Tun zuzurechnen ist, und ob darüber hinaus zwischen der Zielsetzung, die diesem Tun zugrunde liegt, und der schädigenden Handlung ein so enger Zusammenhang besteht, daß die Handlung noch dem Bereich hoheitlicher Betätigung zuzurechnen ist. Für Verwaltungshelfer kommt es entscheidend darauf an, ob die Behörde in einem solchen Maß auf ihre Tätigkeit Einfluß nehmen kann, daß sie sie als eigene sich zurechnen lassen muß. Verwaltungshelfer in diesem Sinne sind z. B. der Technische Überwachungsverein (TÜV), Schülerlotsen, Vertrauensärzte der Sozialversicherungsträger, vom Gericht ernannte medizinische Sachverständige, von der Polizei beauftragte Abschleppunternehmer u. a. – nicht aber private Firmen, die von einer Gemeinde mit der Überwachung technischer Verkehrsanlagen betraut werden. Nicht zum Bereich öffentlich-rechtlichen Handelns gehören die fiskalische Verwaltung und die Erfüllung hoheitlicher Aufgaben, welche in den Formen des Privatrechts erfolgt. Dies betrifft i. d. R. die Wahrnehmung der Aufgaben der sog. → Daseinsvorsorge insbesondere auch im Sozialbereich (→ Krankenhäuser, Altenheime, Kinderspielplätze u. a.). Aus diesem Grunde richtet sich die sog. Verkehrssicherungspflicht für derartige Einrichtungen i. d. R. gemäß § 823 Abs. 1 BGB und damit nach »normalem« Bürgerlichen Recht, nicht aber nach Grundsätzen der A.
b) Die Amtspflicht muß gegenüber dem im konkreten Fall geschädigten Dritten bestehen. Dritter i. S. des Haftungstatbestandes der A. ist jemand nur dann, wenn die Amtspflicht zur Durchführung der gesetzlichen Aufgabe auch – wenn auch nicht notwendigerweise allein – den Zweck verfolgt, das Interesse gerade dieses Geschädigten wahrzunehmen. So gehört es beispielsweise zur Amtspflicht eines → Jugendamtes, den Antrag eines betreuten Jugendlichen auf → Sozialhilfe an den zuständigen Träger der Sozialhilfe weiterzuleiten. Auch eine andere Behörde kann ggf. Dritter sein, wenn sie dem Beamten bei Erledigung seiner Amtsgeschäfte wie im Bürger gegenübertritt. Im übrigen besteht gegenüber jedermann die Amtspflicht des Beamten, sich bei Ausübung des öffentlichen Amtes aller Eingriffe in fremde Rechte, die zivilrechtlich als → unerlaubte Handlung (i. S. d. § 823 BGB) bewertet werden, zu enthalten. Insoweit ist jeder Träger des verletzten Rechtsgutes Dritter im Sinne der A.
c) Es muß darüber hinaus eine Amtspflichtverletzung vorliegen. Zu den Amtspflichten, die gesetzlich im übrigen nicht in vollem Umfange geregelt sind, gehören insbesondere die Pflicht zum rechtmäßigen Handeln einschließlich der fehlerfreien Ermessensausübung, zur Schonung unbeteiligter Dritter, zum verhältnismäßigen Handeln (→ Verhältnismäßigkeitsgrundsatz), zur Erteilung wichtiger → Auskünfte u. a.
Die A. ist insofern subsidiär, als gemäß § 839 Abs. 1 S. 2 BGB ein Beamter, dem lediglich Fahrlässigkeit zur Last fällt, nur dann auf Schadensersatz in Anspruch genommen werden kann, wenn der Geschädigte nicht auf andere Weise Ersatz zu erlangen vermag. Dieses sog. »Beamtenprivileg« ist in jüngster Zeit durch die → Rechtsprechung allerdings in zunehmendem Maße eingeengt worden. So gehen insbesondere → Sozialleistungen nicht mehr der Amtspflichtverletzung vor, weil dies ansonsten der Ausweitung des Leistungsspektrums im Sozialstaat dazu führen würde, daß Staat und öffentlich-rechtliche Körperschaften auf Kosten der Solidargemeinschaft – etwa der Sozialversicherung – entlastet würden.
Die Haftung trifft grundsätzlich diejenige Körperschaft, die dem Beamten die Aufgabe, bei deren Wahrnehmung die Amtspflichtverletzung erfolgt ist, übertragen hat. Der Anspruch aus A. geht nur auf Entschädigung in Geld. Für diesen Anspruch sind die ordentlichen Gerichte (→ Zivilgerichte) zuständig.
Lit. Forsthoff: Verwaltungsrecht; Ossenbühl: Staatshaftungsrecht; Rüfner: Amtshaftungsrecht; Wolff u. a.: Verwaltungsrecht III. *Bernd Schulte*

Amtshilfe Gemäß Art. 35 Abs. 1 des → Grundgesetzes (GG) leisten sich alle Behörden des Bundes und der Länder gegenseitig Rechts- und A. Nähere Konkretisierungen dieses auch auf der Gewaltenteilung und dem föderalen Prinzip beruhenden Verfassungsprinzips enthalten u. a. die §§ 156 ff. GVG, § 5 SGG, § 14 VwGO sowie §§ 4 ff. VwFG und §§ 3 ff. SGB X (→ Sozialgesetzbuch – [SGB]).
Rechtshilfe ist der durch richterliche Handlung erbrachte Beistand, den Gerichte sich untereinander leisten; A. die im Rahmen der Erfüllung öffentlicher Aufgaben von einer Behörde auf Ersuchen einer anderen Behörde oder eines Gerichts geleistete ergänzende Hilfe. Insoweit, als Gerichte nicht als Organe der → Rechtsprechung, sondern als Träger der Gerichtsverwaltung um ergänzende Hilfe ersucht und daraufhin tätig werden, leisten sie ebenfalls A.
Die A. setzt ein Ersuchen einer Behörde an eine andere Behörde (oder ggf. an eine

Verwaltungstätigkeit ausübendes Gericht) um ergänzende Hilfe voraus. Dieses Ersuchen ist zulässig, wenn die ersuchende Behörde: – aus rechtlichen oder aber auch aus tatsächlichen Gründen, z. B. weil die zur Vornahme der Amtshandlung erforderlichen Dienstkräfte oder Einrichtungen fehlen die Amtshandlung nicht selbst vornehmen kann, – zur Durchführung ihrer Aufgaben auf die Kenntnis von Tatsachen angewiesen ist, die ihr unbekannt sind oder Urkunden oder sonstige Beweismittel benötigt, die im Besitz der ersuchten Behörde sind, oder – die Amtshandlung nur mit wesentlich größerem Aufwand vornehmen könnte als die ersuchte Behörde (z. B. weil nur letztere »vor Ort« ist).
Die ersuchte Behörde ihrerseits kann die A. verweigern, wenn sie rechtlich oder tatsächlich dazu nicht in der Lage ist oder durch die Hilfeleistung dem Wohl des Bundes oder eines Landes erheblichen Schaden zufügen würde. Die Vorlage von Urkunden oder Akten sowie die Erteilung von Auskünften sind ausgeschlossen, wenn ihre Weitergabe nach rechtlichen Vorschriften oder ihrem Wesen nach auch im Verkehr zwischen den Behörden im Rahmen der A. geheimgehalten werden müssen (→ Datenschutz, → Sozialgeheimnis).
Die ersuchte Behörde braucht im übrigen die Hilfe nicht zu leisten,
– wenn sie Hilfe nur mit unverhältnismäßig großem Aufwand erbringen könnte oder eine andere Behörde dies wesentlich einfacher oder mit wesentlich geringerem Aufwand tun kann,
– wenn sie unter Berücksichtigung der Aufgaben der ersuchenden Behörde durch die Hilfeleistung die Erfüllung ihrer eigenen Aufgaben ernstlich gefährden würde. Hingegen rechtfertigt der Umstand, daß die ersuchte Behörde das ihr angesonnene Tun nicht für zweckmäßig hält, nicht die Versagung der A.
Kommen für die A. mehrere Behörden in Betracht, so nach Möglichkeit eine Behörde der untersten Verwaltungsstufe des betreffenden Verwaltungszweiges um A. ersucht werden.
Die Zulässigkeit der Maßnahme, die durch die A. verwirklicht werden soll, richtet sich nach dem für die ersuchende Behörde geltenden Recht. Deshalb trägt die ersuchende Behörde auch die Verantwortung gegenüber der ersuchten Behörde für die Rechtmäßigkeit der Handlung. Die Durchführung, d. h. Art und Weise der A., richtet sich hingegen nach dem für die ersuchte Behörde maßgebenden Recht, welche dementsprechend auch für die Rechtmäßigkeit der Durchführung verantwortlich ist.
Die ersuchende Behörde hat der ersuchten Behörde für die A. keine Verwaltungsgebühr zu zahlen, hingegen auf Anforderung Auslagen (über 50 DM und zwischen → Sozialleistungsträgern gemäß § 7 SGB X über 150 DM) zu erstatten. Nimmt die ersuchte Behörde zur Durchführung der A. eine kostenpflichtige Amtshandlung vor, so stehen ihr gegenüber der ersuchenden Behörde die von einem Dritten geschuldeten Kosten zu.
Lit. Badura: Verwaltungsverfahren; Giese u. a.: SGB I u. X (Komm.); Kopp: Verwaltungsverfahrensgesetz; Schmidt, J.: Amtshilfe; Ule: Verwaltungsverfahrensrecht; Wolff u. a.: Verwaltungsrecht I.

Bernd Schulte

Amtspflegschaft Das Jugendamt (JA) übernimmt die Pflegschaft als A. in den vom → Bürgerlichen Gesetzbuch (BGB) vorgesehenen Fällen. Dies ist bei nichtehelichen Kindern gem. § 1706 BGB immer der Fall für die Angelegenheiten der Feststellung der Vaterschaft, der Geltendmachung von Unterhalt und der Regelung von Erb- und Pflichtteilsrechten im Falle des Todes des Vaters und seiner Verwandten. Für diese genannten Angelegenheiten hat nicht die Mutter, sondern das JA als Amtspfleger die gesetzliche Vertretung des Kindes. Auf Antrag der Mutter hat das → Vormundschaftsgericht gem. § 1707 BGB anzuordnen, daß eine Pflegschaft nicht eintritt, aufgehoben wird oder der Wirkungskreis des Pflegers beschränkt wird, wenn diese Anordnung dem Wohle des Kindes nicht widerspricht. Die Führung der A. ist eine verpflichtende Aufgabe des JA. Dies ergibt sich aus § 55 i. V. m. § 2 Abs. 3 Nr. 11 KJHG – SGB VIII.
Nach wie vor stellt die Führung der A. auch nach Inkrafttreten des KJHG einen wichtigen Aufgabenschwerpunkt in der → Jugendhilfe dar. Nach § 1706 Ziff. 1 BGB hat der Amtspfleger die Vaterschaft des nichtehelichen Kindes feststellen zu lassen. Ferner hat er im Rahmen dieser Vorschrift mitzuwirken bei einer Adoption und namensrechtlichen Änderung (Namensgebung durch den Stiefvater). Nach § 1706 Ziff. 2 BGB ist der Unterhalt für das nichteheliche Kind geltend zu machen. Dies betrifft lediglich den regelmäßigen Unterhalt. Unterhaltsersatzähnliche Ansprüche gehören nicht zum Wirkungsbereich des Amtspflegers. Sie stellen Vermögen dar, welches von der Mutter in gesetzlicher Vertretung des Kindes geltend gemacht wird. Eine Unterhaltsabfindung (§ 1706 Ziff. 2 BGB) kann auch durch den Amtspfleger vereinbart werden. Diese Regelung der Unterhaltsabfindung soll nach der Reform des Kindschaftsrechts (→ Kindschaftsrechtsreform) entfallen. Eine weitere Aufgabe des Amtspflegers stellt gem. § 1706 Ziff. 3 BGB die Regelung und Sicherung von Erb- und Pflichtteilsrechten nach dem Tod des Vaters und/oder dessen Verwandten dar. Der vorzeitige Erbausgleich, den nur nichteheliche Kinder geltend machen können, soll im Zusammenhang der Reform des Kindschaftsrechts entfallen.

Nach dem ersten Gesetz zur Änderung des Achten Buches, Sozialgesetzbuch vom 18. 12. 1992 wurde klargestellt, daß jungen Volljährigen auch ein Anspruch auf Beratung und Unterstützung bei der Geltendmachung ihrer Unterhaltsansprüche durch das JA zusteht.
Neben der gesetzlichen Vertretung für diese Angelegenheiten verpflichtet das KJHG das JA darüber hinaus gem. § 18 KJHG, Eltern, die ein Kind allein erziehen, unabhängig davon ob es ein nichteheliches oder ein eheliches Kind ist, bei der Ausübung der → Personensorge und der Geltendmachung von Unterhaltsansprüchen zu unterstützen. Die Mütter und Väter, denen die → elterliche Sorge nicht zusteht, haben gem. § 18 Abs. 4 KJHG einen Anspruch auf Beratung und Unterstützung bei der Ausübung ihres Umgangsrechts. Mit dieser Verpflichtung des JA, alleinerziehenden Müttern und Vätern unterstützende Leistungen anzubieten, wird dem Rechnung getragen, daß Alleinerziehende noch immer »in vielerlei Hinsicht erhöhten Problembelastungen ausgesetzt sind« (Wiesner u.a. SGB VIII § 18 Rndnr. 2).
Unbestritten ist, daß die Aufgaben des JA als Amtspfleger insbesondere bei der Geltendmachung des Unterhaltes eine notwendige Hilfe für die Mütter nichtehelicher Kinder darstellt. Dennoch ist festzustellen, daß die A. eine Einschränkung der gesetzlichen Vertretung der Mutter eines nichtehelichen Kindes ist. Diese Einschränkung ist bei ehelichen Kindern, auch wenn sie von der Mutter allein erzogen werden, nicht gegeben. Somit sind nichteheliche Kinder durch die A. rechtlich anders gestellt als eheliche Kinder. Dies wiederum widerspricht Artikel 6 Abs. 5 des → Grundgesetzes (GG). Nach einer Entscheidung des BverfG, welches den Gesetzgeber verpflichtet, nichteheliche Kinder ehelichen Kindern gleichzustellen, insbesondere aber die Verpflichtung aus dem Einigungsvertrag, die beinhaltet, die Rechtseinheit in Deutschland herzustellen, ist der Gesetzgeber verpflichtet, entsprechend zu handeln. So wurde bereits in der 12. Legislaturperiode ein Gesetzentwurf zur Abschaffung der gesetzlichen A. und Neuordnung des Rechts der → Beistandschaft (Beistandschaftsgesetz) vorgelegt, welches wesentlich zum Inhalt hat, nicht mehr automatisch bei der Geburt eines nichtehelichen Kindes eine A. eintreten zu lassen. Vielmehr soll es der Mutter überlassen sein, ob sie eine Beistandschaft für das Kind mit dem Wirkungskreis der Vaterschaftsfeststellung und/oder der Geltendmachung des Unterhalts beantragt. Allein dieser Antrag (Antragsmodell) soll ausreichend dafür sein, daß eine Beistandschaft durch das JA eintritt. Einer Bestellung durch das Vormundschaftsgericht bedarf es dann nicht mehr. Dem Vormundschaftsgericht wäre lediglich der Eintritt der Beistandschaft anzuzeigen. Eine weitere Besonderheit des Beistandschaftsgesetzes besteht darin, daß eine solche Beistandschaft nicht nur auf nichteheliche Kinder beschränkt ist, sondern auch von alleinsorgeberechtigten Müttern und Vätern beantragt werden kann. Durch das Beistandschaftsgesetz soll die elterliche Sorge in vollem Umfang bei der Mutter/Vater verbleiben. Der Beistand handelt somit gleichberechtigt neben den Eltern. Lediglich im Gerichtsverfahren soll allein die Erklärung des Beistandes gelten. Weiterhin sieht das Beistandschaftsgesetz ausschließlich das JA als Beistand vor. Somit können nicht mehr Vereine oder Einzelpersonen eine solche Beistandschaft übernehmen, wie dies derzeit bei Pflegschaften und Vormundschaften noch möglich ist.
Allgemein wird das neue Beistandschaftsgesetz als durchaus positiv bewertet. Trotz der durch das KJHG erweiterten Hilfestellung für alleinerziehende Eltern und andere Hilfsmaßnahmen außerhalb des KJHG wird es weiterhin als notwendig angesehen, nicht nur Mütter nichtehelicher Kinder, sondern auch Eltern, die ein Kind allein erziehen, eine weitgehende Unterstützung, insbesondere bei der Geltendmachung von Unterhalt in dem Umfang anzubieten, in dem derzeit die Leistungen der A. erbracht werden. Diese umfassende Hilfe soll nur dann greifen, wenn der Elternteil dies ausdrücklich beantragt. Dieses Antragsmodell wird zwar begrüßt, kritisch wird aber eingewandt, daß es wohl nicht im Interesse des Kindes sein dürfte, es allein der Mutter zu überlassen, ob sie eine Vaterschaftsfeststellung betreibt oder nicht. Deshalb wird allgemein vorgeschlagen, hier eine Änderung des Regierungsentwurfs noch vorzunehmen (ausführlicher dazu Wiesner SGB VIII vor § 53 Rndnr. 7 ff.). Auch die Verankerung des Beistandschaftsgesetzes im BGB und nicht im KJHG wird als gesetzessystematisch falsch angesehen. Die Leistungen der → Jugendhilfe sind abschließend im KJHG geregelt. Dieser Grundsatz wurde dadurch durchbrochen, daß die Leistungen des Beistandschaftsgesetzes systematisch im Zivilrecht angesiedelt sind. Damit wäre weiterhin die Aufsicht des Vormundschaftsgerichtes gegeben über Leistungen, die öffentlich-rechtliche Leistungen im Rahmen der kommunalen Selbstverwaltung darstellen.
Hannah Deußer

Amtsvormundschaft Eine → Vormundschaft für Minderjährige muß dann eingerichtet werden, wenn gem. § 1773 Bürgerliches Gesetzbuch (BGB) der Minderjährige nicht unter → elterlicher Sorge steht oder wenn die Eltern zur Vertretung der gesamten Angelegenheiten ihres Kindes nicht berechtigt sind. Sind die Eltern lediglich zur Vertretung einzelner Angelegenheiten

nicht berechtigt, wird dafür eine Pflegschaft (→ Amtspflegschaft) eingerichtet.
Die Vormundschaften und Pflegschaften für Volljährige, die ganz oder teilweise geschäftsunfähig und daher entmündigt waren, wurden durch das Gesetz zur Reform der Vormundschaft und Pflegschaft für Volljährige vom 12. 9. 1990 abgelöst.
Eine A. ist eine durch Gesetz oder Bestellung vom Jugendamt (JA) geführte Vormundschaft.
Mit der Reform des Nichtehelichenrechtes von 1969 wurde weitgehend der gesellschaftlichen Veränderung und der daraus resultierenden größeren Akzeptanz nichtehelicher Kinder und dem stärker gewordenen Selbstbewußtsein von Müttern nichtehelicher Kinder Rechnung getragen und die A. als obligatorische Vormundschaft für jedes nichteheliche Kind durch eine Pflegschaft für bestimmte Angelegenheiten abgelöst. Bei diesen rechtlichen Angelegenheiten, die nach wie vor nicht von der Mutter eines nichtehelichen Kindes wahrgenommen werden können, handelt es sich gem. § 1706 BGB um die Feststellung der Vaterschaft, der Geltendmachung des Unterhaltes und die Regelung von Erb- und Pflichtteilsrechten. Diese Pflegschaften werden gem. § 1709 vom JA als → Amtspflegschaft geführt.
Die A. tritt lediglich bei minderjährigen Müttern nichtehelicher Kinder ein. Weiterhin wird sie in den Fällen angeordnet, in denen die Eltern zur rechtlichen Vertretung ihres Kindes aufgrund eines Beschlusses des → Vormundschaftsgerichtes nicht berechtigt sind und das JA diese Vormundschaft zu führen verpflichtet ist.
Auch nach Inkrafttreten des → Kinder- und Jugendhilfegesetzes (KJHG – SGB VIII) blieb die Führung der A. und Amtspflegschaft eine Aufgabe, die von den JA gem. § 55 Abs. 1 i. V. m. § 2 Abs. 3 Nr. 11 KJHG als sog. andere Aufgabe verpflichtend wahrzunehmen ist. Das JA überträgt nach § 55 Abs. 2 KJHG die Führung der A. und Amtspflegschaft einzelnen seiner Beamten und Angestellten. Diese sind dann gesetzliche Vertreter und von Weisungen des Vormundschaftsgerichtes frei. Sie unterliegen allerdings § 1837 BGB der allgemeinen Aufsicht der Vormundschaftsgerichte. Innerhalb ihrer dienstlichen Funktion unterliegen sie der Dienst- und Fachaufsicht des jeweiligen Dienstherrn.
Zum Aufgabenbereich der A. zählt auch, gem. § 53 KJHG, geeignete Personen zu finden, die in der Lage sind, Vormundschaften übernehmen zu können, diese dem Vormundschaftsgericht vorzuschlagen und sie bei der Ausübung der Vormundschaft zu beraten und zu unterstützen. Außerdem sollen die JÄ gem. § 56 Abs. 4 KJHG in der Regel jährlich prüfen, ob im Interesse des Kindes anstelle der Amtspflegschaft die Führung der Vormundschaft durch eine Einzelperson oder einen Verein angezeigt ist. Der Grundgedanke dabei ist, Minderjährigen kein unpersönliches Amt, sondern eine natürliche Person zuzuordnen, die an den persönlichen erzieherischen Belangen des Minderjährigen Anteil nimmt und sich für den Minderjährigen verantwortlich fühlt. Diesem Bereich wird in den JÄ zu wenig Beachtung geschenkt. Problematisch ist in diesem Zusammenhang jedoch auch, daß es zur Führung von Vormundschaften und Pflegschaften insbesondere bei der Geltendmachung von Unterhalt eines speziellen Fachwissens bedarf, welches nicht automatisch bei der Bestellung von Personen als Pfleger oder Vormund vorausgesetzt werden kann. *Hannah Deußer*

Anale Phase Nach Freud zweite Stufe der Libidoentwicklung (→ Orale Phase, → Genitale Phase) von 1,5 bis 3 Jahre, in der Lust- und Unlustgefühle mit dem Ausstoßen und Zurückhalten des Kotes verbunden sind und der After zur wichtigsten Stelle sexueller Spannungen und Befriedigung wird. Die wachsende Beherrschung der eigenen Motorik und damit die Fähigkeit, Objekte zu beherrschen, vermittelt dem Kind ebenso wie die Erfahrung, daß es seiner Umgebung etwas Wertvolles, nämlich den Darminhalt, schenken oder vorenthalten kann, das Gefühl eigener Macht. Gleichzeitig muß es auf eigene Bedürfnisse verzichten, elterliche Gebote übernehmen, ohne daß es ganz das Vertrauen zu sich selbst und seiner Spontaneität verlieren sollte. In diese Zeit fällt die Sauberkeitsgewöhnung, an der sich Trotz und Eigensinn des Kindes wie auch übertriebene Härte und Unnachgiebigkeit der Eltern ausleben können. Werden der Trotz, der Wille und damit das Selbstvertrauen des Kindes gebrochen, dann wird es gehorsam, fügsam und angstvoll gegenüber eigenen Impulsen. Allerdings werden diese Impulse nie ganz überwunden, und die charakteristischen → Reaktionsbildungen in einer überbetonten Sauberkeit, Ordnungsliebe usw. zeugen von dem fortdauernden Abwehrkampf (→ Abwehrmechanismen). Wenn Freud vom »analen Charakter« spricht, dann meint er zwanghafte Persönlichkeiten mit den hervorstechenden Eigenschaften Ordentlichkeit, Sparsamkeit und Eigensinn.
Hannelore Barth

Analoge Kommunikation → Kommunikation

Analytische Psychologie versteht sich als eine psychotherapeutische Richtung (→ Psychotherapie), die bemüht ist, den Blick auf die verbleibenden Überlebenschancen in einem schwer gestörten seelischen System zu schärfen und/oder zu aktivieren. Sie faßt die psychischen Auffälligkeiten beim Patienten folgerichtig als Hinweise

auf ein unter schwierigen oder extremen Verhältnissen trotzdem optimiertes Überlebenssystem auf. Als therapeutische Einstellung dem Leidenden, das heißt dem Patienten gegenüber, geht es darum, psychische Auffälligkeiten (Symptome) als Sprache des → Unbewußten im Dienst des Lebens – respektive Überlebens wahrzunehmen.
Der Begründer der a. P. war der Schweizer Arzt und Psychiater C. G. Jung (1875–1962). Er entwickelte sein therapeutisches System über die Beschäftigung mit z. T. schwerstgestörten Patienten. Im Umgang mit diesen bemerkte er, daß die mannigfaltigen psychischen Auffälligkeiten bis hin zum Psychotischen (→ Psychose) nicht nur Ausdruck von Krankheit oder gar Verrücktheit sind, sondern als »Sprache des Unbewußten« eine (analytisch zu entschlüsselnde) spezifische Antwort auf den Lebenskonflikt darstellen, in dem sich der jeweilige »Symptomträger« befindet. Symptome erscheinen somit im doppelten Sinne als Antworten der Psyche auf die von außen wahrgenommenen Signale: Sie erweisen sich im Zuge der analytischen Auseinandersetzung ebenso als Appell nach außen wie als ein verborgener (konstruktiver) Beitrag im Dienst des Überlebens. Jung entdeckte damit, wie er es formulierte, die kompensatorische Funktion des Unbewußten. Wegweisend in dieser Beziehung waren für ihn die vergleichende Erforschung von Symbolen und Mythen in Verbindung mit den Phantasien und Träumen seiner Patienten. Bei diesem Vorgehen stieß er auf die im Unbewußten liegenden energetischen Zentren, die er Archetypen nannte, und die die seelischen Prozesse maßgeblich beeinflussen. Im Rahmen von Assoziationsexperimenten, die der Erfassung unbewußter Basisprozesse vorausgingen, setzte Jung sich zuvor mit Störungen im → Bewußtsein auseinander. Er beschrieb die das Bewußtseinsfeld einengenden, von → Affekten gebundenen Einstellungen als Komplexe.
Ziel der analytischen Therapie ist, psychische Kräfte im Individuum zu reorganisieren, die es befähigen, den gestörten oder unterbrochenen kommunikativen Bezug zur Gesellschaft zu entdecken und wiederherzustellen. Der analytische Prozeß könnte damit folgendermaßen beschrieben werden: Auflösung der Komplexe durch Bearbeitung der einseitigen Einstellungen. Psychodynamisch (→ Psychodynamik): Ausregulierung des in seiner Einheit gestörten Bewußtseinsfeldes, Reintegration von einander widerstrebenden oder abgespaltenen psychischen Kräften in einem wieder funktionsfähigen Ich. Der Prozeß führt im Sinne eines regressiven Geschehens (→ Regression) über die Gewinnung der inneren Mitte zur Zentrierung der seelischen Kräfte. Er erlaubt dem gestörten Individuum eine wieder mögliche Beziehung zu sich selbst, der ein vertieftes Selbstverständnis entspricht.

Die Therapie verläuft in Einzel- oder Gruppengesprächen. Hierbei spielen die Bearbeitung der Konflikte in Verbindung mit unbewußtem seelischem Material, Erweiterung des psychischen Kontextes (Amplifikation) durch Hinzuziehung von phylogenetisch begründeten Menschheitsassoziationen (Mythen, Märchen, Symbolwissen) in Ergänzung zu den Assoziationen aus dem persönlichen Lebensbereich, die Auseinandersetzung mit Träumen, aktive Imagination und Aktivierung von kreativen Fähigkeiten, eine wichtige Rolle. Das primäre Anliegen der a. P. ist die Aktivierung von bewußtseinserweiternden, das Bewußtsein differenzierenden, zielgerichteten Vorgängen im Dienst der sich entfaltenden Person mit der Möglichkeit, wieder Anschluß an den sozialen Kontext zu knüpfen. Jung hat die von ihm erforschten und beschriebenen Wandlungsschritte des Individuums als Individuationsprozeß (→ Individuation) dargestellt und seine Förderung als eigentliches Behandlungsziel verstanden.
Lit. Asper: Verlassenheit; Hannah, B.: Jung; Jung, C. G.: Erinnerungen; Seifert, T.: Lebensperspektiven. *Viktor Zielen*

Anamnese (griechisch = Rück-Erinnerung) ist geboten, um aktuelle Befunde durch Erhebung ihrer Vorgeschichte besser verstehen und deuten zu können. A. ermöglicht somit, den Stellenwert der Auffälligkeiten im Rahmen eines Krankheits-, Beratungs- oder Erziehungsprozesses angemessen einschätzen zu können. A. findet daher in der Medizin, → Psychologie, → Psychotherapie, aber auch in der Sozialpädagogik (→ Sozialarbeit/Sozialpädagogik) Anwendung (z. B. → Erziehungs-, → Familienberatung, Jugendgerichtshilfe). Eine umfassende A. ist Grundlage für eine möglichst sachgerechte → Diagnose, Prognose.
Die sozialpädagogische A. gliedert sich in die personale und soziale A. (biographische A.) und die Familien-A. Dabei ist insbes. auf die folgenden → Daten abzustellen: entwicklungsbiologische Daten (schwere Erkrankungen, Unfälle, Behinderungen); entwicklungspsychologische Daten (Rekonstruktion der frühkindlichen Entwicklung, Erziehungsverhalten der Eltern, Stellung in der Geschwisterreihe, Wechsel der → Bezugsgruppe, Bezugspersonen); schulische und berufliche Situation; Freizeitgestaltung (u. a. Freundschaften, Beziehungen zum anderen Geschlecht); sozio-ökonomische Verhältnisse des Klienten und seiner Familie (wirtschaftliche und persönliche Verhältnisse, Rollenstruktur der → Familie, Ehesituation); Einstellung des Befragten zu den Befunden (Selbstbild); ferner infrastrukturelle Bedingungen im Umfeld des Klienten (bisherige unzureichende soziale Angebote, Bereitstellung von Hilfeeinrichtungen).

Für die Informationssammlung ist der Aufbau eines Vertrauensverhältnisses zu dem Klienten, ggf. zu anderen Auskunftspersonen, von entscheidender Bedeutung. Wesentliche Voraussetzungen dafür sind: den Klienten akzeptieren, Werturteile zurückstellen; dadurch zur Entlastung von → Schuldgefühlen beitragen; den Klienten (die Auskunftsperson) berichten lassen; nicht auf ein starres Schema fixiert fragen; Vermeiden bürokratischer Verhaltensweisen (Mitschreiben nur bei emotional neutralen Themen, genügend Zeit zur Verfügung stellen; Vermeidung einer für den Klienten unverständlichen Fachsprache; auf nonverbale Verhaltensmodalitäten achten: Gesprächspausen, Mimik, Gestik, ferner auf die in den Äußerungen mitschwingenden Gefühlstönungen; bei komplexen Sachverhalten ist ggf. Untersuchung durch ein Team von Fachkräften geboten (§ 36 → Kinder- und Jugendhilfegesetz [KJHG]).
Bei der Auswertung der Information sind subjektive Komponenten (Störfaktoren) zu berücksichtigen: Verfälschen oder Verschweigen wichtiger Informationen durch nahestehende Personen, die emotional stark betroffen sind; zu trennen ist zwischen Daten, die auf eigener Anschauung, und solchen, die auf Mitteilungen Dritter beruhen; zu unterscheiden ist ferner zwischen Werturteilen, Meinungen, Vermutungen und nachweisbaren Tatsachen und Verhaltensweisen. Nicht durch Tatsachen belegte Wertungen sind wenig hilfreich. In Konfliktlagen und persönliche Vorzugstendenzen des Untersuchers können Auswahl und Bewertung von Informationen beeinflussen (→ Supervision); die unreflektierte Übernahme von Daten aus Akten kann dazu beitragen, Bewertungsakzente des Vorbeurteilers festzuschreiben (→ Labeling Approach, → Stigmatisierung). Neben diesen subjektiven sind auch objektive (gesellschaftliche, auch stadtteilbezogene) Komponenten zu berücksichtigen (z.B. soziale Brennpunkte, → Schicht).
Problematisch ist, wenn aufgrund eines Vertrauensverhältnisses der Klient im Verlauf der A.erhebung Informationen dem Sozialarbeiter preisgibt, der die Informationen dann an staatliche Stellen weiterleitet, und diese die Informationen gegen den Klienten verwenden (→ Mitwirkung in Verfahren nach dem Jugendgerichtsgesetz). Daraus können Vertrauenskonflikte auf seiten des Klienten und Rollenkonflikte auf seiten des Sozialarbeiters entstehen. Schutz persönlicher und sozialer Daten im Rahmen des gesetzlich umschriebenen → Sozialgeheimnisses (§ 35 SGB I, §§ 67ff. SGB X).
Lit. Kemmler: Anamnese; Schmidt, L. u.a.: Anamnese. *Helmut Vent*

Anderweitige Unterbringung Haushaltsangehöriger → Hilfe zur Weiterführung des Haushalts

Andragogik → Erwachsenenbildung

Anfechtung der Ehelichkeit (§§ 1591ff. → Bürgerliches Gesetzbuch – BGB –) ist in einem zivilgerichtlichen Verfahren nach § 1599 BGB mit dem Antrag auf Feststellung der Nichtehelichkeit geltend zu machen (→ Abstammung, → Scheineheliches Kind), und zwar durch Klage des (evtl. früheren) Ehemannes der Mutter, ggf. der Eltern des verstorbenen Mannes (§ 1595a BGB) gegen das Kind oder des Kindes gegen den Mann, jeweils nach den §§ 640ff. ZPO (→ Vaterschaftsprozeß). Ist das Kind oder der Mann verstorben, so erfolgt die Anfechtung mittels Antrages an das → Vormundschaftsgericht (VG) im Verfahren der → freiwilligen Gerichtsbarkeit (§§ 43, 35, 12, 14, 15, 56c FGG).
Für das minderjährige Kind (→ Minderjährigkeit) ficht der → gesetzliche Vertreter (in Angelegenheiten der → Personensorge) die Ehelichkeit an, mit Genehmigung des VG (§ 1597), die zu erteilen ist, wenn die Anfechtung dem Interesse des Kindes entspricht. Ist ein Vormund oder Pfleger gesetzlicher Vertreter, so soll das VG die Genehmigung nur erteilen, wenn die Mutter des Kindes einwilligt; ihre Einwilligung kann nicht durch einen Vertreter erklärt werden, ist aber in bestimmten Fällen (Geschäftsunfähigkeit, unbekannter Aufenthalt, Verwirkung der elterlichen Sorge, Drohen unverhältnismäßiger Nachteile) entbehrlich.
Der Mann kann die Ehelichkeit nur binnen zwei Jahren anfechten (§ 1594), beginnend mit der Erlangung der Kenntnis von den die eigene Vaterschaft ausschließenden oder sie mindestens objektiv begründenden Zweifeln aussetzenden Umständen. Das gem. §§ 1593, 1596 Abs. 1, 1598 BGB inhaltlich und zeitlich beschränkte Anfechtungsrecht des Kindes ist wegen Verstoßes gegen das allgemeine Persönlichkeitsrecht (Art. 2 Abs. 1 i.V.m. Art. 1 Abs. 1 → Grundgesetz [GG]), das auch das Recht auf Kenntnis der eigenen Abstammung umfaßt, mit dem Grundgesetz unvereinbar (und deshalb verfassungswidrig), soweit es dem Kind die gerichtliche Klärung seiner Abstammung ausnahmslos verwehrt (BVerGE 79, 256 = NJW 1989, 891) und soweit die Frist für die Anfechtung der Ehelichkeit durch das volljährige Kind gem. § 1598 2. Halbs. BGB auch dann 2 Jahre nach Eintritt der Volljährigkeit abläuft, wenn das Kind von den Umständen, die für seine Nichtehelichkeit sprechen, keine Kenntnis hat und ihm insoweit eine spätere Klärung seiner Abstammung ausnahmslos verwehrt wird (BVerfGE 90, 263 = FuR 1994, 230 2. Abs.). Nicht zuletzt deswegen ist durch das Kindschaftsreformgesetz (KindRG) (BT-Drucks. 13/4899) eine umfassende Reformierung des Abstammungs- und Anfechtungsrechts vorgesehen. Es soll die das bisherige Abstam-

mungsrecht prägende Unterscheidung zwischen ehelicher und nichtehelicher Abstammung aufgegeben und das Anfechtungsrecht vereinheitlicht werden. Anfechtungsberechtigte sollen der Ehemann, die Mutter, das Kind sowie der Mann sein, der die nichteheliche Vaterschaft anerkannt hat (§ 1600 Abs. 1 BGB-E). Die Anfechtungsfristen sollen, beginnend mit dem Zeitpunkt, in dem der Anfechtungsberechtigte von den Umständen erfährt, die gegen die Vaterschaft sprechen, einheitlich 2 Jahre betragen (§ 1600 b BGB-E).
Lit. Göppinger: §§ 1591–1600 BGB.

Eberhard Schilken/Dieter Brüggemann

Anfechtungsklage ist im Bereich des → öffentlichen Rechts → Klage auf Aufhebung eines belastenden (in die Rechtsposition des Betroffenen eingreifenden) → Verwaltungsaktes und – wenn ein Vorverfahren stattgefunden hat (→ Widerspruch) – des Widerspruchsbescheides, ggf. allein des Widerspruchsbescheides. A. ist Gestaltungsklage (= Klage auf Umgestaltung der bestehenden Rechtslage). A. erheben kann i.d.R. nur derjenige, der geltend machen kann, in seinen Rechten verletzt zu sein (Ausschluß der Popularklage). A. setzt i.d.R. die Durchführung des Vorverfahrens voraus und ist fristgebunden. Sie ist schriftlich zu erheben; beim → Verwaltungsgericht 1. Instanz genügt die Niederschrift des Urkundsbeamten der Geschäftsstelle. Mit Erhebung der A. wird die Streitsache rechtshängig. A. hat i.d.R. aufschiebende Wirkung, d. h., der Verwaltungsakt darf vor rechtskräftiger Entscheidung über die A. nicht vollzogen werden; Ausnahmen sind durch Gesetz bestimmt (z.B. § 90 Abs. 3 BSHG). Das der A. stattgebende Urteil ist Gestaltungsurteil (→ Gerichtliche Entscheidungen). Die Aufhebung des Verwaltungsaktes wirkt regelmäßig auf den Zeitpunkt seines Erlasses zurück. Wegen Einzelheiten s. VwGO: §§ 42, 68 Abs. 1, 74 Abs. 1, 75, 79, 80, 81 Abs. 1, 90, 101; SGG: §§ 54, 78 Abs. 1, 86 Abs. 2 bis 4, 87, 90, 94 bis 97; FGO: §§ 40, 44 Abs. 2, 46 Abs. 1, 47 Abs. 1, 64 Abs. 1, 66, 100 Abs. 1 S. 1.
A. ist auch Klageart im Zivilrecht (→ Zivilprozeß), z. B. zur → Anfechtung der Ehelichkeit eines Kindes (§ 1599 BGB, §§ 640 ff. ZPO). *Peter Schmidt*

Angehörigenarbeit hat das Ziel, Angehörigen oder anderen Personen, die chronisch kranke alte Menschen zu Hause pflegen, neben pflegerischen Hilfen frühzeitig vielfältige Unterstützungsmöglichkeiten zur Verfügung zu stellen.
Dazu gehören auch Möglichkeiten zur Vorbereitung auf häusliche Pflege, wie zum Beispiel Hauskrankenpflegekurse, die neben pflegerischem auch psychosoziales Wissen vermitteln.

Vielfältige Informationen über Krankheitsbilder (besonders Schlaganfall und → Demenz) und ihre psychosozialen Auswirkungen auf alle Beteiligten, rechtliche und finanzielle Fragen, pflegerische Themen sowie über Beziehungsstrukturen innerhalb von Familien haben eine besondere Bedeutung. Sie werden in zunehmendem Maß in Form von Vorträgen, Vortragsreihen, Seminaren und Kursen durch Familienbildungsstätten, → Volkshochschulen, → Krankenkassen, → Gesundheitsämter, Wohlfahrtsverbände und Einrichtungen der → Altenhilfe angeboten. Eine zentrale Rolle spielen Beratungsdienste, die über die bestehenden ambulanten, teilstationären (→ Kurzzeitpflege, → [Alten]Tagespflege) und stationären Angebote hinreichend informiert sind, um vielfältige Wahlmöglichkeiten zu bieten.
Angehörigenberatungsstellen, die – neben → Angehörigengruppen – vor allem die von Angehörigen in hohem Maß akzeptierte und nachgefragte Einzelberatung anbieten, übernehmen zunehmend eine wichtige Funktion bei der Koordinierung von Hilfen und der umfassenden Entlastung der Familien. *Nomenklatur des Deutschen Vereins*

Angehörigengruppen Angehörigen und anderen Personen, die pflegebedürftige Menschen in ihrer Häuslichkeit oder Wohnung versorgen, sollte angeboten werden, sich in Gruppen unter fachlicher Begleitung zusammenzuschließen. Die Gruppen werden in der Regel von Organisationen angeregt, die im sozialen Bereich und im Gesundheitswesen tätig sind.
Die fachliche Anleitung und Begleitung der A. ist eine unverzichtbare Rahmenbedingung, soll die psychische Unterstützung der pflegenden Angehörigen mit einem hohen Maß an Wahrscheinlichkeit erfolgreich geleistet werden (→ Pflegekurse). Sie können dort unter anderem
– über das Krankheitsbild sowie die Art und die Möglichkeiten der eingeleiteten Behandlung und Pflege informiert werden;
– im Umgang mit dem pflegebedürftigen Angehörigen beraten und geschult werden;
– gegenseitige Entlastung in der Betreuung organisieren;
– Gefühle von Schuld und Angst äußern und Hilfen zur persönlichen und seelischen Entlastung erhalten und
– einen gegenseitigen Erfahrungsaustausch durchführen.
Die Gruppen enthalten insofern auch Elemente der → Selbsthilfe.
Gruppen pflegender Angehöriger bilden sich häufig in Anbindung an → Sozialstationen und andere ambulante sozialpflegerische Dienste. Durch die dort angebotenen Hilfen können die Angehörigen in vielfacher Weise bei der Pflege und Betreuung entlastet und dadurch gestärkt werden. Angesichts des bestehenden Beratungs- und

Informationsbedarfs ist eine fachliche Begleitung unverzichtbar.
A. sind auch ein Mittel zur Durchbrechung der sozialen Isolation, in die Angehörige und andere Bezugspersonen nach langer Pflege geraten können. Sie fördern die Kommunikation zwischen der Sozialstation und der Familie.
A. können auch nach Beendigung der Betreuungs- und Pflegesituation noch besucht werden. Die Bearbeitung und Bewältigung der mit der Pflege und durch sie verbundenen Probleme kann unter Umständen nach der akuten Belastungsphase besonders notwendig sein.

Nomenklatur des Deutschen Vereins

Angestelltenversicherung → Rentenversicherung

Angst (althochdeutsch angust, verwandt mit lateinisch angustus = eng) ist ein Gefühlszustand (→ Emotion), der als Unruhe, Hilflosigkeit, Enge, Unlust und Bedrohtsein erlebt wird. Die früher häufig verwendete Unterscheidung zwischen A. und Furcht, wonach A. schwer greifbaren und diffusen Ursachen zugeordnet wurde, während Furcht eine reale Gefahr zum Gegenstand haben sollte, wird heute kaum noch vorgenommen. Gebräuchlich ist hingegen die Unterscheidung von »Zustandsa.« (A., die zu einem bestimmten Anlaß auftritt), und »Eigenschafta.« (zeitlich überdauernde Bereitschaft eines Menschen, mit erhöhter A. zu reagieren). Von A. begrifflich unterschieden werden → Phobien. Dies sind überstarke A.reaktionen, die dauerhaft und unangemessen sind, wobei »unangemessen« bedeutet, daß starke A.gefühle vorhanden sind, obwohl tatsächlich keine Gefahr gegeben ist (Rachmann).
Wissenschaftlich wird A. im wesentlichen auf drei Ebenen erfaßt: durch a) verbal-subjektive Beschreibungen (Mitteilungen von Betroffenen über empfundene A.; → Tests; standardisierte Fragebogen, → Befragung; projektive Verfahren), b) Verhaltensbeobachtung (z.B. Vermeidungsverhalten oder Fluchtreaktionen; Mimik und sonstiges körperliches Ausdrucksverhalten; Zittern) (→ Beobachtung), c) Kontrolle physiologischer Daten (z.B. Puls- und Atemfrequenz, Schweißabsonderung, Mundtrockenheit, Hautwiderstand). Zwischen den drei Meßgrößen besteht jedoch keine zufriedenstellende → Korrelation: wenn z.B. eine Person berichtet, starke A. zu empfinden, zeigt sich häufig nicht die zu erwartende Reaktion im physiologischen Bereich. Deshalb ist es zur Zeit noch nicht möglich, ein einheitliches »A.muster« zu beschreiben, das von Situationen und Personen unabhängig ist (Birbaumer). Als sicher kann hingegen gelten, daß A. von einer erhöhten allgemeinen Aktivierung begleitet ist.

Erklärungsversuche für A. sind zahlreich und widersprüchlich. Philosophische Deutungen fassen A. als Grundtatsache menschlicher Existenz auf: für Kierkegaard ist A. Gewissensa., also A. vor der Sünde. Heidegger versteht A. als Bangen vor dem In-der-Welt-Sein und vor dem absoluten Nichts.
Psychologische Erklärungen wurden erstmals von Freud vorgenommen: Anfangs betrachtete er A. als Folge nicht abgeführter sexueller Triebspannungen. Später sah er in ihr ein »Gefahrsignal« mit der Funktion, das Ich vor den Bedrohungen der Außenwelt (Reala.), vor den Triebansprüchen des Es (Trieba.) oder vor den Drohungen des Über-Ich (Gewissensa.) zu schützen (→ Psychoanalyse). → Abwehrmechanismen halten die emotionale Stabilität der Persönlichkeit gegen diese Bedrohungen aufrecht. Riemann unterscheidet vier Grundformen der A. Diese entsprechen entgegengesetzten Grundstrebungen des Menschen und entwickeln sich zu Neuroseformen (→ Neurosen), wenn eine Grundstrebung verabsolutiert und die A. vor der Gegenstrebung wirksam wird: 1. Schizoide Persönlichkeiten verabsolutieren die Selbstwerdung und entwickeln intensive A. vor der Hingabe; 2. Depressive Persönlichkeiten verabsolutieren Selbsthingabe und Anpassung und entwickeln intensive A. vor der Selbstwerdung; 3. Zwanghafte Persönlichkeiten verabsolutieren Dauer und Stabilität und entwickeln intensive A. vor Vergänglichkeit und Wandel; 4. Hysterische Persönlichkeiten verabsolutieren Vergänglichkeit und Wandel und entwickeln intensive A. vor Dauer und Stabilität.
Aus lerntheoretischer Sicht (→ Lernen) sind Entstehung, Aufrechterhaltung und Verringerung von A.reaktionen das Ergebnis von klassischer und operanter → Konditionierung: man nimmt an, daß ein ursprünglich neutraler Reiz durch Koppelung mit einem a. auslösenden Reiz bei ein- oder mehrmaligem zeitlichem Zusammentreffen zum Auslöser von A. werden kann. Diese A.reaktion begünstigt ein Verhalten, welches geeignet ist, die A. zu verringern. Auf diese Weise lernt der Organismus, A. auslösende Situationen zu vermeiden. Häufig weitet sich in der Folge die A. auf immer mehr Situationen aus (Generalisierung), woraus am Ende die fast völlige Einschränkung der Bewegungsfreiheit des Individuums resultieren kann. Kognitive A.theorien heben die Bedeutung der Bewertung von Situationen durch das Individuum hervor: A. entsteht demnach, wenn man eine Situation als gefährlich interpretiert. Solche Situationseinschätzungen geschehen auf dem Hintergrund der Lerngeschichte und der konstitutionellen Merkmale der Persönlichkeit. Der Vergleich mit bereits erlebten Situationen schließt auch die Bewertung möglicher Bewältigungsstrategien mit ein.

Je nach zugrundeliegender Entstehungstheorie der A. sind die therapeutischen Ansätze für die A.bewältigung ausgerichtet: während psychoanalytische Bemühungen auf Bewußtmachen der tieferliegenden Ursachen abzielen, beabsichtigen lerntheoretisch orientierte Vorgehensweisen im weitesten Sinne ein »Verlernen« der A. (→ Desensibilisierung). Aus kognitiven A.theorien wird der Erwerb neuer Bewältigungsstrategien als therapeutische Konsequenz abgeleitet. Einigkeit besteht heute weitgehend in der Einschätzung der Bedeutung von A. bei der Entstehung von Verhaltensstörungen (→ Verhaltensauffälligkeiten) und psychosomatischen Erkrankungen (→ Psychosomatik). A. steht in aller Regel am Beginn solcher Entwicklungen. Freuds Feststellung, »daß das Angstproblem ein Knotenpunkt ist, an welchem die verschiedensten und wichtigsten Fragen zusammentreffen, ein Rätsel, dessen Lösung eine Fülle von Licht über unser ganzes Seelenleben ergießen müßte« (Freud, zitiert nach Pongratz, S. 94), hat nichts an Aktualität eingebüßt.

Lit. Birbaumer: Angst; Ditfurth: Angst; Freud, S.: Angst; Krohne: Angst; Levitt: Angst; Pongratz: Klinische Psychologie; Rachmann: Angst; Riemann: Angst.

Wilfried Reifarth

Anhörung Beteiligter Nach § 24 des → Sozialgesetzbuchs, 10. Buch, 1. Kapitel – Verwaltungsverfahren – (SGB X) sind die → Sozialleistungsträger verpflichtet, vor Erlaß eines → Verwaltungsakts, der in die Rechte eines Beteiligten eingreift, diesen zu den für die Entscheidung erheblichen Tatsachen anzuhören (im Grundsatz gleiche Regelung für die Verwaltungstätigkeit außerhalb des SGB in § 28 Verwaltungsverfahrensgesetz). Durch die A. soll der Bürger vor Überraschungsentscheidungen der Verwaltung geschützt werden. Die Regelung gilt unmittelbar auch für die → Jugendhilfeträger und → Sozialhilfeträger.
Die A. ist vor Erlaß aller belastenden Verwaltungsakte notwendig. Die in der Literatur teilweise vertretene Einschränkung der A. nur auf die Fälle der Entziehung einer bereits vorhandenen Rechtsposition wird dem Sinn und Zweck der gesetzlichen Regelung nicht gerecht (s. dazu Zeitler). A. bedeutet, daß dem von dem Verwaltungsakt Betroffenen Gelegenheit zur Stellungnahme zu dem der Entscheidung zugrunde liegenden Sachverhalt (nicht jedoch zu den Rechtsfragen) innerhalb einer angemessenen Frist gegeben werden muß. Die A. erstreckt sich auch auf Sachverständigengutachten (→ Gutachten), wenn sie der Entscheidung zugrunde gelegt werden sollen. Die A. kann mündlich durch → Akteneinsicht oder durch Verlesen der maßgebenden Unterlagen erfolgen oder auch schriftlich durch Mitteilung der wesentlichen Fakten mit einer angemessenen Äußerungsfrist (die bezüglich ihrer Angemessenheit der vollen gerichtlichen Nachprüfung unterliegt).

»Beteiligter« i. S. d. § 24 SGB X ist in erster Linie der Adressat eines Verwaltungsakts. Sind mehrere Adressaten vorhanden, sind sie alle als beteiligt anzusehen, soweit sie durch den Verwaltungsakt belastet werden. Bei Verwaltungsakten mit Drittwirkung kann »Beteiligter« aber auch sein, wer nicht selbst Adressat des Verwaltungsakts ist, durch ihn aber in seinen Rechten beeinträchtigt wird, z. B. beim Übergang von Ansprüchen nach § 90 → Bundessozialhilfegesetz (BSHG) auch der → Hilfeempfänger, dem das Verfügungsrecht über seinen Anspruch entzogen wird. In der → Jugendhilfe bestehen für Kinder und Jugendliche, die dort nicht selbst die Leistungsberechtigten sind, besondere Beteiligungsvorschriften (vgl. vor allem §§ 8 und 36 → Kinder- und Jugendhilfegesetz [KJHG – SGB VIII]).
Von der A. kann der Leistungsträger in den in § 24 Abs. 2 SGB X aufgeführten Fällen absehen. Diese Aufzählung ist erschöpfend; weitere Ausnahmegründe gibt es nicht; durch das Recht auf Akteneinsicht (§ 25 SGB X) wird die Anhörung nicht verdrängt. Für die Jugendhilfe und die → Sozialhilfe ist dabei insbes. § 24 Abs. 2 Nr. 3 SGB X von Bedeutung, wonach von der A. abgesehen werden kann, wenn von den tatsächlichen Angaben eines Beteiligten, die dieser in einem Antrag oder in einer Erklärung gemacht hat, nicht zu seinen Ungunsten abgewichen werden soll. Außerdem kann nach Nr. 5 von der A. abgesehen werden bei einkommensabhängigen Leistungen, wenn den geänderten Verhältnissen angepaßt werden sollen.
Auf die A. besteht ein klagbarer Anspruch des Betroffenen. Die A. kann im Widerspruchsverfahren (→ Widerspruch), nicht aber im gerichtlichen Verfahren nachgeholt werden (§ 41 SGB X).
Die unterlassene A. führt zur Aufhebung des Verwaltungsakts im gerichtlichen Verfahren (§ 42 SGB X). Gegenüber dem allgemeinen Verwaltungsverfahrensrecht, das eine Aufhebung dann ausschließt, wenn auch nach der A. keine andere Entscheidung in der Sache hätte getroffen werden können (§ 46 VwVfG), hat der Gesetzgeber hier im Anschluß an die Rechtsprechung des BSG (Entscheidung vom 28. 7. 1977, BSGE 44, 207) bewußt eine strengere Regelung vorgesehen. Außerdem sind bei unterlassener A. im Widerspruchsverfahren die Kosten einer zweckentsprechenden Rechtsverfolgung oder Rechtsverteidigung auch dann zu erstatten, wenn der Widerspruch abgewiesen wird (§ 63 Abs. 1 SGB X).

Lit. Hauck u.a.: SGB (Komm.); Krasney: Rechtliches Gehör; Meyer, H.: Anhörungsrecht; Zeitler u.a.: SGB X (Komm.).

Walter Schellhorn

Anhörungsverfahren Formalisiertes Verfahren der Einschaltung von betroffenen Personen oder Institutionen bei Planungen nach → Baugesetzbuch (BauGB) und → Raumordnungsgesetz (ROG) als Konkretisierung des Grundrechts auf → rechtliches Gehör.

Nach § 3 BauGB hat die → Gemeinde im Rahmen der → Bauleitplanung (→ Flächennutzungsplan, → Bebauungsplan) die Bürger möglichst frühzeitig über die allgemeinen Ziele und Zwecke der → Planung, sich wesentlich unterscheidende Lösungen, die für die Neugestaltung und Entwicklung eines Gebietes in Betracht kommen sowie über die voraussichtlichen Auswirkungen öffentlich zu unterrichten. Ihnen ist Gelegenheit zur Äußerung und Erörterung zu geben. Von Unterrichtung und Erörterung kann abgesehen werden, wenn durch die Planung die Grundzüge der (bisher bestehenden) Planung nicht berührt sind, die Auswirkungen auf das Planungsgebiet oder die Nachbarschaftsgebiete nur unwesentlich sind oder eine Unterrichtung und Erörterung bereits zuvor aufgrund anderer planerischer Grundlagen erfolgte. Die Entwürfe der (Bauleit-)Pläne sind mit dem Erläuterungsbericht oder der Begründung für die Dauer eines Monats öffentlich auszulegen, Ort und Dauer der Auslegung sind mindestens eine Woche vorher ortsüblich bekanntzumachen. Wird der Entwurf des Bauleitplans nach der Auslegung geändert oder ergänzt, ist er erneut auszulegen, wobei jedoch bestimmt werden kann, daß Bedenken und Anregungen nur zu den geänderten oder ergänzten Teilen vorgebracht werden können. Nach § 4 BauGB sollen bei der Aufstellung von Bauleitplänen die Behörden und Stellen möglichst frühzeitig beteiligt werden, die Träger öffentlicher Belange sind und von der Planung berührt werden. Die Beteiligung der Träger öffentlicher Belange kann gleichzeitig mit der allgemeinen → Bürger- und → Betroffenenbeteiligung gem. § 3 BauGB durchgeführt werden.

Zur Erlangung der Beurteilungsgrundlagen vor förmlicher Festlegung eines Sanierungsgebietes (→ Sanierung) sieht das BauGB neben vorbereitenden Untersuchungen der durch die Sanierung in ihren persönlichen Lebensumständen Betroffenen vor, daß Sanierungsmaßnahmen mit den Eigentümern, Mietern, Pächtern und sonstigen Betroffenen möglichst frühzeitig erörtert werden. Die Betroffenen sollen zur Mitwirkung bei der Sanierung und zur Durchführung der erforderlichen baulichen Maßnahmen angeregt und hierbei im Rahmen des Möglichen beraten werden.

Im Rahmen der → Sozialplanung gem. § 180 BauGB hat die Gemeinde mit den Betroffenen die von ihr entwickelten Vorstellungen zu erörtern, wie negative Auswirkungen von Bebauungsplänen oder Sanierungsmaßnahmen auf die persönlichen Lebensumstände der im Gebiet wohnenden oder arbeitenden Menschen vermieden oder gemildert werden können. Das Ergebnis der Erörterungen und Prüfungen sowie die voraussichtlich in Betracht kommenden Maßnahmen und die Möglichkeiten ihrer Verwirklichung sind schriftlich in einem Sozialplan darzustellen.

Beabsichtigt die Gemeinde, ein Baugebot (§ 176 BauGB), ein Modernisierungs- oder Instandsetzungsgebot (§ 177 BauGB), ein Pflanzgebot (§ 178 BauGB) oder ein Abbruchgebot (§ 179 BauGB) zu erlassen, soll sie diese Maßnahme vorher mit den Betroffenen erörtern.

Das BauGB-MaßnahmenG enthält bis zum 31. 12. 1997 befristete Sonderregelungen, die auch die A. betreffen. U. a. gelten für Zwecke des dringenden Wohnbedarfs erleichternde Verfahrensregeln für die Aufstellung von Bebauungsplänen (Verzicht auf vorgezogene Bürgerbeteiligung, Verkürzung der Auslegungsfristen für Planentwürfe, der Fristen für die Beteiligung der Träger öffentlicher Belange).

Nach § 5 Abs. 2 S. 2 ROG sind bei Aufstellung von Zielen der Raumordnung und Landesplanung Gemeinden, für die eine Anpassungspflicht begründet wird, oder deren Zusammenschlüsse zu beteiligen; das Nähere wird hier durch Landesrecht geregelt.

Die positiv rechtliche Regelung des A. reflektiert den Wunsch des Gesetzgebers nach stärkerer Beteiligung der Betroffenen bei sie betreffenden Planungsentscheidungen. Dieses Ziel trat jedoch mehr und mehr in Konflikt mit dem Wunsch nach Straffung und Vereinfachung von Planungs- und Entscheidungsvorgängen (Investitionsstau-These; Beschleunigungs-Novelle 1984). Mit dem BauGB wurde daher u. a. das Ziel verfolgt, das Bauleitplanverfahren durch Verzicht auf unnötige Verfahrensschritte und übermäßige Anforderungen zu vereinfachen und die Chancen der Bürgerbeteiligung zu verbessern. Die sich aus dem BauGB ergebenden Rechtsveränderungen werden als Randkorrekturen eines seit Jahrzehnten gefestigten Rechtsbereichs bezeichnet (Gaentzsch).

Neben den positiv rechtlich geregelten Verfahren der Anhörung gewinnen – in Anknüpfung an die angloamerikanische Form des Hearing – Anhörungen als Expertenbefragungen zunehmende Bedeutung als Verfahren zur Verbesserung von Entscheidungsgrundlagen und Erschließung von Expertenwissen bei Sachverhalten von weittragender Bedeutung (z. B. Gesetzesvorlagen, komplexe Planungsaufgaben); weit verbreitet ist auch die Formalisierung von A. mittels institutionalisierter Beraterverfahren, wobei die Berater längerfristig oder ad hoc berufen werden können.

Lit. Bielenberg u.a.: Raumordnungs- und Landesplanungsrecht (Komm.); Bielenberg

u. a.: Städtebauförderungsrecht (Komm.); Ernst, W. u. a.: BBauG (Komm.); Gaentzsch: BauGB; Hans: StBauFG (Komm.); Hendler: Mitwirkung; Kopp: Verwaltungsverfahrensgesetz; Wehland: Stadtplanung.

Karolus Heil

Animation meint Hilfe, Anregung, Ermutigung, Aufforderung, anregende Zuwendung. Sie gewinnt in außerschulischen pädagogischen Situationen zunehmend an Bedeutung. Ihr Ziel ist die Überwindung von Angst, Unsicherheit und Hemmungen bei den Adressaten, die Ermutigung, etwas Neues auszuprobieren, die Förderung von Aktivität, Kreativität und Kommunikation, die Intensivierung von Erlebnissen, die Erhöhung von Spaß, Freude und Vergnügen und die Bereitstellung von Möglichkeiten zur Beteiligung am sozialen und kulturellen Leben. In einem weitgefaßten Verständnis meint A. eine »neue Handlungskompetenz der nichtdirektiven Ermutigung, Anregung und Förderung in offenen Situationsfeldern« (Opaschowski). In einem engen Verständnis meint sie die »Initiation von Lernprozessen« im Freizeitbereich (Giesecke). Freilich bedarf dies enge Verständnis der Konkretisierung. Opaschowski führt neun Strukturmerkmale für animative Situationen an: Erreichbarkeit, Offenheit, Aufforderungscharakter, freie Zeiteinteilung, Freiwilligkeit, Zwanglosigkeit, Wahlmöglichkeit, Entscheidungsmöglichkeit, Initiativmöglichkeit. Hilfreich für viele pädagogische Situationen sind die Methoden, die zur Großgruppena. entwickelt worden sind (Rabenstein u. a.).
Lit. Finger, C. u. a.: Animation; Giesecke: Pädagogik; Opaschowski: Animation; Rabenstein u. a.: Großgruppen-Animation.

Gisela Wegener-Spöhring

Anleitung von Praktikanten → Praktikum

Annahme als Kind ist die rechtlich wirksame Integration eines fremden Kindes in eine Ersatzfamilie, das dadurch den vollen Status eines → ehelichen Kindes der Annehmenden mit allen hiermit verbundenen Rechten und Pflichten erhält. Die A. a. K. (in den §§ 1741-1772 BGB geregelt) beendet sämtliche Rechtsbeziehungen des Kindes zu seiner leiblichen Familie (Volladoption), es sei denn, es handele sich um eine Verwandtenadoption oder um eine Adoption eines Volljährigen, die unter bestimmten Voraussetzungen ebenfalls möglich ist.

Die A. a. K. hat sich in der neueren Entwicklung der → Jugendhilfe zur bedeutendsten Hilfemaßnahme für Kinder entwickelt, die nicht in ihrer leiblichen → Familie aufwachsen können. Aufgrund der Forschungsergebnisse der → Entwicklungspsychologie weiß man, daß wichtigste Voraussetzung für die gesunde Entwicklung eines Kindes die Sicherheit seiner emotionalen Beziehungen zu dauerhaften Bezugspersonen (→ Bezugsgruppe) und ein gesichertes soziales Umfeld sind. Nicht immer sind die leiblichen Eltern bereit oder in der Lage, diesen Grundanspruch des Kindes zu erfüllen, und man weiß heute, daß Elternschaft zwar biologisch determiniert, aber auch das Ergebnis eines sozialen Prozesses ist. Das Kleinkind erlebt die es umsorgenden Personen als Eltern, unabhängig davon, ob eine Blutsverwandtschaft vorhanden ist oder nicht, und je jünger das Kind ist, um so rascher integriert es sich in die Familie der Ersatzeltern. Der Beschluß des → Vormundschaftsgerichts, mit dem die rechtliche A. a. K. ausgesprochen wird, ist dann nur der rechtliche Vollzug einer bereits erfolgten psychologischen Bindung des Kindes zu Ersatzeltern während der vorhergegangenen Zeit der Adoptionspflege.

Da es sich bei der Inpflegegabe des Kindes zur Adoption um eine sehr schwerwiegende Maßnahme handelt, die eine völlige rechtliche und in aller Regel auch tatsächliche Loslösung des Kindes von seinen leiblichen Eltern zum Ziel hat, bedarf sie sorgfältiger Vorbereitung. Sie kann i. d. R. nur das Ergebnis einer umfassenden Beratungsarbeit mit den leiblichen Eltern, ggf. auch mit dem älteren Kind sein, bei der bestehende Alternativen sorgfältig erörtert werden. Insbes. geht im Grundsatz die Beratung davon aus, daß zunächst leibliche Eltern dabei zu unterstützen und ihnen notwendige Hilfsangebote verfügbar zu machen sind, damit sie ihr Kind seinem Wohl (→ Kindeswohl) entsprechend selbst betreuen und erziehen können.

Voraussetzung hierfür ist freilich, daß die Eltern überhaupt Bereitschaft zeigen, sich verantwortlich um das Kind zu kümmern. Das ist sicher dann nicht der Fall, wenn sie mit unbekanntem Aufenthalt verschwinden und das Kind im Stich lassen. In diesem Fall genügen angemessene Untersuchungsmaßnahmen, um die Eltern aufzufinden (§ 1747 Abs. 4 BGB). Verlaufen diese ergebnislos, so wird der verantwortliche → Jugendhilfeträger sich bemühen, recht bald nach dauerhaften anderen Möglichkeiten der Unterbringung des Kindes zu suchen. Auch darf die Beratungsarbeit nicht Eltern die Sorge für das Kind aufzwingen, die hierzu nicht willens oder in der Lage sind (→ Elterliche Sorge).

Ebenso wichtig ist die sorgfältige Auswahl der Adoptiveltern, die durch eine zugelassene Adoptionsvermittlungsstelle zu erfolgen hat (→ Adoptionsvermittlung). Es ist zu prüfen, ob die Adoptionsbewerber bereit und in der Lage sind, den besonderen Bedürfnissen des zu adoptierenden Kindes auf Dauer gerecht zu werden. Je älter das Kind ist oder je mehr Probleme es mitbringt, um so sorgfältiger wird diese Prüfung erfolgen

müssen und um so höhere Ansprüche werden an die Qualifikation der Adoptionsbewerber zu stellen sein.
Die Freigabe zur Adoption ist auch als eine Hilfe für die abgebenden Eltern zu sehen, die hiermit für die Zukunft von aller Verantwortung für das Kind entlastet werden. Sind diese jedoch nicht bereit, das Kind freizugeben, und andererseits auch nicht in der Lage, es selbst zu versorgen, so kann ihre → Einwilligung, die Voraussetzung für die A. a. K. ist, vom Vormundschaftsgericht ersetzt werden. Die Voraussetzungen hierfür sind eng und gesetzlich genau umschrieben, da dies einen starken Eingriff in das → Elternrecht bedeutet (§ 1748 BGB).
Die Ersetzung der Einwilligung ist jedoch erforderlich in Fällen, in denen die Eltern ihre Pflichten so stark vernachlässigen (Kindesvernachlässigung), daß der Anspruch des Kindes auf eine physisch und psychisch gesunde Entwicklung durch sie nicht erfüllt werden kann.
Die A. a. K. von → ausländischen Kindern hat in den letzten Jahren immer mehr an Bedeutung gewonnen. Besondere rechtliche Regelungen sind hierbei zu beachten und die Eignung der Adoptionsbewerber für diese Aufgabe, die erhöhte Anforderung an sie stellt, ist besonders zu prüfen.
Während man bisher i. d. R. die Inkognitoadoption bevorzugt hat (die leiblichen Eltern kennen die Adoptiveltern nicht und können mit dem Kind von sich aus nie mehr Kontakt aufnehmen), praktiziert man heute gelegentlich auch eine »offene« Adoption, bei der in gegenseitigem Einvernehmen Besuche möglich sind oder zumindest Informationen über die Entwicklung des Kindes ausgetauscht werden.
Die Erfahrung mit inzwischen erwachsenen Adoptierten hat gezeigt, daß es wichtig ist, daß der Adoptierte möglichst viel über seine Herkunftsfamilie weiß und sich in positiver Weise mit ihr identifizieren kann. Auch besteht häufig bei erwachsenen Adoptierten der Wunsch, die unbekannten leiblichen Eltern und Geschwister kennenzulernen.
Der nichteheliche Vater hat Priorität vor einer fremden Ersatzfamilie, das Kind selbst zu adoptieren oder es als ehelich erklären zu lassen (→ Legitimation). Voraussetzung hierfür ist, daß die Vaterschaft rechtlich feststeht und daß er die notwendigen Voraussetzungen erfüllt, um das Kind dessen Wohl entsprechend zu erziehen.
Lit. Dericum: Tagebuch; Hoffmann-Riem: Familienleben; Huber-Nienhaus: Handbuch; Oberloskamp: Kind; Sorosky u. a.: Adoption; Wacker: Adoptionen; Weyer: Adoption; Wiemann: Adoptivkinder.

Ingrid Baer

Anomie → Abweichendes Verhalten

Anonyme Alkoholiker → Alkoholismus

Anorexia nervosa Unter A. n. (Magersucht) versteht man eine ganz überwiegend bei Mädchen in der Präpubertät und → Pubertät erstmalig auftretende und von psychischen Faktoren abhängige extreme Gewichtsabnahme bzw. Verweigerung der Nahrungsaufnahme, die von der Befürchtung, zu dick zu werden, begleitet ist.
Das Krankheitsbild wird in DSM-III-R und ICD-10 (→ Klassifikationssysteme psychischen Störungen) als eigene Störung definiert, wobei folgende Hauptmerkmale unterschieden werden: starke Furcht, zu dick zu werden; Störung des Körperschemas; Gewichtsverlust von mindestens 15% gegenüber dem Ideal- oder Ausgangsgewicht; Weigerung, zuzunehmen. Die Erkrankung ist bei Mädchen deutlich häufiger als bei Jungen (94:6). Die Häufigkeitsangaben schwanken zwischen 2-12 Erkrankungen pro 100 000 aus der Altersgruppe 14-24 Jahre mit zunehmender Tendenz.
Im Vordergrund des klinischen Bildes stehen der eklatante Gewichtsverlust und die Nahrungsverweigerung sowie ein abnormes Eßverhalten, Stuhlverstopfung und ein Ausbleiben der Regel. Die Patientinnen versuchen unter allen Umständen, eine fortschreitende Gewichtsabnahme zu erreichen bzw. ein extrem niedriges Gewicht aufrechtzuerhalten. Diesem Zweck dient nicht nur die Nahrungsverweigerung, sondern häufig kommt es auch zum selbstherbeigeführten Erbrechen sowie zum Mißbrauch von Abführmitteln. Viele Patientinnen versuchen auch, durch übermäßigen Bewegungsdrang (ständiges Hin- und Herlaufen, extreme Gymnastik, übertriebene sportliche Betätigung) ein niedriges Gewicht beizubehalten. Nicht selten findet man auch heimliches Naschen bei sonstiger Nahrungsverweigerung. Die Patientinnen sind sehr auf ihre Symptomatik fixiert und überwachen die Nahrungsaufnahme zuweilen mit einem Kalorienplan. Psychisch sind sie durch einen besonders starken Willen, die Neigung zu depressiven Verstimmungen, ausgeprägten Leistungsehrgeiz, oft auch durch hysterische oder schizoide Persönlichkeitszüge sowie i.d.R. eine gute → Intelligenz gekennzeichnet. Mit dem extremen Gewichtsverlust einher gehen hormonelle Veränderungen (Senkung des Leptinspiegels) und morphologische und neuropsychologische Befunde. Eine sogenannte »Pseudoatrophie« des Gehirns ist meistens im Computertomogramm als Hirnfurchenerweiterung, Erweiterung des Hemisphärenspaltes, selten als Ventrikelerweiterung sichtbar und nach Gewichtszunahme wieder reversibel. Man findet ferner ein extremes Nachlassen des Konzentrationsverhaltens, der Reaktionsfähigkeit und der Auffassungsgeschwindigkeit sowie verminderte Leistungen in der Gestaltwahrnehmung, der visuomotorischen Koordination und des Gedächtnisses für optisches Material. Im

Hinblick auf die Ursache werden genetische Faktoren, familiäre Einflüsse und erlebnisreaktive Zusammenhänge diskutiert. Als → Therapie ist bei extremer Abmagerung eine stationäre Behandlung erforderlich, die verschiedene Komponenten umfassen muß (Ernährung, Bekämpfung der sekundären körperlichen Folgen, → Psychotherapie, → Familientherapie, schulische Förderung). Mit dem Ansteigen des Körpergewichtes vollzieht sich in gesetzmäßiger Weise bei den meisten Patientinnen eine Veränderung der Einstellung: sie nehmen von ihrer extremen »Magersuchtsideologie« Abstand, interessieren sich wieder mehr für ihre Umgebung und beginnen, in der Psychotherapie mitzuarbeiten. Entscheidende Bedeutung kommt von Anfang an der → Elternarbeit zu, die in Form von Elternberatung oder auch in Form einer Familientherapie stattfindet. Von großer Bedeutung ist nach Abschluß der stationären Behandlung eine langfristige ambulante Nachbetreuung der Patientinnen.

Die Prognose lautet, daß bei einem Drittel bis zur Hälfte der Fälle eine Heilung möglich ist. In einem Drittel bleibt die Symptomatik weiter erhalten, und es erfolgen immer wieder Rückfälle. In einem weiteren Drittel bleibt die künftige Entwicklung problematisch, und es treten immer wieder Eßstörungen auf. Die Mortalitätsrate liegt bei etwa 5 bis 7%. Prognostisch ungünstige Faktoren sind: extreme Gewichtsabnahme, spätes Erkrankungsalter, häufiges Erbrechen, → Bulimia nervosa und Abführmittelmißbrauch sowie zusätzliche psychopathologische Auffälligkeiten wie depressives und zwanghaftes Verhalten, eine problematische Familiensituation und eine ausgeprägte Störung des Körperschemas, die auch nach Gewichtszunahme erhalten bleibt.
Lit. Remschmidt: Kinder- und Jugendpsychiatrie. *Helmut Remschmidt*

Anpassung Schon in der primären → Sozialisation erfolgt eine unvermeidbare – nach Gesellschaftstypen allerdings unterschiedlich starke – A. des Neugeborenen an → Normen, → Einstellungen und Verhaltensweisen derjenigen Menschen, die → Erziehung leisten. Die zweite, sozialkulturelle Geburt ist ein notwendiger Prozeß von (sicherlich nicht nur, aber doch auch) A., um die Entfaltung der Person und verläßliche → Kommunikation mit anderen Menschen zu ermöglichen.

Es ist eine andere Frage, welches Ausmaß von A., beispielsweise in der modernen Gesellschaft und hier schon in der primären Sozialisation durch → Internalisierung von Normen anzustreben ist, um im späteren Leben angesichts raschen → sozialen Wandels und ausgeprägten Normpluralismus erwartungsgemäß handeln zu können. Eine zu starke A. an bestimmte gruppenspezifische Normen erweist sich ggf. als hinderlich, mit Andersdenkenden umzugehen und sich veränderten Verhältnissen anzupassen. Eine solche A. wird oft gefördert, um nicht Normen und Einstellungen anzuhängen, die allenfalls früher einmal sinnvoll gewesen seien. Andererseits wird jedoch auch kritisch vermerkt, daß nicht alle neuen Verhältnisse es wert wären, sich ihnen einfach anzupassen. Wird im ersten Fall das Konzept der Normativität des Faktischen uneingeschränkt anerkannt, so wird es im zweiten Fall teilweise kritisiert. Das Verhältnis zwischen A. und Widerstand ist offenkundig spannungsreich.

A. muß nicht nur in Verbindung mit Konformität, sondern kann auch zusammen mit → abweichendem Verhalten gesehen werden. So können zentrale gesellschaftliche Normen/Ziele (z. B. Wohlstand) zwar anerkannt werden, man versucht deren Verwirklichung aber durch illegitime Mittel (z. B. Diebstahl) auszuweichen oder weicht wegen massiver Beeinträchtigung der Lebenschancen in Suchtverhalten (→ Sucht/Suchtgefährdung) aus.

Nicht wenige Angehörige sozialer Berufe sind mit dem Spannungsverhältnis zwischen A. und Widerstand/Widerspruch bzw. zwischen A. und abweichendem Verhalten unmittelbar oder mittelbar konfrontiert. Als Agenten → sozialer Kontrolle sind sie ja oftmals darum bemüht, bestimmten gesellschaftlichen Vorstellungen Geltung zu verschaffen.
Lit. Dreitzel: Leiden; Presthus: Individuum; Zijderveld: Gesellschaft. *Alfred Bellebaum*

Anrechnungszeiten geben bei der Berechnung der Rente aus der gesetzlichen → Rentenversicherung (DRentVers.) einen Ausgleich dafür, daß der Versicherte aus bestimmten persönlichen Gründen keine Beschäftigung gegen Entgelt ausüben konnte und deshalb an der Zahlung von Beiträgen zur gesetzlichen Rentenversicherung gehindert war.

A. sind: Zeiten einer → Arbeitsunfähigkeit infolge von Krankheit; Zeiten, in denen der Versicherte Leistungen zur Rehabilitation erhalten hat; Zeiten der Schwangerschaft oder Mutterschaft während der jeweiligen Schutzfristen; Zeiten bis zum 31.12.1978, in denen Schlechtwettergeld bezogen wurde; Zeiten der Arbeitslosigkeit; Zeiten bis zum 31.12.1991 des Bezugs von Vorruhestandsgeld im Beitrittsgebiet.

Die drei ersten »Zeiten« müssen in Versicherungskarten oder sonstigen Nachweisen bescheinigt, die Zeit des Schlechtwettergeldes durch eine Bescheinigung eines deutschen → Arbeitsamtes, die Arbeitslosigkeit durch Meldung bei einem deutschen Arbeitsamt nachgewiesen sein. Im Beitrittsgebiet erfolgt für Zeiten bis zum 31.12.1991 die Bescheinigung im Ausweis für Arbeit und Sozialversicherung. Alle bisher aufge-

führten A. – mit Ausnahme des Vorruhestandsgeldbezugs im Beitrittsgebiet – müssen ein versicherungspflichtiges Beschäftigungsverhältnis unterbrechen.
A. sind ferner: Zeiten einer nach Vollendung des 17. Lebensjahres liegenden, abgeschlossenen Lehrzeit ohne Rentenversicherungspflicht, längstens bis zum 28. 2. 1957, und einer weiteren Schulausbildung oder einer abgeschlossenen Fach- oder Hochschulausbildung (hierbei werden Schul-, Fachschul- und Hochschulausbildung insgesamt bis zu drei Jahren berücksichtigt; bei Rentenbeginn bis zum Jahre 2001 bestehen besondere Regelungen); Zeiten des Bezugs einer Invalidenrente vor Vollendung des 55. Lebensjahres, die vor dem 1. 1. 1957 weggefallen ist oder einer Rente, in der eine Zurechnungszeit nicht enthalten war; Zeiten des Bezugs einer Invalidenrente, Bergmannsinvalidenrente, Versorgung wegen voller Berufsunfähigkeit oder Teilberufsunfähigkeit, Unfallrente (66 2/3 MdE) vor vollendetem 55. Lebensjahr im Beitrittsgebiet; Zeiten des Bezugs von Anpassungsgeld für entlassene Arbeitnehmer des Bergbaus; Zeiten des Bezugs einer Knappschaftsausgleichsleistung nach dem 31. 12. 1991; Zeiten des Bezugs von Sozialleistungen, für die wegen des Leistungsbezugs Pflichtbeiträge oder Beiträge für Anrechnungszeiten gezahlt wurden bis zum 31. 12. 1997; Zeiten der Arbeitsunfähigkeit oder der Leistungserbringung wegen Rehabilitation, für die der Versicherte zum Erwerb von Anrechnungszeiten vom 1. 1. 1984 bis 31. 12. 1997 oder aufgrund einer Antragspflichtversicherung in der Zeit vom 1. 1. 1992 bis 31. 12. 1997 Beiträge gezahlt hat; Zeiten ab 1. 1. 1992 des Gewahrsams bei politischen Häftlingen, in denen Versicherungspflicht weiter bestanden hat, sowie Zeiten einer anschließenden Krankheit oder einer unverschuldeten Arbeitslosigkeit (§§ 58, 252, 252a SGB VI, § 21 FRG).
Lit. s.: → Renten wegen Alters. *Rudolf Kolb*

Anstalt 1. Eine → Einrichtung zur Absonderung, Bewahrung, Pflege, → Resozialisierung, → Rehabilitation, Heilung und Betreuung von Personen, die der Fürsorge, der Hilfe anderer bedürfen. Voraussetzung ist daher, daß die A. mit entsprechendem Personal ausgestattet ist und daß es sich um eine Volleinrichtung handelt, d. h., bei der Tag- und Nachtaufenthalt gewährleistet ist. Teilstationäre Einrichtungen fallen daher nicht darunter. Wie Heime und gleichartige Einrichtungen müssen A. i. S. d. → Sozialrechts in der Lage sein, ihrem Wesen, ihrer Struktur und ihrer Zweckbestimmung nach Maßnahmen des jeweiligen Leistungsträgers zu gewähren. Dabei ist es unerheblich, wer die A. betreibt (Trägerschaft).
Ob es sich um eine A. (Heim oder gleichartige Einrichtung) handelt, obliegt der Prüfung im Einzelfall. Dies ist im Sozialhilferecht (→ Sozialhilfe) und hier vor allem für die → Zuständigkeit und die → Kostenerstattung von großer Bedeutung.
Im früheren Fürsorgerecht wurden als A. bezeichnet: Kranken-, Entbindungs-, Heil-, Pflege- oder sonstige Fürsorgea., Erziehungsa., Straf-, Arbeits- oder sonstige Zwangsa. (§ 9 Reichsverordnung über die Fürsorgepflicht vom 13. 2. 1924 – RGBl. I S. 100). Das → Bundessozialhilfegesetz (BSHG) hat diesen Begriff der A. durch »Anstalten, Heime oder gleichartige Einrichtungen« ersetzt (z. B. §§ 97 Abs. 4 und 100 Abs. 1). Als A. werden heute daher nur noch Einrichtungen mit gewissen Zwangsmaßnahmen (Strafvollzugsa.) oder mit intensiven Betreuungsmaßnahmen (Pflegea.) bezeichnet. Eine klare Abgrenzung zu den Heimen oder sonstigen Einrichtungen gibt es jedoch nicht. So bezeichnen sich z. B. auch Heime der Behindertenhilfe, vor allem solche der → freien Wohlfahrtspflege traditionsgemäß als A.
2. Der Begriff A. wird verwaltungsrechtlich aber auch im Zusammenhang mit der »A. des öffentlichen Rechts« verwendet. Das ist »eine aus der staatlichen oder gemeindlichen Sach- und Vermögensverwaltung herausgerissene, selbständig gemachte und mit eigener Rechtspersönlichkeit ausgestattete öffentliche Sach- und Vermögensverwaltung« (Dennewitz).
Lit. Dennewitz: Verwaltung; Kreikebohm: Einrichtungsbegriffe; Mergler u. a.: BSHG (Komm.); Zeitler: Anstaltsorte.
Helmut Zeitler

Anstaltsbeirat → Strafvollzug

Anstaltshilfe Der Begriff wird nicht nur für die Hilfe in einer → Anstalt i. e. S., sondern auch für sonstige soziale Hilfen in → Einrichtungen und Heimen verwendet. Das → Bundessozialhilfegesetz (BSHG) spricht daher den heutigen Gegebenheiten entsprechend an verschiedenen Stellen von »Hilfe in einer Anstalt, einem Heim oder einer gleichartigen Einrichtung« (z. B. § 21 Abs. 3, § 22 Abs. 1, § 27 Abs. 3, § 43 Abs. 1, § 67 Abs. 5, § 79 Abs. 3, § 81 Abs. 1, § 85, § 97 Abs. 2 und 4, § 100 Abs. 1, § 103 Abs. 2). Vereinzelt findet man in Gesetzen aber auch noch den Begriff der Anstaltspflege.
A. setzt einen Vollaufenthalt (Tag und Nacht) voraus; sie wird i. d. R. durch eine → Dienst- und → Sachleistung gewährt, s. § 11 des → Sozialgesetzbuches – Allgemeiner Teil – (SGB I). Eine Hilfe in einer Anstalt kommt immer dann in Betracht, wenn andere Maßnahmen, wie z. B. ambulante ärztliche oder sonstige Versorgung und Betreuung, → häusliche und teilstationäre Pflege (→ Hilfe zur Pflege) oder → Eingliederungshilfe, im Einzelfall nicht ausreichen oder nicht möglich sind. Diese Hilfen sind ansonsten im Rahmen der → Sozialhilfe vorrangig (§ 3 Abs. 2 S. 2 BSHG); inso-

Anthropologie

weit ist das → Wunsch- und Wahlrecht des Hilfeempfängers eingeschränkt.

Helmut Zeitler

Anthropologie (griechisch = Lehre vom Menschen) 1. Im Anglo-Amerikanischen Bezeichnung für biologische und historisch vergleichende Wissenschaften vom Menschen; 2. im Deutschen seit dem 20. Jh. als philosophische A. und als integrative Theorie der Humanwissenschaften; 3. als pädagogische A. sowohl unter empirisch-theoretischem wie philosophischem Aspekt.
A. fragt nach dem »Wesen« des Menschen in seiner Natur und seiner Geschichte. Aufgrund biologischer, kulturanthropologischer, linguistischer, soziologischer und psychologischer Forschung und philosophischer Reflexion gelten als wesentliche Merkmale u. a. Instinktgebundenheit, Weltoffenheit, Situationsbezogenheit, Zwang zur Verarbeitung der genetischen »Mängelausstattung« in Arbeit und → Interaktion. Themen pädagogischer A. sind Anlage (→ Erbanlage), Umwelt, → Begabung, Bildsamkeit und Erziehungsbedürftigkeit in Relation zu Erziehungsprozessen. A. hat die Frage nach invarianten Merkmalen des Menschen zwar nicht aufgegeben, aber als methodisch wie theoretisch problematisch und für politische Funktionalisierung anfällig erkannt. Im Vordergrund der Forschung stehen heute die Bedingungen und Konsequenzen der Menschwerdung in bestimmten sozial-kulturellen Umwelten. Praxis und Geschichte, Arbeit und Sprache, Interaktion und Kultur treten damit zum Begriff der Natur gleichgewichtig hinzu. A. wird historische Sozialwissenschaft. Ausgehend vom Begriff der Bildsamkeit analysiert die pädagogische Anthropologie die Genese menschlichen → Verhaltens, des »normalen« wie des »abweichenden« (→ Abweichendes Verhalten), erst im Wechselspiel von Natur, Interaktion und gesellschaftlichen Bedingungen und Wertvorstellungen das theoretisch bedeutsame Thema. Neben der Biologie und → Verhaltensforschung sind deshalb Gesellschafts- und Sozialisationstheorie (→ Gesellschaft, → Sozialisation) für pädagogische A. unentbehrlich. Für die philosophische A. ergibt sich aus der Verwissenschaftlichung der A. das bisher ungelöste Problem, die vielfältigen Daten und Fragestellungen zu integrieren und dem traditionellen (Selbst-)Anspruch auf Handlungsorientierung gerecht zu werden. Vor allem in den Kontroversen über Behinderung und Euthanasie ist die ethische Dimension der A. neu relevant geworden.
Lit. Habermas: Philosophische Anthropologie; Lepenies: Soziologische Anthropologie; Marquardt: Anthropologie; Wulf: Historische Anthropologie; Wulf: Pädagogische Anthropologie. *Heinz-Elmar Tenorth*

Anthropologische Pädagogik → Erziehungswissenschaft

Antiautoritäre Erziehung Die a. E.konzeption versteht sich als eine Reaktion auf herkömmliche → Erziehungsstile, denen vorgeworfen wird, durch eine repressive Erziehung die Kinder zu »dressieren«, ihre Triebwünsche zu unterdrücken und damit den autoritären Charakter (Adorno), die entfremdete Persönlichkeit, zu entwickeln (→ Autorität).
Die a. E. ist somit ihrem Selbstverständnis nach eine Gegenerziehung – ihren theoretischen Hintergrund bilden z. B. Schriften von A. Freud, M. Klein, W. Reich, Bernfeld u. a. Als ein gelungenes Beispiel a. E. wird immer wieder die 1921 von Neill gegründete britische Schule in Summerhill genannt. Während der Studentenbewegung 1967/68, die ebenfalls als antiautoritäre Bewegung benannt wurde, fand die a. E. vor allem in der Kinderladenbewegung (→ Kinderladen) als eine Form der Kollektiverziehung ihren Niederschlag.
Zentrale Erziehungsziele der a. E. sind u. a. die freie Entfaltung der Persönlichkeit des Kindes, die Förderung seiner psychischen Unabhängigkeit, die Übernahme der Verantwortung für sich selbst und die Unterstützung seiner Konflikt- und Kritikfähigkeit. Dies soll vor allem dadurch geschehen, daß der Bedürfnisbefriedigung und den Erfahrungen der Kinder so wenig Einschränkungen wie möglich gesetzt werden. Die Kinder sollen durch die Selbstbestimmung und die Selbstregulierung ihrer → Bedürfnisse in die Lage versetzt werden, gesellschaftliche Wert- und Normensysteme (→ Norm) zu hinterfragen, um dadurch auch zu einer Veränderung der gesellschaftlichen Verhältnisse fähig zu werden. Insofern versteht sich die a. E. als eine politische Erziehung, ihre Weiterentwicklung ist in der sozialistischen und proletarischen Erziehung zu sehen (→ Sozialistische Pädagogik; s. a. → Antipädagogik).
Lit. Bernfeld: Antiautoritäre Erziehung; Neill: Antiautoritäre Erziehung; Saß: Antiautoritäre Erziehung; Werder: Erziehung.

Angelika Ehrhardt

Antidepressiva → Psychopharmaka

Antipädagogik Gegentheorie zur Pädagogik (→ Erziehungswissenschaft), die mit der modernen Idee der Menschenrechte ohne Altersgrenze nicht vereinbar ist: Im Namen der → Erziehung werden Kinder zu Objekten (»Zöglingen«) degradiert und weitgehend der Willkür von → Erziehungsberechtigten unterworfen
A. versteht sich als Gegengift zur Neutralisierung der pädagogischen Tradition, als theoretische Grundlage für den Übergang zu einem freiheitlich-demokratischen Bild

vom Kind (»Kindermensch«- vs. »Mindermensch«-Paradigma).
A. zielt nicht auf »Pädagogik« insgesamt, sondern auf deren überkommene, aber falsche (Montagu) anthropologische Annahmen, die der Freiheit und Würde des Kindes entgegenstehen. Deshalb wird A. neuerdings präzisiert zu »Anti-Psychopädagogik«: So wie sexuelle Attacken die normalerweise akzeptierte »Intimsphäre« verletzen, stellen psychopädagogische (seelenformende, kindliche Gefühle nicht respektierende) Ansinnen Verletzungen der »seelischen Intimsphäre« dar und sind im Effekt sogar als »sadistisch« zu bezeichnen.
Eine primär »seelenfreundliche«, sekundär verstandesorientierte »Doppelstrategie« gilt im Sinne der ursprünglichen A. für den Umgang mit Kindern als optimal, bietet nun aber auch den logisch verpflichtenden Maßstab für die an traditionelle Erwachsene gerichtete anti(psycho)pädagogische/kinderrechtliche Aufklärung selbst. Unabhängig von ihrem Alter können Menschen nur dann »zur Vernunft kommen«, wenn ihr psychisches Selbsterhaltungssystem sich nicht dagegen wehren muß, daß sie zur Vernunft gebracht werden sollen. Die Anerkennung der Seele als Zentrum der Subjektivität aller Menschen macht die erziehungsideologisch konstruierte Ungleichheit zwischen Erwachsenen und Kindern hinfällig. Seit über 30 Jahren bewährt sich die so ermöglichte »Beziehungsform Gleichberechtigung« (Böhm/Braunmühl) nach einheiliger Auskunft von Eltern, Kindern und Enkeln.
Lit. Böhm/Braunmühl: Gleichberechtigung; Braunmühl: Antipädagogik; Braunmühl: Vernunft; Montagu: Kind.

Ekkehard von Braunmühl

Antipsychiatrie Als Theorie negiert A. die Existenz seelischer Erkrankungen, als Praxis wurde sie erstmals von Cooper (der auch den Begriff prägte) in seinem Buch »Psychiatrie und Anti-Psychiatrie« (1967) beschrieben. Für Szasz ist – so der Titel eines seiner weitverbreiteten Bücher – »Geisteskrankheit ein moderner Mythos«. Für Szasz lebt im → Schizophrenie-Begriff der Hexenbegriff früherer Zeiten fort; der Nervenarzt hat danach den Inquisitor nur abgelöst.
Ähnlich wie Szasz, für den psychische Erkrankungen letztlich Resultat gesellschaftlicher Zuschreibungsprozesse (Etikettierungen; → Labeling Approach) sind, verabsolutiert Laing einzelne Aspekte psychiatrischer Familienforschung. Schizophrenie ist für Laing kein Mythos, sondern Ergebnis pathologischer Kommunikationsstrukturen (→ Kommunikation) innerhalb der Familie; die schizophrenen Verhaltensweisen werden als Strategien des Individuums gesehen, eine subjektiv unerträgliche Situation erträgbarer zu machen. Insofern Familien Sozialisationsagenturen (→ Sozialisation) einer – repressiven – Gesellschaft sind, spiegelt der schizophren Erkrankte lediglich die Inhumanität der sozialen Verhältnisse wider. Er ist deren Opfer, Märtyrer für eine bessere Welt.
A. im Sinne Laings, Coopers und auch Szasz' hat durchweg eskapistische Züge, zielt in ihren praktischen Ansätzen weder auf Veränderung der Gesellschaft selbst noch auf die Reform der bestehenden psychiatrischen Institutionen. Man begnügt sich mit ihrer Negation. – Ganz anders die (eurokommunistisch) politisch inspirierte Gruppe um die Italiener Basaglia, Prella, Jervis, die sich organisatorisch in der Psiciatria democratica italiana zusammengeschlossen hat und deren dezidiertes Ziel die letztendliche Auflösung psychiatrischer Großkrankenhäuser durch innere Reformen und die Reintegration psychiatrischer Patienten in die Gemeinde ist.
In der Bundesrepublik hat A. zwar eine literarische, aber keine praktische Rolle gespielt. Das Reformpotential ist hier über die Zwischenstation sozialpsychiatrisch-universitärer Modell-Ansätze der 50er und 60er Jahre seit Anfang der 70er Jahre in die → Deutsche Gesellschaft für soziale Psychiatrie e.V. (DGSP) miteingeschlossen und hat schließlich mit dazu beigetragen, daß der Deutsche Bundestag 1971 eine Enquête zur Lage der → Psychiatrie in Auftrag gab, deren Ergebnis seit 1975 vorliegt (→ Psychiatrie-Enquête). Hierin wird einer »Alternativpsychiatrie« das Wort geredet, die »mit Besonnenheit und Schläue« (Finzen) die psychiatrischen Verhältnisse in unserem Lande zu verändern sucht. A. taugt hierzu nicht.
Lit. Basaglia: Institution; Cooper, D.: Psychiatrie; Glatzel: Antipsychiatrie; Kisker, K. P. u.a.: Psychiatrie; Laing: Phänomenologie; Szasz: Geisteskrankheit.

Manfred Bauer

Antrag hat im → Sozialrecht eine doppelte Bedeutung. Er kann einmal anspruchsbegründende Wirkung haben, d.h., für die Entstehung eines Anspruchs ist die A.stellung Voraussetzung (dies ist z.B. bei den → Renten wegen Alters nach dem 6. Buch des → Sozialgesetzbuchs [SGB] und bei Leistungen der → Kriegsopferversorgung der Fall). Zum anderen kann dem A. auch nur anspruchsauslösende Bedeutung zukommen. Dies bedeutet, daß der Anspruch unabhängig von der A.stellung entstehen kann und der A. lediglich das → Verwaltungsverfahren in Gang bringt (so für die Sozialleistungen – vorbehaltlich abweichender Regelungen für den einzelnen Sozialleistungsbereich – nach § 40 SGB I).
Daneben gibt es – als dritte Variante – Leistungsbereiche, in denen die Leistungspflicht nicht von der Stellung eines A. abhängt, sondern der → Sozialleistungsträger von Amts wegen tätig werden muß, wenn ihm ein Bedarfsfall bekannt wird. Dies ist

Anwalt des Kindes

für die → Sozialhilfe (§ 5 → Bundessozialhilfegesetz [BSHG]) und für die → Jugendhilfe (keine ausdrückliche Regelung, aber bisher anerkannter Grundsatz) der Fall, aber auch für die → Kriegsopferfürsorge (§ 54 Abs. 2 VO zur Kriegsopferfürsorge). Der A. hat in diesen Bereichen in erster Linie die Funktion der Ermittlung von entscheidungserheblichen Tatsachen.
Eine Grundsatzregelung über die A.stellung ist in § 16 SGB I enthalten. Nach Abs. 1 S. 2 dieser Vorschrift werden A. auf Sozialleistungen von allen Leistungsträgern, von allen Gemeinden und bei Aufenthalt im Ausland auch von den amtlichen Vertretungen der Bundesrepublik Deutschland entgegengenommen. A., die bei diesen Stellen eingereicht werden, gelten als zu dem Zeitpunkt gestellt, in dem sie dort (bei der unzuständigen Stelle) eingegangen sind. Das BVerwG hat diese Regelung in Abweichung von seiner früheren Rechtsprechung auch für die → Sozialhilfe als anwendbar erklärt. Dabei sei allerdings zu prüfen, ob Hilfe auch für die Zeit zwischen A.stellung und Kenntnis des Sozialhilfeträgers nach § 5 BSHG um der Effektivität der gesetzlichen Gewährleistung des Rechtsanspruchs des Hilfesuchenden auf Fürsorgeleistungen rückwirkend zu erbringen sei (BVerwG, Urteil vom 18. 5. 1995, BVerwGE 98, 248 = NDV-RD 1996, 12). Weitergehend als die neuere Rechtsprechung des BVerwG dagegen die inzwischen die durch das Gesetz zur Reform des Sozialhilferechts vom 23. 7. 1996 (BGBl. I S. 1088) in § 5 Abs. 2 BSHG eingefügte Regelung, wonach das Bekanntwerden eines Bedarfs bei einem nicht zuständigen Träger der Sozialhilfe oder einer nicht zuständigen Gemeinde für das Einsetzen der Sozialhilfe beim zuständigen Träger maßgebend ist.
Die Verpflichtung des → Sozial- und → Jugendhilfeträgers wird ausgelöst durch das »Bekanntwerden« der Notwendigkeit der Hilfe. Sozialleistungsträger ist dabei nicht nur das → Sozialamt oder → Jugendamt (JA), sondern die Gesamtverwaltung (Grundsatz der Einheit der Verwaltung). Dies bedeutet, daß auch bei anderen Dienststellen des Sozialleistungsträgers der Bedarf an Sozialhilfe oder Jugendhilfe »bekannt werden« kann und damit das Tätigwerden von Amts wegen ausgelöst wird. »Bekannt werden« bedeutet, daß die Notwendigkeit der Hilfegewährung dargetan oder sonstwie erkennbar ist. Dem Sozialhilfeträger (Jugendhilfeträger) wird nicht abverlangt, die Notwendigkeit der Hilfe gleichsam zu »erahnen« (BVerwG, Beschluß vom 9. 11. 1976, – FEVS 25, 133 = NJW 1977, 1465).
Nach § 16 Abs. 3 SGB I sind die Leistungsträger verpflichtet, darauf hinzuwirken, daß unverzüglich klare und sachdienliche A. gestellt und unvollständige A. ergänzt werden.

50

Lit. Fichtner: Sozialhilfe; Giese: Schuldenübernahme; Haueisen: Geltendmachung; Wolber: Bedeutung. *Walter Schellhorn*

Anwalt des Kindes ist ein Verfahrens- oder Ergänzungspfleger, der im Konfliktfall vor dem FamG oder VG sowie im Strafverfahren wegen sexuellen Mißbrauchs u. ä. Kindern als eigenständiger Vertreter beigeordnet wird, soweit dort ein gravierender Interessenwiderstreit zwischen Eltern und Kind auftritt. Mit dem A. gibt es gute Erfahrungen im angelsächsischen Rechtskreis. Dort vertreten ein Sozialarbeiter und ein Jurist (sog. »Tandemmodell«) das Kind in rechtlicher und tatsächlicher Hinsicht. Im Einzelfall kann ein A. auch in Deutschland bestellt werden, wenn die konkreten Umstände es erfordern. Die gesetzliche Einführung des A. als obligatorische Einrichtung in allen in Frage kommenden Fällen ist umstritten: Die Befürworter berufen sich auf die Kinderkonvention der UN, auf die guten Erfahrungen im Ausland und insbesondere auf Praxisdefizite im JA (→ Jugendamt). Die Gegner verweisen auf den im angelsächsischen Recht nicht bekannten Amtsermittlungsgrundsatz beim FamG und VG, auf die Verpflichtung der JÄ zur Gewährleistung des Kindeswohls und auf die Vorgaben des § 36 KJHG – SGB VIII, die zur Beachtung der Kindesinteressen bei der Hilfeplanung (→ Hilfeplan) und -umsetzung zwingen.
Matthias Mann

Anwaltsplanung Der Ansatz der »Advokatenplanung« (advocacy planning), in den Vereinigten Staaten entwickelt, ist in der Bundesrepublik Deutschland Anfang der 70er Jahre in Diskussion gekommen als ein Instrument der → Bürgerbeteiligung, mit dessen Hilfe insbes. sozialbenachteiligte Bewohner (→ Soziale Benachteiligung, → Randgruppen) ihre eigenen Interessen bei städtebaulichen Planungsprozessen besser erkennen, formulieren und durchsetzen sollen. Dabei wird von einem pluralistischen Planungskonzept ausgegangen, in dem verschiedene interessenspezifische Planungen um ihre Realisierung konkurrieren. Die Anwaltsplaner sind Architekten, Stadtplaner, Sozialwissenschaftler, Sozialarbeiter u. a. (nur in Ausnahmefällen Juristen), die in Teams arbeiten (→ Teamarbeit). Sie erstellen professionell für organisierte Bewohnergruppen, z. B. → Bürgerinitiativen, Alternativplanungen zur »amtlichen« Planung bzw. vertreten bei Entscheidungen über alternative Lösungen als fachkundige »Gegenanwälte« öffentlich die Interessen ihrer Klientel, an deren Weisung (Planungsauftrag) sie gebunden sind. Eine direkte → Betroffenenbeteiligung findet nicht statt. Arbeitsfelder für A.: größere Neubaugebiete, Modernisierungsmaßnahmen, Sanierungsgebiete, wo durch langwierige Planungs-/ Baumaßnahmen, Bevölkerungsumstrukturierungen, zeitweilige Defizite der sozialen Infrastruktur (→ Infrastruktur, soziale) u. a. m. soziale Konflikte entstehen. Da die Klientelen i. d. R. nicht dazu in der Lage sind, müssen Anwaltsplaner mit öffentlichen Mitteln finanziert werden. Die Sicherung der Unabhängigkeit vom jeweiligen Planungsträger, die Zugänglichkeit zu Informationen, die Bereitschaft von Planungsträger/Gemeinde zum Dialog über alternative Konzepte und das Vorhandensein einer aktiven Bewohnerorganisation als Auftraggeber ist erforderlich. Bei auffindbarer politischer Apathie der Betroffenen ist hohes gesellschaftspolitisches, längerfristiges Engagement der Anwaltsplaner (auch gegen die »herrschende Meinung«) und fundiertes Methodenwissen notwendig. Bei der häufig noch erforderlichen Aktivierung und Organisation der Betroffenen greift langfristig angelegte A. über die konkrete Aufgabenstellung hinaus; der Übergang zur → Gemeinwesenarbeit und/oder → Stadtteilarbeit ist fließend.

Für die Gemeinde ist die Erschließung interessenspezifischer Innovationspotentiale, die rechtzeitige Aufdeckung von → Zielkonflikten, das Angebot bedürfnisgerechter Planungsalternativen vorteilhaft.

Den Trägern der sozialen Arbeit und ihren Mitarbeitern stellt sich im Zusammenhang mit der → Sozialplanung (z. B. bei Maßnahmen nach dem → Baugesetzbuch [BauGB]) gerade im Interesse ihrer typischen Zielgruppen ein breites Betätigungsfeld für A.

Lit. Belschner u. a.: Wohnwerkstatt; Brand: Demokratisierung; Brech u. a.: Anwaltsplanung; Brech u. a.: Planung; Bürgerinitiative Düppel-Nord: Anwaltsplanung; Davidoff: Anwaltsplanungsprinzip; Klockner u. a.: Anwaltsplanerteams; Körber u. a.: Planung; Peattie: Anwaltsplanung. *Hartmut Großhans*

Anwaltszwang bedeutet, daß sich die Prozeßparteien durch einen bei dem Prozeßgericht zugelassenen Rechtsanwalt vertreten lassen müssen. A. besteht in → Zivilprozessen vor den Landgerichten und allen Gerichten des höheren Rechtszuges (Oberlandesgericht und Bundesgerichtshof). Das gleiche gilt vor den → Familiengerichten in Ehe- und Scheidungsfolgesachen (→ Ehescheidung) und bei Ansprüchen aus dem ehelichen → Güterrecht. In Arbeitsrechtsstreitigkeiten vor dem Bundesarbeitsgericht und den Landesarbeitsgerichten (hier mit Ausnahme für Verbands- und Gewerkschaftsvertreter, § 11 Abs. 2 ArbGG) müssen sich die Parteien ebenfalls durch einen Rechtsanwalt vertreten lassen (→ Arbeitsgerichte); vor dem Bundesverwaltungsgericht und dem Bundessozialgericht besteht Vertretungszwang, wobei außer Rechtsanwälten bestimmte weitere Personengruppen zugelassen sind (§§ 67 Abs. 1 VwGO, 166 SGG). § 140 StPO regelt die Fälle, in denen die Mitwirkung eines Verteidigers im Strafverfahren notwendig ist. Vor dem Bundesverfassungsgericht besteht in schriftlichen Verfahren kein Anwaltserfordernis, wohl aber in der mündlichen Verhandlung.

Der A. bezweckt die Fürsorge für die rechtsunkundigen, nicht geschäftsgewandten Parteien, denen zudem häufig die Fähigkeit fehlt, das für den Prozeß Wesentliche zu erkennen und geordnet und vollständig vorzubringen. Im Hinblick auf aussichtslose Begehren und unerhebliche Gesichtspunkte erfüllt der A. eine segensreiche Präventivfunktion. Zugleich ist in der Person des - wie die Richter ausgebildeten und ihnen sozial gleichstehenden - Rechtsanwalts ein Kontrollorgan geschaffen, das das Gericht vor Fehlentscheidungen, die Parteien vor bürokratischer Einseitigkeit und einer Machtüberschreitung des Richters schützt. Seit dem 19. Jh. richteten sich heftige Angriffe insbes. gegen den zivilprozessualen A., wobei zuletzt auch die Verfassungsmäßigkeit einer gesetzlich vorgeschriebenen Prozeßvertretung bestritten wurde.

Lit. Granderath: Vertretungszwang.
Wolfgang Vomberg

Anzeige geplanter Straftaten, Pflicht zur Es gibt in der deutschen Rechtsordnung keine allgemeine Pflicht zur Erstattung einer Strafanzeige, jedenfalls nicht für vollendete Straftaten. Nur wenn man von der ernstlichen (also nicht nur gerüchteweise bekanntgewordenen) Planung einer schweren Straftat i. S. d. § 138 Strafgesetzbuch (StGB) erfährt, muß dies angezeigt werden, und zwar gegenüber dem Bedrohten oder der Polizei, und das auch nur, solange die Ausführung oder der Erfolg noch abgewendet werden kann. Es besteht also nur eine Pflicht zur Straftatverhinderung, nicht zur Strafverfolgung. Straftaten i. S. d. § 138 StGB u. a.: Mord, Totschlag, Raub, Verschleppung, Entführung, Geldfälschung, Brandstiftung. Selbst wer von der Planung solcher Straftaten erfährt, bleibt straffrei, wenn er die Ausführung bzw. den Erfolg der Tat anders als durch Anzeige verhindert (§ 139 Abs. 4 StGB). Privilegiert sind – in den Grenzen des § 139 Abs. 3 S. 2 StGB – Ärzte und Rechtsanwälte, nicht, wie in § 203 StGB Sozialarbeiter (→ Schweigepflicht). Nicht anzeigepflichtig sind nach § 139 Abs. 2 Geistliche (der staatlich anerkannten öffentlich-rechtlichen Religionsgemeinschaften), soweit die geplante Straftat ihnen in ihrer Eigenschaft als Seelsorger anvertraut wurde.

Eine Sonderrolle im Zusammenhang mit § 138 StGB spielt der Straftatbestand der »Bildung einer terroristischen Vereinigung« (§ 129a StGB). Ist die Bildung einer terroristischen Vereinigung ernstlich geplant, so reicht keine Warnung, sondern es muß – sobald man davon erfährt – die Strafverfolgungsbehörde informiert werden.

§ 129a StGB darf nicht mit § 129 StGB (Bildung einer kriminellen Vereinigung) verwechselt werden: § 129 StGB ist in § 138 StGB nicht erwähnt, er löst also keine Anzeigepflicht aus.
Für den Bereich der sozialen Arbeit bedeutet die enge Begrenzung der Anzeigepflicht – die zugleich eine Offenbarungsbefugnis gegenüber Datenschutzvorschriften (→ Datenschutz, → Sozialgeheimnis, Schweigepflicht) darstellt –, daß Hinweise auf vollendete Straftaten gegenüber der Polizei nicht erlaubt sind, sofern nicht ein besonderer Offenbarungstatbestand, etwa im SGB X, dazu ermächtigt. *Thomas Mörsberger*

AOK-Bundesverband → Krankenkassen

Apathie Zustand krankhafter Gleichgültigkeit, Teilnahmslosigkeit; Fehlen von spontaner Aktivität und → Affekt. Außer bei allgemeinmedizinischen Erkrankungen (z.B. Elektrolytstoffwechselstörungen) bei den verschiedenartigsten neuropsychiatrischen Krankheitsbildern vorkommend: bei → Depressionen, schizophrenen Psychosen (→ Schizophrenie), sog. stumpf-apathischen Oligophrenien (→ Schwachsinn), hirnorganischen Schäden (Tumoren, Hirnhautentzündungen, Hirnschwund); bei Vergiftungen und neurotischen Fehlentwicklungen (→ Neurose); als Erschöpfungszustand nach massiven seelischen Erschütterungen. Auch bei psychisch Gesunden im Rahmen von Notsituationen als Folge völliger Entmutigung und Hoffnungslosigkeit vorkommend. *Gerd Laux*

Aphasie → Werkzeugstörungen

Apraxie → Werkzeugstörungen

Äquivalenzprinzip Bei Versicherungen (→ Versicherungsprinzip) der Grundsatz, wonach Prämien so kalkuliert werden, daß sie dem individuellen Risiko gleichwertig (lateinisch: äquivalent) sind. Individuelles Risiko ist die im Einzelfall ungewisse Möglichkeit, daß ein bestimmter Geldbedarf auftritt, der nicht aus laufenden Erwerbseinkünften oder ohne weiteres gedeckt werden kann, z.B. bei einem Brandschaden, bei einem Unfall, für man haftpflichtig ist (→ Schadensersatz), oder bei langer Lebenszeit, während der man nicht mehr erwerbsfähig sein kann (→ Alterssicherung, → Berufsunfähigkeitsrente, → Erwerbsunfähigkeitsrente). Der Schadens- oder Versicherungsfall tritt ein, wenn ein solches Risiko im Einzelfall sich in einem Schadensereignis (Brand, Unfall, Erwerbsunfähigkeit, Pflegebedürftigkeit etc.) konkretisiert. Entsprechen die Prämienzahlungen des Versicherten seinem individuellen Risiko, spricht man vom individualen (Isensee) oder personenbezogenen (Thiemeyer) Ä. Ist nur die Summe der Prämienzahlungen aller Versicherten (einschließlich Zinserträgen) der Summe aller durch Verwirklichung des entsprechenden Risikos eintretenden materiellen Schäden (einschließlich Verwaltungskosten) gleich, besteht nur Gruppen- (Wagenführ), kollektive (Saxer) oder Global-(Isensee)Äquivalenz.

Privatversicherungen müssen beide Ä. strikt einhalten, wobei sie auch auf die zeitliche Verteilung der Schadensfälle achten müssen, so daß bei ihnen regelmäßig – d.h. bei ordnungsgemäßer Geschäftsführung – eine Rücklagen-, längerfristig eine Kapitalbildung anfällt. Würde die Versicherungsprämie nicht der Wahrscheinlichkeit entsprechen, mit der im Einzelfall die Effektuierung des Risikos zu erwarten ist, ergäbe sich zwangsläufig eine Gegenauslese, die den Risikoausgleich gefährden würde: Risiken, für welche die geforderte Prämie zu niedrig angesetzt wäre, würden in großer Zahl versichert, während die hoch belasteten Risiken zumindest teilweise fernblieben (Hax). Bei den → Sozialversicherungen kann es dagegen, da und soweit sie auf Versicherungszwang beruhen, mehr oder weniger weitreichende Abweichungen insbes. vom personenbezogenen Ä. geben. Sie sind sozialpolitisch beabsichtigt, um Personen mit hohem Risiko, z.B. schlechtem Gesundheitszustand oder gefährlichem Beruf, gemäß dem Bedarfsprinzip zu begünstigen.
Lit. Farny: Privatversicherung; Farny: Sozialversicherung; Manes: Versicherungswesen; Schäfer, D.: Fürsorge. *Dieter Schäfer*

Arbeit → Arbeitsmarkt, → Arbeitslosigkeit

Arbeit/Beschäftigung in der EU Eine wichtige Grundlage des → Europäischen Binnenmarktes (→ Europäische Gemeinschaften [EG]) ist die Verwirklichung der Freizügigkeit der Arbeitnehmer in der EG (→ Wanderarbeitnehmer). Die Rechtsgrundlage sind die Art. 48 bis 51 EGV, die durch eine Reihe von Vorschriften des sekundären Europäischen Gemeinschaftsrechts ergänzt und konkretisiert werden.
Die Freizügigkeit der Arbeitnehmer umfaßt nach Art. 48 das Recht auf Einreise und Aufenthalt in Mitgliedstaaten der EG zum Zwecke der Arbeit bzw. der Arbeitssuche, den freien Zugang zur Beschäftigung und den Grundsatz der Gleichbehandlung der Arbeitnehmer bei den Arbeitsbedingungen. Art. 49 und 50 EWGV verpflichten die Arbeitsverwaltungen der Mitgliedstaaten zur Zusammenarbeit und zur Förderung des Austauschs junger Arbeitskräfte. Auf der Grundlage von Art. 51 EWGV führte die Gemeinschaft flankierende sozialrechtliche Maßnahmen ein, deren wesentliches Ziel die Vermeidung von Nachteilen im Bereich der sozialen Sicherung (→ Soziale Sicherheit in der EG) für diejenigen Arbeitnehmer ist, die innerhalb der Gemeinschaft in un-

terschiedlichen Mitgliedstaaten arbeiten oder gearbeitet haben.
Seit dem 1.1.1994 steht das Recht auf Freizügigkeit auch den Angehörigen der Mitglieder des EWR zu.
Das Recht auf Einreise und Aufenthalt steht Arbeitnehmern (und ihren Familienangehörigen) zu, soweit sie Staatsangehörige eines Mitgliedstaats der EU oder des EWR sind. Ehegatten und Kinder, die Drittstaatsangehörige sind, haben einen Rechtsanspruch auf Erteilung der Aufenthaltserlaubnis, Kinder nach vollendetem 21. Lebensjahr, Verwandte aufsteigender Linie (Eltern, Großeltern, Verwandte 2. Grades) dann, wenn sie im Haushalt des Arbeitnehmers leben und unterhalten werden (Verordnung EWG 1612/68 vom 15. 10. 1968 ABl. Nr. L 257). Besonderheiten gelten für türkische Staatsangehörige aufgrund des Assoziierungsabkommens zwischen der EWG und der Türkei von 1963 (vgl. EUGH RS C-237/4 KAZIM KuS, SLG. 1992, I 6781 und EU-GH RS C-355/93 EROGLU, NVwZ 1995, 53).
Das Recht auf Einreise und Aufenthalt steht unter dem Vorbehalt der aus Gründen der öffentlichen Ordnung, Sicherheit und Gesundheit gerechtfertigten Beschränkungen (Art. 48 Abs. 3 EWGV). Dieser Vorbehalt ist nach ständiger Rechtsprechung des → Gerichtshofs der Europäischen Gemeinschaften (EuGH) eng auszulegen (Richtlinie Nr. 64/221/EWG vom 25. 2. 1964, ABl. 1964, 850). Einzelheiten regelt das Aufenthaltsgesetz EWG.
Das Freizügigkeitsrecht gewährleistet auch die freie Wahl des Arbeitsplatzes. Eine Arbeitserlaubnis ist für Angehörige eines Mitgliedstaates der EU nicht erforderlich. Ausgenommen sind nach Art. 48 Abs. 4 EWGV lediglich Tätigkeiten in der öffentlichen Verwaltung. Diese Ausnahme ist ebenfalls eng begrenzt auf diejenigen Tätigkeiten, die mit der Ausübung hoheitlicher Befugnisse und besonderer Bedeutung für die allgemeinen Belange des Staates verbunden sind (z. B. Richter, Staatsanwälte, Finanz- und Polizeibeamte, nicht aber die Wahrnehmung technischer, sozialer, pädagogischer u. ä. Aufgaben, sofern sie nicht mit besonderer Verantwortlichkeit verbunden sind). Bedeutung für den Zugang zur Beschäftigung kommt der gegenseitigen Anerkennung von Diplomen und anderen berufsqualifizierenden Leistungsnachweisen zu.
Lit. Langer-Stein u. a.: Arbeitsmarkt.

Hagen Lichtenberg

Arbeiterbewegung Die Bestrebungen der Organisationen der abhängig beschäftigten Arbeitnehmer, ihre politische, wirtschaftliche, soziale und kulturelle Lage auf evolutionärem oder revolutionärem Wege zu verbessern. Die Anfänge der A. sind eng mit der industriellen Entwicklung im vorigen Jh. verbunden. Der Begriff A. bürgert sich seit Mitte des vorigen Jh. ein. Der Entstehung der A. voraus geht eine wachsende literarische Behandlung der »sozialen Frage«. Seitdem ist die Literatur über die »soziale Frage« und die Literatur der A. selbst zu einem wichtigen Teil ihrer Geschichte geworden.
Träger der A. sind neben bürgerlichen Intellektuellen zunächst vorwiegend noch stark berufsständisch geprägte Handwerker, denen wegen der wirtschaftlichen Veränderungen und des starken Bevölkerungswachstums der Aufstieg zum selbständigen Handwerksmeister versagt bleibt. Diese Handwerker, die bald den Begriff »Arbeiter« für sich übernehmen, sind nach Auflösung der alten berufsständischen Ordnungen weitgehend politisch rechtlos und sozial schutzlos. Das allmählich wachsende Bewußtsein der Arbeiter über ihre Situation und der daraus entstehende solidarische Wille, gemeinsame Vorstellungen zu entwickeln, ihre gemeinsame Lage zu ändern, schafft die Voraussetzungen zur Bildung eigener Organisationen. Die in den Anfängen häufig vom Bürgertum geförderten Arbeiter-Bildungsvereine übernehmen bald sozialistische, kommunistische Ideen und entwickeln sich zu selbständigen politischen Parteien, die eine radikale Umwandlung der bestehenden Systeme (Kapitalismus, Klassengesellschaft [→ Klasse]) durchsetzen wollen. Zur gleichen Zeit entwickelt sich eine konfessionelle A., die sich in → Gewerkschaften und christlich-sozialen Arbeiter- und Gesellenvereinen organisiert. Der Bildung dieser neuen Organisationen widersetzen sich die einzelnen Staaten und speziell die Unternehmer durch Beschränkung des Vereins- und Koalitionsrechtes noch sehr lange.
Die Entwicklung der A. vollzog sich in den einzelnen Ländern aufgrund der jeweiligen politischen und wirtschaftlichen Situation sehr unterschiedlich. Trotzdem kam es schon früh zu internationalen Zusammenschlüssen, die jedoch im Verlauf ihrer Geschichte die nationalen Besonderheiten der A. nur z. T. überbrücken konnten.
Die A. tritt je nach ihrer Zielsetzung in unterschiedlichen Formen auf: die politische (Arbeiterparteien), die korporative (Gewerkschaften, Genossenschaften) und die bildungspolitische (Bildungsvereine [→ Arbeiterbildung]). Innerhalb dieser Institutionen bestehen unterschiedliche ideologische Richtungen. Die Geschichte der A. war stark geprägt von den ständigen Auseinandersetzungen innerhalb oder auch zwischen den ideologischen Auffassungen (Differenzen um die »wahre« Lehre des Marxismus, Gegensatz Sozialismus-Kommunismus, Revisionismus, Kommunismus-christliche Soziallehre). Die verschiedenen weltanschaulichen Grundauffassungen haben lange Zeit die Organisationsstrukturen, die Durchsetzungsstrategien und -taktiken

für die jeweiligen Zielsetzungen der A. bestimmt. Nach dem Zusammenbruch des sozialistisch-kommunistischen Systems in vielen Ländern sind die ideologischen Auseinandersetzungen innerhalb der A. in den letzten Jahren in den Hintergrund getreten. Dafür stellt die zunehmende Globalisierung der Wirtschaft und die damit zusammenhängenden Veränderungen der nationalen Arbeitsmärkte auch die A. vor Probleme, für die sie noch keine Lösungen gefunden hat.
In ihrer über hundertjährigen Geschichte hat die A. trotz vieler Rückschläge und Fehlentwicklungen bedeutende Erfolge für die Arbeitnehmer erreichen können.
Maria Weber/Dieter Schuster

Arbeiterbildung bezeichnet bis zur Herrschaft des Nationalsozialismus eine inhaltlich komplexe und institutionell vielfältige Bildungspraxis von Qualifikation für die Bedürfnisse der → Arbeiterbewegung einerseits, Sozialintegration andererseits. Entsprechend den Bildungszielen wird der Adressatenkreis mit Hilfe des marxistischen Klassenbegriffs (→ Klasse) oder nach dem Kriterium kultureller Defizienz bestimmt. A. beschränkt sich dabei durchaus nicht auf Schulungsmaßnahmen von Parteien und Gewerkschaften, sondern wird – insbes. von der sog. »Leipziger Richtung« der Volksbildung in der Weimarer Republik – als Hauptaufgabe öffentlicher → Erwachsenenbildung reklamiert. Hier wird – unter ausdrücklicher Bejahung einer sozialpädagogischen Perspektive – unter A. jegliche Art von → Bildung gefaßt, die dazu befähigt, »im Interesse der Arbeiterschaft und im Rahmen der Arbeiterbewegung« für eine demokratische Veränderung der Gesellschaft zu kämpfen (Hermberg).
Nach 1945 wird der Begriff in diesem weiten Bedeutungsspektrum nicht mehr verwendet. An seine Stelle tritt – auch in → Gewerkschaften, → Volkshochschulen und deren Arbeitsgemeinschaft »Arbeit und Leben« – die Bezeichnung »Arbeitnehmerbildung«. Soweit im Zusammenhang mit Studentenbewegung und Bildungsreformbestrebungen der Begriff »A.« wieder eingeführt wird, wird er stets qualifiziert im Sinne emanzipatorischer Bildung verstanden.
Die veränderte Terminologie ist nicht nur Ausdruck für das überwiegende sozialpartnerschaftliche Verständnis von A. als schichtspezifischer Zielgruppenarbeit. Teilweise kommt darin auch das Bedürfnis zum Ausdruck, eine Platzhalterfunktion für den Klassenbegriff zu finden, die das gemeinsame Interesse aller Lohnabhängigen zum Ausdruck bringt. In Konzeptionen zur »betriebsnahen Bildungsarbeit«, zu Lehrgängen im → Bildungsurlaub sowie den lokal sehr unterschiedlichen Aktivitäten von »Arbeit und Leben« gehen seit dem Ende der 60er Jahre Ansätze eines → »exemplarischen Lernens« ein, dessen Adressatenkreis alle abhängig Arbeitenden umfaßt, denen aufgrund ihrer Stellung im gesellschaftlichen Produktions- und Reproduktionsprozeß die »objektive Möglichkeit« zukommt, »die grundlegenden, oft verdrängten oder verzerrt wahrgenommenen Konflikte des Individuums als strukturelle Widersprüche der Gesellschaft zu erklären« (Negt). Exemplarische Methode und Erfahrungsansatz werden jedoch im Verlauf der 70er Jahre kritisiert, einerseits durch den gewerkschaftlichen Anspruch der »Zweckbildung«, andererseits durch das soziologische »Deutungsmuster«-Konzept, das die notwendige lerntheoretische Bearbeitung subjektiver Deutungen der Wirklichkeit entsprechend der wissenschaftlichen Klärung der »Roherfahrungen« (Thomssen) betont. Innerhalb der fachspezifischen Diskussion um → Erwachsenenbildung wird das Bildungsangebot für Industriearbeiter zumeist als Prototyp einer auf die Erfordernisse der Industriegesellschaft auszurichtenden kompensatorischen Bildung diskutiert. Empirische Studien zeigen allerdings, daß das bestehende pluralistische Angebot der traditionellen Träger diesem Anspruch nicht gerecht wird, da der Anteil der Industriearbeiter an den Teilnehmern gering bleibt und zudem bezüglich des Lernerfolgs Angehörige der »Mittelschicht« begünstigt und Angehörige der »Unterschicht« benachteiligt werden (→ Schicht, → Soziale Benachteiligung). Diese Erkenntnis erklärt möglicherweise, daß zur Aufrechterhaltung der sozialintegrativen Funktion der Erwachsenenbildung (→ Integration) in Phasen relativ hoher → Arbeitslosigkeit die Tendenz zu öffentlicher Förderung von Projekten im Zwischenbereich von Bildung und Fürsorge zu beobachten ist (Nachholen von Schul- und Berufsabschlüssen mit sozialpädagogischer Betreuung; kulturelle Animation im Rahmen von → Gemeinwesenarbeit).
Lit. Axmacher: Erwachsenenbildung; Brock, A.: Arbeiterbildung; Feidel-Mertz: Arbeiterbildung; Feidel-Mertz: Ideologie; Gerhard-Sonnenberg: Arbeiterbildung; Hermberg: Arbeiterbildung; Matthöfer: Politische Bildung; Meyer, K.: Arbeiterbildung; Negt: Soziologische Phantasie; Olbrich: Arbeiterbildung; Thomssen: Deutungsmuster; Weymann: Sozialisation; Wollenberg: Arbeiterbildung
Ursula Apitzsch

Arbeiterfamilien → Schichtspezifische Erziehung

Arbeiterkind → Schichtspezifische Erziehung

Arbeiterrentenversicherung → Rentenversicherung, → Landesversicherungsanstalten (LVA)

Arbeitsbeschaffungsmaßnahme (ABM)

Arbeiterwohlfahrt (AWO) Spitzenverband der Freien Wohlfahrtspflege. 1919 auf Initiative von Marie Juchacz (1879-1956) von der SPD gegründet und beim Aufbau organisatorisch gefördert. Ausgehend von einer Zusammenfassung von in der Wohlfahrtspflege tätigen Sozialdemokraten und von sozialen Selbsthilfeaktionen (→ Selbsthilfe) der Arbeiterbewegung wie z.B. den Kinderschutzkommissionen und Arbeiterjugendinitiativen, entwickelt sich schnell ein selbständiger Verband, der 1933 nach der Machtergreifung der Nationalsozialisten verboten wurde.

Nach dem Kriege entstanden wieder Ortsausschüsse und ein auch von der SPD unabhängiger Verband. In der DDR blieb die AWO verboten. Deshalb begann die AWO ab 1990, nach dem Fall der Mauer, mit einem völligen Neuaufbau.

1996: Die AWO besteht in allen Städten und Kreisen und in den meisten Gemeinden des Bundesgebietes mit 4 377 Ortsvereinen und Kreisverbänden. Sie ist föderativ aufgebaut und gliedert sich in Ortsvereine, Gemeinde- bzw. Stadt-, Kreis-, Bezirks- und Landesverbände. Die Spitze bildet der Bundesverband mit Sitz in Bonn.

Zur AWO gehören ein eigenständiges Jugendwerk und etwa 500 korporativ angeschlossene Organisationen und Verbände.

Die AWO wird getragen von 630 000 Mitgliedern. Sie hält eine freiheitlich-demokratische Grundordnung für eine unverzichtbare Voraussetzung sozialer Arbeit. Sie will dem Entstehen sozialen Unrechts entgegenwirken und sich aktiv an der Lösung → sozialer Probleme beteiligen durch Mitwirkung an der Gestaltung der einschlägigen Gesetzgebung und durch eigene Tätigkeit auf allen Gebieten sozialer Arbeit. Ein Schwerpunkt ist die → Altenhilfe. Ihre zentralen Grundwerte sind Freiheit, Gerechtigkeit, Solidarität und Toleranz.

Als Spitzenverband der → freien Wohlfahrtspflege vertritt die AWO den Vorrang der kommunalen und staatlichen Verantwortung für die Erfüllung des individuellen Anspruchs auf soziale Hilfe, Erziehung und Bildung sowie für die Planung und Entwicklung eines zeitgerechten Systems sozialer Leistungen und Einrichtungen. Die AWO strebt nach einer partnerschaftlichen und planvollen Zusammenarbeit der → öffentlichen und frei-gemeinnützigen Träger (→ freie Träger) der sozialen Arbeit.

Die AWO ist mit 9 740 Einrichtungen und Diensten und 90 000 hauptberuflichen Mitarbeiter/-innen tätig auf allen Gebieten sozialer Arbeit.

Periodika: »Theorie und Praxis der sozialen Arbeit«, »AWO-Magazin«.

Anschrift: Oppelner Straße 130, 53001 Bonn. *Rainer Brückers*

Arbeit, Hilfe zur → Hilfe zur Arbeit

Arbeitsablaufstudie → Organisationsanalyse

Arbeitsamt ist die örtliche Instanz der nach § 189 Abs. 2 des → Arbeitsförderungsgesetzes (AFG) dreistufig gegliederten BA (→ Arbeitsverwaltung). Sein Bezirk umfaßt i.d.R. mehrere Land- oder Stadtkreise. Dem A. obliegt die unmittelbare Erledigung der Fachaufgaben → Arbeitsvermittlung und Arbeitsberatung, Berufsberatung und Leistungsgewährung (Lohnersatzleistungen; arbeitspolitische Leistungen). Soweit die örtlichen Verhältnisse dies erfordern, werden Fachaufgaben auch dezentral durch (ständig besetzte) Nebenstellen und (i.d.R. nur tageweise besetzte) Außen- und Hilfsstellen wahrgenommen. Es gibt 184 A. und 645 Nebenstellen, davon 38 A. und 159 Nebenstellen in den neuen Bundesländern.

Das A. wird geleitet von seinem Direktor, der die BA im räumlichen und fachlichen Bereich des A. gerichtlich und außergerichtlich vertritt (Art. 17 Abs. 2 der Satzung der BA; § 146 AFG). Der Direktor wird vom Vorstand der BA bestellt; er ist an die Weisungen des Präsidenten seines Landesa. gebunden. Der bei jedem A. als Organ der Selbstverwaltung gebildete Verwaltungsausschuß setzt sich paritätisch zu je einem Drittel aus berufenen Vertretern der Arbeitnehmer, der Arbeitgeber und der öffentlichen Hand zusammen; er hat im wesentlichen kontrollierende und beratende Funktion. *Walter Schmitt*

Arbeitsbeschaffungsmaßnahme (ABM) Mit den ABM ist es möglich, den → Arbeitsmarkt schnell und unmittelbar von → Arbeitslosigkeit zu entlasten. Gefördert werden aus Mitteln der BA (→ Arbeitsverwaltung) Arbeiten eines i.d.R. öffentlichen oder privaten gemeinnützigen Trägers, die im öffentlichen Interesse liegen, die zusätzlich sind, d.h. soweit die Arbeiten sonst nicht oder erst zu einem späteren Zeitpunkt durchgeführt würden, und wenn die Förderung nach Lage und Entwicklung des Arbeitsmarktes zweckmäßig ist (§ 91 ff. AFG; → Arbeitsförderung/Arbeitsförderungsgesetz [AFG]). Die Förderung steht im Ermessen der BA und ist durch die zur Verfügung stehenden Haushaltsmittel begrenzt. Die Entscheidung trifft der Direktor des → Arbeitsamts nach Anhörung der Selbstverwaltungsorgane.

Die Förderung besteht aus einem Zuschuß bis zu 75% zu dem Arbeitsentgelt des Arbeitnehmer, das für den geförderten Arbeitsplatz berücksichtigungsfähig ist. Das Arbeitsamt weist dem Maßnahmeträger die Arbeitnehmer zu. In Arbeitsamtsbezirken, in denen die Arbeitslosenquote 30% über dem Bundesdurchschnitt liegt, kann dieser Förderungssatz bis zu 90% und ausnahmsweise bis zu 100% betragen. Außerdem können

zinsgünstige → Darlehen oder kapitalisierte Zinszuschüsse gewährt werden. Weitere Mittel können im Rahmen der verstärkten Förderung (Zuschüsse und Darlehen nach § 96 AFG) gewährt werden. Für die Durchführung von ABM in den neuen Bundesländern gelten befristet besondere Förderkonditionen. Der zugewiesene Arbeitnehmer tritt in ein Arbeitsverhältnis zu dem Maßnahmeträger bzw., wenn Arbeiten im Wege der Vergabe durchgeführt werden, zu dem beauftragten Wirtschaftsunternehmen. Sonderformen der ABM sind Maßnahmen zur Verbesserung der Umwelt, der sozialen Dienste oder der Jugendhilfe (§ 242s AFG im Westen, § 242h AFG im Osten) und ABM durch Zuschüsse zu den Lohnkosten zusätzlich eingestellter älterer, langfristig arbeitsloser Arbeitnehmer (§ 97 AFG) und die institutionelle Förderung von Arbeitgebern (§ 98 AFG), die ältere Arbeitnehmer beschäftigen.
Lit. Schickler: Arbeitsbeschaffungsmaßnahmen. *Walter Schmitt*

Arbeitsbewertung → Stellenbewertung

Arbeit, Schaffung gemeinnütziger und zusätzlicher → Hilfe zur Arbeit

Arbeitserlaubnis Die Befugnis eines Ausländers oder Staatenlosen, im Bundesgebiet eine Tätigkeit als Arbeitnehmer oder Auszubildender auszuüben, ergibt sich nicht schon allein aus der Aufenthaltsgenehmigung (→ Ausländerrecht); hierzu bedarf es im Regelfall einer vom → Arbeitsamt zu erteilenden A. (§ 19 → Arbeitsförderungsgesetz – AFG – i. V. m. der Arbeitserlaubnis-VO – AEVO – vom 2. 3. 1971 i. d. jeweils gültigen Fassung). Keine A. benötigen Staatsangehörige der EU/EWR-Mitgliedstaaten und die nach § 17 des Gesetzes über die Rechtsstellung heimatloser Ausländer Begünstigten. A.frei sind eine Reihe von Beschäftigungen, die typischerweise nur vorübergehend im Inland ausgeübt werden, wie z. B. Beschäftigungen im internationalen Transportwesen mit im Ausland zugelassenen Fahrzeugen, Auftritte im Ausland ansässiger Künstler, Lehrtätigkeit an öffentlichen Schulen, Ferienbeschäftigung von Auslandsstudenten, Tätigkeit als Auslandskorrespondent oder Berufssportler. Frei von A. sind Personen, die eine Aufenthaltsberechtigung besitzen, sowie Personen, die im Inland geboren sind und eine unbefristete Aufenthaltserlaubnis besitzen (§ 9 AEVO).
Für die Ausübung einer Saisonbeschäftigung (bis zu 3 Monaten innerhalb eines Jahres) und einer Beschäftigung als Schaustellergehilfe (bis zu 9 Monaten innerhalb eines Jahres) kann ausländischen Arbeitnehmern eine A. erteilt werden, sofern der Arbeitnehmer von der deutschen → Arbeitsverwaltung aufgrund einer Absprache mit der Arbeitsverwaltung des Herkunftslandes über ein abgestimmtes Verfahren vermittelt worden ist.
Auf Erteilung der A. besteht bei Vorliegen ihrer Voraussetzungen ein – bei den → Sozialgerichten einklagbarer – Rechtsanspruch. Die allgemeine A. (§ 1 AEVO) wird »nach Lage und Entwicklung des Arbeitsmarktes« erteilt, d. h. sie wird in aller Regel verweigert, wenn eine Besetzung des Arbeitsplatzes durch einen deutschen oder diesem gleichgestellten Bewerber möglich ist (→ Ausländerpolitik). Nachgezogene Ehegatten und Kinder sowie Asylbewerber (→ Asylbewerberleistungsgesetz) müssen vor der erstmaligen Erteilung einer allgemeinen A. eine bestimmte Wartezeit zurückgelegt haben, bzw. unterliegen einem zeitlich befristeten Beschäftigungsverbot. Die von Lage und Entwicklung des → Arbeitsmarktes unabhängige besondere A. (§ 19 Abs. 6 AFG i. V. m. § 2 der AEVO) erhalten nichtdeutsche Arbeitnehmer nach 5jähriger Beschäftigung im Inland innerhalb der letzten 8 Jahre, ferner Ausländer bei Verheiratung mit einem deutschen Ehegatten, anerkannte → Asylberechtigte (→ Asylrecht), im Inland ausgebildete Kinder von Ausländern sowie Ausländer mit einer Aufenthaltserlaubnis oder -befugnis bei einem ununterbrochenen 6jährigen Aufenthalt und in Härtefällen.
Die Ausübung einer Beschäftigung ohne die erforderliche A. ist eine → Ordnungswidrigkeit, die mit einer Geldbuße bis zu 1 000 DM geahndet werden kann; dem Arbeitgeber droht eine Geldbuße bis zu 100 000 DM (§ 229 Abs. 1 AFG).
Lit. Schönefelder, E. u. a.: AFG (Komm.). *Walter Schmitt*

Arbeitserprobung Behinderter Maßnahmen zur A. → Behinderter dienen der Erarbeitung von Ausbildungs- und Berufsempfehlungen, die eine möglichst optimale berufliche und soziale Wiedereingliederung gewährleisten (→ Berufliche Rehabilitation). Die A. ist in enger Verknüpfung mit der → Berufsfindung zu sehen. Beide Formen der Erprobung erfordern ein unterschiedliches methodisches Vorgehen, können aber in der Praxis nicht immer voneinander getrennt werden. In der Berufsfindung ist das Ziel noch offen, es werden verschiedene Berufsrichtungen auf ihre Realisierbarkeit überprüft. In der A. geht es um die Eignung für eine schon vorgesehene Berufsrichtung.
A. ist erforderlich, wenn eine Berufsentscheidung aufgrund besonderer Problemlagen ohne weitergehende Untersuchungen nicht erfolgen kann. Dies ist der Fall bei Zweifeln an der intellektuellen oder körperlichen Leistungsfähigkeit, bei unklarer Informations- und Motivationslage, bei besonderen Behinderungsauswirkungen oder psychischen und psychosomatischen Be-

einträchtigungen (→ Psychosomatik). Neben einer objektiven Eignungsaussage der beteiligten Fachkräfte ist der Entscheidungsprozeß und die Motivationserklärung des Teilnehmers selbst ein wichtiges Ziel. A.maßnahmen werden im allgemeinen in → Berufsförderungswerken oder → Berufsbildungswerken durchgeführt. Sie dauern bei Erwachsenen im Regelfall zwei Wochen, bei Jugendlichen etwa drei Monate. Es werden ein bis mehrere Berufsfelder erprobt. An der Durchführung dieser Maßnahme sind Ärzte, Psychologen Berufspädagogen und Rehabilitationsberater beteiligt.
Die Maßnahmen der A. sind im § 11 → Rehabilitationsangleichungsgesetz (RehaAnglG) erfaßt und den berufsfördernden Leistungen zugeordnet. *Manfred Thrun*

Arbeitsfähigkeit → Arbeitsunfähigkeit

Arbeitsfeldanalyse Bisher nur in Ansätzen entwickelte und praktizierte Vorgehensweise zur Untersuchung eines konkreten, fest definierten Arbeitsfeldes. Anders als die Arbeitsplatzanalyse (→ Arbeitsplatzuntersuchung) und die Berufsanalyse, mit der die Ergebnisse von Arbeitsplatzanalysen unter Berufsbezeichnungen zusammengefaßt werden, ist die A. grundsätzlich als Mehrebenenanalyse konzipiert. Sie wird auf mehreren Untersuchungsebenen mittels theoretischer und/oder empirischer Analysetechniken durchgeführt, deren Ergebnisse miteinander verknüpft werden müssen:
a) Analyse der gesellschaftsstrukturellen Bedingungen, in deren Folge die für das konkrete Arbeitsfeld relevanten sozialen Probleme entstehen. In diese Untersuchung der Verursachungsbedingungen sozialer Probleme kann die räumliche und soziale Strukturiertheit der Kommune mit einbezogen werden (Sozialraumanalyse), da Unterschiede in den Lebens- und Arbeitsbedingungen differierende und u. U. abweichende Motivationslagen und Handlungsmuster der Bewohner zur Folge haben können. Die praktische Durchführung dieser Analyse umfaßt die Aufarbeitung soziologischer und sozio-ökonomischer Theorieansätze unter Verwendung der verfügbaren statistischen → Daten, die in einer → Sekundäranalyse für den Untersuchungszweck aufbereitet werden müssen.
b) Analyse der institutionell-organisatorischen Struktur des Arbeitsfeldes unter Berücksichtigung der rechtlichen Grundlagen mittels einer organisationssoziologischen Analyse (→ Organisationssoziologie). Diese Analyse umfaßt mehrere Aspekte: das Zielsystem (offizielle und nichtoffizielle Ziele und deren Konkretisierung in Vorschriften und Anordnungen, Haupt- und Nebenziele, → Zielkonflikte, Zielverschiebungen); die Rollenstruktur (Aufgabenverteilung); die Kommunikationsstruktur; die Entscheidungsstruktur; die Autoritäts- und Führungsstruktur (→ Führungsmodelle). Dabei geht es vor allem um die Aufdeckung organisationsstruktureller Hemmnisse, die einer problemadäquaten Lösung für soziale Arbeit entgegenstehen, um den Ausweis von Handlungsspielräumen und schließlich um die Entwicklung von institutionell-organisatorischen Alternativen.
c) Analyse der Problemauswahl und -bearbeitung in der untersuchten Institution. Dabei steht die Untersuchung der sozialstrukturellen (→ Sozialstruktur) und individuellen Merkmale der Handlungsadressaten der Sozialarbeit und der Bewußtseins- und der konkreten Handlungsformen der Sozialarbeiter und Sozialpädagogen sowie die Untersuchung des gemeinsamen Interaktionszusammenhangs (→ Interaktion) beider Personengruppen im Vordergrund. Hier werden vor allem empirische Forschungsmethoden wie die schriftliche und mündliche → Befragung, Beobachtungsverfahren (→ Beobachtung), die Gruppendiskussion und die → Aktenanalyse zur Anwendung kommen.
Ziel der A. ist es zunächst, dem Sozialarbeiter/Sozialpädagogen seine Alltagspraxis und deren gesellschaftliche, organisatorische und interaktionelle Determiniertheit mit Hilfe wissenschaftlicher Methodik durchsichtig zu machen. Aus der genauen Kenntnis des Arbeitsfeldes sowie seiner Analyse und Reflexion lassen sich Zielvorstellungen konkreter formulieren und die Aktivitäten zur Zielerreichung kontrollieren und bewerten. Insofern hat die A. auch eine Evaluationsfunktion (→ Evaluation). Durch eine selbstkritische Bestandsaufnahme des Arbeitsfeldes können Veränderungsmöglichkeiten aufgedeckt und entsprechende Veränderungen geplant werden. Insofern ist die A. eine Vorbedingung von »projektorientierter Sozialarbeit« (Haag). Andererseits lassen sich mit Hilfe einer A. bislang nicht praktizierte Handlungsmöglichkeiten herausfinden, vorhandene Handlungsspielräume aufdecken sowie Konzepte zu ihrer praktischen Erschließung und Ausweitung entwickeln. Insofern bildet die A. auch die Grundlage für eine praxisorientierte → Fortbildung.
Lit. Gildemeister: Berufliche Sozialisation; Haag, F.: Sozialarbeit; Kähler, u. a.: Arbeitsfeldanalysen. *Helmut Lukas*

Arbeitsförderung / Arbeitsförderungsgesetz (AFG) Das die Erfahrungen der Rezession 1966/67 verwertende AFG vom 25. 6. 1969 (BGBl. I S. 582) mit zahlreichen Änderungen hat mit Wirkung vom 1. 7. 1969 das Gesetz über Arbeitsvermittlung und Arbeitslosenversicherung (AVAVG) i.d.F. vom 3. 4. 1957 (BGBl. I S. 322) abgelöst. Die den → Arbeitsmarkt beeinflussenden Maßnahmen nach dem AFG sind im Rahmen der → Sozial- und Wirtschaftspolitik der Bundesregierung darauf auszurichten, daß ein hoher Beschäftigungsstand erreicht und aufrechterhalten, die Beschäftigungsstruktur ständig verbessert und damit das Wachstum der Wirtschaft gefördert wird (§ 1 AFG). Sie haben besonders dazu beizutragen, daß weder → Arbeitslosigkeit und unterwertige Beschäftigung noch ein Mangel an Arbeitskräften eintreten oder fortdauern, die berufliche Beweglichkeit gesichert und verbessert wird, nachteilige Folgen der technischen Entwicklung oder wirtschaftlicher Strukturwandlungen vermieden, ausgeglichen oder beseitigt werden, die berufliche Eingliederung → Behinderter gefördert und die Rückkehr von Frauen in das Arbeitsleben erleichtert wird, ältere Arbeitnehmer beruflich eingegliedert werden, die Beschäftigungsstruktur nach Gebieten und Wirtschaftszweigen verbessert wird und illegale Beschäftigung bekämpft und damit die Ordnung auf dem Arbeitsmarkt aufrecht erhalten wird (§ 2 AFG). Das Gesetz überträgt diese Aufgaben der Bundesanstalt für Arbeit (BA) (→ Arbeitsverwaltung); ihr obliegen → Berufsberatung, → Arbeitsvermittlung, einschließlich der Förderung der Arbeitsaufnahme, die Förderung der → beruflichen Bildung, soweit der BA übertragen, die → berufliche Rehabilitation, soweit in der Zuständigkeit der BA, die Gewährung von Leistungen zur Erhaltung und Schaffung von Arbeitsplätzen (Kurzarbeitergeld, die Förderung der ganzjährigen Beschäftigung in der Bauwirtschaft, → Arbeitsbeschaffungsmaßnahmen), die Gewährung von → Arbeitslosengeld und von → Konkursausfallgeld. Die BA gewährt ferner im Auftrag des Bundes die → Arbeitslosenhilfe und hat Arbeitsmarkt- und Berufsforschung zu betreiben. Die Bundesregierung kann der BA durch RechtsVO weitere Aufgaben übertragen, die im Zusammenhang mit ihren Aufgaben nach dem AFG stehen. Das ist u. a. geschehen durch die Datenverarbeitungs-Berufsbildungszentren-VO vom 31. 5. 1972 (BGBl. I S. 872). Die auf den Arbeitsmarkt wirkenden Maßnahmen des AFG waren im wesentlichen bereits im AVAVG vorgesehen, doch betont das AFG die Vorbeugungstendenz seiner arbeitsmarktpolitischen Instrumente, die den »Schaden« Arbeitslosigkeit nicht erst eintreten lassen, sondern verhindern sollen. Daher soll nach dem Willen des Gesetzgebers die Förderung der beruflichen Bildung zur Sicherstellung der beruflichen und regionalen → Mobilität zentrale Aufgabe der BA sein. Die negative Beeinflussung des Arbeitsmarkts durch Auswirkungen von Automation und → Rationalisierung soll dadurch weitgehend gemildert werden. Auch die Leistungen der → Arbeitslosenversicherung zur Erhaltung und Schaffung von Arbeitsplätzen (s. o.) sollen einen von strukturellen und saisonalen Einflüssen weitgehend unabhängigen ausgeglichenen Arbeitsmarkt sichern. Bei Anwendung des AFG ist das → Sozialgesetzbuch – Allgemeiner Teil – (SGB I) zu beachten, dessen Vorschriften z. T. an die Stelle von ersatzlos gestrichenen AFG-Normen getreten sind. Neben dem AFG besteht ein umfangreiches, auf gesetzlichem Auftrag oder Ermächtigung beruhendes Anordnungsrecht (autonomes Satzungsrecht), das in den Amtlichen Nachrichten der BA (ANBA) veröffentlicht wird. Bereits aufgrund des Staatsvertrages zur Währungs-, Wirtschafts- und Sozialunion vom 18. 5. 1990 wurden in der ehemaligen DDR am 22. 6. 1990 – Gesetzbl. der DDR, S. 403 ein mit dem AFG der Bundesrepublik vergleichbares Gesetz erlassen. Mit dem Vertrag über die Herstellung der Einheit Deutschlands v. 31. 8. 1990 (Einigungsvertrag) wurde grundsätzlich das in der Bundesrepublik geltende AFG – mit Übergangsregeln – auch in den beigetretenen Bundesländern wirksam.

Lit. BA: Arbeitsmarktpolitik; Blüm: Reform; Hennig u. a.: AFG (Komm.); Mertens, D.: Arbeitsmarkt- und Berufsforschung; Schönefelder u. a.: AFG (Komm.).

Karlheinz Schuster

Arbeitsgelegenheiten → Hilfe zur Arbeit

Arbeitsgemeinschaft der deutschen Familienorganisationen (AGF) Zusammenschluß der vier bundesweit tätigen Familienorganisationen: Deutscher Familienverband (DFV), Evangelische Aktionsgemeinschaft für Familienfragen (EAF), Familienbund der Deutschen Katholiken (FDK) und → Verband alleinstehender Mütter und Väter (VAMV).

Die AGF versteht sich als Interessenvertretung der → Familien wie der im Bereich der Familienarbeit engagierten Verbände in der Familien- und → Sozialpolitik. Ziel der Arbeit ist die Anerkennung der Leistungen der Familien für Staat und → Gesellschaft und in Konsequenz eine Entlastung sowie eine Förderung der Familien, damit sie den ihnen gestellten Aufgaben gerecht werden können. Arbeitsschwerpunkte sind: → Familienlastenausgleich, Vereinbarkeit von Familie und Erwerbstätigkeit, Wohnungssituation, Anerkennung der Erziehungsleistung in den Systemen der sozialen Sicherung, Unterhaltsvorschuß u. a.

Vorsitz und Federführung für die AGF wechseln im zweijährigen Turnus; Anschrift ist diejenige des jeweils federführenden Verbandes.

Bernhard Jans

Arbeitsgemeinschaft der Deutschen Hauptfürsorgestellen Freiwilliger Zusammenschluß – ohne Rechtsform – der → Hauptfürsorgestellen im Bundesgebiet. Ihr besonderes Anliegen ist die Weiterentwicklung des Rechts der Schwerbehinderten (→

Schwerbehindertengesetz) und Kriegsopfer (→ Kriegsopferfürsorge), die Abstimmung in Grundsatzfragen und die Koordinierung der Aufgabendurchführung durch Empfehlungen. Arbeitsausschüsse für Kriegsopferfürsorge, Schwerbehindertenrecht sowie Schulung und → Fortbildung befassen sich mit den anfallenden Fragen. Die A. d. D. H. besteht – ebenso wie die Hauptfürsorgestellen selbst – seit 1919. Sie ist in vielen Gremien und Vereinigungen im Bereich der → Rehabilitation Behinderter auf Bundesebene vertreten. Ihr Publikationsorgan ist die Zeitschrift: »Behinderte im Beruf« (ZB), die 4 x jährlich erscheint.
Anschrift: Ernst-Frey-Str. 9, 76135 Karlsruhe. *Jürgen Schmidt*

Arbeitsgemeinschaft der Obersten Landesjugendbehörden (AGOLJB) umfaßt die obersten Landesjugendbehörden der sechzehn Länder. Sie berät über die Länder gemeinsam betreffende Fragen der Kinder- und → Jugendhilfe. Daneben obliegt ihr die Vorbereitung der jährlich stattfindenden Jugendministerkonferenz.
Die Aufgaben der obersten Landesjugendbehörden ergeben sich aus dem Achten Buch Sozialgesetzbuch (SGB VIII → Kinder- und Jugendhilfegesetz). § 82 SGB VIII bestimmt, daß diese die Tätigkeit der öffentlichen und freien Jugendhilfeträger und die Weiterentwicklung der Jugendhilfe anregen und fördern sollen. Daneben haben die Länder auf einen gleichmäßigen Ausbau der Einrichtungen und Angebote hinzuwirken und die Jugendämter und Landesjugendämter bei der Wahrnehmung ihrer Aufgaben zu unterstützen. Weitere Aufgaben ergeben sich aus Landesrechtsvorbehalten des SGB VIII.
Die AGOLJB hat zur fachlichen Vorbereitung ihrer Beschlüsse und zur kontinuierlichen Koordination der fachlichen Zusammenarbeit der Länder drei feste Kommissionen eingesetzt, in denen alle Länder vertreten sind. Daneben können zur Bearbeitung wichtiger Themen – teilweise länderoffene – ad-hoc Arbeitsgruppen eingesetzt werden.
Beim jeweiligen Vorsitzland der Jugendministerkonferenz (bis Ende 1996 Sachsen, danach für zwei Jahre Sachsen-Anhalt) ist eine Geschäftsführende Stelle einzurichten, der ebenfalls die Geschäftsführung der AGOLJB obliegt. *Wolfgang Kill*

Arbeitsgemeinschaft Deutscher Bewährungshelfer → Bewährungshilfe

Arbeitsgemeinschaften sollen die Zusammenarbeit der einzelnen → Sozialleistungsträger untereinander und mit anderen Beteiligten, besonders den Trägern der → freien Wohlfahrtspflege, fördern. Ihre Zusammensetzung und Arbeitsweise richtet sich nach ihrer jeweiligen Aufgabe.

In § 17 Abs. 3 → Sozialgesetzbuch – Allgemeiner Teil – (SGB I) ist die Verpflichtung zur Zusammenarbeit der Leistungsträger untereinander und mit gemeinnützigen und freien Einrichtungen und Organisationen verankert. Wie die Zusammenarbeit gestaltet wird, bleibt der Vereinbarung durch die in der A. vertretenen Stellen überlassen. Eine Sonderregelung besteht in § 94 SGB X für A., die von den Leistungsträgern und ihren Verbänden zur gemeinsamen Wahrnehmung von Aufgaben zur Eingliederung Behinderter gebildet werden. Wenn Dritte, z. B. gemeinnützige und freie Träger, in einer A. vertreten sind oder von der A. andere Aufgaben wahrgenommen werden, findet § 94 SGB X keine Anwendung. Für die A. nach § 94 SGB X wurde ein gesetzlicher Rahmen geschaffen. Diese A. unterstehen nach § 94 Abs. 2 SGB X der staatlichen Aufsicht, die sich auf die Beachtung von Gesetz und sonstigem Recht (Rechtsaufsicht) erstreckt. Den A. nach § 94 SGB X können von den in ihnen vertretenen Trägern und Verbänden Aufträge erteilt werden; es gilt hierfür § 88 Abs. 1 S. 1 und Abs. 2 SGB X entsprechend. Auch die A. nach § 94 SGB X sind aber nicht befugt, → Verwaltungsakte zu erlassen. Die A. nach § 94 SGB X können nur zur gemeinsamen Wahrnehmung von Aufgaben zur Eingliederung Behinderter (§ 10 SGB I) gebildet werden. Diese A. sind für die → Sozialhilfe- und → Jugendhilfeträger von Bedeutung, wenn diese in eine A. eintreten, deren übrige Mitglieder anderer Träger nach dem SGB sind, z. B. Träger der Krankenversicherung, der Unfallversicherung, der Rentenversicherung oder der Kriegsopferversorgung. Die speziellen Regelungen für die A. nach § 95 BSHG und nach § 78 KJHG – SGB VIII bleiben unberührt; sie sind mit den A. nach § 94 SGB X nicht vergleichbar. Im → Bundessozialhilfegesetz (BSHG) ist in § 95 bezüglich der A. bestimmt, daß die → Sozialhilfeträger ihre Bildung anstreben sollen, wenn es geboten ist, die gleichmäßige oder gemeinsame Durchführung von Maßnahmen zu beraten. In den A. sollen dabei alle an der Durchführung von Maßnahmen Beteiligten, besonders die Verbände der freien Wohlfahrtspflege, vertreten sein. Eine entsprechende Vorschrift über die Bildung und die Tätigkeit von Arbeitsgemeinschaften durch die Träger der öffentlichen → Jugendhilfe enthält § 78 KJHG – SGB VIII.
In der sozialen Arbeit sind A. unentbehrlich. Diese können zur Lösung von verschiedenen Aufgaben beitragen. Dementsprechend ist ihre Zusammensetzung unterschiedlich. So bestehen z. B. für den Bereich der → Sozialhilfe und → Jugendhilfe in den Ländern Landesa., in denen die Träger der öffentlichen und freien Wohlfahrtspflege partnerschaftlich zusammenarbeiten (→ Öffentliche Träger, → Freie Träger);

Arbeitsgemeinschaft für Erziehungshilfe (AFET)

teilweise bestehen solche A. auch auf örtlicher Ebene. Ziel dieser A. ist es, Erfahrungen auszutauschen und wichtige Vorhaben abzustimmen. Zugleich wollen sie die Öffentlichkeit über ihre Aufgaben und ihre Tätigkeit informieren und für eine Mitwirkung gewinnen. Auf Bundesebene bestehen ebenfalls zahlreiche A., z.B. innerhalb der freien Wohlfahrtspflege (→ Bundesarbeitsgemeinschaft der Freien Wohlfahrtspflege e.V.). Große Bedeutung haben auch die im Bereich der → Rehabilitation nach § 94 SGB X gebildeten A. Die → Bundesarbeitsgemeinschaft für Rehabilitation hat dabei die Aufgabe, → Gesamtvereinbarungen über die Leistungen zur Rehabilitation und das Rehabilitationsverfahren abzuschließen (§ 5 Abs. 6 → Rehabilitationsangleichungsgesetz).

A. können allerdings – so nützlich sie im allgemeinen sind – auch die Gefahr in sich bergen, daß sie bürokratisch auswuchern und Einzelinteressen zu sehr in den Vordergrund rücken.

Lit. Bundesarbeitsgemeinschaft für Rehabilitation: Wegweiser; Burdenski u.a.: SGB (Komm.); Gottschick u.a.: BSHG (Komm.); Happe, B.: Arbeitsgemeinschaften; Maydell u.a.: SGB (Komm.); Mergler u.a.: BSHG (Komm.); Petersen, K.: Sozialplanung; Zeitler/Schindler: SGB X.

Erich Dahlinger

Arbeitsgemeinschaft für Erziehungshilfe (AFET) e.V. – Bundesvereinigung – wurde 1906 unter der Bezeichnung »Allgemeiner Fürsorgeerziehungstag« als Zusammenschluß öffentlicher und freier Träger der Heimerziehung gegründet; die Satzungs- und Namensänderung im Jahre 1972 trug den fachlichen Veränderungen und der Erweiterung des Wirkungsbereiches als Bundesvereinigung der Jugendhilfe mit dem Schwerpunkt »Erzieherische Hilfen« (→ Hilfe zur Erziehung) in der Bundesrepublik Deutschland Rechnung.

Die Arbeitsgemeinschaft initiiert und begleitet deren Weiterentwicklung durch die Erarbeitung von Gesetzesvorschlägen, fachlichen Stellungnahmen und Empfehlungen für die Praxis der Jugendhilfe sowie durch die Herausgabe von Arbeitshilfen. Sie behandelt Rechts-, Grundsatz- und Konzeptionsfragen erzieherischer Hilfen und nimmt Einfluß auf Ausbildung, Fortbildung und Berufspraxis.

Aufgrund ihrer länder-, träger- und organisationsübergreifenden Struktur fördert sie eine Verknüpfung von Praxis, Ausbildung und Wissenschaft im Bereich der Erziehungshilfe.

Neben der Anregung und Begleitung wissenschaftlicher Projekte gewährleistet sie durch Fachtagungen, Fortbildung, Studientage und Foren den Erfahrungsaustausch zwischen den Mitgliedern und verstärkt die Kommunikation und Kooperation von öffentlichen und freien Trägern der Erziehungshilfe (→ Jugendhilfe).

Die Verbandsaufgaben werden vor allem durch die im Auftrag des Vorstands ständig arbeitenden AFET-Fachausschüsse (»Praxis erzieherischer Hilfen«, »Erziehungshilfe und Recht«, »Organisations- und Personalentwicklung«) und durch Arbeitsgruppen wahrgenommen.

Die AFET-Geschäftsstelle berät die Mitglieder, führt bundesweite Fachtagungen und Veranstaltungen zu aktuellen und grundsätzlichen Fragen und Problemen der Jugendhilfe durch und nimmt in engem Zusammenwirken mit dem Vorstand und dem Vorsitzenden die fachpolitische Vertretung des Verbandes wahr.

Korporative Mitglieder sind Erziehungshilfeeinrichtungen in freier und öffentlicher Trägerschaft, Jugendämter, Landesjugendämter und Oberste Landesjugendbehörden, Spitzenverbände der freien Wohlfahrtspflege sowie deren Landesgliederungen. Außerdem wirken von den kommunalen Spitzenverbänden (→ Deutscher Landkreistag, → Deutscher Städtetag, → Deutscher Städte- und Gemeindebund) benannte Vertreter der kommunalen Jugendhilfe mit. Weitere Mitglieder sind Berufsverbände, Ausbildungsstätten wie Fachschulen für Sozial- und Heilpädagogik, Fachhochschulen und Universitäten. Einzelmitgliedschaften sind möglich.

Vereinsorgane: Mitgliederversammlung, Beirat, Vorstand. Veröffentlichungen: Mitglieder-Rundbrief (vierteljährlich), Neue Schriftenreihe, Wissenschaftliche Informationsschriften, Dokumentation von Ergebnissen der Verbandsarbeit.

Anschrift: Gandhistraße 2, 30559 Hannover.

Heinrich-Wilhelm Cohrs

Arbeitsgemeinschaft für Jugendhilfe (AGJ) Zusammenschluß der bundeszentralen → Jugendverbände und Landesjugendringe, der Spitzenverbände der → freien Wohlfahrtspflege, zentraler Fachorganisationen, der Obersten Jugendbehörden der Länder (Ministerien) und der Bundesarbeitsgemeinschaft der Landesjugendämter (BAGLJÄ), die in der Verwaltung und den Praxisfeldern der → Jugendhilfe überregional wirken und/oder deren Arbeit für die Jugendhilfe von bundesweiter Bedeutung ist.

Die AGJ wurde im Mai 1949 unter dem Namen Arbeitsgemeinschaft für Jugendpflege und Jugendfürsorge gegründet. Im September 1971 erhielt sie im Zuge einer Satzungsänderung, mit der auch ihre organisatorische Struktur reformiert wurde, ihren heutigen Namen Arbeitsgemeinschaft für Jugendhilfe. Der Name dokumentiert die AGJ, daß sie die verschiedenen Praxisfelder der Jugendhilfe als eine Einheit im Gesamtbereich von Erziehung und Bildung versteht.

Die AGJ versteht sich als Lobby gegenüber der Legislative und der Exekutive. Sie bietet eine Plattform für das Fachgespräch, für die Kooperation ihrer Mitglieder und die Vertretung gemeinsamer Interessen für den Bereich der Jugendhilfe. Partnerschaft und Pluralität sind dabei die Grundlage eines solchen Zusammenschlusses.

In Fachausschüssen, die sich an den Lebenswelten von Kindern und Jugendlichen und ihren Familien sowie den rechtlichen Rahmenbedingungen orientieren, tauschen Experten aus Mitgliedsorganisationen Erfahrungen aus und entwickeln fachliche Stellungnahmen zu aktuellen Fragen der Jugendhilfe. Dies findet seinen Ausdruck in der Einflußnahme auf die Gesetzgebung und in Anregungen für die Weiterentwicklung der Jugendhilfepraxis. Neben der Herausgabe der viermal jährlich erscheinenden Fachzeitschrift »FORUM Jugendhilfe« sowie weiteren Publikationen nimmt die Durchführung von Fachtagungen einen breiten Raum in der Arbeit der AGJ ein. Weitere Aufgaben und Aktivitäten sind die Durchführung des → Deutschen Jugendhilfetages sowie die Veranstaltung von »AGJ-Gesprächen« – Diskussionsveranstaltungen zu aktuellen gesellschaftlichen Entwicklungen. Im Auftrag des Bundesministeriums (z. Z. BMFSFJ) führt sie im Rahmen des »Internationalen Studienprogramms für Fachkräfte der Jugend- und Sozialarbeit« Fortbildungsprogramme in Deutschland durch und vermittelt Fachkräfte zu einem Studienaufenthalt in die USA. Neben internationalen Aktivitäten, insbesondere auf der europäischen Ebene, vertritt die AGJ als »Deutsches Nationalkomitee für Erziehung im frühen Kindesalter« die Jugendhilfe der Bundesrepublik Deutschland in der Weltorganisation für frühkindliche Erziehung (OMEP). Z. Z. ist die AGJ darüber hinaus Rechtsträger der »National Coalition« für die Umsetzung der UN-Kinderrechtskonvention in Deutschland.
Anschrift: Haager Weg 44, 53127 Bonn.

Peter Klausch

Arbeitsgerichte sind als Sonderzivilgerichte zuständig für sämtliche bürgerlichen Rechtsstreitigkeiten zwischen Arbeitnehmern und Arbeitgebern, für Streitigkeiten zwischen Tarifvertragsparteien (→ Tarifvertrag) sowie für Angelegenheiten aus dem Betriebsverfassungsgesetz und dem Mitbestimmungsgesetz (→ Mitbestimmung), § 2 Abs. 1 Arbeitsgerichtsgesetz (ArbGG). Angelegenheiten aus den Personalvertretungsgesetzen (→ Personalrat) des Bundes und der Länder gehören dagegen vor die → Verwaltungsgerichte.

Das ArbGG, erstmals verabschiedet am 13. 12. 1926, stattet die A. mit einem besonderen, auf die Bedürfnisse des Arbeitslebens zugeschnittenen Verfahren aus: Der Zugang zu den A. wird für die Arbeitnehmer erleichtert durch niedrige Gerichtsgebühren, weitgehenden Verzicht auf Formvorschriften und die Möglichkeit der Prozeßvertretung durch die → Gewerkschaft. Der Beschleunigungsgrundsatz verpflichtet das Gericht, rasch für Rechtsklarheit zwischen den streitenden Parteien zu sorgen. Durch die seit 1. 7. 1979 gültige Novellierung des ArbGG sind insbes. für Kündigungsschutzverfahren kurze Terminierungsfristen vorgeschrieben worden, § 61a ArbGG. Die Beschleunigung des Kündigungsschutzverfahrens soll die Zeit zwischen der → Kündigung und einer rechtskräftigen Entscheidung über ihre Wirksamkeit verkürzen und so zu einem besseren Bestandsschutz für das Arbeitsverhältnis verhelfen. Das grundlegende Problem des geltenden Kündigungsschutzrechts wird aber damit allenfalls gemildert, nicht jedoch beseitigt. Außerdem kann eine wirksame Beschleunigung des Verfahrens letztlich nur durch eine bessere personelle Ausstattung der Gerichte erreicht werden.

Das arbeitsgerichtliche Verfahren ist schließlich bestimmt durch eine maßgebliche Beteiligung von Laienrichtern. Die Gerichte sind paritätisch mit ehrenamtlichen Richtern aus dem Kreis der Arbeitnehmer und der Arbeitgeber besetzt. Diese von den Verbänden vorgeschlagenen ehrenamtlichen Richter verfügen durchweg über fundierte praktische Erfahrung auf dem Gebiet des Personalwesens und gewährleisten daher lebensnahe und sachgerechte Entscheidungen.

Dem funktionalen Aufbau nach gliedert sich die Arbeitsgerichtsbarkeit in das A. als 1. Instanz, das Landesa. als Berufungsinstanz und das Bundesa. als Revisionsinstanz. Die Spruchkörper (Kammer beim A. und Landesa., Senat beim Bundesa.) des A. und des Landesa. sind besetzt mit einem Volljuristen als Berufsrichter und 2 ehrenamtlichen Richtern, des Bundesa. mit 3 Berufsrichtern und 2 ehrenamtlichen Richtern.

Nach der seit 1. 7. 1979 gültigen Fassung des ArbGG sind die Voraussetzungen für → Berufung und → Revision angehoben worden. Berufungsfähig sind in vermögensrechtlichen Streitigkeiten Urteile mit Beschwerdewert von über 800 DM, § 64 Abs. 2 ArbGG, Revision kann unabhängig von der Höhe des Streitwertes nur noch eingelegt werden, wenn das Landesa. zuläßt, § 72 Abs. 1 ArbGG. Daneben können Berufung und Revision unabhängig von der Höhe des Streitwertes zugelassen werden, wenn der Rechtsstreit grundsätzliche Bedeutung hat.

Klaus Feser

Arbeitshilfen, technische, für Behinderte Können nach dem → Schwerbehindertengesetz (SchwbG) und der dazu ergangenen Ausgleichsabgabeverordnung (SchwbAV) aus Mitteln der → Ausgleichsabgabe als Leistungen an den Arbeitgeber zur behinde-

Arbeitskampf

rungsgerechten Ausstattung von Arbeitsplätzen für → Schwerbehinderte – sofern sie in dessen Eigentum übergehen, sonst als Leistungen an den Behinderten – gewährt werden. Die Arbeitgeber sind vorrangig verpflichtet, den Arbeitsplatz mit den erforderlichen t. A. auszustatten, sofern ihnen dies wirtschaftlich zumutbar ist. Im übrigen sind im Rahmen der → begleitenden Hilfe im Arbeitsleben die → Hauptfürsorgestellen zuständig. Sind solche Hilfen erforderlich, um eine berufliche Eingliederung (→ Berufliche Rehabilitation) zu ermöglichen, werden entsprechende Leistungen auch von anderen → Rehabilitationsträgern – wie z. B. den Trägern der → Renten- oder → Unfallversicherung oder der → Arbeitsverwaltung – übernommen. Bei den t. A. handelt es sich um Vorrichtungen, die dem Schwerbehinderten eine Arbeit an einem bestimmten Arbeitsplatz ermöglichen oder erleichtern. Mit ihnen sollen behinderungsbedingte Beeinträchtigungen bei Ausführung der Arbeit möglichst ausgeglichen werden. Solche A. können sich an der Maschine, dem Gerät oder Werkzeug, aber auch am Körper des Schwerbehinderten befinden. Außer den t. A. am Arbeitsplatz im engeren Sinne sind z. B. für Rollstuhlfahrer und Blinde auch bauliche Veränderungen zur Gestaltung von Türen, Durchgängen, Aufzügen usw. notwendig.

Kurt Neubert†/Jürgen Schmidt

Arbeitskampf Oberbegriff für Streik und Aussperrung. Unter Streik versteht man die gemeinschaftliche, planmäßige Niederlegung der Arbeit durch mehrere Arbeitnehmer. Aussperrung bezeichnet die von einem oder mehreren Arbeitgebern durchgeführte Ausschließung der bei ihnen Beschäftigten von der Arbeit.

Streik ist wiederum Oberbegriff für zahlreiche Unterarten dieser Kampfform, z. B. Warn-, Sympathie-, gewerkschaftlicher oder »wilder« (besser: nichtgewerkschaftlicher) Streik. Eine gesetzliche Gesamtregelung des A.rechts gibt es nicht; es wurde von der → Rechtsprechung – vor allem des BAG (→ Arbeitsgerichte) – entwickelt. In einer Reihe von Arbeits- und Sozialgesetzen sind jedoch Teilaspekte geregelt (z. B. im BetrVG und im AFG). Viele Einzelfragen des A.rechts werden kontrovers beurteilt; dies gilt vor allem für die Rechtmäßigkeit der Aussperrung und des Warnstreiks. Die sog. Abwehraussperrung hält das BAG prinzipiell für gerechtfertigt, aber nur im angemessenen Umfang gegenüber dem Streik (Urteile vom 10. 6. 1980, AP Nrn. 64, 65 zu Art. 9 GG Arbeitskampf; bestätigt vom → Bundesverfassungsgericht [BVerfG], NZA 1991, 809 ff.). Nicht um eine Aussperrung handelt es sich, wenn der Arbeitgeber einen bestreikten Betrieb für die Dauer des Streiks ganz stillegt mit der Folge, daß auch arbeitswillige Arbeitnehmer ihren Lohnanspruch verlieren (gebilligt von BAG, Urt. v. 22. 3. 1994, bestätigt durch Urt. v. 31. 1. 1995, AP Nrn. 130 u. 135 zu Art. 9 GG). Warnstreiks als kurze, zeitlich befristete Arbeitsniederlegungen hat das BAG (Urteil vom 12. 9. 1984, »neue Beweglichkeit«, RdA 1985, 52 ff.) zunächst für zulässig gehalten, 1989 aber seine Rechtsprechung geändert. Warnstreiks sind nur noch zulässig, wenn sie die üblichen Streikvoraussetzungen erfüllen (Urteil vom 21. 6. 1988, EzA Nr. 75 zu Art. 9 GG Arbeitskampf). Sympathiestreiks sind nur in Ausnahmefällen zulässig (Urteil vom 5. 3. 1985, BAG AP Nr. 85 zu Art. 9 GG Arbeitskampf; bestätigt 1988, BAG AP Nr. 90 zu Art. 9 GG Arbeitskampf).

Ziel des Streiks ist in aller Regel die Erzwingung neuer, besserer Arbeitsbedingungen. Streiks werden heute nicht mehr nur um höhere Löhne, sondern auch für Arbeitsplatzsicherung und Arbeitszeitverkürzung (»35-Stunden-Woche«) geführt. Nicht unter den Streikbegriff fällt die gemeinschaftliche Arbeitsverweigerung, bei der die Arbeitnehmer Einhaltung ihrer gesetzlichen oder vertraglichen Rechte verlangen, z. B. bei Verletzung von Arbeitsschutzvorschriften durch den Arbeitgeber (sog. »kollektives Zurückbehaltungsrecht«).

Nach der Rechtsprechung des BAG (grundlegend die Beschlüsse vom 28. 1. 1955 und 21. 4. 1971; BAG in AP Nr. 1 und 43 zu Art. 9 GG Arbeitskampf) gilt für A. das Gebot der Verhältnismäßigkeit: Streiks sind nur zulässig, wenn sie von einer → Gewerkschaft geführt werden (also nicht der »wilde« Streik) und eine tarifvertragliche Regelung (→ Tarifvertrag) zum Ziel haben (also nicht der »politische Streik«). Besonders umstritten ist das Streikrecht und seine mögliche Begrenzung in – häufig »lebenswichtigen« – Versorgungsbetrieben wie Krankenhäusern, Energieversorgung u. a. m.; Kernfrage ist hier das Vorhandensein bzw. der Umfang einer Bindung der sozialen Gegenspieler an das »Wohl der Allgemeinheit«. Beamten wird ganz überwiegend kein Streikrecht zugebilligt (so der BGH in seinem Urteil vom 31. 1. 1978, AP Nr. 61 zu Art. 9 GG Arbeitskampf, dort auch Unzulässigkeit des »Bummelstreiks«). Nach der bedenklichen Auffassung des BVerwG müssen sich Beamte sogar auf Arbeitsplätzen streikender Arbeitnehmer einsetzen lassen (Urteil vom 10. 5. 1984, NJW 1984, 2713; so auch das Urteil des BAG vom 10. 9. 1985, AP Nr. 60 zu Art. 9 GG Arbeitskampf). Das BVerfG hat allerdings am 2. 3. 1993 für die Deutsche Bundespost entschieden, daß bei einem rechtmäßigen Streik der Einsatz von Beamten auf bestreikten Arbeitsplätzen ohne gesetzliche Grundlage nicht zulässig ist (AP Nr. 126 zu Art. 9 GG).

Beteiligung an einem rechtmäßigen Streik »suspendiert« das Arbeitsverhältnis; nach

Streikende wird es zu den alten Bedingungen fortgesetzt. Teilnahme an einem rechtswidrigen Streik dagegen gibt dem Arbeitgeber in der Regel das Recht zur fristlosen Entlassung. Für den Streikenden entfallen sowohl der Lohn als auch die Leistungen aus der → Arbeitslosenversicherung (»Neutralität der Bundesanstalt für Arbeit«). Letztere entfallen nach der umstrittenen, mit Urt. v. 4. 7. 1995 (AP Nr. 4 zu § 116 AFG) vom BVerfG für verfassungsmäßig erklärten Neufassung des § 116 AFG (»Streikparagraph«) auch für Arbeitnehmer der gleichen Branche auch außerhalb des Streikgebiets, wenn die Gewerkschaft für sie eine »annähernd gleiche Hauptforderung« erhoben hat und ihr Betrieb streikbedingt stillliegt. Bei Streik fällt auch die Lohnfortzahlung bei Krankheit nach dem Lohnfortzahlungsgesetz weg, nach einem Urteil des BSG kann der Streikteilnehmer aber für die ersten drei Wochen des Streiks → Krankengeld beanspruchen (BSG in AP Nr. 46 zu Art. 9 GG Arbeitskampf). Das rentenversicherungspflichtige Beschäftigungsverhältnis wird nicht unterbrochen, sondern nur suspendiert (BSG in AP Nr. 48 zu Art. 9 GG Arbeitskampf).
Lit. Brox u. a.: Arbeitskampfrecht; Däubler: Arbeitskampfrecht; Däubler: Konturen.
Marita Körner-Dammann

Arbeitskreis Junger Kriminologen (AJK) → Kriminologie

Arbeitsleistungen → Jugendstrafe

Arbeitslosengeld (Alg), frühere Bezeichnung »Arbeitslosenunterstützung«, ist der Lohnersatz, den die → Arbeitslosenversicherung bei → Arbeitslosigkeit leistet. Es wird frühestens vom Tage der persönlichen Arbeitslosmeldung und Antragstellung an 14tägig nachträglich vom → Arbeitsamt gewährt.
Eine Anwartschaft auf Alg hat der Arbeitslose dann, wenn er in den letzten 3 Jahren vor der Arbeitslosmeldung (Rahmenfrist) mindestens 12 Monate beitragspflichtig beschäftigt war. Die Anspruchsdauer beträgt dann 156 Wochentage. Sie steigert sich stufenweise und erreicht ein Jahr, wenn der Arbeitslose in einer Rahmenfrist von 7 Jahren mindestens 2 Jahre beitragspflichtig beschäftigt war. Eine weitere Steigerungsmöglichkeit bis auf 2 Jahre und 8 Monate besteht bei über 54 Jahre alten Arbeitslosen. - Die Höhe des Alg beträgt i. d. R. 67% (bei Arbeitslosen ohne Kind i. S. d. Einkommensteuerrechts: 60%) des letzten Netto-Arbeitsentgelts; der Prozentsatz liegt niedriger, wenn im Arbeitsentgelt Überstundenlohn, einmalige Zuwendungen oder über die Beitragsbemessungsgrenze hinausgehendes Einkommen enthalten waren. - Ein Hinzuverdienen zum Alg ist möglich, wenn die Beschäftigung 18 Stunden wöchentlich nicht erreicht. Das hinzuverdiente Nettoeinkommen wird nach Abzug der Werbungskosten und unter Berücksichtigung eines wöchentlichen Freibetrages von 30 DM zur Hälfte auf das Alg angerechnet. In bestimmten Fällen ist auch eine höhere Anrechnung möglich. Die Zuerkennung vorzeitiger Altersruhegeldes oder einer Rente wegen Erwerbsunfähigkeit (→ Erwerbsunfähigkeitsrente) bewirkt das Ruhen des Anspruchs auf Alg; über das 65. Lebensjahr hinaus wird Alg nicht gezahlt. - Alg erhält nur, wer der → Arbeitsvermittlung zur Verfügung steht, d. h. er muß zumutbare Beschäftigungen unter den üblichen Bedingungen des allgemeinen → Arbeitsmarkts ausüben können, wollen und dürfen. Nach einer unbegründeten Ablehnung einer zumutbaren Beschäftigung ruht der Anspruch i. d. R. für 12 Wochen; im Wiederholungsfalle kann er erlöschen. - Für die Zeit des Bezuges von Alg entrichtet das Arbeitsamt Beiträge zur → Kranken- und → Rentenversicherung.
Die Höhe des Alg ist ein Kompromiß in dem → Zielkonflikt zwischen Erhaltung des Lebensstandards und Erhaltung des Arbeitswillens. Besondere Belastungen werden ein erleichtert durch → Wohngeld, → Kindergeld und nötigenfalls Leistungen der → Sozialhilfe.
Gesetzliche Regelung: §§ 100 ff. AFG (→ Arbeitsförderung/Arbeitsförderungsgesetz [AFG]).
Lit. Klohe u. a.: Arbeitslosengeld; Schönefelder u. a.: AFG (Komm.). *Walter Schmitt*

Arbeitslosenhilfe (Alhi), frühere Bezeichnung »Arbeitslosenfürsorgeunterstützung«, ist eine Lohnersatzleistung des → Arbeitsamts für bestimmte Gruppen von Arbeitslosen, die keinen Anspruch auf → Arbeitslosengeld (Alg) haben. - Alhi ist keine Leistung der → Arbeitslosenversicherung, sie wird vielmehr grundsätzlich aus Steuermitteln des Bundes finanziert. Die Alhi ist weitgehend dem Arbeitslosengeld nachgebildet. Sie ist jedoch etwa 10% niedriger (57 bzw. 53% des Nettoarbeitsentgelts) und von der Bedürftigkeit des Arbeitslosen abhängig; andererseits besteht keine Höchstbezugsdauer. Die Alhi wird jährlich um den Prozentsatz der Rentendynamisierung erhöht, andererseits aber auch herabgesetzt, wenn der Arbeitslose das der Bemessung der Alhi zugrunde gelegte Arbeitsentgelt nicht mehr erzielen kann. - Alhi wird weitaus überwiegend wegen Erschöpfung des Anspruchs auf Arbeitslosengeld bezogen (sog. Anschluß-Alhi). Originäre Alhi wird gezahlt aufgrund einer beitragspflichtigen Beschäftigung oder einer dieser gleichgestellten Zeit von mindestens 150 Kalendertagen im Jahr vor der Arbeitslosmeldung. Sonderregelungen ermöglichen den Bezug von Alhi durch ehemalige Soldaten, Beamte oder Bezieher von Sozialleistungen, die

wegen Beeinträchtigung der Leistungsfähigkeit gezahlt wurden. – Im Rahmen der Bedürftigkeitsprüfung werden außer Vermögenswerten über 8 000 DM (→ Vermögen) und zugeflossenem → Einkommen auch zu beanspruchende Einnahmen (namentlich Unterhaltsansprüche) auf die Alhi angerechnet. Unterhaltsansprüche gegenüber dem nicht getrennt lebenden Ehegatten und eines minderjährigen Arbeitslosen gegenüber seinen Eltern werden in pauschalierter Form verschärft berücksichtigt und können zur Minderung bis hin zur Verneinung wegen fehlender Bedürftigkeit führen.
Die Alhi bewirkt als Ergänzung der Arbeitslosenversicherung, daß arbeitsfähige und arbeitswillige Arbeitslose in größerer Nähe zum → Arbeitsmarkt betreut werden. Sie entlastet die Träger der → Sozialhilfe von arbeitsmarktbedingten Mehraufwendungen. Da die Alhi lohnorientiert bemessen wird, werden bei niedrigem Lohn oder hohem Bedarf ergänzende Leistungen der Sozialhilfe erforderlich. Mit verschiedenen von der Bundesregierung am 2. 11. 1995 beschlossenen Änderungen stehen rechtliche Einschnitte an, die insbesondere die Bemessung betreffen.
Gesetzliche Regelung: §§ 134 ff. AFG (→ Arbeitsförderung/Arbeitsförderungsgesetz [AFG]).
Lit. Schönefelder u. a.: AFG (Komm.).
Walter Schmitt

Arbeitslosenversicherung Träger der A. in der Bundesrepublik Deutschland ist die BA (→ Arbeitsverwaltung). Die Leistungen der A. werden finanziert durch Beiträge zur Aufbringung der Mittel für die Durchführung der Aufgaben der BA, § 167 AFG (→ Arbeitsförderung/Arbeitsförderungsgesetz [AFG]), die gemeinhin Beiträge zur BA genannt werden. Sie dienen auch der Finanzierung der sonstigen Aufgaben der BA. Bis zur Beitragsbemessungsgrenze (gegenwärtig 8 000 DM mtl. in den alten Bundesländern und 6 800 DM mtl. in den neuen Bundesländern) werden vom Arbeitnehmer und vom Arbeitgeber Beiträge in Höhe von z. Z. je 3,25% des Bruttolohnes erhoben. Der Beitragspflicht zur BA unterliegen Arbeiter und Angestellte, die gegen Arbeitsentgelt oder zu ihrer Berufsausbildung beschäftigt sind (§ 168 Abs. 1 AFG). Beitragsfrei sind u. a. Beschäftigungen mit weniger als 18 Wochenstunden. Eine freiwillige Versicherung ist nicht möglich. Mit seiner Entscheidung für die Zwangsversicherung hat der Gesetzgeber die Notwendigkeit eines Versicherungsschutzes für den Risikofall der → Arbeitslosigkeit erkannt. Die Hauptaufgabe der A. ist die Gewährung von Lohnersatz bei Arbeitslosigkeit, außerdem werden Leistungen zur Erhaltung und Schaffung von Arbeitsplätzen erbracht. Die Lohnersatzleistung bei Arbeitslosigkeit ist das → Arbeitslosengeld (Alg). Die subsidiär dem gleichen Zweck dienende → Arbeitslosenhilfe (Alhi) ist keine Leistung der A. Der Erhaltung von Arbeitsplätzen dient das zur Vermeidung von Entlassungen wegen vorübergehenden Arbeitsmangels gezahlte Kurzarbeitergeld und seine Spezialform für witterungsbedingten Arbeitsausfall im Baugewerbe, das Winterausfallgeld, das ab 1. 1. 1996 die bisherige Schlechtwettergeldregelung ablöste. Geschaffen werden Arbeitsplätze durch Lohnzuschüsse, Darlehen und Zinszuschüsse an zumeist öffentlich-rechtliche Träger für zusätzliche Arbeiten, die im öffentlichen Interesse liegen (sog. → Arbeitsbeschaffungsmaßnahmen [ABM]. Außerdem durch pauschalierte Lohnkostenzuschüsse in Höhe der eingesparten Lohnersatzleistung für Arbeiten in verschiedenen infrastrukturellen Bereichen (§§ 242s, 249h AFG).
Die deutsche A. wurde 1927 als letzter Versicherungszweig der sozialen Sicherung (→ Soziale Sicherheit) eingeführt. Die Problematik der A. liegt darin, daß eine versicherungsmathematische Kalkulation ihres Risikos nicht möglich ist. Insbes. Dauer und Intensität von Konjunktureinbrüchen und die durch sie ausgelöste konjunkturelle Arbeitslosigkeit entziehen sich der Vorausschätzung. Mehr als bei jeder anderen Versicherungsart tritt hier die Verzahnung von Wirtschafts- und Sozialpolitik zutage. Eine Bildung ausreichender Rücklagen wäre nur durch – politisch kaum durchsetzbare – hohe Beiträge in Perioden geringer Arbeitslosigkeit möglich. Die bestehende Darlehens- und Zuschußpflicht des Bundes (§ 187 AFG, sog. Bundesgarantie) trifft den Bund für den Fall, daß die BA ihren Finanzbedarf nicht aus eigener Kraft decken kann.
Gesetzliche Regelung: §§ 63 ff. AFG.
Lit. Franke, H.: Bundesanstalt; Wagner, H.-G.: Arbeitsförderungsgesetz. *Walter Schmitt*

Arbeitslosigkeit 1. Arbeitslos ist, wer als Arbeitnehmer tätig zu sein pflegt, aber vorübergehend nicht oder nur in unwesentlichem Umfange in einer Beschäftigung steht, weil der → Arbeitsmarkt keine geeignete Beschäftigung bietet. Die Definition der A. i. S. d. § 101 AFG (→ Arbeitsförderung/Arbeitsförderungsgesetz [AFG]) bildet die rechtliche Grundlage für die statistische Erfassung der Arbeitslosen und für die Anspruchsvoraussetzungen im Recht der → Arbeitslosenversicherung. Wesentliches Element für den Leistungsbezug → Arbeitslosengeld (Alg) oder → Arbeitslosenhilfe (Alhi) ist die persönliche Arbeitslosenmeldung (§ 105 AFG) beim Arbeitsamt. Der Begriff der Verfügbarkeit (§ 103 AFG) für die → Arbeitsvermittlung ist eine relevante Vorschrift für arbeitslose Leistungsempfänger und für die statistische Erfassung als Arbeitsloser. *Walter Schmitt*

2. Auswirkungen der A. auf Betroffene: Größenordnung und Dauerhaftigkeit der A., insbesondere der Langzeitarbeitslosigkeit, sind gegenwärtig das wichtigste soziale Problem unserer Gesellschaft (Kress u.a.). Im Januar 1997 waren 4,1 Mio. Menschen in Deutschland arbeitslos gemeldet, davon 1,2 Mio. Langzeitarbeitslose (mindestens ein Jahr arbeitslos). Der Grad der Beschäftigungskrise wird in der amtlichen Arbeitslosenstatistik aus systematischen Gründen untererfaßt (u.a. keine Berücksichtigung der sog. stillen Reserve sowie von Personen in arbeitsmarktpolitischen Maßnahmen oder Vorruhestand). Für 1995 wurde die Zahl der Unterbeschäftigten mit 8,3 Mio. geschätzt.

Der Verlust des Arbeitsplatzes führt zu finanziellen Einschränkungen. Im August 1996 erhielt ein Empfänger von Arbeitslosengeld durchschnittlich 1 430 DM (neue Bundesländer: 1 185 DM) Unterstützung pro Monat, Empfänger von Arbeitslosenhilfer 1 038 DM bzw. 849 DM. Mit zunehmender Langzeitarbeitslosigkeit steigt die Zahl der Empfänger von Arbeitslosenhilfe. 50% der Arbeitslosen erhielten 1996 Arbeitslosengeld, 30% Arbeitslosenhilfe; 20% der Arbeitslosen bezogen keine Leistungen. Die sozialen Auswirkungen von eingeschränktem bzw. fehlendem eigenen → Einkommen werden von der Haushaltssituation der Arbeitslosen sowie der Höhe des Einkommens vor A. mitgeprägt (A. des Hauptverdieners oder einer anderen Person; Kompensationsmöglichkeit durch Arbeitsaufnahme eines anderen Haushaltsmitglieds; Einkommensminderung trifft untere Einkommensschichten stärker als relativ gut verdienende Haushalte). Das Ausmaß der Einkommensminderung durch A. gestaltet sich unterschiedlich und reicht von verhältnismäßig guter finanzieller Ausstattung bei sozialverträglicher Ausgliederung bis zu Einkommensarmut (Wagner). A. ist heute Hauptursache für den Bezug laufender Leistungen zum Lebensunterhalt (Hilfe zum Lebensunterhalt) nach dem → Bundessozialhilfegesetz (BSHG).

Der Umfang der Einkommensreduzierung ist von zentraler Bedeutung für die psychosoziale Situation des Arbeitslosen (Brinkmann). A. (insbesondere Langzeit-A.) kann Prozesse sozialen Abstiegs bis hin zur sozialen Randständigkeit auslösen, wenn z.B. die Arbeitslosenunterstützung nicht ausreicht, um Kredite zu bedienen oder die Wohnungsmiete zu bezahlen. Als psychosoziale Folgen von A. werden u.a. Perspektivlosigkeit, Langeweile, sozialer Rückzug und Depressivität beschrieben. Diese Probleme sind nicht als Folgen eines bei allen Arbeitslosen gleichen Reaktionsmechanismus zu verstehen: Für die individuelle Bewältigung von A. sind vielfältige soziale und individuelle Faktoren, wie Verfügbarkeit von gesellschaftlich akzeptierten Alternativrollen, z.B. als Hausfrau, Berufsorientierung und finanzielle Situation von Bedeutung (Kieselbach). A. trifft auch die Familie des Arbeitslosen; Veränderungen in Sozialkontakten, familialer Aufgabenteilung und in Rollenerwartungen sowie Beeinträchtigungen der Eltern-Kind-Beziehungen können eintreten. In Abhängigkeit von der jeweils spezifischen Situation der Haushalte kann sich das Vorhandensein einer Familie stabilisierend auf den Arbeitslosen auswirken; das Zusammenwirken von materiellen und psycho-sozialen Belastungen kann jedoch auch zu Überforderungen der Familie führen (Hess u.a.).

Lit. Brinkmann, C.: Folgen; Hess u.a.: Auswirkungen; Kieselbach: Perspektiven; Kress u.a.: Langzeitarbeitslosigkeit; Wagner, A.: Langzeitarbeitslosigkeit.

Reiner Höft-Dzemski

Arbeitsmarkt als abstrakter Begriff kennzeichnet das Zusammentreffen der Anbieter an und der Nachfrager nach Arbeitskraft. In einer Marktwirtschaft bieten Individuen Arbeitskraft an und fragen Arbeitsplätze nach, Unternehmen und der Staat fragen Arbeitskräfte nach und bieten Arbeitsplätze an. Ob der A. ein Markt wie jeder andere ist oder durch Besonderheiten charakterisiert ist, wird kontrovers diskutiert. Eine Auffassung (Neoklassik) sieht keine prinzipiellen Unterschiede zu Güter- und Kapitalmärkten. Störungen auf A. sind nach dieser Sichtweise durch staatliche und/oder gewerkschaftliche Einflüsse bedingt. Diese Einflüsse beschränken die Funktionsweise des A. durch vielfältige Regelungen und führen zu → Arbeitslosigkeit. Eine andere Auffassung (Arbeitsvertragstheorie) sieht den A. durch Besonderheiten gekennzeichnet. Der A. unterscheidet sich danach von anderen Märkten dadurch, daß menschliche Arbeitsleistung getauscht wird. So werden die Eigentumsrechte vom Arbeitskraftanbieter auf den Nachfrager nur teilweise übertragen und die zu erbringenden Arbeitsleistungen sind im → Arbeitsvertrag nur unvollkommen geregelt. Durch den Arbeitsvertrag entsteht eine Autoritätsbeziehung mit einem Über-/Unterordnungsverhältnis zwischen Arbeitgebern und Arbeitnehmern.

Es gibt nicht nur einen, sondern eine Reihe an Teilarbeitsmärkten, die in unterschiedlichem Ausmaß voneinander abgeschottet sind. In der Bundesrepublik Deutschland werden üblicherweise drei Teilarbeitsmärkte unterschieden: ein Jedermann-Arbeitsmarkt mit einfachen Qualifikationen (z.B. Saisonarbeiter), ein berufsfachlicher A. mit beruflichen Qualifikationen (z.B. Elektriker) und ein betriebsinterner A., auf dem Arbeitsplätze innerbetrieblich besetzt werden. In der Realität gibt es noch erheblich mehr Teilarbeitsmärkte.

Die Besonderheiten des A. beinhalten, daß sich spezifische Regelungen für die A. auf staatlicher, verbandlicher und betrieblicher Ebene entwickelt haben. In diesen Institutionen der A.ordnung kommt zum Ausdruck, daß auf einem A. nicht nur eine Ware getauscht wird, sondern für einen großen Teil der Bevölkerung Arbeit die einzige oder hauptsächliche Quelle der Existenzsicherung bildet. Das → Grundgesetz enthält die für die Gestaltung der A.ordnung wesentlichen Prinzipien. Diese Postulate, politische Entscheidungen und nicht zuletzt die Ergebnisse der Auseinandersetzungen zwischen Arbeitgeber- und Arbeitnehmerorganisationen prägen die konkrete A.ordnung. Grundlegendes Merkmal dieser Ordnung in der Bundesrepublik Deutschland ist die individuelle Freiheit des Arbeitsvertrages, konstituiert durch das Grundrecht auf freie Entfaltung der Persönlichkeit (→ Grundrechte) und das Privateigentum an Produktionsmitteln. Komplementär dazu gilt das Prinzip eines geordneten Wettbewerbs. Die Gültigkeit dieser beiden Prinzipien wird in der A.ordnung eingeschränkt, um möglichen Machtmißbrauch zu vermeiden und den Besonderheiten des A. Rechnung zu tragen. So gibt es u.a. Regelungen für den Arbeitnehmerschutz, die Entlohnung, die Betriebs- und Unternehmensverfassung mit der → Mitbestimmung von Arbeitnehmern und die soziale Absicherung bei Krankheit und Alter.

Eine wachsende Wirtschaft bewirkt einen kontinuierlichen Wandel auf den A. Dieser Strukturwandel betrifft sektorale, regionale, berufliche, qualifikatorische und tätigkeitsbezogene A. Auf die Bewältigung dieses Strukturwandels auf den A. zielt die Arbeitsmarktpolitik. Diese ist primär im AFG kodifiziert. Sie umfaßt die Regelungen, die das Verhältnis von Teilarbeitsmärkten zueinander oder zum gesamten A. beeinflussen. Zielsetzungen der A.politik sind die Herstellung und Aufrechterhaltung der Vollbeschäftigung, Förderung der Mobilität, Förderung der Integration besonders benachteiligter Personen in den A. sowie soziale Absicherung bei Arbeitslosigkeit.

Das AFG enthält eine Reihe von arbeitsmarktpolitischen Instrumenten. → Arbeitsvermittlung und Beratung erhöhen die Markttransparenz der Arbeitsmarktteilnehmer und mildern Friktionen am A. Die Förderung der beruflichen Bildung zielt auf eine Anpassung der beruflichen Kenntnisse, Fähigkeiten und Fertigkeiten an die wirtschaftlichen und technischen Entwicklungen. Weitere Maßnahmen sind die Kurzarbeit, Eingliederungsbeihilfen und → Arbeitsbeschaffungsmaßnahmen (ABM) sowie die Zahlung von → Arbeitslosengeld und → Arbeitslosenhilfe.

Die Wirksamkeit der A.politik wird je nach Zielsetzung unterschiedlich eingeschätzt. Vollbeschäftigung kann sie nicht erreichen. Strukturelle Ziele hat die A.politik mit unterschiedlichem Erfolg erreicht. Besondere Bedeutung kam ihr in den neuen Bundesländern bei der Bewältigung der sozialen Folgen des Transformationsprozesses zu. Wegen der hohen Arbeitslosigkeit und der begrenzten Wirksamkeit der bisherigen A.politik wird eine Reform diskutiert.
Lit. Engelen-Kefer u.a.: Beschäftigungspolitik; Franz: Arbeitsmarkt; Lampert u.a.: Arbeitsmarktpolitik; Schmid, A.: Arbeitsmarktpolitik; Seifert: Arbeitsmarktpolitik .
Alfons Schmid

Arbeitsmarkt/Arbeitsmarktpolitik, internationale(r) → Europäische Gemeinschaften (EG), → Internationale Arbeitsorganisation (IAO)

Arbeitspflicht im Sinne des → Bundessozialhilfegesetzes (BSHG) ist Ausfluß des → Nachrangs der Sozialhilfe. Hiernach erhält → Sozialhilfe nicht, wer sich selbst helfen kann. Zur → Selbsthilfe gehört in erster Linie der Einsatz der Arbeitskraft, um aus den daraus erzielten Einkünften den → Lebensunterhalt für sich und die unterhaltsberechtigten Angehörigen sicherzustellen (§ 18 Abs. 1 BSHG). Diese Art von A. wird als die wichtigste und vorrangige Selbsthilfemöglichkeit für arbeitslose Hilfesuchende (→ Hilfeempfänger/Hilfesuchender) angesehen, läßt sich aber bei Arbeitsplatzmangel praktisch nur schwer realisieren. Die A. beschränkt sich nicht auf den Einsatz der Arbeitskraft gesundheitlich voll arbeitsfähiger Personen, vielmehr ist auch ein Rest der verbliebenen Arbeitskraft zur Sicherstellung des Lebensunterhalts zu verwenden. Eine solche Verpflichtung kann sich u. U. dann ergeben, wenn durch eine → Berufsunfähigkeitsrente der Lebensunterhalt nicht gesichert werden kann. Auch für → Behinderte mit eingeschränkter Arbeitsfähigkeit gilt diese Pflicht. Die A. ist auch nicht insoweit eingeschränkt, als sie nur den Einsatz der Arbeitskraft im Rahmen der beruflichen Ausbildung fordert, vielmehr muß die Arbeitskraft bzw. der verbliebene Rest der Arbeitskraft für jede Arbeit eingesetzt werden, wenn dadurch die Sicherung des Lebensunterhalts oder eines Teils desselben erreicht werden kann (§ 18 Abs. 3 S. 5 BSHG). Diese Verpflichtung findet ihre Grenze bei der Zumutbarkeit (§ 18 Abs. 3 S. 1 bis 4 BSHG). So soll oder darf einem Hilfesuchenden eine Arbeit z. B. nicht zugemutet werden, wenn er nach Lebensalter, Gesundheitszustand oder häuslichen Verhältnissen zur Ausübung der Arbeit bzw. einer angebotenen Tätigkeit nicht in der Lage ist. Die Träger der Sozialhilfe (→ Sozialhilfeträger) haben das Bemühen der Hilfesuchenden zur Erfüllung ihrer A. im Rahmen ihrer Möglichkeiten (Zusammenarbeit mit der → Arbeitsverwaltung) zu unterstützen und zu fördern (§ 18 Abs. 2 BSHG). Zur A.

gehört auch die Aufnahme von gemeinnütziger und zusätzlicher Arbeit nach §§ 19 und 20 BSHG (nach herrschender Ansicht auch der Arbeit, die den Bedarf an Mitteln zum Lebensunterhalt nicht sichert, wie z. B. der Tätigkeit nach § 20 BSHG; → Hilfe zur Arbeit).

Die Weigerung zur Aufnahme zumutbarer Arbeit, die fehlende Mitwirkung zum Erlangen eines Arbeitsplatzes seitens eines Hilfeempfängers bzw. Hilfesuchenden (z. b. Verweigerung einer ärztlichen Tauglichkeitsuntersuchung oder des persönlichen Vorsprechens beim → Arbeitsamt) und die Aufgabe eines → Arbeitsverhältnisses bzw. einer Maßnahme der → Arbeitsförderung können zur Versagung bzw. Kürzung der Sozialhilfe führen (§ 25 Abs. 1 und 2 Nr. 3 BSHG).

Peter Trenk-Hinterberger

Arbeitsplatz Behinderter → Berufliche Rehabilitation

Arbeitsplatzschutzgesetz (ArbplSchG) gilt für alle wehrpflichtigen Arbeitnehmer und Auszubildenden, die zum Grundwehrdienst oder zu einer Wehrübung einberufen werden, § 15 ArbplSchG; ferner für Soldaten auf Zeit, deren Dienstzeit auf insgesamt nicht mehr als 2 Jahre festgesetzt ist, § 16a ArbplSchG. Das Gesetz gilt für anerkannte Kriegsdienstverweigerer (→ Zivildienst) entsprechend (§ 78 Zivildienstgesetz).

Das ArbplSchG regelt sehr detailliert sämtliche Probleme, die im Zusammenhang mit der Einberufung zum Wehrdienst im → Arbeitsverhältnis entstehen. Die Gesetzeslektüre ersetzt praktisch die Kommentierung der Rechtslage.

Hauptzweck der gesetzlichen Regelung ist die Erhaltung des Arbeitsplatzes für den Wehrpflichtigen. Das Arbeitsverhältnis wird durch den Wehrdienst nicht unterbrochen, sondern ruht, § 1 Abs. 1 ArbplSchG. Von der Zustellung des Einberufungsbescheides bis zur Beendigung des Wehrdienstes ist die → Kündigung des Arbeitsverhältnisses unzulässig, § 2 Abs. 1 ArbplSchG. Auch darf die Übernahme eines Auszubildenden nach Abschluß der Ausbildung nicht aus Anlaß des Wehrdienstes verweigert werden, § 2 Abs. 5 ArbplSchG. Zum Schutz mittelständischer Betriebe mit 5 oder weniger Arbeitnehmern sieht das ArbplSchG allerdings eine Sonderform der Kündigung aus wichtigem Grunde vor, wenn der Arbeitgeber für den Wehrpflichtigen eine Ersatzkraft eingestellt hat und ihm deshalb die Weiterbeschäftigung des Arbeitnehmers nach Entlassung aus dem Wehrdienst unzumutbar ist. Die dann zulässige Kündigung hat jedoch mit einer Frist von 2 Monaten vor dem Zeitpunkt der Entlassung aus dem Wehrdienst zu erfolgen, § 2 Abs. 3 ArbplSchG.

Um dem Arbeitgeber die personelle Disposition zu erleichtern, ist dem Arbeitnehmer vorgeschrieben, den Einberufungsbescheid, § 1 Abs. 3 ArbplSchG, bzw. eine Vorladung zum Wehrersatzamt, § 14 Abs. 2 ArbplSchG, dem Arbeitgeber unverzüglich vorzulegen.

Wird der Arbeitnehmer zu einer Wehrübung von nicht länger als 3 Tagen einberufen, so ist er unter Fortzahlung seiner Vergütung von der Arbeit freizustellen, § 11 Abs. 1 ArbplSchG. Gleiches gilt für die Vorladung bei den zuständigen Behörden, § 14 Abs. 1 ArbplSchG.   *Klaus Feser*

Arbeitsplatzuntersuchung Der Arbeitsplatz wird als die räumliche Konkretisierung der Aufgabenerfüllung und Sachmittel einer Stelle definiert. Dies kann ein fester Ort, aber auch ein Gebiet sein, in dem etwa ein → Sozialarbeiter fürsorgerischen → Außendienst leistet. Durch eine A. werden Informationen gesammelt über die horizontale und vertikale Einbindung des Arbeitsplatzes in die Gesamtstruktur, die Abläufe arbeitsteiliger Prozesse, die Menge und Qualität der zu leistenden Arbeit sowie über die räumlichen und anderen sachlichen Arbeitsbedingungen. Eine Untersuchung kann ausgelöst sein durch geänderte Aufgabenstellung, durch neuere methodische, technische, physiologische oder psychologische Erkenntnisse, durch Bedarfsfragen, durch Spar- und Konsolidierungsprogramme, neue Steuerungsmodelle (→ Verwaltungsmodernisierung), durch gewandelte Erwartungen der Mitarbeiter oder durch aufgetretene Schwierigkeiten (vgl. → Arbeitsfeldanalyse). Die Untersuchung kann bezwecken, Aufgaben und Verantwortung klar abzugrenzen, den Arbeitsfluß und die äußeren Arbeitsbedingungen einschließlich der ergonomischen Anforderungen und den Sachmitteleinsatz optimal zu gestalten (z.B. eine DV-Unterstützung zu ermöglichen), den Personalbedarf quantitativ und qualitativ zu messen sowie günstige Voraussetzungen für Arbeitszufriedenheit, Personalentwicklung und die Leistungsbereitschaft des Arbeitsplatzinhabers zu schaffen.

Jede A. läuft – schematisch vereinfacht – in den Phasen Problembeschreibung und Zielbestimmung, Aufnahme und Analyse des Ist-Zustandes, kritische Wertung, Entwicklung neuer Sollvorstellungen, Umsetzung der geplanten Maßnahmen ab; sie sollte inhaltlich, psychologisch und methodisch sorgfältig vorbereitet sein und den Arbeitsplatzinhaber soweit wie möglich mit einbeziehen. Der Ist-Zustand kann im wesentlichen erhoben werden durch die Auswertung von Organisationsplänen, Funktionsbeschreibungen und Arbeitsvorgängen, durch Besichtigung des Arbeitsplatzes, Interview, schriftliche → Befragung (Fragebogen), tägliche Arbeitsaufzeichnungen des Arbeitsplatzinhabers oder stichprobenweise

Beobachtung des Arbeitsplatzes (Multimomentaufnahme). Oft werden diese Erhebungstechniken (→ Erhebung) kombiniert. Problematisch bleibt, daß A. – ebenso wie Organisationsuntersuchungen (→ Organisationsanalyse) – von Arbeitsplatzinhabern oft als Angriff auf die Person empfunden werden und sich dadurch emotionaler Widerstand aufbaut. Zunehmend wird deshalb dazu übergegangen, Arbeitsplatzinhaber unter sachkundiger Moderation in die Lage zu versetzen, ihre Arbeitsbedingungen und Arbeitsergebnisse selbst weiterzuentwickeln (→ Organisationsentwicklung, Qualitätszirkel).

Lit. Acker u. a.: Organisationsanalyse; KGSt.: Organisationsuntersuchungen; Schmidt, G.: Organisation. *Manfred Arp*

Arbeitsrecht ist die Summe der Rechtsregeln, die sich mit abhängig geleisteter Arbeit beschäftigen (Schaub). A. verdankt seine Entstehung der Tatsache, daß die noch im 19. Jh. ideal vorgestellten bürgerlich-rechtlichen Postulate der Gleichheit aller vor dem Gesetz und der dadurch gegebenen Vertragsfreiheit wegen der faktischen Ungleichheit der Vertragspartner (Verfügungsmacht des Arbeitgebers über die Produktionsmittel; Preisverfall der Ware Arbeitskraft durch Überangebot) nicht zu einer angemessenen Berücksichtigung der Interessen der Arbeitnehmer führte (→ Soziale Gerechtigkeit). A. ist daher in erster Linie Arbeitnehmerschutzrecht, indem es zugunsten des Arbeitnehmers in die – grundsätzlich gegebene – Vertragsfreiheit (→ Vertrag) eingreift. Die rein bürgerlich-rechtliche Betrachtungsweise vernachlässigt ferner, daß beim → Arbeitsvertrag kein bloßes Austauschverhältnis (Dienstleistung gegen Lohn) vorliegt, sondern personenrechtliche Elemente zu berücksichtigen sind. Die nach Art. 2 → Grundgesetz (GG) geschützte freie Entfaltung der Persönlichkeit bezieht sich auch auf die menschliche Selbstverwirklichung durch Arbeit. Diese ist jedoch bei der abhängigen Arbeit fremdbestimmt, d. h. im Verfügungsbereich des Arbeitgebers zu leisten. Das → Arbeitsverhältnis ist daher auch durch personenrechtlich geprägte gegenseitige Treue- und Fürsorgepflichten bestimmt.

Art und Besonderheit der Rechtsregeln im A. sind weitgehend durch dessen historische Entstehung bedingt. Mindestarbeitsbedingungen und Mindestlöhne wurden zunächst durch kollektiven Druck in Form von gewerkschaftlichen → Arbeitskämpfen erzwungen und in → Tarifverträgen festgelegt (→ Arbeiterbewegung, → Gewerkschaften). Erst allmählich trat das staatliche A. hinzu. Zwischen dem »selbstgeschaffenen« A. durch Tarifabschlüsse und der staatlichen Rechtsetzung kann sich ein Interessenkonflikt ergeben, wenn der Staat an sich den Tarifverträgen offenstehende Regelungskomplexe verrechtlicht und dadurch die Einflußmöglichkeiten der Tarifvertragsparteien beschneidet. Dies kann die Tarifautonomie als wichtiges Selbstregulativ im Bereich der Arbeits- und Wirtschaftsbedingungen gefährden.

Das staatlich gesetzte A. ist in einer Vielzahl von Vorschriften verstreut. Der Plan, ein einheitliches Gesetzeswerk (Kodifikation) für das Recht der Arbeitsverhältnisse zu schaffen, kam bisher über das Stadium der Entwürfe nicht hinaus. Der Grund dafür ist, daß in wichtigen regelungsbedürftigen Bereichen (z. B. → Arbeitsschutz, Arbeitskampf, effektiver Kündigungsschutz; → Kündigung) derzeit ein politischer Konsens nicht erzielt werden kann. Aber auch politisch weniger brisante Bereiche (Gratifikationen, Haftungsfragen, Weiterbeschäftigungsanspruch) sind gesetzlich nicht geregelt. Diese Regelungslücken werden durch sog. Richterrecht ausgefüllt, dem im A. daher ein besonderes Gewicht zukommt.

Kennzeichnend für das A. ist die Teilhabe der Arbeitnehmer an der Betriebsverfassung. Es bestehen Mitwirkungsrechte des → Betriebs- bzw. → Personalrats bei personellen Einzelmaßnahmen (Kündigungen, Versetzungen, Eingruppierungen) sowie bei der Gestaltung der Arbeitsbedingungen. Die Sonderstellung des A. zeigt sich ferner darin, daß eine eigene Gerichtsbarkeit (→ Arbeitsgerichte) geschaffen wurde, die sich im Verfahren und in der Zusammensetzung des Gerichts und der Beteiligung der Verbände von den übrigen Zivilgerichten unterscheidet.

Lit. Schaub: Arbeitsrechts-Handbuch. *Klaus Feser*

Arbeitsschutz bezieht sich auf alle organisatorischen, räumlichen, technischen und zeitlichen Umstände, unter denen Arbeitnehmer Arbeit verrichten. Er umfaßt alle rechtlichen, organisatorischen, medizinischen und technischen Maßnahmen, die die körperliche und psychische Unversehrtheit und die Persönlichkeitsrechte aller Arbeitnehmer sichern soll. A. hat eine abwehrende Zielrichtung gegen Gefahren, Schäden und Belästigungen und eine gestaltende Zielrichtung: Schaffung möglichst menschengerechter Arbeitsplätze, -abläufe und Arbeitsumgebung. Auch präventive Maßnahmen gehören zum A.

1. Öffentlich-rechtliche Vorschriften (gesetzlicher A.): Der Staat übernimmt seine A.aufgaben durch Gesetze und Verordnungen, die durch die Gewerbeaufsicht überwacht werden, sowie durch hoheitliche Tätigkeiten der Berufsgenossenschaften, insbes. Unfallverhütungsvorschriften und technischer Aufsichtsdienst. Die Tätigkeiten der Berufsgenossenschaften sind durch § 708 → Reichsversicherungsordnung (RVO) geregelt.

Zum A. zählen Gesetze wie das Gesetz über Betriebsärzte, Sicherheitsingenieure und andere Fachkräfte für Arbeitssicherheit (Arbeitssicherheitsgesetz – ASiG) vom 12. 12. 1972 (BGBl. I S. 1885), geändert durch das Gesetz vom 12. 4. 1976 (BGBl. I S. 1965); das MuSchG vom 24. 1. 1952 i. d. F. vom 18. 4. 1968 (BGBl. I S. 315), zuletzt geändert durch das Gesetz vom 30. 6. 1989 (BGBl. I S. 1297); Arbeitszeitgesetz (ArbZG) vom 6. Juni 1994 (BGBl. I S. 1170); das JArbSchG vom 12. 4. 1976 (BGBl. I S. 965), geändert durch das Gesetz vom 24. 4. 1986 (BGBl. I S. 560); die Gewerbeordnung (GewO) vom 21. 6. 1969 i. d. F. der Bekanntmachung vom 1. 1. 1987 (BGBl. I S. 425), zuletzt geändert durch das Gesetz vom 9. 11. 1990 (BGBl. I S. 2242); sowie das Gerätesicherheitsgesetz vom 13. 8. 1979 (BGBl. I S. 1432).
Ferner zählen zum A. die auf Grund der Gesetze ergangenen Verordnungen wie z. B. die Arbeitsstättenverordnung (ArbStättV) vom 20. 3. 1975 (BGBl. I S. 729), geändert durch die Verordnung vom 1. 8. 1983 (BGBl. I S. 1057) und die Gefahrstoffverordnung (GefStoffV) über gefährliche Stoffe vom 26. 8. 1986 (BGBl. I S. 1470), geändert durch Verordnung vom 23. 4. 1990 (BGBl. I S. 790).
Der gesetzliche A. richtet sich i. d. R. an die Arbeitgeber und stellt zwingende Mindestvorschriften dar, die auch unabhängig vom Willen der Parteien im → Arbeitsvertrag Gültigkeit haben.
2. Über den gesetzlichen Rahmen hinaus werden Arbeitsbedingungen zunehmend durch → Tarifverträge und Betriebsvereinbarungen oder Dienstvereinbarungen nach dem Betriebsverfassungsgesetz oder nach den Bundespersonalvertretungsgesetz oder den Personalvertretungsgesetzen der Länder verändert. Hier ist in zunehmendem Maße die Verbindung zwischen A. und Umweltschutz festzustellen.
Die Forderung nach einem umfassenden A.gesetzbuch, das die verstreuten A.vorschriften zusammenfaßt, wird vor allem von den → Gewerkschaften erhoben.
Auf europäischer (EU-)Ebene gibt es zahlreiche Verordnungen, Entwürfe und Empfehlungen für Einzelbereiche des A. Mit der Umsetzung von EG-Richtlinien in nationales Recht ist die Bundesregierung in Verzug. Widerstand gegen eine Umsetzung der EU-Richtlinien, gegen eine Vereinheitlichung und Entbürokratisierung der zahlreichen A.vorschriften leisten auch die Arbeitgeberverbände. Die existierenden A.gesetze und -verordnungen zeigen in der Praxis vielfältige Mängel, z. B. besteht kein Rechtsanspruch der Arbeitnehmer auf Information über Gesundheitsrisiken und Schutzmaßnahmen oder ein Recht auf Arbeitsverweigerung ohne Entgeltminderung, wenn der Arbeitgeber gegen geltende Gesetze, A. und Unfallverhütungsvorschriften verstößt.

Lit. Bücker u. a.: Arbeitsschutz; Wank u. a.: Arbeitsschutzrecht. *Harald Wagner*

Arbeitsteilung → Organisationsanalyse

Arbeits- und Berufsberater → Berufsberatung

Arbeits- und Beschäftigungstherapie ist die alte Bezeichnung für → Ergotherapie. A. erlebte ihre erste Blütezeit um 1919, als H. Simon die »aktive Krankenbehandlung« in den psychiatrischen Anstalten einführte, um die gesunden Anteile seiner Patienten zu fördern. Mit der Psychiatrie-Enquête leitete sie ihren 2. Höhepunkt als wesentlicher Baustein sozialpsychiatrischer Versorgung ein. Heute ist A. ein wichtiger Gegenstand der Rehabilitationsforschung.
B. wurde mit dem Ende des 2. Weltkrieges durch englische Beschäftigungstherapeuten des Roten Kreuzes nach Deutschland gebracht. B. diente zunächst der Rehabilitation Kriegsverletzter, um neben dem funktionellen Training (z. B. Prothesentraining), Motivation durch Ablenkung von den traumatischen Ereignissen zu fördern. 1954 wurde die erste deutsche Schule für B. in Hannover eröffnet. 1977 integrierte die Verabschiedung des Berufsgesetzes B.- und A.therapie zu einem einheitlichen Berufsbild. *Clara Scheepers*

Arbeitsunfähigkeit ist Voraussetzung für den Anspruch auf → Krankengeld (§ 44 Abs. 1 SGB V). I. S. d. → Krankenversicherung liegt A. vor, wenn die zuletzt verrichtete Arbeit infolge → Krankheit nicht oder nur unter der Gefahr der Verschlimmerung ausgeübt werden kann (vgl. u. a. Urteile des BSG vom 30. 5. 1967 in USK 6751, vom 2. 10. 1970 in USK 70137 und vom 16. 5. 1972 in USK 7269). Dabei kommt es grundsätzlich auf die Arbeit an, die unmittelbar vor Eintritt der A. geleistet wurde (Beschluß des Großen Senats des BSG vom 16. 12. 1981 in USK 81303). Ähnlich geartete Beschäftigungen sind gleichgestellt (vgl. u. a. Urteil des BSG vom 19. 1. 1971 in USK 7126). Krankheitsbedingte A. liegt daher bei fortbestehendem Arbeitsverhältnis nicht (mehr) vor, wenn der Arbeitgeber dem Arbeitnehmer eine Tätigkeit anbietet, die er nach seinen gesundheitlichen Verhältnissen verrichten kann und die er im Rahmen seines Arbeitsverhältnisses zulässig versetzt werden kann (vgl. BSG in USK 9148). A. liegt auch dann vor, wenn aufgrund eines bestimmten Krankheitszustandes, der für sich allein noch keine A. bedingt, absehbar ist, daß durch die Ausübung der Tätigkeit für die Gesundung oder die Gesundheit abträgliche Folgen erwachsen, die A. unmittelbar hervorrufen (vgl. Richtlinien des Bundesausschusses der Ärzte und Krankenkassen über die Beurteilung der A. und die Maßnahmen zur stufen-

Arbeitsunfall

weisen Wiedereingliederung). A. besteht weiter, wenn eine stundenweise, medizinisch begründete Wiedereingliederung des Versicherten in das Erwerbsleben möglich und zweckmäßig ist (z. B. nach Herzoperationen oder Herzinfarkt).
Lit. Krauskopf: SozKV (Komm.) § 44 SGB V; Töns: Arbeitsunfähigkeit.

Ernst Picard

Arbeitsunfall Nach der Legaldefinition des § 8 Abs. 1 → Sozialgesetzbuch (SGB) VII sind A. Unfälle von kraft → Gesetzes oder kraft → Satzung oder freiwillig Versicherten infolge einer den Versicherungsschutz begründenden Tätigkeit (versicherte Tätigkeit); Unfälle sind zeitlich begrenzte, von außen auf den Körper einwirkende Ereignisse, die zu einem Gesundheitsschaden oder zum Tod führen. Als versicherte Tätigkeiten sind vom Gesetzgeber gemäß § 8 Abs. 2 SGB VII auch Wegeunfälle anerkannt, d. h. das Zurücklegen des mit der versicherten Tätigkeit zusammenhängenden unmittelbaren Weges nach und von dem Ort der Tätigkeit (Nr. 1), das Abweichen von einem solchen Weg in besonderen Fällen, wie z. b. wegen der Unterbringung eines Kindes in fremde Obhut aufgrund beruflicher Tätigkeit der Eltern (Nr. 2a) oder bei Fahrgemeinschaften (Nr. 2b) oder bei versicherten Kindern wegen ihrer Obhutsbedürftigkeit (Nr. 3), Familienheimfahrten im Zusammenhang mit der versicherten Tätigkeit (Nr. 4); außerdem wird als versicherte Tätigkeit angesehen das hiermit zusammenhängende Verwahren, Befördern, Instandhalten und Erneuern eines Arbeitsgerätes oder einer Schutzausrüstung sowie deren Erstbeschaffung, wenn dies auf Veranlassung der Unternehmer erfolgt (Nr. 5). Dem Gesundheitsschaden i. S. v. § 8 Abs. 1 S. 2 SGB VII gleichgestellt sind von Gesetzes wegen die Beschädigung oder der Verlust eines → Hilfsmittels (Abs. 3). Der Unfallversicherungsschutz ist somit umfassend ausgestaltet. Dem Schutz unterfallen jedoch nicht solche Risiken, die der privaten Lebenssphäre zuzuordnen sind. Vielmehr ist sowohl erforderlich, daß der Unfall eines Versicherten infolge einer versicherten Tätigkeit eingetreten ist, als auch daß er für einen Gesundheitsschaden oder den Tod ursächlich war. Ausreichend ist, daß die versicherte Tätigkeit eine wesentliche, nicht notwendigerweise die einzige Ursache, für den Unfall darstellt, sowie der Unfall eine wesentliche, ebenfalls nicht notwendigerweise die einzige Ursache für einen Gesundheitsschaden oder den Tod war. Daher entfällt der Versicherungsschutz bei Tätigkeiten, die privaten Zwecken dienen (z. B. Spaziergang während der Arbeitspause). Bei den durch § 8 Abs. 2 SGB VII den A. als versicherte Tätigkeiten gleichgestellten Wegeunfällen ist darüber hinaus erforderlich, daß der zurückgelegte Weg zu der versicherten Tätigkeit in einem wesentlichen inneren Zusammenhang steht. Daher bleiben solche Verrichtungen als unwesentlich unberücksichtigt, die andere, mit der versicherten Tätigkeit nicht zusammenhängende Ursachen haben, wie z. B. das Zurücklegen des Weges aus vorwiegend eigenwirtschaftlichen Gründen. Hat der Weg jedoch in engem Zusammenhang mit der versicherten Tätigkeit gestanden, so unterfällt er dem unfallversicherungsrechtlichen Schutz.
Lit. s.: → Unfallversicherung.

Günther Sokoll/Harald Dahm

Arbeitsverhältnis Rechtsverhältnis, das zwischen dem einzelnen Arbeitnehmer und dem Arbeitgeber auf Grund des → Arbeitsvertrages entsteht (sog. Vertragstheorie). Zur Begründung des A. ist es nicht erforderlich, daß das A. durch Beschäftigung des Arbeitnehmers in Vollzug gesetzt wird (so die überholte Eingliederungstheorie). Erfolgt eine Beschäftigung ohne gültigen Arbeitsvertrag (sog. faktisches A.), so gelten dennoch die Arbeitnehmerschutzvorschriften und die betriebsverfassungsrechtlichen Normen; ferner knüpft vielfach das Sozialversicherungsrecht bereits an die tatsächlich vollzogene Beschäftigung an.
Das A. ist hauptsächlich auf den gegenseitigen Austausch von Leistungen, nämlich der Arbeitsleistung gegen Vergütung, gerichtet. Bei der Störung in einem Leistungsbereich besteht das Recht zur Zurückhaltung der Gegenleistung, ggf. kann die außerordentliche → Kündigung des A. ausgesprochen werden. Da der Arbeitnehmer die Arbeitsleistung in eigener Person und zudem im Verfügungsbereich des Arbeitgebers (Betrieb) erbringen muß, trägt das A. aber auch starke personenrechtliche Züge. Der Arbeitnehmer ist bezüglich der Einzelheiten der geschuldeten Arbeitsleistung an das Direktionsrecht (Weisungsrecht) des Arbeitgebers gebunden, ihn trifft folglich die Gehorsamspflicht. Das Direktionsrecht erstreckt sich nicht nur auf die Art der zu leistenden Arbeit, sondern umfaßt auch das Recht der Versetzung an einen anderen Arbeitsplatz (nach Zustimmung des → Betriebsrats, § 99 BetrVG) und grundsätzlich auch das Recht der Festlegung des Urlaubszeitpunktes. Der Leistungspflicht des Arbeitnehmers steht die Beschäftigungspflicht des Arbeitgebers gegenüber. Nach ständiger → Rechtsprechung ist anerkannt, daß sich die freie Entfaltung der Persönlichkeit (Art. 2 Abs. 1 GG) auch in der Arbeit verwirklicht. Eine Freistellung von der Arbeit auch unter Fortzahlung der Bezüge muß der Arbeitnehmer demnach nur akzeptieren, wenn billigenswerte Interessen des Arbeitgebers (etwa der Verdacht, der Arbeitnehmer werde ihm zugängliche Betriebsgeheimnisse ausforschen) dies fordern.

Das A. wird außer von den Parteien des Arbeitsvertrages auch durch die Mitwirkungs- und Teilhaberrechte des Betriebsrates bzw. → Personalrates ausgestaltet. So hat der Betriebsrat ein Mitbestimmungsrecht bei personellen Einzelmaßnahmen, § 99 BetrVG, und bei Belangen, die die Ordnung des Betriebes, § 87 BetrVG, betreffen. Weiterhin bestehen im A. als Treue- und Fürsorgepflichten bezeichnete Nebenpflichten, die dem personenrechtlichen Charakter des A. durch eine besondere Rücksichtnahme auf die Interessen der anderen Vertragspartei Rechnung tragen. Aus diesem Rechtsgedanken heraus wird auch die Haftung des Arbeitnehmers beschränkt, wenn er dem Arbeitgeber Schäden verursacht, die bei einer betrieblich veranlaßten Tätigkeit entstanden sind. *Klaus Feser*

Arbeitsvermittlung und Arbeitsberatung Der Bundesanstalt für Arbeit (BA) durch das → Arbeitsförderungsgesetz (AFG) übertragene Tätigkeiten, die darauf gerichtet sind, Arbeitsuchende mit Arbeitgebern zur Begründung von → Arbeitsverhältnissen zusammenzuführen (§§ 3 Abs. 2 Nr. 2, 13 Abs. 1 AFG). Av. ist eine hoheitliche Tätigkeit, die grundsätzlich nur von der BA wahrgenommen werden darf (sog. Vermittlungsmonopol der BA, § 4 AFG). Arbeitsvermittlung durch Dritte ist zulässig, wenn dem privaten Arbeitsvermittler eine Erlaubnis der BA erteilt worden ist (§ 23 AFG). Voraussetzungen zur Erteilung der Erlaubnis und zur Vereinbarung einer grundsätzlich vom Arbeitgeber und nur ausnahmsweise (bestimmte Berufsgruppen) vom Arbeitnehmer für die Vermittlung zu erlangenden Vergütung bestimmt die Arbeitsvermittlungsverordnung i.d.F. vom 1. 8. 1994 (BGBl. I S. 1946).
Die Vermittlung in Arbeit geht dem Leistungsbezug (z. B. → Arbeitslosengeld, → Arbeitslosenhilfe) vor (§ 5 AFG). Im Rahmen der Av. hat die BA dahin zu wirken, daß Arbeitsuchende Arbeit und Arbeitgeber die erforderlichen Arbeitskräfte erhalten. Die besonderen Verhältnisse der freien Arbeitsplätze, die Eignung der Arbeitsuchenden und deren persönlichen Verhältnisse sind zu berücksichtigen. Hierbei gewinnt die Information und Beratung über die Möglichkeiten der beruflichen Eingliederung von Arbeitslosen, die Lage auf dem → Arbeitsmarkt, die Entwicklung in den Berufen, die Notwendigkeit der → beruflichen Bildung und deren Förderung sowie über die Förderung der Arbeitsaufnahme und Fragen der Wahl oder Besetzung von Arbeitsplätzen zunehmend an Bedeutung (§ 15 AFG). Die BA kann mit Einverständnis des Arbeitsuchenden ärztliche und psychologische Untersuchungen durchführen lassen (§ 14 AFG). Av. ist unparteiisch auszuüben. Fragen nach Religion bzw. Weltanschauung oder nach Partei- und Gewerkschaftszugehörigkeit dürfen nur gestellt werden, wenn es die Eigenart des Betriebes oder die Art der Beschäftigung erfordert. Die BA soll an dem Zustandekommen von Arbeitsverhältnissen zu tarifwidrigen Bedingungen nicht mitwirken (§§ 14, 16, 20 AFG). Keine Av. i.S.d. AFG und somit nicht dem Vermittlungsmonopol unterliegend sind Maßnahmen öffentlich-rechtlicher Träger der sozialen Sicherung zur Anbahnung eines Arbeitsverhältnisses, soweit sie zur Durchführung der ihnen gesetzlich übertragenen Aufgaben im Einzelfall erforderlich sind (§ 15 Abs. 3 AFG).
Lit. Maibaum u. a.: Arbeitsvermittlung.
Karlheinz Schuster

Arbeitsvertrag Privatrechtlicher, gegenseitiger → Vertrag, in dem sich der Arbeitnehmer zur Leistung von Diensten gegen Vergütung (Lohn) verpflichtet. Unterform des in den §§ 611 bis 630 des → Bürgerlichen Gesetzbuches (BGB) geregelten Dienstvertrages, in der Rechtswirklichkeit aber weitaus bedeutender als dieser. Der A. bezieht sich im Gegensatz zum Dienstvertrag auf die abhängig, d.h. unselbständig geleistete Arbeit. Die Unselbständigkeit kommt darin zum Ausdruck, daß Ort und Zeit der Arbeitsleistung vertraglich vorgegeben sind und insbes. der Arbeitnehmer dem Direktionsrecht (→ Arbeitsverhältnis) des Arbeitgebers unterliegt.
Mit dem A. wird i.d.R. ein unbefristetes Dauerschuldverhältnis begründet, für das die → Kündigung als spezielle Beendigungsform vorgesehen ist. Für die Befristung des A. muß grundsätzlich ein sachlicher Grund vorliegen, da anderfalls der Kündigungsschutz umgangen werden könnte. Mit der erklärten Absicht, den Kündigungsschutz in Teilbereichen zu suspendieren, läßt das Beschäftigungsförderungsgesetz (BeschFG) eine Befristung auch ohne Vorliegen eines Sachgrundes zu. In der seit 1. 10. 1996 gültigen Fassung des BeschFG kann das Arbeitsverhältnis bis zur Dauer von 2 Jahren befristet werden, ferner ist bis zur Gesamtdauer von 2 Jahren die dreimalige Verlängerung eines befristeten Arbeitsverhältnisses zulässig.
Der A. muß nicht in schriftlicher Form abgeschlossen werden. Einige → Tarifverträge schreiben jedoch die Schriftform vor, ebenso § 4 Berufsbildungsgesetz (BBiG) für den Berufsausbildungsvertrag. Inhaltlich sind die Parteien in ihrer Vertragsgestaltung frei, soweit sie die durch die typischen Rechtsquellen des → Arbeitsrechts gezogenen Grenzen nicht unterschreiten. Üblicherweise werden, zumindest in der Privatwirtschaft, die Lohnhöhe, finanzielle Sonderleistungen wie Gratifikationen und der Urlaubsanspruch frei ausgehandelt. Fehlt es an einer Lohnvereinbarung (oder läßt sie sich im Arbeitsgerichtsprozeß nicht beweisen), so gilt gem. § 612

Abs. 2 BGB die übliche, d. h. die tarifliche Vergütung, als vereinbart.
Es kann sich im nachhinein herausstellen, daß ein A. nichtig oder anfechtbar ist (die Anfechtung wegen arglistiger Täuschung, § 123 BGB, kann etwa darauf gestützt werden, daß bei der Einstellung eine Frage nach Umständen, die für das Arbeitsverhältnis von Bedeutung sind – z. B. Vorstrafen, Schwangerschaft, bestimmte Qualifikationen –, falsch beantwortet wurde); dann liegt ein sog. faktisches Arbeitsverhältnis vor, das zwar ohne Anspruch einer Kündigung und damit auch ohne Einhaltung einer Kündigungsfrist beendet wird, aber für die Vergangenheit wie ein rechtswirksam zustande gekommenes Arbeitsverhältnis behandelt wird. Der Arbeitgeber kann also nicht den bereits gezahlten Lohn zurückfordern.

Lit. Schaub: Arbeitsrechts-Handbuch.

Klaus Feser

Arbeitsverwaltung Dieser Begriff wird gleichermaßen für die Verwaltungsorganisation der Bundesanstalt für Arbeit (BA) wie auch für ihre Wirkungsbereiche verwendet. Beides ließe sich zur Abgrenzung von sonstigem auf ihre abhängige Arbeit bezogenem Verwaltungshandeln treffender als »Arbeitsmarktverwaltung« bezeichnen. Die BA ist eine bundesunmittelbare Körperschaft des öffentlichen Rechts mit Sitz in Nürnberg. Ihre Willensbildung wird der Kommunalverfassung vergleichbar durch → Selbstverwaltung und Staatsaufsicht in doppelter Weise gesteuert. Die vom → Bundesministerium für Arbeit und Sozialordnung (BMA) ausgeübte Staatsaufsicht (§ 224 AFG; → Arbeitsförderung/Arbeitsförderungsgesetz [AFG]) ist grundsätzlich auf die Rechtsaufsicht beschränkt und berechtigt nur ausnahmsweise (namentlich in Auftragsangelegenheiten wie des Familienleistungsausgleichs nach dem Bundeskindergeldgesetz → Kindergeld und → Arbeitslosenhilfe [Alhi]) zur Erteilung von Weisungen. Hinsichtlich der Durchführung des steuerrechtlichen Familienleistungsausgleichs im Wege der Organleihung steht dem Bundesamt für Finanzen gegenüber der BA die Fachaufsicht zu. Größeren staatlichen Einfluß gewährleistet das Haushaltsgenehmigungsrecht der Bundesregierung (§ 216 Abs. 2 AFG) und die Mitgliedschaft von Ministerialbeamten in den obersten Selbstverwaltungsgremien.
Die obersten Organe der Selbstverwaltung der BA sind ihr 9köpfiger Vorstand und ihr 51köpfiger Verwaltungsrat. Die Selbstverwaltungsorgane setzen sich zu je einem Drittel aus Vertretern der Arbeitnehmer, der Arbeitgeber und der öffentlichen Körperschaften (Bund, Länder, Kommunen) zusammen. Arbeitgeber, Arbeitnehmer und die Allgemeinheit sind von den Aufgaben der BA unmittelbar berührt. Die betroffenen Gruppen gestalten die Aufgabendurchführung eigenverantwortlich mit. Die Mitglieder der Organe werden von den Verbänden der Sozialpartner und der öffentlichen Hand vorgeschlagen und vom BMA berufen. Der Verwaltungsrat hat hauptsächlich legislative Funktionen, d. h. er beschließt die → Satzung (§ 214 AFG) und erläßt die autonomes Recht der BA darstellenden Anordnungen (§ 191 Abs. 3 AFG), er stellt den → Haushaltsplan fest (§ 216 AFG). Dem Vorstand sind Verwaltungsmaßnahmen von herausragender Bedeutung und bestimmte Personalentscheidungen (z. B. die Ernennung von Arbeitsamtsdirektoren) vorbehalten. Organe der Selbstverwaltung bei den Landesarbeitsämtern und → Arbeitsämtern sind die Verwaltungsausschüsse, deren Mitglieder jeweils vom Selbstverwaltungsorgan der nächsthöheren Verwaltungsstufe berufen werden; die Verwaltungsausschüsse wirken darauf hin, daß die Fachaufgaben mit bestmöglichem Erfolg durchgeführt werden.
Die Führung der laufenden Geschäfte der BA obliegt dem Präsidenten der BA. Ihm untersteht ein hierarchisch organisierter dreistufiger Behördenaufbau mit durchschnittlich etwa 90 000 Mitarbeitern. Dienststellen der BA sind die Hauptstelle in Nürnberg, 11 Landesarbeitsämter, 184 Arbeitsämter, etwa 640 Nebenstellen sowie besondere Dienststellen für zentrale und überbezirkliche Aufgaben wie z. B. das Zentralamt der BA, die Zentralstelle für Arbeitsvermittlung (ZAV) und die Verwaltungsschulen.
Aufgabe der BA ist die Ordnung und Pflege des → Arbeitsmarkts sowie die Beratung und Betreuung der von Arbeitsmarktvorgängen Betroffenen. Zur Erfüllung dieser Aufgaben betreibt sie → Arbeitsvermittlung und Arbeitsberatung, → Berufsberatung, Vermittlung von Ausbildungsstellen und Förderung der → beruflichen Bildung, → Arbeitslosenversicherung und Arbeitsmarkt- und Berufsforschung nach Maßgabe des AFG. Sie zahlt das → Arbeitslosengeld (Alg) und die → Arbeitslosenhilfe (Alhi), erhebt die → Ausgleichsabgabe nach dem → Schwerbehindertengesetz (SchwbG) und nimmt weitere ihr durch Gesetz oder Rechtsverordnung (§ 3 Abs. 5 AFG) übertragene Aufgaben wahr. Ihr Haushaltsvolumen lag 1996 bei 99,4 Mrd. DM.
Deutsche A. auf der Ebene des Zentralstaats besteht erst seit Gründung der Reichsanstalt für Arbeitsvermittlung und Arbeitslosenversicherung im Jahre 1927. Sie wurde 1939 in die unmittelbare Reichsverwaltung eingegliedert und nach 1945 zunächst als unmittelbare Landesverwaltung weitergeführt. 1952 übernahm diese Aufgaben die zu diesem Zweck errichtete Bundesanstalt für Arbeitsvermittlung und Arbeitslosenversicherung (BAVAV), die 1969 mit Inkrafttreten des AFG in »Bundesanstalt für

Arbeit« umbenannt wurde. Sie hat im Rahmen der Sozial- und Wirtschaftspolitik der Bundesregierung nach dem AFG insbes. dazu beizutragen, daß weder Arbeitslosigkeit und unterwertige Beschäftigung noch ein Mangel an Arbeitskräften eintreten oder fortdauern. Dabei kann sie jedoch nur flankierend tätig werden.
Lit. Mann, E.: Arbeit; Pfuhlmann u. a.: Arbeit. *Walter Schmitt*

Arbeitszeitschutz → Arbeitsschutz

Arbeitszeugnis Anspruch auf Erteilung eines A. besteht bei Beendigung eines → Arbeitsverhältnisses, § 630 → Bürgerliches Gesetzbuch (BGB). Ein Zwischenzeugnis kann verlangt werden, solange das Arbeitsverhältnis noch nicht beendet ist oder Streit über die Beendigung besteht (z.B. bei → Kündigung). Das einfache A. enthält Angaben über Art und Dauer der Beschäftigung. Auf Verlangen ist ein sog. qualifiziertes A. zu erteilen, das sich auf Führung und Leistung erstreckt. Das A. soll wahr, aber auch wohlwollend sein und das berufliche Fortkommen des Arbeitnehmers nicht behindern. Ein negativer Eindruck durch Form, Wortwahl oder Interpunktion soll vermieden werden (häufig anzutreffendes Beispiel: »er hat sich bemüht, die ihm gestellten Aufgaben zu erfüllen«). Andererseits ist übertriebene Vorsicht nicht am Platze. Für die häufig geäußerte Vermutung, manche Arbeitgeber hätten sich auf Geheimcodes geeinigt, finden sich in der Praxis der → Arbeitsgerichte keine Anhaltspunkte. Hält der Arbeitnehmer das A. für unrichtig, kann er auf Berichtigung klagen. Der Arbeitgeber hat dann die der Bewertung zugrunde liegenden Tatsachen zu beweisen.
Klaus Feser

Arbeit, zumutbare → Hilfe zur Arbeit

Archetyp → Analytische Psychologie

Armenrecht → Beratungshilfe, → Prozeßkostenhilfe

Armut ist ein gesellschaftliches Phänomen, das bereits in der Bibel häufig erwähnt wird. A. tritt in einer → Gesellschaft auf, wenn es Arme gibt. Um Arme von Nicht-Armen unterscheiden zu können, bedarf es der Festlegung von Armutsgrenzen; dies ist gleichbedeutend mit der Definition eines → Existenzminimums. Unterschreitet eine Person dieses Existenzminimum, so ist sie arm. Absolute A. liegt vor, wenn die Betroffenen nicht einmal über das zum Überleben Notwendige (physiologische Grundbedürfnisse) in Form von Nahrung, Kleidung, Obdach und gesundheitlicher Betreuung verfügen können, so daß sie vom Tod durch Hunger, durch Erfrieren oder durch heilbare Krankheiten bedroht sind. Um bei Personen absolute A. feststellen zu können, bedarf es der Festlegung von Mindestmengen an Nahrung, Kleidung, Wohnraum, gesundheitlicher Basisversorgung oder der für den Kauf erforderlichen Geldbeträge (absolutes Existenzminimum), die verfügbar sein müssen, damit jemand nicht mehr als absolut arm gilt. Diese Mindeststandards sind nicht rein wissenschaftlich festlegbar; sie hängen in jedem Land von den klimatischen Bedingungen, den kulturellen Traditionen und auch von den kostenlos zugänglichen öffentlichen Leistungen ab. Relative A. herrscht, wenn die → Lebenslage der Betroffenen so weit unter den in einem Land herrschenden durchschnittlichen Lebensverhältnissen liegt, daß sie ausgegrenzt (marginalisiert) werden, selbst wenn sie über das zum Überleben Notwendige verfügen, also nicht absolut arm sind. Die zur Feststellung von relativer Armut erforderlichen Kriterien, d.h. zu erfüllenden Mindeststandards (sozio-kulturelles Existenzminimum), orientieren sich an den durchschnittlichen Verhältnissen in einer Gesellschaft. Bei wirtschaftlichem Wachstum erhöht sich auch das sozio-kulturelle Existenzminimum. Auch die Festlegung von Mindeststandards zur Identifizierung relativer A. ist nicht rein wissenschaftlich möglich. Sie stehen im öffentlichen Meinungsstreit, an dem sich gesellschaftliche Gruppen, politische Parteien, Kirchen, Wohlfahrtsverbände (→ Freie Wohlfahrtspflege) und Wissenschaftler beteiligen. Neben diesem »objektiven Ansatz« zur Identifizierung von A. mit Hilfe von politisch oder durch »Experten« festgelegten Mindeststandards gibt es auch einen »subjektiven Ansatz«, bei dem die »Zufriedenheit« bzw. »Unzufriedenheit« der Befragten mit einzelnen Aspekten oder mit der Gesamtheit ihrer Lebenslage direkt durch repräsentative Umfragen ermittelt wird.
Von besonderer individueller und sozialpolitischer Bedeutung ist die Dauer der Armutslage der betroffenen Personen. Je länger eine Armutslage anhält, desto mehr erschöpfen sich die vorhandenen Reserven, desto größer wird die individuelle Belastung, und desto mehr ändern sich die Verhaltensweisen, so daß das Entkommen aus der Armutslage immer schwieriger wird, die Erziehung von Kindern in Gefahr gerät und eine »Vererbung von A.« möglich ist. Ist A. in kleinen Gebieten konzentriert, so kann es zu Ghettobildung und zu einer → Subkultur der A. kommen.
In Entwicklungsländern mit sehr niedrigem Lebensstandard liegen die Grenzen absoluter und relativer A. sehr eng beieinander, in hochentwickelten Industrieländern besteht ein beachtlicher Abstand. Man kann davon ausgehen, daß in hochentwickelten Industrieländern absolute A. fast völlig beseitigt ist, während relative A. noch weit verbreitet

erscheint. In Entwicklungsländern findet man dagegen noch massenhafte absolute A. Vermeidung von A. ist ein in der Bundesrepublik Deutschland weithin anerkanntes sozialpolitisches Ziel. Der Verwirklichung dieses Ziels dienen direkt oder indirekt beschäftigungs- und arbeitsmarktpolitische Maßnahmen, sowie die durch das System der sozialen Sicherung gewährten Sozialleistungen, insbesondere die → Sozialhilfe (→ Hilfe zum Lebensunterhalt), die jedem ein → Mindesteinkommen garantiert. Da sich das Sozialhilfeniveau seit Verabschiedung des → Bundessozialhilfegesetzes nicht nur nominell (in DM), sondern auch real (in Gütern) gemessen, laufend erhöht hat, haben die Sozialhilfeempfänger an der wirtschaftlichen Entwicklung partizipiert. Es handelt sich also um eine politisch gesetzte relative Armutsgrenze. Das Durchschnittseinkommen der (westdeutschen) Sozialhilfeempfänger lag nach den Berechnungen des Statistischen Bundesamtes in den vergangenen beiden Dekaden etwa bei der Hälftes des gesamtwirtschaftlichen Durchschnitts, wobei ein leicht sinkender Trend dieser Relation festgestellt wurde. In den neuen Bundesländern ist diese Relation günstiger, da das Sozialhifeniveau fast gleich hoch ist wie in den alten Bundesländern, das durchschnittliche Lohn- und Einkommensniveau jedoch noch niedriger liegt. Hält man das Sozialhilfeniveau für zu niedrig, als daß es ein sozio-kulturelles Existenzminimum garantieren könnte, so sind die Sozialhilfeempfänger zu den Armen zu rechnen, hält man es für ausreichend, so ist bei ihnen eine ansonsten vorliegende Armutslage »bekämpft« (bekämpfte A.). Noch unterhalb der politisch gesetzten Armutsgrenze müssen Personen leben, die – aus welchen Gründen auch immer – einen Sozialhilfeanspruch nicht geltend machen; diese Personen konstituieren die verdeckte A. Das Phänomen einer verdeckten A. ist auch in anderen hochentwickelten Industrieländern festgestellt worden. Es deutet auf eine begrenzte Wirksamkeit von Armutsbekämpfungsmaßnahmen hin. In soziologischen Analysen wird zur Erfassung von A. der schwer operationalisierbare »Lebenslagenansatz« (→ Lebenslage) verwendet. Wirtschaftswissenschaftliche Analysen beschränken sich meist auf Einkommen und gegebenenfalls Vermögen und ermitteln damit lediglich Einkommensa. (→ Armutsforschung). Dabei wird häufig eine Einkommensgrenze von 50% des gesamtwirtschaftlichen Durchschnittseinkommens verwendet, die auch die Europäische Union ihrer → Armutsberichterstattung zugrunde gelegt hat.

Lit. Döring u. a.: Armut; Hauser u. a.: Armut in der Bundesrepublik Deutschland; Hübinger: Wohlstand; Klanberg: Armut; Schäuble: Theorien; World Bank: Development.

Richard Hauser

Armutsberichterstattung kann als Teil einer umfassenden → Sozialberichterstattung aufgefaßt werden, die der Information der Politik, der Öffentlichkeit und der Fachwelt über den Zustand und die Entwicklungstendenzen der Gesellschaft und über die Verwirklichung der gesellschaftspolitischen Ziele dient und damit auch eine Erfolgskontrolle staatlicher Politik ermöglicht. Gleichzeitig sollten dadurch künftige Probleme schneller erkannt und als lösungsbedürftige Aufgaben der Politik sichtbar gemacht werden. Eine Quantifizierung anhand von → Sozialindikatoren wird für möglich viele relevante Bereiche angestrebt. Die Erstellung eines Armutsberichts (→ Armut) setzt politische Entscheidungen über das für ein menschenwürdiges Leben erforderliche → Mindesteinkommen und die erforderliche Mindestversorgung in den Bereichen Ernährung, Wohnung/Wohnumgebung, Wohnungsausstattung, Transportmöglichkeiten, Gesundheit, Erziehung und Ausbildung, Rechtsschutz und öffentliche Sicherheit sowie das angestrebte Mindestniveau an sozialer und politischer Integration voraus, die sich bisher nicht auf einen breiten gesellschaftlichen Konsens stützen können. Aufgabe einer A. wäre es, die von Armut betroffenen Gruppen zu identifizieren, ihre Problemlagen zu charakterisieren und einerseits die Prozesse zu analysieren, die zu Armut führen, und andererseits erfolgreiche Armutsvermeidungsmaßnahmen und Hilfen zum Aufstieg aus der Armutslage aufzuzeigen. Dabei sind Änderungen des Systems der sozialen Sicherung, der Arbeitsmarktordnung, des allgemeinen und beruflichen Bildungssystems und anderer Bereiche angesprochen. Auf die spezifischen Probleme einzelner, von einem überdurchschnittlich hohen Verarmungsrisiko betroffenen Gruppen (z. B. Obdachlose [→ Obdachlosigkeit], Nichtseßhafte [→ Nichtseßhaftigkeit], Strafentlassene, Langzeitarbeitslose, Ein-Elternteil-Familien, Ausländer) wäre getrennt einzugehen. Eine zusätzliche regionale Gliederung würde es erlauben, einerseits regionale Armutsschwerpunkte zu identifizieren und andererseits die auf Länder- und Kommunenebene ergriffenen Maßnahmen vergleichend zu würdigen. Auch die Tätigkeit der freien Wohlfahrtsverbände (→ Freie Wohlfahrtspflege) wäre einzubeziehen. In der Bundesrepublik gibt es zwar mehrere Berichte im sozialen Bereich, die mehr oder weniger regelmäßig erstellt werden (→ Sozialbudget, Sozialberichterstattung, → Familienbericht, → Jugendbericht, Altenbericht der Bundesregierung, → Bildungsgesamtplan), jedoch fehlt auf Bundesebene ein Armutsbericht. Lediglich einige große Kommunen (z. B. Essen, Stuttgart, Kiel, München) haben für ihren Bereich Armutsberichte vorgelegt. Die Forderung, einen Armutsbericht für die Bundesrepublik zu erstellen, wurde

in Bundestagsanfragen von der SPD und den Grünen (1985) sowie u.a. von der Nationalen Armutskonferenz, von Wohlfahrtsverbänden und von Sozialwissenschaftlern erhoben. Die Forderung hat durch die gravierenden sozialen Probleme in den neuen Bundesländern zusätzliches Gewicht gewonnen. Der → Deutsche Paritätische Wohlfahrtsverband (DPWV) und der → Deutsche Caritasverband veröffentlichten 1989 bzw. 1993 Armutsberichte. Die EG hat im Rahmen des 1., 2. und 3. Armutsprogramms (1980, 1989, 1993) nationale Armutsberichte bei unabhängigen Wissenschaftlern in Auftrag gegeben und vergleichende Gesamtberichte erstellt. Das Europäische Statistische Amt hat begonnen, eine vergleichende A. für die EG aufzubauen. In den USA werden seit etwa 25 Jahren auf Basis einer offiziell festgelegten und fortgeschriebenen Armutsgrenze Umfang, Anteile und Strukturen der Armutsbevölkerung ermittelt und hieran politische Armutsbekämpfungsprogramme orientiert.
Lit. DPWV: Armutsbericht; Hauser u.a.: Armut; Hauser u.a.: Caritas-Armutsuntersuchung; Kommission der EG: Aktionsprogramm. *Richard Hauser*

Armutsdynamik Armut in dynamischer Perspektive zu betrachten heißt Armut im Verlauf zu untersuchen: Häufigkeit und Dauer von Armutsepisoden, Abstiege in die und Aufstiege aus der Armut, Wechsel zwischen Armut und Nicht-Armut. Die hierzu notwendigen Längsschnittdaten stehen in Deutschland erst seit Ende der 80er Jahre zur Verfügung (Sozio-ökonomisches Panel, Bremer Längsschnitt-Stichprobe von Sozialhilfeakten, Bielefelder Datenbank Sozialhilfestatistik).
Ältere Querschnittstudien legten nahe, daß Armut häufig langfristigen Charakter hat und die Armutsbevölkerung relativ immobil ist, d.h. daß immer dieselben Menschen Jahr für Jahr unterhalb der Armutsgrenze leben. Zwar war A. bereits ein zentrales Thema der Randgruppenforschung der 70er Jahre, dort allerdings verengt auf die Vorstellung irreversibler Abstiegskarrieren. Ergebnisse der neueren dynamischen Armutsforschung, die sich in Anlehnung an entsprechende Forschungsansätze in den USA seit Ende der 80er Jahre auch in Deutschland entwickelt, zeigen demgegenüber: Armutsverläufe sind in zeitlicher Hinsicht sehr vielfältig und häufig nur von kurzer Dauer. Armut ist kein unveränderlicher Zustand, sondern häufig nur eine vorübergehende Lebensphase. Es gibt eine hohe Fluktuation auch im unteren Bereich der Einkommensverteilung. Im Zeitverlauf zeigt sich daher eine höhere Armutsbetroffenheit, als jährliche Armutsquoten vermuten lassen. Dabei sind auch Angehörige mittlerer Schichten dem Risiko mindestens vorübergehender Armut ausgesetzt (soziale Entgrenzung von Armut). Dies gilt für Einkommensarmut wie auch für Sozialhilfebezug.
Armutsverläufe haben auch eine subjektive Dimension. Qualitative Studien haben gezeigt, daß Armutsphasen eine sehr unterschiedliche individuell-biographische Bedeutung haben können und daß Arme weit handlungsfähiger sind als herkömmlich angenommen. A. resultiert aus dem Zusammenspiel struktureller Faktoren und individueller Handlungsstrategien (»Armutskarrieren«).
Gegen die pauschale These einer Zwei-Drittel-Gesellschaft, die die dauerhafte Ausgrenzung eines Teils der Bevölkerung impliziert, wird das Bild einer 70-20-10 Gesellschaft gesetzt: 70% der Bevölkerung sind niemals arm, 20% vorübergehend und 10% längerfristig. Dynamische Armutsanalysen belegen die These einer Individualisierung → sozialer Ungleichheit und einer »Verzeitlichung« und »Demokratisierung« von Armut (Ulrich Beck).
Lit. Buhr: Dynamik; Habich u.a.: Reichtum; Leibfried u.a.: Armut; Ludwig: Armutskarrieren; Zwick: Befunde.
Petra Buhr/Lutz Leisering

Armutsforschung beschäftigt sich mit Ausmaß, Formen, Ursachen, Auswirkungen und historischer Entwicklung von → Armut sowie mit sozialpolitischen Abhilfemaßnahmen und den Chancen ihrer politischen Durchsetzung. Legt man einen weitgefaßten Armutsbegriff zugrunde, der objektive, materielle und immaterielle Verarmung sowie deren subjektive Einschätzung umfaßt, so handelt es sich bei der A. um ein multidisziplinäres Forschungsfeld, zu dem Beiträge aus mehreren Wissenschaftsgebieten erforderlich sind. Wählt man einen sehr engen Armutsbegriff, der nur auf die wirtschaftliche Situation der Betroffenen (→ Einkommen, → Vermögen) abstellt, so reduziert sich die A. auf die unterste Einkommensschicht. Letztlich ist die Auswahl eines Armutsbegriffs und damit die Abgrenzung der A. eine normativ zu entscheidende Frage, bei der der Forscher einen weiten Spielraum hat. Da aber das Vorhandensein von Armut in einem sozialen Rechtsstaat anzeigt, daß → soziale Sicherheit für jeden auf einem Mindestniveau nicht gewährleistet ist (→ Menschenwürde), hat die Definition von Armut auch eine herausragende sozialpolitische Bedeutung, einerseits als Präzisierung des sozialpolitischen Teilziels »Vermeidung von Armut« und andererseits als Kriterium, an dem Erfolge oder Mißerfolge der → Sozialpolitik gemessen werden können (→ Armutsberichterstattung). A. beschäftigt sich mit jenen Personen, Familien und Gruppen, die ein gesellschaftlich akzeptiertes oder diskutiertes → Existenzminimum nicht erreichen oder in Gefahr sind, unter dieses Minimum abzusinken.

Sie ist daher abzugrenzen gegen die viel umfassendere Erforschung sozialer Ungleichheit und → sozialer Benachteiligung oder sozialer → Schichten und → Klassen. Ebensowenig ist A. gleichbedeutend mit der Erforschung von Randgruppen (→ Randgruppenarbeit), obwohl sich ein breiter Überschneidungsbereich ergibt; denn sie nimmt zunächst alle Armen in den Blick, bevor sie einzelne Subgruppen von Armen betrachtet. A. kann grundlegende Entscheidungen im jeweils betrachteten Staat als gegeben hinnehmen (z. B. die Verfassungsentscheidung für einen sozialen Rechtsstaat und das Wirtschaftssystem) und innerhalb dieses Rahmens Verarmungsprozesse und Gegenmaßnahmen analysieren oder einen tiefergehenden systemkritischen Ansatz wählen. Länderanalysen bilden die Basis für international vergleichende A. Armutsstudien haben eine lange Tradition. Berühmt geworden ist die erste empirische Studie von Rowntree (1899/1910) über die Armen von York in England. Mit dem starken Wirtschaftswachstum und dem Ausbau der sozialen Sicherungssysteme nach dem 2. Weltkrieg (→ Wohlfahrtsstaat, → soziale Grundrechte, → Sozialversicherung, → Sozialhilfe) glaubte man, daß das Armutsproblem in den führenden Industriestaaten weitgehend gelöst sei. Wachsende Probleme, verschärft durch Rassenkonflikte, führten in den USA in den 60er Jahren zum »Krieg gegen die Armut«, der auch der A. starke Impulse verlieh. In der Bundesrepublik initiierte eine Studie von Heiner Geißler eine seither anhaltende Diskussion, die durch die von der EG durchgeführten Armutsprogramme (drei seit 1975) verstärkt wurde. Die seit 1974 anhaltende hohe → Arbeitslosigkeit, die ein in den 60er Jahren unbekanntes Ausmaß erreichte, lenkte das Interesse auf die »neue Armut« vieler Arbeitsloser und ihrer Familien, die zu einem starken Strukturwandel innerhalb der von Armut betroffenen Bevölkerungsgruppe führte. Beschreibend beschäftigt sich A. mit der empirischen Ermittlung des Anteils der Armut, der Zusammensetzung nach Geschlecht, Alter, Familienstand, Nationalität, beruflicher Stellung, Bildungsstand, besonderen Merkmalen (z. B. → Nichtseßhaftigkeit, → Obdachlosigkeit, Behinderung [→ Behinderte]), mit dem Armutsrisiko einzelner Gruppen und mit den Einkommensquellen und -defiziten. In der Bundesrepublik kann man seit Mitte der 70er Jahre einen deutlichen Anstieg der Armut und einen Strukturwandel mit verringerten Anteilen der Alten und erhöhten Anteilen der Kinder und jungen Erwachsenen feststellen. Die Armutsquoten von Frauen und Männern unterscheiden sich kaum mehr, obwohl es besonders betroffene Frauengruppen gibt. Die Quoten der Ausländer liegen um ein Mehrfaches über denen der Deutschen. Neben diese Querschnittsbetrachtung für einzelne Stichjahre tritt zunehmend die Längsschnittbetrachtung, bei der die Lebensläufe von Personen (→ Lebenslaufforschung), insbes. Abstiege in Armut und Aufstiege aus Armut, verfolgt werden. Damit sollen die Dauer von Armutslagen und die Häufigkeit von Armutsperioden ermittelt und besonders betroffene Gruppen identifiziert werden. Es zeigt sich, daß nur ein kleiner Teil der in einem Jahr als arm klassifizierten Personen langfristig arm ist. Die Betrachtung der Einkommenssituation wird auch zunehmend um andere Dimensionen der Lebenslage (Wohnung, Gesundheit, Ausbildung, soziale Kontakte, subjektive Beeinträchtigung) erweitert. Die Erklärung von Einkommensarmut zielt insbes. auf die mangelnde Funktionsfähigkeit des → Arbeitsmarktes und ungenügende makroökonomische Steuerung, auf Lücken im System der sozialen Sicherung, auf demographische Prozesse und auf veränderte Wertvorstellungen und Verhaltensweisen (Ablehnung der Leistungsorientierung, → Subkultur). Die Erklärung anderer Aspekte der Lebenslage von Armen erfordert die Analyse weiterer Politikbereiche. Auf der sozialpolitischen Ebene beschäftigt sich die A. mit einer kritischen Würdigung der Sozialhilfe und mit den Möglichkeiten und Problemen der Einführung von Mindestbeträgen bei anderen Sozialleistungen oder eines anders konstruierten → Mindesteinkommens sowie mit einer stärker auf Armutsvermeidung ausgerichteten Gestaltung anderer Politikbereiche. Dabei wird auch der Beitrag der → Freien Wohlfahrtspflege (→ Freie Träger) zunehmend einbezogen. Mit weltweiter A., bei der auch die andersartigen Probleme der Entwicklungsländer untersucht werden, befassen sich zunehmend Internationale Organisationen (→ Internationale Arbeitsorganisation [IAO], Weltbank).
Lit. Döring, D. u. a.: Armut; Geißler, H.: Soziale Frage; Hanesch (Hrsg.): Strategien; Hauser u. a.: Arme; Hauser, R. u. a.: Armut; Klanberg: Armut; Leibfried u. a.: Armut; Schäuble: Theorien. *Richard Hauser*

Arzneimittel Zu den Leistungen der → Krankenkassen bei → Krankheit gehören auch A. (§§ 23 Abs. 1 und 31 SGB V; → Sozialgesetzbuch [SGB]). A. sind Stoffe oder Zubereitungen aus Stoffen, die zur Vorbeugung, zur Beseitigung oder Linderung einer Krankheit und deren Auswirkungen – im Gegensatz zum → Heilmittel – von innen auf den Organismus einwirken. Ein Anspruch auf Übernahme der Kosten für A. besteht nicht, wenn sie für folgende Anwendungsgebiete verordnet werden: Zur Anwendung bei Erkältungskrankheiten und grippalen Infekten (einschließlich Schnupfen- und Schmerzmittel, hustendämpfende und hustenlösende Mittel), als Mund- und Rachentherapeutika (ausgenommen bei Pilzinfektionen), als Abführmittel und ge-

gen Reisekrankheiten (§ 34 Abs. 1 SGB V). Ist für ein A. ein Festbetrag (§ 35 SGB V) festgesetzt, trägt die Krankenkasse die Kosten des A. nur bis zur Höhe dieses Betrages.
Für jedes A. haben Versicherte, die das 18. Lebensjahr vollendet haben, eine Zuzahlung von 4 DM je Packung für kleine Packungsgrößen, 6 DM je Packung für mittlere Packungsgrößen und 8 DM je Packung für große Packungsgrößen an die abgebende Stelle zu leisten, jedoch jeweils nicht mehr als die Kosten des Mittels (§ 31 Abs. 3 SGB V). Bei Versicherten, die durch diese Zuzahlung unzumutbar belastet oder finanziell überfordert werden, übernimmt die Krankenkasse die Zuzahlung ganz oder teilweise (§§ 61 und 62 SGB V). *Ernst Picard*

Arzneimittelmißbrauch ist ein weit verbreites Problem in allen sozialen Schichten mit sehr hoher Dunkelziffer (heimlicher Mißbrauch, allein oder zu Haus, geringe Gefahr aufzufallen). Daher ist die Zahl der Arzneimittelabhängigen schwer zu schätzen, zumal die Grenze zwischen therapeutischer Anwendung (Gebrauch) und Mißbrauch fließend ist. Ebenso fließend ist der Übergang zwischen Mißbrauch und → Abhängigkeit.
Letztlich kann jedes Arzneimittel mißbraucht werden und zur Abhängigkeit führen, aber man kann drei Gründe angeben, weswegen bestimmte Mittel vermehrt mißbraucht werden:
1. Unterschiedliches »Mißbrauchspotential« der Mittel; vor allem stimulierende, beruhigende, schlaffördernde und schmerzstillende Medikamente werden mißbraucht (allerdings darf der exzessive Mißbrauch von Abführmitteln hier nicht vergessen werden; → Anorexia nervosa).
2. Häufig zu beobachtende unkritische, manchmal leichtfertige Verschreibungspraxis von Ärzten (iatrogene Sucht).
3. Verkaufs- und Werbestrategien der Pharmaindustrie. Für Arzneimittel gilt wie für alle → Drogen, daß gute Verfügbarkeit (»Griffnähe«) des Mittels verstärkend auf den Mißbrauch wirkt (→ Sucht/Suchtgefährdung). Werden frei verkäufliche Medikamente unter Rezeptpflicht gestellt, so schränkt das deren Mißbrauch erheblich ein. Die Firmen umgehen dann diese Rezeptpflicht durch geringfügige Änderungen der Zusammensetzung des Medikamentes (Deutsche Hauptstelle gegen Suchtgefahren, darin Arzneimittelstatistik 1990).
Bei Arzneimittelabhängigen findet man häufig eine Polytoxikomanie. Das mag einerseits zusammenhängen mit den vielfältigen pharmakodynamischen Eigenschaften einer Substanz (Fenner), andererseits auch mit den Mißbrauchsgewohnheiten der Abhängigen: Morgens anregende, tagsüber schmerzstillende (Kopfschmerzen) oder beruhigende und abends schlaffördernde Medikamente. Einen furchterregenden Mißbrauchsboom findet man seit Jahren bei den Tranquilizern (→ Psychopharmaka). So wurden im Jahre 1990 insgesamt 1,31 Mrd. Einzeldosen von Benzodiazepinderivaten durch Ärzte verordnet.
Trotz Umgehung der Rezeptpflicht durch bestimmte Pharmafirmen, trotz iatrogener Sucht, trotz Finessen bei der Beschaffung von Suchtmitteln durch die Süchtigen ist eine generelle Rezeptpflicht für alle Medikamente hilfreich und diese ist zu fordern. Aber die Forderungen an den Gesetzgeber müssen weiterreichen, nämlich Reduzierung der Anzahl der Arzneimittel, effektive Kontrollen der Wirkeigenschaften und der Nebenwirkungen, Kontrolle der Weitergabe und des Handels der Medikamente. Eine Reduzierung der Arzneimittel forderte, u. a. auch aus Kostengründen, 1995 die Berliner Ärztekammer mit der »Positivliste«, die abgestellt auf die Grundversorgung 400 Wirksubstanzen und sich daraus ergebend, ca. 700 Arzneimittel benannte, während die gängige rote Liste ca. 10 000 aufführt. Gegen die Positivliste ist die Berliner Ärztekammer mit einer Vielzahl von Prozessen durch die Pharmaindustrie überzogen worden, so daß die Liste zurückgezogen wurde, aber nahezu identisch von verschiedenen Verbraucherzentralen erneut in die Diskussion gebracht wurde. Grundlegend wichtig sind die Aufklärung und Vorbeugung sowie ein weitreichendes Beratungs- und Therapieangebot für die verschiedenen Gruppen von Betroffenen.
Lit. Deutsche Hauptstelle gegen Suchtgefahren: Jahrbuch; Fenner: Mißbrauchscharakteristik; Keup: Mißbrauch; Langbein u. a.: Bittere Pillen.
Bernd-Michael Becker/Horst Brömer

Arzt Berufsbezeichnung für die wissenschaftliche Ausübung der Heilkunst, die ein Studium der Humanmedizin und die staatliche Approbation zur Ausübung des A.berufes unter der Bezeichnung A. voraussetzt. Der akademische Doktorgrad wird in Deutschland gesondert erworben im Gegensatz z. B. zu Österreich oder den USA. Das 6jährige Medizinstudium und die ärztliche Vorprüfung (»Physikum«) wie die 3teilige »ärztliche Prüfung« richten sich nach der Approbationsordnung vom 28. 10. 1970. Nach Abschluß der ärztlichen Prüfung erfolgt eine 18monatige – später 2jährige – praktische Ausbildung als »Arzt im Praktikum«. Nach dieser Ausbildung erfolgt die → Weiterbildung zum A. für Allgemeinmedizin oder für ein bestimmtes Fach. Der Patient – auch der gesetzlichen → Krankenversicherung – hat freie → Arztwahl.
Zugelassen als »Kassenarzt« muß nach dem Urteil des BVerfG vom 23. 3. 1960 jeder A. werden, der gewisse Bedingungen erfüllt und sich am Ort seiner Wahl niederlassen darf (Niederlassungsfreiheit). Nach der

Bundesärzteordnung vom 2. 10. 1961 (4. 2. 1970) ist der A.beruf kein Gewerbe, sondern ein freier Beruf. Ä. können somit auch eine Behandlung ablehnen, soweit sie nicht durch → Gesetz oder → Vertrag verpflichtet sind. Im Notfall hat jedoch jeder A. die Pflicht, Erste Hilfe zu leisten. Dadurch, daß der Patient den A. aufsucht oder ihn ruft, wird ein Dienstvertrag geschlossen (A.vertrag). Entsteht bei schuldhaftem Handeln des A. (»Kunstfehler«) oder seiner »Gehilfen« ein Schaden, so können aus dem A.vertrag Schadenersatzansprüche erwachsen. Der A. hat gegenüber dem Patienten eine »Aufklärungspflicht«, d.h., er muß ihn über die Art seiner Krankheit und Therapie aufklären. Da diese Pflicht aus dem A.vertrag hervorgeht und nicht gesetzlich normiert ist, gehen über die Aufklärungspflicht die Auffassungen auseinander. Sie hängt von der Schwere der Krankheit ab. Der Patient muß über die typischen Therapiefolgen orientiert werden. Aufklärung kann unterbleiben, wenn sie nicht möglich ist (z. B. Bewußtlosigkeit) oder der Patient anderweitig unterrichtet ist (z. B. Medikamentenbeipackzettel) oder die Aufklärung beim Kranken eine gefahrvolle seelische Krise hervorrufen würde. Für die ärztliche Tätigkeit steht dem A. ein Honorar zu, das sich nach der Gebührenordnung (18. 3. 1965) richtet. Bei gesetzlich Krankenversicherten erfolgt die Honorierung über die Kassenärztlichen Vereinigungen, Körperschaften des öffentlichen Rechts, deren Mitgliedschaft die Ä. des Kassena. Pflicht ist, gemäß Vertrag mit den betreffenden Krankenkassen (Sachleistungsprinzip). Private → Krankenkassen dagegen ersetzen anteilige oder volle Kosten (Erstattungsprinzip). Die Kassenärztliche Vereinigung hat die gesetzliche Pflicht, die gesamte ambulante Versorgung für die Mitglieder der gesetzlichen Krankenversicherung zu gewährleisten (Sicherstellungsauftrag). Die ärztliche → Schweigepflicht (§ 300 StGB) legt dem A. und seinen »Gehilfen« auf, als ärztliches Berufsgeheimnis alles zu wahren, was der A. im Zusammenhang mit seiner Berufsausübung erfährt oder beobachtet, auch nichtmedizinische Tatsachen. Die ärztliche Schweigepflicht entfällt, wenn der Patient den A. von ihr entbindet oder in Erfüllung einer Rechtspflicht, wie sie sich z. B. aus einer Meldepflicht (→ Meldepflichtige Krankheiten) ergibt (z. B. §§ 3–9 Bundesseuchengesetz vom 18. 7. 1961 o. Ä.). Zum Schutz der ärztlichen Schweigepflicht dient das ärztliche → Zeugnisverweigerungsrecht (§ 53 StPO, §§ 383, 385 ZPO). Die Berufsgruppe der Ä. ist verhältnismäßig geschlossen (»Profession« oder »Stand«) und in durch Landesgesetz errichteten Körperschaften öffentlichen Rechts organisiert: »Ä.kammern«. Ihnen gehören alle Ä. kraft Gesetzes als Pflichtmitglieder an. Sie vertreten die Ä.schaft nach außen, führen die Weiterbildung durch und sichern die Fortbildung. Sie schlichten berufsbedingte Streitigkeiten unter Ä., überwachen die Erfüllung der Berufspflichten und haben das Recht, Rügen zu erteilen und Verfahren vor den ärztlichen Berufsgerichten einzuleiten. Ä.verbände sind dagegen a) Verbände zur Wahrung beruflicher und wirtschaftlicher Interessen aller Ä. (z. B. »Hartmannbund – Verband der Ärzte Deutschlands«) oder einzelne Gruppierungen (z. B. niedergelassener Ä. oder »Berufsverband der Kinderärzte«) oder b) wissenschaftliche Gesellschaften aller medizinischen Fachrichtungen. *Herbert Viefhues*

Arztwahl, freie In der gesetzlichen → Krankenversicherung hat der Versicherte freie Wahl unter den zur → vertragsärztlichen Versorgung zugelassenen Ärzten (→ Arzt), den ermächtigten Ärzten, ermächtigten ärztlich geleiteten Einrichtungen, den Zahnkliniken der → Krankenkassen, deren Eigeneinrichtungen (§ 140 Abs. 2 S. 2 SGB V – Gesetzliche Krankenversicherung – (→ Sozialgesetzbuch), den nach § 72a Abs. 3 SGB V vertraglich zur ärztlichen Behandlung verpflichteten Ärzten und Zahnärzten, den zum ambulanten Operieren zugelassenen → Krankenhäusern sowie den Einrichtungen nach § 76 Abs. 1 S. 1 SGB V. Nur in Notfällen dürfen andere Ärzte in Anspruch genommen werden (§ 76 Abs. 1 S. 2 SGB V). Der Versicherte hat die Mehrkosten zu tragen, wenn er ohne zwingenden Grund einen anderen als einen der nächsterreichbaren, an der vertragsärztlichen Versorgung teilnehmenden Ärzte oder ärztlich geleiteten Einrichtungen in Anspruch nimmt (§ 76 Abs. 2 SGB V).
Gemäß § 72 Abs. 1 S. 2 SGB V gilt § 76 Abs. 1 S. 1 und 2, Abs. 2 SGB V, soweit er sich auf Ärzte bezieht, entsprechend für Zahnärzte.
In der → Krankenhilfe nach dem → Bundessozialhilfegesetz (BSHG) hat der Hilfeempfänger (→ Hilfeempfänger/Hilfesuchender) die freie Wahl unter den Ärzten und Zahnärzten, die sich zur ärztlichen oder zahnärztlichen Behandlung im Rahmen dieser Hilfe zu der Vergütung bereit erklären, die die Ortskrankenkasse, in deren Bereich der Arzt oder der Zahnarzt niedergelassen ist, für ihre Mitglieder zahlt (§ 37 Abs. 3 BSHG). Dies gilt gemäß § 37 Abs. 4 BSHG entsprechend bei ärztlichen oder zahnärztlichen Leistungen im Rahmen von → vorbeugender Gesundheitshilfe, Hilfe bei Sterilisation, → Hilfe zur Familienplanung, → Hilfe für werdende Mütter und Wöchnerinnen sowie → Eingliederungshilfe für Behinderte (§§ 36, 37a, 37b, 38 und 40 Abs. 1 Nr. 1 und 2 BSHG) und nach § 40 S. 1 zweiter Halbs. → Kinder- und Jugendhilfegesetz (KJHG – SGB VIII) im Rahmen der Krankenhilfe nach dieser Bestimmung.
Hans-Gerd Ronge

Assertives Training → Selbstsicherheitstraining

Assimilation bedeutet im allgemeinen Sinn Angleichung oder Verschmelzung.
In der → Psychologie bedeutet A. die Verschmelzung früher wahrgenommener Elemente mit neu dazu tretenden.
In der → Soziologie bedeutet A. im weiteren Sinne jede Angleichung oder Durchdringung im gesellschaftlichen Leben, bei der einzelne oder Gruppen in die eigene oder eine umgebende andere Gruppe hineinwachsen.
Im engeren Sinne wird unter A. der Prozeß der mehr oder minder zwangsläufigen kulturellen Angleichung von Menschen bzw. Gruppen, die lange Zeit oder dauernd inmitten einer nach Sprache und Kultur unterschiedlichen Mehrheitsgruppe bzw. Bevölkerung leben, ab dem 7. verstanden. Der gleichzeitig stattfindende umgekehrte Prozeß der Aufgabe der hergebrachten Lebens- und Kulturform wird als Dissimilation bezeichnet. A. in diesem Sinne hat die Geschichte jeder → Migration begleitet.
In der Diskussion um die Integration vorübergehend oder auf Dauer eingewanderter Bevölkerungsgruppen wird unter A. eine forcierte Anpassungspolitik verstanden, in der die dominante Kultur erwartet, daß der »andere« seine Besonderheiten aufgibt. Die Forderung einer einseitigen Anpassungsleistung der Ausländer unter Aufgabe ihrer ethnisch-religiös-kulturell-sprachlichen Identität verkennt die daraus erwachsenden Gefahren für die Persönlichkeitsentwicklung und gesellschaftliche Integration insbesondere der in Deutschland geborenen ausländischen Kinder und Jugendlichen. In der nachgewachsenen neuen Generation »deutscher Türken« hat sich eine Migrantensubkultur herausgebildet, die defizitäre Elemente ihrer türkischen und deutschen → Sozialisation als etwas Eigenständiges, Neues, Drittes definiert. Respekt vor den Besonderheiten des »anderen« und Akzeptanz zeitweiliger Dissoziationsmomente von der deutschen Kultur scheinen die Voraussetzung für ein künftiges konfliktarmes Zusammenleben zwischen der Mehrheitskultur und Minderheitenkulturen zahlreicher Einwanderergruppen, von denen die meisten aller Voraussicht nach auf Dauer in Deutschland bleiben werden.
Vermittlung zwischen unterschiedlichen Kulturen wird damit zu einem neuen genuinen Aufgabenfeld der Sozialarbeit, auf das die Aus- und → Fortbildung mittels interkultureller Methodologie und Trainings angemessen vorzubereiten hat.
Lit. Blume, M. u.a.: Assimilation; Flade u.a.: Ausländer; Hinz-Rommel: Kompetenz. *Jutta Braun-von der Brelie*

Ästhetische Erziehung »Ausrüstung und Übung des Menschen in der Aisthesis – in der Wahrnehmung« (Hentig). Mayrhofer u.a. sehen in der ä.e. »Lernorte für aktive Wahrnehmung und soziale Kreativität«. »Was hier zur Debatte steht, wird im Zwischenfeld von Pädagogik, Politik und Ästhetik ermittelt werden müssen« (Kerbs). Nicht mehr → »musische Bildung« (Erziehung durch Kunst) steht im Mittelpunkt der ä.e., sondern die spezifische Wahrnehmung der Mitglieder unterschiedlicher sozialer → Schichten und → Gruppen, bezogen auf die sie umgebende Umwelt (→ Situationsansatz). Ä.e. ist erfahrungs- und handlungsorientiert (→ Spiel/Spieltheorien). Im Gegensatz zur »musischen Bildung« und deren wesentlichem Moment der wirkungsvollen Fest- und Feiergestaltung nimmt ä.e. den von der Lebensumwelt geprägten → Alltag und seine gesellschaftlich vermittelte Ästhetik aktiv wahr. Kinder, Jugendliche, Erwachsene, alte Menschen brauchen Fähigkeiten und Fertigkeiten, um sich eigenständig angemessener (ästhetischer) Mittel zur Veranschaulichung und Veränderung ihrer alltäglichen Erfahrungen zu bedienen (→ Kreativität, Soziale Kompetenz). Da müssen z.B. im »bildnerischen Bereich« herkömmliche Gestaltungs- und Werktechniken auf ihre Eignung überprüft und – entsprechend dem heutigen Stand der Produktionsmittel – durch den Einsatz von Video, Fotografie, (Computer-)Druckverfahren ergänzt werden. Besonders die zunehmende Verbreitung von Video (samt Kabel- und Satelliten-TV) und die damit einhergehenden Veränderungen von Rezeptionsbedingungen (»Leben aus 2. Hand«) wie der ästhetischen (und moralischen) → Normen und Werte stellen neue Anforderungen an die ä.e. in Richtung aktiver Medienarbeit (→ Medienpädagogik, → Jugendmedienschutz). Ebenso wichtig wird die Auseinandersetzung mit kreativen Spiel- und Gestaltungsmöglichkeiten verschiedenster Art im Zusammenhang mit Computern (besondere Formen der Verschriftung, Computergrafik, Erfindung von Computerspielen u.a.m.). Entscheidend allerdings sind nicht die (als erlernbar vorausgesetzten) Techniken, sondern ihr Gebrauchswert (kein Technik-Fetischismus) und ihr Verwertungszusammenhang. Ä.e. erfordert die Aneignung von Lebensumwelt in → Projekten. Interessengruppen setzen sich hierbei (möglichst) selbstbestimmend ihre Ziele und einigen sich über Mittel und Wege dahin. Sie stellen Öffentlichkeit her und nehmen aktiv kulturelles Leben.
Lit. Kerbs: Erziehung; Selle: Projekt; Staudte: Lernen; Zacharias: Aussichten.
Martin Dürk

Asylberechtigte sind Ausländer, die unanfechtbar als politisch Verfolgte i.S. des Art. 16 Abs. 1 → Grundgesetz (GG) anerkannt worden sind (→ Asylrecht). Ihnen wird eine unbefristete Aufenthaltserlaubnis (→ Ausländerrecht) erteilt (§ 68 Abs. 1 Asylverfahrensgesetz [AsylVfG]). Sie genießen nach § 2 Abs. 1 AsylVfG die Rechtsstellung eines → Flüchtlings nach der Genfer Flüchtlingskonvention (GFK) vom 28. 7. 1951 (BGBl. 1953 II S. 559). Danach steht einem A. u. a. das Recht auf Freizügigkeit zu (Art. 26 GFK). Darüber hinaus ist die Einbürgerung zu erleichtern (Art. 34 GFK). Während hinsichtlich der Aufnahme einer selbständigen Erwerbstätigkeit ein Benachteiligungsverbot im Vergleich zu anderen Ausländern vorgesehen ist (Art. 18 GFK), steht A. für eine Arbeitnehmertätigkeit ein → Rechtsanspruch auf eine besondere → Arbeitserlaubnis zu (Art. 17 GFK i. V. m. § 2 Abs. 1 Nr. 2 Arbeitserlaubnisverordnung), der sie deutschen Arbeitnehmern gleichstellt. In sozial- und jugendhilferechtlicher Hinsicht (→ Ausländer, Hilfen für; → Ausländer, Sozialhilfe für) genießen A. Inländerbehandlung. Zudem steht ihnen ein besonderer Ausweisungsschutz zu (→ Abschiebung von Ausländern). Sie dürfen nur aus schwerwiegenden Gründen der öffentlichen Sicherheit und Ordnung ausgewiesen werden (§ 48 Abs. 1 Nr. 5 AuslG).

Bertold Huber

Asylbewerberleistungsgesetz (AsylblG)
Das AsylbLG vom 30. 6. 1993 (BGBl. I S. 1074) ist am 1. 11. 1993 in Kraft getreten und wurde durch Gesetz vom 21. 12. 1993 (BGBl. I S. 2374) geändert. Es beruht wie bereits die Änderung des → Grundrechts auf Asyl durch Art. 16a GG (→ Asylrecht) und die damit einhergegangene Novellierung des Asylverfahrensrechts auf dem Parteienkompromiß von CDU/CSU, SPD und FDP, der u. a. bezweckte, den Mindestunterhalt von Ausländern während des Asylverfahrens eigenständig zu regeln. Die Zielvorgabe war, »daß eine deutliche Absenkung der bisherigen Leistung erfolgt, bei Aufenthalten in zentralen Anlaufstellen oder Gemeinschaftsunterkünften grundsätzlich Sachleistungen gewährt werden, bei Aufenthalten außerhalb von zentralen Anlaufstellen / Gemeinschaftsunterkünften ein Vorrang für Sachleistungen gilt«.
Leistungsberechtigt sind gemäß § 1 Abs. 1 AsylbLG Ausländer, die sich tatsächlich im Bundesgebiet aufhalten und als Asylbewerber eine Aufenthaltsgestattung nach dem Asylverfahrensgesetz besitzen (Nr. 1) oder die vollziehbar zur Ausreise verpflichtet sind, d. h. kein Aufenthaltsrecht im Bundesgebiet haben (Nr. 2) (→ Ausländerrecht) sowie Ehegatten und minderjährige Kinder der in den Nrn. 1 und 2 genannten Personen (Nr. 3). Als Grundleistungen sieht § 3 den notwendigen Bedarf an → Ernährung, → Unterkunft, Heizung, Kleidung, Gesundheits- und Körperpflege sowie an Ge- und Verbrauchsgütern des Haushalts vor. Dieser Bedarf ist i. d. R. durch → Sachleistungen, ausnahmsweise durch Wertgutscheine oder beim Vorliegen besonderer Umstände auch durch → Geldleistungen zu decken. Werden Sachleistungen erbracht, ist »zur Deckung persönlicher Bedürfnisse des täglichen Lebens« ein »Taschengeldanspruch« von 40 DM für Leistungsberechtigte bis zur Vollendung des 14. Lebensjahres bzw. 80 DM für Ältere vorgesehen. Zu Behandlung »akuter Erkrankungen und Schmerzzustände« ist → Krankenhilfe zu leisten, wobei eine Versorgung mit Zahnersatz jedoch nur erfolgt, »soweit dies im Einzelfall aus medizinischen Gründen unaufschiebbar ist« (§ 4 Abs. 1). Hilfeleistungen bei Schwangerschaft und Geburt bestimmen sich nach § 4 Abs. 2. Andere als die in §§ 3 und 4 genannten Leistungen dürfen nur gewährt werden, »wenn sie im Einzelfall zur Sicherung des Lebensunterhalts oder der Gesundheit unerläßlich, zur Deckung besonderer Bedürfnisse von Kindern geboten oder zur Erfüllung einer verwaltungsrechtlichen Mitwirkungspflicht erforderlich sind« (§ 6). I. d. R. sind auch diese als Sachleistung zu erbringen. Gemäß § 5 sollen nach Möglichkeit Arbeitsgelegenheiten geschaffen werden, die von arbeitsfähigen, aber nicht erwerbstätigen und nicht mehr schulpflichtigen Leistungsberechtigten wahrgenommen werden müssen. Hierfür ist eine Aufwandsentschädigung von 2 DM pro Stunde vorgesehen. Lehnt ein Leistungsberechtigter die Aufnahme einer solchen Tätigkeit ab, kann das Taschengeld teilweise gekürzt werden.
Verfügbares → Einkommen und → Vermögen sind – vorbehaltlich eines geringen Freibetrags – vor Eintritt von Leistungen nach dem AsylbLG zu verbrauchen bzw. im Falle erfolgter Leistungen zu deren Erstattung heranzuziehen (§ 7).
Leistungsberechtigte i. S. d. AsylbLG erhalten keine Leistungen nach dem → Bundessozialhilfegesetz (BSHG) oder vergleichbaren Landesgesetzen (§ 9). Abweichend von den §§ 3-7 ist das BSHG gemäß § 2 Abs. 1 AsylbLG jedoch auf Leistungsberechtigte i. S. d. AsylbLG entsprechend anzuwenden, wenn über ihren Asylantrag zwölf Monate nach Antragstellung noch nicht unanfechtbar entschieden ist, solange diese nicht vollziehbar zur Ausreise verpflichtet sind (Nr. 1), oder wenn ihre Duldung i. S. d. §§ 55, 56 AuslG erhalten haben, weil ihrer freiwilligen Ausreise und ihrer → Abschiebung Hindernisse entgegenstehen, die sie nicht zu vertreten haben (Nr. 2). Im Einzelfall steht hier ein Leistungsanspruch gemäß § 120 Abs. 3 BSHG analog nicht zu, wenn sie sich in die Bundesrepublik Deutschland begeben haben, um Sozialhilfe zu erlangen (→ Ausländer, Sozialhilfe für).
Lit. Classen: Menschenwürde; Klinger: Umsetzung; Röseler: AsylbLG; Wienand: Neuregelungen .
Bertold Huber

Asylrecht Art. 16a Abs. 1 Grundgesetz (GG) lautet: »Politisch Verfolgte genießen Asylrecht.« Der Verfassungsgesetzgeber hat damit auch nach der Grundgesetzänderung im Jahre 1993 dem Grundsatz nach an der Garantie des Individualgrundrechts auf Asyl festgehalten, in den folgenden Absätzen jedoch dessen Schutzumfang erheblich begrenzt. Politisch Verfolgter im Sinne dieser Vorschrift ist derjenige, der in seinem Herkunftsland aufgrund seiner Rasse, Ethnie, Religion, Nationalität, seiner Zugehörigkeit zu einer bestimmten sozialen Gruppe oder wegen seiner politischen Überzeugung staatlich verfolgt worden war und/oder entsprechende Maßnahmen für den Fall seiner Rückkehr zu befürchten hat und die Verfolgung mit einer Gefährdung für Leib und Leben oder mit einer Beschränkung der persönlichen Freiheit einherging bzw. -geht. Art. 16a Abs. 2 GG zufolge kann sich derjenige Ausländer nicht auf das → Grundrecht auf Asyl i. S. d. Abs. 1 berufen, der aus einem Staat der Europäischen Union (EU) oder aber aus einem anderen Drittstaat einreist, in dem die Anwendung der Genfer Flüchtlingskonvention und der Europäischen Menschenrechtskonvention sichergestellt ist (S. 1). Die i. S. d. Norm sicheren Drittstaaten außerhalb der EU werden durch zustimmungspflichtiges Gesetz bestimmt. Es handelt sich derzeit um Norwegen, Polen, die Schweiz und die Tschechische Republik (Anl. I zu Paragraph 26a AsylVfG). Indem → Flüchtlinge, die über einen solchen Drittstaat versuchen, ins Bundesgebiet einzureisen, von den Grundrechtsgarantien des Art. 16a Abs. 1 GG ausgeschlossen sind, kommen ihrem Asylgesuch die Vorwirkungen des A. in Gestalt eines vorläufigen Einreise- und Bleiberechts nicht zugute.
Art. 16a Abs. 3 S. 1 GG überträgt dem Gesetzgeber die Befugnis, Staaten zu bestimmen, »bei denen auf Grund der Rechtslage, der Rechtsanwendung und der allgemeinen politischen Verhältnisse gewährleistet erscheint, daß dort weder politische Verfolgung noch unmenschliche oder erniedrigende Bestrafung oder Behandlung stattfindet«. Reist ein Ausländer aus einem solchen Staat aus, so gilt er kraft Verfassungsrechts nicht als politisch verfolgt. Eine Ausnahme ist lediglich für den Fall vorgesehen, daß er Tatsachen vorträgt, aus denen sich entgegen jener Vermutung eine bestehende oder drohende Gefahr politischer Verfolgung ergibt (Art. 16a Abs. 3 S. 2 GG). Die Prüfung des Asylantrags erfolgt insoweit in einem verkürzten Verfahren.
Die Liste der sogenannten sicheren Herkunftsstaaten umfaßt z. Zt. Bulgarien, Ghana, Polen, Rumänien, Senegal, Slowakische Republik, Tschechische Republik und Ungarn.
In Art. 16a Abs. 5 GG werden die verfassungsrechtlichen Grundlagen für eine Harmonisierung des Asylrechts in Europa geschaffen. Danach steht Art. 16a Abs. 1-4 GG völkerrechtlichen Verträgen von Mitgliedstaaten der EU untereinander und mit Drittstaaten nicht entgegen, die unter Beachtung der Verpflichtungen aus der Genfer Flüchtlingskonvention und der Europäischen Menschenrechtskonvention, deren Anwendung in dem jeweiligen Vertragsstaat sichergestellt sein muß, Zuständigkeitsregelungen für die Prüfung von Asylbegehren einschließlich der gegenseitigen Anerkennung von Asylentscheidungen treffen.
Das Asylverfahren ist im Asylverfahrensgesetz (AsylVfG) vom 27. 7. 1993 (BGBl. I S. 1361), zuletzt geändert durch Gesetz vom 28. 3. 1996 (BGBl. I S. 550) detailliert geregelt. *Bertold Huber*

Attitüden Unter A. oder Einstellungen versteht man erworbene, relativ stabile Wahrnehmungsorientierungen und Handlungsdispositionen gegenüber sozialen Objekten (Personen, Gruppen, Institutionen, Ideen, Gegenständen, Problemen). Bei dem A.begriff handelt es sich um ein hypothetisches Konstrukt, da A. nicht direkt beobachtbar sind, sondern auf ihr Vorhandensein aus beobachtbarem → Verhalten geschlossen wird.
Man unterscheidet drei Komponenten der A.: die affektive, die kognitive und die Handlungskomponente. Unter der affektiven Komponente versteht man eine gefühlsmäßige – positive oder negative – Beziehung, die eine Person zu einem sozialen Objekt hat. Die kognitive Komponente der A. betrifft die Ansichten, Urteile und Überzeugungen über dieses Objekt, die eine Person hat. Die Handlungskomponente bezeichnet die Bereitschaft, sich diesem Objekt gegenüber in einer bestimmten Weise zu verhalten. Diese drei Komponenten der A. werden untereinander in Zusammenhang gesehen: Ein bestimmtes Werturteil über ein Objekt beeinflußt die Wahrnehmung dieses Objekts und schließt bestimmte Handlungsweisen diesem Objekt gegenüber aus und legt andere nahe.
Aus der Kenntnis der Einstellungen eines Menschen kann allerdings kaum sein Verhalten richtig prognostiziert werden. Es muß unterschieden werden zwischen der Bereitschaft zu bestimmten Verhaltensweisen, die durch die Einstellung gegeben ist, und zwischen dem konkreten Verhalten, das von einer Vielzahl von Faktoren neben der Einstellung bestimmt wird.
A. sind langlebig und nur schwer veränderbar. Das liegt zum einen daran, daß A. meist nicht atomistisch nebeneinander bestehen, sondern hierarchisch aufeinander bezogen sind.
Die Resistenz gegen Veränderungen hängt zum anderen mit den Funktionen der A. zusammen. A. helfen, die Umweltkomplexität

zu reduzieren. Sie helfen, Personen und Ereignisse einzuordnen und ihnen eine Bedeutung zu verleihen. Sie ermöglichen die Orientierung und das Handeln in unbekannten Situationen. Sie sind darüber hinaus ein Mittel, sich zu bestätigen, daß man richtig gehandelt hat. A. können die Zugehörigkeit zu einer bestimmten Gruppe symbolisieren. Sie sind ein Mittel, sich die Anerkennung von → Bezugsgruppen oder -personen zu verschaffen. A. dienen der Ich-Verteidigung. Sie rechtfertigen Handlungen, die nicht mit den internalisierten Wertvorstellungen (→ Internalisierung) in Einklang zu bringen sind, indem sie dem Objekt der Handlung bestimmte Eigenschaften oder Verhaltensweisen zuschreiben, die ein solches Vorgehen gegen es angemessen erscheinen lassen. Dieser Mechanismus zeigt sich besonders beim sozialen → Vorurteil.
Lit. Heigl-Evers, A. (Hrsg.): Sozialpsychologie; Krech u.a.: Psychology; McGuire: Attitude. *Doris Hauer*

Audio-visuelle Medien → Medien

Audit → DIN ISO EN 9004 ff.

Aufenthalt Das Verweilen einer Person an einem Ort bzw. einer bestimmten Stelle oder in einer → Einrichtung stellt einen A. dar. Im Rechtssinne wird dabei zwischen gewöhnlichem A. und tatsächlichem A. unterschieden. Diese Begriffe spielen in zahlreichen Rechtsgebieten – so auch im → Sozialrecht – eine wesentliche Rolle. Der A. unterscheidet sich weiter vom Wohnsitz, den nach der Definition des → Sozialgesetzbuches (SGB) jemand dort hat, wo er eine Wohnung unter Umständen innehat, die darauf schließen lassen, daß er diese beibehalten und benutzen wird (§ 30 Abs. 3 S. 1 SGB I).
Den gewöhnlichen A. (g. A.) hat nach der Legaldefinition des § 30 Abs. 3 S. 2 SGB I jemand dort, wo er sich unter Umständen aufhält, die erkennen lassen, daß er an diesem Ort in diesem Gebiet nicht nur vorübergehend verweilt. Diese Definition des g. A. gilt auch für das Sozialhilferecht (→ Sozialhilfe) und das Jugendhilferecht (→ Jugendhilfe), wo der g. A. vor allem für die örtliche Zuständigkeit bei stationären Hilfen (§ 97 Abs. 2 → Bundessozialhilfegesetz [BSHG]; § 86 bis 87d → Kinder- und Jugendhilfegesetz [KJHG]) und für die Kostenerstattung (§§ 103, 107, 108, 109 BSHG; §§ 89 bis 89e KJHG) von wesentlicher Bedeutung ist. Nach höchstrichterlicher → Rechtsprechung bedarf diese Legaldefinition ihrer »bereichsspezifischen« Auslegung. So ist für die Sozial- und Jugendhilfe zunächst noch die umfangreiche Rechtsprechung der → Spruchstellen für Fürsorgestreitigkeiten mit zu beachten. Eine Person hat danach ihren g. A. in dem bis auf weiteres als Mittelpunkt ihrer Lebensbeziehungen bestimmten oder gewählten Ort. Zur Wahl (subjektives Element) oder zu der Bestimmung (durch Dritte oder durch Zwangsläufigkeit allein der objektiven Umstände) müssen jene Umstände hinzutreten, die den Rückschluß auf ein nicht nur vorübergehendes (zufälliges oder besuchsweises) Verweilen zulassen. Kinder und Jugendliche haben grundsätzlich bei ihren Eltern oder einem Elternteil ihren g. A. (Ausnahme: Rückkehr ins Elternhaus ist nicht beabsichtigt oder nicht möglich).
Der tatsächliche A., der im Sozialhilferecht bei Hilfen außerhalb von stationären → Einrichtungen für die örtliche Zuständigkeit (A.prinzip; → Zuständigkeit, sachliche und örtliche) maßgebend ist, ist dagegen gesetzlich nicht definiert. Er ist immer dort, wo eine Person physisch anwesend ist. Dabei ist es belanglos, aus welchem Grund dieser A. erfolgt. Allerdings muß er von so langer Dauer sein, daß das Vorliegen einer Hilfebedürftigkeit geprüft werden kann.
Lit. Knopp u.a.: BSHG (Komm.); Mergler u.a.: BSHG (Komm.); Schellhorn u.a.: BSHG (Komm.); Zeitler: Kostenerstattung.
Helmut Zeitler

Aufenthaltsbestimmung Das Recht und die Pflicht, den → Aufenthalt des Kindes zu bestimmen, ist Teil der → Personensorge (§ 1631 Abs. 1 Bürgerliches Gesetzbuch [BGB]; Aufenthalt ist nicht mit Wohnsitz, § 11 BGB, zu verwechseln). A. ist von besonderer Bedeutung, wenn Eltern ihr Kind nicht selbst erziehen (können), sondern Dritte damit beauftragen (vgl. Personensorge) oder → Hilfe zur Erziehung (HzE) außerhalb des Elternhauses vom → Jugendamt (JA) beantragen. Dann spielt später u. U. auch der zum A.recht gehörende Anspruch auf → Herausgabe (des Kindes) eine Rolle (§ 1632 Abs. 1 BGB, aber ggf. begrenzt durch Abs. 4). Muß das Kind gegen den Willen der Eltern von der Familie getrennt werden (vgl. Art. 6 Abs. 3 Grundgesetz [GG]; § 1666 BGB) wird i. d. R. nur das A.recht vom → Vormundschaftsgericht (VG) entzogen und auf einen Pfleger übertragen, der sodann eine andere A. trifft. Daß damit faktisch die Ausübung auch anderer Teile der Personensorge beschränkt wird, ohne daß i. d. R. diese Folge in VG-Beschlüssen verdeutlicht wird, ist aus rechtsstaatlichen Gründen kritisch zu sehen.
Eine mit → Freiheitsentziehung verbundene Unterbringung des Kindes bedarf stets der Genehmigung durch das VG (§ 1631b BGB; §§ 70ff. FGG). *Helga Danzig*

Aufenthaltserlaubnis und -berechtigung → Ausländerrecht

Aufgabengliederung → Organisationsanalyse

Aufgabenkritik ist ein ständiger Prozeß zur Verbesserung der → Wirtschaftlichkeit,

→ Effizienz und → Effektivität. Aufgaben dienen der Erreichung eines oder mehrerer Ziele. Angesichts begrenzter Ressourcen sowie neuer dringlicher Aufgaben und steigender Standards müssen wahrgenommene Aufgaben und Standards geprüft werden (Ist das angestrebte Ziel erfüllt oder von nachrangiger Dringlichkeit? Kann die Zielgruppe eingeschränkt werden? Ist Verschieben oder Strecken der Maßnahmen möglich? Können die Standards reduziert werden?). A. fordert Konflikte mit begünstigten Bürgern und Institutionen heraus. Jedoch ohne A. sind die Handlungs-, Entwicklungs- und Modernisierungsspielräume und damit die Gesamteffizienz geringer. Neben der federführenden Organisationsstelle sollte A. mit dem Träger der Fachaufgabe, den Mitarbeitern und der Personalvertretung als Prozeß der → Organisationsentwicklung konzipiert werden. Denkbare Anstöße und Vorgaben sind: Stellenvergleiche (Analyse überdurchschnittlichen Bedarfs bei gleicher Aufgabe und Organisation), Kennzahlen für Kostendeckungsgrade und Zuschußbedarfe, Verhältniszahlen von Aufwand und Wirkung, rechtfertigen überdurchschnittliche Standards überdurchschnittliche Zuschußbedarfe. → Dekonzentration der A.: Bereitstellung weiterer Ressourcen für neue Aufgaben und höhere Standards durch Umschichtung innerhalb eines Dezernats oder einer sonstigen Organisationseinheit. Anreize durch Personalentwicklungsmaßnahmen (→ Personalentwicklung), betriebliches Vorschlagswesen, bessere Ressourcenausstattung. S.a. → Organisationsanalyse.
Lit. KGSt.: Aufgabenkritik.

Heinrich-Peter Drenseck

Aufgabenübertragung Das → Bundessozialhilfegesetz (BSHG) hat die → kreisfreien Städte und die → Landkreise zu örtlichen Trägern der → Sozialhilfe bestimmt (→ Sozialhilfeträger). Den Landkreisen ist gestattet, kreisangehörige → Gemeinden und Gemeindeverbände zur Durchführung von Sozialhilfeaufgaben heranzuziehen, sofern und soweit ein Landesgesetz sie hierzu ermächtigt (§ 96 Abs. 1 S. 1 Halbs. 2 BSHG). Das gleiche ist möglich im Verhältnis von überörtlichen Trägern zu den kreisfreien Städten sowie Landkreisen und deren Gemeinden und Gemeindeverbänden (§ 96 Abs. 2 S. 2 Halbs. 1 BSHG). Die Bundesländer haben die Landkreise ermächtigt, Aufgaben, die ihnen als örtlichen Trägern der Sozialhilfe obliegen, ganz oder teilweise auf Gemeinden/Gemeindeverbände zu übertragen. In den Landesausführungsgesetzen wird zugelassen, daß die Gemeinden/Gemeindeverbände in eigenem Namen entscheiden. Die Landkreise können von diesen Ermächtigungsnormen (i.d.R. durch → Satzung) Gebrauch machen. Die Übertragung der Entscheidungsbefugnis bezieht sich vornehmlich auf solche Aufgaben, die leicht zu typisieren sind und wegen ihrer Häufigkeit die Spezialisierung eines Sachbearbeiters im Gemeindebereich ermöglichen. Für die Heranziehung der örtlichen Träger zu den Aufgaben der überörtlichen Träger gelten prinzipiell die gleichen Grundsätze. Allerdings ist der unmittelbare Durchgriff vom überörtlichen Träger auf kreisangehörige Gemeinden seltener; er begegnet auch gewissen Vorbehalten.
Es ist rechtsdogmatisch umstritten, ob die nach § 96 BSHG sowohl für das Verhältnis der überörtlichen Sozialhilfeträger zu den örtlichen Sozialhilfeträgern als auch der Landkreise als örtliche Träger der Sozialhilfe zu den Gemeinden und Gemeindeverbänden gegebene Heranziehung mittels eines öffentlich-rechtlichen Auftragsverhältnisses besonderer Art (1), einer echten oder unechten Delegation (2) oder eines Mandats (3) erfolgt. 1. Nach Ansicht der Befürworter eines öffentlich-rechtlichen Auftragsverhältnisses besonderer Art ist die Heranziehung beauftragter Stellen zur Durchführung einer Verwaltungsaufgabe im Sozialbereich nicht unter die sonst üblichen Drittbeteiligungsformen einzuordnen. Die Befürworter gehen allerdings nicht von einer zweiseitigen, vertragsähnlichen Ausformung des Auftragsverhältnisses aus, sondern betrachten das Institut des öffentlich-rechtlichen Auftragsverhältnisses in Parallele zur staatlichen Auftragsverwaltung als einseitig angeordnete, von den bürgerlich-rechtlichen Vorstellungen losgelöste Beziehung. 2. Die verwaltungsrechtliche Delegation setzt voraus, daß der Inhaber einer staatlichen oder kommunalen Zuständigkeit zum Erlaß von Rechtssetzungs- oder Vollzugsakten seine Kompetenz ganz oder teilweise auf eine andere, regelmäßig, jedoch nicht notwendig, nachgeordnete staatliche oder gemeindliche Stelle oder auf ein sonstiges Hoheitsorgan überträgt. Delegation bedeutet somit Kompetenzverschiebung, und zwar gleichzeitig Abschiebung und Zuschiebung einer Zuständigkeit mit der Maßgabe, daß ein Delegationsnehmer in eigenem Namen entscheidet, soweit ihm die Kompetenz delegiert wurde. Die Delegation ist möglich als überwälzende derart, daß der Delegierende die Zuständigkeit zur Wahrnehmung der übertragenen Kompetenz verliert (echte Delegation) oder als bewahrende derart, daß dem Inhaber der regulären Zuständigkeit diese in Einzelfällen konkurrierend verbleibt (unechte Delegation). Bei der echten Delegation gibt mithin der Übertragende seine Zuständigkeit insgesamt – also einschließlich der Trägerschaft – weiter. Demgegenüber beläßt die unechte Delegation dem Delegierenden seine Eigenzuständigkeit, lediglich die Wahrnehmungszuständigkeit geht auf den Delegatar über. 3. Von der Delegation zu unterscheiden ist das Mandat, durch welches ein anderer (Mandatar) beauftragt

wird, eine dem Auftraggeber (Mandanten) zustehende Kompetenz wahrzunehmen, ohne daß eine Änderung der Zuständigkeitsordnung eintritt. Durch die Formulierung in § 96 Abs. 1 und 2 BSHG »zur Durchführung von Aufgaben heranziehen« und die Landesausführungsgesetze zum BSHG wird erkennbar, daß die Trägerschaft bei den durch Gesetz bestimmten Sozialhilfeträgern verbleiben soll, die Herangezogenen also nicht ebenfalls Sozialhilfeträger werden. Daher scheidet eine echte Delegation aus (so auch ausdrücklich OVG Münster, Urteil vom 17. 5. 1988, 8 A 825/86). Wird die Aufgabe dergestalt übertragen, daß die beauftragten Stellen im eigenen Namen entscheiden, scheidet auch ein Mandat aus, so daß in solchen Fällen die Aufgabenübertragung entweder in Form der unechten Delegation oder des besonderen öffentlich-rechtlichen Auftragsverhältnisses erfolgt. Entscheiden jedoch die beauftragten Stellen im Namen des Auftraggebers, ist entweder ein besonderes öffentlich-rechtliches Auftragsverhältnis oder ein Mandat gegeben. Die Gesamtverantwortung für den übertragenen Aufgabenbereich verbleibt beim Sozialhilfeträger, der auch im Widerspruchsverfahren den Widerspruchsbescheid erläßt (§ 96 Abs. 1 S. 2 Halbs. 2, § 96 Abs. 2 S. 2 Halbs. 2 BSHG; → Widerspruch). Die herangezogenen Gemeinden haben keine Klagebefugnis gegen Weisungen der Landkreise als örtliche Träger der Sozialhilfe, die örtlichen Träger der Sozialhilfe als beauftragte Stellen keine Klagebefugnis gegen Weisungen der überörtlichen Träger. Diese kommt ihnen nur dann zu, wenn in ihre Selbstverwaltungsangelegenheiten eingegriffen wird. Die Vorschriften des → Sozialgesetzbuches (SGB) nach den §§ 88 bis 93 SGB X sind in bezug auf die Heranziehung für die A. nach dem BSHG nicht anwendbar. Die BSHG-Regelung hat gem. § 37 SGB I Vorrang (BVerwG, Urteil vom 11. 3. 1970, in DÖV 1970, 605; BVerwG, Urteil vom 19.3.1976, in NJW 1976, 2175; Niedersächsisches OVG, Urteil vom 29. 5. 1991, Az 4 L 161/90). Daher besteht im Heranziehungsverhältnis auch ein Anspruch der beauftragten Stellen gegen die überörtlichen oder örtlichen Träger auf Erstattung zu Unrecht erbrachter Sozialhilfeleistungen. § 91 Abs. 1 S. 3 SGB X findet keine Anwendung (VG Hannover, DVP 1991, S. 12 f.).

Rudolf Oster

Aufklärung über soziale Rechte und Pflichten ist nach § 13 des → Sozialgesetzbuchs – Allgemeiner Teil – (SGB I) die planmäßige, allgemeine Information der Bevölkerung über die Rechte und Pflichten, die sich aus dem SGB (insbes. aus seinen besonderen Teilen) ergeben. Die Vorschrift gilt unmittelbar auch für die → Jugendhilfe und → Sozialhilfe. Verpflichtet zur A. sind in erster Linie die → Sozialleistungsträger; die daneben in § 13 SGB I erwähnten Verbände der Sozialleistungsträger und anderen öffentlich-rechtlichen Vereinigungen gibt es im Bereich der Sozialhilfe und Jugendhilfe nicht.

Die A. umfaßt die Information über die für den Bürger wichtigen Bestimmungen des Leistungsrechts, insbes. über die Voraussetzungen für die Erlangung von Sozialleistungen und über ihren Umfang, sowie über die damit in Zusammenhang stehenden Pflichten. Die A.pflicht besteht verstärkt im Zusammenhang mit neuen gesetzlichen Regelungen. Die A. muß so gehalten sein, daß der Bürger seine Rechte und Pflichten möglichst konkret daraus entnehmen kann. Dazu gehört auch, daß die oft komplizierte Gesetzessprache in eine allgemein verständliche Information umgesetzt wird. Mittel der A. sind insbes. Informationsschriften, Merkblätter, Plakate, Zeitungsanzeigen, Informationsveranstaltungen, Filme und Werbespots.

Die A. umfaßt nur die gegenwärtige Rechtslage, nicht auch für die Zukunft vorgesehene Rechtsänderungen. Nicht eingeschlossen ist weiter die Verpflichtung zur A. über außerhalb des Gesetzes liegende Verhaltensfragen und Lebensprobleme. Dagegen umfaßt die Verpflichtung zur A. über »Rechte« alle Anspruchsmöglichkeiten, also auch die → Soll- und → Kann-Leistungen der Jugendhilfe und der Sozialhilfe.

Die Verpflichtung zur A. besteht für den einzelnen Sozialleistungsträger nur im Rahmen seiner → Zuständigkeit. Sie beschränkt sich also für → Jugendhilfeträger auf das → Kinder- und Jugendhilfegesetz (KJHG – SGB VIII), für die Sozialhilfe (→ Sozialhilfeträger) auf das → Bundessozialhilfegesetz (BSHG) und hierbei wiederum nur auf den Rahmen ihrer sachlichen Zuständigkeit. Die A. ist zwar für den Sozialleistungsträger selbst eine absolute Verpflichtung, der jedoch kein klagbarer Anspruch des einzelnen Bürgers auf A. gegenübersteht. Zur Erfüllung der Verpflichtung kann der Sozialleistungsträger nur im Aufsichtswege angehalten werden. Für falsche oder mißverständliche A. kann der Sozialleistungsträger jedoch für den dem einzelnen nachweisbar entstandenen Schaden haftbar gemacht werden.

Unberührt durch § 13 SGB I bleiben weitergehende Verpflichtungen zur A., vor allem im Rahmen der Sozialhilfe die Unterrichtungspflicht zur Eingliederung von Behinderten nach § 126 b BSHG.

Im SGB I bilden A., → Auskunft und → Beratung eine Einheit mit dem Ziel, dem Bürger im Rahmen des sog. gegliederten Sozialleistungssystems den Zugang zu den einzelnen Sozialleistungsbereichen und ihren Leistungsmöglichkeiten zu erleichtern.

Lit. Blösinger: Aufklärung; Bundesregierung: Aufklärungs-, Beratungs- und Auskunftspflicht; Frank, W.: Aufklärung; Funk: Informationspflichten; Kunze, T.: Aufklärung; Leßner: Aufklärungs-, Beratungs- und Auskunftspflicht; Schellhorn: Aufklärung; Schnapp: Aufklärung.

Walter Schellhorn

Aufrechnung Ein Schuldverhältnis kann auch durch A., also durch einseitige Erklärung, zum Erlöschen gebracht werden. Dazu muß der Schuldner der einen Forderung der Gläubiger der anderen sein: es muß sich um gleichartige, fällige und nicht einredebehaftete Forderungen handeln (s. §§ 387 ff. BGB). Im Sozialleistungsrecht kann der zuständige Leistungsträger gegen Ansprüche auf → Geldleistungen des Berechtigten mit Ansprüchen gegen den Berechtigten aufrechnen, soweit diese nach § 54 Abs. 2 und 4 SGB I pfändbar sind (§ 51 Abs. 1 SGB I). Ansprüche der Leistungsträgers auf Erstattung zu Unrecht erbrachter Leistungen (→ Erstattungs- und Ersatzansprüche) können mit Ansprüchen auf laufende Geldleistungen bis zu deren Hälfte aufgerechnet werden, soweit der Leistungsberechtigte hierdurch nicht hilfebedürftig i. S. der Vorschriften des → Bundessozialhilfegesetz über die → Hilfe zum Lebensunterhalt wird. Aufgerechnet werden kann auch, wenn der Anspruch auf Geldleistungen einem Dritten übertragen oder verpfändet wurde (§ 53 Abs. 5 SGB I). Bei der Erklärung der A. handelt es sich um → Verwaltungsakt (§ 31 SGB X), zu dem der Berechtigte gehört (→ Anhörung Beteiligter) werden muß (§ 24 SGB X) und bei dem → Ermessen auszuüben ist. Im BSHG ist die A. von Ansprüchen des → Sozialhilfeträgers auf Erstattung oder auf Schadensersatz aufgrund zu Unrecht erbrachter Leistungen der Sozialhilfe mit der Hilfe zum Lebensunterhalt möglich (§ 25a). Dabei muß das zum Lebensunterhalt Unerläßliche verbleiben (A. also nur bis etwa 25% des maßgeblichen Regelsatzes). Voraussetzung ist danach ein aufrechenbarer Gegenspruch: der fehlerhafte, begünstigende Verwaltungsakt der Sozialhilfegewährung (§ 45 SGB X) muß aufgehoben und ein Rückforderungsbescheid (§ 50 SGB X) erlassen worden sein. Die zu Unrecht erbrachte Leistung muß der → Hilfeempfänger durch vorsätzlich oder grobfahrlässig unrichtige oder unvollständige Angaben veranlaßt haben. A. eines Anspruchs ist auf 2 Jahre beschränkt; ein neuer Anspruch kann erneut aufgerechnet werden. A. ist auch möglich, wenn nach § 15a BSHG Schulden zur Sicherung der Unterkunft oder Behebung einer vergleichbaren Notlage übernommen werden. Bei der A. ist zu verhüten, daß in → Haushaltsgemeinschaft lebende Personen mitbetroffen werden. A. kommt auch bei der Hilfe in besonderen Lebenslagen nach § 29a BSHG in Betracht, soweit dadurch der Gesundheit dienende Maßnahmen nicht gefährdet werden. Der häufig fälschlich für A. verwendete Begriff Verrechnung eröffnet die Möglichkeit der A. mit den Ansprüchen eines anderen Sozialleistungsträgers (§ 52 SGB I).

Lit. Birk u. a.: BSHG (Komm.); Giese u. a.: SGB I und X (Komm.); Schoch, D.: Sozialhilfe.

Dietrich Schoch

Aufsichtspflicht Aufsichtspflichtig sind Personen, denen Minderjährige (→ Minderjährigkeit) oder (wegen ihres geistigen und körperlichen Zustandes) aufsichtsbedürftige Volljährige zur Erziehung, Betreuung oder Behandlung anvertraut sind (vgl. § 832 → Bürgerliches Gesetzbuch – BGB –). Die A. soll die Aufsichtsbedürftigen vor Schaden bewahren, aber auch verhindern, daß andere Personen zu Schaden kommen. Sie ergibt sich aus → Gesetz (bei Eltern aus § 1631 bzw. § 1705 BGB; bei gewerblichen Ausbildenden für minderjährige Auszubildende aus § 6 Abs. 1 Nr. 5 Berufsbildungsgesetz; bei Lehrern aufgrund landesrechtlicher Bestimmungen; ebenso bei Heil- und Pflegefällen) oder aus → Vertrag (z.B. bei Aufnahme in Jugendgruppe, Heim oder Kindergarten, bei Jugendreisen oder Spielplatzprogrammen, bei der Betreuung durch Babysitter). Der Vertrag kann ausdrücklich (schriftlich oder mündlich) oder stillschweigend (»konkludent«) geschlossen worden sein.

Die A. kann vom eigentlich Verpflichteten übertragen werden; bei minderjährigem Helfer nur mit Zustimmung durch dessen gesetzlichen Vertreter (→ Geschäftsfähigkeit). Die Delegation widerspricht der A., wenn die mit der Aufsicht betraute Person sichtlich überfordert ist (das kann z.B. der Fall sein bei ehrenamtlichen Helfern, Praktikanten oder auch Mitarbeitern, die durch Personalmangel überlastet sind). Auch eine Trägerorganisation kann insofern die A. verletzen.

Der Aufsichtspflichtige haftet nur für den Schaden, für den die Verletzung seiner A. ursächlich (kausal) war (→ Schadensersatz). Welche A. im Einzelfall zu erfüllen sind, insbes. welches Maß an Sorgfalt notwendig ist, um den Vorwurf fahrlässigen Handelns und damit eine zivil- bzw. strafrechtliche → Haftung (sowie arbeits- bzw. dienstrechtliche Sanktionen) zu vermeiden, läßt sich nur allgemein umschreiben und hängt von den Umständen des Einzelfalles ab (strafrechtlich ist von besonderer Bedeutung die → Garantenpflicht). Fachliche und juristische Maßstäbe stehen dabei in einem wechselseitigen Gegenüber. Es entspricht dieser Balance nicht, wenn Verantwortliche sich unter Hinweis auf drohende Haftungsrisiken dem fachlichen Auftrag entziehen. Die höchstrichterliche Rechtsprechung fragt bei der Beurteilung eines Falles zunehmend nach dem fachlichen Handlungskonzept der/des Aufsichtspflichtigen. Ne-

Aufstieg, sozialer

ben den allgemeinen fachlichen Zielen (in der Pädagogik Entwicklung zu Selbständigkeit und sozialem Handeln, Entfaltung individueller Fähigkeiten, → Erziehungsstile; in der Pflege Respekt vor der Autonomie des Betroffenen; Perspektive der Rehabilitation, Alltagsorientierung) sind auch detailliertere Bestimmungsfaktoren fachlichen Handelns zu bedenken (wie: Alter der Aufsichtsbedürftigen, körperliche und psychische Verfassung, Gruppensituation und -dynamik, örtliche und räumliche Gegebenheiten, Gefährlichkeit von Gegenständen oder Spielarten). Bedeutsam ist ferner, ob auf gefährliche Situationen vorbereitet wurde (durch Warnungen, Ermahnungen, Übungen).

Die Anforderungen an den Aufsichtspflichtigen orientieren sich nur am praktisch Möglichen; der Verantwortliche kann seine Augen nicht überall haben und nicht gleichzeitig an mehreren Stellen anwesend sein. A. bedeutet auch nicht unbedingt Anwesenheitspflicht. Es wird nur verlangt, daß der Aufsichtspflichtige den Überblick über das Geschehen hat, um ggf. schnell eingreifen zu können. Zu den erforderlichen Vorsichtsmaßnahmen gehört, auf einen Unfall vorbereitet zu sein (Erste-Hilfe-Fähigkeiten, Kenntnis der örtlichen Verhältnisse, ausreichende Personalstärke). Zu beachten sind nicht zuletzt besondere Schutzvorschriften, die sich aus Gesetzen bzw. behördlichen Anweisungen ergeben (z.B. bei Sport, Schwimmen, Wanderungen).

Das zivilrechtliche Haftungsrisiko wird dem Aufsichtspflichtigen meist durch eine gesetzliche (z.B. für Kindergarten und Schule → Schüler-Unfallversicherung) oder private (durch den Träger abzuschließende) → Unfallversicherung abgenommen, wobei diese bei allerdings bei Vorsatz oder grober Fahrlässigkeit in Regreß nehmen kann. Ähnliches gilt für die → Amtshaftung. Hat der Träger einer Einrichtung nicht für ausreichenden Versicherungsschutz gesorgt, hat er u.U. als Arbeitgeber den von dritter Seite in Anspruch genommenen Arbeitnehmer nach den vom Bundesarbeitsgericht entwickelten Grundsätzen »gefahrgeneigter Arbeit« von der Haftung freizustellen (→ Arbeitsverhältnis).

Lit. Claussen u.a.: Aufsichtspflicht; Eckert: Schaden; Gastiger: Freiheitsrecht; Harms u.a.: Rechtshandbuch; Mörsberger, T.: Aufsichtspflicht; Sahliger: Aufsichtspflicht; Schmitt-Wenkebach: Aufsichtspflicht; Schmitt-Wenkebach: Haftungsrecht; Senatsverwaltung für Schule, Jugend und Sport Berlin: Kindertagesstättenarbeit.

Thomas Mörsberger

Aufstieg, sozialer → Mobilität

Aufstockungsleistungen → Hilfe, ergänzende

Aufwendungsersatz 1. Im Sozialhilferecht wird der vom Hilfesuchenden (→ Hilfeempfänger/Hilfesuchender) und den weiteren in § 11 Abs. 1 oder § 28 → Bundessozialhilfegesetz (BSHG) genannten Personen (sog. → Bedarfsgemeinschaft) zur Deckung des bestehenden finanziellen Bedarfs (→ Bedarfsdeckungsprinzip) aus dem → Einkommen und → Vermögen entsprechend dem Grundsatz des → Nachrangs (§ 2 Abs. 1 BSHG) aufzubringende Eigenanteil i.d.R. auf den Bedarf angerechnet. → Sozialhilfe wird dann nur in Höhe einer verbleibenden Differenz gezahlt. Abweichend hiervon kann der → Sozialhilfeträger in begründeten Fällen aber auch Hilfe insoweit gewähren, als den genannten Personen die Aufbringung der Mittel zuzumuten ist. In Höhe dieses von ihnen zu tragenden Eigenanteils haben sie dem Sozialhilfeträger dann aber A. zu leisten (§§ 11 Abs. 2 und 29 BSHG). Soweit das Gesetz vorschreibt, daß der Sozialhilfeträger im Rahmen der erweiterten Hilfe die Kosten zunächst in voller Höhe zu übernehmen hat (§ 43 Abs. 1 BSHG), stellt die Eigenleistung einen → Kostenbeitrag dar.

Der Anspruch des Sozialhilfeträgers auf A. ist ein öffentlich-rechtlicher. Er wird durch Erlaß eines → Leistungsbescheides (Heranziehungsbescheides) geltend gemacht.

2. Im Jugendhilferecht wird außer bei der Erhebung von Teilnahmebeiträgen nach § 90 → Kinder- und Jugendhilfegesetz (KJHG – SGB VIII) die Eigenleistung als Kostenbeitrag definiert (§§ 92 und 93 KJHG) soweit nicht der Unterhaltsanspruch (→ Unterhaltsanspruch) des Kindes oder Jugendlichen gegenüber seinen Eltern auf den Träger der Jugendhilfe nach § 94 Abs. 3 KJHG übergeht.

3. Das Sozialgesetzbuch (SGB I und X) verwendet den Begriff A. sowohl i.S. einer Forderung des → Sozialleistungsträgers gegenüber dem Bürger als auch i.S. einer Forderung gegen den Sozialleistungsträger (z.B. § 65a SGB I, § 63 SGB X).

Lit. Birk u.a.: BSHG (Komm.); Knopp u.a.: BSHG (Komm.); Mergler u.a.: BSHG (Komm.); Schellhorn u.a.: BSHG (Komm.).

Helmut Zeitler

Ausbildung Die planmäßige Vermittlung von beruflichen Kenntnissen und Fähigkeiten an Auszubildende (Lehre), Schüler und Studenten. Die Vermittlung erfolgt vorwiegend im organisatorischen Rahmen der Schule und Hochschule; im Bereich der → beruflichen Bildung im A.betrieb und in der Berufsschule. Ziel der A. ist es auch, die Bildung der Person zu fördern. Die Unterstützung und Sicherung der A. bei sozial benachteiligten (→ soziale Benachteiligung) und individuell beeinträchtigten Jugendlichen, ggf. durch gesonderte A.- und Beschäftigungsprogramme, ist nach § 13 → Kinder- und Jugendhilfegesetz (KJHG –

SGB VIII) Aufgabe der → Jugendsozialarbeit.
Die Auswahl und Vermittlung der A.inhalte erfolgt unter bestimmten Interessen und Zielsetzungen, die sich in dem jeweiligen → Curriculum niederschlagen und Gegenstand der bildungspolitischen Diskussion sind. Es ist in der Bildungspolitik umstritten, welche Inhalte und Ziele der gesellschaftlichen Wirklichkeit angemessen sind, und wann, in welcher Form und mit welcher Durchlässigkeit die A. einsetzen soll. Die Kritiker des bisherigen A.systems (→ Bildung/Bildungswesen) fordern, daß die A.stätten ihre Ziele ändern und eine andere Mentalität hervorbringen müßten, »seitdem es nicht mehr darum geht, Dinge zu produzieren, sondern Systeme zu kontrollieren« (Hentig). Angesichts des schnellen Wandels der Anforderungen in jedem Beruf wird zunehmend auf die Vermittlung übergreifender (Schlüssel-)Qualifikationen verwiesen (z. B. Probleme im Team lösen, Persönlichkeitsbildung). Weitgehende Einigkeit besteht darüber, daß Nützlichkeits- und Verwertungsgesichtspunkte allein nicht a.leitend sein können.
Die A. für die sozialpädagogische und soziale Arbeit erfolgt an unterschiedlichen Institutionen und auf unterschiedlichen A.niveaus: an → Berufsfachschulen, → Fachschulen, → Fachhochschulen und Universitäten. Die A. ist z. T. auch dual organisiert.
Die Vielzahl und Unterschiedlichkeit der A. im sozialen Bereich ist z. T. nur noch historisch und mit der Eigendynamik der (Hoch-)Schulen zu erklären, jedoch kaum mehr aus den Anforderungen der Berufspraxis zu begründen. Dringend erforderlich wäre eine stärkere Koordinierung, z. T. auch Zusammenfassung sowie ein abgestimmtes System von Aus-, Fort-, und Weiterbildung (z. B. aufbauende Studiengänge, Qualifikation im Baukkastensystem). Einen aktuellen Stand der Reformdiskussion vermitteln die Empfehlungen der von der KMK eingesetzten Studienreformkommission.
Lit. Arnold, R.: Betriebspädagogik; Brater u. a.: Berufsbildung; Hentig: Systemzwang; KMK: Empfehlungen; Schelten: Berufspädagogik. *Dietrich von Derschau*

Ausbildungsförderung Im Rahmen der individuellen A. stellt der Staat dem einzelnen Auszubildenden die für → Lebensunterhalt und → Ausbildung benötigten finanziellen Mittel für eine angemessene Ausbildungszeit zur Verfügung. Diese sozialstaatliche Aufgabe kam seit Mitte der 50er Jahre zunehmend in das allgemeine und politische Bewußtsein. Aus Art. 20 Abs. 1 → Grundgesetz (GG) wurde die öffentliche Verpflichtung abgeleitet, auf eine berufliche Chancengleichheit junger Menschen hinzuwirken und ihnen dazu die Ausbildung zu ermöglichen, die ihrer Neigung, Eignung und Leistung entspricht und die sie erhielten, wenn sie und ihre unmittelbaren Angehörigen in der Lage wären, die hierfür erforderlichen Mittel aufzuwenden. Die Überlegung, durch die A. einen ausreichenden, qualifizierten Nachwuchs für alle Beschäftigungsbereiche heranzubilden, trat in den 60er Jahren zu dem sozialen Motiv hinzu.
Dem sozialstaatlichen Grundgedanken wird eine subsidiäre Leistung gerecht; mit ihm steht auch die Beteiligung des Auszubildenden an den Aufwendungen durch die Gewährung von Darlehen in Einklang, soweit Verzinsung und Rückzahlungsbedingungen hinreichend sozial ausgestaltet sind. An diesem Grundgedanken müssen zudem die individuellen (Eignung, Alter) und wirtschaftlichen Leistungsvoraussetzungen, die Höhe der Leistungen, die Dauer ihrer Gewährung und die Berücksichtigung besonderer Ausbildungsvorhaben (z. B. Ergänzungs-, Zweit- und Auslands[teil]ausbildung) orientiert sein.
Die A. des Bundes ist für den Bereich Schulen und Hochschulen im → Bundesausbildungsförderungsgesetz (BAföG) geregelt. Auszubildende in einer beruflichen Ausbildung (→ Berufliche Bildung) in Betrieben und überbetrieblichen Einrichtungen erhalten nach § 40 AFG (→ Arbeitsförderung/Arbeitsförderunggesetz [AFG]) und der hierzu von der BA (→ Arbeitsverwaltung) erlassenen Anordnung dem BAföG im wesentlichen entsprechende Förderungsleistungen; von Bedeutung ist die Berücksichtigung der Ausbildungsvergütung als eigenes Einkommen.
In den Kriegsfolgegesetzen waren jeweils eigene Regelungen der individuellen A. vorgesehen; sie haben weitgehend ihre Bedeutung verloren oder sind ausdrücklich aufgehoben worden, so z. B. im LAG. Eine Ausnahme gilt insoweit für § 27 → Bundesversorgungsgesetz (BVG) und die hierauf bezogenen Vorschriften der VO zur → Kriegsopferfürsorge.
Nach dem Bundessozialhilfegesetz (BSHG) kommen → Hilfen zum Lebensunterhalt auch während einer Ausbildungszeit in Betracht, soweit die Ausbildung nicht nach dem BAföG oder AFG dem Grunde nach förderungsfähig ist, darüber hinaus nur in besonderen Härtefällen (§ 26 BSHG).
Bei der Bewertung der Leistungen der individuellen A. sind alle ausbildungsbezogenen Maßnahmen des → Familienlastenausgleichs (Familienleistungsausgleichs) zu berücksichtigen: die steuerlichen Kinder- und Ausbildungsfreibeträge (§§ 32, 33a EStG), das Kindergeld nach den §§ 62 ff. EStG/BKGG, die Transferleistungen nach dem BAföG und AFG. Diese Maßnahmen sind im wesentlichen aufeinander bezogen und miteinander verzahnt.
Ernst August Blanke

Ausgleichsabgabe Eine von öffentlichen und privaten Arbeitgebern zu zahlende Abgabe, soweit sie die im Rahmen der im → Schwerbehindertengesetz (SchwbG) festgelegten → Beschäftigungspflicht der Arbeitgeber vorgeschriebene Zahl → Schwerbehinderter nicht beschäftigen (§ 11 Abs. 1 Satz 1 SchwbG). Sie beträgt z. Z. je Monat und nicht beschäftigtem Schwerbehinderten 200 DM (§ 11 Abs. 2 Satz 1 SchwbG). Die jeweils für ein Kalenderjahr geschuldete A. ist bis zum 31. März des Folgejahres an die für den Sitz des Arbeitgebers zuständige → Hauptfürsorgestelle abzuführen. Sie darf nur für Zwecke der Arbeits- und Berufsförderung Schwerbehinderter sowie für Leistungen zur → begleitenden Hilfe im Arbeits- und Berufsleben verwendet werden (§ 11 Abs. 3 Satz 1 SchwbG). 45 v. H. des Aufkommens an A. werden an den vom Bundesminister für Arbeit und Sozialordnung unter Mitwirkung des → Beirates für die Rehabilitation der Behinderten verwalteten Ausgleichsfonds abgeführt, der der Bundesanstalt für Arbeit hiervon 50 v. H. zur besonderen Förderung der Einstellung und Beschäftigung Schwerbehinderter auf Arbeitsplätzen zuweist (§ 11 Abs. 4 Satz 1 SchwbG). Der Ausgleichsfonds setzt die Mittel für überregionale Maßnahmen zur Eingliederung Schwerbehinderter in Arbeit, Beruf und Gesellschaft ein, z. B. für Werkstätten und Wohnheime für Behinderte sowie für Modellvorhaben.

Die Verwendung der A. insbesondere mit den Leistungen des Arbeitsamtes und der Hauptfürsorgestelle an Arbeitgeber und Schwerbehindete sind in der A.verordnung zum Schwerbehindertengesetz geregelt. Danach ist es der Hauptfürsorgestelle über die begleitende Hilfe hinaus z. B. auch möglich, sich an den Investitionskosten für neue Arbeitsplätze für Behinderte zu beteiligen.

Die A. hat sowohl eine Antriebsfunktion zur Beschäftigung Schwerbehinderter als auch eine betriebswirtschaftliche Ausgleichsfunktion. Arbeitgeber, die ihrer Beschäftigungspflicht für Schwerbehinderte nicht oder nicht in vollem Umfang nachkommen, sollen betriebswirtschaftlich keine Vorteile haben. Die Zahlung der A. hebt im übrigen die Pflicht zur Beschäftigung Schwerbehinderter nicht auf.

Kurt Neubert†/Jürgen Schmidt

Ausgleichsrente → Beschädigtenrente

Ausgründung Ein Teil einer Organisationseinheit, d. h. einer Einrichtung (→ Einrichtungen), eines Unternehmens, einer Behörde wird herausgelöst und rechtlich, i. d. R. auch wirtschaftlich verselbständigt. Von gemeinnützigen (→ Gemeinnützigkeit von Körperschaften, → Freie Träger) und → öffentlichen Trägern wird davon zunehmend Gebrauch gemacht. Damit soll vor allem der Rahmen für betriebswirtschaftliches Handeln und für die fachliche Gestaltung der Arbeit verbessert werden; z. T. sind dafür auch rechtliche oder steuerliche Gründe maßgebend. Im einzelnen geht es um folgende Anlässe, Formen, Probleme von A.:

1. Verbände der → Freien Wohlfahrtspflege und andere Freie Träger verselbständigen Einrichtungen, um sie aus dem oft langsamen und umständlichen Entscheidungsrahmen der Rechtsform → Verein herauszulösen. Die meist dann dafür gewählte Rechtsform der GmbH ist weitaus besser auf betriebswirtschaftliche Erfordernisse ausgerichtet. Die dadurch entstehenden kleineren Einheiten können oft auch flexibler reagieren. Damit werden die Einrichtungen allerdings aus dem direkten Zusammenhang mit den Mitgliedern bzw. dem von ihnen gewählten Vorstand gelöst.

2. Kommunale Körperschaften benutzen die A., um Einrichtungen aus dem Rahmen der Kameralistik, des öffentlichen Dienstrechts und der → Verwaltung (→ Verwaltungsmodernisierung) herauszulösen. Auch hier sollen mit anderen rechtlichen Formen flexiblere Grundlagen für fachliches Handeln und betriebswirtschaftliches Disponieren eröffnet werden. Ferner müssen selbständig wirtschaftende Pflegeeinrichtungen in nichtöffentlicher Trägerschaft entstehen, um die Erfordernisse gem. § 71 f. SGB XI zu erfüllen. Als private Rechtsform wird hier vor allem die → Stiftung, die GmbH und seltener der Verein genutzt; als öffentliche Rechtsformen die Stiftung und seltener die Anstalt oder der Eigenbetrieb. Der nötige politische Einfluß der Kommune wird durch Ratsmitglieder oder Verwaltungsvertreter in den Organen der neuen Rechtsform gesichert.

3. A. von Grundstückträgern einerseits bzw. von Betriebsträgern andererseits haben oft steuerliche Gründe oder dienen der Spezialisierung auf bestimmte betriebswirtschaftliche Funktionen. Dabei können u. U. unübersichtliche Strukturen entstehen.

Lit. AWO-Strategiepapier: Pflegeversicherung; Freier: Finanzierung; Freier: Eigenständigkeit. *Dietmar Freier*

Auskunft bedeutet 1. nach § 15 des → Sozialgesetzbuchs – Allgemeiner Teil – (SGB I) Information eines einzelnen auf eine gezielte Frage. Die A. erstreckt sich in erster Linie auf die Benennung des für das Leistungsbegehren zuständigen → Sozialleistungsträgers (absolute A.pflicht). Die A. erstreckt sich weiter auf alle Sach- und Rechtsfragen, die für den A.suchenden von Bedeutung sein können und zu deren Beantwortung die A.stelle imstande ist (bedingte A.pflicht). Für die zuletzt genannten Bereiche ist also die A.pflicht stark eingeengt. Die A. obliegt nicht generell den Sozialleistungsträgern, sondern nur den in § 15 SGB

I genannten Stellen. Dies sind die Träger der gesetzlichen → Krankenversicherung (Ortskrankenkassen, Innungskrankenkassen, Betriebskrankenkassen, Ersatzkassen, landwirtschaftliche Krankenkassen, die See-Krankenkasse und die Bundesknappschaft) und der sozialen → Pflegeversicherung sowie die nach Landesrecht benannten Stellen. I. d. R. sind hierbei die → kreisfreien Städte und die → Landkreise, teilweise auch alle (oder auch nur größeren) kreisangehörige → Gemeinden zu A.stellen bestimmt worden. Die A.stellen sind nach § 15 Abs. 3 SGB I zur Zusammenarbeit verpflichtet mit dem Ziel, eine möglichst umfassende A.erteilung durch eine Stelle sicherzustellen.
Die A. wird i. d. R. mündlich erteilt; die Verpflichtung zur schriftlichen Bestätigung, die vom Bundestag ursprünglich in das Gesetz eingefügt worden war, wurde nach Anrufung des Vermittlungsausschusses durch den Bundesrat wieder gestrichen.
Auf die A. hat der A.suchende einen Anspruch, den er ggf. vor dem → Verwaltungsgericht durchsetzen kann.
Im SGB I bilden → Aufklärung, A. und → Beratung eine Einheit mit dem Ziel, dem Bürger im Rahmen des sog. gegliederten Sozialleistungssystems den Zugang zu den einzelnen Sozialleistungsbereichen und ihren Leistungsmöglichkeiten zu erleichtern. Die A. hat eine »Wegweiserfunktion«.
Durch § 15 SGB I wird kein Monopol der genannten öffentlichen Stellen auf Erteilung von A. begründet; das Recht anderer (privater und öffentlicher) Stellen und Verbände, auch in Fragen des Sozialleistungsrechts A. zu geben, wird dadurch grundsätzlich nicht eingeschränkt. Neben § 15 SGB I bestehende A.-Vorschriften bleiben grundsätzlich weiterhin aufrechterhalten (z. B. A. durch das Versicherungsamt nach § 93 SGB IV, Beratung in Fragen der → Rehabilitation nach § 3 Abs. 2 → Rehabilitationsangleichungsgesetz [RehaAnglG]).
Über die gesetzlichen Verpflichtungen hinaus besteht kein allgemeiner Anspruch des Bürgers auf A. gegenüber den Behörden; dies hindert die Behörden allerdings nicht, auf Fragen A. zu geben.
2. Im Recht des → Datenschutzes gibt es einen speziellen Anspruch des Betroffenen auf A. über die zu seiner Person gespeicherten Daten (§ 83 SGB X). Die A. erstreckt sich auf sämtliche zur Person des Betroffenen gespeicherten Sozialdaten und auf den Zweck der Speicherung. Sie gehört mit zum Kernbereich des Grundrechts auf informationelle Selbstbestimmung, da z. B. nur dadurch die Rechte des einzelnen auf Berichtigung und Löschung geltend gemacht werden können. Auf die A. besteht ein Anspruch des Betroffenen, der ggf. im gerichtlichen Verfahren verfolgt werden kann. Eine A.erteilung kann nach § 83 SGB X unter bestimmten Voraussetzungen unterbleiben, insbes. wenn dadurch wichtige öffentliche oder private Interessen gefährdet würden. Für die Vermittlung von Daten über gesundheitliche Verhältnisse eines Betroffenen gilt die Regelung bei der → Akteneinsicht (§ 25 Abs. 2 SGB X) entsprechend (§ 83 SGB X; § 67 → Kinder- und Jugendhilfegesetz [KJHG – SGB VIII]).

3. Zur A. verpflichtet sind im Rahmen der → Sozialhilfe nach § 116 BSHG Unterhaltspflichtige, ihre nicht getrennt lebenden Ehegatten und die Kostenersatzpflichtigen über ihre Einkommens- und Vermögensverhältnisse. Die Pflicht umfaßt auch die Vorlage von Beweisurkunden. Auskunftspflichtig in diesem Umfang sind weiter Personen, von denen nach § 16 BSHG unwiderlegt vermutet wird, daß sie Leistungen zum → Lebensunterhalt an andere Mitglieder der → Haushaltsgemeinschaft erbringen. Der Arbeitgeber ist verpflichtet, dem Träger der Sozialhilfe über Art und Dauer der Beschäftigung, die Arbeitsstätte und den Arbeitsverdienst des bei ihm beschäftigten → Hilfesuchenden/Hilfeempfängers, Unterhaltspflichtigen und dessen nicht getrennt lebenden Ehegatten sowie Kostenersatzpflichtigen (gilt jedoch nicht für sonstige Personen der Haushaltsgemeinschaft) A. zu geben. Das A.ersuchen ist als → Verwaltungsakt anzusehen. Bei Verstoß gegen die A.pflicht finden die Verwaltungsvollstreckungsgesetze der Länder Anwendung, die insbesondere die Verhängung eines (wiederholbaren) Zwangsgeldes vorsehen. Ein Verstoß des Arbeitgebers gegen die A.pflicht ist dagegen nach § 116 Abs. 4 BSHG als Ordnungswidrigkeit anzusehen, die mit einer Geldbuße geahndet werden kann.
In der → Jugendhilfe besteht eine ähnliche Regelung der A.pflicht nach § 97a KJHG. A.pflichtig sind hier die Eltern, die sonstigen Sorgeberechtigten, wenn ihnen die Vermögenssorge obliegt, sowie der junge Volljährige. Eine subsidiäre A.pflicht besteht auch für den Arbeitgeber, soweit die genannten Personen ihrer A.pflicht nicht nachkommen oder Zweifel an ihren Angaben bestehen. Auch hier ist das Auskunftsersuchen des Trägers der Jugendhilfe als Verwaltungsakt anzusehen. Bei Verstoß gegen die A.pflicht finden ebenfalls die Verwaltungsvollstreckungsgesetze der Länder Anwendung; eine Sonderregelung für den Arbeitgeber (Geldbuße im Rahmen des OWiG) ist hier nicht vorgesehen.

4. Bei → Übergang von Unterhaltsansprüchen in der Sozialhilfe nach § 91 Abs. 1 BSHG geht auch der A.anspruch gegen den Unterhaltspflichtigen (§ 1605 BGB) auf den Träger der Sozialhilfe über. Der Träger kann gegen den Unterhaltspflichtigen wahlweise den öffentlich-rechtlichen A.anspruch nach § 116 BSHG oder den bürgerlich-rechtlichen A.anspruch nach § 1605 BGB geltend machen. Für die → Jugendhilfe bleibt es dagegen allein bei dem öffent-

lich-rechtlichen A.anspruch nach § 97a KJHG.
Lit. Blösinger: Aufklärung; Frank, W.: Aufklärung; Funk: Informationspflichten; Leßner: Aufklärungs-, Beratungs- und Auskunftspflicht; Schellhorn: Aufklärung; Schellhorn u. a.: KJHG (Komm.); Schnapp: Aufklärung. *Walter Schellhorn*

Auskunftspflicht gegenüber Presse Nach den Landespressegesetzen sind die Behörden »verpflichtet, den Vertretern der Presse und des Rundfunks die der Erfüllung ihrer öffentlichen Aufgabe dienenden Auskünfte zu erteilen«, d. h. auf Anfrage Tatsachen mitzuteilen, die den Behörden auf Grund ihrer amtlichen Tätigkeit zur Verfügung stehen. Allgemeine Anordnungen, die es einer Behörde verbieten, Auskünfte an die Presse überhaupt oder an eine bestimmte Zeitung zu erteilen, sind unzulässig. Die A. gilt nicht unbegrenzt; Auskünfte können verweigert werden, soweit hierdurch die sachgemäße Durchführung eines schwebenden (Gerichts-, Bußgeld- oder Disziplinar-)Verfahrens vereitelt, erschwert, verzögert oder gefährdet werden könnte oder Vorschriften über die Geheimhaltung oder Amtsverschwiegenheit (→ Amtsgeheimnis) entgegenstehen oder sonst ein überwiegendes öffentliches oder schutzwürdiges privates Interesse verletzt würde oder wenn der Umfang der erwarteten Auskunft das zumutbare Maß überschreiten würde. Auskunftsverpflichtet ist i. d. R. der Behördenleiter oder der von ihm Beauftragte bzw. der zuständige Pressereferent. Bei vielen Behörden gibt es besondere Richtlinien für die Zusammenarbeit mit der Presse.
Walter Thorun/Ria Puhl

Auskunftsverweigerungsrecht → Zeugnisverweigerungsrecht

Ausländer, asylsuchende → Asylbewerberleistungsgesetz

Ausländer, Hilfen für Die weitaus größte Gruppe der Ausländer in der Bundesrepublik Deutschland sind die ausländischen Arbeitnehmer und ihre Familien. Sie wurden ab 1955 als dringend benötigte Arbeitskräfte ins Land geholt und holten im Lauf der Jahre ihre Familien nach. Dann folgen die → Flüchtlinge und die Asylbewerber (→ Asylbewerberleistungsgesetz [AsylblG]). Daneben gibt es kleinere Gruppen wie Studenten, ausländische Ehepartner von Deutschen oder Mitglieder diplomatischer Vertretungen und wirtschaftlicher Niederlassungen. Drei Viertel der in Deutschland lebenden Ausländer kommen aus Mittelmeerländern, vor allem aus der Türkei, aus dem ehemaligen Jugoslawien und aus Italien. Das restliche Viertel der Ausländer kommt u. a. aus Osteuropa und außereuropäischen Ländern.

Die Ausländer sind im Bundesgebiet sehr ungleichmäßig verteilt: die alten Bundesländer verzeichnen einen weitaus höheren Ausländeranteil als der Osten Deutschlands. Ebenso unterschiedlich ist die Verteilung innerhalb der einzelnen Regionen: in vielen Ballungsgebieten leben auch besonders viele Ausländer – zumeist in bestimmten Stadtteilen.
Unter dem Gesichtspunkt des Rotationsprinzips waren die Hilfen für ausländische Arbeitnehmer zunächst lediglich auf eine Integration am Arbeitsplatz gerichtet. Weiterreichende Hilfen wurden dagegen anfänglich als nicht vorgesehene Unterstützung einer Verfestigung der Lebensverhältnisse vermieden. Mittlerweile beziehen sich H. f. A. nach weitgehendem Familiennachzug und langfristigem Aufenthalt sowohl auf → Integration als auch auf Rückkehr und Reintegration.
H. f. A. werden hauptsächlich von den Verbänden der → freien Wohlfahrtspflege, von → Gewerkschaften, kommunalen Einrichtungen und Selbsthilfeinitiativen, z. B. in Form von Eltern- und Kulturvereinen, geleistet. Für die Sozialdienste für Ausländer – die zumeist von ausländischen Mitarbeitern der → Arbeiterwohlfahrt, des → Deutschen Caritasverbandes und des → Diakonischen Werkes, die sowohl die Sprache, die Kultur als auch die Religion der betroffenen Ausländer kennen und verstehen, geleistet werden – ist es heute weniger notwendig, sprach- und landeskundliche Ausländer auf ihren Behördengängen zu begleiten. Dafür ergeben sich mit der Dauer des Aufenthalts neue Aufgabenfelder in der Beratungsarbeit: gesundheitliche Probleme, Ehe- und Generationskonflikte, Arbeitslosigkeit, Schul- und Ausbildungsfragen und zunehmend mehr altersspezifische Probleme.
Bei der Sozialarbeit mit Flüchtlingen stehen vor allem Hilfen zur Bewältigung des Exillebens als auch psychosoziale Hilfen im Vordergrund.
Lit. Esser u. a.: Arbeitsmigration; Puskeppeleit u. a.: Ausländer. *Marion Götz*

Ausländerpolitik unterlag allgemeinen Marktkriterien und war am Bedarf der Unternehmen orientiert. In dem Zeitraum von 1955 bis 1964 wurden bilaterale Abkommen zur Anwerbung von ausländischen Arbeitskräften geschlossen; zunächst kamen Italiener, Spanier und Griechen, Mitte der 60er Jahre wurden Türken, Portugiesen, Marokkaner und Tunesier angeworben (ca. 100 000 ausländische Arbeitskräfte Anfang der 60er Jahre). A. erfolgte vor dem Hintergrund ökonomischer Zweckmäßigkeitserwägungen (Steuerung des Arbeitsmarktes und des Konjunkturverlaufs sowie Ersparnis von infrastrukturellen Kosten). Für die Entwicklung der A. ist insofern der jeweilige Konjunkturverlauf entscheidend;

dementsprechend werden die staatlichen Steuerungsinstrumente, vor allem die aufenthalts- und arbeitsrechtlichen Bestimmungen (→ Ausländerrecht), angewandt. Bei der Gewährung sozialer Leistungen orientierte man sich an einer kurzfristigen Verweildauer. Der Anwerbestopp vom 23. 11. 1973 als Reaktion auf wirtschaftliche Krisenphänomene sollte die Ausländerzahl reduzieren, doch die Begrenzung der Freizügigkeit bewirkte eine längere Verweildauer und eine verstärkte Familienzusammenführung.

Die Anzahl der Migranten (→ Migration) blieb zunächst bei 3,9 Mio. konstant und stieg später, Ende der 70er Jahre, auf 4,5 Mio. an. Die Phase der offiziellen A. nach dem Anwerbestopp stand unter dem Grundsatz der »Integration durch Konsolidierung« (→ Integration). Nach einer Festlegung einer Bund-Länder-Kommission sollten die Bedürfnisse der deutschen Bevölkerung mit den berechtigten Belangen der Ausländer zusammengeführt werden. Ein solcher Ausgleich fand jedoch nicht statt. Mit der verschärften Situation auf dem Arbeitsmarkt (seit 1982) wurden dann restriktive Maßnahmen beschlossen (Rückkehrförderung, Familiennachzugsbeschränkungen). Zum 31. 12. 1995 lebten 7,17 Mio. (8,8%) Ausländer in der Bundesrepublik (davon u. a. 2,014 Mio. Türken, 1,350 Mio. ehem. Jugoslawen, 586 000 Italiener, 359 000 Griechen, 276 750 Polen und 132 000 Spanier.

Mit dem 1. 1. 1991 trat ein neues AuslG in Kraft. Es soll allen rechtmäßig in der Bundesrepublik lebenden Ausländern »Klarheit über ihr Recht auf Aufenthalt« verschaffen, so die Bundesregierung. Kritiker sprechen jedoch davon, daß zuvor eine dauerhafte Gewährleistung von Rechtssicherheit versprochen wurde, tatsächlich aber an ordnungspolitischen Vorstellungen festgehalten wird. Obwohl sich mit dem neuen AuslG die öffentliche Diskussion über die Ausländer aus den Anwerbestaaten beruhigte und verstärkt Asylbewerber Gegenstand der Auseinandersetzungen wurden, sind Ausländer aufgrund der wachsenden Ausländerfeindlichkeit, auch in den neuen Bundesländern, verunsichert. Angesichts der steigenden Zahlen von Über- und Aussiedlern fürchten sie zudem um Aufenthaltserlaubnis und Arbeitsplatz. Die Hoffnung auf politische → Partizipation über ein kommunales Wahlrecht wurde durch ein Urteil des BVerfG (30. 10. 1990) eingeschränkt. Das Urteil fußt auf einer Nationalstaatsideologie und hat den Begriff »Volk« auf die Gemeinschaft von deutschen Staatsbürgern reduziert. Dieser Beurteilung steht jedoch die Tatsache entgegen, daß wir in einer multikulturellen Gesellschaft leben. Das Leugnen der multikulturellen Gesellschaft kommt einem Realitätsverlust gleich, der darin besteht, die Tatsache zu ignorieren, daß die Bundesrepublik Deutschland ein Einwanderungsland geworden ist. Inzwischen hat das Europäische Parlament eine zügige Einführung des kommunalen Wahlrechts für EU-Bürger angemahnt.

Lit. Schulte, A.: Multikulturelle Gesellschaft; Stüwe: Akzeptanz; Stüwe: Gesellschaftsdesign; Stüwe: Klischees; Stüwe: Türkische Jugendliche. *Gerd Stüwe*

Ausländerrecht Unter A. i. w. S. versteht man all jene Vorschriften, die für ausländische Staatsangehörige im Vergleich zu Deutschen besondere Regelungen u. a. hinsichtlich des → Aufenthalts, der Ausübung einer (un)selbständigen Erwerbstätigkeit, der Aufnahme einer Ausbildung, der politischen Betätigung, des Erwerbs der deutschen → Staatsangehörigkeit sowie der sozialrechtlichen Stellung enthalten. A. i. e. S. ist hingegen das Recht der Einreise und des Aufenthalts von Ausländern im Bundesgebiet. Hier ist zu unterscheiden zwischen dem Rechtsstatus von Ausländern aus EU-Staaten (→ Europäische Union [EU]) und dem jener aus Nicht-EU-Staaten. Darüber hinaus hat die aufenthaltsrechtliche Stellung von Asylbewerbern im AsylVfG eine eigenständige Regelung erfahren (→ Asylrecht).

Ausländer aus einem EU-Mitgliedstaat genießen kraft EU-Rechts u. a. Freizügigkeit zur Aufnahme einer Erwerbstätigkeit sowie zum Empfang bzw. Erbringen von Dienstleistungen; Familienangehörige haben teil an diesem Recht, auch wenn sie aus einem Nicht-EU-Staat stammen. Zur Ausführung dieser gemeinschaftsrechtlichen Vorgaben ist das Gesetz über Einreise und Aufenthalt von Staatsangehörigen der Mitgliedstaaten der Europäischen Wirtschaftsgemeinschaft vom 22. 7. 1969, zuletzt geändert durch Gesetz vom 27. 4. 1993 (BGBl. I S. 512), verabschiedet worden. Freizügigkeitsbeschränkende Maßnahmen wie die Verweigerung der Aufenthaltsnahme oder die Ausweisung setzen bei EU-Ausländern eine schwerwiegende Gefährdung der öffentlichen Sicherheit und Ordnung voraus. Der Bezug von (ergänzender) → Hilfe zum Lebensunterhalt rechtfertigt keinen Eingriff in das Freizügigkeitsrecht. Ab 1. 7. 1992 genießen Studenten, Rentner und Pensionäre sowie sonstige Ausländer aus einem EU-Staat, die keines der klassischen Freizügigkeitsrechte für sich reklamieren können, ein Aufenthaltsrecht in einem anderen Mitgliedstaat, soweit der → Lebensunterhalt einschließlich → Krankenversicherung gesichert ist. Die Familienangehörigen jener Personen sind in diese Rechtsposition einbezogen.

Die aufenthaltsrechtliche Stellung von Ausländern aus Nicht-EU-Staaten bestimmt sich nach den Vorschriften des AuslG vom 9. 7. 1990 (BGBl. I S. 1354), zuletzt geändert durch Gesetz vom 28. 10. 1994 (BGBl. I S. 3186). Nach § 3 Abs. 1 S. 1 AuslG sind Einreise und Aufenthalt von Ausländern im Bundesgebiet grundsätzlich genehmigungsbedürftig. Eine Ausnahme hiervon ist für bestimmte Personengruppen in §§ 1ff. der Verordnung zur Durchführung des AuslG vom 18. 12. 1990 (BGBl. I S. 2983), zuletzt geändert durch Verordnung vom 26. 10. 1995 (BGBl. I S. 1488), vorgesehen. § 5 AuslG kennt vier verschiedene Arten der Aufenthaltsgenehmigung: 1. Die Aufenthaltserlaubnis (§§ 15 und 17 AuslG) für einen Aufenthalt ohne Bindung an einen bestimmten Aufenthaltszweck bzw. für den Familiennachzug. 2. Die Aufenthaltsberechtigung (§ 27 AuslG) für einen zeitlich und räumlich unbeschränkten Aufenthalt, die den sichersten Aufenthaltsstatus verbürgt, aber grundsätzlich erst nach einem achtjährigen rechtmäßigen Aufenthalt begehrt werden kann. 3. Die Aufenthaltsbewilligung (§§ 28 und AuslG) für einen nur vorübergehenden Aufenthalt etwa zur Aufnahme einer Ausbildung, eines Studiums oder für einen Besuchs- bzw. kurzfristigen Arbeitsaufenthalt. 4. Die Aufenthaltsbefugnis (§ 30 AuslG), die einem Ausländer aus völkerrechtlichen oder dringenden humanitären Gründen oder zur Wahrung politischer Interessen der Bundesrepublik Deutschland gewährt wird. Die Erteilung einer Aufenthaltsgenehmigung an einen Ausländer, der erstmals im Bundesgebiet eine Arbeit aufnehmen will, bestimmt sich nach § 10 AuslG i.V.m. der Arbeitsaufenthaltsverordnung vom 18.12. 1990 (BGBl. I S. 2994), geändert durch Verordnung vom 15. 8. 1994 (BGBl. I S. 2115). Unter bestimmten im Gesetz näher benannten Voraussetzungen besteht ein → Rechtsanspruch auf Erteilen bzw. Verlängern einer Aufenthaltsgenehmigung, so etwa für hier geborene ausländische Kinder, für den Ehegatten- und Kindernachzug, für die Wiederkehr ins Herkunftsland ausgereister junger Ausländer sowie für den Erhalt einer unbefristeten Aufenthaltserlaubnis oder Aufenthaltsberechtigung. Sofern kein solcher Rechtsanspruch gegeben ist, steht die Entscheidung über die Erteilung bzw. Verlängerung einer Aufenthaltsgenehmigung im → Ermessen der Ausländerbehörde. Grundsätzlich wird von einem Ausländer verlangt, daß er seinen Lebensunterhalt ohne Inanspruchnahme von → Sozialhilfe bestreiten kann. In bestimmten im Gesetz vorgesehenen Fällen ist jedoch der (potentielle) Sozialhilfebezug unschädlich. Bei der Entscheidung über eine beantragte unbefristete Aufenthaltserlaubnis für nachgezogene Kinder oder eine Aufenthaltsberechtigung bleiben strafrechtliche Verurteilungen bis zu einer bestimmten Höhe unberücksichtigt (§§ 26 Abs. 3 und 27 Abs. 2 AuslG). Ein Ausländer kann gem. § 45 Abs. 1 AuslG ausgewiesen werden, wenn sein Aufenthalt die öffentliche Sicherheit und Ordnung oder sonstige erhebliche Interessen der Bundesrepublik Deutschland beeinträchtigt. Dies ist z.B. der Fall beim Verstoß gegen Rechtsvorschriften, gerichtliche oder behördliche Anordnungen, bei Betäubungsmittelverbrauch (→ Betäubungsmittelgesetz [BtMG]), längerfristiger → Obdachlosigkeit und (potentieller) Sozialhilfebedürftigkeit. In schweren Fällen ist ein Ausländer generell oder i.d.R. auszuweisen (§ 47 AuslG). Ausländer mit einem verfestigten Aufenthaltsstatus (unbefristete Aufenthaltserlaubnis, Aufenthaltsberechtigung) sowie minderjährige und heranwachsende Ausländer genießen einen besonderen Ausweisungsschutz (§ 48 AuslG). Ein ausreisepflichtiger Ausländer kann u.U. abgeschoben werden (→ Abschiebung von Ausländern).

Das AuslG enthält in §§ 75ff. Vorschriften über die Erhebung und Übermittlung personenbezogener Daten von Ausländern (→ Amtshilfe, → Amtsgeheimnis, → Datenschutz, → Sozialgeheimnis). Darüber hinaus sehen die §§ 85ff. AuslG die erleichterte Einbürgerung von jungen Ausländern und solchen mit langer Aufenthaltsdauer in Gestalt eines Rechtsanspruchs vor.

Lit. Barwig u.a.: Ausländerrecht; Kanein u.a.: Ausländerrecht. *Bertold Huber*

Ausländer, Sozialberater für → Sozialberater für Ausländer

Ausländer, Sozialhilfe für § 120 Abs. 1 S. 1 → Bundessozialhilfegesetz (BSHG) räumt Personen, die nicht Deutsche i.S.d. Art. 116 Abs. 1 → Grundgesetz (GG) sind (→ Staatsangehörigkeit), einen Rechtsanspruch auf → Hilfe zum Lebensunterhalt, → Krankenhilfe, → Hilfe für werdende Mütter und Wöchnerinnen sowie → Hilfe zur Pflege ein, sofern sie sich tatsächlich im Bundesgebiet aufhalten. Ein rechtmäßiger Aufenthalt ist nicht erforderlich. Im übrigen kann Sozialhilfe gewährt werden, soweit dies im Einzelfall gerechtfertigt oder aufgrund anderer Rechtsvorschriften vorgesehen ist (§ 120 Abs. 1 S. 2 u. 3 BSHG). Nach § 120 Abs. 2 BSHG erhalten Leistungsberechtigte i.S.d. → Asylbewerberleistungsgesetzes keine Leistungen der Sozialhilfe. Ausländer, die sich ins Bundesgebiet begeben haben, um hier Sozialhilfe zu erlangen, steht kein Leistungsanspruch zu (§ 120 Abs. 3 S. 1 BSHG). Dieser Ausschlußtatbestand greift dem BVerwG zufolge ein, wenn nach den objektiven Umständen des Einzelfalls von einem Wissen und Wollen (evtl.) auftretender Hilfebedürftigkeit mindestens i.S. eines bedingten Vorsatzes ausgegangen werden kann, der für den Entschluß zur Einreise von prägender Bedeutung gewesen sein muß. U.a. gegenüber Asylberechtigten und Personen, für die ein Abschiebungsverbot i.S.d. § 51

Abs. 1 AuslG festgestellt worden ist (→ Abschiebung von Ausländern), kommt dieser Ausschlußtatbestand jedoch nicht zum Zuge, da das primäre und prägende Einreisemotiv die Suche nach Schutz vor Verfolgung und/oder Bedrohung von Leib und Leben bildete. Haben sich Ausländer zum Zwecke einer Behandlung oder Linderung einer Krankheit ins Bundesgebiet begeben, soll Krankenhilfe insoweit nur zur Behebung eines akut lebensbedrohlichen Zustandes oder für eine unaufschiebbare und unabweisbar gebotene Behandlung einer schweren oder ansteckenden Erkrankung geleistet werden (§ 120 Abs. 3 S. 2 BSHG). Gemäß § 120 Abs. 4 BSHG ist im Rahmen von Sozialhilfeleistungen an Ausländer auf mögliche Leistungen bestehender Rückführungs- oder Weiterwanderungsprogramme hinzuweisen und in geeigneten Fällen auf deren Inanspruchnahme hinzuwirken. Nach § 120 Abs. 5 S. 1 BSHG darf Ausländern in den Teilen des Bundesgebiets, in denen sie sich einer ausländerrechtlichen räumlichen Beschränkung zuwider aufhalten, der für den tatsächlichen Aufenthaltsort zuständige Sozialhilfeträger nur die nach den Umständen unabweisbar gebotene Hilfe leisten (z.B. Fahrkarte für die Rückkehr zu dem Ort, dem der Betroffene zugewiesen worden ist). Entsprechendes gilt gem. S. 2 für Ausländer, die eine räumlich nicht beschränkte Aufenthaltsbefugnis besitzen, wenn sie sich außerhalb des Bundeslandes aufhalten, in dem die Aufenthaltsbefugnis erteilt worden ist.

Asylberechtigte nach § 2 AsylVfG und Kontingentflüchtlinge i.S.d. § 1 des Kontingentflüchtlingsgesetzes genießen jeweils gem. Art. 23 Genfer Flüchtlingskonvention (GFK) hinsichtlich der »öffentlichen Fürsorge«, d.h. Sozial- und Jugendhilfe, Inländerbehandlung. Unter Art. 23 GFK fallen auch die anerkannten politischen → Flüchtlinge ohne Asylberechtigung (§ 51 Abs. 1 AuslG), bei denen die Voraussetzungen für die Erteilung einer Aufenthaltsbefugnis nach § 70 AsylVfG vorliegen. Zum anderen sind heimatlose Ausländer i.S.d. § 1 des Gesetzes über die Rechtsstellung heimatloser Ausländer im Bundesgebiet vom 25. 4. 1951 (BGBl. I S. 269) gem. § 19 dieses Gesetzes entsprechend privilegiert. Darüber hinaus besitzen freizügigkeitsberechtigte Arbeitnehmer aus anderen EU-Mitgliedstaaten (→ Europäische Gemeinschaften [EG]) einschließlich deren Familienangehörigen sowie Verbleibeberechtigte und sich erlaubt im Bundesgebiet aufhaltende Ausländer aus einem Signatarstaat des Europäischen Fürsorgeabkommens (Ausnahme: Asylbewerber) sozialhilferechtlich einen Inländerstatus. Eine weitgehende Angleichung der sozialhilferechtlichen Stellung Deutscher genießen Österreicher und Schweizer aufgrund der mit ihren Herkunftsländern getroffenen Fürsorgeabkommen (→ Internationale Abkommen zur Sozialhilfe und Jugendhilfe). Die (potentielle) Inanspruchnahme von Sozialhilfe kann in ausländerrechtlicher Hinsicht u.U. nach Maßgabe der einschlägigen Vorschriften dazu führen, daß eine beantragte Aufenthaltsgenehmigung nicht erteilt oder verlängert oder eine Ausweisung ausgesprochen wird.

Bertold Huber

Ausländer und Staatenlose, Jugendhilfe für Im Unterschied zum → Jugendwohlfahrtsgesetz (JWG) ist das Recht auf Förderung und Erziehung in § 1 → Kinder- und Jugendhilfegesetz (KJHG) jedem und nicht wie bei § 1 JWG jedem deutschen - jungen Menschen eingeräumt. Nach § 6 KJHG werden die Leistungen der → Jugendhilfe jungen Menschen gewährt, die ihren tatsächlichen Aufenthalt in Deutschland haben. Hier lebende Ausländer und Staatenlose haben den Anspruch allerdings nur, wenn sie rechtmäßig hier leben oder über eine ausländerrechtliche Duldung verfügen (§ 6 Abs. 2 KJHG).

Daneben sind entsprechend dem auch insoweit geltenden Domizilprinzip (vgl. § 120 → Bundessozialhilfegesetz [BSHG]; § 30 Abs. 1 SGB I, → Sozialgesetzbuch [SGB]) internationale Vereinbarungen (insbes. das → Haager Minderjährigenschutzabkommen (MSA), das Haager Vormundschaftsabkommen, das Europäische Fürsorgeabkommen sowie bilaterale Abkommen mit der Schweiz und Österreich [→ Internationale Abkommen zur Sozialhilfe und Jugendhilfe]) zu beachten. Diese bezwecken in erster Linie den Schutz Minderjähriger und beziehen sich auf fürsorgerische Hilfen. Demgegenüber gilt nach § 6 KJHG das ganze Leistungs- und Aufgabenspektrum des Gesetzes für rechtmäßig und geduldet hier lebende Ausländer und Staatenlose.

Bei der Ausgestaltung der Hilfen sollten sowohl das Anliegen der → Integration als auch eine angemessene Wahrung der kulturellen Identität der Ausländergruppen berücksichtigt werden.

Zu Konflikten mit dem Hilfeanspruch für Ausländer kann es aus zwei Gründen kommen: Nach § 46 Nr. 7 AuslG kann die Gewährung von → Hilfe zur Erziehung (HzE) außerhalb der eigenen Familie ein Ausweisungsgrund sein, soweit nicht die Personensorgeberechtigten sich rechtmäßig hier aufhalten, wobei allerdings der erhöhte Ausweisungsschutz des §48 AuslG zu beachten ist; außerdem steht die Mitteilungspflicht aus § 76 Abs. 2 AuslG im Widerspruch zu den datenschutzrechtlichen Bestimmungen (→ Datenschutz) der §§ 61 ff. KJHG (insbes. §§ 64 und 65 mit den dort zum Schutz der Hilfeempfänger vorgesehenen Beschränkungen der Offenbarungsbefugnis).

Lit. Bundesarbeitsgemeinschaft der Landesjugendämter: Sozialpäd. Hilfen; Bundesarbeitsgemeinschaft der Landesjugendämter: Empfehlungen; Bundesarbeitsgemeinschaft der Landesjugendämter: Jugendhilfe; Schnapka: Ausländerrecht; Jans u. a.: KJHG (Komm. § 6). *Helmut Saurbier*

Ausländer, zur Ausreise verpflichtete → Ausländer, Sozialhilfe für

Ausländische Arbeitnehmer → Arbeitsmarkt, → Ausländerrecht

Ausländische Kinder Die Situation der a. K. in der Bundesrepublik hat sich bis in die 90er Jahre differenziert. Im Kontext der wirtschaftlichen und sozialpolitischen Krise des → Wohlfahrtsstaates in den 80er Jahren nehmen die Investitionen in die Integrationsunterstützung (→ Integration) von seiten der kommunalen und verbandlichen Träger im → Elementarbereich ab; die a. K. und ihre Probleme verlieren ihre bislang unbestrittene sozial- und bildungspolitische Bedeutung. Neuere Restriktionen in der → Ausländerpolitik (→ Ausländerrecht) seit dem erneuerten Ausländergesetz haben zu einer Umschichtung der ausländischen Bevölkerung geführt. Hinzu kommen Flüchtlings- und Asylbewerberströme sowie Aussiedlungsprozesse in den 90er Jahren, deren Ausmaß und Wirkungen für Kinder bis heute nicht umfassend empirisch erfaßt sind. Mit dem → Rechtsanspruch auf einen Kindergartenplatz ab 1996 sind die Voraussetzungen für eine Einbeziehung in die → Jugendhilfe nunmehr gegeben. Andererseits stellen die Diskussionen um die Einführung der Visumspflicht tendenziell neue Verunsicherungen dar. Die europäischen Entwicklungen bewirken zusätzliche Wanderungsbewegungen (→ Migration). Als Beschreibungsfigur für die Lebenssituation aller Kinder kann eine besondere Form der »Migrationskindheit« angenommen werden. Migrationskindheiten sind dabei zu differenzieren für die alten und die neuen Bundesländer, sie sind wesentlich gekennzeichnet durch:
– die besondere und benachteiligende rechtliche und politische Stellung und die daraus folgende Unsicherheit in der Lebensplanungsperspektive der Eltern (→ soziale Ungleichheit, → soziale Benachteiligung), solange diese nicht eingebürgert wurden (bei allen Unterschieden zwischen den verschiedenen Wanderungsgruppen, die es zu berücksichtigen gilt);
– eine im Migrationsprozeß entstehende Situation als Fremde, kulturell Andersartige, zugehörig zu einer ethnisch besonderen Gruppe, einer → Minderheit,
– die Ungleichzeitigkeit von Handlungs-, Denk-, Erfahrungs- und Verhaltensweisen, die sich im Kontext der Migration herausbilden und im Prozeß von → Integration, Assimilation oder subkultureller Segregation der Erwachsenen in Auseinandersetzungen mit den vorgegebenen äußeren Bedingungen des Lebens in der Bundesrepublik verändern.
Hierbei sind die Integrations- und Biographieverlaufsprozesse der Migrationsgruppen und -generationen zu berücksichtigen.
Das Spannungsfeld, in dem Migrationskindheiten sich entfalten, ist zudem problematisch überlagert durch das Moment gesellschaftlicher Geringschätzung, die dem a. K. individuell zugeschrieben wird, seinen individuellen Entwicklungsprozeß vorbestimmt und die Perspektive von → Chancengleichheit schon vorab immer wieder nicht anerkennt. Migrationskindheit wird so zu einem Konstrukt von zugeschriebenen und real existierenden möglichen Konfliktlinien, die einerseits das Erziehungsgeschehen in den Familien bedingen und andererseits in die Institutionen → öffentlicher Erziehung hineinwirken.
Während es bis zu Beginn der 80er Jahre im wesentlichen um den individuellen Sozialisationsprozeß (→ Sozialisation) und die gesellschaftlichen Investitionen in Integrations- und Modellmaßnahmen innerhalb von Projekten (→ Projekte in der sozialen Arbeit), → Fortbildung und → Konzeptentwicklungen i. S. v. kompensatorischen »Sozialisationshilfen« ging, hat sich die Fragestellung in der Folge dieser Ausländer-Projekt-Generation erweitert: Einerseits wird interkulturelle Erziehung (→ interkulturelles Lernen) zum Anlaß und Ausgangspunkt einer Öffnung der Kindersituationen um das veränderte Lebensumfeld (z. B. im Stadtteil) für alle Kinder von der Institution aus zu erschließen, und andererseits wird versucht, die Erkenntnis, daß es die Institutionen des Bereichs → Sozialarbeit/Sozialpädagogik selbst sind, die das soziale Problem a. K. im Erziehungshandeln ausmachen, in die Qualifizierung der Fachbasis einzubeziehen. Interkulturalität und eine multikulturelle Perspektive sind seit dem → Kinder- und Jugendhilfegesetz (KJHG – SGB VIII) und seiner Umsetzung in die Praxis ein anerkanntes Strukturprinzip sozialpädagogischen Handelns und gewinnen auch für schulpädagogische Konzeptionen zunehmend an Bedeutung (KM 1995).
Trotz dieser qualitativen Erweiterung der Praxisansätze, des Reflexionsniveaus und der Konzeptionen für pädagogisch fachliches Handeln im Elementar- und Schulbereich bleiben folgende Fragen weiterhin zu stellen:
– Wie wirkt sich die überwiegend städtische Lebensumwelt der Kinder in Industriezentren – dazu häufig im nationalen Ghetto oder der ethnischen Kolonie – auf die Entwicklung der Kinder aus, auf ihre → Identität, ihre sozialen, emotionalen, intellektuellen und auch sprachlichen Fähigkeiten?
– Wie ist die medizinische, psychische und physische Betreuung der 0-3jährigen Kinder bei verbreiteter Berufstätigkeit beider

Elternteile gewährleistet? Welche Angebote wären von den Instanzen der → Jugendhilfe zu entwickeln (→ Ausländer und Staatenlose, Jugendhilfe für)?
– Wie sieht die schulbegleitende sozialpädagogische Betreuung in → Horten, → Ganztagsschulen und → Kindertageseinrichtungen aus, und welchen Beitrag kann Sozialpädagogik in der Freizeitarbeit (→ Freizeitpädagogik) leisten?
– Was kann von seiten der Jugendhilfe getan werden, um ein positiveres Verständnis und Verhältnis der öffentlichen Meinung zum Zusammenleben deutscher Kinder mit a. K. in dieser multinationalen Gesellschaft zu unterstützen?
– Welche Erfahrungen machen Kinder im Kindergartenalter im Prozeß der Asylanerkennung, in Massen- oder Einzelunterkünften, und wie gestaltet sich die Situation der Kinder, die von ihren Eltern »allein« in einen Migrationsprozeß eingebracht werden?
– Was bedeutet es für die Kinder, auszusiedeln und umzusiedeln oder sogar mehrere Umsiedlungsprozesse im Wege der deutsch-deutschen Vereinigung mitzuerleben?

Daß Migrationskindern und ihrer Integration heute keine bildungs- und sozialpolitische Priorität mehr zukommt, kann sich dabei in zweierlei Richtungen auswirken: Zum einen führen die Normalisierungsprozesse in Kinderinstitutionen, Schulen und Stadtteilen zum Zusammenleben, dazu die Prozesse der Annäherung oder akzeptierten Absetzung in binnenintegrierte Lebensräume der Migranten möglicherweise zu einer Entlastung aller Beteiligten mit der Folge einer Normalisierung der Verhältnisse im Erziehungsprozeß und der Kinderinstitutionen beitragen. Zum anderen aber ist ebenso denkbar, daß die begonnenen Entwicklungen fachlich begründeter interkultureller Erziehungsprozesse und -angebote personell und konzeptionell zurückgeschnitten werden, die Erziehungssituationen sich an der Integrationsaufgabe als einer realen Überlastung entledigen und sich dann in der Normalisierung des Erziehungsalltags die Normalität der Ausgliederung durchsetzt. Die gesellschaftliche Integrationsleistung wäre dann an die privaten Familienerziehungsleistungen zurückverwiesen. Wegen der Differenzierungen von Migrationsprozessen, den Veränderungen in den sozialen Koordinaten der Lebensgestaltung in der Fremde sowie der mittlerweile generationsübergreifenden Erfahrungen in vielen Familien, sowie der Etablierung der Idee der »multikulturellen Gesellschaft« in Europa bleibt es eine zentrale Aufgabe der öffentlichen Erziehung, die soziale Integration in diesen Rahmenbedingungen zu gestalten. Die Gestaltungsaufgabe wird dabei vielfältigen Mustern folgen müssen, denn – so lehren die vergangenen 40 Jahre der Migrationen: Migrationskindheit bleibt vorerst zugleich ein gesellschaftliches und privates Projekt, dessen soziale Folgen in der Kindheit zwischen Erfahrungsgewinn und Problemvielfalt changieren. Erziehung im Kindesalter hat diesem Umstand Rechnung zu tragen.
Lit. Karsten: Migrationskindheit; Karsten: Sozialarbeit; Riesner: Türkische Frauen; Treibel: Migration. *Maria-Eleonora Karsten*

Ausland, Sozialhilfe im Das → Bundessozialhilfegesetz (BSHG) sieht nach § 119 die Gewährung von → Sozialhilfe für Deutsche im Ausland vor. Danach kann Deutschen, die ihren gewöhnlichen Aufenthalt im Ausland haben und im Ausland der Hilfe bedürfen, in besonderen Notfällen Sozialhilfe gewährt werden. Soweit es im Einzelfall der Billigkeit entspricht, kann Sozialhilfe unter den Voraussetzungen des Abs. 1 auch Familienangehörigen von Deutschen gewährt werden, wenn sie mit diesem in Haushaltsgemeinschaft leben. Nach einem von der → Bundesarbeitsgemeinschaft der überörtlichen Träger der Sozialhilfe erarbeiteten Leitfaden wird ein besonderer Notfall im Sinne des § 119 Abs. 1 i.d.R. angenommen bei Unvermögen zur Sicherung des Lebensunterhalts infolge hohen Alters und fehlender Zuerwerbsmöglichkeit bei langjährigem Auslandsaufenthalt, bei schwerer Krankheit oder Behinderung bei langjährigem Auslandsaufenthalt, bei Schwangerschaft und bei Inhaftierung.
§ 119 ist eine eigenständige Vorschrift des materiellen Leistungsrechts. Eine unmittelbare Anwendung sonstiger Vorschriften des Leistungsrechts des BSHG im Ausland ist nicht möglich.
Entsprechend dem → Nachrang der Sozialhilfe (§ 2 BSHG) wird die Hilfe nicht gewährt, soweit sie vom Aufenthaltsstaat oder von anderen, z. B. von freien Organisationen, gewährt wird oder zu erwarten ist oder wenn die von deutschen Dienststellen im Ausland zu veranlassende Heimführung des Hilfesuchenden (→ Hilfeempfänger/Hilfesuchender) geboten ist.
Art, Form und Maß der Hilfe sowie der Einsatz des Einkommens und Vermögens richten sich nach den besonderen Verhältnissen im Aufenthaltsland. Für die Gewährung der Hilfe zuständig sind die überörtlichen Träger der Sozialhilfe (→ Sozialhilfeträger); sie arbeiten mit den deutschen Dienststellen im Ausland zusammen.
Für Deutsche, die außerhalb des Geltungsbereichs des BSHG, aber innerhalb des in Art. 116 Abs. 1 GG genannten Gebiets geboren sind und dort ihren gewöhnlichen Aufenthalt haben (ehemalige deutsche Ostgebiete östlich der Oder-Neiße-Linie) gelten die genannten Regelungen entsprechend.
Für den Anwendungsbereich des § 119 ist von besonderer Bedeutung, daß auch § 5 → Konsulargesetz Bestimmungen über die

Hilfe für hilfsbedürftige Deutsche im Ausland – insbesondere bei vorübergehender Notlage bis zu zwei Monaten – enthält, die den Leistungen nach § 119 vorgehen.

Werner Nunnenmann

Auslegung (Interpretation) hat das Ziel, den objektiv gültigen, im Rechtsleben maßgebenden Bedeutungsgehalt von → Rechtsnormen (→ Gesetzen, Verordnungen) und von Willenserklärungen (§§ 133, 157 BGB) festzustellen. A. setzt ein über das subjektive Vorverständnis des Interpreten bewußt hinausreichendes Verstehen der Rechtsbegriffe voraus. Da alle gesetzlichen Begriffe in einer Problemgeschichte erwachsen (Arndt), unterliegen Rechtsbegriffe einem steten Wandel, zumal in sozialpolitisch kontroversen Rechtsmaterien.

Anerkannte Methoden der A., die auch nebeneinander angewendet werden können, sind bei der A. von Rechtsnormen: die A. nach dem Sprachsinn (»grammatische« oder »semantische« A.); die A. aus dem gedanklichen Zusammenhang (die »logische« oder »systematische« A., die sich an die Stellung einer Bestimmung im Gesetz oder an ihren Zusammenhang mit anderen Bestimmungen hält); die A. aus dem historischen Zusammenhang, nach der »Entstehungsgeschichte«, insbes. durch Ermittlung des Willens des Gesetzgebers (»genetische« A.) sowie die A. aus dem Zweck der Bestimmung (die »teleologische« A.).

Ergibt die A. planwidrige Lücken im → Gesetz, dann ist – solange der Gesetzgeber nicht tätig wird – die Rechtsprechung im Rahmen des gesetzten Rechts und der Verfassung zur Rechtsergänzung und Rechtsfortbildung aufgerufen. So hat das Bundesverwaltungsgericht 1954 eine grundlegende Schutzlücke im früheren Fürsorgerecht dadurch geschlossen, daß es dem Hilfebedürftigen einen Rechtsanspruch auf Pflichtleistungen der öffentlichen Fürsorge zuerkannte.

Lit. Alexy: Argumentation; Arndt: Gesetzesrecht; Enneccerus u.a.: Bürgerliches Recht; Wienand: Bedeutungsgehalt.

Manfred Wienand

Aussagegenehmigung Angehörige des öffentlichen Dienstes dürfen ohne A. weder vor Gericht noch außergerichtlich aussagen oder Erklärungen über Angelegenheiten abgeben, die der arbeits- oder beamtenrechtlichen Verschwiegenheitspflicht unterliegen. Dies ergibt sich aus den einschlägigen Beamten- und Verfahrensvorschriften – u.a. aus § 39 Beamtenrechtsrahmengesetz, §§ 61 f. Bundesbeamtengesetz (BBG), § 54 Strafprozeßordnung, § 376 Zivilprozeßordnung, § 21 Abs. 3 Sozialgesetzbuch, 10. Buch (SGB X) –; bei Angestellten finden neben § 9 Bundesangestellten-Tarifvertrag (BAT) (Verschwiegenheitspflicht, → Amtsgeheimnis) die beamtenrechtlichen Vorschriften (entsprechende) Anwendung.

Dem Vorbehalt der A. unterliegen auch die Bediensteten öffentlich-rechtlicher Religionsgemeinschaften (der »verfaßten« Kirche), soweit sie behördenähnlich strukturiert sind und die Durchführung öffentlicher Aufgaben durch Aufsicht und Weisung überwacht werden. Bei anderen → freien Trägern gilt der Vorbehalt der A. nur, soweit sie Aufgaben wahrnehmen, die ihnen ein öffentlich-rechtlicher Leistungsträger (→ Sozialleistungsträger) zur weitgehend eigenverantwortlichen Erfüllung übertragen hat, die also »an sich Sache des Staates oder der politischen Gemeinde sind« (z.B. Aufgaben nach dem → Bundessozialhilfegesetz [BSHG] oder → Kinder- und Jugendhilfegesetz [KJHG – SGB VIII]).

Die A. erteilt der Dienstvorgesetzte (§ 61 Abs. 2 BBG). Sie einzuholen ist Sache des Gerichts bzw. der Behörde (Staatsanwaltschaft, Polizei etc.). In dem Antrag auf Erteilung der A. sind die Vorgänge, über die vernommen werden soll, so anzugeben, daß seitens der ersuchten Dienststelle – ggf. differenzierend – beurteilt werden kann, ob Versagungsgründe vorliegen. Aussagen ohne Genehmigung (→ Einwilligung) können eine dienst-/arbeitsrechtliche Pflichtverletzung darstellen und Sanktionen nach sich ziehen. Die A. darf nur versagt werden, wenn die Aussage »für das Wohl des Bundes oder eines Landes nachteilig wäre oder wenn sie die Erfüllung öffentlicher Aufgaben ernstlich gefährden oder erheblich erschweren würde« (§ 62 Abs. 2 BBG).

Für → Sozialleistungsträger ist dabei § 35 SGB I zu beachten. Aus dieser Vorschrift ergibt sich, daß auch für Informationsbekundungen gegenüber der Justiz die Übermittlungsvoraussetzungen des SGB X zu beachten sind, also insbes. §§ 69, 73 und 74, aber auch § 76, der auf die → Schweigepflicht nach § 203 Strafgesetzbuch (StGB) verweist, sowie für die öffentliche → Jugendhilfe die §§ 61 bis 68 KJHG. Wenn also der Sozialleistungsträger eine personenbezogene Information nach diesen Vorgaben nicht weitergeben dürfte, muß er die A. verweigern (→ Sozialgeheimnis).

Erteilt der Dienstherr/Arbeitgeber eine A., obwohl dies den Mitarbeiter in die Gefahr bringt, nach § 203 StGB bestraft zu werden, verletzt er seine Fürsorgepflicht. Verweigert der Dienstherr die A., obwohl aus der Sicht der ersuchenden Stelle keiner der genannten Verweigerungsgründe gegeben ist, bleibt die Möglichkeit der verwaltungsgerichtlichen Klage.

Lit. Kühnel u.a.: Dienstrecht; Mörsberger, T.: Verschwiegenheitspflicht.

Thomas Mörsberger

Außendienst Tätigkeit der → Fachkräfte in der sozialen Arbeit außerhalb der Dienststelle. Der A. betrifft i.d.R. → Sozialarbeiter/-innen und Sozialpädagog/-innen, die im Rahmen der sozialen Arbeit einzelne, →

Familien und → Gruppen beraten, betreuen und ggf. an andere Hilfestellen weitervermitteln. Der A. kann auch das Umfeld und sonstige Institutionen zur Einholung von Informationen und Herstellung von Kontakten beinhalten. Die Initiative hierzu kann von Bürgerinnen und Bürgern, der Fachkraft, dem Träger oder sonstigen Institutionen ausgehen. Häufigkeit und Dauer des A. hängen von der jeweiligen Problemlage und der Entfernung von der Dienststelle ab. A. ist insbes. geboten, wenn es die besondere Notlage der Bürgerinnen und Bürger, der Kinder oder des Umfelds erforderlich machen. Der A. findet meistens in Form von Hausbesuchen statt. Er sollte grundsätzlich vorher vereinbart werden. Der A. von Verwaltungsfachkräften stellt im Rahmen der sozialen Arbeit eine Ausnahme dar.

Zur außendienstlichen Tätigkeit gehört ferner die Wahrnehmung von Terminen bei Gerichten, Behörden und sonstigen Stellen im Rahmen der anfallenden Arbeit.

Stefan Karolus

Außenfürsorge für psychisch Kranke ist ein Teil der Geschichte der → Psychiatrie. Die Suche nach Alternativen zur stationären Behandlung ≈ psychisch Kranker setzte nahezu zeitgleich mit den Anfängen institutionalisierter Psychiatrie gegen Ende des 18. Jh. ein. Ausgehend vom ursprünglichen Konzept der Familienpflege (Gheel, Belgien) entwickelten Kolb (1908) das Erlanger System (anstaltsgestützte A.) und Wendenburg (1920) das Gelsenkirchener System (gesundheitsamtgestützte A.). Beide Systeme, die A. am Psychiatrischen Krankenhaus und kommunale Fürsorgestellen am → Gesundheitsamt – heute als Beratungsstellen für psychisch Kranke und → Sozialpsychiatrische Dienste bezeichnet – bestehen bis heute fort. Überlegungen zur Verbesserung der Wirksamkeit von außenfürsorgerischen Einrichtungen mündeten in der von der → Psychiatrie-Enquête erhobenen Forderung nach Errichtung ambulanter Dienste am Psychiatrischen Krankenhaus. Gleichzeitig wurde eine Kompetenzerweiterung der Sozialpsychiatrischen Dienste am Gesundheitsamt angeregt. Mit ihrer Integration in ein System ambulanter Versorgung durch Institutionen mit erweiterter Kompetenz im sozialpsychiatrischen Sinne ist A. weiterhin ein wesentlicher Bestandteil des psychiatrischen Versorgungskonzeptes.
Lit. Bauer, M. u. a.: Psychisch Kranke; Dörner, K. u. a.: Gemeindepsychiatrie; Psychiatrie-Enquête-Kommission: Bericht; Rössler, u. a.: Versorgung .

Helmtraud Schmidt-Gante

Aussiedler → Spätaussiedler

Aussperrung → Arbeitskampf

Auswahlverfahren Aus Kostenersparnis und Zeitgewinn wird eine Teilmenge von Einheiten aus einer bestimmten Masse ausgewählt, um Schlüsse auf die Beschaffenheit dieser Masse zu ziehen. Die Anlage der → Stichprobe hängt von der gewünschten Information ab, die man über die Gesamtheit haben will. Es ist zwischen der Zufallsauswahl und der bewußten Auswahl zu unterscheiden. Bei der Zufallsauswahl muß a) jede Einheit die gleiche Chance haben, in die Stichprobe einzugehen, und b) die Genauigkeit der Ergebnisse festgestellt werden. Mit der Wahrscheinlichkeitsrechnung werden die Fehlergrenzen (→ Fehler) berechnet, die den Ergebnissen zukommen (→ Repräsentativität). Vier A. sind zu unterscheiden, die bei einer konkreten → Erhebung teilweise miteinander kombiniert werden. Das einfache Verfahren ist dort anzuwenden, wo alle Einheiten der Gesamtheit verzeichnet sind (z. B. Liste, Kartei). Durch Auslosung werden jene Einheiten erfaßt, die man für die Erhebung benötigt (z. B. Buchstabenauswahl). Beim geschichteten Verfahren unterstellt man, daß die Gesamtheit in eine Reihe von in sich homogenen Teilgesamtheiten zerfällt (z. B. Berufsgruppen). Das Klumpenauswahlverfahren ist dort anzuwenden, wo eine Gesamtheit in Gruppen, z. B. nach geographischen oder administrativen Einheiten, zerfällt. Das mehrstufige Verfahren wird z. B. bei einer Erntestichprobe angewendet. In der ersten Stufe werden die Dörfer, in der zweiten die Betriebe, in der dritten die Felder, in der vierten die 1-m²-Fläche ausgewählt. Die bewußte oder gezielte Auswahl dagegen wird von Personen geplant und durchgeführt, die mit der Grundsamtheit vertraut sind. Eine Berechnung von Fehlergrenzen ist jedoch nicht möglich. Das Quotenauswahlverfahren ist dem geschichteten Stichprobenverfahren (→ Stichprobe) ähnlich und wird in der Markt- und Meinungsforschung (→ Demoskopie) bzw. in der → empirischen Sozialforschung angewendet. Als Quotenmerkmale kann man nur solche Merkmale nehmen, die verhältnismäßig gut bekannt sind und für die neuere Daten vorliegen, z. B. Geschlecht, Alter, soziale Stellung, Gemeindegrößenklasse. In der Praxis wird dem Interviewer (→ Befragung) die genaue Zahl angegeben, es sind z. B. 10 Personen zu befragen, hiervon 4 männliche, 6 weibliche usw. Mit Hilfe des Konzentrationsprinzips wird eine kleine Zahl von Einheiten für die Erhebung bestimmt. Wird untersucht, so genügt es, sich z. B. auf die Großbetriebe zu beschränken.
Lit. Bohley, P.: Statistik; Kreienbrock, L.: Stichprobenverfahren; Krug, W. u. a.: Wirtschafts- und Sozialstatistik.

Hans Georg Rasch

Ausweisung → Ausländerrecht

Authentizität → Therapeutenvariablen

Autismus Unter der Bezeichnung A. versteht man eine schwere zwischenmenschliche Kontakt- und Kommunikationsstörung, die 1943/44 von dem deutsch-amerikanischen Kinderpsychiater Kanner und dem österreichischen Pädiater Asperger beschrieben wurde. Sie tritt in zwei Varianten auf: als frühkindlicher A. (Kanner-Syndrom) und als autistische → Persönlichkeitsstörung (Asperger-Syndrom).

Der frühkindliche A. ist durch folgende Merkmale nach DSM-III-R (→ Klassifikationssysteme psychischer Störungen) gekennzeichnet: Beginn vor dem Alter von 30 Monaten; grundlegender Mangel an Reaktion auf andere Menschen; Defizite in der → Sprachentwicklung; abnormes sprachliches Verhalten, wenn sich Sprache überhaupt entwickelt (z.B. metaphorische Sprache, Pronomenumkehr); bizarre Reaktionen auf verschiedene Umweltreize und Fehlen von Hinweisen auf eine schizophrene Erkrankung (z.B. → Wahn, → Halluzinationen).

Kennzeichnendstes Merkmal für die Eltern ist der fehlende Blickkontakt und die früh zu beobachtende Kontaktverweigerung, die sich z.B. darin zeigt, daß die Kinder Zuwendung und Zärtlichkeiten seitens naher Bezugspersonen (→ Bezugsgruppe, Bezugsperson) ablehnen und von sich aus keinen Kontakt suchen. Bei den meisten autistischen Kindern ist die Sprachentwicklung extrem verzögert; sie zeigen zwanghaft-rituelles Verhalten und ausgeprägte Veränderungsängste. Darunter versteht man das Auftreten erheblicher Angstsymptome (→ Angst), wenn Veränderungen in der Umgebung der Kinder erfolgen (z.B. Umstellungen in der Wohnung, Änderung des Tagesablaufes, neue Kleidung). Ferner ist die → Intelligenz der meisten autistischen Kinder beeinträchtigt. Etwa 60% sind geistig behindert (→ Geistig Behinderte), 20% lernbehindert (→ Lernbehinderte), bei ca. 17% liegt der Intelligenzquotient im Grenzbereich zur Normalität, und bei 3% im Durchschnittsbereich oder darüber.

Der Autismus ist eine relativ seltene Erkrankung, man rechnet mit etwa 4-5 Autisten auf 10 000 Kinder und Jugendlichen, hochgerechnet auf ganz Deutschland gibt es etwa 5- bis 6 000 autistische Kinder und Jugendliche im Alter zwischen 5 und 15 Jahren. Die Geschlechterrelation ist eindeutig zur Seite der Jungen verschoben, mit einem Verhältnis zwischen Jungen und Mädchen von 2:1 bis 3:1.

Als Ursache wird heute eine Hirnfunktionsstörung angenommen, die sekundär die zusätzlichen Symptome (z.B. Wahrnehmungsstörungen, Sprachentwicklungsrückstand, Intelligenzminderung) erklärt. Die These von der Psychogenese läßt sich nicht mehr aufrecht erhalten. Die Beteiligung folgender Faktoren bei der Entstehung des Autismus ist noch Untersuchungsgegenstand: Hirnschädigungen und neuropsychologische Ausfälle, biochemische Besonderheiten und Störungen der zentralen Aktivierung. Interessant ist, daß autistisches Verhalten bei einer Vielzahl anderer Erkrankungen gehäuft vorkommt (z.B. bei der Rötelnembryopathie, tuberöser Sklerose, Marker-X-Syndrom). Die Bedeutung genetischer Faktoren als Ursache wurde in den letzten Jahren immer stärker betont, seit in Zwillingsuntersuchungen eine deutlich höhere Konkordanzrate bei eineiigen Zwillingen gefunden wurde. Familienuntersuchungen ergaben ein erhöhtes Erkrankungsrisiko für Geschwister autistischer Kinder.

Die → Therapie muß verschiedenen Komponenten Rechnung tragen: dem Kontaktverhalten, der motorischen Entwicklung, der Sprachentwicklung und dem → Sozialverhalten. Dementsprechend haben sich Konzepte durchgesetzt, die integrativ verschiedene Komponenten umfassen. Auch eine medikamentöse Behandlung kann als unterstützende Maßnahme hilfreich sein.

Die Prognose hängt von der Sprachentwicklung und von der Intelligenz ab. Kinder, die bis zum 6. Lebensjahr eine kommunikative Sprache entwickelt haben, haben eine relativ günstige Prognose, aber alle autistischen Kinder zeigen bei entsprechender Förderung Entwicklungsfortschritte. Etwa die Hälfte ist im Erwachsenenalter aber immer noch ohne Sprache.

Die autistische Persönlichkeitsstörung (Asperger-Syndrom) findet sich häufiger beim männlichen Geschlecht und ist nicht durch eine so hochgradige Kontaktstörung gekennzeichnet wie der frühkindliche A. Auch im Hinblick auf andere Entwicklungsbereiche ergeben sich Unterschiede: so lernen Kinder mit Asperger-A. häufig früh sprechen und entwickeln sogar eine grammatisch und stilistisch hochstehende, manchmal gekünstelte Sprache. Auch hat ihre Sprache immer eine kommunikative Funktion, und hinsichtlich der Intelligenz sind die Kinder durchschnittlich bis überdurchschnittlich begabt.

Als Ursache wird ein genetischer Hintergrund angenommen. Im Erbumkreis von Kindern mit autistischer Persönlichkeitsstörung findet man gehäuft kontaktarme Menschen, die, in Verdünnung, ein ähnliches Bild bieten wie die Kinder mit autistischer Persönlichkeitsstörung.

Die Behandlung besteht in einem schrittweisen Kontakt- und Sozialtraining unter Nutzung der speziellen Eigenarten und Interessen der Kinder. Oft muß man sie allerdings von ihren ausgestanzten Sonderessen (z.B. für Dinosaurier, für Gesetze oder für Schmelzpunkte von Metallen) schrittweise wegführen, weil sie sich sonst nur noch in deren Bedeutungsumkreis bewegen.

Die Prognose ist günstiger als beim frühkindlichen A., weil mit zunehmendem Lebensalter eine gewisse Nachreifung einsetzt

und weil aufgrund der meist guten intellektuellen Fähigkeiten auf dem Leistungssektor eine positive Entwicklung der Kinder möglich ist.
Lit. Remschmidt: Kinder- und Jugendpsychiatrie.   *Helmut Remschmidt*

Autoaggression → Aggression/Aggressivität

Autogenes Training Die klassische Form des a.T. als einer Methode der Selbstentspannung, als autosuggestiver Prozeß ist von Schultz zuerst in einer Monographie aus dem Jahre 1932 beschrieben. Durch genau abgestufte Konzentrationsübungen soll der Patient zu einer immer größer werdenden Beherrschung seiner Körperfunktion gelangen. Häufig wird a.T. alternativ zur Hypnose angewendet, und als Unterscheidungsmerkmal wird beim a.T. ausdrücklich Selbständigkeit und Selbstverantwortlichkeit des Patienten vorausgesetzt. Ursprünglich hat Schultz nach seinem Neuroseschema oberflächlich gelagerte, eher milieuabhängige Fremd- und Randneurosen als Indikationen für a.T. genannt. Das a.T. geht von einem Körperschema aus, das Verbindungen und wechselseitige Abhängigkeit der verschiedenen Organsysteme grob strukturiert. Dazu werden neben dem Stützsystem das Vegetativum, das Vaso-Kardinal-System und die Quermuskulatur unterschieden. Diesen Systemen übergeordnet, aber auch teilweise von ihnen abhängig, wird das sog. Ich vorgestellt. Nach einer bestimmten Ruheeinstellung geht das a.T. von sog. Vorsatzformeln der Grundübungen aus, die beispielsweise lauten: »Ich bin ganz ruhig«, »der rechte Arm wird ganz schwer«, »der rechte Arm ist schwer«, »der rechte Arm wird warm«, »der rechte Arm ist warm« bis zu Vorsatzformeln wie »mein Kopf ist ganz frei«. Im Gegensatz zu anderen → Entspannungsverfahren tritt der suggestive Einfluß seitens des Übungsleiters zurück, da die Patienten von sich aus zu einer konzentrativen Selbstentspannung gelangen sollen. Ein Schüler von Schultz, Biermann, hat als Leiter des Instituts für Psychohygiene des Erft-Kreises a.T. auch für → Verhaltensauffälligkeiten und psychosomatische Auffälligkeiten (→ Psychosomatik) bei Kindern und Jugendlichen angewandt und unter Kinderärzten und Psychologen verbreitet. Nach seiner Monographie (1975) ist die von Schultz propagierte Beschränkung auf ärztliche Therapeuten inzwischen überwunden. Auch Lehrer und Sozialarbeiter wenden a.T. mit Erfolg an. Daß gleichwohl der ständige Erfahrungsaustausch mit Medizinern gewährleistet werden sollte, ergibt sich aus der Komplexität der zu behandelnden Auffälligkeiten.
Lit. Biermann: Autogenes Training; Hoffmann, B.: Handbuch; Krampen, G.: Autogenes Training; Schultz, J. H.: Autogenes Training.   *Peter Barkey*

Autokratischer Erziehungsstil → Erziehungsstile

Autopoiese (gr. autos=selbst, poiese=machen, erzeugen) umfaßt die Begriffe selbsterzeugend, selbstorganisiert, selbstreferentiell und selbsterhaltend. A. ist ein wesentlicher Begriff der konstruktivistischen Kognitionstheorie der chilenischen Biologen Maturana und Varela. In ihr werden Prozesse des Erkennens allein durch die Organisation und Struktur des Nervensystems determiniert. Diese Prozesse sind der autopoietischen Organisation lebender Systeme zuzuordnen.
Autopoietische Organisation bezeichnet eine besondere Organisation, die eine besondere Art von Systemen definiert, nämlich: autopoietische Systeme. A. Systeme kennzeichnet, daß sie als Einheit abgeschlossene Netzwerke der Produktion von Bestandteilen bilden, in denen die produzierten Bestandteile das Netzwerk der Produktion, in dem sie entstehen, selbst hervorbringen. A. Systeme arbeiten immer gegenwärtig und haben den alleinigen Zweck, sich selbst zu reproduzieren. Sie existieren unabhängig von einer weitergehenden Zweck- und Zielorientierung. Sie sind zweck- und ziellos. A. Systeme erhalten sich selbst und arbeiten lediglich innerhalb ihrer Grenzen mit internen Zuständen. Sie sind operational geschlossen. Die operationale Geschlossenheit schließt eine gewisse Umweltoffenheit jedoch nicht aus. Die Außenwelt wird nur insoweit zur relevanten Umwelt, als sie im System Eigenzuständigkeiten anstößt. Umwelt ist die vom System ermöglichte Umwelt und nicht »Umwelt an sich«. Diese besondere Form der Umweltoffenheit wird auch mit dem Begriff der »strukturellen Koppelung« belegt. A. Systeme sind strukturdeterminiert. Die a. Organisation eines Lebewesens bleibt bestehen, solange es lebt. Die aktuelle Struktur legt fest, wie sich ein Lebewesen verändern kann. Für soziale und therapeutische Bereiche hat die a. Organisation lebender Systeme entscheidende Folgen. Lebende Systeme, also auch Menschen, sind zwar materiell und energetisch offen, in der Tiefenstruktur ihrer Selbststeuerung jedoch geschlossen und insofern unabhängig und nicht beeinflußbar. Die Reichweite der A.theorie wird heute noch sehr kontrovers diskutiert. Den Begriff der A. bezieht Maturana lediglich auf Lebewesen 1. und 2. Ordnung (Zelle und Organismen). Varela nennt drei biologische Systeme, die nach den Prinzipien a. Organisation arbeiten: Zellsysteme, Immunsysteme und Nervenzellen. Eine Übertragung der A.theorie auf soziale Systeme, wie es N. Luhmann versucht, halten sie nicht für möglich. Luhmann seinerseits setzt die bio-

Autoritärer Erziehungsstil

logische Fassung der A. als Selbstproduktion von Leben in eine Selbstproduktion von Sinngeschehen in Interaktionssystemen um. Ihm folgend sind soziale Systeme a. Systeme mit einer »Selbstbeweglichkeit des Sinngeschehens«. Es sind selbstreferentielle Systeme durch die Geschlossenheit der Sinnstruktur des Systems.»Auch Sinnsysteme sind insofern vollständig geschlossen, als nur Sinn auf Sinn bezogen werden und nur Sinn Sinn verändern kann«. (Luhmann, Soziale Systeme, 84). Nicht Handlungen machen somit ein soziales Netz aus, sondern Kommunikation.»Das Sozialsystem Familie bestehe danach aus Kommunikationen und nur aus Kommunikationen, nicht aus Menschen und auch nicht aus Beziehungen« (N. Luhmann, Soziologische Aufklärung 1, 1972).
s. a. → Systemtheorie
Lit. Hollstein-Brinkmann: Systemtheorie; Maturana u. a.: Erkenntnis; Systeme, Pfeiffer-Schaupp: Familientherapie.

Ursula Zinda

Autoritärer Erziehungsstil → Erziehungsstile

Autorität Der Begriff der Autorität hat seit der antiautoritären Bewegung einen Bedeutungswandel durchgemacht. Während zuvor darunter eine Persönlichkeit verstanden wurde, bei der es sich aufgrund ihrer Fähigkeiten geradezu anbot, sich ihr unterzuordnen, kämpfte die antiautoritäre Bewegung gegen Autoritarismus als eine Form der Unterdrückung, wobei die autoritäre Persönlichkeit sich diese Autorität aufgrund seiner gesellschaftlichen Position lediglich anmaßte.
Der Beginn der Moderne, deren Programmatik durch die Aufklärung formuliert wurde, ist durch einen Autoritätskonflikt gekennzeichnet. Im Mittelalter war die Gesellschaft hierarchisch gegliedert, an der Spitze der Hierarchiepyramide standen feudale oder sakrale Herrscher. Das Aufblühen der Städte, neue kapitalistische Formen des Wirtschaftens (Handel und Produktion) haben die Idee eines republikanischen Gemeinwesens und der Selbstbestimmung des Einzelnen hervorgebracht. Verschiedene Formen der Mündigkeit sind dabei zu unterscheiden. Auf intellektuellem Gebiet ist damit die Forderung verknüpft, Behauptungen vernünftig begründen und belegen zu können. In psychologischer Hinsicht wird darunter die Vermeidung von emotionaler Abhängigkeit verstanden, in sozialer Hinsicht die Forderung nach Gleichberechtigung und Fairness.
Die privaten Beziehungen haben sich als relativ veränderungsresistent erwiesen gegenüber den Forderungen nach Mündigkeit. So ist die Forderung nach Gleichberechtigung der Frauen als faire Chance zur Mündigkeit noch heute nicht ausreichend realisiert. Ebenso ist der moderne Eltern-Kind-Dialog häufig durch »Autoritätsentgleisungen« (Eltern tyrannisieren Kinder, Kinder tyrannisieren Eltern) gekennzeichnet.
Die Geschichte der Moderne zeigt nun, daß das Programm der Aufklärung häufig scheiterte. Neben wirtschaftlichen und sozialen Bedingungen der Unmündigkeit entdeckte man die psychologische Hörigkeitsbereitschaft der Menschen. Die Grundbeziehung in der → Sozialisation ist die Eltern-Kind-Beziehung, die durch ein außerordentlich hohes Machtgefälle gekennzeichnet ist. Die psychoanalytische → Entwicklungspsychologie lehrt die zentrale Bedeutung des ödipalen Konfliktes (→ Ödipuskomplex) im Entwicklungsdrama sowohl zur Mündigkeit als auch zur Hörigkeitsbereitschaft. Ihm liegt das Angezogenwerden und zugleich die Angst vor dem anderen Geschlecht, die Geborgenheitswünsche als auch die Rivalitätsaggression gegenüber den als mächtig erlebten Eltern zugrunde.
Will sich A. auf den anderen Gebieten entfalten und sich dabei die Hörigkeitsbereitschaft zunutze machen, knüpft sie an das sozialisatorisch primäre Machtgefälle bzw. an die im ödipalen Drama entwickelten Ängste an.
Die moderne experimentelle Forschung (etwa von Milgram oder Zimbardo) hat in erschütternder Weise die latente Hörigkeitsbereitschaft von Menschen bloßgelegt.
Die Forschung zum autoritären Charakter versucht herauszufinden, welche Charakterstrukturen aufgrund welcher Sozialisationsbedingungen zur Flucht in Hörigkeitsbeziehungen prädisponiert sind.
Lit. Fromm: Furcht; Milgram: Experiment; Richter, H. E.: Flüchten; Sennet: Autorität.

Norbert Spangenberg

B

Bagatellgrenze → Kostenerstattung

Bahnhofsmission Die B.arbeit ist ein Teil der Sozialarbeit (→ Sozialarbeit/Sozialpädagogik), die von Caritas (→ Deutscher Caritasverband [DCV]) und Diakonie im Auftrag ihrer Kirchen geleistet wird. Sie ist auf evangelischer Seite in dem Verband der Deutschen Evangelischen Bahnhofsmission e.V., Fachverband des → Diakonischen Werkes der Evangelischen Kirche in Deutschland, zusammengefaßt, auf katholischer Seite in der Bundesarbeitsgemeinschaft der Katholischen Bahnhofsmissionen in Deutschland. Beide Trägerverbände bilden seit 1910 eine Arbeitsgemeinschaft, die Konferenz für Kirchliche B. Evangelische und katholische B. sind im Zuge der Industrialisierung des letzten Jahrhunderts entstanden. Einsetzende Wanderungsbewegungen (→ Migration) machten die Hilfen für Menschen unterwegs erforderlich. B.

hat in den folgenden Jahrzehnten immer rasch auf die Nöte der Zeit reagiert und ist so zu einem Seismographen unserer Gesellschaft geworden. Aufgabe der B. ist die unmittelbare soziale Hilfe für Menschen, die sich im Bahnhofsbereich aufhalten. Dabei erfüllt die B. die Funktion einer Anlaufstelle, in der Ratsuchende mit ihren Problemen angenommen und notwendige Hilfen eingeleitet werden. Dazu ist sie einbezogen in das Netz → sozialer Dienste der jeweiligen Kommune und erschließt deren Hilfeangebote für die Menschen am Bahnhof. Z. Z. arbeiten über 2 100 überwiegend ehrenamtliche Mitarbeiter/-innen (→ Ehrenamtliche Tätigkeit im Sozialen Bereich) auf 107 Bahnhöfen. *Peter Moll*

Balintgruppen sind Fallbesprechungsgruppen, die nach einer bestimmten von der → Psychoanalyse abgeleiteten Methode arbeiten. Diese Methode wurde in den 50er Jahren in London von Michael Balint, Arzt und Psychoanalytiker, und seiner Frau Enid Balint, Sozialarbeiterin und Psychoanalytikerin, zunächst in der Zusammenarbeit mit Sozialarbeitern, dann mit praktischen Ärzten entwickelt. Sie dient dem Zweck, psychoanalytische Spezialkenntnisse, die das Feld der zwischenmenschlichen Beziehungen, insbes. deren unbewußte Anteile, betreffen, anderen psychosozial tätigen Berufsgruppen nutzbar zu machen. Das Ziel, das erlangt werden soll, besteht in einer deutlichen, jedoch begrenzten Einstellungsänderung, die es den B.teilnehmern ermöglicht, mit den Menschen, die ihnen beruflich anvertraut sind, in einer bestimmten Weise anders umzugehen.
B. sind über Jahre laufende, i. d. R. wöchentlich stattfindende, von einem Psychoanalytiker geleitete Fallbesprechungsgruppen mit 8 bis 12 Teilnehmern, die demselben Beruf angehören und darin schon Jahre tätig sind. Die B.methode bildet in der Arbeit fort, die jetzt getan wird, aber nicht in einer Arbeit, die in der Vergangenheit getan worden war oder erst in der Zukunft getan werden soll. Der Druck, der aus der täglichen Arbeit stammt, ist unverzichtbar. Die Kontinuität der wöchentlich, höchstens alle 14 Tage stattfindenden Gruppensitzungen ist erforderlich, weil die angestrebte Einstellungsänderung viel Zeit und ständige Übung braucht und die diskutierten Fälle auch im Verlauf sichtbar werden sollen. Derselbe Beruf der Teilnehmer und vergleichbare Praxisbedingungen lassen im Gegensatz zur Einzelsupervision (→ Supervision) die unterschiedlichen Spielarten derselben Berufsarbeit sichtbar werden. Auf diese Weise kann jeder Teilnehmer seine eigene Vorgehensweise erfahren, um seine eigenen Möglichkeiten besser zu nutzen.
Die Einstellungsänderung bewirkt ein anderes Zuhören. Zuhören meint, nicht nur darauf zu achten, was der Klient bzw. der Patient sagt, sondern auch darauf, wie er es sagt. Zuhören meint also auch die genaue Beobachtung. Zuhören meint ferner, Schlüsse aus den Äußerungen zu ziehen, ohne Symptom oder Klage in irgendein Schema einzuordnen oder zu pressen. Das verlangt, Geduld zu haben, Mitteilungen auf sich einwirken zu lassen, nicht sofort zu handeln, auch mit Fragen zurückhaltend zu sein. »Das meint nicht, daß keine Fragen gestellt werden. Aber sie müssen sich immer aus den Mitteilungen des Klienten ergeben. Sie müssen mehr auf die Klärung dessen gerichtet sein, was in dem Material schon enthalten ist, anstatt auf die Forderung nach mehr oder anderem, und sie müssen dem Klienten zeigen können, daß der Sozialarbeiter bereit ist, mehr zu hören, anstatt ihn zu zwingen, mehr zu geben« (M. Balint, in: Report, 1950, 5).
Die Atmosphäre einer effektiv arbeitenden B. ist durch Offenheit gekennzeichnet und durch dieselbe andere Art des Zuhörens geprägt. Die gesamte berufliche Existenz geht in die Diskussion mit ein, die aber stets auf den Fall bezogen bleibt. Die B. ist keine Selbsterfahrungsgruppe (→ Selbsterfahrung). Außerdem ist zu beachten, daß die Verantwortung für den Fall weder auf die Gruppe noch den Gruppenleiter übertragen wird, sondern stets bei dem bleibt, der von ihm berichtet.
Die Methode der B. hat rasche Verbreitung gefunden. Sie wurde auf andere Berufsgruppen innerhalb der → Sozialarbeit/Sozialpädagogik und der Medizin, später auf andere Berufe übertragen, auf Lehrer, Seelsorger, Richter u. a. Soweit sonst keine Modifikationen vorgenommen wurden, entstanden weitere B. im engeren, im eigentlichen Sinne. Außerdem entwickelten sich Modifikationen, die sich methodisch allerdings nicht auf das Werk der beiden Balints berufen können. Dazu gehören: Der Gruppenleiter ist kein Psychoanalytiker. Die Gruppe dient auch der Selbsterfahrung. Die Gruppe dient nicht der Fortbildung schon qualifizierter Tätiger, sondern der Ausbildung zum Grundberuf oder der Weiterbildung zum Erwerb einer weiteren formal festgelegten Qualifikation im schon erworbenen Grundberuf. Die Gruppe tagt nicht kontinuierlich, sondern fraktioniert. Die Gruppe ist aus Teilnehmern unterschiedlicher Praxisbedingungen oder verschiedener Berufe zusammengesetzt. Den Modifikationen gemäß entstanden Fallbesprechungsgruppen verschiedenster Art. Sie werden ebenfalls in der Regel heute »B.« genannt.
Lit. Balint: Arzt; Loch: Balint-Gruppen; Nedelmann u. a.: Balint-Gruppe.
Carl Nedelmann

Barbetrag, angemessener Sozialhilfeempfängern in → Einrichtungen (Bewohnern einer Anstalt, eines Heimes oder einer

Basisarbeit   102

gleichartigen Einrichtung) wird mit den Leistungen der → Hilfe zum Lebensunterhalt ein a. B. (Taschengeld) zur persönlichen Verfügung gewährt (§ 21 Abs. 3 S. 1, 1. Halbs. → Bundessozialhilfegesetz [BSHG]). Der regelmäßig als → Geldleistung zu gewährende B. ist eine → Pflichtleistung, auf die der Sozialhilfeempfänger einen → Rechtsanspruch hat (§ 4 Abs. 1 BSHG).
Zur Gewährung des B. hat der DV Empfehlungen ausgearbeitet.
Der B. ist zu mindern oder nicht zu gewähren, wenn der Sozialhilfeempfänger selbst oder ein anderer für ihn zu einer bestimmungsmäßigen Verwendung nicht in der Lage ist (§ 21 Abs. 3 S. 1, 2. Halbs. BSHG). Eine Kürzung oder Versagung des B. ist außerdem unter den Voraussetzungen nach § 25 Abs. 2 Nr. 1 und nach § 29a BSHG möglich. Bei der → Blindenhilfe (→ Blindengeld) wird ein B. nicht gewährt (§ 67 Abs. 5 BSHG).
Der B. – als Teil der Leistung der Hilfe zum Lebensunterhalt – soll den Bedarf des täglichen Lebens decken (→ Bedürfnisse, persönliche, des täglichen Lebens), für den Einrichtung keine Leistung erbringt und der Träger der Sozialhilfe keine besonderen Leistungen gewährt. Der Sozialhilfeempfänger in einer Einrichtung wird damit in die Lage versetzt, selbst über die Mittel zur Befriedigung persönlicher Bedürfnisse zu bestimmen. Bei Kindern und Jugendlichen in Einrichtungen verfolgt die Gewährung eines a. B. (§ 39 Abs. 2 KJHG) unter pädagogischem Aspekt auch den Zweck, sie zum eigenverantwortlichen Umgang mit Geld zu befähigen.
Der B. für einen erwachsenen Sozialhilfeempfänger in einer Einrichtung in Höhe von mindestens 30% des → Regelsatzes eines → Haushaltsvorstandes umfaßt den Aufwand für die Erhaltung von Beziehungen zur Umwelt, für die Information und für die Teilnahme am kulturellen und politischen Leben in angemessenem Umfang, für Genußmittel, für die Körperpflege und Reinigung, für die Instandhaltung der Schuhe und Kleidung sowie für die Wiederbeschaffung von Wäsche und von kleineren Hausratsgegenständen.
Ein zusätzlicher B. wird Sozialhilfeempfängern gewährt, die einen Teil der Kosten des Aufenthalts in der Einrichtung selbst tragen (§ 21 Abs. 3 S. 4 BSHG). Diese Leistung trägt unter dem Aspekt des gebotenen Ausgleichs dem Umstand Rechnung, daß vielen Heimbewohnern – vor allem in Alten- und Altenpflegeheimen –, die für ihr Alter vorgesorgt haben, wegen der steigenden Kosten aus ihren verfügbaren eigenen Einkünften keine ausreichenden Mittel zur Befriedigung persönlicher Bedürfnisse verbleiben.
Lit. Bundessozialhilfegesetz: LPKomm.-BSHG; Gottschick u.a.: BSHG (Komm.); Knopp u.a.: BSHG (Komm.); Mergler u.a.: BSHG (Komm.); Schellhorn: BSHG (Komm.); Schoch: Barbetrag.
Robert Imlau-Staupendahl

Basisarbeit ist die unmittelbare Arbeit mit Klienten und Adressaten im Gegensatz zu den mehr administrativen (→ Verwaltung) oder sozialplanerischen (→ Sozialplanung) Tätigkeiten oder anderen Aufgaben, in denen Leitungsfunktionen wahrgenommen werden.
B. findet vorwiegend im Rahmen der → Stadtteilarbeit, der zielgruppenorientierten Arbeit des allgemeinen Sozialdienstes (→ Sozialdienst, Allgemeiner [ASD]) und der Arbeit in Problemgebieten statt. B. kann fall- und/oder feldorientiert sein. B. kann durch unterschiedliche Trägerformen realisiert werden, z.B. durch die Einrichtung von Stadtteilbüros und Stadtteilläden, aber auch durch eine entsprechende Stadtteilorientierung des ASD. B. als Handlungsmaxime der → Sozialarbeit reflektierte vor allem die politischen Forderungen der 60er Jahre und versuchte, an den Bedürfnissen der Adressaten orientiert, eine emanzipatorische Strategie umzusetzen. Diese Forderungen sind weitgehend in dem derzeitigen Konzept des Lebensweltbezugs (→ Lebenswelt) in der sozialen Arbeit aufgehoben (Habermas).
Ziel der B. ist es, orientiert an der Lebenswelt der Adressaten, mit diesen Prozesse der Veränderung einzuleiten. Die dabei intendierte solidarische Vorgehensweise mit den Betroffenen und die angestrebte Aufhebung des Subjekt-Objekt-Verhältnisses ist an organisatorische Voraussetzungen gebunden. Sie wird erheblich erschwert, wenn der Helfer Teil der für die Verhältnisse verantwortlichen Bürokratie ist. Das behindert den Aktionsradius von Helfern, die der Kommune verpflichtet sind (z.B. der ASD) und begünstigt Selbsthifeeinrichtungen und andere freie Initiativen. Das Konzept entspringt den Problemen und Bedürfnissen der Stadt. Die Umsetzung in ländlichen Regionen nimmt jedoch zu (Karolus u.a.).
Lit. Habermas: Handeln; Karolus u.a.: Sozialarbeit.
Jürgen Mangold

Baugesetzbuch (BauGB) Das BauGB trat i.d.F. der Bekanntmachung vom 8.12. 1986 (BGBl. I S. 2253) zum 1.1.1987 in Kraft. Es ist das wichtigste Gesetz zum → Planungs- und Bodenrecht und begründet zusammen mit Art. 28 → Grundgesetz (GG) die → Planungshoheit der Gemeinden (→ Selbstverwaltung). Das BauGB vereinigt die bis dahin eigenständigen Gesetze des Bundesbaugesetzes (BBauG), das die allgemeine städtebauliche Entwicklung regelte, und des Städtebauförderungsgesetzes (StBauFG), das spezielle Regelungen für Stadterneuerungs- und Entwicklungsmaßnahmen enthielt.

Mit dem am 1. 5. 1993 in Kraft getretenen Investitionserleichterungs- und Wohnbaulandgesetz wurde das Städtebaurecht, vor allem unter den Aspekten der Verfahrensbeschleunigung und der Fortentwicklung im städtebaulichen Bereich novelliert und durch das bis zum 31. 12. 1997 befristete BauGB-MaßnahmenG ergänzt.

Das BauGB gliedert sich wesentlich in zwei Teile. Der erste, das allgemeine Städtebaurecht regelt die Ziele und Verfahren der → Bauleitplanung, die Zulässigkeit von Vorhaben (Errichtung, Änderung baulicher Anlagen), die Bodenordnung und Erschließung. Der zweite Teil, das besondere Städtebaurecht, enthält die Ziele, Vorbereitung und Verfahren im Zusammenhang mit städtebaulichen Sanierungsmaßnahmen und Entwicklungsmaßnahmen, die Regelungen zur → Erhaltungssatzung und städtebaulichen Geboten (z. B. Modernisierungs-, Instandsetzungs-, Bau-, Abbruchgebot), die Regelungen zum → Sozialplan und Härteausgleich. Das BauGB-MaßnahmenG enthält bis zum 31. 12. 1997 befristete Sonderregelungen für die Bereiche der Bauleitplanung, Vorkaufsrechte, Zulässigkeit von Vorhaben und Sonderbestimmungen über städtebauliche Verträge und den Vorhaben- und Erschließungsplan. Generelle Zielvorstellungen des BauGB sind die Sicherstellung einer geordneten städtebaulichen Entwicklung, einer dem Wohl der Allgemeinheit entsprechenden sozialgerechten Bodennutzung, einer menschenwürdigen Umwelt sowie der Schutz bzw. die Entwicklung der natürlichen Lebensgrundlagen. Öffentliche und private Belange sollen bei der Bauleitplanung und der städtebaulichen → Sanierung und Entwicklung gerecht gegen- und untereinander abgewogen werden.

Ausgehend von den sozialorientierten Zielvorstellungen des BauGB und den, insbes. im § 1 Abs. 5 und § 136 explizit genannten sozialen Belangen, enthält das BauGB sozialplanerische Ansatzpunkte (→ Sozialplanung).

Als wichtigste sind zu nennen: § 9 »Inhalt des Bebauungsplans« mit der Möglichkeit, Flächen für Gemeinbedarf, für Wohngebäude entsprechend den Regelungen des sozialen Wohnungsbaus (→ Wohnungsbau, sozialer) und für Personengruppen mit besonderem Wohnbedarf auszuweisen; §§ 3 und 137 → Bürger- und → Betroffenenbeteiligung; § 4 Beteiligung der Träger öffentlicher Belange; § 141 »Vorbereitende Untersuchungen« zur Festlegung eines Sanierungsgebiets; § 165 »Städtebauliche Entwicklungsmaßnahmen«; § 172 »Erhaltungssatzung« u. a. zur Erhaltung der Zusammensetzung der Wohnbevölkerung in einem Gebiet oder zur Sicherung einer sozialverträglichen Umstrukturierung; § 180 »Sozialplan«; Prüfung nachteiliger Auswirkungen, Erstellung und Fortschreibung des Sozialplans; § 181 »Härteausgleich«; sowie eine Reihe städtebaulicher Gebote, wie § 177 »Modernisierungs- und Instandsetzungsgebot« und § 186 »Verlängerung von Miet- und Pachtverhältnissen« gemäß Sozialplan. Zur konsequenten Wahrnehmung der sozialplanerischen Belange im Rahmen der Bauleit- und Stadterneuerungsplanung empfiehlt sich eine möglichst frühzeitige Einbeziehung von Sozialverwaltung und → Jugendamt (JA) in diese Planungsprozesse (§ 80 → Kinder- und Jugendhilfegesetz [KJHG – SGB VIII]; → Jugendhilfeplanung). Aufgabe der sozialplanerisch tätigen Mitarbeiter/-innen ist es, den Anforderungen des Sozialbereichs, z. B. resultierend aus den jeweiligen → Fachplanungen oder aus stadtteilspezifischer Kenntnis (→ Stadtteilarbeit), möglichst frühzeitig einzubringen, anstehende Planungen auf ihre nachteiligen Auswirkungen zu prüfen, mögliche Alternativen bzw. die erforderlichen Begleit- und Sicherungsmaßnahmen zu entwickeln und in die Bürgerbeteiligungs- und Abwägungsprozesse einzuspeisen.

Lit. Bielenberg u. a.: Städtebauförderungsrecht (Komm.); Ernst u. a.: BauGB (Komm.); Schmid-Urban: Städtebauliche Planung.
Petra Schmid-Urban

Baukindergeld → Familienleistungen

Bauleitplanung ist das zentrale Instrument des Städtebaurechts zur planvollen Entwicklung des Gemeindegebietes durch eine geordnete Nutzung der Grundstücke des Gemeindegebietes. Die B. ist im → Baugesetzbuch (BauGB) geregelt. Die Grundsätze für die inhaltliche Gestaltung der B. sind in § 1 Abs. 5 BauGB niedergelegt. In der B. beggnen sich öffentliche Entwicklungstätigkeit und Privatinitiative. Die B. erfolgt in 2 Stufen: im Rahmen des → Flächennutzungsplans und im Rahmen des → Bebauungsplans.

Die Aufstellung von Bauleitplänen ist eine typische Selbstverwaltungsaufgabe (→ Planungshoheit) der Gemeinde, wenngleich sich die B. auch den Zielen der Raumordnung (→ Raumordnungsgesetz [ROG]) und der Landesplanung anzupassen hat. Bauleitpläne werden nach einem bestimmten Verfahren aufgestellt, das im BauGB geregelt ist. Nach § 1 Abs. 3 haben die Gemeinden Bauleitpläne aufzustellen, sobald (Zeitpunkt) und soweit (sachlicher und räumlicher Umfang) es für die städtebauliche Entwicklung und Ordnung erforderlich ist. Aufgaben der B. sind: den ordnenden Rahmen für die bauliche und sonstige Nutzung der Grundstücke zu setzen und eine Entwicklung der baulichen und sonstigen Nutzung vorzubereiten und zu leiten, wie es nach dem städtebaulichen Konzept der Gemeinde angestrebt wird.

Der Sozialplaner (→ Sozialplanung) ersieht aus dem Flächennutzungsplan insbes. wel-

che Flächen für den Gemeinbedarf vorgesehen sind, bzw. muß sich bei der Aufstellung des Flächennutzungsplanes um die Sicherung von Flächen für künftige Einrichtungen bemühen. Bei der Aufstellung des Bebauungsplanes, aus dem die Nutzung der Grundstücke in dessen Geltungsbereich hervorgeht, muß der Sozialplaner neben den Auswirkungen der vorgesehenen Nutzung auf den Geltungsbereich des Bebauungsplanes auch prüfen, welche Konsequenzen die geplante Nutzung für die Gebiete hat, die an den Geltungsbereich des Bebauungsplanes grenzen.
Für den Sozialplaner sind u. a. folgende Planungsleitlinien für Bauleitpläne (s. § 1 Abs. 5 S. 2 BauGB) wesentlich: die allgemeinen Anforderungen an gesunde Wohn- und Arbeitsverhältnisse und die Sicherheit der Wohn- und Arbeitsbevölkerung; die Wohnbedürfnisse zur Vermeidung einseitiger Bevölkerungsstrukturen; die sozialen und kulturellen Bedürfnisse der Bevölkerung; insbes. die Bedürfnisse der → Familien, der jungen und alten Menschen sowie der → Behinderten; die Belange des Bildungswesens sowie von Sport, Freizeit und → Erholung, aber auch die Erhaltung, Sicherung und Schaffung von Arbeitsplätzen. Darüber hinaus legt § 1 Abs. 1 BauGB-MaßnahmenG fest: »Bei der Aufstellung, Änderung, Ergänzung und Aufhebung von Bauleitplänen nach dem BauGB soll einem dringenden Wohnbedarf der Bevölkerung besonders Rechnung getragen werden.«
Beim Verfahren über die Aufstellung von Bauleitplänen werden besonders wichtig: die Beteiligung der Träger öffentlicher Belange (→ freie Träger gelten als Träger öffentlicher Belange, nicht aber z. B. → Sozialamt oder → Jugendamt, die zur Verwaltung gehören, d. h. ihre Mitwirkung bei der Planung wird verwaltungsintern durchgesetzt), die frühzeitige und umfassende → Bürgerbeteiligung (für sie sind bereits zahlreiche → Beteiligungsstrategien entwickelt worden), die Auslegung der Planentwürfe und die Beschlußfassung durch die Gemeindevertretung und ggf. Genehmigung durch die höhere Verwaltungsbehörde. Sehr wichtig ist für Sozialplaner das Abwägungsgebot (§ 1 Abs. 6 BauGB): Die privaten und die öffentlichen Belange bei der Aufstellung der Bauleitpläne sind gegeneinander und untereinander gerecht abzuwägen (→ Planungsrecht).
Lit. Bielenberg u.a.: BauGB; Bundesvereinigung Deutscher Heimstätten: Bebauungsplan; Bundesvereinigung Deutscher Heimstätten: Flächennutzungsplan; Dümichen: Bau- und Planungsrecht; Ernst, W. u.a.: BauGB; Zuck: Bebauungsplan.

Ursula Feldmann

Baunutzungsverordnung (BauNVO) Aufgrund § 2 Bundesbaugesetz (BBauG) vom Bundesminister für Raumordnung, Bauwesen und Städtebau erstmals 1962 erlassen und 1968, 1977, 1986 sowie 1990 geänderte Vorschriften für die Darstellungen in → Flächennutzungsplänen und die Festsetzungen in → Bebauungsplänen (→ Bauleitplanung, → Baugesetzbuch [BauGB]).
Sie regelt die allgemeine und/oder besondere Art der baulichen Nutzung (Bauflächen/Baugebiete), das Maß der baulichen Nutzung und seine Berechnung (Höchstwerte enthält § 17 Baunutzungsverordnung [BauNVO]), die Bauweise, die überbaubaren Grundstücksflächen, die in den Baugebieten zulässigen baulichen und sonstigen Anlagen u. a. m. Die im Flächennutzungsplan dargestellten »Wohnbauflächen« werden im nachfolgenden Bebauungsplan z. B. als »reine Wohngebiete/WR; allgemeine Wohngebiete/WA; besondere Wohngebiete/WB« usw. differenziert festgesetzt, für die die BauNVO jeweils detailierte Angaben enthält. Die gründliche Kenntnis der BauNVO ist auch für den Sozialplaner wichtig (→ Sozialplanung), um die mit Hilfe der Planzeichenverordnung zeichnerisch dargestellten inhaltlichen Aussagen der Bauleitpläne auf ihre Relevanz für die soziale Arbeit hin beurteilen und beeinflussen zu können, z. B. die Zulässigkeit von Anlagen der sozialen Infrastruktur (→ Infrastruktur, soziale), die Verträglichkeit benachbarter Nutzungen, die Konzentration von Wohnungen für besondere Bevölkerungsgruppen.
Die BauNVOen '62, '68, '77 und '86 gelten nebeneinander fort für die in ihrem jeweiligen Geltungszeitraum verbindlich gewordenen Bauleitpläne. Die Kategorien der BauNVO werden auch zur Beurteilung der Zulässigkeit von Vorhaben innerhalb der im Zusammenhang bebauten Ortsteile (§ 34 BauGB), wo es keine Bebauungspläne gibt, angewandt.
Lit. Bielenberg u.a.: BauGB (Komm.); Boeddinghaus u.a.: BauNVO (Komm.); Fieseler u.a.: BauNVO; Gaentzsch: BauNVO; Schäfer, R. u.a.: BauNVO.

Hartmut Großhans

Beamtenversorgung Grundgesetzlich verankert ist die Versorgung der Beamten in der sog. institutionellen Garantie des Berufsbeamtentums. Die Ausübung hoheitsrechtlicher Befugnisse ist als ständige Aufgabe i. d. R. den Beamten zu übertragen (Art. 33 Abs. 4 → Grundgesetz [GG]). Der Gesetzgeber ist verpflichtet, das Recht des öffentlichen Dienstes unter Berücksichtigung der hergebrachten Grundsätze des Berufsbeamtentums zu regeln (Art. 33 Abs. 5 GG). Das beinhaltet das System der lebenslänglichen amtsangemessenen und nicht vor Vorleistungen der Beamten abhängigen Versorgung bei Erreichen der Altersgrenze oder bei Dienstunfähigkeit.
Die B. fällt unter die konkurrierende Gesetzgebungskompetenz des Bundes (Art.

74a GG). Auf ihr basiert das Gesetz über die Versorgung der Beamten und Richter in Bund und Ländern (BeamtVG) vom 24. 8. 1976 (BGBl. I S. 2485), i.d.F. vom 16. 12. 1994 (BGBl. I S. 3858). Das BeamtVG regelt die Versorgung der Bundesbeamten, der Beamten der Länder, der Gemeinden, der Gemeindeverbände sowie der sonstigen der Aufsicht eines Landes unterstehenden Körperschaften, Anstalten und Stiftungen des öffentlichen Rechts. Nach Maßgabe des Deutschen Richtergesetzes gilt es entsprechend für die Versorgung der Richter des Bundes und der Länder, nicht jedoch für die öffentlich-rechtlichen Religionsgesellschaften und ihre Verbände. Für die vor dem 1. 1. 1977 eingetretenen Versorgungsfälle gilt auch Landesrecht, da bis 1976 die Versorgung der Bundesbeamten im BBG und die Versorgung der Landesbeamten in Vorschriften der Bundesländer geregelt war.

Das BeamtVG nennt folgende Arten der Versorgung: Ruhegehalt oder Unterhaltsbetrag, Hinterbliebenenversorgung, Bezüge bei Verschollenheit, Unfallfürsorge, Übergangsgeld, Ausgleich bei besonderen Altersgrenzen und jährliche Sonderzuwendung. Ein Ruhegehalt wird nur gewährt, wenn der Beamte eine Dienstzeit von mindestens fünf Jahren abgeleistet hat oder infolge von → Krankheit dienstunfähig oder in den einstweiligen Ruhestand versetzt worden ist. Die Hinterbliebenenversorgung umfaßt Bezüge für den Sterbemonat, Sterbegeld, Witwengeld, Witwenabfindung, Waisengeld, Unterhaltsbeiträge und Witwerversorgung. Wird ein Beamter durch einen Dienstunfall verletzt, so hat er gegen den Dienstherrn nur die nach dem BeamtVG begrenzten Unfallfürsorgeansprüche. Weitergehende Ansprüche aufgrund allgemeiner gesetzlicher Vorschriften können gegen einen öffentlich-rechtlichen Dienstherrn nur bei Vorliegen einer vorsätzlichen unerlaubten Handlung geltend gemacht werden. Die Versorgungsbezüge erlöschen bei Vorliegen eines strafrechtlichen Urteils wegen einer vor Beendigung des Beamtenverhältnisses begangenen Tat, wenn diese zum Verlust der Beamtenrechte geführt hätte, ferner bei strafgerichtlicher Verurteilung zu mindestens zwei Jahren Freiheitsstrafe wegen vorsätzlicher Tat oder 6 Monaten Freiheitsstrafe wegen vorsätzlichen Staatsschutzdeliktes und schließlich bei Grundrechtsverwirkung nach Art. 18 GG.

Von den beamtenrechtlichen Versorgungsansprüchen zu unterscheiden sind die Beihilfen für Beamte und Angestellte des öffentlichen Dienstes. Die beamtenrechtliche Beihilfe entspricht den Arbeitgeberbeiträgen zur Sozialversicherung. Der Beihilfeanspruch resultiert aus der Fürsorgepflicht des Dienstherrn. Er ist verankert in den Beihilfevorschriften des Bundes und in den entsprechenden Verwaltungsvorschriften der Länder. *Marita Kahn*

Bebauungsplan Zweite Stufe der → Bauleitplanung des → Baugesetzbuchs (BauGB). Der B. als rechtsverbindlicher Bauleitplan wird für Teile der Gesamtfläche des Gemeindegebietes aufgestellt. Die praktische Gestaltung (z. B. Vorbereitungsphase, Verfahrensphase, förmliche Verfahrensschritte) der Aufstellung von B. bereitet gelegentlich Schwierigkeiten, Standardisierungen über Formblätter und Muster haben sich herausgebildet. Der Inhalt des B., d. h. der Katalog möglicher Festsetzungen, ist in § 9 Abs. 1 BauGB geregelt. Die Festlegungen im B. sind bindend, d. h. der B. gestaltet die Rechtsbeziehungen zwischen Gemeinde und Bürger verbindlich. Die Festlegungen im B. erfolgen nach bestimmten Vorschriften, die in der → Baunutzungsverordnung (BauNVO) geregelt sind. Die Gemeinde beschließt den B. als → Satzung (§ 10 BauGB). Der B. muß nicht ein Plan im zeichnerischen Sinne sein, sondern kann sich auf textliche Festsetzungen beschränken. Dem B. ist eine Begründung beizufügen (§ 9 Abs. 8 BauGB). Benutzt die Gemeinde das Festsetzungsmittel der Zeichnung, dann ist sie an die Planzeichenverordnung gebunden (§ 2 Abs. 5 Nr. 4 BauGB). *Ursula Feldmann*

Bedarf wird mehrheitlich verstanden als konkretisiertes → Bedürfnis, wenngleich im allgemeinen Sprachgebrauch beide Begriffe oft synonym verwendet werden. Kenntnisse über den menschlichen B. sind Voraussetzung für B.deckung und Befriedigung zugrunde liegender Bedürfnisse (bedürfnisorientierte → Bedarfsplanung). Personen sind die primären B.träger. Haushalte gelten als die Wirtschaftsgebilde, welche die »b.klärenden Erwägungen und die b.deckenden Verfügungen« (Egner, S. 36) zur Sicherung der menschlichen Existenz in Abstimmung mit den verfügbaren Ressourcen vornehmen. Haushalte i. d. S. sind Privathaushalte und b.wirtschaftlich organisierte Großhaushalte wie Heime und vergleichbare soziale → Einrichtungen auch teilstationärer und ambulanter Art.

Der B. ist bedeutsames Erkenntnisobjekt der Verhaltensforschung im Rahmen sozialwissenschaftlicher (→ Sozialarbeit/Sozialpädagogik; Psychologie und Soziologie der Lebensalter) und wirtschaftswissenschaftlicher (Haushalts- und Konsumökonomik; Markt- und Absatzforschung) Disziplinen. Als gesicherte Erkenntnisse der B.forschung (→ Bedarfsanalyse) gelten z. B.: Nicht jedes Bedürfnis wird zu B. (Dies läßt sich in der Altenarbeit beispielsweise mit bewußter Anspruchslosigkeit, aber auch mit Gewöhnung an Mangel, erlernter Zufriedenheit, Unkenntnis der Befriedigungsmöglichkeiten erklären.) Andererseits liegen nicht jedem geltend gemachten B. Bedürfnisse zugrunde (B.weckung durch Werbung). Nicht jeder B. wird zu erkennbarer Nachfrage, da er unmittelbar in der eigenen Häuslichkeit des B.trägers gedeckt, zu Aufschub oder zum Verzicht auf B.deckung führen kann (fehlende Kaufkraft und andere nachfragehemmende Faktoren). B. wird demgemäß als ein von Persönlichkeitsmerkmalen ebenso wie von sozio-kulturellen und ökonomischen Faktoren bestimmtes Phänomen im Prozeß der Bedürfniskonkretisierung und Nachfragebildung verstanden. Die Kenntnis dieser Prozesse und Einflußgrößen erschließt Erklärungs- und Handlungsmöglichkeiten für B.träger ebenso wie für Träger von B.deckungsangeboten (erwerbs- oder bedarfswirtschaftliche Institutionen). Sie ermöglicht zugleich die Bewertung von B. und B.deckung dahingehend, ob grundlegende Bedürfnisse i. S. d. Daseinserhaltung (→ Bedürfnisse, persönliche, des täglichen Lebens; → Lebensunterhalt) und -förderung damit befriedigt werden. B.gerechte Versorgung meint demnach eine quantitativ und qualitativ angemessene B.deckungsleistung (→ Bedarfsdeckungsprinzip), welche Über- und Unterversorgung vermeidet (→ Hilfe zum Lebensunterhalt). B. erfährt Kritik, wenn jenseits des rechtlich Reglementierten gelegen (→ Sucht/Suchtgefährdung) oder kompensatorischer Art (Statuskonsum; vgl. Meyer-Abich, S. 65). Die Bewertung durch den B.träger aufgrund subjektiver Befindlichkeit kann einer Bewertung durch Angebotsträger nach objektiven Kriterien (normativ festgelegte Soll-Standards) im Ergebnis konträr entgegenstehen. Dies zeigt die Problematik der Legitimation und Methodik der Feststellung von B.deckungsdefiziten (Stiefel, S. 3), wie sie u. a. bei B.analyse und Planung des Hilfenb. (→ Sozialplanung) auftritt. B. als normativ und aufgrund politischer Entscheidungen festgelegter Lebensstandard ist Grundlage der → Hilfe zum Lebensunterhalt in der → Sozialhilfe. Die Feststellung des B.i.S. des »notwendigen Lebensunterhalts« (§ 12 BSHG) beruht seit 1992 auf dem durchschnittlichen Ausgabe- und Verbrauchsverhalten privater Haushalte unterer Einkommensgruppen (Statistik-Modell). Dieses B.bemessungssystem dient der Ermittlung des regelsatzrelevanten privaten Verbrauchs für Alleinstehende und Haushaltsvorstände und ist maßgeblich für die Ableitung von Regelsätzen für sonstige Haushaltsangehörige (DV: B.bemessungssystem). Die von den Regelsätzen (→ Regelsatz) abzudeckenden laufenden Leistungen für Ernährung und hauswirtschaftlichen B. sowie für persönliche Bedürfnisse des täglichen Lebens (RegelsatzVO § 1 [1]) werden aus den Ausgabepositionen der → Einkommens- und Verbrauchsstichprobe (EVS) des Statistischen Bundesamtes entnommen, ergänzt um Daten für den regelsatzrelevanten Stromverbrauch aus einer Haushaltskundenbefragung des Verbandes Deutscher Elektrizitätswerke. Zum notwendigen Lebensunterhalt zählen auch B., welche nicht laufend entstehen und durch einmalige oder in größeren zeitlichen Abständen gewährte Leistungen, evtl. auch in pauschalierter Form, abzudecken sind (§ 21 BSHG). B. dieser Art sind beispielsweise Gebrauchsgüter längerer Nutzungsdauer (Kleidung, Hausrat o. a.), Brennstoffe für Einzelheizungen, Instandhaltung der Wohnung. B. dieser Art werden nach der Besonderheit des Einzelfalles erfaßt. Dabei orientiert sich die Sozialhilfeverwaltung der Praktikabilität wegen i.d.R. an Empfehlungen, welche vom DV herausgegeben werden oder an Erfahrungswerten, die auf lokaler Ebene vorliegen (G. Bäumerich/L. Blosser-Reisen). Die Abhängigkeit der B. von Lebensalter, Geschlecht, Personenzahl und Struktur der → Haushaltsgemeinschaft wird im Rahmen der Hilfe zum Lebensunterhalt durch Form und Maß der Leistungen berücksichtigt.

Lit. Bauer-Söllner: Großhaushalt; Bäumerich: Bekleidungs- und Heizungshilfen; Blosser-Reisen: Versorgung; Dieck u. a.: Altenhilfe; DV: Bedarfsbemessungssystem; Egner: Haushalt; Meyer-Abich: Bedürfnisse; Scherhorn: Verhaltensforschung; Stiefel: Hilfenbedarf.

Lore Blosser-Reisen

Bedarfsanalyse Unter B. kann das System und die Abfolge von Erkenntnisschritten zur Feststellung von Mängelzuständen verstanden werden, sowie die Festlegung und empirische Überprüfung derjenigen Bedingungen, die einem so festgestellten Mangel abhelfen sollen. B. gewinnen unter dem Eindruck allgemeiner Ressourcenverknappung und den gesetzlich vorgegebenen Planungsverpflichtungen zunehmende Bedeutung. B. werden eingeleitet durch die Feststellung der Differenz zwischen einem angestrebten Sollzustand und der Istlage. Im zweiten Schritt sollen diejenigen Mittel und Handlungsschritte in ihrer zeitlichen Abfolge festgelegt werden, die – oft hypothetisch – dazu dienen sollen, die festgestellte Diskrepanz zu beseitigen. Im dritten Schritt kann überprüft werden, bis zu welchem Grad sich der zuvor definierte Mängelzustand reduziert hat. Bereits die Definition von Mängelzuständen wirft gerade bei komplexeren Sachverhalten erhebliche inhaltliche und methodische Probleme auf, da zur Bestimmung des Sollzustandes oft keine ausreichend operational definierten Richtwerte zur Verfügung stehen, oder diese nur ungenaue Bedingungen zur Feststellung von Mängelzuständen liefern. Gesetzliche Vorschriften, Orientierungsdaten und Richtwerte sind immer Ergebnis eines Kompromisses zwischen konkurrierenden Bedürfnissystemen, folgen politischen

Prioritäten und sind somit selten Ausdruck eines allgemeinen Konsenses über Lebensansprüche. In Richtwerte fließen all diejenigen restriktiven Bedingungen mit ein, welche der Reduzierung von Mängelzuständen entgegenstehen. Somit sind die Ist-Soll-Diskrepanzen weniger Unterschiede zwischen den von Betroffenen selbst für wünschenswert gehaltenen Sollzuständen und der Ist-Lage, sondern regelmäßig Diskrepanzen zwischen einer objektiven Lage und politisch zugestandenen Lebensansprüchen.

Neben der Orientierung an Richtwerten und gesetzlich definierten Leistungsstandards ist die Exploration der objektiven und subjektiven → Bedürfnisse Betroffener zu einer über den Status quo hinausweisenden Bedarfsermittlung dringend erforderlich.

Dabei können standardisierte → Befragungen in größerem Umfang ähnliche Verzerrungen aufweisen wie die bloße Orientierung an Richtwerten. Die Standardisierung läßt lediglich die Zustimmung oder Ablehnung von vorgegebenen Antworten zu, die als – oftmals unsicherte – → Indikatoren für einen vermuteten Bedarfshintergrund genutzt werden. Aber auch bei qualitativen Verfahren mit offenen Fragen und weitgehendem Verzicht auf vorgegebene Antwortkategorien (→ Qualitative Erhebungs- und Auswertungsmethoden) sind tendenzielle Verzerrungen nicht gänzlich auszuschalten. Dies kommt dadurch zustande, daß auch die subjektiven Bedürfnisse durch allgemeinere Leitvorstellungen und Tabus normiert und bereits im Bewußtsein der Betroffenen vorzensiert werden und sich somit der Analyse entziehen. Gerade bei der Analyse problematischer Lebensbedingungen kann immer wieder festgestellt werden, daß durch psychisch bedingte Umdeutungen diese Lebensverhältnisse erträglicher gemacht werden. Empirische Untersuchungen zur Feststellung von Mängelzuständen liefern das interpretationsnotwendige Rohmaterial, nicht jedoch das bereits objektive Abbild von Mängelzuständen.

Die B. im engeren Sinn – also die Festlegung von Problemlösungsmitteln und die in der Abfolge festgelegten Handlungsschritte – unterliegt häufig ebenso tradierten wie simplen Lösungsmustern. Es wird lediglich nach dem Finanzierungsbedarf (→ Finanzierung), häufig nach dem Handlungsbedarf, gelegentlich nach Personalbedarf, selten dagegen nach dem Bedarf an neuen methodischen und/oder organisatorischen Konzepten sowie weitergehenden politischen Lösungen gefragt.

Wenn man davon ausgehen kann, daß die verschiedenen hier aufgeführten Änderungsaspekte zur Minderung von Mängellagen unterschiedlich leicht plan- und handhabbar sind, wird verständlich, warum auf die verfügbaren Dimensionen des finanz- und Personalbedarfs zurückgegriffen wird.

So wäre im Falle einer B. im Bereich der → Bewährungshilfe neben der Suche nach Kriterien für eine sachgerechte Personalausstattung danach zu fragen, wie das System der Bewährungshilfe auf den Tatbestand überrepräsentativ starker → Delinquenz in sozialen Problemgebieten reagieren kann unter Berücksichtigung der Tatsache, daß die richterliche Zuweisung von Bewährungsprobanden nach dem Buchstaben, nicht jedoch nach Wohngebieten erfolgt.

Erst in jüngerer Zeit ist eine allmähliche Abkehr von einer ausschließlich quantifizierenden zugunsten einer eher qualitativen Bestimmung von Bedarfsgrößen zu beobachten. Stellvertretend sei hier auf den Begriff der bedürfnisorientierten → Altenhilfeplanung, auf die Vernetzung sozialer Dienstleistungen, auf ganzheitliche und präventive Hilfen hingewiesen. Eine neue Qualität erhielt B., wenn sie auf das Definitionsmonopol von Experten verzichten und vielmehr Betroffene und Mitarbeiter an der begrifflichen Bestimmung von Mängellagen und Sollvorstellungen interaktiv beteiligen. *Manfred Laimer*

Bedarfsbemessungssystem dient als Grundlage für die Bemessung und Festsetzung der → Regelsätze in der → Sozialhilfe. Während früher (ab 1955) das B. auf einer bedarfstheoretischen Zusammenstellung von Waren und Dienstleistungen beruhte (»Warenkorb«, vgl. 2. Aufl. des Fachlexikons der sozialen Arbeit), trat an seine Stelle aufgrund eines Beschlusses der Ministerpräsidentenkonferenz vom 25./27. 10. 1989 das sog. Statistikmodell. Es wurde stufenweise in den Jahren 1990 bis 1992, jeweils zum 1. 7., umgesetzt. Der Einführung gingen Beratungen und Auseinandersetzungen in einer interministeriellen Arbeitsgruppe der Länder (bestehend aus Vertretern der Sozial-, Innen- und Finanzministerien) sowie mehrfache Erörterungen in den entsprechenden Länderministerkonferenzen und der Ministerpräsidentenkonferenz voraus.

Die Ausarbeitung des neuen B. war notwendig geworden, weil über die Einzelpositionen des vom → Deutschen Verein für öffentliche und private Fürsorge (DV) fortgeführten Warenkorbes 1980/81 keine Einigung mehr erzielt werden konnte. Vor allem wurden Umfang und preisliche Bewertung der Einzelansätze von den Vertretern der kommunalen Spitzenverbände kritisiert; die Kritik haben sich später auch die Innen- und Finanzminister der Länder zu eigen gemacht. Das Statistikmodell beruht auch auf einer Ausarbeitung der Konferenz der obersten Landessozialbehörden (KOLS) aus dem Jahr 1987, die sich allerdings nur auf Alleinstehende bezog. Grundlage für die Ableitung der Regelsätze für sonstige Haushaltsangehörige ist eine gutachtliche

Äußerung des DV (1989). In der Übergangszeit von 1980 bis 1989 erfolgte zunächst eine bundesgesetzliche Deckelung der Regelsätze (Festschreibung der Prozentsätze ihres Anstiegs) und ab 1985 ihre Fortschreibung nach einem sog. alternativen Warenkorb. Die Einführung des sog. Statistikmodells ist im DV von allen an der Diskussion beteiligten Gruppen (Länder, Kommunen, → freie Wohlfahrtspflege) im Grundsatz gebilligt worden. Eine weitere Deckelung der Regelsätze erfolgte durch das FKPG vom 23. 6. 1993 (BGBl. I S. 944) und das 2. SKWPG vom 21. 12. 1993 (BGBl. I S. 2374) für den Zeitraum vom 1. 7. 1993 bis 30. 6. 1996 (im Schwerpunkt angelehnt an die Entwicklung der durchschnittlichen Nettolohn- und -gehaltssumme je beschäftigtem Arbeitnehmer ohne neue Bundesländer).

Das neue B. beruht auf dem Ausgaben- und Verbrauchsverhalten von → Haushalten unterer Einkommensgruppen, das aus den Daten der in Abständen von 5 Jahren ermittelten → Einkommens- und Verbrauchsstichprobe (EVS) des Statistischen Bundesamts entnommen wird (sie erfaßt rund 44 000 Haushalte). Ausgangspunkt sind dabei Referenzgruppen, deren → Einkommen einen ausreichenden Abstand zur Sozialhilfeschwelle haben (4 bis 25%), damit Zirkelschlüsse vermieden werden. Trotz des breiten Ansatzes der EVS gibt es dabei Probleme, da von den Fallzahlen her teilweise eine repräsentative Basis nicht erreicht wird (z. B. bei → Alleinerziehenden mit Kindern). Übernommen werden können dabei nur die Ausgabenpositionen, die dem → Bedarf zuzurechnen sind, der durch den Regelsatz abgegolten werden soll. Die Abgrenzung des regelsatzrelevanten Verbrauchs erfolgt dabei negativ durch Ausgrenzung der Ausgabenpositionen, die in der Sozialhilfe durch einmalige Leistungen (Beihilfen) abgegolten werden oder die zusätzlich zu den Regelsätzen übernommen werden (Kosten der → Unterkunft) oder deren Nichtberücksichtigung in der Sozialhilfe weitgehend unbestritten ist (z. B. Kosten für Pkw, Urlaub; die Ausgaben für »Verzehr außer Haus« werden zur Berücksichtigung der darin enthaltenen reinen Lebensmittelbeschaffungskosten mit einem Drittel einbezogen). Alle danach verbleibenden Ausgabenpositionen werden ungekürzt übernommen. Im Teilbereich »Haushaltsenergie« wurde, da die Zahlen der EVS zu wenig differenziert sind, auf den regelsatzrelevanten Stromverbrauch nach der Haushaltskundenbefragung der Vereinigung Deutscher Elektrizitätswerke (VDEW) zurückgegriffen. Zugrunde gelegt wurde die Gerätekombinationsklasse 9 (Sockelelektrifizierung einschließlich Warmwasserbereitung, Elektroherd, Kühlschrank, Waschmaschine), ab einem Ehepaar mit einem Kind Klasse 10 (zusätzlich ein Gefriergerät). Wegen der unterschiedlichen Strompreise im Bundesgebiet soll diese Position regional von den Ländern preislich bewertet werden; lediglich die Stromverbrauchsmenge ist bundeseinheitlich ermittelt.

Die EVS weist nur Ausgaben für Haushalte aus. Die Ausgaben für die einzelnen Haushaltsmitglieder (deren Ermittlung wegen des → Rechtsanspruchs des einzelnen → Hilfeempfängers notwendig ist) werden deshalb bei Mehrpersonenhaushalten durch Gegenüberstellung der kleineren Verbrauchseinheit mit der nächstgrößeren Verbrauchseinheit ermittelt. Die Aufwendungen für ein Kind ergeben sich also z. B. durch Gegenüberstellung mit den Aufwendungen für ein Ehepaar ohne Kind. Diese Methode ist in der gutachtlichen Äußerung des DV dadurch verfeinert (modifiziert) worden, daß bei den Referenzgruppen nicht vom gleichen Einkommen ausgegangen wird, sondern eine Abstufung nach unterschiedlichen Einkommensgruppen erfolgt, die anhand der (unterschiedlichen) Sozialhilfeschwelle festgelegt werden (sog. modifizierte Differenzmethode). Bei Kindern erfolgt dabei in der ersten Berechnungsstufe eine Aufgliederung nach den einzelnen Altersjahrgängen; aus den im festgestellten Verbrauch vergleichbaren Altersjahrgängen wird dann die Altersgruppierung für die Regelsätze entwickelt.

Das B. ist alle 5 Jahre fortzuschreiben bzw. zu überprüfen, wenn die neuen Daten der letzten EVS vorliegen. Dem jetzigen B. liegen noch die Daten der EVS 1983 zugrunde, die jeweils mit dem Preisindex für die Lebenshaltung aller Haushalte auf das Festsetzungsjahr hochgerechnet werden. Die Daten der EVS 1988, die erst 1994 vollständig vorlagen, sind zwar im zuständigen Arbeitskreis des DV ausgewertet worden, jedoch im Hinblick auf die beabsichtigte Neuregelung im Rahmen der Reform des Sozialhilferechts nicht mehr umgesetzt worden.

In der langen Diskussion um das neue B. ist deutlich geworden, daß die Höhe der Regelsätze kein einfaches Rechenexempel auf einer objektiven Datenbasis ist, sondern der Festsetzung der Höhe der Regelsätze in erster Linie eine politisch-normative Entscheidung zugrunde liegt. Sie war durch den Beschluß der Ministerpräsidentenkonferenz in ihren Eckpfeilern festgelegt; das B. gibt die notwendigen Daten für die Umsetzung dieser Entscheidung und stellt sicher, daß bei seiner Anwendung im Bundesgebiet bei Bemessung des Regelsatzes nach einheitlichen Gesichtspunkten verfahren wird. Das B. erleichtert zugleich den Trägern der Sozialhilfe (→ Sozialhilfeträger) die Abgrenzung des durch den → Regelsatz abgegoltenen Bedarfs (ohne daß allerdings jede einzelne darin enthaltene Ausgabenposition betragsmäßig abgegrenzt werden kann).

In den neuen Bundesländern konnte das B. keine Anwendung finden, solange das Einkommens- und Lebenshaltungsniveau nicht voll an das der alten Bundesländer angeglichen war. Durch das BSHG-Reformgesetz vom 23. 7. 1996 (BGBl. I S. 1088) ist das B. nun zu Recht im Gesetz in seinen Grundzügen festgeschrieben worden (§ 22 Abs. 3 BSHG). Danach hat die Regelsatzbemessung Stand und Entwicklung von Nettoeinkommen, Verbraucherverhalten und Lebenshaltungskosten zu berücksichtigen. Grundlage dafür sind die tatsächlichen, statistisch ermittelten Verbrauchsausgaben von Haushalten im unteren Einkommensbereich. Als Datengrundlage ist ausdrücklich die EVS genannt. Einzelheiten soll eine Rechtsverordnung des BMG regeln (§ 22 Abs. 5 BSHG). Das sogen. Lohnabstandsgebot wurde dabei etwas stärker präzisiert (§ 22 Abs. 4 BSHG, → Regelsatz); die ursprünglich von der Bundesregierung und der Bundestagsmehrheit angestrebte erhebliche Verschärfung konnte sich im Vermittlungsverfahren nicht durchsetzen. Die Deckelung der Regelsätze ist vom 1. 7. 1996 bis 30. 6. 1999 fortgeschrieben worden (Anstieg 1 v.H. auf 1. 7. 1996, auf 1. 7. 1997 und 1. 7. 1998 jeweils Erhöhung entsprechend dem aktuellen Rentenwert ohne Berücksichtigung der Entwicklung in den neuen Ländern und der Veränderung der Belastung bei den Renten). Eine Neubewertung des B. wird es also erst zum 1. 7. 1999 geben.
Hinsichtlich der Überprüfung des B. und der darauf beruhenden → Regelsätze hat sich in der Rechtsprechung des BVerwG inzwischen die Linie herausgebildet, daß dies nur sehr beschränkt im Blick darauf, ob in tatsächlicher Hinsicht die Regelsatzfestsetzung sich auf ausreichende Erfahrungswerte stützen kann und ob die der Festsetzung zugrunde liegenden Wertungen vertretbar sind, möglich ist (BVerwG, Urteil vom 25. 11. 1993, BVerwGE 94, 326 = NDV 1994, 155). Da nicht alle den Bedarf bestimmenden Faktoren genau feststellbar seien, sondern mit dem Begriff des notwendigen → Lebensunterhalts gewisse »Toleranzen« verbunden seien, sei von den Verwaltungsgerichten lediglich zu prüfen, ob mit der gebotenen Sorgfalt verfahren worden ist.
Lit. DV: Bedarfsbemessungssystem; DV: Statistikmodell; Giese: Regelsatzsystem; Hartmann, H.: Befunde; Hofmann: Berechnungssystem; Hofmann: Eckregelsatz; Nöldeke: BSHG-Regelsätze; Rüfner: Familienregelsatz; Schellhorn: Bedarfsbemessungssystem; Schellhorn: Einführung; Schulte, B.: Bedarfsbemessungssystem; Tschoepe: Bedarfsbemessungssystem; Wenzel: Regelsatzanhebung. *Walter Schellhorn*

Bedarfsdeckungsprinzip bestimmt für die → Sozialhilfe das Gebot, die zu erbringende Leistung nach der Art und nach dem Umfang des nicht anderweitig gedeckten Bedarfs des Hilfebedürftigen auszurichten. Begrenzt durch das → Individualisierungsprinzip und durch den → Gleichheitssatz (= Gebot zur Gleichbehandlung gleich gelagerter Sachverhalte) prägt das B. die Eigenart der Sozialhilfe im System der sozialen Sicherung und bietet ein maßgebliches Abgrenzungsmerkmal zu Leistungsgrundsätzen in den Bereichen der Versicherung und der Versorgung. In Befolgung des B. bestimmt allein der Bedarf ohne Rücksicht auf die Ursache der Notlage des Hilfebedürftigen die zu gewährende Leistung. Der Bedarf umfaßt die zur Deckung der sozialhilferechtlich anzuerkennenden Bedürfnisse benötigten Mittel und Dienste, die sich der Hilfebedürftige nicht oder nur teilweise aus eigenen Mitteln oder durch vorrangige Leistungen zu beschaffen vermag. Bei einer möglichst einheitlichen und nachvollziehbaren Verwaltungspraxis mit Rücksicht auf das Gebot der Gleichbehandlung gleich gelagerter Sachverhalte sind vor allem die dem Hilfebedürftigen zu gewährenden materiellen Leistungen (→ Geldleistung, → Sachleistung) nach objektiven Bedarfskriterien zu bemessen. Bei massenhaft auftretenden, typisierten Bedarfstatbeständen, insbes. bei Leistungen im Rahmen der → Hilfe zum Lebensunterhalt (→ Regelsatz, → Mehrbedarf, → einmalige Leistungen) ist zur Begrenzung des Verwaltungsaufwandes eine generalisierende Betrachtungsweise und eine pauschalierende Bemessung des nach bestimmten Gruppenmerkmalen bestehenden durchschnittlichen Bedarfs angezeigt. Jedoch erfordert das → Individualisierungsprinzip vor der pauschalierenden Bemessung eine Berücksichtigung der besonderen Verhältnisse des Einzelfalles, die zu einer abweichenden Bemessung des Bedarfs führen kann.
Lit. Birk u.a.: BSHG (LP Komm.); Gottschick u.a.: BSHG (Komm.); Knopp u.a.: BSHG (Komm.); Mergler u.a.: BSHG (Komm.); Schellhorn: BSHG (Komm.).
Robert Imlau-Staupendahl

Bedarfsgemeinschaft Der Begriff ist in den Empfehlungen des → Deutschen Vereins für öffentliche und private Fürsorge (DV) zur Heranziehung Unterhaltspflichtiger für die in den §§ 11 Abs. 1 und 28 → Bundessozialhilfegesetz (BSHG) genannten Personen, die mit ihrem → Einkommen und → Vermögen zusammen mit dem Hilfesuchenden (→ Hilfeempfänger/Hilfesuchender) in die Prüfung der Bedürftigkeit einzubeziehen sind, geprägt worden. Er wird inzwischen auch in der → Rechtsprechung weitgehend verwendet (vgl. z.B. BVerwG, Urteil vom 17. 1. 1980, BVerwGE 59, 294 = NDV 1980, 321; BVerwG, Urteil vom 22. 8. 1985, BVerwGE 72, 88 = NDV 1985, 427). Teilweise wird statt B.

auch von »Einsatzgemeinschaft« oder »Einstandsgemeinschaft« gesprochen, um dem Eindruck entgegenzuwirken, daß über den → Einsatz des Einkommens/Vermögens hinaus damit auch ein Gesamtbedarf dieser Gemeinschaft festgesetzt und gewährt wird (Schoch und Schulte). Neben dem Hilfesuchenden umfaßt die B. den nicht getrennt lebenden Ehegatten sowie bei minderjährigen unverheirateten Kindern die Eltern oder den Elternteil (bei der → Hilfe zum Lebensunterhalt ist zusätzliche Voraussetzung, daß das Kind dem Haushalt seiner Eltern bzw. des Elternteils angehört). Das Einkommen und Vermögen dieser Personen wird mit in die öffentlich-rechtliche Bedürftigkeitsprüfung einbezogen; das Maß der Heranziehung bestimmt sich allein nach den Vorschriften des BSHG und wird durch die Regelungen des → Bürgerlichen Gesetzbuchs (BGB) über die → Unterhaltspflicht nicht beeinflußt (so – nach anfänglich anderer Ansicht – auch BVerwG, Urteil vom 8. 7. 1982, BVerwGE 66, 82 = NDV 1983, 217). Der sich aus dieser Berechnung ergebende → Aufwendungsersatz oder → Kostenbeitrag ist eine öffentlich-rechtliche Forderung. Die Geltendmachung dieser Forderung schließt den → Übergang von Unterhaltsansprüchen nach der ausdrücklichen Regelung in § 91 Abs. 1 S. 3 BSHG aus.

Auch in der → Jugendhilfe bilden die Eltern zusammen mit dem Kind oder Jugendlichen eine B. (§§ 90 bis 93 → Kinder- und Jugendhilfegesetz [KJHG – SGB VIII]). Die vorstehenden Ausführungen zur Sozialhilfe gelten daher entsprechend auch für die Jugendhilfe.

Durch die Einbeziehung in die B. werden die (nicht hilfesuchenden) Personen nicht alle zugleich zu Leistungsempfängern. Der Anspruch steht vielmehr nur dem Hilfesuchenden bzw. in der Jugendhilfe den Eltern des Kindes oder Jugendlichen zu. Die Regelung über die B. gilt entsprechend auch für → eheähnliche Gemeinschaften nach § 122 BSHG. Dagegen ist die B. nicht identisch mit der → Haushaltsgemeinschaft nach § 16 BSHG.
Lit. Schoch: Bedarfsgemeinschaft; Schulte, B.: Verteilungsprobleme. *Walter Schellhorn*

Bedarfsplanung B. bezeichnet den Vorgang der Ermittlung und Festlegung eines Hilfsangebotes in Art und Umfang, das für eine bestimmte Zielgruppe innerhalb eines zeitlich und räumlich definierten Rahmens geschaffen werden soll. Die B. setzt Kenntnisse über die → Bedürfnisse der Zielgruppe voraus, d.h. über die durch Defizite in den individuellen und sozialen Lebensbedingungen verursachten Problemsituationen. Auf dieser Grundlage wird im Rahmen aktuell bestehender Normvorstellungen und politischer Prioritäten durch eine Gegenüberstellung des Bestandes an Einrichtungen und Diensten und der angestrebten Ziele (Soll-Ist-Vergleich) der maßnahmebezogene Hilfebedarf ermittelt.

In der administrativen Praxis wird B. vorwiegend mit Hilfe des Richtwertverfahrens durchgeführt. Dieses Verfahren erfaßt jedoch nur den quantitativen Bedarf an Einrichtungen und Diensten in bezug auf ein vorgegebenes Versorgungsniveau, ohne daß spezifische Bedürfnisse der Zielgruppe berücksichtigt werden (→ Zielkonflikt). Durch ergänzende Methoden wie Expertenbefragungen (→ Delphi-Methode), Benutzeranalysen, → Befragungen der Zielgruppe u. a. sollen zusätzlich qualitative Aspekte berücksichtigt, Praxiserfahrungen beachtet und die Nachfragebereitschaft der zukünftigen Benutzer realistisch eingeschätzt werden.

Die größere methodische Vielfalt allein gewährleistet jedoch noch nicht eine bedürfnisgerechte B. Die politischen Prioritäten und die administrative Praxis entscheiden gegenwärtig die konkrete Bedarfsfeststellung. Bedürfnisorientierte B. setzt demgegenüber eine umfangreiche empirische Forschung (→ empirische Sozialforschung) und deren Umsetzung in Praxishilfen voraus und erfordert vor allem eine unmittelbare Beteiligung der Betroffenen am Planungsprozeß (→ Betroffenenbeteiligung).
Martin Berthold

Bedürfnisse Universelle und schillernde Bezeichnung für Mangelgefühle des Menschen, die durch seine physische, psychische und sozio-kulturelle Existenz verursacht werden. Menschliche B. werden in diesem Sinne häufig als Spannungszustände interpretiert, die aus einer subjektiv erlebten Mangellage (materieller oder immaterieller Art) resultieren und nach Ausgleich (Homöostase), also Befriedigung, drängen. Diese mit psychologischen Vokabeln durchsetzte Begriffsbildung schließt sich an die in der wirtschaftswissenschaftlichen Literatur älteste und gebräuchlichste B.-Definition F.W.B. von Hermanns (1832) an, der B. lapidar als »das Gefühl eines Mangels, verbunden mit dem Streben, ihn zu beseitigen« beschreibt.

Das Spektrum der in der Literatur zu findenden Klassifizierungsarten des Begriffs und die Fülle der dort aufgelisteten B.-Varianten zeugen von terminologischer Unschärfe und Mehrdeutigkeit. Die generelle Unterscheidung zwischen elementaren, naturgegebenen Grundb. (→ Existenzminimum) und erlernten, gesellschaftlich vermittelten B. macht die Abgrenzung der elementaren, häufig auch »objektiv« genannten Primärb. nach Luft, Nahrung, Schlaf, Schutz und Sexualität relativ einfach (→ Instinkt). Eine weitere gängige Klassifizierung ist die nach Individualb., über deren Befriedigung der einzelne allein entscheidet, und Kollektivb., die, obwohl individu-

ell wahrgenommen, als öffentliche B. durch gesellschaftliche bzw. politische Institutionen erst anerkannt und mit öffentlichen Gütern organisiert befriedigt werden (→ Soziale Sicherheit, Verkehr, → Ausbildung, Umweltschutz u. a. m.).
Im bisherigen Verlauf der Geschichte lassen sich in allen bekannten Gesellschaften stets Diskrepanzen zwischen menschlichen B. und Möglichkeiten ihrer Befriedigung nachweisen. Augenfällig sind z. b. die vielgestaltigen gesellschaftlichen Tabus und sexuellen → Abwehrmechanismen, die seit jeher wesentlich die direkte Befriedigung sexueller B. »vergesellschaften«, verhindern, hemmen, verdrängen oder auch – i. S. d. Sublimierung (S. Freud) – ablenken und durch »kulturell nutzbringende Arbeit« (H. Marcuse) ersetzen.
Die Wirtschaftswissenschaften sehen in den menschlichen B. den Ursprung allen wirtschaftlichen Handelns. »Ohne B. keine Produktion« (K. Marx). Als soziologisch bedeutsam gilt vor allem der Zusammenhang von B. und den Verhältnissen in der Güterproduktion und -verteilung, die über gesellschaftliche → Normen und → Sanktionen geregelt sind und Maße für die materielle B.befriedigung von Individuen und sozialen Gruppen festlegen. Sind die Möglichkeiten der Erfüllung materieller B. gesellschaftlich ungleich verteilt, kommt es z. B. zu sozialen Abstufungen, Unterprivilegierungen und → Randgruppen (→ Hierarchie, → Schicht, → Klasse).
Lit. Assmann G. u. a.: Bedürfnis; Badura, W.: Bedürfnisstruktur; Hartfiel: Bedürfnis; Hondrich: Bedürfnisse; Marcuse: Triebstruktur; Maslow: Psychologie; Scherhorn: Bedürfnis; Stein, O.: Bedarf.
Jürgen Plaschke

Bedürfnisse, persönliche, des täglichen Lebens Zum notwendigen → Lebensunterhalt (→ Hilfe zum Lebensunterhalt) eines Menschen gehören Mittel nicht nur zur Vermeidung von Hunger und Kälte, sondern auch zur Vermeidung von Isolation. Daher sind unter den Bedarfsgruppen des § 12 → Bundessozialhilfegesetz (BSHG) auch die persönlichen → Bedürfnisse des täglichen Lebens aufgeführt. Ohne ihre Berücksichtigung bei der Bemessung des → Bedarfs zum Lebensunterhalt würde ein Sozialhilfeempfänger in der Öffentlichkeit sofort als solcher auffallen. Er wäre stigmatisiert (→ Stigmatisierung), also außerstande, ein menschenwürdiges Leben (→ Menschenwürde) zu führen.
Entsprechend der gesetzlichen Vorgabe ist der Bedarfsbereich in 3 Untergruppen aufteilbar: die Beziehungen zur Umwelt, die Teilnahme am kulturellen Leben und die sonstigen persönlichen B. Bei der Festsetzung des Bedarfs (→ Bedarfsbemessungssystem) ist also ein dem Verbraucherverhalten von Haushalten mit niedrigem Einkommen entsprechender Geldbetrag vorzusehen, z. b. für den Kauf einer Zeitung sowie für die Pflege familiärer und nachbarschaftlicher Kontakte, für Telefonate und Briefeschreiben sowie Vereinsmitgliedschaft, für den Kauf von Büchern oder Schallplatten sowie den Besuch von Museen oder Veranstaltungen der Erwachsenenbildungswerke, für die Beschaffung von Spielsachen (besonders bei Kindern) sowie für den Kauf von Genußmitteln (Tabakwaren, Kaffee, Tee).
Soweit die B. zum laufenden Bedarf gehören, sind sie bei der Hilfe außerhalb von Einrichtungen vom → Regelsatz erfaßt (§ 1 Abs. 1 → Regelsatzverordnung [Regelsatz-VO]). Bei der Hilfe in → Einrichtungen werden sie durch den → Barbetrag zur persönlichen Verfügung (§ 21 Abs. 3 BSHG) abgegolten. Handelt es sich um einen einmaligen Bedarf i.S.d. § 21 Abs. 1 BSHG, können Beihilfen in Betracht kommen.
Albin Nees

Befragung Bedeutendste Erhebungsmethode (→ Qualitative Erhebungs- und Auswertungsmethoden, → Empirische Sozialforschung). Zu unterscheiden sind schriftliche B. und persönliche Einzelb. (Interview). Mit Hilfe eines Fragebogens werden »objektive« Eigenschaften (soziografische Daten: Alter, Beruf, Familienstand) sowie »subjektive« Eigenschaften (→ Attitüden, Fähigkeiten, Bewertungen) erhoben. Zweck der wissenschaftlichen B. ist die Informationssammlung ohne Verhaltensbeeinflussung. Besondere Bedeutung haben Befragerverhalten und Fragebogengestaltung (→ Fehler).
Ausgehend von einem Problem werden → Hypothesen abgeleitet, die durch → Operationalisierung in Fragen formuliert werden. Frageformulierungen und Anordnung der Fragen sind sorgfältig auszutesten (Pretest), um Antwortbeeinflussung zu vermeiden und die → Validität abzusichern. Es werden geschlossene (Antwortvorgaben) und offene Fragen benutzt. Die Wahl der Frageart beeinflußt Validität (Gültigkeit) und → Reliabilität (Zuverlässigkeit). Die Antworten sind nur im Zusammenhang mit der sozialen Situation zu interpretieren; bei Angehörigen bestimmter sozialer Gruppen können durch psychische, soziale und subkulturelle Faktoren wie Alter, Geschlecht, Intelligenz, Vorurteilsstrukturen, Sprachbarrieren usw. Fehler entstehen. Je nach B.art und sozialer → Schicht kommt es zu unterschiedlichen Antwortquoten. Bei der Einzelb. ist mit ca. 10%, bei schriftlichen B. mit über 50% zu rechnen.
Die kostengünstige schriftliche B. setzt voraus, daß die Befragten im Umgang mit schriftlichen Informationen ausreichend geübt sind. Besonders wichtig sind Gestaltung und Formulierung von Fragebogen und Begleitbrief.

Begabung

Bei der persönlichen Einzelb. füllt der Interviewer den Fragebogen aus. Der Fragebogen kann in Form eines Gesprächsleitfadens vorliegen (z. B. Intensivinterview) oder Fragen und Antwortmöglichkeiten vorher genau festlegen, um eine maximale Vergleichbarkeit der → Daten zu erhalten (standardisiertes Interview). Mit einer wiederholten B. derselben Personen oder u. U. gleichartiger Personengruppen (Panelbefragung) können zeitliche Veränderungen erhoben werden. In letzter Zeit gewinnt die aktivierende B. an Bedeutung, bei der neben dem Aspekt der Informationsgewinnung die Verhaltensänderung beim Befragten Hauptziel ist.
Lit. Atteslander: Methoden; Friedrichs: Methoden; Kunz, G.: Interview; Scheuch: Interview. *Hans-Karsten Heymann*

Begabung ist ein theoretisches Konstrukt, das zur Beschreibung und/oder Erklärung eines zeitlich relativ stabilen Leistungsniveaus in bestimmten Tätigkeitsbereichen (vgl. Süllwold) herangezogen wird. Während früher, in einer heute als überholt geltenden Auffassungsweise, B. mit (vererbter) Anlage gleichgesetzt wurde, wird der Begriff heute rein deskriptiv verwendet, »um das langfristig stabile Leistungsniveau eines Individuums in einem bestimmten Tätigkeitsbereich zu kennzeichnen« (Süllwold, S. 8). Stabilität des Leistungsniveaus bezieht sich hierbei nicht auf den Absolutbetrag einer gemessenen Leistung, sondern vielmehr auf die relative Position eines Individuums in seiner Bezugspopulation (meist: Alters- oder Berufsgruppe). Ein einheitlicher Leistungs- und B.bereich liegt vor, wenn die ihn konstituierenden Leistungen untereinander überzufällige Zusammenhänge (statistisch ausgedrückt: signifikante → Korrelationen; → Signifikanz) aufweisen, so daß von dem Niveau einer Leistung auf das einer anderen ebenfalls zu diesem Bereich gehörenden Leistung geschlossen werden kann. Die laienhafte Ausdrucksweise, derzufolge jemand in undifferenzierter Weise als »begabt« charakterisiert wird, entspricht nicht den Ergebnissen der modernen B.forschung. Es gibt nicht die B. schlechthin, sondern eine Reihe verschiedener statistisch unabhängiger Leistungs- und B.arten (oder -faktoren), zum Beispiel Rechenfähigkeit, sprachliches Abstraktionsvermögen, schlußfolgerndes Denken, räumliches Vorstellungsvermögen, unmittelbares Behalten usw. Statistisch unabhängig heißt, man kann nicht von der Kenntnis des Ausprägungsgrades in einem B.bereich auf das Niveau in einem anderen B.bereich schließen.
In der Alltagssprache wird B. oft gleichgesetzt mit → »Intelligenz«. Neben intellektuellen Fähigkeiten gibt es jedoch noch musische, künstlerische und psychomotorische B. (z. B. Körperstärke, Reaktionsvermögen, Handgeschick etc.).
Lit. Süllwold: Begabung. *Klaudius Siegfried*

Beglaubigung Der beim Abschluß von Rechtsgeschäften bestehende Grundsatz der Formfreiheit wird durch gesetzlich vorgesehene bzw. rechtsgeschäftlich vereinbarte Formvorschriften eingeschränkt. Diese dienen dem Schutz des rechtsgeschäftlich Handelnden vor übereilter Abgabe von Willenserklärungen mit großer Tragweite sowie der Klarstellung von Abschluß, Inhalt und Rechtsfolgen eines Rechtsgeschäftes (Beweisfunktion). Fehlt einem Rechtsgeschäft die gesetzliche oder vereinbarte Form, so ist es grundsätzlich nichtig (§ 125 BGB). Eine Heilung des Formmangels ist nur in den gesetzlich vorgesehenen Ausnahmefällen möglich oder in von der → Rechtsprechung entwickelten Fällen, in denen die Folgen eines Formmangels hinter dem Grundsatz von Treu und Glauben zurückstehen.
Eines der gesetzlichen Formerfordernisse ist die öffentliche B. (§ 129 BGB). Sie ist neben der einfachen Schriftform und der notariellen → Beurkundung für die Abgabe von rechtlich bedeutsamen Erklärungen vorgesehen. Kennzeichnend für die öffentliche B. ist, daß eine vorgelegte schriftlich abgefaßte Erklärung i.d.R. vor einem Notar unterschrieben wird, der dann die Unterschrift beglaubigt (§§ 39 f. BeurkG). In Ausnahmefällen können neben dem Notar andere Urkundspersonen diese vornehmen (§ 1 Abs. 2 i. V. m. §§ 60 ff. BeurkG). Nur dieser Vermerk ist öffentliche Urkunde i.S.v. § 415 ZPO und bezeugt die Echtheit der Unterschrift oder des Handzeichens. Abweichend hiervon können Verwaltungsbehörden für bestimmte Verwendungszwecke amtliche Beglaubigungen von Abschriften von Urkunden und Unterschriften vornehmen (§ 65 BeurkG).
In der Praxis ist die öffentliche B. von Erklärungen bzw. Vorgängen in vielen Bereichen der Sozialarbeit Bestandteil der Berufsvollzüge. Einige wichtige Gebiete sind exemplarisch zu nennen, in denen Erklärungen öffentlich beglaubigt sein müssen: in der Arbeit → freier Träger z. B. Anmeldung der Liquidation eines → Vereins zum Vereinsregister (§ 77·BGB); in der Arbeit der → sozialen Dienste z. B. bei der Frage der Schuldenregulierung: Urkunden über Abtretungserklärungen, z. B. Gehaltsabtretung (§ 403 BGB), Erklärungen und Anträge auf Namensänderungen (§§ 1355, 1617 Abs. 2, 1618 BGB; §§ 15c, 31a PstG; § 59 KJHG), familienrechtliche Erklärungen (§§ 1560, 1491 BGB) und erbrechtliche Erklärungen, z. B. über die Ausschlagung der Erbschaft (§§ 1945, 1955 BGB).
Lit. s.: → Beurkundung. *Jost Bauer*

Begleitende Hilfe im Arbeits- und Berufsleben ist gem. § 31 → Schwerbehinder-

tengesetz (SchwbG) Aufgabe der → Hauptfürsorgestelle. Sie soll dahin wirken, daß die → Schwerbehinderten in ihrer sozialen Stellung nicht absinken, auf Arbeitsplätzen beschäftigt werden, auf denen sie ihre Fähigkeiten und Kenntnisse voll verwerten und weiterentwickeln können sowie durch Leistungen der → Rehabilitationsträger und Maßnahmen der Arbeitgeber befähigt werden, sich am Arbeitsplatz und im Wettbewerb mit Nichtbehinderten zu behaupten. Die Hauptfürsorgestelle soll außerdem darauf Einfluß nehmen, daß Schwierigkeiten bei der Beschäftigung verhindert oder beseitigt werden.
Die b. H. umfaßt insbesondere Hilfen und finanzielle Leistungen an Schwerbehinderte und ihre Arbeitgeber. Sie beginnt bereits in der Vorphase einer Einstellung und soll die Schwerbehinderten im gesamten Arbeitsleben begleiten. Dabei ist die Hauptfürsorgestelle Ansprechpartner für die Schwerbehinderten, Arbeitgeber und betrieblichen Helfer (→ Schwerbehindertenvertretung, Beauftragter des Arbeitgebers, → Betriebsrat, → Personalrat).
Maßnahmen der b. H. sollen nicht nur verhindern, daß → Arbeitsverhältnisse gekündigt werden, sondern sie sollen es ermöglichen, daß Schwerbehinderte optimal eingesetzt werden und sich ihrer Behinderung und ihren Fähigkeiten entsprechend entfalten können.
Eine immer größere Bedeutung gewinnen die speziellen Fachdienste, die die Hauptfürsorgestellen im Rahmen der b. H. bei sich und bei freien Trägern eingerichtet haben (technischer Fachdienst zur behindertengerechten Gestaltung von Arbeitsplätzen, berufsbegleitende Dienste zur psychosozialen Betreuung am Arbeitsplatz sowie zunehmend auch zur Ermöglichung bzw. Erleichterung des Übergangs z. B. von der Sonderschule oder von einer längeren Arbeitslosigkeit auf den allgemeinen Arbeitsmarkt bei besonders betroffenen Schwerbehinderten). *Jürgen Schmidt*

Begnadigung → Gnadenwesen

Behandlungspflege ist Teilgebiet der Krankenpflege (→ Häusliche Krankenpflege) neben der → Grundpflege. Die manchmal auch als spezielle Pflege bezeichnete B. umfaßt die Durchführung diagnostischer und therapeutischer Maßnahmen durch ausgebildete oder zumindest speziell geschulte Pflegekräfte nach Anordnung und unter Überwachung des Arztes. Dazu gehören z. B. Injektionen, Katheterisieren, Verbände, Dekubitusbehandlung, Absaugen der Atemwege, Blasenspülungen, Einläufe, Einreibungen, Wickel sowie gezielte Maßnahmen der Pflegekräfte zur Rehabilitation von Pflegebedürftigen, die über die allgemein aktivierende Pflege hinausgehen. Die Abgrenzung zur Grundpflege ist fließend; eine Rolle spielt dabei auch der Schweregrad der Erkrankung. Abgrenzungskriterium kann etwa sein, daß Maßnahmen der B., wenn sie von einem Kassenarzt selbst durchgeführt würden, nach der entsprechenden Vergütungsregelung vergütet würden. Die B. ist ausgebildeten oder zumindest speziell geschulten Pflegekräften vorbehalten. Für in stationären → Pflegeeinrichtungen geleistete B. kommt die Krankenversicherung nicht auf. Nach §§ 41-43 SGB XI ist bis 31. 12. 1999 die Pflegeversicherung zuständig. *Werner Hesse-Schiller*

Behaviorismus Eine ursprünglich in den USA durch J. B. Watson 1913 angeregte Schulrichtung der → Psychologie. »Psychologie, wie sie der Behaviorist sieht, ist ein streng objektiver, experimenteller Zweig der Naturwissenschaft. Ihr theoretisches Ziel ist die Vorhersage und Kontrolle des Verhaltens. Introspektion spielt keine wesentliche Rolle.« (Watson 1930)
Der B. hat seine Vorläufer im amerikanischen Funktionalismus und in der russischen Reflexologie. Beide Richtungen stellen die experimentelle Methodologie mit Tieren zur Untersuchung elementarer Verhaltensweisen in den Vordergrund, deren Prinzipien und Regeln auch für menschliches Verhalten gelten sollen. Reize und Reaktionen sind die wesentlichen Kategorien für beobachtbares → Verhalten, deren Zusammenspiel zunächst an einfachen Tätigkeiten mit Muskeln und Drüsen beobachtet wird. Die Reaktionen eines tierischen oder menschlichen Organismus sind über verschiedene Formen, vor allem aber durch → Konditionierung erworben, nicht jedoch durch Anlage und Erbe bedingt (→ Verhaltensforschung). Klassisches und instrumentelles Konditionieren sind für den B. die wichtigsten Lernprinzipien (→ Lernen). Klassisch konditionierte Reaktionen im menschlichen Verhalten sind über einen Lernprozeß erworben, bei dem ursprünglich neutrale Reize durch häufiges gemeinsames Auftreten mit einem unkonditionierten Reiz Verhaltensweisen auslösen, die ursprünglich nur auf den unkonditionierten Reiz hin erfolgten. Nach diesem von Pawlow entwickelten Modell erwirbt auch der Mensch nicht wenige seiner emotionalen Reaktionen, etwa Angst oder Furcht. – Das Modell des instrumentellen Konditionierens, das vor allem auf Skinner zurückgeht, bezieht sich auf die Veränderung der Wahrscheinlichkeit bestimmter Verhaltensweisen in Abhängigkeit von den jeweiligen Konsequenzen, die auf das Verhalten folgen. Diese Konsequenzen werden bei einer Steigerung der Wahrscheinlichkeit als verstärkende Konsequenzen oder einfach als positive → Verstärkung bezeichnet. Bei negativer Verstärkung geht es darum, eine Verhaltensweise aufgrund eines bestimmten Warnsignals zu zeigen, um ein unange-

nehmes Ereignis zu vermeiden. Über Jahrzehnte hinweg sind Bedingungen und Unterschiede des klassischen und instrumentellen Konditionierens vor allem an Versuchstieren in Problemkäfigen, Labyrinthen usw. nach einem beschränkten Reiz-Reaktionsschema untersucht worden. Seit etwa 30 Jahren grenzen sich Ansätze ab, die neben äußerem Verhalten auch sog. innere Ereignisse einbeziehen, die behavioristische Methode vor allem als Methodologie benutzen und damit weitere Bereiche menschlichen Erlebens erfassen können. Parallel dazu werden weitere Lernprinzipien entwickelt, die Verhaltensänderung und Kontrolle nicht mehr aus unmittelbar vorhergehenden oder nachfolgenden Ereignissen erklären: Beispielsweise das sog. Modellernen, bei dem ein Verhalten gemeint ist, das durch direktes oder indirektes Wahrnehmen des Handelns eines anderen Menschen und ein entsprechendes Nachahmen zustande kommt. Im Unterschied zum klassischen wie instrumentellen Konditionieren kann dieses Lernen mit erheblicher Zeitverzögerung zwischen Wahrnehmen und Ausführen des spezifischen Verhaltens auftreten.
Während der B. von Watson Verhalten auf molekularer Ebene zu beschreiben und zu erklären sucht, betont Tolman Verhalten als zielorientierten Prozeß, der durch Belohnungserwartung ausgelöst wird. Der Organismus ist nicht mehr allen möglichen Reizen ausgesetzt, er sucht vielmehr bestimmte Reize aus, die sich aus seiner individuellen kognitiven Landkarte als bedeutsam ergeben. Damit ist Tolman ein Vorläufer des sog. Neob., der vor allen Dingen kognitive Faktoren (→ Kognitive Funktionen) im Verhalten stärker berücksichtigt. Dementsprechend sind die stärker kognitiv orientierten Lerntheorien Grundlage für verändertes therapeutisches (→ Therapie) Vorgehen: Berücksichtigt werden nicht mehr ausschließlich offenes Verhalten, sondern auch Kognitionen als primäre Ziele und als Mittel, beispielsweise als Selbstkontrolle im Rahmen der → Verhaltenstherapie.
Lit. Blöschl: Verhaltenstherapie; Kanfer u.a.: Verhaltenstherapie; Schorr: Verhaltenstherapie. *Peter Barkey*

Behinderte Es gibt keinen allgemein anerkannten B.begriff.
In dem »Dritten Bericht der Bundesregierung über die Lage der B. und die Entwicklung der Rehabilitation« (1994) werden als »behindert« alle angesehen, »die von Auswirkungen einer nicht nur vorübergehenden Funktionsbeeinträchtigung betroffen sind, die auf einem regelwidrigen körperlichen (→ Körperlich Behinderte), geistigen (→ Geistig Behinderte) oder seelischen (→ Seelisch Behinderte) Zustand beruht«. Diese Begriffsbestimmung lehnt sich an den dreistufig aufgebauten B.begriff der →

Weltgesundheitsorganisation Schädigung (impairment), Fähigkeitsstörung (disability), soziale Beeinträchtigung (handicap) an; »sie stimmt in der Sache mit den international üblichen, auch innerhalb Deutschlands weitgehend deckungsgleichen Begriffsabgrenzungen überein und ermöglicht zusätzliche Differenzierungen, wenn solche behinderungsspezifisch oder im Hinblick auf bestimmte Rehabilitations- und Eingliederungsziele notwendig sind.«
Behinderungen können schon von Geburt an vorliegen. Meist entstehen sie aber erst im Laufe des Lebens, etwa durch einen Unfall oder eine → Krankheit.
Auch im Recht, insbes. im → Sozialrecht, gibt es keine Definition des B., die für alle Bereiche Geltung hätte. Das hängt damit zusammen, daß es sich bei den Leistungen und Maßnahmen zur → Rehabilitation B. um eine Aufgabe handelt, die von fast allen → Sozialleistungsträgern wahrgenommen wird. Es muß daher für das einzelne Gesetz, teilweise sogar innerhalb desselben für die einzelnen Rechtsbestimmungen, geprüft werden, was jeweils unter B. zu verstehen ist. Auch innerhalb des → Bundessozialhilfegesetzes (BSHG) ist B.begriff nicht einheitlich.
Besondere Bedeutung kommt innerhalb des BSHG der Frage zu, wer für den Bereich der → Eingliederungshilfe für B. nicht nur vorübergehend körperlich, geistig oder seelisch wesentlich behindert ist, weil daran der Anspruch auf diese Art der → Hilfe in besonderen Lebenslagen geknüpft ist (§ 39 Abs. 1 S. 1 BSHG). »Wesentlich« ist eine körperliche, geistige oder seelische Behinderung dann, wenn die entsprechende Regelwidrigkeit die Fähigkeit zur Eingliederung in die Gesellschaft in erheblichem Umfange beeinträchtigt (§§ 1 S. 1, 2 und 3 S. 1 → Eingliederungshilfe-Verordnung [EinglHVO]). Dabei muß beachtet werden, daß bei bestimmten schweren körperlichen Regelwidrigkeiten eine wesentliche körperliche Behinderung immer zu bejahen ist (§ 1 S. 2 EinglHVO) und daß bei den wesentlichen seelischen Behinderungen die seelischen Störungen, die solche zur Folge haben können, in § 3 S. 2 EinglHVO abschließend aufgeführt sind. Als »nicht nur vorübergehend« wird ein Zeitraum von mehr als 6 Monaten angesehen (§ 4 EinglHVO). Den nicht nur vorübergehend wesentlich B. stehen die von einer nicht nur vorübergehenden wesentlichen körperlichen, geistigen oder seelischen Behinderung Bedrohten mit einer gewissen Einschränkung gleich (§ 39 Abs. 2 BSHG). Eine solche Behinderung droht, wenn ihr Eintritt nach allgemeiner ärztlicher oder sonstiger fachlicher Erkenntnis mit hoher Wahrscheinlichkeit zu erwarten ist (§ 5 EinglHVO).
Es wird nur eine Bundesstatistik über die → Schwerbehinderten durchgeführt, und zwar alle zwei Jahre. Sie erfaßt die Zahl der

Schwerbehinderten mit gültigem Ausweis, persönliche Merkmale der Schwerbehinderten sowie Art, Ursache und Grad der Behinderung (§ 53 Abs. 1 → Schwerbehindertengesetz [SchwbG]). Nach dieser Statistik belief sich die Zahl der Schwerbehinderten in Deutschland am 31. 12. 1995 auf 6,496 Mio. (3,453 Mio. männlich, 3,042 Mio. weiblich); von diesen waren 3,286 Mio. 65 Jahre und älter.

Lit. Bracken: Vorurteile; Bundesarbeitsgemeinschaft für Rehabilitation: Rehabilitation; Bundesregierung: Behinderte; Dahlinger: Eingliederung; Matthesius u.a.: Klassifikation; Mrozynski: Rehabilitationsrecht; Statistisches Bundesamt: Schwerbehinderte; Thimm: Soziologie; Thust u.a.: Behinderte.

Hans-Gerd Ronge/Günter Schäfer

Behindertenarbeit, Koordination der Die K. d. B. bedeutet eine Abstimmung von Angeboten und Bedürfnissen, die → Behinderte und ihre Angehörigen betreffen. Sie trägt im wesentlichen dazu bei, die Chancen zur Eingliederung Behinderter in die Gesellschaft, die Arbeit und den Beruf zu verbessern.

Für die K. d. B. zuständige Stellen sollen bei den Sozialverwaltungen der Kommunen bzw. der Länder angesiedelt sein. Tätigkeitsmerkmale dieser Stellen sind Grundsatzangelegenheiten der Behindertenhilfen; Planung von Maßnahmen und → Einrichtungen mit der → Sozialplanung; Information und → Öffentlichkeitsarbeit in Abstimmung mit anderen Angeboten der → Sozial- und → Jugendhilfe und der Öffentlichkeitsarbeit der Gesamtverwaltung; Anregung der Durchführung von Maßnahmen und des Betreibens von Einrichtungen, Begleitung der Durchführung, Feststellung der Wirksamkeit; Koordination aller Maßnahmen im Rahmen der Zuständigkeit der eigenen → Verwaltung (z.B. Beteiligung bei der Erstellung von Vorlagen für die politischen Gremien und Abgabe von Stellungnahmen auf Anfrage); Zusammenarbeit mit Auskunfts- und Beratungsstellen anderer Träger; Zusammenarbeit mit anderen Behörden, Wohlfahrtsverbänden (→ Freie Wohlfahrtspflege) usw.; Kooperation mit der Arbeitsgemeinschaft für Behinderte (AGBeh), Vereinen, Institutionen und → Selbsthilfegruppen von behinderten und für behinderte Menschen; Betreuung, → Beratung und → Fortbildung von Mitarbeitern der eigenen Verwaltung und → freien Trägern, von ehrenamtlichen Helfern; Kontakt- und Beratungsstelle für Behinderte im Einzelfall.

Lit. Isselhorst u.a.: Koordination.

Erhard Raßloff

Behindertenbeauftragte → Behindertenarbeit, Koordination der

Behindertenberatung Die → Beratung des behinderten oder von Behinderung bedrohten Menschen ist ein integraler Bestandteil der Behindertenhilfe und der → Rehabililtation. Sie ist eine wesentliche Voraussetzung zur Bewältigung behinderungsbedingter Problemsituationen und Bedarfslagen. B. hat die Aufgabe, behinderten Menschen den Zugang zu ihren Rechten zu eröffnen und zu erleichtern; in erster Linie durch die Vermittlung sachlicher Informationen über bestehende Rechtsansprüche, Leistungen, Maßnahmen, Hilfen, Einrichtungen, Dienste usw. Sie ist darüber hinaus aber auch im umfassenden Sinne als Angebot bei persönlichen und psychosozialen Fragestellungen zu verstehen. Im Idealfall steht die B. am Anfang eines Hilfeprozesses, begleitet ihn und führt zur Problemformulierung und Bedarfsermittlung sowie zur Problemlösung und Bedarfsdeckung. B. wird von den gesetzlichen → Rehabilitationsträgern, Behörden, → Behindertenverbänden, Selbsthilfeorganisationen (→ Selbsthilfe), Verbänden der freien Wohlfahrtspflege, (→ Freie Wohlfahrtspflege), aber auch von verschiedenen Einrichtungen und Diensten angeboten. Nach dem → Sozialgesetzbuch (SGB) hat jeder Bürger – also auch der Behinderte – einen einklagbaren Anspruch auf → Beratung über seine Rechte und Pflichten gegenüber den Sozialleistungsträgern (§ 14 SGB I).

Für die gesetzlichen → Rehabilitationsträger besteht nach dem → Rehabilitationsangleichungsgesetz eine Pflicht zur → Auskunft und Beratung. Nach § 3 Abs. 2 RehaAnglG haben behinderte Menschen einen Anspruch auf alle sachdienlichen Auskünfte über die Möglichkeiten zur Durchführung medizinischer, berufsfördernder und ergänzender Maßnahmen und Leistungen zur Rehabilitation und auf rechtzeitige und umfassende Beratung.

Zuständig für die Beratung durch die Rehabilitationsträger ist der für die Leistung zuständige Träger. Die Beratung (und → Auskunft) ist durch Einrichtung von Auskunfts- und Beratungsstellen bei den Rehabilitationsträgern zu gewährleisten. Über Form und Inhalt der Auskunft und B. und die Einrichtung von Auskunfts- und Beratungsstellen haben die Rehabilitationsträger am 1. Juli 1977 eine → Gesamtvereinbarung abgeschlossen.

Weitere Beratungspflichten bestehen nach § 126 Nr. 1 → Bundessozialhilfegesetz (BSHG) für die → Gesundheitsämter, nach § 8 BSHG für die Träger der Sozialhilfe, (→ Sozialhilfeträger), § 25 Abs. 1 → Schwerbehindertengesetz (SchwbG) für den/die Vertrauensmann/-frau im Betrieb, nach § 93 SGB IV für die Versicherungsämter und nach §§ 107 Nr. 8, 112 Abs. 2 Nr. 4 SGB V für Ärzte und Krankenhäuser.

Rechtsfolgen falscher Beratung können bei Amtspflichtverletzung nach Art. 34 Grundgesetz i.V.m. § 839 Bürgerliches Gesetzbuch (→ Amtshaftung) und aus allgemeinen schuldrechtlichen Haftungstatbeständen (→ Haftung) eintreten. *Bernd Steinke*

Behindertenbericht Einen »Bericht über die Lage der → Behinderten und die Entwicklung der → Rehabilitation« erstattet die Bundesregierung dem Deutschen Bundestag einmal in jeder Legislaturperiode, bisher 1984 (BT-Drucks. 10/1233), 1989 (BT-Drucks. 11/4455) und 1994 (BT-Drucks. 12/7148). Sie gibt darin einen umfassenden Überblick über alle wesentlichen Aspekte der Lebenssituation der Behinderten in der Bundesrepublik Deutschland sowie über die Leistungen und Hilfen zu ihrer Eingliederung in allen Lebensbereichen. Die Berichte gehen davon aus, daß das »soziale Recht« (§ 10 SGB I; → Sozialgesetzbuch [SGB]) behinderter und von Behinderung bedrohter Menschen auf die von ihnen benötigte Hilfe als Leitlinie der gesamten Rehabilitations- und Behindertenpolitik allgemein anerkannt ist, und heben unter den Grundsätzen, die aus diesem »sozialen Recht« abzuleiten sind, folgende Aspekte hervor:
– das Ziel der → Integration der Behinderten in die Gesellschaft,
– den Grundsatz der Finalität, nach dem die notwendigen Hilfen jedem Behinderten und von Behinderung Bedrohten unabhängig von der Ursache der Behinderung geleistet werden müssen, auch wenn für diese Hilfen unterschiedliche Träger und Institutionen mit unterschiedlichen Leistungsvoraussetzungen zuständig sind,
– den Grundsatz einer möglichst frühzeitigen Intervention, nach dem entsprechend den im Einzelfall gegebenen Möglichkeiten und Notwendigkeiten Ausmaß und Auswirkungen der Behinderung möglichst gering zu halten und nicht vermeidbare Auswirkungen so gut wie möglich auszugleichen sind, und
– den Grundsatz der individuellen Hilfe, die auf die konkrete Bedarfssituation jedes einzelnen Behinderten zugeschnitten und dieser Bedarfssituation mit geeigneten Mitteln gerecht werden muß.
In ihren einzelnen Kapiteln stellen die B. den erreichten Stand der Verwirklichung dieser Grundsätze
– bei den Rechtsvorschriften,
– bei der Fortentwicklung des Instrumentariums an Leistungen und Hilfen, → Einrichtungen und Diensten sowie deren Verzahnung untereinander,
– im Zusammenwirken aller maßgeblichen Kräfte in Staat und Gesellschaft mit dem Ziel, Behinderte »so normal wie möglich« teilhaben zu lassen, und
– bei der Mitwirkung der Behinderten selbst sowie ihrer Verbände (→ Behindertenverbände) und Selbsthilfegruppen dar. Darüber hinaus werden aktuelle Handlungsnotwendigkeiten aufgezeigt.
Nach eingehender Beratung der Berichte in den Ausschüssen faßte der Deutsche Bundestag zu ihnen jeweils eine Entschließung (BT-Drucks. 10/6705, 12/1943 und 12/8074). *Hartmut Haines*

Behindertenerholung → Erholung

Behindertengerechte Wohnung Bauliche und technische Hindernisse in den Wohnungen und im öffentlichen Bereich erschweren das Leben → Behinderter oft unnötig. Die meisten Hindernisse könnten durch richtiges Planen und Bauen vermieden werden. Dies wäre auch für ältere Menschen und kleine Kinder vorteilhaft. Mehrkosten entstehen meist erst, wenn Bauwerke nachträglich geändert werden müssen. Landesstraßengesetze und -bauordnungen enthalten Bestimmungen, die Behinderten eine Nutzung ohne fremde Hilfe ermöglichen sollen (z. B. § 51 der Bauordnung für NRW vom 26. 6. 1984, GVBL. S. 419). Der Fachnormenausschuß des Deutschen Normenausschusses hat Normen für bauliche Maßnahmen für Behinderte und alte Menschen im öffentlichen Bereich (DIN 18024) und für Wohnanlagen für → Schwerbehinderte (DIN 18025, Bl. 1 für → Rollstuhlfahrer, Bl. 2 für → Blinde und wesentlich → Sehbehinderte) erstellt.
B. W. müssen nach Größe, Ausstattung, Zuschnitt und Lage den Bedürfnissen des Behinderten angepaßt sein. Wohnungen für Behinderte und ihre Familien sind in der Bundesrepublik noch keineswegs ausreichend vorhanden. Nach schwedischem Vorbild müßte generell bestimmt werden, daß alle Haus- und Wohnungseingänge rollstuhl- und damit auch alten- und kinderwagengerecht zu bauen sind.
Ziel aller Maßnahmen ist, den Behinderten durch Bemessung und Ausstattung der Wohnungen durch erweiterte Bewegungsflächen, Abstellplatz für Rollstühle, Sonderausstattung von Sanitätsräumen, Küchen und Arbeitsräumen von fremder Hilfe weitgehend unabhängig zu machen. Bedienungsvorrichtungen wie Lichtschalter, Steckdosen, Briefkästen, Rolladengetriebe u. ä. müssen im Greifbereich des Rollstuhlbenutzers liegen. Besondere Fördermaßnahmen sehen das II. WoBauG (BGBl. 1994 I S. 2137), § 16 WoGG (BGBl. 1993 I S. 183), § 40 Abs. 4 Pflege-Versicherungsgesetz (BGBl. 1994 I S. 1014), das Bundesversorgungsgesetz, § 22 der SchwbAV (BGBl. 1988 I S. 484) und § 40 Abs. 1 Nr. 6a → Bundessozialhilfegesetz (BSHG) i.V.m. § 18 → Eingliederungshilfe-Verordnung (EinglHVO) vor.
S. a. → Rehabilitation.
Lit. Institut für Landes- und Stadtentwicklungsforschung: Bauen. *Emil Weichlein*

Behindertenklubs Die ersten B. entstanden aus der Bemühung zur Weiterentwicklung der → Rehabilitation und zur sozialen Eingliederung behinderter Menschen. So entstanden Ende der 60er bis Anfang der 70er Jahre die ersten Klubs dieser Art. Sie hatten hauptsächlich die Freizeitgestaltung und → Öffentlichkeitsarbeit zur Zielsetzung. Meistens entstanden sie aus Elternvereinen (→ Behindertenverbände) und verstanden sich als Weiterentwicklung der Rehabilitationsbemühungen dieser Vereine unter dem Gesichtspunkt der Eigeninitiative und Selbstverantwortung der → Behinderten.

In der Folgezeit entwickelten sich vier Strömungen mit einem unterschiedlichen Grad der Selbständigkeit und unterschiedlichem Schwerpunkt in den Behinderungsarten.
a) Jugend- und Freizeitklubs im Rahmen von Elternvereinigungen mit begrenzter Selbständigkeit und finanzieller Abhängigkeit (Zielgruppe: → Körperbehinderte);
b) B. im Rahmen von → Kriegsopferverbänden mit weitgehender Selbständigkeit, aber finanzieller Anbindung an den Verband (Zielgruppe: nur Körperbehinderte);
c) konfessionelle B. mit partieller Selbständigkeit und finanzieller Anbindung an die jeweilige Kirche (Zielgruppe: je nach Arbeitsschwerpunkt verschieden);
d) unabhängige Gruppierungen von Behinderten und Nichtbehinderten, organisiert als Klubs Behinderter und ihrer Freunde, die in finanzieller und rechtlicher Sicht völlig unabhängig in ihren Entscheidungen und Aktionen sind (als eingetragener → Verein organisiert). Hier herrscht der Grundsatz der Parität zwischen Behinderten und Nichtbehinderten (Zielgruppe: alle Behinderungsarten).

Die Weiterentwicklung der verschiedenen B. brachte auch eine Erweiterung der Zielsetzung mit sich. Sie verstanden sich ab 1975 als Gruppierungen von Behinderten und Nichtbehinderten, die als nachholende Sozialisationsinstanz und Übungsfeld zur Durchsetzung der Interessen von Behinderten dienen. Die neueste Tendenz in der Entwicklung dieser B. ist die Öffnung für alle benachteiligten Gruppen der Gesellschaft als logische Fortentwicklung des Integrationsgedankens (→ Integration). Ein weiterer, neuer Aspekt ist die → Selbsthilfe durch den Aufbau von Servicediensten und unabhängigen Beratungsdiensten sowie anderen Alltagshilfen für Behinderte. Diese Gruppen arbeiten unter dem Begriff »Autonom Leben« daran, behinderte Menschen so selbständig wie möglich bei der Organisation und Finanzierung ihrer notwendigen Assistenz und dem dafür geeigneten Personal zu machen. Vorbild ist die »Indepent Living Bewegung« in den USA.

Die meisten anderen B. haben sich in Bundes- und Landesarbeitsgemeinschaften zusammengeschlossen, um diese Ziele zu erreichen. *Matthias Kusche*

Behindertenpädagogik → Sonderpädagogik

Behindertensport Unter dem Begriff B. werden die sportlichen Aktivitäten zusammengefaßt, die auf die Möglichkeiten und Bedürfnisse → Behinderter ausgerichtet sind, unter ärztlicher Aufsicht stehen und von ausgebildeten Fach-Übungsleitern durchgeführt werden. Im Rahmen des B. gibt es Breiten-, Leistungs- und → Rehabilitationssport.

Das am 1. 10. 1974 in Kraft getretene Gesetz über die Angleichung der Leistungen zur Rehabilitation (→ Rehabilitationsangleichungsgesetz [RehaAnglG]) führte den Begriff B. ein. Dieses Gesetz soll allen behinderten Menschen die Ausübung von B. als Hilfe für die Wiedereingliederung in Arbeit, Beruf und Gesellschaft garantieren. Im Jahre 1956 wurde bereits der Anspruch der Kriegsbeschädigten auf Teilnahme an »Versehrtenleibesübungen« im → Bundesversorgungsgesetz (BVG) verankert. Die zuständigen Kostenträger, die Träger der gesetzlichen Krankenversicherung, Unfallversicherung, Rentenversicherung und des sozialen Entschädigungsrechts sowie die → Sozialhilfeträger, haben eine Gesamtvereinbarung über den ambulanten B. abgeschlossen, die sicherstellen soll, daß der B. als ergänzende Leistung zur → Rehabilitation nach einheitlichen Grundsätzen gewährt bzw. gefördert wird.

Der B. in Deutschland entstand im wesentlichen nach 1945 durch die Versehrtensportgemeinschaften der Kriegsbeschädigten. Diese haben sich mittlerweile für alle Behinderten geöffnet und meist auch in Behinderten-Sportverbände umbenannt. Neben diesen gibt es weitere Behinderten-Sportgruppen, oft speziell auf einzelne Behinderungsarten ausgerichtet (Blinde, Gehörlose u.a.). Einige allgemeine Sportvereine haben auch Abteilungen für B. eingerichtet.

Lit. BMA: Sport mit Behinderten; Kolb: Spiele; Köppke u.a.: Sport; Rheker: Sport.
Rotraut Weeber/Dieter Kulke

Behindertenverbände als Zusammenschlüsse von → Behinderten bzw. deren Freunden und Förderern sind aus dem Bestreben nach → Selbsthilfe entstanden, die soweit wie möglich von öffentlicher oder fremder Hilfe unabhängig machen soll. Sie wollen zur möglichst vollständigen Eingliederung behinderter Menschen in Schule, Beruf und Gesellschaft beitragen und diesen Prozeß dadurch beschleunigen, daß eine Gruppe mit gleichen Anliegen den einzelnen in seinen Bemühungen um eine erfolgreiche Lebensbewältigung und Wahrnehmung seiner Interessen unterstützt.

Selbstorganisationen dieser Art haben eine relativ junge Tradition aufzuweisen. Die Fähigkeit, selbst für seine Rechte und die Verwirklichung seiner Ansprüche einzutreten, wurde über lange Zeit nur denjenigen Behinderten zuerkannt, die Vorleistungen

Behindertenverbände

erbracht hatten, insbes. wenn diese unverkennbare Aufopferungsansprüche gegenüber der Allgemeinheit begründen konnten. Entsprechend sind die Zusammenschlüsse Kriegsverletzter und ihrer Angehörigen einschließlich der Kriegsblinden die historisch ältesten B. Der Verband der Kriegs- und Wehrdienstopfer, Behinderten und Sozialrentner Deutschland (→ VdK Deutschland) und der Reichsbund der Kriegs- und Wehrdienstopfer, Behinderten, Sozialrentner und Hinterbliebenen e.V. gehören nach Mitgliederzahl und Leistungsfähigkeit zu den größten B.
Hilfe für die übrigen Behinderten, vor allem für solche mit angeborenen Behinderungen, wurde dagegen lange unter dem Aspekt der Armenhilfe und karitativen Tätigkeit betrachtet. Erst mit Einführung des → Bundessozialhilfegesetzes (BSHG) wurde in der Öffentlichkeit ein neues Verständnis für behinderte Menschen geweckt, das sie als gleichberechtigte Bürger und nicht mehr als Außenseiter der Gesellschaft einstufte. Hilfe zur Selbsthilfe als neue Leitlinie der Sozialgesetzgebung ermöglichte dem Behinderten eigene Initiativen statt einer zuvor zwangsläufig eher passiven Einstellung.
Dem Beispiel europäischer Nachbarländer folgend, schlossen sich schon bald nach dem 2. Weltkrieg zunächst Eltern behinderter Kinder zusammen – vor allem geistig behinderter und cerebralparetischer Kinder –, um durch gemeinsame Bemühungen die erforderlichen Eingliederungshilfen sicherzustellen. Es wurde ein Netz von Rehabilitationshilfen (→ Rehabilitation) entwickelt – z.T. in der Trägerschaft dieser Verbände –, auf dem später weiter aufgebaut werden konnte. Ermutigt durch die Erfolge solcher Initiativen, sind in der Folgezeit weitere Verbände entstanden, deren Zielsetzung sich i.d.R. an den erforderlichen Hilfen für spezifische Behindertengruppen orientiert und teils durch Fachleute, teils durch Eltern und z.T. durch Betroffene selbst in ihrer Schwerpunktbildung bestimmt wird.
Gerade in neuerer Zeit kam es mit der Ergänzung der → Grundrechte in Artikel 3 Abs. 3 → Grundgesetz (GG) um einen Satz 2 oder der Einführung der → Pflegeversicherung zu einer stärkeren Vertretung der Betroffenen in ihren eigenen Angelegenheiten. In zum Teil recht unterschiedlichen verbandlichen Zusammenschlüssen geht es den Behinderten daher nicht mehr nur um Hilfen für ihre spezifische Behindertengruppe, sondern um generelle Forderungen, wie der Möglichkeit zu selbstbestimmten Lebensformen, der Forderung nach einem Anti-Diskriminierungsgesetz oder der Forderung nach einem eigenen Leistungsgesetz für Behinderte. Die Verbandsarbeit wird durch Mitgliedsbeiträge und Spenden finanziert und in begrenztem Umfang aus öffentlichen Mitteln unterstützt. Die Mehrzahl dieser Selbsthilfeverbände ist in der →

Bundesarbeitsgemeinschaft Hilfe für Behinderte e.V. (BAG H) zusammengeschlossen, die als Dachorganisation eine behinderungsübergreifende Interessensvertretung in Fragen der → Sozialpolitik und der Rehabilitation wahrnimmt.
Folgende Verbände verfügen über bundesweite Organisationsstrukturen:
– Aktion Psychisch Kranke e.V., Graurheindorfer Str. 15, 53111 Bonn, Tel: (02 28) 63 15 45, Fax: 63 03 87;
– Aktion Sonnenschein, Hilfe für das mehrfachbehinderte Kind e.V., Heiglhofstr. 63, 81377 München, Tel: (0 89) 7 10 09-0, Fax: 7 19 36-10;
– Arbeitsgemeinschaft Allergiekrankes Kind – Hilfen für Kinder mit Asthma, Ekzem oder Heuschnupfen e.V., Hauptstr. 29 II, 35745 Herborn, Tel: (0 27 72) 92 87-0, Fax: 92 87 48;
– Arbeitsgemeinschaft Spina bifida und Hydrocephalus e.V., Münsterstr. 13, 44145 Dortmund, Tel: (02 31) 83 47 77, Fax: 83 39 11;
– Arbeitskreis der Pankreatektomierten e.V., Krefelder Str. 52, 41539 Dormagen, Tel: (0 21 33) 4 23 29, Fax: 4 26 91;
– Arbeitskreis Kunstfehler in der Geburtshilfe e.V., Rosental 23-25, 44135 Dortmund, Tel: (02 31) 52 58 72, Fax: 52 60 48;
– Arbeitskreis überaktives Kind e.V., Dietrichstr. 9, 30159 Hannover, Tel: (05 11) 3 63 27 29, Fax: 3 63 27 72;
– Bund zur Förderung Sehbehinderter e.V., Margaret Reinhardt, Max-Planck-Str. 24, 40880 Ratingen, Tel: (0 21 02) 44 47 37;
– Bundesarbeitsgemeinschaft der Clubs Behinderter und ihrer Freunde e.V., Eupener Str. 5, 55131 Mainz, Tel: (0 61 31) 22 55 14 oder 22 57 78, Fax: 23 88 34;
– Bundesarbeitsgemeinschaft für hörgeschädigte Studenten und Absolventen (BHSA) e.V., c/o Andreas Kammerbauer, Hinter der Hochstätte 2a, 65239 Hochheim/Main, Tel./Schreibtel./BTX: (0 61 46) 79 58, Fax: 2 62 89;
– Bundeselternvereinigung für anthroposophische Heilpädagogik und Sozialtherapie e.V., Schloßstr. 9, 61209 Echzell, Tel: (0 60 35) 8 11 90, Fax: 8 12 17;
– Bundesarbeitsgemeinschaft der Eltern und Freunde hörgeschädigter Kinder e.V., Pirolkamp 18, 22397 Hamburg, Tel: (0 40) 6 07 03 44, Fax: 6 07 23 61;
– Bundesinteressengemeinschaft Geburtshilfegeschädigter e.V., Nordsehler Str. 30, 31655 Stadthagen, Tel: (0 57 21) 7 23 72, Fax: 8 17 83;
– Bundesselbsthilfeverband für Osteoporose e.V., Kirchfeldstr. 149, 40215 Düsseldorf, Tel: (02 11) 31 91 65;
– Bundesselbsthilfeverband kleinwüchsiger Menschen e.V., Harald Berndt, Hauptstr. 14, 56587 Oberhonnefeld-Gierrend, Tel: (0 26 34) 95 60 51, Fax: 95 60 52;
– Bundesverband Contergangeschädigter e.V., Hilfswerk vorgeburtlich Geschädig-

ter, Paffrather Str. 132-134, 51069 Köln, Tel: (02 21) 6 80 34 79, Fax: 68 20 10;
– Bundesverband der Angehörigen psychisch Kranker e.V. (BAPK e.V.), Thomas-Mann-Str. 49a, 53111 Bonn, Tel: (02 28) 63 26 46, Fax: 65 80 63;
– Bundesverband der Kehlkopflosen e.V., Obererle 65, 45897 Gelsenkirchen, Tel: (02 09) 59 22 82, Fax: 59 77 48;
– Bundesverband der Organtransplantierten e.V. (BDO), Unter den Ulmen 98, 47137 Duisburg, Tel: (02 03) 44 20 10, Fax: 44 21 27;
– Bundesverband für die Rehabilitation der Aphasiker e.V., Georgstr. 9, 50389 Wesseling, Tel: (0 22 36) 4 66 98, Fax: 8 31 76;
– Bundesverband für Körper- und Mehrfachbehinderte e.V., Brehmstr. 5-7, 40239 Düsseldorf, Tel: (02 11) 62 66 51, Fax: 61 39 72;
– Bundesverband Herzkranke Kinder e.V., Kullenhofwinkel 24a, 52074 Aachen, Tel: und Fax: (02 41) 8 23 28;
– Bundesverband Hilfe für das autistische Kind – Vereinigung zur Förderung autistischer Menschen e.V., Bebeallee 141, 22297 Hamburg, Tel: (0 40) 5 11 56 04, Fax: 5 11 08 13;
– Bundesverband Kleinwüchsige Menschen und ihre Familien e.V., Westerstr. 98-104, 28199 Bremen, Tel: (04 21) 50 21 22 und 50 78 73, Fax: 50 57 52;
– Bundesverband Legasthenie e.V., Königstr. 32, 30175 Hannover, Tel: (05 11) 31 87 38, Fax: 31 87 39;
– Bundesverband Neurodermitiskranker in Deutschland e.V., Oberstr. 171, 56154 Boppard, PA: PF: 11 65, PLZ: 56135, Tel: (0 67 42) 25 98, Fax: 27 95;
– Bundesverband Polio e.V., Thaerstr. 27, 35392 Gießen, Tel: (06 41) 2 34 33;
– Bundesverband Psychiatrie-Erfahrener e.V., Thomas-Mann-Str. 49a, 53111 Bonn, Tel: (02 28) 63 26 46, Fax: 69 17 59;
– Bundesverband Selbsthilfe Körperbehinderter e.V., Altkrautheimer Str. 17, 74238 Krautheim/Jagst, Tel: (0 62 94) 6 80, Fax: 9 53 83;
– Bundesverband Skoliose Selbsthilfe e.V., c/o Ria Hunger, An der Kreuzkapelle 4, 41352 Korschenbroich, Tel: + Fax: (0 21 61) 64 42 26;
– Bundesvereinigung Lebenshilfe für geistig Behinderte e.V., Postfach 80, 35020 Marburg, Tel: (0 64 21) 4 91-0, Fax: 49 11 67;
– Bundesvereinigung Stotterer Selbsthilfe e.V., Gereonswall 112, 50670 Köln, Tel: (02 21) 1 39 11 06-08, Fax: 1 39 13 70;
– CF-Selbsthilfe Bundesverband e.V., (Cystische Fibrose – Mucoviscidose), Meyerholz 3, 28832 Achim, Tel: (0 42 02) 8 22 80;
– Dachverband Psychosozialer Hilfsvereinigungen e.V., Thomas-Mann-Str. 49a, 53111 Bonn, Tel: (02 28) 63 26 46, Fax: 69 17 59;

– Deutsche Aids-Hilfe, Postfach 61 01 49, 10921 Berlin, Tel: (0 30) 69 00 87-0, Fax: 69 00 87-42;
– Deutscher Allergie- und Asthmabund e.V., Hindenburgstr. 110, 41061 Mönchengladbach, Tel: (0 21 61) 18 30 24, Fax: 20 85 02;
– Deutsche Alzheimer Gesellschaft e.V., Büchsenstr. 34, 70174 Stuttgart, Tel: (07 11) 2 26 85 98, Fax: 2 26 85 19;
– Deutsche Epilepsievereinigung e.V., Zillestr. 102, 10585 Berlin, Tel: (0 30) 3 42 44 14;
– Deutsche Gesellschaft für Muskelkranke e.V., Im Moos 4, 79112 Freiburg, Tel: (0 76 65) 94 47-0, Fax: 94 47-20;
– Deutsche Gesellschaft für Osteogenesis imperfecta Betroffene e.V., Postfach 15 46, 63155 Mühlheim, Tel: und Fax: (0 61 08) 7 63 34;
– Deutsche Gesellschaft zur Förderung der Gehörlosen und Schwerhörigen e.V., Veit-Stoß-Str. 14, 80687 München, Tel./Schreibtel./BTX: (0 89) 58 88 48, Fax: 5 80 83 79;
– Deutsche Hämophilieberatung – Verein zur Beratung bei Blutungskrankheiten e.V., Lessingstr. 61, 45772 Marl, Tel: (0 23 65) 2 15 03 oder 2 44 96, Fax: 2 65 78;
– Deutsche Hämophiliegesellschaft zur Bekämpfung von Blutungskrankheiten e.V., Halenseering 3, 22149 Hamburg, Tel: (0 40) 6 72 29 70, Fax: 6 72 49 44;
– Deutsche Heredo Ataxie Gesellschaft – Bundesverband e.V., Haußmannstr. 6, 70188 Stuttgart, Tel: (07 11) 21 55-1 14, Fax: 21 55-2 14;
– Deutsche Huntington-Hilfe e.V., Postfach 28 12 51, 47241 Duisburg, Tel: (02 03) 78 87 77, Fax: 78 25 04;
– Deutsche Ileostomie-Colostomie-Urostomie-Vereinigung e.V. (ILCO), Kepserstr. 50, 85356 Freising, Tel: (0 81 61) 8 49 11, 8 49 09 (vormittags), Fax: 8 55 21;
– Deutsche Interessengemeinschaft für Verkehrsunfallopfer e.V. Dignitas, c/o Angelika Oidtmann, Friedlandstr. 6, 41747 Viersen, Tel: (0 21 62) 2 00 32, Fax: 35 23 12;
– Deutsche Interessengemeinschaft Phenylketonurie (PKU) und verwandte angeborene Stoffwechselstörungen e.V., c/o Hansjörg Schmidt, Adlerstr. 6, 91077 Kleinsendelbach, Tel: (0 91 26) 44 53;
– Deutsche Leberhilfe e.V., Gesmolder Str. 27, 49324 Melle, Tel: (0 54 22) 4 44 99, Fax: 65 68;
– Deutsche Leukämie Forschungshilfe, Aktion für krebskranke Kinder e.V., Joachimstr. 20, 53113 Bonn, Tel: (02 28) 22 18 33, Fax: 21 86 46;
– Deutsche Morbus Crohn/Colitis ulcerosa Vereinigung (DCCV) e.V., Bundesverband für entzündliche Erkrankungen des Verdauungstraktes, Paracelsusstr. 15, 51375 Leverkusen, Tel: (02 14) 7 59 57, Fax: 7 59 79;

Behindertenverbände

- Deutsche Multiple Sklerose Gesellschaft e.V., Bundesverband, Vahrenwalder Str. 205-207, 30165 Hannover, Tel: (05 11) 63 30 23, Fax: 63 38 87;
- Deutsche Myastenie Gesellschaft e.V., Hohentorsheerstr. 49-51, 28199 Bremen, Tel: (04 21) 59 20 60, Fax: 50 82 26;
- Deutsche Narkolepsie-Gesellschaft, Günter Baus, Postfach 11 07, 42755 Haan, Tel: (0 21 29) 5 37 23, Fax: 3 29 45;
- Deutsche Parkinson Vereinigung-Bundesverband e.V., Moselstr. 31, 41464 Neuss, Tel: (0 21 31) 4 10 16/17, Fax: 4 54 45;
- Deutsche Retinitis Pigmentosa Vereinigung e.V., c/o Frau Fritze, Vaalser Str. 108, 52074 Aachen, Tel: (02 41) 87 00 18, Fax: 87 39 61;
- Deutsche Rheuma-Liga e.V., Rheinallee 69, 53173 Bonn, Tel: (02 28) 95 75 0-0, Fax: 9 57 50-20;
- Deutsche Sarkoidose-Vereinigung e.V., Renate Braune, Postfach 30 43, 40650 Meerbusch, Tel: und Fax: (0 21 50) 73 60;
- Deutsche Schlaganfall-Liga e.V. und Deutsche Schlaganfall-Stiftung (SdbR), Carl-Bertelsmann-Str. 256, 33335 Gütersloh, PA: PF: 1 04, PLZ: 33311, Tel: (0 52 41) 97 70-0, Fax: 70 20 71;
- Deutsche Sektion der Internationalen Liga gegen Epilepsie e.V., Herforder Str. 5-7, 33602 Bielefeld, Tel: (05 21) 12 41 92 (10.00-12.00 Uhr);
- Deutsche Tinnitus-Liga e.V. (DTL), Lohsiepen 18, 42359 Wuppertal, Tel: (02 02) 24 65 20, Fax: 4 67 09 32;
- Deutsche Vereinigung Morbus Bechterew e.V. (DVMB), Metzgergasse 16, 97421 Schweinfurt, Tel: (0 97 21) 2 20 33, Fax: 2 29 55;
- Deutsche Zöliakie-Gesellschaft e.V., Filderhauptstr. 61, 70599 Stuttgart, Tel: (07 11) 45 45 14, Fax: 4 56 78 17;
- Deutscher Behindertensportverband, Friedrich-Alfred-Str. 10, 47055 Duisburg, Tel: (02 03) 73 81-6 20, Fax: 73 81-6 28;
- Deutscher Blindenverband e.V., Bismarckallee 30, 53173 Bonn, Tel: (02 28) 95 58 20, Fax: 35 77 19;
- Deutscher Diabetiker-Bund e.V., Danziger Weg 1, 58511 Lüdenscheid, Tel: (0 23 51) 98 91 53;
- Deutscher Diabetiker-Verband e.V. und Bund diabetischer Kinder und Jugendlicher e.V., Hahnbrunner Str. 46, 67659 Kaiserslautern, Tel: (06 31) 7 64 88, Fax: 9 72 22;
- Deutscher Gehörlosen-Bund e.V., Paradeplatz 3, 24768 Rendsburg, Tel: (0 43 31) 58 97-22, Fax: 58 97-45;
- Deutscher Neurodermitiker Bund e.V., Spaldingstr. 210, 20097 Hamburg, Tel: (0 40) 23 08 10, Fax: 23 10 08;
- Deutscher Psoriasisbund e.V., Oberaltenallee 20 A, 22081 Hamburg, Tel: (0 40) 22 33 99, Fax: 2 27 09 86;
- Deutscher Schwerhörigenbund e.V., Schiffbauerdamm 13, 10117 Berlin, Tel: (0 30) 2 80 78 77, Fax: 2 83 29 80;
- Deutscher Verein der Blinden und Sehbehinderten in Studium und Beruf e.V. (DVBS), Frauenbergstr. 8, 35039 Marburg, Tel: (0 64 21) 48 14 50;
- Dialysepatienten Deutschlands e.V., Weberstr. 2, 55130 Mainz, Tel: (0 61 31) 8 51 52, Fax: 83 51 98;
- Elternselbsthilfegruppe krebskranker Kinder, Groten Hoff 13, 22359 Hamburg, Tel: (0 40) 6 03 84 87;
- Elternverband Deutscher Gehörlosenschulen e.V., Huckarder Str. 2-8, 44147 Dortmund, Tel: (02 31) 91 30 02-0, Fax: 91 13 02 23;
- Fördergemeinschaft für Taubblinde e.V., Schilfweg 20, 53721 Siegburg, Tel: (0 22 41) 5 56 30;
- Frauenselbsthilfe nach Krebs – Bundesverband e.V., B 6, 10/11, 68159 Mannheim, Tel: (06 21) 2 44 34, Fax: 15 48 77;
- Freundeskreis Camphill e.V., Gütergotzer Str. 85, 14165 Berlin, Tel: (0 30) 8 01 20 69;
- Gaucher Gesellschaft Deutschland e.V., An der Ausschacht 9, 59556 Lippstadt, Tel: + Fax: (0 29 41) 1 88 70;
- Gesellschaft zur Förderung behinderter türkischer Kinder e.V., Vahrenwalder Str. 194, 30165 Hannover, Tel: (05 11) 7 98 40 43;
- Hilfe für Inkontinente Personen e.V., Scharnweberstr. 130-131, 13405 Berlin, PA: PF: 51 02 43, PLZ: 1 33 62, Tel: (0 30) 41 09 01 56;
- Interessengemeinschaft von Geburt an Behinderter e.V., Wilhelm-Hauff-Str. 1, 12159 Berlin, Tel: (0 30) 8 59 40 21;
- Interessenvertretung »Selbstbestimmt Leben« Deutschland e.V., Jordanstr. 5, 34117 Kassel, Tel: (05 61) 7 28 85-46, Fax: 7 28 85-29;
- KfH-Kuratorium für Dialyse und Nierentransplantation e.V., Emil-von-Behring-Passage, 63263 Neu-Isenburg, Tel: (0 61 02) 3 59-0, Fax: 3 59-3 44;
- Kuratorium ZNS für Unfallverletzte mit Schäden des Zentralen Nervensystems e.V., Rochusstr. 24, 53123 Bonn, Tel: (02 28) 97 84-50, Fax: 97 84-5 55;
- Lernen fördern – Bundesverband zur Förderung Lernbehinderter e.V., Rolandstr. 61, 50677 Köln, Tel: (02 21) 38 06 66, Fax: 38 59 54;
- Mukoviszidose e.V., Bendenweg 101, 53121 Bonn, Tel: (02 28) 66 10 26 und -27, Fax: 66 92 64;
- NCL-Gruppe Deutschland e.V., Rudolf Nölke, Vierkanten 32 b, 21629 Neu-Wulmstorf, Tel: (0 40) 7 00 70 21;
- Osteoporose-Gesellschaft München e.V. – Selbsthilfegruppe, Allgäuer Str. 87, 81475 München, Tel: (0 89) 7 55 11 68; Fax: 7 55 27 39;
- Schädel-Hirnpatienten in Not e.V., Bayreuther Str. 33, 92224 Amberg, Tel: (0 96 21) 6 48 00, Fax: 6 36 63;

– Schutzverband für Impfgeschädigte e.V., Postfach 11 60, 57259 Hilchenbach, Tel: (0 27 33) 1 22 73;
– Selbsthilfe Sklerodermie in Deutschland e.V., c/o Helga Kandora, Bergschlagsweg 38, 46569 Hünxe, Tel: (0 20 64) 3 02 32;
– Stiftung »Hilfswerk für behinderte Kinder« (SdöR), Ludwig-Erhard-Platz 1, 53179 Bonn, Tel: (02 28) 8 31-0, Fax: 8 31-26 55;
– Stiftung für das behinderte Kind zur Förderung von Vorsorge und Früherkennung (SdbR), Gartenstr. 179, 60596 Frankfurt am Main, Tel: (0 69) 63 71 09, Fax: 63 69 76;
– Verband arbeits- und berufsbedingt Erkrankter e.V., Stammheimer Str. 8B, 63674 Altenstadt, Tel: (0 60 47) 6 81 39, Fax: 6 73 35;
– Verein zur Förderung der Integration Behinderter e.V., Biegenstr. 34, 35037 Marburg, Tel: (0 64 21) 6 10 44, Fax: 68 19 75;
– Vereinigung medizinisch chirurgischer Geschädigter in Deutschland e.V., Alpspitzstr. 9, 81373 München, Tel: (0 89) 7 60 08 66;
– Von Recklinghausen-Gesellschaft e.V., Langenhorner Chaussee 560, 22419 Hamburg, Tel: (0 40) 52 71-28 22, Fax: 5 27 74 62;
– Wolfgang Rosenthal Gesellschaft e.V., Selbsthilfevereinigung für Menschen mit Lippen-, Kiefer-, Gaumen- und Segelfehlbildungen und deren Familien, Donaustr. 6, 35625 Hüttenberg, Tel: und Fax: (0 64 03) 55 75.
Hans Aengenendt†/Rudolf Konrad

Behindertenwohnheim Die Bezeichnung B. oder Wohnheim für → Behinderte wird nicht einheitlich gebraucht. Stets sind damit jedoch → Einrichtungen gemeint, die den besonderen → Bedürfnissen Behinderter entsprechen und eine Betreuung »rund um die Uhr« sicherstellen. Davon zu unterscheiden sind betreute oder beschützende Wohnungen und ähnliche Wohnformen, in denen die Betreuung nur stundenweise gewährleistet ist.
Als B. oder Wohnheim für Behinderte werden vor allem die Wohnstätten bezeichnet, in denen die in den Werkstätten tätigen Behinderten (→ Werkstatt für Behinderte) nach Eintritt in das Erwachsenenalter oder nach Ausfall des Elternhauses Aufnahme finden. Diese Einrichtungen unterscheiden sich vor allem hinsichtlich ihrer Größe, ihres Einzugsbereiches und ihres Standortes von großen (herkömmlichen) → Anstalten und Heimen der Behindertenhilfe. Sie sollen höchstens 40 Wohnplätze umfassen. Ihr regionaler Einzugsbereich ermöglicht es, im Elternhaus gewachsene soziale Bezüge auch nach dem Umzug aufrechtzuerhalten und fortzuführen. Ihre Ansiedlung in Wohngebieten und ihre überschaubare Größe begünstigen neue Kontakte unter den Bewohnern und zu den Nachbarn. Behinderte sollen auch nach ihrem altersbedingten Ausscheiden aus der Werkstatt ihren Lebensabend in demselben B. verbringen können.
In den B. wird die Selbständigkeit der Behinderten gezielt gefördert (Wohntraining, Wohnschulen). Zunehmend tragen verschiedene Wohnformen i. S. eines gestuften Wohnens den unterschiedlichen Graden der Selbständigkeit der Behinderten Rechnung. Neben familienähnlichen Wohngruppen werden von Behinderten kleine Wohnungen und Appartements in- und außerhalb der eigentlichen Einrichtung bewohnt.
Aus unterschiedlichen Gründen wird der Bedarf an Plätzen in B. derzeit immer größer. Das Ziel einer altersgemäßen Lösung der Behinderten von ihrem Elternhaus mit etwa 25 Jahren kann daher bis auf weiteres nicht erreicht werden.
Lit. Bundesvereinigung Lebenshilfe (Hrsg.): Handbuch. *Emil Weichlein*

Behördenaufbau Gliederung von Organisationseinheiten (→ juristische Personen des öffentlichen Rechts – selbständige Verwaltungseinheiten), die der Bund, die Länder, die → Gemeinden und die Gemeindeverbände als Träger der öffentlichen Verwaltung zur Erledigung ihrer Aufgaben einrichten und durch die mit Außenwirkung tätig werden. Die gesetzliche Grundlage ergibt sich aus Art. 86 → Grundgesetz (GG) – Bundesbehörden –, Art. 84 GG – Landesbehörden – und Art. 28 Abs. 2 GG i. V. m. den jeweiligen Landesverfassungen und Gemeindeordnungen – gemeindliche Behörden –. Eine Behörde wird büromäßig oder monokratisch geführt, wenn eine Person sie verantwortlich leitet (z. B. Oberbürgermeister, Oberstadtdirektor, Regierungspräsident); entscheidet dagegen eine Personenmehrheit (z. B. Magistrat), so ist dies eine Kollegialbehörde.
Je nach Wirkungskreis oder Art der zu erledigenden Aufgaben sind Bundes-, Landes- und gemeindliche (Kommunal-)Behörden unterschiedlich aufgebaut und hierarchisch (→ Hierarchie) gegliedert:
a) Aufbau nach unmittelbarer Staatsverwaltung (zentraler Verwaltungsaufbau – staatseigene Behörden beim Bund und bei den Ländern, z. B. Ministerien) und mittelbarer Staatsverwaltung (dezentraler Verwaltungsaufbau – Verwaltung durch nachgeordnete selbständige Verwaltungsträger, z. B. Gemeindeverwaltungen.
b) Aufbau nach allgemeiner Verwaltung (Erledigung aller im Bezirk anfallenden Verwaltungsaufgaben, soweit nicht eine Sonderverwaltung zuständig ist; Aufgabenbündelung auf Länderebene beim Innenminister, auf kommunaler Ebene bei den Gemeindeverwaltungen) und Sonderverwaltung (Zusammenfassung artgleicher Aufgaben beim Bund und bei den Ländern, z.B. Finanzverwaltungen).
c) Aufbau nach Bundesverwaltung (dreistufiger Aufbau: oberste Bundesbehörden,

Behördenbetreuung

z. B. Ministerien; nachgeordnete Mittelbehörden als Bundesoberbehörden, zuständig für das ganze Bundesgebiet, z. b. BKA; als regionale Mittelbehörden, zuständig für regionale Teile des Bundesgebietes, z. B. Oberfinanzdirektionen; untere Bundesbehörden, z. b. Finanzämter), Landesverwaltungen (dreistufiger Aufbau wie Bundesverwaltung; Saarland, Schleswig-Holstein, die Stadtstaaten haben keine Mittelinstanz, da staatliche und gemeindliche Aufgaben nicht getrennt sind) und Gemeindeverwaltungen.
Jede Behörde hat eine bestimmte → Kompetenz. Diese steht in Abhängigkeit oder Konkurrenz zur Kompetenz zahlreicher anderer Behörden, die in ihrem Verhältnis zueinander über- oder untergeordnet, selten nebengeordnet sind (Instanzenweg). Die örtliche und sachliche → Zuständigkeit wird durch → Gesetz oder → Satzung geregelt. Grundsätzlich unterstehen nachgeordnete Behörden immer den Aufsichtsbehörden und haben deren Weisungen zu folgen. Die oberste Instanz für die Gemeinden/Gemeindeverbände ist im Rahmen der Kommunalaufsicht der Innenminister.
S. → Verwaltungsmodernisierung.
Lit. Forsthoff: Verwaltungsrecht; Kübler, H.: Organisation; Mayer, F. u. a.: Verwaltungsrecht; Naschold u. a. (Hg.): Produktivität; Turegg-Kraus: Verwaltungsrecht; Wittern: Verwaltungsrecht.
Hans Stefan Wagener/Hans-Walter Böttcher

Behördenbetreuung Die Bestellung der → Betreuungsbehörde als solcher zum Betreuer eines volljährigen psychisch kranken oder körperlich, geistig oder seelisch behinderten Menschen (→ Behinderte, → Körperbehinderte, → geistig Behinderte) ist nach § 1900 Abs. 4 → Bürgerliches Gesetzbuch (BGB) nachrangig zu allen anderen Formen der Betreuerbestellung, auch zur → Vereinsbetreuung. Dies folgt aus dem Leitbild des → Betreuungsrechts, der persönlichen → Betreuung. Auch bei B. ist die persönliche Betreuung dadurch sicherzustellen, daß einem einzelnen Bediensteten (»Behördenbetreuer«) die Wahrnehmung der Betreuung übertragen wird.
Aufwendungsersatz kann in diesen Fällen nur durch die Behörde und generell nur insoweit verlangt werden, als das Vermögen des Betreuten ausreicht. Bei Mittellosigkeit des Betreuten scheidet ein Ersatzanspruch gegen die Staatskasse ganz aus. Vergütung oder Aufwandspauschale kommt überhaupt nicht in Betracht. Allgemeine Verwaltungskosten werden nicht ersetzt. Für ein Verschulden des Behördenbetreuers bei der Amtsführung haftet seine Anstellungskörperschaft nach den Grundsätzen der Amtshaftung (Art. 34 → Grundgesetz [GG], § 839 BGB).
Lit. s.: → Betreuungsrecht.
Manfred Wienand

Beihilfen → Einmalige Leistungen, → Beamtenversorgung

Beirat für die Rehabilitation der Behinderten beim → Bundesministerium für Arbeit und Sozialordnung (BMA) setzt sich zusammen aus 38 Vertretern der Arbeitnehmer, der Arbeitgeber, der Organisationen der Behinderten (→ Behindertenverbände), der → Sozialleistungsträger, der kommunalen Spitzenverbände, der → freien Wohlfahrtspflege, der Einrichtungen der → beruflichen Rehabilitation und der Länder (§ 35 → Schwerbehindertengesetz [SchwbG]).
Er hat die Aufgabe, den BMA in Fragen der Berufsförderung → Behinderter zu beraten, bei den Aufgaben der Koordinierung nach § 62 AFG (→ Arbeitsförderung/Arbeitsförderungsgesetz [AFG]) zu unterstützen und bei der Vergabe der Mittel aus dem Ausgleichsfonds (→ Ausgleichsabgabe) mitzuwirken. Mittel aus dem Ausgleichsfonds kann der BMA nur auf Grund von Vorschlägen des Beirates vergeben.
Die Beschlüsse des Beirates, insbes. Anträge an den Ausgleichsfonds, werden durch einen Vorbereitenden Ausschuß (7 Mitglieder des Beirates) vorbereitet.
Den Vorsitz im Beirat und den stellvertretenden Vorsitz führen in wechselnder Reihenfolge Vertreter der Arbeitnehmer, Arbeitgeber und der Organisationen der Behinderten.
Hartmut Haines

Beistand in persönlichen Angelegenheiten
→ Persönliche Hilfe

Beistandschaft Nach dem zur Zeit geltenden Recht (§§ 1685 ff. BGB) hat das → Vormundschaftsgericht dem Elternteil, dem die → elterliche Sorge, die → Personensorge oder die → Vermögenssorge allein zusteht, auf seinen Antrag einen Beistand für alle Angelegenheiten oder einzelne Angelegenheiten zu bestellen. Es genügt auch, daß ein Elternteil die elterliche Sorge allein ausübt. Der Beistand hat den Vater oder die Mutter bei der Ausübung der elterlichen Sorge zu unterstützen, er ist, sofern ihm die Geltendmachung von Unterhaltsansprüchen oder die Vermögenssorge übertragen worden ist, darüber hinaus gesetzlicher Vertreter des Kindes. In der Praxis ist dies der wichtigste Bereich. Wegen der in den alten Bundesländern noch geltenden → Amtspflegschaft spielt die Beistandschaft in Unterhaltssachen für die Mutter eines nichtehelichen Kindes dagegen keine große Rolle.
Der vorliegende Regierungsentwurf eines Gesetzes zur Abschaffung der gesetzlichen Amtspflegschaft und Neuordnung des Rechts der Beistandschaft (Beistandschaftsgesetz, Bundestagsdrucksache 13/892 vom 24. 3. 1995) will anstelle bisheriger Rechtsinstitute eine Beistandschaft für das Kind einrichten, die allein aufgrund eines Antrages des allein sorgeberechtigten El-

ternteils eintreten, auf Unterhaltsfragen und Fragen der Feststellung der Vaterschaft beschränkt sein soll und zur Errichtung und Aufhebung keiner Mitwirkung des Vormundschaftsgerichts mehr bedarf. Die neue Beistandschaft soll die elterliche Sorge nicht einschränken und jederzeit widerruflich sein. Eine echte Interessenvertretung des Kindes ist dann nicht gewährleistet, zumindest sollte die Aufhebung der Beistandschaft erst dann verlangt werden können, wenn der Zweck erreicht, d. h. ein Titel über den Unterhalt oder eine entsprechende Einigung vorliegt, bzw. die Vaterschaft festgestellt ist. Breiter Kritik an der vorgesehenen Regelung im BGB folgend fordert der Bundesrat eine Überführung der Beistandschaft in das Kinder- und Jugendhilferecht und eine Einordnung in die Leistungssystematik des → Kinder- und Jugendhilfegesetzes.
Reglindis Böhm

Beitrag → Kostenbeitrag

Bekleidungshilfen → Einmalige Leistungen

Bekräftigung → Verstärkung

Belastungserprobung Durch eine B. soll festgestellt werden, ob und in welchem Maße die körperliche Belastbarkeit eines Patienten gegeben oder wiederherzustellen ist, um wieder in das Berufs- und Erwerbsleben einzutreten. B. sind mehrwöchige Maßnahmen, die in dazu geeigneten Einrichtungen durchgeführt werden (insbes. → Krankenhäuser, Kurkliniken, → Berufsförderungswerke). Neben umfangreichen arbeitsmedizinischen Untersuchungsverfahren (z. B. Ergometrie, Spirometrie, Dynamometrie) werden auch arbeitsplatzbezogene Erprobungen und Verfahren durchgeführt. Dabei wird der Patient stufenweise höheren Belastungen ausgesetzt, um Grenzwerte feststellen zu können. Die Notwendigkeit einer B. ergibt sich häufig nach schwerwiegenden Krankheiten, Unfällen und Kuraufenthalten. Aus den Ergebnissen können im Einzelfall vielfältige weitere Maßnahmen resultieren, die von medizinischer Behandlung über Arbeitstherapie (→ Arbeits- und Beschäftigungstherapie), berufsfördernde Maßnahmen (→ Berufliche Rehabilitation) bis zur Berentung reichen.
Die B. wird im § 10 → Rehabilitationsangleichungsgesetz (RehaAnglG) als medizinische Leistung zur Rehabilitation aufgeführt. Sie ist damit trotz gewisser Gleichartigkeiten von der → Arbeitserprobung zu unterscheiden. Die Kosten übernehmen die Sozialversicherungsträger. *Manfred Thrun*

Belohnungssystem → Tokensystem

Benachteiligung → Soziale Benachteiligung

Benchmarking → Verwaltungsmodernisierung

Beobachtung 1. B. als wissenschaftliches Prinzip soll im Kontext empirisch-analytischer Wissenschaftstheorie (→ Positivismus) die → Objektivität von Theorien sichern, indem allgemeine Aussagen und → Hypothesen über logische Deduktion auf beobachtbare Sachverhalte bezogen und damit empirisch überprüfbar gemacht werden (→ Operationalisierung). Als B.sätze in diesem allgemeinen Sinn gelten empirische Aussagen, die mit Hilfe verschiedener Forschungsmethoden (→ Befragung, Experiment, Dokumentenanalyse) getroffen werden können.
2. B. als spezielle Methode → empirischer Sozialforschung wird zur Gewinnung von Informationen über effektives Sozialverhalten von Individuen und → Gruppen angewandt, wobei im Gegensatz zur Befragung die → Erhebung von → Motivationen und → Attitüden nicht möglich ist. B. dient damit der Erforschung sozialer Strukturen, Normengefüge (→ Norm) und → Interaktionen.
Wissenschaftliche, systematische B. grenzt sich von alltäglicher B. ab, indem sie strengen methodologischen Regeln genügen muß, um zu intersubjektiv überprüfbaren Resultaten zu gelangen. Gleichzeitig besitzt wissenschaftliche ebenso wie alltägliche B. Interaktionscharakter, da die → Wahrnehmung sozialer Sachverhalte mit sozio-kulturell vorgegebenen Kategorisierungen verknüpft ist (→ Gestaltpsychologie). Da bei B.verfahren der Forscher häufig selbst zum Erhebungsinstrument wird, stellt sich ihm das Problem, »kulturelle Werte adäquat erfassen zu müssen, ohne der Gefahr zu verfallen, von eigenen Wertsystemen auf die anderer zu schließen« (Atteslander, S. 125). Gleichzeitig wirkt jede nichtverdeckte B. auf die beobachtete Situation zurück, hat als Interaktion Einfluß auf das Verhalten der beobachteten Personen (ähnliche Schwierigkeiten ergeben sich auch bei anderen Forschungsmethoden: → Fehler).
Am deutlichsten ist dies bei der teilnehmenden B. ausgeprägt, wo der Forscher direkt in die sozialen Prozesse einbezogen ist, die Gegenstand seiner Forschung sind. Dies kann zu unkontrollierbaren Verzerrungen führen und die → Reliabilität der Ergebnisse gefährden (→ Feldforschung, → Handlungsforschung). Da Standardisierung und Strukturierung (exakte Definition der B.kategorien, Annäherung an das Experiment und vorzugsweise verdeckte B. als Wege, derartige Beeinträchtigungen auszuschalten) jedoch nur erfolgen können, wenn die Strukturmerkmale zu beobachtender Prozesse bereits so bekannt sind, daß die Aufstellung adäquater B.kategorien (→ Validität) möglich ist, empfiehlt es sich in der

Praxis, zur → Exploration des Geltungsbereichs von Hypothesen Pilot-Studien durchzuführen (unstrukturierte B., die die obengenannten Verzerrungen aufweisen kann) und damit die Grundlagen für die Erstellung standardisierbarer B.kategorien zu schaffen.
Lit. Atteslander: Methoden; Cicourel: Methode; Friedrichs: Methoden; König, R.: Sozialforschung. *Claus Reis*

Beobachtungslernen → Lernen.

Beratung ist der bewußte Ausgleich eines Wissens- und Einsichtsgefälles zwischen Personen mit der Tendenz zur Einwirkung auf das Verhalten der Personen mit dem geringeren Wissens- oder Einsichtsstand im Wege der persönlichen Kommunikation. Die wesentlichen Erscheinungsformen der B. in der sozialen Arbeit sind die Rechts- und die Lebensb. Die Rechtsb. ermittelt die für den Ratsuchenden in bezug auf seine besondere Situation und seine erkennbaren Anliegen geltenden Rechtssätze und weist ihm die Möglichkeiten auf, im Recht vorgesehene Vorteile oder Nachteile zu erlangen oder zu vermeiden oder in sonstiger Weise seine Rechts- und damit Lebenssituation zu klären und zu verbessern. Die Lebensb. zielt auf kommunikativem Wege auf die Vermittlung neuer Einsichten (und Einstellungen) bei den Beratenen, die es ihnen ermöglichen, ihre Lebensprobleme zu lösen. Eine enge Verbindung von Rechtsberatung mit Lebensb. besteht bei der → Schuldnerberatung. Abgrenzungen: In ihren Erscheinungsformen grenzt die B. insbes. an die → Auskunft und an die Therapie durch Verhaltensänderung (→ Sozialtherapie). Von der Auskunft unterscheidet sie die Tendenz zur Einwirkung auf das → Verhalten des Beratenen, während sich die Therapie durch Verhaltensänderung von der B. dadurch abhebt, daß die Verhaltensänderung ihr Ziel, nicht nur eine Tendenz darstellt. Von der Aufklärung, die sich an jedermann richtet, hebt sich die B. durch ihren kommunikativen Charakter ab, von dem gelegentlich gegebenen Ratschlag durch die Intensität der Kommunikation zum Ausgleich des Wissens- oder Einsichtsgefälles. Im einzelnen finden sich fließende Übergänge, insbes. zur Auskunft und zur Therapie durch Verhaltensänderung. Die wachsende Bedeutung der B. in der sozialen Arbeit ist die Antwort auf zunehmende Ratlosigkeit infolge sich ändernder und differenzierender gesellschaftlicher Strukturen und dem daraus für den einzelnen folgenden Versagen seiner Verhaltensmuster, das seine freie Entfaltung und soziale Eingliederung bedroht oder bereits stört. Damit kommt der B. im sozialen Rechtsstaat eine zentrale sozialintegrative Funktion zu. Sie ermöglicht es, auf der Basis der Freiwilligkeit (Ausnahme: → Schwangerschaftskonfliktberatung) und über Einsicht und Zustimmung die rechtsstaatlich garantierte Freiheit des einzelnen mit der besonderen Fürsorgepflicht des Sozialstaates und seinem Leistungsangebot gegenüber den sozial schwachen Bevölkerungsgruppen zu verknüpfen, und sie bietet im Hinblick auf die → Integration von Personen, deren gesellschaftliche Ausgliederung infolge Fehlverhaltens droht oder eingetreten ist, eine die Personenwürde achtende, auf die optimale Nutzung des Sozialleistungsangebots gemäß den Zielen des § 1 des → Sozialgesetzbuches – Allgemeiner Teil – (SGB I) gerichtete und die Fähigkeit zur → Selbsthilfe fördernde Handlungsform.

1. Rechtliche Grundlagen der B. Einen einheitlichen Rechtszweig »B.recht« kennt das geltende Recht nicht. Normen des Haftungs-, Straf- oder Datenschutzrechts gehören ebenso zu den rechtlichen Grundlagen der B. wie sozialrechtliche Regelungen.
a) B.pflichten wurden von der Zivil- und Sozialgerichtsbarkeit zunächst unter haftungsrechtlichen Gesichtspunkten entwickelt. Bereits 1957 erkannte der Bundesgerichtshof eine Amtspflicht »der mit der Betreuung der sozial schwachen Volkskreise betrauten Beamten, diesen zur Erlangung und Wahrung der ihnen vom Gesetz zugedachten Rechte und Vorteile nach Kräften beizustehen«. Ein Schaden durch schuldhaft unterlassene oder falsche B. konnte damit einen Amtshaftungsanspruch (§ 839 BGB, Art. 34 GG) auslösen (DÖV 1957, S. 868). Zum Schutz Sozialversicherter vor nachteiligen Dispositionen im Rahmen von bestehenden Sozialversicherungsverhältnissen anerkannte das Bundessozialgericht (BSG) eine aus dem öffentlich-rechtlichen Versicherungsverhältnis folgende Nebenpflicht der → Sozialleistungsträger zur B. der Versicherten (BSGE 41, S. 126). Eine Verletzung dieser Nebenpflicht führt unabhängig von Verschuldensgesichtspunkten zu einem Anspruch auf Vornahme einer Amtshandlung zur Herstellung des Zustandes, der bestehen würde, wenn der Versicherungsträger pflichtgemäß verfahren wäre (sozialrechtlicher Herstellungsanspruch). Die Anerkennung eines sozialrechtlichen Herstellungsanspruchs außerhalb des Sozialversicherungsrechts (bspw. im Sozialhilferecht) ist bis heute streitig.
b) Einen anderen als den haftungsrechtlichen Ansatzpunkt wählte der Gesetzgeber bei der Schaffung des SGB. Er nahm die Kompliziertheit und den raschen Wandel des Sozialrechts sowie die Vielzahl der Sozialleistungsträger und die daraus folgende schwere Durchschaubarkeit des Sozialrechts zum Anlaß, mit § 14 SGB I einen allgemeinen Anspruch auf B. im Sozialrecht einzuführen. Nach der genannten Vorschrift hat jeder Anspruch auf B. über seine Rechte und Pflichten nach dem SGB (→ Aufklärung über soziale Rechte und Pflich-

ten). Zuständig für die B. sind die Leistungsträger, denen gegenüber die Rechte geltend zu machen oder die Pflichten zu erfüllen sind. Der → Rechtsanspruch auf B. nach § 14 SGB I zielt auf eine umfassende und sorgfältige Erörterung der Rechte und Pflichten der Ratsuchenden durch den jeweiligen Leistungsträger. Die B.pflicht wird u. a. ergänzt durch die Verpflichtung der Leistungsträger, auf die Stellung von klaren und sachdienlichen Anträgen und darauf hinzuwirken, daß jeder Berechtigte die ihm zustehenden → Sozialleistungen umfassend und schnell erhält (s. §§ 16 Abs. 3, 17 Abs. 1 Nr. 1 SGB I).
c) Von dieser mehr der sozialen Verfahrensberatung zugehörigen B.verpflichtung zu unterscheiden ist B. als Gegenstand sozialer Rechte (§ 11 SGB I). B. als soziale Dienstleistung wird von → öffentlichen und → freien Trägern, aber auch von Selbsthilfeprojekten (→ Selbsthilfegruppen) angeboten. Das zwischen Ratsuchenden und B.stelle entstehende Verhältnis ist stets ein Rechtsverhältnis, aus dem für die Beteiligten Rechte und Pflichten resultieren. Im Falle der öffentlichen Trägerschaft einer B.stelle hat das Rechtsverhältnis in der Regel öffentlich-rechtliche Natur, ansonsten privatrechtliche. Das → Sozialrecht kennt zahlreiche, auf die Begründung eines B.rechtsverhältnisses gerichtete Normen, die §§ 8 Abs. 2 (→ persönliche Hilfe), 17 Abs. 1 (→ Schuldnerberatung), 72 Abs. 2 S. 1 BSHG oder die § 17 (→ Trennungs- und Scheidungsberatung), 18, 28, (→ Erziehungsberatung), 53 Abs. 2 SGB VIII (KJHG). Adressat von B.ansprüchen oder B.verpflichtungen sind stets die Sozialleistungsträger. Wegen der gesetzlich garantierten Selbständigkeit in Zielsetzung und Durchführung ihrer Aufgaben (§§ 17 Abs. 3 SGB I, 10 Abs. 2 BSHG, 4 Abs. 1 SGB VIII) können die freien Träger B. als → Sozialleistung auch selbständig erbringen (§§ 10 Abs. 4 BSHG, 3 Abs. 2 SGB VIII).
d) Für die B. als individuelle Leistung der öffentlichen Jugendhilfeträger nach den §§ 17, 18, 28, 53 SGB VIII ist kein Kostenbeitrag zu entrichten (§ 91 SGB VIII). Für die von den Sozialhilfeträgern erbrachten B.leistungen (insbesondere nach den §§ 8, 17 BSHG) gelten die allgemeinen sozialhilferechtlichen Grundsätze der Einkommens-/Vermögensberücksichtigung (Ausnahmen: §§ 72 Abs. 3 S. 1, 75 Abs. 4 BSHG). Sofern die Voraussetzungen eines sozialhilferechtlichen oder jugendhilferechtlichen B.anspruchs erfüllt sind, haben die öffentlichen Träger die Kosten der von einem freien Träger erbrachten B.leistungen zu übernehmen. Sozialhilferechtlich ist allerdings wegen § 5 BSHG eine vorherige Kostenzusage des Sozialhilfeträgers erforderlich.
e) B.stellen sind verpflichtet, richtig, vollständig und unmißverständlich zu informieren. Für die Bediensteten öffentlicher Träger besteht eine entsprechende Amtspflicht. Ein durch falsche B. eines öffentlichen Trägers entstandener Schaden kann durch Amtshaftungsklage (→ Amtshaftung) geltend gemacht werden. Entsteht durch fehlerhafte Auskünfte von B.stellen freier Träger ein Schaden, so kommen vertragliche Schadensersatzansprüche in Betracht.
f) Mit der Inanspruchnahme einer B.stelle einher geht die Offenbarung personenbezogener Daten durch die Ratsuchenden. B.stellen in öffentlicher Trägerschaft sind zur Wahrung des → Sozialgeheimnisses (§ 35 SGB I) verpflichtet (→ Datenschutz). Die Erhebung, Verarbeitung und Nutzung von Sozialdaten (§ 67 Abs. 1 SGB X) Betroffener bedarf einer gesetzlichen Grundlage nach dem SGB X 2. Kapitel (§ 35 Abs. 2 SGB I). Für B.stellen in freier Trägerschaft gilt § 35 SGB I nicht. Konfessionell gebundene freie Träger haben die kirchlichen Datenschutzregeln zu beachten. Die Anwendbarkeit des Bundesdatenschutzgesetzes (BDSG) auf freie Träger ist wegen § 1 Abs. 2 Nr. 3 BDSG fraglich.
Neben den an den Stellenbegriff anknüpfenden Sozialdatenschutz tritt die mit Strafdrohung bewehrte persönliche Pflicht der in → Ehe-, → Familien-, → Erziehungs-, → Jugend- und Suchtb.stellen oder in der Sozialarbeit/Sozialpädagogik Tätigen, ein fremdes Geheimnis, das ihnen in Ausübung ihres Berufes bekanntgeworden ist, unbefugt zu offenbaren (→ Schweigepflicht; § 203 Abs. 1 Nr. 4, 5 StGB). Diese Schweigepflicht gilt prinzipiell auch innerhalb der B.stelle gegenüber Kollegen und Vorgesetzten (»innerbehördliche Schweigepflicht«).
2. Rechtsb. Die Besorgung fremder Rechtsangelegenheiten einschließlich der → Rechtsb. und Rechtsbetreuung ist in erster Linie Aufgabe der rechtsberatenden Berufe, also vor allem der Rechtsanwälte und Steuerberater, daneben der sonstigen, von der Justizverwaltung zugelassenen (Prozeßagenten, Rentenberater) oder eingesetzten (Notare, Wirtschaftsprüfer, Konkurs- und Zwangsverwalter) Personen. Im Rahmen ihrer kompetenzgemäßen Tätigkeit haben auch die Behörden das Recht zur Rechtsb. und Rechtsbetreuung (§ 3 Nr. 1 RberG). Grundsätzlich ausgeschlossen ist damit aber die Rechtsbesorgung, d. h. die Tätigkeit gegenüber Dritten wie die Vertretung vor Gericht (LSG Niedersachsen NDV 1963, S. 291). Im Rahmen der B. in Fragen der Sozialhilfe durch die Sozialhilfeträger ist wegen der Verflechtungen des Sozialrechts in sich und mit anderen Rechtsgebieten (bspw. mit Fragen nach Ansprüchen auf sonstige Sozialleistungen, Höhe und Durchsetzbarkeit von Unterhaltsansprüchen, Anrechenbarkeit sonstigen Einkommens) eine Rechtsb. oft unumgänglich. Auch die B. durch die Verbände der → freien Wohlfahrtspflege kann im Rahmen ihrer

Beratungshilfe

eigenen sozialen Aufgaben Rechtsb. umfassen. Die Befugnis hierzu leitet sich nach Auffassung des Bundesministeriums der Justiz (BMJ) und der Verbände der freien Wohlfahrtspflege aus §§ 8 Abs. 2, 10 BSHG ab (Ergebnisbericht einer Besprechung im BMJ am 24. 2. 1969). Die Rechtsb. durch Verbände der freien Wohlfahrtspflege kann danach vor allem bestehen in der Aufklärung über Ansprüche aufgrund eines Sozialgesetzes und Rechtsfragen aus sonstigen Rechtsgebieten in einer sozialen Angelegenheit, in der Hilfe bei der Abfassung oder bei der Stellung von Anträgen und in der Unterstützung bei Rückfragen und -sprachen im behördlichen Verfahren. Ausgeschlossen ist die Unterstützung bei der Durchsetzung von Ansprüchen im gerichtlichen Verfahren.

3. Lebensb. erfordert eine in Ausbildung oder Schulung erworbene → Kompetenz und ist damit eine professionelle B. Entsprechend der institutionellen Einbindungen hat die Lebensb. unterschiedliche Ziele, z.B. Berufsfindung in der → Berufsberatung, Erziehungshilfen in der → Erziehungsberatung oder Lösung von Problemen in der → Familienberatung. B. ist mit Vorverständnissen über das Bild von Menschen verbunden, die sich in den Zielsetzungen niederschlagen. Lebensb. findet in einem Setting statt, das als Einzelb., Paarb., Familienb. oder → Gruppenberatung von einem oder mehreren Beratern gestaltet wird. Lebensb. versucht sich gegenüber der → Therapie insoweit abzugrenzen, daß sie sich an Klienten wendet, die in der Lage sind, ihre Lebenssituation noch eigenständig zu regeln und Verantwortung für ihr Handeln zu übernehmen, während die Therapie sich an Patienten wendet, bei denen der Verlust von Kontroll- und Steuerungsfunktion so groß ist, daß sie ihr Leben nicht ohne schwerwiegende Störungen selbst regulieren können und massive Hilfe brauchen.

In der Lit. zur B. wird immer darauf hingewiesen, daß Einstellungen und Erwartungen von Berater und Klient entscheidenden Einfluß auf die Beziehung zwischen beiden und den Verlauf und Ausgang der B. haben. Dies macht es erforderlich, daß der Berater Entlastungsmöglichkeiten hat nicht nur in bezug auf Schwierigkeiten im Umgang mit den Klienten, sondern auch im Umgang mit sich selbst. Es ist erforderlich, daß dem Berater Möglichkeiten zur → Selbsterfahrung und → Supervision in seiner Arbeit gegeben werden. Die Person des Beraters mit ihrer → Kommunikation, → Einstellung, Haltung und ihrem Können ist das wesentliche Medium der B.

In der Lebensb. wird, in welcher Form auch immer, versucht, dem Ratsuchenden eine Änderung seiner Einstellung und seines Verhaltens zu ermöglichen, um ihn dadurch in die Lage zu versetzen, seine Probleme besser zu lösen. Sie kann aber auch Ersatzfunktionen oder Überleitungsfunktion zu einer Therapie übernehmen. B. eignet sich besonders dann, wenn konkrete aktuelle Probleme anstehen und der Klient den Weg zur Erreichung seines Ziels überblicken kann. Ziel der B. ist es, die Einsichts-, Entscheidungs- und Veränderungsfähigkeit zu erhöhen.

I. S. eines umfassenden B.modells ist die Ansprache an die ganze Person mit ihrem → sozialen Umfeld wichtig mit der Betonung der Aktivierung des Klienten/Betroffenen.

Die B.theorien und -methoden sind in Anlehnung an verschiedene psychologisch-therapeutische Theorien und Therapien entstanden, wie → Psychoanalyse, → Kognitive Therapie (Ellis), → Transaktionsanalyse (Berne), Kommunikationstherapie (-theorie) (Watzlawick, Mandel), → Psychodrama (Moreno), Induzierte Imagination (Rahm 1977), → Themenzentrierte Interaktion (Cohn).

Die Zielgruppen von Lebensb. ergeben sich aus den institutionellen Aufgaben der Organisation bzw. den Rechtsansprüchen und Rechtsnormen. Die professionelle Lebensb. in den sozialen Berufen wird u. a. von folgenden Berufsgruppen wahrgenommen: Dipl.-Sozialarbeiter, Dipl.-Sozialpädagoge, Dipl.-Psychologe, Dipl.-Pädagoge, Beratungslehrer, Verwaltungsbeamter.

Lit. Ebsen: Herstellungsanspruch; Erlenkämper u.a.: Sozialrecht, dort II 5; Hackney u.a.: Beratungsstrategien; Junker, H.: Beratungsgespräch; Mrozynski: Sozialgesetzbuch, § 14; Rahm, D.: Gestaltungsberatung; Schulin u.a.: Grundlagen; Schwarzer: Beraterlexikon.

Jürgen Sauer/Herbert Retaiski

Beratungshilfe nach dem Beratungshilfegesetz (BerHG), dem Gesetz über → Rechtsberatung und Vertretung für Bürger mit geringem Einkommen vom 18. 6. 1980 (BGBl. I S. 689), soll sicherstellen, daß finanziell hilfebedürftige Bürger – von einer geringen Gebühr abgesehen – kostenlos Auskunft, Rat und Vertretung in Rechtsangelegenheiten außerhalb eines gerichtlichen Verfahrens erlangen können. Die B. soll also zur → Chancengleichheit beim Zugang zum Recht beitragen (das Gegenstück für das gerichtliche Verfahren ist die → Prozeßkostenhilfe).

Das BerHG geht vom »Anwaltsmodell« aus: B. wird grundsätzlich durch Rechtsanwälte gewährt; ihnen steht für geleistete B. eine Gebühr von 20 DM (die erlassen werden kann), die der Ratsuchende zu entrichten hat, sowie zusätzlich eine gestaffelte Gebühr aus der Landeskasse zu. Es gibt 2 Möglichkeiten, B. zu erlangen: a) Der Anwalt kann unmittelbar aufgesucht und der Antrag auf B. nachträglich beim zuständigen Amtsgericht gestellt werden; b) der Antrag auf B. kann beim Amtsgericht gestellt

werden, das bei Vorliegen der Voraussetzungen einen Berechtigungsschein ausstellt, mit dem ein Anwalt eigener Wahl aufgesucht werden kann (es sei denn, der zuständige Rechtspfleger des Amtsgerichts kann durch sofortige Auskunft, Hinweise u. ä. helfen).
B. erhält nur derjenige, dessen → Einkommen und → Vermögen bestimmte Grenzen nicht überschreitet; für die Bestimmung dieser Grenzen verweist das BerHG auf die Vorschriften der Prozeßkostenhilfe (die ihrerseits auf Regelungen zu Einkommen und Vermögen nach dem → Bundessozialhilfegesetz Bezug nehmen). Auf die Erfolgsaussicht des Begehrens kommt es nicht an; es darf nur nicht mutwillig sein. Gewährt wird B. in Angelegenheiten des Zivil-, → Arbeits-, → Verwaltungs-, Verfassungs- und → Sozialrechts; ferner in Angelegenheiten des → Straf- und Ordnungswidrigkeitenrechts mit der Beschränkung auf Beratung (also nicht Vertretung, z. B. Fertigen von Schreiben). Von der B. ausgenommen sind Angelegenheiten, die in die Zuständigkeit der Finanzgerichte fallen. B. wird außerdem nur gewährt, wenn keine anderen zumutbaren Möglichkeiten für eine Hilfe zur Verfügung stehen (z. B. Rechtsschutzversicherung). Anspruch auf B. haben nicht nur Deutsche, sondern auch Ausländer.
In den Ländern Bremen und Hamburg bleibt es bei der dort schon seit längerem eingeführten öffentlichen Rechtsberatung; anwaltliche B. nach dem BerHG ist dort also nicht möglich. In Berlin besteht die Wahl zwischen anwaltlicher B. nach dem BerHG und der bereits bestehenden öffentlichen Rechtsberatung.
Die Inanspruchnahme der B. hat in den letzten Jahren kontinuierlich und deutlich zugenommen, wohl auch deshalb, weil in der sozialen Arbeit zunehmend die Bedeutung der B. einerseits als Entlastung bei der Beratung in Rechtsfragen und andererseits als Möglichkeit der Kooperation mit Anwälten (z. B. in der → Schuldnerberatung) erkannt worden ist. Allerdings scheinen immer noch vor allem Angehörige der sozialen Unterschichten den direkten Weg zum Anwalt zu scheuen.
Lit. Finger: Rechtsberatung; Greißinger: BerHG; Kalthoener u.a.: Beratungshilfe; Lindemann, K. u.a.: BerHG (Komm.); Schoreit u.a.: BerHG (Komm.).
Peter Trenk-Hinterberger

Berücksichtigungszeiten für Kindererziehung und Pflege Die B. (§§ 57, 249 b SGB VI; → Sozialgesetzbuch [SGB]) sind eine Neuerung des → Rentenreformgesetzes 1992 (RRG 1992). Sie sind weder rentenbegründend noch allein rentensteigernd. Mit ihnen soll lediglich verhindert werden, daß Zeiten der Kindererziehung und – in der Zeit vom 1. 1. 1992 bis zum 31. 3. 1995 – auch der Pflege über die Tatsache hinaus, daß keine Beiträge gezahlt wurden, zu weiteren rentenrechtlichen Nachteilen führen, etwa bei der Wartezeit von 35 Jahren, die bei den Altersrenten (→ Renten wegen Alters) für langjährig Versicherte und für → Schwerbehinderte, Berufs- und Erwerbsunfähige vorausgesetzt wird, oder bei der Bewertung der beitragsfreien Zeiten nach der Beitragsdichte. In diesen Fällen zählen die B. zu den rentenrechtlichen Zeiten. Sie verlängern zudem die 5jährige Rahmenfrist, innerhalb derer die 36 Monate mit Pflichtbeiträgen liegen müssen, um eine Rente wegen verminderter Erwerbsfähigkeit beanspruchen zu können.
B. sind zum einen die Zeit der Erziehung eines Kindes bis zu dessen vollendetem 10. Lebensjahr. Zeitgleich müssen allerdings die Voraussetzungen für die Anrechnung einer Kindererziehungszeit (→ Kindererziehungszeiten, rentenrechtliche Anerkennung von) vorliegen. Diese Zeit und die zeitlich entsprechenden Kinderb. können immer nur bei ein und demselben Elternteil liegen. Grundsätzlich stehen die B. der Mutter zu, jedoch können die Eltern sie ggf. zusammen mit den Kindererziehungszeiten dem Vater zuordnen.
B. sind auf Antrag bei der Pflegeperson auch die Zeiten ab dem 1. 1. 1992 bis zum 31. 3. 1995 der nicht erwerbsmäßigen Pflege eines Pflegebedürftigen (→ Pflegebedürftigkeit). Die Pflegeperson mußte wegen der Pflege berechtigt sein, entweder freiwillige Beiträge zu zahlen, die als Pflichtbeiträge gewertet werden können, oder zusätzliche Pflichtbeiträge zu entrichten. Die Pflege mußte im Inland erfolgen; für sie mußten regelmäßig mindestens 10 Stunden wöchentlich aufgewendet werden. Wegen der Pflege ein und derselben Person konnten daher mehreren Pflegepersonen B. zuerkannt werden. Seit 1. 4. 1995 sind nicht erwerbsmäßig tätige Pflegepersonen nach Maßgabe des § 3 SGB VI gesetzlich rentenversichert; die Beiträge sind von den Pflegekassen zu entrichten.
Die B. werden in ihren Auswirkungen durch zeitgleiche andere rentenrechtliche Zeiten (auch Kindererziehungszeiten) verdrängt.
Lit. Grandi: Zeiten, Rdnrn. 133 ff.; Ruland: Rentenrecht. *Franz Ruland*

Berufliche Ausbildung → Berufliche Bildung

Berufliche Bildung ist Berufsbildung i. S. des Berufsbildungsgesetzes (BBiG) vom 14. 8. 1969 (BGBl. I S. 1112) zuletzt geändert durch das Gesetz vom 20. 7. 1995 (BGBl. I S. 946) und umfaßt die Berufsausbildung in Betrieben und überbetrieblichen Einrichtungen, die berufliche Fortbildung und die berufliche Umschulung (§ 1 BBiG, § 33 Abs. 1 → Arbeitsförderungsgesetz [AFG]). Darüber hinaus zählt auch der Besuch berufsbildender Schulen und das Hochschulstudium dazu. Die von schulischen Einrichtungen vermittelte Allgemeinbildung fällt nicht darunter. Der Begriff → »Weiterbildung« findet sich weder im BBiG noch im AFG; er wird gelegentlich als Sammelbegriff für → Fortbildung und Umschulung verwendet.

Berufsausbildung hat die für die Ausübung einer qualifizierten beruflichen Tätigkeit notwendigen fachlichen Fertigkeiten und Kenntnisse in einem geordneten Ausbildungsgang zu vermitteln. → Ausbildung i. S. des AFG ist stets nur die erste zu einem Abschluß führende Bildungsmaßnahme. Jede b. B. wird im AFG entweder der beruflichen Fortbildung oder der beruflichen Umschulung zugeordnet. Die berufliche Fortbildung soll es ermöglichen, die Kenntnisse und Fertigkeiten im erlernten Beruf zu erhalten, zu erweitern, der technischen Entwicklung anzupassen oder beruflich aufzusteigen. Berufliche Umschulung ist das Erlernen eines Berufes mit anderem Inhalt als der erlernte Erstberuf (= eine erwachsenengerecht gestaltete Zweitausbildung). Diese Begriffe sind dem BBiG, einem Rahmengesetz, entnommen, das die Rechtszersplitterung im Bereich des Berufsbildungsrechts beseitigt hat. Das AFG ergänzt das BBiG insofern, als es die finanzielle Förderung der betrieblichen und überbetrieblichen Erstausbildung sowie der beruflichen Fortbildung und Umschulung regelt. Das → Bundesausbildungsförderungsgesetz (BAföG) ergänzt die finanzielle Förderung für den Bereich der schulischen Ausbildung. Voraussetzung für die Förderung ist eine Bedürftigkeit des Auszubildenden.

Eine berufliche Erstausbildung wird nach dem AFG durch Berufsausbildungsbeihilfen gefördert (§§ 40 und 40a AFG). Die Höhe der Berufsausbildungsbeihilfe richtet sich, ähnlich der BAföG-Regelung, nach der Bedürftigkeit – auch der Eltern und des Ehegatten – unter Zugrundelegung von Bedarfssätzen und dem Einräumen von Freibeträgen, die auf Grund einer gesetzlichen Ermächtigung vom Verwaltungsrat der BA durch Anordnung festgelegt werden.

Berufliche Fortbildung und Umschulung wird durch eine Lohnersatzleistung, das Unterhaltsgeld (§ 44 AFG) und die Erstattung der Kosten (§ 45 AFG), die durch Teilnahme an der Maßnahme entstehen (z. B. Lehrgangsgebühren, Fahrtkosten, Kinderbetreuungskosten, Lernmittel, Unterkunftskosten, Kranken- und Unfallsicherung), gefördert. § 45 AFG fordert als Voraussetzung für eine Kostenübernahme einen engen ursächlichen Zusammenhang zwischen Kosten und Teilnahme. Das Unterhaltsgeld beträgt 60%, bei Teilnehmern mit mindestens einem Kind 67%, des zuletzt erzielten, pauschalierten Nettoarbeitsentgelts. Die Einarbeitung kann für den einzuarbei tenden Arbeitnehmer – je nach Ausgangsberuf – Fortbildung oder Umschulung darstellen. Sie wird mit einem bis zu 30% des Lohnes betragenden Einarbeitungszuschuß (§ 49 AFG) an den einarbeitenden Arbeitgeber bis zu einem halben Jahr lang gefördert, in besonders begründeten Ausnahmefällen bis zu 50% und bis zu einem Jahr. Vor Teilnahme an einer beruflichen Bildungsmaßnahme ist eine Beratung durch das Arbeitsamt zwingend vorgeschrieben. Der Antrag auf Förderung soll zur Fristwahrung vor Beginn der Maßnahme gestellt werden.

Lit. Grewe, H.: Arbeitsförderung; Hennig: Berufliche Bildung; Rothe, F. u. a.: BAföG (Komm.). *Karlheinz Schuster*

Berufliche Rehabilitation Im Rehabilitationsgeschehen gilt die Aufnahme bzw. Wiederaufnahme einer Tätigkeit – unabhängig davon, ob die Selbstverwirklichung in der Arbeit oder Kosten-Nutzenerwägungen im Vordergrund stehen – als entscheidendes Kriterium für den erfolgreichen Verlauf der → Rehabilitation. Das → Rehabilitationsangleichungsgesetz (RehaAnglG) normiert in § 1 als Ziel der Rehabilitation die möglichst dauerhafte Eingliederung der Behinderten in Arbeit, Beruf und Gesellschaft (→ Behinderte); das → Sozialgesetzbuch (SGB) – Allgemeiner Teil – in § 10 SGB I die Sicherung eines den Neigungen und Fähigkeiten des Behinderten entsprechenden Platzes in der Gemeinschaft, insbes. im Arbeitsleben. Andere Begriffsbestimmungen gehen demgegenüber vom Inhalt bzw. von den Leistungen des beruflichen Rehabilitationsverfahrens aus. Im → Arbeitsförderungsgesetz (AFG) i. d. F. vom 25. 6. 1969 (§ 56) wurde der Begriff b. R. prägnant mit »Arbeits- und Berufsförderung Behinderter« umrissen; eine Definition, die mehr auf den Begriffsinhalt als auf das Rehabilitationsziel abstellt. Diese Terminologie wurde von der Anordnung des Verwaltungsrates der Bundesanstalt für Arbeit über die Arbeits- und Berufsförderung Behinderter (AReha) vom 31.7.1975 übernommen. Demgegenüber beinhaltet der Begriff berufsfördernde Leistungen zur Rehabilitation (§ 11 Abs. 1 RehaAnglG; § 56 AFG) gewissermaßen eine Synthese aus Begriffsinhalt und Zielsetzung.

Berufsfördernde Leistungen zur Rehabilitation sind danach alle Hilfen, die erforderlich sind, um die Erwerbsfähigkeit des Behinderten entsprechend seiner Leistungsfähigkeit zu erhalten, zu bessern, herzustellen oder wiederherzustellen und ihn hierdurch auf Dauer beruflich einzugliedern. Berufsfördernde Leistungen zur Rehabilitation werden von folgenden → Rehabilitationsträgern erbracht: den Trägern der gesetzlichen → Rentenversicherung (Ausnahme: Altershilfe für Landwirte [→ Alterssicherung der Landwirte], deren Leistungen auf den Bereich der → medizinischen Rehabili-

tation beschränkt sind), von den Trägern der gesetzlichen → Unfallversicherung (Berufshilfe), von den Trägern der → Kriegsopferfürsorge, von der Bundesanstalt für Arbeit sowie in Einzelfällen von den örtlichen → Sozialhilfeträgern. Das Verfahren zur Auswahl der Leistungen schließt, soweit erforderlich, eine → Berufsfindung oder Arbeitserprobung (→ Arbeitserprobung Behinderter) ein (§ 11 Abs. 1 Satz 3 RehaAnglG, § 56 Abs. 1 AFG).
Berufsfördernde Leistungen sind insbes.: 1. Hilfen zur Erhaltung oder Erlangung eines Arbeitsplatzes einschließlich Leistungen zur Förderung der Arbeitsaufnahme sowie Eingliederungshilfen an Arbeitgeber (§ 11 Abs. 2 Nr. 1 RehaAnglG); 2. Maßnahmen zur Berufsvorbereitung einschließlich einer wegen der Behinderung erforderlichen Grundausbildung (§ 11 Abs. 2 Nr. 2 RehaAnglG); insbes.: a) berufsvorbereitende Bildungsmaßnahmen für Personen, die nicht mehr der Vollzeitschulpflicht unterliegen zur Vorbereitung auf eine berufliche Ausbildung oder eine Arbeitnehmertätigkeit (§ 19 Abs. 1 Nr. 1 AReha); b) Vorbereitungsmaßnahmen für Behinderte, von denen zu erwarten ist, daß sie nach Abschluß der Maßnahme eine Umschulung oder Fortbildung aufnehmen können (§ 19 Abs. 1 Nr. 4 AReha); c) Maßnahmen im Eingangsverfahren und im Arbeitstrainingsbereich einer → Werkstatt für Behinderte (§ 58 Abs. 1a AFG; § 19 Abs. 1 Nr. 3 AReha); d) blindentechnische und vergleichbare spezielle Grundausbildungen (§ 19 Abs. 1 Nr. 2 AReha). 3. Leistungen zur beruflichen Erstausbildung in Form der betrieblichen bzw. der überbetrieblichen Ausbildung in den nach § 25 Abs. 1 des Berufsbildungsgesetzes (BBiG) bzw. den nach § 25 Abs. 1 der Handwerksordnung (HwO) anerkannten Ausbildungsberufen sowie in den Ausbildungsgängen nach § 48 BBiG bzw. § 42b HwO; 4. Leistungen zur beruflichen → Fortbildung für Behinderte (§ 11 Abs. 2 Nr. 3 RehaAnglG); 5. Leistungen zur beruflichen Umschulung von Behinderten (§ 11 Abs. 2 Nr. 3 RehaAnglG); 6. sonstige Hilfen der Arbeits- und Berufsförderung, um Behinderten eine angemessene und geeignete Erwerbs- oder Berufstätigkeit auf dem allgemeinen Arbeitsmarkt oder in einer Werkstatt für Behinderte zu ermöglichen (§ 11 Abs. 2 Nr. 4 RehaAnglG).
Im Rahmen der Maßnahmen nach 2.–6. werden u.a. folgende Kosten und Leistungen übernommen: Lehrgangsgebühren oder Ausbildungskosten, Fernunterrichtsgebühren, Lernmittel, Arbeitskleidung, Unterkunft und Verpflegung, Sozialversicherungsbeiträge, Ausbildungs-, Unterhaltsoder → Übergangsgeld, → Haushaltshilfe, Familienheimfahrten, Behindertentransport sowie ergänzende bzw. sonstige Leistungen (§§ 12, 20 RehaAnglG sowie einschränkend § 56 Abs. 3, 3a AFG).
Wie auch aus der Verweisung in § 56 Abs. 2 AFG (i.d. bis zum 18. 12. 1992 gültigen F. – BGBl. 1 S. 2044) hervorgeht, zählen auch Arbeitsberatung, → Arbeitsvermittlung und → Berufsberatung Behinderter durch geschulte Arbeitsberater für Rehabilitanden, H.vermittler für Schwerbehinderte, Berufsberater für Behinderte sowie Berufsberater für behinderte Abiturienten und Hochschüler im weitesten Sinne zu den berufsfördernden Leistungen zur beruflichen Rehabilitation. Entsprechendes gilt für die Sozialberater der Rentenversicherungsträger, die Berufshelfer der Träger der Unfallversicherung wie auch für die Rehabilitationsfachkräfte der anderen Träger der b. R.
Lit. Bundesarbeitsgemeinschaft für Rehabilitation: Rehabilitation; Dill, M. u. a.: Rehabilitation; Jung, K. u. a.: Rehabilitationsrecht; Kanter, G. u. a.: Rehabilitation; Oyen: Rehabilitation. *Werner Gemsjäger*

Berufliche Sozialisation Zu den wichtigsten Bestimmungsgrößen gesellschaftlicher Prozesse und Strukturen, insbes. der horizontalen wie vertikalen Verteilung gesellschaftlicher Arbeit, Ressourcen (Einkommen, Vermögen) und Positionen gehört der Beruf, auch wenn gute Gründe für die Auffassung beigebracht werden, daß unter gegenwärtigen Bedingungen von Beruf im ursprünglichen Sinne nicht mehr gesprochen werden könne. Berufe werden als standardisierte Kombinationen auf dem Arbeitsmarkt verwertbarer Qualifikationen angesehen, die sich zwar relativ unabhängig von individuellen Entwicklungsmöglichkeiten einzelner und arbeitsplatzspezifischer Leistungsanforderungen konkreter Produktionsstätten herausgebildet haben, die aber dennoch zwischen individueller Qualifikation und gesellschaftlichen Leistungsanforderungen vermitteln. In »seinem« Beruf findet der einzelne seinen gesellschaftlichen Standort und seine soziale Identität.
Berufe sind in zweifacher Hinsicht sozialisationsbedeutsam: Auf der einen Seite sind Berufszugehörigkeit und das jeweilige Arrangement wesentliches Kennzeichen der konkreten Berufsarbeit der Bezugspersonen primärer Sozialisation (insbes. des Vaters) wesentliche Einflußfaktoren dafür, welche Lerngelegenheiten der Heranwachsende erhält (→ Schichtspezifische Erziehung). Andererseits ist die in primärer Sozialisation erworbene Qualifikation Zugangsvoraussetzung für viele bestimmte Berufe. Alle Bemühungen, Benachteiligungen im Zugang zu weiterführender Bildung wie zu gehobenen beruflichen und gesellschaftlichen Positionen aufzuheben oder auszugleichen, haben nur wenig an der Tatsache geändert, daß nach wie vor Kinder aus Arbeiterfamilien, Kinder aus kinderreichen und unvollständigen Familien (→ Alleinerziehende) und →

Berufsausbildung

ausländische Kinder zu den Benachteiligten im Bildungssystem zählen (→ Soziale Benachteiligung). Die vertikale Arbeitsteilung und das darin begründete Erfordernis der Selektion in allen Sektoren und auf allen Stufen des Bildungssystems haben die Situation der Kinder aus unteren sozialen → Schichten erneut verschlechtert. Darin zeigt sich, daß der direkte und indirekte Einfluß der Familie auf die soziale und berufliche Plazierung bzw. Karriere der Kinder vermittelt und verstärkt insbes. durch institutionalisierte Lehr-Lern-Prozesse im Bildungswesen herausragende und über die einzelnen Entwicklungsstufen und Lebensphasen der Heranwachsenden fortdauernde Bedeutung behalten hat. B. S. (i. w. S.) beginnt also bereits vor Eintritt in einen Beruf, indem sie die Voraussetzungen verbleibender Chancen für Berufsqualifizierung, -einritt und -karriere schafft. In der Berufsausübung werden die vorberuflich entwickelten Leistungsbereitschaften modifiziert, jedoch besteht eine Tendenz zur bloßen Befestigung bereits erworbener Qualifikationen und Orientierungen. Höhere Bildungsvoraussetzungen begünstigen jene höhere Weiterbildungsbereitschaft, die für die Konsolidierung beruflicher Lebensperspektiven immer wichtiger wird.

Mit der Berufsausübung verbundenes Lernen ist unter gegebenen produktionstechnischen, arbeitsorganisatorischen und sozialstrukturellen Bedingungen keineswegs immer auch ein Neu- oder Weiterlernen. Es gibt Spezialisierungen, die zur Verkümmerung bereits erworbener (auch höherer) Fähigkeiten führen. Ob und wieweit durch den arbeitsorganisatorischen Einsatz neuer Technologien die Arbeits- und Sozialisationsbedingungen (wie häufig behauptet, aber auch bezweifelt und bestritten wird) tatsächlich verbessert werden, läßt sich generell und längerfristig (noch) nicht abschätzen. Die pädagogische Qualität b. S. partizipiert an der sozialen Qualität gesellschaftlich organisierter Arbeit; denn b. S. i. e. S. erfolgt im Mitvollzug betrieblicher Arbeit, die im konkurrenzwirtschaftlichen System nicht an Prinzipien personaler Vervollkommnung, sondern an den Maximen technischer Effektivität und ökonomischer Rentabilität orientiert ist.

Lit. Baethge: Ausbildung; Beck, U. u. a.: Beruf; Bolte u. a.: Beruf; BMJFG: 3. Familienbericht; Daheim: Beruf; Daheim u. a.: Sozialisationsprobleme; Dörschel: Arbeit; Hoff u. a.: Arbeitsbiographie; Lempert u. a.: Sozialisation durch Arbeit; Scharmann: Sozialisationsfaktoren. *Helmut Heid*

Berufsausbildung → Berufliche Bildung

Berufsberatung ist nach §§ 4 und 25 ff. AFG (→ Arbeitsförderung/Arbeitsförderungsgesetz [AFG]) Aufgabe der Bundesanstalt für Arbeit (→ Arbeitsverwaltung). Sie soll dazu beitragen, das Recht des einzelnen auf freie Entfaltung der Persönlichkeit (Art. 2 → Grundgesetz [GG]) und Freiheit der Berufswahl (Art. 12 GG) durch → berufliche Bildung zu verwirklichen. Die B. umfaßt nach § 25 des AFG die Erteilung von Rat und Auskunft in Fragen der Berufswahl und des Berufswechsels, ergänzt durch Berufsorientierung, Ausbildungsvermittlung und Förderung der Berufsausbildung. Sie hat darauf hinzuwirken, daß geeignete Ausbildungsstellenbewerber in fachlich, gesundheitlich und erzieherisch einwandfreien Ausbildungsstellen untergebracht werden. Die Lage und Entwicklung des → Arbeitsmarktes und der Berufe ist dabei angemessen zu berücksichtigen. Die Berufswahl des einzelnen wird in der Regel als ein Lern- und Entwicklungsprozeß beschrieben. Dieser Berufswahlprozeß wird durch folgende Angebote der B. unterstützt:
– Die Berufsorientierung für Schüler und Eltern besteht im wesentlichen aus Informationsveranstaltungen in den Schulen, Informationsschriften, berufskundlichen Vortragsveranstaltungen in den Arbeitsämtern oder Schulen und einem umfassenden audiovisuellen unterstützenden Medienangebot in den Berufsinformationszentren der Arbeitsämter (BIZ);
– der beruflichen Beratung nicht nur im Arbeitsamt, sondern auch in den Schulen;
– der Vermittlung in betriebliche Ausbildungsstellen;
– der Förderung der beruflichen Ausbildung.

Die Inanspruchnahme der B. ist freiwillig. Sie erfolgt unentgeltlich und unparteiisch. Im Beratungsjahr 1994/95 haben die B. rd. 2 Mio. Jugendliche und junge Erwachsene in Fragen der Berufswahl in Anspruch genommen. Die hohe Akzeptanz der öffentlichen B. läßt sich in ihrer starken freiwilligen Inanspruchnahme durch Jugendliche und Betriebe ablesen. Rd. 80% aller Schulabgänger wenden sich mit dem Wunsch nach beruflicher Beratung und Vermittlung in betriebliche Ausbildung an die B. Über 90% aller besetzbaren Ausbildungsstellen werden von den Betrieben der B. oder Arbeitsämter gemeldet. In den Berufsinformationszentren wurden im vergangenen Jahr über 4 Mio. Besucher gezählt.

Der Ausbildungsstellenmarkt in den alten Bundesländern wie auch in den neuen Bundesländern ist z. Zt. durch einen Bewerberüberhang gekennzeichnet. In fast allen Arbeitsamtsbezirken der neuen Bundesländer und in zunehmend mehr Bezirken in den alten Bundesländern herrscht Mangel an gemeldeten Ausbildungsstellen. Steigende Schulentlassungszahlen stehen einem sich verringernden Ausbildungsstellenangebot gegenüber. Besonders betroffen von dieser Situation sind Jugendliche mit sozialen Benachteiligungen (z. B. → Behinderte, → Ausländer, Aussiedler). Die Integration

dieser Jugendlichen in berufliche Ausbildung und in das Arbeitsleben ist mit hoher Priorität durch die B. versehen. Hierbei können in erster Linie berufsvorbereitende Bildungsmaßnahmen, die Förderung von Berufsausbildung in überbetrieblichen Einrichtungen sowie die ausbildungsbegleitenden Hilfen und Angebote der beruflichen Rehabilitation helfen. Die B. der Bundesanstalt für Arbeit arbeitet mit den wichtigsten Institutionen und Organisationen der allgemeinen und beruflichen Bildung, insbesondere mit den Einrichtungen der Arbeitgeber und der Gewerkschaften, mit den Schulen und Hochschulen sowie mit Trägern der Sozial-, Jugend- und Gesundheitshilfe (→ Sozial-, → Jugendhilfeträger) zusammen (§ 32 AFG). Für die Beratung von behinderten Jugendlichen und Abiturienten und Hochschülern stehen besonders qualifizierte Berufsberater zur Verfügung.
Wilfried Muswieck

Berufsbildungswerke sind außerbetriebliche überregionale Einrichtungen zur beruflichen Erstausbildung von vornehmlich jugendlichen → Behinderten, die wegen Art und Schwere ihrer Behinderung nur durch eine stete medizinische, pädagogische und psychologische Betreuung während der Ausbildung zu einem Ausbildungsabschluß nach dem BBiG bzw. der Handwerksordnung befähigt werden können. Die B., die je nach Größe zwischen 200 und 400 auszubildende Behinderte aufnehmen können, verfügen dementsprechend neben den erforderlichen Ausbildungseinrichtungen einschließlich einer Sonderberufsschule über eigene ärztliche, soziale, pädagogische und psychologische Dienste, die die behindertenbedingten Erschwernisse dieses Personenkreises in der Ausbildung mildern, abbauen und schließlich überwinden helfen. Für den überwiegenden Teil der Auszubildenden ist die internatsmäßige Unterbringung in der Einrichtung vorgesehen.
Träger der B. sind kirchliche und gemeinnützige Organisationen, die über langjährige, umfassende Erfahrungen auf dem Gebiet der Behindertenbetreuung verfügen. Kostenträger der individuellen Rehabilitationsmaßnahme ist i. d. R. die → Arbeitsverwaltung, deren Fachdienste in den → Arbeitsämtern über die Aufnahme in ein B. entscheiden.
Das Ziel der Rehabilitationsarbeit in den B. ist die Eingliederung in das Berufsleben (→ Berufliche Rehabilitation), die Persönlichkeitsbildung und die soziale Integration (→ Soziale Rehabilitation) der Behinderten.
Als besondere Aufgaben der B. sind hervorzuheben:
Vermittlung der beruflichen Kenntnisse und Fähigkeiten in einer Weise, der die Behinderung und eine dadurch entstandene Beeinträchtigung der Lernfähigkeit gerecht wird; Durchführung von Maßnahmen der →

Berufsfindung und → Arbeitserprobung für Behinderte, deren berufliche Eignung von der Arbeitsverwaltung nicht hinreichend geklärt werden kann; Durchführung berufsvorbereitender Fördermaßnahmen für Behinderte, bei denen die Ausbildungs- bzw. Berufsreife noch nicht vorhanden ist und die auf die besondere Hilfe eines B. angewiesen sind; Gewährung von begleitenden Hilfen während der Ausbildung und der persönlichen Entwicklung; Angebot einer breiten und differenzierten Palette von arbeitsmarktpolitisch zweckmäßigen und zukunftsorientierten Berufen.
In den 44 B. stehen rund 12 000 Ausbildungsplätze für körperbehinderte, sinnesgeschädigte, lernbehinderte und psychisch behinderte Jugendliche zur Verfügung (→ Körperbehinderte, → Sinnesbehinderte, → Lernbehinderte).   *Dieter Eickhoff*

Berufsfachschulen Seit 1960 berufliche Vollzeitschulen mit der Aufgabe, auf eine Berufsausbildung (→ Berufliche Bildung) vorzubereiten oder Jugendlichen, die aufgrund mangelnder Berufsreife (→ Berufsfähigkeit/Berufsreife) eine Berufsausbildung im dualen System nicht erhalten, Berufskenntnisse zu vermitteln. B. wurden i. d. R. nach der Volks- oder Hauptschule, ersatzweise auch für die letzten Jahre der Volks- oder Hauptschule, besucht. Die Ausbildungszeit reichte von einem halben bis zu vier Jahren. Berufsqualifikationen wurden nicht verliehen.
Die Kultusministerkonferenz unterschied 1971 B., die zu einem Abschluß in einem anerkannten Ausbildungsberuf führen, von solchen, deren Besuch auf die Ausbildungszeit in anerkannten Ausbildungsberufen angerechnet wird, und B., die zu einem Berufsbildungsabschluß führen.
Die Mehrzahl bietet mittlere Bildungsabschlüsse an und qualifiziert für Tätigkeiten, für die es keine oder keine ausreichenden Ausbildungsmöglichkeiten im dualen System gibt. Andere bereiten sozial Benachteiligte (→ Soziale Benachteiligung) oder bereiten auf Übergänge ins duale System, in andere B. bzw. in einfache Tätigkeiten vor.
Die Bildungskommission des deutschen Bildungsrates empfahl 1975, B.abschlüsse stärker in das berufliche Qualifikationssystem einzubeziehen und berufsqualifizierende B. mit Ausbildung in einem anerkannten Ausbildungsberuf bzw. in einem anerkannten Schulberuf von berufsvorbereitenden B. zu unterscheiden.
Die Kultusministerkonferenz beschreibt 1975 B. im Rahmen der Gliederung des beruflichen Schulwesens in folgender Weise: B. sind Schulen mit Vollzeitunterricht von mindestens einjähriger Dauer, für deren Besuch keine Berufsausbildung oder berufliche Tätigkeit vorausgesetzt wird. Sie haben die Aufgabe, allgemeine und fachliche Lerninhalte zu vermitteln und den

Berufsfähigkeit/Berufsreife

Schüler zu befähigen, den Abschluß in einem anerkannten Ausbildungsberuf oder einem Teil der Berufsausbildung in einem oder mehreren anerkannten Ausbildungsberufen zu erlangen oder ihn zu einem Berufsausbildungsabschluß zu führen, der nur in Schulen erworben werden kann.

Herbert Lohbrunner

Berufsfähigkeit/Berufsreife Eine einheitliche Definition dieser Begriffe ist im Schrifttum nicht festzustellen. Nach Mansfeld, Mathey und Thomae (vgl. Hagen u. a.) hat sich in der schulärztlichen Praxis die Unterscheidung zwischen Bf. und Br. eingebürgert. Danach wird bei der Beurteilung der Entlaßschüler als allgemeine Bf. die Fähigkeit zur Aufnahme einer beruflichen Ausbildung ohne Störung der weiteren Persönlichkeitsentwicklung definiert. Die Br. wird dagegen als Stand der körperlichen, intellektuellen und charakterlichen bzw. seelischen Reife angesehen, welche einem jungen Menschen sowohl die Erlernung eines auf einer täglichen Lehre aufgebauten Berufes als auch die Eingliederung in das Erwerbsleben ermöglicht, ohne daß die weitere physische und psychische Entwicklung durch die Berufstätigkeit negativ beeinflußt wird.

Lit. Hagen u.a.: Jugendliche; Hagmüller u.a.: Berufsreife. *Karlheinz Schuster*

Berufsfindung sind die Prozesse auf dem Weg zu einem »passenden« Beruf, d.h. der für die suchende Person angemessen und geeignet zu sein scheint.
Häufig (auch rechtlich) synonym mit »Berufswahl«; eindeutig definiert als Maßnahmetyp der Berufsfindung Behinderter (siehe Teil 2).
1. Berufsfindung Jugendlicher: Trotz Zunahme von ein- bis mehrmaligem Wechsel des Berufs innerhalb eines Erwerbslebens hat der zuerst ausgeübte/gelernte Beruf (Primärberuf) dauerhafte Bedeutung für die Identitätsstiftung, den Ort der sozialen Verankerung und für den Verlauf der Erwerbsbiographie (Berufswechsel am Anfang der Erwerbsbiographie führen zu eher instabilen Erwerbskarrieren).
Aus ca. 400 im dualen System der Berufsbildung (→ Berufliche Bildung) zu erlernenden Berufen wird ein Primärberuf ausgewählt; dabei sind idealerweise individuelle Vorlieben, persönliche Fertigkeiten und Fähigkeiten (»Begabungen«), Chancen des Arbeitsmarktes (generell und regional, künftige technologische Veränderungen etc.) aufeinander abzustimmen. Diese ideale Auffassung von B. und Berufswahl beherrscht die Literatur und das Selbstverständnis der → Berufsberatung in der BA (§§ 25ff. AFG).
Faktisch erfolgt die B. bei der Mehrheit der Jugendlichen auf drei voneinander verschiedenen Schienensträngen: 1. Als Kanalisierung in die am häufigsten angebotenen Lehrberufe, die dann als die 10 »Wunschberufe« für Jungen und 6 für Mädchen in den Statistiken erscheinen; 2. als Realisierung von Berufsträumen, die in frühen sozialen Positiv-Erfahrungen fundiert sind z.B. das vorweihnachtliche Plätzchenbacken mit der sonst überbeschäftigten Mutter = Bäcker; die Spaziergänge mit dem Vater an Sommerabenden im Wald = Förster). Derartige Fundierungen sind an dem Maß an Resistenz gegen Argumente und Erfahrungen zu erkennen; 3. neben diesen beiden Strängen gründet ein relativ großer Rest an B. in Zufälligkeiten, vor allem in kurzfristig gültigen Kategorien wie Erreichbarkeit, aktuelles Image, etc.
Für die schließliche Zufriedenheit mit dem Ergebnis des Findungsprozesses ist der Mechanismus der retrograden Reinterpretation verantwortlich: Egal, welcher Beruf wie auch immer »gefunden« wurde, ihm wird nach erfolgreicher Einmündung ein positiver biographischer Sinn attribuiert (ich habe/bin schon immer...) – und nach erfolgloser Einmündung ein negativer Sinn (ich wollte/konnte noch nie...).
Lit. Friebel: Beruf; Kloas u.a.: Beruf; Noll, H.-H.: Schulabgang; Peukert: Berufsträume; Schober: Ausbildungswege.

Reinhard Peukert

2. Berufsfindung Behinderter: In ihrer engeren Bedeutung eine gesetzlich verankerte Maßnahme der → beruflichen Rehabilitation Behinderter (u.a. § 11 Abs. 2 RehaAnglG, AFG). Leistungsträger für die B. Behinderter sind die im Rahmen der beruflichen Rehabilitation insgesamt zuständigen Institutionen, d.h. im wesentlichen die BA (→ Arbeitsverwaltung), die Träger der gesetzlichen Renten- (→ Rentenversicherungsträger) und Unfallversicherung und der überörtlichen → Sozialhilfe. Maßnahmen der B. Behinderter werden als Entscheidungshilfen für die berufliche Eingliederung eingesetzt, und zwar dann, wenn die vorangegangenen Untersuchungen der BA zu keiner sicheren Empfehlung gelangen. Meist wird die B. Behinderter in einem Berufsförderungs- oder für Jugendliche in einem Berufsbildungswerk durchgeführt.
Häufigste Gründe für die B. Behinderter sind: Fehlende berufskundliche Informationen des Rehabilitanden und Entscheidungsunsicherheiten; Fragen der → Motivation und der psychischen Belastbarkeit sowie Unklarheiten hinsichtlich der intellektuellen und körperlichen Eignung für bestimmte Berufe. Der Zeitumfang beträgt im Regelfall 2 Wochen, bei Jugendlichen längere Zeit. Inhaltlich ist die B. Behinderter ausgerichtet auf die vorgegebenen Fragestellungen der Leistungsträger. Man unterscheidet zwei sich ergänzende, überschneidende Phasen: eine diagnostische Phase mit psychologischen und medizinischen Untersu-

chungen sowie explorativen Gesprächen (→ Exploration) und eine berufspraktische Phase, in der der Rehabilitand mehrere Berufsbereiche in eigener Tätigkeit kennenlernt. Dieser Teil soll ihm berufsspezifische Informationen vermitteln, ihn seine praktischen Befähigungen und Neigungen selbst erkunden lassen und sein Entscheidungsverhalten fördern. dieser Aspekt ist besonders wichtig, da der Rehabilitand selbst als verantwortlich für seine berufliche Zukunft gesehen werden muß und die Frage der Motivation sich als bedeutungsvoller erweist als rein leistungsdiagnostische Aussagen. Ein logischer und inhaltlicher Teilaspekt der B. Behinderter ist die → Arbeitserprobung. Sie dient der Eignungsüberprüfung für bereits vorher in engere Wahl gezogene einzelne Berufe. Ziel der B. Behinderter ist eine Empfehlung, die den Neigungen und Befähigungen des Rehabilitanden entspricht und zu einer gesicherten Berufseinmündung führt.
Lit. Bödege: Definitionen; Molitor, G.: Berufsfindung; Sänger: Berufsfindung; Stiftung Rehabilitation: Bibliographien; Weber, W.: Berufsfindung; Wohlleben: Arbeitsmarkt.
Rolf Bödege

Berufsfindungsjahr → Berufsgrundbildungsjahr

Berufsfördernde Rehabilitationsleistungen → Berufliche Rehabilitation

Berufsförderungswerke sind außerbetriebliche überregionale Einrichtungen zur Umschulung behinderter Erwachsener, die aufgrund ihrer Behinderung die bisherige berufliche Tätigkeit nicht mehr ausüben können. Art und Schwere der Behinderung machen es für einen großen Teil erwachsener → Behinderter zur erfolgreichen Umschulung erforderlich, in einem B. ausgebildet zu werden, da diese Einrichtungen neben den notwendigen Ausbildungswerkstätten und -einrichtungen über begleitende Dienste medizinischer, psychologischer und sozialer Art verfügen, die für einen Erfolg der Rehabilitationsmaßnahme unerläßlich sind (→ Berufliche Rehabilitation).
Das Bildungsangebot der 28 B. mit 14 500 Plätzen umfaßt insbes.: anerkannte Ausbildungsberufe, Berufe zur beruflichen Bildung Behinderter aufgrund besonderer Regelungen und Bildungsgänge, die der Qualifizierung bzw. Anpassung an veränderte Arbeitsbedingungen dienen. Ziel der Umschulung ist eine umfassende Qualifizierung der Rehabilitanden in behindertengerechten und zukunftsorientierten Berufen sowie die Wiedereingliederung in den Arbeitsmarkt. Dies geschieht durch berufstheoretische und berufspraktische Ausbildungsinhalte und Methoden, die den besonderen Erfordernissen der beruflichen Erwachsenenbildung gerecht werden. Um die Sach-, Lern- und Sozialkompetenz der Rehabilitanden zu erhöhen, werden – soweit erforderlich – → Rehabilitationsvorbereitungs-Lehrgänge (RVL) angeboten. Ist eine abschließende Eignungsfeststellung durch den zuständigen Rehabilitationsträger nicht möglich, können auch Maßnahmen der → Berufsfindung und → Arbeitserprobung in einem B. in Betracht kommen.
Dieter Eickhoff

Berufsgenossenschaften Träger der gesetzlichen → Unfallversicherung sind neben dem Bund, den Ländern und Gemeinden bzw. Gemeindeunfallverbänden die gewerblichen und die landwirtschaftlichen B. Die B. sind paritätisch selbstverwaltete, rechtsfähige Körperschaften des öffentlichen Rechts und als solche Teil der mittelbaren Staatsverwaltung. Sie unterliegen staatlicher Aufsicht. Sie sind gesetzlich bestimmte Pflichtvereinigungen der Unternehmer zur verschuldensunabhängigen Beschränkung der → Haftung der Unternehmer gegenüber Versicherten, ihren Angehörigen und Hinterbliebenen für einen durch einen Versicherungsfall gemäß § 7 → Sozialgesetzbuch (SGB) VII (→ Arbeitsunfall, → Berufskrankheit) verursachten Personenschaden (§ 104 ff. SGB VII). Sie lösen auch die in der Praxis bedeutsame Haftung der Arbeitskollegen untereinander ab. Dies dient dem sozialen Frieden im Betrieb. Die B. sind fachlich nach Branchen gegliedert; die Zugehörigkeit eines Unternehmens zu einer bestimmten B. richtet sich regelmäßig nach Art und Gegenstand sowie dem Sitz des Unternehmens (§§ 121 ff., 130 ff. SGB VII). Jede B. führt ein Unternehmensverzeichnis (Kataster). Die sachliche und/oder örtliche Zuständigkeit der B. kann durch → Rechtsverordnung des Bundesministeriums für Arbeit und Sozialordnung bestimmt werden. Gegenwärtig gibt es 35 gewerbliche und 20 landwirtschaftliche Berufsgenossenschaften (Anlagen 1 und 2 zu § 114 SGB VII). Beginn und Ende der Zuständigkeit einer B. für ein Unternehmen wird durch schriftlichen Bescheid gegenüber dem Unternehmer festgestellt; ein Unternehmen beginnt bereits mit den vorbereitenden Arbeiten für das Unternehmen (§ 136 SGB VII). Unternehmer haben gegenüber der für sie zuständigen B. eine generelle Unterstützungspflicht sowie im Einzelfall spezielle Mitteilungs-, Auskunfts-, Anzeige- und Meldepflichten (§§ 191 ff. SGB VII). Die Finanzierung der B. erfolgt sowohl durch Beiträge der Unternehmer, für deren Unternehmen Versicherte tätig sind oder zu denen Versicherte in einer besonderen, die Versicherung begründenden Beziehung stehen, als auch durch die freiwillig Versicherten, die kraft → Gesetzes

sowie kraft → Satzung versicherten Unternehmer und ihre im Unternehmen mitarbeitenden Ehegatten; neben diesen primär Beitragspflichtigen ist für bestimmte Fälle eine sekundäre Beitragspflicht in Form einer gesamtschuldnerischen Haftung normiert (§ 150 SGB VII). Berechnungsgrundlagen für die Beiträge sind regelmäßig der Finanzbedarf (Umlagesoll), die Arbeitsentgelte der Versicherten und die Gefahrklassen (§ 152 ff. SGB VII). Die B. haben mit allen geeigneten Mitteln für die Verhütung von → Arbeitsunfällen, → Berufskrankheiten und arbeitsbedingten Gesundheitsgefahren und für eine wirksame Erste Hilfe zu sorgen. Zu diesem Zweck erlassen sie als autonomes Recht Unfallverhütungsvorschriften. Die Beratung und Überwachung der Unternehmen auf dem Gebiet der → Prävention erfolgt durch Aufsichtspersonen der B. Die B. haben auch für die erforderliche Aus- und → Fortbildung der in den Unternehmen mit Präventionsaufgaben betrauten Personen zu sorgen.
Lit. s.: → Unfallversicherung.
Günther Sokoll/Harald Dahm

Berufsgrundbildungsjahr In einigen Bundesländern als Berufsgrundschuljahr bezeichnet. Es ist die erste Stufe der neugegliederten Berufsbildung und wird in Vollzeitschulen oder im dualen System in kooperativer Form durchgeführt. Das schulische B. ist ein einjähriges Vollzeitschuljahr. In diesem werden Jugendlichen, die nach geltendem Landesrecht die Vollzeitschulpflicht erfüllt haben (Ausnahmen sind möglich), allgemeine (berufsfeldübergreifende) und auf der Breite eines Berufsfeldes fachtheoretische und fachpraktische Lerninhalte als berufliche Grundbildung vermittelt. Das B. in der Form der Vollzeitschule wird auf die berufliche Ausbildung (→ Berufliche Bildung) in den Ausbildungsberufen der gewerblichen Wirtschaft, die dem entsprechenden Berufsfeld zuzuordnen ist – mit Ausnahmen – voll angerechnet (s. hierzu Berufsfachschul-Anrechnungs-Verordnung in der Fassung v. 22. 6. 1973 [BGBl. I S. 665] und Berufsgrundbildungsjahr-Anrechnungs-Verordnung vom 17. 7. 1978 [BGBl. I S. 1061]). In den Ausbildungsberufen »Verkäufer(in)«, in den sonstigen zweijährigen anerkannten Ausbildungsberufen mit Ausnahme der in einer Stufenausbildungsordnung geregelten Berufe sowie in den anerkannten Ausbildungsberufen »Kraftfahrzeugmechaniker«, »Kraftfahrzeugelektriker« und »Radio- und Fernsehtechniker« wird der erfolgreiche Besuch mit mindestens einem halben Jahr angerechnet. Ebenso wenn der gewählte Ausbildungsberuf einem anderen Schwerpunkt des gleichen Berufsfeldes zugeordnet ist, in dem das schulische B. durchgeführt worden ist (§ 2 Abs. 2 und 3 Berufsgrundbildungsjahr-Anrechnungs-Verordnung). Weitere Verordnungen über die Anrechnung des Besuchs eines schulischen Berufsgrundbildungsjahres und einer einjährigen → Berufsfachschule auf die Ausbildungszeit wurden erlassen a) in den Ausbildungsberufen der Landwirtschaft (Berufsgrundbildungsjahr-Anrechnungs-Verordnung Landwirtschaft) vom 20. 7. 1979 (BGBl. I S. 1142), b) in den Ausbildungsberufen des öffentlichen Dienstes (Berufsgrundbildungsjahr-Anrechnungs-Verordnung öffentlicher Dienst) vom 20. 6. 1980 (BGBl. I S. 738), c) im Ausbildungsberuf Hauswirtschafter/Hauswirtschafterin (Berufsgrundbildungsjahr-Anrechnungs-Verordnung Hauswirtschaft) vom 2. 7. 1980 (BGBl. I S. 827). Die Kultusministerkonferenz hat am 19. 5. 1978 eine »Rahmenvereinbarung über das B.« beschlossen, in der u. a. die Aufnahmevoraussetzungen, die allgemeinen Grundsätze für den Unterricht, die Berufsfelder, in denen Unterricht erteilt wird, und die Anrechnung auf die Berufsausbildung festgelegt ist. *Karlheinz Schuster*

Berufshilfen → Jugendsozialarbeit

Berufskrankheit Nach der Legaldefinition des § 9 Abs. 1 → Sozialgesetzbuch (SGB) VII sind B. solche Krankheiten, die die Bundesregierung durch → Rechtsverordnung (Berufskrankheiten-Verordnung-BeKV) als B. bezeichnet und die kraft → Gesetzes oder kraft → Satzung Versicherte oder freiwillig Versicherte infolge einer den Versicherungsschutz begründenden Tätigkeit erleiden. Hierdurch wird klargestellt, daß auf den Zeitpunkt abzustellen ist, in dem die Ursache der Erkrankung durch die äußere Einwirkung gesetzt wurde. Besondere Bedeutung erlangt dies für B. mit langer Latenzzeit. In der BeKV sind solche Krankheiten als B. bezeichnet, die nach den Erkenntnissen der medizinischen Wissenschaft durch besondere Einwirkungen verursacht sind, denen bestimmte Personengruppen durch ihre versicherte Tätigkeit in erheblich höherem Maße als die übrige Bevölkerung ausgesetzt sind. In der BeKV kann (einschränkend) u. a. auch bestimmt werden, daß die Krankheiten nur dann B. sind, wenn sie durch Tätigkeiten in bestimmten Gefährdungsbereichen verursacht worden sind oder wenn sie zur Unterlassung aller Tätigkeiten geführt haben, die für die Entstehung, die Verschlimmerung oder das Wiederaufleben der Krankheit ursächlich waren oder sein können. Zur Zeit gilt die BeKV vom 20. 6. 1968 (BGBl. I S. 721), zuletzt geändert durch Art. 1 Verordnung vom 18. 12. 1992 (BGBl. I S. 2343), die in ihrer Anlage 1 (Berufskrankheitenliste) 64 u. a. durch chemische oder physikalische Einwirkungen, Infektionserreger oder Parasiten, allergisierende oder krebserregende Stoffe verursachte Krankheiten als B. bezeichnet. Den begründeten Ver-

dacht einer B. haben → Ärzte dem Unfallversicherungsträger (→ Unfallversicherung) oder der für den medizinischen → Arbeitsschutz zuständigen Stelle unverzüglich anzuzeigen (§ 202 SGB VII). Besteht für den Versicherten die Gefahr, daß eine B. entsteht, wieder auflebt oder sich verschlimmert, hat der Träger der Unfallversicherung mit allen geeigneten Mitteln der Gefahr entgegenzuwirken; ist die Gefahr für den Versicherten nicht zu beseitigen, hat er den Versicherten aufzufordern, die gefährdende Tätigkeit zu unterlassen mit der Folge, daß dem Versicherten etwaige dadurch entstehende Nachteile zu entschädigen sind (§ 3 BeKV).
Nach § 9 Abs. 2 SGB VII haben die Träger der Unfallversicherung darüber hinaus eine → Krankheit, die nicht in der BeKV bezeichnet ist oder bei der die dort bestimmten Voraussetzungen nicht vorliegen, wie eine B. als Versicherungsfall (§ 7 SGB VII) anzuerkennen, sofern im Zeitpunkt der Entscheidung nach neuen Erkenntnissen der medizinischen Wissenschaft die Voraussetzungen für eine Bezeichnung in der BeKV erfüllt sind. Hierdurch soll der Tatsache Rechnung getragen werden, daß eine Ergänzung der Berufskrankheitenliste der BeKV, die nur im Wege einer → Rechtsverordnung möglich ist, nicht immer zeitnah zu den oftmals schnell voranschreitenden medizinischen Erkenntnissen erfolgen kann.
Lit. s.: → Unfallversicherung.

Günther Sokoll/Harald Dahm

Berufsnot Berufstätige stehen in der auf Leistung und Zweckrationalität ausgerichteten Arbeitswelt oft unter hoher Belastung (→ Streß). Ältere Arbeitnehmer, → Behinderte und Schüler mit weniger qualifiziertem Berufsabschluß (Sonderschüler; → Sonderschule) sind, insbes. bei rückläufiger Wirtschaftsentwicklung, einem Verdrängungswettbewerb ausgesetzt. Das Arbeitsergebnis wird vielfach nur als »soziale Fernwirkung« erlebt, der Arbeitsplatz ist zunehmend apparaturzentriert. Die Rollenzuweisung in der industriellen Produktion führt teilweise zur Selbstentfremdung des in den arbeitsteiligen Prozeß eingegliederten Menschen. → Rationalisierungen, Konjunkturabschwung, neue Organisationsformen der Arbeit und sonstige Veränderungen (z. B. im Bereich Informatik) haben zur Folge, daß bisherige Arbeitsplätze gefährdet sind, jedenfalls dem einzelnen ein erhöhtes Maß an → Mobilität und Flexibilität abverlangt (lebenslanges → Lernen, → Fortbildung, Umschulung), ohne daß eine hinreichend gesicherte Aussage über die Erfüllung der Berufsinteressen, über die Auswahl der zur Verfügung stehenden Berufsalternativen und die Beschäftigungsmöglichkeiten insbes. älterer Arbeitnehmer möglich ist. Teilzeitarbeit kann B. (Vereinbarkeit von Familie und Beruf, Belastung älterer Arbeitnehmer) teilweise mindern (→ Berufsfindung, → Berufsberatung, → Berufsförderungswerke, → Arbeitsbeschaffungsmaßnahme). Zur B. kann auch Mobbing beitragen, die konfliktbeladene Kommunikation zwischen Kollegen oder zwischen Vorgesetzten und Untergebenen, bei der Angriffe systematisch und über längere Zeit mit dem Ziel der Ausgrenzung erfolgen.
Von der Berufsvollziehungsnot zu unterscheiden ist die Berufsfindungsnot. Sie beruht auf der Schwierigkeit, die für die Berufsentscheidung wesentlichen Gesichtspunkte zukunftsorientiert zu ermitteln, bedingt durch den Strukturwandel und den damit verbundenen Wandel der Berufsprofile und Berufsarten. B. bedingt auch die Diskrepanz zwischen Berufschancen und Berufsinteressen; die Schwierigkeit, eine berufliche Ausbildungsstätte oder einen beruflichen Arbeitsplatz zu gewährleisten, der dem einzelnen sofort oder in absehbarer Zeit eine eigenständige Lebensführung ermöglicht (→ Jugendsozialarbeit, → Arbeitsförderung).

Helmut Vent

Berufspraktikum → Praktikum

Berufsschule → Bildung/Bildungswesen

Berufsunfähigkeitsrente wird aus der gesetzlichen → Rentenversicherung gewährt, wenn der Versicherte berufsunfähig ist, in den letzten 5 Jahren vor Eintritt der Berufsunfähigkeit 3 Jahre Pflichtbeitragszeiten hat und die allgemeine → Wartezeit von 5 Jahren erfüllt ist.
Berufsunfähig sind Versicherte, deren Erwerbsfähigkeit wegen → Krankheit oder Behinderung auf weniger als die Hälfte derjenigen von körperlich, geistig und seelisch gesunden Versicherten mit ähnlicher Ausbildung und gleichwertigen Kenntnissen und Fähigkeiten gesunken ist. Der Kreis der Tätigkeiten, nach denen die Erwerbsfähigkeit von Versicherten zu beurteilen ist, umfaßt alle Tätigkeiten, die ihren Kräften und Fähigkeiten entsprechen und ihnen unter Berücksichtigung der Dauer und des Umfangs ihrer Ausbildung sowie ihres bisherigen Berufs und der besonderen Anforderungen ihrer bisherigen Berufstätigkeit zugemutet werden können. Zumutbar ist stets eine Tätigkeit, für die die Versicherten durch Leistungen zur beruflichen Rehabilitation mit Erfolg ausgebildet oder umgeschult worden sind.
Der Zeitraum von 5 Jahren vor Eintritt der Berufsunfähigkeit verlängert sich um → Anrechnungszeiten, Zeiten des Bezuges einer Rente wegen verminderter Erwerbsfähigkeit, Berücksichtigungszeiten sowie Zeiten, die nur deshalb keine Anrechnungszeiten sind, weil durch sie eine versicherte Beschäftigung oder selbständige Tätigkeit

nicht unterbrochen ist. Die Pflichtbeitragszeit von 3 Jahren in den letzten 5 Jahren vor Eintritt der Berufsunfähigkeit muß nicht nachgewiesen werden, wenn die Berufsunfähigkeit aufgrund eines Tatbestandes eingetreten ist, durch den die allgemeine Wartezeit von 5 Jahren vorzeitig als erfüllt gilt (z.B.→ Arbeitsunfall). Eine Pflichtbeitragszeit vor Eintritt der Berufsunfähigkeit ist ferner für Versicherte nicht erforderlich, die vor dem 1.1.1984 die Wartezeit erfüllt haben, wenn jeder Kalendermonat vom 1.1. 1984 bis zum Kalendermonat vor Eintritt der Berufsunfähigkeit mit Anwartschaftserhaltungszeiten (z.B. Beitragszeiten, Anrechnungszeiten, Berücksichtigungszeiten) belegt ist.

Nach der → Rechtsprechung (BSGE 43, 75) darf der Versicherte, der nicht mehr vollschichtig arbeitsfähig ist, i.d.R. nur auf solche Arbeitsplätze verwiesen werden, die er täglich von seinem Wohnort aus erreichen kann (konkrete Betrachtungsweise). Er darf dagegen nicht auf eine Tätigkeit für Teilzeitarbeit verwiesen werden, wenn ihm für diese Tätigkeit der Arbeitsmarkt praktisch verschlossen ist. Dem Versicherten ist der Arbeitsmarkt praktisch verschlossen, wenn ihm weder der Rentenversicherungsträger noch das zuständige → Arbeitsamt innerhalb eines Jahres seit Stellung des Rentenantrags einen Arbeitsplatz anbieten können. Ist dies der Fall, ist der Versicherte erwerbsunfähig.

Die B. beginnt mit dem Kalendermonat, zu dessen Beginn die Anspruchsvoraussetzungen für die Rente erfüllt sind. Voraussetzung hierfür ist jedoch, daß der Rentenantrag innerhalb von drei Kalendermonaten nach Ablauf des Monats gestellt wird, in dem die Anspruchsvoraussetzungen vorliegen. Wird die Rente erst später beantragt, beginnt die Rente mit dem Antragsmonat.

Der Begriff der Berufsunfähigkeit wurde durch die Rentenversicherungs-Neuregelungsgesetze des Jahres 1957 eingeführt. Das Verhältnis der Zahl der B. zur Zahl der → Erwerbsunfähigkeitsrenten hat sich seitdem ständig, insbes. seit der konkreten Betrachtungsweise des Bundessozialgerichts (erstmalig im Jahr 1969), zuungunsten des Anteils der B. verändert. Der Bereich der Berufs- und Erwerbsunfähigkeitsrenten wird daher als dringend reformbedürftig erachtet. Die einschränkenden, seit 1.1.1996 geltenden Leistungsvoraussetzungen schreiben lediglich den bestehenden Rechtszustand fest, so daß durch die Rspr. keine Anspruchserweiterung mehr geschaffen werden kann.

Lit. s.: → Renten wegen Alters. *Rudolf Kolb*

Berufsvorbereitung → Berufliche Rehabilitation

Berufung ist ein → Rechtsmittel gegen Urteile, ggf. Gerichtsbescheide (→ Gerichtliche Entscheidungen) erster Instanz (Amts-, Land-, → Arbeits-, → Verwaltungs- und → Sozialgerichte) zur grundsätzlich (rechtzeitiges Vorbringen vorausgesetzt, vgl. §§ 527 ff. ZPO, § 128a VwGO) umfassenden Prüfung der Streitsache in tatsächlicher und rechtlicher Hinsicht (§§ 525, 537 ZPO, § 128 VwGO, § 157 SGG) durch das nächsthöhere Gericht. Sie kann von einem durch die angefochtene Entscheidung Beschwerten fristgebunden eingelegt werden (§§ 511 ff. ZPO, §§ 64 ff. ArbGG, §§ 124 ff. VwGO, §§ 143 ff. SGG). Andere am Rechtsstreit Beteiligte können sich der Berufung anschließen, innerhalb der B.frist mit der selbständigen, danach mit der unselbständigen Anschlußb. (§§ 521 ff. ZPO, § 127 VwGO). Die Berufung kann ganz ausgeschlossen sein (z.B. § 78 Abs. 1 S. 1 AsylVfG, § 34 S. 1 WPflG, § 75 S. 1 ZDG); sie kann auch erst von einem bestimmten Wert des Beschwerdegegenstandes an (§ 511 a ZPO) oder erst aufgrund Zulassung statthaft sein (z.B. § 131 VwGO, § 144 SGG). In der zweistufigen Finanzgerichtsbarkeit gibt es keine B. *Peter Schmidt*

Beschädigtenrente umfaßt Geldleistungen, die im Bereich der → Kriegsopferversorgung und des sozialen Entschädigungsrechts (→ Soziale Entschädigung) nach dem → Bundesversorgungsgesetz (BVG) oder nach Gesetzen, die das BVG für entsprechend anwendbar erklären (z.B. BSeuchG; → Opferentschädigungsgesetz [OEG]), für die gesundheitlichen und wirtschaftlichen Folgen einer Beschädigung an der Gesundheit gewährt werden. Grundvoraussetzung ist, daß die anerkannten Schädigungsfolgen zu einer mehr als 6 Monate andauernden MdE von wenigstens 25 v.H. geführt haben, §§ 30 Abs. 1 und 31 BVG. An B. gibt es: eine Grundrente (§ 31 BVG), die einkommensunabhängig nach Maßgabe der schädigungsbedingten MdE gewährt wird; Berufsschadenausgleich (§ 30 Abs. 3 bis 16 BVG), wenn infolge des Gesundheitsschadens das Erwerbseinkommen im Vergleich zu dem, was der Beschädigte als Nichtgeschädigter verdient haben würde, gemindert ist; Ausgleichsrente (§ 32 BVG), sofern die MdE wenigstens 50 v.H. beträgt und das → Einkommen bestimmte Ausschlußbeträge nicht übersteigt; Schwerstbeschädigtenzulage in 6 Stufen (§ 31 Abs. 5 BVG), wenn die MdE nach § 30 Abs. 1 BVG mit 100 v.H. bewertet ist und die einzelnen anerkannten Schädigungsfolgen bei Einzelbewertung der jeweils allein durch sie bedingten MdE eine Summe von wenigstens 130 ergeben oder aber ein Anspruch auf Pflegezulage nach Stufe III (z.B. Blinde) besteht; Ehegattenzuschlag (§ 33 a BVG) und Kinderzuschlag (§ 33 b BVG). Daneben sieht § 35 BVG eine Pflegezulage (§ 35 BVG) für den Fall der Hilflosigkeit und → Pflegebedürftigkeit vor.

Mit Ausnahme der Grundrente ist die B. pfändbar wie Arbeitseinkommen. Nach § 1610a → Bürgerliches Gesetzbuch (BGB), der durch das Gesetz zur unterhaltsrechtlichen Berechnung von Aufwendungen für Körper- und Gesundheitsschäden vom 15. 1. 1991 (BGBl. I S. 46) eingefügt wurde, werden als unterhaltsrechtlich relevantes Einkommen nicht mehr angesehen: die Grundrente, die Schwerstbeschädigtenzulage und die Pflegezulage. Die übrigen Rentenleistungen werden bei Feststellung einer → Unterhaltspflicht berücksichtigt.

Kirsten Wachholz

Beschäftigungsförderungsgesetz Das Beschäftigungsförderungsgesetz (BeschFG) ist am 1. 5. 1985 in Kraft getreten. Kernpunkt dieses Gesetzes sind die nahezu uneingeschränkte Zulassung befristeter → Arbeitsverträge bis zu 18 Monaten und die Verlängerung der Möglichkeit zum Einsatz von Leiharbeitskräften auf bis zu 6 Monaten. Diese Bestimmungen wurden Ende 1989 und 1994 verlängert und ausgedehnt.
Politisch ist und war dieses Gesetz heiß umstritten. Während Bundesregierung und Regierungskoalition darin »einen wichtigen Meilenstein auf dem Weg zur Beschäftigung« sehen, führt dieses Gesetz nach Auffassung der Gewerkschaften gesamtwirtschaftlich keinesfalls zu einem Mehr an Beschäftigung, sondern zu einem Abbau von notwendigen Arbeitnehmerschutzrechten – wie die Umgehung des Kündigungsschutzes (→ Kündigung [im Arbeitsrecht]) – und die Zurückdrängung des sog. Normalarbeitsverhältnisses.
Das → Bundesministerium für Arbeit und Sozialordnung (BMA) hatte eine wissenschaftliche Untersuchung zu diesem Gesetz in Auftrag gegeben; sie stellte fest: »Die empirischen Befunde jedenfalls widerlegen die dem Gesetz zugrundeliegende Annahme, wonach die geringe Einstellungsbereitschaft der Betriebe im wesentlichen den einstellungshemmenden Wirkungen des geltenden Kündigungsschutzes geschuldet sei.« Die Zahl der befristet beschäftigten Arbeiter und Angestellten stieg von 1985 bis 1994 von 1,05 Mio. auf 1,29 Mio. In den neuen Ländern waren 660 000 Arbeitskräfte befristet eingestellt, hier ist der Befristetenanteil doppelt so hoch wie im Westen.
Stark zugenommen haben die befristeten Arbeitsverträge bei Arbeitnehmern unter 25 Jahren. Unter den Berufen sind die Sozial- und Erziehungsberufe am häufigsten befristet.
In welch starkem Maße die Instabilität am Arbeitsmarkt zunimmt, dokumentieren nicht zuletzt die Arbeitsvermittlungen der Arbeitsämter. 48,8% der Vermittlungen über 7 Tage waren 1996 befristet. Nur gut jede zweite Vermittlung war damit unbefristet.
Die Zahl der Arbeitskräfte steigt, die vom Kündigungsschutz oder dem Sozialversicherungsschutz ausgenommen sind. So kann bei befristeter Beschäftigung sehr schnell eine negative Berufskarriere eingeleitet werden, weil sogenannte Job-Hopper bei Personalleitern als unzuverlässig gelten.
Dennoch wurde mit dem Gesetz zur Förderung von Wachstum und Beschäftigung 1996 der Kündigungsschutz weiter eingeengt und die Möglichkeit der willkürlichen Befristung von Arbeitsverträgen ausgeweitet. In Zukunft ist dies bis zur Dauer von zwei Jahren zulässig. Bis zur Gesamtdauer von zwei Jahren wird nunmehr auch der Abschluß von befristeten Kettenarbeitsverträgen zugelassen, mit der Begrenzung auf eine höchstens dreimalige Verlängerung. Für Arbeitnehmer, die das 60. Lebensjahr vollendet haben, sind willkürliche Befristungen unbeschränkt zulässig.

Wilhelm Adamy

Beschäftigungsgesellschaften → Hilfe zur Arbeit

Beschäftigungspflicht der Arbeitgeber Private und öffentliche Arbeitgeber, die über mindestens 16 Arbeitsplätze verfügen, haben nach § 5 Abs. 1 Schwerbehindertengesetz (SchwbG) auf wenigstens 6 v. H. dieser Arbeitsplätze → Schwerbehinderte zu beschäftigen (sog. Pflichtsatz).
Arbeitsplätze sind alle Stellen, auf denen Arbeitnehmer, Beamte und Auszubildende beschäftigt werden (§ 7 Abs. 1 SchwbG).
Der Pflichtsatz setzt den Mindestanteil fest. Der Arbeitgeber, der seiner Beschäftigungspflicht nachkommt, ist deshalb nicht von seiner Verpflichtung entbunden zu prüfen, ob über den Pflichtsatz hinaus freie Arbeitsplätze mit Schwerbehinderten besetzt werden können.
Auch ein teilzeitbeschäftigter Behinderter, der kürzer als betriebsüblich, aber wenigstens 18 Stunden in der Woche beschäftigt wird, wird auf einen Pflichtplatz angerechnet. Dasselbe gilt für einen schwerbehinderten Arbeitgeber und den Inhaber eines Bergmannversorgungsscheines (§ 9 Abs. 2 Satz 1, Abs. 3 und 4 SchwbG).
Aufgrund einer Sonderregelung, die bis zum 31. 12. 2000 befristet ist, zählen Auszubildende bei der Berechnung der Arbeitsplätze nicht mit (§ 8 SchwbG). Andererseits werden sie, sofern sie schwerbehindert sind, auf 2 Pflichtplätze angerechnet (§ 10 Abs. 2 Satz 1 SchwbG). Das Arbeitsamt kann bei Schwerbehinderten, deren Eingliederung auf besondere Schwierigkeiten stößt, eine Mehrfachanrechnung vornehmen und eine Anrechnung auf bis zu 3 Pflichtplätzen zulassen (§ 10 Abs. 1 SchwbG).
Unter den Schwerbehinderten, die im Rahmen der B. von den Arbeitgebern zu beschäftigen sind, müssen sich in angemessenem Umfang Schwerbehinderte befinden, die nach Art oder Schwere ihrer Behinde-

Beschäftigungstherapie

rung im Arbeits- und Berufsleben besonders betroffen sind, und Schwerbehinderte, die das 50. Lebensjahr vollendet habe (§ 6 Abs. 1 SchwbG).
Bei Nichterfüllung der Beschäftigungspflicht ist für jeden unbesetzten Pflichtplatz monatlich eine → Ausgleichsabgabe zu entrichten (§ 11 Abs. 1 SchwbG).

Jürgen Schmidt

Beschäftigungstherapie → Arbeits- und Beschäftigungstherapie

Beschäftigungsverbote → Arbeitsschutz

Beschlagnahme Die Strafprozeßordnung (StPO) unterscheidet zwischen der Sicherstellung von Beweismitteln (§§ 94 ff.) und von Gegenständen, die der Einziehung oder dem Verfall unterliegen (§§ 111b ff.). Im Gegensatz zu § 94, der die Sicherstellung eines Beweisgegenstandes aufgrund freiwilliger Herausgabe zuläßt und eine förmliche B. nur bei Verweigerung der Herausgabe vorschreibt, darf nach § 111b Abs. 2 die Sicherstellung von Verfalls- und Einziehungsgegenständen nur durch B. erfolgen. Das Gesetz knüpft hier aus Gründen der Rechtsklarheit an eine förmliche B., da die Sicherstellung die Verfügungsbefugnis des Betroffenen einschränkt. Unzulässig ist die B. schriftlicher Mitteilungen zwischen dem Beschuldigten und den aus persönlichen oder beruflichen Gründen zur Zeugnisverweigerung (→ Zeugnisverweigerungsrecht) Berechtigten (§§ 52, 53, z. B. Geistliche, Ärzte, Anwälte) sowie deren Aufzeichnungen, sofern sich die Gegenstände in deren Gewahrsam befinden. Die Beschränkungen der B. gelten nicht, wenn der Zeugnisverweigerungsberechtigte selbst der Teilnahme, Begünstigung, Strafvereitelung oder Hehlerei verdächtig ist oder der B.gegenstand durch eine Straftat hervorgebracht, zu ihrer Begehung gebraucht oder bestimmt war oder aus ihr herrührt. Weitere Einschränkungen der B. ergeben sich auch aus § 35 Abs. 3 SGB I, der Auskunfts- und Vorlagepflichten ausdrücklich ausschließt, soweit die Offenbarung personenbezogener Daten nicht nach der abschließenden Regelung in den §§ 67d bis 77 SGB X zulässig ist. Zuständig für die Anordnung einer B. ist grundsätzlich der Richter, bei Gefahr im Verzug auch der Staatsanwalt (Ausnahme: B. in den Räumen einer Redaktion, eines Verlages, einer Druckerei) und seine Hilfsbeamten. Bei B. eines Beweismittels ohne vorherige richterliche Anordnung soll im Falle des → Widerspruchs binnen 3 Tagen die richterliche Bestätigung eingeholt werden. Die sog. Postb. ist dem Richter vorbehalten und dem Staatsanwalt (nicht seinen Hilfsbeamten) nur vorläufig gestattet. Sie tritt außer Kraft, sofern sie nicht binnen 3 Tagen vom Richter bestätigt wird (§§ 99, 100).

Jürgen Stehling

Beschlagnahme von Wohnraum Die Beschlagnahme privaten Wohnraumes zur Unterbringung obdachloser Familien und Alleinstehender ist ihrer Natur nach dem polizei- und ordnungsbehördlichen Aufgabenbereich der Gefahrenabwehr zuzuordnen. Als solche findet sie, soweit sie von einer Verwaltungsbehörde angeordnet wird, ihre Rechtsgrundlage in den allgemeinen Polizei- und Ordnungsgesetzen der Länder, z. B. in Nordrhein-Westfalen im Ordnungsbehördengesetz vom 13. 5. 1980 (§ 14 OBG). Der Systematik des Ordnungsbehördenrechtes entsprechend ist eine B. v. W., die notwendigerweise unbeteiligte Dritte in Anspruch nimmt, nur unter strengen Voraussetzungen zulässig. Ausgehend von dem Grundsatz, daß die Heranziehung privater Güter für Zwecke der Allgemeinheit die Ausnahme sein muß, gesteht die verwaltungsgerichtliche Rechtsprechung der Verwaltung diese Mittel nur dann, wenn zuvor alle übrigen der Behörde zur Verfügung stehenden Möglichkeiten ausgeschöpft worden sind. In diesem Zusammenhang kann B. v. W. nach dem OBG nur im Rahmen einer bestehenden kommunalen Gesamtkonzeption zur Wohnraumversorgung eingesetzt werden, wenn andere Möglichkeiten der Unterbringung und Wohnraumversorgung ausgeschöpft sind, d. h. B. v. W. ist nur dann zu realisieren, wenn ein entsprechender umfangreicher kommunaler Maßnahmenkatalog zur Wohnraumversorgung besteht. Als Ultima ratio zur Bekämpfung von → Obdachlosigkeit ist die B. v. W. nicht unbegrenzt zulässig. Sie genügt dem Gebot der Verhältnismäßigkeit nur dann, wenn sie einen durch Rechtsprechung begrenzten und in dieser Begrenzung nicht generell bestimmten Zeitraum (z. B. durch wiederholte Verfügung bis zu einem halben Jahr) nicht überschreitet. Nach dessen Ablauf ist die Verwaltung verpflichtet, die B. v. W. aufzuheben. Des weiteren besteht von seiten des Wohnungseigentümers Schadensersatz- und Folgenbeseitigungsanspruch gegenüber der Kommune.

Michael Schleicher

Beschluß, gerichtlicher → Gerichtliche Entscheidungen

Beschützende Arbeitsplätze Gruppen- oder Einzelarbeitsplätze in Betrieben der freien und öffentlichen Wirtschaft, die → Behinderten, Gefährdeten und Kranken angeboten werden. Die beschäftigungstherapeutischen (→ Arbeits- und Beschäftigungstherapie) Abteilungen in → Krankenhäusern sowie die → Werkstätten für Behinderte und andere Einrichtungen zur → beschützenden Rehabilitation vermögen dem Rehabilitanden oft keine Vorstellung von den realen Bedingungen des Arbeitsplatzes in der Wirtschaft zu vermitteln. Zur Erleichterung des Über-

gangs bestehen vielerorts – oder werden angestrebt – Vereinbarungen zwischen den Rehabilitationseinrichtungen und Betrieben über b. A. in diesen Betrieben.
Die Betreuung des Rehabilitanden und die supervisorische Unterrichtung (→ Supervision) der Vorgesetzten und der Kollegen obliegen der jeweiligen Rehabilitationseinrichtung.
Für das Beschäftigungsverhältnis gelten zunehmend die Bedingungen des allgemeinen → Arbeits- und Tarifrechts (→ Tarifvertrag).
Mit dem zunehmenden sinnvollen Ausbau der → Hilfe zur Arbeit durch immer mehr → Sozialhilfeträger sind in den letzten Jahren b. A. größere Bedeutung zugekommen. Durch die Integrationsfachdienste, die vielerorts entstanden, wird es in der Zukunft hoffentlich zu weiteren begleitenden Arbeitsplätzen kommen.
Die Psychosozialen Dienste werden am Erhalt solcher b. A. mitwirken.
Lit. Psychiatrie-Enquête-Kommission: Bericht. *Paul Marx*

Beschützende Werkstätten → Werkstatt für Behinderte

Beschwerde ist ein → Rechtsmittel gegen richterliche Entscheidungen (→ gerichtliche Entscheidungen) mit dem Ziel ihrer Überprüfung auf sachliche und rechtliche Richtigkeit. Im Regelfall der einfachen unbefristeten B. können sie jederzeit angefochten werden. Befristet ist die B. nur, wenn dies gesetzlich angeordnet ist. Als sofortige B. ist sie dann innerhalb der in den einzelnen Prozeßordnungen bestimmten Fristen einzulegen, und zwar in Strafsachen binnen 1 Woche, in Zivilsachen binnen 2 Wochen und als befristete B. in den FGG-Verfahren des → Familiengerichts binnen 1 Monat. Die einfache B. sollte bei dem erkennenden Gericht, die sofortige B. bei dem B.gericht eingelegt werden; die befristete B. muß bei diesem eingereicht werden. Das erkennende Gericht darf nur im Fall der einfachen B. seine Entscheidung überprüfen und ggf. abändern. Beschwerdeberechtigt ist grundsätzlich nur, wer durch die Entscheidung in eigenen Rechten verletzt wird, ausnahmsweise im FGG-Verfahren auch andere Verfahrensbeteiligte, denen das FGG ein B.recht einräumt, wie z.B. nach § 57 Abs. 1 Nr. 9 FGG das Jugendamt in den die Personensorge für ein Kind betreffenden Verfahren. Soweit gesetzlich zugelassen, findet gegen die B.entscheidung die weitere B. zum Oberlandesgericht statt.
Lit. Kleinknecht u.a.: StPO (Komm.); Thomas, H. u.a.: ZPO (Komm.); Keidel u.a.: FGG (Komm.). *Albrecht Weber*

Besondere Lebenslagen, Hilfe in → Hilfe in besonderen Lebenslagen

Besondere Sozialdienste (BSD) → Sozialdienste, besondere (BSD)

Besonderheit des Einzelfalls → Individualisierungsprinzip

Bestandsaufnahme → Planungsablauf

Bestandspolitik/Bestandssicherung zielen darauf ab, die Wohnungsversorgung insbes. der sozial und finanziell benachteiligten Menschen (→ soziale Benachteiligung) zu gewährleisten. Die Probleme sind lokal unterschiedlich ausgeprägt und können auf örtlicher Ebene am wirkungsvollsten angegangen werden, soweit von Bund und Ländern die finanziellen und rechtlichen Voraussetzungen angemessen geschaffen sind. → Wohnungspolitik hat einen wichtigen Platz in der kommunalen → Sozialpolitik. Dies findet seinen normativen Niederschlag in den sozialen Komponenten des öffentlich geförderten Wohnungsbaus und der Baugesetzgebung (→ Baugesetzbuch [BauGB]).
Die Entwicklung in den Großstädten seit Ende der 80er Jahre gibt dem Thema dramatisch verschärfte Aktualität. Im preiswerten Wohnungsbestand liegt das wesentliche Reservoir für die Wohnungsversorgung von Haushalten mit geringen wie durchschnittlichen Einkommen. Dieser Bestand wird einerseits laufend reduziert durch Umwandlung in Teileigentum, Hochmodernisierung und → Zweckentfremdung, während andererseits die Nachfrage nach preiswertem Wohnraum infolge mehrerer, z.T. sich verstärkender Faktoren ständig steigt. Deshalb muß sich kommunale Wohnungspolitik – vor allem in den Großstädten – verstärkt der Bestandserhaltung von preisgünstigem Wohnraum zuwenden. Der kommunale Handlungsspielraum ist zwar aus rechtlichen und finanziellen Gründen begrenzt, die gegebenen Möglichkeiten werden aber vielfach nicht ausgeschöpft.
Die Chancen für erfolgreiche B. sind wesentlich durch folgende Entwicklungen erschwert:
1. Geringe Bestandszuwächse im öffentlich geförderten Wohnungsbau (→ Wohnungsbau, sozialer).
2. Nachfrage- und Investitionsdruck vermindern das Potential an preiswerten Wohnungen, weil Altbau-Modernisierung steuerlich gefördert wird, die Umwandlung von Miet- in Eigentumswohnungen häufig mit Hochmodernisierung verbunden und die Nachfrage nach attraktiven innerstädtischen Wohnquartieren unvermindert hoch ist.
3. Der Bestand an Sozialwohnungen schrumpft in den 90er Jahren dramatisch, weil bis zum Jahr 2000 mindestens zwei Drittel der Sozialwohnungen durch reguläre und vorzeitige Rückzahlung aus der öffentlichen Bindung fallen.
4. Die Zahl wohnungssuchender Haushalte mit geringerem Einkommen ist nach wie vor hoch, was die »Warteschlangen« an

städtischen Wohnungsämtern belegen, weil Familien aus preiswerten Wohnungen verdrängt werden, die Zahl der Einsteigerhaushalte demographisch bedingt steigt und die verfügbaren Haushaltseinkommen sinken. Gerade wegen dieser Entwicklungsstendenzen, die auch in den späten 90er Jahren anhalten, ist die B. eine vorrangige Aufgabe lokal und sozial orientierter Wohnungspolitik. Das Wohnungsmarktgeschehen wird zwar dominiert vom »freien Spiel der Kräfte« und vom staatlich gesteuerten Sozialwohnungsbau. Dies darf aber auf der lokalen Ebene nicht zu resignativer Haltung führen, sondern muß Ansporn zu einer konzertierten Aktion aller kommunalen Handlungsmöglichkeiten sein. Die Handlungsfelder der B. auf lokaler Ebene sind vielfältig; die wesentlichen sind im folgenden aufgeführt:
1. Sozialverträgliche Stadterneuerung und Modernisierung, die sich an den Bedürfnissen und Möglichkeiten der Bewohner eines Stadtquartiers orientieren, ohne daß die Verdrängungsprozesse herkömmlicher → Sanierung entstehen.
2. Erhaltung preisgünstiger Wohnungsbestände mit stabiler Bewohnerstruktur durch → Erhaltungssatzung.
3. Systematischer Einsatz der kommunalen Wohnungsaufsicht gegen den Verfall von meist preisgünstiger Wohnungssubstanz.
4. Fehlbelegungsabgabe von Bewohnern, die die Einkommensgrenzen des sozialen Wohnungsbaus deutlich überschreiten, und Einsatz der Mittel vorrangig zum Erwerb von Belegungsrechten, zur Nachsubventionierung und zur Ausübung von Vorkaufsrechten.
5. Einsatz des Instrumentariums der Zweckentfremdung zur Abwehr von Nutzungsumwandlung.
Lit. Autzen u. a.: Wohnungsbestandssicherung; BMBau: Wohnungssicherung.

Dieter von Lölhöffel

Bestattungskosten Dazu gehören im Rahmen der → Sozialhilfe die Kosten der Leichenschau und Leichenbeförderung, die Leichenhausgebühren, die Aufwendungen für Waschen und Kleiden sowie Einsargen der Leiche und für die Leichenträger, die Grabgebühren und sonstige Friedhofgebühren, der Sarg und das erstmalige Herrichten des Grabes einschließlich eines Grabschmuckes (nicht dagegen die Kosten der Grabpflege) sowie Stolgebühren (für persönliche Dienstleistungen der Geistlichen und Kirchendiener). Bei einer Einäscherung kommen noch die Kosten der Feuerbestattung hinzu.
Während die → Krankenkassen zu den B. für Verstorbene, die am 1.1.1989 versichert waren, einen bestimmten Betrag (→ Sterbegeld) leisten, § 59 SGB V (→ Sozialgesetzbuch [SGB]), hat die Sozialhilfe nach § 15 des → Bundessozialhilfegesetzes (BSHG) die »erforderlichen« Kosten einer Bestattung zu übernehmen, soweit dem hierzu Verpflichteten nicht zugemutet werden kann, die Kosten zu tragen. Verpflichteter ist nach § 1968 des → Bürgerlichen Gesetzbuches (BGB) – soweit keine vertragliche Verpflichtung besteht – der Erbe (→ Erbrecht) und nachrangig der oder die Unterhaltsverpflichteten (§§ 1360a Abs. 3, 1615 Abs. 2, 1615 m BGB). Zuständiger → Sozialhilfeträger ist grundsätzlich der örtliche Träger, und zwar der Träger, der bis zum Tod des → Hilfeempfängers Sozialhilfe gewährte, sonst der Träger, in dessen Bereich der Sterbeort liegt (§ 97 Abs. 3 BSHG). Soweit der überörtliche Träger der Sozialhilfe bis zum Tode gewährt hat, hat dieser auch die B. zu tragen (§ 100 Abs. 2 BSHG). Zu den erforderlichen Kosten zählen nicht die Ausgaben für Trauerkleider, Feierlichkeiten (Leichenschmaus), Todesanzeigen, Verständigung naher Angehöriger und Danksagungen. Die Kosten der Überführung einer Leiche können zu den erforderlichen B. gehören, jedoch nur dann, wenn die Überführung aus besonderen Gründen des Einzelfalles geboten ist.
Muß die Gemeinde nach dem Bestattungsrecht die Bestattung vornehmen und vorläufig die Bestattungskosten tragen, so hat sie grundsätzlich keinen Anspruch aus § 15 BSHG gegenüber dem Träger der Sozialhilfe.
Lit. Dreyer: Bestattungskosten; DV: Gutachten vom 3.5.1974; Jehle: Verhältnis; Schmitt, L.: BSHG (Komm.). *Helmut Zeitler*

Betäubungsmittelgesetz (BtMG), das Gesetz über den Verkehr mit Betäubungsmitteln vom 28. 7. 1981 (BGBl. I S. 681) i.d.F. der Bekanntmachung vom 1. 3. 1994 (BGBl. I S. 358), zuletzt geändert durch Gesetz vom 28. 10. 1994 (BGBl. I S. 3186) enthält verwaltungsrechtliche Regelungen über den Umgang mit Betäubungsmitteln (§§ 1 bis 28), Strafbestimmungen (§§ 29 bis 34) und besondere Strafvollstreckungsvorschriften für betäubungsmittelabhängige Straftäter (§§ 35 bis 38). Grundsätzlich bedarf jeglicher Verkehr mit Betäubungsmitteln, d.h. Anbau, Herstellung, Erwerb, Handel, Ein- und Ausfuhr, Abgabe, Veräußerung und jedes sonstige Inverkehrbringen, der Erlaubnis des Bundesgesundheitsamtes (BGA). Ausnahmen gelten für Apotheken, Ärzte und für den Erwerb auf Grund ärztlicher Verschreibung. Die vom BtMG erfaßten Betäubungsmittel (Stoffe und Zubereitungen; → Drogen) sind in den Anlagen I bis III eingeteilt in nicht verkehrsfähige (z.B. Cannabis, Heroin, LSD), verkehrs-, aber nicht verschreibungsfähige (z.B. Cocablätter) sowie verkehrs- und verschreibungsfähige Mittel (z.B. Cocain, Levomethadon = Polamidon, Methadon). Soweit der Umgang mit Betäubungsmitteln erlaubt ist, sind strenge Formvorschriften,

Sicherungsmaßnahmen, Dokumentations- und Meldepflichten (z. B. bei Verabreichung und Verschreibung) einzuhalten. Dem BGA stehen weitgehende Kontrollbefugnisse zu.
Strafbar ist gem. § 29 Abs. 1 jeder nicht erlaubte Umgang mit Betäubungsmitteln (auch der Besitz), ebenso u. a. die mißbräuchliche Verschreibung, Verabreichung und Verbrauchsüberlassung oder die öffentliche oder eigennützige Mitteilung, Verschaffung oder Gewährung von Gelegenheit zum Verbrauch, Erwerb oder Abgabe oder Verleitung zum Verbrauch. Der Strafrahmen reicht von Geldstrafe bis Freiheitsstrafe bis zu fünf Jahren; in besonders schweren Fällen (z. B. Gewerbsmäßigkeit, Handel, Besitz oder Abgabe einer »nicht geringen Menge«) droht Freiheitsstrafe nicht unter einem Jahr, bei organisiertem Drogenhandel oder leichtfertiger Todesverursachung Freiheitsstrafe nicht unter zwei Jahren. Das Gericht kann von Strafe absehen, wenn der Täter Betäubungsmittel nur zum Eigenverbrauch in geringer Menge produziert, ein- oder ausführt, erwirbt, sich verschafft oder besitzt. Nach der sog. Kronzeugenregelung kann das Gericht darüber hinaus einem Täter Strafmilderung oder -freiheit gewähren, der aktiv zur Tataufklärung bzw. -verhinderung beiträgt (§ 31).
Bei betäubungsmittelabhängigen Straftätern (→ Drogenabhängigkeit) eröffnen die §§ 35 ff. die Möglichkeit, unter der Voraussetzung der Therapiewilligkeit die Strafvollstreckung zurückzustellen bzw. von einer Anklageerhebung abzusehen. In der Praxis der → Drogenberatung und → Drogentherapie werden die Modalitäten dieses »Therapie statt Strafe«-Angebots (z. B. die Meldepflicht bei Therapieabbruch) weitgehend kritisch beurteilt. Darüber hinaus wird der strafrechtlich-repressive Ansatz des BtMG insgesamt zunehmend als gescheitert betrachtet.
Lit. Böllinger u. a.: Drogenpraxis; Brühl, A.: Drogenrecht; Körner: Betäubungsmittelgesetz. *Hans-Ulrich Weth*

Beteiligungsrechte → Bürgerbeteiligung, → Partizipation

Beteiligungsstrategien Es gehört zu den immanenten Zielen von Beteiligungsprozessen und Demokratisierung in den einzelnen Gesellschaftsbereichen, soziale → Grundrechte wahrzunehmen und den so gewonnenen sozialen Besitzstand – auch gegenüber dem Grundrecht auf Eigentum – zu sichern und auszuweiten. Durch geeignete B. sollen diese Ziele – unter Beiziehung wissenschaftlicher Erkenntnisse – in konkreten Problemfeldern realisiert werden.
Die verschiedenen theoretischen Ansätze zur → Partizipation werden in der Lit. z. B. subsumiert unter dem Aspekt des gesellschaftspolitischen Standortes (z. B. Faßbinder: marxistisch; Offe: → Kritische Theorie; Alinsky: pragmatisch konfliktorientiert; Dienel: technokratisch; Vilmar: radikaldemokratisch) oder unter dem Aspekt der Einflußnahme partieller Interessen (z. B. Krauch: Interessenkumulation; Schrötter: Interessenneutralisation; Dienel: Interessenausschaltung; Großhans: Interessenkonfrontation/Kompromiß). Das Ziel, das durch Beteiligung erreicht werden soll, muß vorab so klar definiert werden, daß geeignete Strategien zu seiner Erreichung überlegt, beschlossen und eingesetzt werden können. Eine → Bürgerinitiative muß z. B. überlegen, ob sie sich nach Durchsetzen des Nahzieles auflösen oder zum Stadtteilverein weiterentwickeln will; ein Wohnungsunternehmen steht z. B. vor der Frage, ob Gesamt- oder Bereichsmieterbeiräte installiert werden sollen; in der Gemeinde ist z. B. zu entscheiden, ob es für die → Bürgerbeteiligung nach dem → Baugesetzbuch (BauGB) individuelle oder ein Standardverfahren, für die Beteiligung der Jugendlichen kontinuierliche oder schwerpunktbezogene Programmarbeit im Haus der offenen Tür (→ Jugendfreizeitstätten) geben soll. Auswahl und Einsatz von Verfahren und Instrumentarium hängen davon ab, ob die Strategie auf Gebietsentwicklungsplanebene für Standortprogramme, für die Flächennutzungsplanung (z. B. Großhans: Öffentlichkeit), für die Stadtteil-/Quartiersentwicklung (→ Entwicklungsplanung) oder → Sanierung (z. B. Berlin-Kreuzberg, Hannover-Linden etc.), für → Bebauungspläne, für Obdachlosenquartiere o. a. erarbeitet werden.
Bei B., die von »unten«, z. B. durch Bürgerinitiativen, durch Wohnwerkstätten u. ä., durch → Anwaltsplanung, zur Organisation von → Betroffenenbeteiligung konzipiert werden, ist festzulegen, ob die Vorgehensweise konfrontativ oder kooperativ zur »amtlichen« Planung geschieht, wie den Betroffenen Problemkenntnis, Konflikt- und Organisationsbereitschaft vermittelt, wie die Legitimationsbasis verbreitert, die Massenmedien und Schlüsselpersonen zur Unterstützung gewonnen werden können. Die Tragfähigkeit der Ziele, das Durchhaltevermögen im Zeitablauf, die Nutzung professionellen Sachverstandes, die lokalen Machtstrukturen/Kontakte sind abzuschätzen und strategisch zu berücksichtigen. B. von »oben«, z. B. Bürgerbeteiligung bei der → Bauleitplanung, werden hinsichtlich ihres Anwendungsfeldes, des inhaltlichen und zeitlichen Umfanges, des einsatzfähigen Instrumentariums wie Anhörung (→ Anhörungsverfahren), Anwaltsplanung, Ausstellung, → Befragung, Bürgerbriefe, Bürgerversammlung, Interview, → Planspiel, Planungsbeirat, Planungsstelle, Presse, Projektgruppenarbeit (→ Projektgruppe), → Rollenspiel, Wettbewerbe u. a. beeinflußt von der kommunalpolitischen

Brisanz der anstehenden Probleme, der baulichen/sozialen Struktur im Plangebiet, den zielgruppenspezifischen Bedürfnissen, der personellen Kapazität von Verwaltung oder freier Träger für das »Management«, der Bereitschaft der Ratsmitglieder/Amtsträger zur aktiven Mitwirkung, der verfügbaren Finanzmittel, der einsatzbereiten Institutionen, wie Volkshochschule, Vereine, Basisorganisationen der politischen Parteien u. a. m. Bei den z. Z. üblichen Beteiligungsverfahren gem. dem BauGB, die häufig ohnehin nur einen »Mindeststandard« haben, wird auf ein pluralistisches Gesellschafts- und Entscheidungssystem abgestellt, in dem sich im Kräftespiel sozialer Gruppen, von um die Macht konkurrierender gleichstarker »Herrschafts-Eliten«, ein Mehrheitswille heranbildet und durchsetzt. Ob pluralistische Entscheidungsprozesse überhaupt geeignet sind, soziale Reformen zu tragen, weil der Konsensbedarf zu hoch ist (Ergebnis: kleinster gemeinsamer Nenner) und infolge zunehmender Komplexität eine fachgebietsorientierte Fragmentierung politischer Entscheidungen erfolgt, ist ebenso fragwürdig wie die Voraussetzung, daß alle gesellschaftlichen Interessen gleichermaßen konfliktfähig sind, d. h. sich in wirksamen Interessen»gruppen« organisieren und mit gleichen Chancen durchsetzen lassen. Die Träger der sozialen Arbeit, die bei der Konzeption und Steuerung von B. eine wichtige Aufgabe haben, müssen dazu beitragen, daß ihre Klientel zu ihrem Recht kommt; gerade → Randgruppen haben, sofern sich nicht einflußreiche Gruppen ihrer annehmen, nur geringe Chancen; Anliegen von »allgemeinem öffentlichem Interesse«, für die es keine »Lobby« gibt, bleiben sonst leicht unberücksichtigt.
Lit. Boström u. a.: Arbeiterinitiativen; Brech u. a.: Partizipation; Großhans: Bürgermitwirkung; Großhans: Öffentlichkeit; Großhans: Politikberatung; Großhans: Wohnungsmarkt; Kögler: Bürgerbeteiligung; Mauthe u. a.: Mieterbeteiligung; Rödel u. a.: Entwicklung; Seeler u. a.: Bürgerbeteiligung. *Hartmut Großhans*

Betreutes Wohnen ist eine sozialpädagogische Wohnbetreuungshilfe, vor allem innerhalb der → Jugendhilfe (§§ 13 Abs. 3, 27 Abs. 3, 34, 35a, 41 Abs. 2, 3 KJHG – SGB VIII), aber auch der → Sozialhilfe (§§ 39, 40, 72, 75 BSHG) in der Form von betreuten selbständigen → Wohngemeinschaften, von betreutem Einzelwohnen (z. B. Wohn-/Wohngruppen, betreute [Einzel-]Wohnungen, mobile Wohnbetreuung) Kinder- und Jugenddörfern, Kinder- und → Frauenhäusern, Kinderschutzzentren, Internaten. Notwendige Voraussetzung ist jeweils eine geeignete fachliche → Beratung und Betreuung (sozialpädagogische, therapeutische Angebote) durch den Einsatz von Fachkräften im Rahmen einer konkreten sozialpädagogischen Konzeption. Reine Wohnplatzangebote ohne sozialpädagogische Betreuungskonzepte fallen nicht unter diese Hilfeform. B. W. ist insoweit ganzheitliche Wohn-, Lebens-, → Eingliederungs- und Berufshilfe.

Ziel b. w. ist es vor allem, durch sozialpädagogische Betreuungs- und Beratungshilfen die Verselbständigung Betroffener und ihre gesellschaftliche (Wieder-)Eingliederung zu fördern und zu begleiten. Sie sollen in die Lage versetzt werden, ihr Leben (wieder) eigeninitiativ und entsprechend ihren persönlichen Orientierungen zu organisieren und zu bewältigen. Deshalb gilt als Grundprinzip b. W. die realitätsnahe und realitätsgerechte Organisation und Gestaltung aller Lebensbereiche, insbesondere der finanziellen und materiellen Versorgung. Insoweit bietet (sozialpädagogisch) b. W. alltagsorientierte, lebenslagebezogene, gruppenspezifische Lern- und Erfahrungsräume und vermeidet gleichzeitig die Isolation und → Stigmatisierung von Heimunterbringung.

In der Jugendhilfe ermöglichen flexible Konzepte b. W. individuell gestaltete Formen des Übergangs von der eher befürsorgenden Heimerziehung in Formen betreuten Einzelwohnens (§ 34, 35, 35a SGB VIII) bzw. in andere Formen der Begleitung und Nachbetreuung (z. B. Nachsorgewohngruppen in Verbindung mit → Erlebnispädagogik, Wohngruppen als Ausgangspunkt für eine stadtteilbezogene Jugendhilfe. Fließende Übergänge bestehen sowohl zwischen ambulanten, teilstationären und stationären betreuten Wohnformen wie auch in ihrer rechtlichen Begründung, so z. B. zwischen den Formen betreuten Wohnens nach § 34 bzw. 35 SGB VIII. Mit der Aufnahme des Begriffes »sonstige betreute Wohnformen« neben der → Heimerziehung in § 34 SGB VIII trägt der Gesetzgeber der Tatsache Rechnung, daß sich in der Jugendhilfe neben der Heimerziehung weitere stationäre Formen der Erziehung mit Wohnversorgung entwickelt haben.

B. W. bietet aber auch spezifische Wohnangebote für Menschen in sonstigen besonderen Not- oder Bedarfslagen oder Krisensituationen (§§ 13 Abs. 3 SGB VIII, 39, 40, 72, 75 BSHG). Im Rahmen der → Jugendsozialarbeit (§ 13 Abs. 3 SGB VIII) trägt b. W. dem Umstand Rechnung, daß es zwischen Wohnen, Arbeiten und Beruf Zusammenhänge gibt, die nicht nur für die Erreichung einer beruflichen Perspektive im Sinne einer allgemeinen Lebensperspektive, sondern auch für die Entwicklung einer allgemeinen Lebensperspektive im Sinne einer Lebenshilfe von Bedeutung ist. Mit der Formulierung »Unterkunft in sozialpädagogisch begleiteten Wohnformen« in § 13 Abs. 3 SGB VIII werden die Wohnangebote der Jugendsozialarbeit durch die Koppelung der Unterbringung mit einer sozial-

pädgogischen Begleitung unterschieden sowohl von Wohnangeboten ohne sozialpädagogische Begleitung als auch von Wohnangeboten in einer »betreuten Wohnform« (§ 34 SGB VIII), die gem. § 27 SGB VIII erzieherischen Bedarf voraussetzen. Damit unterscheiden sich entsprechend betreute Jugendwohnheime ganz wesentlich auch von den Lehrlingswohnheimen in der früheren DDR, die keine professionelle sozialpädagogische Begleitung kannten, sondern in denen dem pädagogischen Personal die Aufgabe der Vermittlung und Aufarbeitung fachtherapeutischen Wissens zukam. Neue Aktualität gewinnen sozialpädagogisch betreute Wohnformen in der Jugendhilfe durch die immer früher einsetzende Verselbständigung junger Menschen und ihrem daraus folgenden verstärkten Wunsch nach einer Wohnmöglichkeit außerhalb des Elternhauses in Verbindung mit dem schwierigen Wohnungsmarkt, vor allem in Ballungsräumen. Bedarf wird hier zunehmend für junge Menchen zwischen 16 und 27 Jahren sichtbar, insbesondere auch für junge Frauen. Für junge Frauen sind die persönliche Entfaltung und die Förderung ihrer Unabhängigkeit und Selbständigkeit biographisch bedeutsam und regelmäßig existentiell wichtiger als für junge Männer. Nach wie vor aktuell – verschärft in den neuen Ländern – sind sozialpädagogisch betreute Wohnformen für sozial benachteiligte junge Menschen während der Teilnahme an schulischen oder beruflichen Bildungsmaßnahmen oder bei der Eingliederung gemäß § 13 Abs. 3 SGB VIII. Wichtige Nutzergruppen dieser Wohngruppen sind insbesondere junge Menschen, die bereits im Beruf stehen, aus persönlichen oder sozialen Gründen nicht mehr im Elternhaus wohnen können oder mobilitätsbedingt fernab von zu Hause einen Arbeitsplatz gefunden haben.
Aber auch für → Behinderte (§§ 39 ff. BSHG), für Personen, bei denen besondere Lebensverhältnisse mit sozialen Schwierigkeiten verbunden sind (§ 72 BSHG) oder für ältere Menschen (§ 75 BSHG) werden (neue) Formen b. W. angesichts der zunehmend auch subjektiv gewünschten individuellen Wohnform vor Heimunterkünften weiter an Bedeutung gewinnen.
Betreutes Wohnen stellt erhöhte Anforderungen an die Selbständigkeit und Konfliktfähigkeit der betroffenen Menschen, aber auch an das Engagement und die Belastbarkeit der (sozial-)pädagogischen Mitarbeiter. Demzufolge ist für jede betreute Wohnform eine detaillierte Konzeption unverzichtbar, die u.a. Aussagen enthält über Zielsetzung und Aufgabenstellung, Zielgruppen, Aufnahme und Entlassung, soziales und berufliches Umfeld, Außenkontakte, Zusammenarbeit mit Angehörigen, Umgang mit Behörden, Nachbetreuung, Beratungsangebote, Qualifikation der Betreuungspersonen und Finanzierung der Einrichtung. Die notwendige flexible Weiterentwiclung betreuter Wohnformen setzt ihre weitere Verfestigung, ihre Anerkennung und Förderung als Normalhilfe und ihre Organisation vor Ort im Verbund mit weiteren ambulanten, teilstationären Hilfen voraus.
Lit. BBJ-Consult: Handbuch; Birtsch u. a.: Heimerziehung; Blandow: Heimerziehung; Breuer: Jugendwohnheime; Bundesarbeitsgemeinschaft Jugendsozialarbeit (BAG-JAW): Jugendberufshilfe; Ev. Erziehungsverband e.V. (Hrsg.): Jugendhilfe; Kiehn: Jugendwohnen; Landeswohlfahrtsverband Württemberg-Hohenzollern (Hrsg.): Jugendwohnen; Müller, B.-J.: Jugendwohnen.
Roland Proksch

Betreutes Wohnen Behinderter und psychisch Kranker (Betreutes Wohnen) ist Teil einer gemeinde- und möglichst familiennahen (→ Gemeindepsychiatrie) Rehabilitation und Versorgung (→ Komplementäre Dienste und Einrichtungen für psychisch Kranke/seelisch Behinderte). Wohnformen für b. W. sind Einzelwohnungen, Familienpflegestellen, wobei der wesentliche Teil der Betreuung durch die Pflegeperson erfolgt; → Wohngemeinschaften (mit gelegentlicher professioneller Hilfe)/ Wohngruppen für Behinderte und psychisch Kranke eines Heimes, deren Mitglieder die umfassende heimmäßige Hilfe nur noch in Teilbereichen benötigen. Im Bereich des b. W. finden → Behinderte und → psychisch Kranke Aufnahme, die einer stationären (psychiatrischen) Behandlung nicht mehr bedürfen und für die eine stationäre Maßnahme der → medizinischen oder → beruflichen Rehabilitation nicht oder nicht mehr erforderlich ist. Die nach den Erfordernissen des Einzelfalles notwendigen Hilfen umfassen die → Eingliederungshilfe für Behinderte i. S. d. § 40 Abs. 1 → Bundessozialhilfegesetz (BSHG) und die → Hilfe zum Lebensunterhalt nach Abschn. 2 des BSHG. Sie können ambulant oder stationär i. S. d. § 100 Abs. 1 Nr. 1 BSHG erbracht werden.
Udo Schlitt

Betreutes Wohnen für alte Menschen (vielfach auch Service-Wohnen genannt) verbindet im Idealfall eine barrierefreie und kommunikationsfördernde Gestaltung und Ausstattung von Wohnungen und Wohnumfeld mit einem bedarfsgerechten, frei wählbaren und zuverlässigen Betreuungs- und Pflegeangebot, das rund um die Uhr genutzt werden kann. Das altengerechte Wohnen mit Service ist somit eine Alternative zum Alleinleben in einer eigenen Wohnung oder zu den bisherigen Sonderwohnformen in Alten-, Altenwohn- oder Pflegeheimen.
Das B. W. wird entweder in eigenständigen Wohnanlagen angeboten und steht dann oft in Verbindung mit → Sozialstationen beziehungsweise → ambulanten Hilfen und Dien-

sten. In vielen Fällen besteht aber auch eine räumliche und organisatorische Anbindung der betreuten Wohnungen an (Pflege-) Heime. Das Service-Wohnen ist prinzipiell nicht nur in dafür errichteten Altenwohnungen möglich. Auch bestehende normale Wohnungen sind geeignet, zumal wenn sie – etwa durch Wohnungsanpassung (Wohnen zu Hause) den Bedürfnissen älterer Menschen besser entsprechen. Vertikal und horizontal barrierefrei geplante Altenwohnungen (DIN 18025 Teil 2) sind laut Empfehlungen des Bundesbauministers zwischen mindestens 40 und maximal 60 Quadratmeter groß (Ein- und Zweiraum-Wohnungen). Diese Größen sind jedoch nur so lange verbindlich, wie mit öffentlichen Mitteln (Zweites Wohnungsbaufinanzierungsgesetz) finanziert wird. In Häusern oder Wohnanlagen müssen je nach Bundesland bis zu zwei Quadratmeter pro Wohneinheit an Gemeinschaftseinrichtungen angeboten werden. Aufenthalts-/Speise-, Gymnastik-/ Therapie- sowie Hobby/Werk-Räume und Stützpunkte für das Betreuungspersonal dürfen – je nach Konzeption – nicht fehlen, schlagen sich jedoch auf die Höhe der Miete nieder. Eine von allen Räumen der Wohnung aus benutzbare Notrufanlage sorgt für die Sicherheit der Bewohner.

Alten-Wohnungen werden sowohl im Sozialen Wohnungsbau (Voraussetzung für Mieter: Bindung an Einkommensgrenzen, Wohnberechtigungsschein) erstellt, als auch in zunehmendem Maße frei finanziert als Miet- oder Eigentumswohnungen angeboten. Die Bau- oder Projektträger sind oft Wohnungsbaugesellschaften. Mit ihnen schließen die Bewohner (Miet-)Verträge ab, in denen die Kosten für die Nutzung der Wohn- und Gemeinschaftsräume geregelt werden. Projekte des B. W. sind zunehmend für Immobilien- und Wohnungsbaugesellschaften sowie Bausparkassen wirtschaftlich interessant. Die Gruppe der wohlhabenderen Älteren erzielt weiter wachsendes Einkommen, und künftig sind voraussichtlich mehr Menschen bereit, auch im Alter noch einmal umzuziehen.
Für die Serviceleistungen ist ein Betriebsträger, etwa ein → freier Träger/Wohlfahrtsverband oder ein (eigens gegründeter) Verein, zuständig. In einem Betreuungsvertrag wird festgelegt, welche Dienste und Leistungen zu welchen Kosten abrufbar sind. Dabei werden meist Leistungen der Grundversorgung sowie sogenannte Wahl- und Zusatzleistungen separat aufgeführt. Der Grundversorgungs-Service (z. B. Anschluß an ein Notrufsystem, Hausmeisterdienst, vorübergehende Hilfen bei Krankheit, Vermittlung von ambulanten Diensten anderer Träger) wird über eine feste Betreuungspauschale abgedeckt, die monatlich mit den Mietkosten zu zahlen ist. Die gewählten Zusatzleistungen (z. B. Fahrdienste, Wäschedienst, Einkaufsdienst, Behör-

dengänge, pflegerische und hauswirtschaftliche Hilfen) werden dagegen individuell nach Inanspruchnahme abgerechnet.
Konzeptionelles Ziel des B. W. ist es, die Selbständigkeit und Autonomie der Bewohner zu fördern und möglichst lange zu erhalten. Auch bei aufkommender schwerer und schwerster → Pflegebedürftigkeit sollen die Bewohner im Idealfall die Möglichkeit haben, in ihren Wohnungen zu bleiben. Begriff und Konzept des Wohnens mit Betreuung oder mit Service, Assistenz etc. sind allerdings nicht geschützt. Daher existieren eine Vielzahl unterschiedlicher Modelle und → Qualitätsstandards. Darunter sind auch unseriöse Projekte, bei denen für viel Geld wenig oder ein unzuverlässiger Service geboten wird. Bei zunehmenden (privaten) Angeboten wird die Qualitätssicherung und Markttransparenz daher immer wichtiger. In Baden-Württemberg wird daher ab Herbst 1995 – erstmalig in Deutschland – ein »Qualitätssiegel für Betreutes Wohnen« vergeben. Das Gütesiegel erhalten Bau- und Betriebsträger, die sich einer freiwilligen Qualitätskontrolle unterziehen, wenn sie festgelegte Mindestanforderungen in vier Leistungsbereichen (»Bauwerk/Umfeld«, »Grundservice«, »Wahlservice« und »Vertrags-/Preisgestaltung«) erfüllen.
Hans Peter Tews/Hans-Peter Winter

Betreuung ist das durch das → Betreuungsrecht geschaffene neue Rechtsinstitut, das an die Stelle der → Vormundschaft und Pflegschaft für Volljährige getreten ist.
Manfred Wienand

Betreuungsbehörde Welche Behörde auf örtlicher Ebene für Betreuungsangelegenheiten (→ Betreuungsrecht, → Behördenbetreuung) zuständig ist, bestimmen die Landesausführungsgesetze zum BtG (§ 1 BtBG). I. d. R. sind danach → Landkreise und → kreisfreie Städte örtliche B. Dies gibt den örtlichen B. organisatorischen Spielraum, z. B. eigene Betreuungsämter einzurichten. Ob eine überörtliche B. gebildet wird, steht im freien Ermessen des jeweiligen Bundeslandes. Teilweise sind überörtliche B. bei den überörtlichen Trägern sozialer Aufgaben einzelner Bundesländer angesiedelt worden. Der Aufgabenkreis der B. umfaßt allgemeine Aufgaben in Betreuungssachen (§§ 4 bis 8 BtG), die Tätigkeit der Behördenbetreuer nach § 1900 Abs. 4 BtG sowie die Unterstützung des → Vormundschaftsgerichts (VG) in → Betreuungssachen und → Unterbringungssachen (§§ 8 und 9 BtBG).
Lit. s.: → Betreuungsrecht. *Manfred Wienand*

Betreuungsbehördengesetz (BtBG) bildet die Rechtsgrundlage für die Einführung und die Aufgabenstellung der → Betreuungsbehörden (→ Betreuungsrecht).
Manfred Wienand

Betreuungsgesetz (BtG) → Betreuungsrecht

Betreuungshelfer leistet längerfristige, ambulante erzieherische Hilfe für Kinder, Jugendliche und junge Volljährige in Form sozialpädagogischer und praktischer Einzelbetreuung. Nach § 30 → Kinder- und Jugendhilfegesetz (KJHG) soll der B. »bei der Bewältigung von Entwicklungsproblemen möglichst unter Einbeziehung des sozialen Umfelds unterstützen und unter Erhaltung des Lebensbezugs zur Familie die Verselbständigung fördern«. Die Betreungshilfe wurde im Jugendstrafrecht (JStR) entwickelt und durch die Reform des JGG 1990 als Weisungsmöglichkeit in § 10 Abs. 1 Nr. 5 verankert. Sie wurde in den letzten Jahren auch in der präventiven Arbeit eingesetzt, daher beschränkt das KJHG den Einsatzbereich nicht auf das JStR. Das Verhältnis von B. und → Erziehungsbeistand in § 30 KJHG ist nicht geklärt. Streitig ist, ob B. und Erziehungsbeistand evtl. künftig zu einem gemeinsamen Rechtsinstitut verschmelzen können. Das Prinzip der freiwilligen Inanspruchnahme von Jugendhilfeleistungen ist beim B. durch den Sanktionsdruck des JStR beeinträchtigt; für den Erziehungsbeistand bliebe es durch Abgrenzung der Rechtsinstitute deutlicher erhalten. *Christine Tries*

Betreuungsrecht umfaßt alle durch das Betreuungsgesetz (BtG) erfolgten Änderungen des früheren Rechts der → Vormundschaft und Pflegschaft für Volljährige einschließlich der Landesausführungsgesetze zum BtG. Die Schwerpunkte des B. liegen im Bürgerlichen Recht (Art. 1 BtG) und im FGG (Art. 5 BtG). Durch das BtG wurden auch Normen des materiellen Rechts der Vormundschaft und Pflegschaft über Minderjährige geändert, insbes. gelten die Bestimmungen über → Aufwendungsersatz und Vergütung (§ 1835 ff. → Bürgerliches Gesetzbuch [BGB]) sowohl für die → Betreuung Volljähriger als auch für die Vormundschaft und Pflegschaft Minderjähriger. Eine umfassende Reform des Minderjährigenrechts steht aber noch aus. Das BtG läßt die herkömmliche Regelung der sog. natürlichen Geschäftsunfähigkeit des § 104 Nr. 2 BGB unberührt. Das BtG ist im gesamten Bundesgebiet am 1. 1. 1992 in Kraft getreten, sieht allerdings sehr lange Übergangsfristen für die endgültige Umsetzung vor.

Kernpunkte des BtG sind: Beseitigung der früheren Entmündigung; die frühere Vormundschaft und Gebrechlichkeitspflegschaft über Volljährige wurde durch ein einheitliches Rechtsinstitut der »Betreuung« ersetzt. Das B. wird vom Erforderlichkeitsgrundsatz beherrscht. Das Ausmaß der Betreuung richtet sich danach, inwieweit der Betreute seine Angelegenheiten nicht mehr selbst besorgen kann. Die Betreuung hat keine Auswirkung auf die → Geschäftsfähigkeit des Betreuten, ein sog. Einwilligungsvorbehalt (→ Einwilligung) muß gerichtlich besonders angeordnet werden.

Leitbild des B. ist die persönliche Betreuung. Vor allen anderen Möglichkeiten ist die Betreuung einer »natürlichen Person« zu übertragen. Bei der Auswahl des Betreuers ist primär den Wünschen des Betreuten, hilfsweise seinen sonstigen persönlichen Bindungen Rechnung zu tragen. Nur wenn die Betreuung durch eine natürliche Person nicht gewährleistet ist, darf – hilfsweise – ein anerkannter Betreuungsverein (→ Vereinsbetreuung) zum Betreuer bestellt werden. Wenn auch dies nicht möglich ist, wird die zuständige Behörde (→ Betreuungsbehörde) zum Betreuer bestellt (→ Behördenbetreuung). Der Betreuer ist verpflichtet, wichtige Angelegenheiten vor deren Erledigung i. d. R. mit dem Betreuten zu besprechen.

Das BtG hat der → Personensorge gegenüber der → Vermögenssorge mehr Gewicht als früher eingeräumt und die materiellrechtlichen Voraussetzungen im Bereich der Personensorge konkretisiert, und zwar insbes. bei Maßnahmen, die sich auf die Gesundheit des Betreuten und seine persönliche Freiheit im Zusammenhang mit einer Unterbringung beziehen. Miteinbezogen sind sog. unterbringungsähnliche Maßnahmen, die dann vorliegen, wenn der Betreute zwar nicht untergebracht ist, jedoch in seine Freiheit erheblich durch mechanische Vorrichtungen, Medikamente oder auf andere Weise eingegriffen wird. Bereits bei der Bestellung eines Betreuers oder der Anordnung eines Einwilligungsvorbehaltes ist Zeitpunkt festzulegen, zu dem das Gericht spätestens über die Aufhebung oder Verlängerung der Maßnahmen zu entscheiden hat. Die Frist darf längstens fünf Jahre betragen. Ein zentrales Anliegen des BtG ist die Schaffung verbesserter Anreize für die Gewinnung geeigneter Betreuer. Das BtG enthält deshalb Neuregelungen zum Aufwendungsersatz, zur Verfügung und zur Aufwandsentschädigung sowie zur Übernahme der Kosten für eine Haftpflichtversicherung.

Ein besonderer Schwerpunkt des B. sind die verfahrensmäßigen Absicherungen im Rahmen eines einheitlichen Verfahrens. Anstelle der früheren gespaltenen Zuständigkeit des Prozeßgerichts und des → Vormundschaftsgerichts (VG) sind alle → Betreuungssachen und → Unterbringungssachen beim VG konzentriert. Die Rechtsstellung des Betroffenen im vormundschaftsrechtlichen Verfahren wurde durch das BtG erheblich gestärkt, z. T. wurden besondere Schutzvorkehrungen getroffen, etwa im Zusammenhang mit der Genehmigung einer Sterilisation.

Für 1997 geplante Neuregelungen im Betreuungsrecht betreffen vor allem die Kon-

kretisierung der Vergütungsregelungen sowie überwiegend einschränkende Änderungen des Verfahrensrechts in Betreuungssachen.
Lit. Bienwald: Betreuungsrecht (Komm.); Damrau u. a.: BtG (Komm.); Jürgens, A. u. a.: Betreuungsrecht; Knittel: BtG (Komm.); Schmidt, G. u. a.: Betreuungsrecht; Schwab: Betreuungsrecht; Wienand: Betreuungsrecht; Wienand: Kernprobleme; Wienand u. a.: Prüfstand. *Manfred Wienand*

Betreuungssachen wurden zur Regelung des Betreuungsverfahrens aufgrund des BtG in §§ 65 bis 69 FGG mit Wirkung vom 1. 1. 1992 neu eingeführt. Besondere Verfahrensregelungen gelten für das Verfahren in → Vormundschafts- und Familiensachen sowie in → Unterbringungssachen.
Das → Betreuungsrecht hat die frühere »gespaltene« Zuständigkeit zwischen Prozeß- und → Vormundschaftsgericht (VG) zugunsten einer einheitlichen Zuständigkeit in B. abgeschafft und gleichzeitig weitreichende Verfahrensgarantien begründet: Anhörung des Betroffenen, Verfahrenspfleger, Anhörung weiterer Personen, rechtliches Gehör. Vor besonders eingreifenden Entscheidungen des VG (z. B. Genehmigung der Einwilligung des Betreuers in die Sterilisation) wird die verfahrensmäßige Absicherung der Betroffenen nochmals besonders verstärkt.
Lit. s.: → Betreuungsrecht.
Manfred Wienand

Betreuungsverein → Vereinsbetreuung

Betriebliche Ausbildung → Ausbildung

Betriebliche Sozialarbeit Sie wird durch Beschäftigte des Betriebes oder als vom Betrieb eingekaufte Serviceleistung angeboten. In der b. S. sind in Betrieben der Industrie, der Verwaltung und des Handels verschiedene Berufsgruppen, insbesondere aber → Sozialarbeiter/-innen/Sozialpädagogen/-innen tätig. Sie üben ihre Funktion im Rahmen des Personal-/Sozialwesens des Unternehmens aus. Sozialarbeit ist eine freiwillige Maßnahme des Betriebes, die den Erfordernissen entsprechend flexibel gestaltet werden kann. Die Inanspruchnahme liegt im Ermessen der Mitarbeiter, sie kann nicht angeordnet werden. Grundlagen der Arbeit sind Vertrauen und Verschwiegenheit sowie intensive inner- und außerbetriebliche Kontakte im Interesse wirksamer Hilfen. Der Sozialarbeiter arbeitet selbständig in einer Stabsstelle und hat beratende Funktion. Mit den aktuellen → Methoden, die in Praxis und Theorie zur Verfügung stehen, wird Hilfe zur → Selbsthilfe angestrebt.
Neben der fachlichen Qualifikation braucht der Sozialarbeiter im Betrieb die Fähigkeit, die Zusammenhänge betrieblicher und persönlicher Probleme zu erkennen und wirtschaftlich vertretbare Lösungen aufzuzeigen. Aufgeschlossenheit auch für die wirtschaftlichen und technischen Probleme des Betriebes ist daher wesentliche Voraussetzung für erfolgreiche Arbeit.
Bei der Bewältigung ihrer Aufgaben steht b. S. im Spannungsfeld zwischen den Bedürfnissen und Interessen der Mitarbeiter und deren Interessenvertretungen einerseits und des Betriebes andererseits. Zu ihren Aufgaben kann u. a. die Beratung oder Fortbildung von Führungskräften und Mitarbeitern und des Betriebes, z. B. bei Alkoholproblemen; die Schulung von Multiplikatoren (im Rahmen von Präventivprogrammen); die Mitarbeit bei sozialpolitischen Maßnahmen des Betriebes sowie die betriebsübergreifende Vernetzung von sozialen Hilfsangeboten gehören.
Die Kontakte zu den sozialen Einrichtungen der Behörden, Verbände, Vereine müssen intensiv sein, um zweckentsprechend vermitteln zu können. Der schnelle Wandel in der technischen, wirtschaftlichen und gesellschaftlichen Entwicklung bringt für die Menschen auch am Arbeitsplatz Verunsicherungen mit sich, so daß das Angebot an persönlicher Hilfe innerhalb der Betriebe an Bedeutung gewinnt.
Lit. Bundesvereinigung der Deutschen Arbeitgeberverbände: Sozialarbeit.
Herbert Retaiski

Betriebliche Sozialleistungen Die → Sozialpolitik ist eine Aufgabe des Staates, dementsprechend werden Sozialleistungen regelmäßig von öffentlich-rechtlich organisierten → Sozialleistungsträgern gewährt. Daneben spricht man jedoch auch von einer betrieblichen Sozialpolitik und b. S., d. h. Leistungen des privatrechtlichen Sektors. Diese b. S. sind ferner abzugrenzen von der Hauptleistungspflicht des Arbeitgebers, der Lohnzahlungspflicht. Die Vielzahl möglicher Leistungen ist praktisch unbegrenzt. Besonders häufig sind betriebliche Ruhegelder (betriebliche → Altersversorgung), Trennungsentschädigungen, Sonderleistungen bei Krankheit, Urlaub, Fort- und Weiterbildung sowie Gratifikationen aller Art. Zu den b. S. gehört auch der Betrieb besonderer Einrichtungen wie Kantinen, Kindergärten, Fortbildungseinrichtungen, Sportstätten, Ferien- und Kurheime etc. Höhe und Verbreitung der b. S. sind von der wirtschaftlichen Lage der Unternehmen abhängig. Die Ausgaben der Unternehmen für b. S. zählen zu den Lohnnebenkosten. Die Diskussion über die Lohnnebenkosten unter dem Aspekt der Wettbewerbsfähigkeit der Unternehmen führt daher tendenziell zu einer Überprüfung und Einschränkung der b. S. Eine besondere Bedeutung kam den b. S. in der früheren DDR zu, weil soziale Sicherheit im weitesten Sinne durch die Betriebe im Rahmen eines umfassenden Arbeitsverhältnisses gewährleistet wurde. Im

Zuge der Wiedervereinigung wurden die betrieblichen Sozialeinrichtungen, wie Kinderkrippen, betriebliche Ambulatorien etc. weitgehend aufgelöst oder auf andere Träger überführt, weil die Unternehmen diese zusätzlichen Kosten für die b. S. nicht tragen konnten.

Die generelle Fürsorgepflicht, die dem Arbeitgeber im Rahmen des → Arbeitsverhältnisses obliegt, stellt allein keinen Rechtsgrund für b. S. dar. Rechtsgrundlage kann eine Regelung im einzelnen → Arbeitsvertrag sein, aber auch eine Gesamtzusage des Arbeitgebers, ein → Tarifvertrag oder eine Betriebsvereinbarung. Auch wenn der Arbeitgeber von sich aus, etwa im Wege einer Gesamtzusage, eine Sozialeinrichtung schafft, ist doch bei der Ausgestaltung und Verwaltung dieser Einrichtung das Mitbestimmungsrecht (→ Mitbestimmung) des Betriebsrats gemäß § 87 Abs. 1 Betriebsverfassungsgesetz (BetrVG) zu beachten. Da der Arbeitgeber grundsätzlich frei in der Entscheidung ist, ob er b. S. erbringen will oder nicht, steht ihm auch frei, dies unter Einschränkungen oder einem Vorbehalt zu tun. Erbringt er allerdings solche b. S. mehrmals ohne Vorbehalt, so entsteht – auch ohne ausdrückliche Vereinbarung – für den Arbeitgeber dadurch eine Bindung, wie das Bundesarbeitsgericht speziell für den Fall der vorbehaltslosen dreimaligen Zahlung einer Weihnachtsgratifikation entschieden hat. Schwierigkeiten bereitet in der Praxis die Frage, ob der Arbeitgeber b. S. individuell unterschiedlich nur bestimmten Arbeitnehmern zukommen lassen darf. Eine Differenzierung ist möglich; sie darf jedoch nicht willkürlich sein. Vielmehr gebietet der Gleichbehandlungsgrundsatz (→ Gleichheitsgrundsatz), daß der Arbeitgeber nur durch sachliche Gründe bedingte Differenzierungen vornimmt.

Lit. Bobrowski u.a.: Arbeitsrecht; Bues: Betriebliche Sozialleistungen; Dietz u.a.: BetrVG; Haberkorn: Sozialpolitik; Schaub: Arbeitsrechts-Handbuch; Söllner: Arbeitsrecht.
Bernd von Maydell

Betriebserlaubnis Träger von Einrichtungen, in denen Kinder oder Jugendliche bis zum 18. Lebensjahr ganztägig oder für einen Teil des Tages betreut werden oder Unterkunft erhalten, bedürfen für den Betrieb dieser Einrichtungen einer Erlaubnis (§ 45 Abs. 1 Satz 1 SGB VIII [KJHG]). Diese Betriebserlaubnispflicht gilt gem. § 48a KJHG auch für »sonstige betreute Wohnformen«. Nach § 45 Abs. 1 Satz 2 KJHG werden bestimmte Einrichtungen von der Erlaubnispflicht ausgenommen, weil die Kontrolle über diese Einrichtungen durch andere Aufsichtsorgane sichergestellt ist oder zum Schutz von Kindern und Jugendlichen nicht für erforderlich gehalten wird. Die beantragte Erteilung der B. ist gemäß § 45 Abs. 2 Satz 2 KJHG nur zu versagen, wenn die Betreuung der Minderjährigen durch geeignete Kräfte nicht gesichert oder in sonstiger Weise das Wohl der Kinder (→ Kindeswohl) oder Jugendlichen in der Einrichtung nicht gewährleistet ist, d. h. in allen anderen Fällen besteht ein Anspruch auf die Erteilung der Erlaubnis. Die Versagungsgründe müssen feststehen, d. h. bloße Vermutungen oder Anhaltspunkte genügen nicht, und sind im Versagungsbescheid im einzelnen darzulegen. Einzelheiten über die Voraussetzungen einer Versagung der B. sind gemäß § 49 KJHG in Verbindung mit der entsprechenden landesrechtlichen Regelung konkretisiert. Gemäß § 45 Abs. 2 Satz 1 und Abs. 2 Satz 5 KJHG in Verbindung mit § 32 SGB X kann die B. mit Nebenbestimmungen versehen werden, und zur Sicherung des Wohls der Kinder und Jugendlichen können auch nachträgliche Auflagen erteilt werden. Vor einer Versagung ist deshalb auch immer zu prüfen, ob die Voraussetzungen der Erlaubniserteilung durch die Erteilung von Nebenbestimmungen hergestellt werden können. Um einheitliche Maßstäbe über die Eignungs- und Qualifikationsanforderungen der pädagogischen Kräfte herzustellen, ist das → Landesjugendamt gehalten, entsprechend des Gebotes der partnerschaftlichen Zusammenarbeit mit den Trägern der freien Jugendhilfe (→ Jugendhilfeträger) (§ 4 KJHG), über die Voraussetzungen der Eignung mit den Trägern der Einrichtungen Vereinbarungen zu treffen (§ 45 Abs. 2 Satz 3 KJHG). Die B. ist gemäß § 45 Abs. 2 Satz 4 KJHG zurückzunehmen oder zu widerrufen, wenn das Wohl der Kinder und Jugendlichen in der Einrichtung gefährdet ist, und der Träger der Einrichtung nicht bereit oder in der Lage ist, die Gefährdung abzuwenden und dies nicht durch die Erteilung einer Nebenbestimmung oder eine nachträglichen Auflage oder eine Tätigkeitsuntersagung eines Mitarbeiters nach § 48 KJHG erreicht werden kann. Nach den Erfordernissen des Einzelfalles soll die zuständige Behörde an Ort und Stelle überprüfen, ob die Voraussetzungen für die Erlaubniserteilung weiter bestehen. Regelmäßige Routinekontrollen, ohne daß sich dies nach dem Erfordernis des Einzelfalles ergibt sind, im Gegensatz zur früheren Rechtslage zur Zeit des JWG, nicht mehr zulässig.

Lit. Abel: Schutz; Lakies: Kinder- und Jugendhilfegesetz; Wiesner u. a.: SGB VIII (Komm.).
Jochem Baltz

Betriebskrankenkassen → Krankenkassen

Betriebsrat ist als Organ der Betriebsverfassung Interessenvertreter und Repräsentant der Arbeitnehmer des Betriebes (gesonderte Jugendvertretung), ausgenommen die leitenden Angestellten. Er hat sowohl die Interessen der Belegschaft als auch Einzelinteressen der Mitarbeiter zu vertreten. Rechtliche Grundlage seiner Arbeit ist das Betriebsverfassungsgesetz (BetrVG) von 1972. Es regelt die Beziehungen zwischen Arbeitnehmern und Arbeitgeber des Betriebes, die Organisation, Rechte und Pflichten des B. Das BetrVG sichert den Arbeitnehmervertretern Beteiligung an sozialen (Ordnung im Betrieb, Arbeitszeitregelungen, Auszahlung des Arbeitsentgeltes, Aufstellung allgemeiner Urlaubsgrundsätze und des Urlaubsplanes, Verhaltens- und Leistungskontrollen, Arbeitsunfallschutz, Sozialeinrichtungen, Vorschlagswesen), personellen (Personalplanung, Stellenausschreibung, Auswahlrichtlinien, Beurteilungsgrundsätze, Berufsbildungsförderung, personelle Einzelmaßnahmen [Einstellung, Ein- u. Umgruppierung, Versetzung], → Sozialplan) und wirtschaftlichen Maßnahmen des Arbeitgebers (§§ 81–113). Ausgehend vom partnerschaftlichen Grundgedanken der vertrauensvollen Zusammenarbeit zwischen Arbeitnehmern und Arbeitgebern, reicht die Beteiligung des B. von der Information über die Anhörung und Beratung bis zur → Mitbestimmung. Arbeitgeber und Arbeitnehmer haben dabei zum Wohle des Betriebes zusammenzuwirken. B. und Belegschaft haben jedoch grundsätzlich keine Mitbestimmungsrechte bei den unternehmerischen und wirtschaftlichen Entscheidungen (vgl. aber Mitbestimmungsgesetz). Bes. Bedeutung erhält die B.arbeit im wirtschaftlichen Strukturwandel und bei Verwaltungsreformen im Dienstleistungsbereich.

Der B. wird von den Arbeitnehmern eines Betriebes nach Vorbereitung durch einen Wahlausschuß alle drei Jahre in geheimer und unmittelbarer Wahl gewählt (meist Gruppenwahl bei Arbeitern und Angestellten). Die Zahl der B.-Mitglieder und der Freistellungen bestimmt sich nach der Anzahl der wahlberechtigten Arbeitnehmer. Seine Mitglieder sind ehrenamtlich tätig (äußere und innere Unabhängigkeit). Die notwendigen Kosten des B. sind vom Arbeitgeber zu tragen. Während ihrer Tätigkeit sind die Mitglieder des B. besonders arbeitsrechtlich geschützt (Kündigungsschutz; → Kündigung [im Arbeitsrecht]). Vertretungsorgan des B. sind der aus seiner Mitte gewählte Vorsitzende und dessen Stellvertreter.

Der B. hat das Initiativ- bzw. Antragsrecht für Maßnahmen, die dem Betrieb und der Belegschaft dienen, vornehmlich in den genannten Bereichen, auch wenn ihm kraft Gesetzes ein Beteiligungsrecht nicht eingeräumt ist. Seine Aufgaben sind Überwachung und Beratung zur Einhaltung der Rechtsvorschriften (→ Tarifverträge), Abschluß von Betriebsvereinbarungen, Entgegennahme von Anregungen des Arbeitgebers und der Jugendvertretung, Eingliederung → Schwerbehinderter (in Zusammenwirken mit der → Schwerbehindertenvertretung), Förderung der Belange der Jugendlichen und Beschäftigung ausländischer Arbeitnehmer.

Das BetrVG bezeichnet die Absprachen zwischen Arbeitgeber und B. als Einigung, Einvernehmen, Einverständnis, Interessenausgleich, Vereinbarung. Kommt es über strittige Fragen nicht zur Einigung, so bedarf es zur Beilegung der Meinungsverschiedenheiten der Schlichtung (auf betrieblicher Ebene) oder des Einigungsstellenverfahrens. Maßnahmen des → Arbeitskampfes zwischen B. und Arbeitgeber sind unzulässig (Friedenspflicht).

Das BetrVG 1972 trennt zwischen den Aufgaben und Funktionen der → Gewerkschaften und der Betriebsverfassungsorgane. Während die Gewerkschaften in erster Linie die Interessen ihrer Mitglieder gegenüber anderen Tarifpartnern zu vertreten haben (Art. 9 Abs. 3 GG), haben die Betriebsverfassungsorgane gesetzeskonform ihre Aufgaben bei der Gestaltung der innerbetrieblichen Angelegenheiten durch die Arbeitnehmer zu vertreten. Für die im Betrieb vertretenen Gewerkschaften besteht – wie für die Arbeitgebervertreter – Zutritts-, Antrags- und beratendes Teilnahmerecht an den Betriebsversammlungen. Wenn kein B. besteht, können sie zur B.-Versammlung einladen und Vorschläge für die Zusammensetzung des Wahlvorstandes machen.

Die Anwendung des BetrVG richtet sich nach der Rechtsform des Betriebsinhabers. Bei → juristischen Personen des öffentlichen Rechts und Montangesellschaften gelten die Personalvertretungsgesetze des Bundes und der Länder (→ Personalrat) und das Gesetz über die Mitbestimmung der Arbeitnehmer in den Aufsichtsräten und Vorständen der Unternehmen des Bergbaues und der Eisen und Stahl erzeugenden Industrie. Anzuwenden ist es dagegen in den sog. Regiebetrieben, deren Kapitalanteile sich in öffentlicher Hand befinden, und in Versorgungseinrichtungen.

Lit. Fitting u. a.: BetrVG (Komm.); Hess, H. u. a.: BetrVG (Komm.); Schaub: Arbeitsrechts-Handbuch.   *Hans-Walter Böttcher*

Betriebsschutz → Arbeitsschutz

Betriebssoziologie → Industriesoziologie

Betroffenenbeteiligung Über die Notwendigkeit der Beteiligung aller von → Planungen und Maßnahmen der öffentlichen Hand in ihren Lebensumständen direkt Betroffenen – unabhängig von Besitz von Boden oder Rechten (wie z. B. noch beim Planfeststellungsverfahren gem. Bundesfernstraßengesetz) – besteht gesellschaftspolitisch Konsens. Mit dem Städtebauförderungsgesetz (StBauFG) wurden erstmals 1971 auch die Mieter und Arbeitnehmer als »unmittel-

bar Betroffene« von → Sanierung angesprochen; die Einrichtung von Anstalts- oder → Heimbeiräten, von → Elternbeiräten, von Jugend- oder Seniorenräten, die Wahl von Sprechern für ausländische Arbeitnehmer, für Sinti und Roma, von Mieterbeiräten kann dazu beitragen, daß die Interessen spezieller Gruppen bei der Planung neuer Wohnquartiere, sozialer Infrastruktureinrichtungen (→ Infrastruktur, soziale; → Infrastrukturplanung), bei der Gestaltung von Lehr- oder Freizeitprogrammen, von Hausordnungen usw. gehört und beachtet werden.
Die Träger der Sozialarbeit können die B. in ihren eigenen Einrichtungen für ihre → Bezugsgruppen praktizieren, sie können durch ihre Arbeitsmethoden wie → Gemeinwesenarbeit in neuen Siedlungen, → Randgruppenarbeit in Obdachlosenunterkünften, → Anwaltsplanung in Sanierungsgebieten die Beteiligung fördern und aktiv daran mitwirken, daß den Betroffenen ihre eigene Betroffenheit bewußt wird und die hieraus erkennbaren Ansprüche an die Planung, z. B. im Rahmen der → Bürgerbeteiligung, formuliert, vertreten und durchgesetzt werden.
Hierzu gehört auch die methodisch-organisatorische Unterstützung von → Bürgerinitiativen, die die Interessen von unterprivilegierten → Minderheiten vertreten (Hilfe zur → Selbsthilfe). Die Planung und Betreuung der B. auf den verschiedenen Feldern der → Entwicklungsplanung sollte Bestandteil jeder kommunalen → Sozialplanung sein.
Lit. Battis: Partizipation; Belschner u.a.: Wohnwerkstatt; Dittrich: Demokratisierung; Frey, R.: Demokratie; Großhans: Bürgerbeteiligung; Großhans: Integration; Jordan u.a.: Bürgerbeteiligung; Mauthe u.a.: Mieterbeteiligung; Seeler u.a.: Bürgerbeteiligung. *Hartmut Großhans*

Beurkundung ist neben der einfachen Schriftform (§ 126 BGB) und der öffentlichen → Beglaubigung (§ 129 BGB) gesetzlich vorgesehenes Formerfordernis mit der größten Formstrenge und rechtlich relevanten Reichweite (Beweis- und Schutzfunktion). Beurkunden i.S.d. § 128 BGB und des Beurkundungsgesetzes (BeurkG) vom 28. 8. 1969 (BGBl. I S. 1513) bedeutet das Errichten eines Schriftstückes über Tatsachen, Vorgänge und Erklärungen, die die Urkundsperson selbst wahrgenommen haben muß und urkundlich bezeugt. Dabei ist es ohne Bedeutung, welche Inhalte in die Urkunde aufgenommen werden. Zuständig zur B. sind der Notar, daneben aber auch, in gesetzlich speziell geregelten Fällen, andere Urkundspersonen oder sonstige Stellen (z. B. Amtsrichter, Rechtspfleger oder vom Leiter des → Jugendamtes (JA) gem. §§ 59 Abs. 1 i.V.m. 70 Abs. 2 KJHG – SGB VIII und § 1 Abs. 2 i.V.m. §§ 60 ff. BeurkG ermächtigte Beamte und Angestellte, die die Befähigung zum höheren oder gehobenen Verwaltungsdienst besitzen). Die im Rahmen der Amtsbefugnis formgerecht aufgenommenen Urkunden haben in zivilrechtlichen Verfahren die volle Beweiskraft hinsichtlich der urkundlich festgehaltenen Tatsachen und Erklärungen; die B. ersetzt jede andere vorgeschriebene Form.
Die Formvorschriften gelten auch für andere Urkundspersonen, soweit sie nicht B. im Rahmen der sachlichen Zuständigkeit der Gerichte bzw. der Verwaltungsbehörden vornehmen. Im BeurkG enthaltene Verfahrensvorschriften sind z. B.: Protokollierung von Willenserklärungen (§§ 8 ff.), Prüfungs- und Belehrungspflichten (§§ 17 ff.), Behandlung von Behinderten (§§ 22 ff.) sowie erbrechtliche Formvorschriften (§§ 27 ff.).
In der Praxis gehören u.a. folgende beurkundungspflichtige Vorgänge zum beruflichen Alltag: B. von Erklärungen über die Anerkennung der Vaterschaft (→ Vaterschaftsanerkennung) und die entsprechenden Zustimmungserklärungen gem. § 59 Abs. 1 KJHG, §§ 1600a bis 1600e BGB, sowie über Anerkennung der Mutterschaft gem. § 59 Abs. 1 Nr. 2 KJHG – SGB VIII, § 29 e BeurkG; von Verpflichtungserklärungen gem. § 59 Abs. 1 Nr. 3 und 4 KJHG – SGB VIII i.V.m. §§ 1615e und k BGB, § 794 ZPO, von Einwilligungs- und Verzichtserklärungen im Rahmen der Adoption (→ Annahme als Kind), von erbrechtlich relevanten Verfügungen (z. B. der Erbvertrag und die Errichtung eines → Testaments eines Minderjährigen), von eherechtlichen Verfügungen (§§ 1491 Abs. 2, 1492 Abs. 2, 1587o BGB) und von Verträgen über den Verkauf von Grundstücken und Wohnungseigentum (§§ 313, 925 f. BGB).
Lit. Münchner Kommentar: Bd. 6.; Münder u.a.: KJHG (Komm.); Palandt: BGB (Komm.); Schellhorn u.a.: KJHG (Komm.); Wiesner u.a.: KJHG (Komm.). *Jost Bauer*

Beurteilungsspielraum Hierunter wird ein der gerichtlichen Nachprüfung entzogener Freiraum für die Behörde bei der Unterordnung eines Tatbestandes unter einen → unbestimmten Rechtsbegriff verstanden. Ob und wie weit ein solcher Spielraum besteht, ist in → Rechtsprechung und Lehre noch nicht einheitlich geklärt; denn grundsätzlich ist – unbestritten – auch die Anwendung eines unbestimmten Rechtsbegriffes in vollem Umfange gerichtlich nachprüfbar. Für einen B. kommen vor allem wertende Beurteilungen in Betracht, wenn ein Wertbegriff nicht so weit objektivierbar ist, daß nur eine einzige richtige Entscheidung möglich erscheint, z. B. bei den Gesetzesbegriffen »besondere Umstände«, »in vertretbarem Umfange«, »unbillig«, »angemessen«, »geeignet«. Dagegen ist bei zentralen Begriffen des Sozialleistungsrechts wie

Bevölkerung

»Bedürfnis« oder »erforderlich« ein B. zu verneinen. Eine Ausdehnung des B. über einen eng begrenzten Rahmen hinaus verbietet sich im übrigen ganz allgemein wegen der damit verbundenen Beschneidung des grundgesetzlich gewährleisteten → Rechtsschutzes für den Bürger.
Lit. Bär: Ermessen; Erichsen u. a.: Verwaltungsrecht, S. 181 ff.; Gottschick u. a.: Ermessen; Ossenbühl: Gesetzesbegriff; Wallerath: Verwaltungsrecht, S. 118 ff.; Wolff, H. J. u. a.: Verwaltungsrecht I, S. 365 ff.

Manfred Streppel

Bevölkerung Unter B. versteht man die Gesamtheit der Einwohner eines Gebietes, das entweder politisch oder geographisch abgegrenzt ist. Die B. Deutschlands umfaßte am Jahresende 1994 81,54 Mio. Einwohner (39,64 Mio. Männer und 41,89 Mio. Frauen). Darunter befanden sich ca. 7,2 Mio. Ausländer. Die B.dichte belief sich auf 229 Personen je qkm. Umfang und Struktur einer B. werden von der Häufigkeit der Geburten und der Sterbefälle sowie der Wanderungen über die Grenzen des Staatsgebietes (→ Migration) bestimmt. Die B.entwicklung Deutschlands ist von einem starken Geburtenrückgang geprägt: 1965: 17,4 Lebendgeburten je 1 000 Einwohner, 1994: 9,5; ferner von einem leichten Rückgang der Sterbehäufigkeit: 1965: 11,9 Gestorbene je 1 000 Einwohner, 1994: 10,9 und von einem Überschuß der Zuzüge gegenüber den Fortzügen bei den Wanderungen über die Grenzen des Bundesgebietes. Die B.zunahme Deutschlands resultiert seit Beginn der 70er Jahre allein aus einem durchweg positiven Wanderungssaldo. Auch 1994 wurden 115 100 weniger Lebendgeborene als Gestorbene, aber 329 500 mehr Zuzüge als Fortzüge gezählt. Aus der natürlichen B.bewegung ergibt sich daher ein tendenzieller B.rückgang, aus der gesunkenen Geburtenentwicklung eine starke Veränderung des Altersaufbaus der B.: Der Anteil junger Menschen schrumpft, derjenige der Älteren steigt. Langfristig wird in der B.vorausberechnung der amtlichen Statistik (mittlere Variante) trotz anhaltender Zuwanderung mit einem B.rückgang gerechnet: auf 79,5 Mio. (2 025) und auf 72,4 Mio. (2 040). Die B. der Erde belief sich 1994 auf 5,6 Mrd. Personen: sie wird nach B.prognosen der Vereinten Nationen (mittlere Variante) bis 2 025 auf etwa 8,3 Mrd. Und bis 2 050 auf 9,8 Mrd. anwachsen.

Dieter Deininger

Bevölkerungspolitik umfaßt legislative bzw. administrative Maßnahmen, die das Ziel verfolgen, Umfang oder Zusammensetzung einer → Bevölkerung zu beeinflussen. Man unterscheidet quantitative B. und qualitative B. Ziele der quantitativen B. sind die Bestanderhaltung einer Bevölkerung, die Förderung oder Begrenzung ihres Wachstums. Unter qualitativer B. sind Versuche zu verstehen, auf die Bevölkerungsstruktur Einfluß zu nehmen, z. B. durch eugenische Maßnahmen. B. ist zumeist Geburtenpolitik, d. h. sie besteht in dem Versuch, die Zahl der Geburten in einer Bevölkerung oder Teilen der Bevölkerung zu heben, zu senken oder konstant zu halten. Auch eine Beeinflussung grenzüberschreitender Wanderungsbewegungen kann bevölkerungspolitische Ziele verfolgen.

Die Entscheidung von Ehepaaren, Lebensgemeinschaften oder Frauen, Kinder zu bekommen oder auf sie zu verzichten, kann u. a. durch → Familienberatung, → genetische Beratung und familienpolitische Maßnahmen (→ Familienpolitik) beeinflußt werden. Als Beispiele familienpolitischer Maßnahmen (sog. → Familienlastenausgleich) seien die Gewährung von → Kindergeld und → Erziehungsgeld, steuerliche Kinderfreibeträge, der → Mutterschutz, Schaffung von Einrichtungen zur familienbegleitenden oder familienergänzenden Erziehung (→ Krippen, → Kindergärten, → Horte und → Pflegestellen; → Kindertageseinrichtungen) genannt. Als weitere Maßnahmen sind die Anrechnung von Erziehungszeiten (→ Kindererziehungszeiten, rentenrechtliche Anerkennung von) in der gesetzlichen Rentenversicherung und Arbeitsplatzgarantien für Mütter zu nennen.

Bevölkerungspolitische Empfehlungen i. S. einer qualitativen Beeinflussung des Nachwuchses finden sich bereits in Platos »Staat«: Im 19. Jh. lieferte Galton in seiner Vererbungslehre die Grundlage für die Forderung eugenischer Maßnahmen (→ Eugenik). Planmäßige bevölkerungspolitische Maßnahmen wurden in einigen Ländern Europas wegen des ständigen Geburtenrückgangs seit Beginn des 20. Jh. ergriffen. In der Bundesrepublik Deutschland ist die Diskussion um Sinn und Möglichkeiten von B. wegen des starken Geburtenrückgangs seit 1966 und seiner Auswirkungen neu entfacht worden, nachdem bis dahin bevölkerungspolitische Fragen wegen der nationalsozialistischen Rassenpolitik mit ihren z. T. massiven Eingriffen in Individualrechte, wie Zwangssterilisationen, weitgehend tabuisiert waren.

Wegen der starken Zunahme der Weltbevölkerung gilt als Ziel einer globalen B. eine drastische Senkung der Geburtenzahl. Die internationale Bevölkerungs- und Entwicklungskonferenz, die im November 1994 in Kairo stattfand, hat ein Aktionsprogramm verabschiedet, das die Notwendigkeit einer Verbindung der mittlerweile in den meisten Ländern praktizierten Familienplanungsprogramme (→ Familienplanung) mit reproduktiven Gesundheitsprogrammen betont, durch die eine umfassende gesundheitliche Beratung und Betreuung in allen mit der menschlichen Reproduktion in Zusammenhang stehenden Situationen ge-

sichert werden soll. Mit globalen Fragen der B. hatte sich bereits 1974 die Weltbevölkerungskonferenz in Bukarest beschäftigt, bei der ein Weltbevölkerungsaktionsplan verabschiedet worden war. Dessen Empfehlungen wurden bei einer internationalen Konferenz in Mexico City (1984) im wesentlichen bestätigt.
Lit. Cromm: Bevölkerungspolitik; Höhn: Kairo; Kaufmann: Bevölkerungspolitik; McIntosh/Finkle: Bevölkerungs- und Entwicklungskonferenz; Wehling: Bevölkerungsentwicklung; Wichterich: Menschen nach Maß; Wingen: Bevölkerungspolitik.
Dieter Deininger

Bewährung Die → Strafaussetzung zur B. wurde durch das 3. Strafrechtsänderungsgesetz vom 4. 8. 1953 eingeführt und durch das 2. Gesetz zur Reform des Strafrechts vom 4. 7. 1969 erweitert. Sie ist geregelt in den §§ 56 ff. StGB und in §§ 27 ff. und 57 ff. JGG. Sie gehört zu den wichtigsten Reformen des → Strafrechts in der Bundesrepublik und hat vor allem zu einer kriminalpolitischen Neuorientierung erheblich beigetragen. Eine Erweiterung ist angesichts der anhaltend hohen Rückfallquoten im → Strafvollzug weiterhin angezeigt.
Die Bedeutung der Aussetzung zur B. hat in den letzten Jahren erheblich zugenommen. Heute übersteigt bereits die Zahl der Probanden bei weitem die Zahl der Gefangenen. Der wachsenden Einsicht in die überwiegend negativen Auswirkungen des gegenwärtigen Strafvollzuges steht die Hoffnung gegenüber, durch ambulante Resozialisierungsbemühungen (→ Resozialisierung) wie die der → Bewährungshilfe eher Straffällige dazu befähigen zu können, ein Leben ohne Straftaten zu führen.
Nach § 56 StGB kann → Freiheitsstrafe zur B. ausgesetzt werden, nach § 67 b StGB kann auch die Vollstreckung der Unterbringung in einem psychiatrischen Krankenhaus oder in einer Entziehungsanstalt (→ Maßregeln der Besserung und Sicherung) ausgesetzt werden.
Sachliche Voraussetzung ist in jedem Fall eine günstige Täterprognose mit der Erwartung einer die Strafgesetze respektierenden künftigen Lebensführung. Mit dem Beschluß der Strafaussetzung zur B. wird zugleich die Dauer der B.zeit bestimmt. Gleichzeitig können bestimmte Auflagen und Weisungen erteilt werden, und es erfolgt für die Dauer der B.zeit die Unterstellung unter die Aufsicht und Leitung eines → Bewährungshelfers, wenn dieses angezeigt ist, um den Verurteilten von Straftaten abzuhalten. Die Strafaussetzung wird nach § 56 f StGB widerrufen, wenn in der B.zeit eine erneute Straftat begangen und dadurch gezeigt wird, daß sich die Erwartung, die der Strafaussetzung zugrunde lag, nicht erfüllt hat, oder wenn gegen Weisungen oder Auflagen gröblich oder beharrlich verstoßen wurde.

Nach § 57 StGB setzt das Gericht die Vollstreckung des Restes einer zeitigen Freiheitsstrafe zur B. aus, wenn zwei Drittel der verhängten Strafe verbüßt sind und verantwortet werden kann zu erproben, ob der Verurteilte außerhalb des Strafvollzuges keine Straftaten mehr begehen wird, und wenn dieser einwilligt. Auch hier ist eine günstige Täterprognose Voraussetzung für die Aussetzung. Wenn besondere Umstände vorliegen, kann das Gericht auch bereits nach der Verbüßung der Hälfte einer zeitigen Freiheitsstrafe die Vollstreckung des Restes zur B. aussetzen.
Lit. Lackner: StGB; Maelicke u. a.: Sozialarbeit; Ossowski, L.: Bewährung; Ruge: Entlassungs- und Bewährungshilfe.
Bernd Maelicke

Bewährungsaufsicht → Bewährungshilfe

Bewährungshelfer sind i. d. R. → Sozialarbeiter/-innen und Sozialpädagogen/Sozialpädagoginnen, denen im Rahmen der → Strafaussetzung zur → Bewährung die Verurteilten für die Dauer der Bewährungszeit unterstellt werden. Sie arbeiten in der Institution → Bewährungshilfe zusammen. Sie stehen dem Verurteilten helfend und betreuend zur Seite, überwachen im Einvernehmen mit dem Gericht die Erfüllung von Auflagen und Weisungen sowie der Anerbieten und Zusagen. Sie berichten über die Lebensführung der Verurteilten in bestimmten Zeitabschnitten an das Gericht. Gröbliche und beharrliche Verstöße gegen Auflagen, Weisungen, Anerbieten und Zusagen teilen sie dem Gericht mit. Das Berufsbild des B. ist durch diesen Aufgabenkatalog sowie durch das Ziel, zur → Resozialisierung der Probanden beizutragen, gekennzeichnet. Die praktische Tätigkeit des B. ist ähnlich der des Jugendgerichtshelfers (Mitwirkung im Verfahren nach dem Jugendgerichtsgesetz [JGG]) oder des Sozialarbeiters im Vollzug dadurch gekennzeichnet, daß abzuwägen ist zwischen den Aufsichts- und Kontrollfunktionen als Teil des stattfindenden Strafverfahrens und der sozialpädagogischen Tätigkeit in der → Beratung und Betreuung der Probanden. Die Zugehörigkeit zur Justiz und damit zum System der → sozialen Kontrolle und → Sanktion erschwert in vielen Fällen den Aufbau einer Vertrauensbeziehung, die wiederum Voraussetzung ist für die Einleitung persönlicher Hilfeprozesse. Dieses wird zusätzlich erschwert durch die Aufgabe, regelmäßig Berichte über die Lebensführung des Probanden für das Gericht zu erstellen und die erteilten Auflagen und Weisungen zu überwachen.
Die Haupttätigkeit des B. liegt in der Hilfe bei aktuellen Schwierigkeiten der Probanden. Dies betrifft z. B. die Unterstützung bei der Wohnungs- und Arbeitsplatzsuche, beim Umgang mit Behörden, bei der Schul-

Bewährungshilfe 152

denregulierung. Hinzu kommen individuelle Beratung und Betreuung bei der Aufarbeitung von psychischen Problemen der Klienten. Diese liegen in ihrer Lebensgeschichte begründet, die regelmäßig von instabilen Beziehungen, mangelndem Vertrauen oder Nichtakzeptiertwerden, Versagenserlebnissen und persönlichen Enttäuschungen geprägt wurden. Die B. müssen oft Ersatzbeziehungen zwischen sich und den Probanden anbieten, um so die vorhandenen negativen Erfahrungen und Prägungen abzubauen. Diese Form der → persönlichen Hilfe erfordert von ihnen einen hohen Einsatz der eigenen Persönlichkeit, zugleich persönliche Nähe und fachliche Distanz und somit starke individuelle Belastungen. In diese Beziehungsarbeit ist das engere soziale Umfeld soweit als möglich einzubeziehen. Vielfach liegen die aufgetretenen Fehlentwicklungen begründet in gestörten Beziehungen zu nahestehenden Personen, so daß → Familien- und Partnerberatung notwendigerweise zu einer intensiven Aufarbeitung der Probleme gehören. Aufgrund ihrer hohen → Fallzahlen und ihrer Aufsichts- und Kontrollfunktionen sind jedoch nur wenige B. in der Lage, umfassend sozialpädagogisch zu arbeiten und auch das engere → soziale Umfeld in die Betreuungsarbeit mit einzubeziehen. Wegen der bereits jetzt im Vergleich zum → Strafvollzug eindeutig höheren Erfolge der Arbeit der B. wird es in Zukunft notwendig sein, diesen sozialen Dienst weiter personell und fachlich zu verstärken, die sozialpädagogischen Funktionen zu stärken und die Aufsichts- und Kontrollfunktionen auf ein unvermeidbares Minimum zu reduzieren. Die verstärkte Einbeziehung ehrenamtlicher B., deren Aus- und Fortbildung und verbesserte Kooperationsformen zwischen haupt- und ehrenamtlichen B. wird eine zusätzliche Aufgabe der weiteren Entwicklung sein. Hinzu kommt die Notwendigkeit, die Formen der Kooperation und Koordination vor allem zur → Gerichtshilfe und zur → Sozialarbeit im Strafvollzug zu verbessern, um so die kriminalpolitischen Oberziele der Haftvermeidung und Haftverkürzung noch stärker zu betonen.

Bernd Maelicke

Bewährungshilfe bezeichnet die Institution, die bei der Aussetzung der Freiheitsstrafe zur → Bewährung wie bei der Aussetzung des Strafrestes für die Dauer der Bewährungszeit tätig wird. Sie ist in den meisten Bundesländern in die Justiz eingegliedert und untersteht i. d. R. der → Dienstaufsicht des jeweils zuständigen Landgerichtspräsidenten. Die B. hilft mit, den Straffälligen zu resozialisieren und so den (weiteren) Vollzug einer Freiheitsstrafe unnötig zu machen. Der Begriff umfaßt deshalb neben der institutionellen Zuordnung zugleich auch die praktischen Hilfen dieser Einrichtung zur Erreichung des Ziels der → Resozialisierung. Für die Arbeit im Einzelfall untersteht die B. den Anweisungen und der Aufsicht des Gerichts. Die B. steht im Spannungsfeld zwischen ihrer Zuordnung zur Justiz und damit einem Teil des staatlichen Sanktionensystems und ihrer sozialpädagogischen Aufgabe der Hilfen und Betreuung für die ihr anvertrauten Probanden. Dies führt zu erheblichen Rollenkonflikten (→ Rolle), die bei der Darstellung der Tätigkeit der → Bewährungshelfer näher dargestellt werden.

Im Zuge der Ausweitung der → Strafaussetzung zur Bewährung ist die B. in den letzten Jahren in den Bundesländern erheblich ausgebaut worden. Sie hat sich so zu einem eigenständigen Teil der Justiz entwickelt. Ihre Interessenvertretung, berufliche Qualifizierung und auch systematische → Fortbildung wird zu einem großen Teil von der → Deutschen Bewährungs-, Gerichts- und Straffälligenhilfe e. V. (DBH), zugleich Herausgeber der Zeitschrift »Bewährungshilfe«, wahrgenommen. B. wird z. T. auch auf ehrenamtliche Bewährungshelfer übertragen, um die zusätzlichen Möglichkeiten dieser Betreuungspersonen für den Resozialisierungsprozeß zu nutzen. Verstärkte Schulung und Fortbildung dieses Personenkreises für diese schwierige Aufgabenstellung wird zunehmend gefordert und auch praktiziert.

Die Erfolge der B. im Vergleich zum → Strafvollzug sind offenkundig. Selbst bei dem umstrittenen Kriterium der Legalbewährung, also des Nichtrückfalls während der Bewährungszeit, liegen die Erfolgsquoten um ca. 20–40% günstiger als bei den Rückfallstatistiken des Vollzuges. Hinzu kommt, daß nach allgemeiner Ansicht der Fachwissenschaften auch heute noch – besonders im internationalen Vergleich – in der Bundesrepublik zu häufig Freiheitsstrafen vollstreckt und zu wenig Strafaussetzung zur Bewährung oder vorzeitige Entlassung praktiziert wird. Die schädlichen Auswirkungen des Vollzuges und seine vergleichsweise geringen Erfolge werden zu einem weiteren Ausbau ambulanter Resozialisierungshilfen – und damit vor allem auch der B. – führen. Die weitere Reduzierung der → Fallzahlen (Bundesdurchschnitt zur Zeit ca. 60 Probanden) und damit zugleich die Verstärkung der sozialpädagogischen Arbeit der B. durch Erweiterung der → Gruppenarbeit und der Einbeziehung des → sozialen Umfeldes in den Betreuungsprozeß wird diese kriminalpolitische Entwicklung noch mehr fördern. Nach wie vor fachlich umstritten ist die Organisationsform der B., insbes. die Regelungen über die → Fachaufsicht. Hier liegen in den alten und neuen Bundesländern mittlerweile sehr unterschiedliche und z.T. gegensätzliche Organisationsmodelle vor.

Lit. Cornel u.a.: Handbuch; Cornel u.a.: Resozialisierung; Jehle u.a.: Justiz; Justizministerium Schleswig-Holstein: Reformkommission; Maelicke u. a.: Sozialarbeit.

Bernd Maelicke

Bewegungstherapie Diese Therapieform findet in allen Bereichen der → Rehabilitation Anwendung, wie z. b.
a) bei Behinderungen, die den Stütz- und Bewegungsapparat betreffen (→ Körperbehinderte),
b) bei neurophysiologischen und neurologischen Erkrankungen und Behinderungen,
c) bei geistigen Behinderungen (→ Geistig Behinderte),
d) bei psychischen Erkrankungen und Behinderungen,
e) bei geriatrischen Erkrankungen und Behinderungen,
f) bei inneren Erkrankungen und Behinderungen.
Die B. ist anzusiedeln zwischen der → Krankengymnastik und dem → Behindertensport. Sie stellt einen Teil der Gesundheitserziehung für den Rehabilitanden dar und wirkt somit prophylaktisch gegen weitere Sekundärschädigungen.
Ihr Ziel ist es, durch positive Erfahrungen mit dem eigenen Körper den Patienten zu motivieren, seine eigenen Grenzen zu erweitern und seinen Selbstwert zu erhöhen.
Die B. bedient sich folgender Mittel:
a) Musik, zur Lockerung und Einübung rhythmischer Bewegungsabläufe (vgl. → Musiktherapie);
b) Rhythmikinstrumente, zum Erlernen von Rhythmus und zur Gesamtkörperkoordination;
c) Gymnastikgeräte, zur Unterstützung von Schwungübungen und Körperkoordination;
d) eine neue Tendenz ist die Einbeziehung des Pferdes zur B. in den Bereichen: therapeutisches Reiten für Schwerkörperbehinderte und → Mehrfachbehinderte; heilpädagogisches Reiten für geistig Behinderte und Behinderten-Reiten als sportliche Ergänzung (Diese Maßnahmen werden nur teilweise von Krankenkassen und Sozialhilfeträgern finanziert).
Eine neue Form der B. stellt das Perzeptionstraining nach Frostig u. a. in Ergänzung mit Scheiblauer dar. Diese → Gruppen- oder Einzeltherapie muß in Zusammenarbeit mit Krankengymnasten, Ergotherapeuten und Psychologen abgestimmt werden. Sie findet hauptsächlich bei Kindern mit minimaler cerebraler Dysfunktion (→ Frühkindliche Hirnschädigung) Anwendung und steht am Anfang ihrer wissenschaftlichen Verbreitung. *Matthias Kusche*

Beweis ist im → Zivilprozeß das Verfahren zur Überzeugung des Gerichts von der Wahrheit oder Unwahrheit einer Tatsache. B. muß i. d. R. erhoben werden, wenn eine Tatsachenbehauptung entscheidungserheblich und b.bedürftig, d. h. vom Gegner bestritten ist; in Verfahren mit Untersuchungsgrundsatz (z. B. Ehe- und Kindschaftssachen, ferner in der → Freiwilligen Gerichtsbarkeit und im → Verwaltungsprozeß) kann auch über unstreitige Tatsachen B. erhoben werden. Die rechtsbegründenden Tatsachen muß der Kläger (→ Rechtsanspruch, → Klage), bei negativer Feststellungsklage der Beklagte vortragen und unter B. stellen. Dem Gegner, i. d. R. dem Beklagten obliegt es, die rechtshindernden (z. B. Nichtigkeit eines → Vertrages wegen Geschäftsunfähigkeit), rechtsvernichtenden (z. B. Erfüllung, Aufrechnung, Erlaß) und rechtshemmenden (z. B. Stundung, Verjährung) Einwendungen (Einreden) darzutun.
Für die tatsächlichen Voraussetzungen ihres Rechts oder ihrer Einwendungen hat die Partei mit den in der ZPO vorgesehenen Beweismitteln (Augenschein, Zeugen, Sachverständige, Urkunden, Parteivernehmung, behördliche Auskunft) den vollen B. zu erbringen (sog. Strengb.). Nur ausnahmsweise genügt der sog. Freib., der ohne Beschränkung auf die genannten B.mittel und ohne Einhaltung der förmlichen Bestimmungen über das B.verfahren erhoben wird, so insbes. bei der Feststellung von Prozeßvoraussetzungen wie der Partei- und Prozeßfähigkeit oder der Zuständigkeit. Bis auf den Zeugenb., der einen entsprechenden B.antritt voraussetzt, kann der B. auch von Amts wegen erhoben werden.
I. d. R. erläßt das Gericht über die Behauptungen und Gegenbehauptungen der Parteien einen B.beschluß (§§ 358 bis 360 ZPO), auf dessen Grundlage die B. nach bestimmten Verfahrensregeln erhoben wird. In der B.würdigung, d. h. in der Bildung seiner Überzeugung darüber, ob es nach dem Ergebnis der B.aufnahme eine Tatsache für erwiesen (wahr) erachtet, ist das Gericht frei (§ 286 ZPO); bei Streit über die Höhe vermögensrechtlicher Forderungen sieht § 287 ZPO gewisse B.erleichterungen (»Schadensschätzung«) vor. Unzulässig ist der sog. Ausforschungsb., bei dem ein B.antritt darauf abzielt, die vorzutragenden rechtserheblichen Tatsachen und B.mittel erst durch die B.erhebung zu beschaffen.
Der B. verlangt die Bildung einer sicheren Überzeugung von der Richtigkeit der B.tatsache. Sie kann durch unmittelbaren B. der betreffenden Tatsache, aber auch durch sog. Indizienb. erfolgen, bei dem mittelbar aufgrund von Tatsachen, die nur Hinweise auf die eigentlich zu beweisende Behauptung ergeben, auf deren Vorliegen geschlossen wird. Z. T. erleichtert das Gesetz die B.führung durch die Aufstellung von Vermutungen; z. B. wird – widerlegbar – vermutet, daß das Kind von dem Mann erzeugt ist, der der Mutter während der Empfängniszeit beigewohnt hat (§ 1600 o Abs. 2 S. 1 BGB), dagegen unwiderlegbar vermutet, daß die Ehe nach 3 Jahren Getrenntleben gescheitert ist (§ 1566 Abs. 2 BGB). In bestimmten

Fällen kommt als B.erleichterung der Anscheinsb. für Ursachenzusammenhang und Verschulden zur Anwendung: Bei typischen Geschehensabläufen kann der Richter – insbes. in Schadensersatzprozessen – sowohl von einem feststehenden Ereignis auf den Kausalzusammenhang als auch umgekehrt von einem eingetretenen Erfolg auf die Ursache sowie das Verschulden schließen. Gelingt es der Gegenpartei allerdings, im konkreten Fall die ernsthafte Möglichkeit eines atypischen Geschehensablaufs nachzuweisen, so muß für die b.erhebliche Tatsache voller B. erbracht werden. Kann eine Partei im Zivilprozeß den von ihr zu führenden B. nicht erbringen oder tritt sie schon keinen geeigneten B. an, so bleibt sie als b.belastete Partei (subjektive B., B.führungslast) b.fällig und kann ihr materielles Recht nicht durchsetzen. Ein angebotener Gegenb. (seitens der nicht b.belasteten Partei) wird nicht erhoben, wenn kein Hauptb. (von der b.belasteten Partei) angetreten ist.

Die sog. objektive B.last (Feststellungslast) regelt die Konsequenzen der Unaufklärbarkeit einer entscheidungserheblichen Tatsache in sämtlichen Verfahren, also auch bei Amtsermittlung mit Untersuchungsgrundsatz. Dabei trägt jede Partei die B.last für die tatsächlichen Voraussetzungen der für ihr Prozeßbegehren günstigen Normen. Eine Umkehr der B.last kann sich neben den Fällen gesetzlicher Vermutung dann ergeben, wenn der Gegner die B.führung schuldhaft und treuwidrig unmöglich macht (B.vereitelung) – z.B. sich im → Vaterschaftsprozeß der Blutuntersuchung (→ Blutgutachten) entzieht, ferner bei grober Verletzung von Berufs- und Aufklärungspflichten sowie abgegrenzten Gefahrenbereichen.

Im Verwaltungsverfahren ermittelt die Behörde gem. § 24 VwVfG von Amts wegen (Untersuchungsgrundsatz) und kann sich nach ihrem → Ermessen der o. g. Beweismittel bedienen (§ 26 VwVfG), u. U. auch eidesstattliche Versicherungen verlangen und abnehmen (§ 27 VwVfG). Entsprechendes regeln die §§ 20ff. SGB X für das Verfahren in sozial rechtlichen Angelegenheiten.
Eberhard Schilken

Bewertungsmethoden werden eingesetzt, um in bestimmten Stufen von Entscheidungsprozessen Maßnahmeeffekte quantitativ oder qualitativ als Entscheidungs- und Beurteilungshilfe nachvollziehbar zu ermitteln. Sie dienen insbes. dazu, Zielerreichungsgrade sowohl in der Planungsphase von Maßnahmen wie auch bei der Erfolgskontrolle realisierter Maßnahmen zu messen. Schwierigkeiten des Einsatzes von B. im Sozialbereich ergeben sich daraus, daß Entscheidungsprobleme vielfach im Zustand von Ungewißheit bewältigt werden müssen, d. h. Ungewißheit über den sozialen Umweltraum (verursachende Faktoren) und über den Aktionsraum (Wirkung von Maßnahmen). Als B. werden deshalb hier nicht nur die herkömmlichen Verfahren der möglichst quantifizierenden Bewertung von Gesamt- oder Teilnutzen etwa durch die → Kosten-Nutzen-Analyse oder die Nutzwertanalyse bezeichnet. In einem weiteren Sinne sind gerade wegen der Ungewißheit auch solche Verfahren einzubeziehen, die zur Aufhellung von Wirkungszusammenhängen und damit zur Beurteilung der Angemessenheit von Maßnahmen beitragen (→ Evaluation); es sind dies beispielsweise → Delphi-Methode, → Brainstorming, → Simulation, Scenario, → Planspiel. Der Einsatz von B. in der → Sozialplanung führt zu einer zunehmenden Rationalität und Zielgenauigkeit der Mittelwahl.
Lit. BMFT: Projektmanagement.
Dieter von Lölhöffel

Bewußtsein 1. »Sinnesorgan« des psychischen Apparats zur → Wahrnehmung innerer und äußerer Vorgänge. Freud unterscheidet die Systeme Bewußt, Vorbewußt und Unbewußt, wobei das Bewußte aktuelle, das Vorbewußte jederzeit aktualisierbare und das → Unbewußte nur schwer oder gar nicht erreichbare psychische Inhalte umfaßt. Die B.wahrnehmungen innerpsychischer und realitätsbezogener Phänomene machen nur einen kleinen Teil des psychischen Gesamtgefüges aus und hinterlassen keine Erinnerungsspuren im B. Sie arbeiten nach dem Realitätsprinzip (→ Lustprinzip), d. h. es wird geprüft, ob die Quelle eines psychischen Erlebnisses innen oder außen liegt. Im Traum oder in der → Psychose ist dieses Prinzip ausgeschaltet, in der → Neurose mehr oder weniger eingeschränkt. Innerpsychische Phänomene werden nur dann bewußt, wenn sie sich in äußere Wahrnehmungen umgesetzt haben oder schon einmal bewußt waren.

2. Zustandsbeschreibung psychischer Phänomene in Abgrenzung zur Vorbewußtheit und Unbewußtheit. Im Stadium der Vorbewußtheit ist eine Vorstellung latent, kann also über die B.wahrnehmung den Zustand des »bewußt seins« erreichen und so zu einem B.inhalt werden. Die Betonung liegt auf B.fähigkeit und Bewußtwerdung, wobei der konkrete Inhalt nicht berücksichtigt ist. Diese Funktionsbestimmung des B. ist in den Mittelpunkt der gegenwärtigen Diskussion innerhalb der → Psychoanalyse gerückt: beansprucht die psychoanalytische Therapie, direkten Einfluß des B. zu nehmen und verändernd auf B.inhalte einzuwirken oder liegt das Ziel therapeutischer Bemühung in der Bewußtmachung des Unbewußten? Die Frage, ob das B. nur funktionale oder auch konkret-inhaltliche Relevanz besitzt, tritt dabei in den Vordergrund.

3. »Bewußtseinsstörungen« und »Bewußtseinstrübungen« meinen Krankheitsbilder,

bei denen der allgemeine Zusammenhang der psychischen Vorgänge gestört oder das Bewußtsein psychischer Vorgänge hochgradig behindert ist. Abgegrenzte Sonderformen von Bewußtseinsstörungen sind die Delirien und Dämmerzustände. Delirien sind meistens mit Halluzinationen und Wahnideen verbundene Zustände unzusammenhängenden raschen Denkens und begleiten gewöhnlich andere Krankheiten, Infektionen, Fieber, Schwächezustände, Vergiftungen. Die nachträgliche Erinnerung an Delirien ist unvollständig oder fehlt ganz. Bei Dämmerzuständen kommt es zur systematischen Verfälschung der Situation, d. h. die Handlungen haben einen mehr oder weniger logischen Zusammenhang und lassen den Eingeweihten häufig einen Sinn erkennen. Das Denken ist unklar oder verwirrt und der Zusammenhang mit der Außenwelt ist unterbrochen oder durch Illusionen und Halluzinationen gefälscht. Beginn und Ende der Dämmerzustände sind meistens plötzlich, die Dauer reicht von Minuten bis zu wenigen Tagen.
Lit. Soden: Bewußtsein. *Hannelore Barth*

Beziehung → Kommunikation

Beziehung zur Umwelt → Bedürfnisse, persönliche, des täglichen Lebens

Bezugsgruppe, Bezugsperson sind Begriffe der soziologischen Theorie (Hyman, Merton). Bg. oder Referenzgruppe bezeichnen eine aktuelle oder virtuelle Gruppe oder soziale Kategorie (z. B. die Reichen), die einer Person als Maßstab ihrer Selbsteinschätzung dient (komparative Funktion) oder deren → Einstellungen, → Normen und Werte die Person internalisiert (→ Internalisierung; normative Funktion). Positive Bg. sind jene, die als Vorbild oder Leitbild dienen. Es kann sich um Primärgruppen (Gleichaltrigengruppen) oder Sekundärgruppen (z. B. Berufsgruppen) handeln. Die Person kann Mitglied solcher Gruppen sein oder die Mitgliedschaft in ihnen anstreben (antizipatorische → Sozialisation). Daneben stehen negative Bg., von deren Normen und Standards sie sich abheben will oder die sie zurückweist.
Bei den sozialpsychologischen Forschungen über Selbstkonzept und Selbstwertgefühl und verwandte theoretische Konzepte spielen Vergleiche mit der Bg. (»social comparison«), die das → Individuum selbst vornimmt, eine große Rolle (Blaschke). Die Person wird dabei als aktiver Gestalter der sozialen Realität angesehen, zu der sie auch selbst gehört. Solche Änderungen nimmt sie vor, um die persönlichkeitsstabilisierende Übereinstimmung zwischen Selbstbild und Selbstbewertung aufrechtzuerhalten. Mittel dazu kann der Wechsel der Bg. und damit der verbindlichen Beurteilungsmaßstäbe sein (z. B. bei → Arbeitslosigkeit).

Der Anwendungsbereich der Bg.theorie umfaßt unterschiedliche soziale Phänomene wie Mode, »freischwebende Intelligenz«, soziale → Identität des Individuums, Mechanismen des sozialen Aufstiegs (→ Mobilität), relative Deprivation, Verbreitung von Normen und Werten vor allem im Erwachsenenalter, Bedingungen → abweichenden Verhaltens Jugendliche, Konsumverhalten, Beeinflussung durch Massenmedien (→ Medien). Beziehungen zur Rollentheorie (→ Rolle) bestehen; Unterschiede bestehen vor allem in der Vorstellung der aktiven Auswahl der Bg., die die Person vornimmt. Meistens läßt sich statt von der Bg. auch von der Bp. sprechen. Andere Bedeutung gewinnt der Begriff der Bp. im Zusammenhang mit der frühkindlichen Sozialisation (→ Frühkindliche Erziehung). Die Erkenntnis der Bedeutung einer bleibenden Bindung an eine feste Bp. (Mann oder Frau) mindestens während der ersten Lebensjahre, andernfalls → Angst, Urmißtrauen und bleibende Hospitalismusschäden (→ Hospitalismus) zu befürchten sein, hat Forderungen nach Änderungen von Adoptionsrecht und Adoptionspraxis (→ Annahme als Kind) unterstützt.
Lit. Blaschke: Qualifikationen; Hyman: Reference Groups; Neidhardt: Sozialisation; Wurzbacher: Familie. *Dieter Blaschke*

Bias → Fehler

Bikulturelle Erziehung bezeichnet die → Erziehung von Kindern aus binationalen Familien und von Kindern der (Arbeits-) Migranten (→ Migration) und → Flüchtlinge, die das Ziel hat, den Kindern eine Sprach- und Handlungskompetenz in beiden Kulturen zu vermitteln. Dabei spielt der Erhalt der Muttersprache eine entscheidende Rolle, die durch muttersprachlichen Unterricht gewährleistet sein sollte. Mit dem Erhalt der Muttersprache wird gleichzeitig ein erfolgreiches Erlernen der Zweitsprache unterstützt. Bei einer B. E. sollten Lehrer und Erzieher aus dem Herkunftsland beteiligt sein, damit die Kinder Rollenvorbilder in beiden Kulturen für ihren Lernprozeß und den Aufbau ihrer → Identität haben.
B. E. knüpft an die Lebensrealität der Kinder und ihren Umgang mit Menschen aus zwei unterschiedlichen Kulturen an, wobei eine Rückkehr in das Herkunftsland für möglich gehalten wird. In der pädagogischen Diskussion wird oft darauf hingewiesen, daß den Kindern der doppelte Lernprozeß viel Kraft kostet und einige Kritiker unterstellen, mit einer B. E. würde die »Ethnisierung« → ausländischer Kinder betrieben, die diese zur Unterschicht stigmatisiere (→ Stigmatisierung).
Helga Jockenhövel-Schiecke

Bildschirmtext → Medien

Bildung/Bildungswesen Der B.begriff wurde Mitte des 18. Jh. in die pädagogische Fachsprache übertragen. Er wurde aus den theologischen, mystischen und metaphysischen Zusammenhängen gelöst und zu einem Schlüsselbegriff für die Lehre von Erziehung und Unterricht. Die Geschichte des B.begriffs und der Theorie der B. ist wesentlich bestimmt von Herder, Humboldt, Schiller, Hegel, Herbart, Kerschensteiner, Nohl u. a.
Der B. haftet oft die Vorstellung von etwas Universalem an, häufig wird auch von Allgemeinb. und »allgemeiner Menschenb.« gesprochen. In kaum einem Bereich sind so viele Menschen Experten wie bei der B. Wissenschaftler, Politiker, Lehrer, Eltern und Schüler: sie alle haben ihre Erfahrung. Das macht die öffentliche Erörterung über die B. und/oder das Bw. oftmals so schwierig. Darin liegt allerdings auch eine große Chance.
Das Bw. umfaßt alle öffentlichen (staatlichen und kommunalen) und privaten Erziehungs- und B.einrichtungen des → Elementar-, Primar-, Sekundar- und Tertiärbereiches, der → Weiterbildung sowie des Zweiten Bildungsweges, der außerschulischen Jugendbildung und die → Sonderschulen (→ Sonderpädagogik).
In den Einrichtungen des Elementarbereichs werden Kinder im Alter von 3 bis 6 Jahren betreut.
Im Primarbereich erfolgt eine allgemeine schulische Grundausbildung von 4 bis hauptsächlich 6 Jahren Dauer. Diese Grundausbildung unterliegt der allgemeinen Schulpflicht. Sie beginnt normalerweise im Alter von 6 Jahren. Die Schulpflicht beträgt 12 Jahre, davon in der Regel neun Vollzeitschuljahre und drei Teilzeitschuljahre.
Der Sekundarbereich umfaßt im allgemeinen zwei B.zyklen von unterschiedlicher Länge und gliedert sich in allgemein- und berufsbildenden Unterricht. Der längere Zyklus (Sekundarbereich I) endet i. d. R. mit der Schulpflicht. Der sich anschließende kürzere Zyklus (Sekundarbereich II) vermittelt einen weiterführenden Abschluß.
Historisch bedingt, wird im Sekundarbereich zwischen dem allgemeinbildenden und dem beruflichen Schulwesen unterschieden.
Die berufliche → Ausbildung (→ Berufliche Bildung) in der Bundesrepublik erfolgt im sog. »dualen System«. Einerseits erhalten die Auszubildenden ihre praktische Ausbildung in den Betrieben, andererseits besuchen sie staatliche Berufsschulen, an denen neben einer fachtheoretischen auch eine allgemeinbildende Ausbildung erfolgt.
Der Tertiärbereich umfaßt die Ausbildungsgänge nach Erfüllung der Schulpflicht. Er beginnt im allgemeinen im Alter zwischen 18 und 19 Jahren. Diesem Bereich ist die Ausbildung an Hochschulen (→ Universität, → Fachhochschule), aber auch die Ausbildung an → Fachschulen und ähnlichen Einrichtungen zuzuordnen (Berufsakademie).
In Deutschland sind die Bundesländer für den Elementarbereich, die Schulen und die Hochschulen zuständig. Eine stark vereinfachte Strukturdarstellung vom Bw. gibt die Grafik »Überblick über die Struktur des Bildungswesens in der Bundesrepublik Deutschland«. Darin werden einzelne, z. T. nur von einigen Ländern angebotene Sonderformen des Bw. nicht dargestellt. Die Grafik enthält außerdem keine Darstellung der Einrichtungen des Sonderschulwesens. Wegen der »Kulturhoheit der Länder« ist die dargestellte Struktur des Bw. gewissermaßen ein allgemeiner Durchschnitt.
Das Bw. in der Bundesrepublik Deutschland entwickelt sich von einem vertikal zu einem horizontal gegliederten System. Im vertikal gegliederten B.system müssen frühzeitig die – später nur mit großen Mühen korrigierbaren – Entscheidungen über die weitere Laufbahn in einer bestimmten Einrichtung des Bw. getroffen werden. Im horizontal gegliederten B.system werden an nahezu jeder Stelle Übergänge zu anderen (weiterführenden) Einrichtungen vorgesehen, die je nach persönlichem Leistungsvermögen, Entwicklungsstand und Anspruch wahrgenommen werden können. Damit ist eine ständige Korrektur und Weiterentwicklung des zurückgelegten B.weges möglich. So besteht die Chance, auch von Haupt- oder Realschule oder nach einer Berufsausbildung die Hochschulreife zu erwerben und nicht mehr nur über das Gymnasium und das Abitur.
Das Bw. der Bundesrepublik Deutschland ist in den letzten zwanzig Jahren gekennzeichnet durch eine starke Expansion.
Die überwiegende Mehrheit der Schüler und Studenten besucht B.einrichtungen, die staatlich finanziert werden und staatlich vorgegebenen Organisationsmustern folgen. Private B.einrichtungen spielen eine größere Rolle im Elementarbereich, in der Berufsb. und in der Weiterb.
Vor der deutschen Vereinigung im Jahr 1990 existierten in den beiden deutschen Staaten unterschiedliche B.systeme. Grundlagen für die B. und → Erziehung in der ehemaligen DDR war das »Gesetz über das einheitliche sozialistische Bildungssystem« aus dem Jahr 1965. Die Prinzipien dieses B.gesetzes waren die Einheitlichkeit des Bw., die Staatlichkeit, Weltlichkeit und Unentgeltlichkeit des Bw. sowie die Wissenschaftlichkeit, Parteilichkeit und Lebensverbundenheit der B. Die Pädagogik in der DDR beruhte auf dem Prinzip der Einheit von B. und Erziehung. Die Lehrer sollten ihren Schülern nicht nur Wissen vermitteln, sondern sie gleichzeitig, auf der Grundlage eines klaren Klassenstandpunktes, zum politisch bewußten Handeln erziehen (→ Sozialistische Pädagogik).

Institutionell umfaßte das Bw. die Bereiche von der Kinderkrippe bis zum Studium und zur Weiterbildung.
Die Berufsausbildung erfolgte auf der Grundlage staatlicher Lehrpläne. Ausbildungsplätze wurden nach dem staatlich geplanten Bedarf der Wirtschaft vergeben. Die Berufsausbildung dauerte in den meisten Fällen zwei Jahre und gliederte sich in eine allgemeine Grundausbildung, berufliche Grundlagenausbildung und berufspraktische Ausbildung.
Für die Weiterbildung der Erwachsenen waren in der DDR neben den → Volkshochschulen (VHS), die »Urania« (Gesellschaft zur Verbreitung wissenschaftlicher Kenntnisse) und die Kammer der Technik zuständig.
Die Chance, ein einheitliches Schulsystem mit der deutschen Vereinigung zu schaffen, ist nicht ergriffen worden. Die 1965 von der KMK beschlossene Schulreform hat nicht dazu geführt, die drei Schulformen Hauptschule, Realschule und Gymnasium als gleichberechtigt zu installieren.
Auch die Reformforderungen in bezug auf die gegenwärtige Ausbildungssituation an den Hochschulen laufen derzeit ins Leere oder bleiben stecken.
Im Gymnasium lernen heute Abiturienten die Bedeutsamkeit ihres Zensurendurchschnittes kennen, nur wenige sind jedoch

Überblick über die Struktur des Bildungswesens in der Bundesrepublik Deutschland

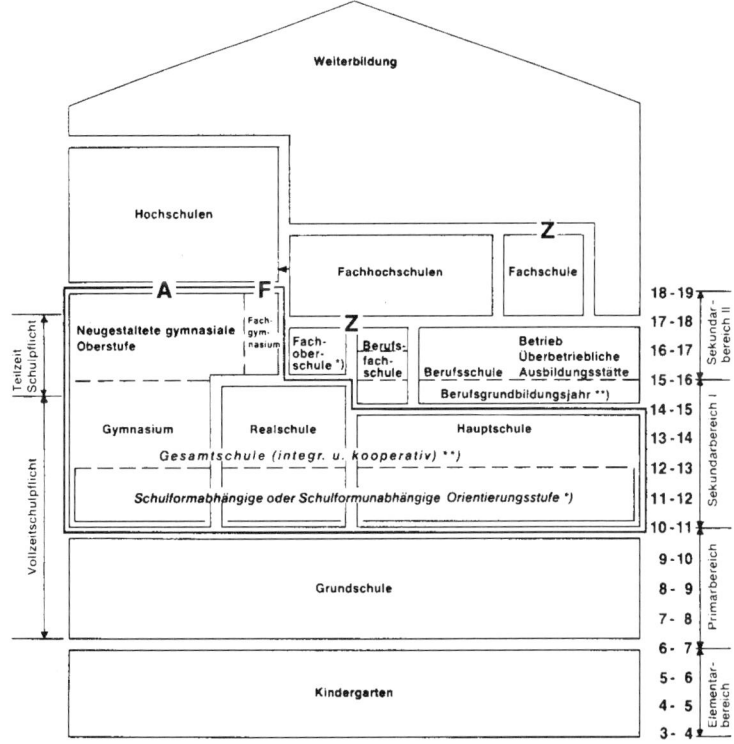

aus: Bericht der Bundesregierung über die strukturellen Probleme des föderativen Bildungssystems, Bundestags-Drucksache 8/1551 (»Mängelbericht«)

auf eine selbständige Organisation ihres Studiums vorbereitet. Für den Großteil der Studenten bedeutet die Auseinandersetzung mit einer neuen Ausbildungs- und Lernsituation Unsicherheit, Ratlosigkeit und Unzufriedenheit. Die Folge hiervon ist oft eine umfassende Desorientierung im Hinblick auf Leistungsanforderungen und den eigenen Leistungsstandard. Die Anonymität der heutigen Hochschulen, die Größe der Seminare und Übungen erschweren zudem Kontaktversuche zu anderen Studenten und zu Lehrenden. Ein besonderes Problem sind die ungewissen Berufsaussichten der Hochschulabsolventen. Immer weniger Hochschulabsolventen haben eine Chance, ihr Studium beruflich zu nutzen.

Das Bw. in der Bundesrepublik Deutschland steht seit Beginn der 80er Jahre im Schatten wirtschaftlich-gesellschaftlicher Entwicklungen und Probleme. Seitdem das Wirtschaftswachstum gebremst ist, hat die Zahl der Arbeitslosen (→ Arbeitslosigkeit) in der Bundesrepublik, aber auch in anderen westlichen Ländern, eine seit den 50er Jahren nicht mehr gekannte Höhe erreicht. Insbes. die berufliche Zukunft vieler Jugendlicher, die ihre B.laufbahn abgeschlossen haben, ist nicht befriedigend gelöst und bereitet viele Probleme (Jugendarbeitslosigkeit).

Das Bw. entwickelte sich in den letzten Jahren zunehmend zu einem Feld der ideologischen Auseinandersetzung zwischen »Bewahrern« und »Reformern«. Aus der Konfrontation folgten zum Teil inhaltliche Stagnation und Rückzug, da Reformen bundesweit nur mit großen Kompromissen und auf dem kleinsten gemeinsamen Nenner möglich waren (z. B. Hochschulrahmengesetz, Studienreform). In einzelnen Bundesländern wurden im Hinblick auf die Einheitlichkeit und Vergleichbarkeit im Bw. Reformen entweder nicht begonnen oder gar wieder zurückgenommen (z. B. Lehrerausbildung).

B. und Erziehung, die Veränderung ihrer Inhalte und Strukturen sind für viele Politiker Schlüssel zur Gesellschaftsreform. Stichworte sind Ungleichgewichte im Bw., Jugendarbeitslosigkeit, Mängel im föderativen B.system, Verbesserung der B.chancen, B.niveausteigerung.

Der Dissens über das Bw. ist in den letzten Jahren nicht geringer geworden. Die b.politischen Vorstellungen der großen politischen Parteien zeigen seit Jahrzehnten wenig neue, überzeugende Ansätze. Konservative B.politiker setzen z.B. in der Schulpolitik auf eine Verstärkung des Ausleseprozesses nach der Grundschule, um den Zulauf zum Gymnasium zu drosseln. Die Vorstellungen der progressiven B.politiker zielen dagegen auf die Einführung der Gesamtschule als Einheitsschule, die alle anderen Schulformen in der Mittelstufe ersetzen soll. Diese Positionen haben, wie auch die Entwicklungen in den neuen Bundesländern zeigen, ungewollt zur reformpädagogischen Lähmung beigetragen.

Ohne daß Probleme und anstehende Aufgaben geleugnet oder herabgespielt werden sollen, ist festzustellen: Die Bundesrepublik Deutschland liegt mit ihrem B.angebot in der Spitzengruppe der hochentwickelten Länder. Noch vor zwei Jahrzehnten lag sie am unteren Ende der Skala. Staat, Gemeinden, Wirtschaft, Vereine und Verbände wenden seit den 70er Jahren erheblich mehr Mittel für B. und Forschung auf. Die Zahl der Schulabgänger mit einem mittleren B.abschluß hat sich seit 1965 mehr als verdoppelt. Mehr als die Hälfte aller Jugendlichen erwirbt heute mindestens einen mittleren Abschluß. Die Zahl der Absolventen mit Hochschul- oder Fachhochschulreife hat sich seit 1965 fast verfünffacht. Die Zahl der Hauptschulabgänger ohne Abschluß ist um ein Drittel zurückgegangen. Über die Hälfte aller Jugendlichen erwirbt im dualen System von Betrieb und Berufsschule einen qualifizierten beruflichen Abschluß in anerkannten Ausbildungsberufen. Doch auch bei erheblicher Expansion im Bw. blieb angesichts der sehr geringen Ausgangsbasis die B.beteiligung benachteiligter Gruppen die schichtspezifische Umverteilung im B.bereich relativ bedeutungslos. Vor Beginn der B.expansion herrschte Gewißheit über einen engen Zusammenhang von Schulabschluß und Sozialstatus (vgl. Schelsky). Ein Abitur und erst recht ein Hochschulabschluß garantierten üblicherweise den Erwerb eines hohen Status. Dieser historisch enge Zusammenhang hat sich inzwischen erheblich geweitet. So konnte in einer aufwendigen Studie für die USA (Jencks) festgestellt werden, daß die Statusunterschiede nur zu einem geringen Teil durch den B.grad zu erklären sind. Der B.grad (gemessen an der Länge der Ausbildung) erwies sich nur als eine Determinante neben anderen mit verhältnismäßig geringer Erklärungskraft; am stärksten beeinflußt sie noch den Berufsstatus. Unabhängig von der heute zweifellos erheblich höheren relativen Beteiligung bislang benachteiligter Gruppen wird in verschiedenen Untersuchungen (vgl. z. B. Noll u. a.) deutlich, daß Arbeiterkinder auch heute noch weniger Chancen haben als andere (→ Soziale Benachteiligung). Die verschiedenen Studien machen deutlich, daß die unterschiedlichen Institutionen des Bw. für die Herstellung von → Chancengleichheit bzw. zur wesentlichen Verringerung von Ungleichheiten nicht in der Lage sind. Zumindest qualitativ am meisten genützt hat die B.expansion den Mädchen. In den Jahren nach 1960 sind die geschlechtsspezifischen Benachteiligungen – soweit es die Beteiligung an hochqualifizierter B.wegen betrifft – der Mädchen weitgehend aufgehoben worden.

Lit. BMBW: Bildungspolitische Zwischenbilanz; BMBW: Bildungssystem; BMBW:

Grund- und Strukturdaten; Bundesministerium für innerdeutsche Beziehungen: DDR Handbuch; Deutscher Bildungsrat: Bericht '75; Honecker: Bericht; Jencks: Chancengleichheit; Klafki: Problem; Müller, W. u. a.: Chancengleichheit; Niehl: Chancengleichheit; Nohl: Pädagogische Bewegung; Noll u. a.: Arbeiterkinder; Nummer-Winkler: Chancengleichheit; Presse- und Informationsamt der Bundesregierung: Gesellschaftliche Daten; Roth, H.: Begabung; Schelsky: Schule; Statistisches Landesamt Baden-Württemberg: Bildungswesen; Statistisches Bundesamt: Statistisches Jahrbuch; Wurzbacher: Mensch.
Gerd Bollermann

Bildungsgesamtplan wurde 1973 von der Bund-Länder-Kommission für Bildungsplanung und Forschungsförderung (BLK) in Übereinstimmung von Bund und Ländern veröffentlicht. Er entwarf eine langfristig geplante Strategie zur Bildungsreform, die u. a. die → »Gesamtschule« als bildungspolitisches Reformmodell unterstützte und den Aufbau des Bildungssystems ausgehend vom Elementarbereich, dem traditionellen → Kindergarten bis hin zum tertiären Bildungsbereich beschrieb.
Der Grundkonsens zwischen den Ländern bei den meisten Empfehlungen zerbrach bald, die finanzpolitischen Grundlagen waren nicht mehr gesichert und parteipolitische Divergenzen verhinderten eine Fortschreibung des Bildungsgesamtplanes nach 1975.
Lit. Bund-Länder-Kommission für Bildungsplanung: Bildungsgesamtplan.
Beate Irskens

Bildungsökonomie hat sich als eine gesonderte Disziplin der Wirtschaftswissenschaften erst Ende der 50er Jahre systematisch entwickelt. In der Tradition der klassischen → politischen Ökonomie (Smith, Ricardo) wie auch ihres Kritikers (Marx) ist ihre zentrale Bezugsgröße eine → Kosten-Nutzen-Analyse des durch Bildung und Ausbildung erzeugten »Humankapitals«.
Ihre Renaissance erlebte die B. Ende der 50er Jahre in den USA (Schultz, Denison u. a.). Die B. versuchte nachzuweisen, daß eine verstärkte Investition in den Bildungssektor sich gesamtwirtschaftlich positiv auszahlen würde. Die durch Bildungsinvestitionen erzeugte Qualifikationserhöhung bei den Beschäftigten führe zu beschleunigtem technischen Wandel und treibe somit das Wirtschaftswachstum voran.
Diese Grundthese wurde von deutschen Wirtschaftswissenschaftlern seit Mitte der 60er Jahre aufgegriffen. In verschiedenen Modellen der quantitativen Bedarfsermittlung von Qualifikationen unter dem Oberbegriff des »manpower approach« (Hegelheimer, Hüfner u. a.) wird versucht, quantitative und qualitative Aussagen über notwendige Bildungsinvestitionen zu berechnen. Ein anderer Ansatz (»social demand approach«) versucht auf dem Wege von Trendextrapolationen die zu erwartende individuelle Bildungsnachfrage zu bestimmen, um bei der qualitativen und quantitativen Erweiterung der Bildungssektoren Planungshilfe zu leisten.
Die gesellschaftlichen Ursachen für die Renaissance der B. in den USA und nachfolgend in Europa sind z. T. im Erkennen eines Technologierückstands in den 50er Jahren gegenüber der UdSSR zu sehen (Sputnik-Schock). Verstärkt wurde diese Argumentation von den deutschen Bildungsökonomen Edding und Picht, die in den 60er Jahren auf der Basis einer internationalen Vergleichsanalyse nachwiesen, daß die Bildungsausgaben in der Bundesrepublik eine relativ niedrige Rate aufweisen. Daraus leiteten sie die gesellschaftliche Notwendigkeit einer allgemeinen Höherqualifikation und einer Reform des Bildungswesens ab (→ Bildungsgesamtplan).
Dieser Aspekt verweist auf die enge Verknüpfung der B. mit Bildungspolitik und -planung. Sozialwissenschaftler aber setzen gerade an diesem Punkt mit ihrer Kritik an der B. an. Die B. überträgt die Denkmodelle der Wirtschaftswissenschaften auf die Bildungsentscheidungen der Individuen und die Planungen der Politiker: sie folgt dem Modell des ökonomischen »Rationalverhaltens«. Gesellschaftspolitische Postulate wie »Chancengleichheit« und »Bürgerrecht auf Bildung« liegen somit außerhalb einer sich auf Quantitäten beziehenden Planungsstrategie. Seit Ende der 70er Jahre werden Bildungsausgaben fast nur noch als »Kosten« analysiert; deren Bedeutung als »Zukunftsinvestitionen« spielt bildungsökonomisch kaum mehr eine Rolle – dafür um so mehr in der politischen Rhetorik. Es dominieren dementsprechend Strategien der Effizienzsteigerung, Kosten-Nutzen-Analysen und betriebswirtschaftlich inspirierte Management-Verfahren. Dadurch ist die Bedeutung der B. für die Legitimation von Bildungspolitik stark zurückgegangen. Seit einigen Jahren wird erneut versucht, analytisch zwischen investiven und konsumptiven Ausgaben im Bildungsbereich zu unterscheiden und das Konzept des Humankapitals zu präzisieren.
Lit. Altvater u. a.: Politische Ökonomie; Becker, E. u. a.: Bildung; Edding: Bildungswesen; Hegelheimer: Bildungs- und Arbeitskräfteplanung; Maier, H.: Bildungsökonomie; Schultz, T. W.: Education; Widmaier: Politische Ökonomie.
Egon Becker

Bildungsurlaub Die Bundesrepublik Deutschland hat durch Ratifizierung eines Übereinkommens der → Internationalen Arbeitsorganisation (IAO) im Jahre 1974 die Verpflichtung übernommen, schrittweise den B. einzuführen. Seither wird Urlaub

zur → politischen Bildung und beruflichen → Weiterbildung (→ Berufliche Bildung) Arbeitnehmern und Auszubildenden in einigen Bundesländern durch landesgesetzliche Regelungen gewährt. Nach dem Hessischen Bildungsurlaubsgesetz z. B. hat jeder Arbeitnehmer einen → Rechtsanspruch auf bezahlten B. von 5 Arbeitstagen jährlich. Der B. kann nur bei behördlich anerkannten Trägern von Bildungsveranstaltungen durchgeführt werden.
Der Anspruch auf B. ist im allgemeinen Rechtsbewußtsein derzeit noch recht schwach verankert, er muß daher nicht selten gerichtlich (ggf. im Wege der → einstweiligen Verfügung) durchgesetzt werden.
Ein besonderer Anspruch auf B. von insgesamt 3 Wochen (bei Neumitgliedern von 4 Wochen) während der 3jährigen Wahlperiode besteht für Mitglieder des → Betriebsrats (§ 37 Abs. 7 BetrVG). *Klaus Feser*

Bildungswesen in Europa Ein in seinen Strukturen vereinheitlichtes europäisches Bildungswesen besteht nicht, und die politischen Bestrebungen gehen auch nicht dahin, ein solches zukünftig zu schaffen. Gleichwohl sind in den letzten Jahren deutliche Bemühungen zu verzeichnen, zu Annäherungen zwischen den Bildungssystemen in Europa zu kommen. Besonders die gegenseitige Anerkennung von Bildungsabschlüssen steht dabei im Vordergrund, um so die Mobilität innerhalb Europas zu erhöhen.
Schon sehr früh sind auf der Ebene des → Europarats auf das Ziel der Mobilität ausgerichtete Verträge geschlossen worden, die Staaten auch außerhalb der heutigen → Europäischen Gemeinschaft (EG) einbeziehen. Der ursprüngliche Vertrag über die EG enthielt lediglich Kompetenzen in Zusammenhang mit den Bemühungen um die Herstellung der Freizügigkeit der Arbeitnehmer/-innen innerhalb des Binnenmarktes (vgl. insoweit Art. 57 und 66 des EG-Vertrages); im Rahmen dessen kam es zu ersten Ansätzen einer europäischen Berufsbildungspolitik, wie etwa durch die Richtlinie über die schulische Betreuung der Kinder von Wanderarbeitnehmern vom 25. 7. 1977. Die Anerkennung der Gleichwertigkeit von Abschlüssen zwischen den EG-Mitgliedstaaten wird heute im Sinne eines »Prinzips des gegenseitigen Vertrauens« angesprochen, wie etwa der allgemeinen Richtlinie zur Anerkennung der Hochschuldiplome, die eine mindestens dreijährige Berufsausbildung abschließen, vom 21. 12. 1988.
Eine grundlegende Veränderung trat mit dem Vertrag von Maastricht im Jahre 1992 ein. Nunmehr wurde es ausdrücklich zur Aufgabe der EG erklärt, »einen Beitrag zu einer qualitativ hochstehenden allgemeinen und beruflichen Bildung sowie zur Entfaltung des Kulturlebens in den Mitgliedstaaten« zu leisten (Art. 3 Buchst. p des EG-Vertrages). In Umsetzung dieses Zieles stehen der EG jetzt grundsätzlich Kompetenzen auch auf dem Feld der allgemeinen Bildung (Art. 126 des EG-Vertrages) und in der beruflichen Bildung (Art. 127 des EG-Vertrages) zu. Dabei sind allerdings die Lehrinhalte und die Gestaltung des Bildungssystems ausdrücklich der Kompetenz der EG entzogen. Die Wahrnehmung der im EG-Vertrag vorgesehenen Befugnisse durch die Organe der EG unterliegt insoweit einem weiteren Vorbehalt, als die EG nach dem Grundsatz der → Subsidiarität nur tätig werden darf, »sofern und soweit die Ziele der in Betracht gezogenen Maßnahmen auf Ebene der Mitgliedstaaten nicht ausreichend erreicht werden können und daher wegen ihres Umfangs oder ihrer Wirkungen besser auf Gemeinschaftsebene erreicht werden können« (so Art. 3 b Absatz 2 des EG-Vertrages). Mit der Einfügung des Subsidiaritätsgrundsatzes in den Vertrag von Maastricht wurde namentlich auch deutschen Bedenken Rechnung getragen, die aus dem deutschen verfassungsrechtlichen Grundsatz der Kulturhoheit der Bundesländer abgeleitet wurden und sich gegen zentrale Vorgaben im Bildungsbereich richteten. Damit ist ein Tätigwerden der Gemeinschaftsorgane an den Nachweis einer erhöhten Effektivität durch europaweite Maßnahmen gebunden.
Sofern diese Voraussetzung gegeben ist, erstreckt sich die Kompetenz der EG im Bereich der allgemeinen Bildung (Art. 126) namentlich auf die Förderung der Vermittlung von Fremdsprachen, des Austausches von Lehrenden und Lernenden zwischen den Mitgliedstaaten und der Zusammenarbeit der Bildungseinrichtungen. In Umsetzung dieser vertraglichen Vorgabe wurde das Aktionsprogramm »Sokrates« aufgelegt. Für die Durchführung dieses Programms stehen in den Jahren 1995 bis 1999 insgesamt 850 Mio. ECU bereit.
Für den Bereich der beruflichen Bildung enthält Art. 127 des EG-Vertrages eine nähere Beschreibung der Ziele. Danach soll insbesondere durch eine intensivere Berufsbildung bei der Bewältigung des technischen Fortschrittes sowie bei der Eingliederung in den Arbeitsmarkt Unterstützung geleistet werden. Ebenso sollen der Austausch und die Zusammenarbeit im Bereich der beruflichen Bildung gefördert werden. Umgesetzt werden die Ziele des Vertrages mit dem Aktionsprogramm »Leonardo da Vinci«, für das in den Jahren 1995 bis 1999 insgesamt 620 Mio. ECU bereitgestellt wurden.
Speziell für den Jugendaustausch wurde schließlich das Programm »Jugend für Europa« aufgelegt, für das insgesamt 126 Mio. ECU für den Zeitraum 1995 bis 1999 zur Verfügung stehen.
Zur Weiterentwicklung ihrer Politik im Bereich der allgemeinen und beruflichen Bil-

dung hat die EG-Kommission im Jahre 1996 ein »Weißbuch Lehren und Lernen« vorgelegt, mit dem Ziele für Bildung und Ausbildung für die Zeit nach 1999 zur Diskussion gestellt werden. Danach will die Kommission in Zukunft einen europäischen »Binnenmarkt für Bildung« schaffen. Es erscheint aber zweifelhaft, ob in Anbetracht der Situation der öffentlichen Haushalte in allen Mitgliedsstaaten der EG ein derartig anspruchsvolles und umfangreiches Zukunftsprogramm wird realisiert werden können. *Hans-Peter Füssel*

Bilinguale Erziehung → Bikulturelle Erziehung

Bindungswirkung Der Begriff soll die Rechtswirkung von Verwaltungshandlungen charakterisieren, die nicht Rechtsnorm oder → Verwaltungsakt sind.
Er hat sich aus dem Gedanken der Rechtssicherheit entwickelt (Gesetzeskraft, Rechtskraft, Bestandskraft). Er besagt, daß eine in einem bestimmten rechtlichen Verfahren zustandegekommene Entscheidung oder Regelung unabhängig von ihrer sachlichen Richtigkeit zwischen den Verfahrensbeteiligten formelle Gültigkeit hat und diese daher bis auf weiteres an diese Entscheidung oder Regelung gebunden sind.
Der Sprachgebrauch kennt demgemäß die B. von Beschlüssen von Kollegialorganen (z.B. des Gemeinderates, von Ausschüssen usw.), im Innenverhältnis als sog. Selbstbindung, im Außenverhältnis als verpflichtende Handlungsmaxime für beteiligte Interessenträger.
Der Begriff »B« wird u.a. angewandt, um die Rechtswirkung von Plänen zu beschreiben, die nicht Satzung (Bebauungsplan) oder Verwaltungsakt (z.B. straßenrechtlicher Planfeststellungsbeschluß) sind: z.B. die B. des Flächennutzungsplans, von Fachentwicklungsplänen (→ Sozialplanung).
Hans-Joachim Franke

Bioenergetik stellt eine Fortführung und systematische Erweiterung der Vegetobzw. Orgontherapie von Reich (1897–1957) dar. Ausgehend von der These der funktionellen Identität von Characterpanzer und Muskelpanzer, diagnostiziert der Bioenergetiker Persönlichkeitsstörungen vom Ausdruck und der Bewegung des Körpers her. Eine zweite von Reich übernommene Idee betrifft die Beziehung zwischen der Hemmung emotionaler Erregbarkeit und der Verringerung der Atmungsintensität. Danach ist die emotionale Erregbarkeit in erster Linie abhängig von der Atemfunktion. Durch Einschränkung der Sauerstoffzufuhr verringert der Mensch die Stoffwechselprozesse im Körper und damit den Energiespiegel. Ein dritter Gedanke bezieht sich auf die Funktion der sexuellen Erfüllung bei der Steuerung des Energiehaushalts im Körper. Reich nahm an, daß volle orgastische Befriedigung alle im Organismus enthaltenen überschüssigen Energien abbaut, so daß keine Energie für die Unterstützung neurotischer Störungen (→ Neurose) zur Verfügung stehen kann. Dieser Abbau tritt nicht ein, wenn die Energie durch Blockierungen i.S.v. Muskelverspannungen festgehalten wird. Daher bestand schon für Reich ein wesentliches therapeutisches Ziel darin, diese Blockierungen im Muskelapparat aufzulösen.
Die bioenergetische Therapie wird in drei Phasen untergliedert. In einem ersten Abschnitt soll der Patient seine Verspannungen im Körper und die in ihrem Ausdruck blockierten Impulse bewußt wahrnehmen. Beispielsweise können zusammengepreßte Schultern und Arme auf zurückgehaltene Schlagimpulse hindeuten. In einer zweiten Phase erfolgt die Analyse des Ursprungs jener Verspannungen, Hemmungen und blockierten Impulse vor dem Hintergrund der individuellen Lebensgeschichte. In der dritten Phase werden die blockierten Impulse schließlich durch geeignete Bewegungen gelöst. Z.B. wird Wut durch Schlagen und Treten gegen eine Matte freigesetzt. Die B. wird als Einzel- und → Gruppentherapie durchgeführt und setzt in jedem Fall als vorwiegend körperorientierte → Therapie beim Therapeuten genaue anatomische und physiologische Kenntnisse voraus.
Die Anerkennung als eigenständige Therapieform blieb der B. bisher in Deutschland versagt, obgleich sie als Ergänzung zu den überwiegend verbal orientierten, anerkannten Richtungen der → Psychotherapie von deren Vertretern mitunter sehr geschätzt wird. Neben der Behandlung neurotischer Störungen sieht sich die B. als besonders geeignet für die Therapie tiefer Persönlichkeitsstörungen im vorsprachlichen Raum und ganz besonders psychosomatischer Krankheiten an. Wissenschaftliche Untersuchungen über Wirkfaktoren und Wirksamkeit gehen allerdings über Einzelfallstudien nicht hinaus.
Lit. Geißler, P.: Biogenetische Analyse; Lowen: Bioenergetik; Lowen: Körpertherapie; Reich, W.: Characteranalyse; Sollmann: Bioenergetik. *Heinz-Jörg Fraßa*

Bioethik Im Ursinn des Wortes der sittliche Umgang mit dem Lebendigen, ist der Begriff B. aus den USA übernommen. B. befaßt sich mit den ethischen Problemen der Anwendung biologischen und medizinischen Wissens auf den einzelnen Menschen – Krankenversorgung, Gesundheitsvorsorge, Forschungseingriffe – sowie auf ein Gemeinwesen, ein Volk oder die Menschheit insgesamt – Nutzung von ökonomischen und personellen Ressourcen, Ausgestaltung des öffentlichen Gesundheitssystems. Seit Ende der 70er Jahre hat sich B. in den USA

Biographischer Ansatz

entwickelt als Auseinandersetzung mit normativen Problemen im Spannungsfeld von Wissenschaft, Technik und → Gesellschaft. Das immense Anwachsen naturwissenschaftlicher Erkenntnisse und Technologie, die Aufweichung von hierarchischen, autoritären Wertsystemen sowie die zunehmende Legitimationsnotwendigkeit der Anwendung von biologischer und medizinischer Wissenschaft haben zur Herausbildung der B. als Bestandteil des Medizinstudiums und als selbständiges Studienfach geführt. Im Unterschied zur berufsständischen Medizinethik versteht sich B. als konsensorientierte Verantwortungsethik für alle heilberuflich und ordnungspolitisch Tätigen im Gesundheitswesen zur Meinungsbildung, Güterabwägung und Entscheidungsfindung. Dabei wird ausgegangen vom Konzept des selbstbestimmten und selbstverantwortlichen mündigen Bürgers im Umgang mit Angeboten und Anforderungen der Medizin sowie vom Grundverständnis der Freiheit medizinischer und biologischer Forschung und Wissenschaft. B. verzichtet auf letztliche Begründungen und fußt auf pragmatischen sozialen Werten, die im konkreten Zusammenleben einer pluralistischen Gesellschaft angewendet werden. Die Prinzipien der → Fürsorge, der Selbstbestimmung des Patienten und der sozialen Zuträglichkeit und Ökonomie sind handlungsleitend für die einzelnen Entscheidungssituationen. Absolute Grenzen wie etwa die allgemeine, uneingeschränkte → Menschenwürde gibt es in diesem Denksystem nicht. Damit wird menschliches Leben grundsätzlich zur Disposition gestellt, Abwägungsprozessen unterzogen. B. versteht sich als Dienstleistung für Forschungspolitik und als Politikberatung etwa für Embryonenforschung, Demenzforschung oder Gesundheitspolitik. B. steht neben anderen Formen angewandter Ethik wie Wirtschaftsethik, Umweltethik, Verwaltungsethik – jeweils Sonderethiken zur Legitimation von Handeln in diesen Bereichen. Das Vorgehen ist dabei: Anpassung der Ethik an die Bedürfnisse des technisch Machbaren. Weniger Heilungsabsicht als Forschungsinteressen sind die handlungsleitenden Orientierungen der B. Aktuelle Fragestellungen der B., für die konsensfähige Antworten gesucht werden, sind Genforschung, künstliche Befruchtung, Betreuung unheilbar Kranker, → Sterbehilfe, Organverpflanzung und ökonomische Aspekte des Gesundheitswesen. Die Entwürfe für eine Deklaration der UNESCO und eine Konvention des Europarates sind aktuelle Beispiele dafür, wie eine pragmatische Verschiebung gesellschaftlicher Grundlagen ethisch und philosophisch legitimiert werden soll, weg vom dem Primat der Menschenwürde hin zu einer Balance zwischen Freiheit der Wissenschaft und gesellschaftlicher Solidarität.

Therese Neuer-Miebach

Biographischer Ansatz Individuelle und kollektive Identitäten formen sich unter den jeweiligen soziokulturellen Verhältnissen und historischen Veränderungen: Menschen sind, was sie lebensgeschichtlich geworden sind (→ Individuation, → Sozialisation, → Handlungstheorie).
In der → empirischen Sozialforschung verfolgt der b. A. die erfahrungsnahe Rekonstruktion allgemeiner Strukturen und Prozesse aus persönlichen Erinnerungen, vornehmlich durch → qualitative Erhebungs- und Auswertungsmethoden. In der Bildungs-, Kultur- und Sozialarbeit/Sozialpädagogik will der b. A. Handlungs- und Denkweisen von Menschen aus ihrer → Lebenswelt verstehen und daraus individuell angepaßte Angebote und Problemlösungen entwickeln (→ Sozialökologie).
Zentrale Methode des b. A. (in Einzel- oder → Gruppenarbeit) ist die lebensgeschichtliche Gesprächsführung: Vorstrukturiert nach Lebensphasen (Geburt, Kindheit, Jugend etc.) und Sozialräumen (→ Sozialraumanalyse), ansonsten aber offen für die erzählerischen Schwerpunktsetzungen der Gesprächspartner, wird die Biographie erfragt. Wertende Meinungen werden zugunsten detailgenauer Beschreibungen und lebendiger Geschichten aus eigenem Erleben zurückgestellt. Anstöße zum Erinnern und Erzählen geben Hinweise auf historische Ereignisse. Vergleiche mit Erfahrungen anderer Menschen (je nach Milieu, Generation, Geschlecht) sowie persönliche Erinnerungsstücke und Dokumente, Lieder, Gerüche etc.).
In jedem Alter und Kontext nutzt der b. A. die Kompetenzen autobiographischen Erzählens zur Stärkung des Selbstwertgefühls und der sozialen Einbindung. Beim Übergang in neue Lebensabschnitte und in Lebenskrisen öffnet der b. A. Wege der Selbstthematisierung. Er ermöglicht beiden Seiten einer → helfenden Beziehung die Steuerung von Nähe oder Distanz durch Wechsel zwischen personenzentrierter biographischer Betroffenheit und sachorientiertem Interesse an allgemeinen Verhältnissen.
Die → Sozialplanung folgt dem b. A. bei der Förderung von Verständnis und Kooperation im → Netzwerk von Betroffenen, Angehörigen, Diensten, Ämtern etc. (→ Partizipation, → Gemeinwesenarbeit, → Stadtteilarbeit). Auch die → Fort- und → Weiterbildung (z. B. → Vorbereitung auf das Alter) greift mit dem b.A. zunehmend die lebensgeschichtlich erworbenen Kompetenzen der Teilnehmer auf.
Lit. Blaumeiser u. a.: Menschen; Blimlinger u. a.: Lebensgeschichten; Nittel: Report; Völzke: Methode. *Heinz Blaumeiser*

Blinde werden in § 76 Abs. 2a Nr. 3 Buchstabe a (→ Bundessozialhilfegesetz BSHG) insbes. gegenüber den → Sehbehin-

derten abgegrenzt als Personen, »die blind sind oder deren Sehschärfe auf dem besseren Auge nicht mehr als 1/50 beträgt oder bei denen dem Schweregrad dieser Sehschärfe gleichzuachtende, nicht nur vorübergehende Störungen des Sehvermögens vorliegen.«
Diese Begriffsbestimmung wird näher konkretisiert in Nr. 26.4 der »Anhaltspunkte für die ärztliche Gutachtertätigkeit im sozialen Entschädigungsrecht und nach dem Schwerbehindertengesetz« (AHP). Der gesetzliche Blindheitsbegriff in Deutschland geht über den medizinischen Blindheitsbegriff (»Amaurose«) hinaus, andererseits bleibt er hinter Regelungen vieler anderer Länder (z.B. Frankreich, Großbritannien, Italien, und die ehemalige DDR) zurück, die auch bereits hochgradig Sehbehinderte als B. anerkennen. Im Schulrecht wird, etwa bei der Frage der Aufnahme eines Schülers in eine Blindenschule, in der Regel nicht auf den gesetzlichen Blindheitsbegriff abgestellt, sondern vorrangig auf pädagogische Aspekte.
B. werden im Schwerbehindertenausweis ein GdB von 100 und die Merkzeichen Bl, H, B, G und RF zuerkannt. Sie erhalten i.d.R. neben dem allgemeinen Nachteilsausgleichen für Behinderte ein staatliches Blindengeld zum Ausgleich der blindheitsbedingten Mehraufwendungen. Spezielle Einrichtungen für B. sind die Blindenschulen, die auch die Aufgabe der Frühförderung im Vorschulalter (→ Frühförderung Behinderter) übernehmen, und die Deutsche Blindenstudienanstalt in Marburg (Gymnasialausbildung), sodann spezielle → Berufsbildungs- und → Berufsförderungswerke und die → Blindenwerkstätten sowie Kur- und Erholungsheime und Alten- und Pflegeheime (→ Altenpflegeheim) in Trägerschaft der Landesvereine des → Deutschen Blindenverbandes e.V. (DBV). Für Taubblinde gibt es das Deutsche Taubblindenzentrum in Hannover, für mehrfachbehinderte B. gibt es Spezialschulen oder Sonderabteilungen an Blindenschulen.
Die Zahl der B. in Deutschland beträgt nach Schätzungen des DBV ca. 155 000 (1995). Statistiken einzelner Bundesländer belegen einen extrem hohen und noch weiter wachsenden Anteil der Altersb. (70% der Erblindungen treten nach dem 60. Lebensjahr ein). Bei den Geburts- und Früherblindeten überwiegt die Zahl der → Mehrfachbehinderten. Die Ursache der Blindheit ist Unterscheidungskriterium den unterschiedlichen gesetzlichen Regelungen für Kriegsb., für Berufsunfallb. und für die übrigen Zivilb. Für die Ausstattung mit → Hilfsmitteln (u.a. weißer Langstock mit zugehörigem Kursus in Orientierung und Mobilität durch speziell ausgebildete O&M-Trainer, Blindenführhund) sind in der Regel die → Krankenkassen zuständig, für Hilfsmittel im beruflichen Bereich (u.a. blindengemäße Adaption von PCs) die Träger der → beruflichen Rehabilitation (→ Arbeitsverwaltung, → Hauptfürsorgestellen, → Rentenversicherung). Für die Unterweisung in lebenspraktischen Fertigkeiten (LPF) durch ausgebildete LPF- bzw. Reha-Lehrer (die u.a. auch älteren B. das Erlernen der Blindenschrift vermitteln) tragen lediglich die Sozialämter die Kosten im Rahmen der → Eingliederungshilfe für Behinderte.
B. sind immer noch von vielen Berufen ausgeschlossen. So kann ein blinder Richter nicht Vorsitzender einer Strafkammer sein; ein erblindeter Arzt, der sich zu einem Psychotherapeuten hat umschulen lassen, muß jedoch nicht die Approbation verlieren. Die modernen Hilfsmittel ermöglichen andererseits eine wachsende Palette beruflicher Einsatzmöglichkeiten.
Lit. Kaden: Sehbehindert; Scholler: Sehbehindertenwesen. *Karl Thomas Drerup*

Blindengeld ist eine monatlich gezahlte staatliche Leistung für → Blinde zum Ausgleich blindheitsbedingter Mehraufwendungen. Es ist die wichtigste Sozialleistung für Blinde.
1962 wurde die in § 67 → Bundessozialhilfegesetz (BSHG) geregelte → Blindenhilfe eingeführt, die jedoch wie alle anderen Sozialhilfeleistungen vom Einkommen und Vermögen des Hilfeempfängers abhängt. Sie wird gewährt, wenn und soweit das Landesrecht nicht eingreift. Sie ist von der Zielsetzung und mit kleinen Abweichungen von den Voraussetzungen her identisch mit dem nach Landesrecht gewährten B. und hat insoweit Leitfunktion (Verweisung auf § 67 BSHG in den → Landesblindengeldgesetzen von Baden-Württemberg, Brandenburg, Hamburg, Mecklenburg-Vorpommern, Niedersachsen, Nordrhein-Westfalen, Saarland, Sachsen-Anhalt, Schleswig-Holstein und Thüringen). Kriegsblinde erhalten anstelle des B. die Pflegezulage der Stufe III nach § 35 Bundesversorgungsgesetz (BVG); auf die Höhe dieser Leistung sind die Blindengeldgesetze in Berlin und Hessen ausgerichtet. Berufsunfallblinde erhalten 60% des in § 558 Abs. 3 → Reichsversicherungsordnung (RVO) bezifferten Pflegegeldhöchstbetrages.
Das B. ist in den Bundesländern unterschiedlich hoch. Die Beträge für einen erwachsenen Blinden reichen (Stand 1. 7. 1995) von 750 DM (Bremen) bis 1133 DM (Hessen). Bis zum 18. Lebensjahr erhalten Blinde in der Regel die Hälfte. Befindet sich der Blinde in einer → Anstalt, einem Heim oder einer gleichartigen → Einrichtung und werden die Kosten des Aufenthalts aus öffentlichen Mitteln getragen, so werden diese Kosten bis zu 50% des B. auf dieses angerechnet.
Bei schwerpflegebedürftigen, zum Beispiel bettlägerigen Blinden hat das B. teilweise auch die Funktion, die Pflegekosten mit ab-

zudecken; eine entsprechende Anrechnung von Leistungen der → Pflegeversicherung auf das B. ist daher gerechtfertigt. Das Landesblindengeldgesetz von Bayern sieht diesbezüglich eine an den jeweiligen Grad der Pflegebedürftigkeit anknüpfende Pauschalregelung vor, die inzwischen auch von anderen Ländern übernommen wurde (Baden-Württemberg, Rheinland-Pfalz, Saarland). Eine Kürzung des B. kommt ferner in den Ausnahmefällen in Betracht, in denen aus gesundheitlichen Gründen eine zweckentsprechende Verwendung durch oder für den Blinden nicht mehr möglich ist. Das B. ist (gemäß ausdrücklicher Regelungen in den Landesblindengeldgesetzen) nicht übertragbar, nicht pfändbar und nicht vererblich.
Lit. Schellhorn u.a.: BSHG (Komm.); Scholler u.a.: Blinde Menschen.
Karl Thomas Drerup

Blindenhilfe ist die Bezeichnung für die gemäß § 67 → Bundessozialhilfegesetz (BSHG) gewährte Leistung. Sie hat dieselbe Funktion wie das nach den → Landesblindengeldgesetzen gewährte → Blindengeld. Sie ist jedoch gegenüber dem Blindengeld nachrangig. Im Unterschied zum Blindengeld ist die Gewährung der B. von Einkommen und Vermögen des Hilfesuchenden abhängig. Insoweit gelten hinsichtlich des Einkommens die besondere Einkommensgrenze nach § 81 Abs. 2 BSHG und hinsichtlich des nicht einzusetzenden Vermögens ein erhöhter Barbetrag gemäß der zu § 88 Abs. 2 Nr. 8 BSHG erlassenen Durchführungsverordnung. B. beziehen im wesentlichen die in Heimen lebenden Blinden in Brandenburg und Rheinland-Pfalz, denn nach den dort geltenden Landesblindengeldgesetzen wird Heimbewohnern kein Blindengeld gewährt.
Die Regelung über die B. hat eine wichtige Leitfunktion für die Landesblindengeldgesetze und ist allein deshalb unverzichtbar. Nicht im Widerspruch dazu steht die Forderung der Blindenorganisationen, daß die Blinden die Leistung unabhängig von ihrem Einkommen und Vermögen erhalten und daß der Staat seine Pflichten gegenüber jedem Blinden erfüllt. *Karl Thomas Drerup*

Blindenwarenvertriebsgesetz (BliwaG)
→ Blindenwerkstätten

Blindenwerkstätten Nach dem Blindenwarenvertriebsgesetz (BliWaG) sind B. Betriebe, in denen ausschließlich Blindenwaren hergestellt und in denen bei der Herstellung andere als → Blinde nur mit Hilfs- oder Nebenarbeiten beschäftigt werden dürfen. Sie bedürfen der Anerkennung durch die (jeweils nach Landesrecht) zuständige Behörde. Die BA veröffentlicht in regelmäßigen Abständen ein Verzeichnis der anerkannten B. (mit zuletzt – April 1995 – 98 Betrieben). Die zugelassenen Blindenwaren sind in der Durchführungsverordnung zum BliWaG abschließend aufgezählt. Für den Vertrieb müssen sie mit dem gesetzlichen Blindenwarenzeichen (§ 3 BliWaG) gekennzeichnet sein; der Vertrieb darf nur mittels eines besonderen Vertriebsausweises erfolgen. Zuwiderhandlungen können als → Ordnungswidrigkeit geahndet werden. Die B. genießen die folgenden Vergünstigungen: Auf ihre Aufträge können (wie bei den → Werkstätten für Behinderten) 50 v. H. des auf die Arbeitsleistung der B. entfallenden Rechnungsbetrages auf die → Ausgleichsabgabe angerechnet werden (§§ 55, 58 → Schwerbehindertengesetz [SchwbG]). Bei der Vergabe von Aufträgen der öffentlichen Hand sollen B. bevorzugt berücksichtigt werden. Leistungen der B. können von der Umsatzsteuer befreit werden, § 4 Nr. 19b Umsatzsteuergesetz (UStG).
In der Sozialversicherung sind die Beschäftigten einer anerkannten B. denen einer anerkannten → Werkstatt für Behinderte gesetzlich gleichgestellt (vgl. § 5 Abs. 1 Nr. 7 SGB V, § 1 Abs. 2a SGB VI). In den B. finden handwerklich qualifizierte Blinde eine sinnvolle Arbeit. In zunehmendem Maße werden auch mehrfachbehinderte Blinde in B. beschäftigt (in diesem Fall bietet sich unter Umständen der Verbund mit einer Werkstatt für Behinderte an).
Karl Thomas Drerup

Blockierung → Gestalttherapie

Blutgruppengutachten ist das wichtigste und auch zuverlässigste Beweismittel zum Zwecke der Feststellung der (nicht bestehenden) Vaterschaft, §§ 1591 Abs. 1 S. 2, 1600 o Abs. 2 S. 2 → Bürgerliches Gesetzbuch (BGB). Anerkannt ist, daß ein Ausschluß auf Grund folgender Blutmerkmale bzw. -systeme möglich ist: ABO, MNSs, Rh, K, Fy, SEP, PGM, Gm, Hp, Gc, ADA, AK, GPT, acP, 6–PGD, EsD sowie HLA. Mit Hilfe der Blutbegutachtung lassen sich 98 % und unter Einschluß des HLA-Blutsystems 99,4 % aller zu Unrecht als Väter in Anspruch genommener Männer ausschließen. Es beruht auf dem rechnerischen Ergebnis der mathematisch-statistischen Auswertung des Blutgruppenbefundes unter Berücksichtigung der statistisch ermittelten Häufigkeit bestimmter Bluteigenschaften in der Gesamtbevölkerung; es dient vor allem der positiven Feststellung der Vaterschaft und ermöglicht auch den negativen Vaterschaftsbeweis.
Lit. Spielmann u.a.: Blutgruppenkunde.
Jochem Baltz/Horst Göppinger

Blutschande → Inzest

Borderline-Störung Phänomenologisch im »Grenzbereich« zwischen → Neurose und

→ Psychose. Früher Verlegenheitsdiagnose für psychopathologische Symptome, die weder eindeutig einer Psychose noch einer Neurose zuordenbar waren. Seit Kernberg deskriptiv: Menschen, deren zwischenmenschliches Verhalten, Stimmung und Selbstbild durch ausgeprägte Instabilität gekennzeichnet ist; häufig impulsives und unberechenbares Verhalten, das potentiell selbstschädigend ist; häufige Schwankung von einer normalen zu einer dysphorischen (= ängstlich-bedrückte) Gestimmtheit mit inadäquaten heftigen Zorn oder mangelnder Kontrolle über den Zorn; tiefgehende Identitätsstörungen im Bereich von Selbstbild, Geschlechtszugehörigkeit oder langfristigen Zielen und Werten; Unfähigkeit, Alleinsein zu ertragen; chronische Gefühle von Leere und Langeweile. Nicht alle diese Merkmale müssen immer vorhanden sein.
Für die Diagnose wichtig: der typische → Abwehrmechanismus des »Splitting« (Spaltung zweier gegensätzlicher affektiver Zustände, z. B. Liebe/Haß, um Angst vor der Überwältigung durch Haß zu reduzieren und Affekt des Geliebtwerdens zu erhalten). Aus psychoanalytischer Sicht (→ Psychoanalyse) besteht aufgrund einer frühen Störung (1.–2. Lebensjahr) der Symbolisationsfähigkeit eine Einschränkung der innerpsychischen Konfliktbewältigung mit der Neigung, durch solche Konflikte das soziale Umfeld zu gestalten.
Lit. Kernberg: Borderline-Störungen; Rhode-Dachser: Borderline-Syndrom.
Helmut Haselbeck

Brainstorming (amerikanisch »brainstorm« = glänzende Idee, Geistesblitz) ist ein von Osborn entwickeltes und so benanntes Verfahren, das Einfallsreichtum (→ Kreativität) fördern und kreativitätshemmende Faktoren bzw. Umstände nach Möglichkeit ausschalten soll. Diesem Ziel dienen vier Grundregeln: 1. Kritik ist während der Ideenfindung untersagt. 2. Freies Gedankenspiel ist willkommen; je ungezwungener die Einfälle sind, desto besser. 3. Es kommt auf die Menge der Einfälle an; je größer die Anzahl der Vorschläge, desto wahrscheinlicher, daß sich unter ihnen verwendbare Vorschläge befinden. 4. Zwei oder mehrere bereits gemachte Vorschläge können zu neuen Ideen kombiniert werden. Verbesserungsvorschläge sind erwünscht. Die Sichtung und kritische Beurteilung der Vorschläge erfolgt erst nach beendeter Ideenfindung. Der Erfolg dieses einfach und universell anwendbaren Verfahrens wird um so größer, je präziser das zu lösende Problem formuliert ist.
Lit. Clark, C. H.: Brainstorming.
Wilfried Reifarth

Brennpunkt, sozialer → Sozialer Brennpunkt

Bruttoprinzip → Haushaltsgrundsätze

Budget → Haushaltsplan

Budgetierung Die B. beschreibt ein Planungs- und Kontrollvorgehen, bei dem ein lineares Fortschreiben der Haushaltsansätze mit einer Anpassung »von oben« (Top-Down als präaktive Planung) mit den fachlichen Kompetenzen und Leistungsinformationen »von unten« (Bottom-Up) gekoppelt wird (reaktive Planung). Die daraus zu entwickelnde Gestaltung einer interaktiven Planung im »Gegenstromverfahren« stellt die Basis zur Gestaltung des konzeptionellen Arbeitens der Dienststellen dar. Die Anwendung einer B. erlaubt die Gestaltung künftiger Politik ebenso, wie sie eine rückblickende Erfolgskontrolle (durch die Bewertung der bisherigen Budgetansätze) zuläßt. Das B.system ist das zentrale Controllinginstrument (→ Controlling).
Zur Anwendung der B. ist die Frage zu beantworten, ob Budgets als verbindliche Vorgaben oder als Orientierungsgröße verstanden werden. Abweichungen in den Leistungseinheiten können (in bestimmtem Umfang) erwünscht und als Ausgangspunkte zur Initialisierung von Lernprozessen verstanden werden. Werden die Budgetmittel einer Kostenstelle eines Wirtschaftsjahres nicht aufgebraucht, sind sie in der folgenden Wirtschaftsperiode für Investitionen gemäß einer Prioritätenliste zu verwenden. Der B.prozeß erfolgt gemäß einem 3-Phasen-Schema.
Phase 1: Budgetvorausschätzung
Alle Kostenstellenverantwortlichen reichen zum vorgegebenen Termin ihre Mittelbedarfsschätzungen für die folgende Rechnungsperiode in Form von Teilbudgets ein. Von der Leitungsebene wird eine separate Fortschreibung der Budgetansätze vorgenommen, um die betriebspolitischen Einflüsse und Notwendigkeiten einfließen zu lassen. Schließlich sind die Budgetvorstellungen mit den übrigen Teilplänen, z.B. Stellen- und Personal-, Kapazitäts-, Investitons- und Instandhaltungsplänen, zu vergleichen, abzustimmen und ggf. entsprechende »Verantwortungszentren« zu schaffen.
Phase 2: Budgeterstellung
Die Budgets werden im Konsens zwischen der bewirtschafteten Stelle und der Kostenstellenverantwortlichen gebildet. Zur Sicherung der Zielkonsistenz muß der Budgeterstellungsprozeß mit begleitenden Kontrollen versehen sein. Aspekte, wie die inhaltliche Übereinstimmung, Plausibilität der Ansätze etc. sind anhand der ermittelten Abweichungen der Vorperioden zu überprüfen. Es ist darauf zu achten, daß die Ansätze sowohl die Anforderungen des Führungssystems erfüllen, wie die Notwendigkeiten der praktischen Sozialarbeit im Leistungssystem berücksichtigen (z. B. rechtliche Regelungen im KJHG, BSHG etc.)

Phase 3: Budgetkontrolle
Soll-Ist-Vergleiche mit anschließenden Abweichungsanalysen erfolgen periodisch. Ist für den Budgetverantwortlichen erkennbar, daß das Budget überschritten wird oder ist das Budget bereits überschritten, so hat der Kostenstellenverantwortliche seinen Vorgesetzten in Kenntnis zu setzen und die Abweichung zu begründen. Bedeutsam sind die Budgetabweichungen nicht primär zur Bewältigung der Vergangenheit, sondern für die Neustrukturierung zukünftiger Verhaltensweisen. Daher erfolgt auch die periodische Budgetkontrolle nur global; bei gravierenden Abweichungen werden Abweichungsanalysen vorgenommen und Kontrolltätigkeiten auf Einzelpositionen ausgedehnt.
Lit. Ackoff u. a.: Zukunftssicherung; Deyle: Controlling-Leitlinie; Modoux: Budget; Reiss: Controlling. *Hans-Christoph Reiss*

Bulimia nervosa (in den letzten Jahren von der → Anorexia nervosa abgegrenzt) ist eine Störung, die durch Heißhungerattacken, selbstherbeigeführtes Erbrechen und demzufolge starke Gewichtsschwankungen gekennzeichnet ist. Klinisches Merkmal der Erkrankung sind immer wiederkehrende Phasen von Heißhunger, während derer die Patienten große Mengen hochkalorischer Nahrungsmittel zu sich nehmen, die sie dann durch selbstherbeigeführtes Erbrechen wieder von sich geben. Charakteristisch sind auch abnorme Eßgewohnheiten, depressive Verstimmungen und das Fehlen einer eindeutigen körperlichen Ursache. B. n. kommt ganz überwiegend bei jungen Mädchen und Frauen vor – etwa 1% sind betroffen, beim männlichen Geschlecht ist sie eher selten. Im Hinblick auf die Ursachen werden Persönlichkeitsfaktoren, genetisch-konstitutionelle Einflüsse und familiäre Einflüsse diskutiert. Für die genetisch-konstitutionellen Einflüsse spricht eine hohe Belastung der Familien mit affektiven Erkrankungen. Nicht selten entwickeln sich bulimische Erkrankungen im Gefolge der Anorexia nervosa. Etwa die Hälfte der Patientinnen mit B. n. litten früher an einer Anorexia nervosa. Auch Mischformen, Bulimanorexien, kommen vor, bei denen die Kennzeichen einer Anorexie vorliegen und gleichzeitig Heißhungerattacken (Binges) bestehen, ferner meist selbstinduziertes Erbrechen, Laxantienabusus oder Diuretikamißbrauch.
Die Behandlung muß im Einzelfall nach sorgfältiger Analyse der Symptomatik und der Genese erfolgen. Im wesentlichen werden dabei ähnliche Prinzipien angewandt wie bei der Anorexia nervosa. Man muß bei Patienten mit B. n. noch stärker damit rechnen, daß sie die Behandlungsmaßnahmen unterlaufen (z. B. durch Mißbrauch von Abführmitteln, unbeobachtetes Erbrechen).

Die Prognose der B. n. ist nicht sehr günstig. In vielen Fällen besteht die Symptomatik in mehr oder weniger ausgeprägter Form im späteren Leben weiter, oder die Patienten zeigen andere psychopathologische Auffälligkeiten.
Lit. Remschmidt: Kinder- und Jugendpsychiatrie. *Helmut Remschmidt*

Bundesaltenplan Den B. gibt es seit 1992. Er ist ein Förderinstrument des Bundes, mit dem Impulse zur Weiterentwicklung der → Altenhilfe und Altenarbeit gegeben werden. Damit ist der B. ein wesentliches innovatives Element der Altenpolitik des Bundes. Schwerpunkte des B. sind:
– Die Förderung der Selbständigkeit und der gesellschaftlichen Beteiligung älterer Menschen.
– Unterstützung hilfs- und pflegebedürftiger älterer Menschen im Hinblick auf ihre Selbständigkeit.
– Angleichung der Lebensverhältnisse im vereinten Deutschland.
– Ausbau der internationalen Seniorenpolitik.
Der B. hat insgesamt 21 Förderziele. Zuwendungen nach dem B. können an gemeinnützige Träger, die auf dem Gebiet der Altenhilfe und Altenarbeit tätig sind, an Gemeinden sowie an Interessenvertretungen der älteren Generation, die gemeinnützige Ziele verfolgen, gegeben werden.
Der B. erlaubt die Förderung von bundeszentralen Lehrgängen, Seminaren, Kursen, Arbeitstagungen und anderen Maßnahmen, die die genannten altenpolitischen Schwerpunkte umsetzen. Die Mittel für den B. sind von 5 Mio. DM (1992) auf 15 Mio. DM (1996) gestiegen. Er soll auch in den kommenden Jahren weiter ausgebaut werden.
Werner Kamman

Bundesangestelltentarifvertrag (BAT) ist der von den Tarifparteien des öffentlichen Dienstes (Bund, Tarifgemeinschaft deutscher Länder – TdL – und der Vereinigung der kommunalen Arbeitgeberverbände – VKA – als Arbeitgebervertreter und der Gewerkschaft Öffentliche Dienste, Transport und Verkehr und der Deutschen Angestelltengewerkschaft als Arbeitnehmervertreter) ausgehandelte privatrechtliche Vertrag für die Angestellten des Bundes, der Länder und Gemeinden, ausgenommen tarifautonome Arbeitgeber wie Bundesanstalt für Arbeit und Rentenversicherungsträger. Er regelt die Mindestarbeitsbedingungen und Rechtsverhältnisse, auch der ausländischen Arbeitnehmer, bei den Behörden und einer Vielzahl von öffentlichen Bereichen (z. B. Krankenhäuser, Versorgungsbetriebe, Sparkassen, Auslandsdienststellen, Zuwendungsempfänger).
Die Angestellten des öffentlichen Dienstes sind Arbeitnehmer i. S. des → Arbeitsrechts, deren Arbeitsverhältnis sich nach

bürgerlichem Recht und allgemeinem Tarifrecht richtet. Sie haben gegenüber den öffentlich-rechtlichen Bediensteten (Beamten) einen anderen Status, der sich aus den verschieden gestalteten Bindungen (die auf Lebenszeit angelegte Bindung der Beamten an den Staat und das flexiblere und freizügiger die berufliche Entwicklung gestaltende Arbeitsverhältnis der Angestellten) und den allgemeinen Pflichten (Bekenntnis zur freiheitlichen demokratischen Grundordnung bei Angestellten; das Bundesbeamtengesetz fordert zusätzlich das Eintreten für deren Erhaltung, Rücksichtnahme auf die Amtspflichten bei politischer Betätigung, volle Berufshingabe und Remonstrationspflicht) ergibt.

Die allgemeine Fürsorge- und Schutzzusage des gesetzlichen Dienstrechts ist im Tarifbereich auf die Fürsorgepflicht bei Haftungsfragen begrenzt. Aus der in den meisten Bereichen von Staats- und Kommunalangestellten mit Beamten ausgeübten Tätigkeit für das Gemeinwesen wird für das Arbeitsverhältnis eine besondere gegenseitige Treue und Fürsorgepflicht gefolgert. Es erfordert jedoch auch ein aufeinander abgestimmtes Tarifrecht zwischen den öffentlichen Verwaltungen und dem gesetzlich geregelten Dienstrecht bis hin zu einem einheitlichen Dienstrecht, das die Klärung der Frage der den Beamten i.d.R. vorbehaltenen ständigen Ausübung hoheitlicher Befugnisse einschließt.

Der BAT gewährleistet weitgehend übereinstimmende und ähnliche Regelungen mit dem öffentlichen Dienstrecht (Arbeitszeit, Erholungsurlaub, Vergütungsordnung, an die Beschäftigungszeit und Lebensalter gebundene Unkündbarkeit, Alters- und Hinterbliebenenversorgung). Abweichungen bei der Bemessung der Urlaubsvergütung und -abgeltung, Überstundenregelung, Vergütungsfortzahlung im Krankheitsfall. Das Bezahlungssystem des BAT ist in den Vergütungsordnungen (Anlage 1a und 1b) geregelt. Hier sind umfangreiche tarifliche Tätigkeitsmerkmale zur Eingruppierung der Angestellten in Vergütungsgruppen (X bis I) für zahlreiche Bereiche des öffentlichen Dienstes ausgewiesen. Sie sichern gegenüber der Beamtenbesoldung (nach Anforderungen an ein zugeordnetes Amt einer Laufbahngruppe und Laufbahn) einen stärker tätigkeitsbezogenen Anspruch auf Entgelt. Zu erwarten ist künftig ein erhöhter Anpassungsdruck durch die Verwaltungsreformen zu mehr leistungsbezogener Vergütung. Bestandteile der Vergütung sind: Grundvergütung, Ortszuschlag (nach den besoldungsrechtlichen Vorschriften), Stellenzulagen, Urlaubs- und Weihnachts-Zuwendungen, vermögenswirksame Leistungen, zusätzliche Alters- und Hinterbliebenenversorgung.

Lit. Clemens u. a.: BAT (Komm.).

Hans-Walter Böttcher

Bundesanstalt für Arbeit → Arbeitsverwaltung

Bundesarbeitsgemeinschaft der Freien Wohlfahrtspflege e.V. (BAGFW) ist der 1966 zu einem eingetragenen Verein konstituierte Zusammenschluß der Spitzenverbände der Freien Wohlfahrtspflege (Arbeiterwohlfahrt, Deutscher Caritasverband, Deutscher Paritätischer Wohlfahrtsverband, Deutsches Rotes Kreuz, Diakonisches Werk der EKD, Zentralwohlfahrtsstelle der Juden in Deutschland). Die Zusammenarbeit der Spitzenverbände der Freien Wohlfahrtspflege besteht in unterschiedlicher Form bereits seit 1919. Die BAGFW vertritt die Gesamtinteressen der Freien Wohlfahrtspflege gegenüber Staat und Öffentlichkeit.

Ihr obliegen folgende Hauptaufgaben:
– planmäßige Beratung und Abstimmung in allen Aufgabenbereichen der Freien Wohlfahrtspflege, insbesondere bei neu auftretenden Fragen auf dem Gebiet der Sozial- und Jugendhilfe;
– Pflege und Stärkung der sozialen Verantwortung in der Bevölkerung;
– Mitwirkung an der Gesetzgebung;
– Wahrung der Stellung der Freien Wohlfahrtspflege in der Öffentlichkeit;
– Zusammenarbeit in zentralen Angelegenheiten mit Bund, Ländern und Kommunen und sonstigen Organen der öffentlichen Selbstverwaltung sowie mit der Europäischen Union (EU);
– Kontaktpflege mit den Landesarbeitsgemeinschaften der Freien Wohlfahrtspflege;
– Mitwirkung in Fachorganisationen und Verbänden, soweit Aufgabengebiete der Freien Wohlfahrtspflege berührt werden;
– Förderung der Zusammenarbeit der Verbände in Not- und Katastrophenfällen im In- und Ausland.

Die Mitgliedsverbände treffen sich regelmäßig in der Mitgliederversammlung, in Fachausschüssen und Arbeitskreisen, um über gemeinsame Probleme zu beraten, sich gegenseitig in ihrer Arbeit anzuregen und über gesellschafts- und sozialpolitische Anliegen und Aktivitäten abzustimmen. Sie unterstützen sich in dem Bestreben, Wegbereiter einer modernen sozialen Arbeit zu sein.

Die Verbände der Freien Wohlfahrtspflege stehen vor neuen gesellschaftlichen und sozialpolitischen Herausforderungen. Die Diskussion um den »Umbau« des Sozialstaates dokumentiert die Grenzen des traditionellen Sicherungssystems. Die Spitzenverbände der Freien Wohlfahrtspflege sind hier zunehmend gefordert, ihre politische Anwaltsfunktion und ihre Mitverantwortung für die Gestaltung des Sozialstaates wahrzunehmen. Die tragenden Säulen der Demokratie – sozialer Grundkonsens und die Sozialstaatlichkeit – müssen bewahrt werden. Der zunehmende Wettbewerb im

Bereich sozialer Dienstleistungen stellt ebenfalls eine wichtige Herausforderung dar, insbesondere im Hinblick auf die Sicherung der Anwaltsfunktion Freier Wohlfahrtspflege unter schwieriger werdenden Bedingungen.

Die Standards des deutschen Sozialstaates ebenso wie soziale Mindeststandards für die EU gilt es im europäischen Binnenmarkt zu sichern und zu entwickeln. Die Kompetenz liegt bei den Mitgliedstaaten der EU; deren Kompetenz bezieht sich auf die Entwicklung einer konvergenten europäischen Sozialpolitik, und zwar unter der Leitlinie der → Subsidiarität.

Die Gesamtstatistik der Einrichtungen der Freien Wohlfahrtspflege (Stand: 1. 1. 1993) belegt, daß die Wohlfahrtsverbände mit einem weiteren Ausbau ihrer Betreuungsangebote auf die sozialen Herausforderungen in der Bundesrepublik Deutschland reagiert haben; sie unterhalten bundesweit 80 962 Einrichtungen und Dienste mit insgesamt 2 929 121 Betten/Plätzen und 937 405 hauptamtlich Beschäftigten. Die Gesamtzahl der ehrenamtlichen Mitarbeiter/-innen wird auf 1,5 Mio. geschätzt.

Anschrift: Franz-Lohe-Straße 17, 53129 Bonn. *Frank Loges*

Bundesarbeitsgemeinschaft der Landesjugendämter (BAGLJÄ) setzt sich aus 18 Landesjugendämtern zusammen. Die BAGLJÄ sieht ihre Aufgabe darin, in allen Aufgabenfeldern der Jugendhilfe auf der Grundlage eines bundesweiten Erfahrungsaustausches zu einer Qualifizierung der Jugendhilfearbeit auf allen Ebenen beizutragen und einheitliche Stellungnahmen zu Grundsatzfragen, insbes. auch in der Gesetzgebung, zu erarbeiten. Sie hat für viele Arbeitsfelder nach Vorarbeit in den 5 Fachausschüssen Richtlinien, Empfehlungen oder Denkschriften herausgegeben (z. B. »Grundsätze und Empfehlungen zur Jugendsozialarbeit«, »Zusammenarbeit von Jugendhilfe und Schule«, Diskussionspapier »Jugendhilfe für junge Flüchtlinge«, »Empfehlungen zur Adoptionsvermittlung«, »Hilfe zur Erziehung in Pflegefamilien und in familienähnlichen Formen«, »Das Fachkräftegebot des Kinder- und Jugendhilfegesetzes«). Über wichtige Beratungsergebnisse der halbjährlich stattfindenden Arbeitstagungen wird jeweils in Fachzeitschriften berichtet. Die Federführung der BAGLJÄ liegt z. Zt. beim Landesjugendamt Hessen, Wilhelmshöher Allee 157-159, 34121 Kassel. *Günter Smentek*

Bundesarbeitsgemeinschaft der Seniorenorganisationen e. V. (BAGSO) ist ein 1989 erfolgter Zusammenschluß freier Seniorenorganisationen, -verbände und -interessenvertretungen mit bundesweiter Bedeutung; sie versteht sich als trägerübergreifendes Forum der Interessen älterer Menschen und unterschiedlicher Ansätze von Seniorenarbeit (→ Seniorenvertretungen) sowie als Lobby der älteren Generation gegenüber Öffentlichkeit und Politik auf nationaler und internationaler Ebene. Die BAGSO will durch ihre Aktivitäten ältere Menschen zu einer aktiven Lebensgestaltung anregen, die nachrückende Generation auf Themen- und mögliche Problemstellungen im Alter vorbereiten und zu einem guten Miteinander der Generationen beitragen (Wettbewerb »Solidarität der Generationen«).

Fundamentale Forderungen der BAGSO sind: Förderung eines selbstbestimmten Alters, Verbesserung der Stellung älterer Menschen in Familie und Gesellschaft. Die BAGSO setzt sich ein für Ausbau und Förderung der freiwilligen sozialen und gesellschaftspolitischen Arbeit und gibt Anstoß zur Übernahme sozialer und politischer Verantwortung. Die BAGSO fordert die Sicherung materieller, gesundheitlicher und wohnraummäßiger Voraussetzungen für ein zufriedenstellendes Alter. Zur Erreichung dieser Ziele hat die BAGSO Arbeitsgruppen und Fachkommissionen eingesetzt und führt Fachtagungen sowie Deutsche Seniorentage durch (Berlin 1992, Wiesbaden 1994, Dresden 1997), beteiligt sich an einschlägigen nationalen und europäischen Veranstaltungen, informiert über BAGSO-NACHRICHTEN und sonstige Publikationen. Die BAGSO wird vom → Bundesministerium für Familie, Senioren, Frauen und Jugend (BMFSFJ) über Projekte finanziell gefördert. Neben der Geschäftsstelle in Bonn besteht ein BAGSO-Europa-Büro in Brüssel.

Anschrift: Stockenstr. 14, 53113 Bonn. *Gerhard Haag*

Bundesarbeitsgemeinschaft der überörtlichen Träger der Sozialhilfe ist ein loser Zusammenschluß aller 24 überörtlichen Träger der → Sozialhilfe (→ Sozialhilfeträger) in der Bundesrepublik mit dem Ziel, durch einheitliche Rechtsanwendung zu einer wirksameren Gestaltung der Sozialhilfe und zur Gleichbehandlung der Hilfesuchenden zu gelangen und zu einer Weiterentwicklung lebensnaher und praxisgerechter Sozialgesetze beizutragen. Die von Fachausschüssen mit dieser Zielrichtung erarbeiteten und von der Mitgliederversammlung verabschiedeten fachlichen Empfehlungen werden von den einzelnen überörtlichen Trägern der Sozialhilfe jeweils für den eigenen Wirkungsbereich als Richtlinien übernommen.

Die Bundesarbeitsgemeinschaft ist weder Träger von Einrichtungen der Sozialhilfe noch ist sie befugt, im Einzelfall Hilfen zu gewähren.

Anschrift: Ernst-Frey-Str. 9, 76135 Karlsruhe. *Werner Nunnenmann*

Bundesarbeitsgemeinschaft für Rehabilitation (BAR) Wer körperlich, geistig oder

seelisch behindert ist (→ Körperlich Behinderte, → Geistig Behinderte, → Seelisch Behinderte) oder wem eine solche Behinderung droht, hat ein Recht auf → Rehabilitation. Dieses Recht auf Rehabilitation ist in allen Sozialleistungsbereichen gesetzmäßig verankert, Es erfordert eine trägerübergreifende Koordination und Kooperation, die auch die Fachverbände sowie Verbände der → freien Wohlfahrtspflege und Organisationen der Behinderten (→ Behindertenverbände) einbezieht. Auf Initiative der Sozialpartner haben daher im Jahre 1969 die Spitzenverbände der → Sozialversicherung, die Bundesanstalt für Arbeit und die Spitzenverbände der Sozialpartner auf der Grundlage der → Selbstverwaltung gemeinsam mit den Ländern in Wahrung der Selbständigkeit der → Rehabilitationsträger und ihren Vereinigungen die BAR gebildet. Aufgabe und Zweck der BAR ist es, Ebene des Erfahrungsaustausches zu sein und darauf hinzuwirken, daß Maßnahmen der → Rehabilitationsträger nach einheitlichen Grundsätzen gestaltet werden sowie der Rehabilitation in ihren einzelnen Bereichen immer wieder neue Impulse zu geben, um die bestmögliche Eingliederung der Behinderten in die Gesellschaft, vor allem in Arbeit und Beruf, zu erreichen (→ Soziale Rehabilitation, → Berufliche Rehabilitation).
Anschrift: Walter-Kolb-Straße 9-11, 60594 Frankfurt a. M.   *Bernd Steinke*

Bundesarbeitsgemeinschaft für Straffälligenhilfe e.V. (BAG-S) ist ein 1990 gegründeter Zusammenschluß der Spitzenverbände der → Freien Wohlfahrtspflege und der → Deutschen Bewährungs-, Gerichts- und Straffälligenhilfe. Die BAG-S als Fachorganisation will die Hilfen für straffällig gewordene Menschen verbessern und erweitern und vertritt überverbandliche Interessen der → Straffälligenhilfe auf Bundesebene gegenüber der Öffentlichkeit, der Verwaltung und der Politik. Sie will das öffentliche Bewußtsein für die Aufgaben der Integration und der (Re-)Sozialisierung fördern und der zunehmenden gesellschaftlichen Ausgrenzung Straffälliger entgegenwirken. Hierzu veranstaltet sie Fachtagungen, berät Einrichtungen, erstellt Arbeitshilfen und gibt einen vierteljährlichen Fachinformationsdienst heraus. Im Zusammenwirken mit Wissenschaft und Forschung dokumentiert sie Entwicklungen und Problemstellungen in der Straffälligenhilfe und bereitet wissenschaftliche Forschungsergebnisse für die Praxis auf. Durch Mitwirkung an Gesetzesverfahren im Wege von Anregungen und Stellungnahmen setzt sie sich für eine fachliche, zielgerichtete Weiterentwicklung des Hilfesystems und eine integrative Kriminalpolitik ein. In ihren Fachausschüssen, bundesweiten Fachtagungen sowie in Veröffentlichungen und Stellungnahmen vertritt die BAG-S die gemeinsamen sozial- und kriminalpolitischen Positionen der Mitgliedsverbände.
Anschrift: Oppelner Str. 130, 53119 Bonn.
Gabriele Kawamura

Bundesarbeitsgemeinschaft Hilfe für Behinderte e. V. (BAG H) ist die Dachorganisation von 68 bundesweiten Behinderten-Selbsthilfeverbänden (→ Behindertenverbände) und 14 Landesarbeitsgemeinschaften mit mehr als 750 000 Einzelmitgliedern. Der BAG H sind Verbände körperlich, geistig, psychisch, sinnes- und stoffwechselbehinderter Menschen (→ Geistig Behinderte, → Körperlich Behinderte, → Seelisch Behinderte) angeschlossen, die auf örtlicher, regionaler und Landesebene in zahlreichen → Selbsthilfegruppen und → Vereinen arbeiten. Die BAG H setzt sich ein für ein gleichberechtigtes Leben behinderter und chronisch kranker Menschen, für die → Selbsthilfe der Betroffenen, Solidarität zwischen → Behinderten und Nichtbehinderten, soziale → Integration, Mitwirkung behinderter Menschen (→ Partizipation) sowie für orts- und bürgernahe soziale Hilfen und Leistungen. Als sozialpolitische Interessenvertretung veröffentlicht sie Stellungnahmen zu aktuellen Fragen der → Sozial-, Gesundheits- und Gesellschaftspolitik und sucht durch Mitarbeit in Bundesgremien und durch → Öffentlichkeitsarbeit den Anliegen behinderter und chronisch kranker Menschen in der politischen Willensbildung Geltung zu verschaffen. Die BAG H bietet Betroffenen → Beratung (→ Behindertenberatung) bei rechtlichen und sozialen Problemen an, veranstaltet Seminare und Arbeitstagungen und entwickelt Lösungsvorschläge für die praktische Behindertenarbeit. Sie gibt vielfältiges Informationsmaterial über Behinderungsarten und Erkrankungen, zu Fragen der → medizinischen, pädagogischen, → beruflichen und → sozialen Rehabilitation und zum Behindertenrecht heraus, u.a. die Reihe »Kommunikation zwischen Partnern« (rd. 40 Hefte), die Zeitschrift »Selbsthilfe« sowie eine Beratungsbroschüre »Die Rechte behinderter Menschen und ihrer Angehörigen«.
Anschrift: Kirchfeldstraße 149, 40215 Düsseldorf.
Christoph Nachtigäller

Bundesarbeitsgemeinschaft Jugendsozialarbeit (BAG JAW) Zusammenschluß der Trägergruppen und Landesarbeitsgemeinschaften der → Jugendsozialarbeit (JSA) in freier Träger (1949). Z. Z. fünf Trägergruppen: Katholische, Evangelische, Freie (Der Paritätische [DPWV]: → Deutsches Rotes Kreuz [DRK]. Internationaler Bund [IB]). Sozialistische (AWO) und Kommunalstaatliche Trägergruppe. Aufgaben: Anregung, Planung und Unterstützung von → Einrichtungen, Diensten und Veranstaltun-

gen, die die berufliche und gesellschaftliche → Integration junger Menschen (12–27 Jahre) fördern und durch → Beratung und sozialpädagogisch orientierte Angebote, Maßnahmen und Hilfen insbesondere soziale Benachteiligungen und individuelle Beeinträchtigungen ausgleichen sollen, »Lobbyarbeit«/Interessenvertretung für die JSA auf Bundes- und Europaebene, Fachtagungen und Fachkongresse. Haupthandlungsfelder: Jugendberufshilfe, Eingliederungshilfen für junge Aussiedler/-innen und Ausländer/-innen, Jugendwohnen, Mädchenarbeit in der JSA.
Vierteljahreszeitschrift »Jugend Beruf Gesellschaft« (JBG), Reihe »JBG-Arbeitsdruck«, Tagungsdokumentationen.
Anschrift: Kennedyallee 105–107, 53175 Bonn. *Henrik von Bothmer*

Bundesarbeitsgemeinschaft Kinder- und Jugendschutz (BAJ) ist ein Zusammenschluß von Institutionen und Organisationen, von Fachverbänden, von Verbänden der → freien Wohlfahrtspflege und von Einzelpersonen, die sich dem Erhalt und der Weiterentwicklung des → Kinder- und → Jugendschutzes verpflichtet fühlen. Sie setzt sich überparteilich und überkonfessionell für die Rechte der Kinder und Jugendlichen ein und vertritt ihre Anliegen in der Öffentlichkeit. Die BAJ wurde bereits 1951 aus der Notwendigkeit heraus gegründet, den damals brennenden Fragen des Jugendschutzes gerecht zu werden. Ihre Aufgabe sieht die BAJ in der Durchführung von Fachtagungen und Modellseminaren, in der Erarbeitung von Stellungnahmen und Gutachten und in der konzeptionellen Weiterentwicklung des erzieherischen und gesetzlichen Jugendschutzes. Die Entwicklung von Kindern und Jugendlichen zu selbstbewußten, selbstbestimmten und gemeinschaftsfähigen Menschen ist zahlreichen Gefährdungen ausgesetzt; neben den klassischen Gefährdungen, wie sie von den Jugendschutzgesetzen erfaßt werden, sind es vor allem die Suchtgefährdungen (→ Sucht/Suchtgefährdung) durch Drogenkonsum, Alkohol-, Nikotin- und Medikamentenmißbrauch (→ Alkoholismus, → Arzneimittelmißbrauch, → Drogen) und Gefährdungen durch Medien (→ Jugendmedienschutz). Weiterhin versucht sie auch auf Probleme der → Jugendkriminalität, der Wertorientierung, des → Jugendarbeitsschutzes, des Kindesmißbrauchs, der → Armut und Obdachlosigkeit von Kindern und Jugendlichen eine Antwort zu finden. Dabei nimmt sie keinen direkten Einfluß auf die Erziehung, sondern will dazu beitragen, die Erziehungssituation zu verbessern, indem sie versucht, mit Eltern, Lehrern und Erziehern zusammenzuarbeiten.
Die BAJ will nicht zuletzt die Belange des Kinder- und Jugendschutzes in die Öffentlichkeit tragen und im Dialog mit den Fachleuten die aktuellen Fragen und Antworten weitergeben.
Zeitschrift der BAJ: Kind – Jugend – Gesellschaft. Zeitschrift für Kinder- und Jugendschutz.
Anschrift: Haager Weg 44, 53127 Bonn. *Gerd Engels*

Bundesarbeitsgemeinschaft Werkstätten für Behinderte (BAHWfB), → Werkstatt für Behinderte

Bundesarbeitsgemeinschaft Wohnungslosenhilfe e.V. (bis Juni 1991 Bundesarbeitsgemeinschaft für Nichtseßhaftenhilfe e.V.) ist ein Zusammenschluß privater und öffentlicher Träger der sozialen Dienste und Einrichtungen für Personen ohne Wohnung und Obdach (→ Alleinstehende Wohnungslose, → Nichtseßhaftigkeit/Nichtseßhaftenhilfe), der privaten Fach- und Trägerverbände dieser Hilfe sowie der bundesweit zuständigen Körperschaften und Institutionen des öffentlichen Rechts. Sie besteht seit 1954.
Als Dachverband hat sie die Aufgabe, die nötige Zusammenarbeit und Abstimmung zwischen der Praxis der Hilfe und den für sie zuständigen öffentlich-rechtlichen Instanzen und der → Sozialpolitik auf Bundesebene herzustellen, Daten zur Lage und Entwicklung der Wohnungslosigkeit bereitzustellen, die Hilfe durch → Öffentlichkeitsarbeit, konzeptionelle Koordination, Forschung, → Beratung und Informationsvermittlung zu fördern. Sie ist Herausgeber der Fachzeitschrift »wohnungslos« (früher: »Gefährdetenhilfe«).
Anschrift: Quellenhofweg 25, 33617 Bielefeld. *Heinrich Holtmannspötter*

Bundesausbildungsförderungsgesetz (BAföG), das Bundesgesetz über individuelle Förderung der Ausbildung vom 26. 8. 1971 (BGBl. I S. 1409) i.d.F. der Bekanntmachung vom 6. 6. 1983 (BGBl. I S. 645, 1680), zuletzt geändert durch das SozialfereformG vom 23. 7. 1996 (BGBl. I S. 1088) und die hierzu erlassenen Rechtsverordnungen bilden die bundesgesetzliche Regelung der individuellen Förderung der Ausbildung in Schulen und Hochschulen, einschließlich der in Zusammenhang mit ihnen erforderlichen Praktika und der ihnen entsprechenden Fernunterrichtslehrgänge (→ Ausbildungsförderung). Seine Vorläufer sind das Erste Ausbildungsförderungsgesetz (1970), das sich auf die individuelle Förderung im Schulbereich beschränkte, sowie landesrechtliche Bestimmungen über die Förderung im tertiären Bereich (sog. Honnefer und Rhöndorfer Modell). Seit Mitte der 50er Jahre war zunehmend in das allgemeine Bewußtsein getreten, daß die Sozialstaatsverpflichtung des Art. 20 Abs. 1 → Grundgesetz (GG) sowie das Interesse an der Herausbildung eines qualifizierten, auch zahlenmäßig genügenden Nachwuchses erforderten, den jungen Bürgern die Ausbildung wirtschaftlich zu ermöglichen, die deren Neigungen, Eignungen und Leistungen entspricht. Darum erhielt der Bund 1969 durch das 22. ÄndG zum GG vom 12. 5. 1969 (BGBl. I S. 363) eine Regelungskompetenz in Art. 74 Nr. 13 GG. Das BAföG gilt nach Art. II § 1 Nr. 1 SGB I (→ Sozialgesetzbuch [SGB]) als besonderer Teil des SGB.

Die Anknüpfung der Gesetzesbestimmungen an die Bildungseinrichtungen der Länder und ihre Verknüpfung mit steuer- und anderen sozialrechtlichen Regelungen machten häufige Änderungen erforderlich. Nach § 35 BAföG sind die Leistungsparameter alle zwei Jahre zu überprüfen und Vorschläge zu ihrer Anpassung an eingetretene Entwicklungen vorzulegen: seit 1982 wird dieser Auftrag strikt beachtet und in BAföG-ÄndG realisiert.

In den Jahren 1971 bis 1980 wurde die Sozialleistung durch Einbeziehung weiterer Schülergruppen und Auszubildender anderer Staatsangehörigkeit sowie in nichtschulischen Ausbildungsstätten (letztere durch Rechtsverordnung) stetig ausgebaut. Seit 1981 machte die finanzrechtliche Gesamtentwicklung Einschränkungen der Leistungen notwendig. Von 1983 bis 1990 erhielten Studenten nur noch Darlehensförderung; in dieser Zeit war auch die Schülerförderung des Bundes stark eingeschränkt. 1987/1988 hat der beim BMBW errichtete Beirat für Ausbildungsförderung das Gesetz gründlich evaluiert und eine umfassende Novellierung vorgeschlagen. Sie trat im Herbst 1990 in Kraft; Studenten erhalten seither die Förderung zu je 50% als Zuschuß und Darlehen, nach dem Ende der Förderungshöchstdauer ab 1996 als verzinsliche Volldarlehen. Seit 1. 1. 1991 gilt das BAföG nach dem Einigungsvertrag auch in den neuen Ländern.

Der derzeitige Förderungsbereich beinhaltet allgemein- und berufsbildende Schulen ab Klasse 11, wenn der Schüler zum Schulbesuch notwendig außerhalb des Elternhauses untergebracht ist; Berufsfach- und Fachschulklassen, die zu einem berufsqualifizierenden Abschluß führen; Fachschulen, deren Besuch einen berufsqualifizierenden Abschluß voraussetzt; Ausbildungsstätten des Zweiten Bildungsweges (Abendhaupt- und -realschulen, Abendgymnasien, Kollegs, Berufsaufbauschulen, FOS II); Höhere Fachschulen, Akademien, Hochschulen (§ 2 BAföG).

Die Förderung setzt eine sog. »schlichte« Eignung voraus, d.h., die Leistungen müssen das Erreichen des Ausbildungszieles erwarten lassen (§ 9 BAföG). Das BAföG dient der Breitenförderung. Im Tertiärbereich findet eine Leistungsprüfung vor dem 5. Semester statt. Persönliche Förderungsvoraussetzung ist die deutsche oder eine EU-/ERW-Staatsangehörigkeit, andere Ausländer erhalten Leistungen nur unter besonderen Umständen (§ 8 BAföG). Der Auszubildende darf bei Beginn der Ausbildung i.d.R. nicht älter als 30 Jahre sein (§ 10 Abs. 3 BAföG).

Grundsätzlich wird die Förderung einkommensabhängig geleistet, d.h. auf den nach gesetzlichen Vorgaben festgestellten Bedarf werden Einkommen und Vermögen des Auszubildenden, seines Ehegatten und seiner Eltern angerechnet, soweit sie im Gesetz bestimmte, nach Familienstand und anderweitigen Unterhaltsverpflichtungen gestaffelten Freibeträge übersteigen. Leisten die Eltern den angerechneten Unterhaltsbetrag nicht, kann Förderung in dieser Höhe zusätzlich geleistet werden (§ 36 BAföG); besteht ein Unterhaltsanspruch, geht er in Höhe des anzurechnenden Elterneinkommens/-vermögens auf das Land über (§ 37 BAföG).

Schüler erhalten die Förderung als Zuschuß, Studenten bis zum Ende der Förderungshöchstdauer zu je 50% als Zuschuß und Staatsdarlehen, danach regelmäßig als Bankvolldarlehen durch die Deutsche Ausgleichsbank. Die Staatsdarlehen sind zinsfrei und unter sozial günstigen Bedingungen zurückzuzahlen, soweit sie nicht wegen besonderer Ausbildungsleistungen (teil-)erlassen werden. Die Bankdarlehen sind zu verzinsen, Sozial- und Leistungserlasse gibt es bei ihnen regelmäßig nicht.

Grundsätzlich wird für die Dauer einer planvoll angelegten Erstausbildung gefördert, bei Studenten nur bis zum Erreichen der für die einzelnen Studiengänge festgesetzten Förderungshöchstdauer. Eine Zweitausbildung wird nur unter engen zusätzlichen Voraussetzungen (§ 7 Abs. 2 BAföG), eine andere Ausbildung regelmäßig nur gefördert, wenn der Fachrichtungswechsel oder Abbruch der Erstausbildung aus wichtigem Grund und vor dem dritten Semester erfolgte (§ 7 Abs. 3 BAföG).

Bei einer Ausbildung im Ausland wird Ausbildungsförderung nur unter besonderen Voraussetzungen geleistet; liegen sie vor, werden differenziert Zuschläge zu Aufenthalts-, Studien- und Reisekosten in Zuschußform gezahlt.

Zuständig für Beratung und Bewilligung sind die Ämter für Ausbildungsförderung bei den Kreisen und kreisfreien Städten, im Hochschulbereich die Studentenwerke, Hochschulverwaltungen. Die Verwaltung und Einziehung der Staatsdarlehen erfolgt durch das Bundesverwaltungsamt, Köln, der Bankdarlehen durch die Deutsche Ausgleichsbank, Bonn.

Im Jahre 1995 haben Bund (65%) und Länder (35%) ca. 2,85 Mrd. DM für Förderungsleistungen aufgewandt.

Lit. Blanke, E. A.: Ausbildungsförderungsrecht; Ramsauer u.a.: BAföG; Rothe, F. u.a.: BAföG (Komm.).

Ernst August Blanke

Bundesbaugesetz (BBauG) → Baugesetzbuch (BauGB)

Bundeserziehungsgeldgesetz (BErzGG) → Erziehungsgeld/-urlaub

Bundesgerichtshof → Strafgerichte, → Zivilgerichte

Bundesjugendkuratorium Zur Beratung der Bundesregierung in grundsätzlichen Fragen der Jugendhilfe wurde gem. § 83 Abs. 2 → Kinder- und Jugendhilfegesetz (KJHG – SGB VIII) beim → Bundesministerium für Familie, Senioren, Frauen und Jugend (BMFSFJ) ein B. errichtet.
Was grundsätzliche Fragen der → Jugendhilfe sind, in denen eine Bundesregierung zu beraten ist, war in allen Amtsperioden bisher eine Streitfrage. Unbestritten gehören dazu: sich abzeichnende Tendenzen bei der Entwicklung von Jugend in der Gesellschaft, bei der Vermittlung von Einsicht in die Hintergründe und Zusammenhänge von Ursachen und Wirkungen bei Problemlagen der Jugend (Jugendarbeitslosigkeit, Drogensucht usw.) oder bei der Auseinandersetzung mit Phänomenen wie dem des Terrorismus.
Die Beratung über die Angemessenheit staatlicher Förderung, über drohende Einengung oder Reglementierung durch staatliche Erlasse gehört weiter ebenso zum Aufgabenbereich des B. wie die Stellungnahme zur Entwicklung neuer, die Jugendhilfe betreffender Gesetze oder bei der Vorbereitung von → Rechtsverordnungen zur bestehenden Jugendgesetzgebung.
Umstritten ist dagegen, ob sich die Beratungstätigkeit auch auf die Veränderung der Priorität von Jugendhilfe im Programm der Bundesregierung oder auch auf die Haushaltsmittel erstrecken kann, die zur Unterstützung der Bestrebungen auf dem Gebiet der Jugendhilfe durch die Bundesregierung vergeben werden.
Dem B. gehören bis zu 20 vom Bundesminister für Frauen und Jugend berufene Experten aus der Wissenschaft, Repräsentanten der kommunalen Spitzenverbände, der Wohlfahrtsverbände (→ Freie Wohlfahrtspflege), des → Deutschen Bundesjugendringes und des Ringes Politischer Jugend an. *Albrecht Müller-Schöll†*

Bundesjugendplan → Kinder- und Jugendplan des Bundes (KJP)

Bundeskindergeldgesetz (BKGG) → Kindergeld

Bundeskonferenz der Rektoren und Präsidenten kirchlicher Fachhochschulen in der Bundesrepublik Deutschland (RKF) ist eine im Oktober 1972 gegründete Organisation, in der katholische und evangelische → Fachhochschulen in der Bundesrepublik Mitglieder werden können. Z.Z. sind 13 evangelische Fachhochschulen und 8 katholische Fachhochschulen Mitglieder in der RKF; sie sind als Hochschulen in freier Trägerschaft staatlich anerkannt bzw. genehmigt und gehören gleichzeitig der HRK an. Die Mitgliedshochschulen werden in der RKF durch ihre Rektoren und Präsidenten vertreten. Arbeitsorgane sind das Plenum, das Präsidium (in konfessionsparitätischer Besetzung) sowie Ausschüsse, die zur Unterstützung der Plenumsarbeit eingesetzt werden können.
Die RKF arbeitet mit allen Organisationen zusammen, die Fragen der → Aus-, → Fort- und → Weiterbildung → sozialer Berufe behandeln (z.B. Verbindungen zu Wohlfahrtsverbänden, zum → Deutschen Verein für öffentliche und private Fürsorge [DV]). Hauptaufgabe der RKF ist neben dem bundesweiten Erfahrungsaustausch die Bearbeitung von Grundsatzfragen der Aus-, Fort- und Weiterbildung an kirchlichen Hochschulen, vornehmlich in den Fachrichtungen Sozialwesen (mit Schwerpunkten in den Studiengängen → Sozialarbeit/Sozialpädagogik und → Heilpädagogik), Pflegemanagement und Pflegepädagogik sowie in der Religionspädagogik. *Manfred Bergs*

Bundeskonferenz für Erziehungsberatung e.V. (bKe) ist ein Fachverband auf dem Gebiet der Erziehungs- und Familienberatung (→ Erziehungsberatung). Die Mitarbeiter an den Erziehungsberatungsstellen haben sich auf freiwilliger Basis in Landesarbeitsgemeinschaften zusammengeschlossen, die gemeinsam die bKe bilden.
Die bKe wurde 1962 als eingetragener Verein gegründet. Zu ihren satzungsgemäßen Aufgaben gehören die Förderung des Erfahrungsaustausches und die Vermittlung neuer Erkenntnisse im Bereich der Erziehungs- und Familienberatung, die Fort- und Weiterbildung von Mitarbeitern und Mitarbeiterinnen in Erziehungsberatungsstellen sowie Stellungnahmen und Vorschläge in Angelegenheiten der Erziehungsberatung gegenüber Behörden und Verbänden.
Die bKe ist Mitglied des Deutschen Arbeitskreises für Jugend-, Ehe- und Familienberatung, der → Arbeitsgemeinschaft für Jugendhilfe, der → Arbeitsgemeinschaft für Erziehungshilfe, des Deutschen Familiengerichtstages, des → Deutschen Vereins für öffentliche und private Fürsorge sowie der World Federation for Mental Health.
Das jährliche Programm ihrer Zentralen Weiterbildung umfaßt über vierzig, in der Regel einwöchige Kurse (bisher über 20000 Teilnehmer). Zudem wird eine Wissenschaftliche Jahrestagung veranstaltet. Regelmäßig werden Erhebungen zur Personalsituation in der Erziehungsberatung durch-

geführt und veröffentlicht. Auf dieser Grundlage wird das »Verzeichnis der Erziehungs- und Familienberatungsstellen« erstellt.
In der Zeitschrift »Informationen für Erziehungsberatungsstellen« veröffentlicht die bKe dreimal im Jahr ihre Stellungnahmen zu Fragen grundsätzlicher Bedeutung und ihre Hinweise zur Arbeitsgestaltung.
Anschrift: Herrnstraße 53, 90763 Fürth.

Klaus Menne

Bundesministerium für Arbeit und Sozialordnung (BMA) Die Leitung setzt sich zusammen aus dem Bundesminister, zwei Parlamentarischen Staatssekretären und zwei beamteten Staatssekretären. Dem BMA sind zugeordnet: Beauftragter der Bundesregierung für die Belange der Behinderten, Beauftragte der Bundesregierung für die Belange der Ausländer und der Bundeswahlbeauftragte für die Sozialversicherungswahlen.
Das Ministerium gliedert sich in 9 Abteilungen: Zentralabteilung (Personal, Verwaltung, Haushalt, Informationsverarbeitung); Abteilung I (Grundsatz- und Planungsabteilung); Abteilung II (Arbeitsmarktpolitik, Arbeitslosenversicherung); Abteilung III (Arbeitsrecht, Arbeitsschutz); Abteilung IV (Sozialversicherung, Sozialgesetzbuch); Abteilung V (Pflegesicherung, Prävention und Rehabilitation); Abteilung VI (Kriegsopferversorgung, Versorgungsmethoden); Abteilung VII (Europäische und internationale Sozialpolitik); Abteilung VIII in Berlin (Beschäftigung und soziale Integration von Ausländern, Sozialpolitische Beratung der Staaten Mittel- und Osteuropas, Personal und Organisation im Geschäftsbereich); Sonderfragen des Arbeitsschutzes und der Arbeitsmedizin.
Das Ministerium ist im Rahmen der genannten Aufgabenbereiche u.a. für folgende Aufgaben zuständig: Arbeitsförderung, → Arbeitslosenversicherung, Arbeitsmedizin, → Arbeitsrecht, → Arbeitsschutz, → Arbeitsvermittlung, Ausländerpolitik, Behindertenrecht, Betriebsverfassung, Gerichtsverfassung und Gerichtsverfahren der Gerichte für Arbeitssachen und Sozialgerichtsbarkeit (→ Arbeitsgerichte, → Sozialgerichte), → Sozialgesetzbuch (SGB), → Mitbestimmung, Pflegesicherung, Prävention → Rehabilitation, → Sozialversicherung, (→ Unfall- und → Rentenversicherung), Versorgung der Kriegsbeschädigten und Kriegshinterbliebenen einschließlich → Kriegsopferfürsorge.
Zum Geschäftsbereich des Ministeriums gehören: Bundesarbeitsgericht, Bundessozialgericht, Bundesversicherungsamt, Bundesausführungsbehörde für Unfallversicherung, Bundesanstalt für Arbeitsschutz und Bundesanstalt für Arbeitsmedizin.
Der Aufsicht unterstehen: BA (→ Arbeitsverwaltung) und Spitzenorganisationen der Sozialversicherung.

Das BMA gibt als regelmäßigen Informationsdienst die »Sozialpolitischen Informationen« heraus. Ferner erscheint monatlich das »Bundesarbeitsblatt«. Das »Statistische Taschenbuch« (zuletzt 1995) legt jährlich die Arbeits- und Sozialstatistik offen. Der Sozialbericht (→ Sozialberichterstattung) der Bundesregierung (zuletzt 1993) macht zusammen mit dem → Sozialbudget die engen wechselseitigen Beziehungen zwischen gesamtwirtschaftlicher Entwicklung und → Sozialpolitik deutlich. In Buchform (Schutzgebühr) gibt das BMA eine »Übersicht über das Recht der Arbeit« und eine »Übersicht über die soziale Sicherheit« heraus.
Anschrift: Rochusstraße 1, 53123 Bonn, Postfach 14 02 80, 53107 Bonn, und Jägerstraße 9, 10117 Bonn, Postfach 66, 10001 Berlin.

Manfred Harrer

Bundesministerium für Familie, Senioren, Frauen und Jugend (BMFSFJ) Es wurde aufgrund eines Organisationserlasses des Bundeskanzlers der Bundesrepublik Deutschland vom 17. November 1994 durch Zusammenlegung des früheren Bundesministeriums für Familie und Senioren sowie des früheren Bundesministeriums für Frauen und Jugend gebildet. Das BMFSFJ ist auf der Ebene der Bundesregierung sachlich zuständig für die → Familienpolitik, die Seniorenpolitik, die Frauenpolitik, die Kinder- und Jugendpolitik sowie für → Zivildienst und Wohlfahrtspflege. Dem BMFSFJ obliegen dabei sowohl Querschnitts- als auch Fachaufgaben, im wesentlichen mit Blick auf die Gesetzgebungsvorbereitung, nationale und internationale Angelegenheiten sowie auf die Förderung von Modellvorhaben und Ressortforschung. Das BMFSFJ ist gegenwärtig gegliedert in den Leitungsbereich und sechs Abteilungen: Abteilung Z – Zentrale Verwaltung, Abteilung 1 – Frauen, Abteilung 2 – Familie, Abteilung 3 – Senioren – Ältere Menschen, Abteilung 4 – Kinder und Jugend sowie Abteilung 5 – Zivildienst und Wohlfahrtspflege. Außerdem ist dem Ministerium der Bundesbeauftragte für den Zivildienst zugeordnet. Als nachgeordnete Bundesoberbehörden bestehen die Bundesprüfstelle für jugendgefährdende Schriften in Bonn-Bad Godesberg sowie das Bundesamt für den Zivildienst in Köln. Darüber hinaus nimmt das BMFSFJ die Fachaufsicht über das Referat »Sogenannte Jugendsekten und Psychogruppen« beim Bundesverwaltungsamt und über die Abteilung »Sexualaufklärung, Verhütung, → Familienplanung« im Zusammenhang mit dem Schwangeren- und Familienhilfegesetz bei der → Bundeszentrale für gesundheitliche Aufklärung wahr. Schließlich gehören zum Geschäftsbereich des Ministeriums zwei rechtlich selbständige Stiftungen des öffentlichen Rechts (→ Stiftung »Mutter und

Bundesministerium für Gesundheit (BMG)

Kind – Schutz des ungeborenen Lebens« und → Stiftung »Hilfswerk für behinderte Kinder«).
Anschrift: Rochusstraße 8-10, 53123 Bonn bzw. Taubenstraße 42/43, 10117 Berlin (Dienstbereich Berlin).

Reinhard Joachim Wabnitz

Bundesministerium für Gesundheit (BMG) führt im Rahmen des → Grundgesetzes (GG) die gesetzgeberischen und verwaltungsmäßigen Aufgaben auf dem Gebiet der Gesundheitspolitik durch. Dies umfaßt schwerpunktmäßig die Gesundheitsversorgung, die gesetzliche → Krankenversicherung, die → Gesundheitsvorsorge, die Aufklärung über → Drogen, → AIDS und Alkohol und den Verbraucherschutz im Lebensmittelbereich.
Das Ministerium umfaßt 5 Abt.: Abt. Z: Zentrale Verwaltung, Internationale Beziehungen; Abt. 1: Arzneimittel, Sozialrecht; Abt. 2: Gesundheitsversorgung und Krankenversicherung; Abt. 3: Gesundheitsvorsorge und Krankheitsbekämpfung; Abt. 4: Verbraucherschutz und Veterinärmedizin.
Zur wissenschaftlichen Beratung und zur Erledigung bestimmter Verwaltungsaufgaben auf dem Gesundheitssektor wird das BMG von 6 nachgeordneten Behörden unterstützt:
– Das Bundesinstitut für Arzneimittel und Medizinprodukte (BfArM)
– Das Bundesinstitut für gesundheitlichen Verbraucherschutz und Veterinärmedizin (BgVV)
– Das Robert-Koch-Institut (RKI)
– Das Paul-Ehrlich-Institut (Bundesamt für Sera und Impfstoffe)
– Das Deutsche Institut für medizinische Dokumentation und Information (DIMDI)
– Die Bundeszentrale für gesundheitliche Aufklärung (BZgA)
Anschrift: 53108 Bonn.

Christina Friede-Mohr

Bundespflegeausschuß Der B. soll die Bundesregierung in Angelegenheiten der → Pflegeversicherung beraten. Die Beratung dient der Schaffung einer leistungsfähigen und wirtschaftlichen Versorgung der Pflegebedürftigen, der Verbesserung und Weiterentwicklung der Pflegeversicherung, der Beseitigung von Mängeln in der pflegerischen Versorgung sowie der Abstimmung zwischen den Beteiligten bei der Durchführung der Pflegeversicherung. Der B. ist beim → Bundesministerium für Arbeit und Sozialordnung (BMA) zu bilden (§ 10 SGB XI). Vorsitz und Geschäftsführung liegen beim BMA. Im B. sind neben Vertretern der Länder, Pflegekassen, → Sozialhilfeträger und des → Medizinischen Dienstes auch die Verbände der Behindertenorganisationen und der Dienste und Einrichtungen vertreten. Das BMA kann weitere Institutionen berufen (derzeit über 50). Der B. tagt ein- bis zweimal jährlich. Beratungsschwerpunkte sind Fragen zum Auf- und Ausbau der Pflegeinfrastruktur, zur Investitionsförderung, → Prävention und → Rehabilitation, um → Pflegebedürftigkeit zu vermeiden, → Qualitätssicherung, Begutachtungssituation durch den MDK.

Franz Schmeller

Bundespflegesatzverordnung → Krankenhauspflegesatz

Bundesprüfstelle für jugendgefährdende Schriften → Jugendmedienschutz

Bundesraumordnungsprogramm → Planungsrecht

Bundes-Seuchengesetz (BSeuchG) Es handelt sich um ein Bundesgesetz entsprechend der Zuständigkeitsregelung nach Art. 74 Nr. 19 des → Grundgesetzes (GG) und bildet durch die darin enthaltenen umfassenden Regelungen die wichtigste gesetzliche Grundlage der Institutionen des öffentlichen → Gesundheitsdienstes und insbes. des → Gesundheitsamtes für Maßnahmen zur → Seuchenbekämpfung.
Die Verhütung übertragbarer Krankheiten gehörte lange Zeit zu den allgemeinen Aufgaben der Gefahrenabwehr durch die Polizei. Die ersten Spezialgesetze in Bayern und Preußen noch vor Entdeckung der bakteriologischen Grundlagen haben diese Aufgaben den Gesundheitsdiensten bereits im 19. Jh. übertragen. Mit dem Gesetz zur Bekämpfung der Papageienkrankheit konnte 1934 die Voraussetzung für eine reichseinheitliche Gesetzesgrundlage geschaffen werden. Das BSeuchG hat die verschiedenen Einzelgesetze in einer den neueren Erkenntnissen entsprechenden Form zusammengefaßt und erstmals den Bekämpfungsmaßnahmen ins einzelne gehende Regeln der → Prävention zur Seite gestellt.
Das Gesetz in seiner Fassung vom 18. 12. 1979 (BGBl. I S. 2262, zuletzt geändert am 7. August 1996) gliedert sich in Abschnitte unterschiedlicher Zielsetzung.
Der 1. Abschnitt enthält die notwendigen Begriffsbestimmungen, während die beiden nächsten Abschnitte die Erfassung von ansteckungsfähigen Erkrankungen (→ Meldepflichtige Krankheiten) regeln, durch die die menschliche → Gesundheit gefährdet wird. Dieser Erfassung und dem Veranlassen von Bekämpfungsmaßnahmen dient eine besondere Meldepflicht (§§ 4 bis 9). Der 4. Abschnitt (§§ 10 bis 29) enthält erstmals allgemeine Regeln zur Verhütung von Infektionskrankheiten. Hervorzuheben ist darunter das Angebot an öffentlich empfohlenen Impfungen (§ 14) sowie präventive Maßnahmen gegen Krankheiten, die im wesentlichen durch den Genuß von Lebensmitteln auf den Menschen übertragen werden. Es werden vorwiegend die Angehörigen solcher Berufsgruppen einer besonde-

ren Gesundheitskontrolle unterworfen, die mit Wassergewinnungsanlagen zu tun haben, in Molkereien oder Lebensmittelgeschäften tätig sind oder Lebensmittel einschließlich Eisprodukte herstellen (§§ 17, 18). Wenn diese Personen ansteckungsfähig erkranken oder ein entsprechender Verdacht besteht bzw. nach einer Erkrankung noch ansteckungsfähige Keime ausgeschieden werden, so wird i. d. R. ein befristetes Berufsverbot verhängt.

In den folgenden Abschnitten sind die eigentlichen Rechtsgrundlagen zur Bekämpfung übertragbarer Krankheiten (§§ 30 bis 38) enthalten. Es wird dabei unterschieden zwischen Personen, die lediglich unter dem Verdacht stehen, sich angesteckt zu haben, ohne Krankheitszeichen erkennen zu lassen, solchen Personen, die verdächtige Krankheitszeichen bereits zeigen, und den eigentlichen Erkrankten. Weiterhin werden Personen mit einbezogen, die nach einer entsprechenden Erkrankung ansteckungsfähige Krankheitskeime ausscheiden, ohne selbst noch im eigentlichen Sinne krank zu sein. Diesen Personen entstehen unterschiedliche Verpflichtungen im Rahmen der Bekämpfungsmaßnahmen. So können diese Verpflichtungen zur Beobachtung oder Behandlung ggf. durch einen richterlichen Beschluß erzwungen werden. Darüber hinaus haben die Beauftragten des Gesundheitsamtes das Recht zum Betreten von Einrichtungen und Wohnungen im Rahmen ihrer Ermittlungspflicht. Die notwendigen Auskünfte sind ihnen dabei zu geben (Art. 2, 11 und 13 GG sind insoweit durch § 34 des BSeuchG eingeschränkt).

Die Entschädigungsregelung für den als Folge einer staatlichen Entscheidung evtl. eingetretenen Verdienstausfall oder anderweitigen in ursächlichem Zusammenhang damit stehenden Schaden sind in einem weiteren Abschnitt in den §§ 49 bis 61 zusammengefaßt.

In einem eigenen Abschnitt sind zusätzliche Maßnahmen festgelegt, welche zur Verhütung und Bekämpfung von ansteckungsfähigen Krankheiten in Schulen, Kindergärten und sonstigen Gemeinschaftseinrichtungen erforderlich sind (§§ 44 bis 48). Die besondere Situation des engen Zusammenlebens in Gemeinschaftseinrichtungen der genannten Art, insbes. der enge Kontakt zwischen jüngeren Menschen mit einem noch immer bestehenden Ansteckungsrisiko (daher Kinderkrankheiten), fordert neben der Duldungspflicht für Vorsorgeuntersuchungen (→ Früherkennungsuntersuchungen), insbes. gegen Tuberkulose, bei Erziehern und Schülern (§ 47) auch eine erweiterte Meldepflicht bei der Häufung bestimmter ansteckungsfähiger Erkrankungen (§§ 45, 48).

Lit. Lundt u. a.: Seuchengesetze; Schumacher u. a.: BSeuchG (Komm.).

Klaus Schildwächter/Margarete Peters

Bundessozialgericht → Sozialgerichte

Bundessozialhilfegesetz (BSHG) vom 30. 6. 1961 (BGBl. I S. 815) regelt die individuelle Betreuung und Hilfe für den einzelnen im Falle seiner Bedürftigkeit durch Angebote und Leistungen der → Sozialhilfe. Das Gesetz trat am 1. 6. 1962 in Kraft. Es löste die Verordnung über die Fürsorgepflicht (RFV) und die Reichsgrundsätze über Voraussetzung, Art und Maß der öffentlichen Fürsorge (RGr) – beide aus dem Jahre 1924 stammend – ab (→ Fürsorge/Geschichte der Fürsorge), daneben auch die Sonderregelungen im Körperbehindertengesetz von 1957 und im Tuberkulosehilfegesetz von 1959.

Das BSHG gilt als eines der modernsten Sozialleistungsgesetze in der Bundesrepublik. Es schließt auch gesetzgeberisch die Entwicklung von der Armenfürsorge zur umfassenden sozialen Hilfe ab. Im Mittelpunkt aller Regelungen steht die Hilfe für den einzelnen Menschen. Ihm eine der Würde des Menschen (→ Menschenwürde) entsprechende Lebensführung zu ermöglichen, ist oberstes Ziel der Sozialhilfe.

Als tragende Grundsätze der Sozialhilfe sind im BSHG ausformuliert oder aus den Gesamtzusammenhängen abzuleiten die individuelle Hilfe (§ 3; → Individualisierungsprinzip), die Ermöglichung der Führung eines menschenwürdigen Lebens (§ 1 Abs. 2), die Befähigung zur → Selbsthilfe (§ 1 Abs. 2), die Gewährung von → persönlicher und wirtschaftlicher Hilfe (§ 8 Abs. 1), das Prinzip der → Bedarfsdeckung (insbes. § 2 Abs. 1, § 3 Abs. 1), der → Nachrang der Sozialhilfe (§ 2), die Ermöglichung der Teilnahme am Leben in der Gemeinschaft, die Gewährung der Hilfe von Amts wegen (§ 5), die → vorbeugende und → nachgehende Hilfe (§ 6), die → familiengerechte Hilfe (§ 7) sowie die Zusammenarbeit zwischen → öffentlichen Trägern und Verbänden der → freien Wohlfahrtspflege (§§ 10, 93). Zu den Grundprinzipien gehört auch die Garantiestellung der Sozialhilfe. Das BSHG konkretisiert die Sozialstaatsklausel (Sozialer → Rechtsstaat) des → Grundgesetzes (GG), in dem es dem Bürger – unbeschadet der vorrangigen Regelungen in anderen Zweigen der sozialen Sicherung (→ Soziale Sicherheit) – die umfassende Hilfe des Staates zur Gestaltung eines menschenwürdigen Lebens garantiert. Über die Ausfallbürgschaft im Verhältnis zu anderen Sozialleistungsbereichen hinaus, die sich aus dem Nachrang der Sozialhilfe ergibt, bedeutet die Garantiestellung die Verpflichtung, andere Sozialleistungen durch individuelle Hilfe (z. B. persönliche Hilfe) zu ergänzen und darüber hinaus sich auch neuer Hilfemöglichkeiten und neuer sozialer Tatbestände anzunehmen (sog. Pionierfunktion). Die genannten Grundprinzipien der Sozialhilfe sind auch

Bundessozialhilfegesetz (BSHG)

als soziales Recht auf Sozialhilfe im → Sozialgesetzbuch – Allgemeiner Teil – (SGB I) ausformuliert (§ 9).

Im Leistungsrecht (§§ 11–75) unterscheidet das BSHG zwischen den beiden großen Leistungsgruppen → Hilfe zum Lebensunterhalt und → Hilfe in besonderen Lebenslagen. Die Neuerung gegenüber dem früheren Fürsorgerecht, das im Leistungsrecht noch von dem Zentralbegriff des »notwendigen Lebensbedarfs« beherrscht war, liegt dabei nicht in erster Linie in dem erweiterten Katalog der einzelnen Hilfearten, sondern in den für die einzelnen Hilfen in besonderen Lebenslagen geltenden besonderen Voraussetzungen für den → Einsatz des Einkommens und Vermögens, die von der herkömmlichen fürsorgerechtlichen Bedürftigkeitsprüfung erheblich abweichen.

Der Nachrang der Sozialhilfe bedingt, daß im BSHG eingehende Regelungen über den Einsatz des → Einkommens und → Vermögens (§§ 76–89), den Rückgriff auf Ansprüche gegen Dritte einschließlich Unterhaltspflichtige (§§ 90, 91; → Übergang von Ansprüchen) und den → Kostenersatz (§§ 92–92 c) enthalten sind.

→ Sozialhilfeträger sind im örtlichen Bereich die → kreisfreien Städte und die → Landkreise (§ 96 Abs. 1). Die Landkreise als örtliche Träger können im Rahmen näherer landesrechtlicher Regelungen ihnen zugehörige → Gemeinden und Gemeindeverbände zur Durchführung von Aufgaben nach dem BSHG heranziehen (→ Aufgabenübertragung). Die Bestimmung der überörtlichen Träger hat der Bundesgesetzgeber den Ländern überlassen. Die Länder haben sich teils selbst zu überörtlichen Trägern bestimmt, teils die Aufgaben besonderen Kommunalverbänden höherer Ordnung (→ Landschaftsverbänden) oder überörtlichen kommunalen Körperschaften (→ Landeswohlfahrtsverbänden) übertragen. Zur Durchführung der Aufgaben der überörtlichen Träger können die örtlichen Träger nach näherer landesrechtlicher Regelung ebenfalls herangezogen werden.

Örtlich zuständig ist grundsätzlich der Träger der Sozialhilfe, in dessen Bereich sich der Hilfesuchende tatsächlich aufhält (§ 97 Abs. 1); für die Gewährung von Sozialhilfe an Personen in Einrichtungen enthält § 97 Abs. 2 eine besondere Regelung, bei der sich die Zuständigkeit primär nach dem gewöhnlichen Aufenthalt vor dem Eintritt in die Einrichtung bestimmt. Sachlich zuständig sind grundsätzlich die örtlichen Träger (§ 99; → Zuständigkeit). Den überörtlichen Trägern sind durch einen besonderen Katalog in § 100 BSHG, der durch Landesrecht ergänzt oder eingeschränkt werden kann, eine Reihe von Hilfearten und Einzelleistungen zugewiesen, die, besonders kostenaufwendig und ungleichmäßig auf die örtlichen Träger verteilt sind (vor allem Maßnahmen der Betreuung in → Anstalten, Heimen oder gleichartigen → Einrichtungen sowie Einrichtungen zur teilstationären Betreuung, → Blindenhilfe) oder die besondere Fachkräfte erfordern (→ Eingliederungshilfe für Behinderte).

Die Träger der Sozialhilfe haben die Aufwendungen für Hilfefälle, die sie aufgrund ihrer örtlichen und sachlichen Zuständigkeit zu betreuen haben, grundsätzlich selbst zu tragen. Um unbillige Kostenbelastungen zu vermeiden, sieht das BSHG eine eingehende Regelung über die → Kostenerstattung zwischen den Trägern der Sozialhilfe vor (§§ 103–113, 144, 145; → Erstattungs- und Ersatzansprüche). Zur Vereinfachung des Kostenerstattungsrechts und zur Schlichtung von Erstattungsstreitigkeiten im Schiedsverfahren wurde von den Sozialhilfeträgern die → Fürsorgerechtsvereinbarung (FRV) abgeschlossen.

Das BSHG enthält auch Sonderbestimmungen zur Sicherung der Eingliederung → Behinderter (§§ 123–126 b).

Die Befugnis des Bundes zur Regelung des Sozialhilferechts ergibt sich aus Art. 74 Nr. 7 GG. Nach dieser Regelung hat der Bund vorrangig vor den Ländern das Recht, gesetzliche Regelungen für den Bereich der öffentlichen Fürsorge zu schaffen (konkurrierende → Gesetzgebung). Fragen, die der Bund dabei nicht regelt, bleiben der landesgesetzlichen Regelung offen. Der Begriff »öffentliche Fürsorge« geht dabei erheblich über das hinaus, was im BSHG als Sozialhilfe geregelt ist; es fällt unter diese Gesetzgebungskompetenz des Bundes insbes. auch das gesamte Jugendhilferecht einschließlich des → Jugendschutzes.

Der Entwurf des BSHG wurde von der Bundesregierung am 20. 4. 1961 im Deutschen Bundestag eingebracht (BTDrucks. 3/1799). Am 4. 5. 1961 hat der Deutsche Bundestag das Gesetz – in seiner Gesamtkonzeption gegenüber dem Regierungsentwurf unverändert – mit Mehrheit verabschiedet. Der Bundesrat hatte dem Gesetz am 26. 5. 1961 zugestimmt. Während hinsichtlich der Ausgestaltung des Leistungsrechts der Sozialhilfe zwischen allen Parteien Übereinstimmung bestand, gab es wegen des Verhältnisses der öffentlichen Träger zu den freien Wohlfahrtsverbänden erhebliche Meinungsunterschiede.

Das BSHG ist seit seinem Erlaß insgesamt durch 44 Gesetze geändert und ergänzt worden. Speziell zur Weiterentwicklung des Sozialhilferechts sind dabei 7 Gesetze erlassen worden:

Das Gesetz zur Änderung und Ergänzung des BSHG (1. ÄndG) vom 31. 8. 1965 (BGBl. I S. 1027) wurde als »Zahlennovelle« bezeichnet, da es in erster Linie betragsmäßige Erhöhungen der Mehrbedarfszuschläge sowie der Blindenhilfe und Verbesserungen der besonderen Einkommensgrenze brachte.

Das 2. ÄndG vom 14. 8. 1969 (BGBl. I S. 1153), das am 1. 10. 1969 in Kraft trat,

brachte eine Anpassung des BSHG an die allgemeine wirtschaftliche und soziale Entwicklung und berücksichtigte Erfahrungen, die mit der Anwendung des Sozialhilferechts in der Praxis gemacht wurden. Neben beträchtlichen Leistungsverbesserungen (insbes. im Bereich der Eingliederungshilfe für Behinderte und der Blindenhilfe) mit einer Ausdehnung der Leistungstatbestände erfolgten wesentliche Verbesserungen der Vorschriften über den Einsatz des Einkommens, eine Neufassung der Vorschriften über den Kostenersatz sowie die Änderung der Vorschriften des Abschn. 12 über die rechtzeitige Einleitung der Eingliederungsmaßnahmen für Behinderte.
Das 3. ÄndG vom 25. 3. 1974 (BGBl. I S. 777), das am 1. 4. 1974 in Kraft trat, brachte neben Anpassungen an die allgemeine soziale Entwicklung Vorschriften über den berechtigten Personenkreis und die Aufgabenstellung der Eingliederungshilfe für Behinderte sowie eine Neufassung der Vorschriften über die häusliche Pflege. Die Hilfe für Gefährdete nach § 72 wurde zu einer umfassenden → Hilfe zur Überwindung besonderer sozialer Schwierigkeiten ausgebaut. Verbessert wurden die Vorschriften über den Einsatz des Einkommens sowie über die Heranziehung Unterhaltspflichtiger.
Ein 4. ÄndG lag dem Deutschen Bundestag in der 8. Legislaturperiode zur Beratung vor (BTDrucks. 8/2534). Der Regierungsentwurf sah insbes. eine Reihe von systematischen Bereinigungen, eine Neuordnung der Mehrbedarfszuschläge (→ Mehrbedarf) sowie Änderungen der Vorschriften über die häusliche Pflege (→ Hilfe zur Pflege) und über die Kostenerstattung zwischen den Trägern der Sozialhilfe vor. Das Gesetzgebungsvorhaben ist am Einspruch des Bundesrates gescheitert. Die unstrittigen Teile dieses ÄndG wurden in den Anhang zum 3. Buch des SGB X aufgenommen und traten am 1. 7. 1983 in Kraft.
Auf Initiative des Bundesrates ist erneut ein 4. ÄndG eingebracht und verabschiedet worden (vom 21. 6. 1985, BGBl. I S. 1081); es trat am 1. 7. 1985 in Kraft. Das 4. ÄndG bringt vor allem eine Verbesserung der Mehrbedarfszuschläge für ältere Hilfesuchende und für → Alleinerziehende sowie eine betragsmäßige Festschreibung der → Einkommensgrenzen der Hilfe in besonderen Lebenslagen. Das 4. ÄndG steht in Zusammenhang mit der Übernahme eines geänderten → Bedarfsbemessungssystems für die → Regelsätze, das zu Strukturverbesserungen führte.
Während das 5. ÄndG vom 28. 10. 1986 (BGBl. I S. 1657) lediglich den Einkommensbegriff in §76 Abs. 1 BSHG ergänzte, brachte das 6. ÄndG vom 10. 12. 1990 (BGBl. I S. 2644) wiederum einige wichtige Fortentwicklungen. Es verbesserte den Schutz des Hausgrundstücks und des dafür angesammelten Vermögens und beseitigte für die Gewährung von Blindenhilfe und → Pflegegeld weitgehend die untere Altersgrenze.
Das Gesetz zur Reform des Sozialhilferechts vom 23. 7. 1996 (BGBl. I S. 1088) war in erster Linie auf die Dämpfung der Kosten der Sozialhilfe ausgerichtet; es kam wegen der unterschiedlichen Auffassungen zwischen Bundestagsmehrheit und Bundesratsmehrheit erst in einem zweiten Vermittlungsverfahren zustande. Das Gesetz trat größtenteils am 1. 8. 1996 in Kraft. Es deckelt insbesondere den Anstieg der Pflegesätze in den → sozialen Diensten und → Einrichtungen und den Anstieg der → Regelsätze für die Zeit von 1996 bis 1998; ab 1999 soll die Umstellung auf ein verbessertes System erfolgen. Präzisiert wurden die Regelungen über die → Hilfe zur Arbeit und über Sanktionen bei Ablehnung zumutbarer Arbeitsangebote. Verbessert wurden die Hilfe für Wohnungslose und für die Beschäftigung in einer → Werkstatt für Behinderte.
Durch das 2. HStruktG vom 22. 12. 1981 (BGBl. I S. 1523), das Haushaltsbegleitgesetz 1983 vom 20. 12. 1982 (BGBl. I S. 1857), das Haushaltsbegleitgesetz 1984 vom 22. 12. 1983 (BGBl. I S. 1983), das FKPG vom 23. 6. 1993 (BGBl. I S. 944) und das 2. SKWPG vom 21. 12. 1993 (BGBl. I S. 2374) sind im Rahmen der Bemühungen um die Konsolidierung der öffentlichen Haushalte erhebliche Einschnitte in das Sozialhilferecht erfolgt und die Grundsätze der Individualität und des Nachrangs erneut stärker betont worden. Vor allem wurden der Anstieg der Regelsätze bundeseinheitlich begrenzt und die Leistungen für Asylbewerber eingeschränkt.
Das BSHG ist seit 1. 1. 1976 Bestandteil des → Sozialgesetzbuchs (SGB). In diesem Rahmen erfolgt ebenfalls eine Weiterentwicklung und Ergänzung des Sozialhilferechts. Die Regelungen des BSHG werden seitdem ergänzt durch die allgemeinen und übergreifenden Bestimmungen des SGB (insbes. im SGB I und SGB X).
Zum BSHG sind bisher 7 → Rechtsverordnungen des Bundes ergangen, die sich insbes. mit den Problemen der Gestaltung der Regelsätze, den Absetzungsbeträgen bei Erwerbstätigkeit, der Eingliederungshilfe für Behinderte, der Hilfe zur Überwindung besonderer sozialer Schwierigkeiten, des Einkommens und der Festsetzung von Einkommens- und Vermögensfreibeträgen befassen.
In der DDR wurde am 21. 6. 1990 ein eigenes Sozialhilfegesetz erlassen, das wesentliche Leistungen des BSHG in vereinfachter Form übernahm (GBl. der DDR I S. 392). Seit dem 1. 1. 1991 gilt das BSHG auch in den neuen Bundesländern, allerdings mit einigen Einschränkungen und Änderungen, z.B. anderen Regelsätzen, Bar-

beträgen zur persönlichen Verfügung, Grundbeträgen der → Einkommensgrenzen (Anlage I Kapitel K Sachgebiet H Abschnitt III Nr. 3 Einigungsvertrag).
Alle Länder haben Ausführungsgesetze zum BSHG erlassen, die sich nahezu ausschließlich auf die Regelung organisationsrechtlicher und finanzieller Fragen sowie auf Bestimmungen über die sachliche Zuständigkeit der überörtlichen Träger beschränken.
Gegen Regelungen des BSHG, die sich mit dem Verhältnis der öffentlichen Träger zu den freien Verbänden befassen (§§ 10, 93) und gegen einige andere Vorschriften sind beim → Bundesverfassungsgericht Verfassungsbeschwerden und Normenkontrollklagen eingereicht worden. Das BVerfG hat die Anträge und Klagen mit Urteil vom 18. 7. 1967 (BVerfGE 22, 180 = Kleinere Schriften des DV, H. 27) weitgehend zurückgewiesen. Es hat dabei insbes. die Notwendigkeit und den Rang des Grundsatzes der Zusammenarbeit zwischen den öffentlichen Trägern und den freien Verbänden hervorgehoben.
Lit. Birk u. a.: BSHG (Komm.); Brühl, A.: Sozialhilfe; DV: Sozialhilferecht; Fichtner: Zukunft; Flamm: Sozialwesen; Frank, W.: Perspektiven; Giese: BSHG; Gottschick u. a.: BSHG (Komm.); Hering: Grundlagen; Knopp u. a.: BSHG (Komm.); Luber: BSHG (Komm.); Mergler u. a.: BSHG (Komm.); Nees u. a.: Sozialhilfe; Oestreicher u. a.: BSHG (Komm.); Schellhorn: Sozialhilfe; Schellhorn u. a.: BSHG (Komm.); Schmitt: BSHG (Komm.); Schulte, B. u. a.: BSHG; Vogt, F.: Sozialhilferecht.
Walter Schellhorn/Otto Fichtner

Bundesverband der Diplom-Pädagoginnen und Diplom-Pädagogen e. V. (BV-PÄD), gegründet 1978 als Interessenvertretung von Diplom-Pädagog/-innen (→ Diplom-Pädagoge/Diplom-Pädagogin) sowie Kolleg/-innen, die ein Hochschulstudium der → Erziehungswissenschaft mit der Magisterprüfung abgeschlossen haben. Mitglieder können ebenso Studierende und Lehrende der erziehungswissenschaftlichen Hauptfachstudiengänge werden.
Zentrales Anliegen des BV-PÄD ist die Verbesserung der Lage der Diplom-Pädagog/-innen in Ausbildung und Beruf. Dazu gehört u. a. eine generell bessere Vergütung der Tätigkeiten im außerschulischen Bildungs- und Sozialbereich sowie die konsequente Umsetzung eines vollakademischen Ausbildungskonzeptes mit einem berufsqualifizierenden Anspruch auch im nichtschulischen Segment der Sozial- und Erziehungsberufe.
Der BV-PÄD fördert den Aufbau eigener Regionalgruppen und koordiniert seine ausbildungsbezogenen Aktivitäten über ein Netz von Hochschulansprechpartnern und -partnerinnen. Im Rahmen seines Bildungswerkes bietet der BV-PÄD Veranstaltungen im Sinne der kollegialen → Fort- und → Weiterbildung an, die spezielle Bedürfnisse von Diplom-Pädagog/-innen ansprechen.
Der BV-PÄD veranstaltet alljährlich eine Fachtagung zu aktuellen fach- und berufspolitischen Themen. Die Vierteljahresschrift »Der pädagogische Blick« dient der thematischen Auseinandersetzung mit Sachfragen und Entwicklungen, die Ausbildung und Beruf von Diplom-Pädagog/-innen betreffen, sowie der laufenden Information der Mitglieder. Zur Unterstützung des Vorstands und Weiterentwicklung der fachlich-inhaltlichen Perspektivenarbeit arbeiten auf Bundesebene mehrere Kommissionen (u. a. Ausbildung, Fort- und Weiterbildung).
Anschrift: Friederikastr. 86, 44789 Bochum.
Hans Gängler

Bundesverband deutscher Wohnungsunternehmen e. V. (GdW; bislang: Gesamtverband der Wohnungswirtschaft), Köln, repräsentiert mit einem Wohnungsbestand – nach der Vereinigung Deutschlands – von rd. 6,5 Mio. Wohnungen die größte organisierte Bauherren- und Wohnungsbauinvestorengruppe der unternehmerischen Wohnungswirtschaft in Nachfolge des Gesamtverbandes Gemeinnütziger Wohnungsunternehmen (GGW).
Der GdW vertritt die Interessen der rd. 1 900 Wohnungsgenossenschaften, ihrer 47 Spareinrichtungen und der rd. 1 100 Wohnungsgesellschaften, der Gemeinden und Gemeindeverbände, des Bundes, der Bundesländer sowie der Bundesbahn und Bundespost, der industrieverbundenen und kirchlichen Wohnungsunternehmen u. a. auf Bundesebene und im europäischen Raum. Der GdW wird als Spitzenverband vom Deutschen Bundestag, seinen Ausschüssen und den relevanten Bundesministerien an den Beratungen von Gesetzgebungs- und Verwaltungsverfahren beteiligt. Er wirkt bei der Normung, bei Forschung und Entwicklung in den zuständigen Institutionen mit, erarbeitet Musterverträge und trägt durch Veröffentlichungen, Fachveranstaltungen, Schulungen usw. zum bundes- und europaweiten Erfahrungsaustausch und zur Fortbildung der Wohnungsunternehmen bei. Hierzu tragen bei die FWI Führungsakademie der Wohnungs- und Immobilienwirtschaft und das Inwis-Institut, Bochum.
Der GdW ist Gesprächspartner für die kommunalen Spitzenverbände und die Freien Wohlfahrtsverbände im Bereich Wohnen, Infrastruktur und soziale Arbeit. Seine satzungsmäßigen Mitglieder sind die 16 regionalen Verbände in den alten und neuen Bundesländern.
Die Wohnungsunternehmen wirken durch ihre Delegierten in Verbandsausschuß, Verbandsrat, Vorstand, Fachausschüssen und unternehmensspezifischen Arbeitsgemein-

schaften im GdW in demokratischer Willensbildung verbandspolitisch und fachlich mit.
Der GdW ist als Gründungsmitglied mit CECODHAS (Europäischer Verbindungsausschuß zur Koordinierung der sozialen Wohnungswirtschaft), dem 33 Organisationen aus 12 Staaten mit einem Bestand von rd. 25 Mio. Wohnungen in Europa angeschlossen sind, bei der EG in Brüssel akkreditiert und im IGB (Internationaler Genossenschaftsbund) tätig.
Mit der DESWOS (Deutsche Entwicklungshilfe für soziales Wohnungs- und Genossenschaftswesen), einer beim GdW angesiedelten, privaten Entwicklungshilfeorganisation, fördern mehrere hundert Unternehmen, private Mitglieder und Verbände seit 1969 zahlreiche Aufbauprojekte in Staaten der 3. Welt.
Anschrift: Bismarckstraße 7, 50672 Köln.

Hartmut Großhans

Bundesvereinigung der kommunalen Spitzenverbände (BV) Der → Deutsche Städtetag, der → Deutsche Landkreistag und der → Deutsche Städte- und Gemeindebund bilden die BV. Die Federführung liegt beim Deutschen Städtetag. Die drei Spitzenverbände erfassen alle → Gemeinden, Städte (→ Kreisfreie-, → Kreisangehörige Städte) und Kreise (→ Landkreise) in der Bundesrepublik.
Die Zusammenarbeit im Rahmen der BV findet in Geschäftsstellenbesprechungen und im Gesamtvorstand statt. Durch die Geschäftsordnungen von Bundestag und Bundesregierung sind die kommunalen Spitzenverbände an der Gesetzgebungsarbeit beteiligt. Kommunalpolitisch bedeutsame Angelegenheiten werden von den Beschlußgremien der einzelnen Verbände entschieden. In großen gesetzgeberischen Vorhaben (u. a. der → Sozialpolitik) geben die kommunalen Spitzenverbände auch gemeinsame Stellungnahmen im Rahmen der BV ab.
Anschrift: Lindenallee 13-17, 50968 Köln.

Stephan Articus

Bundesvereinigung Lebenshilfe für geistig Behinderte e.V. wurde als Zusammenschluß von Menschen mit geistiger Behinderung (→ Geistig Behinderte), ihren Eltern/Sorgeberechtigten, Fachleuten und Freunden 1958 in Marburg gegründet.
Aufgaben und Ziele sind u. a. Sicherung aller → Menschenrechte für geistig behinderte Menschen, deren Eingliederung in die → Gesellschaft, umfassende sozialpolitische Interessenvertretung, Information und Gewinnung der Öffentlichkeit sowie → Fort- und → Weiterbildung für Angehörige, Mitarbeiter in Einrichtungen, sonstige Fachleute und geistig behinderte Menschen.
125 000 Mitglieder sind in 16 Landesverbänden mit 538 Orts- und Kreisvereinigungen organisiert. Die Lebenshilfe ist Träger von Maßnahmen und Einrichtungen im Bereich von → Frühförderung Behinderter, → Kindergärten, Tagesbildungsstätten und Schulen mit speziellen Förderangeboten für geistig behinderte Kinder, → Werkstätten für Behinderte, differenzierten Wohnmöglichkeiten, Freizeit- und Erholungsmaßnahmen, Elternberatung, familienentlastenden Diensten sowie Betreuungsvereinen (→ Betreuungsrecht, → Vereinsbetreuung).
Organe sind Bundesvorstand, Bundeskammer (Vorsitzende der Landesverbände) und Bundeselternrat.
Fachausschüsse existieren für das → Kindes- und → Jugendalter, das Arbeitsleben und das Wohnen; mehrere Projektgruppen und der Redaktionsbeirat der Fachzeitschrift »Geistige Behinderung« ergänzen den Tätigkeitsbereich.
Wichtige Publikation sind die Lebenshilfe-Zeitung, die Fachzeitschrift »Geistige Behinderung«, Monographien, Handbücher, Broschüren sowie ein Fachdienst, Rechtsdienst und Pressedienst.
Anschrift: Raiffeisenstraße 18, 35043 Marburg.

Bernhard Conrads

Bundesverfassungsgericht (BVerfG) »ist den übrigen Verfassungsorganen gegenüber selbständiger und unabhängiger Gerichtshof des Bundes« (§ 1 Bundesverfassungsgerichtsgesetz – BVerfGG – vom 12. 3. 1951, i. d. F. der Bekanntmachung vom 11. 8. 1993, BGBl. I S.1473). Sein Sitz ist Karlsruhe. Seine Mitglieder (2 getrennte Senate mit je 8 Richtern, von denen jeweils 3 aus den obersten Gerichtsbarkeit des Bundes kommen müssen) werden ja zur Hälfte vom Bundestag und vom Bundesrat gewählt. Die Zuständigkeit des BVerfG ist in Art. 93 des → Grundgesetzes (GG), das Verfahrensrecht im BVerfGG festgelegt.
Das BVerfG hat in der deutschen Verfassungsgeschichte keine eigentlichen Vorläufer. Immerhin verfügte der Staatsgerichtshof der Weimarer Zeit über einige verfassungsgerichtliche Kompetenzen, zu deren weiterem Ausbau es dann nicht mehr kam. Direkte Vorbilder für die Schaffung des BVerfG in der Bundesrepublik waren der österreichische Verfassungsgerichtshof, der amerikanische Supreme Court und das schweizerische Bundesgericht. Wie diese Gerichte soll das BVerfG »verfassungsrechtliche« Rechtsfragen entscheiden, und zwar a) Streitigkeiten zwischen Verfassungsorganen und zwischen Bund und Ländern, b) Meinungsverschiedenheiten oder Zweifel über die Vereinbarkeit von → Normen mit dem GG oder von Landesrecht mit dem Bundesrecht, c) Verfassungsbeschwerden von Bürgern und von Gemeinden und Gemeindeverbänden, d) Präsidentenanklagen, Richteranklagen, Verbotsverfahren gegen politische Parteien (im einzelnen: Art. 93 GG, § 13 BVerfGG).

Anders als die Weimarer Verfassung von 1919, unter der sich der Reichspräsident zum »Hüter der Verfassung« entwickelte, soll nach dem Willen des GG das BVerfG diese Rolle einnehmen. Seine Machtfülle ist groß, es hat sie jedoch im allgemeinen zurückhaltend und unter Respektierung der verfassungsrechtlichen Gewichtsverteilung eingesetzt. Daraus ist ihm im In- und Ausland Ansehen zugewachsen. Seine Entscheidungen werden naturgemäß je nach politischer Optik unterschiedlich beurteilt. In den ersten beiden Jahrzehnten der Bundesrepublik hat es wesentlich zur Umsetzung rechtsstaatlicher Prinzipien in das ältere Recht beigetragen. Hierdurch hat es den Ruf erworben, liberal, ja »progressiv« zu sein. Seit der innenpolitischen Wende von 1969 sind mehrere hochpolitische Entscheidungen (Ostverträge, § 218 StGB, Radikalenfrage) als »konservativ« kritisiert worden. Seither scheint das Pendel wieder anders auszuschlagen: Das Gericht ist gerade wegen seiner grundrechtsfreundlichen Linie z. T. heftig kritisiert worden (Sitzblockade-Entscheidung, E 73, 206; Soldaten-Beschluß, E 93, 266; vor allem aber der Kruzifix-Beschluß, E 93, 1). Problematisch ist weniger diese Kontroverse als die immer häufiger zu beobachtende Verlagerung politischer Auseinandersetzungen, die im Parlament zu entscheiden wären, auf das BVerfG. Doch wirkt sich auch in diesen Verfahren die Umsetzung des politischen Dissenses in eine rationale und überprüfbare Argumentation positiv aus. Daneben ist das BVerfG vor allem in den zahlreichen Verfassungsbeschwerdeentscheidungen ein wichtiger Faktor bei der Aktualisierung verfassungsrechtlicher Wertentscheidungen im täglichen Leben. Der starken Inanspruchnahme des BVerfG durch Verfassungsbeschwerden wirkt seit 1986 ein besonderes Verfahren entgegen, in dem mit drei Richtern besetzte Kammern über die Annahme der Verfassungsbeschwerde entscheiden (§§ 15 a und 93 a ff. BVerfGG). Die Möglichkeit, eine Mißbrauchsgebühr (§ 34 Abs. 4 BVerfGG) zu verhängen, hat ebenfalls Entlastungsfunktion. Da das Gericht dennoch die Arbeit kaum noch bewältigen kann, wird darüber diskutiert, ob man ihm nicht das Recht einräumen sollte, aus den eingelegten Verfassungsbeschwerden die wichtigsten selbst zur Entscheidung anzunehmen.
Für die soziale Arbeit bedeutsame Entscheidungen sind insbes. BVerfGE 22, 180 (zum Sozialhilfe- und Jugendhilferecht); 24, 236 (Diakonie und Glaubensfreiheit); 46, 73 (Diakonie und Betriebsverfassungsrecht); 53, 257; 58, 81; 64, 87; 69, 272 und 76, 220 (Rentenansprüche als Eigentum); 70, 138 (kirchliches Selbstbestimmungsrecht und Arbeitsverhältnisse); 74, 125 (betriebliche Altersversorgung); 74, 163 (flexibles Altersruhegeld für Frauen); 75, 348 (gesetzliche Unfallversicherung und Berufskrankheit); 75, 108 (Künstlersozialversicherung); 75, 382 (Arbeitslosenhilfe und Freibetragsregelung) sowie 78, 104 (Prozeßkostenhilfe und Sozialstaatsgebot); 87, 153 (Besteuerung und Existenzminimum); 88, 203-366 (Abtreibung).
Lit. Benda-Klein: Lehrbuch; Häberle: Verfassungsgerichtsbarkeit; Korinek u.a.: Verfassungsgerichtsbarkeit; Laufer, H.: Verfassungsgerichtsbarkeit; Maunz u.a.: BVerfGG (Komm.); Maunz u.a.: GG (Komm.); Pestalozza: Verfassungsprozeßrecht; Schlaich: BVerfG; Starck: BVerfG. *Michael Stolleis*

Bundesversicherungsanstalt für Angestellte (BfA) Träger der Angestelltenversicherung (→ Rentenversicherung), öffentlich-rechtliche Selbstverwaltungskörperschaft unter staatlicher Aufsicht (Bund); Sitz in Berlin. Für ihre annähernd 23,5 Mio. Versicherten und über 6 Mio. Rentner hat die BfA in 44 Städten 45 Auskunfts- und Beratungsstellen (→ Beratung) errichtet und in 11 weiteren Städten Geschäftsstellen geöffnet. Davon befinden sich 34 in den alten und 22 in den neuen Bundesländern. Darüber hinaus werden in 456 Sprechtagsorten Beratungen der Versicherten und Rentner durchgeführt (325 Orte in den alten, 131 in den neuen Bundesländern). Auch sind rund 2 500 Versichertenälteste ehrenamtlich für die BfA tätig. Wichtigste Aufgaben der BfA sind die Rentenleistungen, die laufende Kontoführung der Versicherten, die Durchführung von Heilmaßnahmen sowie die Beratung der Versicherten. Die Verwaltungsorganisation (bis auf die Außenstellen in Berlin konzentriert) wird von der Geschäftsführung geleitet, der neben dem Vorsitzenden zwei weitere Mitglieder angehören.
Anschrift: 10709 Berlin.
Lit. Aichberger: Angestelltenversicherungsgesetz; Koch, H. u.a.: Rentenversicherung *Herbert Rische*

Bundesversorgungsgesetz (BVG) Ursprünglich regelte das BVG vom 20. 12. 1950 (BGBl. I S. 791) allein das Recht der → Kriegsopferversorgung. Seine Aufgabe war die Entschädigung der durch Wehrdienst und Krieg erlittenen Gesundheitsschäden sowie der durch diese Gesundheitsstörungen verursachten wirtschaftlichen Folgen (im Beruf und bezüglich des Erwerbseinkommens). Heute gelten die Grundsätze des BVG – zuletzt aktualisiert durch das Gesetz zur Änderung und Erstattungsvorschriften im sozialen Entschädigungsrecht vom 25. 7. 1996 (BGBl. I S. 1310) – auch für andere Sozialleistungsgesetze aus dem Bereich des sozialen Entschädigungsrechts (→ Soziale Entschädigung). System und Leistungen des BVG finden heute zunehmend Eingang in moderne Gesetze, die die Entschädigung und Versorgung von Personen regeln, welche Gesundheitsschäden als Sonderopfer aufgrund von Einwirkungen oder Risikotatbeständen erlitten haben, für die Staat und Gesellschaft die Verantwortung tragen müssen oder wollen (vgl. § 5 SGB I; → Sozialgesetzbuch [SGB]). Hierzu gehören u. a. die Impfschäden (vgl. BSeuchG), die Gesundheitsschäden der Opfer von Gewalttaten (→ Opferentschädigungsgesetz [OEG]) und die Wehrdienst- oder Zivildienstbeschädigungen von Soldaten oder Zivildienstleistenden (Soldatenversorgungsgesetz, Zivildienstgesetz). Geplant ist, auch weitere Tatbestände, die derzeit noch in den Schutz der gesetzlichen → Unfallversicherung einbezogen sind (z. B. § 539 Abs. 1 Nr. 9, 10, 12 RVO), rechtssystematisch aber zum sozialen Entschädigungsrecht gehören, in dieses einzubeziehen und beide Entschädigungssysteme einander vermehrt anzugleichen.

Nach BVG werden geleistet: Heil- und → Krankenbehandlung, Leistungen der → Kriegsopferfürsorge (u. a. zur → beruflichen Rehabilitation), → Beschädigtenrente, Pflegezulage, Bestattungs- und Sterbegeld und → Hinterbliebenenrenten.

Versorgungsanspruch nach BVG haben Personen, die durch eine militärische oder militärähnliche Dienstverrichtung, einen Unfall während des Dienstes oder durch die diesem Dienst eigentümlichen Verhältnisse eine gesundheitliche Schädigung erlitten haben.

Für die Gesetze, die das BVG für entsprechend anwendbar erklären, sind vergleichbare Risiko- und Schädigungstatbestände (z. B. die staatlich empfohlene Impfung oder ein tätlicher Angriff auf Leib oder Leben) normiert. Wesentlich für die Anspruchsbegründung nach BVG und Gesetzen, die auf das BVG verweisen, ist stets der Nachweis, daß die vorliegenden Gesundheitsstörungen ursächlich auf die gesetzlich geschützten Risikosphären zurückgehen (→ Kausalprinzip). Der Ursachenzusammenhang muß zwischen der Risikospähre (z. B. Wehrdienst) und dem schädigenden Ereignis (z. B. Unfall) und zwischen diesem Ereignis und der bleibenden Gesundheitsstörung (z. B. Verlust der Sehkraft auf einem Auge) bestehen. Nach der sozialrechtlichen Kausalitätslehre genügt für die Ursächlichkeit, daß die dem sozialrechtlichen Bereich entspringende Bedingung wesentlich für den Erfolg war. Wesentlichkeit ist anzunehmen, wenn dieser Faktor wenigstens gleichwertig neben anderen Konditionen das Ergebnis mitverursacht hat.

Die Höhe des Versorgungsanspruchs ist bei den Rentenleistungen abhängig von der schädigungsbedingten MdE. Zweckgebundene Aufwendungsersatzleistungen (z. B. Schwerstbeschädigtenzulage, Pflegezulage) werden nach besonderen Kriterien bemessen (z. B. Hilflosigkeit). Die Durchführung des BVG und der das BVG für anwendbar erklärenden Gesetze ist Ländergelegenheit. Zuständig sind die → Versorgungs- und Landesversorgungsämter. Nur die Kriegsopferfürsorge wird von den Fürsorgestellen bei den Gemeinde- und Kreisverwaltungen durchgeführt.

Kirsten Wachholz

Bundesvertriebenengesetz (BVFG), das Gesetz über die Angelegenheiten der Vertriebenen und → Flüchtlinge vom 19. 5. 1953, i. d. F. vom 2. 6. 1993 (BGBl. I 820), hat bundeseinheitlich die verschiedenen Flüchtlingsgesetze der Länder abgelöst. Die konkurrierende Gesetzgebungskompetenz des Bundes ergibt sich aus Art. 74 Nr. 6 → Grundgesetz (GG); s. a. Art. 119 GG. Das BVFG gehört in den Bereich des Kriegsfolgerechts. I. V. m. dem LAG vom 16. 2. 1979 (BGBl. I S. 181) bildet es die Rechtsgrundlage für die Eingliederung der Vertriebenen und Flüchtlinge in die Wirtschafts- und Sozialordnung der Bundesrepublik. Die Begriffe Vertriebener, Heimatvertriebener, Flüchtling, deutsche Volkszugehörigkeit etc. werden im BVFG definiert. Rechte und Vergünstigungen als Vertriebener (einschließlich Aussiedler und Umsiedler) kann – vorbehaltlich bestimmter Ausschlußtatbestände und der vollzogenen Eingliederung – nur beanspruchen, wer die deutsche Staats- oder Volkszugehörigkeit besitzt, einen ehemaligen Wohnsitz in den Vertreibungsgebieten nachweist und seinen ständigen Aufenthalt im Geltungsbereich des Gesetzes hat. Die Bundesregierung kann durch Rechtsverordnung mit Zustimmung des Bundesrates den Kreis der Berechtigten erweitern sowie die Voraussetzungen und den Umfang der Rechte und Vergünstigungen neu bestimmen. Den Berechtigten wird auf Antrag ein Ausweis zum Nachweis der Vertriebenen- und Flüchtlingseigenschaft ausgestellt. Inhaltlich regelt das BVFG u. a. die Eingliederung in der Landwirtschaft, die Zulassung zur Berufs- und Gewerbeausübung und die Förderung selbständiger und unselbständiger Erwerbstätiger. Auch sieht es Vergünstigungen auf dem Gebiet des Steuer- und Abgabenrechts sowie die Gewährung von Beihilfen vor. Die Maßnahmen werden finanziert durch zweckgebundene Mittel des Bundes. Anträge auf Mittelbewilligung müssen innerhalb von zehn Jahren nach dem erstmaligen Eintreffen des Berechtigten im Geltungsbereich des Gesetzes gestellt werden.

Marita Kahn

Bundesverwaltungsgericht → Verwaltungsgerichte

Bundeszentrale für gesundheitliche Aufklärung (BZgA) in Köln ist eine Behörde im Geschäftsbereich des Bundesministers für Gesundheit. Entsprechend ihrem Grün-

dungszweck – die Erhaltung und Förderung der Gesundheit der Menschen – erfüllt sie folgende Aufgaben:
– Erarbeitung von Grundsätzen und Richtlinien für den Inhalt und die Methoden einer praktischen Gesundheitserziehung,
– die Aus- und Fortbildung der auf dem Gebiet der Gesundheitserziehung und -aufklärung tätigen Personen,
– die Koordinierung und Verstärkung der gesundheitlichen Aufklärung und Gesundheitserziehung im Bundesgebiet,
– die Zusammenarbeit mit dem Ausland.
Bei der Umsetzung dieser Aufgaben orientiert sich die BZgA an den Zielen der Gesundheitsförderung, die in internationalen und nationalen Programmen und Empfehlungen beschrieben sind.
Die BZgA ist entsprechend ihren Aufgaben in Fachreferate gegliedert, die – neben der Verwaltungsabteilung – in vier Fachabteilungen zusammengefaßt sind. Zur Zeit sind rund 130 Mitarbeiterinnen und Mitarbeiter in der BZgA beschäftigt.
Anschrift: Ostmerheimer Straße 220, 51109 Köln. *Elisabeth Pott*

Bundeszentralregister Kartei, die von der Bundesanwaltschaft zentral in Berlin geführt wird. Rechtsgrundlage ist das Bundeszentralregistergesetz (BZRG) vom 18. 3. 1971 (BGBl. I S. 243) i.d.F. vom 21. 9. 1984 (BGBl. I S. 1229), gültig ab 31. 1. 1985 (BGBl. I S. 195), letztes ÄndG vom 15. 7. 1992 (BGBl. I S. 1302). Aufgenommen werden alle rechtskräftigen Verurteilungen, durch die ein deutsches Gericht auf → Geldstrafe, → Freiheitsstrafe, → Jugendstrafe, Verwarnung mit Strafvorbehalt (§ 59 StGB) oder Schuldfeststellung nach § 27 JGG erkannt hat. Weiter werden in das Register aufgenommen: Entscheidungen von Verwaltungsbehörden, die strafrechtlich bedeutsam sein können (z.B. → Abschiebung von Ausländern, Untersagung der Gewerbe- und Berufsausübung, Paßentzug), Feststellungen über → Schuldunfähigkeit. Mitteilungen an das B. ergehen von den erkennenden Gerichten und Behörden auf Grund gesetzlicher Verpflichtung.
Auskunft aus dem B. wird jeder Person über 14 Jahre über den sie betreffenden Inhalt erteilt, sog. Führungszeugnis. Nicht in das Führungszeugnis aufgenommen werden relativ geringfügige Verurteilungen wie Freiheitsstrafen bis zu 3 Monaten, Geldstrafe bis zu 90 Tagessätzen, Jugendstrafe bis zu 2 Jahren bei → Strafaussetzung zur → Bewährung oder nach Beseitigung des Strafmakels, Schuldspruch nach § 27 JGG. Auch andere Verurteilungen dürfen nach Ablauf bestimmter Fristen (3 und 5 Jahre) nicht mehr aufgenommen werden (Ausnahmen: z.B. lebenslange Freiheitsstrafe, → Sicherungsverwahrung, Unterbringung in einem Psychiatrischen Krankenhaus). Bestimmten Behörden, insbes. Gerichten und Staatsanwaltschaften, können zu Zwecken der Rechtspflege auch solche Auskünfte erteilt werden, die nicht in ein Führungszeugnis aufzunehmen sind.
Die Eintragungen werden nach Ablauf bestimmter Fristen getilgt. Die Tilgungsfristen betragen je nach Grad der Schwere der Verurteilung 5, 10 oder 15 Jahre. Keine Tilgung erfolgt bei lebenslanger Freiheitsstrafe sowie bei Anordnung der Unterbringung in der Sicherungsverwahrung oder in einem Psychiatrischen Krankenhaus (→ Maßregeln der Besserung und Sicherung). Sind mehrere Verurteilungen eingetragen, so erfolgt eine Tilgung erst, wenn alle Vermerke tilgungsreif sind. Nach Tilgung dürfen die Eintragungen dem Betroffenen nicht mehr vorgehalten werden oder zu seinem Nachteil verwertet werden.
Lit. Götz, A.: Bundeszentralregistergesetz (Komm.). *Manfred Oswald*

Bund-Länder-Kommission für Bildungsplanung und Forschungsförderung (BLK) Die BLK ist 1970 auf der Grundlage von Art. 91 b → Grundgesetz (GG) durch Verwaltungsabkommen des Bundes und der Länder errichtet worden. Mit Wirkung vom 1. 1. 1991 sind die neuen Länder diesem Verwaltungsabkommen beigetreten. Die BLK ist das ständige Gesprächsforum für alle Bund und Länder gemeinsam berührenden Fragen des Bildungswesens (→ Bildung/Bildungswesen) und der Forschungsförderung. In diesem Rahmen erarbeitet sie Vorschläge zu Themen, die unter dem Gesichtspunkt des Zusammenwirkens von Bund und Ländern von vorrangiger Bedeutung sind (z.B. Verhältnis von Bildungs- und Beschäftigungssystem, Entwicklung der → beruflichen Bildung, Personal im Bildungswesen, Förderung von Frauen in der Wissenschaft, → Weiterbildung, Fernstudium, europabezogene bildungsplanerische Fragen). Die BLK entscheidet über die Durchführung von Modellversuchen im Bildungswesen, die von Bund und Ländern gemeinsam finanziert werden. Sie erörtert grundsätzliche Fragen der Forschungsförderung und beschließt die → Haushalts- und Wirtschaftspläne der von Bund und Ländern gemeinsam finanzierten Forschungseinrichtungen.
Der BLK gehören 5 Vertreter der Bundesregierung an, die einheitlich 16 Stimmen führen. Die von den 16 Ländern entsandten Regierungsmitglieder führen je 1 Stimme. Beschlüsse werden mit der Mehrheit von mindestens 25 Stimmen gefaßt. Mitglieder mit beratender Stimme sind Vertreter des Wissenschaftsrates, der kommunalen Spitzenverbände und des Hauptausschusses beim Bundesinstitut für Berufsbildung. Die Empfehlungen der BLK werden den Regierungschefs des Bundes und der Länder zur Beratung und Beschlußfassung vorgelegt.

Vorbereitet werden die Beschlüsse der BLK in den Ausschüssen »Bildungsplanung«, »Forschungsförderung« sowie in der Projektgruppe »Innovationen im Bildungswesen«.
Anschrift: Friedrich-Ebert-Allee 39, 53113 Bonn. *Rudolf Riefers*

Bureau Européen des Unions de Consommateurs (BEUC) ist ein Zweig von der 1960 gegründeten Consumers International und gleichzeitig der europäische Dachverband unabhängiger nationaler Verbraucherverbände aller Mitgliedsstaaten der → Europäischen Union (EU) sowie weiterer europäischer Länder. Ziel von BEUC ist es, die Entwicklung der EU-Politik im Interesse der annähernd 350 Mio. Verbraucher in der Union zu beeinflussen und diese Interessen zu stärken und zu schützen.
Das BEUC unterhält in Brüssel ein ständiges Sekretariat, das beobachtend die Entscheidungsprozesse der Organe der EU begleitet und die Positionen der unabhängigen Verbraucherbewegung ein einbringt. Neben intensiver Lobbytätigkeit arbeitet BEUC aktiv in dem von der Kommission eingerichteten Verbraucherrat mit.
Für seine Mitglieder bietet BEUC Nachrichten, Hintergrundinformationen und Ratschläge über Entwicklungen auf EU Ebene an, um ihnen zu helfen, Stellungnahmen zu entwickeln und politische Positionsbestimmungen für gemeinsames Handeln auf europäischer Ebene vorzunehmen.
Anschrift: BEUC-Sekretariat, 36 Avenue de Tervueren, bte. 4, B-1040 Brüssel.
Dirk Jarré

Bürgerbeteiligung 1. B. bei der städtebaulichen Planung. Die Diskussion um die → Mitbestimmung in den 60er Jahren verstärkte angesichts wachsender Komplexität und Undurchschaubarkeit der Umweltgestaltung die Forderungen nach → Partizipation der Bürger an der städtebaulichen Planung der Bürger. 1969 prägte Bundeskanzler Brandt hierfür die Formel »Mehr Demokratie wagen«. Bereits im Städtebaubericht 1970 wurden die Positionen über »stärkere Mitwirkung der Bürger und der Öffentlichkeit im Planungsprozeß« ausführlich dargelegt, die zunächst durch das Städtebauförderungsgesetz (StBauFG) 1971 für spezielle Sanierungs- und Entwicklungsgebiete (→ Sanierung), sodann durch die Novelle zum Bundesbaugesetz (BBauG) 1976 für die → Bauleitplanung allgemein verbindlich wurden. Auch bei verschiedenen → Fachplanungen, z.B. bei Verkehrs- und Infrastrukturvorhaben (→ Infrastrukturplanung) wird B. praktiziert. Die Beteiligungsrechte der Bürger waren im einzelnen in § 2a BBauG geregelt; öffentliche Darlegung der allgemeinen Ziele und Zwecke, allgemeine Gelegenheit zur Äußerung und Entäußerung (→ Anhörungsverfahren), Darlegung und Anhörung in geeigneter Weise. Aufzeigen der voraussichtlichen Auswirkung der Planung. Aufzeigen (soweit gegeben) von verschiedenen Lösungen sowie die Verpflichtung zur öffentlichen Auslegung und – in Sonderfällen – das Verfahren zum Sozialplan. Durch das → Baugesetzbuch (BauGB) wurden 1987 – nun § 3 – diese Vorschriften vereinfacht und aufgeweicht.
B. gem. BauGB ist »gewährte« Beteiligung, die von der → Gemeinde »veranstaltet« wird. Sie verfolgt mit unterschiedlicher Nützlichkeit je nach Sicht der daran Mitwirkenden (Bürger, Rat, Verwaltung) als Ziele: → Demokratisierung (mehr Selbstbestimmung der einzelnen, erhöhte Chancen zur Durchsetzung individueller/gruppenspezifischer Bedürfnisse, verstärkte Integration/Identifikation der »Nutzer« mit dem Plangebiet, verbesserte Artikulation für → Randgruppen, verstärkte → politische Bildung); Transparenz (verbessertes Informationsniveau bei den Betroffenen, verstärkte öffentliche Diskussion über Planziele, Entscheidungsgrundlagen, Maßnahmen und alternative Lösungen sowie Planungsfolgen, bessere öffentliche Einsicht in Entscheidungsprozesse) und Effizienz (erhöhtes Informationsniveau Rat/Verwaltung, Konfliktfrüherkennung, erhöhte Legitimation von Verwaltungshandeln/politischer Entscheidung, verbesserte Planqualität durch Berücksichtigung von Nutzerinteressen, verringertes Konfliktpotential bei Planrealisierung).
Jede Gemeinde kann für jeden Bauleitplan eine eigene → Beteiligungsstrategie entwickeln/verfolgen. Das Bundesbauministerium hat die bisher praktizierten Modelle zur B. gem. § 2a BBauG wissenschaftlich analysieren lassen. Grundsätzlich ist eine positive Einschätzung der Anwender zu erkennen. Für die Träger der sozialen Arbeit bietet die B. ein wichtiges Instrumentarium, um die Interessen ihrer Klientel rechtzeitig und wirkungsvoll in die Planungsprozesse einzubringen (für Arbeitshilfen vgl. DV: Handbuch Sozialplanung).
Lit. Arras u.a.: Erfahrungen; Brech u.a.: Partizipation; Bundesregierung: Städtebaubericht 1970; DV: Handbuch Sozialplanung; Großhans: Bürgermitwirkung; Großhans: Öffentlichkeit; Heil u.a.: BBauG; Jordan u.a.: Bürgerbeteiligung; Kögler: Bürgerbeteiligung; Lauritzen: Demokratie.
Hartmut Großhans

Bürgerbeteiligung auf kommunaler Ebene
Die Entwicklung der letzten Jahre ist von widersprüchlichen Tendenzen geprägt. Während einerseits die gesetzlich vorgeschriebenen formalen Anforderungen an B. in Planungsprozessen mit dem umstrittenen Argument der Verfahrensbeschleunigung partiell eingeschränkt wurden (z.B. BauGB-MaßnahmenG 1993), fanden

Bürgergeld

gleichzeitig vermehrt Elemente direkter Demokratie Eingang in die Gemeindeordnungen. Inzwischen besteht die Möglichkeit zur Durchführung von Bürgerbegehren und Bürgerentscheiden auf kommunaler Ebene, wenn auch mit sehr unterschiedlichen Quoren und Ausführungsbestimmungen, in allen Bundesländern.

Die plebiszitäre Öffnung der Kommunalverfassungen ist Konsequenz eines wachsenden Wunsches größerer Teile der Bevölkerung, auch außerhalb von Wahlen Einfluß auf wichtige Entscheidungen nehmen zu können. Obgleich direktdemokratisch herbeigeführte Entscheidungen weiterhin die Ausnahme bleiben, sind indirekte Wirkungen, die sich allein aus dem Vorhandensein der Möglichkeit ergeben, wahrscheinlich.

Sind die Bedingungen bei dezisiven Verfahren, im Beschwerderecht und bezüglich der Mitwirkung in Selbstverwaltungs- und Mitspracheorganen zumeist mehr oder minder detailliert vorgegeben (vgl. z. B. SGB IV, HeimG bzw. HeimmitwV oder auch Schulmitwirkungsgesetze), so läßt die (nicht nur im Planungs-, Bau- und Umweltrecht, sondern auch) in zahlreichen (anderen) Gesetzestexten enthaltene Verpflichtung zur angemessenen Beteiligung der Bevölkerung bzw. einzelner Gruppen (so z. B. KJHG – SBG VIII, § 8) breite Auslegungsspielräume, die örtlich entsprechend unterschiedlich gehandhabt werden.

Die dabei gängigen und unverzichtbaren Instrumente Bürgerversammlung, Bürgeranhörung, Hearings und Beiräte leiden jedoch vielfach an inhaltlicher Oberflächlichkeit, sozialer Selektivität oder der Dominanz organisationsstarker Interessen bzw. sozialaktiver Minderheiten. Zudem entstehen Interesse und Engagement oft erst so spät, daß Möglichkeiten zur Einflußnahme nur noch begrenzt sind; in anderen Fällen sind Standpunkte derart polarisiert, daß Meinungsaustausch kaum noch stattfindet.

Um (diese grundsätzlichen Partizipationsprobleme zu vermindern und) die Qualität von Bürgerbeteiligung zu verbessern, sind in den letzten Jahren eine Reihe von zumeist projektorientierten Ansätzen erprobt worden, denen gemeinsam ist, daß Bürgerbeteiligung nicht als formaler Akt, sondern als kommunikativer Prozeß verstanden wird. Je nach Akzentuierung zielen sie schwerpunktmäßig auf den Ausgleich divergierender Interessen (z. B. runder Tisch, Mediation, Forum), die bessere Vertretung bisher unzureichend beteiligter Interessen (z. B. Anwaltsplanung, Interessenbeauftragte), die Entwicklung von Kreativität und Kompetenz (z. B. Planungszelle/Bürgergutachten, Zukunftswerkstatt), die Aktivierung im Stadtteil (z. B. Gemeinwesenarbeit, Planning for real, Bürgerbüro) oder die Beteiligung besonderer Zielgruppen (z. B. Frauen-Workshops, Kinder- und Jugendparlamente).

184

Vieles deutet darauf hin, daß das in diesen Verfahren enthaltene gesellschaftliche Problemlösungspotential bei weitem noch nicht ausgeschöpft ist. *Adrian Reinert*

Bürgergeld → Grundsicherung

Bürgerinitiativen sind Zusammenschlüsse von Menschen auf meist lokaler Ebene, die ein bestimmtes gesellschaftliches oder politisches Problem aufzeigen oder lösen wollen und dabei auf das Engagement des einzelnen in der kleinen, überschaubaren Gruppe bauen. Der Begriff B. entstand gegen Ende der 60er Jahre in einer Phase, die durch die Studentenbewegung und eine reformerische Aufbruchstimmung geprägt war. In teilweise kritischer Distanz zu den etablierten Parteien und Verbänden wollen B. im Bewußtsein ihrer demokratischen Mündigkeit (→ Demokratisierung) und bürgerschaftlichen Verantwortung (→ Partizipation) ihre Angelegenheiten selbst in die Hand nehmen, stellvertretend für schwächere Gruppen der Bevölkerung handeln und unmittelbaren Druck auf die politisch Verantwortlichen ausüben.

Themenschwerpunkte waren zunächst die Bereiche Wohnen, Verkehr, Stadterneuerung, Erziehung, Soziales und Kultur, später auch Atomenergie, Umweltschutz und Frieden/Abrüstung. Die Strukturen von B. reichen von losen, informellen Freundeskreisen bis zu straff geführten → Vereinen. Teilweise sind B. in regionale und sogar nationale Zusammenschlüsse eingebunden. Die Lebensdauer der Gruppen variiert erheblich. Angehörige der Mittelschichten mit höherem Bildungsgrad sind deutlich überrepräsentiert, auch wenn vereinzelt B. von Arbeitern, Bauern oder Randgruppen vorkommen. Die Aktions- und Protestformen sind sehr vielfältig und teilweise phantasievoll. Dazu gehören Unterschriftensammlungen, Informationsstände, Podiumsdiskussionen, Happenings, Straßenfeste, Demonstrationen und Formen des zivilen Ungehorsams.

Eine eigenständige B.bewegung als eng verflochtenes und auf Dauer gestelltes Netzwerk, wie es z. B. bei der → Frauenbewegung besteht, hat sich angesichts der Verschiedenheit der Themen, Gruppenstrukturen und Politikstile kaum entwickeln können. Jedoch werden die B. weitgehend den sog. neuen sozialen Bewegungen zugerechnet, die in den letzten 25 Jahren entstanden sind.

Lit. Grossmann, H.: Bürgerinitiativen; Guggenberger: Bürgerinitiativen; Guggenberger u.a.: Bürgerinitiativen; Günter u.a.: Handbuch; Hauff, V.: Bürgerinitiativen; Kursbuch: Bürgerinitiativen; Mayer-Tasch: Bürgerinitiativbewegung; Pelinka: Bürgerinitiativen. *Dieter Rucht*

Bürgerkriegsflüchtlinge → Flüchtlinge, → Asylbewerberleistungsgesetz

Bürgerliches Gesetzbuch (BGB), am 1. 1. 1900 innerhalb des Gebietes des damaligen Deutschen Reiches in Kraft getreten, hat mehrere Wechsel der politischen Verfassung überdauert und gilt heute innerhalb der Bundesrepublik Deutschland als Bundesrecht, Art. 123 Abs. 1, 125 des → Grundgesetzes (GG).
In den fünf Büchern des BGB werden die Hauptbereiche des Privatrechts geregelt, im 1. Buch »Allgemeiner Teil« vor allem die Grundregeln über Rechtshandlungen und die Fähigkeit, solche vorzunehmen, im 2. und 3. Buch das Recht des vertraglichen Güteraustauschs (z. B. Kauf, Miete, Pacht) und das allgemeine Vermögensrecht (an beweglichen und unbeweglichen Sachen), im 4. Buch das → Familienrecht (→ Ehe-, Kindschafts-, Vormundschafts-, → Betreuungsrecht), im 5. Buch das → Erbrecht.
Das Einführungsgesetz zum BGB (EG-BGB) enthält insbes. das → Internationale Privatrecht, das die maßgebende Privatrechtsordnung bei Sachverhalten mit Auslandsberührung bestimmt. In das EGBGB wurden aufgrund des Einigungsvertrages vom 31. 8. 1990 auch die Vorschriften über die Geltung des BGB und des EGBGB in dem in Art. 3 des Einigungsvertrages genannten Gebiet und die Übergangsvorschriften dazu aufgenommen (Art. 230 EGBGB). Im Beitrittsgebiet gilt das BGB bis auf die §§ 1706 bis 1710 sowie nach Maßgabe der Übergangsvorschriften (Art. 231 bis 235 EGBGB).
Lit. Lange, H. u. a.: BGB; Larenz: Bürgerliches Recht. *Helga Gross*

Bürgernähe 1) Ergebnis der Bemühungen öffentlicher Verwaltungen, das Verhältnis zwischen ihnen und den Bürgern zu verbessern. 2) Definition für die Sozialhilfeverwaltung: »B. kann in dem Maße als verwirklicht gelten, wie die Gewährung der materiellen und immateriellen Hilfen durch die → Sozialämter faktisch an den spezifischen Problemen, Bedürfnissen und Anliegen der Klienten bzw. Klientengruppen orientiert ist. Diese Adäquanz hat sowohl für die Organisation der Institution Sozialamt, der bürgerorientierten Gestaltung der Verwaltungsabläufe als auch für die Ausgestaltung des Hilfesystems zu gelten.«
B. wird häufig mit Teilaspekten als abgedeckt betrachtet; mündet dann oft operational in der Regelung von Einzelfragen, wie räumliche Nähe der Dienststellen und freundlichere Warteräume – auch dies nicht flächendeckend und nicht nachhaltig. Weitergehende Ansätze scheitern oft an gesetzlichen und finanziellen Schranken sowie organisatorischen und personellen Voraussetzungen. Ausbildungsbedingte Mängel sind im Grundsatz erkannt, werden aber nicht nachhaltig behoben.
Historische Entwicklung: Den Begriff B. gab es schon im 19. Jh., damals ausschließlich auf den Staat bezogen, als Förderung der Verwaltungseffizienz sowie des Staatsbewußtseins. Bis in die 60er Jahre dieses Jahrhunderts gab es kaum Veränderungen. Begriffe wie »Schwellenangst« und »Obrigkeitsgläubigkeit« charakterisierten das Verhältnis des Bürgers zur öffentlichen Verwaltung. In den 70er Jahren gab es einen staatlich geförderten Projektverbund »B. in der Sozialhilfeverwaltung«. In den 80er Jahren nach Eintreten von Staats- und Politikverdrossenheit erfolgte eine Ausdehnung der Überlegungen zur B. auf die politischen Parteien. Sie schlug sich in Basisentscheidungen zu einzelnen Sachfragen und Personalvorentscheidungen nieder. Auf der kommunalen Ebene kam es im Einzelfall zur Ausdehnung auf alle Einwohner (Bürgerbegriff orientiert sich am Wahlrecht). In den letzten Jahren ist eine ausgedehnte Einführung von Elementen direkter Demokratie (Öffentlichkeit von Ausschußsitzungen, Einwohnerversammlungen, Einwohnerfragestunde, Bürgerantrag, Einwohnerantrag, Bürgerentscheid, Bürgerbegehren, Urwahl und Abwahl von Bürgermeistern) festzustellen. Bisher sind allerdings keine signifikanten Auswirkungen für die soziale Arbeit festzustellen. Z.Z. findet eine Ausdehnung für die EU (Europa der Bürger, Europa der Regionen) statt. Auswirkungen auf die soziale Arbeit bleiben abzuwarten.
Lit. Kaufmann: Gestaltung; Lammert u. a.: Parteien; Pag u. a.: Bürgernähe; Projektverbund »Bürgernähe der Sozialhilfeverwaltung«: Bürgernähe. *Rainer Sturm*

Bürokratie 1. Im allgemeinen Sprachgebrauch wird B. häufig gleichgesetzt mit einer langwierigen, umständlichen, kleinlichen Verfahrensweise mit oft lebensfremden Ergebnissen und meist auf die öffentliche → Verwaltung bezogen.
2. Die wissenschaftliche Beschäftigung mit der Institution B. geht vor allem auf Max Weber zurück. Er beschreibt die B. als einen »Grundtyp der Herrschaftsstruktur«, und zwar als den »spezifischen Typus« für das »rational vergesellschaftete Gemeinschaftshandeln eines Herrschaftsgebildes«. Als Merkmale dieser idealtypischen B. sieht Max Weber vor allem die »feste Verteilung« der »Kompetenzen, das »Prinzip der Amtshierarchie« (→ Hierarchie), die »Fachschulung« der Mitarbeiter (→ Fachkräfte, → Verwaltungsfachkräfte) und die »Regelgebundenheit der modernen Amtsführung«, d. h. ›sachliche‹ Erledigung ... ›ohne Ansehen der Person‹ nach berechenbaren Regeln«. Die Bedeutung der »bürokratischen → Organisation« mit ihrer »rein technischen Überlegenheit über jede andere Form« wächst mit der quantitativen und qualitativen Ausdehnung der Verwaltungsaufgaben, auch im Bereich der Unternehmen und Verbände.

Bußgeld

3. In der weiteren Entwicklung wurde besonders die Ausweitung der Leistungsverwaltung zu einem Problem für die bürokratische Organisation, denn damit werden personale Momente (→ Personalentwicklung, → Organisationsentwicklung) wichtig und eine gewisse Flexibilität in der Organisation, im Verfahren und in der Anwendung der Normen erforderlich; beides ist dem B.-Modell fremd. Allgemein neigt das bürokratische Handeln stärker zur Orientierung an der Regel und weniger am erstrebten Erfolg. Die Umsetzung politischen Wollens ist allerdings sehr oft auf bürokratische Formen angewiesen, wobei die Bürokratie dann oft eigene Akzente setzt. Die Antworten auf diese und andere Probleme werden nicht in einer Abschaffung des bürokratischen Systems zu finden sein (denn einige seiner Elemente scheinen unentbehrlich), wohl aber in seiner Begrenzung und Veränderung unter Berücksichtigung der heutigen gesellschaftlichen Entwicklungen. Durch → Verwaltungsmodernisierung, z. B. durch »neue Steuerungsmodelle«, wird versucht, die B. vor allem durch betriebswirtschaftliche Elemente aufzulockern. Das muß von einer Herabsetzung der Regelungsdichte begleitet sein. Eine andere Möglichkeit des Abbaus von B. kann die Privatisierung (→ Ausgründung) von Verwaltungsteilen sein.

Lit. Deutscher Städtetag: Privatisierung; Freier: Finanzierung; Kübler: Organisation; Mayntz: Verwaltung; Weber, M.: Wirtschaft. *Dietmar Freier*

Bußgeld → Ordnungswidrigkeiten

C

Caritas Internationalis → Deutscher Caritasverband (DCV)

Caritasverband → Deutscher Caritasverband (DCV)

Case Management (Unterstützungsmanagement, Casework, → Einzelhilfe) ist ein Mitte der 70er Jahre in den USA entstandenes Konzept der Sozialarbeit.
CM entwickelte sich auf dem Hintergrund einer zunehmenden Differenzierung und Sektorisierung sozialer Dienstleistungen. Ausgangspunkte waren die nachsorgende Hilfe und die ambulante Betreuung von psychisch Kranken (→ psychisch Kranke und Behinderte) im Kontext einer gemeindenahen → Psychiatrie (Community Care). Ziel von CM ist es, Fähigkeiten des Klienten zur Wahrnehmung sozialer Dienstleistungen zu fördern, professionelle, soziale und persönliche Ressourcen zu verknüpfen und höchstmögliche Effizienz im Hilfeprozeß zu erreichen. Letzteres steht in Verbindung zum → Sozialmanagement. Der Sozialarbeiter erhält im CM eine durchgehende Fallverantwortung und tritt in mehreren Funktionen – als Koordinator, Anwalt, Berater – auf, d. h. direkte und indirekte Hilfestellungen prägen seine Arbeit. Das Konzept CM gestalten zirkuläre Phasen: Einschätzung (assessment), Hilfeplanung, Intervention, Kontrolle der eingeleiteten u.U. verschiedenen Hilfestellungen, Auswertung (→ Evaluation).
In den USA schälten sich mehrere Modelle von CM heraus: das Generalisten-Modell, d. h. ein Sozialarbeiter führt den Klienten durch den gesamten Hilfeprozeß; Therapie mit CM, d. h. die therapeutische Funktion wird auf indirekte Hilfestellungen erweitert; CM als interdisziplinäre → Teamarbeit, d. h. das Team übernimmt die Generalistenfunktion und das einzelne Teammitglied leistet spezielle Hilfe.
Erkenntnisse der → Systemtheorie und des Managements fließen in diesen Ansatz ein. Er grenzt sich insofern von der psychosozialen Einzelhilfe ab und gilt als problembezogener Ansatz der Sozialarbeit, wobei die praktische Unterstützung im Lebensalltag im Mittelpunkt steht. Da diese Hilfe auch soziale Netzwerkarbeit im Gemeinwesen und eine Anwaltsfunktion beinhaltet, liegt hier ein integrativer Methodenansatz vor.
Bewährt hat sich CM u.a. in der Kinder- und Jugendhilfe (insbes. im ASD und der Sozialpädagogischen Familienhilfe), der Altenhilfe, der → Psychiatrie, der Beratung von minderjährigen Schwangeren und in der AIDS-Hilfe (→ AIDS). CM hebt die Auswirkungen der zunehmenden Spezialisierung nicht auf, sondern bewältigt eher deren Folgen.

Lit. Kähler: Erstgespräche; Moxley: Case Management; Wendt, W.R.: Unterstützung. *Manfred Neuffer*

Casework → Einzel(fall)hilfe

Cerebrale Bewegungsstörungen → Spastiker

Chancengleichheit Der Begriff »C.« kam Mitte der 60er Jahre auf, als der Alarmruf Pichts von der Bildungskatastrophe darauf aufmerksam machte, daß die Bundesrepublik Deutschland in internationalen Vergleich weit weniger Schüler zur Hochschulreife und zu anschließendem Hochschulstudium brachte als andere Länder (→ Bildungsökonomie). Die Spätwirkungen des amerikanischen Sputnik-Schocks und die Angst vor mangelnder internationaler Wettbewerbsfähigkeit entzündeten eine Bildungsdiskussion und Bildungswerbung (Student aufs Land). Zu den ökonomischen Motivationen (Sorge um qualifizierte Arbeitskräfte) gesellten sich demokratische Legitimationen, wie sie etwa mit Dahrendorfs »Bildung ist Bürgerrecht« formuliert wurden.

Die Anfang der 60er Jahre entstehende Sozialisationsforschung (→ Sozialisation) hatte aufgedeckt, daß Arbeiterkinder nur selten über einen Hauptschulabschluß hinauskamen und im höheren Schulwesen, besonders in der Universität, weit unterrepräsentiert waren (z. B. stellten sie nur 6 % der Studentenschaft, obwohl sie über 50 % der Gesamtschülerschaft ausmachten). Die Bildungswerbung wendete sich deshalb an Arbeiter- und ländliche Familien. Es hatte sich herausgestellt, daß ein katholisches Arbeitermädchen auf dem Lande in Süddeutschland die geringsten Bildungschancen besaß. Zur gleichen Zeit kam ein neuer Begabungsbegriff in die Diskussion, der die bisherige biologistische und statische Sichtweise durch eine dynamische abzulösen versuchte (H. Roth). Die Entfaltung einer → Begabung wurde nun als abhängig von der Förderung und der Lernumwelt erkannt. Während zuvor das dreigliedrige Schulwesen als adäquates Angebot an die natürlichen (und statischen) Begabungsunterschiede angesehen und auch von Wissenschaftlern legitimiert wurde (K. V. Müller), sollten nun alle Kinder gleiche Chancen erhalten. Dies erforderte nicht nur Aufklärung der Eltern und den Ausbau der → Kindergärten und → Vorschulerziehung, sondern eine weitgehende Umgestaltung des Bildungssystems (→ Bildung/Bildungswesen). Nach schwedischem Vorbild wurde die → Gesamtschule als demokratische Leistungsschule und als die Schule angesehen, die Bildungsunterschiede durch die gemeinsame Erziehung aller Schüler bei zusätzlicher Förderung der Benachteiligten (→ Soziale Benachteiligung) gewährleisten sollte. Trotz sehr ungünstiger Start- und Konkurrenzbedingungen und oft halbherziger Verwirklichung konnte die Gesamtschule inzwischen belegen, daß sie diesem Anspruch auf C. am weitesten nahekommt und sehr viel mehr Schülern mit ungünstigen Startbedingungen zu höheren Schulabschlüssen verhilft und weniger Versager produziert als das dreigliedrige Schulsystem.
Viele Kritiker der Gesamtschule wollen im Grunde den Begriff der C. reduziert wissen auf eine bloße »Startgerechtigkeit«, danach soll wieder den angeblich unterschiedlichen Begabungen das herkömmliche Bildungswesen angemessen bleiben. Wirkliche C. verlangt aber fortgesetzte zusätzliche Hilfen für Benachteiligte.
Lit. Dahrendorf: Bildung; Jencks: Chancengleichheit; OECD: Bildungschancen; Rolff: Sozialisation; Roth, H.: Begabung.
Gerd Iben

Charakter Dieses aus dem Griechischen stammende Wort bedeutet ursprünglich »das Eingeschnittene, Eingeprägte, Eingrabene«. In der → Psychologie wurde der Begriff lange Zeit in einer entsprechend übertragenen Bedeutung verwendet, nämlich als »die einer Person aufgeprägte Eigentümlichkeit, woran man sie erkennt und wodurch sie sich von anderen unterscheidet« (Arnold, S. 2). Bereits in der Antike finden wir recht detaillierte C.beschreibungen, etwa von Theophrast, einem Schüler des Aristoteles. Seine Blütezeit hatte der C.begriff in der Zeit der deutschen Charakterologie in den ersten Jahrzehnten dieses Jahrhunderts. Vor allem L. Klages mit seinem erstmals 1910 publizierten Werk »Prinzipien der Charakterologie« und Ph. Lersch mit seinem 1938 erschienenen Buch »Aufbau des Charakters« haben Entscheidendes zu seiner Verwendung und Verbreitung geleistet.
In der modernen Psychologie ist der Begriff C. weitgehend aufgegeben zugunsten des Begriffs der → Persönlichkeit – eine Entwicklung, die vor allem durch die intensive Rezeption angloamerikanischer Literatur eingeleitet worden ist. Allport nennt folgende Gründe für die Bevorzugung des Begriffs »Persönlichkeit«: Schon aus der Etymologie des Wortes C. ergibt sich ein Wesenszug, der sich beim Studium der charakterologischen Werke wiederfinden läßt: die Betonung des Statischen, Starren, Unveränderbaren. Weiterhin hat der Begriff C. in seiner alltäglichen Verwendungsweise (»er hat einen guten [schlechten] C.«) eine stark wertende, moralisierende Bedeutung, in der vor allem auf Merkmale wie Aufrichtigkeit, Selbstkontrolle und Gradlinigkeit Bezug genommen wird. Allport definiert C. deshalb als die »bewertete Persönlichkeit« (englisch: personality evaluated).
Lit. Allport: Werden; Arnold, W.: Person; Koch, M.: Begriffe. *Klaudius Siegfried*

Christliche Soziallehre → Soziallehren

Cleveland-Programm → Internationale Studien- und Austauschprogramme

Co-Abhängigkeit (Ko-Abhängigkeit; engl.: Codependence, Co-Dependency) ist ein Begriff für pathobiotische Beziehung zu Partnern mit selbstzerstörerischen Verhaltensweisen. Kurz nach der Gründung der »Anonymen Alkoholiker« (AA) 1935 zeigte sich die pathologische Beziehungsstruktur der Angehörigen zu den Betroffenen. Die Begriffe Co-Alkoholiker und Co-Alkoholismus (Co-, Ko- = Komplize) entstanden unter Einbeziehung auch des weiteren Umfeldes des Alkoholikers wie z. B. Ärzte, Berater, → Sozialarbeiter. 1944 entstanden zwei Organisationen (»AL-ANON« und »AL-ATEEN«) als Hilfe (→ Familientherapie) für Co-Alkoholiker. In den 60er Jahren wurden besondere Behandlungsprogramme und Zentren für Co-Alkoholiker als neue spezielle diagnostische Zielgruppe entwickelt. Nach 1970 entstand eine Ausweitung dieses Begriffes und damit der Zielgruppe auf Personen mit den verschiedensten Symptomen von Verhaltensstörungen, die aus der Beziehung zu dysfunktionalen Personen und Familien herrühren. C. ist durch Persönlichkeitsauffälligkeiten gekennzeichnet: Verlust des Selbstbildes, Selbstverständnisses, Wettmachen dieses Mangels durch blinde Aufopferung für andere, Selbstaufwertung durch das Defizit des anderen, dabei Gefahr, sich selbst total zu vernachlässigen und zu verlieren. Die C. ist die Zerrform einer dem Menschen eigenen lebenserhaltenden Interdependenz und der Ausdruck mangelnden Erwachsenseins.

Walther H. Lechler

Coaching Seit Beginn der neunziger Jahre ist, aus den USA kommend, in Unternehmen der gewerblichen Wirtschaft der Begriff C. im Bereich der Begleitung und Weiterentwicklung von Führungskräften verbreitet. In Anknüpfung an den Leistungssport soll er signalisieren, daß berufliche und persönliche Erfolge durch systematische Beratung und intensives Training professionell relevanter Potentiale erreichbar sind. Unterschieden wird heute in externes und internes C. einerseits, Einzel- und Gruppen/System-C. andererseits.

Das Einzel-C. als personenzentriertes Einzelgespräch fördert die Klärung, Übernahme und Ausgestaltung der Berufsrolle der Führungskraft, indem durch geeignete Interventionen Selbstüberprüfungs- und Verhaltensänderungsprozesse ausgelöst, begleitet und ins Verhaltensrepertoire übernommen werden.

Beim System-C. wird ein Führungskreis hinsichtlich vorab kontraktierter Themenstellungen, z.B. Teamentwicklung, Konfliktbearbeitung, Führungskultur, beraten und trainiert.

Neben externen Coaches setzen Unternehmen verstärkt interne Coaches aus der Personal- bzw. Bildungsabteilung ein. Ein weitergehender Ansatz versteht jede Führungskraft als Coach und versucht, durch Qualifizierungsmaßnahmen den Führungskräften die entsprechenden sozialen Kompetenzen zu vermitteln.

Demgegenüber sollte im Interesse eines qualitativ hochwertigen und hilfreichen Prozesses darauf bestanden werden, daß der Coach neben einer sozialwissenschaftlichen Grundausbildung über eine supervisorische, eventuell auch therapeutische, Zusatzausbildung verfügt. Von der »klassischen« → Supervision unterscheidet sich C. im wesentlichen durch den direktiveren und eher handlungs- und umsetzungsfokussierten Ansatz, der bis hin zu konkreten Trainings- und Evaluationsmaßnahmen »on-the-job« reichen kann.

S. a. → Personalentwicklung.

Friedbert Hanke

Codierung → Kodierung

Comité Européen des Associations d'Intérêt Général (CEDAG) 1989 wurde CEDAG (dt.: Europäisches Aktionskomitee freier Verbände) mit Sitz in Brüssel und Sekretariat in Paris gegründet. CEDAG ist eine internationale regierungsunabhängige Organisation, die als Mitglieder gemeinnützige Vereine und Verbände aus allen Mitgliedstaaten der → Europäischen Union (EU) zusammenschließt, die im Interesse des Gemeinwohls soziale und kulturelle Entwicklungen auf nationaler wie auf europäischer Ebene fördern. Die Organisation basiert auf den Prinzipien demokratischer Zusammenarbeit und solidarischen Handelns.

Konkrete Ziele von CEDAG sind die politische Anerkennung der Rolle und der Leistungen der gemeinnützigen Vereine und Verbände in der europäischen Gesellschaft, die Förderung des Vereins- und Verbandswesens durch gesetzgeberische, strukturelle und fiskalische Maßnahmen, die Schaffung eines europäischen Vereinsstatuts, die Verbesserung der Kooperationsmöglichkeiten zwischen Vereinen/Verbänden und den Organen der EU, die Stärkung der europäischen Bürgerrechte im Rahmen der europäischen Integration der EU.

CEDAG vertritt die gemeinsamen Interessen seiner Mitglieder gegenüber den EU-Organen, berät das Europaparlament, den europäischen Ministerrat und die EU-Kommission in Fragen des europäischen Vereins- und Verbandswesens und ergreift Initiativen zu dessen Förderung durch Gemeinschaftsregelungen. CEDAG spielte eine entscheidende Rolle bei der Gründung des Comité Consultatif de l'Economie Sociale und ist darin stark vertreten.

Anschrift: 40 rue Washington, B-1050 Brüssel. Sekretariat: c/o Fonda, 18 rue de Varenne, F-75007 Paris. *Dirk Jarré*

Community Development → Gemeinwesenarbeit

Community Organization → Gemeinwesenarbeit

Confederation of Family Organizations in the European Community (COFACE), Bund der Familienorganisationen der Europäischen Gemeinschaft, wurde 1958 als das Europäische Aktionskomitee der International Union of Family Organizations (IUFO) gebildet und entwickelte sich in der Folgezeit zu einem selbständigen regierungsunabhängigen, unparteiischen und nicht konfessionellen Zusammenschluß von Familienorganisationen in den Mitgliedstaaten der → Europäischen Union (EU). Familienorganisationen aus assoziierten Staaten und aus Ländern, die EU-Mitgliedschaft beantragt haben, können sich dem Verband mit Sonderstatus anschließen.

COFACE versteht sich als Vertreter der Anliegen europäischer Familien gegenüber den Organen der EU. Die Organisation untersucht und beurteilt die gesetzgeberischen, ökonomischen und fiskalischen Maßnahmen der Union in allen Bereichen – sei es Soziales, Wirtschaft, Ökologie, Verbraucherschutz, Erziehung, Wohnungswesen, Gesundheit und ländliche Entwicklung – nach ihren Auswirkungen auf Familien und versucht, sie im Interesse ihrer Mitgliedsverbände durch Stellungnahmen, Lobbyarbeit, besondere Initiativen und Öffentlichkeitsarbeit zu beeinflussen.
Anschrift: COFACE, Rue de Londres 17, B-1050 Brüssel. *Dirk Jarré*

Controlling bedeutet Steuern oder Regeln. C. ist folglich qua Definition eine qualitätssichernde Maßnahme (→ Qualitätssicherung) der obersten Leitungsebene einer Organisation, weil es alle Ebenen mit Führungsaufgaben, mit Zahleninformationen versorgt und seine Koordinationsaktivitäten planmäßig und zielgerichtet zur Steuerung der Organisation im Rahmen der Unternehmenspolitik einsetzt. Über Organisationsentwicklungsaktivitäten (→ Organisationsentwicklung) unterstützt das C. die Leistungsbereiche der Organisation. Schwerpunktmäßig bezieht es sich dabei auf die Planungs-, Kontroll- und Informationsaufgaben, ist aber nicht auf diese beschränkt. Führungs- und fachliche Aufgaben werden durch den Aufbau und die Ausgestaltung von Systemen sichergestellt.
C. ist also eine Funktion. Es besitzt seine eigenen Methoden, Organisation, Verhaltensregeln und auch eine eigene Einstellung (Philosophie). C. heißt demnach, Führungskräfte zum praktischen Erreichen der vereinbarten Ziele führen. Im Rahmen der Neuen Steuerungsmodelle (→ Verwaltungsmodernisierung) heißt dies folglich, daß der Controller dafür sorgt, daß jeder sich selbst im Rahmen der erarbeiteten Ziele und Pläne kontrollieren kann.
C. hat
– Führungskräfte mit strategischen, politisch bedeutsamen Informationen zu versorgen,
– diese aufzubereiten und so zu gestalten, daß sie weiterführenden Analysen zugänglich sind und
– von Sachbearbeitern der Referats- und Kostenstellenebene weiter bearbeitet und in Maßnahmen, Programme und Projekte überführt werden, so daß
– sie auf operativer Ebene in Maßnahmen- und Aktionsplänen ihren Niederschlag finden.
In funktionaler Hinsicht hat C. koordinativ eine
– Planungs- und Kontrollfunktion, z.B. durch die Gestaltung von Budgetierungssystemen (→ Budgetierung) und spezifischer Finanz- und Haushaltsplanungssysteme (auf der Basis doppelter Buchführung und der Kameralistik) wahrzunehmen, die durch eine
– Beratungsfunktion zu ergänzen ist. Diese Beratungsfunktion bezieht sich auf alle betrieblichen Fragestellungen, die im Rahmen interner Beratungskonzepte beschrieben werden, insbesondere auf die Ergänzung der nicht von externen Beratern in deren Auftrag wahrgenommenen Aufgaben, die Beratung zur Gestaltung integrierter EDV-Konzepte (z.B. Auswahl von Anwendersoftware) sowie von Berichtssystemen und auf die Beratung im Rahmen eines »persönlichen Management-Service« der jeweiligen Führungskräfte.
Zudem hat es eine Moderationsfunktion übertragen bekommen, die sich in der Initiierung von Lernprozessen bei den Mitarbeitern zeigt, dem Transfer von koordinationsrelevanten Fragestellungen durch individual- und gruppen- bzw. organisationspsychologische Interaktionsprozesse dient sowie dem Benennen organisationsexterner Hilfe- bzw. Beratungskompetenz und das Vermitteln von Verfahren und Techniken als »erzieherisches« Bemühen (zu systematischem Vorgehen) des C. widerspiegelt.
Der Controller muß und kann aber nicht zwangsläufig die genannten Funktionen erfüllen, alle Methoden und Instrumentenkenntnisse in sich vereinen. Eine organisationsspezifische Ausgestaltung seines Aufgabenspektrums ist selbstverständlich. Ein »Muß« ist es jedoch, daß er Kenntnis von den dargestellten Abläufen und Strukturen, Methoden, Techniken, Instrumenten etc. besitzt, so daß er hinreichend sicher gewährleisten kann, daß Abstimmungsprozesse in der notwendigen Weise erfolgen.
Lit. Deyle: Management; Deyle: Controlling-Leitlinie; Reiss: Controlling; Strunk, A.: Dienstleistungscontrolling.
Hans-Christoph Reiss

Corporate Identity → Leitbild (-Entwicklung)

Cultural Lag (englisch = etwa »kultureller Rückstand«) meint, kurz formuliert, das Hinterherhinken der sozialen Kultur hinter der Technik. Der Ausdruck geht auf William F. Ogburn zurück und hat seine Bedeutung vor allem in der Diskussion des → sozialen Wandels. Dabei wird für die modernen westlichen Gesellschaften von der Annahme ausgegangen, daß die Technik den Schrittmacher des sozio-kulturellen Wandels darstelle. Die Technik ist demnach die unabhängige Variable, deren fortwährende Änderung in Richtung technischen Fortschritts auf dem kulturellen und sozialen Sektor der Gesellschaft Spannungen und zeitraubende Anpassungsprozesse auslöst. So hinkt z.B. das Verkehrsrecht oft hinter den durch die Technik geschaffenen Bedingungen des Verkehrs her.

Für H. E. Barnes und O. M. Ruedi bezieht sich C. L. auf die Tatsache, daß in modernen Gesellschaften die materielle Kultur sich bei weitem schneller als die Sozialordnung ändert und geändert hat.

Margarete Heinz

Curriculum Der Begriff »C.« (lateinisch = Verlauf, Zeitabschnitt) wurde zwar schon im 17. Jh. benutzt, aber in der Bundesrepublik erst 1967 durch Robinsohn wieder eingeführt, der sich damit angelsächsischen Vorbildern und ihrem Sprachgebrauch anschloß. Gegenüber dem herkömmlichen Lehrplan ist das C. mit einem wesentlich umfassenderen Anspruch verbunden: Es erfordert die Bearbeitung sämtlicher Problemkreise, mit denen sich bisher die → Didaktik beschäftigte, allerdings mit stark erhöhten Anforderungen an die Wissenschaftlichkeit der Planung und Kontrolle der Bearbeitungsschritte. Der Begriff »Rahmenrichtlinien« (RRL) bezeichnet die Vorgaben, mit denen der Staat den Rahmen für diese curriculare Arbeit setzt.

C. wird definiert als ein »begründeter Zusammenhang von Lernziel-, Lerninhalts- und Lernorganisationsentscheidungen« (Meyer). Mit der Thematisierung des »hidden Curriculum« (»heimlicher Lehrplan«) kommen seit 1973 auch die ungeplanten, meist unausgesprochenen Lernprozesse in den Blickpunkt. In der Lernzieldiskussion (→ Lernziele) finden diese als »Handlungsziele« Berücksichtigung.

Es können zwei wichtige Ansätze bei der C.entwicklung unterschieden werden: disziplinorientierte C., die bei den Wissenschaften ansetzen und aus ihrer Struktur heraus (»Struktur der Disziplin« nach Bruner) die Lerninhalte gewinnen, und situationsorientierte C., die den Lernenden für die Bewältigung bestimmter Lebenssituationen mit den dafür notwendigen Fähigkeiten (Qualifikationen) ausstatten wollen und die Auswahl der Lerninhalte diesem Ziel unterordnen (Dreischritt: Situation – Qualifikationen – Lerninhalte). Eine Modifizierung stellt der »Strukturgitter«-Ansatz (Blankertz u.a.) dar. Andere Ansätze, die sich z. B. an der Struktur der Lernprozesse (→ Lernen) oder den Sozialisationsbedingungen der Lernenden (→ Sozialisation) orientieren, haben weit geringere Bedeutung erlangt. – Der situationsorientierte Ansatz stellt einen Versuch dar, Lernprozesse verstärkt auf das gesellschaftliche Umfeld zu beziehen und dort wirksam werden zu lassen; er kann sich deshalb auch für die Planung von Lernprozessen innerhalb sozialpädagogischer Arbeitsfelder als wichtig erweisen (→ Situationsansatz). In der Bundesrepublik geht er auf Robinsohn zurück und wurde am konsequentesten von der Arbeitsgruppe Vorschulerziehung weiterentwickelt (Zimmer u.a.). Übergeordnetes Ziel ihres C. ist: Kinder sollen lernen, gegenwärtige Situationen ihrer → »Lebenswelt«, d. h. reale Situationen des jeweiligen subkulturellen Milieus, zunehmend selbständig zu bewältigen und zu beeinflussen (Kompetenz und Autonomie).

Damit ist eine entscheidende Wende gegenüber den Anfängen der C.entwicklung Ende der 60er Jahre vollzogen. Führte damals das Bemühen um mehr Objektivität, Effektivität und Überprüfbarkeit im Bildungssektor im Extremfall zu »teacher-proof« (lehrersicheren) C. mit detailliert und strikt einzuhaltenden Vorgaben, so wird jetzt das offene C., und damit eine auch für die Sozialpädagogik (→ Sozialarbeit/Sozialpädagogik) brauchbare Konzeption, propagiert. Offenheit heißt, daß jede Lernsituation Freiräume enthalten muß, die den Beteiligten ein Einbringen lebensweltlicher Interessen und eine kritische Auseinandersetzung mit vorgegebenen Zielen und Inhalten ermöglichen. Offene C. zielen ab auf eine verantwortliche Beteiligung der Betroffenen an der C.konstruktion (→ Partizipation); sie werden deshalb auch als »schulnah« oder »basisorientiert« bezeichnet.

C. sind Steuerungsinstrumente menschlicher Lernprozesse und damit von gesamtgesellschaftlichem Interesse. Sie werden deshalb auch nicht nur von Wissenschaftlern und den an der Lernsituation Beteiligten erstellt, sondern entstehen unter Einflußnahme des Staates und anderer gesellschaftlicher Gruppen. Abschließend kann deshalb in Anlehnung an Wenigers Lehrplantheorie definiert werden: »Curricula sind das Ergebnis des Kampfes der gesellschaftlichen Interessengruppen um ihren Einfluß auf die heranwachsende Generation« (Meyer). Diesen Kampf über demokratische Verfahren mit dem Ziel einer offenen Konsensfindung auszutragen, ist erklärtes, auch schwer zu realisierendes Ziel.

Lit. Deutscher Bildungsrat: Curriculumentwicklung; Frey, K.: Curriculum; Robinsohn: Bildungsreform; Zimmer, J.: Curriculumentwicklung. *Gisela Wegener-Spöhring*

D

Darlehen Wer Geld oder eine andere vertretbare Sache als D. empfangen hat, ist verpflichtet, das Empfangene in Sachen gleicher Art und Güte zurückzuerstatten (§§ 607 ff. BGB). Das im Rahmen des Sozialleistungsrechts gegebene D. kann durch einen öffentlich-rechtlichen → Vertrag (vgl. §§ 53 ff. SGB X) mit dem → Hilfeempfänger vereinbart oder einseitig durch → Verwaltungsakt (vgl. §§ 31 ff. SGB X) festgesetzt werden. Wegen der Subjektstellung des Hilfeempfängers (BVerwG, Urteil vom 24. 6. 1954, in BVerwGE 1, 159 = NDV 1954, 380) ist die Vertragslösung zu bevorzugen. Wenn der Hilfesuchende sich weigert, einen D.vertrag abzuschließen, verliert er damit nicht seinen Hilfeanspruch; dann sind die D.modalitäten durch Verwaltungsakt festzusetzen. Gegen die Vertragslösung spricht allerdings, daß der → Rechtsschutz, der bei einem Verwaltungsakt durch Widerspruch besteht, so nicht mehr gegeben ist. Für Rechtsstreitigkeiten ist der für die Sozialleistung selbst vorgeschriebene Rechtsweg einzuhalten. Das → Bundessozialhilfegesetz (BSHG) sieht die D.gewährung in §§ 15a Abs. 1 S. 4, 15b, 27 Abs. 2, 30 Abs. 3 und 89 S. 1 vor, aber auch die → Eingliederungshilfe-Verordnung (§§ 8 Abs. 2, 17 Abs. 1 S. 2, 18 S. 2) und die VO zu § 72 BSHG (in § 8 S. 2). In diesen Fällen besteht → Ermessen des → Sozialhilfeträgers, ob er die Hilfe als D. oder als nicht rückzahlbare Leistung als Beihilfe erbringt. Die Ausübung des Ermessens, Sozialhilfe als D. zu gewähren, ist fehlerhaft, wenn nicht bereits zum Zeitpunkt der Entscheidung über die Hilfe eine Rückzahlungsmöglichkeit vorausehbar ist, denn die Aufgabe der Sozialhilfe besteht nach § 1 Abs. 2 Satz 2 BSHG auch darin, Hilfeempfänger soweit wie möglich zu befähigen, unabhängig von Hilfe zu leben. Erweist sich nachträglich, daß die Rückzahlung nicht möglich ist, weil das → Einkommen den Bedarf der → Hilfe zum Lebensunterhalt nur geringfügig (bis etwa 50% der laufenden Leistungen) übersteigt, so ist das D. in eine Beihilfe umzuwandeln. Aber auch bei höheren Einkünften ist auf eine Rückzahlung zu verzichten, wenn anderweitige (Rück-)Zahlungsverpflichtungen bestehen. Unbeschadet der 30jährigen Verjährungsfrist ist deshalb eine ständige Überprüfung notwendig, um die Rückzahlungsmodalitäten zu überprüfen, ggf. die Höhe zu reduzieren oder ganz auf die Rückzahlung zu verzichten. Da jeder Hilfesuchende einen selbständigen Anspruch hat, ist die Entscheidung über die d.weise Hilfe für jede Person einzeln zu treffen. Auch die Zugehörigkeit zu einer → Bedarfsgemeinschaft erlaubt es nicht, den rückzahlungsunfähigen Kindern Hilfe als D. zu gewähren und die Rückzahlungspflicht z.B. der Mutter aufzuerlegen. Bei Arbeit unter Gewährung von Mehraufwandsentschädigung nach § 19 Abs. 2 oder § 20 Abs. 2 BSHG kommt die D.gewährung nicht in Betracht. Das BVerwG (Urteil vom 14. 5. 1969; in BVerwGE 32, 89 = NDV 1970, 82; BVerwG, Beschluß vom 12. 4. 1989, in: FEVS 38, 397) hält die Gewährung der Hilfe als D. - auch ohne ausdrückliche gesetzliche Ermächtigung - für zulässig, wenn es im Ermessen des Sozialhilfeträgers stünde, die Hilfe auch abzulehnen. Auch in anderen Sozialleistungsgesetzen als dem BSHG ist die Hilfe als D. vorgesehen, vgl. § 40 Abs. 1 S. 4 → Arbeitsförderungsgesetz (AFG), §§ 17ff. Bundesausbildungsförderungsgesetz (BAföG), § 25b Abs. 4 → Bundesversorgungsgesetz (BVG), nicht dagegen im → Kinder- und Jugendhilfegesetz (KJHG – SGB VIII).

Lit. Becker, P. u.a.: Darlehen; Birk u.a.: BSHG (Komm.); Giese u.a.: SGB I und X (Komm.); Schoch, D.: Sozialhilfe.

Dietrich Schoch

Daseinsvorsorge Von Forsthoff 1938 entwickelter und seitdem üblicher Sammelbegriff für alle Leistungen des Staates (in weitestem Sinne unter Einschluß der Kommunalverwaltung) an den Bürger (Staat als Leistungsverwaltung). Der Sammelbegriff trägt der Tatsache Rechnung, daß der Staat neben seiner traditionellen ordnenden Funktion (Eingriffsverwaltung) immer stärker auch vorsorgend, bereitstellend und helfend für den Bürger tätig ist. Die Leistungsverwaltung wird von Wolff u.a. in Vorsorgeverwaltung (z.B. Straßen, Energieversorgung, Abfallbeseitigung, Bildungseinrichtungen, Gesundheitseinrichtungen), Sozialverwaltung (vor allem → Sozialversicherung, Ausgleichsversorgung, → Sozialhilfe, → Jugendhilfe) und Förderungsverwaltung (Subventionierungen; → Zuwendungen) gegliedert.

Lit. Forsthoff: Verwaltung; Wolff, H. J. u.a.: Verwaltungsrecht III.

Walter Schellhorn

Daten Informationen über bestimmte Lebensbereiche, meistens zweckbestimmt erhoben. Nach der Art der D.entstehung unterscheidet man prozeßproduzierte D. und Erhebungsd. Prozeßproduzierte D. sind D., die im Zuge eines → Verwaltungsaktes anfallen. Beispiele sind D. der Rentenversicherungsträger, der Bundesanstalt für Arbeit, der Sozial-, Versorgungs- und Lastenausgleichsämter. Renten-, Arbeitsmarkt-, Sozialhilfestatistiken u. ä. beruhen heute zum größten Teil auf derartigen prozeßproduzierten D. (→ Empirische Sozialforschung). Sie zeichnen sich durch hohe Zuverlässigkeit hinsichtlich des erfaßten Personenkreises aus, leiden aber häufig unter eingeschränkter Aussagefähigkeit hinsichtlich der erfaßten Merkmale. Erhebungsd. werden demgegenüber meistens durch Befragung von Personen gewonnen. → Erhebungen können entweder durch die amtliche → Statistik in Form von Totalerhebungen (→ Volkszählung) oder in Form von Stichproben (z.B. → Mikrozensus, → Einkommens- und Verbrauchsstichproben = EVS) auf gesetzlicher Grundlage oder von Forschungsinstituten in Form von Umfraged. (→ Demoskopie) auf Stichprobenbasis durchgeführt werden.

Eine andere Unterscheidung von D. bezieht sich auf deren Aggregationsgrad. Makrod. sind D. über zusammengefaßte volkswirtschaftliche oder soziale Größen (Einkommen, Verbrauch, Transferzahlungen usw.), wie sie in der → volkswirtschaftlichen Gesamtrechnung oder im → Sozialbudget ausgewiesen werden. Hingegen enthalten Mikrod. Informationen über individuelle Entscheidungseinheiten (Personen oder Haus-

Datenanalyse

halte), wie deren Alter, Familienstand, Stellung im Beruf usw.
Mikrod. können ferner unterschieden werden nach der Länge des Zeitraums, über den die jeweiligen Informationen verfügbar sind. Bei Querschnittd. (→ Querschnittuntersuchung) beziehen sich diese auf einen bestimmten Zeitpunkt (Stichtag, Erhebungsmonat oder -jahr), bei Längsschnittd. (→ Längsschnittuntersuchung, → Lebenslaufforschung) ist die Entwicklung bestimmter Merkmale über einen längeren Zeitraum verfolgbar.
Eine moderne Variante von Längsschnittd. sind Panel-D., in denen Personen über einen längeren Zeitraum, z. B. 5 Jahre, über ihre wirtschaftlichen und sozialen Verhältnisse befragt werden. Mikrod. unterliegen in besonderem Maße dem → Datenschutz.
Lit. Costas: Grundlagen; Hanefeld: Panel; Statistisches Bundesamt: Datenreport.

Frank Klanberg†/Michael Wagner

Datenanalyse Ziel einer D. ist die Aufdeckung von Zusammenhängen zwischen einer bestimmten (»erklärten«) → Variablen und in den → Daten vorhandenen Bestimmungsgründen (»erklärende Variable«). Beispielsweise werden zur Erklärung der Verteilung des Einkommens (→ Einkommensverteilung) häufig die erklärenden Variablen Ausbildung, Alter und berufliche Stellung herangezogen. Analog könnte die Wahrscheinlichkeit des Bezugs von Sozialhilfe durch eine Person etwa durch die Variablen Alter, Unterbrechung der Erwerbskarriere infolge Arbeitslosigkeit, Krankheit u. ä. erklären versucht werden, falls entsprechende Merkmale in einem Datensatz vorliegen. Zur Durchführung derartiger D. stehen eine ganze Reihe von Verfahren zur Verfügung, deren Einsatz sich nach dem angestrebten Zweck der Analyse, der Qualität der verfügbaren Daten sowie den technischen Möglichkeiten richtet (→ Statistik, Elektronische Datenverarbeitung). Formen der D. reichen daher von einfachen Kreuztabellierungen der interessierenden Merkmale bis zu aufwendigen statistischen Verfahren wie Faktoren- und Diskriminanzanalyse. Wirkungszusammenhänge werden häufig auch mit Hilfe von Regressionsanalysen ermittelt. Bei Makrodaten erstrecken sich derartige Analysen häufig auf die Untersuchung von Zeitreihen. Auch statistisch kompliziertere Verfahren einer D. geben nicht automatisch Aufschluß über die Ursachen der analysierten Sachverhalte. Kausalzusammenhänge lassen sich allenfalls im Rahmen von Theorien testen. Eine D. ist dann allgemein ein Mittel, die Vorhersagen einer Theorie auf Übereinstimmung mit der empirischen Wirklichkeit zu überprüfen.
Lit. Bennighaus: Datenanalyse; Bortz: Empirische Forschung; Bortz: Statistik; Schmitz, B.: Zeitreihenanalyse.

Frank Klanberg†/Michael Wagner

Datenschutz ist der Sammelbegriff für alle gesetzlichen Regelungen, die das »Recht auf informationelle Selbstbestimmung« (BVerfGE 65, 1 ff.) gewährleisten sollen. Schutzgegenstand sind ausschließlich »personenbezogene Daten«, d. h. Informationen/Einzelangaben über persönliche oder sachliche Verhältnisse einer bestimmten oder bestimmbaren natürlichen Person (s. § 3 Abs. 1 BDSG), also auch Werturteile oder Vermutungen, und zwar in Wort-, Schrift- oder Bildform. D. soll Datenmißbrauch verhindern, wird mittlerweile aber umfassender verstanden als Recht der Informationsbeziehungen oder als »Recht des fairen, rechtsstaatlichen Umgangs mit Informationen« (Bull).
1. Die normativen Grundlagen finden sich in verschiedenen Gesetzbüchern. Im Hinblick auf die unterschiedlichen Normadressaten gehen spezielle Regelungen den allgemeinen vor. So gilt das BDSG i. d. F. vom 20. 12. 1990 (BGBl. I S. 2954) insbes. für öffentliche Stellen des Bundes, ferner allgemein für nichtöffentliche Stellen, aber dort nur, »soweit sie die Daten in oder aus Dateien geschäftsmäßig oder für berufliche oder gewerbliche Zwecke verarbeiten oder nutzen« (§ 1 Abs. 2 BDSG). Der Datei-Bereich – definiert in § 3 Abs. 2 BDSG, insbes. im Zusammenhang von Computertechnik bedeutsam – wird zu Recht als besonders schutzbedürftig angesehen; die Beschränkung auf ihn für nichtöffentliche Stellen wird aber rechtspolitisch seit langem kritisiert. Im BDSG sind auch die Kompetenzen des Bundesbeauftragten für den D. geregelt (§§ 22 bis 26), ferner die der betrieblichen → Datenschutzbeauftragten (§§ 36 und 37) sowie die der für nichtöffentliche Stellen zuständigen Aufsichtsbehörden (§ 38), die allerdings nach Landesrecht eingerichtet werden (§ 38 Abs. 6). Die Landesgesetze für den Datenschutz (das erste 1970 für Hessen, mittlerweile grundlegend novelliert) regeln den D. insbes. für alle Landes- und Kommunalbehörden und -einrichtungen, sofern spezielle Normen nicht vorrangig gelten (z. B. die des → Sozialgesetzbuches [SGB]; → Sozialgeheimnis). Dort sind auch die Kompetenzen der Landesbeauftragten für den D. geregelt. Neben den allgemeinen D.gesetzen sind vorrangig bereichs- und berufsbzw. amtsspezifische D.bestimmungen zu beachten (s. § 1 Abs. 4 BDSG). Hierzu zählen die Regelungen zum D. bei Sozialleistungsträgern (Sozialgeheimnis), bei den Finanzbehörden (Steuergeheimnis), bei den Ausländerbehörden (im Ausländergesetz von 1990), den Meldebehörden (im Melderechtsrahmengesetz). Im Sozial- und Gesundheitswesen von besonderer und vorrangiger Bedeutung ist die in § 203 Abs. 1 StGB normierte → Schweigepflicht für die Angehörigen einzelner dort genannter Berufsgruppen. Für die → freien Träger gelten

die allgemeinen D.bestimmungen, sofern nicht die berufliche Schweigepflicht und/oder spezielle kirchliche Gesetzesbestimmungen vorrangige Bedeutung haben.
2. Während in der Entwicklung des D.rechts ursprünglich der Schwerpunkt der Regelungen auf der Speicherung und dem Auskunfts-, Veränderungs- und Löschungsanspruch bei Dateien sowie auf der Datenweitergabe lag, sind in den neueren D.gesetzen die Phasen erweitert und z. T. anders benannt: Geregelt sind die Datenerhebung, die Datenverarbeitung und die Datennutzung. Unter Erheben ist das »Beschaffen« zu verstehen (§ 3 Abs. 4 BDSG), also nicht der Fall, daß personenbezogene Informationen ungefragt zugetragen werden (dann ist allerdings die Zulässigkeit einer Datenspeicherung zu klären). Unter dem Begriff Datenverarbeitung werden die Speicherung, Veränderung, Übermittlung, Sperrung und Löschung personenbezogener Daten zusammengefaßt (§ 3 Abs. 5 BDSG). Der Begriff der »Nutzung« (§ 3 Abs. 6 BDSG) wurde eingeführt, um auch informationelle Vorgänge zu regeln, die schützenswert sind, aber in den legal definierten anderen Phasen nicht erfaßt sind (z. B. die Weitergabe einer Information innerhalb einer »Stelle«). Die D.gesetze regeln nicht nur die Zulässigkeit der Datenerhebung, Datenverarbeitung und Datennutzung, sondern verlangen auch praktische Vorkehrungsmaßnahmen, um die Umsetzung des D. zu gewährleisten (§§ 9 bis 11 BDSG). In den meisten allgemeinen D.gesetzen sind auch – neben Bußgeld- und Strafbestimmungen – Rahmenbestimmungen zum Schadensersatz enthalten. So steht dem Betroffenen, sofern es sich um automatisierte Datenverarbeitung handelt, auch bei unverschuldeter Verletzung von Datenverarbeitungs-Bestimmungen durch eine öffentliche Stelle ein Schadensersatzanspruch (in begrenzter Höhe) zu. Bei nichtöffentlichen Stellen (s. § 7 BDSG) gilt der Schadensersatzanspruch zwar nicht verschuldensunabhängig, ist die Beweislast aber zu Lasten der speichernden Stelle umgekehrt (§ 8 BDSG).
3. Das wichtigste Prinzip des D.rechts ist, daß der einzelne grundsätzlich selbst über die Preisgabe und Verwendung seiner persönlichen Daten bestimmen können soll. Das bedeutet, daß jeder Zugriff auf personenbezogene Daten, der ohne Einverständnis des Betroffenen erfolgt, einen Eingriff in ein Grundrecht darstellt, der nur gestattet ist, wenn und soweit eine gesetzliche Ermächtigung dies vorsieht. An diese gesetzlichen Einschränkungen stellt das Bundesverfassungsgericht besondere Anforderungen: Sie sind nur zulässig im überwiegenden Allgemeininteresse. Ihre Voraussetzungen und ihr Umfang müssen für den Bürger klar erkennbar sein. Ferner müssen die gesetzlichen Regelungen den Grundsatz der Verhältnismäßigkeit beachten, der Verwendungszweck der Daten muß bereichsspezifisch und präzise bestimmt sein, die Daten müssen für diesen Zweck geeignet und erforderlich sein und ihre Verwendung auf den gesetzlich bestimmten Zweck begrenzt sein. »Mit dem Recht auf informationelle Selbstbestimmung wären eine Gesellschaftsordnung und eine diese ermöglichende Rechtsordnung nicht mehr vereinbar, in der Bürger nicht mehr wissen können, wer was wann und bei welcher Gelegenheit über sie weiß« (BVerfGE 65, 43).
Die wichtigsten, in allen D.regelungen auftauchenden Kriterien sind das Zweckbindungsprinzip, das Erforderlichkeitsprinzip und das Transparenzgebot. Neben den gesetzlichen Befugnissen stellt – in Konkretisierung dieser allgemeinen Kriterien – die Einwilligung des Betroffenen ein zentrales Rechtsinstitut des D.rechts dar, gilt aber nur als rechtswirksam erteilt, wenn der Betroffene – ähnlich dem Arzthaftungsrecht – über den Inhalt der Einwilligung und ggf. die Konsequenzen ausreichend aufgeklärt worden ist. Auch ist trotz erfolgter Einwilligung der allgemeine Grundsatz der Erforderlichkeit zu beachten, also etwa bei der Übersendung von Akten.
4. Mit den neueren D.gesetzen und auch den Novellierungen des SGB hat sich der D. im Rechtssystem der Bundesrepublik Deutschland fest etabliert, auch wenn für einige Bereiche keine oder nur mangelhafte Regelungen vorhanden sind, anzumahnen z. B. für den Bereich des Arbeitsrechts und den der Justiz. Insbes. aber erscheint fraglich, ob die D.gesetzgebung ausreicht, um der schnellen Entwicklung der Informationstechnik zu entsprechen. Die in den 70er und 80er Jahren entwickelten Kontrollmechanismen für Großrechenanlagen (Dateienregister usw.) erscheinen kaum mehr geeignet, ausreichenden Schutz angesichts der unüberschaubaren Zahl von dezentralen Computern zu gewährleisten.
Lit. Lübking: Datenschutz; Ordemann u.a.: BDSG (Komm.); Simitis u.a.: BDSG (Komm.); Steinmüller: Informationstechnologie. *Thomas Mörsberger*

Datenschutzbeauftragter Um zu gewährleisten, daß der → Datenschutz in der Praxis ausreichend und den Gesetzen entsprechende Beachtung findet, hat der Gesetzgeber die Instanz des D. geschaffen. Nach dem Bundesdatenschutzgesetz (BDSG) gibt es für den Bereich der Bundesbehörden einen Bundesbeauftragten für den Datenschutz (§§ 22 bis 26 BDSG); nach §§ 36 f. BDSG hat zudem jede private Stelle (zum Begriff »Stelle«: → Datenschutz) einen Beauftragten zu bestellen, sofern i. d. R. mindestens 5 Arbeitnehmer (bei automatischer Datenverarbeitung) oder mindestens 20 Arbeitnehmer (bei anderer Datenverarbeitungsweise) ständig beschäftigt sind. Damit der D. seiner Aufsichts- und Beratungsauf-

gabe gerecht werden kann, verlangt das Gesetz, daß er besondere Fachkunde und Zuverlässigkeit besitzt. Ferner darf er nur dem Leiter einer Organisation unterstellt sein und ist bei der Anwendung seiner Fachkunde auf dem Gebiet des Datenschutzes weisungsfrei. Er darf wegen der Erfüllung seiner Aufgaben nicht benachteiligt werden und darf sich im Zweifelsfalle direkt an die Aufsichtsbehörde wenden.
Die Beachtung der Datenschutzvorschriften bei privaten Stellen überprüfen im Einzelfall die nach Landesrecht zuständigen Aufsichtsbehörden (meist Regierungspräsident), s. § 38 Abs. 6 BDSG. Für den Bereich der Landes- und Kommunalverwaltung sind gem. den Datenschutzgesetzen der Länder Landesbeauftragte zuständig.
Gem. § 81 Abs. 4 SGB X (→ Sozialgesetzbuch [SGB]) hat auch jeder → Sozialleistungsträger in Anwendung der §§ 36 ff. BDSG einen betrieblichen D. zu bestellen. Ist eine Kommune Sozialleistungsträger, nimmt dessen D. auch die Aufgaben nach § 81 Abs. 4 wahr; ein zusätzlicher D. z. B. für das → Jugendamt oder das → Sozialamt ist nicht erforderlich. Das ergibt sich indirekt aus § 81 Abs. 4 S. 2 SGB X, der »bei rechtlich getrennten Organisationseinheiten« verlangt, »daß der Beauftragte für den Datenschutz bei der Erfüllung seiner Aufgaben unterstützt wird«. In diesem Sinne als nützlich hat sich bisher erwiesen, daß es zumindest – auch bei kleineren Ämtern – im → Jugendamt wie im → Sozialamt einen auf den Datenschutz spezialisierten Ansprechpartner gibt, während die weiterreichenden Aufgaben eines D. i. S. d. BDSG einem Mitarbeiter der Behördenleitung übertragen werden sollten.
Lit. Hauck u. a.: SGB (Komm.); KGSt.: Datenschutz; Mörsberger, T.: Verschwiegenheitspflicht; Ordemann u. a.: BDSG (Komm.); Simitis u. a.: BDSG (Komm.); Wiesner u. a.: SGB VIII (Komm.) mit ausführlicher Kommentierung des SGB X.
Thomas Mörsberger

Debilität → Schwachsinn

Deckelung von Sozialleistungen Der Begriff der D. wird überwiegend im Zusammenhang mit der Begrenzung von Aufwendungen und Leistungen verwendet. Einerseits erfaßt die D. Leistungsanbieter im weiteren Sinne, nach dem → Gesundheitsstrukturgesetz (GSG) vom 21. 12. 1992 insbesondere → Ärzte (§§ 72 f. SGB V), → Krankenhäuser (§ 107 f. SGB V), Heil- und Hilfsmittelerbringer (§§ 124 f. SGB V) usw., aber auch Erbringer von Pflegeleistungen (§§ 72 ff. SGB XI), → Einrichtungen, die ein Träger der Sozialhilfe (→ Sozialhilfeträger) für seine Aufgaben aufgrund einer Vereinbarung einschaltet (§ 93 BSHG), oder Träger der freien Jugendhilfe (→ Jugendhilfeträger), die im Rahmen des → Wunsch- und Wahlrechts zur Deckung des (pädagogischen) Bedarfs in Anspruch genommen werden (§ 77 SGB VIII). Andererseits wird der Leistungsanspruch des Berechtigten durch die D. begrenzt; so müssen die Leistungen im Recht der gesetzlichen → Krankenversicherung (GKV) »ausreichend, zweckmäßig und wirtschaftlich sein; sie dürfen das Maß des Notwendigen nicht überschreiten; Leistungen, die nicht notwendig oder unwirtschaftlich sind, können Versicherte nicht beanspruchen…« (§ 12 Abs. 1 SGB V). Die D. wirkt damit regelmäßig einerseits gegenüber dem Leistungserbringer vergütungseinschränkend sowie andererseits gegenüber dem Leistungsberechtigten leistungs- und anspruchsbegrenzend.
Die D. ist als sozialpolitisches Instrument der Ausgabenbegrenzung konsequent vom Gesetzgeber des GSG, weitgehend mit Wirkung vom 1. 1. 1993 und mit einer strikten D. bis Ende 1995 sowie darüber hinaus eingesetzt worden. Eine Erscheinungsform der D. ist die → Budgetierung, mit der der gesetzlichen Verpflichtung zur Wahrung der Beitragssatzstabilität in der GKV Rechnung getragen werden soll. Mit dem Ziel der »Sofortbremsung« durften die Ausgaben der GKV nur im Gleichklang mit den beitragspflichtigen Einnahmen der Mitglieder (Versicherten) steigen; die Budgetierung der Ausgaben bezog nicht nur die einzelnen Leistungsbereiche, sondern auch die Verwaltungsausgaben der → Krankenkassen ein.
Erscheinungsformen der D. kommen regelmäßig auch in Haushaltsbegrenzungsregelungen zum Ausdruck; zur Erreichung eines bestimmten Ziels, etwa zur Eingliederung Langzeitarbeitsloser, werden Sonderprogramme durchgeführt, für die bestimmte Mittel – begrenzt – zur Verfügung gestellt werden. Hier stellt sich die Frage der Auswahl- und Verteilungsgerechtigkeit. Die Verteilung kann vom Zeitpunkt der Antragstellung abhängig gemacht, aber auch auf einen längeren Zeitraum gleichmäßig verteilt werden; die gerichtliche Überprüfung wird regelmäßig durch Ermessenseinräumung (→ Ermessen), aber auch durch eine Mittelbegrenzung eingeschränkt. Die Ablehnung allein mit der Begründung der Erschöpfung der Haushaltsmittel kann ermessenswidrig sein. Einer gerichtlichen Überprüfung können die Verteilungskriterien unterliegen, etwa im Hinblick auf den Gleichheitssatz (Art. 3 GG); die Beanstandung muß jedoch nicht notwendig zum Leistungsanspruch führen, kann aber zur Neuentscheidung zwingen.
In der sozialen → Pflegeversicherung führt das System von Versorgungs- und Vergütungsregelungen (vgl. §§ 69 ff., 82 ff. SGB XI) zu Vergütungsbegrenzungen bei den Leistungserbringern. Bei den Leistungsberechtigten ist die Anspruchshöhe bei den →

Geld- und → Sachleistungen, gestaffelt nach Pflegestufen (§ 15 SGB XI), begrenzt; eine einschneidende Form der D. findet sich in der Festlegung der → Härtefälle mit Leistungen über der Pflegestufe III; nach Aufhebung einer ursprünglich vorgesehenen, aber mißglückten kassenübergreifenden Regelung (§ 36 Abs. 4 Satz 2 SGB XI a. F.) hat nunmehr jede → Pflegekasse selbst die Begrenzung auf höchstens 3% der Versicherten (i. d. F. des 1. SGB XI-ÄndG) vorzunehmen; die D. kann so bei gleichem Pflegebedarf bei einem Versicherten zur Härteleistung führen, bei einem anderen wegen der Zugehörigkeit zu einer anderen Pflegekasse aber nicht; die Regelung überzeugt nicht, erscheint aber aus Gründen der Verwaltungspraktikabilität vertretbar. Eine D. im weiteren Sinne ist auch in der Regelbedarfsfestlegung nach § 22 BSHG zu sehen (→ Regelbedarf); in der Neufassung durch das Sozialhilfereformgesetz vom 23. 7. 1996 wird die Regelbemessung nach einem Fortschreibungsmodus und später bundeseinheitlich unter Beachtung eines Abstandes zum Arbeitnehmereinkommen festgelegt und insoweit »gedeckelt«.

Gerhard Dalichau

De-facto-Flüchtlinge → Flüchtlinge

Dekompensation Verlust der Ausgleichsfähigkeit der Kräfte in einem dynamischen System (z. B. Organismus), dessen normale Funktionstüchtigkeit durch die wechselseitige Stützung verschiedener Einzelfunktionen (z. B. Herz-Kreislauf-Atmung) sichergestellt wird. Ursachen einer D. können Überlastungen des ganzen Systems oder gewisser Teile sein, die nicht mehr von anderen Stellen ausgeglichen werden können. An der Grenze der Kompensationsfähigkeit genügen oft minimale Mehrbelastungen, um das ganze System versagen zu lassen. Psychische D. meint den durch akute äußere oder innere Belastungen (z. B. Verlusterlebnis, Enttäuschung, Beleidigung, Krankheit) bedingten Zusammenbruch eines bereits labilen seelischen Gleichgewichts. Ihre Symptome sind in Erregungszustände entgleisende → Affekte wie Trauer, Verzweiflung, Wut, Freude usw., die ein besonnenes Reagieren erschweren bis unmöglich machen und die Toleranz gegenüber normalen psychischen und körperlichen Belastungen vermindern. *Werner Richtberg*

Dekonzentration In der Verwaltungslehre die Verlagerung von Aufgaben eines Organisationsträgers (z. B. → Landkreis, → Gemeinde) oder einer Organisationseinheit (z. B. Amt, Abteilung) auf Untereinheiten (z. B. sog. Nebenstellen, Außenstellen, Arbeitsgruppen, Bezirksverwaltungsstellen) mit den zur Aufgabenerfüllung erforderlichen Befugnissen (→ Kompetenzen), i. d. R. bezogen auf einen räumlich abgegrenzten Bezirk. Im Gegensatz zur → Dezentralisation erhalten solche Organisationseinheiten jedoch keine Selbständigkeit, d. h. sie bleiben eingebunden in die (Gesamt-)→ Organisation und damit in die dort bestehenden Weisungsbefugnisse (→ Dienstaufsicht, → Fachaufsicht, → Kontrolle).

Die seit 1994 sich verstärkende Diskussion um → Verwaltungsmodernisierung umfaßt als wesentliches Element die Forderung nach Zusammenführung von Fach-, Ressourcen- und Ergebnisverantwortung. Bei entsprechender Realisierung wird D. auch für die → Organisation sozialer Dienste dazu führen, daß schon lange erhobene fachliche Anforderungen der Sozialarbeit (→ Sozialarbeit/Sozialpädagogik), anders als bei → Konzentration, erfüllt werden können.

Robert Groell

Delegation → Aufgabenübertragung

Deliktsfähigkeit → Haftung

Deliktsrecht → Unerlaubte Handlung

Delinquenz Gilt in Deutschland als jugendgemäße, abmildernde Bezeichnung für Kinder- und → Jugendkriminalität. Die (im Vergleich zum Kriminalitätsbegriff) entstigmatisierende Wirkung (→ Stigmatisierung) beruht auf der Tatsache, daß dieser Terminus eine psychologisch-verstehende Erklärung und eine eher helfende als strafende Reaktion auf das → abweichende Verhalten nahelegt. Dieselbe Konnotation dürfte allerdings auch dazu beitragen, daß in den Massenmedien häufig von Wirtschafts- bzw. Umweltdelinquenz die Rede ist. Ähnlich wie der Begriff des »Kavaliersdelikts« ist derjenige der D. – entsprechend seinem lateinischen Ursprungswort delinquere, das in etwa als »hinter« dem erwarteten Verhalten zurückbleiben« zu übersetzen ist – geeignet, ein strafbares Verhalten zu entdramatisieren. Da sich das tatbestandsmäßige und rechtswidrige Verhalten minderjähriger Akteure (z. B. bei Brandstiftung, Erpressung, aber auch Diebstahl und Körperverletzung; → Minderjährigkeit) seinem sozialen Sinngehalt nach regelmäßig von demjenigen Erwachsener erheblich unterscheidet, ist der Begriff der Kinderbzw. Jugendd. dem Etikett der → Kriminalität wohl auf jeden Fall vorzuziehen (→ Jugendgerichtsgesetz).

Eine Besonderheit gilt für den amerikanischen Sprachgebrauch (»delinquency«), der unter dem Begriff all die Verhaltensweisen Minderjähriger zusammenfaßt, die Kinder und Jugendliche vor das Jugendgericht (»juvenile court«) bringen können: in den USA sind dies (speziell für Minderjährige) neben den regulären Straftaten auch je nach einzelstaatlicher Gesetzgebung z. B. abendliches Herumlungern, Benutzung ob-

szöner Wörter, Ausreißen, Rauchen etc. In den USA ermöglichte das Konzept der D. daher den staatlichen Instanzen der → sozialen Kontrolle ein weitgehendes und frühzeitiges Intervenieren in den Erziehungsprozeß. Die stigmatisierende Wirkung dieser frühen, wenn auch »wohlmeinenden« Eingriffe wurde verstärkt seit dem Ende der 60er Jahre kritisiert und führte zu Bemühungen, Jugendkonflikte in verstärktem Maße vor- und außergerichtlich zu bereinigen (Diversion). Auch hierbei kann allerdings nicht ausgeschlossen werden, daß sich das Netz der Sozialkontrolle insgesamt weiter ausdehnt (sog. »net-widening-effect«).
Lit. Feest u. a.: Kinder-»Kriminalität«; Feltes u. a.: Diversion; Galliher u. a.: Criminology; Matt: Delinquenz; Platt: Delinquency; Pongratz u. a.: Kinderdelinquenz; Wolfgang u. a.: Delinquency. *Sebastian Scheerer*

Delphi-Methode Planungsinstrument, um mit Hilfe von wiederholten Expertenbefragungen Unsicherheiten über zukünftige Entwicklungen und Ereignisse abzubauen. Die Expertenbefragung erfolgt anonym und ohne personalen Kontakt der Experten untereinander, um Meinungsbeeinflussung über die prognostizierten Ereignisse zu vermeiden. Einer Gruppe von 10 bis 20 Experten wird schriftlich ein möglichst konkreter Fragenkatalog zu einem Planungsproblem vorgelegt. Nach dem Rücklauf der Antworten werden Extremmeinungen ausgeschieden. In einem 2. Durchlauf erhalten die Experten von der Mehrheit getragene theoretische Annahmen und Aussagen der 1. Runde übersandt. Die Experten bilden erneut Urteile und geben sie an den Auswerter zurück. Evtl. modifizieren sie bisherige Urteile und begründen abweichende Aussagen genauer. Nach 2 bis 4 Runden erfolgt die Endauswertung. Ziel ist ein weitgehender Konsens bei der mehr qualitativen Bewertung von Programmen und Projektalternativen für den Entscheidungsträger. Erste positive Ergebnisse lassen sich für die → Altenhilfeplanung (Zukunftsaussichten von Altenheimen) und für die → Jugendhilfeplanung (Konzepte und Standorte von Jugendzentren) nachweisen. *Dietrich Kühn*

Demenz (lateinisch: Fehlen von Verstand) ist ein klinisches Syndrom und beschreibt eine Einengung der intellektuellen, kognitiven und emotionalen Fähigkeiten und der Persönlichkeit. Angeborene Intelligenzdefekte (geistige Behinderung, → geistig Behinderte) gehören nicht zu den dementiellen Prozessen im mittleren und höheren Lebensalter. Nach gerontopsychiatrischen Einteilungsprinzipien (→ Gerontopsychiatrie) werden primäre D. von sekundärer D. unterschieden.
1. Primäre D: a) D. vom Alzheimer Typ ist eine primär degenerative D. mit etwa 35% aller D.formen. Darunter fallen die präsenile, meist familiäre Alzheimer D. und die senile D. vom Alzheimer Typ (SDAT). b) D. vom vaskulären Typ (DVT), die als Multi-Infarkt-Demenz (MID) etwa 30% aller D.formen ausmacht. c) Kombinationen von a) und b) mit etwa 10-15%.
2. Sekundäre D. sind Folge von Erkrankungen außerhalb des Gehirns wie von Herz-Kreislauf- und Stoffwechsel-Störungen, Alkohol- und Arznei-Mißbrauch usw. Diagnostische Kriterien für die D. vom Alzheimer Typ nach DSM IV (Klassifikationssysteme psychischer Störungen) sind a) die Entwicklung multipler kognitiver Defizite 1) des Gedächtnisses und 2) folgender kognitiver Störungen: Aphasie (Wortfindungsstörung), Apraxie (Handlungsunfähigkeit), Agnosie (Erkennensstörung) oder Störungen im Planen, Organisieren, Schlußfolgern oder Abstrahieren; b) Die kognitiven Defizite verursachen soziale und Beschäftigungs-Störungen; c) Die Erkrankung beginnt allmählich und schreitet langsam fort; d) Hinweise auf eine Hirn- oder System-Erkrankung fehlen.
Das ICD-10 schließt sich an DSM an, benutzt das Synonym HOPS (Hirnorganisches Psycho-Syndrom) nicht mehr. Die Ursachenforschung diskutiert Erbfaktoren, Verminderung von Neurotransmittern, Glukoseaufnahme und Synapsendichte, oxidativen Streß und als Risikofaktoren hohes Alter, Vorschädigung des Gehirns, geistige Inaktivität, Infektionen und Umweltgifte.
Die D. vom vaskulären Typ beginnt plötzlich, verschlechtert sich schrittweise mit neurologischen Ausfällen, z.B. Lähmungen. Risikofaktoren sind Bluthochdruck, Rauchen u. a. Zur klinisch-neurologischen Diagnostik kommen Labor-, apparative und psychometrische Untersuchungsmethoden. Die Behandlung umfaßt soziale Hilfen, Aktivierung, Training von Selbständigkeit in den Aktivitäten des täglichen Lebens, Medikamente, Beratung und → Selbsthilfegruppen für pflegende Angehörige.
Lit. Bauer, J.: Alzheimer Krankheit; Krämer, G.: Ratschläge; Lang: Demenzen; Zaudig: Demenz. *Erich Grond*

Demographie (vielfach auch als Bevölkerungswissenschaft bezeichnet) ist eine wissenschaftliche Disziplin, deren Gegenstand die Erfassung, Darstellung und Analyse der Struktur und Entwicklung einer → Bevölkerung sowie der Komponenten der Bevölkerungsbewegung (Geburten, Eheschließungen und -scheidungen, Sterbefälle und Wanderungen) ist. Ziel der demographischen Forschung ist die Ermittlung von statistisch fundierten Zusammenhängen, die zwischen den Komponenten der Bevölkerungsbewegung untereinander sowie zwischen diesen und strukturellen Merkmalen der Bevölkerung, z. B. ihrer Zusammensetzung nach Alter und Geschlecht bestehen, außerdem die Erkenntnis der Ursachen der Bevölkerungsstruktur und -entwicklung.

Zu den Aufgaben demographischer Forschung gehört es, die Häufigkeit von Bewegungsmassen, z. B. der Geburten und Sterbefälle, einer Bevölkerung zu verschiedenen Zeiten oder der Bevölkerungen verschiedener Regionen mittels geeigneter Verhältniszahlen miteinander zu vergleichen und zu erklären. – Diese finden außerdem in Vorausberechnungen der Bevölkerung Verwendung. Zu erwähnen sind vor allem zusammengefaßte Geburtenziffern, die die Gesamtzahl der im Durchschnitt von einer Frau geborenen Kinder angeben, die Nettoreproduktionsziffern, die darüber Auskunft geben, inwieweit eine Generation von Frauen genügend Töchter gebiert, um ihren Bestand auch in Zukunft zu erhalten, und standardisierte Sterbeziffern, die ein Maß für den Vergleich der Sterblichkeit verschiedener Bevölkerungen oder auch der gleichen Bevölkerung zu verschiedenen Zeiten darstellen; Einflüsse, die von unterschiedlichen Altersstrukturen ausgehen, werden nämlich durch dieses Verfahren ausgeschaltet. Sterblichkeitsvergleiche können auch mittels Sterbetafeln durchgeführt werden, die u. a. über die Sterbewahrscheinlichkeiten für beide Geschlechter nach Altersjahren oder Altersgruppen, die durchschnittliche Lebenserwartung eines Neugeborenen und die durchschnittliche fernere Lebenserwartung für jedes Lebensalter Auskunft geben. Da Bevölkerungsvorgänge von den natürlichen, wirtschaftlichen und sozialen Lebensbedingungen einer Bevölkerung abhängen, ist die D. auf Zusammenarbeit mit anderen Wissenschaften, insbesondere den Wirtschafts- und Sozialwissenschaften, angewiesen.
Der Beginn demographischer Untersuchungen geht auf das 17. Jh. zurück, als J. Graunt in London auf Grund der Wochenberichte über Beerdigungen Berechnungen über die Sterblichkeit der Bevölkerung anstellte. Die damals als politische Arithmetik bezeichneten Forschungen führten 1693 zur Aufstellung einer Sterbetafel durch Halley. In Deutschland war es vor allem J. P. Süßmilch, der um die Mitte des 18. Jh. umfangreiche Berechnungen über die Gesetzmäßigkeiten im Ablauf des menschlichen Lebens anstellte. Auf die Gefahren eines übermäßigen Bevölkerungswachstums wies Malthus hin; nach seiner Auffassung nimmt die Bevölkerung in geometrischer Reihe, die Nahrungsmittelproduktion aber nur in arithmetischer Reihe zu. Mit dieser Theorie gab er einen wesentlichen Anstoß zur Entwicklung der D.
Lit. Esenwein-Rothe: Einführung; Hauser, J.: Bevölkerungslehre; Mackensen u.a.: Bevölkerungsentwicklung; Mueller, U.: Bevölkerungsstatistik. *Dieter Deininger*

Demonstrationsrecht Unter dem Begriff des D. werden die (verschiedenen Rechtsgebieten zugeordneten) → Rechtsnormen zusammengefaßt, die Voraussetzungen und Durchführung von Demonstrationen regeln.
Der rechtliche Rahmen des D. wird im wesentlichen durch Bestimmungen des Verfassungsrechts, des → Verwaltungsrechts, des → Strafrechts und des Rechts der → Ordnungswidrigkeiten abgesteckt.
Seine verfassungsrechtliche Verankerung findet das D. als besondere Ausprägung des → Grundrechts der Versammlungsfreiheit in Art. 8 → Grundgesetz (GG): »Alle Deutschen haben das Recht, sich ohne Anmeldung oder Erlaubnis friedlich und ohne Waffen zu versammeln.« Das GG garantiert das D. als ein zentrales (über das Grundrecht der Meinungsfreiheit hinausgehendes) Instrument der Bürger zur Teilhabe am Prozeß der politischen Willensbildung. Art. 8 GG verleiht nicht nur ein subjektives Abwehrrecht gegen grundrechtsbeschränkende Eingriffe in die Freiheit der politischen Kommunikation. Vielmehr dient dieses Grundrecht als objektives Verfassungselement auch der Funktions- und Innovationsfähigkeit einer lebendigen Demokratie, indem neben den parlamentarisch-repräsentativen Institutionen Demonstrationen, Kundgebungen und andere Versammlungen als Äußerungsformen unmittelbarer Demokratie anerkannt werden. Dieser Aspekt ist nicht zuletzt durch eine verstärkte Inanspruchnahme des D. Ende der 60er Jahre (Studentenbewegung) und Anfang der 80er Jahre (Anti-Atomkraftbewegung, Friedensbewegung) deutlich geworden.
Geschichte und Gegenwart des D. durchzieht der prinzipielle Konflikt zwischen seiner herrschaftskritischen, partizipatorisch-demokratiegestaltenden Funktion und einer obrigkeitsstaatlich-versammlungspolizeilichen Tradition. Der hohe verfassungsrechtliche Stellenwert des D. findet in der Verwaltungspraxis nicht immer gebührende Beachtung bei der → Auslegung und Anwendung einfachgesetzlicher Regelungen und Beschränkungen insbes. durch Vorschriften des → Versammlungsrechts, des → Polizeirechts und des Strafrechts (hier vor allem §§ 113, 125, 240 StGB). Das → Bundesverfassungsgericht (BVerfG) hat in seinem grundlegenden Beschluß vom 14. 5. 1985 (BVerfGE 69, 315) die tragende Bedeutung des D. angesichts der tatsächlich herrschenden Chancenungleichheit bei der politischen Einflußnahme hervorgehoben und einschüchternde und abschreckende Maßnahmen (z.B. Behinderungen bei der Anfahrt, schleppende, vorbeugende Kontrollen, exzessive Observationen und Registrierungen) als nicht verfassungskonform kritisiert.
Lit. Frankenberg: Demonstrationsfreiheit; Hoffmann-Riem, W.: Art. 8 GG.
Hans-Ulrich Weth

Demoskopie Im engeren Sinn Teilbereich der empirischen → Soziologie (→ Empirische Sozialforschung), auch »Umfrageforschung«. Mit Hilfe von Interview- und Fragebogenmethode (→ Befragung) werden für Gesamt- oder Teilmengen der Bevölkerung → Einstellungen und Meinungen erforscht. Die Forschung ist heute in starkem Maße von wirtschaftlichen und politischen Interessen bestimmt. Sie wird überwiegend von kommerziellen Instituten betrieben, die a) Möglichkeiten des Absatzes von Produkten und Dienstleistungen sowie die Wirksamkeit von Werbung und b) die Meinung von Personen, Faktoren, die die Meinungsbildung beeinflussen, sowie den Ablauf von Meinungsbildung insbes. im Hinblick auf die Durchsetzung politischer Interessen untersuchen.

Die bereits einige Jahrzehnte während Diskussion der Methoden bei der Auswahl der Befragten (→ Stichprobe, → Auswahlverfahren) wird bestimmt durch den Gegensatz zwischen einer sich an der Linie von Erfolg und Mißerfolg von Voraussagen bewegenden, immer mehr verfeinernden Praxis einerseits und der Entwicklung einer immer stärker mit mathematisch-statistischen Überlegungen (→ Statistik) arbeitenden wissenschaftlichen Theorie andererseits. Der »Sieg« George Gallups bei der USA-Wahlvoraussage 1936 hat zunächst das sog. »Quota-Sample« als beste Methode etabliert. Gallup bediente sich für seine Voraussage einer sehr kleinen Zahl von Befragten, für die bestimmte Proportionen zwischen wesentlichen Merkmalen (z. B. Alter, Geschlecht) entsprechend den angenommenen oder bekannten Proportionen in der Gesamtbevölkerung festgelegt wurden. Als jedoch 1948 die Wahlprognose auf der Grundlage dieses Verfahrens fehlschlug, rückte die Methode der »Wahrscheinlichkeitsauswahl« (auch »Random-Sample«) stärker in den Vordergrund des Interesses. Für die weitere Entwicklung hat nicht nur das Problem des für beide Methoden unterschiedlichen Forschungsaufwandes eine Rolle gespielt, sondern auch der Erfolg der durch Einschränkung der Zielvorgaben charakterisierten Markt- und Meinungsforschung, deren entwickelte »Kunstlehren« durchweg den Interessen entsprechende Ergebnisse liefern.

Das Unbehagen der sozialwissenschaftlichen Reflexion gegenüber den »Routinemethoden« der kommerziellen D. resultiert auch aus der möglichen Umkehrung von Ursache und Wirkung, d. h. der Gefahr der → Manipulation der öffentlichen Meinung durch die D. selbst.

Lit. Friedrichs: Methoden; Institut für Demoskopie Allensbach: Demoskopie; König, R.: Sozialforschung; Noelle-Neumann: Öffentlichkeit; Walker u. a.: Methoden.

Gerd Neises

Denken Im Alltag bezeichnet man mit dem Wort »D.« sehr viele, ihrer Eigenart nach ganz verschiedene Aktivitäten. Gemeinsam ist ihnen nur, daß sie von außen nicht wahrgenommen werden können.

In der Psychologie dagegen wird von D. nur dann gesprochen, wenn Lebewesen
1. zu ordnen versuchen, was sie z. B. in ihrer Umgebung vorfinden (Bildung und Verwendung von Begriffen),
2. mit Hilfe von Begriffen urteilen und Schlüsse ziehen,
3. Ziele zu erreichen suchen, dabei jedoch auf Schwierigkeiten stoßen, die sie nicht ohne weiteres mit Hilfe angeborener oder gelernten Verhaltens überwinden können (Lösen von Problemen),
4. etwas Neues entdecken oder erfinden (schöpferisches oder kreatives D.; → Kreativität).

Damit sind auch die wichtigsten Themen psychologischer Untersuchungen des D. genannt.

Die Zusammenfassung von Dingen, Tatbeständen, Ereignissen usw. auf Grund gemeinsamer Merkmale mittels ausgesprochener oder unausgesprochener Regeln führt zu Klassen oder Gruppen, die als Begriff dessen, was zusammengefaßt wurde, bezeichnet werden können.

Absicht und Bewußtsein sind weder zur Bildung noch zur richtigen Verwendung von Begriffen erforderlich. Für Begriffe wurden verschiedene »Repräsentationsebenen« nachgewiesen: a) die Ebene bloßen Handelns (aktionale Repräsentation), b) die Ebene der → Wahrnehmung und Vorstellung (ikonische Repräsentation) und schließlich c) die Ebene der Sprache (symbolische Repräsentation).

Bildung und Verwendung von Begriffen entwickeln sich mit dem Lebensalter in Zusammenhang mit aktiver Auseinandersetzung mit der Umwelt. Begriffe können auf verschiedene Weise gebildet werden: a) durch Erfassen gemeinsamer Eigenschaften alles dessen, was im täglichen Leben erfahren wird, b) durch Erkunden der Bedeutung von Begriffen mittels der verschiedensten Informationsquellen (Wörterbücher, Lexika u. a.), c) durch Raten, d) durch Bilden von Vermutungen bezüglich der Bedeutung von Begriffen und Prüfung der Vermutung, e) durch Erkunden der Merkmale, die überhaupt in Betracht kommen, und systematische Prüfung jedes einzelnen dieser Merkmale, welche seiner Ausprägungen zum Begriff gehört und welche nicht.

Mit Lösen von Problemen sind in der Denkpsychologie diejenigen inneren und äußeren nicht zur ererbten Instinktausstattung (→ Instinkt) gehörenden Handlungen eines Lebewesens gemeint, die es ausführt, wenn es auf seinem Wege zu einem Ziel Schwierigkeiten oder Hindernissen begegnet. Nach Metzger kann man drei Weisen, Probleme zu lösen, unterscheiden: a) Anwenden einer Regel, deren Begründung oder Sinn man nicht verstanden haben muß, um sie richtig anzuwenden. b) Blindes Probieren, auch »Versuch und Irrtum« genannt. Aufs Geratewohl werden blindlings irgendwelche Handlungen ausgeführt, bis sich zufällig Erfolg in Gestalt der Lösung des gegebenen Problems einstellt. Im Verlaufe wiederholter Begegnungen mit dem gleichen Problem werden dann alle Handlungen, die nicht zu seiner Lösung führen, seltener, bis schließlich dank der gewonnenen Erfahrung nur noch die erfolgreiche Handlung ausgeführt wird (→ Lernen). c) In Situationen, in denen sinnvolle Zusammenhänge bestehen, in die der Denkende Einblick gewinnen kann, ist »einsichtiges« Lösen von Problemen möglich. Es ist durch folgende Verhaltensmerkmale gekennzeichnet und dadurch einwandfrei von anderen Formen des Problemlösens zu unterscheiden: aa) Auf eine Phase erfolgloser Versuche, ein gegebenes Problem auf direktem Wege zu lösen, folgt anstelle planloser Geschäftigkeit ein Augenblick des Stillhaltens, bb) die einsichtige Lösung setzt mit einer Art ruckartigem Beginn erneuter Aktivität ein, cc) der Verlauf einsichtigen Problemlösens entspricht ohne zeitliche Unterbrechung den Gegebenheiten, Forderungen und dem Aufbau der Problemsituation, dd) ändert sich einsichtiges Problemlösungsverhalten mit Änderungen der Problemlage, und zwar so, daß es nach wie vor seinen Zweck erfüllt.

Erfahrung i. S. v. früher Gelerntem kann zwar für die Lösung von Problemen nützlich, aber auch von Nachteil sein, nämlich dann, wenn die mechanische Anwendung bewährter Lösungsverfahren für die Entdeckung neuer Lösungswege blind macht. Einsichtiges D. erfordert keineswegs eine passive Haltung des Denkenden, der darauf wartet, daß ihn ein sog. »Aha-Erlebnis« blitzartig überfällt. Ganz im Gegenteil kann beharrliches Anwenden bestimmter Klärungsverfahren (z. B. Analyse der Aufgabe, des Zieles, der bestehenden Schwierigkeit und des verfügbaren Materials) unumgänglich sein. So wird D. durch Sprache erleichtert wird, ist es doch keineswegs an Sprache gebunden. Sonst könnten nämlich Tiere Probleme weder durch »Versuch und Irrtum« noch durch »Einsicht« lösen.

Nach dem 2. Weltkrieg erfuhr die Denkpsychologie neue Impulse durch die Möglichkeit, D. auf elektronischen Rechenanlagen nachzubilden. Außerdem werden formale Logik, → Kybernetik, die mathematische Theorie der Spiele, die Informationstheorie und die mathematische Entscheidungstheorie zur Weiterentwicklung der Denkpsychologie genutzt. Als besonders fruchtbar hat es sich dabei erwiesen, Menschen als offenes, informationsverarbeitendes System aufzufassen, das Informationen aufnimmt, speichert, verarbeitet und dadurch Verhalten steuert. Für die denkpsychologischen Untersuchungen spielt die Annahme eine besonders wichtige Rolle, daß dieses System Probleme (i. w. S.) löst, indem es einen Ausgangszustand mittels klar definierter, eindeutig identifizierbarer Operationen in einen Zielzustand transformiert. Wie diese Transformationen vonstatten gehen, ist Thema der einschlägigen Untersuchungen. Dabei wird u. a. die Möglichkeit der Simulation von D. durch Computer genutzt. Aus Beobachtungen des Verhaltens von Versuchspersonen beim Lösen von Problemen sowie sprachlichen Mitteilungen über ihr Vorgehen, wird eine Beschreibung der Lösungsoperationen abgeleitet. Deren Übertragung in ein Computerprogramm ermöglicht einen Vergleich der Leistungen von Mensch und Computer. Stimmen beide überein, werden die Operationen des Computers als Repräsentation menschlichen D. angesehen. Die »Gedanken« eines Menschen beim Problemlösen setzt man also den einzelnen Schritten eines Computerprogramms gleich. Mit dieser Auffassung wird die Erwartung verbunden, auch die Lösung komplexer, der Alltagswirklichkeit entnommener Probleme genau beschreiben, erklären und voraussagen zu können.

An der Tatsache, daß sich D. sowohl in der Stammesgeschichte der Lebewesen (Phylogenese) als auch während des Lebens des einzelnen Menschen (Ontogenese) entwickelt, ist nicht zu zweifeln. Trotz aller Unterschiede der Auffassungen bezüglich Inhalt und Verlauf (in gegeneinander abgrenzbaren Phasen und Stadien oder aber kontinuierlich) der Entwicklung des D., darf als allgemein anerkannte Erkenntnis gelten, daß sich D. anfangs im Zusammenspiel von Wahrnehmungen und Bewegungen (Handlungen) zeigt. Erst im Laufe der Entwicklung werden Handlungen verinnerlicht. An ihre Stelle treten Operationen mit den symbolischen Repräsentanten von Gegenständen und Vorgängen. Erst dann gewinnt D. seine volle Unabhängigkeit und Beweglichkeit.

Lit. Dörner, D.: Logik; Dörner, D.: Problemlösen; Hussy: Denkpsychologie; Mayer, R. E.: Denken; Metzger: Erziehung; Oerter: Denken; Pulaski: Piaget; Wertheimer: Denken. *Peter Moltke*

Denkstörungen Beeinträchtigung des → Denkens im Hinblick auf die Denkinhalte (inhaltliche D.) und den Denkvorgang (formale D.). Zu den inhaltlichen D. zählen Zwangsideen (Aufdrängen von nicht unterdrückbaren Vorstellungen, die als sinnlos und krankhaft erkannt und als quälend empfunden werden), überwertige Ideen (Vorstellungen, die das gesamte Denken in unsachlich einseitiger Weise beherrschen), wahnhafte Ideen (wirklichkeitsverzerrende Vorstellungen, die durch manisch-depressive Verstimmungen oder Bewußtseinsstörungen bedingt sind) und Wahnideen (aus einem affektiven Bedürfnis entstehende Gewißheit, die objektiv falsch ist und trotz

Depersonalisation

gegenteiliger Erfahrung nicht korrigiert wird).
Formale D. treten auf als Ideenflucht bei → Manie und → Schizophrenie (oberflächliche, z. T. einfallsreiche Gedanken mit ständig wechselndem Denkziel: das Denken wird nicht durch logische Ordnung, sondern durch Assoziationen, z. B. Klangassoziationen von Wörtern oder Sinneseindrücke gelenkt; »vom Hundertsten aufs Tausendste kommen«), als Denkhemmung bei → Depressionen und hirnorganischen Störungen (verlangsamter, einfallsarmer Gedankengang, der nicht vom Fleck kommt und auf das Leitthema eingeengt bleibt, z. b. ständiges Wiederholen von quälenden Gedanken), als Gedankenzerfahrenheit (Inkohärenz) bei Schizophrenie und Manie (sprunghafte Gedankenabfolge ohne logische Verknüpfung; dadurch werden nicht zusammenhängende Denkinhalte aneinandergereiht), weiterhin bei → Epilepsien und hirnorganischen Erkrankungen als haftendes Denken und Perseveration (Wiederholung gleicher Gedankeninhalte, das Denken »klebt« am gleichen Thema, die Umstellung auf ein neues Denkziel bereitet Schwierigkeiten) und bei hirnorganischen Schädigungen, → Demenz und Altersabbau als umständliches Denken (pedantisches Haften an Details, die Hauptsache einer Schilderung wird von Unwesentlichem überdeckt).
Rainer Biesenkamp

Depersonalisation bezeichnet Störungen des Ich-Erlebens oder der Selbstwahrnehmung, die sehr schwer in Worte zu fassen sind. Die oft harmlos klingenden Schilderungen machen den Grad der Verunsicherung und des Leidens nur unzureichend verständlich (»ich bin nicht mehr ich selbst«). Der Betroffene kommt sich fremd, verändert, unwirklich vor, ohne sich über seine → Identität zu irren. Obwohl er z. B. weiß, daß die Hand ihm gehört, ist er doch gefühlsmäßig über ihre Zugehörigkeit zum eigenen Körper im Zweifel und blickt sie wie etwas Fremdes an (Störung der »Meinhaftigkeit«). D. hängt oft eng mit Derealisationserlebnissen zusammen (Störung der normalerweise unbemerkten und unreflektierten Gewißheiten, die mit Sinneswahrnehmungen mitgegeben sind, z. B. die Festigkeit einer Wand, die Schwere eines Steines, die Tragfähigkeit eines Bodens usw.). In beiden Fällen handelt es sich nicht um Wahrnehmungs- oder Urteilsstörungen (→ Agnosie), sondern um einen Verlust der gefühlsmäßigen Gewißheit seiner selbst und der Umwelt. D. kommen als harmlose Erlebnisanomalien bei Gesunden (z. B. bei Ermüdung, Erschöpfung, in Schreck- und Trauersituationen) und als Symptome psychischer Erkrankungen (→ Neurosen, endogene und exogene → Psychosen) vor. Eine → Therapie ist nur nötig, wenn ein → Leidensdruck besteht oder wenn die Grundkrankheit behandlungsbedürftig ist.
Lit. Gebsattel: Depersonalisation; Meyer, J. E.: Depersonalisation. *Werner Richtberg*

Depravation bezeichnet eine im Verlauf von Suchtentwicklungen (→ Sucht/Suchtgefährdung) eintretende charakteristische Veränderung der → Persönlichkeit. Kennzeichen ist eine wachsende Gleichgültigkeit gegenüber sich und anderen. Der Depravierte verliert die Fähigkeit zur besonnenen Distanz gegenüber seinen süchtigen Bedürfnissen. Seine Verstandeskräfte beschränken sich zunehmend auf die Organisation der Sucht, vor allem die Suchtmittelbeschaffung, ohne Rücksicht auf bestehende soziale Abhängigkeiten, Bindungen und Pflichten (z. B. gegenüber → Familie und Beruf), ohne Rücksicht auf eigene Sozialstabilität und Lebensziele und ohne Rücksicht auf die körperliche Gesundheit.
Lit. Schrappe: Depravation; Zutt: Sucht; Bochnik u. a.: Depravation.
Werner Richtberg

Depression Bezeichnung für eine jedem Menschen vertraute Stimmungslage: traurig, niedergedrückt, pessimistisch, verzagt, hoffnungslos, antriebsgemindert. Dazu Rückgang des Interesses für die Außenwelt, Einschränkung der Liebesfähigkeit und Minderung des Selbstwertgefühles; Begleiterscheinungen häufig vegetative Beschwerden wie Schlafstörungen, Schwindel, Obstipation, Hypotonie o. ä.; Zuspitzung mit Suizidgefährdung (→ Selbsttötung).
In der → Psychiatrie werden nach Verlauf und Ursache verschiedene D.formen unterschieden:
a) Reaktive D.: eine (für einen Beobachter) in Zusammenhang mit einem adäquaten Erlebnis auftretende und dadurch begründbare traurige Verstimmung, die nach Fortfall der Ursache wieder abklingt (z. B. Enttäuschung einer Liebesbeziehung). Sonderform: anaklitische D. bei Säuglingen und Kleinkindern nach Trennung von der Mutter ohne Ersatz einer emotionalen Beziehung. Nach längerem Klagen und Jammern völliger Rückzug solcher Kinder, die dann mit ausdruckslosen Gesichtern in ihren Betten sitzen und kaum mehr auf ihre Umgebung reagieren. Damit einhergehende Infektanfälligkeit führt zu hoher Sterblichkeitsrate. Reversibel, wenn bald ein kontinuierlicher und verläßlicher emotionaler Kontakt wieder herstellbar.
b) Neurotische D.: nach psychoanalytischer Auffassung (→ Psychoanalyse) durch die Aktualisierung einer biographischen frühen Störung – Mangel an liebevoller Zuwendung, Pflege und Versorgung während des 1. Lebensjahres (→ Orale Phase) – hervorgerufen (→ Neurose). Meist typische Persönlichkeitsstruktur mit »oraler« Ge-

hemmtheit im Nehmen, Zupacken und Durchsetzen sowie Ängsten vor Alleinsein, Trennung oder Verlust.

c) Endogene D.: unspezifische, jedoch typische zusätzliche Symptome: Tagesschwankungen (morgendliches Tief mit abendlicher Besserung), Gefühl der Gefühllosigkeit, vitale Traurigkeit, gekennzeichnet durch besondere Leibempfindungen (»das ganze Elend sitzt in der Brust«), sowie wahnhafte Zuspitzung menschlicher Urängste, Schuld, Armut, Krankheit und Versagen. Verlauf in Phasen mit unterschiedlicher Dauer und Häufigkeit mit völliger Wiederherstellung der ursprünglichen Persönlichkeit. In 2/3 der Fälle monopolare Verlaufsform mit nur depressiven Phasen, in 1/3 der Fälle bipolar, mit manischen und depressiven Phasen (→ Manie).

d) Exogene D.: als Folge einer Körperkrankheit auftretend, mit rascher psychischer und physischer Erschöpfbarkeit z. B. bei Hirntumoren, Schilddrüsenunterfunktionen, nach Operationen oder Infektionskrankheiten.

Lit. Jacobson: Depression; Kisker, K. P. u. a.: Psychiatrie, Bd. 5. *Helmut Haselbeck*

Deprivation → Soziale Benachteiligung

Deregulierung → Organisation sozialer Dienste

Desensibilisierung Spezielle Methode der Angst-Therapie (→ Therapie), mit der angstauslösende Reize zunehmender Intensität in Situationen dargeboten werden, in denen der Patient entspannt ist. Zur Erklärung wird auf das physiologische Modell der »reziproken Hemmung« verwiesen: → Angst läßt sich als überwiegende sympathische Aktivität verstehen und gleichzeitig in dem Umfange vermindern, in dem alternative, mit Angst nicht vereinbare Reaktionen – beispielsweise Entspannung (parasympathische Aktivität) – ausgelöst werden können. Im Rahmen der → Verhaltenstherapie ist die systematische D. in drei Phasen unterteilt: Zunächst Erlernen der progressiven Muskelentspannung, bei der vorgegebene Muskelgruppen angespannt und entspannt werden, um die angenehmen Zustände der zunehmenden Entspannung den Patienten erlernen zu lassen. Ferner ist zu klären, unter welchen Situationen der Patient Angst mit welcher Intensität erlebt. Die Situationen sind in eine Rangreihe zu bringen, die dann in der dritten Phase, ausgehend von der am wenigsten angstauslösenden Situation, gedanklich vorgestellt werden sollten. Bei ersten Anzeichen von Angst bemüht sich der Therapeut, die Entspannung wieder herzustellen und erneut die Situationen aufzurufen, in der keine Angst auftrat. So kann Angstverhalten auch in Alltagssituationen systematisch abgebaut werden. *Peter Barkey*

Desorientiertheit → Gerontopsychiatrie

Deuterolernen → Lernen, → Systemischer Ansatz

Deutsche AIDS-Hilfe e.V. (D.A.H.) ist ein Netzwerk zur → Selbsthilfe und solidarischen Hilfe: Selbsthilfe von Menschen mit HIV und Menschen mit → AIDS, Selbsthilfe von Menschen aus den Hauptbetroffenengruppen sowie solidarische Hilfe von Engagierten aus verschiedenen Bevölkerungsgruppen mit dem Ziel, Betroffene und Bedrohte dabei zu unterstützen, selbstbestimmt zu leben. Die D.A.H. ist Fachverband mit Dienstleistungsangeboten für die Hilfe zur Selbsthilfe und Interessenvertretung auf kommunaler, regionaler, bundesweiter und internationaler Ebene. In den 13 Jahren ihres Bestehens hat die D.A.H. das Konzept der strukturellen Prävention weiterentwickelt. Dieses Konzept setzt bei den komplexen Wechselbeziehungen zwischen dem Beitrag des Individuums zu seiner Gesundheit und dem der Umwelt mit ihren gesellschaftlichen Realitäten an. Im Konzept der strukturellen Prävention werden damit die Handlungsfelder der Primär-, Sekundär- und Tertiärpräventionen mit den Lebenswelten und Überlebensinteressen der von HIV und AIDS betroffenen Individuen und Gruppen verbunden. Die D.A.H. mit Sitz in Berlin ist der Dachverband der 127 örtlichen AIDS-Hilfe-Gruppen in der BRD.

Aufgaben der D.A.H. sind Planung und Durchführung bundesweiter interessengruppenbestimmter Informations- und Bildungsarbeit; Initiierung und Förderung der Selbstorganisation von Menschen mit HIV/AIDS; Entwicklung von Konzepten zur medizinischen Versorgung und psychosozialen Betreuung; Entwicklung, Herstellung und Verteilung von Informationsmaterialien; Aus- und Fortbildung für ehrenamtliche und hauptamtliche Mitarbeiter/-innen der örtlichen Gruppen; Presse- und Öffentlichkeitsarbeit; Arbeit als Verbandsorgan und Sprachrohr der örtlichen AIDS-Hilfen sowie politische Interessenvertretung auf Bundesebene.

Aufgaben der örtlichen AIDS-Hilfen sind Einrichtung von → Selbsthilfe- und Gesprächsgruppen für Menschen mit HIV und Menschen mit AIDS, für ihre Freunde und Angehörigen; Einrichtung von Safer-Sex-Gesprächskreisen; Information und Beratung in der Schwulenszene, in der Drogenszene, im Prostituierten- und Strichermilieu; Betreuung von Menschen mit HIV/AIDS zu Hause, im Krankenhaus, im Justizvollzug, in Drogentherapieeinrichtungen; telefonische und persönliche Beratung von Menschen aus allen Bevölkerungsgruppen; Aufklärungs- und Fortbildungsveranstaltungen für verschiedene Bevölkerungs- und Berufsgruppen sowie Presse- und Öffentlichkeitsarbeit auf örtlicher Ebene.

Anschrift: Postfach 149, 10921 Berlin.

Michael Lenz

Deutsche Arbeitsgemeinschaft Selbsthilfegruppen e. V. (DAG SHG) hat sich zum Ziel gesetzt, die Bildung und die dauerhafte Arbeit von → Selbsthilfegruppen anzuregen und zu unterstützen. Aus dem weiten Spektrum von unterschiedlichen Selbsthilfe-Ansätzen fördert die DAG SHG insbes. solche Initiativen, in denen bei überschaubarer Gruppengröße eine unmittelbare menschliche Begegnung vor Ort über einen längeren Zeitraum das Hauptanliegen ist, weniger der überregionale Zusammenschluß zur Interessenvertretung nach außen.

Die DAG SHG ist kein Dachverband im klassischen Sinne. Ihre Mitglieder sind neben Gruppen und Institutionen vor allem Fachleute aus psychosozialen Berufen. Das Konzept der sog. »Kontakt- und Informationsstelle für Selbsthilfegruppen« (→ Selbsthilfekontaktstellen) wurde im wesentlichen von der DAG SHG entwickelt. Inzwischen gibt es bereits über 250 derartige Einrichtungen im ganzen Bundesgebiet, die mehr oder weniger eng mit der DAG SHG zusammenarbeiten, ohne ihr formell angeschlossen zu sein.

Die DAG SHG ist Träger der NAKOS (Nationale Kontakt- und Informationsstelle zur Anregung und Unterstützung von Selbsthilfegruppen) in Berlin und ähnlicher Projekte auf Länderebene. Die DAG SHG ist Mitglied im Bundesverband des → Deutschen Paritätischen Wohlfahrtsverbands (DPWV).

Anschrift: Friedrichstr. 28, 35392 Gießen.

Jürgen Matzat

Deutsche Bewährungs-, Gerichts- und Straffälligenhilfe e.V. (DBH) wurde 1951 zunächst als Träger von Pilotprojekten zur Einführung der → Bewährungshilfe gegründet. Heute fördert die DBH als bundesweit aktive Fachvereinigung für soziale Arbeit, Strafrecht und Kriminalpolitik hauptsächlich alle Bestrebungen, die der Praxis und Reform von → Gerichts-, Bewährungs- und → Straffälligenhilfe dienen. Einen neueren und zentralen Arbeitsschwerpunkt bildet die Förderung des Täter-Opfer-Ausgleichs. In ihren Arbeitsschwerpunkten fühlt sich die DBH vor allem der Idee verpflichtet, Fortschritte im Umgang von Staat und Gesellschaft gegenüber Straffälligen sowie Opfern von Straftaten kontinuierlich zu entwickeln. Zu den wichtigsten Bereichen des ständigen Arbeitsprogrammes gehören: (1) Veranstaltung von Kongressen, Tagungen und Seminaren (DBH-Bildungswerk). Die DBH ist Veranstalter der im dreijährigen Turnus stattfindenden Bundeskongresse »Soziale Arbeit, Strafrecht und Kriminalpolitik«. (2) Herausgabe von Publikationen (Fachzeitschriften, Schriftenreihe, Materialien und Verzeichnisse), (3) Initiierung, Durchführung und Begleitung von Versuchsreihen und Modellprojekten. Mitglieder der DBH sind die jeweiligen Landesverbände der Bewährungs- und Straffälligenhilfe, regional tätige freie Träger der Straffälligenhilfe, Arbeitsgemeinschaften und Personenvereinigungen sowie Einzelpersonen.

Anschrift: Mirbachstraße 2, 53173 Bonn.

Erich Marks

Deutsche Gesellschaft für Erziehungswissenschaft (DGfE), 1963 gegründet, hat z. Z. etwa 1 700 Mitglieder. Unmittelbare Vorläuferinstitutionen waren die Konferenz der Westdeutschen Universitätspädagogen und die Konferenz der Pädagogischen Hochschulen. Die DGfE ist die Fachvereinigung für → Erziehungswissenschaft in der Bundesrepublik Deutschland. Sie fördert die erziehungswissenschaftliche Forschung und Theorieentwicklung, klärt Strukturfragen der pädagogischen Studiengänge, pflegt Kontakte zu internationalen erziehungswissenschaftlichen Gesellschaften und zu benachbarten Disziplinen. Sie tritt für die Förderung des wissenschaftlichen Nachwuchses ein und unterstützt den wissenschaftlichen Informationsaustausch durch Kongresse, Kommissionstagungen sowie durch Schriftenreihen und durch das Mitteilungsblatt »Erziehungswissenschaft«. Alle zwei Jahre veranstaltet die DGfE einen Kongreß, der sich mit Fragen der Wissenschaftsentwicklung und der Entwicklung des Bildungssystems (→ Bildung/Bildungswesen) befaßt. Die wissenschaftlichen Kommissionen der DGfE präsentieren die fachliche Spezialisierung der Erziehungswissenschaft. Sie werden in ihrer Arbeit aus Mitgliederbeiträgen finanziell unterstützt. Gegenwärtig gibt es folgende 18 Kommissionen: »Arbeitsgemeinschaft für empirisch-pädagogische Forschung«; »Arbeitsgemeinschaft Wissenschaftsforschung«; »Berufs- und Wirtschaftspädagogik«; »Bildungsforschung mit der Dritten Welt«; »Erwachsenenbildung«; »Freizeitpädagogik«; »Historische Pädagogik«; »Schulpädagogik/Didaktik«; »Schulpädagogik/Lehrerausbildung«; »Sonderpädagogik«; »Sportpädagogik«; »Sozialpädagogik«; »Vergleichende Erziehungswissenschaft«; »Pädagogik der frühen Kindheit«; »Bildungs- und Erziehungsphilosophie«; »Frauenforschung in der Erziehungswissenschaft«; »Bildungsorganisation, Bildungsplanung, Bildungsrecht«; »Psychoanalytische Pädagogik«.

Anschrift: Vorsitz der DGfE: Univ.-Prof. Dr. Dieter Lenzen, Institut für Allgemeine Pädagogik der Freien Universität Berlin, Arnimallee 10, 14145 Berlin.

Lit. DGfE (Hg.): Handbuch. *Dieter Lenzen*

Deutsche Gesellschaft für Psychiatrie, Psychotherapie und Nervenheilkunde (DGPPN) 1842 entstandene Vereinigung »sämtlicher Direktoren von Irrenanstalten in den Ländern deutscher Zunge« zur Herausgabe einer »Allgemeinen Zeitschrift für

Psychiatrie und psychisch-gerichtliche Medizin« (1844-1944) »für das gesamte Gebiet der (→) Psychiatrie, mit besonderer Berücksichtigung der öffentlichen Irrenanstalten und Irrenangelegenheiten nach allen Beziehungen«. Heute die deutsche psychiatrische Fachgesellschaft, die empirisch-wissenschaftlich orientierte Auffassungen zur Behandlung und Versorgung der → psychisch Kranken mit Hilfe ihrer Mitglieder aus den in ihr repräsentierten Gruppen der Krankenhauspsychiater, niedergelassenen Nervenärzte und Hochschulpsychiater erarbeitet. Sie vertritt ihre Positionen durch Stellungnahmen und Zusammenarbeit mit Parlamenten und Verwaltungen, Ärztekammern, anderen Fachgesellschaften und internationalen Organisationen, z. B. → Weltgesundheitsorganisation, Weltverband für Psychiatrie.   *Uwe Henrik Peters*

Deutsche Gesellschaft für Sozialarbeit ist 1989 zu dem Zweck der Förderung und Pflege der Sozialen Arbeit in der Wissenschaft, in der → Ausbildung und als Praxis gegründet worden. Die Fachvereinigung bietet ein Forum für die Diskussion von Entwicklungen in der Wissenschaft und Praxis Sozialer Arbeit und vertritt deren Anliegen in der Öffentlichkeit. Mitglieder sind vorwiegend Hochschullehrer und Praktiker in leitenden Funktionen. Die Gesellschaft ist international orientiert und offen für die Zusammenarbeit mit anderen Gremien, Berufs- und Fachvereinigungen. Sie veranstaltet Kongresse und andere Tagungen, wirkt im kollegialen Austausch und in ständigen Arbeitskreisen bzw. Sektionen. Hauptthemen der letzten Jahre waren: die Entwicklung der Sozialarbeitswissenschaft und der Sozialarbeitsforschung, das Verhältnis zu anderen Disziplinen, Studienreformen, die berufliche Identität, Förderung bürgerschaftlichen Engagements, Managementprobleme, Gemeinwesenarbeit. Die Gesellschaft gibt eine Schriftenreihe heraus (bei Lambertus, Freiburg). Mitteilungen in: BldW.
Geschäftsstelle: Postfach 11 62, 74370 Sersheim.   *Wolf Rainer Wendt*

Deutsche Gesellschaft für Soziale Psychiatrie e. V. (DGSP) ist der bundesweite Zusammenschluß der Reformkräfte in der psychosozialen Versorgung. Die DGSP ist überregionale Mitgliedorganisation des → Deutschen Paritätischen Wohlfahrtsverbands (DPWV). Ihre 2 500 Mitglieder (Stand: Ende 1996) kommen aus allen Berufsgruppen der psychosozialen Arbeit. Die DGSP begreift psychisches Leiden im sozialen Kontext (→ Sozialpsychiatrie). Ziel der DGSP sind Hilfsangebote, die den Bedürfnissen der psychisch leidenden Menschen gerecht werden: Gemeindenahe, integrierte Hilfen sollen den Platz psychiatrischer Anstalten einnehmen (→ Psychosoziale Gesundheit). Diese Ziele fördert die DGSP durch bundesweite Kongresse, die Herausgabe der Fachzeitschrift »Soziale Psychiatrie«, eine dreijährige sozialpsychiatrische Zusatzausbildung, Durchführung von themenbezogenen Kurzfortbildungen und die Herausgabe einer Schriftenreihe im Bonner Psychiatrie-Verlag. Die DGSP hat Landesverbände in allen Bundesländern sowie Fachausschüsse u. a. zu den Themen »Geistige Behinderung«, »Kinder und Jugendliche« und »Psychiatrische Krankenpflege«. Daneben unterstützt die DGSP das Internationale Netzwerk der Sozialarbeit in der (Gemeinde-)Psychiatrie. Weitere Angebote der DGSP sind die Beratung von Teams, Trägern und Behörden bei der Planung und Einrichtung sozialpsychiatrischer Modelle. Seit 1979 erforscht die DGSP die Verstrickung der deutschen Psychiatrie in die »Euthanasie«aktionen der Nationalsozialisten. Sie setzt sich für eine Verbesserung der → Armutsberichterstattung und gegen moderne Formen der Abwertung menschlichen Lebens in der Debatte um → Sterbehilfe/Euthanasie und zum Schutz der → Menschenrechte und der → Menschenwürde im Hinblick auf die Anwendung von Biologie, Medizin und Biomedizin ein.
Anschrift: Stuppstr. 14, 50823 Köln.
Richard Suhre

Deutsche Gesellschaft für Supervision e.V. (DGSv), gegründet 1989, mit Sitz der Geschäftsstelle in Köln, ist ein Zusammenschluß von Supervisorinnen/Supervisoren und von Institutionen, die hierzu aus- und weiterbilden. Ziele der DGSv sind die Erarbeitung eines differenzierten Berufsbildes, die Entwicklung, Festlegung und Kontrolle von Ausbildungsstandards, die Darstellung und Vertretung berufspolitischer Interessen, die Förderung eines regelmäßigen, fachspezifischen Erfahrungsaustausches, die Initiierung und Durchführung von Forschungsprojekten zu Fragen der → Supervision, die Fort- und Weiterbildung der Mitglieder und die internationale Zusammenarbeit, vor allem im Rahmen der → Europäischen Gemeinschaften (EG). Die DGSv hat z. Z. (August 1996) knapp 2 000 Einzelmitglieder und 23 juristische Mitglieder, die Supervisionsaus- und -weiterbildungen anbieten.
Neben Sozialarbeitern/Sozialpädagogen begeben sich auch Fachkräfte aus Psychologie, Medizin, Pädagogik, Seelsorge, Justiz, Verwaltung und Wirtschaft in Supervision. Zunehmend streben Angehörige dieser Berufsfelder eine Supervisionsausbildung an.
Da in der Bundesrepublik die Bezeichnung Supervision und der Titel Supervisor/Supervisorin nicht gesetzlich geschützt sind, hat die DGSv sich auf Standards für die Ausbildung geeinigt. Alle ordentlichen Mitglieder entsprechen diesen Ausbil-

dungsstandards, alle Mitgliedsinstitutionen haben sich verpflichtet, nach diesen Standards auszubilden und unterziehen sich hinsichtlich der Einhaltung dieser Standards der Kontrolle durch die DGSv.

Die DGSv versteht sich als Berufs- und Fachverband und bietet ein berufspolitisches, praxisbezogenes und wissenschaftliches Forum für die praktizierenden Supervisor/-innen, ausbildenden Institute, Akademien und Hochschulen.

Die DGSv gibt viermal jährlich die Mitgliederzeitung »aktuell-DGSv« heraus und informiert mit verschiedenen Publikationen über Formen, Einsatzmöglichkeiten und Effizienz von Supervision wie über Ausbildungswege und aktuelle fachliche Entwicklungen. Zweijährlich veranstaltet sie den Deutschen Supervisionstag, bei dem sich Abnehmer und Anbieter von Supervision über die feldspezifischen Anwendungen von Supervision auseinandersetzen.

Die DGSv pflegt mit anderen nationalen und internationalen Fachverbänden und Berufsvereinigungen, die sich mit Beratung beschäftigen, einen intensiven Kontakt und Erfahrungsaustausch; sie ist Gründungsmitglied des europäischen Supervisionsverbandes mit Sitz in Wien.

Anschrift: Deutsche Gesellschaft für Supervision e.V. Flandrische Straße 2, 50674 Köln.
Wolfgang Weigand

Deutsche Hauptstelle gegen die Suchtgefahren e.V. (DHS) In der DHS haben sich unter Wahrung ihrer Eigenständigkeit 21 gemeinnützige und öffentlich-rechtliche Verbände zusammengeschlossen, die bundesweit in der Suchtkrankenhilfe tätig sind, z.B. die → Wohlfahrtsverbände, Selbsthilfe- und Abstinenzorganisationen (→ Selbsthilfe) sowie Fach- und Trägerverbände. Zweck der DHS ist es, die Interessen ihrer Mitglieder zu koordinieren und gegenüber der Bundesregierung, Bundesbehörden und den bundesweiten Zusammenschlüssen der → Renten- und → Krankenversicherung zu vertreten sowie als bundesweit koordinierende Fachstelle für Suchtfragen der Suchtproblematik (→ Sucht/Suchtgefährdung) aufzugreifen, fachliche Diskussionen zu fördern, Stellungnahmen für die öffentliche Meinungsbildung und Richtlinien bzw. Rahmenkonzeptionen zu entwickeln, Fachkonferenzen durchzuführen und zum Meinungsaustausch beizutragen. Die DHS befaßt sich mit der Bekämpfung des Mißbrauchs von Suchtmitteln aller Art: Alkohol (→ Alkoholismus), Tabak, Medikamente (→ Arzneimittelmißbrauch), Drogen (→ Drogenabhängigkeit) sowie nichtstoffgebundener Suchtformen: Eßstörungen (→ Anorexia nervosa, → Bulimia nervosa), pathologisches Spielverhalten. Die DHS wird als Fachstelle durch Betroffene und Angehörige, durch Mitarbeiter, Einrichtungen und Verbände der Suchtkrankenhilfe sowie durch die breite Öffentlichkeit und die Medien angefragt und gibt Auskunft zu allen Fragen des Suchtgeschehens und der Suchtkrankenhilfe. Mit ihrer Bibliothek verfügt die DHS über eine umfangreiche Informations- und Dokumentationsstelle, die für wissenschaftliche Arbeiten zur Verfügung steht. Für die → Öffentlichkeitsarbeit entwickelt die DHS Arbeitsmaterialien, vorrangig im Rahmen der Sekundär- und Tertiärprävention, die sie einer breiten Öffentlichkeit bzw. speziellen Zielgruppen zur Verfügung stellt. Die DHS veranstaltet Fachkonferenzen, Tagungen und Seminare. Alle zwei Jahre findet die Fachkonferenz SUCHT statt, alternierend mit der Sucht-Selbsthilfe-Konferenz. Organe der DHS sind die Mitgliederversammlung, der Vorstand, das Kuratorium mit Fachleuten aus allen wichtigen wissenschaftlichen Disziplinen und die Fachausschüsse. Die DHS arbeitet eng mit dem → Bundesministerium für Gesundheit (BMG), der → Bundeszentrale für gesundheitliche Aufklärung (BZgA) sowie anderen bundesweiten Dienststellen und Einrichtungen sowie den Fachverbänden angrenzender Arbeitsfelder zusammen. Auf Landesebene entsprechen der DHS die Landesstellen gegen die Suchtgefahren, mit welchen eine enge Zusammenarbeit in der Bundesarbeitsgemeinschaft der Landesstellen (BAGLS) besteht. Als regelmäßige Veröffentlichungen werden herausgegeben: die Fachzeitschrift SUCHT sowie das Jahrbuch SUCHT. Unregelmäßig erscheinen die »Informationen zur Suchtkrankenhilfe« sowie die Berichtsbände der Tagungen.

Anschrift: Westring 2, 59065 Hamm.
Rolf Hüllinghorst

Deutsche Krankenhausgesellschaft (DKG) ist der Bundesverband der Krankenhausträger, die in Deutschland → Krankenhäuser unterhalten und betreiben. Mitglieder der DKG sind 11 Spitzenverbände der Krankenhausträger und die in den 16 Bundesländern bestehenden Landeskrankenhausgesellschaften.

Die DKG unterstützt diese Verbände bei der Erfüllung ihrer Aufgaben auf dem Gebiet des Krankenhauswesens. Im Zusammenwirken mit staatlichen und sonstigen Institutionen des → Gesundheitswesens wirkt sie für die Erhaltung und Verbesserung der Leistungsfähigkeit der Krankenhäuser.

Eine besonders verantwortungsvolle Aufgabe ist die Unterstützung der Ministerien, Körperschaften und Behörden bei der Vorbereitung und der Durchführung von Gesetzen. Aus jüngster Zeit sind hervorzuheben das → Gesundheitsstrukturgesetz (GSG 1992), die Bundespflegesatzverordnung 1995 mit vier Änderungsverordnungen

(1995/96), sowie das Gesetz zur Stabilisierung der Krankenhausausgaben 1996. Im Rahmen der Reformgesetzgebung von 1992 bis 1996 ist den Landeskrankenhausgesellschaften zunehmend Finanzverantwortung auf der Globalebene übertragen worden (Vereinbarung landesweit gültiger Preise für Fallpauschalen und Sonderentgelte). Der Gesetzgeber beabsichtigt, die weitere Reformgesetzgebung (3. Stufe der Gesundheitsreform) an dem Prinzip »Vorfahrt der Selbstverwaltung« auszurichten und dabei den DKG und den Spitzenverbänden der gesetzlichen Krankenversicherung die Weiterentwicklung der Kataloge der Fallpauschalen und Sonderentgelte als Selbstverwaltungsaufgabe zu übertragen.

Jörg Robbers

Deutscher Berufsverband der Sozialbeiter/Sozialarbeiterinnen, Sozialpädagogen/Sozialpädagoginnen, Heilpädagogen/Heilpädagoginnen e.V. (DBSH) 1916 gegründet als Deutscher Verband der Sozialbeamtinnen; selbst aufgelöst 1933, um der Übernahme in die Nationalsozialistische Arbeitsfront zu entgehen; 1946 Wiedergründung als konfessionelle und überkonfessionelle Verbände; in dieser Konzeption im August 94 gegründet als ein Ergebnis jahrelanger Vereinigungsbemühungen zwischen den Altverbänden BSH und DBS und in den Ländern, Umbenennung in den jetzigen Verbandsnamen. Die Mitglieder schließen sich in Landes- und Bezirksverbänden zusammen. Der Verband unterhält eine mit hauptamtlichen Fachkräften besetzte Bundesgeschäftsstelle, die eine enge Zusammenarbeit der Gruppierungen (Kommissionen, Fachgruppen- und Arbeitsgemeinschaften) des Verbandes gewährleistet.
Der Verband ist nicht nur Fachverband, sondern durch seine Mitgliedschaft in der GGVöD/DBB-Tarifunion auch Gewerkschaft.
Organe des Verbandes:
Bundesmitgliederversammlung, Hauptvorstand, Geschäftsführender Vorstand, Ständiger Ausschuß für Tarif- und Beamtenrecht.
Als Fachverband nimmt der DBSH vorrangig Einfluß auf die Fortentwicklung sozialpädagogischer Berufe, Einfluß auf die gesellschaftliche Entwicklung und unterbreitet seinen Mitgliedern vielfältige Angebote von Fort- und Weiterbildungsmöglichkeiten, auch in Zusammenarbeit mit dem DBSH-Fortbildungsinstitut und der Ev. Fachhochschule Nürnberg (→ Supervision). Als Gewerkschaft beteiligt sich der DBSH an Tarifverhandlungen des öffentlichen Dienstes innerhalb der Tarifkommission der GGVöD/DBB-Tarifunion, führt Arbeitskampfmaßnahmen durch, gibt Auskunft, Beratung und Vertretung in Fragen des Tarif-, Besoldungs- und Arbeitsrechts.
Der DBSH vertritt folgende Ziele:
– Verbesserung der Bedingungen sozialer Arbeit
– Zusammenarbeit aller Fachkräfte in sozialen Arbeitsfeldern
– Darstellung des Berufsauftrages mit der Funktion sozialer Arbeit
– Einflußnahme auf die Entwicklung der Berufe und Mitwirkung bei der Ausbildung
– Erweiterung und Sicherung von Fortbildung
– Weiterentwicklung der fachlichen Grundlagen und Inhalte sowie deren Umsetzung in die Praxis
– Einflußnahme auf die gesellschaftspolitischen Entwicklungen, Gesetzgebung und Verwaltung
– Zusammenarbeit mit internationalen Verbänden und Organisationen.
Zur Durchsetzung seiner Ziele wirkt der DBSH als Mitglied in nationalen und internationalen Ausschüssen und Zusammenschlüssen mit.
Der DSBH erfüllt seine Aufgaben auf der Grundlage seines Berufsbildes, seiner Ordnungen und seiner ethischen Verpflichtungen. Diese Grundsatzpapiere werden derzeit überarbeitet und dem Wandel der Gesellschaft entsprechend aktualisiert.
Zur Information von Mitgliedern und Fachöffentlichkeit dient die vom DBSH herausgegebene Zeitung »forum sozial«, die viermal jährlich erscheint.
Aktuell befaßt sich der DBSH mit der strategischen Sozialarbeit. Er führt nicht nur Trainings für seine Mitglieder durch, um deren Arbeitssituation zu durchleuchten und zu verbessern, sondern Vorstand, Funktionäre und Mitglieder suchen gemeinsam unter Leitung der Marketing GmbH »Der Siebte Sinn« nach Möglichkeiten, die Erfolgschancen und die Wirkungskraft des DBSH zu erhöhen.
Anschrift: Schützenbahn 17, 45127 Essen.
Lit. DBS: Berufsbild/Berufsordnung; DBS: Berufsverband. *Hille Gosejacob-Rolf*

Deutscher Blindenverband e.V. (DBV)
Spitzenverband der Blinden und Sehbehinderten Deutschlands, Verband der → freien Wohlfahrtspflege, gegründet 1949 als Nachfolgeorganisation des 1912 gegründeten Reichsdeutschen Blindenverbandes (RBV). Dem DBV gehören 20 Landesblindenvereine als ordentliche Mitglieder und 17 Organisationen und Einrichtungen des Blindenwesens als korrespondierende Mitglieder an. Auf Landes- und Ortsebene sind im DBV ca. 50 000 → Blinde und Sehbehinderte organisiert (1995). Ziele des DBV sind die Verbesserung der sozialen Stellung sowie der beruflichen und sozialen Eingliederung der Blinden und Sehbehinderten (→ Berufliche Rehabilitation, → Soziale Rehabilitation) – u.a. durch Einflußnahme auf die Gesetzgebung, Beratungen, Projektbeteiligung und -förderung sowie Öffentlichkeitsarbeit. Er erteilt Auskünfte in allen

Fragen des Blindenwesens und gibt Fachzeitschriften, Broschüren und Faltblätter heraus. Die Verbandszeitschrift »Die Gegenwart« erscheint monatlich in Punkt- und Schwarzschrift sowie auf Kassette. Taubblinde versorgt der DBV an allen Werktagen kostenlos mit den Rundfunk-Tagesnachrichten in Punktschrift. Fragen des Blindenwesens werden, zum Teil gemeinsam mit den anderen beiden Spitzenverbänden der Blindenselbsthilfe, dem Bund der Kriegsblinden Deutschlands (BKD) und dem Deutschen Verein der Blinden und Sehbehinderten in Studium und Beruf (DVBS), in verschiedenen Ausschüssen behandelt (Recht, Umwelt und Verkehr, Hilfsmittel, Büroberufe, Masseure, EDV, Führhunde). Der DBV ist Mitglied der Weltblindenunion, der Europäischen Blindenunion, des → Deutschen Paritätischen Wohlfahrtsverbandes (DPWV) und der → Bundesarbeitsgemeinschaft Hilfe für Behinderte e.V. (BAG H).
Anschrift: Bismarckallee 30, 53173 Bonn.

Karl Thomas Drerup

Deutscher Bundesjugendring Dem D. B. e.V., 1949 gegründet, gehören z.Zt. (1996) 21 Mitgliedsverbände (→ Jugendverbände), 16 Landesjugendringe (→ Jugendring) und 5 Anschlußverbände an. Er versteht sich als Arbeitsgemeinschaft mit zwei Hauptaufgaben: jugendpolitische Interessenvertretung (→ Jugendpolitik) gegenüber Bundestag und Regierung sowie Information und Austausch der Mitglieder über jugendrelevante Entwicklungen. Die Interessenvertretung erfolgt durch fachliche Stellungnahmen, Resolutionen oder sonstige Einflußnahme auf Planung, Förderung und Gesetzgebung. Weitere Aufgaben sind Repräsentation der Mitglieder im Ausland und Einwirken auf die internationale Jugendpolitik (als Mitglied im Deutschen Nationalkomitee für internationale Jugendarbeit und darüber im Jugendforum der Europäischen Union sowie im Europäischen Jugendrat). Die Organe sind Vollversammlung, Hauptausschuß und Vorstand. Publikationen: Zeitschrift »Jugendpolitik«; Informationsdienste »Bekanntmachungen« und »Frauen-Infonetz«; jährliches Handbuch; Schriftenreihe zu aktuellen Fragestellungen der Jugendarbeit und Jugendpolitik.
Anschrift: Haager Weg 44, 53127 Bonn.

Ronald Berthelmann

Deutscher Caritasverband (DCV) ist die von den deutschen Bischöfen anerkannte Zusammenfassung und Vertretung der katholischen Gesamtcaritas in der Bundesrepublik Deutschland. Er ist einer der fünf Spitzenverbände der → freien Wohlfahrtspflege, mit denen er als Mitglied der → Bundesarbeitsgemeinschaft der Freien Wohlfahrtspflege e.V. vielfältig zusammenarbeitet. Der Verband wurde 1897 von Lorenz Werthmann in Köln gegründet und hat seinen Sitz in Freiburg, wo er auch seine Zentrale unterhält. Mit etwa 140 anderen nationalen Caritasverbänden ist er Mitglied der Caritas Internationalis mit Sitz in Rom, zu deren Initiatoren er gehört.
Der DCV baut sich seiner föderalistischen Struktur entsprechend von der Ortsebene (Orts-, Dekanats-, Bezirks- und Kreisverbände) über 27 Diözesancaritasverbände zum Bundesverband auf. Es ordnen sich ihm außerdem zentrale caritative Fachverbände mit unterschiedlicher Aufgabenstellung zu, ebenso 260 caritative Ordensgenossenschaften und Vereinigungen mit ihren jeweiligen fachspezifischen → Einrichtungen. Der DCV hat z.Z. rund 450 000 persönliche und rund 12 000 korporative Mitglieder sowie 463 161 hauptamtliche Mitarbeiter, davon 14 762 Ordensleute in 24 841 Einrichtungen mit 1 214 485 Plätzen (Stand 1. 1. 1996).
Die Hauptarbeitsgebiete des DCV sind → Altenhilfe, die → Aus- und → Fortbildung, die Behindertenhilfe (→ Behinderte), die → Gefährdetenhilfe, die →, Gesundheitshilfe, die Hilfe für Vertriebene und Aussiedler, die Eingliederungshilfen für ausländische Arbeitnehmer, die → Jugendhilfe, die → Familienhilfe und die Auslandshilfe. Der Verband übt seine Tätigkeit nach den Erkenntnissen heutiger Sozialwissenschaft und anthropologischer Wissenschaften und den allgemeinen Grundsätzen der praktischen Wohlfahrtspflege aus, wie sie sich in der Bundesrepublik herausgebildet haben. Er orientiert und motiviert sein Handeln im Spektrum der übrigen Wohlfahrtsverbände nach den Grundsätzen und Werten des katholischen Glaubens. Er arbeitet hierbei mit allen freien Wohlfahrtsverbänden und privaten Hilfeinitiativen und Gruppen sowie mit den kommunalen und staatlichen Sozialbehörden auf der Grundlage der bestehenden Gesetze zusammen.
Regelmäßige Veröffentlichungen: caritas. Zeitschrift für Caritasarbeit und Caritaswissenschaft, 1896 ff.; Caritaskorrespondenz. Informationsblätter für die Caritaspraxis, 1929 ff.; Caritas. Jahrbuch des deutschen Caritasverbandes, 1968 ff.
Anschrift: Karlstr. 40, 79104 Freiburg.
Lit. Klein, F.: Verfassung; Liese: Geschichte; Wollasch: Caritas. *Josef Schmitz-Elsen*

Deutscher Fürsorgetag (DFT) Fachtagung für alle an der Förderung sozialer Arbeit Interessierte; veranstaltet i.d.R. alle 3 Jahre durch den → Deutschen Verein für öffentliche und private Fürsorge (DV) an wechselnden Orten (Satzung § 18). Der DFT ist das bedeutsamste Forum → öffentlicher und → freier Träger sozialer Arbeit; Treffpunkt für Fachkräfte aus allen sozialen Arbeitsfeldern, für Vertreter der Sozialgesetzgebung, → Sozialpolitik, Ausbildung und Wissenschaft. Der DFT bietet die Möglichkeit zur breiten fachlichen Diskussion, er dient der gegenseitigen Information und dem Erfahrungsaustausch und gibt Einblick in die Bedeutung und Funktion von Einrichtungen und Institutionen sozialer Arbeit. Seine Arbeitsergebnisse tragen dazu bei, die fachliche Diskussion voranzutreiben und weiter zu entwickeln und wirken so auf die Praxis der sozialen Arbeit ein. Die Präsenz führender Politiker des Bundes, der Länder und der gastgebenden Städte unterstreicht das Gewicht des sozialen Sektors im gesellschaftlichen Leben der Bundesrepublik Deutschland.

Beschlüsse und Forderungen des DFT haben nicht den Charakter offizieller Verlautbarungen des DV, tragen aber wesentlich zur Durchsetzung der Anliegen sozialer Arbeit bei. Die jeweils in einem Sammelband veröffentlichten Ergebnisse werden in gesetzgebenden Körperschaften zitiert, wirken sich teilweise unmittelbar in der Sozialgesetzgebung aus, geben Impulse für Entwicklungen und Reformen.

Der erhebliche finanzielle und personelle Aufwand für die Geschäftsstelle für eine auf ca. 3 500 Teilnehmer angewachsene Großveranstaltung veranlaßte die Mitgliederversammlung des DV 1973, eine generelle Verlängerung der Tagungsintervalle von 2 auf 3 Jahre zu beschließen und den 69. DFT, nach vierjähriger Spanne, zum 100jährigen Bestehen des DV zu veranstalten: 1980, in Frankfurt am Main.

Die Vorläufer des DFT: »regelmäßig in jedem Jahr wiederkehrende öffentliche Versammlungen der Vereinsmitglieder« und die Verbreitung von Kongreßberichten dienten nach Gründung des DV (bis 1919: DV für Armenpflege und Wohlthätigkeit) als wesentliche Mittel zur Verwirklichung der Vereinsziele: »Fragen der Armenpflege und Wohltätigkeit, sowohl nach der Seite der → Gesetzgebung, als auch der praktischen Ausführung genauerer Prüfung zu unterziehen, die widerstreitenden Meinungen aufzuklären, auf die Gesetzgebung einzuwirken, eine auf Vorbeugung gerichtete Wohltätigkeit zu befürworten und eine Verständigung über die gemeinsamen Aufgaben und Interessen der Armenverbände und Armenfreunde herbeizuführen« (Münsterberg). »Jahresversammlungen« und »Deutsche Fürsorgetage« galten und gelten der Anregung und Fortentwicklung verbindlicher Grundsätze zur Abwendung von Notlagen; an ihren Arbeitsthemen lassen sich Entwicklungsschritte in Sozialpolitik und Sozialwesen ablesen, z. B.:
– zur Sicherung des → Lebensunterhalts (→ Sozialhilfe): 1881, Berlin, »Armenstatistik und Anstellung möglichst gleichmäßiger Erhebungen der auf Armenpflege bezüglichen Tatsachen«; 1913, Stuttgart, »Ein deutsches Reichsarmengesetz, Grundlagen und Richtlinien«; 1924, Frankfurt/Main, »Die Durchführung der Reichsverordnung über die Fürsorgepflicht vom 13.2. 1924«; 1961, Mannheim »Der Deutsche Verein, das Bundessozialhilfegesetz und das Gesetz für Jugendwohlfahrt« (s. DV);
– zur → Jugendhilfe: 1884, Weimar, »Die Fürsorge für verwaiste, verlassene und verwahrloste Kinder – Kinderschutzvereine«; 1910, Königsberg, »Die Organisation der Jugendfürsorge«; 1924, Frankfurt/Main, »Forderungen an die Landesausführungsgesetze zum Reichsjugendwohlfahrtsgesetz«; 1955, Frankfurt/Main, »Der Anspruch der Jugend: Eine sozialreformerische Aufgabe«; 1973, Stuttgart, »Jugendhilferecht im Umbruch«; 1980, Frankfurt/Main, »Jugendhilfe im Spannungsfeld von Elternrecht und Kindesrecht« (s. DV);
– Hilfe bei → Arbeitslosigkeit: 1883, Dresden, »Bericht über Zweckmäßigkeit der Kolonien zur Beschäftigung arbeitsloser Leute«; 1885, Bremen, »Arbeitsnachweis als Mittel vorbeugender Armenpflege«; 1917, Berlin, »Die Erwerbslosenunterstützung in der Übergangszeit«; 1980, Frankfurt/Main, »Familie und Arbeitslosigkeit« (s. DV).
– im → Mutterschutz: 1897, Kiel, »Fürsorge für Wöchnerinnen und deren Angehörige (Hauspflege)«; 1908, Hannover, »Mutterschutz und Mutterschaftsversicherung«; 1963, München, »Die Mutter in der heutigen Gesellschaft« (s. DV).

Neben Aufbau und Ausbau grundlegender sozialer Sicherung waren spezielle Probleme – u.a. von Obdachlosen (→ Obdachlosigkeit), → Behinderten, → psychisch Kranken, alten Menschen und die Auswirkungen von Massennotständen nach 2 Weltkriegen und von Wirtschaftskrisen – Verhandlungsgegenstand von Fürsorgetagen.

Nach Verabschiedung des → Bundessozialhilfegesetzes (BSHG) gewannen die Gesichtspunkte Vorbeugung, → persönliche Hilfe und → Beratung zunehmend an Bedeutung für Praxis und Theorie sozialer Arbeit, also auch in der Themenpalette des DFT. Mit Beginn des wirtschaftlichen Abschwungs Anfang der 80er Jahre rückten die Bemühungen um materielle Sicherung der Lebensgrundlage erneut in den Vordergrund, gelten DFT-Themen den wachsenden sozialen Problemen Arbeitsloser, Jugendlicher ohne Ausbildungsplatz, Pflegebedürftiger, den Notlagen von Rentnern, Familien und Ausländern in der Bundesrepublik. Die offenen Grenzen in Europa, die umfassenden politischen und gesellschaftlichen Veränderungen in den Ländern Ost- und Südosteuropas und die deutsche Wiedervereinigung haben die soziale Arbeit zu Beginn der 90er Jahre vor große und neue Herausforderungen gestellt. Die Themen des 72. DFT 1990 in Hannover griffen daher u.a. als Herausforderungen und Problemlagen für die soziale Arbeit auf: Wanderungsbewegungen, Harmonisierung von

Sozialleistungen, Armut und Arbeitslosigkeit in der europäischen Gemeinschaft, Anforderungen an die sozialen Berufe im europäischen Vergleich usw. Der 73. DFT 1993 in Mainz widmete sich der Gewalt, ihren Formen und Erscheinungen im Alltag und den sich daraus ergebenden Folgerungen für die soziale Arbeit. Der 74. DFT findet 1997 in Leipzig statt.
Lit. DV: Gesamtbericht; Münsterberg: Generalbericht. *Barbara Kahler*

Deutscher Gewerkschaftsbund → Gewerkschaften

Deutscher Guttempler-Orden e.V. → Alkoholismus

Deutscher Jugendhilfetag (DJHT) Die → Arbeitsgemeinschaft für Jugendhilfe (AGJ), ein Zusammenschluß von über 85 bundeszentralen Trägern der freien und öffentlichen → Jugendhilfe, veranstaltet den Deutschen Jugendhilfetag. Der erste DJHT fand 1964 in Berlin statt. Seit 1984 wird er alle vier Jahre durchgeführt.
Deutsche Jugendhilfetage sollen zur Verbesserung des Wissens über die Angebote, Leistungen und Aufgaben der Jugendhilfe in der Öffentlichkeit beitragen, haben Fortbildungscharakter, bieten Raum für Kontaktaufnahmen, Erfahrungs- und Gedankenaustausch und ermöglichen die Auseinandersetzung mit unterschiedlichen Standpunkten in Theorie und Praxis. Der DJHT bietet ein Forum für den Diskurs innerhalb der Jugendhilfe, sucht den Dialog mit den jugendhilfepolitisch Verantwortlichen, gibt einen Einblick in die Praxis vor Ort sowie in konzeptionelle Entwicklungen der Jugendhilfe.
Der Deutsche Jugendhilfetag ist eine bundeszentrale Großveranstaltung für und mit Veranstaltern aus dem Gesamtspektrum der Jugendhilfe und wendet sich an ehren- und hauptamtliche Mitarbeiterinnen und Mitarbeiter aller Träger der Jugendhilfe sowie an ihre Kooperationspartner. Zentrale Veranstaltungselemente sind ein Fachkongreß mit zahlreichen Fachveranstaltungen und Workshops sowie der »Markt der Jugendhilfe«, eine Präsentation von Projekten, Angeboten und Aktivitäten aus der Praxis.
Jugendhilfetage spiegeln die Realität der Jugendhilfe, ihre Widersprüche und vorhandenen Konflikte wider. Durch kontroversen Gedankenaustausch und kritischen Diskurs soll der Deutsche Jugendhilfetag zur Weiterentwicklung der Jugendhilfe in Theorie und Praxis beitragen.
Peter Klausch

Deutscher Kinderschutzbund e.V. (DKSB) – 1953 gegründet – tritt dafür ein, den Grundrechten für Kinder Geltung zu verschaffen und körperliche, seelische, geistige und soziale Entwicklung der Kinder zu schützen und zu fördern (→ Kindesalter, → Kindeswohl). Im Vordergrund stehen die Themen: soziale Zwänge (strukturelle Gewalt), denen Kinder in der Gesellschaft und ihren Institutionen ausgesetzt sind (z. B. → Kindesmißhandlung); Folgen technologischer Entwicklung und sozialen Wandels für Kinder (z. B. → Jugendschutz, → Jugendmedienschutz) und die Umsetzung der UN-Konvention über die Rechte des Kindes, die umfassende Rechte auf Schutz, Versorgung und Partizipation als Staatenverpflichtung kodifiziert. Von den über 400 Ortsverbänden mit 47 000 Mitgliedern werden vor allem Angebote im präventiven Bereich für Kinder und Familien gemacht und → Beratung in Krisensituationen geleistet. Bundesverband und 13 Landesverbände wenden sich an Öffentlichkeit, Politik und Verwaltung, um das Bewußtsein für eine positive kindliche Entwicklung zu fördern und um notwendige Maßnahmen zu initiieren.
Bundesgeschäftsstelle: Schiffgraben 29, 30159 Hannover
Lit. Deutscher Kinderschutzbund: Gewalt; Hurrelmann, K. u. a.: Anti-Gewalt-Report.
Walter Wilken

Deutscher Landesausschuß (DLA) → Deutscher Verein für öffentliche und private Fürsorge (DV), → International Council on Social Welfare (ICSW)

Deutscher Landkreistag (DLT) ist der kommunale Spitzenverband der 323 deutschen → Landkreise auf Bundesebene (s.a. → Bundesvereinigung der kommunalen Spitzenverbände). Der Landkreisbereich umfaßt rund 95% der Fläche der Bundesrepublik Deutschland mit knapp 52 Mio. Einwohnern (ca. 66% der Gesamtbevölkerung). Unmittelbare Mitglieder des DLT sind entsprechend dem föderalen Aufbau der Bundesrepublik die 13 Landkreisverbände in den Flächenstaaten, mittelbare Mitglieder die den Landesverbänden angehörenden Landkreise. Weitere unmittelbare Mitglieder sind die Landschaftsverbände in Nordrhein-Westfalen, der Kommunalverband Ruhrgebiet, der Landeswohlfahrtsverband Hessen, der Raumordnungsverband Rhein-Neckar und der Verband der Bayerischen Bezirke. Der DLT vertritt die Interessen seiner Mitglieder gegenüber Bundesregierung, Bundestag und Bundesrat. Dies beinhaltet insbesondere auch den Auftrag, die kommunale Selbstverwaltung gegen Übergriffe des Bundes zu verteidigen. Da er allgemeine und öffentliche, sich aus dem gesamtstaatlichem Bezug ergebende Interessen wahrnimmt, ist er kein Lobbyist, sondern Repräsentant einer demokratischen Ebene der Bundesrepublik Deutschland. Seine Beteiligung an kommunalrelevanten Gesetzen, Planungen und Programmen des Bundes ist in den Geschäftsordnungen des

Bundestags und der Bundesministerien sichergestellt. Darüber hinaus wirkt der DLT in zahlreichen Gremien und Einrichtungen des Bundes und der Länder beschließend oder beratend mit (u. a. Finanzplanungsrat, Konjunkturrat, Konzertierte Aktion im Gesundheitswesen) und vertritt die Landkreise in verschiedenen Institutionen (u. a. Bundesanstalt für Arbeit, → Deutscher Verein für öffentliche und private Fürsorge, → Deutsches Jugendinstitut, → Bundesjugendkuratorium). Um kommunalrelevante Interessen auch auf EG-Ebene durchzusetzen, unterhält der DLT gemeinsam mit dem → Deutschen Städtetag (DST) und dem → Deutschen Städte- und Gemeindebund (DStGB) ein Europabüro in Brüssel. Verbandsintern hat der DLT Informationsfunktion gegenüber seinen Mitgliedern, organisiert den Erfahrungsaustausch und nimmt Einfluß auf die Meinungsbildung im kommunalen Bereich. Organe des DLT sind die Landkreisversammlung, der Hauptausschuß und das Präsidium. Zur Vorberatung sind 7 Fachausschüsse (u. a. Sozialausschuß) gebildet.
Anschrift: Adenauerallee 136, 53113 Bonn 1.
Siegfried Gaertner

Deutscher Paritätischer Wohlfahrtsverband (DPWV) ist anerkannter Spitzenverband der → freien Wohlfahrtspflege. Mitglied kann als mildtätig oder gemeinnützig anerkannte Wohlfahrtsorganisation werden, sofern sie keinem anderen Spitzenverband der freien Wohlfahrtspflege (→ Arbeiterwohlfahrt, → Deutscher Caritasverband, → Deutsches Rotes Kreuz, → Diakonisches Werk, → Zentralwohlfahrtsstelle der Juden in Deutschland) angehört oder ihrem Selbstverständnis nach angehören sollte.
Der DPWV repräsentiert und fördert seine Mitgliedsorganisationen in ihrer fachlichen Zielsetzung und ihren rechtlichen, gesellschaftlichen und wirtschaftlichen Belangen. Durch verbandseigene Institutionen trägt er bei zur Erhaltung, Zusammenarbeit und Neugründung von Organisationen und Einrichtungen der Sozialarbeit. Aufgaben sind insbes.:
a) Förderung der fachlich-methodischen Sozialarbeit,
b) Aus- und → Fortbildung von Mitarbeitern,
c) Weckung und Entwicklung wohlfahrtspflegerischer Aktivitäten der Bürgerschaft,
d) Pflege ehrenamtlicher Mitarbeit (→ Ehrenamtliche Tätigkeit im sozialen Bereich),
e) Wissenschaftliche Untersuchungen für die soziale Praxis,
f) → Öffentlichkeitsarbeit und Information der Mitgliedsorganisationen,
g) Zusammenarbeit mit Behörden und Verbänden,
h) Internationale Zusammenarbeit.

Der DPWV ist gegliedert in 15 juristisch selbständige Landesverbände, 8 200 überregional und regional tätige Mitgliedsorganisationen.
Die Arbeit des DPWV ist in den letzten Jahren besonders geprägt worden durch den hohen Anteil von Selbsthilfe- und Alternativinitiatoren (→ Selbsthilfe) an vorhandenen und neu beschlossenen Mitgliedschaften.
Gegründet wurde der Verband am 7. 4. 1924 unter dem Namen »Fünfter Wohlfahrtsverband e. V.«, da dieser Zusammenschluß nicht-konfessioneller und parteipolitisch neutraler Organisationen als fünfter Verband zur »Liga der Freien Wohlfahrtspflege« gestoßen war. Im Jahre 1930 übernahm man die Bezeichnung »Paritätischer Wohlfahrtsverband«. 1934 wurde er in die »Nationalsozialistische Volkswohlfahrt« überführt, nach dem Zusammenbruch des NS-Regimes 1945 zunächst länderweise und 1949 als Bundesorganisation wieder gegründet. Anfang 1990 wurde vom Verband die Kurzform »Der PARITÄTISCHE« eingeführt.
Anschrift: Heinrich-Hoffmann-Str. 3, 60528 Frankfurt.
Lit. Dörrie u. a.: Helfen; Hüppe u. a.: Wohlfahrt; Merchel: DPWV; Stauss u. a.: Geschichte. *Klaus Dörrie*

Deutscher Sozialrechtsverband e.V. (bis 1982 Deutscher Sozialrechtsverband e.V.) dient der Pflege des → Sozialrechts in allen seinen Zweigen, in → Gesetzgebung, → Verwaltung und → Rechtsprechung, in Wissenschaft und Praxis. Er will den Kontakt zwischen den verschiedenen Bereichen der Praxis und zwischen Wissenschaft und Praxis auf allen Gebieten des Sozialrechts verstärken. Interdisziplinär werden vor allem die medizinischen, ökonomischen, sozialwissenschaftlichen und internationalen Aspekte des Rechts der → sozialen Sicherheit berücksichtigt. Diesen Zwecken dienen Arbeitstagungen (Bundes- und Regionaltagungen), Kontaktseminare, Spezialseminare, Sozialgerichtstage, Sozialrechtslehrertagungen, die Förderung wissenschaftlicher Arbeiten und die Herausgabe einer Schriftenreihe. Der Verband ist keine berufsständische Organisation. Er hat Einzelmitglieder und korporative Mitglieder (z. B. Bund, Länder, Leistungsträger, Gewerkschaften, Arbeitgeberverbände etc.). Seine Organe sind: Vorstand, Verbandsausschuß, Verbandsversammlung.
Geschäftsstelle: c/o Bundesverband der Betriebskrankenkassen, Kronprinzenstraße 6, 45128 Essen. *Detlef Baumann*

Deutscher Städtetag (DST) ist ein freiwilliger Zusammenschluß von über 6 000 Städten mit rund 51,3 Mio. Einwohnern, darunter die Stadtstaaten und 114 kreisfreie Städte; außerordentliche Mitglieder sind u.a. → Landschaftsverbände und → Landeswohlfahrtsverbände. Der DST fördert die Arbeit auf den Gebieten des öffentlichen Rechts und der öffentlichen → Verwaltung. Er berät die staatlichen und kommunalen Behörden bei der Vorbereitung und Durchführung von Gesetzen u.a.m., gibt Empfehlungen und führt Erfahrungsaustausch in den verschiedenen Sachbereichen durch. In allen Bundesländern bestehen Landesstädteverbände. Organe des DST sind die Hauptversammlung, der Hauptausschuß und das Präsidium. Die fachliche Arbeit wird in Fachausschüssen vorbereitet. In der Hauptgeschäftsstelle des DST führen hauptamtliche Mitarbeiter die laufenden Geschäfte des Verbandes. Publikationsorgane sind die Monatszeitschrift »Der Städtetag«, die »Mitteilungen« (halbmonatlich) sowie Schriftenreihen zu einzelnen Sachgebieten (u.a. die Reihe Sozialpolitik).

Der Bereich der kommunalen Sozialpolitik (Sozialwesen, → Jugendhilfe, Arbeitsmarktpolitik) wird im DST vom Ausschuß für Soziales und Jugend sowie einer Fachabteilung der Hauptgeschäftsstelle abgedeckt. Außer Vorschlägen und Stellungnahmen in der Sozialgesetzgebung, Beratung der Mitgliedstädte u.a. durch schriftliche Arbeitshilfen (z.B. Altenhilfe, Behindertenhilfe, Soziale Brennpunkte, Ausländische Arbeitnehmer) vertritt der DST die Städte als örtliche Träger der Sozial- und Jugendhilfe (→ Sozial-, → Jugendhilfeträger) in verschiedenen Institutionen (z.B. Bundesanstalt für Arbeit, → Deutscher Verein für öffentliche und private Fürsorge, → Deutsches Jugendinstitut, → Bundesjugendkuratorium).

Anschrift: Lindenallee 13–17, 50968 Köln.

Stephan Articus

Deutscher Städte- und Gemeindebund (DStGB) ist der kommunale Spitzenverband der → kreisangehörigen Städte und → Gemeinden in der Bundesrepublik Deutschland. Er vertritt nach der Wiedervereinigung von den ca. 16 000 Gemeinden rd. 15 000 kreisangehörige Städte und Gemeinden mit ca. 45 Mio. Einwohnern. Der Verband ist privatrechtlich organisiert und arbeitet unabhängig von Staatszuschüssen. Die Mitgliedschaft ist freiwillig. Zu den Aufgaben gehören die Vertretung der allgemeinen Belange und Erfahrungen der kreisangehörigen Städte und Gemeinden entsprechend den eingeräumten Mitspracherechten bei Bundesregierung und Deutschem Bundestag, die Vertretung politischer Standpunkte kreisangehöriger Städte und Gemeinden gegenüber den Organen des Bundes und der Öffentlichkeit, die Verbreitung der spezifischen Anliegen und Erfahrungen des Mitgliederkreises sowie die Durchsetzung ihres Anspruchs auf Berücksichtigung in der zentralen Politik von Bund und Ländern sowie in den Medien. Der DStGB gewährleistet darüber hinaus den Erfahrungsaustausch und berät seine Mitglieder in allen kommunalpolitischen Angelegenheiten. Der Verband vertritt seine Mitglieder in zentralen Organisationen, z.B. der Deutschen Krankenhausgesellschaft sowie dem → Deutschen Verein für öffentliche und private Fürsorge (DV). Der DStGB ist föderal organisiert. Seine unmittelbaren Mitglieder sind 16 Mitgliedsverbände, im einzelnen: Bayerischer Gemeindetag, München; Gemeinde- und Städtebund Rheinland-Pfalz, Mainz; Gemeinde- und Städtebund Thüringen, Gotha; Gemeindetag Baden-Württemberg, Stuttgart; Hessischer Städte- und Gemeindebund, Mühlheim/M.; Hessischer Städtetag (mit seinen kreisangehörigen Mitgliedern), Wiesbaden; Niedersächsischer Städte- und Gemeindebund, Hannover; Nordrhein-Westfälischer Städte- und Gemeindebund, Düsseldorf; Saarländischer Städte- und Gemeindetag (mit seinen kreisangehörigen Mitgliedern), Saarbrücken; Sächsischer Städte- und Gemeindetag, Dresden; Schleswig-Holsteinischer Gemeindetag, Kiel; Städte- und Gemeindebund Brandenburg, Potsdam; Städte- und Gemeindebund Sachsen-Anhalt, Magdeburg; Städte- und Gemeindebund Mecklenburg-Vorpommern, Schwerin; Städtebund Schleswig-Holstein, Kiel; Städtetag Rheinland-Pfalz (mit seinen kreisangehörigen Mitgliedern), Mainz. Der DStGB ist parteipolitisch unabhängig. Die Besetzung der Organe (Hauptausschuß, Präsidium, Deutscher Gemeindekongreß) orientiert sich an den Kommunalwahlen. Aus Vertretern der Mitgliedsverbände setzen sich verschiedene Fachausschüsse und besondere Arbeitskreise zusammen. Einer der Fachausschüsse beschäftigt sich mit den Bereichen »Jugend, Soziales und Gesundheit«. Zusammen mit dem → Deutschen Städtetag (DST) und dem → Deutschen Landkreistag (DLT) bildet der DStGB die → Bundesvereinigung der kommunalen Spitzenverbände (BV).

Für den internationalen kommunalpolitischen Bereich arbeitet der DStGB mit dem Internationalen Gemeindeverband (IULA) und dessen europäischer Sektion, dem Rat der Gemeinden und Regionen Europas, zusammen. 1991 wurde in Brüssel das Europabüro der Deutschen Kommunalen Selbstverwaltung eröffnet. Es wird getragen vom DStGB, dem DLT und dem DST sowie der deutschen Sektion des Rates der Gemeinden und Regionen Europas. Seine Aufgabe ist es, frühzeitig Informationen an die kommunalen Spitzenverbände auf Bundesebene weiterzugeben, Kontakte zu den Institutionen der → Europäischen Union zu knüpfen und die Interessen der Kommunen in Brüssel zu vertreten.

Anschrift: Kaiserswerther Str. 199–201, 40474 Düsseldorf.

Uwe Lübking

Deutscher Verein für öffentliche und private Fürsorge (DV) Zentraler Zusammenschluß der → öffentlichen und → freien Träger der sozialen Arbeit in der Bundesrepublik Deutschland. Der DV ist die Plattform für die Zusammenarbeit von Vertretern der Praxis, Ausbildung und Wissenschaft mit dem Ziel der Anregung und Koordinierung von Bestrebungen, Aktivitäten und Initiativen sowie der Fortentwicklung der sozialen Sicherung, insbesondere in den Arbeitsbereichen → Sozialhilfe, → Jugendhilfe und → Gesundheitshilfe.

Die Mitgliederzahl betrug am 1. 1. 1997 infolge starken Zugangs aus den neuen Bundesländern bereits rd. 3 200. Die 3 Hauptsäulen der Mitglieder sind dabei die öffentlichen Träger (Bund, Länder, → kreisfreie Städte und → Landkreise, teilweise auch → kreisangehörige Städte und → Gemeinden), die freien Träger (Spitzenverbände der → freien Wohlfahrtspflege: → Arbeiterwohlfahrt [AWO], → Deutscher Caritasverband [DCV], → Deutscher Paritätischer Wohlfahrtsverband [DPWV], → Deutsches Rotes Kreuz [DRK], → Diakonisches Werk der Evangelischen Kirche in Deutschland, → Zentralwohlfahrtsstelle der Juden in Deutschland e. V. [ZWSt] mit ihren Landesgliederungen und teilweise auch den Orts- und Kreisstellen) sowie die Einzelpersonen (vor allem Sozialarbeiter, Verwaltungsfachkräfte, leitende Persönlichkeiten aus Verwaltung und Verbandswesen, Wissenschaftler und Richter). Weiter gehören dem DV Ausbildungsstätten, Forschungseinrichtungen, andere → Sozialleistungsträger, Selbsthilfeverbände (→ Selbsthilfe, → Behindertenverbände) und betriebliche Sozialeinrichtungen an.

Nach seiner Satzung (Neufassung aufgrund der Mitgliederversammlung vom 2. 10. 1991 in Heilbronn) ist es der Zweck des DV, einen Mittelpunkt für alle Bestrebungen auf dem Gebiet der sozialen Arbeit, insbes. der öffentlichen und freien Sozialhilfe, Jugendhilfe und Gesundheitshilfe in der Bundesrepublik Deutschland zu bilden. Seine Hauptaufgaben sind Anregung und Beeinflussung von Entwicklungen in der → Sozialpolitik, Erarbeitung von Empfehlungen für die Praxis der öffentlichen und freien sozialen Arbeit, gutachtliche Tätigkeit auf dem Gebiet des → Sozialrechts, ständige Information der auf diesen Gebieten tätigen Personen und Förderung des Erfahrungsaustausches, → Fort- und → Weiterbildung von Führungskräften und Mitarbeitern des sozialen Bereichs, Förderung für die soziale Arbeit bedeutsamen Wissenschaften, Beobachtung und Auswertung der Entwicklung der sozialen Arbeit in anderen Ländern und Förderung der internationalen Zusammenarbeit, Herausgabe von Schriften und sonstigen Veröffentlichungen zu Fragen des sozialen Bereichs. Der DV veranstaltet alle 3 Jahre den → Deutschen Fürsorgetag.

Vereinsorgane sind die Mitgliederversammlung, die alle 2 Jahre zusammentritt und der insbes. die Wahl der Hauptausschußmitglieder, die Beschlußfassung über die Satzung sowie die Entgegennahme des Geschäftsberichts obliegt, der Hauptausschuß (220 Mitglieder), der die Grundsätze der Vereinsarbeit bestimmt, den Haushaltsplan beschließt und die Mitglieder des Vorstandes wählt, sowie der Vorstand (36 Mitglieder), dem insbes. die Leitung der Geschäfte sowie die Abgabe von Stellungnahmen zukommt. Der Vorsitzende und seine 4 Stellvertreter (engerer Vorstand) führen die laufenden Geschäfte, soweit diese nicht dem Geschäftsführer übertragen sind. Zu seiner Unterstützung auf Einzelgebieten hat der Vorstand auf 2 Vorstandsausschüsse Teilaufgaben der Bereiche Fort- und Weiterbildung und Deutscher Landesausschuß des Internationalen Rates für Soziale Wohlfahrt (→ International Council on Social Welfare [ICSW]) übertragen. Daneben sind zur Beratung des Vorstandes aus Experten der öffentlichen und freien sozialen Arbeit 6 Fachausschüsse gebildet, die unter dem Vorsitz eines Vorstandsmitgliedes regelmäßig zusammenkommen und insbes. Stellungnahmen zu Gesetzesvorhaben, Äußerungen zu Fachproblemen und Empfehlungen für die praktische Arbeit ausarbeiten: Sozialpolitik, Soziale Sicherung, Sozialhilfe; Jugend und Familie; Hilfen für Behinderte und psychisch Kranke, Gesundheitshilfe; Altenhilfe und Pflege; Soziale Berufe, Soziales Engagement; Sozialplanung und Organisation.

Die Fachausschüsse wiederum haben rund 20 Arbeitskreise und Arbeitsgruppen zur Beratung von Einzelfragen gebildet.

Der DV unterhält am Vereinssitz in Frankfurt/Main (Am Stockborn 1–3) eine Geschäftsstelle, die zugleich als zentrale Fortbildungsstätte dient. Die Geschäftsstelle (100 Mitarbeiter) gliedert sich in: a) Die Abteilung Fachreferate, Gutachtenerstattung: In den Fachreferaten werden Gesetzgebungsvorschläge und Stellungnahmen des DV zu Gesetzesentwürfen sowie Praxis-Empfehlungen zur Auslegung und Umsetzung von Gesetzen zur Vereinheitlichung ebenso erarbeitet wie Vorschläge zur Verbesserung der Strukturen, Verfahrensweisen und sozialen und fachlichen Qualitätsstandards. b) Das Hauptreferat Gutachtenerstattung: jährlich werden auf Antrag von Mitgliedern ca. 200 Gutachten auf dem Gebiet des Sozialrechts erstattet. c) Die Abteilung Fort- und Weiterbildung: jährlich nehmen ca. 2 000 Mitarbeiter aus der sozialen Arbeit aus allen Bundesländern an Fortbildungsveranstaltungen des DV teil. Es werden im Rahmen des Fortbildungswerks für Sozialarbeiter und Verwaltungsfachkräfte ein- bis dreiwöchige Lehrgänge zu

Grundfragen der Sozialarbeit, Problemen der Sozialhilfe und der Jugendhilfe und zu methodischen Arbeitsweisen angeboten, außerdem Arbeitstagungen für Fachhochschullehrer und Ausbilder aus der Praxis. Die Akademie für Jugend- und Sozialarbeit bietet zweijährige berufsbegleitende Weiterbildungslehrgänge für die → Praxisberatung (→ Supervision) und Ausbildungsleitung, für leitende Mitarbeiter in der Sozial- und Jugendhilfe, für leitende Mitarbeiter in Heimen sowie für leitende Mitarbeiter aus Institutionen der → Heimaufsicht und Heimberatung an. Das Fortbildungswerk für sozialpädagogische Fachkräfte führt ein- bis sechswöchige Lehrgänge für sozialpädagogische Fachkräfte, Fachkräfte in der Aus- und Fortbildung sowie Fach-/Praxisberater durch. Der Arbeitsschwerpunkt Altenhilfe entwickelte eine bundeszentrale Konzeption für die Fortbildung von Mitarbeiterinnen und Mitarbeitern der Altenhilfe und Altenpflege unter besonderer Berücksichtigung der neuen Bundesländer; er ist ab 1. 1. 1997 in die Fortbildungswerke integriert. d) Die Abteilung Deutscher Landesausschuß des Internationalen Rates für Soziale Wohlfahrt. Der Abteilung obliegt der internationale Erfahrungsaustausch und die Kooperation mit ausländischen Institutionen und Experten der sozialen Arbeit. Sie führt u. a. bilaterale Expertentagungen durch, betreut ausländische Besucher und wertet internationale Publikationen aus. Die Abteilung ist zugleich das Bindeglied zum Internationalen Rat für Soziale Wohlfahrt. e) Der Eigenverlag. Der DV gibt die Monatszeitschrift »Nachrichtendienst«, einen eigenen Rechtsprechungsdienst (ab 1996) sowie die Vierteljahres-Zeitschrift »Archiv für Wissenschaft und Praxis der sozialen Arbeit« heraus; außerdem 4 Schriftenreihen, in denen insbes. auch Ergebnisse der Vereinsarbeit dokumentiert werden. f) Die Abteilung Allgemeine Verwaltung. Sie verwaltet den Jahresetat des DV, der sich neben Einnahmen aus dem Verlag insbes. aus Beiträgen und → Zuwendungen öffentlicher Stellen und sonstiger Mitglieder finanziert. g) Der Wirtschaftsbetrieb. Ihm obliegt die Bewirtschaftung des Hauses des DV mit 80 Gästeeinzelzimmern, Küche und Kasino, Lehrgangstrakten mit Gruppenräumen sowie Freizeiträumen, Zentralbibliothek und Zentralregistratur.
Der DV wurde 1880 auf Initiative des Deutschen Armenpflegerkongresses als »Deutscher Verein für Armenpflege und Wohlthätigkeit« gegründet; bereits 1887 wird im Lehrbuch der deutschen Armengesetzgebung von Emil Muensterberg (Leipzig 1887) die erfolgreiche Tätigkeit des DV wie folgt konstatiert: »Man wird im Verlaufe der Arbeit keine nennenswerte Frage berührt finden, zu welcher nicht der Deutsche Verein vielfaches, oft das beste, oft auch das einzige Material an die Hand gegeben hätte«. Dieses Qualitätssiegel gebührt dem DV bis heute. Die Umbenennung in die jetzige Bezeichnung erfolgte 1919 (zur geschichtlichen Entwicklung vgl. auch: Deutscher Fürsorgetag). Der DV hatte seinen Sitz zunächst in Berlin; seit 1919 befindet sich der Vereinssitz – mit einer Unterbrechung in den Jahren 1933 bis 1945 – in Frankfurt/Main.
Lit. Braun, H.: Deutscher Verein; Orthbandt: Deutscher Verein; Polligkeit-Eiserhardt u. a.: Ziele; Sckell: Deutscher Verein; Wienand: Geschäftsbericht 1990/91.
Manfred Wienand

Deutsches Hilfswerk Stiftung bürgerlichen Rechts, gegründet 1967.
Stifter im Auftrag der Arbeitsgemeinschaft der öffentlich-rechtlichen Rundfunkanstalten der Bundesrepublik Deutschland (ARD) und der kommunalen Spitzenverbände (Deutscher Städtetag etc.) war der Norddeutsche Rundfunk (NDR).
Die Stiftung bezieht ihre Einnahmen aus der Veranstaltung der ARD-Fernsehlotterie »DIE GOLDENE 1« und Spenden. Bisher konnten über 1 Mrd. DM für »zeitgemäße soziale Maßnahmen freier gemeinnütziger Sozialleistungsträger« ausgeschüttet werden. Dazu gehören auch das → Kuratorium Deutsche Altershilfe und die Rundfunkhilfe e. V.
Die Stiftung will insbes. der → Jugend-, → Alten- und → Gesundheitshilfe dienen.
Vorsitzender des Vorstands: Dr. Hans Daniels, Oberbürgermeister von Bonn. Geschäftsführer: Ingo Meyer und Dr. Stefan Articus.
Anschrift: Harvestehuder Weg 88, 20149 Hamburg.
Ingo Meyer

Deutsches Institut für Vormundschaftswesen e. V. (DIV) Das DIV wurde im Jahre 1906 von Prof. Christian J. Klumker in Frankfurt/M. mit dem Ziel gegründet, die rechtliche und tatsächliche Situation unehelicher Kinder und ihrer Mütter zu verbessern, und zwar vorwiegend durch den Ausbau berufsvormundschaftlicher Einrichtungen, und um damit zugleich der gesamten Entwicklung der Kinderfürsorge zu dienen. Inzwischen hat sich das DIV folgende Ziele und Aufgaben gesetzt: Es hat den Zweck, die → Jugendhilfe, insbes. die Hilfe für → nichteheliche Kinder und für Kinder → Alleinerziehender zu fördern. Es verfolgt seine Ziele insbes. durch Beratung und Unterstützung der fachlichen Arbeit der → Jugendämter (JÄ), der Beratung seiner Mitglieder in Fragen des Status, der → Personen- und der → Vermögenssorge von Minderjährigen, der Gewährung von Rechtshilfe in Vaterschafts- und Unterhaltsverfahren einschließlich der Einziehung von Unterhaltsgeldern für eheliche und nichteheliche Kinder in Auslandsfällen, dem Erfahrungsaustausch, Arbeitstagungen und fachliche Fortbildung auf dem Gebiet der → Amtsvormundschaft und → Amtspflegschaft sowie der Beistandschaft, der Förderung internationaler Kontakte mit amtlichen und freien Organisationen seines Fachgebietes, der Mitarbeit an einschlägigen Gesetzesverordnungen und dem Wirken in der Öffentlichkeit durch Vorträge, Schriften und Herausgabe von Fachzeitschriften. Das Schwergewicht der Arbeit liegt in der Abwicklung von Vaterschafts- und Unterhaltsverfahren mit Auslandsberührung.

Gegenstand der umfangreichen Beratungstätigkeit für JÄ und Gerichte sind alle Bereiche rechtlicher und sozialer Art. Gutachtenersuchen der JÄ betreffen die besonders schwierigen Materien des → Unterhalts- und Vaterschaftsfeststellungs-, des → Erbrechts, Schadensersatzrechts, haftungs- und dienstrechtliche Fragen, Prozeßrecht etc. Das DIV publiziert die »Zentralblatt für Jugendrecht« [ZfJ] (bis 1983: »Zentralblatt für Jugendrecht und Jugendwohlfahrt«) und die Zeitschrift »Der Amtsvormund« [DAVorm].

Anschrift: Zähringer Straße 10, 69115 Heidelberg. *Walter H. Zarbock*

Deutsches Jugendinstitut e.V. (DJI) ist ein außeruniversitäres sozialwissenschaftliches Forschungsinstitut. Es hat die Aufgabe, die Lebensverhältnisse von Kindern, Jugendlichen, Frauen, Männern und Familien zu untersuchen und auf der Grundlage seiner Forschungsergebnisse Politik und Praxis der → Jugend- und → Familienhilfe zu beraten. Angesichts der vielfältigen Fragestellungen bedient sich das Institut eines breiten Spektrums unterschiedlicher Forschungsstrategien und -methoden: praxisorientierten Grundlagenforschung; → Sozialberichterstattung auf der Basis von regionalisierten Daten der amtlichen Statistik, → Längsschnittstudien; Modellentwicklung, Praxisbegleitung und → Evaluation von Maßnahmen (→ Praxisforschung), → empirische Sozialforschung).

Daneben bietet das DJI verschiedene sozialwissenschaftliche Dienstleistungen an: es publiziert Bücher, die Halbjahreszeitschrift DISKURS – Studien zu Kindheit, Jugend, Familie und Gesellschaft – und das vierteljährliche Informationsblatt DJI BULLETIN; es unterhält verschiedene Datenbanken (Familie, Jugend, Jugendhilfe, Regionaldaten); es führt Tagungen und Fortbildungsveranstaltungen für Fachleute aus der sozialpädagogischen Praxis und der Sozialverwaltung sowie für Politiker, Journalisten und Wissenschaftler durch; es wirkt bei den Jugend- und Familienberichten der Bundesregierung mit.

Das DJI ist eingebunden in eine internationale Forschungskooperation. Vor allem die europäische Vereinigung und die gesellschaftlichen Umbrüche in Osteuropa haben zu einem wachsenden Bedarf an Beratung und Unterstützung durch das DJI geführt. Das DJI beteiligt sich an internationalen Tagungen, empfängt ausländische Wissenschaftler und Politiker, betreut Gastwissenschaftler, veröffentlicht Beiträge aus dem Ausland und stellt Artikel für Publikationen im Ausland zur Verfügung.

Das DJI hat seinen Sitz in München. Träger des 1963 gegründeten Instituts ist ein gemeinnütziger Verein mit Mitgliedern aus Politik, Wissenschaft, Verbänden und Institutionen der Jugend- und Familienhilfe. Vorstand des Vereins und Institutsdirektor ist Prof. Dr. Ingo Richter. Das DJI hat z. Z. 106 Planstellen, von denen 63,5 mit Wissenschaftlern besetzt sind. Der institutionelle Etat von ca. 15 Mio. DM wird überwiegend vom Bund finanziert. Weitere Zuwendungen kommen von den Bundesländern und von Institutionen der Wissenschaftsförderung.

Das DJI gliedert sich in acht Forschungsabteilungen: 1. Jugend und Jugendhilfe; 2. Jugend und Arbeit; 3. Jugend und Politik; 4. Mädchen- und Frauenforschung; 5. Familie und Familienpolitik; 6. Kinder und Kinderbetreuung; 7. Jugend und Bildung; 8. Sozialberichterstattung.

Allgemeine Leitlinie aller Abteilungen und Projekte ist die »Mittelfristige Forschungsplanung« des DJI bis zum Jahr 2000, die 1994 von der Mitarbeiterschaft diskutiert und formuliert sowie vom Kuratorium des Instituts beschlossen wurde.

Das DJI versucht im Rahmen längerfristig angelegter Projekte zu einer wirklichkeitsnahen Abbildung der Lebensverhältnissen einschließlich ihrer subjektiven Wahrnehmung und Bewertung zu gelangen. In der »Regionaldatenbank« werden Informationen aus der amtlichen Statistik und aus Umfragen zu den Lebensverhältnissen von Familien, Kindern und Jugendlichen soweit wie möglich in regionaler Differenzierung erfaßt. Im Rahmen des »Familiensurvey« und seiner Zusatzuntersuchungen werden Informationen zur Entwicklung von Kindern, Jugendlichen und Erwachsenen im familialen Kontext erhoben. Insbesondere stehen dabei Themen der Lebenslaufanalyse (→ Lebenslaufforschung), gesellschaftspolitisch wichtige Fragen der intergenerativen Solidarleistungen, der Vereinbarkeit von Elternschaft und Beruf, der Einstellungen von Erwachsenen zu Kindern und der Entwicklung und Verbreitung neuer Lebensformen und Paarbeziehungen in Ost- und Westdeutschland im Mittelpunkt. Mehrere Abteilungen des DJI analysieren die Auswirkung wirtschaftlicher, sozialer, kultureller und politischer Entwicklungen auf das Leben von Jugendlichen, auf ihre dementsprechenden Orientierungen, Chancen und Risiken. Darüber hinaus werden in einer Reihe von Projekten die institutionellen Angebote der Jugendhilfe vor dem Hinter-

grund dieser Entwicklungen analysiert und Vorschläge für weiterführende Konzepte erarbeitet.
Der replikativ-repräsentative Jugendsurvey ermöglicht eine differenzierte Erfasung der Entwicklung der Lebensverhältnisse junger Menschen sowie ihrer soziopolitischen Orientierungen.
Die Mädchen- und → Frauenforschung verfolgt zum einen in einer längerfristigen Forschungsperspektive Fragestellungen zum Wandel von Lebensverläufen, Lebensformen und Lebensentwürfen von Frauen und Männern, zum anderen wichtige aktuelle Themen der deutschen und europäischen Frauenpolitik und Jugendhilfe.
Die Kindheitsforschung des DJI untersucht Aspekte des Kinderalltags in regionalen Bezügen und hebt dabei besonders die Perspektive der Kinder selbst hervor. Es wird verstärkt die soziale Lage von Kindern als eigene Bevölkerungskategorie beobachtet. Mittelfristig soll dies in eine Sozialberichterstattung über Kinder einmünden.
Die neue, Mitte 1996 gegründete DJI-Abteilung »Jugend und Bildung« sieht Forschungsbedarf für die Bereiche der → Erziehungsziele, der Kooperation und Vernetzung von Institutionen und nichtinstitutionellen Lebensräumen und für spezifische Probleme in den Lebenslagen von Schulkindern. *Richard Rathgeber*

Deutsches Rotes Kreuz (DRK) Föderativer Verband mit 19 Landesverbänden (551 selbständige Kreisverbände und über 5000 Ortsvereine) und dem Verband der Schwesternschaften vom DRK als Mitgliedsverbände. Das Brändström-Haus in Hamburg ist als Bildungsstätte und Kurheim ein dem Bundesverband angeschlossener Verein. Weitere Vereine und auch → Selbsthilfegruppen sind dem DRK auf Landes- und Kreisverbandsebene angeschlossen. Der Internationale Bund für Sozialarbeit Jugendsozialwerk e.V. in Frankfurt ist mit dem DRK durch einen Kooperationsvertrag verbunden.
Das DRK ist nationale Rotkreuz-Gesellschaft der Bundesrepublik Deutschland i.S.d. Genfer Rotkreuz-Abkommen vom 14.8.1949 und Spitzenverband der → freien Wohlfahrtspflege. Seine Arbeit basiert auf den sieben Grundsätzen des DRK: Menschlichkeit, Unparteilichkeit, unabhängige Neutralität, Einheit, Freiwilligkeit und Universalität.
Als Wohlfahrtsverband ist das DRK auf allen Arbeitsfeldern der → Sozialarbeit tätig. Die Arbeitsschwerpunkte sind entsprechend dem gesellschaftlichen Bedarf der personellen Kapazität der hauptamtlichen und ehrenamtlichen Kräfte (→ Ehrenamtliche Tätigkeit im sozialen Bereich) sowie den finanziellen Rahmenbedingungen differenziert ausgestaltet. Das DRK ist Träger von → Einrichtungen der → Altenhilfe, Kur- und Erholungshilfe, Kinder- und → Jugendhilfe und Behindertenarbeit. In den Landesverbänden werden zahlreiche ambulante Dienste vom Hausnotruf bis zu pflegerischen Hilfen durch → Sozialstationen angeboten, Kursprogramme zur Gesundheitsprävention durchgeführt und besondere Hilfen für Aussiedler, → Flüchtlinge und ausländische Mitbürger geleistet. Das DRK verfügt über eigene Ausbildungsstätten zur Qualifizierung und → Fortbildung der ehrenamtlichen und hauptamtlichen Mitarbeiter sowie für die Ausbildung zur Altenpflege. Der Verband der Schwesternschaften vom DRK mit 35 Schwesternschaften ist in der → Ausbildung der Krankenpflege (→ Krankenpflegeberufe) tätig und bietet in der Göttinger Werner-Schule Fortbildung und Qualifizierung für Leitungskräfte in der Pflege an.
Als nationale Rotkreuz-Gesellschaft wirkt das DRK im Zivilschutz und dem Sanitätsdienst der Bundeswehr mit. Der Suchdienst und die Hilfe für Opfer von Notständen, Katastrophen und Konflikten gehören zu seinen Aufgaben als nationale Rotkreuz-Gesellschaft. Hierzu unterrichtet das DRK die Bevölkerung in Kursen über Erste Hilfe und hält mit ehrenamtlichen Bereitschaften ausgebildete Gruppen für den Einsatz bei Katastrophen vor.
Sowohl mit haupt- und ehrenamtlichen → Fachkräften wie auch mit technischen Hilfen unterstützt das DRK auch Hilfen anderer Rotkreuz-Gesellschaften (Liga der Gesellschaften des Roten Kreuzes und des Roten Halbmondes) oder des Internationalen Roten Kreuzes (IKRK) in Genf.
Das DRK ist Träger zahlreicher Rettungsdienste und Krankentransportdienste sowie von 11 Blutspendediensten.
Das Jugendrotkreuz ist mit seinen Mitgliedern in Aufgabenbereichen eines Jugendverbandes aktiv. Es erfüllt damit die Bildungsaufgaben eines freien Jugendverbandes, ist Mitglied im → Deutschen Bundesjugendring und hat zugleich alle Rechte und Pflichten einer Rotkreuz-Gemeinschaft.
Anschrift: DRK-Generalsekretariat, Friedrich-Ebert-Allee 71, 53113 Bonn. *Hannelore Freyer*

Deutsches Zentralinstitut für soziale Fragen (DZI) Eine gemeinnützige Stiftung des privaten Rechts. Den Vorstand bilden: Senat von Berlin, → Bundesministerium für Familie, Senioren, Frauen und Jugend, → Deutscher Städtetag, Industrie- und Handelskammer zu Berlin, → Bundesarbeitsgemeinschaft der Freien Wohlfahrtspflege. Seit der Gründung 1893 als »Archiv für Wohlfahrtspflege« ist es u.a. die Aufgabe des Instituts, alles erreichbare Material über humanitär tätige Organisationen zu sammeln und für Interessenten bereitzuhalten. Das Material bildet, seit 1991 EDV-gestützt, die Grundlage der Spenderberatung.

Dazu hat das DZI das DZI Spenden-Siegel entwickelt, ein Nachweis erfolgreich abgeschlossener freiwilliger Prüfung über die sinnhafte und sparsame Verwendung der Spendengelder. Das Institut ist Mitglied des Arbeitskreises Spendenwesen der Deutschen Gewerblichen Wirtschaft, Bonn. Die Spezialbibliothek steht auf dem Gebiet der → Sozialarbeit/Sozialpädagogik als Informations- und Dokumentationsstelle jedermann zur Verfügung (Literatur-Recherchen). Die Literaturdokumentation erfolgt seit 1979 EDV-gestützt.
Die Arbeit des Verlages im DZI umfaßt:
1. Fachzeitschrift »Soziale Arbeit« mit monatlicher Zeitschriftenbibliographie,
2. »Der Führer durch das soziale Berlin« (Graubuch), – die 17. Aufl. 1996/97 ist in Vorbereitung.
Sonstige Einrichtungen: Video-Filmothek für Behinderte.
Anschrift: Bernadottestraße 94, 14195 Berlin. *Lutz Worch*

Deutsches Zentrum für Altersfragen e.V. (DZA) ist ein auf dem Gebiet der → Gerontologie und → Altenhilfe tätiges wissenschaftliches Institut. Sein Satzungsauftrag lautet, Erkenntnisse über die Lebenslage alternder und alter Menschen zu erweitern, zu sammeln, aufzubereiten und zu verbreiten. Mittel zur Durchsetzung dieser Ziele ist die Wahrnehmung folgender Aufgaben: Dokumentation, angewandte sozialgerontologische Forschung, Information und Beratung, Organisation und Durchführung von Tagungen und Kongressen, Herausgabe von Publikationen. Eine wichtige Aufgabe des Instituts ist es, als Wissensvermittler zwischen Wissenschaft und Praxis zu fungieren. Dabei zählt zu dem Bereich der Wissenschaft das breite Spektrum wissenschaftlicher → Sozialpolitik mit Bezug zu Menschen diesseits und jenseits der Pensionierungsgrenze. Die Praxis umfaßt die praktische Altenhilfeleistung verschiedenster Träger ebenso wie die Verwaltungstätigkeit der öffentlichen Hand auf diesem Gebiet. Die konkret behandelten Themen folgen der aktuellen Diskussion und Problemerörterung.
Zentrale Publikationen des Instituts sind seine Schriftenreihe »Beiträge zur Gerontologie und Altenhilfe« und das Informationsblatt »altenhilfe«. Eine gerontologische Literaturdatenbank GEROLIT liegt seit 1994 öffentlich zugänglich bei dem Datenbankhost DIMDI in Köln auf (mit über 60 000 Nachweisen). Eine gerontologische Statistikdatenbank GEROSTAT ist im Aufbau begriffen.
Träger des DZA, das seine Arbeit 1974 aufgenommen hat, ist ein eingetragener gemeinnütziger Verein. Zuwendungsgeber des Instituts sind das → Bundesministerium für Familie, Senioren, Frauen und Jugend (BMFSFJ) und die Senatsverwaltung für Gesundheit und Soziales, Berlin. Das Institut verfügt insgesamt über 20,5 Planstellen.
Anschrift: Manfred-von-Richthofen-Straße 2, 12101 Berlin. *Margret Dieck†*

Deutsche Vereinigung für die Rehabilitation Behinderter. Sie ist der einzige nationale Fachverband für die interdisziplinäre medizinische, schulisch-berufliche und soziale → Rehabilitation, in dem Vertreter von Berufsverbänden, Behinderten- und Selbsthilfeorganisationen (→ Selbsthilfe), Rehabilitationseinrichtungen, Leistungsträgern der Rehabilitation sowie Experten aus vielen sozial- und Gesundheitsberufen zusammengeschlossen sind. Sie ist somit das interdisziplinäre Forum für den selbständigen Dialog aller mit der Rehabilitation befaßten Fachleute als Einrichtungen, Körperschaften und Verbänden unter Mitwirkung der Betroffenen.
Zu den satzungsmäßigen Aufgaben gehören: Anregung und Unterstützung von Maßnahmen zur Rehabilitation behinderter Menschen, Förderung der Prävention von Behinderungen, Beratung der Gesetzgebungsorgane im Sozial- und Gesundheitsrecht, Anregung und Förderung von Forschungsvorhaben, Förderung des wissenschaftlich-theoretischen Dialoges und des praktischen Erfahrungsaustausches auf nationaler wie internationaler Ebene sowie die Förderung des Verständnisses für Behinderte und für die Bedeutung der Rehabilitation in der Öffentlichkeit.
Die Tagungs- und Kongreßberichte erscheinen in der Publikationsreihe »Interdisziplinäre Schriften zur Rehabilitation«. Wissenschaftliches Organ der Deutschen Vereinigung ist die gemeinsam mit der → Bundesarbeitsgemeinschaft für Rehabilitation (BAR) herausgegebene Fachzeitschrift »Die Rehabilitation«.
Die Deutsche Vereinigung für die Rehabilitation Behinderter vertritt gemeinsam mit der BAR die Belange der Rehabilitation der Bundesrepublik Deutschland im Weltverband Rehabilitation International (RI), New York, und auf europäischer Ebene in der RI-European-Communities' Association (RI-ECA), Brüssel. Sie stellen im Wechsel den deutschen RI-Nationalsekretär und entsenden Experten zu internationalen Fachgremien und Veranstaltungen.
Anschrift: Friedrich-Ebert-Anlage 9, 69117 Heidelberg. *Martin Schmollinger*

Deutsche Vereinigung für Jugendgerichte und Jugendgerichtshilfen e.V. (DVJJ) wurde anläßlich des 4. Jugendgerichtstages im Jahr 1917 in Berlin gegründet. Ihre gegenwärtig ca. 2 000 Mitglieder kommen aus allen an der Jugendkriminalrechtspflege beteiligten Berufssparten (→ Jugendgericht, Staatsanwaltschaft, Rechtsanwaltschaft, freie und öffentliche → Jugendhilfe,

insbes. Jugendgerichtshilfe [JGH], → Bewährungshilfe, → Heimerziehung, Polizei, Rechtswissenschaft, → Erziehungswissenschaft, Jugendpsychologie und -psychiatrie, → Strafvollzug). In allen Bundesländern haben sich die Mitglieder der DVJJ zu Regional- und Landesgruppen zusammengeschlossen, um die speziellen Fragen und Probleme der jugendstrafrechtlichen Praxis ihres Bereiches zu erörtern.
Die DVJJ ist bemüht, alle mit der → Jugendkriminalität zusammenhängenden Fragen wissenschaftlich zu erörtern und praktisch zu fördern. Die DVJJ fungiert als ein unabhängiges Fach- und Beratungsorgan für kriminalpolitische und praxisrelevante Fragestellungen der Jugendkriminalrechtspflege. Eine Hauptaufgabe der DVJJ besteht in der → Aus- und → Fortbildung der in der Jugendkriminalrechtspflege Tätigen. Zu diesem Zweck veranstaltet sie Fachtagungen und den alle drei Jahre stattfindenden Jugendgerichtstag. Durch Erstattung von → Gutachten, Stellungnahmen und Ausarbeitung von Gesetzesentwürfen übt sie Einfluß auf die Gestaltung und Reform des gesamten Jugendstrafrechts aus. Neben einer Schriftenreihe, in der unter anderem die Dokumentationen der Jugendgerichtstage, der Reader »Ambulante sozialpädagogische Maßnahmen für junge Straffällige« und der »Leitfaden für Jugendschöffen« erschienen ist, gibt die DVJJ – für Mitglieder kostenlos – mit dem DVJJ-Journal eine vierteljährlich erscheinende Fachzeitschrift zum Thema Jugendkriminalrecht und Jugendhilfe heraus.
Anschrift: Lützerodestraße 9, 30161 Hannover. *Thomas Trenczek*

Deutsch-Französisches Jugendwerk (DFJW), aufgrund des deutsch-französischen Vertrages am 5. 7. 1963 gegründet, ist eine binationale Institution für interkulturellen Austausch. Seit 1963 wurden über 5 Mio. junge Deutsche und Franzosen in kurz- und längerfristigen Programmen gefördert, die sich auf die Bereiche der außerschulischen → Jugendarbeit und auf alle die Jugend betreffenden Gebiete erstrecken, z. B. Schule, Universität, Beruf, Städtepartnerschaften, Kunst. Neben der finanziellen Förderung von Begegnung und Austausch unterstützt das DFJW die pädagogische Ausbildung von Gruppenleitern und Animateuren auf der Basis wissenschaftlicher Untersuchungen. Es entwickelt adäquate Methoden und bildet aus für die Spracharbeit im Rahmen der Begegnungen und sorgt für eine bessere Verfügbarkeit von Informationen über das Nachbarland. Partner des DFJW sind Jugend- und Sportverbände, Jugendämter, Städte und Bundesländer, Gewerkschaften und Kammern, Bildungsstätten, allgemein- und berufsbildende Schulen, Universitäten und Sprachinstitute.

Das DFJW verfügt für seine Arbeit über einen Fonds, zu dem die beiden Regierungen zu gleichen Teilen Beiträge leisten. Es wird von einem Kuratorium geleitet, das sich aus deutschen und französischen Vertretern verschiedener Ministerien sowie Persönlichkeiten und Leitern von Partnerorganisationen zusammensetzt. Präsidenten des Kuratoriums sind der deutsche und der französische Jugendminister. Das ausführende Organ des Kuratoriums ist der Generalsekretär des DFJW, Francis Bellanger, dem ein stellvertretender Generalsekretär, Hartwig Möbes, zur Seite steht. Die binationale integrierte Verwaltung des Jugendwerks hat ihren Sitz in Bad Honnef und verfügt über ein Büro in Paris.
S. a. → Internationale Studien- und Austauschprogramme.
Anschrift: Rhöndorfer Str. 23, 53604 Bad Honnef.

Devianz → Abweichendes Verhalten

Dezentrale Ressourcenverantwortung → Verwaltungsmodernisierung

Dezentralisation 1. In der Organisationstheorie ein Prinzip zur Aufteilung von Aufgaben auf Glieder und Organe (Elemente) einer Einheit (System, z. B. → Verwaltung). Eine → Organisation ist dezentralisiert, wenn und soweit auf ihre Elemente durch eine Art Abtretung Zuständigkeiten (→ Kompetenz) übertragen werden, die nicht den Anweisungen anderer Glieder/Organe unterliegen.
2. In der Verwaltungslehre die Übertragung von staatlichen Verwaltungsaufgaben auf verselbständigte Verwaltungsträger (Behörden) zu eigenverantwortlicher Wahrnehmung (sog. mittelbare Staatsverwaltung im Gegensatz zur → Zentralisation: unmittelbare Staatsverwaltung). Die D. berührt insbes. das Verhältnis von Bund, Ländern, Kreisen und Gemeinden.
Die Gegenüberstellung Zentralisation – D. wurde aus dem Bereich der Politik in das → Verwaltungsrecht übertragen und wird heute in verwirrender Weise gebraucht. Häufig wird sie – auch wegen des Zusammenhangs mit der Organisationslehre – mit dem Begriffspaar → Konzentration/→ Dekonzentration vermischt. *Robert Groell*

Dezernat Organisatorische Gliederung, Teil einer Gesamtverwaltung (→ Verwaltung) von → Landkreisen, Ländern und Städten mit unterschiedlich gegliederten Aufgabenbereichen wie z. B. Soziales, Jugend, Bau, Kultur, Umwelt, Finanzen. Diesen Aufgaben entsprechend gliedert sich die Gesamtverwaltung je nach ihrer Größe in verschiedene D. Die Sozial. umfassen meistens mehrere Ämter, wobei die Zuordnung von einzelnen Aufgaben unterschiedlich ist. So kann es in

sehr großen Verwaltungen getrennte Sozial- und Jugendd. geben. Zweckmäßigerweise sind die Aufgaben des → Sozialamtes, des → Jugendamtes und der → Sozialen Dienste, des Ausgleichsamtes (→ Lastenausgleich [LA]), des → Wohngeldes, des Bundesausbildungsförderungsgesetzes (BAföG), des Amtes für Vertriebene und → Flüchtlinge, der Kriegsgefangenenentschädigung, der Häftlingshilfefragen, der → Kriegsopferfürsorge, des → Unterhaltssicherungsgesetzes (USG), der → Betreuungsbehörde und des Versicherungsamtes in einem d. zusammengefaßt, weil sie inhaltlich zusammenhängen.
Zu den Soziald. gehören auch häufig die Verwaltung der kommunalen Heime, der → Kindergärten, → Kindertagesstätten und Jugendhäuser. In einigen Bundesländern sind die Aufgaben des → Gesundheitsamtes (GA) ebenfalls den Soziald. zugeordnet.
Die Struktur der D. ist unterschiedlich. Sie kann sich in Ämter, Abteilungen und Sachgebiete untergliedern. Häufig ist die Dreiteilung in D., Amt und Sachgebiet.
Dem D. steht der Dezernent vor, entweder als gewählter Beigeordneter oder als Bediensteter der jeweiligen Kommune mit unterschiedlicher Besoldung und unterschiedlichem Dienstgrad. Die Dezernenten unterstehen meist direkt dem obersten Dienstherrn, Landrat, Oberbürgermeister etc.
Stefan Karolus

Diagnose Ein besonders in der Medizin gebräuchlicher Ausdruck für das (Untersuchungs-)Verfahren zur Krankheitsbestimmung. Im Zuge der Professionalisierung der → Sozialarbeit in den USA führt M. Richmond 1917 im Rahmen des Casework (→ Einzel[fall]hilfe) die D. als beruflichen Arbeitsvorgang ein. A. Salomon greift 1926 in Deutschland diesen neuen fachlichen Begriff auf. Bereits in den Anfängen der beruflichen Sozialarbeit ist eine mehrdimensionale Sichtweise auf die Trias Person-Problem-Situation angelegt (s. Staub-B.). Der D.begriff mußte aber so lange relativ eindimensional auf den Aspekt Person ausgerichtet bleiben, bis sich ein interdisziplinärer Theoriebestand für Sozialarbeit entfaltete. Anfang der 50er Jahre erscheint in der amerikanischen Literatur (F. Hollis) der Begriff »psychosoziale Diagnose« (p.D.). Er drückt eine Abwendung von der anfangs noch überwiegend medizinisch orientierten Diagnostik aus, die – von der Krankheitslehre ausgehend – Symptome einer bekannten, bereits erforschten und beschriebenen Krankheit zuordnet, die sich in der Person lokalisiert. Die soziale Situation des Klienten, z.B. → Familie, Arbeit, Wohnung, → Nachbarschaft wird nun stärker in die D. einbezogen. Das konnte in dem Maße erfolgen, wie Theorien des sozialen Handelns, des sozialen Verhaltens (→ Sozialverhalten) und der → Kommunikation entwickelt wurden und in die soziale Arbeit Eingang fanden. Trotz dieser Fokuserweiterung der D. blieb sie insofern noch dem medizinischen D.konzept verhaftet, indem sie hauptsächlich defektorientiert ausgerichtet war und dem medizinischen Linearmodell von → Anamnese, D. und Behandlung folgte, obwohl in der sozialarbeiterischen Praxis oft die eine Phase nicht »wartet«, bis die vorhergehende abgeschlossen ist. Tatsächlich verlaufen Handlungsprozesse in der sozialen Arbeit zumeist zirkulär. Die einzelnen Handlungsschritte sind miteinander verwoben, da sie einer beständigen Rückkoppelungsdynamik unterliegen. Die in den 70er Jahren beginnende Aufnahme system- (→ Systemtheorie) und kommunikationstheoretischer Erkenntnisse in die soziale Arbeit, die hauptsächlich über das Interesse an familientherapeutischen Konzepten erfolgte, führte zu einem besseren Verständnis der Dynamik des Handlungsprozesses und der Bedeutung von D. Mit der Folge, daß die Begriffe D. und p.D. als Fachtermini im Rahmen eines neuen Fachlichkeitsverständnisses sozialer Arbeit zunehmend ungebräuchlicher wurden, vor allem aus folgenden Gründen: a) Abwendung von einer Defekt- und Hinwendung zu einer Kompetenz- und Ressourcenorientierung. Für diesen Perspektivwechsel liegen allerdings aus den Sozialwissenschaften noch nicht genügend fundierte und für die soziale Arbeit verwertbare griffige Einschätzungskriterien vor. b) Ausdifferenzierung der Systemtheorie durch die Übernahme erkenntnistheoretischer Aussagen des Konstruktivismus. Dadurch wurde auch in der systemisch ausgerichteten sozialen Arbeit (→ systemischer Ansatz) fragwürdig, mit D. zu operieren, wenn sie denn keinen objektiven Gehalt haben können, sondern nur subjektive Konstruktionen angenommener Wirklichkeiten darstellen. Auch der Hinweis, D. als hilfreiche stellvertretende Deutungen eines distanzierten fachlichen Experten für den in einem zu engen oder weiten Deutungsmuster verwickelten Klienten zu begründen, stößt in der sozialen Arbeit z.T. auf Skepsis, da gerade hier D. auch als Begründungsinstrument sozialer Kontroll- und Sanktionsmaßnahmen benutzt werden kann. c) Der im 8. Jugendbericht aufgenommene und weitergeführte Perspektivwechsel hin zu einer lebensweltlich (→ Lebenswelt) ausgerichteten, ganzheitlichen sozialen Arbeit u.a. mit den Maximen der → Prävention, Alltagsnähe und Partizipation setzt sich aus von einem individualisierenden fallbezogenen Handlungsprozeß. Anstelle von D. treten hier kommunikative Absprachen und offene, gleichberechtigte Aushandlungsprozesse, in denen theoretische Erklärungs- und Handlungswissen der beruflichen Helfer mit dem lebensweltlichen Betroffenheitswissen und -können der Klienten quasi in einen dialektischen Dialog treten mit dem Ziel, zu in etwa gemeinsamen Einschätzungen im Rahmen der Trias Person-Problem-Situation zu gelangen, die als nicht endgültig, sondern vorläufig und revidierbar betont werden und dennoch die Basis für zielorientierte Veränderungsprozesse liefern. Notwendig ist dabei, daß der Sozialarbeiter seine impliziten Wirklichkeitskonstruktionen (die immer »mitlaufen«) in geeigneter Form expliziert, um damit von seiner Seite den Einschätzungs- und Hilfeprozeß transparenter und nachvollziehbarer zu gestalten. In diesem Zusammenhang hat sich der berufliche Helfer als Person und als Teil eines sozialen Dienstleistungssystems selbst auch problemlösungsbeurteilend einzuschätzen (→ Supervision). Demnach ist die Dynamik und Begrenzung der im Feld der institutionellen → Beratung wirksamen Kräfte genauso Gegenstand des Aushandlungsprozesses wie die Lebenswelt der Klienten.

Eine gewisse Problematik liegt darin, daß von sozialer Arbeit im interinstitutionellen Zusammenspiel mit anderen Professionen bei der Einschätzung von problemhaltigen Lebenslagen erwartet wird, feststehende D. bzw. p.D. über die Bereiche zu liefern, die die anderen Professionsvertreter verkürzt oder gar nicht in den Blick nehmen, die aber zur ganzheitlichen Erfassung notwendig sind, jedoch evtl. auch die Begründung für Kontroll- und Sanktionsmaßnahmen liefern soll. Soziale Arbeit kann sich hier oft nicht gänzlich verweigern, wenn sie wichtig und hilfreich sein will. Die Gefahr, daß D. zur → Stigmatisierung der Klienten führt und als Herrschaftsinstrument gegen sie benutzt wird, ist dann geringer, wenn: a) verdeutlicht wird, daß es sich um eine zeit-, orts- und personengebundene Momentaufnahme handelt; b) die Aussagen einen beschreibenden Charakter haben und auf etikettierende Begrifflichkeiten verzichtet wird; c) neben defizitären Faktoren auch funktionale Aspekte aufgezeigt werden. Der Begriff D. und p.D. wird aufgrund eines sich in Wandlung befindenden Verständnisses sozialer Arbeit zunehmend ersetzt durch Begriffe wie z.B. Problemerfassung, Einschätzungsprozeß und → Hypothesen.

Lit. Müllensiefen: »Neue Fachlichkeit«; Oswald, G. u.a.: Familienberatung; Salomon: Diagnose; Staub-Bernasconi: Systemtheorie. *Dietmar Müllensiefen*

Diagnoseschlüssel psychischer Störungen
→ Klassifikationssysteme psychischer Störungen

Diagnostic and Statistical Manual of Mental Disorders, Third Edition, Revised (DSM-III-R) → Klassifikationssysteme psychischer Störungen

Diagnostische Schule → Einzel(fall)hilfe

Diakon/-in D. sind von der jeweiligen Kirche durch Einsegnung (evangelisch) oder Weihe (katholisch) berufene kirchliche Amtsträger. D. gibt es seit den Anfängen der Kirche. In der katholischen Kirche wurde das Diakonat lange Zeit nur auf eine Durchgangsstufe zum Priestertum reduziert, erfuhr jedoch eine Erneuerung im 2. Vatikanischen Konzil (1962-1965). In der Evangelischen Kirche entstand das Diakonat im 19. Jh.

1. In der Evangelischen Kirche ist D., wer eine fachbezogene Ausbildung für eine Tätigkeit im Sozialbereich absolviert. D. werden ausgebildet als Krankenpfleger/-innen (→ Krankenpflegeberufe), → Erzieher/-innen, → Sozialarbeiter/-innen und Sozialpädagogen/Sozialpädagoginnen, → Altenpfleger/-innen sowie Arbeits- und Sozialtherapeuten/Sozialtherapeutinnen. Die zweite Qualifikation (doppelte Qualifikation) erhalten die D. in einer mindestens zweijährigen diakonisch-theologischen Ausbildung, die in Ausbildungsstätten für D. angeboten wird. Beide Ausbildungen, die fachbezogene und die diakonisch-theologische sind als eine sog. doppelt qualifizierte Ausbildung anzusehen. Diese Ausbildung befähigt die D., in Kirchengemeinden, Kirchenkreisen, Diakonischen Werken und Heimen zu arbeiten. Eine Ausnahme besteht in der Landeskirche Hannover und in der sächsischen Landeskirche. Dort werden Diplom-Religionspädagogen/Religionspädagoginnen zu D. eingesegnet. Eine Qualifikation im Sozialbereich wird ebenfalls angestrebt. In der Württembergischen Landeskirche kann man mit der Ausbildung ein »Doppeldiplom« in Religionspädagogik und Sozialarbeit erlangen. Evangelische D. sind i.d.R. Mitglieder einer diakonischen Gemeinschaft, die im Verband Evangelischer Diakonen- und Diakoninnengemeinschaften in Deutschland e.V. zusammengeschlossen sind.

2. In der Katholischen Kirche werden seit 1968 in der kirchlichen Laienarbeit bewährte, zumeist verheiratete Männer zu (ständigen) Diakonen geweiht. Die theologische und praktische Ausbildung erfolgt vorwiegend berufsbegleitend. Die Mehrzahl der D. übt den Zivilberuf (als Erzieher, Lehrer, Sozialarbeiter, Freiberufler, Arbeiter usw.) weiter aus, andere arbeiten hauptberuflich als D. Sie leisten verschiedene soziale und karitative (»diakonale«), katechetische und liturgische Dienste, überwiegend in Kirchengemeinden. Künftige Priester werden weiterhin für eine 6- bis 12monatige Durchgangsstufe zum D. geweiht.
Eberhard Seyfang

Diakonisches Werk der Evangelischen Kirche in Deutschland Die evangelischen Landes- und Freikirchen haben mit dem DW der EKD einen bundesweiten Dachverband für ihre Organisationen und Initiati-

ven sozialer Hilfe. Zugleich ist das DW der EKD der älteste und – nach der katholischen Caritas – der zweitgrößte der 6 Spitzenverbände der Freien Wohlfahrtspflege in Deutschland. Das DW der EKD gliedert sich wie folgt: Auf regionaler Basis arbeiten die DW der 24 Landeskirchen der EKD und der 9 Freikirchen. Ihnen sind diakonische → Anstalten, → Einrichtungen und ambulante Dienste (→ Sozialpflegerische Dienste) im jeweiligen Zuständigkeitsbereich angeschlossen. Darüber hinaus beraten sie die diakonischen Kreis- oder Bezirksstellen, deren Aufgabe es vor allem ist, in die Gemeinden hineinzuwirken. Auf überregionaler Basis arbeiten rund 100 Fachverbände. Landes- und Fachverbände sind im DW der EKD zusammengeschlossen, dessen Organe die Diakonische Konferenz, der Diakonische Rat und die Geschäftsführung (Hauptgeschäftsstelle) sind. Die Mitglieder im DW der EKD (Landeskirchen, Freikirchen und Fachverbände) vertreten ca. 29 000 rechtlich selbständige Einrichtungen in jeweils unterschiedlicher Größe. In ihnen sind rund 330 000 hauptamtliche Mitarbeiterinnen und Mitarbeiter voll- oder teilzeitbeschäftigt. Zum Auftrag der Kirche gehört die Sorge für alle Menschen, die der Hilfe bedürfen. Gemäß dem Verständnis der Diakonie als Sozialgestalt der Kirche ist das DW der institutionelle Ausdruck einer Wesens- und Lebensäußerung der Kirche. Es hat die Aufgabe, die diakonische und missionarische Arbeit anzuregen, zu planen und zu fördern, um den Gemeinden dadurch zu helfen, die im Evangelium bezeugte Liebe Gottes auch durch ihr Sein und Handeln mitzuteilen. Um diese Aufgabe zu erfüllen, unterstützt das Werk die Zusammenarbeit und gemeinsame Planung der DW der Gliedkirchen, der Fachverbände sowie der Diakonie der Freikirchen. Dies gilt besonders für folgende Arbeitsbereiche: für junge Menschen, für → Familien, für Kranke, für → Behinderte, für alte Menschen, für sozial benachteiligte Personen und Gruppen (→ Soziale Benachteiligung), für → Gefährdete sowie für die → Ausbildung, → Fort- und → Weiterbildung der Mitarbeiter. Beheimatet im DW sind zudem die volksmissionarischen und seelsorgerlichen Dienste sowie die einschlägigen Beratungsdienste. Eine wichtige Aufgabe des DW besteht darin, in Zusammenarbeit mit dem DW der Gliedkirchen und der Freikirchen den Aufbau diakonisch und missionarisch lebendiger Gemeinden zu fördern. Beim DW der EKD liegt auch die Geschäftsführung von »Brot für die Welt«, ferner die Bearbeitung von Projekten und Programmen, die durch den »Kirchlichen Entwicklungsdienst« gefördert werden. Das Werk vertritt die genannten Aufgabengebiete namens der Evangelischen Kirche in Deutschland sowohl gegenüber der Bundesrepublik als auch gegenüber in- und ausländischen zentralen Organisationen und in der Öffentlichkeit.
Anschrift der Hauptgeschäftsstelle: Stafflenbergstr. 76, 70184 Stuttgart.

Walther Specht

Dialog Wechselgespräch (im Gegensatz zum Monolog). Im Aufeinandertreffen verschiedener Erfahrungen, → Wahrnehmungen oder Meinungen (→ Attitüden) können beim Überwinden der Widersprüche Erkenntnisse gewonnen werden. Das Gelingen eines D. erfordert bestimmte Strukturen (z. B. Abbau von Abhängigkeit und Machtgefälle) wie auch bestimmte Fähigkeiten (Wahrnehmen, Zuhören können).
Der philosophische D. als Methode wurde bei Sokrates und Platon entwickelt: im offenen fragenden Gespräch wurde versucht, das Wesen der Dinge schrittweise zu erhellen. Neben der durchgängigen Beschäftigung mit dem Dialogischen in Philosophie und Pädagogik erlangte der Begriff besondere Bedeutung in der dialogischen Methode von P. Freire: die Situation der Lernenden wird gemeinsam mit dem Lehrer in einem Prozeß wechselseitiger Aufklärung entschlüsselt, wobei Aktion und Reflexion einander bedingen (→ Freire-Pädagogik).
Lit. Bendit u. a.: Paolo Freire.

Hartmut Walther

Dialogisches Prinzip ist der Oberbegriff für Martin Bubers Philosophie des Zwischenmenschlichen. Er unterscheidet zwei Haltungen, sich zur Welt oder zum anderen Menschen zu stellen; das Ich-Du-Verhältnis und das Ich-Es-Verhältnis. Ersteres beinhaltet, den anderen Menschen wirklich zu meinen und – dessen »Anderheit« bejahend – zum echten Gespräch und zur Begegnung zu gelangen. Ich-Es-Verhältnis bedeutet, daß für ein Ich alles (auch der andere Mensch) zum Gegenstand seiner objektivierenden Beobachtung wird. Dieses so behandelte Gegenüber wird benutzt; eine wechselseitige »Umfassung« und Beeinflussung findet nicht statt. Buber kennt drei Arten des Dialogs: 1. den »echten«, in lebendiger Gegenseitigkeit realer Personen; 2. den »technischen«, der aus der Notwendigkeit sachlicher Verständigung entsteht und 3. den »dialogisch verkleideten Monolog«, in dem zwei oder mehrere Menschen jeder jeweils mit sich selber redet. Die Sphäre des Zwischenmenschlichen, deren Entfaltung Buber das »Dialogische« nennt, ist vermutlich die zentrale Quelle der Heilung im psychotherapeutischen Prozeß.
Lit. Buber: Dialogisches Prinzip.

Wilfried Reifarth

Dialyse Die Entwicklung von künstlichen Nieren (Dauerd.) – in den USA im Jahre 1960, in Deutschland im Jahre 1963 – ermöglicht Patienten mit chronischem Nierenversagen ein Weiterleben (1996: über

Diätzulage

40 000 D.patienten in Deutschland). Die D. (Blutwäsche, Entfernen der Giftstoffe aus dem Körper) wird in → Krankenhäusern, D.zentren, in Praxen niedergelassener Ärzte oder Wohnungen der Patienten (Heimd.) durchgeführt. Es besteht lebenslängliche Abhängigkeit von einer Maschine (künstliche Niere), die nur durch eine Transplantation beendet werden kann.

Neben der → medizinischen ist eine → berufliche und → soziale Rehabilitation erforderlich. Der Einsatz von → Sozialarbeitern, möglichst im Rahmen eines → Sozialdienstes im Krankenhaus oder einer D.einrichtung, sollte spätestens mit dem Anschluß an die künstliche Niere beginnen.

Aufgabenbereiche der Sozialarbeiter sind insbesondere: Erstellung von Sozialanamnesen (→ Anamnese), Hilfen bei der Beschaffung von geeignetem Wohnraum für die Heimd. und eines Schwerbeschädigtenausweises bei Leistungen nach dem → Sozialgesetzbuch (SGB V, XI), dem → Bundessozialhilfegesetz (BSHG), bei Umsetzungs-, Umschulungs-, Familienerholungsmaßnahmen, → Freizeitpädagogik, → Beratung und → persönlicher Hilfe unter den Aspekten: Leben mit der → Krankheit, der Maschine (z.B. Abhängigkeit, Einschränkung der sozialen Beziehungen), Rollenwechsel, sozialer Abstieg, Lebensberatung (Sexual-, Partnerprobleme, Weiterleben – Tod, Suizidgefahr? [→ Selbsttötung], → Sterbebegleitung, genetische Probleme – Angst vor Vererbung – (→ genetische Beratung). Zusammenarbeit ist u. a. erforderlich mit: → Ärzten, → Pflegekräften, Angehörigen (→ Angehörigenarbeit), → Partnern, Sozialversicherungs- (→ Sozialversicherung), → Sozialhilfeträgern, Wohlfahrtsverbänden (→ Freie Wohlfahrtspflege), → Gesundheitsämtern, → Arbeitsämtern, Wohnungsvermietern, → Betriebsräten, Arbeitgebern, → Behindertenverbänden, → Selbsthilfegruppen.

Ziel der Arbeit muß sein, den Patienten und sein → soziales Umfeld zu befähigen, mit der Krankheit, der Maschine und den daraus resultierenden Problemen zu leben und die auftretende Konflikte zu verarbeiten.

Seit 1993/94 besteht in Deutschland eine von Sozialarbeitern, die mit Dialysepatienten arbeiten, gegründete Arbeitsgemeinschaft »Sozialarbeit in der Dialyse«, Sitz: Kurt Hoeke, Mehringplatz 33, 10969 Berlin.

Lit. Engel, K.: Heimdialyse-Patienten; Krämer, R.: Nierenersatztherapie; Reinicke: Krankenhaus-Sozialarbeiter; Reinicke: Hilfen; Reinicke: Dialysepatienten.

Peter Reinicke

Diätzulage → Mehrbedarf

Didaktik bearbeitet die grundsätzlichen, jedes intentional (absichtsvoll) geplante → Lernen betreffenden Problemkreise (→ Curriculum), d. h., D. ist die Wissenschaft vom Lehren und Lernen. Die Theoriebildung erfolgte größtenteils im Hinblick auf den schulischen Unterricht, doch zunehmend werden didaktische Fragen auch in der → Erwachsenenbildung, → Weiterbildung und in der → Freizeitpädagogik diskutiert. Aufgaben der D. sind: a) die Bedingungen der pädagogischen Praxis durchschaubar zu machen und zu hinterfragen (reflexive Funktion); b) die Wirkung der an der pädagogischen Praxis beteiligten Faktoren sichtbar zu machen (analytische Funktion); c) Modelle für die Praxis zu entwerfen, die der Pädagoge anwenden kann (instrumentelle Funktion).

Die beiden klassischen Ansätze der D. haben starken Einfluß auf die Lehrerbildung ausgeübt und sind dort z.T. heute noch wirksam: a) Die bildungstheoretische D. entstand innerhalb der geisteswissenschaftlichen Pädagogik (Weniger; Klafki). Sie setzt sich hauptsächlich mit den Inhalten von Unterricht und Lehrplan auseinander; diese sollten sich im Rückgriff auf ihre Bildungstheorie (→ Bildung/Bildungswesen) als »Bildungsinhalte« bestimmen lassen. Für den Lehrer in der Praxis entwickelte Klafki zu diesem Zweck die »Didaktische Analyse« (vgl. Klafki: Bildungstheorie). b) Die lerntheoretische D. (»Berliner D.«; vgl. Heimann, P. u.a.) stellt statt des Bildungsbegriffs den Lernbegriff ins Zentrum ihrer Theorie. Ihr Anliegen ist die Aufklärung über alle den Unterricht beeinflussenden Faktoren in wertfreier Beschreibung; dazu entwickelte sie das Schema der »Strukturanalyse«, das dann später vorwiegend zur Unterrichtsvorbereitung verwendet wurde.

Seit den 70er Jahren wurden die klassischen Ansätze der D. durch drei Richtungen ergänzt: a) Unter dem Einfluß der → Kritischen Theorie wird eine »kritische« bzw. »kritisch-konstruktive« D. gefordert (Schulz, Klafki, Moser). Sie soll dem übergeordneten Ziel der → Emanzipation verpflichtet sein, die Bedeutung gesellschaftspolitischer und ökonomischer Herrschaftsverhältnisse reflektieren, deren Auswirkungen auf die Institution »Schule« feststellen und die vorhandenen Freiräume für emanzipatorische Lernprozesse bestimmen. Die Lerninhalte sollen in gesellschaftlicher Verantwortung mit Beziehung zu den »Schlüsselproblemen« unserer Gesellschaft und Zeit bestimmt werden (Friedens- und Umweltfrage, Freizeit und Medien, → Arbeitslosigkeit u. a.m.; vgl. Klafki: Studien). b) Unter dem Einfluß des → symbolischen Interaktionismus entwickelte sich eine »kommunikative« D. (Schäfer/Schaller; Popp), die Unterricht als »kommunikatives Handlungsfeld« von prinzipiell Gleichberechtigten bestimmt und erstmalig den Beziehungsaspekt schulischer Kommunikation innerhalb der D. thematisiert. c) Seit Ende der 70er Jahre wurden die »Grauzonen«

der D. (Adl-Amini u.a.) thematisiert. Gemeint sind die in der Praxis wirksamen »Unterrichtsrezepte« und »Alltagstheorien« über Lehren und Lernen (Grell/Grell; Meyer).
Für die Erwachsenenbildung, Weiterbildung und Freizeitpädagogik werden in den 80er Jahren eine adressatenorientierte und eine situationsorientierte D. wichtig (vgl. Bönsch). D. geht hier konsequent von den Bedürfnissen der Adressaten aus; ihre Aufgabe ist Planung, Beratung und → Animation. Sie muß darüber hinaus einen vorgegebenen Rahmen mit situativen Merkmalen und einer Eigendynamik berücksichtigen, die sich von einer schulischen Lernsituation i.d.R. durch Offenheit, Freiwilligkeit, Kurzzeitigkeit u.a.m. stark unterscheidet. Gefordert ist eine lebendige, variationsreiche und flexible D. der Lebensweltorientierung (→ Lebenswelt) und Wirklichkeitsaneignung.
Lit. Blankertz: Didaktik; Bönsch: Unterrichtskonzepte; Heimann, P. u.a.: Unterricht; Jank u. a.: Modelle; Klafki: Bildungstheorie; Klafki: Studien; Kron: Grundwissen; Wiater: Unterrichten.

Gisela Wegener-Spöhring

Dienstaufsicht ist die personalrechtliche Aufsicht über die Pflichterfüllung eines Bediensteten im Innenverhältnis des Anstellungsträgers durch den Dienstvorgesetzten. Sie gehört neben der Rechts- und → Fachaufsicht zu dem Instrumentarium der Selbstkontrolle innerhalb des hierarchisch gegliederten Verwaltungsaufbaus über die ordnungsgemäße Aufgabenerfüllung. Während die D. an das Verhalten des einzelnen Bediensteten anknüpft und der innerbehördlichen Sicherstellung der ordnungsgemäßen Aufgabenerfüllung dient, sind die Rechts- und Fachaufsicht vor allem Aufsichtsinstrumente im Verhältnis von vor- zu nachgeordneten Behörden, wobei sich die Rechtsaufsicht ausschließlich auf die Rechtmäßigkeit des Verhaltens der nachgeordneten Behörde erstreckt, die Fachaufsicht auf die Rechtmäßigkeit und Zweckmäßigkeit.
Als Mittel der Selbstkontrolle ist die D. eng verbunden mit der dienstlichen Weisungsbefugnis des Dienstvorgesetzten gegenüber dem weisungsabhängigen Bediensteten und teilt insoweit auch die Voraussetzungen und Grenzen des dienstlichen Weisungsrechtes, insbes. die instanzielle und sachliche Zuständigkeit, die Dienstbezogenheit der Weisung und die hinreichende Fachkompetenz des aufsichtsführenden bzw. anweisenden Vorgesetzten. Unberührt von der D. bleibt die Verantwortung für die Erfüllung gesetzlicher Pflichten, die die Rechtsordnung den Angehörigen bestimmter Berufe im Zusammenhang mit der Berufsausübung auferlegt (z.B. die → Schweigepflicht von Ärzten, Sozialarbeitern, Sozialpädagogen u.a. nach § 203 StGB).
Lit. Erichsen u.a.: Verwaltungsrecht; Wolff, H. J. u.a.: Verwaltungsrecht II und III.

Barbara Dembowski

Dienstaufsichtsbeschwerde ist ein formloser und deshalb nicht fristgebundener → Rechtsbehelf, der sich gegen das persönliche Verhalten eines Amtswalters (Bediensteten der öffentlichen → Verwaltung oder eines Richters) in oder anläßlich der Ausübung seines Amtes richtet. Die auf das persönliche Verhalten ausgerichtete Beschwerde unterscheidet sie von der Gegenvorstellung als einem Ersuchen an die Behörde, eine von ihr getroffene Entscheidung zurückzunehmen oder zu ändern, und der Fachaufsichtsbeschwerde, die sich an die vorgeordnete Behörde wendet und diese ersucht, im Rahmen ihrer Kompetenz die Recht- und Zweckmäßigkeit einer Maßnahme der nachgeordneten Behörde zu überprüfen (→ Fachaufsicht).
Das Recht zu formlosen Beschwerden wurzelt in dem verfassungsrechtlich abgesicherten Petitionsrecht des Art. 17 GG. Nach ihm hat jedermann das Recht, sich einzeln oder in Gemeinschaft mit anderen schriftlich mit Bitten oder Beschwerden an die zuständigen Stellen oder die Volksvertretung zu wenden. Dem entspricht eine Pflicht der angegangenen zuständigen Stelle, die Beschwerde entgegenzunehmen, sorgfältig zu prüfen und sie, wenn und soweit in ihr eine sachliche Beschwerde erkennbar ist, zu bescheiden.
Über die D. entscheidet der Dienstvorgesetzte. Dabei hat er den gegen das persönliche Verhalten gerichteten Vorwürfen nicht nur nachzugehen und, wenn sie sich als gerechtfertigt erweisen, ggf. die geeigneten Disziplinarmaßnahmen zu treffen, sondern auch, wenn sie sich als nicht gerechtfertigt erweisen, gem. der Schutz- und Fürsorgepflicht der Behörde gegenüber ihren Bediensteten diese bei Ausübung ihrer dienstlichen Tätigkeit vor ungerechtfertigten Angriffen Dritter zu schützen, unwahre Behauptungen (ggf. unter Einholung der Genehmigung zur Aufhebung des Sozialdatenschutzes nach § 69 Abs. 1 Nr. 3 SGB X; → Sozialgeheimnis) richtigzustellen und zurückzuweisen.
Lit. s.: → Dienstaufsicht.

Barbara Dembowski

Dienstgeheimnis → Amtsgeheimnis

Dienstleistung Eine der drei → Leistungsarten des Sozialleistungsrechts, § 11 → Sozialgesetzbuch – Allgemeiner Teil – (SGB I). Im Unterschied zur → Geldleistung und zur → Sachleistung ist sie nicht auf die Zuwendung materieller Werte an den Leistungsempfänger gerichtet. Eine eindeutige Begriffsabgrenzung zur Sachleistung ist oft nicht möglich, regelmäßig aber auch nicht erforderlich. Besondere Bedeutung hat die D. im Fürsorgebereich. In der → Sozialhilfe und in der → Kriegsopferfürsorge führt sie die Bezeichnung → persönliche Hilfe, in der → Jugendhilfe sind die erzieherischen Hilfen (→ Hilfe zur Erziehung) D. § 11 S. 2 SGB I, wonach die persönliche und erzieherische Hilfe zu den D. gehört, dient nur der Klarstellung. Beispiele für D. sind vor allem die → Beratung des Leistungsempfängers, die Herstellung von Verbindungen zu Personen und → Einrichtungen sowie allgemeine persönliche Betreuung. *Manfred Streppel*

Dienstleistungsorientierung → Verwaltungsmodernisierung

Dienstpostenbewertung → Stellenbewertung

Dienst, sozialer → Sozialdienst, Allgemeiner (ASD), → Soziale Dienste

Dienstvertrag → Arbeitsvertrag

Differentielle Psychologie ist ein für die → Sozialarbeit/Sozialpädagogik wichtiges Teilgebiet der → Psychologie, das die Beschaffenheit und die Entstehungsbedingungen psychologischer Merkmale untersucht, aufgrund derer sich einzelne Personen oder Personengruppen voneinander unterscheiden. Sie befaßt sich z. B. mit systematischen Merkmalsunterschieden zwischen den Geschlechtern, den Sozialschichten (→ Schicht, → Status), ethnischen Gruppen oder der Bevölkerung verschiedener Wohnregionen (Stadt/Land). Ihr Gegenstand sind alle wesentlichen Merkmale, die das umfassende psychologische Konstrukt → Persönlichkeit konstituieren. Dazu zählen die → Intelligenz, die → Extraversion und → Introversion sowie andere Dispositionen, die den Menschen zu individuell unterschiedlichen kognitiven Leistungen, emotionalen Reaktionen und sozialen Handlungen befähigen (→ Kognitive Funktionen, → Emotion, → Motivation, → Sozialverhalten). Weitere Beispiele für solche Dispositionen sind → Kreativität, Ängstlichkeit (→ Angst), emotionale Stabilität/Labilität, Aggressivität (→ Aggression/Aggressivität) oder sozialschädliche Neigungen (→ Abweichendes Verhalten, → Delinquenz, → Kriminalität). Unter Disposition versteht man die relativ zeitstabile und situationsübergreifende Bereitschaft, das betreffende Verhalten zu zeigen.
Während die Allgemeine Psychologie die Gesetzmäßigkeiten z. B. der verschiedenartigen Denkabläufe (→ Denken als Funktion) untersucht, geht es in der D. P. um die individuell verschieden ausgeprägten »Teilfähigkeiten zu denken«, z. B. Schlüsse zu ziehen, Analogien zu finden oder Begriffe zu bilden (Intelligenz als Sammel-Konstrukt). Es geht ferner um die Analyse der Zusammenhänge zwischen diesen Merkmalen und anderen Fähigkeiten oder Eigenschaften. Die individuelle Persönlichkeit erscheint so als die je einmalige Kombination der Ausprägung einer Vielzahl von Merkmalen, die als solche allen Menschen gemeinsam sind. Nach gängiger Auffassung ist das menschliche Verhalten eine Funktion von Merkmalen der Person und den situativen Bedingungen. Vereinfacht dargestellt, geht die Varianz der psychologischen Personenmerkmale zu jeweils unterschiedlichen Anteilen sowohl auf genetische Faktoren als auch auf Umwelteinflüsse sowie auf die Interaktion beider zurück. Die D. P. untersucht u. a., wie diese Faktoren zusammenwirken (z. B. mittels Zwillingsforschung).
Das theoretische Grundkonzept der D. P. hat der deutsche Psychologe William Stern zu Beginn des Jh. entwickelt. Die D. P. ist in dem Maße ausgebaut worden, wie psychologische Testverfahren (→ Test) zur Verfügung standen, mit deren Hilfe sich die individuelle Merkmalsausprägung möglichst objektiv, meßgenau und valide (→ Objektivität, wissenschaftliche; → Reliabilität; → Validität) feststellen läßt (→ Diagnose). Zusammen mit der psychologischen Diagnostik gilt die D. P. als eine unentbehrliche Grundlagendisziplin für die pädagogische und die therapeutische Verhaltensbeeinflussung. Allerdings hängen die Erkenntnisse der D. P., wie in anderen Wissenschaften, von den Methoden ab, mit denen sie gewonnen werden. Deswegen und wegen ihrer sozialpolitischen Implikationen sind einige der Forschungsergebnisse, insbes. zum Anlage-Umwelt-Problem (→ Erbanlage, → Genetik), umstritten.
Lit. Amelang u. a.: Persönlichkeitsforschung; Borkenau: Anlage; Herrmann: Persönlichkeitsforschung. *Lothar Tent*

Digitale Kommunikation → Kommunikation

DIN ISO EN 9000 ff. Die Normenreihe 9000 bis 9004 ist als deutsche (DIN), europäische (EN) und internationale (ISO) Norm gültig und wurde 1987 vom europäischen Komitee für Normung (CEN) verabschiedet. Sie beschreibt den Aufbau und die Darlegung von → Qualitätsmanagementsystemen. Die Normenreihe ist anwendbar auf verschiedenste Unternehmen, da nicht vorgeschrieben ist »wie die Abläufe geregelt« werden sollten, sondern nur Hinweise gegeben werden »welche Abläufe in einem modernen Qualitätsmanagementsystem berücksichtigt« werden sollten. Voraussetzung des Qualitätsmanagements ist die Kundenzufriedenheit. Für die Systeme und Prozesse in einem Unternehmen soll eine kontinuierliche Verbesserung erreicht werden.

Die ISO 9000 beinhaltet einen »Leitfaden zur Auswahl und Anwendung der Normen in Qualitätsmanagement und Qualitätssicherungs-Nachweisstufen«. Sie ist nur in Verbindung mit den Normen ISO 9001, 9002 und 9003 zu verwenden, da sie die Begriffe zur → Qualitätssicherung definiert und grundlegende Qualitätskonzepte erläutert. Die ISO 9001 ist die umfassendste Qualitätssicherungs-Nachweisstufe und umfaßt die Bereiche Entwicklung und Konstruktion, Produktion, Montage und Kundendienst. Der Begriff Produktion umfaßt selbstverständlich auch Dienstleistungen.
Die ISO 9002 ist die Qualitäts-Nachweisstufe für Produktion und Montage.
Die ISO 9003 bezieht sich lediglich auf die Anwendung von Qualitätssicherungs-Elementen für Endprüfungen. Für den sozialen Bereich ist die ISO 9004-2 von besonderer Bedeutung. Sie beschreibt Qualitätsmanagement und Elemente eines Qualitätssicherungssystems bezogen auf Dienstleistungen, gleichgültig um welche Art von Dienstleistung es sich handelt.
Wesentlicher Grundsatz des Qualitätssicherungssystems ist die Verantwortung der obersten Leitung. Sie verantwortet die Qualitätspolitik, → Qualitätsstandards und Qualitätsziele. Die Normenreihe der ISO 9000 besagt nichts über die Qualität eines Produkts oder Dienstleistung für den Kunden aus, sondern über das Vorhandensein eines teilweisen oder umfassenden Qualitätssicherungssystems im Unternehmen. Die Qualität der Dienstleistung wird vom Unternehmen festgelegt. Unternehmen, die ein Qualitätsmanagement aufgebaut haben und in einem Qualitätshandbuch dokumentieren, können durch ein autorisiertes Institut geprüft werden und ein Zertifikat entsprechend der DIN ISO EN erhalten. In der stationären Altenhilfe gewinnt die ISO an Bedeutung. Altenheime bauen Qualitätsmanagementsysteme entsprechend der ISO auf und einige wenige Heime haben Zertifikate erworben. Sie versprechen sich davon eine Verbesserung der Wettbewerbfähigkeit nach außen und bei er Akquisition neuer Heimbewohnerinnen und Heimbewohner. Nach innen sollen Abläufe optimiert und ein Beitrag zur Kostensenkung geleistet werden. Die Motivation der Mitarbeiter soll steigen.
Kritisch diskutiert wird, daß die ISO 9000 nicht produkt-, sondern prozeßorientiert ist und der Kunde/Nutzer nicht die Garantie für die Güte einer Dienstleistung erhält. Ein Zertifikat sorgt nicht für Transparenz und Vergleichbarkeit für den Kunden/Nutzer. Eine Zertifizierung ist daher nur bedingt vertrauensbildend. Die Einführung eines Qualitätsmanagementsystems nach der DIN ISO EN erfordert einen hohen organisatorischen und finanziellen Aufwand.
Lit. Deutsches Institut für Normung e.V.: DIN EN ISO 9000 ff.; Glaab: ISO 9000.
Klaus Titz

Diplom-Pädagoge/Diplom-Pädagogin Absolvent/-in eines mindestens 8-semestrigen berufsqualifizierenden, erziehungswissenschaftlichen Hauptfachstudiengangs an Universitäten, der in einer Vertiefungsrichtung abgeschlossen werden muß. Die Rahmenprüfungsordnung sieht derzeit als Studienrichtungen vor: → Erwachsenenbildung/→ Weiterbildung, Sonderpädagogik, Sozialpädagogik, Pädagogik der frühen Kindheit, Schulpädagogik. In der Sozialen Arbeit (→ Sozialarbeit/Sozialpädagogik) wird der Begriff oft synonym verwendet für jene D.-P., die ihr Studium in der Studienrichtung Sozialpädagogik abgeschlossen haben; deshalb werden sie z. T. auch als Diplom-Sozialpädagogen / Sozialpädagoginnen bezeichnet.
Die Einrichtung des Studiengangs wurde am 20. 3. 69 beschlossen. Zunächst wurde er vor allem von den Pädagogischen Hochschulen (PH) zur eigenen Statusaufwertung genutzt und war in der Praxis deshalb sehr umstritten. Nach raschem Anstieg studierten seit Mitte der 70er bis Ende der 80er Jahre 25 000-30 000 diesen Studiengang, der somit zum größten sozialwissenschaftlichen Universitätsstudiengang geworden ist. Seit Beginn der 90er Jahre ist die Zahl der Studierenden deutlich über 30 000 gestiegen; zuletzt wurden jährlich rund 1 700 Personen erfolgreich in diesem Studiengang diplomiert (ca. 70% Frauen), davon mehr als die Hälfte im Schwerpunkt Sozialpädagogik. Mitte der 90er Jahre werden Diplomstudiengänge an 46 Wissenschaftlichen Hochschulen angeboten, davon 5 in den neuen Bundesländern. Die Regelstudienzeit beträgt 8-9 Semester; integriert in das Studium sind Praktikumszeiten zwischen 2 und 8 Monaten. Neben einem erziehungswissenschaftlichen Grundlagenstudium, der gewählten Studienrichtung und den Beifächern Psychologie und/oder Soziologie können auch Wahlpflichtfächer belegt werden.
Der Diplomstudiengang wird zumeist als grundständiges Hauptfachstudium angeboten. An einigen Universitäten kann er auch direkt mit dem Abschluß Diplom-Sozialpädagoge/-Sozialpädagogin studiert werden (jedoch nicht als Fachhochschulstudium).
Bei inzwischen mehr als 45 000 ausgebildeten D.-P. hatten diese in den 80er Jahren, analog zu Sozialpädagogen/Sozialpädagoginnen, Sozialarbeiter/-innen, Soziologen und Psychologen, mit Berufseinmündungsproblemen zu kämpfen (Bahnmüller u. a.). Dies hat sich in den letzten Jahren etwas entspannt. D.-P., vor allem mit Schwerpunkt Sozialpädagogik, sind im Feld der → Jugendhilfe und Sozialen Arbeit zur wichtigsten universitären Berufsgruppe geworden (Rauschenbach), überwiegend bei freien Trägern angestellt und verteilen sich auf nahezu alle Felder der Sozialen Arbeit.

Diskriminierung

In der Ausbildung wird es künftig darauf ankommen, diese weiter zu verbessern (z. B. Erhöhung und verbesserte Koordination der Praxis- und der Forschungsanteile; stärkere Rückbindung in Erziehungswissenschaft und Soziale Arbeit). Auf dem Arbeitsmarkt gilt es, das spezifische Profil dieser Ausbildung zu verdeutlichen sowie die Arbeitsplatzbedingungen und die Akzeptanz dieses Qualifikationsprofils zu verbessern.
Lit. Bahnmüller u. a.: Diplom-Pädagogen; Rauschenbach: Arbeitsmarkt; Rauschenbach: Bilanz; Rauschenbach: Lehrer.
Thomas Rauschenbach

Diskriminierung Aus dem Lateinischen: Unterscheidung, Trennung, Wende- bzw. Scheidepunkt, Entscheidung(sgabe). So verstanden, ist der Begriff D. nur noch in den Naturwissenschaften und in der Technik gebräuchlich. Seit Mitte des 20. Jh. zuerst in Gesellschaftssystemen mit egalitärem Anspruch, dann allgemein auf Soziales bezogen: schädigende und negative Bewertung, Geringschätzung, Herabsetzung, Unterdrückung, Benachteiligung, Entwertung des unterschiedenen, abgesonderten, (ab-) getrennten Teils des Ganzen. D. geschieht heutzutage häufiger durch Unterlassung, soziales Handeln auf den → Gleichheitsgrundsatz als Handlungsmaxime zu gründen, seltener durch bewußte, D. beabsichtigende Handlungen. D. trifft Menschen oder soziale Gruppen, die aufgrund eines sozialen → Vorurteils als Träger negativ bewerteter Eigenschaften angesehen werden (Rassend., D. Behinderter und Kranker, D. religiöser, politischer, ethnischer oder nationaler Minderheiten, Frauend., D. alter Menschen). D. zeigt sich u. U. in der politischen, rechtlichen, ökonomischen, existentiellen und → sozialen Benachteiligung Gleicher. Für den Diskriminierenden hat D. die Funktion, seine Machtposition zu sichern.
D., besonders direkte D., unterliegt einem Tabu. Aus diesem Grund bemüht sich der Diskriminierende i. d. R., die Tatsache, daß er diskriminiert, (oft projektiv) zu verbergen (so wurden die ersten »Nichtarier« diskriminierenden Gesetze des nationalsozialistischen Staates als Anti-Diskriminierungsgesetze ausgegeben, d. h. als Gesetze zum Schutz der »Arier« vor ihrer D. durch »Nichtarier«).
D. verstößt gegen Art. 1, 3, 6 und 33 → Grundgesetz (GG) und Art. 14 der Konvention zum Schutze der → Menschenrechte und Grundfreiheiten. Möglichkeiten Diskriminierter, sich juristisch gegen die D. zur Wehr zu setzen, wurden erstmals 1964 in den USA als ein Ergebnis der Bürgerrechtsbewegung durch das Bürgerrechtsgesetz (Civil Rights Act) geschaffen. Seitdem sind dort und in einigen europäischen Ländern Antidiskriminierungsgesetze (ADG) verabschiedet worden, die jedoch D. nicht aufheben können, da sie Menschen oder Gruppen erst zu Benachteiligten erklären müssen, um sie vor D. schützen zu können. 1994 wurde in den Gleichheitsartikel des Grundgesetzes (GG) das Verbot der D. Behinderter aufgenommen (Art. 3 Abs. 2 S. 2).
Lit. Heiden: Niemand darf... *Ute Daub*

Diskriminierungsverbot Behinderter
Durch Beschluß des Deutschen Bundestages vom 30. 6. 1994 mit dem Gesetz zur Änderung des Grundgesetzes vom 27. 10. 1994 (BGBl. I S. 3146) als Satz 2 in Art. 3 Abs. 3 GG mit Wirkung ab dem 15. 11. 1994 eingefügtes Grundrecht: »Niemand darf wegen seiner Behinderung benachteiligt werden.« Das D. B. bindet Gesetzgebung, vollziehende Gewalt und → Rechtsprechung als unmittelbar geltendes Recht auf allen staatlichen Ebenen. Der private Rechtsverkehr ist dem D. B. des GG nicht unmittelbar unterworfen, jedoch wirkt das D. B. als objektive Wertentscheidung auch auf private Rechtsbeziehungen ein, z. B. im Rahmen der Auslegung und Anwendung bestehender Normen des Bürgerlichen Rechts durch die Justiz. Ein Verstoß gegen das D. B. liegt vor, wenn Regelungen oder andere Maßnahmen der öffentlichen Gewalt ohne zwingenden Grund behinderte Menschen schlechter als nichtbehinderte behandeln, und zwar auch dann, wenn eine Maßnahme nicht auf verbotene Ungleichbehandlung angelegt ist, sondern in erster Linie andere Zwecke verfolgt. Grundrechtsträger des D. B. sind alle Menschen mit einer Behinderung, unabhängig von deren Ursache. *Ulrich Hellmann*

Disparitätenthese Ausgangspunkt der D. ist die Tatsache der sozialen Ungleichheit im staatlich regulierten Kapitalismus, die nach Offe weder von der Klassentheorie (→ Klasse) noch von den Schichtungsmodellen (→ Schicht) adäquat erfaßt wird. Beide legen ein Schema der vertikalen Ungleichheit zugrunde. Nach Offe tritt neben die vertikale Dimension eine horizontale Dimension der Ungleichheit oder Disparität von gesellschaftlichen Lebensbereichen. Während Klassen- und Schichtungstheorie vorwiegend mit ökonomischen Kategorien arbeiten, leitet sich die D. von der Funktionsbestimmung des Staates im Spätkapitalismus ab.
Das ökonomische System kann sich nur durch Eingriffe des Staates erhalten. Der Staat schafft die Voraussetzungen für die Kapitalverwertung und interveniert bei krisenhaften Entwicklungen, die das Gesamtsystem gefährden können. Der Staatsapparat reagiert vor allem dort, wo die meisten Systemrisiken liegen. Nun ist die Fähigkeit, Risiken für das Gesamtsystem hervorzurufen, nach Lebensbereichen und Bevölkerungsgruppen unterschiedlich verteilt. Zen-

trale Systemrisiken liegen vor bei ökonomischen Krisen und bei einer Gefährdung der Legitimation des politischen und ökonomischen Systems. Um diese zentralen Bereiche ist ein konzentrisches Schema mit weiteren Lebensbereichen angelegt. Je peripherer die Lebensbereiche werden, desto geringer ist ihre Chance, Systemrisiken zu produzieren, und desto geringere Möglichkeiten bestehen, die eigenen Interessen durchzusetzen und gesellschaftliche Leistungen zu erhalten. Zu diesen peripheren Bereichen zählen z. B. → Gesundheit (→ Gesundheitswesen), Wohnen, Freizeit, Verkehr, → Bildung. → Randgruppen wie Obdachlose (→ Obdachlosigkeit) und alte Menschen sind hier angesiedelt.
Die D. hat ihre Bedeutung für die → Sozialarbeit vor allem in der Bestimmung der gesellschaftlichen Funktion der Sozialarbeit, des Handlungsspielraums des Sozialarbeiters und der Durchsetzungschancen der Interessen ihrer Klienten.
Lit. Bergmann, J. u. a.: Herrschaft; Narr u. a.: Wohlfahrtsstaat; Offe: Arbeitsgesellschaft. *Doris Hauer*

Distanz, soziale Gelegentlich auch mit räumlicher Distanz einhergehender Abstand zwischen Menschen nach Art begrenzter → Kommunikation als Folge einer oder wechselseitig verursachter, entweder freiwilliger oder unfreiwilliger Verweigerung → sozialer Beziehungen. Von der »sorgfältig gepflegten Distanz« (H. P. Bahrdt), wie sie in der modernen Gesellschaft in vielen Lebensbereichen erwartet und gebilligt wird, sowie dem schichtbedingten sozialen Abstand ist jene s. D. zu unterscheiden, die bestimmte Menschen in ein soziales Getto zwingt. Mit Blick auf → Randgruppen ist s. D. vor allem dort zu erwarten, wo Menschen von durchschnittlich geltenden → Normen abweichen. Es sind im allgemeinen → Minderheiten, die wegen negativ bewertetem → abweichendem Verhalten zum Objekt → sozialer Kontrolle werden und zusammen mit → Stigmatisierung offene oder versteckte → Diskriminierung erfahren.
Lit. Bellebaum: Abweichendes Verhalten; Bellebaum: Randgruppen; Luthe: Distanz; Richter, R.: Distinktion. *Alfred Bellebaum*

Diversion (von lat. »divertere«) bedeutet dem Wortsinn nach »Umleiten«, Abbrechen von Strafverfolgung zum frühestmöglichen Zeitpunkt. Wenn dieser Gedanke dem Begriff und der Sache nach im allgemeinen (Erwachsenen-)Strafrecht anwendbar ist, so findet er ganz überwiegend Verwendung im Jugendstrafrecht. Hier steht D. als Sammelbegriff für vielfältige und umfassende Reformbestrebungen, die teilweise auch bereits Niederschlag in Neuregelungen im JGG gefunden haben. D. basiert auf empirisch breit abgesicherten Erkenntnissen kriminologischer Forschung (→ Kriminologie), die deutlich gemacht haben, daß → Jugendkriminalität weithin ein gänzlich anderes Phänomen in Ursachen und Verlauf als die Kriminalität Erwachsener ist und daß staatliche Strafverfolgung, insbes. die üblichen repressiven Sanktionen des JGG, wenig geeignet ist, den jugendstrafrechtlichen Erziehungszweck i. S. von Verhinderung erneuter Straffälligkeit zu erreichen. D. durch die Staatsanwaltschaft bedeutet vermehrte Verfahrenseinstellungen statt Anklageerhebung, z. T. nach erzieherischen Maßnahmen. Insoweit sind in den letzten 15 Jahren zahlreiche Modelle von D. durch die Praxis oder durch ministerielle Erlasse entwickelt worden. Der D.gedanke i. S. von »Umleiten« findet aber auch im Bereich der → Jugendgerichte Anwendung und bedeutet hier im wesentlichen Ersetzung von freiheitsentziehenden Sanktionen (→ Jugendstrafe) durch ambulante erzieherische Maßnahmen (u.a. → Gruppenarbeit, soziale).
D., verstanden in einem derart weitgefaßten Sinn und skizziert durch Schlagworte wie »Helfen statt Strafen« oder »Erziehen statt Strafen«, zielt neben folgenlosen Verfahrenseinstellungen auf eine weitgehende Ersetzung von strafenden Sanktionen durch unterstützende, sozialpädagogisch ausgestaltete Maßnahmen zur Problemlösung und Konfliktbewältigung oder i. S. allgemeiner Lebenshilfe ab. D. hat deshalb vielfach auch zu einer Neuorientierung im Denken und Handeln der Jugendgerichtshilfe geführt, die sich früher als eher gerichtsorientierte Institution auf eine mehr berichtende Tätigkeit über die Persönlichkeit des jugendlichen Straftäters beschränkte und sich nun in ihrer sozialpädagogischen Kompetenz gefordert und – verstärkt durch das neue → Kinder- und Jugendhilfegesetz (KJHG) – zur Hilfe für den Jugendlichen, auch im Jugendstrafverfahren, verpflichtet sieht (→ Mitwirkung im Verfahren nach dem Jugendgerichtsgesetz). *Holle Eva Löhr*

Dogmatismus bezeichnet eine extreme Form der Überzeugtheit von der eigenen Sichtweise der Realität und eine damit verbundene entsprechende Art des Vertretens dieser Überzeugungen. Dem Konstrukt liegt die Annahme zugrunde, daß sich trotz Unterschiede im ideologischen Inhalt Gemeinsamkeiten in der Struktur, in der Funktion und – in eingeschränkterem Maße – auch im Inhalt des Überzeugungssystems nachweisen lassen. So kann man z. B. von einem dogmatischen Theismus, dogmatischen Atheismus, dogmatischen Katholizismus, dogmatischen Protestantismus, dogmatischen Konservativismus, dogmatischen Marxismus, dogmatischen Anti-Marxismus usw. sprechen. In Anlehnung an Rokeach läßt sich D. definieren als eine relativ geschlossene kognitive Organisation von Glaubens- und Nicht-Glaubens-Aussagen über das Sosein der Realität (Welt, Gesellschaft, Mensch). Diese Glaubens- und Nicht-Glaubens-Aussagen berufen sich auf eine absolute Autorität und werden dadurch zur Basis der Intoleranz anderen gegenüber, die jene Überzeugungen nicht teilen. Beispiele für die Aufspaltung in Glaubens- und Nicht-Glaubens-Aussagen oder -Systeme: Dogmatischer Katholizismus versus Protestantismus und andere Religionen als Unglaubens-Systeme; dogmatischer Marxismus versus Unglaube gegenüber Aussagen anderer politischer Theorien und Ideologien usw.

Als typische Strukturmerkmale dogmatischer Überzeugungen werden u. a. genannt: a) Die Isoliertheit der einzelnen Teile des Glaubens- und Unglaubens-Systems: Je stärker der D., desto stärker werden Glaubens- und Nicht-Glaubens-Systeme in Inhalt und Zielsetzung als unterschiedlich erlebt und desto eher können im Glaubenssystem widersprüchliche Aussagen nebeneinander stehen. Dies weist darauf hin, daß nicht die Logik, sondern der → Affekt als Organisationsprinzip fungiert. b) Der unterschiedliche Grad der Differenziertheit von Glaubens- und Nicht-Glaubens-System: Je stärker der D., desto größer der Unterschied in der Differenziertheit des Wissens über Fakten und Vorstellungen, die das Glaubens- und Nicht-Glaubens-System betreffen (große Differenziertheit im Glaubenssystem, geringe Differenziertheit im Nicht-Glaubens-System). c) Eine bestimmte Zeitperspektive: Je stärker der D., desto stärker gilt die Gegenwart als unwichtig, die Zukunft aber als wichtig, und desto größer die Gewißheit hinsichtlich der Richtigkeit der Voraussagen über die Zukunft.

An inhaltlichen Merkmalen werden vor allem der Autoritarismus (Glorifizierung und Bewunderung einer positiven → Autorität, Haß und Furcht gegenüber einer negativen Autorität), das Elitedenken und die Intoleranz gegenüber »Ungläubigen« genannt.
Lit. Rokeach: Dogmatism. *Klaudius Siegfried*

Dokumentenanalyse → Inhaltsanalyse

Doppelbindung (amerikanisch: doublebind), auch als »Beziehungsfalle« oder (seltener) als »Zwickmühle« gebräuchlich, bezeichnet eine Kommunikationssituation (→ Kommunikation), die paradoxes Verhalten (→ Paradoxie) bewirkt. Der Begriff stammt aus der Schizophrenieforschung (Bateson u. a.) und ist als das Ergebnis des Versuchs anzusehen, das ungewöhnliche Kommunikationsverhalten schizophrener Patienten (→ Schizophrenie) als gewissermaßen angemessene Reaktion auf die eigentümlichen Beziehungsstrukturen ihrer Lebensumwelt aufzufassen. (Herkömmliche Erklärungsversuche schizophrener Erkrankungen fassen diese primär als innerpsychische Störungen des Patienten auf.)

Ein (vergleichsweise harmloses) Beispiel für eine solche Beziehungsstruktur gibt die Mutter, die ihrem Sohn zwei Hemden schenkt und ihn, als er zum erstenmal eines der beiden Hemden trägt, mit traurigem Blick fragt, ob ihm das andere Hemd nicht gefalle. Das Motto, das solchen Beziehungsstrukturen unterliegt, lautet gewissermaßen: »Tue nicht, was ich dir sage, sondern was ich möchte, daß du tust!«

Allgemein betrachtet enthält eine doppelbindende Situation folgende notwendige Bestandteile: a) Zwei oder mehrere Personen stehen zueinander in einer für sie lebenswichtigen Beziehung (z. B. Eltern-Kind). b) Eine Botschaft, die innerhalb dieser Beziehung übermittelt wird, enthält auf der Inhaltsebene eine Aussage, die auf der Beziehungsebene gleichzeitig verneint wird (z. B. sagt eine Mutter zu ihrem Kind: »Komm auf meinen Schoß«, während ihre Stimme ausdrückt: »Bleib mir bloß vom Leib.«). Die in der Botschaft enthaltene Handlungsaufforderung wird – logisch gesehen – durch Befolgen mißachtet und durch Mißachten befolgt. Das »verrücktmachende« Element besteht demzufolge darin, daß es der in einer D. gefangenen Person passiert, für richtige Wahrnehmungen bestraft zu werden.

Doppelbindende Situationen kommen in alltäglicher Kommunikation immer wieder vor, ohne anhaltenden Schaden anzurichten. Bedrohlich werden sie dann, wenn sie zum fortdauernden Bestandteil einer Beziehungsstruktur werden.
Lit. Bateson, G. u. a.: Schizophrenie; Watzlawick u. a.: Kommunikation .
Wilfried Reifarth

Dorfhelferin Fachkraft im sozialpflegerischen Bereich mit etwa gleichen Berufsinhalten wie → Familienpflegerin, jedoch spezialisiert auf die Sonderaufgaben in bäuerlichen Familienhaushalten. Der Beruf ist nach 1945 entstanden. Die Aufgaben der D. sind abhängig von Struktur- und Schwerpunktsetzungen des jeweiligen landwirtschaftlichen Betriebes. In diesem Beruf greifen Tätigkeiten der Fürsorge für die → Familie sowie der verantwortlichen Führung und Pflege eines ländlichen Haushaltes ineinander. Da die D. wechselnde Arbeitsstätten hat und damit in Familien und Betrieben unterschiedlicher Prägung tätig wird, muß sie vielseitig und flexibel sein. Die Berufsausbildung für landwirtschaftliche Aufgaben umfaßt eine Ausbildung zur Hauswirtschafterin – Schwerpunkt ländliche Hauswirtschaft, den Abschluß einer häufig dreisemestrigen Landwirtschaftsschule, Abteilung Hauswirtschaft sowie eine einjährige Ausbildung an einer Fachschule für Dorfhelferinnen. In einigen Ländern schließt sich daran ein einjähriges Berufspraktikum an. Anstellungsträger sind z. B. Dorfhelferinnen-Werke, Verbände der

→ freien Wohlfahrtspflege, berufsständige Organisationen der Landfrauen und der Landwirtschaft. Koordinierendes Gremium: »Bundesarbeitsgemeinschaft Dorfhelferin«. *Ursula Feldmann*

Down-Syndrom Das Langdon-D.-S. (Trisomie 21), auch Mongolismus genannt, ist die bekannteste Chromosomenaberration. Es handelt sich dabei um eine auf der ganzen Welt verbreitete angeborene Erkrankung, die zu einer erheblichen geistigen Entwicklungsstörung führt. Ihre Häufigkeit wird mit 1 auf 635 Geburten angegeben. Das männliche Geschlecht ist etwas häufiger betroffen.
Klinisches Bild: Auffällig sind der kurze Schädel, die schräg gestellten Lidachsen, das dünne, schüttere Haar, die kleine, knopfförmige Nase, die übermäßig große Zunge, die häufig gefurcht oder rissig ist und in der Mundhöhle kaum Platz hat. An Augen und Ohren findet man häufig degenerative Veränderungen. Die Hände sind plump gebaut (»Tatzenhand«) und zeigen meist die sog. Vierfingerfurche, die Finger sind kurz (Stummelfinger), das Endglied des kleinen Fingers ist häufig einwärts gebogen. Die Schleimhäute sind sehr anfällig für Infektionen, das Bindegewebe ist schwach, weshalb die Patienten zu Weichteilbrüchen aller Arten neigen. Auch an den inneren Organen kommen oft krankhafte Veränderungen vor, besonders Herzfehler. In ihrem Körperwuchs bleiben die Kinder mit D.-S. stark zurück, ebenso in ihrer geistigen Entwicklung. Man findet unter ihnen alle Grade der Intelligenzminderung (→ Intelligenz), meist im Sinne einer geistigen Behinderung (→ Geistig Behinderte).
Psychisch sind Kinder mit D.-S. untereinander sehr ähnlich, ihre Entwicklung ist ausnahmslos verzögert, sie lernen verspätet laufen und sprechen. Als Säuglinge sind sie meist auffällig ruhig oder gar apathisch (→ Apathie), als Kleinkinder oft stark erethisch. Sie können erstaunlich gut nachahmen. Sie erfassen intuitiv das Charakteristische einer Geste und ahmen vollendet nach, obwohl sie zu vielen von ihnen nachgeahmten Tätigkeiten aus eigenem Antrieb gar nicht in der Lage sind. Diese »Begabung« führt auch oft dazu, daß Eltern ihre Kinder mit D.-S. für intelligenter halten, als sie in Wirklichkeit sind.
Therapie: Eine spezifische Behandlung der Trisomie 21 gibt es nicht. Wenn man von z. T. umstrittenen präventiven Maßnahmen, wie der pränatalen Diagnostik und Interruptio absieht, erstreckt sich die Behandlung (→ Frühförderung Behinderter) auf die schulische Förderung (→ Integrative Erziehung, → Schulische Rehabilitation) und die Integration der Kinder in Familie und Beruf (→ Berufliche Rehabilitation, → Werkstatt für Behinderte). Während Kinder mit D.-S. früher häufig in Einrichtungen dauerhaft untergebracht waren, behält man sie heute nach Möglichkeit in der Familie.
Lit. Remschmidt: Kinder- und Jugendpsychiatrie. *Helmut Remschmidt*

Drogen Substanzen – natürlich gewonnen oder synthetisch hergestellt –, die eine Wirkung auf das zentrale Nervensystem (ZNS) haben und häufig mißbräuchlich konsumiert werden (→ Arzneimittel- und Drogenmißbrauch). Neben den sog. Rauschmitteln sind das auch Genußmittel und Arzneistoffe.
D. greifen abhängig von der D.art in den menschlichen Stoffwechsel ein und lösen unterschiedliche physische und psychische Reaktionen aus. Viele D. sind für die Medizin wertvolle Medikamente; als Genußmittel sind manche D. aus unserer Gesellschaft nicht wegzudenken, wie z. B. der süchtigmachende Alkohol (→ Alkoholismus), Nikotin oder Koffein. Man unterscheidet zwischen abhängig und süchtig machenden D., die man entsprechend ihren spezifischen Wirkungen in verschiedene Gruppen einteilt (siehe Tabelle) und die überwiegend dem → Betäubungsmittelgesetz (BtMG) unterliegen.
Das Spektrum der mißbräuchlich eingenommenen Substanzen unterliegt einem steten Wandel. Während in der Drogenszene die Barbiturate (z. B. Medinox oder Vesparax) infolge gesetzgeberischer Maßnahmen in der ersten Hälfte dieses Jahrzehnts immer mehr an Bedeutung verloren haben und mittlerweile keinerlei Relevanz mehr besitzen, hat der Konsum von Amphetamin-Derivaten (insbesondere von Ecstasy) im gleichen Zeitraum enorm zugenommen.
Anmerkungen zur Tabelle:
Alle aufgezählten D. werden einzeln, aber auch in unterschiedlichen Mischungen und Kombinationen eingenommen, z. B. Heroin zusammen mit Kokain unter dem Namen Speedball. Es werden aber auch D. im Wechsel genommen, z. B. Heroin zur Dämpfung einer bestehenden Kokainwirkung.
(1*) Die angegebenen Grade der physischen Abhängigkeit beziehen sich auf fortgesetzten regelmäßigen Konsum der jeweiligen D. Mit einer starken physischen Abhängigkeit ist die pharmakologische Potenz der D. auf den menschlichen Körper gemeint; nach Absetzen der D. sind deutliche körperliche Entzugserscheinungen zu beobachten.
(2*) Eine starke psychische Abhängigkeit liegt dann vor, wenn der Benutzer ohne die D. unter Mißbehagen, Antriebslosigkeit, Depression, Unlustgefühl etc. leidet bis hin zur Unfähigkeit, den Alltag zu bewältigen.
(3*) Im Zusammenhang mit der Methadon-Substitution ist zu beachten, daß Levomethadon (L-Polamidon) etwa viermal so stark wirksam ist wie Morphin. Während der Methadon-Substitution besteht die gro-

Tabelle zum Stichwort Drogen (Anmerkungen* s. S. 227 u. 232)

	Handels-/Szenename	Abhängigkeit physisch (1*)	psychisch (2*)	Wirkdauer
Schmerzmittel				
Opium	Brown Stuff, Hard Stuff, O	stark	stark	3-6 Std.
Morphin	Junk, M, White Stuff	stark	stark	3-6 Std.
Heroin	Brown Sugar, H, Horse, White Stuff	stark	stark	1-3 Std.
Methadon (3*) Levomethadon	L-Polamidon	stark	stark	12-24 Std.
Codein	Codeinum phosphoricum Compretten, Codicaps mono, Codipront mono	stark	stark	3-6 Std.
Dihydrocodein	Paracodin Remedacen DHC-Saft	stark	stark	3-6 Std.
andere	Fentanyl, Fortral, Temgesic, Tramadol, Valoron	mäßig	mäßig	4-8 Std.
Beruhigungs-, Schlafmittel				
Benzodiazepine	Diazepam-Ratiopharm, Lexotanil, Rohypnol, Valium	mäßig bis stark	mäßig bis stark	4-15 Std.
Antidepressiva	Fluctin, Saroxat, Saroten	Grad unbekannt	Grad unbekannt	5-15 Std.
andere	Betadorm A, Dolestan N, Hoggar N	Grad unbekannt	Grad unbekannt	5-10 Std.
Anregungsmittel (Stimulantien) (4)*				
Kokain	Coke, Crack, Dust, Koks, Schnee	möglich	stark	1-2 Std.
Amphetamin/ Methamphetamin	Bennies, Crystal, Speed, Uppers	möglich	stark	2-4 Std.
andere	AN I, Captagon, Katovit	Grad unbekannt	Grad unbekannt	2-4 Std.
Halluzinogene				
LSD	Acid, Lucy, Sugar, Trip	keine	Grad unbekannt	5-10 Std.
Phencyclidin	Angel Dust, Engelsstaub, Hog, PCP	Grad unbekannt	stark	sehr unterschiedlic
Mescalin	Buttons, Kaktus, Mesc	keine	mäßig	8-12 Std.

Drogen

Gewohnheits-bildung	Einnahmeart	mögliche Wirkungen	Symptome bei Überdosis	Entzugssymptome
	oral, rauchen			
	oral, rauchen, schnupfen, spritzen			
ja		euphorische Zustände, Müdigkeit, Atemdepression, enge Pupillen, Schwindel, vermindertes Schmerzempfinden	langsame und flache Atmung, feuchte Haut, Krampfanfälle, Koma (Lebensgefahr!)	glasige Augen, Nasenlaufen, Gähnen, Appetitverlust, Reizbarkeit, Krämpfe, Zittern, Angstschweiß, Schwindel
	oral, spritzen			
ja	oral, spritzen	undeutliche Sprache, Orientierungs-störungen, Trunken-heitssymptome, angstlösend, spannungslösend	flache Atmung, feucht-kalte Haut, weite Pupillen, flacher und schneller Puls, Koma (Lebensgefahr!)	Angstzustände, Schlaflosigkeit, Zittern, Delirien, Krampfanfälle (Lebensgefahr!)
möglich	rauchen, schniefen, spritzen	gesteigerter Antrieb, Übererregbarkeit, Euphorie, erhöhter Puls, Schlaf- und Appetitlosigkeit, hyperaktiv, paranoide Psychosen	Agitiertheit, Halluzinationen, verminderte Körpertemperatur, Krampfanfälle (Lebensgefahr!)	Antriebslosigkeit, Depressionen, lange Schlafperioden, Reizbarkeit, Orientierungs-störungen
ja	oral, spritzen, rauchen			
	oral	Sinnestäuschungen, Halluzinationen, Verlust des Gefühls für Zeit und Raum, selbst- und fremdgefährdend	intensive und lange Trip-Episoden, psychotische Zustandsbilder, (Lebensgefahr!)	keine Entzugs-symptome bekannt
	oral, rauchen, spritzen			
	oral, spritzen			

Drogen

Tabelle zum Stichwort Drogen (Anmerkungen* s. S. 227 u. 232)

	Handels-/ Szenename	Abhängigkeit physisch (1*)	psychisch (2*)	Wirkdauer
Psilocybin Psilocin	Magic Mushroom	keine	mäßig	8-12 Std.
Cannabis (5*)	Charas, Gras, Haschisch, Hash, Khif, Marihuana, Pot, Shit, Joint	keine	mäßig	2-4 Std.
Designer Drogen (Amphetamin-Derivate)	Adam, DOB, DOM, Ecstasy, Eve, MDA, MDMA, XTC, Love Pill, Love Drug	keine	mäßig	4-10 Std.

Appetitzügler

Norpseudoephedrin	Mirapront N, Antiadipositum X 112	möglich	stark	2-4 Std.
Fenfluramin	Ponderax			

Andere

Biperiden	Akineton	möglich	möglich	12-20 Std.
Ethanol	Alkohol, Sprit	stark	stark	5-15 Std.
Schnüffelstoffe	Pattex-Verdünner, Nitroverdünner, Nagellackentferner, Lackverdünner, Poppers, Glue, Campinggas, Feuerzeugbenzin	stark	stark	10-30 Min.

Drogen

Gewohnheitsbildung	Einnahmeart	mögliche Wirkungen	Symptome bei Überdosis	Entzugssymptome
	oral			
ja	oral, rauchen	Euphorie, verminderte Aufmerksamkeit, vermehrter Appetit, Orientierungsstörungen, intensive Farbwahrnehmung, erhöhtes Selbstwertgefühl	Müdigkeit, paranoide Zustandsbilder, Fortdauer exogener Psychosen möglich	Leere, Freudlosigkeit, Antriebsarmut, Langeweile, verminderter Appetit
	oral	wie Amphetamin, zusätzlich: Sinnestäuschungen, psychotische Zustandsbilder, Steigerung des Selbstwertgefühls, Hyperthermie, Dehydratisierung, Kreislauf-Kollaps	exogene Psychosen mit Verfolgungsideen, Halluzinationen	ähnlich wie bei Amphetamin
ja	oral	antriebssteigernd, euphorisierend, Orientierungsstörungen, Sinnestäuschungen	Getriebenheit, Schlafstörungen, psychotische Zustandsbilder, Blutdruck- und Pulssteigerung	Unruhe, Dysphorie
ja	oral	antriebssteigernd, euphorisierend, Orientierungsstörungen, Sinnestäuschungen	Getriebenheit, Schlafstörungen, psychotische Zustandsbilder, Blutdruck- und Pulssteigerung	Unruhe, Dysphorie
		Euphorie, Enthemmung, Sprachstörungen	Lähmungserscheinungen, Bewußtseinsstörungen, Koma	Unruhe, Deliren
	inhalieren	Euphorie, optische und akustische Halluzinationen, Muskelschwächung	Krampfanfälle, Desorientierung, Bewußtseinsstörungen, Atemdepression, Kreislaufkollaps	Unruhe, Dysphorie, Deliren

Drogenabhängigkeit

ße Gefahr einer Suchtverlagerung oder einer Polytoxikomanie. Die Substituierten nehmen häufig zusätzlich zum Methadon Anregungsmittel (z. B. Kokain) oder Beruhigungsmittel (z. B. Flunitrazepam oder Diazepam) ein.

(4*) Alle Anregungsmittel besitzen die Eigenschaft, bei fortgesetztem Gebrauch ihre Wirkdauer und Wirksamkeit allmählich zu verlieren, so daß sehr schnell immer größere Mengen in immer kürzeren Zeitabständen genommen werden müssen, um die gleiche antriebssteigernde, euphorisierende Wirkung zu erzielen (Dosissteigerung).

(5*) Der THC-Gehalt aller Cannabis-Präparate (Marihuana, Haschisch oder Haschischöl) ist sehr stark abhängig z. B. vom Klima und vom Standort der Hanfpflanze. Die Cannabis-Wirkung wird neben dem THC-Gehalt des konsumierten Präparates u. a. von der Rauchgewohnheit oder von der Applikationsform beeinflußt. Zu beachten ist, daß THC selbst, jedoch in einem noch stärkeren Maße seine Abbauprodukte, eine sehr lange Halbwertszeit hat und daher sehr langsam aus dem Körper ausgeschieden wird. *Bernd-Michael Becker/Horst Brömer/ Benno Rießelmann*

Drogenabhängigkeit bedeutet einen akuten und chronischen Mißbrauch von → Drogen. Die Grenze zwischen akutem und chronischem Mißbrauch ist schwer zu ziehen, da sie individuell unterschiedlich und abhängig von der Art der Droge ist. Bei sog. Probierern kann man von akutem Mißbrauch sprechen, wenn sie nach wenigen Versuchen wieder von der Droge lassen. Tritt aber eine → Abhängigkeit auf, dann liegt chronischer Mißbrauch vor. Das Probieren (aus Neugier, Langeweile, Mode) mancher sog. weicher Drogen (Marihuana, Designer-Drogen wie Ecstasy) wird für die meisten jungen Menschen nicht sofort die Gefahr einer Abhängigkeit bedeuten; es wird aber oft übersehen, daß diese weichen Drogen eine starke emotionale und psychische Abhängigkeit auslösen können. Bei harten Drogen (Kokain, Heroin) besteht i. d. R. schon nach kurzer Zeit des Konsums höchste Gefahr, süchtig zu werden (→ Sucht/Suchtgefährdung). Dabei spielt das → soziale Umfeld eine wichtige Rolle, denn nicht allein das Vorhandensein einer Droge bedingt eine D., sondern auch die individuelle Bereitschaft zum fortgesetzten Konsum einer Substanz.

Viele »Drogenkarrieren« beginnen mit dem Konsum von Haschisch und LSD (neben dem Nikotinmißbrauch), und ein Teil davon endet in der Heroinabhängigkeit. Die Verteufelung einer Droge sollte ebenso wie die Leugnung der Abhängigkeitsgefahren vermieden werden. Nüchterne und sachliche Aufklärung ist notwendig.

Das Drogenproblem war bisher bestimmt durch die Drogen Haschisch und Heroin, dann Kokain. Inzwischen hat sich eine neue Jugendszene gebildet, die als »Freizeitkonsum« Designer-Drogen (Ecstasy) konsumiert. Viele Süchtige betreiben polyvalenten Mißbrauch: Je nach finanziellen Mitteln und Situation steigen sie zweitweilig um auf Alkohol, Medikamente oder andere Drogen, wenn die Hauptmißbrauchssubstanzen nicht verfügbar sind. Drogenabhängige, werden fast ausnahmslos kriminell aufgrund der Folgekriminalität (Beschaffungskriminalität), sind von Vergiftungen (oft mit tödlichem Ausgang) und körperlichen Krankheiten bzw. Infektionen (z. B. Hepatitis-C, HIV → AIDS) bedroht.

Eine relativ neue Debatte zur Frage der Entkriminalisierung wird aktuell geführt. Darunter versteht man allgemein die Reduzierung bzw. Verhinderung von negativen Konsequenzen aus der Beschaffung der Drogen. Beschaffungskriminalität entsteht im Konsumzyklus des Suchtkranken. Die Annahme ist, daß bei Straffreiheit des reinen Konsums illegaler Drogen der »einfache« Süchtige nicht mehr in den Kreislauf der fortwährenden Festnahme bzw. Inhaftierung geraten muß. Die Maximalforderung in der »Entkriminalisierungsdebatte« bezieht der Legalisierung aller z. Zt. illegalen Drogen als Ziel ein. Eine Forderung ist, daß das → Betäubungsmittelgesetz (BtmG) entsprechend geändert wird (siehe Meyer, J., Betäubungsmittelrecht in Westeuropa). Daß der einzelne Suchtkranke nicht in ein Gefängnis gehört, ist ein richtiger Allgemeinplatz. Gesellschaftspolitisch gesehen wird daraus keine Konsequenz gezogen. In den Justizvollzugsanstalten sind bis 50 oder 60% der Inhaftierten drogenabhängig und zählen zum überwiegenden Teil nicht zum Kreis größerer Dealer. Hier ist, unabhängig von der Debatte um die Freigabe von illegalen Drogen, tatsächlich eine Problemlösung insbesondere auch durch den Gesetzgeber und neue soziale Initiativen (aufsuchende Arbeit) erforderlich, um den Kreis der Betroffenen, die offiziell als Kranke gelten, eine Kranken entsprechende Behandlung zukommen zu lassen und ihn aus dem Regelkreis Drogenszene – Verhaftung – Inhaftierung – Entlassung – Rückfall zu lösen. Die Debatte um »Entkriminalisierung« wird im europäischen Raum ideologisch geführt in einem Entweder-Oder-Sinne. Den einzelnen Süchtigen helfen nur konkrete und erreichbare Ausstiegshilfen. Die Legalisierung zusätzlicher Drogen verhindert nicht das weitere Anwachsen der Zahlen von Suchtkranken.

Das Rauschdrogenproblem ist ein Phänomen unter jungen Menschen, die meist in der Phase der → Pubertät (Probleme der psychosexuellen Entwicklung, Status- und Zukunftsunsicherheiten nach Verlassen der Schule und des Elternhauses, oft auch: negative familieninterne Dynamik) beginnen, Drogen zu nehmen. Allerdings trifft man auch auf Schüler, die mit 9-11 Jahren angefangen haben, Drogen zu nehmen. So begannen 50% aller Drogenabhängigen in Berlin vor dem 16. Lebensjahr mit dem Drogenkonsum, 80% bevor sie 18 Jahre alt waren, mithin begannen nur 20% nach ihrem 18. Lebensjahr, Drogen zu nehmen (s. Becker u. a.). Die »neuen Früheinsteiger« aus den Jahren 1990-92 in der Hamburger Innenstadt gibt es inzwischen in vielen anderen Stadtszenen. Seit 1985 soll der Anteil unter den 12- bis 29jährigen, die schon einmal illegale Drogen probiert haben, von 12 auf 16% gestiegen sein. Neben der weiterhin sehr großen Gruppe von jungen Menschen, die heroin- und kokainabhängig sind (ca. 200 000 Menschen, darunter ca. 30 000 codeinabhängig), existieren die noch größeren Gruppen der Alkohol- (→ Alkoholismus), Medikamenten- und Cannabis-Konsumenten. Einer Schätzung nach können wir von ca. 3 Millionen Cannabiskonsumenten in der BRD ausgehen (Leune, J., Illegale Drogen). Zählen wir die Alkoholabhängigen in der BRD (3 Millionen) und die übrigen Süchtigen zusammen, so sind ca. 5% der Bevölkerung behandlungsbedürftig aufgrund der Suchtmittelabhängigkeit. Die Zahl der Drogentoten als Indikator für die Dramatik des Suchtproblems in der BRD (1991 mehr als 2 000) schwankt mit den Jahren; 1996 stieg sie um ca. 12% gegenüber 1995 erneut an; die Zahl der »heimlichen Toten« in Folge von Methadonkonsum und dem sog. »Beikonsum« von anderen Drogen bleibt unbekannt; sie dürfte jedoch realtiv hoch sein.

Eine wesentliche Voraussetzung für das Entstehen einer Drogenkarriere ist das Angebot an Drogen, sie müssen verfügbar sein, und es muß jemanden geben, der Interesse daran hat, daß Drogen konsumiert werden, der also einen Markt schafft (vgl. auch Lamberti, M., Lamour, C.). Neue Formen von Abhängigkeiten werden durch die zunehmend wachsenden Marktangebote an Kokain und Designer-Drogen geschaffen. Sie stehen in engem Zusammenhang mit der Leistungsgesellschaft und der immer intensiveren Ausschöpfung und Ausbeutung der persönlichen Ressourcen im Arbeits- und Freizeitprozeß. Arzneimittelabhängigkeit (→ Arzneimittelmißbrauch) ist zahlenmäßig eher ein Problem der älteren Generation (Sucht im hohen Alter). Die Grundlage für diese Abhängigkeitsform wird jedoch bereits früh gelegt durch die recht umfassende Medikamentenverschreibung (insbes. Psychopharmaka) an Kinder und Jugendliche (vgl. Voß) sowie durch die hohe Verschreibungspraxis der Ärzte.

Lit. Amendt: Sucht; Heckmann, W.: Drogenkonsum; Lamberti u. a.: Opiummafia; Leune: Drogen; Meyer, J.: Betäubungsmittelstrafrecht; Voß: Rezept.

Horst Brömer/Bernd-Michael Becker

Drogenberatung Parallel zum Entstehen einer Drogenszene in der Bundesrepublik Deutschland (ab 1969) wurden Einrichtungen von Behörden der Gesundheits- und Jugendpflege, von → freien Trägern (z. B. → Deutscher Paritätischer Wohlfahrtsverband [DPWV] oder → Deutscher Caritasverband [DCV] oder von Selbsthilfeorganisationen (→ Selbsthilfegruppen) geschaffen. Sie erhielten bald den Oberbegriff »Drogenberatungsstellen« (Drobs), die als Teestuben, Kontakt- und Beratungsstellen tätig wurden. Bis Mitte der 70er Jahre entwickelten sich die ersten professionell arbeitenden Drogenberatungsstellen mit sehr unterschiedlichen und vielfältigen Arbeitsweisen. Zielgruppen der Drobs sind: Suchtgefährdete (→ Suchtgefährdung), Süchtige (→ Sucht) und deren Angehörige. Zum Tätigkeitsfeld einer Drobs zählen je nach Konzeption des Trägers, Ortslage und Personalausstattung folgende Bereiche: 1. Beratung von Betroffenen und deren Angehörigen, 2. niedrigschwellige Angebote wie Kontaktstellen, Dusch- und Waschmöglichkeiten, Übernachtungen, Spritzenaustausch u. a., 3. kontinuierliche Suchtbegleitung, 4. Vermittlung von Entgiftungsplätzen, 5. Vermittlung von Therapieplätzen in ambulanten und stationären Einrichtungen, 6. Präventionsarbeit (in Schulen, Jugendfreizeitheimen u. a.), 7. nachgehende Betreuung im Sinne der Reintegration ehemaliger Süchtiger, 8. Kooperation mit anderen Suchteinrichtungen, 9. ambulante Suchttherapie, 10. psychosoziale Begleitung im Methadon-Bereich.

In der BRD arbeiten über 1 400 »ambulante Beratungs- und Behandlungsstellen für Suchtkranke« (Hüllinghorst). D.stellen betreiben anonyme Drogenberatung in der Scene (→ Streetwork), um mit Süchtigen in Kontakt zu kommen. Die D. in Beratungsstellen, Haftanstalten, Kliniken, psychiatrische Kliniken, Jugendfreizeitheimen, Heimen u. a. Orten hat zum Ziel, den suchtgefährdeten oder bereits süchtigen Jugendlichen oder Erwachsenen anzusprechen, zu erreichen und einen guten Kontakt zu halten. Fragen des Betroffenen nach Bewältigung des Alltags, Hilfen bei der Findung von Klinikbetten (für die körperliche Entgiftung), Auskünfte über Möglichkeiten amtlicher Hilfeleistungen usw. bilden einen wichtigen Ansatz der D. im sog. niedrigschwelligen Bereich. Als neuer Ansatz in der D. meint die »akzeptierende Drogenarbeit«, den süchtigen Menschen in seiner Suchtbefindlichkeit anzunehmen ohne Bedingungen zu stellen und Hilfeziele anzubieten (»harm reduction«, die Linderung der dringendsten materiellen und gesundheitlichen Notstände).

Im engen Zusammenhang steht damit dann die Vergabe von Substitutions(=Ersatz)-stoffen wie Methadon oder Codeinpräpara-

Drogentherapie

ten (→ Drogen). Die Ersatzstoffvergabe an (Heroin-) Süchtige gilt als weiterer Hilfeansatz, der inzwischen in der BRD weit verbreitet und unumstritten ist wie in anderen Ländern auch (USA, Niederlande, Italien, Großbritannien). Beide Begriffe und Hilfeverständnisse, niedrigschwellige Angebote und akzeptierende Drogenarbeit, können als resignative Antworten auf das immer größer werdende und anscheinend nicht eindämmbare Drogenproblem verstanden werden.
Auf der individuellen Ebene sollte es in der D. um konkrete »Ausstiegshilfen« in der Richtung gehen, daß der suchtkranke Mensch ein drogenfreies und autonomes Leben zu führen lernt. Vielfach zeigen Erfahrungen mit der Ersatzstoffvergabe mit der oft wenig ausgeprägten »Ausstiegsorientierung«, daß suchtkranke junge Menschen im Einflußbereich der illegalen Drogenszene belassen werden.
Grundlegender Aufgabenbereich der D.stellen ist es nach wie vor, die Entzugsmotivation eines Klienten zu unterstützen, den Süchtigen zum Entzug zu motivieren, mit ihm die Kostenübernahme und andere für die Therapie wichtige Formalien zu klären und den einzelnen Betroffenen auf dem Wege hin zur Therapie und Drogenfreiheit zu unterstützen und auch Rückfälle bewältigen zu helfen.
Im Einzelfall gilt es, genau zu differenzieren, ob eine ambulante oder eine stationäre Suchttherapie anzustreben ist.
Dabei muß im praktischen Sinne vermerkt werden: D. ist nicht zu verwechseln mit ambulanter Therapie; sie kann aber in der Arbeit mit Suchtgefährdeten und Angehörigen therapeutische Elemente (systemisches Vorgehen) haben. Auf der Grundlage der »Empfehlungsvereinbarung zur ambulanten Therapie« des VDR haben einige D.stellen ihr Angebot um ambulante Rehabilitation erweitert.
Die sich extrem verändernde Drogenszene, die zunehmende Kriminalisierung der Süchtigen und der weiter wachsende Einfluß des organisierten Drogen-Verbrechens, die Verelendung der illegalen Süchtigen und das Faktum des sehr jungen Einstiegsalters in Drogenabhängigkeit sowie immer neue Konsumentengruppen erfordern eine stetige Anpassung der Methoden der D. an die Klientengruppen.
Drogenberatung sollte weiterhin vermehrt präventive Funktionen übernehmen: Randgruppen Jugendlicher und Suchtgefährdete einbeziehen, Öffentlichkeitsarbeit und Informationsangebote für Interessierte machen. Auch im Bereich der Justiz, des → Strafvollzugs und psychiatrischer Kliniken arbeiten Drogenberater.
Die Aufhebung der fachlichen Trennung von Alkohol- und D.stellen wird mit der Integration der »Hilfegebiete« und Bezugsgruppen die Effektivität der D. steigern.

Lit. Fett: Finanzierungssituation; Hoffmann-Bayer: Herausforderung; Hoffmann-Bayer: Auf dem Weg; Hüllinghorst: Behandlungsstellen; Leune: Illegale Drogen; Müller, H. R. u. a.: Gemeindenahe.
Horst Brömer/Bernd-Michael Becker

Drogentherapie Da → Drogenabhängigkeit heute nicht mehr als ein medizinisch-psychiatrisches, sondern im wesentlichen als ein vielschichtiges bio-psycho-soziales Phänomen gesehen wird, geht D. über das traditionelle Verständnis von medizinischer Therapie weit hinaus und greift grundlegende Prinzipien einer sozialpsychiatrischen Versorgung auf. Die Behandlungskette aus Beratung (→ Drogenberatung) – Entgiftung – Entwöhnung – → Rehabilitation – Nachsorge ist vielerorts Richtschnur für ein differenziertes regionales, gemeindenahes System der Drogenhilfe geworden. Es ist vom Einzelfall und der konsumierten (Haupt-) → Droge abhängig, welche Therapie angezeigt ist und wie lange sie dauern muß. Hauptziel der anerkannten D. ist die (Wieder-)Eingliederung des Suchtkranken in Arbeit, Beruf, Gesellschaft und Gemeinschaft (VDR: Begutachtung). Mit der Kontaktaufnahme in einer Drogenberatungsstelle (→ Sucht/Suchtgefährdung) beginnt für viele Drogenabhängige die Bewältigung ihrer Suchtprobleme. Die körperliche Entgiftung steht vor dem Eintritt in eine D.; nach dem Therapieende sollte die Nachsorge die Stabilisierung des individuellen Therapieerfolges sichern helfen. Die D. findet als stationäre Therapieform im Unterschied zur Alkoholtherapie überwiegend in Langzeittherapieeinrichtungen statt, die historisch gesehen als Modellform die Therapeutische (Wohn-)Gemeinschaft (TWG) zur Grundlage haben. In den alten und neuen Bundesländern gibt es in über 150 stationären D.einrichtungen ca. 4 000 Therapieplätze mit ca. 2 000 Mitarbeiter/-innen. Grundlage der Arbeit der stationären D. bildet die Empfehlungsvereinbarung zur stationären Behandlung Suchtkranker des → Verbandes deutscher Rentenversicherungsträger (VDR) von 1978 und das Grundsatzurteil des Bundessozialgerichtes: »Sucht ist Krankheit« von 1968 (BfA u. a.). Die TWG ist als Hilfeansatz für Süchtige sehr weit verbreitet und entstand im deutschsprachigen Raum zu Beginn der 70er Jahre als Alternative zu Psychiatrie und Strafvollzug (→ Wohngemeinschaften/Wohngruppen [für Drogenabhängige]). Man unterscheidet zwischen TWG und Selbsthilfewohngruppen. Klare Konzepte, die sozialpädagogisch und/oder psychotherapeutisch definiert sind, und verbindliche Regeln (Gewalt- und Drogenfreiheit u. a.) bestimmen die Therapie, das Hausinnenleben. Die TWG ist heute fast nur noch in der Nachsorge anzutreffen; die Selbsthilfewohngruppen existieren nur noch dort, wo

durch öffentliche Haushalte finanzielle Zuwendungen möglich gemacht werden.
Die Modelle der TWG und SHG verstehen sich bewußt als Alternativen zu geschlossenen Institutionen: Das Verständnis von D. basiert auf der grundsätzlich notwendigen Entscheidungsmöglichkeit des Betroffenen für seine Therapie und die Entwicklung einer Motivation zur Verhaltensänderung. Das ist nur im offenen Rahmen einer D.einrichtung möglich. Die Betreuungsansätze im Strafvollzug können nicht mit der offenen D. gleichgesetzt werden, da eine Suchttherapie hinter Gittern nicht möglich ist (s. Brömer u. a.: Rehabilitation).
Bei Vorliegen einer Sucht wird i. d. R. eine Langzeittherapie (Entwöhnungsbehandlung) angezeigt sein. Die Drogenberatung hilft bei der wichtigen Frage, welche Therapieeinrichtung für den einzelnen Süchtigen geeignet erscheint und bereitet die Kostenübernahme für die Therapie vor. (Aßfalg u. a.) Der jeweilige Leistungsträger trifft die Entscheidung über den Antrag der Reha-Maßnahme.
Im Rahmen einer → Therapeutischen Gemeinschaft (TG), einer Therapieeinrichtung, die in einen Behandlungsverbund der Drogenhilfe eingebettet sein sollte, kann der Süchtige lernen, seine → Abhängigkeit von der Droge zu überwinden und sich zu stabilisieren, um sich wieder in die Gemeinschaft einzugliedern. Die anerkannten Therapieeinrichtungen verfügen über ein wissenschaftliches Konzept, ein multidisziplinäres Team und übersichtliche Hausstrukturen, was alles der individuellen Entwicklung des Suchtkranken dient. Die Therapiedauer beträgt zwischen 6 und 12 Monaten. In die stationäre Suchttherapie gehen pädagogische, verhaltens- und gruppentherapeutische (→ Verhaltens-, → Gruppentherapie), psychotherapeutische (→ Gestalttherapie, → Psychodrama, Gesprächstherapie usw.) Elemente ein. Sehr wichtig ist das Nachsorgeangebot, Schulabschlüsse nachzuholen und einen Beruf zu erlernen. Eine Nachsorge mit von der Einrichtung aus betreuten Wohngruppen (Modell »Außenwohngruppe« AWG) ist für die Einbzw. Wiedereingliederung von Drogenabhängigen dringend angezeigt (MAGS, Hammer Modell). Mitarbeiterteams setzen sich aus Sozialarbeitern, Pädagogen, Psychologen, Ärzten, Handwerkern und ehemaligen Süchtigen zusammen.
Die Langzeittherapien werden von verschiedenen Leistungs- und Kostenträgern unterschiedlich anerkannt und sind durch Tagespflegesätze finanziert. Als Leistungs- und Kostenträger kommen die → Rentenversicherungen (→ Landesversicherungsanstalten [LVA] und → Bundesversicherungsanstalt für Angestellte [BfA]), die → Krankenkassen, die Träger der → Sozialhilfe oder staatliche bzw. private Stellen in Betracht. Die meisten Einrichtungen der D. sind gemeinnützig, also Non-Profit-Einrichtungen, und entsprechen den Anerkennungskriterien der Kostenträger.
Zur D. gehört die Nachsorge, deren finanzielle Absicherung ungenügend ist. Hier sind Träger der Sozialhilfe und Leistungsträger gefordert, ein Finanzierungsmodell vorzulegen. Bis dahin bleibt die Nachsorge (v. a. im Bereich der Alkoholtherapie) regional oft vernachlässigt, was die Reintegration ehemals Süchtiger beeinträchtigt.
Die stationäre D. wird ergänzt durch die ambulante D., die mit der Vereinbarung über die ambulante Rehabilitation des Verbandes deutscher Rentenversicherungsträger (VdR) seit 1991 eine verbindliche Grundlage bekommen hat.
Zur D. zählt neben der stationären und ambulanten Therapie, welche überwiegend auf ein Leben ohne Drogen orientiert und der (Wieder-)Erlangung der Erwerbsfähigkeit gilt, die medikamentengestützte Therapie. Dazu zählen eher reinmedizinisch definierte Behandlungen auf der Basis von Methadon- oder auch Codeinvergaben. Ausnahmen bilden Formen medikamentengestützter D., die klar auf ein nüchternes Leben und den Ausstieg aus der Drogenszene hinarbeiten.
Lit. Brömer: Familientherapie; Brömer: Suchttherapie; BFA: Rehabilitation; Heckmann: Vielleicht; Pörksen, T.: Erfahrungen; VDR: Begutachtung; Yablonski: Gemeinschaften.

Horst Brömer/Bernd-Michael Becker

Durchschnitt → Mittelwert

Durchsuchung Die Strafprozeßordnung (StPO) unterscheidet zwischen der D. beim Verdächtigen (§ 102) und der bei anderen Personen (§ 103). Beim Verdächtigen kann eine D. seiner Wohnung und anderer Räume, seiner Person und seiner Sachen angeordnet werden a) zum Zwecke seiner Ergreifung (vgl. → Festnahme), b) wenn zu vermuten ist, daß die D. zur Auffindung von Beweismitteln (→ Beschlagnahme) führen wird (§ 102). Bei Nichtverdächtigen ist die D. nur zulässig zur Ergreifung des Beschuldigten, zur Verfolgung von Spuren einer Straftat, zur Beschlagnahme bestimmter Gegenstände und nur dann, wenn Tatsachen vorliegen, aus denen zu schließen ist, daß die gesuchte Person, Spur oder Sache sich in den zu durchsuchenden Räumen befindet (§ 103). Eine D. nach § 102 ist während des gesamten Strafverfahrens (auch nach Anklageerhebung → Strafprozeß) zulässig. Nächtliche Haussuchungen (1. 4.–30. 9.: 21–4 Uhr; 1. 10.–31. 3.: 21–6 Uhr) dürfen nur bei Verfolgung auf frischer Tat, bei Gefahr im Verzug oder bei Wiederergreifung Entwichener vorgenommen werden (§ 104). Der D.befehl, der Angaben über den Tatvorwurf enthalten muß, wird vom Richter erlassen (§ 105). Die Anordnung berechtigt nur zu einer einmaligen D. Bei

Gefahr im Verzug sind auch die Staatsanwaltschaft und ihre Hilfsbeamten anordnungsbefugt. Findet eine D. der Wohnung, Geschäftsräume oder des befriedeten Besitztums ohne Beisein des Richters oder Staatsanwalts statt, so sind, wenn möglich, D.zeugen hinzuzuziehen. Der Inhaber der zu durchsuchenden Räume oder Gegenstände darf der D. beiwohnen (§ 106). In den Fällen des § 103 Abs. 1 ist ihm der Zweck der D. vor deren Beginn bekanntzumachen. Nach deren Beendigung ist dem Betroffenen auf Verlangen der Grund der D. mitzuteilen sowie ein Verzeichnis der in Verwahrung genommenen Gegenstände auszuhändigen (§ 107). Gegen die richterliche Anordnung der D. ist die → Beschwerde zulässig, solange die D. andauert. *Jürgen Stehling*

E

Echtheit → Therapeutenvariablen

Eckregelsatz → Regelsatz

Economie Sociale – Comité Consultatif
Der in Frankreich gängige und inzwischen auch von der → Europäischen Union (EU) übernommene Begriff der Economie Sociale (etwa gemeinwohlorientierte Wirtschaft) umfaßt freigemeinnützige Vereine und Verbände, in gewissem Umfang Stiftungen, Genossenschaften und Versicherungsgesellschaften auf Gegenseitigkeit. Dieser Bereich, inzwischen auch als »Dritter Sektor« bekannt, findet immer größere Aufmerksamkeit insbesondere als wirtschaftlicher Akteur. Studien belegen, daß dieser Sektor immerhin 3% aller Arbeitsplätze umfaßt – bei steigender Tendenz.
Die Besonderheit der Economie Sociale ist, daß sie wirtschaftliches Handeln nicht nach den Prinzipien des Profits betreibt, sondern das Gemeinwohl in den Vordergrund stellt. So ist der Sektor insbesondere in den Bereichen Soziales, Gesundheit, Erziehung, Kultur, Sport und in gemeinwirtschaftlichen Unternehmungen verankert und aktiv.
Die Kommission der EU hat inzwischen erkannt, daß diesem Sektor größere Aufmerksamkeit zukommen muß und er aufgrund seiner Besonderheiten spezieller legislativer und fiskalischer Maßnahmen der Förderung seitens der Union bedarf. Sie hat daher zunächst die Bildung eines Konsultativausschusses (Comité Consultatif de l'Economie Sociale) als ständigen Verhandlungspartner unterstützt, in dem die Organisationen aus diesem Bereich repräsentativ gesamteuropäisch vertreten sind. *Dirk Jarré*

EDV → Informations- und Kommunikationstechniken, neue

Effektivität verweist – im Gegensatz zu → Effizienz – auf Fragen und Verfahren der Meßbarkeit, Überprüfbarkeit, Kontrollierbarkeit und rationalen Steuerung von Angeboten, Maßnahmen und Programmen der → Sozialarbeit/Sozialpädagogik. Damit ist ein umstrittenes Thema der Praxis und Entwicklung von → sozialen Berufen und → sozialen Diensten aufgeschlagen, in dem folgende Positionen deutlich werden:
– Eine Argumentationsfigur verweist darauf, daß die Produktion und Effekte sozialer Dienstleistungen nicht meßbar seien, weil jede wirksame Hilfe voraussetze, daß »Dienstleistungsproduzent« und -konsument« sich in einem kommunikativen Prozeß darüber zu verständigen haben, welche Hilfe die richtige sei. Das »Produkt« werde über einen kommunikativen Akt hergestellt, und wegen des immateriellen Charakters sozialer Dienstleistungen müsse jede Bestrebung nach ökonomisch-rationaler Erfassung und Bewertung scheitern.
– Eine andere Argumentation betont den Umstand, daß der wachsende Ressourcenbedarf des sozialen Dienstleistungssektors auf Dauer ohne nachweisbare Wirkungen und öffentliche Legitimation weder gesellschaftlich gerechtfertigt noch politisch durchgesetzt werden könne. Sowohl → freie Träger als auch → öffentliche Träger seien darauf verpflichtet, ihre (zum größten Teil öffentlichen) Mittel sparsam, wirksam und also effektiv einzusetzen.
Die aktuelle Diskussion um das Neue Steuerungsmodell, betriebswirtschaftliche Steuerungsinstrumente, → Sozialmanagement und die → Verwaltungsmodernisierung bricht diese konfrontativen Positionen auf und vermittelt sie durch folgende Überlegungen:
Zunächst ist eine Differenzierung zwischen E. und Effizienz hilfreich. Während der Effizienzbegriff die organisations- bzw. betriebsinterne Seite, also die Wirtschaftlichkeit des Handelns in Organisationen behandelt und Maßstäbe für den Einsatz von Sach- und Personalmitteln zum Gegenstand hat, verweist der E.begriff auf den Wirkungsgrad von Maßnahmenprogrammen, d. h. auf die Akzeptanz der Dienstleistungen bei Bürgern und in der Öffentlichkeit. Wenn soziale Arbeit verstanden wird als »Produktion personenbezogener sozialer Dienstleistungen«, dann sind weniger Techniken und Technologien und mehr fachliche Qualifikationen des Personals Erfolgsparameter.
Zur Bestimmung der E. können mit Hilfe der quantitativen und qualitativen → empirischen Sozialforschung Variablen und Bedingungen defizitärer Ausgangslagen sowie Erfolgsparameter entwickelt werden. Über betriebswirtschaftliche Verfahren wie → Controlling, → Budgetierung, Kennzahlen und Produktbeschreibungen hinaus müssen Instrumente aus den angewandten Sozialwissenschaften wie → Praxisforschung, → Evaluation/→ Selbstevaluation usw. einge-

setzt werden, um die Qualität sozialer Dienstleistungen zu erheben und zu steuern. Die moderne → Sozialplanung und → Sozialberichterstattung sowie Verfahren der »Extern relations«, d. h. die Herstellung und Pflege von diskursiven Prozessen mit der Umwelt, sind offensive strategische Möglichkeiten zur E.prüfung und -steigerung. Wenn die Qualität sozialer Dienstleistungen von der Qualifikation des Personals und gelungenen Interaktionsprozessen zwischen → Fachkräften und Bürger/-innen abhängt, so sind in Strategien der E.steigerung auch Maßnahmen der → Organisations- und → Personalentwicklung einzubeziehen. Im Kern geht es darum, bei Mitarbeiter/-innen Leistungsbereitschaft, Eigenverantwortlichkeit und Entscheidungsfähigkeit zu fördern. Zur Steigerung von E. und Effizienz müssen deshalb sowohl qualitative Verfahren der → Qualitätssicherung und -entwicklung (→ Qualitätsstandards) als auch organisatorische Entwicklungsprozesse wie die Einrichtung autonomer Arbeitseinheiten (Fallkonferenzen, Qualitätszirkel usw.) auf den Weg gebracht werden.
Lit. Bussmann: Lernen; Burla: Management; s.: → Verwaltungsmodernisierung.

Manfred Wolf

Effizienz In der Diskussion um das Neue Steuerungsmodell, → Sozialmanagement und die → Verwaltungsmodernisierung sowie die damit verbundene Frage nach der Wirksamkeit → sozialer Dienste, Programme und Angebote hat sich durchgesetzt, E. von → Effektivität zu unterscheiden.
E. betont die betriebs- bzw. organisationsinterne Seite von Wirksamkeitsüberlegungen und läßt Aussagen über die Wirtschaftlichkeit des Einsatzes von Sach- und Personalmitteln zur Erreichung der Organisationszwecke und -ziele zu. Gegenstand von E.kontrollen ist auch die Angemessenheit der Aufbau- und Ablauforganisation, d. h. die Frage nach rationaler → Kooperation, → Koordination und Arbeitsteilung. Damit befaßt sich E. mit den Produktionsbedingungen und der → Organisation des Anbieters → sozialer Dienstleistungen, während Effektivität die sozialen und sozialpolitischen Wirkungen auf der »Nachfrage-Seite« definiert. (→ Sozialberichterstattung, → Ziele in der sozialen Arbeit, → Controlling).
Lit. s.: → Effektivität. *Manfred Wolf*

Effizienzkontrolle → Wirtschaftlichkeit, → Evaluation

Ehe erfüllt als rechtlich anerkannte Verbindung von Mann und Frau zu dauernder Lebensgemeinschaft durch die jeweilige Gesellschaftsordnung bedingte soziale, wirtschaftliche und politische Funktionen. Sie wird durch gesellschaftliche, religiöse und weltlich-rechtliche → Normen bestimmt. In unserem Kulturbereich ist die E. notwendig monogam. Staatliche und kirchliche E.ordnung stehen in der Bundesrepublik unverbunden nebeneinander. Nach katholischer Kirchenlehre ist die E. eine unauflösliche, ausschließliche Gemeinschaft zwischen einem Mann und einer Frau mit dem Ziel der Kindererzeugung; sie beruht auf einem → Vertrag und ist Sakrament. Nach evangelischer Auffassung umschließt die von Gott mit der Schöpfung gestiftete E. das Postulat der Unauflöslichkeit, der Ein-E. und der Ebenbürtigkeit der Frau; die Trauung ist das vor Gott und Gemeinde abgegebene gegenseitige Treueversprechen mit kirchlicher Segnung und Fürbitte.
In der Bundesrepublik kann eine gültige E. zwischen Deutschen nur vor dem Standesbeamten geschlossen werden (→ Eherecht); der kirchlichen Trauung, die erst nachfolgen darf, kommt keine bürgerlich-rechtliche Wirkung zu. Die E. ist nach bürgerlichem Recht durch Richterspruch auflösbar (→ Ehescheidung).
Die Wertvorstellung der monogamen unauflöslichen E. mit dem Willen zu gemeinsamen Kindern verändert sich. Fortpflanzung sowie Schutz- und Versorgungsfunktionen besonders für die Frau erhalten einen anderen Stellenwert; andere Formen der Lebensgemeinschaft auf Dauer (→ Eheähnliche Gemeinschaft) oder Zeit unter Ablehnung vom Staat vorgegebener Normen bilden sich aus.
Seit 1965 ist der Anteil der Verheirateten in Deutschland stetig zurückgegangen. Der Anteil der E.schließungen sank je 1 000 Einwohner von 8,2 im Jahr 1965 auf 5,4 im Jahr 1994. Das durchschnittliche Heiratsalter betrug 1994 bei Männern 32,8 Jahre, bei Frauen 30,0 Jahre.
Lit. Beitzke: Familienrecht; Gernhuber u. a.: Familienrecht; Statistisches Bundesamt: Statistisches Jahrbuch.

Helga Gross/Bärbel Habermann

Eheähnliche Gemeinschaft liegt vor, wenn zwei miteinander nicht verheiratete Personen, zwischen denen die → Ehe jedoch rechtlich möglich ist, wie ein nicht getrennt lebendes Ehepaar in gemeinsamer Wohn- und Wirtschaftsgemeinschaft leben, sie also in Übereinstimmung einen gemeinsamen Haushalt so führen, wie es für zusammenlebende Ehegatten typisch ist (BVerwG, Urteil vom 20. 1. 1977, in FEVS 25, 278 = BVerwGE 52, 11). Andere Partnerschaften (→ Nichteheliche Lebensgemeinschaft), also z. B. zwischen Personen gleichen Geschlechts oder zwischen Verwandten, die von Rechts wegen nicht heiraten dürfen, fallen nicht unter diesen Begriff. In seiner Entscheidung vom 17. 5. 1995 hat das BVerwG seine bisherige Auffassung aufgegeben, daß für das Vorliegen einer e. G. nicht entscheidend sei, ob innere Bindungen oder Verpflichtungen zur Unterhaltsgewährung oder zur gemeinsamen Lebensführung bestehen. Nunmehr folgt das BVerwG dem BVerfG, das in seiner Entscheidung zu § 137 II a AFG (BVerwGE 87, 234, 264) verschärfte Anforderungen an das Vorliegen einer derartigen Lebensgemeinschaft ausgesprochen hat. Somit handelt es sich um eine Lebensgemeinschaft zwischen einem Mann und einer Frau, die auf Dauer angelegt ist, daneben keine weitere Lebensgemeinschaft gleicher Art zuläßt und sich durch innere Bindungen auszeichnet, die ein gegenseitiges Einstehen der Partner füreinander begründen, also über die Beziehungen in einer reinen Haushalts- und Wirtschaftsgemeinschaft hinausgehen, also eine Verantwortungs- und Einstehensgemeinschaft besteht. Nach wie vor setzt die Annahme einer e. G. die Feststellung von Intimbeziehungen aber nicht voraus, so daß behördliche Nachforschungen in der Intimsphäre der Partner unzulässig sind (FamRZ 1995, 1352).

Sozialhilferechtlich dürfen Personen, die in e. G. leben, nach § 122 S. 1 → Bundessozialhilfegesetz (BSHG) hinsichtlich der Voraussetzungen sowie des Umfangs der → Sozialhilfe nicht besser gestellt werden als Ehegatten. Die Partner der e. G. haben ebenso ihr → Einkommen und → Vermögen nach §§ 11 und 28 BSHG einzusetzen (→ Einsatz des Einkommens/Vermögens). Nach § 122 S. 2 BSHG haben die Partner in entsprechender Anwendung des § 16 BSHG auch für die im Haushalt lebenden Angehörigen des anderen Partners so einzustehen, als wären sie selbst mit ihnen verwandt oder verschwägert (BVerwG, Urteil vom 19. 1. 1972, in NDV 1972, 270 = BVerwGE 39, 226). Die Intention eines Partners der Wohngemeinschaft, er erbringe bedarfsdeckende Leistungen für den Lebensunterhalt des anderen nur vorschußweise im Wege der »Nothilfe« anstelle des Sozialhilfeträgers, ist unvereinbar mit der Annahme einer e. G., da diese durch ein Sich-füreinander-verantwortlich-Fühlen, durch innere Bindungen von einer Intensität, die das Einstehen füreinander als selbstverständlich erscheinen lassen, geprägt ist. Auch bei getrennten Kassen oder voneinander abweichenden Eßgewohnheiten ist eine e. G. zu bejahen, wenn das Zusammenleben insgesamt eine Verbundenheit aufweist, die ein gegenseitiges, auch finanzielles Füreinandereinstehen der Partner erwarten läßt. Bei der Prüfung der sozialhilferechtlichen → Hilfebedürftigkeit ist darauf abzustellen, ob und gegebenenfalls in welcher Höhe die Partner als Eheleute Sozialhilfeansprüche hätten. Hätten Eheleute danach infolge ausreichenden Einkommens oder Vermögens keinen Anspruch auf Sozialhilfeleistungen, scheidet auch ein Anspruch für die Partner einer e. G. aus. § 122 BSHG soll eine sozialhilferechtliche Besserstellung eheähnlicher Partner verhindern, sie aber nicht davor bewahren, evtl. rechtlich (z. B. krankenversicherungsrechtlich oder rentenversicherungsrechtlich) schlechter gestellt zu sein. Die Sozialhilfe hat nicht die Aufgabe, derartige Belastungen auszugleichen.
Die Beweislast für das Vorliegen einer e. G. liegt bei dem Sozialhilfeträger. Der Hilfesuchende (→ Hilfeempfänger/Hilfesuchender) hat jedoch an der Aufklärung des Sachverhalts mitzuwirken und sie dem Träger der Sozialhilfe zu ermöglichen.

Walter Tattermusch

Eheberatung Im gesellschaftlichen Wandel der vergangenen Jahrzehnte haben sich Lebensformen herausgebildet, die neben der bürgerlichen Institution → Ehe gesellschaftlich, jedoch noch nicht rechtlich, einen nahezu gleichwertigen Status errungen haben. Die Ehe hat als allgemein anerkannte, dauerhafte Lebensform ihre breite gesellschaftliche Zustimmung verloren. Diese Situation verlangt von jedem Paar eine ganz persönliche Legitimation seiner Form. E. nimmt diese neuen gesellschaftlichen Tatsachen auf. Entsprechend entwickeln sich Theorie und Praxis der E. vor dem Hintergrund einer allgemeinen Paarberatung/-therapie. Neben der beschriebenen gesellschaftlichen Situation berücksichtigen die gegenwärtige Theorie und → Therapie in besonderem Maße Ergebnisse der → Entwicklungspsychologie und Persönlichkeitstheorie, wie ein allgemeines Lebenszyklusmodell (→ Lebensalter). In diesem Rahmen lassen sich modellhaft spezifische Aufgaben für die jeweilige Etappe der psychosozialen Entwicklung des Individuums (Ablösung vom Elternhaus, Partnerwahl, Mutter- und Vaterschaft usw.) skizzieren. Jede dieser Aufgaben verlangt vom Individuum gelungene Lösungen vorausgegangener Entwicklungsaufgaben und besondere Offenheit und Beweglichkeit gegenüber den anstehenden Aufgaben und dem beteiligten Partner. Im Kontext von Paartherapie/-beratung sind solche Aufgaben immer Paaraufgaben. Hier zeigt sich die Spezifität von Paartherapie: jeder individuelle Aspekt eines Partners wird in seiner Leistung als persönlicher Beitrag zur Lösung der anstehenden Probleme gewürdigt und gewertet. Erst so gelingt es dem Paartherapeuten, die einzigartige und kreative Einheit des Paares in den Blick zu bekommen. Weitere Orientierung in der Paartherapie bieten Ergebnisse der → Organisationssoziologie, die eine angemessene Einschätzung, Bewertung und Therapie der Aufgaben- und Funktionsteilung (Hausarbeit, Kindererziehung usw.) eines Paares ermöglichen. Ein Paartherapeut/-berater heute ist ein in Einzeltherapie/-beratung erfahrener Therapeut/Berater, der darüber hinaus in unterschiedlicher Ausprägung eine systemisch-sozialwissenschaftliche Erweiterung (→ Systemischer

Ansatz) seiner psychotherapeutischen Kompetenz (→ Psychotherapie) erworben hat, die es ihm erst eigentlich ermöglicht, der Komplexität menschlicher Lebenszusammenhänge in der Besonderheit eines Paares mit einer fundierten fachlichen Methodik zu begegnen. Der gegenwärtige Paartherapeut hat in vielfältiger klinischer Erfahrung gelernt, daß die einzelnen Ausschnitte aus dem Leben eines Paares, seine seelischen, sozialen und biophysiologischen Äußerungsformen nicht isoliert voneinander, sondern nur integriert auf die spezifische Einheit des Paares bezogen, betrachtet und behandelt werden können. Auf diesem skizzierten Hintergrund ist der kundige Paartherapeut heute ein Familientherapeut (→ Familientherapie) als ein individuumzentrierter Psychotherapeut.

Lit. Buchholz: Intimität; Fürstenau: Paradigmawechsel; Fürstenau: Systembezüge; Napier: Ehe; Walters u. a.: Schlingen.

Dietrich Reichardt

Ehelicherklärung → Legitimation.

Eheliches Kind Ein Kind, das nach der Eheschließung seiner Eltern geboren ist (→ Abstammung) oder die rechtliche Stellung des e. K. erlangt hat (→ Legitimation, → Annahme als Kind). Es erwirbt die deutsche → Staatsangehörigkeit, wenn ein Elternteil sie besitzt, und erhält den Ehenamen seiner Eltern (§ 1616 → Bürgerliches Gesetzbuch; → Name). Das minderjährige e. K. steht unter der → elterlichen Sorge seiner Eltern. Es teilt den Wohnsitz seiner Eltern (§ 11), ggf. des einen sorgeberechtigten Elternteils oder des Vormunds (§ 1800) oder des Sorgerechtspflegers (§ 1909). Eltern und e. K. sind einander unterhaltspflichtig (→ Unterhaltspflicht), darüber hinaus Beistand und Rücksicht schuldig (§ 1618 a). Solange das e. K. (auch das volljährige) dem elterlichen Hausstand angehört und von den Eltern unterhalten wird, ist es verpflichtet, in einer seinen Kräften und seiner Lebensstellung entsprechenden Weise den Eltern in ihrem Hauswesen und Geschäft Dienste zu leisten (§ 1619). Im Rahmen der → Kindschaftsrechtsreform sollen nach der Vorstellung der Bundesregierung im Gesetzentwurf zur Reform des Kindschaftsrechts (Bundestags-Drucksache 13/4899, S. 29) die rechtlichen Unterschiede zwischen e. K. und nichtehelichen Kindern soweit wie möglich abgebaut werden.

Jochem Baltz/Dieter Brüggemann

Ehemündigkeit Eine → Ehe soll nicht vor Eintritt der → Volljährigkeit, also vor Vollendung des 18. Lebensjahres, geschlossen werden. Ein Ehegatte, gleichgültig ob Mann oder Frau, muß bei der Eheschließung volljährig, der andere mindestens 16 Jahre alt sein (§ 1 EheG).

Dem noch nicht volljährigen, aber mindestens 16 Jahre alten künftigen Ehepartner kann das → Vormundschaftsgericht (VormschG) auf seinen Antrag Befreiung vom Alterserfordernis der Volljährigkeit erteilen (§ 1 Abs. 2 EheG). Vor dieser Entscheidung ist das → Jugendamt (JA) zu hören (§ 49 Abs. 1 Nr. 2a FGG).

Ein Minderjähriger (→ Minderjährigkeit) benötigt zur Eheschließung außerdem die → Einwilligung des gesetzlichen Vertreters und des Personenberechtigten, falls dem gesetzlichen Vertreter nicht auch die → Personensorge zusteht (§ 3 Abs. 1, 2 EheG). Verweigert ein gesetzlicher Vertreter oder Sorgeberechtigter ohne triftige Gründe die Einwilligung, kann das VormschG sie auf Antrag des Betroffenen ersetzen (§ 3 Abs. 3 EheG). Auch vor dieser Entscheidung ist das JA zu hören (§ 49 Abs. 1 Nr. 2b FGG).

Jochem Baltz/Helga Gross

Eherecht Das staatliche E. – das kirchliche E. wird hier nicht dargestellt – regelt die → Ehe und die damit zusammenhängenden Lebensverhältnisse, soweit sie durch → Rechtsnormen erfaßbar sind und erfaßt werden sollen.

Ehe und → Familie stehen unter dem besonderen Schutz der staatlichen Ordnung (Art. 6 Abs. 1 → Grundgesetz [GG]).

Die Eheschließung ist ein → Vertrag; dieser setzt neben → Ehemündigkeit zumindest beschränkte → Geschäftsfähigkeit voraus. Das derzeit noch geltende Ehegesetz (EheG) normiert einige Eheverbote, deren Zahl sehr abgenommen hat; Ehen zwischen Verwandten und Verschwägerten sind weitgehend untersagt, Doppelehen verboten (§§ 4 ff. EheG).

Nach dem Gesetzentwurf der Bundesregierung zur Neuordnung des Eheschließungsrechts (BT-Drucksache 13/4898) soll das Eheschließungsrecht modernisiert werden, indem das Aufgebot wegen fehlender Erforderlichkeit und datenschutzrechtlicher Bedenken abgeschafft sowie einige Eheverbote, insbesondere das Eheverbot der Schwägerschaft, beseitigt sowie das gesamte Ehegesetz aufgehoben und in das → Bürgerliche Gesetzbuch (BGB) eingestellt werden sollen.

Für Ausländer bestimmen sich die Voraussetzungen der Eheschließung und evtl. Eheverbote i.d.R. nach ihrem Heimatrecht (Art. 13 EGBGB).

Innerhalb der Bundesrepublik sind im Grundsatz alle Ehen vor einem Standesbeamten zu schließen (§ 11 Abs. 1 EheG). Die Erklärungen, die die Ehe miteinander eingehen zu wollen, müssen persönlich bei gleichzeitiger Anwesenheit vor dem Standesbeamten abgegeben werden. Stellvertretung und bedingte oder befristete Erklärungen sind unzulässig (§ 13 EheG).

Die Ehe wird auf Lebenszeit geschlossen, § 1353 BGB; dies schließt ihre Auflösung nicht aus, wenn sie gescheitert ist. Die wichtigste Rechtswirkung der Ehe ist die Pflicht zur ehelichen Lebensgemeinschaft (§ 1353 BGB). Was diese Pflicht konkret beinhaltet, entzieht sich einer generalisierten Beurteilung und unterliegt einem stetigen gesellschaftlichen Wandel sowie der Vereinbarung zwischen den Ehegatten. Als unverzichtbar setzt diese von Partnerschaft und Gleichberechtigung geprägte eheliche Lebensgemeinschaft nach derzeitigem Verständnis nicht nur die Verpflichtung zur häuslichen Gemeinschaft voraus, sondern auch, daß die Ehegatten »aufeinander Rücksicht nehmen und notfalls auf die Verwirklichung eigener Interessen zugunsten der ehelichen Gemeinschaft verzichten« (BT-Drucksache 7/4361, S. 6 f.).

Das Recht auf Herstellung der ehelichen Lebensgemeinschaft ist einklagbar, aber nicht vollstreckbar (§ 888 Abs. 2 ZPO). Eine Pflicht zur ehelichen Lebensgemeinschaft besteht nicht, wenn die Ehe gescheitert ist oder das Verlangen einen Mißbrauch darstellt.

Die Rechtsprechung gewährt aber ausnahmsweise auch einen vollstreckbaren Anspruch auf Beseitigung einer Störung oder Unterlassung einer zukünftigen Störung gegen den anderen Ehegatten oder einen Dritten, wenn der »räumlich-gegenständliche Bereich« der Ehe beeinträchtigt wird (BGHZ 6, 360). Diese Rechtsprechung ist entwickelt worden für Sachverhalte, in denen ein Ehegatte einen anderen gegengeschlechtlichen Partner in die gemeinsame Ehewohnung aufgenommen hatte.

Die Haushaltsführung regeln die Partner im gegenseitigen Einvernehmen. Beide Ehegatten sind berechtigt, erwerbstätig zu sein, haben dabei aber auf den anderen Partner und die Familie die gebotene Rücksicht zu nehmen (§ 1356 BGB). Jeder Ehegatte ist berechtigt, Geschäfte zur angemessenen Deckung des Lebensbedarfs auch mit Wirkung für den anderen Partner vorzunehmen; aus solchen Geschäften werden beide Ehegatten berechtigt und verpflichtet, soweit sich aus den Umständen nichts anderes ergibt (§ 1357 Abs. 1 BGB). Beide Ehegatten sind verpflichtet, durch ihre Arbeit und ggf. mit ihrem → Vermögen die Familie angemessen zu unterhalten. Der Unterhalt umfaßt die Kosten des Haushalts, die persönlichen Bedürfnisse der Ehegatten (einschließlich Taschengeld) und den Lebensbedarf der gemeinsam unterhaltsberechtigten Kinder. Führt ein Ehegatte den Haushalt, erfüllt er damit i. d. R. seine → Unterhaltspflicht gegenüber der Familie (§ 1360 BGB). Der Unterhalt umfaßt auch Prozeßkostenvorschüsse für Rechtsstreitigkeiten in persönlichen Angelegenheiten, z. B. Ehescheidung, Strafverfahren (§ 1360a Abs. 4 BGB).

Zu den vermögensrechtlichen Beziehungen der Ehepartner vergleiche → Zugewinngemeinschaft, zum Ehenamen → Name. Im Regelfall wird die Ehe durch den Tod eines Ehegatten aufgelöst. Die Auflösung ist auch durch Gerichtsurteil möglich (→ Ehescheidung).

Das Vierte Buch (→ Familienrecht) des BGB (§§ 1297 ff.) gilt seit dem Beitritt zur BRD auch in dem in Art. 3 des Einigungsvertrages genannten Gebiet für alle familienrechtlichen Verhältnisse, die z. Zt. des Beitritts bestanden, soweit in Art. 234 EGBGB nichts anderes bestimmt ist.

Lit. Beitzke: Familienrecht; Gastiger u.a.: Familienrecht; Gernhuber: Familienrecht.

Jochem Baltz

Ehescheidung Die → Ehe kann durch Gerichtsurteil auf Antrag eines oder beider Ehegatten geschieden, d. h. aufgelöst werden (§ 1564 → Bürgerliches Gesetzbuch [BGB]). 1994 wurden im früheren Bundesgebiet 143 144 und in den neuen Bundesländern 22 908 Ehen geschieden, das entspricht im Verhältnis zu den im gleichen Jahr geschlossenen Ehen einer Scheidungsrate im früheren Bundesgebiet von 37% und in den neuen Bundesländern von 44%.

Das Erste Gesetz zur Reform des Ehe- und Familienrechts (1. EheRG) beseitigte 1977 den Verschuldungsgrundsatz für die E. Eine Ehe kann geschieden werden, wenn sie gescheitert ist, d. h., daß die Lebensgemeinschaft der Ehegatten nicht mehr besteht und deren Wiederherstellung nicht erwartet werden kann (§ 1565 BGB). Da die Prognose schwierig ist, hilft das Gesetz mit Vermutungen, die an bestimmten Zeiten des → Getrenntlebens anknüpfen. Dauert die Trennung noch nicht ein Jahr, ist die E. nur möglich, wenn die Fortsetzung der Ehe aus Gründen, die in der Person des anderen Ehegatten liegen, eine unzumutbare Härte darstellen würde (§ 1565 Abs. 2 BGB). Nach einem Jahr Getrenntleben wird die Ehe geschieden, wenn beide Partner die E. wollen (§ 1566 Abs. 1 BGB). Nach dreijähriger Trennung erfolgt die E. auch gegen den Willen des Partners, der an der Ehe festhalten möchte (§ 1566 Abs. 2 BGB). Nach der Härteklausel des § 1568 BGB soll in engbegrenzten Ausnahmefällen die Ehe trotz Scheiterns nicht geschieden werden. Besteht nach der Überzeugung des Gerichts Aussicht auf Fortsetzung der Ehe, kann das Gericht das E.verfahren auf begrenzte Zeit aussetzen; es soll i. d. R. den Ehegatten nahelegen, eine Eheberatungsstelle (→ Eheberatung) in Anspruch zu nehmen (§ 1614 ZPO).

Zuständig für das E.verfahren ist das → Familiengericht. Örtlich zuständig ist das Gericht, in dessen Bezirk die Ehegatten ihren gemeinsamen gewöhnlichen → Aufenthalt haben; wohnen sie an verschiedenen Orten, ist das Gericht zuständig, in dessen Bezirk einer der Ehegatten mit den gemeinsamen minderjährigen Kindern wohnt (§ 606 Abs. 1 ZPO).

Über die E. und die E.folgen soll möglichst gleichzeitig entschieden werden (Verbundsystem, § 623 Abs. 1 ZPO). Durch den Verbund sollen die Partner die Folgen ihrer Trennung in ihre Planungen einbeziehen, außerdem soll der wirtschaftlich Schwächere geschützt werden.
Auch ohne Antrag der Parteien muß das Familiengericht mit der E. die → elterliche Sorge für gemeinschaftliche Kinder regeln und über den → Versorgungsausgleich entscheiden. Nach dem Gesetzentwurf der Bundesregierung zur Reform des Kindschaftsrechs (BT-Drucksache 13/4899) soll die Entscheidung über die elterliche Sorge aus dem Scheidungsverbund herausgenommen und über die elterliche Sorge gerichtlich nur noch auf Antrag eines Elternteils entschieden werden (§ 1671 BGB-E). Über weitere Folgesachen, z.B. Unterhalt des Ehegatten und der ehelichen Kinder, Verteilung des Hausrats und Zuweisung der Ehewohnung, entscheidet das Gericht nur auf Antrag.
Zumindest der Ehepartner, der die E. beantragt, muß anwaltlich vertreten sein (§ 78 Abs. 2 Satz 1 Ziffer 1 i.V.m. 625 ZPO). Da die E.verfahren wegen des Verbundes oft viel Zeit in Anspruch nehmen, kann im Wege der → einstweiligen Anordnung für die Dauer des E.verfahrens, z.B. über die elterliche Sorge für ein gemeinschaftliches Kind, die → Herausgabe des Kindes an den anderen Elternteil, den Unterhalt eines Ehegatten und des Kindes, das Recht zum Getrenntleben, die Benutzung der Ehewohnung und des Hausrats, die Verpflichtung zum Prozeßkostenvorschuß, entschieden werden (§§ 620ff. ZPO).
Für → Berufungen und → Beschwerden gegen die Entscheidungen des Familiengerichts ist das OLG zuständig (§ 119 Abs. 1 Ziff. 1, 2 GVG), das die → Revision oder weitere Beschwerde zum BGH zulassen kann (§§ 621 d, e ZPO).
S. a. → Zugewinngemeinschaft; → Unterhaltspflicht.
Lit. Ambrock: Ehe (Komm.); Bastian, G. u.a.: 1. EheRG (Komm.); BMJFG: 3. Familienbericht; Gastiger u.a.: Familienrecht; Münchner Kommentar: BGB, Bd. 5; Rolland: 1. EheRG (Komm.). *Jochem Baltz*

Ehrenamtliche/freiwillige Tätigkeit im sozialen Bereich Ehrenamtlich/freiwillig Tätige sind Bürgerinnen und Bürger, die sich, ohne durch verwandtschaftliche Beziehungen oder durch ein Amt dazu verpflichtet zu sein, unentgeltlich oder gegen eine geringfügige Entschädigung, die weit unterhalb der tariflichen Vergütung liegt, für soziale Aufgaben zur Verfügung stellen. Sie initiierten und prägten die Hilfen, die von Kirchen, Genossenschaften, Gemeinden und Vereinen organisiert wurden. Seit dem 15. Jahrhundert übertrugen ihnen kommunale Armenordnungen (→ Elberfelder System) und → Gesetze wichtige Funktionen in der Armen-, Kinder- und Jugendfürsorge. Der Ursprung der Frauenbewegung am Ende des 19. Jh. ist verbunden mit ehrenamtlichem Engagement in der sozialen Arbeit (→ Sozialarbeit/Sozialpädagogik) und → Sozialpolitik. Ihre Gründerinnen schufen Ausbildungen für soziale Frauenberufe und waren Vorkämpferinnen für die → Professionalisierung → sozialer Dienste in der → freien und behördlichen Wohlfahrtspflege.
Heute trifft die Bezeichnung »ehrenamtlich« im ursprünglichen Wortsinn nur noch für bestimmte Tätigkeiten im sozialen Bereich zu. Dazu gehören die Funktionen des Vormundes (→ Vormundschaft), Pflegers (→ Pflegschaft), → Bewährungshelfers und des Betreuers (→ Betreuungsrecht), die zu den Wirkungskreisen im Bereich öffentlicher Gewalt gehören. Zum Kreis ehrenamtlicher Tätigkeiten gehören auch Funktionen, die aufgrund eines durch Wahl erworbenen Mandates ausgeübt werden, z.B. als Vorstandsmitglied eines Verbandes, im Kuratorium einer Einrichtung, als Mitglied von Gremien, z.B. des → Jugendhilfeausschusses, Ausländerbeirates oder in einer Initiativgruppe z.B. von Arbeitslosen.
Dagegen stehen die meisten Aktivitäten eher im Gegensatz zum »amtlichen« Tun und dem, was gemeinhin darunter verstanden wird. Auch zum ständisch geprägten Begriff »Ehre« haben die meisten Bürgerinnen und Bürger heute keinen Bezug mehr. Dagegen wächst das Bewußtsein, daß Menschen aufeinander angewiesen sind und die Verantwortung dafür nicht allein dem Staat und professionellen Diensten überlassen werden kann. Es bahnt sich ein neues Verständnis bürgerschaftlicher Mitsorge und solidarischer → Selbsthilfe an. Sie spiegelt sich in den Diskussionen über die Zivilgesellschaft und den Beitrag des Kommunitarismus für die Lösung gesellschaftlicher Probleme.
Es trifft auch nicht zu, Ehrenamtliche/Freiwillige in Abgrenzung zu den beruflichen Mitarbeitern als »Laien« oder »Helfer« zu bezeichnen. Sie verfügen über Kenntnisse und Erfahrungen aus → Ausbildung und Erwerbsarbeit, Haushalt und Familientätigkeit und aus dem Umgang mit sozialen Problemen. In der Regel bereiten sie sich durch → Fortbildung auf die Aufgaben, die sie übernehmen, vor. Bei vielen freiwillig Tätigen kommt es zu fließenden Übergängen wie z.B. in der → Nachbarschaftshilfe zwischen Familienarbeit und sozialem Engagement, bei Schülern zwischen Schule und → Jugendarbeit. Zunehmend setzen auch Fachkräfte, z.B. Lehrer, Ärzte, Juristen, Betriebswirte, Verwaltungsfachkräfte, Wissen und Können im Übergang vom Studium zur Berufstätigkeit, neben ihrer Berufsarbeit oder danach im freiwilligen Engagement in Deutschland und als Aufbauhelfer in Krisengebieten der Welt als »professio-

nelle Freiwillige« ein. Die Rechtsformen z. B.: Stiftungen und GmbH großer Einrichtungen z. B. von → Krankenhäusern, Altenheimen, Behinderteneinrichtungen, aber auch die Anforderungen an das Management in den → Verbänden der freien Wohlfahrtspflege sind in Vorständen, Verwaltungs- und Aufsichtsräten auf Ehrenamtliche mit hoher professioneller Kompetenz angewiesen.

Freiwillige soziale Tätigkeiten in selbstgewählten Aufgaben während Zeiten der → Arbeitslosigkeit sind – gegenüber den Erfahrungen in anderen europäischen Ländern – in Deutschland noch eine Ausnahme. Bisher stehen ihnen sowohl die Vorbehalte der Betroffenen als auch restriktive Bestimmungen der → Arbeitsverwaltung entgegen. Da es bisher für den deutschsprachigen Raum noch an einer konsensfähigen Bezeichnung fehlt, werden die Bezeichnungen freiwillige und ehrenamtliche Tätigkeit nebeneinander benutzt. Bei internationalen Kontakten setzt sich die Bezeichnung Freiwillige wegen ihrer Nähe zum Volunteer im angloamerikanischen Sprachraum und ihm verwandter Begriffe in den anderen europäischen Sprachen durch. Die Recherchen des → BMFSJ im Sommer 1996 ergaben, daß »systematische, alle ehrenamtlichen Tätigkeiten und das ganze soziale Spektrum der ehrenamtlich Tätigen abdeckende Untersuchungen derzeit nicht vorliegen« (BTDrucksache 13/5674). Alle bisher vorliegenden Studien und Daten zum breiten Spektrum ehrenamtlicher Tätigkeiten im politischen, sozialen, kulturellen, ökologischen Bereich, im Sport und in der Wirtschaft (Zeitbudgeterhebung des Statistischen Bundesamtes, 91/92, Datenbasis des Sozioökonomischem Panels, 94, Eurovolstudie, 94) und Spezialstudien zum ehrenamtlichen Engagement bestimmter Gruppen, z. B. Jugendliche, Frauen, Senioren, stimmen darin überein, daß ca. 18-20 % der über 16jährigen Bürger und Bürgerinnen – bei Differenzierungen zwischen Frauen und Männern, Altersgruppen, alten und neuen Bundesländern – ehrenamtlich aktiv sind. Die Zahl der ehrenamtlich/freiwillig Tätigen ist von 2,5 Mio. 1960 (Westdeutschland) auf 12 Mio. 1996 und damit fast um das Fünffache gestiegen. Alle Studien stimmen darin überein, daß die Bereiche Gesundheit und Soziales mit einem Anteil von ca. einem Drittel an der Spitze der Tätigkeitsfelder ehrenamtlich/freiwilligen Engagements stehen. Es gibt vielfältige Kombinationen zwischen sozialem und kulturellem Engagement, z. B. in der Jugend- und Frauenarbeit, und gleitende Übergänge zwischen Selbsthilfe in der eigenen Gruppe und Hilfe für Menschen aus anderen Gruppen, z. B. Senioren, die in Gemeinden und Verbänden über ihren eigenen Kreis hinaus Aufgaben übernehmen. In den neuen Bundesländern knüpft die ehrenamtliche Tätigkeit an ehrenamtliche Tätigkeiten an, die abgesehen vom Engagement in den Kirchen und ihren Einrichtungen geprägt war von den »freiwillig erzwungenen« gesellschaftlichen Tätigkeiten durch das DDR-Regime (BTDrucksache 13/5674). Die Evaluation des Programms der Bosch Stiftung »Soziale Initiativen in den neuen Bundesländern« macht deutlich, daß es bei vielen freiwillig Engagierten einen bruchlosen Übergang gibt vom ehrenamtlichen Engagement in der DDR-Gesellschaft zum ehrenamtlichen Engagement in der vereinten Bundesrepublik. Das gilt für das Engagement in der kirchlichen Arbeit wie für die Mitarbeit in den Gliederungen und Institutionen des Staates und der Partei, z. B. von der Arbeit im Elternaktiv zur Elternvertretung in der Schule; von der Fortführung der Altenarbeit in der Volkssolidarität oder von der sozialkulturellen Arbeit in Vereinen und Initiativen in ländlichen Gebieten, die aus regionalen Strukturen großer Organisationen hervorgegangen sind. Unabhängig von ihrer politischen Orientierung während des DDR-Regimes wird »die ehrenamtliche/freiwillige Arbeit im vereinten Deutschland als eindeutiger Zugewinn an Freiheit charakterisiert und insbesondere die Möglichkeit der Mitgestaltung gesellschaftlicher Wirklichkeit ohne staatliche Vorgaben« hervorgehoben (Kramer, D. u. a. unveröffentl. Bericht, Juli 96). Inwieweit die für viele Projekte in den neuen Bundesländern charakteristische Form, in der sich bei den Mitarbeiter/-innen Phasen über ABM bezahlter Arbeit mit Phasen unbezahlter ehrenamtlicher Arbeit im Austausch unter den Projektteilnehmern abwechseln, als Muster für zukünftige Kombinationen von Erwerbsarbeit und freiwilliger sozialer Arbeit anbieten oder nur eine nicht zukunftsfähige Verwaltung des Mangels und Gefährdung des → Qualitätsstandards sozialer Dienste sind, bleibt abzuwarten.

Nach wie vor gewinnen und motivieren die Verbände der freien Wohlfahrtspflege, wenn auch unter erschwerten Bedingungen und in Konkurrenz mit → Selbsthilfegruppen, selbstorganisierten Projekten und Initiativen, ehrenamtliche Mitarbeiter für ihre Aufgaben. In den sechs Spitzenverbänden der → freien Wohlfahrtspflege sind schätzungsweise 1,5-1,7 Mio. Menschen als Ehrenamtliche/Freiwillige tätig. Mehr als 26 000 Selbsthilfegruppen sind ihnen angeschlossen. Die Ergebnisse einer Befragung der Wohnbevölkerung ab 16 Jahren, die der → Deutsche Caritasverband (DCV) 1996 vom Institut für Demoskopie Allensbach durchführen ließ, zeigen, daß die Bereitschaft zum sozialen Engagement um ein Vielfaches höher liegt, als bisher von Wohlfahrtsverbänden und anderen Anbietern eingelöst wird.

Ehrenamtliche sind nicht mehr ohne Wenn und Aber »allzeit und allseits« bereit. Sie erwarten Angebote, unter denen sie auswählen können; sie wollen Zeit und Dauer ihres Einsatzes festlegen. Sie suchen Handlungsspielräume, die sie selbst gestalten können. Sie wollen mitsprechen bei der Planung der Aufgaben. Sie erwarten verbindliche Regelungen für den Ersatz ihrer Kosten und die Absicherung der Risiken, mit denen beim Einsatz gerechnet werden muß. Die Entscheidung für eine ehrenamtliche Tätigkeit setzt neben Ansprüchen an die Ziele des Engagements die Auswahl der Aufgaben und die Kommunikation voraus, daß die Organisationsstruktur auf den spezifischen Bedarf ehrenamtlich/freiwilliger Mitarbeiter/-innen Rücksicht nimmt. Auch → Selbsthilfegruppen und selbstorganisierte Dienste, z. B. Hospizgruppen, aber auch → Seniorengenossenschaften, Tauschringe brauchen eine Infrastruktur zur Unterstützung ihrer Aktivitäten und wegen des Zuganges zu materiellen und finanziellen Ressourcen. Dies ist oft ein Grund, sich einem Wohlfahrtsverband anzuschließen. Die Unterstützung freiwilliger Arbeit von Nichtmitgliedern der Wohlfahrtsverbände wird vor allem vom → Deutschen Paritätischen Wohlfahrtsverband (DPWV) wahrgenommen.

In vielen europäischen Ländern expandiert die Freiwilligenarbeit. Es gibt dort große Freiwilligenorganisationen, die die Interessen ihrer Mitglieder vertreten und sich an den Auseinandersetzungen um die Lösung sozialer Probleme von der Orts- bis zur Nationalebene beteiligen. Sie sind zusammengeschlossen in der International Association for Volunteer Effort. Das europäische Centre de Volontariat vertritt die Interessen nationaler Zentren gegenüber der Europakommission. Europäische und internationale Kongresse finden abwechselnd statt. Der 5. Dezember wurde als Internationaler Tag der Freiwilligen 1985 von der Generalversammlung der → Vereinten Nationen (UN) ausgerufen.

In Deutschland steht die Freiwilligen-Arbeit bisher noch im Schatten der breitgefächerten professionellen Dienste der freien und öffentlichen Wohlfahrtspflege. Neben ihnen hat sich, wenn man von den Selbsthilfeorganisationen absieht, keine organisierte Freiwilligenarbeit entwickelt. Dies schlägt sich auch, wie die Ergebnisse der Eurovol-Studie zeigen, in einem mit 18% nur unterdurchschnittlichen Anteil an Freiwilligen in Deutschland gegenüber einem Eurovol-Länderdurchschnitt mit 27% Volunteers nieder. In England, Frankreich, den Niederlanden und den nordischen Staaten fungieren »Volunteercenter« auf lokaler und nationaler Ebene als Koordinierungsstellen für ehrenamtliches Engagement und dessen Vernetzung. In der Bundesrepublik ist die systematische Vermittlung und Begleitung von Ehrenamtlichen eher die Ausnahme. Nur punktuell gibt es Ansätze: Seniorenbüros, Treffpunkt Hilfsbereitschaft (Berlin), Freiwilligen-Agentur (Bremen), Volunteer-Projekt (Esslingen). Der DCV vernetzt 15 Freiwilligenzentren, die in verschiedenen Regionen der alten und neuen Bundesländer in Kooperation mit anderen Wohlfahrtsverbänden und Institutionen eingerichtet werden, in einem Modellverbund. Die Einrichtung eines Nationalen Freiwilligen Zentrums ist in Vorbereitung. In vielen Bundesländern liegen Untersuchungen und Erklärungen zum ehrenamtlich/freiwilligen Engagement vor. Es wächst die Bereitschaft, es durch fördernde gesetzliche und finanzielle Bedingungen zu unterstützen. Dazu gehören z. B. Zuschüsse an Dachverbände zur Gewinnung und Begleitung Ehrenamtlicher, Ausschöpfung der Ermessensspielräume im → Arbeitsförderungsgesetz (AFG), um die freiwillige Tätigkeit Arbeitsloser zu ermöglichen, die Anerkennung von Leistungen, die durch freiwillige Mitarbeiter/-innen erbracht werden als Eigenleistung der Verbände und Projekte, Erstattung von Aufwendungen und Absicherung der Risiken, die beim Einsatz entstehen.

Nicht zufriedenstellend geregelt ist die Behandlung von Aufwandsentschädigungen für freiwilliges soziales Engagement in der Einkommensteuergesetzgebung. Eine Ausweitung der engefaßten Berücksichtigung ehrenamtlicher Tätigkeiten in der → Sozialversicherung, an der vor allem Frauen, die aufgrund ihrer Biographie keine oder nur geringe Rentenansprüche aus Erwerbsarbeit haben, interessiert sind, ist angesichts der Lage in der → Rentenversicherung und der Bestrebungen, sie von versicherungsfremden Leistungen zu entlasten, nicht zu erwarten. Unabhängig davon dürfte auch der bürokratische Aufwand, der mit dem Nachweis der Tätigkeiten verbunden ist, erheblich sein. Inwieweit anzustreben ist, in Fällen kontinuierlicher sozialer Tätigkeit durch den Träger des Dienstes eine Privatversicherung abzuschließen, und ob diese als Vorsorgeleistung steuerlich anerkannt wird, sollte geprüft werden.

Es gibt zahlreiche weitere Möglichkeiten, ehrenamtliches Engagement anzuerkennen. Dazu gehören z. B. der Ausbau flexibler Arbeitszeiten, durch die Voraussetzungen zur besseren Verbindung von Erwerbs-, Familien- und sozialer Arbeit geschaffen werden. Berücksichtigung freiwilliger Tätigkeiten bei der Zulassung zum Studium und als Bonus beim Einstieg oder der Rückkehr in den Beruf sowie Solidargutscheine, die bei eigener Hilfebedürftigkeit Vergünstigungen schaffen.

Lit. Bock, T.: Ressourcen; Bock, T.: Ehrenamtliche; BMJFFG: 8. Jugendbericht; Bundesregierung: Bedeutung; DCV: Ehrenamtliche Tätigkeit; Gaskin u. a.: Europa; Igl: Rechtsfragen; Marquardt, K.: Förderung; Ministerkomitee des Europarates: Empfeh-

lung; Müller, S. u. a.: Ehrenamt; Olk: Förderung; Röhrig u. a.: IKOS; Schwarz, P.: Engagement; Wendt, W. R. u. a.: Zivilgesellschaft.
Teresa Bock

Eidesstattliche Versicherung ist in § 294 Zivilprozeßordnung (ZPO) als Mittel der Glaubhaftmachung einer tatsächlichen Behauptung genannt. Sie kann immer vorgelegt werden, wenn nach den maßgeblichen gesetzlichen Regeln eine Beweisführung ausreicht, die dem Richter einen geringeren Grad der Wahrscheinlichkeit als bei einer Beweisführung zu seiner vollen Überzeugung vermitteln soll. Zulässig sind zwar auch alle anderen Beweismittel (§ 294 Abs. 1 ZPO), wobei die Beweiserhebung nicht an die sonstigen Förmlichkeiten der ZPO gebunden ist (etwa: schriftliche Zeugenbekundung zur Glaubhaftmachung), doch muß die Beweisaufnahme sofort erfolgen können (§ 294 Abs. 2 ZPO), andernfalls ist sie unstatthaft. Glaubhaftmachung ist zur Beweisführung (→ Beweis) nur geeignet, wenn sie vom Gesetz gefordert (§§ 236 Abs. 2, 920 Abs. 2 ZPO, § 15 Abs. 2 FGG) oder wenigstens zugelassen wird; ihr maßgebliches Anwendungsfeld hat sie danach im Verfahren der → einstweiligen Verfügung und der → einstweiligen Anordnung (vorläufiger Notunterhalt unter Ehegatten und zwischen Eltern und Kindern; Gegenstandsbereich von § 620 ZPO). Falsche tatsächliche Angaben im Rahmen einer e. V. sind auch bei Fahrlässigkeit (→ Schuld) strafbewehrt (§§ 156, 163 StGB).
Ist die Glaubhaftmachung für eine Partei zulässig, ist sie auch zulässiges Gegenmittel für den Verfahrensgegner.
E. V. sind schriftlich und entsprechend benannt vom jeweils Erklärenden zu den gerichtlichen Akten zu geben.
Eine eidesstaatliche → Offenbarungsversicherung (früher: Offenbarungseid) muß nach § 807 ZPO ein Schuldner auf besonderen Antrag des Gläubigers ableisten. Wenn die gegen ihn ausgebrachte Pfändung zu keiner oder keiner vollständigen Befriedigung des Gläubigers geführt hat, dann hat er ein Vermögensverzeichnis vorzulegen, das den Anforderungen aus § 807 Abs. 1 Ziff. 1 bis 3 ZPO entspricht, im übrigen zu Protokoll des zuständigen Amtsgerichts an Eides statt zu versichern, daß er seine Angaben nach bestem Wissen und Gewissen richtig und vollständig gemacht habe (§ 807 Abs. 2 ZPO).
Schließlich kennt auch das materielle Recht die Verpflichtung zur Abgabe der e. V. (§ 261 BGB). Eine e. V. nach ordnungsgemäßer Zusammenstellung der Einnahmen und Ausgaben hat danach abzugeben, wer verpflichtet ist, über eine mit solchen Bewegungen verbundene Verwaltung Rechenschaft abzulegen (§ 259 BGB) oder wer einen Inbegriff von Gegenständen herauszugeben oder über den Bestand eines solchen Inbegriffs Auskunft zu erteilen hat (§ 260 BGB), wenn Grund zu der Annahme besteht, daß die zuvor zusammengestellten Verzeichnisse nicht mit der erforderlichen Sorgfalt verfaßt worden sind. Beispiel: Erklärung eines Ehegatten bei der → Ehescheidung über sein Endvermögen, um den während der Ehe ermittelten Zugewinn und die Ausgleichsforderung des anderen Ehegatten (beim gesetzlichen Güterstand) ermitteln zu können.
Peter Finger

Eigenanteil → Kostenbeitrag

Eigentum Im allgemeinsten Sinn zu verstehen als faktisch und juristisch festgeschriebene Form der Verfügungsmacht über die Mittel der Produktion und über die Produkte der gesellschaftlichen Arbeit, bestimmt sehr grundlegend die verschiedenen Produktionsweisen und die damit verbundenen Beziehungen zwischen den Gesellschaftsmitgliedern (Produktionsverhältnisse). Entscheidend ist dabei die Verfügungsmacht über die Produktionsmittel, insofern sich daraus Herrschaft über die Produzenten i. S. v. Steuerung des Produktionsprozesses und Verfügung über das Mehrprodukt (den Teil des Produzierten, der über das hinausgeht, was der unmittelbare Produzent zur Wiederherstellung seiner Arbeitskraft und zur Erhaltung der von ihm Abhängigen braucht) ergibt. Das E. an Konsumgütern, als eine Form, deren jederzeitige und dauernde Nutzungsmöglichkeit sicherzustellen, stellt eine Art der Verknüpfung von Arbeit und Konsum her, in der die Konsumgüter als Waren vom Arbeitslohn gekauft werden. In der E.kriminalität (→ Kriminalität) überspringt der Täter diesen gesellschaftlich festgelegten Zusammenhang. Auf der psychologischen Ebene kann man nach Fromm »funktionales« E. (an Gebrauchsgütern) von »charakterbedingtem« (zwanghaftem) Haben unterscheiden.
Die E.verhältnisse und damit der Begriff von E. haben sich historisch mit den Produktionsweisen entwickelt. In einer Sklavenhalter-Gesellschaft ist der Produzent selbst, zum Werkzeug reduziert, E. des Sklavenhalters, eine E.form, die sich modifiziert in der feudalen Leibeigenschaft und in Resten selbst heute noch im »besonderen Gewaltverhältnis«, dem der Strafgefangene unterliegt, wiederfindet (→ Strafvollzug). Die feudale → Gesellschaft ist durch ein System von Nutzungsrechten und darauf aufbauenden gegenseitigen Verpflichtungen zwischen Grundherrn und Produzenten gekennzeichnet. Erst mit der Entwicklung des Kapitalismus zur dominanten Form des Wirtschaftens entstand, gedanklich verarbeitet in der Rechtstheorie von der Aufklärung, der moderne E.begriff als uneingeschränkte Verfügungsmacht auch über Produktionsmittel gemeinsam mit dem freien → Vertrag als Grundform der Beziehung

zwischen den als gleichberechtigte Eigentümer verstandenen Gesellschaftsmitgliedern.

Viele gesellschaftliche Konflikte (→ Sozialer Konflikt) seit dem Spätmittelalter, darunter auch Formen der E.kriminalität, lassen sich verstehen als Verteidigung früherer Nutzungsrechte oder als Einfordern traditionell mit E. verbundener Verpflichtungen. Das Privat-E., speziell an Produktionsmitteln, und die Möglichkeiten, es (als privates) abzuschaffen oder sonst die Machtungleichgewichte auszubalancieren, denen die unterliegen, deren einziges E. ihre Arbeitskraft ist, sind seither zentraler Gegenstand gesellschaftskritischer, speziell sozialistischer Theorie und Praxis geworden (→ Arbeiterbewegung). Die Garantie des Privat-E. und damit der privaten Verfügung über entscheidende Aspekte der gesellschaftlichen Produktion ist in kapitalistischen Gesellschaften ebenso zentrale Staatsfunktion wie das Auffangen der daraus entstehenden privat nicht bewältigbaren Schwierigkeiten für einzelne (→ Soziale Sicherheit) wie den gesamten Wirtschaftsablauf (»Sozialisierung der Verluste, Kosten und Gefährdungen«). Dem entspricht eine gewisse »Sozialbindung des E.«, wie sie theoretisch auch von der christlichen Soziallehre oder im Gedankengut der »sozialen Marktwirtschaft« gefordert wird, und wie sie faktisch in der Staatsabhängigkeit des auf Privat-E. aufgebauten Wirtschaftens besteht.

Lit. Blasius: Gesellschaft; Fromm: Haben; Hirsch, F.: Limits; Marx, K. u.a.: Manifest; Naphtali: Wirtschaftsdemokratie; Renner, K.: Institutionen. *Heinz Steinert*

Einfaches Wahrscheinlichkeitssample → Auswahlverfahren

Einführungsgesetz zum Bürgerlichen Gesetzbuch (EGBGB) → Bürgerliches Gesetzbuch (BGB)

Eingangsstufe ist im Unterschied zur → Vorklasse als eine zweijährige Einheit angelegt, in der das »0.« und 1. Schuljahr pädagogisch-konzeptionell und organisatorisch zusammengefaßt sind. Sie wurde in Modellversuchen in Baden-Württemberg, Bayern, Bremen, Hamburg, Niedersachsen, Rheinland-Pfalz und Schleswig-Holstein in den 70er Jahren erprobt. Es waren ca. 7 800 Kinder in 115 → Einrichtungen beteiligt. Die Eingangsklasse wird von einer Sozialpädagogin (→ Sozialarbeiter/-innen und Sozialpädagog/-innen) und einem/einer Lehrer/-in gemeinsam geführt; durch diese Kooperation soll sichergestellt werden, daß – ausgehend von sozialpädagogischen Arbeitsprinzipien – die Kinder allmählich an schulische Lernformen herangeführt werden. In wissenschaftlich begleiteten Vergleichsuntersuchungen ging man der Frage nach, ob Kinder in den E.klassen besser auf die Schule vorbereitet werden als in → Kindergärten. Die Auswertung ergab, daß keine Unterschiede feststellbar waren und daß der Besuch überhaupt einer vorschulischen Einrichtung (→ Vorschulische Erziehung) bedeutsamer ist als der Besuch einer bestimmten Art vorschulischer Einrichtungen. Als Konsequenz der Untersuchungsergebnisse verzichtete man auf einen weiteren Ausbau der E.

Lit. Bund-Länder-Kommission für Bildungsplanung: Bildungsgesamtplan; Bund-Länder-Kommission für Bildungsplanung: Fünfjährige. *Wilma Aden-Grossmann*

Eingliederung Behinderter → Rehabilitation

Eingliederungsgeld → Eingliederungshilfe für Spätaussiedler (Eghi)

Eingliederungshilfe für Behinderte Im → Bundessozialhilfegesetz (BSHG) die Art der → Hilfe in besonderen Lebenslagen mit der die → medizinische, die pädagogisch-(vorschulisch)-schulische (→ Schulische Rehabilitation), die → berufliche und die → soziale Rehabilitation umfassende Aufgabe, »eine drohende Behinderung zu verhüten oder eine vorhandene Behinderung oder deren Folgen zu beseitigen oder zu mildern und den Behinderten in die Gesellschaft einzugliedern« (§ 39 Abs. 3 S. 1 BSHG). Innerhalb dieser Gesamtaufgabe hebt der Gesetzgeber als Einzelziele der E. hervor, »dem Behinderten die Teilnahme am Leben in der Gemeinschaft zu ermöglichen oder zu erleichtern, ihm die Ausübung eines angemessenen Berufs oder einer sonstigen angemessenen Tätigkeit zu ermöglichen oder ihn soweit wie möglich unabhängig von Pflege zu machen« (§ 39 Abs. 3 S. 2 BSHG). Sie wird gewährt, wenn und solange Aussicht besteht, daß ihre Aufgabe erfüllt werden kann (§ 39 Abs. 4 BSHG).

Einen Anspruch auf E. (→ Pflichtleistung) haben nicht nur vorübergehend körperlich, geistig oder seelisch wesentlich → Behinderte und von einer solchen Behinderung Bedrohte (§ 39 Abs. 1 S. 1, Abs. 2 BSHG, §§ 1 bis 5 → Eingliederungshilfe-Verordnung [EinglHVO]). Bei anderen körperlichen, geistigen oder seelischen Behinderungen oder drohenden Behinderungen kann (→ Kann-Leistung) E. gewährt werden (§ 39 Abs. 1 S. 2 und Abs. 2 BSHG, § 5 EinglHVO). Die Gleichstellung von Behinderung Bedrohten mit den Behinderten gilt allerdings nur mit einer gewissen Einschränkung (§ 39 Abs. 2 S. 2 BSHG).

Die Maßnahmen der E. sind weder im BSHG noch in der EinglHVO abschließend geregelt. In §§ 40 Abs. 1 und 41 Abs. 1 BSHG werden aufgeführt: ambulante oder stationäre Behandlung oder sonstige ärztliche oder ärztlich verordnete Maßnahmen

Eingliederungshilfe für Behinderte

zur Verhütung, Beseitigung oder Milderung der Behinderung (§ 40 Abs. 1 Nr. 1), Versorgung mit → Körperersatzstücken sowie mit orthopädischen oder anderen → Hilfsmitteln (§ 40 Abs. 1 Nr. 2), heilpädagogische Maßnahmen (→ Heilpädagogik) für Kinder in noch nicht schulpflichtigem Alter (§ 40 Abs. 1 Nr. 2a), Hilfe zu einer angemessenen Schulbildung einschließlich der Vorbereitung hierzu (§ 40 Abs. 1 Nr. 3), Hilfe zur → Ausbildung für einen angemessenen Beruf oder eine sonstige angemessene Tätigkeit (§ 40 Abs. 1 Nr. 4), Hilfe zur → Fortbildung im früheren oder einem diesem verwandten Beruf oder zur → Umschulung für einen angemessenen Beruf oder eine sonstige angemessene Tätigkeit (§ 40 Abs. 1 Nr. 5), Hilfe zur Erlangung eines geeigneten Platzes im Arbeitsleben (insbesondere in einer anerkannten → Werkstatt für Behinderte oder in einer sonstigen Beschäftigungsstätte (§ 40 Abs. 1 Nr. 6), Hilfe bei der Beschaffung und Erhaltung einer den besonderen Bedürfnissen des Behinderten entsprechenden Wohnung (§ 40 Abs. 1 Nr. 6a; → Behindertengerechte Wohnung), → nachgehende Hilfe zur Sicherung der Wirksamkeit der ärztlichen oder ärztlich verordneten Maßnahmen und zur Sicherung der Eingliederung des Behinderten in das Arbeitsleben (§ 40 Abs. 1 Nr. 7), Hilfe zur Teilnahme am Leben in der Gemeinschaft (§ 40 Abs. 1 Nr. 8), Hilfe zur Beschäftigung in einer anerkannten Werkstatt für Behinderte, wenn bei Behinderten wegen Art oder Schwere ihrer Behinderung arbeits- und berufsfördernde Maßnahmen mit dem Ziel der Eingliederung auf dem allgemeinen → Arbeitsmarkt nicht in Betracht kommen, sie aber die Voraussetzungen für eine Beschäftigung in einer Werkstatt für Behinderte erfüllen (§ 41 Abs. 1 S. 1, wobei Hilfe in einer sonstigen Beschäftigungsstätte gewährt werden kann, § 41 Abs. 1 S. 2).

Innerhalb des BSHG kann die Abgrenzung der E. vor allem zur → Krankenhilfe und zur → Hilfe zur Pflege im Einzelfall zu Zweifeln Anlaß geben.

Die E. ist gegenüber den Leistungen der übrigen → Rehabilitationsträger nachrangig (→ Nachrang der Sozialhilfe). Zum Verhältnis von E. nach dem BSHG und → Jugendhilfe vgl. aber letzten Absatz. Unter bestimmten Voraussetzungen hat der → Sozialhilfeträger vorläufig Hilfe zu leisten (§ 44 BSHG; → Vorleistungspflicht).

→ Einkommen und → Vermögen der zur → Bedarfsgemeinschaft gehörenden Personen sind grundsätzlich im Rahmen des Zumutbaren einzusetzen. In weitem Umfang findet die besondere → Einkommensgrenze des § 81 BSHG Anwendung (Abs. 1 Nr. 1 bis 3).

Sehr wesentlich ist aber, daß bei den Maßnahmen nach § 40 Abs. 1 Nr. 2a und 3 BSHG sowie, mit einer Einschränkung, nach § 40 Abs. 1 Nr. 4 BSHG sowie bei der Hilfe, die dem Behinderten die für ihn erreichbare Teilnahme am Leben in der Gemeinschaft ermöglichen soll, wenn die Behinderung eine Schulbildung voraussichtlich nicht zulassen wird oder nicht zuläßt, die Aufbringung der Mittel nur für die Kosten des Lebensunterhalts, nicht aber für die Eingliederungshilfemaßnahmen als solche zuzumuten ist, wenn der Behinderte das 21. Lebensjahr noch nicht vollendet hat (§ 43 Abs. 2 S. 1 BSHG mit Erweiterungen dieser Altersgrenze in S. 4). Dabei werden die Kosten des in einer Einrichtung gewährten Lebensunterhalts nur in Höhe der für den häuslichen → Lebensunterhalt ersparten Aufwendungen angesetzt (§ 43 Abs. 2 S. 2, 1. Halbs. BSHG). Im übrigen ist E. in vielen Fällen auch dann in vollem Umfang zu gewähren, wenn die Aufbringung der Mittel der Bedarfsgemeinschaft zu einem Teil zuzumuten ist. Es muß dann aber in der Höhe dieses Teils ein → Kostenbeitrag geleistet werden (§ 43 Abs. 1 BSHG).

Bei der Heranziehung Unterhaltsverpflichteter (→ Unterhaltspflicht) wirkt sich einmal die in § 43 Abs. 2 BSHG für bestimmte Maßnahmen vorgenommene Beschränkung der Aufbringung der Mittel auf die Kosten des Lebensunterhalts auch zu deren Gunsten aus (§ 90 Abs. 1 S. 3 BSHG), zum anderen liegt in der Regel bei unterhaltspflichtigen Eltern eine unbillige Härte (→ Härtefall) vor, soweit einem Behinderten oder einem von einer Behinderung Bedrohten nach Vollendung des 21. Lebensjahres E. gewährt wird (§ 91 Abs. 2 S. 2, 2. Halbs. BSHG).

Für die E. ist in weitem Umfang der überörtliche Sozialhilfeträger sachlich zuständig (§ 100 Abs. 1 Nr. 1, 2 und 6 BSHG; → Zuständigkeit, sachliche und örtliche).

Kinder und Jugendliche, die seelisch behindert oder von einer solchen Behinderung bedroht sind, haben vorrangig gegenüber der E. nach dem BSHG Anspruch auf E. nach § 35a → Kinder- und Jugendhilfegesetz (KJHG). Diese Bestimmung ist im Rahmen der Hilfe für junge Volljährige (→ Hilfe für junge Menschen/Volljährige) entsprechend anzuwenden (§ 41 Abs. 2 KJHG). Für junge Menschen, die körperlich oder geistig behindert oder von einer solchen Behinderung bedroht sind, gehen hingegen die Maßnahmen der E. nach dem BSHG den Leistungen der Jugendhilfe vor (§ 10 Abs. 2 S. 2 KJHG). Landesrecht kann die Gewährung von Maßnahmen der → Frühförderung für Kinder unabhängig von der Art der Behinderung vorrangig von anderen Leistungsträgern regeln (§ 10 Abs. 2 S. 3 KJHG).

Lit. Dahlinger: Eingliederung; Gottschick u.a.: (Komm.); Knopp u.a.: BSHG (Komm.); Mergler u.a.: BSHG (Komm.); Petersen, K.: Rehabilitation; Schellhorn u. a.: BSHG (Komm.); Wiesner u.a.: SGB VIII.

Hans-Gerd Ronge

Eingliederungshilfe für Spätaussiedler (Eghi) ist eine Leistung zur Integration der → Spätaussiedler, ihrer Ehegatten und Abkömmlinge für die erste Eingliederungsphase. Sie ist Teil der Aussiedlerpolitik der Bundesregierung, die es den rund 4 Millionen Deutschen im Osten und Südosten Europas ermöglichen soll, sich frei zu entscheiden, ob sie in ihrer heutigen Heimat bleiben wollen oder nach Deutschland aussiedeln möchten. Grundlage hierfür ist Art. 116 Abs. 1 des → Grundgesetzes (GG). Mit dem Gesetz zur Änderung von Förderungsvoraussetzungen im → AFG und in anderen Gesetzen vom 18. 12. 1992 (BGBl. I S. 2044) und dem Gesetz zur Bereinigung von Kriegsfolgengesetzen vom 21. 12. 1992 (BGBl. I S. 2094) wurde die Eingliederung von Aussiedlern (seit 1993 Spätaussiedler) ab 1. 1. 1993 neu geregelt. Ab 1. 1. 1994 wurden im Zuge der Haushaltssanierung mit dem Gesetz zur Umsetzung des Spar-, Konsolidierungs- und Wachstumsprogramms im Bereich des AFG und anderer Gesetze vom 21. 12. 1993 (BGBl. I S. 2353) die Leistungsmöglichkeiten beschnitten. Die Eghi steht nur bei Bedürftigkeit zu. Die Bedürftigkeit wird in Anwendung der Vorschriften der → Arbeitslosenhilfe geprüft. Bemessen wird pauschal nach einem Arbeitsentgelt in Höhe von 60% der für die alten Bundesländer gültigen Bezugsgröße in der → Sozialversicherung (§ 18 SGB IV), von dieser Bemessungsgrundlage erhält der Spätaussiedler als Eghi 57% mit einem Kind, für das ein Steuerfreibetrag zusteht, und 53% ohne Kind. Dies ergibt beispielsweise im Jahre 1996 bei einem Spätaussiedler in Lohnsteuerklasse III eine wöchentliche Eghi von 260,40 DM oder 241,80 DM. Die Leistungshöhe ist unabhängig davon, ob der Spätaussiedler einem neuen oder einem alten Bundesland zugewiesen worden ist. Die Gesamtdauer des Eghi-Anspruchs beträgt insgesamt 156 Tage. Er kann verbraucht werden durch einen Anspruch wegen → Arbeitslosigkeit sowie durch die Teilnahme an einem Deutsch-Sprachlehrgang oder an einer Fortbildungs- oder Umschulungsmaßnahme. Eghi ist bei dem → Arbeitsamt zu beantragen, das für den Wohnsitz des Spätaussiedlers zuständig ist. Es wird aus Bundesmitteln bestritten. Der Bezug von Eghi begründet keine weiteren Ansprüche nach dem AFG. Kosten, die durch die Teilnahme an einem Deutsch-Sprachlehrgang oder an einer Fortbildungs- oder Umschulungsmaßnahme entstehen, werden für längstens 6 Monate erstattet.
Lit. Haberland: Aufnahme.

Karlheinz Schuster

Eingliederungshilfe-Verordnung (EinglHVO) Die Verordnung nach § 47 → Bundessozialhilfegesetz (BSHG) vom 27. 5. 1964 (BGBl. I S. 339) in der Neufassung vom 1. 2. 1975 (BGBl. I S. 434), zuletzt geändert durch das Gesetz zur Reform des Sozialhilferechts vom 23. 7. 1996 (BGBl. I S. 1088, 1098), definiert einmal den Personenkreis der → Behinderten und von Behinderung Bedrohten, die Anspruch auf → Eingliederungshilfe für Behinderte haben (§§ 1 bis 5), und enthält zum anderen nähere Bestimmungen über die Eingliederungshilfemaßnahmen (§§ 6 bis 24). Der EinglHVO kommt große Bedeutung auch im Rahmen der Eingliederungshilfe für seelisch behinderte Kinder und Jugendliche nach § 35a → Kinder- und Jugendhilfegesetz (KJHG – SGB VIII) zu (Abs. 2 Nr. 3 dieser Bestimmung).
Lit. Gottschick u. a.: BSHG (Komm.); Schellhorn u. a.: BSHG (Komm.).

Hans-Gerd Ronge

Eingliederungsvorschlag des Arbeitsamtes Nach § 5 Abs. 4 → Rehabilitationsangleichungsgesetz (RehaAnglG) ist die Bundesanstalt für Arbeit von den anderen → Rehabilitationsträgern vor der Einleitung von berufsfördernden Maßnahmen zur Rehabilitation (→ Berufliche Rehabilitation) zu beteiligen. Das → Arbeitsamt unterbreitet in diesen Fällen dem Rehabilitationsträger auf dessen Ersuchen einen E., der – wenn der Rehabilitationsträger ihm zustimmt – Bestandteil des → Gesamtplanes in der → Rehabilitation wird. Im E. nimmt das Arbeitsamt unter Berücksichtigung von Eignung, Neigung und bisheriger Tätigkeit des → Behinderten sowie Lage und Entwicklung des → Arbeitsmarktes dazu Stellung, welche Maßnahmen im konkreten Fall die bestmögliche und dauerhafte Eingliederung des Behinderten in Arbeit und Beruf darstellen. Lehnt der Rehabilitationsträger den E. ab, so hat ein Einigungsversuch stattzufinden. Bei Nichteinigung entscheidet der zuständige Rehabilitationsträger (§ 5 Abs. 5 RehaAnglG). *Werner Gemsjäger*

Einkommen im Sinne des → Sozialrechts sind i. d. R. alle Einkünfte in Geld oder Geldeswert, die dem Leistungsberechtigten und seinen zu berücksichtigenden Angehörigen zufließen, ohne Rücksicht auf ihre Art und auf die Tatsache, ob sie laufend oder einmalig anfallen. Der Begriff des E. ist für die → Sozialhilfe und die → Jugendhilfe in § 76 → Bundessozialhilfegesetz (BSHG) und der Verordnung dazu vom 28. 11. 1962 (BGBl. I S. 692) definiert (in der Jugendhilfe i. V. m. §§ 90 Abs. 4 und 93 Abs. 4 → Kinder- und Jugendhilfegesetz [KJHG – SGB VIII]). Danach sind begrifflich zu unterscheiden: 1. E., das ist die Gesamtheit aller Einnahmen in Geld oder Geldeswert; 2. Einnahmen, das sind die unbereinigten Brutto-(Roh-)Einnahmen aus den einzelnen E.arten, wie Land- und Forstwirtschaft, Gewerbebetrieb, ohne Abzug notwendiger Ausgaben; 3. Einkünfte, das sind die um die

notwendigen Ausgaben bereinigten Einnahmen aus den einzelnen E.arten;
4. berücksichtigungsfähiges E., das ist der Gesamtbetrag der um die notwendigen Ausgaben bereinigten Einnahmen, die Summe aller Einkünfte also. Nur dieses Netto-E. ist für die Bedürftigkeitsprüfung nach dem BSHG und dem KJHG von Bedeutung.
Nicht als E. sind anzusehen Leistungen der Sozialhilfe oder Jugendhilfe (§ 76 Abs. 1 BSHG), die → Grundrente nach dem → Bundesversorgungsgesetz (BVG) und ihr entsprechende Leistungen nach dem BEG (§ 76 Abs. 1 BSHG), → Schmerzensgeld nach § 847 Bürgerliches Gesetzbuch (§ 77 Abs. 2 BSHG), Zuwendungen der → freien Wohlfahrtspflege oder von anderer Seite, wenn die Voraussetzungen für eine Ausklammerung nach § 78 BSHG vorliegen, sowie Einkünfte, die nach sondergesetzlicher Regelung unberücksichtigt zu bleiben haben (vgl. z. B. § 8 Abs. 1 → Bundeserziehungsgeldgesetz [BErzGG], § 292 LAG). Aufgrund öffentlich-rechtlicher Vorschriften dürfen → zweckbestimmte Leistungen nur auf gleichartige Leistungen angerechnet werden (§ 77 Abs. 1 BSHG).
Vom E. sind nach § 76 Abs. 2 BSHG abzusetzen Steuern, Pflichtbeiträge zur Sozialversicherung, Beiträge zu sonstigen Versicherungen, soweit sie entweder gesetzlich vorgeschrieben oder nach Grund und Höhe angemessen sind, sonstige mit der Erzielung des E. verbundene Ausgaben (Werbungskosten, z. B. öffentliche Abgaben, Beiträge zu Gewerkschaften und Berufsverbänden, Fahrtkosten, Aufwendungen für Arbeitsmittel). Für die einzelnen E.arten enthält die VO zu § 76 BSHG weitere Vorschriften über Absetzungen. Die Bewertung von Sachbezügen erfolgt nach den für die Sozialversicherung geltenden Werten. Bei Erwerbstätigen, die Leistungen der → Hilfe zum Lebensunterhalt erhalten, sind nach § 76 Abs. 2a BSHG weiter am E. Beträge in jeweils angemessener Höhe abzusetzen (anstelle des früheren Mehrbedarfs nach § 23 Abs. 4 Nr. 1 BSHG a. F.), wobei bei eingeschränktem Leistungsvermögen diese Absetzungsbeträge entsprechend höher anzusetzen sind.
E. im Sinne des BSHG können nur Zuflüsse sein, die im Bedarfszeitraum tatsächlich zur Verfügung stehen. Die Anrechnung fiktiver Einkünfte (vor allem noch nicht realisierter Ansprüche) ist grundsätzlich nicht möglich. Für die Abgrenzung zum → Vermögen kommt es auf den Zeitpunkt des Zuflusses an (Zuflußtheorie).
Lit. Giese: Aufwendungsersatz; DV: Empfehlungen §§ 84ff. BSHG; Schellhorn: Vermögen; Schellhorn u. a.: Einkommensgrenzen.
Walter Schellhorn

Einkommensgrenzen Die Bedürftigkeit wird im Sozialrecht teilweise nach E. bemessen. Dabei gibt es 2 Typen von E.: Entweder endet die Leistungspflicht des → öffentlichen Trägers dann, wenn das → Einkommen eine bestimmte E. erreicht, oder es beginnt von dem Erreichen der E. an grundsätzlich erst die Möglichkeit, auf das Einkommen des Berechtigten zurückzugreifen. Die letztere Bedeutung haben die E. in der → Sozialhilfe und der → Jugendhilfe. Die E. ist hierbei lediglich eine Rechengröße für die Bemessung des zumutbaren → Eigenanteils.
E. gibt es in der Sozialhilfe für die → Hilfe in besonderen Lebenslagen. Dabei ist zu unterscheiden die allgemeine E. (§ 79 Bundessozialhilfegesetz [BSHG]), die für die Mehrzahl der Hilfen gilt, die besondere E. nach § 81 BSHG, unter die vor allem Aufwendungen und länger dauernde Hilfen im Rahmen der → Eingliederungshilfe für Behinderte, der → Hilfe zur Pflege und der → Krankenhilfe fallen, sowie die besondere E. für die → Blindenhilfe (→ Blindengeld) und das → Pflegegeld für Schwerstbehinderte nach § 81 Abs. 2 BSHG.
Die E. setzt sich zusammen aus a) dem Grundbetrag, bei § 79 BSHG in Höhe von 1 014 DM, bei den besonderen E. nach § 81 BSHG in Höhe von 1 520 DM (Abs. 1) oder von 3 042 DM (Abs. 2). Diese Festbeträge (Stand 1. 7. 1996) verändern sich zum 1. 7. eines jeden Jahres um den Vomhundertsatz, um den sich der aktuelle Rentenwert in der gesetzlichen → Rentenversicherung verändert (§ 82 BSHG); b) den angemessenen Kosten der → Unterkunft; c) Familienzuschlägen von je 80 v. H. des → Regelsatzes eines → Haushaltsvorstands für den nicht getrennt lebenden Ehegatten (Elternteil), für den minderjährigen unverheirateten Hilfesuchenden sowie für jede Person, die von einem Ehegatten (Elternteil) oder dem Minderjährigen überwiegend unterhalten worden ist oder der sie nach der Entscheidung über die Gewährung der Sozialhilfe unterhaltspflichtig werden. Wenn beide Ehegatten oder Eltern blind oder behindert sind, gilt im Rahmen des § 81 Abs. 2 BSHG ein höherer Familienzuschlag. Für die neuen Bundesländer werden die Grundbeträge jeweils zum 1. 7. durch Rechtsverordnung des BMG festgesetzt (Stand 1. 7. 1996: 979, 1 473 und 2 476 DM).
Bei der → Hilfe zum Lebensunterhalt nach dem BSHG gilt zwar der Grundsatz des vollen Einkommenseinsatzes; die Bedürftigkeit bei der Gewährung einmaliger → Beihilfen wird jedoch in der Praxis ebenfalls nach einer Bedürftigkeitsgrenze bemessen.
In der Jugendhilfe gilt für alle individuellen Erziehungshilfen, vor allem für die → Hilfe zur Erziehung (HzE), die Eingliederungshilfe für seelisch Behinderte und die Hilfe für junge Volljährige (→ Hilfen für junge Menschen/Volljährige) grundsätzlich die allgemeine E. nach § 79 BSHG (§§ 90 Abs. 4 und 93 Abs. 3 und 4 → Kinder- und Ju-

gendhilfegesetz [KJHG – SGB VIII]; → Kostenbeitrag).
Kann dieselbe Leistung nach mehreren Bestimmungen gewährt werden, so wird sie nach der Bestimmung gewährt, für welche die höhere E. maßgebend ist (§ 83 BSHG). Die E. ist eine Mindestgrenze, die nicht unterschritten werden darf. Länder und Träger der Sozialhilfe sind ermächtigt, bei der allgemeinen E. nach § 79 BSHG einen höheren Grundbetrag zugrunde zu legen. Für die individuellen Erziehungshilfen nach dem KJHG können landesrechtlich teilweise abweichende Regelungen getroffen werden (vgl. §§ 90 Abs. 1 und 4 sowie 91 Abs. 2 KJHG).
Für den → Einsatz des Einkommens ist entscheidend, welcher Teil des Einkommens über und welcher unter der E. liegt. Dazu ist das Einkommen im Zeitpunkt der Prüfung der Leistungsberechtigung in diese beiden Teile aufzugliedern. Die E. verliert dann für die weiteren Prüfungen ihre Bedeutung.
Lit. DV: Empfehlungen § 79 BSHG; DV: Empfehlungen §§ 84 ff. BSHG; Schellhorn u. a.: Einkommensgrenzen; Schellhorn: Vermögen; Schoch: Einkommenseinsatz.
Walter Schellhorn

Einkommens- und Verbrauchsstichproben sind amtliche Statistiken (→ Statistik) über Einnahmen und Ausgaben der privaten Haushalte. Nicht erfaßt sind lediglich die Anstaltsbevölkerung und Haushalte mit besonders hohem → Einkommen. Die → Stichproben werden alle 5 Jahre durchgeführt und beruhen auf den Angaben von jeweils ca. 60 000-70 000 Haushalten, die sich für ein Jahr freiwillig zur Mitarbeit bereit erklären. Die Ergebnisse werden mit Hilfe des → Mikrozensus hochgerechnet. Die Stichproben umfassen nicht nur Einnahmen und Ausgaben, sondern auch Angaben über die Struktur der Haushalte, Wohnverhältnisse, Ausstattung mit langlebigen Gebrauchsgütern, Vermögensbestände und Schulden. Sie geben somit einen Überblick über die wirtschaftliche und soziale Lage der verschiedenen Gruppen der Bevölkerung.
Die Daten des Jahres 1983 dienten als Basis für die erstmalige Ermittlung der → Regelsätze nach dem »Statistik-Modell« (→ Bedarfsbemessungssystem). *Manfred Euler*

Einkommensverteilung Zu unterscheiden sind funktionelle E. und personelle E. Unter funktioneller E. wird die Verteilung des Volkseinkommens auf volkswirtschaftliche Produktionsfaktoren wie Arbeit und Kapital verstanden. Ein Maßstab für die Verteilung des Volkseinkommens auf Arbeitnehmer und Unternehmen ist die Bruttolohnquote. Sie gibt das Bruttoeinkommen aus unselbständiger Arbeit in % des Volkseinkommens an. Bei Tarifverhandlungen dient die Veränderung der Lohnquote und des dazu spiegelbildlichen Indikators des Unternehmereinkommens, der Gewinnquote, häufig als Orientierungspunkt. Korrekterweise muß man jedoch in der Lohnquote die Veränderung der Beschäftigungsstruktur berücksichtigen, um aus einer Änderung der Lohnquote auf eine Veränderung der funktionellen E. schließen zu können. Die Veränderung der Beschäftigungsstruktur wird in der bereinigten Lohnquote berücksichtigt. Sie gibt die Lohnquote an, die sich ergäbe, wenn das Verhältnis der Gruppe der unselbständig Beschäftigten zur Gesamtzahl der Erwerbstätigen im betrachteten Zeitverlauf konstant geblieben wäre. Die so bereinigte Lohnquote ist tendenziell niedriger als die unbereinigte Größe.
Für 1994 und das Gebiet Westdeutschlands wurde eine bereinigte Größe von 61,2% gegenüber der unbereinigten von 70,7% ermittelt. Basisjahr war dabei 1960. Für die funktionelle E. ist selbst die bereinigte Lohnquote nur eingeschränkt aussagefähig. Sie weist nicht aus, daß auch Arbeitnehmer Kapitaleinkünfte beziehen, sie erlaubt keine Rückschlüsse auf die Gründe des Steigens von Arbeitnehmereinkommen, und sie erfaßt nicht alle im Inland entstandenen Erwerbseinkommen, da die → Einkommen der Pendler nicht einbezogen werden.
Unter personeller E. versteht man die Verteilung des Einkommens auf personelle Empfängereinheiten, deren Abgrenzung von Datenlage und Untersuchungszeit abhängt. Wichtige Darstellungskonzepte sind die Verteilung des Arbeitseinkommens auf Personen sowie die Verteilung des verfügbaren Einkommens auf private Haushalte. Ein einfaches geometrisches Bild einer solchen E. erhält man, indem man den Prozentsatz aller Personen oder Haushalte, die ein bestimmtes Einkommen beziehen, gegen die Einkommenshöhe aufträgt. Die Verteilungsfunktion, die man bei der Auswertung empirischer Daten üblicherweise erhält, ist »schief« in dem Sinne, daß die Anzahl der Einkommensempfänger im Bereich niedrigen Einkommens die Anzahl der Empfänger mit hohem Einkommen übersteigt. Aus derartigen Verteilungen lassen sich kompliziertere Indikatoren der Ungleichheit der E. berechnen.
Die Verteilung des verfügbaren Einkommens der privaten Haushalte wird in der → Armutsforschung zur Berechnung relativer → Armut herangezogen. Um die verfügbaren Einkommen zwischen Privathaushalten unterschiedlicher Größe und Struktur vergleichen zu können, müssen Einspareffekte berücksichtigt werden, die sich durch gemeinsames Wirtschaften ergeben (economies of scale). Hierzu werden die Einkommensangaben der privaten Haushalte in sogenannte Äquivalenzeinkommen umgerechnet. Diese geben die nach Bedarfsgesichtspunkten standardisierten Haushaltseinkommen bezogen auf einen Standard-

haushalt (im allgemeinen ein Ein-Personen-Erwachsenen-Haushalt) an. Über die Höhe der Äquivalenzgewichte besteht jedoch keine Einigkeit. Nationale Untersuchungen verwenden für die Festlegung des Mehrbedarfs von → Haushaltsangehörigen (nach Lebensalter geordnet) häufig die Bedarfsproportionen, die sich aus der → Regelsatzverordnung zu § 22 BSHG ergeben. In internationalen Untersuchungen werden bei der Analyse von Haushaltseinkommen häufig einfache Bedarfsgewichte verwendet, bei denen lediglich die Haushaltsgröße oder die Zahl der Erwachsenen und Kinder im Haushalt berücksichtigt werden.

Im Rahmen der Theorie der E. ist es sinnvoll, zwischen normativen und positiven Ansätzen zu unterscheiden. Normative Analysen beschäftigen sich mit der Frage, wie hoch das Ausmaß von Ungleichheit der E. in einer Gesellschaft sein soll. Dazu muß von bestimmten Gerechtigkeitspostulaten ausgegangen und gefragt werden, welche E. »optimal« i. d. S. ist, daß sie für alle die beste ist. Es läßt sich zeigen, daß eine Gleichverteilung des Einkommens hierfür nicht in Frage kommt, weil sie Arbeitsanreize zerstören würde. Positive Erklärungsansätze der E. erklären die empirischen Fakten aus tatsächlichen Aktivitäten der handelnden Individuen. Einer der am weitesten verbreiteten Ansätze zur Erklärung der Verteilung des Arbeitseinkommens ist die sog. Humankapitaltheorie. Sie erklärt die E. aus Investitionsentscheidungen des Individuums in seine eigenen Kenntnisse und Fähigkeiten, z. T. vor Beginn der Erwerbsphase (schulische Ausbildung), z. T. danach (betriebliche Bildung und Weiterbildung). Auch die Humankapitaltheorie erklärt jedoch im besten Fall kaum mehr als die Hälfte der Streuung der Einkommen.
Lit. Sachverständigenrat zur Begutachtung der gesamtwirtschaftlichen Entwicklung: Jahresgutachten; Statistisches Bundesamt: Datenreport; Statistisches Bundesamt: Einnahmen. *Frank Klanberg†/Peter Krause*

Einkünfte → Einkommen

Einmalige Leistungen bilden zusammen mit laufenden Leistungen die Leistungsarten bei der Gewährung von → Hilfe zum Lebensunterhalt, über die der → Träger der Sozialhilfe nach seinem pflichtgemäßen → Ermessen entscheidet. Rechtsgrundlage ist § 21 → Bundessozialhilfegesetz (BSHG). Laufende Leistungen außerhalb von Einrichtungen sind u. a. die durch den → Regelsatz abgegoltenen Leistungen einschließlich der Beihilfen für → Unterkunft und der Mehrbedarfszuschläge (→ Mehrbedarf). E. L. können insbesondere zur Instandsetzung und Beschaffung von Kleidung, zur Beschaffung von Brennstoffen, Lernmitteln und Gebrauchsgütern, zur Instandsetzung von Hausrat, zur Instandhaltung der Wohnung und für besondere Anlässe gewährt werden. E. L. verlieren ihre Eigenschaft als e. L. nicht dadurch, daß sie wiederkehrend erbracht werden. Da die Zuordnung zu den e. L. mitunter schwierig ist, werden die Verwaltungsgerichte zunehmend um Konkretisierung bemüht, und es hat sich, bezogen auf die einzelnen e. L., eine umfangreiche Kasuistik herausgebildet. Bei der Abgrenzung zu laufenden Leistungen ist entscheidend, welcher Bedarf pauschal in den Regelsätzen abgegolten wird.

Als e. L. können sowohl → Geld- als auch → Sachleistungen in Betracht kommen. Dabei ist bei e. L. für Bekleidung zu beachten, daß es der Menschenwürde widerspricht, diese in Form der Sachleistung zu erbringen, soweit im Einzelfall nicht wegen unwirtschaftlichen Verhaltens oder zweckwidriger Verwendung eine sachliche Rechtfertigung hierfür gegeben ist. Bei einer möglichen Leistung in der Mischform der Wertgutscheine muß beachtet werden, daß der Hilfeempfänger nach außen möglichst nicht als Empfänger von Sozialhilfeleistungen in Erscheinung treten soll.

Das Nähere über Inhalt, Umfang, → Pauschalierung und Gewährung der e. L. ist durch → Rechtsverordnung zu regeln, die noch nicht vorliegt.

E. L. sind auch dann zu gewähren, wenn zwar kein Anspruch auf laufende Leistungen zum Lebensunterhalt gegeben ist, der → Lebensunterhalt aus eigener Kraft aber nicht voll beschafft werden kann. Ob und inwieweit ein solcher Fall gegeben ist, ist für jeden Einzelfall gesondert festzustellen. Dabei kann das Einkommen berücksichtigt werden, daß die Personen der → Bedarfsgemeinschaft nach § 11 Abs. 1 BSHG innerhalb eines Zeitraums von bis zu sechs Monaten nach Ablauf des Monats erwerben, in dem über die Hilfe entschieden worden ist.
Lit. Birk u. a.: BSHG; Bäumerich u. a.: Bekleidungs- u. Heizungshilfen; Schellhorn u. a.: BSHG (Komm.). *Marion Götz*

Einrichtungen Sozialwissenschaftlicher Begriff: »Soziale E. – in der Alltagssprache Anstalten (institutions) genannt – sind Räume, Wohnungen, Gebäude oder Betriebe, in denen regelmäßig eine bestimmte Tätigkeit ausgeübt wird« (Goffman, S. 5). Ähnlich definiert das Lexikon zur Soziologie: Einrichtung, soziale – »rational geordneter, durch Anstaltsbetrieb gekennzeichneter Teil einer Institution oder eines Institutionsverbandes. Im Gegensatz zur Institution ist die soziale E. zweckspezifisch und zeitlich begrenzt« (Fuchs-Heiritz, W. u. a.). Das in beiden Definitionen vorfindliche Jonglieren zwischen den Begriffen → Anstalten, Institutionen und E. hat seinen Hintergrund in einer einheitlichen ethymologischen Bedeutung der Begriffe. Eine Anstalt ist, seit der Begriff in der Mitte des 13. Jh. aufkam, eine »Anordnung« oder »E.«. Wer eine »Anstalt machte«, ordnete an und richtete etwas zu Befolgendes ein. Erst im 17. Jh. trat an die Stelle des »Einrichtens« von etwas das Haus, in dem dieses Etwas untergebracht ist. Obwohl es um diese Zeit gebräuchlicher wurde, von solchen Häusern als Anstalten zu sprechen, wurde schon damals synonym von E. gesprochen. Auch »Institution« ist gleichbedeutend mit E. und Anstalt. Das lat. Verb instituere meint u. a.: »errichten, einrichten«, »anstellen, anordnen«, »Anstalten treffen, veranstalten«, »unterweisen, richten«. Diesem multifunktionellen Wortgebrauch gemäß, konnte auch der Begriff E. schillernd bleiben: als Synonym für Anstalt, als Begriff für einen bestimmten Institutionentypus, aber auch als Oberbegriff für alles, was durch Staat oder gesellschaftliche Gruppen »eingerichtet« wurde. Im letzteren Sinne sprach man Anfang des 20. Jh. z. B. von »Wohlfahrtse.« und meinte damit keineswegs nur das, was in Häusern untergebracht war, vielmehr die Gesamtveranstaltungen des Wohlfahrtswesens: Stiftungen, Vereine, geschlossene Anstalten, Fortbildungsveranstaltungen, kirchliche E. u. v. m.

Goffman fügte dem oben zitierten Satz hinzu: »Die Soziologie bietet dafür keine wissenschaftlich zutreffende Definition«. So ist es. Der E.begriff bleibt als sozialwissenschaftlicher Begriff schillernd und uneindeutig. Seine Bindung an »Räume« ist weder ethymologisch noch vom historischen Wortgebrauch her dringend geboten; dies hat sich lediglich juristisch-definitorisch durchgesetzt. Generalisierend läßt sich lediglich sagen, daß E. zu bestimmten Zwecken errichtet werden und ohne eine Lücke im gesellschaftlichen Wertesystem zu hinterlassen, wieder geschlossen werden können. E. kommen und gehen. Sie können in unterschiedlichen Formen auftreten sowie unterschiedlichsten und historisch variablen Zwecken dienen. Dies macht dann auch die Brisanz um den Begriff in den gegenwärtigen Diskussionen aus. Da an den gegenwärtig im Recht vorherrschenden E.begriff zum Beispiel aufsichtsrechtliche und finanzielle Konsequenzen geknüpft sind, gibt es auch Bestrebungen, ihn zu attackieren oder zu verteidigen. Der schillernde Bedeutungsgehalt des Begriffs gibt entsprechenden Diskursen großen Spielraum.

Lit. Fuchs-Heisitz u.a.: Lexikon; Goffmann: Asyle. *Jürgen Blandow*

2. Rechtlicher Begriff: Im allgemeinen Rechtssinne ist eine E. eine auf Dauer angelegte Kombination von sachlichen und personellen Mitteln zu einem besonderen Zweck unter der Verantwortung einer natürlichen oder juristischen Person, eines Trägers. Zu diesem E.-Begriff i. w. S. (auch »einfacher E.-Begriff« bezeichnet) gehören alle stationären, teilstationären und ambulanten E. sowie sonstige → soziale Dienste. Entsprechend den verschiedenartigen → Krankheiten und Behinderungen (→ Behinderte) und den vielfältigen Maßnahmen gibt es eine Vielzahl von differenzierten E., wie z. B. → Krankenhäuser, → Säuglings-, Kinder- und Jugendheime, → heilpädagogische, schulische, sozialtherapeutische Einrichtungen (→ Sozialtherapie), berufliche Ausbildungs- und Beschäftigungsstätten, → Übergangsheime, Wohnheime (z. B. Altenwohnheim, → Behindertenwohnheim, → Jugendwohnheime), Kurheime (→ Kur), Altenpensionen, → Alten- und Pflegeheime (→ Altenpflegeheim), Tagesstätten und → Werkstätten für Behinderte, → Sozialstationen, Hauspflegedienste (→ Familienpflege, → Hauspflege), fahrbare Mittagstische (→ Mahlzeitendienste) und sonstige soziale Dienste.

Nach § 17 Abs. 1 des → Sozialgesetzbuches – Allgemeiner Teil – (SGB I) sind die Sozialleistungsträger verpflichtet, darauf hinzuwirken, daß die zur Ausführung von Sozialleistungen erforderlichen sozialen Dienste und E. (wobei hier die sozialen Dienste neben den E. genannt sind) rechtzeitig und ausreichend zur Verfügung stehen. In Ergänzung hierzu bestimmt § 93 des → Bundessozialhilfegesetzes (BSHG), daß die Träger der → Sozialhilfe (→ Sozialhilfeträger) eigene E. nicht neu schaffen sollen, soweit geeignete E. der Kirchen und Religionsgemeinschaften des öffentlichen Rechts sowie der Verbände der → freien Wohlfahrtspflege vorhanden sind, ausgebaut oder geschaffen werden können (Nachrang gegenüber der freien Wohlfahrtspflege).

Die Bezeichnung E. wird aber vom Gesetzgeber auch i. e. S. als Oberbegriff für Anstalten, Heime und gleichartige E. verwendet (»qualifizierter E.-Begriff«). § 97 Abs. 4 BSHG definiert z. B., daß Anstalten, Heime und gleichartige E., alle E. sind, die der Pflege, der Behandlung oder sonstigen im BSHG vorgesehenen Maßnahmen oder der → Erziehung dienen. E. in diesem Sinne sind nur Vollheime, d. h. E., in denen sich der Insasse bei Tag und Nacht aufhält. Der sog. Anstaltscharakter einer solchen E. wird dann bejaht, wenn sie über eine entsprechende Personal- und Sachausstattung verfügt und in der Lage ist, Maßnahmen der Sozial- oder → Jugendhilfe zu gewähren. Verneint worden ist im Rahmen der sachlichen Zuständigkeit und der Kostenerstattung zwischen den Trägern der Sozialhilfe und der Jugendhilfe von den → Entscheidungsstellen für Fürsorgestreitigkeiten im Einzelfall dieser Anstaltscharakter z.B. für Altenwohnheime bei wirtschaftlicher Selbständigkeit der Bewohner, → Frauenhäuser, für Auswandererlager, Badehotels, Jugendherbergen, Grenzdurchgangslager, Internat einer Frauenfachschule, → Kindergärten, Missionshäuser, Wohnheime, Erholungs-

und Kurheime. Die Prüfung muß aber immer für jede E. gesondert erfolgen. Diese → Auslegung ist aber auch für die sonstigen im BSHG erwähnten Anstalten, Heime und gleichartiger E. anzuwenden (→ Anstaltshilfe). Das → Kinder- und Jugendhilfegesetz (KJHG) spricht dagegen von »Einrichtungen und Dienste« (§§ 74, 77 und 79) bzw. von »Heim oder einer sonstigen (betreuten) Wohnform« (§§ 34, 35a, 42, 89e). Die Soziale → Pflegeversicherung (PflegeVG) kennt den Begriff »vollstationäre Einrichtung« oder »vollstationäre Pflege« (§§ 42, 43).
Hinsichtlich der Mindestanforderungen für Altenheime, Altenwohnheime, Pflegeheime und gleichartiger E. wird auf das → Heimgesetz (HeimG) verwiesen.
Lit. Burdenski u.a.: SGB (Komm.); Gottschick u.a.: BSHG (Komm.); Kreikebohm: Einrichtungsbegriffe; Mergler u.a.: BSHG (Komm.); Schellhorn u.a.: BSHG (Komm.); Zeitler: Anstaltsorte.

Helmut Zeitler

Einrichtungen, Dienste und Veranstaltungen Das Begriffspaar »E. u. V.«, wie es im § 5 Abs. 1 → Jugendwohlfahrtsgesetz (JWG) verwandt wurde, wird im § 4 Abs. 1 → Kinder- und Jugendhilfegesetz (KJHG – SGB VIII) um den Begriff der »D.« erweitert. Damit wird der Entwicklung einer Praxis der → Jugendhilfe Rechnung getragen, die ihre Angebote zunehmend ausdifferenziert hat. Die Unterscheidung zwischen E. u. D. gewichtet zum einen die Bedeutung der E. als einer »Standortinstitution«, die junge Menschen, Eltern und andere → Erziehungsberechtigte aufsuchen, um Jugendhilfe – zeitlich begrenzt oder dauerhaft – in Anspruch zu nehmen (z.B. → Jugendfreizeitstätten, → Familienbildung [§ 16 KJHG – SGB VIII], Tageseinrichtungen [§ 22 KJHG – SGB VIII; → Tagesbetreuung] oder Einrichtung über Tag und Nacht [§ 34 KJHG – SGB VIII; → Heimerziehung]). Zum anderen verweisen die vielfältigen Formen von »D.« auf die Notwendigkeit einer sozialökologisch-ganzheitlichen Betrachtungsweise (→ Sozialökologie). D. wenden sich unmittelbar an Menschen, sie greifen lebensweltbezogen Alltagsprobleme (→ Lebenswelt) dort auf, wo sie entstehen. Die Praxis der Jugendhilfe spricht von einer »Geh-Struktur«. Unterschieden wird hierbei zwischen dem ASD (→ Sozialdienst, Allgemeiner [ASD]) und Spezialdiensten (z.B. Mobile Kinder- und Jugendarbeit, Stadtteilberatung, sozialpädagogische → Familienhilfe oder → Pflegekinderdienst). V. schließlich meinen zeitlich begrenzte Angebote, die i.d.R. in E. der Jugendhilfe stattfinden (z.B. Elternseminare), aber auch von D. organisiert werden können (Nachbarschaftsarbeit). In diesem Zusammenhang muß ausdrücklich auf die Verpflichtung zur → Jugendhilfeplanung (§ 80 KJHG – SGB VIII) hingewiesen werden, die E. u. D. so zu gestalten, daß – bedarfs- und bedürfnisorientiert – ihre vielfältigen Angebote aufeinander abgestimmt und »vernetzt« werden. Dabei ist die Bedeutung der Lebensbereiche für junge Menschen und Familien zu beachten. Aus dem Verbundgedanken ergibt sich die Notwendigkeit eines engen Zusammenwirkens der Träger der öffentlichen Jugendhilfe mit den anerkannten Trägern der freien Jugendhilfe (→ Jugendhilfeträger). § 1 KJHG – SGB VIII legt das Recht eines jeden jungen Menschen auf Erziehung fest (→ Erziehungsanspruch). Dies meint, daß E., D. u. V. nicht nur Jugendhilfe bei Problemsituationen zu leisten haben. Vielmehr kommt auch den allgemeinerzieherischen, unterstützenden, lebenswegbegleitenden Angeboten (offensive Jugendhilfe) eine wichtige Bedeutung zu.
Jüngere Gesetzesinitiativen (z.B. BSHG, PflegeVG) weisen auf Verschiebungen im Verhältnis zwischen öffentlichen, freien und privaten Trägern hin, die deren E., D. und V. zunehmend Marktmechanismen aussetzen. Auch im Jugendhilfebereich greift eine Orientierung am Modell einer outputorientierten Steuerung, seit die Kommunale Gemeinschaftsstelle für Verwaltungsvereinfachung (KGSt) Empfehlungen zur → Verwaltungsmodernisierung ausgesprochen hat.
Lit. Jans u.a.: Kinder- und Jugendhilferecht (Komm.); Jordan u.a.: Jugendhilfe; Müller, B.: Qualitätsprodukt; Münder u.a.: KJHG (Komm.); Schellhorn u.a.: KJHG (Komm.).

Dieter Sengling

Einrichtungen, Kostenvereinbarungen der → Vereinbarungen über Leistungen, Vergütungen sowie die Prüfung der Einrichtungen, → Pflegesatz

Einsatz des Einkommens/Vermögens Entsprechend dem → Nachrang der → Sozialhilfe und der → Jugendhilfe ist zunächst grundsätzlich das eigene → Einkommen und → Vermögen einzusetzen, ehe materielle Leistungen der Sozialhilfe und der Jugendhilfe gewährt werden. Neben dem Hilfesuchenden/jungen Menschen (→ Hilfeempfänger/Hilfesuchender, → Hilfen für junge Menschen/Volljährige) selbst haben dabei auch die sonstigen in die → Bedarfsgemeinschaft einbezogenen Personen ihre Mittel einzusetzen.
Bei der → Hilfe zum Lebensunterhalt nach Abschn. 2 → Bundessozialhilfegesetz (BSHG) ist im Grundsatz das volle Einkommen zur Deckung des Bedarfs einzusetzen. Dem Einkommen wird der ermittelte Bedarf gegenübergestellt; Leistungen werden grundsätzlich nur insoweit gewährt, als der Bedarf das Einkommen übersteigt. § 11 Abs. 2 und 3 BSHG lassen in begründeten Fällen Ausnahmen von dieser Regel zu. Bei

einmaligen Leistungen wird die Bedürftigkeit häufig nach einer Bedürftigkeitsgrenze bemessen (→ Beihilfen).
Bei der → Hilfe in besonderen Lebenslagen nach Abschn. 3 BSHG und bei den → Hilfen zur Erziehung (HzE) nach dem → Kinder- und Jugendhilfegesetz (KJHG – SGB VIII) sollen dem Hilfesuchenden und der Bedarfsgemeinschaft dagegen bei Prüfung der materiellen Bedürftigkeit von vornherein ausreichende Eigenmittel belassen werden, von denen sie den laufenden Lebensunterhalt bestreiten und auch während der Zeit der Hilfeleistung die Aufrechterhaltung einer angemessenen Lebensführung ermöglichen können. Deshalb wird hier die Bedürftigkeit nach einer den Verhältnissen des Einzelfalles angepaßten → Einkommensgrenze geprüft. Das Einkommen unter dieser Grenze bleibt im Grundsatz von einer Heranziehung frei; das Einkommen über dieser Grenze kann nur angemessen zu den Kosten der Hilfe herangezogen werden. Der Einkommensgrenze ist das monatliche Einkommen während der Dauer des Bedarfs gegenüberzustellen (eng begrenzte Ausnahmen bei ganzem oder teilweisem Verlust des Einkommens durch den Eintritt des Bedarfsfalles und bei einmaligen Leistungen; vgl. § 84 Abs. 2 und 3 BSHG).
Die Frage, was von dem über der Einkommensgrenze liegenden Einkommen als → Eigenanteil einzusetzen ist (§ 84 Abs. 1 BSHG), unterliegt als Auslegung und Anwendung des → unbestimmten Rechtsbegriffs »in angemessenem Umfang« der vollen verwaltungsgerichtlichen Kontrolle (BVerwG, Urteil vom 26. 10. 1989, NDV 1990, 57).
Das unter der Einkommensgrenze liegende Einkommen darf nur zur Deckung des Bedarfs herangezogen werden, wenn und soweit a) von einem anderen Leistungen für einen besonderen Zweck gewährt werden, für den auch die Sozialhilfeleistung bestimmt ist (§ 85 Nr. 1 BSHG; → Zweckbestimmte Leistungen); b) zur Deckung des Bedarfs nur geringfügige Mittel erforderlich sind (§ 85 Nr. 2 BSHG); c) bei der Hilfe in einer Anstalt usw. Aufwendungen für den häuslichen Lebensunterhalt erspart werden (§ 85 Nr. 3 S. 1 BSHG; → Häusliche Ersparnis); d) eine Person auf voraussichtlich längere Zeit der Pflege in einer Anstalt, einem Heim oder einer gleichartigen Einrichtung bedarf, solange sie nicht einen anderen überwiegend unterhält (§ 85 Nr. 2 S. 2 BSHG).
Auch bei der Hilfe in besonderen Lebenslagen können in begründeten Fällen (insbes. bei Heimbetreuung) Leistungen für den Teil des Bedarfs gewährt werden, der durch eigenes Einkommen und Vermögen gedeckt ist (§ 29 BSHG).
Besondere Regelungen über die Freistellung vom E. d. E. gelten für Hilfen, die vorwiegend nichtmaterieller Art sind (§ 72 Abs. 3, § 75 Abs. 4 BSHG). Darüber hinaus ist bei bestimmten Maßnahmen der → Eingliederungshilfe für Behinderte, die das 21. Lebensjahr noch nicht vollendet haben, die Inanspruchnahme des Einkommens und Vermögens nur in eingeschränktem Umfang möglich (§ 43 Abs. 2 und 3 BSHG).
Die Regelungen über den E. d. E. für die Hilfe in besonderen Lebenslagen nach dem BSHG gelten entsprechend in der → Jugendhilfe (teilweise) für die Erhebung von Teilnahmebeiträgen (§ 90 Abs. 4 KJHG) und (grundsätzlich in vollem Umfang) für die Erhebung von → Kostenbeiträgen (§§ 91 bis 93 KJHG, vgl. § 93 Abs. 3 KJHG). Der Kostenbeitrag ist jedoch für die Eltern oder Elternteile auf die häusliche Ersparnis und auf höchstens den Betrag beschränkt, der als Unterhaltsbeitrag ohne Berücksichtigung des besonderen erzieherischen Bedarfs zu tragen wäre (§ 94 KJHG). Bei Gefährdung von Ziel und Zweck der Leistung oder wenn die Heranziehung eine besondere Härte darstellt, soll von der Erhebung eines Kostenbeitrags ganz oder teilweise abgesehen werden (§ 93 Abs. 6 KJHG). Der → Deutsche Verein für öffentliche und private Fürsorge (DV) hat Empfehlungen für die Ermittlung des Kostenbeitrags erarbeitet.
Auch das verwertbare → Vermögen ist grundsätzlich einzusetzen, ehe Leistungen der Sozialhilfe gewährt werden; bei der Jugendhilfe ist eine differenzierte Betrachtung notwendig.
Der Einsatz des eigenen Einkommens oder Vermögens (des zumutbaren Eigenanteils also) realisiert sich bei der Sozialhilfe entweder durch entsprechende Kürzung der Leistung oder durch Heranziehung zum → Kostenbeitrag oder → Aufwendungsersatz, bei der Jugendhilfe durch den Kostenbeitrag. *Lit.* DV: Empfehlungen §§ 84 ff. BSHG; DV: Kostenbeitrag; Giese: Aufwendungsersatz; Reisch: Heranziehung; Schellhorn: Vermögen; Schellhorn u. a.: Einkommensgrenzen. *Walter Schellhorn*

Einsatzgemeinschaft → Bedarfsgemeinschaft

Einschulungstest → Schulreife

Einsetzen der Sozialhilfe 1. Der Einsatz von → Sozialhilfe, der Zeitpunkt des Entstehens des Anspruchs, ist – im Gegensatz zu anderen Sozialleistungen – nicht von der Stellung eines → Antrages abhängig. Nach § 5 Abs. 1 → Bundessozialhilfegesetz (BSHG) setzt die Sozialhilfe ein, sobald dem Sozialhilfeträger oder der von ihm beauftragten Stelle (insbes. einer kreisangehörigen Gemeinde) bekannt wird, daß die Voraussetzungen für die Gewährung von Sozialhilfe vorliegen. Der → Sozialhilfeträger muß von Amts wegen tätig werden, sobald er von einem sozialhilferechtlichen

Einspruch

Bedarf Kenntnis erlangt. Diese Kenntnis muß der »zuständige« Sozialhilfeträger erhalten. Zum 1. 8. 1996 wurde § 5 BSHG durch einen Abs. 2 ergänzt. Wird demnach im Einzelfall einem nicht zuständigen Träger der Sozialhilfe oder einer nicht zuständigen Gemeinde bekannt, daß Sozialhilfe beansprucht (beantragt) wird, so sind nicht nur diese Umstände dem zuständigen Sozialhilfeträger unverzüglich mitzuteilen, sondern bei Vorliegen der sonstigen Voraussetzungen ist rückwirkend ab Kenntnis bei der unzuständigen Stelle Sozialhilfe zu gewähren. Im übrigen wird Sozialhilfe aber nicht rückwirkend gewährt, sondern nur zur Behebung einer gegenwärtigen konkreten Notlage. Die Übernahme von Schulden ist daher grundsätzlich keine Aufgabe der Sozialhilfe; Ausnahme: Tatbestände des § 15a, im Einzelfall auch der §§ 6, 27 Abs. 2, §§ 30 und 72 BSHG. Hat der Hilfebedürftige nach dem Zeitpunkt des § 5 BSHG im Wege der Selbsthilfe (auch durch Hilfe Dritter) den Bedarf vor der Entscheidung des Sozialhilfeträgers gedeckt, so bleibt nach der Rechtsprechung des BVerwG dies nur dann unberücksichtigt, wenn es dem Hilfebedürftigen nicht zuzumuten war, diese Entscheidung abzuwarten; ein säumiges Verhalten des Sozialhilfeträgers allein reicht also nicht aus. Wurde in einem »Eilfall« von einem Dritten (z. B. Krankenhausträger) Hilfe gewährt, also der Bedarf bereits gedeckt, so sind diesem – hier aber nur auf Antrag – allerdings die Aufwendungen im gebotenen Umfang zu erstatten (§ 121 BSHG).

2. Stirbt der Hilfebedürftige, bevor der Sozialhilfeträger eine Entscheidung über die Leistung von Sozialhilfe getroffen hat, dann stellt sich die Frage der Anwendung des § 56 SGB I über die »Sonderrechtsnachfolge«. Nach der Rechtsprechung des BVerwG unterliegen Sozialhilfeansprüche, die nicht vor dem Tode des Hilfesuchenden vom Sozialhilfeträger anerkannt oder gerichtlich festgestellt wurden, nicht dieser Rechtsnachfolge und können auch nicht nach § 58 SGB I vererbt werden. Etwas anders gilt nur, wenn ein Drittbezug (z. B. bei den Beiträgen für eine angemessene Alterssicherung der Pflegeperson nach § 69b BSHG) oder eine mit höherrangigen Grundsätzen, insbesondere Treu und Glauben, unvereinbare Anspruchsvereitelung vorliegt. Diese nicht befriedigende Rechtslage hat der Gesetzgeber durch Einfügung eines Abs. 2 bei § 28 BSHG ab 1. 8. 1996 für Hilfen in Einrichtungen und für das → Pflegegeld nach § 69a BSHG dahingehend geändert, daß der Anspruch nach dem Tode des Berechtigten demjenigen zusteht, der die Hilfe erbracht oder die Pflege geleistet hat.

Lit. Gottschick u.a.: BSHG (Komm.); Mergler u.a.: BSHG (Komm.); Schellhorn u.a.: BSHG.(Komm.); Schulte, B. u.a.: Sozialhilfe (Einführung). *Helmut Zeitler*

Einspruch → Rechtsbehelf

Einstandsgemeinschaft → Bedarfsgemeinschaft

Einstellung Im Gegensatz zum allgemeinpsychologischen Begriff der E., der eine kurzzeitige spezifische Reaktionsbereitschaft meint, zielt der sozialpsychologische E.begriff auf eine zeitlich relativ stabile Haltung einem sozialen Objekt gegenüber. Mit »sozialen Objekten« sind z. B. Einzelpersonen, soziale Gruppen, Institutionen und soziale Ideen und Ideologien gemeint. Die Haltung (oder → »Attitüde«) kann in drei Komponenten zerlegt werden: 1. in eine kognitive, 2. eine affektive und 3. eine Handlungstendenz. Die kognitive Komponente umfaßt die Bereitschaft zu einer bestimmten → Wahrnehmung und Bewertung des sozialen Objekts. Sie äußert sich in bestimmten (meist stereotypen) Feststellungen und Meinungen (z. B.: »Mitglieder der Gruppe X sind musikalisch, faul, etc.«). Diese sind Ausdruck einer E., wenn sie mit einer deutlichen affektiven Komponente (»mag ich« bzw. »lehne ich ab«, »sympathisch« bzw. »unsympathisch«) verknüpft sind. Meinung ist dann nicht länger nur → Hypothese, sondern Überzeugung, die nur schwer korrigierbar ist. Üblicherweise ist mit der kognitiven und affektiven E.komponente eine bestimmte Handlungstendenz, d. h. die Bereitschaft, entsprechend (für oder gegen die E.objekt) zu handeln, verbunden. Ob es zur Umsetzung in eine Handlung kommt, hängt nicht nur von der Stärke der E., sondern auch von zahlreichen anderen Faktoren (soziale Beziehung, Machtverhältnisse, Konformitätsdruck, etc.) ab. Zwischen den drei genannten Komponenten besteht bei stabilen E. eine hohe Konsistenz. Eine bedeutsame Inkonsistenz (Widersprüche zwischen kognitiver, affektiver und Handlungskomponente) kann zur E.veränderung führen (vgl. Dissonanztheorie von Festinger, 1977). → Vorurteile sind negative E. Ist die eigene Person das E.objekt, so spricht man von Selbstkonzepten. *Lit.* Faßbender: Einstellungstheorien; Mummendey: Einstellungen.

Klaudius Siegfried

Einstweilige Anordnung Vorläufige Entscheidung des Gerichts während eines Rechtsstreits. E. A. sind in verschiedenen Verfahrensgesetzen vorgesehen und können unterschiedlichen Zwecken dienen. Aus dem Bereich des → Zivilprozesses sind vor allem zu nennen: E. A. in Unterhaltssachen (§ 127a ZPO), in Ehesachen (§§ 620–620g ZPO) und anderen Familiensachen (§ 621f ZPO) sowie in Kindschaftssachen (§§ 641d–g ZPO). In diesen Fällen sollen e. A. eine vorläufige Regelung der rechtlichen Beziehungen der Parteien während des Prozesses, rasche Hilfe für die Betroffenen

und vorläufige Streitschlichtung sicherstellen. In anderen Fällen sollen e. A. verhindern, daß → gerichtliche Entscheidungen vor ihrer → Rechtskraft vollstreckt werden und dadurch endgültige (möglicherweise rechtswidrige) Zustände herbeigeführt werden (z. B. §§ 572, 707, 719, 732 Abs. 2, 766 Abs. 1 ZPO, § 307 Abs. 2 StPO).
Im Verfahren der → Freiwilligen Gerichtsbarkeit sind e. A. zur Bestellung eines vorläufigen Betreuers (→ Betreuung), Entlassung eines Betreuers, Anordnung eines vorläufigen Einwilligungsvorbehaltes (§ 69f FGG) und zur vorläufigen Unterbringung (§ 70 h FGG; → Unterbringungsgesetze) möglich.
Im → Verwaltungsprozeß ist die e. A. ein Instrument des vorläufigen → Rechtsschutzes und entspricht der → einstweiligen Verfügung (§ 123 VwGO). In einem abgekürzten Verfahren, das als selbständiges Verfahren neben das Hauptsacheverfahren tritt und für das die Vorschriften der ZPO über die einstweilige Verfügung im wesentlichen entsprechend gelten, können die → Verwaltungsgerichte auf Antrag ggf. auch schon vor Erhebung der → Verpflichtungs- oder Feststellungsklage die Aufrechterhaltung eines bestehenden Zustandes anordnen oder einen vorläufigen Zustand regeln. Die e. A. darf grundsätzlich eine endgültige Entscheidung nicht vorwegnehmen; soweit allerdings zur Gewährung eines effektiven Rechtsschutzes notwendig (weil die sonst zu erwartenden Nachteile für den Antragsteller unzumutbar wären), sind Ausnahmen denkbar, z. B. bei → Anträgen auf Sozialhilfeleistungen.
Hans-Ulrich Weth

Einstweilige Verfügung dient im → Zivilprozeß der beschleunigten, aber nur vorläufigen Regelung und Sicherung von → Rechtsansprüchen und -verhältnissen (§§ 935 ff. ZPO; entsprechendes gilt für das Arbeitsgerichtsverfahren (§§ 62, 85 ArbGG). Die e. V. stellt neben der → Klage eine besondere Form des → Rechtsschutzes dar. In dringenden Fällen kann ein Bürger, der die Verwirklichung seiner zivilrechtlichen Ansprüche durch eine drohende Veränderung des bestehenden Zustandes gefährdet sieht, mit einer e. V., ohne das Ergebnis eines häufig langwierigen Zivilprozesses abzuwarten, eine vorläufige Entscheidung des für die Hauptsache zuständigen Gerichts erreichen. Die e. V. kann sich auf die Sicherung eines Individualanspruchs (z. B. Herausgabe einer Sache, Unterlassung; Zahlung von Geld nur ausnahmsweise bei Gefährdung des notwendigen Lebensunterhalts) oder die Regelung eines einstweiligen Zustandes zur Sicherung des Rechtsfriedens (z. B. bei Mietstreitigkeiten) richten. Der Antragsteller hat die Voraussetzungen einer e. V. glaubhaft zu machen, i. d. R. durch Vorlage von eidesstattlichen Versicherungen. Den Inhalt der e. V. bestimmt das Gericht im Rahmen des Antrags nach freiem → Ermessen, jedoch dürfen die angeordneten Maßnahmen grundsätzlich nicht schon zu einer endgültigen Regelung des streitigen Rechtsverhältnisses führen. Durch e. V. können gem. § 1615o BGB einem nichtehelichen Kind für die ersten drei Lebensmonate Unterhaltszahlungen seines (vermuteten) Vaters zugesprochen werden. Wo im Zivilprozeß → einstweilige Anordnungen vorgesehen sind, ist eine e. V. nicht zulässig; ebenso grundsätzlich nicht zur Räumung von Wohnraum (→ Räumungsklage).
Hans-Ulrich Weth

Einwilligung ist die vorab erteilte, formfreie (vgl. § 182 Abs. 2 BGB) Zustimmung zu einem Rechtsgeschäft (z. B. → Vertrag), das ein anderer vornehmen will (§ 183 BGB). Vielfach wird der Begriff → Genehmigung, der i. e. S. die nachträgliche Zustimmung meint, wie z. B. in § 1643 BGB, anstelle des Begriffes E. verwandt. Wie die Genehmigung ist auch die E. eine einseitige, empfangsbedürftige Willenserklärung, für die eine schlüssige Bekundung des maßgeblichen Willens ausreicht. Seine ausdrückliche Erklärung ist nicht erforderlich. Die E. ist Wirksamkeitsvoraussetzung für das Hauptgeschäft, auf das sie sich bezieht; funktional ist sie damit Hilfsgeschäft. Auf die E. sind die allgemeinen Vorschriften über Willenserklärungen – → Auslegung, Zugang, Willensmängel – unmittelbar anwendbar. Wie die Vollmacht ist die E. frei widerruflich (vgl. § 183 BGB). Für Minderjährige (→ Minderjährigkeit) handeln die Eltern (§§ 1626, 1629 BGB). Im → Familienrecht wichtig: E. in die Ehelicherklärung (§ 1726 BGB mit den Ersetzungsmöglichkeiten nach § 1727 BGB) und in die Adoption (§ 1746 BGB mit der Ersetzung nach § 1748 BGB; dazu Finger: Ersetzung; → Annahme als Kind).
Im Deliktsrecht (→ Unerlaubte Handlungen) und im → Strafrecht beseitigt die E. die → Rechtswidrigkeit eines Verhaltens, wenn der Einwilligende freiwillig handelt und über das angegriffene Rechtsgut disponieren kann. Bei Minderjährigen kommt es dabei – im Unterschied zum rechtsgeschäftlichen Bereich – auf deren tatsächliche Einsichtsfähigkeit an. Beim ärztlichen Heileingriff deckt die E. den späteren Eingriff nur, wenn der Arzt über die drohende Gefahr ausreichend aufgeklärt hat. Die E. darf nicht gegen ein gesetzliches Verbot (z. B. § 216 StGB, Tötung auf Verlangen) oder gegen § 138 BGB verstoßen.
Die → Sterilisation ist dagegen – nach dem Inkrafttreten des BtG ist das klargestellt – bei Einwilligung des betroffenen Mannes oder der betroffenen Frau zulässig, ohne daß weitere Voraussetzungen vorliegen müssen. Bei Einwilligungsunfähigkeit entscheidet dagegen der Betreuer, der eigens für diesen Wirkungskreis eingesetzt sein

Einzel(fall)hilfe

muß (§ 1897 S. 3 BGB, vgl. im übrigen § 1900 Abs. 2 BGB). Stets ist zusätzlich die Genehmigung des Vormundschaftsgerichts erforderlich (§ 1905 Abs. 2 BGB), wobei dem Betreuten ein besonderer Verfahrenspfleger bestellt werden muß (§ 67 Abs. 1 FGG). Zudem ist vor der Bestellung des Betreuers ein Sachverständigengutachten einzuholen, dessen Inhalt § 68b S. 1–4 FGG beschreibt. Sachlich müssen sich sämtliche Maßnahmen vor den engen Anforderungen aus § 1905 BGB rechtfertigen (dazu und zu früheren Entwürfen Finger: Einwilligung). Schließlich spielt die E. auch im → Sozialrecht eine erhebliche Rolle. Für die freiwillige Versicherung nach § 2 → Sozialgesetzbuch – Viertes Buch – (SGB IV) bedürfen Minderjährige oder sonst beschränkt Geschäftsfähige (→ Geschäftsfähigkeit) der E. ihres → gesetzlichen Vertreters. Nach § 100 SGB X bestehen ärztliche Auskunftspflichten, soweit bestimmte datenschutzrechtliche Voraussetzungen gegeben sind, wie z.B. bei E. des Betroffenen, vgl. auch die allgemeine Formulierung in § 67 SGB X für die Offenbarung personenbezogener Daten (→ Sozialgeheimnis) oder von Betriebs- und Geschäftsgeheimnissen. Betroffen ist dabei die Person, um deren Daten es geht; nach § 36 SGB I können Minderjährige rechtswirksam ihre E. erklären, wenn sie das 15. Lebensjahr vollendet haben und ihre Erklärung im Zusammenhang steht mit einem Antrag auf Sozialleistung oder mit deren Verfolgung. Die E. nach SGB bedarf (in Anlehnung an § 3 BDSG) der schriftlichen Form, soweit nicht wegen der besonderen Umstände eine andere Form angemessen ist (§ 67 SGB X). Anderes gilt bei der → Schweigepflicht. Wird die E. zusammen mit anderen Erklärungen schriftlich erteilt, ist der Betroffene hierauf schriftlich besonders hinzuweisen (§ 67 SGB X).

Die Einwilligung des betroffenen Datenträgers ist nur dann nicht notwendig, wenn bereits eine gesetzliche Offenbarungsbefugnis besteht, sonst gibt es die Informationssperre aus § 35 Abs. 1 SGB I. Dabei dürfen die Erklärungen nicht pauschal, sondern nur für jeden Einzelfall gesondert eingeholt werden. Grundsätzlich sind sie schriftlich zu erteilen (§ 67 S. 2 SGB X). Zudem muß der Einwilligende wissen, welche personenbezogenen Daten von ihm überhaupt weitergegeben werden sollen. Schließlich empfiehlt es sich, die Einwilligung schriftlich einzuholen, damit keine Streitigkeiten entstehen und genügend Bedenkzeit bleibt. Selbst das Gericht, das Sozialdaten zulässig eingeholt hat, ist nach § 78 SGB X verpflichtet, diese Daten nur zweckentsprechend zu verwenden und im übrigen das Sozialgeheimnis zu wahren. Die sonst geltenden Prozeßmaximen (Parteiöffentlichkeit und Öffentlichkeit des Verfahrens, Medienöffentlichkeit und Urteilsdokumentation) sind folglich entsprechend umzuformen; zu weiteren Einzelheiten die Sammlung Sozialdatenschutz, herausgegeben vom Dt. Verein als Band 24 der Arbeitshilfen, S. 136ff.

Maßgeblich und wichtig ist danach für den Datenschutzbereich (→ Datenschutz): Die E. muß vorher erklärt werden, sie kann sich nur auf den jeweiligen Einzelfall beziehen, muß im wirklichen Sinne nach freier Entscheidung erfolgen und kann jederzeit frei widerrufen werden, so allerdings auch schon § 183 BGB.

Lit. Burdenski u.a.: SGB (Komm.); Finger, P.: Einwilligung; Finger: Ersetzung; Frommann u.a.: Sozialdatenschutz; Krause, P. u.a.: SGB IV (Komm.); Maydell u.a.: SGB X (Komm.). *Peter Finger*

Einzel(fall)hilfe Soziale E., orientiert an Casework, ist ein sog. klassisches Konzept von → Methoden der Sozialarbeit. M. Richmond (Social Diagnosis, 1917) und A. Salomon (Soziale Diagnose, 1926) erarbeiteten erste wissenschaftliche Begründungen für die E. Ihre Konzepte gingen von einem frühen ganzheitlichen Verständnis für die Beziehung des → Klienten zu → Familie und Umwelt aus.

Danach prägte die → Psychoanalyse die E. In Deutschland brach die theoretische Arbeit (S. Wronsky und A. Kronfeld für die Sozialtherapie; M. Baum und H. Scherpner für die → Familienfürsorge) mit der NS-Zeit ab. Nach 1945 fand ein lebhafter Methodentransfer aus den USA statt. In der → Aus-, → Fort- und → Weiterbildung erkannte man in Deutschland die Chance der → Professionalisierung durch die Methoden der Sozialarbeit.

Die Ich-Psychologie bildete das Konstrukt für die E.: Stärkung des Ich als Hilfe zur Anpassung und die Arbeit im Hier und Jetzt. Übertragungsphänomene (→ Übertragung) wurden erkannt, aber nicht aktiv bearbeitet. Der Hilfeprozeß wurde in drei Phasen eingeteilt: Fallaufnahme (oder → Anamnese, Initialphase), psychosoziale → Diagnose und Behandlung. Die helfende Beziehung zwischen Klient und Sozialarbeiter bildete die tragende Säule. Wissen, methodisches Können und professionelle Haltung waren Standards einer Feld- und Fachkompetenz, die besonders über Lehrfälle zu einer → Kasuistik sozialer Arbeit führen sollte.

Gerade diese Bemühungen gerieten Ende der 60er und Anfang der 70er Jahre in die sozialwissenschaftliche Kritik. Sie richtete sich gegen die → Individualisierung von gesellschaftlich verursachten Problemlagen, gegen die Verknüpfung von Methode und Ziel und gegen das eklektizistische Verarbeiten von sozialwissenschaftlichen Theorien. Mehrdimensionale Problemdefinitionen, die infrastrukturelle Gegebenheiten im Gemeinwesen, ökonomische Lebensumstände, Grenzen und Möglichkeiten der Institution,

des Sozialarbeiters und des Klienten einbeziehen, wurden vermißt.
Therapeutische Schulen fanden über Zusatzausbildungen Eingang in die Praxis der E. Erst die zunehmende Spezialisierung der → Sozialen Dienste rief neue eigenständige Überlegungen hervor, z. B. über → Case Management. Eine Neuorientierung erfolgte auch vom Konzept »family casework«, unterstützt durch die → Familientherapie und den → systemischen Ansatz. In Verbindung mit integrativen Arbeitsansätzen wie z. B. der → Familienberatung, der sozialpädagogischen Familienhilfe (→ Familienhilfe, sozialpädagogische) und der → Sozialtherapie findet sich die Arbeit mit einzelnen wieder.
Lit. Burnham: Systemische Familienberatung; Hege: Dialog; Kähler, H. D.: Erstgespräche; Neuffer: Helfen; Perlman: Einzelhilfe; Roberts u. a.: Einzelhilfe.

Manfred Neuffer

Elberfelder System Ein durch die Elberfelder Armenordnung von 1852 eingeführtes System der Armenverwaltung nach den Grundsätzen der Dezentralisierung, der Individualisierung und der Ehrenamtlichkeit. Das E. S. war ein geglückter Versuch, die öffentliche Aufgabe der Armenpflege unter der Regie der Stadtverwaltung ausschließlich durch ehrenamtliche Hilfsorgane zu lösen - selbständige Entscheidungen über öffentliche Mittel eingeschlossen. Jeder auf Vorschlag der Kirchen von der Stadtverordnetenversammlung gewählte ehrenamtliche »Armenpfleger« war für die Armen seines »Quartiers« zuständig, höchstens für vier Familien. Er nahm Hilfeanträge der Bedürftigen an und prüfte ihre Verhältnisse, brachte den Hilfeantrag in die »Bezirksversammlung« ein, teilte dem Armen deren Beschluß mit und führte diesen aus. Bei regelmäßigen Kontrollbesuchen führte er »Abhörbögen« und nahm so Einfluß auf die Lebensführung der Armen. Im persönlichen Kontakt zum Hilfebedürftigen war der Pfleger selbständig; über jeden Unterstützungsantrag entschied er im »Armenbezirk«, der Versammlung von je 15 Armenpflegern unter dem Vorsitz eines Mitgliedes der Armenverwaltung gleichberechtigt mit.
Das E. S. fand viele Nachahmer, die es z. T. modifizierten. Nach und nach wurde die Entscheidungsbefugnis der Pflegerversammlung eingeschränkt, bis endlich im → »Straßburger System« das »Armenamt« mit hauptberuflichen Armenpflegern alle Entscheidungen fällte. Diese Entwicklung ist mit komplizierteren Rechtsverhältnissen, die die Sachkunde der Ehrenamtlichen überfordern, zu erklären. Das 50 Jahre jüngere »Straßburger System« hat denn auch das E. S. als Organisationsmodell städtischer Wohlfahrtspflege weitgehend abgelöst (→ Fürsorge/Geschichte der Fürsorge).

Inge Helfer

Elektroschock → Schocktherapien

Elementarbereich »Unter E. werden im folgenden alle Einrichtungen familienergänzender Bildung und Erziehung nach Vollendung des 3. Lebensjahres bis zum Beginn der Schule verstanden« (Bildungsgesamtplan, Bd. 1, S. 18). Damit wird der → Kindergarten als Bildungseinrichtung (→ Bildung/Bildungswesen) anerkannt; dennoch wird er nicht voll in das Bildungswesen integriert, sondern bleibt der → Jugendhilfe zugeordnet. Die gesetzliche Grundlage bildet das → Kinder- und Jugendhilfegesetz (KJHG – SGB VIII). Innerhalb der Altersgruppe der 3- bis 6jährigen (→ Elementarerziehung) nimmt die Gruppe der 5jährigen eine Sonderstellung ein, da sie sowohl Einrichtungen des E. (Kindergarten) als auch des → Primärbereichs (→ Eingangsstufe) besuchen können (→ Vorschulerziehung). Trotzdem ist eine Vorverlegung der → Schulpflicht auf das vollendete 5. Lebensjahr nicht vorgesehen, so daß die Angebote des E. freiwillig bleiben.
Der Kindergarten hat im Verlauf seiner Geschichte stets um seine Anerkennung als Bildungseinrichtung gekämpft, jedoch galt er lange als eine sozialfürsorgerische Einrichtung, bis durch die Neudefinition des Begabungsbegriffs Anfang der 60er Jahre (s. Roth) ein Umdenken erfolgte (→ Frühkindliche Erziehung). Seither wird die Notwendigkeit familienergänzender Bildung und → Erziehung durch die Institutionen des E. allgemein anerkannt. Aufgrund dieser neuen Bewertung des Kindergartens erfolgte in den 70er Jahren eine Erhöhung des Angebots an Plätzen. 1970 standen für je 1 000 Kinder zwischen 3 und 6 Jahren nur 384 Plätze zur Verfügung. Bis 1981 stieg die Anzahl der Kindergartenplätze auf 793 für je 1 000 Kinder. Bis 1990 sank sie geringfügig auf 790 Plätze für je 1 000 Kinder.
Lit. Bund-Länder-Kommission für Bildungsplanung: Bildungsgesamtplan; Grossmann, W.: KinderGarten; Hacker, H.: Kindergarten; Müller, C. W.: Soziale Arbeit; Roth, H.: Begabung; Zimmer, J.: Erziehungswissenschaft.

Wilma Aden-Grossmann

Elementarerziehung Der Begriff der E. wird in der Fachliteratur nicht einheitlich verwendet. So gebraucht ihn Höltershinken in einem umfassenden, am Lebensalter des Kindes (→ Kindesalter) orientierten Sinn und meint damit die gesamte → Erziehung von der Geburt bis zum Schuleintritt (→ Frühkindliche Erziehung). Meist jedoch wird er i. e. S. verwendet und bezieht sich auf die Erziehung der 3- bis 6-jährigen im → Elementarbereich.
Im Mittelpunkt der gegenwärtigen Diskussion steht die Frage nach den Inhalten sowie der didaktischen Vermittlung im Elemen-

tarbereich. Das Spiel- und Beschäftigungsangebot des → Kindergartens hat sich vor allem aus der Pädagogik Fröbels und Montessoris (→ Montessoripädagogik) entwickelt. Insbes. die Fröbelsche Kindergartenpädagogik, die im deutschen Kindergarten wesentlichen Einfluß hatte, wurde seit Anfang der 60er Jahre zunehmend kritisiert. Die dieser Pädagogik innewohnende Vorstellung, daß die Entwicklung des Kindes durch biologisch gesteuerte Reifeschritte (Reifetheorie) bestimmt sei, wurde abgelöst durch die Erkenntnis, daß die geistige und seelische Entwicklung der Kinder ein Lernprozeß ist, der durch pädagogische Angebote und die soziale Umwelt des Kindes gefördert werden kann. Eine Konsequenz war die daraus folgende → Curriculum-Entwicklung. Hier lassen sich in grober Vereinfachung drei Ansätze feststellen:
a) der funktionsorientierte Ansatz, der das Ziel verfolgt, einzelne Bereiche kindlicher Fähigkeiten, wie z. B. die Sprachfähigkeit (→ Sprachentwicklung) oder die → Wahrnehmung zu trainieren (Lückert, Correll, Schüttler-Jamikulla),
b) der disziplinorientierte Ansatz, der sich an dem schulischen Fächerkanon orientiert und durch frühes Lesenlernen und Frühmathematik das Kind auf das schulische Lernen vorbereiten will (→ Vorschulerziehung),
c) der → Situationsansatz, in dessen Mittelpunkt das → soziale Lernen steht, da hier von der Annahme ausgegangen wird, daß die Lernfähigkeit insgesamt durch die emotionalen und → sozialen Kompetenzen entscheidend beeinflußt wird. Zentrale Lebenssituationen des Kindes wurden zum Ausgangspunkt des Lernens ausgewählt. Es wurden didaktische Einheiten konzipiert und erprobt, durch die Möglichkeiten der Verarbeitung angeboten werden.
Die Ansätze a) und b) waren nur für die Eingangsstufen und Vorschulklassen bedeutsam, wohingegen der Situationsansatz in die Praxis vieler Kindergärten Eingang fand.
Lit. Engelhardt u. a.: Handbuch; Erning u. a.: Geschichte; Grossmann: KinderGarten; Grossmann: Pädagogik.

Wilma Aden-Grossmann

Elterliche Sorge Umfassender Begriff für die gesetzlichen Rechte und Pflichten von Eltern gegenüber ihren minderjährigen Kindern. Sie ist untergliedert in → Personensorge und → Vermögenssorge (§ 1626 Abs. 1 → Bürgerliches Gesetzbuch [BGB]), die auch die rechtliche Vertretung mitumfassen (§ 1629 BGB). Die e. S. steht verheirateten Eltern kraft Gesetzes gemeinsam zu; sie haben sie in eigener Verantwortung und in gegenseitigem Einvernehmen zum Wohl des Kindes (→ Kindeswohl) auszuüben, ggf. Einigung untereinander anzustreben (§ 1627 BGB). Gelingt dies in einer wichtigen Angelegenheit nicht, kann ein Elternteil beim → Vormundschaftsgericht eine »Kompetenzentscheidung« beantragen, d. h., er begehrt allein die Entscheidungsbefugnis in der strittigen Angelegenheit (§ 1628 – selten praktiziert). In der e. S. sind Rechte und Pflichten untrennbar miteinander verbunden. Oberste Maxime für ihre Ausübung ist das Wohl des Kindes; im übrigen bleibt den Eltern weitgehend überlassen, wie sie die e. S. ausüben, und das ist von anderen Erziehungsträgern zu respektieren (Art. 6 Abs. 2 → Grundgesetz [GG]; § 9 → Kinder- und Jugendhilfegesetz [KJHG]; s. a. → Elternrecht). Allerdings verpflichtet die Leitnorm in § 1626 Abs. 2 BGB die Eltern, die wachsenden Fähigkeiten und Bedürfnisse ihres Kindes zu selbständigem, verantwortungsbewußtem Handeln zu berücksichtigen und mit ihm, seinem Entwicklungsstand entsprechend, Fragen der e. S. zu besprechen, damit es bis zu seiner Volljährigkeit zu Selbständigkeit und Eigenverantwortlichkeit befähigt wird. In der Rechtslehre wurde die These vom »zurückweichenden Elternrecht« bzw. dessen Funktionswandel mit zunehmendem Alter des Kindes vertreten (J. Gernhuber – vgl. auch → Altersstufen im Recht). Eltern können ihre Rechte weder veräußern noch abtreten (Art. 6 Abs. 2; Art. 1 Abs. 2 GG), wohl aber Dritte an der Ausübung beteiligen oder sie mit ihr betrauen, ohne selbst ihre Rechtsstellung einzubüßen. (Vgl. → Personensorge.) Rechtsübertragungen auf Veranlassung der Eltern läßt das BGB nur durch Gerichtsbeschluß in wenigen Fällen zu (§§ 1630 Abs. 3, 1685/1690 und bei → Annahme als Kind). Rechtsbeschränkungen neben solchen kraft Gesetzes (bei Heirat Minderjähriger; § 1633; bei Ruhen der e. S. gemäß § 1673 BGB) sind im Einzelfall nur auf Grund von speziellen Eingriffsnormen durch Gerichtsbeschluß möglich und dürfen nicht weiter gehen, als es dem Schutzzweck entspricht (vgl. §§ 1666/1666a BGB). Rechtsverluste bei einem Elternteil führen zur Alleinausübung durch den anderen (§§ 1678, 1680, 1681 BGB), oder es bedarf einer → Vormundschaft bzw. Pflegschaft für das Kind (§§ 1773 und 1909 BGB).
Bei den die e. S. betreffenden Gerichtsentscheidungen ergeben sich oft Probleme bei Auslegung der zahlreichen → unbestimmten Rechtsbegriffe. Unterschiedliche Wertmaßstäbe bei der Beurteilung von Fakten und bei der Gewichtung staatlicher Schutzfunktionen gegenüber dem Kind im Verhältnis zum elterlichen Grundrecht kennzeichnen die Rechtsprechung, aber auch die gutachtlichen Stellungnahmen der Jugendämter dazu.
Bei Ehescheidung der Eltern regelt das → Familiengericht (FamG) die e. S. nach geltendem Recht in jedem Fall (§ 1671 BGB), von einem gemeinsamen Elternvorschlag soll das FamG aber nur abweichen, wenn

das »Wohl des Kindes« es erfordert. In § 1671 BGB werden nur die Bindungen des Kindes beispielhaft genannt (zu wesentlichen Kriterien bei Auslegung des generellen Regelungsmaßstabs »Wohl des Kindes« s. a. Kindeswohl). Nach § 50b FGG (s. → Freiwillige Gerichtsbarkeit) wird ein Kind von einem Gericht persönlich angehört, wenn über die Personen- oder Vermögenssorge entschieden werden soll und wenn die Neigungen, Bindungen oder der Wille des Kindes von Bedeutung sind oder das Gericht sich einen unmittelbaren Eindruck von dem Kind verschaffen sollte. Das gilt für alle Verfahren, hat aber im Zusammenhang mit Regelungen der e. S. bei Scheidung der Elternehe besondere Bedeutung gewonnen. Das FamG hat auch das → Jugendamt (JA) anzuhören (§ 49a FGG und § 50 KJHG – SGB VIII → Familiengerichtshilfe [FamGH]). Das JA soll bei Trennung und Scheidung den Eltern auch Beratung und Unterstützung bei Entwicklung eines einvernehmlichen Vorschlags zur Regelung der e. S. und bei Wahrnehmung ihrer Elternverantwortng anbieten (§ 17 KJHG – SGB VIII). Ganz überwiegend wird die e.S. bei Scheidung noch einem Elternteil allein zugesprochen, so wie § 1671 Abs. 4 BGB es ursprünglich zwingend vorsah, während der andere nur das → Umgangsrecht als Restbestand der Personensorge behält.
Das BVerfG hat aber in seiner Entscheidung vom 3. 11. 1982 (FamRZ 1982, 1179 ff.) diese Vorschrift für verfassungswidrig erklärt und damit ermöglicht, daß geschiedene Eltern auch weiterhin die e. S. gemeinsam ausüben können, wenn sie dies einvernehmlich vorschlagen und das Fortbestehen einer gemeinsamen elterlichen Verantwortung im Interesse des Kindes liegt. Eine z. Zt. geplante Reform des Kindschaftsrechts (RegEntw. vom 24. 7. 1995) sieht wesentliche Änderungen für die e. S. bei Scheidung der Elternehe vor: Sie soll grundsätzlich ohne Auswirkungen auf die gemeinsame e.S. bleiben, jedoch soll ein Elternteil beim FamG beantragen können, daß sie ihm allein übertragen wird. (Zu den Änderungen der e. S. für → nichteheliche Kinder s. dort.)
Lit. Arntzen: Elterliche Sorge; Gernhuber: Familienrecht; Jopt: Im Namen des Kindes; Maccoby u. a.: Schwierigkeiten; Maltzahn: Sorgerechtsreform; Oelkers, H.: Rechtsprechung; Palandt: BGB (Komm.); Stein-Hilbers: Wem »gehört« das Kind?

Helga Danzig

Elternarbeit Die bildungspolitische Erkenntnis der 60er Jahre, daß eine isoliert von den Eltern verlaufende institutionelle Kindererziehung weniger erfolgreich ist, gab den Anstoß, die Einbeziehung der Eltern in die Kindertagesstättenarbeit (→ Kindertageseinrichtungen) mehr und mehr methodisch wie auch inhaltlich zu diskutieren. E. begreift die Zusammenarbeit von Eltern und Institutionen der Kleinkindererziehung (→ Elementarerziehung). Der Aspekt der Zusammenarbeit unterscheidet E. von → Elternbildung, d. h. es handelt sich nicht um einen einseitigen Informationsfluß, ausgehend vom → Erzieher hin zu den Eltern. E. ist vielmehr ein gemeinsamer Lernprozeß: Eltern und Erzieher diskutieren über Ziele und Methoden der Erziehung von Kindern und die dabei auftauchenden Probleme und Lösungsvorschläge. Eltern und Erzieher lernen, daß → Erziehung nicht etwas Statisches ist, sondern konkreten Veränderungen unterworfen ist, auf die aktiv Einfluß genommen werden kann; Eltern und Erzieher lernen, daß die Erfahrungen, die sie bei der Mitwirkung in einer Institution machen, übertragbar sind auf andere gesellschaftliche Institutionen.
Die Methoden der E. sind umfangreich. Sie reichen von Aufnahmegesprächen, Aufnahmetagen und Elternbriefen über Sprechstunden und Hausbesuche bis zu Elternabenden und Elternmitarbeit. Die Organisation der Kindertagesstätte, ihre Größe und ihr Einzugsbereich, die personelle Ausstattung sowie die Ausbildung der Erzieher lassen eine optimale Umsetzung der Methoden von E. derzeit nicht zu. So kommt es, daß im Kindergarten eher eine allgemeine Elternbildung vor allem an Elternabenden stattfindet und weniger eine konkrete Auseinandersetzung der Erzieher und Eltern mit ihren alltäglichen Bedingungen und pädagogischen Situationen. Die wenig befriedigenden Erfahrungen, die Eltern und Erzieher mit Elternabenden machen, werden auf die anderen methodischen Vorschläge weitgehend ungeprüft übertragen, so daß sie sich nur selten positiv auswirken; eine Folge davon ist, daß E. immer mehr in den Hintergrund tritt. Die Einbeziehung der Eltern in die institutionalisierte Kindererziehung, wie sie in der Bildungspolitik gefordert wird, steckt noch in den Anfängen.
Lit. Hoffmann, M.: Zusammenleben; Schmitt-Wenkebach, B.: Kindergarten

Barbara Schmitt-Wenkebach

Elternbeirat Ein Ergebnis der Diskussion um den bildungspolitischen Stellenwert der Tageseinrichtungen für Kinder (→ Kindertageseinrichtungen) ist die Kindergartengesetzgebung in den einzelnen Bundesländern. Die vorhandenen Gesetze gehen von der bildungspolitisch anerkannten Notwendigkeit aus, Eltern eine Mitsprache in den institutionalisierten Erziehungsbereichen ihrer Kinder einzuräumen. Das zentrale Gremium nach den Kindergartengesetzen und -richtlinien für die Zusammenarbeit zwischen Eltern und der jeweiligen Erziehungsinstitution ist der E., Kindergartenbeirat, Kindergartenrat, Elternversammlung, Elternausschuß, Vorschulausschuß, Kindertagesstättenrat. Die Zusammensetzung der Beiräte ist in den Ländern unterschiedlich. I.d.R. wird er aus der Mitte der → Erziehungsberechtigten für ein Jahr gewählt. Weiterhin gehören den Beiräten ein Vertreter des Kindergartenpersonals und des Trägers an. Die Beiräte tagen meist öffentlich. Die Aufgaben, die den Beiräten zugestanden werden, sind in ihren pädagogischen Auswirkungen sehr unterschiedlich zu gewichten. Die allgemeine Aufgabe besteht darin, die Erziehungsarbeit zu unterstützen, den Kontakt zum Elternhaus herzustellen, z. B. indem der Beirat Anregungen und Vorschläge der Eltern entgegennimmt und sie dem Träger oder der Leitung vorträgt. Bei wenigen Entscheidungen können Beiräte voll mitbestimmen, z. B. bei den Öffnungszeiten des Kindergartens oder der Planung und Gestaltung regelmäßiger Bildungsveranstaltungen. Eine generelle Mitbestimmungsfunktion ist nicht vorgesehen. Im KJHG (SGB VIII) ist den Elternbeiräten keine formelle Funktion zuerkannt worden (etwa im → Jugendhilfeausschuß). Bei der Betrachtung der Möglichkeiten, die dem E. zur Verfügung stehen, reduziert sich sein Zweck eher auf eine Absichtserklärung ohne Verbindlichkeit. Ein Ort der → Elternarbeit sind die Beiräte im allgemeinen nicht. *Barbara Schmitt-Wenkebach*

Elternbildung Der Stellenwert der E. hat durch das → Kinder- und Jugendhilfegesetz (KJHG – SGB VIII) eine Veränderung in Richtung des Begriffs → Familienbildung erfahren.
Es besteht weitgehend Einigkeit darüber, daß wichtige Gründe für die Anstrengungen in diesem Bereich in der historischen Entwicklung der Sozialisationsinstanz → Familie, der Interaktionseinheit Familie und dem Kommunikationssystem Familie liegen. Dennoch ergeben sich hieraus je nach pädagogischer, weltanschaulicher oder politischer Orientierung bei der Festlegung der Grundrichtungen von E. ganz unterschiedliche Zielvorstellungen. Sie reichen von der Entwicklung und Förderung der familialen → Sozialisation im Hinblick auf das Kind bis hin zu Vorstellungen einer politischen → Sozialisation aller Familienmitglieder. Diese Spannung kommt auch in der begrifflichen Vielfalt zum Ausdruck, die von ehemals Mütterschulung über Elternschulung, Mütterbildung und E., Familienerziehung, Mütterarbeit, → Elternarbeit, Elternhilfe, Elternpädagogik, E. und Erziehungsbildung, Elternerziehung bis hin zur → Familienbildung und Familienarbeit reicht. Innerhalb dieser Komplexität des Aufgabengebietes werden drei große Bereiche unterschieden: E. im Rahmen der allgemeinen → Erwachsenenbildung, institutionelle E. und funktionale E.
E. als Erwachsenenbildung verweist auf methodische Möglichkeiten. Die institutionelle E. zeigt auf, daß zum Zweck der E. bestimmte Einrichtungen geschaffen wurden, die Mütterschulen und Familienbildungsstätten (→ Familienbildung). Die funktionale E., die direkt an gesellschaftliche Situationen der Eltern anknüpft, z. B. im Arbeitsverhalten, in der Freizeit, im → Kindergarten, ist in der letzten Zeit immer mehr in den Vordergrund gerückt. Mit der funktionalen E. sollen die Schwächen, die in der herkömmlichen, vor allem in der institutionalisierten E. liegen, überwunden werden. Schwächen, die vor allem von der Ausblendung der gesellschaftlichen Bezüge des elterlichen Erziehungsverhaltens herrühren, z. B. wenn die Erwachsenen immer nur einseitig in ihrer → Rolle als Eltern angesprochen werden, und Schwächen, die aus der Komplexität der Zielgruppe herrühren, z. B. wenn keine zielgruppenspezifische Ansprache möglich ist, was selbstverständlich Auswirkungen auf die Methoden hat. In der funktionalen E. kommt auch die neuere Entwicklungsrichtung des Arbeitsgebietes zum Ausdruck: Die Familie wird als Interaktionsfeld begriffen (→ Interaktion), das seinerseits aber auch wieder in gesellschaftliche Bezüge eingespannt ist. Durch die Einbeziehung gesellschaftlicher Determinanten erfolgt eine gesellschaftspolitische Orientierung und eine Ausweitung des Arbeitsfeldes zu einer der → Sozialarbeit strukturell verwandten Familienarbeit, der Familienbildung. Neben diesem Trend gibt es eine weitere Entwicklung, E. immer weniger von ehrenamtlichen Mitarbeitern und Laien (→ Ehrenamtliche/freiwillige Tätigkeit) durchzuführen, sondern der Ausweitung der Aufgabenstellung entsprechend, mehr pädagogisch voll ausgebildete Mitarbeiter einzusetzen, die wiederum den Trend der Verwissenschaftlichung unterstützen. Mit dieser neuen Zielbestimmung kommen auch veränderte Methoden und Vorgehensweisen zum Tragen. Das Kurssystem mit schulischen Unterrichtsmethoden ist stark zugunsten von Methoden der Erwachsenenbildung und Gruppenarbeit in den Hintergrund gerückt, gleichzeitig hat die Vielfalt der Methoden zugenommen; sie reicht von schriftlichem Material wie Elternbriefen bis hin zu gruppentherapeutischen Elterngesprächen (→ Gruppentherapie).
Lit. Claußen: Elternbildung; Schmitt-Wenkebach, B.: Elternbildung; Sprey: Elternbildung. *Barbara Schmitt-Wenkebach*

Elterninitiativen entstehen i.d.R. aufgrund von Unzufriedenheit mit einer sozialpädagogischen oder schulpädagogischen Institution oder wegen gänzlichen Fehlens einer pädagogischen Einrichtung. Am häufigsten sind E. im bildungs- und sozialpolitischen Bereich zu finden: Die wichtigsten Initiativen sind E. im Vorschulbereich, die sog. Kinderläden, → Eltern-Kind-Gruppen, Elterninitiativkindertagesstätten, daneben entstehen E. im Spielplatzbereich, Schulbe-

reich, für Frauenprobleme (§ 218 und → Frauenhäuser).
Entsprechend dem Anlaß ist der Ablauf dieser E. spontan und unterliegt keinen Gesetzmäßigkeiten. E. sind somit alle sehr unterschiedlich. Wegen ihrer relativen Unabhängigkeit gehen von ihnen häufig wichtige bildungspolitische Impulse aus. Eltern erkennen z. B. einen Mangel im vorschulischen institutionellen Bereich: Mütter, die in einem Wohnbereich bekommen keinen Platz im → Kindergarten für ihr Kind. Sie erfahren, daß es anderen Müttern ebenso ergeht und tun sich zusammen. Abhängig von dem Aktivitätsgrad und dem Kenntnisstand im sozialpädagogischen Bereich stellen Eltern Anträge an entsprechende Institutionen wie → Jugendämter oder Kirchengemeinden. Ist die Mangelsituation »behördlich anerkannt«, wie etwa das Fehlen von Plätzen in Kindertagesstätten (→ Kindertageseinrichtungen), so werden die Anträge von E. häufig positiv beschieden, und es werden entsprechende Gelder zur Verfügung gestellt. Eine E. zu unterstützen, ist für eine Kommune o. ä. – selbst bei einer regelmäßigen Zuwendung – billiger und weniger anspruchsvoll, da immer auf die Initiative zurückverwiesen werden kann.
Derzeit wird in einigen Bundesländern die Initiative und Bereitschaft der Eltern benutzt, um den Rechtsanspruch auf einen Kindergartenplatz zu erfüllen.
Viele methodische Erkenntnisse für den Bereich der → Elternarbeit im Kindergarten sind durch die Erfahrungen der Eltern-Kind-Gruppenarbeit gewonnen worden. Wesentlich schwerer mit der Durchsetzung und Anerkennung haben es die E., wenn sie Kritik an pädagogischen Einrichtungen üben und Vorschläge für eine Verbesserung machen. Gerade die E., die von alternativen Vorstellungen ausgehen, sind es aber, die neue Ideen und Überlegungen an die jeweiligen Institutionen herantragen und somit zu Bewegung und Veränderung beitragen. Die Flexibilität und größer Ungebundenheit von E. sind es aber auch, die zumindest 2 grundsätzliche Probleme aufwerfen: zum einen führen E. zu einer größeren Dezentralisierung oder auch Isolierung im Arbeitsfeld, zum anderen werden häufig bei Laien Professionalisierungsprozesse in Gang gesetzt, die tendenziell jedem die Fähigkeit eines → Erziehers oder → Sozialarbeiters vermitteln. *Barbara Schmitt-Wenkebach*

Eltern-Kind-Gruppe ist die häufigste Bezeichnung für eine Spielgruppe, die von Eltern selbst getragen wird (→ Elterninitiativen) oder in deren Arbeit die Eltern bewußt mit einbezogen sind. Im letzten Fall ist der Veranstalter meist eine Einrichtung der Familienbildung, der → Volkshochschule oder ein anderer Bildungsträger. Bei den i. d. R. einmal pro Woche angebotenen Treffen sollen sowohl Kindern Kontakte und Spielerfahrungen mit Gleichaltrigen ermöglicht werden als auch Eltern, besonders Müttern, der Austausch und Kontakt mit Erwachsenen in ähnlicher Lebenssituation (Familienbildungsaspekt). Manche Kindergärten bieten diese Form der Spielgruppen für solche Kinder an, die noch keinen Kindergartenplatz haben, u. a. weil sie und ihre Eltern dadurch den Kindergarten besser kennenlernen können. *Beate Irskens*

Elternrecht Natürliches, vorgegebenes (vorstaatliches), vom → Grundgesetz (GG) nach Art. 6 Abs. 2 GG (= § 1 Abs. 2 des → Kinder- und Jugendhilfegesetzes [KJHG – SGB VIII]) anerkanntes → Grundrecht, das zu den in Art. 19 Abs. 3 GG genannten Rechten gehört, die in ihrem Wesensgehalt nicht angetastet werden dürfen. Das E. als »treuhänderisches« und »verpflichtendes« Recht (»Elternverantwortung«) ist unverzichtbar und nur unter bestimmten Voraussetzungen in seiner Ausübung auf andere übertragbar. Zu seiner Rechtsnatur führt das → Bundesverfassungsgericht 1968 (BVerfGE 24, 119) aus: »Diese Pflichtbindung unterscheidet das Elternrecht von allen anderen Grundrechten. In Art. 6 Abs. 2 S. 1 GG sind Recht und Pflicht von vornherein unlösbar miteinander verbunden; die Pflicht ist nicht eine das Recht begrenzende Schranke, sondern ein wesensbestimmender Bestandteil dieses Elternrechts, das insoweit treffender als Elternverantwortung bezeichnet werden kann. ... Die Anerkennung der Elternverantwortung und der damit verbundenen Rechte findet (daher) ihre Rechtfertigung darin, daß das Kind des Schutzes und der Hilfe bedarf, um sich zu einer eigenverantwortlichen Persönlichkeit innerhalb der Sozialgemeinschaft zu entwickeln, wie es der → Menschenwürde des Grundgesetzes entspricht.« Nur unter den strengen Voraussetzungen des GG und auf seiner Grundlage erlassenen Gesetze ist ein Eingreifen des Staates in das E. durch ein Gericht zulässig.
I. S. des bürgerlichen → Familienrechts umfaßt das E. die Pflege als Sorge für das körperliche → Kindeswohl und die → Erziehung als Sorge für die geistige und seelische Entwicklung einschließlich der → Bildung und → Ausbildung des minderjährigen Kindes (→ Minderjährigkeit); hierin wird es auch von der staatlichen Schulaufsicht zwar beschränkt, aber nicht ausgeschlossen; hier ist ein schulbegleitendes E. anerkannt. Familienrechtliches Kernstück ist die → Personensorge, die zusammen mit der → Vermögenssorge die → elterliche Sorge (früherer Begriff: »elterliche Gewalt«) ausmacht und die gesetzliche Vertretung (→ Gesetzlicher Vertreter) einschließt (§§ 1626 bis 1698b des → Bürgerlichen Gesetzbuchs [BGB]). Soweit Elternverantwortung wahrgenommen wird, ist das E. im obigen Sinne umfassend.

Elternrente

Entsprechend der Überschrift der Eingangsvorschrift des § 1 KJHG – SGB VIII (»Recht auf Erziehung, Elternverantwortung, Jugendhilfe«) steht das E. nach § 1 Abs. 2 KJHG – SGB VIII im Zusammenhang mit dem Recht des jungen Menschen »auf Förderung seiner Entwicklung und auf Erziehung zu einer eigenverantwortlichen und gemeinschaftsfähigen Persönlichkeit« nach § 1 Abs. 1 KJHG – SGB VIII sowie mit den Grundverpflichtungen der öffentlichen → Jugendhilfe nach § 1 Abs. 3 KJHG – SGB VIII, wobei die Elternverantwortung den Ansatz- und Ausgangspunkt der gesetzlichen Angebote und Hilfen darstellt. Der bisherige → »Erziehungsanspruch« des Kindes i. S. des Rechts auf öffentliche Jugendhilfe nach § 1 Abs. 3 des → Jugendwohlfahrtsgesetzes (JWG) ist in das neue Gesetz nicht wieder aufgenommen worden. Die Grenzen des E. und im Zusammenhang damit der Schutz für das Kind und den Jugendlichen (→ Altersstufen im Recht) gegen unzulängliche Wahrnehmung von Elternverantwortung ergeben sich aus Art. 6 Abs. 2 S. 2 GG (= § 1 Abs. 2 S. 2 KJHG – SGB VIII) und Abs. 3 GG sowie zusätzlichen Gesetzen; sie sind bei Gefährdung des Kindeswohls überschritten. Das »Wachen« der staatlichen Gemeinschaft über die Betätigung der Elternverantwortung (»staatliches Wächteramt«) nach Art. 6 Abs. 2 GG und die Entscheidung über die Trennung von Eltern und Kind nach Art. 6 Abs. 3 GG i. V. m. § 1666 BGB, der Entzug der Personensorge sowie die Verbleibensanordnung bei Pflegepersonen entgegen unzeitigem Rückgabebegehren der Personensorgeberechtigten nach § 1632 Abs. 4 BGB obliegen mit ihren Eingriffsinhalten dem → Vormundschaftsgericht (im Zusammenhang damit auch: § 43 – → Inobhutnahme und Herausnahme – sowie § 50 Abs. 3 KJHG – SGB VIII – Anrufung des Gerichts –). In § 1666a BGB ist bestimmt, daß solche (Eingriffs-)Maßnahmen nur zulässig sind, wenn der Gefahr für das Kind (oder den Jugendlichen) nicht auf andere Weise, auch nicht durch öffentliche Hilfen, begegnet werden kann.

Geht es im besonderen Falle um eine Verfassungsbeschwerde für das Kind, deren Erhebung beim Personensorgeberechtigten als gesetzlichem Vertreter eine Interessenkollision entgegensteht, ist ein Ergänzungspfleger zu bestellen (BVerfGE 72, 112).

Geeignete Angebote und Hilfen nach dem Leistungskapitel des KJHG – SGB VIII (§§ 11 bis 41) sind i. S. des E. grundsätzlich im Einvernehmen mit den Eltern zu leisten. Nach § 3 Abs. 2 KJHG – SGB VIII sind dafür die → freien Träger und die → öffentlichen Träger der Jugendhilfe, insbes. das → Jugendamt (JA), kompetent. Nach § 8 KJHG – SGB VIII ist den Kindern und Jugendlichen darüber hinaus das Recht gegeben, sich in allen Angelegenheiten an das JA zu wenden; sie können ohne Kenntnis des Personensorgeberechtigten beraten werden, wenn dies aufgrund einer Not- und Konfliktlage erforderlich ist und solange durch die Mitteilung an den Personensorgeberechtigten der Beratungszweck vereitelt würde.

Lit. Beitzke: Familienrecht; Bettermann u. a.: Grundrechte, Bd. 4; Diederichsen, H.: Eltern-Kind-Verhältnis; Erichsen: Elternrecht; Jans u. a.: KJHG (Komm.); Jarass u. a.: GG (Komm.); Maunz u. a.: GG (Komm.); Zacher: Elternrecht *Günter Happe*

Elternrente ist eine Rentenleistung im sozialen Entschädigungsrecht (→ Soziale Entschädigung) nach § 50 → Bundesversorgungsgesetz (BVG). Sie ist bestimmt für Eltern, deren Kind(er) an den Folgen einer Schädigung i. S. des § 1 BVG oder an einer Schädigung i. S. eines das BVG für entsprechend anwendbar erklärenden Gesetzes (z. B. an den Folgen einer Impfung oder einer Gewalttat [→ Opferentschädigungsgesetz]) gestorben ist (sind). Voraussetzung ist jedoch, daß die Eltern erwerbsunfähig i. S. des § 1247 → Reichsversicherungsordnung (RVO) sind oder aus anderen Gründen eine Erwerbstätigkeit nicht ausüben können oder älter als 60 Jahre sind. Die E. hat von ihrem Zweck her eine Unterhaltsersatzfunktion. Die Höhe der Rente wird vom → Einkommen beeinflußt und davon, ob ein Elternpaar oder nur ein Elternteil betroffen ist. Maßgeblich ist auch, ob das Kind das einzige war bzw. wie viele Kinder infolge einer Schädigung den Tod fanden.

Kirsten Wachholz

Eltern- und Mütterschulen → Familienbildung

Elternverbände, Verbände von Eltern behinderter Kinder → Behindertenverbände

Emanzipation Im Lateinischen ursprünglich ein Rechtsbegriff: die Frei- und Entlassung eines Hauskindes aus der Schutzgewalt des Hausvaters, die mit einem Scheinverkauf, dem anschließenden Aus-der-Hand-Geben und der Errichtung eines abgesonderten Haushalts erfolgte. Daraus abgeleitet bedeutet E. die Entlassung und Befreiung aus einem beschränkenden, abhängigen Zustand. Im Unterschied dazu wird spätestens seit Olympe de Gouges' »Erklärung der Frauenrechte«, 1789 während der Französischen Revolution, in der sie das Frauenwahlrecht und die Zulassung von Frauen zu öffentlichen Ämtern verlangte und damit Forderungen erhob, die erst 150 Jahre später verwirklicht wurden, E. i. d. R. nicht länger als ein einmaliger Akt, sondern als ein per se nicht befristbarer Prozeß begriffen. Zielte E. in der Folge der Aufklärung vornehmlich auf materielle Güter (wie auf die politisch, ökonomisch und sozial folgenreiche Überwindung der Rechtlosigkeit oder rechtlichen Beschränkung zugunsten voller Gleichberechtigung – Judene., Frauene.), werden unter E. in jüngerer Zeit auch (sozial-)psychologische Vorgänge der Überwindung (innerpsychischer) Abhängigkeiten, des Gewinns persönlicher Autonomie verstanden. In diesem Verständnis von E. kommt der Frei- und Entlassung aus Zuständen der Unmündigkeit, d. h. der Gewährung von Freiheit und Gleichheit, weniger Bedeutung zu als Handlungen und Situationen, in denen sich die sich emanzipierende Person oder die sich emanzipierende soziale Gruppe zugleich von äußeren und inneren (verinnerlichten) Beschränkungen und Abhängigkeiten selbst befreit, sich selbständig macht und beansprucht, über sich selbst zu bestimmen.

E.sprozesse verlaufen i. d. R. nicht eindimensional, sondern widerspruchsvoll, weil die Repression und die mit ihr einhergehende Unterprivilegierung und → Diskriminierung, auf deren Überwindung E. zielt, sowohl die sich emanzipierenden Personen und Gruppen als auch die Verteidiger des Status quo auf unterschiedliche Weise geschädigt haben, weil der Kampf, um den es sich stets handelt, die Beteiligten zeichnet, und weil die sich Emanzipierenden den Schutz, den die Beschränkung auch immer bot, verlieren. → Sozialarbeit/Sozialpädagogik kann die E. ihrer Klientel fördern, indem sie sich ihre Schutzgewalt und deren Grenzen bewußt macht. *Ute Daub*

Emotion Uneinheitlich verwendete Bezeichnung für die Gesamtheit aller mit dem Gefühlserlebnis auftretenden Reaktionen. Die Begriffe »Gefühl«, »Affekt« und »Stimmung« werden von manchen Autoren gleichbedeutend benutzt, andere nehmen Unterscheidungen hinsichtlich Intensität und Verlaufsform vor. So wird »Gefühl« manchmal als Bewußtseinszustand (z. B. → Angst, Ärger, Freude, Zorn, Trauer, Ekel) angesehen, der einen erkennbaren zeitlichen Verlauf hat, während → Affekte erlebnis- und verhaltensmäßig stark ausgeprägte Gefühlszustände bezeichnen; »Stimmungen« beschreiben einen eher andauernden gefühlsartigen Zustand.
In dieser definitorisch unklaren Ausgangslage ist einer der Gründe zu sehen, weshalb die E.forschung bisher wenig befriedigende Ergebnisse vorzuweisen hat. Ein weiterer Grund liegt darin, daß E. private, nur dem erlebenden Individuum selbst zugängliche Ereignisse sind. Wissenschaftlichen Zugang versucht man deshalb »von außen« auf drei Ebenen zu erreichen: a) durch Erfassen und Bewerten verbal-kognitiven Verhaltens, b) durch Registrieren physiologisch-biochemischer Vorgänge sowie c) durch Verhaltensbeobachtung einschließlich der Ebene des Ausdrucksverhaltens. Neuere Forschungsergebnisse legen nahe, daß verbale Äußerungen über vorhandene E. im Falle sich widersprechender Informationen weniger vertrauenswürdig sind als Gesichtsausdruck, Körperbewegungen, parasprachliche Äußerungen und die räumliche Orientierung von Gesprächspartnern zueinander. Dies ist vermutlich deshalb so, weil die nichtverbalen Ausdrucksmöglichkeiten weniger bewußt kontrolliert und überwacht werden können, als dies bei gesprochener Sprache der Fall ist (→ Körpersprache).
Es gibt verschiedene konkurrierende Ansichten darüber, wie E. zustande kommen. So ist man sich z. B. nicht einig, ob physiologische Vorgänge der empfundenen E. vorausgehen und sie verursachen (sog. James-Lange-Theorie) oder ob es sich umgekehrt verhält. Andere Theorien behaupten, daß physiologische Vorgänge empfundene E. zwar intensivieren, daß es aber von der individuellen Interpretation der Situation abhängt, welche E. empfunden wird. Weiterhin nimmt man an, daß für die Bestimmung der empfundenen E. die subjektive Bedeutung und die Ernsthaftigkeit einer Situation wichtig ist.
In der sozialen Arbeit ist die sog. »Verbalisierung emotionaler Erlebnisinhalte« ein bedeutendes Element klientbezogener Beratung (→ Therapeutenvariablen); ebenso werden emotionale Prozesse heutzutage neben kognitiven Vorgängen als wesentliche Bestandteile ganzheitlichen → Lernens angesehen.
Lit. Debus: Gefühle; Ruch u. a.: Psychologie. *Wilfried Reifarth*

Emotionale Wärme → Therapeutenvariablen

Empathie Ein zentraler Begriff in der → Gesprächspsychotherapie, tritt als Verhaltensmerkmal in jeder hilfreichen Beziehung (→ Helfende Beziehung) auf. Es handelt sich dabei um ein Einfühlen, ein Sichhineinversetzen in die Gefühls- und Gedankenwelt einer hilfesuchenden Person und den Versuch, deren Erlebnis- und Verhaltensweisen zu verstehen. Der Therapeut (Berater, Helfer) bemüht sich, das subjektiv Verstandene mit seinen eigenen Worten dem Hilfesuchenden mitzuteilen (→ Gesprächsführung, Methoden der). Ein wesentlicher Aspekt in der Gesprächspsychotherapie ist dabei das Verbalisieren emotionaler Erlebnisinhalte (→ Therapeutenvariablen). Fühlt sich die hilfesuchende Person durch die andere verstanden und erlebt sie diese als echt und akzeptierend, so führt dies meist zu einer wachsenden vertrauensvollen Beziehung. Diese wiederum ermöglicht beim Hilfesuchenden ein weiteres Sich-Öffnen und Explorieren und dadurch spätere konstruktive Veränderungen.
Lit. Bommert: Gesprächspsychotherapie; Schwartz, H. J.: Gesprächspsychotherapie; Weinberger: Gesprächsführung.
Manfred Schneider

Empfängnisverhütung → Familienplanung

Empirische Sozialforschung befaßt sich mit der Überprüfung sozialwissenschaftlicher Theorien, Modelle und Fragestellungen durch eine methodisch-systematische Untersuchung der jeweiligen Sachverhalte. Die Untersuchung kann sich 1. auf die Ebene von Individuen, z.B. Heirat, Wanderung, Drogenkonsum, 2. die von Kollektiven, z.B. soziale Bewegungen, soziale → Normen, Wandel von städtischen Wohnvierteln und 3. die Auswirkungen kollektiver Sachverhalte auf individuelles → Verhalten, z.B. Effekte der Einkommensungleichheit in einer Stadt auf die Wahl(möglichkeiten) des Wohnstandortes, richten. Letztere werden als Kontexteffekte bezeichnet.

Der Forschungsprozeß beginnt gemeinhin damit, einen Sachverhalt (besser) erklären zu wollen, z.B. den Anstieg der Scheidungsquote. Er kann aber auch bei einem sozialen Problem ansetzen, z.B. Gewalt an Schulen oder einer Frage, z.B. ob der Konsum brutaler Filme im Fernsehen Jugendliche aggressiver werden läßt. In diesen Fällen wird man das Problem bzw. die Frage in einzelne zu erklärende Sachverhalte zerlegen. In einem folgenden Schritt wird untersucht, welche Theorien sich heranziehen lassen, um diese Sachverhalte zu klären. Diese, unter Umständen konkurrierenden → Hypothesen sollen dann empirisch getestet werden. Dabei wird in der Regel die Forschungsfrage (der Gegenstandsbereich) aus pragmatischen Gründen (verfügbare Zeit und Mittel) eingeengt. Dabei wird versucht, statt neue Theorien für das jeweilige Forschungsproblem zu entwickeln, entweder allgemeine Theorien anzuwenden (z.B. eine Verhaltenstheorie) oder auf eine empirisch bewährte Theorie für ein ähnliches Problem zurückzugreifen, z.B. bei der Analyse von Armut auf Studien über Arbeitslosigkeit.

In einem folgenden Schritt wird ein Forschungsdesign entwickelt. Hierzu gehört zunächst abzuwägen, welche Methode der empirischen Sozialforschung angemessen ist. Dabei kann es sich um eine teilnehmende oder nicht-teilnehmende → Beobachtung, eine → Befragung (face-to-face, schriftlich, telefonisch, oder eine Kombination dieser Verfahren), eine Inhaltsanalyse, → Sekundäranalyse vorhandener Studien, ein → Experiment (im Feld oder im Labor) handeln. Die Formen der Dokumentenbzw. Aktenanalyse sind keine eigenständigen Methoden, hierbei wird ein inhaltsanalytisches Verfahren angewendet.

Die Wahl der geeigneten Methode hängt von dem Forschungsproblem ab, dabei sind die spezifischen Vor- und Nachteile jeder Methode abzuwägen. Weitere Kriterien können die Kosten oder die Zeit sein: so wird man aus Kostengründen eine schriftliche einer face-to-face-Befragung vorziehen, in einem anderen Fall eine rasche Auswertung der Ergebnisse haben wollen und deshalb ein computer-gestütztes Telefoninterview vorziehen.

Ungeachtet der Frage, ob eine qualitative oder eine quantitative Studie beabsichtigt ist, wird man in vielen Fällen vor der eigentlichen Untersuchung eine explorative Studie vornehmen. Sie dient vor allem dazu, die Gründe, Einstellungen, Wahrnehmungen der Individuen zu erfahren, da keine Theorie sich unmittelbar in ein Erhebungsinstrument umsetzen läßt und unsere Kenntnis der Realität vielfach unzureichend ist (z.B. wie Haushalte ihre Armut bewältigen). Aus diesem Grund ist auch der gelegentlich behauptete Gegensatz von qualitativer und quantitativer Forschungsmethodik irreführend: qualitative Studien dienen dazu, ein Feld zu explorieren, sie lassen sich durch eine theoriebezogene Auswertung (Codierung der Angaben) quantitativ auswerten. Umgekehrt können quantitative Studien dazu dienen, Fälle zu klassifizieren und deren Häufigkeit zu bestimmen, um dann eine oder zwei solcher Klassen eingehender in eher qualitativen Interviews (gestützt durch einen Leitfaden) zu untersuchen.

Der nächste Schritt besteht darin, eine Stichprobe zu ziehen. Das können, je nach Forschungsproblem, z.B. Haushalte, Personen, Textteile oder Wohnviertel sein. In der Regel wird man eine Wahrscheinlichkeitsstichprobe aus der zuvor definierten Grundgesamtheit ziehen, um die Bedingung der → Repräsentativität zu erfüllen. Für Teile der Untersuchung wird man, soweit dies angezeigt ist, auf bereits vorhandene → Skalen (z.B. zur Messung von Einstellungen), Indizes (→ Index) oder Fragen (z.B. zur Bildung, Berufsklassifikation) zurückgreifen. Die Erhebung soll den Bedingungen der Zuverlässigkeit (→ Reliabilität) und der Gültigkeit (→ Validität) genügen. Die Umsetzung der theoretischen Konzepte (deren Zusammenhang in den Hypothesen formuliert wird) in ein Erhebungsinstrument (z.B. Fragebogen, Beobachtungsschema) erfordert, diese Konzepte in empirisch meßbare Merkmale (Variablen) umzusetzen (→ Operationalisierung).

Die Auswertung der Ergebnisse erfolgt mit Hilfe von Verfahren der beschreibenden und schließenden → Statistik, zumeist multivariaten Verfahren. Durch die Verfügbarkeit komplexer Analyseprogramme und PCs haben sich dabei die Möglichkeiten einer differenzierten Dataanalyse enorm erweitert; gleichzeitig erfordern sie gute Kenntnisse der mathematischen Statistik, um sie angemessen anzuwenden.

Der letzte Schritt besteht darin, die Ergebnisse auf die Hypothesen zu beziehen und zu prüfen, ob sich die Theorie bewährt hat –

die Sachverhalte in niedrigem oder hohem Maße erklärt – oder ob sie modifiziert werden muß. Ein weiterer Schritt kann darin bestehen, die Ergebnisse praktisch anzuwenden. Da es sich um Aussagen über Kollektive (aggregierte Individuen) handelt, ist die Anwendung z.B. in der Sozialarbeit nicht unmittelbar möglich. Wendet sich die Sozialarbeit einem Fall oder einer Problemgruppe zu, so ist zu bedenken, daß die Ergebnisse sozialwissenschaftlicher Forschung keine deterministischen Aussagen enthalten (»Immer dann, wenn x vorliegt, tritt y ein«). Vielmehr sind es Wahrscheinlichkeitsaussagen, die jeweils nur für einen Teil der Individuen zutreffen. Dennoch liefert die kausale Analyse genaue Hinweise darauf, welche Bedingungen (Merkmale) mit welchem Gewicht das abhängige Merkmal beeinflussen (genauer: dessen Varianz reduzieren). Damit läßt sich entscheiden, welche Merkmale nicht bedeutsam sind, und prüfen, auf welche der bedeutsamen Merkmale die Sozialarbeit überhaupt Einfluß nehmen kann. Zu berücksichtigen ist allerdings, daß jede Beeinflussung eines bedeutsamen Merkmals auch andere Effekte als die auf das abhängige Merkmal hat. Über diese Nebenfolgen kann die ursprüngliche Studie nichts aussagen, sie können aber zum Gegenstand einer weiteren Studie werden (→ Prognose).
Lit. Friedrichs: Methoden; Kromrey: Sozialforschung; Schnell u.a.: Methoden.

Jürgen Friedrichs

Empowerment – das ist heute eine Sammelkategorie für alle solchen Arbeitsansätze in der sozialen Praxis, die die Menschen zur Entdeckung eigener Stärken ermutigen und ihnen Hilfestellungen bei der Aneignung von Selbstbestimmung und Lebensautonomie vermitteln. Handlungsziel der E.-Praxis ist es, die vorhandenen (wenn auch vielfach verschütteten) Fähigkeiten der Adressaten sozialer Dienstleistungen zu autonomer Alltagsregie und Lebensorganisation zu kräftigen und Ressourcen freizusetzen, mit deren Hilfe sie die eigenen Lebenswege und Lebensräume selbstbestimmt gestalten können.
Ausgangspunkt des E.-Konzeptes ist eine deutliche Kritik an den Blindflecken des tradierten Klientenbildes der Sozialen Arbeit. Dieses Klientenbild ist heute in weiten Passagen von einem Defizit-Blickwinkel auf den Menschen geprägt, d.h., die Identitätsentwürfe der Klienten Sozialer Arbeit (→ Identität), ihre biographischen Erfahrungen und sozialen → Netzwerke werden nur allzuoft allein in Kategorien von Mangel, Unfertigkeit und Schwäche wahrgenommen. Das E.-Konzept nun bricht mit diesem Blick auf Lebensdefizite. Die Adressaten sozialer Dienstleistungen werden hier – auch in Lebensetappen der Belastung und der Demoralisierung – in der Rolle von kompetenten Akteuren wahrgenommen, welche über das Vermögen verfügen, ihr Leben in eigener Regie zu gestalten. Dieses Vertrauen in die Stärken der Menschen, in produktiver Weise die Belastungen der alltäglichen Lebenswirklichkeit zu verarbeiten, ist das Leitmotiv der »Philosophie der Menschenstärken« (Herriger 1995), welche Fundament der E.-Praxis ist. Wir können vier Arbeitsschwerpunkte der E.-Praxis unterscheiden, denen je eigene methodische Werkzeuge korrespondieren (→ Methoden der Sozialarbeit): 1. die Individualebene: die Mobilisierung, das Arrangement und die Vernetzung von Alltagsressourcen durch Methoden des Unterstützungsmanagements und eine soziale → Einzel(fall)hilfe, deren Ziel es ist, in einem zukunftsorientierten biographischen Dialog (»Kompetenzdialog«; Herriger 1996) bislang verschüttete Bewältigungsressourcen der Klienten zu entdecken und belastete Lebenssettings zu verändern; 2. die Gruppenebene: der Aufbau, die Weiterentwicklung und die unterstützende Begleitung von Unterstützungsnetzwerken (»inszenierte Gemeinschaften«), in denen Menschen mit gleichartigen Betroffenheiten und Anliegen sich miteinander vernetzen und in der Bündelung ihrer individuellen Stärken gemeinsame Kraftfelder der Selbst- und Sozialveränderung schaffen (Netzwerkarbeit); 3. die institutionelle Ebene: die »innere Reform« und die Öffnung von Verbänden, Verwaltungen und Behörden für → Partizipation und bürgerschaftliche Teilhabe, so daß engagierte Bürger auf die Gestaltung von Sozialprogrammen, Ressourceneinsatz und Dienstleistungsqualität Einfluß nehmen können (→ Organisationsentwicklung; Nutzerkontrolle); und 4. die (lokal-)politische Ebene: die Entwicklung von Verfahren formaler Mitwirkung (Bürgerbeiräte; Ausschüsse des Stadtrates; Bürgerparlamente usw.), die sachverständigen Bürgern ein Mandat im Prozeß der Planung, Gestaltung und Implementation von lokalen Politikentscheidungen sichern und sie in der Rolle von »Experten in eigener Sache« einsetzen (politische Partizipation).
Lit. Herriger: Empowerment; Herriger: Engagement; Keupp: Handlungskompetenz; Stark: Empowerment.   *Norbert Herriger*

Enkulturation Im komplexen Geschehen der → Sozialisation bezeichnet E. Prozesse des Hineinwachsens in spezifische Kulturzusammenhänge. Jede Kultur ist in ihrer Kontinuität und Entwicklung, also in ihrem Überleben darauf angewiesen, daß es gelingt, Werte und → Normen, Einstellungen (→ Attitüden) und Verhaltensweisen von Generation zu Generation zu übermitteln. Zugleich kann auch jedes Individuum Identität nur ausbilden als kulturelle Identität. So hat Claessens der E. eine entscheidende Bedeutung zugesprochen zwischen

der Sozialisierung als »Fundierung von Emotionalität« und Vermittlung von »sozialem Optimismus« und der »sekundären Fixierung« in sozialen → Rollen in der frühkindlichen Entwicklung. E. ist das Erlernen der »kulturellen Rolle«, die Entwicklung der »Basispersönlichkeit«. Das geschieht über die Erfahrung von »Schlüsselsituationen« in der → Familie, die als Erlebnissymbole → Wahrnehmung, Deutung und → Verhalten prägen. Das Gelingen von E. ist abhängig von Distanz und zugleich von Kontinuität zwischen Familienkultur, Schicht- bzw. Gruppenkultur und Gesamtkultur. Die Familie »mildert« Kulturdruck und erzielt gerade im Eingehen auf individuelle → Bedürfnisse und Belastbarkeiten ein hohes Maß von Verinnerlichung (→ Internalisierung), das die kulturelle Rolle wie eine »Natur« des Menschen erscheinen läßt. In der Gegenwart erhält der Begriff E. neue Bedeutungsakzente angesichts der Tatsache hoher → Mobilität, etwa im Rahmen europäischer Arbeitsmigration (→ Migration). Dabei ergeben sich Sprach- und Kulturkontakte, die besonders für die Kinder ausländischer Arbeiter (→ Ausländische Kinder) Probleme einer interkulturellen Sozialisation und → Integration schaffen. Unter Integration wird nach verbreitetem Bewußtsein Sprach- und Kulturwechsel verstanden, wobei die sog. Zweite Generation in Identitätskrisen zwischen Herkunftskultur und Kultur der neuen Umwelt gerät. Tatsächlich ist bei dauerndem Aufenthalt von ausländischen Arbeiterfamilien nicht wie in »klassischen« Einwanderungssituationen eine E. im Sinne einer → Assimilation zu erwarten, also eine Angleichung an die dominante Kultur unter Aufgabe der eigenen. Bedenklich ist auch die Entwicklung von Segregation, der Absonderung unter Formen vorurteilshaft isolierender und benachteiligender Gettobildung (→ Soziale Benachteiligung). Zutreffender und zugleich positiver sind Prozesse einer Akkulturation, in der durch kulturellen Austausch und Annäherungen in langfristigen Verläufen Integration erreicht wird unter modifizierender Beibehaltung tragender bisheriger kultureller Orientierungen und Verhaltensweisen (vgl. → Interkulturelles Lernen).
Lit. Ariès: Kindheit; Claessens: Familie; Elias: Zivilisation; Elschenbroich u. a.: Kinder; Mause: Kinder; Schrader, A. u. a.: Akkulturation. *Hermann Müller †*

Entgeltfortzahlung meint die Zahlung des Arbeitsentgelts im Krankheitsfalle (früher: Lohnfortzahlung) und an gesetzlichen Feiertagen. Das am 1. 6. 1994 in Kraft getretene Entgeltfortzahlungsgesetz (EntgeltfortzG) hat den Rechtszustand für Angestellte und Arbeiter vereinheitlicht. Wie bisher besteht bei krankheitsbedingter → Arbeitsunfähigkeit ein Anspruch auf Entgeltfortzahlung für die Dauer von 6 Wochen. Einschränkungen für Beginn und Höhe der Entgeltfortzahlung ergeben sich jedoch aus der seit 1. 10. 1996 wirksamen Neuregelung des EntgeltfortzG. Danach entsteht der Anspruch erst nach vierwöchiger ununterbrochener Dauer des → Arbeitsverhältnisses (§ 3 Abs. 3 EntgeltfortzG), ferner besteht er nur noch in Höhe von 80% des dem Arbeitnehmer in der regelmäßigen Arbeitszeit zustehenden Entgelts (§ 4 Abs. 1 EntgeltfortzG). Für die Entgeltfortzahlung in voller Höhe muß sich der Arbeitnehmer einen Urlaubstag für je 5 Krankheitstage anrechnen lassen. Die Anrechnung ist nicht mehr zulässig, wenn durch sie der gesetzliche Mindesturlaub (24 Werktage jährlich) unterschritten wird. Günstigere tarifliche Regelungen (→ Tarifvertrag), die derzeit noch häufig bestehen, gehen dem Gesetz vor. Die Auseinandersetzung um die Höhe der Entgeltfortzahlung im Krankheitsfalle verlagert sich daher weitgehend auf die tarifliche Ebene. *Klaus Feser*

Entlassenenhilfe → Haftentlassenenhilfe

Entmündigung → Betreuungsrecht

Entpersönlichung → Depersonalisation

Entschädigung für Opfer von Gewalttaten → Opferentschädigungsgesetz (OEG)

Entschädigung, soziale → Soziale Entschädigung

Entspannungsverfahren Überbegriff für Therapie- und Trainingsmethoden (→ Therapie), die in unterschiedlicher Intensität vorgegebene Bewußtseinszustände zu verändern suchen. I. e. S.: alle Techniken, die Erregungs-, Schmerz- und Spannungszustände abzubauen versuchen.
Vom → autogenen Training, der progressiven Entspannung durch Atemübungen oder Muskeltraining bis zu Meditationsübungen oder der Hypnose sollen die verschiedenen Formen der E. den Patienten lehren, unter bewußter Aufmerksamkeit gegenüber Körperempfindungen psychische Spannungen und Störungen abzubauen (vgl. → Bioenergetik).
Allen Verfahren ist der weitgehende Verzicht auf passive Methoden wie Medikamente und physikalische Maßnahmen, z. B. Massage, gemeinsam.
Statt dessen sollen die Trainingsangebote und Therapiemethoden den Patienten helfen, ungünstige physiologische Zustände aktiv zu vermeiden oder positiv zu verändern. Aus dem unterschiedlichen Grad des bewußten Verzichtes auf Selbststeuerung (Hypnose) und den Formen der entspannenden Übungen können Unterschiedsmerkmale abgeleitet werden, die ihre Nähe zu den genannten Therapie-Schulen charakterisieren. *Peter Barkey*

Entwicklungshilfe stellt einen wesentlichen Teil der Entwicklungspolitik dar, die im Rahmen der internationalen Zusammenarbeit darauf abzielt, durch Förderung des wirtschaftlichen und sozialen Fortschritts in den Entwicklungsländern die sog. Nord-Süd-Spannung abzubauen und damit den Frieden zu sichern. Bei der Bewältigung ihrer wichtigsten Probleme (Ernährungssituation, Bevölkerungsdruck, Landflucht und Verstädterung, Arbeitslosigkeit, Zusammenbruch traditioneller Strukturen → sozialer Sicherung, kapitalistischer Charakter der Industrealisierung, Auslandsverschuldung, Gefährdung der Umwelt, etc.) sind die Entwicklungsländer (Dritte und Vierte Welt) in hohem Maß von den finanziellen, technischen und personellen Hilfe durch die reichen industrialisierten Länder und von einer engen Zusammenarbeit mit diesen abhängig. Allerdings werden die Formen der Kooperation zwischen den Industrie- und den Entwicklungsländern sowie die Art und der Umfang der gewährten E. oft maßgeblich von wirtschaftspolitischen, sicherheitspolitischen, kulturpolitischen und ideologischen Interessen und Erwägungen der Geberländer selbst bestimmt. Der Begriff der E. entstand nach dem 2. Weltkrieg im Zuge der Entkolonisierung und der Gewinnung der Unabhängigkeit durch die Entwicklungsländer. Während die E. zunächst fast ausschließlich als bilaterale und vorwiegend staatliche Hilfe gewährt wurde, setzten sich seit den 60er Jahren zunehmend auch Formen der multilateralen und der nichtstaatlichen Hilfe durch.

Als zentrale Probleme der Entwicklungsländer gelten heute das Bevölkerungswachstum mit Verstädterung und Landflucht, die Massenarmut, Ernährungsunsicherheit und Trinkwassermangel, steigender Energieverbrauch und Umweltprobleme, Krisen militärischer und ziviler Natur, Flüchtlinge und Migrationsbewegungen, die nachteiligen Außenhandelsbedingungen und die Verschuldungsproblematik.

Besonderen Einfluß auf die qualitativen und quantitativen Ziele der E. haben die Vereinten Nationen (→ United Nations [UN]) durch die Erarbeitung internationaler Strategien für die Entwicklungsdekaden seit 1969 genommen. Allerdings blieben bisher die Erfolge der UN-Bemühungen zugunsten der Entwicklungsländer stets weit hinter den international vereinbarten Zielen im Rahmen der von der Vollversammlung verabschiedeten Konzeptionen für die Entwicklungsdekaden zurück und konnten somit nicht den Bedürfnissen der Entwicklungsländer gerecht werden. Im Gegenteil, der Abstand zwischen den ärmsten Staaten und den wohlhabendsten hat sich weiter dramatisch vergrößert. Dabei verhindern insbes. die unfairen Handelsschranken und die Überschuldung die angestrebte Wirtschaftsentwicklung. Der Schuldenberg der Entwicklungsländer wuchs von 839 Mrd. US-$ im Jahre 1982 auf 1945 Mrd. US-$ im Jahre 1994.

Die rund 160 Entwicklungsländer erhielten ohne Berücksichtigung internationaler Bankkredite 1993 rund 60 Mrd. US-$ an öffentlicher E., was einem Durchschnittsbetrag von weniger als 20 US-$ pro Kopf der Bevölkerung in diesen Ländern entspricht. Die im Entwicklungsausschuß der → Organisaton für wirtschaftliche Zusammenarbeit und Entwicklung (OECD) zusammengeschlossenen 21 wichtigsten westlichen Industriestaaten gaben 1993 finanzielle Leistungen an die Entwicklungsländer in Höhe von 55,9 Mrd. US-$. Der Anteil dieser öffentlichen Zuwendungen blieb aber weiterhin mit durchschnittlich 0,30% des Bruttosozialprodukts erheblich unter dem ein Jahrzehnt zuvor anvisierten Ziel von 0,70% zurück (Bundesrepublik Deutschland 0,36%). Die Leistungen der Industrienationen sind, gemessen am Verhältnis zu ihrem Bruttosozialprodukt, seit Anfang der 80er Jahre stetig gesunken.

Die Regierung der Bundesrepublik Deutschland hat die Zielsetzungen, die Grundsätze und die Aktivitäten ihrer Entwicklungspolitik an die internationale Strategie der UN für die Entwicklungsdekaden angelehnt und mit der zwischen den Mitgliedsstaaten der → Europäischen Union (EU) gemeinsam erarbeiteten europäischen entwicklungspolitischen Konzeption abgestimmt. Danach werden die deutschen Leistungen verstärkt auf langfristige, integrierte, länderbezogene und international koordinierte Hilfsprogramme für einzelne Entwicklungsländer konzentriert, wobei diese Programme im partnerschaftlichen Dialog mit hierzu bereiten Entwicklungsländern und in Koordination mit multilateralen und anderen Gebern festgelegt werden sollen.

Die deutsche E. wird hinsichtlich der Partnerauswahl, des Bereichs der Zusammenarbeit, des Instrumentariums und des Leistungsumfanges seit 1991 von folgenden fünf Kriterien bestimmt: Beachtung der → Menschenrechte, Beteiligung der Bevölkerung an politischen Entscheidungen, Rechtsstaatlichkeit und Gewährleistung von Rechtssicherheit, marktwirtschaftlich orientierte und sozialorientierte Wirtschaftsordnung, Entwicklungsorientierung staatlichen Handelns.

Als langfristige Schwerpunktbereiche werden angesehen: die Bekämpfung von Armut, Arbeitslosigkeit und Unterbeschäftigung, der Ausbau von arbeits- und umweltorientierten Bildungssystemen zur Aktivierung der Fähigkeit zur → Selbsthilfe, verstärkte Umwelt- und Ressourcenschutzmaßnahmen, Strukturverbesserungen in ländlichen Regionen durch Förderung einer produktiven und diversifizierten Landwirtschaft, die Ausweitung und Diversifizierung des gewerblichen Sektors, die Stär-

kung der Planungs- und Organisationsfähigkeit der Entwicklungsländer, erweiterter Schuldenerlaß bzw. verstärkte Umschuldungsmaßnahmen, engere Zusammenarbeit mit Nichtregierungsorganisationen, bessere Berücksichtigung der sozio-kulturellen Faktoren sowie unmittelbare Hilfen zur Verbesserung der Lebensbedingungen. Kernpunkte der Entwicklungsstrategie sind Nachhaltigkeit, Schonung der Ressourcen, Konfliktentschärfung und partnerschaftliche Verantwortung zur globalen Zukunftssicherung.
Im Jahre 1994 beliefen sich die gesamten Nettoleistungen der Bundesrepublik Deutschland im Rahmen der E. auf 38,8 Mrd. DM. Dabei betrug die E. der privaten Einrichtungen (Kirchen, Gewerkschaften, Verbände, Stiftungen etc.) ca. 1,6 Mrd. DM, während die Netto-Leistungen der privaten Wirtschaft zu marktüblichen Bedingungen ein Volumen von 20,4 Mrd. DM hatten.
Lit. Bundesminister für wirtschaftliche Zusammenarbeit: 10. Bericht Entwicklungspolitik. *Dirk Jarré*

Entwicklungsplanung hat in den letzten Jahren zunehmende Verbreitung als Aufgabe der → Planungshoheit auf allen → Planungsebenen (Bund, Länder, Kreise, Gemeinden) gefunden. Neben der Landes- bzw. Regional-E. wurden in verschiedenen Landesplanungsgesetzen die »Kreis-E.« installiert, im alten Bundesbaugesetz (BBauG) die E. der Gemeinde als »zu berücksichtigen« angesprochen, ohne daß Inhalte, Methoden, Organisationsformen und Verfahrensinstrumente schon einheitlich definiert sind.
Unter Stadt-E. verstehen wir heute – im Gegensatz zur früheren »Anpassungsplanung« (→ Planung) – eine Planungskategorie, die dynamisch und flexibel unter bestimmten Zeithorizonten, ressortübergreifend unter horizontaler Integration aller räumlichen, sozialen und ökonomischen Planungen der Gemeinde und unter vertikaler Integration übergeordneter Planungen die Gesamtheit aller administrativen Maßnahmen nach formulierten politischen Zielvorstellungen als umfassende Aufgabenplanung der öffentlichen Hand und zugleich als Orientierungsrahmen für das Handeln der gesellschaftlichen Gruppen betrachtet und steuert.
Die – von zahlreichen Gemeinden inzwischen erarbeiteten – Entwicklungspläne enthalten i. d. R.
– die Aufstellung eines Prioritätenprogrammes, bestehend aus den voneinander abhängigen Fachprogrammen (→ Fachplanung), dem Finanzierungsprogramm (→ Finanzplanung) und dem Standort-/Bauflächenprogramm;
– die Darstellung der Steuerungsverfahren zum Informationsfluß einschließlich der → Öffentlichkeitsarbeit/→ Bürgerbeteili-

gung, zur Koordinierung der Folgeplanungen und Durchführungsmaßnahmen nebst Erfolgskontrolle.
In größeren Städten werden auch »Stadtteilentwicklungsprogramme« erarbeitet. Die kommunale → Sozialplanung als unverzichtbarer, ja grundlegender Bestandteil der E. ist trotz vorfindbarer → Planungsrestriktionen originäres Aufgabenfeld der interdisziplinär und interinstitutionell zusammenwirkenden Träger der sozialen Arbeit. Unter Auswertung unterschiedlicher Ansätze und Erfahrungen sind inzwischen Arbeitshilfen für die E. (z. B. vom Deutschen Institut für Urbanistik) zu Inhalt, → Planungsablauf, organisatorischer Verankerung in das Verwaltungsgefüge (z. B. von der → Kommunalen Gemeinschaftsstelle für Verwaltungsvereinfachung [KGSt]) vorgelegt worden.
Für die praktische Arbeit ist das Studium konkreter Stadtentwicklungsprogramme/-pläne, die z. B. das Deutsche Institut für Urbanistik als »graue Literatur« dokumentiert und (EDV-gespeichert) nachweist, zu empfehlen.
Lit. Ahrens, D. P. u. a.: Entwicklungsplanung; Busse: Stadtteilentwicklungsplanung; Düttner: Stadtentwicklungsplanung; Görg: Kreisentwicklungsplanung, Hesse, J. J.: Entwicklungsplanung; Heyde, T. u. a.: Entwicklungsplanung; Heyken: Entwicklungsplanung; Müller-Trimmbusch u. a.: Stadtentwicklungsplanung; Niedersächsischer Städteverband: Gemeindeentwicklungsplanung; Wagener: Entwicklungsplanung; Zimmermann, D.: Landesentwicklungsplanung. *Hartmut Großhans*

Entwicklungspsychologie »Entwicklung als lebenslanger Prozeß« (Oerter: Entwicklung) ist erst in den letzten Jahren wieder zum Forschungsgegenstand der E. geworden (vgl. Thomae; Lehr u. a.).
Zunächst begann die E. mit der Sammlung von Beobachtungen über die frühkindliche Entwicklung (Tiedemann 1787, Siegmund 1856, Preyer 1882) und ordnete diese – besonders im deutschen Sprachraum – zu Stufen- und Phasenlehren. Solche Modelle schreiben dem kalendarischen Alter bestimmte Fähigkeiten und Leistungen zu, die aufgrund angelegter biologischer Entwicklungsreize sich schubweise verbessern bis zur »Reife« des Erwachsenen (so bei O. Tumlirz 1921/22, A. Busemann 1924, O. Kroh 1926, Ch. Bühler 1928 u. a.). So entsteht eine aufsteigende Lebenskurve mit Stillstand im mittleren Erwachsenenalter und Absinken bis zum Tode hin. Demzufolge liegen auch für die Zeit nach »Abschluß« der Entwicklung weitaus weniger gesicherte Erkenntnisse über alterstypische bzw. durch das Alter bedingte Verhaltensweisen vor als für das → Kindes- und → Jugendalter.

Eher sozialpsychologisch orientierte Autoren (→ Sozialpsychologie; Oerter: Entwicklungspsychologie) erkennen in Änderungen des Verhaltens weniger die Einflüsse biologischer → Reifung als die Auswirkungen jener Erwartungen, die – in Altersrollen (→ Rolle) verdichtet – Verhalten auf erwünschte Ziele hin formen. Was solchen Erwartungen entspricht, wird eher wahrgenommen und als Erfolg zurückgemeldet (Lernpsychologischer Aspekt: → Sozialisation).

Auf der Basis von Interviews (→ Befragung) gewonnene Lebenslaufanalysen (→ Lebenslaufforschung) und → Längsschnittuntersuchungen an gleichen Personengruppen über Jahre hinweg zeigen deutlich eine solche Modellierung durch die jeweilig gesellschaftlich vermittelten Aufgaben und Leitbilder für bestimmte Altersabschnitte. Aufgrund der im Lebenslauf notwendigen Anpassungen verändert sich ständig die Basis dafür, wie man sich selbst, seine Umwelt und die zu erfüllenden Aufgaben wahrnimmt (R. Bergler in: Lehr u. a.). → Konflikte und Krisen sind dann die Zeiten, in denen bevorzugt Entwicklung, d. h. Veränderung, erfahren wird. Zu verändern scheint sich mit zunehmendem Alter u. a.: a) die Fähigkeit, ein breites Band von Reizen sinnvoll zusammenzufassen; b) die Bereitschaft, sich Konflikten zu stellen; c) die Bereitschaft, sich aktiv mit der Umwelt auseinanderzusetzen, d. h. risikofreudig zu sein, gegenüber einer verstärkten Konformität mit etwa 60 J.; d) die Tendenz, sich dafür eher mit den eigenen Gefühlen zu beschäftigen.

Ein solches Konzept, das die Reaktionen der Individuen auf die ihnen auferlegten Altersrollen mit Hilfe lernpsychologischer (→ Lernen), sozialpsychologischer und tiefenpsychologischer (→ Tiefenpsychologie) Erkenntnisse aufzeigt, scheint heute weiterzuführen als ein biologisches Modell, das die darin eingegangenen weltanschaulichen Vorannahmen verdeckt. Wenn als Entwicklungsgeschehen mit Begriffen wie Differenzierung (Ausgliederung von Details aus dem Ganzen), Integration (Fähigkeit, Details zusammenzufassen, einzuordnen), Zentralisation (zunehmende Steuerung der Handlung durch Pläne, Zielsetzungen und Werte), Strukturierung (Zusammenfassung zu in sich sinnvollen Ordnungen, die mehr als eine Addition von Details darstellen) und ähnlichen Begriffen beschrieben wird, dann müssen mit den biologischen Voraussetzungen immer auch die Einwirkungen der Umwelt diskutiert werden. Entwicklung als Veränderung in der Zeit durch Auseinandersetzung – Aktion und Reaktion – in einer lebendigen, immer formenden und geformten Umwelt wird heute auch im Rahmen der Sozialisationsforschung dargestellt. Eine Fülle von Einzelarbeiten zeigt die erhebliche Unterschiedlichkeit menschlichen Daseins auf. Diese auf wenige biologische bzw. soziale Einflußgrößen zurückzuführen gelingt nur, wenn auch die weltanschaulichen Bewertungen dabei deutlich gemacht werden können.

Lit. Fend: Pubertät; Fend: Identitätsentwicklung; Fend: Übergang; Hetzer: Entwicklungspsychologie; Lehr, U. u. a.: Persönlichkeit; Oerter: Entwicklungspsychologie; Oerter u. a.: Entwicklungspsychologie; Thomae, H.: Entwicklungspsychologie; Trautner: Entwicklungspsychologie.

Gisela Oestreich

Epilepsie Sammelbegriff für Erkrankungen, die mit anfallsweise auftretenden Bewußtseinsstörungen einhergehen, meist von abnormen motorischen Phänomenen begleitet, und die auf gestörten Funktionen zerebraler Ganglienzellen beruhen. Im Elektroencephalogramm (EEG) sind i. d. R. die den Anfall begleitenden abnormen synchronen Entladungen von Ganglienzellgruppen zu erfassen. Ursache: in manchen Fällen morphologische Anomalien (z. B. Narben, Tumoren), selten Stoffwechselstörungen. Vielfach sind die Ursachen nicht faßbar. Bei manchen Formen ist genetische Disposition wahrscheinlich. Etwa 0,5 % der Bevölkerung sind von E. betroffen. Vom Typ her unterscheidbar sind:

Grand-mal-E. mit klassischem, »großem«, generalisiertem, tonisch-klonischem Krampfanfall und Bewußtlosigkeit. Dauer: Sekunden bis wenige Minuten mit anschließender umdämmerter bewußtseinsgetrübter Phase von 10 und mehr Minuten, für die ebenso wie für den Anfall eine Gedächtnislücke besteht.

Psychomotorische E.: mannigfaltige Erscheinungsbilder: typischer Anfall: der Patient macht abwesenden Eindruck, ist nicht ansprechbar, führt stereotype Bewegungen durch, nestelt an seinen Kleidern, macht Kau- und Schluckbewegungen. Seltener der »Dämmerzustand«, in dem scheinbar bei klarem Bewußtsein geordnete komplexe Handlungen durchgeführt werden. Für diese Episoden besteht Amnesie. Dauer: Minuten, selten Stunden bis Tage.

Petit-mal-E.: mit motorischen Erscheinungen einhergehende, meist kurzfristig auftretende Bewußtseinsstörungen, überwiegend bei Kindern, hierzu gehören die Absencen: Bewußtseinsstörungen von wenigen Sekunden Dauer, während derer Tun oder Reden unterbrochen und starr vor sich hingeblickt wird. Häufig als »Zerstreutheit« verkannt. Die unterbrochene Tätigkeit wird an derselben Stelle sofort wieder aufgenommen. Selten zusätzlich kurze motorische Bewegungsautomatismen.

Therapie: Mit Hilfe sorgfältiger Einstellung auf spezielle Medikamente (evtl. unter Blutspiegel- und EEG-Kontrollen) ist heute bei den meisten Kranken eine fast völlige Anfallsfreiheit zu erzielen. Abhängig von der Häufigkeit der Anfälle, der Dosierung

Erbanlage

und der Dauer der medikamentösen Behandlung (insbes. der überholten Barbiturattherapie) sowie der sozialen Situation kann es zu einem epileptischen Persönlichkeitswandel (Wesensänderung) kommen, mit verlangsamten, umständlichen, geschwätzigen, überpräzisen, »klebrigen« Zügen und reizbarer Affektstauung. Bei guter medikamentöser Einstellung und rechtzeitiger sozialer Eingliederung sind solche Veränderungen heute die Ausnahme.
Lit. Fröscher: Epilepsien *Helmut Haselbeck*

Erbanlage E. stellen die genetischen Bedingungen (→ Genetik) für körperliche und seelische Merkmale dar. Als Träger der Erbinformation fungieren die Gene, die für jede Art von Lebewesen die je typischen »Baupläne« oder Entwicklungsmuster enthalten. Die Gesamtheit der für eine Art typischen Gene macht das Genom aus. Die spezifische Erbausstattung eines bestimmten Individuums nennt man Genotyp. Diesem gegenüberzustellen ist der Phänotyp (Erscheinungsbild), der aus den Strukturen und Funktionen besteht, die als Produkt der Wechselwirkung zwischen Genom, Zytoplasma und Umwelt entstehen. Nach heutigem Stand der biochemischen Forschung ist die Desoxyribonukleinsäure (DNS) das eigentliche Substrat der Gene. Diese sind auf sog. Chromosomen lokalisiert. Chromosomen sind faden- oder stäbchenförmige Gebilde, die sich im Zellkern befinden. Jede Art hat eine für sie charakteristische Anzahl von Chromosomen; der Mensch besitzt 46, je zur Hälfte von einem Elternteil.
Das Beteiligtsein von Erbfaktoren am Zustandekommen eines bestimmten Merkmals wird über Stammbaumanalysen und über verschiedene Arten der Zwillingsmethode ermittelt. Bei Tieren ist noch zusätzlich die Methode der selegierten Zuchtversuche anwendbar. Die Zwillingsmethode, die vornehmlich bei der Untersuchung komplexer psychischer Merkmale Anwendung gefunden hat, besteht im Kern aus dem Vergleich getrennt und gemeinsam aufgewachsener eineiiger Zwillinge (= EZ). Da EZ aus derselben befruchteten Eizelle stammen, gilt ihr Erbgut als (nahezu) identisch. Ist ein Merkmal weitgehend umweltbedingt, so müßten EZ, die in gleicher Umwelt aufgewachsen sind, deutlich einander ähnlicher sein als getrennt aufgewachsene EZ. Diese in ihren Grundannahmen dargestellte einfachste Art des Zwillingsvergleichs wird heute meist durch die Einbeziehung zweieiiger Zwillinge, von Adoptivkindern, leiblichen und Pflegeeltern erweitert und gewinnt dadurch größere Aussagekraft. Als eine relativ neue genetische Methode ist die auf den Grundlagen der Wahrscheinlichkeitsrechnung arbeitende Populationsgenetik zu nennen, die über die Häufigkeit eines Merkmals in einer bestimmten Population Rückschlüsse auf dessen Erbgang zieht.

Da wir kaum psychische Merkmale antreffen, die vollständig genetisch determiniert sind, hat die Frage nach den genetischen und peristatischen (Umwelt-)Anteilen eines Merkmals eine große Bedeutung. Die heute noch teilweise heftig unter verschiedenen ideologischen Vorzeichen geführten Diskussion des Anlage-Umwelt-Problems, deren Ergebnis wichtige soziale Konsequenzen (etwa in der → Erziehung) hat, leidet meist an einer Simplifizierung: Weder die primitive Entweder-Oder-Position noch etwa die etwas differenzierteren additiven Modelle, nach denen die gezeigte Merkmalsvarianz (Var [M]) als bloße Summe eines Erb- (E) und Umweltfaktors (U) zu betrachten ist (also: Var [M] = Var [E] + Var [U]), entsprechen dem heutigen Forschungsstand. Neben Erb- und Umweltfaktoren ist ein in seiner Bedeutung nicht zu unterschätzender Wechselwirkungsfaktor anzunehmen. Auf ein konkretes Beispiel angewandt, bedeutet dies: Ein Kind zeigt nicht nur eine bestimmte Ausprägung in einem Temperamentsfaktor, weil es genetisch in diese Richtung determiniert worden ist und weil die Umwelt es so erzogen hat; zusätzlich muß man noch in Betracht ziehen, daß sich Individuen mit einer bestimmten Erbausstattung bestimmte Umwelten (d. h. insbes. auch: ein bestimmtes Verhalten ihrer Erzieher) schaffen.
Lit. Bracken: Humangenetische Psychologie; Merz, F. u. a.: Erbpsychologie.
Klaudius Siegfried

Erbbiologisches Gutachten bewertet humangenetisch (→ Genetik) Merkmale der äußeren Körperform, die nach den Methoden der deskriptiven vergleichenden Morphologie untersucht worden sind, und dient der positiven Feststellung der Vaterschaft. Es hat daher vor allem Bedeutung in den Fällen der Feststellung der (nichtehelichen) Vaterschaft (→ Vaterschaftsprozeß); es ist regelmäßig erst einzuholen, wenn die Beweisaufnahme im übrigen abgeschlossen ist, also vor allem → Blutgruppengutachten eingeholt sind. Da jetzt die meisten mutmaßlichen Väter serologisch durch diese Blutgruppengutachten ausgeschlossen werden, steht das sog. Einmanngutachten im Vordergrund. Ferner kommen nun häufiger Männer zur morphologischen Begutachtung, für deren Vaterschaft aufgrund der serologischen und serostatistischen Untersuchung eine gewisse Vermutung spricht.
Lit. Roth-Stielow: Abstammungsprozeß.
Jochem Baltz/Horst Göppinger

Erben, Kostenersatzpflicht der, in der Sozialhilfe → Kostenersatz

Erbrecht Das subjektive E. kennzeichnet die Rechtsstellung des Erben, der mit dem Tod eines Menschen (Erbfall) allein oder mit anderen Erben dessen Gesamtrechtsnachfolger geworden ist. Als E. im objekti-

ven Sinn wird die Summe der → Rechtsnormen verstanden, die der Regelung der privaten vermögensrechtlichen Folgen des Todes eines Menschen dienen.
Die materiellrechtlichen Vorschriften des E. sind im wesentlichen im 5. Buch des → Bürgerlichen Gesetzbuches (§§ 1922–2385 BGB) geregelt, mit ergänzenden Vorschriften z.B. im Mietrecht (§§ 569a, b BGB), im Familienrecht (§ 1371 BGB) sowie im Landwirtschaftsrecht (Höfe- und Anerbenrecht, vgl. dazu die Höfeordnung vom 26. 7. 1976, BGBl. I S. 1933).
Das BGB unterscheidet gesetzliche Erbfolge (§§ 1922 ff.) und Erbeneinsetzung durch Verfügung von Todes wegen (→ Testament). Die gesetzliche Erbfolge orientiert sich am Familiengedanken. In einer bestimmten Rangfolge sind alle lebenden Verwandten (§§ 1924 ff. BGB) sowie der Ehegatte (§§ 1931/1371 BGB) des Erblasses gesetzliche Erben; wenn diese nicht vorhanden sind, erbt letztlich der Staat (§ 1936 BGB). Geerbt wird in Abstammungsordnungen, wobei die jeweils folgende Ordnung durch die vorangehende, verwandtschaftsnähere ausgeschlossen wird. Nebeneinander stehende Angehörige derselben Ordnung, die in ihr Stämme repräsentieren. Sie erben zu gleichen Teilen; den Anteil eines Vorverstorbenen erhalten seine Kinder (Eintrittsrecht der Unterstämme).
Als Erbe ist der Gesamtrechtsnachfolger und als Erbschaft das auf den Erben kraft Gesetzes übergehende Vermögen des Erblassers definiert. Das Vermögen des Erblassers als solches wird als Nachlaß bezeichnet. Er ist der Gesamtheit des Aktivvermögens, aber auch der Verbindlichkeiten (z. B. Schulden) des Erblassers. Der Erbe wird damit im Augenblick des Todes des Erblassers – ohne Rücksicht auf sein Wissen oder seinen Willen – Eigentümer aller Sachen des Erblassers, Gläubiger aller seiner Ansprüche und Schuldner aller seiner Verbindlichkeiten. Letzteres kann nur durch form- und fristgerechte Ausschlagung (§§ 1942 ff. BGB) bzw. Beschränkung auf die übernommenen Nachlaßwerte, durch Antrag auf Nachlaßverwaltung bzw. Nachlaßkonkurs (§§ 1975 ff. BGB) vermieden werden. Für die Praxis ist bedeutsam, daß so ein Erbschaftserwerb eines überschuldeten Nachlasses verhindert oder auch bewirkt werden kann, und daß ein anderer (z. B. das Kind des Ausschlagenden) nunmehr gesetzlicher Erbe wird. Wenn kein gesetzlicher Erbe vorhanden ist bzw. ermittelt werden kann (§ 1936 BGB) oder alle berufenen Erben die Erbschaft ausschlagen, ist der Staat, der sonst an Erbschaften nur durch das System der Erbschaftssteuer beteiligt ist, der Fiskus gesetzlicher Erbe ohne Ausschlagungsrecht (§ 1942 BGB). Zur Sicherung unklarer E.verhältnisse kann eine Nachlaßpflegschaft angeordnet werden (§§ 1960 ff. BGB). In der Praxis spielen auch Rechtsfragen des E. im Zusammenhang mit dem Nichtehelichenrecht (→ Nichteheliches Kind) sowie des → Eherechts eine Rolle. Das nach dem 1. 7. 1949 geborene nichteheliche Kind ist für einen Erbfall nach dem 1. 7. 1970 Erbe erster Ordnung. Das bedeutet, daß auch beim Tod des nichtehelichen Kindes sein Vater und dessen verwandte gesetzliche Erben sind. I. d. R. wandelt sich der Erbanspruch eines nichtehelichen Kindes in einen Ersatzanspruch nach §§ 1934a ff. BGB. Diesen Geldanspruch in Höhe des Wertes des gesetzlichen Erbteils kann das Kind zwischen dem 21. und 27. Lebensjahr auch als vorzeitigen Erbausgleich fordern. Der Ausgleichsbetrag wird regelmäßig mit dem 3fachen Jahresunterhaltsanspruch des nichtehelichen Kindes gegen seinen Vater festgesetzt. Dieser Ausgleichsanspruch war und ist wegen seines Konfliktpotentials für den Ehegatten und die ehelichen Kinder in der Fachdiskussion sehr umstritten. Als Nachweis des E. gegenüber Privatpersonen, Behörden und Gerichten stellt das Nachlaßgericht (Amtsgericht) auf Antrag des Erben nach tatsächlicher und rechtlicher Überprüfung gem. §§ 2353 ff. BGB, §§ 72 ff. FGG einen Erbschein aus; dieser genießt öffentlichen Glauben im Rechtsverkehr (§§ 2366 f. BGB).
Das E. steht in seiner bürgerlich-liberalen Tradition in einem Spannungsverhältnis zwischen dem Grundsatz der Testierfreiheit als erbrechtlichem Prinzip der Privatautonomie und dem Grundsatz der Sicherung der → Familie (»Familien-E.«). Die Testierfreiheit ist gegenwärtig beschränkt durch das System der Pflichtteilsrechte (§ 2303 ff. BGB). In der aktuellen rechtspolitischen Fachdiskussion gehört die Neugestaltung des E. (besonders hinsichtlich der gesetzlichen Erbfolge, der Pflichtteilsrechte und der Gleichstellung der nicht ehelichen mit den ehelichen Kindern in der → Kindschaftsrechtsreform u. a.) zu den dringendsten gesetzgeberischen Aufgaben. Neuere Reformvorhaben zielen auch darauf ab, das E. des Ehegatten dann zu verbessern, wenn keine Kinder aus der Ehe hervorgegangen sind.
Lit. Brox: Erbrecht; Däubler u.a.: BGB (Komm.); Holzhauer, H.: Erbrecht; Juppe: Testament und Erbrecht; Münchener Kommentar, Bd. 6; Nolte-Schefold: Erbrecht; Winkler, K.: Erbrecht. *Jost Bauer*

Erbvertrag/Erbverzicht → Testament

Erfolgskontrolle → Evaluation

Ergebnisqualität → Qualitätssicherung

Ergotherapie (vom griechischen ergon = Arbeit, Handeln, schöpfendes Tun) integriert heute die langjährig synonym gebrauchten Begriffe → Arbeits- und Be-

schäftigungstherapie. Sie hat zum Ziel, eingeschränkte oder beeinträchtigte körperliche, psychische oder kognitive Funktionen zu fördern oder wiederherzustellen, so daß die Betroffenen größtmögliche Selbständigkeit und Unabhängigkeit in ihrem Alltag oder Berufsleben erreichen können. Ergotherapie beinhaltet aus diesem Grund ein handlungs- und alltagsorientiertes Konzept. Sie bezieht neben funktionellen Trainingsmethoden auch handwerkliche und gestalterische Prozesse, berufsbezogene und lebenspraktische Maßnahmen ein. Hilfsmittelversorgung, Arbeitsplatz- und Wohnraumanpassung runden das ganzheitliche Konzept ab.
E. findet in stationären oder ambulanten Einrichtungen sowie in eigener Praxis auf Verordnung des Arztes statt. Nach einer differenzierten ergotherapeutischen Befunderhebung werden eigenständig Behandlungspläne erstellt. Ihre angewandten spezifischen Behandlungsverfahren werden in folgenden Schwerpunktzielen unterschieden.
1. Motorisch funktionelle Verfahren zielen auf die Verbesserung der Mobilität, der Muskelkräftigung, der Grob- und Feinmotorik, der Koordination sowie des Gleichgewichts.
2. Neurophysiologische Verfahren werden bei Menschen mit Beeinträchtigungen der Funktionen des zentralen Nervensystems, also zur Behandlung von z.B. Paresen und pathologischen Bewegungsmustern eingesetzt.
3. Neuropsychologische Verfahren, z.B. Hirnleistungstraining werden bei Patienten mit kognitiven Störungen in der Wahrnehmungsverarbeitung, des Gedächtnisses oder der Orientierung angewandt.
4. Psychosoziale Verfahren finden Anwendung bei Menschen mit psychischen Störungen in der Selbstwahrnehmung, der Kontaktpflege und der selbständigen Bewältigung des Alltags.
5. Arbeitstherapeutische Verfahren zielen auf die Wiedergewinnung bzw. Anbahnung von Grundarbeitsfähigkeiten, der Diagnostik von Anforderungs- und Fähigkeitsprofilen sowie dem Aufbau von Arbeitsmotivation. Im Rahmen einer Belastungserprobung sollen die individuellen Voraussetzungen für die Integration in das Berufsleben unter realitätsnahen Arbeitsbedingungen abgeklärt und erprobt werden.
6. Die adaptiven Verfahren beinhalten u.a. die Unterstützung des Betroffenen durch technische Anpassung der Wohnung oder des Arbeitsplatzes mit entsprechenden Hilfsmitteln oder z.B. mit computergesteuerten Geräten. Des Weiteren gehören Rollstuhl- und Schienenversorgung, Prothesen- und Einhändertraining zu diesen Verfahren.
E. ist heute wesentlicher Baustein in der → Rehabilitation von Krankheiten und Behinderungen aus den Bereichen der → Psychiatrie, Neurologie, Orthopädie, Traumatologie, Rheumatologie, Pädiatrie und → Geriatrie. *Clara Scheepers*

Erhaltungssatzung nach § 172 Abs. 1 Nr. 2 → Baugesetzbuch (BauGB) i. S. e. Milieuschutzes ist ein baurechtliches Instrumentarium zur Sicherung gewachsener, stabiler Stadtstrukturen vor extern ausgelösten, sozial unverträglichen Veränderungen. Erhaltenswerte Stadtstrukturen haben im wesentlichen zwei Komponenten: die gebaute Umwelt und die sie nutzenden Menschen. E. richten sich auf Wohngebiete, in denen ein nachweisbarer Zusammenhang i. S. einer »Angewiesenheit« zwischen der »Bewohnerstruktur« und den wohnungsmäßigen wie infrastrukturellen Gegebenheiten besteht.
Das Instrument der E. wird präventiv mit dem Ziel eingesetzt, ökonomisch schwächeren Bevölkerungsschichten, die gebietsbezogen hohes stabiles Wohnverhalten zeigen, das Wohnen in einfachen und intakten, aber preiswerten Wohnungen zu sichern. In E.gebieten wird die an sich baugenehmigungsfreie private Modernisierungstätigkeit durch Genehmigungsvorbehalt auf das für die jeweilige Bewohnerstruktur »verträgliche« Maß begrenzt. Die Gemeinde hat ein – allerdings nicht auf den Verkehrswert limitiertes – Vorkaufsrecht, das durch »satzungsgerechtes« Verhalten abgewendet werden kann.
Die Wirksamkeit einer E. hängt wesentlich von der Kontrolle im Vollzug ab. Hilfreich ist eine ausreichende Aufklärung von Mietern und Hauseigentümern über Ziele und Handhabung einer E. *Dieter von Lölhöffel*

Erhebung bezeichnet allgemein eine empirische Untersuchung (→ Empirische Sozialforschung) zur Gewinnung von → Daten für bestimmte Untersuchungszwecke.
Die heute wichtigsten Arten der Datengewinnung zur Prüfung von Sachverhalten sind → Beobachtung, → Befragung, Experiment, → Inhaltsanalyse schriftlicher Dokumente. Die Wahl des E.verfahrens ist von der Fragestellung und vom Wesen des Untersuchungsobjektes abhängig.
Bei der Voll-E. wird die Gesamtheit der Untersuchungsobjekte erfaßt (→ Grundgesamtheit), bei der Teil-E. nur eine (repräsentative; → Repräsentativität) Auswahl (→ Auswahlverfahren, Sample, → Stichprobe), die meist kostengünstiger und methodisch einfacher (unter Umständen sogar genauer) ist.
→ Querschnittuntersuchungen sind E., die sich auf einen bestimmten Zeitpunkt beziehen; bei → Längsschnittuntersuchungen werden zu mehreren Zeitpunkten E. der gleichen Gesamtheit durchgeführt (Panel-Studie) oder Stichproben der gleichen Gesamtheit untersucht (Folge-Studie).

Im Gegensatz zur Primär-E., bei der sich die Untersuchungen auf die eigens zu diesem Zweck erhobenen Daten beziehen, benutzt die → Sekundäranalyse Daten anderer E.
Bei der Durchführung der E. können einige → Fehler auftreten. *Hans-Karsten Heymann*

Erholung Die Tatsache, daß jeder Mensch im Laufe des Tages, der Woche und des Jahres E.zeiten braucht, um seine → Gesundheit und Arbeitskraft zu erhalten, hat sich vor allem in Arbeitszeit, Ferien und Urlaubsregelungen niedergeschlagen. Die Bundesländer, manchmal auch einzelne Kreise und Gemeinden, stellen Mittel für E.maßnahmen für bestimmte Bevölkerungsgruppen zur Verfügung, die nach unterschiedlichen Richtlinien vergeben werden. So gibt es in allen Ländern Mittel für Familien. (→ Familienunterstützende und -ergänzende Hilfen), häufig auch für Kinder- und Jugende. und die E. für alte Menschen, in einigen Ländern darüber hinaus besondere Mittel für Mütter- und Behindertene.
E.maßnahmen sind zu unterscheiden von → Kuren und Maßnahmen der → vorbeugenden Gesundheitshilfe. Da auch die E. letztlich der Erhaltung der Gesundheit dient, ist die Unterscheidung nicht ganz trennscharf zu vollziehen. Die E. dient der Vermeidung bzw. dem Ausgleich von Erschöpfungszuständen. Wenn Erschöpfungszustände ein solches Maß angenommen haben, daß sie geeignet sind, die Gesundheit zu gefährden, sind Maßnahmen der vorbeugenden Gesundheitshilfe angezeigt, die innerhalb im Rahmen der gesetzlichen → Krankenversicherung und der → Sozialhilfe nach ärztlicher Verordnung von den → Krankenkassen und → Sozialhilfeträgern ganz oder teilweise zu finanzieren sind.
Die nach Maßgabe von Haushaltsansätzen und Richtlinien als freiwillige Leistung der Länder oder Kommunen unterstützten E.maßnahmen lassen sich wie folgt skizzieren:
Die Altene. dient dazu, Abwechslung und Abstand vom Alltag und einer oft wenig reizvollen Wohnumgebung zu finden, Entspannung und andere Eindrücke zu gewinnen sowie neue menschliche Kontakte zu knüpfen. Sie zielt damit auf Erhaltung und Stabilisierung der (psychischen) Gesundheit als eine der wichtigsten Voraussetzungen für ein erfülltes Alter. Zum E.programm gehören im allgemeinen Angebote der → Bewegungstherapie, Wanderungen, Spaziergänge, Ausflüge, kreative Tätigkeiten, Gespräche über Lebensfragen und Gesundheitsprobleme des Alters, Unterhaltung und Geselligkeit. Für diese Maßnahmen (als → Altenhilfe i. e. S.) kann auch eine Finanzierungszuständigkeit des Sozialhilfeträgers nach § 75 → Bundessozialhilfegesetz (BSHG) gegeben sein.

Die Behindertene. bietet behinderten Menschen (→ Behinderte) die Möglichkeit zu einem Ortswechsel und Abstand vom Alltag, was durch Barrieren der räumlichen Umwelt, Probleme bei An- und Abfahrt, durch den Bedarf an Pflegeleistungen und/oder Betreuung für den einzelnen Behinderten vielfach nur sehr schwierig zu erreichen ist. Besonders für Jugendliche und junge Erwachsene sowie für → geistig Behinderte und → Mehrfachbehinderte werden eigene Freizeiten durchgeführt, um neben der Gesundheit Freude und Erlebnisbereicherung, die Verselbständigung vom Elternhaus, die Entwicklung lebenspraktischer Fähigkeiten, Kontakte und Gemeinschaftsfähigkeit zu fördern. E.freizeiten von Behinderten und Nichtbehinderten sollen die soziale → Integration stärken. Für die Behindertene. kann auch eine Finanzierungszuständigkeit des Sozialhilfeträgers im Rahmen der §§ 39 und 40 BSHG (→ Eingliederungshilfe für Behinderte) gegeben sein.
Die Familiene. dient dem gemeinsamen Erleben der Freizeit mit vermehrten und vertieften Möglichkeiten des Kontaktes, des Gespräches, gemeinsamen Wanderungen, Erfahrungen und Erlebnissen, besonders in den Bereichen Bildung, Spiel und Sport. Die Familiene. ist eine bedeutsame Möglichkeit, die Familienmitglieder einmal außerhalb der Alltagsbelastungen zueinander zu führen und Gemeinsames zu erleben. Maßnahmen der Familiene. werden insbes. in Familienferienstätten freier Träger der Wohlfahrtspflege (→ Freie Wohlfahrtspflege) angeboten. Sowohl der Betrieb dieser Einrichtungen wie auch die Teilnahme an diesen Angeboten durch einkommensschwache Familien wird nach Maßgabe von Landesprogrammen bezuschußt.
Maßnahmen der Kinder- und Jugende. können durch individuelle Entwicklungs- und Wachstumsschwierigkeiten, Krankheitsanfälligkeiten, leichtere psychosomatische Störungen, fehlerhafte oder falsche Ernährung, seelisch belastende Situationen in der Familie und Schulstreß begründet sein. Neben den durch die Lage der E.einrichtungen bedingten günstigen Klimaeinflüssen zählen zielgruppenbezogene ernährungsphysiologisch ausgewogene Ernährung, sozialpädagogisch begleitete Freizeitgestaltung, musische Angebote und den therapeutischen Hilfen. Träger der E.einrichtungen sind die freien und öffentlichen Träger der → Jugend- und → Sozialhilfe. Neben allgemeinen Zuschußleistungen kann eine Finanzierung durch die → Jugendhilfeträger gem. § 11 Abs. 3 → Kinder- und Jugendhilfegesetz (KJHG – SGB VIII) gegeben sein.
Werner Hesse-Schiller

Erinnerung Bezeichnung eines → Rechtsbehelfs nach dem Rechtspflegergesetz (RpflG) und der Zivilprozeßordnung (ZPO) mit unterschiedlicher Bedeutung:

1. Nach dem RpflG bezweckt die E. die Korrektur von Entscheidungen des Rechtspflegers auf den diesem bei den Gerichten in der → freiwilligen Gerichtsbarkeit – einschließlich der → Beratungshilfe – und im Insolvenzbereich, aber auch nach der ZPO (Kostenwesen, → Mahnverfahren, → Vereinfachtes Verfahren, Festsetzung des → Regelunterhalts, → Zwangsvollstreckung, Aufgebot) übertragenen Gebieten durch Anrufung des vorgeordneten Richters. Sie ist frei von Gerichtsgebühren und vom Anwaltszwang, teils befristet, teils unbefristet. Letzterer kann der Rechtspfleger abhelfen; sonst – und stets wenn befristet – geht sie an den Richter; wenn auch dieser nicht abhilft, an die Beschwerdeinstanz (»Durchgriffserinnerung«).
2. In der Zwangsvollstreckung richtet sie sich nach § 766 ZPO gegen vorschriftwidriges Vorgehen des Vollstreckungsorgans, namentlich bei der Pfändung. Sie geht an den Richter (des Amtsgerichts = Vollstreckungsgerichts), ist nicht fristgebunden, aber von der → Dienstaufsichtsbeschwerde zu unterscheiden. Ferner sieht § 576 ZPO eine Erinnerung gegen Entscheidungen des beauftragten oder ersuchten Richters oder des Urkundsbeamten der Geschäftsstelle vor.
Lit. Arnold, E. u. a.: Rechtspflegergesetz (Komm.); Rosenberg u. a.: Zivilprozeßrecht; Rosenberg: Zwangsvollstreckungsrecht; Schönke u. a.: Zwangsvollstreckungsrecht.

Eberhard Schilken/Dieter Brüggemann

Erkennungsdienstliche Behandlung/Maßnahmen In der Praxis bedeutsam sind insbes. die Abnahme von Finger- und Handflächenabdrücken und die Aufnahme von Lichtbildern. § 81 b StPO läßt diese Maßnahmen sowie Messungen des Körpers gegenüber einem Beschuldigten (→ Ermittlungsverfahren) auch gegen dessen Willen zu, »soweit es für die Durchführung des Strafverfahrens oder für die Zwecke des Erkennungsdienstes notwendig ist«.
Ausschließlich erkennungsdienstlichen, präventiv-polizeilichen Zwecken dienen die Maßnahmen des § 81 b StPO, wenn sie nicht die Überführung des Beschuldigten in einem bestimmten Ermittlungsverfahren bezwecken, sondern der Polizei bei ihrer künftigen Tätigkeit die Identifizierung tatverdächtiger Personen ermöglichen sollen. Insoweit können e. M. auch gegen Strafunmündige (→ Strafmündigkeit) ergriffen werden (str). Zu der Anordnung und Aufbewahrung der Unterlagen ist ausschließlich die Polizei befugt. Als → Rechtsschutz ist der Verwaltungsrechtsweg gemäß § 40 ff. VwGO (→ Verwaltungsverfahren) gegeben. Ebenso wie die Herstellung muß auch die Aufbewahrung der Unterlagen notwendig sein (→ Verhältnismäßigkeitsgrundsatz). Die Aufbewahrung erkennungsdienstlichen Materials ist unzulässig, wenn der Tatverdacht gegen den Beschuldigten in dem Ermittlungs- oder Strafverfahren völlig ausgeräumt worden ist. In allen anderen Fällen kommt es darauf an, ob noch Anhaltspunkte dafür vorliegen, daß die erkennungsdienstlich behandelte Person zukünftig strafrechtlich in Erscheinung treten wird, und daß die angefertigten Unterlagen die Ermittlungen der Polizei fördern können. Ein einer Straftat Verdächtiger kann zur Feststellung seiner Identität erforderlichenfalls auch e. M. unterzogen werden (§ 163 b Abs. 1, S. 3 StPO). Bei Unverdächtigen ist e. M. nur mit deren Zustimmung zulässig. Sind Unverdächtige identifiziert, sind alle zu Identifizierungszwecken angefertigten Unterlagen zu vernichten (§ 163 c Abs. 4 StPO). Eine gesetzliche Regelung über die Unterlagenvernichtung bei Verdächtigen wie auch im Rahmen des § 81 b StPO ist bisher nicht erfolgt.
E. M. sind auch im → Polizeirecht der Länder insbes. dann vorgesehen, wenn die Identität einer Person im Rahmen einer Personenfeststellung auf andere Weise nicht festgestellt werden kann oder wenn dies zur vorbeugenden Bekämpfung einer Straftat angesichts einer bestehenden Wiederholungsgefahr erforderlich ist. E. M. sind bei Ausländern nach § 41 AuslG zur Identitätsfeststellung in weitreichendem Umfang, bei Asylbewerbern nach § 16 AsylverfG – verfassungsrechtlich umstritten – schlechthin zur Sicherung der Identität zulässig. Im → Strafvollzug läßt § 86 StVollzG zur Sicherung des Vollzuges e. M. zu.
Lit. Kleinknecht u. a.: StPO (Komm.).

Peter Gast

Erkundungsstudie → Befragung

Erlebnispädagogik Wesentliche Bestimmungsmotive für eine E., die auch heute noch keine in sich geschlossene Theorie darstellt, liegen in der Orientierung von → Lernen und Entwicklung im und am Leben, an Individualität und Ganzheitlichkeit (Körper, Geist und Seele) und an lebendigem, erfahrungsgesättigtem Lernen und Entwickeln als Erziehungsverständnis. Solchen Zielen entsprechen vor allem erlebnisgewährende Medien: die Natur (Verbindung von körperlicher und äußerer Natur, daher Natursport); handwerkliche, aber auch berufliche Elemente der »lernenden Arbeit«; künstlerisch-kreative und musische Erfahrungsprozesse, in all denen die eigene Aktivität und Handlung als Erfahrungsvoraussetzung besondere Bedeutung vor Theorie und Vermittlung besitzen. E. steht somit gegen das einseitig kognitive »schulische Lernparadigma«. E. ist allerdings auch in Gefahr, von den kommerziellen Ausbeutungsformen des »Erlebens« und »Abenteuers« vereinnahmt zu werden. Mit ihrem Frage- und Handlungsimpuls, der dem »Leben« vor allem in dessen »un-

stetigen« Formen und Grenzbereichen nachgeht, findet sie sich ihrer Natur gemäß immer zwischen Normalität und Risikobehaftetheit, die beide dem Leben eigen sind. E. erfährt in den letzten Jahren vor allem im Feld der sozialen Arbeit, in verschiedensten pädagogischen Sektionen (→ Freizeit-, Sport-, Reisepädagogik u. a. m.) und auch in berufsbildenden Zusammenhängen eine Renaissance: jugendliche Straffällige, junge Menschen aus Heimen oder Auszubildende (aber auch Manager) fahren zur See, unternehmen Bergtouren, führen Kajaktouren, Expeditionen und »Projekte« durch. Im engeren Sinn läßt sich dieser Ansatz rückführen auf Kurt Hahn (1886–1974) und dessen »Erlebnistherapie«, die auch in gesellschafts- und kulturkritischem Zusammenhang als »Gegengift« gegen »Verfallserscheinungen« (der »körperlichen Tüchtigkeit«, »menschlichen Anteilnahme«, »Sorgsamkeit«, »Initiative«) zu wirken suchte. I. w. S. speist sich dieser Ansatz aus den Quellen der → Reformpädagogik, die selbst wiederum von verschiedensten pädagogischen, psychologischen, aber auch philosophischen Konzepten geprägt ist.
Lit. Bauer, H. G.: Abenteuerpädagogik; Bauer, H. G. u. a.: Erlebnispädagogik; Hahn, K.: Erziehung; Schwarz, K.: Kurzschulen; Weber, H. u. a.: Kurzschulen.

Hans G. Bauer

Ermessen Im Verwaltungsrecht die der Behörde vom Gesetz eingeräumte Befugnis, bei Vorliegen eines bestimmten Tatbestandes zwischen mehreren vom Gesetzgeber als gleichermaßen rechtmäßig angesehenen Entscheidungen wählen zu können. Das E. bezieht sich also auf die Rechtsfolgen. Es ist stets durch die Pflichtgebundenheit seiner Anwendung begrenzt; unbegrenztes E. wäre Willkür und deshalb rechtsstaatswidrig (BVerfGE 20, 155). Die Begrenzung gilt für Inhalt, Zweck und Ausmaß des E. Zu berücksichtigen sind z. B. die sozialpolitischen Zielsetzungen des Gesetzgebers (→ Sozialpolitik), das geschützte Rechtsgut, konkrete Lebenslagen des Leistungsbegehrenden, Auswirkungen auf den Familienverband usw. Jede E.ausübung ist gerichtlich auf Einhaltung ihrer Grenzen nachprüfbar. Nicht der gerichtlichen Nachprüfung unterliegen dagegen Fragen der Zweckmäßigkeit. Die Grenzen des E. bestimmen sich stets nach dem Zweck der Ermächtigung. Auf pflichtgemäße Ausübung des E. besteht ein Anspruch (§ 39 Abs. 1 S. 2 SGB I). Er bezieht sich auf das Verwaltungshandeln und ist zu unterscheiden von → Rechtsanspruch auf die Leistung selbst. Nicht jeder Fehler bei der E.ausübung macht einen → Verwaltungsakt rechtswidrig, sondern nur dann, wenn der Verwaltungsakt auf diesem Fehler beruht.
Im Sozialleistungsrecht gilt der Grundsatz, daß der → Sozialleistungsträger nur dort nach seinem E. handeln kann, wo er hierzu ausdrücklich durch das Gesetz ermächtigt wird, während im übrigen auf Sozialleistungen ein Rechtsanspruch besteht (§ 38 SGB I). Das E. spielt vor allem im Bereich der → Sozialhilfe eine große Rolle. Hier besteht die Besonderheit, daß – im Grundsatz – auf die Hilfe als solche ein unabdingbarer Anspruch (dem Grunde nach) besteht, daß aber die Auswahl der → Leistungsart in das pflichtmäßige E. des Trägers der Sozialhilfe (→ Sozialhilfeträger) gestellt ist (§ 4 BSHG). Soweit die Rechtsposition des Bürgers vom Gesetz als Rechtsanspruch ausgestaltet ist, ist kein Raum für die Ausübung von E. Die Ausfüllung eines → unbestimmten Rechtsbegriffes ist nicht E.ausübung. Bei → Soll-Leistungen ist das E. der Behörde auf das Herauskristallisieren eines atypischen Ausnahmefalles beschränkt. Dagegen fehlt es bei den → Kann-Leistungen an der gesetzlichen Vorgabe eines »typischen« Falles; die Wahl zwischen mehreren gleichermaßen rechtmäßigen Möglichkeiten der Bestimmung von Rechtsfolgen ist hier also grundsätzlich offen. Ihre E.erwägungen muß die Behörde spätestens im Streitfall zur Nachprüfung offenlegen.
In der Praxis von großer Bedeutung ist die Selbstbindung der → Verwaltung bei der Ausübung des E. Sie kann in vielfältiger Weise geschehen, z. B. durch → Satzung, Richtlinien, Übernahme von Empfehlungen, aber auch durch eine längerwährende gleichbleibende Verwaltungspraxis. Diese Selbstbindung dient vor allem der Gleichbehandlung gleicher Tatbestände. Überhaupt spielt der Gleichbehandlungsgrundsatz (vgl. → Gleichheits[grund]satz) bei der E.ausübung eine besondere Rolle. Als E.fehler kommen außerdem in Betracht eine Verletzung des Grundsatzes der → Verhältnismäßigkeit, die Berücksichtigung unwesentlicher und die Nichtberücksichtigung wesentlicher Gesichtspunkte, in der Sozialhilfe die Auswahl einer nicht geeigneten oder nicht ausreichenden Hilfeart, die Verkennung des vom Gesetzgeber verfolgten Leistungszwecks usw. Dagegen ist die Änderung einer bisher geübten Verwaltungspraxis zugunsten einer als sachgerechter erscheinenden neuen Handhabung nicht rechtsmißbräuchlich (keine Gleichheit im Unrecht).
Lit. Bär: Ermessen; Bley u. a.: Sozialrecht, S. 49 ff.; Burdenski u. a.: SGB (Komm.), Anm. zu § 39; Erichsen u. a.: Verwaltungsrecht, S. 208 ff.; Forsthoff: Verwaltungsrecht, S. 84 ff.; Gottschick u. a.: BSHG (Komm.), Rdnr. 9 zu § 4; Schellhorn u. a.: BSHG (Komm.), zu § 4; Wallerath: Verwaltungsrecht, S. 109 ff.; Wolff, H. J. u. a.: Verwaltungsrecht I, S. 358 ff. *Manfred Streppel*

Ermittlungsverfahren Den Ablauf des E. bestimmen im wesentlichen die §§ 158 ff. StPO, wobei bereits die allg. Vorschriften

Ernährung

der StPO (§§ 1-149) wichtige Maßnahmen des E. enthalten (z. B. → Durchsuchung, → Beschlagnahme, Telefonüberwachung → Festnahme und Verhaftung). Dabei ergibt sich die Pflicht der Staatsanwaltschaft, wegen aller verfolgbaren Straftaten einzuschreiten, aus § 152 Abs. 2 StPO, dem sog. Legalitätsprinzip. Es bedeutet Verfolgungszwang und, wenn die Voraussetzungen hierfür vorliegen, Anklagezwang.
Aus § 152 Abs. 1 StPO, dem sog. Offizialprinzip, folgt, daß die Strafverfolgung allein dem Staat obliegt.
Wenn ein gewisser Anfangsverdacht im Hinblick auf eine mögliche Straftat in Form von konkreten Tatsachen besteht, ist die Staatsanwaltschaft bzw. die Polizei verpflichtet, ein E. einzuleiten. Für einen Anfangsverdacht reicht eine gewisse, noch geringe Wahrscheinlichkeit eines Tatverdachts, der noch der Aufklärung bedarf, aus. Der Verdacht braucht sich noch nicht gegen eine bestimmte Person zu richten.
Es gibt Ausnahmen vom Legalitätsprinzip, dem sog. Opportunitätsprinzip unterfallend (z. B. Einstellung des E. wegen Geringfügigkeit nach §§ 153, 153a StPO), bei denen der Staatsanwalt, obwohl die Voraussetzungen einer Bestrafung vorliegen, von der Verfolgung Abstand nehmen kann.
Zur Einleitung eines E. können Privatpersonen gem. § 158 Abs. 1 StPO eine Strafanzeige oder einen Strafantrag bei der Staatsanwaltschaft, den Polizeidienststellen oder den Amtsgerichten stellen. Erhält die Staatsanwaltschaft durch eine Anzeige oder auf anderem Wege (von Amts wegen) Kenntnis von einer Straftat, hat sie den Sachverhalt zu erforschen (§ 160 Abs. 1 StPO). Sie muß dabei nicht nur die zur Belastung, sondern auch die zur Entlastung dienenden Umstände ermitteln und für die Erhebung der Beweise Sorge tragen (§ 160 Abs. 2 StPO). Ihre Ermittlungen sollen sich auch auf die Umstände erstrecken, die für die Bestimmung der Rechtsfolgen der Tat (insbes. die Strafzumessung) von Bedeutung sind; hierzu kann sie die → Gerichtshilfe heranziehen (§ 160 Abs. 3 StPO).
Die Staatsanwaltschaft kann von allen Behörden Auskunft verlangen und Ermittlungen selbst vornehmen oder durch die Polizei vornehmen lassen (§ 161 StPO). Dabei ist der Staatsanwalt stets Herr des Verfahrens. Die Polizei handelt als Hilfsbeamte der Staatsanwaltschaft. Will die Staatsanwaltschaft Anklage erheben, muß sie dem Beschuldigten vor Abschluß der Ermittlungen rechtliches Gehör gewähren (§ 163a StPO).
Bieten die Ermittlungen genügenden Anlaß zur Erhebung der öffentlichen Klage, reicht die Staatsanwaltschaft nach Abschluß der Ermittlungen beim zuständigen Gericht eine Anklageschrift ein, andernfalls stellt sie das Verfahren ein (§ 170 StPO).

Hubert Harth

Ernährung Bestandteil des notwendigen → Lebensunterhaltes nach § 12 → Bundessozialhilfegesetz (BSHG), gehört zu den laufenden Leistungen (§ 21 BSHG) und wird in der Hilfe außerhalb von Einrichtungen durch → Regelsätze, in der Hilfe in Einrichtungen durch Naturalverpflegung abgedeckt (→ Sozialhilfe).
Jeder → Hilfeempfänger hat im Rahmen der → Hilfe zum Lebensunterhalt einen → Rechtsanspruch auf ausreichende E. Die Hilfe muß es ihm ermöglichen, sich abwechslungs- und vitaminreich zu ernähren. Sie muß ausreichen, den menschlichen Bedarf an Energieträgern und Aufbaustoffen voll zu decken. Bei besonderen Bedarfssituationen wird der Regelsatz um besondere Mehrbedarfszuschläge (→ Mehrbedarf) ergänzt (§ 23 BSHG), die auch – je nach Art des Mehrbedarfs – zusätzlichen E.bedarf berücksichtigen (z. B. bei Krankenkost). Während früher der E.bedarf für die Regelsatzfestsetzung nach einem Warenkorb bemessen wurde, an dessen Zustandekommen auch E.wissenschaftler mitwirkten, erfolgt nun die Bemessung nach dem Ausgaben- und Verbrauchsverhalten von Haushalten, die mit ihrem Einkommen über der Sozialhilfeschwelle liegen (→ Bedarfsbemessungssystem). An die einzelnen Bestandteile des Regelsatzes ist der Hilfeempfänger in seinem Ausgaben- und Verbrauchsverhalten nicht gebunden; er hat im Rahmen der Gesamtleistung Dispositionsfreiheit.
Auch die Leistungen zum Unterhalt des Kindes oder Jugendlichen nach § 39 → Kinder- und Jugendhilfegesetz (KJHG – SGB VIII) umfassen als wichtigen Bestandteil die E. Dabei gelten als unterste Grenze die Maßstäbe, die sich für die Hilfe zum Lebensunterhalt nach Abschn. 2 BSHG entwickelt haben. *Walter Schellhorn*

Ersatzansprüche → Erstattungs- und Ersatzansprüche

Ersatzdienst → Zivildienst

Ersatzfamilie → Pflegefamilie

Ersatzkrankenkasse → Krankenkasse

Ersatzmutter Mit diesem Begriff ist nicht – wie bisher gebräuchlich – die Pflege- oder Adoptivmutter gemeint, sondern die bisher im Sprachgebrauch so genannte Leihmutter. Der Gesetzgeber verwendet jedoch sowohl im Änderungsgesetz zum → Adoptionsvermittlungsgesetz (AdVermiG) vom 27. 11. 1989 als auch im Embryonenschutzgesetz (ESchG) vom 13. 12. 1990 den Begriff E. Gemeint ist hiermit eine Frau, die bei sich eine künstliche oder natürliche Befruchtung durchführen läßt oder einen nicht von ihr stammenden Embryo auf sich übertragen läßt und bereit ist oder sich zumindest bereit erklärt hat, das Kind nach der Geburt Dritten auf Dauer zu überlassen. Solche Verfahren wurden in einigen Ländern und auch in Deutschland in Einzelfällen seit Jahren praktiziert, um einem kinderlosen Paar zu einem Kind zu verhelfen, das genetisch zumindest von einem der Partner abstammt. Bedenken hiergegen zeigten sich jedoch schon bald. Was geschieht, wenn die E. nach Geburt des Kindes nicht mehr bereit ist, dieses den »Bestelleltern« zu überlassen? In der Bundesrepublik bestand allerdings in der Literatur rasch Einigkeit darüber, daß in solchen Fällen die Mutter, die selbst das Kind ausgetragen hat, nicht gezwungen werden kann, dieses herauszugeben. Man sah den zugrundeliegenden Vertrag als sittenwidrig und damit nichtig an.

Vor allem aber erschien aus der Sicht des Kindes eine solche gespaltene Mutterschaft als problematisch. Man weiß heute, daß der Embryo schon im Mutterleib lebhafte Sinneswahrnehmungen hat und u. a. auch dadurch enge Beziehungen zu der ihn austragenden Mutter entwickelt, die dann künstlich abgebrochen werden. Darüber hinaus haben Erfahrungen im Adoptionsbereich gezeigt, daß die → Identifikation des Menschen mit den leiblichen Eltern einen hohen Stellenwert hat. Mit welcher Mutter soll sich das Kind nun identifizieren? Mit der genetischen, die bei der zweiten Fallkonstellation auch die soziale Mutter wird, oder mit der leiblichen Mutter? Schließlich sah man Zuordnungsprobleme im Bereich der → elterlichen Sorge, wenn das möglicherweise behindert geborene Kind von beiden Müttern nicht gewollt werden sollte.

Alle diese Bedenken führten dazu, daß der Gesetzgeber zunächst die E.vermittlung im AdVermiG untersagt hat (§ 13c), und dann im ESchG (§ 1 Abs. 1 Nr. 7) die Vornahme der künstlichen Befruchtung zu diesem Zweck sowie die Übertragung eines fremden menschlichen Embryos auf eine Frau verboten hat. Die Verbotsregelungen können sich auf große Zustimmung in der Fachwelt stützen.

Lit. Liermann: Ersatzmutter. *Ingrid Baer*

Ersatzvornahme gehört zu den → Zwangsmitteln des Vollstreckungsrechts, geregelt in § 10 VwVG vom 27. 4. 1953 (BGBl. I S. 157) sowie in Polizei- und Vollstreckungsgesetzen der Länder. Die Vollstreckungsbehörde kann die E. als Zwangsmittel anordnen, wenn der Adressat eines → Verwaltungsaktes die Verpflichtung zu einer vertretbaren Handlung (die nicht nur er persönlich, sondern auch ein Dritter vornehmen kann) nicht rechtzeitig oder nicht vollständig erfüllt. Ein Dritter wird mit der Vornahme der Handlung auf Kosten des Pflichtigen beauftragt (E. i. e. S.). E. i. w. S.: Ausführung durch die anordnende Behörde selbst. Ohne Selbstvornahme durch die Behörde: die Kosten können nur nach Maßgabe der Verwaltungskostengesetze verlangt werden. Die Behörde kann von dem Pflichtigen die Kosten bereits dann verlangen, wenn die Vollziehung der E. angeordnet ist, also schon vor der Durchführung (BVerwG, in: DöV 1976, S. 317). Der beauftragte Dritte ist nach seinem privatrechtlichen Vertragsverhältnis mit der Behörde durch diese zu entlohnen. Die E. kann auch als Zwangsmittel der staatlichen Rechtsaufsicht gegenüber Gemeinden entsprechend den Gemeindeordnungen der Länder angewendet werden.

Lit. Hoffmann, W.: Ersatzvornahme.

Gerd Siekmann

Ersatzzeiten sind in der gesetzlichen → Rentenversicherung Zeiten ohne Beitragsleistung, in denen der Versicherte durch außergewöhnliche Umstände, die seinem Einfluß entzogen waren, an einer Beitragsleistung gehindert war. E. sind
– Zeiten des militärischen oder militärähnlichen Dienstes, der aufgrund gesetzlicher Dienst- und Wehrpflicht oder während eines Krieges geleistet worden ist, und einer anschließenden Krankheit oder unverschuldeten Arbeitslosigkeit;
– Zeiten des deutschen Minenräumdienstes nach dem 8. 5. 1945 sowie Zeiten einer anschließenden Krankheit oder einer unverschuldeten Arbeitslosigkeit;
– Zeiten der Internierung oder Verschleppung sowie Zeiten einer anschließenden Krankheit oder einer unverschuldeten Arbeitslosigkeit;
– Zeiten, in denen der Versicherte während oder nach dem Ende eines Krieges, ohne Kriegsteilnehmer zu sein, durch feindliche Maßnahmen an der Rückkehr aus dem Ausland verhindert gewesen oder dort festgehalten worden ist;
– Verfolgungszeiten sowie Zeiten einer anschließenden Krankheit oder einer unverschuldeten Arbeitslosigkeit und Zeiten eines Auslandsaufenthaltes bis 31. 12. 1949;
– Zeiten des Gewahrsams bei politischen Häftlingen sowie Zeiten einer anschließenden Krankheit oder einer unverschuldeten Arbeitslosigkeit;
– Zeiten eines Freiheitsentzugs im Beitrittsgebiet in der Zeit vom 8. 5. 1945 bis 30. 6. 1990, soweit eine auf Rehabilitierung oder Kassation erkennende Entscheidung ergangen ist sowie Zeiten einer anschließenden Krankheit oder einer unverschuldeten Arbeitslosigkeit;
– Zeiten der Vertreibung oder Flucht, mindestens aber der Zeit vom 1. 1. 1945 bis 31. 12. 1946 sowie Zeiten einer anschließenden Krankheit oder einer unverschuldeten Arbeitslosigkeit.
Ersatzzeiten können frühestens nach vollendetem 14. Lebensjahr und längstens bis zum 31. 12. 1991 angerechnet werden. Besondere Anrechnungsvoraussetzungen bestehen nicht.

Lit. s.: → Renten wegen Alters. *Rudolf Kolb*

Erstattungs- und Ersatzansprüche Leistet ein → Sozialleistungsträger, obwohl er letztlich nicht mit der Ausgleichspflicht belastet sein soll, so räumt ihm die Rechtsordnung regelmäßig einen Ersatza. gegen den letztlich Ausgleichspflichtigen ein. Bei diesem Ausgleichspflichtigen kann es sich um einen anderen Sozialleistungsträger, um einen Unterhaltspflichtigen (→ Unterhaltspflicht), um einen zum → Schadensersatz Verpflichteten oder auch um einen Arbeitgeber handeln. Der Ersatza. kann sich auch gegen den Leistungsempfänger selbst richten, wenn die Leistung zu Unrecht erfolgt ist und auch kein anderer Ausgleichspflichtiger vorhanden ist. Die stete Komplizierung des → Sozialrechts und das Nebeneinander verschiedener Träger führt dazu, daß die Fälle, in denen Ersatza. geltend gemacht werden, stark zunehmen. Hinzu kommt die sozialpolitisch berechtigte Forderung, daß bei einem sozialen Bedürfnis zunächst schnell Hilfe zu leisten ist, und zwar u. U. auch von einem letztlich nicht zuständigen Träger. Diese → Vorleistungspflicht bedingt aber zugleich wieder einen Ersatza. des vorleistenden Sozialleistungsträgers (vgl. § 43 → Sozialgesetzbuch – Allgemeiner Teil – [SGB I] und § 102 Sozialgesetzbuch – 10. Buch – [SGB X]).
Begrifflich spricht man neben Ersatza. auch von Erstattungsa. oder Ausgleichsansprüchen. Die Terminologie ist weder in der Praxis noch im Schrifttum eine einheitliche; häufig wird daher pauschal von Ersatza. und Erstattungsa. gesprochen.
Im gegenwärtigen Sozialrecht bestehen, wenn man es auf die juristische Konstruktion abhebt, drei verschiedene Typen von Ausgleichsansprüchen:
a) Selbständige Ausgleichsansprüche: Der Gesetzgeber räumt bisweilen dem Sozialleistungsträger einen eigenen Ersatza. ein, wie z. B. in § 50 SGB X für das Verhältnis des Leistungsträgers zu dem Empfänger, der eine Sozialleistung ohne rechtlichen Grund erhalten hat, oder §§ 102–105 SGB X, die dem Sozialleistungsträger, der bei bestehender Leistungspflicht eines anderen Trägers geleistet hat, einen selbständigen Ersatza. einräumen, der kraft Gesetzes entsteht.
b) Gesetzliche Anspruchsübergänge (cessio legis): Ein bestehender Anspruch des Leistungsempfängers auf Schadensersatz, Unterhalt, Lohnzahlung oder andere Sozialleistungen kann kraft Gesetzes auf den Sozialleistungsträger übergehen, der zunächst geleistet hat, ohne letztlich verpflichtet zu sein. Ein Beispiel eines solchen Übergangs ist § 116 SGB X.
c) Anspruchsübergänge kraft Überleitungsanzeige: Der Gesetzgeber hat z. T. die Möglichkeit vorgesehen, daß der zunächst leistende Sozialleistungsträger seine Aufwendungen dadurch ersetzt erhält, daß bestehende Ansprüche des Sozialleistungs-empfängers gegen Dritte, insbes. auch gegen andere Sozialleistungsträger, auf ihn übergehen und er Inhaber des Anspruchs wird. Ein Beispiel ist die Regelung des § 90 → Bundessozialhilfegesetz (BSHG), des § 27g → Bundesversorgungsgesetz (BVG) oder des § 140 → Arbeitsförderungsgesetz (AFG).
Ob diese Vielfalt verschiedener Anspruchstypen erhalten bleiben soll, ist umstritten. Das SGB X hat zwar eine gewisse Bereinigung hinsichtlich der Vielfalt verschiedener Ersatza. herbeigeführt, die Vielzahl der juristischen Konstruktionen ist letztlich aber nicht geändert worden.
Es sieht für die Erstattungsa. der Leistungsträger untereinander nunmehr einen einzigen Typus, den eigenständigen Erstattungsa., vor (§§ 102 ff. SGB X). In diesen Fällen beruht der Anspruch darauf, daß der Leistungsträger, der geleistet hat, letztlich nicht dazu verpflichtet war. Der Gesetzgeber hat insoweit erstmals auch die Rangfolge bei mehreren Erstattungsberechtigten geregelt (§ 106 SGB X). Von den Erstattungsa. und Ersatza. der Leistungsträger gegenüber Dritten sind im SGB X nur der Übergang des Lohnanspruchs gegen den Arbeitgeber (§ 115) und des Schadensersatzanspruches auf den leistenden Sozialleistungsträger (§ 116 SGB X) geregelt worden. Regelungen etwa für das Verhältnis des nachrangig verpflichteten Sozialleistungsträgers zum Unterhaltsverpflichteten fehlen.
Lit. Beuster u. a.: Ersatz- und Erstattungsansprüche; DV: Sozialhilferecht; Hanisch: Ersatzanspruch; Hebe: Ersatz- und Erstattungsansprüche; Maier, K.: Sozialhilfeträger; Maydell: Ersatz- und Erstattungsansprüche; Maydell u. a.: SGB X (Komm.); Rische: Ausgleichsansprüche.

Bernd von Maydell

Erstgespräch Die Anfangsphase der Zusammenarbeit zwischen → Sozialarbeiter/-innen und Klientel prägt entscheidend die Qualität beruflicher Praxis in vielen Arbeitsfeldern sozialer Arbeit. Als E. werden die ersten Gespräche in der → Einzel(fall)hilfe bezeichnet, die mit den Zielen geführt werden, die Zuständigkeit zu klären, wichtige Informationen auszutauschen, ein Vertrauensverhältnis aufzubauen, Anliegen, Ressourcen und wechselseitige Erwartungen in einer ersten Übersicht einzuschätzen und am gemeinsam erkannten Bedarf an einer Zusammenarbeit orientierte Absprachen oder Arbeitsbündnisse vorzubereiten. Bei entsprechenden Hinweisen sind → Krisenintervention vorrangig. Die E. finden meist in Räumlichkeiten → sozialer Dienste oder als – in aller Regel angekündigte – Hausbesuche statt.
Unterschiedliche Voraussetzungen auf seiten der Klienten/Klientinnen, insbesondere der Grad der Freiwilligkeit, beeinflussen

den Charakter des E. ebenso wie Qualifikation und berufliches Selbstverständnis der Sozialarbeiter/-innen sowie die Strukturen der sozialen Dienste, in denen die E. durchgeführt werden. Die im E. thematisierten → Lebenslagen der Klienten/Klientinnen werden tendenziell unter der Perspektive der Passung mit den Angeboten und organisatorischen Besonderheiten der sozialen Dienste wahrgenommen und kategorisiert. E. sind insofern der strategische Ort, an dem über die Inanspruchnahme sozialer Dienste wesentlich entschieden wird.

In Abhängigkeit der jeweiligen Voraussetzungen sind unterschiedliche Methoden der → Gesprächsführung für E. gefordert. So machen angeordnete E. eine andere Gesprächsführung notwendig als angebotene oder erbetene. Die Gesprächspartner/-innen im E. müssen nicht notwendig die Klienten/Klientinnen für die anschließende Zusammenarbeit sein. Zu regeln ist auch das situationsangemessene Umgehen mit den anfallenden Informationen (→ Aktenführung, -einsicht, → Datenschutz).

Gegenstand der E. sind Lebenslagen, die als komplex, dynamisch und intransparent bezeichnet werden können. Die für das Umgehen mit diesen Situationen nachgewiesenen typischen Fehler lassen sich auch in E. nachweisen. Wichtige Elemente der Gestaltung von E. sind u. a. das akzeptierende Eingehen auf die Ausgangslage der Klienten/Klientinnen, die Berücksichtigung der Komplexität miteinander vernetzter Faktoren, das Vermeiden voreiliger Diagnosen und direkter Ratschläge, Hinweise auf Möglichkeiten und Grenzen sozialer Arbeit, die Beachtung wichtiger Gesichtspunkte von → Empowerment und → Case Management. S. a. → Kontrakt.

Lit. Bittner: Klient; Kähler: Erstgespräche; Kähler: Komplexe Situationen; Wirth, W.: Inanspruchnahme. *Harro Dietrich Kähler*

Erwachsenenbildung ist der Name für das an den Freiheits- und Gleichheitsideen der Aufklärung sich orientierende gesellschaftliche Projekt der Subjektwerdung (→ Subjektivität) des Menschen durch Bildung (→ Bildung/Bildungswesen). Die dominierende Form, in der diese Aufgabe nach dem 2. Weltkrieg in der Bundesrepublik Deutschland institutionalisiert worden ist, ist die → Volkshochschule (VHS), der »Prototyp der E.« (Schulenberg).

Ohne Realitätsverleugnung läßt sich eine solche Sicht heute nicht mehr aufrechterhalten. Unübersehbar ist, daß eine weit über die Grenzen der VHS hinausreichende Bildungsgesellschaft (Kade) entsteht. Der Pluralismus von formellen und informellen, lokalen und zentralen, temporären und dauerhaften Institutionen, in denen die Bildungsansprüche von Organisationen, Gruppen und Individuen Gestalt annehmen, läßt folgende Entwicklungen erkennen: Die etablierten Bildungsinstitutionen werden ausgebaut, und es entstehen in öffentlicher und privater Trägerschaft eine Vielzahl, z. T. auf besondere Themenbereiche spezialisierte, Bildungsinstitutionen. Zugleich verwischen sich die Grenzen der E. zu anderen Institutionen hin. Neben Bildungsveranstaltungen werden therapeutische, Freizeit-, Kultur- und politische Veranstaltungen angeboten. Auch wandert die E. über die Bereiche der Kirchen, Betriebe, Gewerkschaften und Parteien hinaus in andere gesellschaftliche Handlungskontexte ein. Ob dies Merkblätter von Gesundheitsministerien für Erwachsene sind, die beim Schularzt ausliegen, Expertenrunden im Fernsehen, multikulturelle Weiterbildung für Manager oder theater- und museumspädagogische Aktivitäten, immer sind es Mischformen, in denen E., i.d.R. gar nicht mehr als eine solche erkenn- und erfahrbar, stattfindet. Immer neue, teils merkwürdige, teils wesentliche Lebensbereiche und Erfahrungen werden zum Inhalt von offenen oder verdeckten Bildungsveranstaltungen. Das thematische Spektrum reicht von der Geburt bis zum Tode, vom Intimsten bis zur Weltpolitik, von der Arbeit bis zur Freizeit, vom Geist bis zum Körper usw.

Davon unterschieden sind Institutionalisierungsformen, in denen die E. aus lebensweltlichen Zusammenhängen oder politisch und kulturell motivierten sozialen Bewegungen herauswächst. Eine ausgeprägte Personabhängigkeit und Milieubezogenheit ist charakteristisch für diese Formen. Die E. wird hier gleichsam von unten auf den Weg gebracht. Es entstehen »dynamisierte Institutionalisierungsformen« (Becher u.a.), die aufgrund ihrer Spezialisierung auf Teilaspekte von → Weiterbildung erheblich konsequenter die Persönlichkeitsstruktur und die biographisch erworbenen Lebenserfahrungen sowohl der Teilnehmer wie der Bildungsanbieter zum organisierenden Prinzip erheben können, als dies die herkömmlichen Institutionalformen vermöchten.

Und schließlich wird E. zum Teil der (Alltags-)Kultur. Als solche ist sie universeller Bezugspunkt unterschiedlichster Arten gesellschaftlicher und individueller Praxis. E. bekommt die Funktion eines für die Lösung mannigfaltiger Probleme tauglichen und zudem noch billigen Mittels. Und sie wird zum Teil der kulturellen Infrastruktur von Biographien. Das individuelle Leben wird von vornherein im Rahmen und im Blick auf Bildungsangebote erfahren und gestaltet. Diese Pädagogisierung der Gesellschaft, in deren Verlauf immer neue Bereiche des Erwachsenenlebens pädagogischem Einfluß ausgesetzt werden, geht teilweise einher mit einer Entpädagogisierung der E.institutionen. Sie wandeln sich von Lehr-Lern- zu Kulturinstitutionen, die über die Wissensvermittlung hinaus zum Ort von Identitäts-

bildung und Geselligkeit werden, angebunden oft an die Möglichkeit, alternativ zum Beruf tätig zu sein. Die dabei praktizierten Vermittlungs- und Arbeitsformen unterscheiden sich oft nicht mehr grundlegend von denen, die alltäglich oder in den jeweilen Berufs- bzw. Lebensphären angewandt werden. In den institutionellen Rahmen der E. wird authentische kulturelle Praxis hereingenommen und mit pädagogischen Handlungsformen verknüpft. Die Bedeutung der E. wird in der Zukunft zum einen darin liegen, authentische Orte der Vermittlung unterschiedlichster individueller Erfahrungen zu schaffen, d. h. soziokulturelle und politisch bedeutsame Öffentlichkeiten (Kade u. a.). Zum anderen wird sie mit ihren vielfältigen, an Biographien und individuelle Lebenslagen angepaßten Angeboten eine zentrale Unterstützung lebenslangen Lernens (Kade/Seitter; Meier/Rabe-Kleberg) sein, und zwar durch die Vermittlung von »Überlebenswissen« und kulturellen Orientierungen ebenso wie durch die Vermittlung von beruflichem Fachwissen und sozialer Kompetenz. Sozialer Wandel und die Modernisierung betrieblicher Arbeitsabläufe wie Organisationsstrukturen führen gegenwärtig zu einem wachsenden inner- und außerbetrieblichem Angebot beruflicher → Fortbildung.
S. a. → Feministische Bildungsarbeit.
Lit. Becher, M. u. a.: Weiterbildung; Kade: Erwachsenenbildung; Kade: Universalisierung; Kade u. a.: Gegenwart; Kade: Lernen; Meier, A. u. a.: Weiterbildung; Schulenberg: Erwachsenenbildung. *Jochen Kade*

Erwerbstätige → Mehrbedarf

Erwerbstätige Mütter → Familie

Erwerbsunfähigkeitsrente wird aus der gesetzlichen → Rentenversicherung gewährt, wenn der Versicherte erwerbsunfähig ist, in den letzten 5 Jahren vor Eintritt der Erwerbsunfähigkeit 3 Jahre Pflichtbeitragszeiten hat und die allgemeine → Wartezeit von 5 Jahren erfüllt ist. Anspruch auf E. haben auch Versicherte, die bereits vor Erfüllung der allgemeinen Wartezeit von 5 Jahren erwerbsunfähig waren und seitdem ununterbrochen erwerbsunfähig sind, soweit sie die Wartezeit von 20 Jahren erfüllt haben. Diese Regelung ist insbes. für Personen bedeutsam, die seit Geburt (z. B. als → Behinderte) erwerbsunfähig sind, und solche, die frühzeitig erwerbsunfähig wurden. Diese Personen können durch Pflichtbeiträge z. B. während einer Beschäftigung in einer geschützten Einrichtung und durch freiwillige Beiträge die Wartezeit von 20 Jahren erfüllen. Eine Pflichtbeitragsleistung von 3 Jahren in den letzten 5 Jahren vor Eintritt der Erwerbsunfähigkeit bzw. vor Antragstellung ist für diesen Personenkreis nicht erforderlich.

Erwerbsunfähig sind Versicherte, die wegen → Krankheit oder Behinderung auf nicht absehbare Zeit außerstande sind, eine Erwerbstätigkeit in gewisser Regelmäßigkeit auszuüben oder Arbeitsentgelt oder Arbeitseinkommen zu erzielen, das ein Siebtel der monatlichen Bezugsgröße (1996 = 590 DM monatlich in den alten Bundesländern) übersteigt. Erwerbsunfähig ist nicht, wer eine selbständige Tätigkeit ausübt.
Der Zeitraum von 5 Jahren vor Eintritt der Erwerbsunfähigkeit verlängert sich um → Anrechnungszeiten, Zeiten des Bezuges einer Rente wegen verminderter Erwerbsfähigkeit, Berücksichtigungszeiten sowie Zeiten, die nur deshalb keine Anrechnungszeiten sind, weil durch sie eine versicherte Beschäftigung oder selbständige Tätigkeit nicht unterbrochen ist. Die Pflichtbeitragszeit von 3 Jahren in den letzten 5 Jahren vor Eintritt der Erwerbsunfähigkeit muß nicht nachgewiesen werden, wenn die Erwerbsunfähigkeit aufgrund eines Tatbestandes eingetreten ist, durch den die allgemeine Wartezeit von 5 Jahren vorzeitig als erfüllt gilt (z. B. → Arbeitsunfall). Eine Pflichtbeitragszeit vor Eintritt der Erwerbsunfähigkeit ist ferner für Versicherte nicht erforderlich, die vor dem 1. 1. 1984 die Wartezeit erfüllt haben, wenn jeder Kalendermonat vom 1. 1. 1984 bis zum Kalendermonat vor Eintritt der Erwerbsunfähigkeit mit Anwartschaftserhaltungszeiten (z. B. Beitragszeiten, Anrechnungszeiten, Berücksichtigungszeiten) belegt ist.
Die Erwerbsunfähigkeit ist gegenüber der Berufsunfähigkeit die größere Minderung der Erwerbsfähigkeit. Nach der Rechtsprechung (BSGE 43, 75) ist auch der Versicherte erwerbsunfähig, der an sich nur die Voraussetzungen für eine → Berufsunfähigkeitsrente erfüllt, dem aber ein zumutbarer Teilzeitarbeitsplatz nicht angeboten werden kann (konkrete Betrachtungsweise).
Die E. beginnt mit dem Kalendermonat, zu dessen Beginn die Anspruchsvoraussetzungen für die Rente erfüllt sind. Voraussetzung hierfür ist jedoch, daß der Rentenantrag innerhalb von drei Kalendermonaten nach Ablauf des Monats gestellt wird, in dem die Anspruchsvoraussetzungen vorliegen. Wird die Rente erst später beantragt, beginnt die Rente mit dem Antragsmonat.
Der Begriff der Erwerbsunfähigkeit wurde durch die Rentenversicherungs-Neuregelungsgesetze des Jahres 1957 eingeführt. Das Verhältnis der Zahl der E. zu der Zahl der Berufsunfähigkeitsrenten hat sich seitdem, insbes. seit der konkreten Betrachtungsweise des Bundessozialgerichts (erstmalig im Jahre 1969), zugunsten des Anteils der E. geändert. Der Bereich der Berufs- und Erwerbsunfähigkeitsrenten wird daher als dringend reformbedürftig erachtet. Die einschränkenden, seit 1. 1. 1996 geltenden Leistungsvoraussetzungen schrei-

ben lediglich den bestehenden Rechtszustand fest, so daß durch die Rechtsprechung keine Anspruchserweiterung mehr geschaffen werden kann.
Lit. s.: → Renten wegen Alters. *Rudolf Kolb*

Erzieher/-in Der Beruf des E. ist aus drei ursprünglich getrennten Berufen entstanden. Während die Berufe Kindergärtnerin und Hortnerin 1928 vereinigt wurden, kam es zur Zusammenfassung von diesen und dem Beruf des Heim-E. zwischen 1962 und 1972 (→ Fachschulen).
E. werden i. d. R. nach einem mittleren Bildungsabschluß und abgeschlossener Berufsausbildung oder einer je nach Bundesland ein- oder zweijährigen geeigneten praktischen Tätigkeit in einer sozialpädagogischen Einrichtung an einer Fachschule für Sozialpädagogik (in Bayern Fachakademie) ausgebildet. Die Ausbildung in Vollzeitform dauert i. d. R. 3 Jahre: zweijährige schulische Ausbildung und einjähriges Berufspraktikum (→ Praktikum).
E. haben zur Unterstützung, Ergänzung oder als Ersatz von Elternhaus Kinder und Jugendliche in altersgemäßer Form in ihrer Entwicklung zu fördern. Dabei hat sich das Schwergewicht der Arbeit zunehmend von den mehr fürsorgerischen und bewahrenden Aufgaben bei Kindern und Jugendlichen, deren Entwicklung gestört oder gefährdet ist, hin zu bewußter und gezielter Bildung und Förderung für alle Kinder und Jugendlichen verlagert. Aufgabe des Erziehers ist es dabei, die Kinder und Jugendlichen zu Selbsterfahrung und Selbstvertrauen, Selbstbestimmung und Selbstverwirklichung zu führen, zu gemeinschaftlichem und sozialverantwortlichem → Verhalten anzuhalten, ihre Entscheidungsfreudigkeit, ihre Lernbereitschaft und ihr kritisches Urteilsvermögen zu stärken und sie zu geistiger Beweglichkeit und schöpferischem Tun anzuregen. Hierzu arbeiten sie mit Eltern und anderen Bezugspersonen, mit pädagogischen, sozialpädagogischen und sozialen → Fachkräften in Schulen, Ausbildungsstellen, → sozialen Diensten und → Einrichtungen im Gemeinwesen zusammen.
E. sind – als Gruppen-E. bzw. Gruppenleiter – tätig im vorschulischen Bereich, in Einrichtungen der außerschulischen Kinder- und → Jugendarbeit, der Erziehungshilfe, des → Gesundheitswesens und der → Rehabilitation sowie z. T. auch in der sozialpädagogischen Familienhilfe (→ Familienhilfe, sozialpädagogische). Die zugrundeliegende breit angelegte Ausbildung bedarf jedoch der Spezifizierung durch → Fortbildung.
Obwohl die Ausbildung in den meisten anderen Staaten spezialisierter angelegt ist, ist zwischen den EG-Mitgliedsstaaten die wechselseitige Anerkennung inzwischen geregelt. Die in der früheren DDR erworbenen speziellen Erzieherqualifikationen für Krippe, Kindergarten, Hort, Jugendarbeit oder Heimerziehung werden inzwischen voll anerkannt, sofern eine erfolgreiche sog. Anpassungsfortbildung nachgewiesen werden kann.
Der E.beruf ist auch wegen seiner niedrigen Bezahlung, geringen öffentlichen Wertschätzung und begrenzten beruflichen Perspektiven immer noch ein fast reiner Frauenberuf (ca. 95%), obwohl Männer in den sozialpädagogischen Einrichtungen dringend benötigt würden.
Im E.beruf wird in den letzten Jahren zunehmend auch von Frauen nach längerfristigen Berufsperspektiven gefragt (durchschnittliche Verweildauer im Beruf in den alten Bundesländern inzwischen ca. 10 Jahre). Hierbei erweist es sich als Problem, daß es für E. kaum berufliche Aufstiegsmöglichkeiten gibt und viele interessante Positionen anderen Professionen vorbehalten sind (z. B. Sozialpädagogen, → Heilpädagogen), die ein zusätzliches Studium oder mehrjährige Weiterbildung erfordern. Auch gibt es noch viel zu wenig Arbeitsplätze und Fortbildungen, die den Möglichkeiten und Grenzen älterer E. Rechnung tragen.
Die Attraktivität dieses Berufes wird in Zukunft entscheidend davon abhängen, ob es gelingt, die Arbeitsbedingungen und Berufsperspektiven so zu gestalten, daß die E. zukünftig länger im Beruf verweilen. In den alten Bundesländern wird es voraussichtlich noch etwa bis zum Jahr 2005 noch viele arbeitslose E. geben, zum einen durch die Reduzierung der sozialpädagogischen Angebote bes. für Kinder, zum anderen durch die deutlich längere Verweildauer im E.beruf.
Lit. BA: Erzieher; Böhnisch, L. u. a.: Jugendarbeit; Bundesvereinigung ev. Kindertagesstätten: Erzieher; Derschau: Erzieher; Ebert, S.: Berufliche Situation; Flosdorf: Erziehungshilfe; Heller u. a.: Selbstverständnis; Rauschenbach u. a.: Erzieherin.
Dietrich von Derschau

Erzieherischer Bedarf (eB) Der Begriff taucht im → Kinder- und Jugendhilfegesetz (KJHG – SGB VIII) selbst nicht auf. Er stammt aus § 6 Abs. 1 → Jugendwohlfahrtsgesetz (JWG), wo als Voraussetzung für den individuellen → Rechtsanspruch auf Hilfen zusammenfassend der Begriff eB geprägt wurde. Ein solcher wurde angenommen, wenn die »familiäre Erziehung defizitär« sei. Als Eingangsnorm der individuellen → Hilfen zur Erziehung (HzE) formuliert § 27 KJHG als Voraussetzung, daß ein Anspruch existiert, »wenn eine dem Wohl des Kindes oder des Jugendlichen entsprechende Erziehung nicht gewährleistet ist«. Hierfür wird als »Kürzel« weiterhin der Begriff eB gebraucht. Entsprechend des § 27 KJHG kommt es nicht mehr entscheidend auf ausschließlich individuell zu ermittelnden Bedarf an, sondern darauf, ob

die konkrete Lebenssituation der Minderjährigen durch Mangel oder → soziale Benachteiligung gekennzeichnet ist. Hinzukommen muß, daß das gegenwärtige Sozialisationsfeld des Minderjährigen nicht in der Lage ist, aus eigenen Kräften diese Mangel- und Defizitsituation abzubauen, so daß erzieherische Hilfsbedürftigkeit, eB, besteht. Grundlage für die Feststellung des eB ist regelmäßig die fachlich-sozialpädagogische Stellungnahme der Fachkräte des → Jugendamtes (JA). Bei voraussichtlich längeren Hilfen ist nach § 36 KJHG ein entsprechendes Hilfeplanverfahren vorgeschrieben. Die fachlich-sozialpädagogischen Stellungnahmen und die Konkretisierung im → Hilfeplan haben faktisch anspruchsbegründende Wirkung für den Rechtsanspruch auf Hilfe zur Erziehung. Als Tatbestandsvoraussetzung ist der eB – die Tatsache, daß eine dem Wohl des Kindes (→ Kindeswohl) oder Jugendlichen entsprechende Erziehung nicht gewährleistet ist – Rechtsfrage und damit von den → Verwaltungsgerichten voll überprüfbar. Liegen die Voraussetzungen des § 27 Abs. 1 KJHG vor, besteht also ein eB, so ist damit die Voraussetzung des individuellen Rechtsanspruchs auf Hilfe zur Erziehung erfüllt. Es handelt sich um einen zwingenden Rechtsanspruch, der als solcher nicht an finanzielle Maßgaben (Haushaltsmittel, Noch-vorhanden-sein von Mitteln u. ä.) gebunden ist. Welche der in §§ 28 ff. KJHG beispielhaft aufgezählten Hilfen zur Erziehung dann die geeignete und notwendige ist, ist nach Feststellung des eB gesondert in einem weiteren Schritt zu prüfen.
Lit. Münder: Einführung; Münder u.a.: KJHG (Komm.); Münder: Jugendhilferecht; Wiesner u.a.: SGB VIII.

Johannes Münder

Erziehung Unter »E.« versteht man »die Summe der Reaktionen einer Gesellschaft auf die Entwicklungstatsache« (Bernfeld), also angeleitete Lernprozesse als → Interaktion von Subjekten und das darauf bezügliche und daraufhin institutionalisierte Teilfeld bzw. Subsystem gesellschaftlicher Praxis. Im Laufe menschlicher Geschichte hat dieses System, von Naturwüchsigkeit ausgehend, verschiedene Grade von Organisiertheit, Institutionalisiertheit und »Vergesellschaftung« angenommen.
Im naturwüchsigen Zustand bzw. im naturwüchsigen Anteil, der selbstverständlich auch heutiger E. und → Sozialisation noch zu eigen ist, sind diese ein Nebenprodukt des allgemeinen Lebenszusammenhangs, also der sozialen, interaktiven Beziehungen in den Dimensionen Arbeit, → Interaktion und Sprache. Insofern bewegt sich E. – historisch allerdings in quantitativ wechselnden Anteilen – zwischen den Polen von Funktionalität und Intentionalität (»funktionale Erziehung« und »intentionale Erziehung«). E. als Teil des Reproduktionsprozesses der → Gesellschaft ist immer bestimmt durch historische Wandlungsprozesse und die materiellen und kulturellen, politischen und sonstigen Bedingungen des jeweiligen Gesellschaftssystems, die ihrerseits auch wieder durch E. bzw. die spezifischen Bedingungen und Zustände des E.systems beeinflußt werden können. Damit ist zugleich ausgesagt, daß E. keineswegs eine gesellschaftlich freischwebende, idealistisch und dezisionistisch beliebig begründbare Aktivität ist, sondern vielmehr ein bedingter und bedingender Faktor im gesellschaftlich-historischen Entwicklungs-, Auseinandersetzungs- und Entscheidungsprozeß, jederzeit und durchgängig verbunden mit Formen und Bedingungen gesellschaftlicher Herrschaft und Macht.
Im historischen Wandel unterliegt E. verschiedenen Entwicklungsprozessen und Entwicklungstendenzen: »Vergesellschaftung« meint die wachsende und noch weiter zunehmende Übernahme von Funktionen des E.prozesses der nachwachsenden Generation durch gesellschaftlich organisierte Träger und Institutionen, hängt also mit der wachsenden Differenzierung und Arbeitsteiligkeit gesellschaftlicher Strukturen und Gruppen und der Institutionalisierung gesellschaftlicher Funktionen und Prozesse allgemein zusammen. Darunter fällt z.B. die zunehmende Übernahme ursprünglich von der → Familie und anderen Primär-Gruppen geleisteter E.- und Sozialisationsaufgaben durch gesellschaftliche Trägerinstitutionen wie Schule, außerschulische → Jugendarbeit, die staatlich und kommunal regulierte und verwaltete → Jugendhilfe, die Berufsausbildung in Betrieben und beruflichen Schulen usw. Für viele Bereiche, Aufgaben und Funktionen der E. hat sich aus einer ursprünglichen »Naturform« eine organisierte, institutionalisierte und z.T. technologisch rationalisierte »Kunstform« (Keilhacker) entwickelt, z.B. Nachbarschaftsspielgruppen von Kleinkindern, → Kindergarten, Schulen und Berufsausbildungsstätten usw. Mit der Ausdifferenzierung unterschiedlicher, z.T. gesellschaftlich organisierter E.träger und E.institutionen – wie Familie, Schule, außerschulische Jugendarbeit, kommunale → Jugendpflege, Jugendverbandsarbeit (→ Jugendverbände) usw. – entsteht aus dem Faktum der Interdependenz der am gleichen Gesamtprozeß mitwirkenden Träger und Institutionen das Problem ihrer Interaktion, die von gleichgültigem Nebeneinander und wechselseitigem Desinteresse über Konkurrenz, Rivalität und Konflikt bis zu konstruktiver Kooperation reichen kann. Diese sog. »Interaktions- und Kooperationsmodi« (Pfaffenberger) bedürfen weiterer theoretischer und praktischer Bemühungen, um die Gesamtwirkung aller E.- und Sozialisationsprozesse konstruktiv und positiv zu beeinflussen.

Als Relationsmodi von verschiedenen Trägern, Institutionen, Funktionen und Wirkungen im Gesamtfeld der E. können etwa folgende benannt werden: – Vertiefung, d. h. bestimmte Lernprozesse werden durch gleichsinnige E.prozesse in verschiedenen Institutionen verstärkt; – Ergänzung, d. h. durch weitere E.institutionen werden zusätzliche Lernmöglichkeiten komplementär zu anderen »Lernorten« geboten, z. B. im Kindergarten in Ergänzung zur Kleinfamilie; – Ausgleich, d. h. Einseitigkeiten und Defizite, die bis zu drohender Entwicklungsgefährdung oder Fehlentwicklung wirken können, werden in anderen E.institutionen behoben; – Korrektur, d. h. bereits eingetretene Entwicklungsgefährdungen und Fehlentwicklungen werden durch andere E.institutionen korrigiert, z. B. Schäden aus dem Bereich der Primärgruppe Familie durch Beratung und Behandlung in Ehe-, Familien- (→ Eheberatung, → Familienberatung) und Erziehungsberatungsstellen (→ Erziehungsberatung); – Stützung und Unterstützung, d. h. primäre E.institutionen, besonders die Familie, werden durch anderweitige → Einrichtungen und Veranstaltungen gestützt und unterstützt, z. B. durch → Elternarbeit sozialpädagogischer Einrichtungen (→ Familienhilfe, sozialpädagogische), in der Elternschule usw.; – Ersetzung, d. h. die primäre E.institution Familie wird durch Pflege- oder Adoptiveltern, durch das Heim, durch Jugendwohnkollektive usw. ersetzt (→ Pflegekinderbereich, → Heimerziehung, → Wohngemeinschaften/Wohngruppen für Jugendliche).

Nach dieser jeweiligen Beziehung zur Primärgruppe Familie werden die sozialpädagogischen Einrichtungen und ihre Aufgaben als familienergänzende (z. B. Kindergarten, Kindertagesstätte usw.), familienersetzende (Vollheime, Ersatze.) und familienstützende und -unterstützende (E.beratungsstelle, → Familienfürsorge, → Familienbildung, Elternschule usw.) kategorisiert (→ Familienunterstützende und -ergänzende Hilfen).

Die im gesellschaftlich-historischen Entwicklungsprozeß entstandene Pluralität und Widersprüchlichkeit der verschiedenen E.institutionen läßt folgende thesenhaften Aussagen zu: a) Im jetzigen Entwicklungsstadium sind nicht mehr alle E. und Sozialisation und alle erforderlichen Lernleistungen in einer Institution organisierbar. b) Die jeweiligen institutionsspezifischen Aufgaben und Funktionen sind nur im Kontext der Gesamtheit von E.institutionen und in ihrer wechselseitigen Relation zu bestimmen. c) Dieser uneinheitliche und widersprüchliche Status des Ensembles aller E.institutionen ist Belastung und Gefährdung für die zu Erziehenden, für die Erzieher und für den E.prozeß selbst. d) Er ist aber auch Chance, nämlich als Spielraum für Autonomie und eigene Entscheidungen und als Voraussetzung für Emanzipationsprozesse in der Distanzierungsmöglichkeit des Individuums von den Institutionen. Auf das Verhältnis Familie – Schule bzw. Schule – außerschulische Jugendarbeit angewendet kann das etwa bedeuten: »Schule ist im Prinzip auch die Befreiung der Heranwachsenden aus der Totalität der Familie.« Daraus folgt, »daß... die Aufsaugung der Jugendarbeit durch die Ganztagsschule eine Fehlkonstruktion« wäre, da die »reduzierte Funktionsbestimmung der Schule die Existenz außerschulischer Bildungseinrichtungen geradezu voraussetzt« (Giesecke).

Insofern E. die »Reaktion einer Gesellschaft auf die Entwicklungstatsache« (Bernfeld) ist, ist sie natürlich auch in bezug auf Lebensphasen und Lebenskarrieren zu differenzieren (→ Vorschulerziehung, → Elementarerziehung, E. im Primar- und Sekundarbereich, außerschulische → Jugendbildung, Berufse., → Erwachsenenbildung, Lernen im Erwachsenenalter, Altenbildung: Gerontagogik usw., d. h., sie ist keineswegs nur auf Kindheit und Jugend, sondern auf alle Lebensphasen bezogen). Auch in bezug auf → Schichten und → Klassen (→ Schichtspezifische Erziehung), die Geschlechter (→ Koedukation, Mädchenbildung, Frauenbildung), besondere Adressaten und Aufgaben (→ Kompensatorische Erziehung, → Sonderpädagogik, → Heilpädagogik, → Öffentliche Erziehung, interkulturelle E. usw.) ergeben sich Differenzierungen, wobei die differenzielle Verwendung von -erziehung, -bildung, -ausbildung, -sozialisation im allgemeinen nur Sprachgewohnheiten und -traditionen, höchstens aber unterschiedliche Akzentuierungen des Bedeutungsgehalts anzeigt.

E. als Prozeß läßt sich differenzieren in die Dimensionen: als Reproduktion der Gesellschaft – als Interaktion – als kommunikatives Handeln (Mollenhauer). E. hat (wie Sozialisation) eine Doppelfunktion, nämlich eine gesellschaftliche (Reproduktion der Gesellschaft) und eine personale (Aufbau der individuellen → Persönlichkeit) und bewegt sich im Spannungsverhältnis von Reproduktion und Innovation, Systemstabilisierung und Systemveränderung. Funktionen der E. bzw. des E.systems bzw. der einzelnen E.institutionen sind: – Integration, Legitimation, Sicherung der Massenloyalität; – → soziale Kontrolle, Konformitätssicherung; – Qualifikation; – Reproduktion der Arbeitskraft; – Allokation und Selektion; wobei verschiedene E.institutionen diese Funktionen mit unterschiedlichen Anteilen und Schwerpunkten abdecken. Neben diesen externen Funktionen stehen aber auch interne oder Eigen-Funktionen, das sind Funktionen der Selbstproduktion. Funktionsanalyse als Ideologiekritik hat vor allem handlungsleitende Interessen, z. B. die, die Herrschaftssicherung und Absicherung von geltenden → Normen usw.

Erziehung, Hilfe zur

der ideologischen Verschleierung zu entziehen.
E. als individuelles und gesellschaftliches Handlungssystem wird bestimmt von Absichten und Zwecken der Handlungsträger, setzt bestimmte Mittel und Vorgehensweisen (Methoden, Interventionen, Strategien) ein und führt zu bestimmten Folgen und Wirkungen. Auch hier sind oft manifeste und latente Prozesse, intendierte und tatsächliche Folgen und Wirkungen weit differierend. Hier spielen auf individueller Ebene → Vorurteile, Selbsttäuschungen, »blinde Flecke« und Idiosynkrasien eine ähnliche Rolle wie Ideologien auf der gesellschaftlichen Ebene.
Viel ist von der Krise bzw. dem Krisenbewußtsein der E. (auch der → Erziehungswissenschaft) die Rede: entweder in einer kulturkritischen Variante, wie es schon die Redeweise vom »Unbehagen an der Kultur« (S. Freud) und damit auch an der E. aussagte, bzw. in einer gesellschaftstheoretischen und gesellschaftskritischen Variante, in der die Krise der E. nur ein Teilaspekt und Teilsektor einer prinzipiellen Krisenhaftigkeit und Krisenhaftigkeit der gesellschaftlichen Gesamtentwicklung ist. Die vorgeschlagenen Gegenmittel sind von unterschiedlicher Reichweite und Umfang: von inselhaften Alternativen über die »Entinstitutionalisierung« bis zur schrittweisen Reform oder noch tiefgreifenderen und umwälzenderen Gesellschaftsveränderungen. Ohne solche Kritik und daraus entwickelte Vorschläge zu Reformen oder konstruktiven Alternativen ist die Diskussion um E. heute nicht mehr denkbar, das E.system wäre ohne sie aber auch in der Sache nicht mehr weiter entwickelbar (»Optimierung«).
Lit. Beck, J. u. a.: Erziehung; Bernfeld: Sisyphus; Brezinka: Absicht; Brezinka: Lebenshilfe; Fend: Bedingungen; Fend: Sozialisierung; Giesecke: Sozialpädagogik; Groddeck: Lernprozesse; Gröll: Erziehung; Hurrelmann: Erziehungssystem; Keilhakker: Erziehungsformen; Klafki u. a.: Erziehungswissenschaft; Mollenhauer: Erziehung; Mollenhauer: Erziehungsprozeß; Nyssen: Schule; Nyssen: Schulkritik; Pfaffenberger: Schule; Pfaffenberger: Sozialpädagogik; Roeder: Erziehung; Treml: Erziehung; Ulich, D.: Interaktion; Vogel, M. R.: Erziehung. *Hans Pfaffenberger*

Erziehung, Hilfe zur → Hilfe zur Erziehung (HzE)

Erziehungsanspruch versteht sich seit dem → Jugendwohlfahrtsgesetz als generelle Bezeichnung für unterschiedliche Rechte. Kinder und Jugendliche (→ Altersstufen im Recht) haben ein Recht auf → Erziehung i. S. v. »erzogen werden«, Eltern i. S. v. »erziehen«. Eltern und Kinder haben aber keinen Anspruch i. e. S. (= Recht, von einem anderen ein Tun oder Unterlassen zu verlangen; § 194 → Bürgerliches Gesetzbuch [BGB].

1. § 1 Abs. 1 des → Kinder- und Jugendhilfegesetzes (KJHG – SGB VIII) erkennt als Grundnorm zwar jedem jungen Menschen ein »Recht (auf Förderung seiner Entwicklung und) auf Erziehung zu einer eigenverantwortlichen und gemeinschaftsfähigen Persönlichkeit« zu. Es kann jedoch von ihm nicht eingeklagt werden, und zwar weder gegen den »Staat« (hier den Träger der öffentlichen → Jugendhilfe), noch gegen die Eltern; ein Urteil auf Erziehung wäre auch nicht vollstreckbar.
2. Das natürliche Recht der Eltern auf Pflege und Erziehung der Kinder nach Art. 6 Abs. 2 → Grundgesetz (GG) = § 1 Abs. 2 KJHG (→ Elternrecht) hat ebensowenig Anspruchscharakter. Dank ihrer Grundrechtsposition können Eltern sich als Inhaber des Personensorgerechts nach §§ 1626 ff. BGB (→ Personensorge) zwar gegen evtl. staatliche Übergriffe in ihr Erziehungsrecht (Erziehungsverantwortung) wehren, können jedoch nicht umgekehrt unmittelbar »Erziehung« fordern.
3. Junge Menschen und Personensorgeberechtigte haben nach § 8 SGB I (→ Sozialgesetzbuch [SGB]) im Rahmen des SGB ein Recht, Leistungen der öffentlichen Jugendhilfe in Anspruch zu nehmen (soziales Recht nach § 2 SGB I), die ihre Entwicklung fördern sowie die Erziehung in der → Familie unterstützen und ergänzen sollen. Dementsprechend haben personensorgeberechtigte Eltern nach § 27 Abs. 1 KJHG einen → Rechtsanspruch zwar nicht auf Erziehung, wohl aber auf → Hilfe zur Erziehung (HzE) für ihre Kinder in den differenzierten Arten der §§ 27 ff. KJHG, den sie gegen den örtlichen Träger der öffentlichen Jugendhilfe (→ Jugendamt [JA]) einklagen können (zum früheren Anspruch gegen den überörtlichen Träger [→ Landesjugendamt] s. → Freiwillige Erziehungshilfe [FEH]). Den Kindern und Jugendlichen wird auch dieser Anspruch nicht unmittelbar zuerkannt. Der Gesetzgeber hat den subsidiären (hilfsweisen, wenn nicht von der Familie erfüllten) Anspruch des Kindes oder Jugendlichen auf HzE nach § 1 Abs. 3 RJWG/WG aus verfassungsrechtlichen Bedenken (Verstoß gegen das o. g. Elternrecht) entgegen u. a. vom Bundesrat erhobenen Forderungen nicht wieder aufgenommen.
Lit. Böckenförde: Elternrecht; Jans u. a.: Kinder- und Jugendhilferecht (Komm.); Ossenbühl: Erziehungskompetenz; Würtenberger: Erziehung. *Günter Happe*

Erziehungsbeihilfe → Bundesversorgungsgesetz (BVG)

Erziehungsbeistand und → Betreuungshelfer sollen durch offene erzieherische Hilfe nach § 30 des → Kinder- und Jugendhilfegesetzes (KJHG – SGB VIII) ein Kind oder einen Jugendlichen (→ Altersstufen im Recht) bei der Bewältigung von Entwicklungsproblemen möglichst unter Einbeziehung des → sozialen Umfelds unterstützen und unter Erhaltung des Lebensbezugs zur → Familie seine Verselbständigung fördern. Auf diese langfristigen → Hilfen zur Erziehung (HzE) haben die Personensorgeberechtigten (→ Erziehungsberechtigter) erforderlichenfalls nach § 27 KJHG – SGB VIII einen → Rechtsanspruch. Die Erfolgsaussicht der Hilfe hängt wesentlich von der Mitwirkungsbereitschaft der jungen Menschen ab. In § 36 KJHG – SGB VIII sind Mitwirkungsrechte, in §§ 61ff. des Allg. Teils des → Sozialgesetzbuchs (SGB I) Mitwirkungspflichten festgelegt. Die Erfahrung zeigt, daß diese HzE i.d.R. die hauptamtliche sozialpädagogische → Fachkraft erfordert. E. und Betreuungshelfer sind entsprechend zumeist beim → Jugendamt (JA) oder einem Wohlfahrtsverband, also bei öffentlichen oder freien → Jugendhilfeträgern, angestellt.

Der E. geht auf die schon um 1900 von der → Jugendhilfe und den → Vormundschaftsgerichten (VormSchG) bei → Verwahrlosung oder Gefährdung von Minderjährigen (→ Minderjährigkeit) eingeführte Schutzaufsicht zurück und wurde i.d.S. in §§ 56 bis 61 des Reichsjugendwohlfahrtsgesetzes (RJWG) vom 9. 7. 1922 (RGBl. I S. 633) und § 7 Abs. 1 Nr. 5 des Reichsjugendgerichtsgesetzes (RJGG) vom 16. 2. 1923 (RGBl. I S. 135) reichsgesetzlich geregelt. Aus ihr ist mit dem → Jugendwohlfahrtsgesetz (JWG) 1961 die E.schaft entwickelt worden, die schon Erziehung für Aufsicht, aber weiterhin mindestens Gefährdung voraussetzte und ein sehr förmliches Verfahren bestimmte (insbes. Bestellung des E. durch die JA, z.T. Anordnung der Bestellung durch das VormSchG oder → Jugendgericht).

Das KJHG – SGB VIII hat diese Voraussetzungen herabgesetzt, nach § 41 Abs. 3 eine entsprechende Anwendung für junge Volljährige vorgesehen und die Formvorschriften gestrichen. Der Jugendrichter kann den Jugendlichen in Strafverfahren gem. § 12 JGG nach Anhörung der JA verpflichten, Erziehungsbeistandschaft in Anspruch zu nehmen.

Lit. DV: Jugendhilfe; Iben: Erziehungsbeistandschaft; Jans u.a.: Kinder- und Jugendhilferecht; Moritz: Perspektiven.

Günter Happe

Erziehungsberatung als funktionale E. ist Bestandteil aller erzieherischen Angebote und Hilfen in der → Jugendhilfe. Institutionelle E. hat die Aufgabe, bei Fragen, Konflikten und Krisen in der → Erziehung von Kindern und Jugendlichen zu unterstützen sowie Gefährdungen und Störungen ihrer seelischen Entwicklung zu klären und zu behandeln. Dabei bezieht sie den familialen Kontext und das → soziale Umfeld ein (§ 28 → Kinder- und Jugendhilfegesetz [KJHG – SGB VIII]). Durch präventive Angebote (→ Prävention) soll sie Gefährdungen entgegenwirken (§ 16 Abs. 2 KJHG).

Die Mehrdimensionalität der Probleme und ihrer Verursachungen erfordert die Zusammenarbeit von → Fachkräften unterschiedlicher Fachrichtungen (§ 28 KJHG). In den Förderrichtlinien für E. werden als Regelteam genannt: Psychologe, → Sozialarbeiter/Sozialpädagoge, Kinder- und Jugendlichenpsychotherapeut (→ Kinder- und Jugendlichen-Psychotherapie, analytische) und ein (ggf. nebenamtlicher) Arzt. Als weitere Fachkräfte wirken → Heilpädagogen, → Diplom-Pädagogen und Logopäden (→ Logopädie) mit.

Die möglichen Interventionen reichen von informatorischer Beratung über das intensive Beratungsgespräch (→ Beratung), diagnostische Klärung (→ Diagnose) und Psychotherapie bis zur Arbeit im sozialen Umfeld. Es wird im Einzel-, Gruppen- und Familien-Setting gearbeitet. Als Methoden finden Anwendung: → Familientherapie, → Gesprächspsychotherapie, → Verhaltenstherapie, → Psychoanalyse, → Spieltherapie, → Gruppentherapie, soziale → Gruppenarbeit, → Gemeinwesenarbeit.

E. schließt die Unterstützung von Kindern und Jugendlichen sowie ihrer Eltern bei Trennung und Scheidung (→ Trennungs- und Scheidungsberatung) ein (§ 28 KJHG). Dabei kann auch die erforderliche Sorgerechtsregelung erarbeitet werden (§ 17 Abs. 2 KJHG).

Zugangsbarrieren zur E. wird durch die Einrichtung von Außenstellen (bei großen Einzugsgebieten) und offenen Sprechstunden entgegengewirkt. Aktuelle Problemsituationen aus der → Lebenswelt der → Klienten werden verstärkt in einem vielfältigen Gruppenangebot und durch Unterstützung von → Selbsthilfegruppen aufgenommen. Für andere → Einrichtungen (Kindergärten, Schulen) bieten E.stellen → Supervision an. Sie kooperieren mit → Sozialen Diensten und innerhalb → Psychosozialer Arbeitsgemeinschaften (PSAG). Die E. sollte gem. § 78 KJHG in der → Arbeitsgemeinschaft für Jugendhilfe (AGJ) und gem. § 71 KJHG im → Jugendhilfeausschuß mitwirken.

E. setzt die freiwillige Inanspruchnahme durch die Ratsuchenden und eine geschützte Vertrauensbeziehung zu dem Berater voraus. Die Mitarbeiter der E.stelle sind deshalb zur Wahrung des Privatgeheimnisses ihrer Klienten verpflichtet (§ 203 Abs. 1 Ziff. 4 StGB; → Schweigepflicht, → Datenschutz). Die Einrichtung stellt eine eigene Organisationseinheit dar und soll (auch als Abteilung des → Jugendamtes [JA]) räumlich getrennt von der Behörde oder Organisation untergebracht sein.

Rechtsgrundlage der E. ist § 28 KJHG. Durch die Einbeziehung der E. in die → Hilfen zur Erziehung (HzE) besteht gemäß § 27 KJHG ein Rechtsanspruch der Personensorgeberechtigten auf E. Sie kann auch durch »andere Beratungsdienste und -einrichtungen« erbracht werden, sofern diese über die erforderlichen Fachkräfte verschiedener Fachrichtungen verfügen.

1993 bestanden in der alten Bundesrepublik 833 E.stellen (Beratungsstellen für Kinder, Jugendliche und ihre Familien). Sie befinden sich zu 40% in öffentlicher und zu 60% in freier Trägerschaft. Auf eine E.stelle entfielen 78 700 Einwohner. Damit ist die Richtzahl (eine E.stelle für 45 000 Einwohner) der → Weltgesundheitsorganisation (WGO) noch nicht erreicht. Insbes. in ländlichen Gebieten besteht eine erhebliche Unterversorgung. In den neuen Ländern bestanden 1992 ca. 180 E.stellen. Davon befanden sich 54% in öffentlicher und 46% in freier Trägerschaft. Seitdem sind weitere Einrichtungen in freie Trägerschaft überführt worden. Zwar ist bezogen auf die Zahl der Einwohner, die auf eine Beratungsstelle durchschnittlich entfallen, etwa der westliche Versorgungsgrad erreicht worden. Doch ist in den neuen Ländern eine Fachkraft durchschnittlich für 43 000 Einwohner zuständig; in westlichen sind es dagegen 21 000 Einwohner. Die Versorgungsdichte entspricht damit den unterversorgten ländlichen Regionen der alten Bundesrepublik. Trotz der geringen Mirarbeiterzahl sind den Beratungsstellen oft zusätzliche Aufgaben übertragen worden (→ Ehe- und Lebensberatung, → Schwangerschaftskonfliktberatung, → Drogenberatung), was die Kapazität für Aufgaben der E. weiter einschränkt.

1993 wurden bezogen auf das gesamte Gebiet der Bundesrepublik Deutschland 197 955 Beratungen nach § 28 KJHG beendet. 58,4% der Beratenen waren männlich, 41,6% weiblich. Der Schwerpunkt der Inanspruchnahme lag in den Altersgruppen von 3 bis unter 12 Jahren, auf sie fielen 59,6% aller Beratungen und Therapien. 21,5% aller Kinder, Jugendlichen und jungen Volljährigen, die E. in Anspruch nahmen, lebten bei einem alleinerziehenden Elternteil. 32,5% der Kinder und Jugendlichen waren von einer Trennung oder Scheidung ihrer Eltern betroffen.

Fachverband der E. ist die → Bundeskonferenz für Erziehungsberatung e.V.

Lit. Hundsalz: Erziehungsberatung; Jans u.a.: Kinder- und Jugendhilferecht; Lenz, A.: Alltag; Menne: Beratung; Menne: Erziehungsberatung. *Klaus Menne*

Erziehungsberechtigter ist derjenige, der rechtlich befugt und verantwortlich ist, ein Kind oder einen Jugendlichen (→ Altersstufen im Recht) zu erziehen. E. ist i. S. v. § 1631 Abs. 1 des → Bürgerlichen Gesetzbuchs (BGB) der Personensorgeberechtigte; dies ist nach § 7 Abs. 1 Nr. 5 des → Kinder- und Jugendhilfegesetzes (KJHG – SGB VIII), wem allein oder gemeinsam mit einer anderen Person nach den Vorschriften des BGB die → Personensorge zusteht, auch – minderjährige (→ Minderjährigkeit) – Eltern, ggf. → Pflegepersonen und Vormünder. E. ist nach § 7 Abs. 1 Nr. 6 KJHG – SGB VIII aber auch jede sonstige Person über 18 Jahren, soweit sie aufgrund einer Vereinbarung mit dem Personensorgeberechtigten nicht nur für einzelne Verrichtungen Aufgaben der Personensorge wahrnimmt. Gemeint sind damit insbes. → Erziehung, Beaufsichtigung und Aufenthaltsbestimmung (»tatsächliche Personensorge«). Erziehungsberechtigt i.d. S. können z. B. → Erziehungsbeistände und → Erzieher in → Einrichtungen, aber auch Personen sein, die ihre Befugnis ohne den Zusammenhang mit einer Maßnahme, insbes. → Hilfe zur Erziehung, von den Eltern ableiten.

Mit der Begriffsbestimmung des E. nach § 7 KJHG – SGB VIII wird § 2 Abs. 2 JÖSchG (→ Jugendschutz) präzisiert. *Günter Happe*

Erziehungsgeld/-urlaub sind neben dem → Kindergeld die wichtigsten → Familienleistungen. Nach dem Gesetz über die Gewährung von Erziehungsgeld und Erziehungsurlaub hat Anspruch darauf, wer 1. einen Wohnsitz oder seinen gewöhnlichen Aufenthalt im Geltungsbereich des Gesetzes hat, 2. mit einem Kind, für das ihm die → Personensorge zusteht, in einem Haushalt lebt, 3. dieses Kind selbst betreut und erzieht und 4. keine oder keine volle Erwerbstätigkeit (max. 19 Wochenstunden) ausübt. → Ausbildung gilt nicht als Erwerbstätigkeit. Einem unter 2. genannten Kind steht gleich ein Kind in Adoptionspflege, ein Kind des Ehepartners, das der Antragsteller in seinen Haushalt aufgenommen hat, sowie das leibliche Kind des nicht sorgeberechtigten Antragstellers, mit dem dieser in einem Haushalt lebt. Außerdem gibt es Härtefallregelungen.

Das Erziehungsgeld beträgt (seit 1986 unverändert) monatlich 600 DM und wird 2 Jahre lang gezahlt; für Mehrlinge wird mehrfach gezahlt.

In den ersten 6 Lebensmonaten darf das Jahresnettoeinkommen bei alleinstehende Berechtigten 75 000 DM und bei Verheirateten 100 000 DM nicht übersteigen. Ab dem 7. Lebensmonat gelten als Netto-Einkommensgrenzen 23 700 DM für alleinstehende und 29 400 DM für verheiratete Berechtigte. Übersteigendes → Einkommen wird angerechnet und führt stufenweise zu einer Absenkung der monatl. Leistung. Erziehungsgeld gilt nicht als Einkommen im Sinne des Einkommensteuerrechts. Auf → Sozialhilfe, → Wohngeld und → Arbeitslosenhilfe wird es nicht angerechnet.

Neben dem während der Schutzfristen gezahlten Mutterschaftsgeld wird es jedoch nur in Höhe der Differenz gezahlt.
Der Anspruch auf Erziehungurlaub ist weitgehend an die Voraussetzungen des Erziehungsgeldes geknüpft. Nach § 15ff. BErzGG haben Arbeitnehmer Anspruch auf Erziehungsurlaub bis zur Vollendung des dritten Lebensjahres des Kindes.
Erziehungsurlaub beginnt mit dem Ablauf der gesetzl. Schutzfrist nach dem MuSchG. Der Antrag muß spätestens 4 Wochen vor dem vorgesehenen Urlaubsbeginn gestellt werden. Gleichzeitig sind verbindliche Erklärungen über die beabsichtigten Urlaubszeiten und einen geplanten Wechsel zwischen den Berechtigten – er ist dreimal zulässig – abzugeben. Der Antrag kann nicht einseitig widerrufen werden. Der Erziehungsurlaub kann grundsätzlich nur mit Zustimmung des Arbeitgebers vorzeitig beendet werden. Während des Urlaubs, der auf die Betriebszugehörigkeit anzurechnen ist, bleibt das Arbeitsverhältnis bestehen; ebenso bleibt der Versicherungsschutz in der gesetzlichen → Krankenversicherung (beitragsfrei) erhalten. Tarifliche Sonderleistungen können unter Umständen weitergewährt werden.
Der Arbeitgeber darf während des Erziehungsurlaubs nicht kündigen (§ 18 Abs. 4 BErzGG), der/die Berechtigte kann zum Ende des Erziehungsurlaubs nur mit dreimonatiger Frist kündigen. Kündigungsschutz genießen auch Berechtigte, die sich nicht voll beurlauben lassen, sondern eine Teilzeitarbeit von höchstens 19 Wochenstunden ausüben. Nach § 15 Abs. 4 BErzGG in der vom 1. 1. 1992 an geltenden Fassung ist mit Zustimmung des bisherigen Arbeitgebers auch eine Teilzeitbeschäftigung bei einem anderen Arbeitgeber zulässig.
In den Ländern Baden-Württemberg, Bayern, Mecklenburg-Vorpommern, Rheinland-Pfalz, Sachsen und Thüringen wird im Anschluß das Bundeserziehungsgeld ein (unterschiedlich ausgestaltetes) Landeserziehungsgeld/Familiengeld gezahlt.

Uwe Dieckhoff

Erziehungsheime sind weder rechtlich noch pädagogisch eindeutig definiert. Im Rahmen der Entwicklung der → Heimerziehung weg von vorwiegender Anstaltserziehung hin zu einem differenzierten System ambulanter, teilstationärer und stationärer Erziehungshilfen werden als E. allgemein solche Einrichtungen bezeichnet, in denen ältere Kinder und Jugendliche im Rahmen der → Hilfen zur Erziehung (HzE) nach §§ 27ff. und 34 → Kinder- und Jugendhilfegesetz (KJHG – SGB VIII) oft überregional mit dem Ziel besonderer schulischer und beruflicher Förderung untergebracht werden.
Lit. AFET: Heimverzeichnis; Helfert: Erziehungsheim.

Franz-Jürgen Blumenberg/Christian Schrapper

Erziehungshilfen → Hilfe zur Erziehung (HzE)

Erziehungskurs → Übungs- und Erfahrungskurs

Erziehungsmaßnahmen sind a) i. w. S. alle erzieherischen Initiativen, Aktivitäten, Hilfen, Entscheidungen → Erziehungsberechtigter, die in Übereinstimmung mit der freiheitlich-demokratischen Grundordnung unserer Gesellschaft der → Erziehung junger Menschen dienen; b) i. e. S. alle gesetzlich geregelten öffentlich-rechtlichen, erzieherischen Hilfen zur Sicherung des Erziehungsanspruchs von Kindern und Jugendlichen bzw. jungen Menschen als Unterstützung, Ergänzung oder als Ersatz der fehlenden Familienerziehung im konkreten Einzelfall. Sie sind zu unterscheiden von allgemeinen → Erziehungsmaßregeln.
Im einzelnen sind E.: a) Hilfen zur Förderung der Erziehung in der Familie (§§ 16-21 KJHG – SGB VIII); b) Förderung von Kindern in Tageseinrichtungen (§§ 22-25 KJHG – SGB VIII); c) → Hilfen zur Erziehung (HzE) bei individuellem Hilfebedarf (§§ 27-35a KJHG – SGB VIII); d) → Hilfen für junge Volljährige, Inobhutnahmen von Kindern und Jugendlichen (§§ 41-43 KJHG – SGB VIII); e) Förderung der → Jugendarbeit, → Jugendsozialarbeit und erzieherischer → Kinder- und Jugendschutz (§§ 11-14 KJHG – SGB VIII). *Viktor Kolodziej*

Erziehungsmaßregeln Aus Anlaß der Straftat eines Jugendlichen oder eines Heranwachsenden können E. angeordnet werden (§§ 5, 105 Abs. 1 JGG). Sie werden im Strafverfahren von den → Jugendgerichten verhängt. Fast immer handelt es sich dabei um Weisungen, Gebote und Verbote, welche die Lebensführung des Jugendlichen oder Heranwachsenden regeln und dadurch seine → Erziehung fördern oder sichern sollen (§ 10 JGG). Die im Gesetz nicht abschließend aufgeführten Weisungen können sich auf den Aufenthaltsort, die Arbeit und Ausbildung oder die Freizeitgestaltung beziehen.
Die Weisungen, sich der Betreuung und Aufsicht einer bestimmten Person (→ Betreuungshelfer) zu unterstellen, an einem sozialen Trainingskurs (→ Übungs- und Erfahrungskurs) teilzunehmen und sich zu bemühen, einen Ausgleich mit dem Verletzten zu erreichen (→ Täter-Opfer-Ausgleich), sind geeignet, auch schwerer Kriminalität zugrundeliegende Defizite erfolgreich anzugehen und damit freiheitsentziehende Maßnahmen zu vermeiden. Der Richter kann Weisungen nachträglich ändern oder von ihnen befreien. Ihre Laufzeit beträgt bis zu 2 Jahren. Meistens wacht die → Jugendgerichtshilfe (JGH) darüber, daß der Verurteilte der Weisung nachkommt (§ 38 Abs. 2 S. 3 JGG). Kommt der Verurteilte der Wei-

sung schuldhaft nicht nach, so kann der Jugendrichter ihre Befolgung durch Verhängung von → Jugendarrest erzwingen.
Noch nicht 18 Jahre alte Angeklagte kann der Jugendrichter auch verpflichten, unter den im KJHG – SGB VIII genannten Voraussetzungen → Hilfe zur Erziehung (HzE) in Form der Erziehungsbeistandschaft (→ Erziehungsbeistand) oder in einer Einrichtung über Tag und Nacht oder in einer sonstigen betreuten Wohnform (→ Betreutes Wohnen) in Anspruch zu nehmen.
Lit. Mrozynski: Jugendhilfe; Schaffstein u. a.: Jugendstrafrecht, §§ 14 bis 18.
Alexander Böhm

Erziehungsplan Im Gegensatz zum die Vorgeschichte und die flankierenden Leistungen enthaltenden → Hilfeplan nach § 36 → Kinder- und Jugendhilfegesetz (KJHG – SGB VIII) ist der E. eng bezogen auf die → Einrichtung, in der die erzieherische Hilfe erbracht wird. Es handelt sich um einen Behandlungs- und Therapieplan (→ Therapie), in dem festgehalten und fortgeschrieben wird, welche Behandlungsformen bei dem Hilfebedürftigen (→ Hilfebedürftigkeit, → Hilfeempfänger/Hilfesuchender) angewendet werden sollen und welche Ergebnisse dadurch erwartet werden.
Aus § 37 Abs. 1 KJHG ergibt sich, daß dann, wenn an eine Rückkehr des Minderjährigen in seine → Herkunftsfamilie nicht zu denken ist, eine dem Wohl des Kindes (→ Kindeswohl) oder Jugendlichen förderliche und auf Dauer angelegte neue Lebensperspektive erarbeitet werden muß. Auch hierzu hat ein von der Einrichtung ausgehender E. eine wichtige Teilfunktion.
Wie schon bei der Erstellung des Hilfeplanes ist auch der enger bezogene E. unter Einbezug aller Beteiligten (→ Beteiligungsstrategien) aufzustellen und fortzuschreiben. Hier kann sich allerdings die Berücksichtigung uneinsichtiger und kooperationsunfähiger bzw. -unwilliger Angehöriger durchaus auch kontraproduktiv auswirken. Demgemäß hat der Gesetzgeber in seiner Begründung zu § 36 Abs. 2 KJHG darauf hingewiesen, daß Beteiligung der Betroffenen da ihre Grenzen hat, wo die Interessen der Kinder und Jugendlichen negativ beeinflußt werden. *Dieter Greese*

Erziehungsregister wird beim → Bundeszentralregister in Berlin geführt. Eingetragen werden gem. §§ 59ff. Bundeszentralregistergesetz (BZRG) u. a. die vom Jugendrichter (→ Jugendgerichte) verhängten → Erziehungsmaßregeln oder → Zuchtmittel, Nebenstrafen oder Nebenfolgen des → Jugendgerichtsgesetzes (JGG), das Absehen von der Strafverfolgung nach §§ 45 Abs. 1, 109 Abs. 2 S. 1 JGG durch den Jugendstaatsanwalt und nach §§ 47 Abs. 1, 109 Abs. 2 S. 1 JGG durch den Jugendrichter, Verfahrenseinstellung oder Freispruch wegen mangelnder Reife nach § 3 S. 1 JGG, daneben die vorläufige oder endgültige Entscheidung des Vormundschaftsrichters nach § 1666 Abs. 1 BGB und 1666a BGB – auch i.V. m. § 1837 Abs. 4 BGB; ferner Entscheidungen des → Familiengerichts nach § 1671 Abs. 5 S. 1 BGB (→ Elterliche Sorge, → Pflegschaft, → Vormundschaft), welche die Sorge für die Person des Minderjährigen betreffen sowie die Entscheidungen, durch welche die vorgenannten Entscheidungen aufgehoben oder geändert werden (vgl. § 60 BZRG). Verurteilungen zu → Jugendstrafe oder Schuldfeststellungen nach § 27 JGG werden in das → Bundeszentralregister eingetragen.
Auskünfte werden nur zu Zwecken der Rechtspflege an die Staatsanwaltschaften, Gerichte und → Jugendämter erteilt. Eintragungen in das E. brauchte der Betroffene nicht zu offenbaren. Die Löschung im E. erfolgt, sobald der Betroffene das 24. Lebensjahr vollendet hat. Die Löschung im E. wird gehindert, solange im Bundeszentralregister Eintragungen vermerkt sind.
Manfred Oswald

Erziehungsrente ist in § 47 SGB VI geregelt. Es handelt sich um eine 1977 durch die Reform des Ehe- und Familienrechts eingeführte Rente wegen Todes, die im Gegensatz zu den anderen unter diesem Oberbegriff genannten Rentenarten (Witwen- und Witwerrente, Waisenrente) eine Rente aus eigener Versicherung ist: Ist der geschiedene Ehegatte gestorben – wobei die Scheidung (gleichgestellt ist die Nichtigerklärung und Aufhebung der → Ehe) nach dem 30. Juni 1977 erfolgt sein muß und jedenfalls darüber im Rahmen des seit diesem Zeitpunkt obligatorischen Versorgungsausgleichs nach §§ 1587ff. BGB auch eine Versicherung in der Regel hergestellt ist., hat der überlebende Ehegatte, der nicht wieder geheiratet hat, bei Erziehung eines Kindes einen eigenen Rentenanspruch, sofern er bis zum Tode des geschiedenen Ehegatten die allgemeine Wartezeit von fünf Jahren erfüllt hatte. Erfaßt wird die Erziehung eines eigenen Kindes oder eines Kindes des verstorbenen geschiedenen Ehegatten, das das 18. Lebensjahr noch nicht vollendet hat; gleichgestellt sind Stiefkinder, → Pflegekinder, Enkel und Geschwister des Versicherten und des verstorbenen geschiedenen Ehegatten sowie – über das 18. Lebensjahr hinaus – die Sorge für ein behindertes Kind. Der Anspruch auf E. reicht längstens bis zum 65. Lebensjahr, weil dann ein Anspruch auf Regelaltersrente besteht. Ist die Ehe vor dem 1. Juli 1977 geschieden worden, findet die Sonderregelung des § 243 SGB VI zur sog. Geschiedenen-Witwenrente Anwendung, die noch daran anknüpft, daß der geschiedene Ehegatte vor seinem Tod dem anderen Unterhalt gezahlt hat, zur Zahlung von Unterhalt verpflichtet oder dazu nur deshalb nicht verpflichtet war, weil der andere seinen Lebensunterhalt durch eigenes Einkommen bestritten hat. Die E. stellt sich innerhalb der gesetzlichen Rentenversicherung als eine wegen des geringen Bekanntheitsgrades vermutlich in zahlreichen Fällen nicht realisierte Familienleistung dar, mit der die Unterhaltszahlung des geschiedenen Ehegatten (i. d. R. der Ehemann) durch eine → Sozialleistung abgelöst wird, obwohl in der gesellschaftlichen Wirklichkeit nur in seltenen Fällen neben dem vollen Kindesunterhalt auch nennenswerter Unterhalt an den erziehenden Elternteil (i. d. R. die Mutter) gezahlt wird. *Gottfried Eichhoff*

Erziehungsschwierigkeiten Darunter versteht man Probleme, die im Erziehungsgeschehen zwischen Kind und Eltern, Lehrer usw. auftreten, wobei das Kind häufig zu Unrecht als Verursacher oder Symptomträger bezeichnet wird. Da → Erziehung ein Interaktionsprozeß (→ Interaktion) zwischen Erzieher und Kind ist, können E. durch alle am Prozeß beteiligten Personen ausgelöst werden. Von seiten der Erwachsenen stellen sie sich als das Resultat von Erziehungsfehlern dar (z. B. unterstützen Eltern in der Entwicklung ihres Kindes ungewollt negative Verhaltensweisen oder die Einmaligkeit und Besonderheit der zu erziehenden Persönlichkeit wird nicht akzeptiert und mit unangemessenen pädagogischen Maßnahmen konfrontiert). Überbehütendes Erziehungsverhalten (→ Overprotection) trägt ebenso zu Entwicklungsstörungen und u. U. E. bei wie stark reglementierende, autoritäre Erziehung (→ Erziehungsstile). Eine weitere Ursache für E. besteht in der derzeitigen Erziehungsmüdigkeit zahlreicher → Familien und der zunehmenden Erziehungsunsicherheit mancher Eltern, verbunden mit dem Verfall anerkannter Wertvorstellungen und vielfältigen zeitgegebenen Belastungen (ungünstige Wohnverhältnisse, Konsumzwang und materielle Probleme, Reizüberflutung durch Medien, Sich-selbst-überlassen-sein durch berufstätige Eltern).
Erziehungsfehler werden oft aus sachlicher Unkenntnis begangen, wenn es gilt, neue, komplizierte Entwicklungsschritte angemessen zu begleiten oder schwierige, belastende Reifungsprozesse der Heranwachsenden auszuhalten.
E. können sowohl durch exogen bedingte → Verhaltensauffälligkeiten eines Kindes (ungünstiges Erziehungsmilieu oder unangemessene pädagogische Beeinflussung) als auch durch endogene (körperlich-organische) Faktoren ausgelöst werden, wie schwere Erkrankungen mit Dauerfolgen (Geburtstrauma, Schädeltrauma, → Epilepsie u. a.), Organschädigungen, Sinnesdefekte (z. B. Schwerhörigkeit), körperliche Schwäche und geringe psycho-physische Belastbarkeit. Häufig wirken endogene und exogene Faktoren zusammen, so daß die → Diagnose von gravierenden E. eine sorgfältige, mehrdimensionale Untersuchung des Kindes und seines → sozialen Umfeldes erfordert. Handelt es sich um E., die nicht auf entwicklungsbedingte Probleme von Kindern und Jugendlichen zurückzuführen sind, die im Zuge des Reifens selbst abklingen, so ist eine professionelle Hilfe durch → Erziehungsberatungsstellen und, falls erforderlich, Einzel-, Gruppen- oder → Familientherapie angeraten. U. U. wird die Inanspruchnahme der → Jugendhilfe mit ihren vielfältigen Angeboten (→ Pflegefamilie, → Wohngemeinschaften für Jugendliche, stationäre oder teilstationäre → Heimerziehung, psychotherapeutische Klinik) erforderlich.
Lit. Babcock u. a.: Miteinander wachsen; Kloehn: Verhaltensstörungen; Redl: Erziehungsprobleme. *Rainer Biesenkamp*

Erziehungsstellen → Pflegekinderwesen, → Pflegestelle

Erziehungsstile Eine einheitliche Definition dieses Begriffes ist bis jetzt noch nicht gelungen, da das Erziehungsverhalten sich je nach Situation, Zeit, Persönlichkeitsstruktur und anderen Bedingungen differenziert darstellt. Die Autoren unterscheiden sich häufig schon in der Bezeichnung des Begriffes: E. ist gleichbedeutend mit → Führungsstil, Eltern- bzw. Erzieherverhalten, sozialem Interaktionsstil und Technik der → Erziehung. Die Definitionen nähern sich dem Problem von zwei Seiten:
a) Global beschreibende Definitionen charakteristischer Praktiken, Konfigurationen, Merkmale.
b) Der E. wird vom Effekt her definiert; er wird begriffen in seiner Auswirkung auf das Verhalten des zu Erziehenden.
Ein Ersetzen des Begriffes »Stil« durch den Begriff »Typus« erleichtert das begriffliche und methodologische Angehen des Problems. Erziehungstypen sind Verlaufstypen, d. h. Typen, die sich in der Aufeinanderfolge ganz bestimmter Merkmale zeigen.
Typuskonzepte:
a) Spranger begreift E. als idealtypische, gedankliche Konstruktionen, als grundlegende Möglichkeiten erzieherischen Tuns, die aus der Erziehungserfahrung gewonnen wurden. Die Stile sind als »reine Fälle« zu verstehen, wie sie in der Realität in der extremen Ausprägung nicht zu finden sind. Die Stile sind zu Gegensatzpaaren geordnet – gleitende Übergänge von einem Pol zum anderen stellen Zwischenformen dar. Der Autor nennt folgende Stilpaare:
– den weltnahen und den isolierenden Stil,
– den freien und den gebundenen Stil,
– den vorgreifenden und den entwicklungstreuen Stil.

b) Ruppert zeigt grundsätzliche Persönlichkeitsmerkmale auf, wie sie den guten Erzieher kennzeichnen. Die den jeweiligen Stil charakterisierenden Maßnahmen sind auch hier zu Gegensatzpaaren geordnet:
– ichbezogene und sachliche Erziehung: E. der Sachlichkeit,
– Verwöhnen und Versagen in der Erziehung: E. der Sorge,
– ermutigende und entmutigende Erziehung: E. der Tapferkeit,
– verstehende und fordernde Erziehung: E. der Güte,
– autoritäre und freiheitliche Erziehung: E. der Ehrfurcht,
– selbstbewußte und schuldbewußte Erziehung: E. der Wahrhaftigkeit.
c) Lippitt und White nennen folgende Verhaltenskategorien, die sie mit Führungsstilen gleichsetzen:
– autokratisches Verhalten: In der → Gruppe werden alle Maßnahmen vom Gruppenleiter bestimmt, er teilt die Aufgaben zu, übt nicht-konstruktive Kritik, unterbricht häufig, Lob und Tadel werden persönlich gehalten;
– demokratisches Verhalten: Der Gruppenleiter gibt nur einen Gesamtüberblick über das Ziel und zeigt Möglichkeiten auf. Die Gruppenmitglieder teilen die Arbeit auf und tragen die Verantwortung. Der Gruppenleiter übt sachbezogene Kritik, vermeidet Tadel;
– Laissez-faire-Verhalten: Der Gruppenleiter versucht in keiner Weise, das Verhalten der anderen zu lenken, er verhält sich weitgehend passiv.
Dem autokratischen Führungsstil nach Lippitt und White entspricht auch die sogenannte repressive Erziehung. Dieser E., der Gehorsam fordert, das Kind zur Leistung zwingt und Ziele mit Hilfe von Befehlen und Strafen erreicht, führt in der Regel zu unfreien und unselbständigen Individuen, die nicht mehr in der Lage sind, Normen und Werte zu hinterfragen, sondern diese kritiklos übernehmen, leben und weitergeben.
Kritik an den Typuskonzepten: Sie erscheinen heute als zu wenig durchgliedert und in ihren Einzelmerkmalen zu wenig präzisiert und differenziert. Die Zuordnung der Einzelmerkmale zum jeweiligen Typus erfolgt subjektiv, ohne daß z.B. Korrelationen der Merkmale mit anderen bestimmt werden.
Aus dem Bestreben, autokratisches Verhalten zu vermeiden, entwickelte sich der antiautoritäre E. (→ Antiautoritäre Erziehung). Nach Neill ist dessen Ziel, daß die Kinder aus eigenem Antrieb lernen; jeder Zwang wird vermieden. Dieser E. wurde in Neills Privatschule in Summerhill praktiziert. Hier, in der relativen Isoliertheit, konnten sich diese Erziehungshaltungen unbeeinflußt verwirklichen lassen. In der alltäglichen Erziehungssituation dürfte es schwerfallen, einen E. zu praktizieren, der in Widerspruch zu vielen anderen Einflüssen steht.
Durch Kombination übergeordneter, faktorenanalytisch gewonnener Merkmalsdimensionen erhielt R. Tausch folgende Hauptdimensionen des Erziehungsverhaltens:
– Die emotionale Dimension als Dimension der Wertschätzung, der emotionalen Wärme und Zuneigung bzw. Dimension der Geringschätzung, emotionalen Kälte und Abneigung.
– Die Lenkungsdimension als Dimension maximal starker Lenkung wie etwa autoritärer Kontrolle (→ Autorität) und Restriktion bzw. minimaler Lenkung wie Permissivität, Autonomie gewähren und minimale Kontrolle.
Ansätze einer mehrdimensionalen Strukturierung des Erziehungsverhaltens bewegen sich auf zwei Ebenen: E. werden
a) in ihrer Abhängigkeit von sozio-kulturellen Gegebenheiten,
b) in ihrer Abhängigkeit von der individuellen Eigenart des Erziehers untersucht.
Lit. Benner: Erziehung; Herrmann: Erziehungsstile; Lickona: Kinder; Lukesch u.a.: Sozialisation; Tausch u. a.: Erziehungspsychologie; Tenorth: Geschichte. *Silke Angor*

Erziehungswissenschaft scheint zunächst sehr klar und eindeutig definierbar als »System wissenschaftlicher Sätze über Erziehung (Erziehungswirklichkeit, Erziehungspraxis)«. Dieser Versuch einer Begriffs- und Inhalts- bzw. Gegenstandsbestimmung wird aber sofort problematisch, wenn man bedenkt: a) »Was jeweils als → Erziehung deklariert wird, ist nahezu von Autor zu Autor verschieden« (König). b) Ebenso unterschiedlich sind die Auffassungen darüber, was als »wissenschaftlich« bzw. »Wissenschaftlichkeit« zu gelten habe: Dementsprechend können z.B. nur deskriptive oder deskriptive und normative oder überwiegend normative Sätze berücksichtigt bzw. zugelassen werden. Daraus ergibt sich: »Allgemeingültigkeit« oder gar »Einheit« der pädagogischen Wissenschaften sind ... offensichtlich »Fiktionen« (Ulich). »In der Erziehungswissenschaft gibt es dementsprechend mehr oder weniger vollständig ausgeführte Systeme, Systemansätze oder Programme zu Systemen; aber kein einziges besteht unangefochten, in der Wirklichkeit von Lehre und Forschung finden wir mehrere nebeneinander bestehende und miteinander konkurrierende Systeme« (Lassahn): je nach wissenschaftstheoretischer bzw. metatheoretischer Basis, bevorzugter Methodologie oder weltanschaulicher, religiöser oder ideologischer Bindung bzw. Gebundenheit unterschiedliche Richtungen, Schulen oder Positionen, wie z.B. die normative, die geisteswissenschaftliche, die empirisch-analytische, die kritisch-emanzipatorische, die (neo-)marxistische

E. (vgl. König, Lassahn, Ulich, Wulf). Gegenüber der E. als Objekt-Theorie, d. h. als System von Aussagen über Erziehungspraxis, ist die Metatheorie (der Erziehung) »eine beschreibende, deskriptive, bewertende (kritische) und normenbegründende (normative) Theorie jener Satzsysteme, die von der Erziehung handeln« (Brezinka).
Eine andere Schwierigkeit in der Bestimmung und Abgrenzung der E. ergibt sich daraus, daß erziehungswissenschaftliche, d. h. auf → Erziehung bezogene wissenschaftliche Sätze auch in einer Reihe anderer Disziplinen aufgestellt werden, wie in der → Psychologie, → Soziologie, Politikwissenschaft, in den Fachdidaktiken usw. Folgt daraus die Auflösung der Pädagogik in Psychologie, Soziologie usw.? Oder ihre Ersetzung durch eine Soziologie der Erziehung, eine Psychologie der Erziehung usw.? Oder setzt der »Aufbau einer Pädagogik als selbständiger Wissenschaft« voraus, daß diese Nachbarwissenschaften der E. als »Super-Wissenschaft vom Werden der Persönlichkeit unter dem Einfluß von Gesellschaft und Kultur« als bloße »Hilfswissenschaften« zugeordnet werden? Oder läßt sich »der Aufbau einer Erziehungswissenschaft als relativ selbständiger Einzelwissenschaft dadurch rechtfertigen, daß man auf die Zusammenghörigkeit erzieherischer Probleme und auf deren Bedeutung für die Gesellschaft verweist, wobei die Erziehung als besonders auffallendes und zunehmend wichtiger gewordenes Verdichtungsgebiet der sozial-kulturellen Wirklichkeit gesehen wird?« (Brezinka). Eine solche Begründung für eine »integrierende oder Integrations-Wissenschaft als »Spezialwissenschaft von der Erziehung« aus bloß praktischen, d. h. wissenschaftsorganisatorischen und wissenschaftspolitischen Gründen (Brezinka) erscheint allerdings unzureichend ohne Berücksichtigung der spezifischen Eigenart der Gegenstandsbereiche einer solchen Wissenschaft (Erziehung, → Bildung/Bildungswesen, Sozialwesen usw.) als Sektoren (Teilfelder) gesamtgesellschaftlicher Praxis, die dann die Bezeichnung »Praxistheorie« bzw. »Handlungswissenschaft« nahelegt (Pfaffenberger).
Von der jeweiligen Position in einer der obigen kontroversen Fragestellungen hängt auch die Antwort darauf ab, wie man sich etwa die Ausdifferenzierung von Teildisziplinen innerhalb der E. vorstellt bzw. diese programmatisch entwickelt: Programmiert man eine metatheoretisch differentielle Scheidung unterschiedlicher Aussagesysteme, so wird man E. als empirische Sozialwissenschaft, die Historiographie der Erziehung und der Pädagogik, die Philosophie der Erziehung und die Praktische Pädagogik als eine solche Differenzierung pädagogischer Satzsysteme unterscheiden (Brezinka). Geht man von historisch gewachsenen Strukturen und Institutionen aus, so kann man Teildisziplinen nach Teilbereichen der Praxis konstituieren, z. B. → Sozialarbeit/Sozialpädagogik, → Erwachsenenbildung, → Sonder- und → Heilpädagogik, außerschulische Jugendbildung, → Freizeitpädagogik, um diese in ihrer Naturwüchsigkeit zu hinterfragen, rational zu rekonstruieren und von bestimmten definierten erkenntnis- und handlungsleitenden Interessen her projektiv zu entwickeln.
Versteht man sozialpädagogische/soziale Arbeit als einheitliches Gesamtfeld und fordert eine eigenständige auf diese Teilpraxis bezogene Wissenschaft (Sozialpädagogik/Sozialarbeitswissenschaft), so stellt sich das dargestellte Problem der Einordnung und Abgrenzung in ein System der Wissenschaften in besonderer Weise, nämlich zusätzlich als das ihrer Zu- oder Einordnung in die E.
Lit. Achinger: Wissenschaft; Adorno: Spätkapitalismus; Brezinka: Erziehung; Klafki u. a.: Erziehungswissenschaft; König, E.: Erziehungswissenschaft; Lassahn: Pädagogik; Pfaffenberger: Sozialpädagogik; Rauschenbach u. a.: Erziehungswissenschaft; Schäfer, H.: Pädagogik; Seiler, H.: Pädagogik; Ulich, D.: Erziehungswissenschaft; Ulich: Interaktion; Wulf: Erziehungswissenschaft.

Hans Pfaffenberger

Erziehungszeiten → Berücksichtigungszeiten für Kindererziehung und Pflege, → Kindererziehungszeiten, rentenrechtliche Anerkennung von

Erziehungsziele → Erziehung, verstanden als angeleiteter Lernprozeß für Minderjährige zur aktiven Bewältigung von aktuellen und zukünftigen Lebensherausforderungen, setzt voraus, daß die mit der Erziehungsaufgabe betrauten Personen bzw. Institutionen Zielvorgaben haben, auf die hin sie ihr erzieherisches Handeln ausrichten. Um den Herausforderungen der → Lebenswelt gewachsen zu sein, bedarf es der Entfaltung bzw. Gestaltung unterschiedlicher menschlicher Potentiale. Dazu gehören instrumentelle Fertigkeiten, Kenntnisse, Wertorientierungen, Verhaltensweisen und Interaktionsfähigkeiten sowie Verarbeitungsformen des → Denkens und Fühlens.
In modernen Industriegesellschaften findet Erziehung überwiegend in vergesellschafteten Formen statt. E. sind weitgehend dem privaten Raum der → Familie entzogen und werden durch gesellschaftliche Institutionen wie (→ Kindergärten, Schulen, Jugendorganisationen (→ Jugendverbände) und Berufsbildungsträger (→ Berufliche Bildung) definiert. Dieser Prozeß der Pluralisierung macht es jungen Menschen zunehmend schwerer, eine ihrer jeweiligen Lebenssituation angemessene Integration von E. zum Zwecke der eigenen Identitätsfindung (→ Identität) zu erreichen.

Mit der Entwicklung der Produktivkräfte, der Produktions-, Verkehrs- und Kommunikationsformen geht ein gesellschaftlicher Modernisierungsprozeß einher, der einen sich beschleunigenden Wertewandel einschließt. Mit ihm verändern sich E. In einer bürgerlich patriarchalischen → Gesellschaft waren E. konkret und fanden breite Zustimmung. Gehorsam, Pflichterfüllung, Vaterlandsliebe, Sparsamkeit, Ordnung, Fleiß und Treue waren solche E., die über einen autoritären → Erziehungsstil durch Lerninhalte, Lernformen (← Lernen) und → Sanktionen nachvollziehbar und meßbar umgesetzt werden konnten. In einer offenen Freizeit- und Konsumgesellschaft sind E. wie Gehorsam, Sparsamkeit und Unterordnung obsolet bzw. dysfunktional. An die Stelle der Einordnung in eine »Volksgemeinschaft« ist → Individualisierung sowie eine Lösung aus festen Strukturen und Ordnungen an die Stelle einer Ausrichtung auf einen einheitlichen »Volkswillen« ist Pluralisierung von Lebenslagen und konkurrierenden Wertemustern getreten.
In dieser Phase der gesellschaftlichen Entwicklung, in der klare äußere Orientierungen fehlen, verändern sich E. in Richtung auf die Herstellung innerer Orientierungen. Es geht nicht mehr um die sichtbaren Unterordnungs- und Disziplinleistungen, sondern um weniger augenfällige und weniger eindeutige Individualtugenden wie Selbständigkeit, Eigenverantwortung, Kritik-, aber auch situative Anpassungsfähigkeit. Damit aber verlieren E. an Konkretion. Die Pädagogik kommt unter Legitimationsdruck. Es bedarf wissenschaftstheoretischer Abstraktionen, um Einverständnis darüber herzustellen, was Erziehung heute leisten soll. Nicht auf Konditionierung für lebenslang gültige schicht- bzw. sozialraumspezifische Verhaltensweisen sowie die Vermittlung konkreter Kompetenzen zur Bewältigung klar definierter Anforderungen in einer auf Kontinuität angelegten Lebenswelt richtet sich im wesentlichen das erzieherische Bemühen, sondern auf die Formung der Seelenkräfte zur Herausbildung autonomer Persönlichkeiten, die mit Vielfalt und Wandel flexibel und souverän umgehen können. Die Pädagogik ist damit zunehmend zu einer Kolonie der → Psychologie geworden. Ausdruck dieses Abstraktionsprozesses von E. sind die Ziele, die 1974 das → Bundesjugendkuratorium in seiner Beschreibung einer offensiven → Jugendhilfe formuliert hat: Selbstverwirklichung und Selbstbestimmung (Autonomie), Leistungsfähigkeit (Produktivität), humane Liebesfähigkeit (→ Sexualität), Kommunikations- und Kooperationsfähigkeit (Soziabilität), Phantasie und Spontaneität (Kreativität).
Auch die Zielvorgabe des Jugendhilferechts spiegelt diese Entwicklung wider. Das → Jugendwohlfahrtsgesetz (JWG) setzte den Instanzen der Jugendhilfe u.a. das Ziel, Kinder zur gesellschaftlichen Tüchtigkeit zu erziehen. Aus der sozialen ist im → Kinder- und Jugendhilfegesetz (KJHG – SGB VIII) des Jahres 1990 eine individuelle Perspektive geworden. Nun geht es um die → Persönlichkeit des jungen Menschen. Diese soll eigenverantwortlich und gemeinschaftsfähig sein. Es geht also nicht mehr um den Effekt der Tüchtigkeit in der bzw. für die Gesellschaft, sondern um die individuelle Identität, d.h. die Betonung der Einmaligkeit und Unverwechselbarkeit des einzelnen vor seinem je spezifischen sozialen Hintergrund.
Lit. Bleistein: Erziehungsauftrag.

Dieter Greese

Es → Psychoanalyse

Essen auf Rädern → Mahlzeitendienste

Etat → Haushaltsplan

Ethik in der sozialen Arbeit (→ Sozialarbeit/Sozialpädagogik) hat nicht die Aufgabe, Studierende und Praktiker der sozialen Arbeit zu fachlich qualifizierten Philosophen zu bilden, sondern den Sinn, jenen Menschen, die in einem der anspruchsvollsten und schwierigsten beruflichen Felder tätig sein werden oder sind, ein paar begriffliche Mittel an die Hand zu geben, mit denen sie ihre Situation klären können. Ethische Überlegungen stehen zwischen Alltagswissen und Wissenschaft. Mit der Wissenschaft teilen sie die Kritik alltäglicher Selbstverständlichkeiten, mit dem Alltagsverstand steht die Ethik sowohl gegen eine zur Manier gewordene Wissenschaftlichkeit als auch gegen eine mißverstandene Beruflichkeit.
So kann ich nicht, sofern ich mich in einem Entscheidungsdilemma befinde, das Fällen dieser Entscheidung – sofern es sich wirklich um meine, mir zu verantwortende Entscheidung handeln soll – an andere Instanzen delegieren. Das ist zwar an und für sich durchaus möglich, bei dieser Art von Verhalten bricht aber sofort eine andere Frage auf: will ich solch ein Mensch sein, der Entscheidungssituationen soweit wie möglich umgeht? Und wenn ja: welche Gründe könnte ich dafür vor mir und anderen geltend machen? Nun betreffen alle sozialarbeiterischen Entscheidungen andere Menschen. Dann ist zu klären: wem gilt unsere Loyalität in erster Linie, wie sollen wir uns in Beziehungen verhalten, in denen – wie in Sozialbürokratien – Macht- und Einflußchancen ungleich verteilt sind, und endlich: wie könnten Institutionen aussehen, die gerecht sind?
Diese drei Fragen: erstens nach den einer im sozialen Bereich tätigen Person obliegenden Pflichten, zweitens nach den uns als im sozialen Bereich tätigen Personen zu-

kommenden Rechten und drittens nach der Gerechtigkeit jener institutionellen Strukturen, die sowohl meine Rechte und Pflichten als auch die Rechte und Pflichten jener regeln, die freiwillig oder unfreiwillig mit diesen Institutionen in Kontakt kommen – sind es, an denen sich die Leistungskraft ethischen Argumentierens erweist.

Im ganzen zeigt sich bald, wie eng die scheinbar so unterschiedlichen Fragen nach der → sozialen Gerechtigkeit im ganzen und der ethisch gelesenen Loyalitätsfrage im Rahmen sozialer Arbeit miteinander zusammenhängen. Im Falle einer Klärung beruflicher Orientierung kann es zunächst nicht darum gehen, welches der beiden möglichen Modelle sozialarbeiterischen Handelns – des politischen oder des caritativen – nun tatsächlich recht hat, sondern um die Frage unserer Haltung zu diesen Modellen. Wenn man zu der Einsicht kommt, mindestens im Bereich des Berufs einem der beiden Modelle unbedingt folgen zu müssen, ist zu fragen, ob diese Wahlen mit anderen Lebensbereichen verträglich sind, etwa so, daß wir uns immer und überall als solidarisch Mitleidende verstehen oder immer und überall als im besten Fall effiziente Professionelle? Und wenn dies nicht entscheidbar sein sollte: was folgt aus der Einsicht in am Ende mehrere, nebeneinander existierende, nicht immer miteinander verträgliche ethische Selbstverständnisse? Werden sie dadurch im einzelnen belastet oder widerlegt? Wie bedeutsam ist durchgängige persönliche Authentizität? Wie das Verhältnis von selbst übernommenem oder anderen angesonnenem Rigorismus?

In einem nächsten Schritt wird es um die Klärung der möglichen Folgen derartiger Haltungen für sich selbst, die Klienten und auch für die Kolleginnen und Kollegen gehen. Dabei ist darauf hinzuweisen, daß schon diese Frage bestreitbar ist. Es läßt sich nämlich mit guten Gründen darüber debattieren, ob tiefsitzende und voller Überzeugung übernommene moralische und soziale Haltungen überhaupt unter Bezug auf ihre möglichen Folgen reflektiert werden sollen. Spätestens hier wird es also um die für jedes berufliche Handeln unabdingbare Frage nach Gesinnungs- und Verantwortungsethik gehen. Dabei kann es sich im Fortgang der Argumentation durchaus erweisen, daß sich die Trennung beider Ethiken gar nicht durchhalten läßt. Ist man trotzdem zu der möglichen Einsicht gekommen, daß für jede Form ethischen Selbstverständnisses auch das Bedenken der Folgen eigener Entscheidungen oder Handlungen von Bedeutung sind, dann gilt es, das Verhältnis der möglichen Folgen eines rein caritativen und eines rein politischen Selbstverständnisses beim beruflichen Handeln wiederum für alle Betroffenen: die Klienten, den Berufstätigen selbst, die Kollegen, aber auch die Allgemeinheit zu bewerten und zu gewichten.

Schließlich ist zu klären, in welchem Verhältnis die erarbeiteten Orientierungen mit der institutionellen Wirklichkeit stehen. Wächst die Liebe dort, wo der Staat abnimmt? Hier schießen philosophische und sozialwissenschaftliche Fragen bis zur Ununterscheidbarkeit zusammen. Was bedeutet es für eine ethische Orientierung, wenn ihr in der sozialen Wirklichkeit auf keiner Ebene irgendetwas entspricht? Was aber bedeutet es für ein – und das ist hier zu unterstreichen – berufliches Selbstverständnis, wenn es gegen die soziale Wirklichkeit im ganzen steht – ist das nicht beinahe ein Selbstwiderspruch?
Lit. Apel u. a.: Philosophie; Brumlik: Ethik; Gildemeister: Helfer; Müller, B.: Last; Rauschenbach u. a.: Moral; Tugendhat: Ethik; Rawls: Gerechtigkeit; Weber, M.: Politik.
Micha Brumlik

Etikettierung → Stigmatisierung, → Labeling Approach

Eugenik Diesen Begriff prägte erstmalig F. Galton 1883 in seiner Schrift »Inquiries into Human Faculty and its Development«; das Wort ist aus dem Griechischen abgeleitet und bedeutet »von guter Abstammung«. Galton betont aufgrund seiner Erbuntersuchungen beim Menschen die hohe Bedeutung der Erblichkeit für die körperliche und geistig-seelische Entwicklung. Angeregt durch die Schriften seines Vetters Charles Darwin erwägt er Möglichkeiten einer erblichen Verbesserung des Menschengeschlechts durch Lenkung der Auslese. Galton definiert »Eugenik als Wissenschaft, die sich mit allen Einflüssen befaßt, welche die angeborenen Eigenschaften einer Rasse verbessern und welche diese Eigenschaften zum größtmöglichen Vorteil der Gesamtheit zur Entfaltung bringen.«

Auf dieser Basis wurden Vorstellungen im Sinne einer Rassenhygiene entwickelt und im nazistisch regierten Deutschland durchgesetzt; dies führte die Humangenetik 1933-1945 zu umfangreichen Experimenten für bestimmte Bevölkerungsgruppen. Die inzwischen gewonnenen Erkenntnisse über die Art und Wirkungsweise der als »Gene« bezeichneten Erbanlage (→ Genetik) sowie Art und Auswirkung von Mutationen haben die von Galton postulierte Auffassung einer E. von Bevölkerungsgruppen gewandelt. Heute steht die Verhütung der Transmission schädlicher Gene, die Frühaufdeckung bestimmter Mutationen und die Genomanalyse im Vordergrund des wissenschaftlichen Erkenntnisinteresses. Neben medizinischen Aspekten sind ethische Überlegungen zu berücksichtigen: Die technische Rationalität des verfügbaren Wissens macht staatliche Bevölkerungsprogramme überflüssig. Der einzelne soll sich in Freiheit

dieser Angebote bedienen können, steht jedoch in seiner Entscheidung in sozialen, familiären und arbeitsplatzbezogenen Abhängigkeiten. → Prävention, Auslese bzw. Verbesserung des Wohls der Menschheit insgesamt sind abstrakte Leitbilder, die die individuelle Entscheidungslogik bestimmen. Kritiker fürchten eine Abwertung behinderten, kranken, nicht-perfekten Lebens als Konsequenz der Verfügbarkeit von gentechnischen Manipulationsverfahren. So ist auch pränatale Diagnostik z.b. sehr zwiespältig, insofern, als sie einerseits mehr Optionen, mehr individuelle Verantwortung des einzelnen zuläßt, andererseits Machbarkeits-Phantasien Vorschub leistet.
S. a. → Gentechnologie.
Lit. Beck, U.: Gegengifte; Freye: Humangenetik; Lenz, W: Genetik; Vogel, F. u. a.: Genetics; Weingart u. a.: Rasse; Wunder: Bioethik. *Therese Neuer-Miebach*

Euro Citizen Action Service (ECAS)
1990 wurde ECAS (dt.: Europäischer Dienst für Bürgerorganisationen) mit Sitz in Brüssel als eine internationale unabhängige Dienstleistungsorganisation ohne Gewinnorientierung mit dem Ziel gegründet, nicht kommerziellen und regierungsunabhängigen Gruppierungen den Zugang zu den Organen der → Europäischen Union (EU) zu erleichtern und damit ein gewisses Gegengewicht zum Einfluß kommerzieller Interessen zu schaffen. Regionale, nationale oder auch europäische Bürgerorganisationen können die Mitgliedschaft erwerben. ECAS ist schwerpunktmäßig in folgenden Bereichen aktiv: Bürgerrechte, Gesundheit, Soziales und Kultur. Zu den Dienstleistungen von ECAS an seine Mitglieder gehören: eine regelmäßige Informationsschrift in Englisch und Französisch über wichtige Ereignisse und Befassungen in der EU, Seminare zu besonderen europäischen Problemen, die Benutzung des eigenen Dokumentationszentrums, die Vermittlung von Kontakten in den EU-Institutionen, Dokumentationen zu speziellen europäischen Fachfragen, Hilfestellung bei der Bildung von Strukturen der Zusammenarbeit zwischen Mitgliedern. Ein Großteil der Kommunikation und des Austauschs von Informationen erfolgt über Datentransfernetze. Der Umfang der in Anspruch genommenen Dienstleistungen bestimmt die Höhe des Mitgliedbeitrages.
Anschrift: 1 rue Defacqz, B-1050 Brüssel.
Dirk Jarré

Eurolink Age wurde 1981 gegründet. Als Ziel wird genannt, eine Berücksichtigung der Interessen älterer Menschen zu gewährleisten und Fragen, die das Altern und das Alter betreffen, zu beantworten. Das soll durch die → Europäische Union (EU) in Form von Richtlinien und Aktionen geschehen. Mitglieder können Organisationen und Einzelpersonen aus allen 15 Mitgliedstaaten der EU werden. E. A. arbeitet eng mit EU-Institutionen zusammen und organisiert deren Richtlinien. Offizielle Beziehungen bestehen auch zur → Weltgesundheitsorganisation (WHO). Dreimal jährlich erscheint das Mitteilungsblatt (Bulletin) von E.A. in englischer, französischer und deutscher Sprache. Zusammenfassungen sind in spanisch, italienisch und holländisch zu erhalten (ab 1996 viermal jährlich). E. A. hat ihren Sitz in Großbritannien. Das Sekretariat wird von Age Concern England geführt.
Anschrift: 1268 London Road, London SW 16 4 ER, Großbritannien. *Margarete Heinz*

Europäische Arbeitsgemeinschaft für Altenselbsthilfe (EURAG) wurde 1962 als gemeinnützige, überparteiliche und überkonfessionelle Vereinigung gegründet. Sie umfaßt z. Zt. in 28 Ländern Altenorganisationen, Selbsthilfegruppen, Verbände, öffentlich-rechtliche Körperschaften, die Dienstleistungen für Ältere erbringen, gerontologische Institute und Einzelpersonen. Ziele der EURAG: Erhaltung der menschlichen Würde und der individuellen Persönlichkeit, Sicherung der Grundlagen für angemessene Lebensqualität und Teilhabe am gesellschaftlichen Leben, Wahrung eigenständiger Lebensführung, Vermittlung von Selbstwertgefühl, Förderung von Aktivitäten und Mitsprachemöglichkeiten. EURAG verfolgt ihre Ziele durch regionale, nationale und internationale Begegnungen, Vernetzung von Aktivitäten, Einrichtung von Arbeitskreisen und Kommissionen, Durchführung von Kolloquien und Kongressen (zuletzt 1996 in Berlin) sowie Herausgabe von Publikationen. EURAG pflegt die Zusammenarbeit mit internationalen und europäischen Institutionen; sie gibt Mitgliedern die Möglichkeit, hier ihre fachlichen Erfahrungen einzubringen und damit an politischen Entscheidungsprozessen mitzuwirken.
Anschrift Generalsekretariat: Wielandgasse 9, A-8010 Graz; Deutsche Sektion: Heinrich-Hoffmann-Str. 3, 60528 Frankfurt/M.
Gerhard Haag

Europäische Gemeinschaften (EG) Der Vertrag über die Gründung der Europäischen Gemeinschaft für Kohle und Stahl (EGKSV) vom 18.4.1951 sowie der Vertrag zur Gründung der Europäischen Wirtschaftsgemeinschaft (EWGV) und der Vertrag zur Gründung der Europäischen Atomgemeinschaft (Euratom) vom 25. 3. 1957 haben drei Europäische Gemeinschaften geschaffen, die seit Inkrafttreten des Vertrages zur Einsetzung eines gemeinsamen Rates und einer gemeinsamen Kommission der Europäischen Gemeinschaften (sog. Fusionsvertrag) vom 8. 4. 1965 einheitliche Organe haben. Die EG sind seither durch den Beitritt Dänemarks, Irlands, Großbritanniens, Griechenlands, Spaniens und Portugals zum »Europa der Zwölf« erweitert worden. Durch die Gründungsverträge (sog. primäres Gemeinschaftsrecht) sind den EG Hoheitsrechte der Mitgliedstaaten übertragen worden, die es ihren Organen erlauben, in den ihnen eingeräumten Zuständigkeitsbereichen sog. sekundäres Gemeinschaftsrecht zu setzen, welches dem nationalen (auch Verfassungs-)Recht der Mitgliedstaaten vorgeht. Die Kommission der EG, die sich aus 17 von den Mitgliedstaaten bestimmten Kommissaren (einschließlich eines Kommissionspräsidenten) zusammensetzt und die einer »Bürokratie« von rd. 16 000 EG-Beamten vorsteht, ist gleichsam Sachwalterin des Gemeinschaftsinteresses. Allein auf Initiative der Kommission wird der Ministerrat der EG, der sich aus den jeweiligen Fachministern der Mitgliedstaaten (z. B. den Ministern für Arbeit und Soziale Angelegenheiten) zusammensetzt und gleichsam die Interessen der Mitgliedstaaten vertritt, als Rechtsetzungsorgan tätig. Das Europäische Parlament hat demgegenüber nur recht beschränkte Befugnisse (u. a. in Zusammenhang mit dem Haushalt als Kontrollorgan für die Kommission und seit Inkrafttreten des Vertrages über die Europäische Union – »Vertrag von Maastricht« – auch in verstärktem Umfang im Rechtsetzungsverfahren). Der Europäische Rat der Staats- und Regierungschefs ist das oberste politische Organ der Gemeinschaft. Die Wahrung des Rechts in der Gemeinschaft ist dem → Gerichtshof der Europäischen Gemeinschaften (EuGH) mit Sitz in Luxemburg übertragen. Er wird u. a. im Rahmen des sog. Vorabentscheidungsverfahrens tätig, wenn er bei Zweifeln über die Gültigkeit und die Auslegung von Gemeinschaftsrecht durch die Gerichte der Mitgliedstaaten angerufen wird. Allein im Zusammenhang mit der → sozialen Sicherheit der → Wanderarbeitnehmer (→ Soziale Sicherheit in der EG) hat der EuGH über 350 Urteile gefällt. In zunehmenden Maße wird er auch in anderen Bereichen der → Sozialpolitik (→ Sozialpolitik, europäische) tätig, so insbes. in Zusammenhang mit dem Grundsatz gleichen Entgelts für gleiche Arbeit von Männern und Frauen (Art. 119 EWGV) und den Gleichbehandlungsrichtlinien der EG (→ Gleichbehandlung von Männern und Frauen). Der Wirtschafts- und Sozialausschuß (WSA), der sich aus Vertretern verschiedener Gruppen des wirtschaftlichen und sozialen Lebens (Erzeuger, Landwirte, Arbeitnehmer, Kaufleute, Handwerker, freie Berufe, Allgemeinheit) zusammensetzt, soll im Rahmen seiner beratenden Funktion die politische Meinungsbildung auf Gemeinschaftsebene an Auffassungen und Interessen der in ihm vertretenen sozialen Gruppen der Mitgliedstaaten »rückkoppeln«. Der Vertrag über die Europäische Union von Maastricht, der seit 1. 11. 1993 in Kraft ist, bedeutete einen Schritt in Richtung auf die Politische Union, stärkte die Rechte des Europäischen Parlaments, stellte die Weichen auf eine Währungsunion und hat mit dem Protokoll über Sozialpolitik und einer darauf aufbauenden Vereinbarung über die Sozialpolitik auch für eine Intensivierung der (ansonsten weitgehend vernachlässigten) Gemeinschaftssozialpolitik durch 11 der 12 Mitgliedstaaten (ohne das Vereinigte Königreich) gesorgt. Die Teilnehmer der Konferenz von Maastricht vom 7. 2. 1992 haben u. a. eine Erklärung zur Zusammenarbeit mit den Wohlfahrtsverbänden abgegeben und in diesem Zusammenhang betont, daß zur Erreichung der sozialpolitischen Ziele der Gemeinschaft eine Zusammenarbeit der EG mit den Verbänden der → freien Wohlfahrtspflege und den Stiftungsträgern sozialer → Einrichtungen und Dienste (→ Soziale Dienste) von großer Bedeutung ist. Die Regierungskonferenz »Maastricht 2«, die seit März 1996 stattfindet, soll die institutionellen Voraussetzungen schaffen für eine Erweiterung der Zahl der Mitgliedstaaten. Neben einer Stärkung des Mehrheitsprinzips sollen die Gemeinsame Sicherheits- und Außenpolitik (GASP) und die Zusammenarbeit in der Innen- und Justizpolitik (ZIJP) ausgebaut werden.

Lit. Bleckmann: Europarecht; Grabitz: EWGV (Komm.); Groeben u. a.: EWGV (Komm.); Oppermann: Europarecht.

Bernd Schulte

Europäischer Binnenmarkt Durch die EEA, die am 1. 7. 1987 in Kraft getreten ist, sind die drei Europäischen Gemeinschaftsverträge (→ Europäische Gemeinschaften [EG]), die das rechtliche Fundament der drei rechtlich nach wie vor selbständigen Europäischen Gemeinschaften bilden, im Hinblick auf die Schaffung eines E. B. als »Fortschreibung« des Gemeinsamen Marktes revidiert worden. Auch wenn von Anbeginn an vor allem wirtschaftspolitische Ziele bei dieser Initiative zur weiteren wirtschaftlichen Integration der EG im Vordergrund stehen, wird damit zugleich ein weiterer Schritt im Hinblick auf die angestrebte weitere Integration (Politische Union u. a.) unternommen.

In Art. 8a Abs. 2 EWGV wird der E. B. als ein »Raum ohne Binnengrenzen, in dem der freie Verkehr von Waren, Personen, Dienstleistungen und Kapital ... gewährleistet ist«, definiert. Die Organe der Gemeinschaft waren gehalten, bis zum 31. 12. 1992 diesen E. B. zu verwirklichen.

Das »Weißbuch« der Kommission vom Juli 1985 enthielt unter seinen rd. 300 Maßnahmen zur Rechtsangleichung, deren Verwirklichung zur Vollendung des E. B. für notwendig erachtet wurde, keine expliziten sozialpolitischen Initiativen. Erst die Gemeinschaftscharta der sozialen Grundrechte der Arbeitnehmer vom Dezember 1989 (→ Soziale Grundrechte) und das diese flankierende Aktionsprogramm zur Anwendung der Gemeinschaftscharta der sozialen Grundrechte der Arbeitnehmer, welches die Kommission zeitgleich im November 1989 vorgelegt hat, sind Schritte in Richtung auf eine Verstärkung der sozialen Komponente der Gemeinschaft (→ Sozialpolitik, europäische). Die Reform der Europäischen Strukturfonds (→ Europäischer Sozialfonds [ESF]) und die Ausweitung ihres finanziellen Volumens sollen dazu beitragen, negative Auswirkungen des E. B. in sozialer Hinsicht für einzelne Wirtschaftsbranchen, Regionen und soziale Gruppen zu lindern. Auch die Politik zur Stärkung des wirtschaftlichen und sozialen Zusammenhalts, die in Titel V »Wirtschaftlicher und sozialer Zusammenhalt« (Art. 130a bis 130e EWGV) ihre rechtliche Verankerung gefunden hat, dient dem Ziel, »den Abstand zwischen den verschiedenen Regionen und den Rückstand der am wenigsten begünstigten Gebiete zu verringern« (Art. 130a S. 2 EWGV). Allerdings sind die Bestimmungen über die Steuern, die Freizügigkeit und die Rechte und Interessen der Arbeitnehmer und damit der Kernbereich des Sozialrechts von den Mehrheitsentscheidungen bei der Rechtsangleichung für die Herstellung des E. B. ausgenommen worden. Die Sozialpolitik in der EG ist deshalb nach wie vor im wesentlichen Angelegenheit der Mitgliedstaaten. Die Auswirkungen des E. B. auf die nationalen Sozialpolitiken sind deshalb im wesentlichen mittelbarer Natur und resultieren aus der Beseitigung derzeit noch bestehender Hindernisse für den freien Warenverkehr, den Personen-, Dienstleistungs- und Kapitalverkehr. Die national ausgestalteten Sozialleistungssysteme stehen nämlich in wachsendem Maße im Widerspruch zu den grenzüberschreitend angelegten Freiheiten auch der Erbringer → sozialer Dienste und Leistungen.

Lit. Bleckmann: Europarecht; Grabitz: EWGV (Komm.); Groeben u.a.: EWGV (Komm.); Lenz, C. O.: Binnenmarkt.

Bernd Schulte

Europäischer Sozialfonds (ESF) Der ESF ist das wesentliche arbeitsmarktpolitische Finanzinstrument der → Europäischen Gemeinschaft (EG). Er wurde 1958 errichtet, um die berufliche Qualifikation sowie die räumliche und berufliche Mobilität der Arbeitskräfte zu fördern. Der ESF interveniert im Rahmen eines koordinierten Systems der EG-Strukturfonds, um zur Verwirklichung der strukturpolitischen Ziele beizutragen: 1. Entwicklung und strukturelle Anpassung von wirtschaftlich rückständigen Gebieten (in Deutschland neue Bundesländer und östliche Bezirke Berlins); 2. Umstellung von Gebieten mit rückläufiger industrieller Entwicklung; 3. Bekämpfung der Langzeitarbeitslosigkeit und Erleichterung der Eingliederung von Personen in das Erwerbsleben, die vom Ausschluß aus dem Arbeitsmarkt bedroht sind; 4. Erleichterung der Anpassung der Arbeitskräfte an industrielle Wandlungsprozesse und Änderungen der Produktionssysteme; 5. Förderung der Entwicklung des ländlichen Raumes; 6. (in Finnland und Schweden) Förderung der Entwicklung und Anpassung von Gebieten mit einer extrem niedrigen Bevölkerungsdichte. Aufgaben des ESF sind die Beteiligung an der Erleichterung des Zugangs zum Arbeitsmarkt besonders durch die Entwicklung beruflicher Kenntnisse, Fähigkeiten und Qualifikationen sowie die Unterstützung bei der Errichtung neuer Arbeitsplätze für Arbeitnehmer und Selbständige.

Die Strukturfonds sind dazu bestimmt, finanzielle Anstrengungen der Mitgliedstaaten anzuregen und zu ergänzen. Der ESF beteiligt sich mit höchstens 50% der zuschußfähigen Ausgaben der öffentlichen Hand; in den Ziel-1-Gebieten beträgt der Satz 75%. Zuschußfähig sind bei Maßnahmen der beruflichen Bildung die Vergütungen für die Teilnehmer sowie für Personal- und Sachkosten. Ausgeschlossen sind Aufwendungen für Zinsen, Bankspesen und Abschreibungen. Die Mitgliedstaaten legen der Kommission Pläne auf nationaler oder regionaler Ebene zur Prüfung vor, nach denen die jeweiligen Ziele in einem mehrjährigen Zeitraum verwirklicht werden sollen.

Die Kommission legt in Zusammenarbeit mit den Mitgliedstaaten und Gebietskörperschaften ein gemeinschaftliches Förderkonzept fest, das Prioritäten, Finanzrahmen und Zeitplan ausweist. Die Konzepte werden nach operationellen Programmen umgesetzt, in die sich die Einzelvorhaben einfügen. Träger der Vorhaben können sowohl öffentliche Verwaltungen als auch juristische oder natürliche Personen sein. Die Verpflichtungsermächtigungen des ESF betragen für 1996 ca. 22 Mrd. DM.

Lit. Kommission der EG: Gemeinschaftsinitiativen; Grabitz: EWGV (Komm.) Art. 123 ff.; 130 ff.; Kommission der EG: Strukturfonds 1994-99   *Wolfgang Stabenow*

Europäischer Wirtschaftsraum Im Zuge der Verwirklichung des Europäischen Binnenmarktes, dessen rechtliche Grundlagen durch die Einheitliche Europäische Akte von 1987 gelegt worden waren, kam es zum Abschluß eines Abkommens über die Schaffung eines Europäischen Wirtschaftsraums (EWR), welches die Beziehungen zwischen den seinerzeit 12 Mitgliedstaaten der Europäischen Gemeinschaft einerseits und den Mitgliedstaaten der Europäischen Freihandelszone (EFTA) – damals Finnland, Liechtenstein, Norwegen, Österreich, Schweden und der Schweiz – umfassend regeln sollte. Das EWR-Abkommen hat im

Wege einer Assoziierung einen einheitlichen Wirtschaftsraum geschaffen, der auf einem wesentlichen Bestand des primären und sekundären Europäischen Gemeinschaftsrechts (den sog. »acquis communautaire«) fußt und neben einer einheitlichen Wettbewerbs- und Beihilfenordnung und der Zusammenarbeit im Bereich einzelner Politiken (z. B. Umweltschutz, Forschung, Entwicklung, Bildung, Sozialpolitik) insbesondere den freien Waren-, Personen-, Dienstleistungs- und Kapitalverkehr verwirklicht. Diese Assoziation schließt die Freizügigkeit der Arbeitnehmer und die Niederlassungsfreiheit der Selbständigen als tragende Elemente des Gemeinsamen Marktes und ihre rechtliche Ausgestaltung einschließlich der einschlägigen rechtlichen Regeln über die Koordinierung der Systeme der sozialen Sicherheit im Interesse der Freizügigkeit der Arbeitnehmer ein, so daß diese Vorschriften ihrem Geltungsbereich nach nicht mehr allein für die EG, sondern nunmehr für den gesamten EWR und die Bürger ihrer Mitgliedstaaten gelten. Dies bedeutet, daß Freizügigkeit und Niederlassungsfreiheit sowie die entsprechende »sozialrechtliche Flankierung« durch die auf Art. 51 EGV basierenden Verordnungen (EWG) Nr. 1408/71 und 574/72 heute auch im Verhältnis zu Island, Liechtenstein und Norwegen gelten, die nach dem EG-Beitritt Finnlands, Österreichs und Schwedens die einzigen EWR-Mitgliedstaaten sind, die nicht der EG und heute auch der EU angehören. Diese Entwicklung zeigt, daß die Zugehörigkeit zum EWR in gewisser Weise ein Vorlauf- bzw. Durchgangsstadium für die Vollmitgliedschaft in EG und EU ist.

Mit Polen, Ungarn, der Tschechischen Republik, der Slowakischen Republik, Bulgarien, Rumänien und jüngst den baltischen Staaten Estland, Lettland und Litauen hat die EG zwischen 1993 und 1996 gleichfalls (wenn auch nicht ganz so weitgehends) Assoziierungsabkommen – sog. »Europa-Abkommen« – abgeschlossen, die darauf abzielen, den späteren Beitritt dieser Staaten zur EU insbesondere in wirtschaftlicher Hinsicht vorzubereiten. Die Assoziierung ist insofern eine besondere Form der von der EG/EU gepflegten Beziehungen zu Drittstaaten, die auf eine finanzielle und wirtschaftliche Zusammenarbeit abzielt und vor allem gegenüber Staaten praktiziert wird, deren Beitritt zu EG und EU angestrebt wird.

Lit. Borchardt u. a.: Grundlagen; Grabitz u. a.: Kommentar; Streinz: Europarecht.

Bernd Schulte

Europäisches Fürsorgeabkommen → Internationale Abkommen zur Sozialhilfe und Jugendhilfe

Europäisches Jugendwerk → Internationale Studien- und Austauschprogramme

Europäische Sozialcharta Als soziales Gegenstück zur Europäischen Menschenrechtskonvention ist die E. S. des → Europarats der älteste regionale Menschenrechtspakt zum Schutz wirtschaftlicher und sozialer Rechte – und nicht zu verwechseln mit der »Gemeinschaftscharta der sozialen Grundrechte der Arbeitnehmer« vom Dezember 1989 (die lediglich eine Erklärung von 11 der 12 Mitgliedstaaten der → Europäischen Gemeinschaften [EG] darstellt). Beeinflußt durch die Allgemeine Menschenrechtserklärung der Vereinten Nationen (→ United Nations [UN]) von 1948 sowie durch Arbeiten der → Internationalen Arbeitsorganisation (IAO) wurde die E. S. als internationaler Vertrag am 18. 10. 1961 von 13 Mitgliedstaaten des Europarats gezeichnet und trat am 26. 2. 1965 in Kraft. Derzeit sind 20 der 40 Europarats-Staaten (darunter sämtliche EG-Staaten) an sie gebunden. Im Rahmen der Europäischen Union sind die Rechte der E. S. als allgemeine Rechtsgrundsätze anerkannt. Die Vertragsparteien müssen nicht alle Bestimmungen der E.S. als verpflichtend anerkennen, sondern nur eine bestimmte Mindestzahl an Artikeln (10 von 19) oder einzelnen Absätzen (45 von 72), darunter jedoch mindestens 5 der 7 wichtigsten sozialen Rechte: Art. 1, Recht auf Arbeit; Art. 5, Recht auf Koalitionsfreiheit; Art. 6, Recht auf Kollektivverhandlungen einschließlich Streikrecht; Art. 12, Recht auf soziale Sicherheit; Art. 13, Recht auf soziale und medizinische Fürsorge; Art. 16, Schutz der Familie; Art. 19, Schutz der Wanderarbeitnehmer und ihrer Familien. Die Bundesrepublik Deutschland hat 5 konkrete Bestimmungen bis heute nicht akzeptiert. Nahezu alle Bestimmungen verpflichten unmittelbar nur die Staaten. Die → sozialen Grundrechte bedürfen regelmäßig der konkreten Ausgestaltung durch den Staat, die E. S. gewährt somit keine individuell einklagbaren Rechtsansprüche. Sie gilt nur in bezug auf Staatsangehörige der Länder, die ratifiziert haben. Weitere Einschränkungen im konkreten Anwendungsbereich ergeben sich aus dem Anhang der E. S. sowie der Möglichkeit völkerrechtlicher Erklärungen, von der die meisten Vertragsstaaten Gebrauch gemacht haben. Die meisten Rechte beziehen sich auf die Arbeitswelt, eine zweite Kategorie gilt dem sozialen Schutz der Gesamtbevölkerung (Gesundheitsschutz, Zugang zu sozialen Diensten) und eine dritte Kategorie zielt auf sozial besonders schutzbedürftige Personen (Kinder, Mütter, ausländische Arbeitnehmer und ihre Familien, Behinderte). Durch das 1. Zusatzprotokoll vom 5. 5. 1988 (in Kraft seit 4. 9. 1992 für derzeit 6 Staaten) wurde die E. S. um 4 weitere materielle Rechte ergänzt (u. a. Recht auf Chancengleichheit und Gleichbehandlung im Berufsleben; Recht älterer Menschen auf sozialen Schutz). Seit 3. 5. 1996 liegt die revidierte E. S. mit insgesamt 30 Grundrechten zur Unterzeichnung auf. Sie beinhaltet die – punktuell modifizierte – E. S. von 1961, das Zusatzprotokoll von 1988 und fügt diesen weitere Rechte hinzu (u. a. Kündigungsschutz, Recht auf Würde am Arbeitsplatz, Rechte der Arbeitnehmer mit Familienpflichten auf Gleichbehandlung, Recht auf Wohnung, Schutz vor Armut und sozialer Ausgrenzung). Damit soll die E. S. an die soziale Entwicklung und die neuen internationalen Standards (→ IAO, EU) angepaßt werden. Die revidierte E. S. tritt nach 3 Ratifikationen in Kraft.

Das bisherige Kontrollsystem ist ein oft kritisierter Schwachpunkt der E. S.; es beschränkt sich bisher – im Gegensatz zur Menschenrechtskonvention – auf ein bloßes Berichtssystem ohne Sanktionsmöglichkeiten und gilt als wenig effektiv. Die Einhaltung der Verpflichtungen wird anhand von Regierungsberichten in zweijährigem Turnus von 4 Kontrollorganen (unter Beteiligung der IAO und der Sozialpartner) überprüft: dem neunköpfigen unabhängigen Expertenausschuß, dessen Spruchpraxis (»Conclusions«) in Englisch und Französisch veröffentlicht wird; dem Regierungsausschuß, der parlamentarischen Versammlung sowie dem Ministerausschuß des Europarates, der bei Vertragsverletzungen konkrete Empfehlungen an die einzelnen Vertragsparteien richten kann. Von dieser Möglichkeit wurde jedoch erstmals 1993 Gebrauch gemacht, nachdem das Änderungsprotokoll vom 21. 10. 1991 zur Zeichnung und Ratifikation aufgelegt worden war, und der Ministerausschuß dessen provisorische Geltung beschlossen hatte. Das Änderungsprotokoll tritt erst nach Ratifikation durch alle Vertragsparteien in Kraft. Es zielt auf eine effizientere Überwachung der in der E. S. garantierten Rechte (u. a. durch Ausweitung und Diversifizierung der Informationsquellen und verstärkte Teilnahme der Sozialpartner). Dem gleichen Ziel dient das Zusatzprotokoll vom 9. 11. 1995 (noch nicht in Kraft) durch die Einführung eines eigenständigen kollektiven Beschwerdesystems in Gestalt einer »Verbandsklage«: Danach können nicht nur nationale und internationale Arbeitgeber- und Arbeitnehmerorganisationen (Sozialpartner), sondern auch sonstige internationale Nichtregierungsorganisationen mit Konsultativstatus beim Europarat ein Beschwerdeverfahren wegen Vertragsverletzung vor dem unabhängigen Expertenausschuß durchführen.

Lit. Agnelli u. a.: Sozialcharta; Bohling: Rechte; Böhm, W.: Sozialcharta; Isele: Sozialcharta; Lörcher: Sozialcharta; Öhlinger: Sozialcharta; Willers: Sozialbewußtsein.

Eva-Maria Hohnerlein

Europäisches Zentrum für Wohlfahrtspolitik und Sozialforschung ist ein Forschungs- und Informationszentrum mit Schwerpunkt → Sozialpolitik in internationaler vergleichender Perspektive. Es wurde 1974 auf der Basis eines Übereinkommens zwischen der österreichischen Bundesregierung und den → United Nations (UN) gegründet. Es ist ein unabhängiges Forschungszentrum und zugleich eine intergouvernementale Organisation in Zusammenarbeit mit den UN. Es wird heute von ost- und westeuropäischen Staaten sowie den Vereinigten Staaten von Amerika, Kanada und Israel mitgetragen.

Ziel ist es, soziale Wohlfahrt, Gesundheit und soziale Entwicklung durch Forschung, Dokumentation, internationale Dialoge, Ausbildung, Informationsaustausch und Publikationen zu fördern. Das E. Z. ist die einzige UN-affiliierte Organisation in der europäischen Region mit sozialem Mandat. Es wird mit seinen 10 wissenschaftlichen Mitarbeitern von einem »Executive Director«, Prof. Dr. Bernd Marin, geleitet. Ein international zusammengesetztes Kuratorium tagt einmal jährlich in Wien unter dem Vorsitz des Vertreters des Generalsekretärs der UN in Wien.

Die jährlich etwa 30 Projekttagungen, Konferenzen und Seminare finden europaweit statt. Die international vergleichenden Projekte vereinigen unter der Leitung und Koordination des E. Z. zwischen 2 und 20 nationale Teams, die sich eines abgestimmten Forschungsdesigns bedienen. Das E. Z. gibt einen »Newsletter«, eine Reportreihe »EUROSOCIAL«, das »Journal für Sozialforschung« sowie zwei Bücherreihen über »Public Policy and Social Welfare« und »Wohlfahrtspolitik und Sozialforschung« heraus.

Forschungs- und Programmaktivitäten des Zentrums befassen sich mit Wohlfahrts- und Sozialentwicklung im weiteren Sinn. Dies impliziert die Befassung mit Bereichen wie Bevölkerungsentwicklung, neuen Familien- und Lebensformen, Arbeit, sozialer Integration, Sicherheit, Gesundheit, Pflege, Wohlstand und Lebensqualität.

Die Arbeitsphilosophie des E. Z. beruht auf dem Schlüsselbegriff des »Welfare Mix«: soziale Wohlfahrt als Ergebnis komplexer Interaktionen zwischen den vier Bereichen Staat, Markt, Gesellschaft (nichtstaatliche Wohlfahrt) und Gemeinschaft/Familie/Haushalt.

Die Schwerpunkte der nächsten Jahre sind:
– UN-europäische Sozialministerkonferenzen und Weltgipfel für soziale Entwicklung (1993–1997);
– Mittel- und Osteuropa;
– internationale Migration, soziale Integration und Menschenrechte;
– nichtstaatliche Wohlfahrts- und Gesundheitsvorsorge sowie Drogenkontrolle;
– Pflege und persönliche soziale Dienstleistungen;
– Kindheit in der Gesellschaft;
– gesellschaftliche Alterung, Generationenvertrag, Pensionsreformen;

– Informations- und Datenbanken, Modellbau.
Anschrift: Berggasse 17, A-1090 Wien.

Willem Stamatiou

Europäische Union Die drei Europäischen Gemeinschaften – die Europäische Gemeinschaft für Kohle und Stahl, die Europäische Atomgemeinschaft und die Europäische Wirtschaftsgemeinschaft –, die rechtlich unabhängig nebeneinander stehen, jedoch in der Politik wie Praxis ganz allgemein als Einheit begriffen und die → Europäische Gemeinschaft genannt werden, zeichnen sich dadurch aus, daß zu ihren Gunsten die Mitgliedstaaten, welche sich zu diesen Gemeinschaften zusammengeschlossen haben, auf Teile ihrer Souveränität verzichtet und diese auf die drei Gemeinschaften übertragen haben. In Ausübung der ihr auf diese Weise zugewachsenen Befugnisse ist die überstaatliche Europäische Gemeinschaft in der Lage, Hoheitsakte zu erlassen, die in ihren Wirkungen staatlichen Hoheitsakten gleichkommen und die in den Mitgliedstaaten unmittelbar und mit Vorrang vor dem nationalen Recht der Mitgliedstaaten gelten.
Diese Europäische Gemeinschaft bildet den Kern der am 1. 11. 1993 mit dem Inkrafttreten des Vertrags über die Europäische Union von »Maastricht« entstandenen EU. Die EU ist eine internationale Organisation eigener Art, deren Besonderheit darin besteht, daß sie gleichsam das rechtliche Dach abgibt für die Europäische Gemeinschaft bzw. – aus rechtlicher Sicht genauer: die drei Europäischen Gemeinschaften – sowie die Gemeinsame Außen- und Sicherheitspolitik (GASP) und die Zusammenarbeit in der Innen- und Justizpolitik (ZIJP) der 15 Vertragsstaaten. Zur Erfüllung ihrer Aufgaben bedient sich die EU der Organe der Europäischen Gemeinschaft. Die EU verfügt über eine eigene Völkerrechtspersönlichkeit, die sie zum völkerrechtlichen Verkehr mit den Mitgliedstaaten und auch mit Drittstaaten berechtigt. Im Hinblick auf ihre rechtlichen Befugnisse bleibt die EU ansonsten hinter der EG insoweit zurück, als sie keine Kompetenzen hat zum Erlaß von in den Mitgliedstaaten mit Vorrang vor nationalem Recht geltendem Gemeinschaftsrecht. Insofern ist die EU ein auf weitere Integration durch Stärkung ihrer Kompetenzen ausgerichtetes Gebilde. Die Regierungskonferenz »Maastricht 2« dient nicht zuletzt dem Zweck, vor dem Hintergrund der angestrebten Wirtschafts- und Währungsunion und der damit im Zusammenhang stehenden Einführung einer gemeinsamen Währung (»Euro«) und der gleichfalls in Aussicht genommenen Erweiterung von EG und EU um neue Mitglieder die institutionelle und rechtliche Ausgestaltung der EU zu stärken.

Lit. Borchardt u. a.: Grundlagen; Grabitz u. a.: Kommentar; Koenig u. a.: Europäische Union.

Bernd Schulte

Europarat Der 1949 gegründete E. hat mit derzeit 40 Mitgliedern (gegenüber 15 der → Europäischen Gemeinschaften [EG]) die größere geographische Reichweite, besitzt jedoch keine Kompetenz zum Erlaß unmittelbar bindender Rechtsakte. Der Auftrag dieser ältesten politischen Staatenorganisation Europas mit Sitz in Straßburg, Wirtschaft und sozialen Fortschritt zu fördern und eine Verbindung zwischen den europäischen Ländern zu schaffen, erlebte mit dem politischen Umbruch in Osteuropa einen neuen Aufschwung. Dem Ziel der europäischen Einheit dient der E. durch Schutz und Stärkung der pluralistischen Demokratie, des Rechtsstaats und der → Menschenrechte, durch Ausarbeitung gemeinsamer Lösungen für die Probleme der → Gesellschaft (→ Gewalt, → Armut, Rassismus, → Drogen, → AIDS, Zerstörung der Umwelt oder Schwächung der Familienbande) sowie durch Förderung des Bewußtseins für eine europäische kulturelle Identität.
Organe des E. sind das Ministerkomitee (oberstes Entscheidungsorgan) und die Parlamentarische Versammlung, die nur beratende Funktionen hat. Das Ministerkomitee besteht aus den Außenministern der Mitgliedstaaten; ihre Delegierten sind als Ständige Vertreter beim E. akkreditiert. Außerhalb der Statuten fand – nach dem Vorbild der EU – 1993 erstmals ein Gipfeltreffen der Staats- und Regierungschefs statt. Für das laufende Geschäft sind etwa 100 Expertenkomitees (u. a. für Menschenrechte, Medien, rechtliche Zusammenarbeit, Wirtschaft und Soziales, Bildung, Kultur und Sport, Jugend, Gesundheit, kulturelles Erbe und Umwelt, Gemeinden und Regionen) tätig. Die Versammlung nimmt über ihre etwa 50 Ausschüsse und Unterausschüsse erheblichen Einfluß auf die Arbeiten des E. Sie tagt dreimal jährlich eine Woche lang, jährlich findet eine gemeinsame Sitzung mit dem Europäischen Parlament statt. Beiden Organen dient ein Generalsekretariat mit etwa 900 europäischen Beamten, dem faktisch eine wichtige Rolle bei neuen Initiativen zukommt. Amtssprachen sind Englisch und Französisch. Mit eigener Fahne und Hymne sowie dem Europatag (5. Mai) betont der E. die Einheit der Länder Europas.
Die Aktivitäten des E. umfassen u. a. die Veranstaltung von Kolloquien, Fachtagungen und regelmäßigen Fachministerkonferenzen, öffentliche europäische Kampagnen (z. B. zu Naturschutz; Solidarität Nord/Süd), Beratungshilfe für die Neumitglieder in Mittel- und Osteuropa sowie die Erarbeitung juristischer Instrumente: bisher über 160 völkerrechtliche Konventionen und Abkommen, die überwiegend auch Nichtmitgliedstaaten offenstehen, daneben

auch zahlreiche Empfehlungen an die Mitgliedstaaten. Die einzelnen Konventionen werden durch das Ministerkomitee verabschiedet und können von den Mitgliedstaaten ratifiziert werden.
Eine herausragende Stellung in der konkreten Arbeit des E. nimmt der Schutz der Menschenrechte ein, dem die Europäische Menschenrechtskonvention von 1950 (EMRK) mit ihrem international einzigartigen Rechtsschutzsystem dient: Nicht nur die Mitgliedstaaten, sondern die Bürger selbst können gegen einen Konventionsstaat Beschwerde einlegen, der die in der EMRK garantierten → Grundrechte verletzt. Die Akzeptanz der EMRK ist Voraussetzung für die Mitgliedschaft im E. Bislang haben 34 der Mitgliedstaaten die EMRK ratifiziert. Nach dem Abänderungsprotokoll zur EMRK (Nr. 11) von 1994 soll in Zukunft anstelle der bisherigen Kommission und des Gerichtshofs ein ständiger einheitlicher Gerichtshof errichtet werden. Im Bereich der wirtschaftlichen und → sozialen Grundrechte ist die → Europäische Sozialcharta (1961) hervorzuheben, deren überarbeitete Version 1996 zur Zeichnung aufgelegt wurde. Auch andere Übereinkommen des E. dienen explizit oder implizit der Stärkung der Menschenrechte, so die Datenschutzkonvention (1981), die Anti-Folter-Konvention (1984, das Rahmenabkommen zum Minderheitenschutz (1995) oder das Übereinkommen zur Geltendmachung von Kindesrechten (1996). Neben den Menschenrechten arbeitet der E. auf folgenden Hauptgebieten: Soziale und sozio-ökonomische Probleme; öffentliche Gesundheit, Umwelt- und Verbraucherschutz; Bildung, Kultur und Sport; Massenmedien; (grenzüberschreitende) Zusammenarbeit von Gemeinden und Regionen und Zusammenarbeit in Rechtsfragen. Der Erfolg dieses traditionellen Arbeitsschwerpunktes zeigt sich in einer Verbesserung der Justizverwaltungen, im Bereich Verbrechensbekämpfung und Strafvollzug, vor allem aber in den zahlreichen Übereinkommen zur Harmonisierung des Straf-, Zivil- und Handelsrechts. Seit 1990 wird die Zusammenarbeit mit Mittel- und Osteuropa durch besondere Programme gefördert. Unter den verschiedenen Abkommen auf dem Gebiet der sozialen Sicherheit ist die Europäische Ordnung für Soziale Sicherheit von 1964 hervorzuheben: 1990 grundlegend überarbeitet, legt sie verbindliche Mindestnormen für Sozialleistungen (bei Alter, Invalidität, → Krankheit, → Arbeitslosigkeit, Familienlasten) fest und will die Weiterentwicklung der Systeme der sozialen Sicherheit in Europa fördern. Im Bereich der medizinischen und sozialen Fürsorge wurde bereits 1953 das Europäische Fürsorgeabkommen (→ Internationale Abkommen der Sozialhilfe und der Jugendhilfe) geschaffen; es verpflichtet die Vertragsparteien zum Beistand für bedürftige Angehörige anderer Vertragsstaaten (Beitritt der Bundesrepublik Deutschland 1956). Die internationale Koordination sozialer Sicherheit von Wanderarbeitern und ihren Familien ist Gegenstand des Übereinkommens zur Sozialen Sicherheit von 1972 (mit Zusatzprotokoll von 1994), das sich eng an die Regelungen der entsprechenden EG-Verordnung Nr. 1408/1971 anlehnt. Ein eigenes (von der Bundesrepublik Deutschland nicht ratifiziertes) Übereinkommen regelt den Rechtsstatus von Wanderarbeitern (1977).
Aktionsfelder sozialer Arbeit hat der E. wiederholt aufgegriffen, so im Bereich der Familienpolitik (→ Familienpolitik, europäische) und der gesellschaftlichen Randgruppen (Obdachlose; Nomaden; → Flüchtlinge; Strafgefangene); er befaßt sich mit der Situation der Arbeitslosen, der → Behinderten oder älteren Menschen ebenso wie mit → Armut, Bevölkerungsentwicklung, → Gleichbehandlung von Mann und Frau oder gesundheitspolitischen Fragen. In einer Entschließung von 1967 beschäftigte er sich mit Rolle, Ausbildung und Statut der → Sozialarbeiter. → Jugend- und Bildungsarbeit gehören seit langem zu den Schwerpunktthemen und werden u. a. durch ein Europäisches Dokumentationszentrum für Bildungswesen, Stipendien, die Einrichtung des Europäischen Jugendzentrums sowie den Europäischen Jugendfonds gefördert, der Jugendorganisationen bei internationalen Projekten finanziell unterstützt. Auf dem Gebiet des öffentlichen → Gesundheitswesens arbeitet der E. mit der Weltgesundheitsorganisation (WGO) und nichtstaatlichen Organisationen wie der Liga der Rotkreuz-Gesellschaften zusammen. Eine interdisziplinäre Arbeitsgruppe beschäftigt sich seit 1971 mit Fragen des Drogenmißbrauchs. Der bereits 1956 eingerichtete Sozialentwicklungsfonds (mit derzeit 21 Mitgliedstaaten des E.) finanziert (bis zu 40%) Hilfsprojekte für Flüchtlinge, Opfer von Naturkatastrophen sowie Projekte zur Wiedereingliederung von Arbeitslosen, zum Bau von Sozialwohnungen und im öffentlichen Gesundheitswesen.
Anschrift: Avenue de l'Europe, F-67006 Straßburg CEDEX
Lit. Carstens: Europarat; Council of Europe: Chart; Däubler: Europarat; Europarat: Europarat; Institut für Europäische Politik: Europa; Nowak, M.: Europarat; Schmuck: Europarat; Schöndube u.a.: Europarat; Sommermann: Menschenrechte.

Eva-Maria Hohnerlein

European Anti-Poverty Network (eapn)
Das Europäische Armutsnetzwerk ist aus dem 2. europäischen Programm zur Bekämpfung der → Armut (1984-1989) hervorgegangen. Es umfaßt 14 nationale Netzwerke aus den 15 Mitgliedsländern der Europäischen Union (außer Schweden) sowie

24 europäische Fach- und Selbsthilfeverbände aus dem sozialen Bereich mit dem Schwerpunkt Armutsbekämpfung.
Das Europäische Armutsnetzwerk ist eine unabhängige Vereinigung von Nicht-Regierungsorganisationen (NROs) und Gruppen, die sich in der Bekämpfung von Armut und sozialer Ausgrenzung in den Mitgliedsstaaten der Europäischen Union engagieren. Es ist eine demokratisch strukturierte Organisation mit einer jährlichen Generalversammlung und einem Exekutivausschuß als Leitungsorgan.
Die Ziele des Netzwerks sind:
– die Bekämpfung von Armut und sozialer Ausgrenzung auf die politische Tagesordnung der Europäischen Union zu bringen und sie in allen Politiken einzubeziehen;
– Aktionen gegen Armut und soziale Ausgrenzung zu fördern und ihre Effizienz zu verbessern;
– eine Lobby für und mit Personen zu schaffen, die von Armut und sozialer Ausgrenzung betroffen oder bedroht sind;
– Anerkennung von NROs als Sozialpartner.
Zu den Aktivitäten zählen
– ein monatlicher "Newsletter" in englisch, französisch und spanisch;
– Informationen über Programme der EU, an denen sich Mitgliedsorganisationen beteiligen können;
– Organisierung von Arbeitsgruppen und transnationalen Seminaren sowie → Fortbildung;
– der Informationsaustausch über → Sozialpolitik (→ Sozialpolitik, europäische) in den Mitgliedsstaaten sowie der Erfahrungsaustausch, zwischen denen, die sich in der Bekämpfung von Armut engagieren.
Das eapn verfügt über ein Sekretariat in Brüssel: rue Belliard 205, bte. 13 B-1040 Brüssel.
Ruth Brand

European Exchange Programmes Im Zuge der Verwirklichung der Freizügigkeit der Berufsausübung in der → Europäischen Union (EU) und um die Auswirkungen der Globalisierung der Wirtschaft, des Entstehens einer Informationsgesellschaft und die Beschleunigung des wissenschaftlichen wie technischen Fortschritts meistern zu können, hat die Kommission der Union eine Palette von europäischen Austauschprogrammen etabliert, die die Grundlage für europäische Zusammenarbeit, für transnationale Fortbildung sowie die Verbreitung von Erfahrungen und Ideen, insbesondere für junge Menschen, schafft.
SOCRATES dient dem Austausch von Studierenden und Dozenten, Uni- und Schulpartnerschaften, Fremdsprachenlernen und Europa-Unterricht an Schulen, Universitäten und Volkshochschulen. LEONARDO umfaßt europäische Partnerschaften von Aus- und Weiterbildungsstätten, Berufspraktika für junge Arbeitnehmer und Austausch von Auszubildenden. TEMPUS fördert Partnerschaften von Hochschulen und Unternehmen, Austausch von Studierenden und Dozenten zwischen der EU und Staaten in Mittel- und Osteuropa. MED-CAMPUS entwickelt Partnerschaften von Hochschulen und Unternehmen, den Austausch von Studierenden und Dozenten zwischen der EU und Mittelmeerdrittländern. ALFA fördert Partnerschaften von Hochschulen, Unternehmen und Forschungseinrichtungen, Austausch von Studierenden und Dozenten zwischen der EU und Lateinamerika. HUMAN MOBILITY unterstützt Forschungs- und Ausbildungsaufenthalte junger Wissenschaftler, Netzwerke der wissenschaftlichen und technischen Zusammenarbeit, Kurse und Seminare. Der STRUKTURFONDS ist zuständig für Aus- und Weiterbildung, Förderung von Langzeitarbeitslosen, Eingliederung von benachteiligten Jugendlichen in das Berufsleben sowie Chancengleichheit. BESCHÄFTIGUNG fördert Aus- und Weiterbildungsprojekte, Schulung für benachteiligte Gruppen wie Behinderte, Jugendliche ohne Schulausbildung, Frauen. ADAPT unterstützt ebenfalls die Aus- und Weiterbildung sowie Umschulung. Insbesondere präventive Maßnahmen zur Vermeidung von Arbeitslosigkeit, Anpassung der Arbeitnehmer an den industriellen Wandel sind seine Bereiche.
Mehr Informationen: Europäische Kommission, Vertretung in der Bundesrepublik Deutschland, Zietelmannstraße 22, 53113 Bonn.
Dirk Jarré

European Social Action Network (ESAN)
1990 wurde ESAN (dt.: Europäisches Netzwerk für Soziales Handeln) als ein internationaler gemeinnütziger → Verein gegründet. Es handelt sich um eine europäische Koalition regierungsunabhängiger Organisationen und Institutionen des Sozialbereiches auf lokaler, regionaler, nationaler und internationaler Ebene mit dem Ziel der aktiven Beeinflussung der Entscheidungen und Maßnahmen der Organe der → Europäischen Union (EU), soweit diese mittelbar oder unmittelbar soziale Auswirkungen haben.
Grundanliegen der Mitglieder von ESAN ist es sicherzustellen, daß die europäische Integration nicht zu Lasten der Schwächsten der Gesellschaft geht, sondern deren Interessen volle Berücksichtigung finden. ESAN versteht sich als europäische Vertretung und Pressure-group sowohl der Träger als auch der Klienten → sozialer Dienste in Form einer demokratischen Mitgliedsorganisation.
ESAN analysiert die Entscheidungen der EU-Organe auf deren sozialpolitische Auswirkungen hin, informiert entsprechend seine Mitglieder, veranstaltet Tagungen zu Problembereichen, veröffentlicht Dokumentationen dazu, fördert Möglichkeiten

der grenzüberschreitenden Zusammenarbeit zwischen seinen Mitgliedern und organisiert Lobby-Aktionen, um europäische Entscheidungsprozesse zu beeinflussen.
Anschrift: Avenue de l'Optimisme 93, B-1140 Brüssel. *Dirk Jarré*

European Third Sector Training Network (REEN, Réseau Européen de Formation pour le Tier Secteur) ist ein 1994 gegründetes Netzwerk von freigemeinnützigen Organisationen, Stiftungen, Genossenschaften und Universitäten insbesondere aus der → Europäischen Union (EU) zur Förderung und Durchführung von Fortbildungsprogrammen für das hauptamtliche wie ehrenamtliche Personal von Unternehmen, die das Gemeinwohl in den Vordergrund ökonomischen Handelns stellen (siehe auch → Economie Sociale).
Das REEN informiert gesamteuropäisch über Ausbildungs- und Fortbildungsprogramme für den Dritten Sektor, führt eigene Strategieseminare durch und fördert transnationale europäische Projekte in diesem Bereich. Ferner versucht es, Entscheidungen der EU Organe im Interesse seiner Mitglieder zu beeinflussen.
Die Kommission der EU unterstützt Programme des REEN sowie sein Sekretariat in Brüssel.
Anschrift: REEN-Sekretariat, 83 rue du Prince Royal, B-1050 Brüssel. *Dirk Jarré*

Euthanasie → Sterbehilfe/Euthanasie

Evaluation Das Fremdwort wurde dem englisch-amerikanischen Fachwortschatz entnommen, als die Sache selbst in den USA expansive Ausweitung erfahren hatte und von dort importiert bzw. wiederentdeckt wurde. E. bedeutet Auswertung, Bewährungs-, Wirkungs- oder Erfolgskontrolle von Verfahren, Programmen, Maßnahmen usw. Evaluiert werden können laufende Handlungsroutinen, meist denkt man aber an den Einsatz von E.programmen bei (geplanten oder durchgeführten) Veränderungen, → Innovationen, Umstrukturierungen, Reformen usw. (→ Planungsablauf). Deshalb sind E.vorhaben und -verfahren mit der Reformeuphorie der 70er Jahre aufgeblüht, mit ihr aber auch wieder abgeflaut. Von methodologischen und wissenschaftstheoretischen Problemen abgesehen, steht E. meist auch unter politischen Vorgaben und expliziten oder impliziten politisch-administrativen Zielsetzungen und Intentionen.
E. ist eine besondere Form des → Theorie-Praxis-Verhältnisses und der Zusammenarbeit von Wissenschaft mit Politik und Berufspraxis und unterliegt daher den gleichen Problemen und Beschränkungen. Sie kann unterschiedlichen Zielen und Interessen, z. B. kritischen und emanzipatorischen ebenso wie affirmativen und legitimatorischen, dienen und hat infolgedessen im Interessenantagonismus immer auch eine politische Dimension. Dies macht ihre Funktion widersprüchlich und wirft wissenschaftliche (wissenschaftstheoretische und methodologische) und politische Probleme auf. Dies führt zu unterschiedlichen Ausformungen mit unterschiedlichen Zielen, die wiederum abhängig sind von unterschiedlichen Erwartungen an und unterschiedlichen Einstellungen von Wissenschaftlern: systematische und distanzierte Erkenntnisgewinnung und engagierte Mitwirkung an Entwicklungen und Reformen sind Punkte auf einem breiten Spektrum von Wissenschaftlerinteressen, die wiederum mit den ganz anders gelagerten Interessen und Intentionen der politisch-administrativen Auftraggeber zusammengebracht werden müssen.
E. vollzieht sich auf verschiedenen Ebenen in ganz unterschiedlicher Größenordnung: von einzelnen Projekten und Modellen oder noch beschränkteren Teilausschnitten von Programmen und Handlungsverläufen bis zu landes- oder bundesweit gestreuten Modellvorhaben, von Auswirkungen neuer politischer und rechtlicher Regulierungen (Programme und Gesetze) bis zu umfangreichen Teilpolitiken. So wurde sie vielfach auch in den Bereichen Bildungspolitik (→ Bildung/Bildungswesen), → Jugendpolitik, → Sozialpolitik, → Sozialarbeit/Sozialpädagogik usw. eingesetzt.
E. kann als Entscheidungshilfe für Entscheidungsträger oder als Hilfestellung der Wissenschaft für die Selbst-E. der Beteiligten gesehen werden. Sie bezieht sich u. a. auf die Dimensionen: Voraussetzungen und Rahmenbedingungen, Prozesse und Verlauf, Ergebnisse und Auswirkungen, und bedient sich dabei der ganzen Vielfalt sozialwissenschaftlicher Konzepte und Methoden (von formalisierten, sehr stark an das Methodenrepertoire der traditionellen Sozialforschung [→ Empirische Sozialforschung] angelehnten Verfahren bis zu neueren Versuchen und Entwicklungen mit qualitativer Methodologie und → Handlungsforschung, betroffenenorientierter und subjektivitätsorientierter Sozialforschung). Dabei unterscheidet man die summative E. als Produktanalyse von der formativen E. als Prozeßanalyse.
S. a. → Selbstevaluation.
Lit. Bäuerle: Intervention; Haag, F. u.a.: Aktionsforschung; Hellstern u.a.: Evaluierung; Hellstern u.a.: Experimentelle Politik; Kaufmann, F.-X. u.a.: Modellrichtungen; Müller, C. W.: Begleitforschung; Mutschler: Evaluation; Nagel u.a.: Thesen; Prell: Evaluation; Wittmann, W. W.: Evaluationsforschung; Wulf, C.: Evaluation.
Hans Pfaffenberger

Exemplarisches Lernen hat im Zuge der Ausweitung der Lern- und Wissensinhalte

im Lernprozeß eine zentrale Rolle übernommen: Der Lernende vermag nicht mehr die Fülle der Informationen und des ständigen Wissenszuwachses zu erfassen, vielmehr muß er sich beispielhaft Wege und Methoden des → Lernens aneignen, um auch zukünftig neue Problemlösungen bewältigen zu können.
In der gewerkschaftlichen → Arbeiterbildung wird unter soziologischer Phantasie und e. L. eine von Negt entwickelte Theorie und Methode zur inhaltlichen und pädagogischen Neuorientierung der gewerkschaftlichen Bildungsarbeit Anfang der 70er Jahre verstanden. Ziel dieses Ansatzes ist nicht die theoretische Wissensvermittlung, sondern die exemplarische Überarbeitung der unmittelbaren Erfahrungen und Konflikte der Lohnabhängigen mit dem Anspruch, soziologische Phantasiefähigkeit zu entwickeln und dadurch den Zusammenhang struktureller Bedingungen und individueller Lebensgeschichte zu erfassen und in gewerkschaftliche Praxis umzusetzen.
Lit. Negt: Soziologische Phantasie.

Angelika Ehrhardt

Exhibitionismus (lateinisch exhibere = zeigen, sehen lassen) bedeutet das Zeigen des männlichen Genitales mit oder ohne Masturbation. Die dabei erlebte sexuelle Erregung dient der projektiven Abwehr (→ Abwehrmechanismen) und der Abfuhr intrapsychischer Spannung. Nach psychoanalytischer Auffassung gehört E. zu den → Perversionen. Im DSM IV (→ Klassifikationssysteme psychischer Störungen) ist er den Paraphilien zugeordnet. Die Reaktionen des weiblichen oder kindlichen Gegenübers werden gleichermaßen gewünscht und gefürchtet (z. B. Neugier, Gleichgültigkeit, Erschrecken, Beschimpfung). Exhibitionistische Handlungen werden auf Antrag, ggf. auch als Offizialdelikt, strafrechtlich verfolgt (§ 183 StGB). Seit der Strafrechtsreform vom Anfang der 70er Jahre wurden jedoch die Strafandrohungen deutlich gemildert, und es wurden therapeutische Überlegungen im StGB mitberücksichtigt. Nur in Ausnahmefällen ist exhibitionistisches Verhalten mit → Aggressionen verbunden; wegen der Anonymität und Fremdheit des Verhaltens wird es von den Beobachtern aber oft diesbezüglich überbewertet. Die Stärkedemonstration (»es je mand zeigen wollen«) ist symbolisch, die Angst vor Nähe groß. In aller Regel handelt es sich um ein harmloses Verhalten. Hauptaltersgruppe sind 25- bis 40jährige, etwa zu 50% verheiratete, sozial gut angepaßte Männer mit Selbstwert- und Beziehungsproblemen. *Friedemann Pfäfflin*

Existenzminimum wird als eine in Geldwert ausgedrückte Mindestsumme eines Warenkorbes aus Gütern und Dienstleistungen bezeichnet (→ Bedarfsbemessungssystem). Zu unterscheiden sind physisches E. einerseits und gesellschaftliches oder konventionelles E. andererseits. Nach einer klassischen Definition von Rowntree (um 1900) gibt das physische E. denjenigen Mindestbetrag (eines Warenkorbes) an, mit dem sich die physische Leistungsfähigkeit eines Menschen gerade aufrechterhalten läßt. Es hat bis in die jüngste Zeit zahlreiche Versuche vor allem von Ernährungswissenschaftlern gegeben, den Begriff des physischen E. zu präzisieren, etwa durch Angabe eines Mindestkalorienbedarfs. Die Versuche einer rein ernährungswissenschaftlichen Definition des physischen E. sind heute nur noch bei der Definition von Armutsgrenzen in Entwicklungsländern von Bedeutung. Man muß diese »objektive« Festlegung eines physischen E. trennen von bedürfnis- oder präferenzorientierten Operationalisierungen. Eine Maßzahl bildet in diesem Zusammenhang der Anteil, den eine Familie mit niedrigem Einkommen im Durchschnitt für Nahrungsmittel ausgibt. Der Kehrwert dieses Anteils ist in den USA die offizielle »poverty line«, also ein (modifiziertes) physisches E.
Das konventionelle E. bezeichnet dasjenige Minimum an Bedürfnisbefriedigungsmitteln (→ Bedürfnisse), das nach Anschauung der Gesellschaft für eine menschenwürdige Existenz (→ Menschenwürde) erforderlich ist. Diese Definition aus dem Bericht von 1966 der Sozialenquête-Kommission ist besonders deshalb von Bedeutung, weil mit ihr Inhalt und Aufgabe der deutschen Sozialhilfegesetzgebung umrissen werden. Der Bezug auf eine menschenwürdige Existenz verdeutlicht, daß das konventionelle E. umfassender ist als das physische E., da in ihm auch Kosten der Aufrechterhaltung sozialer Kontakte zum notwendigen → Lebensunterhalt gerechnet werden. Der Begriff konventionelles E. bezeichnet stets eine vorleistungsunabhängige → Geld- oder → Sachleistung, deren Höhe festgelegt werden muß. Zwar ist E. kein Begriff der → Sozialhilfe, jedoch sind die → Regelsätze der → Hilfe zum Lebensunterhalt als das statistisch ermittelte und durch → Rechtsverordnung festgelegte konventionelle E. anzusehen. Eines der Hauptprobleme bei der Festlegung derartiger pauschalierter Leistungen bilden die Abstufungen (Äquivalenzziffern) beim Zusammenleben im Familienhaushalt.
S. a. → Steuerfreiheit des Existenzminimums, → Familienbesteuerung.
Lit. Brück, G. W.: Sozialpolitik; DV: Bedarfsbemessungssystem; Klanberg: Armut.

Frank Klanberg†

Experiment → Empirische Sozialforschung

Exploration 1. Diagnostisches Verfahren zur Persönlichkeitsbeurteilung in der →

Psychologie. Im Unterschied zu Fragebogen (→ Befragung) und → Test erlaubt die E. eine persönliche Aussprache mit dem Probanden, die von dessen Problemen ausgeht und nicht nach einem festgelegten Schema erfolgt.

Obwohl dieses Verfahren in der → Diagnostik häufig angewandt wird, ist es in der psychologischen Fachliteratur umstritten. Zu den Hauptkritikpunkten zählt, daß die Beurteilungskriterien des Therapeuten subjektiv und unsystematisch sind. Auch die Beeinflussung des Probanden entzieht sich der Kontrolle. Aus den durch E. erstellten Diagnosen gehe – so wird eingewendet – nicht hervor, was tatsächliche Probleme des Probanden sind und was auf Einstellungen und Einflußnahme des Therapeuten zurückzuführen ist.

2. Diesen Kritikpunkten trägt das psychoanalytische Modell (→ Psychoanalyse) in einiger Hinsicht Rechnung. Hier sind dem Probanden die Auswahl und Formulierung seiner Probleme überlassen. Diagnostische Urteile werden im Bewußtsein der Vorläufigkeit des Erstinterviews gefällt, und in der unmittelbaren therapeutischen Gesprächssituation werden unbewußte Reaktionen des Behandlers durch die Berücksichtigung der sogenannten Gegenübertragung kontrolliert und produktiv genutzt. An das psychoanalytische Modell angelehnte Psychotherapieformen wie die Gesprächstherapie nach Rogers, → Familien- und → Gruppentherapie begegnen der Kritik auf ähnliche Weise.

3. Auf dem Gebiet der → empirischen Sozialforschung wird mit E. die Phase zwischen der Formulierung des Forschungsproblems und der Entscheidung über die Anlage der Untersuchung bezeichnet. E. dient der Differenzierung und Strukturierung des Forschungsproblems. Sie ist insbesondere in theoretisch wenig erfaßten und empirisch kaum erforschten Bereichen notwendig und dient der Entdeckung von bis dahin unbekannten Zusammenhängen in der sozialen Wirklichkeit. E. erfolgt durch die → Sekundäranalyse vorhandenen Materials (z.B. Statistiken), durch nicht standardisierte (teilnehmende) → Beobachtung (z.B. informatorische Betriebsbesichtigung), Intensiv-Interviews (explorative Interviews), Gruppendiskussionen (mit oder ohne Stimulusvorgabe) und (Einzel-)Fallstudien. Auf der Grundlage des durch E. und theoretische Vorarbeiten gewonnenen Wissens über den Gegenstand der Untersuchung wird die Entscheidung über die anzuwendenden Forschungsmethoden und -instrumente getroffen. *Karola Brede*

Extraversion Der Begriff E. geht auf Jung zurück, der den extravertierten Typus als einen Menschen beschreibt, dessen psychische Energie (→ Libido) in ihrer Zielrichtung nach außen, d. h. auf die Umwelt gewendet ist. In der modernen Persönlichkeitspsychologie gilt E. als ein Pol der bipolaren Persönlichkeitsdimension E./→ Introversion, womit gleichzeitig gesagt ist, daß es gleitende Übergänge bzw. Mischformen zwischen beiden polaren Merkmalsaspekten gibt. Die genannte Dimension ist vor allem von Eysenck in mehreren Faktorenanalysen (= ein multivariates statistisches Verfahren, das auf Korrelationsstatistiken aufbaut) aufgedeckt worden (s. Eysenck). Extravertierte sind nach Eysenck durch folgende Merkmale gekennzeichnet: (äußerlich) aktiv, gesellig, impulsiv, spontan, (eher) sorglos, wenig dauerhaft, optimistisch.
Lit. Eysenck: Personality; Jung, C. G.: Typen. *Klaudius Siegfried*

F

Fachaufsicht 1. Der Begriff F. wird in der öffentlichen → Verwaltung mit unterschiedlichem Bezug verwendet. Eine genau bestimmte Bedeutung hat dieser Begriff im Staatsrecht und im Kommunalrecht als Form der Überwachung des Verwaltungshandelns (→ Verwaltungsrecht). Die F. ist insoweit die übliche Aufsichtsform einer staatlichen Behörde im Bereich der sog. Auftragsverwaltung oder eines → Sozialhilfeträgers im Rahmen der Aufgabenübertragung. Während sich die Rechtsaufsicht auf die Rechtmäßigkeitskontrolle beschränkt, erstreckt sich die F. zusätzlich auf die Zweckmäßigkeit des Verwaltungshandelns und damit grundsätzlich auch auf die Handhabung des Verwaltungsermessens.

2. Im Beamtenrecht werden teilweise im Zusammenhang mit den Begriffen »Dienstvorgesetzter« und »Vorgesetzter« die Begriffe → Dienstaufsicht und F. verwendet. Dienstvorgesetzter ist, wer über beamten- und disziplinarrechtliche Angelegenheiten der ihm nachgeordneten Beamten entscheidet, also z.B. das Fernbleiben vom Dienst gestatten oder Disziplinarstrafen verhängen kann. Vorgesetzter ist demgegenüber, wer lediglich befugt ist, einem Beamten für seine dienstliche Tätigkeit fachliche/sachliche Weisungen zu erteilen.

3. In der Organisationslehre haben sich - soweit ersichtlich - klare und einheitliche Begriffsbestimmungen für den Tatbestand der Aufsicht bislang noch nicht herausgebildet. F. wird im Schrifttum teilweise als Oberbegriff für die Aufsicht des Vorgesetzten sowohl hinsichtlich der Rechtmäßigkeit und Zweckmäßigkeit der Maßnahmen und Entscheidungen (fachliche Aufgaben) als auch hinsichtlich des dienstlichen Verhaltens der Mitarbeiter (führungsmäßige Aufgaben) verwendet. Die fachlichen Aufgaben beziehen sich hierbei vor allem auf die fachliche Weisungs- und Kontrollbefugnis.

4. Die in der Umsetzung begriffene derzeitige Verwaltungsreform (»Neues Steuerungsmodell«) vor allem in den Kommunalverwaltungen, hat als Ziel die weitgehende Verlagerung der Ressourcen Finanz, Personal und Organisation auf die Fachbereiche, wie z.B. das Jugendamt, verbunden mit einer outputorientierten Steuerung. Dadurch werden sich auch die Führungs- und Verantwortungsstrukturen in den Verwaltungen ändern; Projekt- und Teamarbeit werden noch mehr im Vordergrund stehen, was nicht zuletzt auch die F. tangieren und abschwächen wird.
Lit. KGSt: Steuerungsmodell *Helmut Zeitler*

Fachberatung Als fachliche Beratung von Kindergärten ist sie als Funktion fast 100 Jahre alt, eine Berufsbezeichnung, die es vereinzelt seit den 30er Jahren gibt, und eine Aufgabe, die sich seit den 70er Jahren etabliert hat. Als Modell wurde dieser Ansatz auch auf andere Felder der Jugend-, Alten- und Sozialhilfe (siehe Abschnitte 1 und 2) übertragen. → Fortbildung und Praxisberatung sind nach dem KJHG – SGB VIII (→ Kinder- und Jugendhilfegesetz) Aufgabe der → Jugendämter und der Landesjugendämter, sie sollen die Professionalität der Mitarbeiter/-innen im sozialpädagogischen Feld sicherstellen. F., auch Praxisberatung, Kita-Beratung, Bereichsleitung Kita o. ä. genannt, erfüllt diese Aufgabe in Landkreisen, Kommunen und bei → freien Trägern, ist als Berufsbezeichnung aber ungenau und umfaßt verschiedene Aufgabenzuschnitte. Besonders umstritten und nur lösbar bezogen auf die konkreten Aufgaben der jeweiligen Fachberater/-in ist die Frage der Kopplung von → Dienst- und/oder → Fachaufsicht mit F.aufgaben. F. ist bisher nur in wenige Landesausführungsgesetze zum KJHG – SGB VIII aufgenommen worden, sie wird nur in einigen Bundesländern über Finanzierungsbeteiligung abgesichert.
Das berufliche Profil von F. zeichnet sich aus durch Transferleistungen zwischen Mitarbeiterinnen und Einrichtungsträger, Wissenschaft und Praxis, Politik und Pädagogik, Pädagogik und Verwaltung, Tradition und Innovation. Ihre Hauptaufgabe ist die Qualifizierung und Weiterentwicklung der pädagogischen Praxis der → Kindertageseinrichtung, die Sicherung der Qualitätsstandards und die Begleitung bei der Umsetzung von Innovationen, die Mitgestaltung trägerspezifischer Zielsetzungen, die Umsetzung gesetzlicher und betriebswirtschaftlicher Rahmenbedingungen, die Kooperation und Vernetzung sowie die → Organisations- und → Personalentwicklung.
F. wird gesehen als eine personenbezogene, strukturentwickelnde soziale → Dienstleistung, die qualitätssichernd (→ Qualitätssicherung) und -entwickelnd im Feld der Erziehungsarbeit und der Lebensgestaltung von Kindern arbeitet. Sie verbindet die fachliche, entwicklungs- und organisationsbezogene Beratung der Träger, der Leitungen und der Mitarbeiterinnen von Kindertagesstätten zu einer aktiven und integrierenden Vernetzung von Maßnahmen. Unterschieden werden Aufgabenbereiche wie: Aufsichtsfunktion, pädagogische Sachbearbeitung, beratende und steuernde Aufgabe im Trägersystem und Beratungsaufgaben bezogen auf Kindertageseinrichtungen.
Mit F. verbindet sich eine Vielfalt von Aufgaben, Qualifikationen und Organisationsformen. Ein einheitliches Berufsbild der F. gibt es nicht, und die Pluralität der Trägerstrukturen, der Traditionen und regionalen Erfordernisse erschwert eine Profilbildung. Zukunftsaufgabe ist die eindeutige und transparente Kompetenzbeschreibung und Eingrenzung von Aufgabenschwerpunkten im Rahmen unterschiedlicher F.konzeptionen.
Lit. v. DV: Erfolgskurs; DV: Irskens u.a.: Fachberatung; Schlummer: Erfolgreich Beraten. *Beate Irskens*

Fachberatung in der Altenhilfe ist eine Tätigkeit, die auf dem Hintergrund der demographischen Entwicklung in den letzten Jahren zunehmend an Bedeutung gewonnen hat. Auf Landkreistags-Ebene wurde die Stelle eines Altenhilfe-Fachberaters erstmals 1977 in »Empfehlungen zur Altenhilfe« des Landkreistags Baden-Württemberg gefordert.
Wesentliche Aufgaben von Altenhilfe-F. auf Kreisebene sind: Zusammenarbeit mit allen Stellen, Institutionen und Verbänden im Bereich der Altenhilfe; Angebote fachlicher Unterstützung, Beratung und Fortbildung für diese Dienste und ihre Mitarbeiter; Anregung bedarfsgerechter Angebote und Maßnahmen im Bereich der Altenhilfe sowie → Altenhilfeplanung; Zusammenarbeit innerhalb der eigenen Verwaltung mit allen Stellen, die mit Angelegenheiten älterer Menschen befaßt sind; Moderation/Geschäftsführung von Arbeitskreisen zur Altenhilfe und Pflegekonferenzen nach dem PflegeVG.
Die Funktionsbezeichnung variiert von »Altenhilfe-F.« (Baden-Württemberg), »Koordinator für Altenhilfe« (Nordrhein-Westfalen), »Leitstelle Älterwerden« (Bayern, Rheinland-Pfalz, vereinzelt in anderen Bundesländern), »Kreisaltenberatung«, »Seniorenbeauftragte«, »Fachstelle für Seniorenfragen« u.a.
Fachberater sind in der Regel nicht mit formalen Kompetenzen für die Umsetzung von Entscheidungen in praktisches Tun ausgestattet. Aus diesem Grund sind vorhandene Kreistagsbeschlüsse, kommunale Altenpläne oder Arbeitsplatzbeschreibungen zentrale Voraussetzungen für fördernde Rahmenbedingungen dieses in der Regel

mit großen Freiräumen ausgestatteten Arbeitsfeldes dar. Große Freiräume, einerseits gewiß positiv zu bewerten, sind jedoch andererseits oft gleichbedeutend mit geringen Entscheidungsbefugnissen und Durchsetzungsmöglichkeiten mit Blick auf Vorhaben, die im Alleingang unternommen werden. Formal schwache Einflußmöglichkeiten können aber durch aktuelles Interesse der Fachpolitik (z. B. Sozialdezernenten) oder fachlich informierte Gremien ausgeglichen werden.

F. in der Altenhilfe findet nicht nur im kommunalen Bereich, sondern auch innerhalb der Wohlfahrtsverbände statt. Die Aufgaben sind denen in der Kommune vergleichbar; auch hier fehlt in der Regel der Kontroll- und Aufsichtsbereich (im Gegensatz zur F. für Kindertagesstätten).

Als Qualifikationsprofil für F. besonders zu nennen ist neben fachlichen Qualifikationen – und hierzu zählen in jedem Fall gerontologisches Basiswissen und Kenntnis der allgemeinen und örtlichen Strukturen von Altenarbeit und Altenhilfe – die Fähigkeit, unterschiedliche Interessenlagen zu integrieren und kooperative Strukturen zu fördern. Dazu wird organisatorisches Talent sowie das pädagogische Sensorium zur Schaffung eines »positiven Klimas« benötigt. Die Fähigkeit zur Abgrenzung der eigenen Rolle und Position im Spektrum des lokalen Altenhilfesystems (und das meint auch das Vermeiden von Konkurrenzen und Konkurrenzängsten) gehört genauso dazu wie die Beachtung der eigenen »Psychohygiene«: Hierunter ist vor allem das Erkennen eigener Grenzen und ein angemessener Umgang mit ungerechtfertigtem Legitimationsdruck zu verstehen. Der Expertenstatus in Fragen der Altenarbeit stellt den entscheidenden Faktor für die fachliche Anerkennung der Fachberater in diesem Feld dar. Von der Stellenausstattung und Position in der Altenhilfestruktur her sind formale Mittel der Einflußnahme kaum vorhanden, deswegen sind Stelleninhaber auf die Überzeugungskraft ihrer fachlichen Argumente angewiesen.

Lit. DV: Fachliche Beratung; Hedtke-Bekker u.a.: Profile; Landkreistag Baden-Württemberg: Empfehlungen; Reichert, H. u.a.: Empfehlungen. *Astrid Hedtke-Becker*

Fachberatung zur Überwindung und Vermeidung von Sozialhilfe a) Der 1993 neu eingeführte § 17 → Bundessozialhilfegesetz (BSHG) verstärkt die bereits bisher bestehende Pflicht der → Sozialhilfeträger zur → Beratung (z. B. §§ 8, 72 BSHG, § 14 SGB I). Die Vermeidung und Überwindung von Lebenslagen, in denen Leistungen der → Hilfe zum Lebensunterhalt erforderlich oder zu erwarten sind, soll durch Beratung und Unterstützung gefördert werden. Gedacht ist in erster Linie an ein gleichberechtigtes Gespräch unter fachlicher Anleitung des Beraters. Der Begriff → »Lebenslagen« verdeutlicht, daß es in dem Gespräch um die Bewältigung von Ursachen der Bedürftigkeit gehen soll. Soweit erforderlich, ist die Beratung durch eine Unterstützung zu ergänzen. Derjenige, der selbst um Vermeidung oder Überwindung bemüht ist, soll darin durch eine → persönliche Hilfe bestärkt und gefördert werden, z. B. gegenüber anderen Stellen oder bei persönlichen Schwierigkeiten.

Wenn unspezialisierte Beratung (z. B. durch den allgemeinen Sozialdienst) zur Vermeidung oder zur Überwindung der Lebenslage nicht ausreicht, ist die weitere Beratung durch eine Schuldnerberatungsstelle (→ Schuldnerberatung) oder andere F.stelle (z. B. Verbraucherzentrale, → Familienberatung in der Sozialarbeit) geboten. Dies setzt voraus, daß besondere Schwierigkeiten in der Situation oder Person des Betreffenden einer intensiveren, fachlich besonders qualifizierten und in stärkerem Maße betreuenden Beratung als die oben beschriebene Erörterung von Lösungsmöglichkeiten bedürfen. In den Fällen, in denen Leistungen der Hilfe zum Lebensunterhalt erforderlich oder zu erwarten sind und eine F. geboten ist, weil unspezialisierte Beratung nicht ausreicht, um diese Lebenslage zu überwinden, besteht ein Anspruch des Hilfesuchenden auf Kostenübernahme der F. Seit 1996 stellt das Gesetz klar, daß eine Kostenübernahme auch in Form einer pauschalierten Abgeltung der Leistung der Schuldnerberatungsstelle oder anderer F.stelle erfolgen kann.

Lit. Sans: Finanzierung von Schuldnerberatung, in: NDV 1995, S. 99. *Reiner Sans*

Fachbereichstag für Soziale Arbeit in der Bundesrepublik Deutschland (FBT) Der FBT hat sich im Mai 1995 in Magdeburg neu konstituiert als Nachfolgeorganisation der »Konferenz der Fachbereiche für Sozialwesen in der Bundesrepublik Deutschland« (KFS), die seit Juni 1976 bestand. Die Organisation steht in der über 75jährigen Tradition der »Konferenz der sozialen Frauenschulen Deutschlands«, die 1917 ins Leben gerufen wurde. Sie repräsentiert heute die Fachbereiche → Sozialarbeit/Sozialpädagogik-Heilpädagogik (Sozialwesen) an Fach- und Gesamthochschulen der Bundesrepublik Deutschland. Ihr gehören insgesamt 86 Fachbereiche an 68 Hochschulen an, die durch die Leitung der Fachbereiche vertreten werden. Der FBT für Soziale Arbeit ist der einzige überregionale Zusammenschluß aller sozialen Fachbereiche, unabhängig von der Trägerschaft der Hochschulen. Organe sind das Plenum und der Vorstand. Das Plenum, das sich i. d. R. zweimal im Jahr trifft, dient dem Informationsaustausch und der Koordination der Arbeit der Fachbereiche in → Ausbildung, Forschung und → Weiterbildung. Neben

dem Plenum bilden Fachkommissionen und Arbeitsgruppen den Kern der Verbandsstruktur. Der FBT für Soziale Arbeit wird geleitet von einem mehrköpfigen Vorstand, dessen Zusammensetzung regionalen und trägerschaftlichen Gesichtspunkten Rechnung trägt. Der FBT für Soziale Arbeit ist ein nicht eingetragener Verein. Seit 1991 hat er eine Geschäftsstelle in Berlin. Der FBT für Soziale Arbeit arbeitet mit überregionalen Organisationen der sozialen Arbeit (→ Deutscher Verein für öffentliche und private Fürsorge [DV], → Deutscher Städtetag [DST], → Bundesarbeitsgemeinschaft der Freien Wohlfahrtspflege, Berufsverbänden, Gewerkschaften), der Wissenschaft (z. B. HRK, staatliche Fachhochschulrektorenkonferenz, Bundeskonferenz der Rektoren und Präsidenten kirchlicher Fachhochschulen in der Bundesrepublik Deutschland (RKF) sowie mit allen politischen Gremien auf Bundes- und Länderebene zusammen.
FBT-Geschäftsstelle: Prof. Dr. David Kramer, Alice-Salomon-Fachhochschule für Sozialarbeit und Sozialpädagogik Berlin, Karl-Schrader-Str. 6, 10781 Berlin, Tel.: (0 30) 21 73 02 88. *Joachim Baltes*

Fachhochschulen Die Gründung von Fachhochschulen (FH) geht auf das Abkommen zwischen den Ländern der Bundesrepublik Deutschland zur Vereinheitlichung auf dem Gebiet des Fachhochschulwesens vom 31. 10. 1968 zurück. Die FH wurden zwischen 1969 und 1971 als Nachfolgeeinrichtungen der Ingenieurschulen, Akademien und Höheren Fachschulen für Sozialarbeit und Sozialpädagogik errichtet. Maßgebend für die FH sind das Hochschulrahmengesetz i. d. F. vom 9. 4. 1987 (BGBl. I S. 1170) und die Hochschulgesetze der Länder. Die Verknüpfung von Wissenschaft und Praxis in der Lehre ist ein herausragendes Merkmal der FH. Sie führen auch Forschungs- und Entwicklungsvorhaben durch, die zur wissenschaftlichen Grundlegung und Weiterentwicklung von Lehre und Studium sowie für die Umsetzung von wissenschaftlichen Erkenntnissen und Methoden in der Praxis erforderlich sind (Wissenschaftsrat). Das Profil der FH kommt in der besonderen Bedeutung, die dem Praxisbezug zukommt, in strukturierten Studienangeboten und seminaristischen Lehrveranstaltungen zum Ausdruck. Die Regelstudienzeiten betragen (einschließlich 1 bis 2 Praxissemester) 8 Semester. Weitere Formen der Verbindung von Theorie und Praxis sind das Projektstudium und – in den Studiengängen des Sozialwesens – studienbegleitende → Praktika und interdisziplinäre problemorientierte Lehrveranstaltungen. Die Studienschwerpunkte des Hauptstudiums orientieren sich an Arbeitsfeldern, z. B. Kindereinrichtungen, → Sozialdienste kommunaler und freier Träger, → Jugendarbeit, an Adressatengruppen, z. B. → Familie, alte Menschen, → Behinderte, Ausländer, Kranke und → Randgruppen, oder an Funktionen, z. B. soziale Hilfen, → Beratung, Bildung, → Sozialmanagement. Bisher ist es nur unzureichend gelungen, den Wechselbezug zwischen den Lernorten FH und Praxis zu institutionalisieren (DV). Zu den Aufgaben von FH gehört auch die berufsbezogene → Weiterbildung in den Bereichen ihrer besonderen Kompetenzen einschließlich Kontakt-, Aufbau- und Zusatzstudiengänge, die i. d. R. als Teilzeitstudiengänge für Berufstätige eingerichtet werden. Der regionale Bezug der FH kommt dem besonders entgegen.
Die Durchlässigkeit zwischen FH- und Universitätsstudium ist nach wie vor unbefriedigend (Pfaffenberger). Der Wissenschaftsrat empfiehlt, daß »die Promotionsordnungen der Universitäten es besonders befähigten FH-Studienabsolventen ermöglichen sollten, zur Promotion zugelassen zu werden, ohne daß sie zuvor ein universitäres Diplom erwerben müssen«. Einzelne Bundesländer folgen diesen Empfehlungen. Danach muß die Promotionsordnung Bestimmungen enthalten, wonach entsprechend befähigten Studenten der unmittelbare Zugang zu der Promotion ermöglicht wird. Die gemeinsame Betreuung von Promotionen durch Professoren und Professorinnen der Universitäten und der FH soll gefördert werden. Dies eröffnet den FH-Studiengängen Sozialarbeit und Sozialpädagogik Wege zur weiteren Entwicklung ihrer berufsspezifischen disziplinären Autonomie und zur Selbstrekrutierung ihres Lehrkörpers.
Aufnahmevoraussetzung zum Studium an FH ist die FH-Reife oder die (allgemeine oder fachgebundene) Hochschulreife. Der Anteil der Absolventen von Fachoberschulen ist zurückgegangen, der Anteil von Abiturienten gestiegen. Daneben führen auch – in den einzelnen Ländern unterschiedlich geregelt – Bildungswege über eine berufliche Qualifikation zum Studium an der FH. Ihr Anteil wächst und liegt derzeit bei 15%. Für Studiengänge des Sozialwesens bestehen an vielen FH weiter Zulassungsbeschränkungen.
Voraussetzung zur Berufung als Professor ist ein abgeschlossenes Studium an einer wissenschaftlichen Hochschule, der Nachweis besonderer Befähigung zu wissenschaftlicher Arbeit, i. d. R. durch Promotion oder adäquate wissenschaftliche Leistungen, besondere Leistungen bei der Anwendung oder der Entwicklung wissenschaftlicher Erkenntnisse oder Methoden während einer fünfjährigen Praxistätigkeit und der Nachweis pädagogischer Eignung. Vermittlung und Einübung berufsspezifischer Methoden werden in den Studiengängen Sozialarbeit/Sozialpädagogik von Lehrkräften für besondere Aufgaben wahrgenommen.

Fachkräfte

Der unmittelbare Bezug zur beruflichen Praxis wird durch Lehrbeauftragte hergestellt.
Von den ca. 120 FH in den alten Bundesländern befinden sich zwei Drittel in staatlicher und ein Drittel in freier/privater Trägerschaft (→ Freie Träger). An 31 FH/Fachbereichen in staatlicher und 20 in kirchlicher Trägerschaft wird die Ausbildung zum/zur → Sozialarbeiter/-in und Sozialpädagogen/-in, an 3 FH (in kirchlicher Trägerschaft) auch zum/zur → Heilpädagogen/-in, angeboten.
Der Wissenschaftsrat hat entschieden, die mehr als 200 Ingenieur-, Wirtschafts- und andere Fachschulen in der DDR, zu denen auch die Ausbildungsstätten für die → sozialen Berufe des Gesundheits- und Sozialfürsorgers gehörten, nicht in FH überzuleiten, sondern er hat sich für Neugründungen ausgesprochen. Durch die Finanzierung von Stellen für Gründungsrektoren und -professoren aus dem »Erneuerungsprogramm für Hochschulen und Forschung in den neuen Bundesländern« wurde der Aufbau auch der Studiengänge des Sozialwesens unterstützt. Ende 1991 wurden in Ostberlin und den neuen Bundesländern 9 staatliche und 2 kirchliche FH/Fachbereiche zur Ausbildung von Sozialarbeiter/-innen und Sozialpädagogen/Sozialpädagoginnen gegründet.
In den alten und neuen Bundesländern steht, angesichts des höheren Alters der Studenten, vorheriger Ausbildungen, beruflicher und familiärer Tätigkeiten, nicht zuletzt wegen der Sicherstellung des Lebensunterhaltes, der Ausbau von Teilzeitstudiengängen, die es zulassen, Erwerbs- und Familienarbeit mit einem Studium zu verbinden, zur Diskussion.
Die Einrichtung von Studiengängen für nichtärztliche Gesundheitsberufe (Pflegediensteinrichtung, Pflegemanagement, Pflegepädagogik an FH/Fachbereichen des Sozialwesens stößt auf große Nachfrage.
Der Rat der EG-Wirtschaftsminister hat sich am 22. 6. 1988 auf eine Richtlinie des Rates über eine »Allgemeine Regelung zur Anerkennung von Hochschuldiplomen, die eine mindestens dreijährige Berufsausbildung abschließen«, geeinigt. Die FH-Diplome werden in diese Regelung in vollem Umfang einbezogen (Rat der EG). Im westeuropäischen Ausland gibt es Parallelen zur Entwicklung der FH. Der »non-university sector« entstand durch Überführung von Schulen für Ingenieure, Betriebswirte, Sozialarbeiter in den Hochschulsektor. Dieser neue Sektor des Hochschulsystems expandierte in vielen Ländern stärker als der Universitätssektor (Wissenschaftsrat: Aufgaben; Wissenschaftsrat: Entwicklung). Seit Mitte der 80er Jahre werden Partnerschaften mit Hochschulen und im Ausland in Form von Besuchsprogrammen, Gastprofessuren, Studien- und Praxissemestern für Studenten, auch in den Studiengängen des Sozialwesens ausgebaut.
In Baden-Württemberg wurden als Alternative zu Hochschulen 1974 Berufsakademien eingerichtet. Sie bieten eine dreijährige Ausbildung mit berufsqualifizierendem Abschluß (auch im Sozialwesen). Der Diplomabschluß (BA) ist in Baden-Württemberg seit 1984 den Diplomabschlüssen an FH gleichgestellt.
Auf der Grundlage des 2. Beamtenrechtsänderungsgesetzes (1976) wird die Ausbildung für die Laufbahnen des gehobenen nichttechnischen Dienstes an Verwaltungs-FH durchgeführt. Das Studium ist zugleich ein beamtenrechtlich geregelter Vorbereitungsdienst.
Lit. DV: Stellungnahme berufsqualifizierende Ausbildung; Pfaffenberger: Ausbildung; Rat der EG: Richtlinie 21. 12. 1988; Wissenschaftsrat: Aufgaben; Wissenschaftsrat: Entwicklung; Zacher: Fachhochschulen. *Teresa Bock*

Fachkräfte sind in der sozialen Arbeit hauptberuflich tätige Personen, die sich für die jeweilige Aufgabe nach ihrer Persönlichkeit eignen und eine dieser Aufgabe entsprechende → Ausbildung erhalten haben. F. erfüllen selbständig einen eigenen Verantwortungsbereich. Das komplexe Arbeitsfeld fordert Mitarbeiter unterschiedlicher Qualifikationsebenen und Fachrichtungen. Im Mittelpunkt steht die sozialpädagogische F.: → Sozialarbeiter/-in und Sozialpädagoge/-in, → Erzieher/-in, → Diplom-Pädagoge/Diplom-Pädagogin der Studienrichtung Sozialpädagogik (→ Sozialarbeit/Sozialpädagogik).
Die Erzieher/-innen werden als größte Berufsgruppe in → Fachschulen für Sozialpädagogik handlungsorientiert ausgebildet. Die beruflichen Einsatzmöglichkeiten sind weitgehend auf die Haupttätigkeitsfelder → Kindertageseinrichtungen und → Heimerziehung begrenzt. Der 8. → Jugendbericht hat die Diskussion, ob eine Ausbildung auf Fachschulniveau Erzieher/-innen hinreichend qualifiziert, neu belebt. Als Aufbauausbildung auf Fachschulebene wird für Erzieher/-innen die → Heilpädagogenausbildung angeboten.
Eine zentrale Rolle in der Gestaltung der sozialen Arbeit nehmen die auf Fachhochschulebene ausgebildeten Sozialarbeiter/-innen und Sozialpädagog/-innen ein. Die Fachhochschulen vermitteln eine praxisorientierte, breit angelegte Basisqualifikation auf wissenschaftlicher Grundlage. Ausbildungsinhalte und Arbeitsfelder der von Sozialarbeiter/-innen und Sozialpädagog/-innen überschneiden sich weitgehend. Die Berufsgruppe deckt ein großes Spektrum von Arbeitsfeldern ab.
Die Universitätsausbildung der Diplom-Pädagog/-innen ist stark von der Sozialpädagogik geprägt. Zunehmend finden sie Zugang

zu sozialpädagogischen Praxisfeldern. In der → Jugendhilfe bilden sie inzwischen unter den universitär ausgebildeten F. die größte Gruppe.

Neben den sozialpädagogischen F. werden in besonderen Aufgabenfeldern speziell qualifizierte F. tätig, z. B. → Verwaltungsfachkräfte, Juristen, Psychologen, Soziologen, Psychiater.

Der Begriff F. erfaßt in der Jugend- und Sozialhilfe nicht die sozialen Helferberufe. Die Ausbildungen für diese Helferberufe erfolgen auf Berufsfachschulebene oder in Kurzform und qualifizieren nicht für eigene Verantwortungsbereiche mit selbständigem Handeln.

Nachdem sich Anfang der siebziger Jahre eine unterhalb der Fachhochschulebene angesiedelte Sozialassistentenausbildung nicht durchsetzen konnte, wird in mehreren Bundesländern die Kinderpflegerinnenausbildung durch eine zweijährige Ausbildung als Sozialassistent/-in an Berufsfachschulen für Sozialpflege ersetzt. Auch dieser Ausbildungsgang qualifiziert nicht zu selbständiger Aufgabenerfüllung in der Jugendhilfe.

§ 102 → Bundessozialhilfegesetz (BSHG) und § 72 → Kinder- und Jugendhilfegesetz (KJHG – SGB VIII) enthalten gesetzliche Rahmenbestimmungen zur Qualifikation der Mitarbeiter. Dabei gehen die Regelungen des KJHG – SGB VIII über die des BSHG hinaus. Normadressaten sind die → öffentlichen Träger. Über die in § 74 KJHG – SGB VIII genannten Förderungsregeln werden die Bestimmungen aber auch für → freie Träger wirksam. Grundsätzlich sollen nur F. beschäftigt werden. Nicht-F. dürfen in Ausnahmefällen eingesetzt werden, wenn sie aufgrund besonderer Erfahrungen in der sozialen Arbeit in der Lage sind, die Aufgabe zu erfüllen. Mit der Wahrnehmung bestimmter Aufgaben sind ausschließlich F. oder F. mit entsprechender Zusatzausbildung zu betrauen. Das KJHG – SGB VIII bestimmt diese Aufgabenfelder nicht näher. Hinweise für die Zuordnung bestimmter Qualifikationen zu konkreten Aufgaben sind für den Sozial- und Erziehungsdienst im Tarifrecht zu finden. Alle leitenden Funktionen sollen nur F. übertragen werden. Begründete Ausnahmefälle sind zulässig. § 72 Abs. 3 KJHG – SGB VIII verpflichtet die Träger, → Fortbildung und → Praxisberatung sicherzustellen.

Das Pflegeversicherungsgesetz vom 26. 5. 1994 (SGB XI) (→ Pflegeversicherung, gesetzliche) fordert für Pflegedienste und Pflegeheime, daß die Pflege unter ständiger Verantwortung einer »ausgebildeten Pflegefachkraft« geleistet wird. In § 71 wird kein spezifisches Anforderungsprofil für die → Pflegefachkraft beschrieben; in Betracht kommen insbesondere → Altenpflegerinnen/-pfleger und Krankenschwestern/ -pfleger. Für die unmittelbaren Pflegeleistungen fordert das Gesetz lediglich »Pflegekräfte«. Die → Qualitätssicherung überläßt der Gesetzgeber weitgehend der Selbstverwaltung der beteiligten Verbände (§ 80). Die fachlichen Standards sind in verschiedenen Bereichen der sozialen Arbeit hinter den Anforderungen zurückgeblieben. Die Verbesserung der Qualifikationsprofile der F. ist eine bedeutende Zukunftsaufgabe.

Lit. BMJFFG: 8. Jugendbericht; Münder u. a.: KJHG (Komm.); Rauschenbach: Ausbildungssituation. *Herwart Rose*

Fachleistungsstunde → Pflegesatz

Fachlichkeit In der Debatte um die F. (s. → Neue Fachlichkeit) geht es um die Klärung fachlicher Standards, die das Handeln von Institutionen und Personen begründen und ihre Ziele, Vorgehensweisen, organisatorisch-institutionellen Regelungen und Wirkungen diskutierbar und überprüfbar machen. F. weist somit die → Kompetenz der sozialen Arbeit (→ Sozialarbeit/Sozialpädagogik) im öffentlichen Diskurs um den gesellschaftlichen bzw. sozialpolitischen Umgang mit sozialen Fragen und Problemen aus. Sie bildet den wesentlichen Bezugsrahmen für Handlungskonzepte und Handlungsverständnis in den unterschiedlichen Feldern sozialer Arbeit sowie den wesentlichen Bezugspunkt des professionellen Selbstverständnisses der dort tätigen → Fachkräfte (→ Professionalisierung).

F. entwickelt sich aus den aktuellen theoretischen wie auch erkenntnis- und erfahrungsbezogenen Wissensbeständen der sozialen Arbeit und der sie stützenden wissenschaftlichen Disziplinen (→ Theoriebildung). Obgleich F. im wesentlichen auf spezifische Arbeitsfelder wie → Jugendhilfe, → ASD, → Altenhilfe bezogen definiert ist, haben sich auch arbeitsfeldübergreifende fachliche Standards wie Vernetzung, Lebensweltorientierung (→ Lebenswelt), → Empowerment herausgebildet. Die Frage nach F. wird aktuell im Zusammenhang mit der Qualitätsdiskussion, der Umsetzung der Neuen Steuerung (→ Verwaltungsmodernisierung) geführt. In dieser aktuellen Diskussion stellt sich die Frage nach der Erweiterung der F. um betriebswirtschaftliches Wissen.

Lit. BMJFFG: 8. Jugendbericht; Dewe u. a.: soziales Handeln; Gernert: Sozialarbeit; Rauschenbach u. a.: Erzieherin.
Helmut Dieckmann

Fachoberschule Schulform des beruflichen Schulwesens, die ab 1969 als Bindeglied zwischen dem mittleren Bildungsabschluß und dem neu eingerichteten Fachhochschulstudium etabliert wurde. Die gemeinsamen Merkmale dieser Schulform wurden in der KMK-Rahmenvereinbarung vom 6. 2. 1968 festgelegt: mittlerer Schulabschluß als Voraussetzung, 2 Jahre bis zum Erreichen der Fachhochschulreife,

Kombination von praktischer Vorbildung und wissenschaftlich-theoretischer Auseinandersetzung (in Klasse 11 im wesentlichen fachpraktischer und -bezogener Unterricht, in Klasse 12 im wesentlichen allgemeinbildender Unterricht), Eintritt in Klasse 12 möglich bei abgeschlossener Berufsausbildung und Fachschulreife.
Die wichtigsten Fachrichtungen der F. sind Technik, Wirtschaft und Verwaltung, Gestaltung, Sozialwesen. Daneben oder im Rahmen dieser Fachbereiche der F. gibt es inzwischen für alle Fachhochschulstudiengänge entsprechende F.typen – wenn auch nicht in allen Bundesländern –, die in ihrem Profil die einschlägige Vorbildung anbieten.
Die konkrete Ausgestaltung der F. erfolgte in den einzelnen Bundesländern z. T. unterschiedlich und nahm recht divergierende Entwicklungen – unterschiedlich stark beeinflußt von den Vorstellungen der großen Berufs- und Interessenverbände. Kritisiert wird an der Ausgestaltung der F. vor allem die nicht ausreichend realisierte Integration von beruflicher und allgemeiner Bildung sowie die für das Fachhochschulstudium weder fachpraktisch noch wissenschaftlich-theoretisch ausreichend fundierte Vorbildung. Entsprechend wird die Diskussion um die Weiterentwicklung vor allem unter der Idee der Doppelqualifizierung geführt, d. h. dem gleichzeitigen Erwerb einer abgeschlossenen Berufsausbildung und der Studienberechtigung. *Dietrich von Derschau*

Fachplanung Unter F. wird die Planung in einem bestimmten, ressortmäßig abgegrenzten Fachbereich verstanden, die von den zuständigen Fachbehörden auf den verschiedenen → Planungsebenen (Bund, Länder, Gemeinden) durchgeführt wird. F. werden in den letzten Jahren für die meisten gesellschaftlichen Bereiche durchgeführt, z. B. als Verkehrsplanung, Wirtschaftsförderungsplanung, Schulentwicklungsplanung, Planung des Gesundheitsversorgungssystems, Sozialentwicklungsplanung → Entwicklungsplanung, → Sozialplanung).
In der sozialen Arbeit überwiegt bisher die Form des Einzelfachplanes: Jugendhilfeplan (→ Jugendhilfeplanung), Altenhilfeplan (→ Altenhilfeplanung), Behindertenhilfeplan, Obdachlosenhilfeplan (→ Obdachlosenhilfe) etc., der oftmals noch weiter untergliedert ist, z. B. Kindergartenplan, Spielplatzplan, Werkstättenplan, Wohnstättenplan etc. Das ressortbezogene F.system begünstigt eine relativ hohe Sensibilität für Probleme und Entwicklungen in den einzelnen Aufgabenbereichen und ist auch Voraussetzung für eine differenzierte Planung. Andererseits werden die Tendenzen zu einer weiteren Sektorierung der einzelnen Aufgabenfelder verstärkt und ressortübergreifende Lösungsansätze in der Planung erschwert. *Martin Berthold*

Fachschulen Schulformen des beruflichen Schulwesens, die i. d. R. nach einer abgeschlossenen einschlägigen beruflichen Erstausbildung besucht werden, eine erweiterte und vertiefte Fachbildung vermitteln und zu einer gehobenen beruflichen Qualifikation führen. Die Schulform »F.« kann in folgende Typen gegliedert werden (es fehlt eine bundeseinheitliche Gliederung und Terminologie): Technik, Wirtschaft, Ernährung und Hauswirtschaft, Gestaltung, Landwirtschaft, Sozialpädagogik. Diese F.typen sind meist in Fachrichtungen untergliedert, innerhalb derer Schwerpunkte gebildet werden. Die verschiedenen Schulen des → Gesundheitswesens gehören nicht i. e. S. zu den F., obwohl sie teilweise den Charakter dieser Schulform haben. Die Ausbildungszeit umfaßt i. d. R. 2 Schuljahre in Vollzeitform (bei Teilzeitform entsprechend länger); sie wird je nach F.typ durch längere → Praktika ergänzt. Durch ergänzenden Unterricht wird an den meisten F. auch die Erlangung der Fachhochschulreife ermöglicht.
An den F. (in Bayern: Fachakademie) für Sozialpädagogik erfolgt die Ausbildung zum/zur staatlich anerkannten → Erzieher/-in. Diese Ausbildung ist aus den ursprünglich getrennten Ausbildungsgängen zur Kindergarten- und Horterziehung und zur Jugend- und Heimerziehung hervorgegangen. Die Ausbildung ist damit als breite, alle Bereiche der → Jugendhilfe berücksichtigende Grundausbildung konzipiert, die einen vielseitigen Einsatz ermöglicht. Ziel der Ausbildung ist die Befähigung, in sozialpädagogischen → Einrichtungen der Jugendhilfe als Erzieher/-in selbständig tätig zu werden.
In einigen Bundesländern sind einzelne F. für Sozialpädagogik Schulzweige angegliedert, die in einer ein- bis zweijährigen Vollzeitausbildung oder entsprechend längerer berufsbegleitender Teilzeitausbildung eine → Weiterbildung für beruflich erfahrene Erzieher zum → Heilpädagogen durchführen.
Die F.ausbildung zum/zur Erzieher/-in dauert i. d. R. 3 Jahre und umfaßt einen zweijährigen, überwiegend fachtheoretischen und einen einjährigen, überwiegend fachpraktischen Teil. In einigen Bundesländern wurde in den letzten Jahren nach Vorschalten einer Berufsfachschule für Sozialwesen das Berufspraktikum (3 Jahre) ersatzlos gestrichen. Die organisatorische und inhaltliche Gestaltung der F.ausbildung für Erzieher/-innen ist aufgrund der Kulturhoheit der Bundesländer (vgl. → Bildung/Bildungswesen) und der unterschiedlichen Trägerschaft der F. (→ Subsidiarität; 1989 waren ca. 55% der 301 F. für Sozialpädagogik in der Bundesrepublik in öffentlicher und 45% in freier Trägerschaft) länderspezifisch geregelt. Zugangsvoraussetzungen sind Realschul- oder ein gleichwertiger Bildungsabschluß

und eine abgeschlossene Berufsausbildung oder mehrjährige -tätigkeit. Diese können auch ersetzt werden durch eine je nach Bundesland 1- bis 2jährige praktische Tätigkeit in einer sozialen oder sozialpädagogischen Einrichtung oder mindestens der einjährige Besuch einer berufsvorbereitenden Schule bzw. berufsbildenden Vollzeitschule. Die Hauptkritik an der F. wendet sich gegen eine zu einseitige schulische Organisation. Als auf beruflicher Vorerfahrung aufbauende Einrichtung müßte sie stärker von den beruflichen Anforderungen sowie der Didaktik und Methodik der → Erwachsenenbildung strukturiert werden.

Lit. BA: Erzieher; Bundesvereinigung ev. Kindertagesstätten: Beruf: Erzieherin; Derschau: Erzieher; Krause, H.-J.: Erzieherinnen; Ebert: Berufliche Situation; Pestalozzi-Fröbel-Verband: Erzieherausbildung; Rabe-Kleberg u. a.: Erzieherarbeit; Rauschenbach u. a.: Erzieherin.

Dietrich von Derschau

Fahrdienste für Behinderte Darunter werden meist Dienste verstanden, die außerhalb des öffentlichen Personennahverkehrs und außerhalb von Krankentransporten in einer separaten Organisationsform mit speziell ausgerüsteten Fahrzeugen → Behinderte befördern. Zielgruppe sind in erster Linie schwer gehbehinderte Menschen, die öffentliche Verkehrsmittel nicht oder nur unter großen Schwierigkeiten benutzen können. Unter den Fahrtzwecken stehen die Erledigung persönlicher Angelegenheiten (etwa Einkauf, Behördengang) und Freizeitgestaltung im Vordergrund. Im einzelnen sind die Regelungen in den Kommunen unterschiedlich, insbes. auch hinsichtlich der Kostenbeteiligung der Behinderten. Träger der F. sind überwiegend Verbände der → freien Wohlfahrtspflege.

Hans-Gerd Ronge

Fahrkosten Da die → Sozialversicherung ihre Leistungen grundsätzlich als → Sachleistungen zur Verfügung stellt, hat sie neben den eigentlichen Leistungen auch die mit der Leistungsinanspruchnahme zusammenhängenden F. zu finanzieren. Allerdings sind in der → Krankenversicherung die Versicherten an der Finanzierung beteiligt (§ 60 SGB V; → Sozialgesetzbuch [SGB], und zwar mit einem Betrag von 20 DM je Fahrt. Den übersteigenden Betrag übernimmt die → Krankenkasse bei medizinisch notwendigen Rettungs- und Krankentransporten und bei Leistungen, die stationär erbracht werden (→ Krankenhausbehandlung). Davon abweichend werden die F. voll übernommen bei Versicherten, die unter die Härtefallregelungen der §§ 61 und 62 SGB V fallen (→ Härtefälle in der gesetzlichen Krankenversicherung).
Bei der Bestimmung des erforderlichen Transportmittels hat der Arzt in erster Linie den Gesundheitszustand des Versicherten, aber auch andere Umstände (z. b. die regionalen Verkehrsverhältnisse, die Möglichkeit zur Inanspruchnahme öffentlicher Verkehrsmittel) zu berücksichtigen. Kann ein öffentliches Verkehrsmittel aus medizinischen Gründen nicht benutzt werden oder besteht keine öffentliche Verkehrsverbindung, hat die Krankenkasse die Kosten für den Transport mit einem privaten Kraftfahrzeug oder mit einem Taxi zu übernehmen. Benutzt der Versicherte anstelle eines erforderlichen Taxis oder Mietwagens sein eigenes oder ein fremdes Kraftfahrzeug, hat ihm die Krankenkasse 0,38 DM je gefahrenen Kilometer, jedoch höchstens den Betrag, der bei Inanspruchnahme des ansonsten notwendigen Transportmittels entstanden wäre, zu erstatten.
Zu den im Zusammenhang mit einer stationär erbrachten Leistung notwendigen Fahrten gehören außer der Aufnahme- und Entlassungsfahrt auch die Fahrten, die wegen einer medizinisch notwendigen Verlegung des Versicherten erforderlich sind. Ebenfalls zu den im Zusammenhang mit einer stationären Leistung notwendigen Fahrten gehören unter bestimmten Voraussetzungen (§ 12 → Rehabilitationsangleichungsgesetz [RehaAnglG], § 43 SGB VII, § 30 SGB VI) auch Familienheimfahrten oder alternativ hierzu Besuchsfahrten von Familienangehörigen zur Behandlungsstätte des Versicherten. *Harald Kesselheim*

Fahrlässigkeit → Haftung, → Schuld

Fallbeschreibung wird auch als Fallbericht oder → Fallstudie bezeichnet. In der → Sozialarbeit dient sie der Dokumentation, Reflexion, → Planung und → Intervention der eigenen Arbeit sowie als Grundlage für soziale Forschung (→ empirische Sozialforschung). F. beinhaltet eine möglichst ganzheitliche Betrachtung der Situation und des Problems des Beschreibungsgegenstands, der eine Person, Personengruppe, Klasse von Personen, → Organisation, soziale Institution oder sozialökologische Einheit sein kann. Was als Systemganzheit zum Gegenstand der F. gemacht wird, hängt von der jeweiligen fachlichen Intention ab, die zu einer F. führt. F. können als Längs- oder Querschnittbetrachtungen (→ Längsschnitt-, → Querschnittuntersuchung) erstellt werden. Die Längsschnittbetrachtung beinhaltet eine retrospektive Interpretation, die die aktuelle Fallsituation und -problematik als konsequente Folge eines spezifischen Entwicklungsverlaufs deutet. Aktuelle Ereignisse oder Ergebnisse werden ätiologisch dadurch plausibilisiert, indem vor allem bestimmte Konstellationen aus der Vergangenheit als verursachende Momente herausgestellt werden. Die Querschnittbetrachtung erfolgt zumeist auf der Grundlage des → systemischen Ansatzes, der davon

Fallzahl

ausgeht, daß die gegenwärtigen, über Rückkoppelungsprozesse miteinander verbundenen strukturellen Gegebenheiten zu bestimmten Ereignissen oder Ergebnissen führen. Die ätiologische und die systemische Erklärungsweise schließen sich theoretisch bisher weitgehend gegenseitig noch aus. In einer F., die notwendigerweise eine Reduktion von Wirklichkeitskomplexität vornehmen muß, hat man sich deshalb zu entscheiden, ob primär eine Längs- oder Querschnittbetrachtung vorgenommen werden soll. Eine sinnvolle Gliederung hilft, die F. zu systematisieren: a) Analyse: Feststellung entscheidender Wirkfaktoren für eine bestimmte Situation; b) → Diagnose: Ermittlung jener Faktoren, die den größten Einfluß zu haben scheinen; Feststellung der zwischen ihnen bestehenden Wechselwirkungen; Auswahl derjenigen, mit denen man sich besonders auseinanderzusetzen hat; prognostische Einschätzung der Entwicklung mit und ohne Intervention; c) Interventionsplanung: Abwägen möglicher Alternativen professionellen Handelns unter Berücksichtigung möglicher Folgen und Entscheidung für eine bestimmte Vorgehensweise; d) Prozeßverlauf: Darstellung, wie sich durch welche Intervention die Situation auf welche Weise durch wen und was verändert hat; e) → Evaluation: Auswertung und Erfolgskontrolle, ob und inwieweit die Schritte a)–d) richtig angelegt waren und wie die Ergebnisse von den Beteiligten i. S. des angestrebten Soll-Zustandes bewertet werden.
F. bilden die Wirklichkeit nicht objektiv ab, da sie von einem bestimmten erkenntnisleitenden Interesse aus erfolgen und die Komplexität nicht immer auf objektivierbare Wirkungsgrößen reduziert werden kann. Ausgewogene F., in denen der Beschreibungsgegenstand sich selbst artikulieren kann und in denen neben Defizitherausstellungen auch intakte Bewältigungsmuster herausgearbeitet werden, können der Gefahr der → Stigmatisierung und der einseitigen professionellen Vereinnahmung durch Expertenmeinung entgegenwirken.
Lit. Müller, H. W. u. a.: Aktenanalyse; Müller, B.: Sozialpädagogisches Können.
Dietmar Müllensiefen

Fallzahl Bezugsgröße für die Zuweisung einer bestimmten Arbeitsmenge pro Mitarbeiter zur Erledigung einer Aufgabe; F. werden teils auch in der Sozialarbeit angewendet. Bezugsgröße ist dann z. B. die Einwohnerzahl. In der Sozialarbeit sind F. wenig aussagekräftig, nicht nur weil Fälle sehr unterschiedlich komplex sind und daher Fall nicht gleich Fall ist, sondern insbes. weil hier der F. vom → Leistungserbringer selbst durch Tun oder Unterlassen beeinflußt werden kann. F. sind nur da sinnvoll, wo sie vom Leistungserbringer nicht steuerbar sind (z. B. wirtschaftliche → Jugendhilfe, Hilfe zum Lebensunterhalt). Einflüsse auf F. haben gesetzliche Vorschriften und Erwartungen der Bürger an die Aufgabenerfüllung, aber auch der notwendige Arbeitsaufwand sowie die Leistungsfähigkeit des einzelnen Mitarbeiters. Für den Bereich der Sozialarbeit/Sozialpädagogik sind vorzugsweise andere Bezugsgrößen anzusetzen, z. B. → Sozialindikatoren, mit deren Hilfe → Lebenslagen verdeutlicht und Sozialisationsbedürfnisse sowie Handlungsnotwendigkeiten beschrieben werden können.
Ursula Feldmann

Familie 1. F. verbindlich zu definieren ist zunehmend schwieriger geworden. Noch vor wenigen Jahren war es üblich und gültig, die moderne F. der westlichen Industriegesellschaften zu bestimmen als eine Kleingruppe, bestehend aus einem Ehepaar und seinen gemeinsamen (unmündigen, unverheirateten) Kindern, die in dauerhafter → Haushaltsgemeinschaft zusammenleben. Unterscheidungen zwischen »vollständigen« und »unvollständigen« F. kennzeichneten die für »normal« bzw. für »abweichend« oder »defizitär« gehaltenen Formen. In der Zwischenzeit jedoch haben große binnen- und transnationale gesellschaftliche Veränderungen ihren Niederschlag im öffentlichen Bewußtsein gefunden, die zu einer Pluralisierung gültiger F.konzepte geführt haben. Man kann nicht mehr von »der F.« ausgehen, sondern muß F. als Beziehungsgefüge verstehen, deren gemeinsamer normativer Kern beträchtlich kleiner geworden ist. Aus der Perspektive gegenwärtiger gesellschaftlicher Bedingungen und Erfahrungen kann F. deshalb definiert werden als Lebensgemeinschaft von Menschen unterschiedlicher Generationen, die in einem (auch biologisch, rechtlich oder sozial begründeten) Nachkommenschaftsverhältnis zueinander stehen und die, soweit sie unterstützungsbedürftig sind (wie Kinder oder kurz- oder langfristig Pflegebedürftige [→ Pflegebedürftigkeit]) von anderen Mitgliedern die notwendige Unterstützung erwarten können. Die konstitutiven Merkmale dieses F.begriffs sind umfassender als das traditionell ausschlaggebende Merkmal »Verwandtschaft« (das die Merkmale »Heterosexualität« und »biologische Abstammung« voraussetzt), schließen aber Lebensgemeinschaften, die nach Kriterien linearer Verwandtschaft strukturiert sind, durchaus ein.
Für diese Entwicklung sind folgende Aspekte von besonderer Bedeutung: Zunächst gab es ein starkes Anwachsen des Arbeitskräftebedarfs in Staat und Wirtschaft. Historisch gesehen war dies das erste Mal, daß Frauen in großem Umfang materielle und soziale Existenzmöglichkeiten unabhängig von der Bindung an einen Ehemann bekamen – ein Umstand, der eben vielfältige Erweiterungen familialer Le-

bensformen auslöste. Zu den Zwischenstufen dieser Entwicklung gehören der starke Anstieg der Teilnahme von Mädchen und Frauen an allen Stufen des Bildungswesens (→ Bildung/Bildungswesen), eine beträchtliche Zunahme der Erwerbsarbeit von Frauen und von Arbeitsmigrantinnen sowie eine – primär auf Frauen zielende – Förderung der sog. »Wahlfreiheit« zwischen F. und Beruf bzw. »Vereinbarkeit von F. und Beruf«. Der Bedarf an Erwerbsarbeitskräften wurde später gravierend reduziert (aufgrund einer außerordentlichen Zunahme von Arbeitsproduktivität und Inter- bzw. Transnationalisierung der Arbeitskräfte- und Investivkapitalmärkte), und existenzsichernde Erwerbsarbeitsplätze, vor allem die von Frauen, wurden sehr stark eingeschränkt. Ebenso gab es zunächst die Durchsetzung von weitreichenden Normen des Sozialstaates (→ Sozialstaatsprinzip), die gerade auch die materielle und soziale Sicherung (→ soziale Sicherheit) von Müttern unabhängiger von einem Ehemann bzw. Kindesvater gemacht haben; dann aber folgten merkliche Einschnitte. Diese Entwicklungen sind begleitet von einer konstanten Zunahme nichtehelicher Lebensgemeinschaften, einer Abnahme der Diskriminierung homosexueller Lebensgemeinschaften sowie einem merklichen Absinken der Geburtenrate. Eine äußerst gravierende Zäsur und Entwicklungsdynamik stellt dann die Auflösung der DDR und die Integration der ostdeutschen Bevölkerung in das Staats- und Gesellschaftssystem der BRD mit seinen spezifischen Rahmenbedingungen für F. dar.
In der Folge dieser sozial- und wirtschaftsstrukturell verankerten Veränderungen existieren in der BRD wie in anderen westlichen Staaten sehr unterschiedliche soziokulturelle Milieus mit entsprechend unterschiedlichen Vorstellungen von F. In jedem Fall enthalten diese Vorstellungen Erwartungen im Hinblick auf zwei in F. realisierte und für F. zentrale soziale Verhältnisse – Erwartungen an das Geschlechter- und das Generationenverhältnis. Läßt man die milieuspezifischen (vor allen Dingen aus den unterschiedlichen Verfaßtheiten der alten BRD und der DDR und Migrationskulturen tradierten) erheblichen Unterschiede außer acht, so sind in der BRD gegenwärtig u.a. folgende generelle Entwicklungen der F.wirklichkeit zu beobachten: beträchtliche Verarmung von Kinderhabenden im Vergleich zu Kinderlosen; stark steigende Bedeutung von → Ehe als institutioneller Bestätigung von Verantwortung für tatsächliche Elternschaft und sehr viel weniger als Voraussetzung für geplante Elternschaft; steigende Zahl von unverheiratet Zusammenlebenden, auch mit (gemeinsamen) Kindern auch auf Dauer oder über längere Zeit; steigende Zahl → Alleinerziehender (vor allem lediger, geschiedener oder getrennt lebender Mütter, aber auch einiger Väter); steigende Scheidungsziffern (derzeit kommt in Deutschland etwa eine – in der Mehrzahl der Fälle von den Frauen eingereichte – Scheidung auf drei Eheschließungen, dabei ist in etwa jedem zweiten Scheidungsfall zumindest auch ein Kind betroffen), Fortführung gemeinsamer → elterlicher Sorge nach der Scheidung; Zunahme von sog. »Stieff.« (mit unterschiedlichen Geschwisterkonstellationen der Kinder); Zunahme der »Ein-Kind-F.« und entsprechende Abnahme »kinderreicher F.«; gleichbleibend hohe Übernahme mit der Pflege pflegebedürftiger Angehöriger, vor allem durch Frauen. Generell läßt sich für die Zukunft in den Beziehungen zwischen den Generationen eine Veränderung in dem Sinn annehmen, daß die Beziehungen zwischen Eltern und ihren erwachsenen Kindern einen mehr freundschaftlich-partnerschaftlichen Charakter erhalten werden.
Diese Entwicklungen haben nicht nur Anlaß für die Pluralisierung von familialen Lebensformen gegeben, sondern sind auch mit einer Vielzahl von Problemen für F. und die Gesellschaft verknüpft. Eines der großen Zukunftsprobleme wird die Reduktion von F. als attraktiver Lebensform gegenwärtig junger Erwachsener, insbes. gegenwärtig junger Frauen, und der dadurch langfristig zu erwartende Schwund an alltäglicher Solidarität, vor allen an der (bislang überwiegend den Frauen in der F. überlassenen) alltäglichen Pflege von Angehörigen sein. Der Umbau bzw. Abbau des Sozialstaates in den 90er Jahren setzt Rahmenbedingungen, die den inzwischen entfalteten Absichten von Frauen und Männern, in der F. gleichberechtigt und gleichverpflichtet zu handeln, entgegenstehen (→ Familienpolitik). Die Wirklichkeit von F. war und ist nicht nur geprägt von Solidarität und Zuwendung, wie die normativen Vorstellungen es nahelegen, sondern im Gegenteil auch von → Gewalt (von Eltern gegen Kinder, von Männern gegen Frauen, auch von Frauen gegen Männer, von Erwachsenen im mittleren Lebensalter gegen Hochbetagte, von Jugendlichen gegen Eltern und Großeltern). Nichtsolidarische und zerstörerische Akte in F. treten allerdings nicht zufällig und willkürlich auf, sondern folgen bestimmten sozialstrukturell geformten Disponierungen, deren wichtigste wohl die – sich zwar wandelnde, aber immer noch vorhandene und oft noch normativ in Anspruch genommene – männerprivilegierende Geschlechterhierarchie in der Gesellschaft ist.
2. Die Bedeutung, die Staat und Gesellschaft in der BRD F. zumessen, vor allem im Hinblick auf die Erzeugung und Sozialisation des Nachwuchses, bringt es mit sich, daß die Institution F. grundgesetzlich garantiert und mit einem weitreichenden staatlichen Schutz- und Fördersystem versehen worden ist. Letzteres ist im wesentli-

Familie

chen Ausdruck gesellschaftspolitisch vorherrschender Wert- und Ordnungsvorstellungen und umschreibt, welche Lebensformen rechtlich (nicht empirisch) als F. gelten und vorrangig gefördert werden sollen. Art. 6 Abs. 1 → Grundgesetz (GG) stellt Ehe und F. unter den besonderen Schutz der staatlichen Ordnung. Der staatliche Schutz gilt insbes. der auf Eheschließung gegründeten F. Über die Schutzwürdigkeit anderer o. g. familialer Lebensgemeinschaften gibt es unterschiedliche Auffassungen, wie die Diskussionen um die Verfassungsreform aus Anlaß der Wiedervereinigung und die Anerkennung der Schutz- bzw. Unterstützungsbedürftigkeit von nicht an Ehe gebundenen Lebensgemeinschaften in einzelnen Verfassungen der neuen Bundesländer (Brandenburg Art. 26 Abs. 2; Sachsen Art. 22 Abs. 2; Sachsen-Anhalt Art. 24 Abs. 2; Thüringen Art. 17 Abs. 2) zeigen. In der allgemeinen Schutzklausel des Art. 6 Abs. 1 GG kommt nach Auffassung des → Bundesverfassungsgerichts sowohl ein Schutz- als auch ein Förderungsgebot zum Ausdruck. Dieses bindet Gesetzgeber und → Rechtsprechung. Es gibt dem Gesetzgeber einen sehr weitgefaßten Auftrag. Dieser ist nur in bezug auf die Schutzfunktion relativ genau zu umschreiben, muß aber im Hinblick auf die fördernde Aufgabe des Staates unbestimmt bleiben, weil es sich hierbei um ein »Förderungsgebot mit unbestimmten Pflichtgehalt« handelt. Es bedarf daher einer phantasievollen, sich den ständig ändernden gesellschaftlichen Gegebenheiten anpassenden Familienpolitik. Die Realisierung des Schutz- und Förderungsgebots von F. muß in Zusammenhang mit einer Reihe weiterer Artikel des GG gesehen werden: u. a. mit Art. 1, Art. 2, Art. 3, Art. 20 Abs. 1 i.V.m. Art. 28 Abs. 1 (Sozialstaatsgebot) GG. In diesem Zusammenhang ist insbes. Art. 3 GG hervorzuheben, dessen Abs. 2 1994 durch einen zweiten Satz ergänzt wurde: »Männer und Frauen sind gleichberechtigt. Der Staat fördert die tatsächliche Durchsetzung der Gleichberechtigung von Frauen und Männern und wirkt auf die Beseitigung bestehender Nachteile hin.« Wichtige Impulse für die Gleichberechtigung in ganz Deutschland gingen vom Einigungsvertrag über den Beitritt der DDR zur BRD (1990) aus. Er enthielt den Auftrag an den Gesetzgeber, »die Gesetzgebung zur Gleichberechtigung zwischen Männern und Frauen weiterzuentwickeln und die Rechtslage unter dem Gesichtspunkt der Vereinbarkeit von F. und Beruf zu gestalten«. Diesem Anliegen entspricht u. a. das Gesetz zur Durchsetzung der Gleichberechtigung von Frauen und Männern (Zweites Gleichberechtigungsgesetz – 2. GLeiBG, BGBl. 1994 I S. 1406) sowie entsprechende Länderregelungen. Das Schutzgebot ist in erster Linie im → Familienrecht (4. Buch des → Bürgerlichen Gesetzbuches [BGB] und im Ehegesetz) von Bedeutung sowie z.B. im → Arbeitsrecht (→ Mutterschutz), im → Strafrecht, im → Kinder- und Jugendhilfegesetz (KJHG – SGB VIII), in den Kinder- und Jugendschutzgesetzen (→ Kinderschutz, → Jugendschutz). In dem Bereich des F.rechts und anderen Rechtsbereichen, die auf den Schutz der F. als Gemeinschaft und/oder den einzelner F.mitglieder abzielen, gibt es eine Vielzahl von Gesetzesinitiativen. In den parlamentarischen Gremien werden vor allem Vorschläge zur Änderung des F.rechts, insbes. des Kindschaftsrechts (→ Kindschaftsrechtsreform) erörtert. Angestrebt wird insgesamt eine Verbesserung der Rechte der Kinder, Stärkung der Rechtsposition der Eltern, Abbau der Unterschiede in der Rechtsstellung ehelicher und nichtehelicher Kinder. Im Bereich des Strafrechts konzentriert sich die rechtspolitische Diskussion: nach der Neuregelung der Abtreibung gem. § 218 Strafgesetzbuch (StGB) durch das Schwangeren- und Familienhilfegesetz (SFHG) (BGBl. I 1992 S. 1398, BGBl. I 1995 S. 1050), das in diesem Zusammenhang ergangene Urteil des BVerfG (88, 203) u. a. auf die kontroverse Diskussion, nach der sich Bayern für einen Sonderweg entschieden hat und Schwangere vor einem Abbruch zwingend die Gründe für ihren Abtreibungswunsch angeben müssen, auf den Schutz von Kindern vor sexuellem Mißbrauch §§ 174 ff. StGB (27. Strafrechtsänderungsgesetz BGBl. I S. 1346) auch in der F., vor allem aber auf die Aufdeckungsarbeit, Begutachtung in familien-, vormundschaftsgerichtlichen und strafrechtlichen Verfahren, auf die Strafbarkeit der Vergewaltigung in der Ehe (u. a. Gesetzentwurf der Fraktionen der CDU/CSU und FDP betr. §§ 177-179 StGB, BT-Drucks. 13/2463), bei der sich die Kritik an der von den Regierungsparteien befürworteten Regelung an der sog. »Widerspruchsklausel« festmacht, nach der das Opfer einer Vergewaltigung in der Ehe der Strafverfolgung widersprechen kann, was aber gleichzeitig die Gefahr mit sich bringt, daß der vergewaltigende Ehemann seine Frau unter Druck setzt, die Anklage zurückzuziehen, damit er seiner Strafe entgeht.

Zur Förderung von F. finden sich Rechtsgrundlagen im gesamten Bereich des → Sozialrechts, insbes. im → Sozialgesetzbuch (SGB). SGB I nennt eine Reihe → sozialer Rechte, aus denen Ansprüche nach Maßgabe der Vorschriften der besonderen Teile des SGB hergeleitet werden können. Das in § 1 SGB I postulierte Gebot, die F. zu schützen und zu fördern, findet u.a. seinen Niederschlag in dem Recht auf → Ausbildungsförderung nach dem → Bundesausbildungsförderungsgesetz (BAföG), dem Recht auf Minderung des F.aufwandes für den Unterhalt an Kindern (→ Kindergeld, → Familienlastenausgleich), dem Recht auf

→ Erziehungsgeld nach dem Bundeserziehungsgeldgesetz (BErzGG), dem Recht auf Zuschüsse für eine angemessene Wohnung nach dem Wohngeldgesetz (WoGG) (→ Wohngeld), dem Recht auf → Jugendhilfe nach dem KJHG – SGB VIII, dem Recht auf → Sozialhilfe nach dem → Bundessozialhilfegesetz (BSHG), der → Eingliederungshilfe für Behinderte (→ Rehabilitation), einschließlich der sozialen Pflegeversicherung (→ Pflegeversicherung, gesetzliche). Die Verbesserung der materiellen Situation von F. wird ferner durch eine Reihe von Vorschriften im Bereich des finanziellen Familienlastenausgleichs (besser: F.leistungsausgleich, 5. Familienbericht S. XI) angestrebt. Zur Erleichterung der Erziehungs- und Sozialisationsfunktion (→ Sozialisation) von F. sehen Jugend- und Sozialhilfe ferner ein Spektrum von f.bezogenen Hilfen vor (→ Jugendbericht, → Familienbericht). Familienorientierte → Wohnungspolitik strebt insbes. Maßnahmen des sozialen Wohnungsbaus (→ Wohnungsbau, sozialer) und das Wohngeld an. Diese Instrumente sollen besonders einkommensschwache Bevölkerungskreise wie kinderreiche F. und junge Ehepaare und alleinstehende Elternteile mit Kindern begünstigen. Staatliche Förderungsmaßnahmen für eine günstigere Gestaltung des Wohnumfeldes zur Unterstützung der Regenerationsbedürfnisse von F. sehen insbes. das Bundesbaugesetz (BauGB) sowie die Bauordnungen der Länder, die gemeindlichen Satzungen und Verordnungen vor.

Zur besseren Vereinbarkeit von F. und Erwerbsarbeit sehen folgende Lösungsansätze: Verstärkte Förderung und insbes. rechtliche Absicherung von Teilzeitarbeit bzw. job-sharing sowohl im öffentlichen Dienst (u. a. durch das Beamtenrechtsrahmengesetz [BRRG], den → Bundesangestelltentarifvertrag [BAT]) als auch in der freien Wirtschaft (durch das → Beschäftigungsförderungsgesetz [BeSchFG] sowie durch Betriebsvereinbarungen und vereinzelt durch → Tarifverträge). Daneben werden Formen flexibler Arbeitszeitgestaltung diskutiert bzw. in Anfängen praktiziert; Beurlaubung bei kurzfristiger Erwerbsunterbrechung aus familiären Gründen, wie z.B. durch die Möglichkeit zur Pflege erkrankter Kinder im Rahmen der → Krankenversicherung sowie des BAT, der ebenfalls bei schwerer Erkrankung von im Haushalt lebenden Angehörigen eine Arbeitsfreistellung ermöglicht. Besondere Schutzvorschriften und die Freistellung von der Arbeit vor und nach der Geburt von Kindern sieht das Mutterschutzgesetz (MuSchG) (→ Mutterschutz) vor. Zur besseren Vereinbarkeit von F. und Erwerbsarbeit ist auch das BErzGG von Bedeutung. Die Regelungen über den → Erziehungsurlaub werden mittlerweile vereinzelt durch kollektivvertragliche Modellregelungen (Betriebsvereinbarungen, Tarifverträge) vornehmlich von Großbetrieben sowie von einigen Bereichen des öffentlichen Dienstes (z. B. Sparkassen, Stadtverwaltungen) ergänzt. Die Regelungen sind häufig auch Bestandteil von Frauenförderplänen (u. a. auf Bundesebene § 4 Zweites GleiBG sowie entsprechende Länderregelungen) und Frauenfördermaßnahmen, die eher in Großbetrieben als in mittelständischen Unternehmen umgesetzt werden; Wiedereingliederung von Frauen in das Erwerbsleben nach Zeiten der Kindererziehung soll über das AFG und das BeschFG erleichtert werden. Diesen Zweck strebt auch das »Sonderprogramm der Bundesregierung zur beruflichen Wiedereingliederung von Frauen nach der Familienphase« an. Spezifische Beratungsangebote gibt es für Frauen in den neuen Bundesländern. Die Diskussionen in der Fachöffentlichkeit und die realen Entwicklungen zeigen allerdings, daß die »Vereinbarkeit« in der BRD fast ausschließlich als Problem von Frauen/Müttern gesehen wird und nur am Rand als solches von Männern/Vätern. Die Folge ist, daß Lösungsansätze vorwiegend in frauenspezifischen Maßnahmen zur besseren Vereinbarkeit von F. und Erwerbsarbeit bzw. zur besseren Verwirklichung der Norm der »Wahlfreiheit« gesucht werden. Dadurch wird trotz verbindlicher Regelungen die geschlechtshierarchische Arbeitsteilung in der F. und auf dem Arbeitsmarkt aufrechterhalten.

Im Rahmen der Diskussion um die »eigenständige soziale Sicherung der Frau« (im Gegensatz zu der für die BRD typischen, von der Erwerbsbiographie des Mannes abgeleiteten) sind folgende Schritte zur Verbesserung der Altersicherung von Frauen unternommen worden: die Öffnung der → Rentenversicherung für Hausfrauen; die Einführung der → Rente nach Mindesteinkommen; der → Versorgungsausgleich; die Einführung der → Erziehungsrente; die Verkürzung der → Wartezeit (Mindestversicherungszeit) beim Altersruhegeld ab 65 Jahren von 15 auf 5 Jahre, die Anerkennung von Kindererziehungszeiten bei der Rentenberechnung (Hinterbliebenenrenten- und Erziehungszeitengesetz – HEZG). Daneben hat das HEZG die vom BVerfG geforderte Gleichstellung von Witwern und Witwen bei den → Hinterbliebenenrenten geschaffen. Der Ausbau f.- und frauenbezogener Elemente ist ferner durch das → Rentenreformgesetz 1992 (RRG) erfolgt. Durch die geplante, vorgezogene, schrittweise Anhebung der Altersgrenze auch für Frauen bis zum 65. Lebensjahr durch den Entwurf des Wachstums- und Beschäftigungsförderungsgesetzes – WFG, BT-Drucks. 13/4610) verlieren Frauen eine »Kompensation« für »faktische Benachteiligungen«, die sie im Recht der gesetzlichen Rentenversicherung typischerweise treffen (BVerfG: NJW 1987, 1541). Die Benachteiligungen, die die Erwerbsbiographie von Frauen (im Vergleich zu der von Männern) typischerweise mit sich bringt, werden nunmehr bewußt in Kauf genommen. Die Regelungen heben die frauendiskriminierende Geschlechterhierarchie im Ergebnis nicht auf. Sie verstärken sie eher, angefacht durch die »Spar-« bzw. »Standortkampagne«. Die wesentlichen auf F. bezogenen gesetzlichen Regelungen zeigen, daß eine breite Palette von Leistungen mit unterschiedlichsten Wirkungen geboten wird und daß komplexe Verflechtungen zwischen F.politik und anderen Bereichen staatlicher Gesamtpolitik bestehen wie z.B. Sozial-, Arbeitsmarkt-, Wohnungs- oder Bildungspolitik, die in ihren Teilbereichen mit spezifischen f.politischen Fragestellungen übergeordnete Interessen verfolgen und starke Abhängigkeiten von der jeweiligen Wirtschaftslage aufweisen. Das hat u.a. zur Folge, daß das Recht für F. und die realen Möglichkeiten zu mehr f.orientierter Aufgabenbewältigung trotz neuer Ansätze häufig miteinander kollidieren. Deutlich wird dies insbes. an den Chancen der Vereinbarkeit von F. und Erwerbsarbeit, die immer noch durch »strukturelle Rücksichtslosigkeiten« (5. Familienbericht, S. 2) von Wirtschaft und von Teilen staatlicher Politik der F. gegenüber beeinträchtigt werden.

Lit. Berghahn: Frauenrecht; Bertram: Individuum; BMFuS (Hg.): Familienpolitik; Feministische Studien: Sozialpolitik; Fries u. a.: Frauenförderung; Gemeinsame Verfassungskommission des Bundes und der Länder: Protokolle; Gerlach, J.: Familie; Hagemann-White: Beruf; Institut für Entwicklungsplanung und Strukturforschung: Handbuch; Kaufmann, F.-X.: Modernisierungsschübe; Krüger, H.: Modernisierung; Rothe, S.: Gewalt; Stein-Hilbers: Biologie; Strohmeier: Familienmodell. *Uta Granitzka*

Familienberatung in der Sozialarbeit beinhaltet unterschiedliche Schwerpunkte: → Beratung in persönlichen Fragen sowie Beratung hinsichtlich materieller und rechtlicher Problemstellungen. Die → Sozialarbeiter/-innen werden im allgemeinen bei ihren Kontakten mit einer → Familie – außer in Ausnahmefällen – jeweils mit allen drei Aspekten konfrontiert sein, die häufig miteinander verwoben sind. Einseitig nur auf der persönlichen Ebene bei Vorliegen auch konkreter finanzieller oder rechtlicher Anliegen der Klienten tätig zu werden, widerspräche ebenso dem Auftrag von → Sozialarbeit wie die Herauslösung dieser konkreten Fragestellungen aus dem Kontext persönlicher Hintergründe der Familie und deren Umfeld.

Die Sozialarbeiter/-innen finden häufig familiäre Situationen vor, die es notwendig machen, ad hoc in eine gegebene Situation helfend einzugreifen, ohne klassische Settings von → Familientherapie oder → Eheberatung umfassend berücksichtigen zu können. Freiwilligkeit der Familie, Diskretion von seiten des Beraters, Kontraktschließung über die Inhalte sowie über den zeitlichen Rahmen der Beratung, die Bedingung, daß die ganze Familie an der Beratung teilnimmt sind Voraussetzungen, die beratende Sozialarbeiter/-innen nur punktuell mit der Familie zu Wege bringen und absprechen können. Die Beratungssituation ist eher davon geprägt, daß Mitarbeiter/-innen mit einem konkreten (z.B. behördlichen) Auftrag in die Familie kommen, sich Probleme auf den verschiedensten Ebenen zusammengeballt haben, daß nur Teile der Familie ein Interesse an der Zusammenarbeit bekunden und daß der zeitliche Rahmen eng begrenzt bleibt (häufig nur ein oder zwei Familiengespräche).

Die konkrete → Intervention, die praktische Hilfe steht deshalb in den meisten Fällen von F. im Vordergrund. Die vorhandenen F.konzepte, die immer auf langfristigere Zusammenarbeit mit der Familie hin orientiert sind, müssen deshalb jeweils daraufhin überprüft werden, inwieweit sie Elemente enthalten, die auf die geschilderten Besonderheiten des Beratungsprozesses von Klientenfamilien durch Sozialarbeit anwendbar sind, und dahingehend modifiziert werden.

Der Blickwinkel aller dieser Ansätze weg von der einzelnen Person, der individuellen Hilfe, hin zur Gesamtfamilie, ihrem Lebensystem, den Abhängigkeiten der Familienmitglieder untereinander, insbes. auch bezüglich der Symptome einzelner, hat auch für die Sozialarbeit in Familien große Bedeutung. Hierdurch erhält sie die Möglichkeit, Familienprobleme auf dem Hintergrund praktischer Erfahrungen zusätzlich in ihrer Eigendynamik (→ Psychodynamik) zu erkennen und die Beratungsgespräche so für die gesamte Familie nutzbringend zu gestalten. Auch bei nur wenigen Kontakten mit der Familie ist die Herangehensweise entscheidend für produktive Lösungsmöglichkeiten oder aber Verfestigung der familiären Problemstrukturen.

Umfassende Kenntnisse familientherapeutischer Ansätze, zu denen eine Aufarbeitung eigener Familienstrukturen und die Erfahrung der Wirkung gezielter methodischer Interventionen gehört, sollten für die F. Voraussetzung sein. Genauso wichtig ist es, daß Sozialarbeiter/-innen die eigenen Möglichkeiten und Grenzen, Familien zu beraten, kennen. Sie müssen einschätzen können, wann Familienprobleme einer längerfristigen Familientherapie bedürfen, hierfür motivieren und einen Überblick über die Möglichkeiten haben, die die jeweilige → Infrastruktur Familien zur Unterstützung bietet und hierauf ergänzend zurückgreifen.

Lit. Beck, R.: Familientherapie; Oswald u.a.: Familienberatung; Textor: Familientherapie. *Ionka Senger*

Familienbericht Der BT hat erstmals 1965 die Bundesregierung beauftragt, über die Lage der → Familien in der Bundesrepublik Deutschland in regelmäßigen Zeitabständen zu berichten (BT-Drucks. IV/3473). Der 1. Bericht über die Lage der Familien wurde von der Bundesregierung erstellt und dem BT am 25. 1. 1968 vorgelegt (BT-Drucks. V/2532). In einer Entschließung vom 18. 6. 1970 (BT-Drucks. VI/834) beauftragte der BT den BMJFG, jeweils eine Kommission mit bis zu sieben Sachverständigen einzusetzen und dem BT im ersten Jahr jeder Wahlperiode einen Bericht über die Lage der Familien in der Bundesrepublik Deutschland mit einer Stellungnahme der Bundesregierung vorzulegen. Die Berichte können sich auf die Darstellung von Teilbereichen beschränken, jedoch soll jeder dritte Bericht die Situation der Familien möglichst umfassend darstellen. Die Berichte sollen auch darüber Aufschluß geben, inwieweit mit bereits getroffenen familienpolitischen Maßnahmen (→ Familienpolitik) die angestrebten Ziele tatsächlich erreicht werden. Die Geschäftsführung und Durchführung wissenschaftlicher Zuarbeiten für die Sachverständigenkommission liegen (wie beim → Jugendgericht) beim → Deutschen Jugendinstitut e. V. (DJI).
Der 2. F. zum Thema »Familie und Sozialisation – Leistungen und Leistungsgrenzen der Familie hinsichtlich des Erziehungs- und Bildungsprozesses der jungen Generation« wurde dem BT am 15. 4. 1975 (BT-Drucks. 7/3502) vorgelegt, der 3. F. über »Die Lage der Familien in der Bundesrepublik Deutschland« am 20. 8. 1979 (BT-Drucks. 8/3120 und 8/3121). In einer weiteren Entschließung vom 10. 12. 1982 (BT-Drucks. 9/1286) hat der BT seinen Beschluß vom 18. 6. 1970 geändert und die Bundesregierung aufgefordert, den Bericht über die Lage der Familien in der Bundesrepublik Deutschland nunmehr in jeder zweiten Wahlperiode – beginnend mit der 10. Wahlperiode – vorzulegen. Er hat weiter ausgeführt, daß die F. eine Grundlage sind, auf der notwendige familienpolitische Entscheidungen vorbereitet werden können.
Der 4. F. wurde dem BT am 9. 10. 1986 vorgelegt, er behandelt »Die Situation der älteren Menschen in der Familie« (BT-Drucks. 10/6145). Damit wurden erstmals weitere Generationen in die Betrachtungen einbezogen, wie es der neuen Schwerpunktsetzung in der Politik der Bundesregierung entspricht, die Familie nicht nur als Zweigenerationenfamilie, sondern als soziale Einheit von drei und mehr Generationen zu begreifen.
Der BT hat in einer Entschließung vom 11. 11. 1995 (BT-Drucks. 12/5811 und 12/189) die Bundesregierung gebeten, die künftigen Familien- und Jugendberichte um eine Darstellung der Situation der Kinder in der Bundesrepublik Deutschland zu ergänzen.
Der 5. F. wurde dem BT mit Schreiben des BMFuS vom 15. 6. 1994 vorgelegt. Es ist der erste gesamtdeutsche F. mit dem Thema »Familien und Familienpolitik im geeinten Deutschland – Zukunft des Humanvermögens«. Die F. sind vom jeweils zuständigen Ministerium (BMJF, BMJFG, BMJFFG oder BMFuS) veröffentlicht worden.
Der Auftrag für den 6. F. wurde bereits erteilt. Er wird sich mit der »Situation von Familien ausländischer Herkunft« befassen. Mit seinem Erscheinen wird Anfang 1999 gerechnet. *Uta Granitzka*

Familienbesteuerung hat die einkommensteuerrechtliche Berücksichtigung der Unterhaltsgemeinschaften zwischen Ehegatten (Ehegattensplitting) sowie zwischen Eltern und Kindern (Kinderfreibetrag) zum Gegenstand und steht in engem Zusammenhang mit dem verfassungsrechtlichen Gebot, wonach zur → Steuerfreiheit des Existenzminimums der Familie nur das darüber hinausgehende Einkommen der Besteuerung unterworfen werden darf (BVerfGE 82, 60, Urteil vom 29. 5. 1990). Beim Splitting-Verfahren wird der Grundsatz der Individualbesteuerung wegen der getrennten Ermittlung der Einkünfte beider Ehegatten zwar nicht durchbrochen, zusammenlebende Ehegatten werden aber (wahlweise) – als Gemeinschaft des Erwerbs und Verbrauchs, in der ein Ehegatte an den Einkünften und Lasten des anderen wirtschaftlich jeweils zur Hälfte teil hat (BVerfGE 61, 319, 345 ff., Urteil vom 3. 11. 1982) – in bezug auf die Gesamtsteuerschuld zusammen veranlagt; dabei wird die tarifliche Einkommensteuer nach der Hälfte des gemeinsamen Einkommens berechnet und sodann verdoppelt. Dadurch wird in den Fällen, in denen die Ehegatten unterschiedlich hohe Einkünfte erzielt haben oder ein Ehegatte gar kein Einkommen erzielt hat, der Steuerprogression die Spitze genommen. Das wird angesichts des mit dem Gesamteinkommen progressiven Tarifs auch als »Millionärsgattinnen-Effekt« und »staatliche Subvention« kinderloser Ehepaare kritisiert. Die Plazierung der Splittingregelung als Tarifvorschrift kann den Eindruck erwecken, es handele sich um eine Vergünstigung, und erschwert damit die Einsicht, daß es der Sache nach eine fiskalzweckorientierte Schutzregelung ist, mit der steuerrechtlich das verfassungsrechtliche Verbot einer Benachteiligung der aufgrund der Institutionsgarantie gegenüber der nichtehelichen Lebensgemeinschaft vorrangigen Ehe in der Regel gewährleistet bleibt; nur bestimmte Ausgestaltungen versetzen nichteheliche Lebensgemeinschaften (annähernd gleicher Doppelverdienst) wegen der Kumulation von Haushaltsfreibetrag, Kinderbetreuungskostenregelung und Sonder-

ausgabenabzug für ein hauswirtschaftliches Beschäftigungsverhältnis in einen günstigeren Status als eine vergleichbare Ehe. Der Versuch von Alleinstehenden mit Kindern, für ihre Besteuerung 1982 vor dem Bundesverfassungsgericht eine Ausdehnung des Ehegattensplittings zu erreichen, schlug zwar fehl, hat aber die in der steuerrechtlichen Literatur vorbereitete Entwicklung befördert, daß das Bundesverfassungsgericht die in der Öffentlichkeit nach wie vor verbreitete Auffassung aufgab, nach der die Wirkung des Kinderfreibetrags eine vom Staat erbrachte Leistung darstellt (BVerfGE 43, 108, Beschluß vom 23. 11. 1976). Politisch umstritten bleibt, ob das mit Beschluß vom 22. 2. 1984 aufgestellte Gebot, daß der Gesetzgeber für die Berücksichtigung zwangsläufiger Unterhaltsaufwendungen keine realitätsfremden Grenzen ziehen darf (BVerfGE 66, 216), auf dem Hintergrund der Anfang der 90er Jahre vom Bundesverfassungsgericht ergangenen Entscheidungen (Steuerfreiheit des Existenzminimums) mit dem 1996 auf 6 264 DM angehobenen Kinderfreibetrag erfüllt ist; die Wirkung des erhöhten Kinderfreibetrags wird bei etwa 90% der Steuerpflichtigen durch die Steuererstattungskomponente des ebenfalls neu gestalteten Kindergelds erzielt. Von den im Schrifttum weiter verfolgten Reformüberlegungen für die F. erscheint am ehesten noch das Konzept eines Familien-Realsplittings politisch konsensfähig. Dabei sollen sich die Abzugsbeträge an der zivilrechtlichen Unterhaltspflicht orientieren und entweder im Rahmen von Familiensteuerbescheiden oder Individualbescheiden – ähnlich wie bei der Besteuerung von Unterhaltsleistungen an geschiedene oder getrennt lebende Ehegatten – bei den Unterhalt erlangenden Kindern erfaßt werden.
Lit. Tipke: Steuerrechtsordnung.
Gottfried Eichhoff

Familienbildung Die Arbeit der F. reicht in ihren Wurzeln bis in den 1. Weltkrieg zurück. Als Folge der Vereinsamung und Überforderung der Frauen in Kriegszeiten, in denen sie alleine die Probleme in den Familien lösen mußten, wurden Mütterschulen gegründet. Die Träger der Mütterschulen waren i.d.R. die großen Wohlfahrtsverbände (→ Freie Wohlfahrtspflege). Die begriffliche Veränderung von Mütterschule, → Elternbildung in F. oder Familienarbeit kennzeichnet eine Veränderung in der Zielorientierung und der programmatischen Abläufen. Dem wird nun auch in § 16 Abs. 2 des → Kinder- und Jugendhilfegesetzes (KJHG – SGB VIII) Rechnung getragen. Danach umfaßt F. insbes. Angebote, die auf die Bedürfnisse und Interessen sowie auf Erfahrungen von → Familien in unterschiedlichen Lebenslagen und Erziehungssituationen eingehen, die Familie zur Mitarbeit in Erziehungseinrichtungen und in Formen der → Selbsthilfe und → Nachbarschaftshilfe besser befähigen sowie junge Menschen auf → Ehe und Partnerschaft sowie auf das Zusammenleben mit Kindern vorbereiten. Man geht in der F. nicht mehr allein davon aus, daß Eltern eine bestimmte Menge an Information über die → Erziehung ihrer Kinder benötigen, um sie für ein glückliches Leben in der Gesellschaft vorzubereiten, sondern daß gesellschaftliche Bedingungen als wesentliche Bestimmungsfaktoren bei der Arbeit mit Eltern von Einfluß sind. Eltern werden nicht mehr nur in ihrer → Rolle als Eltern betrachtet. F. richtet ihr Augenmerk auf die Familien in ihrer Gesamtheit; sie erfaßt die Familienmitglieder in ihren unterschiedlichen Rollen und Funktionen und befaßt sich mit all den Problemen, die sich unmittelbar im Spannungsfeld der Familie und der Familie zur Umwelt ergeben. Trotz dieses individuellen Ansatzes ist die F./Familienarbeit gemeinwesen- und gesellschaftsbezogen, da es sich ja nicht um Hilfeleistungen für die einzelne Familie handelt. Bildungsvermittlung durch Elternbriefe sind ebenso Methode wie Formen der sozialen → Gruppenarbeit und der Eltern- und → Familienberatung. F. wird in »Häusern der Familie« oder »F.stätten« durchgeführt. Die Familienarbeit hat sich bisher keineswegs durchgesetzt, zumal sie von der → Sozialarbeit und auch der traditionellen institutionellen Elternbildung als Konkurrenz empfunden wird. *Barbara Schmitt-Wenkebach*

Familienerholung → Erholung

Familienfürsorge ist eine Organisationsform und Arbeitsmethode öffentlicher Fürsorge. Sie gehört zu den klassischen Anfängen der modernen kommunalen Sozialarbeit (→ Sozialarbeit/Sozialpädagogik). Seit den 70er Jahren wurde die F. bundesweit in den ASD (→ Sozialdienst, Allgemeiner) oder in ein Amt für Familienhilfe bzw. für Soziale Dienste umstrukturiert (→ Familienberatung in der Sozialarbeit). Dabei erfolgte in der Regel eine Zusammenlegung von Innen- und Außendienstaufgaben. Mit der F. wurde als Ausfluß der Selbstverwaltungshoheit der Kommunen eine Einrichtung der Sozialverwaltung geschaffen, die für alle sozialen Belange von Menschen, insbes. Familien, erste Anlauf-, Beratungs- und Hilfestelle sein sollte. Der integrierende Arbeitsansatz ging von der Erkenntnis aus, daß Bürger ihr Leben ganzheitlich bewältigen müssen und daß die Verwaltung demgegenüber sektoral bzw. arbeitsteilig aufgebaut ist. Der wohnquartiermäßig zuständige Sozialdienst sollte Lebenslagen und Umfeldbedingungen vor Ort wahrnehmen und beeinflussen sowie Brücke zur inneren Verwaltung sein.

Historisch ist F. nicht zu trennen von der →
Professionalisierung behördlicher Sozialarbeit. Die Entstehung der F. verläuft zeitgleich mit der Gründung der Frauenfachschulen durch kommunale und → freie Träger. Erkennbar ist auch die Einwirkung der
→ Frauenbewegung. In der F. wurden weitgehend die Leitsätze zur Wohlfahrtspflege
(Alice Salomon) verwirklicht. Marie Baum
beschreibt F. als »die in einem bestimmten
geographischen Bereich in der Form der
Einheits- und nach den Methoden der F.
durchgeführten Wohlfahrtspflege, die je
nach Lage des Einzelfalles zu Maßnahmen
der Wirtschafts-, Gesundheits- oder Erziehungsfürsorge greift«. Sie hebt als Ziel die
Stärkung der in der Familie liegenden Pflege- und Erziehungskräfte hervor.
In der F. wurden nach der Jahrhundertwende entstandene Spezialdienste zusammengefaßt (Säuglings-, Schul-, Wohnungs-,
Kriegs-, Gefährdetenfürsorgerinnen, Armenpflegerinnen, Tbc-Schwestern). Nach
dem 2. Weltkrieg wurden in Deutschland
speziell in der F. die Arbeitsansätze von →
Casework und sozialer → Gruppenarbeit
eingeführt. Verschiedene Problemerfassungs- und Handlungsmethoden sowie →
Supervision begannen sich Ende der 50er
Jahre zu etablieren.
Während die vertiefte → Einzel(fall)hilfe
durchgängig zum Arbeitsprinzip gehörte,
wurden → Gemeinwesenarbeit und → sozialen
Gruppenarbeit speziell in → sozialen
Brennpunkten und nur für Zielgruppen
praktiziert, für die solche Angebote fehlten.
Die F. war Nahtstelle zur → freien Wohlfahrtspflege, deren Dienste sie vermittelte.
Lit. Baum: Familienfürsorge; Salomon:
Wohlfahrtspflege; Tauche: Neues Denken.
Almuth Tauche

Familiengerechte Hilfe Der Grundsatz der
f. H. nach § 7 → Bundessozialhilfegesetz
(BSHG) verpflichtet den → Sozialhilfeträger, die → Familie, die unter dem besonderen Schutz der staatlichen Ordnung steht
(Art. 6 → Grundgesetz [GG]), zu schützen,
zu stützen, zu fördern und sie nicht in ihrer
Entwicklung zu beeinträchtigen.
Familie i. S. d. Vorschrift sind nicht nur
Ehegatten und Kinder, sondern auch andere
durch abstammungs- und blutmäßige Bande
miteinander verbundene Angehörige, Personen, die in ehelicher Gemeinschaft
leben und unvollständige Familien.
Der Grundsatz der f. H. gehört neben dem
→ Nachrang der Sozialhilfe und dem → Individualisierungsprinzip zu den tragenden
Grundsätzen der → Sozialhilfe und berücksichtigt, daß der Mensch besonders geprägt
wird durch die Verhältnisse in seiner Familie, und macht die durch Ehe und Familie typischerweise gegebene wirtschaftliche und
sonstige Lebenssituation zum Ausgangspunkt der staatlichen Hilfe. Hilfe wird nach
dem Grundsatz des Nachranges der Sozialhilfe erst gewährt, wenn der Familienverband eine hinreichende Sicherung für seine
Mitglieder nicht mehr zu erbringen vermag.
So ist insbes. zu vermeiden, daß unter Mißachtung des Gebots f. H. ein noch etwa bestehender Rest eines Gemeinschaftsverantwortungsgefühls innerhalb der Familie zerstört wird.
Der Grundsatz der f. H. begründet zwar für
den Hilfesuchenden (→ Hilfeempfänger/
Hilfesuchender) und seine Familie keine
unmittelbaren Rechte, überlagert aber alle
Einzelvorschriften des BSHG, gilt damit
nicht nur für das Leistungsrecht (→ Hilfe
zum Lebensunterhalt und → Hilfe in besonderen Lebenslagen), sondern auch für andere Vorschriften des BSHG, vor allem für die
Heranziehung Unterhaltspflichtiger (→
Unterhaltspflicht). Der Erfüllung dieses
Grundsatzes dient z. B. der Mehrbedarfszuschlag (→ Mehrbedarf) zum → Regelsatz
für → Alleinerziehende mit Kindern, Übernahme der Kosten für eine familiengerechte
Unterkunft, Hilfen zum Besuch von Familienangehörigen, auch in Einrichtungen und
Haftanstalten, Hilfen bei Schwangerschaft
oder Sterilisation, Hilfen bei → Familienplanung, → Hilfen für werdende Mütter
und Wöchnerinnen, Familienerholung für
Mütter und Kinder, → häusliche Pflege, →
Hilfe zur Weiterführung des Haushalts, →
Altenhilfe. Der Grundsatz der f. H. kann
aber auch nichteinzelfallbezogene Initiativen des Sozialhilfeträgers erfordern, z. B.
Planung von allgemeiner → Ehe- und
Familienberatung, Organisation und Unterstützung von → Nachbarschaftshilfe, Förderung von familiengerechtem Wohnungsbau, Kindernotruf. *Walter Tattermusch*

Familiengericht Das F. ist ein Spruchkörper der streitigen (→ Zivilprozeß) und der
→ freiwilligen Gerichtsbarkeit. Es besteht
als eine besondere Abteilung beim Amtsgericht. Nur aufgrund ihrer persönlichen und
fachlichen Qualifikation besonders geeignete Richter sollen als Familienrichter eingesetzt werden.
Der Zuständigkeitsbereich des F. ergibt
sich aus dem Ziel des Gesetzgebers, die
wichtigsten Regelungsgegenstände während des → Getrenntlebens von Ehegatten
und für die Zeit nach der → Ehescheidung
ausschließlich einem Gericht zur Entscheidung zuzuweisen. Familiensachen sind gemäß § 23b GVG: Ehesachen (Eheschließungsverfahren), die zivilprozessualen
Streitigkeiten, die die gesetzliche → Unterhaltspflicht gegenüber einem → ehelichen
Kind und einem Ehegatten sowie die Ansprüche aus dem ehelichen → Güterrecht
betreffen; die FGG-Verfahren zur Regelung
der → elterlichen Sorge, der Befugnis zum
persönlichen Umgang mit einem ehelichen
Kind sowie dessen → Herausgabe an den
anderen Elternteil, des → Versorgungsausgleichs und der Rechtsverhältnisse am

Hausrat und an der Ehewohnung. Andere Streitigkeiten zwischen Eheleuten, etwa Schuldenregulierungen oder die Auseinandersetzung von Miteigentum, sind keine Familiensachen. Im Rahmen der vom BVerfG angestoßenen → Kindschaftsrechtsreform ist beabsichtigt, die Zuständigkeit des F. zu erweitern um die die nichtehelichen Kinder betreffenden Sorge- und Umgangsrechtsverfahren, sämtliche auf Verwandtschaft beruhende Unterhaltsklagen und die Kindschaftssachen.

Zu der Zuständigkeitskonzentration in Familiensachen tritt die Verhandlungs- und Entscheidungskonzentration in Ehescheidungsverfahren: sind mit der Ehescheidung für die nacheheliche Zeit weitere Familiensachen – teils von Amts wegen, teils auf Antrag – zu regeln, müssen sie im Verbund mit der Ehescheidung einheitlich verhandelt und entschieden werden. Das Verbundurteil, das die Ehescheidung ausspricht, kann ganz oder teilweise angefochten werden. Die Anfechtungsberechtigung sowie die Art des zu wählenden → Rechtsmittels richten sich danach, ob der angefochtene Entscheidungsteil der streitigen oder der freiwilligen Gerichtsbarkeit zuzuordnen ist. Über das Rechtsmittel gegen eine Entscheidung des F. entscheidet ein Familiensenat des OLG, über dessen Entscheidung, soweit ein weiteres Rechtsmittel zugelassen wird, der Familiensenat des BGH.

Lit. Rahm u. a.: Familiengerichtsverfahren.

Albrecht Weber

Familiengerichtshilfe (FamGH), gesetzestechnisch unter dem Begriff »Mitwirkung in Verfahren vor den Familiengerichten« in § 50 → Kinder- und Jugendhilfegesetz (KJHG – SGB VIII) geregelt, ist neben der → Jugendgerichtshilfe (JGH) und der → Vormundschaftsgerichtshilfe der dritte große Bereich, in dem das Gesetz im Interesse des Wohls von Kindern (→ Kindeswohl) und Jugendlichen Gericht und → Jugendamt (JA) zu einer Kooperation verpflichtet. Für das FamG regelt § 49a FGG diese Pflicht (= Pflicht zur »Anhörung«). Es handelt sich demnach um folgende Fälle: die Regelung der elterlichen Sorge nach Scheidung bzw. bei Getrenntleben der Eltern (§ 621 Abs. 1 Nr. 1 ZPO i.V.m. §§ 1671, 1672 BGB); die Regelung des Umgangs des nicht sorgeberechtigten Elternteils mit dem gemeinsamen ehelichen Kind (§ 621 Abs. 1 Nr. 2 ZPO i.V.m. § 1634 Abs. 2 BGB; die Befugnis zum persönlichen Umgang); die → Herausgabe des Kindes an den anderen Elternteil (§ 621 Abs. 1 Nr. 3 ZPO i.V.m. § 1632 Abs. 1 und 3, 2. Halbs. BGB). Hingegen scheint § 49a Abs. 1 Nr. 3 FGG (Ruhen der elterlichen Sorge gem. § 1678 Abs. 2 BGB) ein redaktionelles Versehen zu sein, da er schon – zu Recht – in § 49 Abs. 1 Nr. 1g FGG steht. Statt dessen fehlt § 1632 Abs. 3 Halbs. 2 BGB, der hierhin gehört.

Die Mitwirkungsverpflichtungen des § 50 KJHG – SGB VIII sind nicht identisch mit der sog. → gutachtlichen Stellungnahme des Jugendamtes, jedoch ist die Stellungnahme m.E. weiterhin eine der Alternativen der Mitwirkung. Wie die Mitwirkung konkret aussieht, hängt vom Einzelfall ab. § 50 Abs. 2 KJHG – SGB VIII zählt beispielhaft Aspekte auf, die in ihrem Rahmen eine Rolle spielen können. Der Umfang der Mitwirkung wird bestimmt vom fachlichen Ermessen, vom staatlichen Wächteramt und vom Datenschutzrecht (→ Datenschutz).

Unter Berücksichtigung dieser Rahmenbedingungen gilt für den Trennungs- und Scheidungsfall folgendes: Primäre Aufgabe des JA ist es, die Eltern zu befähigen, selber ein Konzept für die weitere Wahrnehmung ihrer Elternverantwortung zu finden (§ 17 Abs. 1 Nr. 3 und Abs. 2 KJHG – SGB VIII). Weitere Aufgabe ist es, in Verfahren vor den Familiengerichten mitzuwirken (§ 50 KJHG – SGB VIII). Art und Umfang der Mitwirkung sind entscheidend vom Verlauf und Ergebnis des Beratungsangebotes an die Eltern (gem. § 17 KJHG – SGB VIII) abhängig. Es kommen folgende Fallkonstellationen in Betracht:

1. Haben die Eltern eine einvernehmliche Lösung gefunden, beschränkt sich die Mitwirkung des JA auf die Mitteilung dieser Tatsache an das Gericht.

2. Finden die Eltern trotz Intervention des JA keine Lösung und bringt auch das Gericht die Eltern zu keinem Einvernehmen, so muß das JA bei der streitigen Sorgerechtsregelung mitwirken. Grenzen der Mitwirkung ergeben sich aus datenschutzrechtlichen und fachlichen Erwägungen. Geben die Eltern dem Sozialarbeiter, der gem. § 17 KJHG – SGB VIII beraten hat, nicht die Erlaubnis, die für eine Entscheidung nötigen Informationen aus der Beratung an das Gericht weiterzugeben (§§ 64 und 65 KJHG), so könnte ein anderer Mitarbeiter unter der Aufgabenstellung des staatlichen Wächteramts Kontakt mit den Betroffenen aufzunehmen versuchen (so auch Balloff, Bayerisches Staatsministerium, Willutzki; a. A. → Deutscher Verein für öffentliche und private Fürsorge [DV], Münder und Mörsberger, daß das JA keine Ermittlungsbehörde ist).

3. Verweigern Scheidungswillige die Annahme der angebotenen Beratungshilfe des JA gänzlich und können sie sich auch nicht allein einigen, so gilt grundsätzlich dasselbe wie im Fall zuvor. Bei Vorhandensein einer Gefährdungssituation und auch schon bei begründetem Verdacht, daß eine Gefährdung des Kindes vorliegt, darf das JA auch ohne Einwilligung der Eltern Informationen bei Dritten einholen (§ 62 Abs. 3 Nr. 1 KJHG: »gesetzliche Bestimmung« als materiell-rechtliche Eigriffsnorm; vgl. die andere Ansicht des DV, daß § 65 Nr. 2 KJHG einschlägig ist).

Selbst wenn sich das JA dem Gericht gegenüber in Form eines psychosozialen Gutachtens äußert, ist es nicht verpflichtet, ein Votum für oder gegen einen Elternteil abzugeben, es sei denn, er stellt eine Gefahr dar.
Lit. DV: Familiengerichtliches Verfahren; Münder: Perspektiven; Mörsberger, T.: Trennungs- und Scheidungsberatung; Oberloskamp: Zusammenarbeit; Willutzki: Familiengericht. *Helga Oberloskamp*

Familienheim → Vermögen

Familienhelfer/-in Als F. sind gegenwärtig in der Bundesrepublik → Sozialarbeiter/-innen und Sozialpädagog/-innen und → Erzieher/-innen, aber auch Student/-innen und Absolvent/-innen sozialwissenschaftlicher Studiengänge tätig. An einigen Orten werden auch Hausfrauen ehrenamtlich eingesetzt (→ Ehrenamtliche Tätigkeit im sozialen Bereich). Träger der Maßnahme sind freie Wohlfahrtsverbände (→ Freie Wohlfahrtspflege) und in einigen Regionen die → Jugendämter (JÄ) selbst. Entsprechend dieser institutionellen Vielfalt variieren auch die Anstellungsverhältnisse von Dauerbeschäftigung bis zu fall- oder stundenweisen Zeit- und Honorarverträgen. Da diese Hilfeform vor allem Familien mit mehreren Kindern bei hoher Problemkumulation gewährt wird, ist das Anforderungsprofil vielfältig und komplex. In der konkreten Arbeit sind fundierte Kenntnisse der Kinderpflege und Erziehung, der Haushaltsführung und -planung sowie Kenntnisse bezüglich der Institutionen der Erziehung (vgl. → Erziehungsberatung) und der sozialen Sicherung (vgl. → Sozialstation) ebenso verlangt wie sozialpädagogische und therapeutische Fähigkeiten (→ Sozialtherapie). Da diese Arbeit in beachtlichem Umfang im Privatbereich der Familie stattfindet, müssen sich die F. einstellen auf das jeweilige Familienklima und die dort praktizierten Umgangsformen. Die mit dieser Hilfe intendierten Lernprozesse und Verhaltensänderungen bei Eltern und Kindern können nur erreicht werden, wenn es gelingt, ein gutes Vertrauensverhältnis aufzubauen; insofern erhalten emotionale Beziehungen eine besondere Bedeutung. Um die in dieser Arbeit notwendige Balance von Nähe und Distanz zwischen F. und Familie zu sichern, ist eine die praktische Arbeit kontinuierlich begleitende → Supervision unabdingbar.
Lit. → Familienhilfe, sozialpädagogische. *Ingeborg Pressel*

Familienhilfe, sozialpädagogische ist eine ambulante und betreuungsintensive Form öffentlicher Erziehungshilfe (→ Hilfe zur Erziehung [HZE]), die entweder als präventive Maßnahme im Vorfeld der → Heimerziehung, als Alternative zu ihr oder als → nachgehende Hilfe bei der Rückführung eingesetzt wird (→ Familienberatung). Inzwischen bundesweit eingerichtet, gilt sie als "intensivste Form ambulanter Hilfen" (AGJ).
Rechtliche Grundlage der s. F., die nur mit Zustimmung der Familie durchgeführt werden kann, als Regelangebot der → Jugendhilfe ist § 31 → Kinder- und Jugendhilfegesetz (KJHG – SGB VIII).
Anfang der 70er Jahre entstanden in West-Berlin die ersten Initiativen zu familienzentrierter Hilfe aus der Kritik an der damals bundesweit praktizierten Form der Heimerziehung. Die Forderung lautete: präventive Hilfe für die Familien statt Fremdplacierung (→ Fremdunterbringung) ihrer Kinder in Heimen. In den nachfolgenden Jahren wurden diese Ideen von → Jugendämtern (JA) und Verbänden der → freien Wohlfahrtspflege aufgegriffen und, gemäß den regionalen Bedingungen variiert, umgesetzt.
S. F. ist primär darauf ausgerichtet, arme und häufig kinderreiche Familien und → Alleinerziehende, die bei der Versorgung und Erziehung ihrer Kinder besondere Schwierigkeiten haben, soweit zu unterstützen, daß sie ihr Leben wieder selbständig gestalten können. Zu beachten ist, daß es sich bei den betreuten Eltern vielfach um Mütter und Väter handelt, deren eigene Kindheit bereits durch extreme Mängellagen, wie Aufwachsen in einer Obdachlosensiedlung oder in wechselnden Heimen, bestimmt wurde (→ soziale Benachteiligung).
Im Hinblick auf die Heterogenität der Klientel und die Komplexität der zu entwirrenden Sach- und Beziehungsprobleme finden sich in der Praxis wie in der sie analysierenden und beschreibenden Literatur vielfältige Versuche, die Arbeit im Binnen- und Außenraum der Familie methodisch-systematisch zu gestalten. Die Arbeitsansätze reichen von (a) lebenspraktischen Hilfen, die konkret sichtbar Eltern und Kindern Entlastung im Alltag bieten und somit Vertrauen in die eigenen Kräfte wie auch in die Kompetenz der → Familienhelfer/-innen schaffen können, über (b) therapeutisch orientierte Arbeitskonzepte bis hin zu (c) gegenwärtig intensiv diskutierten systemischen Analyse- und Handlungsmustern (→ systemischer Ansatz, → Lebenswelt). Konkreten Sinn und Nutzen für Eltern und Kinder haben solche Arbeitsansätze solange, wie sie sich an deren existentiellen Bedürfnissen orientieren und nicht an starren fachlichen Schemata oder an ungeprüft übernommenen gesellschaftlichen → Normen.
Bei der Realisierung der Hilfemaßnahme sind i.d.R. drei Parteien mit differenten, objektiv feststellbaren Intentionen beteiligt: 1. die unterstützungsbedürftige Familie, 2. die s.F. als deren fachkompetenter »Anwalt« und 3. das Jugendamt als Vertreter normativer Erwartungshaltungen, als

Familienkrankenhilfe

Träger sozialer Verantwortung gemäß KJHG-SGB VIII und als die Maßnahme finanzierende Institution.
Der vom KJHG – SGB VIII intendierte »Perspektivwechsel von der Eingriffsorientierung zur pädagogischen → Dienstleistung« (R. Wiesner) ermöglicht es der s. F., mit allen beteiligten Parteien den von ihr erstellten → Hilfeplan zu diskutieren und gemeinsame Entscheidungen auf der Grundlage ihrer Fachkompetenz mit der Familie und dem Jugendamt zu erarbeiten. Auftretende differente Positionen müssen eindeutig geklärt werden, damit die s. F. in ihrem Arbeitsfeld autonom handeln kann.
Lit. AGJ (Hg.): Stellungnahme; Blüml u.a.: Familienhilfe; Jordan: Familienhilfe; Kreft u.a.: Familienhilfe; Leube: Familienarbeit; Nicolay: Korrespondenz; Nielsen u.a.: Familienhilfe; Nielsen u.a.: Familienhelfer; Pressel: Modellprojekt; Pressel: Beratung; Wiesner u.a.: SGB VIII (Komm.).

Ingeborg Pressel

Familienkrankenhilfe → Familienversicherung

Familienlastenausgleich Das Subsystem im deutschen System der sozialen Sicherung und → Daseinsvorsorge, das auf einen Ausgleich für die besonderen Kosten zielt, die Familien für Pflege und Erziehung von Kindern aufwenden müssen.
Üblicherweise wird in der Bundesrepublik Deutschland das Arbeitsentgelt nur nach Leistungs- und Ancienitätskriterien bemessen, nicht nach Zahl der und Aufwand für unterhaltsberechtigte Angehörige. Sollen daher Familien mit Kindern, insbes. kinderreiche Familien, nicht stark in ihrem Lebensstandard hinter Einzelpersonen und kinderlosen oder kinderarmen Familien zurückfallen, muß durch staatliche (gesetzliche) Umverteilung ein Ausgleich herbeigeführt werden. Das geschah lange Zeit durch eine Kombination von Steuerfreibeträgen für Kinder und ein → Kindergeld, das zunächst für dritte und weitere Kinder, später auch für zweite Kinder gezahlt wurde. Dieser duale F. stellt Familien mit hohem Einkommen und durch die Steuerprogression bedingten hohen Steuerfreibeträgen günstiger. Er wurde ersetzt durch ein monistisches System: das Kindergeld nach dem Bundeskindergeldgesetz i.d.F. vom 31. 1. 1975 (BGBl. I S.412), neben dem Steuerfreibeträge nur noch für Unterhaltsleistungen an nicht kindergeldbegünstigte Kinder gewährt wurden. Die Höhe des Kindergeldes wurde seitdem mehrfach geändert. Für das Kindergeld für zweite und weitere Kinder wurde eine Einkommensgrenze eingeführt.
Die Altersgrenze von 18 Jahren wurde für Kinder, die arbeitslos sind, auf 21 Jahre heraufgesetzt.

1980 wurden auch wieder steuerliche Vergünstigungen eingeführt: Zunächst der Kinderbetreuungs-Betrag von 1 200 DM jährlich pro Kind, später ein Steuerfreibetrag von 1 242 DM für einen Elternteil (bei Zusammenveranlagung der Elternteile von 2 484 DM) jährlich pro Kind.
Die Entscheidungen des Bundesverfassungsgerichts vom 29. 5. und 12. 6. 1990 gaben Anlaß zur derzeitigen gesetzlichen Regelung. Das Existenz-Minimum eines Kindes darf beim Unterhaltspflichtigen nicht mit Steuern belastet werden. Der Gesetzgeber hat deshalb im Jahres-Steuergesetz 1996, ergänzt durch das Bundeskindergeld-Gesetz i.d.F. vom 28. 10. 1995 ein »Optionsmodell« gewählt: Für Kinder wird ein Steuerfreibetrag von 12 095,–/24 191,– (Alleinstehende; Verheiratete) gewährt (Von vielen Seiten wird kritisiert, daß dieser Betrag unter dem derzeitigen sozialen Existenz-Minimum läge). Bleibt keine oder eine geringere ESt zu zahlen, kann auf Antrag Kindergeld von 200,–/300,–/350,– (1 und 2 Kinder/3 Kinder/4 und mehr Kinder) monatlich gewährt werden. Die für 1997 zugesagte Erhöhung auf 220,– ist durch das Sparpaket der Bundesregierung in Frage gestellt.
Das Kindergeld wird von den Betrieben (die sich unter bestimmten Voraussetzungen befreien lassen können), den öffentlichen Arbeitgebern und den Familienkassen bei den Arbeitsämtern ausgezahlt. Soweit schon erkennbar, wird nur eine kleine Minderheit der Berechtigten wegen ihrer Einkommensverhältnisse den Steuerfreibetrag wählen.
Ein ganz anderes Konzept schlägt der ehem. Bundestagsabgeordnete Habermann vor: In eine Familienausgleichs-Kasse wird von allen eine Kindergeld-Abgabe eingezahlt; Familien mit Kindern wird Kindergeld in Höhe des sozialen Existenz-Minimums des Kindes gewährt.
Zum F. i.w.S. sind zu zählen: öffentliche Leistungen zur Verminderung des Aufwandes für Kinder in Ausbildung (→ Bundesausbildungsförderungsgesetz) und öffentliche Leistungen zur Verminderung des Aufwandes für den Besuch von Bildungs- und Erziehungseinrichtungen (Kindergartenfinanzierung; Schulgeld- und Lernmittelfreiheit u.ä.m.).
Der F. wird ergänzt durch ein → Erziehungsgeld für Personen, die wegen der Erziehung von Kleinkindern zeitweise ihre Beschäftigung unterbrechen. Diskutiert wird, ob nicht eine sozial gleichmäßigere Begünstigung und Belastung erreicht werden kann durch einen degressiven F., bei dem die Höhe des Kindergeldes nicht nur abhängt von der Kinderzahl, sondern auch von der Einkommenshöhe, d.h. Zahlung eines Kindergeldgrundbetrages für jedes Kind und bei jedem Einkommen und eines nach der Kinderzahl und dem Familieneinkommen gestaffelten Kindergeldes.

Lit. Assmann, E.: Familienpolitik; BMJFG: Familienlastenausgleich; BMJFG: 3. Familienbericht; Pechstein, M.: Familiengerechtigkeit; Politische Akademie Eichholz: Familienpolitik. *Otto Fichtner*

Familienleistungen Unter F. können sehr unterschiedliche Sachverhalte verstanden werden, was sich auch in der öffentlichen Diskussion widerspiegelt: Einmal werden damit die vielfältigen sozialen Leistungen für bzw. an → Familien bezeichnet; diese familienbezogenen Leistungen des Sozialleistungssystems i.w.S. finden ihren Niederschlag im Sozialbudget, wo sie im einzelnen nach einer institutionellen und einer (für familienpolitische Zwecke meist aussagekräftigeren) funktionellen Gliederung dargestellt sind. F. meinen sodann aber auch die vielfältigen, von Familien (in ihren verschiedenen äußeren Erscheinungsformen) erbrachten Leistungen für den einzelnen und für die größeren Gemeinschaften bis hin zur Gesamtgesellschaft. Diese Leistungen der Familien werden in der familienwissenschaftlichen Diskussion auch unter dem (ebenfalls mehrdeutigen) Begriff der Familien-»Funktionen« gefaßt, die sich in unterschiedlichen Aufgliederungen darstellen lassen.

Dabei kann und sollte zwischen den folgenden Aspekten unterschieden werden: Einmal geht es um die in einer Sozialordnung mit einem deutlichen normativen Anspruch von den Familien bzw. den Familienmitgliedern erwarteten Leistungen i.S. von zu erfüllenden Aufgaben. Zum zweiten geht es um die tatsächlich erbrachten Leistungen, die im Einzelfalle hinter gesellschaftlichen Erwartungen zurückbleiben können, und zwar aus Gründen, die in den persönlichen und familialen Bedingungen der einzelnen Familie, aber auch in typischen → Lebenslagen von Familien und wenig familienorientierten gesellschaftsstrukturellen Bedingungen liegen können. Von dadurch bedingten Leistungsbehinderungen von Familien sind noch wiederum familiale Leistungsgrenzen zu unterscheiden, von denen dort gesprochen werden kann, wo das gesellschaftliche Subsystem Familie an die Grenzen seiner eigenen Leistungsfähigkeit als solches stößt. Schließlich kann auf die Wirkungen abgestellt werden, die durch die familiale Leistungen erzielt werden und etwa auch als positiv zu bewertende »externe Effekte« familialer Leistungserbringung gelten können. Eine Reihe von Leistungen und Wirkungen (»Funktionen«) werden im wesentlichen nur von Familien erbracht (z.B. Sicherung der Generationenfolge auf der Grundlage der »verantworteten Elternschaft«), andere Funktionen werden von den Familien in Kooperation und gegenseitiger Ergänzung mit anderen Gesellschaftsträgern erbracht, was z.B. für die Aufgaben gilt, die in den Bereich der Sozialisationsfunktion (Erziehungs- und Bildungsfunktion einschließlich der sozialen Plazierung) fallen. Durchweg erbringen Familien in den verschiedenen Leistungsfeldern unersetzbare Leistungen, auf die das Zusammenleben in den verschiedenen gesellschaftlichen Teilsystemen elementar angewiesen ist.

Die personprägenden und gesellschaftsordnenden Leistungen und Wirkungen von Familien bilden damit eine wichtige Legitimationsgrundlage für soziale Leistungen an die Familien (und darüber hinaus für die Gesamtanlage einer umfassenden → Familienpolitik). Nachweisliche Leistungsbehinderungen (gemessen an bestimmten Zielvorstellungen über eine bestmögliche Leistungsentfaltung von Familien) bezeichnen zentrale Ansatzpunkte für politische und gesellschaftliche Interventionsstrategien. Im Sinne eines richtig verstandenen Subsidiaritätsprinzips (→ Subsidiarität) sind Rahmenbedingungen dafür zu schaffen und dauernd zu sichern, daß das familiale Leistungspotential (im Rahmen der objektiven Grenzen) sich wirklich entfalten kann. Ein wichtiges Beispiel für generalisierende soziale Leistungen an Familien bilden in einer entwickelten Industriegesellschaft marktwirtschaftlicher Prägung die einkommenswirksamen Strategien zur Sicherung eines familiengemäßen Einkommens (→ Familienlastenausgleich). Dabei geht es nicht nur darum, daß Familien mit (mehreren) Kindern ein Einkommen zur Abdeckung des sozialkulturellen Mindestlebensbedarfs zur Verfügung haben, sondern auch darum, daß sie im Verhältnis zu Kinderlosen nicht in ihren wirtschaftlichen Entfaltungsmöglichkeiten unzumutbar benachteiligt sind. Ein wichtiger wirtschaftlicher Indikator ist dabei das mit steigender Kinderzahl in der Familie abnehmende Pro-Kopf-Einkommen, das zu einkommenspolitischen Korrekturen herausfordert. Hier besteht im eigenen Land wie in den übrigen Mitgliedstaaten der EU nach wie vor erheblicher Handlungsbedarf: Zunächst einmal verlangt es das Prinzip der Berücksichtigung der geminderten steuerlichen Leistungsfähigkeit – und ist in Deutschland inzwischen verfassungsgerichtlich geboten –, daß das sozialkulturelle → Existenzminimum von Kindern einkommensteuerfrei gestellt bleiben muß (Steuergerechtigkeit); die damit verbundenen Einkommenswirkungen bilden noch keine Förderung der Familie, in diesem Sinne auch keine F. und sind einem Familienlastenausgleich vorgelagert. Auf dieser Grundlage ist dem Prinzip der Bedarfsgerechtigkeit dadurch Rechnung zu tragen, daß nicht nur das sozialkulturelle Existenzminimum von Kindern – und zwar möglichst außerhalb der → Sozialhilfe – abgesichert werden muß, sondern die kinderbezogenen F. auch oberhalb der Schwelle der Absicherung des Existenzbedarfs gerecht ausgestaltet werden (in Abhängigkeit von der Höhe des elterlichen Einkommens und der Größe der Familie). Auf einer dritten Stufe der familiengemäßen Einkommensgestaltung können und sollten die positiven externen Effekte von Familien, wie sie etwa im Beitrag zur Humanvermögensbildung einer Gesellschaft liegen, Anlaß für die Berücksichtigung dieser familialen Leistungen und Wirkungen in der Verteilungsordnung sein. In diesem Sinne könnte sinnvollerweise von einem »Familienleistungsausgleich« gesprochen werden, der im übrigen auch die Leistungen des Auf- und Erziehens für die Sicherung der Drei-Generationen-Solidarität (soziale Altersversorgung) mit berücksichtigt. Hier ist – unter Berufung auch auf das BVerfG – u. a. eine stärkere Berücksichtigung von Erziehungszeiten in der gesetzlichen → Rentenversicherung anzumahnen.

Ein wichtiges Beispiel für eine familienphasenspezifische Ausgestaltung von F. bildet das → Erziehungsgeld, das Ausdruck einer dringlichen einkommenspolitischen Anerkennung von Elternleistungen insbesondere in den ersten Lebensjahren des Kindes ist und einen teilweisen Ausgleich für die Einschränkungen im Erwerbseinkommen darstellt. Tatsächlich ist es in seinem Realwert empfindlich abgesunken und in seiner Reichweite durch mangelnde Anpassung der Einkommensgrenzen für die Empfangsberechtigten in den vergangenen 10 Jahren unvertretbar eingeschränkt worden.

Ein Beispiel für eine adressatenspezifische (problemgruppenspezifische) Ausgestaltung von F. bilden einmal besondere Leistungen für → Alleinerziehende (insbesondere Unterhaltsersatzleistungen), zum anderen gezielte Leistungen zum Ausgleich von familienbedingten Nachteilen auf dem Wohnungsmarkt. Hier hat insbesondere ein weiterzuentwickelndes → Wohngeld Sonderbelastungen und besonderen Bedarfssituationen von Familien mit (mehreren) Kindern Rechnung zu tragen, was im übrigen im Anspruch einer familiengerechten → Wohnungspolitik über soziale Einkommensleistungen hinaus auf strukturelle Korrekturen auf dem Wohnungsmarkt verweist.

Bisher unzureichend durchdacht und vor allem in unserer föderalen Ordnung zuwenig in praktische Politik übersetzt ist das Verhältnis der monetären F. (meist des Bundes) zu den (weithin von Ländern und Gemeinden erbrachten) sog. »Realtransfers«, so etwa hinsichtlich der Inanspruchnahme öffentlicher Leistungen bei der außerhäuslichen Kleinstkinderbetreuung, für die ein Bedarf insbesondere dort besteht, wo eine Unterbrechung der Erwerbstätigkeit junger Eltern oft schwer möglich (Alleinerziehende) oder nicht gewünscht ist. Im Hinblick auf die weithin entstehenden realen Transferleistungen an Familien, die diese Einrichtungen in Anspruch nehmen, stellt sich die dringliche Frage, inwieweit eine familienbezogene Einkommenspolitik, die den Eltern Freiräume für die Verwirklichung unterschiedlicher familialer Lebensmuster zu sichern sucht, nicht auch ökonomisch möglichst gleiche Voraussetzungen zu schaffen hat, unter denen die Eltern zwischen familialen und außerfamilialen Betreuungsformen wählen können. Erst wenn einer weitgehend von der öffentlichen Hand subventionierten sozialpflegerischen Dienstleistung in außerhäuslichen Betreuungseinrichtungen eine vergleichbare (nicht unbedingt gleich hohe) monetäre Transferleistung an diejenigen Elternteile entspricht, die sich für eine Eigenbetreuung des Kleinstkindes entscheiden, erst dann läßt sich auch der Umfang einer »bedarfsgerechten« außerhäuslichen Betreuung wirklich benennen. Dieser Aspekt verweist zurück auf nachhaltige Verbesserungen der bestehenden Erziehungsgeldregelung.

Insgesamt sind die sozialen Leistungen an Familien, die in elementaren Leistungen der Familien eine wichtige, oft freilich zuwenig beachtete Begründung finden, in eine systematische, über wirtschaftliche Familienhilfe weit hinausreichende Familienförderung und Familienpolitik einzuordnen. Zu diesem umfassenderen Kontext liegt seit jüngstem eine systematisch angelegte Darstellung vor (M. Wingen, 1997), auf die hier verwiesen werden kann.

Lit. BMFSFJ: Familienpolitik; Wingen: Grundlagen; Wingen: Familienpolitik.

Max Wingen

Familienpflege Ambulanter sozialpflegerischer Dienst, der auf das System → Familie, nicht auf einzelne Person gerichtet ist. F. ist ein Kernangebot zur Förderung der Erziehung in der Familie und zur Stärkung der Erziehungskompetenz, wenn die für die Erziehung verantwortliche Person physisch oder psychisch überlastet ist, wenn eine vorübergehende Notsituation (z.B. Krankheit der Mutter, längere Abwesenheit der Mutter) zu überbrücken ist. (In § 33 KJHG wird der Begriff F. verwendet, wenn ein Kind als Pflegekind in einer anderen Familie untergebracht ist.)

Die Einsätze dauern je nach Situation von einer Woche bis mehrere Monate.
Aufgrund gesellschaftlichen Wandels (u.a. Zunahme von → Alleinerziehenden, Auseinanderbrechen familiärer und nachbarschaftlicher Hilfenetze, zunehmender → Individualisierung und Isolation) ist F. eine notwendige soziale Dienstleistung unter Einbeziehung bisheriger Strukturen der Hilfe. F. erfolgt im jeweiligen Haushalt der Familie mit pflegerischen, pädagogischen, hauswirtschaftlichen und sozialen Aufgaben. Der Einsatzbereich der F. läßt sich klar von der Krankenpflege und der Altenpflege

abgrenzen, kann aber im Einzelfall ergänzend zu diesen anderen Diensten erforderlich sein.
F. ist eine eigenständige Hilfeform der modernen sozialen Arbeit, die Pflege, Erziehung und Hauswirtschaft »vor Ort« sicherstellt. Zwei dieser Aufgabenfelder müssen jeweils vorhanden sein, damit F. einsetzen kann. F. steht in enger Verbindung mit anderen Arbeitsbereichen, z. B. Müttererholung, Behindertenhilfe, Hilfe für chronisch Kranke und für → psychisch Kranke, → Altenhilfe, Sozialdienst im Krankenhaus, Integrationshilfen für sozial schwache Familien und Familiengruppen. F. ergänzt und stabilisiert geleistete Hilfen dieser Dienste oder ermöglicht ihnen die Durchführung von Maßnahmen, die anderenfalls im Krankenhaus erfolgen müßten: z. B. im Bereich Psychiatrie: medikamentöse Behandlung von Müttern zur Vermeidung von Krankenhausaufenthalt oder zur Stabilisierung der Genesung nach der Entlassung; im Bereich Jugendhilfe: in schweren Familienkrisen bei hauswirtschaftlichen und erzieherischen Defiziten. Mitwirkung als → Familienhelfer bei der sog. sozialpädagogischen → Familienhilfe; im Bereich Krankenhilfe: zur Abkürzung oder Vermeidung von Krankenhausaufenthalten u. a.; im Bereich Altenhilfe: bei Maßnahmen der Rehabilitation oder bei akuter Erkrankung alter und alleinstehender Menschen zur Vermeidung stationärer Pflege oder zum Hausausschieben von Heimunterbringung. Besonders wichtige, z. T. neue Bereiche sind: Entlastung überforderter Mütter in belastenden Familiensituationen: körperlich oder geistig behindertes Kind, Alkoholkranker in der Familie oder schwere Krankheit – wie Krebs, Multiple Sklerose –, andere chronisch Kranke in der Familie; auch in Sondersituationen, z. B. nach Mehrlingsgeburten, bei Erkrankung erwerbstätiger, alleinerziehender Mütter mit kleinen Kindern.
Mitarbeiter in der F. sind → Familienpflegerinnen und → Dorfhelferinnen. Hilfskräfte (Familienpflegehelferinnen) und ehrenamtliche Mitarbeiter ergänzen den Einsatz je nach Schwierigkeitsgrad und unter der Verantwortung der Fachkräfte auch teils mit nachbarschaftlichen Einzelhilfen (→ Ehrenamtliche Tätigkeit, → Nachbarschaftshilfe).
Träger: Verbände der → freien Wohlfahrtspflege, eigenständige Familienpflege- oder Dorfhelferinnenwerke, Kommunen. F. ist oft integriert in → Sozialstationen oder erfolgt aufgrund von Kooperationsverträgen. Örtliche Entsendestellen vermitteln bzw. regeln den Einsatz und klären den Kostenbeitrag der Hilfeempfänger.
Die Finanzierung durch Förderleistungen (Subventionen), durch Leistungsentgelte der Hilfeempfänger im Einzelfall (Pflegesatz) und/oder der → Sozialleistungsträger aufgrund gesetzlicher Bestimmungen (die wichtigsten: § 37 SGB V: häusliche Krankenpflege; § 38 SGB V. §§ 10, 11 KVLG 1989. § 199 RVO: Haushaltshilfe; § 70 BSHG: → Hilfe zur Weiterführung des Haushalts; § 69 BSHG: häusliche Pflege wegen Krankheit oder Behinderung; § 38 BSHG, § 198 RVO, § 25 KVLG: häusliche Pflege wegen Schwangerschaft oder Entbindung; § 20 KJHG: Betreuung und Versorgung des Kindes in Notsituationen). Weitere Leistungsmöglichkeiten sind in der Unfallversicherung, Rentenversicherung, Arbeitsförderung, im Versorgungsrecht und in speziellen Bestimmungen für Beihilfen im öffentlichen Dienst geregelt. Trotz dieser Möglichkeiten bleibt die Pflegesatzgestaltung schwierig, weil ein kostendeckender → Pflegesatz kaum realisierbar ist. Die Träger sind belastet mit Investitions- und Regiekosten sowie Kosten für Aus- und Fortbildung der Mitarbeiter, tragen also ein hohes Betriebsrisiko.
Die finanzielle Absicherung der zunehmend bedeutungsvollen F. ist eine sozialpolitische und familienpolitische Aufgabe ersten Ranges.
Lit. Driver u. a.: Familienpflege; DV: Familienpflege; Paritätisches Bildungswerk Berlin e.V.: Ambulante Familienpflege.

Ursula Feldmann

Familienpflegerin (→ Dorfhelferin) An Fachschulen/Fachseminaren sozialpädagogisch und sozialpflegerisch ausgebildete Fachkraft im Bereich → Familienpflege; sie wird tätig, wenn die für den Haushalt verantwortliche Person durch physische oder psychische Überlastung, infolge von Krankheit oder längerer Abwesenheit von zu Hause ausfällt. Die F. hilft also in Notlagen in Familien und ermöglicht Familienleben auch in Krisensituationen. Sie übernimmt alle Familienaufgaben in Pflege, Erziehung und Hauswirtschaft, versorgt aber auch behinderte und/oder alte Menschen. Da sie wechselnde Arbeitszeiten hat und sich in vielfältigen Familienkonstellationen zurechtfinden muß, gehört zu ihren Fähigkeiten Vielseitigkeit, selbständiges verantwortungsbewußtes Arbeiten, Toleranz, aber auch Diskretion und insbesondere Organisationstalent. Im pflegerischen Bereich übernimmt sie insbes. Aufgaben der Grundpflege, gegebenenfalls der Säuglings- und Wochenpflege, und der → Gesundheitsvorsorge; im pädagogischen Bereich u. a. Sorge für den Schulbesuch der Kinder, die Beaufsichtigung der Hausaufgaben, die Beschäftigung der Kleinkinder; im hauswirtschaftlichen Bereich die Führung des Haushalts. Psychologische Aufgaben nimmt sie im Umgang mit schwierigen Menschen und bei Konflikten in der Familie wahr. Als soziale Hilfen leistet sie Brückenfunktion zu anderen Fachdiensten und Beratungsstellen, Hilfestellung bei Inanspruchnahme → sozialer Dienste sowie Anleitung von Hilfs-

Familienplanung

kräften. Die Ausbildungssituation der F. ist im Bundesgebiet uneinheitlich. Ausbildungsregelungen gibt es noch nicht in allen Bundesländern; überwiegend dauert die Ausbildung drei Jahre. Der Einsatz von F. erfolgt über Familienpflegedienste freier Träger oder über → Sozialstationen. Die Finanzierung des Einsatzes ist möglich z. B. nach § 20 KJHG (SGB VIII), aber auch nach §§ 37, 38 SGB V. *Ursula Feldmann*

Familienplanung i. e. S. die bewußte Bestimmung der Zahl der eigenen Kinder sowie des Zeitpunkts ihrer Geburt mit Mitteln oder Methoden der Schwangerschafts- bzw. Empfängnisregelung. Der Begriff F. wird oftmals gleichgesetzt mit Begriffen wie Geburtenkontrolle, »geplante Elternschaft«, Antikonzeption oder Fruchtbarkeitsregelung. Allen Begriffen ist gemeinsam die individuelle Entscheidungsfreiheit hinsichtlich des Zeitpunkts der Geburt sowie der Anzahl der Kinder. Im Gegensatz hierzu versteht sich Bevölkerungskontrolle als die bevölkerungspolitische Einflußnahme vor allem staatlicher Institutionen auf das reproduktive Verhalten der Menschen i. S. einer gewünschten Bevölkerungszu- oder -abnahme (→ Bevölkerungspolitik). Die »passageren« Methoden der Empfängnisregelung sind: a) Methoden ohne Anwendung von Mitteln (z. B. Coitus interuptus, Temperaturmethode), b) mechanische Methoden (z. B. Kondom, Portiokappe), c) chemische Methoden (z. B. Vaginalzäpfchen), d) hormonelle Kontrazeption (z. B. Pille). Definitive Methoden der Empfängnisregelung sind die → Sterilisation des Mannes und der Frau (s. a. → Hilfe zur Familienplanung). Der → Schwangerschaftsabbruch hingegen wird heute weithin nicht als Mittel der F. angesehen. Institutionalisierte F. hingegen setzt auf vorsorgliche Verhinderung ungeplanter Schwangerschaften und die Methoden der Nachverhütung (Pille danach, Spirale danach), welche die Einnistung des befruchteten Eis bis zu fünf Tage nach ungeschütztem Sexualverkehr verhindern können.
Charakteristisch für die zur Verfügung stehenden Methoden der Empfängnisregelung ist, daß sie entweder Nebenwirkungen haben oder unsicher sind. Ebenso sind sie nicht alters- und kulturspezifisch angepaßt und zum Teil anwendungsproblematisch. Für den Mann stehen nur wenige Methoden zur Verfügung.
Obwohl Mittel und Methoden der bewußten und gezielten Beeinflussung des reproduktiven Verhaltens so alt wie die menschliche Gesellschaft selbst sind, sind erst gegen Ende des 19. Jh. privat organisierte F.gesellschaften gegründet worden. Die weltweite Entstehung spezieller Organisationen für F. (z. B. → Pro Familia) führte 1952 zur Gründung der International Planned Parenthood Fedration (IPPF): Bis heute gehören zur IPPF überwiegend nichtstaatliche Mitgliedsorganisationen aus mehr als 150 Ländern. F.arbeit wird heute aber auch in nicht geringem Umfang von staatlichen Organisationen betrieben. Das international praktizierte Konzept der F. i. w. S. umfaßt mittlerweile → Beratung über Methoden der Empfängnisregelung oder Geburtenkontrolle, → Schwangerschaftskonfliktberatung, Sexualberatung, Partnerberatung, Hilfen bei unerwünschter Kinderlosigkeit, Schwangerenberatung, Sexualpädagogik (→ Sexualerziehung). F. als ein Konzept der Verhinderung ungeplanter Schwangerschaften hat maßgeblich zur Entsexualisierung institutionalisierter F. geführt. Erst mit der Entstehung der neuen → Frauenbewegung (zu Beginn der 70er Jahre), welche die Idee der F. in einen umfassenden Zusammenhang von Körper, Sexualität und Geschlechterverhältnis stellt, sind Perspektiven einer Neuorientierung des rationalen Konzepts von F. entstanden. Im Mittelpunkt steht dabei die Rückgewinnung der sexuellen Basis von F. und deren unterschiedlichen Bedeutung für Frauen und Männer. Die neue F. versteht sich als ein Programm sexueller Kultur, das von der geschlechtsspezifischen Sexualität der Menschen ausgeht, von der F. nur »ein« Ausdruck ist. Mitte der 80er Jahre begann ein punktuelles Aufeinanderzugehen der internationalen Frauengesundheitsbewegung und der internationalen Organisationen für Bevölkerungs- und F.programme, welches in den 80er Jahren zu einer weiteren Neuorientierung der F. hin zu einem Konzept sexueller und reproduktiver Gesundheit und Rechte führte. Diese basiert auf einer engen Verknüpfung von Sexualität, Reproduktion und Gesundheit mit der Idee der → Menschenrechte, wie es bislang in der Geschichte institutionalisierter F. nicht der Fall war. 1994 schließlich fand die Neuorientierung auf der UN-Konferenz für Bevölkerung und Entwicklung in Kairo globalen Konsens und Eingang in das UN-Regelwerk. Die Entstehung einer Vielfalt von Lebensformen neben der traditionellen Form der → Ehe und → Familie (z. B. → Alleinerziehende, eheähnliche Gemeinschaften, »Singles«) sowie die rapide Entwicklung im Bereich der Fortpflanzungstechniken stellen die Institutionen der F. vor neue Aufgaben und auch Probleme. Mit dem Wegfall der Bipolarität haben sich die Arbeit und das Selbstverständnis institutionalisierter, insbes. nichtstaatlicher F. zusätzlich kompliziert. Der Entstaatlichungsprozeß institutionalisierter F. in Osteuropa wirft erneut die Frage nach dem Verhältnis zum Staat und der Zulässigkeit staatlicher Interventionen in den Bereichen Sexualität und F. auf.
Lit. Döring, G. K.: Empfängnisverhütung; Heinrichs: Familienplanung; Himes: Contraception; Oeter: Schwangerschaftsverhü-

tung; Pro Familia: Familienplanung; Pro Familia: Sexualpädagogik; Thoß: Gesundheit; Thoß: Programm; Verein Sozialwissenschaftliche Forschung und Praxis für Frauen: Reproduktionstechnik; Warwick: Bitter Pills. *Elke Thoß*

Familienpolitik in der BRD ist Bestandteil einer umfassenden Gesellschaftspolitik mit dem Ziel, durch die adäquate Anerkennung der von → Familien mit Kindern für die Gesellschaft erbrachten Leistungen (→ Familienleistungen) diese zu unterstützen und in ihrer Leistungsfähigkeit zu stärken (→ Familienbericht). F. heute muß davon ausgehen, daß es vielfältige Formen von gelebter Familie gibt und die gesellschaftlich geltenden Konzepte von Familie entsprechend vielfältig geworden sind. Familienpolitische Maßnahmen im engeren Sinne umfassen finanzielle Zuwendungen an Familien (z. B. → Wohngeld, → Kindergeld); institutionelle Unterstützung (z. B. Förderung von Familienzentren) sowie familienbezogene Gesetzesreform (z. B. → Kindschaftsrechtsreform). Dazu gehören ferner Maßnahmen, die primär auf die Förderung der Familie als sozialer Einheit abzielen (z. B. Förderung des Familieneigenheimbaus (→ Familienheim) und der Familienerholung (→ Erholung); Maßnahmen, die eher den besonderen Bedürfnissen und Interessen spezifischer Familienmitglieder Rechnung tragen (»Politik für Frauen«, Bestimmungen zum Schutz von Kindern) und solche Maßnahmen, die auf bestimmte Funktionen der Familie gerichtet sind (z. B. Kindererziehung, Pflege pflegebedürftiger Angehöriger). F. weist vielfältige Verflechtungen mit anderen Politikbereichen wie insbes. → Sozial-, Gesundheits-, Bildungs-, Wohnungs-, Arbeitsmarkt- und Finanzpolitik auf, so daß F. im Grunde als Querschnittsaufgabe verstanden werden muß.

Familienpolitische Zielsetzungen werden in starkem Maße von den Interessen und Erfordernissen dieser Teilbereiche mitgeprägt oder geraten mit ihnen in Konfrontation. Die meisten der familienpolitisch wirksamen Maßnahmen sind nicht speziell als solche formuliert, sondern im System der sozialen Sicherung (→ Soziale Sicherheit) verankert. Ein Großteil der familienpolitisch bedeutsamen gesetzgeberischen Kompetenzen des Bundes liegt außerhalb des Geschäftsbereichs des → Bundesministeriums für Familie, Senioren, Frauen und Jugend (BMFSFJ). Neben dem Bund sind die Länder, die Kommunen (→ öffentliche Träger) sowie → freie Träger für die F. zuständig. Eine Gesamtkonzeption staatlicher und staatlich geförderter F. ist daher kaum denkbar. Familienpolitische Differenzen zwischen den großen Parteien betreffen deshalb auch weniger Prinzipien als bestimmte Einzelmaßnahmen und deren Begründungen. Kontroversen und Diskussionen gibt es derzeit vor allem im Hinblick auf: Probleme der finanziellen Verarmung von Kinderhabenden im Vergleich zu Kinderlosen (finanzieller Kinderlastenausgleich); die Auswirkungen der »Spar«- und »Standort«-Kampagne auf Familien; die Rückverlagerung → sozialer Dienstleistungen in die Familie und dabei tendenziell einseitig zu Lasten von Frauen; das immer noch nicht ausreichend abgesichert Risiko der → Pflegebedürftigkeit (→ Pflegeversicherung, gesetzliche), die Vereinbarkeit von Familie und Erwerbsarbeit für Frau und Mann; die Verwirklichung des Anspruchs auf einen Kindergartenplatz bei gleichzeitiger weiterbestehender Unterversorgung mit vorangehenden oder nachfolgenden familienergänzenden Betreuungsangeboten (→ familienunterstützende und familienergänzende Hilfen); Fragen eines modernen Kindschaftsrechts; einen angemessenen Schutz von Kindern gegen sexuellen Mißbrauch; die Regelung des Schwangerschaftsabbruchs und den »bayerischen Sonderweg« in diesen Fragen; die Strafbarkeit der Vergewaltigung in der Ehe und einer darauf bezogenen Verfolgungspflicht des Staates; die staatliche Schutz- und Förderungswürdigkeit nicht an Ehe gebundener familialer Lebensgemeinschaften.

Lit. BMJFFG: Familienpolitik; Feministische Studien: Sozialpolitik; Gerlach: Familie; Institut für Entwicklungsplanung und Strukturforschung: Handbuch; Wingen: Familienpolitik; Wingen: Grundlagen.

Uta Granitzka

Familienrecht Das staatliche F. der Bundesrepublik wird verstanden als die »Gesamtheit der auf Ehe und Verwandtschaft beruhenden rechtlichen Regelungen«. Während im → Eherecht die rechtlichen Beziehungen zwischen Eheleuten und gegenüber Dritten geregelt sind (Eheschließungs-, Ehescheidungs-, Scheidungsfolgenrecht, Ehewirkungen), stehen im Recht der Verwandtschaft die Rechtsbeziehungen zwischen Eltern und Kindern (Kindschaftsrecht [→ Kindschaftsrechtsreform]) im Vordergrund.

Zentrale Rechtsnorm und Ausgangspunkt aller weiteren familienrechtlichen Regelungen bildet Artikel 6 → Grundgesetz (GG). Artikel 6 Absatz 1 GG stellt Ehe und Familie unter den besonderen Schutz der staatlichen Ordnung und trifft eine verbindliche Wertentscheidung für das gesamte (private und öffentliche) Recht, aus der sich zum einen das Verbot des Staates herleitet, die Ehe und Familie zu beeinträchtigen oder zu schädigen, und zum anderen der Staat verpflichtet wird, Ehe und Familie durch eigene Maßnahmen zu fördern. Artikel 6 Absatz 2 GG normiert das Erziehungsrecht und die Erziehungspflicht der Eltern (Satz 1) und das staatliche Wächteramt (Satz 2). Artikel 6 Absatz 5 GG verpflichtet den Gesetzge-

Familienservice

ber, nichtehelichen Kindern die gleichen leiblichen und seelischen Entwicklungsbedingungen zu schaffen wie ehelichen Kindern.
Das materielle F. ist in seinen wichtigsten Teilen im Vierten Buch des → Bürgerlichen Gesetzbuches (BGB) in den Abschnitten über die »Bürgerliche Ehe« (§§ 1297 bis 1588 BGB), die Verwandtschaft (§§ 1589 bis 1772 BGB) und die → Vormundschaft (§§ 1773 bis 1921 BGB) geregelt. Daneben finden sich materielle familienrechtliche Bestimmungen des Privatrechts vor allem im Ehegesetz (EheG), im Personenstandsgesetz (PStG), im Gesetz über die religiöse Kindererziehung (RKEG) und in der Verordnung über die Behandlung der Ehewohnung und des Hausrats (HausratsVO). Diese privatrechtlichen Rechtsquellen des Familienrechts werden ergänzt durch Rechtsquellen des öffentlichen Rechts, deren Aufgabe insbesondere darin besteht, das Fördergebot des Grundgesetzes zu erfüllen. Diese öffentlich-rechtlichen Gesetze sind insbesondere das Kinder- und Jugendhilfegesetz (KJHG – SGB VIII), das Bundeskindergeldgesetz (BKGG), das Bundeserziehungsgeldgesetz (BErzGG) und das → Unterhaltsvorschußgesetz (UVG). Das Verfahrensrecht in Familien-, Kindschafts- und Unterhaltssachen ist im Sechsten Buch der Zivilprozeßordnung (§§ 604 bis 644 ZPO) und für weitere Bereiche, in denen den zuständigen Familien- und Vormundschaftsgerichten stärkere Ermittlungsbefugnisse eingeräumt werden, im Gesetz über die Angelegenheiten der → freiwilligen Gerichtsbarkeit (FGG) geregelt. Bei Sachverhalten, bei denen ausländische Personen und Rechtsordnungen beteiligt sind, treten die Vorschriften des internationalen Privatrechts (IPR), die in Artikel 13 bis 24 des 3. Abschnittes des ersten Teils des Einführungsgesetzes zum BGB (EGBGB) Regelungen des internationalen F. enthalten und internationale Abkommen, z. B. das → Haager Minderjährigenschutzabkommen von 1961 (HMSA) hinzu.
Das F. ist in den letzten Jahrzehnten Gegenstand anhaltender Grundsatzdiskussionen und zahlreicher Reformen gewesen, die bis heute anhalten. Das Gleichberechtigungsgesetz vom 18. 7. 1957 konkretisierte den Verfassungsauftrag aus Artikel 3 Absatz 2 Satz 1 GG, nachdem Männer und Frauen gleichberechtigt sind. Das Erste Eherechtsänderungsgesetz vom 14. 6. 1976 faßte das Recht der Ehewirkungen und der Scheidungsfolgen vollständig neu, führte insbesondere den Versorgungsausgleich ein und ersetzte das Verschuldensprinzip im Ehescheidungsrecht durch das Zerrüttungsprinzip.
Im Zentrum gegenwärtiger Diskussionen steht die grundsätzliche Reform des Kindschaftsrechts, die insbesondere den Verfassungsauftrag aus Artikel 6 Absatz 5 GG verwirklichen und die rechtlichen Unterschiede zwischen ehelichen und nichtehelichen Kindern soweit wie möglich abbauen will.
Im Gesetzentwurf der Bundesregierung zur Reform des Kindschaftsrechts (KindRG) vom 22. 3. 1996 (Bundestags-Drucks. 180/96) ist daher vorgesehen, insbesondere das Abstammungsrecht, das Sorgerecht und das Umgangsrecht vollständig neu zu fassen und dergestalt zu vereinheitlichen, daß Anknüpfungspunkt dieser neuen Regelung nicht mehr der Status des Kindes als ehelich oder nichtehelich bzw. der Eltern als verheiratet oder nichtverheiratet sein soll. Es sollen die Rechte der Kinder verbessert und das → Kindeswohl gefördert werden, indem an den Bedürfnissen und Interessen von Kindern nach gewachsenen, stabilen und kontinuierlichen Lebensbedingungen angeknüpft und die soziale Eltern-Kind-Beziehung in den Vordergrund gestellt wird. Daneben sollen die gesetzliche Amtspflegschaft des nichtehelichen Kindes (§§ 1706 ff. BGB) durch eine freiwillige → Beistandschaft für alle allein sorgeberechtigten Elternteile ersetzt (Beistandschaftsgesetz), die erbrechtliche Gleichstellung nichtehelicher Kinder auf den Weg gebracht (Erbrechtgleichstellungsgesetz), das Kindesunterhaltsrecht vereinheitlicht (Kindesunterhaltsgesetz), das Ehegesetz reformiert und in das BGB eingegliedert (Eheschließungsrechtsgesetz) und durch ein Minderjährigenhaftungsbeschränkungs- und ein Mißhandlungsverbotsgesetz die Schutzrechte von Kindern im vermögensrechtlichen und persönlichen Bereich verbessert werden.
Diese grundlegende Reform, die aus verfassungsrechtlichen wie aus rechtstatsächlichen Gründen ebenso überfällig ist wie im Hinblick auf die internationale Rechtslage, wird im Grundsatz von allen Fachgremien und -verbänden seit langem angemahnt und deshalb begrüßt und soll noch in der laufenden 13. Legislaturperiode des Deutschen Bundestages verwirklicht werden.
Lit. Gernhuber u. a.: Familienrecht; Goldstein u. a.: Kindeswohl; Goldstein u. a.: Diesseits; Schlüter: Familienrecht; Schwab: Familienrecht. *Jochem Baltz*

Familienservice → Kinderbüro/Familienservice

Familiensoziologie ist der überlieferte Bestand des soziologischen Wissens über die → Familie; sie gehört zu den Speziellen → Soziologien (wie Bildungssoziologie, Kunstsoziologie), die sich von der Allgemeinen Soziologie nicht in methodischer Hinsicht oder im Erkenntnisziel unterscheidet, sondern lediglich durch die Begrenzung ihres Forschungsgegenstandes. Dabei konzentriert sich die F. nicht allein auf den gesellschaftlichen Teilbereich »Familie«, sondern schließt die Analyse der interde-

pendenten Beziehungen zwischen Familie und anderen sozialen Systemen und zur Gesamtgesellschaft mit ein.
Als Begründer der F. gelten W. H. Riehl und Le Play. Die Hauptwerke beider Autoren erschienen 1855. Beide verabsolutierten einen bestimmten Familientyp: Riehl den des mittelständischen Bürgertums, Le Play den des bodenbesitzenden Bauerntums. Wegen ihrer stark bewertenden Beschreibung und wegen der – zwar versteckten – naturrechtlichen Konstruktion von Familie sind sie als »Väter« der F. nicht unumstritten und wird zuweilen statt ihrer Durkheim als Begründer mit seinem Einführungswerk in die F. (1888) benannt.
Überblickt man die f. Forschung von den Anfängen bis heute, so ist die Vielfältigkeit ihrer Forschungsfragen und -ergebnisse groß: Immer wieder wurden vor allem Gegenwartsanalysen über Familien mit bestimmten Problemlagen (z. B. → Arbeitslosigkeit) durchgeführt, ferner Untersuchungen über bestimmte Familientypen (z. B. über die Arbeiterfamilien, über junge Familien) und über bestimmte Aspekte des Familienlebens (z. B. über die familiale Freizeit, über den Zusammenhang von Herkunftsfamilie und der Berufswahl der Kinder, von familialer → Sozialisation und → Kriminalität u. a. m.).
Aber auch die Kontinuität bestimmter Thematiken ist erstaunlich. Immer wieder (und so auch heute) wurden bzw. werden die – bereits von Riehl aufgeworfene – Fragestellung nach dem Bestand und den Auflösungserscheinungen von Ehe und Familie diskutiert und empirisch überprüft, die familialen Interaktionsziele und -methoden analysiert, die mütterliche Erwerbstätigkeit problematisiert und die Gründe für die abnehmende Kinderzahl pro Familie untersucht. Ferner wurde immer wieder nach dem Ursprung, vor allem nach den sozialhistorischen Veränderungen der Institution »Familie« gefragt.
Das starke Interesse an familialen Wandlungsprozessen und an der gesamtgesellschaftlichen Bedeutung von Familie gilt weltweit, wie f. Veröffentlichungen aus Japan, Australien, Neuseeland, China usw., aber auch aus den sog. Entwicklungsländern zeigen. Insofern kommt der kulturvergleichenden F. zwar bereits schon heute, aber vermutlich in Zukunft noch verstärkt besondere Bedeutung zu.
Lit. König, R.: Sozialforschung Bd. 7; Nauck u.a.: Familie; Nave-Herz u.a.: Handbuch; Nave-Herz: Familie
Rosemarie Nave-Herz

Familientherapie Ein in den angelsächsischen Ländern theoretisch und praktisch entwickeltes psychotherapeutisches Handlungskonzept (→ Psychotherapie), das wegen der nicht seltenen Abhängigkeit individueller psychischer Störungen von den interpersonellen Beziehungen in der Primärgruppe die Familie zum alleinigen oder zusätzlichen Therapieadressaten macht. Es wird dabei unterstellt, daß die Heilung des Patienten nur über die Behandlung seiner Familie, in der (bzw. durch die) er krank geworden ist, zu erzielen sei.
Die historisch wichtigsten Impulse erhielt die F. aus der analytischen Kindertherapie (vor allem S. Freuds »Analyse der Phobie eines fünfjährigen Knaben« ist hier zu nennen) und den Studien der Palo-Alto-Gruppe zur Entstehung der → Schizophrenie (Bateson u. a.; → Doppelbindung). Damit sind neurotische (→ Neurose) und schizophrene Erkrankungen als häufigste Indikationen für F. angesprochen.
Theoretisch impliziert die F. eine Abkehr vom medizinischen Krankheitsmodell (→ Krankheit), insofern Diagnostik (→ Diagnose) und → Therapie die Grenzen des Einzelindividuums (→ Individuum) überschreiten. Der einzelne spielt lediglich die Rolle des Symptomträgers (→ Symptomverschiebung), während die Familie in der Patientenrolle steht.
Theoretische Konzepte:
a) Psychodynamischer Ansatz (→ Psychodynamik): Basiert auf den Erkenntnissen Freuds von der psychologischen Wichtigkeit der Rollen, welche Vater und Mutter gegenüber dem Kind im Verlauf seiner frühen Entwicklung einnehmen (→ Entwicklungspsychologie, → Psychoanalyse). In der deutschsprachigen Lit. ist vor allem H. E. Richters Typologie pathogener kindlicher Rollen zu nennen, die sich unter dem Eindruck bestimmter elterlicher → Übertragungen und Projektionen entwickeln können (z. B. Kind als Partnerersatz, als Abbild, als Ideal-Ich, als Sündenbock usw.). Derartige familiare Rollenarrangements im Dienste der elterlichen Konfliktabwehr (→ Konflikt) machen zwar das Kind zum vordergründigen »Symptomträger«, der zu therapierende Patient heißt jedoch Familie, weil sie in der krankmachenden, »fall-organisierenden-Rolle« steht. In ähnlicher Weise wurden von verschiedenen Autoren Typen pathogener Familienstrukturen beschrieben (z. B. die perfektionistische, die inadäquate, die egozentrische, die unsoziale Familie, die »Sanatoriums-«, »Festungs-« oder »Theater«-Familienatmosphäre usw.). Gemeinsam ist, daß von einem solcherart typisierten Familienklima mit ritualisiertem → Rollenspiel und Kommunikationsstil (→ Kommunikation) der Familienmitglieder zum Zwecke der gemeinsamen Konfliktabwehr eine krankmachende Wirkung ausgeht, die sinnvollerweise nur über eine F. unterbunden und überwunden werden kann.
b) Systemtheoretischer Ansatz (→ Systemtheorie): Hier liegt der Schwerpunkt der Betrachtung mehr auf den beobachtbaren → Interaktionen der beteiligten Personen,

während die Analyse ihrer intrapsychischen Eigenschaften und Konflikte stärker in den Hintergrund tritt.
c) Kommunikationstheoretischer Ansatz: Theoretische Bedeutung hat hier vor allem die Erforschung paradoxer (→ Paradoxie) Kommunikationsformen im Zusammenhang mit Schizophrenieerkrankung erlangt (Bateson u. a.). Trotz großer Popularität hat die double-bind-Hypothese jedoch nicht die erhofften praktischen (therapeutischen und prophylaktischen) Konsequenzen in der → Psychiatrie hervorgebracht.
d) Lerntheoretischer Ansatz: Unter der Annahme, daß pathologisches → Verhalten erlernt und durch interne und externe Verstärker (→ Verstärkung) aufrechterhalten wird, hat sich auch in der → Verhaltenstherapie das Behandlungsziel von der Verhaltensmodifikation des einzelnen Patienten zur Änderung des Verhaltens der sozialen Bezugsgruppe, von der der Patient seine Verstärker erhält, verlagert, sofern dafür die diagnostischen und therapeutischen Voraussetzungen gegeben sind.
e) Klientenzentrierter Therapieeinsatz i. S. einer Anwendung gesprächspsychotherapeutischer Verhaltensweisen (→ Gesprächspsychotherapie) auf allgemeine soziale Situation (Stichwort »Familienkonferenz«).
Indikationen für F.:
a) Die Familie (der Partner) muß die psychosoziale Hilfsbedürftigkeit des Symptomträgers als gemeinsames Problem und die therapeutische Zusammenarbeit als sinnvoll und nützlich akzeptieren.
b) Der Symptomträger steht in einem intensiven Abhängigkeitsverhältnis zu anderen Familienmitgliedern, so daß eine Einzeltherapie die Gefahr einer verstärkten Anklammerung an den (die) Partner in sich birgt.
Der therapeutische Prozeß:
a) Diagnostische Phase: Durch → Exploration und vorsichtiges Interpretieren und Konfrontieren werden die verborgenen Beziehungsprobleme und pathogenen Allianzen innerhalb der Familie aufgedeckt.
b) Therapeutische Phase: Hier geht es um den Abbau krankmachender Abhängigkeiten, die Korrektur fehlgeleiteter Bedürfnisbefriedigungen, die Überwindung von → Widerständen gegen Verhaltensänderung bei den Angehörigen wie beim Symptomträger mit Hilfe psychoanalytischer (z. B. Übertragung und → Gegenübertragung), gruppendynamischer (→ Gruppendynamik), verhaltenstherapeutischer oder kommunikativer Methoden und Techniken. Unterschiedliche settings sind möglich (z. B. daß ein Therapeut alleine oder mit einem Kotherapeuten arbeitet, daß er nur mit der Familie oder zusätzlich auch mit dem Symptomträger allein arbeitet usw.).
Ausbildung: Wer F. ausübt, sollte eine fundierte methodische Ausbildung und praktische Erfahrung in Einzel- und → Gruppentherapie sowie ausreichende diagnostische → Kompetenzen im Bereich psychischer Erkrankungen besitzen.
Lit. Benedetti: Schizophrenie; Freud, S.: Phobie; Richter, H. E.: Familie; Richter, H. E.: Eltern; Richter, H. E.: Familientherapie; Sager u. a.: Ehetherapie; Satir: Familienbehandlung; Satir: Selbstwert; Stierlin: Psychoanalyse *Werner Richtberg*

Familienunterstützende und -ergänzende Hilfen Unter fu. und fe. H. werden alle diejenigen Hilfen verstanden, die darauf abzielen, sowohl sozioökonomische Notlagen von → Familien als auch Konflikte und Störungen in der Beziehung zwischen den Familienmitgliedern vorzubeugen bzw. diese zu verändern.
In der → Jugendhilfe hat sich in den letzten Jahren das Bemühen verstärkt, präventive Hilfen für die Familien auszubauen. Waren bislang vielfach unter fu. H. überwiegend Beratungsangebote (→ Beratung) – häufig in für die eigentlichen Adressaten der Jugendhilfe unzulänglich strukturierten und organisierten Beratungsstellen – verstanden worden, so differenziert sich zunehmend das Verständnis, daß darüber hinaus bedürfnisorientierte Angebote entwickelt werden müßten. Bedürfnisorientierung heißt hier, unter Berücksichtigung der Gesamtsituation der Familie, also ausgehend von den konkreten sozialen Lebensverhältnisse im Stadtteil und von den Alltagserfahrungen, zielgerichtete, sich gegenseitig stützende und verstärkende Hilfen anzubieten. Dies gilt im besonderen Maße für sozial benachteiligte Familien (→ Soziale Benachteiligung), für Familien in → sozialen Brennpunkten, für alleinerziehende Elternteile (→ Alleinerziehende), für alleinstehende werdende Mütter und für Familien, in denen beide Eltern erwerbstätig sind. Trotz der unverkennbaren Bemühungen herrscht gerade für diesen Personenkreis noch ein großer Mangel an bedürfnisgerechten Hilfen, die sich nach der besonderen Lebenssituation der Betroffenen richten. Die Angebote beschränken sich oft noch zu sehr auf die Binnenstrukturen der Familie, ohne das → soziale Umfeld einzubeziehen. Da dies aber eine wesentliche Prämisse der lebensweltorientierten Familienarbeit (→ Lebenswelt) ist, müssen Hilfen für die Familien in die → Stadtteil- und → Gemeinwesenarbeit einfließen. Nur so können → Chancengleichheit annähernd verwirklicht und soziale Lebensverhältnisse mitgestaltet werden. Hilfen in Form von Beratung sollten soziale und materielle Unterstützungserfordernisse im Blick haben und i. d. R. eingehen in gemeinwesenbezogene bzw. stadtteilorientierte Ansätze.
Kritisch muß angemerkt werden, daß fu. und fe. H. regional in unterschiedlicher Quantität und Qualität zur Verfügung stehen und somit den familialen Erfordernissen oft nicht gerecht werden.

Nach dem → Kinder- und Jugendhilfegesetz (KJHG – SGB VIII) werden unter fu. H. insbes. Familienfreizeiten und Familienerholung (→ Erholung), → Familienbildung, → Familienberatung (u. a. auch Beratung über/in → Familienplanung, → Schwangerschaftskonflikte, Fragen der Partnerschaft, Trennung und Scheidung, Unterstützung bei der Ausübung der Personensorge), Erziehungsbeistandschaft (→ Erziehungsbeistand), soziale → Gruppenarbeit, sozialpädagogische → Familienhilfe, unter be. H. die Kindergartenerziehung (→ Kindergarten), Kinderkrippen (→ Krippe), → Horte, die Erziehung in einer Tagesgruppe und die Tagespflege (→ Pflegekinderwesen, → Tagesbetreuung) verstanden.
Zur Vermeidung der Herausnahme von Kindern wird gegenwärtig ein aus den USA importierter neuer fu. Arbeitsansatz diskutiert und erprobt. Families First ist sog. »Familien-Aktivierungs-Programme« in den USA, den Niederlanden und in Schweden, die durch eine intensive, gezielte und zeitlich begrenzte (6 Wochen) Familienarbeit die Herausnahme von Kindern aus ihren Familien, die dort mißhandelt, sexuell ausgebeutet oder vernachlässigt werden, verhindern sollen. Ihre Arbeit konzentriert sich im wesentlichen auf 4 Schritte: 1. Sicherheit für alle Familienmitglieder, 2. Gewaltstopp und Krisendämpfung, 3. Vermittlung von Techniken zur Gewaltreduktion und Anleitung zur Selbsthilfe im Alltag, 4. Anleitung und Erfolgskontrolle (Gehrmann/Müller).
Rechtsgrundlage für die hier dargestellten fu. und fe. H. ist im wesentlichen das KJHG (§§ 16 bis 32).
Mit dem Ausbau der fu. und fe. H. hat das KJHG insbes. den präventiven Handlungsbereich der Jugendhilfe verstärkt.
Fu. H. sind jedoch nicht nur Angebote der Jugendhilfe. Hierzu rechnen auch materielle Hilfen u. a. nach dem → Bundessozialhilfegesetz (BSHG), die die ökonomische Leistungsfähigkeit der Familie erhalten oder wieder herstellen (z. B. → Kindergeld → Mutterschaftshilfe, → Hilfe zum Lebensunterhalt/Hilfe in besonderen Lebenslagen, → Wohngeld). Aber auch die → Schuldnerberatung, die Bemühungen zur Erhaltung der Wohnung usw. sind als wichtige fu. H. anzusehen. Die Angebote der Jugendhilfe und die materiellen Hilfen müssen als Gesamtheit gesehen werden, da oftmals im Einzelfall sowohl soziale als auch wirtschaftliche Hilfen erforderlich sind. Weitere spezielle fu. und fe. H. gibt es vor allem in den Bereichen → Altenhilfe, Behindertenhilfe (→ Rehabilitation) und → Gesundheitshilfe.
Lit. Achinger: Sozialpolitik; Blandow u. a.: Erziehungshilfen; Clemenz u. a.: Krise; DV: Wandel; Faltermeier u. a.: Lebenswelten; Gehrmann u. a.: Schutz.
Josef Faltermeier

Familienversicherung § 10 SGB V (→ Sozialgesetzbuch [SGB]) begründet für die Familienangehörigen des Mitglieds der → Krankenkasse (Ehegatte, Kinder, Stiefkinder, Enkel, Pflegekinder, Adoptivpflegekinder) eine eigenständige Versicherung. Voraussetzungen für das Zustandekommen der Versicherung sind u. a., daß die Familienangehörigen ihren Wohnsitz oder gewöhnlichen Aufenthalt in der Bundesrepublik Deutschland haben, sie nicht selbst freiwillig oder pflichtversichert sind, sie nicht hauptberuflich selbständig erwerbstätig sind und über kein Gesamteinkommen verfügen, das regelmäßig monatlich 1/7 der Bezugsgröße (§ 18 SGB IV) – das sind 1997 in den alten Bundesländern 610 DM, in den neuen 520 DM – übersteigt. Für Kinder, die das 18. Lebensjahr vollendet haben, besteht Anspruch aus der F. nur, wenn sie folgende Bedingungen erfüllen: bis zur Vollendung des 23. Lebensjahres, wenn sie nicht erwerbstätig sind, bis zur Vollendung des 25. Lebensjahres, wenn sie sich in Schul- oder Berufsausbildung befinden oder ein freiwilliges soziales bzw. ökologisches Jahr leisten. Zeiten des Wehr- oder Zivildienstes können die Anspruchsdauer auch über das 25. Lebensjahr hinaus verlängern. Behinderte Kinder haben Versicherungsschutz ohne Altersbegrenzung, wenn sie sich wegen der Behinderung nicht selbst unterhalten können und die Behinderung zu einem Zeitpunkt eingetreten ist, in dem das Kind Anspruch auf der F. hatte. Die F. wird bei der Krankenkasse durchgeführt, bei der auch das Mitglied versichert ist, aus dessen Versicherung die F. hergeleitet wird. Sind beide Elternteile Mitglied verschiedener Krankenkassen, besteht zwischen beiden Kassen ein Wahlrecht. Der Anspruch auf F. ist ausgeschlossen, wenn ein Elternteil keiner gesetzlichen Krankenkasse angehört (z. B. in der privaten Krankenversicherung versichert ist) und dessen Gesamteinkommen regelmäßig im Monat 1/12 des Jahresarbeitsentgeltgrenze – das sind 1997 in den alten Bundesländern 6 150 DM, in den neuen 5 325 DM – übersteigt und regelmäßig höher als das Gesamteinkommen des Mitgliedes ist.
Ernst Picard

Familienzuschlag → Einkommensgrenzen

Fédération Internationale des Communautés Éducatives (FICE) → Internationale Gesellschaft für Heimerziehung (IGfH)

Feedback ist ein aus der Kybernetik und → Systemtheorie entliehener Begriff. Er bedeutet »Rückmeldung zum Zwecke der Beeinflussung des weiteren Verlaufs« (Thermostatprinzip). Um Struktur und Prozeß einer → Gruppe transparent zu machen und dem einzelnen die Möglichkeit zu geben, → Selbst- und → Fremdwahrnehmung syste-

matisch zu vergleichen, hat die → Gruppendynamik ein System gegenseitiger Information und Rückkoppelung entwickelt, das als F.-Technik bezeichnet wird. Ihm liegt die Erkenntnis zugrunde, daß der einzelne nur sehr wenig aus seiner isolierten Erfahrung lernt. F. gibt dem einzelnen deshalb direkte Informationen über Wirkungen und Wirksamkeit seines Verhaltens, macht die verhaltenssteuernden Gefühle, Gedanken und Beziehungen der anderen »greifbar« und schafft damit die Möglichkeit bewußter Korrektur im eigenen → Verhalten (→ Soziales Lernen).
Nach Deutsch hat F. drei Funktionen für Prozeß und Entwicklung einer Gruppe: a) laufende Information zur Kurskorrektur bei der Erreichung der Gruppenziele; b) laufende Information zur Feinabstimmung der Gruppenstruktur auf Aufgaben und Bedürfnisse; c) laufende Information zur Schaffung und Differenzierung eines Selbstbildes der Gruppe, das die Basis ihres Selbst-Bewußtseins abgibt.
Im Rahmen von → Organisationsentwicklung und geplantem → sozialem Wandel findet sich Befragungs-F. (survey-feedback) als spezielle Form der Koppelung von Aktionsforschung (→ Handlungsforschung) und Training (→ Inservice-Training).
Lit. Bowers: Feedback; Deutsch, M. A.: Cooperation; French u. a.: Organisationsentwicklung; König O.: Gruppendynamik; Miles u. a.: Feedback; Mouton u. a.: Training.
Bert Voigt/Klaus Doppler

Fehlbelegungsabgabe → Wohnungsbau, sozialer

Fehler im Verlauf von → Erhebungen: a) bei der Planung: unklare Definitionen von Erhebungsziel und -objekt, Operationalisierungsf. (→ Operationalisierung); b) bei der Auswahl der Erhebungseinheiten (→ Repräsentativität): Verzerrung der Stichprobe gegenüber der Gesamtheit (Auswahlf.), mangelhafte Definition der Erhebungseinheiten; c) bei der Erhebung und Datenerfassung: durch das Verhalten der Erhebungsperson, z. B. Beeinflussung (→ Befragung), Ausfälle und Verweigerungen, falsche Abfassung des Erhebungsbogens (Bias), falsche Antworten, Verkodungsf. (→ Kodierung); d) bei der Aufbereitung, Auswertung und Interpretation der → Daten.
Der Gesamtf. einer Erhebung besteht aus (mathematischen) Standard- und sachlichem F. Der Standardf. einer Auswahl (Zufallsf.) entsteht durch unkontrollierbare, unabhängige Störfaktoren; er neutralisiert sich bei einer genügend großen Stichprobenzahl (F.kompensation) und wird berechenbar. Sind die sachlichen F. nicht systematisch (statistisch »zufällig«), können beide F.arten addiert werden (F.fortpflanzung). Systematische sachliche F. (s. o. Stufen a–d) sind nicht berechenbar. Der Standardf. ist durch Auswahlvergrößerung reduzierbar; gleichzeitig steigt aber der sachliche F. überproportional (→ Reliabilität). Die Auswahlgröße hängt von der gewünschten F.grenze und der F.spanne ab, innerhalb derer die einzelnen Resultate schwanken dürfen.
Bei der Interpretation der Ergebnisse können zwei Entscheidungsfehlerarten auftreten: irrtümliche Ablehnung einer richtigen (»F. 1. Art«) und irrtümliche Annahme einer falschen Ausgangshypothese (»F. 2. Art«; → Hypothese).
Lit. Atteslander, P.: Methoden; Friedrichs: Methoden; Scheuch: Sozialforschung.
Hans-Karsten Heymann

Fehlleistung Nach S. Freud das Ergebnis einer Kompromißbildung zwischen der bewußten Absicht und dem Verdrängten, z. B. Vergessen, Versprechen, Verschreiben, und andere gewöhnlich als zufällige Mißgeschicke bezeichnete Ereignisse. Er vertrat die Ansicht, daß diese Versehen das Ergebnis zielstrebigen Handelns des Betreffenden seien, auch wenn diesem die Absicht selbst unbekannt, d. h. unbewußt (→ Unbewußtes) sei. Häufig sind diese Versehen die direkte Folge eines → Abwehrmechanismus, nämlich der → Verdrängung, so z. B. wenn ein Patient etwas von einem Moment auf den anderen vergißt, was er für wichtig hielt, und sich bewußt (→ Bewußtsein) erinnern will. Beim Versprechen oder Verschreiben gelingt es häufig nicht, einen unbewußten Wunsch oder eine Vorstellung vollständig zu verdrängen, und etwas Verborgenes kommt zum Ausdruck.
Das unbewußte Motiv einer F. ist häufig die Vermeidung von → Angst oder → Schuldgefühlen und kann gewöhnlich nur mit Hilfe der psychoanalytischen Technik (→ Psychoanalyse) aufgedeckt werden, d. h. unter intensiver Mitarbeit des Menschen, um dessen Vergessen es geht. Ist er imstande, sämtliche Gedanken, die ihm im Zusammenhang mit dem Vergessen einfallen, frei und ohne bewußte Auswahl oder Veränderung mitzuteilen (freie Assoziation), so können die Motive der F. deutlich werden.
Es stellt sich die Frage, ob auch Mißgeschicke, z. B. ein Autounfall, durch die unbewußte Absicht des Betreffenden verursacht sein könnten, tatsächlich auf diese Weise verursacht wurden. Hier gilt, daß Ermüdung und ähnliche Faktoren das Risiko zwar erhöhen, aber die notwendige Vorbedingung aus psychoanalytischer Sicht allerdings die unbewußte Absicht ist. Durch die Anwendung der psychoanalytischen Technik läßt sich nachweisen, daß z. B. der Unfall tatsächlich unbewußt beabsichtigt war. Nicht selten kann sich der Betreffende z. B. daran erinnern, daß er einen Moment lang wußte, daß dieses »zufällige Mißgeschick«

eintreten werde, kurz bevor er die Handlung, die zum Unfall führte, vollzog. Hinter vielen F. steht auch die unbewußte Absicht, einen Verlust oder eine Selbstverletzung herbeizuführen, wobei das unbewußte Verlangen nach Strafe, nach einem Opfer oder nach Wiedergutmachung eine große Rolle spielt. Diese Motive gehören zum Über-Ich. Allgemein gilt, daß F. entstehen, weil das Ich in seinem Bemühen, die verschiedenen innerhalb der Psyche wirksamen Kräfte zu integrieren, teilweise versagt. Die unbewußten psychischen Kräfte, die der Integration widerstehen und bei einer F. einen direkten Einfluß auf das Denken erlangen, können dem Es, dem Ich, dem Über-Ich oder mehreren Quellen zugleich entstammen.
Lit. Freud, S.: Psychoanalyse.

Hannelore Barth

Feldbegriff → Feldtheorie

Feldforschung Mit dem Begriff der F. wird eine Vorgehensweise bezeichnet, die darauf abzielt, soziale Erscheinungen in ihrer natürlichen Umgebung zu untersuchen. Gegenstand des Interesses können dabei etwa das Hilfeverhalten in einer Schulklasse, die Gruppenbildung in einem Heim der offenen Tür oder die Interaktionsabläufe in einem Sozialamt sein. Es findet im allgemeinen keine vom Forscher gezielt vorgenommene Beeinflussung einer Situation und keine in einem Untersuchungsplan festgelegte Veränderung von → Variablen statt. Der Forscher verhält sich dem Geschehen gegenüber vielmehr weitgehend rezeptiv, hält Vorgänge fest und versucht, diese durch Rückgriff auf andere registrierte Vorgänge zu erklären. Hierbei bedient er sich vor allem der → Beobachtung und der informellen → Befragung.
Soll im Rahmen einer teilnehmenden Beobachtung der Forscher in das soziale Geschehen selbst einbezogen werden, dann stellt sich die Aufgabe, für ihn eine → Rolle zu finden, die es ihm erlaubt, möglichst viele Aspekte des Untersuchungsgegenstandes wahrzunehmen, und die gleichzeitig für die Beteiligten sinnvoll ist. Solche Rollen können etwa die des Lehrers, des Mitarbeiters in einem Heim, der Aushilfskraft in einem Amt sein. Aus der Nähe des Forschers zum Gegenstand ergeben sich aber auch spezifische Probleme für den Forschungsprozeß. Zu denken ist hierbei vor allem an die Schwierigkeiten, die daraus resultieren, daß sozialwissenschaftliche Kategorien, die einer Untersuchung zugrunde liegen, zusammentreffen mit Kategorien, mit denen die am Geschehen Beteiligten – zu denen ja in gewissem Umfang auch der Forscher selbst zählt – ihre Situation wahrnehmen und verstehen.
Generell wird gegenüber der F. eingewandt, daß eine Kontrolle von Randbedingungen und von Einflußfaktoren bei der Analyse von Zusammenhängen nicht möglich sei. Auch wenn angesichts des Gewichts dieses Einwandes zuzugeben ist, daß diese Vorgehensweise kaum die Prüfung exakt formulierter → Hypothesen erlaubt, so ist auf der anderen Seite aber zu sehen, daß aus der F. sehr wohl Hinweise auf die Relevanz wissenschaftlicher und sozial-praktischer Fragestellungen sowie Anhaltspunkte für die Formulierung von Hypothesen gewonnen werden können. Diese heuristische Funktion sowie die Tatsache, daß viele soziale Phänomene gar nicht aus ihrem natürlichen Zusammenhang herausgelöst werden können, wenn ihre Struktur und ihre Dynamik nicht verändert werden sollen, machen die F. zu einem unverzichtbaren Instrument der Sozialwissenschaften allgemein und der praxisorientierten Sozialwissenschaften im besonderen.
Lit. Dechmann: Teilnahme; Friedrichs u.a.: Beobachtung; Nowotny u.a.: Feldforschung; Schnell, R. u.a.: Methoden; Weidmann: Feldbeobachtung.

Hans Braun

Feldtheorie Die Gestaltpsychologen der Berliner Schule (→ Gestaltpsychologie), namentlich M. Wertheimer und W. Köhler, haben den Feldbegriff in die psychologische Diskussion eingeführt. Lewin übernahm diese an mathematisch-physikalische Gesetze angelehnte Modellvorstellung zur Beschreibung sozialpsychologischer Gegebenheiten. Lewin definiert das »Feld« als den »Lebensraum« des Menschen (Umfeld). Dieses Feld repräsentiert die Gesamtheit aller in bestimmten Situationen wirksam werdenden inneren und äußeren Kräfte. Unter »Kräften« versteht Lewin: → Bedürfnisse, → Normen, Wertvorstellungen, konkrete Gegenstände, → Vorurteile usw. Jeder dieser Kräfte ordnet Lewin eine topologische Region zu. Ähnlich dem physikalischen Kraftfeld, stellen Vektoren die Struktur und Zielgerichtetheit der dynamischen Momente (gerichtete Kräfte) dar. Nach Lewin ist jedes → Verhalten bzw. Handeln immer Feldhandlung.
Verhalten ist also eine Bewegung (Lokomotion) in Richtung der Kraft. Hierzu ein Beispiel: Ein Kind im Kindergarten läuft am Abend der Mutter entgegen. Die Mutter hat eine positive Valenz. Das Verhalten des Kindes ist ausgerichtet auf die Mutter; es läuft in Richtung auf diese Person. Wenn keine Barrieren (Zaun, Mauer etc.) vorhanden sind, die das Verhalten des Kindes einschränken, wird es sein Ziel erreichen. Das Kind hat sehnsüchtig die Mutter erwartet.
Von Interesse ist die Anwendungsmöglichkeit dieser Theorie, die immer mit einer Analyse des menschlichen Verhaltens im Kontext zum Feld, zum Lebensraum also, geschieht. Die entsprechende Lebenssituation wird allerdings aus der Sicht beurteilt, wie sie der in der Situation Befindliche erlebt.

Die Analyseschritte sind im einzelnen:
a) Erkennen der Barrieren,
b) Erkennen des Raumes der freien Bewegung,
c) Beschreibung der auftretenden Bedürfnisse,
d) Beschreibung des Aufforderungscharakters (Valenz) der einzelnen Gegebenheiten im Zusammenhang mit dem persönlichen Anspruchsniveau der betreffenden Persönlichkeit.
Eine Kraftfeldanalyse ist ein wichtiges diagnostisches Mittel für die Planung von Veränderungen. Eine gegebene Situation kann analysiert werden, indem man die verschiedenen Kräfte abwägt und einschätzt; d.h. ihre Art, ihre Richtung, ihre Kraft, ihren Ursprung und ihre Veränderungsfähigkeit. Bei einer solchen Analyse soll man sich jedoch vor Augen halten, daß eine bestimmte Kraft nicht gleichzusetzen ist mit einer bestimmten Person, daß eine Person mit mehreren verschiedenen Kräften in Verbindung sein kann und daß eine bestimmte Kraft das Ergebnis einer Einstellung oder Handlung ist. Einander entgegengesetzte Kräfte zeigen daher nicht nur Meinungsunterschiede zwischen Personen an, sondern auch die Unentschlossenheit und die Spannung innerhalb und zwischen Individuen.
Wenn auf eine Person zwei gleich starke Kräfte mit gleicher Valenz einwirken, ist ein Konflikt zwischen treibenden Kräften gegeben. Beispiele: a) Der Annäherungskonflikt: Ein klassisches Beispiel ist die Fabel von Buridans Esel. Zwischen zwei gleich großen, gleich weit entfernten Heuhaufen verhungert der Esel, weil er sich nicht entscheiden kann, welchen er zuerst auffressen soll. b) Der Vermeidungskonflikt: Ein Schüler soll eine unangenehme Aufgabe erledigen. Die Schulbücher haben einen negativen Aufforderungscharakter. Er interessiert sich stärker für die Spielzeuge in seinem Zimmer. Die Mutter möchte aber, daß er seine Aufgabe beendet; sie nimmt ihm das Spielzeug weg und droht mit einem Ausgehverbot, wenn die Aufgabe nicht erledigt ist. Der Schüler hat die Wahl zwischen zwei negativen Valenzen. Diese doppelt negativ besetzte Situation verleitet den Schüler allenfalls, noch bessere Auswege zu versuchen. In den meisten Fällen führt der Konflikt zu einem Ausweichen aus der Situation, dem sog. »aus dem Felde gehen«. Diese Art von Konfliktlösung finden wir angefangen vom Schuleschwänzen bis hin zum Suizid (→ Selbsttötung).
Lit. Hege: Dialog; Lewin: Feldtheorie; Listing: Gruppenleiter. *Thomas Listing*

Feministische Bildungsarbeit Mit der Verbreitung und Differenzierung der neuen → Frauenbewegung bemühen sich seit den 70er Jahren Frauenprojekte, den Zielen der Frauenbewegung durch Bildungsangebote näherzukommen. Auch bei vielen institutionellen Trägern entstanden eigenständige Abteilungen für Frauen-Bildungs-Angebote.
Die Bezeichnung »feministisch« selbst ist allerdings für eine differenzierte Kennzeichnung der verschiedenen Ansätze nicht sehr hilfreich. Außer in einer allgemeinsten Bestimmung, daß es um Abschaffung von Frauenunterdrückung und -diskriminierung gehe und folglich um eine grundlegende Veränderung sozialer und politischer Strukturen, ist der Begriff »feministisch« in höchst unterschiedlicher Weise interpretationsfähig und wird, teils in konfliktreichen Abgrenzungsbemühungen, für unterschiedliche theoretische und politische Vorstellungen verwendet, die jeweils für sich annehmen, daß ihr Verständnis von Fraueninteressen das richtige sei.
Ein dominanter Ansatz ist der auf Gleichberechtigung und soziale Gleichheit zielende. Der klassisch-aufklärerische Begriff von Bildung (→ Bildung/Bildungswesen) ist hier handlungsleitend in der Vorstellung, daß mehr und anderes Wissen, Chancengleichheit und dazu eine angemessene Berücksichtigung von Frauen in ihrer spezifisch weiblichen Eigenart und Qualität zum autonomen Subjekt sowie zur Freiheit und Gleichberechtigung auch für die Frauen führen wird (z. B. durch Quotierung).
Ein zweiter, weniger weit verbreiteter, eher separatistischer Ansatz orientiert sich an mystischem, astrologischem und esoterischem Ideengut. Gegen die als zerstörerisch und frauenfeindlich erkannte Männerwelt sollen eine weibliche, gute Gegenwelt aufgebaut und eigene Riten, Sprachregelungen etc. geschaffen werden.
Ein dritter Ansatz geht von der Einschätzung aus, daß beide Modelle letztlich nur ergänzende oder Gegenmodelle zu dem sich als universell setzenden männlichen Entwurf und somit nicht geeignet seien, das aus der gesellschaftlichen und logischen Ordnung Ausgeschlossene (Weibliche) wieder zum Sprechen zu bringen. Dieser Ansatz orientiert sich z. T. an der neueren philosophischen Diskussion (z. B. Poststrukturalismus). »Frau« und »Weibliches« wird hier als eine nicht festumrissene Struktur behandelt, die durch ihren Ausschluß aus Sprache und Logik mit diesen Instrumenten nicht eindeutig fixiert werden kann. Anstelle von Maßnahmen und Curricula ist für diesen Ansatz eine eher langsame, breit angelegte und suchende Arbeitsweise charakteristisch, die nicht mit alten oder neuen Normierungen arbeiten will. *Barbara Rendtorff*

Fernsehgebühren, Befreiung von →
Rundfunkgebühren, Befreiung von

Festbeträge Um die Leistungen der → Krankenversicherung bei → Arznei- und → Hilfsmitteln ohne Beeinträchtigung der Versorgungsqualität auf das medizinisch

Notwendige zu begrenzen und zugleich den Wettbewerb unter den Leistungserbringern zu fördern, enthält das Krankenversicherungsrecht das Instrument der F.
Die Gruppen von Arzneimitteln, die für F. in Betracht kommen, hat der Bundesausschuß der Ärzte und Krankenkassen in Richtlinien festzulegen (§ 35 Abs. 1 SGB V; → Sozialgesetzbuch [SGB]). Dabei gilt eine Einteilung in drei Gruppen. Die Gruppe 1 enthält Arzneimittel mit denselben Wirkstoffen. In der Gruppe 2 sind Arzneimittel mit pharmakologisch-therapeutisch vergleichbaren Wirkstoffen (sogenannte Monopräparate) zusammenzufassen. In der Gruppe 3 werden Arzneimittel mit mehreren Wirkstoffen zusammengefaßt. Für Arzneimittel mit patentgeschützten Wirkstoffen, die nach dem 31. 12. 1995 zugelassen worden sind, werden F. nach den Gruppen 2 und 3 nicht gebildet. Bei der Gruppenbildung hat der Bundesausschuß der Ärzte und Krankenkassen die unterschiedlichen Darreichungsformen, Dosierungen und Packungsgrößen zu berücksichtigen. Vorgabe durch das Gesetz ist ferner, für die Therapie bedeutsame unterschiedliche Bioverfügbarkeiten (Geschwindigkeit und Ausmaß, mit der ein chemischer Wirkstoff eines Arzneimittels resorbiert wird und am Zielort im Körper seine Wirkung entfaltet) wirkstoffgleicher Arzneimittel zu berücksichtigen.
Hat der Bundesausschuß der Ärzte und Krankenkassen die Arzneimittelgruppen bestimmt und dazu die medizinische und pharmazeutische Wissenschaft und Praxis sowie die Arzneimittelhersteller und die Berufsvertretung der Apotheker gehört, setzen die Spitzenverbände der → Krankenkassen gemeinsam und einheitlich den jeweiligen F. fest. Dabei ist von den preisgünstigsten Apothekenabgabepreisen in der Vergleichsgruppe auszugehen und für die Therapie hinreichende Arzneimittelauswahl zu ermöglichen.
Ein ähnliches Verfahren gilt für die Festsetzung von F. bei Hilfsmitteln.

Harald Kesselheim

Festnahme § 127 der Strafprozeßordnung (StPO) unterscheidet hinsichtlich seiner Zulässigkeitsvoraussetzungen zwischen der vorläufigen F. durch eine Privatperson und der durch die Staatsanwaltschaft und Polizeibeamte. Nach § 127 Abs. 1 ist jedermann zur vorläufigen F. eines Verdächtigen berechtigt, wenn dieser auf frischer Tat angetroffen oder verfolgt wird und entweder fluchtverdächtig ist oder wenn seine Identität nicht sofort festgestellt werden kann. In solchen Fällen ist eine vorherige richterliche Anordnung nicht erforderlich. Die Privatperson braucht durch die Tat nicht verletzt oder sonst betroffen zu sein. Die F.befugnis ist ein staatsbürgerliches Recht, zur Wahrung der Rechtsordnung beizutragen. Die Anwendung von Zwang ist durch die Ermächtigung zur F. abgedeckt, wobei der Grundsatz der → Verhältnismäßigkeit der Mittel zu beachten ist. Darüber hinaus sind Staatsanwaltschaft und Polizeibeamte nach § 127 Abs. 2 zur vorläufigen F. befugt, wenn Gefahr im Verzug ist und die Voraussetzungen eines → Haftbefehls (dringender Tatverdacht und Haftgrund) oder Unterbringungsbefehls (§ 126 a StPO) vorliegen. Bei einem Verdächtigen, der nicht im Inland ansässig ist, kann, sofern als Haftgrund nur Fluchtgefahr besteht, nach § 127a von der F. gegen Zahlung einer Sicherheitsleistung abgesehen werden, wenn wegen der Tat weder eine → Freiheitsstrafe noch eine freiheitsentziehende Maßregel zu erwarten ist. Wird der Festgenommene nicht wieder in Freiheit gesetzt, so ist er unverzüglich, spätestens am Tage nach seiner F., dem Amtsrichter zur → Vernehmung vorzuführen. Dieser ordnet entweder die Freilassung an oder erläßt auf Antrag der Staatsanwaltschaft Haftbefehl.

Jürgen Stehling

Fetischismus ist eine sexuelle Verhaltensabweichung. Für den Fetischisten geht eine besondere sexuelle Anziehung/Erregung von unbelebten Gegenständen (z. B. Kleidungsstücken an einem Partner) oder von Körperteilen und -ausscheidungen aus, die von einer gelegentlichen Vorliebe bis zum Angewiesensein auf den Fetisch reichen kann. F. ist in Partnerschaft integrierbar, er wird meist in der Weise realisiert, daß einer der Partner den Fetisch an sich tragen muß, wenn es zu sexuellen Handlungen kommt. F. kann auch das stereotype Merkmal sexueller → Subkulturen werden, z. B. als Lederf. bei Sadomasochisten (→ Sadomasochismus) oder als → Transvestitismus oder Gummif. F. wird von der → Psychoanalyse als → Perversion nachvollziehbar gemacht. Er führt kaum je zur Delinquenz. F. tritt in dieser Form praktisch nur bei Männern auf. F. ist im DSM-III-R (→ Klassifikationssysteme psychischer Störungen) unter den Paraphilien aufgeführt.

Andreas Spengler

Finalprinzip Finalität (lateinisch finis = Grenze, Ende, Endzweck) bestimmt im Gegensatz zur Kausalität (→ Kausalprinzip) einen Zusammenhang nicht nach Ursache und Wirkung, sondern nach Zweck und Zweckverfolgung. Jedoch findet sich menschliches Handeln immer in einer Gemengelage von Finalität und Kausalität, jedenfalls indem Zwecksetzung Ursachen hat und Zweckverfolgung auf Kausalität vertraut (s. a. den »Zweck« als den »Grund« des Handelns). In der → Sozialpolitik (insbes. der sozialen Sicherung) werden Finalität und Kausalität gemeinhin als Alternativen gesehen. Kausale Leistungen sind »solche, die wegen eines in der Vergangenheit liegenden Grundes zum Ausgleich der dadurch eingetretenen Benachteiligungen gewährt werden« (→ Kriegsopferversorgung, → Lastenausgleich, → Unfallversicherung); finale Leistungen sind »solche, die allein wegen der gegenwärtigen Lage des Berechtigten (etwa wegen seiner Erkrankung, seiner Berufsunfähigkeit oder seines Alters) bewilligt werden, und zwar ohne Rücksicht darauf, worauf dieser Zustand zurückzuführen ist« (Bogs, in: Sozialenquête-Kommission). Kausalität erscheint dabei vielen als »störende« Ausnahme. Das gesamte Sozialleistungssystem nur final zu gestalten würde jedoch die Möglichkeit einer einheitlichen »Ziellinie« für die Sozialleistungen und eines Konsenses darüber voraussetzen. Angesichts der Schwierigkeiten, die dem entgegenstehen, ist die »Geschichte« eines Sozialleistungsgrundes eine der Möglichkeiten, die unvermeidliche Vielfalt zu rechtfertigen. In diesem Sinne mischen sich im Sozialleistungssystem kausale und finale Elemente.

Das gilt insbesondere, wo über die kausale oder finale Konstituante eines ganzen Sozialleistungssystems hinaus die Einzelausgestaltung des Systems und der Leistungen in Betracht gezogen wird. So wird der kausale Ansatz der Kriegsopferversorgung nur hinsichtlich der → Grundrente bis zur Leistung hin durchgehalten (und auch sie ist notwendig generell-final bemessen). Andere Einkommensersatzleistungen (z. B. → Ausgleichsrente) sowie → Dienst- und → Sachleistungen (z. B. Heilbehandlung, → Rehabilitation) sind nach Grund, Art und Höhe final bestimmt. Und primär finale Systeme wie die → Sozialversicherung, die um des Zweckes willen eingerichtet sind, für bestimmte Risikofälle (wie Krankheit, Alter usw.) vorzukehren (Vorsorgesysteme), gewähren ihre Leistungen (z. B. → Rente) in dem Maße kausal, indem sie diese allein an den Doppeltatbestand von Vorsorge (z. B. Versicherung) und Risikofall (z. B. Alter) knüpfen, ohne nach der konkret notwendigen Leistung zu fragen. Selbst in der → Sozialhilfe kann Typisierung, die an rechtlich ausgeformte Tatbestände Rechtsansprüche knüpft, konkret kausale Elemente gegenüber der generell-finalen der Regelung hervortreten lassen.

Lit. Albers: Sozialpolitik; Schäfer, D.: Schäden; Sozialenquête-Kommission: Soziale Sicherung; Zacher: Grundtypen; s. a.: → Kausalprinzip. *Hans F. Zacher*

Finanzausgleich Es gibt unterschiedliche Formen und Abgrenzungen des F. Der F. im weiten Sinne umfaßt die Verteilung der öffentlichen Aufgaben auf die verschiedenen öffentlichen Aufgabenträger, z. B. Bund, Länder und → Gemeinden. Der F. im weiten Sinne wird oft auch als passiver F. bezeichnet; die Verteilung der Einnahmen dagegen als aktiver F. oder F. im engeren Sinne.

Zum passiven F. gehören die Bestimmung der öffentlichen Aufgabenträger und die Verteilung der öffentlichen Aufgaben. Dabei muß im einzelnen festgelegt werden, wer die Gesetzgebungskompetenz, die Verwaltungskompetenz und die Finanzierungskompetenz für eine Aufgabe haben soll. Die verschiedenen Kompetenzen können je nach Aufgabe einem oder verschiedenen Aufgabenträgern zugewiesen werden. Die unterschiedlichen Gesetzgebungskompetenzen von Bund und Ländern sind in Abschn. VII des → Grundgesetzes (GG), Art. 70 ff. geregelt; die getrennten Durchführungszuständigkeiten, z. B. Bundes- oder Landesverwaltung, in Abschn. VIII, Art. 83 ff. Sowohl die Trennung als auch die Vermischung der Aufgabenzuständigkeiten, wie z. B. bei den Gemeinschaftsaufgaben (Abschn. VIIIa GG – Art. 91 a und b), weisen spezifische Vor- und Nachteile auf. In jüngerer Zeit werden wieder stärkere Tendenzen einer Aufgabenentmischung, z. B. bei der → Krankenhausfinanzierung und der Städtebauförderung, sichtbar.

Der aktive F. umfaßt einen originären und einen ergänzenden Teil. Der originäre aktive F. bestimmt die Art, den Umfang und die Verteilung der öffentlichen Einnahmequellen, z. B. Steuern, Gebühren, Beiträge, Kredite, so daß die den öffentlichen Aufgabenträgern zugewiesenen Aufgaben erfüllt werden können. Dabei sind die Eigenschaften der Einnahmequellen zu berücksichtigen, weil sie die Aufgabenerfüllung erschweren oder erleichtern können. Ebenso wie beim passiven F. läßt sich eine Gesetzgebungs-, Verwaltungs- und Ertragskompetenz für die verschiedenen Einnahmequellen unterscheiden. Für die Verteilung der Kompetenzen hat die Finanzwissenschaft Grundsätze entwickelt, z. B. fiskalische Äquivalenz, Erhebungs- und Entrichtungsaufwand, Berücksichtigung der Bürgerpräferenzen. Die Verteilung der Einnahmen in der Bundesrepublik Deutschland ist in Abschn. X GG (Art. 104 a ff.) geregelt. Die Kompetenzen für die Steuerquellen sind in einem Mischsystem auf Bund, Länder und Kommunen aufgeteilt. Verwaltungs- und Ertragskompetenz für die Gewerbesteuer z. B. liegen bei den Gemeinden; die Gesetzgebungskompetenz beim Bund und, soweit das Hebesatzrecht angesprochen ist, bei den Gemeinden. Für die Gemeinschaftsteuern, z. B. Lohn- und Einkommensteuer und Umsatzsteuer, liegt die Gesetzgebungskompetenz ebenfalls beim Bund, die Verwaltungskompetenz bei den Ländern und die Ertragskompetenz bei Bund, Ländern und, soweit es den Gemeindeanteil an der Einkommensteuer betrifft, bei den Gemeinden.

Der ergänzende aktive F. oder F. im engen Sinne versucht, durch finanzpolitische Zuweisungen die Nachteile aus einer suboptimalen Aufgaben- und Einnahmenverteilung zu mindern. Auf diese Weise soll eine falsche Aufgabenverteilung kompensiert und eine aufgabengerechte Finanzausstattung herbeigeführt werden. Dazu dienen z. B. die Bundesergänzungszuweisungen an finanzschwache Länder und der Länderf. nach Art. 107 GG. Im kommunalen F. beteiligen die Länder ihre Kommunen an den ländereigenen Steuereinnahmen (Steuerverbund Art. 106 Abs. 7 GG) zum Ausgleich und zur Anhebung der kommunalen Einnahmekraft. Zur Verteilung der Zuweisungen wird der Finanzbedarf und die Finanzkraft der Kommunen ermittelt, gegenübergestellt und eine Ausgleichsquote festgelegt. Dabei sind vielfältige Bewertungsprobleme zu lösen. Die verschiedenen Zuweisungen können in unterschiedlicher Form verteilt werden. Es lassen sich unterscheiden: diskretionäre Bedarfszuweisungen oder regelgebundene Schlüsselzuweisungen, Zweckzuweisungen oder allgemeine Zuweisungen, mit oder ohne Eigenbeteiligung, als absolute Beträge oder als Anteil des zur Verfügung stehenden Zuweisungsvolumens oder des förderfähigen Höchstbetrages, z. B. bei der → Finanzierung kommunaler Investitionen. S. a. → Finanzplanung, → Haushaltsgrundsätze.

Lit. Fischer-Menshausen: Finanzausgleich; Kops: Finanzausgleich; Seiler: Finanzausgleich; Wittmann, W.: Finanzwissenschaft; Zimmermann, H.: Finanzausgleich.

Engelbert Recker

Finanzierung der öffentlichen Haushalte
Zur Produktion von Gütern und Diensten – auch zur Erstellung der Leistungen in der öffentlichen → Verwaltung – werden Produktionsfaktoren benötigt (→ Kosten). Die Produktionsfaktoren müssen beschafft werden. I.d.R. sind dafür finanzielle Mittel hinzugeben. Alle Maßnahmen, die der ausreichenden Versorgung des Produktionsbetriebes oder der öffentlichen Verwaltung zur Erstellung ihrer Leistungen dienen, sind Gegenstand der F. Der F.begriff wird in der betriebswirtschaftlichen Lit. nicht einheitlich gesehen und reicht von der engen Fassung »Beschaffung von Kapital« bis hin zur sehr weiten Fassung »alle (betrieblichen) Kapitaldispositionen«. Die letztgenannte Definition des F.begriffes schließt auch die Kapitalverwendung ein und wirft deshalb Abgrenzungsschwierigkeiten der Begriffe F. und Investition auf.
Als F.mittel der öffentlichen Haushalte stehen hauptsächlich folgende Einnahmepositionen zur Verfügung: Steuern und steuerähnliche Einnahmen, Einnahmen aus wirtschaftlicher Tätigkeit, Zinseinnahmen, laufende Zuweisungen und Zuschüsse vom öffentlichen oder privaten Bereich. Bei der F. (der staatlichen Ausgaben) von Bund und Ländern stellen die Steuermittel den größten Anteil. Nach Angaben des Statistischen Bundesamtes finanzierte der Bund 1989 seine Ausgaben (ohne besondere F.vorgänge) im Umfang von 292,4 Mrd. DM zu 249,8 Mrd. DM (85,4%) aus Steuern. Die entsprechenden Länderausgaben beliefen sich 1989 auf 280,6 Mrd. DM und wurden zu 195,7 Mrd. DM (69,7%) mit Steuern finanziert. Kreditaufnahmen werden grundsätzlich nur – im kommunalen Bereich ausschließlich – zur F. von Investitionen (im wesentlichen Baumaßnahmen, Erwerb von Sachvermögen und Investitionszuschüsse) verwendet: Der Grundgesetzartikel 115 bestimmt für die staatliche Haushaltswirtschaft (→ Haushalt), daß die Einnahmen aus Krediten die Summe der im Haushaltsplan veranschlagten Ausgaben für Investitionen nicht überschreiten dürfen. Ausnahmen sind zur Abwehr einer Störung des gesamtwirtschaftlichen Gleichgewichts gemäß § 1 des Stabilitätsgesetzes (StWG), d. h. praktisch bei schlechter gesamtwirtschaftlicher Konjunktur oder hoher → Arbeitslosigkeit zulässig. Der im Haushalt der → Gemeinden (Gemeindeverbände) vorgesehene Gesamtbetrag der Kreditaufnahmen muß im Hinblick auf die Sicherung der dauernden Leistungsfähigkeit von der Aufsichtsbehörde (Kommunalaufsicht) genehmigt werden. Oberster Grundsatz kommunaler Kreditwirtschaft ist, daß die Summe aller Zins- und Tilgungsverpflichtungen in Gegenwart und Zukunft die Leistungsfähigkeit der Gemeinde (Gemeindeverband) nicht übersteigt.

Zu den Einnahmen (= Ausgaben) der Gemeinden und Gemeindeverbände (1989: 195 Mrd. DM) trugen die Steuern lediglich zu einem Drittel bei (1989: 68,2 Mrd. DM = 35%). Hier übertreffen die staatlichen Zuweisungen (1989: 50,2 Mrd. DM), insbes. die im kommunalen → Finanzausgleich von den Ländern (vom Bund) zur Verfügung gestellten allgemeinen und zweckgebundenen Zuweisungen. Eine weitere wichtige Einnahmenposition im kommunalen Bereich sind die Gebühren und Beiträge (1989: 40,8 Mrd. DM). Sie dienen auch zur (Eigen-)F. von (öffentlichen) Einrichtungen. Soweit die eigenen Einnahmen nicht ausreichen, die Kosten zu decken, erhalten die → Einrichtungen regelmäßig Zuschüsse aus dem Haushalt des Einrichtungsträgers.
Zur Beschaffung von Krediten gibt es beim Bund verschiedene Verschuldungsformen: Anleihen, Bundesschatzbriefe, Finanzierungsschätze, Schuldscheindarlehen und unverzinsliche Schatzanweisungen. Die Kreditaufnahme von Ländern und Kommunen wird hauptsächlich über Schuldscheindarlehen getätigt.
S. a. → Budgetierung.

Lit. Klein, R.: Schuldenpolitik; Scheel u.a.: Gemeindehaushaltsrecht; Wolff, R.: Betriebswirtschaftslehre. *Erhard Meichsner*

Finanzierung sozialer Dienste und Einrichtungen Die F. ist weitgehend von der Trägerschaft und von rechtlichen Festle-

gungen abhängig. Die einzelnen Finanzierungsformen setzen unterschiedliche Bedingungen für die Leistungserbringung. Typische Formen sind:
1. Für die öffentlichen → sozialen Dienste und → Einrichtungen (→ Öffentliche Träger) werden grundsätzlich die Einnahmen und Ausgaben im Rahmen des öffentlichen → Haushaltsplans festgelegt. Disposition und Kontrolle werden durch die Regeln der Kameralistik (BHO) bestimmt. Im Rahmen der → Verwaltungsmodernisierung wird versucht, diese heute unzweckmäßige F. durch flexiblere Formen wie Budgetierung und Kontraktmanagement zu ersetzen.
2. Durch Zuwendungen der Kommunen, der Länder, seltener des Bundes werden eigene Vorhaben gemeinnütziger Träger finanziert. Auch hier gelten grundsätzlich die Regeln des Haushaltsrechts, insbes. §§ 23 und 44 BHO sowie umfangreiche Ausführungsvorschriften. Durch Bedingungen und Auflagen wird die fachliche und wirtschaftliche Disposition der Dienste und Einrichtungen vielfach eingeengt.
3. Entgelte sind betriebswirtschaftlich das Äquivalent für bestimmte Leistungen. Für → Sozialleistungen haben sie vor allem in spezialgesetzlich geregelten Bereichen zur Finanzierung individueller Leistungen große Bedeutung, so als Entgelt im → Bundessozialhilfegesetz (BSHG), als Pflegevergütung oder als Entgelt für Unterkunft und Verpflegung im SGB XI (→ Pflegeversicherung, gesetzliche). Entgelte werden von öffentlichen Kostenträgern oder von den Nutzern selbst nach deren finanzieller Leistungsfähigkeit gezahlt. Festlegung und Bemessung der Entgelte sowie die Beteiligung der Nutzer werden in den jeweiligen Rechtsvorschriften im einzelnen geregelt. Grundsätzlich geben Entgelte den Nutzern Möglichkeiten der Wahl zwischen den Leistungsanbietern sowie den Einrichtungen und Diensten eine gewisse Dispositionsfreiheit. Die Wahlentscheidung des Nutzers hat dabei unmittelbaren quantitativen Einfluß auf die F.
4. → Leistungsverträge.
5. Mitgliedsbeiträge, Spenden und Erbschaften u.ä. tragen in geringem Umfang zur F. im gemeinnützigen Bereich bei. (→ Gemeinnützigkeit von Körperschaften).
Die unterschiedliche Art und Weise der F. beeinflußt deren fachliche Arbeit und ihr Wirtschaften. Die Orientierung an der Leistung und an deren Qualität (output-Orientierung) ist vor allem von den Formen 3 und 4 zu erwarten, die fachliche und betriebswirtschaftliche Disposition begünstigen. Die Bedeutung der herkömmlichen Formen 1 und 2 und damit der input-orientierte Einfluß der Kameralistik auf die F. werden abnehmen.
Lit. Freier: Dienstleistungen; Freier: Finanzierung; Freier: Öffentliche Finanzierung.
Dietmar Freier

Finanzplanung Nach § 9 des Gesetzes zur Förderung der Stabilität und des Wachstums der Wirtschaft (StWG) vom 8. Juni 1967 (BGBl. I S. 582) haben Bund und Länder (§ 14) ihrer Haushaltswirtschaft eine fünfjährige F. zugrunde zu legen. In ihr sind Umfang und Zusammensetzung der voraussichtlichen Ausgaben und die Deckungsmöglichkeiten (→ Finanzierung) in ihren Wechselbeziehungen zu der mutmaßlichen Entwicklung des gesamtwirtschaftlichen Leistungsvermögens darzustellen, gegebenenfalls durch Alternativrechnungen. Für die F. des Bundes – analog für die Länder – gilt folgendes: Für Aufstellung und Begründung des Finanzplans ist der Finanzminister zuständig. Der Finanzplan des Bundes wird von der Bundesregierung beschlossen und dem Parlament (Bundestag und Bundesrat) vorgelegt. Der Finanzplan ist jährlich der Entwicklung anzupassen und fortzuführen. Der Finanzplan ist – im Gegensatz zum → Haushaltsplan – nicht vollzugsverbindlich.
Auch die kommunalen Gebietskörperschaften haben nach den nahezu identischen einschlägigen Vorschriften in den Gemeinde(Kreis-)ordnungen der Länder ihrer Haushaltswirtschaft eine fünfjährige F. zugrunde zu legen. Im Finanzplan sind Umfang und Zusammensetzung der voraussichtlichen Ausgaben und die Deckungsmöglichkeiten darzustellen. Als Unterlage für die Investitionsplanung ist ein Investitionsprogramm aufzustellen. F. und Investitionsprogramm sind wie im staatlichen Bereich jährlich fortzuschreiben. Der Finanzplan ist dem Rat mit dem Entwurf der Haushaltssatzung vorzulegen. Das Investitionsprogramm ist auch mit Blick auf die sog. Folgekosten kommunaler Investitionspolitik vom Rat zu beschließen. Die Koordinierung der F. der öffentlichen Hände soll der F.rat durch Herausgabe von Empfehlungen übernehmen. Auf der Basis dieser Empfehlungen geben die Innenminister der Länder Orientierungsdaten für die F. der → Gemeinden und Gemeindeverbände heraus. Der F.rat besteht aus dem Bundesfinanzminister (Vorsitz), dem Bundeswirtschaftsminister, den Länderfinanzministern sowie vier kommunalen Vertretern, die auf Vorschlag der kommunalen Spitzenverbände vom Bundesrat bestimmt werden. Der F.rat tagt nach einem durch Geschäftsordnung festgelegten Turnus zweimal im Jahr.
Erhard Meichsner

Firmen für Behinderte → Selbsthilfefirmen

Fixer → Drogenabhängigkeit

Fixierung Die Tendenz, in der fortschreitenden psychischen Entwicklung Überreste von früher abgelaufenen Phasen festzuhalten und daran starke Ladungen psychischer

Energie (→ Libido) zu binden. Diese F.punkte spielen dann eine große Rolle in der Weiterentwicklung psychischer Funktionen. F.stellen der Entwicklung entstehen sowohl bei der Triebentwicklung als auch bei der Ich- und Über-Ich-Bildung (→ Psychoanalyse), wodurch, verschieden in Art und Ausprägung, primitive Weisen der Befriedigung, der Objektbeziehung und der Abwehr (→ Abwehrmechanismen) überdauern. Als Ursache der F. werden (allerdings nicht genau bekannte) konstitutionelle Gründe, immanente Unterschiede in der Funktion der verschiedenen erogenen Zonen und unterschiedliche Grade der Ich-Reifung angenommen. Es gibt Erfahrungen darüber, daß ein sich entwickelndes, noch unreifes Ich von Reizen und Anforderungen überflutet wird und daß diese traumatischen Erlebnisse (→ Trauma) eine schädliche Kombination von exzessiver Befriedigung und exzessiver → Frustration erzeugen. Bei Störungen der darauf folgenden Entwicklung kann es dann zur → Regression auf diese in der Psyche fixierten Rückstände früherer Funktionsweisen kommen.

Willi Baumann

Flächennutzungsplan Erste Stufe der → Bauleitplanung des → Baugesetzbuchs (BauGB). Der F. wird als vorbereitender Bauleitplan bezeichnet. Im F. ist dargestellt, wie – gem. der von der Gemeinde beabsichtigten Entwicklung – die künftige Bodennutzung in den Grundzügen für das gesamte Gemeindegebiet aussehen soll. Insoweit kann der F. als → Rahmenplan angesehen werden. Der Inhalt des F. ist in § 5 BauGB niedergelegt. Mit Hilfe des F. werden übergeordnete Planungen umgesetzt und nachfolgende Planungen (→ Bebauungsplan) gesteuert. Die Darstellungen im F. erfolgen nach Vorschriften, die in der → Baunutzungsverordnung (BauNVO) niedergelegt sind. Der F. ist mit seinem Erläuterungsbericht ein entscheidendes Orientierungsinstrument für räumlich-funktionale planerische und gestalterische Aktivitäten im Gemeindegebiet.

Ursula Feldmann

Flexibilisierung von Öffnungszeiten ist als ein inhaltlicher Themenstrang in der Diskussion um bedarfsgerechte Angebote von → Kindertageseinrichtungen zu sehen. Betrachtet man die jüngere Geschichte dieses Themas, so trat nach der Kindergartenreform der 70er Jahre, die vor allem auf eine Verbesserung des Bildungsangebots zielte, um 1980 ein gewisser Stillstand bezüglich der Debatte um konzeptionelle Weiterentwicklungen von Kindertageseinrichtungen ein. Teilweise mußten damals sogar Rückschritte im Zuge der allgemeinen Rotstiftpolitik verzeichnet werden. Erst Mitte der 80er Jahre wurden erneute Reformbemühungen wieder sichtbar. Diese machten allerdings weniger an inhaltlichen (curricularen) Veränderungen fest, statt dessen setzten sie auf der strukturellen Ebene an.

Nachdem klar wurde, daß Forderungen nach allgemeinverbindlichen Standards nicht durchsetzbar sind, einigte man sich auf die Formel »Schaffung bedarfsgerechter Angebote«. Zumal man glaubte, hiermit den veränderten Nachfrageprofilen von Familien mehr entgegenzukommen.

Den gesellschaftlichen Entwicklungslinien von Individualisierung und Pluralisierung folgend, sollen Kindertageseinrichtungen durch ein möglichst ausdifferenziertes Angebot unterschiedlichen Bedürfnissen und Interessenlagen von Eltern und Kindern besser gerecht werden. So ist der Wunsch nach flexiblen Öffnungszeiten unmittelbar verknüpft mit der Forderung nach Vereinbarkeit von Familie und Beruf, die immer stärker von Frauen eingefordert wird.

Dieser Positionswechsel ist ein grundlegender Wandel, wie mit den Interessen von Eltern umgegangen wird, denn hiermit wird die Angebotsstruktur an der Nachfrage ausgerichtet. Man könnte diesen Schritt wohl als ersten auf dem Weg der Kindertagesstätte zur Dienstleistungseinrichtung sehen, wodurch sich die Sichtweise des pädagogischen Personals verändert hat, beziehungsweise verändern muß. Eltern sind nicht mehr »Bittsteller«, die einen Kindergartenplatz begehren, sondern »Kunden«, auf deren Wünsche es einzugehen gilt. Dabei darf aber nicht der Blick für die Interessen der Kinder verlorengehen.

Mit der Flexibilisierungsdebatte ist auch eine qualitative Bestimmung der vorhandenen Platzangebots in Kindertageseinrichtungen verbunden. Denn nun geht es bei der Bedarfsplanung nicht mehr nur um die Anzahl der benötigten Plätze, sondern um deren Ausdifferenzierung und um eine Durchbrechung traditioneller Angebotsformen. Kontroversen entstanden darüber, ob mit Flexibilisierung eine Ausweitung oder ein variabler Umgang mit den gegebenen Öffnungszeiten gemeint ist. Die letzten Jahre haben gezeigt, daß sich eher der variable Umgang mit den Öffnungszeiten durchgesetzt hat. Gerade in ländlichen Regionen ist man zunehmend vom starren Konzept des sogenannten »Regelkindergartens« abgerückt und versucht durch verlängerte Öffnungszeiten am Vormittag (teilweise sogar mit Mittagsversorgung) den Interessen der Eltern entgegenzukommen.

Flexibilisierung kann auf verschiedenen Ebenen erfolgen: Einführung verlängerter Vormittagsgruppen, Einrichtung von Früh- oder Spätdienst, Angebot von Mittagsversorgung, zeitlich variable Besuchszeiten besonders für jüngere Kinder, sowie offene, partielle Angebote für bestimmte Kindergruppen. Viel hat sich in diesen Bereichen in den letzten Jahren bewegt, ein wesentliches Verdienst daran haben Einrichtungen, die im Zuge der »Mütterbewegung« entstanden. Denn diese haben durch ein äußerst flexibles Angebot erst deutlich gemacht, wie vielfältig die Bedarfslagen der Familien sind; hierauf nicht nur organisatorisch, sondern auch inhaltlich (pädagogisch) zu reagieren, ist eine zentrale Aufgabe der Dienstleistungseinrichtung Kindertagesstätte. *Michael Ledig*

Flexible Altersgrenze → Renten wegen Alters

Flüchtlinge Nach der Genfer Flüchtlingskonvention vom 28. 7. 1951 ist ein F. jede Person, die aus begründeter Furcht vor Verfolgung wegen ihrer Rasse, Religion, Nationalität, Zugehörigkeit zu einer bestimmten sozialen Gruppe oder wegen ihrer politischen Überzeugung die Heimat verlassen mußte. Ausländer, die aus den vorgenannten Gründen aufgrund staatlicher Verfolgung einer Gefahr für Leib, Leben, die persönliche Freiheit oder die wirtschaftliche Existenz ausgesetzt sind, können in Deutschland als → Asylberechtigte (Art. 16a Abs. 1 GG) anerkannt werden (→ Asylrecht), sofern sie nicht über einen sicheren Drittstaat eingereist sind (Art. 16a Abs. 2 GG) oder in einer anderer Mitgliedstaat der EU für die Entscheidung zuständig ist oder den Antrag bereits abgelehnt hat (Art. 16a Abs. 5 GG). Von 1953 bis Ende 1995 sind ca. 234 000 Personen als Asylberechtigte anerkannt worden. Daneben wird die Eigenschaft eines F. auch dann erworben, wenn unanfechtbar festgestellt wird, daß dem Ausländer die vorgenannten, in § 51 Abs. 1 AuslG aufgeführten Gefahren drohen.
Außer den Asylberechtigten und den Asylbewerbern hält sich eine große Zahl von sog. De-facto-F. im Bundesgebiet auf (Schätzung für Ende 1995: 650 000). Dies sind Personen, die von vornherein keinen Asylantrag gestellt haben oder deren Asylantrag unanfechtbar abgelehnt worden ist, und die aus völkerrechtlichen, politischen, humanitären oder rechtlichen Gründen nicht in ihr Herkunftsland zurückgeführt werden können. Für sie gibt es eine Reihe von Altfall- und Bleiberechtsregelungen, die von den Innenministern der Länder im Einvernehmen mit dem Bundesminister des Innern getroffen worden sind. Dies gilt unter bestimmten Voraussetzungen (u.a. Einreise bis zu einem bestimmten Stichtag, Rücknahme des Asylantrags) z.B. für chinesische Wissenschaftler, Studenten und sonstige Auszubildende (31. 12. 1989), Polen und Ungarn (1. 5. 1987), Angehörige anderer früherer Ostblockstaaten (14. 4. 1989) und frühere Vertragsarbeitnehmer der ehemaligen DDR (13. 6. 1990).
Für Asylbewerber sind während des Verfahrens Integrationsmaßnahmen von staatlicher Seite nicht vorgesehen. Dies liegt darin begründet, daß der überwiegende Teil keine Aussichten hat, als F. anerkannt zu werden.
Für die Dauer ihres Aufenthalts in Deutschland bedürfen die Asylbewerber der sozialen Beratung und Betreuung. Die Unterbringung und Gewährung von Hilfen ist Sache der Länder und Gemeinden (→ Ausländer, Hilfen für). Asylbewerber erhalten Leistungen nach dem → Asylbewerberleistungsgesetz vom 30. 6. 1993 (BGBl. I S. 1074).
Eine besondere Gruppe der F. bilden die Kontingentflüchtlinge, deren Rechtsstellung im Gesetz über Maßnahmen für im Rahmen humanitärer Hilfsaktionen aufgenommene Flüchtlinge vom 22. 7. 1980 (BGBl. I S. 1057) geregelt ist. Sie genießen die Rechte nach Art. 2 bis 34 der Genfer Flüchtlingskonvention, ohne zuvor ein Asylverfahren durchlaufen zu müssen. Deutschland hat rd. 42 000 Kontingentflüchtlinge aufgenommen, im wesentlichen aus Südostasien (etwa Boat people aus Vietnam).
Aufgrund des Asylkompromisses vom 6. 12. 1992 ist das Ausländergesetz um einen § 32a ergänzt worden, der einen besonderen Status für Kriegs- und Bürgerkriegsflüchtlinge schafft. Bislang wird diese Regelung aber nicht praktiziert, weil Bund und Länder sich nicht über die Tragung der Kosten haben einigen können.
Lit. Haberland: Asylkompromiß (1); Kanein/Renner: Ausländerrecht.
Jürgen Haberland

Flüchtlinge, minderjährig und unbegleitet Nach internationaler Absprache sind F. m. u. Kinder und Jugendliche, die in ein Fluchtland ohne Begleitung einer erziehungsberechtigten Bezugsperson einreisen und beim Grenzübertritt in das Aufnahmeland unter 16 Jahre alt sind. Seit etwa zehn Jahren reisen sie in nennenswertem Umfang in Deutschland ein. Sie kommen aus Krisen- und Armutsgebieten europäischer und außereuropäischer Länder und begehren selbst oder über einen Vormund Asyl (→ Asylberechtigte, → Asylrecht). Der Anlaß oder die Hintergründe ihrer Flucht differieren je nach politischer und ökonomischer Lage im Heimatland. Ebenso ist im Laufe der Jahre ein erheblicher Wandel der Fluchtbewegungen zu verzeichnen, sowohl hinsichtlich der Herkunftsländer als auch der Anzahl der einreisenden Minderjährigen und der regionalen Verteilung. 1988 kamen allein nach Hessen ca. 2 500 F. m. u., die zum größten Teil noch heute in dieser Region leben. Nach einem starken Nachlassen der Asylbewerber steigen nach neuesten Informationen die Zahlen 1996 wieder an.
Nach Mitteilung des Bundesinnenministeriums reisten 1995 835 alleinreisende, asylsuchende Minderjährige unter 16 Jahren in die Bundesrepublik ein (zu 95% auf dem Luftweg). Davon wurde 588 F. m. u. die Einreise gestattet. Die türkische Bevölke-

rungsgruppe ist mit 75% die am stärksten vertretene. Mit großem Abstand folgen Minderjährige aus Afghanistan, Sri Lanka und Schwarz-Afrika. Die Betreuung der F.m.u. muß daher vorrangig von Städten mit großen internationalen Flughäfen, insbesondere Frankfurt, geleistet werden.
Nach der Ankunft prüft das örtlich zuständige Jugendamt, sobald es von den zuständigen Grenzbehörden informiert wurde, ob und ggf. welche Maßnahmen zum Schutz der Minderjährigen geeignet und notwendig sind. Grundlage hierfür ist das → Kinder- und Jugendhilfegesetz (KJHG) (insbesondere §§ 6, 42, sowie das → Haager Minderjährigenschutzabkommen [MSA] Art. 9). Im allgemeinen wird zuächst die Erstversorgung der F. m. u. – häufig in einer »Clearingstelle« – im Rahmen der → »Inobhutnahme« nach § 42 KJHG sichergestellt. Dabei werden die Identität und die Herkunft des/der Minderjährigen, der Verbleib der Eltern oder sonstiger Erziehungsberechtigter, die familiären und sozialen Lebensumstände, sowie erfahrene oder drohende Gefahren im Herkunftsland ermittelt. Hat der F.m.u. keinen Kontakt zu in der Bundesrepublik lebenden Verwandten und scheidet eine unmittelbare Rückführung in das Herkunftsland aus, so wird beim zuständige → Vormundschaftsgericht für den/die Minderjährige/-n eine Vormundschaft oder Pflegschaft eingeleitet. Diese prüft, ob die Stellung eines Asylantrages für den Minderjährigen aufgrund seiner Lebenssituation erforderlich ist. Hat der Minderjährige das 16. Lebensjahr vollendet, stellt er den Asylantrag selbst, andernfalls der Vormund oder Pfleger. Für die F. m. u. unter 16 Jahren gelten grundsätzlich die gleichen ausländerrechtlichen Regelungen über die Einreise und Durchführung eines Asylverfahrens wie für Erwachsene. Für die Dauer des Asylverfahrens erhalten sie i.d.R. → Hilfen zur Erziehung, die ggf. auch über das 18. Lebensjahr fortgesetzt werden kann. Falls eine Unterbringung bei Verwandten oder Freunden nicht in Betracht kommt, beantragt der Vormund/Pfleger für sie »Hilfen zur Erziehung« bei dem örtlich zuständigen Jugendamt. Die Mj. werden dann vorwiegend in Kinder- und Jugendheimen oder in betreuten Wohngruppen, vereinzelt auch in → Pflegefamilien untergebracht. Ihre Erziehung und Versorgung ist in den Bundesländern finanziell und konzeptionell sehr unterschiedlich geregelt. Diese Tatsache erklärt teilweise die Konzentration der F. m. u. auf einzelne Städte und Bundesländer, wie z.B. Hessen. *Hans-Dieter Heun*

Flüchtlingshilfegesetz (FlüHG) Nach dem FlüHG vom 15. 7. 1965, i.d.F. vom 15. 5. 1971 (BGBl. I S. 681), zuletzt geändert durch Gesetz vom 26. 5. 1994 (BGBl. I S. 1014 u. 1059) erhalten deutsche Staatsangehörige und deutsche Volkszugehörige auf Antrag Leistungen, sofern sie ihren Wohnsitz oder ständigen Aufenthalt im Gebiet der sowjetischen Besatzungszone Deutschlands oder im sowjetisch besetzten Sektor von Berlin gehabt haben, im Zuge oder nach der Besetzung und vor dem 1. 6. 1990 in den Geltungsbereich des Gesetzes zugezogen sind und sich ständig darin aufhalten und keine entsprechenden Leistungen nach anderen Vorschriften erhalten können. Bei Antragstellern, die nach dem 26. 8. 1950 zugezogen sind, ist auch erforderlich, daß sie im Wege der Notaufnahme oder eines vergleichbaren Verfahrens aufgenommen wurden. Vom Inkrafttreten im Gebiet der ehemaligen DDR ist das FlüHG gemäß Einigungsvertrag vom 31. 8. 1990 (BGBl. II S. 885 ff., 918) ausgenommen. Leistungen nach dem FlüHG sind Leistungen nach anderen Gesetzen – das → Bundessozialhilfegesetz (BSHG) ausgenommen – subsidiär. Sie umfassen inzwischen nur noch die grundsätzlich von einer → Einkommensgrenze abhängige Beihilfe zum Lebensunterhalt bzw. die besondere laufende Beihilfe. Der Kreis der Leistungsberechtigten ist erheblich eingeschränkt. Er umfaßt nur noch Personen, die in vorgeschrittenem Lebensalter stehen oder infolge von Krankheit und Gebrechen dauernd erwerbsunfähig sind oder die ihre berufliche oder sonstige Existenzgrundlage verloren haben.
Bertold Huber

Föderalismus beschreibt das Verhältnis von Bund und Ländern zueinander und damit die Bundesrepublik als Bundesstaat. F. bezeichnete ursprünglich einen Zusammenschluß gleichberechtigter Einheiten unter Bewahrung ihrer individuellen Eigenarten. Er gehört zu den stärksten politischen Gestaltungskräften des 18. und 19. Jh. Die Entstehung eines deutschen Staates 1871 war nur in dieser Form möglich, da so die einzelnen Staaten ihr wirtschaftliches, kulturelles und landsmannschaftliches Eigenleben bewahren konnten. Diese Unterschiede sind schon für die Weimarer Republik nicht mehr so wesentlich und in der Bundesrepublik fast völlig verschwunden (nur die Hansestädte und Bayern entsprechen noch den alten Gebietseinheiten), vor allem durch die Bevölkerungsbewegung nach 1945 und die Flexibilität der modernen Industriegesellschaft. F. bedeutet für die Bundesrepublik, daß die Länder als selbständige Gliedstaaten und der Bund als Gesamtstaat nebeneinander stehen. Ihr Verhältnis zueinander regelt die Verfassung, Völkerrecht ist nicht anwendbar. Die Verteilung von Aufgaben auf Bund und Länder ist Machtaufgliederung und somit ein weiteres Moment der Gewaltenteilung. Da auch in den Ländern Entscheidungszentren liegen, ist die Beteiligung unterschiedlicher politischer Kräfte möglich. Das kann den Nachteil der Schwerfälligkeit bei der politischen

Willensbildung haben und bei unterschiedlichen parteipolitischen Konstellationen in Bund und Ländern zur gegenseitigen Blokkade führen. Der F. gibt die Möglichkeit zur Vielfalt und Unterschiedlichkeit bei der Erfüllung der staatlichen Aufgaben. Regionale Unterschiede ergeben sich im modernen Wohlfahrtsstaat vor allem bei der Gewährung von Leistungen; solche Unterschiede verstoßen aber grundsätzlich nicht gegen den → Gleichheitssatz.

Die konkrete föderative Struktur ergibt sich aus dem → Grundgesetz (GG). Die Bundesstaatlichkeit als solche ist unantastbar (Art. 79 Abs. 3 GG), ihre Ausgestaltung aber flexibel. Die notwendige Homogenität wird durch bestimmte Gestaltungskriterien für die Länder erreicht (Art. 28 Abs. 1 S. 1 GG: Republik, Demokratie, Sozialer → Rechtsstaat). Die Einheit wird auch gesichert durch den ungeschriebenen Rechtssatz der Bundestreue, wonach Gesamtstaat und Gliedstaaten verpflichtet sind, bei der Ausübung ihrer Rechte auf die Interessen des Gesamtstaates Rücksicht zu nehmen. Grundsätzlich liegt die Zuständigkeit bei den Ländern, es sei denn, bestimmte Aufgaben sind dem Bund im GG ausdrücklich zugewiesen (Art. 30, 70, 83 GG). Über Streitigkeiten entscheidet das → Bundesverfassungsgericht (BVerfG). Für die Gesetzgebung liegt das Schwergewicht beim Bund. Zum Teil ist er ausschließlich zuständig (Art. 71, 73 GG), im Bereich der konkurrierenden Gesetzgebung (Art. 72, 74, 74a GG) kann er von seiner Zuständigkeit Gebrauch machen, wenn ein Bedürfnis nach einer bundeseinheitlichen Regelung besteht; dann erlischt die Kompetenz der Länder für die entsprechenden Sachverhalte. Für die Rahmengesetzgebung (Art. 75 GG) ist der Bund auf Regelungen beschränkt, die durch die Länder ausfüllbar sind. Als Zuständigkeitsbereich der Länder verbleiben vor allem Organisation und Finanzen des Landes, Kommunalwesen, → Polizei- und Ordnungsrecht sowie die Kulturhoheit (→ Bildung/Bildungswesen). Konflikte zwischen Bundes- und Ländernormen löst Art. 31 GG: Bundesrecht bricht Landesrecht. Völkerrechtlich ist die Bundesrepublik ein Einheitsstaat (Art. 32 Abs. 1 GG), die Länder haben Vertragskompetenzen nur im Rahmen ihrer Gesetzgebungskompetenzen. Die → Verwaltung ist weitgehend Ländersache, auch Bundesgesetze führen sie i.d.R. als eigene Angelegenheiten aus (Art. 84 GG). Nur wo der Bund die Länder mit der Verwaltung beauftragen kann (Art. 85 GG), hat er auch Weisungsmöglichkeiten. Bundeseigene Verwaltung ist nur beschränkt möglich (Art. 86, 87 GG). Unabhängigkeit verlangt auch Finanzielle Unabhängigkeit, der Ausgabenkompetenz folgt i.d.R. der Aufgabenkompetenz, dem entspricht die Verteilung des Finanzaufkommens und des → Finanzausgleichs. Wo der Bund finanziert, hat er auch die Möglichkeit, Weisungen zur Ausführung der Verwaltung zu erteilen. Die Mitwirkung der Länder im Bereich des Bundes erfolgt über den Bundesrat vor allem im Bereich des Gesetzgebungsverfahrens (→ Gesetzgebung).

Auf den Gebieten der Sicherheits-, Wirtschafts-, Bildungs-, → Sozial- und Finanzpolitik können einzelstaatliche Unterschiede oft nicht mehr hingenommen werden, daher ist mehr Zusammenarbeit nötig. Dies geschieht i.S.d. kooperativen F. durch institutionelle Zusammenarbeit – etwa bei den Gemeinschaftsaufgaben (Abschn. VIIIa GG), dazu gehören u.a. der Hochschulbereich und die Strukturpolitik – sowie durch Zusammenarbeit der Länder durch Staatsverträge (Numerus-clausus-Regelungen) oder Fachministerkonferenzen.

Die Verfassungsdebatte, ausgelöst durch die Folgen des Einigungsvertrages von 1990, hat den Ruf nach mehr Beteiligung und Entscheidungskompetenz für die Bundesländer wieder verstärkt. Im Ergebnis hat sich an der Struktur aber nichts geändert. Eine ähnliche Entwicklung ergibt sich auch im Rahmen der Gestaltung der → Europäischen Gemeinschaften (EG) zur politischen Union. Die Bundesländer wollen im Sinne eines Europas der Regionen ihre Interessen gegenüber den Gremien der EG selbst vertreten und mit darüber entscheiden, ob und welche nationalen Kompetenzen an die EG abgetreten werden.

Lit. Hempel, W.: Bundesstaat; Hesse, K.: Bundesstaat; Laufer: Föderalismus.

Barbara Dembowski

Fokaltherapie Eine Form der Kurzpsychotherapie, die ihre Wurzel in der klassischen psychoanalytischen Therapie (→ Psychoanalyse) hat. Bei einer durchschnittlichen Behandlungsdauer von weniger als 20 Stunden wird der zentrale »Herd« (Fokus) der Problematik bearbeitet, für den es bereits nach den ersten Sitzungen eine psychodynamische Formulierung zu finden gilt (→ Psychodynamik). Das therapeutische Ziel beschränkt sich auf die Heilung oder Besserung bestimmter Symptome oder Fehlanpassungen ohne tiefgreifende Veränderung der Persönlichkeitsstruktur. Eine F. ist dann angezeigt, wenn sich hinter der Symptomatik ein vorbewußter (→ Bewußtsein), relativ umschriebene Konflikt abzeichnet. Darüber hinaus sollte der Patient motiviert sein, einen Großteil der Verarbeitung selbständig auch außerhalb der Sitzungen und nach der Beendigung der Therapie durchzuführen. Motivationsfördernd sind Leidensdruck und ein konkreter Zeitpunkt, bis zu dem das Symptom »verschwunden« sein soll. Neben guter Wahrnehmungs- und Beobachtungsgabe ist minimale Introspektionsfähigkeit Voraussetzung für die Indikation zur fokalen Behandlung.

Hannelore Barth

Förderlehrgänge sind berufsvorbereitende Bildungsmaßnahmen, deren Teilnehmer aus Mitteln der BA (→ Arbeitsverwaltung) durch die → Arbeitsämter gefördert wird. Sie geben jungen Menschen mit Behinderungen besondere Hilfen, die ihnen die Aufnahme einer Berufsausbildung oder einer Arbeitnehmertätigkeit überhaupt erst ermöglichen. Gefördert werden (Körper-, Sinnes-, psychisch, Mehrfach-) → Behinderte
– die für eine Berufsausbildung in Betracht kommen, aber wegen ihrer Lernerschwernisse, begründet durch eine nicht nur vorübergehende Behinderung, einer besonderen Förderung bedürfen
– die aufgrund der Art oder Schwere der Behinderung für eine Berufsausbildung nicht in Betracht kommen, die aber andererseits durch die Beschäftigung in einer → Werkstatt für Behinderte überfordert wären
– die insbesondere wegen der Dauer ihrer → medizinischen Rehabilitation nicht unmittelbar nach der Schulentlassung eine Berufsausbildung aufnehmen konnten und deswegen nicht wettbewerbsfähig sind.
Je nach Zielgruppe kann ein F. von 6 Monaten bis – im Ausnahmefall – 3 Jahre dauern.

Karlheinz Schuster

Förderungen → Zuwendungen

Forensische Psychiatrie In allen Zweigen der → Rechtsprechung werden gerichtliche Sachverständige, besonders häufig Mediziner und Techniker, als Beweismittel und Helfer des Richters zur Entscheidung eines gerichtlichen Verfahrens herangezogen. Die Aufgabe des Sachverständigen beschränkt sich auf Information und Beratung. Er soll dem Richter, der stets in eigener Verantwortung zu entscheiden hat, die selbständige Überprüfung eines Sachverhaltes erleichtern. Neben dem Rechtsmediziner ist der Psychiater der von den Gerichten am häufigsten gefragte Gutachter unter den Medizinern. So war es eine Notwendigkeit, daß sich die f.P. als ein eigenes Arbeitsgebiet innerhalb der → Psychiatrie, mit entsprechenden Forderungen institutioneller und personeller Art, herausbildete. Trotz wiederholter Hinweise auf die heutigen Bedürfnisse, vor allem in dem Bericht über die → Psychiatrie-Enquête für den Deutschen Bundestag vom 25. 11. 1975, hat sich bisher nur wenig verändert.
Als gerichtlicher Sachverständiger hat sich der Psychiater mit psychischen Krankheiten, Störungen oder Behinderungen unter dem besonderen Aspekt ihrer tatsächlichen oder möglichen Auswirkungen in den verschiedenen Bereichen der Rechtsordnung – Kriminalrecht, Jugendrecht, Zivilrecht, → Sozialrecht, → Verwaltungsrecht – zu befassen. Bei der Begutachtung kann und darf der Psychiater sich nicht auf die ihm aus der Klinik geläufige Diagnostik beschränken. Er muß über eine breite klinische Erfahrung verfügen, zu der von jeher die sog. → Sozialpsychiatrie (Prävention, Rehabilitation) gehört. Darüber hinaus braucht er hinreichende Kenntnisse in der Rechtsordnung, in → Psychologie und → Kriminologie, in Sozialwissenschaften und Sozialpädagogik. Gegenüber dem Gericht hat sich der Psychiater zu jeweils bestimmten, rechtlich relevanten »Fähigkeiten« zu äußern: Schuldfähigkeit, Geschäftsfähigkeit, Erwerbsfähigkeit etc. Es geht also um die Feststellung, ob diese bei einem »normalen« Staatsbürger von der Rechtsordnung als gegeben unterstellten Fähigkeiten irgendwie beeinträchtigt oder aufgehoben sind, und wenn dem so ist, folgen Fragen nach Art und Grad der Beeinträchtigung und nach ihren Ursachen. In einem weiteren Sinn handelt es sich stets um die besondere Stellung einer von der gedachten Durchschnittsnorm des Staatsbürgers irgendwie abweichenden Persönlichkeit gegenüber einer bestimmten Rechtsnorm oder einem konkreten Rechtsanspruch. Dazu kommt eine Fülle spezieller Fragen, wie etwa: Voraussetzung einer Zwangsunterbringung (→ Unterbringungsgesetze), Verhandlungsfähigkeit, Haftfähigkeit, soziale und kriminelle Prognose, Glaubwürdigkeit jugendlicher Zeugen, Entwicklungsstand Heranwachsender, Voraussetzungen für eine → Kastration, Zuständigkeit eines Kostenträgers, Indikation zum → Schwangerschaftsabbruch etc. In jüngster Zeit ist durch immer häufiger gewordene Prozesse gegen Ärzte betreffend Behandlungsfehler, Aufklärung und Einwilligung, Aufsichts- und Sorgfaltspflicht, Behandlungsrecht und Behandlungsverweigerungsrecht die Problematik der Patientenrechte immer stärker in den Vordergrund gerückt. Das Selbstbestimmungsrecht hat als Grundrecht die in Art. 2 GG aufgezeigten Grenzen, darüber hinaus wird es als Patientenrecht von der Urteilsfähigkeit des Betroffenen mehr oder weniger beeinflußt. Die Voraussetzungen der Selbstbestimmung sind also unter psychologischen und psychopathologischen Gesichtspunkten zu prüfen. Diese Aufgabe des Sachverständigen kann durch unklare oder mißverständliche gesetzliche Vorgaben erschwert, wenn nicht unmöglich gemacht werden, so sind z. B. die Vorstellungen des Gesetzgebers von der Persönlichkeit und der Selbstbestimmungsfähigkeit eines Betreuungsbedürftigen in dem am 1. 1. 1992 in Kraft getretenen BtG (→ Betreuungsrecht) nicht ohne weiteres mit der wissenschaftlichen Auffassung kompatibel.
Im Grenzgebiet von Psychiatrie und Recht war es von jeher schwierig, zu einer Verständigung zwischen Arzt und Richter zu kommen. Hinderlich wird die Verschiedenheit der Sprache, vor allem aber der Gegensatz von Psychiatrie als Naturwissenschaft und Psychologie zur Jurisprudenz als

Formerfordernis

Norm- oder Wertwissenschaft. Die psychiatrische Begriffsbildung ist nur partiell naturwissenschaftlich, in einem weiten Bereich sind Motivations- und Sinnzusammenhänge bestimmend. Deshalb ist auch der Krankheitsbegriff in der Psychiatrie ein permanentes Diskussionsthema. Der Sachverständige muß sich stets der Grenzen des Beweiswertes psychiatrischer und psychologischer Aussagen vor Gericht bewußt sein. Maßstab des Richters ist nun einmal das Gesetz, und das gesetzlich geschützte Rechtsgut ist der für ihn entscheidende Wert. Von daher wird die theoretisch fundierte und praktisch bewährte Rollenverteilung zwischen Richter und Sachverständigem verständlich.

Lit. Ehrhardt: Psychiatrie; Ehrhardt: Psychopathologie; Ehrhardt: Schutz; Ehrhardt u.a.: Forensische Psychiatrie; Göppinger u.a.: Forensische Psychiatrie; Helle: Betreuungsrecht; Jessnitzer: Sachverständige; Langelüddeke u.a.: Gerichtliche Psychiatrie; Pohlmeier u.a.: Forensische Psychiatrie. *Helmut E. Ehrhardt*

Formerfordernis → Beglaubigung, → Beurkundung

Fortbildung In den Begriffen F., → Erwachsenenbildung und → Weiterbildung spiegelt sich ein verändertes Verständnis der Ziele und Aufgaben des → Lernens wider. Seit Ende der 30er Jahre wurden mit dem Begriff Erwachsenenbildung ausschließlich politische und kulturelle Bildungsprozesse (→ Bildung/Bildungswesen) erfaßt, nicht jedoch der Bereich der → beruflichen Bildung. Die Berufsbildung Erwachsener wird seit 1969 rechtlich z.B. im → Arbeitsförderungsgesetz (AFG) und im BBiG durch den Begriff F. definiert. Ziel ist es, »die beruflichen Kenntnisse und Fertigkeiten festzustellen, zu erhalten, zu erweitern, der technischen Entwicklung anzupassen oder einen beruflichen Aufstieg zu ermöglichen« (§ 41 AFG).

Der gesellschaftliche Wandel (neue Technologien industrieller Produktion, neue Handlungsfelder und Organisationsformen in der sozialen Arbeit) hat auch nachhaltig Inhalte, Aufgaben, Funktion und Didaktik der F. beeinflußt. Besondere Bedeutung hat die F. in der sozialen Arbeit, weil hier der Prozeß der → Professionalisierung der → Fachkräfte – anders als z.B. bei Ärzten, Juristen oder Ingenieuren – mit zweifelsfrei definiertem Selbstverständnis und berufsständischen Kontrollinstanzen noch nicht abgeschlossen ist. In der Sozialgesetzgebung (z.B. im → Bundessozialhilfegesetz [BSHG] und im → Kinder- und Jugendhilfegesetz [KJHG – SGB VIII]) ist für bestimmte Leitungsfunktionen (→ Führung und Leitung in der sozialen Arbeit) der Nachweis besonderer Qualifikationen, die nicht in der Ausbildung erworben wurden, erforderlich; die F. der Fachkräfte ist im § 72 KJHG als besondere Aufgabe der → Jugendämter (JÄ) rechtlich geregelt.

Die berufliche F. organisiert Lehr- und Lernprozesse auf der Grundlage eines erlernten und/oder ausgeübten Berufs mit dem Ziel, berufsspezifische Kompetenzen (Kenntnisse, Fertigkeiten, Verhaltensweisen) zu reflektieren, zu vertiefen, zu erneuern oder zu erweitern.

Berufliche Weiterbildung qualifiziert in einem langfristigen, i.d.R. berufsbegleitenden Studiengang für spezifische Funktionen und/oder Positionen (z.B. Supervisor, Psychodrama-Leiter, Leitungsfachkraft, Berater) und endet mit einem – wenn auch nicht immer staatlich anerkannten – Abschlußzertifikat. Bezüglich einer Begriffsbestimmung sowie der in der Praxis entwickelten Mindeststandards für berufliche Weiterbildung s. → Weiterbildung.

→ Zusatzausbildung bezeichnet eine gesetzlich geregelte, für ein anerkanntes Berufsbild (z.B. staatlich anerkannter → Heilpädagoge) qualifizierende Maßnahme mit i.d.R. tariflichen Konsequenzen. Im Bereich sozialer Arbeit ist F. mittlerweile anerkannter und unverzichtbarer Bestandteil jeder qualifizierten professionellen Tätigkeit mit ausdifferenzierten und entwickelten methodisch-didaktischen Verfahren. Problematisch bleibt die eingangs beschriebene Differenzierung von kultureller und politischer Bildung einerseits und ausschließlich berufsbezogener F. andererseits. Soziale Arbeit ist in ihrer Wirksamkeit abhängig von gesellschaftlichen Entwicklungen und Konstellationen, die eine permanente Reflexion und Verständigung ihrer Ansprüche, Aufträge, Ziele und Werte sowie folglich auch Reflexion und Entwicklung ihres methodischen Repertoires bedingen. F. muß in der → Sozialarbeit/Sozialpädagogik tätigen Fachkräfte befähigen, die ihr berufliches Handeln bestimmenden Entwicklungen und Umstände zu reflektieren und auf Entwicklungen Einfluß zu nehmen. Ziel der F. ist die Vermittlung von Kompetenzen für Fachkräfte, sich selbst wie auch die Klienten und Zielgruppen in einem System ungleichgewichtiger und widersprüchlicher Bedürfnisse und Interessen zu verstehen. Darauf aufbauend müssen Kompetenzen vermittelt werden, aus der Bewertung dieser Strukturzusammenhänge Handlungsalternativen auf unterschiedlichen Ebenen zu entwickeln: a) Ebene der Klienten; b) Ebene der Mitarbeiterinnen und Mitarbeiter, Kolleginnen und Kollegen sowie Vorgesetzten und c) Ebene der Organisation/Institution mit ihren spezifischen Entscheidungsstrukturen.

Ergebnis muß sowohl die Entwicklung von Organisationen (→ Organisationsentwicklung) als auch die Qualifizierung von Mitarbeiter/-innen (→ Personalentwicklung) sowie die positive Beeinflussung der mate-

riellen und psychosozialen Lebenslagen der Klienten und ihres → sozialen Umfeldes sein.
F. dient also der Vermittlung fachlicher, sozialer Kompetenzen sowie von Kompetenzen zur → Innovation institutionalisierter sozialer Arbeit. In der Praxis sind F.-Angebote auf bundeszentraler, regionaler und organisationsinterner Ebene entwickelt; ihre Wirksamkeit kann durch Abstimmungen zwischen diesen Systemen wesentlich erhöht werden. Wie immer auch die methodisch-didaktischen Konzepte sich auf den genannten Ebenen unterscheiden mögen, so ist doch die aktive Mitgestaltung der Teilnehmerinnen und Teilnehmer von Lernprozessen unverzichtbares didaktisches Prinzip.
Inhalte von F. werden in einem weiten Spektrum von Grundsatzfragen über aktuelle Einzelaspekte bis hin zur Vermittlung neuerer → Methoden der sozialen Arbeit angeboten. Träger von F. im sozialen Bereich sind → öffentliche und → freie Träger, Verbände, Fachschulen für Sozialpädagogik, Fachhochschulen und Gesamthochschulen sowie in jüngerer Zeit auch private Anbieter. Der → Deutsche Verein für öffentliche und private Fürsorge (DV) führt F.-Veranstaltungen in der »Akademie für Jugendarbeit und Sozialarbeit«, im »F.werk für Sozialarbeiter und Verwaltungsfachkräfte«, im »F.werk für sozialpädagogische Fachkräfte« durch.
Lit. Bergmann, K. u. a.: Lernen; Deutscher Bildungsrat: Strukturplan; Engel-Kemmler u. a.: Fortbilden; Pöggeler: Erwachsenenbildung. *Martin Scherpner/Manfred Wolf*

Fortbildungswerk für Sozialarbeiter und Verwaltungsfachkräfte → Deutscher Verein für öffentliche und private Fürsorge (DV)

Fortbildungswerk für sozialpädagogische Fachkräfte → Deutscher Verein für öffentliche und private Fürsorge (DV)

Fragebogen → Befragung

Frauenbeauftragte (oder Gleichstellungsbeauftragte) Ihre Funktion entstand aus dem Bestreben der → Frauenbewegung, die Benachteiligung von Frauen auf dem Arbeitsmarkt und im Bildungsbereich sukzessive abzuschaffen. Anfang bis Mitte der 80er Jahre (1. F. in Hamburg) wurden F.stellen bei Behörden (Bund, Land, Kommunen), bei Hochschulen und Gewerkschaften, aber dagegen nur wenige in der Industrie geschaffen, ohne daß dazu eine bundesgesetzliche Verpflichtung bestand. Als erstes Bundesland nahm Schleswig-Holstein 1990 in Artikel 6 der Landesverfassung die aktive Förderung der Gleichstellung von Frauen und Männern auf und schuf damit auch für F.stellen eine landesgesetzliche Grundlage. Inzwischen gibt es in Deutschland 1 365 (Stand: Juni 1996) F. Die F. erfüllen in der Regel vier formale Funktionen: Information und Beratung, Konzeptionierung und Initiierung systematischer Gleichstellungspolitik, Artikulation und Vertretung der Bedürfnisse und Interessen der Frauen, Vermittlung zwischen Frauenbewegung, Bürger/-innen, Verwaltung und Politik. Inhaltlich besteht ihre Arbeit in einem konkret praktischen und einem strukturellen Ziel: Abbau von Gleichstellungsdefiziten im örtlichen Lebensumfeld und in der Verwaltung. Ebenso in den Strukturveränderungen zur Verbesserung der Situation von Frauen in allen Lebensbereichen. Inzwischen haben alle Bundesländer verpflichtende Bestimmungen in die Kommunalverfassungen aufgenommen, die die Beschäftigung einer F. (hauptamtlich oder nebenamtlich) vorsehen. Manche Bundesländer regeln die Befugnisse der F. detailliert (z. B. Niedersachsen, Berlin), andere fordern in der Gemeindeordnung lediglich die pure Existenz der F. (Hessen, Saarland, Thüringen). Für die Arbeit und Existenz der F. ist dies problematisch, weil die Aufgabenerfüllung letztendlich vom Wohlwollen ihres Dienstherrn abhängt.
Ansprechpersonen: Vernetzungsstellen für kommunale Frauen- und Gleichstellungsbeauftragte (i. d. R. in den Landeshauptstädten der jeweiligen Bundesländer).
Heidi Naujoks

Frauenbewegung Politische und soziale Bewegung von Frauen zum Kampf gegen → Diskriminierung und Unterdrückung der Frau in allen Lebensbereichen (→ Emanzipation).
Die F. steht im Zusammenhang mit verschiedenen politischen Strömungen der Kritik an bestehenden gesellschaftlichen Verhältnissen, wobei sie die Lage der Frau besonders betont. Die F. ist ein historisches und internationales Phänomen. In letzter Zeit wird zur Kennzeichnung der verschiedenen Phasen der F. zwischen alter und neuer F. unterschieden, wobei die alte F. durch einen bürgerlichen und einen proletarischen Flügel gekennzeichnet wird.
Die alte F. entstand zusammen mit den politischen und wirtschaftlichen Veränderungen in Europa Ende des 18. Jh. Die Parole der Französischen Revolution »Freiheit, Gleichheit, Brüderlichkeit« wurde von Frauen aufgegriffen. 1789 forderten O. de Gouges in Frankreich und 1792 M. Wollestonecraft in England alle bürgerlichen Freiheiten für die Frau. In den USA stellten amerikanische Frauen 1848 der Unabhängigkeitserklärung eine »Declaration of Sentiments« gegenüber, in der sie die volle Gleichberechtigung des weiblichen Geschlechts proklamierten. 1849 gründete L. Otto-Peters in Deutschland unter dem Motto »Dem Reich der Freiheit werb' ich Bür-

Frauenbewegung

gerinnen« die erste deutsche »Frauen-Zeitung«, in der sie sich vor allem für das Recht der Frau auf Berufsausbildung einsetzte. Im Gegensatz zu den Frauen der F. etwa in England oder den USA haben sich die Frauen in der deutschen F. nicht in erster Linie um politische Rechte für Frauen bemüht, sondern vor allem eine Bildungsbewegung begründet, die die weiblichen Kräfte der Nation wecken und in ihren Dienst stellen sollte. Die deutsche F. bezog ihre Ideale aus dem romantischen Denken des philosophischen Idealismus und der bürgerlichen Aufklärung. Der 1865 gegründete Allgemeine Deutsche Frauenverein trat zwar für das Recht der Frau auf alle Arbeiten ein, zu denen sie fähig ist, betonte aber zugleich die Geltung der Philosophie von der Polarität der Geschlechter. Danach sind Mann und Frau bestimmte Wesenseigenschaften angeboren, die einander ergänzen. Frauenbildung sollte die guten Eigenschaften des weiblichen Wesens, vor allem die Mütterlichkeit entwickeln, damit die Frauen als »Mütter des Staates« (H. Goldschmidt) zur Vermenschlichung des wirtschaftlichen und sozialen Lebens beitragen. Diese Auffassung ist als »kulturhistorische Mission der Frau« auch für die Leitbilder der entstehenden weiblichen Berufe in pädagogischen und sozialen Arbeitsbereichen prägend gewesen. Bürgerliche Frauen fanden in der ehrenamtlichen Arbeit im Rahmen von konfessionellen und privaten Frauenvereinigungen ein breites Tätigkeitsfeld zur Erfüllung ihrer »sozialen Pflichten« (A. Salomon) gegenüber den Armen. In Berufen wie Kindergärtnerin, Lehrerin, Krankenschwester und Wohlfahrtspflegerin eröffnete sich ihnen später sogar die Möglichkeit zu einer anerkannt weiblichen und standesgemäßen Berufsarbeit (→ Sozialarbeit/Sozialpädagogik). 1894 schlossen sich die bürgerlich orientierten Frauenvereine zum Bund Deutscher Frauenvereine zusammen, der sich von den Arbeiterinnen-Vereinen abgrenzte. Diese schlossen sich stärker an die → Arbeiterbewegung an und traten besonders für Arbeitsschutz und gleichen Lohn für Frauen ein.
Soweit ihre politischen Vorstellungen über rein gewerkschaftliche Forderungen hinausgingen, versuchten sie die Frauen i.S.d. Klassenkampfes zu erziehen (vgl. → Klasse). Ziel war die Befreiung des Menschen von kapitalistischer Ausbeutung, womit auch die Unterdrückung der Frau aufgehoben sein sollte. Die proletarische F. hat entsprechend der materialistischen Theorie die Frauenfrage als Nebenwiderspruch zum Hauptwiderspruch zwischen Kapital und Arbeit gesehen. Im Gegensatz dazu hat sich die bürgerliche F. – gerade durch den von ihr geprägten Beruf der Wohlfahrtspflegerin – auf ein Programm zur Versöhnung der sozialen Gegensätze verstanden. Die Kluft zwischen Besitzenden und Besitzlosen sollte durch familienfürsorgerische Maßnahmen, durch Gesundheits- und Jugendpflege überwunden werden.
Im 1. Weltkrieg orientierten sich die bürgerlichen F. an nationalen Interessen und mobilisierten ihre Mitglieder für die Arbeit in der Kriegsfürsorge. Die sozialistisch und kommunistisch orientierte proletarische F. und ein kleiner radikaler Flügel der bürgerlichen F. schlossen sich einer internationalen Kampagne von Frauen gegen den Krieg an. Während der Weimarer Republik stellte die F. Abgeordnete zu den verschiedenen politischen Parteien. 1933 lösten sich einige Vereine entweder selbst auf, wurden verboten oder mit den faschistischen Frauenorganisationen gleichgeschaltet. Nach 1945 entstanden in den westlichen Besatzungszonen Nachfolgeorganisationen der bürgerlichen F., die sich 1949 zum Deutschen Frauenring zusammenschlossen. In der sowjetischen Besatzungszone gründete sich der Bund demokratischer Frauen als Nachfolgerin der proletarischen F. 1969 wurde in der Bundesrepublik Deutschland der Deutsche Frauenrat als Bundesvereinigung deutscher Frauenverbände und Frauenvereinigung gemischter Verbände gegründet.
Die neue F. versteht sich als autonome, d. h. von politischen Parteien und Gruppierungen organisatorisch unabhängige Bewegung. Kontakte zu den Nachfolgeorganisationen der alten F. sind gering. Die neue F. entstand Ende der 60er Jahre in Europa und den USA im Zuge der Studentenbewegung und des Widerstandes gegen den Vietnamkrieg. Sie vereint Feministinnen unterschiedlicher Ausprägung, die sich in der Einschätzung, ob Kapitalismus oder Patriarchat eher für die Frauenunterdrückung verantwortlich zu machen sind, unterscheiden. Als radikale Feministinnen verstehen sich die Gruppen der lesbischen Frauen. Auseinandersetzungen um die Reform der Verbote von → Schwangerschaftsabbrüchen geben der neuen F. in allen Ländern eine große Breitenwirkung.
Die neue F. in der Bundesrepublik hat in den 70er Jahren in etwa 130 Städten Frauenzentren eingerichtet, in denen → Selbsthilfegruppen für Gesundheits-, Rechts- und allgemeine Lebensfragen, Kampagnen gegen den § 218 StGB sowie Fahrten zum illegalen Schwangerschaftsabbruch und Demonstration gegen Gewalt an Frauen organisiert wurden.
Die theoretischen Debatten der 70er Jahre waren von der Forderung nach Lohn für Hausarbeit gekennzeichnet.
In den 80er Jahren hat sich die neue F. stark in der Friedensbewegung engagiert, zugleich wurde die Aufmerksamkeit verstärkt auf die sexuelle Unterdrückung der Frau und auf den sexuellen Mißbrauch von Kindern, besonders Mädchen gelenkt. Initiativgruppen gründeten → Frauenhäuser für

mißhandelte Frauen und ihre Kinder, Notrufe für vergewaltigte Frauen und Beratungsstellen für sexuell mißbrauchte Mädchen.
Die von der neuen F. angeregte Parteilichkeit für Frauen hat sich auf alle Bereiche der sozialen Arbeit ausgewirkt. Neue Konzepte der Arbeit mit Mädchen und Frauen werden zunehmend von den Wohlfahrtsverbänden übernommen bzw. von den Kommunen und Ländern mitgetragen, z.B. Frauenhäuser, Prostituierten-Treffs, Mädchen-Cafés, aber ihre unzureichende Finanzierung zeigt, daß diese Projekte auch in den 90er Jahren noch um Anerkennung kämpfen müssen.
Die theoretischen Debatten Ende der 80er Jahre waren von einer kritischen Auseinandersetzung mit dem Gleichheitsbegriff (Gleichheit oder Differenz) und der Suche nach einer eigenständigen, weiblichen Identität geprägt.
Die neue F. hat inzwischen fast alle Bereiche der Benachteiligung von Frauen aufgegriffen und sich mit verschiedenen Projekten und politischen Auseinandersetzungen stark differenziert. Gruppierungen unterschiedlicher Orientierung engagieren sich an Themen wie dem § 218, der Benachteiligung von Müttern und → Alleinerziehenden, für Frieden und für Umweltfragen. → Frauenforschung ist in eigenen Sektionen wissenschaftlicher Gesellschaften organisiert.
Erheblichen Einfluß hat die neue F. auf die Debatte um die politische Beteiligung von Frauen in Politik und Wirtschaft gehabt. Seit Mitte der 80er gibt es Frauenministerinnen, Quotenbeschlüsse von politischen Parteien für Mindestbeteiligungen von Frauen in Führungspositionen, Frauenbeauftragte und -förderpläne in Kommunen, Landesbehörden und an den Hochschulen.
An der Diskussion um die → Professionalisierung der sozialen Arbeit beteiligt sich die neue F. mit den Begriffen »Gefühls- oder Beziehungsarbeit«, indem sie auf die besondere weibliche Prägung der sozialen Arbeit aufmerksam macht.
Lit. Bock, U.: Feminismus; Brownmiller: Vergewaltigung; Cremer, C. u.a.: Frauen; Doormann: Frauenbewegung; Greven-Aschoff: Frauenbewegung; Janssen-Jureit: Frauenprogramm; Quistorp: Frauen; Salomon: Lebenserinnerungen; Schwarzer, A.: Frauenbewegung; Sozialwissenschaftliche Forschung und Praxis für Frauen: Beiträge; Twellmann: Frauenbewegung; Zetkin: Frauenbewegung. *Monika Simmel-Joachim*

Frauenforschung hat sich in der Bundesrepublik in den 70er Jahren aus der Neuen → Frauenbewegung heraus als politisch engagierte Wissenschaft entwickelt. Sie hat sich gegen eine bloße »Wissenschaft von der Frau« oder »Forschung über Frauen« durch ihr kritisches Anliegen abgegrenzt. Eine kritische Wissenschaft (→ kritische Theorie) will Strukturen der Benachteiligung, Unterdrückung und Geringschätzung bestimmter Gruppen beschreiben und erklären – und zwar im Hinblick auf mögliche Strategien der Veränderung. F. ist angetreten, die herkömmliche Wissenschaftspraxis zu kritisieren, indem sie zunächst alte wie neue sexistische Vorurteile, Blindheiten, Verkürzungen und Verzerrungen, die dazu beitragen, daß Frauen als Handelnde nicht nur einseitig oder nur im Hinblick auf den Mann vorkommen, aufdeckte. »Sexistisch« hat sie dabei eine Sichtweise genannt, die die Individualität einer Frau hinter deren Geschlechtsein zum Verschwinden bringt; z.B. wenn in einer beruflichen Situation die Kollegin vorrangig in ihrem Frausein und nicht ausschließlich nach berufsfachlichen Kriterien beurteilt wird. Als »sexistisch« hat sie ferner Konzepte und Diskurse bezeichnet, die männliche Werte, Eigenschaften und Verhaltensweisen zum Maßstab des allgemein Menschlichen erheben. F. entstand also als kritische methodische Perspektive, die an jeden Gegenstandsbereich angelegt werden konnte und sollte.
Die Bestimmung und Abgrenzung des Forschungsfeldes ist allerdings bis heute Gegenstand theoretischer Reflexion in der F. und Element ihrer kritischen Selbstvergewisserung. Auf die Fragen, wer Subjekt und wer oder was Objekt der F. ist, worin ihr spezifischer Ausgangspunkt und ihre Perspektive bestehe, welche Forschungsverfahren ihrem Anliegen angemessen seien oder wie ihr disziplinärer Status zu bestimmen sei, existieren innerhalb der F. unterschiedliche Antworten. G. Nunner-Winkler hat drei Definitionen von F. identifiziert: (1) eine gegenstandsorientierte Abgrenzung, die die Lage von Frauen (Unterdrückung; Macht; Handlungsspielräume) zum Ausgangspunkt der Forschung macht; (2) eine perspektivische Definition, der zufolge F. beliebige Gegenstände aus »frauenspezifischer«, parteilicher oder ideologiekritischer Perspektive untersucht; (3) eine politisch-methodologische Definition, die für F. die Einheit von Theorie und Praxis reklamiert.
Statt von F. spricht man inzwischen immer häufiger von der Erforschung der Geschlechterverhältnisse. Nicht mehr die besondere Situation der Frau steht im Mittelpunkt der Forschung, sondern das Verhältnis zwischen den Geschlechtern (»Geschlecht« als soziale Konstruktion und Strukturkategorie). Dieser Begriffswechsel berücksichtigt u.a. die Vielfalt weiblicher Lebenslagen und -erfahrungen, die es immer weniger möglich machen, von Frauen als einer homogenen Gruppe und von der F. zu sprechen. Mit der Betonung der sozialen Konstruiertheit von »Geschlecht« verabschiedete sich ein Teil der F. von der polari-

sierenden Debatte um »Gleichheit« und »Differenz«. Beide Positionen, die der Gleichheit wie die der Differenz, unterstellen a priori zwei Geschlechter als gegeben. Im ersten Fall soll das einen dem anderen gleichgestellt, im anderen trotz Verschiedenheit als gleichwertig anerkannt werden. Extreme Verfechter/-innen des konstruktivistischen Ansatzes entziehen sich einer Stellungnahme zur Existenz zweier Geschlechter, indem sie der Zweigeschlechtlichkeit die dynamische Vielfalt des vermeintlich Differenten entgegensetzen. Damit wird allerdings tendenziell jeder »Frauen«politik – und sei sie auch noch so vordringlich und frauenfreundlich – die Legitimationsbasis entzogen. *Ilona Ostner*

Frauenhäuser sind Zufluchtstätten für Frauen und Kinder, die durch ihren Ehemann/Partner körperlich oder psychisch mißhandelt werden. In F. finden sie Schutz vor weiterer Mißhandlung und Unterstützung bei der Überwindung ihrer Mißhandlungserfahrungen sowie bei der Entwicklung eines eigenständigen Lebens. Die Einrichtung von F. ist ein Verdienst der neuen → Frauenbewegung, die Mißhandlung von Frauen als extreme Form ihrer gesellschaftlichen Unterdrückung begreift. F. entstanden zuerst in Großbritannien und den Niederlanden; 1976 wurde das erste F. in Westberlin eröffnet, weitere folgten in Bremen, Köln und Frankfurt. Inzwischen bestehen ca. 240 F. in den alten und 130 in den neuen Bundesländern. Viele verstehen sich als autonome F., d. h. sie wurden von unabhängigen Fraueninitiativen als eingetragene → Vereine, oft mit der Bezeichnung »Frauen helfen Frauen«, gegründet. Ihr Ziel ist es, über die → Einzelfallhilfe hinaus → Gewalt gegen Frauen und ihre gesellschaftliche Benachteiligung zu thematisieren und zu verändern. In den 80er Jahren wurden zunehmend sog. Frauen- u. Kinderschutzhäuser in Trägerschaft traditioneller Verbände gegründet, zunächst meist als »Gegenhäuser« gegen die auf Emanzipation und Parteilichkeit ausgerichteten F. In Konzeption und Praxis haben sie sich jedoch zunehmend den autonomen F. angeglichen.
Jährlich suchen etwa 40 000 Frauen Schutz in F., mit ihnen eine ähnlich große Anzahl von Kindern. Die pädagogische Arbeit mit Kindern in F. hat sich zu einem eigenständigen Bereich entwickelt. Sie trägt der Tatsache Rechnung, daß Kinder, die selbst mißhandelt oder gezwungen wurden, Mißhandlungen ihrer Mütter mitzuerleben, Unterstützung bei der Verarbeitung dieser Gewalterfahrungen brauchen (→ Kindesmißhandlung). Ferner hat sich in den F. gezeigt, daß ein dringender Bedarf für eigene Zufluchtstätten für Mädchen und junge Frauen besteht, die sexuell mißbraucht wurden. Neue konzeptionelle und personelle Anforderungen stellen sich in den F. durch den wachsenden Anteil von Migrantinnen mit unterschiedlichem kulturellem Hintergrund. Als weiteres Handlungsfeld für F. gewinnen Gewaltpräventions- und Interventionskonzepte an Bedeutung. Ziel ist ein besserer Schutz von Frauen vor (weiterer) Mißhandlung, was u. a. durch bessere Kooperation zwischen F., Behörden und Fachkräften, durch verstärkte Sanktionierung der Täter durch Polizei und Justiz sowie durch »Täterarbeit« erreicht werden soll. Obwohl die Notwendigkeit von F. allgemein anerkannt ist, hat dies nicht zu einer befriedigenden öffentlichen Finanzierung geführt. Die »Zweiten Empfehlungen zu den Kosten in F. und zur Übernahme dieser Kosten« des → Deutschen Vereins für öffentliche und private Fürsorge (DV) vom 28. 4. 1988 werden nur z. T. umgesetzt. Zwar gibt es in fast allen Bundesländern (Ausnahme: Baden-Württemberg) Förderprogramme, doch ist die kommunale Co-Finanzierung mangels eindeutiger Rechtsgrundlage vielerorts unzureichend. Nur in Schleswig-Holstein ist sie mit der Landesförderung verknüpft und gesetzlich abgesichert. *Eva-Maria Bordt*

Frauenkriminalität ist als eigenständiges gesellschaftliches Problem zu betrachten, auch wenn statistisch gesehen → Kriminalität und Strafverfolgung bei Frauen eine untergeordnete Rolle spielen. Die polizeiliche Kriminalstatistik weist nur etwas über 20% Frauen aus, die Verurteilungsstatistik rund 16%. Sozialwissenschaftliche Untersuchungen bestätigen, daß »Gefährlichkeit« und »Sozialschädlichkeit« bei straffälligen Frauen geringfügiger sind als bei Männern; auch in der Deliktstruktur werden andere Merkmale deutlich. Straffällige Frauen fallen jedoch in stärkerem Maße als Männer aus der ihnen gesellschaftlich zugeschriebenen Rolle und werden sowohl justiziell als auch häufig zusätzlich moralisch verurteilt. Neuere frauenspezifische Untersuchungen begreifen F. weniger als persönliche Schwäche oder als Zeichen von defizitären → Lebenslagen, sondern als ebenso normal und real wie die Kriminalität von Männern.
Lit. Oberlies: Geschlechtsspezifische Kriminalität; Maelicke, H.: Frauenkriminalität; Maelicke, H.: Frauenstrafvollzug.
Hannelore Maelicke

Frauenstrafvollzug ist der Vollzug der → Freiheitsstrafe an weiblichen Gefangenen in Justizvollzugsanstalten. Eine neuere Untersuchung über die F. in den 16 Bundesländern hat ergeben, daß auch wegen der geringen Zahl von erwachsenen weiblichen Gefangenen im Strafvollzug (durchschnittlich 4,5%) es nur 6 eigenständige Frauenanstalten gibt, gegenüber insgesamt 217 Männeranstalten. Diese 6 eigenständige Frauenanstalten befinden sich ausschließlich in

den alten Bundesländern. Im übrigen sind die weiblichen Gefangenen in getrennten Abteilungen in Männeranstalten untergebracht. Als randständig ist im F. auch die Unterbringung im offenen Vollzug zu betrachten. Lediglich 18% aller weiblichen Strafgefangenen befanden sich (1993) im offenen Vollzug, obwohl bei Frauen geringere Sicherheitsrisiken bestehen. Auch wegen der kleinen Zahl steht der F. im Schatten der Reformbestrebungen. Nach wie vor fehlen spezifische Angebote für straffällig gewordene Frauen, die ihre weibliche → Sozialisation und ihre Lebensbedingungen nach der Entlassung aus der Haft genügend berücksichtigen. Dies betrifft z.B. Erfahrungen mit sexuellen Übergriffen oder → Gewalt in der → Familie. Hinzu kommen die erschwerten Chancen für Frauen auf dem → Arbeitsmarkt, ihre besondere »Abhängigkeit« durch Mutterschaft und Familienarbeit. Frauenspezifische Reformkonzepte werden nur von wenigen Bundesländern wie z.B. Niedersachsen und Schleswig-Holstein entwickelt. Sonderregelungen für Frauen enthält das StVollzG für die gemeinsame Unterbringung von Müttern mit ihren noch nicht schulpflichtigen Kindern. Derzeit gibt es 8 Mutter-Kind-Einrichtungen im Rahmen des F. In den Mutter-Kind-Einrichtungen wurde zumindest der im StVollzG geforderten Angleichung an den offenen Vollzug mehr Rechnung getragen. Immerhin befanden sich 1993 von insgesamt 45 Frauen (auch Untersuchungsgefangene) 16 mit ihren Kindern im offenen Vollzug von Mutter-Kind-Einrichtungen.
Lit. Birtsch u.a.: Gefängnis; Maelicke, H.: Frauenkriminalität; Maelicke, H.: Frauenstrafvollzug; Maelicke, H.: Männersache?
Hannelore Maelicke

Freie Assoziation → Psychoanalyse

Freie Träger verantworten fachlich, wirtschaftlich und organisatorisch die → Einrichtungen und Dienste, die zur Verwirklichung sozialpädagogischer Ideen und auch eines großen Teils von → Rechtsansprüchen notwendig sind. F. T. sind überwiegend in der Rechtsform von eingetragenen → Vereinen, daneben auch in der Form von → Stiftungen oder gemeinnützigen GmbH organisiert (Unterscheidungsmerkmal zu behördlichen Einrichtungsträgern) und haben den steuerrechtlichen Status der → Gemeinnützigkeit (Unterscheidungsmerkmal zu gewerblichen Trägern).
F. T. sind Ausdruck des wirtschaftlichen und organisatorischen Potentials → freier Wohlfahrtspflege. Sie haben sich nahezu vollständig den Spitzenverbänden der freien Wohlfahrtspflege zugeordnet. Die Statistik der Einrichtungen der freien Wohlfahrtspflege ist gegliedert in:
– Krankenhäuser (1 159 mit 226 414 Betten und 300 394 Beschäftigten)
– Einrichtungen der Jugendhilfe (27 415 mit 1 482 881 Plätzen und 183 401 Beschäftigten)
– Einrichtungen der Familienhilfe (10 629 mit 71 211 Plätzen und 69 080 Beschäftigten)
– Einrichtungen der Altenhilfe (13 231 mit 534 369 Plätzen und 185 392 Beschäftigten)
– Einrichtungen der Behindertenhilfe (10 803 mit 294 880 Plätzen und 120 620 Beschäftigten)
– Einrichtungen und Dienste für Personen in besonderen sozialen Situationen (12 263 mit 226 980 Plätzen und 67 370 Beschäftigten)
– Aus-, Fort- und Weiterbildungsstätten (1 462 mit 92 836 Plätzen und 11 166 Beschäftigten)
Der Anteil f. T. an den Trägerschaften sozialer Einrichtungen ist in der Bundesrepublik sehr hoch. So verantworten f. T. beispielsweise:
– rund 35 Prozent der Krankenhausbetten
– rund 70 Prozent der Plätze für alte Menschen
– rund 80 Prozent aller Plätze der Kinder- und Jugendheime
– rund 70 Prozent aller Plätze der Kindertagesstätten
– rund 90 Prozent aller Arbeitsplätze der Werkstätten für Behinderte.
Die Einrichtungen f. T. sind entstanden auf Grund sozialer Bedürfnisse, des Gestaltungswillens der Trägervereine und finanzpolitischer Entscheidungen öffentlichrechtlicher Körperschaften auf verschiedenen Ebenen. Gegenwärtig werden Investitionsentscheidungen über Neubauten, Erweiterungsbauten und Modernisierung zusätzlich und vorrangig beeinflußt durch → Sozialplanung von Bund und Ländern (»flächendeckende Angebote«) und Finanzierungsgesetze (z.B. Krankenhausfinanzierungsgesetze, → Kindergartengesetze; → Krankenhausfinanzierung der Länder). Die erforderlichen Eigenmittel bringen die f. T. durch Mitgliedsbeiträge, Spenden, Erlöse der Fernsehlotterien (Aktion Sorgenkind, Stiftung → Deutsches Hilfswerk, Glücksspirale) und Inanspruchnahme des Kapitalmarktes auf. Die laufenden Kosten der Einrichtungen werden durch Leistungsentgelte (→ Pflegesätze, Selbstzahler) oder pauschale Zuwendungen aus öffentlich-rechtlichen Haushalten (Gebietskörperschaften, → Sozialleistungsträger) aufgebracht.
Die Grundproblematik für f. T. besteht in dem Anspruch der Finanzierungsinstitutionen, die Mittel für Investitionen oder für die Sicherstellung der Leistungsentgelte bereitstellen, Einfluß auf die fachliche, wirtschaftliche und organisatorische Gestaltung des Hilfsangebotes zu nehmen (»Goldener Zügel«). Diese Ansprüche reichen von der Einsichtnahme in die Wirtschaftsführung über vorgegebene Stellenpläne und

Mitentscheidung bei der Einstellung und Entlassung von Mitarbeitern bis zur Vertretung in Vereins-, Stiftungs- und Gesellschaftsorganen. Die öffentlich-rechtlichen Geldgeber begründen ihren Anspruch einerseits mit der Höhe der bereitgestellten Geldmittel, andererseits mit der Verantwortung für die → Hilfeempfänger. In diesem Zusammenhang haben sich die f. T. derzeit mit neuen Steuerungsinstrumenten wie → Leistungsverträgen, → Controlling, → Qualitätssicherung auseinanderzusetzen und dabei zu versuchen, wirtschaftliche Anforderungen und fachlich-menschlichen Auftrag im Gleichgewicht zu halten. S.a. → öffentliche Träger, → Leistungserbringer der sozialen Arbeit.
Lit. Caritasverband: Markt; Deutscher Paritätischer Wohlfahrtsverband: Output; Dörrie: Wohlfahrtspflege; Freier: Finanzierung; Klee: Soziale Arbeit; Stauss: Wohlfahrtspflege; Wendt, P. U.: Jugendarbeit.
Klaus Dörrie

Freie Wohlfahrtspflege ist
– die aus Nächstenliebe, Bürgersinn und/oder unmittelbarer Betroffenheit motivierte,
– durch Gesetz nicht erzwingbare, wohl aber den Gesetzen verpflichtete,
– in privatrechtlicher Form organisierte,
– auf dem Wahlrecht des Hilfesuchenden einerseits, dem mitbürgerlichen Recht auf Helfen andererseits beruhende und
– über den Bereich von → Familie und Nachbarschaft (→ Nachbarschaftshilfe) hinausreichende Hilfeleistung für benachteiligte, bedrängte, ratlose Mitbürger. F. W. bietet die Möglichkeit, die Vielfalt der Überzeugungen und Gestaltungswünsche, die sich in einer pluralistischen Gesellschaft entwickelt haben, in helfendes Handeln und soziale Dienstleistungsangebote umzusetzen. F. W. sieht eine vorrangige Aufgabe in der Förderung ehrenamtlicher Mitarbeit (→ Ehrenamtliche Tätigkeit im sozialen Bereich; durchaus im Bewußtsein der begrifflichen Problematik des Ehren-»Amtes«) und in der Wahrnehmung einer Anwaltsfunktion für Hilfesuchende. Sie sieht besondere Möglichkeiten, → persönliche Hilfen gemeinde-, familien- und personennah zu leisten. Im Gegensatz zum Verständnis früherer Zeiten betrachtet sie ihre Tätigkeit nicht mehr als privat, sondern als öffentlich im Rahmen außerstaatlicher Öffentlichkeit.
Für die Verwirklichung fürsorgerischer und sozialpädagogischer Ziele ist seit jeher auch die Schaffung und Vorhaltung von Institutionen (→ Einrichtungen, Dienste, Veranstaltungen) als Zusammenfassung personeller, organisatorischer und wirtschaftlicher Absichten und Möglichkeiten erforderlich. Die Mehrzahl der Institutionen sozialer Arbeit, insbes. der Einrichtungen, wird von der f. W. als → freie Träger verantwortet. Die Inanspruchnahme dieses Hilfeangebotes ist i. d. R. nicht mehr unentgeltlich (etwa aufgrund vorhandenen Stiftungsvermögens oder Spendenaufkommens) möglich. Die Bezahlung erfolgt aus eigenen Mitteln der → Hilfeempfänger (Selbstzahler – heute jedoch nur selten) oder aus Leistungen, zu denen Kostenträger (überwiegend der Träger der → Sozialhilfe und → Jugendhilfe, aber auch → Krankenkassen, Pflegekassen, Bundesanstalt für Arbeit, → Rentenversicherung) aufgrund von Rechtsansprüchen der Empfänger der Hilfe verpflichtet sind. In den Einrichtungen freier Träger sind 1,24 Millionen hauptberufliche Mitarbeiter und Mitarbeiterinnen beschäftigt. Außerdem sind Teilnehmerinnen und Teilnehmer am → freiwilligen sozialen Jahr (FSJ), Praktikantinnen und Praktikanten (→ Praktikum) und Zivildienstleistende (→ Zivildienst) in den Einrichtungen tätig. Die Mitwirkung ehrenamtlicher Mitarbeiter und Mitarbeiterinnen in den Einrichtungen ist heute anders als bei Diensten und Veranstaltungen eher der Ausnahmefall. Allerdings liegt die fachliche und wirtschaftliche Verantwortung für die Einrichtungen weitgehend bei ehrenamtlich tätigen Vereinsvorständen. Die gesellschaftspolitische Bedeutung ehrenamtlicher Mitarbeit ist unbestritten. Aber auch ihr wirtschaftlicher Wert ist von Bedeutung: Je nach Bemessung durch Netto- oder Bruttolohnkonzept ergibt sich für die erbrachten Leistungen ein Betrag von 75 Mrd. oder 130 Mrd. DM (1992). Die Einrichtungen der f. W. bieten im Hinblick auf den betriebsverfassungsrechtlichen Status insofern eine Besonderheit, als sie → Tendenzbetriebe sind (§ 118 BetrVG) und die Regelungen des Betriebsverfassungsgesetzes begrenzt oder – bei Einrichtungen kirchlicher Träger – keine Anwendung finden.
Um durch Qualifizierung der Mitarbeiter und Mitarbeiterinnen die soziale Arbeit ständig den Erkenntnissen und Notwendigkeiten anzupassen, ist die f. W. in der Berufsausbildung, vor allem aber in der → Fortbildung tätig. Die Spitzenverbände der f. W. unterhalten zentrale Fortbildungsstätten, die – mit besonders nachhaltiger Förderung des → Bundesministeriums für Familie, Senioren, Frauen und Gesundheit (BMFSFJ) – modellhaft Kurse zur → Weiter- und → Fortbildung entwickeln und dem Fortbildungsangebot der angeschlossenen regionalen Gliederungen und Fachverbände Impulse geben.
Neben der fachlichen Förderung sozialer Arbeit hat die f. W. auch Instrumente der wirtschaftlichen Förderung entwickelt (z. B. Bank für Sozialwirtschaft, Wirtschaftsbund sozialer Einrichtungen) und an der Gründung und Weiterentwicklung besonderer Finanzierungsinstitutionen mitgewirkt (z. B. Aktion Sorgenkind, Stiftung → Deutsches Hilfswerk, Glücksspirale).

Durch die Gesetzgebung ist den Trägern behördlicher Sozial- und Jugendhilfe (→ Sozial-, → Jugendhilfeträger) nicht nur der Schutz des Handlungsrahmens f. W. aufgegeben, sondern vor allem Förderung (§ 10 Abs. 3 → Bundessozialhilfegesetz [BSHG], § 74 → Kinder- und Jugendhilfegesetz [KJHG – SGB VIII]), Zusammenarbeit (§ 17 Abs. 3 SGB I, §§ 10 Abs. 2 und 3, 95 BSHG, §§ 4, 71, 78 und 80 KJHG – SGB VIII) und unter bestimmten Voraussetzungen der Verzicht auf eigene Einrichtungen und Veranstaltungen (§§ 10 Abs. 4, 93 Abs. 1 S. 1 BSHG, § 4 KJHG – SGB VIII). Darüber hinaus können die Behörden eigene Aufgaben freien Wohlfahrtsorganisationen übertragen (§ 10 Abs. 5 BSHG). Das → Bundesverfassungsgericht hat diese Regelungen im Urteil vom 18. Juli 1967 im Grundsatz für verfassungsgemäß erklärt. Es hat dabei auf die Notwendigkeit und auf die Vollzüge partnerschaftlicher Zusammenarbeit besonders hingewiesen und damit für den politischen Streit um die sog. → Subsidiarität im institutionellen Bereich rechtliche Grenzen aufgezeigt. Sie ist im Einigungsvertrag bestätigt worden. Im Zuge der Ausgestaltung der Pflegeversicherung ist sie auf gewerbliche Träger ausgedehnt worden (§ 11 SGB XI).
F. W. ist überwiegend in der Rechtsform des eingetragenen → Vereins, gelegentlich auch der → Stiftung und mit deutlich zunehmender Tendenz der gemeinnützigen GmbH organisiert. Diese Institutionen haben sich zum Zwecke des fachlichen Erfahrungsaustausches, der fachpolitischen Meinungsbildung und der politischen Außenvertretung in 6 Spitzenverbänden zusammengeschlossen. Diese sind: → Arbeiterwohlfahrt (AWO), → Deutscher Caritasverband (DCV), → Deutscher Paritätischer Wohlfahrtsverband (DPWV), → Deutsches Rotes Kreuz (DRK), → Diakonisches Werk der Evangelischen Kirche in Deutschland und → Zentralwohlfahrtsstelle der Juden in Deutschland (ZWSt). Auch die Spitzenverbände sind in der Rechtsform des eingetragenen Vereins organisiert. Ihre Arbeit wird von den entsprechenden Vereinsgremien (z. B. Mitgliederversammlung, Vorstand, Beratungsgremien) verantwortet. Die Spitzenverbände haben sich zur → Bundesarbeitsgemeinschaft der Freien Wohlfahrtspflege zusammengeschlossen. In der Satzung dieses Vereins haben sie folgende durch Gesetz und Verwaltungsübung bestätigte Merkmale eines Spitzenverbandes der f. W. formuliert; dazu gehört, daß
– er seine Tätigkeit über das ganze Bundesgebiet erstreckt,
– er den umfassenden Zusammenschluß für die Organisation und Einrichtungen darstellt, die von derselben Idee getragen werden,
– zwischen dem Spitzenverband und den ihm zugeordneten Organisationen und Einrichtungen eine organische Verbindung besteht,
– der Spitzenverband insgesamt und durch die Bedeutung der in ihm zusammengeschlossenen Organisationen und Einrichtungen die Gewähr für eine stetige, umfassende und fachlich qualifizierte Arbeit sowie für eine gesicherte Verwaltung bietet.
Untergliederungen und Mitgliedsorganisationen der Spitzenverbände sind in allen Bereichen der Jugendhilfe, → Gesundheitshilfe und in allgemeinen sozialen Hilfen tätig. Sie sind z. B. Hilfe für Kinder, für die ältere Generation (→ Altenhilfe) für behinderte Mitbürger (→ Behinderte), für → ausländische Arbeitnehmer. Der Bundesarbeitsgemeinschaft entsprechende Arbeitsgemeinschaften bestehen in allen Bundesländern und vielfach auch auf kommunaler Ebene.
Am Dialog zwischen Wissenschaft und Praxis und sozialpolitischer Meinungsbildung beteiligt sich f. W. auch in verbandsübergreifenden Organisationen; das gilt insbes. für den → Deutschen Verein für öffentliche und private Fürsorge (DV), in dessen Vereinsgremien (Vorstand, Hauptausschuß) und Fachausschüssen Mitarbeiter aus dem Bereich der f. W. deren Aspekte einbringen und Verantwortung für die Gesamtheit sozialer Arbeit tragen.
Die Grundfrage, die sich f. W. stellt, ist darauf gerichtet, welches Maß an Freiheit noch gegeben oder erreichbar ist, um den selbstgestellten Auftrag zu verwirklichen. Im Kontext zu allgemeinen gesellschaftlichen Entwicklungen haben wünschenswerte Auswirkungen der → Rechtsansprüche für Hilfeempfänger zu weitgehender Verrechtlichung aller Hilfen, notwendige wissenschaftliche Begründungen des fachlichen Handelns zu überbetonter Verwissenschaftlichung und unumgängliche wirtschaftlich-organisatorische Regelungen zu sachfremder Bürokratisierung (→ Bürokratie) geführt.
a) Die Entwicklung von Rechtsansprüchen in der sozialen Arbeit folgt einer gewissen Eigengesetzlichkeit; von der Liebesgabe freier Träger über die freiwillige Leistung der Sozialbehörden, fürsorgerechtliche Absicherung eines Rechtsanspruchs bis zur Eingliederung in den Leistungskatalog eines Sozialversicherungsträgers. Auf diesem Wege wandeln sich die rechtlichen Beziehungen der Beteiligten. In dem Bereich, der durch das BSHG und das KJHG – SGB VIII geregelt ist, besteht ein öffentlich-rechtliches Grundverhältnis zwischen Kostenträger und Hilfeempfänger sowie ein privatrechtliches Ausführungsverhältnis zwischen Hilfeempfänger und f. W. Die Verantwortung für die menschlich und sachlich richtige Durchführung der Hilfe trägt hier die beteiligte Institution der f. W. Unter dem Einfluß andersartiger Prinzipien im Bereich der → Sozialversicherung (z. B.

Freie Wohlfahrtspflege 352

Sachleistungsprinzip) wird – unter Berufung auf Rechtssicherheit und Gleichheit – zunehmend versucht, diese partnerschaftlich geprägte Rechtsbeziehung abzulösen durch die Abdrängung der f. W. in den Status eines Erfüllungsgehilfen, für dessen Handlungen der Leistungsträger verantwortlich bleibt. Der Grundgedanke sozialhilferechtlicher Regelungen, daß der Hilfeempfänger zur Zahlung einer Dienstleistung befähigt wird, rückt erst in jüngster Zeit wieder in das Blickfeld von Überlegungen.

b) Mit der Ausweitung von Rechtsansprüchen, der von staatlichen Institutionen erwarteten oder selbstformulierten → Daseinsvorsorge und allgemeinen Gleichheitsvorstellungen (→ Gleichheits[grund]satz) entwickelt sich ein sozialplanerisches Instrumentarium, das sogenannte »flächendeckende« Angebote mit möglichst bundeseinheitlicher Gestaltung und Ausstattung zu erreichen beabsichtigt. Mit der durch die f. W. gegebenen Vielfalt der Angebote und Gestaltungen sind solche »flächendeckenden« Konzepte (z. B. → Sozialstationen, → Werkstätten für Behinderte, Beratungsstellen; → Beratung) nur schwer zu vereinbaren. Der Spielraum f. W. verengt sich auf eine Beteiligung an der → Sozialplanung, die als → »Bedarfsplanung« (anstelle von Bedürfnisermittlung) nur noch Vereinbarungen über die Aufteilung vorgegebener Einrichtungen und Dienste zuläßt.

c) Mit der Entwicklung von Rechtsansprüchen und Sozialplanung gewinnt die Vorstellung an Raum, daß die Hilfen nur noch von hauptamtlichen → Fachkräften zu leisten sind, also der → Professionalisierung bedürfen. Die von der f. W. eingebrachte Beteiligung ehrenamtlicher Mitarbeiter und Mitarbeiterinnen in der sozialen Arbeit wird danach aus den unmittelbaren Vollzügen der Hilfe verdrängt und auf Trägerverantwortung in Vereinsvorständen reduziert. Eine deutlich wahrnehmbare Gegenbewegung – beispielsweise von Selbsthilfeinitiativen – gegen die »Entmündigung durch Experten« könnte dazu führen, daß unter dem Kostendruck auch notwendige fachliche Standards abgebaut werden.

d) Mit der vielfachen Einbindung in das sozialrechtliche System und mannigfacher Abhängigkeit als Planungsbeteiligung und Inanspruchnahme von Haushaltsmitteln öffentlich-rechtlicher Körperschaften wird in Frage gestellt, daß f. W. die von ihr beanspruchte sozialanwaltliche Funktion noch nachhaltig und glaubwürdig wahrnehmen kann und ob sie nicht in erster Linie den wirtschaftlichen Gegebenheiten der Einrichtungen und Dienste sowie den Problemen des Fachpersonals verpflichtet ist und sein muß. Von Verantwortlichen der f. W. wird ein Interessengegensatz zwischen Einrichtungsträger und Anwaltsfunktion oft als konstruiert empfunden. In den Regelungen nach § 114 BSHG, das zwischen »Vereinigungen, die Bedürftige betreuen«, und »Vereinigungen von Sozialleistungsempfängern« unterscheidet, kann man jedoch eine gewisse Berücksichtigung dieser möglicherweise widersprüchlichen Interessen ebenso erkennen wie z. B. die Regelung für den → Beirat für die Rehabilitation der Behinderten nach § 32 → Schwerbehindertengesetz (SchwbG), in denen zwischen Organisationen der Behinderten und Einrichtungsträgern deutlich unterschieden wird.

e) Mit fachlichen Ansprüchen und hohen Finanzaufwendungen wachsen auch die Ansprüche der Sozialbehörden auf → Kontrolle, die einschneidende Verkürzungen der Gestaltungsfreiheit zur Folge haben. Im Bereich der f. W. selbst gibt es Überlegungen, ob die übliche Trägerform des Vereins das optimale Instrument zur Zusammenführung von sozialem Engagement aus der Bevölkerung, fachlichen Notwendigkeiten und erheblichen Geldbewegungen bleiben kann.

F. W. ist in einer den jeweiligen Zeitströmungen entsprechenden Ausprägung Bestandteil abendländischer Kultur- und Wirtschaftsentwicklung gewesen. Nacheinander und nebeneinander wurde und wird sie von unterschiedlichen Motivationen getragen: der christlichen Nächstenliebe, der bürgerlichen Aufklärung, der Solidarität der Arbeiter, dem Leidensdruck Betroffener. Ihre heutigen Gestaltungs- und Organisationsformen sind im wesentlichen in der zweiten Hälfte des 19. und im ersten Viertel des 20. Jahrhunderts im Umbruch der Lebens- und Wirtschaftsweise entstanden und seitdem in vielfältiger Weise den Notwendigkeiten angepaßt worden. 1848 wurde der Centralausschuß für die Innere Mission der deutschen evangelischen Kirche gegründet, 1869 das Zentralkomitee der Deutschen Landesvereine vom Roten Kreuz, 1897 der Caritasverband für das katholische Deutschland, 1917 die Zentralwohlfahrtsstelle der Juden in Deutschland, 1919 der Hauptausschuß für Arbeiterwohlfahrt, 1924 der Deutsche Paritätische Wohlfahrtsverband (damals unter dem Namen »Vereinigung der freien privaten gemeinnützigen Wohlfahrtseinrichtungen Deutschlands«). Die wohlfahrtspflegerischen Initiativen, die sich in den Spitzenverbänden zusammenschlossen, waren den Spitzenverbänden zeitlich vorausgegangen und haben sich auch später auf die jeweiligen Erfordernisse der Zeit einstellen müssen (z. B. durch Hilfen für die Opfer der Weltkriege, wirtschaftliche und gesundheitliche Hilfen in den Zeiten der Massenarmut, differenzierte persönliche Hilfen in Zeiten guter wirtschaftlicher Entwicklung, Betreuung ausländischer Arbeitnehmer und ihrer Familien, Selbsthilfebewegung). Die nachhaltigste Beeinträchtigung ihrer Entwicklung erlebte die f. W. nach der Macht-

übernahme durch die Nationalsozialisten, als die Verbände entweder aufgelöst (Arbeiterwohlfahrt, Deutscher Paritätischer Wohlfahrtsverband, Zentralwohlfahrtsstelle der Juden) oder unter nationalsozialistische Vorherrschaft gestellt wurden (Deutscher Caritasverband, Deutsches Rotes Kreuz und Innere Mission mit der nationalsozialistischen Volkswohlfahrt zur »Reichsgemeinschaft der freien Wohlfahrtspflege Deutschlands«). Nach 1945 lebten die freien sozialen Initiativen schnell wieder auf. In den Gründungsjahren der Bundesrepublik Deutschland fanden sie sich wieder zu Spitzenverbänden zusammen. 1948 wurde auch die seit 1924 institutionalisierte Zusammenarbeit der Spitzenverbände (damals als »Deutsche Liga der freien Wohlfahrtspflege«) wieder aufgenommen, und zwar unter dem Namen »Arbeitsgemeinschaft der Spitzenverbände der freien Wohlfahrtspflege«. 1948 fand auch sofort die Arbeiterwohlfahrt in dieses Gremium, nachdem sie in der Weimarer Zeit der »Liga« nicht angehörte. 1961 wurde der Zusammenschluß umbenannt in → »Bundesarbeitsgemeinschaft der Freien Wohlfahrtspflege« und 1966 in die Rechtsform des eingetragenen Vereins gebracht.
Zukunftsaspekte ergeben sich wesentlich aus Gegenwartsproblemen.
a) Ob f. W. ihrem Anspruch, pionierhaft und flexibel Hilfen zu entwickeln, gerecht bleiben kann, hängt davon ab, daß ihr die finanziellen Möglichkeiten unter Berücksichtigung einer angemessenen Eigenleistung so voraussetzungslos wie möglich bereitgestellt werden.
b) Ob das Engagement von Mitbürgern für soziale Arbeit lebendig bleiben kann, hängt davon ab, wie Professionalisierung und Spezialisierung sozialer Dienstleistungen gedacht und gehandelt werden. Die Selbsthilfebewegung beispielsweise hat in den letzten Jahren die Richtung für ausgewogene Lösungen gewiesen.
c) Der Handlungsrahmen f. W. wird dadurch geprägt werden, welchen Stellenwert und welche Gestalt soziale Einrichtungen haben werden. Der richtige Weg zwischen radikaler Ablehnung jeglicher Institution und voreiliger Institutionalisierung wird erkennbar noch zu denken und zu entwickeln sein.
d) Ob der f. W. auch die notwendige Gestaltungsfreiheit erhalten bleibt, hängt davon ab, ob fachliche und regionale Unterschiede im sozialen Handeln annehmbar bleiben und ein Grundrahmen erwünschter Gleichheit nicht in nivellierender Gleichförmigkeit gleichgesetzt wird.
e) Die Weiterentwicklung der partnerschaftlichen Zusammenarbeit zwischen freien und behördlichen Trägern sozialer Arbeit wird entscheidend dadurch geprägt werden, wie bei Einführung neuer Steuerungsinstrumente und Konkurrenz mit gewerblichen Trägern f. W. ihre Identität wahren kann und will.
Lit. Becher: Verbände; Benda, E.: Freie Wohlfahrtspflege; BAG: Wohlfahrtspflege; BAG: Gesamtstatistik; DCV: Leitbild; Dörrie: Selbsthilfe; Flierl: Wohlfahrtspflege; Krämer, F.: Sozialarbeit; Schäfer, D.: Motive; Scheller: Jüdische Wohlfahrt; Schwarz, P.: Engagement; Sengling u. a.: Selbsthilfe; Spiegelhalter: Sozialpartner. *Klaus Dörrie*

Freie Wohlfahrtspflege in Europa ist in der Schlußakte des Maastrichter EU-Vertrages besonders anerkannt worden. Die Erklärung Nr. 23 »Zusammenarbeit mit den Wohlfahrtsverbänden« lautet: »Die Konferenz betont, daß zur Erreichung der in Artikel 117 des Vertrages zur Gründung der → Europäischen Gemeinschaft genannten Ziele eine Zusammenarbeit der Europäischen Gemeinschaft mit den Verbänden der Wohlfahrtspflege und den Stiftungen als Träger von sozialen Einrichtungen und Diensten von großer Bedeutung ist.« In allen EU-Mitgliedstaaten sind Wohlfahrtsverbände traditionell wichtige Akteure des Sozialschutzes, auch wenn ihre Aufgabe in der sozialen Sicherung von Land zu Land unterschiedlich ist. Aus der Sicht der Bundesrepublik Deutschland, welche die EU-Erklärung angeregt hat, ist damit auf Gemeinschaftsebene der Gedanke der Partnerschaft von öffentlicher und freier Wohlfahrtspflege anerkannt worden.
Auf Initiative der »Sozial«-Kommissarin Vasso Papandreou haben sich 1992 in Brüssel erstmals Vertreter von Wohlfahrtsverbänden aller Mitgliedstaaten getroffen. 1994 ist der »European Round Table of Charitable Social Welfare Associations« (ETWelfare) gegründet worden, der sich 1996 die europäische Rechtsform einer »Europäischen Wirtschaftlichen Interessenvereinigung« (E.W.I.V.) mit ausschließlich nichtwirtschaftlicher Zielsetzung gegeben hat. Geschäftsführer sind die Verbändevertreter aus Deutschland, Finnland, Frankreich und Portugal. Dachverbandsähnliche Zusammenschlüsse wie die → Bundesarbeitsgemeinschaft der Freien Wohlfahrtspflege e.V. gibt es auch in anderen Ländern, wie z. B. in Frankreich die Union Nationale Interfédérale des Oeuvres et Organismes Privés Sanitaires es Sociaux (UNIOPSS), in Portugal die Uniao des Institiçoes Particulares de Solidariedade Social (UIPSS) und im Vereinigten Königreich den National Council for Voluntary Organisations (NCVO), der alle gemeinnützigen Organisationen umfaßt. Dem ETWelfare gehören einzelstaatliche Zusammenschlüsse aus 14 Mitgliedstaaten sowie europäische Zusammenschlüsse an, wie z. B. Caritas Europa, Eurodiakonia und Solidar (deutsches Mitglied: AWO). Über den EU-Haushaltsplan wird die »Zusammenarbeit mit den Wohlfahrtsverbänden« in Form von

Austauschprogrammen des ETWelfare für Multiplikatoren der Verbände seit 1994 gefördert. Die im ETWelfare zusammenarbeitenden Wohlfahrtsverbände verstehen sich als Verteidiger sozialer Rechte und als Anbieter sozialer Dienstleistungen. Sie nehmen Stellung zu EU-sozialpolitischen Vorhaben und sind in Zusammenarbeit mit anderen sozialen Nichtregierungsorganisationen (NROs) um politische Mitwirkung bemüht.

Die Tatsache, daß politischer Mittelpunkt der EU eine Währungs- und Wirtschaftsunion ist, stellt die infolge ihrer in Europa sozialrechtlich (noch) herausragenden Position vergleichsweise viele soziale Dienste und Einrichtungen unterhaltenden deutschen Wohlfahrtsverbände vor besondere Herausforderungen. Das betrifft nicht nur den infolge der Maastrichter EU-Währungskriterien europaweit zu beobachtenden Sozialab- und -umbau, sondern in noch größerem Maße die Art und Weise der Bewirtschaftung ihrer Einrichtungen. Das europäische Stichwort der économie sociale, welche zwar auf die Besonderheiten genossenschaftlich bzw. vereinsrechtlich verfaßter Strukturen abhebt, zu denen sich traditionell auch die Wohlfahrtsverbände rechnen, die aber ungeachtet dessen den Unternehmensbegriff in den Mittelpunkt stellt, führt zu den europarechtlichen Fragestellungen von mehr Markt und mehr Wettbewerb und der sich daraus ergebenden wirtschafts- und sozialpolitischen Problematik staatlicher Beihilfen und Subventionen (siehe dazu das Gutachten von Prof. Knut Ipsen zur Auswirkung des Europäischen Gemeinschaftsrechts auf die mitgliedstaatliche Förderung sozialer Dienstleistungen im Bereich der freien Wohlfahrtspflege, Bochum 1996). Die Rahmenbedingungen freier Wohlfahrtspflege in Deutschland ebenso wie in Europa werden also neu abgesteckt.

Bernd-Otto Kuper

Freigänger Freigang ist nach § 11 Abs. 1 StVollzG eine Form der Lockerung des Vollzuges (→ Strafvollzug): Der Gefangene darf außerhalb der Anstalt regelmäßig einer Beschäftigung ohne Aufsicht eines Vollzugsbediensteten nachgehen. Er erhält dafür die volle tarifliche Entlohnung, muß allerdings einen Haftkostenbeitrag entrichten. Der Gefangene wird so in die Lage versetzt, seinen Unterhaltsverpflichtungen nachzukommen und seine Schulden zu regulieren. Trotz dieser offenkundigen Vorzüge stehen nur ca. 20% der Haftplätze in der Bundesrepublik für den Freigang zur Verfügung. Im internationalen Vergleich ist in einigen Ländern wie Holland, Dänemark, Schweden u.a. die Entwicklung weiter fortgeschritten, dort überwiegen die Plätze des offenen Vollzugs die der geschlossenen Anstalten. Das StVollzG sieht den Freigang als regelmäßige besondere Maßnahme zur Erreichung des Vollzugszieles vor. F.vollzug als Regelvollzug macht die Anstalten strukturell durchlässiger zur Außenwelt, was i. S. d. → Resozialisierung beabsichtigt ist. Die Erfahrungen und Erfolgsquoten mit F. sprechen nicht international dafür, diese Lockerung weiter auszubauen. Zusammen mit den anderen Ansätzen zur Öffnung des Vollzuges ist die Ausweitung des Freigangs ein wesentliches kriminalpolitisches Mittel zur Vermeidung von Haftschäden, zur verstärkten Integration Straffälliger in die Gesellschaft und zur Vermeidung der weiteren Ausgliederung des Vollzuges und seiner Insassen aus der Gesellschaft.

Lit. Cornel u.a.: Resozialisierung; Einsele: StVollzG; Kaiser, G. u.a.: Strafvollzug; Loos: Anstalt; Schalt: Freigang.

Bernd Maelicke

Freigewerbliche Träger sind Träger von → Einrichtungen und Diensten, die als gewerbliche Unternehmen auf sozialem Gebiet der → Daseinsvorsorge Leistungen gegen Entgelt erbringen. Vorrangig handelt es sich um Träger von Altenheimen, Pflegeheimen, Tagespflegeeinrichtungen und Anlagen des Servicewohnens, von Jugend- und Behinderteneinrichtungen, Kinderheimen und von ambulanten Pflegediensten. Da sie nicht die steuerrechtlichen Voraussetzungen der → Gemeinnützigkeit erfüllen, unterliegen sie mit ihren Betriebsergebnissen der Steuerpflicht. Bei der Gewerbe- u. Umsatzsteuer bestehen bestimmte Befreiungstatbestände. Für F. gelten die Vorschriften der → Gewerbeordnung.

F. haben sich besonders nach dem 2. Weltkrieg entwickelt. Sie waren dabei von öffentlicher und finanzieller Förderung (→ Zuwendungen) ausgenommen, begründet aus § 10 BSHG.

Mit den steigenden Kosten nahm auch der Anteil der Sozialhilfeempfänger in den Heimen F. zu. Obwohl es nicht zum Abschluß von Rahmenvereinbarungen für F. mit den Sozialhilfeträgern kam, haben diese in der Regel → Pflegesätze mit den F. für die Sozialhilfeempfänger vereinbart.

Mit Einführung der → Pflegeversicherung sind die Gleichstellung F. mit freigemeinnützigen Trägern (→ Freie Träger) und ihr Vorrang gegenüber → öffentlichen Trägern normiertes Recht. Parallel hierzu wurde durch die BSHG-Novelle 1996 das → Subsidiaritätsprinzip bei der Schaffung geeigneter Einrichtungen und Dienste auf F. ausgedehnt und diesen beim Abschluß von Leistungs- und Entgeltvereinbarungen eine Gleichstellung eingeräumt. *Jürgen Groth*

Freiheitsentziehung Art. 2 Abs. 2 S. 2 des → Grundgesetzes (GG) gewährleistet die Unverletzlichkeit der Freiheit der Person. Die Vorschrift wird ergänzt durch S. 3: In dieses Recht darf nur auf Grund eines →

Gesetzes eingegriffen werden. Der Begriff F., zwangsweise Beseitigung der Freiheit, wird umfaßt von dem Begriff Freiheitsbeschränkung i.w.S. als Oberbegriff. Freiheitsbeschränkung i.w.S. ist die Beschränkung der Freiheit in bestimmten einzelnen Beziehungen ohne eine Beseitigung der Freiheit. Gem. Art. 104 Abs. 1 GG kann die Freiheit der Person nur auf Grund eines förmlichen Gesetzes und nur unter Beachtung der darin vorgeschriebenen Formen beschränkt werden (Freiheitsbeschränkung i.w.S.). Nach Art. 104 Abs. 2 S. 1 GG hat über die Zulässigkeit und Fortdauer der F. nur der Richter (→ Rechtsprechung) zu entscheiden. Bei jeder nicht auf richterlicher Anordnung beruhenden F. ist nach Abs. 2 S. 2 unverzüglich eine richterliche Entscheidung herbeizuführen. Die F. definiert § 2 Abs. 1 Freiheitsentziehungsverfahrensgesetz (FEVG) – etwas zu eng – dahin: Unterbringung einer Person gegen ihren Willen oder im Zustande der Willenlosigkeit in einer Justizvollzugsanstalt, einem Haftraum, einer abgeschlossenen Verwahranstalt, einer abgeschlossenen Anstalt der Fürsorge, einer abgeschlossenen Krankenanstalt oder einem abgeschlossenen Teil einer Krankenanstalt. Wesentliche Kriterien der F. sind das Festhalten auf einem bestimmten beschränkten Raum, die ständige Überwachung des Aufenthalts und die Verhinderung der Kontaktaufnahme mit Personen außerhalb dieses Raumes durch Sicherungsmaßnahmen. Nach dieser Definition kann auch eine sog. halboffene oder offene Unterbringung eine F. sein. Nach dem neuen → Betreuungsrecht kann nunmehr auch durch mechanische Vorrichtungen, Medikamente oder auf andere Weise die Freiheit entzogen werden, ohne daß die betroffene Person untergebracht sein muß (§ 1906 Abs. 4 BGB). Jeweils kommt es auf den natürlichen, nicht den rechtsgeschäftlichen Willen der Person an, da es um die tatsächliche Frage der körperlichen Bewegungsfreiheit geht; erforderlich ist also nicht → Geschäftsfähigkeit, sondern nur, daß die Person nach ihrer Einsichtsfähigkeit, ihrer geistigen und sittlichen Reife die Bedeutung der F. zu erkennen vermag, wobei auch schlüssiges Verhalten ausreichen kann. Die Zustimmung kann jederzeit widerrufen werden. Die Begriffe F. und Unterbringung decken sich nicht, der letztere ist insofern umfassender, als nicht jede Unterbringung eine F. darstellt. Die Unterbringung kann ein Sonderfall der F. sein, z. B. und vor allem nach den → Unterbringungsgesetzen der Länder. Andererseits ist nicht jede F. eine Unterbringung. Das FEVG ist anzuwenden auf die Fälle der F. auf Grund Bundesrechts, d. h. der (Vorbereitungs- oder Sicherungs-)Haft zum Zwecke der → Abschiebung von Ausländern (§ 57 AuslG) und der Absonderung von Seuchenkranken (§ 37 Bundes-Seuchengesetz [BSeuchG]; → Seuchenbekämpfung) und von Geschlechtskranken (§§ 17, 18 Gesetz zur Bekämpfung der Geschlechtskrankheiten; → Geschlechtskrankheiten); es regelt das gerichtliche Verfahren und verweist ergänzend auf das FGG (→ Freiwillige Gerichtsbarkeit). Die richterliche Anordnung der F. bedeutet nicht zugleich die Gestattung einer Zwangsbehandlung, was bezüglich einer Infektionskrankheit in § 34 Abs. 1 S. 3 BSeuchG ausdrücklich festgelegt ist. Das Verfahren der Unterbringung nach den Unterbringungsgesetzen der Bundesländer sowie der zivilrechtlichen Unterbringung nach § 1906 BGB ist nunmehr bundeseinheitlich in den §§ 70ff. FGG geregelt.

S. a. → Elterliche Sorge, → Vormundschaft und → Pflegschaft → Fürsorgeerziehung, → Strafvollzug, → Jugendstrafvollzug, → Untersuchungshaft, → Betreuungsrecht.

Lit. Gusy: Freiheitsentziehung; Saage u.a.: Freiheitsentziehung.   *Rolf Marschner*

Freiheitsstrafe ist seit dem 1. Strafrechtsreformgesetz 1969 die einzige freiheitsentziehende → Strafe; in ihr sind die früheren Strafarten Zuchthaus, Gefängnis, Haft und Einschließung vereinigt. Soweit nicht lebenslange F. angedroht ist – z.B. bei Mord, Völkermord – ist das Höchstmaß der zeitigen F. 15 Jahre (§ 38 Abs. 2 StGB). Das Mindestmaß ist ein Monat. Jedoch soll F. unter 6 Monaten nur in Ausnahmefällen verhängt (§ 47 StGB) und statt dessen aus kriminalpolitischen Erwägungen auf eine → Geldstrafe erkannt werden.
F. bis zu einem Jahr setzt das Gericht zur Bewährung aus, wenn zu erwarten ist, daß der Täter sich schon die Verurteilung allein zur Warnung dienen lassen und künftig auch ohne Einwirkung des → Strafvollzuges keine Straftaten mehr begehen wird (§ 56 StGB). F. bis zu zwei Jahren kann nur dann noch zur Bewährung ausgesetzt werden, wenn außer der günstigen Sozialprognose besondere Umstände in der Tat und in der Persönlichkeit des Verurteilten vorliegen (→ Strafaussetzung). Bei Vollstreckung der F. wird von Amts wegen bei Ablauf von zwei Dritteln – auf Antrag sowie bei Erstverbüßern auch bei der Hälfte – der verhängten Strafe geprüft, ob der Strafrest zur Bewährung ausgesetzt werden kann (§ 57 StGB). Bei lebenslanger F. erfolgt diese Prüfung nach 15 Jahren (§ 57a StGB). Bei Jugendlichen kommt neben → Zuchtmitteln als einzige Strafart die → Jugendstrafe in Betracht (§§ 5, 17 JGG). Das Mindestmaß der Jugendstrafe beträgt 6 Monate (§ 18 JGG).
Gegen Soldaten kann als freiheitsentziehende Maßnahme Strafarrest zwischen 2 Wochen und 6 Monaten verhängt werden. Erlittene → Untersuchungshaft wird i.d.R. auf die Strafe angerechnet (§ 51 StGB).
Lit. Dreher u.a.: StGB (Komm.); Schönke u. a.: StGB (Komm.).   *Ernst Bauer*

Freinet-Pädagogik 1923/24 entwickelte Freinet in Frankreich die »pédagogie populaire«, die »Pädagogik des Volkes«, im Rahmen der Bewegung »école Moderne« (»Moderne Schule«) als Alternative zur herkömmlichen Schule. Der Bewegung gehören allein in Frankreich fast 30 000 Lehrer an, die in einer Kooperative zusammengeschlossen sind; in über 40 anderen Ländern existieren ebenfalls Freinet-Gruppen. Die F.-P. wendet sich an Lehrer aller Schularten und Schultypen an herkömmlichen Schulen – ihr Ansatz sind die konkreten Arbeitsbedingungen des Lehrers und seine Alltagspraxis, und sie versteht sich als ein Beitrag zur Veränderung der Schule, an der kritisiert wird, daß in ihr Konkurrenz, Trennung von geistiger und körperlicher Arbeit sowie die Fremdbestimmung des → Lernens vorherrscht. Ziele der F.-P. sind vor allem, die Selbständigkeit der Schüler zu fördern, sie zur Selbstverwaltung zu befähigen und ihre Zusammenarbeit zu unterstützen. Dieses selbstbestimmte und kooperative Arbeiten hat seinen Ausgangspunkt an den Interessen und Bedürfnissen der Kinder. »Entdeckendes Lernen«, »Befreiung des kindlichen Denkens« und »freier Ausdruck von Gedanken und Gefühlen« sowie »Leben mit Lernen, Schule mit Leben verbinden« sind wesentliche Momente der F.-P. Die Kooperation zwischen den in Gruppen zusammengeschlossenen Lehrern zum Erfahrungsaustausch und der Weiterentwicklung der F.-P. spielt eine ebenso wichtige Rolle wie die Öffnung der Schule nach außen und der Einbezug der sie umgebenden Gesellschaft. Die F.-P. intendiert eine Verbindung von intellektuellen, künstlerischen und manuellen Tätigkeiten, was ihre Nähe zur polytechnischen Erziehung deutlich macht. Die F.-P. gibt wichtige Anhaltspunkte für alternative Schulversuche und Reformansätze im Unterricht. Ihr Vorteil liegt darin, daß sie nicht nur für einzelne Modellschulen Relevanz besitzt, sondern versucht, in traditionellen Schulen Veränderungen zu verwirklichen.
Lit. Baillet: Freinet; Eliade, B.: Unterricht; Freinet: Schule; Vasquez u. a.: Vorschläge.

Angelika Ehrhardt

Freire-Pädagogik Paolo Freires »Pädagogik der Unterdrückten« nimmt ihren Ausgangspunkt in Alphabetisierungskampagnen in Lateinamerika (besonders Chile und Brasilien).
Für Freire kann → Erziehung »niemals neutral sein«, sondern sie dient entweder der Befreiung oder der Domestizierung des Menschen. Ziel seiner humanistischen, befreienden Pädagogik ist die Aufhebung der Unterdrückung von Menschen als politische Praxis. Zentral für Freire ist ein neues Verständnis des Lehrer-Schüler-Verhältnisses, die Einheit von Aktion und Reflexion sowie das Dialogprinzip (→ Dialog) als Methode der Begegnung zwischen Menschen. Nur so kann sich, nach Freires Auffassung, der einzelne als Teil einer Welt begreifen, deren Veränderung im Hinblick auf eine humane Gestaltung des Universums nur durch seine Mitwirkung möglich wird. Durch den Dialog, der darauf bedacht sein soll, die Welt, so wie sie das Gegenüber sieht, begreifen zu lernen, will er die »Kultur des Schweigens« aufheben. Bildungsprozesse nicht nach eben dem traditionellen Lehrer-Schüler-Verhältnis, dem Bankiers-Konzept, wie Freire es nennt, zu organisieren, sondern zu ihrem Ausgangspunkt die wirklichen, zentralen Themen des Menschen zu machen, die ihn unmittelbar und existentiell betreffen, ist Ziel der Freireschen problemformulierenden Bildungsarbeit.
Die F.-P. hat in der Ersten Welt eine Reihe von Übertragungs- und Adaptionsversuchen, besonders im Bereich der Erwachsenenbildung, ausgelöst. Diese Übernahme der F.-P. als Pädagogik der Dritten Welt auf die Länder in West-Europa wird zwar von vielen als problematisch angesehen; viele Ansätze und Projekte zeigten jedoch, daß die Grundprinzipien der F.-P. auch neue wichtige Lernebenen für die Industrienationen ermöglichen.
Lit. Bendit u. a.: Paolo Freire; Freire: Freiheit; Freire: Schule; Freire: Unterdrückte; Knopf u. a.: Bildungsarbeit.

Josef Faltermeier/Angelika Ehrhardt

Freiwillige Arbeit → Ehrenamtliche/freiwillige Tätigkeit im sozialen Bereich

Freiwillige Erziehungshilfe (FEH) war im → Jugendwohlfahrtsgesetz (JWG) eine spezielle Erziehungshilfeleistung für Minderjährige (→ Minderjährigkeit), deren leibliche, geistige oder seelische Entwicklung gefährdet oder geschädigt ist und für die andere Hilfen (→ Hilfe zur Erziehung [HzE]) nicht ausreichen. FEH wurde auf Antrag der Personensorgeberechtigten (→ Personensorge) durch das → Landesjugendamt (JA) den Antrag befürwortet und die vorhandene Förderungsbereitschaft der Personensorgeberechtigten bestätigt hatte. FEH war bundesgesetzlich erst durch die Novelle zum Reichsjugendwohlfahrtsgesetz vom 11. 8. 1961 geregelt worden, nachdem diese Erziehungshilfe in Zusammenarbeit mit den Personensorgeberechtigten landesrechtlich bereits Anfang des Jh. in Hamburg entwickelt und später insbes. im Rheinland und in Baden mit Erfolg praktiziert worden war.
FEH und → Fürsorgeerziehung (FE) wurden als die beiden Formen → Öffentlicher Erziehung in überörtlicher Trägerschaft in der Durchführung und hinsichtlich der Kosten gleich gehandhabt; rechtlich unterschieden sie sich dadurch, daß bei FEH die

Personensorgeberechtigten nicht nur den Rechtsanspruch auf Gewährung hatten, sondern auch jederzeit die Aufhebung beantragen konnten, während die FE vom Vormundschaftsrichter angeordnet wurde. Das zahlenmäßige Gewicht in der Öffentlichen Erziehung hatte sich immer mehr zugunsten der FEH verschoben (zuletzt über 90%, s. Fürsorgeerziehung [FE] für detaillierte Zahlen).

Mit dem → Kinder- und Jugendhilfegesetz (KJHG) ist diese überörtliche Erziehungshilfe (je nach Landesrecht nach einer bis 1995 befristeten Übergangszeit) in der vom JA zu leistenden HzE (§§ 27, insbes. 34 und 35) aufgegangen. *Helmut Saurbier*

Freiwillige Gerichtsbarkeit umfaßt eine Vielzahl staatlicher Tätigkeiten, die sich im wesentlichen auf Angelegenheiten des Privatrechts beziehen. Sie dient der Sicherung, Fürsorge und Gestaltung privater Rechtsverhältnisse, die vielfach nicht streitig sind, und steht im Gegensatz zum → Zivilprozeß, der auf die Durchsetzung streitiger Rechtspositionen gerichtet ist. Kernbereiche der f. G. sind die → Vormundschafts- und Familiensachen, die → Betreuungs- und → Unterbringungssachen sowie das Nachlaß-(→ Erbrecht), Register- und Urkundswesen. Die Aufgaben der Gerichte der f. G. wurden ständig erweitert, so daß ihnen heute auch Gegenstände zugewiesen sind, die ihrem Wesen nach zur streitigen Gerichtsbarkeit zählen, wie die Wohnungseigentumssachen. Die Erledigung der Angelegenheiten der f. G. obliegt in erster Linie den Gerichten. Gerichte der f. G. sind die Amts-, Land-, Oberlandesgerichte und der Bundesgerichtshof. Gericht des ersten Rechtszuges ist grundsätzlich das Amtsgericht, bei dem neben Richtern auch Rechtspfleger entscheiden. Außer den Gerichten sind im fürsorgenden und sichernden Aufgabenbereich der f. G. die beurkundenden Notare, aber auch untere Verwaltungsbehörden, wie die Standesbeamte (→ Personenstand), das → Jugendamt (JA) und die Betreuungsbehörde (BtB), tätig.

Das Gerichtsverfahren wird insbes. durch das FGG geregelt, das weitgehend ohne die strengen Formen des Zivilprozesses auskommt. Die Einleitung des Verfahrens erfolgt in vielen Fällen von Amts wegen, etwa auf den Hinweis einer Behörde hin. Abweichend vom Zivilprozeß wird das Verfahren der f. G. vom Amtsermittlungsgrundsatz beherrscht, nach dem das Gericht den seiner Entscheidung zugrunde liegenden Sachverhalt selbständig untersucht und erforscht und sich nicht auf den Vortrag der beteiligten Parteien beschränken muß (§ 12 FGG). Bei erheblichen Eingriffen in Persönlichkeitsrechte, zur Sachverhaltsaufklärung und zur Gewährung des rechtlichen Gehörs ist das Gericht vielfach zur persönlichen → Anhörung bestimmter Verfahrensbeteiligter (Kinder, Eltern, Pflegepersonen, zu Betreuende vor der Bestellung eines Betreuers bzw. vor der Anordnung eines Einwilligungsvorbehalts, Unterzubringende vor einer Unterbringungsmaßnahme) verpflichtet. Sind Verfahrensbeteiligte besonders schutzbedürftig, sollte es ihnen einen Verfahrenspfleger zur Seite stellen. Wenn das Verfahren voraussichtlich zu einem schweren Eingriff in → Grundrechte Beteiligter führen wird, muß das Gericht nach den strengen Formen des Zivilprozesses über streitige Tatsachen Beweis erheben. Die Beteiligung der Verwaltungsbehörden an zahlreichen Verfahren vor den Gerichten dient der fachlich kompetenten Sachverhaltsaufklärung. So haben das VG und das FamG das JA in den Fällen der §§ 49, 49a FGG anzuhören. In bestimmten Betreuungssachen ist der BtB Gelegenheit zur Äußerung zu geben. Die untere Verwaltungsbehörde ist nach den verschiedenen Landesrechten befugt, den Antrag auf Unterbringung eines Kranken in einer geschlossenen → Anstalt zu stellen. In Eilfällen kann das Gericht einstweilige bzw. vorläufige Anordnungen erlassen. Gem. § 16 Abs. 1 FGG werden die gerichtlichen Entscheidungen grundsätzlich bereits mit der Bekanntmachung wirksam; die Einlegung eines → Rechtsmittels hemmt die Wirksamkeit und Vollziehbarkeit der Entscheidungen nicht. Verschiedentlich bestimmt das Gesetz einen früheren bzw. späteren Eintritt der Wirksamkeit. Zur Durchsetzung seiner Entscheidungen kann das Gericht Zwangsmittel anwenden (vgl. § 33 FGG). Gegen die Entscheidung des Amtsgerichts ist i. d. R. das Rechtsmittel der unbefristeten → Beschwerde gegeben. Der Instanzenzug erstreckt sich über das Landgericht zum Oberlandesgericht und – eingeschränkt – zum Bundesgerichtshof. Entscheidungen des FamG werden unmittelbar vom Oberlandesgericht und bei Zulassung der weiteren Beschwerde vom Bundesgerichtshof überprüft. Die Beschwerdefrist gegen Entscheidungen des FamG ist auf einen Monat befristet; die Form der Einlegung und das Erfordernis einer Begründung sind in Anlehnung an die Rechtsmittel der ZPO ausgestaltet. In Angelegenheiten der f. G. ist beschwerdeberechtigt jeder, der durch die Entscheidung in eigenen Rechten verletzt wird oder dem das FGG ein Beschwerderecht einräumt, wie z. B. nach § 57 Abs. 1 Nr. 9 FGG das JA in die Personensorge für ein Kind betreffenden Verfahren oder die in § 69g Abs. 1 und 2 FGG genannten Personen und die Betreuungsbehörde in bestimmten Betreuungssachen.

Lit. Keidel u.a.: Freiwillige Gerichtsbarkeit; Jansen: FGG (Komm.). *Albrecht Weber*

Freiwilliges Soziales Jahr (FSJ)/Freiwilliges Ökologisches Jahr (FÖJ) Angebote der außerschulischen sozialen Jugendbildung gemäß § 11 Abs. 3 Ziff. 1 KJHG – SGB VIII. Geregelt in weitgehend analogen Gesetzen (FSJG v. 17. 8. 64, zuletzt geändert am 17. 12. 93; FÖJG v. 17. 12. 93). Die Dauer liegt zwischen 6 und 12 Monaten. Die Jugendlichen arbeiten ganztägig bei freier Unterkunft, Verpflegung, Arbeitskleidung und Sozialversicherung sowie einem Taschengeld (maximal 6% gemäß Beitragsbemessungsgrenze nach § 159 SGB VI). Träger müssen ihren Sitz im Inland haben. Sie wählen die Einsatzstellen aus und stellen die pädagogische Begleitung (individuelle Betreuung, 25 Seminartage, davon 3 Blöcke zu 5 Tagen) durch pädagogische Kräfte sicher. Die Ableistung im europäischen Ausland ist möglich. Ausländische Jugendliche benötigen keine → Arbeitserlaubnis (§§ 9, 14 ArbErlVO).

Das FSJ ist ein Angebot für junge Menschen zwischen 17 (ausnahmsweise 16) und 27 Jahren, die bereit sind, sich durch einen Praxiseinsatz an der Bewältigung sozialer Aufgaben zu beteiligen.

Die Teilnehmer/-innen (bundesweit ca. 8 000) übernehmen ganztägig pflegerische, sozialpädagogische und hauswirtschaftliche Hilfstätigkeiten in Einrichtungen der Wohlfahrtspflege, vor allem in Krankenhäusern, Altenheimen, Kinderheimen oder Tagesstätten, Behinderteneinrichtungen oder Einrichtungen, die Familienhilfe leisten. Die fachliche Anleitung der Teilnehmer/-innen durch die Einsatzstelle muß gewährleistet sein. Die Träger des FSJ haben sich im Arbeitskreis der bundeszentralen freien Trägerverbände und der Zentralstellen des FSJ (Wohlfahrtsverbände, Gebietskörperschaften) zusammengeschlossen. Das FSJ wird vom Kinder- und Jugendplan des Bundes und von einigen Landesjugendplänen finanziell gefördert.

Das FSJ vermittelt praktische Erfahrungen auf dem Wege der unmittelbaren Hilfe, stärkt das Verantwortungsbewußtsein für das Gemeinwohl und dient der Persönlichkeitsbildung der Teilnehmer/-innen. Es hat auch Berufsorientierungs- oder Berufsvorbereitungscharakter und kann als Vorpraktikum anerkannt werden. *Marianne Schmidle*

Zum FÖJ wurden Modellversuche in Niedersachsen (1987), Baden-Württemberg (1990) und Schleswig-Holstein (1991) zur Abklärung der Rekrutierungsfelder gegenüber dem FSJ, des Finanzbedarfs und der Gewährleistung der fachlichen Anleitung und pädagogischen Betreuung durchgeführt. Seit 1993 ist das FÖJ gesetzlich geregelt. Das Teilnehmeralter liegt zwischen 16 und 27 Jahren. Überwiegend wird das FÖJ als praktische Hilfstätigkeit in Einsatzstellen bei privaten und öffentlichen Natur- und Umweltschutzorganisationen/-einrichtungen abgeleistet. Die Motivation der zu 80-90% weiblichen Teilnehmer/-innen (vorwiegender Bildungsabschluß Abitur) ist vor allem Interesse an Umweltfragen, Unterbrechung der theoretischen Ausbildung durch praktisches Tun, Ablösung und Selbständigkeit sowie Erprobung ökologischer Berufsfelder. Das FÖJ ist in der Regel bei den Umweltministerien ressortiert. Die Trägerschaft ist in den Ländern sehr unterschiedlich. Die Finanzierung der pädagogischen Betreuung wird durch den Kinder- und Jugendplan des Bundes und Landesmittel bzw. der Deutschen Umweltstiftung (neue Länder bis 1998) gewährleistet.

Im September 1996 waren es insgesamt ca. 1 000 Plätze. Durch andersgeartete Träger- und Finanzstrukturen im ökologischen Bereich, vor allem bei den Einsatzstellen, besteht ein höherer Subventionsbedarf als im FSJ.

Lit. Arnold, T. u. a.: Abschlußbericht.
Konrad Pflug

Freizeitpädagogik Eine Fülle von Freizeiteinrichtungen belegt das Bestehen einer praktizierten F.: Soziokulturelle Zentren, selbstorganisierte Bürgerhäuser und Jugendzentren, Freizeittreffs für Senioren, Gästebetreuungen, Führungen und Animationsangebote in touristischen Gebieten, Jugendfarmen, Spielhäuser, Spielmobile und pädagogisch betreute Spielplätze. Auch in den Freizeiteinrichtungen des Marktes – Spielotheken, Freizeitparks, Fitneß-Centers – findet eine Beeinflussung von Menschen statt: Freizeit ist ein wichtiges Sozialisationsfeld.

Freizeit und F. sind ein Produkt der Moderne. Entscheidend war die Zeit der Weimarer Republik, in der der 8-Stunden-Tag, die 48-Stunden-Woche sowie der bezahlte Jahresurlaub eingeführt wurden. 1850 wurden in der Industrie noch 80 bis 90 Stunden wöchentlich gearbeitet; 1956 waren es mit 48 Stunden nur noch gut die Hälfte. Nach 1960 wurden diese stufenweise bis auf heute zum Teil 37 Stunden reduziert. Auch die verlängerte Urlaubszeit und die durch die flexible Altersgrenze erheblich verlängerte Lebensfreizeit der Senioren zeigen ein historisch bisher einzigartiges Anwachsen der Freizeitdeputate. Die Kehrseite des Freizeitwachstums ist eine »Krise der Arbeitsgesellschaft«, in der aufgrund neuer Technologien und folgender Arbeitsrationalisierung die Arbeit (→ Arbeit/Beschäftigung in der EG) knapp wird. Die → Gesellschaft wird sich langfristig mit großen Freizeitanteilen einrichten können und müssen. Die Gewinnung von Lebenssinn und Findung der eigenen → Identität wird also nicht mehr allein, wie Jahrhunderte vorher, über die Arbeit möglich sein. Für einen gesellschaftlichen Wertewandel, weg von Arbeitstugenden wie Leistungsstreben und Pflichterfüllung hin zu Freizeitorientierungen wie Lebensfreude und Spontaneität, gibt es Anzeichen (Opaschowski u.a.). Daß auch diese positiven Phänomene vermarktet

und fremdbestimmt werden können, wird in der Konzeption der »Erlebnisgesellschaft« (Schulze) diskutiert. Ohnehin überwiegt wohl das Faktum, daß weder die Gesellschaft noch der einzelne auf den Umgang mit der vermehrten Freizeit zureichend vorbereitet ist: »Freizeit lernen – eine Zukunftsaufgabe« (Opaschowski). Zwar birgt die Zunahme der Freizeit Chancen zu mehr Demokratie und Selbstbestimmung, doch gilt es, diese Chancen gegen die Vereinnahmungen des Marktes und des Systems zu schützen, Freizeitkultur gegen Freizeitökonomie zu stärken (Nahrstedt). Eine Fülle käuflicher Wahlmöglichkeiten (Optionen) führt ohne ein Mindestmaß an kulturellen Selbstverständlichkeiten in eine Welt der Sinnlosigkeit (Giesecke). In einer ausschließlich vermarkteten Freizeit, von der zudem finanziell schwache Gruppen ausgeschlossen sind, drohen Kulturarbeit, → politische Bildung und → Weiterbildung auf der Strecke zu bleiben. Zudem gilt es, für tragfähige Freizeitblöcke zu streiten. Häufig finden wir nämlich eine über den Tag zerstückelte Freizeit, die kaum Möglichkeiten für ihre sinnvolle Gestaltung enthält (Müller-Wichmann). Angesichts der geschilderten Probleme ist es notwendig, den Freizeitbereich mit einer eigenen Handlungswissenschaft professionell zu besetzen. Das tut F. als eine noch relativ junge Teildisziplin der → Erziehungswissenschaft; in den USA hat sie bereits Tradition. F. ist eine veränderte Pädagogik, die neben der »Arbeit« die Schlüsselbegriffe »Muße« und »Spiel« thematisiert. Sie findet ihren Gegenstand in neuen, offenen Freizeit-Orten und entwickelt einen neuen Lernbegriff, der Körper, Sinne und Empfindungen des Menschen miteinbezieht. Sie richtet ihr Augenmerk nicht so sehr auf ein Lernen für die Zukunft als vielmehr auf die Gegenwart und den erfüllten Moment hier und jetzt. Sie wendet sich akzeptierend den Zielgruppen in ihrer → Lebenswelt zu (situationsorientierter Handlungsansatz; Opaschowski). Freizeitpädagogische Methoden richten sich weniger auf zielgerichtetes Lernen und direkte Beeinflussung als vielmehr auf Anregung, Arrangieren, Animieren, Initiieren, Koordinieren, Verstehen und Beraten, Fördern, Planen und Organisieren. Über folgende Handlungskompetenzen muß ein Freizeitpädagoge verfügen: Informative → Beratung, kommunikative → Animation, partizipative → Planung (Opaschowski); hinzukommen muß die Kompetenz der Freizeitadministration (Nahrstedt). Aufgrund der Freiwilligkeit der Teilnahme sind zwei gegenüber der herkömmlichen Pädagogik neue Orientierungen kennzeichnend: Dienstleistungsorientierung und Marktorientierung. Das heißt, F. kann nur wirksam werden, wenn sie nachgefragt wird und – von den öffentlich geförderten Institutionen einmal abgesehen – auch bezahlt wird. Seine Arbeitsfelder findet der Freizeitpädagoge in den Bereichen Kultur, Medien, Sport, Tourismus und Gesundheit.
Lit. Giesecke: Leben; Müller-Wichmann: Zeitnot; Nahrstedt: Leben; Opaschowski: Pädagogik; Opaschowski u.a.: Freizeit; Schulze, G.: Erlebnisgesellschaft.

Gisela Wegener-Spöhring

Freizügigkeitsgesetz Das Gesetz über die Freizügigkeit vom 1.11.1867 (BGBl. S. 55) gab innerhalb des Bundesgebietes jedem Deutschen das Recht, »an jedem Orte sich aufzuhalten oder niederzulassen« und »Gewerbe aller Art« zu betreiben; darüber hinaus enthielt es Bestimmungen über die Fürsorgepflicht der Gemeinden bzw. des jeweiligen Einzelstaates (Bundesstaates). Dadurch wurde das F. i.V.m. dem → Unterstützungswohnsitzgesetz (UWG) vom 6.6.1870 (BGBl. S. 360) zur Grundlage gesetzlicher → Fürsorge im Gebiet des Norddeutschen Bundes von 1867, dann des Deutschen Bundes von 1870 und des Deutschen Reiches von 1871.
Lit. Orthbandt: Deutscher Verein.

Eberhard Orthbandt

Fremdbestimmung im Gegensatz zu Selbstbestimmung (Freiheit) der Zustand, in dem das Handeln einer Person von Kräften außerhalb ihrer selbst gesteuert wird. Insofern menschliches Handeln immer und notwendig von physikalischen, biologischen, psychischen und sozialen Gegebenheiten und Gesetzmäßigkeiten beeinflußt ist, kann F. sinnvoll nur als Frage der Beherrschung und Nicht-Beherrschung dieser Vorgänge diskutiert werden. Die Erweiterung der Kenntnisse und Fähigkeiten im Umgang mit der Natur ist daher geeignet, F. durch deren Notwendigkeiten zu verringern. Allerdings hat unsere Art des herrschaftlichen Zugriffs auf Natur immer auch Herrschaft über die menschliche Natur bedeutet (»Disziplinierung«). Insofern kann sich auch einer herrschaftlich geprägten Form von Erweiterung der Fähigkeiten zum Umgang mit der Natur (»Entwicklung der Produktivkraft«) auch eine Erweiterung der F. ergeben. (»Entwicklung der Herrschaftsmittel«).
In diesem doppelten Sinne ist auch das psychologische, speziell psychoanalytische Ideal (→ Psychoanalyse) der Ich-Autonomie, Ich-Integration, »Reife« zu verstehen, demgegenüber F. der Zustand des Ausgeliefertseins an Triebregungen (Es) und/oder Gewissen (Über-Ich), die Unfähigkeit zum behutsamen, in eine → Persönlichkeit integrierenden Umgang mit diesen Kräften ist. Das schließt auch die Fähigkeit zum Widerstand gegen die Forderungen dieser Kräfte (und gegen die der hinter ihnen stehenden, im Fall des Über-Ich also der gesellschaftlichen Mächte; → Autorität) ein. Es entspricht Freuds tragischem Weltver-

ständnis, daß er den Humor, den lächelnden Lustgewinn noch aus der Einsicht in die Unausweichlichkeit des Leidens, als eine der höchsten Formen der Überwindung solcher F. versteht.

Gegenüber gesellschaftlichen und politischen Einflüssen ist zwischen faktischer und erlebter F. zu unterscheiden. Dabei erweist sich erlebte F. als Frage der Zuschreibung: So hat die Psychologie der »Attributionsvorgänge« gezeigt, daß man z. B. eigene Handlungen stärker als fremdbestimmt wahrnimmt, als die Handlungen anderer. Offenbar geht es dabei auch um die Zuschreibung von Verantwortung, d. h. um die durchsetzbare Verpflichtung, die gesellschaftlichen Folgen einer Handlung auf sich zu nehmen. Es gibt ein Repertoire von Argumentationsfiguren, mit denen man versuchen kann, solche Verantwortung abzuwehren (z. B. die Berufung auf Ungeschicklichkeit, auf Zustände der Sinnesverwirrung u. ä.; es wird dabei auch von »Neutralisationstechniken« gesprochen). Faktische F. wird in der Soziologie als Herrschaft, Ungleichheit (Unterprivilegierung) und → soziale Kontrolle erforscht. Sie muß nicht unbedingt bewußt erlebt werden (man kann einfach an sie gewöhnt sein) und sie muß nicht unbedingt als Zwang erlebt werden (man kann ihr auch zustimmen). Historisch ist ein Formwandel von F. festzustellen, der bei Zurücktreten von offenem physischem Zwang in einer Zunahme von »Disziplinierung« besteht. Unter »Disziplin« werden dabei die minutiösen, unauffälligen Kontrollen verstanden, die undramatisch den → Alltag durchdringen und die u. a. Folge der Herausbildung einer hochkomplizierten Technik und der ihr zugrunde liegenden an Warenproduktion orientierten Gesellschaftsordnung mit ihrem bürokratisch-wissenschaftlichen Kontrollsystem sind.

Lit. Bierbrauer: Zuschreibung; Cohen, A. K.: Abweichung; Elias: Zivilisation; Foucault: Überwachen; Freud, S.: Humor; Horkheimer u.a.: Dialektik; Mitscherlich: Versuch; Richter, H.-E.: Flüchten; Scott u.a.: Verantwortungen; Steinert: Etikettierung; Sykes u.a.: Techniken; Ulrich, O.: Weltniveau. *Heinz Steinert*

Fremdrentengesetz → Aussiedler

Fremdunterbringung Der Begriff verweist auf Tatbestände und Probleme der Unterbringung, Versorgung und → Erziehung von Kindern und Jugendlichen außerhalb der eigenen → Familie und zwar entweder in einer anderen Familie oder in einer → Einrichtung, entweder kurz- oder langfristig, entweder von den sorgeberechtigten Eltern (→ Elterliche Sorge) selbst oder durch Vermittlung bzw. Anordnung einer Behörde arrangiert, schließlich entweder mit Einwilligung der Personensorgeberechtigten und/oder des Kindes/Jugendlichen oder gegen deren Einwilligung, immer jedoch so, daß der Lebensmittelpunkt des jungen Menschen an einen anderen Ort verlegt wird. Aus individual- und sozialpsychologischer, z. T. auch aus rechtlicher Sicht, lassen sich dabei folgende typische Konstellationen unterscheiden:

1. Mittel- und längerfristige F. in der Vollzeitpflege (→ Pflegekinderwesen), der → Heimerziehung oder einer sonstigen betreuten Wohnform (→ Betreutes Wohnen) nach Normen bzw. i. S. d. §§ 33, 34 und 41 → Kinder- und Jugendhilfegesetz (KJHG – SGB VIII). In dieser Konstellation geht es insbes. um die Erziehung, bei Behinderung ggf. auch um die Pflege solcher junger Menschen, deren Angehörige nicht dazu in der Lage sind – aus welchen Gründen auch immer –, die Erziehung/Pflege ihrer Kinder selbst zu übernehmen; bei älteren Jugendlichen und jungen Volljährigen (→ Hilfen für junge Menschen/Volljährige) auch darum, sie auf dem Weg in die Selbständigkeit zu begleiten. Da mit diesen Formen von F. »Heimkinder« und »Pflegekinder« – Alltagsbegriffe, die mit besonderer sozialer Bedeutung ausgestattet sind – sozial konstruiert werden, bedeuten sie immer und zwar unabhängig von der Qualität der F. einen gravierenden Einschnitt in die Biographie eines jungen Menschen. Das KJHG – SGB VIII stellt deshalb mit Recht besonders hohe Anforderungen an die Hilfeplanung (→ Hilfeplan).

2. Meist kurzfristige F. in besonderen Situationen mit Interimscharakter. Solche Situationen können aus spezifischen Notlagen in der Herkunftsfamilie (z. B. Krankheit, vorübergehende → Obdachlosigkeit) entstehen, oder aus gesellschaftlichen Verpflichtungen zum Schutz von jungen Menschen resultieren (z. B. → Inobhutnahme von Kindern und Jugendlichen nach § 42 KJHG – SGB VIII), oder einer besonderen Behandlung eines jungen Menschen dienen (z. B. in einer jugendpsychiatrischen Klinik) oder schließlich durch die Suche nach einem dauerhaften Lebensort (was auch die Rückführung in die eigene Familie bedeuten kann) für einen jungen Menschen motiviert sein. F. dieser Art erfolgen, außer in den für die 1. Konstellation genannten Formen, auch in speziell für diese Zwecke errichteten Institutionen, neben Kliniken u. a. auch Erholungsheime, sog. Übergangspflegestellen oder Jugendschutzstellen. Da die Notlagen, die in diese Konstellation führen, sehr unterschiedlicher Art sind, haben entsprechende F. auch eine mehr oder weniger große biographische Bedeutung für die Untergebrachten und sind mehr oder weniger mit einem besonderen gesellschaftlichen Status verbunden.

3. F. zusammen mit einem Elternteil, seltener auch mit beiden. Charakteristisches Merkmal dieser Konstellation ist, daß nicht

das Kind, sondern seine Angehörigen, Nutzer bzw. Klient eines besonderen »Programms« sind. Beispiele sind → Vater-Mutter-Kind-Einrichtungen zur Betreuung der Mütter nach der Geburt eines Kindes, mit Kindern zusammen in einer Haftanstalt untergebrachte Frauen, mit einem oder beiden Elternteilen zusammen in einer Drogentherapieeinrichtung Untergebrachte oder Frauen mit ihren Kindern in einem → Frauenhaus. Da es sich meist um jüngere, oft sehr kleine Kinder handelt und Bindungen und Identifikationsmöglichkeiten mit den Eltern nicht behindert oder abgeschnitten werden, bedeuten F. dieser Art als solche (wohl aber die den Arrangements zugrundeliegenden Notlagen) keinen gravierenden biographischen Bruch für die Kinder. Gesellschaftliche Bewertungen beziehen sich primär auf die Eltern, nicht auf die Kinder.
4. F. in einem Internat. Auch wenn sie zunehmend häufiger auch mit erzieherischen Notlagen begründet wird, ist ihr primärer Zweck die schulische Betreuung und die soziale Erziehung der jungen Menschen. Die Nutzer werden darum auch mit dem gesellschaftlich positiv definierten Bild des »Internatsschülers« und wegen des i.d.R. aufrechterhaltenden intensiven Kontakts zu den Eltern (insbes. in den Schulferien) als eine besondere Gruppe von »eigentlich noch Familienkindern« identifiziert.
5. F. als Fremdadoption (→ Annahme als Kind). Hier sollte unter psychologischen und Statusgesichtspunkten zwischen Säuglingsadoptionen und der Adoption älterer Kinder unterschieden werden. Da im ersten Fall kurz nach der Geburt die F. erfolgt und die psychische Situation des Kindes, seine soziale Lage und seine soziale Bewertung überwiegend von den Bedingungen der aufnehmenden Familie bestimmt sind, ließe sich bei ihnen auch ganz auf die Charakterisierung als Fremdplacierte verzichten. Bei den in späterem Lebensalter Adoptierten ähnelt die Situation jener der Kinder in Vollpflege.
Mit der Reform der Jugendhilfe sind fremdunterbringende Maßnahmen zugunsten von Hilfen in der eigenen Familie und zugunsten von teilstationären Einrichtungen deutlich reduziert worden. Dennoch wird man davon ausgehen müssen, daß noch mindestens 200 000 junge Menschen in fremden Familien (→ Pflegefamilie) und in Einrichtungen unterschiedlichster Art untergebracht sind. Noch zuwenig eingelöst sind Programme, die herkunftsnahe und flexible F. – etwa im Sinne stadtteilorientierter Kriseninterventionsstationen – beinhalten und mit intensiver Elternarbeit verbunden sind.
Lit. Blandow: Erziehungshilfen; Lambers: Heimerziehung; Niederberger u. a.: Fremderziehung; Klatetzki: Flexible Erziehungshilfen. *Jürgen Blandow*

Fremdwahrnehmung bezeichnet das Teilgebiet der sozialen → Wahrnehmung, das sich mit den spezifischen Bedingungen der zwischenmenschlichen (Personen-)Wahrnehmung befaßt. Es geht um den Aufweis der Einflußfaktoren, die das wahrnehmungsmäßige Erkennen von Personen, »das Bild vom Anderen« bestimmen. Menschliche Wahrnehmung wird nicht allein von »autochthonen« Faktoren, den objektiv meßbaren Reizen des Wahrnehmungsobjektes bestimmt, sondern durch motivationale und personale beeinflußt. → Motivationen, → Einstellungen, Erwartungen und → Abwehrmechanismen prägen selektierend, organisierend, akzentuierend und fixierend die Erfassung sowohl der Gegenstandswelt als auch die von Personen und sozialen Situationen.
Das Wahrnehmungsgeschehen ist somit abhängig von der → Sozialisation des Wahrnehmenden. Die kognitive Erfassung von Personen und sozialen Situationen unterscheidet sich von der Wahrnehmung dadurch, daß Personen nicht als Objekte, sondern als Handelnde, als sich verhaltende Wesen gesehen und erlebt werden, denen dem eigenen ähnliches Erleben und → Verhalten zugeschrieben wird. Zudem sind diese Personen tatsächliche oder mögliche Kommunikations- und Interaktionspartner. Das Erkenntnisinteresse richtet sich weniger auf die äußeren Reizbedingungen, sondern versucht vielmehr innere Einstellungen, Motive, Erwartungen, Absichten, Gefühle und Fertigkeiten, kurz die innere Begründung des am anderen wahrgenommenen Verhaltens und Erlebens zu erfassen. F. ist dabei immer Voraussetzung als auch Mittel der zwischenmenschlichen → Interaktion und → Kommunikation. Insofern ist der Begriff »Wahrnehmung« unzutreffend: Sie geht nämlich von Urteilen über soziale Situationen und Personen aus, in denen sich kognitive, affektiv/bewertende und konativ/handlungsbezogene Aspekte mischen. Die intensive Beeinflussung der F. durch die Motive und Absichten des Wahrnehmenden schlägt sich in Kausalattribuierung und impliziter Persönlichkeitstheorie nieder: Menschen beigesellschaften einander, wenn sie sich beurteilen – und zwar gemäß den Wünschen und Bedürfnissen für die eigenen Interessen und gemäß der eigenen Psychologik über den Zusammenhang von Eigenschaftsdimensionen und deren Ausprägung.
Urteile sagen also unter Umständen mehr über den Urteilenden aus als über die Beurteilten. Die in der Wahrnehmungspsychologie in experimentellen Situationen erforschten Wahrnehmungsgesetze und Beurteilungsfehler (Halo-Effekt; Reihenfolge-Effekt; logischer Fehler; Zentralitätstendenz u.a.m.) behalten auch für die F. ihre Gültigkeit. F. und Personenbeurteilung erweisen sich somit als störanfällige psychi-

sche Funktionen, die nur zum geringeren Teil durch kognitive Informationen und Selbstkontrolle beeinflußbar sind.
Für Angehörige sozialer Berufe, die F. und Personenbeurteilung professionell betreiben, ist deshalb eine Schulung von F. und → Selbstwahrnehmung durch Training, Therapie (→ Psychotherapie), → Supervision unerläßlich, um die persönliche Gleichung, überdauernde und situative Wahrnehmungseinstellungen und Beurteilungstendenzen kennenzulernen und zu korrigieren. Dies gilt um so mehr, als in der sozialen Arbeit menschliche Lebens- und Erlebensbereiche angesprochen werden, die oft der Wahrnehmungsabwehr unterliegen, also Wahrnehmungsfehler geradezu herausfordern und zunächst sich einer Bearbeitung entziehen. Dabei scheint das Einüben in eigens dafür geschaffenen → Settings geboten. Erst wenn in solchen Selbsterfahrungsgruppen (→ Selbsterfahrung) Verhaltenssicherheit erworben wurde, kann der Dialog über Inhalte der Selbstwahrnehmung und F. in unmittelbaren Arbeits- und Lebenssituationen als Korrektiv der Fehler der sozialen Wahrnehmung mit Hoffnung auf Erfolg gewagt werden.
Lit. Cohen, R.: Persönlichkeitsbeurteilungen; Jahnke: Wahrnehmung; Kaminski: Bild; Keil, W.: Persönlichkeitstheorie.
Lothar Nellessen

Friedenserziehung wurde für die Schule und als Alternative bzw. didaktische Ergänzung zum traditionellen politischen und sozialwissenschaftlichen Unterricht entworfen. Sie zu einem verbindlichen Unterrichtsfach zu machen, scheiterte zu Beginn der Diskussion um F. an der Unvereinbarkeit parteipolitischer Positionen in der KMK. Heute wird diese Forderung nicht mehr erhoben.
Die Diskussion um die F. ist mit dem Ende des Ost-West-Konflikts in den Hintergrund gerückt. Trotz zahlreicher neuer Kriege ist ihre Bedeutung erheblich gesunken. Von F. spricht man seit Beginn der 70er Jahre. Sie stand damals ganz im Banne der Dynamik der internationalen Hochrüstung. Ihre Inhalte bestanden in der Kritik an den Bedingungen des kollektiven Unfriedens und des internationalen Drohsystems. Im Zusammenhang damit stand der von Johan Galtung entwickelte Begriff der strukturellen → Gewalt. Er ermöglichte, die Asymmetrien internationaler Konflikte mit den Gewaltverhältnissen im Sozialisationsverlauf in Beziehung zu setzen (→ Sozialisation). Die »kritische Friedensforschung« der siebziger Jahre formulierte deshalb eine umfassende Analyse des gesellschaftlichen und internationalen Unfriedens. Die Materialien der Friedensforschung und der F. erwiesen sich allerdings als zu umfangreich und komplex, als daß sie eine über engagierte Pädagogen hinausgehende Verbreitung in den Schulen gefunden hätten. Darüber hinaus wurde aufgrund von Problemen bei der unterrichtlichen Umsetzung die Frage aufgeworfen, ob F. in den Strukturen schulischen Lernens überhaupt möglich sei (strukturelle Gewalt der Bildungsinstitution und die Lehrer-Schüler-Beziehung).
Pädagogen und Wissenschaftler, die F. als einen eigenständigen pädagogischen Ansatz verstanden wissen wollten, wandten sich daher der außerschulischen Bildungsarbeit zu. Hier war in erster Linie das Problem zu lösen, über spektakuläre Aktionen (z. B. Anti-Kriegsspielzeugdemonstrationen) hinaus Jugendliche für Friedensthemen zu motivieren. Im Zusammenhang mit dem Golfkrieg (1991), dem Krieg im ehemaligen Jugoslawien und dem starken Engagement in friedensrelevanten aktuellen Ereignissen bei Schülern gewann dann für die F. das schulische Feld Ende der achtziger Jahre wieder stärker an Bedeutung (»Pädagogen gegen Rüstungswahn« usw.). Unter F. verstand man allerdings inzwischen mehr als nur → Erziehung gegen Krieg: eine umfassend auf Frieden hin ausgerichtete Sozialerziehung, die die Zerstörung der Umwelt ebenso einschloß wie entwicklungspolitische Themen (Dritte Welt). Von daher hat man sich inzwischen verstärkt sowohl den allgemeineren Fragen zu Gewaltverhältnissen als auch den jüngeren Altersgruppen zugewandt. Insbesondere ist die Frage in den Vordergrund gerückt, welchen Einfluß → Medien auf die Gewaltbereitschaft von Kindern und Jugendlichen haben.
Die Ideen der F. gehen inzwischen über die traditionellen Verbots- und Unterdrückungsstrategien von Aggressionen und martialischen Phantasien nach Art einer moralischen Erziehung hinaus. Hinzukommen ist ein empathisches Verständnis kindlicher Feindseligkeit sowie ein Bewußtsein davon, daß sich Erziehung gleich welcher Art in dem Medium von Beziehung vollzieht, also auch ein Augenmerk auf die Gestaltung von Erziehungsverhältnissen legen muß. Hauptschwerpunkt von F. ist in diesem Sinne Kommunikation bzw. Verbalisierung von Affekten, die Einübung von Toleranz und die Sensibilisierung gegen Fremdenfeindlichkeit. *Christian Büttner*

Früherkennungsuntersuchungen dienen der Früherkennung von → Krankheiten (→ Prävention) und können entweder individuell oder in Form von Reihenuntersuchungen durchgeführt werden. In vielen Fällen fälschlich als Vorsorgeuntersuchungen bezeichnet.
Gesetzlich geregelt sind Maßnahmen zur Früherkennung von Krankheiten oder Krankheitsanlagen beim Kind bis zur Vollendung des 6. Lebensjahres (§ 26 SGB V; → Sozialgesetzbuch) und F. auf Krebs bei

Frauen vom Beginn des 20., bei Männern vom Beginn des 45. Lebensjahres (§ 25 Abs. 2 SGB V). Diese Leistungen werden von den → Krankenkassen zur Verfügung gestellt und können regelmäßig über die Krankenversichertenkarte in Anspruch genommen werden. Um die Bedeutung der F. für die → Gesundheit der erwachsenen Versicherten zu verdeutlichen, hat das SGB V für diese Maßnahmen die Bezeichnung »Gesundheitsuntersuchungen« neu eingeführt (§ 25 SGB V). Die neue Bezeichnung umfaßt neben den traditionellen F. für Männer und Frauen auch eine Gesundheitsuntersuchung zur Früherkennung von Herz-, Kreislauf- und Nierenerkrankungen sowie der Zuckerkrankheit. Diese Untersuchungen können Versicherte, die das 35. Lebensjahr vollendet haben, jedes 2. Jahr in Anspruch nehmen.

Über die für die Krankenkassen maßgebenden gesetzlichen Regelungen hinaus gibt es eine Reihe von F., die durch die Landesgesundheitsbehörden initiiert und durch die → Gesundheitsämter (GA) organisiert werden, so z. B. Röntgenreihenuntersuchungen zur kombinierten Aufdeckung von Tuberkulose-, Lungenkrebs-, Steinstaub- und Zuckererkrankungen. *Harald Kesselheim*

Frühförderung Behinderter Gesamtheit der Maßnahmen zur Behebung oder Besserung von Beeinträchtigungen eines Menschen zum frühestmöglichen Zeitpunkt, d. h. bei Erkennung erster Ansätze vorhandener oder möglicher Behinderungen (→ Behinderte) unmittelbar nach der Geburt bzw. beim Auftreten bis zum 3. Lebensjahr. Vorausgehende Maßnahmen sind → Prävention, wobei der → genetischen Beratung besondere Bedeutung zukommt. Bei der F. B. lassen sich acht Bereiche unterscheiden: a) Früherkennung als Voraussetzung für alle weiteren speziellen Maßnahmen durch Vorsorgeuntersuchungen (→ Früherkennungsuntersuchungen) zur Ermittlung von → Risiko-Kindern. b) Früherfassung zur Gewinnung von Unterlagen für regionale und überregionale Planung von → Einrichtungen und zur Veranlassung für ggf. einzuleitende differenzierte individuelle Maßnahmen (→ Meldepflicht). c) Medizinische Frühdiagnose als Voraussetzung für d) medizinische Frühbehandlung vor allem im somatischen Bereich (pädiatrische oder andere fachmedizinische Maßnahmen angesichts behinderungsbewirkender Schädigungen, des physischen Gesamtzustandes und begleitender Schäden). e) Pädagogisch-psychologische Diagnostik als Grundlage für f) pädagogische F. B. im motorischen, sensorischen, kognitiven, sprachlichen, emotionalen und sozialen Bereich (nach Früherziehungsprogrammen), die vor allem als Hausfrüherziehung durch Familienangehörige erfolgt und Anleitung sowie Beratung erfordert (auch bezüglich auftretender Eltern-, Ehe-, Geschwister- und Umweltreaktionen sowie hinsichtlich der Überforderungsrisiken bei Kind und Familie). g) Soziale Diagnose als Voraussetzung für h) soziale Maßnahmen wie Klärung des Kostenträger, Erschließung von Hilfen nach dem → Bundessozialhilfegesetz (BSHG) u. a.

Um das Ziel einer weitmöglichen Behebung oder Besserung bzw. Verhinderung einer Verschlimmerung zu erreichen, ist Beachtung der häufigen Komplexität von Behinderungen und eine entsprechende Mehrdimensionalität der Maßnahmen durch Beteiligung aller in Frage kommenden Disziplinen unerläßlich.

Als Institutionen der F. B. kommen regionale und – für differenzierte Probleme – überregionale komplexe mediko-pädagogisch-soziale Zentren selbständiger oder an andere Institutionen (→ Sonderkindergärten, → Sonderschulen, Erziehungsberatungsstellen, Kliniken) angelehnter Art mit unterschiedlicher Aufgabenverteilung in Betracht – neben niedergelassenen → Ärzten, Krankengymnasten (→ Krankengymnastik), Sonderpädagogen (→ Sonderpädagogik) u. a. – zur Durchführung spezieller Maßnahmen.

Die von Angehörigen einiger zu beteiligender Berufsgruppen gegenwärtig noch beanspruchte Dominanz, Gesamtverantwortlichkeit und Oberaufsicht über die Gesamtheit der erforderlichen Maßnahmen erweist sich wegen der damit verbundenen Aspektdominanz als förderungshinderlich.

Lit. Bach, H. u. a.: Früherziehungsprogramme; Heese: Frühförderung; Hellbrügge u. a.: Entwicklungsdiagnostik; Klein, F.: Früherziehung; Pechstein: Zentren; Schamberger: Frühtherapie; Speck: Früherkennung; Speck: Frühförderung; Thomae, I.: Risikokinder. *Heinz Bach*

Frühkindliche Erziehung umfaßt als ein Teilgebiet der Pädagogik (→ Erziehungswissenschaft) die Phase der Kindheit, die von der Geburt bis zum Einschulungsalter (→ Schulreife) reicht. Begriffe wie Frühpädagogik oder Erziehung im Vorschulalter (→ Vorschulerziehung) werden z. T. synonym gebraucht.

In Anerkennung der entwicklungspsychologischen Besonderheiten der frühen Kindheit (→ Entwicklungspsychologie, → Kindesalter) grenzt sich die F. E. von der Erziehung der mittleren Kindheit und des → Jugendalters ab und hat sich zu einem relativ eigenständigen Teilgebiet der Pädagogik entwickelt. Nachdem in der Geschichte der Pädagogik und insbes. der pädagogischen Forschung dieser Bereich stets vernachlässigt wurde, rückte er Mitte der 60er Jahre erstmals in den Vordergrund, als durch die Sozialisationsforschung (→ Sozialisation) die Bedeutung der frühen Kindheit für die Herstellung von → Chancengleichheit im Bildungssystem (→ Bildung/Bildungswesen) anerkannt wurde. In der ersten Phase seiner Entwicklung erwirbt der Säugling in einem Austauschprozeß mit der Mutter (oder einer anderen konstant verfügbaren Bezugsperson) ein Gefühl des »Urvertrauens«, das Erikson als den »Eckstein« der gesunden Persönlichkeit bezeichnet. Die Forschungen von S. Freud über die psychosexuelle Entwicklung des Kindes (→ Psychoanalyse), von R. Spitz über die Stufen der Objektbildung im 1. Lebensjahr und von J. Piaget über die kognitive Entwicklung trugen wesentlich zu den Erkenntnissen der Entwicklungsprozesse bei.

Auf dem Gebiet der f. E. haben sich in den letzten Jahren folgende Problemfelder und Strukturen herausgebildet (vgl. Hundertmarck u. a.; Dollase): a) Geschichte der f. E. Hierzu gehören Untersuchungen zur Stellung des Kindes in der Gesellschaft und in der → Familie sowie die Entwicklung des → Kindergartens (Grossmann: KinderGarten), der Kinderkrippen (→ Krippe) etc. b) → Bildungsökonomie, -planung und -politik. Untersuchungsgegenstand ist der Zusammenhang von institutioneller Erziehung und bildungs- und sozialpolitischen Maßnahmen. c) Frühkindliche Familienerziehung. Die Ergebnisse der Sozialisationsforschung belegen, daß die Entwicklung von Kindern nachhaltig von den Lebensverhältnissen (Einkommen, soziale Schicht, Bildungsgrad, Wohnverhältnisse, Arbeitsplatzsituation), den Familienstrukturen (Familiengröße, Geschwisterkonstellation, Unvollständigkeit der Familie, Berufstätigkeit der Frau) und den Kommunikationsstrukturen (Sprachstil, Erziehungsstil, Formen der Bestrafung) der Herkunftsfamilie beeinflußt werden. Die Sozialisationsforschung hat eine Fülle von Kenntnissen und Einsichten in die Sozialisationsprozesse geliefert. Problematisch ist es jedoch, einzelne Einflußfaktoren isoliert zur Erklärung bestimmter Verhaltensweisen heranzuziehen. So konnte z. B. nachgewiesen werden, daß die Berufstätigkeit der Mutter als solche nicht zu Fehlentwicklungen des Kindes führt, sondern daß ein Bündel von »intervenierenden Variablen«, z. B. die Einstellungen von Mann und Frau zur Berufstätigkeit über die Sozialisationswirkungen dieses Merkmals entscheidet. Die Ergebnisse der Sozialisationsforschung und insbes. der psychoanalytisch-dynamischen Ansätze, wie sie u. a. H. E. Richter vertritt (→ Psychodynamik), zeigten die Notwendigkeit von → Elternbildung und -beratung, die bislang vor allem von den Erziehungsberatungsstellen wahrgenommen wird (→ Erziehungsberatung). d) Curriculumentwicklung (→ Curriculum), → Didaktik und Methodik f. E. (→ Elementarerziehung). e) Institutionalisierte Formen der Erziehung im Säuglings- und Kleinkindalter bis zu 3 Jahren: Krippe, → Krabbelstube, Kindergarten.

Die mangelhafte personelle Ausstattung von Tageseinrichtungen für Säuglinge und Kleinkinder (→ Kindertageseinrichtungen) in der Bundesrepublik und ihre fehlende pädagogische Konzeption haben zu ihrer Abwertung beigetragen. Statt energische Reformbemühungen dieser gesellschaftlichen Einrichtungen einzuleiten, wurde in den letzten Jahren im Tagesmütter-Modell (→ Tagespflege) die Lösung dieser sozialen und pädagogischen Problematik in der Privatisierung der Kleinkinderziehung gesucht.

Lit. Ariès: Kindheit; Dollase: Früh- und Vorschulpädagogik; Erikson: Kindheit; Freud, A.: Kinderentwicklung; Grossmann, W.: KinderGarten; Grossmann, W. u.a.: Kinderkrippen; Hundertmarck u.a.: Kleinkindererziehung; Hurrelmann: Handbuch; Lehr, U.: Sozialisationsprozeß; Piaget u.a.: Entwicklung; Reyer: Kleinkindererziehung; Richter, H. E.: Eltern; Roth, H.: Begabung; Spitz: Mutter-Kind-Beziehungen; Wüstenberg: Krabbelstube. *Wilma Aden-Grossmann*

Frühkindliche Hirnschädigung Für dieses Störungsmuster gibt es eine ganze Reihe synonymer Bezeichnungen. Die wichtigsten sind: frühkindliches exogenes Psychosyndrom (Lempp), chronisches hirnorganisches Achsensyndrom (Göllnitz), infantiles psychoorganisches Syndrom (Corboz). Im angelsächsischen Sprachraum wird für die Störung meist die Bezeichnung minimale cerebrale Dysfunktion (MCD) gewählt. Die Häufigkeit der Störung wird je nach Untersuchungsmethodik und Definition zwischen 2 und 18% in Schulkinderpopulationen angegeben. Das Verhältnis von Jungen zu Mädchen beträgt etwa 3 : 1.

Klinisches Bild: Als charakteristisch werden folgende Symptome angesehen: ungeschickte Feinmotorik, gestörte motorische Koordination, psychomotorische Überaktivität (→ Motorik), eine verminderte Angstbildung, Konzentrations- und Aufmerksamkeitsstörungen, Reizüberempfindlichkeit und im Gefolge dieser Symptome Schulleistungsstörungen und Lernschwierigkeiten (→ Lernstörungen). Eine ausführliche neuropsychologische Untersuchung liefert dann auch Anhaltspunkte für Störungen der visuellen oder auditiven Wahrnehmung, der räumlichen Orientierung, der Gestalterfassung und vor allem der Figur-Hintergrund-Differenzierung. Es kann mit gewissem Recht angenommen werden, daß die Ausfälle im Bereich der Gestalterfassung auch mitverantwortlich sind für das soziale Versagen dieser Kinder. Da die Kinder sehr häufig in Überforderungssituationen geraten und es ihnen aufgrund ihrer Ausfälle schwerfällt, komplexe Situationen angemessen zu beurteilen, unterliegen sie auch häufig sekundären neurotischen Fehlentwicklungen (→ Neurose). Für die Diagnose ist die Trias von klinisch faßbarer Sympto-

matik im Verhaltensbereich, neurologischer Symptomatik und testpsychologischen Befunden (vor allem Gestaltauffassungsstörungen) maßgeblich. In den letzten Jahren ist man mit der Diagnose einer f.h. vorsichtiger geworden, nachdem aufgrund sorgfältiger empirischer Untersuchungen Zweifel an der Einheit des → Syndroms und an seiner Häufigkeit geäußert wurden.
Ursachen: Frühkindliche Hirnschädigungen haben verschiedene Ursachen und entstehen im Verlauf der kindlichen Entwicklung zu unterschiedlichen Zeitpunkten: 1. Erbschäden sind bedingt durch Chromosomen- und Genveränderungen bei den Eltern; 2. pränatale (intrauterine) Schädigungen werden verursacht durch Hormon- und Stoffwechselstörungen, Schwangerschaftstoxikosen, Intoxikationen, Mangelzustände, Abtreibungsversuche; 3. Schädigungen während der Geburt sind häufig bedingt durch Sauerstoffmangel (Anoxie) oder mechanische Schädigungen (z. B. subdurales Hämatom, Blutungen in die Hirnsubstanz usw.). 4. Postnatale Schädigungen können vielfältige Ursachen haben: Infektionen (Meningitis, Enzephalitis, Keuchhustenenzephalopathie), Hirnembolie, Intoxikationen, alimentäre Schäden, Schädel-Hirn-Traumen.
Therapie: Die Therapie erstreckt sich vor allem auf eine funktionelle Übungsbehandlung, die je nach Ausfällen den motorischen, sprachlichen oder auch den Wahrnehmungsbereich in den Vordergrund stellt. Liegt eine neurotische Fehlentwicklung vor, so kann sich eine → Psychotherapie (→ Kinder- und Jugendlichen-Psychotherapie, analytische; → Spieltherapie) als erforderlich erweisen. Bei vorherrschender Hypermotorik ist abzugrenzen, ob es sich um ein hyperkinetisches Syndrom handelt, das u. U. mit Stimulantien erfolgreich behandelt werden kann. Von großer Bedeutung ist die Elternberatung, weil der erzieherische Umgang mit diesen Kindern erhebliche Anforderungen an die Eltern stellt. In der Erziehung müssen ähnliche Prinzipien wie in der schulischen Förderung angewandt werden: Herstellen überschaubarer Situationen, nicht zu viele Aufträge zur gleichen Zeit, kein Überangebot an Umgebungsreizen, konsequente Anwendung von Geboten und Verboten, Stärkung des Selbstbewußtseins durch gezielte Zuwendung. Die Prognose ist relativ günstig, da auch bei spontanem Verlauf viele der störenden Symptome seltener werden und sich auch in ihrer Intensität abmildern.
Lit. Remschmidt: Kinder- und Jugendpsychiatrie. *Helmut Remschmidt*

Frustration Das Wort F. wird in doppelter Bedeutung verwendet: Einmal bezeichnet es einen Umwelteinfluß oder einen Prozeß im Menschen selbst, der diesen beeinträchtigend, ihn einschränkend, Verzicht fordernd trifft. Zum anderen bezeichnet es das Gefühl oder gefühlsmäßige Erlebnis, das in einem Menschen ausgelöst wird, der durch ein Ereignis von außen oder in sich selbst einer Einschränkung, Beeinträchtigung oder einem Verzicht ausgesetzt wird. F. verschiedenster Art sind Bestandteil der menschlichen Existenz. Sie können so überhandnehmen, daß der einzelne von ihnen erdrückt wird. Sie können aber auch zu selten vorkommen, vor allem in der Säuglingszeit, so daß eine Entwicklung zur Verwöhnung oder Verwöhnungsverwahrlosung eintritt auf Grund einer mangelnden F.toleranz, d. h. der Fähigkeit, das Mißbehagen, das durch eine F. entsteht, auszuhalten und in konstruktive Impulse umzusetzen.
Siglind Willms

Führungsaufsicht → Maßregeln der Besserung und Sicherung

Führungsmodelle Führung ist notwendig, um die Mitarbeiter einer Organisation zur Erreichung von Zielen und zur Erfüllung von Aufgaben anzuregen, zu befähigen und zu unterstützen (Liniensystem/Stabsystem; Stabliniensystem; Produktgruppensystem). → Führung und Leitung in der sozialen Arbeit (→ Organisation sozialer Dienste) können in unterschiedlichsten Führungskonzeptionen oder einer Mischung verschiedener Führungskonzeptionen erfolgen. Wichtigster Faktor einer Führungskonzeption ist die Führungskraft (→ Leitungsfunktionen). Die Wahrnehmung zentraler Aufgaben der Führung (z.B. Durchschaubarmachen und Vermittlung von Hilfen zur Aufgabenbewältigung der Mitarbeiter, Mitarbeitermotivation, Konfliktregelung in Organisationen) führt zur Entwicklung von → Führungsstilen, die in den gewählten Führungskonzeptionen von Führungskräften praktiziert werden.
Während Führungs- oder Leitungsstile vor allem persönlichkeitsbedingt sind, werden durch gemeinsam erarbeitete und akzeptierte Leitungskonzeptionen zugleich Methoden der Führung für alle Organisationsmitglieder – nachprüfbar und mitvollziehbar – definiert. Aus der Fülle vorhandener Führungskonzeptionen seien hier 4 vorgestellt: 1. Führung durch Zielvorgabe (Kennzeichen: Hohes Maß an Zielorientiertheit, große Freiheit der Mitarbeiter): In der Organisation werden am Ende eines Jahres die Ziele gemeinsam vereinbart und definiert, die bis zum 31. Dezember des folgenden Jahres erreicht werden sollen. Diese Ziele werden auf Abteilungen und deren Hierarchiestufen operationalisiert (bis zu Teilprojektzielen und Teilergebniszielen). In diesem Rahmen bleibt es den Arbeitsgruppen in der Organisation überlassen, wie und bis wann sie Teilziele erreichen. Die jeweils übergeordnete – direkte – Organisationsebene kann zielorientierte Kontrolle im Hinblick auf

Realisierung der Teilziele vornehmen, um möglichst rasch eventuell notwendige Korrekturen durchzuführen.
2. Führung durch Zielvorgabe und teilweise delegierte Erfolgskontrolle (Kennzeichen: Hohes Maß an Selbständigkeit auf den einzelnen Organisationsebenen, viel Motivation und Eigenverantwortung erforderlich): Es werden Zielvorgaben formuliert. Zwischen den einzelnen Organisationsebenen wird ausgehandelt, in welchen Zwischenzeiträumen jeweils die Zielerreichung kontrolliert wird. Gemeinsam wird geklärt, bis zu welchen Abweichungen (+/–) die jeweilige Organisationsebene die Zielerreichung ihres Bereiches selbst kontrolliert, ohne die jeweils über ihr angesiedelte von den Ergebnissen in Kenntnis setzen zu müssen. Es wird gemeinsam erarbeitet, bis wann die generelle Gesamtkontrolle der Zielerreichung erfolgt. Diese Führungskonzeption hat den Vorzug, daß sie auf den einzelnen Organisationsebenen ein hohes Maß an Selbständigkeit, Bewegungsfreiheit und damit Motivation und Eigenverantwortlichkeit ansiedelt.
3. Führung durch Delegation (Kennzeichen: Hierarchiestruktur wird nicht durchbrochen. Delegation heißt hier, Aufgaben werden auf Zeit an andere weitergegeben. Der Delegierende kontrolliert die Wahrnehmung dieser Aufgaben): Diese Führungskonzeption ist nicht in erster Linie zielorientiert, sondern aufgabenorientiert. Mitarbeiter aus einer Hierarchiestufe (Hierarchie) geben genau definierte Teilaufgaben oder Teilaufgabenbereiche an Mitarbeiter aus der jeweils nachfolgenden Organisationsstufe ab. Solche Delegationen sind nur dann sinnvoll und motivierend, wenn sie kein Abschieben unliebsamer Aufgaben von oben nach unten bedeuten; Delegationsempfänger besser beteiligen und ihre Stärken ausloten; Delegationsempfänger nicht zusätzlich zu den im Aufgabenkatalog der Arbeitsplatzbeschreibung festgelegten Aufgaben belasten, sondern ihn interessanter gestalten. »Führung durch Delegation« ist bekanntgeworden als das »Harzburger Modell«.
4. Führung durch Teilhabe (Kennzeichen: Bestimmte, gemeinsam definierte Entscheidungsfelder der einzelnen Hierarchiestufen werden so geordnet, daß an ihnen Mitarbeiter aus allen Organisationsebenen beteiligt sind): Notwendige Einsparungen bei Finanzmittelverknappung werden von der Leitung zwar entschieden, aber nur aufgrund eines von allen Mitarbeitern gemeinsam ausgehandelten Verfahrens. Die Sorgen der Leitung werden so zu den Sorgen der mittleren oder der Basisebene. Natürlich können in Organisationen nicht alle Mitarbeiter an allen Entscheidungen beteiligt werden, aber Entscheidungsbeteiligung von oben nach unten und umgekehrt führt i. d. R. dazu, daß Mitarbeiter in Entscheidungen qualifizierter und effektiver werden.
Die vier hier beschriebenen F. sind miteinander kombinierbar. Für Organisationen, die auf den einzelnen Menschen bezogen und i. S. eines demokratischen Gemeinwesens arbeiten wollen, erscheinen sie so wichtig, daß entsprechend »aufgeschlossene« Leitungskräfte versuchen sollten, sich gemeinsam mit ihren Mitarbeitern – und sei es nur in kleinen Schritten – »auf den Weg zu begeben«. Die Humanisierung gerade sozialer Organisationen ist entscheidend, wenn der Weg in eine menschlichere Zukunft, in der der eine den anderen so ernst nimmt wie sich selbst, gelingen soll.
Lit. Brauns: Infrastruktur; Haas: Sozialmanager; Lotmar u. a.: Führen; Müller-Schöll u. a.: Sozialmanagement.
Albrecht Müller-Schöll †

Führungsstile Einheitliche, durch die spezifischen Ausprägungen einer Reihe von Einzelmerkmalen beschreibbare Führungsverhalten. Idealtypisch wird nach der Art der Willensbildung zwischen a) direktivem, autoritärem bzw. vorgesetzten-orientiertem und b) kooperativem, demokratischem, partizipativem oder mitarbeiter-orientiertem F. unterschieden. Ein Laissez-faire-F. ist genaugenommen gar kein F. (zum Vergleich s. → Erziehungsstile).
Bei dem zweidimensionalen Verhaltensgitter von Blake/Mouton werden F. nach der Mitarbeiterorientierung auf der einen Koordinate und der Arbeitsorientierung auf der anderen Koordinate jeweils in der Abstufung von 1–9 gemessen (z. B. 9/9-F. als günstige Kombination). Bei mehrdimensionalen Konzepten werden verschiedene Merkmale jeweils nach dem Grad ihrer Ausprägung auf einer Skala (→ Skalen) eingetragen, um das Führungsprofil so zu ermitteln (z. B. Zuwendung, Aktivität, Kontrolle und Beteiligung). In neueren Untersuchungen werden die Auswirkungen von Situationsfaktoren auf F. hervorgehoben: neben sozio-kulturellen, politisch-rechtlichen und technisch-wirtschaftlichen Faktoren z. B. auch die Besonderheit der Aufgabe, die Hierarchie-, Kommunikations- und Motivationsstruktur, Gruppengröße und -normen sowie die Qualifikation der Mitarbeiter. Dies bedeutet die Einführung dynamischer Elemente in die F.diskussion.
Bei der Komplexität des Gegenstands gibt es bisher keine wissenschaftlich begründeten Führungsregeln für einen optimalen F. Es ist bisher auch nicht erwiesen, daß kooperative Führung in jedem Fall die Leistung der Betroffenen verbessert. In der Praxis existieren in größeren → Organisationen häufig mehrere F. mit unterschiedlichen Ausprägungen verschiedener Merkmale nebeneinander. Für F.veränderungen ist wegen der notwendigen Verhaltensände-

rungen ein längerer Prozeß des Wandels (→ Organisationsentwicklung, → Fortbildung) erforderlich, der Erlaß von Führungsrichtlinien allein dürfte dauerhafte Veränderungen i. d. R. nicht bewirken.
Lit. Baumgarten: Führungsstile; Böhret u. a.: Führungskonzepte; Kübler, H.: Organisation; Laux: Führung; Laux: Führungsverhalten; Reinermann u. a.: Führungskonzepte; Remer: Verwaltungsführung; Rosenstiel u. a.: Organisationspsychologie; Wunderer: Führungsgrundsätze; Wunderer u. a.: Führungslehre. *Gotthard Scholz-Curtius*

Führungszeugnis → Bundeszentralregister

Führung und Leitung in der sozialen Arbeit In der Alltagssprache trifft man nur selten auf trennscharfe Differenzierungen der Begriffe »Führen« und »Leiten«. Beide Begriffe werden oft synonym verwendet. Etymologisch bedeuten Führen und Leiten. »den Verlauf bestimmen und ihm eine bestimmte Richtung geben«, »Fortbewegung veranlassen«. In der sozialen Arbeit (→ Sozialarbeit/Sozialpädagogik) unterscheiden sich Aufgaben und Konzeptionen des Führens und Leitens von Aufgaben und Konzeptionen des Führens und Leitens in anderen gesellschaftlichen Bereichen in vier wesentlichen Aspekten:
– Ziele und Aufgaben müssen für Konzeptionen und praktisches berufliches Handeln in vergleichsweise weitgesteckten Ermessens- und Handlungsspielräumen immer wieder neu reflektiert und interpretiert sowie zwischen verschiedenen Berufsgruppen mit unterschiedlichen Kompetenzen ausgehandelt werden (→ Ziele der sozialen Arbeit).
– Innerhalb bestehender Konzeptionen und Aufgabenbeschreibungen sind immer mehrere Möglichkeiten praktischer Problemlösung und Fallentscheidung denkbar, so daß die Organisation von Reflexions- und Beratungsprozessen sowie der dafür erforderliche Aufbau angemessener Organisationskultur und -strukturen kontinuierlich Leitungsaufgaben werden.
– Bürger/-innen haben eigene und teilweise andere Definitionen ihrer Probleme sowie Vorstellungen von deren Lösung, so daß auch im Verhältnis zur Umwelt (Bürger, Öffentlichkeit, Politik) Aushandlungsprozesse organisiert und Entscheidungsprämissen reflektiert werden müssen.
– Da Adressaten der Leistungen sozialer Arbeit Menschen sind, ist es erforderlich, Werte, kulturelle Normen, persönliche Einstellungen im Zusammenhang gesellschaftlicher Entwicklungen und Lebenslagen (→ Lebenswelt) zu reflektieren.
Die aktuellen Herausforderungen durch Diskussionen und eine sich entwickelnde Praxis in Richtung »Umbau des Sozialstaates«, »New Public Management« und »Neues Steuerungsmodell« (→ Verwaltungsmodernisierung) verleihen dieser Komplexität eine aktuelle Dynamik. Die klassische Unterscheidung, wonach sich
– Leitung auf Strukturfragen, die (Aufbau-) Organisation der Aufgabenerledigung und Leistungserbringung, die Einhaltung bürokratischer Basisregeln (Aktenprinzip, Ressortmäßigkeit, → Hierarchie) und
– Führung auf die Sozio- und Psychodynamik in Organisationen, die Anerkennung der Motivation der Mitarbeiter/-innen sowie ihre Integration in ein schlüssiges Handlungskonzept bezogen, trägt dieser Komplexität nicht mehr Rechnung. In modernen Führungskonzeptionen zählen Steuerung und Planung sowie → Organisationsentwicklung und → Personalentwicklung zu zentralen Aufgaben von Führungskräften. Anstelle einer formalen Struktur- und Ergebnisorientierung tritt eine »Prozeßorientierung«, die dem Charakter der sozialen Arbeit als »Produktion personenbezogener sozialer Dienstleistungen« eher entspricht.
Neben die klassischen Medien der Handlungskoordination in Bürokratien, »Recht und Geld«, tritt in der sozialen Arbeit das Medium der Sprache mit dem Ziel der Aushandlung, Verständigung und Sinnstiftung sowohl in binnenorganisatorischen Belangen zur Koordination unterschiedlicher Professionen und Organisationsteile als auch im Verhältnis zu Bürger/-innen mit dem Ziel, eine gelungene Interaktion mit der Öffentlichkeit zu organisieren.
Aktuell werden durch Verwaltungsreform und neues Steuerungsmodell gängige Führungskonzeptionen und -modelle mehrfach neu herausgefordert:
– Zum einen müssen in sie ökonomisch-betriebswirtschaftliche Instrumente (→ Budgetierung, → Controlling usw.) integriert werden,
– zum anderen entwickelt sich ein Verständnis von Organisationen, das sich als »lernende Organisation« beschreiben läßt und in dem es darum geht, Organisationen innovativer und reflexiver zu gestalten. Hier sind moderne Instrumente wie → Leitbildentwicklung, Führung durch Zielvereinbarung, → Qualitäts- und → Projektmanagement usw. zu nennen.
Das Anforderungsprofil von Leitungsfachkräften der sozialen Arbeit umfaßt zunehmend Rollensegmente des »Unternehmers«, »Sozialexperten« und »Basisarbeiters« (Frank u. a.: Ideologie). Letztlich wird es in der künftigen Entwicklung von Führungskonzeptionen darum gehen, ebenso pragmatisch wie verbindlich aus der Fülle moderner Führungsinstrumente situationsangemessen und zielbezogen diejenigen anzuwenden, die der Aufgabenerledigung ebenso dienen wie der Innovation und Reflexivität von sozialen Organisationen, die sich immer weniger als Verwaltung und im-

mer mehr als Dienstleistungsorganisationen verstehen.
Lit. Bussmann: Lernen; Frank u. a.: Führen; Frank, G. u. a.: Ideologie; Müller-Schöll u. a.: Sozialmanagement. *Manfred Wolf*

Fundraising ist der Oberbegriff für alle Aktivitäten, die mit der Beschaffung von Ressourcen für Nonprofit-Organisationen verbunden sind, und wird verstanden als Konzept zur Einwerbung von Mitteln auf Grundlage einer eigens dafür erstellten Marketing-Strategie. Darunter fallen für den Bereich sozialer Arbeit alle Maßnahmen zur Spendeneinwerbung (Spendenbrief-Aktionen, Sammelwochen, Benefizveranstaltungen u. v. a. m.), auch das steuerrechtlich divergierende → Social Sponsoring, jedoch nicht Mittel, die im öffentlichen Auftrag oder aufgrund von Förderkriterien ohnehin vergeben werden. Unter F. sind Geldspenden, Sachleistungen, ehrenamtliche Arbeit oder geldwerte Leistungen zu sehen, die von Einzelpersonen, Unternehmen oder Stiftungen für die Zwecke von Nonprofit-Organisationen erbracht werden. Sowohl Begriff (wörtlich: Aufbringen von Geld, Kapital) wie Methode des F. stammen aus den USA, wo die private finanzielle Unterstützung des Gemeinwesens einen besonderen Stellenwert besitzt. In Deutschland interessieren sich Einrichtungen der sozialen Arbeit seit Beginn der 90er Jahre verstärkt für F. als alternatives bzw. komplementäres Finanzierungskonzept; vor dem Hintergrund knapper öffentlicher Mittel werden jedoch teilweise unrealistische Hoffnungen daran geknüpft. Kleinere Einrichtungen profitieren kaum vom humanitär-caritativen Spendenmarkt, den das DZI für das Jahr 1995 auf 4,1 Mrd. DM beziffert. F. ist zur Finanzierung von sozialen Regelaufgaben nicht geeignet. *Ria Puhl*

Funktionale Erziehung → Erziehung

Funktionelle Schule → Einzel(fall)hilfe

Funktionsbeschreibung → Stellenbeschreibung

Fürsorgeabkommen → Internationale Abkommen zur Sozialhilfe und Jugendhilfe

Fürsorgeerziehung (FE) war bis 1991 die auf der Grundlage einer richterlichen Entscheidung durchgeführte → Erziehung in behördlicher Verantwortung (→ Öffentliche Erziehung). Sie wurde vom Vormundschaftsrichter, in seltenen Fällen auch vom Jugendrichter nach dem JGG (→ Jugendgerichte) angeordnet, wenn ein Minderjähriger unter 17 Jahren aufgrund seiner Fehlentwicklung einer Erziehung durch Fachkräfte außerhalb des Elternhauses bedurfte und andere Hilfen, z. B. → Freiwillige Erziehungshilfe (FEH), nicht in Betracht kamen (§§ 64 ff. → Jugendwohlfahrtsgesetz [JWG]).

Bei Gefahr im Verzuge konnte die vorläufige FE angeordnet werden, die sofort vollziehbar war (§ 67 JWG). Die FE wurde vom → Landesjugendamt, in Bayern von den Jugendämtern (JÄ) ausgeführt. Sie endete spätestens mit der Volljährigkeit, konnte jedoch bei anderweitiger Sicherstellung oder früherer Erreichung des Erziehungserfolges vorher aufgehoben werden.

Die Kosten wurden von den Landesjugendämtern getragen, während die Unterhaltsverpflichteten – wie bei der FEH – nach ihren wirtschaftlichen Verhältnissen hierzu beizutragen hatten.

Die Fallzahlen waren seit längerem rückläufig, wobei einen Teil die FEH aufgefangen hat. Hierzu einige Vergleichszahlen (jeweils Jahresende) (siehe Tabelle).

Hinzuzurechnen wären jeweils als Fortsetzung von FEH oder FE die Hilfen für junge Volljährige (→ Hilfen für junge Menschen/ Volljährige) nach § 75 a JWG (1982 = 1791, 1988 = 2363, 1990 = 2004).

Durch das → Kinder- und Jugendhilfegesetz (KJHG) wurde die FE wie die FEH als Rechtsinstitut beseitigt und durch die → Hilfe zur Erziehung (HzE) nach §§ 27 ff. KJHG abgelöst. *Helmut Saurbier*

Fürsorge/Geschichte der Fürsorge Der Begriff »F.« wurde zuerst um die Jahrhundertwende in der freien Wohlfahrtspflege zur Kennzeichnung reformerischer Absichten verwendet (»Centrale für private Fürsorge«, Frankfurt a. M. 1899), dann als Ausdruck des Reformwillens auf dem Gesamtgebiet (Umbenennung des »Deutschen Vereins für Armenpflege und Wohlthätigkeit« in »Deutscher Verein für öffentliche und private Fürsorge« 1917), schließlich in der Rechtsetzung (»Reichsfürsorgepflichtverordnung« 1924). Nach dem 2. Weltkrieg ist an die Stelle von »F.« (und insbesondere an die Stelle der Berufsbezeichnung »Fürsorger/-in«) der durch eine nicht ganz präzise Übersetzung gewonnene Begriff → »Sozialarbeit/soziale Arbeit« (→ »Sozialarbei-

Jahr	Insgesamt	FE		%	FEH		%
1963	51 012	26 724	=	52,39	24 288	=	47,61
1969	47 677	21 531	=	45,16	26 146	=	54,84
1973	32 340	10 772	=	33,31	21 568	=	66,69
1982	16 594	2 153	=	12,97	14 441	=	87,03
1989	11 320	581	=	5,13	10 739	=	94,87
1990	9 674	138	=	1,43	9 536	=	98,57

ter/-in«) und letztlich der noch undeutlichere »Sozialpädagogik« getreten. Im → Bundessozialhilfegesetz (BSHG) ist »öffentliche F.« durch → »Sozialhilfe« ersetzt worden (nur noch Leistungsbegriff).
Die Problematik der Begriffsbildung resultiert nicht nur daraus, daß die Begriffe »sehr häufig ...von Praktikern beim Nachdenken über ihre Arbeit meist aus momentanen praktischen Ordnungsbedürfnissen gebildet wurden und ... dann von der Literatur sozusagen als Schlagworte übernommen worden sind, ohne daß sie auf ihren Gehalt und ihre Geltung geprüft worden wären« (Scherpner: Fürsorge). Es sollten mit dem Begriff auch bestimmte Grundsätze und Methoden zum Ausdruck kommen. In der »Theorie der Fürsorge« von Scherpner (erstmals 1962 posthum veröffentlicht) wird dieser oberflächlichen Handhabung die Bemühung um »Erkenntnis der Wirklichkeit und ihre theoretische Verarbeitung zu einer Gesamtschau« entgegengesetzt in der Absicht, »die Vielgestaltigkeit der Wirklichkeit zu ordnen.« Die Kritik an seinem Theorieversuch hat sich vor allem gegen seine Grundannahme gerichtet, Hilfe sei eine »Urkategorie des menschlichen Handelns«. Aus der Hypothese, diese Urkategorie stehe im Gegensatz zur Urkategorie des Kampfes, der das politische Handeln bestimme, hat man ablesen wollen, dieser Theorieversuch habe sich kurzschlüssig der Untersuchung des Vorganges der Ideologiebildung entzogen, ja sei selbst Ideologie. Diese Kritik übersieht jedoch, daß Scherpner davon ausgeht, sein Forschungsgegenstand sei in starkem Maße geschichtlich bestimmt. Die »Theorie der Fürsorge« ist weniger ein Erklärungsversuch der gegenwärtigen Gestaltungsformen und Praxistheorien gesellschaftlicher Hilfetätigkeit, sondern vielmehr ein Ordnungsschema für historische Forschung, dessen heuristische Brauchbarkeit das Werk selbst beweist. Weder eine primitive Fortschrittsgläubigkeit noch eine Auffassung von Geschichte, die in ihr vornherein nur ein Gruselkabinett sieht, in dem allein Unterdrückung und Ausbeutung gezeigt werden sollen, vermögen eine Grundlage abzugeben für eine Beschäftigung mit der Geschichte der F., die auch für Gegenwart und Zukunft zu stichhaltigen Einsichten führt.
Die Untersuchungen Scherpners zur geschichtlichen Entwicklung setzen mit dem Mittelalter ein. Die theologischen Deutungen der Armut, die sich weitgehend auf die damaligen städtischen Verhältnisse beziehen, spiegeln eine dialektische Einschätzung des »Standes der Armen« wider (ein säkularisierter Nachhall ist übrigens gerade heute wieder in der Auseinandersetzung mit Wachstumsideologien zu vernehmen): Obwohl der »Arme«, d. h. derjenige, der von seiner Hände Arbeit oder von Almosen lebt (mit dieser Definition beginnt die neuzeitliche Gleichsetzung von »Armen« und Lohnarbeitern), auf der untersten Stufe der ständischen Rangordnung steht, macht unter dem Gesichtspunkt des Jenseits eben gerade diese Stellung eine besonders wertvolle religiös-ethische Haltung möglich. Dieser Gegensatz führte zur Ausbildung eines der höchsten mittelalterlichen Lebensideale: der freiwillig gewählten Armut (Franz von Assisi).
Die mittelalterlichen Almosenlehren, die sehr differenziert die Verpflichtung zum Almosengeben erörterten, bewirkten eine immense Ausdehnung der »Liebestätigkeit«, insbesondere der anstaltlichen Stiftungen (Hospitäler). Sie konnten keine »planmäßige F.« entwerfen, etwa mit der Absicht, die Armut oder gar deren Ursachen zu beseitigen. Dem unmittelbaren Verhältnis des mittelalterlichen Menschen zur Wirklichkeit, dem sozusagen hautnahen Bezug zu den äußerlichen Erscheinungsformen von Armut und Bedürftigkeit entsprachen vielmehr die großen Systeme der geistlichen und leiblichen Barmherzigkeit. Die mit dem Aufkommen der Geldwirtschaft und der Ausweitung des Verkehrs einsetzende größere Mobilität der Bevölkerung führte zu einem schnellen Ansteigen der Zahl ortsfremder, herumziehender Bettler, die sich aus der neuen Schicht nichtständiger Arbeiter und den Soldaten der neuen Söldnerheere rekrutierten. Gegen sie wandten sich nicht nur die neuartigen moralisierenden Erörterungen der Armenfrage, sondern auch die repressiven Bettelmandate der Territorialregierungen. Sie eröffnen im 15. Jh. die lange Reihe drakonischer Maßnahmen gegen »arbeitsscheue und betrügerische Bettler« (so die Standardformel).
Der Humanismus dagegen beschäftigt sich wieder im Zusammenhang mit seinen gesellschaftlichen Reformideen theoretisch mit dem Problem der Armut. In der »Utopia« des Thomas Morus (1516) wird der Standpunkt vertreten, daß wirksame Gegenmaßnahmen gegen das Überhandnehmen heimatloser Bettler nur durch umfassende soziale und politische Reformen bewirkt werden könnten. In seinem Gutachten für die Reform des Armenwesens in der flandrischen Stadt Ypern entwickelt Johann Ludwig Vives (»De subventione pauperum« 1526) ein mehr pädagogisches Konzept: alle Armen, auch die Alten, Kranken und Gebrechlichen sollen durch Arbeit zu einem »bürgerlich brauchbaren, reinen und weisen Leben« erzogen werden. Es lag im Zuge der Zeit, daß dieser frühe Vorläufer der »Rehabilitation«, dessen Merkmale Individualisierung und Versorgung mit Arbeit auch für Behinderte waren, sich unter dem repressiven Druck nicht entwickeln konnte: 1553 wurde in Bridewell/England das erste »Arbeitshaus« errichtet; es sollte vor allem der Bestrafung und strengen Erziehung der Bettler dienen. In den Nieder-

landen versuchte man, durch Arbeitshäuser die bis dahin üblichen schweren Leibes- und Lebensstrafen für straffällige Jugendliche zu ersetzen. Teilweise waren die Arbeitshäuser tatsächlich auch Einrichtungen zur Versorgung mit Arbeit, die auf dem freien Markt nicht gefunden werden konnte. Sehr bald bemächtigte sich der Merkantilismus dieser Anstalten und versuchte nur noch die jetzt oft unterschiedslos zusammengefaßten Hilfebedürftigen (häufig in Kombination von Waisen-, Armen- und Arbeitshaus) wirtschaftlich auszubeuten. Eine Ausnahme hiervon machten die Anstalten der Erweckungsbewegungen. Obwohl auch sie Erwerbsbetriebe blieben, verband ein neuer Typus des »fürsorgerischen Unternehmers« – so hat Scherpner insbesondere August Hermann Francke (1663–1727) bezeichnet – unternehmerische Initiative und höchst rationell arbeitende Aktivität mit einer vollen Hingabe an den Hilfebedürftigen. Für seine – wirtschaftlich sehr bedeutungsvollen – Anstalten in Halle, für die in ihnen lebenden, versorgten, erzogenen und arbeitenden Menschen, setzte Francke immer wieder seine persönliche und wirtschaftliche Existenz aufs Spiel. Das Hallesche Vorbild hat im 17. Jh. zur Gründung vieler Waisenhäuser geführt, die aber nur selten und vorübergehend ihr Vorbild erreichten, ja durch ihren Verfall die Kritik der einsetzenden Aufklärung wachriefen. Im Zeitalter der Aufklärung hat man sich wiederum intensiv mit dem Armenwesen beschäftigt. Während die absolutistischen Fürsten weitgehend die sich verschärfenden Probleme mit administrativen Versuchen einer »Armenpolizei« zu lösen versuchten, ging man vor allem in den Städten (z. B. Hamburg) in der zweiten Hälfte des 18. Jh. daran, die Zustände sehr sorgfältig zu untersuchen und einheitlich konzipierte Reformen einzuleiten, in denen die schulische Versorgung der Kinder, Arbeitsvermittlung und wo nötig die Unterstützung aus freiwillig aufgebrachten Fonds sowie zusätzliche Hilfen (Bau von Wohnungen, Gesundheitsfürsorge) sichergestellt werden sollten. Ein Pfeiler des Systems waren ehrenamtliche »Armenpfleger«, die in ihrem »Quartier« sich beratend und helfend um die Armen kümmern, sie aber auch beaufsichtigen und »zu Fleiß anhalten« sollten. Die Zeitwirren um die Wende vom 18. zum 19. Jh. brachten die Reformen zum Erliegen; was blieb, waren die von der Angst vor den gesellschaftlichen Außenseitern genährten repressiven Einstellungen, die nun auch politisch motiviert wurden. Längst ehe sich im mitteleuropäischen Raum die »industrielle Revolution« Bahn brach, tauchte in der modernen Figur des Armen, im »Proletarier«, eine politische Gefahr für die »besitzenden Klassen« auf, zumal seit Beginn des Jahrhunderts ein lawinenartiges Wachstum der gesellschaftlichen Unterschichten geargwöhnt wurde. Die wohl verhängnisvollste repressive Maßnahme war die Wiedereinführung von Heiratsverboten für arme Leute in den meisten deutschen Staaten – dies begünstigte nicht nur die Abschiebungspraxis der Gemeinden (→ Heimatprinzip), sondern verfestigte das Vorurteil eines Zusammenhanges zwischen triebhafter sexueller Unbeherrschtheit und Verarmung – die Figur des »Asozialen« war geschaffen. Die in der zweiten Hälfte des 19. Jh. einsetzenden Versuche einer Reform der gemeindlichen Armenpflege (→ »Elberfelder System« 1853) waren zwar nicht frei von restriktiven Tendenzen – die materielle Unterstützung mit dem Grundsatz des → »Existenzminimums« war die beherrschende Arbeitsform –, jedoch gewannen auch wieder Formen der persönlichen Hilfe an Boden. Im »Elberfelder System« wurde besonderer Wert darauf gelegt, daß die – ehrenamtlichen – Armenpfleger selbst im Quartier wohnten und für ihre aus unmittelbarer Anschauung der Lage der armen Bevölkerung gewonnenen Einsichten mit erheblichen Befugnissen in der Gestaltung der Hilfe ausgestattet waren. Dann aber gewannen angesichts der zunehmenden Mobilität für die behördliche F. Zuständigkeitsfragen ein Übergewicht. Die Neigung zu durchgestalteter Organisation verlagerte die Kompetenzen in die behördliche Apparatur (→ »Straßburger System«). Zudem sah sich die Armenpflege konfrontiert mit nunmehr politisch motivierten Versuchen, die »soziale Frage« zu lösen (→ Sozialversicherung; → Sozialpolitik). Andererseits setzte, nicht zuletzt durch die erstarkende → freie Wohlfahrtspflege, eine Reformbewegung ein, die zur Gründung des Deutschen Vereins für Armenpflege und Wohlthätigkeit (später: → Deutscher Verein für öffentliche und private Fürsorge) führte, in dem Männer wie Ch. J. Klumker und W. Polligkeit auch die theoretische Neubestimmung vorwärtstrieben. Die sich neu organisierende freie F. nahm sich in der F. für Kinder (von besonderer Bedeutung war hier die bis auf Pestalozzi zurückgehende Rettungshausbewegung) und Erwachsene vieler sozialer Nöte an, die von der behördlichen F. unbeachtet blieben. J. H. Wichern hat diese Entwicklung mit der Gründung der »Inneren Mission« (1848) zusammengefaßt, ähnliche Bewegungen führten zur Gründung des → Deutschen Caritasverbandes (1895).
Die kurze Skizze der geschichtlichen Entwicklung macht deutlich, daß zwei Gesichtspunkte sowohl die Deutung von Hilfebedürftigkeit als auch die Versuche praktischer F. beeinflußt haben: einerseits die Rückführung von Armut auf wirtschaftliche und gesellschaftliche Verhältnisse (z. B. stellte man sich bei den Untersuchungen während der Aufklärungsepoche in Hamburg die Frage, ob nicht im Gegensatz zur üblichen moralisierenden Auffassung erst

der Prozeß der Verarmung auch den Charakter des Armen verändere und nicht umgekehrt); andererseits die Beschäftigung mit persönlichen Verursachungsfaktoren. Die Einführung der Sozialversicherung gegen Ende des 19. Jh. hat mit dazu geführt, daß schließlich der oftmals in der F. zu beobachtenden moralisierenden → Diskriminierung des Hilfebedürftigen schließlich ein rechtsstaatliches System sozialer Hilfen entgegengesetzt wurde (Einräumung eines einklagbaren → Rechtsanspruches). Abgesehen jedoch davon, daß das System → sozialer Sicherheit nicht verleugnen kann, daß es das Ergebnis politischer Auseinandersetzungen ist und daß es mit seiner Ausdehnung der »zweiten Einkommensverteilung« nun selbst eine gesellschaftspolitische Problematik produziert, von der auch Hilfebedürftige betroffen werden (z. B. wenn öffentliche Mittel gekürzt werden müssen), so bleibt schon allein deswegen die Notwendigkeit → »persönlicher Hilfen« bestehen, weil Hilfebedürftige, Außenseiter, Behinderte nicht mehr dem vom Gesetz angenommenen »Normalfall« des Bürgers darstellen, der sich sein Recht ohne weiteres selbst zu verschaffen vermag. Es entspricht zwar wohl dem rechtsstaatlichen Denken, daß im BSHG und neuerdings auch im → Sozialgesetzbuch (SGB) den Leistungsverwaltungen die Pflicht zur → Beratung des Hilfesuchenden auferlegt wird – allein der behördliche Berater bleibt doch immer Partei.
Die Geschichte der F. ist nicht zuletzt eine Geschichte des Menschen, die im Wandel der Anschauungen und durchaus nicht unbeeinflußt von ihnen, stets ihr fürsorgliches Engagement für andere als »persönliche Hilfe« verstanden haben. In unserer Epoche sieht sich diese Motivation – gleich, ob das fürsorgerische Handeln »professionell« (→ Professionalisierung) oder in nichtprofessioneller Weise (→ Ehrenamtliche Tätigkeit im sozialen Bereich) erfolgt – mit neuen Anschauungen konfrontiert, von denen nur die wichtigsten genannt seien:
1. Zunehmende Massenarbeitslosigkeit und -armut sowie verschärfte Ausgrenzung hilfebedürftiger Menschen machen in der »postindustriellen Gesellschaft« das öffentliche Eintreten für deren Belange seitens ihrer Helfer nötiger denn je (→ Öffentlichkeitsarbeit). Aber auch die Legitimation der F., ihrer Institutionen und Organisationen, ist in einem demokratisch verfaßten Staatswesen an die Offenlegung ihrer Zielsetzungen, Strukturen, Ressourcen usw. gebunden. Öffentlichkeitsarbeit rückt den fürsorgenden Menschen in das »Licht der Öffentlichkeit«, setzt ihn der kritischen Beobachtung aus und läßt ein Handeln unausweichlich öffentlichkeitswirksam werden.
2. Die starke Zunahme der → Selbsthilfegruppen hat dem Problem des Verhältnisses zwischen Helfer und Hilfebedürftigem eine neue Aktualität gegeben. Was die oft zum Schlagwort heruntergekommene »Hilfe zur Selbsthilfe« wirklich zum Inhalt hat (haben kann), bedarf dringend der historischen und theoretischen Untersuchung, die auch die neuen Anforderungen (und auch Gefahren) für den fürsorgenden Menschen zu berücksichtigen hat.
3. Der »planmäßig-rationale Charakter« der modernen F. stellt heute Institutionen und Organisationen im sozialen Bereich vor das Problem eines angemessenen → »Sozialmanagements«. Unter dem Begriff des → »Sozialmarketings« wird eine Vielzahl von Aspekten diskutiert, die fürsorgerische Hilfen als »soziale Dienstleistungen« in einem neuen Licht erscheinen lassen. Der fürsorgende Mensch sieht sich dadurch einer neuen bzw. ergänzenden Definition seiner fürsorgerischen Rolle gegenüber; ihm wird abverlangt, seine Tätigkeit nicht mehr schlicht als »persönliche Hilfe« zu sehen, sondern (auch) als »Angebot« sozialer Dienstleistungen auf einem »Markt«, auf dem er mit anderen Anbietern konkurriert, weswegen er die »Qualität (→ Qualitätssicherung, → Qualitätsstandards) seines Angebots« unter Beweis stellen muß. Zu den Auswirkungen dieser Umorientierung gehört auch die größere Aufmerksamkeit für die »corporate culture« der Organisationen (wozu z. B. das »Betriebsklima« gehört, aber auch der Umgang mit den ehrenamtlichen Mitarbeitern).
Lit. Bebber, van: Öffentlichkeit; Karolus, G.: Corporate Culture; Klumker: Fürsorge; Neises: Bettler; Neises: Suche; Reinicke: Berufsverbände; Scherpner: F.: Fürsorge; Scherpner, H.: Jugendfürsorge; Staub-Bernasconi: Selbstverständnis; Stemmle u. a.: Marketing; Stemmle: Soziale Fragen; Weller: Sozialgeschichte. *Gerd Neises*

Fürsorgepflichtverordnung → Reichsfürsorgepflichtverordnung (RFV)

Fürsorgeprinzip Bezeichnung für eine der 3 Methoden (neben → Versicherungsprinzip und → Versorgungsprinzip), die für die Verwirklichung von Systemen → sozialer Sicherheit zur Wahl stehen (Liefmann-Keil). Traditionellerweise wird das Fürsorgeprinzip durch die beiden Merkmale → Individualisierung (§ 3 Abs. 1 BSHG) und → Nachrang (§ 2 Abs. 1 BSHG, → Subsidiarität) definiert; als drittes Merkmal wurde die Formenvielfalt genannt, als besonderes Charakteristikum die → persönliche Hilfe (§ 8 BSHG). Fürsorgesysteme gewähren der leistenden Verwaltung einen Ermessensspielraum, innerhalb dessen es zu entscheiden ist, welche Hilfen in Anbetracht der spezifischen Bedürfnisse des Hilfesuchenden angemessen sind (→ Ermessen). Sie leisten nur dann, wenn Hilfe, ohne die ein menschenwürdiges Leben nicht möglich ist (§ 1

Abs. 2 BSHG; → Menschenwürde), anderweitig nicht zu erlanten ist. Ihre Leistungen sind grundsätzlich unabhängig sowohl von Vor- oder Gegenleistungen (→ Äquivalenzprinzip) als auch von Sonderopfern. Inwieweit das F. einen spezifischen, abgegrenzten oder auch nur abgrenzbaren Teil der Sozialverwaltung und des Sozialleistungsrechts charakterisiert, ist umstritten. Auch Versicherungs- und Versorgungssysteme wenden bei → Dienst- und → Sachleistungen die individualisierende fürsorgerische Arbeitsmethode an (Auerbach) und gewähren persönliche Hilfen. Die Ausdifferenzierung einzelner Anspruchs- und Leistungsnormen im → Bundessozialhilfegesetz (BSHG) hat die → Sozialhilfe den Versorgungssystemen angenähert (Schäfer). Fürsorge wird gewissermaßen in Umkehrung der alten Interpretation, sie sei »Lückenbüßerin« im Sozialleistungssystem, als »umfassende Garantin menschenwürdiger Existenz aus staatsbürgerlicher Solidarität« (Rohwer-Kahlmann) angesehen, d. h. als → Grundsicherung für alle Bürger und alle Lebenslagen, zu der Versicherungs- und Versorgungsregelungen eine lex specialis darstellen. Als Alternative zu der Typenreihe Versicherung-Versorgung-Fürsorge werden die Begriffe → »soziale Vorsorge«, → »soziale Entschädigung« und → »sozialer Ausgleich« (Zacher) mehr und mehr geläufig.

Lit. Liefmann-Keil: Sozialpolitik; Rohwer-Kahlmann: Fürsorge; Schäfer, D.: Fürsorge; Bogs u. a.: Soziale Sicherung.

Dieter Schäfer

Fürsorgerechtsvereinbarung (FRV) Diese beinhaltet Regelungen zur → Kostenerstattung der → Sozialhilfeträger und → Jugendhilfeträger untereinander und sieht für die Entscheidung solcher Kostenerstattungsstreitigkeiten ein Schiedsgerichtsverfahren vor. Der derzeit geltenden Fassung vom 1. 1. 1966 sind zunächst alle Sozialhilfeträger und Jugendhilfeträger in der Bundesrepublik beigetreten (die geltende Fassung der FRV ist in NDV 1965, S. 32 veröffentlicht). Mehrere Mitglieder sind in der Zwischenzeit aus der FRV wieder ausgetreten.

Auch die Träger der Sozial- und Jugendhilfe in den neuen Bundesländern haben von der Möglichkeit, der FRV beizutreten, bisher keinen Gebrauch gemacht. Im Hinblick auf diese Entwicklung machte der Gesetzgeber des FKPG mit den §§ 113a BSHG, 89h SGB VIII die Durchführung eines schiedsgerichtlichen Verfahrens in Kostenerstattungsstreitigkeiten verbindlich. Wegen verfassungsrechtlicher Bedenken wurden beide Vorschriften durch das Sozialhilfereformgesetz wieder gestrichen.

Die Kostenerstattung zwischen den Sozialhilfeträgern bestimmt sich nach den §§ 103–113 des → Bundessozialhilfegesetzes (BSHG). Für die Kostenerstattung zwischen den Jugendhilfeträgern gelten die §§ 89–89g SGB VIII (KJHG). Seit dem Inkrafttreten der Vorschriften des → Sozialgesetzbuches (SGB) über die Erstattungsansprüche der Leistungsträger nach dem SGB untereinander (§§ 102 ff. SGB X) können auch Kostenerstattungsansprüche zwischen den Sozialhilfeträgern und Jugendhilfeträgern erhoben werden (s. Dahlinger, E.: Kostenerstattung zwischen den Trägern der Sozialhilfe und der Jugendhilfe, NDV 1984, 241). Für sie gilt ebenfalls die FRV.

Für die Kostenerstattungsansprüche der Sozialhilfeträger und Jugendhilfeträger ist an sich der Verwaltungsrechtsweg eröffnet, da es sich hierbei um Ansprüche handelt, die kraft öffentlich-rechtlicher Vorschrift (§§ 103–113 BSHG, §§ 89-89g KJHG) bzw. durch öffentlich-rechtlichen → Vertrag (§ 1 FRV) entstehen. Da sich die Sozialhilfeträger und Jugendhilfeträger in Kostenerstattungsangelegenheiten auf der Ebene der Gleichordnung begegnen und über den Gegenstand der Streitigkeiten → Vergleiche schließen können, sind sie auch berechtigt, Schiedsverträge zu schließen. Dies ist in der FRV für Streitigkeiten geschehen, die sich aus der Gewährung von → Sozialhilfe und Leistungen nach dem früheren Fürsorgerecht oder von Hilfen zur Erziehung oder von anderen Leistungen, wenn das Erstattungsrecht des BSHG anzuwenden ist, ergeben. Danach entscheiden über Kostenerstattungsstreitigkeiten zwischen diesen Trägern die regionalen → Spruchstellen für Fürsorgestreitigkeiten als erste Instanz und die Zentrale Spruchstelle als Berufungsinstanz im Schiedsgerichtsverfahren. Das Schiedsverfahren ist nur zwischen Partnern zulässig, die beide der FRV beigetreten sind. Ist dies nicht der Fall, gilt für Kostenerstattungsstreitigkeiten zwischen Sozialhilfeträgern bzw. zwischen Jugendhilfeträgern der Rechtsweg zu den Verwaltungsgerichten.

Wird in Kostenerstattungsstreitigkeiten, für die nach der FRV das Schiedsgerichtsverfahren vereinbart ist, Klage zum → Verwaltungsgericht erhoben, so hat das Gericht nach § 173 VwGO i. V. m. § 1027a ZPO die Klage als unzulässig abzuweisen, wenn sich der Beklagte auf Schiedsvertrag beruft.

Lit. Blum: Spruchstellen; Gottschick u. a.: BSHG (Komm.); Knopp u. a.: BSHG (Komm.); Mergler u. a.: BSHG (Komm.); Schellhorn: Fürsorgerechtsvereinbarung; Schellhorn u. a.: BSHG (Komm.); Schellhorn u. a.: Kostenerstattung; Schlüche: Fürsorgerechtsvereinbarung; Zeitler: Kostenerstattung.

Erich Dahlinger

Fürsorgerichtsätze → Regelsatz

Fürsorger/-in → Sozialarbeiter/-innen und Sozialpädagogen/Sozialpädagoginnen

Fürsorgetag, Deutscher → Deutscher Fürsorgetag (DFT)

G

Ganztagsschule Auch Tagesheimschule oder »offene Schule« genannt. Unterrichts- und Erziehungsaufgaben sind auf den Vor- und den Nachmittag verteilt, die pädagogische und organisatorische Konzeption geht über den reinen Unterricht hinaus. Unter bildungspolitischer (Verwirklichung von → Chancengleichheit) und sozialpolitischer (Betreuung von Kindern berufstätiger Eltern) Zielsetzung, oft i. V. m. Zielen der → Gesamtschule wird die G. gefordert. Von der Ganztagsbetreuung wird eine bessere Förderung sozial Benachteiligter, z. B. von Arbeiterkindern und → ausländischen Kindern, sowie verhaltensgestörter Kinder (→ Verhaltensauffälligkeit) erwartet, und zwar durch Betreuung der Hausaufgaben, durch an kindlichen Bedürfnissen orientierte Freizeit- und Entwicklungsangebote sowie durch gezielte sozialpädagogische Förderung. Besonders Vertreter offener oder alternativer Schulkonzepte verlangen darüber hinaus eine Aufhebung der Trennung der Lebenswelten Schule und Elternhaus durch situations- und projektorientiertes Arbeiten unter Hinzuziehung von Laienerziehern mit Expertenkompetenz.

Probleme der G. ergeben sich u. a. bei der Integration von Schule und Freizeitbereich; in der Zusammenarbeit zwischen Lehrern, sozialpädagogischen Fachkräften und Eltern; durch die unterschiedlichen Interessen und Bedürfnisse der Schüler in verschiedenen Altersstufen; durch die Betriebsgröße der Schulen, die Überschaubarkeit und flexible Planung erschweren, und durch oft ungenügende Personal-, Raum- und Materialausstattung (→ Schulsozialarbeit).

Bis in die 20er Jahre hinein war in Deutschland, wie auch nach dem Krieg in der DDR, die G. eher der Regelfall. In den alten Bundesländern werden derzeit trotz einer Standardnachfrage von 40 % nur 3 % der allgemeinbildenden Schulen als G. geführt, hauptsächlich im Bereich der Sekundarstufe I. Gegenwärtig werden Vor- und Zwischenformen eines zeitlich erweiterten Betreuungsangebotes bzw. einer Mittagsbetreuung in verschiedenen Bundesländern entwickelt, um besonders Grundschülern mit berufstätigen Müttern wenigstens eine Halbtagsbetreuung anzubieten. Die Konzeptionen dieser Angebotsformen sind umstritten. Es wird befürchtet, daß im Gegensatz zu den sozialpädagogischen Konzeptionen des »Hortes eine einseitige Leistungsorientierung an der Schule verstärkt wird und die Betreuungskonzepte eher zu einer Verwahrung als zu einer pädagogischen Integration führen. Gefährdet sind diese Lösungen besonders dann, wenn Mütter gegen ein geringes Entgelt die Versorgung mit Mittagessen und die Betreuung übernehmen sollen.

Lit. Arbeitsgemeinschaft für Jugendhilfe: Angebote; Bargel u. a.: Ganztagsschule; Dick: Alternativschulen. *Beate Irskens*

Garantenpflicht Nach den Grundsätzen des → Strafrechts kann ein Straftatbestand sowohl in der Form des (aktiven) Tuns (Begehungsdelikt) als auch in der Form des Unterlassens (Unterlassungsdelikt) erfüllt werden. Bei den Unterlassungsdelikten ist zu unterscheiden zwischen sog. echten Unterlassungsdelikten, also solchen, die ausdrücklich im Gesetz genannt sind (z. B. die Nicht-Anzeige geplanter [schwerer] Straftaten nach § 138 StGB oder die unterlassene Hilfeleistung nach § 323c StGB), und sog. unechten Unterlassungsdelikten. Von unechten Unterlassungsdelikten spricht man, wenn es der Täter unterlassen hat, einen bestimmten Erfolg abzuwenden, obwohl er auf Grund einer Garantenstellung dazu verpflichtet gewesen wäre (Garantenpflicht), sein Unterlassen also der Verwirklichung des gesetzlichen Tatbestandes durch ein Tun (z. B. in Form direkter Gewaltanwendung) entspricht (§ 13 StGB). Wenn ein Säugling von der für die Versorgung verantwortlichen Person (dem Garanten) so vernachlässigt wird, daß er verhungert, ist dies ebenso als Tötungsdelikt zu werten wie der Fall, daß ein Säugling durch aktive Gewalteinwirkung getötet wird.

Die Kriterien, nach denen eine Garantenstellung und daraus erwachsend eine G. gegeben ist, sind durch Lehre und Rechtsprechung entwickelt worden. Während es Fallgruppen gibt, für die eine Garantenstellung mittlerweile als unumstritten angenommen wird (z. B. wenn vertraglich entsprechende Schutzpflichten vereinbart waren oder in Fällen sog. Ingerenz, also wenn der Täter durch eigenes Vorverhalten das Opfer erst in eine entsprechende Gefahr gebracht hat), sind anders definierte Fallgruppen noch in der Diskussion, kann von gefestigter Rechtsprechung nicht gesprochen werden. Aktuell ist insbesondere noch im Meinungsstreit, unter welchen Voraussetzungen gesetzliche Handlungspflichten (etwa durch Polizeibeamte) und Pflicht kraft faktischer Übernahme (etwa in ärztlichen und pflegerischen Zusammenhängen) eine Garantenstellung begründen. Dieser Meinungsstreit ist für die → Soialarbeit/Sozialpädagogik von hoher praktischer Bedeutung. In letzter Zeit häufen sich nämlich Fälle, daß z. B. nach dem Tod von Kleinkindern infolge Vernachlässigung strafrechtlich nicht nur gegen die familienrechtlich verpflichteten Personen vorgegangen wird, sondern Strafverfahren auch gegen die mit der Betreuung der Familie befaßten Mitarbeiter/-innen eingeleitet werden mit der Begründung, es habe angesichts der erkennbaren Gefahren bzw. Risiken für Leib und Leben eine bestimmte Interventionspflicht gegeben. Der

Schuldvorwurf wird z.T. mit § 222 StGB (fahrlässige Tötung in Form des Unterlassens einer Kindesherausnahme) oder mit § 170 des StGB (Verletzung der Fürsorgepflicht) begründet. Es besteht die Gefahr, daß durch eine einengende Interpretation der Aufgabenstellung öffentlicher → Jugendhilfe im interventionistischen Sinne und durch die damit einhergehende Behinderung offensiver Beratungsansätze (→ Beratung) der Zugang zu Problemfamilien erschwert wird, Absicherungsstrategien zur Minderung des strafrechtlichen Haftungsrisikos die Folge sind und die signifikanten Erfolge moderner Kinderschutzarbeit (z.B. in den → Kinderschutzzentren) mit ihrer intensiven Einbeziehung der Familien in Frage gestellt werden.
Lit. Bringewat: Risiken; Mörsberger u.a.: Helfen; Naucke: Strafrecht 1995; Schönke: StGB (Komm.). *Thomas Mörsberger*

Garantiefonds Junge Aussiedler, Spätaussiedler (→ Aus- und Übersiedler), → Asylberechtigte und andere ausländische → Flüchtlinge (unter 30 Jahren) können auf Antrag monatlich im voraus zu zahlende Beihilfen (Zuschüsse) zur gesellschaftlichen (sprachlichen, schulischen, beruflichen) Eingliederung in die Bundesrepublik Deutschland nach Richtlinien des Bundes vom 1.1.1993 i.d.F. vom 28.2.1996 (GMBl. Nr. 12 S. 266ff.; gültig ab 15.4.1996) erhalten, um damit die Kosten der → Ausbildung, die notwendigen eingliederungsbedingten Mehrkosten des → Lebensunterhalts und einen etwaigen Sonderbedarf (z.B. Beiträge zur Kranken- und Pflegeversicherung, Übersetzungskosten) zu decken. Gefördert wird ein Zeitraum von längstens 30 Monaten; die Förderung endet unabhängig davon grundsätzlich spätestens 60 Monate nach Einreise in die Bundesrepublik. Eigenes bereinigtes → Einkommen und steuerpflichtiges → Vermögen (auch des Ehegatten und/oder der Eltern nach einer 3jährigen »Schonzeit«) werden in gewissem Umfang angerechnet.
Die Beihilfe wird in den Richtlinien als nachrangig gegenüber Leistungen nach anderen einschlägigen Sozialleistungsgesetzen (z.B. → Arbeitsförderungsgesetz [AFG], → Wohngeldgesetz [WoGG]) bezeichnet; die Frage des Vorrang-/Nachrangverhältnisses zum → Bundessozialhilfegesetz (BSHG) ist umstritten und wird auch in der Praxis unterschiedlich ausgelegt (vgl. Gutachten des → Deutschen Vereins für öffentliche und private Fürsorge (DV) vom 25.6.1985 in NDV 1985, S. 295).
Die Zuwendungen werden als Individualbeihilfen an junge Auszubildende (→ Ausbildungsförderung) erteilt bzw. auf der Basis der Individualbeihilfen direkt an Träger von Eingliederungsmaßnahmen vergeben. Sachlich zuständig für die Gewährung der Beihilfe sind grundsätzlich die → kreisfreien Städte und → Landkreise (i.d.R. → Jugendamt oder → Sozialamt); die Otto-Benecke-Stiftung e.V., Bonn, vergibt die Beihilfen für die Vorbereitung und Durchführung eines Hochschulstudiums. Die örtliche Zuständigkeit richtet sich grundsätzlich nach der Lage der Ausbildungsstätte (→ Zuständigkeit, sachliche und örtliche). Für Träger von Eingliederungsmaßnahmen gelten besondere Zuständigkeitsregelungen. Bei schriftlicher Antragstellung sind Nachweise zur Förderberechtigung vorzulegen (z.B. Vertriebenenausweis, Registrierschein, Paß, Paßersatz, Reiseausweis).
Josef Schreiber

Gastarbeiter → Arbeitsmarkt

GdW Gesamtverband der Wohnungswirtschaft → Bundesverband deutscher Wohnungsunternehmen e.V.

Gebrechlichkeitspflegschaft → Pflegschaft

Geburtenregelung → Familienplanung

Geburtenrückgang → Bevölkerung

Gedächtnis Unter G. versteht man die Fähigkeit von Organismen, aufgenommene Informationen mehr oder minder lange speichern zu können. G. ist somit eine Voraussetzung für jedes → Lernen. Eine systematische psychologische G.forschung gibt es bislang jedoch nur im Bereich des verbalen Lernens, in dem Bedingungen der Aneignung, Speicherung und des Abrufs sprachlicher Informationen untersucht werden. Der Begründer dieser Forschungsrichtung ist H. Ebbinghaus (1885).
Außer vom Zeitpunkt der Behaltensprüfung hängt die G.leistung eines Menschen u.a. noch von folgenden Bedingungen ab: a) Welche Aktivitäten übt der Lernende zum Zeitpunkt der Einprägung aus? b) Wie wird die G.leistung erfaßt? c) Welche Merkmale weist das Lernmaterial auf? d) Über welche Vorkenntnisse verfügt der Lernende? Diese Fragen verweisen zugleich auf vier zentrale Forschungsthemen der heutigen G.psychologie.
Zu a): Verschiedene Untersuchungsbefunde weisen darauf hin, daß sehr schnell (innerhalb von ca. 30 Sekunden) vergessen wird, wenn das Lernmaterial nicht memoriert (wiederholt) werden kann. Außerdem scheint die Verarbeitungskapazität des Kurzzeitg. außerordentlich gering zu sein. Dies zeigt sich etwa, wenn eine auswärtige Telefonnummer (mit Vorwahl) kurzzeitig reproduziert werden soll. Ist die Anzahl der Ziffern größer als 7 ± 2, so gelingt oder die Reproduktion meistens nicht. Durch Gruppierungsprozesse (etwa rhythmisches Memorieren von Zahlen in Zweiergruppen) kann allerdings die Reproduktionsleistung ver-

bessert werden. Memorieren und Gruppieren sind wesentliche Bedingungen der kurzzeitigen Reproduktion. Seit relativ kurzer Zeit wird das Kurzzeitg. als ein Arbeitsg. angesehen, das nicht nur für die kurzfristige Reproduktion, sondern auch für die Bewältigung anderer Aufgaben wie Sprachverstehen und Sprachproduktion (Gathercole und Baddeley) zuständig ist. Langfristige Reproduktionen werden durch eine semantische Informationsverarbeitung begünstigt, die der Sinnerfassung dient (vgl. aber unten). Eine derartige Verarbeitung wird z.B. beim Textlernen durch das »Einstreuen« von Fragen erreicht, die sich auf die Geschichte beziehen.

Zu b): Seit relativ kurzer Zeit wird zwischen der direkten und indirekten Erfassung von G.leistungen unterschieden. Bei der direkten Erfassung wird der Proband einer G.untersuchung ausdrücklich zum Erinnern instruiert. Beispiele sind die freie Reproduktion und das Wiedererkennen des zuvor dargebotenen Lernmaterials. Beim indirekten Erfassen der G.leistung unterbleibt eine derartige Instruktion. Der Proband tut unwillentlich kund, daß er behalten hat. Eine Möglichkeit der indirekten Erfassung besteht darin, zuvor dargebotene und nicht präsentierte Wörter buchstabieren zu lassen. Eine G.leistung für die dargebotenen Wörter liegt vor, wenn sie schneller als die nicht präsentierten Wörter buchstabiert wurden. Von potentieller Anwendungsrelevanz ist der Befund, daß sich gedächtnismäßige Nachwirkungen des Lernens auch dann noch auf indirektem Weg nachweisen lassen, wenn direkte Verfahren keine G.leistung anzeigen. Dieser Befund (sog. Dissoziation) ist etwa bei organischen Amnesien aufgetreten (Parkin).

Jede Art von G.leistung beruht auf dem Abruf von Informationen, die als Bestandteil einer früheren Lernepisode behalten worden sind. Daß etwas Behaltenes nicht unbedingt auch abgerufen werden kann, belegt die alltägliche Erfahrung des »Mir liegt es auf der Zunge, ich kann es aber nicht sagen«. Entscheidend für die Abrufbarkeit scheint der Grad der Übereinstimmung von Merkmalen während der Phase der Einprägung mit Merkmalen während der Phase des Abrufs zu sein. Dieses Prinzip der sog. Enkodierungsspezifität – bei der indirekten Erfassung von G.leistungen auch transferangemessenes Verarbeiten genannt – läßt sich am folgenden Beispiel erläutern: Wer einen Text, in den Schreibfehler gestreut sind, sinnzentriert liest, wird in einer G.prüfung, die auf den Sinn der Aussagen abhebt, besser abschneiden als in einem Test, der das G. für die Schreibweise prüft. Andererseits wird ein vergleichsweise gutes G. für die Schreibweise zu konstatieren sein, wenn sich die Aufmerksamkeit während des Lesens auf diesen Aspekt richtete. Insofern führt auch die oben erwähnte semantische Verarbeitung nur dann zu guten G.leistungen, wenn die Prüfung auf die Bedeutung der Aussagen zentriert ist. Die Dissoziation zwischen direkt und indirekt erfaßten G.leistungen beruht darauf, daß letztere sich auf Merkmale der Einprägungsphase beziehen, die durch direkte Verfahren nicht erfaßt werden.

Zu c): Bestimmte Merkmale des Lernmaterials, insbes. seine Bildhaftigkeit, begünstigen das Behalten. Unter »Bildhaftigkeit« wird die Leichtigkeit verstanden, mit der Lernmaterialien wie Wörter und Texte Vorstellungsbilder auslösen.

Zu d): Das Wissen, über das der Lernende verfügt, ist Gegenstand sowohl der Forschungen zum sematischen G. wie der zum episodischen G. Der zuerst genannte Zweig beschäftigt sich vor allem mit der Frage, wie das Wissen strukturiert ist, während die Forschungen zum episodischen G. das Problem behandeln, wie das Wissen das G. für eine frühere Lernepisode beeinflußt. Diese Forschungen haben Ergebnisse von großer Bedeutung erbracht, insofern vielfach belegt wurde, daß das Wissen das G. für eine Lernepisode in spezifischer Weise verzerrt. Wichtig ist vor allem der Befund, daß häufig Informationen erinnert werden, die nicht Bestandteil der Lernepisode, wohl aber des Wissens sind. Wer also weiß, wie es bei einem Restaurantbesuch zugeht, wird sich nach dem Lesen einer auf dieses Ereignis bezogenen Geschichte mit großer Wahrscheinlichkeit an das »Bezahlen« auch dann erinnern, wenn es in dem Text nicht erwähnt wurde. Derartige Befunde sind von Bedeutung etwa für die Glaubwürdigkeit von Zeugenaussagen. Zeugen verfügen z.B. über ein Wissen zu Auffahrunfällen und »erinnern« zerbrochenes Glas häufig auch dann, wenn es keines gegeben hat. »Wissen« wird auch durch soziale Stereotype konstituiert (»Ein Homosexueller verhält sich so und so«), die zur »Erinnerung« von Sachverhalten führen können, welche ausschließlich Bestandteil des »Wissens« sind. Derartige Verzerrungen des G. dürften auch durch sog. Lügendetektoren nicht aufzudecken sein. Ungeklärt ist bisher, ob hier die indirekte Erfassung von G.leistungen hilfreich sein kann. Bisher gibt es keine psychologische oder physiologische Theorie, die alle G.phänomene zu erklären imstande ist.

Lit. Baddeley: Human Memory; Bredenkamp u.a.: Lern- und Gedächtnispsychologie; Parkin: Memory. *Jürgen Bredenkamp*

Gefährdete In der → Sozialarbeit/Sozialpädagogik gebräuchliche Bezeichnung, die zunehmend durch »Personen mit besonderen sozialen Schwierigkeiten« ersetzt wird. Sie erfüllt nicht die Anforderungen, die an einen Begriff zu stellen sind, weshalb mit ihr eine unbestimmte Vielzahl von Personen gemeint sein kann. Am häufigsten für

Gefährdetenhilfe

erwachsene Personen weiblichen Geschlechts – »gefährdete Frauen« – i. S. »sittlich-sexueller« Gefährdung gebraucht. Kann sich aber auch auf Personen beider Geschlechter beziehen, die in Elend und → Armut leben und damit »auffällig« werden, z. B. durch → Obdachlosigkeit, Schlafen im Freien, Armutsprostitution (→ Prostitution), schlechte Kleidung, Betteln (→ Nichtseßhaftigkeit). Der aus der Polizeisprache stammende Begriff der »Auffälligkeit« fehlte noch vor 30 Jahren selten in einem Fürsorgebericht und verrät den engen Zusammenhang zwischen der → Gefährdetenhilfe (→ Hilfe zur Überwindung besonderer sozialer Schwierigkeiten) und strafrechtlichem oder polizeilichem Zwang. Die hervorragende Bedeutung, die dem Kriterium des »Auffälligwerdens« zukommt, wird daran ersichtlich, daß seit jeher nicht die gut verdienende Prostituierte in den Genuß der G.hilfe kam oder solche Hilfe befürchten mußte, sondern die Frau, die auch auf diesem Gebiet nicht zu konkurrieren wußte und deshalb in auffällige → Armut geriet. Aber auch auffällige Eltern aus obdachlosen Familien zählen nicht zu den G. Wegen des besonderen Schutzes, den die Familie genießt, werden ihnen andere Hilfen angeboten und sind andere Zweige der Sozialarbeit zuständig.

Eine nüchterne und redliche Beobachtung der Tätigkeit, die unter den überlieferten Bezeichnungen G. und G.hilfe vor sich geht, offenbart folgende entscheidende Kriterien: a) Armut, die öffentlich in Erscheinung tritt und Anstoß i. S. d. polizeilichen Ordnungsverständnisses erregt. b) Die Auffälligkeit muß von alleinstehenden Personen ausgehen. c) Die Personen müssen erwachsen sein. d) Das Verhalten der Personen stellt weder für sie noch für ihre Umgebung eine unmittelbare Gefahr dar, weshalb keine Maßnahmen nach dem Freiheitsentziehungsgesetz ergriffen werden können (→ Freiheitsentziehung). e) Die Hilfen sollen vorwiegend durch »Bewahrung« bzw. »Erziehung und Besserung« wirken (Heimunterbringung). Sie werden von den Betroffenen i.d.R. abgelehnt oder lediglich zur vorübergehenden Unterbrechung ihrer Notlage in Kauf genommen (→ Nichtseßhaftigkeit/Nichtseßhaftenhilfe).

Die Bezeichnung »G.« entsteht Anfang des 19. Jh. i. S. »sittlich-sexueller Gefährdung« von Frauen. Im Jahre 1821 wird das Magdalenenstift mit strenger Zucht und Strafen in Hamburg gegründet. Fliedner 1833 und der Holländer Heldring betonen das Prinzip der Freiwilligkeit in der »Erziehung« »gefährdeter Frauen«. Die G.hilfe hängt eng mit der sozialen Entwicklung zusammen. Der strenge Selbstzwang der bürgerlichen → Klasse auch auf sexuellem Gebiet findet seine Belohnung im Aufstieg dieser Klasse. Gegenüber den Armen verwandelt sich der Selbstzwang in Fremdzwang: Arbeitshäuser, Gefängnisse, Anstalten. Die Zurückhaltung der Strafrechtspflege wird von der G.hilfe zunehmend kritisiert. Einweisungen auf Lebenszeit sollen ohne »umständliche Verfahren« möglich sein. Ein Bewahrungsgesetz wird mehrfach vom → Deutschen Verein für öffentliche und private Fürsorge gefordert. Die zunehmende organisatorische Verflechtung der sich entwickelnden → Fürsorge, ihre Ansiedlung bei den kommunalen Verwaltungen führen zur Ausdehnung der Bezeichnung »G.« auch auf arme Männer. Das geforderte Bewahrungsgesetz kommt selbst unter dem Nationalsozialismus nicht. Es bleibt dem Bundestag vorbehalten, im → Bundessozialhilfegesetz (BSHG) vom 30. 6. 1961 »Gefährdung« als »Mangel an innerer Festigkeit« zu definieren und die Bewahrung der Personen vorzusehen, die trotz Anratens eine Anstalt nicht aufsuchen wollen. Diese Bestimmung wird mit Urteil vom 18. 7. 1967 durch das → Bundesverfassungsgericht für verfassungswidrig erklärt: Es könne nicht die Aufgabe des Staates sein, seine Bürger zu erziehen oder zu bessern (BVerfGE 22, 180 = NDV 1967, S. 227). Seitdem entwickeln sich notlagenorientiertere Hilfen. Seit dem 3. Änderungsgesetz zum BSHG gibt es keine Legaldefinition für G. mehr, stattdessen »Hilfe zu Überwindung besonderer sozialer Schwierigkeiten«.

Lit. Althaus u. a.: Wohlfahrtspflege; Bayer. Staatsministerium des Inneren/Bayer. Landesverband für Wanderdienst: Mensch; DV: Bewahrungsgesetz; Hippel, R.: Strafrechtsreform; Holtmannspötter: Entstehung; Marciniak: Nichtseßhaftenhilfe; Scheuner, E.: Gefährdetenfürsorge; Steigerthal: Maßnahmen. *Karl-Heinz Marciniak*

Gefährdetenhilfe Betrachtet man die Praxis und Verwaltung der → Sozialarbeit/Sozialpädagogik als ein System → sozialer Dienste, das sich nach unterschiedlichen Problembereichen und Zielgruppen ausdifferenziert und organisiert hat, so wird mit G. heute noch in den Organisationen der privaten und öffentlichen Wohlfahrtspflege meist jene Abteilung bezeichnet, die die Praxisbereiche → Straffälligenhilfe, → Obdachlosenhilfe, → Nichtseßhaftenhilfe und häufig noch die Suchtkrankenhilfe (→ Sucht) zusammenfaßt. Von der früheren Hilfe für → Gefährdete ist im allgemeinen Sprachgebrauch nur noch der Begriff G. als Organisationskategorie übriggeblieben. In Theorie und Praxis ist G. weitgehend durch Umschreibungen wie » Randgruppenarbeit«, »Hilfe für Personen mit besonderen sozialen Schwierigkeiten«, »Hilfe für sozial Benachteiligte« usw. ersetzt worden. Auch im → Bundessozialhilfegesetz (BSHG) ist mit der 3. Novelle 1974 die G. nicht nur sprachlich, sondern auch inhaltlich und konzeptionell durch die → »Hilfe zur Überwindung besonderer

Schwierigkeiten« (§ 72 BSHG) abgelöst worden.

Die Entstehung der G. steht im unmittelbaren Zusammenhang mit der moralischen Ent- und Aufrüstung des Bürgertums und der missionarischen Erziehungs- und Rettungsaktion der Kirchen des 19. Jh. gegenüber den im »Sumpf des Elends und Lasters versinkenden Volksangehörigen«. Diejenigen, die sich diesem – in den Aufrufen, Worten und Taten der Wichern, Bodelschwingh, Fliedner u. a. – durchaus als heroisch verstandenen Caritas-Feldzug unter dem Banner »Barmherzigkeit und Zucht« nicht entziehen konnten, waren die, die andererseits auch schon beim Feldzug der staatlichen Obrigkeit für Ordnung und Sitte auf der Strecke geblieben sind: Vagabunden, Dirnen, Zucht- und Arbeitshäusler, bettelnde Arbeits- und Wohnungslose, sog. verwahrloste, »gefallene« Frauen und Mädchen – durchweg unterstützungsbedürftige, arme Leute, die sozial auffällig und abweichend lebten (→ Abweichendes Verhalten) oder auch leben mußten. Wie aktuell oder auch wie traditionell das gemeinsame Vorgehen von »Caritas und Justitia« im Bereich der G. ist, zeigen Initiativen in der jüngeren Vergangenheit, die die strafrechtliche Verfolgung der Stadtstreicher und Bettler ausdrücklich mit der Begründung fordern, daß die strafrechtliche Sanktionsmöglichkeit der G. als »flankierende Maßnahme« an ihre Seite gestellt werden müßte. Der Aktionsradius der G. folgte präzise der Reichweite der »öffentlichen Moral«, ihrer Unterscheidungs- und Urteilsfähigkeit nach schuldhafter und nicht schuldhafter sozialer Abweichung, → Armut und Hilfebedürftigkeit. Alle die, die »aus Mangel an innerer Festigkeit ein geordnetes Leben in der Gemeinschaft nicht führen« konnten, galten als Gefährdete und waren als solche verwahrloste oder von Verwahrlosung bedrohte Personen. Sie fielen, sofern sie Erwachsene waren, in die Zuständigkeit der G. und damit unter das Erziehungsprinzip. Alle anderen, offensichtlich wegen geistiger und körperlicher Behinderung und Krankheit Hilfebedürftigen, wurden eher dem Heilungssystem, also den »Heilanstalten« der → Psychiatrie und Medizin zugeordnet. Selbstverständlich waren die Praxis und die Grenzziehung so inkonsequent, verwirrend und verletzlich wie die »öffentliche Moral« selbst, galten doch Armut und → Arbeitslosigkeit lange Zeit generell als selbstverschuldet, so daß die Armen, die Obdachlosen usw., auch wenn sie offensichtlich so krank und behindert waren, daß ihnen niemand Arbeit gegeben hätte, eben nicht als Kranke und → Behinderte, sondern als Gefährdete angesehen wurden. Und solange z. B. die »Trunksucht« (→ Alkoholismus) nicht als Krankheit anerkannt war, wurde die Suchtkrankenhilfe der G. zugeordnet; heute ist sie mit ihren therapeutischen Programmen in das medizinische Heilungs-/Therapiesystem integriert.

Es hat immer Versuche gegeben, die Gefährdeten nach ihren jeweiligen Symptomen wie → Verwahrlosung, → Nichtseßhaftigkeit, → Obdachlosigkeit, Straffälligkeit, → Prostitution objektiv-wissenschaftlich zu erfassen und damit auch die G. als eine Ursachenbehandlung/→ Therapie zu professionalisieren und von dem Anstrich einer moralisierenden, nur caritativen Hilfe zu befreien. Das hat zu vielen Ursachentheorien der verschiedensten beteiligten Wissenschaftsdisziplinen und von daher vielen sozialtherapeutischen oder -pädagogischen Behandlungskonzepten geführt; allerdings häufig auch nur einen »verbalen Fortschritt« in der Entwicklung der »Arbeitspflicht« zur »Arbeitstherapie« (→ Arbeits- und Beschäftigungstherapie), der »Anstaltserziehung« zur »stationären → Sozialtherapie«, die beide – so oder so – nach wie vor den methodischen und institutionellen Schwerpunkt der G. bilden – außer bei den obdachlosen Familien, auf die das Anstaltserziehungsprinzip der G. nicht zu übertragen war. Sie blieben, im Gegensatz zu den anderen Zielgruppen der G., eine Problemgruppe in überwiegend kommunaler Zuständigkeit. Es gibt also keine G. im Sinne einer einheitlichen Problemdefinition, eines gemeinsamen Hilfeansatzes, einer einheitlichen Theorie oder Methode.

Dem Bemühen um Objektivität und Bedarfsgerechtigkeit der Hilfe mußte naturgemäß die G. im traditionellen Sinn selbst zum Opfer fallen, soweit sie präjudizierend und von vornherein diskriminierend (→ Diskriminierung) die von ihr aufgegriffenen Problemlagen auf den »Mangel an innerer Festigkeit« bei den Betroffenen zurückführte.

Lit. s.: → Gefährdete, Randgruppen, Verwahrlosung, Nichtseßhaftenhilfe, Obdachlosenhilfe.

Heinrich Holtmannspötter

Gefangenenmitverantwortung In Justizvollzugsanstalten (→ Strafvollzug) bestehende kollektive Interessenvertretung der Gefangenen bzw. Sicherungsverwahrten (→ Sicherungsverwahrung). Gem. § 160 Strafvollzugsgesetz (StVollzG) soll den Gefangenen und Untergebrachten ermöglicht werden, an der Verantwortung für Angelegenheiten von gemeinsamem Interesse teilzunehmen, die sich ihrer Eigenart und der Aufgabe der Anstalt nach für ihre Mitwirkung eignen. Aufgrund dieser Sollvorschrift (→ Ermessen) sind die Vollzugsbehörden grundsätzlich verpflichtet, Bedingungen zur Einrichtung einer G. zu schaffen. Die nähere Ausgestaltung der Mitverantwortung ist durch das StVollzG nicht geregelt, sondern den Justizverwaltungen und Inhaftierten überlassen. Wird das Vollzugsziel ernstgenommen, Gefangene zu sozialverantwortlicher Lebensführung zu befähi-

Gefühl

gen (vgl. § 2 StVollzG), kommen als für die G. geeignet nahezu alle Bereiche der Anstalt in Betracht. Zur Verwirklichung des Vollzugszieles gehört es ebenso, daß im Rahmen der Mitverantwortung Gelegenheit zur tatsächlichen Einflußnahme besteht.
Lit. Calliess u. a.: StVollzG (Komm.); Dudek: Selbstbestimmungstraining; Koepsel: Gefangenenmitverantwortung; Nix: Vereinigungsfreiheit; Tyrnauer: Gefangenenselbstverwaltung; Wassermann: StVollzG (Komm.).
Hannelore Häbel

Gefühl → Emotion

Gegenübertragung bezieht sich auf die nur teilweise bewußten → Einstellungen und Gefühle des Analytikers gegenüber seinem Analysanden (→ Psychoanalyse). Diese können die eigenen unaufgelösten unbewußten Konflikte des Analytikers betreffen und damit, falls er sich dessen nicht bewußt wird, seine Fähigkeit, den Patienten zu verstehen, beeinträchtigen. Der Analytiker verschiebt also auf den Analysanden Einstellungen und Gefühle aus seinen eigenen früheren Lebenssituationen. Insofern ist der Vorgang analog dem der → Übertragung seitens des Patienten auf den Analytiker. Dies ist einer der Hauptgründe für die unabdingbare Forderung einer → Lehranalyse, in der der Analytiker sich seiner eigenen Konflikte und deren Derivate bewußt werden muß. Darüber hinaus befähigt der ständige bewußtmachende Umgang mit der eigenen G.reaktion den Analytiker dazu, die unbewußte Bedeutung des Verhaltens, der Gedanken und der Gefühle seines Analysanden zu entschlüsseln.
Lit. Heimann, P.: Gegenübertragung.
Willi Baumann

Gegenvormund → Vormundschaft

Geheimhaltung → Datenschutz

Geheimnisschutz → Amtsgeheimnis, → Datenschutz, → Schweigepflicht, → Sozialgeheimnis

Gehörlose → Hörbehinderte

Geistig Behinderte Als g. B. gelten Personen, insofern und solange ihre Denk- und Lernfähigkeit umfänglich und längerfristig extrem hinter der am → Lebensalter orientierten Erwartung liegt, was i. d. R. bei Intelligenztestwerten (→ Intelligenz) im Bereich unterhalb der dritten negativen Standardabweichung (IQ unter 55) anzunehmen ist. Eine untere Grenze wird nicht gezogen, jedoch wird im Bereiche der g. B. eine Gruppe schwerstg. B. abgehoben.
G. B. werden gelegentlich auch als Praktisch Bildbare, Bildungsschwache, Schwachsinnige (→ Schwachsinn) oder Oligophrene schweren Grades oder als Imbezille oder (bei einem IQ unter 20) Idioten bezeichnet.
Von g. B. zu unterscheiden sind → Lernbehinderte, deren intellektuelle Beeinträchtigung durch ihren geringeren Grad und Umfang gekennzeichnet und durch einen IQ zwischen 55/60 und 80/85 zu beschreiben ist. Von geistiger Behinderung sind ferner Sprachlosigkeit (etwa auf Grund von Hörbehinderung; → Hörbehinderte) sowie extreme → Verhaltensauffälligkeit bei nicht eingeschränkter Intelligenz und Geisteskrankheiten zu unterscheiden.
Entsprechend den verschiedenen Lebensaltern – vom Säugling bis zum älteren g. B. – ist das Erscheinungsbild äußerst unterschiedlich. Äußere Kennzeichen gibt es nur für bestimmte Gruppen (z. B. → Down-Syndrom = sog. Mongolismus; jedoch sind nicht alle Personen mit Down-Syndrom geistig behindert). Als allgemeines Kennzeichen ist das Lernverhalten hervorzuheben: Ein nicht nur vorübergehendes Vorherrschen des anschauend-vollziehenden Aufnehmens, Verarbeitens und Speicherns von Lerninhalten und eine Konzentration des Lerninteresses auf direkte Bedürfnisbefriedigung, eine begrenzte Fähigkeit zu selbständiger Aufgabengliederung, Beschränkungen hinsichtlich Lerntempo, Durchhaltefähigkeit, → Gedächtnis, Aufmerksamkeit, Spontaneität und Transferfähigkeit.
Gemäß der Beteiligung der → kognitiven Funktionen am Wahrnehmungs-, Bewegungs- und Sozialverhalten wirkt sich geistige Behinderung regelmäßig zugleich auch in der Form von Wahrnehmungsschwächen, Bewegungskoordinationsstörungen, sprachlichen Entwicklungsrückständen (→ Sprachentwicklung) und Auffälligkeiten im Sozialverhalten aus. Daneben finden sich häufig folgende zusätzliche Störungen und Behinderungen, die zum Teil durch zentrale Schädigungen, zum Teil durch Folgeschädigungen bedingt sind: Sehbehinderungen, Hörbehinderungen, Körperbehinderungen, innere Erkrankungen (Herzfehler, Infektionen der Atemwege usw.). Das Verhalten g. B. ähnelt auch im Jugendlichen- und Erwachsenenalter in mancher Hinsicht dem von vier- bis siebenjährigen oder jüngeren Nichtbehinderten. Hier liegen zugleich die für den g. B. offengebliebenen Möglichkeiten, seine besonderen positiven Kennzeichen, die als Zutraulichkeit, Anhänglichkeit, Direktheit, Willigkeit, Hilfsbereitschaft, naives Lernbedürfnis, Bewegungsfreude, gefühlsmäßige Ansprechbarkeit bei vielen g. B. festzustellen, bei anderen offenkundig durch unzweckmäßige Umweltreaktionen verschüttet sind. Für alle Kennzeichen gilt, daß sie mehr oder minder veränderbar sind – in positiver wie in negativer Richtung – vor allem durch pädagogische Anregungen und Fördermaßnahmen bzw. durch pädagogische Resignation und Fehlmaßnahmen.

Als häufige Entstehungsbedingungen geistiger Behinderung kommen in Betracht: Pränatale (vorgeburtliche) Schädigungen (Chromosomopathien), perinatale (Geburts-)Schädigungen (Fehllagen, mechanische Einwirkungen, Sauerstoffmangel u. a.), postnatale (nachgeburtliche) Schädigungen (Blutgruppenunverträglichkeit, Meningitis, Enzephalitis, schwere Ernährungsstörungen, Krampfleiden, Gehirnverletzungen u. a.; [→ Frühförderung Behinderter]). Häufig sind Kopplungen mehrerer Schäden als Entstehungsbedingungen festzustellen. In vielen Fällen ist vorerst die Entstehungsbedingung noch unbekannt. Sozio-kulturelle Benachteiligung kommt als Hauptbedingung allenfalls in extremen Fällen von Hospitalisierung in Betracht (→ Hospitalismus), jedoch läßt sie sich als gewichtige Mitbedingung bei einem nennenswerten Teil nachweisen und spielt häufig als verstärkender Faktor eine gewichtige Rolle. In jedem Falle ist daher die Beachtung der sozio-kulturellen Situation, namentlich der Erziehungssituation, bei der Aufhellung des Geflechtes der Entstehungs- und Veränderungsbedingungen geistiger Behinderung von Bedeutung.

Es ist davon auszugehen, daß durchschnittlich etwa 0,6% eines Geburtsjahrganges geistig behindert sind. Etwa 1/5 des Personenkreises ist als schwerst geistig behindert und damit zugleich als extrem pflegebedürftig (→ Pflegebedürftigkeit) anzusehen. Zur Förderung d. B. sind medizinische, pädagogische, berufliche und soziale Maßnahmen erforderlich. Die blickverengende und stigmatisierende substantivische Bezeichnung »der geistig Behinderte« sollte vermieden werden zugunsten adjektivischer Benennungen wie Menschen, Kinder usw. »mit geistiger Behinderung«.

Lit. Bach, H.: Familien; Bach, H.: Geistigbehinderte; Bach, H.: Pädagogik; Harbauer, H.: Geistig Behinderte; Speck: Mensch; Speck u. a.: Rehabilitation. *Heinz Bach*

Geldleistung Eine der drei → Leistungsarten des Sozialleistungsrechts, § 11 → Sozialgesetzbuch – Allgemeiner Teil – (SGB I). Im Unterschied zur → Sachleistung und zur → Dienstleistung die Leistungsart, bei der der Leistungsträger (→ Sozialleistungsträger) dem Berechtigten oder einem ihm nahestehenden Dritten (z. B. dem Ehegatten) einen Geldbetrag zur eigenverantwortlichen Bedarfsbefriedigung aushändigt oder überweist. Dabei kann die G. mit einer ausdrücklichen Zweckbestimmung versehen sein, z. B. die Leistungen nach dem Wohngeldgesetz (WoGG, → Wohngeld), dem → Bundesausbildungsförderungsgesetz (BAföG), → Blinden- und → Pflegegeld nach den verschiedenen Sozialleistungsgesetzen. Es gibt reine G.gesetze wie das WoGG, das BAföG, das Bundeskindergeldgesetz (→ Kindergeld) und die Blindenhilfe- und Pflegegeldgesetze der Länder. Andere Leistungsgesetze wie das → Bundessozialhilfegesetz (BSHG), die → Reichsversicherungsordnung (RVO) oder das → Bundesversorgungsgesetz (BVG) sehen Geldleistungen neben anderen Leistungsarten vor. Lohnersatz wie z. B. → Krankengeld, → Übergangsgeld, Sozialversicherungsrenten (→ Rentenversicherung), → Arbeitslosengeld und → Arbeitslosenhilfe wird stets als G. gewährt. In der → Sozialhilfe ist die G. als Leistungsart nur ausnahmsweise zwingend vorgeschrieben (Barbetrag zur persönlichen Verfügung für Heimbewohner [→ Barbetrag, angemessener], Blindenhilfe, Pflegegeld, Futtergeld für Blindenführhund). Geldleistungen können nicht rückzahlbare → Beihilfen oder → Darlehen sein, letztere sieht z. B. das BAföG (§§ 17 ff.) und das BSHG (§§ 15 a und 15 b, 27, 30, 89 usw.) vor. Keine G. in dem hier erörterten Sinne sind Rückzahlungen an den Leistungsträger oder Erstattungen zum finanziellen Ausgleich unter verschiedenen Sozialleistungsträgern. G. sowie Ansprüche hierauf sind nur unter bestimmten Voraussetzungen übertragbar, pfändbar und verpfändbar (vgl. §§ 53, 54 SGB I). Der Anspruch auf Sozialhilfe kann nicht übertragen, verpfändet oder gepfändet werden; die diesbezügliche Sonderregelung in § 4 Abs. 1 S. 2 BSHG gilt fort. *Manfred Streppel*

Geldstrafe ist neben der → Freiheitsstrafe die gerichtliche Reaktion bei Vorliegen einer Straftat. Bei → Ordnungswidrigkeiten werden Geldbußen verhängt.
Nach den skandinavischen Vorbildern wird die G. seit 1975 nach dem Tagessatzsystem bemessen (§ 40 StGB).
Der Strafzumessungsvorgang gliedert sich in zwei Phasen. Nach der Schwere der Tatschuld wird zunächst die Zahl der Tagessätze – mindestens 5, höchstens 360, bei Gesamtgeldstrafe 720 – bestimmt. Anschließend ist die Höhe der Tagessätze nach den persönlichen und wirtschaftlichen Verhältnissen des Täters festzusetzen. Bei der Berechnung der Tagessatzhöhe – mindestens 2 DM, höchstens 10 000 DM – ist i. d. R. von dem Nettoeinkommen auszugehen, das der Täter durchschnittlich an einem Tag hat oder haben könnte. Größere Vermögen erhöhen, → Unterhaltspflichten und u. U. Schulden verringern die Tagessatzhöhe. Wird die wirtschaftliche Bemessungsgrundlage sachgerecht in Ansatz gebracht, so wird Opfergleichheit bei Tätern hergestellt, deren Taten in ihrem Unrechts- und Schuldgehalt vergleichbar sind. Um Härten zu vermeiden, können Zahlungserleichterungen (§ 42 StGB) im Urteil oder nachträglich bewilligt werden. Wird die G. nicht gezahlt und ist sie uneinbringlich, so wird für jeden Tagessatz ein Tag Ersatzfreiheitsstrafe vollstreckt (§ 43 StGB). In einigen Bundesländern kann an Stelle der Ersatz-

Gemeinde

freiheitsstrafe gemeinnützige Arbeit geleistet werden. Bei Nichtzahlung einer Geldbuße im Ordnungswidrigkeits-Verfahren wird Erzwingungshaft angeordnet, ohne daß die Geldbuße dadurch getilgt wird (§ 96 OWiG). In Ausnahmefällen kann eine Verurteilung zu einer G. bis zu 180 Tagessätzen vorbehalten bleiben; der Täter wird verwarnt, und nach Erfüllung von Auflagen und Ablauf der Bewährungszeit verbleibt es lediglich bei der Verwarnung, die vorbehaltene G. ist nicht zu zahlen (§ 59 StGB).
Lit. Brandis: Geldstrafe; Dreher u. a.: StGB (Komm.); Frank, U.: Geldstrafensystem; Frank, U.: Nettoeinkommen; Heghmanns: Geldstrafe; Schönke u. a.: StGB (Komm.).

Ernst Bauer

Gemeinde Bundesverfassungsrechtlich als Institution nach Art. 28 → Grundgesetz (GG) gewährleistete Gebietskörperschaft mit eigener demokratischer Legitimation (Kommunalwahl) und eigenverantwortlich zu bestimmendem Wirkungskreis (→ Selbstverwaltung).
Ihrem rechtlichen Wesen nach sind die heutigen G. nicht wie im 19. Jh. als nachbarschaftlich bestimmte Ortsgemeinschaften, sondern als politisch-verwaltungsmäßige Wirkungseinheiten, die die → Bevölkerung in ihrer sozialen Unterschiedlichkeit und räumlich mobilen Orientierung örtlich einbeziehen, zu verstehen. Als die dem Bürger nächsten öffentlichen Verantwortungs- und Handlungseinheiten »konkreter Öffentlichkeit« sind sie, ergänzt und unterstützt durch → Landkreise oder als → kreisfreie Stadt, Bestandteil der ausführenden Gewalt. Damit sollen sie Anknüpfungspunkte demokratischen Lebens sein und als Fundament der Demokratie wirken. Das GG bestimmt die G. als Ebene vielfältigen öffentlichen Handelns und hebt die Durchgängigkeit dezentraler Meinungs- und Willensbildung vor Ort als Wesensmerkmal der demokratischen rechts-, sozial- und bundesstaatlichen Homogenität hervor. In den drei Stadtstaaten fallen die rechtlichen Qualitäten G., Kreis, Land zusammen.
Die G. erfüllen Aufgaben auf fast allen Feldern des öffentlichen Wirkens, so in der Bauplanung und im Bauwesen (→ Baugesetzbuch [BauGB], → Bauleitplanung), in der Wirtschaftsförderung und der Schul-, Kultur- und Sportentwicklung, der Kommunalwirtschaft oder im Umweltschutz. Im Sozialbereich sind besonders die → Sozialhilfe (→ Sozialamt), → Jugendhilfe (→ Jugendamt [JA]) und das → Gesundheitswesen (→ Gesundheitsamt [GA], → Krankenhaus) zu nennen. Die konkreten Zuständigkeiten sind – eine insoweit untypische Ausnahme bildet das Sozialwesen mit dem → Bundessozialhilfegesetz (BSHG) und dem → Kinder- und Jugendhilfegesetz (KJHG – SGB VIII) – nur zum geringen Teil bundesrechtlich begründet.

Überwiegend ergeben sich die Aufgaben und Zuständigkeiten – als Angelegenheiten des übertragenen Wirkungskreises oder als Selbstverwaltungsangelegenheiten – aus landesrechtlichen Zuordnungen, aber auch aus eigenen Beschlüssen des G.rates (Aufgabenfindungsrecht der G.). Die g. haben eigene Personal-, Organisations- und Finanzhoheit.
1996 belaufen sich die Gesamtausgaben der Kommunen in den alten Bundesländern (einschließlich Landkreise und kommunale Krankenhäuser, ausschließlich Stadtstaaten) auf 235 Mrd. DM; in den neuen Ländern auf 59 Mrd. DM. Davon sind in den alten Ländern 190 Mrd. DM, in den neuen Ländern 43 Mrd. DM in den Verwaltungshaushalten ausgewiesen. Die seit 1991 stagnierenden Einnahmen der Kommunen gefährden die sozialen und kulturellen Grundlagen der Gemeinschaft und haben einen kontinuierlichen Abbau der kommunalen Investitionstätigkeit zur Folge.
In der Wahrnehmung ihrer Aufgaben sehen sich die G. neben den sich verdichtenden gesetzlichen Bestimmungen verstärkt finanziellen Abhängigkeiten des »goldenen Zügels« ausgesetzt.
Das in den G.ordnungen (GO) der Länder jeweils unterschiedlich geregelte G.verfassungsrecht ist zum Teil neu geordnet worden. Neben der Magistratsverfassung (Hessen, Schleswig-Holstein und mit manchen Modifikationen Sachsen-Anhalt, Mecklenburg-Vorpommern, Brandenburg, Thüringen und Sachsen), der Bürgermeisterverfassung (Rheinland-Pfalz, Saarland) gibt es z. B. die süddeutsche (Baden-Württemberg und Bayern) und die norddeutsche (Nordrhein-Westfalen und Niedersachsen) Ratsverfassung. Repräsentative Elemente (G.räte) sind, wie in der Bundesverfassung vorgeschrieben, in allen GO als Leitungsorgane installiert. Für die Vorbereitung der Beschlüsse und die weitgehend von den Parteien dominierten Willensbildungsprozesse sind Fachausschüsse einerseits (z. B. Sozialausschuß, → Jugendhilfeausschuß) und Fraktionen andererseits eingerichtet.
Obgleich auch die G.räte Organe der ausführenden Gewalt sind, gibt es in den GO gewaltenteilende Elemente, da die Vorbereitung der Beschlüsse der G.vertretung, die Durchführung der Beschlüsse sowie die Erledigung der Geschäfte der laufenden Verwaltung dem Bürgermeister (der G.verwaltung i. e. S.) in eigener Zuständigkeit obliegt. Nach neuem Recht in den Ländern wird der Bürgermeister fast durchgängig direkt gewählt. Formen unmittelbarer Demokratie (Bürgeranhörung, Volksbegehren, Volksentscheid) sind hier und da vorhanden.
In der sozialen Realität sind die G. höchst verschiedenartig, z. B. infolge der unterschiedlichen Größe (1984 hatte die Hallig Hooge 139 Einwohner und München 1,2

Mio. Einwohner). 50% der Bundesbürger leben in Klein- und Mittelstädten, jeder dritte in einer Großstadt.
Lit. Bahrdt: Großstadt; KGSt.: Gemeinden; Pagenkopf: Kommunalrecht; Püttner: Handbuch.

Bernd Gröttrup

Gemeindekrankenpflege ist die krankenpflegerische Versorgung von Kranken und → Behinderten in ihrer häuslichen Umgebung, soweit Fachpflege erforderlich ist. Grundsätzlich wird sie Kranken und Pflegebedürftigen (→ Pflegebedürftigkeit) jeder Altersstufe gewährt. Die ambulante/mobile Kinderkrankenpflege ist nur in einigen Regionen der alten Bundesländer vertreten. Sie gewinnt an Bedeutung durch die Zunahme chronisch-kranker und behinderter Kinder.
Die G. wird ausgeführt durch Krankenschwestern/-pfleger, Kinderkrankenschwestern, Krankenpflegehelfer/-innen, (→ Krankenpflegeberufe), → Altenpfleger/-innen, in geringerem Umfang auch von → Familienpflegerinnen (→ Familienpflege). Neben den Pflegekräften sind ergänzend ehrenamtliche Mitarbeiter (→ Ehrenamtliche Tätigkeit im sozialen Bereich) in der G. tätig.
Zur Geschichte: In der frühchristlichen Gemeinde lag die Sorge für Arme, Alte und Kranke bei → Diakonen. Im Mittelalter verlagerte sich die Pflege in die Spitäler. Durch Pflegeorden und Laienvereinigungen wurden daneben innerhalb und außerhalb der Klöster Seelsorge und Pflege ausgeübt. Die Barmherzigen Schwestern des Vincent de Paul (17. Jh.) suchten die Kranken in ihren Häusern auf und pflegten sie. Im öffentlichen → Gesundheitswesen nahmen sich Stadtärzte und Bezirksschwestern der durch Seuchen bedingten Notstände an. Zur Trennung von Kranken- und Sozialpflege kam es im Zeitalter der Aufklärung. Eine starke Neubelebung ging in der 1. Hälfte des 19. Jh. von Theodor Fliedner aus. Seit Beginn des 20. Jh. wird G. überwiegend von den Verbänden der → freien Wohlfahrtspflege durchgeführt. Noch heute ist das Bild der G. geprägt durch die Historie.
Der starke Rückgang der Diakonissen und Ordensfrauen nach dem 2. Weltkrieg führte Anfang der 70er Jahre zum Entstehen der → Sozialstationen. G. gehört diesem als unverzichtbares Kernangebot dieser Institution. Sie wird, anders als früher, grundsätzlich gegen Entgelt gewährt. Kostendeckung wird von den Trägern angestrebt. Geleistet wird nach §§ 37 und 38 SGB V (→ Sozialgesetzbuch [SGB]). Nachrangig kann geleistet werden nach den Bestimmungen des → Bundessozialhilfegesetzes (BSHG), insbes. §§ 37, 68 und 69. Wenn kein → Rechtsanspruch gegen einen der Leistungsträger besteht, müssen die Kosten i. d. R. selbst getragen werden. Seit Anfang der achtziger Jahre wird G. auch von selbständig tätigen Krankenschwestern/-pflegern oder Krankenpflegeunternehmen geleistet. Seit der Stärkung der Rechtsansprüche auf ambulante Pflegeleistungen nimmt die Zahl dieser Unternehmen zu. Sie ergänzen die Einrichtungen der freien Wohlfahrtspflege und der kommunalen Träger und konkurrieren mit ihnen.
Lit. Hesse-Schiller: Sozialstationen.

Werner Hesse-Schiller

Gemeindepsychiatrie ist eines der Grundprinzipien, die von der → Psychiatrie-Enquête aufgestellt worden sind. G. geht davon aus, daß seelisches Leid in der Gemeinde entsteht, und daß es dort auch getragen, gelindert oder beseitigt werden muß. Auf keinen Fall dürfen Lösungsschritte vollzogen werden, die das Leiden durch Ausgliederung oder Institutionalisierung verlagern und verstärken.
Aus dem Gesagten ergeben sich zwei wichtige Grundgedanken.
a) G. als Haltungs- und Handlungsprinzip
G. drückt sich in erster Linie in der Haltung aus, seelische Probleme dort zu lösen, wo sie auftreten (in der Gemeinde), und mit denen, die in der Gemeinde leben.
G. dieses Verständnisses verlangt ein tiefgreifendes Umdenken aller Bürger – der Betroffenen wie der Professionellen –, denn sie geht von den Bedürfnissen und Sorgen der Gemeinde aus und nicht von vorhandenen Versorgungseinrichtungen. Sie betrachtet gesunde und kranke Bürger als Mitglieder derselben Gemeinde, mit denen sie zusammenleben, auch dann, wenn es schwierig ist.
G. steht deshalb in grundlegendem Widerspruch zu jeder Form der »Ausgliederung« aus dem Gemeindeleben: Sie ist gegen jede Psychiatrisierung von Schwierigkeiten, die aus den Störungen des Zusammenlebens erwachsen (wie etwa → Obdachlosigkeit oder → Arbeitslosigkeit), sie ist gegen die anwachsende Zahl von Sondereinrichtungen für Problemfälle aller Art (in Schulen und → Sonderschulen, am Arbeitsplatz [Behindertenplätze, → Werkstätten für Behinderte], in Heimen, psychiatrischen Großkrankenhäusern [→ Landeskrankenhaus], Spezialberatungsstellen für unterschiedliche Problemfelder usw.); sie ist gegen die Tendenz, aufkommende Schwierigkeiten im Zusammenleben vorschnell in die Hände von Fachleuten zu legen, denn auch das kann schon Ausgliederung sein.
G. beschäftigt sich nicht nur mit Leiden oder dem Kranksein. G. erfordert Nachdenken und Handeln zur Förderung seelischer Gesundheit (→ Psychosoziale Gesundheit). Seelisch gesundes Leben fördern heißt Vorsorge treffen in allen Lebensbereichen, heißt das Selbsthilfepotential ausnutzen und fördern und heißt, Fachleute dort einzusetzen, wo die Probleme und Störungen ein Ausmaß erlangen, daß sie nicht mehr

Gemeindepsychiatrie

aus eigener Kraft gelöst und ertragen werden können.
Notwendige therapeutische Organisationen und Einrichtungen orientieren sich am Ziel der Herstellung, Erhaltung und Wiederherstellung seelischer Gesundheit in einer Gemeinde.
Dabei geht es weniger um bestimmte Organisationen als um die fachliche und praktische Ausrichtung bei der Problemlösung. Jede Form der gemeindenahen professionellen Hilfe in therapeutischen Organisationen versucht, mit einem Minimum an Versorgung und Behandlung auszukommen. Je mehr es gelingt, den Klienten (Patienten) selbst, sein familiäres, → soziales oder berufliches Umfeld oder in der Gemeinde vorhandene Hilfspotentiale in die Lösung von Problemen und Schwierigkeiten einzubeziehen, um so mehr entspricht das Vorgehen gemeindepsychiatrischen Prinzipien. Die Organisation jeder Hilfe muß in jeder Form gemeindepsychiatrischer Tätigkeit so erfolgen, daß zunächst alle Formen der ambulanten Hilfe ausgeschöpft werden, bevor teilstationäre oder stationäre Hilfen in Anspruch genommen werden. Notwendige gemeindepsychiatrische Einrichtungen erfahren durch die Art ihrer Arbeit zumindest teilweise eine Umkehrung der Prinzipien von Ausgliederung und Professionalisierung.
Konkret bedeutet dies: Jede Form der → Selbsthilfe geht vor Fremdhilfe, → Nachbarschaftshilfe vor professioneller Hilfe, ambulante vor teilstationärer und stationärer Hilfe. Das Leben zu Hause geht vor einer Wohngemeinschaft, das Leben in der Wohngemeinschaft vor dem Leben in einem Heim, ein normaler Arbeitsplatz vor einem Sonderarbeitsplatz oder einem Arbeitsplatz in einer Behindertenwerkstatt. Selbständigkeit geht vor Pflegschaft und Pflegschaft vor → Vormundschaft.
b) G. als Organisationsprinzip
Organisatorisch verlangt das Konzept G. eine Kommunalisierung aller psychosozialen Dienste. Dies muß nicht bedeuten, daß die Gesamtlasten der Kommune auferlegt werden, sondern daß die Entscheidungen über die psychosozialen Angebote in einer Region vor Ort fallen. Die Trennung von → Zuständigkeiten für → Krankenversicherungen, → Rentenversicherungen, örtlicher und überörtlicher → Sozialhilfe bringt es mit sich, daß kostenungünstige Institutionen entstehen, die sich häufig wenig am Bedarf orientieren. Deshalb hat die Psychiatrie-Enquête → psychosoziale Arbeitsgemeinschaften (PSAG) und psychosoziale Ausschüsse vorgeschlagen, in denen vor Ort geplant, koordiniert und entschieden wird, um bedarfsgerechte Entwicklungen zu befürworten. Bedarfsgerechte Entwicklungen sind eben nur solche, die den Prinzipien gemeindenaher und ambulanter Tätigkeit entsprechen.

382

Institutionelle Konsequenz gemeindepsychiatrischer Konzeption ist der ambulante psychosoziale (oder → sozialpsychiatrische) Dienst, der sich aus Angehörigen aller psychosozialen Berufsgruppen (Pflegepersonal, → Sozialarbeiter und Sozialpädagogen, Psychologen und → Ärzte) zusammensetzt. Ein so zusammengesetzter psychosozialer Dienst muß den Auftrag haben, sich über die Behandlung und Betreuung einzelner Klienten und deren Familien hinaus an der Entwicklung bedarfsgerechter Programme und Projekte zu beteiligen. Die Qualität eines solchen Dienstes darf deshalb nicht an der Zahl der von ihm betreuten Fälle, sondern an der → Effektivität für die psychosoziale Versorgung gemessen werden. Dabei ist die Unterstützung von freien Initiativen, → Selbsthilfegruppen und anderen Diensten ein entscheidender Anteil.
Zur G. gehören auch alle übrigen psychiatrischen Dienste, die für die Versorgung der Bevölkerung erforderlich sind. Dazu gehören einerseits in der Gemeindenähe gelegene stationäre Behandlungsmöglichkeiten (psychiatrische Kliniken oder Abteilungen an Allgemeinkrankenhäusern) sowie Möglichkeiten der stationären Unterbringung und → komplementäre Dienste und Einrichtungen für psychisch Kranke/seelisch Behinderte. Bei den komplementären Diensten sind Organisationsformen zu bevorzugen, in denen ein Maximum an Selbständigkeit und Eigenständigkeit für die Klienten oder Bewohner garantiert wird. Wohngemeinschaften (→ Wohngemeinschaften/Wohngruppen für Behinderte und psychisch Kranke) und Hauspflege sind in jedem Fall vor der Einrichtung von Heimen (→ Behindertenwohnheim) zu bevorzugen. Geförderte Betriebe sind vor Werkstätten für Behinderte zu bevorzugen.
Die Fortschreibung der Werkstatt-Verordnung läßt hoffen, daß in Zukunft kleinere, auf die Fähigkeiten und Bedürfnisse → psychisch Kranker und (→ seelisch) Behinderter zugeschnittene Werkstätten mit betriebsähnlicher Struktur geschaffen werden. Das bisherige Werkstattkonzept ist für die Psychiatrie nicht geeignet.
Bei der Betreuung von Langzeit-Patienten sind in den meisten Bundesländern inzwischen Finanzierungsregelungen zwischen örtlichen und überörtlichen Sozialhilfeträgern getroffen worden mit dem Ziel, die ambulante psychiatrische Betreuung und Pflege zu gewährleisten. Die Entwicklung der letzten Jahre zeigt, daß es die meisten psychisch Kranken oder Behinderten bevorzugen, allein oder zu zweit zu leben. Die Betreuung von Langzeit-Patienten in Einzel- oder Zweier-Wohnungen erweist sich als wesentlich stabiler als die Betreuung in größeren Wohngemeinschaften, in denen es viele Reibungsflächen gibt. Die Betreuung von ehemaligen Patienten in Einzel-Woh-

nungen muß der Wohngemeinschaft-Finanzierung analog gesehen werden. Die erfreuliche Entwicklung in diesen Bereichen hat dazu geführt, daß zunehmend Langzeit-Patienten entlassen werden können, ohne in Heime oder ähnliche Einrichtungen verschoben zu werden.
Nach wie vor bedarf es flexiblerer Finanzierungsmöglichkeiten, um die Hürden des gegliederten Finanzierungssystems zwischen Krankenversicherung und Sozialhilfe, zwischen örtlicher und überörtlicher Sozialhilfe unter Beteiligung der Rentenversicherung und der Arbeitsverwaltung zu überwinden. Die Behörden sind zur Zeit noch ein wesentliches Hindernis bei der Verwirklichung gemeindepsychiatrischer Konzepte.
Die Experten-Kommission der Bundesregierung schlägt in ihrer Stellungnahme vom November 1988 vor, zur Planung, Koordination und Steuerung auf kommunaler Ebene hauptamtliche Koordinatoren und Psychiatrie-Beiräte einzurichten. In zahlreichen Städten und Landkreisen sind in der Zwischenzeit, z.T. mit Landesförderung (z.B. in Nordrhein-Westfalen), Koordinatoren und Beiräte eingerichtet worden. Auf diesem Wege lassen sich voraussichtlich die vielfältigen Aufgaben gemeindepsychiatrischen Handelns auf kommunaler Ebene realisieren.
Lit. Dörner, K. u.a.: Gemeindepsychiatrie; Pörksen, N.: Kommunale Psychiatrie.

Niels Pörksen

Gemeindepsychiatrischer Verbund Organisatorische Zusammenfassung aller für die Versorgung vor allem chronisch → psychisch Kranker und Behinderter (→ seelisch Behinderter) in der jeweiligen kommunalen Gebietskörperschaft erforderlichen Einrichtungen ambulanter Versorgung. Der G.V. enthält als Kernbestandteile einen aufsuchend-ambulanten Dienst, eine Einrichtung mit Kontaktstellenfunktion und eine Tagesstätte. Hilfen bei der beruflichen Eingliederung und Betreuung im Wohnbereich sollen integriert sein. Der Begriff des G.V. ist von der Expertenkommission der Bundesregierung zur Reform der Versorgung im psychiatrischen und psychotherapeutisch/psychosomatischen Bereich auf der Grundlage des Modellprogramms Psychiatrie der Bundesregierung entwickelt und in deren Empfehlungen vom 11.11.1988 aufgenommen worden. Damit sollen zwei Ziele erreicht werden: Zum einen sollen bestehende Einrichtungen funktionsgerecht weiterentwickelt und zur Kooperation gebracht werden; zum anderen soll durch Errichtung entsprechender Angebote überhaupt erst die Voraussetzung für eine derartige Verbundlösung geschaffen werden. In der Praxis ist diese Empfehlung nicht auf einhellige Zustimmung gestoßen, weil sie den Verbundgedanken nicht nur im Sinne der Wahrnehmung der Gesamtverantwortung – als Planung und Koordination der psychiatrischen Versorgung – versteht. Darüber hinaus soll der Verbund auch eine rechtsfähige Form erhalten, die ihn in den Stand setzt, als Vertragspartner gegenüber den Kostenträgern aufzutreten. Ein solcher Verbund würde eine Neuordnung der Trägerlandschaft erfordern. Seine Realisierung stößt deshalb oft an die Grenzen gewachsener Strukturen. Aber auch ohne rechtsfähige Organisationsform sind Formen enger Zusammenarbeit entstanden, die nicht nur Angebotsabstimmung, sondern auch auf der Einzelfallebene case Management ermöglichen.
Mit der Empfehlung zum Aufbau eines G.V. war auch der Vorschlag verbunden, die Koordinations- und Planungskompetenzen der kommunalen Gebietskörperschaften zu erhöhen durch Einrichtung von Koordinationsstellen und Beiräten, zugeordnet zum zuständigen Derzernenten. Der Vorschlag ist in einigen Bundesländern mehr oder weniger flächendeckend umgesetzt worden (NRW, Sachsen, Brandenburg), in anderen Ländern nur sporadisch. *Wolfgang Schäfer*

Gemeindezentrum → Sozialstation

Gemeinnützigkeit von Körperschaften
Gemeinnützige Körperschaften (zumeist in der Rechtsform des eingetragenen → Vereins, mit zunehmender Tendenz der GmbH, seltener der → Stiftung) sind steuerbegünstigt, wenn sie gemeinnützigen, mildtätigen oder kirchlichen Zwecken dienen. Die Begünstigung besteht insbesondere in der Befreiung von der Körperschaftssteuer, der Gewerbesteuer, der Vermögenssteuer sowie in der Ermäßigung des Umsatzsteuersatzes. Die Anerkennungsvoraussetzungen sind in §§ 51–68 Abgabenordnung geregelt.
Gemeinnützige Zwecke werden verfolgt, wenn die Tätigkeit ausschließlich und unmittelbar darauf gerichtet ist, die Allgemeinheit auf materiellem, geistigem oder sittlichem Gebiet selbstlos zu fördern. Als förderungswürdig sind u.a. anzuerkennen: Förderung von Wissenschaft und Forschung, → Bildung und → Erziehung, des Wohlfahrtswesens, der → Jugendhilfe, der → Altenhilfe, des öffentlichen Gesundheitswesens.
Mildtätige Zwecke werden verfolgt, wenn die Tätigkeit darauf gerichtet ist, Personen selbstlos zu unterstützen, die infolge ihres körperlichen, geistigen oder seelischen Zustands auf die Hilfe anderer angewiesen sind oder deren Bezüge nicht höher sind als das Vierfache (beim Alleinstehenden das Fünffache) des → Regelsatzes der Sozialhilfe.
Kirchlich sind Zwecke, die darauf gerichtet sind, eine Religionsgemeinschaft, die Körperschaft des öffentlichen Rechts ist, selbstlos zu fördern.

Die Allgemeinheit wie auch mildtätige und kirchliche Zwecke werden selbstlos gefördert oder unterstützt, wenn dadurch nicht in erster Linie eigenwirtschaftliche – z. B. gewerbliche oder sonstige Erwerbszwecke – verfolgt und die Mittel nur für die satzungsmäßigen Zwecke verwendet werden (→ Satzung). Zudem dürfen die Mitglieder bei ihrem Ausscheiden oder bei Auflösung oder Aufhebung der Körperschaft nicht mehr als ihre eingezahlten Kapitalanteile und den gemeinen Wert ihrer geleisteten Sacheinlagen zurückerhalten. Auch dürfen keine Personen durch Ausgaben, die dem Zweck der Körperschaft fremd sind, oder durch unverhältnismäßig hohe Vergütungen begünstigt werden.

Neben der Selbstlosigkeit sind die Ausschließlichkeit und die Unmittelbarkeit Grundvoraussetzungen für die Anerkennung steuerbegünstigter Zwecke. Ausschließlichkeit liegt vor, wenn eine Körperschaft nur ihre steuerbegünstigten satzungsmäßigen Zwecke verfolgt. Unmittelbar verfolgt eine Körperschaft ihre steuerbegünstigten satzungsmäßigen Zwecke, wenn sie selbst diese Zwecke verwirklicht. Das kann auch durch Hilfspersonen geschehen, wenn nach den rechtlichen und tatsächlichen Beziehungen, die zwischen der Körperschaft und der Hilfsperson bestehen, das Wirken der Hilfsperson wie eigenes Wirken der Körperschaft anzusehen ist.

Schließt das Gesetz die Steuervergünstigungen insoweit aus, als ein wirtschaftlicher Geschäftsbetrieb unterhalten wird, so verliert die Körperschaft für die Werte, die zu diesem Betrieb gehören, die Steuervergünstigungen, soweit nicht ein Zweckbetrieb gegeben ist.

Ein Zweckbetrieb liegt u. a. vor, wenn
a) der wirtschaftliche Geschäftsbetrieb in seiner Gesamtrichtung dazu dient, die steuerbegünstigten satzungsmäßigen Zwecke der Körperschaft zu verwirklichen,
b) die Zwecke nur durch einen solchen Geschäftsbetrieb erreicht werden können und
c) der wirtschaftliche Geschäftsbetrieb zu nicht begünstigten Betrieben derselben oder ähnlicher Art nicht im größeren Umfange in Wettbewerb tritt, als es bei Erfüllung der steuerbegünstigten Zwecke unvermeidbar ist.

Eine Einrichtung der Wohlfahrtspflege ist ein Zweckbetrieb, wenn sie im besonderen Maße bedürftigen Personen dient.

Aus der Satzung, dem Stiftungsgeschäft oder der sonstigen Verfassung der Körperschaft muß sich unmittelbar und ausschließlich der verfolgte Zweck, unter Berücksichtigung der gesetzlichen Anforderungen der Gemeinnützigkeit, der Mildtätigkeit oder der Unterstützung kirchlicher Zwecke ergeben.

Die Satzungszwecke und die Art ihrer Verwirklichung müssen so genau bestimmt sein, daß das Vorliegen der satzungsmäßigen Voraussetzungen für die Steuervergünstigung prüfungsfähig ist. Die Satzung muß den vorgeschriebenen Erfordernissen bei der Körperschafts- und Gewerbesteuer während des ganzen Veranlagungs- oder Bemessungszeitraums, bei den anderen Steuern im Zeitpunkt der Entstehung der Steuer, entsprechen.

Die tatsächliche Geschäftsführung der Körperschaft muß auf die ausschließliche und unmittelbare Erfüllung der steuerbegünstigten Zwecke gerichtet sein und den Bestimmungen entsprechen, die die Satzung über die Voraussetzung für Steuervergünstigungen enthält.

Der Nachweis darüber ist durch ordnungsmäßige Aufzeichnungen der Einnahmen und Ausgaben zu führen.

Etwa angesammeltes Vermögen muß satzungsgemäß gebunden sein. Eine steuerlich ausreichende Vermögensbindung liegt vor, wenn der Zweck, für den das Vermögen bei Auflösung oder Aufhebung der Körperschaft oder bei Wegfall ihres bisherigen Zwecks verwendet werden soll, in der Satzung so genau bestimmt ist, daß aufgrund der Satzung geprüft werden kann, ob der Verwendungszweck steuerbegünstigt ist.

Lit. Kießling u. a.: Gemeinnützigkeit; Schleder: Vereine.

Herbert Haag†/Werner Hesse-Schiller

Gemeinsame elterliche Sorge → Elterliche Sorge

Gemeinwesenarbeit (GWA) kam nach dem Exil deutscher Sozialarbeit in den 60er Jahren aus den USA und Holland als dritte → Methode der Sozialarbeit nach Deutschland. Im Unterschied zur sozialen → Einzel(fall)hilfe und → Gruppenarbeit weitet sie den professionellen Zielgruppen-Bezug aus der Bevölkerungsbereiche wie Stadtteile/Gemeinden (→ Stadtteilarbeit). Doch die Übertragung amerikanischer Erfahrungen auf bundesrepublikanische Verhältnisse erwies sich als problematisch. Ende der 60er Jahre formulierten Gemeinwesenarbeit zum ersten Mal für den Raum der Bundesrepublik drei konzeptionelle Positionen, die lange Zeit die Fachdiskussion bestimmten:
1. GWA als → Koordination traditioneller Methoden und → Kooperation traditioneller Träger von Sozialarbeit.
2. GWA als sozialpolitische Befriedigung auf der Basis vorhandener Interessen und Bedürfnisse.
3. GWA als aggressive → Intervention mit dem Ziel der Erweiterung und Veränderung vorhandener Interessen und Bedürfnisse.

Heute wird GWA durchgängig als ein Arbeitsprinzip sozialer Arbeit (→ Sozialarbeit/Sozialpädagogik) überhaupt verstanden. Sie begreift die sozio-ökonomischen und politischen Bedingungen im Lebensbereich bzw. Stadtteil als Ursachen → sozialer Benachteiligung und Schäden.

Die konkreten Formen und Aktionen blieben selten mehr als eine integrative Reformstrategie. Demgegenüber zielten die progressiven Entwürfe darauf ab, den Betroffenen einen Einblick in die politökonomischen Ursachen und Zusammenhänge ihrer Probleme zu geben. Es galt, Bewohner in einem Stadtteil zu ermutigen und zu befähigen, ihre gemeinsamen Probleme zu erkennen und deren Lösung selbsttätig und öffentlich anzugehen. Diese GWA will die organisierte Interessenwahrnehmung von Bevölkerungsgruppen in solidarischen Aktionen gegen Machtgefüge unserer Gesellschaft. Gegen eine Verwaltung von oben (und ein technokratisch verstandenes Konfliktmanagement) zielt sie auf eine Veränderungsstrategie von unten, die an Alltagserfahrungen ansetzt, diese interpretiert und zu Aktionen führt. Hier geht es um Verhinderung von Exmittierung und Zerstörung des → sozialen Umfeldes, um den Gewinn von → Emanzipation durch Selbstorganisation und Solidarität.

Die Rolle »beruflicher« Gemeinwesenarbeiter liegt wesentlich darin, politisch-sozialpädagogische, methodische und aktivierende Funktionen wahrzunehmen. Als Ziele dieser GWA lassen sich formulieren: a) Lernen öffentlicher Interessenwahrnehmung/solidarischer Aktion; b) Veränderung von Entscheidungsstrukturen/Demokratisierung von Entscheidungsprozessen; c) politisches Lernen durch kollektive Erfahrung und Parteinahme in aktuellen Konflikten; d) Angehen strukturell-institutioneller Problemlösungen; e) Einsicht in Problemzusammenhänge statt Parzellierung und → Stigmatisierung von Problemsymptomen. Die Sachziele solcher Prozesse sind auf der Symptomebene materiell formulierbare Effekte (z.B. Einrichtung einer Lernstube). Die mindestens ebenso wichtigen Prozeßziele liegen darin, welche neuen Einsichten gewonnen, Erfahrungen gesammelt und Fähigkeiten entdeckt und gelernt werden, z.B.: Einsicht gewinnen in Ursachen und Folgen nachbarschaftlicher Isolation; Suche nach Veränderungsmöglichkeiten für Gleichbetroffene. In der gegenwärtigen Praxis von GWA kann nur noch eine Minderheit von Projekten in der beschriebenen Weise als progressiv begreifen. Die Theorieansätze sind diffus. Es herrscht eine definitorische wie methodische Unklarheit. Das politische Profil ist in der Multidimensionalität von Ansätzen verlorengegangen.

Lit. Bahr u.a.: Gemeinwesenarbeit; Bitzan u.a.: Politstrategien; Boulet u.a.: Gemeinwesenarbeit; Karas u.a.: Gemeinwesenarbeit; Mesle: Gemeinwesenarbeit; Seippel: Gemeinwesenarbeit.

Gisela Richter-Junghölter

Genehmigung ist die nachträgliche Zustimmung zum Rechtsgeschäft (z.B. → Vertrag) eines anderen. Wie die → Einwilligung ist sie einseitige empfangsbedürftige Willenserklärung, die nicht der für das Hauptgeschäft vorgeschriebenen Form bedarf, vgl. § 182 Abs. 2 BGB. Ausreichend ist die schlüssige Bekundung des Willens, seine ausdrückliche Erklärung ist nicht notwendig. Auf die G. finden die allgemeinen Vorschriften für Willenserklärungen – Auslegung, Zugang, Willensmängel – unmittelbare Anwendung. Bis zur G. eines Geschäfts tritt ein Schwebezustand ein: das Geschäft ist schwebend unwirksam. Während dieser Zeit kann sich der Geschäftspartner eines Minderjährigen (→ Minderjährigkeit) folgenlos vom Vertrag lösen (§ 109 Abs. 1 BGB), es sei denn, er hat die fehlende → Geschäftsfähigkeit gekannt; Rückausnahme: Der Minderjährige hat behauptet, die G. des gesetzlichen Vertreters liege vor (§ 109 Abs. 2 BGB). Die G. selbst wirkt auf den Zeitpunkt der Vornahme des Rechtsgeschäfts zurück (§ 184 Abs. 1 BGB); durch diese Rückwirkung werden Zwischenverfügungen zugunsten eines anderen aus der Zeit der schwebenden Unwirksamkeit nicht aufgehoben (§ 184 Abs.2 BGB).

Im Familienrecht spielt vor allem die vormundschaftliche G. eine Rolle (vgl. z.B. §§ 1821, 1822 BGB).

In vielen Gesetzen wird die Wirksamkeit privatrechtlicher Geschäfte von der G. durch Verwaltungsbehörden (→ Verwaltungsakt) abhängig gemacht; auf diese G. finden §§ 182ff. BGB weder unmittelbare noch entsprechende Anwendung. So entscheiden über die Form des Verwaltungsaktes, mit dem die G. erteilt wird, die besonderen Bestimmungen der jeweiligen Verwaltungsgesetzes; für die Bekanntmachung gilt, wenn Sonderregelungen fehlen, das Verwaltungsverfahrensgesetz; Rücknahme und Widerruf regeln sich nach den besonderen Vorschriften des → Verwaltungsrechts.

Peter Finger

Generationenvertrag Sozialwissenschaftliche Theorie, durch die insbesondere auf dem Umlageverfahren basierende und dynamisierte Systeme der → Alterssicherung, aber auch Leistungen des → Familienlastenausgleichs begründet werden. Sie beruht auf der wirtschaftstheoretischen Erkenntnis, daß der Lebensunterhalt der Gesamtbevölkerung nur aus dem Konsumfonds bestritten werden kann, der güterwirtschaftlich aus der Gesamtheit der hergestellten und importierten Konsumgüter, geldwirtschaftlich aus der Summe der verfügbaren persönlichen Einkommen besteht. Deshalb muß »aller Sozialaufwand immer aus dem Volkseinkommen der laufenden Periode gedeckt werden... Volkswirtschaftlich gibt es nämlich keine Ansammlung eines Konsumfonds... Jede Fondsansammlung wird in der Geldwirtschaft zu volkswirtschaftlicher Kapitalbildung, ein-

Genetik

mal gebildetes Kapital kann aber nicht wieder in Sozialaufwand, d. h. Konsumgüter umgesetzt werden« (Mackenroth). Die Erwerbstätigen müssen daher über soziale Sicherungssysteme den Alten und teilweise auch den Jungen jene Existenzgarantie bieten, die einst durch → Solidarität der Generationen im Familienverband gegeben war. Diese sozialpolitische Aufgabe hat der »Schreiber-Plan« 1956 wie folgt formuliert: »Da Arbeitseinkommen in einer freien Wirtschaft nur Individualeinkommen sein kann... und nur in der mittleren Lebensphase, den Arbeitsalter..., anfällt, garantieren die den Solidar-Vertrag schließenden Partner aller Altersstufen einander Solidar-Hilfe nach folgender Maßgabe: Aus der Gesamtheit der Arbeitseinkommen wird sowohl dem Kinde und Jugendlichen... wie dem Alten... ein maßgerechter Anteil zugesichert« (Schreiber). Als maßgerecht gelten dabei solche Anteile, die während der gesamten Dauer des Leistungsbezugs immer in der gleichen Relation zu den durchschnittlichen Arbeitseinkommen der jeweiligen Periode bleiben. Die Formel vom G. ist nur eine Metapher für diesen Zusammenhang und insoweit vergleichbar der Lehre vom Gesellschaftsvertrag (Rousseau: Contrat social, 1762).

Problematisch ist die Möglichkeit der »Vertrags«-Erfüllung bei Veränderungen im Bevölkerungsaufbau (→ Bevölkerung, → Bevölkerungspolitik, → Demographie) und in der Erwerbsstruktur (Erwerbsquote, Berufsstruktur). So führt z. B. bei umlagefinanzierten und lohnniveaubezogenen → Rentenversicherungen ein Rückgang der Bevölkerung im erwerbsfähigen Alter zu Finanzierungsdefiziten, ein Anstieg der Erwerbsquote (z. B. der verheirateten Frauen) vorübergehend zu Überschüssen. Das Problem stellt sich in gleicher Weise z. B. auch in der 1995 eingeführten obligatorischen → Pflegeversicherung; aber auch in der → Krankenversicherung (→ Äquivalenzprinzip).
Lit. Auerbach u. a.: Sozialplan; Jantz: Strukturprinzipien; Mackenroth: Sozialpolitik; Schreiber, W.: Existenzsicherheit.
Dieter Schäfer

Genetik ist die Wissenschaft von den erblich bedingten Unterschieden der Organismen einschließlich des Menschen und wurde 1906 von dem englischen Biologen Bateson als Bezeichnung für eine neue biologische Wissenschaftsrichtung vorgeschlagen. Sie beinhaltet Forschung und Lehre über die Natur und Wirkungsweise der Erbanlagen und deren Weitergabe und Auswirkungen auf das Erscheinungsbild (= Phänotypus) nachfolgender Generationen. Die Grundlage der G. schuf G. Mendel mit systematischen Versuchen an Pflanzenhybriden, über die er 1865 erstmalig vor dem Naturforschenden Verein in Brünn berichtete.

Die von Mendel aufgedeckten Gesetzmäßigkeiten der Übertragung und Ausprägung von Erbanlagen haben für alle Organismen Gültigkeit. Sie wurden nach der Wiederentdeckung der Mendelschen Gesetzmäßigkeiten von Correns, Tschermak und DeVries um die Jahrhundertwende und wenige Jahre später auch für den Menschen nachgewiesen. Nach dem heutigen Stand der Erkenntnis unterscheidet man die naturwissenschaftliche Molekular- und Mikroben-G. mit ihren Spezialgebieten (z. B. Speicherung und Verwirklichung genetischer Informationen, DNS-Synthese in vitro und in vivo u. a.), die theoretische und angewandte biologische Anthropologie und die Evolutionsforschung sowie die Humang., die sich aus verschiedenen Gesichtspunkten biologischen und klinisch-medizinischen Problemen der G. des Menschen zuwendet. Der Begriff kam nach dem 2. Weltkrieg nach Deutschland. Entsprechend der Fragestellung und Methodik haben sich in der Humang. verschiedene Spezialgebiete entwickelt, z. B. biochemische G., Cytog., Mutationsforschung, Entwicklungsg., Populationsg., Pharmakog., Verhaltensg., Immunog. und die praktische Anwendung neuer Erkenntnisse in der klinisch-medizinischen G. Letztere hat sich erst in den letzten Jahrzehnten durch die Einführung neuer Untersuchungsmethoden zur Frühaufdeckung bestimmter Erbanlagen und möglicher → Prävention der Weitergabe dieser Erbanlagen durch → genetische Beratung schnell entwickelt (→ Eugenik). Hier sind vor allem die klinische Cytog. mit neuen Möglichkeiten der Chromosomenanalyse und die biochemische G. mit wesentlich verfeinerter Methodik zur Diagnostik von genetisch bedingten Stoffwechselkrankheiten und der Entwicklung relativ zuverlässiger Suchtests zu nennen.

Darüber hinaus wird zunehmend Forschungskapazität in die Genomanalyse, die Entschlüsselung und Beeinflussung der Gesamtheit menschlicher Erbanlagen investiert.

Humangenetik ist verbunden mit Wertfragen: Manipulierbarkeit des Menschen, und damit von größtem politischen Interesse.
S. a. → Gentechnologie.
Lit. Bateson, W.: Heredity; Bresch u. a.: Genetik; Kaudewitz: Molekular- und Mikroben-Genetik; Kollmann: Genetik; Lenz, W.: Genetik; Passarge: Genomanalyse; Sass: Genomanalyse; Vogel, F. u. a.: Genetics; Wertz, u. a.: Ethics. *Therese Neuer-Miebach*

Genetische Beratung dient dem ratsuchenden Menschen und seiner Familie in allen Fragen nach erblich bedingten Krankheiten, Risiken und Anlagen, im weitesten Sinn bezogen auf die Fortpflanzung. Da in manchen Fällen die Art einer Entwicklungsstörung oder Krankheit zunächst unklar ist, müssen auch Umwelteinflüsse als

Ursache in Erwägung gezogen werden. Ihr Ziel ist die gründliche, umfassende Information der Ratsuchenden i. S. einer Entscheidungshilfe zur → Familienplanung. Sie ist angewandte Humangenetik und steht in engem Zusammenhang mit den heute zur Verfügung stehenden diagnostischen Methoden der klinischen und biologischen → Genetik, vor allem der Biochemie und Cytogenetik (Diagnostik von Chromosomenanomalien), pränatal und postnatal. Im Vordergrund steht die Beurteilung, Übermittlung und Erläuterung der Art und Schwere der Risikosituation. Bei angeborenen Entwicklungsstörungen und Krankheiten mit kompliziertem Erbgang (Zusammenwirken von Erb- und Umwelteinflüssen) und bei Nachweis bestimmter Chromosomenomalien ist das Risiko empirisch abschätzbar. Die wichtigsten Indikationen für eine g. B. sind wie folgt:
a) Ein Paar hat bereits ein betroffenes Kind, und es besteht weiterer Kinderwunsch.
b) Ein Ratsuchender hat selbst eine bestimmte erblich bedingte Krankheit oder ein Risiko dafür.
c) Eine Frau ist sichere oder sehr wahrscheinliche Konduktorin einer x-chromosomal vererbten genetischen Disposition.
d) Erbkrankheiten in der Verwandtschaft des Ratsuchenden.
e) Kinderwunsch bei mehr als zwei ursächlich bisher nicht geklärten Fehlgeburten.
f) Kinderwunsch bei Blutsverwandten mit vermuteten oder gesicherten erblicher Risiken in der Familienaszendenz.
g) Kinderwunsch bei erhöhtem Lebensalter einer Frau über 35 Jahre.
h) Kinderwunsch bei erhöhtem Lebensalter eines Mannes über 45 Jahre oder eines Ehepaares mit zusammen über 75 Jahren.
Höheres Alter der schwangeren Frau ist die häufigste Indikation für die vorgeburtliche Diagnostik in der Zeit zwischen 16. und 20. Schwangerschaftswoche.
Eine enge Kooperation zwischen der praktizierenden Ärzteschaft und den öffentlichen sowie privaten sozialen Institutionen zur → Ehe- und → Familienberatung sollte Voraussetzung für den Erfolg der g. B. sein. Vor jedem Einsatz diagnostischer Methoden sollte umfassende Beratung angeboten werden. Aspekte des Lebensschutzes sind gleichrangig mit medizinischen Aspekten in eine ganzheitliche Beratung einzubeziehen.
Lit. Degenhardt: Humangenetik; McKusick: Inheritance; Passarge: Genetik; Tünte: Genetische Familienberatung.
Karl-Heinz Degenhardt†/Therese Neuer-Miebach

Genitale Phase Psychosexuelle Entwicklungsstufe, die zwei durch die → Latenzphase getrennte Abschnitte umfaßt: die phallische Phase und die mit der → Pubertät einsetzende Genitalorganisation. Manche Autoren rechnen die phallische Phase auch zu den prägenitalen Organisationen. In dieser Phase werden Penis bzw. Klitoris zu Organen sexueller Erregung, und die infantile Erforschung der → Sexualität, die mit den typischen infantilen Sexualtheorien einhergeht, beginnt. Mit dem bewußt erlebten Geschlechtsunterschied steht das Kind vor der Aufgabe, seine eigene Geschlechtsrolle zu finden. Genitalität ist dem Erwachsenen vorbehalten und meint neben der Fähigkeit zum Orgasmus, die gewöhnlich erst in der Pubertät erworben wird, auch die Fähigkeit zu echter Partnerbeziehung.
S. a. → Anale Phase, → Orale Phase.
Hannelore Barth

Gentechnologie ermöglicht den gezielten Eingriff in das Erbgut (→ Erbanlage) aller Lebewesen. Dabei können Gene (Erbträger) entnommen oder eingefügt werden. Mit diesem Verfahren können Aufbau und Leistungseigenschaften von Lebewesen, unter Einschluß des Menschen, verändert werden. Mit der G. verfügt der Mensch über neue Möglichkeiten, durch gezielten Genaustausch über als Artgrenzen hinweg Veränderungen einzuleiten, die den gegenwärtigen Artenbestand betreffen und damit auch die weitere Geschichte des Lebens. Das ist das evolutionär-menschheitliche Risiko der G. Dadurch könnten gesellschaftliche und soziale Folgen ausgelöst werden, die sich nicht zuletzt auf dem landwirtschaftlichen Sektor im Spannungsfeld zwischen Nord und Süd auswirken würden. Es kann nicht ausgeschlossen werden, daß durch die G. eine zweite Grüne Revolution mit verheerenden ökologischen und sozialen Folgen für die Dritte Welt bewirkt werden könnte.
Das soziale Risikopotential der G. ist insbes. dort zu erwarten, wo es um die unmittelbare Anwendung dieser Technik auf den Menschen geht. Hier bieten sich im wesentlichen drei Verfahren an: Gentechnik, Gendiagnostik und Laborbefruchtung. Die Gendiagnostik findet ihre Anwendung bei der genetischen Beratung, der pränatalen Diagnostik, dem Neugeborenenscreening und bei der Genomanalyse bei Einstellungsverfahren, Versicherungen und Strafverfahren. Laborbefruchtung ist kein gentechnologisches Verfahren. Aber die moderne Nutztierzüchtung läßt erkennen, daß die Laborbefruchtung eines Tages auch beim Menschen zum Einfallstor für Gentechnik an Keimzellen werden könnte. Der in den vergangenen Jahren geführte Streit um die embryonenverbrauchende Forschung zeigte sehr deutlich, wie stark hier die Interessen der wissenschaftlichen Betreiber sind. Gentechnik in der Anwendung auf den Menschen ist in zwei Varianten möglich: als Eingriff in Körperzellen oder als Eingriff in Keimbahnzellen. Die gentechnische Beeinflussung von Körperzellen dient der Bekämpfung von erblich bedingten Krankhei-

ten (u.a. bestimmte Krebserkrankungen). Entgegen allen Erwartungen wurde bislang kein Durchbruch erzielt. Aufgrund des Embryonenschutzgesetzes ist Gentechnik an Keimbahnzellen in Deutschland untersagt. Die Forschung lockt mit der vagen Aussicht, durch Gentechnik an Keimbahnzellen lebenslange Resistenz gegen bestimmte Krankheiten verleihen zu können. Hier ist die gesteigerte Aufmerksamkeit der kritischen Öffentlichkeit vonnöten.

Aktuelle Gefährdungen des Menschen ergeben sich auch bei den gendiagnostischen Verfahren. Das hier bestehende Problem kann durch einen unüberwindbaren Widerspruch charakterisiert werden: Einerseits eröffnet die Gendiagnostik mit ihren modernen Methoden der molekularen Feinanalyse einen erheblichen Zuwachs an therapeutisch relevanten Informationen für potentiell und direkt Betroffene. Andererseits bringt dieser Wissenszuwachs eine → Stigmatisierung der → Behinderten. Behinderte empfinden die Gendiagnostik und die damit verbundene genetische Indikation (→ Schwangerschaftskonfliktberatung/-abbruch) als eine Infragestellung ihrer Existenzberechtigung. Aber auch dort, wo die Anwendung der Genomanalyse bei Arbeitnehmern und Versicherungsnehmern erwogen wird, bestehen zu Recht Bedenken bezüglich der Einengung von Freiheitsrechten des einzelnen Bürgers (→ Grundrechte, → Menschenrechte). Die Enquête-Kommission »Chancen und Risiken der G.« des Deutschen Bundestages (1987) hat die Anwendung der Gendiagnose strikt an den Gebrauch im Einzelfall binden wollen. Selbst unter Anerkennung dieses Kriteriums wies es auf Dauer große Schwierigkeiten bereiten, das Eindringen von züchterischen und eugenischen Tendenzen (→ Eugenik) in die Praxis der Gendiagnostik zu verhindern. Die Tatsache, daß sich auch bei vielen Wissenschaftlern an den Fortschritt der G. eugenisch motivierte Hoffnungen knüpfen, sollte zu großer Nüchternheit und Vorsicht veranlassen. Technik wird immer wieder als Produkt und Ergebnis gesellschaftlicher Bedarfslagen interpretiert. Angesichts einer solchen Interpretation ist es notwendiger denn je, die Eigendynamik gentechnologischer Verfahren und der hinter ihnen stehenden Interessen einem dauerhaften sozialen und gesellschaftlichen Diskurs zu unterwerfen.

Zur rechtzeitigen Abschätzung von Technikfolgen ist Vielstimmigkeit eine Grundvoraussetzung. Hier bedarf es gegenüber Wissenschaft, Wirtschaft und Politik der Kritik durch den problembewußten Bürger. Wenn die Entwicklung der G. heute unter dem ständigen und meist vergeblichen Protest qualifizierter Minderheiten erfolgt, kann die Frage nach neuen Mustern der Konfliktaustragung nicht mehr unterdrückt werden. Es müssen Regeln und Vorschriften für einen Prüf-, Bewertungs- und Konsensfindungsprozeß entwickelt werden, bei dem die Einwände aller Positionen vergleichbar gemacht werden. Es ist auf Dauer problematisch, wenn bei der Einführung neuer Technologien die Befürworter der Wirtschaftlichkeit auf der einen und die Befürworter sozialer Kriterien und einer angemessenen Einbettung von Technik nur auf der anderen Seite zu finden sind. Die für die Regulierung gentechnologischer Verfahren beschlossenen Gesetze (Embryonenschutzgesetz und G.gesetz) lassen eine angemessene Beteiligung der Öffentlichkeit weitgehend vermissen.

Lit. Altner: Leben; Deutscher Bundestag: Gentechnologie; Freudenberg: Gentechnik.

Günter Altner

Gerechtigkeit → Soziale Gerechtigkeit

Geriatrie ist derjenige Zweig der Heilkunde, der sich mit der Untersuchung und Behandlung biologisch alter Menschen mit einem Nebeneinander akuter und chronischer Erkrankungen aus dem Bereich der inneren Medizin (und darüber hinaus fallweise der Orthopädie, → Neurologie, → Psychiatrie, Urologie, Augen- und HNO-Heilkunde) befaßt, die aufgrund ihrer Multimorbidität und Versorgungssituation eines ganzheitlichen Diagnose- und Therapiekonzeptes bedürfen, um ihre Kompetenz und Lebensqualität zu verbessern oder immerhin zu erhalten. In der G. stehen die funktionalen Defizite im Vordergrund. Im Gegensatz zur Medizin früherer Lebensabschnitte ist weniger die Heilung das Ziel des therapeutischen Bemühens, sondern ein Wiederherstellen von Funktionen mit dem Ziel, die Selbständigkeit soweit wie möglich zu erhalten. Analog zur Definition der Gastroenterologie oder der Kardiologie durch die diesen Gebieten eigenen Methoden wie Endoskopie oder Herzkatheter läßt sich auch die G. beschreiben: Die diagnostische und therapeutische Besonderheit dieses Faches wäre demnach das Instrument des rehabilitativen Teams und seine diagnostische Methode des multidimensionalen geriatrischen Assessments. Das multidimensionale geriatrische Assessment (MGA) wird dabei als multidimensionaler, interdisziplinärer Prozeß verstanden, der die medizinischen, psychosozialen und funktionalen Möglichkeiten und Probleme erfaßt und einen umfassenden Behandlungs- und Betreuungsplan entwickeln hilft. Funktionen – erhaltene und verlorene – bedeuten in der G. mehr als die meisten anderen in der Medizin üblichen Maße: Sie entscheiden über eine selbstbestimmte Lebensführung und Lebensqualität weit mehr als z.B. die »Schwere« einer Erkrankung gemessen nach üblichen Standards. Ein erfolgreiches Assessment beinhaltet vorweg immer ein kurzes Screening (Sehen, Hören, Einsatz der Gliedmaßen, Kontinenz, Ernährung, Akti-

vität, Depression, → Demenz, soziale Unterstützung und allgemeine Risikofaktoren). Dem im Screening festgestellten Defizit entsprechend wird dann anschließend gezielt ein für ältere Patienten validiertes Testinstrument eines umfassenden Assessments zur Anwendung kommen, mit dem das Ausmaß der folgenden Störung möglichst objektiv erfaßt wird.
Entsprechend dem geriatrischen Assessment ist das Konzept der geriatrischen Behandlung mehrdimensional angelegt. Neben medikamentösen und medizinischen Maßnahmen einschließlich der physikalischen, ergotherapeutischen und logopädischen Verfahren wird auf psychologische und sozialtherapeutische Behandlungsformen Wert gelegt. Das Behandlungsspektrum reicht von der Wiederherstellung des älteren Patienten bis hin zur Auseinandersetzung des behinderten Älteren mit seiner Beschränkung. Zugeordnet sind Psychologen, Gerontologen, → Sozialarbeiter und die Übergangspflege. Letztere sind für die Regulierung der psychosozialen Situation verantwortlich und beziehen die Personen der unmittelbaren und weiteren Umgebung des Alterskranken in ihr Konzept ein.
Mit dem Alter nimmt aber nicht nur die Krankheitshäufigkeit mit den alltagsbedingten Problemen (atypische Krankheitsbilder und altersangepaßte therapeutische Konsequenzen) zu, sondern auch die Leidensdauer und die Länge der Rekonvaleszenzperiode. Die Rekonvaleszenzperiode beträgt beispielsweise nach einer schweren Influenza bei 10- bis 50jährigen 3-4 Wochen, bei 50- bis 60jährigen etwa 9-10 Wochen und bei bis zu 90jährigen etwa 12-20 Wochen.
Hingegen muß die Auffassung, daß Krankheiten im späteren Lebensalter grundsätzlich chronisch verlaufen, also eine Restitution ausgeschlossen oder eine steigende Progredienz die Regel ist, aufgrund der Ergebnisse der modernen → Längsschnittuntersuchungen und katamnestischen Untersuchungen als widerlegt gelten. Wesentlich häufiger sind fluktuierende und wellenförmige Verläufe von Alterskrankheiten. Je nach der Wahl der therapeutischen Mittel ist die Mehrzahl von Krankheiten im Alter reparabel oder zumindest teilweise, wenn nicht gar ganz, rückbildungsfähig.
Nach der Todesursachenstatistik Hochaltriger sind Erkrankungen an folgenden Organen und Organsystemen in abnehmender Häufigkeit ermittelt worden: Herz- und Kreislauf, Respirationsorgane, Intestinaltrakt, Urogenitalsystem, zentrales Nervensystem, Skelett, Tumore, Drüsen der inneren Sekretion, Organinvolution. Im ambulanten Bereich stehen die Hypertonie, die Gelenksarthrosen und Muskelschmerzen, die Herzinsuffizienz, die koronare Herzkrankheit, die Schlafstörungen, dementielle Syndrome, Diabetes mellitus im Vordergrund der Behandlung älterer Patienten. Die durchschnittliche Multimorbidität (gleichzeitiges Auftreten mehrerer Erkrankungen) beträgt im Mittel fünf Krankheiten bei den 70jährigen. Für den gerontopsychiatrischen Bereich gelten folgende Zahlen: 25 bis 30% der über 65jährigen waren irgendwann einmal wegen psychischer Störungen in Behandlung. Bei 8 bis 15% von ihnen bestehen neurotische Störungen, abnorme Erlebnisreaktionen und Persönlichkeitsstörungen; bei 5 bis 10% leichtere bis mittelschwere hirnorganische Ausfälle, meist vorübergehender Art; bei 3 bis 4% eine endogene → Psychose, (→ Paranoia, → Schizophrenie, → Depression, manisch-depressiver Formenkreis); bei 3 bis 8% ein dementielles Syndrom (Demenz). Wobei sich die Prävalenzraten dementieller Erkrankungen im 5-Jahresrhythmus ab dem 60. Lebensjahr verdoppeln. Die Selbstwahrnehmung der Älteren von Gesundheit und Krankheit kontrastiert teilweise erheblich mit dem objektiven Gesundheits-/Krankheitszustand.
Besonderes Interessengebiet der Forschung in der G. ist die Entwicklung spezieller altersangepaßter therapeutischer und rehabilitativer Verfahren. Sie sind auf die besonderen Verlaufsformen der Krankheiten älterer Menschen ausgerichtet und werden im optimalen Fall in geriatrischen Spezialeinrichtungen durchgeführt. Für die Bundesrepublik Deutschland existieren zwar flächendeckende geriatrische Krankenhaus- und Rehabilitationspläne. Allerdings mangelt es in manchen Bundesländern bei der Umsetzung. G. wird vollstationär im Akutkrankenhaus und in der Rehabilitationsklinik, aber auch teilstationär (→ Tagesklinik) im Akut- sowie Rehabilitationsbereich angeboten. Zunehmende Bedeutung haben in den letzten Jahren teilstationäre Einrichtungen wie → geriatrische und gerontopsychiatrische Tageskliniken und Tagesstätten gewonnen. Zukünftig wird zu diesem teilstationären Bereich noch die ambulante geriatrische → Rehabilitation stoßen. Die ersten Einrichtungen dieser Art arbeiten bereits erfolgreich.
Bisher existieren nur zwei Lehrstühle für G. (Witten-Herdecke und Bochum) an den Universitäten der Bundesrepublik Deutschland. Alterskrankheiten werden mehrheitlich innerhalb der verschiedenen Fachvorlesungen mehr oder weniger nebenbei abgehandelt. Seit 1992 besteht aber in der Bundesrepublik Deutschland die Möglichkeit der medizinischen Weiterbildung »Klinische G.« für Allgemeinmediziner, Internisten, Psychiater und Neurologen. Die wachsende Bedeutung der G. zeigt sich am Beispiel der in den letzten Jahren in zunehmender Zahl durchgeführten Fachkongresse und Symposien über spezielle Teilgebiete der G. und die Diskussion über geriatrische Fragestellungen. Zu erwähnen sind auch in

diesem Zusammenhang die geriatrischen, gerontologischen und gerontopsychiatrischen Fachgesellschaften und Fachzeitschriften sowie ein umfassendes Angebot von Aus- und Fortbildungsaktivitäten für alle Berufsgruppen, die sich mit Älteren beschäftigen. Die ersten medizinischen Akademien für den Bereich der G. existieren (z. B. Heidelberg, Hamburg).
Lit. Füsgen: Der ältere Patient. *Ingo Füsgen*

Geriatrische Kliniken oder Abteilungen und gerontopsychiatrische Kliniken oder Abteilungen Geriatrische Kliniken oder Abteilungen (→ Geriatrie) und gerontopsychiatrische Kliniken oder Abteilungen (→ Gerontopsychiatrie) verfügen über eine auf die stationäre Unterbringung, Behandlung und Pflege von Patientinnen/Patienten im höheren Lebensalter ausgerichtete personelle, räumliche und apparative Ausstattung. Geriatrische und gerontopsychiatrische Kliniken oder Abteilungen sind den konventionellen Angeboten eines Krankenhauses personell, räumlich und apparativ gleichgestellt.
Geriatrische oder gerontopsychiatrische Kliniken oder Abteilungen sind Einrichtungen des → Gesundheitswesens. Wie allgemein im → Krankenhaus ist für die Behandlung während des Tages und während der Nacht mindestens ein ständig rufbereiter → Arzt/eine Ärztin verantwortlich.
In der geriatrischen Klinik/Abteilung finden schwerpunktmäßig alte Patientinnen/Patienten Aufnahme, die an somatischen → Krankheiten leiden. Patientinnen/Patienten mit vorwiegend psychischen Krankheiten (→ Psychisch Kranke) finden Aufnahme in der psychiatrischen beziehungsweise der gerontopsychiatrischen Klinik/Abteilung. Da bei Kranken im Alter häufig körperliche und psychische Leiden gemeinsam vorkommen, empfiehlt sich eine enge Zusammenarbeit von Geriatern und Gerontopsychiatern.
Krankheiten im höheren Lebensalter haben häufig eine längere Verlaufsdauer als Krankheiten bei jüngeren Erwachsenen. Die für das Alter oft charakteristische → Multimorbidität und die soziale Situation der alten Patientin/des alten Patienten setzen auf seiten der Ärzte und der Mitarbeiter/-innen bei Auswahl und Anwendung von Diagnostik, Therapie und Rehabilitation einschließlich Pflege spezielle Kenntnisse voraus.
Unerläßlicher Bestandteil der medizinischen Behandlung und Pflege ist die psychosoziale Betreuung des Alterspatienten. Hinzukommen müssen soziale Hilfen. Hierzu gehören Beratungen und Hilfen bei der Regelung finanzieller Angelegenheiten, bei der bedarfsgerechten Einrichtung und Ausstattung der Wohnung beziehungsweise der Wahl einer bedarfsgerechten Wohnung sowie bei der Vermittlung weiterer unterstützender Maßnahmen durch ambulante oder teilstationäre Einrichtungen. Besonderes Augenmerk gilt den Beziehungen der Alterspatientin/des Alterspatienten zu ihren/seinen Angehörigen.
Nomenklatur des Deutschen Vereins

Geriatrische und gerontopsychiatrische Tageskliniken dienen der Aufnahme und Behandlung von alten Patientinnen/Patienten während der Tagesstunden über einen begrenzten Zeitraum. Wichtiger Bestandteil des tagesklinischen Behandlungskonzepts ist die → Rehabilitation. Rehabilitative Verfahren zielen darauf ab, bisher erreichte Therapieerfolge zu stabilisieren und zu verbessern, das Rückfallrisiko zu vermindern sowie Behinderung und → Pflegebedürftigkeit zu vermeiden oder zu mindern. Die personelle, räumliche und apparative Ausstattung der Tagesklinik entspricht weitgehend dem Leistungsangebot der stationären Krankenhauseinrichtung. Die Tagesklinik kann die stationäre Behandlung ersetzen oder Patientinnen/Patienten nach Abschluß einer solchen aufnehmen.
Tageskliniken sind Einrichtungen des → Gesundheitswesens. Sie stehen unter ärztlicher Leitung. I. d. R. sind sie → Krankenhäusern oder Krankenhausabteilungen zugeordnet.
Behandlungen in Tageskliniken können je nach Bedarf täglich oder einmal oder mehrmals wöchentlich erfolgen. Gegebenenfalls sind weitere, die Patientin/den Patienten in ihrer/seiner eigenen Häuslichkeit unterstützende ambulante Maßnahmen in Ergänzung der tagesklinischen Behandlung zu organisieren.
Für die tagesklinische Behandlung nicht geeignet sind Personen, die nachts und an Wochenenden nicht versorgt sind. Über die Notwendigkeit der Aufnahme und das Therapie- und Rehabilitationskonzept in einer Tagesklinik entscheidet die Ärztin/der Arzt. Zur Seite stehen ihr/ihm nichtärztliche Mitarbeiterinnen/Mitarbeiter und Therapeutinnen/Therapeuten sowie Kranken-/Altenpflegerinnen (Kranken-/Altenpfleger).
Nomenklatur des Deutschen Vereins

Gerichtliche Entscheidungen sind Urteil (z. B. § 313 ZPO, § 117 VwGO), Gerichtsbescheid (§ 84 VwGO, § 105 SGG, § 90a FGO), Beschluß und Verfügung. Grundsätzlich beendet das Endurteil das Verfahren in der Instanz; ebenso das Teilurteil für einen abtrennbaren Teil des Streitgegenstandes und das Schlußurteil für den Rest. Das Zwischenurteil ergeht vorab bei einen Zwischenstreit (§ 303 ZPO), z. B. über die Zulässigkeit der Klage (§ 109 VwGO). Ist ein Anspruch nach Grund und Betrag streitig, kann durch ein Grundurteil vorab über den Grund entschieden werden (§ 304 ZPO, § 111 VwGO). Das Prozeßurteil ergeht bei Abweisung der Klage als unzulässig. Das Sachurteil ist eine g.E. über

den Streitgegenstand; es ist Gestaltungsurteil (→ Anfechtungsklage), Leistungsurteil (→ Verpflichtungsklage) oder Feststellungsurteil.
Durch Beschluß wird z. B. entschieden über → Prozeßkostenhilfe (§ 114 ff. ZPO), im einstweiligen Rechtsschutz (§ 922 ZPO, §§ 80, 80a, 123 VwGO) und über unzulässige Rechtsmittel (§§ 519b, 554a ZPO, § 125 Abs. 2, § 144 VwGO).
Die Verfügung ist eine g. E. im Laufe des gerichtlichen Verfahrens zu dessen Förderung und Leitung (vgl. § 146 Abs. 2 VwGO, § 172 Abs. 2 SGG).

Peter Schmidt

Gerichtshilfe, soziale Staatliche → Straffälligenhilfe bei der Ermittlung der Staatsanwaltschaft, für das Strafverfahren (Hilfe bei der Strafzumessung, → Strafprozeß) und für die Strafvollstreckung (→ Strafvollzug), untersteht der jeweiligen Staatsanwaltschaft.
Aufgabenbereich: Strafverfolgungsbehörden sollen durch die Berichte der Gerichtshelfer ein wahrheitsgemäßes Persönlichkeitsbild des Beschuldigten (Angeklagten, Verurteilten) erhalten. Die G. ist eine neutrale Stelle gegenüber dem Täter. Wegen des Spannungsverhältnisses Beschuldigter – Staatsanwaltschaft und Polizei, werden diese selten als neutral empfunden.
Zur Berichterstattung sind Entwicklung und Umwelt des Beschuldigten zu erforschen, insbes. Entwicklungsschwierigkeiten, soziale Kontakte und Lebenssituation zur Tatzeit sowie schulische und berufliche Bildung und Tätigkeiten. Die G. ist Ermittlungsorgan und nicht Fürsorgebehörde oder → Sozialamt.
Die G. wird gem. § 160 Abs. 3 S. 2 Strafprozeßordnung (StPO) von der Staatsanwaltschaft mit der Persönlichkeitserforschung beauftragt. Der Verteidiger kann die Einschaltung der G. anregen. Nach Anklageerhebung kann das Gericht den Auftrag erteilen. Im Bußgeldverfahren ist die G. nicht beteiligt.
§ 160 Abs. 3 S. 2 StPO ist eine Kann-Vorschrift, die Einschaltung der G. ist keine Pflicht. Ihre Einschaltung hängt von den Umständen des Einzelfalls ab, geboten ist sie: in Jugendschutzsachen, bei jungen und älteren Tätern, bei Ersttätern, die erheblich straffällig geworden sind, dgl. bei besonderer Veranlagung des Täters oder bei Tätern, deren Straftat(en) durch besondere Umstände bedingt sind.
Eine frühzeitige Einschaltung der G. empfiehlt sich, damit alle persönlichen Umstände schon bei Erhebung der Anklage bekannt sind (wichtig für Gerichtszuständigkeit [→ Strafgerichte], Straferwartung, Beantragung von → Maßregeln der Sicherung und Besserung).
Im Verfahren gegen Jugendliche und Heranwachsende s. § 38 JGG → Jugendgerichtshilfe.

Der Umfang der Berichterstattung ist der G. überlassen, in Ausnahmefällen ist Konkretisierung des Auftrags erforderlich. Eine Belehrungspflicht des Gerichtshelfers gegenüber dem Beschuldigten betreffend Aussageverweigerungsrecht (§ 136 StPO) besteht nicht.
Grundlage des Berichts sind Gespräche mit dem Beschuldigten, Sozialamtsakten (nur auf gerichtliche Anordnung) sowie persönliche Unterlagen wie Arbeits- und Mietverträge, Zeugnisse, Erkundigungen bei anderen Personen (Arbeitgeber) usw. können nur mit Zustimmung des Beschuldigten erfolgen. Die Feststellungen werden in einem schriftlichen Bericht zusammengefaßt und sind Bestandteil der Sozialakte. Objektive Darstellung (Tatsachenmaterial und Quellenangabe) ist nötig, keine moralische Wertung. Anregungen für Maßnahmen und Meinung über das zukünftige Verhalten des Beschuldigten sind zulässig. Berichte der G. können vom Verteidiger eingesehen werden (§ 147 StPO).
Der Gerichtshelfer ist nicht Prozeßbeteiligter, wird zum Termin also nicht geladen. Der Bericht ist nicht gem. § 256 StPO verlesbar, da der Gerichtshelfer »Öffentliche Behörde« ist; Verlesung ist nur zulässig im Rahmen des § 251 Abs. 2 StPO. Die Einführung des Berichts erfolgt durch Vorhalt an den Angeklagten. Werden die Angaben als richtig bezeichnet, können sie Beweisgrundlage sein, anderenfalls muß der Gerichtshelfer (wie Auskunftsperson) als Zeuge vernommen werden. Hinsichtlich einer Prognose erfolgt die Vernehmung des Gerichtshelfers als sachverständiger Zeuge oder als Sachverständiger.
Für die Entscheidungen der Strafvollstreckung kann die G. ebenfalls herangezogen werden (§ 463d StPO), insbes. für einzelne Vollstreckungsmaßnahmen, vorzeitige bedingte Entlassung zur → Bewährung, z. B. § 454 StPO.
Die G. gehört gem. Art. 294 Einführungsgesetz zum Strafgesetzbuch von 1974 zur Landesjustizverwaltung (→ Dienstaufsicht: Leiter der Staatsanwaltschaft), wenn nicht durch Rechtsverordnung der Sozialverwaltung bestimmt ist, z. B. Berlin, VO vom 18. 12. 1974 (GVBl. 2930).

Lit. Bruns: Strafzumessungsrecht; Creifelds: Rechtswörterbuch; Kleinknecht u. a.: StPO (Komm.); Löwe u. a.: StPO (Komm.); Rahn: Gerichtshilfe; Rahn: Umwelt; Sontag: Gerichtshelfer; Stöckel: Sozialdienst.

Gerd Siekmann

Gerichtshof der Europäischen Gemeinschaften (EuGH) Der EuGH hat die Aufgabe, die Wahrung des Rechts bei der Auslegung und Anwendung der Gründungsverträge der → Europäischen Gemeinschaften (EG) sowie der von den Gemeinschaftsorganen erlassenen Rechtsvorschriften zu sichern (Art. 164 EGV, Art. 136 EAGV, Art.

31 EGKSV). Im Rahmen dieser Aufgabenzuweisung nimmt der EuGH Funktionen wahr, die in den Rechtsordnungen der Mitgliedstaaten auf verschiedene Gerichtszweige verteilt sind: auf Verfassungsgerichte, Verwaltungsgerichte, Zivilgerichte, Finanzgerichte sowie Arbeits- und Sozialgerichte.

Der EuGH besteht gegenwärtig aus 15 Richtern, die von den Regierungen der Mitgliedstaaten im gegenseitigen Einvernehmen auf 6 Jahre ernannt werden. Unterstützt wird der EuGH bei der Rechtsfindung von 9 Generalanwälten (die Stelle des 9. Generalanwalts ist zeitlich bis zum 6. Oktober 2000 begrenzt), deren Berufung der der Richter entspricht und die die richterliche Unabhängigkeit genießen. In ihren Schlußanträgen erstellen die Generalanwälte ein ausführliches Rechtsgutachten über die in den jeweiligen Verfahren aufgeworfenen Rechtsfragen und unterbreiten dem EuGH einen konkreten Entscheidungsvorschlag. Der EuGH entscheidet im Sozialrechtsbereich im wesentlichen im Rahmen des Vorabentscheidungsverfahren (Art. 177 EGV), im Rahmen dessen die nationalen Gerichte dem EuGH Fragen zur Auslegung und Gültigkeit des Gemeinschaftsrechts vorlegen können und, falls es sich um ein letztinstanzliches Gericht handelt, vorlegen müssen. Das nationale Gericht wendet das durch den EuGH ausgelegte oder überprüfte Gemeinschaftsrecht in dem vor ihm anhängigen Rechtsstreit an und erklärt ggf. damit nicht übereinstimmendes nationales Recht für unanwendbar. Daneben kann der EuGH im Sozialrechtsbereich auch im Rahmen des Vertragsverletzungsverfahrens (Art. 169 und 170 EGV) befaßt werden, das von der Kommission bzw. einem Mitgliedstaat eingeleitet werden kann, wenn diese der Auffassung sind, daß ein Mitgliedstaat seinen Verpflichtungen aus dem Gemeinschaftsrecht nicht nachgekommen ist (z.B. Nichtumsetzung von Richtlinien mit sozialrechtlichem Inhalt) oder nationale (Sozial-) Rechtsvorschriften mit dem Gemeinschaftsrecht unvereinbar sind. Dieses Verfahren wird in jüngerer Zeit von der Kommission verstärkt auch im Sozialrechtsbereich zur Anwendung gebracht. Eine direkte Klagemöglichkeit einzelner vor dem EuGH in Sozialrechtsangelegenheiten besteht hingegen nicht, da natürlichen und juristischen Personen nach dem Klagesystem der EG ein direktes Zugangsrecht zum EuGH nur dann zusteht, wenn sie durch eine Gemeinschaftsmaßnahme unmittelbar und individuell betroffen sind. Sozialrechtsstreitigkeiten entstehen jedoch allein im Verhältnis Bürger/Mitgliedstaat, da es kein gemeinschaftliches Sozialversicherungssystem gibt, aus dem sich Ansprüche gegenüber der Gemeinschaftsgewalt ableiten ließen. Das Verfahren vor dem EuGH ist durch eine Verfahrensordnung geregelt, die an die rechtsstaatlichen Traditionen und Grundsätze der Prozeßordnungen der Mitgliedstaaten anknüpft. Es gelten u.a. die Grundsätze der Schriftlichkeit, der Öffentlichkeit, der Unmittelbarkeit der Beweisaufnahme sowie des Vertretungszwangs. Von den insgesamt seit Bestehen des EuGH (1953) bis einschließlich 1995 eingegangenen 10 126 Rechtssachen (7 162 Direktklagen, 2 964 Vorabentscheidungsverfahren) betrafen 761 soziale Angelegenheiten und die Freizügigkeit (zum Vergleich: Beamtenklagen 2 648, Agrarpolitik 1 923, Warenverkehr 1 117, Wettbewerb 954). Zur Entlastung wurde dem EuGH im Jahre 1988 ein »Gericht erster Instanz der EG« (EuG) beigeordnet, das im ersten Rechtszug gegenwärtig über alle Dienstrechtsklagen, Nichtigkeits- und Untätigkeitsklagen sowie Haftungsklagen entscheidet, die von Einzelnen/Unternehmen eingebracht werden (Art. 168a EGV). Dieses Gericht besteht aus 15 Richtern, die nach Bedarf dazu bestellt werden können, die Tätigkeit eines Generalanwalts wahrzunehmen. Gegen die Urteile des EuG kann ein auf Rechtsfragen beschränktes Rechtsmittel beim EuGH eingelegt werden, das die Unzuständigkeit des Gerichts, Verfahrensmängel sowie die Verletzung von Gemeinschaftsrecht zum Gegenstand haben kann.

Lit. Kirschner: Gericht; Klinke: Gerichtshof; Rengeling u.a.: Rechtsschutz.

Klaus-Dieter Borchardt

Gerichtsvollzieher → Zwangsvollstreckung

Geringfügige Beschäftigung Die Zahl der geringfügig Beschäftigten steigt stark an. Im Frühjahr 1992 gingen nach einer Untersuchung des Bundesministeriums für Arbeit und Sozialordnung (BMA) bereits 4,5 Mio. Menschen dieser versicherungsfreien Beschäftigung nach. Sie liegt vor, wenn die Arbeitszeit regelmäßig weniger als 15 Stunden pro Woche beträgt und nicht mehr als 610 DM in den alten und 520 DM in den neuen Ländern verdient wird. Nach der BMA-Untersuchung gab es im Vergleich zu 1987 erhebliche Veränderungen in der Geschlechterstruktur. Die Zahl der sozialversicherungsfrei beschäftigten Frauen hat sich im Westen um 35% auf 1,8 Mio. erhöht. Der Frauenanteil stieg demzufolge um 60% (1987) auf 70% (1992). Zugleich hat sich die Gesamtzahl der geringfügig Nebentätigen in den alten Ländern mehr als verdoppelt (+ 126%).

Für die Unternehmen sind diese Beschäftigungsformen lukrativ. Sie sparen Beiträge zur → Sozialversicherung und können so gegenüber ihren Mitkonkurrenten beachtliche Wettbewerbsvorteile erzielen. Daneben werden vielfach Kostenvorteile realisiert, indem tarifliche oder gesetzliche Regelungen nicht angewendet werden, die auch für

g. B. Ansprüche auf Urlaub, Urlaubsgeld, Weihnachtsgeld etc. begründen. Dies wirkt wie eine Subvention, die von den beitragszahlenden Arbeitskräften und Betrieben finanziert werden muß. Dies widerspricht dem Grundsatz der Wettbewerbsneutralität. Das Gebäudereinigerhandwerk setzt sich denn auch für die weitgehende Abschaffung der Versicherungsfreiheit ein. Der Solidargemeinschaft der Versicherten gehen Beitragseinnahmen in Höhe von 11-12 Mrd. DM pro Jahr verloren. Für die Betroffenen bestehen kaum Chancen, sich eine eigenständige unabhängige → soziale Sicherung aufzubauen.

Der Gesetzgeber hat sozialversicherungsfreie Beschäftigung nur als Ausnahme gesehen. In einigen Branchen ist diese Ausnahme jedoch zur Regel geworden. Teils werden sozialversicherungspflichtige Arbeitsplätze durch sozialversicherungsfreie ersetzt.

Infolge der vielfach mißbräuchlichen Inanspruchnahme wurde mit dem Gesetz zur Einführung eines neuen → Sozialversicherungsausweises eine Meldepflicht für diese sog. geringfügigen Beschäftigungsverhältnisse eingeführt. Über die Mißbrauchsbekämpfung hinaus sollte es bei diesen → Arbeitsverhältnissen auch um die Schaffung von sozialem Schutz der Betroffenen im Fall von → Krankheit, Frühinvalidität, Alter und bei → Arbeitslosigkeit gehen. Die geringfügigen Beschäftigungsverhältnisse sind vielfach Quelle von → Armut. Das Schutzbedürfnis dieser Beschäftigten reicht über die Sozialversicherungspflicht hinaus. Vielfach leben sie in vertraglich extrem ungesicherten Arbeitsverhältnissen. Nur knapp 20% von ihnen haben beispielsweise einen schriftlichen Arbeitsvertrag.

Die Bundesregierung sperrt sich strikt dagegen, die Versicherungsfreiheit abzuschaffen, wie dies bereits in einigen EG-Ländern der Fall ist. Um dem Wildwuchs vorzubeugen, wollte die EG-Kommission prinzipiell vorschreiben, daß Arbeitsverhältnisse mit mehr als durchschnittlich 8 Stunden pro Woche in die Sozialversicherungspflicht einbezogen werden. Doch bisher blockieren einige EU-Länder eine EU-weite Regelung. *Wilhelm Adamy*

Gerontologie (vom griechischen geron = alter Mensch) ist die Wissenschaft vom Altern und vom Alter. Die Erforschung der Alternsvorgänge und der Alternssituation geschieht aus der Sicht und im Zusammenwirken verschiedener Wissenschaften. Rosenmayr gliedert die Wissenschaften, die sich mit den Zuständen und den Prozessen des Alters und des Alterns befassen, in zwei Hauptgruppen: einmal die naturwissenschaftliche und zum anderen die human- und sozialwissenschaftliche. Zur Gruppe der naturwissenschaftlichen G. zählt er die zellbiologische Forschung, Untersuchungen z. b. über Stoffwechsel, Atmung und Kreislauf sowie Studien über Ernährungs- und Trainingseffekte. Einen Anwendungsbereich der naturwissenschaftlichen G. stellt vor allem die → Geriatrie dar. Die zweite Hauptgruppe der G., die human- und sozialwissenschaftliche, umfaßt vor allem die Disziplinen → Psychologie, → Soziologie, Ökonomie, Ethnologie, Politologie und z. T. auch → Psychiatrie mit ihren auf das höhere Alter bezogenen Beiträgen.

Während die Geriatrie sich weit in die Geschichte zurückverfolgen läßt und seit dem zweiten Jahrzehnt unseres Jahrhunderts Anerkennung gefunden hat, sind Untersuchungen auf sozialwissenschaftlichem Gebiet der G. noch relativ jung. Die Sozialwissenschaften befassen sich erst den 40er Jahren vereinzelt mit Fragen und Problemen alter Menschen. Die Untersuchungen beschränkten sich zunächst auf spezielle Probleme, die eine gesellschaftspolitische Lösung erforderten. Inzwischen ist durch zahlreiche Studien belegt, daß eine Vielzahl von Aspekten Alter und Verlauf der Alternsprozesse beeinflussen. Dieser Sachverhalt unterstreicht die Notwendigkeit einer interdisziplinärer ausgerichteten differentiellen Gerontologie (Lehr).

Einen festen Platz in der fachlichen Diskussion hat in der Bundesrepublik Deutschland der Begriff Interventionsg. Es ist damit ein umfassendes System von Einflußmöglichkeiten auf den gesunden und kranken alten und älteren Menschen gemeint mit dem Ziel, den Alternsprozeß zu beeinflussen. P. Baltes bezeichnet mit dem Begriff Interventionsg. optimierende, rehabilitative, korrigierende und präventive Versuche, das Älterwerden zu beeinflussen. Erste Konzepte sind entwickelt worden an Beispielen der wissenschaftlichen Forschung, in der stationären Altenhilfe (Altenheim, geriatrisches Krankenhaus, auch in Altenklubs, Altentagesstätten, Tageskliniken (→ Geriatrische und gerontopsychiatrische Tageskliniken) und in der Arbeit mit alten Menschen, die zu Hause leben (Oesterreich).

Lit. Lehr, U.: Gerontologie; Oesterreich: Interventionsgerontologie; Rosenmayr: Grundlagen; Tews: Soziologie des Alterns.

Margarete Heinz

Gerontopsychiatrie umfaßt → Diagnose, Behandlung, Versorgung, → Rehabilitation und → Prävention von psychischen Störungen bei alten Menschen. G. entwickelte sich als Teilgebiet der → Psychiatrie erst in den letzten Jahrzehnten. Psychiatrie als Teilgebiet der Medizin war, der früheren Tendenz medizinischer Auffassungen über die Pathogenese entsprechend, vorwiegend naturwissenschaftlich ausgerichtet. Charakteristische Auffälligkeiten und psychisches Kranksein im höheren Lebensalter wurden auf körperliche Vorgänge bezogen. Da bei

vielen Alternden organische Rückbildungsvorgänge eintreten, verwundert es nicht, daß Änderungen des → Verhaltens und der Persönlichkeit im Alter als entsprechene Merkmale eines körperlichen Abbaues verstanden wurden. Die älteren psychiatrischen Lehrbücher sprachen ausschließlich von organischen Abbauprozessen des Gehirns (senile Wesensänderung, senile und arteriosklerotische → Demenz, senile oder Involutionspsychosen). Mit der einseitigen Fehleinschätzung waren unzureichende, oft ausschließliche medikamentöse Behandlungsversuche verbunden, sofern nicht ein therapeutischer Nihilismus vorherrschte, wie in manchen Pflegeheimen noch heute. Die Gedanken von Max Bürger wurden von der → Gerontologie fortgeführt, nicht nur den Querschnitt, sondern auch den longitudinalen Alternsablauf zu erforschen. Lehr und Thomae zeigten, daß das Defizitmodell vom Alter nicht haltbar ist, sondern daß Altern ein biologisches, soziales, finanzielles, ökologisches, biographisches und epochales Schicksal ist, dem der einzelne nicht passiv ausgeliefert ist. Altern ist ein mehrdimensionaler Entwicklungsprozeß mit großen intra- und interindividuellen Schwankungsbreiten und Wechselwirkungen zwischen körperlichen, psychischen und sozialen Faktoren. Physiologische und psychosoziale Entwicklungen können sich mit pathologischen Prozessen überschneiden, so daß es schwierig wird, normale von krankhaften Alternsprozessen abzugrenzen. Mit dem Anstieg des Lebensalters nimmt die Wahrscheinlichkeit zu, an mehreren Erkrankungen (→ Multimorbidität) zu leiden. Diese Multimorbidität beginnt schleichend, symptomarm, schreitet langsam fort und wird chronisch. So sind internistische Geriatrie und G. eng miteinander verflochten. Medikamente werden im Alter anders resorbiert, anders verstoffwechselt und ausgeschieden, so daß auch Psychopharmaka sich in der Wirkung von der bei Jüngeren deutlich unterscheiden. Ältere erleben Zeit anders als Jüngere, bewerten ihr gelebtes Leben in der Auseinandersetzung mit der eigenen Endlichkeit und dem Sterben. Sie reagieren oft empfindlicher, verwundbarer als in anderen Lebensabschnitten.
Altern ist ein sehr komplexer Entwicklungsprozeß. Qualität und Tempo der psychosozialen und körperlichen Veränderungen und deren Wechselwirkungen rechtfertigen, G. als eigene Disziplin der Psychiatrie zu etablieren. Eine eigene G.-Fachgesellschaft existiert erst seit Ende 1992 in Deutschland. Im Unterschied zur → Geriatrie bleibt G. ein integraler Bestandteil der Psychiatrie mit einem interdisziplinären Ansatz. → Soziologie, Gerontopsychologie, Naturwissenschaften und Philosophie befruchten die Erkenntnisse der G. in Forschung und Anwendung. Die Fachbezeichnung G. ist den Termini »Psychogeriatrie« und »Psychogerontologie« vorzuziehen.
G. erfaßt nicht nur psychiatrische Krankheitszustände, sondern die psychosoziale Dynamik, die körperlichen und die lebensgeschichtlichen Einflußfaktoren, die sich mit Beginn des Alternsprozesses manifestieren und den Verlauf krankhafter psychischer Störungen beeinflussen. Die G. beurteilt quantitative und qualitative Abweichungen der → Persönlichkeit, ihrer kognitiven Leistungen, ihrer Affektivität und ihre individuellen Ressourcen, aber auch soziale pathogenetische Faktoren wie Einsamkeit und Beziehungsstörungen, die zu Entstehung und Verlauf psychischer Alterskrankheiten beitragen. G. berücksichtigt auch Überlastung und Ressourcen von Angehörigen und Betreuern.
Häufigkeit psychischer Erkrankungen im Alter: Von den über 65jährigen leiden etwa 25% an psychischen Störungen, das sind etwa 2 Mio. ältere Bundesbürger. Im Alter gibt es vier- bis fünfmal mehr psychisch → Behinderte im Vergleich zu jüngeren Altersgruppen. Knapp die Hälfte der gestellten Diagnosen entfällt auf Demenzen, deren Prävalenzrate mit steigendem Alter zunimmt, so daß jeder Dritte über 90 als dement gilt. Etwa 9–10% aller Älteren leiden an neurotischen Störungen (meist an depressiven Syndromen), abnormen Reaktionen und Persönlichkeitsstörungen, etwa 3 bis 4% an einer → Psychose (affektive Psychose oder Wahn). 8–10% der über 65jährigen sind »Übergangsfälle« von normal zu krank, die besonderer Aufmerksamkeit bedürfen. Die Kassifikation gerontopsychiatrischer Syndrome findet nach den international gültigen Schemata DSM IV und ICD-10 (→ Kassifikationssysteme psychischer Störungen) statt.
Nur etwa ein Viertel der psychisch Alterskranken erhält fachlich kompetente Hilfe. Das Elend dieser Kranken spielt sich im Verborgenen ab. In den meisten Heimen sind 50%, in einigen 80% psychisch krank. Das Therapiekonzept ist mehrdimensional angelegt und erstreckt sich auf somatische (medizinische, medikamentöse, physikalische, bewegungs- und ergotherapeutische, logopädische), psychosziale und psychotherapeutische Verfahren. Selbsthilfe- und Selbständigkeitstraining sind vorrangig, um nicht nur körperliche, sondern soziale Rehabilitation zu einem autonomen Leben im häuslichen Milieu zu erreichen. Die Einbeziehung der Angehörigen des gerontopsychiatrischen Patienten in das Therapiekonzept ist unabdingbar.
Lit. Braun, S., u.a.: Gerontopsychiatrie; Dilling u.a.: Klassifikation; Häfner u.a.: Krankheiten; Hirsch, R. D., u.a.: Gerontopsychiatrie; Jovic u.a.: Störungen; Oesterreich: Gerontopsychiatrie.

Klaus Oesterreich†/Erich Grond

Gerontopsychiatrisches Zentrum hat eine optimale Versorgung psychisch kranker Älterer (→ Psychisch Kranke) zum Ziel. Geriatrische (→ Geriatrie) und gerontopsychiatrische (→ Gerontopsychiatrie) Erkrankungen vermischen sich mit zunehmendem Alter, weil körperliche, psychische und soziale Faktoren sich wechselseitig beeinflussen. Ältere psychisch Kranke sind schlechter versorgt als jüngere. Der gerontopsychiatrische Versorgungsnotstand betrifft nicht nur den stationären Bereich mit überfüllten psychiatrischen Krankenhäusern und Abteilungen und Pflegeheime, besonders »geschützte« Stationen für Verwirrte mit wenig qualifiziertem Personal, sondern vor allem den ambulanten Bereich. Obwohl 80% der Älteren zu Hause gepflegt werden, sind psychisch Alterskranke mit 11% in den extramuralen Diensten unterrepräsentiert. Grundprinzip eines G. Z. ist die interdisziplinäre Zusammenarbeit der Fachleute aus Gerontopsychiatrie, Medizin, Pflege, → Sozialarbeit, → Psychologie, Recht. Die multidisziplinär besetzte Assessment Unit beurteilt die Situation des psychisch Alterskranken mehrdimensional und erstellt einen Behandlungs- und Versorgungsplan, ohne die → Pflegebedürftigkeit einzustufen. Das G. Z. koordiniert die Kooperation zwischen stationären Einrichtungen (Gerontopsychiatrische Abteilung, Geriatrische Klinik, Rehabilitationsklinik, Pflegeheime und → betreutes Wohnen), teilstationären Diensten wie → Tagesklinik, → Tages-, → Nacht- und → Kurzzeitpflege und → ambulanten Diensten: Sozialpsychiatrischer Dienst, niedergelassene Fach- und Hausärzte, Sozialstationen, private Pflegedienste, Übergangspflege, Stundenbetreuung, → Altenbegegnungsstätten, Beratungsstellen und Behörden. Als Bezugsgröße wird nach internationalen Erfahrungen ein Einzugsgebiet von 200 000 Einwohnern angegeben. Das G.Z. berät die ambulanten, teil- und stationären Dienste, stellt die Basis der gerontopsychiatrischen Versorgung in jeder Gemeinde dar und regt weitere Entwicklungen an. Themen gerontopsychiatrischer Versorgungsforschung sind: Epidemiologische Grunddaten, Kenntnisse über biographische, biologische und psychosoziale Einflußfaktoren, → Längsschnittuntersuchungen, Trainings- und Rehabilitationsprogramme, die Rolle der Angehörigen und des Hausarztes, finanzielle Ressourcen. Die Altenberatung des G.Z. sollte primäre und sekundäre → Prävention leisten. Gerontopsychiatrisches Handeln vollzieht sich im vernetzten sozialen Verbundsystem, zieht die Angehörigen mit ein und arbeitet zielgerichtet in den verschiedenen Hilfearten: Pflege, Behandlung, Rehabilitation, Betreuung und → Sterbebegleitung.

Lit. Gößling u.a.: Versorgungsaufgaben; Kisker u.a.: Psychiatrie; Leidinger u.a.: Psychiatrie. *Erich Grond*

Gerontosoziologie als spezielle Forschungsrichtung der → Soziologie hat sich daraus entwickelt, daß Menschen höheren Alters (ab 65 Jahre, vielfach auch schon ab dem 60. Lebensjahr) im Hinblick auf ihre Lebensverhältnisse und besonderen Probleme untersucht worden sind.
Vor 1945 sind Arbeiten der G. nur vereinzelt veröffentlicht worden. Systematische Aufnahme in den Katalog der »social problems« fand das Thema Alter und Altern erst nach dem 2. Weltkrieg (Fülgraff, B.). Einen relativ frühen zusammenfassenden Beitrag über das Thema Alter aus der Sicht eines Soziologen stellt Tartlers Buch »Das Alter in der modernen Gesellschaft« aus dem Jahr 1961 dar. Die Zahl der Veröffentlichungen alterssoziologischer Forschung hat in den letzten Jahren rasch zugenommen.
Einen gewichtigen Hintergrund für die Analysen der soziologischen Altersforschung liefert die starke Erhöhung des Anteils alter Menschen. Bedingt durch erweiterte medizinische Erkenntnisse und der hygienischen wie sozialen Vorsorge und Fürsorge, verdoppelte sich der Anteil der über 65jährigen allein in der ersten Hälfte unseres Jahrhunderts. Um 1900 waren von 100 Personen in Deutschland etwa fünf 65 Jahre und älter. 1980 wurde in der Bundesrepublik mit 15,5% die Höchstzahl des Anteils über 65jähriger an der Bevölkerung erreicht. Am Ende des Jahres 1994 lag der Anteil der 65 und mehr Jahre zählenden Menschen an der Gesamtbevölkerung in Deutschland mit 15,4% nahezu gleich hoch. Der Anteil der 60- und über 60jährigen erreichte Ende 1994 im gesamten Bundesgebiet 20,7% (Wingen; Statistisches Jahrbuch 1996).
Einen weiteren Ansatzpunkt für alterssoziologische Untersuchungen bilden Probleme, die hervorgegangen sind aus der Entstehung und Entwicklung der modernen Industriegesellschaft. Zu denken wäre an folgendes: Änderung der Produktionsweise, Auflösung mittelständischen Eigentums und damit einhergehender Strukturwandel der → Familie (Fülgraff, B.).
Aus den Untersuchungen der G. der letzten Jahre seien beispielhaft einige Schwerpunkte angeführt (s. u. a. Tews: Soziologie des Alterns; Rosenmayr: Grundlagen): Da wäre zunächst der Bereich der Familie und der Verwandtschaft, einschließlich der Fragestellungen, die sich mit der Großelternschaft sowie der Verwitwung und des Partnerverlusts befassen. Zu den bevorzugten Themen gehören Probleme älterer Arbeitnehmer, die Berufsaufgabe und der Eintritt in den Ruhestand. Viel Beachtung finden Fragen der Wohnsituation; auch die Einkommensverhältnisse werden in zahlreichen Erhebungen behandelt. Häufig sind auch Fragen der Gesundheit und des Todes. Einen weiteren Untersuchungsgegenstand

bilden die freie Zeit und die verschiedenen Aktivitäten im Alter. Untersuchungen der Heimsituation und damit zusammenhängender Probleme nehmen zu. Daneben wird versucht, Genaueres zu erfahren über Kompetenz, Aktivitäten, Selbständigkeit und Unabhängigkeit älterer Menschen. Einsamkeit und Isolation bilden ebenfalls Untersuchungsthemen. Aufmerksamkeit findet die Erhellung und Berücksichtigung der Differenzierung alter Menschen nach sozialen Merkmalen. In diesem Zusammenhang spielt die Diskussion der Lebenslagen eine gewichtige Rolle. Inzwischen befaßt sich die G. nicht mehr nur mit dem höheren Alter, sondern ebenso mit den Prozessen des Alterns während des gesamten Lebens. Allgemein gilt, daß nicht nur die individuellen Erscheinungen des Alters und des Alterns abzuhandeln sind, sondern es darüber hinaus notwendig ist zu untersuchen, welche gesellschaftlichen Tatbestände für die Probleme, denen alte Menschen gegenüberstehen, vorliegen. Hervorzuheben ist auch der Hinweis auf die Notwendigkeit des multidisziplinären Ansatzes, d.h. die G. offenzuhalten für Fragen, die in andere Bereiche übergreifen, z.B. in → Psychologie, Ökonomie und Biologie. Die Versuche, zu einer soziologischen Alternstheorie zu kommen, sind in Ansätzen vorhanden. Tews beispielsweise diskutiert den Zyklus-, den Kontinuitäts- und den Ungleichheitsansatz – darunter befinden sich auch die Disengagement- und die Aktivitätstheorie (Tews: Altersmodelle). Rosenmayr versucht seit den 50er Jahren die Dialektik von Nähe und Distanz für das Weltverhältnis, die Sozialbeziehungen sowie für die Selbstproblematik von älteren Menschen sowohl empirisch als auch interpretativ nachzuweisen (Rosenmayr: Sozialgerontologie). Hohmeier zieht das Stigma-Konzept (→ Stigmatisierung) für die theoretische Analyse heran (Hohmeier u.a.).
Ein wichtiges Ziel der soziologischen Alternsforschung und -theorie wird darin gesehen, Grundlagen zu liefern sowohl für die Planung als auch die Entwicklung und Gestaltung notwendiger Hilfen für alte Menschen (→ Altenhilfeplanung).
Lit. Boetticher: Alter; Fülgraff, B.: Soziologie des Alterns; Hohmeier u.a.: Alter; Oswald, W.D. u.a.: Gerontologie; Rosenmayr: Grundlagen; Rosenmayr: Sozialgerontologie; Schenda: Elend; Statistisches Bundesamt: Statistisches Jahrbuch, 1996; Tartler: Alter; Tews: Altersmodelle; Tews: Soziologie des Alterns; Wingen: Altern. *Margarete Heinz*

Gesamtdeckungsprinzip → Haushaltsgrundsätze

Gesamtplan in der Rehabilitation Das Konzept für die geplante → Rehabilitation → Behinderter vom Eintritt/Bekanntwerden des Rehabilitationsfalles bis zur erfolgten Eingliederung/Wiedereingliederung in Arbeit, Beruf und Gesellschaft. Durch ihn sollen der Weg der Rehabilitation im voraus überdacht, die Aufgaben aller beteiligten → Rehabilitationsträger, Stellen usw. konkretisiert, ihre Zusammenarbeit gewährleistet und koordiniert und damit alle Maßnahmen und Leistungen aufeinander abgestimmt, ineinandergreifend, nahtlos und zügig geplant und durchgeführt werden. Er soll angeben, was zur vollständigen und dauerhaften Eingliederung/Wiedereingliederung erforderlich ist, vor allem: Art der Behinderung und Gründe für die Notwendigkeit der Rehabilitation, Ziel, Art, Beginn, Dauer und Ort der Durchführung der vorgesehenen Maßnahmen und Leistungen, beteiligte Träger, Stellen und sonst zu Beteiligende, Ergebnisse bereits durchgeführter Maßnahmen. Er ist insbes. aufzustellen, wenn das Rehabilitationsverfahren mehrere Maßnahmen umfaßt oder andere Träger und Stellen daran beteiligt sind, § 5 Abs. 3 → Rehabilitationsangleichungsgesetz; für die → Sozialhilfe § 46 → Bundessozialhilfegesetz. Er wird aufgestellt von dem (ersten) zuständigen Träger, erforderlichenfalls wird er ergänzt oder fortgeschrieben. Auslöser ist i.d.R. die Mitteilung eines Arztes. Der Behinderte wirkt bei der Aufstellung beratend mit; er wird dadurch über seine Rehabilitation informiert und zur aktiven Mitarbeit motiviert und soll Sicherheit erhalten. Der Plan begründet keine → Rechtsansprüche des Behinderten, er ist Entscheidungsgrundlage für die von den Trägern zu gewährenden Maßnahmen und Leistungen. Die → Bundesarbeitsgemeinschaft für Rehabilitation hat eine »Gesamtvereinbarung über den Gesamtplan« vom 1. Juli 1978 abgeschlossen (→ Gesamtvereinbarungen).
Dieter von Zahn

Gesamtschule G. unterrichten die Schülerinnen und Schüler aller Bildungsgänge der Mittelstufe (Sekundarstufe I) in einer Schule mit einem gemeinsamen Lehrerkollegium und einer Schulleitung. Oberstufen an G. führen zum Abitur. G. wurden seit 1954 in der BRD (z.B. Hessen, Bremen) als Schulzentren oder kooperative (additive) G. eingerichtet. Nach einer gemeinsamen Förder- oder Orientierungsstufe in 5. und 6. Schuljahr folgen Hauptschul-, Realschul- und Gymnasialzweige ab dem 7. Schuljahr. In der DDR bestand die zehnklassige »allgemeinbildende polytechnische Oberschule« (POS) für alle schulpflichtigen Schülerinnen und Schüler. Nach der Vereinigung übernahmen die neuen Bundesländer das Schulsystem der BRD in sehr unterschiedlichem Umfang. Allein Sachsen hat bisher keine G.
Seit 1969 wurden in der Bundesrepublik Deutschland nach einem Beschluß der KMK G. eingeführt. In Bremen, Hamburg,

Hessen, Mecklenburg-Vorpommern, Niedersachsen, Sachsen-Anhalt, Schleswig-Holstein und Thüringen bestehen integrierte und kooperative (additive) G., in Berlin, Brandenburg, Nordrhein-Westfalen, Rheinland-Pfalz und dem Saarland ausschließlich integrierte. Bayern und Baden-Württemberg nennen ihre G. »Schulen besonderer Art«. Integrierte G. sollen die Bildungswege (→ Bildung/Bildungswesen) ihrer Schülerinnen und Schüler bis zum Abschluß der Sekundarstufe I offenhalten. Die Klassen werden nach Geschlecht, Schulleistung und sozialer und ethnischer Herkunft gemischt zusammengesetzt und bleiben bis zum Abschluß der Mittelstufe (Sekundarstufe I) erhalten; in einigen Fächern werden Kurse nach Fachleistung, in einigen nach Neigung (Wahlpflicht) eingerichtet.
Mit der Vereinbarung der KMK vom 3. 12. 1993 werden alle Schulformen im Sekundarbereich I geregelt: Sie können einen Bildungsgang, zwei oder als G. drei Bildungsgänge enthalten und die Bildungsgänge additiv oder integriert organisieren. In den integrierten Schulformen muß vom 7. Schuljahr an in der ersten Fremdsprache und in Mathematik nach Fachleistung differenziert werden, in Deutsch müssen in der Regel ab dem 7. Schuljahr, spätestens ab dem 9. Schuljahr, und in einem der drei naturwissenschaftlichen Fächer ab dem 9. Schuljahr Fachleistungskurse eingerichtet werden. In den kooperativen G. oder verbundenen Schulformen kann schulzweigübergreifender Unterricht stattfinden.
G. können → Schulsozialarbeit umfassen. 1996 bestehen bundesweit etwa 1 000 integrierte und kooperative G.
Lit. Rösner: Gesamtschule. *Ursula Dörger*

Gesamtvereinbarungen Im Rahmen der durch → Gesetz, → Rechtsverordnung oder allgemeine Verwaltungsvorschrift getroffenen Regelungen wirken die → Rehabilitationsträger im Benehmen mit Bund und Ländern darauf hin, daß das Rehabilitationsverfahren nahtlos und zügig verläuft und die Leistungen zur → Rehabilitation dem Umfang nach einheitlich erbracht werden. Hierzu können im Einvernehmen aller Träger G. abgeschlossen werden. Rehabilitationsträger i. d. S. sind die im → Rehabilitationsangleichungsgesetz (RehaAnglG) genannten Träger der → Krankenversicherung, → Unfallversicherung, → Rentenversicherung, → Kriegsopferversorgung/→ Kriegsopferfürsorge und → Arbeitsförderung (→ Arbeitsverwaltung). Der Gesetzgeber überläßt es den Rehabilitationsträgern, das Verfahren zu gestalten und den vorgegebenen Leistungsrahmen auszufüllen, eröffnet der Bundesregierung entsprechend ihrer politischen Verantwortung aber die Möglichkeit, einzugreifen, wenn sie das für erforderlich erachtet. Auf der Ebene der → Bundesarbeitsgemeinschaft für Rehabilitation sind bisher von den Rehabilitationsträgern G. abgeschlossen worden:
– über die Beteiligung der Bundesanstalt für Arbeit bei → beruflicher Rehabilitation vom 1. April 1977
– über → Auskunft und → Beratung nach dem RehaAnglG i.d.F. vom 1. Juli 1977
– über die Gewährung vorläufiger Leistungen vom 1. Januar 1978
– über den → Gesamtplan vom 1. Juli 1978
– über den Rehabilitationssport und das Funktionstraining vom 1. Januar 1994
– über die Berücksichtigung der Grundsätze der Wirtschaftlichkeit und Sparsamkeit bei der Durchführung der Maßnahmen
a) zur → beruflichen Rehabilitation vom 1. September 1983,
b) zur → medizinischen Rehabilitation vom 1. September 1984. *Bernd Steinke*

Geschäftsfähigkeit Die Fähigkeit einer Person, durch eine Willenserklärung Rechtswirkungen herbeizuführen. Das › Gesetz unterscheidet zwischen geschäftsunfähigen, beschränkt geschäftsfähigen und unbeschränkt geschäftsfähigen Personen.
Geschäftsunfähig sind gem. § 104 → Bürgerliches Gesetzbuch (BGB): Kinder, die das 7. Lebensjahr noch nicht vollendet haben; des weiteren Personen, die sich in einem Zustand krankhafter Störung der Geistestätigkeit befinden. Für den Geschäftsunfähigen kann nur dessen → gesetzlicher Vertreter rechtsgeschäftlich handeln, da seine eigenen Erklärungen nach § 105 BGB nichtig sind.
Minderjährige, die das 7. Lebensjahr vollendet haben, sind beschränkt geschäftsfähig. Dieser Personenkreis kann selbst aktiv am Rechtsverkehr teilnehmen, → Verträge abschließen oder → Kündigungen aussprechen. Zur Wirksamkeit ihres eigenen Handelns bedarf es jedoch der Einwilligung des gesetzlichen Vertreters, es sei denn, der beschränkt Geschäftsfähige erhält durch das von ihm getätigte Rechtsgeschäft ausschließlich einen rechtlichen Vorteil (vgl. § 107 BGB). Im Rahmen eines mit Erlaubnis des gesetzlichen Vertreters eingegangenen Dienstverhältnisses ist der beschränkt Geschäftsfähige voll geschäftsfähig. Außerdem sind Verträge, die er mit Mitteln, die ihm sein gesetzlicher Vertreter zur Erfüllung des Vertrages oder zur freien Verfügung überlassen hat, von Anfang an wirksam. Ähnlich wie die beschränkte G. Minderjähriger wirkt die Anordnung eines Einwilligungsvorbehalts im → Betreuungsrecht. § 1903 Abs. 1 S. 2 BGB erklärt §§ 108 bis 113, 131 Abs. 2 und 206 BGB deshalb für entsprechend anwendbar.
Unbeschränkt geschäftsfähig sind Volljährige, bei denen die Geschäftsunfähigkeit nicht nach § 104 BGB konstitutiv positiv festgestellt ist; dies gilt de jure vor allem auch für Betreute, selbst bei angeordnetem

Einwilligungsvorbehalt. Dieser Personenkreis kann im Rahmen der Rechtsordnung uneingeschränkt durch rechtsgeschäftliche Erklärungen Rechte und Pflichten begründen.
Lit. Wienand: Betreuungsrecht.

Manfred Wienand

Geschlechtserziehung → Sexualerziehung

Geschlechtskrankenfürsorge Aufgabenbereich der Beratungsstellen, die gem. § 15 Gesetz zur Bekämpfung der Geschlechtskrankheiten vom 23. 7. 1953 (BGBl. I S. 700) i. d. F. vom 2. 3. 1974 (BGBl. I S. 552) von den → Gesundheitsämtern zur Feststellung, Untersuchung und Beratung geschlechtskranker Personen (→ Geschlechtskrankheiten) sowie zur Sicherung der Behandlung einzurichten sind. Hinzu kommt in aller Regel die den Gesundheitsämtern gem. § 14 des Gesetzes aufgetragene Zusammenarbeit mit den Versicherungsträgern, den → Jugend- und → Sozialämtern sowie den freien Wohlfahrtsverbänden in allen Fällen, in denen die vom Gesundheitsamt erfaßten Personen »verwahrlost sind oder zu verwahrlosen drohen«. Diese Zusammenarbeit hat in den letzten Jahren an zahlreichen Orten der Bundesrepublik zur Entwicklung von Initiativen und Hilfeprogrammen speziell für Aussteiger/-innen zur Wiedereingliederung in das Arbeits- und Gemeinschaftsleben geführt.

Die Gesundheitsämter bleiben für die Durchführung der den Beratungsstellen obliegenden Aufgaben verantwortlich.

Christa Hopster-Fiala

Geschlechtskrankheiten Es handelt sich um ansteckungsfähige Erkrankungen, die im wesentlichen, aber nicht ausschließlich durch den Geschlechtsverkehr verbreitet werden. Die ausgeprägten sozialen Bezüge bei der Verbreitung dieser Erkrankungen haben es mit sich gebracht, daß sog. gesundheitsfürsorgerische Maßnahmen neben seuchen-hygienisch bedingten Kontrollen und Behandlungsvorschriften in einem besonderen Gesetz, dem Gesetz zur Bekämpfung der Geschlechtskrankheiten vom 23. 7. 1953 (zuletzt i. d. F. vom 2. 3. 1974, BGBl. I S. 552) zusammengefaßt sind.

Dieses Gesetz kennt nur die folgenden vier Krankheiten, obwohl deren Bedeutung inzwischen unterschiedlich bewertet werden muß: a) Gonorrhoe – Tripper, b) Lues – Syphilis, c) Ulcus molle – weicher Schanker, d) Lymphogranuloma inguinale – venerische Lymphknotenentzündung.

Unter dem heute gebräuchlichen umfassenden Begriff der sexuell übertragbaren Erkrankungen (sexual transmitted diseases = STD) fallen zusätzlich die Infektionen durch Chlamydia trachomatis, Herpes-Simplex-Viren, humane Papillomviren, genitale Mykoplasmen, Zytomegalieviren, Campylobacter spp., die Hepatitis B, bakterielle Vaginose, enterale Infektionen, Erkrankungen durch Ektoparasiten und seit 1981 auch die Infektionen durch das HIV (human immunedeficiency Virus) als Ursache von → AIDS (aquired immunedeficiency syndrome).

Die zuletzt aufgezählten Erkrankungen haben nicht die im Gesetz vorgeschriebenen Konsequenzen, jedoch sind sie von bedeutender klinischer Relevanz und können schwerwiegende Folgeerscheinungen nach sich ziehen wie z. B. Infertilität, Tubargravidität, Neoplasien und Tod.

Für das Verständnis sexuell übertragbarer Erkrankungen ist die Tatsache wichtig, daß es sich in über 80% der Fälle um Infektionen mit mehreren verschiedenen Keimen handelt.

Bisher von Bedeutung sind die beiden erstgenannten Erkrankungen. Die Gonorrhoe ist zahlenmäßig am stärksten verbreitet, führt jedoch bei ungenügender Behandlung im wesentlichen nur zu örtlich begrenzten Entzündungen der Harnleiter bzw. bei Frauen auch der Gebärmutter und deren Nebenorgane. Weniger häufig, jedoch trotz fortgeschrittener Behandlungsmethoden in ihren evtl. Auswirkungen gefährlicher, ist die Lues, da der Erreger sich nach anfänglicher Geschwürsbildung in späteren Stadien in der Blutbahn ausbreitet.

Obwohl in dem erwähnten Gesetz, vergleichbar dem → Bundes-Seuchengesetz (BSeuchG), für diese Erkrankungen ebenfalls eine Meldepflicht besteht, ist nach allgemeiner Ansicht die verbleibende Dunkelziffer groß. Laut WHO treten pro Jahr weltweit ca. 62 Mio. Neuerkrankungen an Gonorrhoe, 12 Mio. an Lues, 89 Mio. Chlamydiose und 170 Mio. Trichomonasis auf. Besonders betroffen sind die Entwicklungsländer, jedoch gehören die STD in dem anders strukturierten Morbiditätsspektrum der Industrieländer zu den häufigsten Infektionskrankheiten im Erwachsenenalter. Hier sind die Gonorrhoe und die Lues zwar zurückgegangen, doch ist die Chlamydiose weiterhin problematisch.

Im Rahmen der Verhütung und Bekämpfung der STD kann durch das Diagnostizieren und Behandeln dieser Krankheiten in Verbindung mit der Beratung der Betroffenen ein wirksamer Beitrag zur Verbesserung der Gesamtsituation geleistet werden.

Das Gesetz zur Bekämpfung der Geschlechtskrankheiten verpflichtet den Krankheitsverdächtigen wie auch den Erkrankten zur Beachtung bestimmter Vorschriften, die ihm zur Klärung der Diagnose oder zur Sicherung der Behandlung auferlegt werden können. Die Behandlung von G. ist einem Arzt vorbehalten, der wiederum durch eine entsprechende Aufklärungsverpflichtung gegenüber den Erkrankten sowohl zur Aufdeckung der Ansteckungsquelle als auch zur Verhütung der weiteren Verbreitung beitragen muß. Das

→ Gesundheitsamt kann Personen, die durch ihre Lebensführung dringend verdächtig sind, G. weiterzuverbreiten, zur Vorlage eines Gesundheitszeugnisses verpflichten. In Fällen, in denen die vom Gesundheitsamt erfaßten Personen verwahrlost sind oder zu verwahrlosen drohen (→ Verwahrlosung), ist im Zusammenwirken mit dem → Jugendamt, dem → Sozialamt oder den freien Wohlfahrtsverbänden (→ Freie Wohlfahrtspflege) zu versuchen, diese Personen wieder in das Arbeits- und Gemeinschaftsleben einzugliedern.
Lit. Weise: Krankheiten. *Margarete Peters*

Geschlechtsreife → Pubertät

Geschlossene Fragen → Befragung

Geschwisterkonstellation Stellung, die ein Kind innerhalb einer Geschwisterreihe einnimmt. Die Position eines Geschwisterkindes als Erst-, Zweit-, ... oder Letztgeborenes ist nach A. Adler, Toman u. a. von entscheidender Bedeutung für die Persönlichkeitsentwicklung (→ Persönlichkeit). Wenngleich diese Autoren den Einfluß der G. auf die Prägung der emotionalen und sozialen Einstellungen (→ Attitüden) und Verhaltensweisen von Kindern überbewerten, weil neben der G. andere Faktoren wie Geschlecht, Anzahl und Altersabstand der Geschwisterkinder, und vor allem der emotionale, soziale und ökonomische Erziehungshintergrund auf die Persönlichkeitsbildung einwirken, so bestätigen verschiedene Untersuchungsergebnisse, insbes. bei erst- und letztgeborenen Kindern, eine spezifische Erfahrungs- und Erziehungssituation.
Das Erstgeborene steht als erstes und einziges Kind i. d. R. zunächst im Mittelpunkt der elterlichen Zuneigung und Aufmerksamkeit. Weil immer noch keine Erfahrung in der Pflege und Erziehung von Kindern vorhanden ist, besteht die Gefahr, daß die Kinder übervorsichtig, zu stark behütend und mit vermehrter Zuwendung behandelt werden, was u. U. zu Verwöhnung und Verzärtelung führt. Sobald ein zweites Kind geboren wird, verliert die Erstgeborene seine Sonderstellung. Nicht selten reagiert das ältere Kind mit Eifersucht und Haß gegen das jüngere sowie mit Trotz und → Aggressionen gegen die Eltern, von denen es sich vernachlässigt und zurückgesetzt fühlt. Gelegentlich zeigt sich ein regressives Verhalten mit Rückfällen in bereits überwundene Entwicklungsphasen (Bettnässen: Enurese). Werden in kurzen Abständen weitere Geschwister geboren, so gerät das älteste Kind leicht in Gefahr der emotionalen Vernachlässigung und der Überforderung, weil von ihm oft höhere Leistungen und eher erwachsenengemäße Verhaltensweisen verlangt werden.
Letztgeborene Kinder, insbes. Nachkömmlinge, bleiben meist ihre ganze Kindheit in der Rolle des »Nesthäkchens« oder des »Dummerchens«. Mögliche psychische Fehlentwicklungen entstehen durch eine Überschüttung an Zärtlichkeit der älteren Geschwister und Eltern oder durch zu geringe Selbständigkeitsforderungen und verhinderte Frustrationsgewöhnung (→ Frustration). Ebenfalls problematisch ist die Situation für das jüngste Kind, wenn es einsam und emotional vernachlässigt aufwächst, weil es von den Geschwistern und Eltern entweder abgelehnt oder nicht ernstgenommen wird, oder weil man mit ihm nichts Rechtes anzufangen weiß.
Eine weitere Bedeutung der G. für die Persönlichkeitsentwicklung besteht in der Geschlechterverteilung einer Geschwisterreihe. Als problematisch werden Konstellationen beschrieben, in denen ein Mädchen mit mehreren Brüdern oder ein Junge mit mehreren Schwestern aufwächst.
Lit. Leman u. a.: Kindheitserinnerungen; Toman: Motivation. *Rainer Biesenkamp*

Gesellschaft wurde ursprünglich als politischer Begriff verwendet, bevor er wissenschaftlich zu systematischer und kritischer Bedeutung gelangte. Nach dem Vorbild der »civil society« in England konzipierte das europäische und nordamerikanische Bürgertum seine Emanzipation von der feudalen Überlieferung, indem es gegen die höfisch-klerikale Ständeordnung eine rational begründete und legitimierte »G.« entwarf (Sozialphilosophie; Naturrecht), die, bei strikter Trennung vom Staat sowie zwischen Öffentlichkeit und Privatsphäre, mit Marktwirtschaft, parlamentarischer Demokratie und autonomer Kultur eine historisch neue Einheit von individueller Freiheit, gesellschaftlicher Gleichheit und menschlicher Brüderlichkeit schaffen sollte.
Die an diesem Konzept von G. orientierten bürgerlichen Revolutionen brachten freilich eine Wirklichkeit von »Industrieg.« hervor, deren neue und unvorhergesehenen Probleme zu wissenschaftlichen Analysen und Kritiken veranlaßten, für die der Begriff G. gleichermaßen zentral wurde. So betonte z. B. Auguste Comte, der Begründer der positivistischen → Soziologie, aus dem nachrevolutionären Problem, wie Fortschritt und Ordnung rational-konstruktiv synthetisiert werden könnten, sein Modell einer technokratischen Herrschaftsg. – eine noch naiv-offene theoretische Konstruktion moderner Machtverhältnisse, die sich noch heute, etwa als der berüchtigte »military-industrial complex«, nur abgeschirmt und gegen die offizielle Ideologie durchsetzen können. Ein späteres, nicht weniger folgenreiches Beispiel theoretisch motivierter Analyse von G. geben Max Webers Untersuchungen zum problematisch gewordenen Verhältnis von individuellem »sozialen Handeln« und »okzidentalem Rationalisierungsprozeß«, die auf die düstere

Prognose eines unvermeidlichen »stählernen Gehäuses der Hörigkeit« hinauslaufen. Parallel zu solchen Analysen modernisierte sich eine in praktischer Absicht seit der frühbürgerlichen Utopie und der politisch-philosophischen Aufklärung lebendige G.-kritik, indem sie in die wissenschaftliche Analyse eine ideologiekritische Reflexion ihrer eigenen gesellschaftlichen Voraussetzungen und Folgen einbezog. Insofern wollte Karl Marx mit der Erforschung der krisenhaften Entwicklungstendenzen einer kapitalistischen Ökonomie und G. gegen allzu harmonistische bürgerliche Ideologien nachweisen, daß die ökonomische G.basis von Kapital und Lohnarbeit die bürgerlichen Revolutionsideale nicht einzulösen vermag. Daß diese Kritik trotz breitester Massenwirkung im Industrieproletariat nicht praktisch-revolutionär wurde, geht hauptsächlich auf eine um die Jahrhundertwende einsetzende → Sozialpolitik zurück, die mit sukzessiver Einrichtung allgemeiner gesetzlicher Sicherungssysteme gegen elementare Lebensrisiken, mit Pazifizierung der sozialen Verteilungskämpfe durch Tarifautonomie für Kapital und Gewerkschaften sowie durch betriebliche Mitbestimmungsrechte von Arbeitnehmern eine weitgehende gesellschaftliche Integration der Lohnarbeitsklasse in hochentwickelten Industrieg. bewirkte. Während sich damit lebensgefährdende strukturelle Verteilungsungleichheiten in die sog. dritte Welt verlagert haben, erzeugten gleichwohl auch die »Wohlstandsg.«, »Konsumg.« und »Freizeitg.« wiederum eigentümliche Probleme, die in solchen oberflächlich-einseitigen Schlagworten ebensowenig zum Ausdruck kommen wie ihre strukturellen Ursachen. Diese liegen zentral im dynamischen Zusammenhang von Weltmarktentwicklung (multinationale Konzerne), technischem Wandel (computergesteuerte Produktionsautomatik und Dienstleistungselektronik), Wertewandel (mikroelektronisch-mediale Kulturindustrie und Differenzierung der Lebensstile) sowie Umweltzerstörung. Die Hauptauswirkungen dieser Dynamik sind eine massenhafte strukturelle → Arbeitslosigkeit (»Zweidrittelg.«), eine neue Polarisierung von Reichtum und → Armut (»neue Armut«), eine Desintegration überlieferter sozialer Beziehungsformen (→ Soziale Beziehungen) mit Verunsicherung der Lebenslagen von Kindern, Frauen und alten Menschen sowie neue Formen des sozialen Protests (→ Frauen-, Friedens- und Ökologiebewegung). Angesichts solcher »Überkomplexität« haben technokratische Theorien den Begriff G. durch den abstrakt-selektiven des »Systems« ersetzt, der einem radikal funktionalistischen Interesse an sachlichen Steuerungsproblemen entspricht (Luhmann). Die G.probleme menschlicher Lebendigkeit dagegen werden unter Begriffe wie → »Lebenswelt«, → »Alltag« u.ä., entweder in Zusammenhang mit systemspezifischen Prozessen (Habermas) oder als abstrakt abgespaltene Teiltheorien, zu fassen versucht. G.liche Bedingungen, Probleme und Entwicklungen der → Subjektivität, die einmal Hauptanlaß von G.reflexion waren, werden heute im Anschluß an das Hauptwerk der älteren → kritischen Theorie, die »Dialektik der Aufklärung«, fortzubestimmen versucht.

Lit. Habermas: Handeln; Horkheimer u.a.: Dialektik; Luhmann: Soziale Systeme; Ritsert: Gesellschaft. *Martin R. Vogel*

Gesellschaftspolitik → Sozialpolitik

Gesellschaftsschichten → Schicht

Gesellschafts- und Unternehmensformen im sozialen Bereich Unternehmen im sozialen Bereich werden entweder in privatrechtlichen oder in öffentlich-rechtlichen Betriebsformen organisiert. Zu den privatrechtlichen gehören hier vor allem der → Verein, die GmbH, die Gesellschaft Bürgerlichen Rechts, die Genossenschaft, die Stiftung privaten Rechts, während Aktiengesellschaften, Offene Handelsgesellschaften und Kommanditgesellschaften im Bereich der sozialen Unternehmen eine zu vernachlässigende Rolle spielen. Unter die öffentlich-rechtlichen Unternehmen fallen vor allem Regiebetriebe, Eigenbetriebe, Landesbetriebe, Anstalten öffentlichen Rechts sowie Stiftungen öffentlichen Rechts. Letztlich finden sich sogenannte verbundene Unternehmen, z.B. die Holding.

(1) Der Verein ist die verbreitetste Unternehmensform von Trägern im sozialen Bereich (näheres s. → Verein). Wirtschaftliche Vereine verfolgen wirtschaftliche Ziele und erlangen die Rechtskraft, d.h. die Eintragung in das Vereinsregister, nur mit Zustimmung der zuständigen Behörde. Mit Erlangung der Rechtskraft ist die Haftung im wesentlichen auf das Vereinsvermögen beschränkt, ausgenommen hiervon sind die Fälle grober Fahrlässigkeit bzw. vorsätzlichen Handelns, in denen Vorstand oder einzelne Mitglieder zur Haftung herangezogen werden können. Vor der Eintragung in das Vereinsregister gelten die Bestimmungen für die Gesellschaft bürgerlichen Rechts (vgl. 4). Idealvereine können als gemeinnützig anerkannt werden, sofern sie steuerbegünstigte Zwecke im Sinne der Abgabenordnung (§§ 51 ff. AO) verfolgen. Dann unterliegen sie einer grundsätzlichen Steuerbefreiung bis auf die Umsatzsteuer, Grunderwerbsteuer und die Kfz-Steuer, soweit nicht auch hierfür Befreiungen vorgesehen sind. Für die Buch- und Wirtschaftsführung gelten beim Idealverein keine gesetzlichen Vorschriften, ebenfalls nicht für den Jahresabschluß und die Prüfung.

Vom rechtsfähigen Verein unterscheidet sich der nichtrechtsfähige Verein erheblich.

Er besitzt keine eigene Rechtspersönlichkeit, die Mitglieder bzw. Gesellschafter haften daher persönlich und gesamtschuldnerisch unbeschränkt. Für die Organe gelten die Regelungen des Vereins, ebenso für die Buch- und Wirtschaftsführung bzw. die Vorschriften zum Jahresabschluß und zur Prüfung.

(2) Die Gesellschaft mit beschränkter Haftung (GmbH) ist eine Kapitalgesellschaft mit eigener Rechtspersönlichkeit, die selbst unbeschränkt mit ihrem Vermögen haftet. Die Haftung der Gesellschafter dagegen besteht nur gegenüber der Gesellschaft, sie ist begrenzt auf die Höhe der Einlagen oder weitere Nachschüsse, sofern der Gesellschaftsvertrag dies vorsieht. Die Begrenzung der Haftung auf die Höhe der Einlagen gilt jedoch erst dann, wenn das im Gesellschaftsvertrag benannte Gesellschaftskapital in voller Höhe eingezahlt ist. Soweit dies nicht der Fall ist, haften die Gesellschafter gesamtschuldnerisch bis zur Höhe des Stammkapitals. Das benannte Stammkapital muß mindestens 50 000 DM betragen, auf das zur Errichtung der Gesellschaft 25%, jedoch mindestens 25 000 DM eingezahlt sein müssen. Die Rechtsfähigkeit der Gesellschaft entsteht mit der Eintragung in das Handelsregister. Vor Eintragung in das Handelsregister gelten für die Vorgesellschaft die Bestimmungen der Gesellschaft bürgerlichen Rechts (vgl. 3). Die Errichtung einer GmbH ist zu jedem gesetzlich zulässigen Zweck möglich, ein Erwerbszweck nicht unabdingbare Voraussetzung. Notwendige Bestandteile des Gesellschaftsvertrags sind Firma, Sitz der Gesellschaft, Gegenstand des Unternehmens, Höhe des Stammkapitals, Stammeinlagen der Gesellschafter. Abänderungen des Gesellschaftsvertrages dürfen nur mit einer Mehrheit von 3/4 der abgegebenen Stimmen erfolgen. Die Organe der Gesellschaft sind der oder die Geschäftsführer, die Gesellschafterversammlung und fakultative Organe wie Aufsichtsrat, Beirat und Verwaltungsrat, soweit sie in der Satzung vorgesehen sind. Eine GmbH mit mehr als 500 Arbeitnehmern muß einen Aufsichtsrat bilden, für den die aktienrechtlichen Vorschriften Anwendung finden. Für die Buch- und Wirtschaftsführungen finden sich die Vorschriften im § 41 GmbH-Gesetz (GmbHG) bzw. § 91 Aktiengesetz (AktG); es ist ein Jahresabschluß und ein Geschäftsbericht zu erstellen, unter bestimmten Voraussetzungen ist eine Prüfung durch einen Wirtschaftsprüfer erforderlich, dies kann durch den Aufsichtsrat festgelegt werden (§§ 42, 42a GmbHG, §§ 148 ff. AktG). Die GmbH unterliegt folgenden Steuerarten: Körperschaftsteuer, Umsatzsteuer, Kapitalverkehrsteuer, Gewerbesteuer, Grundsteuer, Grunderwerbssteuer und Kfz-Steuer. Wird die GmbH als gemeinnützig anerkannt, dann ist eine grundsätzliche Steuerbefreiung wie beim Verein (vgl. [1]) bis auf die Umsatzsteuer, Grunderwerbssteuer und die Kfz-Steuer möglich, sofern nicht auch hierfür Befreiungen vorgesehen sind. Die Gemeinnützigkeit der Gesellschaft wird dadurch erlangt, daß in der Satzung ein Gesellschaftszweck definiert wird, der den steuerbegünstigten Zwecken der Abgabenordnung (§§ 51 ff. AO) entspricht. Darüber hinaus muß die Gesellschaft in erster Linie ausschließlich und unmittelbar gemeinnützige Zwecke verfolgen, sie darf keine eigenwirtschaftlichen Ziele verfolgen. Gewinne dürfen daher nur zur Verwirklichung satzungsgemäßer (steuerbegünstigter) Zwecke verwandt und nicht an die Gesellschafter ausgeschüttet werden. Im übrigen gelten für die gemeinnützige GmbH die Vorschriften für die normale GmbH.

(3) Die Gesellschaft bürgerlichen Rechts (GbR, §§ 705 ff. BGB) ist eine Gesellschaft, deren Zweck nicht auf den Betrieb des Handelsgewerbes eines Vollkaufmanns gerichtet ist. Sie hat keine Firma, keine juristische Person und kann als Gesellschaft weder klagen noch verklagt werden. Die Mitglieder bzw. die Gesellschafter haften persönlich gesamtschuldnerisch mit ihrem gesamten Vermögen. Die Gründung erfolgt durch den Gesellschaftsvertrag. Organe können die Gesellschafterversammlung und geschäftsführende Gesellschafter sein. Für die Buch- und Wirtschaftsführung gelten die Buchführungsvorschriften gemäß § 38 Handelsgesetzbuch (HGB), jedoch keine gesetzlichen Abschluß- und Prüfungsvorschriften. Die Gesellschaft bürgerlichen Rechts dürfte im Bereich der sozialen Unternehmen wegen der unbeschränkten Haftung des Trägers kaum anzutreffen sein, Ausnahmen bilden private Einrichtungen im Bereich → Pflegedienste, → Sozialstationen, Krankenbetreuung etc. Die Bedingungen der GbR – vor allem im Hinblick auf die → Haftung – gelten sowohl für die Vorgesellschaft der GmbH (vgl. [2]) sowie für den rechtsfähigen Verein (vgl. [1]), sofern diese ihre eigene Rechtsfähigkeit als Rechtsperson durch Eintragung noch nicht erlangt haben.

(4) Die Genossenschaft dürfte ebenfalls eine Unternehmensform sein, die im sozialen Bereich sehr selten vorzufinden ist. Sie ist eine Gesellschaft von nicht geschlossener Mitgliederzahl mit dem Ziel, den Erwerb oder die Wirtschaft ihrer Mitglieder mittels eines gemeinschaftlichen Geschäftsbetriebes zu fördern. Damit ist die Genossenschaft eine Personenvereinigung gleichberechtigter Mitglieder ohne Rücksicht auf die jeweilige Kapitaleinlage mit einem gemeinschaftlich gegründeten Geschäftsbetrieb, der mit dem Ziel der Förderung der Mitglieder nicht unbedingt gewinnorientiert ausgerichtet ist. Unterschieden wird in die Genossenschaft mit unbeschränkter Haftpflicht, die Genossenschaft mit be-

Gesellschafts- und Unternehmensformen im sozialen Bereich

schränkter Haftpflicht und die Genossenschaft ohne Haftpflicht. Die Genossenschaft muß durch mindestens 7 Personen gegründet werden, die ein Statut für die Genossenschaft aufstellen und als Organe Vorstand und Aufsichtsrat wählen. Die Genossenschaft wird in das Genossenschaftsregister eingetragen und erhält dadurch Rechtsfähigkeit. Die Errichtung einer Genossenschaft ist allerdings dadurch erschwert, daß zur Eintragung auch ein Zulassungsbescheid durch den entsprechenden Prüfungsverband einzureichen ist. Dieser hat auch gutachterlich zu äußern, ob nach den persönlichen und wirtschaftlichen Verhältnissen, insbesondere nach der Vermögenslage der Genossenschaft eine Gefährdung der Belange der Genossen oder der Gläubiger der Gesellschaft ausgeschlossen ist. Zusätzlich sind die wirtschaftlichen Verhältnisse und die Ordnungsmäßigkeit der Geschäftsführung der Genossenschaft von einem Prüfer des Prüfungsverbandes zu prüfen. Für Genossenschaften besteht keine Vorschrift über eine Mindestkapitalausstattung. Ein Charakter der Genossenschaft ist das Prinzip der Selbstorganschaft, d.h. Vorstands- und Aufsichtsratsmitglieder müssen ebenfalls Mitglieder sein. Damit ist die Genossenschaft eine wirtschaftliche Selbsthilfeorganisation mit Mitgliedern für Mitglieder. Genossenschaften sind in der Regel beschränkt steuerpflichtig, d. h., sie haben Körperschaftssteuer, Gewerbesteuer, Vermögenssteuer, Umsatzsteuer etc. zu entrichten.

Genossenschaften sind Organisationen zur Förderung ihrer Mitglieder, daher ist die Frage der Gemeinnützigkeit quasi ausgeschlossen, denn die an die Verleihung der Gemeinnützigkeit gebundenen Auflagen, wie Selbstlosigkeit, Tätigkeit nicht im eigenwirtschaftlichen Interesse etc. dürften den Förderzielen der Genossenschaft zuwiderlaufen.

(5) Regiebetriebe sind als öffentlich-rechtliche und nicht-rechtsfähige Anstalten vollständig in die Verwaltung ihres Trägers (Kommunen, Land) eingegliedert. Sie sind somit Bestandteil der → Verwaltung und besitzen als diese keine Rechtspersönlichkeit. Sie verfügen über kein eigenes Vermögen und eigene Kasse, vielmehr sind Einnahmen und Ausgaben Bestandteil des Haushaltsplanes des jeweiligen Trägers. Für die Buch- und Wirtschaftsführung gilt die Kameralistik: Die entsprechenden Regelungen finden sich jeweils in der Haushaltsordnung. Dieses gilt auch für Jahresabschluß und Prüfung, die auch durch den jeweils zuständigen Rechnungshof vorgenommen wird. Die enge Verflechtung von Regiebetrieb und Träger erschwert oft eine wirtschaftliche Betriebsführung. Vor allem im Personalbereich gilt die Bindung an den Stellenplan. Eine direkte Steuerung wird nicht von den Organen des Regiebetriebes, sondern durch die jeweiligen öffentlichen Träger vorgenommen, da die Regiebetriebe Bestandteil der Verwaltung sind. Regiebetriebe werden vorrangig nur noch als Versorgungsbetriebe kleinerer Gemeinden (Stadtreinigung, Entwässerung oder als Neben- bzw. Hilfsbetriebe) genutzt.

(6) Mit dem Eigenbetriebsrecht steht ein Instrument zur unternehmerischen Führung öffentlicher Betriebe gegenüber Regiebetrieben zur Verfügung. Eigenbetriebe stellen aus der Verwaltung ausgegliederte, organisatorisch selbständige Sondervermögen des Trägers dar. Grundlage sind die jeweiligen Eigenbetriebsgesetze und Verordnungen der Länder und eine entsprechende Betriebssatzung in Anlehnung an die jeweils geltende Haushaltsordnung. Der Eigenbetrieb ist gekennzeichnet durch vermögensmäßige und rechnungsmäßige Selbständigkeit, durch eine eigene Personalwirtschaft sowie eigene Handlungsfähigkeit einerseits, jedoch eine rechtliche Unselbständigkeit und Einordnung in die Verwaltungshierarchie andererseits. Der Vorteil von öffentlichen Unternehmen mit eigener Rechtspersönlichkeit liegt darin, daß sie gegenüber dem Träger über eine stärkere Autonomie verfügen, da die Rechtsfähigkeit eine umfassende Handlungsfähigkeit impliziert. Die Organe des Eigenbetriebes sind die Werksleitung (entsprechender Vorstand) und der Werksausschuß (entsprechender Aufsichtsrat). Der öffentliche Träger ist in diesem Organ vertreten und kann daher auch auf diese einwirken. Er verfügt insoweit über entsprechende Weisungsrechte, Zustimmungsvorbehalte und Prüfungsrechte, andererseits unterliegt der Eigenbetrieb gegenüber diesen Organen spezifischen Berichtspflichten. Die Buch- und Wirtschaftsführung ist analog einem kaufmännischen Rechnungswesen zu organisieren, bestehend aus einem Wirtschaftsplan (Erfolgsplan, Vermögensplan, Finanzplan, Stellenübersicht), einer → Kosten- und Leistungsrechnung sowie einem Jahresabschluß (Jahresbilanz, Jahreserfolgsrechnung) und einem Jahresbericht. Vorzunehmen ist eine Prüfung durch einen Wirtschaftsprüfer und/oder den Rechnungshof. Der vom Eigenbetrieb zu erbringende Wirtschaftsplan ist Anlage zum → Haushaltsplan des Trägers. Im Haushaltsplan unmittelbar werden nur Zuschüsse (→ Zuwendungen) und Abführungen veranschlagt. Handelt es sich bei dem Eigenbetrieb um einen Hoheitsbetrieb (§ 4 KStG), dann fällt keine steuerliche Belastung an. Eigenbetriebe gewerblicher Art sind körperschaftsteuerpflichtig, Gewerbe- und Vermögenssteuer fallen jedoch nur an, wenn der Betrieb auf Gewinnerzielung ausgerichtet ist. Ist er jedoch als gemeinnützig anerkannt, dann gilt auch hier eine grundsätzliche Steuerbefreiung bis auf die Umsatzsteuer und Kfz-Steuer, soweit nicht auch dafür Steuerbefreiungen vorgesehen sind.

(7) Aufgaben im sozialen Bereich werden auch durch Landesbetriebe wahrgenommen. Diese stellen eine eigenbetriebsähnliche Einrichtung (auch: befreiter Regiebetrieb) dar. Ihre Rechtsgrundlagen finden sie im § 26 BHO bzw. § 26 LHO. Sie sind wie Regiebetriebe Bestandteil der Verwaltung, stellen aber einen organisatorisch abgesetzten Behördenteil dar. Damit besitzen auch sie keine eigene Rechtspersönlichkeit. Sie unterliegen der Kameralistik und müssen zusätzlich eine Betriebsbuchführung nach § 74 LHO oder eine kaufmännische Buchführung wie bei Eigenbetrieben führen. Auch hier ist ein Wirtschaftsplan notwendig. Der Wirtschaftsplan stellt eine Anlage zum Haushaltsplan dar, auch hier sind nur Zuschüsse und Abführungen im Haushaltsplan veranschlagt. Begleitend zum Wirtschaftsplan ist als Erläuterung eine Stellenübersicht und ein Anhang zum Stellenplan aufzustellen (Verwaltungsvorschriften zu § 26 LHO). Die Abschlußprüfung erfolgt im Zusammenhang mit dem Abschluß und der Prüfung des Haushaltes des öffentlichen Trägers bzw. durch den Rechnungshof. Der öffentliche Träger des Landesbetriebes besitzt insofern eine direkte Steuerungsmöglichkeit, als er einen Bestandteil der Verwaltung darstellt. Steuerliche Belastungen fallen nur dann an, wenn es sich um einen Betrieb gewerblicher Art handelt und dieser nicht als gemeinnützig anerkannt ist (vgl. auch [6]). Beispiele für Landesbetriebe sind u. a. Krankenhäuser, → Volkshochschulen etc.

(8) Öffentlich-rechtliche Unternehmen unterteilen sich in teilrechtsfähige Anstalten → öffentlichen Rechts und rechtsfähige Anstalten oder Körperschaften des öffentlichen Rechts. Rechtsgrundlagen sind das allgemeine → Verwaltungsrecht. Der Gründungsakt vollzieht jeweils per Gesetz (Organisationsakte). Rechtsfähige Anstalten öffentlichen Rechts besitzen keine eigene Rechtspersönlichkeit, aber sie handeln im eigenen Namen, während rechtsfähige Anstalten oder Körperschaften des öffentlichen Rechts → juristische Personen des öffentlichen Rechts sind. Sie sind selbst Träger ihres Vermögens und müssen für ihre Verbindlichkeiten einstehen. Exemplarisch für rechtsfähige Anstalten sind z. B. kommunale Sparkassen, Volkshochschulen, Rundfunkanstalten. Die Buch- und Wirtschaftsführung hat kaufmännischen Gesichtspunkten zu folgen, wie bei Eigenbetrieben ist ein entsprechender Wirtschaftsplan mit Erfolgs- und Finanzplan aufzustellen. Darüber hinaus ist im Jahresabschluß und Geschäftsbericht zu erstellen, die Prüfung erfolgt durch einen Wirtschaftsprüfer und durch den Rechnungshof nach § 111 LHO. Der Wirtschaftsplan teilrechtsfähiger Anstalten ist wie bei Eigenbetrieben Anlage zum Haushaltsplan, Zuschüsse und Abführungen sind im Haushaltsplan veranschlagt. Aufgeführt werden sie unter der Anlage zum Haushaltsplan: Übersicht über Sondervermögen. Rechtsfähige Anstalten oder Körperschaften des öffentlichen Rechts tauchen im Haushaltsplan in der Anlage zur Übersicht über Unternehmensbeteiligungen auf. Der Dienstherr einer teilrechtsfähigen Anstalt ist der jeweilige öffentliche Träger, eine eigene Personalwirtschaft ist je nach Gründungsakt im Rahmen des Wirtschaftsplanes möglich. Rechtsfähige Anstalten dagegen üben eine eigene Personalwirtschaft aus und verfügen über Dienstherreneigenschaften. Die Steuerung des öffentlichen Trägers erfolgt bei teilrechtsfähigen Anstalten des öffentlichen Rechts über die entsprechenden Organe, wie Vorstand und Verwaltungsrat, je nach Gründungsakt. Bei rechtsfähigen Anstalten oder Körperschaften des öffentlichen Rechts ist eine Steuerung seitens des öffentlichen Trägers im Rahmen der Rechts- oder Fachaufsicht und über seine entsandten Vertreter in den jeweiligen Organen möglich, er verfügt über kein allgemeines Eingriffs- und Durchgriffsrecht. Die steuerliche Behandlung entspricht der von Regie- oder Eigenbetrieben.

(9) → Stiftungen sind in der Regelfall mit eigener Rechtspersönlichkeit und einem Vermögensbestand ausgestattet, der vom jeweiligen Stifter einem bestimmten Stiftungszweck gewidmet ist. Zu unterscheiden ist zwischen öffentlich-rechtlichen und privatrechtlichen Stiftungen. Privatrechtliche Stiftungen beruhen auf privatem Rechtsgeschäft und bedürfen zu ihrer Entstehung als rechtsfähige Stiftung der staatlichen Genehmigung (§ 80 BGB). Diese wird nach den Stiftungsgesetzen der Bundesländer von den nach Landesrecht zuständigen Genehmigungsbehörden erteilt. Hier existieren in den einzelnen Ländern unterschiedliche Voraussetzungen, unter denen Genehmigungen erteilt werden. Mit einer Stiftung des Privatrechts können private als auch öffentliche Zwecke (z. B. Förderung von Wissenschaft, Kunst, soziale Angelegenheiten, politischer Willensbildung etc.) verfolgt werden. Dagegen verfolgen Stiftungen des öffentlichen Rechts ausschließlich oder überwiegend öffentliche Zwecke. Sie werden durch einen Gründungsakt auf der Grundlage des allgemeinen Verwaltungsrechts gegründet. Wie rechtsfähige Anstalten sind auch sie Bestandteil in der Anlage zum Haushaltsplan unter der Übersicht über Unternehmensbeteiligungen. Sie verfügen über eine eigene Personalwirtschaft sowie Dienstherreneigenschaften. Der öffentliche Träger bestimmt die Aufgaben und die Organisation der Stiftung endgültig im Stiftungsakt. Ein steuernder Einfluß des Trägers ist über eine Kontrolle hinaus nicht möglich. Da Stiftungen meistens als gemeinnützig anerkannt sind, unterliegen sie auch einer grundsätzlichen Steuerbefreiung bis auf

Umsatzsteuer, Grunderwerbssteuer und Kfz-Steuer, soweit auch nicht hierfür andere Regelungen vorgesehen sind.
(10) Holding. Im öffentlichen wie im privaten Bereich sind bestimmte Unternehmensformen anzutreffen, die nicht selbst produzieren, sondern vielmehr Beteiligungsgesellschaft darstellen. Ihre wirtschaftliche Tätigkeit erstreckt sich auf die Steuerung und Verwaltung von ihnen beherrschter Unternehmungen. Dabei bleibt die rechtliche Selbständigkeit der Unternehmen nach außen bestehen. Die wirtschaftliche Selbständigkeit dagegen geht – hinsichtlich der Finanzierung – völlig, bzgl. der Unternehmenspolitik weitgehend auf die Holding-Gesellschaft über. Unterschieden wird in reine Kontrollgesellschaften, die für den Fertigungsbetrieb das Weisungsrecht nicht sehr weit ausdehnen. Die zweite Form stellt die Dachgesellschaft dar, in außer der wirtschaftlichen Beherrschung auch eine eigene Planung und Entwicklung zugunsten aller Unternehmungen betrieben wird. Holding-Gesellschaften werden insbesondere deshalb gegründet, um Synergie-Effekte in Produktion, Fertigung etc. zu erzielen, um Gewinn- und Verlustausgleiche zwischen gewinnbringenden und verlustträchtigen Gesellschaften zu ermöglichen sowie steuerliche Einspareffekte über die Vermeidung von Doppelbesteuerungen zu erzielen. Holding-Gesellschaften sind im sozialen Bereich kaum vorhanden. Dies liegt vor allem auch darin, daß ein Gewinn- und Verlustausgleich innerhalb verbundener Unternehmen mit den Prinzipien der Zweckgebundenheit und der Gemeinnützigkeit nicht vereinbar ist. Vielmehr würde ein Gewinn- und Verlustausgleich gemeinnütziger Betriebe den Verlust der Gemeinnützigkeit bewirken, da die Mittel nicht mehr für die Erfüllung satzungsgemäßer Zwecke verwandt werden. *Achim Meyer auf der Heyde*

Gesetz Der G.begriff ist mehrdeutig. Die Naturwissenschaften beschreiben damit vorgegebene Abläufe oder Strukturen. Im Bereich von Sitte und Recht setzen G. dagegen allgemein verbindliche Handlungsweisen an die Mitglieder einer Gemeinschaft. Dabei handelt es sich bei den Sitteng. um ungeschriebene Verhaltenserwartungen (z.B. Anrede- oder Begrüßungsformen), deren Mißachtung mit außerrechtlichen → Sanktionen (z.B. Ächtung) bedroht ist.
G. im rechtlichen Sinn sind dagegen nur in einem bestimmten Verfahren ergangene Handlungsanweisungen eines zur Gesetzgebung befugten staatlichen Organs; deren Mißachtung zieht staatliche Sanktionen (z.B. → Strafen) nach sich. Üblicherweise werden staatliche Anordnungen danach unterschieden, ob sie einen abstrakten Lebenssachverhalt generell, also durch »Rechtssatz« regeln (G., → Rechtsverordnung, → Satzung) oder einen konkreten Fall einmalig betreffen (→ Verwaltungsakt). Nur durch G. darf in die → Grundrechte eines Bürgers (Art. 1-19 → Grundgesetz – GG) eingegriffen werden (»G.vorbehalt«; → Gesetzmäßigkeit der Verwaltung). Dabei ist der Gesetzgeber seinerseits an die Wertentscheidungen des Grundgesetzes gebunden (Art. 1 Abs. 3 GG). Vollziehende Gewalt (Regierung und → Verwaltung) und → Rechtsprechung sind an die G. und an die Verfassung gebunden (Art. 1 Abs. 3, 20 Abs. 3 GG). Dies beruht auf dem Grundsatz der Gewaltenteilung und wurzelt im Konstitutionalismus, der dem bis dahin absoluten Monarchen die alleinige Regelungskompetenz in bestimmten Bereichen (Freiheit und → Eigentum) entzog und den Ständen als Vorläufern der Parlamente ein Mitwirkungsrecht einräumte (vgl. → Gesetzgebung). Ein weiterer Ansatz für die Kontrolle der Staatsgewalt war die Forderung, daß G. nicht nur für den Einzelfall, sondern allgemein gelten müßten. Der moderne Verfassungsgeber hat diese Forderung aufgegriffen und dem Postulat allgemeiner G. in Art. 19 Abs. 1 S. 1 GG verfassungsrechtliche Geltung verliehen. Im Sozialstaat der Gegenwart, der durch eine Vielzahl von staatlichen Leistungen und weniger durch staatliche Eingriffe in Rechte einzelner bestimmt ist, erstreckt sich die staatliche Regelung sozialer Abläufe jedoch auf so weite Bereiche, daß die betroffenen Personenkreise kleiner, das G. zwangsläufig weniger abstrakt wird; im Extremfall betrifft es als sog. Maßnahmeg. tatsächlich nur noch einen bestimmten Lebenssachverhalt, obwohl es von seinen Voraussetzungen her allgemein formuliert ist. Die geänderte Verfassungswirklichkeit im modernen Leistungsstaat bedingt auch in weiten Bereichen ein gewandeltes Verständnis des G.vorbehalts. Im Gegensatz zu Eingriffen in Rechte der Bürger, die nach wie vor hinreichend bestimmter gesetzlicher Grundlage bedürfen, reicht es nach allgemeiner Auffassung im Leistungsbereich (→ Daseinsvorsorge) aus, wenn der Gesetzgeber im → Haushaltsplan Mittel für einen bestimmten Zweck zur Verfügung stellt, deren nähere Verwendung durch → Verwaltungsvorschriften geregelt wird. Im Bereich des → Sozialrechts hat der Gesetzgeber Voraussetzungen und Umfang staatlicher Leistungen weitgehend festgelegt.
Lit. Hesse, K.: Verfassungsrecht, §§ 13, 14; Maunz u. a.: GG (Komm.), zu Art. 20; Roellecke: GG; Starck: Gesetzesbegriff.
Karin Wolski

Gesetzesauslegung → Auslegung

Gesetzgebung Neben der ausführenden und der rechtsprechenden Gewalt (Exekutive und Judikative; → Verwaltung, → Rechtsprechung) bildet die G. (Legislative) das dritte Kernelement der Staatsgewalt. Ihre Aufgabe ist »die Schaffung abstrakter

→ Rechtsnormen mit dem Willen zur generellen Geltung« (Krause). In den Auseinandersetzungen um die Entstehung des Verfassungs- und → Rechtsstaats (konstitutionelle Bewegung) am Anfang des 19. Jh. war die Beteiligung an der G. das wichtigste politische Ziel des Bürgertums. Das im parlamentarischen Verfahren verabschiedete → Gesetz sicherte die Gesellschaft vor unvorhergesehenen Eingriffen der monarchischen Exekutive, und es schien, weil aus dem über Wahlen vermittelten Willen der Staatsbürger hervorgegangen, am ehesten zwischen Gemeinwohl und Einzelinteressen vermitteln zu können.

Im Laufe der Entwicklung hat sich dieses Modell der G. stark verändert: Man sah bald, wie durch das Wahlrecht des 19. Jh. die Interessen der Arbeiterschaft aus dem Prozeß der G. herausgehalten wurden. Der seit etwa 1878 die wirtschaftlichen und sozialen Verhältnisse wieder stark steuernde Staat (sog. Interventionsstaat) benutzte das Gesetz mehr und mehr zur Einzelfallregelung (sog. Maßnahmegesetz) und veränderte so auch die G. selbst. Die Verteilung der G.kompetenzen und das Verfahren verschoben sich von der Reichsverfassung 1871 über die Weimarer Verfassung von 1919 und das → Grundgesetz (GG) von 1949 zusammen mit den Wandlungen des → Föderalismus. Schließlich hat die Massenhaftigkeit der heutigen Gesetzesproduktion Rückwirkungen auf die G. zur Folge gehabt. »Auf Grund des Verfassungsgebots der Rechts- und Sozialstaatlichkeit, aber auch unterstützt durch einen Hang zum Perfektionismus, sind seit Schaffung des GG immer mehr Bereiche des gesellschaftlichen Lebens, und diese immer intensiver und detaillierter, durch Gesetz geregelt worden« (Enquête-Kommission Verfassungsreform, BTDrucks. 7/5924, S. 126). Alle innenpolitischen Vorhaben der Regierung und alle Gegenvorschläge der Opposition zielen auf Gesetze. Die G. ist das Feld der Umsetzung von Politik in rechtliche Regelsysteme. Die ständig notwendige Anpassung dieser Systeme an die wirtschaftlichen und sozialen Veränderungen macht die G. zum Zentrum der Auseinandersetzung von Regierung und Opposition. Das gegenwärtige Verfahren der G. ist geprägt vom Übergewicht der Sachkompetenz der Ministerialbürokratien, dem Bedeutungsverlust der Debatten im Plenum des Parlaments und entsprechend höherem Gewicht der Ausschußberatungen. G. kommt zustande in einem komplizierten Beziehungsgeflecht zwischen Ministerien, Regierung, Parteigremien und Parlament, Bundesrat, Vermittlungsausschuß und vor allem den jeweils verschieden gelagerten Machtzentren der an der G. interessierten Verbände. Die öffentliche Hinzuziehung von Sachverstand (in sog. Hearings) ist meist stark politisch bestimmt und dient oft mehr der Untermauerung schon fixierter Positionen als der Entscheidungsfindung. Die wichtigsten verfassungsrechtlichen Regeln zur G. i. e. S. finden sich in den Art. 70ff. GG. Das GG gibt grundsätzlich den Ländern das Recht zur G. Ausnahmen zugunsten des Bundes müssen im GG ausdrücklich bestimmt sein (Art. 70 GG). Im Bereich der »ausschließlichen Gesetzgebung« (Einzelaufzählung der Materien in Art. 73 GG) ist grundsätzlich der Bund zuständig, im Bereich der »konkurrierenden Gesetzgebung« (Einzelaufzählung der Materien in Art. 74 GG) sind die Länder zuständig, »solange und soweit der Bund von seinem Gesetzgebungsrecht keinen Gebrauch macht« (Art. 72 GG). Für die → Sozialarbeit/Sozialpädagogik wesentliche Materien sind durch Bundesgesetze geregelt im → Bürgerlichen Gesetzbuch (insbes. → Familien- und → Erbrecht), im → Strafrecht (einschließlich → Jugendstrafrecht), im → Ausländerrecht, in der der »öffentlichen Fürsorge« (Sozialhilferecht, Jugendhilferecht; → Sozialhilfe, → Jugendhilfe), Kriegsopferrecht (→ Kriegsopferversorgung), Sozialversicherungsrecht (→ Sozialversicherung) einschließlich der → Arbeitslosenversicherung, Krankenhausfinanzierungs- und Pflegesatzrecht (→ Krankenhausfinanzierung, → Pflegesatz), Umweltrecht. Für einige in Art. 75 GG aufgezählte Materien hat der Bund die Kompetenz zur »Rahmengesetzgebung«, d. h. die vollständige gesetzliche Regelung kommt erst durch komplettierende Ausfüllungsgesetze der Länder zustande.

Das Verfahren der G. – es kann eingeleitet werden durch Initiativen der Bundesregierung, des Bundestages oder des Bundesrates – ist geregelt in Art. 76–78, 82 GG. Werden Länderinteressen berührt, dann ist die verfahrensrechtliche Stellung des Bundesrates durch das Erfordernis der »Zustimmung« verstärkt. In allen anderen Fällen kann er »Einspruch« einlegen und so eine nochmalige Befassung des Bundestages mit der Gesetzesvorlage erzwingen. Das Verfahren der G. endet mit Ausfertigung der Gesetze durch den Bundespräsidenten und Verkündung im Bundesgesetzblatt.

Zur G. i. w. S. rechnet man, sprachlich ungenau aber sachlich richtig, auch den Erlaß von → Rechtsverordnungen durch die Bundesregierung, einzelne Bundesminister oder Landesregierungen (Art. 80 GG). Reformvorschläge gehen dahin, diesen Zweig der »Gesetzgebung« künftig zu verstärken, um die Parlamente vom Druck der Detailarbeit zu entlasten und so die parlamentarische Entscheidung von politischen Grundsatzfragen wieder zu ermöglichen.

Lit. Böckenförde: Gesetz; Ebel: Gesetzgebung; Eichenberger u. a.: Gesetzgebung; Krause, H.: Gesetzgebung; Neumann, F.: Funktionswandel; Noll, P.: Gesetzgebungslehre; Triepel: Gesetzgebung.

Michael Stolleis

Gesetzlicher Vertreter Der Vertreter einer Person, der seine Berechtigung, in deren Namen zu handeln, nicht daraus ableitet, daß ihn diese zu ihrer Vertretung ermächtigt, sondern der seine Berechtigung unmittelbar aus einer gesetzlichen Norm oder durch einen auf Grund eines → Gesetzes ergangenen Staatsakt erhält, ist ein g. V. Fälle gesetzlicher Vertretung sind notwendig, wenn eine Person am Rechtsverkehr nicht teilnehmen kann, weil sie z. B. in der → Geschäftsfähigkeit beschränkt oder geschäftsunfähig ist oder soweit es zur Abwendung einer erheblichen Gefahr für die Person oder das Vermögen eines Betreuten erforderlich ist (Einwilligungsvorbehalt, § 1903 → Bürgerliches Gesetzbuch [BGB]). So werden minderjährige Kinder von ihren Eltern gesetzlich gem. § 1626 BGB vertreten. Elternlose minderjährige Kinder erhalten als g. V. einen Vormund. Notwendig wird auch eine gesetzliche Vertretung, wenn zwar die zu vertretende Person geschäftsfähig, aber in einzelnen Angelegenheiten oder in einem Kreis von Angelegenheiten faktisch oder rechtlich an deren Besorgung verhindert ist. Für diese Fälle ist als gesetzliche Vertretung die → Betreuung oder die Pflegschaft vorgesehen.
Während die Eltern kraft Gesetzes die natürlichen Vertreter ihrer minderjährigen, nicht voll geschäftsfähigen Kinder sind, ist der Betreuer, der Pfleger oder der Vormund grundsätzlich nur kraft vormundschaftsgerichtlicher Bestellung g. V. des zu Vertretenden (Betreuter, Pflegling, Mündel). Bei der Bestellung eines g. V. wirkt die → Betreuungsbehörde oder das → Jugendamt (JA) maßgeblich mit. Bei der Bestellung eines g. V. für einen Minderjährigen ist das JA gem. § 1779 BGB zu hören, gem. § 53 → Kinder- und Jugendhilfegesetz (KJHG) – SGB VIII) hat es dem → Vormundschaftsgericht (VG) geeignete Personen und Vereine vorzuschlagen. Fehlt eine als g. V. geeignete Person, so kann das JA gem. §§ 1791 b und 1915 BGB als Vormund oder Pfleger bestellt werden. Für ein → nichteheliches Kind ist das JA darüber hinaus nach § 1706 BGB gesetzlicher Pfleger oder aber nach § 1791c BGB gesetzlicher Vormund.
Lit. Oberloskamp: Vormundschaft; Wienand: Betreuungsrecht. *Manfred Wienand*

Gesetzmäßigkeit der Verwaltung ist ein grundlegendes Prinzip des (sozialen) → Rechtsstaates. G. d. V. prägt sich aus im Vorrang und im Vorbehalt des → Gesetzes. Vorrang des Gesetzes, verankert in Art. 20 Abs. 3 → Grundgesetz (GG), bedeutet, daß die Verwaltungsbehörden (Exekutive) bei ihrem Handeln an die geltenden Gesetze gebunden sind und sich nur in den darin gezogenen Grenzen bewegen dürfen.
Vorbehalt des Gesetzes (Parlamentsvorbehalt) bedeutet, daß die Exekutive auf den vorbehaltenen Regelungsbereichen nur tätig werden darf, wenn und soweit sie hierzu die Legislative durch förmliches Gesetz ermächtigt hat. Auch dieser Grundsatz wird aus Art. 20 Abs. 3 GG hergeleitet.
Jeder Eingriff der Verwaltung in die Rechte der Bürgerinnen und Bürger (Eingriffsverwaltung) bedarf der Rechtsgrundlage in einem Gesetz. Fehlt eine solche gesetzliche Grundlage, ist das Verwaltungshandeln rechtswidrig. Bei rein interner Verwaltungstätigkeit und im Bereich der Leistungsverwaltung (→ Daseinsvorsorge) ist eine Rechtsgrundlage demgegenüber nicht unbedingt erforderlich (gesetzesfreie Verwaltung). Allerdings ist auch die Leistungsverwaltung kein rechtsfreier Bereich. Die → Grundrechte sind stets zu beachten, in der Subventionsverwaltung insbesondere der Gleichbehandlungsgrundsatz und das Willkürverbot des Art. 3 GG. Auch für die Leistungsverwaltung hat der Gesetzgeber die grundlegenden Entscheidungen zu treffen. Mit dem Gesetzesvorbehalt ist vereinbar, daß der Gesetzgeber die Verwaltung zum Handeln nach pflichtgemäßem → Ermessen ermächtigt. Dieses ist nach Inhalt, Zweck und Ausmaß hinreichend zu bestimmen (vgl. § 40 VwVfG – Bund, § 39 SGB I, § 114 VwGO, § 54 SGG).
Für den Sozialleistungsbereich ist der Gesetzesvorbehalt in §31 → Sozialgesetzbuch – Allgemeiner Teil – (SGB I) formuliert. Danach »dürfen Rechte und Pflichten nur begründet, festgestellt, geändert oder aufgehoben werden, soweit ein Gesetz es vorschreibt oder zuläßt«. Mit der Formulierung »zuläßt« ist klargestellt, daß auf einem formellen Gesetz beruhende Rechtsvorschriften zur Begründung, Feststellung, Änderung oder Aufhebung von Rechten und Pflichten ausreichen. §31 spricht nicht von Sozialleistungen, sondern vom Sozialleistungsbereich, was bedeutet, daß z. B. auch Rechte im Rahmen der Selbstverwaltung, des → Verwaltungsverfahrens und der sonstigen Tätigkeit des → Sozialleistungsträgers nur eingeräumt werden dürfen, soweit das Gesetz dies vorschreibt oder zuläßt.
Bei Verstößen gegen das Gebot der G. d. V. gewährleistet Art. 19 Abs. 4 GG dem Bürger → Rechtsschutz. Gesetzesverstöße durch die Verwaltung können schließlich zu Ansprüchen auf Folgenbeseitigung (vgl. § 113 Abs. 1 S. 2 und 3 VwGO), auf Entschädigung oder → Schadensersatz (Art. 34 GG/§ 839 BGB), → Staatshaftung, → Amtshaftung) führen. *Walter Roth*

Gesprächsführung, Methoden der, stellen verbale und nonverbale → Interventionen zur Lösung von Problemen im psychosozialen Bereich dar (→ Helfende Beziehung). Die jeweils verwendeten Methoden des Beraters sind von verschiedenen Faktoren abhängig:
1. Sie werden mitbestimmt durch die jeweilige theoretische Orientierung des Helfenden

(z. B. → Gesprächspsychotherapie, → Verhaltenstherapie, → Psychoanalyse, → Gestalttherapie, Rational-emotive Therapie [→ Kognitive Therapie], Kommunikationstherapie, → Transaktionsanalyse). Das Methodenarsenal der verschiedenen, der G. beeinflussenden Theorien unterscheidet sich erheblich, wobei die ersten 4 genannten Theorierichtungen die einflußreichsten derzeit sind.
2. Sie werden ferner mitgeprägt durch die individuelle Persönlichkeit des Beraters mit dessen spezifischen Lebenserfahrungen, Kenntnissen und Fertigkeiten oder Temperamentsfaktoren und weltanschaulichen Positionen. Entsprechend bunt gestaltet sich damit die Praxis der G.
3. Sie hängen ab von der Art der zu lösenden Probleme. Bei bloßen Informationsdefiziten genügen oft wenige geschlossene oder offene Fragen, um klare Auskünfte erteilen zu können. Dagegen ist bei komplexen Problemen eine große Variabilität und Flexibilität vonnöten, wie z. B. aktives Zuhören, Paraphrasieren, Metakommunizieren, Verbalisieren emotionaler Erlebnisinhalte (→ Therapeutenvariablen), Vereinfachen, Abstrahieren, Strukturieren, Konkretisieren, Ignorieren, Verstärken (→ Verstärkung), Zusammenfassen, Ich-Du-Botschaften kennzeichnen, verdeckte und paradoxe Appelle, Symptomverschiebungen, Problemlösungsstrategien einbeziehen.
4. Sie müssen der Persönlichkeit des Ratsuchenden Rechnung tragen (→ Empathie). Der Berater muß sich u. a. dem sprachlichen und intellektuellen Niveau des anderen anpassen oder dessen Empfindsamkeiten und → Widerstände geschickt berücksichtigen. Die komplexen Probleme der Praxis erfordern eine Integration von Methoden. G.techniken werden jedoch wirkungslos, wenn sie nicht in eine Haltung von Echtheit und Wertschätzung eingebettet sind.
Lit. Hackney u.a.: Beratungsstrategien; Rahm, D.: Gestaltungsberatung; Schneider, M.: Erzieher; Schulz von Thun: Klärungen; Schulz von Thun: Reden; Weber, W.: Gesprächspsychotherapie; Zuschlag u.a.: Konfliktsituationen. *Manfred Schneider*

Gesprächspsychotherapie Eine spezielle verbale und nonverbale interaktive Methode zur Verminderung oder Beseitigung von Beeinträchtigungen und Problemen persönlicher und zwischenmenschlicher Art unterschiedlichen Ausmaßes. Die G. (auch klientenzentrierte Therapie oder personenzentrierte und nondirektive G. genannt) ist heute neben der → Verhaltenstherapie und der psychoanalytischen Therapie (→ Psychoanalyse) das verbreitetste Interventionsverfahren (→ Intervention) in den verschiedensten Feldern der sozialen Hilfe, → Beratung (non-direktive Methoden der Praxisberatung) und → Psychotherapie.
Wesentliche Aspekte und Annahmen der G. sind: a) Klienten- oder Personenzentriertheit. Sie bedeutet, daß die hilfesuchende Person mit ihren jeweiligen Gefühlen, Wünschen, Zielen und Wertvorstellungen, mit ihrer subjektiven Sicht der eigenen Innenwelt und der äußeren Umgebung im Mittelpunkt des Interaktionsgeschehens von Hilfesuchendem und Helfendem (Berater, Therapeut) steht. Die Wertvorstellungen oder die sonstige Sichtweise der Welt seitens des Helfers treten weitgehend in den Hintergrund; Ratschläge, Empfehlungen, Bewertungen oder andere direktive Maßnahmen werden vermieden (→ Gesprächsführung, Methoden der). In neueren Entwicklungen wird stärker die Selbsteinbringung des Helfers (Therapeuten) gefordert, was Pfeiffer im Begriff des → dialogischen Prinzips neben dem monologischen verdeutlicht (vgl. Pfeiffer, W. M.). Diese bedeutsame theoretische Erweiterung ermöglicht im Zusammenhang mit der Entwicklung von Krankheitstheorien die wissenschaftliche Untersuchung der Behandlung von schweren seelischen Störungen (z. B. Borderline-Patienten) über die Behandlung von neurotischen Beeinträchtigungen hinaus (u. a. Binder & Binder, Finke, Swildens, Tausch). Ziel der G. ist das Schaffen einer vertrauensvollen Atmosphäre, die den Hilfesuchenden in die Lage versetzt, angstfreier zu werden, um dann selbst aktiv und kreativ an der Lösung der eigenen Schwierigkeiten arbeiten zu können. Hilfe zur Selbsthilfe steht im Vordergrund. b) Beeinflussung und Veränderung des Verbalverhaltens, der Selbstexploration (→ Exploration) und des gestörten Verhaltens und Erlebens des Klienten durch das verbale und soziale Verhalten des Helfenden. Als hilfreiche Merkmale des Therapeutenverhaltens (→ Therapeutenvariablen) und zentrale Basisvariablen der G. werden dabei Echtheit und Selbstkongruenz (Authentizität), unbedingte Wertschätzung und → Empathie angesehen.
Der Begründer der G. ist Rogers. Er stellte seine praktischen Erfahrungen als klinischer Psychologe erstmals in seinem Buch »Die nicht-direktive Beratung« 1942 dar. Seine eher philosophische, empirisch kaum nachweisbare und deshalb kritisierte Grundannahme ist eine angeborene »Selbst«-Verwirklichungstendenz im Individuum, die für die Weiterentwicklung und Reifung der Persönlichkeit sorgt, wenn günstige äußere Bedingungen gegeben sind. G. ist im weiteren von Gendlin, Truax, Carkhuff, Zimring, Anderson und vielen anderen (vgl. Wexler u.a.; Grunwald) weiterentwickelt worden und hat in Deutschland besonders durch Tausch Eingang gefunden (vgl. Tausch u.a.). Der Prozeß der Ausdifferenzierung, Anreicherung mit lerntheoretischen, kognitionstheoretischen und sozialpsychologischen Elementen sowie die Vermischung mit anderen therapeutischen Richtungen wie etwa der Verhaltens-

oder → Gestalttherapie ist noch nicht abgeschlossen. Der G. fehlte bisher ein einheitlicher systematisch-theoretischer Rahmen. In den letzten Jahren wird eine einheitliche theoretische Fundierung im Sinne der Inkongruenztheorie von Rogers bis hin zu einer davon abgeleiteten Krankheitslehre angestrebt (Inkongruenz als Quelle des Leidens, vgl. Speierer). Die wissenschaftliche Auseinandersetzung mit der G. hat zahlreiche Schwächen und Stärken aufzeigen können, allerdings konnte die empirische Forschung die Effektivität der G. in vielen Problembereichen belegen. Es wurde aber auch aufgewiesen, daß die Basisvariablen des Therapeutenverhaltens zwar notwendige, aber oft nicht hinreichende Bedingungen für Veränderungen bei Hilfesuchenden sind, so daß erst weitere Aktivitäten der Komplexität und Differenziertheit der verschiedenen menschlichen Probleme und Problemsituationen sowie unterschiedlichen Persönlichkeitsstrukturen gerecht werden. Anleihen seitens der G. an Theorie- und Verhaltenselemente aus anderen Therapierichtungen versuchten dem Rechnung zu tragen, während in den letzten 10 Jahren genuin gesprächspsychotherapeutische Krankheitstheorien (u. a. Biermann-Ratjen, Finke, Graessner, Speierer) und genuin gesprächspsychotherapeutische störungsspezifische Ansätze entwickelt wurden (u. a. Finke, Speierer, Swildens, Tausch). Durch die verbesserte Kommunikation der Gesprächspsychotherapeuten innerhalb Europas und mit Übersee wurden in Deutschland vor allem Ansätze aus Belgien, Holland, Österreich und der Schweiz integriert, z. B. auf dem europäischen Kongreß »Konkurrenz und Solidarität« 1995 in Aachen (Esser, Pabst, Speierer).
Durch die zunehmende Annäherung der verschiedenen Therapieschulen in den letzten Jahren ist die G. in einem ständigen Veränderungsprozeß begriffen: Es gibt nicht mehr »die« G., zumal körperorientiertes Vorgehen wie Focusing (Gendlin) und andere Ausdrucksformen als Sprechen, z. B. Malen und künstlerisches Gestalten, im klientenzentrierten Konzept immer mehr an Bedeutung gewinnen (vgl. Behr, M. u. a.: Therapie; neueste Entwicklungen finden sich in Behr, M. u. a.: Jahrbuch).
Lit. Behr, M. u. a.: Jahrbuch; Behr, M. u. a.: Therapie; Gesellschaft für wissenschaftliche Gesprächspsychotherapie; Grunwald: Gesprächspsychotherapie; Pfeiffer, W. M.: Psychotherapie; Rogers: Beratung; Rogers: Gesprächspsychotherapie; Speierer: Krankheitstheorie; Tausch u. a.: Gesprächspsychotherapie; Wexler u. a.: Client-centered Therapy.

Manfred Schneider/Ulrich Esser

Gestaltpsychologie ist eine Richtung der → Psychologie, deren Entstehung auf die Zusammenarbeit von M. Wertheimer (1880–1943), W. Köhler (1887–1967) und K. Koffka (1886–1941) in Frankfurt und später in Berlin gemeinsam mit K. Lewin (1890–1947) zurückgeht. »Gestalt«, der zentrale Begriff der G., kann so bestimmt werden: Es gibt Gebilde, die etwas anderes sind als nur die Summe ihrer Bestandteile, aus denen sie entstanden sind oder in die sie zerlegt werden können; z. B. eine Melodie aus in bestimmter Weise angeordneten und dargebotenen Tönen. Durch die Anordnung selbständiger Einzelinhalte können folglich Gebilde mit Eigenschaften entstehen, die die Einzelinhalte als selbständige Teile nicht hatten, und die Eigenschaften der Einzelinhalte selbst ändern sich mehr oder weniger, sobald sie unselbständige Teile einer Gestalt werden. Das Charakteristische einer Gestalt kann auch bei durchgängiger Änderung der sie konstituierenden Grundlagen erhalten bleiben, z. B. Versetzung einer Melodie in eine andere Tonart. Die Gestaltpsychologen haben niemals bestritten, daß es außer »Gestalten« auch »summative Gebilde« gibt. Außer den Fällen, in denen Gestalten von vornherein fertig gegeben sind, gibt es andere, in denen Gestalten durch Zusammenfügen vorher selbständiger Einzelinhalte oder durch Ausgliederung aus einem noch umfassenderen Ganzen oder durch Umgliederung einer Mannigfaltigkeit andersartiger Ganzer entstehen. Die Gestaltpsychologen haben viel Mühe darauf verwendet, sowohl die für Zusammenschluß und Zusammenhang als auch die für Gliederung, Begrenzung, Absonderung und Trennung maßgebenden Bedingungen und Gesetzmäßigkeiten zu finden und zu formulieren. Die Wirkung dieser Gesetze (sog. Gestaltgesetze) faßt Metzger mit den Worten zusammen: »Zusammenschluß nach innen und Absetzung nach außen erfolgen bevorzugt so, daß im Wahrnehmungsfeld die bestgestalteten Einheiten, d. h. die größte bei der gegebenen Reizverteilung mögliche Ordnung verwirklicht wird. Man spricht daher von einer Tendenz zur guten Gestalt oder Prägnanztendenz.« (Metzger in Guss: Gestalttheorie, S. 75).
Obwohl die Gestaltpsychologen ihre Untersuchungen zunächst vorzugsweise auf die visuelle → Wahrnehmung konzentriert haben, beanspruchen sie Gültigkeit der von ihnen gefundenen Gesetzmäßigkeiten für die Gesamtheit des Seelischen. Eine Fülle von Untersuchungen des → Denkens, des → Gedächtnisses, der → Motivation, der → Persönlichkeit, der psychischen Entwicklung, in der → Sozialpsychologie und der → klinischen Psychologie sowie die erfolgreiche Übertragung gestaltpsychologischer Erkenntnisse auf Fragen der → Erziehung rechtfertigen diesen Anspruch.
Als besonders bedeutsam, folgenreich und unentbehrlich für die psychologische → Theoriebildung wie auch für die praktische Anwendung psychologischer Erkenntnisse

hat sich die von den Gestaltpsychologen mit Nachdruck vertretene Unterscheidung zwischen physikalischer Wirklichkeit als Inbegriff alles von einem erlebenden und handelnden Subjekt unabhängig Existierenden einerseits und anschaulicher Wirklichkeit als Gesamtheit alles Erlebten (Dinge, Ereignisse, andere Menschen usw.) erwiesen. Verhalten bezieht sich immer auf anschauliche Wirklichkeit, antwortet auf sie und wirkt auf sie ein. Entstehung und Eigenart anschaulicher Wirklichkeit wird zwar zumeist von Sinnesreizungen veranlaßt, die durch physikalische Ereignisse hervorgerufen werden und durch Vorgänge im Nervensystem mitbedingt, jedoch dadurch keineswegs völlig bestimmt. Anschauliche Wirklichkeit ist mit allem, was sie enthält, ein Bereich des Seelischen, dessen Eigenart, Ordnung und »Stimmung« psychischen Einflüssen unterliegt, der nach psychischen Gesetzmäßigkeiten gestaltet ist und dennoch als unabhängig vom erlebenden Subjekt erlebt wird. In der anschaulichen Wirklichkeit wirken auch Kräfte, für die es zwar in der physikalischen Wirklichkeit kein Korrelat gibt (z. B. sich zu einem anderen Menschen hingezogen oder von ihm abgestoßen fühlen u. a. m.), die aber dennoch Richtung, Stärke und Ausdauer von Verhalten nachhaltig und maßgeblich beeinflussen.

Die Beziehung zwischen Gestaltpsychologie und Gestalttherapie betreffend findet man in der Fachliteratur ein breites Spektrum von Ansichten. Es reicht von der Auffassung, beide seien in wesentlicher Hinsicht einander entgegengesetzt, über die Feststellung einer nur sehr oberflächlichen bzw. lediglich metaphorischen Übertragung experimentell begründeter Formulierungen gestaltpsychologischer Gesetze durch Perls bis zur Behauptung einer Übertragung der gestaltpsychologischen Sicht auf den therapeutischen Prozeß sowie der These, daß die Methode der Gestalttherapie philosophisch, wenn nicht sogar historisch von der Gestaltpsychologie abstamme.

Lit. Ertel u. a.: Gestalttheorie; Guss: Gestalttherirerie; Guss: Psychologie; Guss: Sozialarbeit; Metzger: Erziehung; Metzger: Gesetze; Metzger u. a.: Psychologie; Rausch: Eigenschaftsproblem; Rock, u. a.: Gestaltpsychologie; Walter, H.-J.: Psychotherapie. *Peter Moltke*

Gestalttherapie stellt neben der → Gesprächspsychotherapie die gegenwärtig expansivste Therapieform humanistischer Prägung (→ Humanistische Psychologie) dar. In der von Perls (1893–1970) in den 50er Jahren entwickelten → Therapie finden sich Einflüsse sehr unterschiedlicher therapeutischer und philosophischer Ansätze. In Auseinandersetzung mit der → Psychoanalyse hebt sie die auf östliche Denktraditionen zurückzuführende Gegenwartszentriertheit psychischer Phänomene hervor und verwirft die psychoanalytische Ausrichtung auf die Vergangenheit. Die von der → Gestaltpsychologie aufgestellten Organisationsgesetze menschlicher Wahrnehmung werden als grundlegend für die Funktionsweise der menschlichen Persönlichkeit angesehen. Die phänomenologische Ausrichtung der G. (im Unterschied zur kausalen innerhalb der Psychoanalyse) läßt sich auf den Einfluß des Existentialismus zurückführen. Die Einbeziehung von Körperreaktionen läßt die Verbindung zur → Bioenergetik erkennen; viele Methoden und Übungen sind direkt dem → Psychodrama entlehnt. Trotz dieser sehr heterogenen Einflüsse stellt sie einen eigenen integrativen Ansatz in der → Psychotherapie dar.

Wesentlich für die G. ist die Kennzeichnung der → Neurose als »unerledigte Situation«, oft i. S. eines → Traumas verstanden. Durch Bewußtmachen der Mechanismen, die dem Neurotiker zur Verfügung stehen können, soll eine Integration dieser unerledigten Situation und der mit ihr einhergehenden abgespaltenen Gefühle, Phantasien und Verhaltensweisen ermöglicht werden. Im gestalttherapeutischen Prozeß zielen die → Interventionen des Therapeuten darauf ab, den Neurotiker möglichst rasch mit seinen Blockierungen zu konfrontieren, um ihn seine existentielle Leere i. S. eingefrorener Energien erfahren zu lassen. In einer Art Explosion lösen sich häufig diese durch Blockierungen festgehaltenen Affekte wie Wut, Schmerz etc. Die G. wird als Einzel- oder → Gruppentherapie durchgeführt.

Im zurückliegenden Jahrzehnt hat die G. eine breite Akzeptanz praktisch in allen Bereichen der psychosozialen Versorgung erlebt. Sie stellt neben der Psychoanalyse, der → Verhaltenstherapie, der Gesprächspsychotherapie und den jeweiligen Varianten eine anerkannte eigene Form einer integrativ ausgerichteten Psychotherapie dar. Im Vergleich zur Verhaltenstherapie und Gesprächspsychotherapie fehlen noch immer strenge wissenschaftliche Untersuchungen über Wirkfaktoren und Wirksamkeit der G. Die Literatur ist fast unüberschaubar geworden. Sie weist neben der theoretischen Weiterentwicklung der Grundlagen von Perls viele eindrucksvolle Beispiele aus der inzwischen weitverzweigten Praxis der G. auf, um die sich in Deutschland v. a. H. Petzold verdient gemacht hat.

Lit. Perls: Gestalttherapie; Perls: Grundlagen; Perls: Ich; Schneider, K.: Grenzerlebnisse; Staemmler: Gestalttherapie.
Heinz-Jörg Fraßa

Gesundheit wurde bereits 1948 von der → Weltgesundheitsorganisation (WGO) definiert als »ein Zustand vollkommen körperlichen, geistigen und sozialen Wohlbefindens und nicht allein das Fehlen von Krankheit oder Gebrechen«. Damit wurde erstmals offiziell eine positive Definition festgeschrieben, die gleichzeitig als Programm zu verstehen war. Ergänzt wurde dies später noch durch das Konzept einer g.bewußten Lebensweise. Wenn von der WGO dann noch für das Jahr 2000 »G. für alle« gefordert wird, so entsteht viel Kritik an den utopischen Ansprüchen, besonders von Ärzten und Politikern. Bei näherer Betrachtung läßt sich jedoch vieles leichter nachvollziehen, zunächst bei den Dimensionen des Wohlbefindens: Heute wird eher als vor 40 Jahren akzeptiert, daß wir nicht nur körperlichen, sondern ebenso auch geistigen, seelischen und sozialen (kurz: psychosozialen) Einflüssen ausgesetzt sind, die das Befinden – wohl oder weniger wohl – steuern. Wir haben es also außer mit dem Körper auch mit dem Innenleben und dem Außenleben zu tun. Ursprünglich war mit der geistigen Ebene nur ein Teilbereich des Innenlebens angesprochen. Sicher gehört der seelische Bereich dazu, wahrscheinlich erweitert um eine spirituelle Dimension, die unsere Beziehung zu Gott oder einer von außen wirkenden Kraft, unsere religiösen Anteile, unser Ahnen einer Schöpfung und Lebenskraft mit einschließt.

Des weiteren wirkt in der ursprünglichen Definition der Zustand des Wohlbefindens, selbst wenn er durch das Lebensweisen-Konzept etwas dynamisiert wird, noch zu statisch. Denn es widerspricht all unserer Erfahrung, den Augenblick des Wohlbefindens oder des Glücks festhalten zu können. Gemeint ist viel eher ein flexibles Verhalten, ein Ausbalancieren. Wir schwanken in allen oben beschriebenen Dimensionen stetig um einen gedachten Idealpunkt des vollkommenen Wohlbefindens herum, ohne ihn je festhalten zu können; denn immer wieder treten Veränderungen auf – Leben bedeutet Veränderung. Innerhalb gewisser Grenzen bringt dieses Ausgleichen von Störungen, das Parieren von Anstößen, das Ausbalancieren von Belastungen ein Gefühl von Lebendigkeit, von Wohlbefinden, von G. Erst bei stärkeren oder dauerhaften Grenzüberschreitungen drohen Krankheit und Behinderung (körperlich), Angst und Verzweiflung (psychisch) sowie Armut und Einsamkeit (sozial).

Es handelt sich also bei der G. um ein besonderes Fließgleichgewicht, das desto besser funktioniert, je federnder, flexibler und ausgleichender die Reaktionen ausfallen. Und das läßt sich lernen, ein Leben lang. An dieser Stelle können → Gesundheitserziehung und Gesundheitsförderung ansetzen, wobei es dann nicht mehr um das absolute Vermeiden schädlicher oder »ungesunder« Einflüsse gehen würde, sondern um eine bewegliche Anpassungsreaktion. Dies würde die Fähigkeit und Bereitschaft zu Ausgleichsreaktionen, d.h. Gesundung, bei künftigen Schieflagen verbessern und trainieren.

G. in diesem dynamischen Sinne läßt sich nicht objektiv fassen. Sie wird eher beschrieben durch die jeweilige individuelle Kompetenz zur Gesundung und das damit verbundene subjektive Gefühl. Jeder Mensch steckt im Laufe seines Lebens die Grenzen seiner Schwankungsbreite anders ab und entwickelt individuelle Lebensweisen, die er für sich als bekömmlich oder schädlich, »gesund« oder »ungesund« empfindet. Daher kann es auch nicht gesunden Sport, gesunde Kleidung oder gesunde Ernährung in dieser Verallgemeinerung geben. Gemeint sein kann damit nur, daß Bewegung an sich zur Lebendigkeit gehört, daß Kleidung hinderlich oder für bestimmte Körperfunktionen schädlich sein kann und schließlich, daß Nahrung mehr oder weniger Schadstoffe und eben auch Nährwert, Vitamine, Spurenelemente, Ballaststoffe usw. enthalten kann.

Es gilt vielmehr, daß jeder Mensch für sich erfährt, daß die Grenzen nicht festgelegt werden sollten, sondern daß die Schwankungsbreite immer wieder neu definiert und erprobt werden kann und muß. Nur daraus erhalten wir uns die Fähigkeit zur Gesundung, die G. *Rainer Hoehne*

Gesundheitliche Aufklärung meint im wesentlichen die Vermittlung von gesundheitsrelevanten Tatsachen aus den Bereichen → Ernährung, Bewegung, → Gesundheitsvorsorge, Hygiene, Zahngesundheit, soziale Beziehungen, → Sexualität, Psychohygiene, → Krankheit, Behinderung und Umwelt.

Durch Information soll riskantes, krankmachendes Verhalten vermieden und gesundheitsbewußtes gefördert werden. Das Wissen um gesundheitliche Zusammenhänge (→ Gesundheit) ist jedoch nur eine Voraussetzung für gesünderes Leben. Wirksam wird es erst, wenn es handlungs- und situationsorientiert im Lernfeld → Familie, → Kindergarten, Schule, Arbeits- und Wohnsituation durch Vorbild einer integrierten gesundheitsbewußten Lebensweise umgesetzt wird.

Die → Bundeszentrale für gesundheitliche Aufklärung (BZgA) ist als eine dem → Bundesministerium für Gesundheit (BMG) direkt unterstellte Behörde den o. g. Aufgaben verpflichtet. *Rainer Hoehne*

Gesundheitsamt (GA) dient der Durchführung eines Teils des öffentlichen Gesundheitsdienstes (→ Gesundheitsdienst, öffentlicher [ÖGD]) in der unteren bzw. kommunalen Verwaltungsebene. Die Rechtsgrundlage geht in bezug auf die allgemeinen Aufgabenstellungen des Gesundheitsamtes von den Bundesländern aus. In einigen Bundesländern befindet sich noch das Vereinheitlichungsgesetz (VereinhG) von

1934 in Kraft (z. B. Nordrhein-Westfalen). Das VereinhG faßte die Kontrollaufgaben der staatlichen Kreis- und Bezirksärzte (Gesundheitsaufsicht und Gesundheitsschutz) und der kommunalen Gesundheitsfürsorge und Gesundheitspflege rechtseinheitlich in einem selbständigen Amt zusammen. Dadurch wurde bewußt ein schlagkräftiges Instrument geschaffen, um die Politik der Rassenhygiene durchzusetzen. Nach 1945 wurden die rassenhygienischen Elemente aus dem Gesetz entfernt. Es wurde so »entschlackt« in allen Bundesländern der damaligen BRD mit seinen drei Durchführungsverordnungen übernommen. Erst in den siebziger und achtziger Jahren wurden in Schleswig-Holstein, Berlin und Bayern eigene Gesetze für den ÖGD geschaffen, die aber keine wesentliche Neudefinition der Aufgaben der GÄ formuliert haben. In den neunziger Jahren wurde eine neue Ausrichtung des ÖGD festgeschrieben wie zum Beispiel in Berlin (1994) und Bremen (1995). Dabei spielt der Gedanke der → Subsidiarität eine herausragende Rolle: der Staat bzw. die Kommune soll nur noch dort tätig sein, wo → freie Träger oder niedergelassene Ärzte die Aufgabe nicht übernehmen können. die neuen Bundesländer haben nach der Wende eigene Gesetze für den ÖGD aufgestellt. Das Gesundheitsamt wird von einem → Amtsarzt geleitet.

Die meisten gesetzlich fixierten Aufgaben des GA beinhalten die Zuarbeit für andere Behörden (z. B. Schul-, → Sozial- und → Jugendamt). Reihenuntersuchungen, ärztliche Gutachten und Kontrolle von Seuchen stehen bis heute im Aufgabenfeld der GÄ im Vordergrund. Mit Zunahme des Bewußtseins in der Bevölkerung für Umweltprobleme, → Datenschutz und Selbstbestimmung häufen sich die Stimmen nach einem Paradigmenwechsel. Die GÄ werden aufgefordert, mehr den Bürgern und weniger der → Verwaltung zu dienen. Nicht Seuchen, sondern krankmachende Bedingungen der Umwelt und der sozialen Situation sollen im Mittelpunkt der Tätigkeit des GA stehen. Nicht Kontrolle des Bürgers oder Reihenuntersuchungen, sondern von dem Bürger freiwillig in Anspruch genommene Beratung und auf eigenen Wunsch durchgeführte ärztliche Untersuchungen werden gefordert.

Folgende Aufgabenbereiche lassen sich beschreiben:
- → Sozialmedizin: Amtsärztlicher Dienst (Gutachten u. a.), → Sozialpsychiatrischer Dienst, Suchtberatung, Krebsberatung, Sozialmedizinischer Dienst (Schwangerschaftsberatung u. a.).
- Gesundheitsschutz und Gesundheitsaufsicht: Hygiene (Trinkwasserkontrolle, Rattenkontrolle, Läuse u. a.; Begehung von Einrichtungen, z. B. Krankenhäuser), Umwelthygiene, Geschlechtskrankheiten, AIDS.
- → Gesundheitsfürsorge: Jugendgesundheitsdienst (Reihenuntersuchungen, Impfen u. a.). In der ehemaligen DDR wurden die GÄ aufgelöst und in dezentralere Strukturen umgewandelt. Nach der Wende wurde jedoch in den neuen Bundesländern das Vereinheitlichungsmodell von 1934 wieder eingeführt. Während der letzten Jahre ist jedoch ein bundesweiter Trend zu beobachten, die Vereinheitlichung der GÄ zumindest teilweise rückgängig zu machen. In Berlin wurden wichtige Teilbereiche der bezirklichen GÄ wie Gesundheitsförderung, Gesundheitsberichterstattung, Gesundheitsplanung und Psychiatriekoordination ausgelagert und den neugegründeten Plan- und Leitstellen Gesundheit zugeordnet. Auch werden in Berlin Versuche unternommen, den Bereich des Jugendgesundheitsdienstes der Jugendverwaltung zuzuordnen. In Baden-Württemberg befinden sich viele Sozialpsychiatrische Dienste in der Hand von → freien Trägern. Das inzwischen bundesweit karrieremachende Modell der → Subsidiarität führt tendenziell zu einer Auflösung der GÄ.

Dennoch ergeben sich heute aus dem Prinzip der Subsidiarität die wichtigsten Aufgaben des GA. Wenn zum Beispiel der Durchimpfungsgrad der Bevölkerung nicht ausreicht, hat das GA nicht von sich aus zu impfen, sondern in erster Linie die niedergelassenen Ärzte auf das Problem aufmerksam zu machen. Sollte dies zu keiner Verbesserung führen, kann das GA selbst Impfungen anbieten. Da Ausländer wegen ethnischer oder sprachlicher Verständigungsprobleme oft benachteiligt sind und sich nicht in unserem Gesundheitswesen zurechtfinden, sind spezifische Angebote zu entwickeln. Obdachlose und Drogenkonsumenten unterscheiden sich durch ihre schwierige Gesundheitssituation und niedrige Lebenserwartung von der allgemeinen Bevölkerung stark. Das GA hat dieser Vernachlässigung entgegenzuwirken. Ähnliche Lücken der Versorgung sind bei alten Menschen zu finden.

Eine wichtige Aufgabe des GA ist die Umweltmedizin geworden. Dieses moderne Fachgebiet ist Teil des Angebotsspektrums von einzelnen GÄ geworden, weil es – im Sinne des Subsidiaritätsprinzips – nicht von anderen Leistungserbringern angeboten wird. Doch ist es nur eine Frage der Zeit, daß andere Strukturen diesen Bereich übernehmen.

Lit. Nitz-Spatz u. a.: Herausforderungen.
Johannes Spatz

Gesundheitsdienst, öffentlicher (ÖGD)
Nach der Vereinheitlichung des ÖGD durch das Gesetz über die Vereinheitlichung des → Gesundheitswesens vom 3. 7. 1934 (Vereinheitlichungsgesetz [VereinhG]) ist der ÖGD primär für Prävention zuständig. Einen Behandlungsauftrag i. S. d. kurativen

Medizin hat der ÖGD nicht. Seit Mitte der 80er Jahre befindet sich der ÖGD in einem Umorientierungsprozeß:

1. → Gesundheitsförderung: Während früher Reihenuntersuchungen zur Erkennung der Vorstufen von Krankheit in den Schulen im Vordergrund standen, wird heute mehr Wert auf Gesundheitsförderung gelegt. Dies beinhaltet nicht nur die Änderung des individuellen → Verhaltens, sondern insbesondere die Änderung gesellschaftlicher Verhältnisse (Verhaltens- und Verhältnisprävention). Der rote Faden der Gesundheitsförderung ist die Bürgerbeteiligung. Gesundheitskonferenzen sind die Plattform für die Information und aktive Beteiligung der Bürger und anderen Akteuren wie → Krankenkassen, Ärzteorganisationen, Verbraucherverbänden oder Bürgerinitiativen an der Verhältnisprävention.

2. Gesundheitsberichterstattung: Heute ist die Medizinalstatistik überholt, die nahezu ein reines Zahlenwerk über Häufigkeit von Infektionskrankheiten beinhaltete. Sie ist abgelöst worden durch die Gesundheitsberichterstattung über Gesundheitszustand, Gesundheitsprobleme und Gesundheitsversorgungslage. Sie legt den Schwerpunkt auf regionale Darstellung und zeitliche Tendenzzusagen. Die Gesundheitsberichterstattung soll als Prozeß einer Gesundheitsauseinandersetzung verstanden werden, um eine Gesundheitsplanung zu ermöglichen. Große Berichtsfolianten sind dabei zu vermeiden.

3. Gesundheitsplanung: Gesundheitsplanung wurde in der Vergangenheit im wesentlichen auf Krankenhausplanung reduziert. Im Gegensatz dazu hat die → Weltgesundheitsorganisation (WGO) für Europa in den achtziger Jahren einen Katalog von Zielindikatoren als Grundlage einer rationalen und breit angelegten Gesundheitsplanung veröffentlicht. Es sollen Akteure benannt werden, die präzise Beiträge zur Erreichung der Zielvorgaben zu leisten haben. In der Regel werden Mortalitätsindikatoren ausgewählt, wie die Zahl der Verkehrstoten, die zum Beispiel bis zu dem Jahr 2000 oder 2005 mindestens um 25 oder 40 Prozent zu senken ist.

4. Ökologischer Gesundheitsschutz: Während die Seuchenbekämpfung in der Vergangenheit als wichtigste Aufgabe des ÖGD erschien, stehen heute Analyse, Bewertung und Bekämpfung von Umweltbelastungen im Mittelpunkt. Stellungnahmen der Gesundheitsämter zu gesundheitlichen Auswirkungen von Schadstoffen in Schulen oder → Kindergärten nehmen an Bedeutung zu. Gesundheitsverträglichkeitsprüfungen von Bebauungsplänen und Verkehrsplanung werden in Zukunft die Gesundheitsämter stark in Anspruch nehmen.

5. → Gesundheitsfürsorge: Die zunehmende Reduzierung von staatlichen → Sozialleistungen hat einen Trend der Verarmung und damit Verstärkung von gesundheitlichem Leid in Gang gesetzt. Die Aussage »wer arm ist, stirbt früher« war Anfang des Jahrhunderts sehr ernst zu nehmen und gewinnt in unserer Zeit wieder an Realität. Das sollte zur Folge haben, daß der ÖGD verstärkt dort Hilfe anbieten muß, wo es Leid und Krankheit gibt. Die Gesundheitsfürsorge wird in Zukunft wieder eine große Rolle spielen müssen.

Zum ÖGD gehören auf Bundesebene das für das Gesundheitswesen zuständige → Bundesministerium für Gesundheit (BMG) sowie die Bundesoberbehörden (Robert-Koch-Institut, Bundesinstitut für gesundheitlichen Verbraucherschutz und Veterinärmedizin, Bundesinstitut für Arzneimittel und Medizinprodukte, Paul-Ehrlich-Institut, → Bundeszentrale für gesundheitliche Aufklärung [BzgA] und das Deutsche Institut für Medizinische Dokumentation und Information).

Auf Länderebene sind entsprechende Ministerien für den ÖGD zuständig. In der Regel ist der Bereich Gesundheit in den Sozialministerien untergebracht. In den letzten Jahren ist ein Trend zur Stärkung zentraler Kompetenz zu verzeichnen. Zum Beispiel gibt es in Baden-Württemberg und Brandenburg Landesgesundheitsämter. Als Koordinierungsgremium zwischen den Bundesländern ist die Arbeitsgemeinschaft der leitenden Medizinalbeamten zu verstehen, die die jährliche Gesundheitsministerkonferenz (GMK) vorbereiten.

Auf kommunaler Ebene stellen im wesentlichen die Gesundheitsämter den ÖGD dar. Sie können als Amt der Kommune Teil der kommunalen Verwaltung sein oder unterstehen als staatliche Gesundheitsämter der Landesregierung. Es ist auch möglich, wie dies in Berlin der Fall ist, daß Plan- und Leitstellen Gesundheit und Veterinär- und Lebensmittelämter dem ÖGD zugerechnet werden.

Lit. Nitz-Spatz u. a.: Herausforderungen.

Johannes Spatz

Gesundheitserziehung verstanden als Erziehung zu verantwortlichem Handeln gegenüber der eigenen → Gesundheit wie auch gegenüber den gesundheitlichen Problemen der Mitmenschen und der Gesellschaft, ist eine permanente Aufgabe jeglicher → Erziehung. Sie muß funktional und intentional betrieben werden. Erfolge können jedoch nur erreicht werden, wenn es gelingt, entsprechende Einsichten, → Motivationen und Verhaltensweisen zu aktivieren. Im Bereiche der G. geht es daher nicht um reine Wissensvermittlung, sondern um das bewußte Erfassen von Erscheinungen und Vorgängen in Beziehung zum eigenen Körper und zur Hygiene, um das Einüben von Verhaltensweisen und das Herbeiführen von Verhaltensänderungen i. S. einer gesundheitsorientierten Lebensführung.

Die G. erhält in heutiger Zeit eine besondere Legitimation, weil der vom Individuum selbst zu verantwortende Anteil an der Qualität seiner Gesundheit ständig zunimmt.
Das Panorama der → Krankheiten und ihre Ursachen haben sich in der Nachkriegszeit grundlegend gewandelt: bis in den Anfang des 20. Jh. herrschten die Infektionskrankheiten vor, die – mit wenigen Ausnahmen – heute relativ gut bekämpft werden können. Anstelle von Mangelernährung und körperlicher Überbelastung haben jetzt die Gefährdungen durch Übergewicht, Herz-Kreislauf-Erkrankung, Krebserkrankung, Unfälle, Nervosität, vegetative Störungen usw. stark zugenommen. Diese Krankheiten (»Zivilisationskrankheiten«) sind gekennzeichnet durch einen hohen Anteil menschlichen Fehlverhaltens. Hauptursachen sind Bewegungsmangel, Überernährung, Genußmittelmißbrauch, falscher Lebensrhythmus und Dauerstreß. Aber auch die Risikofaktoren aus der Umwelt nehmen zu. Hier liegen inzwischen die dringlichsten Abwehr-Notwendigkeiten u. a. durch Aktivierung aller für umweltbewußtes Handeln. Ob man gesund bleibt oder krank wird, hängt heute also mehr denn je vom Verhalten des Individuums ab. Gesundheitsbewußtes Verhalten aber ist weitgehend erlernbar. Dabei muß die G. langfristig so angelegt sein, daß die erwünschten Einstellungen und Verhaltensweisen auch wirklich angenommen werden. Der beste Zeitpunkt hierfür ist das → Kindesalter, und die primären Erzieher sind die Eltern. Dafür brauchen sie kompetente Hilfe, die ihnen einerseits durch → gesundheitliche Aufklärung geboten werden sollte, andererseits durch frühes Einbeziehen in das gemeinschaftliche gesundheitserzieherische Handlungs- und Lernfeld im Kindergarten. Auch die Schule als eine alle Kinder erfassende Form organisierten Lernens muß sich der G. annehmen und die Grundlagen für ein modernes Gesundheitsbewußtsein schaffen.
Bei der G. gilt es, die emotional-affektive Dimension besonders zu berücksichtigen, so daß man angeregt wird, zur Erhaltung und Verbesserung seiner Gesundheit selbst Initiativen zu entwickeln. Zu einer umfassenden G. gehören folgende Themen:
– Vollzug der Körperpflege,
– vermeidbare Krankheiten infolge von Überernährung, Bewegungsmangel, Nikotin-, Alkohol-, Drogen- oder Arzneimittelmißbrauch,
– gesunde Wohnumwelt,
– richtiges Freizeitverhalten,
– Partnerschaft und verantwortlicher Umgang mit der → Sexualität,
– Kinderselbsttötung,
– Gefahrenquellen aus der Umwelt, Luft- und Wasserverschmutzung, Lärmzunahme, Strahlenzunahme, Chemikalienverbrauch,
– Unfallverhütung und Erste Hilfe,
– Vorsorgeuntersuchungen (→ Früherkennungsuntersuchungen),
– → genetische Beratung.
Die → Gesundheitsämter sind nach der 3. DVO zum Gesetz über die Vereinheitlichung des Gesundheitswesens (→ Vereinheitlichungsgesetz) zur Mitwirkung bei der G. verpflichtet. Wird G. nicht nur individuell als Vermittlung von Wissen verstanden, sondern als öffentliches Anliegen für gesundheitsbewußtes Verhalten, spricht man heute von → Gesundheitsförderung.

Kurt Hartung/Rainer Hoehne

Gesundheitsförderung In der modernen Industriewelt bestimmen nicht mehr die akuten Infektionskrankheiten, sondern chronisch degenerative Erkrankungen, psychosomatische Krankheiten (→ Psychosomatik) sowie Volkskrankheiten (Rheuma, Allergien, Krebs und Herz-Kreislauf-Erkrankungen) die Szene. Diese sind im wesentlichen durch Verhaltens-, aber auch sozial- und umweltbedingte Faktoren verursacht. Therapeutische Maßnahmen, die erst bei Krankheitseintritt beginnen, greifen daher zu kurz; sie können zwar Krankheitssymptome lindern oder die → Krankheit mildern, aber ihre Ursache nicht bekämpfen. Erst wenn es gelingt, Veränderungen im individuellen Lebensstil hin zu einer stärkeren Gesundheitsorientierung zu erreichen, aber auch gesundheitsgefährdende Arbeits- und Umweltbedingungen abzubauen, könnte der Eintritt vieler Erkrankungen vermieden werden. Um diesem Ziel näher zu kommen, können die → Krankenkassen in ihrer Satzung Leistungen zur Erhaltung und Förderung der → Gesundheit zur Verfügung stellen (§ 20 Abs. 3 SGB V; → Sozialgesetzbuch [SGB]) sowie allgemein über Gesundheitsgefährdungen aufklären und beraten (§ 20 Abs. 1 S. 1 SGB V).
Der Schwerpunkt der Präventionsaktivitäten von Krankenkassen liegt im Bereich der Beeinflussung von persönlichen Verhaltensweisen. So umfassen die Präventionsmaßnahmen (→ Prävention) beispielsweise Kursprogramme gegen bestimmte Risikofaktoren (z. B. Bewegungsmangel) und Ernährungsberatung. Die Krankenkassen sind gehalten, bei der Durchführung der Maßnahmen zur G. und → Krankheitsverhütung mit den Kassenärztlichen Vereinigungen und mit den auf diesem Gebiet bereits tätigen und erfahrenen Ärzten sowie mit anderen Stellen, z. B. Unternehmensleitungen, Betriebsärzten und Betriebsräten eng zusammenzuarbeiten (§ 20 Abs. 4 S. 1 SGB V). Zwingend notwendige Partner sind aber auch → Kindergärten, Schulen, → Volkshochschulen (VHS), Sportvereine, gesundheitspolitische Vereinigungen, Presse, Rundfunk, Fernsehen, Film. Präventionsmaßnahmen werden im allgemeinen so geplant, daß sie sich mit den Aktivitäten und Kapazitäten dieser gesellschaftlichen

Gesundheitsfürsorge

Gruppen verzahnen und sich gegenseitig verstärken. Zur Erreichung dieser Ziele können die Krankenkassen → Selbsthilfegruppen und → Selbsthilfekontaktstellen mit gesundheitsfördernder oder rehabilitativer Zielsetzung durch Zuschüsse fördern.

Harald Kesselheim

Gesundheitsfürsorge Umsetzung der wissenschaftlichen Erkenntnisse der → Sozialmedizin in die Praxis mit dem Ziele, Gefahren der Umwelt und soziale Gefährdungen mit Auswirkungen auf die Gesundheit von Gruppen, aber auch von einzelnen Menschen einerseits und vom einzelnen Menschen für die Allgemeinheit ausgehende Gefahren andererseits abzuwenden und bereits eingetretene Schäden und Behinderungen mit medizinischen und sozialen Hilfen zu lindern und abzubauen. Beispiele: → Jugendärztlicher Dienst (Jugendgesundheitspflege), Fürsorge für → Körperbehinderte, → Sozialpsychiatrie einschließlich → Süchte, Tuberkulosefürsorge, → Geschlechtskrankenfürsorge.
Diese beispielhaft aufgeführten Arten der G. sind Pflichtaufgaben des → Gesundheitsamtes nach dem Gesetz über die Vereinheitlichung des Gesundheitswesens (→ Vereinheitlichungsgesetz). Darüber hinaus haben die gesetzlichen Versicherungs- und Versorgungsträger ebenfalls gesundheitsfürsorgerische Aufgaben, diese allerdings im wesentlichen für Einzelpersonen.
Im Vordergrund aller Bestrebungen der G. steht also die Bekämpfung der sog. Volkskrankheiten. In einer Reihe von Fällen fehlen hier noch die Gesetzesvorschriften (z.B. Rheumatismus, Zuckerkrankheit).
Gesundheitsfürsorgerische Maßnahmen sind häufig von gesundheitsvorsorgerischen Maßnahmen (→ Gesundheitsvorsorge) nicht exakt abgrenzbar. Auf der anderen Seite bestehen enge Verflechtungen mit der → Rehabilitation.
Der Begriff G. entwickelte sich in Jahrzehnten langsam in Anlehnung an die tatsächlichen und rechtlichen Fortschritte der Fürsorge und meint den ärztlich relevanten und beeinflußbaren Teil der Fürsorge, wobei sich medizinische Maßnahmen und soziale Hilfen laufend ergänzen (z.B. Tuberkulosebekämpfung, Tuberkulosefürsorge, Tuberkulosehilfe).

Klaus-Peter Faerber/Margarete Peters

Gesundheitshilfe Der Begriff wird in Gesundheitspolitik und -recht in letzter Zeit immer häufiger verwandt und lehnt sich an die Terminologie der → Sozial-, → Jugend- und → Altenhilfe an. Unter G. werden die früher vornehmlich gebrauchten Begriffe Gesundheitspflege, → Gesundheitsvorsorge und → Gesundheitsfürsorge einzuordnen sein.
G. ist Überschrift des vierten Abschnitts der besonderen Aufgaben der Gesundheitsfachverwaltung (und damit besonders des → Gesundheitsamtes), eine Richtlinie für Ländergesetze über das → Gesundheitswesen. Danach ist es Aufgabe der G., »den Empfänger der Hilfe vor gesundheitlichem Schaden zu bewahren oder ihn, sofern solcher Schaden eingetreten ist, bei dessen Überwindung zu unterstützen. Die Hilfe soll ihn soweit wie möglich befähigen, ein Leben ohne Gesundheitsbeeinträchtigung zu führen« (§ 37 Abs. 1 der Richtlinie).
»Die Gesundheitsfachverwaltung, das Gesundheitsamt nimmt sich der gesundheitlichen Belange der Bevölkerungsgruppen an, die besonderer Gesundheitshilfe bedürfen, soweit und solange sich dies als notwendig erweist« (§ 37 Abs. 2 der Richtlinie). Sie wird mithin subsidiär gewährt. Die Gesundheitsfachverwaltung soll diesbezügliche Bestrebungen und Einrichtungen anderer Stellen unterstützen (z.B. freier karitativer Verbände, der Organisationen der Gesundheits- und Altenpflege, der → Sozialversicherung, der → Behindertenverbände). Sie soll die Bevölkerung über die Möglichkeiten der G. unterrichten.
Zur G. gehören: Hilfe für Mutter und Kind; G. für Säuglinge und Kleinkinder (u.a. Rachitisprophylaxe); G. für Kinder und Jugendliche im Vorschul- und Schulalter; Jugendzahnpflege. G. für alte Menschen; Tuberkulosehilfe; Hilfe für → Sehbehinderte und von einer Behinderung Bedrohte; Hilfe für Drogenabhängige und Alkoholkranke (→ Drogenabhängigkeit, → Alkoholismus); → Familienplanung.
G. umfaßt in der Entwicklungspolitik begrifflich alle Maßnahmen im Rahmen der → Entwicklungspolitik (wirtschaftliche Zusammenarbeit mit den Ländern der Dritten Welt) zur Verbesserung der gesundheitlichen Versorgung dieser Länder.

Margarete Peters

Gesundheitsrecht ist anders als wesentliche Gebiete des → Sozialrechts nicht in einem Gesetzbuch zusammengefaßt, sondern in Einzelgesetzen geregelt, die im → Gesundheitswesen das Grundrecht auf körperliche Unversehrtheit verwirklichen helfen, das den Staat zu Maßnahmen für den Gesundheitsschutz verpflichtet, ohne Gesundheit zu garantieren. Mit Einschluß des bei Heilkundeausübung relevanten → Straf- und Zivilrechts werden die Begriffe Medizin- oder Arztrecht verwendet. Noch im 19. Jh. auf medizinalpolizeiliche Gefahrenabwehr beschränkt und z.T. dem Gewerberecht zugeordnet, weist G. durch Ausbau der sozialen → Daseinsvorsorge seit 1919 enge Bezüge zum Sozialrecht auf, so in der → Sozialversicherung, Behindertenfürsorge, im Arbeitsschutz. Mit diesem ist es durch das Giftrecht, mit dem Umweltrecht durch die Umwelthygiene u.a. in Fragen der Gentechnik, mit dem Veterinärwesen durch das Lebensmittelrecht verbunden. Verfas-

sungsrechtlich unterliegt es der Regelungsbefugnis der Länder, soweit nicht der Bund vom Recht der konkurrierenden Gesetzgebung Gebrauch macht, das sich insbes. auf Maßnahmen gegen gemeingefährliche und übertragbare Krankheiten bei Menschen, die Zulassung zu ärztlichen und anderen Heilberufen und zum Heilgewerbe, den Verkehr mit Arzneien, Heil- und Betäubungsmitteln und Giften, auf die wirtschaftliche Sicherung der → Krankenhäuser und die Regelung der → Krankenhauspflegesätze (→ Krankenhausfinanzierung, → Grundgesetz) nach Art. 74 Nr. 19, 19a und 20 (GG) erstreckt. Bundesrecht sind daher: Gesetz zur Bekämpfung der → Geschlechtskrankheiten, Bundes-Seuchengesetz, Gesetz über die Neuordnung zentraler Einrichtungen des Gesundheitswesens, Krebsregistersicherungsgesetz, Lebensmittel- und Bedarfsgegenständegesetz, Gesetze über die Zulassung zu den Heilberufen (Bundesärzteordnung, Gesetz über die Ausübung der Zahnheilkunde, Bundes-Apothekerordnung, Heilpraktikergesetz) und den Medizinal- oder Gesundheitsfachberufen Hebamme/Entbindungspfleger, → Krankenpflegeberufe, Assistenzberufe in der Medizin und Pharmazie, Physiotherapie-, Beschäftigungs- und Arbeitstherapie-, Logopädie-, Rettungsassistenz-, Orthoptistikberuf (→ Arbeits- und Beschäftigungstherapie, → Logopädie), Gesetze über den Verkehr mit Arznei-, mit Betäubungsmitteln, über Medizinprodukte, über die Werbung auf dem Gebiet des Heilwesens, über das Apothekenwesen, Krankenhausfinanzierungsgesetz, Gesetz zur Stabilisierung der Krankenhausausgaben 1996. In den Ländern sind unterschiedlich geregelt Organisation und Aufgaben des öffentlichen Gesundheitsdienstes (→ Gesundheitsdienst, öffentlicher [ÖGD]; → Vereinheitlichungsgesetz [VereinhG]), Unterbringung → psychisch Kranker und kranker Rechtsbrecher (→ Unterbringungsgesetze), Krankenhausrecht, Rettungsdienst, Heilberufsausübung, → Schwangerschaftskonfliktberatung, Infektionshygiene.
Lit. Lundt u. a.: Gesundheitsrecht; Thürk: Gesundheitswesen.   *Gerhard Tölle*

Gesundheits-Reform- (GRG) und Gesundheitsstrukturgesetz (GSG) Mit dem Gesetz zur Strukturreform im Gesundheitswesen (GRG) vom 20. 12. 1988 (BGBl. I S. 2477) und dem Gesetz zur Sicherung und Strukturverbesserung der gesetzlichen Krankenversicherung (GSG) vom 21. 12. 1992 (BGBl. I S. 2266) wurden die ersten Schritte zu einer umfassenden Reform der Strukturen des → Gesundheitswesens und der gesetzlichen → Krankenversicherung getan. Im GRG wurde das früher in der → Reichsversicherungsordnung (RVO) und in zahlreichen anderen Gesetzen zersplitterte Recht der Krankenversicherung zusammengeführt, modernisiert und im Fünften Buch des → Sozialgesetzbuchs (SGB) einheitlich kodifiziert. Im GSG wurden grundlegende Reformen im Organisationsgefüge der Krankenkassen und in der Struktur der Leistungserbringung angestoßen. Schwerwiegende Mängel im deutschen Gesundheitssystem machen eine Fortsetzung der Reform unausweichlich. In nahezu allen Versorgungsbereichen lassen sich Überkapazitäten und Fehlversorgungen nachweisen. Die einzelnen Versorgungsangebote sind nicht miteinander vernetzt. Eine stetig steigende Zahl von Leistungsanbietern schafft eine medizinisch nicht indizierte Nachfrage nach Gesundheitsleistungen und konserviert ein Übergewicht gegenüber den → Krankenkassen. Der Wandel des Morbiditätsspektrums verursacht neue Patientenprobleme, vor allem bei chronisch Kranken, multimorbiden und älteren Menschen. Die demographische Entwicklung (→ Demographie) und die wachsenden Möglichkeiten der Medizin führen zu einer Ausweitung von Leistungen und zu einer Steigerung der Kosten. Kurative und naturwissenschaftlich-technisch ausgerichtete Medizin hat ein deutliches Übergewicht gegenüber → Prävention und → Rehabilitation. Arbeit, Umwelt und persönliche Lebensführung sind nicht in ein gesundheitspolitisches Gesamtkonzept einbezogen. Diese Strukturprobleme und vor allem die spürbaren Einnahmerückgänge einer lohnabhängigen Beitragsbemessung in der → Sozialversicherung sprechen gegen die Wiederbelebung einer punktuellen Kostendämpfungspolitik. Als personalintensive Wachstumsbranche steht das Gesundheitswesen nicht nur im Zielkonflikt vielfältiger Einkommensinteressen, sondern auch im Mittelpunkt ordnungspolitischer Debatten, die von Vorschlägen zur Einführung marktwirtschaftlicher Steuerungsinstrumente bis hin zur Stärkung administrativer Kostendämpfungsregelungen reichen.
Das GRG, dessen Zustandekommen von scharfen politischen Auseinandersetzungen begleitet war, konnte keine ausreichende finanzielle und politische Steuerungswirkung entfalten. Das ursprüngliche Konzept, neben den Versicherten auch die Leistungserbringer im Gesundheitswesen gleichgewichtig zu belasten, wurde im Laufe des Gesetzgebungsverfahrens immer mehr verwässert. Wesentliche Reformbestandteile wurden auf Druck der Leistungserbringer aus dem Gesetz ausgeklammert. Strukturelle Reformen beschränkten sich im Schwerpunkt auf die Einführung von Festbeträgen zur Steuerung der Arzneimittelpreise und einen von vornherein als Übergangsregelung angelegten Einstieg in die Absicherung des Risikos der → Pflegebedürftigkeit. Der überwiegende Anteil an Einsparungen in Höhe von 14 Mrd. DM mußte von den Versicherten durch Leistungsausgren-

zungen, Leistungseinschränkungen und → Selbstbeteiligungen erbracht werden.
Da eine auch nur mittelfristige Stabilisierung des Krankenversicherungssystems mit dem GRG nicht zu erzielen war, konnte erst mit dem auf breiter politischer Basis ausgehandelten GSG ein Einbruch in kostentreibende Strukturen des Gesundheitswesens erreicht werden. Neben Vorgaben zur Neuordnung der Finanzierung der ambulanten und stationären Versorgung, zur Bereinigung des Arzneimittelangebots und zur Sicherung der Beitragssatzstabilität über befristete sektorale Budgets in allen Versorgungsbereichen wurde mit dem GSG die Reform des veralteten und sozialpolitisch nicht mehr zu rechtfertigenden Kassenorganisationsrechts in Angriff genommen. Arbeiter und Angestellte erhielten ab dem 1. Januar 1996 gleiche Kassenwahlrechte und müssen von allen AOKs und Ersatzkassen aufgenommen werden. Zwischen allen Krankenkassen wurde zur Herstellung von Chancengleichheit im Wettbewerb und zur Minderung sozialpolitisch nicht mehr tragbare Beitragssatzunterschiede ein kassenartenübergreifender Risikostrukturausgleich eingeführt.
GRG und GSG brachten eine Vielzahl von Neuerungen in der gesetzlichen Krankenversicherung. Die Strukturprinzipien (→ Solidarität, → Subsidiarität, → Sachleistung, → Wirtschaftlichkeit, → Selbstverwaltung) blieben zwar grundsätzlich erhalten, wurden aber an zahlreichen Stellen durchbrochen oder ausgehöhlt. Die Möglichkeiten der Krankenkassen, über Verträge mit den Leistungserbringern, auf Kapazitäten, Menge, Preise und Qualität der Gesundheitsleistungen Einfluß zu nehmen, blieben begrenzt. Eine gesundheitspolitische Zielorientierung für das gesamte Gesundheitswesen und für die einzelnen Akteure ist nicht erkennbar. Viele Beteiligte sind nicht oder nur unzureichend in die Gesamtverantwortung für die politische und finanzielle Stabilität des Krankenversicherungssystems einbezogen. Anreize zur Verzahnung und Vernetzung der Gesundheits- und Sozialangebote sind zu schwach ausgeprägt und scheitern an den Einkommens- und Machtinteressen. Bestehende Überkapazitäten werden ebenso fortgeschrieben wie punktuelle Versorgungsdefizite. Die Vertretung von Patienteninteressen ist nur unzureichend geregelt.
Angesichts weiter steigender Beitragssätze, die in erster Linie durch Einnahmeprobleme infolge der Verschiebung von Versorgungslasten aus der Arbeitslosenversicherung verursacht werden, ist eine Fortsetzung der Gesundheitsreform in der politischen Diskussion. Allerdings gehen die Konzepte der politischen Akteure und Beteiligten weit auseinander. Während die eine Seite auf die Erschließung von Wirtschaftlichkeitsreserven durch einen verschärften Wettbewerb im Gesundheitswesen setzt, hält die andere Seite eine politische Steuerung - etwa durch die Einführung eines Globalbudgets für alle Ausgaben der gesetzlichen Krankenversicherung - für entscheidend und setzt auf eine Stärkung korporatistischer Strukturen im Gesundheitswesen.
Lit. Arnold, M.: Solidarität; Blanke: Krankheit; Isenberg u.a.: Krankheit; Knieps: Krankenversicherung; Perschke-Hartmann: Reform; Pfaff, A. B. u.a.: Kostendämpfung; Schulin: Sozialversicherungsrecht; Wanek: Gesundheitswesen. *Franz Knieps*

Gesundheitsuntersuchungen → Früherkennungsuntersuchungen

Gesundheitsvorsorge wird meistens als Oberbegriff für die reine Krankheitsvorbeugung (Primärprävention) und die Krankheitsfrüherkennung (Sekundärprävention) gebraucht. Inhaltlich schließt sich an die Vorbeugung der Begriff → »Gesundheitsförderung« an; damit ist die Schaffung solcher Lebensbedingungen gemeint, die der Gesunderhaltung dienlich sind.
Gesundheitsförderung und Krankheitsvorbeugung sind ihrer Natur nach nicht nur auf individueller Ebene zu praktizieren, sondern müssen im sozial-, beschäftigungs- und umweltpolitischen Kontext gesehen werden.
Folgende Beispiele für G., die im individuellen Rahmen überwiegend durch ärztlich-medizinische Tätigkeiten geprägt ist, sind Schwangerschaftsvorsorgeuntersuchungen, → Früherkennungsuntersuchungen für Kinder und Erwachsene, schulärztliche Vorsorgeuntersuchungen zur Einschulung und im Laufe der Schulzeit, Verhütung von Zahnerkrankungen, Kinder- und Mütterkuren (→ Kur) in unterschiedlichen Trägerschaften, → Schutzimpfungen, Rachitisprophylaxe.
Margarete Peters

Gesundheitswesen Unser G. bietet jedem Bürger Dienste, → Einrichtungen, Maßnahmen und Vorkehrungen an, um gesund zu bleiben oder wieder gesund zu werden (→ Gesundheit). Dem einzelnen Menschen und seiner jeweils eigenen Lebenswelt hat das Bezugssystem G. in seiner Prophylaxe, Diagnostik, Therapie und Nachsorge zu dienen. Nach § 1 SGB V (→ Sozialgesetzbuch [SGB]) sind die Versicherten für ihre Gesundheit mit verantwortlich; sie sollen durch eine gesundheitsbewußte Lebensführung, durch frühzeitige Beteiligung an gesundheitlichen Vorsorgemaßnahmen sowie durch aktive Mitwirkung an → Krankenbehandlung und → Rehabilitation dazu beitragen, den Eintritt von → Krankheit und Behinderung zu vermeiden oder ihre Folgen zu überwinden. Unser G. läßt sich nach folgenden Gesichtspunkten ordnen:

1. Entsprechend seiner Funktion: vorbeugend (präventiv) und heilend (kurativ). Zur → Prävention (→ Gesundheitsvorsorge) gehören: Impfungen (Beseitigung von Risikofaktoren), Umweltschutz, → Gesundheitserziehung, Vorsorgeuntersuchungen (→ Früherkennungsuntersuchungen), Hygiene in Betrieben und im Lebensmittelwesen, Verhütung von Rückfällen, → Arbeitsschutz. Zur kurativen Medizin gehören: Erkennung und Behandlung von Krankheiten, Linderung oder Besserung von Beschwerden.
2. Entsprechend dem Ort der Dienstangebote: ambulant und stationär. Die ambulante Versorgung teilen sich die Allgemeinärzte (Haus- und Familienarzt) und die Fachärzte verschiedener Sachgebiete. Sie arbeiten selbständig in ihrer Praxis auf eigenes Risiko. Eingeschränkt kann das Krankenhaus (SGB V § 39) teilstationäre, vor- und nachstationäre sowie ambulante Leistungen erbringen. Dazu kommen → Sozialstationen (eine Organisationsform zur Bündelung pflegerischer Dienste), Hebammen, Masseure, Krankengymnasten, Zahntechniker u. a. Die stationären Dienste werden in Akutkrankenhäusern und in Sonderkrankenhäusern angeboten (→ Krankenhaus). Ärztliche und pflegerische Berufe arbeiten in einem abhängigen Arbeitsverhältnis.
3. Entsprechend der Trägerschaft der Dienstangebote: → freie Träger (Caritas, Diakonie, Arbeiterwohlfahrt, Deutscher Paritätischer Wohlfahrtsverband, Deutsches Rotes Kreuz, Zentralwohlfahrtsstelle der Juden); → öffentliche Träger (Landkreise, kreisfreie Städte, Gemeinden); private Träger.
Die Rehabilitation – die dritte Hauptrichtung der Medizin neben Prävention und Kuration – versucht die körperlich-seelischgeistige Integrität → Behinderter (→ Psychisch Kranke) wiederherzustellen. »Bei Rehabilitationsleistungen ist darauf zu achten, daß psychisch Kranke mit somatisch Kranken gleichbehandelt werden« (Begründung zu § 11 SGB V in BRDrucks. 200/88, S. 163). Ihre Hilfen stehen allen zur Verfügung: Neugeborenen, Kindern, Jugendlichen, Erwachsenen und alten Menschen. Nicht die Ursache entscheidet über den Umfang der Leistung, das Rehabilitationsziel bestimmt Dienste und Hilfen (im medizinischen, psychologischen, pädagogischen und soziologischen Bereich). Die Reintegration bemüht sich im somatischen Bereich um bestmögliche Wiederherstellung; im seelischen Bereich um ein akzeptiertes Leben mit der Krankheit. Die Resozialisierung will → Sucht oder seelische Erkrankung beseitigen.
Das Rettungswesen und die Krankentransporte werden vorwiegend von freigemeinnützigen Trägern verantwortet (Deutsches Rotes Kreuz, Malteserhilfsdienst, Johanniter-Unfall-Hilfe, Arbeitersamariterbund). Sondereinsätze mit Hubschraubern übernimmt die Deutsche Rettungsflugwacht. Innerhalb unseres G. hat das öffentliche G. eine Sonderstellung: seine Dienste und Einrichtungen (→ Gesundheitsdienst, öffentlicher [ÖGD]) dienen nicht unmittelbar der Krankenversorgung und sind nicht unmittelbar kurativ ausgerichtet. Zielperson ist der Gesunde (→ Medizinischer Dienst, Medizinalaufsicht, → Seuchenbekämpfung, rechtsmedizinische Tätigkeit).
Beklagt wird im deutschen G. die mangelnde Verzahnung zwischen dem ambulanten und dem stationären Bereich (Doppeluntersuchungen, Informationslücken, Überkapazitäten). Nach dem SGB V soll es dreiseitige Verträge zwischen → Krankenkassen, Krankenhäusern und Kassenärzten geben, um »vor- und nachstationäre Behandlung im Krankenhaus« (§ 115 Abs. 4) zu ermöglichen und »Praxiskliniken zu fördern« (§ 115 Abs. 1). Politisch gestritten wird um die sog. Kostenexplosion im G.: die Krankenkassen fordern eine »einnahmeorientierte Ausgabenpolitik« (Beitragsstabilität), die Leistungsanbieter fordern davon unabhängig Kostenerstattung für notwendig erbrachte Leistungen. Politische Absicht ist, Belastung der Arbeitseinkommen und der Arbeitskosten durch Krankenversicherungsbeiträge zu vermeiden. Im Zielkonflikt zwischen gesundheitspolitischen Aufgaben und der demographischen Entwicklung der Bevölkerung und wirtschaftspolitischen Erfordernissen drohen monetäre Kriterien letzte Norm zu werden. »...Im Hinblick auf die zukünftige Entwicklung des deutschen G. interessiert vor allem die Frage, ob sich unter Beibehaltung des derzeitigen Einnahmen- und Ausgabensystems die Rationierung derart verschärft, daß Wartelisten entstehen und auch lebensnotwendige medizinische Leistungen einer Zuteilung bzw. Selektion bedürfen...« (Sachverständigenrat für die Konzertierte Aktion im G., 1995). *Werner Lauer*

Gesundheitswissenschaften (Public Health) bezeichnet keine Einzelwissenschaft, sondern einen Wissenschaftsbereich, z. B. Fakultät für G. oder School of Public Health. Der Wissenschaftsbereich G. wird in dem öffentlichen Interesse an der Gestaltung des → Gesundheitswesens gebildet und gefördert. Das öffentliche Interesse an G. richtet sich auf die überprüfbare Gewährleistung der Ziele und auf die Einhaltung der Maßstäbe, die mit der sozialstaatlichen Finanzierung und Organisation des Gesundheitswesens (SGB I, SGB V) angestrebt werden. Hierzu bedarf es einer multidisziplinären, anwendungsorientierten Forschung, die unabhängig, aber über Kooperationsverträge mit den → Sozialleistungsträgern verbindlich an der Gestaltung des Gesundheitswesens mitwirkt.

Mit dieser Zielsetzung wurden, orientiert an angloamerikanischen Vorbildern, in Deutschland Weiterbildungsstudiengänge für G. (Public Health) und Forschungsverbünde für Public Health eingerichtet; an der Universität Bielefeld wurde die erste Fakultät für G. gegründet. Die neuen Wissenschaftsbereiche nehmen wissenschaftliche Traditionen wie Sozialhygiene, → Medizinsoziologie, → Sozialpsychiatrie, → Sozialmedizin und Epidemiologie in sich auf und erweitern deren Perspektiven um Gesundheitsökonomie, Biostatistik, Gesundheitspsychologie, Gesundheitssystemforschung, Gesundheitspolitik, Versorgungsforschung und Pflegewissenschaft.

Die Definitionen von G. (WHO, Committee for the Study of the Future of Public Health, Bundesärztekammer, Arbeitsgemeinschaft der Forschungsverbünde) stimmen in den folgenden Kriterien überein. Grundlegend sind
– der Bevölkerungsbezug der Forschung und die Verwendung epidemiologischer Methoden;
– die Orientierung an gesundheitspolitischen Zielen,
– die Verpflichtung gegenüber ethischen Maßstäben,
– die Übernahme sozialstaatlicher Funktionen wie des surveillance (z. B. drug surveillance), das Monitoring (z. B. Qualitäts- und Evaluationsforschung, Gesundheitsökonomie), der Begleitforschung zu Gesundheitsprogrammen, der Grundlagenforschung zum Gesundheitsbegriff (Salutogenese), zu Gesundheitsförderung, → Prävention und → Rehabilitation sowie zur ständigen Weiterentwicklung des Gesundheitswesens und seiner Organisation.

In Deutschland besteht derzeit für die Wissenschaftspolitik im Vergleich zum westlichen Ausland einerseits ein Nachholbedarf in G./Public Health; die derzeitigen Ressourcen innerhalb wie außerhalb der Universitäten stehen im Mißverhältnis zu den gesundheitspolitischen und wissenschaftlichen Aufgaben, die der weiterhin dynamisch wachsende Dienstleistungsbereich Gesundheitswesen stellt. Zum anderen ergibt sich die Notwendigkeit, die unter anderen Zielsetzungen und Organisationsformen entstandenen Ressourcen in den neuen Wissenschaftsbereich einzubringen und sie neu zu verorten. Zu den Ressourcen gehören das öffentliche Gesundheitswesen, die aus der DDR übernommenen Institute für Sozialhygiene sowie hochschulferne, aber anwendungsorientierte Institute wie z. B. das Institut für Sozialmedizin und Epidemiologie des Bundesgesundheitsamtes.

Lit. Committee for the Study of the Future of Public Health: Public Health; Schwartz, F. W. u. a.: Public Health.*Christian v. Ferber*

Getrenntleben Ehegatten leben getrennt, wenn zwischen ihnen keine häusliche Gemeinschaft besteht und zumindest einer der Ehegatten diese erkennbar auch nicht wiederherstellen will, weil er die eheliche Lebensgemeinschaft (→ Ehe, → Eherecht) ablehnt (§ 1567 Abs. 1, → Bürgerliches Gesetzbuch [BGB]). Ausschließlich durch äußere Umstände erzwungene räumliche Trennung (z.B. Arbeit eines Ehegatten an einem anderen Ort oder im Ausland, Strafhaft) ist kein G. Wenn getrennte Bereiche geschaffen sind und nicht mehr gemeinsam gelebt und gewirtschaftet wird, ist G. auch innerhalb der ehelichen Wohnung möglich (§ 1567 Abs. S. 2 BGB).

Die Dauer des G. ist für die → Ehescheidung von besonderer Bedeutung. Wollen beide Partner die Scheidung, wird nach mindestens einjähriger Trennung ohne weitere Nachweise das Scheitern der Ehe vermutet und die Ehe geschieden. Widerspricht ein Ehegatte der Scheidung, kann diese i. d. R. erst nach dreijährigem G. erfolgen. Leben die Ehegatten als Versöhnungsversuch kurze Zeit wieder zusammen, verliert die bereits abgelaufene Zeit des G. ihre Rechtswirksamkeit nicht.

Während des G. kann ein Ehegatte von dem anderen gem. § 1361 Abs. 1 S. 1 BGB den angemessenen Unterhalt (→ Unterhaltspflicht) in Geld verlangen, wenn die sonstigen unterhaltsrechtlichen Voraussetzungen (Leistungsfähigkeit des Unterhaltspflichtigen, Bedürftigkeit des Unterhaltsberechtigten) vorliegen. Die Höhe richtet sich nach den Lebens-, Erwerbs- und Vermögensverhältnissen der Ehegatten. Wer bisher nicht erwerbstätig war, muß nur unter bestimmten Voraussetzungen seinen Unterhalt selbst verdienen (§ 1361 Abs. 2 BGB). Während des Scheidungsverfahrens gehören zum Unterhalt die Kosten einer angemessenen Versicherung für den Fall des Alters bzw. der Berufs- oder Erwerbsunfähigkeit (§ 1361 Abs. 1 S. 2 BGB).

Bei getrennt lebenden kann jeder Ehegatte von dem anderen die ihm gehörenden Haushaltsgegenstände herausverlangen, ist jedoch verpflichtet, sie dem anderen Ehegatten zum Gebrauch zu überlassen, soweit dieser sie zur Führung eines abgesonderten Haushalts benötigt und die Überlassung nach den Umständen des Falles der Billigkeit entspricht (§ 1361a Abs. 1 BGB). Ebenso kann unter strengen Voraussetzungen ein Ehegatte gem. § 1361b BGB verlangen, daß ihm der andere die Ehewohnung vollständig oder zu einem Teil zur alleinigen Benutzung überläßt, soweit dies notwendig ist, um eine schwere Härte zu vermeiden. Über beides entscheidet das zuständige → Familiengericht auf Antrag eines oder beider Ehegatten.

Für die minderjährigen Kinder kann, wenn sich die Eltern nicht einigen, für die Dauer des G. eine Sorgerechtsregelung (→ Elterliche Sorge) durch das Gericht auf Antrag der Eltern oder auch von Amts wegen getroffen

werden (§ 1672 BGB). Unterhaltsansprüche des Kindes kann der Sorgeberechtigte gegen den anderen Elternteil geltend machen; ist keine Sorgerechtsregelung getroffen, ist hierzu der Elternteil berechtigt, in dessen Obhut sich das Kind befindet (§ 1629 Abs. 2, 3 BGB).
Bei dauerndem G. entfällt die Möglichkeit der Ehegatten, sich steuerlich zusammen veranlagen zu lassen und das sog. Ehegattensplitting zu nutzen (§§ 26, 26a EStG), wobei dauerndes G. im steuerrechtlichen Sinne dann vorliegt, wenn die Lebens- und Wirtschaftsgemeinschaft der Ehegatten auf Dauer nicht mehr besteht. Anders als im Scheidungsrecht, wo ein kürzeres Zusammenleben die Trennungsfristen für die Scheidung nicht unterbricht (§ 1567 Abs. 2 BGB), reicht steuerrechtlich aber ein kurzfristiges Zusammenleben, um das G. mit der Folge aufzuheben, daß für das laufende Jahr wieder die Zusammenveranlagung und das Ehegattensplitting geltend gemacht werden kann. *Jochem Baltz*

Gewährleistungspflicht Unter G. wird die Verpflichtung → öffentlicher Träger verstanden, für die Bereitstellung der erforderlichen Dienste und → Einrichtungen, die zum Wohle der Bürger notwendig sind, planend, anregend, koordinierend und unterstützend zu sorgen und ggf. solche Dienste und Einrichtungen selbst zu schaffen.
Für die in das → Sozialgesetzbuch (SGB) einbezogenen Sozialleistungsbereiche konkretisiert das SGB I diese Verpflichtung. In § 1 Abs. 2 SGB I wird hervorgehoben, daß das Recht des SGB auch dazu beitragen soll, daß die zur Erfüllung der Aufgaben erforderlichen Dienste und Einrichtungen rechtzeitig und ausreichend zur Verfügung stehen. § 17 Abs. 1 Nr. 2 SGB I verpflichtet die → Sozialleistungsträger, darauf hinzuwirken, daß diese Dienste und Einrichtungen bereitstehen. Unter → sozialen Diensten sind dabei z. B. Familien- und Hauspflegedienste (→ Familienpflege, → Hauspflege), Gemeindezentren (→ Sozialstation), Beratungs- und Behandlungsstellen aller Art und ärztliche Dienste zu verstehen. Einrichtungen sind Institutionen, die eine gewisse institutionelle Grundausstattung haben, insbes. Heime, → Anstalten, → Werkstätten für Behinderte und Kliniken.
Das Sozialhilferecht und das Jugendhilferecht führen die G. mit Regelungen darüber weiter, daß die → Sozialhilfeträger bzw. → Jugendhilfeträger eigene Einrichtungen nicht neu schaffen sollen, soweit geeignete Einrichtungen der Träger der → freien Wohlfahrtspflege und anderer Träger bzw. der → freien Träger der → Jugendhilfe vorhanden sind, ausgebaut oder geschaffen werden können (§ 93 Abs. 1 → Bundessozialhilfegesetz [BSHG]; § 4 Abs. 2 → Kinder- und Jugendhilfegesetz [KJHG – SGB VIII]; vgl. dazu auch § 17 Abs. 3 SGB I).

Das → Bundesverfassungsgericht (BVerfG) hatte dazu klarstellend bemerkt, daß, wenn geeignete Einrichtungen der öffentlichen Träger ausreichend zur Verfügung stehen, von ihnen weder eine Förderung neuer Einrichtungen der freien Träger verlangt werden kann, noch eine Schließung bereits vorhandener Einrichtungen zugunsten freier Einrichtungen, die erst noch geschaffen werden müßten. Der Grundsatz eines sinnvollen Einsatzes finanzieller Mittel und der Zusammenarbeit verbiete es aber auch, von den Gemeinden zu verlangen, daß sie von einem mit bescheidenen Mitteln möglichen Ausbau vorhandener eigener Einrichtungen absehen und stattdessen mit erheblich höherem Aufwand die Schaffung einer neuen Einrichtung eines freien Trägers fördern (BVerfG, Entscheidung vom 18. 7. 1967, BVerfGE 22, 180 = Kleinere Schriften des DV, H. 27). Das BVerfG stellt weiter ausdrücklich die Gesamtverantwortung (auch die Planungsverantwortung) des öffentlichen Trägers dafür, daß die notwendigen Dienste und Einrichtungen vorhanden sind, heraus (so nun auch die ausdrückliche Regelung in § 79 KJHG). Die dargestellten Vorschriften von SGB, BSHG und KJHG enthalten lediglich einseitige Verpflichtungen des öffentlichen Trägers, die ggf. im Aufsichtswege erzwungen werden können. Ein Rechtsanspruch anderer Träger auf finanzielle Förderung erwächst daraus nicht. Es steht vielmehr im pflichtgemäßen → Ermessen des öffentlichen Trägers, ob er, wenn er Dienste und Einrichtungen anderer Träger für erforderlich und geeignet hält, sie durch Sach- oder Geldleistungen oder Hilfe in anderer Weise fördert und unterstützt. Dies gilt auch für die Gesamthöhe der für die Förderung bereitzustellenden Haushaltsmittel (BVerfG, a.a.O.; vgl. § 10 Abs. 3 BSHG, § 74 KJHG). Es besteht jedoch ein im verwaltungsgerichtlichen Verfahren überprüfbarer Anspruch auf Beachtung des → Gleichheits(grund)satzes bei der Förderung.
Bei Inanspruchnahme der von freien Trägern oder sonstigen Dritten bereitgehaltenen Dienste und Einrichtungen ist für die Gewährung von Sozialleistungen ist § 93 Abs. 2 BSHG bzw. § 77 KJHG zu beachten.
Walter Schellhorn

Gewalt in zwischenmenschlichen Beziehungen ist seit Anbeginn der Menschheit ein gesellschaftlich hochbrisantes Thema. Dies nach zwei Seiten hin: Zum einen gab es immer schon Versuche, G. zu vermindern oder ganz zum Verschwinden zu bringen. Auf der anderen Seite gab und gibt es aber auch die Lust an der G. und Grausamkeit (»Brot und Spiele«; vgl. Horn, Federn). Offenbar ist in den Beziehungen des Individuums zu sich selbst und zu dem sozialen System, in das es hineingeboren wird, diese Ambivalenz angelegt.

Über diese grundsätzliche Disposition hinaus scheint G. sowohl der Logik von Aktion und Reaktion zu folgen als auch in besonderen Krisensituationen ein sozial typisches Phänomen zu sein. Der erste Aspekt berücksichtigt die Tatsache, daß G.reaktionen meist auf Kränkungen hin folgen. Im pädagogischen Feld ist dies z. B. die Provokation des Täters durch das Opfer (→ Täter-Opfer-Ausgleich). Der zweite Aspekt betrifft die menschliche Entwicklungsdynamik, die von einer Abhängigkeit am Lebensbeginn hin zu einer relativen Autonomie, z. B. im Übergang vom Jugendlichen zum Erwachsenen reicht. Hierzu wäre vor allem der sogenannte Jugendprotest (gegen statische Herrschaftsvorstellungen) zu zählen, der ja häufig die Komponente G. beinhaltet. Er ist zu einer Metapher für den grundsätzlichen Kontrapunkt zwischen → Individuum und → Gesellschaft geworden. Dazwischen gibt es eine ganze Reihe von Stufen, an denen die inneren Entwicklungsbedingungen des Individuums mit den sozialen Anforderungen ihrer Umwelt kollidieren und in G.handlungen münden können.

G. ist vor allem dort wahrscheinlich, wo enge psychische Räume und große Verhaltensunsicherheiten bestehen. Die Kulturanthropologie, Ethnologie und → Soziologie (um nur einige Disziplinen zu benennen) haben sich sehr ausgiebig mit der Frage befaßt, inwieweit bestimmte gesellschaftliche Organisationsformen G. in zwischenmenschlichen Beziehungen verhindern oder begünstigen (»kalte« vs. »heiße« Kulturen [Erdheim]). Diese Diskussionen gipfeln in dem Streit, ob es Kulturen gibt oder gegeben hat, die g.freie Beziehungen zu organisieren in der Lage sind (Freeman). Hierzu sind die zahlreichen Forschungen über Sozialverhältnisse zu zählen, die von der Entwicklung der westlichen Industrienation weitgehend unberührt geblieben sind. Aus den Beobachtungen dieser Kulturen ist immer wieder abzuleiten versucht worden, wie unsere Kultur angefangen von der Aufzucht der Kinder bis hin zur Organisation des Sozialwesens verändert werden müßte (Mead, Liedloff). Ob ein solcher Veränderungsversuch von Erfolg gekrönt sein würde, ist – abgesehen von den Schwierigkeiten seiner Realisierung – ungeklärt.

Obschon die G. ein eher »normales« Phänomen menschlicher Existenz ist, wird dennoch immer wieder versucht, in pädagogischen, sozialarbeiterischen und sozialpolitischen Zusammenhängen zu ausschließlich g.freien Umgangsformen zu kommen. Dies wird meist im Sinne eines Trainings gedacht, indem es einerseits um die Qualifizierung zur Konfliktaustragung geht (z. B. Mediation, → Beratung, → Supervision...). Andererseits werden Trainingsmethoden vorgeschlagen, die befähigen sollen, Konfliktspannungen auszuhalten oder positiv umzulenken. Dies ist in der Hoffnung begründet, im Sinne der Lerntheorie positive Verstärker für ein g.freies → Verhalten finden zu können.

In eine andere Richtung geht die Entwicklung des Umgangs mit G. gegen bzw. Mißhandlung von Kindern und Frauen. Während man vor noch nicht allzu langer Zeit ganz im Sinne unseres rechtlich-moralischen Kulturverständnisses mit Strafe und Vergeltung reagiert hat, versucht man heute u. a., zu G.tätern eine positive Arbeitsbeziehung herzustellen, um prosoziales Verhalten fördern zu können. Dieser Ansatz ist aus der Erfahrung des G.kreislaufes entstanden: Wer mit G. auf G. reagiert, wird keine anderen Reaktionen als wiederum G. erwarten können.

Neben der G. als (beklagte) Qualität zwischenmenschlicher Beziehungen ist in unseren sozialen Organisationsformen aber auch die G. als eine legitime und von der Mehrheit geduldete bzw. gewünschte Beziehungsform etabliert: in dem sogenannten G.monopol des Staates. Eine Vielzahl von Institutionen ist in dieses Monopol eingebunden, vielleicht sogar gesellschaftliche Institutionen überhaupt. In den siebziger Jahren wurde dem Begriff der personalen G. der »strukturellen G.« zur Seite gestellt. Er besagt, daß die aktuelle Verwirklichung der Menschen geringer ist als ihre potentielle Verwirklichung (Galtung). Damit wird die Tatsache beschrieben, daß in allen menschlichen Gemeinschaften meist weniger an Lebensmöglichkeiten realisiert wird, als die vorhandenen Ressourcen ermöglichen.

Die Bindung an Regeln, wie sie im institutionellen Umgang üblich sind, werden vor allem von Klienten (im Außenverhältnis) wie Mitarbeitern (im Innenverhältnis) der Institutionen häufig als g.haltig erlebt, weil die Definition von G. mehr von den moralischen Kategorien einer Kultur abgeleitet wird (Definitionsmacht der Herrschenden), denn aus den subjektiven Erfahrungen der »Opfer« bzw. Akteure heraus. Institutionalisierte Beziehungsregeln können so immer ein Mindestmaß an G. enthalten, aber auch ein Mindestmaß an Verhaltenssicherheit bieten.

Obwohl wir auch heute tagtäglich einen Vielzahl von sozialen Situationen registrieren müssen, in denen es gewalttätig zugeht (Zunahme der Sensibilität gegenüber G.erfahrungen), sind doch Demokratien die sozialen Organisationsformen, die am ehesten persönliche Sicherheit vor G. und die Ahndung ihres Mißbrauchs garantieren. Im Zuge der aktuellen Migrationsbewegungen sind wir verstärkt der Konfrontation demokratischer Fortschritte im Umgang mit G. mit eher traditionellen und im Kern gewalthaltigeren Beziehungsregeln ausgesetzt (Fundamentalismus). Es gibt allerdings –

was die Garantie der → Grund- und → Menschenrechte betrifft – bis heute keine Alternative zu den Staatsformen der westlichen Industrienationen.
Lit. Erdheim: Produktion; Federn: Gewalt; Freeman: Liebe; Galtung: Peace; Horn: Gewalt; Liedhoff: Suche; Mead, M.: Jugend.
Christian Büttner

Gewerkschaften sind → Organisationen, die die gesellschaftlichen, wirtschaftlichen, sozialen und kulturellen Interessen ihrer Mitglieder, aber auch der Arbeitnehmer allgemein, gegenüber Unternehmen und in wachsendem Maße auch gegenüber politischen Instanzen vertreten. Ihr Wirken zielt speziell darauf, die soziale und wirtschaftliche Lage der Arbeitnehmer ständig zu verbessern. Wesentliches Mittel dazu ist ihre Tarifpolitik, mit der sie versuchen, nicht nur die Höhe der Löhne, sondern auch Arbeitszeit, Urlaubsdauer sowie spezielle Festlegungen (Rationalisierungsschutz) in Verhandlungen mit den Unternehmern oder bei deren Scheitern durch → Arbeitskämpfe zu erreichen (→ Tarifvertrag). Darüber hinaus versuchen G. durch Mitarbeit in den bzw. Beratung der politischen Gremien Einfluß auf die die Arbeitnehmer betreffende Gesetzgebung (z.B. Bildungs-, Gesellschafts-, → Sozial- und Wirtschaftspolitik) zu gewinnen. Dabei wird über die selbstgesetzten gewerkschaftlichen Aufgaben, vor allem was den sogenannten allgemein politischen Bereich betrifft, häufig diskutiert. Voraussetzung für die Gründung von G. war die Gewährung des Koalitionsrechtes, in Großbritannien seit 1824, in Deutschland mit Einschränkungen seit den 60er Jahren des vorigen Jahrhunderts. Die G. üben hauptsächlich 3 Funktionen aus: a) Die der → Selbsthilfe durch Errichtung eigener sozialer Unterstützungseinrichtungen (Krankenkassen, Altersversorgung). Mit Zunahme staatlicher → Gesetzgebung tritt diese Funktion zurück (mit Ausnahme der Bereiche Streikunterstützung und → Rechtsschutz). b) Die des Kampfes um bessere soziale und wirtschaftliche Verhältnisse für die Arbeitnehmer (→ soziale Gerechtigkeit). c) Die einer Bildungsinstitution durch Bildungsangebote an Arbeitnehmer und Funktionäre der G. (→ Arbeiterbildung).
Die G. wurden in den meisten Fällen zunächst als Berufsverbände gegründet. Sie entwickelten sich häufig im Zuge der wirtschaftlichen Konzentration zu Industrieverbänden (ein Betrieb – eine G.). Die deutschen G. waren bis 1933 weltanschauliche Richtungsg. (sozialdemokratische, christliche, liberale und kommunistische), die sich im wesentlichen jedoch nur in ihrer gesellschaftspolitischen Zielsetzung unterschieden.
Nach dem 2. Weltkrieg wurden in den drei westlichen Besatzungszonen – aufgrund der Erfahrungen bis 1933 und der Unterdrückung der G. während des Nationalsozialismus – spontan Einheitsg. gegründet: sie schlossen sich 1949 zum Deutschen Gewerkschaftsbund (DGB) zusammen.
Die Einheitsg. hat den historischen Traditionen, politischen Richtungen und geistigen Strömungen der → Arbeiterbewegung, vor allem der freiheitlich-sozialistischen, in eine gemeinsame Organisation zusammengeführt. Der DGB und seine G. sind und bleiben unabhängig von Regierungen, Parteien, Kirchen und Unternehmen. Neben dem DGB (9 400 000 Mitglieder) bestehen heute noch die folgenden g.bünde: die Deutsche Angestellten-Gewerkschaft (ca. 520 000 Mitglieder), der Deutsche Beamtenbund (ca. 1 100 000 Mitglieder) und der Christliche Gewerkschaftsbund Deutschlands (ca. 300 000 Mitglieder).
Wichtigste gewerkschaftliche Vertretung des Arbeitnehmers im öffentlichen Dienst ist die dem DGB angeschlossene Gewerkschaft Öffentliche Dienste Transport und Verkehr (ÖTV, 1995: 1 600 000 Mitglieder). Sie führt gemeinsam mit der Deutschen Angestellten-Gewerkschaft die Tarifverhandlungen für die Arbeitnehmer und Angestellten des öffentlichen Dienstes mit den Arbeitgebern des Bundes, der Länder und Kommunen. Die Gewerkschaften im DGB, die ebenfalls Arbeiter und Angestellte des ö.D. vertreten (Gewerkschaft Bau, Agrar, Umwelt – u.a. für die Forstwirtschaft –, Gewerkschaft Erziehung und Wissenschaft – zuständig für Lehrer, Erzieher und Wissenschaftler – und die Gewerkschaft der Polizei) haben die Verhandlungsführung der ÖTV übertragen.
Zeitgleich zu diesen finden mit dem Verband der Gewerkschaften des öffentlichen Dienstes im Deutschen Beamtenbund Verhandlungen statt, die letztlich zu gleichen Ergebnissen wie bei den zentralen Verhandlungen mit der ÖTV führen.
Maria Weber/Dieter Schuster

Gewohnheitsrecht In der Lehre von den »Rechtsquellen« (hoheitlich gesetztes Recht, Verträge, Vereinbarungen, Richterrecht, vgl. → Rechtsprechung) wird stets auch das G. erwähnt. Es entsteht bei langer gleichmäßiger und allgemeiner Übung eines bestimmten Verhaltens, wenn die Beteiligten überzeugt sind, daß dieses Verhalten rechtlich geboten oder zulässig ist. Läßt sich dieses Verhalten formulieren, dann wird es zum Rechtssatz. Das G. existiert neben dem geschriebenen Recht, kann dieses ergänzen, evtl. sogar verdrängen. Dies gilt auch auf Verfassungsebene (Verfassungsgewohnheitsrecht). Da die sozialen Verhältnisse sich heute schnell ändern, fehlt es meist an den Voraussetzungen für die Bildung von G. Nicht selten ist allerdings örtliches G. (sog. Observanzen) in bäuerlichen Gebieten: Wasser- und Wegerechte, Reinigungspflichten etc. Im übrigen herrscht

Gewöhnlicher Aufenthalt

heute das geschriebene, staatliche → Gesetz.
Lit. Freitag: Gewohnheitsrecht.
Michael Stolleis

Gewöhnlicher Aufenthalt → Aufenthalt

Gilde Soziale Arbeit 1925 gegründet als Zusammenschluß der damals aus der → Jugendbewegung in die Sozialarbeit (→ Sozialarbeit/Sozialpädagogik) Drängenden, der auch erstmalig das hier neue männliche Element aufnahm. Durch regionale Arbeitskreise, jährliche Arbeitstagungen und einen »Rundbrief der Gilde Soziale Arbeit« trug sie entschieden zur Erneuerung bes. der → Fürsorgeerziehung, des → Jugendstrafvollzugs und der Ausbildung der Sozialarbeiter bei (Bondy, Herrmann, Achinger, Mennikke, Oswalt). Sie fand Hilfe bei führenden Jugendrichtern und Pädagogen (Franke, Nohl, Weniger). Da wirksame Standes- oder Gewerkschaftsvertretungen noch fehlten, entwickelte sich die Gilde rasch zu einer Gruppe für engagierte Erneuerung. 1933 löste sie sich auf, um einer Gleichschaltung zu entgehen. 1947 fanden sich die übrigen Mitglieder erneut zusammen; in den Jahrestagungen nahmen sie zu den Aufgaben der Sozialarbeit und z. B. zu den Bemühungen um ein neues Jugendhilferecht engagiert Stellung (1953, 1961, 1973 ff.). Über die Tagungen der letzten Jahre berichtete besonders die Zeitschrift »Neue Praxis«, die sich an den Tagungen beteiligte. Ein Überblick über die Entwicklung der Gilde bis heute findet sich in den Abhandlungen von Elisabeth Siegel (Erfahrung als Entwurf, Bielefeld 1988) und Peter Dudek (Leitbild: Kamerad und Helfer, Frankfurt 1988).
Seit der Wiedervereinigung ist die Gilde bemüht, an frühere Bezüge und Wirkungskreise anzuknüpfen, deren Mittelpunkt in dem Bereich der neuen Bundesländer liegt. Derzeitiger Geschäftsführer ist Klaus Seib (Gottorpstraße 47, 22605 Hamburg).
Hubertus Lauer

Gleichbehandlung von Männern und Frauen Die G. ist seit der Französischen Revolution Teil aller verfassungspolitischen Forderungen der demokratischen Verfassungsbewegung. Sie ist in Deutschland erst mit Art. 3 Abs. 2 → Grundgesetz (GG) allgemein geltendes Verfassungsrecht. Insbes. aus der Entstehungsgeschichte und nunmehr aus der Hinzufügung von Art. 3 Abs. 2 Satz 2 GG 1994 folgt, daß das G.gebot nicht nur eine formale rechtliche Gleichstellung, sondern auch eine Chancengleichheit und gesellschaftliche Gleichstellung garantiert (Förderpläne, Quoten). Zahlreiche internationale Abkommen (→ Internationale Sozialpolitik) sowie Art. 119 EWGV und die Richtlinien 75/117, 76/207 und 86/378 (Arbeitsrecht) und 79/7 (Sozialrecht) im Rahmen des Rechts der → Europäischen Gemeinschaften (EG) schreiben die G. zwingend vor. Über das EG-Recht hat die mittelbare Diskriminierung Bedeutung erlangt. Sie liegt vor, wenn neutrale Merkmale wie »Teilzeitarbeit« verwandt, dadurch wesentlich mehr Mitglieder eines Geschlechts wegen ihres Geschlechts tatsächlich negativ betroffen werden und diese ungleichen Wirkungen nicht objektiv gerechtfertigt sind.
Die wesentlichen Gebiete der G. sind:
→ Familienrecht, in dem seit dem Gleichberechtigungsgesetz von 1957 insbes. die G. bei der Aufgabenteilung in der → Ehe, der Berufstätigkeit, der → Erziehung der Kinder bis hin zum Namensrecht der Ehepartner und der Kinder verwirklicht werden mußte.
→ Arbeitsrecht, in dem § 611 a → Bürgerliches Gesetzbuch (BGB) in Umsetzung der EWG-Richtlinie 76/207 ein allgemeines Gebot der G. statuiert, das erst 1994 mit wirksamen Sanktionen über Schadensersatzansprüche versehen wurde. Wesentliche Gebiete der mittelbaren Diskriminierung sind die Diskriminierung von Teilzeitbeschäftigten (verboten gem. § 2 Beschäftigungsförderungsgesetz 1985), beim Zugang zum Beruf, bei typisch an Männern orientierten Bewertungen der Arbeitsleistung und bei der Aus- und Weiterbildung.
→ Sozialrecht, in dem der → Gerichtshof der Europäischen Gemeinschaften (EuGH) und das BVerfG in langjähriger → Rechtsprechung alle wesentlichen direkten Diskriminierungen beseitigt hat. Bereiche der mittelbaren Diskriminierung sind vor allem die Diskriminierung von Teilzeitarbeit, unterbrochenen Beschäftigungsverläufen, der Begünstigung von langer Beschäftigungsdauer, der Begünstigung von Haushaltsvorständen und von Unterhaltsverpflichteten.
Lit. Bertelsmann, K. u. a.: Frauenerwerbstätigkeit; Gerhard u. a.: Frauen; Pfarr u. a.: Diskriminierung. *Karl-Jürgen Bieback*

Gleichheits(grund)satz Das Gleichheitsprinzip findet sich im → Grundgesetz (GG) in verschiedenen Vorschriften: Im allgemeinen G. (Art. 3 Abs. 1 GG), dem Sozialstaatsprinzip und den besonderen bzw. speziellen G. (Art. 3 Abs. 2 und 3, Art. 6 Abs. 5, Art. 33 Abs. 1–3, Art. 38 Abs. 1 GG). Die letzteren sind Konkretisierungen des allgemeinen G., die diesem in der Anwendung vorgehen. Wenn kein spezieller G. eingreift, gelangt der allgemeine G. zur Anwendung.
Der allgemeine G. ist zum einen ein vorstaatliches → Menschenrecht, zum anderen bindet es Gesetzgebung, → Verwaltung und Gerichte (Art. 1 Abs. 3 GG). Nach der Rechtsprechung des → Bundesverfassungsgerichts enthält der G. die Weisung an den Gesetzgeber, Gleiches gleich sowie Unglei-

ches seiner Eigenart entsprechend verschieden zu behandeln. Der G. ist dann nicht verletzt, wenn sich für eine Ungleichbehandlung vernünftige Erwägungen finden lassen, die aus der Natur der Sache folgen oder sonst sachlich gerechtfertigt sind. Damit wird der allg. G. als Willkürverbot gedeutet. Es entsteht das Problem, wie man ermittelt, ob zwei Sachverhalte gleich oder ungleich sind. Je schärfer man das Differenzierungskriterium bestimmt, desto kleiner sind die Gruppen des gleichen Sachverhalts und damit um so größer die Möglichkeiten einer unterschiedlichen Behandlung. Dabei kann die Auswahl des Differenzierungskriteriums nur durch ein Werturteil erfolgen. Das Kriterium darf nicht durch die Verfassung verboten sein, solche Verbote enthalten vor allem die besonderen G. Auch das Differenzierungsziel muß verfassungsgemäß sein. Dann ist das Verhältnis von Differenzierungsziel und -kriterium zu überprüfen, dies ist der systematische Standort der Willkürprüfung.
Der Gesetzgeber hat bei seinen Entscheidungen weitgehende Gestaltungsfreiheit, solange er sachgerechte Differenzierungen bestimmt. Dabei ist bei gewährender Staatstätigkeit die Freiheit größer als bei Eingriffen in die Rechte einzelner. Der einzelne hat grundsätzlich keinen Anspruch auf ein Tätigwerden des Gesetzgebers aus dem G. Für die Verwaltung spielt der G. vor allem im Rahmen des → Ermessens eine Rolle. Hierzu gehört auch der Grundsatz der Selbstbindung der Verwaltung, eine bestimmte Verwaltungsübung bei der Ausübung des Ermessens oder der → Auslegung → unbestimmter Rechtsbegriffe auch in der Zukunft anzuwenden. Dabei gibt es jedoch keine Gleichheit im Unrecht, also keinen Anspruch auf Wiederholung einer falschen, rechtswidrigen Entscheidung. Die → Rechtsprechung muß den G. bei Anwendung und Auslegung aller Rechtsvorschriften beachten, ähnlich wie die Verwaltung, doch gibt es hier keine Selbstbindung. Eine Entscheidung verletzt dann das GG, wenn sie neben fehlerhafter Rechtsanwendung oder Verfahrensweise auch gegen andere Verfassungsgrundsätze verstößt.
Die speziellen G. stellen Kriterien auf, nach denen auf keinen Fall unterschieden werden darf. Art. 3 Abs. 2 GG fordert die Gleichbehandlung von Männern und Frauen. Eine unterschiedliche Behandlung ist nur dann erlaubt, wenn der zu beurteilende Sachverhalt nur von einem Geschlecht erfüllt werden kann (z. B. Mutterschutzvorschriften).
Durch eine Änderung im Rahmen der Grundgesetzreform in Folge des Einigungsvertrages ist im Gegensatz zum allgemeinen G. nunmehr eine aktive Handlungsverpflichtung für den Staat enthalten: Er hat die tatsächliche Durchsetzung der Gleichberechtigung zu fördern und auf die Beseitigung bestehender Nachteile hinzuwirken (Art. 3 Abs. 3 S. 2 GG). Art. 3 Abs. 3 GG zählt Kriterien auf wie Rasse, Religion, Sprache, (soziale) Herkunft, religiöse und politische Anschauungen und nunmehr auch ausdrücklich ein Benachteiligungsverbot für Behinderte. Diese dürfen nicht Ursache einer Differenzierung sein (zu Art. 3 GG vgl. Maunz u. a.). Art. 6 Abs. 5 GG fordert die Gleichstellung der → nichtehelichen Kinder. Art. 33 Abs. 1–3 GG postuliert für alle Deutschen die gleichen Rechte und Pflichten als Staatsbürger, der Zugang zu den öffentlichen Ämtern richtet sich nur nach Eignung und Leistung. Art. 38 Abs. 1 S. 1 GG garantiert für das Wahlrecht, daß jede Stimme gleich viel zählt.
Lit. Hartmann, D.-D.: Willkürverbot; Maunz u. a.: GG (Komm.); Zacher: Soziale Gleichheit. *Barbara Dembowski*

Gnadenwesen Die Begnadigung ist ein Akt der Staatsgewalt, der ein Hindernis für die Bestrafung des Täters schafft. Zu unterscheiden ist zwischen a) Amnestie: Gewährung von Straffreiheit für eine Vielzahl von Fällen nach allgemeinen Merkmalen aufgrund eines allgemeinen Gesetzes; b) Niederschlagung: Eingriff der Staatsgewalt in ein anhängiges Einzelverfahren; sie wird heute, weil unvereinbar mit dem → Rechtsstaat, als unzulässig angesehen; c) Begnadigung im engeren Sinne: sie betrifft die Befugnis, die gegenüber einem individuell bestimmten Schuldigen rechtskräftig anerkannte Strafe zu erlassen, zu ermäßigen, umzuwandeln oder ihre Vollstreckung aufzuschieben. Sie kann sich auch auf Nebenstrafen und Nebenfolgen sowie auf Geldbußen und Kosten erstrecken. Das Begnadigungsrecht erfüllt vor allem die Funktion, Härten des Gesetzes, etwaige Irrtümer in der Urteilsfindung sowie Unbilligkeiten bei nachträglich veränderten Verhältnissen auszugleichen. Die Begnadigung hat für die → Rehabilitation des Verurteilten erhebliche Bedeutung, weil sie durch Beseitigung oder Milderung der Urteilsfolgen den Weg für die Wiederbegründung des sozialen Ansehens des Verurteilten in der Gemeinschaft frei macht. Das Begnadigungsrecht steht entweder dem Bund zu (wenn Bundesgerichte in erster Instanz entschieden haben – § 452 StPO) oder den Ländern. Im ersteren Falle ist es dem Bundespräsidenten, Art. 60 → Grundgesetz (GG), ansonsten den Ministerpräsidenten, jeweils mit dem Recht der Weiterdelegierung, übertragen. Die Bearbeitung der Gnadensachen obliegt der Staatsanwaltschaft. Die Einleitung eines Gnadenverfahrens kann auf Antrag, aber auch von Amts wegen erfolgen. Geregelt sind die Gnadenverfahren in sog. Gnadenordnungen. Grundlage ist die Gnadenordnung von 1935, die noch für den Bund und in einigen Ländern gilt. Die meisten Länder haben eigene Gnadenordnungen erlassen. In allen gilt, daß eine Gnadent-

scheidung immer erst dann möglich ist, wenn eine entsprechende Möglichkeit im Justizwege nicht gegeben oder ausgeschöpft ist.
Die gerichtliche Nachprüfung der Gnadenakte wird zur Zeit überwiegend noch verneint, wobei darauf hingewiesen wird, daß die Gewährung von Gnade ihrem Wesen nach einer Überprüfung durch die Gerichte widerspricht (BVerfGE 25, 352). Im Schrifttum ist allerdings diese Meinung umstritten. Auch vom → Bundesverfassungsgericht (BVerfGE 30, 108) wird nunmehr die gerichtliche Kontrolle in dem Fall des Widerrufs des Gnadenerweises oder der Ablehnung des Straferlasses im Gnadenwege nach Ablauf der Bewährungszeit bejaht.
Das Übereinkommen vom 21. 3. 1983 über die Überstellung verurteilter Personen (BGBl. 1991 Teil II S. 1006), das am 1. 2. 1992 für Deutschland in Kraft getreten ist (BGBl. 1992 Teil II S. 98), und dem bisher zahlreiche Länder beigetreten sind, eröffnet die Möglichkeit, einen verurteilten Ausländer zum Zwecke der Fortführung der Strafvollstreckung in sein Heimatland zu überstellen, wovon die Praxis in steigendem Maße Gebrauch macht. Nach Art. 12 dieses Übereinkommens steht das Recht zur Begnadigung dem Staat, in dem das Urteil ergangen ist, und dem Staat, der die Vollstreckung fortsetzt, zu.
Lit. Schätzler: Gnadenrecht. *Joachim Wenzel*

Groupwork → Gruppenarbeit, soziale

Grundausbildungslehrgänge sind berufsvorbereitende Bildungsmaßnahmen i. S. v. § 40 des → Arbeitsförderungsgesetzes (AFG), deren nichtbehinderte Teilnehmer aus Mitteln der BA (→ Arbeitsverwaltung) durch Berufsausbildungsbeihilfe (→ Ausbildungsförderung) gefördert werden; behinderte Teilnehmer erhalten Ausbildungsgeld. Näheres über Voraussetzungen, Art und Umfang der Förderung bestimmte der Verwaltungsrat der Bundesanstalt durch seine Anordnung über die individuelle Förderung der beruflichen Ausbildung vom 31. 10. 1969 und der Anordnung über die Arbeits- und Berufsförderung Behinderter vom 31. 7. 1975. Beide Anordnungen wurden ständig an geänderte Verhältnisse angepaßt, wie es § 191 Abs. 3 des AFG vorschreibt. G. zielen auf die Aufnahme einer qualifizierten Ausbildung ab. In der Regel nehmen Jugendliche und junge Erwachsene teil, die eine Berufsausbildung anstreben, wegen fehlender Ausbildungsmöglichkeit aber in keinem Ausbildungsverhältnis stehen. Außerdem soll damit eine Überprüfung der Berufswahlentscheidung ermöglicht werden. Vermittelt werden praktische und theoretische Grundkenntnisse und -fertigkeiten in mehreren Berufen. G. dauern höchstens 12 Monate. *Karlheinz Schuster*

Grundgesamtheit Bei einer statistischen → Erhebung wird die Gesamtheit aller Einheiten, über die statistische Informationen eingeholt werden sollen, als G. bezeichnet. Einheiten können z. B. Personen, private Haushalte, Unternehmen der gewerblichen Wirtschaft, landwirtschaftliche Betriebe, Verkehrsunfälle sein. Die G. muß sachlichbegrifflich, räumlich und zeitlich eindeutig abgegrenzt sein. Gewöhnlich wird unterschieden in Bestandsmassen, die zeitpunktbezogen, und Bewegungsmassen, die zeitraumbezogen definiert sind. Beispiele für G. sind die Wohnbevölkerung eines Landes am 26. 5. 1987 (Bestandsmasse), die Menge der Sozialhilfeempfänger einer Gemeinde am 1. 3. 1990 (Bestandsmasse), die Verkehrsunfälle mit Sachschaden über 3 000 DM im Monat Mai 1991 (Bewegungsmasse).
Die Bezeichnung G. wird sowohl i. V. m. Vollerhebungen wie mit → Stichproben verwendet. Repräsentative (→ Repräsentativität) Stichproben ermöglichen statistisch gesicherte Rückschlüsse auf die G. In der Erhebungspraxis erweist es sich häufig als schwierig, eine Datenbasis (→ Daten) für die Durchführung der Erhebung bereitzustellen, wie z. B. Anschriftenverzeichnisse (Register) in Form von Listen, Karteien, Datensätzen auf Bändern oder Disketten, die die G. vollständig und eindeutig abdeckt. *Jürgen Schmidt*

Grundgesetz (GG) für die Bundesrepublik Deutschland vom 23. 5. 1949 ist die für Deutschland geltende Verfassung. Konzipiert zunächst »für eine Übergangszeit« (so die alte Fassung der Präambel), ist es im Verlauf von fast 50 Jahren eine echte »Verfassung« geworden. Der Name »Verfassung« wurde seinerzeit vermieden, um ihn einer künftigen gesamtdeutschen Lösung vorzubehalten (Art. 146 GG). Seit dem 3. 10. 1990 gilt das GG auch für die gem. Art. 23 GG beigetretenen, aus dem Territorium der ehemaligen DDR gebildeten fünf neuen Bundesländer (Brandenburg, Mecklenburg-Vorpommern, Sachsen, Sachsen-Anhalt, Thüringen) sowie für Ost-Berlin (Einigungsvertrag vom 31. 8. 1990). Der ursprünglich für diesen Fall vorgesehene Weg einer gesamtdeutschen Volksabstimmung, durch den der staatspolitische Akzent eines neuen gemeinsamen Anfangs hätte gesetzt werden können, wurde nicht beschritten (Art. 146 GG n. F.).
Die Gliederung des GG ist einfach: es stellt die → Grundrechte (→ Menschenrechte) mit dem Bekenntnis zur Menschenwürde voran und sichert die zu den einzelnen gegen alle Verletzungen seiner Rechte von seiten der öffentlichen Gewalt durch gerichtliche Kontrolle (Art. 19 Abs. 4 GG). Sodann bestimmt es die Staatsform (Art. 20 GG: Republik, repräsentative Demokratie, Bundesstaat) und gestaltet sie im einzelnen aus.

Besonders wichtige Grundsätze sind das Bekenntnis zum sozialen Rechtsstaat (→ Sozialstaatsprinzip), zur Gewaltenteilung, zur unmittelbaren Geltung der Grundrechte (Art. 1 Abs. 3 GG) und der allgemeinen Regeln des Völkerrechts (Art. 25 GG). Diese Grundsätze sind auch für die Länder verbindlich (Art. 28 Abs. 1 GG). Neu geregelt ist nun auch die Mitwirkung der Bundesrepublik in der Europäischen Union, das kommunale Wahlrecht für Ausländer (Art. 28 Abs. 1 S. 3 u. 4), die Überarbeitung von Hoheitsrechten sowie die Mitwirkung des Bundesrates und der Länder; zum Schutz vor einer allzuleichten Abänderung des EU-Vertrages sind Sicherungen eingebaut (Art. 79 Abs. 2, 3 GG).
Ebenso ist die innerstaatliche föderalistische Gliederung vom GG für unabänderlich erklärt worden (Art. 79 Abs. 3 GG). Weiter gilt eine Vermutung für die Zuständigkeit der Länderstaatsgewalt (Art. 30 GG) und für die Gesetzgebungszuständigkeit der Länder (Art. 70 GG) vor der des Bundes.
Das GG regelt weiterhin die Verfassungsorgane (Bundestag und Bundesrat samt deren gemeinsamem Ausschuß, Bundespräsident, Bundesregierung, → Bundesverfassungsgericht). Es hat sich dabei für eine starke Stellung des Bundeskanzlers und für eine schwache des Bundespräsidenten entschieden. Die im einzelnen sehr komplizierte Gewichtsverteilung in diesem System ist entwickelt worden auf dem Hintergrund der Erfahrungen mit der Weimarer Verfassung und unter dem Einfluß westlichen demokratischen Denkens.
Art. 70ff. GG enthalten sodann Kompetenzordnung und Verfahren der → Gesetzgebung sowie die Verteilung der Verwaltungskompetenzen zwischen Bund und Ländern (Art. 83ff. GG). Die Grundlagen der → Rechtsprechung mit den dazugehörigen Grundrechten (keine Ausnahmegerichte, Garantie des gesetzlichen Richters, Abschaffung der Todesstrafe, → rechtliches Gehör, Rechtsstaatsgrundsätze des → Strafrechts und Strafprozeßrechts) schließen sich an (Art. 92–104 GG). Von größter praktischer Bedeutung ist die Verteilung von Einnahmen und Ausgaben zwischen Bund und Ländern (Art. 104a–115 GG), die sog. Finanzverfassung (→ Finanzausgleich). Schließlich sind 1968 die damals heftig diskutierten sog. Notstandsartikel, die Regelung des Verteidigungsfalles (Art. 115aff. GG), eingefügt worden.
An relativ versteckter Stelle – Art. 140 GG, der auf die Art. 136–139, 141 der Weimarer Reichsverfassung (WRV) von 1919 verweist – ist das Verhältnis von Staat und Kirche geregelt: Staat und Kirche sind getrennt, was eine Kooperation nicht ausschließt; der Staat ist »neutral«, er garantiert Glaubens- und Gewissensfreiheit (Art. 4 GG) und den Religionsgesellschaften die selbständige Regelung ihrer Angelegenheiten »innerhalb der Schranken des für alle geltenden Gesetzes« (Art. 137 Abs. 3 WRV).
Das GG hat sich als Ordnung des staatlichen Lebens, von der sowohl Stabilität als auch Anpassungsfähigkeit verlangt wird, in einem Maße bewährt, wie man es 1949 kaum hoffen konnte. Es ist, vor allem was die Aktualisierung der Grundrechte angeht, »gelebte« Verfassung geworden. Die Grundrechte, das Demokratie- und Sozialstaatsprinzip enthalten allerdings noch zahlreiche Veränderungs- und Entwicklungschancen. Die deutsche Einigung von 1990 hat zu zahlreichen Änderungen des GG geführt. Präambel und Schlußartikel wurden neu gefaßt, der überflüssig gewordene Art. 23 GG erhielt den erwähnten europarechtlichen Inhalt. Von den übrigen Änderungen sind hervorzuheben: Die Frauenförderung hat durch den Satz »Der Staat fördert die tatsächliche Durchsetzung der Gleichberechtigung von Frauen und Männern und wirkt auf die Beseitigung bestehender Nachteile hin« (Art. 3 Abs. 2 S. 2 GG) ebenso Unterstützung erhalten wie die Stellung Behinderter durch das neue Diskriminierungsverbot: »Niemand darf wegen seiner Behinderung benachteiligt werden« (Art. 3 Abs. 3 S. 2 GG). Neu ist auch die Aufgabe staatlichen Schutzes der »natürlichen Lebensgrundlagen« (Art. 20a GG).
Lit. Hesse, K.: Verfassungsrecht; Scheuner, U.: GG. *Michael Stolleis*

Grundpflege ist ein Teilbereich der Pflege (→ Pflegebedürftigkeit, → Häusliche Krankenpflege, → Hilfe zur Pflege) neben der → Behandlungspflege. Sie umfaßt die erforderlichen nichtmedizinischen Hilfeleistungen bei den Verrichtungen des täglichen Lebens für Menschen, die wegen Krankheit oder Behinderung auf diese Hilfe angewiesen sind, insbes. Körperpflege, Hilfe bei der Nahrungsaufnahme, Hilfe bei der Verrichtung der Notdurft, An- und Ausziehen, Hygiene im Krankenzimmer, Vermeidung von Gefahren für den Patienten und seine Umgebung. Bei Maßnahmen, die im Grenzbereich zur Behandlung liegen (z. B. Bewegungsübungen, Überwachung der Medikamenteneinnahme, Vorbeugemaßnahmen gegen das Wundliegen), ist die Abgrenzung zur Behandlungspflege fließend; eine Rolle spielt dabei auch der Schweregrad der Krankheit. G. wird als Leistungsbestandteil der → häuslichen Krankenpflege nach § 37 Abs. 1 SGB V gewährt, wenn diese notwendig ist, einen Krankenhausaufenthalt zu vermeiden oder zu verkürzen. G. kann gemäß § 37 Abs. 2 SGB V als Satzungsleistung der Krankenkassen gewährt werden, wenn sie der Sicherung des Ziels der ärztlichen Behandlung dient. Diese Satzungsleistung ist jedoch ausgeschlossen für gemäß SGB XI (Pflegeversicherung) pfle-

Grundrechte

gebedürftige Menschen. G. ist die Kernleistung der häuslichen und stationären Leistungen der Pflegeversicherung (→ Pflegeversicherung, gesetzliche) sowie der ergänzenden Hilfe zur Pflege nach § 68 BSHG.
Lit. Kesselheim: Pflegeversicherung.
Werner Hesse-Schiller

Grundrechte sind durch die Verfassung (→ Grundgesetz [GG]) positivierten und dadurch gegenüber dem einfachen → Gesetz vorrangige Berechtigungen von Ividuen oder von Gruppen gegenüber der öffentlichen Gewalt. G. gewährleisten als Abwehrrechte Freiheiten sowie die Integrität der Person oder von Besitzständen und begründen so den »status negativus« (Georg Jellinek). Als Rechte auf Mitwirkung an der Ausübung der Staatsgewalt oder an der politischen Willensbildung begründen sie den »status activus«, als Rechte auf die Teilhabe an staatlichen Leistungen den »status positivus«. Weitere grundrechtlich geschützte Positionen sind Rechte auf Gleichbehandlung und auf Einhaltung von Verfahrensordnungen. G. können als institutionelle Garantien den Bestand rechtlicher Einrichtungen wie → Ehe, → Eigentum und → Erbrecht gewährleisten. Als soziale G. können sie dem Staat die Wahrung tatsächlicher Zustände wie angemessenen Wohnraums, hinreichender Arbeitsgelegenheiten oder → sozialer Sicherung aufgeben. G. können in einer Rechtsordnung als einklagbare subjektive öffentliche Rechte oder lediglich als Programmsätze ausgestaltet sein.

Im Grundgesetz (GG) werden G. unter dem Bekenntnis zu unverletzlichen und unveräußerlichen → Menschenrechten (Art. 1 Abs. 2 GG) als unmittelbar geltendes Recht gegenüber → Gesetzgebung, → Verwaltung und → Rechtsprechung garantiert (Art. 1 Abs. 3). Sie können auf dem Rechtsweg (Art. 19 Abs. 4) und vor dem → Bundesverfassungsgericht durchgesetzt werden. Die im Grundgesetz enthaltenen G. dienen vor allem der Achtung und dem Schutz der für unantastbar erklärten → Menschenwürde (Art. 1 Abs. 1 GG). Die meisten von ihnen gelten deshalb für jedermann (Menschenrechte im rechtstechnischen Sinne). Sie sind nur in einigen Fällen als Bürgerrechte lediglich allen Deutschen (vgl. Art. 116 GG) gewährleistet, so in den Fällen der Art. 8, 9 Abs. 1, 11, 12 Abs. 1, 16, 20 Abs. 4, 33, 38 GG. Das → Asylrecht für politisch Verfolgte (Art. 16a GG) ist das einzige G., welches allein für Ausländer in Betracht kommt. Soweit die G. auf inländische → juristische Personen, nichtrechtsfähige → Vereine und Handelsgesellschaften ihrem Wesen nach anwendbar sind, gelten sie auch für diese (Art. 19 Abs. 3 GG).

Das GG enthält in den Art. 1-19 G. und in den Art. 20 Abs. 4, 28 Abs. 2, 33, 38, 101, 103 und 104 g.ähnliche Rechte. Mit den Freiheitsrechten werden garantiert: das Fundament individueller Lebensgestaltung durch das Recht auf Leben, körperliche Unversehrtheit und Freiheit der Person (Art. 2 Abs. 2), ein allgemeiner Freiheitsraum für jeden einzelnen durch das generelle Recht auf die freie Entfaltung der Persönlichkeit (Art. 2 Abs. 2) und ferner die Freiheit von Lebensbereichen, die in der Vergangenheit willkürlich staatlichen Eingriffen besonders ausgesetzt waren durch einzelne spezielle Freiheitsrechte, vor allem die Gewissens-, Glaubens-, Bekenntnis-, Meinungs-, Presse-, Versammlungs- und Vereinigungsfreiheit (Art. 4, 5, 8, 9), die Freizügigkeit (Art. 11) und die Berufsfreiheit (Art. 12 Abs. 1) sowie die Eigentumsgarantie (Art. 14) und das Verbot rückwirkender Strafgesetze und der Mehrfachbestrafung (Art. 103 Abs. 2 und 3). Die Vertraulichkeit der individuellen Kommunikation wird durch das Brief-, Post- und Fernmeldegeheimnis (Art. 10) geschützt. Die Gleichheitsrechte bestehen aus dem allgemeinen Gleichheitssatz (→ Gleichheits[grund]satz) (Art. 3 Abs. 1) und aus speziellen Gleichheitsgeboten: der Gleichberechtigung von Mann und Frau (Art. 3 Abs. 2; → Gleichbehandlung von Männern und Frauen), den Diskriminierungsverboten des Art. 3 Abs. 3, der Gleichheit der staatsbürgerlichen Rechte und des Zugangs zu öffentlichen Ämtern (Art. 33 Abs. 1-3) und der Wahlrechtsgleichheit (Art. 38 Abs. 1). Durch den allgemeinen Gleichheitssatz wird der Staat verpflichtet, willkürliche, d.h. sachlich nicht rechtfertigbare Ungleichbehandlungen zu unterlassen. Ein G. auf Mitwirkung an der Ausübung von Staatsgewalt enthält das Wahlrecht (Art. 38 mit 20 Abs. 2). Mitwirkungsrechte an der politischen Willensbildung sind insbes. durch Meinungs-, Presse-, Versammlungs- und Vereinigungsfreiheit (Art. 5, 8, 9) garantiert. G. mit Verfahrensgarantien gelten für den Bereich der Rechtsprechung: umfassender gerichtlicher → Rechtsschutz gegen Rechtsverletzungen durch die öffentliche Gewalt (Art. 19 Abs. 4), das Verbot von Ausnahmegerichten und die Garantie des gesetzlichen Richters (Art. 101), der Anspruch auf → rechtliches Gehör vor Gericht (Art. 103) und die Rechtsgarantien bei → Freiheitsentziehungen (Art. 104). Das Grundgesetz enthält keine sozialen G. und nur wenige ausdrückliche Rechte auf staatliches Handeln (Art. 3 Abs. 2 S. 2, Art. 6 Abs. 4 und 5). Allerdings kann aus dem → Sozialstaatsprinzip in Verbindung mit der Pflicht des Staates zum Schutz der → Menschenwürde eine Garantie der materiellen Lebensgrundlage für den einzelnen und des Grundbestandes des Systems der → sozialen Sicherheit hergeleitet werden. Institutionelle Garantien bestehen z. B. für Presse und Rundfunk (Art. 5), für Ehe und → Familie (Art. 6 Abs. 1), für Eigentum und Erbrecht (Art. 14 Abs. 1), für

die kommunale → Selbstverwaltung (Art. 28 Abs. 2) und das Berufsbeamtentum (Art. 33 Abs. 4).
Die G. sind in erster Linie subjektive Rechte des einzelnen. Sie sind zugleich Bestandteil des objektiven Verfassungsrechts und drücken verfassungsrechtliche Wertentscheidungen aus. Eine Einwirkung auch auf private Rechtsverhältnisse (Drittwirkung) ergibt sich grundsätzlich in der Weise, daß die in den einzelnen G. enthaltenen Wertentscheidungen als Bestandteile des objektiven Verfassungsrechts zur → Auslegung des einfachen Rechts, insbes. der → unbestimmten (Rechts-)Begriffe und der Generalklauseln herangezogen werden (mittelbare Drittwirkung).
Staatliche Eingriffe in Grundrechtspositionen dürfen nur durch Gesetz oder aufgrund eines Gesetzes (Grundrechtsschranke) erfolgen (Vorbehalt des Gesetzes). Jedenfalls müssen Eingriffe und Beschränkungen dem Grundsatz der Verhältnismäßigkeit (→ Verhältnismäßigkeitsgrundsatz) genügen und den Wesensgehalt des Grundrechts unangetastet lassen. Wegen der wenig präzisen Formulierung der Grundrechtsbestimmungen und des durch Abwägungserfordernisse in der Schwebe bleibenden Spannungsverhältnisses von Grundrecht, Grundrechtsschranken und Begrenzungen des grundrechtseinschränkenden Gesetzgebers ist es letztlich das → Bundesverfassungsgericht, das die Reichweite und die Gewährleistungsintensität der G. bestimmt.
Auch die meisten Verfassungen der Länder enthalten G., die in Kraft bleiben, soweit sie dem GG nicht widersprechen (Art. 31 GG) oder G. in Übereinstimmung mit dem G. gewährleisten (Art. 142).
Für die → Europäische Union enthält der EG-Vertrag (EGV) keinen Grundrechtskatalog. Jedoch hat der Europäische Gerichtshof (EuGH) seine Kompetenz nach Art. 164 EGV zur Sicherung der »Wahrung des Rechts« dahingehend ausgelegt, daß er auch die Grundrechte gegen die Hoheitsgewalt der Organe der EG zu wahren habe. Abgesehen von einigen Verbürgungen mit Grundrechtscharakter wie dem Verbot der Diskriminierung wegen der Staatsangehörigkeit nach Art. 6 EGV und der Lohngleichheit von Mann und Frau nach Art. 119 EGV entnimmt der EuGH die Grundrechte rechtsfortbildend den allgemeinen Rechtsgrundsätzen, wie sie der Verfassungstradition der Mitgliedstaaten entsprechen. Eine Kodifikation dieser Rechtsgrundsätze sieht er in der Europäischen Menschenrechtskonvention. Diese Fortbildung des Gemeinschaftsrechts ist heute durch Art. F Abs. 2 des Vertrages über die Europäische Union (Maastricht-Vertrag) von 1992 ausdrücklich anerkannt worden.
Lit. Böckenförde: Grundrechtstheorie; Frowein u.a.: Europäische Menschenrechtskonvention; Grabitz: Grundrechte; Hesse, K.: Grundrechte; Pieroth u. a.: Grundrechte; Stern: Staatsrecht Bd III/1; Stern, K.: Grundrechte; Zuleeg: Grundrechte.

Ingwer Ebsen

Grundrente → Beschädigtenrente

Grundsicherung Forderungen auf Einführung einer sozialen G. gehen in Deutschland auf verschiedene Ursprünge zurück. So wird auf der einen Seite argumentiert, der Staat könne und solle sich wegen des inzwischen im Durchschnitt erreichten Wohlstandsniveaus der Bevölkerung aus der Bereitstellung und Organisation von Systemen der → sozialen Sicherung weitgehend zurückziehen und lediglich ein System einer Mindestsicherung anbieten. Der Vorschlag zur Einführung einer Staatsbürgerrente einerseits sowie zur Umgestaltung des Steuersystems auf der Grundlage einer Ausgabensteuer (anstatt einer Einkommensteuer) sowie der Einführung eines Bürger- und Basisgeldes für jedermann beruhen auf derartigen Leitgedanken. Auf der anderen Seite stehen Vorschläge, bei denen eine allgemeine G. gerade mit Hinweis auf eine verschärfte Armutsproblematik (→ Armut) gefordert wird. Der entscheidende Punkt dieser Vorschläge, unter denen es sehr viele Varianten gibt, ist der Verzicht auf die im Sozialhilferecht verankerte Pflicht zur Prüfung der Bedürftigkeit des → Hilfeempfängers. Generell streben alle G.vorschläge eine Entkopplung von Leistungs(teil)systemen der sozialen Sicherung von → Arbeitsverhältnis oder → Arbeitsvertrag an. Manche postulieren sogar ein Grundrecht auf Einkommen.
G.systeme haben in allen ihren Varianten Rückwirkungen auf bestehende Systeme der sozialen Sicherung, und sie beeinflussen die in einer Volkswirtschaft bestehende Struktur von Anreizen zur Aufnahme von → Arbeit und zur Gründung und Aufrechterhaltung von → Familien. Eine ökonomische Analyse kann dabei im wesentlichen von vier Evaluierungskriterien ausgehen: (1) Angemessenheit der Leistungen, (2) Kosten für die Steuerzahler, (3) Auswirkungen auf die Anreizstruktur sowie (4) die Zieleffizienz, d.h. die Wirksamkeit, mit der Leistungen eines G.programms bei bestimmten Zielgruppen ankommen. Um ein G.programm hinreichend beurteilen zu können, müssen diese Kriterien – gegebenenfalls mit unterschiedlicher Gewichtung – zusammenhängend angewendet werden. Für die Leistungshöhe solcher Systeme gibt es keine allgemein anerkannten normativen Maßstäbe. Man kann jedoch zeigen, daß sich die Höhe eines solchen Transfers (→ Transfers, soziale) immer wieder am (konventionellen) → Existenzminimum einpendeln würde, solange der in solchen Modellanalysen entscheidende mittlere (»Median«-)Wähler selbst arbeitet und Steuern

zahlt. Außerdem müssen G.systeme »anreizkompatibel« sein. Die individuelle Entscheidung zwischen Arbeitszeit und Nichtarbeitszeit darf nicht zugunsten der letzteren zu attraktiv gemacht werden, und ebenso darf die Verpflichtung, für die eigene Familie und besonders eigene Kinder zu sorgen, nicht zu stark beeinträchtigt werden. Unerwünschte Einflüsse der zuletzt genannten Art sind in den USA nachgewiesen worden. Was schließlich das Kriterium der Zieleffizienz betrifft, so sprechen bestimmte Zielgruppen, z. B. am Arbeitsmarkt benachteiligte Jugendliche, auf allgemeine G.programme kaum oder gar nicht an. In solchen Fällen sind Programme mit spezieller Zielrichtung allgemeinen Programmen deutlich überlegen.

Das deutsche Sozialhilfesystem erfüllt die genannten Kriterien besser als andere allgemeinen G.systeme einschließlich der Varianten einer negativen Einkommensteuer. Es begrenzt Leistungshöhe und -umfang nach oben wie nach unten am konventionellen Existenzminimum, seine Grundelemente, Bedürftigkeitsprüfung und → Unterhaltspflicht i. S. d. → Sozialrechts, machen es prinzipiell anreizkompatibel, und es enthält im Rahmen der → Hilfe in besonderen Lebenslagen tatsächliche und potentielle Möglichkeiten der spezifischen Hilfe für bestimmte Gruppen. Die Entwicklungs- und Ausbaumöglichkeiten sind noch nicht erschöpft.

Lit. Klanberg u. a.: Soziale Sicherung; Kronberger Kreis: Bürgersteuer; Mitschke: Steuer- und Transferordnung; Prinz: Grundeinkommenssysteme.

Frank Klanberg†

Grundvermögen, Einsatz des – in der Sozialhilfe → Vermögen

Gruppe Der Begriff G. ist – trotz umgangssprachlicher Allgemeinverständlichkeit – nicht eindeutig definiert. Die Vielfalt der G., in denen wir leben, die unsere → Identität mitbestimmen, für uns existenziell bedeutsam sind, schlägt sich in den Definitionsversuchen und Ansätzen zur Erforschung der G. als soziale Einheit, die eigenen Gesetzen folgt, nieder. G. bezeichnet die innere Beziehung zwischen Menschen, die aufgrund charakteristischer Merkmale zusammengehörig erscheinen. McDavid und Harari definieren: »Eine sozialpsychologische Gruppe ist ein organisiertes System von zwei und mehr Individuen, die so miteinander verbunden sind, daß in einem gewissen Grade gemeinsame Funktionen möglich sind, Rollenbeziehungen zwischen den Mitgliedern bestehen und → Normen existieren, die das → Verhalten der Gruppe und aller Mitglieder regeln.« Diese Definition vernachlässigt zwei Aspekte, die auch in sozialer Arbeit problematisch sind: Der Bestand der G. über einen längeren Zeitraum und die gemeinsamen Ziele, die zur Gruppierung führen oder sich aus ihr entwickeln.

Berufliches Handeln konfrontiert die Angehörigen sozialer Berufe mit der ganzen Fülle möglicher G.formen. Sie müssen sich sowohl in informellen Neigungsg. – mit zuweilen diffusen und widersprüchlichen Zielen sowie unklarer Mitgliedschaft – wie auch in formellen G. in Behörden, Verbänden, Parteien mit offiziellen, verabschiedeten Normen und Werten, geregelten Mitgliedschaftsbedingungen und -regeln, bewegen können (→ Rolle).

Die aus der → Sozialpsychologie entwickelten Begriffe zur G. vermögen hier die → Wahrnehmung, → Diagnose, Analyse psychosozialer Sachverhalte und damit auch das Verhalten und das Handeln zu leiten und zu steuern. Dies betrifft das Verständnis für die eigene Position, Funktion und Absichten als Änderer, Berater, Experte, Teammitglied, ebenso wie die von Klientel und Verhandlungspartnern.

In den letzten Jahren hat die Systemische Familientherapie (→ Systemischer Ansatz) ein breites und effektives Methodeninventar bereitgestellt, Gruppen in ihrer historisch-strukturellen Gewordenheit durch spezielle Analyseverfahren (zirkuläre Interviews) treffend und prägnant zu beschreiben, wodurch ebenfalls effektive und zielgenaue Veränderungen durch das System der Gruppe selbst ausgelöst und auch erreicht werden können.

In vielen G. handelt der → Sozialarbeiter als G.leiter kraft Ausbildung oder Amt. Über seine Wirksamkeit entscheidet, ob es ihm aufgrund seines tatsächlichen Verhaltens gelingt, seinen formellen Führungsanspruch durch informellen zu untermauern bzw. mit dem/den informellen Führer/n zu kooperieren. Das ist gerade dann wichtig, wenn Sozialarbeiter die Aktivitäten der »Experten qua Betroffenheit« koordinieren. Belastend und konfliktträchtig ist die Arbeit mit G., die durch äußeren Druck zusammenkommen. Der Doppelauftrag verlangt vom Sozialarbeiter zu erziehen, zu beraten einerseits und zu kontrollieren, zu sichern andererseits. Dieser Konflikt ist nicht auf der Methodenebene (→ Methoden der Sozialarbeit), sondern nur durch eine Konzeption sozialarbeiterischen Handelns kreativ lösbar.

Lit. Hofstätter: Gruppendynamik; Lapassade: Gruppen; Penn: Fragen; Sader: Psychologie der Gruppen.   *Lothar Nellessen*

Gruppenarbeit, soziale und Gruppenpädagogik sind zwei Termini, die im Zuge des Neuaufbaus des deutschen Erziehungs- und Sozialwesens nach dem zweiten Weltkrieg in Anlehnung an die US-amerikanische Fachsprache (social group work) aufkamen und als Bedeutung und Möglichkeiten von Gruppenmethoden in verschiedenen Ar-

beitsbereichen erkannt und entfaltet wurden. Gruppenpädagogik ist der umfassendere Terminus und bedeutet »Erziehung und Bildung von Gruppen, Initiierung von Lernprozessen in Gruppen« sowie – entsprechend der Doppelbedeutung von Pädagogik – die darauf bezügliche Wissenschaft und »Theorie der Gruppenerziehung und der Bildungs- und Lernprozesse in Gruppen«. Terminus und damit bezeichnete Methode finden auch in anderen als den hier im Mittelpunkt stehenden Arbeitsbereichen des Sozial- und Bildungswesens Anwendung, z. B. in der Hochschuldidaktik, im Managementtraining, in der → Organisationsentwicklung, in industriellen Arbeitsbeziehungen bezogen auf → Teamarbeit aller Art. Demgegenüber ist der Begriff s. G. nur sinnvoll verwendbar in bezug auf → Sozialarbeit / Sozialpädagogik. Hier stellt er eine der drei sozialpädagogischen → »Methoden« oder Arbeitsformen neben sozialer Fallarbeit (soziale → Einzel[fall]hilfe, Casework) und soziale → Gemeinwesenarbeit (social community organization, social community development) dar. Wird dieses (Be-)Handlungskonzept auf therapeutische Aufgaben und Ziele bezogen, spricht man von → Gruppentherapie.
Bei der »Theorie der s. G.«, als wissenschaftliche Grundlegung und Absicherung dieser Arbeitsform der Sozialarbeit/Sozialpädagogik, handelt es sich um ein systematisches und systematisiertes Ensemble von: a) Grundwerten, Zielen und normativen Vorgaben (z. B. Selbstbestimmung, Selbstentfaltung und Selbstverwirklichung, → Partizipation, Demokratisierung u. ä.); b) handlungsorientiertes Wissen um Gruppenstrukturen und → Gruppenprozesse – die sog. → Gruppendynamik –, gewonnen und abgeleitet aus Forschungsergebnissen der → Sozialpsychologie (der → Soziologie und → Psychologie), besonders der Kleingruppenforschung (K. Lewin); c) handlungsorientiertes Wissen um den sog. Gruppenarbeitsprozeß, das über die Beobachtung der auch spontan ablaufenden Gruppenprozesses hinaus besonders den Faktor Gruppenleiter und seine Ein- und Auswirkung auf den Gruppenprozeß untersucht und bewußt handhabbar machen soll. Dies bezieht sich besonders auf professionell entsprechend ausgebildete → Sozialarbeiter/-innen und Sozialpädagogen/Sozialpädagoginnen als Gruppenleiter; d) handlungsorientiertes Wissen und Können in bezug auf Methoden, Arbeitstechniken und Medien und die Handhabung von Beziehungen (zwischen Gruppenleiter und dem einzelnen Gruppenmitglied, der Beziehungen der Gruppenmitglieder untereinander).
Die zur Ausführung qualifizierter s. G. notwendige professionelle Qualifikation und Handlungskompetenz wird durch ein Studium an → Fachhochschulen oder wissenschaftlichen Hochschulen (→ Universität) mit berufsqualifizierendem Diplomabschluß erworben. Gegenüber einem längere Zeit fortschreitenden Spezialisierungstrend der drei Methoden in Praxis und → Ausbildung, der zur gegenseitigen Isolierung und Separierung der drei Methoden geführt hat, ist neuerdings ein Trend zur Vereinheitlichung in Theorie, Prinzipien usw. und zum integrativen Einsatz der drei Methoden in der Praxis eingetreten und hat sich weitgehend durchgesetzt.
Wissenschaft und Praxis der s. G. sind vielfach und vielfältig und z. T. widersprüchlich aus gegensätzlichen Positionen kritisiert worden. Kritik an der s. G. richtet sich häufig gegen ein naives, unreflektiertes Demokratieverständnis; gegen ein optimistisches und affirmatives Gesellschafts- und Menschenbild; gegen die dadurch bedingte Verschleierung gesellschaftlicher Widersprüche und gegen die dadurch bewirkte systemkonforme Sozialisation und systemstabilisierende Funktion. Weiterhin werden die unbewiesene oder unzureichende → Effizienz (→ Kosten-Nutzen-Analyse, Nutzwertanalyse); die wissenschaftliche Ungesichertheit der Annahmen und Handlungsorientierungen und die terminologische, theoretische und konzeptionelle Unausgereiftheit, die ideologischen und traditionsgebundenen Inhalte bei unterlassener bzw. unzureichender Ideologiekritik, sowie die unkritische, affirmative Einstellung und bloß palliative systemkurierende Funktion und der Mangel an gesellschaftstheoretischer Fundierung kritisiert. Dies macht s. G. zur bloßen Befriedungstechnologie und läßt Zweifel an ihrer politischen Produktivität aufkommen. Kritik und Zweifel sind grundsätzlich und partiell nicht unbegründet, aber durch Reflexion, Selbstkritik und konzeptionelle Weiterentwicklung theoretisch und praktisch widerlegbar und abwendbar.
Lit. Friedländer u. a.: Methoden; Haus Schwalbach: Gruppenpädagogik; Konopka: Gruppenarbeit; Lattke: Gruppenarbeit; Pfaffenberger: Fallarbeit; Pfaffenberger: Theorie- und Methodenproblem; Schiller: Gruppenpädagogik; Weber, G.: Gruppenarbeit.
Hans Pfaffenberger

Gruppenberatung als Tätigkeitsfeld der → Sozialarbeit/Sozialpädagogik ist historisch aus der Gruppenpsychotherapie entstanden (Adler, Moreno) und hat sich auch an Gruppenarbeit (→ Gruppenarbeit, soziale) orientiert. Dennoch kann und sollte sie von beiden Verfahren abgegrenzt werden. Während → Gruppentherapie die kranke Persönlichkeit oder → Gruppe anspricht und Gruppenarbeit die Entfaltung des gesunden Menschen zum Ziel hat, ist G. vor allem ein Lernvorgang, bei dem durch rationale und affektive Bearbeitung von Problemen das Gefälle an Wissen und Fähigkeiten zur Lebensbewältigung zwischen

Gruppendynamik 430

Berater und Klient bzw. Gruppe in einer (→ Bezugs-)Gruppe ausgeglichen werden soll (→ Beratung).
Die Bedeutung der Gruppenangebote liegt u. a. in ihrer Gegentendenz zu Rationalisierung und Bürokratisierung moderner Gesellschaften. In diesem Sinne stellen selbstorganisierte Gruppen (→ Selbsthilfegruppen) und fremdorientierte Gruppen (Selbsterfahrungs-, Beratungs- und Therapiegruppen) soziale Beziehungsformen dar, die Hilfs- und Unterstützungsmöglichkeiten bereithalten (»inszenierte Gemeinschaften«).
Vorteile der G. gegenüber Einzelberatung: Es können mehrere zu Beratende gleichzeitig erreicht werden. Viele haben gleiche oder ähnliche Probleme. Ferner kann der Berater die Eigengesetzlichkeit der Gruppe nutzen, indem er seine → Interventionen an den Erkenntnissen der → Gruppendynamik orientiert. Durch Konfrontation mit anderen Einstellungen und Verhaltensweisen im »Hier und Jetzt« werden Lern- und Erfahrungsräume erweitert. Im Rahmen einer Gruppe fällt es dem einzelnen leichter, sein Verhalten zu ändern. Jeder kann geber auch Berater sein, er ist mitverantwortlich für den Gruppenprozeß: Modellsituation für das Leben »draußen«!
Die systemische Sichtweise (→ systemischer Ansatz – jeder lebt in »Systemen« = Beziehungsgeflechten) in der G. ist als Hintergrund in der Einzelarbeit innerhalb der Gruppe sowie als systemisches Arbeiten mit der Gruppe als Modell (für Familie) inzwischen als notwendig anerkannt, wie in Ehe- und Familienberatung verbreitet. Zum → Setting gehören u. a. regelmäßige Treffen von mehreren Personen über einen vorher festgelegten Zeitraum, z. B. 1 Jahr, möglichst auf der Basis von Freiwilligkeit.
Arten von G. nach Gruppengröße: → Ehe- und → Familienberatung; G. von Personen, die der gleichen Bezugsgruppe und/oder der gleichen sozialen → Rolle angehören, z. B. Studenten, Eltern, Probanden der → Bewährungshilfe, Suchtkranke (→ Sucht/Suchtgefährdung), Obdachlose (→ Obdachlosigkeit), aber auch → Sozialarbeiter/-innen und Sozialpädagog/-innen, Heimerzieher (→ Praxisberatung, → Supervision).
Verwendbar sind Methoden und Techniken der → Gesprächsführung, der → Themenzentrierten Interaktion (TZI), des kommunikationstheoretischen Ansatzes (→ Kommunikation), möglicherweise der Aktionsforschung (→ Handlungsforschung).
Lit. Cohn: Interaktion; Funkkolleg: Erziehung; Junker, H.: Beratungsgespräch; Lowy: Erwachsenenbildung; Melzer: Praxisanleitung; Puch: Gruppenangebote; Schwarzer, R.: Beraterlexikon.   *Hans Brandes*

Gruppendynamik bezeichnet drei Sachverhalte:
1. Das Teilgebiet der erkenntniskritischen → empirischen Sozialforschung, das das Wissen über die soziale Einheit der → Gruppe, ihre Entwicklung, ihre Beziehung zu anderen Gruppen, → Organisationen und dem sozialen Umfeld umfaßt.
2. Als angewandte G., die spezifische Praxis absichtsvollen, durch Theorie und Forschung abgesicherten Handelns in und mit Gruppen, die durch Verbesserung der → Selbst- und → Fremdwahrnehmung die soziale → Kompetenz erhöhen, das Verständnis für psychosoziale Phänomene vertiefen und angemessenere Verhaltensweisen festlegen soll.
3. G. meint auch die in allen natürlichen, realen Gruppen ablaufenden Ereignisse und Prozesse.
Für die soziale Arbeit sind die seit den 60er Jahren bekanntgewordenen gruppendynamischen Verfahren zur Schulung der interaktionellen Kompetenz bedeutsam.
Die Grundform des → Sesitivity-Trainings dient der reflexiven Aufarbeitung des eigenen → Verhaltens in Gruppen und strebt – analog zur → Lehranalyse – ein tieferes Verständnis für → Gruppenprozesse und eigenes Empfinden, Verhalten und Handeln an. Das Fertigkeitstraining vermittelt den Erwerb einübbarer Verhaltensweisen. Gruppendynamische Organisationslaboratorien richten ihr Interesse auf die fundamentalen Strukturen und Prozesse von Organisationen und darauf, wie die Organisationsmitglieder sich gegenüber dem institutionellen Faktor verhalten. Teamtraining (→ Teamarbeit), → Organisationsentwicklung und Institutionsberatung sind aus dem gruppendynamischen Training hervorgegangene Verfahren, die → Einstellungen, Verhaltensweisen der Organisationsangehörigen, die Beziehungen zwischen Abteilungen und Untergruppen sowie die sachorganisatorischen und strukturellen Beziehungen direkt bearbeiten (→ Inservice-Training).
Die angewandten Lern- und Arbeitsformen gruppendynamischer Trainings sind:
a) Die Trainingsgruppe. Sie ist eine Kleingruppe mit 8 bis 12 Mitgliedern, die – unterstützt von einem Trainer – durch die gemeinsame Analyse des aktuellen Sozialverhaltens emotionales und rationales → Lernen über Individual- und Gruppenverhalten ermöglicht.
b) Lernmittel sind das Hier-und-jetzt-Prinzip und → Feedback. Hier und jetzt bedeutet, daß aktuelle Verhaltens- und Erlebnisweisen bearbeitet werden und nicht rezente. Feedback ist das zentrale Mittel der Verhaltensreflexion. Es ist die beschreibende Information an jemanden, wie sein Verhalten wahrgenommen wird und welche Gefühle und Reaktionen (z. B. Interpretationen, Bewertungen) es beim Wahrnehmenden bzw. Feedbackgeber auslöst.
c) Andere Arbeitsformen sind: zentrale Kommunikations- und Kooperationsaspekte erfassende, strukturierende (Demonstrations-)Übungen: → Plan- und → Rollenspie-

le, auch aus → Psychodrama, → Verhaltens- und → Gestalttherapie; Auswertungssitzungen, Theorievermittlungen, Gruppenprozeßanalyse, Erhebung und Diskussion der gruppenrelevanten Normen und Werte.
Lit. Däumling u. a.: Gruppendynamik; Nellessen: Gruppendynamik; Sbandi: Gruppenpsychologie. *Lothar Nellessen*

Gruppenpädagogik → Gruppenarbeit, soziale

Gruppenprozeß Der vorwissenschaftliche Sprachgebrauch umgibt das Wort G. sehr häufig mit der Aura des Geheimnisvollen. Ähnlich dem »Gruppengeist« erfährt der Begriff G. eine eher mystische Zuschreibung (z. B.: »In der Gruppe entwickelte sich eine sagenhafte Atmosphäre!«). In anderen Beschreibungen wird der G. als eine sozialpsychologische Größe per se definiert, die exakt zu benennen, zu erfassen und zu messen sei (z. B.: »Unseren g. lassen wir uns doch nicht kaputt machen!«). Eine Kurzdefinition lautet: Interaktionelle Entwicklung einer → Gruppe zu ihrem Ziel, in der Veränderung ihrer Beziehungen nach innen und nach außen. Diese Definition macht schon deutlich, daß es unzutreffend ist, von nur einem G. zu sprechen, da eine Vielzahl von unterschiedlichen Prozessen in Gruppen gleichzeitig ablaufen. Mills bemerkt, daß alle G. individuelle Prozesse sind, soweit sie auf Trieben, Vorstellungen und Handlungen beruhen. Er teilt die komplexen interpersonalen Prozesse in fünf Bereiche bzw. Ebenen ein, auf denen sich die Elemente des G. mit eigenen Merkmalen und Organisationsprinzipien herausbilden: »1. Verhalten ist ein an anderen orientiertes Tun; 2. Emotionen sind Verhaltensantriebe, Gefühle und Affekte; 3. Normen sind Vorstellungen darüber, wie man handeln, fühlen und sein Gefühl ausdrücken sollte; 4. Ziele sind Vorstellungen darüber, was die Gruppe als Ganzes tun soll; 5. → Werte sind Vorstellungen darüber, was Gruppen sein und werden sollen« (Mills, S. 2).
Verschiedene wissenschaftliche Verfahren, bemühen sich um eine Objektivierung des Phänomens G., in dem sie durch kontinuierliche oder stichprobenweise Sammlung von → Daten versuchen, diesen Prozeß zu erfassen bzw. als Modell zu erklären. Die bekanntesten Instrumente zur Erfassung des G. sind das Soziogramm (nach Moreno), die Prozeßanalyse (nach Bales) und die Interaktionsanalyse (nach Bales).
In der wissenschaftlichen Lit. finden sich darüber hinaus in der Darstellung von sog. Gruppenmodellen Hinweise, die den prozeßhaften Verlauf einer Gruppe skizzieren. Prozeßmodelle werden meist zyklisch bzw. additiv formuliert. Der G. wird z. B. bei Bales spiralförmig in verschiedene, phasentypische Abschnitte zerlegt, die eine Wiederholung auf anderer Ebene zulassen. Eine besondere Beachtung wird dem G. in der Arbeit von Selbsterfahrungsgruppen und therapeutisch arbeitenden Gruppen geschenkt. Die Reflexion des G. in Verbindung mit dem → Feedback über eigenes Verhalten, begünstigt durch die → Selbsterfahrung eine Verhaltensmodifikation bei den einzelnen Gruppenteilnehmern. G. werden durch die affektiven und emotionalen Anteile wesentlich bestimmt; von daher haben sei einen signifikanten Einfluß auf die Arbeitsleistung einer Gruppe.
Lit. Gäde u. a.: Gruppen; Graumann, C. F.: Sozialpsychologie; Mills: Gruppe; Schütz, K. V.: Gruppenforschung. *Thomas Listing*

Gruppentherapie ist therapeutische Behandlung (→ Therapie) in der → Gruppe (meist 4 bis 12 Teilnehmer), durch die versucht wird, psychische Störungen/Belastungen, die auf nicht oder falsch verarbeiteten Erlebnissen bzw. fehlendem oder falschem Lernen beruhen, aufzuarbeiten, zu überwinden oder zu lindern. In der G. finden sich insbes. theoretische Orientierungen und methodische Ansätze der → Systemtheorie, → Psychoanalyse, → Verhaltenstherapie, → Gesprächspsychotherapie. Darüber hinaus wurden aber auch spezifische Verfahren und Grundsätze entwickelt, die besonders in der G. eingesetzt werden: → systemischer Ansatz, → Soziometrie, → Psychodrama, → Selbsterfahrung; → Rollenspiel, → Transaktionsanalyse oder auch Interaktionsspiele (→ Interaktion), die nach theoretischer Orientierung und inhaltlicher Zielsetzung des gruppentherapeutischen Vorgehens unterschiedlich gewichtet und berücksichtigt werden. Anwendung von G. bei neurotischen Fehlhaltungen (→ Neurose), bei sozialen Verhaltensproblemen (→ Verhaltensauffälligkeit), aber beispielsweise auch bei psychischen Folgen körperlicher Erkrankungen; insbes. immer dann, wenn es um die methodische Förderung → sozialen Lernens, die gezielte Provokation von Gemeinschaftserfahrungen oder eine vertiefte Auseinandersetzung mit sich selbst und anderen geht. Die Wirkungsweise der G. besteht in einer Wechselwirkung der → Interventionen des bzw. der Therapeuten/Gruppenleiter, des Verhaltens einzelner Gruppenteilnehmer und der Gruppensituation als solcher; neben dem Gesichtspunkt der Ökonomie ist es diese therapeutische Wirkungsvielfalt und die lebensnahe Lernsituation, durch die sich G. von einzeltherapeutischen Verfahren unterscheidet. G. läßt sich in Wirkungsweise und Anwendungsbereich nicht ganz scharf abgrenzen etwa von → Selbsthilfegruppen oder sozialer → Gruppenarbeit, → Gruppenpädagogik.
Lit. Battegay: Gruppe; Pielmaier: Verhaltensweisen; Rogers: Encounter-Gruppen; Slavson: Gruppentherapie; Vopel: Interaktionsspiele. *Franz-Jürgen Blumenberg*

Gültigkeit → Validität

Gutachten Wie in anderen Bereichen, so erweisen sich besonders auch in dem des Sozialleistungsrechts die Einholung und Erstattung von G. bei der Durchführung der → Gesetze als unerläßlich. Wesensmerkmal des G. ist, daß es wissenschaftliche Schlußfolgerungen enthält. Unterschiedliche Formulierungen in Gesetzen, wie z.B. gutachtliche Äußerung, § 14 des → Sozialgesetzbuches – Gesetzliche Rentenversicherung – (SGB VI) oder gutachtliche Stellungnahme, § 275 Abs. 1 des Sozialgesetzbuches – Gesetzliche Krankenversicherung – (SGB V) sind nicht als qualitative Abschwächung zu verstehen. G. sind notwendig, wenn eine – von einer Behörde oder einem Gericht – im Einzelfall zu treffende Entscheidung sich nicht auf bekannte Tatsachen stützen kann, sondern Erkenntnisse zugrunde legen muß, die nur sachverständigen Personen zur Verfügung stehen. Diese äußern sich auf Grund ihres Sachverstandes und ihrer Erfahrungen zu den von der zur Entscheidung berufenen Stelle gestellten Fragen gutachtlich; damit geben sie der entscheidenden Stelle eine nicht verzichtbare notwendige Hilfe. Die im Einzelfall zu treffende Entscheidung verbleibt aber der dafür bestimmten Stelle, die auch die Verantwortung dafür übernimmt, ob und ggf. in welchem Umfang sie von dem ihr erstatteten G. Gebrauch macht.

Im Sozialleistungsbereich können G. auf allen wesentlichen Gebieten in Betracht kommen; siehe z.B. in der → Rentenversicherung G. des Sozialbeirats zur Rentenanpassung, § 155 SGB VI. Von besonderer Bedeutung aber sind G. zu Fragen auf gesundheitlichem Gebiet, dabei vor allem zur Frage, ob wegen eines gesundheitlichen Schadens Anspruch auf eine Sozialleistung besteht, vgl. z.B. § 275 SGB V und § 18 des Sozialgesetzbuches – Soziale Pflegeversicherung – (SGB XI): Begutachtung durch den → Medizinischen Dienst der Krankenkassen als Voraussetzung der Erbringung von Leistungen, der Einleitung von Maßnahmen der → Rehabilitation und bei Arbeitsunfähigkeit sowie von Leistungen der → Pflegeversicherung durch Feststellung des Umfangs der → Pflegebedürftigkeit.

Im Sozialleistungsrecht wird die Notwendigkeit der Erstellung von G. nur an einigen Stellen hervorgehoben. Hinzuweisen ist hier besonders auf § 62 des Sozialgesetzbuches – Allgemeiner Teil – (SGB I); danach soll sich, wer → Sozialleistungen beantragt oder erhält, auf Verlangen des dafür zuständigen Leistungsträgers ärztlichen und psychologischen Untersuchungen unterziehen, soweit diese für die Entscheidung über die Leistung erforderlich sind. Diese Bestimmung gilt auch für den Bereich des → Bundessozialhilfegesetzes (BSHG). Darüber hinaus enthält das BSHG noch einzelne – vom Gesetzgeber für notwendig gehaltene – Bestimmungen über die Beiziehung von G. Sachverständiger, z.B. § 36 Abs.2 BSHG (→ Vorbeugende Gesundheitshilfe), §§ 6 und 24 → Eingliederungshilfe-Verordnung – EinglHVO – (Ärztliches Gutachten, Anhörung von Sachverständigen). Auch aus anderen Bestimmungen des BSHG folgt, daß ihnen nur mit Hilfe gutachtlicher Äußerung Sachverständiger entsprochen werden kann, z.B. § 23 Abs. 4 und Abs. 2 BSHG (→ Mehrbedarf für Kranke und andere), § 5 EinglHVO (von Behinderung Bedrohte).

Die Befugnis, G. einzuholen, ergibt sich für die in das SGB I einbezogenen → Sozialleistungsträger (vgl. §§ 18 bis 29) allgemein aus den § 20 und 21 SGB X. Danach bedient sich die Behörde nach der Ermittlung des Sachverhalts von Amts wegen der Beweismittel, die sie nach pflichtgemäßem Ermessen für erforderlich hält. Hierzu gehören auch schriftliche Äußerungen von Sachverständigen. *Helmut Roßbroich*

Gutachtliche Stellungnahmen des Jugendamtes (Psychosoziale Gutachten) In einer Reihe gesetzlicher Vorschriften und einigen Bundes- bzw. Länderrichtlinien ist, adressiert an das → Jugendamt (JA), davon die Rede, daß es »mitzuwirken hat«, bzw., adressiert an den, der die Dienste des JA in Anspruch nehmen muß, daß er das JA »anzuhören hat«. Eine Form der Mitwirkung kann eine g. S. sein. G. S. kommen vor gegenüber Gerichten als Mitwirkung in Verfahren vor den Vormundschaftsgerichten (§ 50 → Kinder- und Jugendhilfegesetz [KJHG – SGB VIII] i.V.m. § 49 FGG; § 1779 Abs. 1 → Bürgerliches Gesetzbuch [BGB]; § 56d FGG; → Vormundschaftsgerichtshilfe), vor den → Familiengerichten (§ 50 KJHG – SGB VIII i.V.m. § 49a FGG; § 620a Abs. 3 ZPO; → Familiengerichtshilfe [FamGH]) und vor den → Jugendgerichten (§ 38 Abs. 2 S. 1 und 2 JGG; → Jugendgerichtshilfe [JGH]) sowie gegenüber Behörden (Behördenhilfe), z.B. gegenüber dem Einwohnermeldeamt (Nr. 18 Abs. 1 Buchst. c der Verwaltungsvorschrift zum Namensänderungsgesetz), dem Ausländeramt (Erlaß des Innenministers von Nordrhein-Westfalen vom 10.12. 1980, Ministerialblatt 1981, 53).

Worauf sich eine g. S. des JA im einzelnen beziehen sollte, ergibt sich aus der jeweils zur Entscheidung anstehenden Angelegenheit sowie den Aspekten, die im jeweiligen Fall das → Kindeswohl ausmachen. Diese wiederum sind den der → Jugendhilfe zuarbeitenden Wissenschaften – u.a. der → Psychologie, – Soziologie, – Sozialmedizin, Pädiatrie (→ Erziehungswissenschaften), Pädagogik – zu entnehmen.

Das KJHG – SGB VIII enthält in § 50 Abs. 2, das JGG in § 38 Abs. 2 S. 1 und 2 eine beispielhafte Aufzählung von Aspekten, über die das JA bei der Mitwirkung berich-

tet. Der Unterrichtung von Gerichten oder Behörden sind durch das Datenschutzrecht (→ Datenschutz) Grenzen gesetzt (wegen derartiger Beschränkungen bei → Trennungs- und Scheidungsberatung: → Familiengerichtshilfe [FamGH]).
In der Praxis wird das Anhören nicht selten dahingehend mißverstanden, daß sich die Tätigkeit des JA auf »Handlangerdienste«, nämlich das Sammeln von Fakten beschränken soll. Um diesem Irrtum entgegenzuwirken, empfiehlt sich bei der g. S. ein differenzierter Aufbau, etwa folgender:
1. Vorgeschichte und derzeitige Situation (chronologische Auflistung der problemrelevanten Einzelereignisse bis zum gegenwärtigen Zeitpunkt);
2. Psychosozialer Befund (Beschreibung der relativ konstanten Aspekte der psychosozialen Situation der Betroffenen, Erleben und Verhalten der Betroffenen);
3. Diagnose/Prognose (Erklärung oder Klassifikation der relativ konstant negativen, problemrelevanten Aspekte der Situation der Betroffenen/Versuch, deren künftiges Erleben und Verhalten und ihre situativen Gegebenheiten aufgrund der bisherigen Erkenntnisse einzuschätzen);
4. Zusammenfassende Beurteilung und Entscheidungsvorschlag (Subsumtion der gewonnenen Erkenntnisse von 1. bis 3. unter den juristischen Tatbestand, um zu einer rechtlichen Folgerung – entspricht dem Tenor der richterlichen/behördlichen Entscheidung – zu gelangen).
Die in der Praxis hochstreitige Frage, ob eine gutachtliche Stellungnahme immer einen Entscheidungsvorschlag (EV) enthalten muß, ist folgendermaßen zu lösen: Wenn das JA im Rahmen des § 50 III KJHG – SGB VIII an das Gericht herantritt, ist EV unverzichtbar. Wenn umgekehrt das Gericht das JA um Mitwirkung bittet, kann ein EV entfallen, wenn 1. die Betroffenen die Mitwirkung verweigern und das JA deshalb nicht über genügend Material als Entscheidungsgrundlage verfügt; 2. die anstehenden Sachfragen in den Kompetenzbereich anderer Fachkräfte fallen (Psychologen, Psychiater, Pädiater...); 3. das JA unter dem Gesichtspunkt Kindeswohl mehrere gleichwertige Vorschläge machen kann (z.B. beide Eltern eignen sich für die Kindererziehung).
Bei g. S. der JGH sind ferner Aussagen zu folgenden Aspekten angezeigt: 1. ggf. zur allgemeinen Zurechnungsfähigkeit gem. § 20 StGB (in allen o. g. Punkten der g. S.); 2. zur → Strafmündigkeit gem. § 3 JGG (in den Punkten 1., 2. und 4. der g.S.); 3. zum Vorliegen einer »Jugendverfehlung« bei Heranwachsenden (→ Altersstufen im Recht) gem. § 105 JGG (in allen Punkten der g. S.); 4. ggf. zum Vorliegen und Umfang schädlicher Neigungen gem. § 17 Abs. 2 JGG (in allen Punkten der g. S.).
Die Abfassung eines psychosozialen Gutachtens ist nicht zwangsläufig identisch mit der Mitwirkung in Gerichtsverfahren. Sie ist eine der Möglichkeiten der Mitwirkung, sozusagen eine fachliche Technik zur Leistung sachverständiger → Amtshilfe.
Lit. Arndt, J. u.a.: Gutachtliche Stellungnahmen; Blume-Bannitza u.a.: Sozialarbeiter; Harnach-Beck: Diagnostik; Oberloskamp: Zusammenarbeit, S. 1244.

Helga Oberloskamp

Güterrecht, eheliches Im e. G., der Regelung der vermögensrechtlichen Wirkungen der → Ehe, gilt weitgehend Vertragsfreiheit (§ 1408 Bürgerliches Gesetzbuch [BGB]; → Vertrag). Wird durch Ehevertrag keine abweichende Vereinbarung getroffen, gilt als gesetzlicher Güterstand die → Zugewinngemeinschaft.
Alle abweichenden Vereinbarungen vor wie auch während der Ehe müssen bei gleichzeitiger Anwesenheit beider Partner vor einem Notar geschlossen werden (§ 1410 BGB); der Formzwang (→ Beurkundung) schützt vor Übereilung und sichert den Nachweis des Vereinbarten.
Für den Inhalt des Ehevertrages besteht begrenzte Vertragsfreiheit; es kann Gütertrennung oder Gütergemeinschaft oder innerhalb eines bestimmten Güterstandes eine Abweichung von nicht zwingend vorgeschriebenen Normen vereinbart werden. Wird der gesetzliche Güterstand der Zugewinngemeinschaft ausgeschlossen oder aufgehoben und ergibt sich aus dem Ehevertrag nichts anderes, tritt Gütertrennung ein (§ 1414 BGB). Die → Vermögen beider Ehegatten bleiben getrennt, jeder verwaltet und nutzt sein Vermögen allein, soweit er nicht mit dem Vermögen zum Familienunterhalt beizutragen hat (§ 1360 BGB; → Eherecht). Durch Ehevertrag kann auch Gütergemeinschaft vereinbart werden (§§ 1415 bis 1482 BGB). Dabei wird das gesamte gegenwärtige und zukünftige Vermögen der Ehegatten gemeinschaftliches Vermögen (Gesamtgut); daneben kann jeder Ehegatte Sondergut oder Vorbehaltsgut besitzen. Die Ehegatten können anordnen, daß die Gütergemeinschaft nach dem Tod eines Ehegatten zwischen dem überlebenden Ehegatten und den gemeinschaftlichen Abkömmlingen fortgesetzt wird (§§ 1483 bis 1518 BGB).
Eheverträge, ihre Änderung oder Aufhebung sollten im G.register eingetragen werden. Die Eintragung, die nur auf Antrag erfolgt, ist bei jedem Amtsgericht zu bewirken, in dessen Bezirk auch nur einer der Ehegatten seinen gewöhnlichen Aufenthalt hat (§ 1558 BGB; → Aufenthalt). Bei Verlegung des gewöhnlichen Aufenthaltes in einen anderen Gerichtsbezirk muß die Eintragung im Register dieses Bezirks wiederholt werden (§ 1559 BGB). Die Einsicht in das Register ist jedem gestattet (§ 1563 BGB). Dritte müssen die Eintragung gegen sich gelten lassen, auch wenn sie sie nicht kennen.

Gütesiegel

Zum e. G. in dem in Art. 3 des Einigungsvertrages genannten Gebiet seit dem Beitritt zur BRD vgl. Art. 234, § 4 EGBGB.
Lit. Beitzke: Familienrecht; Palandt: BGB (Komm.). *Helga Gross*

Gütesiegel sind bisher z. b. bekannt aus dem Bereich der Textilindustrie: »Wollsiegel-Qualität«. Seit kurzer Zeit gibt es 2 G. (→ Qualitätsstandards) im Bereich der → Dienstleistungen für ältere und pflegebedürftige Menschen. Der Deutsche Berufsverband für Pflegeberufe (DBfK) verleiht das G. »Qualitätsgeprüfter ambulanter Pflegedienst«, und in Baden-Württemberg verleihen die kommunalen Verbände und der Landeswohlfahrtsverband das »Qualitätssiegel Betreutes Wohnen für Senioren«.
Durch die Vergabe von G. wird das Ziel verfolgt, verbindliche und vergleichbare Qualitätsstandards festzulegen und so Transparenz über die Güte von Dienstleistungen herzustellen. G. sind produktorientiert, wirken vertrauensbildend und sind eine Maßnahme zum Verbraucherschutz. Daß G. im Bereich der Dienstleistung für ältere Menschen entstehen, ist wohl darauf zurückzuführen, daß hier eine marktähnliche Situation entsteht. Anbieter von Dienstleistungen konkurrieren miteinander, und für den Kunden/Nutzer wird die Qualität der Dienstleistungen immer schwerer einschätzbar. *Klaus Titz*

H

Haager Minderjährigenschutzabkommen (MSA) Das Haager Übereinkommen über die Zuständigkeit der Behörden und das anzuwendende Recht auf dem Gebiet des Schutzes von Minderjährigen vom 5. 10. 1961 (BGBl. 1971 II S. 217) wurde von der Bundesrepublik am 19. 7. 1971 ratifiziert. Es wurde weiter ratifiziert von Frankreich, Luxemburg, den Niederlanden, Österreich, Portugal, der Schweiz, Spanien und der Türkei (Stand März 1992).
Es hat für die → Sozialarbeit, insbes. die → Jugendhilfe, eine wichtige Entwicklung erbracht: → Ausländische Kinder, die in der Bundesrepublik ihren gewöhnlichen → Aufenthalt haben, stehen unter dem Schutz der innerstaatlichen Behörden (Art. 1). Soweit Schutzmaßnahmen erforderlich sind, sind sie von den zuständigen inländischen Behörden zu ergreifen, und zwar nach deren, also in der Bundesrepublik nach deutschem Recht (Art. 2). Das Abkommen erstreckt sich in seiner Wirkung auch auf Minderjährige (→ Minderjährigkeit), die einem Staat angehören, der nicht Vertragsstaat ist, es sei denn, daß mit diesem Staat ein anderes einschlägiges Abkommen besteht (Art. 13). Das Heimatrecht des Minderjährigen ist nur insoweit zu beachten, als ein bestehendes gesetzliches Gewaltverhältnis anzuerkennen ist (Art. 3).
Die Behörden des Heimatstaates, der Vertragsstaat ist, können zwar auch selbst Schutzmaßnahmen treffen, dem kommt aber keine große praktische Bedeutung zu. Schutzmaßnahmen sind: Regelungen und Eingriffe im Rahmen des ehelichen oder nichtehelichen Kindschaftsverhältnisses, Regelungen zur Ersetzung und Ergänzung des elterlichen Sorgerechts (→ Elterliche Sorge), so insbes. → Vormundschaft und Pflegschaft sowie öffentlich-rechtliche Schutzmaßnahmen, also → Hilfen zur Erziehung (HzE).
Soweit Eingriffsmaßnahmen in die → Personensorge zum Schutz des Kindes erforderlich sind, gibt es verschiedene Theorien zur → Auslegung von Art. 3 des Übereinkommens. Sämtliche Theorien bemühen sich jedoch darum, Eingriffe zu ermöglichen, wenn sie zum Schutz des Kindes erforderlich sind. Das ist auch die Praxis der Gerichte. Die sog. Anerkennungstheorie findet zunehmend Zustimmung in der Lit. (s. Oberloskamp).
Von erheblicher praktischer Bedeutung ist auch, daß in Scheidungsfällen für das hier lebende ausländische Kind das Sorgerecht vom → Familiengericht zu regeln ist.
Die Verpflichtung des Aufenthaltsstaates, dem ausländischen Kind erzieherische Hilfen zukommen zu lassen (wie z. B. Unterbringung im Heim [→ Heimerziehung] oder in einer → Pflegefamilie), führte auch zu der Verpflichtung, wirtschaftliche Jugendhilfe zu leisten (→ Ausländer und Staatenlose, Jugendhilfe für).
Im → Kinder- und Jugendhilfegesetz (KJHG – SGB VIII) wurde dies konkretisiert (§ 6 Abs. 2), indem ein Anspruch auf Leistungen nach diesem Gesetz für diejenigen Ausländer normiert ist, die rechtmäßig oder auf Grund einer ausländerrechtlichen Duldung ihren gewöhnlichen Aufenthalt in der Bundesrepublik Deutschland haben.
Das Abkommen wurde nach jahrelanger Vorarbeit überarbeitet und erheblich verändert. Solange die neue Fassung von der BRD noch nicht ratifiziert ist, gilt jedoch unverändert das bisherige Abkommen
Die neue Fassung bringt erhebliche Vereinfachungen in der Anwendung, da die international zuständigen Behörden nur noch ihr eigenes Recht anzuwenden haben. Die internationale Zusammenarbeit wird verbessert durch Einrichtung einer zentralen Fachstelle in jedem Vertragsstaat.
Lit. Böhmer u. a.: Familienrecht; Kropholler: Haager Abkommen; Oberloskamp: Minderjährigenschutzabkommen; Palandt: BGB (Komm.), Anhang zu EGBGB, Art. 24, Nr. 1. *Ingrid Baer*

Haftbefehl Richterliche Anordnung, aufgrund derer die Freiheit einer Person durch Inhaftierung eingeschränkt werden kann

(§ 114 Strafprozeßordnung [StPO]; → Untersuchungshaft). Voraussetzung ist dringender Tatverdacht. Er liegt vor, wenn nach dem bisherigen Ergebnis der Ermittlungen eine große Wahrscheinlichkeit dafür besteht, daß der Beschuldigte strafbare Handlungen begangen hat. Zum Tatverdacht müssen noch Haftgründe dazukommen. Dies können Flucht- oder Verdunklungsgefahr sein. Bei Fluchtgefahr muß sich der Verfolgte verborgen halten, oder es muß aufgrund im Einzelfall zu würdigender Umstände die Gefahr bestehen, daß er sich dem Strafverfahren entziehen will. Bei Verdunklungsgefahr müssen konkrete Tatsachen darauf hindeuten, daß der Beschuldigte auf Beweismittel – z. B. Zeugen, Urkunden – in unlauterer Weise Einfluß nehmen wird. Bei Erlaß des H. muß immer geprüft werden, ob die → Freiheitsentziehung zur Schwere der Tat nicht außer Verhältnis (→ Verhältnismäßigkeitsgrundsatz) steht. Bei Tötungsdelikten kann ein H. auch dann erlassen werden, wenn weder Flucht- noch Verdunklungsgefahr bestehen. Bei bestimmten Delikten ergeht H. auch dann, wenn Wiederholungsgefahr gegeben ist (§ 112a StPO). Voraussetzung ist hier, daß vor rechtskräftiger Verurteilung weitere erhebliche Straftaten gleicher Art zu erwarten sind. Gegen Jugendliche und Heranwachsende ist der Erlaß eines H. nur zulässig, wenn sein Zweck nicht durch vorläufige Anordnungen der Erziehung oder andere Maßnahmen erreicht werden kann. Erscheint ein ordnungsgemäß geladener Angeklagter unentschuldigt nicht in der Hauptverhandlung, so kann aus diesem Grund H. ergehen. Die Staatsanwaltschaft kann einen H. erlassen, wenn beim Vorliegen eines rechtskräftigen Urteils der Verurteilte der Ladung zum Strafantritt nicht folgt. Ist anzunehmen, daß die → Strafaussetzung zur Bewährung widerrufen wird, kann Sicherungsh. erlassen werden (§ 453c StPO).
Gegen den richterlichen H. ist das Rechtsmittel der → Beschwerde gegeben; es kann nach Verhaftung auch Antrag auf mündliche Haftprüfung gestellt werden.

Ulrich Schneider

Haftentlassenenhilfe Begriff für ein Arbeitsfeld, das Hilfen für aus U-Haft oder Strafvollzug Entlassene anbietet. Unter der umfassenden Zielvorstellung der → Resozialisierung ist die H. als Teil der übergreifenden → Straffälligenhilfe zu verstehen. Sie greift die besonders gefährdete Situation der Entlassung aus der Strafhaft und auch aus der → Untersuchungshaft heraus und versucht für die Entlassenen qualifizierte Hilfen anzubieten. Im Rahmen des → Bundessozialhilfegesetzes (BSHG) regelt § 72 sowie die dazu ergangene Verordnung des BMJFG vom 9. 6. 1976 die Hilfeformen der E. Danach gehört zur Beratung i. S. d. § 72 BSHG, daß die Entlassenen über alle zur Überwindung ihrer sozialen Schwierigkeiten in Betracht kommenden Maßnahmen unterrichtet werden. Die vorgesehene persönliche Betreuung umfaßt Maßnahmen, die darauf gerichtet sind, die Ursachen der Schwierigkeiten des → Hilfeempfängers festzustellen, sie ihm bewußt zu machen und auf die Inanspruchnahme der für ihn in Frage kommenden Leistungen hinzuwirken sowie die Bereitschaft und Fähigkeit des Hilfeempfängers zu entwickeln und zu festigen, bei der Überwindung seiner Schwierigkeiten nach Kräften mitzuwirken und soweit wie möglich unabhängig von der Hilfe am Leben in der Gemeinschaft teilzunehmen (→ Hilfe zur Überwindung besonderer sozialer Schwierigkeiten). Die persönliche Betreuung (→ Persönliche Hilfe) kann sich auch darauf erstrecken, in der Umgebung des Hilfeempfängers Verständnis für seine Schwierigkeiten zu wecken und → Vorurteilen entgegenzuwirken sowie Einflüssen zu begegnen, die seine Bereitschaft oder Fähigkeit zur Teilnahme in der Gemeinschaft beeinträchtigen. Möglich ist dabei auch die Gruppenbetreuung. Zunehmend wird die H. als Teil einer durchgehenden Straffälligenhilfe verstanden, da eine gute Entlassungsvorbereitung bereits mit dem Tag der Inhaftierung beginnt. Deshalb besteht auch die Notwendigkeit einer verbesserten Kooperation und Koordination mit dem → Strafvollzug und mit den sozialen Diensten der E.
Lit. Cornel u.a.: Resozialisierung; Maelikke, B.: Entlassenenhilfe. *Bernd Maelicke*

Haftung bedeutet, für eine rechtlich begründete Verpflichtung einstehen zu müssen. Diese Verpflichtung kann sich aus unterschiedlichen H.tatbeständen ergeben. Die »klassischen« zivilrechtlichen H.tatbestände sind die Vertragsverletzung (→ Vertrag) sowie die → unerlaubte Handlung. Grundsätzlich ist die H. vom Verschulden (→ Schuld) abhängig. Wichtige Ausnahmen: Gefährdungsh. (z. B. § 7 Straßenverkehrsgesetz), Billigkeitsh., z. B. § 829 Bürgerliches Gesetzbuch (BGB), Gewährleistung (§§ 459 ff. BGB) und Amtspflichtverletzung (→ Amtshaftung), Art. 34 → Grundgesetz (GG), § 839 BGB. Auch der von der → Rechtsprechung entwickelte – auf § 823 Abs. 1 BGB basierende – H.tatbestand der Verkehrssicherungspflicht (z. B. betreffend Instandhaltung und Wartung von Geräten auf dem Spielplatz; bauliche Einrichtungen im Behindertenheim) beruht auf dem Verschuldensprinzip, obwohl die Grenzen zur Gefährdungsh. undeutlich sind. Verschulden setzt Deliktsfähigkeit voraus. Schuldhaft handelt, wer vorsätzlich oder fahrlässig den Schaden verursacht hat. Vorsatz ist das Wissen und Wollen des rechtswidrigen Erfolgs (problematisch für den Fall eines Irrtums). Fahrlässig handelt,

wer die im Verkehr erforderliche Sorgfalt außer acht läßt (§ 276 BGB).
Fahrlässigkeit beinhaltet die Voraussehbarkeit des Schadenseintritts und zugleich die Zumutbarkeit des zur Abwendung eines möglichen Schadens erforderlichen Verhaltens. Anders als im → Strafrecht ist im Zivilrecht dabei nicht auf die individuellen Fähigkeiten des Schädigers (z. B. eines Jugendlichen mit Entwicklungsstörungen) abzustellen, sondern darauf, ob der Schädiger nach verallgemeinerten Kriterien (z. B. ein »normal« entwickelter Jugendlicher des gleichen Alters) die Gefährlichkeit seines Tuns hätte voraussehen können und müssen.
Grundsätzlich muß das Verschulden i. S. d. jeweiligen Tatbestandes von demjenigen bewiesen werden, der aus dem behaupteten Verschulden einen rechtlichen Vorteil geltend machen will (i. d. R. der Kläger). Bei einigen H.tatbeständen hat aber der Gesetzgeber (z. B. bei § 832 BGB → Aufsichtspflicht) bzw. die Rechtsprechung (z. B. bei der sog. Produzentenh. oder – eingeschränkt – bei ärztlichem Kunstfehler) eine »Beweislastumkehr« über die Rechtsfigur des »widerleglich vermuteten Verschuldens« vorgenommen. Der Verursacher des Schadens hat also den Entlastungsbeweis dafür anzutreten, daß er nicht schuldhaft handelte. Grund: Der schädigende Vorgang hat sich in der Sphäre des Schädigers abgespielt, so daß der Geschädigte nur selten in der Lage ist, diesem ein Verschulden nachzuweisen. Das Verschuldensprinzip gilt auch, wenn ein H.tatbestand durch einen »Gehilfen« erfüllt wird. Erfüllt der Gehilfe den Tatbestand einer unerlaubten Handlung, so haftet der »Geschäftsherr« für diesen »Verrichtungsgehilfen« gem. § 831 BGB nur für sein eigenes Verschulden (insbes. in Form des sog. Auswahl-, Überwachungs- oder auch Organisationsverschuldens). Allerdings hat der »Geschäftsherr« den Entlastungsbeweis zu führen. Erfüllt der »Gehilfe« einen H.tatbestand im Rahmen vertraglicher Beziehungen des Geschäftsherrn mit dem Geschädigten (z. B. Handwerker beschädigen Einrichtung), so haftet der Geschäftsherr gem. § 278 BGB unabhängig vom eigenen Verschulden für schuldhaftes Verhalten dieses »Erfüllungsgehilfen«. Liegt ein H.tatbestand vor bzw. hat das schädigende Ereignis den eingetretenen Schaden verursacht (Probleme des zurechenbaren Kausalzusammenhangs; → Kausalprinzip), hat der dafür Verantwortliche → Schadensersatz zu leisten, d. h. den früheren Zustand – in wirtschaftlich gleichwertiger Weise – wiederherzustellen (Grundsatz der Naturalrestitution, § 249 S. 1 BGB). I. d. R. kann Schadensersatz von vornherein in Geld beansprucht werden. Wegen eines Schadens, der nicht Vermögensschaden ist, kann Entschädigung in Geld nur in den durch Gesetz bestimmten Fällen (insbes. Schmerzensgeld, § 847 BGB) verlangt werden. Durch die Rechtsprechung entwickelte (Rück-) Ausnahme: Verletzung des Persönlichkeitsrechts (d. h., daß z. B. ein strafrechtlicher Verleumdungstatbestand auch zivilrechtlich geahndet werden kann). Sind mehrere als »Gesamtschuldner« für den eingetretenen Schaden verantwortlich (z. B. Gruppe beschädigt bei politischer Demonstration Gebäude), so kann jeder einzelne für den gesamten Schaden in Anspruch genommen werden (§ 421 BGB). Der so Haftpflichtige ist dann berechtigt, bei den Mitverantwortlichen Rückgriff zu nehmen.
Grundsätzlich kann ein Anspruch aus einem H.tatbestand – wie jede Forderung – durch Vertrag an einen anderen abgetreten (übertragen) werden (§ 398 BGB). Durch die Abtretung scheidet der bisherige Gläubiger aus seiner Rechtsstellung in vollem Umfang aus. Eine Abtretung kann auch kraft Gesetzes erfolgen (z. B. gem. § 116 SGB X zugunsten des Versicherungsträgers oder des Trägers der Sozialhilfe). Die strafrechtlichen H.tatbestände sind im Strafgesetzbuch und den strafrechtlichen Nebengesetzen (z. B. Gesetz über Ordnungswidrigkeiten) kodifiziert und nach den Prinzipien des Strafrechts (Tatbestandsmäßigkeit, → Rechtswidrigkeit, Schuld) aufgebaut. Besondere Bedeutung kommt im Strafrecht der Frage zu, ob der Betreffende eine sogenannte Garantenstellung einnahm und ggf. durch Unterlassen eine → Garantenpflicht verletzt hat.
Lit. Geigel: Haftpflichtprozeß; Kessler, R. u. a.: Recht; Mörsberger u. a.: Helfen; Schmitt-Wenkebach, R.: Haftungsrecht.
Thomas Mörsberger

Hafturlaub Im StVollzG sind für den »Urlaub aus der Haft« (§ 13), auch Regelurlaub genannt, bis zu 21 Kalendertage pro Jahr vorgesehen. Darüber hinaus kann »Urlaub aus wichtigem Anlaß« (§ 35) bis zu sieben Tagen gewährt werden. Während der letzten drei Inhaftierungsmonate besteht zudem die Möglichkeit, »Sonderurlaub« bis zu einer Woche zur Vorbereitung der Entlassung zu erhalten (§ 15 Abs. 3). Für Inhaftierte in → sozialtherapeutischen Anstalten ist »Sonderurlaub zur Vorbereitung der Entlassung« bis zu sechs Monaten Dauer vorgesehen (§ 124). In allen Fällen ist die Eignung des Inhaftierten für den Urlaub Voraussetzung für die Gewährung, ebenso eine dem Urlaub vorausgehende Vollzugsdauer von sechs Monaten – bei zu lebenslanger Freiheitsstrafe Verurteilten von zehn Jahren – sowie der Ausschluß der Mißbrauchsgefahr. Der H. hat sich insgesamt bewährt und stellt einen wichtigen Faktor bei der Wiedereingliederung dar. Statistische Erhebungen belegen eine sehr geringe Mißbrauchsquote (weniger als 2%) und weisen zwischen den Bundesländern eine regional unterschiedliche Gewährungspraxis aus (Nord-Süd-Gefälle). Soll der H. sinnvoll und als Sozialisationshilfe effektiv sein, ist sozialpädagogische Hilfestellung durch qualifiziertes Personal (→ Sozialarbeiter/-innen) erforderlich.

Max Busch†/Richard Reindl

Halluzination Trugwahrnehmung von verschieden stark ausgeprägter Intensität, der kein erkennbarer Sinnesreiz zugrunde liegt. Im Gegensatz zur Pseudoh. ist die Einsicht in das Irreale des Erlebens meist nicht möglich. Bei der Illusion hingegen setzt das Erleben an Sinneswahrnehmungen an und deutet sie unter affektiven Einflüssen um. H. können das Kennzeichen einer Wahnkrankheit (→ Wahn) sein, kommen aber auch bei hirnorganisch begründeten Störungen (z.B. Alkoholhalluzinose, halluzinogene Drogen), im Halbschlaf oder bei Massensuggestion vor. Sie werden etwa in die Außenwelt projiziert oder als inneres Erleben beschrieben (z.B. »innere Stimmen«, kommentierend oder als Rede und Gegenrede). Eine befriedigende neurophysiologische Erklärung gibt es derzeit nicht. H. gibt es auf allen Sinnesgebieten: akustische und optische H., Geruchs- und Geschmacksh., zu denen die haptischen oder taktilen, die H. der Körperfühlsphäre kommen.

Gerhard Irle

Halluzinogene → Psychopharmaka

Handlungsforschung Auch die Begriffe Aktionsforschung (als Übersetzung des englischen »action research«), aktivierende Sozialforschung und – als neuere Variante – → Praxisforschung sind gängig: in Hf. dokumentiert sich die Vielschichtigkeit von Forschungsgegenstand, Forschungsmethoden und Forschungszielen. Durch die Wellen der Entwicklungen vom Markt der Forschungsvorgehen scheint Hf. weggespült zu werden (s. Altrichter/Gstettner, 1993). Hf. erweitert den Erkenntnisprozeß traditioneller Forschungsstrategien um den Herstellungs- und Veränderungsprozeß. Forschung wird als vielschichtiger Lernprozeß definiert, bei dem das im Forschungsprozeß entwickelte, systematisierte Wissen zur Lösung praktischer Probleme entfaltet wird. Das Zustandekommen von Lösungsansätzen, auch deren Scheitern, ist im Rahmen von Hf. Teil der Beobachtung und Analyse. Daraus werden Aussagen über die Beschaffenheit des Feldes und dessen Veränderbarkeit möglich.
Wissenschaftstheoretische Position. Grundannahme der Hf. ist, daß das forschende Erkennen nicht losgelöst von den Beteiligten, den Praktiker/-innen vollzogen werden kann: Sie werden zu Mitforschern, und die Rollentrennungen sollen partiell aufgehoben werden. Der Zugang zum Forschungsfeld wird zu einem zentralen sozialen Moment des Forschungsvorgehens (Einlassen auf die sozialen Bedingungen des Feldes bspw. durch teilnehmende Beobachtungen im Rahmen von Feldforschung), der intensiv dokumentiert und analysiert wird (Rückerinnerungsdiskussionen, Feldtagebuch). Das »Eintauchen« des Forschers/der Forscherin in das Feld ist kein »Störfaktor«, sondern ist Teil des Forschungsprozesses und wird als solcher theoretisch gefaßt und reflektiert. Der theoretische Hintergrund liegt in der Erkenntnis, daß über die Teilnahme am Handeln, den sich darin manifestierenden Regeln erst ein Sinnverstehen sozialer Prozesse möglich wird (Rekonstruktion von Alltagspraxis [→ Alltag], Hf. als Erfahrungssicherung). Die Eingrenzung der Forschungsfrage unterliegt nicht allein dem im wissenschaftlichen Diskussionszusammenhang Opportunen, sondern richtet sich nach praktischen Notwendigkeiten (welche Daten werden zur Bewältigung praktischer Probleme benötigt?). Die Auswahl der Untersuchungsmethoden (→ empirische Sozialforschung) orientiert sich daran, daß die Subjekte des Forschungsprozesses den Verlauf beeinflussen können, bspw. durch Gruppendiskussionen oder problemzentrierte Interviews (symmetrische Vorgehensweise). Das Forschungsziel wird offengelegt und muß vermittelt werden, bzw. es wird gemeinsam zwischen Forschern und Beteiligten ausgehandelt (Forschungsethik). Die Deutungen der Erkenntnisse aus dem Forschungsprozeß als theoretische Reflexion werden in das untersuchte Feld zurückgegeben, was im Extremfall zu einer kommunikativen Validierung führen kann. Die Geltungsansprüche der Untersuchungsergebnisse werden als Verhältnis von Fragestellung, Gegenstandsverständnis und Methodenkonzept argumentativ begründet. Auf diesem Wege wird der Forschungsprozeß zu einem Lernprozeß: die Lernimpulse erfolgen über die gewonnenen Daten und die Vermittlung der unterschiedlichen Interessen am Datenmaterial (Auseinandersetzen über unterschiedliche Diskursebenen als elementarer Teil des Forschungsprozesses). Der Schwerpunkt des Interesses von Wissenschaftlern liegt auf der Bestätigung (oder Verwerfung) von Annahmen (→ Hypothese), das Interesse von Praktikern in der Untermauerung von Entscheidungen und der Analyse des Praxisfeldes. Diese unterschiedlichen Ausgangslagen führen allerdings in der Forschungspraxis zu vielfältigen, schwer zu lösenden Problemen.
Begründung: Mit Hf. soll ein demokratisches Forschungsverständnis etabliert werden. Die Generierung von Forschungsfragen (Kontext der Entdeckung) und deren methodische Durchführung wie die Interpretation von Daten (Kontext der Begründung) wird nicht alleine »eingekapselten Expertenkulturen« (Habermas) und deren

Interesse überlassen (s. Stickelmann, 1993). Es wird ein Gegengewicht zu einer Verwissenschaftlichung (Anhäufung von Spezialwissen) von Lebensbereichen hergestellt, die sonst die Entmündigung von Subjekten begünstigt: die Produzenten von Daten sind selbst Experten ihrer Lebensbedingungen.
Perspektiven: Die Diskussion um methodische Vorgehensweisen hat sich verlagert. Teile des Anspruches von Hf., ihre Kritik am tradierten Wissenschaftskanon sind in die Frauenforschung eingegangen. Wichtige Ansätze sind in der Diskussion um qualitative Forschungsvorgehen (→ qualitative Erhebungs- und Auswertungsmethoden) weiterentwickelt worden (König/Zedler, 1995), die sich gegen den Widerstand einer an naturwissenschaftlicher Vorgehensweise orientierten Psychologie durchzusetzen beginnt. Eine Fortsetzung findet Hf. in der pädagogischen Begleitforschung, der Lehrerfortbildung (s. dazu Altrichter/Gstettner), den Fragen sozialpädagogischer (Selbst-)Evaluation (von Spiegel, 1993), der Praxisforschung (Stickelmann, 1988), auch in studentischen Projekten an Universitäten und Fachhochschulen werden Elemente der Hf. weiterentwickelt.
Lit. Altrichter u. a.: Aktionsforschung; König, E. u. a.: Bilanz; v. Spiegel: Erfahrung; Stickelmann: Forschen; Stickelmann: Wirklichkeit. *Bernd Stickelmann*

Handlungstheorie Als H. läßt sich eine Gruppe soziologischer Theorien (→ Soziologie) bezeichnen, die ihr gemeinsames Merkmal darin finden, daß sie gesellschaftliche Systeme auf → soziales Handeln in sozialen Situationen zurückführen und dabei → Organisationen, → Institutionen und soziale Strukturen (→ Sozialstruktur) aus der Perspektive sozialer Akteure zu erschließen versuchen. Die meisten dieser Theorien beziehen sich auf die »verstehende Soziologie« Max Webers und dessen Konzeption von Handeln: Er begreift menschliches Verhalten als »Handeln«, wenn die Handelnden mit ihm einen subjektiven »Sinn« verbinden. Als soziales Handeln faßt er ein Handeln auf, welches seinem Sinn nach auf das Verhalten anderer bezogen wird und in seinem Ablauf daran orientiert ist. Bei Weber wird »Sinn« zur zentralen Kategorie, die die Perspektiven des (wissenschaftlichen) Beobachters und des Handelnden verknüpft und so dessen Intentionen über Sinndeutungen rekonstruierbar werden läßt. Die auf diese Weise gewonnenen Bestimmungsgründe des Handelns (Zweckrationalität, Wertrationalität, Affektivität und Traditionalität) gelten auch für gesellschaftliche »Großgebilde«, die Weber als Resultat von Abläufen und Zusammenhängen speziellen Handelns einzelner Menschen begreift. Auf diese Weise beanspruchen die Weberschen Kategorien individuelles, über die Bestimmungsgründe auf »Allgemeinheit« bezogenes Handeln ebenso zu fassen, wie die normativen Strukturen gesellschaftlicher Organisation.
Wird subjektives Handeln auf diese Weise als intersubjektiv sinnhaft nachvollziehbares Handeln begriffen, so verlagert sich der Akzent der Theorie auf die Konzeption normativ strukturierten Handelns, legt damit aber »objektivistische« Interpretationen nahe, einen Weg, den Talcott Parsons beschritten hat. Parsons versucht, Integration sozialer Ordnung, ausgehend von den Handlungsorientierungen der Akteure, über die normative Dimension des Handelns zu begründen und gelangt zu einer funktionalistischen Strukturtheorie, die die unauflöslich subjektiv-konkreten, situativen Momente des Handlungszusammenhangs den strukturellen Bestandteilen opfert und H. in das Terrain der → Systemtheorie führt. In der soziologischen Theorietradition beschritt z. B. der → symbolische Interaktionismus den entgegengesetzten Weg, normative Ordnungen als Resultat individuellen (sprachlich und symbolhaft vermittelten) Handelns transparent zu machen. Gesellschaftliche Strukturen werden als Produkte der sozialen Akteure begriffen, wobei allerdings die Frage nach dem objektiven Charakter sozialer → Integration, dem nicht in subjektive Intentionen aufzulösenden objektiven Gehalt sozialer Strukturen, offenbleibt.
Habermas sieht ein Spannungsverhältnis zwischen kommunikativem, wertrationale, affektive und traditionale Bestimmungsgründe umfassendem Handeln im situativen Kontext (»→ Lebenswelt«) und instrumentellem, auf rationale Zwecksetzung abhebendem Handeln, das konstitutiv ist für die Herausbildung strukturell verfestigter Arbeits- und Sozialbeziehungen. Neue Wege zur theoretischen Vermittlung von Handlung und Struktur haben Bourdien und Giddens beschritten. Bourdien beschreibt den handlungsleitenden »Habitus« von Personen als sozialisatorisch vermitteltes Resultat gesellschaftlicher Strukturen. Trotz dieses »objektiven« Kerns determiniert der »Habitus« nicht das subjektive Handeln, sondern gibt ihm eine »Grammatik« vor, die Gestaltungsmöglichkeiten läßt.
Giddens, der ein ähnliches Forschungsprogramm verfolgt, hat mit seiner »Theorie der Strukturation« ein komplexes Theoriegebäude zur begrifflichen Vermittlung von Struktur und Handeln vorgelegt, das verschiedene soziologische Traditionen aufgreift. Vor allem G. Ortmann zeigt, wie sich Giddens' Ansatz für die Organisationstheorie fruchtbar machen läßt.
Lit. Bourdieu: Sinn; Giddens: Konstitution; Habermas: Handeln; Mead, G. H.: Aufsätze; Ortmann, G.: Produktion; Parsons u. a.: Theory of Action; Weber, M.: Wissenschaftslehre. *Claus Reis*

Handwerker, Rentenversicherung der
Die in der Handwerksrolle eingetragenen selbständigen Handwerker unterliegen bei Ausübung ihrer selbständigen Tätigkeit der Versicherungspflicht in der gesetzlichen → Rentenversicherung (§ 2 Nr. 8 SGB VI). Sie können sich auf Antrag jedoch von der Versicherungspflicht befreien lassen, wenn für sie mindestens 18 Jahre lang Pflichtbeiträge gezahlt worden sind (§ 6 Abs. 1 Nr. 4 SGB VI).

Die Versicherung der selbständigen Handwerker wird seit dem 1.1.1962 in der Rentenversicherung der Arbeiter, also bei den Landesversicherungsanstalten, durchgeführt.

Die Beiträge für die Rentenversicherung werden von den Handwerkern allein aufgebracht. Sie zahlen ohne Einkommensnachweis einen Regelbeitrag, der sich aus dem jeweiligen Durchschnittsentgelt der gesetzlichen Rentenversicherung berechnet. Bei Nachweis eines niedrigeren oder höheren Arbeitseinkommen können die Handwerker auch entsprechend niedrigere Beiträge oder höhere Beiträge bis zur Beitragsbemessungsgrenze der Rentenversicherung zahlen.

Bis zum Ablauf von drei Kalenderjahren nach dem Jahr der Aufnahme der selbständigen Tätigkeit darf der Handwerker auf Antrag einen halben Regelbeitrag (berechnet aus 50 v. H. des Durchschnittsentgelts) zahlen.

Bei Ausübung einer Beschäftigung (Arbeitnehmer) neben der selbständigen Tätigkeit besteht sowohl als Arbeitnehmer als auch als Handwerker Rentenversicherungspflicht (Mehrfachversicherung).

Lit. Brandel: HwVG; Haarebrücker: Personengesellschaft; Jahn, K.: HwVG (Komm.); Mähler: Handwerkerversicherung; Verband Deutscher Rentenversicherungsträger: Rentenversicherung (Komm.). *Rudolf Kolb*

Härtefall Die Sozialleistungsgesetze sehen vielfach Härteregelungen vor, so auch das → Bundessozialhilfegesetz (BSHG) und das → Kinder- und Jugendhilfegesetz (KJHG), die vom → Sozialhilfe- oder → Jugendhilfeträger im konkreten Fall zu beachten sind. Die Begriffe »H.« und »Härte« beinhalten das gleiche; sie stellen → unbestimmte Rechtsbegriffe dar, deren → Auslegung der richterlichen Nachprüfung unterliegt. Nach der → Rechtsprechung des BVerwG (z. B. Urteil vom 26.1.1966, BVerwGE 23, 149 = NDV 1966, 187) fällt unter H. der atypische Sachverhalt. Dieser muß sich aus dem Regelungsinhalt der Vorschrift i. V. m. den Besonderheiten des Einzelfalles ergeben. Ein H. liegt aber nicht schon dann vor, wenn eine Entscheidung (z. B. Einsatz von Vermögen) von dem Betroffenen als hart empfunden wird, es muß vielmehr objektiv eine Härte bestehen. Bei einem »besonderen« oder »unbilligen« H. ist zusätzlich zu prüfen, ob durch die Anwendung der Bestimmung der Hilfesuchende (→ Hilfeempfänger/Hilfesuchender) oder Unterhaltspflichtige in seiner besonderen Situation besonders hart betroffen würde. *Helmut Zeitler*

Härtefälle in der gesetzlichen Krankenversicherung Um die in der → Krankenversicherung aus Zuzahlungen oder Eigenbeteiligungen entstehenden Belastungen zu mindern, können unter bestimmten Voraussetzungen die Versicherten ganz oder teilweise von den Zuzahlungen und Eigenbeteiligungen befreit werden (§§ 61 und 62 SGB V; → Sozialgesetzbuch [SGB]; für eine Übersicht, bei welchen Leistungen eine vollständige oder teilweise Befreiung in Betracht kommt, s. → Selbstbeteiligung in der Krankenversicherung).

Für die Prüfung, ob eine Befreiung in Betracht kommt, haben die → Krankenkassen die Bruttoeinnahmen zum → Lebensunterhalt der in einem gemeinsamen Haushalt lebenden Angehörigen festzustellen. Dabei werden im allgemeinen neben dem Versicherten lediglich der Ehegatte und die familienversicherten Kinder, nicht aber andere im gemeinsamen Haushalt lebende Angehörige (z. B. Großeltern) in die Beurteilung einbezogen. Zu den Bruttoeinnahmen zum Lebensunterhalt gehören insbes. das Arbeitsentgelt und das Arbeitseinkommen einschließlich evtl. Sonderzahlungen (z. B. Urlaubs- und Weihnachtsgeld), aber auch Renten der gesetzlichen → Rentenversicherung und alle anderen Einnahmen, mit denen der Lebensunterhalt bestritten werden kann. Nicht zu den Bruttoeinnahmen zum Lebensunterhalt gehören diejenigen Einnahmen, die aus Mitteln der öffentlichen Hand wegen eines konkreten krankheitsbedingten, behinderungsbedingten oder eines aus anderen in der Person des Versicherten liegenden Gründen unabweisbaren → Mehrbedarfs gezahlt werden (z. B. Pflegezulage nach dem → Bundesversorgungsgesetz [BVG] oder → Pflegegeld nach § 69 Bundessozialhilfegesetz [BSHG], → Blindenhilfe, Erziehungsgeld nach dem Bundeserziehungsgeldgesetz sowie → Kindergeld, Kinderzulage, Kinderzuschuß und → Wohngeld).

Berücksichtigt werden lediglich die Belastungen, die aus den gesetzlich vorgeschriebenen Zuzahlungen bzw. Eigenbeteiligungen ergeben; Mehrkosten, die medizinisch nicht notwendig sind oder die eine vertraglich vereinbarte Vergütung überschreiten, werden nicht berücksichtigt (z. B. Mehrkosten für einen besonders aufwendigen → Zahnersatz, die nach vertraglichen Regelungen nicht von der Krankenkasse finanziert werden). Gleiches gilt für die Inanspruchnahme eines aufwendigeren als des medizinisch notwendigen Transportmittels (z. B. Krankentransportwagen anstelle eines Taxis).

Eine vollständige Befreiung kommt nach § 61 SGB V zunächst für die Personen in Betracht, deren monatliche Bruttoeinnahmen zum Lebensunterhalt 40% der monatlichen Bezugsgröße nicht überschreiten. Diese → Einkommensgrenze erhöht sich für den ersten im gemeinsamen Haushalt lebenden Angehörigen um 15% der monatlichen Bezugsgrößen und für jeden weiteren im gemeinsamen Haushalt lebenden Angehörigen um 10% der monatlichen Bezugsgröße. Darüber hinaus sind unabhängig von ihren tatsächlichen Einkommensverhältnissen die Personen vollständig befreit, die laufende → Hilfe zum Lebensunterhalt nach dem BSHG, ergänzende Hilfe zum Lebensunterhalt im Rahmen der → Kriegsopferfürsorge, → Arbeitslosenhilfe (Alhi), → Ausbildungsförderung erhalten oder in einem Heim oder einer ähnlichen Einrichtung untergebracht sind. Für die Heimbewohner ist die Befreiung allerdings davon abhängig, daß die Unterbringungskosten ganz oder teilweise von der → Sozialhilfe oder der → Kriegsopferfürsorge getragen werden. Im allgemeinen befreien die Krankenkassen allerdings auch solche Heimbewohner von den Zuzahlungen, die zwar die Unterbringungskosten aus eigenen Mitteln finanzieren, denen aber nach Abzug der Unterbringungskosten nur ein Restbetrag von ihren Einnahmen verbleibt, der dem → Barbetrag nach dem BSHG entspricht.

Versicherte, welche die Voraussetzung zur vollständigen Befreiung nicht erfüllen, können von den Zuzahlungen zu → Arznei-, Verband- und → Heilmitteln sowie zu → Fahrkosten teilweise befreit werden, wenn ihre Zuzahlungen die vom Gesetzgeber für zumutbar gehaltene jährliche Eigenbelastung (2 oder 4% der Bruttoeinnahmen) übersteigen. Verschiedene Krankenkassen nehmen auch bereits im Laufe eines Kalenderjahres die teilweise Befreiung vor, um eine finanzielle Überforderung chronisch Kranker zu vermeiden. Um das für den Versicherten aufwendige »Beweissicherungsverfahren« zu vereinfachen, stellt eine Reihe von Krankenkassen ein »Quittungsheft für Zuzahlungen« zur Verfügung, in dem die Zuzahlungen und die medizinisch notwendigen Fahrkosten von den Leistungserbringern bestätigt werden können. Sobald die im Quittungsheft eingetragenen Zuzahlungen und Fahrkosten die Belastungsgrenze übersteigen, kann dann die Befreiung beantragt werden. Im allgemeinen wird dem Versicherten dann für den Rest des Kalenderjahres eine Befreiungskarte ausgestellt.
Harald Kesselheim

Härtefälle in der Pflegeversicherung
Pflegebedürftigen (→ Pflegebedürftigkeit) der Pflegestufe III kann die → Pflegekasse über den in dieser Pflegestufe zustehenden Leistungsanspruch von bis zu 2 800 DM monatlich hinaus im Rahmen einer Härtefallregelung (§ 36 Abs. 4 Sozialgesetzbuch [SGB] XI) weitere Pflegeeinsätze bis zu einem Gesamtwert von 3 750 DM bewilligen, wenn ein außergewöhnlich hoher Pflegeaufwand vorliegt, der das übliche Maß der Pflegestufe III übersteigt. Die Pflegekasse hat dabei sicherzustellen, daß diese Ausnahmeregelung für nicht mehr als 3% der bei ihr versicherten Pflegebedürftigen der Pflegestufe III, die häuslich gepflegt werden, Anwendung findet. Für Pflegebedürftige der Pflegestufe III, die stationär gepflegt werden, ist eine über den dortigen Höchstbetrag von 2 800 DM hinausgehende Kostenübernahme bis zu einem Höchstbetrag von 3 300 DM möglich (§ 43 Abs. 3 SGB XI, Art. 49a § 1 Abs. 1 Nr. 4 PflegeVG). Diesen Betrag dürfen allerdings 5% der Pflegebedürftigen der Pflegestufe III in der stationären Pflege erhalten. Einzelheiten für die Beurteilung des außergewöhnlich hohen Pflegeaufwandes regeln die Härtefall-Richtlinien der Spitzenverbände der Krankenkassen. Nach diesen liegt ein Härtefall vor, wenn die → Grundpflege auch nachts nur von mehreren Pflegekräften gemeinsam zeitgleich erbracht werden kann oder Hilfe bei der Körperpflege, der Ernährung oder der Mobilität mindestens 7 Stunden täglich, davon wenigstens 2 Stunden in der Nacht, erforderlich ist. Zusätzlich muß ständige Hilfe bei der hauswirtschaftlichen Versorgung erforderlich sein. Ergänzt werden diese Merkmale durch eine Aufzählung von Krankheitsbildern, die regelmäßig mit einem außergewöhnlich hohen Pflegeaufwand verbunden sind und somit den Gutachtern gewisse Anhaltspunkte bieten. Neben den im Gesetz genannten Endstadien von Krebskrankheiten sind dies das Endstadium von Aidserkrankungen sowie Mukoviszidose, das apalische Syndrom sowie schwere Ausprägungen der Demenz.
Harald Kesselheim

Häufigkeit/Häufigkeitsverteilung → Statistik

Hauptfürsorgestellen erfüllen als staatliche, z. T. aber auch kommunale Stellen wesentliche Aufgaben nach dem → Schwerbehindertengesetz (SchwbG) und im Rahmen der → Kriegsopferfürsorge. Sie sind freiwillig in der → Arbeitsgemeinschaft der Deutschen Hauptfürsorgestellen zusammengeschlossen.
In jedem Bundesland besteht mindestens eine H. In Baden-Württemberg, Hessen und Nordrhein-Westfalen sind die H. Bestandteil von Kommunalverbänden höherer Ordnung (→ Landeswohlfahrtsverbände bzw. → Landschaftsverbände).
Den H. obliegen nach dem SchwbG die → begleitende Hilfe im Arbeits- und Berufsleben, der → Kündigungsschutz für Schwerbehinderte und die Erhebung und Verwendung der → Ausgleichsabgabe sowie Schu-

lungs- und Bildungsmaßnahmen für betriebliche Helfer. In einigen Ländern sind über die Amtshilfe hinaus die Kreise (→ Landkreise) und → kreisfreien Städte als örtliche Fürsorgestellen in diese Aufgabendurchführung einbezogen. Bei jeder H. ist ein Beratender Ausschuß für Behinderte gebildet, der die Eingliederung der → Behinderten in das Arbeitsleben zu fördern, die H. bei der Durchführung des SchwbG zu unterstützen und bei der Vergabe der Mittel der Ausgleichsabgabe mitzuwirken hat.

Die Aufgaben der Kriegsopferfürsorge nach dem → Bundesversorgungsgesetz (BVG) im Rahmen des sozialen Entschädigungsrechts werden von den H. gemeinsam mit den örtlichen Fürsorgestellen bei den Kreisen und kreisfreien Städten erfüllt. Dabei handelt es sich um Hilfen zur → beruflichen Rehabilitation, → Erziehungsbeihilfen, ergänzende → Hilfe zum Lebensunterhalt, Erholungshilfe, Wohnungshilfe und → Hilfe in besonderen Lebenslagen für Kriegsopfer ebenso wie für Wehr- und Zivildienstbeschädigte, Impfgeschädigte und Opfer von Gewalttaten (→ Gewalttaten, Entschädigung für Opfer von), die in entsprechender Anwendung des BVG diese Leistungen erhalten. *Jürgen Schmidt*

Hausbesuch des Sozialarbeiters → Sozialdienst, Allgemeiner (ASD)

Haus der offenen Tür → Jugendfreizeitstätten

Hausdurchsuchung → Durchsuchung

Hausgrundstück → Vermögen

Haushalt (öffentlicher) ist die Geldwirtschaft (H.wirtschaft) des Staates (Bund, Länder, Kommunen) zur Durchführung seiner Aufgaben (Zuwendungsempfänger [→ Zuwendungen]: Wirtschaftsplan). Grundlage des H. ist der von der Exekutive (→ Verwaltung) zur Feststellung und Deckung des Finanzbedarfs aufgestellte und vom Parlament (Bundestag, Landtag – in den Stadtstaaten Bürgerschaft/Abgeordnetenhaus –, Kreistag, Stadt-/Gemeinderat) durch H.gesetz, -satzung festgestellte → Haushaltsplan (Budget, Etat). Gegenüber den von der Verwaltung aufgestellten H.entwürfen und -konzeptionen steht dem Parlament kraft Finanzhoheit weiter das Kritik- und Kontrollrecht zu. Der H.plan erfaßt als Grundlage für die H.wirtschaft der öffentlichen Körperschaften alle zur Erfüllung der voraussichtlich notwendigen Aufgaben zu veranschlagenden Einnahmen, Ausgaben und Verpflichtungsermächtigungen für ein (zwei) H.jahr/Rechnungsjahr (= Kalenderjahr). Bestandteil des H. ist der Planstellen der Beamten, Angestellten und Arbeiter nach Anzahl und Dotierung ausweisende Stellenplan. Der H.plan ist Teil der gesamtwirtschaftlichen Zusammenhänge. Bund und Länder haben bei ihrer H.wirtschaft die konjunkturelle Entwicklung zu beachten und dem verfassungsrechtlichen Gebot, dem gesamtwirtschaftlichen Gleichgewicht Rechnung zu tragen (Art. 109 GG), zu folgen. Er steht dabei in Abhängigkeit zur Aufgabenerfüllung der öffentlichen Hände und der politischen Zielsetzung (Ordnung und Sicherheit, Daseinsfür- und -vorsorge). Er bindet die Verwaltung, ermächtigt sie und verpflichtet sie, Ausgaben zu leisten und Verpflichtungen einzugehen. Unmittelbare Rechtswirkung gegenüber Dritten besteht nicht.

Rechtsgrundlagen der H.wirtschaft sind: → Grundgesetz (GG), Haushaltsgrundsätzegesetz, Gesetz zur Förderung der Stabilität und des Wachstums der Wirtschaft (StWG), H.gesetze (jährlich neu) des Bundes und der Länder, Gemeindeordnungen der Bundesländer und H.satzungen der Gemeinden. Leitendes Prinzip bei der Aufstellung und Durchführung des H.planes ist die unter Beachtung der → Wirtschaftlichkeit und Sparsamkeit am öffentlichen Nutzen orientierte indirekte Rentabilität (Privatwirtschaft direkte Rentabilität).

Ziel der H.wirtschaft ist der → Haushaltsausgleich; dabei sind die wesentlichen → Haushaltsgrundsätze: Grundsatz der Vollständigkeit, Grundsatz der sachlichen Bindung, Grundsatz der zeitlichen Bindung, Gesamtdeckungsprinzip. Im Zuge der → Verwaltungsreform ist eine Abkehr von dem kameralistischen H.führung hin zu kaufmännischer doppelter Buchführung (Dopik) zu beobachten mit dem Ziel, betriebsinterne Kontrollverfahren und Rechnungslegungen nach betriebswirtschaftlichen Erkenntnissen einzuführen.

Für die Rechnungslegung hat die Verwaltung für jedes H.jahr die Bücher abzuschließen. Der Abschluß ist Grundlage für die Aufstellung der H.- und Vermögensrechnung durch den Bundesminister der Finanzen, die Länderfinanzminister, die Kämmerer. Grundlage für die Entlastung der Regierung durch die gesetzgebenden Körperschaften sind die H.rechnung und der jährliche Bericht der Rechnungshöfe (Bundesrechnungshof, Landesrechnungshöfe, Rechnungsprüfungsämter).

Die Rechnungshöfe prüfen in ihrem Zuständigkeitsbereich die gesamte Bundes-, Landes- und kommunale Verwaltung, die öffentlich-rechtlichen Körperschaften, die öffentlichen Betriebe und Zuwendungsempfänger (→ Rechnungsprüfung). Ihre Aufgaben sind die Überwachung und Prüfung der Organisation, der Wirtschaftlichkeit, der H.wirtschaft, die Beratung von Parlament, Regierung und Finanzminister sowie das Erstellen von Gutachten.

Mit dem StWG wurde die Notwendigkeit einer mittelfristigen → Finanzplanung der öffentlichen Hände aufgrund ihrer Bedeu-

tung für die gesamt- und finanzwirtschaftliche Entwicklung gesetzlich verankert.
Lit. Adolphs: Gemeindekasse; Deutsches Institut für Urbanistik: Kommunale Entwicklungsplanung; Hesse, K.: Verfassungsrecht; Kirberger: Staatsentlastung; Krämer, E.: Zuwendungsrecht (Komm.); Mäding: Haushaltsplanung; Moeser: Haushaltsgewalt; Piduch: Bundeshaushaltsrecht (Komm.); Stein, E.: Staatsrecht.
Hans Stefan Wagener/Hans-Walter Böttcher

Haushaltsangehörige sind die Haushaltsmitglieder, die nicht die Kosten der allgemeinen Haushaltsführung, also die »Generalunkosten« (BVerwG, Urteil vom 27. 2. 1963, in BVerwGE 15, 306 = NDV 1964, 363) des Haushaltes tragen (im Gegensatz zu dem → Haushaltsvorstand). Voraussetzung dafür, daß man als H. und nicht als Alleinstehender behandelt wird, ist das »Wirtschaften aus einem Topf« (BVerwG, Urteil vom 17. 5. 1972, in NDV 1973, 109). Während der Haushaltsvorstand den Eckregelsatz von 100% erhält, bekommen H. prozentual abgestufte → Regelsätze, und zwar bis Vollendung des 7. Lebensjahres 50%, beim Zusammenleben mit einer Person, die allein für die Pflege und Erziehung des Kindes sorgt, allerdings 55%, vom Beginn des 8. bis zur Vollendung des 14. Lebensjahres 65%, vom Beginn des 15. bis zur Vollendung des 18. Lebensjahres 90% und vom Beginn des 19. Lebensjahres an 80%. Dies ergibt sich aus der Rechtsverordnung zu § 22 BSHG (→ Regelsatzverordnung).
Dietrich Schoch

Haushaltsgemeinschaft Sie liegt vor, wenn mehrere Personen zusammen wohnen und wirtschaften. Nach § 16 BSHG wird vermutet, daß ein Hilfesuchender (→ Hilfeempfänger/Hilfesuchender) in H. mit Verwandten (→ Verwandtschaft) und Verschwägerten (→ Schwägerschaft) von diesen Leistungen zum Lebensunterhalt erhält, soweit dies nach ihrem → Einkommen und → Vermögen erwartet werden kann. Bei Ehegatten und minderjährigen unverheirateten Kindern in H., die ihren notwendigen → Lebensunterhalt nicht beschaffen können, ist § 11 Abs. 1 S. 2 BSHG anzuwenden (→ Bedarfsgemeinschaft). § 16 umfaßt auch Personen, die nicht unterhaltspflichtig sind, nämlich Verwandte in der Seitenlinie und Verschwägerte, wenn sie mit dem Hilfesuchenden in H. leben. Dadurch wird es dem → Sozialhilfeträger ermöglicht, den nach dem → Bürgerlichen Gesetzbuch (BGB) zu leistenden Unterhalt unmittelbar bedarfsdeckend zu berücksichtigen, also ohne den Übergang nach § 91 BSHG. Zusätzlich kann der Sozialhilfeträger eine Bedarfsdeckung aus dem Einkommen und Vermögen nicht Unterhaltspflichtiger vermuten. Bei Unterhaltspflichtigen kann eine Leistung in Höhe der gesetzlichen → Unterhaltspflicht erwartet werden. Bei nicht Unterhaltspflichtigen kann eine Leistung erst dann erwartet werden, wenn ein den sozialhilferechtlichen Bedarf deutlich übersteigendes Einkommen vorhanden ist (BVerwG, Urteil vom 17. 1. 1980, in BVerwGE 59, 294 = NDV 1980, 321). Bei nicht unterhaltspflichtigen Haushaltsangehörigen wird nach den Empfehlungen zum Sozialhilferecht in Westfalen-Lippe 50% dessen vermutet, was von Unterhaltspflichtigen gefordert wird. Meist werden von den Sozialhilfeträgern Leistungen wie z. B. → Kindergeld und Steuerermäßigung angerechnet. Soweit jedoch der Hilfesuchende Leistungen in der vermuteten Höhe nicht erhält, ist nach § 16 S. 2 BSHG → Hilfe zum Lebensunterhalt in voller Höhe zu leisten.
Dietrich Schoch

Haushaltsgrundsätze Die Bundesländer haben auf der Grundlage gemeinsamer Musterentwürfe für Gemeindeordnungen und Gemeindehaushaltsverordnungen mit Wirkung vom 1. 1. 1974 (z. T. mit Wirkung vom 1. 1. 1975) das ursprünglich aus dem Jahre 1935 stammende Gemeindehaushaltsrecht umfassend reformiert. In die Gemeindeordnungen der Bundesländer sind für die kommunale Haushaltswirtschaft dabei allgemeine H. aufgenommen worden. Dies sind a) das Gebot, die Haushaltswirtschaft so zu planen und zu führen, daß die stetige Aufgabenerfüllung unter Berücksichtigung der Erfordernisse des gesamtwirtschaftlichen Gleichgewichts gesichert ist, b) die Verpflichtung zur Sparsamkeit und → Wirtschaftlichkeit und c) der Haushaltsausgleich. Die allgemeinen H. beziehen sich auf die gesamte Haushaltswirtschaft, also die Aufstellung des → Haushaltsplanes, dessen Ausführung, die Rechnungslegung sowie die → Finanzplanung.
Daneben werden die in den Gemeindehaushaltsverordnungen der Länder verankerten Grundregeln der Aufstellung und Ausführung des Haushaltsplans als H. bezeichnet. Es sind dies: a) Haushaltseinheit, Vollständigkeit, Kassenwirksamkeit (der Haushaltsplan enthält alle im Haushaltsjahr voraussichtlich eingehenden Einnahmen und zu leistenden Ausgaben). b) Haushaltswahrheit (die Ansätze sind sorgfältig zu schätzen, soweit sie nicht errechenbar sind). c) Bruttoprinzip (Einnahmen und Ausgaben sind getrennt voneinander in voller Höhe zu veranschlagen). d) Haushaltsklarheit, Einzelveranschlagung, sachliche Bindung (die Einnahmen sind im einzelnen nach ihrem Entstehungsgrund, die Ausgaben nach Einzelzwecken zu veranschlagen. Für denselben Zweck sollen Ausgaben nicht an verschiedenen Stellen im Haushaltsplan veranschlagt werden). e) Gesamtdeckungsprinzip (grundsätzlich dienen die Einnahmen des Verwaltungshaushalts insgesamt zur

Deckung der Ausgaben des Verwaltungshaushalts und die Einnahmen des Vermögenshaushalts insgesamt zur Deckung der Ausgaben des Vermögenshaushalts). Ausnahmen bei Zweckbindung von Einnahmen durch Haushaltsvermerke. f) Zeitliche Bindung, zeitliche Übertragbarkeit (im Verwaltungshaushalt sind die veranschlagten Ausgaben nur für ein Haushaltsjahr bewilligt. Sie können im Ausnahmefall für übertragbar erklärt werden, wenn damit eine sparsame Bewirtschaftung der Mittel gefördert wird. Im Vermögenshaushalt bleiben die Ausgabenansätze bis zur Fälligkeit der letzten Zahlung für ihren Zweck verfügbar, bei Baumaßnahmen und Beschaffungen längstens jedoch 2 Jahre nach Schluß des Haushaltsjahres, in dem die wesentlichen Teile in Benutzung genommen werden können). *Lothar Wien*

Haushaltshilfe ist eine Pflichtleistung der gesetzlichen → Krankenversicherung und der anderen → Rehabilitationsträger zur Versorgung des Haushalts des Versicherten oder Rehabilitanden während eines Aufenthalts im Krankenhaus, einer Kur- oder anderen Rehabilitationsmaßnahme oder als notwendige Ergänzung der häuslichen Krankenpflege. Leistungspflichtig ist der Träger, der die Kosten der Hauptleistung ganz oder teilweise trägt. Voraussetzung ist, daß kein anderer Haushaltsangehöriger den Haushalt führen kann und daß im Haushalt mindestens ein Kind unter 12 Jahren oder ein behindertes, auf Hilfe angewiesenes Kind lebt. Krankenversicherte haben ferner Anspruch auf H., soweit ihnen wegen Schwangerschaft oder Entbindung die Weiterführung des Haushalts nicht möglich ist und kein anderer Haushaltsangehöriger dazu in der Lage ist.
Als Satzungsleistung kann H. auch in anderen Fällen geleistet werden, wenn dem Versicherten wegen Krankheit die Haushaltsführung nicht möglich ist. Die H. umfaßt alle Dienstleistungen, die zur Haushaltsführung gehören, insbes. die Betreuung der Kinder. Der leistungspflichtige Träger soll grundsätzlich eine Ersatzkraft stellen. Nach § 132 SGB V soll die Krankenversicherung, wenn sie keine eigenen Kräfte zur Verfügung hat, Verträge mit Trägern entsprechender Einrichtungen (z. B. → Familienpflege/Hauspflege, → Sozialstationen) abschließen. Ausnahmsweise können auch die angemessenen Kosten einer vom Leistungsempfänger beschafften Ersatzkraft übernommen werden. Rechtsgrundlage sind § 38 SGB V, § 199 RVO, § 29 SGB VI, § 42 SGB VII, § 56 Abs. 3 Nr. 4 → Arbeitsförderungsgesetz und § 26 Abs. 3 Nr. 4 → Bundesversorgungsgesetz. Entsprechende Leistung in der → Sozialhilfe ist die → Hilfe zur Weiterführung des Haushalts nach den §§ 70, 71 → Bundessozialhilfegesetz (BSHG). *Werner Hesse-Schiller*

Haushalts-, Kassen- und Rechnungswesen
Der Inbegriff aller Vorschriften und Tätigkeiten, die sich mit Planung, (→ Finanzplanung) Verwendung, Abrechnung und → Kontrolle der Einnahmen und Ausgaben der öffentlichen Verwaltung befassen. Insbes. sind dabei dem H. zuzuordnen: die Planung und Bewirtschaftung der öffentlichen Mittel, des Vermögens und der Schulden (materieller Entscheidungsbereich); dem K.: der gesamte Zahlungsverkehr, die Buchführung und die Abrechnung (technische Abwicklung); dem R.: alle Vorgänge im Zusammenhang mit der formalen Gestaltung der Bücher und Belege sowie der Rechnungslegung und der Rechnungsprüfung. Rechtsgrundlagen für das H., K. und R. sind in erster Linie das → Grundgesetz (Abschnitt X: Das Finanzwesen, Art. 104a bis 115 GG) sowie das für Bund und Länder aufgrund des Art. 109 Abs. 3 GG erlassene Haushaltsgrundsätzegesetz (HGrG), Gesetz über die Grundsätze des → Haushaltsrechts des Bundes und der Länder vom 19. 8. 1969 (BGBl. I S. 1273), zuletzt geändert durch Art. 29 des Gesetzes vom 29. 7. 1994 (BGBl. I S. 18), hinzu kommt insbes. für den politischen Entscheidungsbereich das Gesetz zur Förderung der Stabilität und des Wachstums der Wirtschaft (StWG) vom 8. 6. 1967 (BGBl. I S. 582), zuletzt gem. Art. 12 Abs. 49 des Gesetzes vom 14. 9. 1994 (BGBl. I S. 2325). Für die praktische Arbeit innerhalb der öffentlichen → Verwaltung bedeutsamer sind im Bundesbereich die Bundeshaushaltsordnung (BHO) vom 19. 8. 1969 (BGBl. I S. 1284), zuletzt geändert durch das Gesetz vom 22. 9. 1994 (BGBl. I S. 2605), sowie die dazu erlassenen Vorläufigen Verwaltungsvorschriften, im Bereich der Bundesländer die jeweiligen, im wesentlichen mit der BHO übereinstimmenden, Landeshaushaltsordnungen sowie auch die dazu erlassenen Verwaltungsvorschriften und schließlich im Bereich der Kommunalverwaltungen jeweils das Gemeindehaushaltsrecht und die Gemeindekassenverordnung sowie etwaige dazu ergangene Verwaltungsvorschriften. Der Bund, die einzelnen Länder und die kommunalen Gebietskörperschaften haben demnach jeweils ein eigenes H., K. und R. Bund und Länder haben jedoch bei der Fortentwicklung des Haushaltsrechts im Rahmen der Haushaltsreform seit Mitte der 60er Jahre durch ständige Zusammenarbeit die Einheit des Haushaltsrechts weitgehend erhalten. Dies ist für die Praxis deshalb von Bedeutung, weil in vielen Bereichen infolge der verfassungsmäßigen Aufgabenverteilung die Länder und kommunalen Gebietskörperschaften Aufgaben für den Bund ausführen und dabei im → Haushaltsplan des Bundes veranschlagte Bundeshaushaltsmittel bewirtschaften. So konnten sich Bund und Länder dahingehend einigen, daß die Länder bei der Bewirt-

schaftung der Bundeshaushaltsmittel im wesentlichen ihr eigenes Haushaltsrecht anwenden, während die kassentechnische Abwicklung gemäß § 57 HGrG über die Bundeskassen erfolgt und insoweit natürlich Bundesrecht angewandt wird. Die Länder und die kommunalen Gebietskörperschaften bedienen sich also für den Zahlungsverkehr der Kassenorganisation des Bundes, wenn die von ihnen ausgeführte Aufgabe ausschließlich vom Bund finanziert wird. Die verwendeten Haushaltsmittel sind in diesem Falle nur im Bundeshaushaltsplan veranschlagt. Anders ist es, wenn der Bund lediglich einen Beitrag zu den Eigenleistungen der Länder hinzufügt (Gemeinschaftsfinanzierung). Diese Bundesmittel durchlaufen aufgrund der zwischen Bund und Ländern getroffenen Vereinbarung grundsätzlich den Haushalt der Länder und werden damit zu Landesmitteln, auf die von dem Zeitpunkt an das Haushaltsrecht des jeweiligen Landes anzuwenden ist.

Lit. BMF: Haushaltsrecht; Depiereux: Haushaltsrecht; Piduch: Bundeshaushaltsrecht (Komm.); Steinfatt: Handbuch.

Wolfgang Steinfatt

Haushaltsplan Jede staatliche Aktivität mit finanziellen Auswirkungen schlägt sich in einem → Haushalt (Budget, Etat, Wirtschaftsplan) nieder. Neben die traditionelle Bedarfsdeckungsfunktion des Haushalts (Festlegung des staatlichen Mittelbedarfs für einen bestimmten Zeitraum) sind mit der Entwicklung der modernen Industriegesellschaft zwei weitere Funktionen getreten: Der Haushalt ist auch ein Instrument des sozialen Ausgleichs (Umverteilungsfunktion) sowie ein Instrument zur Beeinflussung gesamtwirtschaftlicher Vorgänge (gesamtwirtschaftliche Budgetfunktion) geworden.

Bund und Länder sind in ihrer Haushaltswirtschaft selbständig und voneinander unabhängig, jedoch unterliegen sie weitgehend einheitlichen Regeln. Kernstück des für jedes Haushaltsjahr (1. Januar bis 31. Dezember) aufzustellenden Haushalts ist der H. Der H. enthält alle im Haushaltsjahr zu erwartenden Einnahmen (insbes. Steuern, Verwaltungseinnahmen, Kreditaufnahme), voraussichtlich zu leistenden Ausgaben und voraussichtlich benötigten Verpflichtungsermächtigungen zur Leistung von Ausgaben in künftigen Haushaltsjahren. Die verfügbaren Personalstellen für Beamte und Angestellte des Staates werden im H. in Stellenplänen nach Anzahl und Wertigkeit verbindlich festgelegt. Technisch ist der H. eine Anlage des Haushaltsgesetzes. Durch das Haushaltsgesetz wird die Regierung ermächtigt, die Mittel für die im H. festgelegten Zwecke auszugeben bzw. im Rahmen der Verpflichtungsermächtigungen Verpflichtungen einzugehen. Der H. bildet damit die Grundlage für die Haushalts- und Wirtschaftsführung der Regierung. Unmittelbare Ansprüche oder Verbindlichkeiten des Bürgers ergeben sich dagegen aus dem H. nicht.

Der H. besteht aus dem Gesamtplan und den Einzelplänen. Der Gesamtplan setzt sich aus einer Reihe von Gesamtübersichten (insbes. Haushaltsübersicht, Finanzierungsübersicht, Kreditfinanzierungsplan) zusammen. Die Einzelpläne enthalten die einzelnen Einnahmeansätze sowie die Ausgaben- und Verpflichtungsermächtigungen der verschiedenen Verwaltungszweige. Die Einzelpläne sind grundsätzlich nach Ministerien gegliedert. Jeder Einzelplan ist in Kapitel (einzelne Verwaltungsbehörden oder Sachgebiete) und Titel unterteilt. Der Titel ist in der deutschen Haushaltssystematik einheitlich für Haushaltsaufstellung, Haushaltsvollzug und Rechnungslegung die kleinste haushaltsrechtliche Einheit. Hier sind die Einnahmen nach dem Entstehungsgrund und die Ausgaben nach dem Zweck veranschlagt und erläutert. Die Einteilung der Titel richtet sich nach einem für alle öffentlichen Haushalte einheitlichen EDV-gerechten Gruppierungsplan.

Die Grundsätze für die Veranschlagung der Einnahmen und Ausgaben in den H. sind im → Grundgesetz (GG) und seit der Haushaltsrechtsreform von 1969 im Haushaltsgrundsätzegesetz, der Bundeshaushaltsordnung und den Landeshaushaltsordnungen festgelegt (→ Haushaltsgrundsätze). Zu nennen sind insbes. die Prinzipien der Einheit, Vollständigkeit, Vorherigkeit, Gesamtdeckung, Jährlichkeit, Fälligkeit, Einzelveranschlagung, Haushaltswahrheit und -klarheit, des Haushaltsausgleichs sowie der Bruttoveranschlagung.

Bund, Länder und Gemeinden suchen intensiv nach neuen Wegen, das Haushaltsrecht flexibler anzuwenden und effektivere Bewirtschaftungsverfahren mit Anreizen für wirtschaftliches Handeln zu finden. Der Bund strebt eine → Kosten- und Leistungsrechnung als Ergänzung zur traditionellen Einnahmen- und Ausgabenrechnung an. Das bestehende kameralistische System soll aber nicht durch ein System der kaufmännischen Buchführung ersetzt werden.

Geplant ist eine stärkere Flexibilisierung der Haushaltswirtschaft. In erfolgreichen Pilotprojekten ist bereits einzelnen Pilotbehörden weitgehende Deckungsfähigkeit der Ausgaben sowie die überjährige Verfügbarkeit nicht in Anspruch genommener Haushaltsmittel zugestanden worden.

Lit. Heuer, E.: Haushaltsrecht (Komm.); Köckritz u. a.: BHO (Komm.); Piduch: Bundeshaushaltsrecht (Komm.). *Siegmar Kunas*

Haushaltsvorstand ist das Haushaltsmitglied, das die Kosten der allgemeinen Haushaltsführung trägt, die »Generalunkosten« (BVerwG, Urteil vom 27. Februar 1963, in

BVerwGE 15, 306 = NDV 1964, 507) des Haushalts. Anhaltspunkte dafür, daß ein bestimmtes Haushaltsmitglied die »Generalunkosten« trägt, können die Höhe des → Einkommens und/oder die Stellung im Haushalt sein. Nach § 2 Abs. 1 VO zu § 22 BSHG sind → Regelsätze für den H. und für sonstige → Haushaltsangehörige festzusetzen. H. erhalten den sog. Eckregelsatz, der 100% beträgt, da damit die nicht teilbaren Kosten der Energie für Haushaltsgeräte, Tageszeitung, kleinere Instandhaltungskosten, Schwund, Verderb oder Verlust bei Nahrungsmitteln abzudecken sind. Tragen Mitglieder einer → Haushaltsgemeinschaft die »Generalunkosten« teilweise, steht jedem von ihnen der maßgebliche Regelsatz eines Haushaltsangehörigen zuzüglich des ihrem Anteil entsprechenden Differenzbetrages zu. Trägt ein Partner die Kosten des Haushalts nicht allein und läßt sich auch ein bestimmtes Beteiligungsverhältnis nicht feststellen, so ist jedem die Hälfte der Differenz zwischen den verschiedenen Regelsätzen zu bewilligen (sog. Mischregelsatz). Dies gilt auch für Partner einer → eheähnlichen Gemeinschaft. Erklären die Haushaltsmitglieder übereinstimmend, ein Haushaltsmitglied trage die Generalunkosten allein oder in einem bestimmten Beteiligungsverhältnis, so ist dies grundsätzlich zugrunde zu legen. Die Mehrbedarfszuschläge der Absätze 1 bis 3 des § 23 BSHG sind abhängig vom maßgeblichen Regelsatz. Ist also der Ehemann H. und die Ehefrau hat als Haushaltsangehörige einen → Mehrbedarf, weil sie z.B. erwerbsunfähig i.S.d. → Rentenversicherung gesetzlich ist, so erhält sie derzeit in den alten Bundesländern 20% des maßgeblichen Haushaltsangehörigen-Regelsatzes. Wäre die Ehefrau dagegen H., so erhielte sie 20% des 100%igen Eckregelsatzes. Die Regelsätze für den H. gelten auch für Alleinstehende. In einer Wohnung können zwei Alleinstehende oder eine Familie und ein Alleinstehender leben, und damit kann die Zubilligung des Eckregelsatzes zweifach in Betracht kommen: wenn zwei Haushalte geführt werden, die Kosten also zweifach anfallen (Beispiel: Die Großmutter wohnt in der Wohnung ihrer Tochter, führt aber einen eigenen Haushalt). Der Regelsatz eines H. ist auch die Grundlage für den 80%igen Familienzuschlag (→ Einkommensgrenzen) nach § 79 bei der → Hilfe in besonderen Lebenslagen. *Dietrich Schoch*

Häusliche Ersparnis Wird → Sozialhilfe in einer → Anstalt, einem Heim oder einer gleichartigen → Einrichtung oder einer Einrichtung zur teilstationären Betreuung gewährt, kann die Aufbringung der Mittel insoweit auch aus dem → Einkommen unter der → Einkommensgrenze verlangt werden, als dabei Aufwendungen für den häuslichen Lebensunterhalt erspart werden (§ 85 Nr. 3 S. 1 → Bundessozialhilfegesetz [BSHG]; → Einsatz des Einkommens/Vermögens). In der → Jugendhilfe gilt die Vorschrift für die → Hilfe zur Erziehung (HzE), die Eingliederungshilfe für seelisch Behinderte und die Hilfe für junge Volljährige (→ Hilfen für junge Menschen/Volljährige) entsprechend (§ 93 Abs. 1 und 2 → Kinder- und Jugendhilfegesetz [KJHG – SGB VIII]); hier sind – abweichend von der Sozialhilfe – auch → Pflegefamilien als »Einrichtungen« i.S.d. Vorschrift anzusehen (BVerwG, Urteil vom 8. 2. 1977, BVerwGE 52, 51 = NDV 1978, S. 107).
Die Anwendung der Regelung scheidet aus, wenn und soweit die h. E. durch andere Mehrkosten aufgewogen werden. Dies ist insbes. der Fall bei kurzfristigen Maßnahmen (z.B. Erholungsverschickung, Krankenhausaufenthalt), durch den sog. Einweisungs-(Ausstattungs-)Bedarf oder durch sonstige Nebenkosten (z.B. für Besuchsreisen) sowie wenn es sich bei dem in einer Einrichtung zu betreuenden Hilfesuchenden (→ Hilfeempfänger/Hilfesuchender) um die sonst zur Haushaltsführung berufene Person handelt (regelmäßig die Hausfrau und Mutter), da sich in diesen Fällen die Haushaltsführung durch die zurückbleibenden Angehörigen erfahrungsgemäß verteuert. Die Heranziehung scheidet aus, wenn und soweit durch sie der Herangezogene und seine gesteigert Unterhaltsberechtigten bedürftig i.S. der → Hilfe zum Lebensunterhalt nach Abschn. 2 BSHG würden.
Der ersparte Lebensunterhalt umfaßt die Ausgaben, die in der Häuslichkeit für den Hilfesuchenden entfallen, vor allem Ausgaben für → Ernährung, hauswirtschaftlichen Bedarf einschließlich Haushaltsenergie, → Bedürfnisse (persönliche) des täglichen Lebens sowie ggf. Ausgaben für Bekleidung. Die Höhe der h. E. kann an den → Regelsätzen orientiert werden. In der Praxis hat sich überwiegend die Faustregel herausgebildet, die h. E. mit bis zu 80 v.H. des für den Untergebrachten geltenden Regelsatzes anzusetzen. Das BVerwG hat in ständiger Rechtsprechung (beginnend mit Urteil vom 29. 9. 1971, BVerwGE 38, 302 = NDV 1972, S. 53) zum Ausdruck gebracht, daß § 85 Nr. 3 S. 1 BSHG nur Anwendung finden könne, wenn tatsächlich Ersparnisse eingetreten sind, wenn also der Hilfeempfänger sich vorher im Haushalt der → Bedarfsgemeinschaft aufgehalten hat und dort wegen unzureichendem Einkommen unterhalten worden ist. Dieser Auffassung ist in der Literatur überwiegend nicht gefolgt worden, da sie den Zusammenhang zwischen der Berechnung der Einkommensgrenze (Zubilligung des Familienzuschlages auch für den Hilfeempfänger) und der Inanspruchnahme der h. E. verkennt.
Bei der Hilfe zur Erziehung, der Eingliederungshilfe für seelisch Behinderte und der

Häusliche Krankenpflege

Hilfe für junge Volljährige nach dem KJHG stellt die h. E. zugleich die Grenze für eine Heranziehung der Eltern zu den Kosten dar (§ 94 KJHG). Die h. E. in diesem Sinne ist als weiterer Begriff anzusehen, der einen höheren Kostenbeitrag als im Rahmen des § 85 Nr. 3 Satz 1 BSHG erlaubt. Der → Deutsche Verein für öffentliche und private Fürsorge (DV) empfiehlt hierbei, von 80 v. H. des Kindesunterhalts nach den Unterhaltstabellen der OLG auszugehen.

Lit. DV: Kostenbeitrag; DV: Empfehlung §§ 84 ff. BSHG; Schellhorn u.a.: Einkommensgrenzen. *Walter Schellhorn*

Häusliche Krankenpflege i. S. der → Krankenversicherung ist die pflegerische Versorgung von Kranken in ihrer Häuslichkeit, d. h. im eigenen Haushalt, im Familienhaushalt, aber z. B. auch im Altenwohnheim oder in einer Seniorenresidenz (→ Altenwohnanlage), wenn dort eine eigene ausgestattete Wohnung zur Selbstversorgung zur Verfügung steht. Nach § 37 Abs. 1 → Sozialgesetzbuch (SGB) V – Gesetzliche Krankenversicherung – ist die h. K. Pflichtleistung der Krankenversicherung, wenn durch sie → Krankenhausbehandlung ersetzt, vermieden oder verkürzt wird. Die h. K. wird dann i. d. R. bis zu 4 Wochen gewährt, Verlängerung ist möglich, wenn der → Medizinische Dienst bestätigt, daß die Pflege zur Krankenhausvermeidung weiter erforderlich ist. Die h. K. nach § 37 Abs. 1 SGB V umfaßt → Behandlungspflege, Grundpflege und hauswirtschaftliche Versorgung des Patienten im erforderlichen Umfang. Zur Versorgung der Familienangehörigen kommt ergänzend → Haushaltshilfe in Frage.

H. K. ist nach § 37 Abs. 2 SGB V ferner Pflichtleistung der Krankenversicherung, wenn sie zur Sicherung der ärztlichen Behandlung erforderlich ist. In diesem Fall wird die h. K. zeitlich unbegrenzt gewährt; die Pflichtleistung beschränkt sich aber auf die Behandlungspflege. Grundpflege und hauswirtschaftliche Versorgung kommen nur als Satzungsleistung in Frage, es sei denn, es liegt bereits Pflegebedürftigkeit im Sinne des SGB XI vor.

H. K. wird nur gewährt, soweit kein Haushaltsangehöriger sie übernehmen kann (§ 37 Abs. 3 SGB V). Die zur Durchführung der Pflege erforderlichen Personen kann die Krankenkasse selbst anstellen oder Verträge mit entsprechenden Pflegediensten abschließen. Ersatzweise ist sie zur Übernahme der angemessenen Kosten für von den Versicherten selbstbeschaffte Kräfte verpflichtet. Für die gesetzliche Unfallversicherung gilt § 32 SGB VII.

In der → Sozialhilfe kommt h. K. insbesondere im Rahmen der → Krankenhilfe und → Eingliederungshilfe für Behinderte (Behandlungspflege) sowie im Rahmen der → Hilfe zur Pflege (Grundpflege) in Frage.

Lit. Hesse-Schiller: Häusliche Krankenpflege. *Werner Hesse-Schiller*

Häusliche Pflege bezeichnet die Pflege von Menschen in einem Haushalt im Unterschied zur stationären Pflege in einem Krankenhaus (→ Krankenhausbehandlung) oder einer stationären → Pflegeeinrichtung. Während → häusliche Krankenpflege die → Behandlungspflege in den Vordergrund stellt, wird unter h. P. vor allem die → Grundpflege verstanden. Dementsprechend sind Leistungen der häuslichen Krankenpflege dem System der gesetzlichen Krankenversicherung zugeordnet, während Leistungen der h. P. primär Gegenstand der gesetzlichen Pflegeversicherung sind. Allerdings sind Leistungen der h. P. während Schwangerschaft und Wochenbett gemäß § 198 RVO von der gesetzlichen Krankenversicherung zu gewähren.

Seit dem 1. 4. 1995 sind Leistungen der h. P. von der gesetzlichen → Pflegeversicherung zu gewähren. Voraussetzung ist die Feststellung der → Pflegebedürftigkeit durch den → Medizinischen Dienst der Krankenkassen (MDK). Es kommt hier auf Hilfebedarfe bei existentiellen Verrichtungen im täglichen Leben in den Bereichen Körperpflege, Ernährung, Mobilität und hauswirtschaftliche Versorgung an. Es wird dabei unterschieden zwischen erheblicher Pflegebedürftigkeit (Stufe I), Schwerpflegebedürftigkeit (Stufe II) und Schwerstpflegebedürftigkeit (Stufe III) sowie nach Härtefällen, die jedoch nur in maximal 3% der der Stufe III zugeordneten Personen anerkannt werden dürfen. Nach dieser Einstufung richten sich auch die Leistungen der h.P. durch die Pflegekassen.

§ 36 SGB XI nennt zuallererst die Pflegesachleistung. Der Pflegebedürftige hat danach das Recht, sich Pflegeleistungen durch ambulante Pflegedienste zu verschaffen. Es muß sich dabei um als Pflegeeinrichtungen zugelasene Dienste oder entsprechend geeignete freiberufliche Kräfte handeln. Die Leistungen sind nicht für jeden Fall bedarfsdeckend konzipiert. Viel mehr steht je nach Grad der Pflegebedürftigkeit ein bestimmtes Leistungsbudget zur Verfügung. Der Pflegebedürftige kann zu Lasten der Pflegekasse monatliche Pflegeleistungen im Wert von bis zu DM 750 in Stufe I, bis zu DM 1 800 in Stufe II, bis zu DM 2 800 in Stufe III und bis zu DM 3 750 in Härtefällen in Anspruch nehmen. Der Inhalt der Pflegeleistungen entspricht den für die Feststellung der Pflegebedürftigkeit maßgeblichen Bedarfen: Körperpflege, Mobilität, Ernährung, hauswirtschaftliche Versorgung.

Soweit die vorgenannten Beträge zur Finanzierung der notwendigen Pflegeleistungen nicht ausreichen, ist der Pflegebedürftige auf die Hilfe durch Angehörige oder andere nahestehende Personen angewiesen. Er kann weitergehende Leistungen der h.P.

aus eigenen Mitteln finanzieren oder bei wirschaftlicher Bedürftigkeit im Sinne § 28 → BSHG ergänzende → Hilfe zur Pflege nach § 68 BSHG in Anspruch nehmen. § 13 Abs. 3 Satz 2 SGB XI bestimmt ausrücklich, daß das Prinzip der Bedarfsdeckung (→ Bedarfsdeckungsprinzip) nach dem BSHG weiterhin gilt. Leistungen der h.P. kommen gemäß § 68 Abs. 1 Satz 2 BSHG auch dann in Betracht, wenn noch nicht der für die Pflegeversicherung maßgebliche Grad der Schwerpflegebedürftigkeit erreicht ist (sogenannte Pflegestufe 0).

Anstelle der Pflegesachleistung können die Pflegebedürftigen gemäß § 37 SGB XI ein → Pflegegeld in Höhe von DM 400, 800 bzw. 1 300 wählen, wenn sie die Pflege selbst sicherstellen. § 69a BSHG sieht ein Pflegegeld unter denselben Voraussetzungen und in derselben Höhe vor. Da die Leistungen der Pflegeversicherung vorrangig zu denjenigen des BSHG sind, kommt bei Wahl des Pflegegeldes ergänzende Sozialhilfe nicht in Betracht. Wohl kommt bei Beziehern der Pflegesachleistung nach § 36 SGB XI ein ergänzendes (Teil)Pflegegeld nach BSHG in Betracht, weil nach § 69c Abs. 2 BSHG immer mindestens ein Drittel des Pflegegeldes ausgezahlt werden muß.

Pflegesachleistung und Pflegegeld von der Pflegeversicherung können gemäß § 38 SGB XI auch jeweils anteilig beliebig miteinander kombiniert werden. Als flankierende Leistungen sieht § 39 SGB XI Pflegesachleistungen bei Verhinderung der Pflegeperson vor. Zusätzlich kann → Kurzzeitpflege gemäß § 42 SGB XI in Betracht kommen.

Die häusliche Pflege wird darüber hinaus durch die Finanzierung von → Pflegehilfsmitteln im Wert von bis zu DM 60 monatlich, die Bereitstellung von technischen Hilfen wie Pflegebetten oder Liftern sowie die Bezuschussung von notwendigen → Wohnraumanpassungsmaßnahmen in Höhe von bis zu DM 5 000 gemäß § 40 SGB XI nachhaltig gefördert.

Nicht zuletzt dient der Förderung und Aufwertung der Pflegepersonen deren soziale Absicherung im Rahmen des § 44 SGB XI, der ihnen den Schutz der gesetzlichen → Unfallversicherung während der Pflege sowie Beitragszeiten in der gesetzlichen → Rentenversicherung verschafft. Als Pflegepersonen bezeichnet § 19 SGB XI diejenigen, die nicht erwerbsmäßig einen Pflegebedürftigen im Sinne der Pflegeversicherung in seiner häuslichen Umgebung pflegen. Während sie die vorgenannten Absicherungsleistungen erst dann erhalten, wenn sie wöchentlich mindestens 14 Stunden pflegen, eröffnet § 45 SGB XI allen Pflegepersonen die Teilnahme an den von den Pflegekassen finanzierten Pflegekursen und Schulungen.

Lit. Hesse-Schiller u.a.: Ergänzungsfunktion; Kesselheim: Pflegeversicherung.

Werner Hesse-Schiller

Hausnotrufdienst → Betreutes Wohnen

Hauspflege → Familienpflege, → häusliche Pflege, → Haushaltshilfe

Hausrat → Lebensunterhalt

Hausrecht ist Teil derjenigen Besitzrechte an einem Grundstück sowie in Wohn- oder Geschäftsräumen, die es dem Eigentümer oder Benutzungsberechtigten gestatten, anderen den Aufenthalt darin zu untersagen oder in bestimmter Weise zu beschränken. Wenn der Zugang oder Aufenthalt durch vertragliche Vereinbarungen geregelt ist, bestimmt sich der Inhaber und der Umfang des H. nach dem Vertrag. Soweit nicht das Gesetz oder Rechte Dritter entgegenstehen, können andere Personen von jeder Einwirkung auf das H. ausgeschlossen werden (§ 903 BGB); bei drohender weiterer Beeinträchtigung kann Unterlassung verlangt werden (§ 1004 BGB). Es kann auch ein Hausverbot ausgesprochen werden. Strafrechtlich ist das H. durch die Vorschriften zum Hausfriedensbruch geschützt (§§ 123, 124 StGB). Zu unterscheiden ist das in Art. 13 des → Grundgesetzes (GG) geschützte Grundrecht auf Unverletzlichkeit der Wohnung, welches nur gegenüber dem Staat und seinen Organen gilt und keine Wirkungen gegen Dritte entfaltet.

Das H. ermächtigt seinen Inhaber, eine Hausordnung über die Benutzung des Grundstückes oder des Hauses zu erlassen. Das Recht zu Erlaß oder Änderung einer Hausordnung endet allerdings dort, wo die Rechte Dritter tangiert sind. So darf der Vermieter nicht mittels Hausordnung die gesetzlichen und vertraglichen Rechte seiner Mieter einschränken.

Werner Hesse-Schiller

Haustürwiderrufsgesetz (HWiG), das Gesetz über den Widerruf von Haustürgeschäften und ähnlichen Geschäften vom 16. 1. 1986 (BGBl. I S. 122), geändert durch das → Verbraucherkreditgesetz (VerbrKrG) vom 17. 12. 1990 (BGBl. I S. 2840), räumt im Interesse des Verbraucherschutzes dem Kunden bei bestimmten Rechtsgeschäften ein Widerrufsrecht ein. Das HWiG betrifft Geschäfte, die der Kunde an seinem Arbeitsplatz oder im Bereich einer Privatwohnung, anläßlich einer Kaffeefahrt oder einer vergleichbaren Freizeitveranstaltung oder im Anschluß an ein überraschendes Ansprechen in Verkehrsmitteln oder auf der Straße abschließt. Ein solches Geschäft wird erst wirksam, wenn es der Kunde nicht innerhalb einer Woche schriftlich widerruft. Die Widerrufsfrist beginnt, wenn dem Kunden eine ausdrückliche schriftliche und von ihm unterschriebene Belehrung über sein Widerrufsrecht ausgehändigt worden ist; ansonsten erlischt das Widerrufsrecht erst einen Monat nach

beiderseits vollständiger Erbringung der Leistung. Zur Wahrung der Widerrufsfrist genügt die rechtzeitige Absendung des Widerrufs (aus Beweisgründen am besten per Einschreiben). Ein Widerrufsrecht besteht nicht, wenn die Vertragsverhandlungen in der Privatwohnung oder am Arbeitsplatz auf Veranlassung des Kunden geführt wurden oder wenn der gekaufte Gegenstand sofort ausgehändigt und bezahlt wurde und das Entgelt 80 DM nicht übersteigt. Das HWiG gilt u. a. nicht für Geschäfte, auf die das Verbraucherkreditgesetz (VerbrKrG) anzuwenden ist, und bei Versicherungsverträgen.
Hans-Ulrich Weth

Hausunterricht für Behinderte wird erforderlich, wenn der Besuch einer → Sonderschule aus Krankheitsgründen oder wegen einer körperlichen Behinderung (→ Behinderte) nicht möglich ist. I.d.R. wird es sich dabei um schwerstbehinderte (→ Schwerbehinderte), vor allem im Elternhaus bettlägerige Kinder handeln oder auch um → Mehrfachbehinderte, die z. B. in eine Schule für → Sinnesbehinderte wegen zusätzlicher schwerer Körperbehinderung (→ Körperbehinderte) nicht aufgenommen werden können. Transportunfähigkeit wird in jedem Fall H. nach sich ziehen. Die Kultusminister der Länder haben in Erlassen entsprechende Regelungen getroffen (z. B. in Rheinland-Pfalz im Gem. Amtsblatt 1991, S. 69). Der Sonderunterricht ist nach Schuljahrgängen zeitlich begrenzt und beträgt zwischen 4 und 10 Stunden wöchentlich. H. kann nur ausnahmsweise dieselben Ziele erreichen wie eine Schule. Er kommt daher nur in Betracht, wenn ein Schulbesuch aufgrund ganz besonderer Probleme nicht möglich ist.
Lit. Backes: Sonderschulen. *Emil Weichlein*

Hausverbot → Hausrecht

Hauswirtschaft umfaßt dispositive und ausführende Tätigkeiten zur Versorgung (Bedarfsdeckung) von Menschen in privaten Haushalten sowie in sozialen → Einrichtungen. H. schließt in der Regel die Aufgabenfelder Ernährungs-, Unterkunfts-, Wäsche- und Hygieneversorgung ein. Darüber hinaus erfüllen hauswirtschaftliche Dienste in Privathaushalten je nach Berufsgruppe Aufgaben der → Erziehung, der → Grundpflege sowie der sozialen Betreuung. Kennzeichnend für die H. ist hier die ganzheitliche Berücksichtigung physischer, psychischer und sozialer Bedürfnisse. H. in Privathaushalten wird auch als Alltagsmanagement bezeichnet. Die Ergänzung und Stützung des Alltagsmanagements der verschiedenen Personengruppen geschieht auf vielerlei Weise. Beispielsweise werden für ältere Menschen je nach deren Hilfs- und Pflegebedarf u.a. → sozialpflegerische Dienste, → Mahlzeitendienste und → Betreutes Wohnen angeboten. Nach → medizinischer Rehabilitation, bei Behinderungen und altersbedingten Funktionsverlusten ist hauswirtschaftliche Beratung und Unterweisung eine von mehreren Maßnahmen zur Erhaltung der Selbständigkeit. Sofern Überschuldung durch mangelnde hauswirtschaftliche Fähigkeiten mit verursacht wird, sind Haushaltsangehörige zu rationeller Wirtschaftsführung, zu Geldeinteilung und gesunder Ernährung zu befähigen.
In → Einrichtungen ist die H. eingebunden in medizinische, betreuerische und therapeutische Zielsetzungen.
Der größte Teil ambulanter hauswirtschaftlicher Arbeit wird durch organisierte → Nachbarschaftshilfe geleistet. Hauswirtschaftlich tätige Berufsgruppen sind u. a. → Dorfhelfer/-in, → Familienpfleger/-in und Fachhauswirtschafter/-in für ältere Menschen. In stationären Einrichtungen ist der/die Hauswirtschaftliche Betriebsleiter/-in eine der Berufsgruppen mit Leitungsfunktion in hauswirtschaftlichen Aufgabenbereichen. Hauswirtschafter/-innen und Hauswirtschaftstechnische Betriebshelfer/-innen führen überwiegend praktische Aufgaben durch.
Gemäß den in § 93 BSHG sowie in § 80 SGB XI vorgesehenen Vereinbarungen zur Beschreibung und Prüfung der Qualität ambulanter und stationärer Leistungen wurden auf der Grundlage von Leistungskatalogen für die H. erste Standards zur Verfahrensqualität erarbeitet. Die Finanzierung ambulanter hauswirtschaftlicher Leistungen durch soziale Sicherungssysteme ist in Deutschland in begrenztem Umfang gewährleistet. Im Rahmen der → häuslichen Krankenpflege wird nach § 37 → Gesundheitsreformgesetz (SGB V) hauswirtschaftliche Versorgung sichergestellt. Die Pflegeversicherung (SGB XI) gewährt die Grundpflege und hauswirtschaftliche Versorgung Pflegebedürftiger als Sachleistung (§ 36) oder Pflegegeld (§ 37).
Lit. Bauer-Söllner: Hauswirtschaftliche Dienste; Blosser-Reisen: Haushaltsführung; Deutsche Gesellschaft für Hauswirtschaft: Qualitätsmerkmale; Diakonisches Werk Württemberg: Standards.
Brigitte Bauer-Söllner

Hebephrenie → Schizophrenie

Heilerziehung → Heilpädagogik

Heilerziehungspfleger/-in Für die Erziehung, Bildung, Pflege und Behandlung geistig Behinderter und → Mehrfachbehinderter (→ Heilpädagogik) werden in der Bundesrepublik Deutschland seit 1956 Fachkräfte mit der Berufsbezeichnung H. bzw. Heilerzieher/-in (in Hamburg) ausgebildet. 1995 bestanden ca. 60 Fachschulen für H., die in zwei- bis dreijähriger, z.T. berufsbegleitender Ausbildung und einem anschließenden Anerkennungsjahr zum Ausbildungsabschluß führen. Zugangsvoraussetzung für die Ausbildung ist in einigen Bundesländern eine abgeschlossene Berufsausbildung, in anderen Bundesländern zusätzlich oder statt dessen ein mittlerer Bildungsabschluß (→ Bildung/Bildungswesen). In einigen Bundesländern ist außerdem eine einjährige Ausbildung zum Heilerziehungshelfer möglich. Dieser Ausbildungsgang erfordert geringere Zugangsvoraussetzungen.

H. bzw. Heilerzieher arbeiten in Wohngruppen, Heimen und Anstalten für → Behinderte und Mehrfachbehinderte, in → Werkstätten für Behinderte, in vorschulischen Einrichtungen für Behinderte, z. T. auch bei chronisch → psychisch Kranken oder in ambulanten Einrichtungen für Behinderte (→ Rehabilitation). Tätigkeitsfelder und Funktionen der H. lassen sich nicht eindeutig von denen der → Erzieher, Heilpädagogen und Sozialpädagogen (→ Sozialarbeiter/-innen und Sozialpädagogen/Sozialpädagoginnen abgrenzen (→ Soziale Berufe). Oft arbeiten diese unterschiedlichen Professionen (→ Professionalisierung) in gemeinsamer Verantwortung für eine Behindertengruppe zusammen (→ Teamarbeit).

1984 haben sich die H. auf Bundesebene zum Berufsverband der Heilerziehungspfleger und Heilerziehungshelfer (HEP) zusammengeschlossen. Trotz großer Anstrengungen ist es bis heute nicht gelungen, den H. in den → Tarifvertrag für Angestellte im Sozial- und Erziehungsdienst mit aufzunehmen. Lediglich die Verbände der → freien Wohlfahrtspflege haben die H. in ihre Tarifwerke aufgenommen.

Lit. Bach, H.: Ausbildung; Berufsverband der Heilerziehungspfleger und Heilerziehungshelfer: Berufsbild; Bundesvereinigung Lebenshilfe für geistig Behinderte e. V.: Grundsatzprogramm; Huber, N.: Heilerzieher; Schlaich, L.: Heilerziehungspfleger. *Klaus-Rainer Martin*

Heilmittel Zu den Leistungen der → Krankenkasse, die der Versicherte bei → Krankheit beanspruchen kann, gehören auch H. (§§ 23 Abs. 1 und 32 SGB V; → Sozialgesetzbuch [SGB]). Es handelt sich dabei um → Dienstleistungen, insbes. Leistungen der physikalischen Therapie, der → Sprachtherapie oder der Beschäftigungstherapie, die von – zugelassenen – Leistungserbringern, in aller Regel nichtärztlichen Therapeuten, erbracht werden und zur Vorbeugung, Beseitigung oder Linderung einer Krankheit und deren Auswirkungen – im Gegensatz zu den → Arzneimitteln – von außen auf den Körper einwirken (vgl. BSG, Urt. vom 24. 6. 1971, in USK 71132). Nicht zu den H. gehören sächliche Mittel, die ggf. im selben Anwendungsbereich eingesetzt werden; sächliche Mittel sind → Hilfsmittel.

H. bedürfen der ärztlichen Verordnung. Sie werden von den Krankenkassen grundsätzlich als → Sachleistung zur Verfügung gestellt. Versicherte, die das 18. Lebensjahr vollendet haben, haben von den Kosten der H. eine Zuzahlung von 10 v. H. der Kosten an die abgebende Stelle zu leisten. Dies gilt auch für H., die vom Arzt selbst oder von einem → Krankenhaus oder im Rahmen einer ambulanten Rehabilitationsmaßnahme abgegeben werden.

Durch Rechtsverordnung kann das BMG (→ Bundesministerium für Gesundheit [BMG]) mit Zustimmung des Bundesrates H. von geringem oder umstrittenen therapeutischen Nutzen oder geringem Abgabepreis von der Leistungspflicht der Krankenkassen ausschließen (§ 34 Abs. 4 SGB V); von dieser Möglichkeit des Leistungsausschlusses für bestimmte H. hat der BMG noch keinen Gebrauch gemacht. Die Verordnung von H. ist jedoch ausgeschlossen, wenn sie in folgenden Anwendungsgebieten Verwendung finden sollen: Zur Anwendung bei Erkältungskrankheiten und grippalen Infekten, als Mund- und Rachentherapeutika (ausgenommen bei Pilzinfektionen), Abführmittel und als Ersatz für Arzneimittel gegen Reisekrankheit (§ 34 Abs. 5 i. V. m. Abs. 1 SGB V).

Die vom Versicherten zu tragende Kostenbeteiligung in Höhe von 10 v. H. übernimmt die Krankenkasse ganz oder teilweise, wenn der Versicherte durch die Kostentragung unzumutbar belastet wird oder eine finanzielle Überforderung vorliegt. Maßgebend hierfür sind die individuellen finanziellen Verhältnisse oder der Bezug bestimmter laufender Sozialleistungen (vgl. §§ 61 und 62 SGB V).

Lit. Krauskopf: SozKV (Komm.) § 32 SGB V. *Ernst Picard*

Heilpädagoge Als H. bezeichnen sich die Angehörigen jener Berufsgruppe, die für eine pädagogisch-therapeutische Tätigkeit bei solchen Kindern, Jugendlichen und Erwachsenen qualifiziert sind, welche durch körperliche Schädigung und soziale Beeinträchtigung in ihren Bewegungs-, Sinnes-, Sprech- oder Intelligenzfunktionen behindert bzw. von Behinderung bedroht sind, zu → Verhaltensauffälligkeiten oder zu Lern- und Leistungsversagen neigen (→ Heilpädagogik, → Sonderpädagogik). Während die besonders für den Unterricht mit → Behinderten und Verhaltensgestörten Ausgebildeten Sonderschullehrer (→ Sonderschule) sind, arbeiten H. nach einer entsprechenden → Ausbildung/→ Zusatzausbildung in Heimen, Beratungsstellen, Tageseinrichtungen, Kliniken wie auch in freier Praxis.

Vor 1963 mußte die Befähigung für eine außerschulische heilpädagogische Tätigkeit an einem Institut in der Schweiz erworben werden, während es bis dahin in der Bundesrepublik Deutschland nur die Zusatzausbil-

Heilpädagogik

dung zum Sonderschullehrer gab. Von 1963 an wurden heilpädagogische Ausbildungsstätten mit unterschiedlichen Schwerpunkten gegründet, an denen eine heilpädagogische Zusatzqualifikation angeboten wurde. Heute stellt sich das Ausbildungsprofil zum Heilpädagogen sehr heterogen dar. An Universitäten und pädagogischen Hochschulen, an denen zum Sonderschullehrer ausgebildet wird. kann ein Diplom mit dem Schwerpunkt Heil- und Sonderpädagogik erworben werden. Im Rahmen der Fachhochschulausbildung zum Sozialpädagogen und der Ausbildung an Berufsakademien wird dieser Schwerpunkt ebenfalls angeboten. Einige Fachhochschulen ermöglichen die Ausbildung zum staatlich anerkannten Diplom-Heilpädagogen. Für staatlich anerkannte → Erzieher, Sozialpädagogen und → Sozialarbeiter existiert zudem die Möglichkeit, im Rahmen von Weiterbildungsangeboten an heilpädagogisch orientierten Fachschulen eine Zusatzqualifikation in Heilpädagogik zu erwerben.

Für diese unterschiedlich qualifizierten Berufsgruppen mit dem Schwerpunkt Heilpädagogik bietet der → Deutsche Berufsverband der SozialarbeiterInnen, SozialpädagogInnen und HeilpädagogInnen (DBSH) e.V. ein Forum, sich berufspolitisch zu organisieren.

Aloys Leber/Manfred Gerspach

Heilpädagogik befaßt sich als Wissenschaft wie als Praxis mit Kindern, Jugendlichen und Erwachsenen, die infolge biologisch bedingter Schädigung und/oder durch soziale Verhältnisse und Einflüsse in ihrer körperlichen, seelischen und geistigen Entwicklung so beeinträchtigt wurden, daß sie als → Behinderte, Verhaltensgestörte (→ Verhaltensauffälligkeit) den gesellschaftlichen Anforderungen hinsichtlich Leistung und → Anpassung schon von der frühen Kindheit an nicht oder nur begrenzt gewachsen erscheinen und in Gefahr geraten, von anderen Personen oder von Institutionen auf Dauer abhängig zu bleiben oder ausgenutzt zu werden. Es wird erforscht, wie Angehörige dieser Zielgruppen als vollwertige Mitglieder in das gesellschaftliche Leben einbezogen werden, wie sie zu der ihnen möglichen Selbständigkeit (→ Individuation), Entfaltung und Lebensgestaltung gelangen können. In der heilpädagogischen Praxis wird das auf der Grundlage wissenschaftlicher Erkenntnisse zu realisieren versucht. Bei der Einschätzung einer Störung oder Behinderung ist deren soziologischer Stellenwert im Kontext einer gesellschaftlichen → Stigmatisierung zu beachten wie auch ihre subjektive Bedeutung vor dem Hintergrund problematisch erlebter früher Sozialisationserfahrungen zu verstehen. H. unterscheidet sich grundsätzlich von → Rehabilitation (→ Schulische Rehabilitation), bei der es mehr um die funktionale Ertüchtigung und die beruflich-arbeitstechnische Eingliederung geht.

Als sich in den beiden ersten Jahrzehnten nach dem 2. Weltkrieg in der Bundesrepublik Deutschland jene Pädagogik, die sich mit Behinderten und von Behinderung Bedrohten befaßt, wissenschaftlich zu etablieren begann, nahm man einerseits noch an, daß Behinderung weitgehend biologisch festgelegt sei, so daß es im kausaltherapeutischen Sinne nichts zu heilen gäbe, während man andererseits bestrebt war, sich aus der Bevormundung durch die Medizin zu lösen. Das mußte sich auch in der Bezeichnung für Wissenschaft und Praxis manifestieren, zumal von Ärzten das Wort H. mehr im i. S. angewandter → Kinder- und Jugendpsychiatrie gebraucht wurde (Asperger, Meinertz). So wurde »H.« durch → »Sonderpädagogik« oder »Behindertenpädagogik« abgelöst, um damit auf die spezielle Zielsetzung zu verweisen. Je mehr man aber die psychoanalytischen (→ Psychoanalyse) und sozialwissenschaftlichen Einsichten zur Kenntnis nimmt, daß die festgestellte Behinderung oft lediglich Symptom eines durch ungünstige Verhältnisse und belastende Lebensbedingungen erworbenen Leidens ist (→ Frustration, → Hospitalismus, → Overprotection, → Streß) und biologische Normabweichungen unter den ungemäßen Reaktionen, → Vorurteilen, Zuschreibungen, → Diskriminierungen in der Gesellschaft erst zu den eigentlich qualvollen, isolierenden und beschämenden Erfahrungen von Behinderung führen, desto sinnvoller erscheint es, auf das Wort H. zurückzukommen; denn es geht um die Abwendung jenes vermittelten Leidens und seiner Folgen durch Einflußnahme auf Sozialisationsbedingungen (→ Sozialisation) und Bildungsverhältnisse um die unmittelbare Unterstützung des jeweils betroffenen und gefährdeten Subjekts wie seiner Bezugspersonen (→ Bezugsgruppe/Bezugsperson) bei der Überwindung der psycho-sozialen Schwierigkeiten über einen »fördernden → Dialog« (→ Kinder- und Jugendlichen-Psychotherapie, analytische). In Verbindung damit können auch Verfahren angewandt werden, die zu einer funktionalen Ertüchtigung, zur Korrektur oder Kompensation von Behinderung beitragen.

Vielfach orientieren sich heilpädagogische Förderkonzepte noch immer an scheinbar unmittelbar verlangten handlungsbezogenen Erfordernissen, während das dialogische Paradigma (→ Dialogisches Prinzip) dem Verstehen latenter Bedeutungszusammenhänge einer Behinderung auf der Basis gemeinsamer Interaktionsprozesse den Vorzug gibt. Diese Sichtweise wendet sich anstelle isoliert betriebener Sonderpädagogik verstärkt der gemeinsamen Erziehung behinderter und nichtbehinderter Kinder zu (→ Integrative Erziehung, → Schulische Integration).

In der Schweiz hatte man den Begriff H. nicht ersetzt. Da in den 50er und Anfang der 60er Jahre dieses Jahrhunderts Theorie, Ausbildung und Praxis der Schweizer H. großen Einfluß auf Etablierung und → Professionalisierung der außerschulischen Arbeit mit jener Klientel in der Bundesrepublik Deutschland hatte, wurde in diesem Bereich die alte Bezeichnung H. – wie auch → Heilpädagoge – bis heute weitgehend beibehalten.

Lit. Dupuis u. a.: Enzyklopädie; Gerspach: Einführung; Gröschke: Praxiskonzepte; Iben: Heilpädagogik; Kobi: Grundfragen; Leber: Heilpädagogik (1980); Leber: Heilpädagogik (1984); Müller, M.: Heilpädagogik. *Aloys Leber/Manfred Gerspach*

Heilpädagogische Einrichtungen (→ Heilpädagogik) – zunehmend als sonderpädagogische E. (→ Sonderpädagogik) bezeichnet – sind alle Institutionen, die der pädagogischen Förderung behinderter, gestörter oder gefährdeter Kinder, Jugendlicher und Erwachsener dienen. Es lassen sich drei Arten unterscheiden: a) E. der Sondererziehung für → Behinderte, d. h. für Personen mit umfänglichen und schweren und längerfristigen Beeinträchtigungen: Sonderpädagogische Beratungsstellen (→ Frühförderung Behinderter) für ambulante, stationäre und Hausberatung (zur Ergänzung der funktionalen Beratung durch die folgenden Institutionen), → Sonderkindergärten, Sonderkindertagesstätten und → Sonderschulen für die verschiedenen Behinderungsformen (→ Schulische Rehabilitation), Berufsbildungseinrichtungen besonderer Art (→ Berufsbildungswerke u. a.; → Berufliche Rehabilitation), besondere E. der Erwachsenenbildung, Wohnstätten (→ Behindertengerechte Wohnung, → Wohngemeinschaften für Behinderte und psychisch Kranke), einschließlich der Anstalten für Behinderte, → Werkstätten für Behinderte. Für → Mehrfachbehinderte sind im Rahmen dieser E. z. T. besondere Züge vorgesehen. E. der Sondererziehung bedürfen grundsätzlich einer engen Verbindung mit Regeleinrichtungen und Umfeld, um außerhalb des speziellen Maßnahmenbereiches die sozialerzieherisch-integrativ bedeutsamen Kontakte zwischen Behinderten und Nichtbehinderten zu fördern. b) E. der Fördererziehung für Personen mit Störungen, d. h. mit partiellen oder weniger schweren oder kurzfristigen Beeinträchtigungen: funktionale, d. h. einrichtungsinterne und institutionelle → Erziehungsberatung der Betroffenen bzw. ihrer Angehörigen – ggf. spezialisiert auf bestimmte Störungsformen, Differenzierung und Individualisierung der Erziehungsarbeit in Gruppen/Klassen nach Zielen und Methoden gemäß den vorhandenen Störungen, Förderstunden bzw. gruppenübergreifende Förderkurse sowie Einzelförderung gemäß der vorliegenden Beeinträchtigung, Förderheime (Sprachheilheime, psychotherapeutisch oder nach anderen Methoden arbeitende Heime für bestimmte Störungen), heilpädagogische Abteilungen in Kliniken. E. bzw. Maßnahmen der Fördererziehung sind durch ihre weitgehende Eingliederung in regelhafte Erziehungsbezüge gekennzeichnet und wegen dieses sozialpsychologischen Vorteils, wenn irgend vertretbar, gegenüber E. der Sondererziehung zu bevorzugen. c) E. der Vorsorgeerziehung – auch als sozialpädagogische E. bezeichnet – für Personen mit Gefährdungen in der Form somatischer, ökonomischer, sozialer oder kultureller Benachteiligungen: Erziehungs-, Mütter-, Elternberatungsstellen, → Kindertageseinrichtungen, → Krippen, → Kindergärten, → Säuglings-, Kinder-, Jugendheime, → Horte, → Erziehungsheime, Erholungsheime, Wohnheime, → Kinder- und Jugenddörfer; Freizeitstätten, → Spiel- und Sportplätze, Jugendklubs, Häuser der offenen Tür (→ Jugendfreizeitstätten), → Jugendherbergen, Kinder- und Jugendbibliotheken, Jugendgruppen, → Jugendgemeinschaftswerke; Schulgesundheitspflege; soziale Gruppenarbeit (→ Gruppenarbeit, soziale), → Erziehungsbeistand, → Betreuungshelfer, → Pflegestellen (→ Heilpädagogische Pflegestelle), → Pflegenester, → Vormundschaft, Vollzeitpflege, → Heimerziehung, Adoption (→ Annahme als Kind). Sonderpädagogische (heilpädagogische) E. sind nicht auf den schulischen Bereich oder auf die Obsorge für Kinder und Jugendliche beschränkt; sie sind verzahnt und z. T. identisch mit sog. sozialpädagogischen E. Z. T. dienen sie nicht ausschließlich sonderpädagogischen, sondern auch anderweitigen oder übergreifenden Zwecken, weswegen sie gelegentlich unter anderen Benennungen firmieren.

Lit. Bach, H.: Sonderpädagogik; Küchenhoff: Jugendhilfe; Meinertz u. a.: Heilpädagogik; Mollenhauer: Jugendhilfe. *Heinz Bach*

Heilpädagogische Pflegestelle Angebot für Minderjährige, die erhebliche leibliche, geistige oder seelische Entwicklungsschäden oder -rückstände haben und/oder wesentlich auf Dauer körperlich, geistig oder seelisch behindert sind. Die Kinder sollen eine konstante und sichere emotionale → Erziehung erfahren, welche die h. P. gewährleistet, indem sie ein möglichst »normales« familiäres Umfeld bietet, das aber zugleich befähigt ist, auch mit außergewöhnlichen Belastungen fertig zu werden. Das KJHG (SGB VIII) verpflichtet die → Jugendämter dazu, die Angebote im → Pflegekinderbereich zu intensivieren und laut § 33, Satz 2 »für besonders entwicklungsbeeinträchtigte Kinder und Jugendliche die geeignete Form der Familienpflege« zu schaffen und auszubauen. H. P. wer-

Heilsarmee

den seit den sechziger Jahren angeboten und wurden als Konzept erst in Bremen entwickelt (Bremer Modell).
Die Vermittlung in eine h. P. erfolgt gewöhnlich auf der Grundlage einer differenzierten sozialpädagogischen Stellungnahme im Rahmen eines → Hilfeplanes. Vermittelt werden Kinder, die einer heilpädagogisch ausgerichteten Erziehung und gleichzeitig eines familiären Umfeldes bedürfen. Die hierbei entstehenden Schwierigkeiten hängen vom Alter bei der Vermittlung, der Häufigkeit der bisherigen → Fremdunterbringung und dem Bezugspersonenwechsel ab. Die Minderjährigen haben vielfach zu lange in unzureichenden und schwierigen Verhältnissen in der → Herkunftsfamilie gelebt und/oder haben einen überdurchschnittlich langen Heimaufenthalt hinter sich. Deswegen ist das Vermittlungsalter vielfach höher als bei Kindern, die in allgemeine Dauerpflegestellen vermittelt werden.
→ Pflegefamilien/-personen müssen Fähigkeiten und Kenntnisse aufweisen, die den besonderen Problemen der anzunehmenden Minderjährigen entsprechen. Besonders wichtig sind Fähigkeiten und Kenntnisse auf pädagogischen erzieherischen, psychologischen, therapeutischen und pflegerischen Gebieten. Als Qualifikation gilt eine Ausbildung nach diesen Inhalten und praktische Erfahrung im Umgang mit entsprechenden Minderjährigen, und zwar mit fremden oder mit eigenen Kindern. In begründeten Ausnahmefällen reicht auch eine Ausbildung oder praktische Erfahrung allein aus. Die Pflegefamilien/-personen müssen in der Lage sein, ein »Klima« im Sinne heilpädagogischer Arbeit herzustellen, heilpädagogische Arbeit durch andere Fachkräfte stützend und ergänzend erfolgreich zu begleiten oder selbst durchzuführen. Daneben sind persönliche Eigenschaften wie hohe Belastbarkeit und die Bereitschaft zur Selbstreflexion besonders gefordert. Dies wird durch fachliche Beratung und/oder → Supervision unterstützt. Für h. Pflegeeltern sind neben persönlichen häufig berufliche Beweggründe typisch. Sie verzichten auf eine Berufstätigkeit und/oder sehen eine Ersatz-Berufstätigkeit in der Pflegeelternrolle.
Für die besonderen Belastungen und Bedarfe, die mit den erhöhten Anforderungen an die h. P. verbunden sind, werden ein erhöhtes Pflegegeld und ein wesentlich höherer Erziehungsbeitrag gezahlt als bei einem »normalen« Pflegeverhältnis (erhöhter pädagogischer Aufwand). Die Jugendämter sind gefordert, die Eignung von h. P. festzustellen. Die besonderen Schwierigkeiten dieser Form der Erziehungshilfe bedürfen einer entsprechend hohen Sensibilität und Sorgfalt bei der Gestaltung des Hilfeplanverfahrens. Dabei geht es um die geforderte Transparenz des Erziehungsgeschehens und um den Schutz der Intimität und Privatheit der Familie.
Lit. Müller-Schlotmann: Fremdunterbringung; Niederberger u.a.: Fremderziehung; Salgo: Pflegekindschaft und Recht.
Sabine Hebenstreit-Müller

Heilsarmee Die H. ist eine internationale Bewegung und Teil der universalen christlichen Kirche. Ihre Botschaft gründet sich auf die Bibel. Ihr Dienst ist motiviert von der Liebe zu Gott. Ihr Auftrag ist es, das Evangelium von Jesus Christus zu predigen und menschlicher Not ohne Ansehen der Person zu begegnen. Ihr Ziel ist die → Fürsorge für die Menschen. Sie will eine Veränderung des Lebens durch geistliche Erneuerung bewirken. Sie hilft bei der Umgestaltung der Gesellschaft mit, indem sie → Armut und Elend mindert und Ungerechtigkeit und Unterdrückung entgegentritt. Die H. in Deutschland ist eine Religionsgemeinschaft des öffentlichen Rechts. Sie unterhält (1996) 46 Korps (= Gemeinden) sowie 48 soziale → Einrichtungen, die sich überwiegend in den deutschen Großstädten befinden. Die → Sozialarbeit umfaßt u. a. die Bereiche der → Altenhilfe, Nichtseßhaftenbetreuung (→ Nichtseßhaftenhilfe), Gefangenenfürsorge, Suchtkrankenhilfe, Suchdienst und Hilfe für Aus- und Übersiedler. Hinzu kommen vor allem im örtlichen Bereich eines Korps → Beratung und Betreuung sozial schwacher Familien und Einzelpersonen, Kleider- und Essensausgaben u.a.m. Zu den Hilfeangeboten gehören auch seelsorgerliche Gespräche, soziale Beratung, persönliche Betreuung, materielle und finanzielle Hilfe. Die H. ist Mitglied im → Diakonischen Werk der Evangelischen Kirche in Deutschland (DW), der Vereinigung Evangelischer Freikirchen (VEF), der Arbeitsgemeinschaft christlicher Kirchen (ACK). Sie arbeitet in der Deutschen Evangelischen Allianz (DEA), im Deutschen Zweig der Lausanner Bewegung und im Weltgebetstag der Frauen (WGT) mit und ist Mitglied der Deutschen Bibelgesellschaft (DB). Außerdem ist die H. eine der größten internationalen Abstinenzbewegungen in bezug auf Alkohol, Nikotin und → Drogen.
Anschrift: Die Heilsarmee in Deutschland, Nationales Hauptquartier, Salierring 23–27, 50677 Köln, Tel. 02 21-20 81 90, Fax 02 21-2 08 19 51. *Johanna Alisch*

Heim → Anstalt, → Einrichtungen

Heimatprinzip Heute überwundene Bindung der Armenunterstützung an die Heimat des Hilfebedürftigen, meist mit seinem Geburtsort identisch. Das H. entwickelte sich im 16. Jahrhundert aus der Verpflichtung der Gemeinden zur Unterstützung »ihrer« Armen. Es beruht auf dem Grundgedanken, daß der Gemeindeangehörige durch wirtschaftliche Tätigkeit seiner Heimat nützlich sei, wofür er als Gegenleistung bei Alter, Krankheit oder sonstiger Hilflosigkeit auf die Hilfe der Gemeinde rechnen dürfe. Heimat sicherte lebenslanges Aufenthaltsrecht, Armenpflege im Bedarfsfalle und die letzte Ruhestätte zu. Das Heimatrecht wurde erworben durch Geburt, durch Verheiratung oder durch die Aufnahme in eine Gemeinde. Da mit ihm erhebliche rechtliche Vorteile verbunden waren, lag es nahe, seinen Erwerb an strenge Voraussetzungen zu knüpfen und diese Rechte dem »Fremden« zu verweigern. Verloren ging das Heimatrecht bei Erwerb einer anderen → Staatsangehörigkeit oder eines anderen Heimatrechts, nicht durch bloßen Wegzug. Der zunehmenden Mobilität entsprechend, hat u. a. Preußen das Heimatrecht weiterentwickelt. Das → Freizügigkeitsgesetz gestattete jedem Preußen, sich dort aufzuhalten, wo er Unterkommen fand. Wer sich als Volljähriger drei Jahre lang an einem Ort aufgehalten hatte, mußte im Falle späterer Verarmung dort unterstützt werden. Diese preußische Weiterentwicklung des H. wurde vom Norddeutschen Bund und später schrittweise vom Deutschen Reich übernommen. In Bayern behielt das alte H. bis 1919 Gültigkeit. Das H. wurde abgelöst durch den »Unterstützungswohnsitz« (→ Unterstützungswohnsitzgesetz) und durch den »gewöhnlichen → Aufenthalt«, die der modernen Gesellschaft eher entsprechen (→ Fürsorge/Geschichte der Fürsorge). Reste des H. finden sich heute noch in den §§ 108 BSHG: »Kostenerstattung bei Übertritt aus dem Ausland« und 119 BSHG: »Sozialhilfe für Deutsche im Ausland«, die auf den überörtlichen Träger der Sozialhilfe verweisen, in dessen Bereich der Hilfesuchende geboren ist (→ Sozialhilfeträger).

Inge Helfer

Heimaufsicht Für die Durchführung des Heimgesetzes ist die jeweilige H. zuständig. Die Länder haben jeweils zuständige Behörden bestimmt. Die Zuständigkeiten fallen äußerst unterschiedlich aus, in NRW sind es die Kreise im Rahmen ihrer → Selbstverwaltung, in Hessen die → Versorgungsämter, ansonsten oftmals die Kreise als untere Verwaltungsbehörde.
Als Instrumente stehen den Heimaufsichtsbehörden sowohl Formen »weicher Steuerung« als auch ordnungsbehördliche Mittel zu Gebote. Das → Heimgesetz ist zuvörderst ein Qualitätssicherungs- sowie Heimförderungs- und -beratungsgesetz. Auf Antrag oder bei festgestellten Mängeln haben die zuständigen Behörden die Heimträger zu beraten. Wesentliches Instrument der präventiven Kontrolle sind die Überwachungsbefugnisse der Nachschau und Auskunft (§ 9). Die H. kann auch unangemeldet Heimbegehungen durchführen, an denen ggf. die Spitzenverbände der Heimträger zu beteiligen sind.

Die zuständigen Behörden sind auch zur Mitberatung an der bedarfsgerechten Planung in den → Arbeitsgemeinschaften nach § 95 → Bundessozialhilfegesetz (BSHG) berufen und sollen Heimbewohner oder andere Interessierte informieren. Beschwerden haben sie nachzugehen. Als ordnungsbehördliche Instrumente stehen ihnen zur Verfügung: Auflagen und Anordnungen, Beschäftigungsverbot, Schließungen (Erlaubniswiderruf/-rücknahme oder -untersagung). Tatsächlich kommen informellen Handlungsformen wie Öffentlichkeitsarbeit, Entwicklung von Standards, Beratung, Information, Abstimmung mit anderen Fachbehörden große Bedeutung zu.
Die Aufgabenwahrnehmung der H. ist vielfach problembehaftet. Andererseits hat sie neben der Verhinderung und Behebung von Mißständen wichtige Aufgaben der Qualitätssicherung und Standardentwicklung. Angesichts des Nebeneinanders unterschiedlicher → Qualitätsstandards der Qualitätssicherungsbehörden (MDK für die Pflegekassen, Brandnachschau, Unfallversicherung etc.) hat die H. Koordinations- und Abstimmungsaufgaben wahrzunehmen. Funktionen der hoheitlich verantwortlichen → Qualitätssicherung gewinnen in Zeiten der Marktöffnung für soziale Dienste und Einrichtungen an Bedeutung.
Zur »Heimaufsicht« nach dem KJHG siehe → Betriebserlaubnis, → Pflegekinderwesen.

Lit. DV: Heimaufsicht; Harris u. a.: Heime; Klie: Heimaufsicht; Klie u. a.: Heimaufsicht.

Thomas Klie

Heimaufsicht in der Jugendhilfe → Betriebserlaubnis, → Pflegekinderschutz

Heimbeirat Nach der Heim-Mitwirkungs-Verordnung (HeimMitwirkungsV) vom 19. 7. 1976 (BGBl. I S. 1819) vorgeschriebenes Organ zur Mitwirkung der Heimbewohner in → Einrichtungen, die unter das → Heimgesetz (HeimG) fallen; das sind Heime für alte Menschen sowie Heime für Volljährige, die pflegebedürftig → (Altenpflegeheim) oder behindert → (Behindertenwohnheim) sind (§ 1 HeimG), sofern sie i. d. R. mindestens 6 Personen nicht nur vorübergehend aufnehmen. Der H. besteht aus 1 bis 9 von den Heimbewohnern gewählten Mitgliedern. Er soll dazu dienliche Maßnahmen beantragen, Anregungen und Beschwerden entgegennehmen und auf ihre Erledigung hinwirken, die Eingliederung in die Einrichtung fördern, den jeweils nächsten Wahlausschuß bestellen und Tätigkeitsberichte erstatten, vor allem aber bei Entscheidungen in bestimmten Angelegenheiten mitwirken.
Mitwirkung bedeutet dabei die Übermittlung von Anregungen bei der Vorbereitung von Entscheidungen und die Erörterung von Entscheidungen vor ihrer Durchführung mit

dem Leiter oder Träger. Sie soll von dem Bemühen um gegenseitiges Vertrauen und Verständnis getragen sein. Der H. wirkt u. a. bei Entscheidungen über die Heimordnung, die Heimkostensätze (→ Pflegesatz) sowie die Freizeitgestaltung, Betreuung, Pflege und Verpflegung mit → (Partizipation). Die Selbständigkeit der Träger bei der Erfüllung ihrer Aufgaben wird nicht berührt (keine Mitbestimmung). Träger und Leiter der Einrichtung sowie die für die → Heimaufsicht zuständige Behörde haben zur Verwirklichung der Mitwirkung durch den H. bestimmte Pflichten.

Mit § 5 HeimG (Rechtsgrundlage der Heim-MitwirkungsV) wollte der Gesetzgeber über den H. den Bewohnern das Recht einräumen, »selbst an der Gestaltung des Heimlebens teilzunehmen«, und ihnen das Gefühl nehmen, »nur noch betreut und verwaltet zu werden«. Für die Zeit, in der ein H. nicht gebildet werden kann, werden seine Aufgaben durch einen → Heimfürsprecher wahrgenommen (§ 5 Abs. 2 HeimG).

Lit. Berger, V.: HeimG; Bundesregierung: Mitwirkungsregelung; Gößling: Heim-Mitwirkungs-Verordnung. *Siegfried Gößling*

Heimerziehung als ein Angebot der → Hilfen zur Erziehung (HzE) nach (§§ 27 bis 34 → Kinder- und Jugendhilfegesetz (KJHG – SGB VIII) im Rahmen der → Jugendhilfe will Kindern und Jugendlichen, die in Folge individueller, sozialer und gesellschaftlicher Problemlagen in ihren → Herkunftsfamilien überfordert oder gefährdet erscheinen, vorübergehend einen neuen, pädagogisch gestalteten und professionell strukturierten Lebensort zum kompensierenden Lernen mit folgenden Zielsetzungen bieten: »(1) Distanz und Entlastung von Beziehungen und Aufgaben, in und an denen Heranwachsende gescheitert sind, (2) einen für die spezifische Belastbarkeit und Bedürfnislage des einzelnen eingerichteten Lebensraum und ggf. zusätzliche therapeutische Hilfen, (3) stabile affektive Beziehungen im Umgang mit Erwachsenen, die als Professionelle besonderer Belastung gewachsen sind, und (4) Lernfelder, die attraktiv sind und zugleich für die nicht mehr entlastete Zukunft außerhalb des Heimes lohnende Perspektiven eröffnen« (Thiersch, S. 76).

Die Diskrepanz zwischen dem hohen pädagogischen Anspruch der H. und ihrer Wirklichkeit bildet immer wieder den zentralen Ansatzpunkt zu ihrer Kritik: Kinder und Jugendliche können durch die Heimunterbringung aus ihrem vertrauten → sozialen Umfeld gerissen und damit mannigfacher Bindungen beraubt werden. Demgegenüber sind die sozialen Bezüge im Heim zu oft geprägt von einem hohen Maß an Anonymität, Diskontinuität der Beziehungen und Strukturen totaler Versorgung, die zu weiterer Schädigung (→ Hospitalismus) führt. Dazu kommt, daß Heime immer noch oft regional und sozial isoliert sind und von der Bevölkerung als Fremdkörper gemieden werden (→ Stigmatisierung). Eine Belegungspraxis der → Jugendämter (JÄ), die zu oft reibungslosen administrativen Vollzügen den Vorrang gibt und pädagogische Krisen nicht selten mit Abschiebung und Verlegungen beantwortet, baut damit ein verhängnisvolles System vertikaler Heimdifferenzierung auf, an dessen Ende die H. als »letzte Station« und die geschlossene Unterbringung als letzter Versuch vor dem → Strafvollzug stehen (Wolffersdorff u. a.). Zur Vermeidung dieser Disfunktionen wird der Ausbau der → familienunterstützenden (finanziellen und persönlichen) Hilfen, der Beratungs- und Bildungsangebote für Eltern und Kinder und die Umwandlung der großen unüberschaubaren Anstalten in kleinere, selbständige Einheiten, wie autonome Wohngruppen innerhalb und außerhalb (Außenwohngruppen) des Heimes oder → Kinderhäuser, Kleinstheime und → Wohngemeinschaften für Jugendliche angestrebt. Die Entwicklung eines Verbundsystems von Erziehungshilfen (z. B. ambulante Hilfen, → Beratung, teilstationäre Hilfen, wie → Horte und Tagesheime, langfristige Hilfen, wie qualifizierte → Pflegestellen, kleine Heime, mobile Betreuung, Formen → intensiver sozialpädagogischer Einzelbetreuung [§ 35 KJHG]) sollen gewährleisten, daß im Einzelfall die erforderlichen sozialpädagogischen Maßnahmen differenziert und flexibel eingesetzt werden können, um somit ein hohes Maß an persönlicher Entwicklung und sozialer Integration zu ermöglichen (→ Jugendhilfestationen). Eine positive Orientierung an der tatsächlichen → Lebenswelt von Kindern, Jugendlichen und Familien, d. h. an Nachbarschaft, sozial-kulturellem Milieu, an vertrauten Lebensorten und gewählter Lebensweise soll vor neuerlicher Entwurzelung ebenso schützen wie vor professioneller Überfrachtung.

In diesem Sinne hat sich H. in den letzten Jahren durch enorme personelle und sachliche Investitionen bereits vielfach zu einer qualifizierten und gleichwertigen Erziehungshilfe, zu einem für Kinder und Jugendliche durchaus »lohnenden Lebensort« entwickeln können.

Neben die z. T. immer noch zutreffenden Probleme der mangelnden Kontinuität und Überschaubarkeit des Lebens- und Erziehungsortes H. (s. o.) treten in letzter Zeit neue, vor allem durch finanzielle Vorbehalte gegenüber der »teuren« Erziehungshilfe H. ausgelöste Schwierigkeiten: Eine Belegung der Einrichtungen ausschließlich nach Kostengesichtspunkten, mangelnde öffentliche Planung sowie die belastenden Arbeitsbedingungen der Mitarbeiterinnen und Mitarbeiter haben erhebliche negative Auswirkungen auf die pädagogische Arbeit und

verhindern eine qualifizierte und bedarfsgerechte Weiterentwicklung der H. Somit gerät H. wieder in Gefahr, vielfach nur noch eine »letzte Aufbewahrungsstätte« sein zu können – ein verhängnisvoller Zustand, der gerade überwunden schien.
Die Anzahl der in Heimen lebenden jungen Menschen war seit 1970 bis 1990 rückläufig: Einmal wegen des verstärkten Ausbaus der ambulanten und offenen Hilfen (z. B. → Erziehungsberatung, → Hort, Tagesgruppen, sozialpädagogische Familienhilfe [→ Familienhilfe, sozialpädagogische], → Kindergarten) und der Familienpflege sowie aus o. g. Kostengründen, darüber hinaus aufgrund absolut zurückgehender Kinderzahlen. Seit 1991 steigt die Anzahl der in Heimen lebenden jungen Menschen wieder, sowohl absolut als auch im Verhältnis zur gleichaltrigen Wohnbevölkerung.
1968 lebten in den Ländern der alten Bundesrepublik noch 95 400 Minderjährige in Heimen (67% aller außerhalb ihrer eigenen Familie im Rahmen der Jugendhilfe untergebrachten Kinder), 1989 waren es in Westdeutschland 41 600 (43,6%). 1991 in Gesamtdeutschland 68 200 (55%), 1994 80 100 (54%).
1994 gab es 2 160 Einrichtungen der Heimerziehung, 610 betreute Wohngruppen und sonstige Wohnformen, 95 Kinderdörfer, 140 Einrichtungen der → Inobhutnahme, 250 päd. betreute selbständige Wohngemeinschaften und 380 Einrichtungen für behinderte junge Menschen. Insgesamt arbeiteten in diesen Einrichtungen 70 000 Mitarbeiterinnen und Mitarbeiter.
Die Unterbringung in einem Heim erfolgt a) im Rahmen der HzE nach §§ 27 i. V. m. 34 KJHG; b) im Rahmen der → Eingliederungshilfe für Behinderte nach § 39 → Bundessozialhilfegesetz (BSHG) im Grenzbereich zur → Sozialhilfe in Verantwortung der überörtlichen Träger der Sozialhilfe (→ Sozialhilfeträger).
Lit. AFET: Heimerziehung; Bäuerle u. a.: Heimerziehung; Blandow u. a.: Erziehungshilfen; Blandow u. a.: Fremdplazierung; BMJFG: Jugendhilfe; Flosdorf: Erziehungshilfe; IGfH: Heimerziehung; Kupffer: Heimerziehung; Lambers: Heimerziehung; Müller-Schöll u. a.: Heimerziehung; Peters, F.: Anstalt; Rößler, J. u. a.: Familienprinzip; Thiersch: Heimerziehung; Wolf: Heimerziehung; Wolffersdorff u. a.: Unterbringung.
Franz-Jürgen Blumenberg/Christian Schrapper

Heimfürsprecher nimmt nach § 5 Abs. 2 → Heimgesetz (HeimG) i. d. F. vom 23. 4. 1990, (BGBl. I S. 763) die Aufgaben des → Heimbeirats wahr, wenn und solange ein Heimbeirat als das in der Heim-Mitwirkungs-Verordnung (HeimMitwirkungsV) vom 19. 7. 1976 (BGBl. I S. 1819) vorgeschriebene Organ zur Mitwirkung der Heimbewohner nicht gebildet werden kann.

Ist die Mitwirkung der Bewohner auf andere Weise bereits gewährleistet, kann die Bestellung eines H. unterbleiben.
Der H. wird im Benehmen mit der Heimleitung von der für die → Heimaufsicht zuständigen Behörde bestellt, wobei die Heimbewohner ein Vorschlagsrecht haben. Seine Tätigkeit ist unentgeltlich und ehrenamtlich. Nähere Vorschriften über die Bestellung des H. (in der neu zu fassenden HeimMitwirkungsV) stehen noch aus.
Siegfried Gößling

Heimgesetz (HeimG) Das HeimG von 1974, novelliert 1990 (BGBl. I S. 763; ber. 1069), geändert durch das PflegeVG 1994 (BGBl. I S. 1014, 1057), ist ein dem Gewerberecht entstammendes Schutzgesetz für Bewohner von Heimen und Bewerber für Heimplätze. Sein Anwendungsbereich ist auf Heime für alte Menschen sowie pflegebedürftige und behinderte Volljährige begrenzt. Es gilt nicht für Heime für Minderjährige (→ Heimaufsicht), Heime für Obdachlose (→ Obdachlosigkeit/Obdachlosenhilfe und asylsuchende Ausländer), Heime oder Heimteile, die nur der vorübergehenden Aufnahme und Betreuung dienen (etwa → Kurzzeitpflege, → Tagespflege; hier bestehen aber präventiv Kontrollrechte, ob sich die Gäste tatsächlich nur vorübergehend oder zeitweise in der Einrichtung aufhalten), sowie → Krankenhäuser und → Tageskliniken i. S. v. § 2 Krankenhausfinanzierungsgesetz, die explizit aus dem Anwendungsbereich herausgenommen wurden.
Das HeimG setzt keine Mindestgröße voraus, der Bestand muß jedoch vom Wechsel der Bewohner unabhängig sein. Die »Unterbringung« in Heimen muß mehr umfassen als Wohnungsüberlassung, d. h. zusätzlich Gewährung oder Vorhaltung von Verpflegung und Betreuung. Abgrenzungsprobleme bestehen zu Formen des → Betreuten Wohnens und zu → Wohngemeinschaften. Der Heimbegriff ist § 1 nicht deckungsgleich mit dem Einrichtungsbegriff des Sozialhilfe- und Pflegeversicherungsrechts (→ Einrichtungen) und reicht weiter. Das HeimG gilt für alle Heime, unabhängig von der Art ihrer Trägerschaft.
Zentraler Zweck des HeimG ist es, die Interessen und Bedürfnisse der Heimbewohner und -bewerber vor Beeinträchtigungen zu schützen, ihre Selbständigkeit und Selbstverantwortung zu wahren sowie darüber hinaus die Beratung in Heimangelegenheiten zu fördern. Diese allgemeinen Ziele werden in den zentralen Regelungen des HeimG aufgenommen und konkretisiert.
Die wichtigsten Regelungsbereiche:
a) Das HeimG sieht den Erlaß von Mindestanforderungen (Strukturstandards) in baulicher und personeller Hinsicht durch Verordnung vor.

aa) In baulicher Hinsicht sind die Mindestanforderungen jeweils bezogen auf Heimtypen in der HeimMindestBauVO geregelt.
bb) Die Heimpersonalverordnung enthält Qualifikationsanforderungen für die Leitung der Heime, sieht für betreuende Tätigkeiten ein Verhältnis von 50:50% Fachkräfte zu Hilfskräften vor und legt Fortbildungsobliegenheiten der Heimträger fest.
b) Die Heimträger sind verpflichtet, die gesundheitliche Betreuung und Pflege der Bewohner sicherzustellen.
c) Zwischen Heimbewerber und Heim ist ein → Heimvertrag abzuschließen, in dem die Leistungen sowie Rechte und Pflichten genau beschrieben werden müssen.
d) Die Mitwirkung der Heimbewohner ist in der HeimMitwirkungsVO geregelt, sie geschieht grundsätzlich durch → Heimbeiräte, ersatzweise durch → Heimfürsprecher. Auf diese Weise soll eine gewisse Demokratisierung der Heimverhältnisse erreicht werden.
e) Eine Erlaubnispflicht besteht für Einrichtungen, die nicht von einer → juristischen Person des öffentlichen Rechts oder einem Träger der → freien Wohlfahrtspflege unterhalten werden.
f) Eine Anzeigepflicht über die Betriebsaufnahme und wesentliche Änderungen besteht für alle Heimträger.
g) Buchführungspflichten können durch eine entsprechende VO aufgestellt werden.
h) Der Schutz vor finanzieller Übervorteilung der Heimbewohner ist wesentliches Anliegen des HeimG. In diesem Zusammenhang ist Heimträgern und Heimmitarbeitern die Annahme von Zuwendungen nicht geringwertiger Art grundsätzlich untersagt (Ausnahme bei Genehmigung durch die Heimaufsicht); es darf kein Mißverhältnis zwischen Entgelt und Leistung bestehen (angesichts fehlender Maßstäbe kaum überprüfbar); es müssen zum Zweck der Unterbringung gezahlte Entgelte (Einzahlungen, Baukostenzuschüsse) besonders gesichert werden (HeimSichVO).
Für die Durchführung des HeimG haben die Länder zuständige Behörden (→ Heimaufsicht) bestimmt.
Die Adressaten der Gesetzesnorm sind die Einrichtungsträger. Tatsächlich mitbetroffen von den Entscheidungen der Heimaufsicht, etwa über Ausnahmegenehmigungen oder Befristungen bezüglich Mindestanforderungen, sind die Heimbewohner als Drittbetroffene. Die Regelungen des Heimgesetzes bleiben vom SGB XI unberührt. So gilt u.a. die Heim-Personalverordnung fort. Hier ergeben sich allerdings Abstimmungserfordernisse angesichts unterschiedlicher Standards in der Heim-Personalverordnung und den Qualitätsvereinbarungen gemäß § 80 SGB XI. Tatsächlich überlagert das SGB XI für vollstationäre Pflegeeinrichtungen i. S. des § 71 SGB XI durch die dezidierten Leistungs-, Entgelt- und Qualitätsregelungen das Heimrecht in wesentlichen Fragen, darf jedoch die Standards des Heimgesetzes und seinen Forderungen nicht unterschreiten.

Lit. Dahlem u.a.: HeimG (Komm.); Gitter u.a.: HeimG (Komm.); Klie: Heimrecht; Kunz, E. u.a.: HeimG (Komm.).

Thomas Klie

Heimschädigungen → Hospitalismus

Heimvertrag Nachdem im → Heimgesetz (HeimG) bis zur Novellierung der Vorschriften zum H. (§§ 4-4d HeimG) durch das Erste Gesetz zur Änderung des Heimgesetzes vom 23. 4. 1990 (BGBl. I S. 758) in der Fassung der Bekanntmachung vom 23. 4. 1990 (BGBl. I S. 763) nichts über den Inhalt eines H. und die auf den H. anzuwendenden Vorschriften ausgesagt wurde, sind nun in inhaltlicher Hinsicht einige Präzisierungen getroffen worden. Eine weitere Änderung der heimvertraglichen Vorschriften wurde durch Art. 19 des Pflege-Versicherungsgesetzes (PflegeVG) (→ Pflegeversicherung, gesetzliche) vom 26. 5. 1994 (BGBl. I S. 1014, 1057) bewirkt (Einfügung des § 4e HeimG). Allerdings ist bislang auf eine umfassende und abschließende gesetzliche Regelung des H. verzichtet worden. Vielmehr sind nur einzelne, sozialpolitisch dringend gebotene Schutzmaßnahmen für Heimbewohner mit zwingenden Normen des Zivilrechts durchgesetzt worden. §§ 4 bis 4c HeimG verfolgen den Zweck, die rechtliche und tatsächliche Position des künftigen Bewohners, der sich um einen Platz in einer Einrichtung nach § 1 HeimG bewirbt, zu stärken und damit auch seine spätere rechtliche Stellung als Bewohner der Einrichtung zu festigen. Deshalb sind alle Vereinbarungen, die zum Nachteil des Bewohners von den Vorschriften der §§ 4 bis 4c HeimG abweichen, unwirksam (§ 4d HeimG).
Das Ziel der Festigung der Rechtsstellung des Bewohners wird mit verschiedenen Instrumenten angestrebt: Informationspflicht des Trägers; Abschluß eines Vertrages; Leistungs- und Entgeltbeschreibung; Verbot eines Mißverhältnisses zwischen Entgelt und Leistungen; Kündigungsschutz; Entgelterhöhungsregelung. Da der H. als privatrechtlicher → Vertrag zu qualifizieren ist, sind für Streitigkeiten aus dem H. die Zivilgerichte zuständig.
Die Verpflichtung des Trägers der Einrichtung, mit dem Bewerber, mit dem eine Einigung über die Aufnahme zustande kommt, einen H. abzuschließen, bedeutet keinen Kontrahierungszwang (§ 4 Abs. 1 HeimG). Schriftlichkeit des Vertrages ist kein gesetzliches Formerfordernis. Das Gesetz geht von ihr jedoch als Regelfall aus. Im Vertrag sind die Leistungen des Trägers im einzelnen zu beschreiben und das dafür insgesamt zu entrichtende Entgelt anzugeben

(§ 4 Abs. 2 HeimG). Die detaillierte Leistungsbeschreibung dient der Vertragsklarheit. Mit einer Mißverhältnisklausel (§ 4 Abs. 3 HeimG) soll die finanzielle Übervorteilung der Heimbewohner verhindert werden. Im Verhältnis zur Wuchervorschrift des § 138 Abs. 2 BGB ist die Mißverhältnisklausel im HeimG weiter gefaßt und bietet so einen besseren Schutz vor Übervorteilung als das BGB. Schon vor Abschluß des H. muß der Heimträger den künftigen Bewohner schriftlich über den Vertragsinhalt informieren (§ 4 Abs. 4 HeimG).
Bei Verträgen, die wie der H. längerfristige Schuldverhältnisse darstellen, besteht ein besonderes Erfordernis der Anpassung einzelner vertraglicher Leistungen wegen Veränderung der zugrunde liegenden Verhältnisse. Dies betrifft vor allem den Gesundheitszustand des Bewohners. Für diesen Fall muß der Heimträger die Leistungen anpassen und dem Bewohner die erforderlichen vertraglichen Änderungen anbieten (§ 4a HeimG).
Kernstück der gesetzlichen Regelungen zum H. ist die Vorschrift über die Vertragsdauer (§ 4b HeimG), die die Kündigungsschutzvorschriften enthält. Diese Vorschrift gilt für alle Typen des H. Die Rechtsstellung des Heimbewohners wird hinsichtlich der Kündigungsmöglichkeiten des Heimträgers verbessert. Der H. ist auf unbestimmte Zeit zu schließen (§ 4b Abs. 1 HeimG). Mit dem Tod des Bewohners endet auch das Vertragsverhältnis, wobei Vereinbarungen über die Fortgeltung des Vertrages zulässig sind (§ 4 Abs. 8 HeimG). Ein Kündigungsrecht des Bewohners besteht als ordentliche Kündigung und als Kündigung aus wichtigem Grund (§ 4 Abs. 2 HeimG). Das Kündigungsrecht des Heimträgers besteht nur als Kündigung aus wichtigem Grund (§ 4 Abs. 3 HeimG). Die Kündigung bedarf der Schriftform. Wichtige Gründe für eine Kündigung seitens des Heimträgers können objektiver (z.B. Einstellung oder Veränderung des Heimbetriebs) oder subjektiver (z.B. schuldhafte gröbliche Verletzung des Vertrages durch den Bewohner) Natur sein. Eine Kündigung wegen Zahlungsrückstandes ist nicht zulässig, wenn der Träger vorher befriedigt wird. Für die Kündigungsfristen ist § 4 Abs. 6 HeimG zu beachten.
Eine Erhöhung des Entgelts (§ 4c HeimG) ist nur zulässig, wenn sich seine bisherige Berechnungsgrundlage verändert hat und wenn das erhöhte Entgelt angemessen ist. Die Erhöhung ist an die Zustimmung des Bewohners gebunden. Jedoch kann vereinbart werden, daß der Träger das Entgelt einseitig erhöhen darf. Der Träger muß die Erhöhung spätestens vier Wochen vor Wirksamwerden der Erhöhung schriftlich geltend machen und begründen. Die Vorschrift über die Entgelterhöhung nimmt damit Grundgedanken des sozialen Mietrechts auf. Die Frage, ob und inwieweit ein Erhöhungsbegehren des Heimträgers zu begründen ist, ist in jüngerer Zeit höchst strittig geworden. Hier stehen Belange der Heimbewohner nach Offenlegung der Heimkosten den organisatorischen Erfordernissen der Heimträger gegenüber.
Da im Recht der Sozialen Pflegeversicherung (SGB XI) Regelungen über die Leistungen und die Leistungsentgelte getroffen worden sind, war auch eine entsprechende Anpassung der vertragsrechtlichen Regelungen im HeimG erforderlich (§ 4e HeimG). Art, Inhalt und Umfang des Heimträgers für allgemeine Pflegeleistungen, für Unterkunft und Verpflegung sowie für Zusatzleistungen sowie die jeweiligen Entgelte bestimmen sich nach den Regelungen des SGB XI (Siebtes und Achtes Kapitel). Dennoch sind auch diese Merkmale im einzelnen im H. gesondert zu beschreiben und die jeweiligen Entgelte hierfür gesondert anzugeben. Das vertraglich festzulegende einseitige Erhöhungsrecht des Heimträgers ist bei Inanspruchnahme von Leistungen der Pflegeversicherung ausgeschlossen. Ebenso gelten die Entgelterhöhungsvorschriften nach § 4c HeimG nicht. Anspruchsgegner für die Zahlung des Entgelts für die allgemeinen Pflegeleistungen ist, soweit sie von der → Pflegekasse zu tragen sind, die zuständige Pflegekasse.

Lit. Dahlem u.a.: Heimgesetz; Igl: Heimgesetz-Novellierung; Kunz, E. u.a.: Heimgesetz. *Gerhard Igl*

Heizungshilfe → einmalige Leistungen

Helfende Beziehung Gesamtheit der zwischen Klient (-System) und → Sozialarbeiter in einem Hilfeprozeß ablaufenden → Interaktionen mit dem Ziel der psychosozialen Problemlösung für den Klienten. Sie ist wesentlicher Bestandteil der Arbeit mit einzelnen, Familien und Gruppen, wurde aber bisher nur für die soziale → Einzel(fall)hilfe näher beschrieben. Bang betonte erstmals in der deutschen → Sozialarbeit die grundlegende Bedeutung der h. B. für die Lösung psychosozialer Probleme. Biestek formulierte folgende Grundsätze für die Handhabung der h. B. in der sozialen Einzelhilfe: Individualisieren; bewußter Ausdruck von Gefühlen; kontrollierte gefühlsmäßige Anteilnahme; Annahme des anderen; nichtrichtende Haltung; Selbstbestimmung des Klienten; Verschwiegenheit.
Im Ablauf der h. B. sind folgende Phasen zu unterscheiden, die in den verschiedenen Arbeitsformen (Einzel-, Familien- und Gruppenarbeit) eine jeweils spezifische Ausprägung erfahren: Die erste Phase ist gekennzeichnet durch das Bemühen des Sozialarbeiters, das Vertrauen des Klienten zu gewinnen und ihn zur aktiven Mitarbeit zu motivieren. Im → Kontrakt werden Bedingungen und Ziele der gemeinsamen Arbeit

festgelegt. Auf der Basis einer ausreichend stabilen vertrauensvollen Beziehung kann in der zweiten Phase an der Problemlösung gearbeitet werden. Die Beziehung Sozialarbeiter-Klient wird i. d. R. nur dann thematisiert, wenn sie durch Störungen, wie z. B. starke Übertragungsreaktionen etc. beeinträchtigt ist. Die h. B. kann modellhaft genutzt werden in der Weise, daß der Klient im Umgang mit dem Sozialarbeiter seine konflikthaften Einstellungen und Verhaltensweisen erkennen, abbauen und diese Erfahrungen auf die Beziehungen in seiner Umwelt übertragen lernt. In der Schlußphase wird die erreichte Problemlösung stabilisiert und die → Ablösung und das Selbständigwerden des Klienten vorbereitet. Dieses Verständnis der h. B. war – wie auch die soziale Einzelhilfe und die Sozialarbeit insgesamt – in den 70er Jahren starker Ideologiekritik ausgesetzt und in Frage gestellt.

Mit der Einbeziehung therapeutischer Konzepte in die Sozialarbeit wurde die zentrale Bedeutung der h. B. erkannt und der persönliche Anteil des Sozialarbeiters/Beraters stärker ins Blickfeld gerückt. Nach der → Gesprächspsychotherapie soll die Haltung des Therapeuten durch positive Wertschätzung und emotionale Wärme, Echtheit und Selbstkongruenz gekennzeichnet sein (→ Therapeutenvariablen). Auch in der → Verhaltenstherapie wird neuerdings die Beziehung zwischen Therapeut und Patient für bedeutsam gehalten, wobei vor allem die Funktion des Therapeuten als Verstärkerquelle und als Modell herausgestellt wird. Als Helfer, Befähiger, Vermittler bei Kommunikationsstörungen in Familien und Gruppen tritt der Therapeut/Sozialarbeiter nach der Kommunikationstherapie sowohl mit dem einzelnen Mitglied als auch mit dem System als Ganzem in Interaktion. Er wird einerseits passagerer Teilnehmer am System, wahrt andererseits aber den notwendigen gefühlsmäßigen Abstand, um verändernd auf die gestörte Kommunikation einwirken zu können. Das psychoanalytische Konzept (→ Psychoanalyse) von → Übertragung und → Gegenübertragung ermöglicht ein Verstehen unbewußter persönlicher Anteile an der Interaktion Sozialarbeiter-Klient. Dieses Verständnis eröffnet dem Sozialarbeiter einen besseren gefühlsmäßigen Zugang zum Klienten, und er kann die h. B. selbst als therapeutisches Instrument nutzen.

Diese Arbeit mit der Beziehung setzt ein hohes Maß an → Selbstwahrnehmung und Selbstkontrolle voraus und ist nur nach einem spezifischen Training unter → Supervision zu leisten.

Lit. Bang: Helfende Beziehung; Biestek: Helfende Beziehung; Kraiker: Verhaltenstherapie; Radebold u. a.: Arbeit; Reinelt, T. u. a.: Beziehung; Satir: Familienbehandlung; Tausch: Gesprächspsychotherapie.

Hildegard Bechtler

Helfersyndrom Angehörige helfender Berufe (Ärzte, Sozialarbeiter, Psychologen u. a.) weisen nach dem Psychoanalytiker W. Schmidbauer als Folge traumatischer Erfahrungen (→ Trauma) in der frühen Kindheit eine Verbindung charakteristischer Persönlichkeitsmerkmale auf. Dazu gehören vor allem eine große narzißtische Bedürftigkeit (→ Narzißmus) bei gleichzeitiger Unfähigkeit, erfüllbare Wünsche zu äußern, ein rigides Über-Ich, hohe Ideale und die Neigung, eigene Gefühle und besonders die eigene Hilfsbedürftigkeit hinter einer Fassade von »Allmacht« zu verbergen. Unerkannt kann das H. dazu führen, daß der Helfer in gegenseitiger gefühlsmäßiger Verklammerung mit dem Hilfebedürftigen seine eigene Selbstwertproblematik mit Hilfe der Schwäche und Abhängigkeit des Patienten/Klienten unbewußt (→ Unbewußtes) kompensiert und dadurch verhindert, daß dieser von Hilfe unabhängig werden kann (→ Gegenübertragung). Ergänzend betont die Psychoanalytikerin A. Miller, daß gerade leidvolle Erfahrungen aus der eigenen Lebensgeschichte, soweit sie psychisch verarbeitet sind, beim Helfer eine wesentliche Voraussetzung für die Entwicklung von Sensibilität, Einfühlungsvermögen und Verständnis für die Probleme anderer Menschen darstellen.

Hilfe zur Überwindung der negativen Auswirkungen des H. bieten themenzentrierte → Selbsterfahrungsgruppen, → Supervision, Einzel- oder Gruppenpsychotherapie (→ Psychotherapie). *Hildegard Bechtler*

Heranwachsender → Altersstufen im Recht

Heranziehung zu den Kosten → Kostenbeitrag, → Kostenersatz

Herausgabe (des Kindes) Das → Aufenthaltsbestimmungsrecht umfaßt als Teil der → Personensorge auch das Recht, die H. eines minderjährigen Kindes von jedem zu verlangen, der es den Eltern oder einem Elternteil widerrechtlich vorenthält (§ 1632 Abs. 1 BGB). Ist den Eltern das Aufenthaltsbestimmungsrecht entzogen, steht der H.anspruch dem Vormund oder Pfleger zu, dem das Aufenthaltsbestimmungsrecht übertragen wurde.

Bei Weigerung des H.pflichtigen entscheidet über das H.verlangen der Eltern gegenüber Dritten das → Vormundschaftsgericht (VG), über den Anspruch eines Elternteils gegen den anderen Elternteil das → Familiengericht (§ 1632 Abs. 3 BGB). Bei der Entscheidung wirkt das → Jugendamt (JA) mit (§§ 49 Abs. 1 Nr. 1 e FGG, 50 Abs. 2 KJHG – SGB VIII). Diese Mitwirkung sollte das JA als sozialpädagogische Aufgabe begreifen und durch Unterstützung und Beratung zur Lösung des familialen Konflikts beizutragen versuchen (→ Neue Fachlich-

keit der Jugendhilfe) sowie auf ein möglichst konstruktives Zusammenwirken aller Beteiligten (Eltern, Kinder, Richter, Anwälte) hinarbeiten (vgl. Wiesner, SGB VIII, Rdnr. 3 zu § 50). Nach § 50a und b FGG erfolgt im Verfahren eine Anhörung der Eltern und des Kindes. Über die H. des Kindes an den anderen Elternteil kann das Gericht im Rahmen eines Ehescheidungsverfahrens (→ Ehescheidung) auch durch → einstweilige Anordnung entscheiden (§ 620 Abs. 1 Nr. 3 ZPO). Das Gericht kann zugleich die H. der zum persönlichen Gebrauch des Kindes bestimmten Sachen (z.B. Kleidung, Spielsachen, Schulbedarf) durch einstweilige Anordnung regeln (§ 50d FGG).
Kommt der Verpflichtete der gerichtlichen Anordnung nicht nach, kann das Gericht das JA ermächtigen, die H. des Kindes notfalls unter Anwendung von Gewalt gegen den H.pflichtigen zu erzwingen und sich dabei der Hilfe des Gerichtsvollziehers oder der Polizei zu bedienen (§ 33 FGG). Ob der vom Kind gegen die H. gerichtete Widerstand mit Gewalt gebrochen werden kann, wird unterschiedlich beurteilt: Nach einer Meinung kommt Gewalt als äußerstes Mittel in Betracht, andere schließen sie vollständig aus (vgl. Wiesner, SGB VIII, Rdnr. 54 zu Anhang § 50). In jedem Fall haben alle anderen Konfliktlösungen Vorrang. Wenn sich das H.verlangen als Mißbrauch des Sorgerechts darstellt, kommt eine Entscheidung gegen die Eltern nach § 1666 BGB in Betracht (vgl. auch § 1632 Abs. 4 BGB für Pflegefamilien).
Lit. Gross: Elterliche Sorge; Palandt: BGB (Komm.); Wiesner u.a.: SGB VIII (Komm.). *Hans-Jürgen Schimke*

Heridität → Genetik

Herkunftsfamilie Mit H. wird die Familienform bezeichnet, mit der Kinder biologisch oder durch Adoption (→ Annahme als Kind) verbunden sind. Der Begriff H. verweist damit zunächst lediglich auf die biologische und soziale Herkunft von Menschen. Im Hinblick auf die Ausdifferenzierung der Familienformen in den letzten Jahrzehnten (→ Alleinerziehende; → Pflegefamilie; Stieffamilie) soll durch die Bezeichnung H. verdeutlicht werden, daß H.eltern als Repräsentanten der »genealogischen Elternschaft« nicht notwendigerweise auch die »psychologischen Eltern« ihrer Kinder sein müssen. Häufig verwendet wird der Begriff H. im Zusammenhang mit der → öffentlichen Erziehung (Pflegefamilie; Heim). In analoger Anwendung bezieht sich die Begriffsformulierung hierbei auf Familien, deren Kinder in → Pflegefamilien oder Heimen untergebracht sind. Derzeit sind dies etwa 112 000 junge Menschen. Insbes. soziale Krisen und Beziehungskonflikte (→ Arbeitslosigkeit, Wohnungsnot, Statusverlust, Trennung und →

Ehescheidung etc. [→ Trennungs- und Scheidungsberatung]) führen dazu, daß Eltern ohne sozialarbeiterische Unterstützung ihren Familienalltag nicht mehr angemessen organisieren können. Die vorrübergehende oder auf Dauer angelegte Herausnahme der Kinder (→ Herausgabe [des Kindes]) soll zu einer Restabilisierung der H. bzw. zur positiven Entwicklung des Kindes beitragen. Untersuchungen jedoch weisen kritisch darauf hin, daß nach wie vor zuwenig geeignete ambulante Maßnahmen auf kommunaler Ebene vorhanden sind, die den Verbleib des Kindes in der H. ermöglichen könnten. Oftmals werden den H. vor der Inpflegegabe des Kindes oder der Unterbringung im Heim kaum intensive ambulante Hilfen angeboten (Elger u.a.). Eine Verstärkung der Angebote wie sozialpädagogische Familienhilfe (→ Familienhilfe, sozialpädagogische) und der sog. Familien-Aktivierungs-Programme Families First könnten vorhandene Lücken schließen helfen.
Lit. Blandow u.a.: Erziehungshilfen; DJI: Pflegekinderbereich; Elger u.a.: Erziehungshilfen. *Josef Faltermeier*

Hierarchie Eine stufenförmige Ordnung, ein »System aus mindestens zwei Rängen, die in einem Über- und Unterordnungsverhältnis stehen« (Grün). Ausgehend von der Annahme, daß die jeweils höhere Instanz mehr Übersicht, mehr Information, mehr Verantwortung hat, erhält sie Weisungsbefugnis gegenüber der jeweils niederen Instanz und kann in deren Entscheidung eingreifen. Diese hierarchische Ordnung kann sowohl für das Verhältnis mehrerer Organisationseinheiten zueinander gelten als auch für die Binnenstruktur einer Organisationseinheit. Hierarchische Elemente finden sich nicht nur in der Organisation von → Verwaltungen (→ Behördenaufbau, → Bürokratie), sondern auch z.B. von Unternehmungen und Verbänden. Fast überall ist heute das hierarchische Prinzip mit anderen Organisationsformen vermischt.
Die Kritik am hierarchischen Prinzip wird maßgeblich beeinflußt durch die allgemein stärkere Betonung von Demokratie und Mitverantwortung. In der Verwaltung wird die hierarchische Ordnung zunehmend in Frage gestellt durch die Leitungs-, Planungs-, Gestaltungsaufgaben, die mit strikter Unterordnung weniger vereinbar sind als reine Ordnungsaufgaben. Mit der wachsenden Bedeutung und Vielfalt des nötigen Fachwissens werden die Eingriffsmöglichkeiten der Leitungsebene (→ Führung und Leitung in der sozialen Arbeit) von der Sache her eingeschränkt. Zum Problem können auch durch die hierarchische Ordnung geprägte Fehlhaltungen werden, etwa der autoritäre → Führungsstil oder das Wegschieben von Verantwortung. Andererseits haben hierarchische Ordnungsformen in gewissem Umfange dennoch ihre Berechti-

Hilfebedürftigkeit

gung, z. B. in bezug auf die Personalisierung politischer bzw. parlamentarischer Verantwortung, für die zielgerichtete Handlungsfähigkeit großer Organisationseinheiten, für die Konfliktlösung bei arbeitsteiliger Organisation, zur Sicherung der Gleichbehandlung. Eine wichtige Frage bleibt stets, bis zu welchen Grenzen hierarchische Formen diesen Anliegen wirklich dienen bzw. von wo an sie Selbstzweck werden oder doch mit entscheidenden Nachteilen verbunden sind. Der Abbau unnötiger bzw. hinderlicher H. ist ein wesentlicher Teil der heutigen → Verwaltungsmodernisierung. Begriffe wie Neues Steuerungsmodell, dezentrale Ressourcenverantwortung, → Budgetierung, Kontraktmanagement u. ä. kennzeichnen aktuelle Alternativen zur Steuerung durch H.
Lit. Grün: Hierarchie; KGSt: Steuerungsmodell; Lauxmann: Hierarchie; Mayntz: Verwaltung. *Dietmar Freier*

Hilfebedürftigkeit Als hilfebedürftig ist eine Person anzusehen, die ohne fremde Hilfe nicht in der Lage ist, ein Leben zu führen, das der Würde des Menschen (→ Menschenwürde) entspricht. Es ist für die Feststellung der H. und die Einleitung geeigneter Maßnahmen zu deren Beseitigung unerheblich, welchen Grund oder welche Ursache die Notlage, die zu einer H. führte, hat, so daß auch eine Person, die ihre Notlage selbst verschuldet hat, hilfebedürftig sein kann. Die Gründe und Ursachen für eine H. können vielfältiger Art sein, so z. B. Ausbleiben von Unterhaltsbeiträgen bei geschiedenen Ehen oder bei Getrenntleben, Verlust des Arbeitsplatzes, verspätete Zahlung von Leistungen nach dem → Arbeitsförderungsgesetz (AFG) und den Sozialversicherungsbestimmungen, → Krankheit ohne Anspruch gegen → Krankenkasse, körperliche oder geistige Behinderung, Blindheit, → Pflegebedürftigkeit usw. Eine H. kann aber auch dadurch entstehen, daß Personen nicht in der Lage sind, ihre Ansprüche, z. B. auf → Wohngeld, → Kindergeld, → Arbeitslosengeld bzw. → -hilfe, → Krankengeld, Rente usw., durch Ausfüllung von Vordrucken und Beschaffung notwendiger Nachweise durchzusetzen. So vielfältig wie die H. sind auch die Maßnahmen zur Beseitigung oder Linderung derselben. Sie bestehen i. d. R. aus → Geldleistungen, → Sachleistungen und → persönlicher Hilfe.
Die Beseitigung von H. war anfangs Angelegenheit der → Familie oder Sippe; später folgten dann die Kirchen und die karitativen Gemeinschaften und Vereine sowie auch andere private Einrichtungen (Stiftungen). Durch das → Unterstützungswohnsitzgesetz (UWG) vom 6. 6. 1870, das i. d. F. vom 30. 5. 1908 (RGBl. S. 381) schließlich in ganz Deutschland galt, wurde die Beseitigung von H. Aufgabe öffentlicher Verbände (Orts- und Landarmenverbände), aus welchen dann die Bezirks- und Landesfürsorgeverbände nach der → Reichsfürsorgepflichtverordnung (RFV) vom 13. 2. 1924 (RGBl. I S. 100) hervorgingen. Auch der Begriff der H. und die Maßnahmen zu ihrer Beseitigung wurden in den → Reichsgrundsätzen über Voraussetzung, Art und Maß der öffentlichen Fürsorge (RGr) vom 4. 12. 1924 (RGBl. I S. 765) neu gefaßt. Eine wesentliche Änderung mit erheblichen Verbesserungen hat das → Bundessozialhilfegesetz (BSHG) insbes. im Abschn. I sowie in den §§ 11, 28 und 29, zum Begriff der H. gebracht. Das BSHG spricht nicht von Hilfebedürftigen, sondern vom Hilfeempfänger oder Hilfesuchenden (→ Hilfeempfänger/Hilfesuchender).
Werner Hesse-Schiller

Hilfeempfänger/Hilfesuchender Das → Bundessozialhilfegesetz (BSHG) unterscheidet – im Gegensatz zum früheren Fürsorgerecht, das nur den Begriff des Hilfsbedürftigen kannte – zwischen dem Hilfesuchenden (Hs.), der der Hilfe bedarf, noch keine Hilfe erhält, weil die Gewährung von → Sozialhilfe noch geprüft wird, und dem Hilfeempfänger (He.), dem eine Hilfe gewährt wird. Diese Unterscheidung wird jedoch nicht konsequent durchgehalten. Im BSHG können auf dieselbe Person die Begriffe Hs. und He. gleichermaßen zutreffen. So ist es Aufgabe der Sozialhilfe, dem He. die Führung eines Lebens zu ermöglichen, das der Würde des Menschen (→ Menschenwürde) entspricht (§ 1 Abs. 2). Art, Form und Maß der Sozialhilfe richten sich nach der Besonderheit des Einzelfalles, vor allem nach der Person des He. (§ 3 Abs. 1). Wünschen des He., die sich auf die Gestaltung der Hilfe richten, soll entsprochen werden, soweit sie angemessen sind (§ 3 Abs. 2; → Wunsch- und Wahlrecht des Hilfeempfängers). Bei der Gewährung der Sozialhilfe sollen die besonderen Verhältnisse in der Familie des Hs. berücksichtigt werden (§ 7). Der He./Hs. hat auch Verpflichtungen, die der Sicherung des Nachranggrundsatzes (→ Nachrang der Sozialhilfe) dienen sollen, insbes. durch Verwirklichung von → Selbsthilfe. Darüber hinaus ist der He./Hs. verpflichtet, bei der Prüfung und Feststellung des → Bedarfs zur Gewährleistung einer bedarfsgerechten persönlichen und wirtschaftlichen Hilfe mitzuwirken. Diese Mitwirkungsverpflichtungen ergeben sich insbes. aus § 1 Abs. 2 BSHG und den §§ 60 bis 67 SGB I (→ Sozialgesetzbuch [SGB], → Mitwirkungspflichten). Eines der wesentlichen Strukturprinzipien der Sozialhilfe ist der Grundsatz der individuellen Anspruchsberechtigung des einzelnen He./Hs. (→ Individualisierungsprinzip). Danach sind Bedarf und → Einkommen und ein sich daraus ergebender Anspruch eines jeden He./Hs. gesondert zu er-

mitteln. Auch in der Einstandsgemeinschaft/ → Bedarfsgemeinschaft des § 11 Abs. 1 BSHG hat jeder He./Hs. einen eigenen → Rechtsanspruch auf → Hilfe zum Lebensunterhalt. Dem He. ist bei Hilfen außerhalb von Einrichtungen die Hilfe vorrangig als Geldleistung zu gewähren, um diesem die freie Verfügbarkeit der Mittel im Rahmen der Zweckbestimmung zu ermöglichen.
Das auch für das BSHG geltende SGB hat die Begriffe He./Hs. nicht übernommen, sondern verwendet die Begriffe Antragsteller, Beteiligter, Berechtigter, Leistungsberechtigter und Betroffener, die sich in der jeweiligen Regelung sowohl auf einen Hs. als auch auf einen He. beziehen können.

Walter Tattermusch

Hilfe, ergänzende (auch »Aufstockungsleistung« genannt) Sie kommt in Betracht, wenn → Hilfe zum Lebensunterhalt nur Anrechnung von vorhandenem Einkommen geleistet wird (z. B. Bedarf insgesamt 1 000 DM, zu berücksichtigendes Einkommen 800 DM, e. H. 200 DM). Bei der → Hilfe in besonderen Lebenslagen wird e. H. dann geleistet, wenn bei vorrangigen → Sozialleistungen die Aufstockung im → Bundessozialhilfegesetz (BSHG) vorgesehen ist, wie z. B. im Rahmen der Leistungskonkurrenz des § 69c Abs. 2 S. 2 BSHG. Hier ist trotz Pflegesachleistung noch ein Restpflegegeld von mindestens 1/3 zu erbringen. E. H. ist dann zu zahlen, wenn ein Bedarf durch vorrangige andere Sozialleistungen nur teilweise gedeckt ist (z. B. Kosten für Zahnersatz als Krankenhilfe 5 000 DM, Leistung der Krankenkasse 4 500 DM). Tatsächlich stellen solche vorrangigen Leistungen aber Einkommen dar (vgl. BVerwG, Urteil vom 31. 1. 1968, in: BVerwGE 29, 108 = NDV 1968, 139). Um keine Doppelleistung für den gleichen Zweck zu erbringen, kann diese Leistung des Dritten (hier der Krankenkasse) nach § 85 Nr. 1 BSHG auch aus dem Einkommen unter der Einkommensgrenze gefordert werden, und lediglich insoweit kommt dann eine e. H. in Betracht. E. H. wird nur gewährt, wenn die Anspruchsvoraussetzungen der Hilfe zum Lebensunterhalt und/oder der Hilfe in besonderen Lebenslagen vorliegen.

Dietrich Schoch

Hilfe für Ausländer → Ausländer, Hilfen für, → Ausländer und Staatenlose, Jugendhilfe für, → Ausländer, Sozialhilfe für

Hilfe für werdende Mütter und Wöchnerinnen Rechtsgrundlage ist § 38 des → Bundessozialhilfegesetzes (BSHG). Auf die Hilfe besteht ein → Rechtsanspruch, der sich auf die in § 38 Abs. 2 S. 1 BSHG festgelegten Leistungen erstreckt. Die Leistungen sollen in der Regel den Leistungen entsprechen, die nach den Vorschriften über die gesetzliche → Krankenversicherung gewährt werden. Zu unterscheiden sind ärztliche Betreuung und Hilfe, Hebammenhilfe, Versorgung mit → Arznei-, Verband- und → Heilmitteln, Pflege in einer Anstalt oder einem Heim, häusliche Wartung und Pflege sowie Geldleistungen (Entbindungsgeld). An Empfängerinnen von → Hilfe zum Lebensunterhalt wird nach der 12. Schwangerschaftswoche während der Schwangerschaft ein Mehrbedarfszuschlag (→ Mehrbedarf) nach § 23 Abs. 1a BSHG gewährt. Die Hilfen können nebeneinander in Betracht kommen. In der zeitlichen Folge sind zu unterscheiden: Hilfen während der Schwangerschaft, Entbindungshilfe, Hilfen nach der Entbindung.
Die Hilfe ist abzugrenzen von der → Krankenhilfe und → Hilfe zur Pflege. Hilfen während der Schwangerschaft beziehen sich auf einen normalen Schwangerschaftsablauf, hierzu gehören insbes. Untersuchungen zur Feststellung der Schwangerschaft, ärztliche Betreuung und Hilfe, vor allem Untersuchungen während der Schwangerschaft, bei und nach der Entbindung, Vorsorgeuntersuchungen einschließlich der laborärztlichen Untersuchungen, Beratungen, serologische Untersuchungen und notwendige vorbeugende medikamentöse Maßnahmen. Diese Leistungen werden auch nach der Entbindung, bei stationärer Entbindung für 6 Tage gewährt; für einen weitergehenden Aufenthalt kann Krankenhilfe in Betracht kommen. Die Hebammenhilfe umfaßt als Geburtshilfe die Überwachung des Geburtsvorgangs von Beginn der Wehen an, Hilfe bei der Geburt und Überwachung des Wochenbettverlaufs. Sie erstreckt sich auch auf Beratung und Hilfe während der ganzen Schwangerschaft – nicht nur bei Schwangerschaftsbeschwerden –, Kontrollbesuche, Versorgung der Wöchnerin und des Neugeborenen. Die Hilfe wird gewährt durch Übernahme von Gebühren nach der Hebammen-Gebührenverordnung (HebGV) des → Bundesministeriums für Arbeit und Sozialordnung (BMA) durch den → Sozialhilfeträger. Die werdende Mutter kann frei entscheiden, ob sie zu Hause oder in einer entsprechend geeigneten Einrichtung entbinden will. Bei der Anstaltsentbindung wird der jeweilige → Pflegesatz der nächstgelegenen und kostengünstigsten Entbindungsklinik übernommen. Auch die Übernahme notwendiger Transportkosten gehört zur Hilfe. Nach der Geburt wird die erforderliche nachgehende ärztliche Versorgung, Hilfe und Pflege gewährt.

Walter Tattermusch

Hilfe/Helfen Soziale Arbeit wird als institutionalisierte Hilfe, helfendes Handeln bzw. als »helfende Beziehung« charakterisiert und der Anspruch, Hilfe für Bedürftige zu leisten, ist für das Selbstverständnis sozialer Arbeit grundlegend. Eine ausgearbei-

Hilfe/Helfen

tete Theorie der Hilfe liegt jedoch nicht vor und die Termini Hilfe/Helfen werden in der Regel auch in der Fachkommunikation alltagssprachlich, nicht als klar definierte Fachbegriffe gebraucht. Wer sein berufliches Tun als Hilfe/Helfen beschreibt, beansprucht damit eine moralisch positiv zu bewertende Tätigkeit auszuüben und legt eine prinzipielle Vergleichbarkeit alltäglichen und beruflichen Helfens nahe. Eine wissenschaftliche Begriffsbestimmung hat demgegenüber die Gemeinsamkeiten und die Unterschiede von alltäglicher und beruflicher Hilfe analytisch zu klären.

Um von Hilfe/Helfen sinnvoll sprechen zu können, muß vorausgesetzt werden, daß Hilfe von Nicht-Hilfe sowie eine hilfemächtige und eine hilfebedürftige Seite einer sozialen Beziehung unterschieden werden kann. Hilfe/Helfen vollzieht sich somit in strukturell asymmetrischen sozialen Beziehungen, denen Verhältnisse und Praktiken zugrundeliegen, in denen → Individuen bzw. sozialen → Gruppen → Hilfebedürftigkeit, d.h. die Unfähigkeit, ein Handlungsproblem mit den verfügbaren kognitiven, emotionalen, sozialen, kulturellen oder materiellen Ressourcen zu lösen, zugeschrieben wird. In die strukturelle Asymmetrie von Hilfebeziehungen sind, wie in alle asymmetrischen sozialen Beziehungen, Potentiale der Macht- und Herrschaftsausübung eingelassen (→ Autorität). Hilfe wird von der einen Seite benötigt, sie kann von der anderen Seite gewährt oder verweigert werden. Wer Hilfe gibt, hat deshalb prinzipiell die Chance, dem/den Hilfebedürftigen seinen Willen aufzuzwingen. Auf dieses Problem beziehen sich moralisch-ethische bzw. rechtliche Regulierungen der Hilfe, Alltagsnormen ebenso wie professionelle Ethiken, welche die Realisierung der Macht- und Herrschaftsdimension von Hilfebeziehungen begrenzen sollen. Sofern im → Alltag davon ausgegangen werden kann, daß potentiell jede/-r gelegentlich in Situationen geraten kann, in denen er/sie hilfsbedürftig ist, kann behauptet werden, daß Strukturen der wechselseitigen Hilfe ein elementares soziales Phänomen sind, das dem Alltagsleben und sozialen Beziehungen, z. B. Freundschaften und soziale Netzwerken (→ Netzwerke, soziale) zugrundeliegt. Entsprechend ist die Verpflichtung, in Notsituationen jedermann Hilfe zu leisten, in die Alltagsmoral im Sinne einer reziproken Verpflichtung eingelassen. Jede/-r ist zugleich potentieller → Hilfeempfänger und potentieller Hilfegeber. Diese Reziprozität ist im Fall der beruflichen/professionellen Hilfe nicht mehr gegeben. Hier treten hauptberufliche Helfer in eine Beziehung zu Hilfebedürftigen ein, wobei eine personale Zurechnung von Hilfemächtigkeit und Hilfebedürftigkeit zugrunde liegt und in der diese Zurechnung auf Dauer gestellt ist. Der Klient kann nicht zum Helfer werden und umgekehrt. Auf diese Personalisierung und Verfestigung reagiert soziale Arbeit mit dem programmatischen Anspruch, Hilfe zur → Selbsthilfe zu leisten; sie ist zugleich die strukturelle Grundlage des → Helfersyndroms. Im Unterschied zu einer generalisierten Hilfeverpflichtung ist die Hilfeleistung des Professionellen selektiv, spezialisiert und methodisch angeleitet (→ Methoden der Sozialarbeit). An die Stelle der Macht, Hilfe willentlich zu gewähren bzw. zu verweigern, tritt hier die fachliche bzw. rechtliche Regulierung des Hilfeanspruchs und der Hilfeleistung.

Was Hilfebedürftigkeit begründet und was angemessene Formen der Hilfe sind ist nicht von vornherein klar, sondern abhängig von Interpretationen und Bewertungen. Damit stellt sich die Frage nach der Deutungs- und Definitionsmacht: Wer ist berechtigt, Hilfebedürftigkeit festzustellen und zu entscheiden, was die angemessene Hilfeleistung ist? Während diese Entscheidungen im Alltagsleben zwischen den Beteiligten ausgehandelt werden, verfügt der Professionelle über rechtliche und institutionelle Absicherungen seiner Deutungs- und Definitionsmacht; er nimmt ein wissenschaftlich begründetes Expertenwissen in Anspruch, das die soziale Gültigkeit seiner Interpretationen und Bewertungen sichert. Hilfebedürftigkeit impliziert soziale Unterlegenheit und »milde Gaben verletzen den, der sie empfängt« (Mauss 123). In der Konsequenz geht Hilfe mit Formen der sozialen Beschämung und subjektiven Gefühlen der Scham einher. Denn Hilfe zu erhalten setzt voraus, als eine Person betrachtet zu werden, die die Situation nicht autonom bewältigen und auf andere, sozial Überlegene angewiesen ist. (→ Individuum; → Subjektivität). In Beziehungen der gegenseitigen Hilfe ist eine Dynamik eingelassen, welche die Überwindung solcher Unterlegenheit und erfahrender Beschämung ermöglicht: Der Hilfeempfänger ist verpflichtet, erhaltene Hilfe bei Bedarf zurückzuerstatten, d.h. zum Helfer desjenigen zu werden, der ihm geholfen hat; er erhält damit die Möglichkeit, die Reziprozität der Beziehung und seine Würde als autonom handlungsfähiges Individuum wiederzuerlangen. Diese Möglichkeit besteht in professionellen Helfer-Klient-Beziehungen nicht (→ Stigmatisierung).

Ansätze zu einer gesellschaftstheoretischen Betrachtungen des Formwandels von Hilfe durch die Herausbildung eines Systems organisierter Hilfe, das im Prozeß der Modernisierung an die Stelle einer ethisch-moralisch verankerten und generalisierten Hilfepflicht tritt, sind insbesondere im Rahmen der Theorie autopoietischer sozialer Systeme entwickelt worden (→ Autopoiese). Dort wird auch die Frage, ob die Unterscheidung von Hilfe und Nicht-Hilfe zur Ausdifferenzierung eines eigenen gesell-

schaftlichen Funktionssystems »soziale Arbeit« geführt hat, also die Frage nach dem gesellschaftlichen Ort sozialer Arbeit, untersucht.
Lit. Baecker: Soziale Hilfe; Bommes u.a.: Soziale Arbeit; Gängler: Hilfe; Gouldner: Reziprozität; Luhmann: Formen; Mauss: Gabe; Neckel: Scham. *Albert Scherr*

Hilfe in besonderen Lebenslagen ist neben der → Hilfe zum Lebensunterhalt der zweite große Leistungsbereich der → Sozialhilfe, der in Abschn. 3 des → Bundessozialhilfegesetzes (BSHG) geregelt ist. Das → Bundesversorgungsgesetz (BVG) hat die BSHG-Regelung für den Bereich der → Kriegsopferfürsorge übernommen (§ 27 d Abs. 1 bis 3 BVG). Während die Hilfe zum Lebensunterhalt darauf ausgerichtet ist, mit weitgehend schematisierten Leistungen (→ Regelsatz, → Mehrbedarf) den allgemeinen Lebensbedarf sicherzustellen, liegt die Aufgabe der H. b. L. ihrer Bezeichnung entsprechend in der Gewährung von Leistungen zur Überwindung einer besonderen Bedarfssituation wie z. B. Krankheit, Behinderung oder Alter. Dem entspricht in der Praxis eine stärkere Orientierung der Hilfe an den Besonderheiten des Einzelfalles. Der wesentliche Unterschied in der gesetzlichen Ausgestaltung der beiden Leistungsbereiche liegt außerdem darin, daß die Hilfe zum Lebensunterhalt grundsätzlich den vollen → Einsatz des Einkommens und Vermögens verlangt, während bei der H. b. L. der Rahmen der wirtschaftlichen Bedürftigkeit erweitert ist: Es gelten für die einzelnen Hilfemaßnahmen teilweise unterschiedliche → Einkommensgrenzen, unterhalb deren der Einsatz eigenen Einkommens nur ausnahmsweise verlangt werden kann, während er bei Einkommen über der Einkommensgrenze (→ Selbsthilfe) in angemessenem Umfang zugemutet wird (§§ 84 ff. BSHG). Durch diese Regelung soll eine zu starke Beeinträchtigung der allgemeinen Lebensführung des → Hilfeempfängers und seiner Angehörigen vermieden werden. In begründeten Fällen kann H. b. L. auch bei Nichtvorliegen der einkommens- und vermögensmäßigen Voraussetzungen gewährt werden; die Aufwendungen für solche Hilfen hat der Empfänger jedoch zu ersetzen (§ 29 BSHG).

Das BSHG enthält Einzelbestimmungen zur Regelung von insgesamt 11 Unterarten der H. b. L. Außer in diesen »typischen« Bedarfsfällen kann Hilfe auch in anderen besonderen Lebenslagen gewährt werden, wenn sie den Einsatz öffentlicher Mittel rechtfertigen (§ 27 Abs. 2 BSHG). Die gesetzlich geregelten Hilfen sind die → Hilfe zum Aufbau oder zur Sicherung der Lebensgrundlage, die → vorbeugende Gesundheitshilfe, die → Krankenhilfe, die → Hilfe zur Familienplanung, die → Hilfe für werdende Mütter und Wöchnerinnen, die → Eingliederungshilfe für Behinderte, die → Blindenhilfe, die → Hilfe zur Pflege, die → Hilfe zur Weiterführung des Haushalts, die → Hilfe zur Überwindung besonderer sozialer Schwierigkeiten und die → Altenhilfe. Von diesen wiederum kommt in der Praxis der Krankenhilfe, der Eingliederungshilfe für Behinderte und der Hilfe zur Pflege die bei weitem größte Bedeutung zu; auf diese Unterarten entfallen fast 97% des Gesamtaufwandes für H. b. L. Nur für die Hilfegewährung außerhalb von → Einrichtungen gilt die Regel, daß die Bestimmungen über die Hilfe zum Lebensunterhalt und die H. b. L. selbständig nebeneinander anzuwenden sind. Dagegen bestimmt § 27 Abs. 3 BSHG, daß bei Hilfegewährung in Einrichtungen die H. b. L. auch den in der Einrichtung gewährten → Lebensunterhalt umfaßt. Sachlich zuständig für die Gewährung von H. b. L. sind zu einem erheblichen Teil auf Grund ausdrücklicher gesetzlicher Zuweisung (§ 100 BSHG oder Landesrecht) die überörtlichen → Sozialhilfeträger, und zwar für die anstaltsmäßige Hilfegewährung an Behinderte und sozial Gefährdete, die Blindenhilfe, die Versorgung Behinderter mit größeren → Hilfsmitteln sowie für den Hochschulbesuch im Rahmen der Eingliederungshilfe für Behinderte.

Das BSHG wird im Bereich der H. b. L. durch drei Rechtsverordnungen ergänzt: die → Eingliederungshilfe-Verordnung (nach § 47 BSHG), die Verordnung zur Durchführung des § 72 BSHG (Hilfe zur Überwindung besonderer sozialer Schwierigkeiten) und die Verordnung zur Durchführung des § 81 Abs. 1 Nr. 3 BSHG (größere Hilfsmittel).

Laut → Sozialhilfestatistik entfallen rund zwei Drittel des Gesamt-Sozialhilfeaufwandes auf die H. b. L. und nur ein Drittel auf die Hilfe zum Lebensunterhalt.
Manfred Streppel

Hilfen für junge Menschen/Volljährige sind sowohl nach § 41 → Kinder- und Jugendhilfegesetz (KJHG – SGB VIII) als auch nach dem § 72 → Bundessozialhilfegesetz (BSHG) möglich. Seit dem 1. 1. 1995 besitzen die Hilfen nach § 41 KJHG als Soll-Bestimmung (bis zu diesem Datum als Kann-Bestimmung) umfassenden Vorrang vor solchen der → Sozialhilfe. § 41 KJHG erlaubt die generelle Fortsetzung von Hilfen zur Erziehung als Leistungen für die Persönlichkeitsentwicklung und zur eigenverantwortlichen Lebensführung über die Volljährigkeitsgrenze hinaus, i. d. R. bis zur Vollendung des 21. Lebensjahres. Einem jungen Volljährigen kann aber auch erstmals Hilfe in Gestalt der in § 27 Abs. 3 und 4 KJHG sowie insbes. der in §§ 28 bis 36, 39 und 40 KJHG genannten Hilfen gewährt werden. Im Einzelfall kann die Hilfe auch über das 21. Lebensjahr hinaus fortgesetzt werden. Ausdrücklich im Gesetz vor-

gesehen ist auch eine Nachbetreuung nach Beendigung der Hilfe, um ein abruptes Ende des Hilfeprozesses zu vermeiden.
Hilfen nach § 72 BSHG sollen Personen gewährt werden, deren besondere Lebensverhältnisse zu sozialen Schwierigkeiten führen und dadurch ihre Teilnahme am Leben in der Gemeinschaft verhindern oder beeinträchtigen. Die Ursachen können in negativen äußeren Lebensumständen oder in der Person des Hilfesuchenden (→ Hilfeempfänger/Hilfesuchender) liegen. In der Praxis wird bei Hilfen nach § 72 BSHG häufig auf die äußere Mangelsituation (Wohnungsnot, → Arbeitslosigkeit, → Überschuldung) verwiesen. Die DVO zu § 72 BSHG sieht in § 1 Abs. 2 S. 1 Nr. 5 i. V. m. § 6 H. f. j. M. mit erheblichen Verhaltensstörungen vor (→ Verhaltensauffälligkeit), denen → Jugendhilfe nicht oder nicht mehr gewährt werden kann. Hilfen nach §72 BSHG umfassen daher nicht nur die Beseitigung der Mangelsituation, sondern zentral die Gewährung persönlicher Hilfen zur Stärkung der Persönlichkeit und der eigenverantwortlichen Lebensführung. In der Praxis zeigt sich die Notwendigkeit der Hilfen nach § 41 KJHG im Anschluß an vorherige Aufenthalte in stationären Unterbringungsformen aufgrund fehlender Selbständigkeit, in gestörten Beziehungen zum Elternhaus und zum → sozialen Umfeld und in gescheiterten Verselbständigungen. Kennzeichnend für die Situation ist die nicht ausgereifte Persönlichkeit, die Unselbständigkeit, aber auch die Aussicht, dies mit den Möglichkeiten der Jugendhilfe noch verändern zu können. Jugendhilfe wird darum in solchen Fällen gewährt werden müssen, in denen bereits bei Eintritt der Volljährigkeit → Hilfe zur Erziehung (HzE) gewährt wurde oder wo in dem zurückliegenden Zeitraum bereits HzE gewährt wurden. Darüber hinaus werden Hilfen für solche jungen Volljährigen bereitgestellt werden müssen, die in ihren Verhaltensdefiziten Jugendlichen gleichzustellen sind. Die Hilfen müssen eine Verbesserung der Persönlichkeitsentwicklung erwarten lassen. Andernfalls kommen sie nicht in Betracht.
H. f. j. V. werden künftig nicht mehr als spezielle Jugendhilfen in der Form der Hilfen zur Erziehung bereitgestellt werden, sondern in der Verantwortung der Träger der Jugendhilfe (→ Jugendhilfeträger) als Angebot persönlich beratender und therapeutischer Hilfen in Verbindung mit schulischen und beruflichen Hilfen gestaltet. Psychisch kranken jungen Volljährigen ist ebenso Jugendhilfe zu gewähren wie Suchtmittelabhängigen oder jungen Volljährigen, die von der → Jugendgerichts- oder der → Bewährungshilfe betreut werden. Erforderlich sind individuelle flexible Hilfeformen im Bereich des → betreuten Wohnens, der Alltagsgestaltung sowie der therapeutischen Förderung und sozialpädagogisch begleiteter Ausbildungsangebote. Auch Beschäftigungs- und Qualifizierungsangebote zählen hierzu. Wo darüber hinaus materielle Hilfen benötigt werden, sind diese mittels der Sozialhilfe zu organisieren. Die Planung der Hilfen (→ Hilfeplan) im Rahmen des § 36 KJHG eröffnet darüber hinaus die Möglichkeit, umfassende Fachlichkeit als Verständigungsprozeß der helfenden Institutionen zu bündeln, in dessen Mittelpunkt die Verständigung und das Aushandeln der Hilfen mit dem jungen Volljährigen stehen muß.
Lit. Münder u. a.: KJHG (Komm.); Schellhorn u. a.: KJHG (Komm.); Wiesner u. a.: SGB VIII (Komm.). *Hubertus Lauer*

Hilfeplan Die Gewährung einer erzieherischen Hilfe (→ Hilfe zur Erziehung [HzE]) insbes. in den Fällen vorläufiger oder endgültiger → Fremdunterbringung stellt für die betroffenen Kinder und Jugendlichen einen Einschnitt und Wendepunkt in ihrer Biographie dar und kann für den weiteren Lebensweg von entscheidender Bedeutung sein. Deshalb bedarf eine solche Entscheidung größtmöglicher Sorgfalt. Durch Praxis- und Rechtsentwicklung (→ Kinder- und Jugendhilfegesetz [KJHG – SGB VIII]) ist die Palette erzieherischer Hilfen sehr vielfältig und differenziert geworden. Um aus der Fülle der Hilfemöglichkeiten bzw. -formen das für den konkreten Hilfebedarf im Einzelfall am besten Geeignete herauszufinden, bedarf es der Erarbeitung eines H.
Während der Jahre der Diskussion um die Reform des Jugendhilferechts (→ Jugendhilfe) war immer wieder die Forderung erhoben worden, fachliche Instrumente wie »psychosoziale → Diagnose und Gesamtplan« zur Gesetzespflicht zu machen. Dies hat der Gesetzgeber im § 36 KJHG nach Maßgabe der kritischen Anmerkungen im 5. → Jugendbericht der Bundesregierung aus dem Jahre 1980 realisiert.
Die Autoren des 5. Jugendberichtes hatten vor der stigmatisierenden Festschreibung (→ Stigmatisierung) gutachterlicher Befunde (→ Gutachtliche Stellungnahmen des Jugendamtes) gewarnt und statt dessen eine Hilfeplanung auf der Basis einer sozialpädagogischen Problemanalyse empfohlen, die kommunikativ mit den Betroffenen wie auch interdisziplinär entwickelt werden muß (→ Beteiligungsstrategien). Dieser H. sollte kein abschließendes Konzept sein, sondern einer prozeßhaften Fortschreibung unterliegen.
Nach § 36 Abs. 2 KJHG sollen zum einen → Fachkräfte unterschiedlicher → Kompetenz (z. B. → Erziehungsbeistände, → Pflegekinderdienst, → intensive sozialpädagogische Einzelhilfe, → Erziehungsberatung, → Jugendgerichtshilfe [JGH] bzw. Vollzugshilfe) als auch die Personensorgeberechtigten (→ Elterliche Sorge) sowie die

betroffenen Minderjährigen selbst an der Entscheidungsfindung beteiligt werden. Dabei muß je nach Größe und Ausstattung der → Jugendämter (JÄ) sowie der persönlichen Situation der Betroffenen entschieden werden, ob die Entscheidungsfindung in einem oder in mehreren Schritten erfolgt. Es kann durchaus sachgerecht sein, zunächst eine Erziehungskonferenz der Fachkräfte durchzuführen und danach den Betroffenen die Vorschläge dieses Gremiums transparent zu machen.

Am Ende dieses Prozesses sollte ein schriftlicher H. stehen, den die Personensorgeberechtigten per Unterschrift dokumentieren, daß sie mit dem gewählten Weg auch einverstanden sind.

Ein H. ist mehr als ein → Erziehungsplan. Neben der Darstellung des die Hilfe begründenden Bedarfs muß er die zu gewährende Art der Hilfe sowie die daran geknüpften Leistungen (→ Leistungsarten) enthalten. Das bedeutet, daß auch schulische und berufsbildende Maßnahmen, therapeutische Hilfen und Beratungshilfen für die Personensorgeberechtigten und Angehörigen im H. erscheinen sollten, wenn das Kind z. B. in einer → Einrichtung der Erziehungshilfe aufgenommen wird.

Im Rahmen der neuen Steuerung der die Leistung gewährenden öffentlichen Verwaltung unterliegen die im Hilfeplan formulierten Ziele einer systematischen Erfolgskontrolle (→ Controlling, → Evaluation). Das setzt voraus, daß relativ abstrakte → Erziehungsziele in konkret nachprüfbare Teilziele aufgefächert werden.

I. S. d. Prozeßhaftigkeit des H. sind auch die die Hilfen konkret gewährenden Fachkräfte sowohl bei der Aufstellung des H. als auch bei der Prüfung zu beteiligen, ob der H. eingehalten werden kann oder ggf. modifiziert werden muß. Dem dienen u. a. regelmäßige Erziehungsplangespräche vor Ort.

Soweit im Rahmen einer erzieherischen Hilfe auch → Eingliederungshilfe für Behinderte nach dem → Bundessozialhilfegesetz (BSHG) geleistet werden soll, sind auch die hierfür zuständigen Fachkräfte aus dem medizinischen Bereich zu beteiligen. Dieses nun vom KJHG vorgeschriebene Verfahren verpflichtet die Fachkräfte zu einem offenen und nicht diskriminierenden bzw. stigmatisierenden Dialog mit den Hilfebedürftigen. Es verpflichtet aber auch die örtlichen → öffentlichen Träger der Jugendhilfe dazu, die JÄ mit dem für dieses aufwendige Verfahren erforderlichen Personal auszustatten und es für diesen schwierigen Planungsprozeß entsprechend zu qualifizieren.

Lit. DV: Hilfeplanung; Münder u. a.: KJHG (Komm.). *Dieter Greese*

Hilfe zum Aufbau oder zur Sicherung der Lebensgrundlage nach § 30 → Bundessozialhilfegesetz (BSHG) soll dem Hilfesuchenden (→ Hilfeempfänger/Hilfesuchender) den Aufbau oder die Sicherung der Lebensgrundlage durch eigene Tätigkeit ermöglichen und ihn damit befähigen, unabhängig von → Sozialhilfe zu leben (§ 1 Abs. 2 S. 2 BSHG). Die Hilfe kann nach freiem → Ermessen des → Sozialhilfeträgers gewährt werden, um, sofern eine ausreichende wirtschaftliche Lebensgrundlage fehlt, den Aufbau einer solchen zu ermöglichen oder, sofern die Lebensgrundlage gefährdet ist, der Sicherung dieser Lebensgrundlage dienen. Die Hilfe soll i. d. R. aber nur gewährt werden, wenn dem Hilfesuchenden sonst voraussichtlich → Hilfe zum Lebensunterhalt gewährt werden müßte.

Dabei muß die begründete Aussicht bestehen, daß mit der Hilfe der Aufbau oder die Sicherung einer ausreichenden Lebensgrundlage auch tatsächlich gewährleistet wird, wozu eine Überprüfung des Hilfesuchenden bezüglich seiner persönlichen und fachlichen Eignung erforderlich ist. Eine Hilfeleistung ist u. U. allerdings auch dann möglich, wenn durch sie auch eine teilweise Unabhängigkeit von Hilfe zum Lebensunterhalt erreicht werden kann. Die Hilfeleistung kommt in erster Linie für Selbständige in Betracht, die Vorschrift kann aber auch auf beruflich Unselbständige angewendet werden, wenn Leistungen nach den Vorschriften des AFG (→ Arbeitsförderung/Arbeitsförderungsgesetz [AFG]) nicht erlangt werden können, insbesondere auch dann, wenn einem bisher Arbeitslosen der Aufbau einer selbständigen Existenz ermöglicht werden soll. Die Hilfe wird i. d. R. in Form einer → Geldleistung entweder als (verlorener) Zuschuß oder als → Darlehen gewährt. *Walter Tattermusch*

Hilfe zum Lebensunterhalt Nach § 1 Abs. 1 → Bundessozialhilfegesetz (BSHG) umfaßt die → Sozialhilfe H. z. L. und → Hilfe in besonderen Lebenslagen. Während die Hilfe in besonderen Lebenslagen mehrere Unterarten der Hilfe umfaßt, die katalogartig aufgeführt sind (§ 27 Abs. 1 BSHG) und darüber hinaus auch in anderen (unbenannten) besonderen Lebenslagen gewährt werden kann (§ 27 Abs. 2 BSHG), kennt die H. z. L. keine Unterarten der Hilfe. Der wesentliche Unterschied zwischen den beiden großen Gruppen der Hilfe liegt in den wirtschaftlichen Voraussetzungen; bei H. z. L. sind i. d. R. das gesamte → Einkommen und → Vermögen sowie die Arbeitskraft einzusetzen. Bei der Hilfe in besonderen Lebenslagen ist demgegenüber i. d. R. nur Einkommen über der → Einkommensgrenze (bzw. in Form der häuslichen Ersparnis), Vermögen nur in eingeschränktem Umfang und die Arbeitskraft nur in einem Ausnahmefall (§ 67 Abs. 4 BSHG) einzusetzen.

Der § 11 BSHG bestimmt den Personenkreis (→ Bedarfsgemeinschaft), an welchen Hilfe zu gewähren ist, und wann → Hilfebe-

Hilfe zum Lebensunterhalt

dürftigkeit vorliegt. Die Hilfe soll in erster Linie dazu dienen, den notwendigen → Lebensunterhalt – besonders → Ernährung, → Unterkunft, Kleidung, Körperpflege, Hausrat, Heizung und persönliche Bedürfnisse des täglichen Lebens (→ Bedürfnisse, persönliche, des täglichen Lebens) – zu decken (§ 12 BSHG). Dieser notwendige Lebensunterhalt wird durch laufende und einmalige → Geld- und (oder) → Sachleistungen gedeckt.
Laufende Leistungen an Hilfeempfänger (→ Hilfeempfänger/Hilfesuchender) außerhalb von → Anstalten, Heimen und sonstigen → Einrichtungen werden aus → Regelsätzen, eventuell → Mehrbedarf und Unterkunftskosten (→ Regelbedarf) errechnet, sofern es nicht geboten ist, Hilfe abweichend von den Regelsätzen zu bewilligen. Die Regelsätze umfassen die laufenden Leistungen für Ernährung, hauswirtschaftlichen Bedarf einschließlich Haushaltsenergie sowie für persönliche Bedürfnisse des täglichen Lebens; dazu gehören auch die laufenden Leistungen für die Beschaffung von Wäsche und Hausrat mit geringem Anschaffungswert, für die Instandsetzung von Kleidung, Schuhen und Hausrat in kleinerem Umfang sowie für Körperpflege und für Reinigung (§ 1 Rechtsverordnung zu § 22 BSHG).
Ein Mehrbedarf ist den in § 23 Abs. 1 bis 4 BSHG genannten Personen (in der im Gesetz genannten Höhe) zusätzlich zum Regelsatz anzuerkennen (z. B. Personen, die das 65. Lebensjahr vollendet haben sowie Personen unter 65 Jahren, die erwerbsunfähig i. S. d. gesetzlichen → Rentenversicherung sind, die einen Ausweis nach § 4 Abs. 5 des → Schwerbehindertengesetzes mit dem Merkzeichen G besitzen; werdenden Müttern nach der 12. Schwangerschaftswoche; → Alleinerziehenden mit Kindern bis zu einem bestimmten Alter; Personen, die krankheitsbedingt einer kostenaufwendigen Ernährung bedürfen).
Unterkunftskosten werden i. d. R. in tatsächlicher Höhe nach Abzug von → Wohngeld und Mietanteilen Dritter übernommen (einschließlich laufender Leistungen für Heizung [→ Heizungshilfe]; § 3 Abs. 1 und 2 Rechtsverordnung zu § 22 BSHG).
Für die Beschaffung von Bekleidung, Hausrat und Feuerung (außer Zentralheizung) sowie für Bestandteile des notwendigen Lebensunterhalts, die nicht bereits vom Regelsatz erfaßt werden, sind einmalige Geld- oder Sachleistungen zu gewähren (→ Beihilfen, § 21 Abs. 1a BSHG). Die Abgrenzung der im Regelsatz bereits berücksichtigten Einzelbedarfe von den durch einmalige Leistungen (zusätzlich) zu deckenden Bedarfe kann im Einzelfall schwierig sein.
Einmalige Leistungen können unter den in § 21 Abs. 2 BSHG genannten Voraussetzungen auch Personen gewährt werden, die keine laufenden Leistungen zum Lebensunterhalt benötigen, den Lebensunterhalt jedoch aus eigenen Kräften und Mitteln nicht voll beschaffen können (sog. Minderbemittelte).
Zur H. z. L. kann auch die Übernahme von Beiträgen zur → Kranken- und → Pflegeversicherung für Rentenantragsteller und für freiwillig Versicherte gehören sowie von Beiträgen für eine angemessene Alterssicherung und ein angemessenes Sterbegeld (§§ 13 und 14 BSHG). Weiterhin sind auch → Bestattungskosten unter gewissen Voraussetzungen zu übernehmen (§ 15 BSHG).
In Sonderfällen kann H. z. L. in Form von Beihilfe oder → Darlehen gewährt werden, wenn dies zur Sicherung der Unterkunft oder zur Behebung einer vergleichbaren Notlage gerechtfertigt ist, z. B. für Mietrückstände, rückständige Kosten für Gas, Strom, Heizung (§ 15a BSHG). Bei vorübergehender Notlage können Geldleistungen im Rahmen der H. z. L. als Darlehen bewilligt werden; als vorübergehend wird ein Zeitraum von 6 Monaten angesehen (§ 15b BSHG).
Als echte Hilfe für den einzelnen im Rahmen der H. z. L. sieht das BSHG auch die → Hilfe zur Arbeit (§§ 18 bis 20 BSHG) an. An Auszubildende kann nur in besonderen Härtefällen H. z. L. gewährt werden. Ein Rechtsanspruch auf H. z. L besteht nicht, wenn dem Grunde nach ein Anspruch auf Leistungen nach dem → Bundesausbildungsförderungsgesetz (BAföG) oder nach § 40 AFG → Arbeitsförderung/Arbeitsförderungsgesetz) besteht (§ 26 BSHG).
Die H. z. L kann auch in der Übernahme der Kosten für die Unterbringung eines Hilfeempfängers in einer Anstalt, einem Heim oder einer gleichartigen Einrichtung, z. B. → Altenheim, bestehen. In diesem Fall gehört zur Hilfe auch ein angemessener → Barbetrag (§ 21 Abs. 3 BSHG).
Vor Zahlung von laufenden und (oder) einmaligen H. z. L. haben die in § 11 BSHG genannten oder zur → Haushaltsgemeinschaft gehörenden Personen im Regelfall ihr gesamtes Einkommen (Arbeitseinkommen, Renten – auch Werksrenten –, → Krankengeld, Leistungen nach dem AFG, → Kindergeld, → Wohngeld usw.) und das verwertbare Vermögen einzusetzen.
H. z. L. kann in begründeten Fällen (z. B. bei noch nicht eindeutig geklärten Einkommens- und Vermögensverhältnissen und dringend erforderlicher Bedarfsdeckung) als Vorausleistung gewährt werden; in diesem Umfang haben dann die in § 11 Abs. 1 BSHG genannten Personen dem → Sozialhilfeträger Aufwendungsersatz zu leisten (§ 11 Abs. 2 BSHG: sog. unechte H. z. L.).
Sind einzelne für den Lebensunterhalt erforderliche Tätigkeiten erforderlich (z. B. Einkaufen, Mahlzeiten zubereiten), so kann nicht nur der Sozialhilfeempfänger solche Leistungen als H. z. L. erhalten, sondern (gegen einen angemessenen → Kostenbei-

trag) auch der, welcher ein für den notwendigen Lebensunterhalt ausreichendes Einkommen und Vermögen hat (§ 11 Abs. 3 BSHG).
Der Anspruch auf H. z. L. kann nach § 25 BSHG in bestimmten Fällen ausgeschlossen sein (z. B. bei Weigerung, zumutbare Arbeit zu leisten) oder auf das zum Lebensunterhalt Unerläßliche eingeschränkt werden (z. B. bei → unwirtschaftlichem Verhalten).
Peter Trenk-Hinterberger

Hilfe zur Arbeit Nach dem → Bundessozialhilfegesetz (BSHG) hat grundsätzlich jeder, der → Hilfe zum Lebensunterhalt erhält bzw. erhalten will (→ Hilfeempfänger/Hilfesuchender) die Pflicht, seine Arbeitskraft, auch den Rest einer verbliebenen Arbeitskraft, zur Beschaffung des → Lebensunterhalts für sich und seine Unterhaltsberechtigten einzusetzen (§ 18 Abs. 1 BSHG; → Arbeitspflicht). Diese Pflicht findet ihre Einschränkung oder Grenze u. a. bei Krankheit, körperlicher oder geistiger Behinderung oder auch bei Gefährdung der geordneten Erziehung von Kindern (§ 18 Abs. 3 S. 1 bis 4 BSHG). Die → Sozialhilfeträger haben darauf hinzuwirken, daß der Hilfeempfänger/Hilfesuchende sich um Arbeit bemüht und Arbeit findet; für Hilfeempfänger, die keine Arbeit finden können, sollen nach Möglichkeit Gelegenheiten zur (auch gemeinnützigen und zusätzlichen) Arbeit geschaffen werden (§ 19 Abs. 1 und 2 BSHG). Insofern sieht das BSHG die H. z. A. nicht nur als ein Mittel zur Realisierung des sozialhilferechtlichen Nachrangs (→ Nachrang der Sozialhilfe und der Jugendhilfe), sondern gleichwertig daneben auch als echte Hilfe für den einzelnen an. Durch § 19 Abs. 1 BSHG wird den Sozialhilfeträgern eine Vielfalt von Möglichkeiten eröffnet: versicherungspflichtige bzw. versicherungsfreie → Arbeitsverhältnisse i. S. d. → Arbeitsrechts, die (überwiegend aus Sozialhilfemitteln finanziert) bei Privatunternehmen, Trägern der → freien Wohlfahrtspflege und öffentlich-rechtlichen Trägern (insbes. den Sozialhilfeträgern) geschaffen werden und deren Gegenstand Arbeiten jeglicher Art sein können (körperliche oder geistige, nicht gemeinnützige und nicht zusätzliche Arbeiten); auf der Grundlage des § 19 Abs. 2 BSHG können (gemeinnützige und zusätzliche Arbeiten umfassende) Arbeitsverhältnisse i. S. d. Arbeitsrechts oder öffentlich-rechtliche Beschäftigungsverhältnisse besonderer Art geschaffen werden.
In der Praxis werden am häufigsten Gelegenheiten zu gemeinnütziger und zusätzlicher Arbeit in einem öffentlich-rechtlichen Beschäftigungsverhältnis bei den Sozialhilfeträgern geschaffen; hierdurch wird kein Arbeits- bzw. Beschäftigungsverhältnis i. S. d. Arbeitsrechts bzw. des Rechts der → Sozialversicherung geschaffen (die Vorschriften des → Arbeitsschutzes sind jedoch anzuwenden; § 19 Abs. 2 S. 1, 2. Variante BSHG: Der Beschäftigte hat Anspruch auf Hilfe zum Lebensunterhalt zuzüglich einer angemessenen Entschädigung für Mehraufwendungen). Die Heranziehung zu diesem Beschäftigungsverhältnis erfolgt durch → Verwaltungsakt. Weniger häufig sind privatrechtliche (meist befristete) Arbeitsverhältnisse, deren Gegenstand gemeinnützige und zusätzliche Arbeiten sind und bei denen das übliche Arbeitsentgelt zu zahlen ist; sie werden i. d. R. bei Trägern der freien Wohlfahrtspflege (überwiegend aus Sozialhilfemitteln) und bei Sozialhilfeträgern geschaffen (§ 19 Abs. 2 S. 1, 1. Variante BSHG).
Gemeinnützig sind alle Arbeiten, die dem allgemeinen Wohl und nicht unmittelbar Privatinteressen dienen. Zusätzlich sind nur Arbeiten, die sonst nicht, nicht in diesem Umfang oder nicht zu diesem Zeitpunkt verrichtet werden würden (zum Absehen vom Erfordernis der Zusätzlichkeit vgl. § 19 Abs. 2 S. 2 BSHG). Beispiele: Kultivierung von Ödland, Errichtung und Pflege von Spiel-, Sport- und Erholungsanlagen.
Zur H. z. A. gehört auch, die Gewöhnung eines Hilfesuchenden an eine berufliche Tätigkeit besonders zu fördern oder seine Bereitschaft hierzu bei bestehenden Zweifeln zu prüfen. Hierfür soll diesen Personen eine geeignete Tätigkeit oder Maßnahme angeboten werden (§ 20 Abs. 1 BSHG); im Rahmen des während dieser Tätigkeit bestehenden öffentlich-rechtlichen Beschäftigungsverhältnisses erhält der Hilfeempfänger/Hilfesuchende Hilfe zum Lebensunterhalt und eine angemessene Entschädigung für Mehraufwendungen (§ 20 Abs. 2 S. 1 BSHG).
Die Weigerung, zumutbare Arbeit zu leisten, führt zum Verlust des Anspruchs auf Hilfe zum Lebensunterhalt. Diese Hilfe kann auch auf das zum Lebensunterhalt Unerläßliche eingeschränkt werden, wenn ein Hilfesuchender oder Hilfeempfänger sein Arbeitsverhältnis gelöst, durch vertragswidriges Verhalten Anlaß für eine Kündigung gegeben hat oder sich weigert, an arbeitsfördernden Maßnahmen (berufliche Ausbildung, Fortbildung, Umschulung) teilzunehmen (§ 25 Abs. 1, Abs. 3 Nr. 3 BSHG).
Möglichkeiten zur Erlangung und Sicherung eines Platzes im Arbeitsleben, die man als H. z. A. im weiteren Sinne ansehen kann, sind ferner im Rahmen der → Hilfen in besonderen Lebenslagen gegeben. Zum Aufbau oder auch zur Sicherung der Lebensgrundlage können Beihilfen oder Darlehen gewährt werden (§ 30 BSHG). Für nicht nur vorübergehend körperlich, geistig oder seelisch Behinderte und von solchen Behinderungen Bedrohte sind unterschiedliche arbeitsbezogene Maßnahmen der Eingliederungshilfe vorgesehen (§ 40 Abs. 1 Nr. 4, 5, 6, 7 und Abs. 2 BSHG). Dieser Hilfe dienen vor allem die → Werkstätten

für Behinderte. Bei Personen mit besonderen sozialen Schwierigkeiten (z.B. → Alleinstehende Wohnungslose) kommen als Maßnahmen auch Ausbildungs- und Arbeitshilfen in Betracht (§ 72 BSHG, §§ 9, 10 Rechtsverordnung zu § 72 BSHG: z.B. Schaffung von geeigneten Arbeitsplätzen oder von Tätigkeiten zur Gewöhnung an geregelte Arbeit).
Eine Zusammenarbeit zwischen den Trägern der Sozialhilfe und dem → Arbeitsamt ist bei der H. z. A. unerläßlich (s.a. §§ 18 Abs. 2 S. 4, 19 Abs. 4 BSHG). Bei der Einrichtung von Ausbildungs- und Arbeitsplätzen im Rahmen von → Arbeitsbeschaffungsmaßnahmen (ABM) ist sie sogar Voraussetzung.
Lit. Burdenski: Hilfe zur Arbeit; DV: Arbeit; DV: Hilfe zur Arbeit; Münder u.a.: Sozialhilfe; Trenk-Hinterberger: Hilfe zur Arbeit. *Peter Trenk-Hinterberger*

Hilfe zur Erziehung (HzE) Nach § 1 → Kinder- und Jugendhilfegesetz (KJHG – SGB VIII) hat jeder junge Mensch ein Recht auf Förderung seiner Entwicklung und auf → Erziehung zu einer eigenverantwortlichen und gemeinschaftsfähigen Persönlichkeit. In Abs. 2 dieser Vorschrift wird im Einklang mit der in Art. 6 Abs. 1 und 2 → Grundgesetz (GG) besonders geschützten Elternverantwortung betont, daß es in erster Linie Pflicht und natürliches Recht der Eltern ist, diesem Anspruch des jungen Menschen auf Erreichung des in Abs. 1 genannten → Erziehungsziels zu entsprechen; daneben erhält jedoch die → Jugendhilfe in Abs. 3 grundsätzliche Leitlinien für die Wahrnehmung ihrer aus dem staatlichen Wächteramt aus Art. 6 Abs. 2 S. 2 GG folgenden Rolle, die Elternpflichten insoweit ergänzend und unterstützend zur Verwirklichung dieses Rechts junger Menschen beizutragen.
Für den Erziehungshilfebereich stehen hier die Förderung junger Menschen sowie der Beitrag zur Vermeidung und Beseitigung von Benachteiligungen, im übrigen die Beratung und Unterstützung der → Erziehungsberechtigten im Vordergrund (§ 1 Abs. 3 Nr. 1 und 2 KJHG).
Diese – dem → Erziehungsanspruch des jungen Menschen dienenden – pauschalen Pflichten als Leitlinien der Jugendhilfetätigkeit werden in § 2 Abs. 2 KJHG als Katalog der Leistungen zusammenfassend dargestellt; hier sind die HzE einschließlich ergänzender Leistungen in Nr. 4 aufgeführt mit dem Hinweis auf die Ausformulierung der Grundregelung und der einzelnen Hilfearten in den §§ 27ff. Auf HzE hat nach § 27 KJHG der einzelne Personensorgeberechtigte einen → Rechtsanspruch; daß dieser Anspruch nicht dem Kind oder Jugendlichen zusteht, ist im Zuge des Gesetzgebungsverfahrens viel kritisiert worden. Der Gesetzgeber hat sich auf der Grundlage des → Elternrechts aus Art. 6 GG für verpflichtet gehalten, im Unterschied zur Regelung im → Bundessozialhilfegesetz (BSHG) und in den §§ 6 und 62 → Jugendwohlfahrtsgesetz (JWG) den Anspruch als Hilfe für die originär gegenüber den Kindern und Jugendlichen verpflichteten Sorgeberechtigten vorzusehen und sie damit zu Anspruchsträgern zu machen. Das Gesetz verzichtet darauf, für die einzelnen Formen der HzE in der Person der Kinder und Jugendlichen unterschiedliche Kriterien zu formulieren, um eine Klassifizierung etwa nach Schwierigkeitsgraden oder Erscheinungsformen zu vermeiden; insoweit bleibt es bei der allgemeinen Voraussetzung für die Hilfegewährung aus Abs. 1: eine dem Wohl des Kindes (→ Kindeswohl) oder den Jugendlichen entsprechende Erziehung ist nicht gewährleistet und die Hilfe ist für seine Entwicklung geeignet und notwendig; ergänzend heißt es in Abs. 2 S. 2, daß Art und Umfang der Hilfe nach dem erzieherischen Bedarf im Einzelfall richten. Der Rechtsanspruch der Personensorgeberechtigten bezieht sich zunächst auf alle in den §§ 28 bis 35 KJHG genannten Hilfearten. Durch die Verwendung des Wortes »insbesondere« in Abs. 2 wird jedoch sichergestellt, daß bei entsprechendem Bedarf im Katalog nicht ausdrücklich aufgeführte Hilfeformen gleichfalls geleistet werden müssen, etwa wenn die Personensorgeberechtigten dies aus wohlerwogenen Gründen im Rahmen ihres Wunschrechts (→ Wunsch- und Wahlrecht des Hilfeempfängers) nach § 5 KJHG einfordern oder der → Jugendhilfeträger aus seiner Fachkunde heraus eine im Gesetz noch nicht ausdrücklich geregelte Hilfeart für erforderlich hält. Daß dies dann keine »freiwillige Leistungen« sind, ist durch die Wortwahl in Abs. 2 nun klargestellt.
Zur unmittelbaren Hilfeleistung verpflichtet ist nunmehr im Unterschied zur früher zwischen → Jugendamt (JA) und → Landesjugendamt geteilten Zuständigkeit nach dem JWG (→ Freiwillige Erziehungshilfe [FEH], → Fürsorgeerziehung [FE]) nur noch das Jugendamt (§ 85 Abs. 1 KJHG). Nach § 15 KJHG war für den Bereich der früher als FEH oder FE geleisteten Hilfen für eine Übergangszeit bis zum 31. 12. 1994 grundsätzlich das Landesjugendamt auch weiterhin sachlich zuständig, wobei durch Landesrecht diese Frist je nach der spezifischen Situation des Landes verkürzt (oder verlängert) werden konnte. Unabhängig von der Übergangsregelung sieht § 85 Abs. 2 KJHG unbeschadet der Einzelzuständigkeit des JA insbes. in den Nrn. 1, 2, 3 und 5 Mitwirkungs- und Leistungspflichten für das Landesjugendamt in erheblichem Umfang und finanzielle Aufwendungen vor. Entsprechend der von der Praxis der Jugendhilfe seit langem erhobenen Forderung sind die einzelnen Hilfeformen im

KJHG im Unterschied zur früheren Globalregelung in §§ 5 und 6 JWG nun nach Inhalt und Ziel in eigenen Vorschriften ausformuliert, damit durch diese Eindeutigkeit jegliche Zweifel an ihrem Pflichtcharakter beseitigt werden.
Auch in Abs. 3 macht das Wort »insbesondere« deutlich, daß zwar in erster Linie pädagogische und mit diesen verbundene therapeutische Leistungen gemeint sind, daneben aber auch sonstige Hilfen zu leisten sind, wenn dies im Einzelfall erforderlich erscheint. Die frühere Streitfrage, dies für → Krankenhilfe gilt, ist nun durch die positive Regelung in § 40 KJHG für die Fälle einer HzE außerhalb der eigenen Familie entschieden. Nicht gemeint sind jedoch andere im BSHG geregelte Hilfen, da hierfür mit Ausnahme der Eingliederungshilfen für seelisch behinderte Minderjährige (§ 35a KJHG) der Vorrang des BSHG gilt.
Schließlich verpflichtet § 27 Abs. 3 S. 2 KJHG den Jugendhilfeträger noch, bei Bedarf im Rahmen der HzE Ausbildungs- und Beschäftigungsmaßnahmen i. S. v. § 13 Abs. 2 KJHG anzubieten.
Für die Mitwirkung der Personensorgeberechtigten und der Kinder und Jugendlichen und ihre Zusammenarbeit mit den betreuenden Stellen und dem JA stellen die §§ 36 bis 38 KJHG Regeln auf, durch die eine möglichst einvernehmliche und für alle Beteiligten transparente Hilfeleistung sichergestellt werden soll.
Bei Gewährung von HzE nach den §§ 32 bis 35 KJHG ist der öffentliche Jugendhilfeträger auch verpflichtet, den notwendigen Unterhalt einschl. des Taschengeldes sicherzustellen, daneben können einmalige → Beihilfen oder Zuschüsse gewährt werden (§ 39 Abs. 3 KJHG). Während die Träger der öffentlichen Jugendhilfe gemäß § 92 KJHG grundsätzlich zur Kostentragung bei HzE verpflichtet sind, haben die Unterhaltsverpflichteten und in geeigneten Fällen die Minderjährigen selbst nach Maßgabe der §§ 91 Abs. 1 Nr. 4, 93 und 94 KJHG zu den Kosten beizutragen.
Die einzelnen Hilfeformen der HzE sind → Erziehungsberatung, soziale Gruppenarbeit (→ Gruppenarbeit, soziale), → Erziehungsbeistand, → Betreuungshelfer, sozialpädagogische Familienhilfe (→ Familienhilfe, sozialpädagogische), Erziehung in einer Tagesgruppe (→ Tagesbetreuung), Vollzeitpflege (→ Pflegekinderwesen), → Heimerziehung, sonstige betreute Wohnform (→ Betreutes Wohnen) sowie → intensive sozialpädagogische Einzelbetreuung.
Lit. Hauck u.a.: SGB VIII (Komm.); Jans u.a.: KJHG (Komm.); Münder u.a.: KJHG (Komm.); Wiesner u.a.: KJHG.

Helmut Saurbier

Hilfe zur Familienplanung Auf die Leistungen besteht bei deutschen Hilfesuchenden (bei → Ausländern vgl. § 120 → BSHG) ein → Rechtsanspruch nach § 37b BSHG. Der Begriff → Familienplanung bezieht sich auf erwünschte oder unerwünschte Nachkommenschaft. Im Gegensatz zum Wortlaut ist der Begriff nicht partnerbezogen, sondern nachwuchsbezogen auszulegen. Die Hilfe umfaßt vor allem die Übernahme der Kosten der notwendigen ärztlichen Beratung einschließlich der erforderlichen Untersuchung und Verordnung. Diese haben das Ziel, Schwangerschaft zu ermöglichen oder zu verhüten. § 37b BSHG räumt damit Ansprüche ein, die über die Leistungen der gesetzlichen → Krankenversicherung hinausgehen, nämlich auch die Kostenübernahme der ärztlich verordneten empfängnisregelnden Mittel (z. B. Antibabypillen). Den Anspruch auf Leistungen nach § 37b BSHG haben Personen beiderlei Geschlechts, Verheiratete und Unverheiratete. Die Kostenübernahme für Kondome kommt als H.z.F. nicht in Betracht, da diese nicht ärztlich verordnet werden (ggf. aber als → vorbeugende Gesundheitshilfe, vgl. BVerwG, Urteil vom 19. 5. 1994, NDV 1995, 125). Sind empfängnisverhütende Mittel krankheitsbedingt erforderlich, ist → Krankenhilfe nach § 37 BSHG zu leisten.

Dietrich Schoch

Hilfe zur Pflege ist eine → Hilfe in besonderen Lebenslagen nach dem → Bundessozialhilfegesetz (BSHG), die infolge der sozialen Absicherung des Risikos der → Pflegebedürftigkeit im → Sozialgesetzbuch (SGB XI) durch das Pflege-Versicherungsgesetz (→ Pflegeversicherung, gesetzliche) und die dazu ergänzenden landesrechtlichen Regelungen (s. § 9 SGB XI) einschneidende Änderungen erfahren hat.
Die Leistungsvorschriften des vorrangigen Pflege-Versicherungsgesetzes (zuständig: → Pflegekassen) sehen ab 1. 4. 1995 Grundleistungen für den Bereich der → häuslichen Pflege und seit dem 1. 7. 1996 für den Bereich der (voll-)stationären Pflege vor, so daß die Bestimmungen der Hilfe zur Pflege gem. §§ 68-69c BSHG grundsätzlich nur noch ergänzend anzuwenden sind.
Die Hilfe zur Pflege hat gem. § 68 Abs. 4 eine Ausgleichsfunktion; es geht um den Inbegriff von Hilfemaßnahmen zur Aufrechterhaltung der persönlichen Existenz (→ Menschenwürde).
Anspruch auf die einkommens- und vermögensabhängige Hilfe zur Pflege nach dem BSHG haben nur die Personen, die nicht pflegeversichert sind, die nicht die Vorversicherungszeiten nach dem Pflege-Versicherungsgesetz erfüllen, die nicht zumindest erheblich pflegebedürftig sind bzw. bei denen die Grundsicherungsleistungen nach dem Pflege-Versicherungsgesetz nicht ausreichen, den notwendigen pflegerischen Bedarf zu decken.

Ein weitergehender Pflegebedürftigkeitsbegriff als der nach dem SGB XI erfaßt nach § 68 Abs. 1 Personen, die wegen einer körperlichen, geistigen oder seelischen Krankheit oder Behinderung (s. § 68 Abs. 3) für die gewöhnlichen und regelmäßig wiederkehrenden Verrichtungen im Ablauf des täglichen Lebens (s. § 68 Abs. 5) bzw. für andere Verrichtungen der Hilfe bedürfen.
Über den Grad der → Pflegebedürftigkeit ist aufgrund ärztlicher → Gutachten zu entscheiden, wobei der → Träger der Sozialhilfe im Falle der Festlegung durch den → Medizinischen Dienst der Pflegekasse bei Tatsachenidentität an diese Entscheidung gebunden ist (s. § 68a).
Die Hilfe zur Pflege umfaßt gem. § 68 Abs. 2 häusliche Pflege (s. hierzu §§ 69-69c), → Hilfsmittel, teilstationäre Pflege, → Kurzzeitpflege und vollstationäre Pflege.
Bei der vorrangigen häuslichen Pflege (s. § 3a) soll der → Träger der Sozialhilfe gem. § 69 darauf hinwirken, daß die Pflege einschließlich der hauswirtschaftlichen Versorgung durch Personen, die dem Pflegebedürftigen nahestehen, oder im Wege der → Nachbarschaftshilfe übernommen wird.
Er hat in diesem Falle dem Pflegebedürftigen die angemessenen Aufwendungen der Pflegeperson zu erstatten, kann angemessene → Beihilfen gewähren und Beiträge der Pflegeperson für eine angemessene → Alterssicherung übernehmen, wenn diese nicht anderweitig sichergestellt ist (§ 69b Abs. 1 S. 1).
Falls erforderlich, sind auch die angemessenen Kosten einer besonderen Pflegekraft sowie von Schulungsmaßnahmen der Pflegeperson zu übernehmen (§ 69b Abs. 1 S. 2). In diesem Zusammenhang ist auf das qualifizierte, inzwischen flächendeckende Angebot der ambulanten Pflegestationen (→ Sozialstationen), der Wohlfahrtsverbände (→ Freie Träger) und konkurrierender privater Pflegedienste hinzuweisen.
Liegt erhebliche oder darüber hinausgehende Pflegebedürftigkeit vor, ist → Pflegegeld (§ 69a) einschließlich weiterer Leistungen zu gewähren.
Zu den Hilfsmitteln zählen sowohl die Pflegehilfsmittel (wie z.B. Unterlagen, Windeln) als auch die technischen Hilfsmittel (z.B. Pflegebetten, Spezialmatratzen).
Bei Unterbringung in → Anstalten, Heimen oder gleichartigen Einrichtungen besteht grundsätzlich nur für die auf Dauer zumindest erheblich Pflegebedürftigen Anspruch auf Übernahme der Unterbringungskosten. Nicht erheblich bzw. nicht auf Dauer Pflegebedürftige lösen diesen Anspruch nur dann aus, wenn die Unterbringung nach der Besonderheit des Einzelfalles erforderlich ist (§ 68 Abs. 1 S. 2, Halbsatz 2).
Hinsichtlich des zumutbaren Einkommens- und Vermögenseinsatzes (→ Einsatz des Einkommens/Vermögens) bei der Hilfe zur Pflege wird auf die → Einkommensgrenzen gem. §§ 79, 81 Abs. 1 Nr. 5 und 81 Abs. 2 sowie §§ 88, 89 und die Verordnung zu § 88 Abs. 2 Nr. 8 verwiesen.
Die Leistungen nach dem BSHG sind nachrangig, vor allem gegenüber den gleichartigen Ansprüchen nach dem Pflege-Versicherungsgesetz (s. auch Besitzstandsregelung des Art. 51 Pflege-Versicherungsgesetz), den Beihilfepauschalen nach den öffentlich-rechtlichen Beihilfevorschriften sowie den pflegerischen Leistungen im Rahmen der Kriegsopferfürsorge.
Lit. Gottschick u.a.: BSHG (Komm.); Knopp u.a.: BSHG (Komm.); Mergler, u.a.: BSHG (Komm.); Schellhorn u.a.: BSHG (Komm.) s. jeweils Kommentierung zu §§ 68 f. *Wolfgang Maas*

Hilfe zur Überwindung besonderer sozialer Schwierigkeiten ist nach § 72 Abs. 1 → Bundessozialhilfegesetz (BSHG) Personen zu gewähren, bei denen besondere Lebensverhältnisse mit sozialen Schwierigkeiten verbunden sind. Die vorgenommene Verknüpfung der beiden unbestimmten Rechtsbegriffe besondere Lebensverhältnisse und soziale Schwierigkeiten macht deutlich, daß die Empfänger der – traditionell auch noch so genannten – Hilfe für Gefährdete von der Lebenslage aus und nicht über bei ihnen scheinbar objektiv wahrnehmbare persönliche Merkmale oder Auffälligkeiten bestimmt werden. Hilfe nach § 72 BSHG setzt weiter voraus, daß die betreffenden Personen nicht dazu fähig sind, ihre sozialen Schwierigkeiten aus eigener Kraft zu überwinden: dabei läßt jedoch das Merkmal des »Nicht-fähig-Seins« es wegen der gesetzlichen Fortentwicklung der H. z. Ü. keinesfalls als geboten erscheinen, mittelbar das noch bis 1974 im Gesetz aufgeführte Merkmal »aus Mangel an innerer Festigkeit« hilfeleitend zu machen.
Besteht ein Anspruch auf Hilfe nach § 72 BSHG, bleiben Leistungen nach anderen Bestimmungen des BSHG und des SGB VIII (→ Kinder- und Jugendhilfegesetz [KJHG]) vorrangig, soweit durch diese der Hilfebedarf gedeckt wird (interner Nachrang der H. z. Ü., § 72 Abs. 1 S. 2 BSHG); das stellt klar, daß als ergänzende Leistung noch H. z. Ü. wegen eines durch die vorrangigen Leistungen ungedeckt bleibenden Bedarfs zu erbringen ist. Als Hilfe kommen alle Maßnahmen in Betracht, die für die Abwendung und Beseitigung der Schwierigkeiten und – falls dies nicht möglich ist – für deren Milderung oder der Verhütung einer Verschlimmerung notwendig sind und von den Berechtigten angenommen werden; insoweit hebt § 72 Abs. 2 S. 1 BSHG neben den fachlichen Gesichtspunkten der → Sozialarbeit ohne Rücksicht auf Einkommen und Vermögen des Berechtigten ihm und seinen Angehörigen zu gewährenden → persönlichen Hilfe (→ Beratung und

→ Betreuung) Maßnahmen bei der Erhaltung und Beschaffung einer Wohnung sowie – als für die Führung eines menschenwürdigen Lebens von gleichermaßen existentieller Bedeutung – nunmehr auch Hilfen zur Ausbildung, Erlangung und Sicherung eines Arbeitsplatzes hervor. Dabei macht die Verpflichtung, in geeigneten Fällen einen Gesamtplan zu erstellen, deutlich, daß dieses Instrument nicht bloß zur Koordinierung der Aktivitäten verschiedener Stellen entwickelt werden, sondern eine am Bedarf des einzelnen Hilfesuchenden (→ Hilfeempfänger/Hilfesuchender) orientierte Grundlage für die Entwicklung und Realisierung der zur Deckung seines Hilfebedarfs notwendigen Maßnahmen bilden soll. Art und Umfang einzelner Hilfemaßnahmen werden in den §§ 7 ff. der Verordnung zur Durchführung des § 72 BSHG konkretisiert; es ist aber die im Zusammenhang mit der Reform des Sozialhilferechts (1996) erklärte Absicht der Bundesregierung, die Verordnung auf der Grundlage der Ermächtigung in § 72 Abs. 5 BSHG mit Zustimmung des Bundesrats in Entsprechung zu den aus der Praxis seit Jahren unterbreiteten Vorschlägen neu zu fassen und dabei zur Bestimmung besonderer Lebensverhältnisse die in §§ 1 ff. der Verordnung an den früheren Vorstellungen der Gefährdetenhilfe orientiert gebliebene Kategorisierung von Personengruppen (in Obdachlosenunterkünften u. ä. untergebrachte Personen, Landfahrer, Nichtseßhafte, aus Freiheitsentziehung Entlassene, verhaltensgestörte junge Menschen ohne Anspruch auf Kinder- und Jugendhilfe) aufzugeben und durch eine abstrakte, mit dem Wortlaut des Gesetzes im Einklang stehende Lebenslagenbeschreibung zu ersetzen.

Seit den 70er Jahren haben sich – auch aus der Diskussion über → Randgruppenarbeit – die vornehmlich von der → freien Wohlfahrtspflege erbrachten Hilfeangebote, die ganz oder in Teilbereichen im Rahmen von § 72 BSHG geleistet werden, z. B. Sozialarbeit mit Familien in Obdachlosenunterkünften (→ Obdachlosigkeit/Obdachlosenhilfe) und Inhaftierten (→ Straffälligenhilfe), entwickelt. Dadurch hat sich auch die traditionell fast ausschließlich stationär ausgerichtete Nichtseßhaftenhilfe (→ Nichtseßhaftigkeit/Nichtseßhaftenhilfe) mit der Ausweitung ambulanter Hilfen für alleinstehende Wohnungslose (»Nichtseßhafte«) erheblich verändert. Bei einem am örtlichen Bedarf orientierten und diesen deckenden Hilfeangebot, das ein aufeinander abgestimmtes System von Beratungsangeboten, → sozialen Diensten und → Einrichtungen (ambulante, teil- und vollstationäre Betreuungsformen) umfassen und dabei eine Beratungsstelle für → alleinstehende Wohnungslose (erforderlichenfalls mit eigenem Angebot zur → Schuldnerberatung und medizinischen/hygienischen Grundversorgung), Unterkunftsangebote, Tagesaufenthaltsstätten, Angebote des → Betreuten Wohnens, Arbeits- und Beschäftigungsangebote aufweisen sollte, wird eine Schaffung zusätzlicher regionaler Einrichtungen allenfalls noch wegen spezieller Bedarfslagen in Betracht kommen (z. B. Schwerpunkteinrichtung für langjährig Wohnungslose, die älter und pflegebedürftig sind).

Zur Sicherung des Hilfeerfolgs ist eine enge Zusammenarbeit zwischen Kommunen, örtlichem und überörtlichem Träger der Sozialhilfe (→ Sozialhilfeträger) und den → Leistungserbringern unverzichtbar. Dieses Erfordernis ergibt sich auch schon daraus, daß – entgegen einem Änderungsvorschlag im Regierungsentwurf zum Sozialhilfereformgesetz – nach § 100 Abs. 1 Nr. 5 BSHG weiterhin die örtlichen Träger für die → Hilfe zum Lebensunterhalt sowie für ambulante Maßnahmen nach § 72 BSHG, für alle stationären und teilstationären Maßnahmen dagegen die überörtlichen Träger zuständig sind und dadurch häufig, vorzugsweise durch Vereinbarungen zu lösende, Abgrenzungsfragen auftreten. Ausführungsgesetze verschiedener Länder zum BSHG machen es außerdem noch erforderlich, bei den Hilfeberechtigten die Zuordnung zu treffen, ob sie »Nichtseßhafte« sind; gegebenenfalls wird nach den entsprechenden Länderbestimmungen eine – grundsätzlich sinnvolle, aber nicht unter Abgrenzung »Nichtseßhafter« – durchgängige sachliche Zuständigkeit beim überörtlichen Träger begründet.

Lit. Bundesarbeitsgemeinschaft der überörtlichen Träger der Sozialhilfe: Rahmenempfehlungen; DV: Wohnungslose; Bundessozialhilfegesetz: (LPK-BSHG); Mergler u. a.: BSHG (Komm.). *Gottfried Eichhoff*

Hilfe zur Weiterführung des Haushalts soll nach § 70 des → Bundessozialhilfegesetzes (BSHG) Personen mit eigenem Haushalt gewährt werden, wenn keiner der Haushaltsangehörigen den Haushalt führen kann und die Weiterführung geboten ist (→ Soll-Leistung). Die Hilfe ist Bestandteil der Leistungsgruppe → Hilfe in besonderen Lebenslagen nach Abschn. 3 BSHG.

Voraussetzung für die Hilfe ist einmal, daß ein eigener Haushalt vorhanden ist. Ein Haushalt in diesem Sinne setzt begrifflich regelmäßig das Vorhandensein von weiteren Personen voraus, die in dem Haushalt nach dem Ausfall der zur Haushaltsführung berufenen Person zu betreuen sind. Ausnahmsweise kann die Hilfe auch bei Einzelpersonen in Frage kommen, wenn die besonderen Umstände des Falles dies rechtfertigen.

Weitere Voraussetzung ist, daß keiner der → Haushaltsangehörigen den Haushalt führen kann. Dabei kommt es nicht nur auf die Fähigkeit zur Haushaltsführung an, sondern auch auf die Zweckmäßigkeit und Zumut-

Hilfsmittel 472

barkeit (enger BVerwG, Urteil vom 5. 6. 1968, BVerwGE 30, 19 = NDV 1969, S. 84).
Schließlich ist Voraussetzung, daß die Weiterführung des Haushalts geboten ist. Dies ist i. d. R. bei alleinstehenden Personen, die sich außerhalb des Haushalts befinden, nicht der Fall, dagegen umgekehrt i. d. R. bei Haushalten mit minderjährigen Kindern. Die Hilfe soll i. d. R. nur vorübergehend gewährt werden (§ 70 Abs. 1 S. 2 BSHG). Für längere Zeiträume muß dagegen die Familie die Weiterführung des Haushalts selbst sicherstellen oder die notwendigen Konsequenzen ziehen. Es handelt sich hierbei jedoch lediglich um eine Soll-Bestimmung, die durch den Zusatz »in der Regel« noch weiter aufgelockert ist. In § 70 Abs. 1 S. 1 BSHG ist ausdrücklich klargestellt worden, daß eine längerdauernde Hilfe vor allem gerechtfertigt ist, wenn durch sie die Unterbringung in einer → Einrichtung vermieden oder verzögert werden kann.
Die Hilfe umfaßt die persönliche Betreuung von Haushaltsangehörigen sowie die sonstigen zur Weiterführung des Haushalts erforderlichen Tätigkeiten (§ 70 Abs. 2 BSHG). Zur persönlichen Betreuung gehören alle Arten der → persönlichen Hilfe, insbes. auch die erzieherische Betreuung, Anleitung und Beaufsichtigung von Kindern. Nicht dazu gehören größere Pflegeverrichtungen, die ihrem Umfang nach zur → Hilfe zur Pflege nach §§ 68 ff. BSHG rechnen. Fallen nur einzelne Funktionen zur Sicherstellung des → Lebensunterhalts (z. B. Einkaufen) oder einzelne Tätigkeiten (z. B. Putzen) an, sind diese der Hilfe nach § 11 Abs. 3 BSHG zuzurechnen (im einzelnen vgl. DV: Abgrenzung).
Die Hilfe kann nach § 71 BSHG in besonderen Fällen auch durch Übernahme der Kosten für eine vorübergehende anderweitige Unterbringung von Haushaltsangehörigen gewährt werden. Die Maßnahmen der → Jugendhilfe haben jedoch gegenüber dieser Vorschrift den Vorrang (§ 10 Abs. 2 S. 1 → Kinder- und Jugendhilfegesetz [KJHG – SGB VIII]).
Die Hilfe soll in erster Linie durch nahestehende Personen (Verwandtschaftshilfe) oder im Wege der → Nachbarschaftshilfe sichergestellt werden (§ 70 Abs. 3 i. V. m. § 69 BSHG). In diesen Fällen sind die angemessenen Aufwendungen der Hilfeperson zu erstatten (jedoch kann grundsätzlich kein Arbeitsentgelt bezahlt werden; so BVerwG, Urteil vom 2. 9. 1993, BVerwG 94, 122 = NDV 1994, 311); auch können angemessene → Beihilfen gewährt und Beiträge der Hilfeperson für eine angemessene Alterssicherung übernommen werden. Ist die Heranziehung einer fremden Kraft (insbes. einer Kraft der → Familienpflege/→ Hauspflege oder einer → Dorfhelferin) notwendig, sind die angemessenen (i. d. R. die vollen) Kosten hierfür zu übernehmen.

Für den → Einsatz des Einkommens gilt die allgemeine → Einkommensgrenze nach § 79 BSHG. Hilfeempfänger (→ Hilfeempfänger/Hilfesuchender) ist bei dieser Hilfeart – abweichend von den übrigen Hilfearten der Sozialhilfe – nicht die Person, der die Hilfe zugute kommt (der einzelne Haushaltsangehörige), sondern die »Person mit eigenem Haushalt«, also der → Haushaltsvorstand.
Nach dem Grundsatz des → Nachrangs der Sozialhilfe gehen andere Leistungen der Hilfe nach §§ 70, 71 BSHG vor, insbes. die → Haushaltshilfe der → Krankenversicherung nach § 38 SGB V (→ Sozialgesetzbuch [SGB]) und die Betreuung und Versorgung des Kindes in Notsituationen nach § 20 KJHG.
Lit. DV: Abgrenzung; Najda: Weiterführung; Schellhorn: Hauspflege.

Walter Schellhorn

Hilfsmittel Nicht ganz einheitlicher Begriff innerhalb der medizinischen Leistungen zur → Rehabilitation (→ Medizinische Rehabilitation), § 29 Abs. 1 Nr. 1 Buchst. d → Sozialgesetzbuch – Allgemeiner Teil – (SGB I), § 10 Nr. 4 → Rehabilitationsangleichungsgesetz (RehaAnglG). Es wird dabei zwischen orthopädischen und anderen H. unterschieden.
Die Versorgung mit → Körperersatzstücken sowie mit orthopädischen oder anderen H. gehört zu den Maßnahmen der → Eingliederungshilfe für Behinderte (§ 40 Abs. 1 Nr. 2 → Bundessozialhilfegesetz [BSHG]). § 9 Abs. 1 → Eingliederungshilfe-Verordnung (EinglHVO) enthält eine Definition der »anderen H.«. Diese beschränken sich nach ihr auf »solche H., die dazu bestimmt sind, zum Ausgleich der durch die Behinderung bedingten Mängel beizutragen«. Damit sind die anderen H. eindeutig von den der Behandlung dienenden → Heilmitteln abgegrenzt, eine Abgrenzung, die auch für die orthopädischen H. zu beachten ist. Der Kreis der anderen H. ist weit gezogen. Zu ihnen gehören etwa auch besondere Bedienungseinrichtungen und Zusatzgeräte für Kraftfahrzeuge und Gebrauchsgegenstände des täglichen Lebens und zur nichtberuflichen Verwendung bestimmte Hilfsgeräte für Behinderte, wenn der Behinderte wegen Art und Schwere seiner Behinderung auf ein Kraftfahrzeug oder/und auf diese Gegenstände angewiesen ist (§ 9 Abs. 2 Nr. 11 und 12 EinglHVO). Die Hilfe zur Beschaffung eines Kraftfahrzeugs gilt als Hilfe i. S. d. § 40 Abs. 1 Nr. 2 BSHG (§ 8 Abs. 1 S. 1 EinglHVO). Sie ist in angemessenem Umfange bei Angewiesenheit des Behinderten auf die Benutzung eines Kraftfahrzeugs zum Zwecke seiner Eingliederung, vor allem in das Arbeitsleben, zu gewähren (§ 8 Abs. 1 S. 2 EinglHVO).
Die Versorgung mit Körperersatzstücken und H. nach § 40 Abs. 1 Nr. 2 BSHG umfaßt

auch notwendige Unterweisung in ihrem Gebrauch, notwendige Instandhaltung oder Änderung sowie erforderliche erneute Versorgung (§ 10 Abs. 1, 3 S. 1, 4 EinglHVO). Es gilt weitgehend die besondere → Einkommensgrenze des § 81 Abs. 1 BSHG, nämlich dann, wenn der Hilfesuchende zum Personenkreis mit Anspruch auf Eingliederungshilfe gehört und es sich um Körperersatzstücke oder größere H., d. h. H., deren Preis mindestens 350 DM beträgt (§ 1 Abs. 1 Verordnung zur Durchführung des § 81 Abs. 1 Nr. 3 BSHG), handelt (§ 81 Abs. 1 Nr. 3 BSHG). Soweit jedoch der Gebrauch von Körperersatzstücken und H. – wie wohl jedenfalls i. d. R. – für mindestens ein Jahr bestimmt ist, kann in angemessenem Umfang auch der Einsatz von → Einkommen über der Einkommensgrenze, das innerhalb eines Zeitraums von bis zu 3 Monaten nach Ablauf des Monats, in dem über die Hilfe entschieden worden ist, erworben wird, verlangt werden (§ 84 Abs. 3 BSHG). Für die Versorgung mit Körperersatzstücken und größeren H. ist der überörtliche → Sozialhilfeträger sachlich zuständig (§ 100 Abs. 1 Nr. 2 BSHG → Zuständigkeit, sachliche und örtliche).

Im Rahmen der gesetzlichen → Krankenversicherung, der bei der Körperersatzstücke- und H.versorgung eine besondere Bedeutung zukommt, besteht Anspruch auf Versorgung mit Seh- und Hörhilfen, Körperersatzstücken, orthopädischen und anderen H., »die im Einzelfall erforderlich sind, um den Erfolg der Krankenbehandlung zu sichern oder eine Behinderung auszugleichen, soweit die H. nicht als allgemeine Gebrauchsgegenstände des täglichen Lebens anzusehen oder nach § 34 Abs. 4 ausgeschlossen (vgl. Verordnung über H. von geringem therapeutischen Nutzen oder geringem Abgabepreis in der gesetzlichen Krankenversicherung vom 13. 12. 1989 [BGBl. I S. 2 237]) sind« (§ 33 Abs. 1 S. 1 SGB V – Gesetzliche Krankenversicherung). Er »umfaßt auch die notwendige Änderung, Instandsetzung und Ersatzbeschaffung von H. sowie die Ausbildung in ihrem Gebrauch« (§ 33 Abs. 1 S. 2 SGB V). Die Kosten des Brillengestells werden nicht mehr übernommen (§ 33 Abs. 1 S. 3 SGB V).

Lit. AOK u. a.: Hilfsmittelkatalog; Dahlinger: Eingliederung; Gerlach, W.: Therapien.
Hans-Gerd Ronge

Hinterbliebenenrenten Bei Ausfall eines Unterhaltsträgers durch Tod gewähren die → Rentenversicherungen einschließlich der → Alterssicherung für Landwirte, die → Unfallversicherung, die Träger der Versorgung nach dem → Bundesversorgungsgesetz (BVG) einschließlich des Gesetzes zur Entschädigung der Opfer von Gewalttaten und dem Bundesentschädigungsgesetz (BEG) sowie der Träger der Unterhaltssicherung nach dem → Unterhaltssicherungsgesetz (USG) den Hinterbliebenen des Verstorbenen Renten, wenn dieser die entsprechenden Voraussetzungen (Erfüllung der → Wartezeit in der Rentenversicherung; Tod durch Unfall, Beschädigung, Verfolgung oder Wehrdienst in den anderen Systemen) erfüllt hat. Den H. kommt nach überwiegender Ansicht Unterhaltsersatzfunktion zu; bei den einkommensorientierten Systemen (Unfallversicherung, Rentenversicherung) hat die Hinterbliebenensicherung als einkommensorientierte Sicherung zum Ziel, durch diese Unterhaltsersatzleistungen den bisherigen Lebensstandard der Familie aufrechtzuerhalten – ein Ziel, das insbes. bei der Rentenversicherung gegenwärtig nicht erreicht wird (→ Rentenreform).

Der Kreis der gesicherten Angehörigen war in den einzelnen Systemen unterschiedlich. Witwen und Waisen (→ Witwenrente, → Waisenrente) sind immer und unbedingt in die Sicherung einzubezogen; Witwer waren früher – mit Ausnahme der Unterhaltssicherung nach dem USG – nur unter eingeschränkten Voraussetzungen von der abgeleiteten Sicherung erfaßt (→ Witwerrente). Diese Regelung verstieß nach einer Entscheidung des → Bundesverfassungsgerichts (BVerfGE 39, 169) gegen den Gleichbehandlungsgrundsatz (→ Gleichheits[grund]satz). Die unterschiedlichen Voraussetzungen für Witwer- und Witwenrenten in der gesetzlichen Renten- und Unfallversicherung sind nunmehr durch das Gesetz zur Neuordnung der Hinterbliebenenrenten sowie zur Anerkennung von Kindererziehungszeiten in der gesetzlichen Rentenversicherung (BGBl. 1985 I S. 1450) beseitigt worden. Seit dem 1. 1. 1986 erhält der hinterbliebene Ehegatte eines Versicherten eine unbedingte, abgeleitete H. Allerdings ruht diese H., soweit der Hinterbliebene anrechenbares Einkommen erzielt.

Durch die Ehescheidungsreform ist 1977 die abgeleitete Sicherung im Falle der Scheidung abgelöst worden durch den Versorgungsausgleich, durch den eigene Anwartschaften des Ausgleichsberechtigten geschaffen werden. Der wachsende Anteil eigener Anwartschaften von Frauen (durch eigene Erwerbstätigkeit, durch Kindererziehungszeiten und durch Versorgungsausgleich) führt dazu, daß die Hinterbliebenenrenten an sozialpolitischer Bedeutung verlieren. Sie werden jedoch für eine nicht absehbare Zeit notwendig bleiben.

Das → Rentenreformgesetz 1992 (RRG 1992) fügte die rentenversicherungsrechtliche Hinterbliebenenversorgung ohne wesentliche materiellrechtliche Änderungen in das → Sozialgesetzbuch (SGB) ein. Danach werden ab 1. 1. 1992 Renten wegen Todes (§§ 46 ff. SGB VI) unter Anrechnung eigenen Einkommens des Hinterbliebenen nach Maßgabe von § 97 SGB V gezahlt.

Mit Ausnahme der Rentenversicherung sind auch Eltern sowie unter bestimmten Bedingungen Stief- und Pflegeeltern in den Schutz einbezogen. Nur im Unterhaltssicherungsrecht werden Geschwister als »sonstige Angehörige« berücksichtigt. Geschwister können jedoch ebenso wie Enkel, → Stief- und → Pflegekinder sowie → nichteheliche Kinder als »Kinder« angesehen werden und als solche Waisenrente erhalten.
Lit. Krause, P. u.a.: SGB (Komm.); Kretschmer u.a.: SGB (Komm.); Lauterbach: Unfallversicherung; Miesbach u.a.: Reichsknappschaftsgesetz (Komm.); Noell: Altershilfe; Ruland: Unterhalt; Schönleiter u.a.: Bundesversorgung; Verband Deutscher Rentenversicherungsträger: RVO (Komm.). *Bernd von Maydell*

HIV-Infektion → AIDS

Homosexualität Im 19. Jh. auftretende Bezeichnung für die sexuelle Anziehung zwischen Personen des gleichen Geschlechts, die sich international durchgesetzt hat. Allerdings wird die Kategorie in der wissenschaftlichen Literatur nicht einheitlich verwendet. Zumeist wird sie nur im Hinblick auf jene Personengruppe gebraucht, die auch umgangssprachlich als Homosexuelle bezeichnet werden. Das führte zu der falschen Auffassung, die H. habe nur für jene Menschen eine Bedeutung, welche sich als Erwachsene mehr oder weniger ausschließlich homosexuell verhalten. Die Kategorie H. zielt indes auf eine in der menschlichen Anlage bereitliegende Möglichkeit, die im Leben aller Menschen, wenn auch in unterschiedlicher Art und Weise, ihre Dynamik entfaltet.
Umstritten ist bis heute, wie es zum Aufbau jener besonderen und sozial imponierenden Form der H. kommt, wie sie das Leben der Homosexuellen kennzeichnet. Nicht bestätigt werden konnte bisher die Hypothese, die manifeste und persistierende H. ginge auf ein konstitutionelles, biologisches Substrat zurück. Durchgesetzt hat sich dagegen weitgehend die von der → Psychoanalyse vertretene These von der frühkindlichen Genese der H. Ihr zufolge wird in der primären → Sozialisation eine psychische Disposition verankert, welche später eine gleichgeschlechtliche Objektwahl gewissermaßen erzwingt. Manifest und bewußtseinsfähig wird die frühkindliche Disposition i.d.R. während der → Adoleszenz; in einigen Fällen auch in späteren Lebensjahren. Eine Verführung durch homosexuelle Erfahrungen in der Jugend gibt es nicht. Ohne entsprechende psychische Disposition wird also niemand durch »pubertäre homosexuelle Kontakte« zum Homosexuellen.
Die Lebensphase, während der sich die psychische Disposition manifestiert und sozial verankert werden muß, wird als homosexuelles »coming out« bezeichnet. Begleitet ist das coming out häufig von heftigen Konflikten, weil sowohl die endgültige psychische Integration als auch die soziale Verankerung der H. durch die → Stigmatisierung der Homosexuellen erheblich erschwert wird. Die bis vor kurzem gängige Klassifizierung der H. als psychische Störung wurde unter dem Eindruck der Resultate neuerer klinischer und soziologischer Studien fast überall zurückgenommen. Die H. wird inzwischen als eine Variante der Sexualität angesehen, die ebensowenig bzw. ebensosehr pathologisch bzw. nicht pathologisch ist wie die Heterosexualität.
Lit. Dannecker: Homosexualität; Dannecker u.a.: Homosexuelle; Fritz, U. u.a.: Homosexualität; Isay: Schwul; Lautmann: Gesellschaft; Morgenthaler: Homosexualität; Siegel: Homosexualität. *Martin Dannecker*

Hörbehinderte Der Begriff ist nicht eindeutig festgelegt. Bei manchen Autoren steht er synonym für Schwerhörige. Andere verwenden ihn als Oberbegriff für hörbeeinträchtigte Menschen jeder Art und aller Schweregrade, also sowohl für schwerhörige als auch gehörlose (taube) Menschen; in diesem Sinne wird der Begriff hier gefaßt. Schwerhörige sind Menschen, deren Gehör reduziert ist, die aber zusammenhängende Sprache noch hörend aufnehmen können. Schwerhörige Kinder fallen durch ein »verwaschen« klingendes, mit Stammelfehlern durchsetztes Sprechen auf. Diesen Auffälligkeiten begegnet die Schwerhörigenpädagogik durch Hörtraining, Artikulationskorrektur und Absehschulung. Auch jugendliche und erwachsene Schwerhörige brauchen – neben elektroakustischer Schallverstärkung – dieses Training als erwachsenenpädagogische Hilfen (Absehund Sprachpflegekurse).
Gehörlose können Sprache im Satzzusammenhang nicht mehr über das Gehör aufnehmen; etwa verbliebene Hörreste reichen dazu nicht aus. Damit sie nicht stumm bleiben, müssen gehörlose Kinder durch frühestmögliche Hausspracherziehung (im 1. Lebensjahr beginnend) absehen und sprechen lernen. Die Sprachbildung wird im Gehörlosenkindergarten bzw. in der Gehörlosenschule fortgesetzt und durch systematisierten Gebärdengebrauch ergänzt. In besonders günstigen Fällen wird ein sprachliches Niveau erreicht, das eine weiterführende Bildung gestattet (Realschulklassen für Gehörlose); viele gehörlose Jugendliche streben Facharbeiterberufe mit Erfolg an. Im Erwachsenenalter brauchen Gehörlose zur Erhaltung ihrer Lautsprachkompetenz spezielle Erwachsenenbildungsmaßnahmen in der Form von Sprachpflegekursen. Das gilt auch für jene Gehörlosen, die erst nach der Schulzeit ertaubt sind (Spätertaubte).
Lit. Jussen u.a.: Hörgeschädigte.
Gerhard Heese

Hörstumme sind Kinder mit einer extremen Form der Spracherwerbsstörung (→ Sprachbehinderte). Das Gehör ist normal, und sie können die Lautsprache gut verstehen. Jedoch scheint die Entwicklung des Sprechens auszubleiben (Alalia prolongata). Nicht ausgeschlossen ist es, daß einige wenige Lallwörter (Mama; hamham für essen u. ä.) geäußert werden können. Die diagnostische Abgrenzung zur Taubheit (Hörprüfung) und zur geistigen Behinderung (z. B. mit der Snijders-Oomen-Skala, einem spracharmen → Intelligenztest) ist möglich. Die → Sprachtherapie ist vielseitig; sie schließt motorische Förderung und rhythmisch-musikalische Erziehung ein. Sie soll so früh wie möglich (d. h. nach gesicherter Diagnose) beginnen und kann in der Haussprachererziehung (Einzelförderung), im Sprachheilheim oder im Sprachheilkindergarten vor sich gehen. *Gerhard Heese*

Hort Mit dem Inkrafttreten des → Kinder- und Jugendhilfegesetzes (KJHG – SGB VIII) erhielt der H. zum ersten Mal in seiner über 100jährigen Geschichte in § 22 den Rechtsstatus einer Tageseinrichtung für Kinder. Ihm wird die Aufgabe der Betreuung, Bildung (→ Bildung/Bildungswesen) und → Erziehung von Kindern zwischen 6 und 14 Jahren zugeschrieben mit dem Ziel, diese bei der Entwicklung zu eigenverantwortlichen und gemeinschaftsfähigen Persönlichkeiten zu fördern. Der H. stellt ein familienergänzendes, schulbegleitendes und freizeitgestaltendes Angebot dar, dessen Konzeption und pädagogische Arbeit sich an den Bedürfnissen der Kinder und ihrer Familien orientiert.
Trotz dieser modernen definitorischen Zielsetzungen und Funktionszuschreibungen hat der H. in Kinder- und Jugendhilfeplanung bis heute noch nicht den ihm gebührenden Stellenwert erlangt. Die Versorgung mit H.plätzen ist in der Bundesrepublik Deutschland nach Bundesland und Region sehr unterschiedlich; der H. ist noch immer vorrangig eine Einrichtung von Städten und Industrieregionen. Die Ermittlung des → Bedarfs an Hortplätzen erfolgt überwiegend aufgrund der Nachfrage und nach arbeitsmarktorientierten Kriterien (Berufstätigkeit der Eltern). Insgesamt besteht ein chronisches Defizit an Platzangeboten. Die oft dadurch bedingte Aufnahme von Kindern nach sozialen Gesichtspunkten (Kinder von → Alleinerziehenden, Kinder aus unterstützungsbedürftigen Familien und konfliktanfälligen Milieus) verursacht die Negativklischees, die dem H. nach wie vor anhaften. Diese dürften ferner in der Geschichte des H. begründet sein.
Er hat seinen Ursprung in den Bewahranstalten und Arbeitsschulen des 18. und 19. Jh., die dazu dienten, jene Kinder zu verwahren und zu betreuen, deren Lebenszusammenhang durch die Fabrikarbeit der Eltern im Zuge der Industrialisierung gestört war und die infolgedessen zu verwahrlosen drohten; zum anderen waren diese Einrichtungen in einer vorwiegend auf das Arbeitsleben ausgerichteten Bildungsidee geprägt, deren zentrales Anliegen in der Vermittlung von Arbeitshaltung und Arbeitstechniken bestand. Später wurde dem H. häufig die alleinige Funktion einer den schulischen Unterricht ergänzenden und unterstützenden Institution zugedacht (Hausaufgabenhilfe, Vertiefung des Unterrichtsstoffes, Kompensierung von Lern-, emotionalen und sozialen Defiziten).
Auch wenn diese früheren Funktionsbestimmungen die Horterziehung bis heute noch prägen, setzt sich zunehmend ein sozialpädagogisches Verständnis durch. Im H. geschieht die Initiierung und Förderung von Sozialisationsprozessen (→ Sozialisation) von Kindern im Schulalter durch situationsorientierte Hilfestellung (→ Situationsansatz) und Unterstützung bei ihrem Bestreben, eine eigenständige Persönlichkeit zu werden und in der Auseinandersetzung mit der sie umgebenden Mit- und Umwelt eine Identität zu gewinnen. Der H. bietet ein erzieherisches Milieu, in dem die Heranwachsenden ihre Beziehungsfähigkeit entwickeln, ihre Interessen artikulieren, die Lösung von → Konflikten einüben und Orientierung für den Umgang mit der Freizeit- und Konsumwelt finden können, in dem sie Anleitungen zur Selbstbestimmung, zu sozialem Engagement und zu gesellschaftlicher Mitverantwortung sowie Möglichkeiten zur Erprobung eigenständiger Formen der Lebensgestaltung erhalten. Der H. zeichnet sich durch die Kontinuität seiner pädagogischen Arbeit und durch feste Rahmenbedingungen aus.
Um diesen Ansprüchen gerecht zu werden, haben sich in jüngster Zeit Konzeptionen und Organisationsformen des H. ausdifferenziert, indem der H. beispielsweise als integrierter Bestandteil von Tageseinrichtungen für Kinder gilt, in denen eine Kombination verschiedener Angebotsformen unter einem Dach realisiert wird. Die Öffnung zur Schule und zu anderen institutionellen Betreuungsangeboten (Kooperation und Vernetzung) sowie zur unmittelbaren → Lebenswelt der Kinder (Stadtteilaktivitäten, Umwelterfahrungen, Exkursionen) bestimmt zunehmend die konzeptionelle Ausrichtung der Horte. Vielerorts haben sich neue Formen dauerhafter pädagogischer Zusammenarbeit mit Familie und Schule entwickelt. Der H. stellt heute nur eine Institution innerhalb eines breiten Spektrums von Angeboten zur außerschulischen Betreuung, Bildung und Erziehung von Kindern zwischen 6 und 14 Jahren dar (schulische und schulnahe Modelle, Vereine und Verbände, Freizeitclubs und Interessengemeinschaften, Kinder- und Jugendhäuser kommunaler und kommerzieller Anbieter).

Ihnen gegenüber wird der H. sein spezifisches Profil und seine Vorzüge behaupten müssen.
Lit. Berry u.a.: Handbuch; Briel u. a.: Horte; Frank, K. u.a.: Hort; Huppertz u.a.: Hort.
Matthias Hugoth

Hospitalismus Ursprüngliche Bezeichnung für Schädigungen bei Kindern infolge von Erziehung in → Anstalten bzw. Heimen, vornehmlich in → Säuglingsheimen und Kleinstkinderheimen, während der ersten Lebensjahre. Als besonders kritische Periode gilt die Zeit zwischen dem 6. und 10. Lebensmonat, da sich in dieser Zeit die Beziehung zur Mutter entwickelt und festigt. Es bleiben nur schwer zu korrigierende → Verhaltensauffälligkeiten und Schädigungen zurück, die als »Asozialitätssyndrom des hospitalisierten Kindes« bezeichnet werden: Hochgradige Infantilität des Verhaltens; unermüdliches Streben nach Beachtung durch Erwachsene; »Riesenansprüche« hinsichtlich Kontakt, Beachtung, Besitz; Neigung zu Trotzreaktionen bei frustriertem Kontaktstreben; grundlose sadistische → Aggressivität gegen Gleichaltrige; infantile Arbeitshaltung, die nur durch unmittelbare individuelle Beachtung kurzfristig überwunden werden kann; fehlende Gewissens- und Hemmungsbildung; Fehlen jeglichen positiv gerichteten Gruppeninteresses; weitgehende Unansprechbarkeit durch die normalen Methoden der Gruppensteuerung und Gruppenpädagogik; Verhaftetbleiben in frühkindlichen oralen und analen Verhaltensweisen wie Daumenlutschen, Bettnässen, Masturbieren.
In einem weiter gefaßten Sinne bezeichnet der Begriff H. auch Störungen, die auf »frustrierende« Erfahrungen (→ Frustration) während der ersten Lebensjahre zurückzuführen sind, d.h. auf eine mangelhafte → frühkindliche Erziehung und langzeitige Versagenserlebnisse hinsichtlich wesentlicher Grundbedürfnisse, mangelhafte sprachliche, soziale und emotionale Anregungen (Stimulation). Wesentliche Ursachen sind fehlende, ungenügende oder gestörte Mutter-Kind-Beziehungen, keine ausreichende und kontinuierliche Zuwendung, z.B. infolge völlig zerrütteter Familienverhältnisse, Überbelastung, Gleichgültigkeit oder Alkoholismus der Mutter oder Ablehnung durch sie.
Im späteren Leben werden Verhaltensauffälligkeiten sichtbar, welche die → Sozialisation stark beeinträchtigen.
Lit. Langmeier u.a.: Deprivation; Martin: Verhaltensgestörte; Schenk-Danzinger: Entwicklungspsychologie; Schmidle u.a.: Sozialisationsfeld; Spitz: Hospitalism.
Klaus-Rainer Martin

Hospiz(-bewegung) Die H. leistet Lebenshilfe und → Sterbebegleitung, auch über längere Zeitphasen. Sterbenden soll so geholfen werden, daß sie die ihnen verbleibende Lebenszeit so inhaltsvoll wie möglich entsprechend ihren individuellen Wünschen gestalten können. Die Leistungen der H. verbinden mit der Außenwelt und grenzen nicht von ihr ab. Sie werden zu Hause in der gewohnten Umgebung ebenso wie in stationären Einrichtungen (Hospize) erbracht.
Die Begleitung einschließlich Pflege und Unterstützung im häuslichen Bereich sowie Lebenshilfe im Endstadium des Lebens, das durch Krankheit und Leid geprägt ist, leistet zentral eine Auseinandersetzung mit dem Prozeß des Sterbens und mit dem Tod. Im Vordergrund steht die ganzheitliche mitmenschliche Begleitung, wobei im Hospiz unter anderem die Ärztin/der Arzt, die Pflegekraft, die Psychologin/der Psychologe, die Sozialarbeiterin/der Sozialarbeiter einen wichtigen gemeinsamen Beitrag leisten können.
Schmerzkontrolle, unter besonderer Beachtung der Nebenwirkungen, die Medikamente und ihre Dosierungen hervorrufen, ist ein zentrales Anliegen der H. Solange das Leben dauert, soll es mit Hilfe der Leistungen der H. mit möglichst wachem Verstand und mit dem möglichen Maß an Aktivität und an sozialer Kommunikation gelebt werden können. Bekannt und daher mit hoher Aufmerksamkeit zu bedenken ist die Abhängigkeit des Erlebens der körperlichen Verfassung von der psychosozialen Zuwendung und der umgebenden Atmosphäre.
Teil der Sterbebegleitung ist die Betreuung und die Einbeziehung von Angehörigen und Freunden.
Phasen der Sterbebetreuung in der Institution können sich mit Phasen der Sterbebetreuung in der eigenen Wohnung, mit Hilfe und durch das Personal der H. abwechseln. Auch die letzte Lebensphase kann in der eigenen Wohnung erlebt werden, sofern die Umstände dieses zulassen.
Nomenklatur des Deutschen Vereins

Humangenetik → Genetik

Humanistische Psychologie 1962 in den USA begründet, wird sie seitdem als dritte Kraft zwischen → Psychoanalyse und behavioristischer Psychologie bezeichnet. Als geistiger Vater gilt der Motivationspsychologe Maslow (1908–1970). Aus der H. P. ist inzwischen auch außerhalb der USA eine bedeutsame Bewegung geworden, in der sich die Unzufriedenheit sowohl am biologistischen Determinismus der Psychoanalyse als auch an dem nur auf sichtbarem, meßbarem → Verhalten basierenden, reduzierten Menschenbild des → Behaviorismus artikuliert. Die h. P. als verstehende Wissenschaft bemüht sich in Abhebung vom vorwiegend positivistischen Wissenschaftsbetrieb (→ Positivismus), die in Mißkredit geratenen Methoden der → Psychologie wie

Introspektion, → Lebenslaufforschung, Selbstdarstellung oder Einzelfallstudie wieder zu rehabilitieren und für die wissenschaftliche Erforschung des Menschen nutzbar zu machen. Damit wird die Bedeutung des Individuums gegenüber dem statistischen (Durchschnitts-)Menschen der herkömmlichen Psychologie stärker betont. Politisch steht sie systemverändernden Reformen in unseren Industriegesellschaften kritisch gegenüber. Eine Beseitigung etwa krankmachender Lebensbedingungen in unserer Gesellschaft (Schule, Arbeitsplatz etc.) hält sie nur dann für realistisch, wenn genügend autonome und sozial verantwortliche Individuen vorhanden sind, die solche gesellschaftlichen Aufgaben übernehmen und gewährleisten können.
Die von der h. P. beeinflußten Therapieformen, z. B. die → Gesprächspsychotherapie, → Gestalttherapie und → Logotherapie, betrachten auch den neurotischen Menschen (→ Neurose) als ein Wesen, das nach Sinn und Selbstverwirklichung strebt. Nicht die Erforschung unbewußter seelischer Vorgänge (→ Unbewußtes) wie bei der Psychoanalyse, sondern die Schärfung des → Bewußtseins für innere Erfahrungen steht im Vordergrund. → Psychotherapie wird als Lernerfahrung betrachtet, die nicht von außen gesteuert ist, sondern die dem Individuum innewohnenden, auf Selbstheilung zielenden Kräfte unterstützt. Die Vorstellungen der h. P. drücken sich auch in der seit einigen Jahren zu beobachtenden Tendenz aus, die sachliche Ausbildung von Psychologen und Sozialarbeitern mit der Entfaltung personaler und → sozialer Kompetenz über die Teilnahme an → Selbsterfahrungsgruppen zu verbinden.
Die h. P. hat als eigener theoretischer psychologischer Ansatz im zurückliegenden Jahrzehnt an Bedeutung verloren. Grundgedanken und Menschenbild der h. P. sind jedoch nach wie vor elementarer Bestandteil der nach ihr genannten drei Psychotherapieformen (s. o.) oder bereichern etwa die Möglichkeiten psychologisch orientierter Kunstbetrachtung.
Lit. Bühler, C. u. a.: Humanistische Psychologie; Franzen: Menschbetrachtungen; Graumann, C. F.: Psychologie; Maslow: Psychologie; Völker: Menschen. *Heinz-Jörg Fraßa*

Hypochondrie Eine übertriebene, sachlich nicht gerechtfertigte Besorgnis um die eigene Gesundheit, die mit einer ständigen ängstlichen Selbstbeobachtung einhergeht. Keine abgrenzbare Krankheit, sondern ein Symptom oder → Syndrom, das sowohl bei neurotischen (→ Neurose) als auch bei psychotischen (→ Psychose) Störungen begleitend oder im Vordergrund stehend anzutreffen ist. Charakteristisch ist der Verlust der gesunden Unbefangenheit den Körperfunktionen gegenüber. In schweren Fällen wahnhafte hypochondrische Ideen wie Syphilophobie oder Krebsphobie (→ Phobien, → Wahn). Der Kranke ist völlig unkorrigierbar, er fahndet nach neuen Krankheitssymptomen wie der Wahnkranke nach Indizien doch.
Vieles spricht dafür, daß die hypochondrische Reaktion einen Abwehrvorgang darstellt, durch den verleugnete Konflikte und Gefühle abgewehrt werden (→ Abwehrmechanismen): Durch die → Projektion z. B. von Aggression in das Körperliche gelingt es, konfliktträchtige innerpsychische und zwischenmenschliche Situationen zu verleugnen bzw. zu vermeiden.
Lit. Chrzanowski: Hypochondrie; Mentzos: Konfliktverarbeitung. *Stavros Mentzos*

Hypothese H. sind Vorannahmen über Bedingungszusammenhänge. Als wissenschaftliche H. müssen sie einige formale Kriterien erfüllen. In diesem Sinne sind sie empirisch überprüfbare Vorannahmen über den Zusammenhang zwischen unabhängigen – also determinierenden – → Variablen und abhängigen – also determinierten – Variablen. Der unterstellte Zusammenhang darf sich nicht auf einmalige oder zufällige Kontingenzen zwischen den Variablen beziehen, sondern muß eine berechenbare Regelhaftigkeit aufweisen.
Forschungsh. können nur dann als empirisch überprüfbar angesehen werden, wenn sie als Beobachtungssätze formuliert sind, deren Richtigkeit oder Unrichtigkeit anhand exakter → Beobachtung, → Messung, → Befragung mittels standardisierter Verfahren oder genauer → Inhalts- und Dokumentenanalyse überprüft werden kann.
Als regelhaft kann der Zusammenhang zwischen Determinanten und Determiniertem dann angesehen werden, wenn die Häufung des raum-zeitlichen Zusammentreffens von mindestens zwei Variablen nicht mehr durch den bloßen Zufall erklärt werden kann, das Ergebnis also signifikant (→ Signifikanz) ist. Die Regelhaftigkeit ist bei sozialwissenschaftlichen Untersuchungen im Gegensatz zu den Naturwissenschaften niemals absolut, sondern kann lediglich als Wahrscheinlichkeitstendenz beschrieben werden.
Die Grenzen, innerhalb deren H. als »richtig« unterstellt werden können, beruhen auf Konventionen. Sie sind also wissenschaftliche Vereinbarungen. Die Prüfung der H. zielt im übrigen nicht auf den Beweis, daß der angenommene Bedeutungszusammenhang richtig ist, sondern darauf, daß er nicht widerlegt werden kann (Falsifikationsprinzip nach Popper). Eine H. hat nur so lange Gültigkeit, solange sie nicht widerlegt werden kann.
H. können entweder auf induktivem Weg durch Beobachtung, → Explorationen bzw. Dokumente gewonnen oder aus Axiomen deduziert werden. Sogenannte Generalh., die auf einer hohen Abstraktionsstufe for-

muliert sind, erfordern die Ableitung von konkreteren Subh., um auf diese Weise der empirischen Überprüfung zugänglich gemacht zu werden. H., die auf der Grundlage qualitativer Untersuchungen induktiv gewonnen werden, werden anhand logischer Kriterien validiert. (→ Validität). H., die mittels standardisierter Instrumente operationalisiert wurden, werden mittels wahrscheinlichkeitstheoretischer – also statistischer – Methoden überprüft.
Sozialarbeiter arbeiten sowohl in ihrer diagnostisch-begutachtenden als auch in der beratenden und intervenierenden Arbeit ständig mit – meist alltagstheoretisch formulierten – H. Im diagnostisch-begutachtenden Bereich formulieren sie Erklärungsh. – etwa über die Enstehungsbedingungen devianter Karrieren im JGH-Bericht. In der intervenierenden und beratenden Arbeit formulieren sie explizit oder implizit H. über die wahrscheinlichen Interventionseffekte (→ Intervention).
In der praktisch diagnostischen (→ Diagnose) oder beratend-intervenierenden Arbeit (→ Beratung) wird gern auf die in den psychologischen oder soziologischen Modellen entwickelten General- oder Omnibus-H. (= alles erklärende H.) zurückgegriffen. So z. B. auf die »Broken-Home-H.«, nach der verschiedenartige Devianzprobleme aus gestörten Familienverhältnissen erklärt werden.
Solche Omnibus-H. sind praktisch unbrauchbar, weil sie keine Differenzialkriterien benennen können, nach denen es im einen Fall zu Suchtproblemen, in einem anderen Fall zu → Delinquenz, in einem dritten Fall zu depressiven Zuständen kommt.
Sozialarbeiter sind immer dann zur Formulierung eigener H. gezwungen, wenn ihnen im Zusammenhang mit richterlichen Entscheidungen Prognosen oder ätiologische Feststellungen abverlangt werden.
I. d. R. ist festzustellen, daß sozialarbeiterische H. eher dem Kriterium der subjektiven Evidenz oder des »common sense« folgen als dem Kriterium der Falsifizierbarkeit.

Manfred Laimer

Hysterie (aus dem altgriechischen hystera = Gebärmutter). Bereits in der hippokratischen Medizin benutzte Bezeichnung für psychogene Körperstörungen. Es gibt drei Gruppen hysterischer Phänomene: a) körperliche Funktionsstörungen wie »Lähmungen«, Taubheit usw. (ohne jeden organischen Befund), b) psychische Funktionsstörungen wie abgegrenzte (Pseudo-)Gedächtnisstörungen und Bewußtseinsstörungen und c) bestimmte Charakterzüge und Verhaltensweisen im Rahmen des hysterischen Charakters (u. a. Tendenz zur Dramatisierung, Emotionalisierung, Suggestibilität, Theatralik). Es ist das Verdienst Freuds, die Bedeutung unbewußter Vorgänge für die Entstehung hysterischer Phänomene aufgedeckt zu haben (→ Unbewußtes). Die → Psychoanalyse hat praktisch mit dieser Entdeckung (1893) begonnen.
Heute wissen wir, daß es sich bei den körperlichen hysterischen Erscheinungen weder um gynäkologische noch neurologische noch sonstige organische Störungen, sondern um den symbolhaften Ausdruck verdrängter → Affekte, Gefühle (→ Emotion) und → Konflikte in einer Körpersprache handelt (Konversion). Während Freud das Hysterische nur im Zusammenhang mit den Konflikten der ödipalen Phase (→ Ödipuskomplex) sah, beginnt man heute zu erkennen, daß der hysterische Modus der Konfliktverarbeitung auch bei anderen Konfliktarten auftritt und daß die H. keine abgrenzbare Neuroseform (→ Neurose) ist.
Das Gemeinsame aller hysterischen Phänomene scheint zu sein, daß der Betroffene beim Versuch einer neurotischen Scheinlösung des Konfliktes sich unbewußt als etwas anderes darstellt, als er tatsächlich ist. Diese Auffassung erklärt auch die erhebliche Kulturabhängigkeit des Erscheinungsbildes (die klassischen hysterischen Bilder der Jahrhundertwende sind sehr selten, dafür jedoch andere, »feinere« Formen häufiger geworden). Das ICD-10 (→ Klassifikationssysteme psychischer Störungen) vermeidet die Bezeichnung H. Die hier gemeinten psychischen Störungen werden unter »F 44« als dissociative Störungen (Konversionsstörungen) zusammengefaßt. Bei dem DSM-III-R heißt es allerdings (noch): Conversions Disorder (or Hysterical Neurosis, Conversion Type) – 300.11.
Lit. Freud, S.: Werke, Bd. 1; Krohn, A.: Hysteria; Mentzos: Hysterie; Mentzos: Konfliktverarbeitung. *Stavros Mentzos*

I

Identifikation (→ Introjektion) Ein unbewußter Prozeß (→ Unbewußtes), bei dem ein → Individuum die Züge eines anderen annimmt, d. h. in einem Aspekt oder in mehreren Aspekten so wird wie der andere. Es handelt sich dabei um einen natürlichen und notwendigen Vorgang der geistigen Entwicklung, der alle Lernprozesse begleitet, das Erlernen von Sprechen und Sprache ebenso wie das Aneignen von Interessen, Idealen, Verhaltensweisen und daraus resultierenden Fähigkeiten. Die Anpassungs- und Abwehrleistungen sind oft die Folge einer I. mit besonders geliebten oder auch gehaßten und gefürchteten Personen. Durch I. kann sich ein Individuum dies von einer geschätzten Person selbst aneignen, was es von dieser nicht bekommt (Wenn ich dich nicht haben kann, will ich wenigstens so sein wie du!).
Die Trennung von einer geliebten Person wird erleichtert durch die Möglichkeit, sich diese Person durch I. mit ihr zu erhalten.

Was wir nicht verlieren wollen, müssen wir uns durch I. erhalten (S. Freud). Voraussetzung zur I. ist der Erwerb der Fähigkeit, sich als Individuum in seinem Selbst von den anderen getrennt und verschieden zu erleben (→ Identität).
Die »I. mit dem Aggressor« ist ein von A. Freud beschriebener → Abwehrmechanismus. Das Subjekt, das sich durch die Kritik einer → Autorität bedroht fühlt, identifiziert sich mit dem »Angreifer«, indem es sich selbst für die erlittene Aggression verantwortlich macht oder indem es die Person des Angreifers wahrnimmt und sich dessen typische Machtaspekte aneignet (Umkehr von Passivität in Aktivität). Dieser Mechanismus ist nach A. Freud bei den Vorstufen der Über-Ich-Bildung bestimmend (→ Psychoanalyse).
Lit. Freud, A.: Ich; Sandler u. a.: Abwehr.
Willi Baumann

Identität Die Erfahrung, eine einzigartige, kohärente Einheit zu sein, die kontinuierlich besteht und die gleiche bleibt, unabhängig von innerpsychischen Veränderungen oder solchen der äußeren Umgebung. Das Gefühl der I. beginnt, wenn das Kind gewahr wird, daß es als → Individuum in einer Welt mit anderen Objekten existiert, daß es seine eigenen Regungen, Gedanken und Erinnerungen hat und daß es eine eigene, sich von anderen unterscheidende Erscheinung darstellt (→ Individuation). Die → Identifikation mit beiden Elternteilen gibt dem Kind beiderlei Geschlechts zunächst eine bisexuelle Vorstellung (Qualität) seiner Selbstrepräsentanzen. Im weiteren Verlauf entwickelt sich dann aus den vielfältigen früheren Identifikationen ein einheitliches, integriertes Selbst-Bild. Im Bezug auf die Geschlechtsi. repräsentiert dieses Selbst-Bild i.d.R. eine vorherrschende Identifizierung mit dem gleichgeschlechtlichen Elternteil. Eine relative Stabilisierung des I.gefühls ist durch die Auflösung der Identifikation mit den Eltern in der → Adoleszenz (→ Jugendalter) erreicht. Bis dahin wird die I.bildung immer wieder in Frage gestellt, besonders durch den Triebschub in der → Pubertät, in der es zu I.krisen mit zeitweiliger Auflösung der Kohärenz des Selbstgefühls bis zu psychotischen Einbrüchen (→ Psychose) kommen kann. Im ungünstigen Falle entsteht daraus beim Erwachsenen ein bleibendes Gefühl der I.diffusion (Erikson).
Lit. Erikson: Identität. *Willi Baumann*

Idiotie → Schwachsinn

Image In den Sozial- und Wirtschaftswissenschaften bezeichnet I. das Bild, das man von einer Person, einer Gruppe, einem Volk, einem Unternehmen, einem Produkt, einer Dienstleistung oder auch einem abstrakten Begriff (»Sozialstaat«) hat. I. umfaßt die Gesamtheit der auf den betreffenden Gegenstand gerichteten → Einstellung mit emotionalen, kognitiven und intentionalen Komponenten. Zur I.bildung trägt alles bei, was von der betreffenden Person oder Institution wahrgenommen wird; die I.bildung ist jedoch nicht streng an objektive Gegebenheiten gebunden. Faktoren der I.bildung können sein: Qualität, Preis-Leistungs-Verhältnis, Name, Kundenorientiertheit, Glaubwürdigkeit, äußeres Erscheinungsbild, Geschäftsgebaren, Stil und Umgangsformen sowie Berichte und Meinungen Dritter, insbesondere der Medien. I.bildung erleichtert einerseits die soziale Orientierung in komplexen Zusammenhängen, führt andererseits zu selektiver → Wahrnehmung und stereotyper Bewertung von Realität. Die Messung eines I. ist schwierig; Methoden sind unstrukturierte Interviews, Zuordnungstests, Profilstudien und Verfahren zur Ermittlung der Positionierung des Untersuchungsgegenstandes in dessen Umfeld. Das eigene Bild wird als Selbsti. bezeichnet und von vielen Unternehmungen als Corporate Identity bewußt gestaltet. Dieser Prozeß ist für soziale Organisationen von großer Bedeutung, da sie in besonderem Maße auf öffentliche Wertschätzung angewiesen sind. Sie müssen um ein positives, jedoch nicht überhöhtes I. bemüht sein, das mit ihrem Angebot übereinstimmt. Die Einheit von → Denken und Handeln ist zwar keine Garantie für die Etablierung des gewünschten Images in der Öffentlichkeit, aber dessen Voraussetzung (»Wir müssen das, was wir denken, sagen. Wir müssen das, was wir sagen, tun. Und wir müssen das, was wir tun, dann auch sein« - Alfred Herrhausen). Von überragender Bedeutung für die I.pflege ist die → Öffentlichkeitsarbeit und insbesondere die Zusammenarbeit mit den Massenmedien, da sich die meisten Menschen in modernen Gesellschaften auf deren Berichterstattung und Bewertung verlassen (müssen). Ein positives I. einer sozialen Organisation ist auch Voraussetzung, um finanzielle Mittel einwerben zu können. So basiert insbesondere das Sponsoring (→ Social Sponsoring) darauf, daß sich der Geldgeber einen I.transfer des guten Ansehens der sozialen Organisation auf sein Wirtschaftsunternehmen verspricht.
Lit. Chajet u.a.: Image-Design; Kotler: Marketing. *Gerhard Pfannendörfer*

Imbezillität → Schwachsinn

Imitationslernen → Lernen

Impfung → Schutzimpfungen

Index Unter I. wird in der Regel eine aus einer Vielzahl von → Indikatoren gebildete Maßeinheit verstanden, mittels derer höchst komplexe und abstrakte soziale und ökono-

Indikator

mische Verhältnisse bestimmt und verglichen werden können (→ Messung). Beispiele sind der Preisindex der Lebenshaltungskosten, das Bruttosozialprodukt, der deutsche Aktienindex (DAX).
Ein Index besteht i.d.R. aus einer Auswahl von trennscharfen, objektiven, zuverlässigen und gültigen Indikatoren, die repräsentativ für denjenigen Bereich sind, für den der Index entwickelt wurde und hoch mit den einzelnen Indikatoren korreliert.
Neben dem Lebenshaltungsindex als Maßeinheit für das durchschnittliche Preisniveau der Lebenshaltungskosten war in der Vergangenheit der sogenannte Warenkorb von Bedeutung, der zur Berechnung der → Regelsätze nach dem → Bundessozialhilfegesetz (BSHG) diente (→ Sozialhilfe). Das Beispiel des Warenkorbes verdeutlicht, daß die Gütekriterien eines I. immer wieder erfahrungswissenschaftlich überprüft werden müssen, da ihre Zuverlässigkeit (→ Reliabilität) und Gültigkeit (→ Validität) nicht für einen längeren Zeitraum hinweg unterstellt werden kann. Dabei ist auch zu überprüfen, ob ein aus Indikatoren gebildeter I. in seiner rechnerischen und inhaltlichen Zusammensetzung noch repräsentativ für das zu vergleichende Problemfeld ist.
Mit zunehmender Strukturierung, Koordination und Planung sozialer Arbeit wird die Entwicklung geeigneter I. zwangsläufig werden. Anfänge sind durch die Festlegung von Versorgungsindizes im Bereich der Kindergarten-, Bildungs- und → Altenhilfeplanung gemacht worden. *Manfred Laimer*

Indikator I. sind äußere Anzeichen für innere oder latente Zustände. Zittern, Schweißausbrüche, erhöhter Hautwiderstand können I. für Angst sein. Überdurchschnittliche personelle Fluktuation, ein überdurchschnittlicher Krankenstand können als I. für ein höchst problematisches Betriebsklima sein. In der Praxis sind wir gewohnt, ständig mit Alltagsi. zu arbeiten, ohne uns über deren Trennschärfe, → Objektivität, → Reliabilität und → Validität zu vergewissern. So gelten Schulschwänzen, Eigentumsdelikte und Frühsexualität als I. für Verwahrlosung.
I. im wissenschaftlichen Sinn sind brauchbar, wenn sie objektiv feststellbar, d.h. meß- und zählbar sind (→ Messung), wenn ihre (statistische) Beziehung zu den latenten oder inneren Zuständen eindeutig und nicht mehrdeutig ist, wenn sie trennscharf sind und wenn die Beziehung zum Konstrukt, das sie anzeigen sollen, nachgewiesen werden kann.
Aus einem so gewonnenen System unterschiedlichster I. (→ Index) können latente Strukturen beschrieben und untersucht werden, die sich der direkten → Beobachtung entziehen. Sie sind überall dort notwendig, wo es um die Beurteilung innerpsychischer Sachverhalte – wie → Bedürfnisse, →

480

Angst, → Motivation, → Einstellungen, → Intelligenz – handelt. Zur Erfassung und Beurteilung sozialer und politischer Verhältnisse sind sie dort nowendig und hilfreich, wo es um die Analyse schwer beschreibarer und komplexer, schwer faßbarer Dimensionen geht, wie z.B. → Lebensqualität, Arbeitszufriedenheit, infrastrukturelles Ausstattungsniveau.
Innerhalb der → Soziologie hat sich eine eigene Forschungsrichtung herausgebildet, die sich schwerpunktmäßig mit der Entwicklung von → Sozialindikatoren in der Absicht beschäftigt, Auswirkungen politischer Entscheidungen, meßbar und transparent und somit einer Wirkungskontrolle zugänglich zu machen. *Manfred Laimer*

Individualisierung hat vielfältige und unterschiedliche Bedeutung je nach Bezugsrahmen: Im soziologischen Bezugssystem meint I. die Ausdifferenzierung von Lebensstilen, Lebensformen usw. im Zuge von Modernisierungs- und anderer Veränderungsprozesse der Gesellschaft und versucht so eine Entwicklungsachse gesellschaftlicher Entwicklungstendenzen zu charakterisieren, die mit der sog. Pluralisierung der Gesellschaft wechselseitig verbunden ist. In der Erziehungswissenschaft bezeichnet I. als schulpädagogischer und didaktisch-methodischer Begriff den I.anspruch, »jeden Schüler entsprechend seinen Fähigkeiten zu fördern«, Interessen zu entwickeln und Lerndefizite auszugleichen (Kaiser). Unterricht und Erziehungsarbeit sollen individualisiert, d.h. jedem einzelnem Schüler angepaßt werden. So wird I. auch meist mit dem schulpädagogischen bzw. unterrichtsorganisatorischen Begriff »Differenzierung« zusammen abgehandelt und bearbeitet, von dem sie terminologisch nur schwer zu unterscheiden ist. In der Kultur der → Sozialpolitik und → Sozialarbeit/Sozialpädagogik dient I. als Arbeitsprinzip und Handlungsorientierung. Im → Bundessozialhilfegesetz (BSHG) begründet I. den Grundsatz individueller Hilfeleistung, der als »Hilfe nach der Besonderheit des Einzelfalles« oder »Persönlicher Hilfe« (z.B. § 3 BSHG) rechtlich kodifiziert ist (→ Sozialhilferichtlinien). Als Arbeitsprinzip der Sozialarbeit/Sozialpädagogik bedeutet I. die Handlungsanweisung, bei allem sozialpädagogischen Planen und Handeln von der Besonderheit des Einzelfalles (eines → Individuums, aber auch der individuellen Besonderheit, Geschichte und Lebenslage einer → Gruppe, eines Gemeinwesens [→ Gemeinwesenarbeit] usw.) auszugehen und auf sie einzugehen. I. steht also im Gegensatz zu rein bürokratischen, administrativen Vollzügen, zu Schema, Schablone und Routine, zur bloßen »Verwaltung sozialer Probleme« und zur Reglementierung und Entpersönlichung in der → »totalen Institution«.

Die I. bezieht sich auf Interessen und → Bedürfnisse, Kenntnisse, Fähigkeiten und Fertigkeiten, Lebensgeschichte und Lebenslage des Individuums. Sie müssen mit den Instrumenten lebensgeschichtliche und lebensweltliche Analyse, psychosoziale Diagnose und (individueller) → Erziehungs- und Behandlungsplan analysiert und strukturiert werden.
In der sozialen Gruppenarbeit (→ Gruppenarbeit, soziale) wendet sich I. besonders gegen die Gefahren einer Gruppen- und Gemeinschaftsideologie und in der Ersatzerziehung u. ä. gegen die Merkmale und Wirkungen totaler Institutionen. Ausgehend von emanzipatorischen erkenntnis- und handlungsleitenden Interessen muß das Prinzip an theoretischen Konstrukten wie Individualität, → Identität, → Subjektivität, subjektiver Faktor usw. expliziert und konkretisiert werden.
Der Arbeitsgrundsatz I. impliziert kein Erklärungsprinzip (etwa i. S. individueller Schuldzuschreibung oder einer Ursachenverschiebung von der Gesellschaft auf den einzelnen), gegen das sich neuere Kritik zu Recht richtet. Er muß deshalb bei der Strategiewahl mit anderen Grundsätzen und Verfahrensweisen wie Solidarisierung, Mobilisierung, kollektive Artikulation und Organisation von Bedürfnissen und Interessen im Einzelfall abgewogen, dabei aber auch – da es sich nicht nur um die »I.« als genetische und historische Einmaligkeit von Individuen, sondern auch von Gruppen, Teams, anderen Kollektiven und Gemeinwesen handelt – berücksichtigt werden.
Lit. Heitmeyer u.a.: Individualisierung; Kaiser, E.: Individualisierung; Pfaffenberger: Fallarbeit. *Hans Pfaffenberger*

Individualisierungsprinzip Nach dem in § 3 Abs. 1 des → Bundessozialhilfegesetzes (BSHG) näher bestimmten Grundsatz ist die → Sozialhilfe nach der Besonderheit des Einzelfalles zu gewähren. Die in Befolgung dieses Grundsatzes gebotene differenzierende Betrachtungsweise entspricht dem persönlich-individuellen Charakter der Fürsorge und gewährleistet die erforderliche Anpassungsfähigkeit, um den vielfältigen Notlagen von Hilfebedürftigen gerecht zu werden. Begrenzt durch das am Gedanken der → sozialen Gerechtigkeit ausgerichtete Gebot der Gleichbehandlung gleich gelagerter Sachverhalte (→ Gleichheits[grund]satz), verdeutlicht das I. den Gegensatz zu einer schematisierenden Gewährung von Leistungen und bietet ein ausschlaggebendes Abgrenzungsmerkmal zu den in der Versicherung und in der Versorgung vorherrschenden Leistungsgrundsätzen.
Welche Tragweite dem I. als einem Grundsatz der Sozialhilfe in anderen Leistungsbereichen der sozialen Sicherung zugemessen wird, ergibt sich daraus, daß es als allgemeiner Grundsatz für die Ausgestaltung von Rechten und Pflichten des Berechtigten und des Verpflichteten, deren Inhalt nach Art und Umfang nicht im einzelnen bestimmt ist, und unter dem Vorbehalt, daß Rechtsvorschriften nicht entgegenstehen, in die Bestimmungen des Allgemeinen Teiles des → Sozialgesetzbuches (§ 33 SGB I) aufgenommen worden ist.
Die nach § 3 Abs. 1 BSHG vorgeschriebene Ausrichtung der Hilfe nach der Besonderheit des Einzelfalles setzt voraus, daß bereits bei der Feststellung des Bedarfs (→ Bedarfsdeckungsprinzip) der besonderen Lebenssituation des Hilfebedürftigen und der Eigenart seiner Notlage Rechnung getragen wird. Erst die notwendige Ermittlung der persönlichen, wirtschaftlichen Lebensumstände des Hilfebedürftigen, der örtlichen Verhältnisse und ggf. die der mit dem Hilfebedürftigen zusammenlebenden Familienangehörigen (→ Bedarfsgemeinschaft) bieten die Grundlage für die Entscheidung, ob und welche Leistung erforderlich und auf welche Weise sie umfassend und wirksam zu gewähren ist. Bei der von einer Einrichtung zu erbringenden Leistungen ist durch entsprechende Vereinbarungen i. S. d §§ 93ff. BSHG zu gewährleisten, daß dabei der Besonderheit des Einzelfalles Rechnung getragen wird (§ 3 Abs. 1 Satz 2 BSHG – in Kraft am 1. Januar 1999 –).
Soweit Einzelvorschriften anzuwenden sind, die in Ausführung der allgemeinen Norm des § 3 Abs. 1 BSHG ausdrücklich oder durch Verwendung von unbestimmten Gesetzesbegriffen, wie »angemessen«, »zumutbar«, »vertretbar« oder durch Härteklauseln ein Eingehen auf besondere Umstände des Einzelfalles fordern, trifft der Träger der Sozialhilfe (→ Sozialhilfeträger) nach der gebotenen differenzierenden Betrachtungsweise die Entscheidung über Form und Maß der Hilfe im Rahmen seines pflichtmäßigen → Ermessens nach § 4 Abs. 2 BSHG. Das I. wird im Rahmen der Sozialhilfe teilweise durch → Rechtsansprüche auf betraglich festgelegte Geldleistungen, vor allem bei der Blindenhilfe (→ Blindengeld) und bei der → Hilfe zur Pflege (→ Pflegegeld für Pflegebedürftige) durchbrochen.
Lit. Birk u.a.: BSHG (LP Komm.); Gottschick u.a.: BSHG (Komm.); Knopp u.a.: BSHG (Komm.); Mergler u.a.: BSHG (Komm.); Schellhorn: BSHG (Komm.).
Robert Imlau-Staupendahl

Individualpsychologie Der Begriff I. von Alfred Adler (1870–1937) ist mißverständlich. Er wird mit der → Psychologie der individuellen Unterschiede oder sogar als Gegensatz zu sozial verstanden. Gemeint ist jedoch die ganzheitliche Sicht des Individuums (individere – unteilbar) unter besonderer und ausdrücklicher Berücksichtigung

seiner sozialen Verflechtung. Die I. wird allgemein als eine der drei großen Schulen der → Tiefenpsychologie anerkannt. Das sozialpsychologische Modell betrachtet den Menschen in Zusammenhang mit seiner Umwelt: Der Mensch handelt zielgerichtet und nicht von der Ursache her. Er bestimmt sich selbst im Rahmen der Verantwortung für andere (Gemeinschaftsgefühl); er ist – Mut und Optimismus vorausgesetzt – den Lebensaufgaben gewachsen, während Entmutigung und Pessimismus dies erschweren, schließlich unmöglich machen.
Die pragmatische und praxisrelevante Theorie Adlers führte in den 20er Jahren in Österreich zur Einrichtung von Erziehungsberatungsstellen und Schulen, in denen heilpädagogische Gruppenmaßnahmen einen großen Stellenwert hatten.
Die Entwicklung der I. wurde durch den Faschismus unterbrochen und konnte erst nach 1945 über Amerika (Fortführung des individualpsychologischen Gedankenguts durch Dreikurs) in den deutschsprachigen Raum zurückfließen. Inzwischen gibt es in fast allen europäischen Ländern wissenschaftliche Gesellschaften (z.B. Deutsche Gesellschaft für I.), die sowohl die Theorie weiterentwickeln als auch in regionalen Ausbildungsinstituten individualpsychologische → Psychotherapie und → Beratung lehren und zu anerkannten Ausbildungsabschlüssen führen.
Alfred Adler hat in seinen Veröffentlichungen → Therapie, Beratung und Erziehung nicht eindeutig getrennt. Der Therapeut vermittelt dem Patienten das Erlebnis, sich der Gemeinschaft zugehörig zu fühlen, um ihn dann zu befähigen, das erweckte Gemeinschaftsgefühl auf andere zu übertragen. Auch der Berater ist auf die Mitarbeit des Klienten angewiesen, nur aus der Sicherheit der sozialen → Beziehung läßt sich seine Entwicklung fördern. Der Erzieher stellt die Achtung vor dem Kind – Idee der Gleichwertigkeit – in den Mittelpunkt seiner angestrebten Kooperation mit dem Kind oder dem Jugendlichen.
Der Individualpsychologe ist dem Patienten bei der Formulierung seiner Lebensstilanalyse behilflich, wobei die I. davon ausgeht, daß das → Individuum in Belastungssituationen immer wieder mit den gleichen unbewußten → Einstellungen (→ Attitüden) reagiert. Diese wurden im sozialen, vor allem familialen Beziehungsgefüge der ersten Lebensjahre erlernt.
Die tendenziösen Apperzeptionsmuster können durch Auswertung a) der Familienkonstellation (Position in der Geschwisterreihe, → Geschwisterkonstellation), b) der frühen Erinnerungen (Position in der sozialen Umwelt) und c) der Tageslaufregelung und der Träume (Position im aktuellen Problemzusammenhang) rekonstruiert werden. Danach beginnt das Training im Alltag mit den veränderten Verhaltensmustern, um ohne die irrtümlichen Lebensstilannahmen in der Gemeinschaft besser zurechtzukommen.
Lit. Adler: Technik; Antoch: Beziehung; Schiferer u.a.: Alfred Adler; Schmidt, R.: Individualpsychologie; Wiegand: Alfred Adler. *Dieter Braun*

Individuation Unter I. wird in der → analytischen Psychologie C.G.Jungs ein lebenslanger Prozeß verstanden, in dem sich der Mensch als Einzelwesen entfaltet, sich differenziert, die Bereiche seiner Persönlichkeit zu einer Einheit integriert und dabei seine individuelle Eigentümlichkeit ausbildet. Die I. ist stets gefährdet und behindert durch den Zwang zur → Anpassung an Kollektivmaßstäbe, die jeder in seiner Weise aufnimmt, gegen die er sich aber auch über Krisen, besonders die Sinnkrisen in der Lebensmitte (→ Lebenskrise) hinweg – notfalls mit psychotherapeutischer Unterstützung – durchsetzen muß, um gesund zu bleiben oder zu werden.
In der → Psychoanalyse wurde der Begriff I. besonders von M.Mahler verwandt. Bei der Erforschung kindlicher → Psychosen und der Beobachtung kleiner Kinder stieß sie auf jenen Vorgang in der frühen Entwicklung, bei dem sich das junge Kind aus der → »symbiotischen Beziehung« zu seiner Mutter und dem Gefühl, mit ihr eine allmächtige Einheit zu bilden, allmählich zu lösen, von ihr abzugrenzen und gegen sie zu behaupten versucht. Es wurde dann erkannt, wie es durch Beziehungen zu »Dritten« (z.B. zu Verwandten oder Betreuungspersonen) dabei unterstützt wird. Nun beginnt es, bleibende innere Vorstellungen von Menschen, die ihm besonders wichtig sind, (als »Objektkonstanz«) und von sich selbst zu bilden. Das ermöglicht ihm, eigene Individualität wie Beziehungen über Trennung hinweg aufrechtzuerhalten. Hier wird die genetische Psychologie J. Piagets interessant. Danach kommt es etwa vom Ende des ersten Lebensjahres an beim Kind zu einer Art »kopernikanischer Wende«. Sie setzt ein, wenn es gewahr wird, daß Personen wie Gegenstände auch außerhalb seines derzeitigen Wahrnehmungsfeldes getrennt von ihm und unabhängig von seiner ständigen Verfügbarkeit »permanent« existieren. Daß nicht alles auf es bezogen ist, erlebt es psychoanalytischer Erkenntnis nach nun als eine angsterregende Zumutung. Der Prozeß der I. ist gefährdet, wenn dem Kind die einfühlsame, unterstützende Person, zu der es über die Erfahrung der Getrenntheit hinweg eine verläßliche Beziehung gewinnen kann, fehlt. Es gerät dann leicht in unerträgliche Verlassenheitsangst. Davor muß es sich schützen, indem es in der Befindlichkeit der Ungetrenntheit verharrt und den Anspruch des Neugeborenen auf unbedingte Versorgung, auf Zuwendung und totale Verfügung, auch mit Gewalt,

fortan aufrechtzuerhalten versucht, ohne reale Begebenheiten oder Belange anderer berücksichtigen zu können (→ Narzißmus). Diese Gefahr besteht auch, wenn das Kind, z. B. bei originärer Behinderung, überbeschützt (→ Overprotection) oder von seinen Bezugspersonen in deren psychische Problematik verstrickt wird. In beiden Fällen kann sowohl die affektive als auch die kognitive Entwicklung, d. h. seelische Gesundheit und soziale Eingliederung beeinträchtigt sein. Es ist dann angezeigt, möglichst frühzeitig → Kinder- und Jugendlichen-Psychotherapie (analytische) bzw. psychoanalytisch fundierte → Heilpädagogik einzusetzen. Auch → Familientherapie, die wie bei Stierlin u. a. auf »bezogene Individuation« ausgerichtet ist, kommt hier in Frage.

Lit. Leber, A.: Taumabewältigung; Mahler: Studien; Piaget, J.: Affektivität; Stierlin u. a.: Familiengespräch. *Aloys Leber*

Individuum soll nach bürgerlichem Selbstverständnis der einzelne Mensch in unverwechselbarer Einmaligkeit sein. Vermöge selbstbestimmender Selbständigkeit soll das I. in selbstbewußtem Verkehr mit seinesgleichen als anerkannt-anerkennender (Vertrags-)Partner in einer freiheitlich verfaßten → Gesellschaft seine Selbsterhaltung und -entfaltung autonom tätigen können. Diese hochgespannte Idee eines zum Subjekt (→ Subjektivität) seines öffentlichen wie privaten Daseins individuierten Einzelmenschen erwies sich realiter freilich weit problematischer, als ihre humanistisch-aufklärerischen Väter angenommen hatten. War ihnen schon bewußt, daß der notwendige Bildungsgang vom »natürlichen« zum »besonderen I.« (Hegel) jederzeit von äußeren Anpassungszwängen konterkariert und gefährdet wird, so sind doch erst durch die neuere Ökonomie- und Kulturkritik die gleichsam unvermeidlichen Selbsttäuschungen über Individualität einsehbar geworden. Das quasi natürliche Selbstgefühl suggeriert dem I., es sei reiner, wesentlich aus sich heraus existierender Gegenpol zur Gesellschaft. In Wirklichkeit ist es, bis in sein Innerstes, gesellschaftlich »zusammengesetzt«, auch und gerade dort, wo es sich mit Bezugspersonen und -objekten »identifiziert« und deren Habitus unbewußt-mimetisch nachahmt (Adorno u. a.). Wenn es von der Vielfalt und Intensität gesellschaftlicher Anpassungsansprüche abhängt, ob sie mittelbar und zugleich auch zur Selbstbesinnung und -bestimmung Raum lassen und motivieren, dann zeigt sich die neuere Gesellschaftsentwicklung von eher schwindenden Chancen für Individuierungsprozesse. Neben dem traditionellen ökonomischen Konformitätsdruck verschärft heute besonders eine kulturindustriell-mediale Außensteuerung des individuellen Verhaltens und Bewußtseins die Übermacht sozialer Kontrolle und behindert zunehmend das Bedürfnis nach spontaner Selbstentfaltung. »Die Selbsterhaltung glückt den I. nur noch, soweit ihnen die Bildung ihres Selbst mißglückt« (Adorno). Die individuellen Sphären der Leiblichkeit, Gefühlswelt, des Bewußtseins sowie der sozialen Anerkennung können sich immer weniger zur reflexiven Einheit eines selbstbewußten Ichs zusammenschließen, da spontane Regungen immer umfänglicher entsprachlicht und verdrängt werden müssen und in den verfremdeten Formen von psychischen Symptomen, psychosomatischen Störungen und sozialen Pathologien wiederkehren.

Lit. Adorno: Soziologie; Adorno u.a.: Exkurse. *Martin R. Vogel*

Industriegesellschaft → Gesellschaft

Industriesoziologie untersucht die ökonomischen, technologischen und organisatorischen Bedingungen der Produktion von Gütern und Dienstleistungen, ihre Auswirkungen auf die menschliche Arbeit und die gesellschaftlichen Bereiche außerhalb von Betrieben. Ihre Ergebnisse beeinflussen nachhaltig Überlegungen zur → Sozialstruktur, zum → sozialen Wandel und zur Modernisierung.
Wichtigste empirische Forschungsgebiete der I. sind a) die Entwicklung der industriellen Produktion (→ Rationalisierung) und damit verbundene Veränderungen von Arbeitsorganisation, Arbeitsbedingungen und Qualifikationsanforderungen. Besonderes Gewicht kommt dabei den ökonomischen, politischen, sozialen und kulturellen Einflüssen auf die Verwissenschaftlichung der Produktion, insbes. die Entstehung und Durchsetzung neuer Technologien zu; b) der Aufbau des betrieblichen Entscheidungssystems und der damit verbundenen Herrschaftsstruktur (→ Hierarchie) und die Folgen für Handlungsmöglichkeiten im Betrieb; c) die Regelung industrieller Beziehungen im privatkapitalistischen Wirtschaftssystem (→ Betriebsrat, → Mitbestimmung) und die Ursachen wie die Entwicklung von Konflikten zwischen Betriebsleitungen und Belegschaften bzw. → Gewerkschaften und Unternehmerverbänden; d) die Auswirkungen von Arbeitsbedingungen und Krisenerfahrungen auf die materiellen Lebensbedingungen, das Verhalten und das Bewußtsein der verschiedenen Gruppen von Beschäftigten (unqualifizierte und qualifizierte Arbeitskräfte; Arbeiter und Angestellte, Arbeitskräfte im öffentlichen Dienst und in Privatunternehmen).
Seit Mitte der 80er Jahre ist unter dem Einfluß verstärkter Weltmarktorientierung (Globalisierung) und mit Hilfe computerunterstützter Informations- und Steuerungstechnologien ein weitreichender Um-

bruch der Produktion (lean production) und zunehmend auch der hierarchisch-bürokratischen Unternehmensorganisation zu beobachten. Folgen sind wachsende Massenarbeitslosigkeit, neue Formen inner- und zwischenbetrieblicher Arbeitsteilung, neue Anforderungen an die Arbeitskräfte (größere Bereitschaft zur Flexibilität, Verantwortung, Leistung und Mobilität bei größerer Beschäftigungsunsicherheit).
Lit. Beckenbach: Industriesoziologie; Littek u. a.: Einführung; Lutz u. a.: Industriesoziologie. *Wilhelm Schumm*

Informations- und Kommunikationstechniken, Neue Zu Beginn der 80er Jahre, mit dem Erscheinen der ersten leistungsfähigen Arbeitsplatzcomputer (Personal Computer, PC), wurde in der BRD die Diskussion um den Einsatz der N. I. u. K. in Ausbildung und Praxis der sozialen Arbeit durch eine Reihe von Aufsätzen (Brauns u. a.) und den Kongreß »Sozialer Wandel durch Einsatz von Informations- und Kommunikations-Technologien« (1983 in Berlin) eröffnet. Bis dahin wurde EDV nur in den Verwaltungen der großen Träger → sozialer Dienste (→ Renten- u. → Krankenversicherung, → Arbeitsverwaltung, → Sozialhilfeträger) zentral eingesetzt und war deswegen kein diskussionsbedürftiges Thema für die soziale Arbeit.
Unter den N. I. u. K. wird der Einsatz vor allem der dezentralen EDV (der PCs) verstanden. Der Einsatz setzt Hardware und Software voraus. Die Hardware besteht aus dem Rechner (im wesentlichen Zentraleinheit und Arbeitsspeicher) und der Peripherie (Ein- und Ausgabemedien wie Tastatur, Bildschirm, Drucker und externe Speichermedien wie Diskettenlaufwerk, Festplatte). Der einzelne PC kann allein oder im Netz mit anderen PCs oder größeren Rechnern betrieben werden. Das Netz kann lokal (innerhalb einer Einrichtung) oder zur Datenfernübertragung (DFÜ) über das öffentliche Telefonnetz im Prinzip weltweit installiert sein. Die Software (die Programme) umfaßt zunächst das Betriebssystem, das die Grundfunktionen für den Betrieb eines Computers zu Verfügung stellt, die Standardanwenderprogramme (Textverarbeitung, Kalkulation, Präsentationsgraphik und Datenbank) und die fachspezifischen Anwenderprogramme.
Besondere Entwicklungen im Hard- und Softwarebereich gibt es für die → Rehabilitation und bei Hilfen für → Behinderte zur → Kommunikation und Steuerung.
Die öffentliche Diskussion wurde zunächst um die notwendige »computer literacy« (Grundqualifikation im Umgang mit den N. I. u. K.) geführt, die die Beschäftigten in der sozialen Arbeit erwerben sollten. Zum anderen ging es um die Frage, welchen Stellenwert die N. I. u. K. in der sozialen Arbeit »im engeren Sinne« erhalten wird oder erhalten soll. Heute besteht Einigkeit darüber, daß die Grundqualifikation Kenntnisse des Aufbaus eines PCs, eines Betriebssystems und der Standardanwenderprogramme umfaßt, während Programmierkenntnisse für den durchschnittlichen Anwender nicht erforderlich sind. Ergänzend sind Kenntnisse über den → Datenschutz und die Arbeitsplatzgestaltung notwendig. Diese Grundkenntnisse reichen für den Einsatz von PCs in den Bereichen Erstellung, Ausdruck und Archivierung von Texten, Berechnung und Darstellung von Zahlenmaterial, etwa für die Jahresstatistik, und Umgang mit einer Datenbank für Adreßmaterial aus. Die Fähigkeit zur Einrichtung interner und die Anwendung externer (auf Großrechner gespeicherte und über DFÜ erreichbare) Datenbanken sowie die Bedienung fachspezifischer Anwenderprogramme setzt weitergehende Kenntnisse voraus. Die Erstellung komplexer Datenbanken und die Entwicklung von fachspezifischen Anwenderprogrammen muß i. d. R. Fachleuten der Informatik vorbehalten bleiben.
In vielen kleineren und größeren → Einrichtungen werden heute PCs im Bereich der → Verwaltung der sozialen Arbeit für Textverarbeitung, Adreßverwaltung, → Planung, Be- und Abrechnung eingesetzt. Fachspezifische Anwenderprogramme liegen u. a. für die Verwaltung von Heimen und → Sozialstationen und die computergestützte Sachbearbeitung im → Sozial- und → Jugendamt (JA) vor. So wurde und wird PROSOZ (PROgramm zur Unterstützung der SOZialhilfeverwaltung) bei zahlreichen Sozialhilfeträgern eingeführt und dient dort der rationelleren, ganzheitlicheren und einheitlicheren Bearbeitung von Sozialhilfeanträgen. Die Entwicklung von PROSOZ wurde im Rahmen eines HdA-(Humanisierung der Arbeit)Projektes aus Bundesmitteln gefördert und ist ausführlich dokumentiert. Fachspezifische Anwenderprogramme, die unmittelbar die Tätigkeit der → Sozialarbeiter/innen und Sozialpädagogen/Sozialpädagoginnen unterstützen, gibt es in der BRD noch wenige. Dies sind u. a. Programme zur Informationsbeschaffung (z. B. Literatur, juristische Informationen, Behindertenhilfsmittel, Anschriften von sozialen Einrichtungen) und zur Beratung (z. B. Bundesausbildungsbeihilfe, → Schuldnerberatung, → Sozialhilfe, → Wohngeld). Ein hervorragendes Beispiel ist das Programm PROSEDIS, dessen Entwicklung ebenfalls von der Bundesregierung finanziert wurde. Es erlaubt Informationen über Institution in differenzierter Weise zu sammeln, zu suchen und in Beratungssituationen weiterzugeben. PROSEDIS kann sehr große Datenmengen (8–10 000 Datensätze) verarbeiten. Eine besondere Stellung nehmen Beratungsprogramme ein, die auch von den Rat- und Hilfesuchenden selbst bedient werden können (z. B. SOLDI = Soziale Lei-

stungen im Dialog, das den Anspruch auf Sozialhilfe überprüft und berechnet). Programme zur Erhebung von → Daten, zur → Diagnose und Analyse und zur computergestützten Entscheidung bei sozialarbeiterischen → Interventionen, die auf Überlegungen der Forschung zur »künstlichen Intelligenz« basieren, sind z. Z. nur aus dem angelsächsischen Raum bekannt. Die Entwicklung von Programmen zur → Dokumentation von Klientendaten, die sensible, personbezogene Daten und sozialarbeiterische Interventionen speichern und analysierbar machen, steht erst am Anfang, markiert aber den Punkt, an dem sich die Frage nach der ethischen und professionellen Verantwortbarkeit des Einsatzes der N. I. u. K. spätestens stellt. Beim Einsatz von Datenbanken, in denen personbezogene Daten gespeichert werden, ist in jedem Fall ein Datenschutzkonzept zu entwickeln und mit dem jeweils zuständigen Datenschutzbeauftragten abzustimmen. Welchen Nutzen die z. Z. viel diskutierten nationalen und weltweiten Informationsnetze (z. B. T-Online, Internet) für die Praxis der sozialen Arbeit haben werden, läßt sich nur schwer voraussagen. Er wird aber nur davon abhängen, ob die soziale Arbeit gelingt, diese I. u. K. für ihre Zwecke einzusetzen.

Lit. Brauns u. a.: Informationstechnologien; Frommann: Datenverarbeitung; Hasenritter, K.-H.: Prosoz; Kreidenweis, H.: EDV-Handbuch; Meyer, B.: Bildschirm.

Berndt Kirchlechner

Infrastrukturplanung Die bedarfsgerechte und möglichst vorausschauende Ausstattung mit Infrastruktur setzt eine systematische → Planung voraus. Durch möglichst umfassende Datengrundlagen über die Bedarfssituation (→ Bedarfsplanung) einschließlich ihrer Entwicklung in der absehbaren Zukunft (→ Prognose) kann der Entscheidungsrahmen eingeengt werden; systematische I. erleichtert zugleich die zeitgerechte Bereitstellung der erforderlichen Finanzmittel (→ Finanzierung) für Investitions- und Folgekosten, Bereitstellung der erforderlichen Grundstücke/Flächen an sinnvollen Standorten sowie die Bereitstellung, Rekrutierung oder Qualifizierung des erforderlichen Personals. Bei Einrichtungen der sozialen Infrastruktur (→ Infrastruktur, soziale), die in die Trägerschaft → freier Träger übergeben werden sollen, sollten diese möglichst frühzeitig gewonnen und bei der Planung der Einrichtung und ihrer Standortfestlegung eingeschaltet werden. Andererseits sollte – etwa im Rahmen der örtlichen Arbeitsgemeinschaften für öffentliche und → freie Wohlfahrtspflege – sichergestellt werden, daß Planungsmaßnahmen der freien Träger möglichst frühzeitig offengelegt und damit im Rahmen übergreifender → Fachplanungen kalkulierbar werden.

Im Bereich der sozialen Infrastruktur gilt das Ziel einer möglichst gleichmäßigen Versorgung der Bevölkerung. → Richtwerte, die spezifische Angebotseinheiten und Benutzerzahlen (Einwohnerzahlen, Wohneinheiten, Flächen) in Beziehung setzen, dienen der Feststellung defizitärer Gebiete und/oder unterversorgter Gruppen und damit als Entscheidungshilfe bei Kapazitätsausbau und Standortfestlegungen, bedürfen jedoch der Ergänzung durch qualitative zielgruppen- und stadtteilbezogene Kriterien (→ qualitative Erhebungs- und Auswertungsmethoden). Für viele Infrastrukturbereiche fehlen generalisierbare Richtwerte, so daß entsprechende Entscheidungsgrundlagen unter Beachtung der lokalen Bedingungen von den planenden Behörden erarbeitet werden müssen. Durch sog. »soziale Zuschläge« (→ Sozialindikatoren) können generelle Richtwerte im Sinne einer stärkeren Berücksichtigung spezifischer lokaler Bedürfnisse differenziert werden. Weitere Differenzierungen ergeben sich u. a. durch Bewohnerinitiativen und ihren Einfluß auf politische Entscheidungsprozesse, Selbsthilfeansätze, die spezifische Bedarfs- und Problemsituationen thematisieren.

Zur vorausschauenden Sicherung der erforderlichen Grundstücke/Flächen ist die Aufnahme der zukünftig erforderlichen Infrastruktureinrichtungen in Bauleitpläne/Flächennutzungspläne (→ Bauleitplanung) und generell eine enge Verbindung zwischen Sozial-Fachplanung, Bauleitplanung, Stadterneuerungs- und Stadtentwicklungsplanung erforderlich.

Dies setzt das Vorhandensein entsprechender Fachpläne (z. B. Kindergarten-Entwicklungspläne, Jugendfreizeitstätten-Ausbaupläne, Ausbaupläne für Alten-Service-Zentren) voraus, die allerdings in zahlreichen – insbes. kleinen – Gemeinden fehlen. Bei der Standortfestlegung von sozialen Infrastruktureinrichtungen ist – je nach der Einrichtungsart – zwischen günstiger Lage zu den Klienten (Erreichbarkeit, Einzugsbereich, Tragfähigkeit) und der Notwendigkeit zur Konzentration (unter Gesichtspunkten der Angebotsqualität und -differenzierung, Tragfähigkeitsgesichtspunkten etc.) abzuwägen. Die Festlegung von Ausbauprioritäten aufgrund Bestands- und → Bedarfsanalyse erleichtert die politische Durchsetzung und den verwaltungsinternen Vollzug. Eine Tendenz zur Dezentralisation sozialer Infrastruktureinrichtungen (Kritik von unüberschaubaren Großstrukturen, Wunsch nach größerer Bürgernähe, Überschaubarkeit, Erreichbarkeit, Flexibilität), zur stärkeren Beteiligung freier Initiativen, → Selbsthilfegruppen u.ä. bei der Planung und Übernahme von Trägerschaften für soziale Infrastruktureinrichtungen ist generell feststellbar (Konflikt zwischen aktiver Mitwirkung/→ Partizipation und Kostenabwälzung).

Als neue Aufgabe der I. ergibt sich die Umnutzung vorhandener baulicher Substanz infolge Bevölkerungsveränderungen u. ä., funktionslos gewordener Infrastruktureinrichtungen/Bauten (z. B. Schulen, Kirchen, sonstige denkmalgeschützte Bauten). Dies gilt in besonderem Maße für die neuen Länder.

In den Sozialbehörden fehlen noch immer weithin qualifizierte Kapazitäten für eine systematische I.; entsprechende Planungskonzepte werden deshalb in vielen Kommunen durch externe Auftragnehmer erarbeitet. Gleiches gilt hinsichtlich einer qualifizierten Kooperation mit Bauleit-, Sanierungs- und Stadtentwicklungsplanung. Ein Trend zum Aufbau entsprechender Kapazitäten ist erkennbar.

Eine qualitätvolle Raumausstattung (Regional-, Landesplanung und Standortplanung) mit I. gilt als bedeutsamer Standortfaktor; seine Relevanz hat sich allerdings mit einer fortschreitenden Angleichung der Ausstattungsqualität in den verschiedenen Teilräumen (des »alten« Bundesgebietes) verringert (»Ubiquität«).

In den neuen Bundesländern stellten sich nach der Vereinigung – bei weithin quantitativ und qualitativ unzureichender Ausstattung der Planungsbehörden – im Bereich der I. zahlreiche – eng miteinander verflochtene – Probleme:
– Neuaufbau bzw. Neustrukturierung von infrastrukturellen Versorgungssystemen, teilweise unter Anknüpfung an bisherige Systeme (z. B. Volkssolidarität/Altenkreise/Sozialstationen, psychiatrische/psychosoziale Dienste, Hauswirtschaftshilfen/ambulante Altenhilfe);
– Ersatz bisher bestehender durch »neuartige« Systeme (z. B. im Bereich der ambulanten medizinischen Versorgung: Ersatz der Polikliniken durch niedergelassene Ärzte/Arzthäuser, teilweise unter Inanspruchnahme baulicher Anlagen der DDR-Zeit);
– Qualitätsverbesserungen grundsätzlicher Art (u. a. Anpassung an bundesdeutsche Richtlinien und Mindestverordnungen) in weiterhin existierenden Versorgungssystemen (z. B. im Bereich der stationären → Altenhilfe/Feierabendheime);
– organisatorische Restrukturierung, u. a. Aufbau eines Systems freier Träger in Anknüpfung an bzw. Einbindung von bereits vorhandenen (kirchlichen) Trägern (vor allem im Bereich der Altenhilfe) bei gleichzeitigem Aufbau bzw. Restrukturierung der von der öffentlichen Hand zu betreibenden Systemteile;
– Umorientierung betriebs- bzw. arbeitsplatzbezogener Infrastruktursysteme (vor allem im Bereich der Kinder- und Jugendarbeit) auf Stadtteil- bzw. Quartiersbezug.

Dabei lag/liegt ein besonderes Problem in der Überwindung traditioneller Orientierungen. Sozialverwaltung und Sozialplanung befinden sich derzeit offensichtlich in der Phase der Sammlung von Erfahrungen mit dem aus der alten Bundesrepublik übertragenen System.

Stadtstrukturell liegen weiterhin wichtige Aufgabenfelder der I. in den neuen Ländern einerseits in der Nachrüstung der Plattenbau-Großsiedlungen der 60er, 70er und 80er Jahre, andererseits in der Restrukturierung von Erneuerungsquartieren und dem in Verbindung hiermit erforderlichen Infrastrukturaus- und -umbau.

Künftige Probleme der Infrastrukturplanung und -versorgung werden u. a. als Folge der weiteren Entleerung (demograph. Entwicklung) ohnehin dünnbesiedelter Räume insbesondere im Osten und Nordosten der Bundesrepublik erwartet.

Lit. Barby: Infrastruktur; Borchard: Orientierungswerte; Borchard: Planung; Borchard: Richtwerte; Schöning u. a.: Städtebau; Winkel: Infrastruktur. *Karolus Heil*

Infrastruktur, soziale Zu ihr gehören u. a. → Kindergärten, Kinderhorte (→ Hort), Kinderkrippen (→ Krippe) und → Kindertageseinrichtungen, → Jugendfreizeitstätten, Erziehungsberatungsstellen (→ Erziehungsberatung), Bürgerhäuser, → Krankenhäuser, → Alten- und Pflegeheime, Alten-Service-Zentren, → Altenklubs, → Sozialstationen, psychiatrische Beratungsstellen (→ Gemeindepsychiatrie), Sport- und Erholungseinrichtungen, Ausländerberatungsstellen, d. h. die Gesamtheit der der Versorgung der Bevölkerung dienenden → Einrichtungen, soweit sie nicht den nachfolgenden Kategorien zuzurechnen sind. Allerdings sind in vielen Fällen die Grenzen fließend, so daß eine eindeutige Zuordnung erschwert ist. Dies gilt insbes. für die sozialkulturelle I. als Teil der Sozialinfrastruktur i. w. S. Zu ihr sind z. B. Bildungseinrichtungen, Theater oder der Religionsausübung dienende Einrichtungen zu rechnen. Soziale I. ist abzugrenzen von der technischen I. Sie dient der Ver- und Entsorgung von Wohnbereichen, Industriebieten etc. Zu ihr gehören Straßen, Schienenverkehrssysteme, Wasser- und Energieversorgungssysteme, Entwässerungssysteme, Telefonnetze, Müllabfuhr etc. Die Verkehrsinfrastruktur ist damit Teil der technischen I.

Zu unterscheiden ist ferner zwischen öffentlicher und privater I. Öffentliche I. wird von der öffentlichen Hand (überwiegend Kommunen, Gebietskörperschaften) eingerichtet und meist auch betrieben, da ein – oftmals gesetzlich geregelter – Versorgungsanspruch der Bürger besteht und i. d. R. Gewinne nicht erwirtschaftet werden bzw. eine laufende Subventionierung erforderlich ist (→ Subventionen). Private I. wird durch private Betreiber vorgehalten. Beispiele aus dem Bereich der sozialen I. sind privat geführte Altenheime oder private Kindergärten. Zur privaten I. i. w. S. gehören auch Einrichtungen, die der Öffentlichkeit nicht zugänglich sind, sondern nur kleinen, meist fest umrissenen Gruppen zur Verfügung stehen (z. B. private Schwimmbäder, Gemeinschaftswaschanlagen in einem Wohnblock u. a. m.).

Die Entwicklung in den zurückliegenden Jahrzehnten ist einerseits durch wachsende Ansprüche der Bürger auf Vorhaltung eines sich zunehmend differenzierenden Angebots an I.einrichtungen durch die öffentliche Hand, andererseits durch die zunehmende Diskussion der Nachfolgelasten-Problematik bestimmt. Letztere hat zu einer schärferen Kalkulation (Bedarfsprüfung, Mehrfach- und Mehrzwecknutzung), einer insgesamt restriktiveren I.-Planungspolitik (→ Bedarfsplanung) und – insbes. im Sozialbereich – zur Förderung von Selbsthilfe-Projekten sowohl bei der Einrichtung wie der Trägerschaft von I.einrichtungen geführt. Spezifische I.-Mängel bestehen in zahlreichen Sanierungsgebieten/Konzentrationsgebieten (→ Sanierung) ethnischer → Minderheiten. Kritiker weisen auf den Zusammenhang zwischen wachsendem I.angebot und zunehmender Abhängigkeit der Bürger von öffentlicher I. hin. Eine differenzierte I.ausstattung wird als einer der → Indikatoren für Wohnqualität verstanden und gilt zugleich als Standortfaktor (z. B. für betriebliche Niederlassungspolitik), dessen Relevanz als Steuerungsfaktor sich jedoch mit der Angleichung der Ausstattungsstandards fortschreitend relativiert hat. Bemühungen um die Verbesserung von Wohnqualität (Sanierung, Verhinderung von Segregationserscheinungen und Abwanderung) und um die Integration/Verbesserung der Lebenschancen von ethnischen Minderheiten/sozial Benachteiligten (→ soziale Benachteiligung) setzen u. a. bei Maßnahmen zur Verbesserung der I. (→ Infrastrukturplanung) an. Durch Berücksichtigung spezifischer stadträumlicher/lokaler Bedingungen (→ Sozialindikatoren) bei der I.planung (Art, Ausstattung, Situierung, Priorität) sollen teilräumliche Disparitäten ausgeglichen, Benachteiligungen kompensiert werden.

Als Folge des fortschreitenden Prozesses gesellschaftlicher Differenzierung (Pluralisierung von Lebensformen und -stilen; »Singularisierung«; nach Auflösung der Großfamilie Tendenzen auch zur Auflösung der »Restfamilie« etc.) rücken permanent neue Formen/Typen der I. bzw. von I.ansprüchen in die Diskussion; in den zurückliegenden Jahren und in der Gegenwart etwa Einrichtungen mit der speziellen Zweckbestimmung des Ausgleichs der Lebenschancen von → Alleinerziehenden, für Frauen in Krisensituationen, für integriertes Wohnen unterschiedlicher Alters- und Sozialgruppen etc.

Normative Vorstellungen hinsichtlich der als erforderlich erachteten I.ausstattung sind weitgehend durch gesellschaftliche Wertmaßstäbe und Organisationsformen bestimmt und ändern sich mit ihnen. Die erheblichen Probleme der Aufrechterhaltung überkommener (z. B. im kulturellen Bereich) I. und des Neuaufbaus einer den geänderten gesellschaftlichen Rahmenbedingungen I. in den neuen Bundesländern (z. B. im Bereich der gesundheitlichen Versorgung; bei der Umorganisation primär betriebs- in stadtteilbezogene Versorgungssysteme) und der grundlegenden Qualitätsverbesserung (z. B. im Bereich der → Altenhilfe) verdeutlichen diesen Zusammenhang.

Nach Abklingen spezifischer Bedarfswellen (z. B. nach vorschulischen oder schulischen Einrichtungen), infolge demographischer (Rückgang der Geburtenziffern) und technischer (z. B. Auflassung von Bahnhöfen) Veränderungen, stellt sich zunehmend die stadt- und sozialplanerisch-architektonische Aufgabe der Umnutzung von I.bauten für neue Zwecke (→ Entwicklungsplanung, → Sozialplanung).

Maßnahmen zur Nachverdichtung von Großwohnanlagen der 60er und 70er Jahre in den alten Bundesländern verfolgen u. a. das Ziel, eine kontinuierliche Auslastung der I. sicherzustellen (obgleich diesem Konzept nur begrenzte Wirksamkeit zukommt), in den Großwohnlagen der neuen Bundesländer ist es auf absehbare Zeit eine der zentralen stadt- und sozialplanerischen Aufgabe, eine grundlegende Verbesserung der I. im öffentlichen und privaten Bereich sicherzustellen. (Verbesserung qualitativer Standards, der Umstrukturierung funktionslos gewordener Einrichtungen.)

Während die Infrastrukturentwicklung für traditionelle Klientengruppen (z. B. Kinder, Jugendliche, Senioren) an in den alten Bundesländern entwickelte Verfahren anknüpfen konnte, bedürfte in den neuen Ländern die Generation der etwa 50- bis 60jährigen, zu großen Teilen weit vorzeitig und unfreiwillig aus dem Berufs-/Erwerbsleben Ausgeschiedenen (»verlorene Generation«), besonderer Beachtung.

Das Prinzip der Kostendeckung ist bei der Vorhaltung sozialer I.einrichtungen nicht oder nur begrenzt anwendbar, da gesellschaftliche, insbes. sozialpolitische Zielvorstellungen ein In-Rechnung-Stellen der Kosten gegenüber den Nutzern nicht oder nur partiell erlauben (z. B. im Bildungsbereich, im Bereich der → Jugendpflege, der Freizeit und Erholung, der → sozialen Dienste) und/oder da der Nutzen zahlreicher Einrichtungen der sozialen I. nicht ohne weiteres meßbar ist oder fest umrissenen Nutzergruppen zugeordnet werden kann (z. B. der Nutzen einer Jugendfreizeitstätte, die Bedeutung eines Altenklubs für einen Stadtteil). Dies schließt in weiten Bereichen Kosten-Nutzen-Untersuchungen (→ Kosten-Nutzen-Analyse) als Entscheidungsgrundlagen bei I.maßnahmen aus bzw. setzt komplexe Untersuchungsansätze voraus (u. a. Problem der Quantifizierung qualitativer Tatbestände [→ qualitative Erhebungs- und Auswertungsmethoden]), die in der Praxis i. d. R. nicht geleistet werden können. Infolge hoher und weiter steigender Investitions- und → Betriebskosten können soziale I.einrichtungen i. d. R. nur unter Einsatz öffentlicher Mittel erstellt und vorgehalten werden. Nach dem Prinzip der → Subsidiarität liegt die Trägerschaft eines erheblichen Teils der sozialen I. bei den Wohlfahrtsverbänden (→ Freie Wohlfahrtspflege) oder anderen privaten Institutionen, wobei die öffentliche Hand die hierfür erforderlichen Investitions- und/oder Betriebskostenzuschüsse gewährt.

Probleme der Aufrechterhaltung eines quantitativ und qualitativ angemessenen, vor allem auch erreichbaren I.versorgungssystems (Probleme: Tragfähigkeit, Ausstattung, Einzugsbereich) stellen sich derzeit und in absehbarer Zukunft in strukturschwachen (Entleerungs-)Räumen, vor allem im Osten und Nordosten Deutschlands (Arbeitsmarktproblem, stagnierende Geburtenziffern, Überalterung).

Mit §9a BBauG hatte der Gesetzgeber im Rahmen der Novellierung des BBauG im Jahre 1976 die Möglichkeit geschaffen, in einem → Bebauungsplan festzusetzen, daß bestimmte in ihm festgelegte Nutzungen erst zulässig sind, wenn die I.ausstattung gesichert ist; ferner räumte er die Möglichkeit ein, festzulegen, unter welchen Voraussetzungen diese Sicherung als gegeben anzusehen ist. Im 1987 in Kraft getretenen → Baugesetzbuch (BauGB) ist diese Möglichkeit nicht mehr enthalten, da die Vorschrift kaum angewendet wurde.

Lit. Afheldt: Infrastrukturbedarf; Barby: Infrastruktur; Bundesforschungsanstalt für Landeskunde und Raumordnung (Hrsg.): Infrastrukturentwicklung; Jochimsen: Infrastruktur; Schmid-Urban: Städtebauliche Planung; Winkel: Infrastruktur.

Karolus Heil

Inhaltsanalyse (content analysis) als Methode der → empirischen Sozialforschung basiert auf der Erkenntnis, daß sich in der alltäglichen → Kommunikation → Einstellungen (→ Attitüden), Deutungen, Absichten mehr oder weniger explizit ausdrücken. Bei der I. geht es also, anders als bei der sprachwissenschaftlichen Textanalyse, darum, die Bedeutung sprachlicher (gesprochener oder geschriebener), bildlicher o. ä. Materialien bzw. einzelner Elemente wie Wörter, Wortkombinationen, Satzteile, Sätze oder längerer Textstellen zu erkennen und entsprechend zu klassifizieren, um letzlich Schlußfolgerungen auf Eigenschaften von Personen (die Textproduzenten oder die Textempfänger) oder des soziokulturellen Systems, in dem ein Text produziert wurde, ziehen zu können.

Die I. ist ein nonreaktives Verhalten, d. h. es besteht keine Interaktion Forscher-Beforschter, die Meßvorgänge (→ Messung) sind prinzipiell wiederholbar, da sich das Untersuchungsmaterial durch den Meßvorgang nicht verändert und präsent bleibt (→ Reliabilität).

Das Hauptproblem der inhaltsanalytischen Methode liegt darin, daß der Inhaltsanalytiker bei der Zuordnung von Bedeutungen zu sprachlichen Einheiten auf sein eigenes intuitives Sprachverstehen zurückgreift. In dem Maße, in dem die unterstellte Gemeinsamkeit im Verstehen mit dem Textproduzenten und dem Textempfänger nicht vorhanden ist, ist die Gültigkeit der Ergebnisse der I. in Frage gestellt (→ Validität).

Die Aussagekraft der mit Hilfe der I. gewonnenen Ergebnisse hängt entscheidend von der Eindeutigkeit der Kategorien ab, denen die Textelemente im inhaltsanalytischen Verfahren zugeordnet werden. Deshalb steht am Anfang eine sorgfältige Analyse des durch die Fragestellung abgesteckten Themenbereichs, um festzustellen, welche sprachlichen Äußerungen als → Indikatoren für welche Einstellungen, Deutungen, Absichten usw. betrachtet werden können. Ziel ist ein valides Instrument zur Verschlüsselung des Textmaterials in Form eines Kategorienschemas, mit dem sich die ausgewählten Textelemente sinnvoll differenzieren lassen. Bei der Entwicklung und Überprüfung des Instrumentes zur Auswahl der zu analysierenden Textelemente, bei der Verschlüsselung des Textmaterials sowie bei der statistischen Aufbereitung der Ergebnisse gelten dieselben Standards wie bei den anderen sozialwissenschaftlichen Forschungsmethoden.

Nur ein systematisches Vorgehen nach expliziten Regeln und mit Hilfe eines standardisierten Verfahrens kann die → Objektivität der Analyse und damit die intersubjektive Geltung der Ergebnisse gewährleisten. Unter diesen Kriterien sind die beiden Grundformen, die quantitative und die qualitative I., obwohl oft fälschlicherweise in Gegensatz gebracht, bedeutsam.

Die qualitative I. eignet sich z. B. in Form von Pilotstudien zu explorativen und deskriptiven Zwecken im Vorfeld quantitativer I., etwa zur Hypothesenfindung (→ Hypothese) und Theoriebildung, zur Begriffs- und Kategorienfindung sowie zur Erstellung von Klassifikationen. Sie kann eine quantitative I. in Form von Einzelfallstudien und Prozeßanalysen sinnvoll ergänzen und zur Vertiefung des Informationsgehalts von Ergebnissen quantitativer I. beitragen.

Die quantitative I. dient vordringlich der Hypothesenprüfung. Bei der Häufigkeitsanalyse (Frequenzanalyse) werden mit Hilfe eines Kategorienschemas Textelemente ausgezählt in der Annahme, daß sich die Intensität der zu messenden → Variablen in der Häufigkeit ihres Auftretens in den aus-

gewählten Texten niederschlägt. Bei der Bewertungsanalyse (Valenz- bzw. Intensitätsanalyse) werden bestimmte, mit Hilfe eines Kategorienschemas differenzierte Textelemente nach einer zwei- oder mehrstufigen Einschätzskala bewertet (→ Skalen). Eine dritte Form stellt die Kontingenzanalyse dar. Mit ihrer Hilfe wird versucht, im Textmaterial eine Struktur miteinander verknüpfter Textelemente aufzufinden. Weiterentwicklungen sind die Bedeutungsfeldanalyse und die Assoziationsstrukturanalyse.
S. a. → Aktenanalyse, → Qualitative Erhebungs- und Auswertungsmethoden, → Empirische Sozialforschung.
Lit. Lisch u. a.: Inhaltsanalyse; Mayring: Qualitative Inhaltsanalyse. *Helmut Lukas*

Innendienst Tätigkeit der → Fachkräfte in der sozialen Arbeit im Auftrag des jeweiligen Trägers innerhalb der Dienststelle. Er betrifft in erster Linie → Verwaltungsfachkräfte und → Sozialarbeiter/-innen und Sozialpädagog/-innen und sonstige Fachkräfte. Im I. werden durch Verwaltungsfachkräfte alle Aufgaben erfüllt, die im Rahmen der → Sozial- und → Jugendhilfe sowie anderer Sozialleistungen anfallen. Sie betreffen die Annahme von Anträgen, die Ermittlung von Tatsachen, die für Entscheidungen wesentlich sind, sowie Entscheidungen über die Anträge. Die Überprüfung, Verfolgung und Durchsetzung von vorrangigen Ansprüchen gegenüber dem → Bundessozialhilfegesetz (BSHG) und → Kinder- und Jugendhilfegesetz (KJHG – SGB VIII) sind weitere Aufgaben des I. Schließlich gehört die → Beratung in allen Rechtsfragen (→ Sozialberatung), die soziale Leistungen betreffen, im Rahmen des → Sozialgesetzbuches (SGB) hinzu. Die Entgegennahme und Bearbeitung von Widersprüchen, Klagen, → Dienstaufsichtsbeschwerden sowie Petitionen werden ebenfalls vom I. erbracht.
Die Tätigkeit der Sozialarbeiter/-innen und Sozialpädagog/-innen im I. besteht u.a. in der Auswertung und Aufarbeitung der im → Außendienst gewonnenen Erkenntnisse. Moderne Organisationskonzepte trennen Innendienst und Außendienst nicht.
Stefan Karolus

Innere Mission → Diakonisches Werk der Evangelischen Kirche in Deutschland

Innovation bezeichnet jede Neuerung und Veränderung durch Einführung neuer Ideen, Materialien, Gegenstände, Verfahren, Verhaltensmuster usw. Es handelt sich also um einen sehr allgemeinen und umfassenden Begriff für Maßnahmen, Programme und Prozesse des technologischen Fortschritts, der aus dem Anglo-amerikanischen übernommen wurde. Außer diesem allgemeinen Wortgebrauch ist der Begriff I. auch in die sozialpolitische und sozialpädagogische Fachsprache übernommen worden und bezeichnet hier Entwürfe und Implementationen von Programmen, Arbeitsformen, Modellen usw. vor allem auf der Mikro- und Mesoebene, seltener auch auf Makroebene durch Rechtsänderung, neue Gesetze (wobei dann eher von Reform als von I. die Rede ist). Die Definition und Verwendung des Begriffs I. und seine Abgrenzung von verwandten Begriffen – wie etwa Reform, Alternativen u. ä. – sind nicht immer eindeutig zu bestimmen. Innovative Arbeitsformen und Handlungsstrategien der → Sozialarbeit/Sozialpädagogik, die neuerdings häufiger beschrieben und diskutiert werden, sind z. B. → Stadtteilarbeit, Straßensozialarbeit (→ Streetwork), sozialpädagogische Familienhilfe, → Wohngemeinschaften/Wohngruppen – für ältere Menschen, Jugendliche, Drogenabhängige, Behinderte, psychisch Kranke usw. –, → Projektgruppen und → Projekte in der sozialen Arbeit.
Innovationen durchlaufen idealtypisch vom ersten Auftauchen einer Idee bis zur vollen Realisation Phasen und Stufen: Entwurf- → Konzept(ions)entwicklung, Programm und Planung, Implementation und Integration in die Regelpraxis (→ Evaluation/Selbstevaluation). Realiter aber bleiben sie des öfteren in der einen oder anderen Phase vorzeitig stecken, vergleichbar dem Scheitern von Reformen.
Von den Sozialwissenschaften werden I.prozesse deskriptiv-analytisch untersucht und I.strategien entwickelt. Dabei zeigt sich ihre Abhängigkeit von politischen und sozio-kulturellen Rahmenbedingungen, von Interessen und Motivationen als hemmenden und fördernden Faktoren und restriktiven politisch-ökonomischen Bedingungen. Damit wird zugleich die Ambivalenz und Widersprüchlichkeit von I. deutlich, die ja als Begriff wertfrei, d. h. inhalts- und richtungslos, definiert ist: sie kann für gegensätzliche Interessen und Ziele eintreten, also einerseits der Effizienz- und Leistungssteigerung, andererseits aber auch der System- und Strukturveränderung im Sinne emanzipatorischer und partizipatorischer (→ Partizipation) Ziele und Interessen. Wo der Ausdruck I. verwendet wird, unterbleibt aber häufig eine solche Reflexion und Aufklärung über Interessen und Ziele, und deshalb steht er meist für punktuelle, im gesellschaftlichen Kontext nicht reflektierte Änderungen im Sinne technisch halbierter Rationalität. Nicht zufällig scheint deshalb auch die Rezeption des Begriffs und der Wortgebrauch zeitlich mit rückläufigen Erwartungen auf eine (grundlegende) Gesellschafts-, Sozial- und Bildungsreform zuzunehmen: Auch in der → Sozialarbeit/Sozialpädagogik werden Wort und Begriff häufiger gebraucht, seitdem die Hoffnung auf Reformen als Reformillusion enttäuscht wurde.

Lit. Esser, J.: Innovationssysteme; Herz: Innovationsstrategien; Kaufmann u.a.: Modelleinrichtungen; Lau u.a.: Verwaltungsarbeit; Maelicke: Innovation; Mayntz: Implementation; Meinhold: Konzepte; Ortmann, F.: Sozialplanung; Rolff: Bildungsplanung; Watzlawczik: Innovationsforschung; Wehle: Innovation.

Hans Pfaffenberger

Innungskrankenkasse → Krankenkassen

Inobhutnahme von Kindern und Jugendlichen (→ Altersstufen im Recht) ist vorläufige Unterbringung 1. bei einer geeigneten Person, 2. in einer → Einrichtung oder 3. in einer sonstigen betreuten Wohnform durch das → Jugendamt (JA) nach § 42 Abs. 1 → Kinder- und Jugendhilfegesetz (KJHG – SGB VIII). Obhut als fürsorgliche Aufsicht ist Teil von Personensorgerecht (→ Personensorge) und -pflicht der Eltern i. S. v. § 1631 → Bürgerliches Gesetzbuch (BGB); sie kann auch durch sonstige → Erziehungsberechtigte ausgeübt werden. Sie ist mit sorgerechtlichen Pflichten (Beaufsichtigung, → Erziehung, Aufenthaltsbestimmung) ausgestattet. Das JA ist zur I. verpflichtet, wenn ein Kind oder Jugendlicher selbst darum bittet (sog. »Selbstmelder«, § 42 Abs. 2 KJHG – SGB VIII) oder eine dringende Gefahr für dessen Wohl es erfordert (Abs. 3). Nach § 43 KJHG – SGB VIII ist das JA unter den Voraussetzungen des § 1666 BGB bei Gefahr im Verzuge zur I. auch nach Herausnahme des Kindes bei einer Person oder aus einer Einrichtung befugt, wo es sich mit Zustimmung des Personensorgeberechtigten aufhält.

Das JA handelt für den Personensorgeberechtigten; dessen mutmaßlicher Wille ist angemessen zu berücksichtigen.

Bei I. ist das Kind oder der Jugendliche unverzüglich dem Personensorge- oder Erziehungsberechtigten zu übergeben oder eine Entscheidung des → Vormundschaftsgerichts über die zur Abwendung erforderlichen Maßnahmen zum → Kindeswohle herbeizuführen. Freiheitsentziehende Maßnahmen (→ Freiheitsentziehung) sind nur zulässig, soweit sie erforderlich sind, um eine Gefahr für Leib oder Leben – ggf. auch Dritter – abzuwenden (§ 42 Abs. 3 KJHG – SGB VIII, Grundrechtseinschränkung Art. 20 KJHG – SGB VIII). Vorbild der Regelung war die Bestimmung des § 1 JÖSchG, nach der die zuständigen Behörden – insbes. auch Polizeibehörden s. u. – verpflichtet sind, Kinder und Jugendliche, die sich an Orten mit unmittelbarer Jugendgefährdung (→ Jugendschutz) aufhalten, in die Obhut des JA zu bringen, wenn kein Erziehungsberechtigter erreichbar ist. Diese Bestimmung gilt als Spezialvorschrift weiter. Dagegen ist das bisherige Landesausführungsrecht zu I. und Herausnahme (Baden-Württemberg: § 34a LJWG, Bayern: Art. 21 JAG, Berlin: § 50, Bremen: § 15, Niedersachsen: § 22 und Nordrhein-Westfalen: § 30 AG-JWG) mit dem Inkrafttreten des KJHG – SGB VIII i. S. v. Art. 34 GG (»Bundesrecht bricht Landesrecht«) außer Kraft getreten. Die Polizei ist nach dem → Polizeirecht des jeweiligen Bundeslandes zur Unterstützung bei I. verpflichtet.

Lit. Jordan u.a.: Jugendschutzstellen; Krug, H. u.a.: Kinder- und Jugendhilfe (Komm.); Oberloskamp: Rechtliche Stellung; Scholz, R.: Jugendschutz (Komm.). *Günter Happe*

Inservice-Training Der Begriff I.-T. ist ursprünglich ein Sammelbegriff für alle organisationsinternen Seminare. Seine Bedeutung im Sprachgebrauch hat sich jedoch zunehmend auf solche betriebs- oder institutionsinternen Veranstaltungen konzentriert, deren Lernschwerpunkt auf dem konkreten Interaktionsverhalten im beruflichen Kontext liegt (→ Kompetenz, soziale), und für die zumeist ein externer Trainer zugezogen wird.

I.-T. umfaßt damit die gesamte Palette von sozialpsychologisch fundierten internen Schulungs- und Fortbildungsmaßnahmen. Dies beginnt beim Training spezieller Fertigkeiten (Skill-Training) für bestimmte Funktionsbereiche (Gesprächsverhalten, Führungsverhalten, Besprechungs- und Konferenztechniken, kooperatives Planungs-, Entscheidungs- und Problemlöseverhalten, aber auch Verhalten in bestimmten berufsspezifischen Konfliktsituationen, z. B. Gesprächsverhalten in der Telefonseelsorge, Verhalten im Kritik- oder Beurteilungsgespräch). Ebenfalls als I.-T. werden jene Trainings bezeichnet, die sich organisationsintern um eine effizientere → Kooperation und Teamfähigkeit (→ Teamarbeit) in Arbeits- und → Projektgruppen bemühen. Solchen leistungsbezogenen Gruppen genügt die soziale Kompetenz einzelner häufig nicht. Inhalte solcher Trainings sind deshalb: Rollenklärung, Verbesserung im Informations- und Entscheidungsbereich, Aufbau und Erhaltung wirkungsvoller zwischenmenschlicher Beziehungen, Klärung von Konflikten und Reibungsflächen, die eine optimale gegenseitige Inanspruchnahme von Kompetenz und Ressourcen behindern. Für solche I.-T. finden sich als weitere Bezeichnungen »Team-Training«, »Family-Training« (von »familygroup« für Team) oder »Efficiency-Training«. Zudem sind die Grenzen zwischen I.-T. und → Organisationsentwicklung fließend: Im Rahmen von Organisationsentwicklungsprojekten stellen I.-T. zumeist unumgängliche erste Teilschritte dar.

Klar abgrenzbar ist I.-T. von frei ausgeschriebenen berufsbezogenen Veranstaltungen, die von einander fremden Personen aus verschiedenen Organisationen besucht werden. Diesen gegenüber bietet das I.-T. den Vorteil, daß die Lernziele präzise auf

die speziellen Erfordernisse der Organisation und ihres Arbeitsfeldes abgestimmt werden können, daß also statt mit vorgefertigten Übungen an konkreten Praxisproblemen gearbeitet werden kann. Zudem kommen Analyse und Entwicklung der Lerngruppe selbst der in eine gemeinsame Arbeitssituation eingebetteten beruflichen Gruppe zugute statt der »künstlichen« Gruppe einer externen Veranstaltung, die aufgrund ihrer Limitierung auf die Seminarzeit keine gemeinsame Arbeits- und Kooperationsperspektive zu entwickeln braucht. Weitere Vorteile des I.-T. sind, daß aufgrund der hohen Arbeitsplatzbezogenheit das Problem des → Transfers eine geringere Rolle spielt, und zudem eine bessere Kontrolle des Lern- und Anwendungserfolges möglich ist. Ein oft genannter Nachteil des I.-T. ist dagegen die etwas geringere Offenheit der Teilnehmer; zumindest am Beginn des I.-T.
Lit. Bradford u.a.: Gruppentraining, S. 422 ff.; Däumling u.a.: Gruppendynamik, S. 261 f.; Doppler u.a.: Entwicklung; Doppler u.a.: Management, S. 142 f.; Voigt: Gruppendynamik. *Bert Voigt/Klaus Doppler*

Instandsetzungskosten → Einmalige Leistungen

Instanzenweg → Behördenaufbau

Instinkt Umgangssprachlich ein inneres anregendes und verhaltensbestimmendes Prinzip, das sich bei Tieren und Menschen in der Fähigkeit ausdrückt, ohne Nachdenken sinnvoll und sicher zu handeln und zu entscheiden. In der Biologie (z. B. bei Cuvier) meist verengt auf artspezifisches, ohne vorangegangenes → Lernen zustande kommendes, also angeborenes → Verhalten.
Die I.handlung ist die Funktionseinheit instinktiven Verhaltens; i. d. R. besteht sie aus den beiden Phasen des Appetenzverhaltens und einer abschließenden Endhandlung bzw. einem antriebsbedingten Ruhezustand. Eine I.handlung ist ferner charakterisiert durch einen für alle Phasen gemeinsamen Antrieb (Bereitschaft), aber für jede Phase andere Schlüsselreize und unterschiedliches Verhalten, das aus formstarren oder durch orientierende Reize gelenkten Bewegungen bestehen kann (Erbkoordination, Taxiskomponente). Manche, aber nicht alle I.handlungen sind durch Erfahrung bzw. Dressur zu verändern.
I.reduktion wurde mitunter als Bedingung dafür angesehen, daß ursprünglich instinktiv gelenktes Verhalten im Verlauf der Menschwerdung unter die Steuerung des Intellekts und der Einsicht kommen konnte. Das Ersetzen von angeborenen auslösenden Reizen und Erbkoordinationen durch erlernte Reizmuster bzw. Verhaltenselemente ist jedoch bereits durch Lernen (Lernen am Erfolg) möglich, setzt also keinen vorausgegangenen I.verlust voraus.
Die I.sicherheit des Menschen ist bereits damit verloren, daß verstandesgesteuertes Verhalten in der gleichen Situation aktivierte rein instinktive Verhaltenstendenz ersetzen kann. Auch fehlende I.sicherheit setzt also keine vorhergehende I.reduktion voraus und ist daher auch kein Beweis für diese. Von seiten der Verhaltensbiologie ist dementsprechend die Vermutung geäußert worden, der Mensch sei keineswegs i.arm, sondern verfüge über eine Vielzahl von I.
Lit. Eibl-Eibesfeldt: Verhaltensforschung; Hassenstein: Verhaltensbiologie.
Bernhard Hassenstein

Institut für Sozialarbeit und Sozialpädagogik e.V. (ISS) wurde 1974 gegründet (1. Direktor Wolfgang Bäuerle), seit 1991 als selbständiger gemeinnütziger e.V. organisiert und finanziert seine Arbeit aus Leistungsentgelten der Auftraggeber. Betriebseinnahmen, Zuwendungen der Bundesregierung sowie des Bundesverbandes der → Arbeiterwohlfahrt (AWO). Seine Arbeit wird durch ein träger- und fachplural zusammengesetztes Kuratorium begleitet. Zur Innovation (Entwicklungsarbeit) in der → Sozialarbeit/Sozialpädagogik verpflichtet, bietet das ISS → öffentlichen und → freien Trägern folgende Leistungen an: (1) Projekte zur → Praxisforschung und Praxisberatung, wissenschaftliche Begleitung von Modellversuchen und neuen Handlungsansätzen der Regelpraxis, Planungsberatung/Planerstellung, → Organisations-/ → Personalentwicklung und -beratung, Steuerung und Verwaltungsreform; (2) Gutachten und Expertisen; (3) Qualifikationsangebote für leitende Mitarbeiter/-innen in Projekt- und → Sozialmanagement, projekt-/institutsbezogene und bundeszentrale → Fortbildung, Expertentreffen und Fachtagungen sowie längerfristige berufsbegleitende → Weiterbildungen (in einem ISS-eigenen Tagungs- und Gästehaus).
Den aktuellen Handlungsprinzipien Sozialer Arbeit (→ Lebenswelt- und → Lebenslagenorientierung) verpflichtet, realisiert das ISS vor allem Projekte in der → Jugend- und → Familienhilfe, der Frauen-; Mädchen- und → Jugendarbeit, der Erwachsenenhilfe (Erwachsene in besonderen Lebenssituationen), der Altenarbeit/Altenhilfe, zur → Pflegeversicherung sowie in den Schwerpunkten Drogen/Sucht und Migration. Im ISS arbeiten durchschnittlich 40 Mitarbeiter/-innen, davon regelmäßig 15-20 praxiserfahrene Wissenschaftler/-innen der verschiedensten Fachrichtungen, häufig mit Doppelqualifikation. Über die Arbeitsergebnisse/-planungen informieren Jahresberichte, Publikationsverzeichnisse, Fortbildungsprogramme und die vom ISS herausgegebene Zeitschrift für Migration und Soziale Arbeit (früher: Informationsdienst zur Ausländerarbeit).
Anschrift: Am Stockborn 5-7, 60439 Frankfurt. *Dieter Kreft*

Institutionsberatung – auch Organisationsberatung genannt, ist ein Begriff aus der → Organisationssoziologie und bezeichnet den Prozeß der Beratung von Institutionen durch i. d. R. externe Fachkräfte der → Organisationsentwicklung. Die Beratungsanfragen können sich auf die Lösung eines akuten Problems oder eines Konfliktes beziehen oder eine längerfristige Begleitung von Veränderungsprozessen beabsichtigen. In den Prozeß der Beratung der Institution werden soweit wie möglich alle Beteiligten und Betroffenen und die relevanten Entscheidungsträger einbezogen. Grundlage der I. ist eine gemeinsame Analyse der Ist-Situation und die Festlegung der beabsichtigten Veränderungen in einem Ziel- und Planungssystem.

Jeder Schritt der Veränderung erfolgt möglichst mit allen Beteiligten zusammen, um ein höchstmögliches Maß an → Partizipation sicherzustellen. Zugleich erfolgt die Untersuchung der Auswirkungen der Veränderungen auf die Lebensbedingungen der Betroffenen sowie auf die Institution selbst. Die Ergebnisse dieser begleitenden Untersuchungen werden in die laufende Arbeit zurückgekoppelt und auf ihrer Grundlage weitere Innovationsschritte vereinbart und vorgenommen. Integriert in I. ist häufig auch Planungsberatung. Dabei kann es sich um ein fachliches Gutachten über einen bereits bestehenden Plan handeln, um die Beschaffung von Planungsdaten oder die Neubearbeitung einer konzeptionellen Planung oder Planungsalternative unter Berücksichtigung der gegebenen Bedingungen. Planungsberatung sollte nicht isoliert stattfinden, sondern nur im Zusammenhang einer Mitwirkung bei der Planungsentwicklung und einer institutionsbezogenen Beratung und Begleitung während der Umsetzung des Planungsvorhabens in die Praxis. I. ist vielfach auch eingebunden in ein System der → Fortbildung und Mitarbeiterqualifizierung auf den verschiedenen Ebenen. Besonders bundeszentrale Fortbildungsträger versuchen über begleitende Beratung von Institutionen den Fortbildungsprozeß praxisnäher zu gestalten. I. findet i. d. R. statt durch interdisziplinär zusammengesetzte Teams von sozialwissenschaftlich vorgebildeten Fachkräften mit umfangreichen Praxiserfahrungen in spezifischen Feldern der → Sozialarbeit/Sozialpädagogik. Verschiedene Hochschulen und Fachinstitute arbeiten an entsprechenden Berufsbildern und Qualifikationsmodellen für eine spezifische Aus- und Fortbildung von Institutionsberatern.

I. gewinnt zunehmende Bedeutung im Prozeß der Modernisierung des öffentlichen Dienstes wie auch privater Träger. Grundlage ist dabei häufig die Verständigung auf ein Leitbild, in dem die Grundsätze der Unternehmensphilosophie festgelegt werden. Daraus ergeben sich Konsequenzen für die Definition von Zielen und Aufgaben, für die Aufbau- und Ablauforganisation, für das Konzept von Führung und Zusammenarbeit. Weitere Schwerpunkte der durch I. geförderten Organisationsentwicklung sind die → Personalentwicklung, das → Projektmanagement, das → Sozialmarketing sowie die Einführung neuer Steuerungsinstrumente wie → Budgetierung und → Controlling.
Lit. Gotthardt-Lorenz: Organisationsberatung; Kobi, J.-M.: Management; Maelicke: Beratung; Maelicke: Innovation.
Bernd Maelicke

Insuffizienz Der Inhalt von I.gefühlen ist das Erleben eigener Unzulänglichkeiten bzw. mangelnder Leistungsfähigkeit. Diese Gefühle können auf eine tatsächliche organische und/oder psychische Minderausstattung zurückgehen; sie treten jedoch auch ohne eine solche auf. Besonders Menschen, die man als »Psychastheniker« bezeichnet – das sind Menschen, deren zentrales Merkmal eine beständige geringe Belastbarkeit ist – leiden häufig unter derartigen Gefühlen. I.gefühle spielen unter dem Begriff »Minderwertigkeitsgefühle« (→ Minderwertigkeitskomplex) eine zentrale Rolle in der von A. Adler entworfenen → Individualpsychologie: Sie führen nach dieser Theorie entweder zu (normalen) Kompensationserscheinungen (etwa zu vermehrter Anstrengung; → Kompensation) oder aber, wenn dieser Weg verstellt erscheint, in Form sog. Überkompensation zur Ausbildung neurotischer Störungen (→ Neurose). I.gefühle sind als Aspekte von negativen Selbstkonzepten zu betrachten.
Klaudius Siegfried

Integration Der Begriff I. wird in der Umgangs- und Wissenschaftssprache verwendet, wobei seine ursprüngliche Bedeutung (Wiederherstellung oder Einfügung in ein größeres Ganzes) variiert wird. In der → Psychologie und Hirnphysiologie werden Vorgänge des Zusammenspiels von Wahrnehmen, Fühlen, → Denken u. ä. mit I. gefaßt. In der Pädagogik meint I. die Einbeziehung von → Behinderten in die Regelschule (→ Schulische Integration) oder im Kindergarten (→ Integrative Erziehung), aber auch auffälliger und → ausländischer Kinder in den Klassenverband oder beschreibt den Zusammenschluß verschiedener Schulformen (integrierte → Gesamtschule).

Hier soll es vor allem um den soziologischen Begriffsgebrauch gehen, der bei der Beschreibung von → Minderheiten und Randgruppen einer Gesellschaft eine Rolle spielt. Soziale I. wird dabei in der Regel als Anpassung an das Normengefüge und den Lebensstil einer → Gesellschaft oder → Gruppe verstanden, wobei abweichende Verhaltensweisen und -orientierungen (→ Verhalten, → abweichendes Verhalten) zu-

gunsten einer → Assimilation nach und nach aufgegeben werden. Diese Erwartung bestimmt in Einwanderungsgesellschaften das Selbstverständnis als »Schmelztiegel«. Die Bundesrepublik Deutschland hat sich aber bisher nicht als Einwanderungsgesellschaft definiert und versteht I. entweder als »Einbürgerung« oder »Eindeutschung« oder mindestens als unauffällige Anpassung an den deutschen Lebensstil. Durch den ungesicherten Rechtsstatus sind aber ausländische Arbeitnehmer darauf angewiesen, ihre ursprüngliche → Identität und Kultur zu betonen, da ihnen eine deutsche verwehrt bleibt. Dieses Festhalten an der eigenen Kultur und Religion wird ihnen dann als Unfähigkeit zur I. angelastet.
Im Verständnis eines → interkulturellen Lernens wird I. nun nicht mehr als einseitige → Anpassung oder Assimilation bestimmt, sondern als ein wechsel- und gegenseitiger Lernprozeß, der auch die dominante Kultur im Sinne einer Bereicherung verändert. I. wird deshalb von Deutschen und Ausländern als ein offener Austausch verstanden, in dem vor allem die positiven Elemente beider Kulturen erhalten bleiben, andere sich aber im Prozeß eines längerfristigen Aushandelns verändern. Identität und I. werden dabei nicht als statisch, sondern als prozeßhaft und immer neu zu definieren betrachtet.
Auch für Randgruppen läßt sich nachweisen, daß ihre mangelnde I. und ihr abweichendes Verhalten (z. B. → Subkultur der → Armut) nicht festliegende Gruppen- oder Persönlichkeitsmerkmale sind, sondern in Entwicklungen von Ausschluß (Segregation) und sozialer → Diskriminierung erst provoziert bzw. verfestigt werden. Der → Alkoholismus vieler → alleinstehender Wohnungsloser ist zwar in einigen Fällen auch Ursache des Wohnungsverlustes, in einer Mehrzahl aber Folge des Lebens auf der Straße und des damit verbundenen Verlustes an Lebensperspektiven und Selbstachtung.
I. und Desintegration hängen i. d. R. mit Strukturproblemen einer Gesellschaft zusammen. Mit dem Leistungsdruck und mit wirtschaftlicher Unsicherheit wächst die Jagd nach Sündenböcken und schwindet die Toleranz und Bereitschaft für Behinderte, Ausländer, Straffällige, alte Menschen und andere Gruppen am Rande der Gesellschaft. Oder es werden segregierte Randgruppen (z. B. Obdachlose) als Mittel der Disziplinierung gebraucht (z. B. um steigende Mieten durchzusetzen). I. und I.bereitschaft sind also nicht nur Leistungen einer Minderheit, sondern immer auch Fragen an die I.offenheit und -würdigkeit einer Gesellschaft oder Gruppe. Eine Gesellschaft mit starken sozialen Spannungen ist prinzipiell integrationsfeindlich und eine sozial befriedete eher auf I. bedacht.
Insgesamt scheint sich in der Diskussion um I., besonders der Ausländer, ein Konsens herausgebildet zu haben, der I. nicht mehr als unterwerfende Anpassung (Assimilation) versteht, sondern als einen eher dialogischen Weg wechselseitiger Durchdringung, der aber zeitweilig oder auf Dauer auch abweichende Eigenbereiche innerhalb einer multikulturellen Gesellschaft anerkennt. Wesentliche Voraussetzung für I. sind dabei politische und rechtliche Gleichstellung (z. B. bei Kommunalwahlen), Ermöglichung doppelter Staatsangehörigkeit und gesicherte Aufenthaltserlaubnis. Wer gezwungen wird, auf Koffern zu leben, hat keine Chance auf I. *Gerd Iben*

Integrationsfirmen → Selbsthilfefirmen

Integrative Erziehung ist auf verschiedene Weise und immer dort möglich, wo die → Integration einer vermeintlichen Randgruppe (→ Randgruppenarbeit) in »die« Gesellschaft geschieht. Obwohl es die unterschiedlichsten Möglichkeiten von Integration gibt (Alter, Nationalität, Kultur, soziale Herkunft, Religion usw.), bezeichnet I. E. in der sozialpädagogischen Fachpraxis die Integration → Behinderter, also eine gemeinsame Erziehung nichtbehinderter und behinderter Kinder und Jugendlicher. Durch Eltern- und Trägerengagement entwickelten sich in der Bundesrepublik die unterschiedlichsten Formen der Integration, vor allem im Elementar- und teilweise auch im Primarbereich. (→ Schulische Integration). In der Sekundarstufe und im Wohn-/Freizeitbereich ist sie nur partiell verbreitet. Seit dem Ende der 70er Jahre hat sich innerhalb der Pädagogik (→ Erziehungswissenschaft) durch die I. E. und deren Anspruch eine differenzierte, am einzelnen Kind orientierte Pädagogik entwickelt. I. E. bedeutet eine konstante Auseinandersetzung mit den Persönlichkeiten, Bedürfnissen und Fähigkeiten der behinderten und nichtbehinderten Kinder. Sie setzt ein intensives Eingehen auf den jeweiligen Entwicklungsstand voraus, ohne eine Angleichung oder Anpassung an die herrschenden → Normen oder gar ein Aufgeben der Persönlichkeit zu fordern. I. E. hat also eine kindzentrierte, basale Pädagogik zum Inhalt, die bewußt nicht nur einer bestimmten Gruppe von Kindern gilt, sondern allen. I. E. birgt die Chance, eigene und andere Behinderungen zu akzeptieren. I. E. setzt ein Menschenbild voraus, das den Menschen in seinen Lebensäußerungen als Ganzheit begreift. I. E. darf nicht bedeuten, Behinderte an Nichtbehinderte »anzugleichen«. Vielmehr soll sie einen wechselseitigen Prozeß herbeiführen, der es den Nichtbehinderten ermöglicht, Akzeptanz, Sensibilität und Verständnis für Andersartigkeit zu entwickeln, und der es den Behinderten ermöglicht, sich in einer »natürlichen« Umgebung zu entfalten und als gleichwertig wahrzunehmen. Der Pädagoge/die Pädagogin hat hierbei die Aufgabe, integrative Prozesse, die man im allgemeinsten Sinn als »Einigungen« bezeichnen könnte, anzuleiten und zu begleiten. Die Erkenntnisse durchgeführter wissenschaftlicher Begleitung im Bereich der gemeinsamen Erziehung behinderter und nicht behinderter Kinder ließen sich axiomatisch auf die zu Beginn erwähnten anderen zu integrierenden Gruppen übertragen. Gerade im Bereich der Integration ausländischer Mitbürger/-innen wäre eine Pädagogik, die den »Verzicht« auf die Verfolgung des »Anders-Seins« beinhaltet, von aktueller Relevanz. I. E. impliziert ein Hinterfragen des derzeitigen Leistungssystems. I. E. sollte mit einer intensiven → Eltern- und interdisziplinären → Teamarbeit einhergehen. Sie fordert ein Überdenken pädagogischer Vorgehensweisen (→ Erziehungsstile).

Lit. DJI: Integration; Evangelische Französisch-reformierte Gemeinde: Integration; Klein, G.: Prozesse; *Angelika Rothmayr*

Intelligenz Mit dem Begriff »I.« wird allgemein eine Fähigkeit, eher noch eine Anzahl von Fähigkeiten bezeichnet, die bestimmte Leistungen des Lebewesens bedingen. Über diese → »Begabung« oder Anzahl von Fähigkeiten kann ein Lebewesen in höherem oder geringerem Maße verfügen. So können sich Menschen z.B. nicht nur global nach dem Ausmaß der verfügbaren »I.« unterscheiden, sondern auch nach der Ausprägung einzelner Fähigkeiten, die zur I. gerechnet werden. Noch gibt es keine allgemein anerkannte Definition von I. Auch wird nicht eindeutig bestimmt, welches I.leistungen sind, wenn auch weitgehend anerkannt ist, daß diese Fähigkeiten die Lösung praktischer oder theoretischer Probleme ermöglichen, etwa durch Gewinnung von Einsicht in die Bedingungen, in den Sinnzusammenhang oder in die Struktur der zu bewältigenden neuartigen Aufgabe. Dabei spielt die Erfahrung eine geringere Rolle, vielmehr wird die Erfassung der Zusammenhänge in der neuen Situation als das Wesentliche herausgestellt. Die etwa gleichzeitig von E. Claparède und W. Stern vorgeschlagene und heute weit verbreitete Definition der I. als Fähigkeit, Schwierigkeiten in neuen Situationen zu meistern, schließt auch Verhalten von Tieren ein, da auch diese sich ebenfalls in unterschiedlichem Maße neuen Situationen anzupassen vermögen, für die es keine vom → Instinkt geregelten Antworten gibt.
Durch den statistischen Vergleich verschiedener Leistungen, die man als I.leistungen verstehen kann, versucht die I.forschung die diesen gemeinsamen oder unterschiedlichen Bedingungen zu deuten. Der Grad der Ähnlichkeit der Bedingungen zweier Leistungen wird über die Korrelationsrechnung (→ Korrelation) bestimmt. Spearman entwickelte als erster auf dieser Grundlage eine Methode der Analyse der Beziehungen zwischen verschiedenen Leistungen, die mit Faktorenanalyse benannt wird, eine Methode, die die I.forschung bereits über Jahrzehnte weitgehend bestimmt hat (vgl. Spearman). Zentral untersucht wird damit die Natur und die Anzahl der in den verschiedenen I.leistungen wirkenden Faktoren. Spearman formulierte mit seinen Forschungsergebnissen eine Zwei-Faktoren-Theorie, nach der in allen geistigen Leistungen oder Funktionen nur ein allen gemeinsamer Faktor wirkt, den er als »g«-Faktor bezeichnet (g = general). Zu diesem allgemeinen Faktor kommt ein für die jeweilige Leistung spezifischer Faktor. Der Begriff der geistigen Leistung oder Funktion wird hier sehr weit gefaßt. Dieser allgemeine Faktor der I. wird häufig auch global als »allgemeine I.« verstanden. Spearman jedoch interpretierte ihn eher als »allgemeine geistige Energie«. Die nachfolgende Forschung konnte belegen, daß zwischen bestimmten Leistungen noch Gemeinsamkeiten bestehen, die sich als von dem »g«-Faktor unabhängig erwiesen. So entwickelte die Schule von Spearman eine sog. hierarchische Theorie der I., die darlegt, daß unter dem allgemeinen Faktor »g«, nach der Größe der Auswirkung hierarchisch geordnet, Faktoren von immer geringerer Breitenwirkung zu unterscheiden sind bis zu den spezifischen Faktoren von Spearman (vgl. Vernon). Als Beispiele für äußerst breite Gruppenfaktoren werden häufig die verbal-schulische und die praktische I. angeführt, die neben dem »g«-Faktor die betreffenden Leistungen bedingen. Auch Cattell hält an der Annahme eines allgemeinen I.faktors fest (vgl. Cattell). Thurstone dagegen hat ein anderes Faktorenmodell erarbeitet, das als Multiple Faktoren-Theorie bezeichnet wird (vgl. Thurstone). Er nimmt keinen allgemeinen Faktor an, dafür Gruppenfaktoren, die eine Klasse von Leistungen beeinflussen, dazu spezifische Faktoren. Thurstone hat 7 Primärfaktoren definiert (Sprachbeherrschung, Wortflüssigkeit, Rechengewandtheit, Raumvorstellung, schlußfolgerndes Denken, Auffassungsgeschwindigkeit, Gedächtnis). Diese Primärfaktoren haben auch in dem dreidimensional geordneten System von 120 Faktoren eine besondere Bedeutung, das Guilford vorgeschlagen hat (vgl. Guilford).
Eine weitere Deutung ermittelter Korrelationen zwischen I.leistungen schlagen Thomson und Thorndike mit der Sampling-Theorie vor (vgl. Thomson). Danach bedingen eine große Anzahl nicht näher identifizierter, elementarer Faktoren die I.leistungen. Die einzelne Leistung nimmt jeweils nur einige dieser Begabungsfaktoren in Anspruch. Korrelationen bestehen zwischen einzelnen Leistungen, wenn diese durch gemeinsame Elementarfaktoren bedingt werden. Jede Leistung wird als Darstellung ei-

ner bestimmten → Stichprobe (sample) aus dem Universum der Elementarfaktoren interpretiert. Die Natur der elementaren Faktoren wird nicht näher erklärt. Sie können genetische, neurale oder auch Komponenten der individuellen Umwelt sein. Die faktorenanalytische Forschung definierte eine große Zahl von I.faktoren, die jedoch nicht alle klar voneinander unterschieden werden können. Meili betont dagegen seit 1946 immer wieder eine Auffassung, die nur wenige grundlegende I.faktoren annimmt. Meili hat bisher 4 Faktoren definiert (Komplexität, Plastizität, Globalisation und Fluency). In seiner Analyse der wichtigsten Theorien fand Jäger 6 Hauptdimensionen der I., dazu gehören »Einfallsreichtum« und »Produktivität«. Eine Entscheidung zwischen den verschiedenen Modellen kann die faktorenanalytische Methode nicht herbeiführen, da jede ermittelte Korrelationsmatrix nicht nur eine Lösung zuläßt, sondern auf verschiedene Weisen und von unterschiedlichen theoretischen Vorstellungen her interpretiert werden kann.

I.quotient: a) bezeichnete ursprünglich ein von W. Stern vorgeschlagenes Verhältnismaß der I., das aus der Beziehung

$$\frac{\text{Intelligenzalter (IA)}}{\text{Lebensalter (LA)}} \times 100$$

errechnet wurde. Das I.alter wurde aus der Anzahl der Aufgaben bestimmt, die für die einzelne Altersgruppe als lösbar ermittelt worden war (Intelligenztest). Entspricht das errechnete I.alter dem Lebensalter, resultiert ein I.quotient von 100. Löst jemand die Aufgaben seiner Altersgruppe und dazu noch Aufgaben einer höheren Altersgruppe, übersteigt sein I.alter sein Lebensalter und der Quotient liegt über 100.

b) Bezeichnung für ein Abweichungsmaß, das sich aus den Restsummenscores eines I.tests ergibt. Diese werden errechnet aus altersspezifischen Standardskalen mit dem → Mittelwert 100 und der Standardabweichung (→ Streuung) S = 15. Die jeweilige Altersnorm beträgt stets 100, die Leistungen des Probanden werden als Abweichung von diesem Wert dargestellt.

Zur Natur oder Entwicklung der I. und dem damit verbundenen Einfluß von Anlage und Umwelt besteht noch immer eine vielfältige und vehemente Diskussion (vgl. Eysenck); es liegen keine endgültigen Antworten vor. Die klarsten, wenn auch noch nicht vollständigen Ergebnisse legt die Zwillingsforschung vor. Die Daten lassen vermuten, daß der ermittelte I.grad bei Erwachsenen etwa zur Hälfte bis zu zwei Dritteln auf die Umwelt zurückgeführt werden kann.

Zur Entwicklung der I. formulierte Garrett eine vielfach kritisierte »Differenzierungshypothese«. Er nimmt an, daß mit zunehmendem Alter die abstrakte I. sich in ihrer Organisation wandelt von einer ziemlich einheitlichen und allgemeinen geistigen Fähigkeit zu einer lose organisierten Gruppe von Fähigkeiten. I. stellt sich danach auf verschiedenen Altersstufen in einer unterschiedlichen Anzahl von Dimensionen dar, zudem u. U. auch in qualitativ verschiedenen Dimensionen. Der Entwicklung von I. in höherem Lebensalter wird immer mehr Aufmerksamkeit gewidmet. Nach vorliegenden empirischen Befunden kann sich die geistige Leistungsfähigkeit des Individuums noch nach dem 60. Lebensjahr steigern, nach Cattell in dem Bereich des Faktors der »kristallisierten allgemeinen Fähigkeit«, in dem sich frühere Lernerfahrungen besonders niederschlagen. Der andere gewichtige Faktor der allgemeinen I., von Cattell mit »fluide allgemeine Fähigkeiten« bezeichnet, soll dagegen einen frühen Höhepunkt bereits bei 15 Jahren erreichen und ab 22 Jahren kontinuierlich abnehmen.

Lit. Cattell: Abilities; Eysenck: Ungleichheit; Garrett: Theory; Guilford: Intelligence; Meili: Faktorenstruktur; Spearman: Abilities; Thomson: Abilities; Thurstone: Abilities; Vernon: Abilities.

Ingrid M. Deusinger

Intensivbefragung → Befragung

Intensive sozialpädagogische Einzelbetreuung »soll Jugendlichen gewährt werden, die einer intensiven Unterstützung zur sozialen → Integration und zu einer eigenverantwortlichen Lebensführung bedürfen. Die Hilfe ist in der Regel auf längere Zeit angelegt und soll den individuellen Bedürfnissen des Jugendlichen Rechnung tragen« (§ 35 → Kinder- und Jugendhilfegesetz [KJHG – SGB VIII]).
Zielgruppe der i.s.E. sind insbes. Jugendliche, »die sich allen anderen Hilfeangeboten entziehen und aufgrund ihrer aktuellen Lebenssituation (z. B. im Punker-, Prostituierten-, Drogen- oder Nichtseßhaftenmilieu) besonders gefährdet sind« (Bundesrat, S. 69) und schon seit Jahren durch spezielle Dienste betreut werden. Für solche Jugendliche seien Formen der »Geschlossenen Unterbringung« (ebd.) ungeeignet, insbes. da sich »ebenso viele Jugendliche der Hilfe durch Entweichen in offenen Einrichtungen« (ebd.) und die »Konzentration von gefährdeten Jugendlichen« (ebd.) ausgesprochen hinderlich sei. Die Erfahrungen aus der Praxis zeigten, »daß Jugendlichen in besonders gefährdenden Lebenssituationen häufig nur noch durch eine intensive Einzelbetreuung geholfen werden kann, wenn die Gesellschaft diese jungen Menschen nicht völlig aufgeben will« (ebd.).
In einer Vielzahl von Konzeptüberlegungen und Praxisberichten ist die rasante Entwicklung und große Vielfalt von Einzelbetreuungsformen dokumentiert.

1. Durch die Ausdifferenzierung traditioneller → Heimerziehung über die Gruppen-

pädagogik (→ Gruppenarbeit, soziale) hinaus entstanden Angebote der Einzelbetreuung Jugendlicher, die alleine oder zu mehreren in einer eigenen Wohnung leben. Die Betreuung und Beratung der jungen Menschen versucht sich an ihren Fragen, Vorgaben und Möglichkeiten zu orientieren und nicht an den Erfordernissen eines geregelten Gruppenlebens (zur »Mobilen Betreuung« vgl. Arend u.a.; zur »Flexiblen Betreuung« vgl. Klatetzki u.a.).

2. In Weiterentwicklung traditioneller Einzelbetreuungsangebote wie Schutzhelfer oder Erziehungsbeistandschaft (→ Erziehungsbeistand) wurden neue Formen der individuellen Betreuung junger Menschen durchgesetzt (Schrapper).

3. Im Anschluß an reformpädagogische Konzepte (→ Reformpädagogik) der 20er Jahre entstanden seit Anfang der 80er Jahre vermehrt sog. erlebnispädagogische Projekte und Angebote (→ Erlebnispädagogik). Allen Projekten (ob durch Langzeitreisen in die Einöde Lapplands, Hochgebirgsunternehmungen, Wüstendurchquerungen oder die Vielzahl von Projekten mit und auf Segelschiffen) ist gemeinsam, daß ein intensives Erlebnis in ungewohnter Umgebung ein Moratorium gegen die Verschärfung von sozialer Ausgrenzung und Isolation und die Chance zur Neuorientierung und zum Erfahren grundlegender sozialer Bezüge schaffen sollen.

4. Als Weiterentwicklung dieser »ersten Generation« erlebnispädagogischer Projekte wurden ab Mitte der 80er Jahre Einzelbetreuungsformen konzipiert und erprobt, die in Verbindung mit Entwicklungshilfearbeit oder als »Schule unterwegs« (Jugendhilfezentrum Rendsburg 1990) oder zur begrenzten → Krisenintervention Reiseprojekte zur Einzelbetreuung Jugendlicher durchführen.

Allen diesen Projekten und Unternehmungen ist gemeinsam, daß sie in einer Zeit der Verunsicherung traditioneller Betreuungsformen neue Wege einer zeitgemäßen und qualifizierten Hilfe suchen und dies oft in Situationen, die sonst als aussichtslos gelten. Eine Gemeinsamkeit ist auch, daß alle Projekte nur mit viel Phantasie, Engagement und Durchhaltevermögen ausgedacht und durchgesetzt werden konnten.

Wurden 1991 865 junge Menschen im Rahmen einer I. betreut, waren es 1994 bereits 1 505.

Lit. Arend u.a.: Jugendlicher; Bundesrat: KJHG; Gintzel u.a.: Einzelbetreuung; Klatetzki u.a.: Streetwork; Schrapper: Erziehungs-Aufseher; Zeitschrift für Erlebnispädagogik: Projekte. *Christian Schrapper*

Intentionale Erziehung → Erziehung

Interaktion In der → Statistik Bezeichnung für eine Wechselwirkung von zwei → Variablen, in der → Soziologie und → Sozialpsychologie Bezeichnung für das aufeinander bezogene und sich gegenseitig beeinflussende Handeln von zwei oder mehr Personen oder → Gruppen. Dieser Bezug aufeinander kann lerntheoretisch (das Verhalten der einen Person ist Reiz für die Reaktion der anderen, diese Reaktion ist wieder Reiz für die nächste Reaktion der ersten Person usw., → Lernen) oder als symbolisch (in hauptsächlich durch Sprache transportierten gemeinsamen Bedeutungen; → Symbolischer Interaktionismus) vermittelt theoretisch gefaßt werden, wobei sich diese beiden Auffassungen nicht unbedingt ausschließen. Man kann zwischen unmittelbarer (»face-to-face«) und mittelbarer, im Extrem ganz in die Phantasie verlegter I. (Handeln unter Berücksichtigung einer »Bezugsgruppe«; Denken als »Probehandeln«) unterscheiden. In bezug auf die Machtverhältnisse kann man symmetrische und asymmetrische I. unterscheiden.

I. ist als Zentralbegriff in einer Reihe von soziologischen Theorierichtungen von Bedeutung, so in der »allgemeinen Handlungstheorie« von Parsons, in der »Austausch«- (»Exchange«-)Theorie (Homans, Blau), im »symbolischen Interaktionismus« (Mead), in »dramaturgischen« Modellen (Goffman), die alle gemeinsam haben, daß sie durch die Wahl des Ausgangspunkts bei der »Handlung« relativ nahe an der Sozialpsychologie und ihrer Frage bleiben, wie Menschen sich aneinander anpassen und wie sich ihre Handlungen zu einer Ordnung integrieren. Dementsprechend spielen Interessengegensätze und Konflikte (→ Sozialer Konflikt) eine relativ untergeordnete Rolle. Auch besteht eine Tendenz, die Produkte von I. (also deren Charakter als »Arbeit«) zu vernachlässigen. (Das wird von Habermas in seiner Konzeption von »Arbeit« und »Interaktion« als soziologische Grundkategorien dargestellt.)

Im allgemeinen wird für die Möglichkeit von I. eine gewisse gegenseitige Voraussehbarkeit des Handelns, also ein gewisser Konsens (meist über Werte und → Normen) vorausgesetzt, der zugleich in der I. hergestellt und gelernt wird. In der I. geschieht also auch → Sozialisation, das Internalisieren von Werten und Normen (→ Internalisierung), der Aufbau einer → Identität. Viele Ergebnisse der Sozialpsychologie deuten freilich darauf hin, daß soziales Handeln weniger von solchen in die Person verlegten Dispositionen gesteuert wird als vielmehr von den jeweiligen Anforderungen der Situation. Dabei wird besonders die Selbstdarstellung hervorgehoben, also das Bestreben, sich mit Hilfe der Durchsetzung einer bestimmten Definition der eigenen Person eine günstige Ausgangsposition zur Erreichung der eigenen Ziele in der I. zu verschaffen. Der Handelnde wird danach als jemand verstanden, der sich zwar sehr stark an sozialen → Rollen orientiert, diese zugleich aber auch aktiv für seine Zwecke benützt, indem er sie sich selbst und anderen zuschreibt (→ Stigmatisierung, → Labeling approach). Die hier angesprochene theoretische Kontroverse darum, ob Handeln eher aus der Persönlichkeit oder eher aus der Situation zu erklären sei, ist von Riesman zur Grundlage einer Typologie von innengeleitetem und außengeleitetem Handeln gemacht worden, die er verschiedenen Gesellschaftsverfassungen zuordnet.

In Versuchen, die grundsätzlichen Formen der I. aus sozialstrukturellen Gegebenheiten zu erklären, wird davon ausgegangen, daß den einzelnen Produktionsweisen bestimmte Formen der Vergesellschaftung entsprechen. Ein von Vertrags-, Tausch- und Warenbeziehungen dominiertes Wirtschaftssystem etwa wird dazu tendieren, diese Formen der Beziehung auch allgemein durchzusetzen. Die Produktionsverhältnisse als Beziehung zwischen dem Produzenten und den Produktionsmitteln, damit auch als Regelung der Verwendung des Mehrprodukts (→ Eigentum), werden dabei als grundlegende Regelungen der I.form verstanden. Die Durchsetzung dieser I.formen auch außerhalb der Produktion erfolgt u. a. dadurch, daß tendenziell die Erstellung aller Güter und Dienstleistungen nach diesen Produktionsgesetzlichkeiten zu organisieren versucht wird. Darüber hinaus werden in einer z. B. auf »Warenbeziehungen« aufgebauten Gesellschaft auch die Menschen zu Funktionsträgern (wie Arbeitskraft, Konsument, Hausfrau, Publikum, Ausländer, etc.) »verdinglicht« und durch die entsprechende abstrakte Behandlung unmittelbar in die Vergesellschaftungsform einbezogen.

Lit. Blau: Exchange; Dahrendorf: Homo sociologicus; Goffman: Interaktionsrituale; Goffman: Theater; Habermas: Technik; Homans: Elementarformen; Mead, G. H.: Geist; Ottomeyer: Zwänge; Parsons u.a.: Theory of Action; Piontkowski: Interaktion; Riesman: Masse; Wrong: Menschenbild.

Heinz Steinert

Interaktionismus, symbolischer → Symbolischer Interaktionismus

Intergovernmental Committee of European Migration (ICEM) → Migration

Interkulturelles Lernen findet statt, wenn Menschen aus unterschiedlichen Kulturen sich im Umgang miteinander bemühen, das kulturelle Orientierungssystem des anderen zu verstehen, das der → Wahrnehmung, dem → Denken, der Bewertung und dem Handeln des Kommunikationspartners zugrunde liegt, um auf fremdes kulturelles Verhalten angemessen reagieren zu können und auch im interkulturellen Zusammenleben und -arbeiten entstehende → Konflikte bewältigen zu können.

I.L. hängt eng zusammen mit dem Verständnis einer Gesellschaft über die in ihr lebenden Ausländer, indem entweder eine → Integration erwartet werden kann, oder die Entwicklung einer »multikulturellen Gesellschaft« akzeptiert wird, in der Menschen mit unterschiedlichen Kulturen leben. I.L. wird in der Pädagogik viel diskutiert, vor allem für → Kindergärten und Grundschulen, in denen Kinder von (Arbeits-)Migranten (→ Ausländische Kinder) und → Flüchtlingen mit deutschen zusammen heranwachsen. Hier hat die interkulturelle → Erziehung die »Ausländerpädagogik« abgelöst, obwohl es keine eindeutige Definition des I.L. für den pädagogischen Alltag gibt. Drei Schwerpunkte sind erkennbar: 1. das soziale Lernen, das Empathie, Solidarität und Konfliktfähigkeit vermitteln will, 2. die Vermittlung von politischer und breitgefächerter Allgemeinbildung und 3. eine interkulturelle Erziehung als Hilfe zur Identitätsentwicklung von Migranten- und Flüchtlingskindern.

In Schulen, vor allem in den weiterführenden, findet I.L. meist nur auf Initiative des Lehrers statt, da Vorgaben in Lehrplänen bislang fehlen. Die Zielgruppe für das I.L. sind deutsche und ausländische Kinder zusammen, wobei konkrete Lebensbereiche im gemeinsamen → Alltag als Einstieg genutzt werden können.

I.L. ist auch wichtig im Zusammenwachsen der → Europäischen Union (EU) und im internationalen Handel und der Industrie, wo Führungskräfte im interkulturellen Management geschult werden, sowie bei einem auf Kennenlernen angelegten Tourismus.

Lit. Auerheimer: Einführung; Diehm: Erziehung; Hinz-Rommel: Interkulturelle Kompetenz; Hohmann u.a.: Europa.

Helga Jockenhövel-Schiecke

Intermittierende Verstärkung → Verstärkung

Internalisierung Im weitesten Sinne ein Prozeß, durch den externe → Interaktionen zwischen dem Organismus und der Außenwelt durch eine innere Repräsentation dieser Interaktionen und ihrer Endergebnisse ersetzt werden. Das Gedächtnis mit Symbolbildung und die vorausahnenden und Entscheidungen treffenden Aspekte der Gedanken bilden die Vehikel für die I. Inkorporation, → Introjektion und → Identifikation sind die für diesen Zweck objektbezogenen Mechanismen; → Projektion und Aktion stellen die der I. entgegengesetzten Externalisierungsprozesse dar.

Durch ihren Einfluß auf die Über-Ich-Bildung (→ Psychoanalyse) können auch soziale Ideen und deren Verwirklichung zu Elementen von I.prozessen werden.

Willi Baumann

International Association of Schools of Social Work (IASSW) ist der internationale Zusammenschluß von mehr als 400 Hoch-

schulen und anderen Ausbildungsstätten für Sozialarbeit sowie 50 nationalen Verbänden in mehr als 90 Ländern (5 Regionalverbände: Afrika, Asien und Pazifik, Europa, Lateinamerika, Nordamerika). IASSW erreicht 1800 Schulen. Mitglieder können Ausbildungs-, Fortbildungs- und Forschungseinrichtungen des Sozialwesens werden. Neben einer institutionellen Mitgliedschaft ist auch eine Einzelmitgliedschaft möglich. IASSW berät und unterstützt Ausbildungsstätten, organisiert Expertentreffen, Seminare und Konferenzen auf allen Ebenen, berät Regierungen und Nicht-Regierungsorganisationen, sammelt und verbreitet Informationen, unterhält ein Dokumentationszentrum, gibt regelmäßig Veröffentlichungen heraus und vertritt Belange der Sozialarbeiterausbildung gegenüber den Vereinten Nationen und deren Organisationen. IASSW arbeitet eng mit dem → International Council on Social Welfare (ICSW) und der → International Federation of Social Workers (IFSW) zusammen. IASSW wurde 1928 in Paris u.a. von Alice Salomon gegründet.
IASSW gibt die »IASSW-News« und zusammen mit ICSW und IFSW die Fachzeitschrift »International Social Work« heraus.

Hans-Jochen Brauns

International Classification of Diseases
→ Klassifikationssysteme psychischer Störungen

International Council on Social Welfare (ICSW) wurde als International Conference of Social Work (Internationale Konferenz für soziale Arbeit) 1928 in Paris auf Initiative des Belgiers Sand mit dem Ziel gegründet, durch Abhaltung internationaler Fachkonferenzen den Austausch von Informationen und Erfahrungen zwischen Personen und Organisationen aus dem Bereich der sozialen Arbeit (→ Sozialarbeit/Sozialpädagogik) zu fördern. Nach der Gründungsversammlung mit Vertretern aus 41 europäischen Ländern fanden weitere Weltkonferenzen 1932 in Frankfurt/Main und 1936 in London statt.
Der 2. Weltkrieg unterbrach die Arbeit des ICSW, die 1946 durch ein erstes Treffen in Brüssel unter Beteiligung von 15 Ländern und verschiedenen internationalen Hilfsorganisationen wiederaufgenommen werden konnte. Seither organisiert der ICSW in zweijähriger Folge weltweite Konferenzen zu grundsätzlichen Themen der sozialen Arbeit: seit 1959 auch regionale Fachtagungen. Die Umbenennung in International Council on Social Welfare (Internationaler Rat für Soziale Wohlfahrt) erfolgte durch Satzungsänderung 1967. Im Jahre 1982 beschloß die Mitgliederversammlung des ICSW, den offiziellen Namen des Rates durch den Zusatz »eine Weltorganisation zur Förderung des sozialen Fortschrittes« zu ergänzen, um dessen programmatische Orientierung besser zu charakterisieren. Der Internationale Rat hat es sich zur zentralen Aufgabe gesetzt, Formen sozialer und wirtschaftlicher Entwicklung zu fördern, die geeignet sind, → Armut und Ausgrenzung in der ganzen Welt zu verringern – besonders für benachteiligte Personen. Er setzt sich für die Anerkennung und den Schutz der Grundrechte auf Nahrung, Obdach, Bildung, medizinische Versorgung und → soziale Sicherheit ein. Er ist der Überzeugung, daß diese Rechte entscheidende Voraussetzungen für Freiheit, Gerechtigkeit und Frieden sind.
Der ICSW versteht sich als eine nichtpolitische, nichtregierungsgebundene, unparteiische und gemeinnützige → internationale soziale Organisation, die es sich zum Ziel gesetzt hat, ein internationales Forum für die Diskussion allgemein interessierender Fragen des Sozialbereichs und des sozialen Fortschritts zu bilden, den Austausch von Informationen und Erfahrungen zwischen Fachkräften aus der sozialen Arbeit und sozialen Organisationen zu fördern und deren Zusammenarbeit zu erleichtern, Studien zu unterstützen, Empfehlungen zu erarbeiten und insgesamt Entwicklungen der sozialen Wohlfahrt in verschiedenster Weise anzuregen und zu fördern. Zusammen mit der → International Federation of Social Workers (IFSW) und der → International Association of Schools of Social Work (IASSW) gibt der ICSW die Fachzeitschrift »International Social Work« heraus.
Als nichtregierungsabhängige internationale Organisation hat der ICSW Konsultativstatus beim Wirtschafts- und Sozialausschuß der Vereinten Nationen (→ United Nations [UN]), bei der → UNICEF, der → UNESCO, der → Weltgesundheitsorganisation (WGO), der Ernährungs- und Landwirtschaftsorganisation der UN (FAO), der → Internationalen Arbeitsorganisation (IAO), dem → Europarat sowie der Organisation Amerikanischer Staaten. Dem ICSW gehören derzeit fast 80 Nationalkomitees in allen Kontinenten an, die die Basisstruktur bilden. Das Nationalkomitee der Bundesrepublik Deutschland ist der in den → Deutschen Verein für öffentliche und private Fürsorge (DV) eingegliederte Deutsche Landesausschuß des ICSW. Weiterhin sind über 20 internationale Organisationen Mitglied im ICSW, z.B. → International Associations of Schools of Social Work (IASSW), International Council of Homehelp Services (ICHS), International Social Service (→ Internationaler Sozialdienst [ISD]), International Federation on Ageing, League of Red Cross Societies (→ Deutsches Rotes Kreuz [DRK]), → Rehabilitation International (RI) etc. Das Generalsekretariat des ICSW befindet sich derzeit in Montreal/Canada, Regionalsekretariate bestehen in verschiedenen Kontinenten.

Anschrift: ICSW General Secretariat, 380 St-Antoine St. West, Suite 320, Montreal, Québec, Canada H2Y 3X7.

Dirk Jarré

Internationale Abkommen zur Sozialhilfe und Jugendhilfe Insbes. das Europäische Fürsorgeabkommen, die deutsch-schweizerische Fürsorgevereinbarung, das deutsch-österreichische Abkommen für Fürsorge und Jugendwohlfahrtspflege und Art. 23 des Abkommens über die Rechtsstellung der Flüchtlinge sind aufgrund der Zustimmungsgesetze (Gesetz vom 15. 5. 1976 zu dem Europäischen Fürsorgeabkommen vom 11. 12. 1953 und dem Zusatzprotokoll – BGBl. 1956 II S. 563 –, Gesetz vom 17. 3. 1953 über die Vereinbarung vom 14. 7. 1952 zwischen der Bundesrepublik Deutschland und der Schweizerischen Eidgenossenschaft über die Fürsorge für Hilfsbedürftige nebst Schlußprotokoll – BGBl. 1953 II S. 31 –, Gesetz vom 28. 12. 1968 zu dem Abkommen vom 17. 1. 1966 zwischen der Bundesrepublik Deutschland und der Republik Österreich über Fürsorge und Jugendwohlfahrtspflege – BGBl. 1969 II S. 1 – und Gesetz vom 1. 9. 1953 zum Abkommen vom 28. 7. 1951 über die Rechtsstellung der Flüchtlinge – BGBl. 1953 II S. 559 –) im Verhältnis zu den Vertragsstaaten und im Inland für die → Verwaltung und für die Gerichte unmittelbar anwendbares Recht. Die Regelungen dienen nach dem Grundsatz der Gleichbehandlung der Sicherstellung von Hilfeleistungen im Rahmen der Fürsorge zugunsten von hilfebedürftigen Angehörigen von Vertragsstaaten und von → Flüchtlingen, die sich im Gebiet eines anderen Vertragsstaates aufhalten. Das europäische Abkommen, die deutsch-schweizerische Vereinbarung und das deutsch-österreichische Abkommen enthalten außerdem Bestimmungen über die Beschränkung des Rechtes der Rückschaffung wegen Hilfebedürftigkeit sowie über die Zusammenarbeit mit ausländischen Stellen und über die Erstattung oder die Übernahme der Kosten.

Die Verpflichtung zur Gewährung von Leistungen der Fürsorge nach Art. 1 des Europäischen Fürsorgeabkommens und des Zusatzprotokolls besteht nur für Hilfesuchende, die sich im anderen Lande erlaubt aufhalten. Sie wird in bezug auf Asylbewerber in der Bundesrepublik Deutschland, soweit diese nicht über eine aus asylverfahrensunabhängigen Gründen erteilte Aufenthaltserlaubnis (→ Ausländerrecht) verfügen, überwiegend abgelehnt. Deren Anspruch auf Leistungen ergibt sich nach den Vorschriften des Asylbewerberleistungsgesetzes (AsylbLG) vom 30. Juni 1993 (BGBl. I S. 1074).

Die Gleichbehandlung von Flüchtlingen i. S. d. Art. 1 des Protokolls vom 31. 1. 1967 über die Rechtsstellung der Flüchtlinge – BGBl. 1969 II S. 1293 – hinsichtlich der Gewährung von Fürsorgeleistungen (Art. 23 des Abkommens über die Rechtsstellung der Flüchtlinge) setzt voraus, daß sie sich rechtmäßig (d. h. zur Aufnahme unter den Schutz dieses Abkommens berechtigt) im Gebiet eines Vertragsstaates aufhalten. Die Gleichbehandlungsgarantie erstreckt sich auf die sich im Bundesgebiet aufhaltenden asylberechtigten Ausländer (§ 2 AsylVfG i. d. Bek. gem. Neufassung vom 27. 7. 1993 – BGBl. 1993 I S. 1361 –) und auf die Kontingentflüchtlinge (Gesetz über Maßnahmen für im Rahmen humanitärer Hilfsaktionen aufgenommene Flüchtlinge vom 22. 7. 1980 – BGBl. 1980 I S. 1057 –).

Lit. Knopp u. a.: BSHG (Komm.).

Robert Imlau-Staupendahl

Internationale Arbeitsorganisation (IAO) (meist in der englischen Form als ILO bezeichnet) wurde nach dem 1. Weltkrieg im Rahmen des Friedensvertrags von Versailles gegründet und ist die einzige internationale Organisation, die in ihren Organen Vertreter der Arbeitnehmer, der Arbeitgeber und der Regierungen zusammenführt. Dies sind die Internationale Arbeitskonferenz, die als Vollversammlung der über 150 Mitglieder (Bundesrepublik Deutschland seit 1951) für alle Konventionen und Empfehlungen zuständig ist, und der Verwaltungsrat. Letzterer stellt die Verbindung zum Internationalen Arbeitsamt (IAA) als dem ständigen Generalsekretariat dar. Geschäftsstellen in vielen Ländern, so für die Bundesrepublik Deutschland in Bonn, zahlreiche fachliche und regionale Konferenzen, ein Forschungsinstitut am Sitz der Organisation in Genf und ein Zentrum zur beruflichen Fortbildung von Fachleuten aus der Dritten Welt in Turin garantieren die ständige Diskussion zur Vorbereitung von Entscheidungen auf nationaler und internationaler Ebene. Außer völkerrechtlichen Verträgen ist aus der Arbeit der IAO das Internationale Arbeitsgesetzbuch (International Labour Code) hervorgegangen, das nicht nur in Ländern mit besonders schlechten Arbeitsbedingungen fundamentale Bedeutung hat. Die 176 Abkommen und 185 Empfehlungen betreffen vor allem Koalitionsfreiheit, Beschäftigung und Ausbildung, Arbeitsschutz und verwandte Fragen wirtschaftlicher und sozialer Sicherheit. Zahlreiche Länder erhalten von der IAO sachverständigen Rat und technische Hilfe, z. B. beim Aufbau von Genossenschaften und Arbeitervertretungen oder bei Gesetzentwürfen zur Sozialpolitik, Systemen der Sozialversicherung u. ä. Ein Sachverständigenausschuß des Verwaltungsrats überwacht die Einhaltung der IAO-Konventionen. Schon seit Beginn mit dem Völkerbund assoziiert, wurde die IAO 1946 zur ersten Sonderorganisation der → United Nations (UN). Ihre Präambel deklariert, daß »der Weltfriede auf die Dauer nur auf sozialer Gerechtigkeit aufgebaut werden« kann.

Politische Spannungen, die aus Einschränkungen der Rede- und Aktionsfreiheit von → Gewerkschaften und Verbänden in manchen Mitgliedsstaaten entstanden sind, erschwerten oftmals die verdienstvolle Tätigkeit, für die IAO 1969 der Friedensnobelpreis verliehen wurde. Gegenwärtig gewinnen Beratungstätigkeiten und Expertenhilfen für die Nachfolgestaaten der Sowjetunion zunehmend an Bedeutung für die sozialpolitische Arbeit der IAO.

Starken Einfluß auf die konkrete Gestaltung des Arbeitslebens in aller Welt üben auch die Publikationen der IAO aus. Außer der ältesten und verbreitetsten, zweimonatlich erscheinenden International Labour Review werden zahlreiche Berichte, vergleichende Studien, Statistiken usw. herausgegeben, die als Information und Anregung auf die Entwicklung der sozialen Arbeitswelt hinwirken.

Lit. Däubler u. a.: Arbeits- und Sozialordnung; Internationales Arbeitsamt: IAO.

Peter A. Köhler

Internationale Gesellschaft für erzieherische Hilfen (IGfH) ist eine bundesweit und – als deutsche Sektion der Fédération Internationale des Communautés Éducatives (FICE) – auch international tätige Fachorganisation insbes. im Bereich der Hilfen für Kinder und Jugendliche, die außerhalb der → Herkunftsfamilie leben und aufwachsen. Die FICE wurde 1948 unter Mitwirkung der → UNESCO gegründet und umfaßt heute 24 Nationalsektionen aus überwiegend europäischen Ländern. Sie ist eine nichtstaatliche Organisation der UNESCO, der → UNICEF und von ECOSOC (→ United Nations [UN]).

Die IGfH arbeitet mit dem Ziel, das Wohl junger Menschen im Bereich der Erziehungshilfen (→ Hilfe zur Erziehung [HzE]) zu fördern, ihre Rechte zu stärken und zeitgemäße Lösungen für die Probleme junger Menschen und deren Familien zu finden. Sie versteht sich als eine Plattform des sozialpädagogischen Dialogs über erzieherische Hilfen. Arbeitsformen sind Arbeitstagungen, Fortbildungsangebote, Beratung und Erforschung spezifischer Probleme der → Heimerziehung sowie Mitwirkung an der Entwicklung der → Jugendhilfe. Mitglieder der IGfH sind neben natürlichen Personen soziale Ausbildungsstätten, → freie Träger und Vereinigungen sowie staatliche und kommunale → Jugendhilfeträger. Publikationen: Forum Erziehungshilfen sowie eine IGfH-Schriftenreihe.

Anschrift der Geschäftsstelle: Schaumainkai 101–103, 60596 Frankfurt a. M.

Vera Birtsch

Internationale Konferenz für Sozialarbeit → International Council on Social Welfare (ICSW)

Internationaler Jugendaustausch- und Besucherdienst der Bundesrepublik Deutschland e. V. → Internationale Studien- und Austauschprogramme

Internationaler Jugendgemeinschaftsdienst → Internationale Studien- und Austauschprogramme

Internationaler Sozialdienst (ISD) Der ISD, deutsche Zweigstelle des Gesamtverbandes des International Social Service (ISS), arbeitet in der sozialen Einzelfallhilfe, die über die nationalen Grenzen hinausreicht. Diese internationale soziale Organisation wurde vor 70 Jahren mit dem Ziel der Behebung sozialer Einzelnot infolge von Auswanderung gegründet. Als Folge der heutigen gewaltigen → Migration der Menschen über die nationalen Grenzen hinaus hat der ISD eine hervorragende praktische Bedeutung für die Betroffenen, die Hilfeträger sowie die Gerichte gewonnen, die ihn in allen Sozialfällen mit Auslandsberührung einschalten können. Über den ISD ist es möglich, mit sozialen Fachstellen auch in entfernten Ländern zusammenzuarbeiten. Es werden Sozialberichte aus dem Ausland eingeholt und die Probleme, die sich aus der Überschneidung verschiedener Rechtsordnungen ergeben, werden gelöst. So ist zwischenstaatliche Zusammenarbeit und Hilfe im Ausland vielfach erforderlich bei Familientrennungen durch Auswanderung oder Flucht; für Kinder bei Regelungen der → elterlichen Sorge nach Trennung oder Scheidung der Eltern, bei Auslandsadoptionen (→ Annahme als Kind), bei Vormundschafts- und Pflegschaftssachen (→ Vormundschaft, Pflegschaft), bei Einschränkungen des elterlichen Sorgerechts, bei der → Hilfe zur Erziehung und der Jugendgerichtshilfe sowie bei Problemen der Eheschließung mit Ausländern und anderen Fragen der Ein- und Auswanderung.

Aufgrund seiner Erfahrungen in der Bearbeitung von Einzelfällen gibt der ISD Empfehlungen für Weiterentwicklungen im sozialen und rechtlichen Bereich ab. Er hat beratenden Status beim → Europarat und bei den Vereinten Nationen (→ United Nations).

Das Generalsekretariat ist in Genf, in rund 15 Ländern unterhält der Verband eigene Zweigstellen, in mehr als 100 Ländern arbeitet er mit ständigen Korrespondenten.

Die Adresse der deutschen Zweigstelle: Am Stockborn 5-7, 60439 Frankfurt a. M.

Lit. Baer, I. u. a.: ISD; Baer: ISD.

Ingrid Baer

Internationaler Verband für Innere Mission und Soziale Arbeit → Diakonisches Werk der Evangelischen Kirche in Deutschland

Internationales Arbeiterhilfswerk → Arbeiterwohlfahrt (AWO)

Internationale Sozialarbeit Der Begriff → Sozialarbeit füllt im internationalen Bereich einen weiteren Rahmen, als er in der Bundesrepublik gefaßt wird. In den Statuten der Vereinten Nationen umfaßt er die Hebung des wirtschaftlichen Niveaus, Bildungsförderung, Gesundheitspolitik, Familienplanung und den Aufbau sozialer Einrichtungen i. e. S.
Seit dem 2. Weltkrieg entwickelten sich die internationalen Organisationen mit sozialer Zielsetzung aus staatlicher und überstaatlicher Initiative, Vereinte Nationen mit Wirtschafts- und Sozialrat, Weltkinderhilfswerk (→ UNICEF; 1946), → Weltgesundheitsorganisation (WHO; 1946) und Hoher Kommissar für Flüchtlinge (UNHCR; 1951 in Genf). Historisch älter sind einige bereits nach dem 1. Weltkrieg entstandene nichtstaatliche Organisationen (Non-Governmental Organisations), deren Zahl später noch erheblich zugenommen hat und die z. T. beratenden Status bei UN, → Europarat und → Europäischer Union (EU) haben. Sie arbeiten als freie Verbände (Voluntary Agencies) nach eigenen Satzungen mit Selbstverwaltung, werden aus öffentlichen Mitteln und Spenden finanziert. Die Verbände sind teils von den Kirchen getragen, teils kirchlich nicht gebunden, unter den letzteren das Internationale Komitee vom Roten Kreuz (ICRC; 1864/1906 in Genf) und eine große Vielzahl von Organisationen verschiedener Herkunft und Aufgabensetzung. Sowohl die staatlichen als auch die freien Organisationen haben ihren Schwerpunkt derzeit in den Ländern der Dritten Welt, bei Massennotständen und in der Entwicklungshilfe. Ihre Arbeit ist Sozialarbeit in dem oben erwähnten weitesten Sinne (→ Internationale soziale Organisationen).

I. S. bedeutet auch Arbeit am Einzelfall. Überall dort, wo gleichzeitig in zwei oder mehr Ländern individuelle Hilfeleistungen zu erbringen sind, vielfach zunächst als Erstellung zuverlässiger Sozialberichte, werden Verbindungen zwischen den örtlichen Trägern der Sozial- und Jugendhilfe über Landesgrenzen hinweg geschaffen. Die Arbeit erfolgt im Rahmen der nationalen Gesetze und auf Grund internationaler Abkommen. Zu nennen sind insbesondere das Europäische Fürsorgeabkommen (Straßburg 1953) das → Haager Minderjährigenschutzabkommen (Den Haag 1961), das inzwischen in einer Neufassung von 1996 vorliegt), das Abkommen über Unterhaltsforderungen (New York 1956) das Europaratsabkommen von 1980 über die Vollstreckung von Sorgerechtsentscheidungen, das Haager Abkommen von 1980 über internationale Kindesentziehungen, die Kinderrechtekonvention der Vereinten Nationen (New York

1989) und die Europaratskonvention über Kinderrechte (Straßburg 1995).
Arbeit im Einzelfall kann als Zusammenarbeit von Behörden in Erscheinung treten, wird aber überwiegend von freien Verbänden geleistet. Diese haben hier Möglichkeiten zur eigenständigen und kreativen Entwicklung. Speziell für zwischenstaatliche Arbeit im Einzelfall bzw. zur Auswertung der dabei gemachten Erfahrungen gegründet ist der International Social Service (1923 in Genf). Die deutsche Zweigstelle, → Internationaler Sozialdienst, Deutscher Zweig (1924/1951 in Frankfurt a. M.), arbeitet mit deutschen Behörden und Verbänden sowie mit ausländischen Fachstellen zusammen. Arbeitsfelder ergeben sich aus der dauernden oder zeitlichen Ein- und Auswanderung von Familien oder alleinstehenden Kindern, so die Adoptionen mit Auslandsberührung (→ Adoptionsvermittlungsgesetz), gutachtliche Berichte für deutsche Gerichte bei der Regelung der → elterlichen Sorge nach → Ehescheidung, falls ein Beteiligter im Ausland lebt, Familienzusammenführung, Beratung bei Migrationsfragen u.a.m. Bei der Erstellung jedes Hilfeplans treten neben sozialen Problemen Fragen des → internationalen Privatrechts und des ausländischen Familien- und Sozialrechts auf. Kulturelle Einflüsse müssen beachtet und einbezogen werden.
Lit. Böhmer u.a.: Familienrecht; Henrich, D.: Internationales Familienrecht; Koeppel: Kindschaftsrechts und Völkerrecht; Zarbock: Jugend- und Familienrecht.

Ingrid Baer

Internationale soziale Organisationen
Unter dieser Bezeichnung wird eine Vielzahl von unterschiedlich strukturierten und mit sehr unterschiedlichen Aufgaben betrauten internationalen Vereinigungen und Institutionen verstanden, die sich im weitesten Sinne mit Fragen der sozialen Arbeit (→ Sozialarbeit/Sozialpädagogik), der → sozialen Sicherheit und der → Sozialpolitik befassen. Beispiele:
a) Institutionen bei internationalen und supranationalen Organisationen: Wirtschafts- und Sozialrat der Vereinten Nationen (ECOSOC) ist eines der 6 Hauptorgane der → United Nations (UN), das der Vollversammlung untersteht und die Gesamtaktivitäten der UN und ihrer Sonderorganisationen im Wirtschafts- und Sozialbereich koordiniert, Empfehlungen erarbeitet und Programme entwickelt; → UNESCO; → UNICEF, die → Weltgesundheitsorganisation (WGO), die Ernährungs- und Landwirtschaftsorganisation (FAO); die → Internationale Arbeitsorganisation (IAO) u.a. befassen sich als Sonderorganisationen der UN mit differenzierten Fragen des Sozialbereichs; das Europäische Komitee für Sozial- und Gesundheitsfragen ist eine mit Regierungsexperten aus den

Mitgliedsländern besetzte Kommission des → Europarates, die Vorbereitungsarbeiten für Übereinkommen und Entscheidungen für das Ministerkomitee des Europarates durchführt; eine identische Aufgabe hat der Ausschuß für Arbeitskräfte und Sozialfragen der → Organisation für wirtschaftliche Zusammenarbeit und Entwicklung (OECD); der Wirtschafts- und Sozialausschuß (WSA) der → Europäischen Union (EU) hingegen ist mit Vertretern der Arbeitgeber, der Arbeitnehmer und verschiedener Interessengruppen aus den Mitgliedsländern auf Vorschlag der Regierungen besetzt und hat gegenüber dem Rat und Kommission beratende Funktion.

b) Nicht regierungsabhängige internationale Organisationen sind hingegen die internationalen Hilfsorganisationen wie Caritas Internationalis (→ Deutscher Caritasverband [DCV]), der → Internationale Sozialdienst (ISD), die Liga der Rotkreuz-Gesellschaften (→ Deutsches Rotes Kreuz [DRK]), etc.; die internationalen Fach- und Berufsverbände wie die Association Internationale de la Sécurité Sociale (AISS), die → International Association of Schools of Social Work (IASSW), der → International Council on Social Welfare (ICSW), der International Council of Homehelp Services (ICHS), die International Federation on Ageing, die → International Federation of Social Workers (IFSW), → Rehabilitation International (RI), die Union Internationale des Organismes Familiaux (UIOF) etc.; sowie internationale Vereinigungen, die der Interessenvertretung spezifischer Bevölkerungsgruppen dienen (Pressure-groups). Alle diese Organisationen haben häufig beratenden Status bei den unter a) genannten internationalen Regierungsorganisationen, bei denen sie ihre Fachinteressen einbringen.

Aufgrund der rapide wachsenden Bedeutung der EU und des Einflusses ihrer Institutionen auf soziale Angelegenheiten in den Mitgliedstaaten haben sich in den letzten Jahren zunehmend regierungsunabhängige nationale Organisationen zu europäischen Strukturen zusammengeschlossen, um auf der europäischen institutionellen Ebene ihre Anliegen gemeinsam und somit wirkungsvoller vertreten zu können. Beispiele dafür sind das → Comité Européen des Associations d'Intérêt Général (CEDAG), die → European Anti-Poverty Network (EAPN), die → Confederation of Family Organizations in the European Community (COFACE), das → Bureau Européen des Unions des Consommateurs (BEUC), das → European Social Action Network (ESAN) und der → Euro Citizen Action Service (ECAS). *Dirk Jarré*

Internationale Sozialpolitik bemüht sich – wie alle → Sozialpolitik – um Hilfe gegen Not, um mehr Gleichheit in den Lebensbedingungen, um Sicherung gegen die typischen Wechselfälle des Lebens und um Teilhabe möglichst vieler an den Gütern der Gesellschaft. »International« ist Sozialpolitik: 1. die sich um die internationale Ausbreitung sozialer Ziele, Normen und Techniken bemüht; 2. die sich darum bemüht, daß die sozialen Nachteile, die mit dem Wechsel des Heimat- oder Aufenthaltsstaates verbunden sind, (durch sozialpolitische Gleichstellung von In- und Ausländern (→ Ausländerpolitik), durch die Anerkennung ausländischer Anwartschaften auf Leistungen der → sozialen Sicherheit, durch besondere Hilfen für Wanderarbeitnehmer usw.) ausgeglichen oder wenigstens vermindert werden; 3. die sich darum bemüht, die sozialen Folgen von Veränderungen des nationalen Territoriums (Gebietsabtretungen, Annexionen usw.) auszugleichen oder zu vermindern, oder die für einzelne oder Bevölkerungsgruppen sorgt, die ihren Heimatstaat verlassen mußten (Vertriebene, Flüchtlinge); 4. die sich gegen die Wohlstandsunterschiede zwischen den Staaten wendet (Entwicklungspolitik, Politik der neuen Weltwirtschaftsordnung, eventuell auch punktuell in Gestalt internationaler Hilfe bei nationalen Katastrophen).

Die Träger der i. S. können nichtstaatlicher (wissenschaftliche, fachliche, technische, caritative oder politische Organisationen oder Gruppen; Gewerkschaften und multinationale Unternehmen), staatlicher (nationale staatliche Sozialpolitik; bilaterale oder multilaterale staatliche Zusammenarbeit), supranationaler (→ Europäische Gemeinschaften [EG]) oder völkerrechtlicher (→ United Nations [UN], → Internationale Arbeitsorganisation [IAD] usw.; auch regionale Organisationen wie der → Europarat) Natur sein. Weitgehend, aber nicht erschöpfend, manifestiert sich i. S. im → internationalen Sozialrecht (s. a. → Internationale Abkommen zur Sozialhilfe und Jugendhilfe). Die Instrumente der i. S. sind (1) einerseits informeller Natur: Diagnose, Austausch von Information, Wertvorstellungen und Techniken, Entwicklung von Therapien (Politiken), öffentliche Meinungsbildung usw. Ein besonderer Zweig (2) ist die Bereitstellung kompetenter Dienste (technische Hilfe, Experten, Beratung usw.). Demgegenüber stehen die (3) formellen Aktivitäten. Dabei werden (a) die in der Sache informellen Aktivitäten in formalisierten Verfahren erörtert und beschlossen. Oder es werden (b) bei internationalen Konferenzen, in internationalen Organisationen usw. verbindliche Beschlüsse gefaßt, insbesondere internationale Normen aufgestellt. Diese Normen können internationale soziale Sachverhalte unmittelbar regeln (z. B. Sozialversicherungsabkommen). Sie können aber auch Standards setzen, an denen die konkreten nationalen Verhältnisse gemessen werden (Konventionen der Internationalen Arbeitsorganisation, Europäische Sozialcharta usw.). Schließlich bestehen besondere Verfahren, um die Durchsetzung internationalen Rechts zu garantieren (z.B. Kontrollverfahren der Internationalen Arbeitsorganisation). (5) Ein besonderer Bereich ist Internationale Sozialpolitik durch die Bereitstellung und Steuerung von Geldmitteln.

Lit. Haase, W.: Zusammenarbeit; v. Hauff u.a.: Sozialpolitik; Heyde, P.: Sozialpolitik; Köhler, P. A.: Aktivitäten; Mende: Sozialarbeit; Miller, R.: Sozialpolitik; Zacher: Internationalisierung; Zaschke: Sozialpolitik. *Hans F. Zacher*

Internationales Privatrecht regelt Sachverhalte mit Auslandsberührung. Es bestimmt, welches nationale Recht auf den jeweiligen Fall anwendbar sein soll, entscheidet also nicht die konkret aufgeworfene Rechtsfrage, sondern löst lediglich den Regelungskonflikt mehrerer nebeneinander anwendbarer Rechtsordnungen. Damit ist es seiner Funktion nach »Kollisionsrecht«, nicht »Sachrecht«. Seine Bezeichnung ist mißverständlich: Das I. P. ist nicht »international« i.S. eines von den einzelstaatlichen Rechtsordnungen losgelösten, also »übernationalen« Rechts; vielmehr ist es ein nationales Recht für internationale Sachverhalte. Im deutschen Recht ist das I. P. in den Art. 13 bis 38 des Einführungsgesetzes zum Bürgerliches Gesetzbuch (EGBGB) kodifiziert. Ergänzend gelten zahlreiche Staatsverträge, deren Vorschriften dem EGBGB vorgehen (Art. 3 Abs. 2 S. 1 EGBGB); für die soziale Arbeit besonders bedeutsam sind die beiden Haager Übereinkommen über das auf Unterhaltspflichten anwendbare Recht vom 24. 10. 1956 (für Kinder) und vom 2. 10. 1973 (allgemein), das → Haager Minderjährigenschutzabkommen (MSA) vom 5. 10. 1961 und das Haager Übereinkommen über die zivilrechtlichen Aspekte internationaler Kindesentführungen vom 25. 10. 1980.

Die Vorschriften des I. P. (»Kollisionsnormen«, »Verweisungsnormen«) bestimmen das maßgebliche Recht, indem sie alle Rechtsfragen, die unter einen bestimmten rechtlichen Systembegriff fallen (in Art. 20 Abs. 1 S. 1 EGBGB z. B. unter den Begriff »Abstammung eines nichtehelichen Kindes«), mit derjenigen Rechtsordnung »verknüpfen«, die durch ein bestimmtes sachliches Merkmal (das sog. »Anknüpfungskriterium«; in Art. 20 Abs. 1 Satz 1 EGBGB z.B. die → Staatsangehörigkeit der Mutter) indiziert wird. Die so ermittelte Rechtsordnung bezeichnet man als das maßgebliche »Statut«.

Rechtsverhältnisse, die die persönlichen Belange des einzelnen betreffen (also vor allem Fragen des Personen-, → Familienund → Erbrechts), werden grundsätzlich einheitlich an die Staatsangehörigkeit des Betroffenen angeknüpft, also dem sog. »Heimatrecht« unterstellt; man spricht insoweit vom »Personalstatut« (vgl. Art. 5 EGBGB). Das Staatsangehörigkeitsprinzip wird freilich oft durch die Anknüpfung an den gewöhnlichen Aufenthalt durchbrochen, vor allem dort, wo der Gleichbehandlungsgrundsatz (→ Gleichheits[grund]satz) zu beachten ist (s. etwa Art. 14 Abs. 1 Nr. 2 EGBGB) oder ein bestimmtes materielles Ergebnis gefördert werden soll (sog. »Günstigkeitsprinzip«, vgl. Art. 20 Abs. 1 S. 3, 2. Halbs. EGBGB). Auch gehen zahlreiche Staatsverträge davon aus, daß rechtliche Hilfe am schnellsten und sachgerechtesten dort gewährt werden kann, wo der Hilfsbedürftige seinen gewöhnlichen Aufenthalt hat.

Verweist das deutsche I. P. auf eine ausländische Rechtsordnung, so handelt es sich grundsätzlich um eine sog. »Gesamtverweisung«, die auch das I. P mit einbezieht, Art. 4 Abs. 1 S. 1 EGBGB. Der deutsche Richter hat also zunächst die Kollisionsnormen des berufenen ausländischen Rechts heranzuziehen; erst über diese zweite Verweisung gelangt er zum maßgeblichen Sachrecht. Verwendet das ausländische I. P. andere Anknüpfungen als das deutsche, so kann dies dazu führen, daß es auf deutsches Recht zurück- oder auf das Recht eines dritten Staates weiterverweist (sog. »Renvoi«). Setzt die konkret anzuwendende Sachnorm in ihrem Tatbestand ein bestehendes Rechtsverhältnis voraus, so unterliegt dieses nicht notwendig demselben Recht, zu dem schon die Sachnorm gehört. Fällt es unter den Systembegriff einer anderen Kollisionsnorm, so ist es als sog. »Vorfrage« neu anzuknüpfen (in einer Sachnorm über die väterliche Unterhaltspflicht ist z.B. die Vaterschaft Vorfrage).

Würde eine maßgebliche ausländische Vorschrift zu einem aus inländischer Sicht unerträglichen Anwendungsergebnis führen, so wird sie nicht angewandt, Art. 6 EGBGB. Über diesen Vorbehalt des »ordre public« kann ausländisches Recht an den → Grundrechten gemessen werden.

Mit dem I. P. eng verklammert ist das Internationale Zivilverfahrensrecht. Ist eine Rechtsfrage bereits durch ein ausländisches Gericht entschieden worden und ist dessen Entscheidung »anzuerkennen«, so stellt sich die Frage nach dem anwendbaren Recht überhaupt nicht mehr; denn die Entscheidung wirkt dann unmittelbar auch im Inland. Die Anerkennungsvoraussetzungen sind in § 328 ZPO und § 16a FGG geregelt; insbes. muß das ausländische Gericht aus der Sicht des deutschen Rechts international zuständig gewesen sein.

Der Vereinheitlichung des Verfahrensrechts innerhalb Europas dient das Brüsseler EWG-Übereinkommen über die gerichtliche Zuständigkeit und die Vollstreckung gerichtlicher Entscheidungen in Zivil- und

Handelssachen vom 27. 9. 1968 (EuGVÜ), das allerdings im Familienrecht weite Teile (noch) nicht erfaßt (Art. 1 Abs. 2 Nr. 1 EuGVÜ) und im wesentlichen nur auf Unterhaltssachen anwendbar ist (Art. 5 Nr. 2 EuGVÜ).
Lit. Firsching u. a.: Internationales Privatrecht; Jayme u. a.: Internationales Privat- und Verfahrensrecht; Kropholler: Internationales Privatrecht. *Reinhard Hepting*

Internationales Sozialrecht Der Begriff »i. S.« hat eine doppelte Bedeutung:
1. Sozial-Kollisionsrecht bezieht sich auf jeweils ausländische Tatbestände oder Beteiligte (z. B. auf den sozialrechtlichen Status von Ausländern im Inland und von Inländern im Ausland oder auf die Kombination von Leistungen – z. B. Renten –, die sich aus verschiedenen nationalen Rechtsordnungen ergeben). »Internationales Recht« in diesem Sinne (s. a. → internationales Privatrecht) nennt man »Konfliktsrecht« oder »Kollisionsrecht« (was den Konflikt bzw. die Kollision verschiedener nationaler Rechtsordnungen in bezug auf einen bestimmten Fall meint). Internationales Recht in diesem Sinne kann in nationalen Gesetzen (z. B. §§ 119, 120 BSHG; § 30 SGB I, §§ 3 ff. SGB IV), in supranationalem (europäischem) Recht (z. B. EG – Wanderarbeitnehmerverordnung), in bilateralen Verträgen (Sozialversicherungsabkommen, Fürsorgeabkommen) oder in multilateralen Konventionen (z. B. europäisches Fürsorgeabkommen; → Internationale Abkommen zur Sozialhilfe und Jugendhilfe) enthalten sein.
2. Sozial-Völkerrecht ist in bilateralen oder multilateralen völkerrechtlichen Verträgen, in Statuten und Beschlüssen von internationalen Organisationen oder anderen Völkerrechtsquellen enthalten. I. S. dieser Art kann seinem Gegenstand nach Kollisionsrecht sein (s. oben 1.). Es kann aber auch darauf abzielen, als eine »Vorordnung« die nationalen Sozialpolitiken und die nationalen Sozialrechtsordnungen zu beeinflussen, insbes. Mindeststandards zu gewährleisten. In diesem Sinne sind vor allem die Konventionen der → Internationalen Arbeitsorganisation (IAO), des → Europarates (s. a. z. B. → Europäische Sozialcharta) und der → United Nations (z. B. Internationaler Pakt über wirtschaftliche, soziale und kulturelle Rechte) zu nennen. Sozial-Völkerrecht legitimiert und reguliert auch darüber hinaus das internationale sozialpolitische Wirken dieser und anderer internationaler Organisationen sowie das Zusammenwirken von Staaten, die Tätigkeit von Nichtregierungsorganisationen und eventuell auch von Privaten i. S. von → Internationaler Sozialpolitik.
3. Vom Sozial-Völkerrecht ist das supranationale Sozialrecht der → Europäischen Gemeinschaften (EG) zu unterscheiden, dessen Natur dem staatlichen Recht näher ist als dem Völkerrecht. Der Sache nach ist es teils Kollisionsrecht (s. oben 1.), teils – analog Sozial-Völkerrecht-Recht, das das Sozialrecht der Mitgliedstaaten harmonisiert und die soziale Aktivität der Gemeinschaft legitimiert und reguliert (s. → Sozialpolitik, europäische; → Soziale Sicherheit in der EG; → Wanderarbeitnehmer; s. a. oben 1.).
Lit. Eichenhofer: Privatrecht; Eichenhofer: Internationales Sozialrecht; Frank, L.: Zwischenstaatliche Regelungen; Schuler: Internationales Sozialrecht; Steinmeyer: Sozialrecht; Zacher: Europäisches Sozialrecht; Zacher: Internationalisierung.
Hans F. Zacher

Internationale Studien- und Austauschprogramme Internationale Jugendbegegnungen werden von Bund, Ländern und Kommunen i. S. auswärtiger Kultur- und aktiver Friedenspolitik gefördert. Ihre Ziele sind u.a. Erziehung zu internationaler Verständigung, zu → interkulturellem Lernen und solidarischer Zusammenarbeit. Initiativen zu i. S. A. gehen im Jugendbereich u. a. aus von der EU-Kommission (EU-Jugendprogramme, z. B. »Jugend für Europa«, »Sokrates«, »Leonardo«; von den europäischen Jugendstrukturen, Europäisches Jugendforum, Europäisches Jugendwerk beim → Europarat); von den Fachausschüssen für jugendpolitische Zusammenarbeit im Rahmen bilateraler Kulturabkommen (federführend: → Bundesministerium für Familie, Senioren, Frauen und Jugend [BMFSFJ]) vom → Deutsch-Französischen Jugendwerk (DFJW); Deutsch-Polnischen Jugendwerk (DPJW); von Städtepartnerschaften.
Zielgruppen der i. S. A. sind i. w. S. Jugendliche, junge Erwachsene sowie haupt- und ehrenamtliche Führungs- und → Fachkräfte und andere Multiplikatoren der → Jugendarbeit.
Träger von i. S. A. sind im außerschulischen Bereich u. a. die → Jugendverbände (z. B. Mitgliedsverbände des → Deutschen Bundesjugendrings und des Rings Politischer Jugend, die Deutsche Sportjugend); Fachorganisationen der Jugendarbeit (z. B. Bundesvereinigung Kulturelle Jugendbildung, Deutsches Jugendherbergswerk, Arbeitskreis deutscher Bildungsstätten, → Arbeitsgemeinschaft für Jugendhilfe [AGJ]); Internationale Jugendgemeinschafts- und Sozialdienste; der internationale Jugendaustausch- und Besucherdienst (IJAB); Kommunale → Jugendämter (vorwiegend für nichtorganisierte Jugendliche); zahlreiche gemeinnützige Austauschgesellschaften.
Träger im Schul- und Hochschulbereich sind u. a. der Pädagogische Austauschdienst (PAD) der KMK sowie der Deutsche Akademische Austauschdienst (DAAD).

Schwerpunkte der Förderung von i. S. A. sind u. a. Jugendbegegnungen, Workcamps, Jugendbildungsseminare, Informations- und Studienaufenthalte, Sprachkurse, Hospitations- sowie Fachkräfteprogrmame, insbes. innerhalb der EU-Länder (s. EU-Jugendprogramme), den mittel- und osteuropäischen sowie baltischen Ländern (z. B. Tschechien, Polen).

Karlheinz Zwenzner/Niels Meggers

Internationale Vereinigung der Schulen für Sozialarbeit → International Association of Schools of Social Work (IASSW)

Internationale Vereinigung der Sozialarbeiter → International Federation of Social Workers (IFSW)

Internationale Vereinigung für Soziale Sicherheit (IVSS) Seit 1927 als »Internationale Zentralstelle der Sozialversicherungsträger« (CIMAS) bestehend, wurde die IVSS im Jahre 1947 in wesentlich erweiterter Form und mit Sitz in Genf umgegründet. Sie versteht sich als Weltorganisation offizieller Träger von Systemen der → Sozialen Sicherheit. Heute gehören ihr insgesamt 244 Vollmitglieder und 96 assoziierte Mitglieder aus 127 Ländern an. Darunter sind Regierungsbehörden, Zentralanstalten und Landesverbände von Versicherungsträgern ebenso wie Hilfsvereine auf Gegenseitigkeit. Schutz, Förderung und Entwicklung der sozialen Sicherheit, insbes. die Vervollkommnung von Organisation und Methode, werden durch internationale Tagungen, gegenseitige Information und technische Hilfe der Mitglieder, durch wissenschaftliche Arbeit und Veröffentlichungen angestrebt. Satzungsmäßige Organe sind die Generalversammlung, der Verwaltungsrat, der Vorstand sowie das Generalsekretariat mit Sitz im Internationalen Arbeitsamt in Genf, das Regionalbüros in Abidjan, Buenos Aires, Neu Delhi und Paris unterhält. Generalversammlung und Verwaltungsrat tagen alle drei Jahre, der Vorstand tritt mindestens einmal jährlich zusammen. In der laufenden Arbeit befassen sich 10 ständige Fachausschüsse einerseits mit den Eigenproblemen der einzelnen Zweige der Sozialen Sicherheit (→ Krankenversicherung und Gesundheitsleistungen; Arbeitsunfälle und Berufskrankheiten; Alters-, Invaliden- und Hinterbliebenensicherung; → Arbeitslosigkeit; Familienleistungen), andererseits mit zweigübergreifenden Problemen wie Versicherungsmathematik, → Statistik, → Organisation etc. Durch Regionalkonferenzen, regionale Fachtagungen und vor allem durch Fortbildungsveranstaltungen soll den regionalen Bedürfnissen der Mitglieder Rechnung getragen werden. Die IVSS trägt durch zahlreiche Veröffentlichungen und ihre Forschungs- und Dokumentationstätigkeiten wesentlich zur Sammlung und Verbreitung von Fachinformationen über Soziale Sicherheit bei. Hauptpublikation ist die vierteljährlich in vier Sprachen erscheinende Zeitschrift »Internationale Revue für Soziale Sicherheit«, hinzu treten regionale Nachrichtenblätter, die monatlich erscheinende Fachdokumentation »Weltbiographie der Sozialen Sicherheit«, die Reihe »Forschung in der Sozialen Sicherheit«, »Trends in der Sozialen Sicherheit«, die Serie »Studien und Forschungen« sowie die Berichte anläßlich der Generalversammlungen.
Anschrift: Case Postale 1, CH-1211 Genf 22.

Eva-Maria Hohnerlein

International Federation of Social Workers (IFSW) ist die weltweite Vereinigung von Vertretern sozialpädagogischer Berufe. Deutschland ist darin repräsentiert durch den → Deutschen Berufsverband der Sozialarbeiter, Sozialpädagogen, Heilpädagogen (DBSH).
Zu ihren Aufgaben gehören vor allem die Förderung professioneller Standards und angemessener Arbeitsbedingungen. Dies geschieht durch weltweite und regionale Symposien und laufende Gremienarbeit zu Grundsatzfragen und aktuellen Problemlagen.
IFSW ist hervorgegangen aus dem 1928 in Paris gegründeten »ständigen internationalen Sekretariat für Sozialarbeiter« und konstituierte sich offiziell 1956 in München. Ihr gehören Berufsverbände aus ca. 55 Nationen an, die sich dem von der IFSW verabschiedeten internationalen Berufskodex verpflichtet fühlen. Die Mitgliedschaft setzt eine spezielle professionelle Hochschulausbildung voraus.
Als nichtstaatliche Organisation arbeitet sie eng mit anderen → internationalen sozialen Organisationen zusammen. Sie hat beratenden Status bei den United Nations (UN), bei → UNICEF und bei den → Europäischen Gemeinschaften (EG). In unregelmäßigen Abständen erscheint »IFSW News Letter«.
Anschrift des Generalsekretariats: P. O. Box 4649, Sofienberg, N-0506 Oslo, Norway.

Joachim Wieler

International Planned Parenthood Federation (IPPF) → Familienplanung

International Social Security Association (ISSA), Internationale Vereinigung für Soziale Sicherheit, wurde 1927 gegründet und hat heute fast 340 Mitgliedsorganisationen in fast 120 Ländern, sowie 95 assoziierte Mitglieder in 35 Ländern. Ziel der ISSA ist die Wahrung und Förderung der → sozialen Sicherheit in der gesamten Welt. Ihr gehören für soziale Sicherheit verantwortliche Ministerien, nationale zentrale Einrichtungen sowie Verbände von Trägern der sozialen Sicherheit an.

Hauptaufgaben der ISSA sind, ihren Mitgliedern ein internationales Forum zum Austausch von Informationen und Erfahrungen zu bieten, Schulungskurse und Ausbildungsseminare anzubieten, Forschungsarbeiten über Fragen der sozialen Sicherung durchzuführen sowie Schrifttum zu diesen Fragen zu dokumentieren und zu veröffentlichen.

Der Sitz der ISSA ist in Genf beim Internationalen Arbeitsamt, zu dem sie traditionell eine privilegierte Beziehung unterhält. Sie hat Konsultativstatus beim Wirtschafts- und Sozialrat der Vereinten Nationen. ISSA ist in den verschiedenen Kontinenten durch Regionalbüros vertreten.

Anschrift: ISSA, 4 route des Morillons, Case postale 1, CH-1211 Genf 22. *Dirk Jarré*

International Years and Days Internationale Jahre und Tage werden in der Regel von der Vollversammlung der Vereinten Nationen proklamiert, um auf besondere weltweite Problemlagen oder auch gesellschaftlich relevante Gruppierungen und Aktionen aufmerksam zu machen.

So ist z. B. der 8. März weltweit der Tag der Frau, der 21. März der Tag zur Beseitigung von Rassendiskriminierung, der 15. Mai der internationale Tag der Familien, der 3. Montag im September (Beginn der Generalversammlung der UN) ist internationaler Tag des Friedens, während der 1. Dezember International AIDS Day ist. Von diesen internationalen Gedenk- und Aktionstagen gibt es noch eine ganze Anzahl mehr über das Jahr verteilt.

Internationale Jahre und Dekaden sollen das Bewußtsein in der Bevölkerung weltweit für brennende Probleme schärfen, Regierungen und regierungsunabhängige Organisationen (NGOs) in Zusammenarbeit mit UN-Institutionen zu Aktionsprogrammen anspornen, die Medien zur Berichterstattung motivieren und in Bildungsprogramme Einfluß nehmen. 1996 war das Jahr zur Bekämpfung der → Armut, 1999 wird das Jahr der älteren Menschen sein. Die Dekade 1993-2003 ist die des Kampfes gegen Rassismus und Rassendiskriminierung, 1994-2004 die Dekade der Eingeborenenvölker der Welt, 1995-2005 die UN-Dekade für Menschenrechtserziehung.

Informationen durch: Deutsche Gesellschaft für die Vereinten Nationen, Poppelsdorfer Allee 55, 53115 Bonn.

Es gibt aber auch einen »Europatag«, der 5. bzw. der 8. Mai! *Dirk Jarré*

Interne Verstärkung → Verstärkung

Interpretation → Auslegung

Intervallskalen → Skalen

Intervallverstärkung → Verstärkung

Intervention Der Begriff I. wird im Prozeßrecht i. S. v. Eingriff in einen bereits anhängigen Prozeß benutzt. Im Völkerrecht und in der Tagespolitik wird von I. i. S. v. Einmischung gesprochen. Trotz seiner historischen Herkunft und des bisherigen Bedeutungsgehalts ist der Begriff I. inzwischen zum Jargon-Wort in der Berater- und Therapeutensprache geworden und hat auch Aufnahme gefunden in die sozialarbeiterische Fachliteratur. Im Sprachgebrauch der beruflichen Alltagspraxis hat sich der I.begriff noch nicht so festgesetzt. Im amerikanischen »socialwork« wurde I. seit Anfang der 60er Jahre immer häufiger anstelle des Begriffs Methode (→ Methoden der Sozialarbeit) benutzt. Für den fachlichen Sprachgebrauch in der deutschen → Sozialarbeit haben Geißler u. a. den I.begriff entfaltet. Danach sind alle systematischen Handlungsweisen in sozialarbeiterischen Arbeitssituationen auf der Grundlage von theoriegeleiteten Konzepten, Methoden und Verfahren zusammengefaßt I.

Vermutlich hat der I.begriff wegen seiner Neutralität und Allgemeinheit einen breiten Einzug in die psychosoziale Fachliteratur gehalten. Daß in der Sozialarbeitspraxis der Begriff I. noch nicht zum fachsprachlichen Allgemeingut geworden ist, hängt evtl. mit seiner Unkonkretheit zusammen. Der von Mielenz eingeführte Begriff »Einmischung« erscheint nicht nur wegen seiner Sinnfälligkeit angemessener. Der I.begriff vermittelt, wie der medizinische Begriff »Eingriff«, ein Expertenhandeln mit Erfolgsaussicht im Rahmen eines Über-Unterordnungsverhältnisses. In der sozialwissenschaftlichen I.forschung und insbes. in der systemischen Therapie (→ Systemischer Ansatz) wird immer deutlicher, daß auch fachlich noch so gutgemeinte I. unwirksam bleiben oder sogar gegenteilige Effekte erzeugen können, wenn sie sich nicht in die »Eigensinnigkeit« und »Eigenlogik« von Klientsystemen zum richtigen Zeitpunkt und mit subjektiv angemessenen Einmischungsschritten einfädeln können. Eine der wichtigsten Erkenntnisse in der systemischen Therapie ist, daß biologische und soziale Systeme innerhalb eines geschlossenen kognitiven Bereichs operieren (→ Autopoiese) und sich damit nur in Abhängigkeit von ihrer eigenen Struktur verändern und nicht aufgrund der I. oder Absichten eines Therapeuten (Böse u. a.). Die I.forschung ist auf der Suche nach sog. Paßformmodellen psychosozialer I., die bezüglich Menge, Zeitpunkt, Quelle, Struktur und Funktion der Unterstützung spezifisch auf die Anforderungen und Bedürfnisse der Betroffenen ausgerichtet sind (Nestmann). In diesem Zusammenhang ist auch die Argumentation von I.skeptikern zu beachten, die vor einer vermehrten Fremdbestimmung und persönlichen Ohnmacht in einem therapeutischen Staat warnen. Eine vermittelnde

Position nimmt das Empowermentmodell ein, in dem darauf verzichtet wird, expertendefinierte Programme zu entwickeln, aber mit den Klienten/Klientsystemen Rahmenbedingungen zu schaffen, die die Selbstverfügungskräfte der Betroffenen stärken und erweitern.

Lit. Böse u. a.: Systemische Theorie; Geißler u. a.: Konzepte; Mielenz: Strategien; Nestmann: Intervention.

Dietmar Müllensiefen

Interview → Befragung

Introjektion Ursprünglich synonym mit dem Begriff → Identifikation verwendet. Jetzt in zwei Bedeutungen differenziert: 1. Die Assimilation der Objektrepräsentanzen in die Selbstrepräsentanzen, wenn die Grenzen zwischen diesen beiden unscharf und durchlässig geblieben sind. Das Individuum wird dann verwirrt im Bezug auf seine Abgrenzung und seine → Identität. 2. Die Aufnahme eines Objektes oder von Anteilen desselben als ein psychisches Phänomen in das Kind hinein, als ob es zu ihm gehöre: das Kind verhält sich wie dieses Objekt, ob das Objekt präsent ist oder nicht. Das Kind imitiert also nicht nur das Objekt, wie es das täte, wenn es mit ihm identifiziert wäre. Die regulierenden, verbietenden und bestätigenden Aspekte des Über-Ich (→ Psychoanalyse) bilden sich durch I. der elterlichen Anweisungen und Wertvorstellungen und werden so zu einem Bestandteil der psychischen Instanzen des Kindes.

Willi Baumann

Introversion Der Begriff I. geht auf Jung zurück, der den introvertierten Typus als einen Menschen beschreibt, dessen psychische Energie (→ Libido«) in ihrer Zielrichtung nach innen, d.h. auf die Person und ihr »Innenleben« gewendet ist. In der modernen Persönlichkeitsforschung (→ Persönlichkeit) gilt I. als ein Pol der bipolaren Persönlichkeitsdimension → Extraversion – Introversion, womit gleichzeitig gesagt ist, daß es gleitende Übergänge bzw. Mischformen zwischen beiden polaren Merkmalsaspekten gibt. Die genannte Dimension ist von Eysenck in mehreren Faktorenanalysen (= ein multivariates statistisches Verfahren, das der Analyse von Korrelationsmustern dient) aufgedeckt worden (vgl. Eysenck). Der I.pol ist nach Eysenck durch folgende Merkmale charakterisiert: geringe allgemeine Aktivität, soziale Zurückgezogenheit und Schüchternheit, Bedachtsamkeit und geringes Dominanzstreben.

Lit. Eysenck: Personality; Jung, C. G.: Typen.

Klaudius Siegfried

Intuition (von lateinisch intueri = anschauen) ist die Bezeichnung für eine Art des Erkenntnisgewinns, der sich nicht als Folge bewußten Nachdenkens einstellt, sondern auf unmittelbarem Gewahrwerden eines Sachverhaltes oder Zusammenhanges (»plötzlicher Eingebung«) beruht. Manchmal wird I. in einem ausdrücklichen Gegensatz zum abstrakten, diskursiven → Denken gesehen. Einige Autoren vertreten darüber hinaus die Ansicht, daß es Bereiche gibt (z. B. Mystik), die sich nur über I. erschließen, dem abstrakten Denken hingegen unzugänglich bleiben.

Im Zusammenhang mit der verbreiteten Meinung von der prinzipiellen Berechenbarkeit menschlichen Verhaltens ist I. als »unwissenschaftlich« in Mißkredit geraten. Alltagserfahrungen zeigen hingegen immer wieder, daß man sich in Fällen, in denen keine Zeit zum Überlegen bleibt, sondern unmittelbares Reagieren erforderlich ist, intuitiv verhält und sein Verhalten häufig erst im nachhinein »vernünftig« erklärt. Die pragmatische Bedeutung intuitiv geleiteten Handelns liegt in der unmittelbaren Informationsauswertung ohne den Rückgriff auf das → Gedächtnis, was bedeutet, daß der Vergleich von Merkmalen der anschaulich vorgefundenen Situation mit gespeicherten abstrakten Begriffen entfällt. Weil die menschliche → Wahrnehmung jedoch vielfältigen verzerrenden Einflüssen ausgesetzt ist, liegt hierin zugleich auch die Quelle möglicher Irrtümer. *Wilfried Reifarth*

Investitionsfinanzierung in der Pflegeversicherung. Durch die Pflegeversicherung (→ Pflegeversicherung, gesetzliche) soll auch der Ausbau einer ausreichenden pflegerischen Versorgung und der notwendigen Infrastruktur hierzu gesichert werden. Die Bundesländer tragen hierfür die Verantwortung (§ 9 → Sozialgesetzbuch [SGB XI]). Ersparnisse aus der → Sozialhilfe sollen zur I. verwandt werden. Die I. ist als duales Finanzierungssystem ausgestaltet (unterschiedliche Verantwortung für I. und Pflegeleistung). Eine monistische Finanzierung (auch die I. würde durch die Pflegekasse erfolgen) hat sich im Gesetzgebungsverfahren nicht durchgesetzt. Für Pflegeeinrichtungen i. S. d. SGB XI besteht kein Rechtsanspruch auf Förderung von Investitionskosten. Eine Förderung kann sich auf sämtliche in § 82 Abs. 2 SGB XI aufgeführten Aufwendungen erstrecken. Findet keine (ausreichende) Förderung statt, kann die → Pflegeeinrichtung Aufwendungen hierfür den Pflegebedürftigen (→ Pflegebedürftigkeit) unmittelbar in Rechnung stellen. Regelungen zu Inhalt, Art und Umfang der Förderung sowie der für die Förderung zuständigen Stellen sind in den Bundesländern unterschiedlich ausgestaltet. Mehrheitlich wird die Förderung an ein konkretes Vorhaben gebunden (Objektförderung). Vereinzelt wird alternativ oder ergänzend zur Objektförderung ein bewohnerorientierter Aufwendungszuschuß (Pflegewohn-

geld oder sogenannte Subjektförderung) gewählt.
Die Art. 52 und 52a PflegeVG sehen für die neuen Bundesländer Finanzhilfen zur Investition in Pflegeeinrichtungen vor, um eine zügige und nachhaltige Verbesserung der pflegerischen Versorgung zu erreichen. Bis zu 80% der öffentlichen Investitionsmaßnahmen soll der Bund erbringen, mindestens 20% die Länder. Die bis zum Jahr 2002 dafür vorgesehene Finanzhilfe in Höhe von insgesamt 6,4 Mrd. DM sollen pflegeversicherungsbedingte Einsparungen bei Leistungen nach dem → Bundesversorgungsgesetz (BVG) erbracht werden. Eine Verwaltungsvereinbarung nach Art. 104a Abs. 4 GG zwischen den neuen Bundesländern und der Bundesrepublik Deutschland regelt das Nähere, insbesondere die Finanzhilfen des Bundes, die Beschreibung der förderfähigen Pflegeeinrichtungen und Investitionsmaßnahmen sowie die Verpflichtung der Länder, Investitionsprogramme im Rahmen einer Landesplanung aufzustellen.
Franz Schmeller

Inzest Geschlechtsverkehr zwischen Verwandten ersten und zweiten Grades. Stark tabuisiertes Verhalten, das strafrechtlich verfolgt wird (§ 173 StGB), kriminalistisch jedoch keine große Rolle spielt (vermutlich hohe Dunkelziffer, → Kindesmißhandlung). Zur Anzeige gelangen überwiegend I.handlungen aus der Unterschicht. Am häufigsten kommt es zu solchen Handlungen zwischen männlichen Mitgliedern der Familie (z.B. Vater, Onkel) und Kindern (→ Pädophilie), überwiegend Mädchen, selten zu solchen zwischen Frauen und Kindern oder zwischen Geschwistern. Es kann sich um einmalige Episoden handeln, oder, weitaus häufiger, um lang dauernde Abhängigkeitsbeziehungen, die i.d.R. eher Symptome familienneurotischer und/oder sozialer Desintegration darstellen, als daß sie Ausdruck spezifischer sexueller Deviationen oder → Perversionen wären.
Friedemann Pfäfflin

J

Judikative → Rechtsprechung

Jugendalter umfaßt den zwischen → Kindes- und »reifem« Erwachsenenalter liegenden Zeitabschnitt, in dem die Fortpflanzungsfähigkeit erreicht wird und die wesentlichen gesellschaftlichen, ethischen und individuellen Orientierungen erworben werden sollen (→ Adoleszenz).
Die klassische Jugendpsychologie biologischer Prägung nahm als Ursache spezieller seelisch-geistiger Veränderungen die Keimdrüsenreifung und den »Einbruch« der → Sexualität mit erheblicher physischer und sozialer Belastung an. Die Deutungen dieser Altersstufe basieren häufig auf weltanschaulichen Vorannahmen und Sollensforderungen (→ Jugendhilfeforschung). Bei Spranger ist es die Zeit der Auseinandersetzung mit den Sinngehalten der Kultur. Dabei entdeckt der Jugendliche sein »Ich«, entwickelt einen Lebensplan und wächst in die → Normen und Überzeugungen seiner Kultur hinein. Dies bezog Spranger besonders auf die männliche Gymnasialjugend des norddeutschen Raums. Es prägte jedoch ganze Generationen in ihren → Konflikten und Zielsetzungen. Allgemein wird für das J. ein Bruch der → Persönlichkeit beschrieben, mit Stimmungslabilität, Mangel an Koordination der einzelnen Handlungswünsche und erhebliche Störungen in den → sozialen Beziehungen (→ Jugendprotest). Eine eher sozialpsychologisch orientierte Jugendpsychologie (→ Sozialpsychologie) sieht die Ursachen dafür jedoch in der extremen Verhaltensunsicherheit des Jugendlichen, der sich widersprechenden Erwartungen gegenübersieht und in diesen Rollenkonflikten (→ Rolle) erst seine → Identität (als der im Handeln immer Gleiche) finden muß. In einfachen Gesellschaften waren dagegen die Übergänge vom Kind zum Erwachsenen durch gesellschaftliche Ordnungen (Rituale) markiert und das für Männer und Frauen erwartete sexuelle und berufliche Verhalten genau vorgegeben (kulturanthropologischer Aspekt). Heute bietet sich der Gesellschaft dem Heranwachsenden als Vermarktungsinstanz jugendlicher Selbstdarstellung an, so daß originale Erfindung, Eigeninitiative, selbständige Wertorientierung entweder modisch entwertet oder als Außenseitertum abgelehnt werden. Bezeichnend für die Belastung der Jugendpsychologie mit »wissenschaftsfremden Theoremen« ist die Tatsache, daß die weibliche Entwicklung oder die der Arbeiterjugend zunächst kaum erforscht wurden. Der frühe Eintritt ins Berufsleben erlaube nur eine »Primitivpubertät« mit ausschließlich materiellen Interessen und flüchtigen, wenig an Werten orientierten Bindungen. Die Gesellschaft müsse »Zeit zum Pubertieren geben«, d.h. die Möglichkeit zum Experimentieren mit verschiedenen Rollen und durch zahlreiche Ausbildungschancen eine »Kulturpubertät« ermöglichen (Roth). In den letzten Jahren versuchten Meinungsforschungsinstitute (→ Demoskopie) neues Material über die → Einstellungen, Urteile und Wünsche der 13- bis 24jährigen auch nach soziologischen Gesichtspunkten auszuwerten und Wandel bzw. Konstanz der Meinungen über 20 Jahre hinweg herauszuarbeiten. Eine einheitliche Theorie konnten sie schon wegen der unterschiedlichen weltanschaulichen Voraussetzungen der Autoren nicht entwickeln (z.B. Schelsky, Blücher, Jaide, Lessing, Liebel, Neidhardt, Rosenmayr, EMNID-Institut für Sozialfor-

schung in Bielefeld, Jugendwerk der Deutschen Shell AG).
Herkunft, Ausbildung, Berufsausübung, gesellschaftliche Zuschreibungen von Männlichkeit und Weiblichkeit in den Verhaltensäußerungen und der kulturelle Hintergrund einer Region, einer Religion und einer Zeit gestalten die Selbstdarstellung des Jugendlichen sehr uneinheitlich. Beschrieben werden in diesem Alter – ohne die Ursachen restlos aufhellen zu können – übereinstimmend:
a) Rollenunsicherheit und Statusungewißheit, b) affektive Labilisierung und Veränderungen des Selbstbildes, c) Leistungsprobleme mit geschlechtsspezifischen Reaktionen, d) Probleme der Selbstorientierung und Konfliktbewältigung, e) Selbstzuwendung und Selbstreflexion mit einer Erweiterung des Erlebens und Verinnerlichung auch in der Wahrnehmung anderer Menschen, f) eine Ablösung vom Elternhaus, das Streben nach Selbständigkeit, auch ökonomischer in einem Beruf und g) die Entscheidung über die sexuellen Bindungen und die Eingliederung dieses Verhaltens in eine allgemeine Lebensorientierung (vgl. Nickel, S. 310 ff.).
Es bleibt abzuwarten, wie in einer Zeit verbreiteter Jugendarbeitslosigkeit und des Mangels an Lebensperspektiven Jugendliche ganz andere Reaktionsformen ausbilden, und wie die Gesellschaft diese als »Fehlformen« oder Anspruch zurückweisen bzw. anzunehmen bereit ist.
Lit. Allerbeck u.a.: Jugend; Ausubel: Jugendalter; Endres: Jugendalter; Hurrelmann u.a.: Jugend; Jugendwerk der Deutschen Shell AG: Jugend '92; Nickel: Entwicklungspsychologie; Spranger: Jugendalter; Thomae, H.: Reife. *Gisela Oestreich*

Jugendamt (JA) Das am 1. 4. 1924 in Kraft getretene RJWG vom 9. 7. 1922 bündelte die Verantwortung für die bis dahin von → freien und → öffentlichen Trägern (→ Jugendhilfeträger) unternommenen Bemühungen zur außerschulischen Förderung von Kindern und Jugendlichen (→ Jugendförderung) sowie zur Sicherung der in labiler werdenden Familienstrukturen (→ Familie) sich rasch wandelnder gesellschaftlicher Modernisierungsprozesse gefährdeten Minderjährigen in der bis dahin nur aus wenigen Vorläufern, z.B. in Mainz und Hamburg bekannten Behörde JA. Mit der Novellierung des RJWG zum → Jugendwohlfahrtsgesetz (JWG) 1961 und der Gesetzesreform vom 26. 6. 1990, die das JWG am 1. 1. 1991 in der ehemaligen DDR bereits am 3. 10. 1990) durch das als Achtes Buch des → Sozialgesetzbuches (SGB) gestaltete → Kinder- und Jugendhilfegesetz (KJHG – SGB VIII) ablöste, blieb das JA bewährte Organisationseinheit zur Sicherung und Förderung aller Jugendhilfeaufgaben.

Anders als im JWG steht im KJHG nicht das JA, sondern der örtliche öffentliche Träger der → Jugendhilfe im Mittelpunkt der gesetzlichen Verpflichtungen. Örtliche öffentliche Träger sind die Kreise (→ Landkreise) und → kreisfreien Städte. Landesrecht kann auch hinreichend leistungsfähige kreisangehörige → Gemeinden (→ Kreisangehörige Städte) zu örtlichen öffentlichen Jugendhilfeträgern bestimmen. § 69 Abs. 3 KJHG schreibt vor, daß jeder örtliche Träger für junge Menschen und ihre Familien ein JA zu errichten hat, und nur dieses und keine andere kommunale Behörde für alle Aufgaben bzw. Leistungen nach dem KJHG zuständig ist. Trotz dieser klaren gesetzlichen Vorgabe beginnt der Begriff »Jugendamt« im Kontext einer betriebswirtschaftlich determinierten → Verwaltungsreform zunehmend aus der Terminologie der kommunalen Verwaltungsstrukturen zu verschwinden. Während Organisationseinheiten wie »Fachbereich Jugendhilfe« o. ä. noch als Jugendamt i. S. des Gesetzes begriffen werden können, besteht spätestens dann rechtlicher Regelungsbedarf, wenn Jugendämter in größeren Fachbereiche (z.B. Jugend, Soziales, Gesundheit, Kultur) integriert oder in mehrere selbständige Organisationseinheiten (»Stadtbetriebe«, »Fachgebiete« o. ä.) aufgelöst werden. Hier sind die kommunalen Aufsichtsbehörden der Bundesländer gefordert.
Gab es 1928 noch 1 251 JÄ im deutschen Reichsgebiet, so waren es 1991 in den 16 Bundesländern 707. Auf Grund der oben geschilderten Entwicklung wird eine aktuelle Bestandsaufnahme immer weniger möglich. In ihren personellen und sächlichen Ausstattungsstandards sind sie sehr unterschiedlich. Fraglich ist z.B., ob angesichts der Qualitätsansprüche, die das neue KJHG an die Jugendhilfe stellt, JÄ in Gemeinden mit 25 000 Einwohnern hinreichend leistungsfähig sein können (so in Nordrhein-Westfalen).
Anders als im JWG haben die kommunalen JÄ nach dem KJHG nun praktisch eine Allzuständigkeit für die Jugendhilfe. → Landesjugendämter rücken dafür in die Funktion von Dienstleistungsträgern (→ Dienstleistung) zur Qualifizierung der Arbeit der JÄ. Gemäß der bewährten Tradition bleibt das JA auch nach dem KJHG eine aus dem Kommunalverfassungsrecht weitgehend herausfallende Sonderbehörde mit dualer Struktur. D.h., nur Verwaltung des JA und → Jugendhilfeausschuß zusammen sind das JA. Auf diese Weise ist gesichert, daß freie Träger und Fachpolitik in allen Belangen der Jugendhilfe (→ Jugendarbeit, familienbezogene Hilfen [→ Familienunterstützende und -ergänzende Hilfen], Förderung von Kindern in Tageseinrichtungen [→ Kindertageseinrichtungen] und erzieherische Hilfen [→ Erziehung, → Hilfen zur Erziehung]), maßgebliche Beteiligungs- und

Mitgestaltungsrechte (→ Beteiligungsstrategien) haben. Das gilt mit Einschränkungen auch für die auch nach neuem Recht verbliebenen obrigkeitlichen Schutz-, Kontroll- und Eingriffsaufgaben des JA. JÄ stehen zwar in der Gesamtverantwortung für die Jugendhilfe, insbes. hinsichtlich der → Jugendhilfeplanung, haben aber weiterhin das Prinzip der → Subsidiarität, d. h., des Vorrangs selbstgestalteter Hilfe vor behördlicher, zu beachten.
Lit. Kreft u. a.: Perspektivenwandel; Münder u. a.: KJHG (Komm.). *Dieter Greese*

Jugendarbeit – auch als außerschulische Jugendbildung oder → Jugendpflege bezeichnet (zur Geschichte und Begriffsentwicklung: vgl. Giesecke, S. 14 ff.; Jordan u. a.: S. 37 ff.) – ist Teil der → Jugendhilfe und neben → Familie, Schule, Berufsbildung (→ Berufliche Bildung), Hochschule und → Weiterbildung ein Bildungsbereich (→ Bildung/Bildungswesen) eigener Art. Ihre Lern- und Sozialisationshilfen sind geprägt durch Freiwilligkeit der Teilnahme, Flexibilität im konkreten Handeln, durch Herrschaftsarmut, Verzicht auf Leistung i. S. institutionell vorgegebener, durch Kontrollen gesicherter Leistungserwartung und die Orientierung an den Interessen und → Bedürfnissen der Jugendlichen, die weitgehend mitgestalten und mitbestimmen sollten. J. wird von → öffentlichen und (überwiegend) → freien Trägern, vor allem → Jugendverbänden, für junge Menschen bis zu 27 Jahren (offene oder verbandsgebundene J. in Ausnahmefällen auch für Personen über 27 Jahre, § 11 Abs. 4 → Kinder- und Jugendhilfegesetz [KJHG – SGB VIII]) geleistet. Rechtsgrundlage einer so verstandenen J. sind die §§ 11 und 12 KJHG – SGB VIII, z. T. ergänzt durch Landesausführungs- und → Jugendbildungsgesetze.
Inhaltlich umfaßt die J. sehr unterschiedliche Arbeitsfelder, die in § 11 Abs. 3 KJHG – SGB VIII als Schwerpunkte der J. bezeichnet werden: außerschulische Jugendbildung mit allgemeiner, politischer, sozialer, gesundheitlicher, kultureller, naturkundlicher und technischer Bildung; J. in Sport, Spiel und Geselligkeit; arbeitswelt-, schul- und familienbezogene J.; internationale J.; Kinder- und Jugenderholung sowie Jugendberatung. Diese Aufzählung ist nicht abschließend (Münder u. a., § 11 Rz 12 und 13). Die Träger der J. können daher auch unter neuen Begriffen andere, erweiterte Angebote der J. entwickeln, die die allgemeinen Ziele und Verpflichtungen des § 11 Abs. 1 KJHG – SGB VIII konkretisieren.
Den unterschiedlichen Inhalten entsprechend vielfältig und flexibel sind die Methoden und Angebotsformen der J.: Sie reichen einerseits von traditionellen Formen (Referate, Diskussionen) über kreative und musische Betätigungen, → Plan- und → Rollenspiele bis zu öffentlichen Aktionen und umfassen andererseits Lehrgänge, Kurse, Seminare, Studienfahrten, Zeltlager, → Jugendfreizeitstätten, kulturelle Veranstaltungen, → Projektgruppen, Aktionen (Wirbals, S. 49). Die Träger der J. verbinden diese Angebotsformen zunehmend auch mit direkten sozialpädagogischen, ausbildungs- und berufsbezogenen (Integrations-) Hilfen (→ Jugendsozialarbeit; Münder u. a., Komm. zu § 13 KJHG).
Umstritten sind weiterhin Konzeption und Zielsetzung der J. Wichtige Arbeiten wiesen zunächst in den 50er Jahren auf Lehrlinge und Jungarbeiter als Zielgruppen hin (Kentler), eine darüber hinausgehende emanzipatorische J. (Giesecke, C. W. Müller u. a.) arbeitete heraus, daß die Situation der Jugendlichen in Familie, Schule und Betrieb ausdrücklich in das Lernfeld J. einbezogen werden muß; die antikapitalistische J. (Liebel, Lessing) ging davon aus, daß J. sich mit dem Widerspruch von Arbeit und Kapital auseinanderzusetzen habe. Im Zusammenhang mit der antiautoritären Protestbewegung entstanden über Basisaktivitäten Jugendlicher neue Modelle selbstbestimmter und selbstorganisierter J. bis hin zu dem bedürfnisorientierten Ansatz von Damm (Jordan u. a., S. 107 ff.). Eindimensionale Erklärungsmodelle von Jugend und Jugendphase (→ Jugendalter) sind allerdings nicht mehr zureichend, um zu erfassen, was Jugendliche und Jugendkulturen seit den 90er Jahren kennzeichnet. Die »klassischen soziologischen Analysedimensionen der sozialen Schichtungen« reichen dazu nicht mehr aus (Ferchhoff, S. 15). J. hat sich auf Kinder und Jugendliche einzustellen, deren Grundsituation seit dem 8. → Jugendbericht 1990 über die Begriffe »Pluralisierung der Lebenslagen« und »Individualisierung von Lebensführungen« konturiert wird. Jugend ist nicht mehr eindeutig zu definieren (weder zeitlich, noch als Übergangsphase zwischen Kindheit und Erwachsenenalter, noch soziokulturell; BMJFFG, S. 53 ff., Böhnisch: Sozialpädagogik; Böhnisch u. a.: Jugendraum). J. hat demzufolge keine eindeutigen Zielgruppen mehr, sondern muß sich immer wieder neuen jugendkulturellen Milieus (Ferchhoff, S. 19 ff.) zuwenden. Hinzu kommt, daß J. inzwischen fachlich, politisch und rechtlich (§ 9 Nr. 3 KJHG – SGB VIII) verpflichtet wird, die besonderen Lebenslagen von Mädchen eindeutig in ihren Angeboten zu berücksichtigen (Münder u. a., § 9 Rz. 12 bis 16). Zudem legt das KJHG – SGB VIII in § 9 Nr. 2 fest, »die jeweiligen besonderen sozialen und kulturellen Bedürfnisse und Eigenarten junger Menschen und ihrer Familien zu berücksichtigen«. Damit ist im Grunde genommen eine geschlechtsspezifische und multikulturelle J. gefordert und auf eine Handlungsebene verwiesen, die es verschiedenen sozialen und ethnischen Gruppen ermöglicht,

unterschiedliche Lebensformen zu entwickeln und ihren gemeinschaftlichen und materiellen Erfahrungen Ausdruck zu verleihen. So unterschiedlich diese Ansätze auch sind, immer gilt: J. ist kein Bereich, der isoliert von anderen Sozialisationsfeldern vorrangig i. S. v. Gestaltung freier Zeit arbeiten kann. J. ist auch nicht in einzelne »Fachbereiche« aufzugliedern, sondern durch das übergreifende Prinzip der → politischen Bildung verbunden; allgemeine (offene) Angebote sind mit emanzipatorischen (→ Emanzipation) und ausgleichenden (kompensatorischen) verzahnt. Die sehr unterschiedlichen Lebens- (→ Familie) und Arbeitssituationen (Schule, → Ausbildung) der Jugendlichen sind bei der Entwicklung der Angebote einzubeziehen, aber nicht allein i. S. v. Analyse und »passiver« → Beratung, sondern wirkungsorientiert. Damit werden z. B. Hilfen bei Konflikten mit Elternhaus, Schule, Ausbildung, die Förderung alternativen Wohnens (u. a. Einrichtung von → Wohngemeinschaften für Jugendliche) und die Entwicklung sozialpädagogisch orientierter Ausbildungsgänge für soziokulturell benachteiligte Jugendliche (→ Jugendsozialarbeit) zu zentralen Aufgaben der J. und stadtteilorientierte J. (Lebensumfeld; → Soziales Umfeld) zu einem handlungsleitenden Arbeitsprinzip (→ Stadtteilarbeit).

Lit. BMJFFG: 8. Jugendbericht; Böhnisch: Sozialpädagogik; Böhnisch u. a.: Jugendarbeit; Böhnisch u. a.: Jugendraum; Ferchhoff: Jugendkulturen; Giesecke: Jugendarbeit; Jordan u. a.: Jugendhilfe; Münder u. a.: KJHG (Komm.); Wirbals: Jugendbildung.
Dieter Kreft

Jugendarbeitslosigkeit → Arbeitslosigkeit

Jugendarbeitsschutz ist ein Teilbereich des → Arbeitsschutzes und des → Jugendschutzes. Gesetzliche Grundlage bildet das Jugendarbeitsschutzgesetz (JArbSchG) vom 12. 4. 1976 (BGBl. I S. 965), geändert durch Gesetz vom 31. 5. 1994 (BGBl. I S. 1168). Es gilt für alle Beschäftigten, die noch nicht 18 Jahre alt sind (§ 1). Die Wochenarbeitszeit ist auf 40 Stunden und fünf Tage begrenzt (§§ 8 und 15). Das Mindestalter für die Beschäftigung ist 14 Jahre mit Ausnahmen u. a. in der Landwirtschaft, in der Beschäftigungs- und Arbeitstherapie und als Zeitungsausträger (§ 5). § 14 legt die Arbeitszeit grundsätzlich zwischen 6.00 und 20.00 Uhr fest. Ausnahmen bestehen für Gaststätten, Bäckereien, Musik- und Theateraufführungen u. a. m. Der Jahresmindesturlaub beträgt für noch nicht Sechzehnjährige 30, noch nicht Siebzehnjährige 27, noch nicht Achtzehnjährige 25 Werktage. An Berufsschultagen mit Unterricht von mehr als 5 Stunden sind Jugendliche nicht mehr im Betrieb zu beschäftigen. Das JArbSchG beinhaltet Beschäftigungsverbote und -beschränkungen insbes. für Akkord- und tempoabhängige Arbeit (§§ 22 bis 27). Bei Zuwiderhandlung drohen dem Arbeitgeber Bußgeld- und Strafvorschriften (§ 58). Von den Vorschriften kann auch nach der Zustimmung der Personensorgeberechtigten (→ Personensorge) nicht abgewichen werden.
Durch die Neufassung des JArbSchG 1976 wurde das JArbSchG vom 9. 8. 1960 (BGBl. I S. 665) abgelöst. Das Gesetz wurde mit nur einer Gegenstimme im Deutschen Bundestag verabschiedet, obwohl eine langwierige und z. T. heftige politische Auseinandersetzung vorausgegangen war. Vor dem Hintergrund einer überdurchschnittlichen Arbeitslosigkeit von Jugendlichen kündigte eine Reihe von Unternehmerverbänden aus Protest gegen das neue Gesetz an, keine Jugendlichen mehr auszubilden. Unmittelbar nach der Verabschiedung waren einige Bundesländer bestrebt, die Neuregelung der Berufsschultage (Obergrenze 5 Stunden) durch Aufteilung der Unterrichtszeit zu umgehen, mit dem Ziel, daß die Berufsschüler am betreffenden Tag in die Betriebe zurückkehren mußten. U. a. führten die anhaltenden Proteste gegen die »ausbildungshemmenden Vorschriften« des J. zur Änderung des Gesetzes 1986. Hier wurden insbes. die Vorschriften über die Nachtruhe und die Freistellung an einem Berufsschultag eingeschränkt bzw. reduziert. Ebenfalls besteht jetzt die Möglichkeit, den J. durch Tarifvertrag oder Betriebsvereinbarung abweichend zu regeln.
Harald Wagner

Jugendarrest → Zuchtmittel

Jugendärztlicher Dienst Synonyme: Jugendgesundheitspflege, Kinder- und Jugendgesundheitsdienst (KJGD). Oberbegriff für alle kinder- und jugendbezogenen Aktivitäten des → Gesundheitsamtes auf dem Gebiet der → Gesundheitsförderung und -erhaltung. Der Jugendzahnärztliche Dienst ist als spezieller Sektor des J.D. zu sehen. Rechtliche Grundlage ursprünglich im Gesetz zur Vereinheitlichung des Gesundheitswesens (→ Vereinheitlichungsgesetz [VereinhG] vom 3. 7. 1934 (RGBl. I S. 531), § 3 (1) Id und e; Detailregelungen in den §§ 55 bis 59 der III. DVO zum VereinhG. Da das Gesundheitswesen in Deutschland überwiegend Länderangelegenheit ist, gibt es keine Einheitlichkeit der Rechtsgrundlage mehr; die meisten Bundesländer haben Nachfolgegesetze erlassen.
Der J.D. ist zentrales Tätigkeitsfeld sowohl der → Sozialhygiene als auch der sozialen Pädiatrie. Als gemeinsamer Kernbereich über alle Ländergrenzen hinweg ist der Schulärztliche Dienst anzusehen, der Vorsorgemaßnahmen (z. B. Schutzimpfungen) und Screeninguntersuchungen für Schul-

kinder mit der Funktion des betriebs- und vertrauensärztlichen Dienstes für die Schule verbindet. Die Wahrnehmung der außerschulärztlichen Aufgabenbereiche des J. D. ist regional sehr unterschiedlich in Abhängigkeit von den regionalen Versorgungsstrukturen und -erfordernissen. Am wichtigsten ist die sozialkompensatorische, d. h. aufsuchende und nachgehende Gesundheitshilfe für Kinder und Jugendliche in einem sozial benachteiligten Umfeld. Diese ist notwendig in Ergänzung der Komm-Strukturen der → kassenärztlichen Versorgung im Hinblick auf Maßnahmen der → Krankheitsverhütung und der → Früherkennung. Weitere jugendärztliche Aufgabenfelder bestehen in der bekannten → Mütterberatung und in der Durchführung von Früherkennungs- und Vorsorgeuntersuchungen in Kindertagesstätten. Hinzu kommt die gesundheitliche Betreuung außerschulischer Kindereinrichtungen, die Beratung, Begutachtung und Betreuung behinderter Kinder sowie die Vorbereitung/ Organisation von Kinderkuren (→ Kur). Eine enge Kooperation des J.D. mit den örtlichen Jugendämtern und Sozialdiensten sowie ein guter Kontakt mit den niedergelassenen Ärzten und sozialpädiatrischen Zentren ist notwendig.

Holger Meireis/Margarete Peters

Jugendbegegnung → Internationale Studien- und Austauschprogramme

Jugendberatung Dieser in den letzten Jahren aufgekommene neue Begriff – erste Erkenntnisse aus der sozialpädagogischen → Handlungsforschung liegen vor (z. B.: Institut für Erziehungswissenschaft der Universität Tübingen) – ist im System der → Jugendhilfe nur schwer unterzubringen; er ist gewissermaßen zwischen → Erziehungsberatung, → Familienberatung, Konfliktberatung und psychosozialer → Beratung (u. a. → Drogenberatung) angesiedelt. J. ist nur im Kontext mobiler, z. T. stadtteilbezogener → Jugend- und Freizeitarbeit zu verstehen und meint nach vorläufigen praktischen Erfahrungen eine Art »aufsuchende, ambulante Beratung«, eine Beratungshilfe für jugendliche Zielgruppen in den jeweiligen Wohnquartieren als ihren eigentlichen Lebensfeldern, um in konkreten persönlichen, sozialen und beruflichen Konflikten Information, Orientierung und Hilfe anzubieten. Zielgruppen sind meist berufsunreife, lehr- und arbeitsstellensuchende Haupt- und Sonderschulabgänger, junge Lehrstellen- oder Berufsabbrecher, arbeitslose Jugendliche (→ Arbeitslosigkeit), besonders gefährdete, erziehungs- und sozialschwache junge Menschen, Jugendliche in spezifischen Gefahrenlagen wie Abgleiten in → Nichtseßhaftigkeit, Alkohol- (→ Alkoholismus) und → Drogenabhängigkeit sowie in Dissozialität und → Kriminalität.

Methodisch wird der Ansatz der → Gemeinwesenarbeit gewählt, um dann über Einzel- oder → Gruppenberatung Hilfeprozesse aufzubauen. Als neuartige Wege hierzu dienen die mobile soziale Straßenarbeit (→ Streetwork) und die hieraus transformierende halboffene, gebundene Klubarbeit unter dem besonderen didaktischen Gesichtspunkt, Jugendliche zur → Selbsthilfe und solidarischen Fremdhilfe zu aktivieren, sie also gewissermaßen als Mediatoren i. S. v. informellen »lokalen Laienberatern« zu gewinnen (was auch auf Erwachsene des Stadtteils ausgedehnt werden kann bzw. soll). Hand in Hand hiermit sollen Verbindungen zur Schule, zu Ausbildungs- und Berufsstellen, zur Arbeitsverwaltung und zu Sozial- und Jugendbehörden hergestellt werden.
Insgesamt kann die so verstandene J. als Jugendhilfeversuch beurteilt werden, der – zunächst außerhalb klassischer sozialer Hilfen und Kontrollen und öffentlich-rechtlicher Interventionen – mit teilprofessionellem Einsatz beratende Initiativen zum Erkennen der Problemlagen junger Menschen, zur gemeinsamen Findung von Hilfen sowie zur Umsetzung der lokal- wie gesellschaftsursächlich gewonnenen Erkenntnisse in verändernde, verbessernde Handlungsprojekte (ggf. mit politischen Konsequenzen) anbietet und aufbaut.
Kritisch ist anzumerken, daß solche J. Gefahr laufen kann, die familialen Bezüge zu vernachlässigen, elternrechtliche Bedingungen zu übersehen und ganz allgemein eine autonome, antibehördliche Entwicklung im Jugendhilfefeld einzuleiten, was den Geboten sozialer Arbeit widersprechen könnte. Weitere wissenschaftliche → Evaluationen sind abzuwarten.
Das neue → Kinder- und Jugendhilfegesetz (KJHG – SGB VIII) nimmt ausdrücklich im engen sachlichen Zusammenhang mit »Schwerpunkten der Jugendarbeit« (§ 11) den Begriff J. auf und setzt den Akzent der J. damit mehr auf präventive, lebensbegleitende, emanzipatorische Orientierungs- und Bildungshilfe (Interessenlage junger Menschen, Selbstbestimmung, Mitverantwortung, soziales Engagement) als auf gefahrenabwehrende, konfliktlösende, kompensatorische Beratung. Gleichwohl öffnen sich Jugendhilfepraxis und auch das KJHG – SGB VIII der sog. »verdeckten«, anonymen Beratung junger Menschen (bis zum 27. Lebensjahr; § 7 KJHG – SGB VIII). So bezieht § 8 KJHG – SGB VIII Kinder und Jugendliche in die Beratungsmöglichkeit bei Not- und Konfliktlagen auch ohne Kenntnis des Personensorgeberechtigten mit ein; nach § 42 KJHG – SGB VIII besteht sogar ein Rechtsanspruch des Kindes oder Jugendlichen auf Beratung auf dessen »Bitte« hin im Falle der Inobhutnahme, und den neueren vielfältigen »stillen« Beratungsangebote über Kinder- und Jugendtelefone, Kinderbüros, → Kinderbeauftragte, → Te-

lefonseelsorge, psychosoziale Beratungsstellen (speziell im Rauschmittelbereich) deuten auf eine bedarfsgerechte substantielle wie methodische Ausformung der J. hin. *Lit.* Burger u. a.: Arbeitslosigkeit; Iben: Beraten; Kraußlach u. a.: Jugendarbeit; Miltner u. a.: Mobile Jugendarbeit; Specht: Mobile Jugendarbeit. *Hans Peter Mehl*

Jugendbericht Nach § 84 Abs. 1 → Kinder- und Jugendhilfegesetz (KJHG – SGB VIII) ist die Bundesregierung verpflichtet, in jeder Legislaturperiode einen Bericht über die Lage junger Menschen und die Bestrebungen und Leistungen der → Jugendhilfe dem BT und BR vorzulegen. Die Berichte beschränken sich auf die Darstellung spezifischer Themen (»Spezialbericht«), jedoch soll jeder dritte J. einen Überblick über die gesamte Jugendhilfe (»Gesamtbericht«) vermitteln. Der Bericht erfolgt gem. § 84 Abs. 2 KJHG durch eine Kommission, der bis zu sieben Sachverständige angehören. Zu dem Bericht muß die Bundesregierung Stellung nehmen. Geschäftsführung und Durchführung wissenschaftlicher Zuarbeiten für die Sachverständigenkommission liegen wie beim → Familienbericht beim → Deutschen Jugendinstitut e.V. (DJI). Die Verpflichtung zur Vorlage wich J. wurde erstmals 1961 im → Jugendwohlfahrtsgesetz (JWG) normiert.
Inzwischen liegen 9 J. vor: Erster J. (BTDrucks. IV/3515 vom 14. 6. 1965) und Zweiter J. (BTDrucks. V/2453 vom 15. 1. 1968) – Lage der Jugend und die Bestrebungen auf dem Gebiet der Jugendhilfe; Dritter J. (BTDrucks. VI/3170 vom 23. 2. 1972) – Bericht über Bestrebungen und Leistungen der Jugendhilfe (Aufgaben und Wirksamkeit der Jugendämter in der Bundesrepublik); Vierter J. (BTDrucks. 8/2110 vom 9. 9. 1978) – Sozialisationsprobleme der arbeitenden Jugend in der Bundesrepublik Deutschland. Konsequenzen für Jugendhilfe und Jugendpolitik; Fünfter J. (BTDrucks. 8/3685 vom 20. 2. 1980) – Bericht über Bestrebungen und Leistungen der Jugendhilfe; Sechster J. (BTDrucks. 10/1007 vom 15. 2. 1984) – Verbesserung der Chancengleichheit von Mädchen in der Bundesrepublik Deutschland; Siebter J. (BTDrucks. 10/6730 vom 10. 12. 1986) – Jugendhilfe und Familie – die Entwicklung familienunterstützender Leistungen der Jugendhilfe und ihre Perspektiven; Achter J. (BTDrucks. 11/6576 vom 6. 3. 1990) – Bericht über Bestrebungen und Leistungen der Jugendhilfe – Gesamtbericht. Neunter J. (BTDrucks. 13/70 vom 8. 12. 1994) – Bericht über die Situation der Kinder und Jugendlichen und die Entwicklung der Jugendhilfe in den neuen Bundesländern.
Der Auftrag für den Zehnten J. wurde bereits erteilt. Er wird sich mit der »Lebenssituation von Kindern und (den) Leistungen der Kinderhilfen in Deutschland« befassen.

Die J. werden vom jeweils zuständigen Minister (z. Z. BMFSFJ) veröffentlicht.
Uta Granitzka

Jugendberufshilfe → Jugendsozialarbeit

Jugendbewegung Als J. werden sozialgeschichtlich die Reformbestrebungen der deutschen Jugend um die Jahrhundertwende bezeichnet. Hierbei wird unterschieden zwischen bürgerlicher J. und proletarischer J. Die bürgerliche J. nahm ihren Anfang 1901 mit der Gründung des Vereins »Wandervogel«, der sich nach und nach in verschiedene Gruppen und Bünde aufspaltete und sich schnell im deutschsprachigen Raum ausbreitete. Das Anliegen der bürgerlichen J. war nicht so sehr die Kritik an den Lebensinhalten der Erwachsenen, sondern an deren Lebensformen. So galt ihr Streben in romantischer Verklärung der Wirklichkeit nach »jugendgemäßen Lebensformen« der Lagerfeuerromantik, des Volkstanzes, aber auch der Alkohol- und Nikotinabstinenz. Durch das Wandern wurde eine Distanz zu den starren und rigiden Institutionen wie Familie, Schule und Kirche gesucht. Mit den eigenen Idealen wollte man den widersprüchlichen Konventionen der Erwachsenenwelt überlegen sein. Auf dem Höhepunkt der J. (1913, Hoher Meißner) wurde der eigene unpolitische Anspruch unterstrichen. Zwar wurde das Recht der Jugend auf Selbsterziehung neben Familie, Schule und Kirche proklamiert, doch sprach man sich darüber hinaus gegen eine wirtschaftliche, konfessionelle und politische Parteinahme aus. Das ursprüngliche Ziel jedoch, eine gemeinsame inhaltliche und organisatorische Plattform aller jugendbewegten Gruppen zu finden, konnte nicht realisiert werden. Es ist jedoch unbestritten, daß die bürgerliche J. mit ihren neu praktizierten Lebensformen und -anschauungen einen erheblichen Einfluß auf das öffentliche Leben und die pädagogischen Vorstellungen der damaligen Zeit ausübte, gelang es ihnen doch, durch ihren Willen zur Selbsterziehung in der Gruppe in einer autoritätsarmen Atmosphäre außerhalb der etablierten Erziehungseinrichtungen sozialschöpferisch tätig zu werden. Nach dem 1. und 2. Weltkrieg bis etwa Ende der 50er Jahre spielten bündische Gruppen innerhalb und außerhalb der offiziellen → Jugendarbeit nur eine bedingte Rolle.
Im Gegensatz zur bürgerlichen J. war die proletarische J. von Anfang an eine politisch organisierte, auf Verbesserung der sozialen und wirtschaftlichen Situation der Lehrlinge und Jungarbeiter hin orientierte Bewegung. Die Zahl der jugendlichen Arbeiter zwischen 14 und 18 Jahren belief sich noch 1904 auf etwa 4 Mio., davon waren etwa 20% jugendliche Fabrikarbeiter. 1904 wurde der »Verein der Lehrlinge und ju-

gendlichen Arbeiter Berlins« gegründet, der sich in besonderem Maße der Interessen der Lehrlinge und jugendlichen Arbeiter annahm. Da das Preußische Vereinsrecht seinerzeit festlegte, daß »Frauenspersonen, Schüler und Lehrlinge« weder einem politischen Verein angehören, noch an deren Versammlungen teilnehmen dürfen, mußte sich der Verein auf die Vertretung der wirtschaftlichen, rechtlichen und geistigen Interessen beschränken. 1906 wurde die »Vereinigung der freien Jugendorganisationen Deutschlands« gegründet. Die proletarische J. tat sich insbes. deswegen schwer, weil ihr Anliegen, die Situation der Lehrlinge und jugendlichen Arbeiter zu verbessern, ein politisches war und dies mit den damaligen Vorstellungen (Politik ist Sache der politischen Organisationen, Vertretung von Arbeitnehmerinteressen ist Sache der → Gewerkschaften) nicht in Einklang zu bringen war. So kam es auch immer wieder zu heftigen Konflikten zwischen proletarischer J. und Gewerkschaft, die ihren alleinigen Anspruch auf Vertretung der Arbeiterinteressen geltend machte. Nachdem 1908 ein Reichsvereinsgesetz in Kraft gesetzt wurde, das die Tendenz des Preußischen Vereinsrechts auch auf die süddeutschen Gebiete ausdehnte, bedeutete dies gleichzeitig das nahe Ende der proletarischen J. Zwar schlossen sich die beiden Verbände 1908 zum »Allgemeinen Verband der arbeitenden Jugend Deutschlands« zusammen, doch mußte dieser Zentralverband wenig später wieder aufgelöst werden. Der Wunsch, eine einheitliche, unabhängige Arbeiterj. zu organisieren, scheiterte an den Disziplinierungen der Mutterorganisationen (SPD und Gewerkschaften) und eben an den staatlichen Maßnahmen. Die proletarische J. zerfiel in sozialdemokratische, kommunistische und gewerkschaftliche Gruppen (Belardi, S. 205 ff.). Die Jugendarbeit wurde lokalen »Jugendausschüssen« übertragen, die drittelparitätisch besetzt waren (Partei, Gewerkschaft sowie über 18 Jahre alte Vertrauensleute der jugendlichen Arbeiter/-innen).

Unabhängig von der historischen Situation läßt sich nach Giesecke (Jugendarbeit, S. 25) J. als ein Versuch gleichaltriger jugendlicher Gruppen definieren, die den Prozeß ihrer → Sozialisation dadurch mitbestimmen, daß sie in Distanz zu den dafür vorgesehenen Erziehungsinstitutionen die von der Gesellschaft vorgegebenen Modi des Denkens, Verhaltens und Erlebens modifizieren und dies in gleichaltrigen Gruppen organisieren. Das heißt aber auch, daß J. für alle Protestformen junger Menschen gegen die Ansprüche gesellschaftlicher Institutionen steht und diese somit nicht in der offiziellen Jugendarbeit aufgehen kann. Sicherlich ist in den letzten Jahren eine Reihe von J.-Bestrebungen von den Basisgruppen an Schulen und Hochschulen bis hin zur →

Jugendzentrumsbewegung unverkennbar, jedoch mangelte es ihnen einerseits an einer sie gemeinsam tragenden theoretischen Grundlage, andererseits taten/tun sie sich schwer gegen den Widerstand der gesellschaftlichen Sozialisationsinstitutionen.

Lit. Belardi u. a.: Gesellschaftsentwicklung; Bondy: Jugendbewegung; Giesecke: Jugendarbeit; Henrich: Jugendbewegung; Korn: Jugendbewegung; Laqueur: Jugendbewegung; Marburger: Sozialpädagogik; Nohl u. a.: Pädagogik; Verein zur Erforschung der Geschichte der sozialistischen Jugendbewegung in Frankfurt a. M.: Arbeiterjugendbewegung. *Josef Faltermeier*

Jugendbildungs- und Jugendförderungsgesetze Im Prozeß des lebenslangen Lernens kommt der sozialen und → politischen Bildung junger Menschen eine besondere Bedeutung zu. Die §§ 11 ff. → Kinder- und Jugendhilfegesetz (KJHG – SGB VIII) bieten hierfür auf Bundesebene die Rechtsgrundlagen. Zusätzlich bestehen landesrechtliche Regelungen zur Absicherung der → Jugendförderung zur Festschreibung der außerschulischen Jugendbildung und → Jugendarbeit in Baden-Württemberg, Bremen, Hessen, Rheinland-Pfalz, Saarland und in Schleswig-Holstein. Die Grundabsichten sind: Zuordnung der Jugendarbeit als eigenständiger, gleichberechtigter Bereich in das Bildungswesen (→ Bildung/ Bildungswesen); Sicherstellung der Angebote auf Dauer mit Zuwendungsgarantie; Impulsgebung an Kommunen, durch Förderung zur gleichmäßigen Versorgung mit → Einrichtungen, Diensten und Veranstaltungen beizutragen. Die Strukturen der verschiedenen J. sind ähnlich. Bedürfnisse/Interessen der Jugendlichen sollen Programminhalte bestimmen. Die Vielfalt der Angebote in der Jugendarbeit wird gesetzlich festgeschrieben: Politische und internationale Bildung, musisch-kulturelle Jugendarbeit, berufsbezogene Hilfen, → Jugendsozialarbeit, → Mädchenarbeit usw. Förderung wird bei Vorliegen der Anerkennungsvoraussetzungen für Maßnahmen, sachliche und personelle Ausstattung von Bildungsstätten, Verwaltungskosten, Jugendbildungsreferenten sowie Modellprojekte vorgesehen. Der Verbindlichkeitsgrad für → Zuwendungen ist unterschiedlich geregelt. Hessen gewährt → Rechtsanspruch und schreibt einen Mindestförderungsbetrag für den Landeshaushalt gesetzlich vor; andere J. binden sich nur nach Maßgabe des Haushaltes. Teilnehmer werden bis zum 25. Lebensjahr gefördert.
Lit. Münder: KJHG (Komm.); Wiesner u. a.: SGB VIII. *Jochem Baltz/Harald Hottelet*

Jugenderholung → Erholung

Jugendförderung umfaßt vor allem die finanzielle Unterstützung von Einrichtungen und Aktivitäten von Trägern der → Jugendarbeit, → Jugendverbänden, → Jugendringen, Initiativen und selbstorganisierten Gruppen durch den Bund, die Länder sowie die → öffentliche Träger der → Jugendhilfe (→ Jugendhilfeträger). Daneben gehören Angebote von Räumlichkeiten, → Beratung, → Fortbildung u. a. m. in den Bereich der J. Instrument der J. ist auf Bundesebene der → Bundesjugendplan; die Bundesregierung unterstützt durch institutionelle Förderung und Projektförderung Verbände, Dachverbände und Institutionen der Jugendarbeit wie z. B. die Zentralstelle der Jugendverbände, den → Deutschen Bundesjugendring; finanziert überregionale jugendpolitische Programme (z. B. Förderung der arbeitsweltbezogenen → Jugendsozialarbeit, Aktionsprogramm gegen Aggression und Gewalt von 1991, Aufbau der → freien Träger in den neuen Bundesländern 1991). J. auf Landesebene geschieht über Landesjugendpläne und -programme, die teilweise im Rahmen von → Jugendbildungsgesetzen stehen. Die seit Beginn der 80er Jahre (Baden-Württemberg 1982; Schleswig-Holstein 1984) ins Leben gerufenen Jugendstiftungen haben sich bundesweit nicht durchgesetzt. J. auf kommunaler Ebene ist Aufgabe öffentlicher Träger nach dem → Kinder- und Jugendhilfegesetz (KJHG – SGB VIII). Im Rahmen des allgemeinen Auftrags nach § 74 KJHG an öffentliche Träger der Jugendhilfe, freie Träger nach Maßgabe fachlicher Kriterien und im Rahmen der verfügbaren Haushaltsmittel zu fördern, betont § 12 KJHG eine Förderungsverpflichtung gegenüber Jugendverbänden und Jugendgruppen. J. wird teilweise über kommunale Förderungspläne wahrgenommen. Sie ist wichtiger Teil kommunaler → Jugendpflege und i. d. R. so im → Jugendamt (JA) ressortiert. Eigene Formen aktiver, gesellschaftspolitisch gezielter J. in den JA mehren sich. Vermehrt auftretende Formen des kommerziellen Sponsorings erreichen nur publikums- und marktgängige Formen der Jugendarbeit. J. berührt alle Bereiche der Jugendarbeit: Verbände, Ringe, Initiativen; politische, musische, kulturelle, internationale Jugendarbeit.

Hinreichende J. ist angesichts geringer Eigenmittel vieler Gruppen und Initiativen Voraussetzung für freiwilliges Engagement, ehrenamtliche Aktivität und Innovationen im Bereich der Jugendarbeit. Die Abhängigkeit der J. vom Stand öffentlicher Kassen und der örtlichen politischen Prioritäten macht J. zu einer unsicheren Bestandsgrundlage freier Träger; Konflikte über fachpolitische Qualitäten von Förderprojekten, Verteilungskonflikte innerhalb kommunaler Haushalte und innerhalb des Förderungsvolumens zwischen etablierten Interessen und neuen Gruppen sind die Regel.

Lit. Müller-Stackebrandt: Bundesjugendplan.

Werner Schefold

Jugendfreizeitstätten Sammelbegriff für unterschiedliche → Einrichtungen der → Jugendarbeit zur Freizeitgestaltung von Kindern und Jugendlichen wie z. B. Jugendclubs, Jugendcafés, Jugendzentren, Häuser der offenen Tür, Mädchentreffs. Träger dieser Einrichtungen sind meist Städte, → Gemeinden, → Jugendverbände, Organisationen der Jugendarbeit und Initiativgruppen. Sie richten sich grundsätzlich an alle Kinder und Jugendlichen und bieten im Rahmen offener Jugendarbeit vielfältige Angebote zur Freizeitgestaltung und der kulturellen und politischen Bildung an. Vorrangig sind dies offene Raum- und Kommunikationsangebote, Projektarbeit, erlebnispädagogische Aktivitäten (→ Erlebnispädagogik), Bildungsangebote, Freizeitaktivitäten, zunehmend auch individuelle Beratungs- und Hilfsangebote zur Bewältigung von Alltagskonflikten. Die aktuelle Entwicklung zeigt, daß die bislang vorherrschende Komm-Struktur der Einrichtungen inzwischen durch eine wachsende Öffnung in den Stadtteil und in die Gemeinde (Geh-Struktur) ergänzt wurde und aufsuchende Angebote sowie Raumaneignungsprozesse außerhalb der Einrichtungen einbezogen werden. Häufig wird ihre Arbeit durch Formen mobiler Jugendarbeit und durch Streetworkansätze (→ Streetwork) ergänzt. Gekennzeichnet durch bestehende Konkurrenz mit anderen Freizeitangeboten, z. B. im kommerziellen und kulturellen Bereich, und bei wachsender Problemdichte bei den Besuchern wird von den Mitarbeiter/-innen, eine hohe kreative Gestaltungskompetenz und sozialpädagogische Handlungskompetenz verlangt. Mit dem neuen → Kinder- und Jugendhilfegesetz (KJHG – SGB VIII) ist die Arbeit von J. als offene Jugendarbeit auch in die gesetzliche Grundlage der → Jugendhilfe einbezogen worden (§ 11 Abs. 2 KJHG – SGB VIII). Auf Länderebene bestehen nur teilweise gesetzliche Regelungen.

Klaus Schäfer

Jugendfürsorge → Hilfe zur Erziehung (HzE)

Jugendgefährdende Schriften → Jugendschutz

Jugendgemeinschaftswerke (JGW) Beratungs- und Betreuungsstellen für jugendliche Aussiedler (→ Spätaussiedler). Entstanden als Form der offenen → Jugendhilfe nach dem Kriege in den Jahren 1946/1947 als Soforthilfe für elternlose, heimatlose Jugendliche und für Jugendliche ohne Arbeit und Ausbildung in den drei westlichen Besatzungszonen Deutschlands. Damalige Bezeichnungen: Gilden, Jugendaufbauwerke, Sozialwerke, JGW. Ziel war, den

Jugendlichen Unterkunft, Verpflegung und Bezugspersonen zu geben. Erste Ansätze: Bau von Straßen, Aufforstungsarbeiten und landwirtschaftliche Arbeiten; Baugruppen, Landgruppen, Waldgruppen, später Stadtgruppen mit Überleitung zu → Ausbildung und Berufstätigkeit. Seit 1950 Förderung durch den → Bundesjugendplan: Titel Eingliederungshilfen (Teil II, 6.4). Nach Herausnahme aus dem Bundesjugendplan nunmehr als Kapitel 1702, Titel 684 17 des Bundeshaushaltes, jedoch weiterhin nach den Richtlinien des Bundesjugendplans, gefördert. Hilfen für junge Menschen aus den Aussiedlungsgebieten sind zur beruflichen und gesellschaftlichen Eingliederung bestimmt (Altersgruppen heute 12-27 Jahre, wie KJHG). 1995 wurden in 313 JGW mit 111 Außenstellen durch 584 hauptberufliche und ca. 2 000 nebenberufliche Mitarbeiterinnen und Mitarbeiter 109 640 Jugendliche betreut. 1990/91 wurden in den neuen Bundesländern 60 JGW zusätzlich aufgebaut. Träger der JGW sind die 4 verbandlichen Trägergruppen der → Bundesarbeitsgemeinschaft Jugendsozialarbeit – Jugendaufbauwerk (BAG JAW). Arbeitsformen der JGW sind die → Einzel(fall)hilfe, → Gruppenarbeit, → Beratung in Fragen der schulischen, beruflichen und gesellschaftlichen Eingliederung der Zuwanderer. Elternberatung und Information und Beratung aller Familienangehörigen ist meistens erforderlich. Die JGW organisieren und führen Sprach- und Einführungskurse, Seminarreihen, Informationsveranstaltungen und Freizeitveranstaltungen für die Jugendlichen durch. Bei den meisten JGW sind Klubräume vorhanden, die den Jugendlichen Treffen unter sich und mit westdeutschen Jugendlichen ermöglichen. Veröffentlichung der Zusammenfassung aller JGW und deren Zahlenwerke als Sozialanalyse jeweils für den Zeitraum eines Jahres erfolgt in der Zeitschrift »Jugend, Beruf, Gesellschaft« der BAG JAW. 1995 erschien die 34. Sozialanalyse.
Nach den starken Zuwanderungszahlen 1990/92 wurde durch verschiedene Maßnahmen eine Verstetigung des Zuzugs von Spätaussiedlern erreicht. Gleichzeitig wurden durch Sparmaßnahmen etwa 1/3 der zur Verfügung stehenden Mittel gestrichen. Dadurch ist ausreichende Betreuung gefährdet. In vielen Orten und Landkreisen stehen keine JGW mehr. Der lange Aufenthalt in den Übergangswohnheimen wegen Wohnungsmangels beeinträchtigt die familiäre Situation erheblich und führt zu starken Eingriffen in die Entwicklung der Kinder und Jugendlichen. Ein verstärktes Angebot an Freizeithilfen und Aufenthaltsmöglichkeiten in Jugendräumen ist erforderlich.
Inzwischen erfolgte die Übernahme der erprobten Organisationsform »offenes JGW« auch für andere Zielgruppen der → Jugendsozialarbeit, z.B. für jugendliche Arbeitslose, junge Ausländer und für junge Asylbewerber und → Asylberechtigte (→ Asylrecht). Auch hier ist die Teilnahme an Beratung und Veranstaltungen in jedem Falle freiwillig und kostenlos. *Hans Wenzel*

Jugendgerichte sind zuständig zur Verhandlung und Entscheidung aller gegen Jugendliche und Heranwachsende anhängigen Strafverfahren.
Anders als im allgemeinen → Strafrecht haben der Jugendrichter als Einzelrichter und das Jugendschöffengericht, das sich aus einem Jugendrichter als Vorsitzendem und in der Hauptverhandlung zusätzlich noch zwei Jugendschöffen zusammensetzt, eine weitere Zuständigkeit. Die am Landgericht gebildete Jugendkammer besteht aus drei Jugendrichtern, zu denen in der Hauptverhandlung zwei Jugendschöffen treten. Sie verhandelt in erster Instanz nur Anklagen wegen schwerster Verbrechen, Verfahren von ungewöhnlich großem Umfang sowie solche Strafsachen (z. B. gegen Heranwachsende), bei denen die Anwendung allgemeinen Strafrechts in Frage kommt oder der Strafbann des Jugendschöffengerichts (4 Jahre Freiheitsstrafe) nicht ausreicht (§§ 40, 41, 108 Abs. 3 JGG) oder in zweiter Instanz Berufungen gegen Urteile des Jugendschöffengerichts. Die Berufungen gegen Urteile des Jugendrichters verhandelt die aus einem Richter und zwei Schöffen bestehende »kleine« Jugendkammer.
Die Jugendrichter sollen für ihre Aufgabe besonders erzieherisch geeignet und ausgebildet sein (§ 37 JGG). Diese gesetzliche Forderung wird bisher nur sehr unvollkommen durch gelegentliche Fortbildungsveranstaltungen der Justiz oder freier Träger erfüllt. Die Jugendrichter am Amtsgericht sollen zugleich Vormundschaftsrichter sein, mindestens die vormundschaftsrichterlichen Erziehungsaufgaben für Jugendliche bearbeiten (§ 34 Abs. 2 JGG).
Die Jugendschöffen sollen jeweils ein Mann und eine Frau und im Erziehungswesen erfahren sein. Deshalb ist an ihrer Auswahl der → Jugendhilfeausschuß beteiligt (§ 35 JGG). In der Bundesrepublik hat sich das besondere Jugendstrafrecht aus der Praxis der zu Beginn dieses Jahrhunderts in Köln, Berlin und Frankfurt geschaffenen J. und der in diesen Positionen tätigen engagierten Persönlichkeiten entwickelt.
Aus kriminologischer Sicht wird neuerdings verstärkt die Frage untersucht, wie sich der Verhandlungsstil und die Sanktionsauswahl der Jugendrichter auf den Erfolg oder Mißerfolg der angeordneten Maßnahmen auswirken. Hierbei haben Jugendrichter mit kommunikativem Verhandlungsstil und zurückhaltender Anwendung stigmatisierender Maßnahmen (z.B. Jugendarrest) die besten Erfolge.
Lit. Pfeiffer, C.: Kriminalprävention; Schaffstein u.a.: Jugendstrafrecht. *Alexander Böhm*

Jugendgerichtsgesetz (JGG) Das JGG legt die Besonderheiten fest, die bei der Verfolgung, Verhandlung und Ahndung von → Straftaten junger Menschen zu beachten sind. Im übrigen gelten aber die allgemeinen Vorschriften. So enthält das JGG insbes. keine eigenen Straftatbestände. Auch der → Strafprozeß entspricht bis auf einige Ausnahmen dem für Erwachsene vorgesehenen Verfahren.

Eigenständig sind vor allem die Verantwortlichkeit des Jugendlichen, die Rechtsfolgen der Tat, die Möglichkeiten und die Stellung des Jugendrichters und die erzieherische Ausgestaltung von Strafverfahren und (→ Jugend-) Strafvollzug geregelt. Die dabei durchgängig beobachtete erzieherische Ausrichtung der Vorschriften des JGG macht es schwierig, im Einzelfall die (mindestens auch) nach anderen Vorstellungen (Vergeltung, Schuldausgleich, Generalprävention) konzipierten Vorschriften des Strafgesetzbuches und der Strafprozeßordnung, die ja anwendbar bleiben, sinnvoll zu integrieren.

Das JGG gilt für die zur Tatzeit 14 bis 17 Jahre alten Jugendlichen. Der Jugendliche ist nur dann verantwortlich, wenn er zur Zeit der Tat nach seiner sittlichen und geistigen Entwicklung reif genug ist, das Unrecht der Tat einzusehen und nach dieser Einsicht zu handeln (§ 3 JGG). Fehlt es an der Verantwortlichkeit, kann der Jugendrichter die Maßnahmen im Verfahren nach dem JGG anordnen, zu deren Verhängung der Vormundschaftsrichter nach den Vorschriften des → Bürgerlichen Gesetzbuches (BGB) im gegebenen Fall befugt wäre. Entgegen den Regeln des Strafgesetzbuches werden die Straftaten Jugendlicher möglichst nicht bestraft. Wo immer das angezeigt erscheint, stellen Jugendstaatsanwalt oder Jugendrichter das Verfahren nach Ermahnung und unter Auflagen oder wenn die Erziehung des Angeklagten durch andere häusliche, schulische oder sonstige behördliche Maßnahmen sichergestellt ist, ein (§§ 45 und 47 JGG). In den letzten Jahren werden diese Möglichkeiten der → »Diversion« zunehmend genutzt. Kommt es zum Urteil im Strafverfahren, so enden etwa 85% aller Verfahren mit der Anordnung von → Erziehungsmaßregeln oder → Zuchtmitteln, also ohne Verhängung einer → Strafe im Rechtssinn. Von den → Maßregeln der Besserung und Sicherung des allgemeinen Strafrechts ist die rein sichernde → Sicherungsverwahrung ausgeschlossen.

Das JGG gilt auch für die zur Tatzeit 18 bis 20 Jahre alten Heranwachsenden, wenn zur Tatzeit »in dem Täter noch in größerem Umfang Entwicklungskräfte wirksam sind« (BGHSt 36, 37 ff.) oder die Tat sich als Jugendverfehlung darstellt (§ 105 JGG). In der Praxis wird Jugendstrafrecht zur etwa 60% der angeklagten Heranwachsenden angewendet, fast immer aber bei schwerer Kriminalität.

Um die für die Entscheidung des Jugendgerichts notwendigen sozialen und persönlichen Daten des Jugendlichen zu ermitteln und Behandlungsvorschläge zu erarbeiten, aber auch um sofort erzieherisch zu intervenieren und zu helfen, wird bei Beginn der Untersuchungen und über das ganze Verfahren hinweg die Jugendgerichtshilfe (→ Mitwirkung im Verfahren nach dem JGG) eingeschaltet. Der Jugendrichter kann in geeigneten Fällen im formlosen Jugendverfahren und damit wesentlich schneller entscheiden. Die Hauptverhandlung gegen Jugendliche ist nicht öffentlich. Bei Heranwachsenden kann aus erzieherischen Gründen die Öffentlichkeit ausgeschlossen werden. Im Verfahren gegen Minderjährige sind die Rechte der Eltern gewahrt. Der Jugendrichter ist auch für die Vollstreckung der Erziehungsmaßregeln, der Zuchtmittel und der Jugendstrafe zuständig. Der Vollzug des Jugendarrestes liegt in seiner Hand. *Lit.* Böttcher, R. u. a.: JGG; Dölling: Diversion; Heinz, W. u. a.: Erzieherische Maßnahmen; Miehe: Anfänge; Schaffstein u. a.: Jugendstrafrecht; Simonsohn: Jugendkriminalität. *Alexander Böhm*

Jugendgerichtshilfe → Mitwirkung in Verfahren nach dem Jugendgerichtsgesetz (JGG)

Jugendgruppe → Jugendarbeit

Jugendherberge (JH) Jugendgemäßes, preiswertes Quartier für die reisende Jugend, auch Erwachsenen zugänglich. Unter dem Einfluß der industriellen Revolution mit ihren Gefährdungen für die Großstadtjugend setzte der Lehrer Richard Schirrmann die J.idee durch. Burg Altena wird 1909 erste J. der Welt. 1919 Gründung des Reichsverbandes DJH. 1939 in Deutschland 1 700 J. mit 8,9 Mio. Übernachtungen jährlich. In der Bundesrepublik Deutschland 1946 noch 150 J. 1983 wieder 574 J. mit 72 924 Betten und 9,5 Mio. Übernachtungen. Hauptverband der Deutschen Jugendherbergswerkes (DJH) in Detmold. Seit der Wiedervereinigung 15 Landesverbände und 620 J. mit 10,5 Mio. Übernachtungen im Jahr 1995. Zusammenschluß der nationalen J.verbände im internationalen J.verband. Sitz: England.

Heute vielseitige Aufgaben: J. als Stätte internationaler Begegnung, Schullandheimaufenthalten, Hobby- und Freizeitangebote, Abenteuerurlaub und Familienferien. Aufnahme in J. nur bei Mitgliedschaft, zu erwerben durch international gültigen J.ausweis. Ausgabe in jeder J. und in vielen Städten. Verzeichnisse der J. im In- und Ausland. Verbindliche Hausordnung: u. a. Mithilfe der Gäste, Alkoholverbot, Geschlechtertrennung im Schlafbereich. Nachtruhe 22 Uhr (in Großstädten 23.30 Uhr). Tendenzen zu speziellen Jugendho-

Jugendhilfe   518

tels mit größtmöglicher Freizügigkeit entsprechen nicht der J.idee. Der jugendpädagogische Auftrag des DJH ist anerkannt.
Sylvester Friese

Jugendhilfe ist nach § 3 des → Kinder- und Jugendhilfegesetzes (KJHG – SGB VIII) sowohl Aufgabe von → öffentlichen Trägern (öffentliche J.) als auch → freien Trägern (freie J.). Als öffentliche J. ist sie im verfassungsrechtlichen Sinn Teil der öffentlichen → Fürsorge, die nach Art. 74 Nr. 7 des → Grundgesetzes (GG) zur konkurrierenden Gesetzgebung von Bund und Ländern gehört. J. soll nach § 1 Abs. 3 KJHG – SGB VIII Hilfe zur Verwirklichung des Rechts des jungen Menschen (→ Altersstufen im Recht) auf »Förderung seiner Entwicklung und auf → Erziehung zu einer eigenverantwortlichen und gemeinschaftsfähigen Persönlichkeit« gem. § 1 Abs. 1 KJHG – SGB VIII leisten. Zu ihren Grundzielen und Grundverpflichtungen gehört es nach Abs. 3, junge Menschen in ihrer individuellen und sozialen Entwicklung zu fördern und Benachteiligungen zu vermeiden oder abzubauen, Eltern und andere → Erziehungsberechtigte bei der Erziehung zu beraten und zu unterstützen, Kinder und Jugendliche vor Gefahren für ihr Wohl (→ Kindeswohl) zu schützen und dazu beizutragen, positive Lebensbedingungen für junge Menschen und ihre → Familien sowie eine kinder- und familienfreundliche Umwelt zu erhalten oder zu schaffen. J. ist nach § 2 KJHG – SGB VIII Oberbegriff für alle Leistungen (§§ 11 bis 41, → Leistungsarten) und anderen Aufgaben (§§ 42 bis 60) nach diesem Gesetz. Es gehört nach § 8 SGB I (→ Sozialgesetzbuch [SGB]) zu den → sozialen Rechten junger Menschen und ihrer Personensorgeberechtigten (→ Personensorge), die o. g. Leistungen der J. in Anspruch zu nehmen (s. a. §§ 2 und 27 SGB I). Dabei geht es sowohl um die allgemeinen Förderungsbereiche (→ Jugendarbeit, → Jugendsozialarbeit, erzieherischer → Kinder- und → Jugendschutz, Erziehung in der Familie, Tageseinrichtungen und Tagespflege) als auch um den Bereich der → Hilfe zur Erziehung (HzE) als Einzelfallhilfe. Andere Aufgaben der J. nach dem KJHG betreffen vorläufige Maßnahmen (→ Inobhutnahme von Kindern und Jugendlichen), → Schutz von Kindern und Jugendlichen in → Familienpflege (→ Pflegefamilie) und in → Einrichtungen (→ Betriebserlaubnis), Mitwirkung im gerichtlichen Verfahren (→ Vormundschaftsgerichtshilfe, → Familiengerichtshilfe [FamGH], → Jugendgerichtshilfe [JGH]), → Pflegschaft und → Vormundschaft für Kinder und Jugendliche, → Beurkundung und → Beglaubigung, vollstreckbare Urkunden. Bei einem Teil der Aufgaben können freie Träger an der Ausführung beteiligt werden; diese Aufgaben können ihnen auch zur Ausführung übertragen werden (§ 76 KJHG – SGB VIII). Ungeachtet dieser Vielfalt gilt organisationsrechtlich der Grundsatz der Einheit der J., der stets einer der wichtigsten Reformgrundsätze war. Die Einheit des Hilfebereiches und Trägersystems sichert die Wirksamkeit der J. und ist u. a. dort von besonderer Bedeutung, wo ein Verbund von Leistungen aus verschiedenen J.bereichen erforderlich wird, um wirksame Hilfe zu leisten.

Öffentliche J. i. e. S. ist von den J.behörden (→ Jugendbehörden, → Jugendamt [JA], → Landesjugendamt) gesamtverantwortlich auszuführen. J. i. e. S. ist auch die → Adoptionsvermittlung, die nach § 2 des → Adoptionsvermittlungsgesetzes (AdVermiG) ebenfalls von → Jugendhilfeträgern durchzuführen ist.

Über diese J. i. e. S. hinaus sind aber auch Aufgaben nach anderen Gesetzen, die der Förderung oder dem Schutz von jungen Menschen oder der Förderung der Familie zugunsten der Kinder und Jugendlichen dienen, als J. i. w. S. (materielle J.) zu verstehen; insoweit nimmt das Gesetz keine organisatorische Zuweisung zu den J.behörden vor (z. B. → Jugendschutz, → Jugendarbeitsschutz, Bundesausbildungsförderungsgesetz [BAföG]). Materielle J. ist ferner Gegenstand von allgemeinen Gesetzen, soweit dort auch junge Menschen gefördert werden (z. B. → Bundessozialhilfegesetz [BSHG]). Aus der Armenpflege des 19. Jh. hervorgehend, entwickelte sich als Erziehungsinstanz im Hinblick auf ihre Inhalte, Strukturen und Trägerschaften aus den gesellschaftlichen Bedürfnissen und aktuellen Problemlagen der verschiedenen Epochen unseres Jahrhunderts. Sie reagierte schon in ihren Ursprüngen vorrangig auf Notstände, d. h. auf Gefährdungen einzelner und benachteiligter Gruppen. Neben ökonomischen Zwängen wirkten sich politische Interessen und geistige Strömungen aus, so daß sich J. in einer Vielzahl sehr unterschiedlicher Einrichtungen und Dienste darstellt, deren Inhalte nur schwer in einen systematischen Zusammenhang gebracht werden können. Dies gilt auch für das Ergebnis des Wiederaufbaus demokratischer Organisationsformen ab 1945.

Neben Erziehungsangeboten, die wesentlich auf dem Prinzip der Freiwilligkeit der Teilnehmer basieren (Jugendarbeit, Ferienfreizeiten), gibt es Bereiche, die stärker durch die Mitwirkung von Instanzen der → sozialen Kontrolle (→ Inobhutnahme, Gerichte, Polizei) betroffen sind. Neben den Einrichtungen, die die Lebenssituation von Kindern und Jugendlichen nahezu umfassend organisieren (Heime), stehen ambulante und offene Angebote zur Verfügung, die entweder regelmäßig (Tagesstätten) oder auch bei besonderem Bedarf (Beratungsdienste, → Jugendfreizeitstätten) in Anspruch genommen werden. Es gibt Ein-

richtungen, die sich prinzipiell an alle Kinder und Jugendlichen oder an deren → Erziehungsberechtigte wenden (Beratungsstellen, Spiel- und Sportplätze, Freizeit- und Bildungsstätten). Andere wiederum richten ihre Leistungen aufgrund vorausgehender → Diagnosen an jeweils am Einzelfall orientierten Problemlagen aus (erzieherisch-therapeutische Einrichtungen). Neben Leistungen, die die Familienerziehung unterstützen (→ Familienunterstützende und -ergänzende Hilfen, z. B. → Familien- und → Erziehungsberatung), flankieren andere die sekundären Erziehungs- und Bildungsbereiche schulischer und beruflicher Ausbildung, (→ Kindertagesstätten, Schülerwohnheime, Jugendberufshilfe, → Ausbildungsförderung, berufsbezogene Bildungsarbeit). Ein Teil der Hilfeleistungen richtet sich direkt an Kinder und Jugendliche, andere sollen Erziehungspersonen bei ihren Aufgaben beraten und unterstützen, z.T. auch kontrollieren (Jugendschutz, → Pflegekinderwesen, Schutz von Kindern und Jugendlichen in Einrichtungen). Gezielte Leistungen werden ausschließlich oder überwiegend von dafür ausgebildetem Personal übernommen. Andere Handlungsfelder sind eher geprägt durch die Arbeit von ehrenamtlichen Helfern (→ ehrenamtliche Tätigkeit im sozialen Bereich). Schließlich gehört zur J. die erst im geringeren Umfange in Angriff genommene Aufgabe, auf die Situation von Kindern und Jugendlichen durch systematische → Planung und Verbesserung der sozialen → Infrastruktur generell Einfluß zu nehmen. Das Bild wird noch verwirrender, wenn neben den vielfältigen Angebotsformen die außerordentlich heterogene Struktur von → Organisation und → Verwaltung der J. in die Betrachtung einbezogen wird, weil hier neben leistungsstarken öffentlichen und freien Trägern andere stehen, die ihre Aufgaben nur unzulänglich erfüllen und zu einem Leistungsgefälle ursächlich beitragen.
Aus der Heterogenität der J.praxis ergeben sich inhaltliche und strukturelle Mängellagen: J. war geschichtlich durch Vorstellungen obrigkeitsstaatlicher Eingriffsverwaltung geprägt und hatte sich vor allem aus aktuellen gesellschaftlichen Notlagen heraus entwickelt. Daraus folgt, daß zunächst die reagierenden und z.T. eingreifenden → Interventionen bei sozialer Auffälligkeit überwogen, während Beratungs- und Unterstützungsangebote nicht ausreichend oder nur zögernd ausgebaut wurden. Diese Mängel wirken sich weiter aus. Erst nachdem → Kindergartengesetzes der Länder den großzügigen Ausbau der für die → Elementarerziehung wichtigsten Einrichtungsart ermöglichten, kam es zu einer Verschiebung der pädagogischen und finanziellen Gewichtung. Bis dahin wurden die kommunalen Haushalte der J. ganz überwiegend für die Unterbringung von Kindern außerhalb der eigenen Familie (→ Fremdunterbringung) verwandt, ein Hinweis auf eine lediglich reagierende J.; für Aufgaben der Beratung, Freizeithilfen und Angebote der Jugendarbeit standen dem nur geringe Beträge gegenüber. Öffentliche Träger der J. verfügen auch jetzt noch - trotz der ihnen zugewiesenen Gesamtverantwortung - weder über ausreichende → Daten und Informationen zur Struktur sozialer Problemlagen, noch über solche zum öffentlichen und privaten Interventionssystem. Prognostische Systeme (→ Prognose) und Planungsprozesse (→ Planungsablauf) sind kaum entwickelt, da eine Gesamtplanung der J.leistungen von Bund, Ländern und kommunalen Trägern (→ Jugendhilfeplanung) bislang weitgehend fehlte. Daraus folgt, daß ohnedies knappe Mittel nicht hinreichend wirksam eingesetzt werden konnten. Das Gesetz wirkt diesem Mangel durch die Festschreibung der Gesamtverantwortung der Träger der öffentlichen J. und der Verpflichtung einer systematischen J.planung entgegen (heute §§ 75 und 80 KJHG - SGB VIII). Durch den weitgehend am Einzelfall orientierten Arbeitsansatz der herkömmlichen J. blieben die Ursachen der Erziehungsdefizite, die außerhalb des Einzelnen und seiner Familie liegen und das ständige »Nachrücken« neuer Klienten bedingen, unproblematisiert. Zum großen Teil auch heute noch zu hohe → Fallzahlen behördlicher → Sozialarbeit erschweren eine methodisch ausgerichtete J. oder schließen einen pädagogischen Ansatz ganz aus. Diese traditionell reaktiv und kompensatorisch angelegte J. hatte kaum Möglichkeiten der verändernden Einflußnahme auf gesellschaftliche Bereiche und Erziehungsfelder, in denen Sozialisationsschäden (→ Sozialisation) entstehen oder sich verfestigen. Dies gilt mit Blick auf die Familie ebenso wie in bezug auf Schule und Betrieb, mit denen wenig kooperiert werden konnte. Diese Problemskizze markiert ein Dilemma: der J. werden unterschiedliche Aufgaben und Erziehungsfelder zugeordnet, wobei für diese Zuordnung eine erziehungs- und sozialwissenschaftliche Begründung weitgehend fehlt.
In der zweiten Hälfte der 60er Jahre setzte ein Neuorientierungsprozeß der J. ein, der zu erweiterten theoretischen Fragestellungen und auch zu Neuansätzen in der Praxis führte. Die traditionellen, normativ ausgerichteten Ansätze der J. erfuhren eine erste Relativierung durch eine stärkere Ausrichtung an den → Methoden der Sozialarbeit (→ Einzel[fall]hilfe, Gruppenarbeit, soziale → Gemeinwesenarbeit). Die mit dieser Neuorientierung verbundenen Konsequenzen (z.B. der Ausbau therapeutischer offener Hilfen: Erziehungsberatung; therapeutisch-pädagogische Ausrichtung von Einrichtungen) bedeuten jedoch nicht, daß damit das Zielprogramm herkömmlicher J.

Jugendhilfe

verlassen wurde. Im Zusammenhang mit zunehmendem Interesse der Sozialwissenschaften an Problemen der J. wuchs daher die Kritik, gesellschaftliche Widersprüche seien in die Praxis nicht ausreichend einbezogen worden. 4 Aspekte wurden für die Weiterentwicklung der J. bedeutungsvoll:
a) Es gibt eine schichtenspezifische Auffälligkeit (→ Schicht): Die Klientel der Erziehungshilfe kommt vornehmlich aus unterprivilegierten Gruppen der Bevölkerung; die materiellen Benachteiligungen verstärken sich durch Mängel in der sozialen Infrastruktur, von denen diese Bevölkerungsgruppe ebenfalls besonders betroffen ist (→ Soziale Benachteiligung).
b) Die → Erziehungsziele und Eingriffskriterien der J. sind abhängig von gesellschaftlichen Grundverhältnissen, d.h. von politischen Zielen, Anschauungen und gesellschaftlichen Werturteilen (→ Norm); sie sind damit einer ständigen Veränderung unterworfen.
c) J.institutionen können durch → »Stigmatisierung« und durch die Zuschreibung negativer Merkmale zur Verstärkung dissozialer und delinquenter → Rollen (→ Delinquenz) beitragen und insofern Prozesse begünstigen, die die Handlungsspielräume der Jugendlichen einengen.
d) Die Ziele der Träger und Institutionen der J. laufen Gefahr – bedingt durch Eigeninteressen, weltanschauliche Orientierungen und/oder bürokratische Organisationsprinzipien (→ Bürokratie) –, sich zur verselbständigen; dies kann die Wahrnehmung der Interessen der Betroffenen entscheidend einschränken.
Verstärkt seit Ende der 60er Jahre entfaltete die außerparlamentarische Protestbewegung eine Politisierung der J., die ihren Ausdruck u.a. in Formen »antikapitalistischer Jugendarbeit«, in der → »Jugendzentrumsbewegung« und in den selbstorganisierten »Wohnkollektiven« (→ Wohngemeinschaften für Jugendliche) fand. In der Auseinandersetzung der verschiedenen Beteiligten führten die skizzierten Ansätze einer methodenorientierten, sozialwissenschaftlich-kritischen und politisierten J. zu einem veränderten Selbstverständnis.
J. ist danach als ein von der → Gesellschaft bereitzustellendes System von direkten und indirekten Leistungen zu definieren, das der Verbesserung der Entwicklungschancen von Kindern und Jugendlichen wie auch der Entfaltung ihrer sozialen, humanen und solidarischen Verhaltensweisen dienen soll. Dies soll sowohl durch pädagogisch unterstützende Angebote als auch durch solche geschehen, die Ungleichheiten und Benachteiligungen verringern sowie Entwicklungsdefizite beheben. Dieser Anspruch an Ziel und Aufgabe der J. schließt neben pädagogischen, beratenden, aktivierenden und therapeutischen Leistungen die Feststellung und Analyse der strukturell verursachten Defizite und deren Rückmeldung an Politik und Planung ein. Damit ist die Erarbeitung und Durchsetzung korrigierender Alternativen ebenso wie die direkte interessenpolitische Vertretung der betroffenen Gruppen vor allem auch in kommunalpolitischen Prozessen der → Sozialplanung verbunden.
Dieser Ansatz ist in die zu Beginn der 70er Jahre neubelebte Diskussion über Gesetzesreformen eingegangen, mit denen das → Jugendwohlfahrtsgesetz (JWG) abgelöst werden sollte. Die Bundesregierung hatte nach mehrjähriger Vorbereitungszeit den Entwurf eines JHG eingebracht, der den Anspruch erhob, J. verstärkt zum selbständigen Erziehungsfaktor neben Elternhaus, Schule und Beruf auszugestalten, die Rechtstellung von Kindern und Jugendlichen zu verbessern sowie die Beteiligten Mitwirkungsrechte einzuräumen. Dabei sollten Schwerpunkte im System der J. von dem Fürsorge- in den Erziehungs- und Bildungsbereich verlagert, → Rechtsansprüche auf angemessene individuelle Erziehungshilfen begründet und konkretisiert, qualifizierte freie Jugendarbeit gleichberechtigt abgesichert sowie ein partnerschaftliches Zusammenwirken zwischen öffentlichen und freien Trägern der J. gewährleistet werden. Gleichzeitig war aber auch die im Grundgesetz vorgegebene Elternverantwortung (→ Elternrecht) in der Gestaltung des Leistungsrechts und dem Entwurf einer flankierenden Familienförderung berücksichtigt worden. Nach dem wiederholten Scheitern dieses Gesetzesprojektes (1974, 1980), insbes. aus Gründen der Finanzierung, und nach Ablehnung einer Teilreform des JWG (1984/1985) wegen zu geringer Substanz kam es 5 Jahre später zum Erlaß des KJHG – SGB VIII, das zum 3. 10. 1990 mit der Herstellung der Einheit Deutschlands in den neuen Ländern und am 1. 1. 1991 in den alten Ländern in Kraft trat. Nachträglich wurden auch der zunächst zurückgestellte Rechtsanspruch auf einen Kindergartenplatz sowie verfahrensmäßige Nachbesserungen zur → Zuständigkeit, → Kostenerstattung, zum Sozialdatenschutz etc. geregelt.
Eine Ergänzung des § 77 (Pflegesatzvereinbarung) im Zuge der BSHG-Reform 1996 stand aber schon im Zeichen der Finanzknappheit, durch welche die J. seit der Einführung des KJHG – SGB VIII vor wachsende Schwierigkeiten gestellt wird. Der notwendige weitere Ausbau erfordert, daß sich insbes. die Zusammenarbeit von freier und öff. J. erneut bewährt, damit die Chancen, die das neue Gesetz bietet, nicht vertan werden.
Lit. AGJ: Jugendhilfe 2000; BMJFG: Jugendhilfe; Flamm: Jugendhilferecht; Galuske u.a.: Jugendhilfe Ost; Hottelet u.a.: Jugendhilfe; Jans u.a.: Jugendhilferecht; Jans u.a.: Kinder- und Jugendhilferecht (Komm.); Jean d'Heur: Kindeswohlbegriff;

Jordan u. a.: Jugendhilfe; Saurbier: Abgrenzungsfragen; Verein für Kommunalwissenschaften: Jugendhilfepraxis.
Günter Happe/Dieter Sengling

Jugendhilfeausschuß Eine Besonderheit der kommunalen → Selbstverwaltung liegt in der nach §§ 70 und 71 → Kinder- und Jugendhilfegesetz (KJHG – SGB VIII) vorgeschriebenen Zweigliedrigkeit des → Jugendamtes (JA): Die Aufgaben der öffentlichen → Jugendhilfe werden durch den J. und die Verwaltung des JA wahrgenommen. Der J., in dem neben Mitgliedern der Vertretungskörperschaft auch in der Jugendhilfe erfahrene Frauen und Männer und Vertreter der freien Jugendhilfe stimmberechtigt sind (§ 71 KJHG), soll dazu dienen, das breite Spektrum der Probleme der Jugendhilfe in einem Gemeinwesen zu erfassen, zugleich die Mitwirkung der dort tätigen → freien Träger zu gewährleisten (→ Subsidiaritätsprinzip) und damit auch den »verschiedenen Grundrichtungen der Erziehung« (§ 79 Abs. 2 KJHG) Rechnung zu tragen. Die Aufgaben des J. werden in § 71 Abs. 2 KJHG bestimmt: »Der J. befaßt sich mit allen Angelegenheiten der Jugendhilfe, insbesondere mit
1. der Erörterung aktueller Problemlagen junger Menschen und ihrer Familien sowie mit Anregungen und Vorschlägen für die Weiterentwicklung der Jugendhilfe,
2. der (→) Jugendhilfeplanung und
3. der Förderung der freien Jugendhilfe.«
Die Kompetenzen des J. und Verfahrensregeln ergeben sich aus § 71 Abs. 3 und 4 KJHG.
Gemäß § 71 Abs. 2 Nr. 1 KJHG kann sich der J. unabhängig vom ressortmäßigen Zuschnitt der Verwaltung mit allen Angelegenheiten befassen, die Auswirkungen auf die Lebensbedingungen für junge Menschen und ihre Familien haben (§ 1 Abs. 3 Nr. 4 KJHG). Besondere Bedeutung bei der Arbeit des J. kommt der Weiterentwicklung der Jugendhilfe und → Jugendhilfeplanung zu. Der J. wird dabei z. B. darauf hinzuwirken haben, daß für die → Jugendarbeit ein angemessener Anteil der Jugendhilfemittel verwandt wird (§ 79 Abs. 2 KJHG).
Die »Verwaltung des Jugendamtes« übernimmt die »laufenden Geschäfte« (§ 70 KJHG), also diejenigen Aufgaben der Jugendhilfe, die nach einer Entscheidung des BGH vom 24.3.1955 (DVBl. 1955, S. 462) »zu einer ungestörten und ununterbrochenen Fortdauer der Verwaltung notwendig sind, es sei denn, daß es sich um einmalige (außergewöhnliche) Geschäfte oder solche von erheblicher finanzieller Bedeutung handelt«. Die Unbestimmtheit dieser Formulierung trägt der Tatsache Rechnung, daß entsprechend der örtlichen Gegebenheiten der J. sich die nach seiner Einschätzung wichtigen Entscheidungen vorbehalten kann. Die gesetzlich unscharfe Abgrenzung zwischen J. und Verwaltung des JA, wonach die Entscheidungen über Einzelfallhilfen zwar ausschließlich in die Zuständigkeit der Verwaltung des JA gelegt werden, Grundsatzfragen aber, wie beispielsweise die der Projektplanung, der Beratung und Entscheidung des J. vorbehalten werden, kollidiert einerseits sehr leicht mit der → Professionalisierung von Sozialarbeit, indem Fachlichkeit durch Partei- und Verbandsinteressen zurückgedrängt wird; andererseits liegt in dieser Abgrenzung auch die Chance der innovativen Veränderung, wenn der J. sich als Vertretungsorgan der Interessen und Bedürfnisse junger Menschen und ihrer Familien versteht und die bürokratisch verfestigte Jugendhilfe in Frage stellt.
Die unklaren Kompetenzabgrenzungen (→ Kompetenz) zwischen Ausschuß und Verwaltung auf der einen Seite und die Möglichkeit unterschiedlicher Mehrheitsverhältnisse in der Vertretungskörperschaft und im J. auf der anderen Seite können im übrigen zwangsläufig zu umständlichen Verfahrensregelungen, zu zeitlichen Verzögerungen und gelegentlich auch zu wenig fachgerechten Kompromissen führen.
Lit. Krug, H. u. a.: Kinder- und Jugendhilfe (Komm.); Münder u. a.: KJHG (Komm.).
Hartmut Schulz

Jugendhilfeforschung Einrichtungen und Arbeitsformen der → Jugendhilfe und deren Nutzer sowie Kinder, Jugendliche und Familien sind seit Jahrzehnten Gegenstand sozialwissenschaftlicher Forschung (→ empirische Sozialforschung). Über Bereiche wie → Kindertagesstätten, → Jugendarbeit, → Heimerziehung u. a. haben sich Forschungszusammenhänge gebildet, die einen wissenschaftlich fundierten Wissensbestand hervorgebracht haben (vgl. DJI-Bibliographie), der freilich durch die geringe Dichte und Eigenreferenz der Forschung, was Fragestellungen, Theorien (→ Theoriebildung) und Methoden anbelangt, gekennzeichnet ist. J. ist so gegenwärtig weniger Realität als Desiderat. Unter dem Vorzeichen belasteter, anomischer Lebensverhältnisse von Kindern, Jugendlichen und → Familien wird der Beitrag personbezogener sozialer Hilfen und Dienste für ein mündiges Erwachsenenwerden ein integrales Thema von → Sozial- und Gesellschaftspolitik. Der Strukturwandel der Gesellschaft (Globalisierung, Umbau der Sozialstaates) und des sozialen Bereichs (öffentliche → Armut, Marktkonkurrenz, → Qualitätssicherung) zwingt Träger und Einrichtungen der → Jugendhilfe, ihre Strukturen und Leistungen stärker zu steuern und zu legitimieren.
In der Fachdiskussion zeigen sich Konturen einer J. als eines eigenen Forschungsfeldes, das diese Desiderate erfüllen könnte. Gegenüber allgemeiner Kinder- und Jugend-

forschung bzw. Organisations- oder Professionsforschung rücken die Prozesse zwischen Anbietern und Nutzern in ihren wechselseitigen Bedingtheiten und Folgewirkungen in den Blick. Fokus der J. sollte das subjektiv erlebte Hilfe- (und Kontroll-) geschehen aus der Perspektive der Jugendlichen oder Erziehungsberechtigten sein; in deren Biographie (→ Biographischer Ansatz) finden sich die wichtigsten Wirklichkeitsdimensionen und die letztgültige Evaluationsebene (→ Evaluation, → Selbstevaluation) aller Jugendhilfe.

J. sollte vom Forschungsparadigma, ihren Themen und Methoden her an die Prozesse der Selbstreflexion und -steuerung anschließbar sein, die der soziale Wandel in relevanten Umwelten von Jugendhilfeträgern verlangen. Ihre Forschungsverfahren und -ergebnisse sollten in Diagnoseverfahren, in Hilfeplanung (→ Hilfeplan), in die Evaluation und sozialpädagogisches Qualitätsmanagement eingehen. Qualitative Forschungsdesigns, die biographische Abläufe oder Interaktionsprozesse rekonstruieren und nicht auf selektive theoretische Modelle verdichten, scheinen dafür geeignet.

Lit. DJI: Jugendforschung; Nölke: Jugend.

Werner Schefold

Jugendhilfeplanung Teilfachplanung (→ Fachplanung) der → Sozialplanung im Rahmen kommunaler → Entwicklungsplanung in Ausführung des im → Kinder- und Jugendhilfegesetz (KJHG – SGB VIII) und in den Ausführungsgesetzen (AG) zum KJHG verankerten Auftrags, für dessen Erfüllung die → öffentlichen Träger die Verantwortung tragen. J. ist ein ständiger Prozeß, der auf Binnenkorrekturen an Normen, fachlichen Standards und Abläufen (Ablauforganisation) sowie nach außen auf politische Willensbildung und Entscheidungsvorbereitung gerichtet ist. Jugendhilfeplanung dient der kommunalen Jugendpolitik und Jugendbehörden als Steuerungsinstrument bei der Wahrnehmung ihrer Gesamtverantwortung für die → Jugendhilfe.

J. sollte integrierte, präventive, bedarfsorientierte und zielgruppenbezogene Planung sein. Planungselemente sind Zielfindung; Klärung des Planungsgegenstands, des Zeitbedarfs, des materiellen und personellen Bedarfs, der Bedarfsmittel unter Einbeziehung anderer Planungsbeteiligter und von Bevölkerungsgruppen, insbes. → Jugendhilfeausschuß, → freie Träger, andere Fachausschüsse und Fachämter, Kinder und Jugendliche, zur Entwicklung von →Richtwerten, Bestandsaufnahme und -bewertung, Soll-Ist-Vergleich und Ermittlung des Fehlbedarfs; Prioritätensetzung; Maßnahmenplanung mit Personal-, Finanz- und Investitionsplanung insgesamt und für die einzelne Fachaufgabe, z.B. → Jugendarbeit, Planung von Tageseinrichtungen für Kinder (→ Kindertageseinrichtungen), Organisation der → sozialen Dienste des Jugendamtes (JA), → Öffentlichkeitsarbeit, → Fortbildung (s. a. → Planungsablauf).

J. erhält im Zuge der → Verwaltungsmodernisierung neue Bedeutung zwischen Marktorientierung und Lebensbezug (→ Lebenswelt) von Jugendhilfeleistungen. Im Vergleich mit anderen Planungsbereichen wie → Bauleit- und Schulplanung mangelt es an statistischen Planungsgrundlagen und übertragbaren Formen der Beteiligung von Kindern und Jugendlichen (→ Partizipation). Ortsfremde Daten sind selten übertragbar.

Für die Planung von Tageseinrichtungen für Kinder bestehen durch AG-KJHG Planungsvorgaben und Vorschriften u.a. zu Gruppengrößen, wohnungsnaher Versorgung und Flächenbedarf. Die gesetzliche Sicherung des subjektiven Platzanspruchs fördert Versorgungsplanung zu Lasten qualitativer Merkmale.

Lit. Jordan u.a.: Jugendhilfeplanung; KGSt.: Planungsverfahren; Merchel: Jugendhilfeplanung; Nikles: Jugendhilfeplanung.

Peter Schneider

Jugendhilfestationen sind organisatorische Einheiten, die in einem überschaubaren, festgelegten Einzugsbereich, Sozialraum genannt, lebensweltorientierte (→ Lebenswelt) flexible → Hilfen zur Erziehung (HzE) bereitstellen. Der Einzugsbereich kann ein großstädtischer Ortsteil mit hoher Problemverdichtung, eine Kleinstadt oder auch ein zusammenhängendes ländliches Gebiet sein. Anspruch einer J. ist es, die Angebote im Bereich der → Jugendhilfe an den → Bedürfnissen und Problemlagen von Mädchen und Jungen zu orientieren und nicht Jugendliche zu zwingen, sich an bestehende spezialisierte Hilfestrukturen anzupassen. Die institutionellen Rahmenbedingungen sind so zu gestalten, daß sie die konkrete Art der Hilfen sowenig wie möglich determinieren, damit eine situations- und problemorientierte Betreuung von Jugendlichen ermöglicht wird. In einer J. können diese Hilfen »aus einer Hand«, d.h. konkret von einem Team angeboten werden. Dafür müssen die personellen und sächlichen Ressourcen vorgehalten werden, die die geeigneten und notwendigen Hilfen im Einzelfall gewährleisten (§ 27 → Kinder- und Jugendhilfegesetz [KJHG – SGB VIII]). Entscheidend für diesen Ansatz ist ein Team von qualifizierten Mitarbeiter/-innen, die über genügend fachliche Sicherheit verfügen, um außerhalb von vorgezeichneten und festgelegten Verfahrensweisen auf die je individuelle Situation zugeschnittene Hilfen entwickeln und umsetzen können. Die einzelnen Hilfearten müssen nicht mehr unvermittelt nebeneinander stehen, Kombinationen und fließende Übergänge sowie die Anpassung an veränderte

Problemlagen und Hilfebedarfe sind möglich. So bilden J. die Alternative zu der Logik einer spezialisierten, segmentierten Form erzieherischer Hilfen, die in der Fachöffentlichkeit als »Versäulung« kritisiert wird. Dem Konzept flexibler erzieherischer Hilfen entspricht die Finanzierung über Fachleistungsstunden. Deren Preis wird gemeinsam vom Träger der Jugendhilfestation und dem → Jugendamt ermittelt, den Umfang der Hilfen handeln die Beteiligten im Rahmen der → Hilfeplanung nach § 36 KJHG aus. Im Kontext der Diskussion von Lebenswelt- bzw. Sozialraumorientierung stößt das Konzept der Jugendhilfestationen, z. T. auch unter den Begriffen Jugendhilfeeinheiten oder Kinder- und Familienhilfezentren, auf ein großes fachliches Interesse. Die praktische Umsetzung des Ansatzes integrierter erzieherischer Hilfen erfolgt jedoch bisher sehr zurückhaltend. Bestimmend für die Situation der erzieherischen Hilfen existieren J. bisher nur in Mecklenburg-Vorpommern. Sie wurden hier nach der Wende flächendeckend installiert, da im Bereich der → Jugendhilfe kein entwickeltes und spezialisiertes Angebotsspektrum verbunden mit einer erheblichen Vielfalt an → freien Trägern vorzufinden war.
Lit. Klatetski: Erziehungshilfen.

Theo Boomgaarden

Jugendhilfestatistik → Kinder- und Jugendhilfestatistik

Jugendhilfetag → Arbeitsgemeinschaft für Jugendhilfe (AGJ)

Jugendhilfeträger sind → öffentliche und → freie Träger, die Aufgaben der → Jugendhilfe wahrnehmen. Öffentliche Träger sind die behördlichen (örtlichen und überörtlichen) J., die gem. → Kinder- und Jugendhilfegesetz (KJHG – SGB VIII) Leistungen und andere Aufgaben der Jugendhilfe durch eigens dafür errichtete Ämter zu erbringen haben, also
– auf örtlicher Ebene: nach § 69 KJHG → kreisfreie Städte, die (→ Land-)Kreise und nach Maßgabe besonderer landesrechtlicher Regelung auch kreisangehörige → Gemeinden durch die von ihnen errichteten Jugendämter (JÄ). Kreisangehörige Gemeinden ohne JA, die Träger von → Einrichtungen, Diensten und Veranstaltungen der Jugendhilfe sind, sind gleichwohl keine öffentlichen (auch keine freien) Träger der Jugendhilfe;
– auf überörtlicher Ebene: die durch Landesrecht bestimmten Träger der → Landesjugendämter.
Die Länder und der Bund sind als solche keine Träger der Jugendhilfe, nur nach Art und Umfang ihrer Aufgaben (§§ 82 bis 84 KJHG) im Unterschied zu den örtlichen und überörtlichen öffentlichen Trägern nicht die Gesamtverantwortung für die Erfüllung der Jugendhilfeaufgaben in ihren Zuständigkeitsbereichen haben (→ Zuständigkeit, sachliche und örtliche).
Mit freien Trägern der Jugendhilfe (nach §§ 3 bis 5 KJHG: Träger der freien Jugendhilfe) sind ausschließlich freie gemeinnützige Träger (→ Gemeinnützigkeit von Körperschaften) gemeint, sie leisten Jugendhilfeaufgaben selbständig und freiwillig. Dabei entsteht für sie allerdings das Erfordernis einer gewissen Selbstbindung (Übernahme von Verantwortung für Art, Umfang und Dauer der Aufgabenerfüllung) sowie der partnerschaftlichen Zusammenarbeit aller J. untereinander (vgl. § 4 KJHG, § 2 → Adoptionsvermittlungsgesetz [AdVermiG]).
Freie Träger der Jugendhilfe sind:
– freie Vereinigungen der Jugendhilfe (Wohlfahrtsverbände; → Freie Wohlfahrtspflege),
– → Jugendverbände, sonstige Jugendgemeinschaften und → Selbsthilfegruppen (§ 4 Abs. 3 KJHG),
– → juristische Personen, deren Zweck es ist, die Jugendhilfe zu fördern (insbes. eingetragene → Vereine),
– die Kirchen und sonstigen Religionsgemeinschaften öffentlichen Rechts.
Zum Verhältnis zwischen öffentlichen und freien Trägern siehe BVerfG, Urteil vom 18. 7. 1967, in: BVerfGE 22, 180 = NDV 1967, S. 227.

Hartmut Schulz

Jugendkammer → Jugendgerichte

Jugendklub → Jugendfreizeitstätten

Jugendkriminalität Unter J. versteht man die Gesamtheit der von Jugendlichen und Heranwachsenden begangenen Straftaten. Die vom Bundeskriminalamt erstellte polizeiliche Kriminalstatistik weist die jährlich der Polizei bekanntgewordenen Straftaten aus, für die jugendliche und heranwachsende Täter ermittelt werden konnten. Die vom Statistischen Bundesamt erstellte Verurteiltenstatistik teilt die jährlich rechtskräftig wegen Vergehen und Verbrechen abgeurteilten Personen mit. Besonders wegen der Häufigkeit einer informellen Erledigung von gegen junge Menschen anhängigen Strafsachen (→ Diversion) wird die Entwicklung der Kriminalität meist mit der polizeilichen Statistik gemessen. Aber auch sie spiegelt die Wirklichkeit nicht, denn sie bleibt das Dunkelfeld unberücksichtigt. Dessen Umfang ist u. a. von dem Anzeigeverhalten der Geschädigten abhängig, das Veränderungen unterworfen ist und durchaus auch zeitweise gegenüber jungen Tätern zurückhaltender, aber auch wieder weniger rücksichtsvoll als gegenüber Erwachsenen sein kann. Schwerpunktbildungen bei der Polizei beeinflussen die Statistik ebenfalls. So steigert ein Verfolgungsschwerpunkt bei oft von jungen Leuten begangenen Delikten (etwa Rauschgiftkriminalität) den Anteil dieser Bevölkerungsgruppe, während eine Konzentration polizeilicher Kräfte auf Wirtschaftsverbrechen und Umweltverschmutzung die Werte zu Lasten der älteren Bevölkerungsgruppe verschieben dürfte.

Vernachlässigt man diese Einwände, so zeigt die polizeiliche Statistik (beinahe in der ganzen Welt) eine ständig zunehmende kriminelle Belastung der Jugendlichen und Heranwachsenden bei nur geringerem Anstieg der Belastung Erwachsener. Vor allem bei Diebstahl, Raub und Sachbeschädigung ist der Anteil der Jugendlichen und Heranwachsenden hoch. Die registrierte J. ist fast nur Kriminalität männlicher Jugendlicher und Heranwachsender. Zwar haben auch die Taten von Mädchen zugenommen, aber hier ist der Unterschied zur Entwicklung der Kriminalität erwachsener Frauen gering.

Die J., ihre Schwankungen und ihr mitunter besorgniserregender Umfang hängen mit den Problemen des → Jugendalters zusammen. Sah man früher die Ursachen stärker in körperlich begründbaren Besonderheiten, mangelnder Bewältigung der Pubertät oder eines schnellen Wachstums, in Reifungsdisharmonien, etwa im Zurückbleiben der sozialen und gemüthaften hinter der körperlichen und intellektuellen Entwicklung (→ Akzeleration und → Retardierung), so wendet sich die Forschung heute stärker den Schwierigkeiten junger Leute zu, bei verlängerter Ausbildung und finanzieller Abhängigkeit von anderen ihre Rolle als Erwachsene zu übernehmen. Diese Statusunsicherheit erhöht möglicherweise die kriminelle Gefährdung. Teilweise werden auch die einseitige Orientierung der (Erwachsenen-)Gesellschaft an materiellen Werten, der Wandel der Familienstruktur oder ein veränderter → Erziehungsstil, geringere Möglichkeiten für legale Befriedigung der Bedürfnisse nach Abenteuer und körperlicher Betätigung als Ursachen für die Steigerung der J. genannt. Bei den ausländischen jungen Straftätern kommen noch soziale Benachteiligung und die mitunter belastende Schwierigkeit hinzu, einerseits den – manchmal sogar in sich widersprüchlichen – Anforderungen der oft noch den Anschauungen ihrer Heimat verhafteten Eltern und Verwandten, andererseits den in Schule und Beruf beobachteten Lebensformen der gleichaltrigen Deutschen gerecht zu werden.

Für solche mit der besonderen Lage der jungen Menschen zusammenhängenden Ursachen der J. spricht die Erfahrung, daß die meisten als Straftäter ermittelten Jugendlichen und Heranwachsenden (und noch mehr die als Täter von Straftaten ermittelten Kinder) später nicht mehr straffällig werden. Für sie bleibt die Straffälligkeit in der Jugendzeit Episode (Exner). Umgekehrt beginnen die meisten »kriminellen Karrieren« im Jugend- (manche sogar im Kindes-) alter. Während es bei der Episodenkriminalität wichtig ist, nicht durch stigmatisierende Maßnahmen oder Strafen Fehlentwicklungen festzuschreiben und Entfaltungsmöglichkeiten zu hemmen, erfordert die Verhinderung einer beginnenden kriminellen Karriere erhebliche pädagogische und therapeutische Anstrengungen.

Lit. Eisenberg: Kriminologie; Exner: Kriminologie; Hellmer: Jugendkriminalität; Kaiser, G.: Kriminologie; Kreuzer, A.: Jugendkriminalität; Schneider, H.J.: Jugendkriminalität; Schüler-Springorum: Jugend; Walter, M.: Jugendkriminalität.

Alexander Böhm

Jugendkulturarbeit bezeichnet ursprünglich eine im Zuge der deutschen → Jugendbewegung entwickelte Form der → Jugendarbeit, die sich mit Aneignungs- und Ausdrucksweisen aus dem Bereich ästhetischmedialer Sparten (Musik, Tanz, Theater, Malerei, Literatur usw.) beschäftigt. Im Vordergrund stehen Selbsttätigkeit, Darstellung der im jugendkulturellen Selbstverständnis wichtigen Themen und eigenständige Entwicklung von Ausdrucksformen. Kulturelle Eigentätigkeit wertet Dilettantismus und laienhafte Aneignung nicht ab (vgl. das »Laienspiel«). Gütekriterien können also am Gestaltungsprozeß gleichermaßen wie am Produkt orientiert sein. I. S. musisch-kultureller Bildung stellt J. darüber hinaus ein Feld dar, das auch die Aneignung von überlieferten ästhetischen Praktiken ermöglicht, die nicht der Lebenswelt Jugendlicher, sondern der Wertsphäre der bildenden und darstellenden Künste entstammen (z. B. Jugendkunstschulen). Mit der Durchsetzung des »erweiterten Kulturbegriffs« in den 70er Jahren hat sich auch der Horizont der J. erweitert. Neben ästhetisch-handwerkliche treten themen- und sachzentrierte Arbeitsformen, die sich mit jugendgemäßer Gestaltung politischer Kultur, interkulturellen Beziehungen und eigenem → Alltag befassen. Alltagskommunikation und Gestaltungsprozesse verschränken sich lose. Die verschiedenen Formen der J. unterscheiden sich je nach konzeptionellen und programmatischen Rahmenbedingungen: das Spektrum reicht von Kulturveranstaltungen innerhalb sozialpädagogischer Einrichtungen (z. B. Jugendhäusern) bis zu Einrichtungen außerhalb des sozialen Sektors (z. B. soziokulturelle Zentren, Bürgerhäuser). J. ist heute ein Sammelbegriff, der i. S. einer »Querschnittsaufgabe« sowohl Segmente des Sozial- als auch des Kultursektors umfaßt und zugleich auf generationen- und nationalitätenübergreifende Konzepte der Jugendarbeit zielt. Neben Fragen der Zuständigkeit für Projektfinanzierung steht J. in dem Dilemma, durch die Betonung ästhetisch-medialer Produktorientierung und Stilbildung

Jugendliche auszugrenzen, die sich aufgrund ihrer Bildungsvoraussetzungen, ihrer materiellen Lage und ihrer Interessenorientierungen »nicht wiederfinden«. Andererseits spielt im Kontext beratender und helfender Aufgaben Theater-, Video- oder Musikarbeit eine wichtige Rolle bei der Bewältigung von kritischen Lebensereignissen und der Entwicklung von Gruppenprozessen (z. B. mit Drogenabhängigen). Somit befindet sich J. stets in der Balance zwischen sozialpädagogischem Auftrag und Professionswissen und den Standards der Kulturarbeit, die auf Gestaltung und Verständigung – auch im Umgang mit »fremden« Kulturen – zielt.

Lit. Müller-Rolli: Kulturpädagogik; Nachtwey: Wildwuchs; Rauschenbach u. a.: Mitarbeiterinnen; Treptow: Aktivitäten.

Rainer Treptow

Jugendleiter/-in 1. Frühere Bezeichnung der Sozialpädagog/-innen (→ Sozialarbeiter/-innen und Sozialpädagog/-innen). Die Ausbildung an J.-Seminaren dauerte i.d.R. zwei Jahre und setzte die Ausbildung zum/ zur → Erzieher/-in (Kindergärtner/-in) sowie praktische sozialpädagogische Tätigkeiten in der → Vorschulerziehung voraus. Seit Ende der 60er Jahre mündete die Ausbildung der J. in das Studium der Sozialpädagogik (→ Sozialarbeit/Sozialpädagogik) an → Fachhochschulen ein. Nach Maßgabe jeweils landesrechtlicher Bestimmungen können ehemalige J. auf Antrag zu Sozialpädagog/-innen nachgraduiert werden. 2. Hauptsächlich Gruppenleiter in der → Jugendarbeit der → Jugendverbände, anderer freier Träger der → Jugendhilfe sowie der Kirchen. I. d. R. sind J. aus der Gruppenarbeit hervorgegangene ältere Jugendliche bzw. junge Erwachsene, die über eigene Gruppenerfahrung, Motivationsfähigkeit, Initiative, soziales Interesse, Leitungsfähigkeit und Verantwortungsbewußtsein verfügen. J. sind meistens ehrenamtlich tätig (→ Ehrenamtliche Tätigkeit im sozialen Bereich). 3. Schwerpunkte im Aufgabenbereich sind Vorbereitung, Organisation und Durchführung von Gruppennachmittagen und -abenden sowie anderer Freizeit-, Ferien- und teilweise auch Bildungsveranstaltungen, aber auch die Leitung von Kinder- und Jugendgruppen bei Sportverbänden. Bei öffentlichen Jugendhilfeträgern sind sie als Sozialpädagog/-innen in professionellen Arbeitsfeldern, wie Leitungsfunktionen in Kindergärten, Horten, der → sozialpädagogischen Familienhilfe, Beratungseinrichtungen und Jugendbegegnungsstätten hauptamtlich tätig. *Viktor Kolodziej*

Jugendlicher → Altersstufen im Recht, → Jugendalter

Jugendmedienschutz setzt der grundrechtlich geschützten Medienfreiheit (Art. 5 Abs. 1 GG) (Grundrechts-)Schranken zum Schutz der Jugend (Art. 5 Abs. 2 GG) durch allgemeine Gesetze oder gesetzliche Jugendschutzbestimmungen. Zu unterscheiden ist zwischen dem präventiven, erzieherischen Jugendmedienschutz und dem vollziehenden repressiven Jugendmedienschutz.

Im Rahmen des erzieherischen Jugendmedienschutzes müssen die 800 → Jugendämter durch eigens ausgebildete Fachkräfte jungen Menschen Medienkompetenz vermitteln und Erziehungsberechtigte befähigen, Minderjährigen bei Abwehr jugendgefährdender Medien behilflich zu sein (§ 14 Kinder- und Jugendhilfegesetz [KJHG – SGB VIII]). Die 800 Jugendämter, die → Landesjugendämter und die 17 Jugendminister der Länder und des Bundes sind aufgrund ihrer Marktbeobachtung gehalten, jugendgefährdende Medien der Bundesprüfstelle (BPS) zur Indizierung zuzuleiten. Die Entscheidungen ergehen durch 3er oder 12er Gremien oder den Vorsitzenden in förmlichen Verwaltungsverfahren und sind im Rechtsweg anfechtbar. Die Indizierungen werden im Bundesanzeiger, dem hierfür ausdrücklich im Gesetz über die Verbreitung jugendgefährdender Schriften (GjS) bestimmten Amtsblatt veröffentlicht. Damit treten die strafbewehrten Kinder-, Jugend- und Werbeverbote sowie Vertriebsbeschränkungen in Kraft. Nichtbeachtung kann mit Freiheitsstrafe und Geldstrafe geahndet werden. Jugendgefährdende Periodika kann die BPS bis zu 12 Monaten im voraus indizieren. Dadurch fällt für das Objekt die (50%ige) Mehrwertsteuervergünstigung weg, so daß der Verlag u. U. erhebliche Steuerbeträge nachzahlen muß (§§ 1–7, 21 GjS).

Die Zentralstellen der Länder zur Bekämpfung gewaltverherrlichender, pornographischer und sonstiger jugendgefährdender Medien sorgen dafür, daß Straftaten nach §§ 131, 184 StGB und 6 und 21 GjS sowie Straftaten und Ordnungswidrigkeiten nach §§ 56, 145 und 148 Gewerbeordnung nach einheitlichen Grundsätzen verfolgt werden. Sie beobachten auch die in ihrem Geschäftsbereich erscheinenden oder verbreiteten Zeitschriften und Zeitungen (Nr. 223 der Richtlinien für das Straf- und Bußgeldverfahren).

Kino- und Videofilme dürfen Minderjährigen nicht öffentlich zugänglich gemacht und vorgeführt werden, es sei denn, die Länderjugendminister haben den Film auf Antrag und Kosten des Filmherstellers geprüft und durch gerichtlich anfechtbaren Verwaltungsakt freigegeben für alle Minderjährigen oder ab 6, 12 oder 16 Jahren und die Filme entsprechend gekennzeichnet. Die Anwesenheit bei der Filmvorführung darf dann nur den Angehörigen der entsprechenden Altersgruppe gestattet werden. Die Kennzeichnung »freigegeben ab...

Jugendpflege

FSK« erfolgt, weil die Jugendminister bei Prüfung der Filme sich der Ausschüsse der Freiwilligen Selbstkontrolle der Filmwirtschaft (FSK) bedienen und deren Voten übernehmen (§§ 6, 7 JÖSchG u. § 27 FSK Grundsätze).
Das Fernsehen darf schwer jugendgefährdende und kriegsverherrlichende Filme nicht ausstrahlen und muß Sendezeitbegrenzungen beachten. Die Durchführung des Jugendschutzes obliegt bei ö.r. Sendern den Fernsehräten, bei den privaten Sendern den Landesmedienanstalten und seit 1. 8. 1994 zusätzlich dem jeweiligen Jugendschutzbeauftragten des Senders, der unmittelbar dem Leiter des Senders unterstellt ist.
Auf der Grundlage des Bildschirmtextstaatsvertrages kann die zuständige Landesbehörde ein unzulässiges Angebot des Datex-J-Dienstes verbieten oder eine Sperrung anordnen (Rundfunkstaats- und Bildschirmstaatsvertrag von 1991).
In Spielhallen darf Kindern und Jugendlichen die Anwesenheit nicht gestattet werden. Dies muß durch Aufsichtspersonal sichergestellt werden. Für die Benutzung von elektronischen Bildschirm-Unterhaltungsspielgeräten gilt eine differenzierte Regelung für den Jugendschutz (§ 8 JÖSchG).
Rudolf Stefen

Jugendpflege bezeichnet traditionell das Feld der → Jugendarbeit im Rahmen der → Jugendhilfe in Abgrenzung zur Jugendfürsorge; die Differenzierung beider Felder, der Übergang zu ambulanten, präventiven Formen der Jugendfürsorge wie die Entwicklung von sozialpädagogischen Formen der Jugendarbeit (→ Jugendsozialarbeit, → Streetwork u. a.) lassen J. und Jugendfürsorge ineinander übergehen. Unter dem breiten Spektrum der Jugendarbeit nach § 11 → Kinder- und Jugendhilfegesetz (KJHG – SGB VIII) wird als kommunale J. vor allem die von → öffentlichen Trägern ausgehende Jugendarbeit verhandelt: Dazu zählt J. als offene Jugendarbeit in Jugendfreizeitheimen (→ Jugendfreizeitstätten), Jugendzentren, Jugendtreffs und -cafés, → Jugendkulturarbeit. Aufgabe der J. in Jugendämtern, oft auch Jugendringen ist nach § 12 KJHG die Förderung und Beratung von → Jugendverbänden, Jugendlichengruppen; ferner die Initiierung von spezifischen Formen der Jugendarbeit, so → Mädchenarbeit, aufsuchende Jugendarbeit. In den Bereichen J. fallen trägerübergreifende Angebote (Sport, Rock- und Popmusik, Aufklärungsaktionen gegen → Gewalt, → AIDS u. a.), Ferienangebote in (durch die Konkurrenz der kommerziellen Angebote) sich weitenden Formen, Ferienpässe, Freizeitangebote wie Stadtranderholung; Angebote internationaler Jugendarbeit. Den → Jugendpflegern/-innen in Jugendämtern, oft auch in Jugendringen, kommen Aufgaben zu wie Planung von Aktivitäten und Angeboten in der Region, Initiierung von Gruppen und Aktionen, Beratung von Gruppen und Verbänden, Koordinierung von Trägern und Angeboten, Vertretung der Belange von Jugendarbeit und der Interessen von Jugendlichen, → Öffentlichkeitsarbeit. Jugendpfleger/-innen haben in vielen Kommunen eine Schlüsselstellung für die Entwicklung der Jugendarbeit; bedingt durch die Breite moderner Jugendarbeit und die pädagogischen, politischen und verwaltungsbezogenen/betriebswirtschaftlichen Aufgaben ist hohe → Fachlichkeit wie öffentlich-politische Kompetenz der Jugendpfleger/-innen gefordert.
Werner Schefold

Jugendpläne Förderpläne der Länder zur Ergänzung des → Bundesjugendplanes durch landespolitische Akzentsetzung und unter Berücksichtigung regional unterschiedlicher Problemlagen und Bedarfe. Schwerpunkt ist die Förderung der → Jugendarbeit. Der verbandlichen Jugendarbeit (→ Freie Träger) wird besondere Bedeutung beigemessen, da Trägerpluralität für die Jugendarbeit kennzeichnend ist. Die Übereinstimmung der Inhalte finanziell geförderter Angebote der Jugendarbeit mit den Förderungsbedingungen ist i.d.R. anhand von Verwendungsnachweisen prüfbar, so daß J. auch normative Funktion zukommt. Die von freien Trägern der Jugendarbeit häufig kritisierte, andererseits durch Forderung nach höheren Zuschüssen verstärkte Abhängigkeit von staatlicher Förderung (→ Zuwendungen) wächst, je weiter die Harmonisierung der Förderpläne von Bund, Ländern und Gemeinden fortschreitet. Die wachsende Bereitschaft von Ländern zur Rekommunalisierung der Jugendarbeit kann größeren örtlichen Handlungsspielraum zur Folge haben.
1950, bei der Einführung der ersten J., war das vornehmste Ziel, die Unabhängigkeit verbandlicher Jugendarbeit zu fördern und zu erhalten, um der Gefahr staatlich-totalitärer Gängelung wie im nationalsozialistischen Staat vorzubauen. Leitvorstellung war die bündische → Jugendbewegung. Die Entwicklung des Selbstverständnisses der freien Jugendarbeit und die Konsolidierung der Demokratie in der Bundesrepublik ermöglichten eine veränderte Haltung gegenüber der staatlichen Förderung.
Lit. Hirschauer: Staat; Keil, A.: Jugendpolitik; Kraus: Landesjugendplan; Landesregierung Nordrhein-Westfalen: Jugendbericht.
Peter Schneider

Jugendpolitik umfaßt im allgemeinen Sprachgebrauch alle auf Jugendliche bezogenen politischen Theorien, Programme und Aktivitäten. Sie ist als Querschnittsaufgabe zu verstehen. Im Verhältnis zu den verschiedenen Ressortpolitiken in Bund, Ländern und Gemeinden (Bildungspolitik,

Ausbildungspolitik, Rechtspolitik, Arbeitsmarktpolitik, → Wohnungspolitik u. a.) hat J. die Funktion der öffentlichen Thematisierung von Problemen jugendlicher Gruppen und das Vertreten der Interessen von Jugendlichen. Die Mitwirkungschancen an den Ressortpolitiken sind allerdings wenig institutionalisiert und werden zunehmend eingeklagt. J. hat gegenüber den etablierten Politikfeldern, deren Interessengrundlagen und Traditionen meist einen marginalen Stand. In diesem weiten Spektrum der J. als »adressatenorientierter« Politik sind vor allem die Bereiche der → Jugendhilfe, des allgemeinen → Jugendschutzes und des → Jugendarbeitsschutzes gesetzlich abgegrenzt; viele Themen der J. wie Jugendarbeitslosigkeit, Gewalt, Suchtabhängigkeit werden in einem »Mix« unterschiedlicher Ebenen, Institutionen und Politikformen bearbeitet. Die Breite der Interessen und Probleme jugendlicher Gruppen verlangt von den Akteuren der J. immer wieder Grenzüberschreitungen; »Einmischung« in andere Politikbereiche ist in der Kommunalpolitik am weitesten entwickelt. Das → Kinder- und Jugendhilfegesetz (KJHG) unterstützt in § 1 diese Aufgabe.

Auf Bundes- wie auf Landesebene sind neben dem allgemeinen politischen Spektrum als Akteure der J. die → Jugendverbände, der → Deutsche Bundesjugendring als deren Dachverband, die → Arbeitsgemeinschaft für Jugendhilfe (AGJ), die Jugendorganisationen der Parteien und die freien Wohlfahrtsverbände (→ Freie Wohlfahrtspflege) bedeutsam. Sie verstehen sich als Vertreter der jungen Generation. Ihre Aktivitäten berühren – als Träger der Jugendhilfe (→ Jugendhilfeträger) – auch eigene Interessen. Zukunftsthemen wie z. B. Bewahrung der Natur und globale Gerechtigkeit sind in den 80er Jahren stark in den Vordergrund getreten. Die Aufgabe der Beratung der Bundesregierung in allen Fragen der J. kommt dem → Bundesjugendkuratorium zu.

J. als praktische Politik ist vor allem Jugendhilfepolitik. Sie umfaßt einmal die Gestaltung der Grundlagen der Jugendhilfe im KJHG, den → Jugendbildungsgesetzen und → Kindergartengesetzen sowie in diesem Rahmen die Gestaltung der Praxis der Jugendhilfe in Einrichtungen und Maßnahmen durch → Jugendhilfeplanung und → Jugendförderung. Als praktischer Kern der J. hat Jugendhilfepolitik mit dem Ausbau der Jugendhilfe und dem Bedeutungszuwachs → sozialer Dienste für individualisierte Lebensführung an Gewicht gewonnen. Jugendhilfepolitik wird durch die Organe der kommunalen Gebietskörperschaften (→ Jugendamt [JA] und → Jugendhilfeausschuß), die Jugendverbände und -initiativen, Stadt- und Kreisjugendringe (→ Jugendring) und freie Wohlfahrtsverbände gestaltet.

Lit. BMJFFG: 8. Jugendbericht; Böhnisch u. a.: Jugendpolitik; Schefold u. a.: Jugendpolitik; Wissmann u. a.: Jugendprotest.

Werner Schefold

Jugendprotest ist zunächst ein Wort in der Sprache der erwachsenen Generation, eine »Deutungskategorie«, in der verschiedene auffällige – meist aggressive – Verhaltensweisen bzw. einzelne spektakuläre Aktionen Jugendlicher als Widerstands- und Protesthandlungen gedeutet werden.

Die Diskussionen über den J. sind oft von einer Reihe von Vereinfachungen gekennzeichnet: Protestanlässe und Verhaltensweisen werden verallgemeinert und zu einem »Generationsbild« ausgemalt; nicht nur einige konkret betroffene Jugendliche, sondern die ganze junge Generation wird zu einer »Protestgeneration«. Vereinfachend sind ebenso die Bewertungen jugendlichen Protests: Die einen sehen darin Hoffnungszeichen einer unverdorbenen, zukunftsoffenen und veränderungsfähigen Generation. Andere identifizieren ihn mit Zerstörertum, Ungeist und Werteverfall.

Die heutigen Protestbewegungen lassen sich nicht ohne weiteres mit der Schüler-, Studenten- und Lehrlingsrevolte in der 2. Hälfte der 60er Jahre vergleichen. Dies zeigt sich besonders an den veränderten Themen: Standen damals besonders die politischen Ziele, Demokratisierung und → Mitbestimmung im Vordergrund, so sind es heute Umweltschutz, Frieden, alternative Lebensformen, → Arbeitslosigkeit und Ausbildungsnot; aber auch die Forderung nach solidarischen, selbstbestimmten, konkurrenzarmen Arbeits- und Lebensformen.

Bei den wissenschaftlichen Versuchen, das Phänomen »J.« zu deuten, lassen sich idealtypisch 2 grundsätzliche Positionen unterscheiden. Entwicklungspsychologische Ansätze (→ Entwicklungspsychologie) gehen davon aus, daß jugendliches Protestverhalten als Ausdruck besonderer Reifungskrisen im → Jugendalter zu sehen sei. Demgegenüber sehen eher soziologisch-gesellschaftstheoretisch orientierte Ansätze im jugendlichen Protest Reaktionsformen auf Widersprüche und ungelöste Probleme im sozialen und gesellschaftlichen Bereich. In der jugendpolitischen Debatte hat sich die letztgenannte Auffassung im wesentlichen durchgesetzt: »... daß der Jugendprotest wesentlich als Reaktion auf ungelöste gesellschaftliche Probleme verstanden werden muß und nicht als klassischer Generationenkonflikt erklärt werden kann« (Wissmann u. a.).

Angesichts dessen erfährt sich die pädagogische und sozialpädagogische Praxis in spezifischer Weise als begrenzt: sie kann die im J. thematisierten Krisen und Zukunftsprobleme nicht lösen. Im J. verbirgt sich deshalb auch eine Aufforderung zur Auseinandersetzung um die Lebensrechte einer zukunftsunsicheren Generation.

Lit. Deutsches Jugendinstitut: Jugend; Deutsches Jugendinstitut: Jugenddebatte; Haller, M.: Aussteigen; Münchmeier: Jugend; Sinus-Institut: Wertewandel; Wissmann u. a.: Jugendprotest.

Richard Münchmeier

Jugendpsychiatrie → Kinder- und Jugendpsychiatrie

Jugendpsychologie → Jugendalter

Jugendreligionen Der Begriff umfaßt religiöse und pseudoreligiöse Organisationen, die nicht → Sekten (also Abspaltungen traditioneller Religionsgemeinschaften) sind, sondern beanspruchen, eigenständige »Neue Religionen« zu sein.
Bei unterschiedlichen Lehren und Traditionen gibt es starke Gemeinsamkeiten in Arbeitsweise und Strukturen der internationale verzweigten und autoritär geführten Organisationen:
Ihre aktive Mitgliedschaft rekrutieren die J. überwiegend aus Jugendlichen bzw. jungen Erwachsenen des Mittelstandes (vorwiegend Schüler, Studenten, Auszubildende sozialer und künstlerischer Berufe); sie beanspruchen, eine Art »rettendes Rezept« zur Lösung sowohl individueller als auch globaler Probleme und zur Schaffung »absoluter Gesundheit«, »totaler Freiheit«, des »Weltfriedens« oder einer »Welt ohne Kriminalität« zu haben, das weltweit durchgesetzt werden müsse. Mit absolutem Gehorsam wird der jeweilige Führer als »Heiliger Meister« verehrt. Seine Vollmacht überträgt sich auf die Hierarchie der Organisation, die sich als Kern einer »neuen Menschheit« versteht und so ihre Gestalt als → totale Institution rechtfertigt.
Zu den J. und den problematischen Psycho-Organisationen werden heute gerechnet u. a. die »Internationale Gesellschaft für Krishna-Bewußtsein (ISKCON)«, die Mun-Bewegung mit ihrer »Vereinigungskirche« und der Studentenorganisation »CARP«; »Sea-Org« und »Dianetic Colleges« der Scientology-Organisation (SO), die »Ananda Marga«- bzw. »PROUT«-Bewegung, die »Transzendentale Meditation« mit ihrem »Maharishi-Veda« und verschiedene kleinere Gruppen.
Kritik zogen die J. vor allem wegen der individuellen und sozialen Folgen der Mitgliedschaft auf sich: Aufgabe von Ausbildungsverhältnissen und Arbeitsstellen; Zerbrechen persönlicher Bindungen; Aufgabe von Eigentum, das der Zukunftssicherung dienen sollte; z.T. sogar Kriminalisierung (→ Prostitution, → Kindesmißhandlung, Betrug, Urkundenfälschung zugunsten der jeweiligen Organisation, Aktionen gegen Kritiker usw.), extreme Verhaltensänderungen, schwere seelische Schädigungen, bis hin zu Suizidversuchen und demonstrativen Selbsttötungen; kritisert werden aber auch Durchsetzungs- und Infiltrationsversuche in Politik und Wirtschaft wie die scientologische »Säubert-Deutschland!«-Kampagne, die auf politisch-ideologischen Konzepten und teilweise totalitären Ideologien basieren.
Seit 1978 warnt das jeweils zuständige Bundesministerium (z.Z. das Bundesministerium für Familie, Senioren, Frauen und Jugend) z.T. öffentlich vor den J.; einzelne Bundesländer haben eigene Beratungs- und Informationsstellen eingerichtet; bundesweit und international haben sich → Elterninitiativen gebildet, die z.T. eigene Beratungsstellen initiiert haben.
Da Defizite der technischen Zivilisation (Geborgenheits-, Zukunfts-, Sinn-, und Identitätsverlust; vgl. → Jugendalter, → Jugendsoziologie, → Religiosität) den Rekrutierungserfolg der J. fördern, ist mit einer Zunahme trotz weiterer Kritik und stärkerer Aufklärung zu rechnen. Mit dem Auftauchen neuer Gruppen, Tarnorganisationen und -bezeichnungen ist zu rechnen. Die »Elterninitiative zur Hilfe gegen seelische Abhängigkeit und religiösen Extremismus e.V.« (Postfach 10 05 13, D-80335 München), legt seit 1985 kontinuierlich Findungshilfen zum Bereich der J., aber auch der Gurubewegungen, Psychokulte und Sekten vor, die alle bekannten Tarn- und Zweigorganisationen, aber auch Hilfs- und Beratungseinrichtungen auflisten.
Lit. Gasper u.a.: Lexikon; Haack: Jugendreligionen; Haack: Scheinwelt; Reller u.a.: Gemeinschaften; Taudien: Grenzen.

Thomas Gandow

Jugendring Zusammenschluß von → Jugendverbänden und Jugendgemeinschaften auf freiwilliger Basis. Die Mehrzahl der Verbände ist auf kommunaler/regionaler Ebene (Ort-, Stadt-, Kreis-, Bezirks-), Landesebene (Landesjugendringe und Bundesebene (→ Deutscher Bundesjugendring) organisiert. Die Rechts- und Organisationsformen sind unterschiedlich. Es überwiegen eingetragene Vereine mit dem Charakter von Arbeitsgemeinschaften, die die verbandsspezifischen Interessen/Ziele respektieren und nach einvernehmlichen Beschlüssen streben. Viele unterhalten eigene Geschäftsstellen, teilweise auch → Einrichtungen.
Aufgaben der J. sind in Wahrnehmung der Interessen von Kindern und Jugendlichen einzuwirken auf die jugendpolitisch relevante Willensbildung in politischen Vertretungskörperschaften (z.B. Gemeinderat, Stadtrat, Landesparlament), in der Exekutive (Bürgermeister, Oberkreisdirektor oder Landesregierung) und mittelbar im → Jugendhilfeausschuß; Darstellung der → Jugendarbeit gegenüber der Öffentlichkeit mit Aufklärung über Mißstände und Einbringung von Verbesserungsmöglichkeiten; unter Beachtung der Verbandsautonomie Entwicklung gemeinsamer Konzeptio-

nen und Positionen für Grundfragen der → Jugendpolitik und → Jugendarbeit wie z. B. Ehrenamtlichkeit, Neue Steuerung, politische Bildung, Kinderpolitik, Jugendverbände und Ganztagsbetreuung; Anregung, Förderung und Durchführung gemeinsamer Maßnahmen und politischer Aktionen sowie Repräsentation der Jugendverbandsarbeit im Bereich des internationalen Jugendaustauschs und z. B. im Rahmen von Städtepartnerschaften.

Die Einflußnahme der J. innerhalb der etablierten Formen politischer Entscheidung ist unterschiedlich stark ausgeprägt. Meist beginnt sie bereits im Vorfeld politischer Entscheidungsprozesse und setzt sich in offiziellen Gesprächen und Kontakten fort. In vielen Fällen werden die Vertreter der J. generell einbezogen, wenn es um jugendpolitische Fragestellungen geht, und z. B. zu Anhörungen der Parlamente eingeladen oder um schriftliche Stellungnahmen gebeten.

Lit. Böhnisch: Jugendverbände; Deutscher Bundesjugendring: Jugendverbände; Deutscher Bundesjugendring: Handbuch.

Ronald Berthelmann

Jugendschöffen → Jugendstrafe

Jugendschutz ist im → Kinder- und Jugendhilfegesetz (KJHG – SGB VIII) in § 14 (»Erzieherischer Kinder- und Jugendschutz«) als eigenständiges Leistungsangebot der → Jugendhilfe normiert. Die gesellschaftliche Entwicklung ist auch für Kinder und Jugendliche geprägt von der Pluralisierung der → Lebenslagen und einer → Individualisierung von Lebensführungen, was ihnen Chancen, aber auch Risiken eröffnet (vgl. 8. → Jugendbericht). Wenn der erzieherische Kinder- und J. (→ Kinderschutz) junge Menschen befähigen soll, sich vor gefährdenden Einflüssen zu schützen, und sie zu Kritikfähigkeit, Entscheidungsfähigkeit und Eigenverantwortlichkeit sowie zu Verantwortung gegenüber ihren Mitmenschen führen soll (vgl. § 14 Abs. 2 Nr. 1 KJHG), so sind sie im Rahmen des Kinder- und J. insbes. auf die Lebensrisiken vorzubereiten. Hierbei geht es sowohl um allgemeine Risiken, wie der zunehmende Einfluß von Medien (→ Jugendmedienschutz) in unserer Gesellschaft, als auch um spezifische Aspekte wie beispielsweise die Gewaltverherrlichung in den Medien. Andere vorrangige Themen sind Alkohol-, Medikamenten- und illegaler Drogenmißbrauch (→ Alkoholismus, → Arzneimittelmißbrauch, → Drogenabhängigkeit) oder Jugendsekten. Kinder- und J.maßnahmen dienen dabei der Aufklärung und sollen zudem sinnhafte Alternativen bei der Lebensgestaltung und -bewältigung aufzeigen und einüben. Die Rechtzeitigkeit solcher Angebote macht erforderlich, sehr intensiv schon Kinder anzusprechen und dabei mit den Kindertagesstätten und Schulen zusammenzuarbeiten. In der Praxis haben sich hierbei Puppenbühne, Kindertheater, Kinderkino, Spielwochen oder entsprechend ausgerichtete Ferien- und Freizeitspiele als geeignete Maßnahmen bewährt. Bei all diesen Maßnahmen ist das Gespräch mit den Kindern von herausragender Bedeutung. Daß immer wieder neue Themen aufzugreifen sind, zeigt das Beispiel »sexueller Mißbrauch« (→ Kindesmißhandlung), wo Aufklärung hierüber bei Kindern und das Aufzeigen von Hilfen, die Kinder ohne Angst in Anspruch nehmen können, zu den Arbeitsinhalten heutiger Kinder- und J. zählt. Dies oder das Beispiel → »Mädchenarbeit« mit Selbstbehauptungstrainings und Selbstverteidigungskursen machen deutlich, daß die Kinder- und J. ganz unterschiedliche Wege beschreiten muß, um den Schutzzielen des § 14 KJHG gerecht zu werden.

Neben den Kindern und Jugendlichen selbst als Zielgruppe erzieherischer Kinder- und J.maßnahmen sind die Eltern und andere Erziehungsberechtigte miteinzubeziehen, um sie besser zu befähigen, Kinder und Jugendliche vor gefährdenden Einflüssen zu schützen (vgl. § 14 Abs. 2 Nr. 2 KJHG). Elternseminare oder Mitwirkung an den pädagogischen Tagen der Schulen können hier geeignete Maßnahmen darstellen. Themen des Kinder- und J. bieten sich zudem im Rahmen der → Familienbildung an.

Es spricht einiges dafür, Aufgaben des Kinder- und J. in einem Sachgebiet zu konzentrieren und damit organisatorisch und personell abzusichern. Dies darf aber nicht darüber hinwegtäuschen, daß die Jugendhilfe insgesamt (in den Kindertagesstätten, in den Erziehungsberatungsstellen, in der → Drogenberatung und in den → sozialen Diensten) im erzieherischen Kinder- und J. gefordert ist.

Neben dem erzieherischen Kinder- und J. nach § 14 KJHG als Prävention gibt es vorläufige Maßnahmen zum Schutz von Kindern und Jugendlichen durch → Inobhutnahme oder Herausnahme (→ Herausgabe [des Kindes]) als Krisenintervention gemäß §§ 42 und 43 KJHG. Hierbei handelt es sich um reaktives Handeln im Einzelfall im Rahmen der → Sozialarbeit von seiten der sozialen Dienste. Die gesetzesmäßige Abgrenzung dieser Hilfen vom Kinder- und J. i. S. v. § 14 KJHG unterstreicht den allein erzieherischen Charakter der prophylaktischen Maßnahmen des Kinder- und J. nach § 14 KJHG.

Für den »gesetzlichen J.« (dieser gängige Sprachgebrauch ist irreführend, weil auch der erzieherische Jugendschutz einen gesetzlichen Auftrag hat) sind vorrangig das GjS, das JÖSchG und das JArbSchG (→ Jugendarbeitsschutz) zu nennen. Diese Gesetze dienen ebenfalls dem Schutz von Kindern und Jugendlichen, sie richten sich aber unmittelbar an – meist gewerbetreibende –

Jugendsekten

Erwachsene und sehen Bußgeld oder strafrechtliche Sanktionen vor, wenn deren Tun die Entwicklung von Kindern und Jugendlichen gefährdet. Auch in den Bereichen des »gesetzlichen J.« fallen dem erzieherischen J. eigenständige Aufgaben zu, z. b. für eine jugendfreundliche Preisgestaltung nichtalkoholischer Getränke zu werben (bei gleicher Menge nicht teurer als alkoholische Getränke) oder durch Aktionen »familienfreundliche Videothek« positiv gestaltete Ansätze zu verfolgen. Dies bedeutet Information, Beratung und Gespräche mit dem Ziel der freiwilligen Selbstkontrolle seitens der Stellen, bei denen die Gefährdungsmöglichkeiten auftreten können.

Lit. Gernert: Jugendschutz; Gernert: Prophylaxe; Landesjugendamt Württemberg-Hohenzollern: Jugendschutz; Münder u. a.: KJHG (Komm.); Wiesner: SGB VIII.

Heinz Hermann Werner

Jugendsekten → Sekte, → Jugendreligionen

Jugendsozialarbeit Unter J. werden gezielte, auf Umfeld, Schule und Beruf bezogene Hilfen für junge Menschen in besonderen sozialen Verhältnissen verstanden. Sie sollen insbes. zu mehr → Chancengleichheit verhelfen und dazu beitragen, daß die betroffenen jungen Menschen am wirtschaftlichen, gesellschaftlichen, kulturellen und politischen Leben der Gesellschaft teilhaben können.

Dieses Verständnis von J. begründet sich aus der Entwicklung der letzten 40 Jahre und soll deswegen kurz reflektiert werden. Anfang der 50er Jahre verstand sich J. als eine Antwort auf die Not der bindungslosen, entwurzelten und heimatlosen deutschen Nachkriegsjugend (Breuer) und der geflüchteten Jugendlichen aus den deutschen Ostgebieten und der damaligen sowjetischen Besatzungszone, die keinen beruflichen Ansatz hatten und somit kaum eine Existenz begründen konnten. Durch berufsbezogene Hilfen in Heimstätten – die Ursprünge der heutigen → Jugendwohnheime – und in offenen → Jugendgemeinschaftswerken wollte man diesen ein Zuhause geben und sie gleichzeitig mit existenzsichernden (handwerklichen) Qualifikationen ausstatten. Somit wurden unter J. diejenigen Hilfen verstanden, die auf die Berufsvorbereitung, Berufsausbildung oder Umschulung bezogen waren. D. h., der historische Ansatz der J. war die »Hilfe bei der Überwindung eines politisch und wirtschaftlich-gesellschaftlich bedingten Notstandes der Jugend durch eine beruflich fundierte Existenzbegründung« (Breuer). Dieser historische Ansatz bildet auch heute die Grundlage für die J. Allerdings haben die gesellschaftlichen Wandlungsprozesse die Handlungsansätze der J. erweitert. So werden berufsbezogene Hilfen nicht allein vom Berufsalter abhängig gemacht, sondern sie beziehen sich auf den lebensgeschichtlichen Kontext des jungen Menschen. D. h., die Erreichung eines beruflichen Status – der für die existentielle Sicherung entscheidend ist – wird heute frühzeitig durch umfeldbezogene schul- und berufsbezogene Hilfen zu beeinflussen versucht. Heute werden unter J. alle sozialen und berufsbezogenen Maßnahmen und Eingliederungshilfen insbes. für Jugendliche mit unzulänglichem bzw. ohne Bildungsabschluß, arbeitslose Jugendliche (→ Jugendarbeitslosigkeit), jugendliche Zuwanderer aus den Aussiedlungsgebieten, aber darüber hinaus auch alle gezielten Hilfen für Kinder und Jugendliche ausländischer Familien und junge Menschen u. a. in → sozialen Brennpunkten verstanden.

Lit. Blandow u. a.: Erziehungshilfen; Blätter der Wohlfahrtspflege: Sonderheft (4/96); Breuer, K.-H.: Jugendsozialarbeit; Bundesarbeitsgemeinschaft Jugendaufbauwerk: Bildungsarbeit; Jordan u. a.: Jugendhilfe; Kreft u. a.: Perspektivenwandel.

Josef Faltermeier

Jugendsoziologie befaßt sich mit dem Verhältnis von Jugend (→ Jugendalter) und → Gesellschaft: Wie reagieren Jugendliche auf Gesellschaft und wie Gesellschaft (→ Medien, Politik, Öffentlichkeit, Sozialisationsinstanzen etc.) auf Jugend(liche)? Wie wird Jugend (als Übergang zwischen Kindheit [→ Kindesalter] und Erwachsensein und/oder als eigenständiger Sozialisationsabschnitt) subjektiv bewältigt und gesellschaftlich organisiert/kontrolliert? Jugend wird makrotheoretisch als »soziale Gruppe«, mikrotheoretisch als »Phase« im Sozialisationsprozeß (→ Sozialisation) gesehen.

Jugend wird als gesellschaftlich-historisches Phänomen dialektisch begriffen (z. B. als Faktor und Folge des → sozialen Wandels). In einfachen Kulturen gibt es, soziologisch gesehen, keine Jugend – »Initiationsriten« regeln den Übergang, typisch jugendliche Gruppen und Räume existieren nicht. Komplexe (unübersichtliche) Kulturen bilden Jugend als soziale Gruppe (Sub- oder Teilkulturen, peer groups) und als Sozialisationsphase aus (»gestreckte Pubertät«). Aktuelle jugendsoziologische Themen sind »Postadoleszenz« (erweiterte Jugend durch Studium, → Weiterbildung, → Jugendarbeitslosigkeit), »kulturelle Suchbewegungen«, »subkulturelle Stilbildungen«, Gewalt, Ost-West-Vergleiche, Geschlechtsunterschiede und Zukunftsperspektiven. Theoretische Perspektive ist dabei meist das Identitätsproblem (→ Identität).

Für die soziale Arbeit ist das jugendsoziologische Theorem »Jugend als soziales Problem/Jugendprobleme« relevant – konkrete Themen sind Generationenkonflikt, Identitätsdiffusion, Drogen-/Alkoholmißbrauch, Subkulturen, → Jugendreligionen, Rechtsextremismus und Gewalt, Arbeitslosigkeit, Stilbildungen und kulturelle Suchbewegungen. Neu hinzugekommen (für J. und soziale Arbeit) ist das Thema »Jugend und Jugendforschung in der DDR« und der »Ost-West-Vergleich«, hier vor allem in bezug auf Gewalt, Rechtsradikalismus und Arbeitslosigkeit.

Gerade hierbei wird deutlich, daß soziale Arbeit die politisch-ökonomisch verursachten Probleme und Konflikte bestenfalls individuell lindern und/oder ideologisch verschleiern, niemals jedoch ursächlich oder kollektiv lösen kann. Die Umdefinition gesellschaftlicher Probleme in Jugendprobleme und ihre »Pädagogisierung« wird am deutlichsten bei den aktuellen »Jugendproblemen«: Rechtsradikalismus, ausländische Jugendliche, Gewalt und Aggressivität, Arbeitslosigkeit und Protestverhalten.

Lit. Bolz u.a.: Jugendforschung; Brusten u.a.: Jugend; Deutsche Shell AG: Jugend '81; Friedrich u.a.: Jugend; Griese: Jugendtheorien; Jugendwerk der Deutschen Shell AG: Jugendliche. *Hartmut Griese*

Jugendstrafe ist die einzige Kriminalstrafe, die nach dem → Jugendgerichtsgesetz (JGG) verhängt werden kann. Sie gilt etwa als vorverbüßte Freiheitsstrafe i.S.d. § 57 Abs. 2 Nr. 1 StGB und wird – freilich mit für den Verurteilten gegenüber der → Freiheitsstrafe günstigeren Auskunftsregelungen und Tilgungsfristen – im → Bundeszentralregister vermerkt. Nach § 17 JGG wird J. verhängt, wenn in nicht unerheblichen Straftaten schädliche Neigungen des Jugendlichen oder des Heranwachsenden hervorgetreten sind, derentwegen → Erziehungsmaßregeln und → Zuchtmittel zur Erziehung nicht ausreichen, oder wenn die Schwere der → Schuld → Strafe erfordert. Unter »schädlichen Neigungen« versteht der BGH verfestigte Sozialisationsmängel, die eine weitere erhebliche Straffälligkeit befürchten lassen. In diesen Fällen muß die J. nicht positiv (als geeignete → Erziehung) erforderlich sein. Sie wird vielmehr verhängt, wenn andere Maßnahmen keinen Erfolg versprechen (Ultima ratio). Ihr Ziel ist aber → Resozialisierung, jedenfalls Spezialprävention (→ Prävention). Wird die J. aber mit der »Schwere der Schuld« begründet, dann hat sie stärker vergeltenden und schuldausgleichenden Charakter. Deshalb spricht Schaffstein zu Recht von der »Doppelnatur« der J.

Die Mindestdauer der J. beträgt 6 Monate, das Höchstmaß bei Jugendlichen 5 Jahre, bei Heranwachsenden und schwersten Verbrechen Jugendlicher 10 Jahre. J. bis zur Dauer von zwei Jahren wird bei guter Prognose zur Bewährung (→ Strafaussetzung zur Bewährung) ausgesetzt. Hat der Verurteilte ein Drittel der gegen ihn ausgesprochenen J. verbüßt, so kann ihn der für die jeweilige Jugendstrafanstalt zuständige Jugendrichter, der Vollstreckungsleiter, zur Bewährung entlassen (§ 88 JGG). Die Dauer der J. wird nach oben durch die Schwere des verschuldeten Unrechts begrenzt. Sie darf, auch wenn dies aus erzieherischen Gründen geboten sein sollte, nicht über diese Grenze hinausgehen. Sie kann aber, anders als die Strafe im allgemeinen → Strafrecht, aus den vorrangig zu beachtenden erzieherischen Gründen unter dem nach Tat und Schuld mindestens »Verdienten« festgesetzt werden. Die Strafrahmen des allgemeinen Strafrechts gelten nämlich nicht (§ 18 Abs. 1 Satz 3 JGG).

Lit. Böhm, A.: Jugendstrafrecht; Bruns: Strafzwecke; Eisenberg: Kriminologie; Meyer, M.-K.: Schwere der Schuld; Mrozynski: Jugendhilfe; Schaffstein: Schädliche Neigungen; Schaffstein u.a.: Jugendstrafrecht; Tenckhoff: Jugendstrafe.
Alexander Böhm

Jugendstrafrecht → Jugendgerichtsgesetz

Jugendstrafvollzug ist der Vollzug der → Jugendstrafe in einer Jugendstrafanstalt. Etwa 4 650 zu Jugendstrafe verurteilte junge Männer befanden sich im Sommer 1995 in 27 von den Landesjustizverwaltungen der Bundesländer unterhaltenen selbständigen Jugendstrafanstalten. Die 120 zu Jugendstrafe verurteilten jungen Frauen befinden sich in abgetrennten Abteilungen von Frauenstrafanstalten. Die Belegung der Jugendstrafanstalten ist seit 1983 zunächst stark zurückgegangen. Seit 1993 verändert sie sich kaum. Dies läßt sich zu einem guten Teil mit dem Rückgang dieser Altersgruppe in der Bevölkerung (»Pillenknick«) erklären, beruht aber zu einem weiteren Teil darauf, daß die Gerichte seltener Jugendstrafe verhängen.

Der J. bezweckt die → Erziehung des Jugendlichen zu einem rechtschaffenen und gesetzmäßigen Lebenswandel durch Ordnung, Schulunterricht, Berufsausbildung, Arbeit, Sport und sinnvolle Beschäftigung in der freien Zeit. Der Vollzug in freien Formen (Urlaub zu den Eltern, Ausgang aus der Anstalt, Freigang zur täglichen Arbeit oder Ausbildung in freien Betrieben außerhalb der Anstalt) spielt eine erhebliche Rolle. Die Beamten müssen für die Erziehungsaufgabe des Vollzugs ausgebildet und ausgewählt sein. Diese in § 91 JGG sehr allgemein formulierten Grundsätze werden durch eine Verwaltungsvorschrift (Bundeseinheitliche Verwaltungsvorschrift zum Jugendstrafvollzug vom 15. 12. 1976 i.d.F. vom 16. 5. 1980) präzisiert und ergänzt, die den J. freilich zu stark dem → Strafvollzug an Erwachsenen anpaßt. Es gibt aber mehr Ausbildungsmöglichkeiten in Schule und Lehrwerkstätten und mehr pädagogisch ausgebildetes Personal. In allen Bundeslän-

Jugendverbände

dern sind in den letzten Jahren Jugendstrafanstalten neu erbaut und bezogen worden oder doch wenigstens die alten grundlegend erneuert. Sie haben meist weniger Haftplätze als die Anstalten für Erwachsene. Vielerorts sind die jungen Gefangenen in kleinen Wohngruppen (10 bis 15 Insassen) unter Aufsicht von auf Dauer zugewiesenen, im Team arbeitenden Betreuern untergebracht. Teilweise wird unter Hinweis auf die schädlichen Folgen des J. (z.B. → Stigmatisierung) eine Abschaffung des J. gefordert, da auch ein reformierter J. als „totale Institution dem Jugendlichen keine Hilfestellung leisten könne. Bezogen auf 14- und 15jährige haben empirische Forschungen die Problematik des J. verdeutlicht. So junge Menschen verbüßen aber nur selten Jugendstrafe. Zwei Drittel der Insassen sind heute 20 Jahre und älter. Für sie, die dann ihre Strafen im allgemeinen Strafvollzug verbüßen müßten, brächte die Abschaffung des J. nur Nachteile.

Lit. Albrecht, P. A. u. a.: Vierzehn- und Fünfzehnjährige; Bulczak: Jugendanstalten; Bulczak u. a.: Jugendvollzugsgesetz-Entwurf; BMJ: Schlußbericht; Cornel: Geschichte; Dünkel: Freiheitsentzug; Papendorf: Kritik; Schüler-Springorum: Jugendstrafvollzug; Voss u. a.: Jugendstrafvollzugsreform. *Alexander Böhm*

Jugendverbände sind freiwillige Zusammenschlüsse junger Menschen mit dem Ziel, individuelle, soziale und politische Orientierung durch → Erziehung und → Bildung zu vermitteln und so persönliche → Identität und Wertorientierungen herauszubilden. Diese Aufgaben nehmen sie eigenständig neben den Erziehungsinstanzen Familie, Schule und Beruf wahr. Ihre wichtigsten Aufgaben sind Freizeitgestaltung und Interessenvertretung und insbesondere die Verknüpfung beider Bereiche. Grundlegende Charakteristika ihrer Tätigkeit sind Freiwilligkeit, Wertgebundenheit, Selbstorganisation und Ehrenamtlichkeit. Die Geschichte der J. reicht z. T. bis in die zweite Hälfte des 19. Jh. zurück. Einen ersten großen Aufschwung gab es zu Beginn des 20. Jh. Die Wurzeln der verschiedenen J. lagen dabei im Bereich der Kirchen sowie der bürgerlichen und der proletarischen Jugendbewegung.

Heute existieren eine Vielzahl von J., die sich bei einem Verzicht auf Details von ihren historischen Wurzeln und den Wertorientierungen her in den nachfolgenden Gruppen zusammenfassen lassen:
– konfessionelle Verbände: ihr politisches, pädagogisches und spirituelles Handeln orientiert sich am Evangelium und verfolgt einen ganzheitlichen Ansatz (z. B. Arbeitsgemeinschaft der Evangelischen Jugend, Bund der Deutschen Katholischen Jugend);
– humanitäre Verbände: bei ihnen ist der Wunsch nach körperlicher Unversehrtheit aller Menschen von grundlegender Bedeutung (z. B. Jugend der Deutschen Lebens-Rettungs-Gesellschaft oder des Deutschen Roten Kreuzes);
– gewerkschaftliche Verbände: zentraler Bezugspunkt ist hier die Orientierung am Beschäftigungsverhältnis und der dort anknüpfenden Interessenvertretung (z. B. DGB-Jugend, DAG-Jugend, Deutsche Beamtenbund-Jugend);
– politische Verbände: bei ihnen steht eine bestimmte Gesellschaftsanalyse und eine damit verbundene Zukunftsvision im Vordergrund (z. B. Sozialistische Jugend Deutschlands – Die Falken);
– auf den ländlichen Raum bezogene Verbände: bei ihnen bildet der Bezug zum ländlichen Raum, früher stärker zur Landwirtschaft, den Mittelpunkt (z. B. Bund der Deutschen Landjugend);
– naturbezogene Verbände: für sie bildet die Erhaltung der natürlichen Lebensgrundlagen das organisierende Prinzip (z. B. Naturschutzjugend, BUND-Jugend);
– kulturbezogene Verbände: bei ihnen stehen im weiteren Sinne das eigene oder auf fremde Kulturen bezogene Aktivitäten im Vordergrund (z. B. DJO/Deutsche Jugend in Europa);
– freizeit- und körperorientierte Verbände: den Ausgangspunkt bilden hier freizeit- und körperbezogene Aktivitäten, die sozialen und politischen Bildungszielen dienen (z. B. Deutsche Sportjugend, Jugend des Deutschen Alpenvereins);
– Pfadfinderverbände: bei ihnen bilden die historisch gewachsenen Prinzipien der Pfadfinderei den Ausgangspunkt des Selbstverständnisses (z. B. Deutsche Pfadfinderschaft Sankt Georg, Pfadfinderinnenschaft Sankt Georg, Bund Deutscher PfadfinderInnen, Verband christlicher Pfadfinderinnen und Pfadfinder).

Einige J. allerdings beziehen den Kern ihres Selbstverständnisses letztlich erst aus der Verbindung von zwei oder mehreren dieser Hauptorientierungslinien: wie Konfessionsbezug und Pfadfinderei, politische und kulturelle, kulturelle und pfadfinderische oder politische und auf die Natur bezogene Ausrichtung.

Ihre jeweilige Zusammengehörigkeit unterstreichen die J. durch Symbole (Abzeichen, Fahnen) und ggf. uniforme Kleidung (z. B. bei den Pfadfindern).

Auf den verschiedenen staatlichen Ebenen haben sich die J. i. d. R. zu → Jugendringen zusammengeschlossen. Die wesentlichen auf der Bundesebene angesiedelten J. sind – mit Ausnahme der Deutschen Sportjugend – im → Deutschen Bundesjugendring zusammengeschlossen.

Außerdem gibt es noch die Jugendorganisationen der politischen Parteien: Jungsozialisten, Junge Union, Junge Liberale, Jungdemokraten und das Grün-Alternative Jugendbündnis. Sie sind im Ring politischer

Jugend (RPJ), der zusammen mit dem Deutschen Bundesjugendring das Deutsche Nationalkomitee für internationale Jugendarbeit bildet, zusammengeschlossen.
Im Zentrum der Aufgabenstellung der J. liegt neben der gemeinsamen Freizeitgestaltung die Interessenvertretung durch Kinder und Jugendliche selbst sowie durch von ihnen gewählte Vertreter/-innen. Die J. verstehen sich als Anwälte der Kinder und Jugendlichen und nehmen für sich in Anspruch, die Interessen der Kinder und Jugendlichen in allen sie betreffenden Lebensbereichen zu vertreten. So entwickeln sie, ausgehend von ihrem Grundverständnis, daß Politik mit und für Kinder und Jugendliche Querschnittspolitik ist, Forderungen und Aktionen in den verschiedenen Bereichen der Gesellschaftspolitik, wie z. B. Schul-, Umwelt-, Friedens- oder Verkehrspolitik.
Im Mittelpunkt steht dabei weiterhin die Arbeit in und mit Gruppen, die sich für einen längeren Zeitraum zusammenfinden. Ergänzt wird die Angebotspalette der J. durch eine zunehmende Anzahl von Projekten sowie durch offene Angebote: so sind J. häufig auch Träger offener Jugendeinrichtungen.
Diese Gruppen werden, dies ist ein weiteres konstituierendes Merkmal der Jugendverbandsarbeit, von ehrenamtlichen Mitarbeiter/innen der J. geleitet (→ Ehrenamtliche/freiwillige Tätigkeit im sozialen Bereich). Diese Ehrenamtlichen der J. sind der entscheidende Transmissionsriemen, der die Interessen und Bedürfnisse der Kinder und Jugendlichen formulieren und realisieren hilft und der die Ziele und Wertorientierungen des jeweiligen Verbandes über sein konkretes Engagement vermittelt. Die Gemeinschaftserlebnisse, die die J. in ihrer Arbeit ermöglichen, gewinnen in einer Gesellschaft, in der die Individualisierung zunimmt, weiter an Bedeutung.
Um ihre Aufgaben wahrnehmen zu können, werden die J. von den verschiedenen staatlichen Ebenen gefördert. Gesetzliche Grundlage dafür ist § 12 des → Kinder- und Jugendhilfegesetzes (KJHG – SGB VIII).
Lit. Böhnisch, u. a.: Jugendverbände; Deutscher Bundesjugendring: Jugendverbände.
Ronald Berthelmann

Jugendwohlfahrtsgesetz (JWG) Als Reichsgesetz für Jugendwohlfahrt (RJWG) am 9. 7. 1922 verkündetes und am 1. 4. 1924 in Kraft getretenes Rahmengesetz für die → Jugendhilfe (Allg. Aufgaben der Jugendfürsorge und → Jugendpflege), das früheres Landesrecht ablöste. Reduzierungen im Grad der Verpflichtung (1924-1932) und die Aufhebung demokratischer Strukturen durch die NS (1939) wurden nach dem 2. Weltkrieg zurückgenommen (u. a. Jugendwohlfahrtsausschuß 1953). Als JWG wurde das Gesetz (verkündet am 11. 8. 1961, in Kraft seit 1. 1. 1962) Grundlage des Aufbaus der Jugendhilfe. Klassische Aufgaben wie → Pflegekinderschutz und → Amtsvormundschaft wurden aus dem RJWG übernommen. Die → Freiwillige Erziehungshilfe ergänzte die → Fürsorgeerziehung (FE) zur → Öffentlichen Erziehung, die institutionelle Heimaufsicht den → Schutz von Kindern (und Jugendlichen) in Einrichtungen. Durch Urteil vom 18. 7. 1967 (BVerfGE 22, 180 und NDV 1967 S. 227) wurde die Verfassungsmäßigkeit (→ Subsidiarität) bestätigt. Nach vielen Änderungen, insb. bei allg. Reformen (Aufnahme in das → Sozialgesetzbuch/SGB I 1975) wurde das JWG mit Übergängen ab 1. 1. 1991 durch das → Kinder- und Jugendhilfegesetz als SGB VIII abgelöst.
Günter Happe

Jugendwohlfahrtspflege → Jugendhilfe

Jugendwohnheime, bekannter unter der älteren Bezeichnung Lehrlingswohnheime, sind in den Nachkriegsjahren als Teil der berufsbezogenen Erziehungs- und Bildungshilfen (→ Hilfe zur Erziehung [HzE]) für die »arbeits-, berufs- und heimatlose Jugend« entstanden und stellen den wichtigsten Arbeitsbereich der → Jugendsozialarbeit dar.
§ 13 → Kinder- und Jugendhilfegesetz (KJHG – SGB VIII) bestimmt solche Erziehungshilfen während der Berufsvorbereitung, -ausbildung und -tätigkeit einschließlich der Unterbringung außerhalb des Elternhauses zu den Aufgaben des → Jugendamtes (JA) bzw. zu fördernder → freier Träger.
1972 gab es 900 J., ca. 90% davon in konfessioneller Trägerschaft; 1981 noch 730 J. mit ca. 40 000 Plätzen. In der neuesten Einrichtungsstatistik des Bundes (1994) sind J. nicht mehr aufgeführt; sie zählen zu den 643 Einrichtungen der → Jugendsozialarbeit.
Christian Schrapper

Jugendzentrumsbewegung ist historisch zu verstehen vor dem Hintergrund der gesellschaftlichen Verhältnisse sowie des Zielrahmens der Protestbewegung zum Ausgang der 60er Jahre (Außerparlamentarische Opposition, Lehrlings-, Schüler-, Studenten-, Sozialarbeiterbewegung). In ihr artikulierte sich ein Protest gegen gesellschaftliche Verkehrsformen, die sich entgegen öffentlichen Ankündigungen von mehr Demokratie und → Partizipation in allen gesellschaftlichen Bereichen durch autoritäre Familien-, Ausbildungs-, Arbeitswelt- und Freizeitstrukturen auszeichneten (→ Autorität).
Die Studentenbewegung hatte aus ihren Erfahrungen mit gesellschaftlichen Widersprüchen, z. B. im Vietnamkrieg, den Anspruch auf gesellschaftliche Autonomie (z. B.: → Selbstverwaltung, Selbstorganisation) als »konkrete Utopie« wiedergeboren.

Daran orientiert, lauteten die zentralen Forderungen der Jugendzentrumsinitiativen als einer »jugendspezifischen Variante von Bürgerinitiativen« (Lessing u. a., S. 189):
– Selbstbestimmung der Lebensäußerungen,
– Abschaffung von Zwang und Kontrolle,
– Aufhebung von Isolation und Entfremdung.
Die auf Bundesebene weitgehend unorganisiert und spontan sich artikulierenden Gruppen erhoben als gemeinsame Forderung die Einrichtung selbstverwalteter Jugendzentren.
Neben diesem qualitativen »Emanzipationsaspekt« war konkreter Anlaß dafür ein quantitativer »Versorgungsaspekt« (Damm u. a., S. 72) und die nicht zu übersehende Misere der Freizeitsituation Jugendlicher insbes. in kleineren Gemeinden und im ländlichen Raum. Die Kritik richtete sich gegen die zumeist mittelschichtorientierten Angebote der → Jugendpflege und gegen die kommerzielle und zu teuere Freizeitindustrie (z. B. Diskotheken).
Nach anfänglicher Skepsis und Verunsicherung fanden im Zuge einer Phase staatlicher Reformpolitik zu Beginn der 70er Jahre beide Aspekte Unterstützung, insbes. von Teilen der Sozialdemokratie und der Jungdemokraten. In Hessen gab es Richtlinien zur »Förderung von Jugendmodellclubs« und »Förderungsrichtlinien für Jugendzentrumsinitiativgruppen«. Während in die 1. Phase der J. von den Jugendlichen beide Bedürfnisse (Emanzipations- und Versorgungsaspekt) eingebracht werden konnten, kam es nach Durchsetzung der Räumlichkeiten zu Konflikten zwischen Jugendlichen mit der dominanten Erwartung, daß nun im Jugendzentrum »etwas geboten werden müsse« und jenen, die erwarteten, »daß alle Jugendlichen ihre Interessen selbst zu organisieren in der Lage sein sollten« (Damm u. a., S. 72). Nach 1974, im Zuge der ökonomischen Krise und der allgemeinen gesellschaftlichen Restauration, wurde zunächst die Kompetenz zur Mittelvergabe vom Land auf die Kommunen übertragen. Der Emanzipationsaspekt trat immer stärker in den Hintergrund, der Kontrollaspekt bei der Förderung von Initiativgruppen gewann die Überhand. Mittel wurden nur noch an solche Gruppen und Verbände vergeben, die ihr offensives Eintreten für die freiheitlich-demokratische Grundordnung nachwiesen und über qualifizierte, d. h. über formal ausgebildete → Fachkräfte verfügten (Herrenknecht u. a., S. 17).
Nach einer Übergangsphase, die durch Rücknahme sowohl des Emanzipations- wie des Versorgungsaspektes und durch Betonung von Kontrolle gegenüber Emanzipation gekennzeichnet war, engagierten sich Teile der J. in der Friedensbewegung, der Ökologiebewegung, in → Selbsthilfegruppen usw.

Heute ist zu beobachten, daß Ideen und Prinzipien der J. wie Stadtteilorientierung, Lebensweltbezug (→ Lebenswelt) usw. in aktuelle Formen der offenen → Jugendarbeit, der → Jugendkulturarbeit sowie auch in den 8. Jugendbericht Eingang fanden.
Lit. BMJFFG: 8. Jugendbericht; Damm u. a.: Jugendpolitik; Herrenknecht u. a.: Jugendzentrumsbewegung; Lessing u. a.: Jugendzentrum. *Manfred Wolf*

Junge Menschen/Volljährige, Hilfen für
→ Hilfen für junge Menschen/Volljährige

Junger Mensch/Volljähriger → Altersstufen im Recht

Juristische Person Gem. Art. 9 Abs. 1 GG (Vereinigungsfreiheit) ist das grundrechtlich geschützte Recht eingeräumt, Vereine bzw. Gesellschaften zu bilden. Neben den natürlichen Personen (allen Menschen) definiert die Rechtsordnung daher bestimmte rechtlich geregelte »soziale Organisationen« als Rechtssubjekte, d. h. ihnen wird eine allgemeine → Rechtsfähigkeit zuerkannt. Für die so beschriebenen j. P. ist kennzeichnend, daß sie eine eigene Rechtspersönlichkeit besitzen, unabhängig von den ihr angehörenden oder sie verwaltenden natürlichen Personen. Sie können soziale Aufgaben z. B. auf den Gebieten der Jugend- und Sozialhilfe übernehmen und dienen gleichzeitig auch als »Haftungsschirm« für die beteiligten Mitglieder. Zu unterscheiden sind: j. P. des → öffentlichen Rechts (1) und j. P. des Privatrechts (2).
1) Zu nennen sind die Gebietskörperschaften (z. B. Bund, Länder, Gemeinden), die im Privatrechtsverkehr als Fiskus bezeichnet werden, sowie die anderen Körperschaften, Anstalten und Stiftungen des öffentlichen Rechts (z. B. die Religionsgemeinschaften, Universitäten, Rundfunkanstalten); alle sind meist selbständig gewachsene Gebilde oder haben schon immer am Rechtsleben teilgenommen, so daß eine ausdrückliche Verleihung oder Anerkennung der Rechtsfähigkeit entfällt. Kennzeichnend ist die Wahrnehmung hoheitlicher oder gemeinschaftswichtiger Aufgaben. Ihre Organisation wird i. d. R. durch Gesetze öffentlichrechtlich festgelegt, insbes. die Vertretungsbefugnisse und die Haftungsfragen der Organe, durch sie sie handelt.
2) J. P. des Privatrechts sind auf Grund von staatlicher Genehmigung oder Verleihung (Konzessionssystem) bzw. auf Grund von Eintragung in einem öffentlichen Register entstehende Gebilde mit eigener Rechtsfähigkeit (z. B. eingetragene → Vereine, rechtsfähige → Stiftungen, GmbH usw.). Die j. P. des Privatrechts, insbes. der eingetragene Verein, sind wichtige Organisationsformen für die Übernahme von Aufgaben der öffentlichen Jugend- und Sozialhilfe (→ Freie Träger). Für die Praxis sind

Kenntnisse der Organisationsprinzipien aller j. P. im Hinblick auf Vertretungsbefugnisse sowie Haftungsfragen von besonderer Bedeutung. Die j. P. haftet für ihre Organe und verfassungsmäßig berufenen Vertreter gem. § 31 BGB. Dies gilt auch für j. P. des öffentlichen Rechts, soweit diese fiskalisch tätig werden, § 89 Abs. 1 BGB; bei hoheitlicher Tätigkeit tritt → Amtshaftung oder → Staatshaftung ein.
Lit. Creifelds: Staatsbürgertaschenbuch; Ossenbühl: Staatshaftungsrecht; Reichert u. a.: Vereins- und Verbandsrecht; Rüthers: BGB; Schwab: Zivilrecht. *Jost Bauer*

K

Kaiserliche Botschaft → Soziale Gerechtigkeit, → Sozialpolitik

Kameralistik → Haushalt

Kann-Leistung Im Sozialleistungsrecht eine Leistung, die nach dem Wortlaut des Gesetzes gewährt werden »kann«. Kann-Vorschriften stellen die Gewährung der Leistung in das → Ermessen der Behörde. Diese ist grundsätzlich frei, ob sie von der Ermächtigung zur Leistung Gebrauch machen will oder nicht, solange sie ihrer Entscheidung sachgerechte Erwägungen zugrunde legt. Es sind also mehrere Entscheidungen gleichermaßen rechtmäßig. Auch hält es sich grundsätzlich im Rahmen rechtmäßiger Anwendung einer Kann-Vorschrift, wenn die Leistung vorrangig wegen der angespannten Haushaltslage beim Leistungsträger versagt wird. Der Unterschied zur → Soll-Leistung besteht darin, daß vom Gesetz kein typisierter Fall vorgegeben wird, der den Ermessensspielraum bis auf ein geringes Maß einschränkt. Auch bei K.-L. sind jedoch dem Ermessen Grenzen gesetzt, die vor allem Willkür und Ungleichbehandlung gleicher Tatbestände verbieten. Daneben erfolgt in der Praxis vielfach Selbstbindung bei der Anwendung von Kann-Vorschriften durch Verwaltungsvorschriften, Richtlinien und dgl. Im Interesse einer Stärkung der Rechtsposition des Bürgers ist die K.-L. im Sozialleistungsrecht die Ausnahme; einzelne Leistungsgesetze wie das Wohngeldgesetz (→ Wohngeld) oder das Bundeskindergeldgesetz (→ Kindergeld) kennen sie überhaupt nicht. Eine größere Rolle spielt sie dagegen im Fürsorgebereich, obwohl auch hier der → Rechtsanspruch auf die Leistung der Grundsatz ist (§ 4 Abs. 1 BSHG). *Manfred Streppel*

Kassenärztliche Versorgung → Vertragsärztliche Versorgung

Kastration In seiner allgemeinen und medizinischen Bedeutung wird mit diesem Begriff die operative Entfernung der Keimdrüsen oder die auf Dauer angelegte Ausschaltung ihrer Funktionsfähigkeit, etwa durch Röntgenstrahlen oder durch hormonelle Behandlung, bezeichnet. Unfruchtbarkeit ist unvermeidliche Folge, aber niemals eigentlicher Zweck der K. als korrekt indizierter ärztlicher Eingriff zu Heilzwecken, etwa im Rahmen einer Tumorbehandlung. Hier gelten auch die gleichen rechtlichen Regeln wie bei jedem ärztlichen Eingriff. In dem »Gesetz über die freiwillige K. und andere Behandlungsmethoden (KastrG)« vom 15. 8. 1969 geht es um eine spezielle Variante der K., nur des Mannes, als »eine gegen die Auswirkungen eines abnormen Geschlechtstriebes gerichtete Behandlung« (§ 1 KastrG). Von »Entmannung« ist zutreffend nicht mehr die Rede, weil durch die K. die geschlechtliche Identität sicher nicht tangiert wird. Die chirurgische K., lege artis durchgeführt, gilt als weitgehend unproblematisch. Wie bei jedem operativen Eingriff kann es aber vereinzelt zu Komplikationen kommen, in extremen Ausnahmefällen auch mit tödlichem Ausgang, wie der Fall des Jürgen Bartsch gezeigt hat. Das Ergebnis der K. ist irreversibel. Wie es vom Betroffenen verarbeitet wird, ist nicht zuletzt von der nachoperativen Betreuung (→ Psychotherapie) abhängig. Unerwünschte Nebenwirkungen lassen sich kompensieren. Durch Hormonabgaben kann ein nach K. mehr oder weniger erloschener Sexualtrieb wieder mobilisiert werden, was im Fall Grabowski/Bachmeier (Lübeck 1981) eindrucksvoll demonstriert wurde. Berücksichtigt man, daß eine K. nur bei bestimmten schweren Formen von Sexualdelinquenz mit großer Rückfalltendenz als Ultima ratio der Behandlungsmöglichkeiten in Betracht kommt, dann verdient die aus verschiedenen Nachuntersuchungen ermittelte Rezidivquote von 2 bis 4%, gegenüber 40 bis 50% bei nichtkastrierten Sexualdelinquenten dieser Kategorie, besondere Beachtung. Der kriminalpräventive Effekt der K. wird nach heute überwiegender Meinung als empirisch gesichert angesehen (Langelüddeke, Wille). Trotzdem hat das KastrG in § 3 Abs. 3, 4 die »Zwangsk.«, auch bei verminderter oder aufgehobener Einwilligungsfähigkeit, auf ein theoretisches Minimum reduziert. Dazu kommt, daß mit dem am 1. 1. 1992 in Kraft getretenen BtG (→ Betreuungsrecht) auch bei einem zustimmenden Votum der Gutachterstelle gem. § 5 KastrG ein bestellter Betreuer seine beabsichtigte Einwilligung in eine K. dem → Vormundschaftsgericht (VormschG) zur Genehmigung vorlegen muß, entsprechend dem Vorgehen bei der Sterilisation (§ 1905 Abs. 2 BGB n. F.). Nach Wille betrug die Zahl der K. von 1970 bis 1980 pro Jahr 10 bis 12. In einer Antwort der Bundesregierung vom 8. 5. 1989 auf eine umfangreiche Anfrage der Fraktion »Die Grünen« wird die Zahl der seit 1980 durchgeführten Ein-

griffe mit etwa 5 pro Jahr angegeben (BT-Drucks. 11/4496).
§ 4 KastrG spricht von »anderen Behandlungsmethoden«, die »gegen die Auswirkungen eines abnormen Geschlechtstriebes« gerichtet sind. Die Verwendung gegengeschlechtlicher Hormone, der Östrogenderivate, ist wegen schlechter Steuerbarkeit der Wirkungen bald wieder in den Hintergrund gerückt. Die Antiandrogenbehandlung mit Cyproteronacetat erschien zunächst recht erfolgversprechend, sie wird aber heute zunehmend kritischer beurteilt.
Durch die vom KastrG nicht erfaßte stereotaktische Hypothalamotomie, ein hirnchirurgischer Eingriff, soll vor allem eine Triebdämpfung bei Erhaltung der endokrinen Funktionen und der Zeugungsfähigkeit bewirkt werden. Für eine verbindliche Erfolgsbewertung sind die bisherigen Erfahrungen zu klein. Mit der berüchtigten »Psychochirurgie«, die bei uns nie eine Rolle gespielt hat, haben diese Eingriffe kaum etwas zu tun. Das Sturmlaufen gegen diese wie andere somatische Behandlungsverfahren in der → Psychiatrie ist wissenschaftlich und ethisch nicht begründbar, beruht auf ideologischen Vorurteilen. Es waren ja gerade die somatischen Verfahren, wie z. B. die → Psychopharmaka, die in weiten Bereichen der Psychiatrie den wirkungsvollen Einsatz von Psychotherapie und Sozialpädagogik überhaupt erst ermöglicht haben. Das gilt auch für die schweren Deviationen des Sexualverhaltens mit ihren dissozialen und kriminellen Folgen.
Lit. Ehrhardt: Psychiatrie; Fülgraff, G. u. a.: Hirnoperationen; Heim, N.: Kastration; Heimann, H.: Implikationen; Horn, H.J.: Triebtäter; Langelüddeke: Entmannung; Schwalm: Kastration; Wille: Kastrationsforschung.   *Helmut E. Ehrhardt*

Kasuistik (lateinisch casus = Fall) bedeutet Sammlung und Erörterung von Einzelfällen. Besonders in der kirchlichen Morallehre bekannt, aber auch in der Rechtslehre und Medizin. Bei schwierigen (Gewissens-) Entscheidungen, die allein mit den internen Entscheidungsfaktoren nicht gefällt werden können, werden zur Hilfeleistung einander ähnliche Konstellationen verglichen. In der Sozialarbeit steht K. für Falldiskussion:
a) Fälle werden vorgestellt und in bezug auf mögliche diagnostische Einschätzungen (→ Diagnose) diskutiert.
b) Anhand von Falldarstellungen werden Interventionskonzepte (→ Intervention) erörtert.
c) Ausgewählte Probleme werden mit Hilfe von Falldarstellungen diskutiert und verglichen.   *Dietmar Müllensiefen*

Katamnese (griechisch: erinnere mich) ist die kritische Reflexion über den Verlauf einer → helfenden Beziehung. Sie ist Teil des fachlichen Hilfeprozesses zur Kontrolle von → Anamnese, Prognose und des Behandlungserfolges. Im Unterschied zur → Supervision erfolgt bei der K. die Kontrolle durch den Hilfegewährenden selbst, ggf. unter Einbeziehung von → Exploration und standardisierter → Befragung. Im Wege der Nacherhebung ist insbes. zu überprüfen, in welchem Umfang den Prinzipien der helfenden Beziehung (→ Individualisierung, problemorientierte Arbeit, angemessene Problemlösungsstrategien) und den → Therapeutenvariablen entsprochen worden ist. Die Komplexität des Hilfeprozesses unter Einbeziehung der Persönlichkeit des Hilfegewährenden (Therapeuten) indiziert eine solche Nacherhebung mit dem Ziel einer vertieften Praxisdurchdringung unter Ausschaltung der Störfaktoren zur Effizienzsteigerung der Hilfegewährung (→ Supervision). Eine solche Nacherhebung ist insbes. dann geboten, wenn Entscheidungen im Rahmen des Hilfeprozesses unter Zeitdruck oder aufgrund unvollständiger Informationen erfolgen mußten.   *Helmut Vent*

Katatonie → Schizophrenie

Kathartische Methoden → Psychodrama

Katholische Akademie für Jugendfragen ist eine bundeszentrale Fortbildungsstätte (→ Fortbildung) für → Fachkräfte in der → Jugend-, → Sozial- und Bildungsarbeit. Der Lernansatz der Akademie ist erfahrungs- und lebensweltorientiert und auf das Berufsfeld bezogen. In den Kursen kommen persönlichkeitsbildende und gruppendynamische Lernmethoden zur Anwendung. Jeder Kurs wird von einem interdisziplinären Dozententeam inhaltlich und prozeßorientiert begleitet. In den mittelfristigen methodischen Fortbildungsangeboten geht es um die Kompetenzerweiterung für die Leitung und Beratung von Gruppen, die berufliche Identität, themenzentrierte Interaktion, pastorale Beratung, Bibliodrama und kollegiale Beratung in der Schule; in den längerfristigen → Weiterbildungen um die Qualifizierung für → Supervision, Organisationsleitung und -entwicklung.
Neben den Fort- und Weiterbildungsangeboten hat die Akademie thematische Einzelveranstaltungen in ihrem Programm. Sie trägt dadurch zum Dialog zwischen der Praxis der Jugendarbeit und der Jugendforschung bei. Die Akademie beteiligt sich auf Anfrage bei externen Fortbildungsveranstaltungen und führt Organisations-, Team- und Konzeptentwicklungsberatungen durch. Träger der Akademie ist ein Verein, dem der → Deutsche Caritasverband (DCV), das Jugendhaus Düsseldorf, der Verband der Diözesen Deutschlands und das Belegenheitsbistum Köln angehören.
Anschrift: Ludwig-Wolker-Str. 10, 51513 Odenthal.   *Gerhard Kruip*

Kausalprinzip Kausalität (lateinisch causa = Ursache) ist der gesetzmäßige Zusammenhang zwischen den (zeitlich früheren) Ursachen und ihren Wirkungen. Im Recht dient Kausalität im allgemeinen dazu, einem Verursacher die Verantwortung für eine bestimmte Wirkung zuzurechnen. Die Strafe für einen strafbaren Erfolg trifft nur den, der ihn verursacht hat. Auch die Pflicht, einen Schaden auszugleichen, trifft nur den, der ihn verursacht hat. Dabei ist Ursache jede Bedingung, die nicht hinweggedacht werden kann, ohne daß der Erfolg entfiele (conditio sine qua non). Die Verantwortlichkeit eines Verursachers setzt deshalb weitere, einschränkende Kriterien voraus: so im → Strafrecht das Verschulden (Vorsatz, Fahrlässigkeit); im Privat- und Staatshaftungsrecht (nach Bereichen verschieden) Verschulden (→ Schuld), eine mit einer Ursache verbundene typische Gefahr (Gefährdungshaftung), unmittelbare Kausalität (im öffentlichen Entschädigungsrecht) oder zumindest Vorhersehbarkeit (Adäquanztheorie).
Im Recht der → sozialen Sicherheit führt Kausalität dagegen nicht auf einen Verursacher, sondern auf ein Sicherungssystem, das gegen Schäden sichert, die in bestimmten Risikobereichen verursacht wurden: gegen Arbeitsunfälle und ähnliche Unfälle sichert die → Unfallversicherung; gegen Schäden im Verantwortungsbereich des staatlichen Gemeinwesens sichert das soziale Entschädigungsrecht (z. B. die → Kriegsopferversorgung; → Soziale Entschädigung). Dem entspricht eine spezifische Theorie der »wesentlichen Bedingung«, die auf die besondere innere Beziehung zwischen in den gesicherten Risikobereich fallenden Ursachen und dem Schaden abstellt. Ihre Aufgabe ist es, den Garantiebereich des spezifischen Sicherungssystems vom allgemeinen Lebensrisiko und den Garantiebereichen anderer Haftungs- und Sicherungssysteme abzugrenzen. Die → Rechtsprechung sucht diese Aufgabe zumeist in einer schwer überschaubaren Kasuistik zu lösen. Indem es weite Bereiche aus der allgemeinen sozialen Sicherung herauslöst und besonderen Systemen zuweist, die entsprechend spezifische Leistungen vorsehen, erscheint das K. als ein besonderes Gestaltprinzip der sozialen Sicherung, das dem → Finalprinzip gegenübergestellt wird. In Wirklichkeit jedoch ist soziale Sicherung ein komplexes Gewebe aus kausalen und finalen Elementen.
Lit. Gitter: Schadensausgleich; Schöpf: Schäden; Schulin: Kausalitätsbegriff; Schulin: Entschädigungsrecht.
Zum Gegensatz K. – Finalprinzip s. Lit. zu → Finalprinzip. *Hans F. Zacher*

Kennziffer → Verwaltungsmodernisierung

Kieferorthopädische Behandlung Die → Krankenkassen übernehmen für ihre Versicherten die Kosten der k. B. (§ 29 SGB V; → Sozialgesetzbuch [SGB]). Dazu gehören sowohl die zahnärztliche Behandlung als auch die im Rahmen der Behandlung notwendig werdenden zahntechnischen Leistungen. Voraussetzung für den Leistungsanspruch ist, daß die k. B. medizinisch begründet ist. Der Leistungsanspruch beläuft sich während der – regelmäßig 3- bis 4jährigen – Dauer der k. B. auf 80% der zulässigen Kosten. Als zulässige Kosten sind diejenigen anzusehen, die der Zahnarzt/ Kieferorthopäde im Rahmen der kassen-/ vertragszahnärztlichen Versorgung erbringt und für die er die in den vertraglichen Vereinbarungen mit den Krankenkassen vorgesehene Vergütung erhält. Den verbleibenden Eigenanteil in Höhe von 20% muß der Versicherte zunächst selbst bezahlen; er wird ihm erstattet, wenn die Behandlung planmäßig abgeschlossen worden ist. Bei gleichzeitiger k. B. mehrerer Kinder wird die Leistung der Krankenkasse für das 2. und jedes weitere Kind auf 90% der zulässigen Kosten angehoben.
Wird die k. B. abgebrochen, endet damit zugleich die laufende Kostenerstattung. Der Abbruch der k. B. hat darüber hinaus zur Konsequenz, daß der vom Versicherten zu tragende Eigenanteil zu dessen Lasten verbleibt. Diese Konsequenz tritt unabhängig vom Verschulden des Versicherten oder der tatsächlichen Unmöglichkeit des planmäßigen Abschlusses der k. B. ein (z. B. der Vater des behandelten Kindes wird für längere Zeit ins Ausland versetzt; die Familie gibt den Inlandsaufenthalt auf). Wechselt der Versicherte während der k. B. die Krankenkasse, übernimmt die neue Krankenkasse mit Beginn des neuen Vierteljahres die Leistung. *Harald Kesselheim*

Kind → Altersstufen im Recht, → Kindesalter

Kindchenschema Nach Lorenz ein angeborener Auslösemechanismus, mit dem Erwachsene auf Kleinkinder ansprechen. Die morphologischen und motorischen Eigenschaften von Kleinkindern (relativ großer Kopf, Überwiegen der oberen Kopfpartie, große und niedriger gelegene Augen, kurze Extremitäten, rund wirkender Körperbau, täppische Bewegungen) lassen die Kinder, aber auch (junge) Tiere oder Attrappen (Puppen, Comic-Figuren) »niedlich« oder »herzig« erscheinen. Diese Eigenschaften stellen eine biologisch relevante Reizsituation (Schlüsselreiz) dar, die aufgrund von Reizsummierung bei allen normalen Erwachsenen gleichartig Pflegeverhalten, aber die Bereitschaft, Schwächeren zu helfen, auslösen soll. Angeborene Schemata sind zwar beim Menschen von → Lernen und Einsicht überdeckt, stellen aber nach Lorenz

als »endogen-automatische« Verhaltensmuster »starre Strukturelemente« unserer Gesellschaft dar (→ Verhaltensforschung).
Lit. Eibl-Eibesfeldt: Verhalten; Lorenz, K.: Erfahrung.
Lothar Tent

Kinderbeauftragte/-r Aus zwei Bestimmungen des → Kinder- und Jugendhilfegesetzes (KJHG) läßt sich ableiten, daß das → Jugendamt (JA) mehr sein soll als eine pädagogische Fachbehörde zur kompetenten Ausführung einzelner im Gesetz detailliert beschriebener Aufgaben bzw. Leistungen. § 1 Abs. 3 Ziff. 4 KJHG weist der → Jugendhilfe den Auftrag zu, dazu beizutragen, positive Lebensbedingungen für junge Menschen und ihre Familien sowie eine kinder- und familienfreundliche Umwelt zu erhalten oder zu schaffen. § 8 Abs. 2 KJHG gibt den Kindern und Jugendlichen das Recht, sich nicht nur in Fragen ihrer → Erziehung, sondern auch in solchen, die ihre allgemeinen Entwicklungsbedingungen betreffen, an das JA zu wenden.
Dies stellt für die JÄ eine neuartige Herausforderung dar, der sie nicht ohne weiteres gerecht werden können. Vom Image her immer noch mehr Kontroll- und Eingriffsbehörde und von der Organisationsstruktur bzw. den Arbeitsplatzbeschreibungen ihrer → Fachkräfte her allenfalls ausgestattet, den dezidierten Aufgaben bzw. Leistungen des KJHG gerecht zu werden, fehlt ihnen zum einen die Attraktivität, um als Interessenvertreter für Kinder und Jugendliche angenommen zu werden, und zum anderen Kompetenz und Personalkapazität, um eine konsequente Einmischung in die Verwaltungsressorts und Politikfelder zu betreiben, die mit ihren Entscheidungen letztlich die Entwicklungsbedingungen der Kinder und Jugendlichen determinieren.
Nach dem Modell des/der norwegischen Kinderombudsmannes/-frau sind in den letzten Jahren insbes. aufgrund permanenten Drängens des → Deutschen Kinderschutzbundes e.V. (DKSB) zunehmend Modelle zur Kinderinteressenvertretung auf Bundes-, Länder- und kommunaler Ebene entstanden. Der Begriff K. hat dabei besondere Akzeptanz erfahren, wohl weil er dem norwegischen Vorbild am nächsten kommt. Daß er sich auf die Altersgruppe der Kinder beschränkt, erklärt sich aus dem Anspruch der Befähigung Jugendlicher zur eigenen Wahrnehmung ihrer Interessen. Z.Z. gibt es auf Bundesebene die interfraktionelle Kinderkommission, bei einzelnen Landesregierungen K., in Kommunen K., Kinderbüros, Unterausschüsse »Kinder« (der → Jugendhilfeausschüsse), Kinderparlamente, ein Amt für Kinderinteressenvertretung (Köln), Aktionen und Arbeitsgruppen für kinderfreundliche Städte bzw. Verwaltungen, Beteiligungsverfahren im Rahmen von Planungen und Konzepten (Kinderfreundlichkeits- bzw. -verträglichkeitsprüfungen), Aktionen rund um den Weltkindertag (20. September).
Streitig ist, mit welcher Zuordnung K., Kinderbüros o.ä. die größere Wirkung erzielen können. Die JÄ bestehen auf ihrem Gesetzesauftrag. Kritiker der alltäglichen Arbeit der JÄ verweisen auf kinder- und familienunfreundliche Erfahrungen, die sie mit JÄ gemacht haben. Gesucht wird ein Modell, das sowohl Einfluß auf Verwaltung wie auch auf Politik, öffentliche Meinung und die großen gesellschaftlichen Gestaltungskräfte (z.B. Wirtschaft) garantiert. Vielversprechend erscheint hier das sog. Essener Modell, in dem ein Kinderbüro (Fachdezernat/JA) auf die Verwaltungsressorts in Sachen einer Kinderfreundlichkeitskontrolle einwirkt, zugleich Geschäftsstelle für eine verwaltungs- und politikunabhängige Aktionsgemeinschaft »Großstadt für Kinder« ist, und der Stadtrat über einen Unterausschuß »Kinder« des Jugendhilfeausschusses, dessen Vorsitzender als »K.« gilt, erreicht werden soll. Es wird letztlich der Evaluationsforschung (→ Evaluation) vorbehalten sein, herauszufinden, mit welchen Konzepten, Modellen oder Verfahren den Belangen der Kinder in unserer Gesellschaft am wirkungsvollsten Geltung verschafft werden kann.
Lit. Greese: Entdeckung.
Dieter Greese

Kinderbüro/Familienservice besteht als innovatives Angebot zur besseren Vereinbarkeit von Familie und Beruf seit 1992. Im Kontext der Tagesmütter- und Mütterzentrums-Bewegung wurde das erste Kinderbüro von Mitarbeiterinnen des → Deutschen Jugendinstituts (DJI) in München gegründet. Als freiberufliches Beratungsunternehmen gegründet, ist aufgrund des schnellen Wachstums (von 200 Betreuungsplätzen 1992 auf 1 500 Plätze 1995) an die Überführung in eine GmbH 1996 gedacht.
K./F. repräsentieren in der Konzeption einen Schritt in die Richtung, soziale Aufgaben (hier der Kinderbetreuung als Mittel der besseren Vereinbarkeit von Familie und Beruf) gemeinsam durch Betriebe, öffentliche Hand und Privatpersonen (Eltern) zu finanzieren. Kernaufgabe des K./F. sind Informationen und individuelle Beratung von Eltern als Mitarbeiter/-innen der beteiligten Firmen, Betriebe, Arbeitsstätten bei der Suche nach Kinderbetreuung, die dem besonderen Bedürfnis des jeweiligen Arbeitsplatzes gerecht wird. (40% Tagesmütter, 25% Kindergruppe, 15% Kinderfrauen, Notmütter, Babysitter, Au-pairs, 5% gegenseitige Betreuung von Eltern [care-sharing], 15% Beratung überwiegend für Kinder unter 3 Jahren; vereinzelt Schulkinder).
1996 gab es K./F. an 16 Orten – meist Großstädten. Ausgehend vom Gründungsnamen »Kinderbüro« hat sich nunmehr überwiegend die Bezeichnung »Familienservice«

durchgesetzt und markiert damit auch Struktur-Veränderungen in den Aufgaben bis hin zur Vermittlung von Pflegediensten für ältere Angehörige.
50 Firmen bieten bisher ihren Mitarbeiter/-innen diese Dienstleistung an. An den jeweiligen Orten kooperieren K./F. mit den regionalen Trägern der Tagesbetreuung (Tagesmüttervereine, Elterninitiativen, Pflegekindervereine etc.; auch → Jugendämtern).
Lit. über Kinderbüro/Familienservice für Unternehmen und öffentliche Institutionen: Gisela-Anna Erler, Zenettistr. 27, 80337 München. *Brigitte Martin*

Kinderdorf Familienstrukturierte, überregionale Einrichtung nach § 34 SGB VIII als → Hilfe zur Erziehung (HzE) für Kinder und Jugendliche (auch größere Geschwistergruppen), die eine »förderliche und auf Dauer angelegte Lebensperspektive« (§ 37 SGB VIII) benötigen.
Innerhalb eines durch das K. vorgegebenen Rahmens bildet jede Hausgemeinschaft eine pädagogische und wirtschaftliche Einheit, die in ihrer Eigenständigkeit und individuellen Besonderheit respektiert und gefördert wird. Durch Konstanz der wichtigsten Bezugspersonen – Erwachsene und Kinder – wird der Aufbau verläßlicher, langfristiger Beziehungen und Bindungen ermöglicht, die vielfach über die Beendigung der Jugendhilfe hinaus bestehenbleiben. Kleine und große Kinder/Jugendliche beiderlei Geschlechts leben zusammen. Innerhalb eines normalen Lebensalltags können so Rollen und Verhaltensmuster eingeübt und gelernt werden. – Zur Klärung bestehender Bindungen an die Herkunftsfamilie und zur Gestaltung der Beziehungen erhalten die Kinder und ihre Herkunftsfamilie Hilfestellung. – Die Institution K. bildet den konzeptionellen und organisatorischen – meist auch den architektonischen – Rahmen für die Hausgemeinschaften und sichert im Rahmen des öffentlichen Erziehungsauftrags die Durchführung einer besonderen Form der HzE. Darüber hinaus stellt sie Beratungs-, Therapie- und Förderangebote für Kinder und Mitarbeiter/-innen bereit und ermöglicht einen regelmäßigen fachlichen Austausch und die gemeinsame Reflexion des Arbeitsalltags unter den Mitarbeiter/-innen. – Der konzeptionelle Anspruch des K. kann nur durch Mitarbeiter/-innen eingelöst werden, die »in häuslicher Gemeinschaft mit den ihnen anvertrauten Personen« (§ 18 Arbeitszeitgesetz) berufliche Tätigkeit und privaten Lebensraum verbinden.
Das erste K. (Pestalozzi-K. in Trogen/Schweiz) wurde 1946 gegründet. Die K.idee fand wesentlich durch Hermann Gmeiner und die SOS-Kinderdörfer weltweite Verbreitung. Heute besteht eine Vielfalt von K. mit unterschiedlicher weltanschaulicher und konzeptioneller Orientierung, die sich vielfach über ihren originären Arbeitsbereich hinaus in differenzierte Angebote der → Jugend- und → Familienhilfe erweitert haben. Im Arbeitskreis deutscher K. haben sie ihre gemeinsames fachliches und fachpolitisches Forum.
Arbeitskreis deutsche Kinderdörfer, Uslar. *Reinhard Villmow*

Kindererziehungszeiten, rentenrechtliche Anerkennung von Seit dem 1. 1. 1986 werden aufgrund des HEZG (→ Hinterbliebenenrente) erstmals K. rentenbegründend und rentensteigernd angerechnet. Berücksichtigt werden die ersten 12, bei Geburt ab 1992 die ersten 36 Kalendermonate nach der Geburt. Die Zeit verlängert sich bei Mehrlingsgeburten oder wenn innerhalb der Fristen mehrere Geburten erfolgen. Begünstigt werden nur die Angehörigen der Jahrgänge ab 1921. Ältere Frauen erhalten die Kindererziehungsleistung.
Die K. werden im Zweifel der Mutter zugeordnet. Durch übereinstimmende Erklärung können sie mit Wirkung für die Zukunft auch auf den Vater übertragen werden. Auch Adoptiv-, Stief- und Pflegeeltern können berechtigt sein. Voraussetzung ist grundsätzlich, daß die Erziehung im Inland erfolgt ist. Auf die Staatsangehörigkeit des Kindes oder der Eltern kommt es nicht an. Keine K. erhalten Beamte, Richter oder sonstige Amtsträger (Minister, Abgeordnete), soweit sie nicht nachversichert wurden. Während der K. besteht Versicherungspflicht in der → Rentenversicherung. Beiträge sind jedoch nicht zu entrichten. Der Berechtigte wird so gestellt, als ob er mindestens 75 % des durchschnittlichen Bruttoarbeitsentgelts aller Versicherten erzielt hätte (0,75 Entgeltpunkte). Ein Jahr der K. steigert die Rente monatlich um 35,00 (im Osten: 28,79) DM (1. 7. 1996). Eigene Beiträge während der K. führen jedoch dazu, daß sich die Vergünstigung bei höherem Einkommen entweder nicht, bei niedrigerem Einkommen nur in Höhe der Differenz auswirkt. Der Gesetzgeber hat sich für eine »additive Lösung« (noch) nicht entscheiden können. Dies benachteiligt Frauen, die aus sozialen Gründen während der K. erwerbstätig sein mußten. Es sind mehrere verfassungsgerichtliche Verfahren anhängig. Die K. stehen in jeder Beziehung Pflichtbeiträgen gleich. Sie sind auch die Wartezeit anrechenbar, so daß eine Frau, die nicht erwerbstätig war und ab 1992 zwei Kinder erzogen hat, bereits allein deswegen → Rente wegen Alters erhält.
Frauen der Geburtsjahrgänge vor 1921 erhalten je Kind eine »Leistung für Kindererziehung«. Die Leistung beträgt 35,00 (im Osten: 28,80) DM (1. 7. 1996). Die Höhe dieser Leistung ist unabhängig davon, ob die K. mit einer anderen rentenrechtlichen Zeit zusammentreffen. Allerdings sind in

Kindergarten

diesen Fällen die K. nicht auf die Wartezeit anrechenbar, so daß mit ihnen ein (sonstiger) Rentenanspruch nicht begründet werden kann.
Lit. BfA: Kindererziehungsleistung; Schmidt, W.: Kindererziehungsleistung. *Franz Ruland*

Kindergarten gehört zur Gruppe der → Kindertageseinrichtungen; er ist eine Einrichtung der → Jugendhilfe und hat seine gesetzliche Grundlage im → Kinder- und Jugendhilfegesetz (KJHG – SGB VIII) bzw. in den entsprechenden Ausführungsgesetzen der Länder (→ Kindergartengesetze). Die Aufgabe des K. umfaßt, wie bei allen übrigen Formen der Kindertageseinrichtungen, die familienergänzende Betreuung, Bildung (→ Bildung/Bildungswesen) und → Erziehung von Kindern ab dem 3. Lebensjahr bis zum Schuleintritt.
Der Besuch des K. ist freiwillig, die Nachfrage nach K.plätzen kontinuierlich gestiegen, nachdem der K. in der Öffentlichkeit an Ansehen gewonnen hat. Die Bedeutung der → frühkindlichen Erziehung für die Persönlichkeitsentwicklung wurde insbes. in der Bildungsreformdiskussion betont. → Kompensatorische Erziehung und frühe Leistungsförderung waren Inhalte der sog. Vorschulbewegung, deren prägnantester Ausdruck die Diskussion um die Zuordnung der 5jährigen zum K. oder zur Grundschule war (→ Vorklasse, → Eingangsstufe).
Die Pädagogik heutiger K.arbeit entspricht weitgehend der situationsorientierten Konzeption (→ Situationsansatz): dem pädagogischen Bezug zu Lebenssituationen von Kindern und der Öffnung der Einrichtung in das Gemeinwesen.
Seit 1996 hat jedes Kind vom vollendeten 3. Lebensjahr bis zum Schuleintritt einen Rechtsanspruch auf einen K.platz. Auf Initiative der Länder hat der Bundesgesetzgeber eine Übergangsregelung geschaffen, wonach befristet bis zum 31. 12. 1998 unter bestimmten Voraussetzungen örtlich mindestens 2 (1997) oder 3 (1998) Stichtage eingeführt werden können, was bedeutet, daß der Rechtsanspruch (→ Rechtsanspruch auf einen Kindergartenplatz) dort erst ab diesem Datum gilt.
Als Tageseinrichtung (→ Tagesbetreuung) sind die K. entweder vor- und nachmittags oder ganztags (einschl. der Mittagszeit) geöffnet. Die Öffnungszeiten sollen sich wie das gesamte Leistungsangebot der K. an den Bedürfnissen der Kinder und ihrer Familien im jeweiligen Einzugsbereich orientieren.
Nach der Jugendhilfestatistik vom 31. 12. 1994 gab es in den alten Bundesländern insgesamt 1 918 823 und in den neuen Bundesländern insgesamt 552 865 Kindergartenplätze. Das entspricht einem Versorgungsgrad (Verfügbare Plätze je 100 Kinder im Alter von 3 bis 6 1/2 Jahren) von 73,04% bzw. 96,24%. In den alten Bundesländern wurden am Jahresende 1994 63,9% der K. von Trägern der freien Jugendhilfe unterhalten, in den neuen Ländern hatten die freien Träger einen Anteil von 15,8%.
Lit. AGJ (Hg.): Kinderwelten; BMJFFG (Hg.): 8. Jugendbericht; Deutsches Jugendinstitut: Elementarbereich; Ebert u.a.: Bilden. *Heribert Mörsberger*

Kindergartengesetze der Länder wurden als spezielle landesrechtliche Ausführungsbestimmungen zum → Jugendwohlfahrtsgesetz (JWG), in Bayern als selbständiges Landesrecht, erstmals in den 70er Jahren erlassen. Mit Inkraftsetzung des → Kinder- und Jugendhilfegesetzes (KJHG – SGB VIII) vom 26. 6. 1990, in dem erstmals sowohl der → Kindergarten als auch andere Tageseinrichtungen für Kinder (→ Kindertageseinrichtungen) als Einrichtungen der → Jugendhilfe erwähnt werden, wurden die K. (außer Bayern) ersetzt durch entsprechende Ausführungsgesetze zu §§ 22 bis 26 KJHG; sie regeln gemäß § 26 KJHG Inhalt und Umfang der Förderung von Kindern in Tageseinrichtungen und in Tagespflege (→ Tagesbetreuung) und führen deshalb i.d.R. nicht mehr die Bezeichnung K.
Grundsätzlich dürfte durch das KJHG die frühere Streitfrage geklärt sein, daß Kindergärten zur Jugendhilfe (und damit der konkurrierenden → Gesetzgebung unterliegend) und nicht zum Bildungsbereich (und damit in die Länderhoheit fallend) gehören; lediglich für Bayern trifft die Sonderregelung des § 26 S. 2 KJHG zu, weil dort am 31. 12. 1990 das Kindergartenwesen bereits dem Bildungsbereich zugewiesen war und deshalb von den Regelungen des KJHG unberührt bleibt.
Nachdem bereits einige Länder zu Beginn der 90er Jahre in ihren Ausführungsgesetzen einen → Rechtsanspruch auf einen (Kindergarten-)Platz eingeführt hatten, gilt dieser nach dem im Rahmen des Schwangeren- und Familienhilfegesetzes 1992 novellierten § 24 KJHG inzwischen in allen Bundesländern, unbeschadet des rechtlichen Sonderstatus von Bayern. Mit dem Zweiten Gesetz zur Änderung des Achten Buches Sozialgesetzbuch (2. SGB VIII-Änderungsgesetz – 2. SGB VIII-ÄndG) vom 15. 12. 1995 (BGBl. I S. 1775) wurde mit Wirkung vom 1. 1. 1996 der § 24 a KJHG eingefügt, der den Ländern die Möglichkeit eröffnet, Übergangsregelungen für die Umsetzung des Rechtsanspruchs bis längstens 31. 12. 1998 zu schaffen. Von dieser Möglichkeit haben neun Bundesländer (Stand 5. 9. 1996) Gebrauch gemacht.
Durch die K. wurden die Voraussetzungen für einen möglichst zügigen qualitativen und quantitativen Ausbau des Kindergartenwesens verbessert. Aufgabe der neuen Ausführungsgesetze zum KJHG ist es, neben dem inzwischen mit Rechtsanspruch ausgestatteten Kindergarten auch für die übrigen Formen der Förderung von Kindern

in Tageseinrichtungen und in Tagespflege die Voraussetzungen für eine fachliche Absicherung und bedarfsgerechte Weiterentwicklung bereitzustellen.
Lit. Happe u.a.: Kinder- und Jugendhilferecht (Komm.); Krug u.a.: Kinder- und Jugendhilfe (Komm.); Wiesner u.a.: SGB VIII (Komm.).   *Heribert Mörsberger*

Kindergeld Anspruch auf K. für seine Kinder hat, wer im Inland einen Wohnsitz oder seinen gewöhnlichen Aufenthalt hat (§ 62 Abs. 1 Nr. 1 Einkommensteuergesetz [EStG]). Unter bestimmten Voraussetzungen besteht der Anspruch auch dann, wenn der Berechtigte seinen Wohnsitz oder gewöhnlichen Aufenthalt nicht im Inland hat (§ 62 Abs. 1 Nr. 2 EStG). Ausländer erhalten K. nur dann, wenn sie im Besitz einer Aufenthaltsberechtigung oder -erlaubnis sind (§ 62 Abs. 2 S. 1 EStG). Das K. beträgt z.Z. für das 1. und 2. Kind jeweils 200 DM (ab 1997 220 DM), für das 3. Kind 300 DM und für das 4. und jedes weitere Kind 350 DM monatlich (§ 66 Abs.1 EStG).
Kinder im Sinne des K.rechts sind nicht nur die leiblichen Kinder des Berechtigten, sonder – unter bestimmten Voraussetzungen – auch → Pflegekinder, angenommene Kinder, in seinen Haushalt aufgenommene Kinder eines Ehegatten und seine Enkel (§§ 32 Abs. 1 und Abs. 2, 63 Abs. 1 S. 1 EStG). Hat das Kind das 18. Lebensjahr vollendet, wird K. in der Regel nicht mehr geleistet (§ 32 Abs. 4 S. 1 Nr. 2 a EStG). Ausnahmen bestehen u.a. dann, wenn sich das Kind in Berufsausbildung befindet oder schwerbehindert ist. Die Anspruchsberechtigung endet in der Regel mit Vollendung des 27. Lebensjahres (vgl. § 32 Abs. 5 EStG).
Der Antrag auf K. ist bei der örtlich zuständigen Familienkasse (§ 67 Abs. 1 EStG), d.h. beim Arbeitsamt, zu stellen. Diese setzt das K. fest (§ 70 Abs. 1 EStG). Die Auszahlung erfolgt bei Arbeitnehmern in der Regel durch den Arbeitgeber (§ 73 EStG), in sonstigen Fällen durch die Familienkasse selbst. Sonderbestimmungen gelten für Angehörige des öffentlichen Dienstes (§ 72 EStG).
Mit dem K. wird bei dem ganz überwiegenden Teil der Steuerpflichtigen mit Kindern die steuerliche Freistellung eines Einkommensbetrages in Höhe des Existenzminimums eines Kindes bewirkt. Daneben erhält die K.zahlung – je niedriger das Einkommen, desto höher – einen Transfer, der der Förderung der Familie und damit gemäß § 6 SGB I der Erleichterung der wirtschaftlichen Belastungen dient, die den Eltern oder sonst Unterhaltsleistenden durch die Erziehung und Betreuung von Kindern entstehen; anspruchsberechtigt sind daher nicht die Kinder (anders z.B. bei der → Waisenrente), sondern die Eltern, Pflegeeltern oder Großeltern. Im Streitfalle bestimmt das → Vormundschaftsgericht den Berechtigten (§ 64 Abs. 2 S. 3 EStG).
Wird – wie es bei hohen Einkommen (etwa 10% der Steuerpflichtigen mit Kindern) der Fall ist – die gebotene steuerliche Freistellung durch das K. nicht in vollem Umfang erreicht, ist bei der Veranlagung zur Einkommensteuer der Kinderfreibetrag abzuziehen und mit dem bereits gezahlten K. zu verrechnen; im Ergebnis besteht dann bei diesem Steuerpflichtigen eine höhere als die durch das K. erreichte und in vollem Umfang ohne Aufwand staatlichen Transfers erzielte Einkommenswirkung.
Der Kinderfreibetrag beträgt derzeit für jedes Kind 261 DM monatlich; bei Ehegatten, die gemeinsam zur Einkommensteuer veranlagt werden, 522 DM monatlich (§ 32 Abs. 6 S. 1, 2 EStG).
Für Streitigkeiten aus dem K.recht ist die Finanzgerichtsbarkeit zuständig (anders noch für »Altfälle«, vgl. Schild NJW 1996, 2415).   *Wolfhart Burdenski*

Kinderhäuser 1. sind Einrichtungen für die Fremdplazierung von Kindern und Jugendlichen. Im Unterschied zum Kinderheim werden K. von Familien oder Eheleuten als »K.-Eltern« geführt, die 6-9 Kinder für eine längere Betreuungszeit aufnehmen. Rechtlich sind die K. den Heimen (§ 34 → Kinder- und Jugendhilfegesetz [KJHG]) zugeordnet; sie bedürfen nach § 45 KJHG auch der Erlaubnis für den Betrieb einer → Einrichtung (→ Heimaufsicht). Eine besondere pädagogische Befähigung – physisch und psychisch belastbar –, Erfahrungen im Zusammenleben mit fremden Kindern, ein dem natürlichen Eltern-Kind-Verhältnis entsprechendes Alter, die materiellen Voraussetzungen und schließlich die Bereitschaft, für mehrere Kinder verantwortlich und zu jeder Zeit dazusein, sind die Kriterien, die von der zuständigen Heimaufsicht für die Auswahl der K.-Eltern beachtet werden.
Die K. sind vorwiegend für Kinder gedacht, die auf lange Zeit nicht in der eigenen → Familie leben können, für Geschwister und für Kinder, die aus einer → Pflegefamilie herausgenommen werden mußten. Die K. werden i.d.R. von einem → Jugendamt (JA) nach §§ 27 i.V.m. 34 KJHG belegt.
Wie die Heime erhalten die K. einen die Betriebs-, Personal-, Sach- und andere Kosten deckenden → Pflegesatz.
Die Initiative zur Entwicklung der K. lag beim Landesjugendamt Rheinland. Mitte der 60er Jahre entstanden die ersten K. Heute gibt es dort 75 K. für ca. 500 Kinder und 100 Jugendliche über 16 Jahren. Die K. sind nicht ohne Probleme und Grenzen. Der zur Führung eines K. befähigte Personenkreis ist begrenzt. Sie bedürfen einer fortgesetzten, gesicherten → Beratung. Die bisher vom Landesjugendamt Rheinland angewandten Auswahlkriterien führten zur

Flexibilität auch weiterhin praktizieren zu können, verzichtete das Landesjugendamt Rheinland auf Richtlinien für K. Die K. sind kein Ersatz für Kinder- und Jugendheime, wohl aber ein wesentlicher Beitrag zur Differenzierung im stationären Jugendhilfefeld.
Lit. Fuhrmann: Kinderhäuser; IGfH: Kinderhäuser.
Emmy Fuhrmann/Christian Schrapper

2. Im Bereich der familienergänzenden → Tagesbetreuung von Kindern werden K. solche Einrichtungen genannt, die a) nach dem Konzept der → Montessori-Pädagogik arbeiten oder b) in Nachfolge der → Kinderläden alternative Erziehungskonzepte als Gegenentwurf zur herkömmlichen Kindergartenpädagogik verwirklichen und das Zusammenleben verschiedener »Kindergenerationen« (Kinder von 0 bis 14 Jahren) in einem Haus zum Ziel haben.
In neuerer Zeit gewinnen diese Konzepte an Gewicht, wie bundesweite Modellversuche zeigen. Ausgehend von der Weiterentwicklung des → Situationsansatzes werden gesellschaftliche Änderungsprozesse ebenso mitberücksichtigt, wie die Aspekte einer Erweiterung des Betreuungsangebotes, veränderter Öffnungszeiten (→ Flexibilisierung von Öffnungszeiten) und der Vernetzung mit anderen Einrichtungen und → sozialen Diensten im Umfeld. Es geht um die Aufhebung der Ausgrenzung von Familien, Kindern und Frauen und um eine Antwort auf den regionalspezifischen Bedarf an variablen Angebotsformen.
K. werden auch Einrichtungen der offenen Kinder- und Jugendarbeit (→ Jugendarbeit) genannt, die stadtteilbezogene Aktivitäten für diese Altersgruppe anbieten.
Lit. Deutsches Jugendinstitut (Hrsg.): Kinder; Kebbe: Kinder. *Beate Irskens*

Kinderhilfswerk der Vereinten Nationen
→ UNICEF

Kinderkrankenschwester → Krankenpflegeberufe

Kinderkrippe → Krippe

Kinderladen K. entstanden während der antiautoritären Studentenbewegung Ende der 60er Jahre in den alten Bundesländern der Bundesrepublik und sind als Gegenerziehungsmodelle zu den staatlichen und konfessionellen → Kindergärten anzusehen. Die ersten dieser Initiativen entstanden in West-Berlin in leerstehenden Einzelhandelsläden und gaben dadurch diesen alternativen Formen der Kindererziehung ihren Namen.
Ihre Initiierung ist im Zusammenhang mit der Erkenntnis der Studenten zu sehen, daß gesellschaftliche Veränderungen nicht allein vom Hochschulsektor aus geschehen können, sondern bereits im Erziehungssektor angesetzt werden muß, um langfristig politische Verbesserungen zu erreichen. Gleichzeitig setzten durch die K.bewegung erste Emanzipationsprozesse der betroffenen Frauen ein (→ Frauenbewegung).
In den K. wird ein nicht-repressiver, antiautoritärer → Erziehungsstil praktiziert, der die Kinder zur freien Entfaltung ihrer Persönlichkeit und zur Veränderung der bestehenden Gesellschaft durch ein kritisches Bewußtsein befähigen soll (→ Antiautoritäre Erziehung). Einen zentralen Stellenwert in der K.erziehung nimmt die Frage der → Sexualerziehung ein: repressive Reinlichkeitserziehung und die Unterdrückung der kindlichen Triebe soll zugunsten einer bewußten Bejahung und Förderung der Sexualität aufgehoben werden, da in ihrer Negierung ein wesentlicher Grund für angepaßtes und autoritäres Verhalten gesehen wird. Bezug genommen wird hierbei auf psychologische und pädagogische Schriften z.B. von Bernfeld, Freud und Reich.
Während die ersten K. als Erziehungsorte vor allem für proletarische Kinder konzipiert waren, finden sich in den heute noch existierenden K. in der Hauptsache Kinder von Intellektuellen, die ihre Kinder alternativ zu den bestehenden vorschulischen Institutionen (→ Vorschulerziehung) erziehen wollen. Eine Fortführung findet die K.bewegung in → Elterninitiativen, die aufgrund fehlender öffentlicher Kinderbetreuungsangebote – vor allem für die 0- bis 3jährigen – entstanden sind. Die ursprünglich antiautoritäre Erziehungskonzeption wurde dabei häufig zugunsten einer nichtautoritären Erziehungsvorstellung aufgegeben.
Lit. Autorenkollektiv: Kinderläden; Berliner Kinderläden: Erziehung; Bott: Kinderläden. *Angelika Ehrhardt*

Kinderpfleger/-in Sozialpädagogisch und hauswirtschaftlich ausgebildete Mitarbeiter/-in und Helfer/-in in Familien und Einrichtungen der → Jugendhilfe. Der Beruf der K. geht im wesentlichen auf Impulse von Friedrich Fröbel (1782-1852) zurück, der der Mutter eine geschulte Gehilfin, das »Kindermädchen«, zur Pflege und Erziehung der Kinder zur Seite stellen wollte. Während K. anfangs überwiegend in Privathaushalten arbeiteten, hat sich der Schwerpunkt ihrer beruflichen Tätigkeit angesichts des erhöhten Bedarfs an ausgebildeten Mitarbeitern in privaten und öffentlichen Einrichtungen der Jugendhilfe deutlich auf die Arbeit in → Kindergärten, → Kindertageseinrichtungen, → Krippen, → Säuglingsheimen, Kinderheimen, Pflegeeinrichtungen für behinderte Kinder, Einrichtungen im Gesundheitswesen/in der Rehabilitation u.ä. Arbeitsfelder verlagert.

Die Ausbildung der K. erfolgt an → Berufsfachschulen. Sie dauert je nach Bundesland zwischen 1 bis 3 Jahren und wird in den Bundesländern mit kurzer Ausbildungsdauer durch ein einjähriges Berufspraktikum ergänzt. Voraussetzung für die Ausbildung ist der Hauptschulabschluß; die Fachschulreife kann während der Ausbildung zusätzlich erworben werden. Nach dieser Ausbildung sollen die K. als Mitarbeiter von Eltern, → Erziehern, Sozialpädagogen und Pflegepersonal zur Betreuung von Säuglingen, Kleinst- und Kleinkindern sowie Kindern außerhalb ihrer Schulzeit eingesetzt werden. Sie sollen als Zweitkraft in der Kindergruppe sich besonders pflegerischen und hauswirtschaftlichen Aufgaben widmen und dabei auch intensiver mit einzelnen Kindern und kleineren Gruppen arbeiten. Diese begrenzte Verantwortlichkeit wird jedoch angesichts der angespannten Finanz- und Personalsituation häufig nicht ausreichend beachtet.

Die Berufsaussichten für K. sind stark konjunkturabhängig: bei Fachkräftemangel sind K. besonders gefragt, ebenso bei Sparmaßnahmen als billigere Arbeitskraft. Dagegen wird inhaltlich mit Verweis auf die weitreichende Bedeutung der frühkindlichen Sozialisation oft bezweifelt, ob die erforderlichen Qualifikationen in einer so kurzen Ausbildung an der Berufsfachschule befriedigend zu erreichen sind.

Diese Gegebenheiten machen es erforderlich, stärker ein eigenständiges Berufs- und Ausbildungsprofil zu suchen. Der Schwerpunkt sollte in der Verknüpfung von hauswirtschaftlichen, pflegerischen und sozialen Aufgaben liegen und sich an den Bedürfnissen der Familie mit betreuungsbedürftigen Angehörigen und an einem sozialpädagogisch ausgestalteten Einsatz im pflegerischen und hauswirtschaftlichen Bereich in Einrichtungen der Jugendhilfe orientieren. Einige Bundesländer haben begonnen, die Ausbildung auszuweiten zu einer Ausbildung zum/zur Sozialassistent/-in, in der die bisher getrennten Ausbildungen zur Kinderpfleger/-in, → Altenpflegehelfer/-in, Heilerziehungshelfer/-in und zur Haus- und Familienpflege in einer Berufsfachschule für Sozialwesen (bisher keine bundeseinheitliche Terminologie) zusammengefaßt werden. Diese Ausbildung muß dabei die Weiterqualifikation an einer einschlägigen → Fachschule eröffnen.

Lit. BA (Hrsg.): Kinderpfleger/-in; Derschau: Neuorientierung.

Dietrich von Derschau

Kinderpsychiatrie → Kinder- und Jugendpsychiatrie

Kinderreiche Familien → Familie

Kinderschutz ist im Deutschen Reich als Folge der Industrialisierung im 19. Jh. als Idee und sozialpolitische Bewegung entstanden. 1898 fand in Berlin der Zusammenschluß regionaler Kinderschutzverbände zum »Verein zum Schutze der Kinder vor Mißhandlung und Ausnutzung« statt. Er setzte sich z.B. gegen Kinderarbeit und mangelnde Hygiene ein und war eng verbunden mit der Herausbildung staatlicher → Fürsorge.

Ab 1920 wandte sich der K. dem Verhältnis zwischen Eltern und Kindern und Übergriffen wie → Kindesmißhandlung und Kindesvernachlässigung zu. Maßnahmen waren sanktionsorientiert, z.B. Sorgerechtsentzüge (→ Elterliche Sorge) und Heimunterbringungen (→ Heimerziehung).

Der Verein wurde im Nationalsozialismus in die nationalsozialistische Volkswohlfahrt eingegliedert. 1953 wurde der → Deutsche Kinderschutzbund (DKSB) gegründet. In ihm verbanden sich in den 50er Jahren moralische und philantropische Denk- und Handlungsweisen.

In den 70er Jahren fand mit der Entwicklung familienorientierten systemischen Denkens u.a. in den Vereinigten Staaten und den Niederlanden eine Rezeption dieser Ansätze statt. Infolge entstanden bis heute 14 → Kinderschutzzentren in der Bundesrepublik, die Beratung und Familientherapie anbieten, um Kindesmißhandlung und -vernachlässigung und sexuellem Mißbrauch entgegenzuwirken. Der sanktionsorientierte Ansatz wurde überwunden.

Anfang der 80er Jahre besann sich der DKSB auf sozialpolitisches Handeln, das an den Lebensbedingungen von → Familien ansetzte.

Ausgehend von der Sozialökologie, neuen Präventionstherapien und Erfahrungen von Selbsthilfegruppen versucht K. zunehmend Eigenkräfte von Kindern und Eltern zu entfalten (→ Empowerment). Neue Impulse hat K. durch die seit 1992 in der Bundesrepublik geltende UN-Konvention über die Rechte des Kindes erhalten, die weitgehende Schutz-, Versorgungs- und Partizipationsrechte von Kindern festschreibt.

Lit. Bast u.a.: Gewalt; Brinkmann, W., u.a.: Kinderschutz; Steindorff, C.,: Kindeswohl; Hurrelmann, K., u.a.: Anti-Gewalt-Report.

Walter Wilken

Kinderschutzzentren sind Beratungs- und Betreuungseinrichtungen, die in erster Linie mit Familien arbeiten, in denen Kinder körperlich und seelisch mißhandelt (→ Kindesmißhandlung) bzw. vernachlässigt sowie sexuell mißbraucht werden und die freiwillig die Hilfe dieser → Einrichtungen annehmen.

Nach amerikanischen und holländischen Vorbildern konzipiert, haben die K. ihre Arbeit inhaltlich und strukturell nach folgenden Arbeitsprinzipien organisiert: Hilfe statt Strafe, Freiwilligkeit statt Kontrolle, Verstehen statt Manipulation, Verbund von

Hilfe statt Zersplitterung, Aktivieren statt Passivieren. Dabei wollen sie vor allem auch im präventiven Bereich tätig werden. Ihre Arbeitsschwerpunkte sind insbes. Krisenhilfe (Erreichbarkeit Tag und Nacht); praktische Lebenshilfe; Ausbildung, → Weiterbildung, Praxisbegleitung von Fachkräften (→ Supervision) sowie Forschungs- und Projektarbeit (→ Praxisforschung). Darüber hinaus sind einigen K. Kinderwohngruppen angegliedert. Absolute Vertraulichkeit wird allen Klient/-innen zugesichert.
Bislang gibt es in der Bundesrepublik K. in Berlin, München, Bremen, Gütersloh, Hamburg, Heidelberg, Kiel, Köln und Mainz. Es ist in diesem Zusammenhang wichtig, darauf hinzuweisen, daß es trotz gemeinsamer Arbeitsgrundlagen Unterschiede in den konkreten praktischen Handlungskonzepten der K. gibt.
Die K. haben sich zu einer Bundesarbeitsgemeinschaft zusammengeschlossen, in der über den engen Erfahrungsaustausch Strategien eines wirksamen → Kinderschutzes entwickelt werden sollen.
Lit. Brinkmann, W. u.a.: Kinderschutz; Faltermeier u.a.: Lebenswelten; Sartorius: Kind. *Josef Faltermeier*

Kinderspielplätze → Spielplatz/Spielorte für Kinder

Kindertageseinrichtungen sind familienergänzende bzw. familienunterstützende sozialpädagogische Einrichtungen, in denen sich Kinder für einen Teil des Tages oder ganztags aufhalten, um in ihrer Entwicklung zu einer eigenverantwortlichen und gemeinschaftsfähigen Persönlichkeit gefördert zu werden. Die Bezeichnung K. gilt als Oberbegriff für unterschiedliche Einrichtungsarten: → Krippe und Krabbelstube für Kinder im Alter unter drei Jahren, → Kindergarten für Kinder im Alter zwischen drei Jahren und Beginn des Schulbesuchs, → Horte für Kinder im Schulalter. K. bestehen sowohl als selbständige Einrichtungen als auch in unterschiedlichen Kombinationsformen wie z.B. Krippe kombiniert mit Kindergarten oder Kindergarten kombiniert mit Hort oder auch Zusammenfassung aller drei Einrichtungsarten unter einem Dach. Neben diesen traditionellen Einrichtungsarten haben sich, in einigen Ländern bereits seit vielen Jahren, altersgruppenübergreifende Formen entwickelt etwa mit Gruppen für Kinder im Alter zwischen 4 Monaten und 6 Jahren oder zwischen 3 und 12 Jahren. Ebenso gibt es seit jüngerer Zeit Versuche, → Kinderhäuser (Orte für Kinder) einzurichten bzw. bestehende Einrichtungen entsprechend weiterzuentwickeln, in denen die traditionellen Altersgrenzen aufgehoben sind und neue pädagogische Konzepte auf der Grundlage eines lebenswelt- und situationsorientierten Ansatzes (→ Lebenswelt, → Situationsansatz) angewendet werden.
Die Nomenklatur der K. ist in den Bundesländern unterschiedlich; eine Vereinheitlichung dürfte durch das → Kinder- und Jugendhilfegesetz (KJHG – SGB VIII) erleichtert worden sein. Im Unterschied zum früheren → Jugendwohlfahrtsgesetz (JWG) erwähnt §22 KJHG ausdrücklich die Einrichtungsformen »Kindergarten« und »Hort« und führt als Oberbegriff für diese und andere Einrichtungen mit gleicher Zielsetzung die Bezeichnung »Tageseinrichtungen«. In der Praxis werden in den einzelnen Bundesländern immer noch unterschiedliche Begriffe für gleiche Einrichtungsarten angewendet: Anstelle des Oberbegriffs »Tageseinrichtungen« benutzen einige Länder (auch in Gesetzen und Verordnungen) ihren früheren Oberbegriff »Kindertagesstätten«. Mißverständnisse zwischen den Ländern entstehen dadurch, daß der Oberbegriff »Kindertagesstätte« z.B. in Nordrhein-Westfalen nur für solche Tageseinrichtungen für Kinder verwendet wird, in denen eine ganztägige Betreuung (bei Hort unter Ausschluß der Schulstunden) einschließlich Mittagessen möglich ist. Solche Einrichtungen mit Ganztagscharakter werden bislang in Bremen und Hamburg → Kindertagesheime bzw. in Baden-Württemberg Kindertageheime genannt.
Die Aufgabenbeschreibung in § 22 KJHG gilt in gleicher Weise für die verschiedenen Einrichtungsformen der K.; ihre pädagogische Umsetzung ist abhängig vom Alter und der Struktur der jeweiligen Gruppe und umfaßt immer den ganzheitlichen Auftrag von Betreuung, Bildung (→ Bildung/Bildungswesen) und → Erziehung. Die Arbeit der K. orientiert sich an der konkreten Lebenssituation der Kinder und ihrer → Familien. Die wirtschaftlichen und gesellschaftlichen Entwicklungen haben seit dem 19. Jh. die Erziehungsmöglichkeiten der Familie grundlegend verändert, was als Ursache für die Schaffung der verschiedenen Einrichtungsarten betrachtet werden muß. Die Einsicht in die frühe Bildbarkeit von Kindern auf der einen Seite und die zunehmende Einengung kindlicher Lebensräume durch die Folgen der Industrialisierung in unserer Gesellschaft andererseits sind die beiden Hauptmotive für die Entwicklung und den Ausbau dieser Einrichtungen und ihrer speziellen Förderprogramme. Weitere Ursachen sind das veränderte Rollenverständnis von Frauen in unserer Gesellschaft sowie die gesellschafts- und familienpolitische Forderung einer besseren Vereinbarkeit von Kindererziehung und Berufstätigkeit.
Umstritten ist die Bedarfsermittlung (→ Bedarfsplanung) für einzelne Einrichtungsarten. Für Krippen und Krabbelstuben gilt bislang, sie sollten nur dort errichtet werden, wo besondere Notstände dies erfordern. Demgegenüber wird in jüngerer Zeit verstärkt auf die sozialpädagogische Chan-

ce der Tageseinrichtungen für Säuglinge und Kleinstkinder hingewiesen, die bei entsprechender Ausstattung vor allem für die soziale Entwicklung des Kindes aus der Kleinstfamilie einen familienergänzenden Auftrag könnten. Diese kontrovers geführte Diskussion hat mit der Vereinigung der beiden deutschen Staaten eine zusätzliche Dimension erhalten.
Auch im Hortbereich ist der Umfang des wünschenswerten Platzangebots nicht geklärt, zumal Fragen der → Ganztagsschule und der ergänzenden Betreuungsangebote in der Schule selbst hier eine wichtige Rolle spielen.
Rechtsgrundlage der K. sind das KJHG, insbes. die §§ 22 bis 26, die Ausführungsgesetze der Länder (→ Kindergartengesetze) sowie entsprechende Rechtsverordnungen, Verwaltungsvorschriften und – sofern diese abgeschlossen worden sind – Vereinbarungen nach § 45 Abs. 2 KJHG. Als Alternative zu K. nennt § 23 KJHG die Tagespflege; damit ist die Förderung der Entwicklung des Kindes, insbes. in den ersten Lebensjahren, durch eine Tagespflegeperson für einen Teil des Tages oder ganztags entweder im eigenen oder im Haushalt des Personensorgeberechtigten gemeint.
Die K. verstehen sich heute zunehmend als Element im Gemeinwesen (→ Gemeinwesenarbeit). Sie streben eine enge Zusammenarbeit mit anderen sozialen und pädagogischen Diensten im Umfeld an und entwickeln ihre sozialpädagogische Konzeption aus der konkreten Situation des Wohngebietes (→ Stadtteilarbeit).
Lit. AGJ: Kinderwelten; BMJFFG: 7. Jugendbericht; BMJFFG: 8. Jugendbericht; Colberg-Schrader u. a.: Kindergarten; Rolle u. a.: Hort; Schäfer, G. E.: Bildungsprozesse; Tietze: Früherziehung.
Heribert Mörsberger

Kindertagesheim Sozialpädagogische → Kindertageseinrichtungen, in denen Kinder für den größten Teil des Tages aufgenommen und auch über die Mittagszeit versorgt werden, führen in Bremen und Hamburg die Bezeichnung »K.«, in Baden-Württemberg »Kindertagheim« und in Nordrhein-Westfalen die Bezeichnung »Kindertagesstätte«. Kindertag(es)heime können Einrichtungen für verschiedene Altersstufen (Säuglinge, Kleinstkinder, Kleinkinder, Schulkinder) umfassen. Die Einrichtungen, in denen Kinder ganztags untergebracht sind, haben neben den allgemeinen familienergänzenden Erziehungs- und Bildungsaufgaben zusätzliche pflegerische Funktionen, die üblicherweise von der → Familie wahrgenommen werden. Entsprechend sind neben den sozialpädagogischen → Fachkräften in diesen Einrichtungen für die ersten Altersstufen auch pflegerische Kräfte tätig (Kinderkrankenschwester, → Kinderpfleger/-in).
Heribert Mörsberger

Kindertagesstätte → Kindertageseinrichtungen

Kinder- und Jugenderholung → Erholung

Kinder- und Jugendhilfegesetz (KJHG)
Das Gesetz zur Neuordnung des Kinder- und Jugendhilferechts vom 26. 6. 1990 (BGBl. I S. 1163) enthält als »Artikelgesetz« alle Regelungen, die im Rahmen der Neuordnung des Kinder- und Jugendhilferechts neu geschaffen oder entsprechend geändert bzw. angepaßt worden sind. Das Herzstück des KJHG bildet das Achte Buch → Sozialgesetzbuch (SGB) – Kinder- und Jugendhilfe –, das das → Jugendwohlfahrtsgesetz (JWG) abgelöst hat.
Das KJHG bildet den vorläufigen Abschluß einer 30jährigen Reformdiskussion, deren wesentliche Streitpunkte das Verhältnis zwischen den Aufgaben des Staates in der → Jugendhilfe und der elterlichen Erziehungsverantwortung (→ Elternrecht) und das Verhältnis zwischen öffentlicher Jugendhilfe und gesellschaftlichem Engagement (→ Freie Träger) waren. Im Zusammenhang mit der Diskussion um eine bessere Vereinbarkeit von Erwerbstätigkeit und Familie trat in den letzten Jahren die Forderung nach der Schaffung eines bedarfsgerechten Angebots an Tageseinrichtungen für Kinder (→ Kindertageseinrichtungen, → Tagesbetreuung) als Aufgabe der Jugendhilfe hinzu, die auch in der Begriffserweiterung »Kinder- und Jugendhilfe« ihren Niederschlag fand. Erst der 5. Anlauf des Gesetzgebers seit dem 1973 von einer Sachverständigenkommission vorgelegten Diskussionsentwurf überwand alle parlamentarischen Hürden und gewann die Zustimmung des Bundesrates.
Zentrales Anliegen des KJHG ist die rechtliche Fixierung eines neuen Verständnisses von Jugendhilfe sowie eines differenzierten an den unterschiedlichen Lebens- und Erziehungssituationen von Kindern, Jugendlichen und Eltern orientierten Leistungs- und Aufgabenspektrums. Kinder- und Jugendhilfe wird nicht mehr in erster Linie als Kontroll- und Eingriffsinstanz verstanden, die der Aufrechterhaltung der öffentlichen Sicherheit und Ordnung und der Gefahrenabwehr verpflichtet ist, sondern als eine präventiv angelegte, von den Hilfesuchenden gewünschte und mitgestaltete soziale Dienstleistung. An die Stelle der familienersetzenden Funktionen treten weithin die → familienunterstützenden und -ergänzenden Hilfen. Die im JWG angelegte Dominanz der Fremdplacierung von Kindern und Jugendlichen in Heimen (→ Heimerziehung) und → Pflegestellen wird abgebaut zugunsten eines breit gefächerten Leistungskatalogs, der ambulante Hilfe wie → Erziehungsberatung, sozialpädagogische → Familienhilfe und teilstationäre Hilfeformen umfaßt und dabei den erzieheri-

schen Bedarf im Einzelfall als Auswahlkriterium vorsieht. Das Gesetz begreift die Gewährung pädagogischer und therapeutischer Leistungen als zielbezogenen Prozeß, der gemeinsam von Leistungsadressaten und Fachkräften zu gestalten und in einem → Hilfeplan zu dokumentieren ist. Es verpflichtet die örtlichen und die überörtlichen Träger zur → Jugendhilfeplanung als maßgeblichen Steuerungsinstrument für die Entwicklung der örtlichen und der regionalen Angebotsstruktur.

Das neue Verständnis der Jugendhilfe als sozialer Dienstleistung für Kinder, Jugendliche und Eltern findet auch Ausdruck in der Neudefinition der Rolle des → Jugendamts (JA) bei der Mitwirkung in gerichtlichen Verfahren (Jugendgerichtshilfe [JGH], → Familiengerichtshilfe [FamGH], → Vormundschaftsgerichtshilfe) sowie in spezifischen Regelungen zum Schutz sozialer Daten (→ Datenschutz) in der Jugendhilfe, die die Vorschriften von SGB I und SGB X ergänzen und konkretisieren.

Wie das JWG hält das KJHG am Funktionsschutz freier Träger als Voraussetzung für ein plurales Leistungsangebot und der Konstruktion des JA als zweigliedriger Behörde fest. Im Unterschied zum JWG kennt das KJHG keine überörtlichen Hilfen zur Erziehung (→ Freiwillige Erziehungshilfe [FEH], → Fürsorgeerziehung [FE]) mehr, sondern faßt alle Einzelhilfen beim örtlichen JA zusammen. Wegen des engen Zusammenhangs mit dem Leistungsspektrum der Jugendhilfe wird → Eingliederungshilfe für seelisch behinderte junge Menschen künftig vorrangig als Leistung der Jugendhilfe gewährt. Die Vorschriften über die → Kinder- und Jugendhilfestatistik wurden als eigenes Kapitel aufgenommen. Dabei wurde das Erhebungsprogramm dem neuen Leistungskatalog angepaßt und im Hinblick auf die vom → Bundesverfassungsgericht (BVerfG) im Volkszählungsurteil aufgestellten Anforderungen formuliert.

Das KJHG wurde im Rahmen der Herstellung der Deutschen Einheit mit den in den Anlagen zum Einigungsvertrag festgelegten Maßgaben auf das Beitrittsgebiet überleitet und trat dort bereits am 3. 10. 1990 in Kraft. Die Grundkonzeption des neuen Gesetzes ist auf breite Akzeptanz gestoßen, kritisch wird mitunter die starke Elternorientierung betrachtet sowie die Zurücknahme verschiedener Rechtsansprüche zu → Soll- und → Kann-Leistungen, die im Hinblick auf die finanziellen Belastungen der kommunalen Gebietskörperschaften während des Gesetzgebungsverfahrens erfolgt ist. Die Entwicklung der kommunalen Haushalte und die Durchsetzungsfähigkeit kinder- und jugendpolitischer Zielsetzungen auf der Ortsebene (→ Kinderbeauftragter) wird das Ausmaß und die Geschwindigkeit der Umsetzung der Standards und Ziele des KJHG wesentlich bestimmen.

Seit dem Inkrafttreten des KJHG hat das SGB VIII – Kinder- und Jugendhilfegesetz – bereits mehrere Veränderungen erfahren. Diese enthielten bislang im wesentlichen Verbesserungen im Leistungsrecht und der Gesetzessystematik oder hatten klarstellenden Charakter. So wurden im Ersten Gesetz zur Änderung des Achten Buches Sozialgesetzbuch vom 16. 2. 1993 (BGBl. I S. 239) die gesamten Vorschriften über die örtliche Zuständigkeit, die Kostenerstattung und die Heranziehung zu den Kosten systematisch neu geordnet. Im Rahmen des Zweiten Gesetzes zur Änderung des Sozialgesetzbuchs vom 13. Juni 1994 (BGBl. I S. 1129) wurden die Vorschriften des Sozialgesetzbuchs zum Schutz der Sozialdaten und damit auch die §§ 61 bis 68 SGB VIII an der Terminologie des Bundesdatenschutzgesetzes angepaßt. Bereits im Rahmen des Schwangeren- und Familienhilfegesetzes vom 27. Juli 1992 (BGBl. I S. 1398) war der Rechtsanspruch auf einen Kindergartenplatz im SGB VIII gesetzlich verankert worden. Die Regelung sollte am 1. Januar 1996 in Kraft treten, das beträchtliche Versorgungsdefizit in den alten Bundesländern konnte bis zu diesem Zeitpunkt jedoch nicht abgebaut werden. So wurde der Rechtsanspruch auf einen Kindergartenplatz auf Initiative des Bundesrates durch ein Zweites Gesetz zur Änderung des Achten Buches Sozialgesetzbuch vom 15. 12. 1995 (BGBl. I S. 1775) modifiziert. Für eine Übergangszeit bis zum 31. Dezember 1998 wurde den Ländern bzw. den kommunalen Gebietskörperschaften die Möglichkeit eingeräumt, den Eintritt in den Kindergarten auf allgemeine Stichtage zu begrenzen bzw. den Rechtsanspruch durch ein anderes geeignetes Förderungsangebot zu erfüllen. Voraussetzung für diese Modifizierung ist die Vorlage einer verbindlichen Planung, die bis zum Ende der Übergangsfrist eine Vollversorgung sicherstellt. Weitere Änderungen des SGB VIII sind im Zusammenhang mit der Reform des Bundessozialhilfegesetzes und vor allem der Reform des Kindschaftsrechts (→ Kindschaftsrechtsreform) zu erwarten.
Lit. Gernert, W. (Hrsg.): Kinder- und Jugendhilfegesetz; Kunkel, P.-C.: Jugendhilferecht; Mrozynski, P.: Kinder- und Jugendhilfegesetz; Wiesner: Weg; Wiesner u. a.: SGB VIII (Komm.). *Reinhard Wiesner*

Kinder- und Jugendhilfestatistik Jahresstatistik des Bundes und der Länder, in der die wesentlichen Angaben über die Entwicklung der → Jugendhilfe erfaßt werden. Sie ist in vier Teile gegliedert:
Teil I – Erzieherische Hilfen – erfaßt 1. die institutionelle → Beratung, 2. die Betreuung einzelner junger Menschen, 3. die sozialpädagogische → Familienhilfen, 4. die Hilfe zur Erziehung (HzE) außerhalb des Elternhauses, 5. die Adoptionen und 6. die Pflegschaften, → Vormundschaften, →

Beistandschaften, → Pflegeerlaubnisse, Vaterschaftfeststellungen und Sorgerechtsentziehungen.
Teil II – Maßnahmen der → Jugendarbeit – erfaßt die Maßnahmen der Kinder- und Jugenderholung, der außerschulischen Jugendbildung, der internationalen Jugendarbeit und der Mitarbeiterfortbildung der → freien Träger, gegliedert nach Maßnahmeträger, Dauer der Maßnahme in Veranstaltungstagen und Anzahl der Teilnehmer/-innen. Bei der internationalen Jugendarbeit wird u. a. auch das Partnerland erfaßt.
Teil III – Einrichtungen und in der Jugendhilfe tätige Personen – ist gegliedert nach Art der Einrichtung und des Trägers und der Zahl der verfügbaren Plätze. Die in den Einrichtungen tätigen Personen werden u. a. nach Geschlecht, Alter, Ausbildungsabschluß und Arbeitsbereichen erfaßt.
Teil IV – Ausgaben und Einnahmen der öffentlichen Jugendhilfe – ist gegliedert nach Ausgaben und Einnahmen für Einzel- und Gruppenhilfen und für eigene Einrichtungen, in Zukunft einschließlich der allgemeinen Verwaltungskosten und der Investitionsausgaben. Erfaßt werden auch die Ausgaben für die Förderung der freien Träger. Zur Zeit fehlt noch die Teilstatistik über die Hilfe für seelisch behinderte Kinder und Jugendliche nach § 35a KJHG, die fachlich umstritten ist.
Die Bundesstatistik stellt die Ergebnisse für das Bundesgebiet insgesamt dar und ist unterteilt nach Ländern. In den Statistiken der Länder werden die Angaben weiter aufgegliedert nach Verwaltungsbezirken bis zu den Kreisen und kreisfreien Städten. Die K. u. J. soll Bund und Ländern die notwendigen Unterlagen für die weitere Planung und Fortentwicklung der Jugendhilfe sowie für den Erlaß von → Rechtsverordnungen und → Verwaltungsvorschriften auf dem Gebiet der Jugendhilfe geben, auch um die finanziellen Auswirkungen abschätzen zu können. Für die örtlichen Träger der Jugendhilfe (→ Jugendhilfeträger) kann sie als Grundlage für die → Jugendhilfeplanung und für einen Leistungsvergleich mit anderen Trägern dienen. Hierzu bedarf es allerdings noch einer besseren Anpassung der Kinder- und Jugendhilfestatistik an die Bedürfnisse der kommunalen Jugendhilfeplanung. Dies wird z. Z. im Rahmen eines Forschungsprojekts der Uni Dortmund aufgearbeitet.
Rechtsgrundlage der K. u. J. sind ab 1. 1. 1991 die §§ 98 bis 103 → Kinder- und Jugendhilfegesetz (KJHG) i.V. m. dem Gesetz über die Statistik für Bundeszwecke (Bundesstatistikgesetz – BStatG) vom 22. 1. 1987. Die Angaben zu den Teilen I und IV werden jährlich erhoben. Für den Bereich der Erzieherischen Hilfen wurde ab 1991 das Erhebungsverfahren überwiegend auf Individualbögen umgestellt, um zu umfassenden und zeitnahen statistischen Aussagen zu kommen. Zu Teil II und Teil III werden nur alle vier Jahre Vollerhebungen durchgeführt. Auskunftspflichtig sind in der Hauptsache die örtlichen und überörtlichen Träger der Jugendhilfe sowie die kreisangehörigen Gemeinden und Gemeindeverbände, soweit sie Aufgaben der Jugendhilfe wahrnehmen, daneben für bestimmte Erhebungen aber auch die freien Träger der Jugendhilfe, die obersten Landesjugendbehörden und das → Bundesministerium für Familie, Senioren, Frauen und Jugend (BMFSFJ).
Lit. Statistisches Bundesamt: Jugendhilfe.

Karl Otto Lindlahr

Kinder- und Jugendlichen-Psychotherapie, analytische (eingeschlossen die begleitende → Psychotherapie der Beziehungspersonen) ist ein aus der → Psychoanalyse wie aus der → analytischen Psychologie erwachsenes Behandlungsverfahren für Kinder und Jugendliche, die durch Beeinträchtigungen in der bisherigen Entwicklung (wie z. B. Deprivation, → Frustration, → Overprotection, Repressive Erziehung, → Streß) seelisch leiden (→ Neurose), was u. a. in Ängsten (→ Pavor nocturnus, → Phobien), Verstimmungen (→ Depression), Zwangssymptomen, Unruhe, Tics, in körperlichen Symptomen (z. B. → Anorexia nervosa, → Bulimia nervosa, Enuresis, Hauterkrankungen) sowie in Sprach-, → Lern-, Leistungs- und Verhaltensstörungen (→ Verhaltensauffälligkeiten, → Schulschwierigkeiten) verfremdet und verschleiert zum Ausdruck kommt.
In regelmäßigen Behandlungsstunden, einzeln (bisweilen auch in Gruppen mit Jugendlichen) bei ein- bis viermaligem Treffen pro Woche, entfaltet sich über einen Zeitraum, der sich über wenige Sitzungen bis zu mehreren Jahren erstrecken kann, ein Prozeß, in dem unerfüllte Wünsche, Probleme und Konflikte mit den engsten Bezugspersonen sowie traumatische Erlebnisse (→ Trauma), die zum Schutz → Abwehrmechanismen) ins → Unbewußte abgespalten oder verdrängt wurden, nun dem Psychotherapeuten gegenüber i. S. d. Wortes ins Spiel kommen (→ Übertragung). Sie werden über das empathische Verstehen (→ Empathie) des Psychotherapeuten, der Reflexion seiner → Gegenübertragung und der Bearbeitung des → »Widerstandes« des Patienten über entsprechende »Deutungen« in dessen bewußtes Erleben, in sein Selbstverständnis (→ Identität) integriert. Dabei kann sich der »Patient« allmählich von festgefahrenen Verhaltensmustern lösen, an Selbstvertrauen, Selbständigkeit (→ Individuation), Initiative und Beziehungsfähigkeit gewinnen, seine Leidenssymptome oder seine Dissozialität aufgeben. Je jünger das Kind ist, desto wichtiger ist die begleitende → Elternarbeit. Ziel ist dabei, den Beziehungspersonen Einsicht in die Dyna-

mik der eigenen nicht bewußten Konflikte zu vermitteln. Projektionen und Delegationen um das Kind sowie gemeinsame Abwehrformen sollen aufgelöst werden, so daß die Eltern ihre Wünsche und Ängste verarbeiten können, ohne die Entwicklung des Kindes weiter zu beeinträchtigen. Oftmals wird erst über die Bearbeitung der interpersonellen Konflikte dem Kind oder Jugendlichen auch eine vollständige Auseinandersetzung und Bewältigung seiner intrapsychischen Konflikte ermöglicht.

Da Kinder bis ins Jugendlichenalter nicht nach der von S. Freud aufgestellten Behandlungsregel frei assoziieren können, sondern sich eher über freies Spielen und Gestalten mitteilen, wurde beides bereits vor dem 1. Weltkrieg als Medium der »Kinderanalyse« verwandt. Vor allem A. Freud und M. Klein haben dann von der Zeit nach dem 1. Weltkrieg an mit ihren unterschiedlichen Konzepten der »Spieltechnik« bis in die Gegenwart großen Einfluß auf Theorie und Praxis der Psychotherapie von Kindern wie auch von Jugendlichen genommen. Da die jungen Patienten von ihren Eltern noch real abhängig sind und diese aus ihrer eigenen psychosozialen Situation und ihrer persönlichen (unbewußten) Einstellung zum Kind in seine Problematik verwickelt sind, ist es eine weitere Besonderheit, daß die Eltern in die psychotherapeutische Arbeit einbezogen werden (begleitende Psychotherapie der Beziehungspersonen, nach 4 Kinderstunden jeweils eine Elternstunde).

Die analytische Psychotherapie Jugendlicher vollzieht sich, deren Eigenart und Entwicklungsstand entsprechend, teils mehr auf der sprachlichen Ebene, teils mehr über Spiel, Gestaltung, Zeichnen, Rollenspiel u. a.

Der von S. Freud ausgebildete Volksschullehrer Aichhorn suchte ebenfalls kurz nach dem 1. Weltkrieg nach einer effektiven psychoanalytischen Therapie für »verwahrloste« Jugendliche in → Fürsorgeerziehung (FE) und Erziehungshilfe (→ Freiwillige Erziehungshilfe [FEH]). Was er damals erarbeitet hat, blieb bis heute richtungweisend. Während die psychoanalytische Therapie von Kindern und Jugendlichen wie die psychoanalytische Pädagogik in Deutschland dem Nationalsozialismus zum Opfer fiel, wurde sie unter Beteiligung deutscher Emigranten in anderen Ländern weiterentwickelt.

Zur heutigen Situation der K. u. J.-P. in den alten Bundesländern Deutschlands (in den neuen Bundesländern gibt es noch keine analytisch ausgebildeten Kinder- und Jugendlichen-Psychotherapeuten) ist anzumerken: Von 1949 an schufen Psychoanalytiker an Institutionen der kurz zuvor gegründeten Deutschen Gesellschaft für Psychotherapie und Tiefenpsychologie e.V. (DGPPT) – heute Deutsche Gesellschaft für Psychoanalyse, Psychotherapie, Psychosomatik und Tiefenpsychologie e. V. (DGPT) – einen Studiengang, in dem sich Erzieher, Sozialarbeiter und Lehrer auf eine tiefenpsychologisch fundierte Betreuung von psychisch gestörten Kindern und Jugendlichen vorbereiten konnten. Die Absolventen dieser Zusatzausbildung bezeichneten sich als »Psychagogen«. Sie schlossen sich 1953 in der »Vereinigung deutscher Psychagogen e. V.« zusammen. Das blieb so bis 1975. Die aus der Praxis heraus geforderte zunehmende qualifizierte psychoanalytische Therapie führte zur Erweiterung und Intensivierung dieser Ausbildung. 1976 war ein veränderter Qualitätsstandard der Ausbildung erreicht (vorberufliche Qualifikationen, Ausbildungsinhalte und Ziele wurden verändert). Es gab ab 1976 verbindliche Ausbildungsrichtlinien für alle Institute, die zur psychoanalytischen Behandlung von Kindern und Jugendlichen und deren Eltern ausbildeten. Im Zuge dieser qualitativen Veränderung mußte die Umbenennung der Berufsbezeichnung von Psychagogen zum »Analytischen Kinder- und Jugendlichen-Psychotherapeuten« erfolgen. 1983 wurden die vereinbarten Grundanforderungen (Eingangsvoraussetzungen und Standards dieses Studienganges) der »Ständigen Konferenz« (Konferenz der Vertreter aller 14 Ausbildungsinstitute sowie Vertreter der DGPT und der als Berufsverband fungierenden Vereinigung analytischer Kinder- und Jugendlichen-Psychotherapeuten e.V. [VaKJP]) der DGPT angeglichen. Das bedeutet inhaltlich, daß es sich bei der Ausbildung zum analytischen Kinder- und Jugendlichen-Psychotherapeuten um eine psychoanalytische Vollausbildung – spezialisiert auf die Behandlung von Kindern und Jugendlichen sowie deren Eltern – handelt. Sie erfüllt dieselben Anforderungen wie die Ausbildung zum Psychoanalytiker für Erwachsene und vermittelt eine vom primären akademischen Abschluß und Vorberuf unabhängige, ganz eigene psychoanalytische/psychotherapeutische Qualifikation.

Die Ausbildung zum analytischen Kinder- und Jugendlichen-Psychotherapeuten setzt das abgeschlossene Fachhochschulstudium bzw. Hochschulstudium als Diplom-Sozialarbeiter, Diplom-Sozialpädagoge oder als Diplom-Pädagoge, Lehrer, Diplom-Psychologe oder Arzt voraus. Außerdem wird eine dreijährige berufliche Erfahrung in der Arbeit mit Kindern und Jugendlichen gefordert.

Die berufsbegleitende Ausbildung dauert mindestens 5 Studienjahre. Sie gliedert sich in die → Lehranalyse, den wissenschaftlich-theoretischen Teil und den wissenschaftlich-praktischen Teil. Die von Anfang an obligatorische Lehranalyse wie die laufende → Supervision der von den Ausbildungskandidaten durchgeführten »Erstinterviews« und Psychotherapien von Kindern und Jugendlichen mit der »begleitenden Elternarbeit« gehören zum Ausbildungsgang und sind von den Ausbildungsstätten in justitiablen Weiterbildungs-, Studien- und Prüfungsordnungen im einzelnen geregelt.

Im Zuge dieser Entwicklung und nachdem gesetzliche → Krankenkassen (Behandlung von seelischen Krankheiten im Rahmen der Psychotherapie-Richtlinien und Vereinbarungen der Kassenärztlichen Bundesvereinigung) die Vergütung der Behandlung von Kindern und Jugendlichen und deren Eltern durch analytische Kinder- und Jugendlichen-Psychotherapeuten über Delegation durch ärztliche Psychotherapeuten und ein Gutachterverfahren übernommen hatten, ist die therapeutische Kompetenz der analytischen Kinder- und Jugendlichen-Psychotherapeuten als gleichwertig den Erwachsenentherapeuten anerkannt.

Analytische Kinder- und Jugendlichen-Psychotherapeuten sind außer in freier und klinischer Praxis auch im heil- und sozialpädagogischen Bereich (→ Heil-, → Sonderpädagogik), in Beratungsstellen, Behandlungszentren, in offenen Einrichtungen wie in Heimen tätig. Dabei arbeiten sie nicht nur unmittelbar mit Kindern und Jugendlichen in Einzel- und → Gruppentherapie, sondern tragen auch über Anleitung und Supervision zur Lösung von verinnerlichten Konflikten und Erziehungsproblemen bei. In der Aus-, → Fort- und → Weiterbildung von Sozialarbeitern, Pädagogen, Psychologen und Ärzten, die mit Kindern arbeiten, kommt ihnen als psychoanalytisch geschulten Supervisoren eine besondere Aufgabe zu.

Lit. Auer: Berufsbild; BA: Kinder- und Jugendlichenpsychotherapeut; Fordham: Kinderpsychotherapie; Freud, A.: Kinderanalyse; Freud, A.: Kinderentwicklung; Klein, M.: Psychoanalyse; Vereinigung analytischer Kinder- und Jugendlichen-Psychotherapeuten: Kinder- und Jugendlichen-Psychotherapeut; Winnicott: Therapeutische Arbeit. *Aloys Leber/Annelies Arp-Trojan*

Kinder- und Jugendplan des Bundes (KJP) (frühere Bezeichnung Bundesjugendplan) Förderungsprogramm des Bundes, mit dem die Tätigkeit der Kinder- und Jugendhilfe angeregt und gefördert werden soll, soweit sie von überregionaler Bedeutung ist und ihrer Art nach nicht durch ein Land allein wirksam gefördert werden kann (§ 83 Abs. 1 → Kinder- und Jugendhilfegesetz [KJHG]). Durch das KJHG wurde die Förderverpflichtung des Bundes im Rahmen der Kinder- und Jugendhilfe auf eine neue Grundlage gestellt und rechtlich stärker abgesichert (jetzt Sollvorschrift statt der früheren Kannvorschrift nach dem → Jugendwohlfahrtsgesetz [JWG]).

Die Einzelheiten der Förderung werden durch die Richtlinien für den KJP in der Fassung vom 20. 12. 1993 (GMBl. 1994, S. 41) festgelegt. Die Mittelbereitstellung für den KJP erfolgt jährlich im Rahmen des Bundeshaushaltsplans. Bei der Durchführung des KJP wird die Bundesregierung durch das → Bundesjugendkuratorium beraten (§ 83 Abs. 2 KJHG).

Durch die Förderung im Rahmen des KJP sollen Rahmenbedingungen für eine leistungsfähige Infrastruktur der Kinder- und Jugendhilfe auf Bundesebene geschaffen und gesichert werden. Gefördert werden können zentrale Maßnahmen nichtstaatlicher Organisationen, die für das Bundesgebiet als Ganzes von Bedeutung sind. Daneben können auch Projekte von bundesweit repräsentativer Bedeutung sowie internationale Maßnahmen gefördert werden. Die Förderung bundeszentraler Träger der freien Jugendhilfe und deren Zusammenschlüsse ist in der Regel auf einen längeren Zeitraum angelegt. Die Förderung von Einzelprojekten ist dagegen zeitlich begrenzt. Die Zuwendungen im Rahmen einer institutionellen Förderung oder Projektförderung werden grundsätzlich als Teilfinanzierung und nur ausnahmsweise als Vollfinanzierung gewährt und setzen eine angemessene Eigenleistung voraus. Die Fördermittel des KJP werden auf Antrag entweder im Direktverfahren an bundeszentrale Organisationen für ihre eigenen Projekte oder im Zentralstellenverfahren an Träger, die einem bundeszentralen Dachverband angeschlossen sind, oder im Länderverfahren, über die obersten Jugendbehörden der Länder vergeben.

Seit dem 1. Bundesjugendplan, verkündigt als Aktionsplan der Bundesregierung am 18. 12. 1950, wurden die Inhalte und Schwerpunkte der Förderung kontinuierlich den gewandelten Anforderungen an die Kinder- und Jugendhilfe angepaßt. Verschiedene Förderaufgaben wurden auch aus dem Bundesjugendplan wieder herausgenommen und als eigenständige Fördertitel fortgeführt – so insbesondere der → Garantiefonds – Schul- und Berufsbildungsbereich für junge Aussiedler und junge ausländische Flüchtlinge –, aber auch neue Förderbereiche wurden aufgenommen. Das Fördervolumen betrug anfänglich 18 Mio. DM und stieg Anfang der 90er Jahre aufgrund besonderer Anforderungen an die Kinder- und Jugendhilfe durch die Wiedervereinigung auf über 200 Mio. DM jährlich. Er wird sich 1997 auf 180 Mio. DM belaufen.

Besondere Schwerpunkte im Bereich der Förderungsprogramme des KJP bilden die → politische Bildung, die kulturelle Bildung, die soziale Bildung mit dem → Freiwilligen Sozialen Jahr (FSJ) und dem → Freiwilligen Ökologischen Jahr, FÖJ, → Jugendsozialarbeit, die Jugendverbandsarbeit und die internationale → Jugendarbeit. Als weitere Bereiche sind hervorzuheben die Förderung der → Mädchenarbeit, der Arbeit mit behinderten jungen Menschen, der Hilfen für junge Menschen und Familien, der Hilfen für Kinder, der Kinder- und Jugendhilfe der freien Wohlfahrtspflege sowie der zentralen Einrichtungen der Fortbildung. Daneben nimmt einen breiten Rahmen auch die Förderung zeitlich begrenzter Aktionsprogramme ein.

Karl Otto Lindlahr

Kinder- und Jugendpsychiatrie (→ Psychiatrie) ist ein eigenes medizinisches Fachgebiet, das in der Bundesrepublik Deutschland seit dem Jahre 1968 den Status einer eigenen Facharztdisziplin hat. In den Richtlinien der Bundesärztekammer ist das Aufgabengebiet wie folgt definiert: »Die Kinder- und Jugendpsychiatrie umfaßt die Erkennung, nichtoperative Behandlung (→ Prävention) und → Rehabilitation bei psychischen (→ Psychisch Kranke), psychosomatischen (→ Psychosomatik) und neurologischen Erkrankungen oder Störungen sowie bei psychischen und sozialen → Verhaltensauffälligkeiten im → Kindesalter.«
Daraus geht hervor, daß sich der Kinder- und Jugendpsychiater mit einem breiten Spektrum von Erkrankungen bei Kindern und Jugendlichen befaßt. Zu ihnen gehören Kinder und Jugendliche mit Hirnfunktionsstörungen (→ Frühkindliche Hirnschädigung), psychosomatischen Erkrankungen, schweren Beeinträchtigungen der Realitätsbeziehung (→ Psychosen), frühkindlichem → Autismus, mit den Folgen von Mißbrauch und → Sucht, mit neurotischen Störungen und Konfliktreaktionen (→ Neurose), Suizidversuchen und Selbstbeschädigungen, → Persönlichkeitsstörungen, chronischen Erkrankungen, Behinderungen (→ Behinderte), Intelligenzminderungen und epileptischen Anfällen (→ Epilepsie).
Den umfangreichen Aufgaben der Kinder- und Jugendpsychiater steht nur eine verhältnismäßig kleine Zahl von Fachärzten gegenüber, was sich nur allmählich zu ändern beginnt. Immerhin ist die K. u. J. in der Bundesrepublik an 22 Universitäten vertreten, es gibt insgesamt 100 k. u. j. Institutionen. Die für den Facharzt erforderlichen Kenntnisse sind in der Weiterbildungsordnung der Bundesärztekammer geregelt. Die → Weiterbildung kann an den Universitäten, aber auch an nicht-universitären Einrichtungen absolviert werden.
Psychisch kranke Kinder und Jugendliche werden stationär, teilstationär und ambulant behandelt (→ Komplementäre Dienste und Einrichtungen für psychisch Kranke/ seelisch Behinderte). Der Schwerpunkt liegt heute in der ambulanten Behandlung, aber auch teilstationäre Behandlungsmöglichkeiten (z.B. → Tageskliniken) finden immer stärkere Beachtung. Stationäre Behandlung ist jedoch bei schweren und z.T. lebensbedrohlichen Erkrankungen (z.B. →

Anorexia nervosa, → Schizophrenie) nicht zu umgehen.
In manchen Fällen ist eine stationäre Aufnahme auch notwendig, um Kontakte zum bisherigen Lebensbereich des Jugendlichen zu unterbinden, um sie dann gemeinsam mit den Eltern oder anderen Bezugspersonen wieder in anderer Weise zu rekonstruieren.
Das Behandlungsspektrum der K.u.J. reicht von der medikamentösen Behandlung (→ Psychopharmaka) über funktionelle Übungsbehandlungen bis zu differenzierten Formen der → Psychotherapie, die speziell auf die jeweilige Altersstufe der Patienten abgestimmt sein muß. Während bei jüngeren Kindern die → Spieltherapie im Vordergrund steht, ist bei Jugendlichen die individuelle → Gesprächspsychotherapie, tiefenpsychologisch fundierte Psychotherapie (→ Kinder- und Jugendlichen-Psychotherapie, analytische) und → Gruppentherapie von großer Bedeutung. Auf allen Altersstufen der Kinder spielen Familienarbeit und → Familientherapie eine wichtige Rolle.
Die Geschichte der Kinder- und Jugendpsychiatrie ist jedoch wesentlich älter als ihr anerkannter Status als eigene Fachdisziplin. Ihre Entwicklung hat historisch gesehen zwei Wurzeln: die Erwachsenenpsychiatrie und -neurologie und die Kinderheilkunde. Wichtige Impulse erhielt sie auch aus der Psychologie, verschiedenen Zweigen der Sozialwissenschaften, der Rechtswissenschaft, sowie aus der Praxis der → Jugend- und → Sozialhilfe. Folgende Tendenzen haben im letzten Jahrzehnt an Bedeutung gewonnen: 1. Es besteht Übereinstimmung darüber, daß psychische Störungen und Erkrankungen bei Kindern und Jugendlichen multifaktoriell bedingt sind. Dies führt auch zu einem mehrdimensionalen Vorgehen in der Therapie und Rehabilitation. 2. Die therapeutischen Aktivitäten wurden mehr und mehr vom einzelnen Individuum zur Familie und zum sozialen Umfeld hin verlagert. 3. Aspekte des sozialen Umfeldes werden zunehmend in Therapie, Präventions- und Rehabilitationsmaßnahmen integriert. 4. Die Planung von Kinder- und Jugendpsychiatrischen Einrichtungen erfolgt stärker unter dem Aspekt der Differenzierung sowie der regionalen und überregionalen Koordination und 5. ergibt sich immer stärker die Notwendigkeit zum Effizienznachweis für Therapiemaßnahmen, aber auch für Einrichtungen.
Zu zahlreichen Nachbardisziplinen hat die K.u.J. Kontakt aufgenommen: zur Heilpädagogik, Pädagogik und Sonderpädagogik, zur Jurisprudenz, zur Psychologie, zur Pädiatrie und zur Psychiatrie. Im Hinblick auf die fachliche Orientierung vereinigt die deutsche K.u.J. mehrere Arbeitsrichtungen, die sich aus verschiedenen Traditionen ableiten lassen: aus der neuropsychiatrischen Tradition, der heilpädagogisch-klini-

Kindesalter

schen, der psychodynamisch-psychoanalytischen und der empirisch-epidemiologischen Richtung.
Als wissenschaftliche Fachgesellschaft pflegt die Deutsche Gesellschaft für K. u. J. (DGKJ) enge Kontakte zur Europäischen Gesellschaft für K. u. J. und zur International Association for Child and Adolescent Psychiatry and Allied Professions. Im Jahre 1978 wurde der Berufsverband der deutschen Ärzte für K. u. J. gegründet.
Lit. Deutsche Gesellschaft für Kinder- und Jugendpsychiatrie: Kinder- und Jugendpsychiatrie; Remschmidt: Entwicklungstendenzen; Remschmidt: Kinder- und Jugendpsychiatrie. *Helmut Remschmidt*

Kinderuntersuchung → Früherkennungsuntersuchungen

Kinderzuschuß ist eine Zusatzleistung aus der gesetzlichen → Rentenversicherung (DRentVers.), die zu einer Rente aus eigener Versicherung gezahlt wird. K. wird nicht gewährt, wenn z. B. der Versicherte für das Kind Kinderzulage aus der → Unfallversicherung oder das Kind → Waisenrente aus der gesetzlichen Rentenversicherung erhält. Seit dem 1.1.1984 wird K. nur noch gewährt, wenn der Rentenberechtigte bereits vor diesem Datum einen Anspruch auf K. dem Grunde nach für dieses Kind hatte. Der K. wird grundsätzlich als Festbetrag in Höhe von 152,90 DM (→ Knappschaftsversicherung: 154,50 DM) monatlich je Kind gezahlt. Da seit 1.1.1996 das Kindergeld mindestens 200 DM pro berechtigtem Kind beträgt, haben die kindergeldberechtigten Rentner/-innen einen ergänzenden Anspruch gegen die Kindergeldkassen auf den Restbetrag.
Lit. s.: → Renten wegen Alters. *Rudolf Kolb*

Kindesalter Ältere Konzepte der Kinderpsychologie enthalten Aussagen über die Zielgerichtetheit von Entwicklung und damit auch normative Aussagen über erwünschte Verhaltensweisen, die bis zum Ende des → Jugendalters erworben sein sollten. Sie setzen damit eine relativ einheitliche Umwelt innerhalb einer Kultur voraus und verstehen Entwicklung als »Ausfaltung von keimhaft angelegten Verhaltens- und Erlebnisweisen« (Dorsch u. a., S. 501). Das kalendarische Alter erhielt einen hohen Vorhersagewert für das Auftreten bestimmter Leistungen. Eine Verspätung wurde als Retardation, die Verfrühung als → Akzeleration beschrieben.
»Stufen« entstehen durch das Auftreten neuer Leistungen oder schubweise deutlich werdender Niveauänderungen (Bergius, S. 110). Übergänge werden häufig als »Krisen« beschrieben, so z. B. ein 1. und 2. Trotzalter vor bzw. nach der »eigentlichen« (der schulfähigen) Kindheit (zwischen 4. und 12. Jahr bei O. Kroh). Die frühe Kindheit erscheint als Abschnitt selbstbezogener Bedürfnisbefriedigung. Wichtig sei für das Kind, was es mit den Dingen machen könne. Seine → Wahrnehmungen folgen den Erfahrungen, die es selbst mit Objekten oder als das Objekt der Handlungen anderer erlebt. S. Freud sieht diese Zeit in einer Abfolge oraler, analer und frühgenitaler Prägungen des auf den eigenen Körper gerichteten Luststrebens (→ Orale, → Anale, → Genitale Phase). Kinder zwischen 4 und 12 Jahren wenden dagegen ihre Aktivität eher der Realität zu, die sie zunächst mit Hilfe ihrer Phantasie ergänzen, dann mehr und mehr sachgerecht, wenn auch noch unreflektiert erkunden. Erst kurz vor der → Pubertät ordnen sie diese Erfahrungen kritisch auch nach weniger subjektiven und konkreten Orientierungen. Bei J. Piaget wird die intellektuelle Entwicklung zum Kriterium einer Stufenlehre. Von Geburt an übt das Kind seine angeborenen Reflexe und setzt sich handelnd mit der Umwelt auseinander. Erst wenn es mit den erworbenen Gewohnheiten nicht mehr weiterkommt, bildet es neue Verhaltensweisen aus. Dieser Wechsel von Assimilation und Akkomodation ist die entscheidende Basis für alle Lernvorgänge auch des Erwachsenen (→ Lernen). Schon im Alter von »18-24 Monaten werden solche neuen Lösungshilfen... bereits durch innere Kombination, durch Umstrukturierungen in den Vorstellungen ohne aktives Probieren gefunden« (Bergius, S. 157). Die Begriffsbildung ist danach noch eng an Handlungswünsche (symbolisches Denken zwischen 2 und 4 Jahren) und die konkrete Anschauung (4–7 Jahre) gebunden. Sie erreicht erst mit der Pubertät die Stufe der Abstraktion.
Die Annahme alterstypischer Leistungen führte früh zu Jahresreihen von Testaufgaben (→ Test, → Intelligenz), die der Berechnung eines altersabhängigen Intelligenz- bzw. Entwicklungsquotienten dienten (erreichtes Leistungsalter geteilt durch das Lebensalter mal 100), so bei Binet, Ch. Bühler, H. Hetzer u. a. Solche fixierten Bewertungsmaßstäbe verwischen jedoch die sozialen und individuellen Unterschiede. Die Stufen- und Phasenlehren (A. Busemann, O. Kroh, H. Hetzer u. a. – s. bei Bergius) dienen auch heute noch trotz erheblicher Bedenken der Begründung pädagogischer Maßnahmen. Sie enthalten der Sollensforderungen, die in einer Kultur bestimmten Altersstufen vorgegeben werden und damit auch ihre eigene Prägewirkung entfalten. In Amerika ging man andere Wege. A. Gesell stellte für einzelne Altersstufen Verhaltensinventare zusammen, die er in → Längsschnittuntersuchungen an den immer gleichen Kindern protokolliert hatte. Aber auch diese Jahresreihen werden leicht zu Maßstäben in der Elternberatung, nach denen das individuelle Kind eingestuft wird. Neuere Autoren beschreiben deshalb

Kindesmißhandlung

die Abfolge in der Entwicklung bestimmter Funktionen (→ Motorik, Sprache, Wahrnehmung, → Denken u. a.), ohne sich auf eine Altersfixierung festzulegen. Die Sozialisationsforschung (→ Sozialisation) arbeitet die Unterschiede heraus, die durch Einwirkung der familiären und sozialen Lebensbedingungen in solchen Abfolgen deutlich werden. So zerfällt die Kinderpsychologie heute in eine Fülle von Einzeluntersuchungen, deren statistischer Aufwand ihre praktische Relevanz nicht selten verdeckt.
Lit. Baacke: Jugend; Baacke: Kindesalter; Bergius: Entwicklung; Bühler, K.: Entwicklung; Clauss u. a.: Kinderpsychologie; Dorsch u. a.: Wörterbuch; Hetzer: Entwicklungspsychologie; Hurlock: Entwicklung; Schäfer, G. E.: Bildungsprozesse.

Gisela Oestreich

Kindesmißhandlung Mit K. in → Familien sind einmal jene situativen physischen und psychischen Gewalthandlungen gegen Kinder gemeint, die entweder körperliche Verletzungen (oder sogar den Tod) zur Folge haben oder/und im Kind existenzbedrohende Angstgefühle (→ Angst) hervorrufen; von »familiengeschichtlicher« K. sprechen wir dann, wenn die Eltern dem Kind dauerhaft eher ablehnend gegenüberstehen und damit ein Familienklima erzeugen, in dem sich das Kind nicht mehr menschenwürdig (→ Menschenwürde) entfalten kann (Faltermeier u. a.). Kindesvernachlässigung gilt als eine weitere Form der K.; auch sie kann den Tod von Kindern, z. B. durch Verhungern, zur Folge haben. Zwar ist die psychische Vernachlässigung die weitaus häufigste Form der Kindesvernachlässigung, allerdings oftmals unmittelbar kaum sichtbar.
Gewaltanwendungen gegen Kinder haben eine lange geschichtliche Tradition. Körperliche, seelische und sexuelle Gewalt waren immer schon Bestandteil elterlicher Erziehungskonzepte, mehr oder weniger gesellschaftlich akzeptiert und geduldet. Dies liegt u. a. daran, daß seit Jh. → Erziehung, Disziplin und Machtausübung fast identische Begriffe sind. Eltern, die Gewalt gegen Kinder anwenden, handeln also nicht geschichtslos, sondern beziehen sich auf traditionelle und oftmals gesellschaftlich legitimierte Umgangsrituale mit Kindern. Nach wie vor sind Erziehung, Disziplinierung und Gewalt eng verstrickt und begründen ein repräsentatives Bild alltäglich angewandter »Pädagogik«. Leider fehlt bislang eine umfassende historische Forschung zur Sozialgeschichte des Kindes. Zaghafte Ansätze des → Kinderschutzes finden sich erst gegen Ende des 19. Jh. intensivere (aber bis heute noch völlig unzureichende) Bestrebungen dann im Laufe des 20. Jh. mit dem Aufbau sozialpädagogischer Hilfeeinrichtungen.

Die theoretische Diskussion über die Ursachen von K. im allgemeinen läßt sich in vier Erklärungsmodellen zusammenfassen:
1. Kriminologisch-medizinisches Modell (Trube-Becker): Dieses sieht die Ursache in einer gestörten (kranken) Täterpersönlichkeit.
2. Psychodynamisches Modell (Amon; Stell/Pollock): Frühkindliche Deprivationen/Erfahrungen (z. B. Verlassenheit, Trennung, Mißhandlung etc.) führen häufig zu schnellen Verunsicherungen in der Elternrolle, die ausagiert werden müssen.
3. Pädagogisches Modell (Faltermeier): Hier wird auf den engen Zusammenhang von Gewalterfahrungen und Familienklima verwiesen.
4. Sozialwissenschaftliches Modell (Wolff): K. korrespondiert mit autoritären Erziehungstraditionen, sozialem Druck auf die Familie und intrapersonalen Konflikten der Eltern.
Das sozialwissenschaftliche Modell ist das am weitesten entwickelte, weil es sowohl historische als auch pädagogisch-psychologische und soziale Erklärungszusammenhänge integriert: Gewalt wird hier als »sozialer Code« verstanden, der darauf hinweist, daß die Familie ihren → Alltag unter den gegebenen Gesamtbedingungen nicht mehr angemessen strukturieren kann. Sexueller Mißbrauch ist immer dann gegeben, wenn ein Mädchen oder Junge von einem Erwachsenen oder älteren Jugendlichen als Objekt der eigenen sexuellen Bedürfnisse benutzt wird (Enders).
Der sexuelle Mißbrauch von Kindern in Familien (→ Inzest) stellt ein besonderes Problem dar, da hier die Dunkelziffer überaus groß ist. Dies ist u. a. darauf zurückzuführen, daß die Betroffenen insbes. aus Angst, den Familienverband und -status zu gefährden, schweigen. Die psychischen Folgewirkungen (Langzeitfolgen) sind i. d. R. erheblich. Sieht man von den sog. eindeutigen Fällen ab, ist es meist schwierig, sexuelle K. im Frühstadium zu erkennen bzw. so zu definieren, daß sich die gewünschte elterliche Liebe und Zuneigung von mißbräuchlichem Handeln abgrenzen läßt. Auf zunehmendes Forschungsinteresse stößt auch der sexuelle Mißbrauch von Jungen. Ging man bislang davon aus, daß etwa 90% der betroffenen Kinder Mädchen seien, so sprechen verschiedene Autoren von etwa 40% und mehr betroffenen Jungen. Jedoch gilt auch hier, daß die Täter überwiegend aus dem sozialen Umfeld der betroffenen Jungen stammen (Väter, Onkel, Nachbarn, Freunde der Familie etc.).
Für die sozialwissenschaftliche Einordnung des sexuellen Mißbrauchs von Kindern als besondere Form der K. stehen vier Erklärungsansätze zur Verfügung:
1. Das psychoanalytische (Freud) und pathologische (Hucko) Modell: Nach Freud wurde der sexuelle Mißbrauch als Phanta-

sieprodukt der Betroffenen vor dem Hintergrund eines nicht aufgearbeiteten Ödipuskomplexes zurückgeführt; für Hucko handelt es sich beim sexuellen Mißbrauch um gestörte (Trieb-)Täter.
2. Familiendynamisches Modell (Furniss): Sexueller Mißbrauch wird als familiale Disfunktion interpretiert, der auf Störungen in den Beziehungen der Familienmitglieder hinweist.
3. Feministisches Modell (Kavemann; Steinhage): Nach diesem Ansatz ist der sexuelle Mißbrauch auf die patriarchalischen Strukturen unserer Gesellschaft zurückzuführen. Mittels sexueller Gewalt wollen Männer ihre Männlichkeit und Macht beweisen.
4. Materialistisches Modell (Gutjahr/Schrader): Dieses integriert den familiendynamischen und feministischen Ansatz und plädiert in seiner praktischen Konsequenz auch für eine intensive Arbeit mit den männlichen Tätern. Auch die Kinderpornographie (u. a. Video) wird als sexueller Mißbrauch verstanden, weil sie eine sexuelle Ausbeutung von Kindern (und oftmals deren Vermarktung) darstellt.
Allgemein für K. gilt, daß die Dunkelziffer enorm hoch ist. Den jährlich etwa 30 000 erfaßten K. steht eine Dunkelziffer von über ca. 500 000 gegenüber.
Der Ausbau des Kinderschutzes in der Bundesrepublik wird vor allem von dem → Deutschen Kinderschutzbund e.V. (DKSB) und den → Kinderschutzzentren, aber auch von vielen → Selbsthilfegruppen (Wildwasser, Dolle Deern, Zartbitter etc.) vorrangig betrieben; auch auf lokaler Ebene sind von → öffentlichen und → freien Trägern hoffnungsvolle – wenn auch leider bislang nur vereinzelte – Ansätze initiiert worden. Allgemein haben sich die Strategien des Kinderschutzes von den traditionell repressiven zu sanktionsfreien und hilfeorientierten Ansätzen entwickelt.
Lit. Badinter: Mutterliebe; Bast u.a.: Gewalt; Beiderinnen u.a.: Gewalt; Enders: Mißbrauch; Faltermeier u.a.: Lebenswelten; Gutjahr u.a.: Mädchenmißbrauch; Rush: Kindsmißbrauch; Weber, M. u.a.: Mißbrauch; Zenz: Kindesmißhandlung.

Josef Faltermeier

Kindesvernachlässigung → Kindesmißhandlung

Kindeswohl 1. Am K. als leitendem Rechtsbegriff orientieren sich ausdrücklich §§ 1627, 1628, 1631b, 1634 Abs. 2, 1666 und 1671 → Bürgerliches Gesetzbuch (BGB), während § 1696 Abs. 1 BGB auf das »Interesse des Kindes« und § 1626 Abs. 2 BGB für Eltern bei der Pflege und Erziehung auf »die wachsende Fähigkeit und das wachsende Bedürfnis des Kindes zu selbständigem verantwortungsbewußtem Handeln« abstellt. Andere gesetzliche Bestimmungen haben den gleichen sachlichen Kern (vgl. etwa §§ 1628 Abs. 1, 1631 Abs. 2, 1631a und 1632 Abs. 4 BGB). Die Entziehung der → elterlichen Sorge, § 1666 BGB, ist danach nur zulässig, wenn Eltern – auch unverschuldet (damit ist seit dem Inkrafttreten des Gesetzes zur Neuregelung des Rechts der elterlichen Sorge am 1. 1. 1980 ein alter Streit erledigt) – durch ihr Erziehungsverhalten das »körperliche, geistige und seelische Wohl des Kindes durch mißbräuchliche Ausübung« ihres Sorgerechts oder durch Vernachlässigung gefährden (→ Kindesmißhandlung). Bei der Übertragung/Verteilung der elterlichen Sorge (→ Personensorge) anläßlich der Ehescheidung »trifft das Gericht die Regelung, die dem Wohl des Kindes am besten entspricht«, § 1671 BGB; Änderungen einmal beschlossener gerichtlicher Maßnahmen in diesem Bereich sind angebracht, wenn sie »im Interesse des Kindes« erforderlich sind (§ 1696 BGB). Schließlich orientieren sich zumindest im Ergebnis die im → Kinder- und Jugendhilfegesetz (KJHG – SGB VIII) vorgesehenen Formen von Hilfe, Beistand, Unterstützung und Leistung (auch) am K. oder Wohl des Jugendlichen, wobei § 1 Abs. 1 KJHG das Recht jedes jungen Menschen auf Förderung seiner Entwicklung und auf Erziehung zu einer eigenverantwortlichen und gemeinschaftsfähigen Persönlichkeit festschreibt, § 1 Abs. 2 KJHG den Wortlaut von Art. 6 Abs. 2 Grundgesetz (GG) wiederholt. § 1 Abs. 3 KJHG präzisiert: → Jugendhilfe soll zur Verwirklichung des Rechts nach Abs. 1 insbesondere
»1. junge Menschen in ihrer individuellen und sozialen Entwicklung fördern und dazu beitragen, Benachteiligungen zu vermeiden oder abzubauen,
2. Eltern und andere Erziehungsberechtigte bei der Erziehung beraten und unterstützen,
3. Kinder und Jugendliche vor Gefahren für ihr Wohl schützen,
4. dazu beitragen, positive Lebensbedingungen für junge Menschen und ihre Familien sowie eine kinder- und familienfreundliche Umwelt zu erhalten oder zu schaffen.«
Zu den einzelnen Formen von Erziehungshilfen vgl. §§ 27ff. KJHG mit seinem gegenüber dem bisherigen JWG wesentlich veränderten, erweiterten und differenzierten Leistungs- und Beratungsangeboten. K. und ähnliche, in der Sache weitgehend gleichlautende Verpflichtungen werden damit zu prägenden Mustern für wichtige Teile des öffentlichen und privaten Kindschaftsrechts. Dabei besteht inzwischen Einigkeit, daß → Elternrechte nicht für sich und aus sich allein heraus zu verstehen sind und Kindesrechten entgegentreten, sondern von vornherein den unmittelbaren Drittbezug in sich aufnehmen (→ Erziehungsanspruch): sie sind »im eigentlichen Sinne vormundschaftlich«.

Dies gewinnt bei der Abwägung der verfassungsrechtlich geschützten Elternrechte (Art. 6 GG) und Kindesrechte (z. B. Art. 2, 4, 10 oder 12 GG) Bedeutung (So etwa das BVerfG zu § 1632 Abs. 4 BGB und dem Schutz der → Pflegekinder bei einem Herausgabeverlangen der leiblichen Eltern, Beschluß vom 17. 10. 1984, in NDV 1985, 132).
2. Über die beschränkte inhaltliche Reichweite des Rechtsbegriffs »K.« besteht allerdings weitreichende Einigkeit. Dieser Begriff, so wird gerügt, erschließe sich praktisch beliebigen Deutungsmöglichkeiten, bleibe im wesentlichen abstrakt und formal und gebe dem Richter oder dem sonstigen Rechtsanwender keine faßbaren oder wenigstens vorgeprägten Entscheidungshilfen an die Hand (vgl. Coester, S. 1 f.), so daß die gefundenen Ergebnisse letztlich rechtlich nicht abgestützt seien. Dabei enthalten die Rügen zunächst durchaus positive Aspekte. Zum einen ist klargestellt, daß jeder Erklärungsversuch des »K.« außerrechtliche Überlegungen in sich aufnehmen muß. Zum anderen wird gleich das Mißverständnis vermieden, Richter realisierten bei ihrer Tätigkeit lediglich gesetzliche Anordnungen, denn sie arbeiten in einem Bereich weitgehend regelfrei mit dem Ziel vernünftiger Zweckverwirklichung (dazu Coester, S. 9; Thalmann). Das dabei maßgebliche Verfahren und seine Garantien – Anhörung der Beteiligten, Mitwirkungs- und Berichtigungspflichten des → Jugendamtes (JA) nach § 50 KJHG – treten in den Vordergrund, und insgesamt liegen Überlegungen zu einer grundsätzlichen Umorientierung familienrechtlicher Entscheidungsprozesse nach Art US-amerikanischer Mediations-Konzepte nahe. Doch sind die Anschlußfragen nach der Aufnahme sozialwissenschaftlicher Erkenntnisse in die Rechtsfindung und den methodischen Zusammenhängen ebenso offensichtlich wie die nach der gebotenen Richtigkeitsgewähr, der notwendigen Kontrolle und Überprüfbarkeit und nach der Verantwortlichkeit letztlich ungebundener richterlicher Anordnungen vor dem Recht schlechthin, ohne daß es bisher gelungen wäre, über erste Ansätze hinausreichende Antworten zu entwickeln.
3. Als Orientierungshilfen bei der → Auslegung des → unbestimmten Rechtsbegriffs »K.« und bei seiner inhaltlichen Präzisierung haben sich in der rechtlichen Anwendungspraxis einige Teilaspekte mehr oder weniger verselbständigt herausgebildet, wobei nur bedingt eine Rangordnung festgelegt ist (wer schlechthin erziehungsunfähig ist, kann das Sorgerecht nicht ausüben oder erhalten, vgl. auch § 1666 BGB). Diese Untergliederungen sind sinnvoll, wenn sie auch jeweils für sich nicht wesentlich weiterreichen als die allgemeinen Interpretationsversuche des Ausgangspunktes »K.«. Im übrigen können Defizite in einem Bereich durch ein entsprechendes Übergewicht im anderen Bereich aufgewogen oder ausgeglichen werden (etwa Erziehungseignung versus Bindungen des Kindes). Bei mehreren Kindern schließlich hat die Abwägung zunächst für jedes von ihnen gesondert zu erfolgen, doch können gerade die Beziehungen der Geschwister untereinander und ihre Dynamik eine eigene Rolle spielen.
a) Nach dem Förderungsprinzip erhält nach der Ehescheidung der Elternteil die elterliche Sorge – vgl. § 1671 BGB –, der dem Kind die intensivere und »bessere« Unterstützung beim Aufbau seiner eigenen Persönlichkeit zu leisten vermag. Für die wichtige Frage nach der Ausbildung und der Berufswahl enthält bereits § 1631 a BGB entsprechende gesetzliche Vorgaben; »in Angelegenheiten der Ausbildung und des Berufs nehmen die Eltern insbesondere auf Eignung und Neigung des Kindes Rücksicht«, wobei bei verbleibenden Zweifeln oder Zwistigkeiten der Rat eines Lehrers oder einer anderen Person – Berufsberater, Mitarbeiter des JA o. ä. – eingeholt werden soll. Die Eingriffsschwellen für staatliche Kontrolle und Korrektur sind nach § 1631 a BGB besonders hoch.
b) Das Kontinuitätsprinzip soll sicherstellen, daß einheitliche und gleichmäßige Erziehungsabläufe möglichst wenig gestört werden; bei gerichtlichen Entscheidungen darf nicht nur der gegenwärtige Stand der Dinge berücksichtigt werden, vielmehr ist auch die künftig vorhersehbare Entwicklung in die Bewertung einzubeziehen.
c) Maßgebliches Gewicht gewinnen zudem die Bindungen des Kindes in der Familie, insbes. an einen Elternteil, wenn nach dem Scheitern der Ehe eine einseitige Zuordnung notwendig wird, ebenso die Geschwisterfolge.
d) Selbst dem Kindeswillen kommt häufig ausschlaggebendes Gewicht zu, auch wenn die gesetzlich festgelegten »Altersgrenzen« im Einzelfall vielleicht nicht erreicht sind, vgl. z. B. § 1671 Abs. 3 BGB – Mitspracherecht eines zumindest 14jährigen Kindes – oder die flexiblen Regeln des Gesetzes über die religiöse Kindererziehung. Beispiele: Schwangerschaftsabbruch einer Jugendlichen (LG Berlin, Beschluß vom 20. 11. 1979, in FamRZ 1980, 285 gegen LG München I, Beschluß vom 24. 7. 1978, in FamRZ 1979, 850; beides entschieden unter dem Blickwinkel von § 1666 BGB), lebensnotwendige Operationen ohne Bluttransfusionen (BayOLG, Beschluß vom 25. 9. 1975, in FamRZ 1976, 43). Für weitere Einzelheiten vgl. Finger, S. 395 f.
e) Finanzielle oder ökonomische Erwägungen spielen dagegen keine unmittelbare Rolle, weder bei der Entziehung der elterlichen Sorge (vgl. zu § 1666 a BGB und zur Frage, wieweit geistig behinderte Eltern »gleichwohl« ihr Kind erziehen »dürfen«,

BVerfG, Beschluß vom 17. 2. 1982, in FamRZ 1982, 567, AG Melsungen, Beschluß vom 21. 6. 1995, in FamRZ 1996, 53 für die Ersetzung der fehlenden Einwilligung der Eltern bei schwerer psychischer Krankheit – gerade hier sind im übrigen die Träger der öffentlichen Jugendhilfe mit ihrer Beratungstätigkeit besonders gefordert) noch bei der Verteilung des Sorgerechts bei der Ehescheidung. Seit längerer Zeit ist auch die Scheidungsschuld kein lenkendes Kriterium mehr.
f) § 1671 Abs. 4 S. 1 BGB ordnet ausdrücklich die Zuweisung der elterlichen Sorge bei der → Ehescheidung an einen Elternteil an. Doch hat das BVerfG (Urteil vom 3. 11. 1982, in FamRZ 1983, 1179) diese Bestimmung für unvereinbar mit Art. 6 GG erklärt und damit den weiteren Fortbestand der gemeinsamen elterlichen Sorge auch über den Zeitpunkt des Zerbrechens der Elternehe hinaus ermöglicht, wenn folgende Gesichtspunkte erfüllt sind und vom Familienrichter ausdrücklich festgestellt werden:
– Die gemeinsame Bereitschaft der Eltern, die Verantwortung für ihr Kind nach ihrer Scheidung weiterhin gemeinschaftlich tragen zu wollen; das bedeutet aber auch, daß einer von ihnen durch seine ablehnende Haltung, für die er sich nicht zu rechtfertigen braucht, das Lösungsmodell »gemeinsame elterliche Sorge« ausschließen kann;
– die volle Erziehungsfähigkeit von Vater und Mutter;
– das Fehlen besonderer Gründe, die die Übertragung der elterlichen Sorge gerade auf einen Elternteil notwendig erscheinen läßt
– und die Überzeugung des Gerichts, daß die Eheleute trotz ihrer eigenen Probleme miteinander Pflege und Erziehung des Kindes leisten können, wenn auch in einer durch die Scheidung vielleicht modifizierten Form (vgl. Luthin, S. 64). Praktisch ist diese Entscheidung jedoch nahezu folgenlos geblieben, wie empirische Untersuchungen aus Hamburg (Magnus, U. u. a.) und aus Hessen (Limbach) belegen, da nur etwa 1–2% aller Entscheidungen zur Sorgerechtsverteilung nach Scheidung im obigen Sinn ergingen.
Eine neuere Umfrage aus Hessen bestätigt, daß inzwischen in wohl 8-10% der Fälle die Familiengerichte nach der Ehescheidung den Fortbestand der elterlichen Sorge anordnen; maßgeblich werden dabei auch Überlegungen, wie sie in der UN-Kinderkonvention zum Ausdruck kommen, dazu Fringer, im JR 1992, 177. Nach Änderungsvorschlägen zur Reform des Kindschaftsrechts, etwa BR-Drucks. 180/96, soll auch in Zukunft der »Fortbestand« der gemeinsamen elterlichen Sorge nach einer Ehescheidung gefördert werden. Im übrigen soll auch nicht miteinander verheirateten Partnern die Möglichkeit eröffnet werden, auf Antrag gemeinsam für ihr Kind zu sorgen.

Im Unterhaltsrecht und im Erbrecht ist ebenfalls eine Gleichstellung von ehelichen und nichtehelichen Kindern vorgesehen, dazu der Referentenentwurf eines Kindesunterhaltsgesetzes vom 7. 3. 1996 und der Entwurf eines Gesetzes zur erbrechtlichen Gleichstellung nichtehelicher Kinder, BT-Drucks. 13/4183 vom 21. 3. 1996.
Lit. Coester: Kindeswohl; Duss-von Werdt u. a.: Scheidung; Finger: Familienrecht; Fthenakis u. a.: Ehescheidung; Goldstein u. a.: Diesseits des Kindeswohls; Goldstein u. a.: Jenseits des Kindeswohls; Lempp: Kinder- und Jugendpsychiatrie; Limbach: Gemeinsame Sorge; Luthin: Gemeinsames Sorgerecht; Magnus, U. u. a.: Elterliche Sorge; Salgo: Anwalt des Kindes; Simitis u. a.: Kindeswohl; Thalmann, W.: Familienrichter; Zenz: Kindesmißhandlung.
Peter Finger

Kindeswohl (sozialwissenschaftliche Aspekte) Kindern soll es gutgehen, sie sollen glücklich sein und sich gesund entwickeln. Mit diesen oder ähnlichen Aussagen dürften die meisten Menschen, würden sie danach gefragt, den Begriff K. umschreiben. Sie würden sich erheblich darin unterscheiden, wenn sie danach gefragt würden, was sie im einzelnen meinen, woran sie die Erreichung der Ziele erkennen und welche Methoden sie für angemessen halten, um das Glück der Kinder zu befördern. Die Unterschiede in den Antworten fielen um so gravierender aus, je weiter die befragten Personen sich in ihrer Lebenslage und sozialen Herkunft unterscheiden, noch deutlicher, wenn Personen, die unterschiedlichen Kulturkreisen angehören, befragt würden. Zu letzterem etwa schrieb die Kinderanalytikerin Alice Balint: »Die Untersuchung verschiedener Völker zeigt, daß es kaum eine Erziehungsmethode geben kann, die nicht möglich wäre. Von der denkbar größten Freiheit bis zur grausamsten Tyrannei ist alles schon dagewesen und von Kindern ertragen worden. Die einzelnen Kulturen sind es, die kein beliebiges Erziehungssystem vertragen. Es gibt keine absolute Pädagogik, keine absolute seelische Hygiene.« (Balint 1937)
Die Kontextgebundenheit von Vorstellungen über das, was Kindern guttut, ihr Wohl ausmacht, verbietet es, den Begriff K. zu definieren; seine Bedeutung kann nur für und in einem spezifischen Kontext diskursiv bestimmt werden. Entscheidend für eine sozialwissenschaftliche Aufklärung der Bedeutung von K. ist damit nicht die Frage des Begriffsinhalts, sondern die Frage danach, wer zum Diskurs zugelassen wird und nach welchen Regeln er geführt wird. Da »die Kulturen kein beliebiges Erziehungssystem vertragen«, regelt jede Gesellschaft wiederum die Regeln für Diskurse, und weil sich Gesellschaften verändern, ändern sich auch diese. In westlichen Industriegesellschaften

sind es zum einen die Humanwissenschaften – → Psychoanalyse und → Entwicklungspsychologie vor allem – zum zweiten soziale Bewegungen, zum dritten die mit Definitionsmacht ausgestatteten politischen und moralischen Institutionen, die den Diskurs bestimmen und ihm seine Regeln vorgeben, aber in vielen Fällen auch in Konkurrenz zueinander stehen. Den Humanwissenschaften kommt dabei vor allem die Rolle zu, aus der Zuwendung zum Kind und der Erforschung des kindlichen Seelenlebens, Kriterien für die Bedingungen von »Gesundheit« und »Wohlbefinden« innerhalb eines gegebenen gesellschaftlichen Kontextes zu formulieren; sie tut dies über die Formulierung von Grundbedürfnissen und Bedürfnishierarchien und die Identifikation von sozialisatorischen Voraussetzungen für sie. Soziale Bewegungen liefern neue Interpretationen und versuchen, ihnen gesellschaftliche Bedeutung zu verschaffen; politische und moralische Agenturen kontrollieren die Einhaltung gesellschaftstypischer Minimalstandards. Erst in jüngerer Zeit hat man damit begonnen, weitere Diskurspartner zuzulassen: die Kinder selbst und – so z.B. durch das neue Institut des Hilfeplans im KJHG – die Angehörigen des Kindes.

In westlichen Gesellschaften dürften einige Standards als »Geschäftsgrundlage« für Diskurse zum K. inzwischen, als Ergebnis der langen Zivilisationsgeschichte, unumstritten sein: die Berücksichtigung vitaler → Bedürfnisse von Menschen nach Nahrung, Kleidung und Obdach, nach Zuwendung, Ansprache, Geborgenheit und Liebe, nach Lernen, Förderung und Ausschöpfung individueller Potenzen und schließlich nach Schutz vor Ausbeutung und Garantie eines gewissen Grades an Selbstbestimmung (vgl. Goldstein u.a. 1984; Goldstein u.a. 1990; Mollenhauer 1993). Aber mehr als »Geschäftsgrundlage« kann auch dies nicht sein. Es gibt keinen Ausweg aus der Kontext- und also auch Interessengebundenheit der Diskurse. Dies ist auch gut so: Jeder Versuch, K. »objektiv« bestimmen zu wollen, führte unmittelbar in die Tyrannei.

Lit. Balint: Grundlagen; Goldstein u.a.: Kindeswohl; Goldstein u.a.: Diesseits des Kindeswohls; Mollenhauer: Sozialpädagogik. *Jürgen Blandow*

Kindschaftsrechtsreform Handlungsbedarf für eine umfassende Reform des Kindschaftsrechts besteht insbesondere im Hinblick auf die bisher nur unvollkommene Gleichstellung → ehelicher und → nichtehelicher Kinder und der dazu ergangenen Entscheidung des Bundesverfassungsgerichts, die Notwendigkeit der Rechtsangleichung zwischen den alten und neuen Bundesländern und nicht zuletzt die Anwendung der UN-Kinderrechtskonvention von 1989. Mehrere Gesetzentwürfe, u.a. zur erbrechtlichen Gleichstellung nichtehelicher Kinder und zur Abschaffung der gesetzlichen → Amtspflegschaft und Neuordnung des Rechts der → Beistandschaft wurden in der 12. Legislaturperiode nicht mehr behandelt, in der 13. Legislaturperiode jedoch wieder eingebracht (Erbrechtsgleichstellungsgesetz, Bundestagsdrucksache 13/4183 sowie Beistandschaftsgesetz, Bundestagsdrucksache 13/892). In dieser Legislaturperiode legte die Bundesregierung einen umfassenden Gesetzentwurf zur Reform des Kindschaftsrechts (Kindschaftsrechtsreformgesetz, Bundestagsdrucksache 13/4899 vom 13. 6. 1996) vor. Schwerpunkte sind neben einer Vereinheitlichung des Abstammungsrechts für eheliche und nichteheliche Kinder einschließlich der Anfechtungsfristen und der Verstärkung der Rechtsstellung der Mutter bei der Anerkennung und Anfechtung der Vaterschaft (→ Vaterschaftsanerkennung), der Neuregelung des Namensrechts und des Adoptionsrechts (Notwendigkeit der Einwilligung beider Eltern bei einer Fremdadoption, Beseitigung der Annahme eines eigenen nichtehelichen Kindes) und einer Vereinheitlichung des → Umgangsrechts der Eltern ehelicher und nichtehelicher Kinder, die Neuregelung des Rechts der → elterlichen Sorge sowohl bei nichtverheirateten Eltern als auch nach einer Scheidung der Ehe. Erstmals soll es auch Eltern, die nicht miteinander verheiratet sind, möglich sein, die gemeinsame elterliche Sorge für ihre Kinder zu erhalten. Hierzu soll eine gemeinschaftliche Sorgeerklärung, die öffentlich beurkundet werden muß, genügen. Eine gerichtliche Entscheidung ist nur bei einer Änderung des gemeinsamen Sorgerechts erforderlich. Insoweit kann jeder Elternteil beantragen, daß ihm das → Familiengericht die elterliche Sorge oder einen Teil der elterlichen Sorge allein überträgt. Steht die elterliche Sorge für ein nichteheliches Kind mangels gemeinsamer Sorgeerklärung weiterhin der Mutter zu, so kann der Vater bei einer Trennung der Eltern nur mit Zustimmung der Mutter eine Übertragung der elterlichen Sorge auf sich allein beantragen. In diesem Fall überprüft das Gericht, ob dies dem Wohl des Kindes dient.

Der Gesetzentwurf sieht weiterhin vor, daß bei einer Scheidung der Ehe über die elterliche Sorge nicht mehr von Amts wegen, sondern nur noch auf Antrag entschieden wird. Dieser Vorschlag ist höchst umstritten. Mit ihm würde zwar eine Gleichstellung ehelicher und nichtehelicher Eltern erreicht – nichteheliche Eltern behalten ihre gemeinsam beantragte elterliche Sorge auch nach der Trennung ohne zeitliche Begrenzung weiter. Die bisher im Scheidungsverfahren immer vorgeschriebene Kindesanhörung und damit die Berücksichtigung des Willens des Kindes bei weiter bestehender gemeinsamer elterlicher Sorge findet jedoch nicht mehr

statt. Streitig ist ferner, ob das Umgangsrecht auch als Recht des Kindes ausgestaltet werden soll, nicht nur als Recht der Eltern.
Weitere Anliegen des Entwurfs sind eine Erweiterung der Zuständigkeit des Familiengerichts, das künftig die elterliche Sorge betreffenden Verfahren, alle Umgangsregelungsstreitigkeiten, sämtliche auf Ehe und Verwandtschaft beruhenden Unterhaltsklagen und die Abstammungsverfahren behandeln soll sowie die Stärkung der verfahrensrechtlichen Stellung der Kinder durch Bestellung eines Verfahrenspflegers (→ Anwalt des Kindes).
Lit. Bundesregierung: BTDrucks. 13/4899; DV: Kindschaftsrecht. *Reglindis Böhm*

Klage Gesuch des Klägers an das Gericht um → Rechtsschutz gegen den Beklagten mit dem Ziel, eine Entscheidung des Gerichts durch Urteil (→ Gerichtliche Entscheidungen) herbeizuführen. Nach dem Begehren des Klägers sind verschiedene K.arten zu unterscheiden: im → Zivil- und Arbeitsgerichtsprozeß (§§ 253 ff. ZPO, §§ 46 ff. ArbGG), Leistungs-, Feststellungs- und Gestaltungsk., im → Verwaltungsprozeß (§§ 42, 43 VwGO) und im Verfahren vor den → Sozialgerichten (§§ 53 ff., 87 ff. SGG) → Anfechtungs-, → Verpflichtungs-, Leistungs- und Feststellungsk. Im Zivil- und Arbeitsgerichtsprozeß wird die K. durch Einreichung einer K.schrift, die die Bezeichnung der Parteien (Kläger, Beklagter) und des Gerichts, den K.grund und einen bestimmten K.antrag enthalten muß, und Zustellung an den Beklagten erhoben; im Verwaltungs- und Sozialgerichtsverfahren, in dem die Angabe von Kläger, Beklagtem und Streitgegenstand (konkrete Kennzeichnung des Sachverhalts) genügt, kann K. auch zur Niederschrift des Urkundsbeamten der Gerichtsgeschäftsstelle erhoben werden. Mit der K.erhebung ist der → Rechtsanspruch »rechtshängig« geworden, wodurch u. a. seine → Verjährung unterbrochen wird (§ 209 BGB). Bevor das Gericht über die K. entscheidet (i. d. R. durch Urteil), prüft es zunächst, ob die formalen Prozeßvoraussetzungen (Zulässigkeit) gegeben sind; (nur) wenn dies der Fall ist, befindet es über die sachliche Begründetheit der K.
Hans-Ulrich Weth

Klasse Seit Entstehen der kapitalistischen Industriegesellschaften (→ Gesellschaft) ist »K.« ein zentraler sozialwissenschaftlicher Begriff, der gegenüber den Standes- oder Rangunterschieden der feudalen Gesellschaft soziale Ungleichheit betont, welche die privatwirtschaftliche Produktionsweise zur Folge hat. Nach Karl Marx, dessen Überlegungen zur K.theorie alle späteren wissenschaftlichen Diskussionen entscheidend beeinflussen, beruht diese Produktionsweise auf der Trennung in private Eigentümer von Produktionsmitteln und eigentumslose Lohnabhängige. Diese seien gezwungen, ihre Arbeitskraft unter Konkurrenzbedingungen und unter ständiger Bedrohung ihres Arbeitsplatzes zu verkaufen. Ihr Lohn ermögliche ihnen nur den zur Erhaltung ihrer Arbeitskraft notwendigen Lebensunterhalt, der von dem historischen und kulturellen Entwicklungsstand einer Gesellschaft abhänge. Die Dynamik der kapitalistischen Entwicklung sei bestimmt durch Konkurrenz unter den Kapitalisten, zunehmende Kapitalkonzentration, Steigerung der Produktivkräfte und ökonomische Krisen. Diese Entwicklung bringe eine Vereinheitlichung der ursprünglich differenzierten Gesellschaftsstruktur in Richtung einer Polarisierung in 2 K. und einen wachsenden Gegensatz zwischen Bourgeoisie und Proletariat mit sich. Im Verlauf dieser Entwicklung werden sich nach Marx die Lohnabhängigen der Ursachen ihrer Lage bewußt, entwickeln ein K.bewußtsein und organisieren ihre Interessen (→ Arbeiterbewegung). Damit seien die Voraussetzungen für einen erfolgreichen K.kampf mit dem Ziel gegeben, das Privateigentum an Produktionsmitteln aufzuheben und eine k.lose Gesellschaft zu schaffen.
Nach dem Selbstverständnis der historisch-materialistischen Gesellschaftstheorie schaffen die mit dem Privateigentum verbundene Verfügung über Produktionsmittel und das Kapitalverwertungsprinzip K.strukturen, die weit über den engeren Bereich der → Sozialstruktur hinaus wirksam sind. Sie bestimmen entscheidend das Entstehen gegensätzlicher politischer Interessen, die Formen staatlicher Institutionen, die ungleiche Verteilung sozialer Positionen und das herrschende Wertsystem (Ideologie, → Norm). Der K.begriff gehört damit zu einem Theorietypus mit weitergehendem Erklärungsanspruch als der Begriff der sozialen → Schicht, der als analytisches Konstrukt zur beschreibenden Feststellung der Gliederung einer Gesellschaft nach Gruppen mit bestimmten Merkmalen dient.
Die wichtigsten empirischen und theoretischen Einwände gegen die Marxsche K.theorie:
1. Die für die Industriegesellschaft typische Produktion in Großunternehmen und die davon ausgehenden sozialen Umwälzungen haben nicht zur Vereinheitlichung der K.struktur geführt, sondern zur Ausdifferenzierung. Dafür sind historisch zunächst die Entwicklung der Angestelltenberufe, dann das große Gewicht der Facharbeiter und die mit freien Berufen und höheren Positionen in Unternehmen und Verwaltungen entstehenden neuen Mittelschichten verantwortlich. Diese Entwicklung hat ein breites Spektrum von Bewußtseinsformen und Interessenlagen zur Folge.
2. Seitdem der Staat die Funktion wirtschaftlicher Globalsteuerung zur Vermeidung von Krisen übernommen hat, ein Min-

destmaß sozialer Sicherung (→ Soziale Sicherheit) gewährleisten kann und der Konflikt zwischen Kapital und Arbeit durch institutionelle Regelungen (→ Gewerkschaften, → Betriebsrat, → Mitbestimmung) entschärft worden ist, sind wichtige Voraussetzungen für eine globale Tendenz der Verelendung des Proletariats und der Zuspitzung des K.konflikts entfallen. Gleichzeitig nimmt damit die Gruppe der nicht von Arbeitseinkommen lebenden Auszubildenden, Studenten und Rentenbezieher zu.
3. Darüber hinaus werden die Folgen staatlicher Interventionen zur Sicherung ökonomischer Stabilität darin gesehen, daß die Bereiche Umwelt, → Gesundheit (→ Gesundheitswesen), → Bildung/Bildungswesen vernachlässigt werden und es zu einer ungleichen Versorgung nach Lebensbereichen kommt (→ Disparitätenthese).
4. Weiterhin ergibt sich insbes. aus der Bedeutung des → Arbeitsmarkts für die Lebenspläne eine wachsende Tendenz der »Individualisierung« im Sinne kollektiver Vereinzelung. In der individuellen Bedeutung von Bildung, → Ausbildung, → Mobilität und Konkurrenz um Arbeitsplätze zeigt sich die Durchsetzung des Marktprinzips und die Auflösung von Bindungen an traditionelle Wertsysteme.
5. Mehr und mehr findet die bereits von Max Weber formulierte Einsicht Zustimmung, es sei theoretisch unzulässig, eine historische Logik der Entwicklung des Proletariats zur revolutionären K. zu unterstellen. Trotz massiver Elends- und Entfremdungserfahrungen sei das Interesse der Arbeiter an Reformen des kapitalistischen Systems stets größer als das an einer sozialistischen Alternative gewesen. Neuere Arbeiten des »analytischen« Marxismus entwickeln einen allgemeinen Ausbeutungsbegriff, der vom Nutzenkalkül der Individuen ausgeht, mit institutionalisierten Machtverhältnissen rechnet und vor allem eine ungleiche Ressourcenverteilung der Konkurrenten am Arbeitsmarkt sieht.
6. Schließlich wird die K.theorie von der »Milieu«-Forschung radikal in Frage gestellt: Ein Zusammenhang von objektiver K.lage und Lebenslage sei wegen der individuellen Differenzen im Umgang mit sozialen Lagen nicht mehr gegeben. »Milieus« würden heute die Basis gemeinsamer Lebensstile bilden; sie variierten relativ unabhängig von sozialen Lagen (oder K.lagen) und seien Ausdruck der »Individualisierung« sozialer Ungleichheit.
Lit. Bottomore: Soziale Schichtung; Giddens: Klassenstruktur; Hradil: Sozialstrukturanalyse; Kreckel: Ungleichheit; Mauke: Klassentheorie; Offe: Herrschaft; Ossowski, S.: Klassenstruktur; Prokla: Klassen.
Wilhelm Schumm

Klassifikationssysteme psychischer Störungen dienen der Vereinheitlichung diagnostischer Kriterien. Störungen mit ähnlichen Merkmalen werden in einer Kategorie zusammengefaßt, um eine Differentialdiagnose zu erleichtern. Die z.Z. wichtigsten K. sind die von der → Weltgesundheitsorganisation (WGO) unterstützte 10. Revision der Internationalen Klassifikation der Krankheiten (ICD-10) und die Revision der 3. Fassung des Diagnostischen und Statistischen Manuals Psychischer Störungen (DSM-III-R). Aufgrund weitreichender Untersuchungen wurden mit diesen Systemen grundlegende diagnostische Kriterien erarbeitet, die dem Praktiker Leitlinien zur Hand geben, die eine Symptomzuordnung zu einem bestimmten Störungsbild erleichtern und Fehldiagnosen vermeiden helfen. Akzeptanz und Paßgenauigkeit der diagnostischen Kategorien sind Gegenstand von Feldstudien, aus denen sich Revisionen veralteter Klassifikationen ergeben. Die Klassifizierungen und Kategorien stellen einen Kompromiß zwischen verschiedenen sprachlichen und kulturellen Traditionen dar. Dabei wurde für die verschiedenen Krankheitsbilder (z.B. Schizophrenie) weitgehend auf die Ursachenbeschreibung verzichtet, um die Benutzung auch für Anhänger der unterschiedlichsten Richtungen und Schulen zu ermöglichen. Insbesondere bei der Gutachtenerstellung (→ Gutachten) für die → Krankenkassen werden die → Diagnosen nach dem ICD-10 erstellt.
Lit. Dilling u.a.: Klassifikation; Wittchen u.a.: Manual.
Susanne Däbritz

Klassifizierung der Berufe wird vom Statistischen Bundesamt im Einvernehmen mit der BA herausgegeben. Sie enthält ein systematisches und alphabetisches Verzeichnis der in der BRD vorhandenen, offiziell anerkannten oder von Betrieben und Erwerbstätigen verwendeten inoffiziellen Berufs- und Tätigkeitsbezeichnungen.
Die hierarchische Gliederung umfaßt 5 unterschiedlich stark aggregierte Gliederungsebenen. Die oberste Ebene bilden 6 Berufsbereiche, die in Anlehnung an die traditionelle Dreiteilung nach primärem, sekundärem und tertiärem Sektor geschaffen wurden. Die weitere Untergliederung nach 33 Berufsabschnitten und 88 Berufsgruppen orientiert sich an verschiedenen Bestimmungsfaktoren für Art und Grad der beruflichen Verwandtschaft, z.B. Besonderheiten der verarbeiteten Materials, Gemeinsamkeiten im Berufsmilieu, in der Berufsaufgabe oder im Objekt der Berufstätigkeit. Die 369 Berufsordnungen, als statistische Basis-Einheiten definiert, umfassen i.d.R. Berufe mit abgrenzbarem, eigenständigem Charakter (z.B. Gärtner/-innen, Altenpfleger/-innen), während die 2287 Berufsklassen Spezialisierungsrichtungen bzw. Fachrichtungen in einem Beruf mit breitem Tätigkeitsspektrum vorbehalten sind und

vorrangig im Bereich der Arbeitsverwaltung Verwendung finden. Die rund 29 500 Berufsbenennungen schließlich sind als kleinste Bausteine der Klassifizierung anzusehen.
Als Abgrenzungsmerkmal für die einzelnen Berufe wird in der Berufsklassifizierung die ausgeübte Tätigkeit verwendet. Andere Bestimmungsfaktoren, z. B. die formale Schul- oder Berufsausbildung, die Stellung im Beruf oder im Betrieb, bleiben berufssystematisch außer Betracht.
Als Mehrzwecksystematik konzipiert, dient die Berufsklassifizierung neben statistischen Zwecken (Erhebung und Aufbereitung von Berufsangaben, Darstellung der Berufsstruktur der Erwerbsbevölkerung) vor allem der inzwischen computerunterstützten Arbeitsvermittlung (job matching), aber auch als Ordnungsmittel für berufskundliche Informations- und Dokumentationssammlungen sowie für innerbetriebliche Personal- und Stelleninformationssysteme.
Die unter dem Einfluß des technischen und gesellschaftlichen Wandels sich fortwährend vollziehenden Veränderungen im Aufgaben- und Tätigkeitsprofil der Berufe erfordern von Zeit zu Zeit eine Aktualisierung der Berufsklassifizierung, die im Interesse der Kontinuität statistischer Berichterstattung allerdings nur in größeren Zeitabständen vorgenommen wird. Die 1992 veröffentlichte revidierte Fassung der Ausgabe 1975 gliedert die Berufsgruppe 86 → »Soziale Berufe« nach folgenden, statistisch nachweisbaren Berufsordnungen: 861 → Sozialarbeiter/Sozialarbeiterinnen, Sozialpädagogen/Sozialpädagoginnen; 862 → Heilpädagogen/Heilpädagoginnen; 863 → Erzieher/Erzieherinnen; 864 → Altenpfleger/Altenpflegerinnen; 865 → Familienpfleger/Familienpflegerinnen, Dorfhelfer/Dorfhelferinnen; 866 → Heilerziehungspfleger/Heilerziehungspflegerinnen; 867 → Kinderpfleger/Kinderpflegerinnen; 868 Arbeits-, Berufsberater und -beraterinnen; 869 sonstige soziale Berufe. *Alois Macht*

Klassische Konditionierung → Konditionierung

Klaustrophobie → Phobien

Kleinkindererziehung → Elementarerziehung

Klientzentriertes Gespräch → Gesprächsführung, Methoden der

Klientzentrierte Therapie → Gesprächspsychotherapie

Klinische Psychologie ist Zweig der angewandten → Psychologie mit vielfältigen Aufgaben im Bereich der Vorbeugung, Erkennung und Behandlung seelischer Störungen bei psychisch gefährdeten oder kranken Menschen sowie der Erforschung und Lehre psychologischer Gesetzmäßigkeiten bei der Entstehung und Veränderung abnormer Erlebnis- und Verhaltensweisen. Klinische Psychologen arbeiten in psychiatrischen Krankenhäusern (→ Psychiatrie), heilpädagogischen Heimen (→ Heilpädagogische Einrichtungen), aber auch in vielen ambulanten Einrichtungen (z. B. in Institutionen der → Erziehungs-, → Jugend-, → Familien-, → Ehe- und Drogenberatung sowie in Selbstmordgefährdeten-Beratungsstellen, in psychotherapeutischen Institutionen oder freien Praxen).
Die Entwicklung der k. P. nahm in der Zeit um die Jahrhundertwende in Deutschland und in den USA ihren Ursprung. In Deutschland wurde ihre Entwicklung wesentlich von dem Psychiater E. Kraepelin (1856–1926) innoviert, der die Prinzipien der experimentellen Psychologie (→ Beobachtung und → Messung psychischer Leistungen unter kontrollierten Bedingungen) auf die Lösung vieler praktischer und wissenschaftlicher Aufgaben seines Fachgebietes übertrug und zu diesem Zweck zahlreiche → Tests entwickelte, die z. T. heute noch in der klinisch-psychiatrischen Diagnostik Verwendung finden. Eine zweite historische Wurzel der k. P. bilden die Erkenntnisse der → Psychoanalyse über die Entstehung und Behandlung psychischer (insbes. neurotischer) Erkrankungen (→ Neurose), die den ursprünglichen, vorwiegend auf Leistungsmessung bezogenen Ansatz der k. P. um einen motivationspsychologischen Aspekt (→ Motivation) bereicherten und ihre zunächst vorwiegende diagnostische Orientierung durch therapeutische Aufgabenstellungen ergänzten. Diese Entwicklung wurde, wenn auch unter anderen theoretischen Vorzeichen, durch die großen wissenschaftlichen Erfolge und die rasche institutionelle Ausbreitung der → Verhaltenstherapie verstärkt. Weitere Impulse, besonders im Bereich der Vorbeugung psychischer Erkrankungen und der strukturellen Verbesserung der stationären psychiatrischen Krankenversorgung (Intramurale Versorgung), erhielt die k. P. von der »Mental Health«-Bewegung und der → Sozialpsychologie.
Praktische Aufgaben: a) Psychodiagnostik: Klinische Psychodiagnostik setzt eine allgemein- und differentielpsychologische Ausbildung und eine breite psychopathologische Erfahrung (→ Psychopathologie) voraus. Sie ist daher mehr als die bloße Durchführung und Auswertung psychologischer Tests. Ihre Anwendung betrifft vor allem die Differentialdiagnostik (z. B. ob eine Störung organisch oder funktionell bedingt ist) und Prognose psychischer Erkrankungen sowie die Indikationsstellung für → Psychotherapie. Neben dem Gespräch mit dem Patienten kommen dabei, je nach Fragestellung, Tests zur Messung umschriebe-

ner oder komplexer psychischer Leistungen (z. B. → Intelligenz, → Gedächtnis, Psychomotorik) und der → Persönlichkeit zur Anwendung. b) → Beratung: Vollzieht sich in einer zeitlich begrenzten Situation und ist stets auf ein aktuelles Problem des Ratsuchenden bezogen, zu dessen Bewältigung ihm der klinische Psychologe auf Grund der erhobenen Befunde und seiner fachlichen Kompetenz neue Einsichten vermittelt und Anstöße zu Verhaltensänderungen gibt. c) Psychotherapie: Helfen mit psychologischen Mitteln, im engeren Sinn die Anwendung wissenschaftlich anerkannter psychologischer Behandlungsmethoden (insbes. Psychoanalyse, Verhaltenstherapie, → Gesprächspsychotherapie) bei Patienten mit psychischem → Leidensdruck. Psychodiagnostik, Beratung und Psychotherapie sind stets eng miteinander verzahnt und werden in der Praxis oft in → Teamarbeit zusammen mit Nervenärzten und → Sozialarbeitern durchgeführt.
Zur Qualitätssicherung der heilkundlichen Berufsausübung verleiht der Berufsverband Deutscher Psychologen (BDP) das Zertifikat »Klinischer Psychologe«, das an den Nachweis einer mindestens dreijährigen psychotherapeutischen → Weiterbildung in einer anerkannten Therapierichtung und die Absolvierung eines Abschluß-Curriculums gebunden ist (Stand 1992).
Lit. Davison u. a.: Klinische Psychologie; Hellpach: Klinische Psychologie; Meyerhoff: Klinische Psychologie; Pongratz: Klinische Psychologie; Schmidt, L. R.: Klinische Psychologie; Schraml: Klinische Psychologie; Stern, E.: Klinische Psychologie.
Werner Richtberg

Knappschaftsversicherung Die gesetzliche → Kranken- und → Rentenversicherung aller Arbeitnehmer, die in einem knappschaftlichen Betrieb (Bergbauunternehmen) beschäftigt sind. Die knappschaftliche Rentenversicherung gewährt wegen der besonderen Verhältnisse im Bergbau höhere und zusätzliche Leistungen als die gesetzlichen Rentenversicherungen der Arbeiter und der Angestellten, hat aber auch höhere Beitragssätze. Ein Defizit zwischen Einnahmen und Ausgaben wird gegebenenfalls vom Bund ausgeglichen.
Zusätzliche Rentenarten: Rente für Bergleute wegen verminderter Berufsfähigkeit im Bergbau (Wartezeit 5 Jahre) oder wegen Vollendung des 50. Lebensjahres, wenn keine wirtschaftlich gleichwertige Beschäftigung mehr ausgeübt werden kann (Wartezeit 25 Jahre); Knappschaftsausgleichsleistung bei Vollendung des 55. Lebensjahres (keine Renten, sondern zusätzliche Leistung für Bergleute, die aus Rationalisierungsgründen ihren Arbeitsplatz verloren haben); Altersrente für langjährig unter Tage beschäftigte Bergleute nach vollendetem 60. Lebensjahr (Wartezeit 25 Jahre); Leistungszuschlag zur Rente für wenigstens sechs Jahre ständiger Arbeit unter Tage. Der → Kinderzuschuß beträgt 154,50 DM für jedes Kind. Der Rentenartfaktor bei der Rentenberechnung beträgt bei den → Renten wegen Alters, der → Erwerbsunfähigkeitsrente und der Knappschaftsausgleichsleistung 1,3333, bei der Berufsunfähigkeitsrente 1,2, wenn Tätigkeit im Bergbau aufgegeben wurde, und 0,8 bei Weiterbeschäftigung; bei der Rente für Bergleute 0,5333.
Den Selbstverwaltungsorganen gehören jeweils zwei Drittel Arbeiter- und Angestelltenvertreter und ein Drittel Vertreter der Arbeitgeber an. Die Versicherten wählen ihre Knappschaftsältesten, die wiederum ihre Mitglieder der Vertreterversammlung wählen, die Arbeitgeber wählen ihre Vertreter gesondert. Die Vertreterversammlung wählt den Vorstand und die Mitglieder der 3köpfigen Geschäftsführung.
Lit. Bundesknappschaft Bochum: Reichsknappschaftsgesetz; Ilgenfritz: Reichsknappschaftsgesetz; Miesbach u. a.: Reichsknappschaftsgesetz (Komm.); Thielmann: Knappschaftsversicherung.
Rudolf Kolb

Kochfeuerung → Lebensunterhalt

Kodierung Unter K. wird die Verschlüsselung von Erhebungs- und anderen Daten verstanden. Ziel der K. ist es, die Voraussetzung für eine statistische Analyse mittels EDV zu schaffen. Die Schwierigkeit der K. besteht einerseits darin, höchst komplexe Sachverhalte in möglichst eindeutige und präzise Codes zu übersetzen, ohne daß der Gebrauch solcher Codes zu einem Informationsverlust führt. Dieses Problem verschärft sich bei sogenannten qualitativen Erhebungsverfahren und qualitativen Analysen (→ Qualitative Erhebungs- und Auswertungsmethoden).
Voraussetzung einer möglichst problemlosen K. komplexer Sachverhalte – etwa durch die Verwendung von sogenannten Ratingskalen (→ Skalen) – ist die Entwicklung einer Verschlüsselungsliste oder eines Kodierungsplans vor der eigentlichen Datensammlung. Eine solche K. ist auf den verschiedenen Feldern der → Sozialarbeit überall dort sinnvoll und hilfreich, wo anhand größerer Informationsmengen Problemzusammenhänge im Sinne einer systematischen Erfahrungsaus- und -verwertung untersucht werden können. *Manfred Laimer*

Koedukation Unter K. wird die gemeinsame → Erziehung, Betreuung, Unterrichtung, Freizeitgestaltung von Mädchen und Jungen in → Jugendarbeit, Schule, Kinderbetreuung usw. bezeichnet. Seit der Einführung der K. im Schulwesen in den 60er/70er Jahren ist eine formale Gleichstellung von Mädchen und jungen Frauen allgemein rea-

lisiert. Die faktische Gleichstellung steht noch aus. Sie wird von → Frauenbewegung und pädagogischer → Frauenforschung seit den 80er Jahren öffentlich eingefordert, erstmals mit dem 6. Jugendbericht, mit dem die offene Jugendarbeit als »Jungenarbeit« kritisiert wurde. Dies hat die Entwicklung der »parteilichen Mädchenarbeit« in der offenen Jugendarbeit eingeleitet und zur Einrichtung von »Mädchentreffs« und »Mädchenhäusern« geführt. Auch eine geschlechtsbezogene Jungenarbeit hat sich in der offenen Jugendarbeit und darüber hinaus zu entwickeln begonnen. Für die allgemeinbildende Schule ist die Kritik an der K. erst Ende der 80er Jahre aufgegriffen worden, auch Ausdruck der Vernachlässigung der Jugendhilfe-Diskussion in der Schulforschung. Durch die Kritik an der K. ist die Debatte um den schulischen Sexismus in den Hintergrund getreten. Die schulische Kritik, ausgelöst durch Befunde über Benachteiligungen von Mädchen durch geschlechtsrollenstereotype Bildungsinhalte, unzureichende Angebote zur Technikbildung und Berufsorientierung sowie zur Dominanz von Jungen in den schulischen Interaktionen, hat die Kritik des 6. Jugendberichts bestätigt. Die Kritik gilt auch der mangelnden Repräsentanz von Frauen in Leitungspositionen. Gefordert wird ebenfalls ein gleichstellungsorientierter Sprachgebrauch und die Berücksichtigung des weiblichen Lebenszusammenhangs, insbesondere der Leistungen und Problemlagen von Frauen in Geschichte und Gegenwart. Die Kritik der K. in Jugendhilfe und Schule hat aufgedeckt, daß Mädchen auf der Grundlage von Stärken und Kompetenzen benachteiligt werden, während Jungen durch Privilegierung Bildungsdefizite erwerben. Eine Diskussion zum Zusammenhang zwischen Problemen männlicher Identitätsfindung und männlicher Gewaltbereitschaft hat eingesetzt. Im Bereich der offenen Jugendarbeit kann inzwischen von einer entfalteten Mädchenarbeit gesprochen werden. Im Zug der »neuen Koeduktionsdebatte« seit den 90er Jahren werden geschlechtsbezogene pädagogische Ansätze nunmehr nicht nur für Mädchen, sondern auch für Jungen in Jugendarbeit, allgemeinbildender Schule sowie Kinderbetreuung gefordert und entwickelt, in der Schule auch mit dem Ziel der Prävention von Gewalt. Kontrovers diskutiert werden Erfahrungen mit reinen Mädchen-Lerngruppen in ihrer Bedeutung für die Verwirklichung faktischer Gleichstellung von Mädchen. Eingesetzt hat auch der Ost-West-Dialog zur K.
Lit. Böhnisch u. a.: Sozialisation; Enders-Dragässer: Interaktionen; Glücks/Ottemeier-Glücks (Hg.): Pädagogik; Hempel (Hg.): Verschieden. *Uta Enders-Dragässer*

Kognitive Funktionen sind Funktionen der Erkenntnisgewinnung. Darunter sind Prozesse wie → Wahrnehmung, → Lernen, Behalten, Erinnern, Vorstellen und → Denken zu verstehen. Kognitive Prozesse werden oft als Gesamtgruppe von der Gruppe der motivationalen (→ Motivation) und emotionalen (→ Emotion) Prozesse abgehoben. In der heute üblichen informationstheoretischen Terminologie lassen sich k. F. als Funktionen der Informationsaufnahme, -verarbeitung und -verwendung bezeichnen (Klix, S. 9). Die genannten Prozesse laufen nicht getrennt voneinander ab, sondern greifen ineinander über. Im folgenden werden kurz die einzelnen Prozesse charakterisiert:
a) Wahrnehmung: Unter Wahrnehmung versteht man Prozesse, die von der Reizung der Sinnesorgane ihren Anfang nehmen und zu Wahrnehmungsphänomenen führen. Solche Phänomene sind dem Subjekt unbezweifelbar und evident; sie haben Realitätscharakter. Wahrnehmungsphänomene überdauern nur sehr kurz die Beendigung der Reizung. Je nach Sinnesorgan sind die Wahrnehmungserlebnisse verschiedener Natur (Auge: optischer Sinn; Ohr: akustischer und Gleichgewichtssinn; Nase: olfaktorischer Sinn; Zunge: Geschmackssinn; Haut: Tast-, Schmerz-, Temperatursinn). Wegen des oben beschriebenen Realitätscharakters der Wahrnehmung kommt den Laien meist gar nicht in den Sinn, daß hierbei hochkomplexe Transformations- und Selektionsprozesse am Werk sind. Neben dem hier geschilderten engen Begriff der Wahrnehmung existiert ein weiter gefaßter Begriff, der neben den Prozessen der sensorischen Verarbeitung noch die Beurteilung und Einordnung des Wahrgenommenen in Bedeutungszusammenhänge mit einbezieht.
b) Gedächtnisfunktionen (Lernen, Behalten, Erinnern): In Speicher-Modellen des → Gedächtnisses werden mindestens zwei Gedächtnis- oder Speichersysteme unterschieden, das Kurzzeit- und das Langzeitgedächtnis (KZG, LZG). Das KZG dient der kurzfristigen Speicherung oder dem unmittelbaren Behalten. Es wird meist dadurch geprüft, daß man eine Folge von nicht miteinander in gesetzmäßiger Beziehung stehenden Zahlen unmittelbar nach deren Darbietung wiederholen muß. Baddeley und Hitch (s. Baddeley) haben die einfache, relativ starre Konzeption des KZG in das komplexe Modell eines Arbeitsgedächtnisses (AG) umgewandelt. Alle bewußten Vorgänge laufen in diesem AG ab. Es besteht aus einer »zentralen Exekutive«, welche die Aufmerksamkeitszuweisung bestimmt, sowie aus Hilfssystemen zur kurzfristigen Speicherung von Informationen. Sollen Informationen langfristig gespeichert werden, so müssen sie in das LZG transferiert werden, wo sie als »Gedächtnisspuren« festgehalten werden. Lernen kann als Pro-

zeß der Spurenbildung (im LZG) begriffen werden. Der Erinnerungsprozeß läßt sich als Suchprozeß zur Auffindung von im LZG gespeicherten Informationen beschreiben. Nach Tulving ist das LZG in zwei Untersysteme zu differenzieren, welche sich in der Art des gespeicherten Materials, wahrscheinlich auch im Typ der zum Einsatz kommenden Speicherungsprozesse unterscheiden: in das episodische und das semantische Gedächtnis (EG, SG). Das EG hält konkrete (Einzel-)Erlebnisse mit ihrem raum-zeitlichen Kontext fest; das SG repräsentiert den allgemeinen Wissensschatz (Bedeutung von Begriffen und deren Beziehungen zueinander; Kenntnis der instrumentellen Funktion von Gegenständen etc.). Die beim Erinnern über die »Bewußtseinsschwelle« gehobenen gespeicherten Informationen heißen Vorstellungen. Für die Annahme zweier unterschiedlicher Speichersysteme (KZG, LZG) sprechen unter anderem Beobachtungen an hirngeschädigten Patienten mit Störungen im Bereich des Hippocampus: Das kurzfristige Behalten ist diesen Patienten möglich; das langfristige ist jedoch gestört.

c) Denken kann definiert werden als ein innerer Prozeß, der der Erfassung und Herstellung von Bedeutungs- und Sinnzusammenhängen dient. Dabei muß notwendigerweise auf Informationen, die im LZG gespeichert sind, zurückgegriffen werden. Die für die Lösung relevanten Informationen werden während des Denkvorgangs im AG festgehalten.

Lit. Baddely: Memory; Klix: Analyse; Neisser: Kognitive Psychologie; Parkin: Memory. *Klaudius Siegfried*

Kognitive Therapie Die Entwicklung kognitiver Therapieformen wurde besonders von Beck, Ellis und Frankl vorangetrieben, alle drei waren ursprünglich Vertreter der psychoanalytischen Richtung. Auch aus der → Verhaltenstherapie wurden kognitive Ansätze aufgenommen und weiterentwickelt. Die k. T. besteht aus verschiedenen Techniken, in denen es darum geht, verbale oder bildhafte Kognitionen, sowie → Einstellungen, Prämissen und Annahmen des Klienten zu verändern. Es wird dabei davon ausgegangen, daß nicht innere oder äußere Reize oder Anlässe (z.B. das Stehen in einer Schlange vor einer Kasse) Ursache für Gefühle und Verhalten (beispielsweise Ärger und Vordrängeln) sind, sondern die Gedanken (z.B. »Ich habe es nicht nötig, in der Schlange zu stehen«), die diese Reize bewerten.

Die durch den Therapeuten angeleitete Umformung der Gedanken, Einstellungen und Bilder verändert sowohl die → Wahrnehmung der Situation als auch den Umgang damit. Dies hat wiederum Auswirkungen auf das Fühlen und Verhalten des Menschen. Die k. T. ist damit den direktiven Therapiemethoden zuzuordnen. Die therapeutische Situation und deren Abläufe werden stark strukturiert und sind in erster Linie symptomorientiert. Die diagnostischen Interviews dienen dazu, detaillierte Beschreibungen der aktuellen Schwierigkeiten zu erhalten. Daran anschließend werden die »fehlerhaften« Kognitionen herausgearbeitet und in einem weiteren Schritt (z. B. durch den sokratischen Dialog) verändert. In der Regel soll der Klient diese Methode nach Anweisungen des Therapeuten auch zwischen den Therapiesitzungen durchführen, um einen schnelleren und grundlegenderen Erfolg zu erreichen.

Lit. Beck, A. T. u.a.: Kognitive Therapie; Ellis: Rational-emotive Therapie; Hoffmann, N.: Kognitive Therapie. *Susanne Däbritz*

Kollegiale Beratung (englisch: Peer Consultation) ist die gegenseitige → Beratung von → Fachkräften der sozialen Arbeit bei ihren berufsspezifischen Arbeitsvollzügen mit dem Ziel der Problemlösung. Das Setting der k. B. weist folgende Merkmale auf: gleiche → Rollen und Qualifikation, Fehlen eines identifizierten Praxisberaters (→ Supervision), Team- oder Gruppenstruktur. Die sonst üblicherweise der → Praxisberatung zugedachten Funktionen werden jedem einzelnen Gruppenmitglied zugemutet. K. B. wurde in der Bundesrepublik zuerst praktiziert im Rahmen von Projekten der → Gemeinwesenarbeit und dem Aspekt der Demokratisierung von Beratungs- und Entscheidungsprozessen sowie der bewußten Erfahrung kollektiven Lernens. Die mit jeder externen Beratung verbundene Heraushebung eines Beraters, seine Ausstattung mit formeller oder informeller Macht soll verhindert werden. K. B. setzt auf die im jeweiligen Kollegenkreis vorhandenen → Kompetenzen zur Lösung fachlicher Probleme wie auch zur Gestaltung eines gemeinsamen und partnerschaftlichen Problemlösungsprozesses. Soweit fachliche Kompetenzen nicht (genügend) vorhanden sind, beinhaltet k. B. auch den gemeinsamen Qualifizierungsprozeß oder das Erschließen von Quellen und Hilfsmitteln sowie das Heranziehen von abrufbarem Expertenwissen.

Heute finden sich Elemente von k. B. vor allem in Alternativprojekten, in denen demokratische Arbeits- und Lebensformen praktiziert werden (vgl. → Alternative soziale Bewegung). Entgegen der ursprünglichen Stoßrichtung der 70er Jahre hat sich k. B. jedoch nicht als Strukturelement institutioneller und professioneller Sozialarbeit etablieren können. Hierarchische Strukturierungsmittel wie → Dienst- und → Fachaufsicht überwiegen, auch die in ähnliche Richtung zielende → Teamarbeit hat sich nur begrenzt durchsetzen können.

Lit. Maelicke: Entwicklung *Bernd Maelicke*

Kommunale Gemeinschaftsstelle (KGSt und KGSt Consult) in Köln ist die Selbsthilfeeinrichtung der deutschen Kommunen (Städte, Gemeinden ab 10 000 Einwohnern und Kreise) in allen Fragen der → Verwaltungsmodernisierung. Die über 1 400 Mitglieder (freiwillige Mitgliedschaft) erhalten Jahr für Jahr Gutachten und Berichte zu allen betriebswirtschaftlich relevanten Fragen, also vor allem in den Bereichen Personal, Finanzen, Organisation, Informations- und Kommunikationstechnik. Sie nehmen am interkommunalen Erfahrungsaustausch teil und können ihre Mitarbeiterinnen und Mitarbeiter zu → Fort- und → Weiterbildungsveranstaltungen der KGSt schicken. Hervorzuheben ist das alle drei Jahre stattfindende KGSt Forum, weil es sich zum Treffpunkt aller an der kommunalen Verwaltungsreform Interessierten entwickelt hat. Seit 1994 steht die KGSt Consult GmbH als KGSt-Tochtergesellschaft für Einzelberatung auf Honorarbasis zur Verfügung. Seit 1996 bietet die KGSt interkommunale Vergleiche auf der Grundlage von Kennzahlen und Indikatoren an. Ziel der Arbeit ist eine leistungsfähige Kommunalverwaltung.

Die Städte, Gemeinden und Kreise sind moderne öffentliche Dienstleistungsunternehmen, die ihre Leistungen auf die Bedürfnisse der Bürger abstimmen und bürgernah erbringen; zielgenau und wirtschaftlich arbeiten; Wirkungszusammenhänge der öffentlichen Aufgaben berücksichtigen; die dezentrale Fach- und Ressourcenverantwortung im Rahmen notwendiger zentraler Steuerung fördern; fachlich qualifiziertes, kooperations- und konfliktfähiges, eigenverantwortlich handelndes Personal entwickeln (→ Personalentwicklung).

Dafür entwickelte die KGSt das Neue Steuerungsmodell (Bericht 5/1993; → Verwaltungsmodernisierung). Es enthält Elemente, die die Betriebswirtschaftslehre in den letzten Jahrzehnten entwickelt hat und fügt sie zum geschlossenen Bild einer leistungsfähigen Kommunalverwaltung zusammen. Das Neue Steuerungsmodell ist wesentliche Grundlage für eine erstaunlich breite Reformbewegung. Es geht von der Bündelung der Verantwortung für Ergebnisse und für Ressourcen (also nicht nur Input-, sondern auch Outputorientierung) vor Ort aus. Es stärkt deshalb die Fachbereiche als dezentrale Einheiten, legt im Gegenzug die für die Einheitlichkeit der Kommunalverwaltung nötige zentrale Steuerung durch Politik und Verwaltungsspitze fest und sieht zentrale Servicebereiche nur vor, wenn diese ihre Wirtschaftlichkeit nachweisen. Die Kommunen benötigen als Informationsträger für verschiedene Aspekte der Steuerung die genaue Kenntnis dessen, was bei den Bürgerinnen und Bürgern ankommt, also der Produkte. Die Kommunen benötigen zusätzlich weiteren Druck von außen, um der Reform zu dauerhaftem Erfolg zu verhelfen. Einmal sind es die Bürgerinnen und Bürger in allen Aspekten der Qualität. Zum anderen ist der Wettbewerb als Mittel zur Steigerung der Effizienz. Die Qualifizierung der Mitarbeiterinnen und Mitarbeiter, die technische Unterstützung aller Verwaltungsvorgänge und ein modernes Haushalts-, Kassen- und Rechnungswesen sind für den Erfolg der Reform vordringlich. *Harald Plamper*

Kommunale Verwaltung → Gemeinde, → Landkreise

Kommunikation ist im vorwissenschaftlichen Verständnis ein selbstverständlicher und in der Regel unproblematischer Vorgang wie das Atmen oder die Nahrungsaufnahme. Kaum jemand würde auch daran Zweifel hegen, daß K. für alle sozialen Prozesse unabdingbar ist. Die wissenschaftliche Analyse der K. steht, gemessen an der Bedeutung, die K. offenbar für menschliches Leben überhaupt hat, sowohl hinsichtlich ihres Ertrages als auch der Dauer, seit die K. als Forschungsobjekt von Interesse ist, dazu in einem merkwürdigen Kontrast. Hierfür gibt es unterschiedliche Gründe: a) Weil K. so alltäglich und so allgegenwärtig ist, tritt sie als Problem selten ins Bewußtsein. b) Schon von den ersten Tagen des Lebens lernt der Mensch die Regeln der K., ohne daß diese Regeln ihm jedoch bewußt werden. c) K.prozesse sind wegen ihrer Flüchtigkeit schwer zu fixieren und deshalb so schwer zu analysieren. d) K.prozesse sind eine so komplexe Angelegenheit, daß nur eine interdisziplinär verankerte Forschung sinnvolle Ergebnisse erwarten läßt. e) Die für die K.forschung relevanten Fortschritte sind erst in den letzten Jahrzehnten erfolgt (Entwicklung der Informationstheorie, der → Kybernetik, der Linguistik usw.).

Auf die Frage, was K. ist, liegen zahlreiche Antworten vor. Merten hat 160 Definitionen des K.begriffs analysiert. Die Autoren dieser Definitionen sind – geordnet nach der Häufigkeit ihrer Beiträge: K.wissenschaftler, Psychologen, Soziologen, Linguisten, Wirtschaftswissenschaftler, Physiker, Philosophen, Politologen und Anthropologen, womit gleichzeitig die Breite des Forschungsgebietes illustriert ist. Inhaltlich konnte Merten die 160 Definitionen auf neun Typen reduzieren. K. wird demzufolge verstanden:
a) als Übertragung/Übermittlung (Transmission) von Mitteilungen, Informationen, Strukturen, Symbolen und Bedeutungen von einem Sender zu einem Empfänger; b) als Reiz-Reaktions-Handlung (Übermittlung von etwas durch einen Sender mit der Absicht, eine bestimmte Reaktion beim Empfänger hervorzurufen); c) als Interpretation (der Empfänger entscheidet, ob und

welche Bedeutung er bestimmten Wahrnehmungen zuordnet und ob und welche K. daraus folgt). Gemeinsames Merkmal der Definitionstypen a) bis c) ist die Auffassung von K. als einem einseitig gerichteten Prozeß (z. B. vom Sender zum Empfänger). Für die folgenden Typen ist die Vorstellung von K. als kreisförmigem (reziprokem) Prozeß charakteristisch. d) K. als Verständigung: K. bewirkt Verständigung, ist Verständigung bzw. tritt ein, nachdem Verständigung erfolgt; e) K. als Austausch: gemeint ist zum einen die Austauschbarkeit der Rollen des Senders und des Empfängers, zum anderen der Austausch von Informationen, Wissen, Erfahrungen, Stimmungen usw.; f) K. als Teilhabe: bezieht sich sowohl auf die Herstellung von Gemeinsamkeiten, an denen die K.partner teilhaben, als auch auf Gemeinsamkeiten, die sie bereits besitzen; g) K. als Beziehung: K. ist einerseits Mittel zum Zustandekommen sozialer Beziehungen, hält diese aufrecht und verändert sie; umgekehrt gilt aber auch, daß bestehende Beziehungen als Ergebnisse abgelaufener K.prozesse ihrerseits bestimmend auf aktuelle K. einwirken – wodurch das kreisförmige Verhältnis ganz deutlich wird; h) K. als soziales Verhalten: mit »Verhalten« ist hier ein Bündel von Prozessen gemeint, die gleichzeitig auf verschiedenen Kanälen (Sprechen, Hören, Sehen, Fühlen usw.) ablaufen und aufeinander bezogen sind; Verhalten im kommunikativen Sinne setzt Systeme voraus, die reagieren können; i) K. als → Interaktion: gemeint ist der Interaktionsbegriff im Sinne des → symbolischen Interaktionismus, der davon ausgeht, daß zur Steuerung des Verhaltens neben dem beobachtbaren Verhalten des K.partners auch dessen Erwartungen (vorhandene und unterstellte) wirksam werden: jemand kommuniziert so, weil er glaubt, daß der andere glaubt, diese oder jene Gründe dafür zu haben ... usw.

Die dargestellten Definitionstypen machen deutlich, wie vielschichtig und facettenreich das Phänomen »menschliche K.« ist. Es liegt auf der Hand, daß Erklärungsansätze, die K. gewissermaßen als »Einbahnstraße« (vom Sender zum Empfänger) auffassen, nicht nur zu kurz greifen, sondern die wesentliche Eigenschaft menschlicher K. ausblenden: diese wird mit Begriffen wie »Reflexivität«, »Reziprozität«, »Wechselwirkung«, »Kreisförmigkeit« oder auch »Rückkopplung« umschrieben. Damit soll zum Ausdruck gebracht werden, daß menschliche K. ein Prozeßgeschehen ist, bei dem sich die beteiligten Individuen fortwährend wechselseitig so beeinflussen, daß die Frage, was als Ursache und was als Wirkung anzusehen ist, bedeutungslos und unentscheidbar wird. Diese Sichtweise, die eine Abkehr vom gewohnten Kausaldenken erforderlich macht, ist, wie bereits eingangs erwähnt, ohne die Erkenntnisse der → Systemtheorie, der Kybernetik, der Linguistik oder auch neuerer Entwicklungen im Bereich der philosophischen Logik (»logische Typenlehre«) nicht vorstellbar. Enge Verbindungen bestehen auch zum symbolischen Interaktionismus. Faßt man also, wie hier skizziert, menschliche K. als ein »System mit Rückkopplung« auf, dann ist es zweckmäßig, den fortwährenden Austausch von Botschaften bzw. Informationen begrifflich von den Rückmeldevorgängen zu unterscheiden, die erst die Kreisförmigkeit des K.prozesses herstellen und damit seine Selbstregulierung bewirken. Diese Rückmeldevorgänge werden als → Metakommunikation bezeichnet, weil sie sich – bildlich gesprochen – zu den Botschaften verhalten wie ein Kommentar zu einem Text: der Kommentar gibt Hinweise, wie der Text aufzufassen ist, handelt also »von« (griechisch meta) dem Text. Als Metak. ist – in erweiterter Bedeutung des Begriffes – auch jede wissenschaftliche Beschäftigung mit menschlicher K. anzusehen: die Erforschung der ihr zugrunde liegenden Regeln oder Strukturen ist »K. über K.«.

Die meisten der vorliegenden Modelle menschlicher K. erfassen nur Teilaspekte des komplexen Gegenstandes. Viele Versuche beschränken sich darauf, den Ablauf menschlicher K. in formalisierten Regelsystemen zu beschreiben. Ihr Erklärungswert ist für das tiefere Verständnis von K.prozessen relativ gering. Das Ziel einer einheitlichen und umfassenden Theorie, in die sich die Vielzahl bisher bekannter Einzelbefunde integrieren läßt, liegt vermutlich noch in weiter Ferne.

Zu den Pionierarbeiten der K.forschung, die erstmals den Systemaspekt betont haben, gehört das Werk »Menschliche Kommunikation« von Watzlawick u.a. (sog. Palo-Alto-Gruppe), die sich auf theoretische Konzepte von Bateson u.a. (→ Doppelbindung) berufen. Diese Arbeit ist eine der wenigen überzeugenden Versuche, K.prozesse systematisch in einer Theorie zusammenzufassen, die es gestattet, auch unmittelbar praktische Konsequenzen abzuleiten. Darin liegt zuvörderst ihre Bedeutung für die soziale Arbeit. Kaum ein anderes Werk hat zu diesem Bereich ein vergleichbar intensives und nachhaltiges Echo ausgelöst. Deshalb soll im folgenden auf diesen Ansatz ausführlicher eingegangen werden.

Die Autoren beschäftigen sich mit den verhaltensmäßigen (pragmatischen) Wirkungen der menschlichen K. Sie gehen davon aus, daß es Gesetzmäßigkeiten gibt, die menschlicher K. zugrunde liegen, jedoch den am K.prozeß Beteiligten genauso unbewußt bleiben, wie es die Regeln der Grammatik beim Gebrauch der Sprache sind. Diese Gesetze (Watzlawick u.a. bezeichnen sie als »pragmatische Axiome«), deren Existenz bisher nur behauptet werden kann, steuern alle ablaufenden K.prozesse. Dieser weitreichende Anspruch hat zwangsläufig ein spekulatives Moment. Nach Ansicht der Autoren steht aber ihrer theoretischen Schwäche ihre praktische Nützlichkeit gegenüber.

Das erste der insgesamt fünf Axiome befaßt sich mit der Unmöglichkeit, nicht kommunizieren zu können. Jedes menschliche Verhalten (so weit fassen die Autoren den K.begriff) hat Mitteilungscharakter, auch Schweigen und absichtliches Nichthandeln. Jede Form der Verneinung oder Vermeidung von K. ist bereits selbst eine Mitteilung. Die Unentrinnbarkeit vor der K., ihre fortdauernde Wirksamkeit, die durch nichts außer Kraft gesetzt werden kann, ist eine ihrer fundamentalen Eigenschaften. Sieht man einmal davon ab, daß jemand sich durch Wegbegeben physisch aus einer K.situation entfernen kann, um dadurch einer Stellungnahme, die K. immer beinhaltet, auszuweichen, dann verbleiben vier Verhaltensmöglichkeiten: a) Abweisung: jemand macht unmißverständlich klar, daß er eine K. nicht will. b) Annahme: jemand geht auf das K.angebot ein. c) Entwertung: den eigenen Aussagen oder denen des Partners wird durch Ungereimtheiten, häufigen Themenwechsel, absichtliches Mißverstehen usw. die klare Bedeutung genommen. d) Durch Vorschützen eines Symptoms (z. B. Kopfschmerzen): dadurch wird die Verantwortung für die Vermeidung einer Stellungnahme verlagert »auf eine Macht, die stärker ist als ich«.

Im zweiten Axiom wird ausgesagt, daß jede K. einen Inhalts- und einen Beziehungsaspekt hat, und zwar derart, daß letzterer den ersteren bestimmt. Damit soll zum Ausdruck gebracht werden, daß mit jeder Mitteilung inhaltlicher Art gleichzeitig eine Stellungnahme (Bewertung) darüber abgegeben wird und (siehe 1. Axiom) abgegeben werden muß, wie der Sender die Beziehung zwischen sich und dem Empfänger sieht (z. B.: »Nehmen Sie doch bitte Platz.« oder »Hinsetzen!«). Der Beziehungsaspekt verhält sich zum Inhaltsaspekt metakommunikativ, d. h., er liefert dem Empfänger den Hinweis, wie die Mitteilung aufzufassen ist. Dies geschieht durch Stimmlage, Mimik, Körperhaltung usw. Der Inhaltsaspekt verliert um so mehr an Bedeutung, je stärker die Beziehung zwischen den beteiligten Personen gestört ist. Dies gilt für eheliche Konflikte genauso wie für wissenschaftliche und politische Diskussionen. Im Idealfall sind sich die K.partner sowohl über den Inhalt ihrer K. als auch über die Definition ihrer Beziehung einig. Im ungünstigsten Falle herrscht Uneinigkeit auf beiden Ebenen. Mischformen, die zwischen den beiden Extremen liegen, sind: a) Auseinandersetzung auf der Inhaltsebene, was jedoch die Definition der Beziehung nicht in Frage stellt, und b) Einigkeit herrscht auf der Inhaltsebene, gleichzeitig ist aber die Beziehungsebene gestört. Im letzten Fall treten die Folgen der gestörten Beziehung häufig dann erst massiv zutage, wenn eine gemeinsame äußere Belastung (Inhaltsebene) gemeistert ist, die bis dahin eine Pseudostabilität aufrechterhalten hat.

Das dritte Axiom beinhaltet, daß die Art der Beziehung von der Interpunktion der Ereignisfolgen durch die K.partner abhängig ist. Den Hintergrund dieses Axioms bildet die Tatsache, daß wir in jeder Sekunde Tausende von Sinneseindrücken zu verarbeiten haben und – um überleben zu können – diese unablässige Folge von Eindrücken nach Wesentlichem und Unwesentlichem zergliedern (interpunktieren) müssen. Watzlawick u. a. vermuten, daß als Ergebnis dieser Interpunktion das resultiert, was jeder für sich als »die Wirklichkeit« ansieht. Das hat enorm weitreichende Bedeutung: Werden die Zergliederungen einer Ereigniskette von den K.partnern nicht in derselben oder in ähnlicher Weise vorgenommen, führt das zu widersprüchlichen Annahmen darüber, was als Ursache und was als Wirkung eines Konflikts anzusehen ist. (Z. B.: Ehemann: »Ich meide dich, weil du nörgelst.« – Ehefrau: »Ich nörgele, weil du mich meidest.«) Da – wie bereits oben ausgeführt – Kreisförmigkeit eine weitere fundamentale Eigenschaft menschlicher K. ist, ist der Konflikt auf dieser Ebene überhaupt nicht entscheidbar. Weil jedes Verhalten eines K.partners sowohl Ursache als auch Wirkung für das Verhalten des anderen ist, führt die Auseinandersetzung in einen Teufelskreis, wenn es den Beteiligten nicht gelingt, über die individuellen Definitionen ihrer Beziehung in eine Metak. einzutreten.

Das vierte Axiom benennt »digitale« und »analoge« Ausdrucksformen als die zwei »Sprachen«, deren sich menschliche K. bedient. Digitale K. ist das, was wir unter geschriebener Sprache verstehen, während analoge K. alle anderen Ausdrucksmöglichkeiten des Menschen (also: Stimmqualität, Tonfall, Sprechweise, Blickaustausch, Mimik, Gestik, Körperbewegungen, Körperkontakt, Verwendung des Raumes zur Regulierung von Distanz und Nähe usw.) umfaßt. Die beiden »Sprachen« haben unterschiedliche Eigenschaften: digitale K. macht eindeutige und präzise Mitteilungen möglich, analoge K. ist prinzipiell mehrdeutig und muß unter Berücksichtigung des Gesamtzusammenhanges der Situation »entschlüsselt« werden. Digitale K. ermöglicht es, logische Beziehungen auszudrücken (wenn – dann; entweder – oder; nicht); in analoger K. ist weder der Ausdruck logischer Relationen, noch von Verneinungen, noch einer Unterscheidung für Vergangenheit, Gegenwart oder Zukunft möglich. Digitale K. dient der Übermittlung des Inhaltsaspekts, während analoge K. die »Sprache« des Beziehungsaspekts ist. Das im 2. Axiom ausgedrückte ständige Ineinandergreifen von Inhalts- und Beziehungsebene gilt gleichermaßen für die digitale und die analoge K. In Zweifelsfällen wird der Mitteilung auf dem analogen Kanal die größere Glaubwürdigkeit beigemessen, weil er sich stärker der bewußten Beeinflussung entzieht (→ Körpersprache). Störungen der K. treten naheliegenderweise bei der Übersetzung von analoger in digitale K. auf. So ist z. B. das Überreichen eines Geschenkes eine analoge Mitteilung. Es hängt jedoch von der Beziehung des Beschenkten zum Schenkenden ab, ob ersterer im Geschenk ein Zeichen der Zuneigung, Bestechung oder Wiedergutmachung sieht.

Das fünfte Axiom bringt zum Ausdruck, daß zwischenmenschliche K. entweder symmetrisch oder komplementär ist, je nachdem, ob die Beziehung zwischen den Partnern auf Gleichheit oder Ungleichheit beruht. In symmetrischen Beziehungen ist es gleichgültig, ob die Gleichheit in Stärke, Schwäche, Härte oder Güte besteht; die Partner sind sich in allen vorkommenden Verhaltensformen ebenbürtig. Gegenteilig verhält es sich in der komplementären Beziehung: hier nimmt einer die Rolle des Führenden, der andere die des Geführten ein (z.B.: Lehrer-Schüler, Vorgesetzter-Untergebener usw.). Komplementarität hat nach Ansicht der Autoren nichts mit Wertungen wie »gut-schlecht« zu tun. Gemeint sei auch nicht, daß einer dem anderen eine komplementäre Beziehung aufzwinge. Vielmehr verhalte sich der eine so, daß dies ein bestimmtes Verhalten des anderen voraussetze und es bedinge. Kritiker wenden spätestens an dieser Stelle ein, die systemtheoretische Sichtweise laufe Gefahr, gesellschaftliche Wirklichkeit zu verschleiern. Wer Komplementarität bloß funktional auffasse, blende die Frage nach Strukturen und Ursachen gesellschaftlicher Macht bzw. Gewalt aus. Symmetrische Beziehungen haben nach Ansicht von Watzlawick u. a. die innewohnende Tendenz zur »symmetrischen Eskalation«, d. h. ein Partner versucht, in einem für ihn wichtigen Bereich »ein bißchen gleicher« als der andere zu sein, was von diesem mit ähnlichen Anstrengungen beantwortet wird, so daß ein gegenseitiges Hochschaukeln die Folge sein kann.

Am Beispiel der Beziehung zwischen Sozialarbeiter und Klient läßt sich verdeutlichen, daß eine symmetrische Beziehung bestenfalls das Ergebnis bewußter und ausdauernder Anstrengungen sein kann, selten oder kaum jedoch als Ausgangslage zu erwarten ist, weil die materielle und/oder psychische Abhängigkeit in der Regel auf der Seite des Hilfesuchenden liegt. Die vielbeschworene Formel von der »Hilfe zur → Selbsthilfe« bleibt eine bis zum Überdruß strapazierte Floskel, wenn die Verringerung von Komplementarität zugunsten der Annäherung an Symmetrie sich nur im verbal-deklamatorischen Bereich abspielt und sich nicht als glaubwürdiges Beziehungsangebot in der alltäglichen Praxis ständig neu unter Beweis stellt.

Die Bedeutung der K. für die soziale Arbeit ist offenkundig: sie ist und bleibt eines ihrer wesentlichsten Handwerkszeuge. Das ausführlich referierte K.modell von Watzlawick u. a. kann eine brauchbare Hilfe sein, die verstellenden Bedingungen für K. bewußtseinsfähig und damit – im günstigen Falle – beeinflußbar zu machen. Die durchgängig spürbare existentielle Dimension, die stets mit dem Phänomen menschlicher K. verbunden ist, lenkt den Blick auf die eigentliche Bedeutung dieses Forschungsgebietes und verdeutlicht gleichzeitig, daß das Ziel der Analyse von Prozessen menschlicher K. nicht die auf bloße Technik reduzierte Perfektionierung kommunikativer Fertigkeiten sein kann.

Die Forschungsergebnisse der letzten dreißig Jahre haben einen höchst komplexen Problemhorizont erhellt. Verstehen bedeutet aus heutiger Sicht weitaus mehr als schlichtes Dekodieren von Signalen. K. zwischen Lebewesen ist vielmehr ein Lernprozeß, der – im günstigen Fall – eine Veränderung der Strukturen beteiligter Systeme zur Folge hat.

Je mehr Einsichten durch die K.forschung gewonnen werden, desto (theoretisch) unwahrscheinlicher wird es, daß K. überhaupt gelingen kann. Denn eine genauere Untersuchung des → Bewußtseins kommunizierender Individuen zeigt auf, daß das, was wir Wirklichkeit nennen, individuelle Konstruktionen von Sinn und Bedeutung sind, die sich lediglich gesellschaftlich bewährt haben. »Wir erzeugen die Welt, in der wir leben, indem wir sie leben« (Maturana, S. 269). Die multidisziplinäre Forschergemeinde firmiert deshalb unter der Bezeichnung Konstruktivismus.

Lit. Bateson, G. u. a.: Schizophrenie; Graumann: Interaktion; Holder: Kommunikation; Mandel, A. u. a.: Kommunikationstherapie; Mattejat u.a.: Grundlagen; Maturana: Erkennen; Merten, K.: Kommunikation; Reifarth: Interaktion; Schmidt, S.: Konstruktivismus; Watzlawick: Wirklichkeit; Watzlawick u. a.: Kommunikation .

Wilfried Reifarth

Kommunitarismus ist ein Sammelbegriff für höchst disparate Theorieansätze, in die ontologische, normative, soziologische, politiktheoretische und hermeneutisch-moraltheoretische Argumente einfließen. Damit kommt dem K. eine – für die öffentliche Aufmerksamkeit entscheidende - zeitdiagnostische Bedeutung zu, insbesondere der Balance zwischen Eigenwohl und Gemeinwohl, zwischen sozialen Rechten und Pflichten im Handeln kollektiver und individueller Akteure. Gemeinsam ist den Vertreter/-innen, daß sie für die Entstehung und

Kontinuität der Gesellschaft einen Horizont kollektiv geteilter Werte voraussetzen. Schlüsselbegriffe sind Gemeinschaft und Gemeinschaftsentwicklung, weshalb »der K.« häufig von einer ebenso heterogenen und als »Liberalismus« zusammengefaßten theoretischen Gegenposition abgegrenzt wird. K. beschäftigt sich mit der für → soziale Gerechtigkeit maßgebenden Frage, wie → Solidarität und eine Auseinandersetzung über Gemeinwohl im entsprechend zu gestaltenden öffentlichen Raum unter den Bürger/-innen möglich ist. Praktisch gewendet geht es um die hemmenden und unterstützenden Bedingungen von gemeinschaftsfördernden Strukturen als notwendigem ethischen »input« für einen gemeinwohlorientierten »output«. In dieser Dimension materialisiert sich für manche Vertreter/-innen des K. das Spannungsfeld zwischen Wohlfahrtsstaat und Wohlfahrtsgesellschaft. *Ulrich Otto*

Kompensation 1907 veröffentlichte Adler seine »Studie über die Minderwertigkeit von Organen«. Adler stellte die These auf, daß die Beeinträchtigung der Funktion eines Organs jedoch durch die entsprechende psychische → Einstellung ausgeglichen werden kann. Dieser Prozeß des Ausgleichs wird als K. bezeichnet. Dabei ist es unerheblich, ob die minderwertige Funktion des Organs heriditär bedingt ist (→ Minderwertigkeitskomplex). Maßgeblich dürfte die Aufmerksamkeit des Individuums sein, welche auf das vermeintlich minderwertige Organ gerichtet wird, was im positiven Falle zum dauernden Training führt. Hiermit wurde eine Krankheitstheorie gegründet, die die → Krankheit nicht als losgelöste Einheit sieht, sondern im Wechselverhältnis von Organ und Umgebung und von Organismus und sozialer Umwelt. Adler nahm so die Erkenntnisse der psychosomatischen Medizin (→ Psychosomatik) vorweg.
S. a. → Dekompensation. *Dieter Braun*

Kompensatorische Erziehung Im Rahmen des 1964 in den USA von J. F. Kennedy und L. B. Johnson ausgerufenen »Krieges gegen die → Armut« wurde der Erziehung und Bildung eine wichtige Rolle zuerkannt. Zuvor hatte der »Sputnik-Schock« bereits eine Bildungsdiskussion ausgelöst, die sich aber auf eine zusätzliche Förderung der Hochbegabten konzentrierte. Durch die steigende Unruhe in den Slums wurde man auf die Armut und Unterprivilegierung (→ soziale Benachteiligung) breiter Bevölkerungsgruppen aufmerksam und suchte nach konfliktdämpfenden Maßnahmen. Armut und Bildungsdefizite wurden dabei selten als strukturelle Probleme und als durch individuelle Förderung lösbar angesehen. Dem Schulversagen der meist farbigen Slumkinder sollte durch eine frühzeitige k. E. begegnet werden. Den zuerst 1965 begonnenen Headstart-Programmen als Sommerkursen folgten der Ausbau von ganzjährigen Headstart-Centers, die sich auch stark an Eltern wendeten, die Entwicklung von Follow-Through-Programmen, d. h. Förderung für Schüler, Anstrengungen zu einer adäquaten Lehrerausbildung, Versuche zur Mischung von Slumschülern mit privilegierten Schülern durch ein Bussystem und Kurse zur Berufsfindung und Vorbereitung auf College und Universität. Auch die Fernsehserie »Sesame Street« gehört zu diesen kompensatorischen Bemühungen. Gleichzeitig kam es zu verstärkten Anstrengungen in der Slumsanierung.
Diese vielseitigen und im einzelnen oft erstaunlichen und engagierten Ansätze litten von Anfang an unter der fehlenden Erfahrung und unter der Kurzatmigkeit ihrer Finanzierung. Bevor längerfristige Förderungskonzepte entstehen konnten, lieferte die Kritik, vor allem die Vorwürfe von A. Jensen (1971), genügend Vorwände, um die Gelder zu beschneiden und Einrichtungen zu schließen. Der Finanzbedarf für den Vietnamkrieg beschleunigte diese Zurücknahme. Wissenschaftliche Untersuchungen konnten durchaus kurzfristige Fortschritte der Kinder in manchen Programmen bestätigen, doch galt allgemein, daß die sozial benachteiligten Kinder im Laufe ihrer Schulzeit wieder zurückfielen, wenn ihre Förderung nicht gezielt fortgesetzt wurde. Außerdem blieben die Perspektiven der Bevölkerung in den Slums nordamerikanischer Städte negativ, da eine tiefgreifende Veränderung des sozialen Systems nicht zu erwarten war. Die deutsche Kritik an den kompensatorischen Programmen zielte auf die zu enge Ausrichtung auf kognitive und schulische Leistungen, auf die Orientierung an Mittelschichtnormen und die Unterbewertung der → Subkultur der Zielgruppe (→ Soziales Umfeld). Auch wurden die kompensatorischen Bemühungen als bloße Retuschen an den negativen Auswirkungen des Kapitalismus verurteilt. Diese Kritik führte bald dazu, daß k. E. hierzulande zum pädagogischen Schimpfwort wurde. Die in der Bundesrepublik um die Mitte der 60er Jahre wiederentdeckte → Vorschulerziehung und die spätere »Ausschöpfung der Begabungsreserven« brachten der k. E. großes Interesse entgegen, gerieten aber bald in das Schußfeld der genannten Kritik. Damit wurden auch durchaus brauchbare Ansätze einer gezielten Förderung von sozial benachteiligten Kindern (→ Chancengleichheit) behindert. Zweifellos sind die »Erziehungs- und Bildungsdefizite« solcher Kinder in erster Linie Defizite unseres Sozial- und Bildungssystems (→ Bildung/Bildungswesen), doch müssen strukturelle Veränderungen auch von gezielten pädagogischen Hilfen begleitet werden, wobei es unerheblich ist, ob man sie »kompensatorisch« nennt oder nicht.

Kompetenz

Lit. Du Bois-Reymond: Strategien; Iben: Erziehung; Iben: Menschen; Iben u. a.: Sozialisation; Kursbuch: Schule; Meier, M. u. a.: Elend.
Gerd Iben

Kompetenz 1. In der Organisationslehre die durch eine organisatorische Regelung begründete Verpflichtung und Berechtigung eines Aufgabenträgers (Stelleninhabers), bestimmte Angelegenheiten einer organisatorischen Einheit (z. B. → Verwaltung) in bestimmter Art, Weise und Form wahrzunehmen. Die K.regelung ist grundlegendes Merkmal einer jeden → Organisation, da hierdurch die Zuständigkeiten für die Erledigung der verschiedenen Aufgaben und Tätigkeiten durch Glieder und Organe (Elemente) einer Einheit (System) sowie deren Rangordnung untereinander festgelegt werden. Derartige K.-(Zuständigkeits-) Regelungen sind für den Bereich der Verwaltung im Aufgabengliederungsplan i.V.m. dem Verwaltungsgliederungsplan, im Arbeitsverteilungsplan, in Stellenbeschreibungen, allgemeinen oder besonderen Dienst- und Geschäftsanweisungen zu finden. Grundsätzlich wird in der Organisationslehre die möglichst weitgehende Übereinstimmung von Aufgabe, K. und Verantwortung (= Einstehen für sachlich und rechtlich richtige, vollständige und rechtzeitige Erledigung der Arbeit) gefordert. Die Begriffe K., Zuständigkeit und Verantwortung werden wegen ihrer engen Zusammengehörigkeit häufig gleichbedeutend gebraucht. Eine Unterscheidung ist dahingehend möglich, daß »Zuständigkeit« die Verbindlichkeit der Aufgabenwahrnehmung und damit die Grenzen der Befugnisse eines Aufgabenträgers, »K.« den Gegenstand (Inhalt und Umfang) der Zuständigkeit, »Verantwortung« dagegen die Folgen aus der Zuständigkeitsübertragung betrifft. Die Zuweisung von K. wird als Delegation bezeichnet. Aus einer → Aufgabenübertragung allein darf nicht auf die Zulässigkeit der Mittel und Maßnahmen geschlossen werden, die zur Aufgabenerfüllung ausgewählt werden oder erforderlich sind. Subjekt einer K.übertragung kann eine bestimmte natürliche Person oder aber – unabhängig von einem bestimmten Menschen – ein institutionelles Organ oder Amt sein. Außerdem wird die K.übertragung nach der Art ihres jeweiligen Regelungsbereichs unterschieden: Entweder es handelt sich um die Zuweisung (Abgrenzung) eines räumlichen Bereichs (= örtliche Zuständigkeit), oder es geht um bestimmte Angelegenheiten dem Gegenstand nach (= sachliche Zuständigkeit). Im letzteren Fall kann der Umfang (K.bereich) verschieden bestimmt sein. Die Organisationslehre nennt insbes. folgende Möglichkeiten:
– Ausführungsk. als Recht und Pflicht, die übertragene Aufgabe zu erfüllen, Art und Weise aber selbst zu wählen;
– Verfügungsk. über Objekte und Hilfsmittel mit dem Recht, Informationen von anderen Stellen zu verlangen;
– Entscheidungsk., also die Befugnis der Auswahl einer von mehreren Handlungsmöglichkeiten und der (abschließenden) Mitteilung des Ergebnisses;
– Ressourcenk. als Berechtigung, über den Einsatz von Personal, finanzieller Mittel und organisatorischer Maßnahmen zu entscheiden;
– Führungsk., um unterstellte Mitarbeiter einzusetzen, anzuleiten, zu überwachen und anzuweisen;
– Vertretungsk., nämlich das Recht, die Organisation nach außen zu vertreten, ggf. sie Dritten gegenüber auch zu verpflichten;
– Kompetenz-K. als Zuständigkeit, untergeordnete K.bereiche zu bilden oder unter deren Ausschluß die eigene K. (wieder) zu erweitern.
2. Bezüglich der Verwaltungsorganisation wird der Begriff der K. auch auf die Beziehungen der verschiedenen Verwaltungsträger (Behörden) untereinander angewandt. Insoweit ist K. allerdings für ihren Träger grundsätzlich unabänderlich, kann nicht dadurch erweitert werden, daß eine Behörde die Zuständigkeit einer anderen an sich zieht.
3. Vielfach wird mit K. auch die durch → Ausbildung, → Fortbildung und → Weiterbildung erworbene berufliche Befähigung, bestimmte Tätigkeiten auszuüben, gemeint, gerade in der Sozialarbeit.
S. a. → Professionalisierung.
Lit. Bierfelder: Personalwesen; Forsthoff: Verwaltungsrecht; KGSt.: Entscheidungsbefugnisse; KGSt.: Verwaltungsorganisation; Michaelis, R.: Verantwortung; Wilke, D.: Verwaltungsverantwortung; Wolff, H.J. u. a.: Verwaltungsrecht II. *Robert Groell*

Kompetenz, pädagogische Der Begriff p. K. eignet sich zur Beschreibung und Erklärung professionellen pädagogischen Handelns aus der Praxisperspektive. In der Frage nach der Professionalität (→ Professionalisierung) pädagogischer Fähigkeiten und Fertigkeiten sind zwei einander bedingende Sichtweisen von Kompetenzauffassungen und -beurteilungen zu unterscheiden: die Außen- und die Innenperspektive. Über die Außenperspektive werden generelle, objektivierende Anforderungen an die pädagogische Tätigkeit formuliert. Sie beschreiben in Distanz zur konkreten Praxis personen- und feldunabhängige Qualifikationen als notwendige Voraussetzungen zur Erfüllung der beruflichen Tätigkeit im allgemeinen. Innenperspektivisch wendet sich der Blick auf die konkrete Praxis und die in ihr Handelnden. Über das sinnverstehende Rekonstruieren des spezifischen sozialen Interaktionsfeldes lassen sich personen- und feldabhängige Fähigkeiten ermitteln, die kontextbezogen sinnvoll und notwendig

sind. Sie werden in der Praxis erworben, hier realisiert und über die Verbindung individueller Entwicklung und sozialer Integration in Arbeitszusammenhänge weiterentwickelt. Diese Sichtweise erklärt p. K. als professionell pädagogisches Handeln, das in einem spezifischen sozialen Kontext Sinn macht. Da die sozialpädagogische Wirklichkeit sich in sehr unterschiedliche Bereiche differenziert mit entsprechend vielfältigen Aufgabenstellungen, bedarf es bei der Ermittlung p. K. der Innenperspektive. Während Qualifikationen Beliebigkeitscharakter aufweisen, sind Kompetenzen bereichsspezifisch einzukreisen und nicht austauschbar. Denn Kompetenzen verlieren ihre Wirksamkeit und Bedeutung in anderen sozialen Handlungszusammenhängen, z. B. sind didaktische Kompetenzen sinnvoll in der Bildungsarbeit, verlieren aber ihre unmittelbare Bedeutung in der Einzelfallberatung. Kompetenz ist ein relationaler Begriff, der sich nicht allein aus der Sicht des Sozialpädagogen denken läßt. Vielmehr stehen p. K. in Relation zum konkreten Anforderungsprofil eines Tätigkeitsfeldes und komplementär zu den Aneignungskompetenzen (Lernkompetenzen) der Klientel. P. K. bilden das Gesamt der Einzelaspekte von fachlichen, sozialen, methodischen, oranisatorisch-administrativen und persönlichen Kompetenzen. Ihre inhaltliche Bedeutung und die Gewichtung ihres Einsatzes differiert je nach Praxisanforderung. Professionell pädagogisches Handeln meint die individuelle Art und Weise, wie die Person des Sozialpädagogen die Kompetenzebenen in einer pädagogischen Situation sinnhaft verkörpert. Persönlichkeit als pädagogische Kompetenz ist die gelebte Verknüpfung von Kontext und Kompetenz.
Lit. Sagebiel: Persönlichkeit; Schäffter: Bildungsexperten. *Juliane Sagebiel*

Kompetenz, soziale Der Begriff geht auf den → symbolischen Interaktionismus zurück und beruht auf der theoretischen Annahme, daß das faktisch sichtbare Verhalten eines Individuums durch den Erwerb von Grundmustern in der primären → Sozialisation zustande kommt und bedingt ist. Das neue Gesellschaftsmitglied erwirbt danach s. Handlungsk. nicht nach Reiz-Reaktionsmustern oder Umformung angeborener Triebe, sondern aufgrund symbolischer und kognitiver Fähigkeiten im Rollenhandeln (→ Rolle). Nach der erweiterten Rollentheorie durch den symbolischen Interaktionismus sind Spielräume autonomen Handelns für Individuen durch deren s. K. innerhalb der Gesellschaft zumindest der Möglichkeit nach angelegt. S. K. ermöglicht die Erklärung von eigenständiger Informationsaufnahme und -interpretation, der Problemlösung und somit von autonomer Handlungsfähigkeit von Individuen in der Gesellschaft. Auf diese theoretische Annahme berufen sich emanzipatorische Ansätze innerhalb der Pädagogik und Sozialpädagogik.
Nach der Kritik an der → kompensatorischen Erziehung und vorschulischen Lernprogrammen (→ Vorschulerziehung) gewinnt der Begriff der Autonomie und der s. K. innerhalb der Curriculumentwicklung (→ Curriculum) im → Elementarbereich beim Situationsansatz besondere Bedeutung. Instrumentelle Fertigkeiten und s. K. werden hier immer nur miteinander verschränkt und unter dem Gesichtspunkt gesehen, inwieweit sie zum autonomen Handeln beitragen können. Kinder sollen schon frühzeitig lernen, ihre Fertigkeiten nicht einfach auf Abruf, ohne soziales Bewußtsein und Reflexion eigener → Bedürfnisse, einzusetzen.
Die in der erweiterten Rollentheorie (Krappmann) beschriebenen formalen Grundqualifikationen sozialer Handlungsfähigkeit wie Rollenerwerb, Rollendistanz, → Ambiguitätstoleranz und → Empathie werden beim Situationsansatz auf den konkreten gesellschaftlichen Kontext bezogen und »können lediglich Richtungen der Erschließung von Lern- und Erfahrungsprozessen sein« (Zimmer). Erst durch Bestimmung von konkreten, für die Lebensgeschichte der Kinder relevanten Situationen (s. Schulze) und durch eine Situationsanalyse lassen sich dann konkrete s. K. beschreiben, die ein Kind zur autonomen Bewältigung dieser Situationen benötigt.
Im Situationsansatz wird nicht nur eine Möglichkeit zur Bestimmung von s. K. gesehen, sondern er wird auch als didaktisches Prinzip für die sozialpädagogische Arbeit verwandt, bei der Kinder, Erzieher und Eltern, in Anlehnung an die → Freire-Pädagogik, sog. Schlüsselsituationen bestimmen. Mit der Bewältigbarkeit von diesen Situationen ist der Erwerb von s. K. verbunden und die Hoffnung, die dort gewonnene K. in exemplarischer Weise (→ Exemplarisches Lernen) auf spätere Lebenssituationen übertragen zu können.
Problematisch bleibt die Verknüpfung der Zielbestimmung von Autonomie und s. K., die allzuleicht in einer individualisierter Orientierung, insbes. von stark leistungsorientierten → Schichten, mißverstanden werden können. S. K. wird als »Humankapital« des einzelnen im Hinblick auf seine marktorientierte Verwertbarkeit benötigt, um die individuelle Leistungsfähigkeit im Konkurrenzkampf mit anderen zu erhöhen.
Lit. Freire: Unterdrückte; Habermas: Sozialisation; Jouhy: Wertsubstanz; Krappmann: Identität; Mollenhauer: Erziehungsprozeß; Schulze, T.: Situation; Zimmer, J.: Curriculumentwicklung. *Jörg Reiner Hoppe*

Komplementäre Dienste und Einrichtungen für psychisch Kranke/seelisch Behinderte (→ Psychiatrie-Enquête) sind wichti-

Komplementarität 570

ge Glieder in der Kette von → Therapie, → Rehabilitation und Versorgung. Sie ergänzen als → Einrichtungen und Dienste für nicht-krankenhauspflegebedürftige → psychisch Kranke/seelisch Behinderte das ambulante, stationäre und teilstationäre psychiatrische Versorgungsangebot (intramurale und extramurale Versorgung, → Tagesklinik, → Nachtklinik).
K. D. u. E. können die ihnen zugeordnete Entlastungsfunktion für die stationären psychiatrisch-klinischen Einrichtungen nur wahrnehmen, wenn sie bedarfs- und behindertengerecht ausgerichtet sind. Dies bezieht sich insbes. auf die Standortwahl, die Größenordnung, die Differenzierung der therapeutischen Zielsetzung, die Auswahl und den Einsatz geeigneten Fachpersonals unter therapeutischen und rehabilitativen Gesichtspunkten, die Zusammenarbeit mit benachbarten Diensten und Einrichtungen (insbes. mit den regionalen psychiatrischen Krankenhäusern und Fachabteilungen), den Grundsatz der gemeinde- und möglichst familiennahen Versorgung (→ Gemeindepsychiatrie) sowie auf die Übernahme der Versorgungsverpflichtung für die Region.
Stationäre komplementäre Einrichtungen sind → Rehabilitationseinrichtungen für psychisch Kranke und Behinderte, → Übergangseinrichtungen, (Behinderten-) Wohnheime oder Heime (→ Betreutes Wohnen Behinderter und psychisch Kranker) zur langdauernden Förderung und Versorgung, Heime für ältere psychisch Kranke/seelisch Behinderte (d. h. etwa ab Rentenalter), Pflegeheime für → Mehrfachbehinderte. Daneben bestehen auch Mischformen dieser Heimtypen.
Tagesstätten nehmen nicht oder nicht mehr arbeitsfähige psychisch Kranke/seelisch Behinderte auf, deren Bezugspersonen tagsüber einer Beschäftigung nachgehen oder der Entlastung bedürfen. Sie unterscheiden sich durch ihren vornehmlich betreuenden Charakter von Tageskliniken.
Aufnahme in → Wohngemeinschaften / Wohngruppen für Behinderte und psychisch Kranke finden psychisch Kranke/ seelisch Behinderte, die ihren Lebensbereich mit Unterstützung der Mitbewohner und gelegentlicher professioneller Hilfe selbständig gestalten können.
K. D. u. E. sonstiger Art sind Patientenclubs.
Lit. Bauer, M. u. a.: Wohnheime; BMJFFG: Beschütztes Wohnen; Brill: Betreutes Wohnen; Brill: Versorgung; DV: Komplementäre Einrichtungen; Kunze, H.: Übergangseinrichtungen; Veltin: Gemeindenahe Psychiatrie. *Udo Schlitt*

Komplementarität → Kommunikation

Komplexe Psychologie → Analytische Psychologie

Konditionierung Begriff aus der experimentellen → Psychologie zur Bezeichnung von Lernvorgängen, bei denen eine Reaktion oder eine beschriebene Verhaltenssequenz mit bestimmten Reizen verknüpft wird und in der Folgezeit von diesen Reizen mit großer Wahrscheinlichkeit wieder ausgelöst werden kann (→ Lernen).
Die K.vorgänge lassen sich in drei Arten unterteilen: die klassische, die instrumentelle und die operante K. In der Literatur werden die instrumentelle und die operante K. häufig synonym verwendet, weil der eigentliche K.vorgang bei beiden Varianten identisch ist. Die Unterscheidung bezieht sich auf die voneinander abweichenden Ausgangssituationen der K.
a) Die klassische K. nach Pawlow (1849–1936), so genannt, weil diese K.form als erste entdeckt und experimentell untersucht wurde, erklärt das Lernen mit der Ausbildung bedingter Reflexe oder Reaktionen. Ein bedingter Reflex entsteht durch mehrmaliges, fast gleichzeitiges Darbieten eines neutralen Reizes (z. B. Licht- oder Tonsignale) mit einem unbedingten Reiz (z. B. Luftstoß auf ein Auge), der bei einem Organismus eine unbedingte Reaktion (Lidschlußreflex) auslöst. Durch häufiges gemeinsames Auftreten beider Reize kann der ursprünglich neutrale Reiz die gleiche Reaktion auslösen wie der unbedingte Reiz. Nach ca. sechs bis acht gemeinsamen Reizdarbietungen wird der Lidschlußreflex allein vom Signalreiz ausgelöst. Nach dem Prinzip der klassischen K. erfolgen z.T. die unwillkürlichen Lernprozesse, an denen das zentrale Nervensystem beteiligt ist sowie das Lernen von Gefühlen und gefühlsmäßigen Einstellungen.
b) Die instrumentelle K., von Thorndike (1874–1949) begründet und betrachtet Lernen als einen Vorgang, bei dem eine Reaktion mit einem positiven Nacheffekt verbunden wird, was in der Folgezeit die Wahrscheinlichkeit des Auftretens dieser Reaktion erhöht. Die Reaktion wird zu einem »Instrument« zur Erlangung einer erwünschten Verhaltenskonsequenz (z. B. Befriedigung eines Bedürfnisses). Für die Verfestigung der K. spielt der Erfolg einer Reaktion eine besondere Rolle.
c) Die operante K., von Skinner (1904–1990) beschrieben, unterscheidet sich von den anderen K.-Theorien, für die das gesamte Verhalten darauf ausgerichtet ist, Reize aus der Umwelt zu beantworten und den Organismus möglichst optimal an die Umweltbedingungen anzupassen insofern, als er annimmt, daß der aktive Organismus Verhaltenseinheiten »ausschickt«, auf die die entscheidenden Verhaltenskonsequenzen folgen. Was den Organismus zu einer Reaktion angeregt hat, ist letztlich unmittelbar zu erkennen und nach Skinners Ansicht ohne Bedeutung. Wichtig ist, daß sich das operative Verhalten mehr am Er-

folg der Reaktion orientiert als am auslösenden Reiz. Von den sog. »Operants« unterscheidet Skinner die »Respondents«, die aus dem Organismus »hervorgelockten« Reaktionen oder geforderten Verhaltensweisen, die fest mit dem Auslösereiz verbunden sind (klassische K.).
Die beiden Grundformen der klassischen und operanten K. sollen an folgendem Beispiel verdeutlicht werden: Das plötzlich auftretende aggressive Verhalten eines Kindes während des Zusammenlegens eines Puzzles kann dadurch begründet sein, daß es durch das Spiel überfordert wird und aufgrund der erfahrenen Frustration die Puzzleteile wütend auf den Boden wirft. In diesem Fall handelt es sich um reaktives Verhalten, da auf den Umweltreiz »Überforderung« mit Aggression geantwortet wird (klassische K. einer emotionalen Haltung). Es ist aber auch denkbar, daß das Kind das Puzzlespiel zu Boden wirft, weil es die Zuwendung der Mutter oder seiner Erzieherin wünscht. Hierbei wird erst durch das Verhalten des Kindes bewirkt, daß die Bezugsperson vielleicht herbeikommt und sich mit dem Kind beschäftigt. Das Kind hat also durch seine Aggression auf die Umwelt eingewirkt, um einen bestimmten Reiz, die Zuwendung der Bezugsperson, hervorzurufen (operante K.). *Rainer Biesenkamp*

Konferenz der obersten Landessozialbehörden (KOLS) Sie ist das länderübergreifende Koordinierungsgremium der für den Vollzug des → Bundessozialhilfegesetzes (BSHG) zuständigen obersten Landesbehörden. Ihr gehören die Leiter der Sozialhilfereferate oder -abteilungen der betreffenden Landesministerien an. Als ständige Gäste nehmen Vertreter des → Bundesministeriums für Gesundheit (BMG) und des → Deutschen Vereins für öffentliche und private Fürsorge (DV) an den Sitzungen teil.
Aufgabe der K. ist es, schwierige Sach- und Rechtsfragen mit dem Ziel zu erörtern, einen möglichst einheitlichen Vollzug des BSHG in allen Bundesländern sicherzustellen. Sie hat außerdem politische Entscheidungen der Arbeits- und Sozialministerkonferenz (ASMK) fachlich vorzubereiten und bei der Fortentwicklung des Sozialhilferechts mitzuwirken.
Die K. tritt je nach Bedarf zusammen. Dabei wechselt der Vorsitz entsprechend einer im März 1993 beschlossenen Reihenfolge (Brandenburg, Rheinland-Pfalz, Mecklenburg-Vorpommern, Nordrhein-Westfalen, Sachsen, Bayern, Sachsen-Anhalt, Hamburg, Thüringen, Bremen), mit der nun auch die neuen Bundesländer berücksichtigt sind. *Albin Nees*

Konferenz der zentralen Fortbildungsinstitutionen für Jugendarbeit und Sozialarbeit Diese 1969 konstituierte Arbeitsgemeinschaft umfaßt die Fortbildungseinrichtungen, die mit hauptamtlichen Fachdozenten bundeszentral praxisbezogene und berufsbegleitende → Fortbildung oder → Weiterbildung für Mitarbeiter aus der Jugend- und Sozialarbeit anbieten. Die Konferenz hat sich die Aufgabe gestellt, diese Angebote zu koordinieren, didaktische und methodische Probleme der Fortbildung zu erörtern, fachliche Kontakte mit den Ausbildungsstätten und Anstellungsträgern sowie den Bereichen der Jugend- und → Erwachsenenbildung zu pflegen und der von ihren Mitgliedern entwickelten Fort- und Weiterbildungsarbeit den Standort im Bildungswesen zu sichern, der ihr gemäß der wachsenden Bedeutung von Fortbildung für die Jugend- und Sozialarbeit zukommt. *Martin Scherpner*

Konflikt 1. Entgegen dem üblichen Sprachgebrauch, der K. mit Streit, Ärger, ja Versagen in Verbindung bringt, ist die Fähigkeit, K. wahrzunehmen, gegensätzliche Positionen auszuhalten und Kompromisse zu entwickeln, in der modernen → Psychologie ein erwünschtes Erziehungsziel. K. zu erleben, bedeutet, seelisch und körperlich Spannungen aufzubauen. Solche Spannungen müssen in Handlungen abgeleitet werden, sollen sie nicht auf die Dauer zu → Neurosen oder psychisch verursachten (psychosomatischen) organischen Erkrankungen (→ Psychosomatik) führen. Eine systematische Gliederung nach K.arten ist jedoch kaum zu leisten, da es grundsätzlich so viele geben könnte, wie eine Kultur Zielangebote für Handlungen vorsieht.
K. sind »Kämpfe zwischen Motiven« (Ulich), gegensätzlichen oder gleichzeitig gleichwertigen. »Im einzelnen handelt es sich dabei um das Entgegenstehen zwischen a) dem eigenen Streben und einem von der natürlichen bzw. sozialen Umwelt gesetzten Hindernis; b) divergierenden (auseinanderklaffenden) Anforderungen seitens der Umgebung; c) divergierenden Strebungen des eigenen Selbst« (Lehr u.a.). Eine K.analyse zeigt solche gegensätzlichen Positionen auf, macht die Wertigkeiten möglicher Handlungsziele deutlich und formuliert die Annäherungstendenzen (Appetenzverhalten) bzw. Vermeidungstendenzen (Aversionsverhalten) im Individuum. K.analyse ist damit die Basis jeden Entscheidungsprozesses (Thomae: Mensch; Thomae: Konflikt). K.modelle entwerfen Vorstellungen von der Eigenart der aufeinanderprallenden Antriebe gemäß dem Wissenschaftsbereich, auf den sie sich beziehen; z.B. motivorientierte, die Beweggründe des Handelns erforschende Ansätze; persönlichkeitsorientierte Ansätze, in denen die Sinndeutung menschlicher Existenz vom K.erleben her gesehen wird (Lückert: Konfliktpsychologie; Lückert: Mensch; Pongratz). Die Forschergruppe um Thomae

versuchte für bestimmte Lebensalter typische Anlässe für K. und die Eigenart der Entscheidungsprozesse herauszuarbeiten (Lehr u. a.).
Lit. Lehr, U. u. a.: Konflikt; Lückert: Konfliktpsychologie; Lückert: Mensch; Oestreich: Lernen; Oestreich: Lernprojekte; Pongratz: Konflikte; Thomae, H.: Konflikt; Thomae, H.: Mensch; Ulich, D.: Konflikt. *Gisela Oestreich*

2. Als allgemeiner Begriff der soziologischen Theorie (→ Soziologie) meint K. jede durch Gegensätzlichkeit gekennzeichnete Beziehung zwischen zwei Elementen, z. B. Personen, Gruppen, Klassen, aber auch – etwa im Begriff des Intra-Rollen-K. (→ Rolle) – zwischen zwei widerstreitenden Seiten einer Person oder Sache. Soziale K. kennzeichnen Interessengegensätze zwischen Personen und Gruppen. Anders als bei der Konkurrenz geht es bei ihnen um den Einsatz von Macht mit dem Ziel, eine Niederlage des Kontrahenten zu erreichen oder doch eine eigene Niederlage zu verhindern. K.beziehungen sind dennoch meist normiert und – wie das Beispiel Tarifk. zeigt – ggf. sogar gesetzlich geregelt. Soziologische K.theorien (Coser, Dahrendorf) betonen das integrierende Moment des K.: sie sind unverzichtbares Moment der Veränderung und des → sozialen Wandels. Marxistische Theoretiker sprechen von antagonistischen K. Sie beruhen auf dem Interessengegensatz der → Klassen und sind im Rahmen der bestehenden Produktionsverhältnisse nicht aufhebbar. Im Gegensatz dazu betont der in der → Industriesoziologie gebräuchliche Begriff des industriellen K. die Regulierbarkeit solcher Gegensätze ohne grundlegende gesellschaftliche Veränderungen. Unter K.forschung werden interdisziplinäre Studien über Ursachen und Lösungsmöglichkeiten für internationale K. verstanden. die → Organisationssoziologie beschäftigt sich mit Zielk., K. zwischen Mitarbeitergruppen etc. (vgl. Mayntz). Anwendungsbeispiele für den Bereich der Sozialarbeit: 1. Interessenk. zwischen abgebenden Eltern und Pflegeeltern; 2. Loyalitätsk. eines Sozialarbeiters im Hinblick auf seine Stellung zwischen Klient und Auftraggeber; 3. Zielk. in einer Strafanstalt (Sicherheit versus Resozialisierung); 4. Generationsk. in der Erziehung.
Als Beobachtungskategorien sind folgende K.begriffe nützlich: a) latenter K.: schwelende, nicht zugelassene und darum verdeckt ausgetragene K., z. B. zwischen Erziehern und Heimleitung; b) umgeleitete K.: die eigentliche Ursache eines K. wird nicht erkannt und auf ein anders Thema gelenkt, so, wenn Ausländer zum Sündenbock für Arbeitslosigkeit gemacht werden; c) unterdrückte K.: besonders in stark integrierten Gruppen werden K. leicht unterdrückt, um den Zusammenhalt nicht zu gefährden, brechen aber dann ungewöhnlich stark auf, so z. B. in Familien und Ehen.
Lit. Coser: Theorie; Dahrendorf: Pfade; Kiss: Theorien II; Mayntz: Bürokratische Organisation. *Jürgen Blandow*

Konkursausfallgeld (ab 1. 1. 1999: Insolvenzausfallgeld) wird vom → Arbeitsamt geleistet, wenn der Arbeitgeber wegen Konkurses die Zahlung der Arbeitsvergütung (einschließlich Urlaubsentgelt) einstellt (§§ 14a ff. → Arbeitsförderungsgesetz [AFG]) von der Konkurseröffnung maximal 3 Monate rückwirkend. Der Konkurseröffnung gleich steht die Abweisung des Antrags auf Konkurseröffnung mangels Masse bzw. die vollständige Einstellung der Geschäftstätigkeit, wenn gleichzeitig die Eröffnung des Konkursverfahrens mangels Masse nicht in Betracht käme (sog. Massebedürftigkeit). Der Antrag auf Zahlung von K. muß innerhalb von 2 Monaten nach Eröffnung des Konkursverfahrens bzw. des Vorliegens der gleichgelagerten Tatbestände gestellt werden.
Das K. wird in Höhe des Nettolohnes gezahlt, die Pflichtbeiträge zu den gesetzlichen Versicherungen werden vom Arbeitsamt übernommen. Der Lohnanspruch des Arbeitnehmers in Höhe des Nettolohnes geht auf das Arbeitsamt über. Daneben besteht gegen den Arbeitgeber bzw. den Konkursverwalter, nach einer Entscheidung des Bundesarbeitsgerichts, kein Anspruch auf Zahlung der verbleibenden Bruttolohnanteils, insbes. der Lohnsteuer (diese Frage ist deshalb bedeutsam, weil in vielen Fällen gezahlte Steuer im Wege des Lohnsteuerjahresausgleichs – zumindest teilweise – an den Arbeitnehmer zurückfließen würde). *Klaus Feser*

Konsulargesetz, das Gesetz über die Konsularbeamten, ihre Aufgaben und Befugnisse vom 11. 9. 1974 (BGBl. I S. 2317) regelt in §§ 5 bis 7 (Hilfeleistungen an einzelne, Hilfe in Katastrophenfällen, Hilfe für Gefangene) die soziale Betreuung Deutscher im Ausland unter Beachtung des im Grundgesetz verankerten → Sozialstaatsprinzips und konkretisiert damit die in § 1 den Berufs- und Honorarkonsularbeamten auferlegte Pflicht, Deutschen nach pflichtgemäßem → Ermessen Rat und Beistand zu gewähren. Die auf Antrag geleisteten Hilfen des Bundes nach § 5, der aus Billigkeitsgründen im Einzelfall auch nichtdeutsche Familienangehörige von Deutschen einbezieht, sind vorrangig zur → Sozialhilfe im Ausland (§ 119 BSHG). Der Vorrang gilt für Hilfen innerhalb eines Zeitraums von bis zu zwei Monaten, selbst wenn die Voraussetzungen für Leistungen nach § 119 BSHG vorliegen würden. Dauert die Notlage eines Hilfeempfängers, der seinen gewöhnlichen Aufenthalt im Ausland hat oder dort in Untersuchungs-

oder Strafhaft ist, (doch) länger als zwei Monate, greift § 119 BSHG (rückwirkend) zum Zeitpunkt des Eintritts der Notlage ein; die Aufwendungen der Konsularvertretung sind dann als Vorleistung auf die → Sozialhilfe von dem für den Hilfeempfänger örtlich zuständigen Träger der Sozialhilfe zu erstatten. Die Hilfe nach § 5 ist weder ihrer Art oder Form noch ihrem Umfang nach in weiteren Normen oder Richtlinien festgelegt und richtet sich nach den besonderen Verhältnissen im Empfangsstaat unter Berücksichtigung der notwendigen Lebensbedürfnisse eines dort lebenden Deutschen, soweit der Hilfesuchende in einer objektiven Notlage ist und sich daraus nicht mit eigenen Kräften und Mitteln oder durch Hilfe Dritter befreien kann. Für die öffentlich-rechtliche Sozialleistung entsteht eine Rückzahlungsverpflichtung des Hilfeempfängers und der ihm gegenüber zum Unterhalt Verpflichteten. Stets ist eine Verhandlungsniederschrift aufzunehmen. Für bestimmte, in einer Dienstanweisung des Auswärtigen Amtes genannte Hilfen ist durch den Konsularbeamten dort vorherige Zustimmung einzuholen; Honorarkonsularbeamte haben Einvernehmen mit der übergeordneten Auslandsvertretung herzustellen und Hilfesuchenden i. d. R. nur die Weiterreise zur nächsten Auslandsvertretung zu ermöglichen, Die Hilfe kann – und soll nach § 7 bei Untersuchungs- und Strafgefangenen auf Verlangen – in persönlicher Betreuung bestehen. Zur Sicherung des Lebensunterhalts kommt im allgemeinen eine Geldleistung in Betracht. Die Hilfe kann eine Heimführung, Krankenhilfe, Rechtsschutz, eine Bestattung sowie die Kosten zur Behebung von ähnlichen Notlagen umfassen. Der zweckwidrigen Verwendung von Bargeld kann durch Aushändigung von Gutscheinen, Fahrkarten u. ä. vorgebeugt werden.
Lit. Hoffmann, K.: Konsularrecht.

Gottfried Eichhoff

Kontingentflüchtlinge → Flüchtlinge

Kontrakt In der beratenden Sozialarbeit sowie in der → Supervision ist der K. für alle Beteiligten ein struktursetzendes, verbindliches Regelsystem. Mit ihm werden Rahmenbedingungen für die gemeinsame Arbeit festgelegt. Bestandteile des K. sind Vereinbarungen über: Ort, Dauer, Häufigkeit der Sitzungen, Zielsetzung, Material, Formen, Methoden der Arbeit, Rollen- und Funktionsabklärung, Verantwortung und Verpflichtung der Beteiligten, Umgang mit Verschwiegenheit und Öffnung gegenüber Außenstehenden, Bezahlung u. a. m. Der K. wird in 1–2 Gesprächen vor Beginn der → Beratung/Supervision erarbeitet. Im Verlauf des Prozesses kommt der K. ein methodisch-didaktischer Stellenwert zu. Durch ihn werden kontrolliert: die Richtung des Prozesses, die Beziehung der Beteiligten, der Umgang mit Verantwortung, die Transparenz im Lernsystem. Durch Metakommunikation geschieht die Überprüfung und evtl. Veränderung in Absprache der Beteiligten. Für die Gestaltung von Beratung/Supervision kommt dem K. eine erhebliche Bedeutung zu, da durch die freiwillig getroffenen festgelegten Vereinbarungen die komplementäre Beziehung der Beteiligten während des Prozesses akzeptiert wird. Für die Supervision wird auch die Form des Dreier-Kontraktes gewählt. Er wird geschlossen zwischen dem Supervisanden, dem Beauftragten des Anstellungsträgers des Supervisanden und dem Supervisor. Im Kontraktgespräch werden Ziele und Auftrag der Supervision im Sinne eines gemeinsamen Aushandlungsprozesses abgestimmt und die Form der Auswertung über strukturelle, die Organisation betreffende Inhalte vereinbart. Abschließend werden die gegenseitigen Pflichten der drei Beteiligten im Kontrakt festgelegt.

Ursula Zinda

Kontraktmanagement → Verwaltungsmodernisierung

Kontrolle 1. Planmäßige, nachträgliche Überprüfung einer Tätigkeit oder ihres Ablaufs (Prozesses) auf die Übereinstimmung der Ergebnisse mit den gestellten Zielen bzw. Aufgaben (Soll-Ist-Vergleich). In der Verwaltungslehre ein Mittel, um Aufgaben und Aufgabenerfüllung in eine beabsichtigte zweckentsprechende Beziehung zu bringen, da es als kaum möglich angesehen wird, Planungs- und Entscheidungsgegebenheiten sowie die Durchführung von Entscheidungen und ihre Folgen hinreichend genau vorauszusehen. Vom Gegenstand her wird zwischen personenbezogener (→ Dienstaufsicht) und aufgabenbezogener (→ Fachaufsicht) K. unterschieden. Sie kann bezüglich des laufenden Arbeitsprozesses durch den für den jeweiligen Arbeitsbereich Verantwortlichen (Selbstk.), wird in der Regel aber durch Vorgesetzte oder besonders damit betraute Stellen (z. B. sog. Innenrevision) erfolgen. Darüber hinaus findet K. als eine vom laufenden Arbeitsprozeß losgelöste Überwachung durch der Verwaltungsführung unmittelbar nachgeordnete und von den kontrollierten Stellen unabhängige Personen statt (→ Rechnungsprüfung).
K. als Soll-Ist-Vergleich setzt voraus, daß das Verwaltungshandeln auf möglichst eindeutige, aufeinander abgestimmte und verfolgbar (operational) formulierte Ziele ausgerichtet ist sowie, daß für das Ausmaß der Zielerreichung (Aufgabenerfüllung) auf die jeweilige Aufgabe abgestellte Bewertungskriterien erarbeitet sind.
Im Rahmen der sich seit 1994 verstärkenden Diskussion um → Verwaltungsmoder-

nisierung wird als ein wesentliches Element zukünftiger Organisationsstruktur die Einführung von → Controlling und Berichtswesen gefordert. Controlling in diesem Sinne reicht weiter als K., umfaßt aber auch mehr als nur Gesichtspunkte der → Wirtschaftlichkeit; das zugehörige Berichtswesen soll die vereinbarten konkreten Ziele und die zur Feststellung des Erreichungsgrades erforderlichen Bewertungskriterien (→ Indikatoren) enthalten. Die bisher mit K. verbundenen Vorbehalte und Verunsicherungen können durch diese Entwicklung hin zu Erfolgskontrolle i. S. v. → Evaluation überwunden werden.
2. Eine besondere Bedeutung hat der Begriff → soziale Kontrolle.
Lit. Eichhorn: Verwaltungslexikon; KGSt.: Verwaltungscontrolling; KGSt.: Verwaltungsorganisation; KGSt.: Zielsuche.
Robert Groell

Konzentration In der Verwaltungslehre die Zusammenfassung möglichst vieler Aufgaben und/oder → Kompetenzen bei einem einzigen Organ (z. B. Gemeinderat, Magistrat, Bürgermeister) oder einer einzigen Organisationseinheit (z. B. → Dezernat, Amt) einer → Verwaltung. Die lange Zeit gegenüber einer → Dekonzentration gesehenen Vorteile gleichmäßiger Handhabung sowie besserer Einsatzmöglichkeiten von Personal und sächlichen Mitteln (z. B. durch sog. Querschnittsämter wie Personalamt und Kämmerei) werden seit Beginn der 90er Jahre zunehmend kritisch betrachtet. Im Zusammenhang mit der sich seit 1994 verstärkenden Diskussion um → Verwaltungsmodernisierung wird die Forderung erhoben, als ein wesentliches Element zukünftiger Organisationsstruktur Fach-, Ressourcen- und Ergebnisverantwortung zusammenzuführen.
Der häufig in gleicher Bedeutung wie K. verwandte Begriff der → Zentralisation berührt die Verwaltungsorganisation des Staates insgesamt. Die Gegenüberstellung K. – Dek. weist demgegenüber auf das Ausmaß hin, in dem innerhalb einer Verwaltung die verschiedenen Ebenen der → Hierarchie Aufgaben zu erledigen und Entscheidungen zu treffen haben. *Robert Groell*

Konzeptentwicklung Konzeptionen sind handlungsorientierte Vereinbarungen einer → Organisation oder → Einrichtung zu ihren Zielvorstellungen (→ Ziele in der sozialen Arbeit) und den Mitteln und Wegen zu deren Realisierung. In sozialen Einrichtungen entspricht das Arbeiten auf Grundlage einer Konzeption dem professionellen Selbstverständnis sozialer Arbeit (→ Sozialarbeit/Sozialpädagogik). Konzeptionen und K. dienen der Verständigung über Sichtweisen des sozialen Feldes und Zielgruppen sowie über Ziele, Zwecke und Sinn von Interventionen auf Basis einer präzisen Analyse, der Legitimation von Institutionen und Arbeitsansätzen sozialer Arbeit, der Bindung von Mitarbeiter/-innen in ihrem Handeln an gemeinsamen Zielen, Methoden (→ Methoden der Sozialarbeit) und Arbeitsabläufen, der inhaltlichen, organisatorischen und zeitlichen Strukturierung von Arbeitsfeldern, der Personalqualifizierung/ -entwicklung entsprechend den organisatorischen und arbeitsfeldbezogenen Anforderungen und der Überprüfung der Ergebnisse der Arbeit (→ Evaluierung, → Qualitätssicherung) (vgl. Hillmeier).
K. ist jedoch nicht allein eine Aufgabe sozialer Einrichtungen. Die Debatte um die → Effektivität und → Effizienz sozialer Dienste zwingt → öffentliche wie auch → freie Träger sozialer Arbeit zu begründen, wie, mit welchen Zielen und mit welcher Effizienz sie ihre Arbeit leisten. Sie zwingt sie zur Formulierung ihrer konzeptionellen Grundsätze und zur Wirksamkeitskontrolle. Als Unternehmensleitbild (→ Leitbild[entwicklung]) bildet die Trägerkonzeption die Grundlage der K. sozialer Einrichtungen. Im Prozeß der K. werden auf dieser Basis Zielsetzungen überdacht, Wirkungen überprüft und Arbeitsabläufe verändert. Ziel dabei ist es, die Dienstleistungsqualität des Unternehmens bzw. die Einrichtung entsprechend den sich wandelnden Anforderungen zu sichern und zu verbessern. K. ist somit eine kontinuierliche, prozeßbegleitende Aufgabe. Zur Erhöhung der Effektivität und Effizienz sollten in den Prozeß der K. Mitarbeiter/-innen wie auch Leistungsabnehmer über Formen der Beteiligung einbezogen werden.
K. sind wichtige Steuerungsinstrumente der internen und externen Entwicklung von Organisationen und Einrichtungen (→ Organisationsentwicklung); K. gilt als eine wichtige Leitungsaufgabe (Graf).
Lit. Graf: Konzeptentwicklung; Hillmeier: Konzept; Preissing u.a.: Damit wir wissen... *Helmut Dieckmann/Beate Irskens*

Kooperation/Kooperationsformen Soziale Arbeit fordert planmäßige Zusammenarbeit zur Erzielung umfassender Problemlösungen und ressortübergreifender sozialer → Planung (→ Sozialplanung). K. wird in verschiedenen Formen organisiert und findet informell statt.
Sie hat einen ökonomischen und einen strukturändernden Aspekt. Um die Arbeitsabläufe wirtschaftlich zu gestalten, müssen die Informationswege kurz und die K.abläufe reibungsarm sein. K. ist kein Ersatz für unzweckmäßige → Organisation. Flamm vertritt den Standpunkt, daß K. ein Arbeitsprinzip der sozialen Arbeit sein muß, um monokratisches Denken durch kooperatives Denken zu überwinden; neben der hierarchischen Ordnung (→ Hierarchie) sei eine funktionale Ordnung durch → Koordination und K. zu sichern. Partnerschaft-

liche K. innerhalb der → sozialen Dienste ist eine wertprägende Kraft, die den Hilfeprozeß positiv beeinflußt.

Der besondere Bedarf der sozialen Arbeit an Zusammenarbeit, Abstimmung, Verzahnung und Vernetzung hat seine Ursachen insbes. in der Komplexität der Notlagen, in der historisch gewachsenen Vielfalt von Trägern, Wertorientierungen und Arbeitsformen, im → Nachrang der Sozialhilfe und der Jugendhilfe, in Einmischungsstrategien, im Selbstverständnis von → Partizipation und Demokratisierung, in der Lebensweltorientierung (→ Lebenswelt).

Der Gesetzgeber hat den → öffentlichen und → freien Trägern sozialer Arbeit zur Sicherung eines hohen Wirkungsgrades Verpflichtungen zur Zusammenarbeit auferlegt. Die öffentlichen Leistungsträger sollen in der Zusammenarbeit mit freien Einrichtungen und Organisationen darauf hinwirken, daß sich ihre Tätigkeiten wirksam ergänzen (§ 17 SGB I; → Sozialgesetzbuch [SGB]). Um die Hilfen für den Bürger möglichst nahtlos zu gestalten, widmet das SGB X der Zusammenarbeit der Leistungsträger ein besonderes Kapitel. § 86 SGB X enthält ein grundlegendes K.gebot. Dieses ist jedoch keine Ermächtigung zu generellem Datenaustausch. K. muß die Schutzbestimmungen zum → Sozialgeheimnis (→ Datenschutz) beachten.

→ Bundessozialhilfegesetz (BSHG) und → Kinder- und Jugendhilfegesetz (KJHG – SGB VIII) konkretisieren die K.verpflichtungen des SGB in zahlreichen Einzelregelungen: Betroffenenbeteiligung (§§ 3 und 7 BSHG; §§ 5, 8, 11, 22, 36 und 37 KJHG – SGB VIII); Zusammenarbeit öffentlicher und freier Träger (§§ 10, 72 und 95 BSHG; §§ 4, 78, 80 KJHG – SGB VIII); Zusammenarbeit von → Fachkräften (§ 46 BSHG; §§ 28, 36 und 72 KJHG – SGB VIII); Zusammenarbeit mit anderen Stellen (§§ 46 und 72 BSHG; §§ 13 und 81 KJHG – SGB VIII). Im → Jugendhilfeausschuß sollen Vertreter verschiedener Institutionen und gesellschaftlicher Kräfte mit dem Ziel einer lebendigen → Jugendhilfe zusammenwirken.

Zur Sicherung interdisziplinärer Zusammenarbeit, guten Informationsflusses, fachlicher Abstimmung, Vernetzung und Integration arbeitsteiliger Dienste sowie wirtschaftlicher Aufgabenerfüllung (→ Wirtschaftlichkeit) haben sich vielfältige Kf. entwickelt. Konsultationsregelungen sind z.B. Abstimmung des Vorgehens mit anderen Fachkräften oder → Teamarbeit. Als Konferenzsysteme gelten z.B. Helfer-, Fall- oder Erziehungskonferenzen (fallorientierte Abstimmung, Hilfeplanung, Entscheidung); Stadtteilkonferenz (gemeinwesenorientierte Abstimmung, Planung); Mitarbeiterkonferenz (Arbeitsplanung, Koordination, Schwerpunkt- und Prioritätenbildung einer Organisationseinheit) sowie überregionale Konferenzen (fachliche, politische Abstimmung, z.B. → Konferenz der obersten Landessozialbehörden). Weitere Kf. sind Arbeits- und → Projektgruppen i.S.d. KGSt.-Berichtes 3/1973 (vgl. KGSt.; die Arbeitsgruppe wird zur Koordination und Erfüllung fachübergreifender Daueraufgaben gebildet, ihre Mitglieder sind eingeschränkt weisungsgebunden), → Arbeitsgemeinschaften sowie Gemeinschaftseinrichtungen (integrierte Dienste verschiedener Träger auf vertraglicher Grundlage).

Aufgabengerechte K. ist durch Gesetzesnormen und organisatorisch oder vertraglich gesicherte Kf. allein nicht zu erreichen. Zusammenarbeit muß sich in einem »kooperativen Arbeitsklima« zur Selbstverständlichkeit entwickeln.

Lit. Dolls u.a.: Organisation; Feldmann u.a.: Teamarbeit; Flamm: Koordination; KGSt.: Arbeits- und Projektgruppen.

Herwart Rose

Koordination Zielorientierte Abstimmung und Steuerung verschiedener Funktionen. Durch K. soll optimale Wirksamkeit erreicht werden. Sie ist eine wichtige Leitungsaufgabe. Flamm bezeichnet die K. in der sozialen Arbeit treffend als Hilfelenkung.

Zur K. verschiedener Teilbereiche bedarf es des Generalisten, der die Leistungsmöglichkeiten der einzelnen Ressorts verteilen kann. Die Trennung des Vollzuges von → Jugend- und → Sozialhilfe trotz weitgehender Zielkongruenz fordert beständig K. heraus, auf der Leitungsebene ebenso wie in der Einzelhilfe (→ Einzel[fall]hilfe). Dem ämterübergreifend tätigen allgemeinen sozialen Dienst (→ Sozialdienst, Allgemeiner [ASD]) kommt dabei eine zentrale Bedeutung zu: Der → Sozialarbeiter hat die Hilfe verschiedener Ämter und Träger so zu koordinieren, daß sie für die einzelne Familie problemgerecht wirksam werden. Auf der Leitungsebene wird dem allgemeinen sozialen Dienst i.d.R. keine vergleichbare K.funktion zugestanden.

Das gesamte Gesetzeswerk → Sozialgesetzbuch (SGB) zielt auf K. der verschiedenen Sozialleistungen ab; in einzelnen Gesetzesnormen werden ausdrücklich → Kooperation und K. im Verhältnis zu → freien Trägern (§ 17 SGB I), der Sozialleistungsträger untereinander (§ 86 SGB X) und bei → Planung und Forschung (§ 95 SGB X) gefordert (→ Sozialplanung). → Sozialamt und → Jugendamt (JA) sind für ihren jeweiligen Zuständigkeitsbereich durch das → Bundessozialhilfegesetz (BSHG) und das → Kinder- und Jugendhilfegesetz (KJHG – SGB VIII) zu K. und Kooperation verpflichtet (§ 95 BSHG, §§ 4, 78, 80 und 81 KJHG). Um die fachliche Abstimmung zwischen verschiedenen Stellen und Trägern zu verbessern, werden zunehmend auf kommunaler und auf staatlicher Ebene Koordinatoren – häufig unter der Bezeichnung »Beauftragte« – bestellt, z. B. für Drogen-, Ausländer-, Behinderten- oder Altenfragen. Aufgaben der Koordinatoren sind die Sicherung, der Ausbau und die Qualifizierung zielgruppenorientierter Hilfen. Den Koordinatoren steht i. d. R. auch innerhalb der Anstellungsbehörde keine direkte, ressortübergreifende Steuerungskompetenz zu. Als geeignetes K.instrument bietet sich die Bildung von Arbeitsgruppen an. Z. T. haben die Koordinationen, insbes. durch dem Parlament vorzulegende Berichte, die Möglichkeit, auf die politische Willensbildung Einfluß zu nehmen. Besondere Bedeutung für die Jugend- und Sozialhilfe gewinnen Koordinatoren in den Landkreisen, um ein wirksames und zielgerichtetes Miteinander zwischen Kreis- und Gemeindeverwaltungen zu erreichen.

Zwischen → öffentlichen und freien Trägern sozialer Arbeit ist K. zur Sicherung eines dichten Netzes prophylaktischer und nachgehender Hilfen unverzichtbar. Hier haben sich → Arbeitsgemeinschaften zur Abstimmung und Steuerung bewährt. Zu neuen Wegen und Formen der Kooperation und K. fordert die zunehmende Zahl von → Selbsthilfe-, Initiativ- und Alternativgruppen heraus (→ Alternative soziale Bewegung). Notwendige K. darf insbes. hier nicht zu Zentralismus und Vereinnahmung führen, sondern muß Raum geben für Eigeninitiative, Spontaneität und → Partizipation.

Lit. Flamm: Koordination; KGSt.: Arbeits- und Projektgruppen; Mayntz: Bürokratische Organisation; Wagner, K.: Organisation.
Herwart Rose

Koordination in der Altenhilfe → Fachberatung in der Altenhilfe

Körperbehinderte Als K. i. e. S. werden Menschen bezeichnet, die in ihrer Bewegungsfähigkeit dauernd eingeschränkt sind. Langfristig Erkrankte (→ Körperlich Behinderte) werden i. w. S. zu diesem Kreis gezählt. Körperbehinderungen treten in einer Vielzahl von Erscheinungsformen auf: a) Lähmungen: Spastische Lähmungen (→ Spastiker), spinale Kinderlähmung (Poliomyelitis), fortschreitender Muskelschwund (progressive Muskeldystrophie), Querschnittslähmungen. b) Fehlbildungen: Angeborene Gliedmaßenschäden (Dysmelien), Fehlbildungen der Wirbelsäule, deren häufigste Form eine angeborene Spaltbildung der Wirbelsäule (spina bifida) ist. c) Verschleiß- und Abnutzungserkrankungen: Diese degenerativen Leiden des Stütz- und Bewegungsapparates (z. B. »Arthrose« und »Bandscheibenschäden«) führen im Erwachsenenalter zu Behinderungen, die fast die Hälfte aller Rentenanträge begründen. d) Unfallschäden: Unfälle im Betrieb, Verkehr und im Haushalt führen oft zu schwersten Körperbehinderungen, z. B. durch erforderliche Amputationen, erlittene Querschnittslähmungen.

Das Panorama der Körperbehinderungen hat sich erheblich gewandelt. In früheren Jahren standen Kinderlähmungsfolgen und chronische Tuberkuloseerkrankungen an erster Stelle. Heute sind es die angeborenen bzw. sehr früh erworbenen Schäden des Zentralnervensystems (→ Frühkindliche Hirnschädigung). Ein weiterer Wandel besteht in der Zunahme der → Mehrfachbehinderten. Der Personenkreis der Mehrfachbehinderten ist oftmals nicht nur einer Behinderungsart zuzuordnen. Gerade diese Entwicklung stellt hohe Anforderungen an die → medizinische, → schulische, → berufliche und → soziale Rehabilitation von K.

Lit. Bläsig: Rehabilitation; Cloerkes: Körperbehinderte.
Rudolf Lotze/Norbert Müller-Fehling

Körperersatzstücke (z. B. Bein- oder Armprothesen) dienen dem Ersatz von nie vorhandenen oder später verlorengegangenen Körperteilen. K. gehören zu den medizinischen Leistungen zur → Rehabilitation (→ Medizinische Rehabilitation; § 29 Abs. 1 Nr. 1 Buchstabe d → Sozialgesetzbuch – Allgemeiner Teil – [SGB I], § 10 Nr. 4 → Rehabilitationsangleichungsgesetz [RehaAnglG]).
S. a. → Hilfsmittel.
Hans-Gerd Ronge

Körperlich Behinderte → Behinderte, bei denen die Behinderung auf einer körperlichen Regelwidrigkeit beruht. Der Begriff der k. B. ist nicht identisch mit dem der Körperbehinderten, vielmehr sind letztere nur eine Gruppe der k. B. Weiter gehören zu diesen insbes. Personen, bei denen die Behinderung auf eine Erkrankung, Schädigung oder Fehlfunktion eines inneren Organs zurückzuführen ist, → Blinde und → Sehbehinderte, → Hörbehinderte sowie → Sprachbehinderte.

Bei bestimmten schweren körperlichen Regelwidrigkeiten ist eine wesentliche körperliche Behinderung i. S. v. § 39 Abs. 1 S. 1 des → Bundessozialhilfegesetzes (→ Eingliederungshilfe für Behinderte) immer zu bejahen (§ 1 S. 2 der → Eingliederungshilfe-Verordnung).
Hans-Gerd Ronge

Körperpflege → Lebensunterhalt

Körpersprache Eine der Umgangssprache entlehnte Bezeichnung für körperliches Ausdrucksverhalten in seiner kommunikativen Bedeutung (→ Kommunikation). Andere, z. T. deckungsgleich verwendete Begriffe für K. sind »Kinesik« (Birdwhistell), »nonverbale« und »analoge Kommunikation«. Alle Bezeichnungen verweisen auf die Bedeutung, die den Körperbewegungen des

Menschen im Verhältnis zur gesprochenen Sprache zukommt.
Nach Scheflen lassen sich eine mehr psychologisch und eine mehr anthropologisch orientierte »Schule« unterscheiden. Die psychologische K.forschung greift die traditionellerweise vorherrschende Ansicht auf, daß die gesprochene Sprache dem Ausdruck von Gedanken diene, der Körper hingegen das Ausdrucksmittel für Gefühle (→ Emotion) sei, und versucht, bestimmtem körperlichem Ausdrucksverhalten eine psychologische Bedeutung (→ Psychodynamik) zuzuordnen. Die überwiegend von Anthropologen und Verhaltensforschern (→ Verhaltensforschung) vertretene Richtung faßt die K. als ein überliefertes Codesystem auf, das unbewußt und unabhängig von gesprochener Sprache ist und die Funktion hat, menschliche Beziehungen zu regulieren, Machtstrukturen aufrechtzuerhalten und die soziale Ordnung zu festigen. Den am weitesten ausgearbeiteten Entwurf hierzu hat Scheflen vorgelegt.
Wegen der überwiegenden Unbewußtheit der K. wird in Fällen sich widersprechender Informationen zwischen dem verbalen und dem nonverbalen Kanal (sog. Kanaldiskrepanz) der K. die größere Glaubwürdigkeit beigemessen: sie spiegele die tatsächliche innere Stimmung der betreffenden Person wider (z.B.: einem gelangweilten Menschen fällt es schwer, seinem Körper eine aufmerksame Haltung zu geben). Grundsätzlich besteht bei der K. das Problem der Mehrdeutigkeit der Signale. Deshalb sind Versuche, eine Art Glossar der Bedeutungen von Gesten und Bewegungen zu erstellen, als naiv bzw. unseriös zu bewerten. Nur durch sorgfältiges Beachten des gesamten situativen Umfeldes kann der Gefahr grober Mißdeutungen begegnet werden. Im therapeutischen Bereich haben sich durch die Einbeziehung der K. Schwerpunktverlagerungen weg von den rein verbalen Ansätzen vergangener Jahrzehnte hin zum Handeln und Tun entwickelt (→ Bioenergetik). Sorgfältige Wahrnehmung und Beachtung der K. und der Körperstrukturen führten zu der Auffassung, daß der Körper die physische, emotionale und geistige Verfassung eines Menschen offenbare und daß die so gewonnenen Botschaften des Körpers Ausgangspunkt für Veränderung und Weiterentwicklung der Persönlichkeit werden könnten.
Lit. Birdwhistell: Kinesik; Birkenbihl: Signale; Dychtwald: Körperbewußtsein; Kurtz u.a.: Botschaften; Morris: Mensch; Scheflen: Körpersprache. *Wilfried Reifarth*

Korporatismus im Sozialsektor In den 70er Jahren hat das Konzept des K. die bis dahin vorherrschenden Theorien des klassischen Pluralismus abgelöst (vgl. Czada 1994). Die Vorstellung pluralistischer punktueller Einflußbeziehungen wurde durch das Konzept insitutionalisierter Muster der Verflechtung zwischen Staat und Verbänden (→ Freie Träger) verdrängt. Im Mittelpunkt stehen unterschiedliche Modi des öffentlichen Gebrauchs organisierter Privatinteressen mit dem Ziel, die »Regierungsfähigkeit« des Staates unter komplexer gewordenen gesellschaftlichen Bedingungen zu sichern. Ursprünglich standen in der K.forschung gesamtgesellschaftliche Konflikte insbesondere im Bereich der Einkommens- und Tarifpolitik im Mittelpunkt des Interesses (Makro-K.). Im Sozialbereich sind dagegen vor allem Formen des Meso-K. relevant: Es handelt sich hierbei um die »Beleihung« spezialisierter privatrechtlich verfaßter Organisationen mit öffentlichen Aufgaben zum Zwecke der Staatsentlastung. Die enge und historisch weit zurückreichende Einbindung einer begrenzten Anzahl privilegierter Spitzenverbände der → Freien Wohlfahrtspflege in Formulierung und Umsetzung öffentlicher Sozialpolitik stellt eine typische Form des Meso-K. dar, die sich im internationalen Vergleich als einmalig erweist (vgl. Olk 1995). Wohlfahrtsverbänden wird sozialrechtlich ein »bedingter Vorrang« gegenüber → öffentlichen Trägern eingeräumt, sie verfügen über privilegierte Zugänge zur sozialpolitischen Willensbildung und werden in unterschiedlichen Formen – durch institutionelle Förderung, Leistungsentgelte, Beteiligung an den Einnahmen staatlicher Lotterien etc. – öffentlich finanziert. Auf diese Weise nutzt der Staat (sowie Länder und Kommunen) den Sachverstand sowie die organisatorischen und personellen Ressourcen dieser Sozialverbände und erhöht seine Handlungsfähigkeit in Sozialpolitik und Wohlfahrtspflege. Auch im Bereich der Jugendpolitik ist eine verstärkte Heranziehung der Jugendverbände zu »quasi-öffentlichen« Hilfsorganen bei der Verwirklichung jugendpolitischer Ziele von Bund, Ländern und Gemeinden zu beobachten (vgl. Olk, 1991). Nachdem bereits die Selbsthilfe- und Initiativbewegung (→ Selbsthilfe) in den 70er Jahren praktische Kritik an der exklusiven Beteiligung oligopolistischer Verbände an staatlicher Politik geübt haben, gibt es in den letzten Jahren Anzeichen dafür, daß der Staat durch neue sozialrechtliche Regelungen in KJHG – SGB VIII, BSHG und Pflege-Versicherungsgesetz darauf hinwirkt, die Sozialmärkte für gewerbliche und zum Teil selbstorganisierte Träger zu öffnen und eine zumindest partielle Ausweitung bislang geschlossener korporatistischer Politiknetzwerke durchzusetzen (vgl. Backhaus-Maul/Olk 1994).
Lit. Czada: Korporatismus; Backhaus-Maul u.a.: Subsidiarität; Olk: Neokorporatismus; Olk: Korporatismus. *Thomas Olk*

Korrelation Beziehung zwischen zwei oder mehreren → Variablen (Merkmalen,

Zahlenreihen). Der Grad der Beziehung wird mathematisch berechnet durch eine statistische Meßzahl (→ Statistik): den K.koeffizienten. Die K.methode dient der Aufdeckung eines vorhergesagten ursächlichen Zusammenhangs zwischen zwei oder mehreren Variablen, um die Veränderung einer Merkmalsreihe (abhängige Variable) durch die Veränderung der anderen Merkmalsreihe (unabhängige Variable) vorhersagen und abschätzen zu können. Eine mathematisch-statistisch festgestellte K. ist nicht gleichzusetzen mit einer kausalen, funktionalen Abhängigkeit, hierzu bedarf es auf jeden Fall der Interpretation des Zusammenhangs durch die zugehörige Fachwissenschaft. Eine positive K. liegt vor, wenn sich die Variablen in gleicher Weise und in gleicher Richtung verändern; eine negative K., wenn die Werte des einen Merkmals sich im umgekehrten Verhältnis wie die Werte des anderen Merkmals verändern.

Die Interpretation des gefundenen Zusammenhangs muß sehr sorgfältig vorgenommen werden, da die Gefahr von sog. Scheink. besteht. Diese können durch einen dritten Faktor (weitere Variable) hervorgerufen werden, der mit der abhängigen und der unabhängigen Variablen in enger Beziehung steht. Eine K. muß daher durch eine dreidimensionale Analyse (z.B. dreidimensionale Tabelle) überprüft werden, um evtl. vorhandene intervenierende »Störfaktoren« erkennen zu können.

Die K.-Analyse ist ein häufig angewandtes statistisches Verfahren der Umfrageforschung (→ Demoskopie) und spielt auch für das Aufspüren kausaler Beziehungen im Sozialwesen eine große Rolle. Für die → Sozialplanung besonders bedeutsam sind Aussagen zur Erklärung des Verhaltens und der Einstellung (→ Attitüden) sozial benachteiligter Gruppen in verschiedenen Lebensbereichen (Wohnen, Arbeiten, Freizeit usw.) durch sozioökonomische und soziodemographische Variablen (Alter, Geschlecht, Schulbildung, Einkommen, berufliche Stellung, Familienstand, Zahl der Kinder).

Lit. Noelle-Neumann: Umfragen.

Dietrich Kühn

Kosten 1. Im betriebswirtschaftlichen Sinne sind K. in Geld bewertete (Verbrauchs-) Mengen an Produktionsfaktoren (Arbeitsleistungen, Betriebsmittel und Werkstoffe) sowie in Geld bewertete Dienstleistungen, die zur Erstellung und Verwertung der betrieblichen Leistungen und zur Aufrechterhaltung der betrieblichen Kapazitäten notwendig sind. K. sind demnach bewerteter Güter- und Diensteverzehr zur Leistungserstellung. Die K. werden rechnerisch durch Multiplikation der (in einer bestimmten Periode) verbrauchten Produktionsfaktoren mit einem Geldbetrag je Mengeneinheit (Preis) ermittelt. Als Preise können z.B. Anschaffungs- oder Wiederbeschaffungspreise oder auch Durchschnittspreise herangezogen werden. In der betrieblichen K.rechnung teilt man die K. nach der Art des Verbrauchs von Gütern und Dienstleistungen (K.arten), also Materialk., Löhne, Gehälter, K. für Dienste, Abschreibungen, Zinsen, Abgaben etc. ein. Die K.stellenrechnung baut auf der K.artenrechnung auf und ordnet die K. dem Ort ihrer Entstehung zu, z.B. funktional (etwa Beschaffung, Fertigung, Verwaltung) oder räumlich (etwa Werkstatt). Die K.trägerrechnung rechnet die K. den Leistungseinheiten zu. Sie ist eine Stückrechnung.

2. Der volkswirtschaftliche K.begriff (→ Volkswirtschaftliche Gesamtrechnung) ist grundsätzlich derselbe wie der betriebswirtschaftliche. Das Ausmaß (K.umfang) der verursachten betriebswirtschaftlichen K. kann jedoch von demjenigen der volkswirtschaftlichen K. abweichen: Verursacht ein Betrieb beispielsweise Luftverunreinigungen (Umweltschäden), deren Beseitigung er nicht zu tragen hat, die also in seine K.rechnung nicht eingehen, übersteigen die volkswirtschaftlichen K. um dieses Ausmaß die betriebswirtschaftlichen.

3. Die K. der öffentlichen → Verwaltung lassen sich ebenfalls mit der betriebswirtschaftlichen Definition umreißen: Sie sind der im Hinblick auf die Leistungserstellung zu verzeichnende Verzehr an Gütern und Diensten. In der öffentlichen Verwaltung werden zum Teil als Gegenleistung für Amtshandlungen und sonstige Verwaltungstätigkeiten (K. der Verwaltung) Verwaltungsgebühren erhoben. Der Gegenleistungscharakter unterscheidet die Gebühr von der Steuer, die grundsätzlich allgemeines Deckungsmittel ist. Für die Inanspruchnahme öffentlicher Einrichtungen, wie beispielsweise Versorgungs- und Entsorgungseinrichtungen, Krankenhäuser, Sportstätten, Badeanstalten, Büchereien, Museen, werden Benutzungsgebühren erhoben. Wie für die Verwaltungsgebühr so gilt auch für die Benutzungsgebühr das K.deckungsprinzip, ein Grundsatz, nach welchem aus wirtschafts- und sozialpolitischen Gründen (höchstens) k.deckende Preise (Gebühren) erhoben werden. Nähere Einzelheiten sind dem Kommunalabgabenrecht und dem Gemeindewirtschaftsrecht der einzelnen Bundesländer zu entnehmen.

4. Die K. der Lebenshaltung werden in der amtlichen → Statistik für unterschiedliche Haushaltstypen (z.B. 4-Personen-Arbeitnehmerhaushalte, 2-Personen-Haushalte von Renten- und Sozialhilfeempfängern) monatlich ermittelt und indexmäßig (z.B. 1985 = 100; → Preisindex für die Lebenshaltung) fortgeschrieben.

Lit. Gutenberg: Betriebswirtschaftslehre; Mellerowicz: Kosten; Wöhe: Betriebswirtschaftslehre; Wolff, R.: Betriebswirtschaftslehre.

Erhard Meichsner

Kostenbeitrag 1. Die → Sozialhilfe ist von dem Grundsatz beherrscht, daß sie nur den durch den Eigenanteil des Hilfebedürftigen (→ Hilfeempfänger/Hilfesuchender) nicht gedeckten finanziellen Bedarf zu übernehmen hat (vgl. §§ 2, 11 Abs. 1 und § 28 → Bundessozialhilfegesetz [BSHG]). Als Ausnahme sieht das Gesetz – außer in begründeten Fällen i. S. v. § 11 Abs. 2 und § 29 BSHG – in § 43 Abs. 1 BSHG vor, daß bei der → Eingliederungshilfe für Behinderte in einer → Anstalt, einem Heim, einer gleichartigen Einrichtung oder einer Tageseinrichtung für Behinderte sowie für ärztliche oder ärztlich verordnete Maßnahmen die Hilfe als erweiterte Hilfe auch dann in vollem Umfang zu gewähren ist, wenn den in § 28 BSHG genannten Personen der Aufbringung der Mittel zu einem Teil zuzumuten ist. Mit dieser Regelung soll durch eine Gesamtkostenträgerschaft die Hilfegewährung beschleunigt und damit wirksamer gestaltet werden. In Höhe des aus eigenen Mitteln zu tragenden Eigenanteils haben die in § 28 BSHG genannten Personen dem → Sozialhilfeträger einen K. zu leisten. Bei der in »begründeten Fällen« möglichen erweiterten Hilfe spricht das Gesetz von → Aufwendungsersatz.
Der Anspruch des Sozialhilfeträgers auf K. nach § 43 Abs. 1 BSHG ist ein öffentlich-rechtlicher; er wird durch Erlaß eines → Leistungsbescheides geltend gemacht. Mehrere Verpflichtete haften als Gesamtschuldner.
2. Im Jugendhilferecht sieht § 92 → Kinder- und Jugendhilfegesetz (KJHG) ebenfalls sowohl in begründeten Fällen als auch als Pflichtleistung bei den meisten Maßnahmen die volle Kostentragung vor. In allen Fällen wird hier hinsichtlich der Eigenleistung des Kindes oder Jugendlichen und seiner Eltern der Begriff »Kostenbeitrag« verwendet, der auch mit öffentlich-rechtlichem Leistungsbescheid geltend zu machen ist. Nur im Fall des § 94 Abs. 3 KJHG geht der bürgerlich-rechtliche Unterhaltsanspruch gegenüber den Eltern auf den → Jugendhilfeträger über.
Lit. s.: → Aufwendungsersatz.
Helmut Zeitler

Kostenersatz Im → Bundessozialhilfegesetz (BSHG) vorgesehener Ersatz der erhaltenen Leistungen der → Sozialhilfe. Dieser Ersatz ist beschränkt auf nur drei Tatbestände: a) rechtmäßig erhaltene Hilfe bei schuldhaftem Verhalten, b) zu Unrecht erbrachte Leistungen und c) Erbfall (→ Erbrecht); ansonsten ist der Hilfeempfänger (→ Hilfeempfänger/Hilfesuchender) von der Ersatzpflicht befreit.
Wurden die Voraussetzungen für die Gewährung der Sozialhilfe durch vorsätzliches oder grobfahrlässiges Verhalten (sozialwidriges Verhalten) herbeigeführt, so ist der Verursacher grundsätzlich – unabhängig von seinen Einkommens- und Vermögensverhältnissen (→ Einkommen, → Vermögen) – zum Ersatz, auch für die Kosten an seine unterhaltsberechtigten Angehörigen (→ Unterhaltspflicht), verpflichtet (§ 92a BSHG). Der → Sozialhilfeträger hat vom K. jedoch abzusehen, soweit die Heranziehung die Fähigkeit des Ersatzpflichtigen beeinträchtigen würde, künftig unabhängig von der Sozialhilfe am Leben in der Gemeinschaft teilzunehmen. Ein in der Praxis oft nicht leicht feststellbarer Tatbestand, zumal hier die subjektiven Gesichtspunkte eine entscheidende Rolle spielen.
Für zu Unrecht erbrachte Sozialhilfeleistungen (→ Sozialhilfe) besteht seit 1. 1. 1994 – unabhängig von einem Erstattungsanspruch nach § 50 SGB X – ein Kostensatzanspruch gegenüber demjenigen, der die Leistung durch vorsätzliches oder grob fahrlässiges Verhalten herbeigeführt hat.
Beim Ableben des Hilfempfängers oder seines Ehegatten ist der oder die Erben zum Ersatz der Kosten der Sozialhilfe, die innerhalb eines Zeitraumes von 10 Jahren vor dem Tod entstanden sind, aus dem Nachlaß verpflichtet (§ 92c BSHG). Zum Nachlaß gehört das gesamte hinterlassene Vermögen, auch solches, das während der Hilfegewährung nach § 88 Abs. 2 BSHG als Schonvermögen (z. B. angemessenes Hausgrundstück) nicht einzusetzen war. Sozialhilfeaufwendungen unter einem bestimmten Betrag (zum 1. 7. 1995 3012 DM) müssen allerdings nicht ersetzt werden. Auch besteht hinsichtlich des Nachlasses ein Freibetrag in gleicher Höhe. Dieser erhöht sich auf 30 000 DM, wenn der Erbe der Ehegatte des Hilfempfängers oder mit diesem verwandt ist und nicht nur vorübergehend bis zum Tod des Hilfempfängers mit diesem in häuslicher Gemeinschaft gelebt und ihn gepflegt hat.
Die jetzige Regelung stellt gegenüber dem früheren Recht eine wesentliche Einschränkung des K. dar. Mußte noch bis nach dem Zweiten Weltkrieg die gesamte erhaltene Fürsorge vom Hilfempfänger zurückgezahlt werden, so hat sich danach ein Wandel zugunsten des Abbaus der allgemeinen Verpflichtung zum K. vollzogen. Auch die nach dem BSHG noch bestehende K.pflicht der → Hilfe zum Lebensunterhalt fiel ab 1969 teilweise und ab 1974 völlig weg.
Lit. Gottschick u.a.: BSHG (Komm.); Knopp u. a.: BSHG (Komm.); Mergler u.a.: BSHG (Komm.); Schellhorn u.a.: BSHG (Komm.).
Helmut Zeitler

Kostenerstattung Erstattung der entstandenen → Kosten der → Sozialhilfe oder der → Jugendhilfe zwischen den → Sozialhilfeträgern und zwischen den → Jugendhilfeträgern. Die K. läßt jedoch die Verpflichtung zur Hilfegewährung gegenüber dem Hilfesuchenden unberührt; diese bestimmt sich allein nach der örtlichen und sachlichen Zuständigkeit.

Seit den Anfängen der öffentlichen Fürsorge (Armenpflege; → Fürsorge/Geschichte der Fürsorge) im 16. Jh. gibt es in gewisser Hinsicht eine K., sei es, daß nur Einheimische Hilfe erhielten oder daß die Armenhilfe nur nach dem Heimatrecht (→ Heimatprinzip) gewährt wurde, oder daß (ab 1842) der Unterstützungswohnsitz (→ Unterstützungswohnsitzgesetz [UWG]) für die Zuständigkeit der Orts- und Landarmenverbände maßgebend war. Allerdings erst durch die Reichsverordnung über die Fürsorgepflicht (RFV) vom 13. 2. 1924 (RGBl. I S. 100) und die Einführung der vorläufigen Fürsorgepflicht nach dem Aufenthaltsprinzip gab es die echte K., und zwar für alle Hilfen. Maßgebend war dabei - wie heute noch - der gewöhnliche → Aufenthalt des Hilfeempfängers. In den Jahren 1939 bis 1944 ergingen dann mehrere Verordnungen, die der Vereinfachung des K.verfahrens dienten. Aber vor allem durch Vereinbarungen der Füsorgeverbände (Wiesbadener Vereinbarung vom 11. 1. 1932, Hamburger Vereinbarung vom 15. 11. 1942, Fürsorgerechtsvereinbarung vom 18. 9. 1947 und 3.5.1949) wurde das Erstattungsrecht weitgehend eingeschränkt. Diese Entwicklung wurde 1962 durch das → Bundessozialhilfegesetz (BSHG) fortgesetzt. Da das BSHG und das → Kinder- und Jugendhilfegesetz (KJHG) hinsichtlich der örtlichen Zuständigkeit (→ Zuständigkeit, sachliche und örtliche) weiterhin vielfach vom tatsächlichen → Aufenthalt des → Hilfeempfängers ausgeht, würde sich durch einen völligen Wegfall der K. eine unbillige finanzielle Belastung einzelner Träger - vor allem solcher, in deren Bereich sich Anstalten, Heime oder gleichartige Einrichtungen befinden - ergeben.

1. Im Sozialhilferecht wurden die K.tatbestände letztmals zum 1. 1. 1994 - auch infolge der Neuregelung der örtlichen Zuständigkeit bei stationären Hilfen - verringert. Abschn. 9 des BSHG sieht eine K. noch für folgende Tatbestände vor:
a) Bei einem Aufenthalt in Anstalten, Heimen oder gleichartigen Einrichtungen (bei vorläufigem Eintreten oder bei Hilfeempfängern ohne maßgeblichen gewöhnlichen Aufenthalt sowie nach dem Austritt aus der Einrichtung; (§ 103 BSHG),
b) bei Unterbringung eines Kindes oder Jugendlichen in einer anderen Familie (§ 104 BSHG),
c) beim Umzug einer Person und anschließender Hilfebedürftigkeit (§ 107 BSHG) und
d) unter bestimmten Voraussetzungen beim Zuzug einer Person aus dem Ausland (§ 108 BSHG). § 111 BSHG bestimmt den Umfang und § 113 SGB X (→ Sozialgesetzbuch [SGB]) regelt die Verjährung des Anspruchs.
2. Im Jugendhilferecht gelten ab 1. 4. 1993 eigene K.regelungen, die aufgrund der sehr differenzierten örtlichen Zuständigkeitsbestimmungen sechs verschiedene Tatbestände umfassen, und zwar Erstattung
a) bei fehlendem gewöhnlichen Aufenthalt,
b) bei Zuständigkeitswechsel in der Vollzeitpflege,
c) bei vorläufigen Maßnahmen zum Schutz von Kindern und Jugendlichen,
d) bei fortdauernder oder vorläufiger Leistungsverpflichtung,
e) bei Gewährung von Jugendhilfe nach der Einreise und
f) zum Schutz der Einrichtungsorte.
Der Umfang der Kostenerstattung ist in § 89 f KJHG und die Verjährung in § 113 SGB X geregelt.
3. Sowohl innerhalb der Sozialhilfeträger und der Jugendhilfeträger als auch zwischen beiden finden ergänzend auch die Erstattungsansprüche (→ Erstattungs- und Ersatzansprüche) der §§ 102 ff. SGB X Anwendung.
4. Für K.streitigkeiten ist an sich der Verwaltungsrechtsweg vor den Verwaltungsgerichten eröffnet (§ 40 Abs. 1 VwGO). Die Träger der Sozialhilfe und der Jugendhilfe haben jedoch ein Schiedsgerichtsverfahren in der → Fürsorgerechtsvereinbarung (FRV) vereinbart. Danach entscheiden über solche Streitigkeiten für »Mitglieder« dieser Vereinbarung die → Spruchstellen für Fürsorgestreitigkeiten. Infolge verschiedener Austritte von Trägern der Sozialhilfe und der Jugendhilfe aus der FRV und des bisher nicht möglich gewesenen Beitritts der Träger in den neuen Ländern sind aber bereits derzeit viele Streitigkeiten vor den Verwaltungsgerichten auszutragen. Beabsichtigt ist daher, das Schiedsverfahren zu beenden, so daß ausschließlich die Verwaltungsgerichte auch für die K.streitigkeiten zuständig werden.
Lit. DV: Sozialhilferecht; Gottschick u.a.: BSHG (Komm.); Knopp u.a.: BSHG (Komm.); Mergler u.a.: BSHG (Komm.); Schellhorn u.a.: BSHG (Komm.); Zeitler: Kostenerstattung; Zeitler: Schiedsverfahren; Zeitler u.a.: Sozialgesetzbuch X (Komm.).
Helmut Zeitler

Kostenerstattung in der Krankenversicherung → Sachleistungsprinzip

Kosten-Nutzen-Analyse dient dazu, sowohl die Nutzen wie die → Kosten von Maßnahmen im öffentlichen Sektor in bezug auf vorgegebene Zielsetzungen zu ermitteln und zu bewerten. Dabei werden die individuellen wie die gesellschaftlichen Vor- und Nachteile berücksichtigt. Für soziale Einrichtungen und Unternehmen ist die K.-N.-A. gerade in Zeiten knapper Kassen und wachsender Konkurrenzen eine wesentliche Entscheidungshilfe über unterschiedliche Lösungsansätze.
Die K.-N.-A. ist in einigen Vorschriften gesetzlich verankert (z.B. Haushaltsgrundsät-

zegesetz, Landeshaushaltsordnung Hamburg) und für umfangreichere Investitionsvorhaben vor allem im technischen Bereich vorgeschrieben. Mit Hilfe der K.-N.-A. sollen dabei vor allem drei Fragen beantwortet werden: a) Ist ein Projekt gesamtwirtschaftlich vertretbar? b) Welche Alternative ist die beste? c) Welches ist der günstigste Zeitpunkt für die Durchführung einer Maßnahme? Die Probleme bei der Anwendung im Sozialbereich sind vielfältig; sie resultieren insbes. aus der Erfassung aller relevanten Effekte einer Maßnahme und der Schwierigkeit ihrer monetären Bewertung sowie den Unsicherheiten zielgruppenorientierter Wirkungsanalysen. Eine weitere Einschränkung ergibt sich aus der Komplexität der Aufgaben im Sozialbereich, die den Anwender der K.-N.-A. verleiten kann, sich auf allgemein bekannte Wirkungszusammenhänge sowie auf die monetär bewertbaren Nutzen zu beschränken.
Lit. Guhrs u.a.: Nutzen-Kosten-Untersuchungen; Prüß u.a.: Planung; Reichard: Betriebswirtschaftslehre; Sellnow: Kosten-Nutzen-Analyse. *Dieter von Lölhöffel*

Kostenübernahmevereinbarungen → Vereinbarungen über Leistungen, Vergütungen sowie die Prüfung der Einrichtungen, → Pflegesatz

Kosten- und Leistungsrechnung Leichtfertig agiert, wer den Begriff der KuL unreflektiert verwendet: Entweder wird in diesem Zusammenhang tatsächlich von Kosten- und Erlösrechnung gesprochen (Erlöse stehen als wertmäßiges Äquivalent für die Leistungen), oder man spricht einerseits von einer allein auf Kosten bezogenen (wertmäßigen) Rechnung und andererseits – getrennt davon – von einer Leistungsrechnung, die sich dann allerdings mit der zahlen- und mengenmäßigen, zeitlich richtig abgegrenzten Ermittlung der Ausbringung von Gütern und Diensten befaßt. Dies stellt die Anwender in öffentlichen Verwaltungsbetrieben vor die Schwierigkeit der Abgrenzung der Kosten aus der kameralen Haushaltsstruktur, die sich allein mit Ausgabenströmen befaßt.
Es handelt sich gemeinhin um eine organisationsinterne Rechnung mit einem kurzen Planungshorizont. Sie zielt als wesentlichstes Controllinginstrument (→ Controlling) auf die kurzfristige Planung, Steuerung und Kontrolle. Zur Erfüllung des Rechnungszwecks der Planung sind vor allem Informationen zu den Wirkungen alternativer Entscheidungen bzw. Maßnahmen bereitzustellen. Steuerungsmaßnahmen sollen die zielgerichtete Plandurchführung sichern. Kontrollen stellen sich als Zeit-, Betriebs- und Soll-Ist-Vergleiche anhand der geplanten Größen dar.
Die Kostenrechnung besteht aus einem dreiteiligen Abrechnungssystem: Die Kostenartenrechnung erfaßt die angefallenen Kosten mengenmäßig und bewertet die Verbräuche an Kostengütern. Diese Kosten werden auf einzelne Kostenträger (= erstellte Leistungseinheiten) weiterverrechnet, sofern dies direkt möglich ist (= Einzelkosten). Ist eine direkte Zurechnung von Kosten zu einem Kostenträger nicht möglich, behilft man sich mit einer zwischen der Kostenarten- und Kostenträgerrechnung geschalteten Kostenstellenrechnung. Diese erfaßt hilfsweise Kosten am Ort der Kostenentstehung, der Kostenstelle. In einem mehrstufigen Prozeß werden nun die nicht direkt auf einen Kostenträger zurechenbaren Kosten (= Gemeinkosten) auf die Kostenträger weiterverrechnet. Dies erfolgt häufig aus Gründen der Vereinfachung und unter Inkaufnahme der damit verbundenen Ungenauigkeiten in der Kostenzurechnung durch eine prozentuale Schlüsselung. In der Kostenträgerrechnung wird schließlich ermittelt, für welche betrieblichen Leistungen Kosten entstanden sind. Hier unterscheidet man in eine Kostenträgerstückrechnung (= Kalkulation) und eine Kostenträgerzeitrechnung (= Erfolgsrechnung).
Systeme der Kostenrechnung lassen sich nach dem Zeitlichen in Ist-, Normal- und Plankostenrechnungen unterscheiden. Bezüglich des Umfangs der verrechneten Kosten differenziert man Systeme der Vollkosten- und der Teilkostenrechnungen. Für öffentliche/soziale Organisationen empfiehlt es sich, mit den Reformen in den Gesundheits- und Sozialsystemen auf vollkostenbezogene Systeme der Prozeß- und Zielkostenrechnung zurückzugreifen, um neben den Informationen zu (Abschnitten von) Leistungsprozessen diese auch mit Kostenwerten bewerten zu können.
Der Ablauf einer Leistungsrechnung ist von diesen Verfahrensweisen zu unterscheiden. Die Erlöse für erstellte Leistungen sind im Gegensatz zur Kostenrechnung direkt auf den Träger bezogen. Daher besteht die Leistungsrechnung oft nur aus der Trägerrechnung. Gestaltet sich die Leistungsrechnung als rein mengenbezogene Rechnung, ist indessen zur Fundierung und Kontrolle von Entscheidungen kaum eine Aussagekraft gegeben. Bedeutsamkeit erlangt sie über die genannten Vergleiche und über die nach einer Summierung von Einzelleistungen erfolgende einheitliche Bewertung.
S.a. → Qualitätssicherung.
Lit. Burger: Kostenmanagement; Gabler: Wirtschaftslexikon; Reiss: Qualitätssicherung; Zdrowomyslaw: Erlösrechnung.
Hans-Christoph Reiss

Kostenvereinbarungen → Vereinbarungen über Leistungen, Vergütungen sowie die Prüfung der Einrichtungen

Krabbelstube nennen sich in manchen Bundesländern → Krippen in öffentlicher

und freier Trägerschaft, die von Kindern im Alter von 1 bis 3 Jahren besucht werden. In einigen Regionen bezeichnet der Begriff K. die von → Elterninitiativen eingerichteten und geführten → Eltern-Kind-Gruppen mit Kleinkindern im Alter von ca. 4 Monaten bis ca. 4 Jahren.
Beate Irskens

Krankenbehandlung Kernstück der → Krankenversicherung sind die Leistungen bei → Krankheit. Welche Leistungen in Betracht kommen, wird in § 27 SGB V (→ Sozialgesetzbuch [SGB]) abschließend aufgezählt. Danach gehören zur K. die ärztliche Behandlung, die zahnärztliche Behandlung einschließlich der Versorgung mit → Zahnersatz, die Versorgung mit → Arznei-, Verband-, → Heil- und → Hilfsmitteln, → häusliche Krankenpflege und → Haushaltshilfe, die → Krankenhausbehandlung, medizinische und ergänzende Leistungen zur Rehabilitation (→ Medizinische Rehabilitation) sowie → Belastungserprobung und Arbeitstherapie (→ Arbeits- und Beschäftigungstherapie).
Nach § 27 S. 3 SGB V sind bei der K. die besonderen Bedürfnisse der → psychisch Kranken zu berücksichtigen. Das kann beispielsweise dadurch geschehen, daß Art und Umfang der K. den besonderen Verhältnissen angepaßt werden. Möglich ist es aber auch, die Art und Weise der Leistungsdarbietung und der Leistungserbringung (z. B. Beachtung von möglicherweise tiefgehenden Persönlichkeitsveränderungen) besonders zu berücksichtigen.
Zu den Leistungen der K. gehören nach § 27 S. 4 auch Leistungen zur Herstellung oder Wiederherstellung der Zeugungs- oder Empfängnisfähigkeit. Leistungsvoraussetzung dafür ist, daß diese Fähigkeit nicht vorhanden war oder durch Krankheit oder wegen einer durch Krankheit erforderlichen Sterilisation verlorengegangen ist. Des weiteren umfassen die Leistungen der Krankenbehandlung auch medizinische Maßnahmen zur Herbeiführung einer Schwangerschaft (künstliche Befruchtung). § 27a SGB V beschreibt dazu sehr enge Voraussetzungen, die die ärztliche Feststellung der Notwendigkeit und der Erfolgsaussichten der Maßnahmen betreffen, bestimmte Einrichtungen für die Durchführung der Maßnahmen vorsehen und die künstliche Befruchtung durch die ausschließliche Verwendung von Ei- und Samenzellen von Ehegatten vorschreiben (»homologe Insemination«).
Harald Kesselheim

Krankengeld Zur wirtschaftlichen Sicherung bei → Arbeitsunfähigkeit zahlen die → Krankenkassen K. Dadurch soll gewährleistet werden, daß der Versicherte seinen Lebensstandard auch beibehalten kann, wenn er infolge → Krankheit seiner Erwerbstätigkeit nicht mehr nachgehen kann. Voraussetzung für den Anspruch ist, daß die Arbeitsunfähigkeit auf Krankheit beruht, § 44 Abs. 1 SGB V (→ Sozialgesetzbuch [SGB]), oder infolge Sterilisation oder → Schwangerschaftsabbruch eingetreten ist, § 200 f. → Reichsversicherungsordnung (RVO); ferner wird K. von der Krankenkasse gewährt bei stationärer Behandlung (→ Krankenhausbehandlung, → Kur) und bei Erkrankung eines Kindes, das das 12. Lebensjahr noch nicht vollendet hat.
Der Anspruch auf K. besteht grundsätzlich für die Dauer der Arbeitsunfähigkeit, längstens wegen derselben Krankheit jedoch für 78 Wochen innerhalb eines Drei-Jahre-Zeitraumes; er ruht für die Zeit und in der Höhe, in der Lohn oder Gehalt fortgezahlt wird. Bei Krankenhausbehandlung oder Behandlung in einer Vorsorge- oder Rehabilitationseinrichtung wird K. von ihrem Beginn an gezahlt, im übrigen vom auf die ärztliche Feststellung folgenden Tag an. K. bei Erkrankung eines Kindes wird in jedem Kalenderjahr für jedes Kind längstens für 10 Arbeitstage, für alleinerziehende Versicherte längstens für 20 Arbeitstage gezahlt. Hat der Versicherte mehrere Kinder, besteht der Anspruch für insgesamt höchstens 25 Arbeitstage, für alleinerziehende Versicherte höchstens 50 Arbeitstage im Kalenderjahr.
Die Höhe des K. richtet sich nach dem entgangenen regelmäßigen Arbeitsentgelt (Regelentgelt), soweit es zur Berechnung der Krankenversicherungsbeiträge herangezogen wurde; es beläuft sich im allgemeinen auf 70 v. H. dieses Betrages. Das K. darf im übrigen 90 v. H. des entgangenen regelmäßigen Nettoarbeitsentgelts nicht übersteigen (§ 47 Abs. 1 SGB V). Jeweils nach Ablauf eines Jahres seit dem Ende des Bemessungszeitraumes erhöht sich das K. um den Betrag, um den auch die Renten aus der gesetzlichen → Rentenversicherung zuletzt erhöht wurden (§ 47 Abs. 5 SGB V).
Lit. Krauskopf: SozKV (Komm.) § 44 SGB V.
Ernst Picard

Krankengymnastik ist neben Thermo-, Hydro-, Elektrotherapie und Massage Bestandteil der ärztlich verordneten Physiotherapie zur Beseitigung oder Verbesserung gestörter Körperfunktionen. Im Mittelpunkt steht die Behandlung durch aktive Bewegungstechniken mit dem Ziel, das Bewegungsverhalten des Patienten zu normalisieren oder – im Falle bleibender Behinderung – die Funktionsreste zu weitestgehender Selbständigkeit des → Behinderten auszunutzen. Dabei spielen methodische Anwendung, Regelmäßigkeit und Häufigkeit der krankengymnastischen Behandlungsmaßnahmen eine bedeutende Rolle. Der Patient muß in einem sensomotorischen Lernprozeß (→ Sensomotorik) aus der Abhängigkeit von den Hilfen des Physiotherapeuten zur Eigentätigkeit und -kontrolle im Bewegungsverhalten hingeführt werden.

Die wesentlichen Fachgebiete, in denen K. angewendet wird, sind: Orthopädie, Neurologie, Pädiatrie, Chirurgie, Innere Medizin, Gynäkologie und → Geriatrie. Physiotherapie wird stationär in → Krankenhäusern, Fachkliniken, Rehabilitationszentren oder Kurkliniken durchgeführt. Die ambulante Physiotherapie erfolgt außer in den klinischen Einrichtungen und → Sozialstationen in K.-Praxen. Der in eigener Praxis niedergelassene Physiotherapeut kann auf Antrag Zulassung zu allen → Krankenkassen erhalten, ist in seiner Tätigkeit aber an die ärztliche Verordnung gebunden.

Die K. (Physiotherapie) hat sich zu Anfang des 20. Jh. als eigenständiger medizinischer Assistenzberuf entwickelt. Nachbarberuf ist der des Masseurs und medizinischen Bademeisters. Die Ausbildung wird bundeseinheitlich durch das Gesetz über die Berufe in der Physiotherapie (Masseur- und Physiotherapeutengesetz – MPhG) (BGBl. 1994, Teil 1 vom 26. 5. 1994) geregelt. Die Ausbildung dauert drei Jahre; Zugangsvoraussetzung ist der Realschulabschluß oder ein vergleichbarer Bildungsabschluß.

Antje Hüter-Becker

Krankenhaus Das K. ist in seinem Ursprung eine Erfindung christlicher Liebe. Sein Weg führt vom 1. nachweisbaren Spital (Xenodochium) in Sebaste/Kleinasien (356 n. Chr.) über das »Hospitale pauperum« der Klöster und Gründungen mittelalterlicher Städte (Bürgerspital) bis zum K. unserer Tage mit diagnostischen und therapeutischen Standards und dem Arzt im K. Durch die Einführung der gesetzlichen → Krankenversicherung (1883), der → Unfallversicherung (1884), der → Reichsversicherungsordnung (1911) wurde die Armenfürsorge der Kirche und der Bürger durch ein System sozialer Sicherungen (→ Soziale Sicherheit) abgelöst. 95% der Kinder kommen heute im K. zur Welt, 50% der Bundesbürger beenden dort ihr Leben (→ Sterbebegleitung). Im Krankenhausfinanzierungsgesetz (KHG) vom 21. 12. 1992 werden K. definiert als »Einrichtungen, in denen durch ärztliche und pflegerische Hilfeleistungen → Krankheiten, Leiden oder Körperschäden festgestellt, geheilt oder gelindert werden sollen oder Geburtshilfe geleistet wird und in denen die zu versorgenden Personen untergebracht und verpflegt werden können«. 1993 gibt es 2 354 Krankenhäuser (ohne Vorsorge- oder Rehabilitationseinrichtungen) mit 628 658 Betten. Das sind 77,4 Betten je 10 000 Einwohner. Zu den öffentlichen Krankenhäusern gehören 54,2% der Betten, zu den Freigemeinnützigen Krankenhäusern 33,3% und zu den privaten Krankenhäusern 4,4%. Die Anzahl der Krankenhäuser hat sich gegenüber dem Vorjahr (1992) um 1,13% verringert, die Zahl der Betten um 2,83%. Dagegen ist die Zahl der Patienten um 1,04% gestiegen (1993: 14 382 000 Patienten). Krankenhäuser haben Kapazitäten abgebaut und gleichzeitig Mehrleistungen bei weniger Pflegetagen (– 4,09% gegenüber dem Vorjahr) erbracht. Ein K. ist ein personalintensiver Dienstleistungsbetrieb. 1993 arbeiten 875 115 Vollkräfte bzw. 1 134 690 Beschäftigte in den Krankenhäusern. Das Personal in Vollkräften teilt sich zu 38% im Pflegedienst, zu 15% im Klinischen Personal- und Wirtschafts- und Versorgungsdienst, zu 14% im Medizinisch-technischen Dienst, zu 13% im Verwaltungsdienst und Sonderdienst sowie sonstiges Personal und zu 9% im Funktionsdienst auf.

Der überwiegende Teil der Gesamtkosten entfällt mit 67,5% auf die Personalausgaben. Die Sachkosten betragen 31,6%, die Kosten der Ausbildungsstätten 0,7% und die Zinsen für Betriebsmittelkredite 0,2% der Gesamtkosten.

Etwa die Hälfte der Sachkosten sind medizinischer Bedarf.

Nach dem Gesundheitsstrukturgesetz (GSG) vom 23. Dezember 1992 kann Krankenhausbehandlung voll-, teilstationär, vor- und nachstationär (§ 115a) und ambulant (§ 115b, ambulante Operationen) erbracht werden. Dadurch ist die Zusammenarbeit mit den niedergelassenen Ärzten und Sozialstationen neu zu strukturieren. In der Organisationsstruktur sind 3 Funktionskreise zu unterscheiden: der medizinische (→ Diagnose und Therapie), der pflegerische (→ Grund- und → Behandlungspflege), der Kreis der Versorgungs- und Verwaltungsfunktion. Darüber hinaus haben Sozialarbeiter und Seelsorger beider Konfessionen im → therapeutischen Team eine selbständige Aufgabe (→ Sozialdienst im Krankenhaus).

Werner Lauer

Krankenhausbehandlung Versicherte der → Krankenversicherung haben im Rahmen der von den → Krankenkassen bei → Krankheit zur Verfügung zu stellenden → Krankenbehandlung auch Anspruch auf stationäre K., wenn das Behandlungsziel nicht durch → ambulante ärztliche Versorgung einschließlich → häuslicher Krankenpflege erreicht werden kann (§ 39 SGB V). Die K. wird voll- oder teilstationär erbracht. Sie umfaßt im Rahmen des Versorgungsauftrages des → Krankenhauses alle Leistungen, die im Einzelfall nach Art und Schwere der Krankheit für die medizinische Versorgung des Versicherten erforderlich sind. Sie beinhaltet insbes. ärztliche Behandlung, Krankenpflege, Versorgung mit → Arznei-, → Heil- und → Hilfsmitteln, Unterkunft und Verpflegung. Die Leistungen umfassen auch die Mitaufnahme einer Begleitperson des Versicherten im Krankenhaus, wenn diese aus medizinischen Gründen notwendig ist.

Die K. wird als → Sachleistung gewährt, d.h., die → Krankenkasse übernimmt grundsätzlich die Kosten der allgemeinen

Pflegeklasse in voller Höhe. Wählt der Versicherte eine andere (höhere) Pflegeklasse, hat er die anfallenden Mehrkosten (Wahlleistungen) als Selbstzahler zu tragen. Wird ohne zwingenden Grund ein anderes als ein in der ärztlichen Einweisung genanntes Krankenhaus gewählt, kann die Krankenkasse dem Versicherten anfallende Mehrkosten ganz oder teilweise auferlegen.
Versicherte, die das 18. Lebensjahr vollendet haben, haben zu der K. eine Zuzahlung (→ Selbstbeteiligung in der Krankenversicherung) zu leisten.
Lit. Krauskopf: SozKV (Komm.) § 39 SGB V.
Ernst Picard

Krankenhausfinanzierung Nach dem Krankenhausfinanzierungsgesetz (KHG) von 1972 sollen die laufenden Betriebskosten der → Krankenhäuser durch Pflegesätze und die Investitionskosten durch Fördermittel der Länder finanziert werden (Kostendeckungsprinzip bei »gespaltenem« Pflegesatz). Wegen unzureichender Leistungsanreize wurden 1984 die Vergütungen auf die Basis eines prospektiven Gesamtbudgets umgestellt, das den fortschrittlichen Krankenhäusern Überschüsse ermöglichen sollte. Die weiteren Reformschritte der Gesetzgebung wurden nach 1990 immer stärker von der Notwendigkeit der Kostendämpfung im Gesundheitswesen beherrscht. Dabei wurde die Leistungsvergütung weitgehend von der Kostenbasis des einzelnen Krankenhauses losgelöst.
Zunächst wurde die Aufrechterhaltung der Beitragssatzstabilität zum obersten Grundsatz der Krankenhausfinanzierung erhoben. Gleichzeitig wurde für die Abrechnung der einzelnen Krankenhausleistungen ein ab 1996 verbindlicher, bundeseinheitlich laufend zu erweiternder Katalog von Fallpauschalen und Sonderentgelten eingeführt mit Preisverhandlungen auf Landesebene und damit verstärktem Marktwettbewerb. Für die im Katalog noch nicht erfaßten Leistungen sind mit den Krankenhäusern gesonderte Abteilungs- und Basispflegesätze zu vereinbaren unter Berücksichtigung überbetrieblicher Vergleichskriterien und bei Beachtung der Kostendämpfungsziele. Schließlich wurden von 1994 bis 1996 die Finanzierungsbudgets der Krankenhäuser auf dem Stand der Vorjahre weitgehend eingefroren (Deckelung).
Es ist zu befürchten, daß die vom Gesetzgeber eingeleiteten Versuche der Ausgabenbegrenzung von oben dem Kostendämpfungsziel widersprechende Reaktionen der Krankenhäuser auslösen (Angebotsspezialisierung und Mengenausweitung auf der einen, den Versorgungsauftrag verletzende Leistungsausfälle und Minderungen des Leistungsstandards auf der anderen Seite). Diese wiederum geben Anlaß nicht nur zu weiteren globalen Kostenbegrenzungen durch den Gesetzgeber, sondern auch zu direkten Eingrifen in die Angebots- und Leistungsstruktur der Krankenhäuser und zu zunehmenden bürokratischen Kontrollmaßnahmen durch den Staat oder durch die von ihm hierfür eingesetzte überbetriebliche "Selbstverwaltung". Dieser Prozeß ist bereits in vollem Gang.
Lit. s.: → Krankenhauspflegesatz.
Franz Spiegelhalter

Krankenhauspflege → Krankenhausbehandlung

Krankenhauspflegesatz K. sind Entgelte für stationäre Krankenhausleistungen. Leistungseinheit ist der Pflegetag. Nach dem Krankenhausfinanzierungsgesetz (KHG) (→ Krankenhausfinanzierung) in Verbindung mit der Bundespflegesatzverordnung (BPflV) galt seit 1972 zunächst das sog. »Selbstkostendeckungsprinzip« mit einem »gespaltenen Pflegesatz«, wobei die Investitionskosten (mit wachsendem Nachholbedarf) von den Ländern, die bei wirtschaftlicher Betriebsführung notwendigen Betriebskosten von den Kassen zu tragen sind. Fehlende Kostensenkungsanreize führten ab 1986 über eine Gesetzesneuordnung zum »prospektiven → Pflegesatz« mit vorauskalkuliertem Gesamtbudget. Überschüsse können teilweise dem → Krankenhaus verbleiben. Die wachsenden Krankenhausausgaben lösten jedoch in den folgenden Jahren weitere Reformen des Pflegesatzrechts aus. Darin wurden die Leistungsvergütungen weitgehend von der betrieblichen Kostenbasis losgelöst. Als Eckpunkte dieser Reformregelungen sind zu nennen:
1. Einführung eines bundeseinheitlichen Katalogs von Fallpauschalen und Sonderentgelten, 2. Aufteilung des Krankenhausbudgets in mehrere Vergütungselemente (Fallpauschalen, Abteilungspflegesätze, verbleibende Basispflegesätze), die zur Verstärkung des Marktwettbewerbs nach überbetrieblichen Vergleichskriterien zwischen den Kassen und Krankenhäusern vereinbart werden, 3. Berücksichtigung der Beitragsssatzstabilität bei allen Vereinbarungen, 4. »Deckelung« der Pflegesätze und ihre Festschreibung auf einem bestimmten Vorjahresniveau bei nur teilweiser Berücksichtigung allgemeiner Lohn-, Preis- oder Bedarfssteigerungen.
Die Frage stellt sich, inwieweit diese politschen Eingriffe in die Kosten-Preisrelation der Krankenhäuser deren Angebotsverhalten verändern (Leistungsauslese mit Angebotsspezialisierung und Mengenausweitung auf der einen und dem Versorgungsauftrag widersprechende Leistungsausfälle oder Minderungen des Leistungsstandards auf der anderen Seite), und wie hierauf wiederum die weitere Gesetzgebung reagieren wird, wenn zugleich der medizinisch-technische Fortschritt und der Altenanteil der Bevölkerung weiter wachsen.

Lit. Luber u. a.: Krankenhausfinanzierungsgesetz (KHG); Dalichau u. a.: Gesundheitsstrukturgesetz (Komm.); Vollmer, B.: Krankenhausrecht. *Franz Spiegelhalter*

Krankenhilfe Im → Bundessozialhilfegesetz (BSHG) an Kranke gewährte Art der → Hilfe in besonderen Lebenslagen (§§ 27 Abs. 1 Nr. 4 und 37 BSHG).
Aufgabe der K. ist die Genesung oder die Besserung des Krankheitszustands oder zumindest die Linderung der Krankheitsfolgen (§ 37 Abs. 2 S. 1 BSHG). Auf sie hat der Kranke einen Anspruch (§ 37 Abs. 1 BSHG; → Pflichtleistung). Eine → Krankheit i. S. d. K. nach § 37 BSHG liegt dann vor, wenn ein regelwidriger körperlicher, geistiger oder seelischer Zustand besteht, der der Behandlung bedarf.
Die Leistungen der K. sind ärztliche und zahnärztliche Behandlung, Versorgung mit → Arzneimitteln, Verbandmitteln und → Zahnersatz, → Krankenhausbehandlung sowie sonstige zur Genesung, zur Besserung oder zur Linderung der Krankheitsfolgen erforderliche Leistungen wie → Heilmittel, → Hilfsmittel, Genesungskuren (§ 37 Abs. 2 S. 1 BSHG). Die Leistungen der K. sollen i. d. R. den nach den Vorschriften über die gesetzliche → Krankenversicherung gewährten Leistungen entsprechen (§ 37 Abs. 2 S. 2 BSHG). Das bedeutet jedoch nicht, daß sich der → Sozialhilfeträger dann, wenn die Krankenkassen nur Zuschüsse gewähren, ebenfalls auf diese beschränken dürfte. Der → Mehrbedarf für Kranke und Genesende, die einer kostenaufwendigen Ernährung bedürfen, wird nicht im Rahmen der K., sondern der → Hilfe zum Lebensunterhalt gewährt (§ 23 Abs. 4 BSHG). Abgrenzungsschwierigkeiten können sich bei der K. insbes. zur → vorbeugenden Gesundheitshilfe und zur → Eingliederungshilfe für Behinderte ergeben.
Die Ärzte und Zahnärzte haben für ihre Leistungen im Rahmen der K. Anspruch auf die Vergütung, die die Ortskrankenkasse, in deren Bereich der behandelnde Arzt oder Zahnarzt niedergelassen ist, für ihre Mitglieder zahlt (§ 37 Abs. 3 S. 1 BSHG). Der Kranke kann frei unter den Ärzten und Zahnärzten wählen, die sich zur Behandlung im Rahmen der K. zu der genannten Vergütung bereit erklären (§ 37 Abs. 3 S. 2 BSHG; → Arztwahl, freie).
Die K. ist nachrangig (→ Nachrang der Sozialhilfe und der Jugendhilfe). Dieser Nachrang besteht insbes. gegenüber den Leistungen der Krankenversicherung.
Hinsichtlich des Einsatzes des → Einkommens der → Bedarfsgemeinschaft gilt meist die → Einkommensgrenze des § 79 BSHG, die besondere des § 81 Abs. 1 BSHG nur, »nachdem die Krankheit während eines zusammenhängenden Zeitraumes von 3 Monaten entweder dauerndes Krankenlager oder wegen ihrer besonderen Schwere ständige ärztliche Betreuung erfordert hat, außerdem bei der Heilbehandlung für Tuberkulosekranke« (Nr. 6).
Für die Gewährung von K. ist teilweise der überörtliche Sozialhilfeträger sachlich zuständig (§§ 99 und 100 Abs. 1 Nr. 1 BSHG; → Zuständigkeit, sachliche und örtliche).
Nach § 40 S. 1, 1. Halbs. → Kinder- und Jugendhilfegesetz (KJHG – SGB VIII) ist Kindern und Jugendlichen K. zu leisten, wenn → Hilfe zur Erziehung in Vollzeitpflege (§ 33 KJHG – SGB VIII), in einer Einrichtung über Tag und Nacht (→ Heimerziehung) oder in einer sonstigen betreuten Wohnform (§ 34 KJHG – SGB VIII) oder durch → intensive sozialpädagogische Einzelbetreuung (§ 35 KJHG – SGB VIII) oder Eingliederungshilfe für seelisch behinderte Kinder und Jugendliche durch geeignete Pflegepersonen oder in Einrichtungen über Tag und Nacht oder sonstigen Wohnformen (§ 35a Abs. 1 S. 2 Nr. 3 und 4 KJHG – SGB VIII) gewährt wird. Diese ist nachrangig, jedoch nicht gegenüber Leistungen nach dem BSHG (§ 10 Abs. 1, Abs. 2 S. 1 KJHG – SGB VIII).
Für den Umfang der K. im Rahmen der → Jugendhilfe gelten die §§ 36, 37 Abs. 2 bis 4, 37a, 37b und 38 BSHG entsprechend (§ 40 S. 1, 2. Halbs. KJHG – SGB VIII). Er geht also über den der K. nach dem BSHG hinaus und erstreckt sich auch auf die Leistungen der vorbeugenden Gesundheitshilfe, der Hilfe bei Sterilisation, der → Hilfe zur Familienplanung sowie der → Hilfe für werdende Mütter und Wöchnerinnen.
In geeigneten Fällen kann das → Jugendamt (JA) »die Beiträge für eine freiwillige Krankenversicherung übernehmen, soweit sie angemessen sind« (§ 40 S. 2 KJHG – SGB VIII).
§ 40 KJHG gilt entsprechend für die Hilfe für junge Volljährige (§ 41 Abs. 3 KJHG – SGB VIII; Hilfe für junge Menschen/Volljährige).

Lit. Gottschick: BSHG (Komm.); Knopp u. a.: BSHG (Komm.); Mergler u. a.: BSHG (Komm.); Schellhorn: BSHG (Komm.); Wiesner u. a.: KJHG – SGB VIII (Komm.).

Hans-Gerd Ronge

Krankenkassen Die K. der gesetzlichen → Krankenversicherung unterscheiden sich in K., bei denen die Mitgliedschaft durch Wahl der Versicherungspflichtigen oder Versicherungsberechtigten zustande kommt (sog. Wahlkassen) und K., denen die Mitglieder zugewiesen werden (sog. Zuweisungskassen). Wahlkassen sind die Allgemeinen Ortskrankenkassen (AOK), die Betriebskrankenkassen (BKK), die Innungskrankenkassen (IKK) und die Ersatzkassen. Zuweisungskassen sind die Seekrankenkasse, die landwirtschaftlichen K. und die Bundesknappschaft. Bei den Wahlkassen besteht die Selbstverwaltung aus einem (ehrenamtlichen) Legislativorgan

(Verwaltungsrat) und einem (hauptamtlichen) Exekutivorgan (Vorstand). Der Verwaltungsrat ist pariätisch mit Vertretern der Versicherten und Arbeitgeber besetzt; bei den Ersatzkassen sind nur die Versicherten vertreten.
Die versicherungspflichtigen und versicherungsberechtigten Personen können innerhalb der Wahlkassen wählen
1. die AOK des Beschäftigungs- oder Wohnortes,
2. jede Ersatzkasse, deren regionale Zuständigkeit sich nach ihrer Satzung auf den Beschäftigungs- oder Wohnort erstreckt,
3. die BKK oder IKK, wenn sie in einem Betrieb beschäftigt sind, für den eine BKK oder IKK besteht,
4. die BKK oder IKK, wenn sich die Krankenkasse auch für nicht im Betrieb Beschäftigte geöffnet hat,
5. die Krankenkasse, bei der vor Beginn der Versicherung zuletzt eine → Familienversicherung bestanden hat,
6. die Krankenkasse, bei der der Ehegatte versichert ist.
Für alle Wahlkassen besteht Kontrahierungszwang, d.h., sie dürfen Versicherte, die die Voraussetzungen für die Mitgliedschaft erfüllen, nicht zurückweisen.

Ernst Picard

Krankenkostzulagen → Mehrbedarf

Krankenpflegeberufe sind die im Krankenpflegegesetz (KrPflG) vom 4. 6. 1985 (BGBl. I S. 893), in Kraft getreten am 1. 9. 1985, geregelten Berufe. Danach bedarf, wer eine der Berufsbezeichnungen »Krankenschwester« oder »Krankenpfleger«, »Kinderkrankenschwester« oder »Kinderkrankenpfleger«, »Krankenpflegehelferin« oder »Krankenpflegehelfer« führen will, der Erlaubnis.
Während das KrPflG gem. Art. 74 Nr. 19 → Grundgesetz (GG) die Zulassung zu diesen Berufen regelt, legt die Ausbildungs- und Prüfungsordnung für die Berufe in der Krankenpflege (KrPflAPrV) vom 16. 10. 1985 (BGBl. I S. 1973), in Kraft getreten am 23. 10. 1985, Umfang, Inhalt und Abschluß der Ausbildungen fest.
Die Angehörigen der K. üben ihre Tätigkeit größtenteils im Angestelltenverhältnis und vorwiegend im → Krankenhaus aus, aber auch im ambulanten Bereich, z. B. in Einrichtungen des öffentlichen → Gesundheitsdienstes, im betriebsärztlichen Dienst, in der → Gemeindekrankenpflege, in Sozialstationen und in der → häuslichen Krankenpflege. Geringfügig, aber mit steigender Tendenz, üben Angehörige der K. ihre Tätigkeit auch freiberuflich aus. Eine nicht unbeträchtliche Anzahl von Pflegekräften ohne staatliche Anerkennung kommt als Pflegehelferinnen/Pflegehelfer, z. T. ohne jegliche Ausbildung, z. T. mit Minimalqualifikation in gesundheitlichen Einrichtungen zum Einsatz.
Die Arbeitsbedingungen des Krankenpflegepersonals sind, sofern ein Arbeitsverhältnis in Einrichtungen des öffentlichen Dienstes besteht, im → Bundesangestelltentarifvertrag (BAT) und die Vergütung nach der Anlage 1b zum BAT geregelt. Mit einigen freigemeinnützigen Trägern, z. B. der → Arbeiterwohlfahrt (AWO), bestehen ebenfalls → Tarifverträge. In kirchlichen Einrichtungen gelten keine Tarifverträge, sondern eigene Richtlinien, z. T. in Anlehnung an den BAT. Mit Privatkrankenhäusern gibt es regional unterschiedliche Tarifverträge.
Die Interessen des Krankenpflegepersonals werden heute durch eine Vielzahl von berufsständischen Verbänden sowie von → Gewerkschaften – insgesamt mit unterschiedlicher Zielsetzung – vertreten. Dies hat dazu geführt, daß die K. in der Bundesrepublik Deutschland keine einheitliche Konzeption verfolgen und Reformen nur schwer durchsetzbar sind.
Seit 1988 ist der Begriff »Pflegenotstand« in der öffentlichen Diskussion. Mit diesem Begriff wird ein nicht unerheblicher Personalmangel umschrieben, der regional zu Einschränkungen in der Gesundheitsversorgung führt.
Aufgrund der Kostendämpfungspolitik kommt es zu Restriktionen im Personalhaushalt mit der Folge, daß nicht ausreichend Stellen geschaffen werden.
Mit dem KrPflG ist die Richtlinie des Rates 77/452/EWG über die gegenseitige Anerkennung der Diplome, Prüfungszeugnisse und sonstigen Befähigungsnachweise der Krankenschwester und des Krankenpflegers, die für die allgemeine Pflege verantwortlich sind, über Maßnahmen zur Erleichterung der tatsächlichen Ausübung des Niederlassungsrechts und des Rechts auf freien Dienstleistungsverkehr und die Richtlinie 77/453/EWG zur Koordinierung der Rechts- und Verwaltungsvorschriften für die Tätigkeiten der Krankenschwester und des Krankenpflegers, die für die allgemeine Pflege verantwortlich sind, vom 27. 6. 1977 (ABl. EG Nr. L 176 S. 1 und 8) in innerstaatliches Recht umgesetzt worden. Erstmals wurde dabei auch der ambulante Bereich verbindlicher Gegenstand der Ausbildung.
Hervorgegangen aus der Diakonie mit weitgehend selbständigem Aufgabenbereich, haben sich die K. – bedingt durch den technischen Fortschritt und die medizinische Entwicklung – mehr und mehr spezialisiert und in Abhängigkeit zum Arztberuf begeben.
Lit. BMJFG: Heilberufe; Fritz, E.: Krankenpflege; Pinding: Krankenpflege; Volkholz: Krankenschwestern. *Ulrike Peretzki-Leid*

Krankenpflege, häusliche → Häusliche Krankenpflege

Krankenschein → Krankenversichertenkarte

Krankenschwester → Krankenpflegeberufe

Krankenversichertenkarte Die → Krankenkassen stellen für jeden Versicherten eine K. aus. Die K. dient gegenüber dem Arzt (Zahnarzt) als Nachweis der Berechtigung zur Inanspruchnahme von Leistungen der → ambulanten ärztlichen Versorgung; sie ist vor Beginn der Behandlung vorzulegen. Die K. ist von dem Versicherten zu unterschreiben; sie ist nicht übertragbar. Sie enthält neben der Bezeichnung der ausstellenden Krankenkasse Familienname, Vorname, Geburtsname, Anschrift, Krankenversichertennummer und Status (Mitglied oder Familienversicherter, Rentner) des Versicherten sowie den Tag des Beginns des Versicherungsschutzes und ggfs. auch eine Befristung der Gültigkeit der Karte. Weitere Angaben dürfen nicht aufgenommen werden.
Bei Beendigung der Mitgliedschaft hat der Versicherte die K. der ausstellenden Krankenkasse, bei Kassenwechsel der neuen Krankenkasse auszuhändigen. *Ernst Picard*

Krankenversicherung Gemeint ist – im Unterschied zur privaten K. durch Krankenversicherungsunternehmen der Privatwirtschaft (PKV) – die gesetzliche (soziale) K. (GKV) nach Maßgabe des SGB V (→ Sozialgesetzbuch [SGB]). Die GKV gehört zu den klassischen Zweigen der → Sozialversicherung. Sie geht auf die Bismarcksche Sozialgesetzgebung (1883: Krankenversicherungsgesetz für Arbeiter) zurück und hat seit ihrer Gründung bahnbrechend und beispielgebend für viele Staaten Europas und der ganzen Welt gewirkt, neuerdings für die Staaten Osteuropas.
In der GKV sind mehr als 90% der Bevölkerung versichert. Die K. wurde durch das Gesundheits-Reformgesetz (GRG) und das Gesundheits-Strukturgesetz (GSG) grundlegend neu geordnet. An den Strukturprinzipien (→ Solidarität, → Sachleistung, → Wirtschaftlichkeit, → Selbstverwaltung und Gliederung) wurde – mit vielen Durchbrechungen (z. B. → Selbstbeteiligung in der Krankenversicherung, Leistungsausgrenzungen, → Kostenerstattung) – festgehalten. Versicherungspflichtig sind Arbeiter und Angestellte, deren regelmäßiges Jahresarbeitsentgelt 75 v.H. der Beitragsbemessungsgrenze in der → Rentenversicherung (1997 = 73 800 DM bzw. im Beitrittsgebiet 63 900 DM) nicht übersteigt, ferner Auszubildende, Leistungsempfänger der → Arbeitslosenversicherung, Rehabilitanden, bestimmte Behinderte, Studenten (→ Krankenversicherung der Studenten), Praktikanten, und Rentner unter der Voraussetzung der → Krankenversicherung der Rentner (§ 5 SGB V). Arbeitnehmer, deren Arbeitsentgelt oberhalb der Beitragsbemessungsgrenze liegt, Beamte und beamtenähnliche Personen sowie Selbständige sind versicherungsfrei (§ 6 SGB V). Familienangehörige, die nur geringfügiges Einkommen haben und nicht selbst versichert sind, sind familienversichert (→ Familienversicherung); für Kinder gelten gestufte Altersgrenzen ab 18 Jahre (§ 10 SGB V). Nach Ablauf des gesetzlichen Versicherungsschutzes hat der ehemals Versicherte nahezu immer eine Versicherungsberechtigung zur freiwilligen Versicherung (§ 9 SGB V). Versicherte haben Anspruch auf → Sach-, → Dienst- und Geldleistungen zur Krankheitsverhütung (§§ 20 bis 24 SGB V), zur Empfängnisverhütung sowie bei → Schwangerschaftsabbruch und Sterilisation (§§ 25 und 26 SGB V), zur → Krankenbehandlung (§§ 27 bis 52 SGB V), auf → Sterbegeld (§§ 58 und 59 SGB V) und Mutterschaftshilfe (§§ 195 bis 200b → Reichsversicherungsordnung [RVO]). Um die Leistungen bei → Krankheit, die als ein regelwidriger körperlicher oder geistiger Zustand, der eine Heilbehandlung erfordert und/oder → Arbeitsunfähigkeit zur Folge hat, definiert wird, gruppieren sich eine Kette von Leistungen der modernen → Sozial-, Gesundheits- und → Familienpolitik. Heftig umstritten ist dabei die Frage, ob Selbstbeteiligungen und Leistungsausgrenzungen bei → Zahnersatz, → Arzneimitteln und → Heilmitteln, → Kuren und stationären → Krankenhausbehandlungen sowie Fahrkosten eine Steuerung der Inanspruchnahme von Leistungen bewirken und sozial verträglich sind. → Härtefälle in der gesetzlichen K. sollen durch vollständige oder teilweise Befreiung von den Zuzahlungen ausgeglichen werden (§§ 61 und 62 SGB V). Die Beziehungen der → Krankenkassen zu den Leistungsbringern (→ Ärzte, Zahnärzte, → Krankenhäuser, Rehabilitationseinrichtungen, Apotheken, Arzneimittelherstellern, Masseuren, Optikern etc.) werden im allgemeinen durch Verträge geregelt, deren Einzelheiten im Vertragsrecht (§§ 69 bis 140 SGB V) bestimmt sind. Die → vertragsärztliche Versorgung wird durch niedergelassene zugelassene Ärzte und Zahnärzte sichergestellt, unter denen der Versicherte grundsätzlich die freie Wahl (→ Arztwahl, freie) hat. Die Leistungen werden i. d. R. als Sach- und Dienstleistungen erbracht. → Sachleistungsprinzip bedeutet, daß der Versicherte gegen Vorlage der → Krankenversichertenkarte vom Arzt behandelt wird und der Arzt seinen Honoraranspruch über die Krankenkassen abrechnet.
Ab 1996 haben alle GKV-Versicherten ein Wahlrecht zwischen verschiedenen Krankenkassen. AOK und Ersatzkassen nehmen

alle Versicherten auf, die jährlich die Krankenkasse wechseln können. Betriebs- und Innungskrankenkassen können frei entscheiden, ob sie für den bisherigen Mitgliederkreis geschlossen bleiben oder sich für alle Versicherten öffnen wollen. Eine Risikoselektion unter den Versicherten und Wettbewerbsverzerrungen unter den Krankenkassen soll ein kassenartenübergreifender Risikostrukturausgleich zumindest teilweise entgegenwirken. Die Selbstverwaltung aus Vertretern der Arbeitgeber und der Versicherten wird im Verwaltungsrat konzentriert, das hauptamtliche Management in einem auf Zeit gewählten Vorstand angesiedelt.

Die Ausgaben der K. werden aus Beiträgen finanziert, die bei Arbeitnehmern je zur Hälfte von den Versicherten und ihren Arbeitgebern getragen werden. Bei Rentnern zahlen die → Rentenversicherungsträger und die Rentner einen Durchschnittsbeitrag je zur Hälfte. Für andere Versicherte gelten Sonderregelungen.

Die Aufgabe der medizinischen Begutachtung und Beratung übernimmt ein → Medizinischer Dienst der K. (§§ 275 bis 283 SGB V).

Der Verwendung von Versicherungs- und Leistungsdaten, insbes. zur Qualitäts- und Wirtschaftlichkeitsprüfung von Ärzten und anderen Leistungserbringern, setzen die §§ 284 bis 305 SGB V enge Grenzen.

Bis zur völligen Angleichung der Lebensverhältnisse in den neuen und den alten Bundesländern gelten Überleitungsregelungen aus Anlaß der Herstellung der Einheit Deutschlands (§§ 308 bis 314 SGB V).

Lit. Hauck u.a.: SGB (Komm.); Knieps: Krankenversicherung; Krauskopf u.a.: Krankenversicherung; Maaßen u.a.: SGB V (Komm.); Maydell: SGB V (Komm.); Nicolay u.a.: Krankenversicherung; Peters, H.: Krankenversicherung (Komm.); Schulin: Handbuch. *Franz Knieps*

Krankenversicherung der Landwirte (KVdL) In einem Sondersystem der gesetzlichen → Krankenversicherung sind land- und forstwirtschaftliche Unternehmer, ihre (hauptberuflich) mitarbeitenden Familienangehörigen sowie Altersrentner nach dem Gesetz über eine Alterssicherung für Landwirte krankenversichert. Dagegen sind andere in der Landwirtschaft Beschäftigte in der allgemeinen Krankenversicherung versichert. Nur die Besonderheiten der KVdL sind in eigenen Gesetzen (KVLG und KVLG 1989) geregelt; ansonsten gilt das SGB V (→ Sozialgesetzbuch [SGB]). Anstelle von → Krankengeld wird bei stationärer Behandlung oder Kuraufenthalt des landwirtschaftlichen Unternehmers oder seines Ehegatten Betriebshilfe gewährt (§ 9 KVLG 1989). Ist infolge Krankheit dieser Personen die Fortführung des Haushaltes nicht gewährleistet, kann → Haushaltshilfe gewährt werden. Als Betriebs- oder Haushaltshilfe werden eine Ersatzkraft gestellt oder die Kosten für eine solche Kraft erstattet. Durchgeführt wird die KVdL durch bei jeder landwirtschaftlichen → Berufsgenossenschaft errichtete landwirtschaftliche Krankenkassen (LKK). I.d.R. ist eine Versicherungspflicht in der KVdL vorrangig gegenüber anderen Versicherungstatbeständen. Finanziert wird die KVdL durch Beiträge der Mitglieder und Zuschüsse des Bundes. Die Beitragsberechnung über Einkommen aus Land- und Forstwirtschaft erfolgt nach Beitragsklassen. Bei der Festsetzung dieser Klassen, die sich nach Wirtschaftswert des Unternehmens, Arbeitsbedarf, Fläche usw. bestimmen, hat die LKK einen weiten Satzungsspielraum.

Franz Knieps

Krankenversicherung der Rentner (KVdR) ist integrierter Bestandteil der gesetzlichen → Krankenversicherung. Besonderheiten gelten vor allem für die Versicherungspflicht, die Mitgliedschaft, die Finanzierung und die Erfassung beitragspflichtiger Einnahmen. In der KVdR sind Rentner, Rentenantragsteller und rentenberechtigte Hinterbliebene nur dann versicherungspflichtig, wenn sie oder die Person, aus deren Versicherung sie ihren Rentenanspruch ableiten, seit der erstmaligen Aufnahme einer Erwerbstätigkeit bis zur Stellung eines Rentenantrages mindestens neun Zehntel der 2. Hälfte dieses Zeitraums aufgrund einer Pflichtversicherung bei einer → Krankenkasse Mitglied oder familienversichert (→ Familienversicherung) waren (§ 5 Abs. 1 Nr. 11, Abs. 2 S. 2 SGB V). Vorausgesetzt wird also eine erhebliche Vorversicherungszeit, die je nach Länge des Erwerbslebens allerdings variieren kann. Bis zur unanfechtbaren Entscheidung über den Rentenantrag steht nicht eindeutig fest, ob eine Pflichtmitgliedschaft in der KVdR eintritt. Die übrigen Rentenbezieher, die nicht der Versicherungspflicht in der KVdR unterliegen, können der gesetzlichen Krankenversicherung freiwillig beitreten, wenn sie eine Versicherungsberechtigung (§ 9 SGB V) nachweisen. Freiwillig versicherte Rentner haben ihre Beiträge selbst zu tragen und zu zahlen; sie haben allerdings einen Anspruch auf einen Beitragszuschuß gegen den Rentenversicherungsträger (§ 106 SGB VI). Bei freiwillig versicherten Rentnern werden – anders als bei Versicherungspflichtigen – alle Einkunftsarten zur Beitragsbemessung herangezogen (§ 238a SGB V). Versicherungspflichtige Rentenbezieher tragen nur die Hälfte der nach der Rente zu bemessenden Beiträge. Die andere Hälfte trägt der Rentenversicherungsträger, der die gesamten Beiträge auch abführen muß (§§ 249a und 255 Abs. 1 SGB V).

Rentner, Rentenantragsteller und Hinterbliebene haben umfassende Kassenwahl-

rechte (§§ 173, 174 Abs. 1 SGB V). Rentner, die durch den Antrag auf Rente oder Bezug von Rente versicherungspflichtig werden, können die Befreiung von der Versicherungspflicht beantragen.
Die Leistungen in der KVdR entsprechen den Leistungen der allgemeinen Krankenversicherung, jedoch haben die versicherungspflichtigen Rentner keinen Anspruch auf → Krankengeld (§ 44 Abs. 1 S. 2 SGB V). Die KVdR endet mit dem Tode oder mit Ablauf des Monats, in dem der Anspruch auf Rente wegfällt oder die Entscheidung über den Wegfall der Rente unanfechtbar geworden ist (§ 190 Abs. 11 SGB V). Hinterbliebene Angehörige sind dann versicherungsberechtigt, wenn sie nicht anderweitig pflichtversichert sind.
Lit. Hungenberg u.a.: Krankenversicherung.
Franz Knieps

Krankenversicherung der Studenten Die große Zahl der Studenten, ihr unsicherer sozialer Status und die vielfach begrenzte Leistungsfähigkeit der Eltern machten es notwendig, sie in die gesetzliche → Unfallversicherung und in die gesetzliche → Krankenversicherung einzubeziehen. Der Versicherungsschutz in der Krankenversicherung ist begrenzt auf 14 Fachsemester und auf ein Höchstalter von 30 Jahren. Ausnahmen sind bei Vorliegen besonderer persönlicher oder familiärer Gründe und bei Besonderheiten des Ausbildungsgangs (z.B. Zweiter Bildungsweg) vorgesehen.
Die Versicherungspflicht von Studenten und Praktikanten knüpft an die Einschreibung bei der Hochschule an. Eine Versicherungspflicht aus einer nicht geringfügigen Beschäftigung und die → Familienversicherung gehen dieser Versicherungspflicht vor.
Die Leistungen für Studenten entsprechen den Leistungen in der allgemeinen Krankenversicherung. Studenten erhalten jedoch kein → Krankengeld.
Jeder Studienbewerber und jeder Student hat der Hochschule zur Einschreibung oder Rückmeldung eine Versicherungsbescheinigung einzureichen. Diese wird durch die zuständige → Krankenkasse ausgestellt. Das ist entweder die Kasse, bei der der Versicherte bisher versichert war, oder nach Wahl die AOK des Studien- oder Wohnortes oder eine Angestellten-Ersatzkasse. Die Beitragshöhe richtet sich nach den begrenzten Einkünften der Studenten; sie betrug 1996 27,67 DM bzw. 22,67 DM im Beitrittsgebiet je Monat (vgl. § 236 SGB V).
Bei Einschreibung können sich Studenten auf Antrag von der Versicherungspflicht befreien lassen (§ 8 Abs. 1 Nr. 5 SGB V); sie müssen aber – anders als andere Versicherte – nachweisen, daß sie Versicherungsschutz genießen (vgl. § 254 S. 3 SGB V).
Lit. s.: → Krankenversicherung.
Franz Knieps

Krankheit 1. K. und → Gesundheit sind Kategorien, die sich nicht so leicht definieren und voneinander unterscheiden lassen, wie es die klinische Medizin vorgibt. Sie schließen sich nicht gegenseitig aus und müssen als ein Kontinuum angesehen werden.
Die Definitionen von »normal« und »abnorm« oder »gesund« und »krank« sind einerseits Ableitungen der jeweiligen soziokulturellen → Normen. Es gibt aber nicht nur zwischen den einzelnen Kulturen unterschiedliche Deutungen des Phänomens K., sondern andererseits auch innerhalb jeder Gesellschaft die verschiedenartigsten K.begriffe. In der Medizin unterscheiden wir zunächst einmal einen sog. »allgemeinen K.begriff« von einem »speziellen«. Unter dem allgemeinen K.begriff verstehen wir den Zustand eines Menschen, der ihn generell von den Gesunden eindeutig unterscheidet. Beim zweiten K.begriff geht es um eine K., die anhand einer Diagnose feststellbar ist.
Je nach der Methode, nach der wir vorgehen, bzw. je nach dem Aspekt, den wir anlegen wollen, kommen wir zu verschiedenen Hypothesen von K. Wir müßten also in der Medizin strenggenommen bei biologischer, psychologischer und soziologischer Zugriffsweise zu 3 Arten von speziellen K.begriffen kommen.
In der deutschen Sprache steht uns jedoch nur das eine Wort für »K.« zur Verfügung. Wir müssen es daher mit einem Rückgriff auf das Englische versuchen, unter den Begriffen von »disease« und »illness« die beiden wichtigen Aspekte der K. unterscheidbar gemacht werden, auf die es uns wesentlich ankommt. So definiert der amerikanische Medizinsoziologe Coe den Begriff K. i.S.v. »disease« folgendermaßen: »Die Diagnose einer Krankheit geschieht durch Korrelation beobachteter Zeichen oder Symptome mit dem Wissen von der Funktion des menschlichen Organismus. Daher hängt das Verständnis von Krankheiten von Beobachtungen veränderter, abnormer Zustände des menschlichen Organismus ab.« K. i.S.v. »illness« ist nach Coe dagegen »ein Phänomen, welches das Individuum in bezug auf seine eigene Selbstwahrnehmung betrifft«. »Der Begriff von illness ist nicht nur von dem des disease zu unterscheiden. Wir müssen ferner unterscheiden zwischen illness als einem persönlichen Ereignis und einem sozialen Phänomen.« »Illness wird dadurch ein soziales Phänomen, daß sie anderen sichtbar wird und hierdurch zu einer Veränderung der sozialen Interaktionsmuster führt.« Diese zuletzt genannte Veränderung der sozialen Interaktionsmuster wird im Englischen häufig mit einem dritten Ausdruck belegt, nämlich dem des »sickness«. So wird z.B. bei der Einnahme der Krankenrolle in der angelsächsischen Literatur durchgehend von »sick-role« gesprochen.

Krankheit

Der K.begriff der Medizin beschreibt also immer Modelle, die zu ärztlichen Handlungen nützlich sein sollen.
Lit. Coe: Sociology of Medicine..
Herbert Viefhues

Krankheit 2. Das Vorliegen einer K. ist Voraussetzung für den Anspruch auf Leistungen der → Krankenbehandlung, § 27 SGB V. Das SGB enthält keine Legaldefinition des Begriffs K. Die in der → Krankenversicherung verwendete Umschreibung des Begriffs K. ist vielmehr im Laufe der Zeit insbesondere durch Rechtsprechung und Literatur herausgearbeitet und entsprechend dem sich wandelnden Wertempfinden der Gesellschaft über die → Gesundheit und den fortschreitenden Behandlungsmöglichkeiten der Medizin weiterentwickelt worden. Eine K. in diesem Sinne ist dann anzunehmen, wenn ein regelwidriger Zustand des Körpers, des Geistes oder der Seele vorliegt, der medizinische Maßnahmen mit dem Ziel erforderlich macht, Schmerzen oder Beschwerden zu verhindern, zu beheben oder zu lindern. Leistungen wegen K. kommen in Betracht, wenn sie benötigt werden, um eine Krankheit zu erkennen oder die Arbeitsfähigkeit des Versicherten zu erhalten oder wiederherzustellen bzw. die künftige Erwerbsfähigkeit günstig zu beeinflussen; außerdem kann es sich um Leistungen handeln, die dazu dienen, eine dauernde Beeinträchtigung oder Aufhebung der Fähigkeit zur Verrichtung von Arbeit, zur Ausübung eines Berufs oder zur Teilnahme am gesellschaftlichen Leben zu vermeiden oder so gering wie möglich zu halten (vgl. u. a. Urteile des BSG vom 30. 5. 1967 in USK 6751; vom 13. 2. 1975 in USK 7519).
Als »regelwidrig« ist ein Zustand anzusehen, der von der durch das Leitbild des gesunden Menschen geprägten Norm abweicht. Regelwidrigkeiten, bei denen nicht zumindest eine der vorbezeichneten Leistungsnotwendigkeiten gegeben ist, sind nicht K. im versicherungsrechtlichen Sinne. Arbeitunfähigkeit und Behinderung (Behinderte) sind in der Krankenversicherung keine eigenständigen Versicherungsfälle (leistungsauslösende Tatbestände), sondern lediglich bestimmte Erscheinungsformen der K.
Lit. Kraushof: SozKV (Komm.) § 27 SGB V.
Ernst Picard

Krankheitsverhütung Die K. bildet einen Schwerpunkt der → Krankenversicherung. Einen wichtigen und wesentlichen Teil der Maßnahmen zur K. (§ 20 SGB V; → Sozialgesetzbuch [SGB]) bilden die → Schutzimpfungen. Die Krankenkasse kann → Selbsthilfegruppen und -kontaktstellen, die sich die → Prävention oder → Rehabilitation von Versicherten bei den Spitzenverbänden der Krankenkassen festgelegten → Krankheiten zum Ziel gesetzt haben, durch Zuschüsse fördern.
Bestandteil der K. ist auch die Verhütung von Zahnerkrankungen (§ 21 SGB V). In Form der Gruppenprophylaxe wird insbes. in Kindergärten und Schulen über Ernährungsberatung, Zahnschmelzhärtung und Mundhygiene aufgeklärt. Davon erfaßt werden versicherte Kinder, die das 12. Lebensjahr noch nicht vollendet haben. Die Gruppenprophylaxe wird bis zur Vollendung des 20. Lebensjahres durch eine gezielte Individualprophylaxe ergänzt; zur Verhütung von Zahnerkrankungen kann einmal in jedem Kalenderhalbjahr eine zahnärztliche Untersuchung in Anspruch genommen werden (§ 22 SGB V). Um die Versicherten für die Zahnprophylaxe zu motivieren, hat der Gesetzgeber eine Bonusregelung geschaffen, wonach bei regelmäßiger zahnärztlicher Untersuchung ein höherer Zuschuß zu den Aufwendungen für → Zahnersatz gezahlt wird (§ 30 SGB V).
Harald Kesselheim

Kreativität Eine Idee wird von der jeweiligen sozialen Umwelt als kreativ akzeptiert, wenn sie neu ist oder neuartige Elemente enthält und wenn in der Idee ein angemessener Beitrag zur Lösung eines äußeren Problems oder einer inneren Spannung gesehen wird.
Kreative Ideen werden in einem Problemlösungsprozeß (→ Denken) hervorgebracht, bei dem sich mehrere Phasen unterscheiden lassen, z. B. Informationssammlung, bewußte oder unbewußte Informationsverarbeitung, Einfall und Überprüfung. Dabei kommt es u. a. auf das Zusammenspiel von Wissen, anschaulich-intuitivem und sprachlich-logischem Denken an. K. begünstigende Bedingungen sind intellektuelle Fähigkeiten wie Flexibilität und Originalität (→ Intelligenz), Persönlichkeitsmerkmale wie Neugier, Konflikttoleranz und Unabhängigkeit sowie Umweltbedingungen, welche aktivieren, zielgerichtet motivieren, Hemmungen abbauen und Unabhängigkeit des Denkens fördern. Umweltfaktoren sind sowohl in → Erziehung und → Sozialisation als auch in der aktuellen Situation bedeutsam. Systematische K.förderung besteht u. a. im Training einzelner Fähigkeiten oder in der Übung von Techniken. K.techniken schaffen durch Spielregeln k.fördernde innere und äußere Bedingungen wie z. B. aufgeschlossene Haltung, lockere Gruppenatmosphäre – so z. B. das bekannte → »Brainstorming«. Neben speziellen K.förderprogrammen gibt es pädagogische Bemühungen, grundlegende Haltungen und Merkmale wie Neugier, Spontaneität, Unabhängigkeit, Komplexität usw. zu fördern.
K. ist nicht beschränkt auf Künstler und Kinder, Erfinder und Wissenschaftler; bei jedem Menschen läßt sich ein kreatives Po-

tential entwickeln. Von besonderer Bedeutung ist die »soziale K.«; darunter versteht man sowohl die Fähigkeit zur flexiblen und originellen Lösung gesellschaftlicher, pädagogischer und politischer Probleme als auch die Kompetenz zur unkonventionellen und phantasievollen Bewältigung alltäglicher → sozialer Konflikte. Zukunftswerkstätten (Jungk/Müller) und Zukunftskonferenzen (Weisbord) sind Projekte, in denen komplexe gesellschaftliche Probleme innovativ angegangen werden.
Lit. Jungk u. a.: Zukunftswerkstätten; Preiser: Kreativitätsförderung; Preiser: Kreativitätsforschung; Weisberg: Kreativität.
Siegfried Preiser

Kreisangehörige Städte sind Städte, die einem (→ Land-)Kreis angehören. Den Gegensatz hierzu bilden die → kreisfreien Städte. Hinter der Zweiteilung kreisangehörig/kreisfrei steht die Überlegung, daß die Wahrnehmung bestimmter kommunaler Aufgaben oder auf kommunaler Ebene zu erledigender Aufgaben von der Größe einer Stadt abhängt. Kleinere Städte mit einer geringeren Anzahl von Einwohnern haben nicht die Verwaltungskraft, um allein alle notwendigen Leistungen für ihre Einwohner zu erbringen. Die erforderliche Leistungsfähigkeit wird durch den die Städte zusammenfassenden Gemeindeverband, den Kreis, erzielt. Den k. S. obliegt deshalb auch nur – je nach Größe – ein Teilbereich der staatlichen Aufgaben. Viele Einzelheiten hinsichtlich der Beziehungen der k. S. zum Kreis sind trotz der »Rastede-Entscheidung« des BVerfG noch immer als nicht geklärt zu betrachten. Das Gericht hat in dieser Entscheidung die Auffassung abgelehnt, nach der die → Gemeinden und Kreise in bezug auf ihre Aufgabenzuständigkeit gleichwertig nebeneinanderstehen, weil an ein bestimmtes kommunales Leistungsniveau anzuknüpfen sei, das im kreisfreien Raum von den Städten, im kreisangehörigen dagegen erst von Gemeinden und Kreisen gemeinsam zu erreichen sei. Zwar komme den Kreisen eine »Ausgleichs- und Ergänzungsfunktion« im Hinblick auf weniger leistungsstarke Gemeinden zu, gleichwohl bleiben Angelegenheiten, die das Zusammenleben und -wohnen der Menschen in der Gemeinde betreffen, Angelegenheiten der örtlichen Gemeinschaft.
Obwohl mit Gebietsreformen Anfang der 70er Jahre den k. S. durch eine Zusammenlegung vieler ehemals selbständiger Städte und Gemeinden mehr Verwaltungskraft verliehen worden ist, wird die Diskussion der Aufgabenabgrenzung weitergeführt, weil es z. B. in Nordrhein-Westfalen k. S. mit mehr als 150 000 Einwohnern gibt, andererseits z. B. in den süddeutschen Ländern Landkreise unter 100 000 Einwohner bleiben. Grundlegende Unterschiede der Gemeindestruktur bestehen in den neuen Bundesländern. Dort hat die überwiegende Zahl der Gemeinden weniger als 100 000 Einwohner, teilweise sind sie sogar erheblich kleiner. K. S. sind weder → Sozialhilfeträger (allerdings ist die → Sozialhilfe vielfach auf k. S. delegiert) noch Träger des öffentlichen → Gesundheitsdienstes. Beides sind Kreisaufgaben. Hingegen wird die → Jugendhilfe (→ Jugendhilfeträger) vielfach auch von k. s. mit eigenen → Jugendämtern (JÄ) wahrgenommen, z. b. in Nordrhein-Westfalen und Niedersachsen. Auch ohne gesetzliche Zuständigkeit nehmen k. S. »freiwillig« soziale Aufgaben wahr, z. B. als Träger von → Kindertageseinrichtungen, in der → Jugendarbeit, bei der Mitträgerschaft von Sozialstationen, in der Altenpolitik oder durch finanzielle Zuschüsse an soziale Einrichtungen. *Uwe Lübking*

Kreisfreie Städte sind → Gemeinden (Städte), die keinem → Landkreis angehören, sondern zusätzlich zu den originären Gemeindeaufgaben auch die Selbstverwaltungsaufgaben der Kreise sowie zum Teil auch deren Aufgaben als untere staatliche Verwaltungsbehörden wahrnehmen. In einigen Ländern werden die k. S. auch Stadtkreise genannt. Zu den k. S. zählen auch die Stadtstaaten, in denen die rechtlichen Qualitäten Gemeinde, Kreis, Land zusammenfallen.
Die Bündelung kommunaler Zuständigkeiten in den k. S. eröffnet Gestaltungsspielräume, die sich auf nahezu alle Felder der Innenpolitik und → Verwaltung erstrecken. Neben den allen Gemeinden vorbehaltenen Aufgaben der Bauplanung und Bauordnung, des Schulwesens und der Kultur sind die k. S. Adressaten bundesgesetzlicher Zuständigkeitszuordnung der → Sozial- und → Jugendhilfe (örtliche Träger der Sozialhilfe nach § 96 BSHG; → Jugendämter nach § 69 Abs. 1 KJHG). Weitere Zuständigkeiten im Sozialbereich betreffen u. a. die → Sozialversicherung (Versicherungsämter), das Wohngeldwesen (→ Wohngeld), → Ausbildungsförderung, → Lastenausgleich (LA), → Kriegsopferfürsorge, Schwerbehindertenrecht (→ Schwerbehindertenrecht), Unterhaltssicherung. Unter den sozialpolitischen Aufgaben der k. S. stehen die Sozial- und Jugendhilfe der Bedeutung nach an erster Stelle. Neben einer neuen Erkenntnissen geöffneten Fortentwicklung der Praxis auf diesen Gebieten bietet sich in der k. S. die Chance, Gesichtspunkte der Sozial- und Jugendhilfe auch in andere Aufgabengebiete, z.B. die Bauplanung, das Schulwesen, die Grünflächenplanung, das Kulturleben, das → Gesundheitswesen zu integrieren.
Der Verfall der kommunalen Finanzen – seit 1991 stagnieren die Gesamteinnahmen; die Steuereinnahmen und freien Finanzzuweisungen sind rückläufig – trifft in den k. S. auf wachsende Ausgaben, besonders

der Jugend- und Sozialhilfe (Ausbau der Kindertagesstätten und »Kommunalisierung der Arbeitslosigkeit«). Unter diesem Finanzierungsdruck ist eine Bewegung der Verwaltungsreform (Ressourcenverantwortung, neue Steuerungsmodelle, Budgetierung) entstanden, die durch Verschlankung der Verwaltung mehr Effektivität und Effizienz bewirken soll (→ Verwaltungsmodernisierung).

Um zu einer besseren Transparenz k. S. beizutragen, schreiben einige Gemeindeordnungen die Einrichtung von Bezirksvertretungen vor.

Lit. s.: → Gemeinde.   *Bernd Gröttrup*

Kreisjugendamt → Jugendamt (JA)

Kriegsdienstverweigerung → Zivildienst

Kriegsopferfürsorge Festgelegt in den §§ 25 bis 27i → Bundesversorgungsgesetz (BVG) und in der Verordnung zur Kriegsopferfürsorge (KFürsV). Ihre Aufgabe ist es, sich der Beschädigten und ihrer Familienmitglieder sowie der Hinterbliebenen in allen Lebenslagen anzunehmen, um die Folgen der Schädigung oder des Verlustes des Ehegatten, Elternteils, Kindes oder Enkelkindes angemessen auszugleichen oder zu mildern. Leistungen der K. sind besondere Hilfen im Einzelfall gem. § 24 Abs. 1 Nr. 2 des Sozialgesetzbuches – Allgemeiner Teil – (SGB I).

Für Familienmitglieder erhalten Beschädigte nur Leistungen, soweit diese ihren anzuerkennenden Bedarf nicht aus eigenem → Einkommen und → Vermögen decken können. Als Familienmitglieder gelten insbes. der Ehegatte, Kinder und sonstige Angehörige, die mit dem Beschädigten in häuslicher Gemeinschaft (→ Haushaltsgemeinschaft) leben.

Voraussetzung für Leistungen der K. ist, daß die Beschädigten infolge der Schädigung und die Hinterbliebenen infolge des Verlustes des Ehegatten, Elternteils, Kindes oder Enkelkindes nicht in der Lage sind, den anzuerkennenden Bedarf aus den übrigen Leistungen nach dem BVG und dem sonstigen Einkommen und Vermögen zu decken. Dieser Zusammenhang wird vermutet, sofern nicht das Gegenteil offenkundig oder nachgewiesen ist. Er wird stets angenommen bei Beschädigten, die eine Beschädigtenrente eines Erwerbsunfähigen und Berufsschadensausgleich oder eine Pflegezulage erhalten, bei Schwerbeschädigten, die das 60. Lebensjahr vollendet haben, und bei Hinterbliebenen, die erwerbsunfähig sind oder das 60. Lebensjahr vollendet haben. Aus Billigkeitsgründen können Leistungen der K. auch ohne Vorliegen dieses Zusammenhanges gewährt werden.

Leistungen der K. sind Hilfen zur → beruflichen Rehabilitation, Erziehungsbeihilfe, ergänzende → Hilfe zum Lebensunterhalt, Erholungshilfe, Wohnungshilfe und → Hilfe in besonderen Lebenslagen.

Art, Ausmaß und Dauer der Leistungen richten sich nach der Besonderheit des Einzelfalles, insbes. nach Art und Schwere der Schädigung; Gesundheitszustand und Lebensalter sind dabei besonders zu berücksichtigen. Wünschen, die sich auf die Gestaltung der Hilfe richten, soll entsprochen werden, soweit sie angemessen sind und keine unvertretbaren Mehrkosten erfordern. Materielle Leistungen der K. sind allgemein abhängig von wirtschaftlicher Bedürftigkeit. Einkommen ist entweder voll zur Deckung des Lebensunterhaltsbedarfs oder dann einzusetzen, wenn es bestimmte Einkommensgrenzen übersteigt. Vermögen ist einzusetzen bzw. zu verwerten, soweit es nicht zu dem sog. geschützten Vermögen gehört. Als Einkommen gelten nicht die Grundrente (→ Beschädigtenrente) und die Schwerstbeschädigtenzulage sowie ein der Witwen- und Waisenbeihilfe zugrunde liegender Betrag der Grundrente. Vom Einsatz des Einkommens kann im übrigen ganz oder teilweise im Einzelfall dann abgesehen werden, wenn eine Berücksichtigung im Hinblick auf die besondere Lage der Beschädigten oder Hinterbliebenen – vor allem nach Art und Schädigungsnähe des Bedarfs, Dauer und Höhe der erforderlichen Aufwendungen sowie nach der besonderen Belastung – unbillig wäre.

Sachlich zuständig sind die → Landkreise und → kreisfreien Städte als örtliche Träger der K., die in der Regel Fürsorgestellen selbständig oder im Rahmen der → Sozialämter als Durchführungsbehörden geschaffen haben, sowie als überörtliche Träger die Länder bzw. in Nordrhein-Westfalen die → Landschaftsverbände und in Hessen und Baden-Württemberg die → Landeswohlfahrtsverbände mit den → Hauptfürsorgestellen als Durchführungsbehörden.

Den überörtlichen Trägern der Kriegsopferfürsorge sind in der Regel die Aufgaben durch Landesrecht zugewiesen, die auch den überörtlichen → Sozialhilfeträgern obliegen. Darüber hinaus haben sie nach § 27 e BVG Kriegsblinden, Ohnhändern, Querschnittsgelähmten, die eine Pflegezulage beziehen, und sonstigen Pflegezulageempfängern sowie Hirnbeschädigten und Beschädigten, deren Minderung der Erwerbsfähigkeit allein wegen Erkrankung an Tuberkulose oder wegen einer Gesichtsentstellung wenigstens 50 v. H. beträgt, eine wirksame Sonderfürsorge zu gewähren.

Die K. ist im Hinblick auf das Älterwerden des berechtigten Personenkreises vor schwierige Aufgaben gestellt. Ihre besondere Verantwortung liegt in der Sicherstellung individuell angepaßter Hilfen.

Kurt Neubert†

Kriegsopferverbände Etwa in der Reihenfolge der Mitgliederstärke sind dies der →

Verband der Kriegs- und Wehrdienstopfer, Behinderten und Sozialrentner Deutschlands e.V. (Vdk Sozialverband), Wurzerstr. 4a, 53175 Bonn;
Reichsbund der Kriegs- und Wehrdienstopfer, Behinderten, Sozialrentner und Hinterbliebenen (Sozialverband Reichsbund e.V.), Beethovenstr. 56–58, 53173 Bonn;
Bundesverband für Rehabilitation und Interessenvertretung Behinderter e.V. (BDH), Humboldtstr. 32, 53115 Bonn;
Bundesverband für Rehabilitation und Interessenvertretung Behinderter e.V. (BDH), Humboldtstr. 32, 53115 Bonn;
Bund Deutscher Hirnbeschädigter e.V., Humboldtstr. 32, 53115 Bonn;
Bund Deutscher Kriegsopfer, Körperbehinderter und Sozialrentner e.V. (BDKK), Bonner Talweg 88, 53113 Bonn;
Bund der Kriegsblinden Deutschlands e.V., Schumannstr. 35, 53113 Bonn.
Alle Verbände verfügen über eine langjährige Erfahrung. Sie wurden als Interessenverbände der Kriegsopfer z.T. schon nach dem 1. Weltkrieg gegründet. Bis auf den Bund der Kriegsblinden Deutschlands e.V. haben sie sich schon vor längerer Zeit auch für → Behinderte und Sozialrentner geöffnet, was aus der damals vollzogenen Änderung ihrer Bezeichnung deutlich wird.
Diese Verbände vertreten nicht nur die Interessen ihrer Mitglieder u.a. im Rechtsstreit vor den Gerichten, sie bringen auch ihr Wissen und ihre Erfahrungen ein durch ihre Beteiligung in Beschluß- und Beratungsgremien auf Bundes-, Landes- und kommunaler Ebene, so z.B. im → Beirat für die Rehabilitation der Behinderten beim Bundesminister für Arbeit und Sozialordnung, im Bundesausschuß der Kriegsbeschädigten- und Kriegshinterbliebenenfürsorge beim selben Ministerium, im Beratenden Ausschuß für Behinderte bei der Bundesanstalt für Arbeit und in den Beiräten, Beratenden Ausschüssen und Widerspruchsausschüssen bei den → Hauptfürsorgestellen sowie auch durch die Tätigkeit ihrer Vertreter als ehrenamtliche Sozialrichter.
Die Verbände sind darüber hinaus ein steter Mahner und Motor sozialpolitischen Geschehens. *Kurt Neubert†/Jürgen Schmidt*

Kriegsopferversorgung leistet Entschädigung für Gesundheitsschäden, die durch Wehrdienstableistung und Kriegseinwirkungen verursacht worden sind. Die heutige Versorgung nach den Maßgaben des → Bundesversorgungsgesetzes (BVG) ist Teil des sozialen Entschädigungsrechts (→ Soziale Entschädigung). Sie hat eine lange historische Tradition und ist heute deutlich geprägt von der Entwicklung des sozialen → Rechtsstaates.
K. als staatliche Antwort auf bestimmte Kriegsfolgen existiert, solange es Kriege gibt. Ursprünglich hatte diese Versorgung jedoch reinen Fürsorge- oder Gnadencharakter, ohne klagbare Ansprüche zu konstituieren. Erst die Einführung der allgemeinen Wehrpflicht (in Preußen 1814/15), die den Kriegsdienst zur Staatsbürgerpflicht erhob, verpflichtete umgekehrt auch den Staat, verbindlich für die zu verantwortenden Risiken einzustehen. Eine solche Entwicklung, weg vom Bedürftigkeitsnachweis und »Gnadengehalt« wurde durch das Militärpensionsgesetz von 1871 eingeschlagen. Heute noch maßgebliche Grundsätze für eine angemessene Versorgung wurden nach dem 1. Weltkrieg mit dem Reichsversorgungsgesetz vom 12. 5. 1920 etabliert. Der Gedanke der wirtschaftlichen Wiedereingliederung in das Erwerbsleben und der → Rehabilitation rückte in den Vordergrund. Entsprechend wurde der Anspruch auf Heilbehandlung eingeführt. Alte Versorgungsunterschiede je nach Militärrangstufen wurden abgeschafft. Nach dem 2. Weltkrieg und mit dem Außerkrafttreten der Reichsgesetze verlief die Rechtsentwicklung zunächst in den einzelnen Besatzungszonen sehr uneinheitlich. Erst nach Gründung der Bundesrepublik erfolgte mit dem BVG vom 20. 12. 1950 (BGBl. I S. 791) erneut eine einheitliche und sozialstaatliche Regelung. Hierdurch erhielten alle Personen deutscher und ausländischer Staatsangehörigkeit mit Wohnsitz im Geltungsbereich des BVG, die durch Kriegseinwirkung Schäden an der Gesundheit erlitten hatten, oder deren Hinterbliebene Anspruch auf Versorgungsleistungen. Seither ist das Leistungssystem vielfach reformiert und in der Leistungshöhe der Preis- und Tarifentwicklung angepaßt worden.
Zu den wichtigsten Grundsätzen des Leistungssystems der K. gehören: a) Leistungen werden nur auf Antrag gewährt; b) für die Beurteilung von Ursachenzusammenhängen gilt die Kausalitätslehre (→ Kausalitätsprinzip) der wesentlichen Bedingung; danach tritt der Staat so lange für die Folgen einer Schädigung ein, als die Einflüsse aus der von ihm zu verantwortenden Risikosphäre wenigstens gleichwertig neben anderen Bedingungen den Erfolg mitverursacht haben; Schadensteilungen (Quotelung) wie z.B. bei der Schadenshaftung im bürgerlichen Recht sind der K. unbekannt; c) vorrangiges Ziel der K. ist die gesundheitliche Rehabilitation (→ Medizinische Rehabilitation) und die → berufliche Rehabilitation. Durch Heilbehandlung, orthopädische Versorgung, → Kuren etc. sollen die gesundheitlichen Folgen der Schädigung soweit minimiert oder kompensiert werden, daß dem Beschädigten eine Wiedereingliederung in das Erwerbsleben gelingt. Mittels beruflicher Rehabilitation (z.B. Hilfen zur → Ausbildung oder Umschulung) wird das gleiche Ziel verfolgt. Verbleibende gesundheitliche und wirtschaftliche Defizite sollen durch das Rentenleistungssystem weitgehend abgegolten werden; d) die Lei-

stungshöhe will nicht nur ein soziales Absinken der Betroffenen verhindern, sondern der sozialen Verantwortung des Staates gerecht werden und geht deshalb weit über das Bedürftigkeitsprinzip anderer Leistungsgesetze (z. B. → Bundessozialhilfegesetz [BSHG]) hinaus, viele Leistungen werden einkommensunabhängig und orientiert an dem Verlust körperlicher Intaktheit oder der reduzierten Lebensfreude sowie an schädigungsbedingtem Mehraufwand in pauschalierter Höhe erbracht.
System und Leistungen der K. finden zunehmend Eingang in moderne Gesetze (z. B. BVG und → Opferentschädigungsgesetz [OEG]), welche die Versorgung bei Gesundheitsschäden regeln.

Kirsten Wachholz

Kriminalität Der Begriff K. bezeichnet die Gesamtheit der in einer Gesellschaft vorkommenden Verstöße gegen Normen des → Strafrechts (Straftaten). Eine Straftat ist ein vom Gesetzgeber definiertes Unrechtsverhalten, das nicht ausnahmsweise, zum Beispiel durch Notwehr, gerechtfertigt ist und das nicht, etwa aufgrund einer krankheitsbedingten Schuldunfähigkeit, anderen Bewertungskriterien unterliegt.
Wichtige Hinweise auf das Ausmaß der Kriminalität gibt die Polizeiliche Kriminalstatistik (PKS), die vom Bundeskriminalamt herausgegeben wird. Die Statistik weist für das Jahr 1994 6,5 Millionen bekanntgewordene Straftaten aus, das entspricht einem Wert von 8 Straftaten je 100 000 Einwohner. Bei über der Hälfte aller registrierten Straftaten handelt es sich um Diebstahl. Betrug und Sachbeschädigung bilden einen Anteil von jeweils 9%, alle übrigen Straftaten zusammen ergeben 22%. Zu beachten ist, daß die PKS den Umfang der Kriminalität einerseits überschätzt (erfaßt sind auch Straftatversuche, Bagatellfälle, die im weiteren Verlauf von der Staatsanwaltschaft eingestellt werden und Fälle, in denen sich der Tatverdacht bei genauerer Untersuchung nicht erhärtet), ihn andererseits aber auch unterschätzt: In der polizeilichen Kriminalstatistik werden nur die polizeilich registrierten, d. h. die angezeigten oder aufgedeckten Straftaten wiedergegeben (ohne Verkehrsdelikte, ohne Staatsschutzdelikte). Eine weitere wichtige Informationsquelle sind daher sozialwissenschaftliche Untersuchungen, bei denen repräsentativ ausgewählte Personen anonym danach befragt wurden, ob sie schon einmal Opfer oder Täter einer Straftat waren. Sie zeigen, daß es ein erhebliches Dunkelfeld unerkannter Straftaten gibt. Dieses Dunkelfeld ist deliktspezifisch unterschiedlich groß, je nachdem, wie hoch die Anzeigebereitschaft und wie intensiv die Kontrolltätigkeit der Polizei im betreffenden Bereich ist. Dunkelfeldstudien machen darüber hinaus auch deutlich, daß Kriminalität, anders als es die Kriminalstatistik ausweist, schichtenunabhängig verbreitet ist.
Im Hinblick auf die Ursachen von Kriminalität bzw. kriminellem Verhalten wurden verschiedene Erklärungsmodelle entwickelt. Dazu gehören u. a. sozialisations- und lerntheoretische Ansätze, die Frustrations-Aggressionstheorie, die Anomie-Theorie und der Etikettierungsansatz (→ Labeling approach). Angesichts der Unterschiedlichkeit der Delikte und Tätergruppen kann keine dieser Theorien alle Formen der Kriminalität gleich gut erklären. Jede hat ihre spezifischen Stärken und Schwächen, häufig müssen verschiedene Erklärungen herangezogen werden.
Strategien und Maßnahmen zur Verhütung und Bekämpfung von Verbrechen beschränken sich nicht nur auf die Strafverfolgung und den Strafvollzug (Repression), sondern umfassen ressortübergreifend u. a. familien-, sozial- und bildungspolitische Aktivitäten (Prävention).
Lit. BpB: Kriminalität; Kunz: Kriminologie; Lamnek: Abweichendes Verhalten; Sack: Kriminalsoziologie.

Rotraut Weeber/Sabine Kleebaur

Kriminologie Die K. befaßt sich als interdisziplinäre empirische Wissenschaft mit der gesamten »Sinnprovinz« (A. Schütz) → Kriminalität, d. h. u. a. mit der Entstehung der Kategorie Kriminalität, den Ursachen krimineller Handlungen im Einzelfall und massenhafter Kriminalität als gesellschaftlicher Erscheinung sowie mit dem Diskurs über und der sozialen Kontrolle von Kriminalität, wobei dem → Strafrecht/Strafvollzug und ihren Alternativen besondere Aufmerksamkeit zukommt. Die Wurzeln der K. liegen u. a. im Denken der Aufklärung (C. Beccaria, Über Verbrechen und Strafen, 1764), aber auch im Anstieg der Kriminalität und im zunehmenden Bemühen um ihre statistische Erfassung und wissenschaftliche Erklärung während der industriellen Revolution. Spätestens mit dem Buch »Criminologia« des ital. Staatsanwalts R. Garofalo etabliert sich die K. dann als relativ eigenständiges Wissenschaftsgebiet. Aufgrund ihrer Funktion als strafrechtlicher Hilfswissenschaft dominierte lange Zeit die täterorientierte Sichtweise der Kriminalpsychiatrie und -anthropologie (C. Lombroso, E. Ferri u.a.), was die Indienstnahme der K. während der NS-Zeit erleichterte. Erst die massive Rezeption sozialwissenschaftlicher Forschungsmethoden (→ Empirische Sozialforschung) und theoretischer Ansätze aus den USA führte in den 60er Jahren zum Entstehen einer »neuen« oder »kritischen« K., die sich deutlich von der »traditionellen« K. absetzte und mit dem → Labeling approach eine Perspektivenumkehr organisierte, nach der Kriminalität nicht mehr ein Merkmal des Täters bzw. seiner Handlung, sondern ein

»negatives Gut« ist, über dessen Verteilung die Instanzen der → sozialen Kontrolle (Polizei, Staatsanwaltschaft, Gerichte usw.) durch selektive Definitions- und Zuschreibungsprozesse verfügen. Während dieser Ansatz zunächst ausgesprochen sensibilisierend und stimulierend gewirkt hatte, konnten sich seine Grundannahmen über die Irrelevanz des Verhaltensaspekts von Devianz empirisch nicht bewähren. Neueren Ansätzen (Kontrolltheorien, rational choice, Shaming) ist deshalb die Betonung von Entscheidungsprozessen der Individuen und/oder situativer Merkmale für die Entstehung, Art und Häufigkeit von Normbrüchen gemeinsam. Was die Wissenschaftsorganisation angeht, so kennt die deutsche Kriminologie gegenwärtig drei Gruppen und zwei Lager. Während sich die eher traditionelle Kriminologie in der Neuen Kriminologischen Gesellschaft (NKG) zusammenfindet, stehen der Arbeitskreis Junger Kriminologen (AJK) und die Gesellschaft für inderdisziplinäre wissenschaftliche Kriminologie (GIWK) für eine eher instanzorientierte Richtung in der K.
Lit. Gottfredson u.a.: Theory; Kaiser u.a.: Wörterbuch; Maguire u.a.: Handbook; Sack u.a.: Kriminalsoziologie.

Sebastian Scheerer

Krippe und → Krabbelstube gehören zur Gruppe der → Kindertageseinrichtungen; sie nehmen Kinder bis zum Alter von 3 Jahren auf.
In der Vergangenheit gab es in den alten Bundesländern grundsätzliche Vorbehalte gegenüber K. (Gefährdung der Sozialentwicklung), die nach einer kritischen Aufarbeitung der Hospitalismusforschung (→ Hospitalismus) inzwischen weitgehend als überwunden gelten. Fremdpflege von Kleinstkindern ist demnach nicht problematisch, wenn die erforderlichen personellen und sachlichen Voraussetzungen in der Einrichtung gegeben sind. Dazu gehört auch eine möglichst intensive Kontaktpflege zwischen den Mitarbeiterinnen in der K. und den Eltern. Sind diese Voraussetzungen den heutigen Erkenntnissen entsprechend gegeben, kann eine K.erziehung gleiche oder in manchen Lebenslagen sogar bessere Entwicklungserfolge bringen als die ausschließliche Erziehung in einer (isolierten und durch ihre wirtschaftliche Situation oder beengten Wohnraum belasteten) → Familie. Die Vorbehalte gegenüber Fremdbetreuungsangeboten für Kleinstkinder ist Ursache für extrem unterschiedliche Versorgungsquoten (Zahl der K.Plätze bezogen auf 1- und 2jährige Kinder), die nach der Jugendhilfsstatistik zum 31. 12. 1994 in den alten Bundesländern bei 2,20%, in den neuen bei 41,33% lag. *Heribert Mörsberger*

Krisenintervention Als Krise wird ein (nicht durch Krankheit erklärbarer) meistens unter hohem emotionellem Druck einhergehender Verlust des seelischen Gleichgewichts bezeichnet, den der Betroffene mit seinen erlernten Bewältigungsmöglichkeiten selbst nicht beheben kann. Es wird zwischen situationsbedingten (z. B. Prüfungsversagen, Scheidung, Tod eines Angehörigen) und reifungsbedingten Krisen (z. B. → Pubertät, Klimakterium) unterschieden. Für das Entstehen einer Krise sind Art, Schweregrad, die objektive und subjektive Bedeutung des auslösenden Ereignisses sowie der Grad der Krisenanfälligkeit des Betroffenen ausschlaggebend. Neuerdings wird das Konzept der kritischen Lebensereignisse bevorzugt, dessen theoretische und klinische Relevanz durch umfangreiche empirische Forschungsarbeiten belegt ist (Filipp).
K. ist eine in der → Psychiatrie, → Psychotherapie und → Sozialarbeit, besonders in der Selbstmordverhütung (→ Selbsttötung) praktizierte zeitlich begrenzte Behandlungsform (→ Fokaltherapie), die die akute Krise beheben und den Betroffenen möglichst in den funktions- und verhaltensmäßigen Zustand vor dem Eintritt der Krise versetzen soll. Aufgrund des hohen → Leidensdrucks des Betroffenen während der Dauer der Krise ist eine gezielte Intervention in besonders wirksam.
Ablauf der K.: a) Einschätzung des Klienten in seiner akuten Krisensituation (Herausfinden des auslösenden Ereignisses nach Art, Umfang, Bedeutung und betroffenen Personen; Einschätzung seiner psychischen Verfassung besonders hinsichtlich Suizidgefährdung, ggf. sofortige Einleitung präventiver Maßnahmen). b) Planung der therapeutischen Intervention (Einschätzung des Selbsthilfepotentials des Klienten und vorhandener äußerer Ressourcen sowie der einzubeziehenden weiteren Personen). c) Durchführung der Intervention (Entlastung des Betroffenen von emotionellem Druck, Hilfe zur Auseinandersetzung mit Angst- und → Schuldgefühlen und zur Entwicklung neuer Bewältigungsmöglichkeiten, ggf. Vermittlung konkreter Hilfemaßnahmen). d) Lösung der Krise und vorausschauende Planung (Stabilisierung der erreichten Problemlösung, Verstärkung der neugewonnenen Bewältigungsmöglichkeiten, Unterstützung bei weiterer Planung, ggf. Einleitung einer weiterhin notwendigen längerfristigen Hilfestellung bzw. → Therapie.)
Lit. Filipp: Lebensereignisse; Golan: Krisenintervention; Häfner: Krisenintervention; Roberts u.a.: Einzelhilfe.

Hildegard Bechtler

Kritische Theorie ist die von Horkheimer und Adorno gewählte Bezeichnung für ihre Wissenschaft von der → Gesellschaft, in der sie – hinter die Arbeitsteilung der Wissenschaften zurück- und über sie hinausgehend – Theorien aus verschiedenen Disziplinen weiterführend zusammenfaßten. Die K. T. stellt den Versuch dar, aus der Geschichte der Philosophie und der Gesellschaftstheorie, die immer zugleich auf ihrem realen gesellschaftlichen Hintergrund interpretiert werden, ein analytisches Instrumentarium zu schaffen, das mit der Kritik der gegenwärtigen Gesellschaft das Engagement an ihrer Veränderung zu einer humaner eingerichteten verbindet. Wissenschaftsgeschichte wird in Verbindung mit der Sozial- und Wirtschaftsgeschichte als Entfaltung von Widersprüchen aufgefaßt, denen eine historisch und dialektisch konzipierte Theorie angemessen ist. Gedankengänge aus der idealistischen Philosophie (Hegel) und aus materialistischen Theorien (Marx/Engels) werden dabei in einer antithetischen Spannung aufgehoben, zur Erklärung der Folgen der Vergesellschaftung für die Individuen durch psychoanalytische Theoreme (Freud) ergänzt (→ Psychoanalyse).

In den während der Emigration entstandenen gemeinsamen Arbeiten zur Genese des autoritätsgebundenen Charakters (→ Autorität), des Zustimmungspotentials für den Nationalsozialismus, erweist sich diese Synthese als ausgesprochen fruchtbar (s. Adorno u. a.). Nach der Auflösung dieses Arbeitszusammenhanges differenzieren sich die theoretischen Beiträge je nach den spezifischen Erfahrungen und Interessen der einzelnen stark aus. Das Spektrum reicht von sehr entschiedenen gesellschaftskritischen Analysen (Marcuse) bis hin zu vergleichsweise sehr speziellen musiksoziologischen Studien (Adorno), so daß sich teilweise auch der postulierte Zusammenhang von Theorie und Praxis lockert.

Der K. T. wesentlich ist ihre Ablehnung dogmatischer und ahistorischer Setzungen; dies gilt sowohl für ihr Verhältnis zu den in ihr aufgegangenen Theorien als auch für die Geltung der von ihr formulierten Aussagen. Sie hat weniger dogmatisch erstarrte theoretische Aussagen zu tradieren, sondern ihrem Anspruch entsprechend eher die Aufforderung zu analytisch präziser sozialwissenschaftlicher Arbeit, die Beiträge zur Überwindung menschenunwürdiger gesellschaftlicher Zustände leistet. Vermittelt u. a. durch die Studentenbewegung haben Gedankengänge der K. T. von den 70er Jahen an erheblichen Einfluß auf die Diskussion der gesellschaftlichen und politischen Aspekte der sozialen Arbeit, ihres Selbstverständnisses und ihrer Arbeitsformen gehabt.

Lit. Adorno: Studien; Horkheimer: Kritische Theorie; Horkheimer: Traditionelle Theorie; Horkheimer u. a.: Dialektik; Marcuse: Eindimensionaler Mensch; Marcuse: Vernunft; Ritsert u. a.: Konservativismus; Schmidt, A.: Idee; Wiggershausen: Frankfurter Schule. *Alfred Pressel*

Kulturhoheit der Bundesländer → Bildung/Bildungswesen

Kultusministerkonferenz Für die Struktur der Kultur und damit der Bildungsverwaltung (→ Bildung/Bildungswesen) der BRD ist die Kulturhoheit der Länder konstitutiv (Art. 20, 30, 70 ff., 83 ff. → Grundgesetz [GG]). Kulturpolitische Angelegenheiten von überregionaler Bedeutung – wie z. B. des Schul- und Hochschulwesens einschließlich der → Fort- und Weiterbildung werden durch die ständige Konferenz der Kultusminister (KMK) mit dem Ziel einer gemeinsamen Meinungs- und Willensbildung behandelt. Im Plenum und in den Ausschüssen hat jedes Land eine Stimme. Entscheidungen über Sachfragen der Bildungspolitik müssen einstimmig gefaßt werden. Die Beschlüsse der KMK haben für Rechtssetzung und Verwaltung der Länder empfehlenden Charakter. Die organisatorische und curriculare Ausgestaltung des Bildungssystems in den einzelnen Bundesländern beruht auf den Empfehlungen der KMK.

In der Sozialen Arbeit (→ Sozialarbeit/Sozialpädagogik) erfolgt die Koordinierung der Ausbildungsgänge u. a. über Empfehlungen der KMK zu den jeweiligen Rahmenprüfungsordnungen. Die Zuständigkeit für die Ausbildung sozialer → Fachkräfte unterhalb der Fachhochschulebene (→ Fachhochschulen) ist in den Bundesländern jedoch nicht einheitlich geregelt. Dies erschwert die Integration der unterschiedlichen Ausbildungsgänge in ein systematisch strukturiertes Ausbildungssystem.

Helmut Dieckmann

Kundenorientierung → Verwaltungsmodernisierung, → Sozialmarketing

Kündigung (im Arbeitsrecht) Durch K. wird die Beendigung eines Dauerschuldverhältnisses, ein solches ist auch das → Arbeitsverhältnis, herbeigeführt. Die K. ist eine einseitige empfangsbedürftige Willenserklärung. Sie wird wirksam mit dem Zugang, d. h. auch, daß ab dem Zugang evtl. Fristen (K.frist, Klagefrist) zu laufen beginnen. Für das Wirksamwerden der K. ist unerheblich, ob sie vom Empfänger akzeptiert wird oder nicht. Davon zu unterscheiden ist die Frage, ob die K. das Arbeitsverhältnis wirksam beenden kann; dies ist im Rahmen des K.schutzes zu beantworten.

Erfolgt eine K. unter Einhaltung der K.frist, so wird sie als ordentliche K., im anderen Fall als außerordentliche K. bezeichnet. K.frist ist die Zeitspanne zwischen Zugang der K. und der Beendigung des Arbeitsverhältnisses (sog. K.termin). Für Arbeiter und Angestellte gelten seit 15. 10. 1993 einheitliche Kündigungsfristen (§ 622 BGB). Die Regelkündigungsfrist beträgt 4 Wochen zum 15. oder Ende eines Kalendermonats.

Die Kündigungsfrist verlängert sich schrittweise längerer (nach Vollendung des 25. Lebensjahres zurückgelegter) Dauer des Arbeitsverhältnisses und beträgt nach 20 Beschäftigungsjahren 7 Monate zum Ende eines Kalendermonats. Während der Probezeit, wenn diese nicht länger als 6 Monate dauert, kann eine Kündigungsfrist von 2 Wochen vereinbart werden. Abweichende Fristen können in → Tarifverträgen festgelegt werden. Die außerordentliche K. kommt i. d. R. als fristlose K. vor. Sie ist gem. § 626 Abs. 1 des Bürgerlichen Gesetzbuches (BGB) nur bei besonders schweren Vertragsverletzungen zulässig. Zu beachten ist, daß die außerordentliche K. wegen der Ausschlußfrist des § 626 Abs. 2 BGB innerhalb von 2 Wochen nach Kenntnis des K.grundes ausgesprochen werden muß. Wird diese Frist versäumt, kann auf den gleichen Grund allenfalls eine ordentliche K. gestützt werden.
K. können vom → Arbeitsgericht auf ihre Rechtswirksamkeit hin überprüft werden. Der K.schutz nach dem Kündigungsschutzgesetz (KSchG) greift jedoch nur ein, wenn das Arbeitsverhältnis zum Zeitpunkt des Ausspruchs der K. länger als 6 Monate bestanden hat, § 1 Abs. 1 KSchG, und im Betrieb des Arbeitgebers mehr als 10 Arbeitnehmer i. d. R. beschäftigt sind, § 23 Abs. 1 KSchG (Mittelstandsfreundlichkeit des KSchG). Ferner hat der gekündigte Arbeitnehmer gem. § 4 KSchG innerhalb von 3 Wochen ab Zugang der K. Klage beim Arbeitsgericht zu erheben. Das Arbeitsgericht überprüft sodann im Falle der außerordentlichen K. (§ 13 Abs. 1 KSchG), ob ein wichtiger Grund gem. § 626 Abs. 1 BGB vorlag, im Falle der ordentlichen K., ob diese sozial ungerechtfertigt i. S. d. § 1 Abs. 2 und 3 KSchG ist. Sonstige Unwirksamkeitsgründe (etwa die fehlende Zustimmung der → Hauptfürsorgestelle für die K. eines → Schwerbehinderten) können gem. § 13 Abs. 3 KSchG stets, also auch außerhalb der Klagefrist von 3 Wochen, geltend gemacht werden. Der K.schutz in Form der gerichtlichen Überprüfung der K. ist eine der wichtigsten arbeitsrechtlichen Schutzmaßnahmen (→ Arbeitsrecht). Er soll den Arbeitnehmer vor einem ungerechtfertigten Verlust des Arbeitsplatzes bewahren, ihm also trotz einer vom Arbeitgeber ausgesprochenen K. den Arbeitsplatz erhalten helfen. Diesem Anspruch wird das KSchG in der Praxis allerdings nur unzureichend gerecht. Die Schwäche des geltenden K.schutzes besteht darin, daß das Arbeitsgericht die Wirksamkeit der K. erst nachträglich überprüft. Bis zu einer rechtskräftigen Entscheidung des Gerichts, die im übrigen erst nach Monaten oder, bei Ausschöpfung der → Rechtsmittel, gar nach Jahren getroffen wird, hat der gekündigte Arbeitnehmer den Betrieb zu verlassen und sich eine neue Arbeitsstelle zu suchen. Gewinnt er dann im K.prozeß, so ist er i. d. R. nicht bereit, die neu gefundene Arbeitsstelle für eine ungewisse Zukunft im alten Betrieb aufs Spiel zu setzen. Wirksame Abhilfe könnte nur durch eine Weiterbeschäftigung am alten Arbeitsplatz während der Dauer des K.schutzverfahrens erreicht werden. Hier hat eine Entscheidung des Großen Senats des Bundesarbeitsgerichts vom 27. 2. 1985 eine wesentliche Verbesserung der Rechtsposition des gekündigten Arbeitnehmers gebracht. Dem Arbeitnehmer wird nämlich ein Beschäftigungsanspruch eingeräumt, der gleichzeitig mit der K.schutzklage geltend gemacht werden kann. Gewinnt der Arbeitnehmer den K.schutzprozeß, so kann er bereits nach der erstinstanzlichen Entscheidung die Weiterbeschäftigung verlangen und muß nicht mehr dem Betrieb für die gesamte Zeit fernbleiben, die der Weg des K.schutzverfahrens durch die Instanzen beansprucht. Die Zeit, die der Arbeitnehmer nach einer ungerechtfertigten K. dem Betrieb fernbleiben muß, kann demnach auf die Dauer des K.schutzverfahrens in der 1. Instanz verkürzt werden. Unter dieser Voraussetzung bedeutet wirksamer Bestandsschutz auch, daß die Arbeitsgerichte personell so ausgestattet sind, daß sie die Verfahren auch beschleunigt abwickeln können.
Demgegenüber hat die mit der Novellierung des Betriebsverfassungsgesetzes (BetrVG) im Jahre 1972 geschaffene Weiterbeschäftigungsmöglichkeit nicht zu einem besseren Bestandsschutz für das Arbeitsverhältnis verholfen. Nach § 102 Abs. 5 BetrVG kann die Weiterbeschäftigung verlangt werden, wenn der → Betriebsrat einer ordentlichen, betriebsbedingten (also auf wirtschaftliche Gründe gestützten) K. aus einem der in § 102 Abs. 3 BetrVG abschließend aufgeführten Gründe widerspricht. Diese Voraussetzungen sind so einschränkend, daß die Weiterbeschäftigung gem. § 102 Abs. 5 BetrVG in der Praxis kaum zur Anwendung kommt. Trotz der nunmehr gegebenen Weiterbeschäftigungsmöglichkeit bereits nach der Entscheidung der 1. Instanz werden, wie bisher, viele Arbeitnehmer den Weg zurück in den alten Betrieb scheuen und sich statt dessen für den Verlust des Arbeitsplatzes durch Zahlung einer Abfindung entschädigen lassen; dies gilt zumindest für diejenigen – jungen – Arbeitnehmer, die damit rechnen können, auf dem → Arbeitsmarkt eine neue Anschlußbeschäftigung zu finden.

Neben diesem allgemeinen K.schutz steht bestimmten Personengruppen ein besonderer K.schutz zu. Die K. von Schwerbehinderten darf erst nach Zustimmung durch eine Behörde (Hauptfürsorgestelle) ausgesprochen werden, § 12 SchwbG; der → Mutterschutz umfaßt ein absolutes K.verbot für die Zeit vom Beginn der Schwangerschaft bis zum Ablauf von 4 Monaten nach der Entbin-

dung, § 9 MuSchG; Mitglieder des Betriebsrats und der Personalvertretung (→ Personalrat) dürfen nur aus wichtigem Grunde (außerordentlich) und nach Zustimmung des Betriebsrats gekündigt werden, § 15 KSchG, § 103 BetrVG; die K. eines Wehrpflichtigen (→ Arbeitsplatzschutzgesetz) ist von der Zustellung des Einberufungsbescheids bis zur Beendigung des Grundwehrdienstes unzulässig, § 2 ArbplSchG.
Lit. Schaub: Arbeitsrechts-Handbuch.

Klaus Feser

Kündigungsschutz für Schwerbehinderte
Der K. nach den §§ 15 bis 22 ist ein Kernstück des → Schwerbehindertengesetzes (SchwbG). Es gilt für → Schwerbehinderte und Gleichgestellte (§§ 1 und 2 SchwbG), die in einem → Arbeitsverhältnis stehen, also Arbeitnehmer sind. Dazu gehören auch leitende Angestellte. Der Arbeitgeber benötigt zur Kündigung des Arbeitsverhältnisses (→ Kündigung [im Arbeitsrecht]) eines Schwerbehinderten die vorherige Zustimmung der → Hauptfürsorgestelle (§ 15 SchwbG). Das Erfordernis der Zustimmung ist der wesentliche Inhalt des K. Erst wenn die Entscheidung der Hauptfürsorgestelle in Form der Zustimmung vorliegt, darf der Arbeitgeber die Kündigung erklären. Die ohne vorherige Zustimmung der Hauptfürsorgestelle ausgesprochene Kündigung ist unwirksam. Sie kann auch nicht nachträglich durch die Hauptfürsorgestelle genehmigt werden.
Das Erfordernis der Zustimmung gilt für ordentliche und außerordentliche Kündigungen durch den Arbeitgeber (§§ 15 und 21 SchwbG). Die Beendigung des Arbeitsverhältnisses in anderer Weise als durch arbeitgeberseitige Kündigung, und zwar durch einvernehmliche Beendigung des Arbeitsverhältnisses (Aufhebungsvertrag), durch Kündigung von seiten des Schwerbehinderten und durch Fristablauf bei Zeitverträgen, ist zustimmungsfrei. Die Beendigung des Arbeitsverhältnisses eines Schwerbehinderten ist hingegen zustimmungspflichtig, wenn sie bei Eintritt der Berufsunfähigkeit (→ Berufsunfähigkeitsrente) oder Erwerbsunfähigkeit (→ Erwerbsunfähigkeitsrente) auf Zeit ohne Kündigung erfolgt (erweiterter Beendigungsschutz gem. § 22 SchwbG).
Einige Ausnahmen von dem Erfordernis der Zustimmung bei arbeitgeberseitiger Kündigung enthält § 20 SchwbG. Hiernach ist u. a. die Kündigung eines Schwerbehinderten innerhalb von 6 Monaten seit Bestehen des Arbeitsverhältnisses zustimmungsfrei (§ 20 Abs. 1 Nr. 1 SchwbG). Zustimmungsfrei sind unter bestimmten Voraussetzungen auch Kündigungen von Schwerbehinderten, die sozial abgesichert sind (§ 20 Abs. 1 Nr. 3 SchwbG), ferner Kündigungen der in § 20 Abs. 1 Nr. 2 und Abs. 2 SchwbG genannten Beschäftigungsverhältnisse.

Der K. des SchwbG ist ein zusätzlicher Schutz. Daneben hat der Schwerbehinderte wie jeder Arbeitnehmer den allgemeinen Kündigungsschutz nach dem Kündigungsschutzgesetz.

Jürgen Schmidt

Kündigungsschutzgesetz → Kündigung (im Arbeitsrecht)

Kündigungsschutz im Mietrecht → Mieterschutz

Kur ist die ärztlich verordnete Anwendung besonders zusammengestellter → Heilmittel und Maßnahmen über einen längeren Zeitraum an einem K.ort oder in einer speziellen → Einrichtung mit dem Ziel der Abwendung eines drohenden Gesundheitsschadens (→ Prävention, → vorbeugende Gesundheitshilfe), der Besserung einer bestehenden → Krankheit oder der Linderung von Krankheitsfolgen. Im Verlauf der Diskussionen um das → Gesundheits-Reformgesetz (GRG) hat der Begriff eine gewisse Abwertung erfahren, was dazu geführt hat, daß er zunehmend durch Begriffe wie Vorsorgemaßnahmen oder Rehabilitationsleistungen ersetzt wird. Diese Diskussionen wurden 1996 in einer Weise fortgeführt, die zu weiteren Leistungseinschränkungen bei sogenannten K. geführt haben.
Unter dem Sammelbegriff »Kuren« werden verstanden die medizinischen Leistungen zur → Rehabilitation gemäß § 15 SGB VI (→ Sozialgesetzbuch [SGB]), die gemäß § 15 Abs. 2 SGB VI vor allem in speziellen Einrichtungen der → Rentenversicherungsträger oder in Vertragshäusern in Anspruch genommen werden können. Darüber hinaus kennt die → Rentenversicherung Nach- und Festigungsk. wegen Geschwulsterkrankungen sowie Kinderk. (§ 31 Abs. 1 Nr. 3 und 4 SGB VI).
Die gesetzliche → Krankenversicherung beteiligt sich an den Kosten ambulanter Vorsorge- und Rehabilitationsk. (§ 23 Abs. 2 und § 40 Abs. 1 SGB V). Die → Krankenkasse übernimmt die Kosten für die aus medizinischen Gründen erforderlichen Maßnahmen voll und gibt zu den übrigen Kosten der K. (z. B. Aufenthalt in einer Pension) einen Zuschuß von bis zu 15 DM täglich. Soweit es sich um Müttergenesungsk. nach §§ 24 und 41 SGB V handelt, kann der Zuschuß nach Maßgabe der Krankenkassensatzung bis zur vollen Kostendeckung erhöht werden. Müttergenesungsk. haben durch diese Sonderregelungen im SGB V eine erhebliche sozialpolitische Aufwertung erfahren. Volle Kostendeckung abzüglich einer Eigenbeteiligung der Versicherten erfolgt auch dann, wenn eine sogenannte ambulante K. nicht ausreicht, sondern der Aufenthalt in einer besonderen Vorsorge- oder Rehabilitationseinrichtung erforderlich ist (§ 23 Abs. 4 und § 40 Abs. 2 SGB V). Diese Spezialeinrichtungen müs-

sen die in § 107 Abs. 2 SGB V enthaltenen Anforderungen erfüllen.
Im Rahmen der → Sozialhilfe werden als → Hilfe in besonderen Lebenslagen vorbeugende Gesundheitshilfe nach § 36 → Bundessozialhilfegesetz (BSHG) und → Krankenhilfe nach § 37 BSHG in gleichem Umfang gewährt wie in der gesetzlichen Krankenversicherung. Allerdings muß der Sozialhilfeträger die Kosten vollständig übernehmen, wenn dem Hilfesuchenden der Einsatz von → Einkommen und → Vermögen nicht zugemutet werden kann (§§ 28, 79 und 88 BSHG). K. können aber auch als Maßnahme der → Eingliederungshilfe für Behinderte nach § 40 Abs. 1 Nr. 1 BSHG in Verbindung mit § 6 → Eingliederungshilfe-Verordnung (EinglHVO) in Betracht kommen. Diese gegenüber vorbeugender Gesundheitshilfe und Krankenhilfe nachrangige Leistung kommt dann zum Tragen, wenn trotz Durchführung der Akutbehandlung eine Behinderung einzutreten droht. Die Zuordnung zur → Eingliederungshilfe ist für den Hilfesuchenden günstiger, weil wegen § 81 Abs. 1 Nr. 1 und 2 BSHG eine höhere Einkommensgrenze gilt.
K. können auch im Rahmen der Heilbehandlung nach § 33 SGB VIII (gesetzliche → Unfallversicherung) vom Träger der gesetzlichen Unfallversicherung zu gewähren sein, wenn die K.bedürftigkeit Folge eines → Arbeitsunfalles oder einer → Berufskrankheit ist.
In allen Sozialleistungsbereichen muß die K.bedürftigkeit regelmäßig abgegrenzt werden einerseits von akuter medizinischer Behandlungsbedürftigkeit, die z.B. einen Krankenhausaufenthalt erfordert, und andererseits vom Erholungsurlaub, der keiner ärztlichen Verordnung bedarf und keine Leistungspflicht im Sozialleistungsrecht begründet.
Von der → Freien Wohlfahrtspflege werden K. vor allem für Personengruppen durchgeführt, die wegen sozialer und psychischer Belastungen in ihrer → Gesundheit besonders gefährdet sind. Die therapeutischen Maßnahmen zielen besonders auf eine Aktivierung der K.teilnehmer/-innen ab und eine Änderung ihres Verhaltens, damit außer der Beseitigung körperlicher Symptome auch eine Stärkung des allgemeinen Wohlbefindens und eine positive Beeinflussung sozialer Probleme erfolgt.
Werner Hesse-Schiller

Kuratorium Deutsche Altershilfe – Wilhelmine-Lübke-Stiftung e.V. (KDA) 1962 von Bundespräsident Heinrich Lübke und Frau Wilhelmine Lübke gegründet. Schirmherr ist der Bundespräsident.
Aufgaben: Anregung und Förderung praktischer Maßnahmen zur Erhaltung der Selbständigkeit älterer Menschen; Beratung für die Planung, den Bau und den Betrieb von Einrichtungen der Altenhilfe durch Fachleute aus den Disziplinen Architektur, Sozial- und Haushaltswissenschaft; Anregung und Förderung von Grundlagenabeiten zur Qualifizierung der (institutionellen) → Altenhilfe; Erschließung in- und ausländischer Forschungsergebnisse für die Praxis der Altenhilfe; Herausgabe von Informationen für die Mitarbeiter der Altenhilfe und die Öffentlichkeit durch Materialsammlungen, die Schriftenreihen »Forum«, »Vorgestellt« und »thema« und einen Pressedienst; nichtöffentliche Fachbibliothek.
Anschrift: An der Pauluskirche 3, 50677 Köln 1
Klaus Großjohann

Kurztherapie → Fokaltherapie

Kurzzeitpflege Stationäre Kurzzeitpflege ist ein Dienstleistungsangebot für Pflegebedürftige, die nicht im Heim leben, sondern i.d.R. von Angehörigen/ambulanten Diensten in ihrer privaten Häuslichkeit gepflegt werden. K. als zeitlich befristete stationäre Aufnahme ist geboten bei plötzlichem Ausfall der Hauptpflegeperson, während des Urlaubs pflegender Angehöriger, zur Krankenhausnachsorge usw. K. stabilisiert so die Aufrechterhaltung der Hauspflege, weniger Heimplätze werden benötigt. Für die Räume und die apparative Ausstattung gelten dieselben hohen Anforderungen wie für qualifizierte Dauerpflege. Einrichtungsgröße: vom einzelnen »eingestreuten« Platz bis zu über 30 Plätzen mit ganzjähriger Zweckbindung variierend. Man unterscheidet zwischen Einrichtungen ohne Anbindung (»Solitär-Typ«) und diversen Anbindungs-Varianten (Anbindung an eine Sozialstation, im Altenpflegeheim als integrierter Teil einer Station oder als reine K.Station mit eigenem Personal). Das Konzept muß u.a. auf das Belegungsmanagement und die obligatorische individuelle Vorklärung eingehen.
Seit dem 1. 4. 1995 erstatten die Pflegekassen leistungsberechtigten Versicherten für einen bis zu 4wöchigen Aufenthalt nur für die pflegebedingten Aufwendungen jährlich bis zu DM 2 800,–.
Günther-Fritz Häberle

Kybernetik ist die Bezeichnung für eine Wissenschaft, die sich mit der Übertragung und Steuerung von Informationen im weitesten Sinne befaßt. Der Begriff geht zurück auf das griechische Wort kybernetes (Steuermann) und bezeichnet ursprünglich die Kunst, Schiffe zu steuern. In seiner heutigen Verwendung bezieht er sich auf N. Wiener, der als Begründer einer mathematischen Theorie von Steuerungs- und Regelungsprozessen in belebten und unbelebten Systemen angesehen wird.
Die Bedeutung der K. liegt in ihrer grundsätzlichen Unabhängigkeit von speziellen Fachdisziplinen: ihre Grundannahme und Grundbegriffe sind so beschaffen, daß sie prinzipiell auf jedes Gebiet angewendet werden können.

Charakteristisch für die kybernetische Betrachtungsweise ist das Abstrahieren von der speziellen Beschaffenheit bzw. Materialeigenschaft und von den energetischen Prozessen der Untersuchungsgegenstände. Dadurch wird es möglich, das Zusammenwirken von Teilen und Ganzheiten, den Prozeß der Zielerreichung bei Auftreten von Hindernissen und Störungen sowie die dazu erforderlichen Operationen zu beschreiben. So ist beispielsweise ein Kühlschrank vom Standpunkt der K. ein Gefüge von vier → Variablen: Innen-, Außen- und Solltemperatur sowie der Motortätigkeit. Wichtige Elemente der K. sind neben der Informationstheorie die Theorie des Regelkreises und die Black-box-Methode. Das Regelkreismodell ermöglicht es, das relativ starre Erklärungsschema von Ursache und Wirkung zu überwinden und dadurch Systeme, die in einer komplexen Wechselbeziehung zueinander stehen, zu beschreiben. Beispiel für einen Regelkreis ist die Konstanthaltung der Körpertemperatur des Menschen. Überhitzung infolge Anstrengung wird durch die Verdunstungskälte des Schweißes ausgeglichen. Die Black-box-Methode wird auf Systeme angewandt, von denen anfangs nur bekannt ist, welche Eingangs- und Ausgangsgrößen sie besitzen (Input-Output), deren innere Struktur aber nicht unmittelbar (bildlich gesprochen: durch »Öffnen« der Black-box) untersucht werden kann. Hierzu gehören fast alle Problemstellungen, die menschliches → Verhalten zum Gegenstand haben.

Lit. Dörner, D.: Modelle; Klaus: Kybernetik. *Wilfried Reifarth*

L

Labeling Approach Unter dem Begriff »L. A.« (deutsch: Etikettierungsansatz, Definitionsansatz) versteht man in der Erforschung von Abweichung (→ Abweichendes Verhalten) und → Kriminalität diejenige theoretische Perspektive, die nicht wesensmäßige Eigenschaften der Betroffenen, sondern Wahrnehmungs- und Zuschreibungsprozesse seitens des → sozialen Umfeldes für die Konstituierung von Abweichung und Kriminalität verantwortlich macht. Die Vertreter des L. A. kehren sich daher gegen die Ursachenforschung der traditionellen (ätiologischen) Ansätze, die das Phänomen Kriminalität gleichsam als ein natürliches von vornherein akzeptierten und lediglich nach (sozialstrukturellen, biologischen, individualpsychologischen) Bedingungen für kriminelles Verhalten suchten. Für den L. A. hingegen ist Abweichung vor dem Stadium des Entdeckt- und Sodefiniertwerdens nahezu gleichverteilt und anthropologisch ohne weiteres als Möglichkeit menschlicher Vielfalt verstehbar. Wenn somit die (in der Öffentlichkeit einzig als kriminell definierten) Personen, die von der Polizei aufgegriffen, von der Staatsanwaltschaft angeklagt und vom Gericht verurteilt werden, lediglich eine Selektion aus der Gesamtmenge sich gleichartig verhaltender Menschen darstellen, dann sind es nicht die betroffenen Personen, sondern diese Instanzen, die »Kriminalität« durch ihre Akte der Selektion, der Benennung und Behandlung (Kriminalisierung) erst herstellen. Nicht das physische Verhalten selbst, sondern dessen negative Bewertung in einem sozialen Prozeß (→ Stigmatisierung) läßt »Kriminalität« entstehen. Da nichtstigmatisierungsbedingte Regelverletzungen (primäre Abweichung) nahezu unterschiedlos von allen Mitgliedern des sozialen Systems begangen werden, stellen sie noch kein soziales Problem dar. Erst wenn die primäre Abweichung zum Anlaß für das Eingreifen formeller Instanzen genommen und öffentlich dramatisiert wird, kommt es zur Deviationskrise, in der dem Betroffenen die Lebenschancen beschnitten werden und in deren Verlauf er das Selbstbild des Abweichlers annehmen kann. Beides zusammen - die Reduktion der Handlungsalternativen und die Internalisierung des abweichenden Selbstbilds - begünstigt die Entwicklung einer sog. kriminellen Karriere.

Von anderen auf der Theorie des → symbolischen Interaktionismus aufbauenden Perspektiven unterscheidet sich der L. A. durch seine radikale Verneinung jeglicher Relevanz des Verhaltens- gegenüber dem Definitionsaspekt der Abweichung. Daher rührt auch die Kritik, der L. A. würde den untauglichen Versuch unternehmen, eine → Kriminologie ohne den Täter bzw. eine → Psychiatrie ohne psychische Krankheit etc. zu begründen. Während sich der L. A. wegen der von ihm betriebenen Ausblendung ätiologischer Fragestellungen einerseits in schroffen Gegensatz zur traditionellen Psychiatrie und Kriminologie stellt, verschafft ihm andererseits die Vernachlässigung der nicht-normativen Elemente der Kontrollprozesse, insbes. der Machtdimension und der objektiven sozialstrukturellen Variablen, entschiedene Ablehnung seitens materialistischer Positionen.

Lit. Keckeisen: Labeling Approach; Keupp: Abweichung; Lemert: Devianz; Pfohl: Labeling Criminals; Rüther: Abweichendes Verhalten; Sack: Kriminalität.

Sebastian Scheerer

Laienhilfe → Ehrenamtliche/freiwillige Tätigkeit im sozialen Bereich

Laissez-faire-Erziehungsstil → Erziehungsstile

Landesarbeitsgemeinschaft Soziale Brennpunkte (LAG) Bewohnerinitiativen sowie Projekte der Sozial- und → Gemeinwesenarbeit in → Sozialen Brennpunkten setzen sich seit Mitte der 70er Jahre in landesweiten Zusammenschlüssen gemeinsam für nachhaltige Verbesserungen der Wohnverhältnisse, der materiellen Lebensbedingungen und der sozio-kulturellen Situation der dort lebenden Menschen ein. In enger Kooperation mit den Bewohner/-innen und parteilich für deren Interessen arbeiten die LAG an der Entwicklung der Sozialen Brennpunkte und an der Stabilisierung gefährdeter Stadtteile.

Dies geschieht durch Bildungsveranstaltungen und Fachtagungen, durch Beratung von Bewohner/-innen, Projekten und Verwaltungen, durch die Realisierung von Modellprojekten, durch den Aufbau von Netzwerken und durch Öffentlichkeitsarbeit.

Arbeitsschwerpunkte sind die Sanierung der Wohnsubstanz und Wohnumfeldmaßnahmen, Verhinderung von → Obdachlosigkeit, Existenzsicherung durch Qualifizierung und Beschäftigung sowie durch Sozial- und Transferleistungen, die Bereitstellung von Infrastruktur, Maßnahmen der Kinder- und → Jugendhilfe, Initiativen zur Herstellung der Chancengleichheit von Frauen, die Selbstorganisation der Bewohner/-innen sowie die gesellschaftliche Integration und → Partizipation. Die LAG arbeiten dabei mit einem generationen- und geschlechterdifferenzierenden Ansatz.

Ziel der sozialpolitischen Interessenvertretung ist die Entwicklung von Konzepten zur Überwindung von → Armut und Unterversorgung und deren Umsetzung in landespolitische Strategien. In bundesweiten Zusammenschlüssen und Bündnissen, u. a. in der Bundesarbeitsgemeinschaft (BAG) Soziale Brennpunkte arbeiten die LAG mit an der Durchsetzung einer bedarfsgerechten → Sozialpolitik. *Hartmut Fritz*

Landesärzte In den einzelnen Bundesländern sind L. mit besonderen Erfahrungen in der Hilfe für → Behinderte zu bestellen (§ 126a Abs. 1 → Bundessozialhilfegesetz [BSHG]). Diese L. haben insbes. folgende Aufgaben:
a) Unterstützung der → Gesundheitsämter (GÄ) bei der Einrichtung und Durchführung der erforderlichen Sprechtage zur Beratung Behinderter (→ Behindertenberatung) und Personensorgeberechtigter (→ Personensorge) sowie Beteiligung an diesen Sprechtagen,
b) Erstattung von → Gutachten für die Landesbehörden, die für das → Gesundheitswesen und die → Sozialhilfe zuständig sind, sowie für die zuständigen → Sozialleistungsträger,
c) regelmäßige Unterrichtung der für das Gesundheitswesen zuständigen Landesbehörden über den Erfolg der Erfassungs-, Vorbeugungs- und Bekämpfungsmaßnahmen in der Hilfe für Behinderte (§ 126a Abs. 2 BSHG) sowie

d) Mitwirkung bei der Aufstellung des → Gesamtplans und bei der Durchführung der Maßnahmen durch den → Sozialhilfeträger (§ 46 Abs. 2 BSHG).
Lit. Gottschick u.a.: BSHG (Komm.); Knopp u.a.: BSHG (Komm.); Schellhorn: BSHG (Komm.). *Hans-Gerd Ronge*

Landesblindengeldgesetze Eine jährlich aktualisierte Übersicht über die L. und die danach gewährten Leistungen ist beim → Deutschen Blindenverband e. V. (DBV) erhältlich.

Das zur Gewährung von → Blindengeld geschaffene System eines flächendeckenden Netzes von voneinander unabhängigen L. ist im deutschen Sozialrecht einzigartig. Für die → Blinden hat die landesgesetzliche Regelung in einigen Ländern den Vorteil, daß sie über den in § 67 → Bundessozialhilfegesetz (BSHG) vorgegebenen Standard hinaus Leistungen gewährt. Wer jedoch von Land A nach Land B zieht und nicht rechtzeitig das bisher bezogene Blindengeld abmeldet und im Zuzugsland neu beantragt, muß an das Land A das Blindengeld zurückzahlen und erhält es vom Land B nicht rückwirkend ausgezahlt. Bei jeder neuen Beantragung von Blindengeld ist zudem die Einholung eines aktuellen ärztlichen Gutachtens erforderlich, was in einigen Fällen auch zur Korrektur der medizinischen Bewertung geführt hat. Sonderregelungen bestehen für die Fälle, in denen der Blinde im Zuzugsland in eine → Anstalt, ein Heim oder eine gleichartige Einrichtung zieht; insofern haben sich die Länder jedoch nur teilweise aufeinander abgestimmt. *Karl Thomas Drerup*

Landesjugendamt Von einem überörtlichen öffentlichen → Jugendhilfeträger errichtete Jugendbehörde mit folgenden Hauptaufgaben:
– Fach- und Organisationsberatung (→ Organisation sozialer Dienste), Planungshilfen und Koordination (keine Weisungsbefugnis) der → Jugendämter (JÄ) und → freien Träger,
– differenziertes Fortbildungsangebot für die → Fachkräfte in der → Jugendhilfe (→ Fortbildung),
– Qualifizierung der Jugendhilfe und der Zusammenarbeit von JÄ und freien Trägern durch Konzentration von Expertenwissen durch Beobachtung von Entwicklungen, Bündelung von Erfahrungen, Auswertung und Vermittlung von Erkenntnissen,
– Beratung der Träger von → Einrichtungen und Schutz von Kindern und Jugendlichen in Einrichtungen gem. §§ 45 bis 48a → Kinder- und Jugendhilfegesetz (KJHG),
– Zentrale Adoptionsstelle (→ Adoptionsvermittlungsgesetz),
– Förderung in Bereichen mit überörtlicher Bedeutung, insbes.: Kinder- und → Familienhilfe, → Jugendarbeit, → Jugendschutz,

Hilfen gegen die Suchtgefährdung (→ Sucht/Suchtgefährdung), → Jugendsozialarbeit, → Streetwork, Jugendbildungsstätten, → Hilfen zur Erziehung (HzE) in schwierigen Einzelfällen, Hilfe für → ausländische Kinder und ihre Familien (→ Ausländer und Staatenlose, Jugendhilfe für),
– Weiterentwicklung der Jugendhilfe.
Die vorgenannten Aufgaben sind nach § 85 Abs. 2 KJHG Pflichtaufgaben der L. Die örtlichen JÄ können Teilaufgaben der L. (Förderung, Beratung, Fortbildung) auch selbst wahrnehmen (§ 85 Abs. 3 KJHG).
Die Verpflichtung zur Errichtung von L. beruht auf § 69 KJHG. Sie entstand erstmalig durch das RJWG vom 9. 7. 1922, in Kraft getreten am 1. 4. 1924, i. V. m. Landesrecht. Im KJHG bekommt das L. eine neue, ihrem Charakter nach beratende, fördernde, anregende, planende sachliche Zuständigkeit (→ Zuständigkeit, sachliche und örtliche) zugewiesen.
Wie das JA ist auch das L. ein »zweigliedriges« Amt, das aus dem Landesjugendhilfeausschuß (→ Jugendhilfeausschuß) und der Verwaltung des L. besteht.
S. a. → Bundesarbeitsgemeinschaft der Landesjugendämter (BAGLJÄ).
Lit. Münder u. a.: KJHG (Komm.).

Hartmut Schulz

Landesjugendhilfeausschuß → Jugendhilfeausschuß

Landesjugendplan → Jugendpläne

Landeskrankenhaus 66 Psychiatrische L. (in Bayern: Bezirkskrankenhaus) mit ca. 75 000 Betten stellen derzeit den Schwerpunkt der stationären psychiatrischen Krankenversorgung in der Bundesrepublik Deutschland dar. Sie sind definierten geographischen Versorgungsgebieten mit Aufnahmeverpflichtung (Sektorisierung, → Unterbringungsgesetze) zugeordnet: pro Versorgungsbezirk haben sie mit einer durchschnittlichen Bettenzahl von etwa 300 (empfohlene Höchstgrenze: 450) ca. 1/2-3/4 Mio. Menschen zu versorgen. Innerhalb eines Jahres werden ca. 200 000 Personen in den L. aufgenommen; für ein Standardversorgungsgebiet wird heute 0,6-1 psychiatrisches Bett auf 1 000 Einwohner angenommen (sog. Bettenmeßziffer). Ideal wäre ein Versorgungsgebiet von etwa 150 000-250 000 Einwohnern. Derzeit beträgt die Arzt-Patienten-Relation im Durchschnitt 1:9, die Relation Psychologe: Patient und Sozialarbeiter:Patient beträgt ca. 1:40 bzw. 1:24, die von Pflegepersonal: Patient ca. 1:1,5, von Ergotherapeut: Patient ca. 1:16. Diese deutliche Verbesserung der personellen Ausstattung gegenüber früher basiert auf der 1991 verabschiedeten Psychiatrie-Personal-Verordnung (PsychPV), der eine patientenzentrierte Personalbemessung zugrunde liegt. Im Vergleich zu den Fachabteilungen an Allgemeinkrankenhäusern und den Psychiatrischen Universitätskliniken sind in L. Patienten mit sog. endogenen → Psychosen sowie Suchtkranke (→ Sucht/ Suchtgefährdung) überproportional vertreten.

Historisch kam es zu Beginn des 19. Jh. zur Gründung zahlreicher, abseits gelegener, psychiatrischer → Anstalten durch staatliche Behörden; seit 1880 vollzog sich die Trennung der → Psychiatrie in eine Hochschul- und eine Anstaltspsychiatrie, die überwiegend chronisch → psychisch Kranke zu versorgen hatte.

Derzeitige Entwicklungstendenzen: Humanisierung (kleinere, weitestgehend offene, gemischt-geschlechtliche Stationen; Aufenthaltsräume; → Therapeutische Gemeinschaft); Gleichstellung der psychisch Kranken mit den körperlich Kranken (→ Pflegesätze, → Vorurteile); Integration der Psychiatrie in die allgemeine Medizin (Psychiatrische Abteilung an Allgemeinkrankenhäusern); gemeindenahe psychiatrische Versorgung (→ Gemeindepsychiatrie; → Sozialpsychiatrie); Schaffung von → Übergangseinrichtungen für psychisch Kranke und Behinderte. Letztere sind für die Rehabilitation sowie zur Vermeidung der Vollhospitalisierung wichtig (→ Tageskliniken; → Nachtkliniken, Übergangsheime, Altenwohnheime u.ä. teilstationäre Einrichtungen; Verflechtung stationärer, intramuraler und extramuraler Dienste). Aktueller Trend ist die Verkleinerung der L. (»psychiatr. Großkrankenhäuser«; »Bettenabbau«) bei gleichzeitiger Zunahme psychiatr. Abteilungen an Allgemeinkrankenhäusern (z. Zt. ca. 100). Für die zukünftige Entwicklung werden klinikinterne Differenzierung und Spezialisierung → Gerontopsychiatrie, → Kinder- und Jugendpsychiatrie, → Psychotherapie, Spezialstationen für Depressionen, Drogenabhängige u.ä. wichtig sein.

Lit. Müller, C.: Psychiatrische Institutionen; Psychiatrie-Enquête-Kommission: Bericht; Reimer, F. u.a.: Krankenhauspsychiatrie; Rössler u.a.: Versorgung; Schüttler: Krankenhaus.

Gerd Laux

Landespflegeausschuß Die Bildung mindestens eines L. ist in § 92 → Sozialgesetzbuch (SGB XI) für jedes Bundesland vorgesehen. Ein L. hat, anders als der → Bundespflegeausschuß, nicht nur Beratungsfunktion, sondern kann auch einheitliche Empfehlungen abgeben. Der L. soll die Zusammenarbeit zwischen Ländern, Pflegekassen, Sozialhilfeträgern und Einrichtungen sicherstellen. Die Entwicklung der pflegerischen Infrastruktur sowie Fragen des Vergütungsrechts sind Aufgabenschwerpunkte eines L. I. d. R. werden L. bei Fragen der Bedarfsplanung und Investitionsförderung beteiligt. Seine Empfehlungen sind dabei angemessen bei der Umsetzung zu berücksichtigen. Die Länder können Näheres, insbesondere über die Zahl der Mitglieder sowie deren Bestellung und der Dauer der Mitgliedschaft regeln. Vertreter von Pflegekassen, des MDK, der Sozialhilfeträger, der Kommunalen Spitzenverbände und von Verbänden der Einrichtungsträger müssen dem L. angehören. *Franz Schmeller*

Landespflegegeldgesetze Die in Berlin, Brandenburg, Bremen und Rheinland-Pfalz bestehenden L. haben mit Inkrafttreten des Pflege-Versicherungsgesetzes (PflegeVG – SGB XI) am 1. 4. 1995 erheblich an Bedeutung verloren. Die Leistungen nach den L. sind nachrangig gegenüber den Leistungen nach dem PflegeVG. Leistungen nach den L. – auch in Form ergänzender Leistungen neben Leistungen etwa nach Pflegestufe I des PflegeVG – kommen vor allem für Personen in Betracht, die behinderungsbedingte Mehraufwendungen haben, die über den nach § 14 PflegeVG maßgebenden Hilfebedarf im Bereich der Grundpflege und der hauswirtschaftlichen Versorgung hinausgehen. Nach den L. sind bestimmte Personengruppen anspruchsberechtigt, während das PflegeVG auf den Hilfebedarf bei bestimmten Verrichtungen abstellt. So kann etwa ein Doppel-Oberschenkelamputierter oder ein Ohnhänder die für das PflegeVG ausschlaggebenden Verrichtungen möglicherweise ganz oder doch teilweise ohne Hilfe erledigen, während er unabhängig davon einen Anspruch nach den L. hat. Das kann weiterhin auch für Personen mit schweren geistigen oder seelischen Behinderungen (→ geistig Behinderte, → seelisch Behinderte) gelten, die wegen dauernder und außergewöhnlicher motorischer Unruhe ständiger Aufsicht bedürfen. Anleitungs- und Aufsichtsbedarf, der sich nicht auf die im Gesetz genannten Verrichtungen bezieht, kann nämlich im Rahmen des PflegeVG nicht berücksichtigt werden.
Insgesamt muß allerdings darauf hingewiesen werden, daß die einzelnen L. teilweise erheblich voneinander abweichen.
Emil Weichlein

Landesunterbringungsgesetze → Unterbringungsgesetze

Landesversicherungsanstalten (LVA) Träger der Arbeiterrentenversicherung (→ Rentenversicherung) einschließlich der Handwerkerversicherung (seit Gesetz vom 8. 9. 1960; → Handwerker, Rentenversicherung der); öffentlich-rechtliche Selbstverwaltungskörperschaften mit Vertreterversammlung und Vorstand, unter staatlicher Aufsicht (Länder, nur LVA Oldenburg-Bremen unter Bundesaufsicht). Die 23 LVA: Baden (Karlsruhe), Berlin, Brandenburg (Frankfurt/Oder), Braunschweig, Freie und Hansestadt Hamburg, Hannover (Laatzen), Hessen (Frankfurt a. M.), Mecklenburg-Vorpommern (Neubrandenburg), Niederbayern-Oberpfalz (Landshut), Oberbayern (München), Oberfranken und Mittelfranken (Bayreuth), Oldenburg-Bremen (Oldenburg), Rheinland-Pfalz (Speyer), Rheinprovinz (Düsseldorf), Schleswig-Holstein (Lübeck), Sachsen (Leipzig), Sachsen-Anhalt (Halle), Schwaben (Augsburg), LVA für das Saarland (Saarbrücken), Thüringen (Erfurt), Unterfranken (Würzburg), Westfalen (Münster), Württemberg (Stuttgart). Aufgaben: Gewährung von Leistungen zur → Rehabilitation und von Renten an Versicherte und Hinterbliebene, Beitragszahlung zur → Krankenversicherung der Rentner sowie Aufklärung und Beratung der Versicherten und Rentner. Sie bestellen in ihrem Bereich (Länder oder Regierungsbezirke) Versichertenälteste, unterhalten Auskunfts- und Beratungsstellen, Kureinrichtungen. Die LVA beraten ihre Versicherten und Rentner kostenlos und geben periodisch Mitteilungen heraus, die über Rentenrecht und dessen Änderungen unterrichten.
Die Sachbearbeitung für Rente, Versicherung und Rehabilitation erfolgt i. d. R. zentral in der Hauptverwaltung. Die laufenden Geschäfte führen ein oder mehrere (bis zu 3) Geschäftsführer hauptamtlich. Der Vorstand (Selbstverwaltungsorgan) verwaltet die LVA und vertritt sie gerichtlich und außergerichtlich, soweit es sich nicht um die gesetzlichen Aufgaben der Geschäftsführung handelt. Oberstes Selbstverwaltungsorgan ist die Vertreterversammlung, der Vorstand und Geschäftsführung Rechenschaft abzulegen haben. Die Vertreterversammlung und der Vorstand sind paritätisch mit Versicherten und Arbeitgebervertretern besetzt. Die Mitglieder der Vertreterversammlung werden gewählt, ihrerseits die Mitglieder des Vorstandes sowie den Geschäftsführer oder die Mitglieder der Geschäftsführung wählen. *Rudolf Kolb*

Landeswohlfahrtsverbände In den Bundesländern Baden-Württemberg, Hessen und Sachsen bestehen L., die als Körperschaften des öffentlichen Rechts ihre sozialen Aufgaben im Rahmen der Gesetze in eigener Verantwortung erledigen.
In Baden-Württemberg sind durch das Gesetz v. vom 23. 4. 1963 (GBl. S.35) zwei Verbände gebildet worden, der L. Baden mit Sitz in Karlsruhe, dem die Landkreise und → kreisfreien Städte (Stadtkreise) der Regierungsbezirke Karlsruhe und Freiburg, und der L. Württemberg-Hohenzollern mit Sitz in Stuttgart, dem die Landkreise und Stadtkreise der Regierungsbezirke Stuttgart und Tübingen angehören. Sie sind überörtliche Träger der → Sozialhilfe (→ Sozialhilfeträger), → Landesjugendamt und überörtlicher Träger der → Kriegsopferfürsorge und Schwerbehin-

Landfahrer

dertenhilfe (→ Hauptfürsorgestellen). Die beiden Hauptfürsorgestellen haben je eine Zweigstelle in Freiburg und Tübingen.
In Hessen ist durch das Gesetz über die Mittelstufe der Verwaltung und den L. vom 7. 5. 1953 (GVBl. I S. 93) ein Verband, der L. Hessen mit Sitz in Kassel und Zweigverwaltungen in Darmstadt und Wiesbaden, gebildet worden, in dem die kreisfreien Städte und die Landkreise des Landes zusammengeschlossen sind. Er ist überörtlicher Träger der Sozialhilfe und der Erziehungshilfe (→ Hilfe zur Erziehung [HzE]), Träger von Jugendhilfemaßnahmen, überörtlicher Träger der Kriegsopferfürsorge und Schwerbehindertenhilfe sowie Träger von → Krankenhäusern, → heilpädagogischen Einrichtungen und anderen → Einrichtungen.
In Sachsen wurde in Anlehnung an das baden-württembergische Modell durch Gesetz vom 22. 1. 1993 (GVBl. S. 69) der L. Sachsen mit Sitz in Leipzig gebildet, dem die Landkreise und kreisfreien Städte angehören. Der Verband ist (zunächst) nur überörtlicher Träger der Sozialhilfe. Er kann die Trägerschaft von Förderschulen und psychiatrischen Facheinrichtungen übernehmen.
Durch Gesetz sind sowohl in Baden-Württemberg als auch in Hessen den dortigen L. weitere Aufgaben übertragen worden. Außerdem unterhalten die L. für die Erfüllung ihrer Aufgaben eine Reihe von eigenen Einrichtungen, z. B. Krankenhäuser, → Sonderschulen, Jugendheime und Behindertenheime.
Organe der L. sind in Baden-Württemberg und in Sachsen die Verbandsversammlung, der Verbandsausschuß und der Verbandsdirektor, in Hessen die Verbandsversammlung und der Verwaltungsausschuß. Die Mitglieder der Verbandsversammlung werden von den Kreistagen der Landkreise und den Parlamenten der kreisfreien Städte gewählt, wobei die Wahlzeit in Baden-Württemberg 5 Jahre, in Hessen 4 Jahre beträgt und in Sachsen der Wahldauer der Kreistage und Gemeinderäte entspricht. Die Finanzierung der L. erfolgt durch eigene Einnahmen, unmittelbare Finanzzuweisungen ihres Landes und eine Umlage, die von ihren kreisfreien Städten und Landkreisen zu erbringen ist.
In den Bundesländern bestehen auf der mittleren Verwaltungsebene außer den L. in Baden-Württemberg und Hessen – allerdings mit teilweise unterschiedlichen Aufgabenbereichen – weitere Selbstverwaltungskörperschaften (→ Selbstverwaltung) – höhere Kommunalverbände – in Form der 7 bayerischen Bezirke in Bayern und der beiden → Landschaftsverbände Rheinland und Westfalen-Lippe in Nordrhein-Westfalen.
Lit. Landeswohlfahrtsverband Baden: Handbuch; Landeswohlfahrtsverband Hessen: LWV-Verbandsversammlung; Landeswohlfahrtsverband Württemberg-Hohenzollern: Landeswohlfahrtsverband; Wolff, H. J. u. a.: Verwaltungsrecht II. *Werner Frank*

Landfahrer → Hilfe zur Überwindung besonderer sozialer Schwierigkeiten

Landkreise In der Bundesrepublik Deutschland gibt es 323 L. Sie umfassen ca. 95% der Fläche mit knapp 52 Mio. Einwohnern (ca. 66% der Gesamtbevölkerung). Fläche und Einwohnerzahl sind unterschiedlich. L. mit weniger als 100 000 Einwohnern oder weniger als 500 qkm sind seit der zwischen 1965 und 1977 durchgeführten Verwaltungs- und Gebietsreform in den alten und 1995 in den neuen Bundesländern die Ausnahme. Daneben gibt es L. mit über 500 000 Einwohnern und von mehr als 2 000 qkm. Ein knappes Drittel ist heute noch vorwiegend landwirtschaftlich geprägt. Die Mehrzahl hat eine gemischtwirtschaftliche Struktur. Zahlreiche L. in den alten Bundesländern sind hochindustrialisierte Städtelandschaften. Zunehmend wird deshalb nicht mehr von »L.«, sondern von Kreisen gesprochen, wie dies in Nordrhein-Westfalen und Schleswig-Holstein bereits geltendes Recht ist. Die L. sind Gebietskörperschaften mit durch das → Grundgesetz (GG) garantiertem Recht auf → Selbstverwaltung. Aufgrund der zahlreichen Novellierungen alter Kreisordnungen in allen einzelnen Ländern ist eine Typisierung der Kreisverfassungen nicht mehr üblich, zumal einzelne Elemente miteinander kombiniert wurden. Zwei Kreisorgane haben die Kreise in den Ländern Baden-Württemberg, Mecklenburg-Vorpommern, Rheinland-Pfalz, Sachsen, Sachsen-Anhalt, nämlich Kreistag und Landrat sowie in Hessen den Kreistag und den Kreisausschuß. Drei Kreisorgane, nämlich Kreistag, Kreisausschuß und Hauptverwaltungsbeamter gibt es in den Kreisen von Niedersachsen, Nordrhein-Westfalen, dem Saarland und Schleswig-Holstein, wobei der Hauptverwaltungsbeamte in Niedersachsen und gegenwärtig noch in Nordrhein-Westfalen als Oberkreisdirektor, in den übrigen Bundesländern als Landrat bezeichnet wird. In Bayern haben Organstellung der Kreistag, vom Kreistag bestellte Ausschüsse, zu denen auch der Kreisausschuß gehört, und der Landrat. In Brandenburg kommt neben dem Kreistag ohne Kreisausschuß und ohne Landrat auch der Bürgerschaft eine Organstellung zu. Die Dauer der Amtsperiode der Landräte ist sehr unterschiedlich geregelt. Staatliche Landräte gibt es in keiner Kreisordnung mehr. In Baden-Württemberg, Brandenburg, Niedersachsen und Schleswig-Holstein werden sie durch den Kreistag, in Bayern, Hessen, Rheinland-Pfalz, Saarland, Sachsen-Anhalt, Thüringen und künftig auch in Nordrhein-Westfalen durch die Kreisbürger gewählt. Die L. und die kreisangehörigen Gemeinden erfüllen gemeinsam und nebeneinander die kommunalen Aufgaben im Kreisgebiet. Da Größe, Leistungs- und Verwaltungskraft der → Gemeinden unterschiedlich sind, scheidet eine schematische Abgrenzung aus. Die L. haben überörtliche, ergänzende und ausgleichende Funktion und nehmen grundsätzlich die Aufgaben wahr, die die kreisangehörigen Gemeinden mit ihrer Veranstaltungskraft nicht leisten können. Zu den wesentlichen Aufgaben der L. gehört, daß sie örtliche Träger der → Sozialhilfe und der → Jugendhilfe sind. *Siegfried Gaertner*

Landschaftsverbände Die L. Rheinland und Westfalen-Lippe sind moderne Dienstleistungsverwaltungen für die Bürgerinnen und Bürger Nordrhein-Westfalens. Ihre Mitglieder sind die → Landkreise und → kreisfreien Städte. Als regionale Selbstverwaltungskörperschaften und Teil der kommunalen Ebene nehmen sie für ihre Mitglieder Aufgaben wahr, die aus finanziellen Gründen oder wegen ihrer Spezialität regional wahrgenommen werden müssen. So tragen sie dazu bei, vergleichbare Lebensverhältnisse in allen Landesteilen zu gewährleisten.

Die L. sind öffentlich-rechtliche Körperschaften mit dem Recht der → Selbstverwaltung durch ihre gewählten Organe. Ihr höchstes Vertretungsorgan - die Landschaftsversammlung - wird durch Abgeordnete ihrer jeweiligen Mitgliedskörperschaften gebildet und ist Garant für die kommunale Zusammenarbeit. Zentrales Beschlußorgan ist der Landschaftsausschuß; Fachausschüsse beraten und bereiten dessen Beschlüsse vor. An der Spitze der Verwaltung (mit Organstellung) steht der Direktor des L. (Landesdirektor), dem für die verschiedenen Aufgabenbereiche Landesräte beigeordnet sind. Er führt die laufenden Geschäfte der Veraltung, vertritt den L., bereitet die Beschlüsse der parlamentarischen Gremien vor und führt dieses aus.

Die L. sind überörtliche Träger der → Sozialhilfe sowie überörtliche Träger (→ Hauptfürsorgestellen) der → Kriegsopfer- und Schwerbehindertenfürsorge (→ Schwerbehindertengesetz [SchwbG]). Sie nehmen die Aufgaben der → Landesjugendämter wahr, sind Träger von Fachkrankenhäusern für Psychiatrie, Jugendpsychiatrie und Suchtkrankheiten sowie Träger von → Sonderschulen für behinderte Kinder und von Schulen für Erziehungshilfe. Die Straßenbauverwaltung ist zuständig für Planung, Bau und Unterhaltung von Autobahnen sowie Bundes- und Landesstraßen. Daneben obliegen den L. die landschaftliche Kulturpflege, Landes- und Landschaftspflege sowie verschiedene Aufgaben im Bereich der Kommunalwirtschaft. Die Finanzierung erfolgt durch Umlage auf die Mitglieder, Schlüsselzuweisungen und zweckgebundene Zuweisungen des Bundes und des Landes. Das Umlageverfahren stellt einen Ausgleich zwischen strukturschwachen und strukturstarken Räumen sicher.

Anschriften: Landschaftsverband Rheinland, Kennedy-Ufer 2, 50679 Köln; Landschaftsverband Westfalen-Lippe, Freiherr-vom-Stein-Platz 1, 48147 Münster.
Manfred Scholle

Landwirte → Alterssicherung der Landwirte

Längsschnittuntersuchung Eine in der → empirischen Sozialforschung und der → Entwicklungspsychologie benutzte Forschungsstrategie zur Erfassung altersgebundener Merkmalsveränderungen. Im Unterschied zur → Querschnittuntersuchung wird dasselbe Merkmal an derselben altershomogenen → Stichprobe zu verschiedenen Meßzeitpunkten erhoben, d.h. man untersucht dieselben Personen mehrfach mit demselben (oder einem ähnlichen) Verfahren (Meßwiederholungsanordnung). Auf diese Weise erhält man → Mittelwerte und → Streuungen für (über die Personenidentität) abhängige Datenstichproben einer geburtsaltersgleichen Generation (Kohorte). In der L. werden also – anders als bei der Querschnittuntersuchung – intraindividuelle Veränderungen ermittelt. Es können statistisch empfindlichere Prüfverfahren (→ Statistik) verwendet, → Korrelationen berechnet und damit Aussagen über die Merkmalsstabilität (→ Reliabilität) gemacht werden. Solange die Personenstichprobe für ihre Generation repräsentativ bleibt und Meßwiederholungseffekte kontrolliert werden, stellen die Werte, die man mit zunehmendem Alter erhält, den Entwicklungsverlauf des Merkmals dar (Ontogenese; Veränderungen in Abhängigkeit vom Lebensalter). Andere Faktoren, wie Geschlecht, Sozialschichtzugehörigkeit oder zeitgeschichtlicher Wandel schlagen sich in der Streuung um die Mittelwerte sowie in Verlaufsunterschieden nieder. Deren Analyse ist Gegenstand von Humanwissenschaften, wie der → Soziologie, der → Kriminologie (→ Abweichendes Verhalten) sowie der → Differentiellen Psychologie. Die praktischen Probleme der L. liegen im Zeitaufwand, in der Bindung an einmal gewählte Methoden sowie in den Meßwiederholungs- und Selektionseffekten. Zur ontogenetischen Verallgemeinerung bedarf es der Kontrolle des Generationseffektes über die Kombination von L. und Querschnittuntersuchungen (Sequenzmodelle, Kohortenanalyse). Dabei schlägt sich ein epochaler Wandel der soziokulturellen Bedingungen in Unterschieden zwischen altersgleichen Stichproben verschiedener Geburtsjahrgänge nieder (Perioden- oder Zeitwandeleffekte).

Lastenausgleich (LA)

Lit. Roth, E.: Methoden; Stiksrud: Jugend; Trautner: Entwicklungspsychologie; Zentralstelle (ZPID): Inventory. *Lothar Tent*

Lastenausgleich (LA) Zwischen 1944 und 1949 sind etwa 13 Mio. Personen mit deutscher Staatsangehörigkeit und Personen mit fremder Staatsangehörigkeit und deutscher Volkszugehörigkeit aus den Gebieten des Deutschen Reichs östlich von Oder und Neiße und aus Ost- und Südeuropa (Vertreibungsgebiet) vertrieben oder zur Flucht gezwungen worden. Etwa 8 Mio. dieser »Frühvertriebenen« gelangten nach Westdeutschland, rund 4 Mio. in die sowjetische Besatzungszone und die anderen nach Österreich, Westeuropa und Übersee. Aus der DDR wiederum sind von 1945 bis Mitte 1990 rund 4,5 Mio. Übersiedler und aus dem Vertreibungsgebiet von 1950 bis Ende 1995 rund 3,5 Mio. Aussiedler (»Spätvertriebene«) in das Bundesgebiet gelangt.
Ziel des am 1. 9. 1952 in Kraft getretenen LAG ist die Beseitigung von Notlagen, die Eingliederung dieser Betroffenen und die Entschädigung für erlittene Vermögensschäden. Das LAG ist in den fünf neuen Ländern (Beitrittsgebiet) nur bei Aussiedlern anwendbar, die nach dem Beitritt (3. 10. 1990) und vor dem 1. 1. 1993 ihren ständigen Aufenthalt im Beitrittsgebiet genommen haben.
Anträge auf Lastenausgleich konnten nur noch bis zum 31. 12. 1995 gestellt werden. LA-Leistungen sind verzinste Hauptentschädigung, Kriegsschadenrente, Hausratsentschädigung, Eingliederungsdarlehen, Beihilfen aus einem Härtefonds, Entschädigung von Sparguthaben Vertriebener sowie u. U. Altsparerentschädigung. Durch die Vermögensrückgaben im Beitrittsgebiet und die Entschädigungsleistungen sind Lastenausgleichsleistungen von der Ausgleichsverwaltung zurückzufordern (§§ 342, 349 LAG).
Zur Durchführung des LAG bestehen im Länderbereich Ausgleichsämter und als Sachaufsichtsbehörden Landesausgleichsämter sowie als selbständige Bundesoberbehörde das Bundesausgleichsamt in Bad Homburg. Ende 1995 hatten diese Behörden noch rund 120 000 Anträge auf Schadensfeststellung und rund 10 000 Anträge auf Hausratentschädigung zu bearbeiten. Antragsteller können gegen den Bescheid des Ausgleichsamts binnen eines Monats nach Bekanntgabe Beschwerde einlegen. Gegen den Beschluß des Beschwerdeausschusses kann binnen eines Monats nach Bekanntgabe Anfechtungsklage beim Verwaltungsgericht erhoben, gegen dessen Entscheidung Beschwerde über eine eventuelle Nichtzulassung der Revision (§§ 133 und 135 VwGO) eingelegt werden. Alle → Rechtsbehelfe haben grundsätzlich aufschiebende Wirkung. Das Verwaltungsverfahren vor den Ausgleichsbehörden und bei den Beschwerdeausschüssen ist mit gewissen Ausnahmen gebührenfrei.
Gesetzliche Grundlage bildet das Gesetz über den Lastenausgleich (Lastenausgleichsgesetz – LAG –) vom 14. 8. 1952 i. d. F. vom 2. 6. 1993 (BGBl. I S. 845, 1995 I S. 248), zuletzt geändert durch Gesetz vom 27. 8. 1995 (BGBl. I S. 1090); weitere Gesetze siehe § 8 LAG.
Lit. Fritz, R.: Angebotsverfahren; Harmening: Lastenausgleich (Komm.); Hesse, E.: Lastenausgleich; Kühne u. a.: Lastenausgleich (Komm.). *Wolfgang Fritz*

Lastenzuschuß Eigentümer von Eigenheimen, Kleinsiedlungen, Eigentumswohnungen oder einer landwirtschaftlichen Nebenerwerbsstelle haben gemäß § 3 WoGG einen Anspruch auf L. (→ Wohngeld). Voraussetzung für den L. ist, daß der Wohnrauminhaber den Wohnraum bewohnt und die Belastung dafür aufbringt. L. soll dem begünstigten Personenkreis zur Vermeidung sozialer Härten einen angemessenen Wohnraum sichern, sofern die hierfür anfallenden Kosten (Belastung u. a. m.) einen zumutbaren Selbstbeteiligungsanteil übersteigen. Auf L. besteht ein → Rechtsanspruch, es ist keine Leistung der → Sozialhilfe, gehört aber zum Einkommen i. S. d. BSHG.
Michael Schleicher

Latenzphase Zeitraum nach dem Untergang des → Ödipuskomplexes bis zum Beginn der → Pubertät, der durch einen Stillstand der Sexualentwicklung gekennzeichnet ist. Das Über-Ich (→ Psychoanalyse) sorgt für die Einschränkung direkter Triebbefriedigung und schafft eine innere Moral. Die Lustbefriedigung wird auf die Ausbildung von Ich-Funktionen, wie → Wahrnehmung, → Gedächtnis usw., gemäß den Erwartungen der Umwelt verschoben. Daneben liefert jedes mit den verinnerlichten Geboten und Verboten (→ Introjektion) übereinstimmende Verhalten narzißtische Befriedigung (→ Narzißmus). Voraussetzung zur Bewältigung der in dieser Zeit anstehenden Schulkonflikte ist, daß die einzelnen psychosexuellen Phasen (→ Orale, → Anale, → Genitale Phase) einigermaßen gut durchlaufen wurden und der Ödipuskomplex gelöst werden konnte. Gelang dies nicht, dann ist die L. weiterhin eine Zeit großer Triebunruhe. Kinderneurosen treten auf, und die wegen ständig andrängender Triebbedürfnisse gestörte Ich-Entwicklung kann zu Schulversagen (→ Schulschwierigkeiten) führen. *Hannelore Barth*

Lebensberatung → Beratung

Lebensgrundlage, Aufbau der → Hilfe zum Aufbau oder zur Sicherung der Lebensgrundlage

Lebenshaltungskosten → Regelsatz

Lebenskrise Entwicklung, Wandel und Entscheidung sind Faktoren, die für den menschlichen Lebenslauf von Bedeutung sind. Das Leben des Menschen ist nicht festgelegt. Im lebenslangen, dialektischen Prozeß von Werden und Vergehen treten neben biologisch vorgegebenen Abläufen mannigfaltige Situationen mit beeinflußbaren Aspekten und wählbaren Alternativen auf. Diese Freiheit beinhaltet sowohl die Möglichkeit des Gelingens als auch des Scheiterns und dadurch ausgelöste L. Bedeutsame Lebenserfahrungen sowie einschneidende Entwicklungs- und Entscheidungsprozesse sind nicht selten von Krisen begleitet; z. B. → Pubertät, Partnerwahl, Prüfungen, Berufswahl, Berufswechsel, Mutter-/Vaterschaft, Klimakterium, schwere Krankheit, Altersprobleme, Sinnkrise, Identitätskrise (→ Identität) usw. Der Mensch hat die Möglichkeit, L. als unausweichliche Schicksalsschläge hinzunehmen und u. U. zu resignieren oder sie als Chance zu persönlichem Wachstum und Reifung zu nutzen. Dazu ist allerdings die Annahme der eigenen Person und die Auseinandersetzung mit der belastenden Situation erforderlich.

Nach Karlfried Graf Dürckheim können erschütternde Erlebnisse, die einen Menschen in seiner Ganzheit treffen und oft von physisch-psychischen Zusammenbrüchen begleitet sind, zu tiefgreifenden Wesensveränderungen und/oder befriedigenderer Lebensgestaltung führen (s. Dürckheim).

Über die Erfahrungen einer selbst durchgestandenen Krankheit und damit einhergehenden L. sagt C. G. Jung: »Es war aber noch ein anderes, das sich mir aus der Krankheit ergab. Ich könnte es formulieren als ein Ja-sagen zum Sein – ein unbedingtes ›Ja‹ zu dem, was ist, ohne subjektive Einwände. Die Bedingungen des Daseins annehmen, so wie ich sie sehe – so wie ich sie verstehe. Und mein eigenes Wesen akzeptieren, so wie ich eben bin. Denn auf diese Weise ist ein Ich da, das auch dann nicht versagt, wenn Unbegreifliches geschieht. Ein Ich, das aushält, das die Wahrheit erträgt, und das der Welt und dem Schicksal gewachsen ist. Dann hat man mit einer Niederlage auch einen Sieg erlebt.« (Jaffé, S. 300 f.)

Jede Lebensperiode hat für die Entwicklung des Menschen ihren eigenen Sinn, ihre eigene Aufgabe und ihre spezifischen L. Guardini (Die Lebensalter) beschreibt 9 Lebensphasen mit jeweils dominanten Schwerpunkten (Wertfiguren) und L.: 1. das Leben im Mutterschoß, Geburt und Kindheit, 2. die Krise der Reifung (die Pubertät), 3. der junge Mensch (→ Adoleszenz), 4. die Krise durch die Erfahrung (Übergang von der Adoleszenz zum expansiven Erwachsenenalter), 5. der mündige Mensch (die dreißiger Jahre), 6. die Krise durch die Erfahrung der Grenze (Anfang der vierziger Jahre), 7. der ernüchterte Mensch, 8. die Krise der Loslösung, 9. der weise Mensch.

Übereinstimmungen mit ähnlichen Phaseneinteilungen anderer Autoren wie R. Steiner, Ch. Bühler oder B. Lievegoed bestehen insoweit, als die Altersstufen um 20, 40 und 60 Jahre eine Häufung von spezifischen L. aufweisen. Eine ausgezeichnete Beschreibung der L. in den verschiedenen Lebensstadien und Darstellung der Möglichkeiten zur Überwindung gibt Lievegoed.

Zu L. im → Kindesalter und → Jugendalter s. dort.

Lit. Dürckheim: Selbstfindung; Flach: Depression; Guardini: Lebensalter; Jaffé: C. G. Jung; Lievegoed: Lebenskrisen.

Rainer Biesenkamp

Lebenslage Die Grundlage von Analysen zur L. ist bereits im 19. Jh. sowohl in der marxistischen → Soziologie (Friedrich Engels: Die Lage der arbeitenden Klasse in England) als auch in der bürgerlichen Soziologie (Max Weber: Entwicklungstendenzen in der Lage der ostelbischen Landarbeiter) entwickelt worden. Jedoch ist der Begriff L. selten präzisiert worden, sondern steht kaum unterscheidbar in einem Konglomerat verwandter Begriffe wie Soziallage, → Lebensstil, Lebensniveau, Lebensstandard, Lebensbedingungen, Lebensverhältnisse usw.

Eine erste gründliche Ausarbeitung des Konzepts wurde in den zwanziger Jahren durch den Wiener Sozialwissenschaftler Otto Neurath vorgenommen. L. bedeutet dort den »Inbegriff all der Umstände, die verhältnismäßig unmittelbar die Verhaltensweise eines Menschen, seinen Schmerz, seine Freude bedingen«. Wohnung, Nahrung, Kleidung, Gesundheitspflege, Bücher, Theater, freundliche menschliche Umgebung, all das gehört zur »L.«. Ins Auge gefaßt wurde die Konstruktion von »L.reliefs« und damit wurde die Idee der multidimensionalen Messung von → Lebensqualität vorweggenommen. Eine explizite Verwendung des Konzepts der L. findet sich später in der wissenschaftlichen Sozialpolitik bei Gerhard Weisser; er definiert u. a. L. als »Spielraum, den ein Mensch, eine Gruppe von Menschen die äußeren Umstände nachhaltig für die Befriedigung der Interessen bieten, die den Sinn seines Lebens bestimmen«. → Sozialpolitik hat – im Anschluß daran – vor allem die Aufgabe, die L. zugunsten der sozial Schwächeren zu beeinflussen. Ein ausdifferenziertes L.konzept wird von Ingeborg Nahnsen vertreten: als Aspekte der L. werden dabei unterschieden: der Versorgungs- und Einkommensspielraum, der Kontakt und Kooperationsspielraum, der Lern- und Erfahrungsspielraum, der Muße- und Regenerationsspielraum; der Dispositions- und Partizipationsspielraum. Theoretisch wird in allen Fällen

davon ausgegangen, daß vorgegebene soziale Strukturen die Handlungsspielräume der Individuen bestimmen.
Das Konzept der L. findet in der Soziologie in jüngerer Zeit wieder mehr Beachtung, weil es als Alternative zu den – oft als überholt angesehenen Konzepten – der traditionellen Sozialstrukturanalyse erscheint. Die Diagnose der → Sozialstruktur konstatiert eine Entwicklung »Von → Klassen und → Schichten zu Lagen und Milieus« (Hradil). L. werden hier als typische Konstellationen von Lebensbedingungen verstanden, die insgesamt als vorteilhaft, als schlecht oder auch als inkonsistent eingestuft werden. Die Aufmerksamkeit richtet sich in jüngerer Zeit insbesonderee auf geschlechtsspezifische L., auf die L. der → »Armut« sowie auf Pluralisierungstendenzen, die zur Differenzierung und Unübersichtlichkeit der Lebensverhältnisse führen.
Lit. Glatzer u.a.: Lebenslagenkonzept; Hauser u.a.: Ungleichheit und Sozialpolitik; Hradil: Lebensbedingungen; Zapf u.a.: Lebenslagen. *Wolfgang Glatzer*

Lebenslaufforschung Ziel der L. ist die Erklärung von Veränderungen des → Verhaltens und der sozialen Lage von → Individuen über die gesamte Lebensspanne. Die L. untersucht, in welcher Weise Individuen im Zeitablauf in gesellschaftliche Teilbereiche (Bildungssystem, Ehe, Familie, Arbeits- und Wohnungsmarkt) eingebunden sind und leistet daher einen eigenständigen Beitrag zur Gesellschaftsanalyse. Die L. hat sich seit Beginn der 70er Jahre z.B. als → Soziologie des Lebenslaufs etabliert. Sie verfolgt u.a. eine theoretische Perspektive, in der die in systematischer Hinsicht unverbundene Erforschung einzelner Lebensabschnitte (wie Kindheit, Jugend, Alter; → Lebensalter) überwunden werden soll.
Zentrale Gegenstände der L. sind: a) die Bestimmung derjenigen Ereignisse im Lebenslauf, die für die soziale Lage der Individuen von Bedeutung sind. Hierzu gehören z.B. Untersuchungen zu den Folgen der ersten Erwerbstätigkeit im Lebenslauf, der Geburt von Kindern sowie von räumlicher Mobilität auf den weiteren Erwerbsverlauf; b) die Untersuchung dieser Ereignisse in bezug auf ihre Altersabhängigkeit und ihr zeitliches Verhältnis zueinander als wesentliche Elemente einer gesellschaftlich regulierten Struktur des Lebenslaufs; c) die durch Motivation, Wissen und Erfahrung bedingte Steuerung des Lebenslaufs; d) der insbes. bei der Unterscheidung nach Kohorten oder Generationen erkennbare Einfluß sozio-historischer Ereignisse (wie Krieg, Wirtschaftskrisen, technologische Veränderungen) auf den Lebenslauf und dessen damit verbundenen Wandel. Die L. hat dann eine sozialkritische Funktion, wenn sie z.B. im Lebenslauf kumulierende soziale Ungleichheiten aufdeckt und darauf bezogene sozialpolitische Maßnahmen (→ Sozialpolitik) einer Beurteilung unterzieht.
Lit. Mayer, K.U.: Lebensverläufe; Weymann, A.: Altersgruppensoziologie. *Michael Wagner*

Lebensqualität Als »L.« wird in der gesellschaftspolitischen Diskussion und in den Sozialwissenschaften ein Konzept der individuellen Wohlfahrt bezeichnet, das vom Ende der 60er Jahre an relativ breite Anerkennung fand. Im Hintergrund steht die Kritik des Wirtschaftswachstums als dominierendem Maßstab für gesellschaftliche Leistungsfähigkeit. Mit dem Konzept der L. wird der Blick auf nicht-ökonomische Leistungen gelenkt, die gesellschaftlich erbracht werden und den Individuen zugute kommen.
Das Konzept der L. kann durch drei Aspekte charakterisiert werden, die in der gesellschaftspolitischen Zieldiskussion unterschiedlich betont werden können: L. ist erstens ein mehrdimensionaler Sachverhalt, der eine Bewertung unterschiedlicher Lebensbereiche von Individuen, wie → Gesundheit, Wohnung, Arbeit, → Bildung, Umwelt usw., erfordert. Ein zweiter Aspekt von L. ist, daß diese nicht nur Güter, Dienste und Fähigkeiten betrifft, über die Individuen verfügen, sondern auch, wie diese ihre Lebensbedingungen wahrnehmen und bewerten. L. bedeutet also auch Wohlbefinden, Bedürfnisbefriedigung (→ Bedürfnisse), Zufriedenheit und Glück. Ein dritter Aspekt, der mit dem Konzept der L. in enger Beziehung steht, sind gesellschaftspolitische Konzepte wie Freiheit und Sicherheit, qualitatives Wachstum und Verteilungsgerechtigkeit, politische Beteiligung und Solidarität. Und auch die Erreichung eines Weltfriedens und der Ausgleich zwischen hochindustrialisierten und sich entwickelnden Ländern sind Anliegen im Rahmen dieses Konzepts.
Damit L. keine Leerformel bleibt, gibt es Bemühungen, das Konzept zu spezifizieren, zu operationalisieren (→ Operationalisierung) und schließlich mit Hilfe sozialer Indikatoren (→ Sozialindikatoren) Stand und Veränderung von L. zu messen. Die Beteiligung am Definitionsprozeß von L. ist insbes. ein Anliegen politischer Gruppierungen und Institutionen.
Lit. Glatzer u.a.: Lebensqualität; Industriegewerkschaft Metall: Qualität; Korczak: Lebensqualitäts-Atlas; Zapf u.a.: Wohlfahrtsentwicklung. *Wolfgang Glatzer*

Lebensstil Das Wort L. wird mit vielerlei Bedeutungen und sehr oft undefiniert gebraucht. Als explizites Konzept geht es auf die soziologischen Klassiker zurück; es hat neue Aufmerksamkeit in den achtziger Jahren erhalten, als die Konzepte von → Klasse und → Schicht in Frage gestellt wurden. Am Beginn der wissenschaftlichen Ver-

wendung des Begriffs stehen Georg Simmel, der Stilisierung und → Individualisierung des Lebens in Zusammenhang brachte, und Max Weber, der von Lebensführung sprach und auf die Herauslösung der Individuen aus traditionalen Bindungen sowie neu entstehende individuelle Wahlmöglichkeiten hinwies. Auch in modernen L.konzepten haben diese Aspekte zentralen Stellenwert. Im Zusammenhang mit Individualisierungstendenzen und zunehmenden Wahlmöglichkeiten, die sich aufgrund steigenden Wohlstands und vermehrter Freizeit ergeben, folgt eine Plualisierung der → Sozialstruktur, die sich als Vielfalt von L.gruppen charakterisieren läßt.
Bekannte Definitionen des L. begreifen ihn als »die unverwechselbare Struktur und Form der Lebensorganisation eines privaten Haushalts bzw. der in ihm lebenden Individuen« (Lüdtke) bzw. als »raum-zeitlich strukturierte Muster der Lebensführung, die von Resourcen (materiell und kulturell), der Familien- und Haushaltsform und den Werthaltungen abhängen« (Müller). Teils synonym zu L., teils davon unterschieden wird von »sozialen Milieus« gesprochen, die ebenfalls gruppentypische Lebensformen darstellen. L. zeichnen sich u. a. durch spezifische Lebensqualitätsprofile aus (Spellerberg). Die Bedeutung des L.konzeptes besteht darin, daß es wie das Lebenslagenkonzept auf eine verfeinerte Analyse der Sozialstruktur moderner Gesellschaften hinzielt. Es geht meist von der Auflösung von Klassen und Schichten aus und kennzeichnet einen neuen Typus von Sozialstruktur, in dem mehr Möglichkeiten (und auch Zwänge) zur individuellen Lebensgestaltung bestehen. Manchmal werden aber auch Klassenkonzept und L. in engen Zusammenhang gebracht bzw. L. als (Oberflächen-)Differenzierung von Klassen und Schichten aufgefaßt (Geißler). Der prägnante Typus einer Gesellschaft, die aus einem Gefüge von L.großgruppen besteht, ist die Konsum- und Erlebnisgesellschaft.
Die Zugehörigkeit zu L.gruppen ist nicht zugeschrieben, sondern erfolgt mehr oder weniger durch individuelle Wahlentscheidungen, und sie kann sich im Lebenslauf wandeln. L. sind zu einem erheblichen Teil individuelle Gestaltungsleistungen, wenn auch begrenzte Ressourcen, Einschränkungen und Zwänge eine wichtige Bedeutung haben. Für die Individuen ist die Entwicklung und Zugehörigkeit zu einem L. identitätsstiftend. Daran schließt die psychologische L.forschung an.
S. a. → Lebenslage, → Lebensqualität.
Lit. Berger u.a.: Lebensstile; Lüdtke: Lebensstile; Müller, H. P.: Lebensstile; Spellerberg: Lebensstile. *Wolfgang Glatzer*

Lebensunterhalt ist die Summe der → Bedürfnisse jeder Person zur Existenzsicherung. Diese Bedürfnisse können sowohl materieller als auch immaterieller (geistiger) Art sein. Die Befriedigung dieser Bedürfnisse erfolgt im Spannungsverhältnis zwischen subjektiven Befriedigungswünschen (also der individuellen Bedürfnisstruktur, die z. B. durch geographische Umstände oder Sozialisationsbedingungen beeinflußt sein kann) und objektiven Befriedigungsmöglichkeiten (z. B. Produktionsverhältnissen, Struktur von Angebot und Nachfrage, gesellschaftlichem Reichtum, vorherrschenden Wertvorstellungen). Der L. ist zudem einer laufenden Änderung oder Anpassung, etwa an den Zeitgeschmack oder die technische Entwicklung, unterworfen.
Zum L. gehören somit nicht nur Nahrung, Kleidung, Wohnung, sondern alle anderen Bedürfnisse zur Bestreitung des L. im Einzelfall, wie beispielsweise Sicherstellung der Krankenversorgung, Sicherstellung von Pflege, Berufsaus- und -fortbildung, Kraftfahrzeug, Schaffung von Haus- oder Wohnungseigentum, Wohnungseinrichtung einschließlich aller elektrischen Hausgeräte, kulturelle Bedürfnisse (Theater, Literatur, Tageszeitung, Radio, Fernsehen u.ä.), Wohnungsrenovierung, Prozeßkosten, Telefongebühren, Porto, Miete, Heizkosten, elektrische Energie, Gas, Urlaubs- und Studienreisen, Alterssicherung, gesundheitliche und berufliche Rehabilitationsmaßnahmen u.a.m. Diese beispielhafte Auflistung zeigt die Vielfalt der Bedürfnisse, die im Einzelfall zum L. gehören können, wobei dann noch die Wertigkeit unterschiedlich sein wird. Hinweise für die Bedürfnisse, die zum L. im Einzelfall gehören, sind insbes. im Unterhaltsrecht des → Bürgerlichen Gesetzbuchs (BGB) und der dazu ergangenen Rechtsprechung zu finden.
Der Begriff »L.« ist nicht identisch mit der → Hilfe zum Lebensunterhalt nach Abschn. 2 → Bundessozialhilfegesetz (BSHG) oder dem notwendigen L. nach § 12 BSHG (diese Vorschrift nennt lediglich allgemein einige der hauptsächlichen Bestandteile des notwendigen L.; weitere Bestandteile nennt § 1 Rechtsverordnung zu § 22 BSHG; letztlich zählt zum notwendigen L. alles, was zur Führung eines Daseins erforderlich ist, das der → Menschenwürde entspricht). Nur ein Teil der Bedürfnisse des L. werden durch die Hilfe zum Lebensunterhalt und die → Hilfen in besonderen Lebenslagen nach dem BSHG erfaßt.
Peter Trenk-Hinterberger

Lebenswelt Mit L. wird in der sozialen Arbeit heute überwiegend die alltägliche Wirklichkeitserfahrung eines verläßlichen, soziale Sicherheit und Erwartbarkeit bietenden primären Handlungszusammenhangs (Familie, Nachbarschaft, Gemeinwesen, bestimmte Gruppen, soziokulturelle Milieus usw.) bezeichnet. In der L. wird in

Lebenswelt

einer stillschweigenden, gemeinsamen Unterstellung bzw. Auslegung der Geltung sozialer Regeln, Strukturen und Abläufe die Grundlage sozialen Handelns gelegt. In einer Zeit zunehmenden Zerfalls der L., d. h., insbes. auch der Auflösung primärer sozialer Hilfeerwartungen und -beziehungen, stellt sich – so die Schlußfolgerung in diesem Denkmodell – für soziale Arbeit die Aufgabe, noch funktionierende soziale Zusammenhänge der L. durch Aktivierung vorhandener Ressourcen zu entwickeln, zu stützen bzw. durch geeignete Hilfeangebote zu ergänzen. L.orientierte Ansätze der sozialen Arbeit unterscheiden sich in diesem Sinne von kontrollierend-intervenierenden Konzepten.

Neben dem L.begriff sind in der sozialen Arbeit ähnlich akzentuierte Begriffe, wie Lebensfeld (Moch), Lebensraum oder Alltagswelt (→ Alltag) in Gebrauch. Unklar wie die genauen Abgrenzungen zwischen diesen Begriffen derzeit sind, sind sie meist alle vom gleichen Zielverständnis einer modernen Form der Hilfe zur → Selbsthilfe getragen: der Stärkung alltagsbezogener Handlungskompetenzen und Formen der → Solidarität.

Mit dem Begriff der L. verbindet sich ursprünglich eine durch E. Husserl begründete philosophische Grundlagentheorie, welche sich zur Aufgabe setzt, die universell-menschlichen Voraussetzungen der Wissenschaft aufzudecken. Die These von der Begründung der Wissenschaften in den Fundamenten der L. leitet eine neue Epoche der Wissenschaftsphilosophie ein.

Der L.begriff wird in der Folge insbes. durch A. Schütz weiterentwickelt, mit bedeutenden Konsequenzen für die Wissenschaften vom Menschen, also z. B. die → Anthropologie, → Psychologie, Pädagogik (→ Erziehungswissenschaft) und → Soziologie, in denen ganz neue theoretische Denkrichtungen und Forschungsprogramme angeregt werden (z. B. die Ethnomethodologie in der Soziologie). Schütz' fundamentale Annahme besteht darin, daß die Menschen auf der Grundlage eines gemeinsamen, naiven Wissens um die Gültigkeit einer intersubjektiv geteilten Weltsicht handeln. Die L. stellt für Schütz den Wirklichkeitsbereich dar, den der einzelne in der »Einstellung des gesunden Menschenverstandes« als gegeben vorfindet und der für ihn »bis auf weiteres« unproblematisch ist.

J. Habermas hat in Würdigung der von Schütz entwickelten Anschauungen eine gesellschaftskritische Perspektive auf den L.begriff entwickelt. Auf der Grundlage verständigungsorientierten Handelns ist die L. für ihn der Rahmen, in dem sich soziale → Integration vollzieht. Habermas unterscheidet drei strukturelle Komponenten der L., die sich historisch herausgebildet haben: a) sie enthält den kulturellen Wissensvorrat der Wert- und Deutungsmuster als gemeinsame Wissensbasis zur Bewältigung der Alltagspraxis; b) sie stiftet und regelt durch einen Grundbestand fraglos anerkannter Normen soziale Ordnung und interpersonale Beziehungen; c) sie bildet den Hintergrund von Sozialisationsprozessen (→ Sozialisation), die den einzelnen für eine realitätsgerechte Teilnahme an Interaktionen befähigen, d. h. sie stiftet personale → Identität. Habermas' Fassung des L.begriffs mündet in eine Gesellschaftskritik, die zunächst eine zunehmende Entkoppelung l.licher Strukturen von Strukturen der sog. Systemintegration feststellt. Neben den drei fundamentalen Strukturen l.licher Integration differenziert die Gesellschaft bestimmte abstrakt-funktionale Strukturen der Systemintegration aus: z. B.: Recht, Ökonomie, Politik. Die Ausdifferenzierung l.licher und systemischer Strukturen (→ Systemischer Ansatz) der Gesellschaft mündet, so Habermas, in einer zunehmenden Durchdringung bzw. Aushöhlung der L. durch Mechanismen der Systemintegration. Ein bekanntes Beispiel hierfür ist die »Verrechtlichung sozialer Beziehungen«.

Vor dem Hintergrund der Fachdiskussion um diese »Kolonialisierung der L.« gewinnt der L.begriff einen normativen Stellenwert für die Bewertung der gesellschaftlichen Funktion bzw. der Ziele sozialer Arbeit: Die Authentizität menschlicher Erfahrung und die Bedeutung eigener Handlungsressourcen werden gegen die Bedrohungen durch systemische Eingriffe in die L., etwa durch die Bevormundung durch Experten, gestellt. Eine l.orientierte soziale Arbeit engagiert sich für die Stützung primärer Hilfebeziehungen und nimmt generell eine Perspektive ein, die an den subjektiven Sichtweisen, → Bedürfnissen und Möglichkeiten der Hilfesuchenden anknüpft. L.orientierung zielt auf alltägliche Handlungskompetenz, auf Förderung der Lebenspraxis, auf Aktivierung der Betroffenen und Selbstorganisation.

Eine wichtige Folge l.orientierter Ansätze in der sozialen Arbeit findet sich demgemäß in einer Kritik der Bürokratisierung und → Professionalisierung sozialer Dienstleistungsorganisationen (→ Subsidiarität), und in einer Kritik der zunehmenden Methodisierung und Spezialisierung beruflichen Handelns. Auch die steigende Bedeutung ambulanter sozialer Hilfeformen (z. B. sozialpädagogische → Familienhilfe) und der Rückbau stationärer und zentralisierter Einrichtungen sind mit ein Ergebnis der aus dem L.begriff entwickelten Kritik an der die persönlichen Handlungsressourcen enteignenden Entwicklung des modernen Sozialstaates.

L.orientierte Ansätze werden dort kritisiert, wo sie für die soziale Arbeit keine allgemeine gesellschaftliche Perspektive mehr formulieren wollen, wo sie mit dem Blick auf L. die Bedeutung übergreifender Steue-

rungsprobleme einer sozialen Dienstleistungsgesellschaft, also die »Systemperspektive«, aus den Augen verlieren.
Lit. Alheit: Lebensweltorientierung; Habermas: Handeln; Moch: Erziehungshilfe; Müller, S. u. a.: Verstehen; Schütz, A. u. a.: Lebenswelt; Thiersch: Lebensweltorientierte Soziale Arbeit. *Gerhard Frank*

Legalität → Gesetzmäßigkeit der Verwaltung

Legasthenie → Lese-Rechtschreib-Schwäche

Legislative → Gesetzgebung

Legitimation eines → nichtehelichen Kindes durch nachfolgende Eheschließung seiner Eltern, §§ 1719 ff. → Bürgerliches Gesetzbuch (BGB), oder durch Ehelicherklärung auf notariell zu beurkundenden (→ Beurkundung) Antrag des Vaters (§§ 1723 ff.) oder des Kindes (Brautkindes) nach dem Tode eines Elternteils, wenn die Eltern verlobt waren (§§ 1740 a ff.); sie ist wie die Adoption eine Statusänderung. Das Kind erlangt die rechtliche Stellung eines → ehelichen Kindes (§§ 1719, 1736, 1740 f Abs. 1). Voraussetzung ist, daß das Kind nichtehelich geboren ist und die Vaterschaft festgestellt ist (§ 1600 a).
Die Wirkung der L. durch nachfolgende Ehe tritt mit der Eheschließung ein; wird die Vaterschaft später festgestellt, dann hiermit (und zwar rückwirkend). Das Kind erwirbt den Ehenamen (→ Name) seiner Eltern (§§ 1355, 1720, vgl. auch § 1616).
Die vom → Vormundschaftsgericht (VormschG) (→ Freiwillige Gerichtsbarkeit) auszusprechende Ehelicherklärung auf Antrag des Vaters setzt ferner voraus, daß sie dem Wohle des Kindes (→ Kindeswohl) entspricht und ihr keine schwerwiegenden Gründe entgegenstehen. Sie ist nicht möglich, wenn das Kind von seiner Mutter (§ 1741 Abs. 3 S. 2) oder auch von einem Dritten adoptiert ist. Erforderlich ist die notariell zu beurkundende → Einwilligung des Kindes; bei Kindern, die das 14. Lebensjahr noch nicht vollendet haben, die Einwilligung des → gesetzlichen Vertreters – das ist für die L. gem. § 1706 Ziff. 1 i. d. R. der (Amts-)Pfleger –. Ist das Kind minderjährig (→ Minderjährigkeit), ist außerdem die Einwilligung der Mutter erforderlich. Die von der Mutter verweigerte Einwilligung kann vom VormschG ersetzt werden, wenn die Ehelicherklärung aus schwerwiegenden Gründen zum Wohle des Kindes erforderlich ist (§ 1727). Ist der Vater verheiratet, so ist auch die Einwilligung seiner Frau erforderlich. Das Kind erhält den Familiennamen des Vaters (§ 1737 BGB). § 1738 BGB läßt die Mutter der → elterlichen Sorge verlustig gehen, die auf Grund der Ehelicherklärung daraufhin allein dem Vater zustehen soll. Diese Regelung des Gesetzes ist durch Entscheidung des BVerfG vom 7. 5. 1991 (BGBl. I S. 1509) für diejenigen Fälle als verfassungswidrig erklärt worden, in denen beide Elternteile unbeschadet der von ihnen angestrebten Ehelicherklärung mit dem Kind zusammenleben und bereit, auch in der Lage, sind, die elterliche Verantwortung gemeinsam zu übernehmen, und dies dem Wohle des Kindes entspricht.
Die Ehelicherklärung des Kindes auf dessen binnen Jahresfrist zu stellenden Antrag erfordert, daß das Verlöbnis seiner Eltern durch den Tod eines Elternteils aufgelöst wurde; sie ist zu versagen, wenn sie nicht dem Wohle des Kindes entspricht. Das Kind erhält den Familiennamen des überlebenden Elternteils oder auf Antrag des Kindes durch Beschluß des VormschG den Familiennamen des verstorbenen Elternteils (§ 1740 f). Dem überlebenden Elternteil hat das VormschG auf Antrag den Familiennamen des Kindes zu erteilen (§ 1740 g).
Eberhard Schilken/Dieter Brüggemann

Legitimität → Gesetzmäßigkeit der Verwaltung

Lehranalyse Freud wählte den Weg der Selbstanalyse und empfahl ihn allen Kollegen, da der zukünftige Analytiker mit seinen Patienten »nie so weit kommt, als seine eigenen Komplexe und inneren → Widerstände es gestatten...« (Freud: Therapie, S. 126). Nach der Gründung des ersten deutschen Ausbildungsinstitutes in Berlin wurde die L. bei einem Sachkundigen ab 1922 obligatorisch, da nur über diesen Weg des Selbsterlebens Zugang zum eigenen → Unbewußten, das als Instrument der Analyse eingesetzt wird, gefunden werden kann (→ Psychoanalyse, → Gegenübertragung). Die L. kann dem Kandidaten Einsichten in die eigene Problematik und Kenntnisse über seine Hauptabwehrformen (→ Abwehrmechanismen) vermitteln. Sie sollte nach Abschluß der Weiterbildung in eine lebenslange Selbstanalyse einmünden (Freud: Laienanalyse; Freud: Analyse). Die L. ist zentraler und grundlegender Bestandteil der Weiterbildung zum psychoanalytischen Psychotherapeuten bzw. analytischen Kinder- und Jugendlichenpsychotherapeuten (→ Psychotherapie; → Kinder- und Jugendlichen-Psychotherapie, analytische). Die Richtlinien der Berufsverbände (Deutsche Psychoanalytische Vereinigung und Deutsche Gesellschaft für Psychoanalyse, Psychotherapie, Psychosomatik und Tiefenpsychologie) schreiben eine L. in mehreren Einzelsitzungen pro Woche vor, die die gesamte Weiterbildung begleitet (s. a. Psychotherapie-Richtlinien des Bundesausschusses der Ärzte und Krankenkassen i. d. F. vom 1. 10. 1990).

Lit. Freud, S.: Analyse; Freud, S.: Laienanalyse; Freud, S.: Therapie. *Ursula Palzer*

Lehre → Berufliche Bildung

Lehrlingsheime bzw. Jugendwohnheime im Rahmen der Jugendsozialarbeit bieten Jugendlichen während der Berufsausbildung, Berufsvorbereitung, während des Blockschulunterrichts sowie in Zeiten beruflicher Fortbildung und Umschulung zeitlich begrenzte Wohnmöglichkeit. Die wesentlichen gesetzlichen Förderungsgrundlagen sind im → Kinder- und Jugendhilfegesetz (KJHG – SGB VIII, § 27, § 31 und § 13) sowie im → Arbeitsförderungsgesetz (AFG, § 40, § 56) und im → Bundessozialhilfegesetz (BSHG, § 39 und § 72) geregelt. Gerade angesichts der schwierigen Bedingungen für Jugendliche und junge Erwachsene auf dem Wohnungsmarkt stellen Jugendwohnheime ein wichtiges sozialstaatliches Angebot für junge Menschen in beruflicher Bildung dar. Obwohl angesichts zunehmender Schwierigkeiten junger Menschen bei der Eingliederung in den Arbeitsmarkt die Nachfrage nach solchen Wohngelegenheiten steigt, ist das Angebot erheblich zurückgegangen: in den westlichen Bundesländern von 725 Einrichtungen mit rund 38 000 Plätzen im Jahre 1972 auf 438 Einrichtungen mit ca. 33 000 Plätzen im Jahr 1992. Besonders drastisch ist der Rückgang an Lehrlingsheimen in den neuen Bundesländern: Während im Jahre 1987 in der DDR noch 1 315 Lehrlingswohnheime mit 127 000 Plätzen zur Verfügung standen, reduzierte sich die Zahl bis Ende 1991 auf 39 Einrichtungen mit knapp 2 000 Plätzen. Fast jede/r 4. Auszubildende hatte außerhalb des Elternhauses eine Wohnmöglichkeit im Zusammenhang mit der Berufsausbildung gefunden. Da meist Kombinate und Betriebe Träger der Lehrlingsheime waren, wurden mit deren Auflösung bzw. Schließung im Kontext der Transformationsprozesse der ostdeutschen Industrie auch diese Einrichtungen geschlossen oder anderen Zweckbestimmungen zugeführt.

Die durchschnittliche Aufenthaltsdauer der Bewohnerinnen und Bewohner der Lehrlingswohnheime ergibt sich aus deren primär berufsbezogener Zweckbestimmung und ist relativ kurz: knapp die Hälfte nutzt die Wohnmöglichkeit in einem Lehrlingswohnheim für einen Zeitraum, der kürzer als ein Jahr ist. Knapp 80% der Heimbewohnerinnen und Heimbewohner sind jünger als 21 Jahre alt. Rund 60% sind männlich und rund 40% weiblich. Knapp 10% sind junge Ausländerinnen und Ausländer und gut 10% junge Aussiedlerinnen und Aussiedler.

Hinsichtlich der baulichen Gegebenheiten zeigt sich in der Substanz ein deutlicher Sanierungsbedarf: fast 50% der Häuser sind seit über 35 Jahren als Jugendwohnheim in Betrieb. Etwa ein Viertel der Plätze wird als Einbettzimmer angeboten. Knapp die Hälfte der Plätze verteilt sich auf Zweibettzimmer, 18% auf Dreibettzimmer und 8% auf Vier- und Mehrbettzimmer.

Von der Konzeptionsentwicklung her gilt es, einige Aspekte des gesellschaftlichen Wandels verstärkt zu berücksichtigen, die die Jugendwohnheime vor besondere Herausforderungen stellen: 1) Wegen der schwieriger und länger gewordenen Wege in den Beruf gerade für sozial oder regional benachteiligte Jugendliche (→ Soziale Benachteiligung) besteht ein quantitativer und qualitativer Ausbaubedarf für Jugendwohnheime, damit sie vermehrt einen Integrationsbeitrag während der Ausbildung, Qualifizierung und Arbeitsaufnahme bieten können. 2) Wegen des Risikos → Arbeitslosigkeit sollte die Wohnmöglichkeit nicht so eng an die Ausbildung gekoppelt werden, damit Jugendliche bei Beendigung einer Bildungsmaßnahme nicht gleichzeitig in eine instabile Wohn- und Ausbildungs-/Arbeitssituation entlassen werden. Auch Modelle der Übergangshilfen und Nachbetreuung wären zu erproben. 3) Versuche der Verbindung von handwerklicher Ausbildung und Beschäftigung mit Instandsetzung, Sanierung und Wohnraumbeschaffung für die Jugendlichen als spätere Nutzer sollten verstärkt verfolgt werden. 4) Lehrlingswohnheime, Jugendwohnheime und modellhafte Ansätze des durch die → Jugendhilfe geförderten Jugendwohnens könnten dann Teil einer vernetzten Infrastruktur werden, die sich der sozialpolitischen Problemlage Jugend und Wohnen stellt und die spezifischen Kompetenzen, Ressourcen und Ideen gerade auch nicht studierender junger Menschen im Lebensbereich Wohnen innovativ aufgreift.

Lit. Bundesarbeitsgemeinschaft Jugendsozialarbeit (Hg.): Jugendwohnen; DJI: Ernstfall; Gaiser u.a.: Wohnbedürfnisse; Gaiser u.a.: Wohnen.

Wolfgang Gaiser/Gerda Kanzleiter

Leidensdruck Das reflektierte Leiden an einem Zustand oder an sich selbst infolge von Belastungen, → Konflikten, → Krankheiten, das die normale subjektive Leidensfähigkeit mit der Gefahr zusätzlicher körperlich-seelisch-sozialer Komplikationen zu übersteigen droht und die Bereitschaft zu einer Veränderung, insbes. durch → Psychotherapie, nahelegt. Ein ausreichender L. ist deshalb unverzichtbare Voraussetzung einer Psychotherapie, da hierbei Anforderungen an schmerzhaftes Selbsterkennen und mühsame Wandlungen vertrauter Haltungen und Werte gestellt werden. Daher ist bei jeder Indikationsstellung zu einer Psychotherapie das Verhältnis von L. zum sekundären Krankheitsgewinn (Vergünstigungen und Zuwendungen, die der Patient auf Grund seines Leidens von der Umwelt erfährt) zu überprüfen. *Werner Richtberg*

Leihmutter → Ersatzmutter

Leistungen der → Jugendhilfe und → Sozialhilfe, → Sozialleistungen

Leistungsarten Einteilung der Sozialleistungen nach der Form ihrer Gewährung. Entsprechend spricht das → Bundessozialhilfegesetz (§ 8 BSHG) statt von Arten von Formen der Hilfe. Für das Sozialleistungsrecht unterscheidet § 11 → Sozialgesetzbuch – Allgemeiner Teil – (SGB I) zwischen → Dienst-, → Sach- und → Geldleistungen und stellt gleichzeitig klar, daß die in der → Sozialhilfe besonders bedeutsame → persönliche Hilfe und die erzieherische Hilfe in der → Jugendhilfe (→ Hilfe zur Erziehung) zu den Dienstleistungen gehören. Die praktische Bedeutung der Aufgliederung ist in den einzelnen Sozialleistungsbereichen unterschiedlich. In reinen Geldleistungsgesetzen, wie z. B. dem Wohngeldgesetz (→ Wohngeld) und dem → Bundesausbildungsförderungsgesetz (BAFöG), spielt sie keine Rolle. In anderen Gesetzen, insbes. im BSHG und im → Bundesversorgungsgesetz (BVG), kommen alle drei L. mit unterschiedlichem Gewicht vor. Hier ermöglicht die Aufgliederung gesetzestechnisch beschränkte, d. h. auf nur eine L. sich beziehende gesetzliche Regelungen, z. B. die Gewährung persönlicher Hilfen ohne Rücksicht auf → Einkommen und → Vermögen (vgl. §§ 72, 75 BSHG) oder die Gewährung einer Geldleistung mit Rückzahlungsverpflichtung (→ Darlehen z. B. nach den §§ 15 a, 15 b und 89 BSHG). Im Sozialversicherungsrecht (→ Sozialversicherung) und in der → Kriegsopferversorgung stehen Geld- und Sachleistungen im Vordergrund; hier hat erst in jüngster Zeit die Weiterentwicklung des Rehabilitationsrechts eine stärkere Betonung auch sozialer Dienstleistungen mit sich gebracht. Von den L. sind in der Sozialhilfe die Arten der Hilfe zu unterscheiden, worunter → Hilfe zum Lebensunterhalt und die verschiedenen Arten der → Hilfe in besonderen Lebenslagen verstanden werden. Ebenfalls keine L., sondern eine Unterscheidung nach der Ausgestaltung der Hilfe im Einzelfall ist die Gegenüberstellung von Hilfegewährung innerhalb und außerhalb von Heimen, → Anstalten und ähnlichen → Einrichtungen.

Manfred Streppel

Leistungsbescheid 1. Der → Sozialhilfeträger macht öffentlich-rechtliche Forderungen gegenüber dem → Hilfeempfänger oder bestimmten anderen Personen durch L. (Heranziehungsbescheid) geltend. Diese Forderungen können sich ergeben aus:

a) § 11 Abs. 2, §§ 29 und 43 Abs. 1 → Bundessozialhilfegesetz (BSHG), b) §§ 92 a und 92 c BSHG, c) § 50 SGB X (→ Sozialgesetzbuch [SGB]).

Zu a): Bei den hier geltend zu machenden Forderungen handelt es sich um Vorleistungen des Sozialhilfeträgers, die einen Anspruch auf → Aufwendungsersatz oder → Kostenbeitrag bewirken.

Zu b): Bei diesen Forderungen handelt es sich um zu Recht gewährte → Sozialhilfe, die wegen schuldhaften Verhaltens, um zu Unrecht erlangte Sozialhilfe, die wegen vorsätzlichem oder grob fahrlässigem Verhalten oder durch Eintritt des Erbfalles ersetzt werden müssen (→ Kostenersatz).

Zu c): Ein Anspruch auf Ersatz von zu Unrecht gewährten Sozialleistungen besteht auch dann, wenn vorher der begünstigende → Verwaltungsakt unter den Voraussetzungen der §§ 45 f. SGB X aufgehoben worden ist.

Wurde die Bewilligung eines → Darlehens und dessen Rückzahlungsmodus durch Verwaltungsakt (mit Nebenbestimmungen) geregelt, dann kann auch die Durchsetzung der Forderung mittels L. vorgenommen werden.

2. Im Jugendhilferecht werden die finanziellen Eigenanteile des Kindes oder Jugendlichen, seiner Eltern oder des jungen Volljährigen aus ihrem → Einkommen und ggf. → Vermögens an den entstehenden Kosten im Rahmen des Kostenbetrages ebenfalls durch L. geltend gemacht (§ 93 Abs. 1 → Kinder- und Jugendhilfegesetz [KJHG]) (Ausnahme § 94 Abs. 3 KJHG = Unterhaltsleistung).

3. Der L. ist ein Verwaltungsakt, der nach den Regeln des Verwaltungsverfahrensrechts (→ Verwaltungsverfahren), also im Sozial- und Jugendhilferecht nach dem SGB X und des Verwaltungsprozeßrechts (§ 40 VwGO), sowie nach landesrechtlichen Bestimmungen geltend zu machen ist. → Widerspruch und → Anfechtungsklage hiergegen haben aufschiebende Wirkung, falls nicht gem. § 80 VwGO die sofortige Vollziehung begründet angeordnet wird. Vollstreckt wird aus dem nicht mehr anfechtbaren oder für sofort vollstreckbar erklärten L. nach jeweiligem Landesrecht.

Lit. s.: → Aufwendungsersatz.

Helmut Zeitler

Leistungserbringer der sozialen Arbeit
Die Sach- und Dienstleistungen/→ persönliche Hilfen werden dem sozialleistungsberechtigten Bürger vom → Sozialleistungsträger gewährt, aber regelmäßig nicht eigenhändig von ihm, sondern von → sozialen Diensten und Einrichtungen erbracht (Leistungserbringer). Träger dieser Einrichtungen sind überwiegend Privatrechtssubjekte, häufig → freie Träger der Wohlfahrtspflege, zunehmend auch gewerbliche Träger, oder juristische Personen des öf-

fentlichen Rechts, überwiegend die Kommunen. Die Rechtsformen, in der die freien und gewerblichen Träger organisiert sind, reichen vom eingetragenen → Verein über die (gemeinnützige) GmbH bis zu → Stiftungen und Kirchengemeinden als Körperschaften des öffentlichen Rechts. Über den beeindruckenden Umfang und die Arbeitsfelder der freien Träger berichtet eine von der → Bundesarbeitsgemeinschaft der freien Wohlfahrtspflege herausgegebene Gesamtstatistik (letzter Stand 1. 1. 1993).

Die einzelnen Sozialgesetze ordnen entweder einen Vorrang der freien, neuerdings auch der gewerblichen Träger (§§ 11 Abs. 2 S. 2, 72 Abs. 3 S. 2 SGB XI), vor den öffentlich-rechtlichen Trägern an (§§ 8 Abs. 2 S. 2, 10 Abs. 4, 93 Abs. 1 BSHG, § 4 Abs. 2 SGB VIII) und/oder schränken die Befugnis der Sozialleistungsträger zur eigenhändigen Leistungserbringung ein (§ 50 AFG, §§ 132 Abs. 1 S. 1, 140 SGB V, § 77 Abs. 2 SGB XI). Dieser grundsätzliche Vorrang der freien Leistungserbringer wird gern als Ausprägung des aus der katholischen Soziallehre stammenden Subsidiaritätsprinzips (→ Subsidiarität) verstanden. Heute ist kaum mehr streitig, daß dieses Prinzip kein Verfassungsrechtssatz ist.

Die Leistungsabwicklung erfolgt im Dreiecksverhältnis zwischen sozialleistungsberechtigtem Bürger, Sozialleistungsträger und Leistungserbringer. Tragender Schenkel dieses Dreiecks ist das öffentlich-rechtliche Sozialrechtsverhältnis zwischen Bürger und Leistungserbringer. Der Bürger macht seinen Rechtsanspruch auf die Leistung geltend und wünscht häufig die Erbringung durch eine bestimmte soziale Einrichtung. Der Sozialleistungsträger gewährt die Leistung durch die Erklärung der Kostenübernahme, die ein an den Bürger adressierter begünstigender Sozialverwaltungsakt ist (BVerwG, Urteil vom 20. 10. 1994 = NDV 1995, 295). Ein Doppel dieser Erklärung wird dem Leistungserbringer als Kostenzusage, die streng akzessorisch zu dieser Erklärung ist, zugestellt. Inhalt, Umfang und Qualität der Leistung und vor allem die Höhe der zu erstattenden Kosten (Leistungsentgelt/→ Pflegesatz) werden zwischen den Leistungserbringern bzw. ihren Verbänden und den Sozialleistungsträgern vereinbart. Die lange strittige Frage, ob der Abschluß dieser öffentlich-rechtlichen Verträge (Pflegesatzvereinbarungen) vom Nachweis eines Bedarfs an Einrichtungen abhängig gemacht werden darf, wurde vom BVerwG (Urteil vom 23. 9. 1993, BVerwGE 94, 202) verneint, eine Angebotssteuerung durch Bedarfsprüfung ist also unzulässig.

Die auf der Grundlage dieser Rechtsstruktur im Jahre 1986 (neuere Zahlen sind nicht zugänglich) von den Sozialleistungsträgern erstatteten Kosten machten 79,4% der Einnahmen der freien Leistungserbringer aus und beliefen sich auf 37 Milliarden DM. Zusätzlich wurden 5,23 Milliarden DM (11,2%) an staatlichen Zuwendungen und Subventionen gezahlt. Grundlage dieser (»institutionellen«) Förderung, die von der Kostenerstattung (Pflegesatzfinanzierung) streng zu unterscheiden ist, ist das Subventionsrecht. Der Rest verteilt sich auf Spenden und Mitgliedsbeiträge, kirchliche Zuwendungen und sonstige Einnahmen. Allein die freie Wohlfahrtspflege setzte im genannten Zeitraum 46,4 Milliarden DM um und rangierte damit knapp hinter dem Wirtschaftszweig Handel und deutlich vor dem Siemens-Konzern.

Die Entwicklung des Leistungserbringungsrechts, besonders deutlich im → Bundessozialhilfe- und Pflegeversicherungsgesetz (→ Pflegeversicherung, gesetzliche), geht in die Richtung einer stärkeren gesetzlichen Strukturierung (z.B. Vorgaben für die Vertragsinhalte, Einrichtung von Schiedsstellen). Motor dieser Entwicklung ist die Absicht der Kostensenkung, die sich in der Einführung prospektiver Pflegesätze, der Deckelung der Vergütung und der Freisetzung des Wettbewerbs mit gewerblichen Leistungserbringern niedergeschlagen hat. Zugleich wird die Stellung der Verbände der Leistungserbringer gegenüber den Mitgliedseinrichtungen gestärkt und im Krankenhausbereich bereits die Zwangsvereinigung zu Körperschaften des öffentlichen Rechts nach dem Vorbild des Kassenarztrechts erwogen.

Lit. Goll: Wohlfahrtspflege; Münder: Wahrnehmung; Neumann, V.: Freiheitsgefährdung; Neumann, V.: Zügel.

Volker Neumann

Leistungsmotivation → Motivation

Leistungsträger → Sozialleistungsträger

Leistungsverträge sind privatrechtliche gegenseitige Vereinbarungen zwischen dem Staat – in seiner jeweiligen Organisationsform, z.B. als Behörde, → öffentlicher Träger der → Jugendhilfe oder → Sozialhilfe – und einem Dritten. Der Staat ist dabei voll den Normen des Privatrechts unterworfen. L. kommen aufgrund von Angebot und Nachfrage zustande. Der Staat »kauft« notwendige Ressourcen zur Erfüllung seiner öffentlichen Aufgaben durch den Abschluß von L. mit Dritten. Das Entgelt ist der zu zahlende Preis. Der Gegenleistung ist eine konkrete, eindeutig beschreibbare Lieferung oder Leistung gegenüber dem Staat oder einem bestimmbaren Begünstigten, wobei letzterer nicht als Person benannt sein muß. Vertragliche Vereinbarungen sollen zu einer besseren Erfüllung von Aufgaben anstelle der Gewährung von Zuwendungen nach den verwaltungsaufwendigen erstarrten Vorschriften des Zuwendungsrechts beitragen. Aus einer Umstel-

lung auf L. werden auch Einsparungen bei Personal- und Sachkosten erwartet.
Vertragsinhalte werden anhand der Erfordernisse des Vertragszieles ausgehandelt und akzeptiert. Mehrjährige Vertragsdauer bedeutet eine größere Planungssicherheit und größere Dispositionsfreiheit des Anbieters. Aufgrund des ermittelten Bedarfs wird eine zu erbringende Leistung detailliert beschrieben. Die Leistungsbeschreibung ist Grundlage einer Ausschreibung, durch die Anbieterwettbewerb ermöglicht wird. Konkurrenz führt zu wertentsprechenden Entgelten. Anstelle einer Kontrolle der Mittelausgaben (input) wird die Leistung anhand des Leistungsverzeichnisses nach Umfang, Qualität und Ordnungsmäßigkeit (output) abgerechnet. Der Leistungserbringer wird bemüht sein, die Kosten für die vereinbarte Leistung durch Verbesserung seiner Verfahren zu senken (Gewinnerzielung).
Gegen eine Umstellung von Zuwendungen auf L. bestehen auch Bedenken, weil erwartete Vorteile durch zusätzlichen Aufwand für die Leistungsbeschreibung, das Ausschreibungsverfahren und Preisprüfung erforderlich sind. Auch die Verpflichtung zur grundsätzlich öffentlichen Ausschreibung kann Zielvorstellungen der Jugendhilfe zur partnerschaftlichen Zusammenarbeit mit → freien Trägern, § 4 Abs. 1 und § 74 KJHG – SGB VIII, beeinträchtigen. Ähnliches gilt für Verbände der freien Wohlfahrtspflege, § 10 Abs. 3 Nr. 2 BSHG. Auch zusätzliche Kosten für die Ausschreibung selbst und Umsatzsteuer, die für Entgelte aus dem wirtschaftlichen Leistungsaustausch zu zahlen ist, wirken sich nachteilig aus. Für die praktische Arbeit wird daher empfohlen, vor einer Umstellung Personalaufwand und Kosten der verschiedenen Gestaltungsarten zu prüfen.
Neben privatrechtlichen L. und öffentlich-rechtlichen Zuwendungsverträgen gibt es öffentlich-rechtliche L. Basis ist die Finanzierung aufgrund von abgestimmten Kostensätzen. Sie sind möglich aufgrund spezialgesetzlicher Ermächtigung, z. B. § 93 Abs. 2 BSHG, § 77 KJHG – SGB VIII, § 75 SGB XI. Gestaltungsmöglichkeit besteht, soweit nicht gesetzliche Einschränkungen vorliegen.
Lit. Freier: Finanzierung; Mehls: Leistungsverträge. *Sigurd Mehls*

Leitbild (-Entwicklung) Ein Leitbild stellt die Verdichtung des Handlungswissens eines Unternehmens bzw. einer → Organisation dar. In der Regel wird das Leitbild in schriftlicher Form kommuniziert. Es macht Aussagen über a) Aufgaben und Ziele (Wer wir sind.), b) Geschichte (Woher wir kommen.), c) Umfeld (Wo wir arbeiten.), d) Leistungen (Was wir tun.), e) Aufbau und Ablauf (Wie wir uns organisieren.), f) Kommunikation (Wie wir miteinander umgehen.). Einfluß auf die L. nimmt die gesellschaftliche Funktion des Unternehmens bzw. der Organisation. Die Verbändeforschung (Serries/Hübinger 1991) weist beispielsweise der → freien Wohlfahrtspflege folgende Aufgaben zu: Aufklärungs- und Informationsfunktion, Beratungs- und Betreuungsfunktionen, individuelle Anwaltsfunktion, politische Anwaltsfunktion, Pilotfunktion, Wertegarantenfunktion.
L. spielen eine zentrale Rolle bei der Entwicklung des Controlling-Konzeptes (→ Controlling) eines Unternehmens bzw. einer Organisation (Strunk 1996). Sie sind Grundlage für das Funktionieren von Zielsystemen (→ Ziele in der sozialen Arbeit) innerhalb des Unternehmens bzw. der Organisation. Sie müssen für alle relevanten Handlungsebenen und Teilsysteme des Unternehmens/der Organisation operationalisiert werden (Aufbau und Ablauf, Personalführung, Information, Planung und Kontrolle, Environment).
L. müssen konsequent umgesetzt, d. h. im Unternehmen bzw. in der Organisation gelebt werden. Wenn dies nicht der Fall ist, sind L. sinnlos. Sie spielen eine zentrale Rolle bei der Praxis lernender Organisationen (Senge 1996). Organisationale Lernstrategien sind abhängig von möglichen Haltungen der Mitarbeiterinnen und Mitarbeiter im Unternehmen bzw. in der Organisation. Mögliche Haltungen gegenüber L. sind: Engagement, echte Einwilligung, formelle Einwilligung, widerstrebende Einwilligung, Nicht-Einwilligung, Apathie.
Im Konzept der lernenden Organisation geht man davon aus, daß L. Visionen definieren für die Orientierung eines Unternehmens bzw. einer Organisation. Solche Visionen stellen die treibende Kraft für die → Organisationsentwicklung dar. Visionen bei gleichzeitiger Realitätsprüfung erzeugen eine kreative Spannung, die das Unternehmen/die Organisation braucht, um beweglich (zukunftsfähig) zu bleiben.
Das Verfahren der L. muß von oben (»top-down-Strategie«) angestoßen und verantwortet werden (Langen 1990). Für das praktische Vorgehen der L. empfiehlt sich eine themenzentrierte Gruppenarbeit mit einem entsprechenden → Projektmanagement. Die L.gruppe sollte für das Unternehmen/die Organisation repräsentativ besetzt sein. Komplexe Formulierungsprobleme können arbeitsteilig bewältigt werden (Untergruppen bilden). L.entwürfe sollten innerhalb des Unternehmens bzw. der Organisation breit diskutiert werden (»bottom-up-Strategie«). Diese Verknüpfung beider Strategien (»top-down«, »bottom-up«) ermöglicht aufgrund der Polarität von »Struktur« und »Selbstorganisation« kreative Lernprozesse.
Die Arbeit mit und die Entwicklung von L. setzt sich im Bereich der Sozial- und Gesundheitsarbeit in den letzten Jahren zuneh-

mend durch. Dies ist Ausdruck der zunehmenden Professionalisierung der beiden Sektoren durch die Qualifizierung des Managements (Zöller 1994).
Lit. Langen: Leitbild; Senge: Disziplin; Serries u.a.: Rolle; Strunk, A.: Dienstleistungscontrolling; Zöller: Sammelbüchse.

Andreas Strunk

Leitung → Führung und Leitung in der sozialen Arbeit, → Sozialmanagement

Leitungsfunktionen → Führung und Leitung in der sozialen Arbeit

Lernbehinderte Als L. gelten Personen, insofern und solange ihre intellektuellen Verarbeitungsmöglichkeiten umfänglich und längerfristig wesentlich hinter den am Lebensalter orientierten Erwartungen liegen, was i.d.R. bei Intelligenztestwerten (→ Intelligenz) im Bereich zwischen 1 1/2 und 3 negativen Standardabweichungen (IQ 55-80) anzunehmen ist. Eine alters- oder institutionsmäßige Einschränkung auf Kinder im schulpflichtigen Alter – wie sie nicht selten vorgenommen wird – empfiehlt sich wegen der dadurch aus dem Blickfeld geratenden Aufgabenbereiche nicht. L. wurden früher – wenn auch mit etwas anderer Abgrenzung – als Schwachsinnige (→ Schwachsinn), Debile oder als Hilfsschüler bezeichnet.
Von L. zu unterscheiden sind Personen mit → Lernstörungen, deren Lernbeeinträchtigung lediglich partiell (etwa Teilleistungsschwächen) oder weniger schwer (IQ über 80) oder kurzfristig sind, → geistig Behinderte bezüglich der Schwere der Beeinträchtigung (IQ unter 55) und – sofern keine Einschränkung der intellektuellen Verarbeitungsmöglichkeit vorliegt – → Sprach-, → Hör-, → Seh- und → Körperbehinderte sowie Verhaltensauffällige (→ Verhaltensauffälligkeit).
Allgemeine Kennzeichen sind – aufgabenspezifisch unterschiedlich ausgeprägt – sachliche und quantitative Eingeengtheit des Lernfeldes, reduzierte Abstraktivität, eingeschränkte Gliederungsmöglichkeit für Lernaufgaben, Verlangsamung, Verflachung und zeitliche Begrenztheit des Lernfeldes sowie geringe, vorwiegend diffuse Spontaneität.
Gemäß der Beteiligung der → kognitiven Funktionen am Wahrnehmungs-, Motorik- und Sozialverhalten sowie aufgrund komplexer Auswirkungen der unterschiedlichen Entstehungsbedingungen von Lernbehinderung finden sich bei L. häufig mehr oder minder ausgeprägte Wahrnehmungsschwächen, Bewegungskoordinationsstörungen, Sprachstörungen und Auffälligkeiten im Sozialverhalten, emotionale Beeinträchtigungen, körperliche Entwicklungsrückständigkeiten und Anfälligkeiten.

Ferner tritt Lernbehinderung als primäre oder als sekundäre Beeinträchtigung nicht selten verbunden mit Körper-, Sprach-, Seh- oder Hörbehinderungen auf, so daß sich eine Mehrfachbehinderung (→ Mehrfachbehinderte) ergibt.
Im fließenden Grenzbereich zwischen Lernbehinderungen und Lernstörungen geben das Ausmaß derartiger zusätzlicher Beeinträchtigungen sowie die allgemeinen und speziell die familiären Lernbedingungen den Ausschlag für die Zuordnung, wobei im Zweifelsfalle die Kategorie der Lernstörungen zu bevorzugen ist.
Für alle genannten Gegebenheiten gilt, daß sie mehr oder minder veränderbar sind – in positiver wie in negativer Richtung – durch ärztliche, vor allem aber durch pädagogische (→ Heilpädagogik, → Sonderpädagogik) Maßnahmen oder Fehlmaßnahmen, durch förderungsorientierte Arbeit bzw. durch Resignation, festschreibende oder verstärkende Umweltreaktionen oder Zuweisung zu unzweckmäßigen Institutionen. Ebenso wie sich Lernstörungen zu Lernbehinderungen generalisieren und wie sich Lernbehinderungen verstärken können, lassen sich Lernbehinderungen u.U. günstig beeinflussen bis hin zu ihrer Behebung. Lernbehinderung ist also nicht als ein statisches und erst recht nicht als ein grundsätzlich irreversibles Phänomen, als feststehende Eigenschaft, zu sehen. Es handelt sich vielmehr um eine Kategorie, welcher der Betroffene zum Zwecke der Vermittlung besonderer Hilfen angesichts einer unregelhaften Bedarfslage nur insofern und solange zuzuordnen ist, als er entsprechende Hilfe benötigt.
Die besondere Bedarfslage ist abhängig von den jeweiligen Umweltanforderungen und von den Wert- und Zielvorgaben. Lernbehinderung ist damit als ein relatives Phänomen gekennzeichnet, das nicht zuletzt durch die intellektuellen Ansprüche, Methoden und Institutionen des Umfeldes bestimmt wird.
Für die Genese einer Lernbehinderung ist i.d.R. nicht eine einzelne Ursache, sondern ein Geflecht sich wechselseitig beeinflussender Bedingungen ins Auge zu fassen. Hierzu können – mit unterschiedlichem Stellenwert – biologische (anlagemäßige und erworbene) Gegebenheiten sowie Umwelteinwirkungen sozialer und kultureller Art (einschließlich erzieherischer Einflußnahmen und sächlicher Lernbedingungen) mit primärer und fixierender oder verstärkender Wirkung gehören.
Die Vorstellung von Lernbehinderung ist heute noch vorwiegend durch die Schule für L. geprägt, wodurch einerseits die Notwendigkeit vorschulischer und frühkindlicher sowie neben- und nachschulischer Fördermaßnahmen übersehen wird, und andererseits ein verzerrtes Bild angesichts der Vielzahl von nicht im strengen Sinne L. in

dieser Schule entsteht. Die Aufgabe einer angemessenen Förderung von Schülern mit Störungen in den allgemeinen Schulen einschließlich entsprechender Vorbildung aller Lehrer und organisatorischer Maßnahmen ist erst ansatzweise aufgegriffen. Dementsprechend erweisen sich Postulate nach Auflösung der Schulen für L. und totaler Integration auch der L. i. e. S. als wenig hilfreich. Vielmehr geht es um eine Verstärkung der Fördermaßnahmen an allgemeinen Schulen, um eine Intensivierung der Förderbemühungen der → Sonderschulen mit dem Ziel einer weitmöglichen Reintegrierung ihrer Schüler in allgemeine Schulen (ggf. durch Verlängerung der Schulzeit mit Ermöglichung eines Hauptschulabschlusses) und um eine Überwindung der räumlichen, arbeitsmäßigen und emotionalen Separation der Sonderschulen, wodurch die verbreiteten negativen Etikettierungen (→ Stigmatisierung) L. am ehesten zu überwinden sind.

Einschätzungen und Untersuchungen der Häufigkeit L. schwanken in ihren Befunden zwischen 1 und 12% – gemäß ihrer Abhängigkeit von den zugrunde gelegten Maßstäben und Zielprojektionen. Der Deutsche Bildungsrat geht von 2,5% L. im schulpflichtigen Alter aus und hält für weitere 3–4% der Schüler Fördermaßnahmen an allgemeinen Schulen für erforderlich.

Neben vorschulischen und schulischen Maßnahmen sind für L. berufliche Fördermaßnahmen (→ Berufsbildungswerke, → Berufsförderungswerke u. a.) sowie medizinische und soziale Maßnahmen erforderlich.

Die generalisierende, blickverengende und stigmatisierende substantivische Bezeichnung »der Lernbehinderte« sollte vermieden werden zugunsten konkreter, detaillierter Aussagen bezüglich dessen, was sein Problem bzw. seinen Förderbedarf ausmacht.

Lit. Bach, H.: Sonderpädagogik; Bach, H.: Unterrichtslehre; Bleidick: Pädagogik der Behinderten; Deutscher Bildungsrat: Förderung; Harbauer, H. u.a.: Kinder- und Jugendpsychiatrie; Jantzen: Sozialisation; Kanter: Lernbehinderungen; Kanter u. a.: Pädagogik der Lernbehinderten; Klauer: Lernbehindertenpädagogik. *Heinz Bach*

Lernen kann im Gegensatz zur Behauptung vieler Autoren nicht als eine Verhaltensänderung infolge einer verstärkten (→ Verstärkung) Übung definiert werden. Dies zeigt sehr deutlich eine Untersuchung von Bandura, an der Kinder im Alter von 3 1/2 bis 6 Jahren als Versuchspersonen teilnahmen. Den Kindern wurde ein Film gezeigt, in dem eine Person (sog. Modell) eine Puppe aggressiv behandelte. Für verschiedene Gruppen von Kindern hatte der Film einen unterschiedlichen Ausgang: Das Modell wurde für seine Aggressionen belobigt (stellvertretende Verstärkung), bestraft, oder blieb ohne Verhaltenskonsequenz. In der nachfolgenden Spielphase zeigte sich, daß die Kinder aller drei Gruppen selten imitierten; am relativ häufigsten die Kinder, die die Belohnung des Modells gesehen hatten und am seltensten die Gruppe, deren »Modell« bestraft worden war. Wurden jedoch die Kinder aufgefordert, so viele Verhaltensweisen des Modells zu zeigen, wie sie erinnern konnten, und bekamen sie für die Nachahmung kleine Geschenke (direkte Verstärkung der beobachteten Personen), so wurde insgesamt viel häufiger imitiert, und alle Gruppen von Kindern ahmten jetzt gleich häufig nach. Diese Untersuchung, auf die wir noch zurückkommen werden, demonstriert zunächst einmal zweierlei: a) L. ist nicht mit einer Verhaltensänderung gleichzusetzen; denn erst nach der durch Geschenke unterstützten Aufforderung, alle Verhaltensweisen zu zeigen, an die sie sich erinnern konnten, imitierten die Kinder häufiger. Etwas Gelerntes muß also nicht immer offen zutage treten. b) Die Verstärkung ist keine notwendige Bedingung des L. Während die Kinder das Modell beobachteten (lernten), fand keine Verstärkung statt; dennoch konnten sie viele Verhaltensweisen des Modells reproduzieren. Die Verstärkung ist dagegen eine Bedingung für die Umsetzung des Gelernten in → Verhalten.

Diese Aussagen sind für alle Lernvorgänge gültig. L. ist ein nicht beobachtbarer Prozeß, der aber in verschiedenen Paradigmen zur Untersuchung von Lernvorgängen »aufgedeckt« werden kann. Die Verstärkung ist dabei eine Bedingung dafür, das Gelernte sichtbar zu machen. Findet eine Verhaltensänderung nicht statt, so kann daraus nicht geschlossen werden, daß nichts gelernt wurde. Positiv gewertet ist L. also die Speicherung bestimmter Ereignisrelationen oder die Ermöglichung neuen Verhaltens aufgrund von Übung und/oder Beobachtung eines Modells. Auf verschiedenen Paradigmen zur »Sichtbarmachung« des L. kommen wir im folgenden zu sprechen.

a) Klassische → Konditionierung. Werden zwei Reize, von denen nur einer, der unkonditionierte Reiz, eine bestimmte Reaktion auslöst, immer wieder zusammen dargeboten, so wird der ehemals neutrale, die Reaktion nicht auslösende Reiz selbst zum Auslöser der Reaktion; er heißt nunmehr der konditionierte Reiz. So kann der Glockenton (neutraler Reiz), der immer kurz vor dem Luftstoß gegen das Auge (unkonditionierter Reiz) ertönt, zum Auslöser des Lidschlagreflexes werden. Gelernt worden ist eine Reiz-Reiz-Relation. Im Auftreten der Reaktion auf den ehemals neutralen Reiz zeigt sich, daß gelernt worden ist. Als erster hat der russische Physiologe Pawlow die klassische Konditionierbarkeit von Reflexen demonstriert.

Lernen 618

b) Operante Konditionierung. Werden Verhaltensweisen, deren Auslöser unbekannt ist (sog. operants), belohnt, so treten sie häufiger auf. Wird also ein gesundes, sattes Baby immer dann auf den Arm genommen, wenn es schreit, so lernt es, häufig zu schreien. Das Schreien ist zum Instrument der Erlangung des Verstärkers geworden (instrumentelles L.). Gelernt worden ist eine Verhalten-Reiz-Relation. Die operante Konditionierung geht auf den amerikanischen Verhaltenspsychologen Skinner zurück.
c) Beobachtungsl. Ein Beispiel für das Beobachtungsl. (Synonym: Modell-L.) ist die oben dargestellte Untersuchung von Bandura.
d) Konzeptl. Konzepte unterteilen die Dinge der Welt in verschiedene Klassen. Als positive Instanzen fallen unter das Konzept »Hund« alle Hunde, während alles, was nicht Hund ist, eine für dieses Konzept negative Instanz darstellt. Ein Kind muß also lernen, von unwichtigen Unterschieden zwischen verschiedenen Hunden zu abstrahieren und das allen Hunden Gemeinsame herauszufiltern.
e) Verbales L. Das L. von Vokabeln wie »dog-Hund«, »cat-Katze« usw., das L. eines Gedichts oder eines ganzen Textes zur sinngemäßen Wiedergabe sind Beispiele für verbales L. (sprachliches L.).
f) Das Deutero-L. nimmt im Vergleich zu den zuvor genannten Paradigmen insofern eine übergeordnete Stellung ein, als es Aussagen über das »Lernen zu lernen« ermöglicht. Deutero-L. oder »Lernen II« bezeichnet die 2. Lernebene in einem von Bateson entwickelten vierstufigen System.
Im folgenden werden wir auf die einzelnen Paradigmen ausführlicher eingehen.
Klassische Konditionierung:
Die Bedeutung dieses Paradigmas liegt darin, daß (a) der Lernprozeß offenbar grundlegend für andere Prozesse ist, (b) Motive wie die Furcht oder emotionale Verhaltenskomponenten (z.B. affektive Einstellungen) aufgrund klassischer Konditionierung entstanden sein können. So haben Watson, der Begründer des → Behaviorismus, und Rayner bei einem 9 Monate alten Kind Furchtreaktionen auf eine Ratte, mit der es keine negativen Erfahrungen gemacht hatte, konditionieren können; unkonditionierter Reiz war in diesem Experiment ein plötzliches lautes Geräusch. Wichtigste Prinzipien der klassischen Konditionierung sind:
a) Je höher die → Korrelation zwischen beiden Reizen ist, desto wahrscheinlicher wird das Auftreten der Reaktion auf den ehemals neutralen Reiz.
b) Bei Verringerung der Korrelation, etwa durch intermittierende Verstärkung, wächst die Extinktionsresistenz.
c) Die konditionierte Reaktion wird auch durch Reize bewirkt, die dem konditionierten Reiz ähnlich sind (Reizgeneralisierung). So lösten in dem Experiment von Watson und Rayner auch andere pelzige Gegenstände Furcht aus.
Operante Konditionierung:
Oben wurde ein Beispiel für eine operante Konditionierung gegeben. Es handelt sich um ein sog. Belohnungstraining: Ein bestimmtes Verhalten wird belohnt. Weitere Typen operanten Konditionierens:
Beim diskriminativen Belohnungstraining wird ein Verhalten nur in Gegenwart eines diskriminativen Hinweisreizes (S^D) belohnt, während die Verstärkung in Abwesenheit dieses Reizes unterbleibt. Als Ergebnis resultiert, daß das Verhalten überwiegend in Gegenwart von S^D oder eines ähnlichen Reizes (Reizgeneralisation) auftritt. Beispiel: Belobigung des Kindes für Stillsitzen am Tisch während der Mahlzeit nur in Gegenwart des Vaters (S^D). Beim Unterlassungstraining wird die Unterlassung eines Verhaltens positiv verstärkt. Beispiel: Immer wenn ein häufig ohne Grund schreiendes Baby eine bestimmte Zeitspanne nicht geschrien hat, wird es belohnt. Es lernt die Unterlassung des Schreiens. Beim diskriminativen Unterlassungstraining wird die Unterlassung des Schreiens nur in Gegenwart von S^D (z.B. Gegenwart des Vaters) belohnt. Das Kind lernt, das Verhalten in Gegenwart von S^D und ähnlichen Reizen (Reizgeneralisation) zu unterlassen.
Beim Fluchttraining wird ein Verhalten durch Beseitigung eines schmerzhaften Strafreizes negativ bekräftigt. Die häufige Einnahme von schmerzlindernden Tabletten kann als ein Fluchtl. interpretiert werden. Dem Vermeidungstraining kommt in dieser Zusammenstellung ein Sonderstatus zu, da unklar bleibt, worin die Verstärkung, wenn nach einigen Versuchen mit negativer Verstärkung der aversive Reiz gemieden wird, besteht. Das Vermeidungsverhalten ist hochgradig löschungsresistent, obwohl es von außen nicht weiter bekräftigt wird. Nach neueren kognitiven Lerntheorien werden jedoch fortlaufend Erwartungen (z.B. »wenn das Vermeidungsverhalten ausgeführt wird, kommt es nicht zum befürchteten Ereignis«) bestätigt und dadurch gestärkt; sie sind für die hochgradige Resistenz des Meidungsverhaltens verantwortlich.
Das Paradigma des Vermeidungsl. weist eine gewisse Relevanz für die → Verhaltenstherapie auf. Bevor sich stabile Erwartungen ausbilden können, dient die mit der Ausführung des Meidungsverhaltens verbundene Furchtreduktion zu seiner Aufrechterhaltung. Eysenck u.a. nehmen an, daß das phobische (→ Phobien) Verhalten von Menschen ebenfalls ein Meidungsverhalten ist, das durch Furchtreduktion verstärkt wird. Als Therapie wird eine systematische → Desensibilisierung zur Extink-

tion der Furcht und damit zur Beseitigung des Meidungsverhaltens vorgeschlagen. Allerdings dürfte dies nach den Befunden zum Vermeidungsl. kaum jemals ausreichen; zu ergänzen sind diese Methoden durch kognitive Therapien zum »Aufbrechen« von Erwartungen. Die Wirksamkeit der auch in die Verhaltenstherapie eingegangenen Reizüberflutung (Verhinderung der Vermeidung des furchtauslösenden Reizes) kann auf die Extinktion der Furcht und das »Aufbrechen« der Erwartung »Wenn kein Meidungsverhalten, dann Schmerz« zurückgeführt werden. Beim Bestrafungstraining ergeben sich ähnliche Erklärungsprobleme. Dieses Training besteht darin, daß ein Verhalten, dessen Unterlassung erlernt werden soll, bestraft wird. Aus dem Erziehungsalltag ist dieses Paradigma, das auch in die Verhaltenstherapie Eingang gefunden hat, wohl bekannt. Beim diskriminativen Bestrafungstraining wird das Verhalten nur in Gegenwart von S^D bestraft. Durch die Unterlassung des Verhaltens wird die Meidung des Strafreizes (sog. passives Vermeidungsl.) erreicht, und es fragt sich auch hier, was für die anhaltende Unterlassung verantwortlich ist, da äußere Verstärker nicht vorhanden sind. Am besten läßt sie sich durch die fortlaufende Bestätigung von Erwartungen (»wenn X unterbleibt, kommt es nicht zur Strafe«) erklären.

Die Beachtung folgender Regeln ist wichtig, wenn durch Verstärkung oder Bestrafung Verhaltensweisen aufgebaut bzw. abgebaut werden sollen:

a) Beim (diskriminativen) Belohnungstraining sollte das Auftreten des erwünschten Verhaltens sofort, ohne zeitliche Verzögerung, verstärkt werden, da sonst die Gefahr besteht, daß die Unterlassung dieses Verhaltens und die Ausführung anderer Verhaltensweisen bekräftigt wird.

b) Zunächst einmal sollte kontinuierlich, damit das Verhalten häufig genug auftritt, später intermittierend bekräftigt werden; dadurch wächst die Löschungsresistenz.

c) Soll ein Verhalten abgebaut werden und wird auf Bestrafung verzichtet, so bietet sich neben dem Unterlassungstraining die Extinktion an, sofern erkennbar ist, daß ein bestimmter Verstärker das Verhalten aufrechterhält. Durchgängig erweist sich das Unterlassungstraining als die effizientere Prozedur.

d) Auf ein Bestrafungstraining zum Abbau von Verhaltensweisen sollte möglichst verzichtet werden, da die Gefahr besteht, daß durch Beobachtungsl. aggressives Verhalten erworben wird. Kann dennoch auf Bestrafung nicht verzichtet werden, so ist unbedingt zu beachten, daß ein bestimmtes unerwünschtes Verhalten sofort bestraft wird. Die Bestrafung darf nicht (etwa aufgrund großer Verärgerung des Erziehers) unabhängig vom jeweils gezeigten Verhalten erfolgen. Diese verhaltensunabhängige Bestrafung führt zu einer generalisierenden Unterdrückung motorischen Verhaltens (sog. konditionierte emotionale Reaktion) und zur sog. Hilflosigkeit. Unter Hilflosigkeit wird verstanden, daß eine Meidung von Strafreizen aufgrund vorausgegangener verhaltensunabhängiger Bestrafung nicht erlernt wird. Vermutlich bestehen Zusammenhänge zwischen der aufgrund »unabhängiger« Bestrafung entstandenen Hilflosigkeit und der Entwicklung von → Depressionen.

Die genannten Typen des operanten Konditionierens sind Beispiele für instrumentelles L., das auch noch andere Paradigmen, auf die hier nicht einzugehen ist, umfaßt. Skinner war früher der Meinung, daß vegetative Reaktionen, die durch das autonome Nervensystem gesteuert werden, nur klassisch, motorische Verhaltensweisen jedoch nur operant konditionierbar seien. Insbesondere Experimente zum Nachweis der operanten Konditionierbarkeit vegetativer Funktionen (wie Herzschlagrate, Magenkontraktionen usw.) haben die Unhaltbarkeit dieser Ansicht nachgewiesen und damit zur Etablierung der Biofeedback-Methode in der Verhaltenstherapie beigetragen. Es geht um das Erlernen der Kontrolle physiologischer Vorgänge, wie etwa die Entspannung der Muskulatur, die zur Beseitigung von Verspannungskopfschmerzen beiträgt.

Beobachtungsl.: Beobachtungsl. (Modell-L.) meint den Erwerb neuen Verhaltens aufgrund der Beobachtung eines Modells, das dieses Verhalten vormacht (→ soziales L.). Dieses L. spielt bei der Erklärung des Erwerbs sozialer Verhaltensformen eine wichtige Rolle. Es ist undenkbar, daß alle Verhaltensformen aufgrund langwieriger Konditionierungen entstehen, da sich zeigt, daß bestimmte neue Verhaltensweisen durch die Beobachtung eines Modells erworben werden können, ohne ein einziges Mal ausgeführt und verstärkt worden zu sein. Dennoch bleibt ungeklärt, ob das Modell-L. nicht erst zu einem Zeitpunkt der Entwicklung des Menschen stattfinden kann, wo das Imitieren aufgrund instrumenteller Lernvorgänge bereits erlernt worden ist. Auf jeden Fall ist nicht jedes Imitationsl. ein Beobachtungsl. Anhand des oben dargestellten Experiments von Bandura sollen die vier Prozesse erläutert werden, auf die Bandura, der Begründer der Forschungen in diesem Bereich, zur theoretischen Analyse des Beobachtungsl. verweist: a) Die beobachtende Person muß dem Modell ihre Aufmerksamkeit zuwenden. Verschiedene Faktoren, die die Aufmerksamkeit steuern, sind bekannt geworden, wie bestimmte soziale und Persönlichkeitsmerkmale des Modells und dessen Verstärkung (stellvertretende Verstärkung) oder Bestrafung. b) Das Modellverhalten muß gedächtnismäßig repräsentiert werden. Dafür kommen sprachliche

Kodierungen und visuelle Vorstellungsbilder des Modellverhaltens in Frage. Derartige Verarbeitungsformen werden in der Gedächtnispsychologie näher analysiert. c) Damit das im Gedächtnis der beobachtenden Person repräsentierte Modellverhalten überhaupt in offenes Verhalten umgesetzt werden kann, müssen die notwendigen Verhaltenskomponenten im Repertoire der beobachtenden Person enthalten sein. So lassen sich die komplizierten Übungen eines Turners am Reck nicht ohne weiteres imitieren. d) Die stellvertretende Bekräftigung des Modells sowie die direkte Verstärkung der beobachtenden Person sind wichtige Bedingungen für die Umsetzung des Gelernten in Verhalten. Die bereits referierte Untersuchung von Bandura zeigt, daß spontan diejenigen Kinder am häufigsten imitieren, »deren« Modell bekräftigt worden war, und daß die direkte Verstärkung darüber hinaus weitere bisher nicht gezeigte Verhaltensweisen »an das Tageslicht holte«. Banduras Analyse des Beobachtungsl. bezieht sich nicht auf den Erwerb spezieller Verhaltensweisen (»Nachäffen«), sondern auch auf die Übernahme der Regel, die das Modellverhalten leitet. So kann etwa ein Kind, mit einigen Beispielen moralischen Urteilens konfrontiert, die Regel, die hinter diesen Beispielen steckt, erlernen und entsprechend dieser Regel neue, bisher unbekannte Sachverhalte beurteilen. Offenbar handelt es sich hier um ein implizites Lernen, das in eigenen Paradigmen untersucht wird (Buchner). Danach wird mehr gelernt – nämlich Regeln, Grammatiken – als dargeboten wird.

Da beinahe jeder Mensch soziale Beziehungen zu anderen Menschen eingeht, die möglicherweise für ihn Modelle darstellen, oder das Verhalten von Modellen im Fernsehen verfolgt, fragt es sich häufig, wie die unerwünschten Folgen dieses »leichten« Beobachtungsl. vermieden werden können. So ist anzunehmen, daß Kinder und Jugendliche ohne Verstärkung das aggressive Verhalten von Fernsehmodellen erlernen. Ob die neu erworbenen Verhaltensmuster in die »Tat« umgesetzt werden, hängt u. a. von der stellvertretenden Verstärkung des Modells ab; durch die direkte Verstärkung wird das unerwünschte Verhalten noch häufiger ausgeführt. Deshalb ist die sorgfältige Selektion von Fernsehprogrammen für das Kind außerordentlich wichtig.

In der Verhaltenstherapie hat man z. B. die Beobachtung nicht furchtsamer Modelle eingesetzt, um phobisches Verhalten zu beseitigen (vgl. die Beispiele der verhaltenstherapeutischen Anwendung bei Bauer, M.). Auch für die Erziehung läßt sich das Modell-L. mit Erfolg verwerten. Wichtig ist dabei, a) Modelle auszusuchen, denen Aufmerksamkeit geschenkt wird, b) bestimmte gedächtnismäßige Verarbeitungsprozesse wie das Verbalisieren des Modellverhaltens zu fördern und c) Anreize für die Umsetzung des Gelernten in Verhalten zu geben. Die Auswahl geeigneter Modelle bietet hierbei die größten Schwierigkeiten, denn trotz intensiver Forschungen ergeben sich kaum einheitliche Empfehlungen. So kann ein Erwachsener für ein Kind durchaus ein Modell sein; dennoch wird z. B. oftmals seine Ruhe bei einem Gewitter nicht ausreichen, um dem ängstlichen Kind die Furcht davor zu nehmen. Häufig werden solche Modelle zu bevorzugen sein, die sich bezüglich der Fähigkeit für eine zu erbringende Leistung nicht sehr von der einer beobachtenden Person unterscheiden.

Konzeptl.:

Ohne Konzeptbildung wäre ein ständiges Neul. notwendig, und eine Orientierung in unserer Umgebung wäre unmöglich. Vieles wäre nicht lehr- und lernbar. Der Auftrag der Mutter an das Kind, nicht mit Messern zu spielen, bliebe unerfüllbar, wenn das Kind nur ein besonderes Exemplar als Messer ansieht, ohne von den vielfältigen Unterschieden zwischen einzelnen Messern abstrahieren zu können. In der frühen Kindheit ist das Konzeptl. ein direkt assoziatives L.: Das Attribut, das allen Exemplaren einer Kategorie gemeinsam ist, wird mit einem bestimmten Verhalten, z. B. der verbalen Benennung, verknüpft. So wird einem Kind, welches das Konzept »grün« erwirbt, die zutreffende Farbbenennung des Rasens, eines grünen Buchrückens usw. als richtig zurückgemeldet, während die Bezeichnung »grün« für die reife Tomate als falsch bezeichnet wird. Allmählich erlernt das Kind das Konzept »grün«: Es bezeichnet nur grüne Gegenstände als grün. In einem späteren Entwicklungsstadium wendet das Kind zunehmend häufiger andere Strategien bei der Bewältigung konzeptueller Probleme an: Es testet Hypothesen über die Relevanz bestimmter Attribute, die es je nach Rückmeldung verwirft oder beibehält (Kendler).

Um ein Kind Konzepte zu lehren, sollte man die Aufmerksamkeit auf die gemeinsamen Merkmale aller Exemplare lenken und negative wie positive Beispiele benennen. Eltern tun dies oft unbewußt, wenn sie von Miau-Katze, Wauwau-Hund usw. sprechen.

Verbales L.:

Forschungen zum verbalen Lernen umfassen sehr verschiedene Paradigmen und überlappen sich mit gedächtnispsychologischen Fragestellungen.

Der Lernerfolg ist wesentlich von der Organisation des Lernmaterials durch den Lernenden abhängig, wie bereits frühe gestaltpsychologisch inspirierte Untersuchungen von Katona gezeigt haben. Während hier eine dem Lernmaterial inhärente Struktur erkannt werden mußte, damit langfristig behalten wurde, hat Tulving später untersucht, welche Auswirkungen die subjektive Ordnung des Lernmaterials auf die Gedächtnisleistung hat.

Die psychologische Lernforschung hat sich hauptsächlich auf kontrollierte Untersuchungen im Labor gestützt. Die Paradigmen sind nicht einfach auf alltägliches L. übertragbar, dennoch aber fruchtbar etwa für die Entwicklung verhaltenstherapeutischer Techniken und die Modellbildung in → Sozialpsychologie (z. B. soziale → Interaktion als Austauschprozeß) und → Soziologie gewesen. Forschungen, die im Kontext der sog. sozialen Lerntheorien von Bandura, Mischel, Rotter u. a. stehen, verdeutlichen, daß die einfache Anwendung lernpsychologi:scher Gesetze unerwartet negative Folgen zeitigen kann. So kann die externe Belohnung für Tätigkeiten, die das Kind aus Interesse ausübt, zum Verlust der intrinsischen → Motivation führen.

Deutero-L.:
Deutero-L. ist eine spezifische Lernform der von Bateson entwickelten Lerntheorie. Hierbei handelt es sich um ein von der → Systemtheorie (→ Systemischer Ansatz) und → Kybernetik beeinflußtes System von logisch aufeinander aufbauenden Lernebenen. Ausgegangen von der Annahme, daß L. eine Veränderung irgendeiner Art aus einer Position oder Ruhelage darstellt, ist die unterste Ebene »Lernen null« gekennzeichnet durch minimale Veränderungen in der Reaktion eines Einzelwesens auf die wiederholte Einheit von Sinneseindrücken; z. B. ich »lerne« von der Werkssirene, daß Feierabend ist. Diese grundlegende Art der Informationsverbreitung gilt für alle einfachen und komplexen Lernvorgänge, die ohne Versuch- und Irrtumverhalten, Belohnung oder Bestrafung auskommen.

»Lernen I« umfaßt alle Phänomene der Veränderung von Erfahrung oder Verhalten, die auf der vorangegangenen Ebene »L. null« eingeordnet werden. Dazu zählen die in unmittelbarem Kontext stehenden Reaktionsveränderungen eines Einzelwesens von einem Zeitpunkt 1 zu einem Zeitpunkt 2. Der Begriff des unmittelbaren und wiederholbaren Kontexts ist die notwendige Voraussetzung für eine Theorie, die L. als Veränderung definiert. Ein Reiz ist ein elementares inneres oder äußeres Signal. Der Kontext des Reizes ist für Bateson eine Metamitteilung, die das elementare Signal klassifiziert. Der Kontext des Reizes wiederum ist durch seine spezifische Umgebung klassifiziert, wodurch die Metamitteilung zu einer Meta-Metamitteilung wird. Für die Begriffe der Reaktion oder Verstärkung läßt sich die gleiche hierarchische Klassifizierung aufbauen. Trifft ein Einzelwesen auf einen ihm bekannten Kontext, so werden die damit verbundenen früheren Erfahrungen reaktiviert. Ein Beispiel für die Wirksamkeit dieses Phänomens ist nach Bateson das Placebo (Scheinmedikament), durch welches der Arzt die Grundlage für eine Veränderung in der subjektiven Erfahrung des Patienten legt.

Auf der Ebene »L. I« lassen sich alle oben dargestellten Paradigmen des L. einordnen. Bei dem genannten Beispiel der klassischen Konditionierung zeigt das 9 Monate alte Kind zum Zeitpunkt 2 eine Angstreaktion beim Anblick einer Ratte; zum Zeitpunkt 1 hat es das nicht getan. Das gleiche gilt für Verhaltensänderungen, die im Zusammenhang mit instrumenteller Belohnung oder Vermeidung auftreten. Der Unterschied zwischen diesen beiden Lernparadigmen liegt in verschieden strukturierten Kontexten. Bei der klassischen Konditionierung besteht der Kontext aus einem Reiz, auf den nach einer gewissen Zeit eine Verstärkung folgt. Bei der instrumentellen Belohnung folgt die Verstärkung auf einen Reiz und eine besondere Verhaltensreaktion.

L. auf der Ebene II findet statt, wenn die Erfahrung eines oder mehrerer Kontexte z. B. des klassischen Konditionierungstyps zu einem spezifischen Verhalten in einem späteren ähnlichen Kontext führt. Bei der instrumentellen Konditionierung kann dann von »L. II« gesprochen werden, wenn eine vergangene Erfahrung von instrumentellen Abfolgen dazu führt, in einem späteren Kontext so zu handeln, wie es der instrumentelle Kontext erfordert. Der Erfolg des »Lernens zu lernen«, Deutero-L., der Lerntransfers oder Set-Lernens, wie der Lerntyp II auch genannt wird, ist daran zu messen, inwieweit im neuen Kontext weniger Versuche oder Zeit benötigt werden, um »richtig« zu reagieren.

In der Sozialarbeit und Psychotherapie begegnet uns »L. II« z. B. im Phänomen der → Übertragung. Der Klient verhält sich in der neuen Situation gegenüber seinem Gesprächspartner entsprechend seinen Erfahrungen aus früheren Kontakten mit wichtigen Personen (Eltern, Lehrer usw.). Bateson nimmt an, daß »L. II«, wie es in der Kindheit erlebt und geprägt wird, tendenziell das ganze Leben bestehen bleibt.

Ein Beispiel für L. III für menschliche Wesen stellen tiefgreifende Umstrukturierungen der Persönlichkeit dar, wie sie hin und wieder in Psychotherapien oder bei religiöser Bekehrung auftreten. Die Lernstufen III und IV bezeichnen jeweils Veränderungen im Lernprozeß der vorangegangenen Stufe. Beide Lernformen finden bei Menschen selten oder gar nicht statt.

Lit. Bandura: Lernen; Bateson, G.: Ökologie des Geistes; Bauer, M.: Modellernen; Bredenkamp u. a.: Lern- und Gedächtnispsychologie; Buchner: Lernen; Eysenck u. a.: Neurosen; Katona: Organizing; Kendler: Development; Tulving: Subjective organization.

Jürgen Bredenkamp/Rainer Biesenkamp

Lernen im Erwachsenenalter Das Interesse an Fragen der Lernfähigkeit und Lernleistung Erwachsener stand lange Zeit hinter allgemeinen lerntheoretischen Fragestellungen und entwicklungspsychologischen Aspekten der Kindheit und Jugendzeit zurück. Erst in den letzten Jahrzehnten sind lernpsychologische Probleme des Erwachsenenalters zunehmend wissenschaftlich untersucht und im Bereich der → Erwachsenenbildung diskutiert worden. Der Grund dafür liegt einmal im relativ schnellen gesellschaftlichen, beruflichen und → sozialen Wandel unserer Zeit, der eine Anpassung an neue Situationen und damit einen lebenslangen Lernprozeß (life-long learning) erfordert, zum anderen in der Revision der bisher als verbindlich angesehenen Phasenmodelle der menschlichen Entwicklung und der Infragestellung der Defizit-Theorie. Diese Theorie postuliert, daß ab der Altersspanne 25–30 Jahre ein allgemeiner intellektueller Leistungsabfall eintritt. Neuere Forschungsergebnisse konnten zeigen, daß die Annahme einer linearen quantitativen Verschlechterung intellektueller Fähigkeiten ab dem 30. Lebensjahr nicht mehr haltbar ist (s. Lehr; Löwe). Die vorliegenden Untersuchungen zur Lern- und Leistungsfähigkeit im Erwachsenenalter weisen darauf hin, daß Defizite älterer gegenüber jüngeren Menschen nicht in erster Linie auf Alterungsprozesse zurückzuführen sind, sondern auf eine Reihe von sozialen, biographischen, psychischen und somatischen Faktoren beruhen. Folglich bestehen innerhalb gleicher Altersjahrgänge beträchtliche interindividuelle Unterschiede hinsichtlich des Lern- und Leistungsniveaus Erwachsener.

a) Psychophysische Lern- und Leistungsfähigkeit: Die empirischen Befunde lassen auf eine mit steigendem Alter zunehmende allgemeine Verlangsamung psychophysischer Prozesse schließen. Allerdings kann man nicht von einer globalen Leistungsabnahme sprechen, sondern muß bei ein und demselben Individuum für die verschiedenen Lern- und Leistungsbereiche unterschiedliche Entwicklungsabläufe annehmen. Während der Lern- und Leistungsabfall für die Handgeschicklichkeit relativ früh und steil einsetzt, im Durchschnitt ab 35. Lebensjahr, nehmen die → kognitiven Funktionen erst in höherem Alter spürbar ab (im Durchschnitt ab 60. Lebensjahr); für Phantasieleistungen lassen sich mit zunehmendem Alter sogar Steigerungen nachweisen. Nach Löwe beträgt die durchschnittliche Altersverminderung der Leistungen von gesunden Menschen zwischen 27 und 57 Jahren ca. 8% (vgl. Löwe; → Intelligenz).

b) Lernzeit und Funktionsgeschwindigkeit: Ein wesentlicher Anteil des altersabhängigen Lern- und Leistungsabfalls läßt sich auf einen nicht kognitiven Geschwindigkeitsfaktor zurückführen; d.h., daß mit zunehmendem Alter sowohl zum Erlernen verschiedener Aufgaben als auch zur Wiedergabe einer Lernleistung im allgemeinen mehr Zeit benötigt wird, gleichgültig, ob es sich um sensomotorische oder sprachlich-intellektuelle Aufgaben handelt. Der größere Zeitbedarf zum Lernen und Reproduzieren wird zurückgeführt auf erschwerte Auffassung der Situation, eine sensorische Beeinträchtigung, Verzögerung der Entscheidungszeit für eine Reaktion und die nachlassende Speicherfähigkeit des → Gedächtnisses (s. Heemskerk).

c) Angst und Lernleistung: Starke affektive Erregung, insbes. Streß- und Angstsituationen (→ Streß; → Angst) wirken sich äußerst ungünstig aus auf Lernleistungen und ihre Reproduktion. Lernungeübte Erwachsene werden bei der Forderung einer Lernleistung mit zwei Problemen konfrontiert, einmal mit der zu lösenden Aufgabe, zum anderen mit der Gewöhnung an die häufig als Angst erzeugend erlebte Leistungssituation. Eine zusätzliche Steigerung des Streßfaktors tritt auf, wenn ältere Menschen eine Lernleistung in einer Konkurrenzsituation mit jüngeren erbringen sollen. Die Unsicherheit und Angst Erwachsener in ungewohnten Lernsituationen kann abgebaut und die Lernleistung erhöht werden, wenn genügend Zeit für das Eingewöhnen und Vertrautwerden mit der neuen Situation gegeben ist und wenn die Lernreproduktion ohne Zeitdruck stattfindet.

d) Gedächtnis und Lernleistung: Bei den menschlichen Gedächtnisleistungen wird unterschieden zwischen Merkfähigkeit (Kurzzeitgedächtnis) und Erinnerungsfähigkeit (Langzeitgedächtnis). Die willkürlich erscheinende Trennung in kurz- und langfristiges Behalten ist insofern von Bedeutung, als altersabhängige Defizite in den beiden Bereichen in unterschiedlichem Maße zu beobachten sind. Beim unmittelbaren Behalten tritt mit zunehmendem Alter ein deutlich stärkerer Abfall ein als bei der Erinnerung länger zurückliegender Ereignisse. Begebenheiten von gestern sind heute schon wieder vergessen, weil die für das dauerhafte Einprägen erforderliche Proteinsynthese mit dem Alter nachläßt (s. Vester, F.). Die Gedächtnisleistungen sind ebenso wie die Lernfähigkeit in besonderem Maße von der »Geübtheit« und dem »Trainingsstand« einer Person abhängig. Personen mit höherem Bildungsgrad und ständiger geistiger Arbeit werden im beruflichen und privaten Bereich intellektuell stärker angeregt und gefordert und zeigen somit einen niedrigeren Leistungsabfall als Personen mit geringem Lern- und Gedächtnistraining. Der derzeitige Erkenntnisstand mißt dem Faktor Trainingszustand die größte Bedeutung für die Lern- und Gedächtnisfähigkeit bei Erwachsenen zu. Eine Kompensation der psychophysischen Lern- und Leistungsabnahme Erwachsener ist teilweise durch eine höhere → Motivation und Lernbereitschaft sowie ständiges

geistiges Training möglich. In diesem Zusammenhang kommt der beruflichen und der auf persönliches Wachstum ausgerichteten → Fort- und → Weiterbildung mit ihren erwachsenenspezifischen Lernangeboten und -methoden eine besondere Bedeutung zu (→ Erwachsenenbildung, → Familienbildung, → Volkshochschule).
Lit. Heemskerk: Aspekte; Lehr, U.: Psychologie; Löwe, H.: Einführung; Verres-Mukkel: Lernprobleme; Vester, F.: Denken.

Rainer Biesenkamp

Lernen im Kindes- und Jugendalter
→ Lernen ist der Vorgang und das Instrument einer neuen, sich strukturierenden und ausdifferenzierenden Persönlichkeit, sich für die Bewältigung von Leben und Lebenssituationen zu qualifizieren. Unabhängig von den unterschiedlichen, eher psychologischen und theoretischen Vorgangsbeschreibungen für L. weist o. g. Definition auf den komplexen Charakter der Lernvorgänge hin, die Leben in seiner ganzheitlichen Vielfalt zu erfassen suchen. Die erste Ausdifferenzierung des Ich, die Wahrnehmung der Eigenständigkeit der Person (z. B. schon beim Säugling die Erfahrung, daß bei Eigenaktivitäten des Sich-bemerkbar-Machens andere Menschen zu Aktivitäten veranlaßt werden) macht deutlich, daß das Ich a) die Lebenssituationen mitbestimmt und b) Teil eines sozialen Prozesses ist.
Dergestaltetes L. benötigt Kenntnisse und Fertigkeiten, um die eigene Lebenssituation kompetent bewältigen zu können. Dieser zunehmend kreative und problemlösungsgestaltende Vorgang klopft die Lebensrealität konkret auf die zu ihrer erfolgreichen Bewältigung benötigten Qualifikationen hin ab. Eine solche Situationsanalyse durch das kindliche Ich bedarf der Möglichkeit, die Ganzheitlichkeit von L. in noch nicht gefundenen, neu zu entdeckenden (und in späterem Alter auch eventuell verlorenen) Sinnzusammenhängen zu erfahren.
Dieser zunehmend pädagogischen Sicht von L. i. K. ging ein Wandel im Verständnis von Entwicklung und Begabung als zentralen Kategorien des L. (Roth, H.) voraus. Die Summe des Gelernten und dessen Zuwachs werden nun in einer Fülle von Voraussetzungen der Person und der Umwelt gesehen, die lernfördernde oder lernhemmende Wirkungen zeitigen. Als Beispiele seien genannt: erbbestimmte Anlagen und endogene Reifungsprozesse; Entstehungsbedingungen für Lernmotivation; sprachliche Anregungen in der frühen Kindheit; Lernerfahrungen in der Familie; Bildungswilligkeit der Eltern.
Die ursprünglich empirisch-technologische Wende in der Pädagogik (→ Erziehungswissenschaft) mit ihren Folgen für den → Elementarbereich des Bildungswesens (→ Bildung/Bildungswesen) und damit die frühe Kindheit (Hemmer u. a.) brachte die Wiederaufnahme einer sozialpädagogischen Perspektive für das L. in Formen und Erfahrungen, die sich von klassischen schulischfachspezifischen Formen unterschieden und integriertes L. als Verschränkung von sozialem und instrumentellem L. neu betonte.
Die Verbindung von Lebenssituationen mit Lernsituationen wurde auch von der institutionalisierten Kleinkindpädagogik aufgegriffen. Prinzip ist dabei, die gegenwärtige Lebenssituation von Kindern zum Ausgangspunkt und gleichzeitig Gegenstand von L. zu machen.
Dieses exemplarische Prinzip ist zugleich eine sinnvolle Vorbereitung auf zukünftige (ja nur begrenzt voraussehbare) Lebenssituationen. L. ist das offene Ergebnis eines Entwicklungs- und Diskussionsprozesses, in dem alle Beteiligten an diesen Lebenssituationen ihr Selbstverständnis und ihre Interpretation dieser Lebenswirklichkeit einbringen. Daraus ergeben sich die lernrelevanten Situationsmerkmale. Ein solches lebensnahes L. zeichnet sich durch Bezug zu Lebenssituationen, L. in Erfahrungszusammenhängen, L. in altersgemischten Gruppen, generationsübergreifendes L. eine veränderte Erzieherrolle (Akzeptanz der Gleichwertigkeit von Lernenden und Lehrenden) sowie die Verbindung (Öffnung) der Institutionen der Erziehung mit den Gemeinwesen aus. Somit wird L. insbes. im frühen → Kindesalter im wesentlichen eine soziale Tätigkeit.
Mit wachsendem Kindes- und → Jugendalter kann L. zunehmend als kreativer Problemlösungsvorgang gesehen werden. Problemlösungsvorgänge geschehen über den Einsatz menschlicher Fertigkeiten. Dies geschieht im institutionellen Rahmen meist, ohne die sozialen Zusammenhänge des instrumentellen Fertigkeiteneinsatzes mitzubedenken und zu berücksichtigen. Das fachcurriculare L. der zentralen Institution des späteren Kindes- und des Jugendalters (die Schule) trennt oft zwischen (meist naturwissenschaftlich ausgerichteter) Sachkompetenz und (meist sozialwissenschaftlich begründeter) Handlungskompetenz. Frühkindliches integratives autonomes L. geht oft verloren und wird in außerinstitutionellen sozialen Zusammenhängen wie Peer-groups neu konstituiert. Die Entschulungsdebatte hat die Kritik des L. in Institutionen aufgenommen. Sie dauert an, akzeptiert Lernbereitschaft in Abhängigkeit von der individuellen sozial vermittelten Lerngeschichte des einzelnen und knüpft an den vorgenannten Kategorien frühkindlichen L. an.
Lit. Colberg-Schrader u. a.: Lebensnahes Lernen; Freire: Unterdrückte; Hemmer u. a.: Reform; Kohnstamm: Kinderpsychologie; Roth, H.: Begabung; Thomae, H.: Entwicklungsbegriff. *Klaus-Peter Krahl*

Lernmittel, Beihilfen für → einmalige Leistungen

Lernstörungen Der Begriff wird häufig synonym mit denen der Lernhemmung, Lernschwierigkeit, → Schulschwierigkeit oder auch Lernbehinderung genannt. Nur Lernbehinderung (→ Lernbehinderte) ist einer besonderen Form der → Sonderschule vorbehalten und institutionell mehr oder weniger abgesichert. L. im schulischen Bereich lassen sich insofern nicht mit Lernbehinderungen gleichsetzen, als für letzteren Begriff eine »Intelligenzschwäche« (→ Intelligenz) oder unterdurchschnittliche → Begabung angenommen wird. Als Kriterium wird ein Intelligenzquotient unter 90 genannt, eine Aussage, die kaum zuverlässig abgesichert werden kann. Ferner sind solche Testergebnisse von Entwicklungsbedingungen abhängig, die selten erfaßt werden können. Am nützlichsten erscheint es, von aktuellen L. zu sprechen, die in einem vorgegebenen Prozeß der Wissensvermittlung beobachtbar sind. L. ist auch dann noch immer ein relativer Begriff, weil er aus der Sicht des Lehrers auf der Annahme beruht, daß ein Kind Leistungen erbringt, die aufgrund seiner Voraussetzungen zu erwarten wären. Voreilig wird häufig eine L. beim Kinde gesucht, ohne zu fragen, ob nicht nur die Voraussetzungen des Kindes angemessen erfaßt, sondern auch die Bedingungen des Lehr-/Lernprozesses angemessen entwickelt und wirksam strukturiert sind (→ Lernen). So kann eine L. allein dadurch aufgehoben oder doch vermindert werden, daß Lehrer ihre Erwartungen oder auch den konkreten Lehr-/Lernprozeß anders aufbauen und prüfen (→ Erziehungsschwierigkeiten).
Nach jahrzehntelangen Versuchen, insbes. schulische L. auf individuell organische Störungen zurückzuführen, stehen heute unter Einfluß der Prinzipien der Verhaltensmodifikation (→ Verhaltenstherapie) Bemühungen im Vordergrund, L. situations- und inhaltsspezifisch zu kompensieren. Auch bei der Vermutung organisch bedingter L., beispielsweise durch gestörte Drüsenfunktionen oder Defizite des zentralen Nervensystems (→ Frühkindliche Hirnschädigung), bieten sich wie bei organisch gesunden Kindern gezielte pädagogische Fördermaßnahmen an (→ Frühförderung Behinderter). Ebenso sollten die Hinweise auf Ursachen für psychische → Konflikte, die ihrerseits L. bedingen, zu gezielten Veränderungen des häuslichen Milieus, der Erwartungen zwischen Erziehern und Schule, vor allem aber der Schul- und Unterrichtssituation selbst genutzt werden. Dafür bieten sich beispielsweise Modelle der Unterrichtsplanung und Organisation an, die individuellen Besonderheiten der beobachtbaren L. genügend Variationsmöglichkeiten bieten. Nicht so sehr individuelle L. oder auch Lehrstörungen, die Persönlichkeit des Kindes oder Lehrers sind hier Ziel einer Veränderung, sondern der soziale Austausch (→ Interaktion) zwischen Schülern und Lehrern, der zielbewußt an einem spezifischen Unterrichtsstoff orientiert sein muß. Allein verschiedene Formen der Aufteilung des Unterrichtsstoffs können L. verhindern oder verstärken.
Lit. Barkey u.a.: Lernschwierigkeiten; Correll: Lernstörungen. *Peter Barkey*

Lernübertragung → Transfer

Lernziel Im Zusammenhang mit der Curriculumforschung (→ Curriculum) entstand die Forderung nach exakten, überprüfbaren L. Ein L. beschreibt das (veränderte) Verhalten, das von einem Lernenden am Ende einer Lehr-Lerneinheit erwartet wird oder – in einem erweiterten Verständnis – die (veränderte) Verhaltensdisposition (→ Attitüden), die er erworben haben soll (Meyer). Es beinhaltet also das, was ein Lehrender als wünschenswertes Ergebnis seiner Lehrtätigkeit gedanklich vorwegnimmt und i.d.R. sprachlich artikuliert. Ein L. müßte deshalb eigentlich »Lehrziel« heißen (wie es mitunter auch in der Lit. zu finden ist) und ist vom tatsächlichen Lernergebnis zu unterscheiden. Neben der Verhaltenskomponente muß jedes genau formulierte L. auch eine Inhaltskomponente enthalten, die angibt, an welchem Inhalt das gewünschte Verhalten gezeigt werden soll (Beispiel: bei einem Werbe-Spot über Waschmittel informative von manipulativen Aussagen unterscheiden können).
Unterschieden werden L. auf der kognitiven, auf der affektiv-sozialen und auf der psychomotorischen Dimension. Ein L. kann auf verschiedenen Abstraktionsniveaus formuliert werden. Bekannt geworden ist Möllers Dreistufig: Richtziele (umfassend, geringster Grad an Eindeutigkeit und Präzision), Grobziele (vage Endverhaltensbeschreibung, mittlerer Grad an Eindeutigkeit und Präzision) und Feinziele (genaue Endverhaltensbeschreibung, höchster Grad an Eindeutigkeit und Präzision, vollständige → Operationalisierung).
Die so beschriebenen L. sind explizit, d.h. ausdrücklich formuliert und bewußt. Die alltägliche pädagogische Praxis ist jedoch häufig von impliziten, d.h. unausgesprochenen und meist auch nur teilweise bewußten Zielen bestimmt; diese gilt es zu explizieren. Explizite L. können in einem Lehr-Lernprozeß folgende positive Funktionen übernehmen: a) sie machen den Lehr-Lernprozeß transparent und damit für alle Beteiligten kommunizierbar und kritisierbar; b) sie ermöglichen eine Überprüfung der Strukturierung und Vollständigkeit des Lernangebotes; c) sie ermöglichen eine angemessene Lernorganisation und Erfolgskontrolle für Lernende und Lehrende.

Kritisiert wurde, daß in den Überlegungen zum L. der Lernende als aktives und handelndes Subjekt kaum Berücksichtigung findet. Heipcke setzt deshalb dem L. das »Handlungsziel« entgegen; es meint die bisher meist unausgesprochenen, z.T. sogar als Störfaktor interpretierten Bedürfnisse und Interessen des Lernenden. Kritisiert wurde ferner, daß eine L.orientierung den Blick zu sehr auf die meßbaren und kontrollierbaren Anteile von Lehr- und Lernprozessen gerichtet hat. Heute wird das L.thema kaum mehr diskutiert. Es sollte jedoch Sorge getragen werden, daß der im L. auch enthaltene Anspruch der Transparenz und Begründbarkeit pädagogischen Handelns erhalten bleibt.
Lit. Flechsig u.a.: Lernziele; Heipcke: Lehrziele; Mager: Lernziele; Meyer, H.L.: Trainingsprogramm; Möller, C.: Lernplanung. *Gisela Wegener-Spöhring*

Lernzielorientierte Leistungsmessung → Evaluation, → Selbstevaluation

Lese-Rechtschreib-Schwäche (Legasthenie) In den letzten Jahren wurde keiner anderen → Lernstörung so viel Aufmerksamkeit gewidmet wie der Legasthenie.
Die Wissenschaft bemüht sich heute um eine wertneutrale Bezeichnung, welche die verschiedenartigen Schwierigkeiten beim Schrifterwerb beschreibt, besonders da die Auffassung von den typischen Rechtschreibfehlern als Kennzeichen der Legasthenie sich als unbrauchbar erwies.
In den vergangenen Jahren neigten immer mehr Forscher dazu, Lernstörungen und -schwächen ganzheitlich zu betrachten. Ihr Ansatz orientiert sich an der Funktionsweise des Zentralnervensystems. Im Zentrum der Förderung stehen folglich auch nicht mehr Einzelbereiche, sondern die Integrationsfähigkeit des Zentralnervensystems als Grundlage schulischen Lernens. Frostig u.a. sprechen von Teilleistungsstörungen, die bei hochintelligenten, durchschnittlich intelligenten und minderbegabten Kindern vorkommen und zu verstehen sind als minderentwickelte Fähigkeiten, die im Vergleich zur sonstigen intellektuellen Entwicklung zurückgeblieben sind.
Als Ursache der Legasthenie muß eine Vielzahl von umwelt- und anlagebedingten Faktoren angenommen werden.
Der günstigste Zeitpunkt für eine Behandlung der Legasthenie liegt im 2. und 3. Schuljahr; allgemein gilt: je früher die Therapie einsetzt, um so eher lassen sich Defizite ausgleichen.
Die Dauer der Förderung ist in den einzelnen Bundesländern sehr unterschiedlich; in der Grundschule sehen alle Länder Fördermaßnahmen vor. Das gleichzeitige Aussetzen der Benotung bei Legasthenikern stellt vorübergehend eine Entlastung dar, ist aber auf Dauer nicht geeignet, Lernfortschritte als Lernmotivation (→ Motivation) zu unterstützen. Man ist sich darüber einig, daß Rechtschreibschwierigkeiten allein kein Hinderungsgrund für den Besuch einer weiterführenden Schule sind.
Legasthenie zieht beinahe zwangsläufig Schwierigkeiten des Kindes auch in anderen Fächern nach sich (→ Schulschwierigkeiten). Auf die anhaltenden schulischen Mißerfolge reagieren die lese-rechtschreibschwachen Schüler häufig mit → Verhaltensauffälligkeiten.
Legastheniker sind in erhöhtem Maße darauf angewiesen, immer wieder ermutigt und zum Mittun ermuntert zu werden. Der Lernerfolg hängt nicht zuletzt davon ab, daß auch Eltern in der Lage sind, die besonderen Maßnahmen der Schule verständnisvoll zu unterstützen. Trotz vieler Hilfen kann beim einzelnen Kind eine Rechtschreibunsicherheit bestehen bleiben; in den seltensten Fällen verliert sich eine Legasthenie ganz.
Lit. Beck, M. (Hrsg.): Schriftspracherwerb; Betz u.a.: Teufelskreis; Brand u.a.: Integrationsstörungen; Grissemann: Spätlegasthenie. *Silke Angor*

Libido Nach Freud die psychische Energie des Sexualtriebes. Freud unterschied phasenspezifische Partialtriebe der L., die jeweils an eine bestimmte »erogene Zone« gekoppelt sind. Während der frühkindlichen Entwicklung fließt die L. von einer Befriedigungsform zur nächsthöheren und von Objekt zu Objekt. So sind in der → oralen Phase die Mundschleimhaut, in der → analen Phase die Afterschleimhaut, in der phallischen Phase (→ Genitale Phase) Penis bzw. Klitoris die Quellen der Lust. In der → Latenzphase ruht die L.entwicklung, um dann unter dem Hormonschub der Pubertät neu aufzuleben und in die genitale Reife zu münden.
Freud sah den Menschen bei Geburt mit einem bestimmten L.reservoir ausgestattet. Diese narzißtische L. besetzt das eigene Ich und nimmt es zum Liebesobjekt (→ Narzißmus). Bereits in den ersten Monaten geschieht jedoch eine Umwandlung dieser Ich-L. in Objekt-L., d.h., der Säugling beginnt, die Außenwelt und deren Objekte mit L. zu besetzen. Daraus entsteht die erste Objektbeziehung. *Hannelore Barth*

Life-long-learning → Lernen im Erwachsenenalter

Liniensystem/Stabssystem → Organisation

Live-Supervision → Supervision

Logopädie Das Wort (1924 von E. Froeschels eingeführt) wird für unterschiedliche Begriffe verwendet. Die meistverwendete

Bedeutung kann als (nichtärztliche) Behandlung von Sprachstörungen (→ Sprachtherapie) umschrieben werden (deren ärztliche Behandlung ist die Phoniatrie). Die logopädische Behandlung wird von Logopäden (= nichtärztliche Sprachtherapeuten) geleistet, deren Ausbildung in den deutschsprachigen Ländern teils gesetzlich, teils durch Verordnungen geregelt ist (Ausbildungs- und Prüfungsordnung für Logopäden v. 1.10.1980). Die Ausbildung umfaßt medizinische, pädagogische und psychologische Teilbereiche. Die Berufsausübung geschieht in einer freien Praxis (mit oder ohne Zulassung zu den Kassen) oder in Arztpraxen bzw. Kliniken. Die → Krankenkassen pflegen die Kostenerstattung von einer vorhergehenden ärztlichen Verordnung abhängig zu machen. Die Honorarsätze werden von den Berufsverbänden der Logopäden und den Krankenkassen regional ausgehandelt. Eine besondere Gruppe von Logopäden sind die Sprachbehindertenpädagogen (= Lehrer an Sonderschulen für sprachbehinderte Kinder, → Diplom-Pädagogen/Diplom-Pädagoginnen mit Schwerpunkt Sprachbehindertenpädagogik). Ihre Ausbildung befähigt sie zur logopädischen Arbeit mit sprachbehinderten Kindern (→ Sprachbehinderte) in speziellen Kindergärten und Schulen, in Sprachheilheimen u.ä. Institutionen. Einige arbeiten nebenamtlich in freier logopädischer Praxis, in Kliniken, für → Gesundheitsämter usw. Die logopädische Arbeit – ungeachtet ihrer institutionellen Anbindung – zeigt dort die höchste Effizienz, wo die L. interdisziplinär aufgefaßt, d.h. ohne starre Subordinationsansprüche in einem Team geleistet wird (dem auch Phoniater, Psychiater, Psychologen, Sozialarbeiter u.a. angehören sollten).
Lit. Grohnfeldt: Sprachtherapie; Gundermann, H.: Logopädie.
Gerhard Heese/Svetluse Solarová

Logotherapie ist eine von dem Wiener Psychiater Viktor E. Frankl begründete Richtung der → Psychotherapie. Für Frankl ist der »Wille zum Sinn« das zentrale menschliche Bedürfnis. Wenn ein Mensch sein Leben als sinnlos empfindet, führt dies zu einem Zustand der existentiellen Frustration, der die Entstehung neurotischer Störungen begünstigt. In diesen Fällen hat der Therapeut die Aufgabe, dem Patienten bei der Suche nach neuen Sinnorientierungen zu helfen.
Andere → Neurosen beruhen auf dem »Mechanismus der Erwartungsangst«. Die Furcht vor einem Symptom (z.B. Erröten, Zittern, Schwitzen, Herzrasen) führt häufig gerade zu dessen Auftreten. Die wichtigste logotherapeutische Methode, um den Teufelskreis der Erwartungsangst zu durchbrechen, ist die paradoxe Intention. Der Patient wird angeleitet, das normalerweise spontan auftretende Symptom absichtlich hervorzurufen (z.B. »Ich will jetzt knallrot werden!«), was in vielen Fällen zur Abschwächung oder zum Verschwinden des Symptoms führt.
Lit. Frankl: Neurosen; Lukas, E.: Sinn..
Christof T. Eschenröder

Lohnfortzahlung → Entgeltfortzahlung

Lustprinzip Freudsche Hypothese, wonach die Psyche die Tendenz hat, Lust zu erlangen und ihr Gegenteil, »Unlust«, zu vermeiden. In der frühen Kindheit ist die Tendenz zur Lusterlangung gebieterisch und unmittelbar, erst mit dem Älterwerden erwirbt der Mensch die Fähigkeit, Erlangen von Lust aufzuschieben. Der Begriff »L.« kommt in der psychoanalytischen Theorie (→ Psychoanalyse) hauptsächlich in Verbindung mit »Realitätsprinzip« vor. Die Triebe suchen zuerst Abfuhr und Befriedigung auf kürzestem Wege. Sie machen sich zunehmend mit der Realität vertraut, die es ihnen allein ermöglicht, durch die notwendigen Umwege und Aufschübe die gesuchte Befriedigung zu erreichen. Auch die beste Mutter kann nicht jedes Bedürfnis des Kindes voll erfüllen, das Realitätsprinzip macht sich geltend und wird zum Motor für weitere Ich-Entwicklung.
Hannelore Barth

M

Mädchenarbeit Der Begriff M. umfaßt alle Aktivitäten der → Jugendhilfe zur Förderung der Chancengleichheit von Mädchen. Das → Kinder- und Jugendhilfegesetz (KJHG – SGB VIII) fordert in § 9: »Bei der Ausgestaltung der Leistungen und der Erfüllung der Aufgaben sind ... die unterschiedlichen Lebenslagen von Mädchen und Jungen zu berücksichtigen, Benachteiligungen abzubauen und die Gleichberechtigung von Mädchen und Jungen zu fördern.« Ursache für die geschlechtsspezifische Benachteiligung von Mädchen ist der Sexismus: Die Geschlechterhierarchie zwischen Frauen und Männern und deren Aufrechterhaltung durch gesellschaftliche Strukturen. Zentrale Inhalte der M. sind von daher die geschlechtsspezifische → Sozialisation, die Verteilung der Berufs- und Familienarbeit und die Gewalt von Männern gegen Frauen und Mädchen. Ziele der M. sind die Aufklärung über geschlechtsspezifische Normierungen und Diskriminierungen und die Stärkung des Selbstbewußtseins und der Handlungsautonomie von Mädchen. Voraussetzung für eine erfolgreiche M. in allen Arbeitsfeldern der Jugendhilfe ist die feministische Kompetenz der → Fachkräfte. Fachliche Qualifikation für die M. erfordert auf der Wissensebene die Aneignung von fachwissenschaftlichen Erkenntnissen unter geschlechtsspezifischen Gesichtspunkten, auf der Wahrnehmungsebene das Erkennen geschlechtsbedingter Diskriminierungen, auf der Einstellungs- und Verhaltensebene das Abstimmen von Wissen und Wahrnehmungen mit eigenen Einstellungen und Verhaltensweisen und auf der Handlungsebene die Umsetzung von Wissen und Einstellungen in konkretes Handeln. Von einer durchgreifenden Verbreitung der M. kann nicht die Rede sein, zu gering ist die Basis zur konsequenten Umsetzung aufgrund des geringen Anteils von Frauen in Leitungsfunktionen der Jugendhilfe und des Widerstandes bzw. Desinteresses zur M. auf allen Arbeitsebenen. In koedukativen Jugendhilfeangeboten ist die M. abhängig von einzelnen engagierten Mitarbeiterinnen und deren Durchsetzungsvermögen. Die Effekte sind von daher dort am größten, wo sich eigenständige Mädchenangebote entwickeln konnten: Mädchenzentren, Mädchenhäuser, Mädchenwohngemeinschaften, Mädchennotrufe und Mädchenausbildungsprojekte.

Lit. BMJFG: 6. Jugendbericht.

Gitta Trauernicht

Magersucht → Anorexia nervosa

Mahlzeitendienste versorgen vor allem kranke oder behinderte alte Menschen dauernd oder vorübergehend täglich oder an mehreren Tagen der Woche altersgerechten Mahlzeiten. Das Essen wird dabei entweder mit Fahrzeugen zur Wohnung gebracht (mobiler Mahlzeitendienst/Essen auf Rädern) oder in Altenbegegnungsstätten (→ Altentagesstätte/Altenbegegnungsstätte) und sonstigen Einrichtungen (stationärer Mahlzeitendienst) angeboten.

Die M. sollen für alte Menschen, denen das Einkaufen und Kochen beschwerlich ist oder die nicht oder nicht mehr kochen können, täglich eine warme altersgerechte Mahlzeit, soweit erforderlich in Diätform, sicherstellen. Dabei kann der stationäre M. gleichzeitig Kontakte zwischen den alten Menschen fördern und zum Informationsaustausch beitragen.

Nomenklatur des Deutschen Vereins

Mahnverfahren Als besondere Verfahrensart des → Zivilprozesses in §§ 688–703 d ZPO geregelt (entsprechend anwendbar gem. § 46 a ArbGG im Verfahren vor den → Arbeitsgerichten), dient das M. dem Ziel, dem Gläubiger auf rasche, einfache und billige Weise ohne mündliche Verhandlung für Ansprüche, die vom Schuldner voraussichtlich nicht bestritten werden, einen Vollstreckungstitel (→ Zwangsvollstreckung) zu beschaffen. Im M. können nur Ansprüche auf Zahlung einer bestimmten Geldsumme, die nicht (mehr) von einer Gegenleistung des Antragstellers abhängig sind, durchgesetzt werden. Das M. wird durch einen Antrag auf Erlaß eines Mahnbescheides eingeleitet. Antragsformulare sind in Schreibwarengeschäften erhältlich. Der Antrag muß (vereinfacht) einer Klageschrift (→ Klage) entsprechen (§ 690 ZPO) und ist an das für den Wohnsitz des Antragstellers zuständige Amtsgericht zu richten. Für Ansprüche aus Kreditgeschäften nach dem → Verbraucherkreditgesetz (VerbrKrG) muß der Antrag auch das Datum des Vertragsabschlusses und den effektiven Jahreszins angeben; liegt dieser 12 Prozent oder mehr über dem bei Vertragsabschluß geltenden Diskontsatz der Bundesbank, findet das M. nicht statt (§ 688 Abs. 2 Nr. 1 ZPO). Bei Vorliegen der Zulässigkeitsvoraussetzungen erläßt das Gericht – ohne zu prüfen, ob der Anspruch dem Antragsteller tatsächlich zusteht – einen Mahnbescheid (früher Zahlungsbefehl), durch den der Antragsgegner aufgefordert wird, innerhalb von zwei Wochen (im Arbeitsgerichtsverfahren eine Woche) seit der Zustellung nach Prüfung der Begründetheit des Anspruchs entweder den geforderten Betrag nebst Zinsen und Kosten an den Antragsteller zu zahlen oder bei dem Mahngericht Widerspruch zu erheben. Besteht der Anspruch auch nach Auffassung des Antragsgegners zu Recht, empfiehlt es sich zur Vermeidung weiterer Verfahrenskosten, unverzüglich die verlangten Beträge zu bezahlen oder mit dem Antragsteller Verhandlungen über evtl. Zahlungsaufschub oder Ratenzahlung aufzunehmen. Bei Zweifeln an der Berechtigung des Anspruchs (oder eines Teils) sollte auf dem beigefügten Vordruck (nicht notwendig zu begründender) Widerspruch eingelegt werden, der dann den Weg für ein streitiges Verfahren mit mündlicher Verhandlung eröffnet. Wird weder der Betrag gezahlt noch rechtzeitig Widerspruch erhoben, so erläßt das Gericht auf Antrag einen Vollstreckungsbescheid, aus dem der Antragsteller ggf. die Zwangsvollstreckung betreiben kann. Der Vollstreckungsbescheid kann binnen zwei Wochen mit Einspruch angefochten werden.

Lit. Mewing: Mahnen.

Hans-Ulrich Weth

Management → Sozialmanagement

Manie Geisteskrankheit, ein eigenständiges, umschriebenes Krankheitsbild. Zuständigkeitsbereich → Psychiatrie. Sie zählt zu den endogenen → Psychosen und läßt sich von den exogenen Psychosen sowie von den → Neurosen und sonstigen → Verhaltensauffälligkeiten abgrenzen. In der Gruppe der endogenen Psychosen wird die M. mit den endogenen → Depressionen als affektive Psychosen zusammengefaßt und den → Schizophrenien, bei denen → Depersonalisationserscheinungen und → Denkstörungen vorherrschen, gegenübergestellt. Vorherrschende Krankheitssymptome: nicht einfühlbare und nicht korrigierbare

grundlos überdrehte Heiterkeit, Gehobensein aller Lebensgefühle, Rastlosigkeit, enthemmte Getriebenheit und psychomotorische Unruhe; vermindertes Schlafbedürfnis, Ideenflucht, große Ablenkbarkeit, Größenphantasien; dabei Realitätsverkennung und ausgesprochener Mangel an Selbstkritik, Scham und Schuldgefühlen. Spezielle Ausprägungsformen: gereizt zornige, gedankenarme, ängstliche, hysterische (→ Hysterie), akinetische und halluzinatorische (→ Halluzination) M. Im DSM-III-R (→ Klassifikationssysteme psychischer Störungen) wird die Manie als »Manische Episode« in ihren unterschiedlichen Verlaufs- und Schweregraden beschrieben.
Verlaufsformen: Siehe → manisch-depressiver Formenkreis.
Die genauen Ursachen der Erkrankung sind bisher nicht gefunden und umstritten. Es überwiegen jedoch biologisch-genetische Erklärungsmodelle, vor allem wegen der Periodizität des Krankheitsverlaufs und der geringen Ansprechbarkeit der Patienten auf psychotherapeutische Maßnahmen (→ Psychotherapie) während der akuten Erkrankung. Die → Psychoanalyse sieht seit Freud in der M. einen zeitweiligen Zusammenbruch der Über-Ich-Strukturen und ein Überschwemmen des Kranken mit Verdrängtem (→ Verdrängung), unbewußten Wunschimpulsen (→ Unbewußtes) sowie mit narzißtischem Omnipotenzgefühl (→ Narzißmus).
Im akuten Erkrankungszustand rasche Überweisung in die klinische Psychiatrie. Zwangsmaßnahmen sind z. T. nicht zu umgehen, da der Patient keinerlei Krankheitseinsicht zeigt. Selbstgefährdung durch z. B. Vermögensverschleuderung steht i. d. R. vor Fremdgefährdung. Behandlung z. T. mit hohen Dosen von Neuroleptika (→ Psychopharmaka). Im gesunden Intervall regelmäßig: Lithium. Psychotherapie, psychotherapeutische Gemeinschaft verringern Schwere und Dauer der Erkrankung, Chronifizierung und Rückfallhäufigkeit, ermöglichen Selbstfindung (Dörner, K., u. a.).
Lit. Dörner, K., u. a.: Psychiatrie/Psychotherapie; Drees, A.: Freie Phantasien; Huber, G.: Psychiatrie. *Alfred Drees*

Manipulation wird überwiegend verstanden als eine Form der Verhaltensbeeinflussung, die den davon Betroffenen kaum oder gar nicht bewußt wird und deren Nutznießer der Ausführende ist. Beispiele für M. finden sich in jedem Lebensbereich: M. begegnet dem Zeitungsleser in vielfältigen Formen der Verzerrung, Überzeichnung oder Unterdrückung von Nachrichten über Ereignisse und Sachverhalte. In der Werbung wird M. in Form häufiger Wiederholungen suggestiver Formeln und Bildinhalte zur Weckung ständig neuer Bedürfnisse eingesetzt. In vielen Teilen der Welt wird auch heute noch die sog. »Gehirnwäsche« angewandt. Bei diesem zutiefst inhumanen Beispiel für M. wird das Ziel verfolgt, das bisherige System ethisch-moralischer und ideologischer Bewußtseinsinhalte eines Menschen zu zerstören und i. S. d. Manipulators neu aufzubauen. Das wohl schrecklichste Beispiel für M. hat in jüngster deutscher Vergangenheit der nationalsozialistische Propagandaapparat geliefert: mit perfidesten Methoden ist es gelungen, einen Teil der Bevölkerung in den Augen vieler anderer zu lebensunwerten Existenzen zu degradieren.
Auf diesem Hintergrund ist es nicht verwunderlich, daß der Begriff M. bei den meisten Angehörigen helfender Berufe negativ besetzt ist. Befürchtungen bestehen hinsichtlich möglicher Verletzung der Würde und Integrität des Individuums sowie der Gefahr, sich dem Verdacht der Unaufrichtigkeit auszusetzen, was wiederum dem Aufbau bzw. Erhalt einer vertrauensvollen Arbeitsbeziehung zum → Klienten entgegensteht. Nicht zuletzt aus diesen Gründen neigen Angehörige helfender Berufe dazu, M. für grundsätzlich vermeidbar zu halten. Daß dies vermutlich als eine Illusion anzusehen ist, legen neuere Ergebnisse der Kommunikationsforschung nahe (→ Kommunikation). Trifft nämlich die Behauptung zu, daß es kein Verhalten gibt, das in Gegenwart eines anderen Menschen ohne Wirkung auf die Art der Beziehung zwischen diesen beiden Menschen bleiben kann, so folgt daraus, daß Menschen gar nicht umhin können, sich gegenseitig zu beeinflussen. Jeder professionell auch noch so schlüssig legitimierte Versuch der Beeinflussung des Verhaltens anderer bedeutet unvermeidlich einen Eingriff in deren Integrität. Andererseits gibt es aber strenggenommen kaum eine Möglichkeit, wirksame Verhaltensänderungen ohne einen gewissen Grad von M. herbeizuführen. Einen Ausweg aus diesem Dilemma gibt es vermutlich nicht. Hilfreich kann es sein, an eigenes berufliches Handeln folgende Fragen zu richten: Welches Ziel verfolgt die Einflußnahme? Wie sind die Abhängigkeitsverhältnisse einzuschätzen? Lassen sie ggf. auch eine Umkehrung der Rollendefinitionen (→ Rolle) zu? An wessen Wohlergehen orientiert sich die Einflußnahme: an dem des Betroffenen oder an dem Wohlergehen desjenigen, der Einfluß ausübt?
Lit. Bennis u. a.: Änderung; Combs u. a.: Berufe; Watzlawick u. a.: Lösungen.
Wilfried Reifarth

Manisch-depressiver Formenkreis umfaßt Patientengruppen in der → Psychiatrie, die phasenhaft an manischen und/oder schweren → Depressionen erkranken. Der Wechsel von → Gesundheit, krankhaft übersteigerter Lebenslust und tiefer Traurigkeit ist primär nicht einfühlbar. Der m.-d. F. zählt mit den → Schizophrenien zur

Gruppe der endogenen → Psychosen. Die krankhaften Störungen betreffen vor allem den Gefühlsbereich, deshalb die Bezeichnung »affektive Psychose«. Der phasenhafte zyklische Wechsel von Depression, → Manie und Gesundheit (erstmals 1845 beschrieben) führte zur Bezeichnung Zyklothymie und zirkuläres Irresein (Kräpelin). Man unterscheidet unipolare Zyklothymien, bei denen nur manische oder nur depressive Erkrankungszeiten im Wechsel mit gesunden Phasen finden, und bipolare Zyklothymien, die sich durch einen Wechsel von manischen und depressiven Phasen mit einer gesunden Zwischenphase auszeichnen. Es wird im DSM-III-R (→ Klassifikationssysteme psychischer Störungen) zwischen »bipolarer Störung – Manie«, »bipolarer Störung – Depression« und »bipolarer Störung – gemischt« unterschieden. Als zyklothyme Störung wird hier ein Wechsel von hypomanischen und depressiven Verstimmungen beschrieben, die nicht den Schweregrad manischer bzw. depressiver Episoden besitzen. Die Phasendauer ist individuell sehr verschieden, die gesunden Phasen können zwischen wenigen Wochen und mehr als 10 Jahren betragen. In der Mehrzahl der Fälle sind – im Gegensatz zu den Schizophrenien – die Patienten nach Abklingen der akuten Krankheitssymptome völlig unauffällig. Übergangsformen zu den Schizophrenien werden als Mischpsychosen bezeichnet.

Die genauen Ursachen der Erkrankung wurden bisher nicht gefunden. Es überwiegen biologisch-genetische Erklärungsmodelle. Psychodynamisch läßt sich die Zyklothymie als individuell ausgebildetes, krankhaft übersteigertes manisch-depressives Antwortmuster auf äußere und innere Belastungen verstehen. Im Hinblick auf psychotherapeutische Hilfen ist es sinnvoll, statt von Ursachen von Bedingungen der Erkrankungen zu sprechen (Dörner, K. u.a.). Hierzu zählen genetische, konstitutionelle (Konstitutionspsychologie), biochemische und psychosoziale Bedingungen sowie körperliche Erkrankungen. Die Zyklothymie läßt sich damit als Ausdruck einer überhöhten spezifischen Sensibilität und Reagibilität auf äußere und innere Belastungen verstehen. Ziel der → Psychotherapie ist, dem Patienten selbst Einblick in die Natur seines Wahrnehmens und Handelns zu ermöglichen, »in welcher selbstverbietenden oder selbsterlaubenden Weise und welche Lebensprobleme zu lösen versucht bzw. vermieden hat« (Dörner, K., u.a.).
Lit. Benedetti, G.: Psychosentherapie; Dörner, K., u. a.: Psychiatrie/Psychotherapie; Huber, G.: Psychosen; Rudolf, G.: Praxisleitfaden. *Alfred Drees*

Masochismus 1. Sexuelle Verhaltensabweichung: → Sadomasochismus.

2. Verhalten, bei dem die Unterordnung, Unterwerfung und Erniedigung durch den anderen die Beziehung bestimmt. Die Beziehungsstruktur drängt den Partner in die Rolle des Aktiven, Unterwerfenden, u.U. Schmerz Zufügenden. Die → Psychoanalyse erklärt diesen »moralischen M.« als neurotische Charakterentwicklung (→ Neurose), die im Gegensatz zum sexuellen M. (vgl. 1.) häufig bei Frauen entsteht.
Andreas Spengler

Massenmedien → Medien

Maßregeln der Besserung und Sicherung
Durch das Gesetz gegen gefährliche Gewohnheitsverbrecher von 1933 sind als Reaktion auf Straftaten neben der → Strafe bestimmte M. zugelassen worden. Sie dienen nicht wie die Strafe dem Ausgleich für begangenes Unrecht, sondern der Vorbeugung durch Besserung (→ Resozialisierung) des Täters und/oder der Sicherung der Allgemeinheit. Diese Zweispurigkeit der Sanktionen ist notwendig, da ein reines Schuldstrafrecht (→ Strafrecht) nicht alle Bedürfnisse der Gemeinschaft nach Schutz und Sicherung vor gefährlichen Tätern und nach Einwirkung auf kranke Täter erfüllen kann (vgl. → Maßregelvollzug) und M. auch bei → Schuldunfähigkeit des Delinquenten angewendet werden können. Zugelassen sind:
a) Die Unterbringung in einem psychiatrischen → Krankenhaus (§ 63 StGB), wenn der Täter die rechtswidrige Tat im Zustand der Schuldunfähigkeit oder der erheblich verminderten Schuldfähigkeit begangen hat und weitere Taten zu erwarten sind, so daß er für die Allgemeinheit gefährlich ist. Die Unterbringung dauert so lange, wie der Zweck es erfordert.
b) Die Unterbringung in einer Entziehungsanstalt ist maximal zwei Jahre (§ 64 StGB); sie wird angeordnet, wenn jemand, der aus Gewohnheit im Übermaß alkoholische Getränke (→ Alkoholismus) oder andere berauschende Mittel (→ Drogen) zu sich nimmt, wegen einer im Rauschzustand oder auf den Hang zu Rauschmitteln (→ Drogenabhängigkeit) zurückzuführenden rechtswidrigen Tat zu Strafe verurteilt oder wegen nicht auszuschließender Schuldunfähigkeit nicht bestraft wird und die Gefahr weiterer erheblicher rechtswidriger Taten besteht. Die Anordnung unterbleibt, wenn eine Entziehungskur von vornherein aussichtslos erscheint. Nach einem Beschluß des BVerfG vom 16. 3. 1994 muß eine hinreichend konkrete Aussicht eines Behandlungserfolges bestehen.
c) Die → Sicherungsverwahrung (§ 66 StGB) stellt die schwerwiegendste M. des Strafrechts dar und richtet sich gegen Hangtäter, von denen zu befürchten ist, daß sie auch zukünftig andere schwer seelisch, körperlich oder wirtschaftlich schädigen werden.

Maßregelvollzug

d) Die Führungsaufsicht (§ 68 StGB) hat den Zweck, gefährliche oder gefährdete Täter in ihrer Lebensführung in der Freiheit über kritische Zeiträume (2–5 Jahre) hinweg durch Auflagen und Weisungen mit Hilfe eines Bewährungshelfers (→ Bewährungshilfe) zu unterstützen und zu überwachen. Sie tritt kraft Gesetzes ein, wenn die Unterbringung zur Bewährung ausgesetzt oder deren Anordnung im Urteil, falls auf → Freiheitsstrafe von mind. 6 Monaten erkannt wird und weitere Straftaten durch der Verurteilten zu befürchten sind.

e) Entziehung der Fahrerlaubnis (§ 69 StGB): im Unterschied zum Fahrverbot (§ 44 StGB), das als kurzfristige Warnung für die Täter dienen soll, die zwar schuldhaft gehandelt, sich aber noch nicht als ungeeignet zum Führen von Kraftfahrzeugen erwiesen haben, bezweckt die Entziehung der Fahrerlaubnis, ungeeignete Kraftfahrer als solche vom Straßenverkehr zeitlich befristet bis zu 5 Jahren oder für immer fernzuhalten. Voraussetzung ist, daß der Täter wegen einer strafbedrohten Handlung, die er bei oder im Zusammenhang mit dem Führen eines Kfz begangen hat, verurteilt oder wegen Schuldunfähigkeit nicht verurteilt worden ist und daß er sich durch die Tat als ungeeignet zum Führen von Kraftfahrzeugen erwiesen hat. Die Fahrerlaubnis ist i.d.R. zu entziehen, wenn es sich um bestimmte erhebliche Verkehrsdelikte handelt (Trunkenheitsfahrt, unerlaubte Entfernung vom Unfallort).

f) Berufsverbot (§ 70 StGB) ist zulässig, wenn der Täter wegen einer rechtswidrigen Tat verurteilt wird, die er unter Mißbrauch seines Berufes oder Gewerbes oder unter grober Verletzung der mit ihnen verbundenen Pflichten begangen hat, und die Gefahr weiterer erheblicher mißbräuchlicher Taten besteht. Die Dauer des Berufsverbotes beträgt mindestens 1, höchstens 5 Jahre; bei besonders ungünstiger Prognose kann es unbefristet sein. Der Grundsatz der → Verhältnismäßigkeit ist bei Anordnung einer jeden M. zu beachten (§ 62 StGB). Die M. – außer d) – können bereits im Ermittlungsverfahren vorläufig angeordnet werden.

Zur Unterbringung in einer → sozialtherapeutischen Anstalt, die nicht mehr zu den M. zählt, s. dort.

Lit. Dreher u.a.: StGB (Komm.); Konrad: Fehleinweisung; Lenckner: Strafe; Nißl: Führungsaufsicht; Schröder, H.: Sicherungsmaßregeln; Schulz, E. H.: Führungsaufsicht. *Ernst Bauer*

Maßregelvollzug Für den Vollzug der freiheitsentziehenden → Maßregeln der Besserung und Sicherung nach §§ 63, 64 StGB hat sich der Begriff M. mit eingeengter Bedeutung durchgesetzt (z. B. Maßregelvollzugsgesetz). Der M. in Form der Unterbringung in einem psychiatrischen Krankenhaus (§ 63 StGB) und der Unterbringung in einer Entziehungsanstalt (§ 64 StGB) ist nicht mit einer Maßnahme des → Strafvollzugs gleichzusetzen. Er ist auch von dem → Polizeirecht und der öffentlichen Gesundheitspflege zugewiesenen Unterbringung nach den → Unterbringungsgesetzen der Bundesländer (→ Freiheitsentziehung) zu unterscheiden. Der M. ist bundesgesetzlich in seinen Einzelheiten nicht geregelt, landesgesetzlich bisher nur in einem Teil der Bundesländer.

Die Schuldfähigkeit (→ Schuld) kann bei krankhaften seelischen Störungen, bei tiefgreifenden Bewußtseinsstörungen, bei »Schwachsinn« und anderen schweren »seelischen Abartigkeiten« ausgeschlossen sein (§ 20 StGB; → Schuldunfähigkeit). Dennoch besteht ein Bedürfnis der Gesellschaft nach Schutz vor Schäden und Verletzungen, die von schuldlos handelnden Menschen ausgehen können. Neben der → Strafe muß deshalb in der Rechtspflege ein anderes Arsenal von Sanktionen entwickelt werden, das den Freiheitsentzug auch bei Schuldlosigkeit ermöglicht (zweispuriger Aufbau der Strafrechtspflege). Der Freiheitsentzug bei Schuldlosigkeit ist allerdings nur dadurch zu rechtfertigen, daß einerseits der Besserungsgedanke (Wiedereingliederungsgebot, → Resozialisierung) in den Vordergrund gestellt, andererseits die Unterbringung zur Sicherung erforderlich ist, um eine vom Täter ausgehende Gefahr für andere abzuwenden (Gedanke der Sozialverteidigung – défense sociale –). Freiheitsentziehende Maßregeln setzen immer voraus, daß ein schuldlos handelnder Täter bereits eine erheblich rechtswidrige Tat begangen hat. Voraussetzung für den Vollzug der Maßregeln der Besserung und Sicherung nach §§ 63, 64 StGB ist die strafgerichtliche Anordnung der Unterbringung durch Urteil, ausnahmsweise in dem Sicherungsverfahren (§§ 413 bis 416 StPO). Bei Kindern unter 14 Jahren kommen nur Maßnahmen des Vormundschaftsrichters in Betracht. Maßregeln können nur angeordnet werden, wenn der Betroffene eine rechtswidrige Tat i. S. d. Strafgesetze begangen hat, die so schwer wiegt, daß die Unterbringung dazu nicht außer Verhältnis steht (§ 62 StGB). War der Täter bei Begehung der Tat eingeschränkt verantwortlich (§ 21 StGB), kommt neben der Maßregel die Verhängung einer Strafe in Betracht; grundsätzlich wird die Maßregel vor der Strafe vollzogen, wenn nicht das Gericht ausdrücklich bestimmt, daß die Strafe zuerst zu vollziehen ist, weil der Zweck der Maßregel dadurch leichter erreicht wird (so in der Praxis oft bei Drogenkriminalität). Das schwierigste Problem für das erkennende Gericht bei der Anwendung der §§ 63, 64 StGB und im Verlauf des Vollzugs der Maßregeln ist die sog. Gefährlichkeitsprognose. Hierfür zieht das erkennende Gericht bzw. die Strafvollstreckungskammer regelmäßig einen forensisch erfahrenen Psychiater oder Diplom-Psychologen heran. Die Unterbringung in einer Entziehungsanstalt (§ 64 StGB) darf bei Aussichtslosigkeit nicht verhängt werden. Dies bedeutet andererseits nicht, daß ein schuldloser »psychisch kranker Rechtsbrecher« nach § 63 StGB in einem psychiatrischen Krankenhaus nur verwahrt werden dürfte. Die Behandlung des Untergebrachten richtet sich vielmehr nach ärztlichen Gesichtspunkten (§ 136 StVollzG). Bestehende und künftige M.gesetze müssen sich daran messen lassen, inwieweit sie die ärztliche Behandlung, die → Arbeits- und Beschäftigungstherapie sowie besonders eine indizierte → Psychotherapie und → Sozialtherapie der Untergebrachten ermöglichen. Der Erfolg von Wiedereingliederungsmaßnahmen dürfte entscheidend davon abhängen, ob die schulische und berufliche Bildung, das Arbeitsverhalten, die sozialen Fertigkeiten der Untergebrachten im Zusammenwirken zwischen Ärzten, Psychologen, Arbeits- und Beschäftigungstherapeuten, Lehrern, forensisch-psychiatrisch geschultem Krankenpflegepersonal sowie – besonders im Hinblick auf die ausnahmslos erforderliche Nachsorge – von Sozialarbeitern sichergestellt werden.

Die Diskussion, welche Institution sich für die Betreuung psychisch kranker Rechtsbrecher verantwortlich fühlen sollte und in welcher Form diese Betreuung am besten erfolgt, ist bis heute nicht abgeschlossen. Den im letzten Jh. gegründeten psychiatrischen Großkrankenhäusern wurden spezielle Verwahrhäuser angegliedert, die der Aufnahme dieser Personen dienen sollten. Die Einrichtung dieser »Festen Häuser« wurde vor allem damit begründet, daß die bei der Behandlung → psychisch Kranker im allgemeinen fortschreitende Liberalisierung die Schaffung besonderer Verwahrmöglichkeiten für Kranke erfordere, die als besonders gefährlich einzustufen seien. Andererseits wurde argumentiert, den Kranken der allgemeinen → Psychiatrie sei die gemeinsame Unterbringung mit den Rechtsbrechern nicht zuzumuten. Grundmodelle der Unterbringung psychisch kranker Rechtsbrecher sind: Zentralanstalten, u. U. in der Verantwortung der Justiz; Sonderabteilungen von psychiatrischen Krankenhäusern; Sonderabteilungen von Justizvollzugsanstalten; Integration der psychisch kranken Rechtsbrecher in die allgemeinen psychiatrischen Abteilungen. – Die → Psychiatrie-Enquête hat festgestellt, »daß die Durchführung des M. prinzipiell in den allgemeinen Zuständigkeitsbereich der psychiatrischen Versorgung gehört«. Gleichzeitig wurde die Forderung erhoben, überregionale Einrichtungen zu schaffen, die die Übernahme von Verantwortlichkeit für die Behandlung von psychisch gestörten Rechtsbrechern durch besondere bauliche Sicherung ermöglichen. Der räumlichen Trennung der forensisch-psychiatrischen Abteilung von den Abteilungen der allgemeinen Psychiatrie sollte durch eine ständige fachliche Zusammenarbeit entgegengewirkt werden.

Wie bei schuldhaft handelnden Straftätern der Freiheitsstrafe die Untersuchungshaft vorausgehen kann, so kommt bei schuldlos handelnden die einstweilige Unterbringung nach § 128a StPO in einem psychiatrischen Krankenhaus oder in einer Entziehungsanstalt in Betracht, u. U. auch die einstweilige Unterbringung zur Beobachtung zum Zwecke der Vorbereitung eines Gutachtens über den psychischen Zustand des Beschuldigten (§ 81 StPO). Mit der Aussetzung der freiheitsentziehenden Maßregel zur → Bewährung tritt Führungsaufsicht (§ 68 StGB) ein.

Der Anwendungsbereich des M. ist im Vergleich zum Strafvollzug in der Bundesrepublik Deutschland relativ klein. Auffällig ist auch hier – ähnlich wie im Strafvollzug – die große Diskrepanz zwischen der Zahl weiblicher und männlicher Patienten (Verhältnis: 1 : 25). – Nach wie vor ungelöst ist die Frage der Nachsorge für ehemalige »M.patienten«. Vielfach wird ein »gemeindenahes« Weiterleben von der Umgebung nicht toleriert. Übergangswohnheime und Wohnheime für → geistig Behinderte (→ Behindertenwohnheim) nehmen den Personenkreis der nach § 63 StGB ehemals Untergebrachten i. d. R. nicht auf. Unzulängliche Rückkehrmöglichkeiten in das Leben außerhalb des M. sind u. U. mit ursächlich für eine lange Verweildauer in der Einrichtung, die relativ oft »lebenslänglich« gleichkommt.

Lit. Burghardt u. a.: Ausgrenzung; Horn, H.-J.: Maßregelvollzug; Rasch, W.: Gutachten; Volckart: Maßregelvollzug; Wienand: Psychotherapie.

Manfred Wienand/Monika Wienand

Median → Mittelwert

Mediation (deutsch: Vermittlung) ist ein auf → Kooperation, → Kommunikation und befriedenden und befriedigenden Ausgleich widerstreitender Interessen angelegtes, freiwilliges Verfahren zur außergerichtlichen, einvernehmlichen und eigenverantwortlichen Regelung von → Konflikten durch die Konfliktparteien selbst mit Unterstützung einer oder zweier Vermittlungsperson/en (Co-Mediation), die den Vermittlungsprozeß neutral und überparteilich steuern. M. zielt auf einen interessenbezogenen Konfliktausgleich durch die Streitparteien selbst unter Berücksichtigung ihrer subjektiven Vorstellungen, Wahrnehmungen, Erinnerungen, Wünsche, Gefühle (Krisenhilfe), auf die Förderung ihrer Konfliktregelungsfähigkeit (→ Prä-

vention) und auf die Stärkung ihrer Selbständigkeit, ihres Selbstbewußtseins, Selbstwertgefühls und Selbstvertrauens (→ Empowerment).
M. ist weder Schlichtung oder Schiedsspruch, noch Verhandlung, Vergleich oder Kompromiß, noch → Therapie oder → Beratung. Allerdings kann M. vergleichbare, insbesondere therapeutische und beraterische Wirkungen erzielen. M. ist ressourcen-, regelungs- bzw. ziel- und zukunftsorientiert. M. ist eine Kurzzeitintervention, die regelmäßig über sechs bis acht Sitzungen von einer bis eineinhalb Stunden Dauer nicht hinausgehen soll.
In Deutschland hat sich M. ab 1988 insbesondere aus US-amerikanischen Erfahrungen zur außergerichtlichen, autonomen Streitregelung in familien- bzw. kindschaftsrechtlichen Streitigkeiten (insbesondere → elterliche Sorge und → Umgangsrecht) entwickelt.
Erste praktische Erfahrungen zeigen, daß M. in Deutschland ähnliche positive Effekte haben kann wie in den USA und ohne weiteres in den Rahmen des geltenden deutschen materiellen und Verfahrensrechts integrierbar ist. Der Entwurf eines Kindschaftsrechtsreformgesetzes – KindRG – knüpft ausdrücklich an diese positiven Erfahrungen an und sieht M. vor in Konflikten bei der Durchführung gerichtlicher Verfügungen über das Umgangsrecht bzw. fördert solche außergerichtlichen Konfliktregelungen.
M. wird in zivilrechtlichen Konflikten insbesondere bei Nachbarschafts-, Mieter- und Vermieter-, Schuldner- und Gläubiger-, Arbeitnehmer- und Arbeitgeber- und bei familienbezogenen Streitigkeiten durchgeführt, in strafrechtlichen Konflikten zum Ausgleich zwischen Täter und Geschädigten (→ Täter-Opfer-Ausgleich) und in öffentlich-rechtlichen Konflikten vor allem bei Umweltschutz- und Schulstreitigkeiten. Für den Bereich der → Sozialarbeit/Sozialpädagogik werden Streitfälle erfaßt, die wegen ihrer fortdauernden Beziehungsüberlagerung einer konstruktiven, einvernehmlichen und eigenverantwortlichen Streitregelung bedürfen.
Die Prinzipien der M. leiten sich aus dem Konfliktregelungsmodell von Deutsch ab und folgen dem Modell strukturierter, prozeßorientierter M. nach Coogler. Danach werden befriedende und befriedigende Konfliktregelungen um so eher erreicht, je mehr es den Streitparteien gelingt, in vertrauensvoller Kooperation und offener Kommunikation den Ausgleich widerstreitender, subjektiver Interessen gemeinsam, eigenverantwortlich und selbst zu erreichen (win-win-Ergebnisse).
M. ist ein mehrstufig strukturierter Prozeß, der von einer einführenden Orientierung zur Struktur- und Vertrauensbildung über die Darstellung und Erörterung der unterschiedlichen Interessen und Emotionen zur Erarbeitung und zum Vollzug der gemeinsam erarbeiteten Konfliktregelungsstrategien führt. Die für eine Konfliktregelung notwendigen Informationen werden von den Streitpartnern selbst und interessenbezogen eingeholt und in die M. eingeführt. Revisionen erzielter Vereinbarungen und ihre jeweilige Anpassung an die aktuellen Bedürfnisse der Parteien sind vorgesehen bzw. erwünscht und durch die Parteien jederzeit möglich.
Lit. Besemer: Mediation; Coogler: Mediation; Gloor-Maung: Mediation; Proksch: Vermittlung. *Roland Proksch*

Medien Massen-M., Kommunikations- und Informationstechnologien (→ Informations- und Kommunikationstechniken, Neue) und deren reale wie vermutete Einflüsse auf → Individuum und → Gesellschaft spielen schon längere Zeit eine herausragende Rolle in der m.wissenschaftlichen wie -pädagogischen Diskussion (→ Medienpädagogik). Dies nicht zu Unrecht, greifen die (alten wie neuen) M. doch nachhaltig in die Gestaltung von → Alltag, Freizeit und Arbeit ein und beeinflussen zwischenmenschliche Kommunikationsgewohnheiten. (Massen-)M. – in der Fachlit. auch Massenkommunikationsmittel genannt – sind spezifische, technische Systeme bzw. Technologien, mit denen Aussagen indirekt, einseitig und öffentlich an ein disperses Publikum vermittelt werden. Dabei zählt man zu den alten M. die Druckm. (Buch, Zeitung und Zeitschrift), die Hörm. (Schallplatte, Kassette und Hörfunk) sowie die audiovisuellen M. wie Fernsehen, Video und Film. Unter den Begriff »neue M.« fallen u. a. das Kabel- und Satellitenfernsehen, der Video- und Bildschirmtext, der Computer, Telefax bis hin zu »Cyberspace«, einer mittels Computersimulation erzeugten dreidimensionalen Bilderwelt, die den Einstieg in sog. virtuelle Welten ermöglicht. Aus der unterschiedlichen technischen, ästhetischen und dramaturgischen Gestaltung der verschiedensten M. ergibt sich eine spezifische Form der M.nutzung: Das Buch wird gelesen, der Film gesehen, das Radio gehört, bei »Cyberspace« steigt man – ausgestattet mit einer elektronischen Ausrüstung – in einen Datenraum, geht mit Maschinen um und kommuniziert dann mit anderen Menschen.
In den 80er und 90er Jahren zeigen drei Schlagworte die Mediendiskussion: das des »Medienverbundes« (auch kommerzieller Medienverbund genannt), das von »Multimedia« und das der »Medienkultur« (auch als Kommunikationskultur bezeichnet). Unter M.verbund versteht man m.übergreifende spezifische Strategien im Bereich der M.produktion: So bilden sich zunehmend Multi-Media-Konzerne heraus, die m.übergreifend tätig sind – vom Buchverlag bis

hin zur Film- und Fernsehproduktion. Zugleich werden M.produkte multimedial präsentiert: Das Buch und die Schallplatte zur Fernsehserie, der Serienheld mit Konterfei auf T-Shirt, Tapete und unzähligen anderen Gegenständen, die damit in einen medial besetzten Zusammenhang einbezogen werden. Übersetzt man Multimedia, so heißt dies nichts anderes als »viele Medien«. Eine einheitliche Begriffsbestimmung für Multimedia gibt es nicht, man kann davon jedoch sprechen, wenn verschiedene mediale Elemente (Bild, Ton, Text, Sprache, Computer etc.) miteinander vereinigt sind oder sie sich miteinander sinnvoll ergänzen. Der Multimedia-Computer wird – so die Prognose von Experten – das Kommunikations- und Medienverhalten nachhaltig verändern. Anwendungen von Multimedia finden sich gegenwärtig in einer Vielzahl von Computerspielen, in Lexika, Reiseführern, elektronischen Katalogen etc., wobei das Speichermedium CD-Rom eine herausragende Rolle spielt. Als M.kultur (bzw. Kommunikationskultur) kann man m.- und kommunikationspädagogische Anstrengungen bezeichnen, spezifischen m.ästhetischen Überlegungen (z.B. Förderung des Kinderfilms, des Hörspiels, der Kleinkunst) ebenso verstärkte Geltung zu verschaffen wie einen unbefangeneren, vor allem gelasseneren Umgang mit medialen Kanälen (z.B. die aktive M.produktion). Zudem kommt es zu einer verstärkten Besinnung auf zwischenmenschlich-personale Kommunikationsformen. Die Dominanz alter wie neuer M. im Alltag zeigt sich in Schlagworten wie »M.kindheit«, »Mediatisierung der Wirklichkeit« oder »Wirklichkeit aus zweiter Hand«. Zweifellos sind M. zu einem fraglos normalen Bestandteil des Alltags geworden. Alte und neue M. haben Einzug in Haushalt und Familie gehalten. Der Vielfalt des M.alltags entspricht dabei eine Multifunktionalität der M. Sie haben soziale Funktionen, über sie lassen sich Nähe und Distanz, Solidarität nach innen und Abgrenzung nach außen ausdrücken. Sie strukturieren Zeitabläufe, geben Vertrautheit, suggerieren Sicherheit. M. stehen für Spannung und Entspannung, Stimmung und Gefühl, ermöglichen körperliches Selbstempfinden. Sie haben darüber hinaus kompensatorische und eskapistische Funktionen, ermöglichen den Rückzug vor Überforderung und das Ausleben von Phantasien. Diese Funktionsvielfalt weist auf einen zentralen Sachverhalt hin: Bei aller Aufmerksamkeit, die den neuen M. in der öffentlichen Diskussion zuteil wird, darf die Bedeutung der alten M. im Alltag nicht übersehen werden. Zu der komplexen Verortung der M. im Alltag hat zweifellos eine vielschichtig argumentierende M.wirkungsforschung beigetragen. Dabei sind alltagswesentliche, hermeneutische, strukturanalytische und biographische Ansätze zu unterscheiden. Allen Ansätzen gemein ist, daß sie bei ihrer Suche nach m.bezogenen Einflüssen auf Gesellschaft und Individuum nicht dogmatisch und kausal nach Wirkungen (im Sinne eines Reiz-Reaktions-Modells) enden, vielmehr Einflüsse alltags-, situations- und biographisch bedingt verorten. Den ganzheitlich argumentierenden Ansätzen steht eine kulturkritische Argumentation gegenüber, die den M. vorwirft, sie zerstöre kulturelle Identität, überwältige den Menschen mit einer Informationsflut, vermittle ein falsches Bild von Wirklichkeit, mache passiv, fördere Gewalt und gefährde das Familienleben. So stellt sich die Kritik an kommunikations- und m.technologischen Entwicklungen häufig »kontrastprofiliert« dar. Während die einen M. und Kommunikationstechnologien vorschnell dämonisieren, heroisieren andere technische und mediale Fortschritte als Mittel zur Bewältigung von Alltagsprozessen, Freizeitabläufen etc. Beide Positionen taugen wenig, die Einflüsse der medialen Entwicklung auf Mensch und Gesellschaft auch nur annähernd zu begreifen. Denn M. haben den Alltag längst durchdrungen. Sie stellen einen wesentlichen Sozialisationsfaktor dar, prägen Sinnlichkeit, Erleben und Wahrnehmung. Medial vermittelte Rationalisierung und Anschauung berührt daher zentral menschliche Erfahrungen, die Welt wird undurchschaubarer, abstrakter, unbegreiflicher. Die Anpassung an die M.technologien hat psychosoziale Folgen. Doch ist Richtung, Tempo und die Intensität einer Mediatisierung des Alltags niemals zwangsläufig, sondern tendenziell offen. Jedes Medium hat zwar seine spezifischen Einflüsse, die aber abhängig sind von der sozialen wie familialen Umwelt, von schulischen oder beruflichen Zielen, der M.gebrauch stellt sich umso produktiver, innovativer, kompetenter und kritisch-distanzierter dar, je mehr M. als Ergänzung genutzt werden, der M.gebrauch in einen intensiven, sozialen und kommunikativen Kontext eingebunden ist. Je begrenzter demgegenüber die Lebensperspektiven, je weniger kommunikativ-vielfältig sich die Alltags- und Lebenswelten der M.nutzer darstellen, umso eher stehen M. für Kommunikationsverlust und Isolation. Hier liegen die Gefahren von Multimedia, das für Nutzer mit unbefriedigenden Alltagserfahrungen eine schöne Glitzerwelt darstellen kann, die auf Knopfdruck jedes Bedürfnis befriedigt.

Lit. Carlton u.a. (Hg.): Medienkommunikation; Maletzke: Massenkommunikation; Schell u.a. (Hg.): Datenautobahn.

Jan-Uwe Rogge

Medienpädagogik kann auf eine lange Tradition zurückblicken. Seit den 60er Jahren hat sie sich im Bewußtsein einer breiteren Öffentlichkeit verankert. Vor allem die

Ausweitung des Kinderfernsehprogramms in den 60er Jahren und die Durchsetzung eines kommerzialisierten Medienverbundes in den 70er Jahren verschafften medienpädagogischen Forderungen Aufmerksamkeit. Die Auseinandersetzungen fanden ihren Niederschlag in den Landesmediengesetzen und in medienpädagogischen Pilotvorhaben. In den 60er und 70er Jahren waren viele medienpädagogische Konzepte defensiv und reaktiv angelegt. Die 80er Jahre waren geprägt von Selbstverständnisdebatten, die nach offensiven, auf Aktion angelegten Konzepten verlangten. Mehr denn je versteht sich M. – begünstigt durch organisatorische Zusammenschlüsse (z.B. in der Gesellschaft für M. und Kommunikationskultur) – als »handelnde Intervention« in den kommunikationstechnologischen Entwicklungsprozeß. Die »Kontrastprofilierung« in der Medien- und Technikkritik setzte sich in der medienpädagogischen Auseinandersetzung fort: Auf der einen Seite findet sich eine medienzentrierte, am Medienprodukt orientierte Position, auf der anderen eine handlungs- und situationsorientierte (→ Situationsansatz) Betrachtungsweise. Die medienzentrierte Position stellt das Medienprodukt (die Sendung, den Film, das Buch etc.) in den Mittelpunkt. Damit steht die → Erziehung zum richtigen Umgang mit den → Medien, zum »guten« Produkt, im Vordergrund. Kritisiert wird ein übermäßiger Konsum audiovisueller Medien. Dieser medienpädagogische Ansatz versteht sich – mehr oder minder bewußt – als Bewahrpädagogik. Medienzentrierte Haltungen laufen nicht selten auf medienpädagogische Rezepte hinaus, enden in Entweder-oder-Haltungen (z.B. für oder gegen eine Sendung, ein Medium). Eine allgemein-pädagogische Begründung der M., die unabdingbar für die Konzeptualisierung jedweder pädagogischen Ziele und Projekte ist, unterbleibt häufig. Merkert spricht deshalb sowohl vom pädagogischen Defizit in der M. als auch vom medialen Defizit der allgemeinen Pädagogik. Mit dem handlungs- und situationsorientierten, an den Lebens- und Alltagswelten (→ Lebenswelt) von Heranwachsenden ansetzenden medienpädagogischen Arbeit zeichnet sich ein Perspektivenwechsel und ein veränderter Begründungszusammenhang ab. Nun wird M. – zumindest ansatzweise – als Teil einer Allgemeinpädagogik verstanden. Diese baut auf soziologische, hermeneutische, phänomenologische und anthropologische Traditionen auf. M. erweist sich nur dann als tragfähig und in der Praxis folgenreich, wenn sie als gemeinsame Aufgabe aller am Kommunikationsprozeß Beteiligten, als »pädagogisches miteinander Handeln« (Merkert) verstanden wird. Pädagogische Prinzipien, die auf Raum-, Zeit- und Körpererfahrungen eingehen, bilden ebenso die Basis für (medien-)pädagogische Prozesse und Abläufe wie personale Beziehungen. Eine pädagogisch argumentierende und begründete M. erschöpft sich nicht in abstrakten Haltungen (z.B. Medieneuphorie versus Medienabstinenz) und betrachtet M. nicht allein als Erziehung zum »richtigen« Umgang mit Medien. Man begreift Medien nicht allein als Aktivitäten einschränkende Instrumente, sondern sieht in ihnen immer auch Chancen, Kreativität zu fördern, sich in den medialen Produktionsprozeß einzugliedern. Indem die handlungs- und situationsorientierte Position pädagogisch argumentiert, begibt sie sich nicht in Konkurrenz zu den Medien, sondern stellt die Faszination des Selbermachens, die Stärkung des erfahrungsbezogenen und sozialen Lernens, die eigentriebige und selbständige Erfahrung und deren Reflexion als Bedingung für einen selbstbestimmten Umgang mit den Medien in den Vordergrund. Ist es deshalb angemessener als Kommunikationspädagogik denn als M. zu begreifen. Sieht man von den mediendidaktischen Positionen ab, denen es nur um den Einsatz der Medien im konkreten Bildungs- und Unterrichtsprozeß geht, dann lassen sich mehrere kommunikationspädagogische Arbeitsfelder unterscheiden:
– die Medienanalyse einschließlich einer Medienkritik,
– die Vermittlung von Informationen über Medien-Politik, -Recht, -Ökonomie und -Produktion,
– die Schaffung kommunikativer Erlebnisräume und
– die aktive oder produktive Medienarbeit.
Die mediumzentrierte (ideologie- wie kulturkritisch akzentuierte) M. sieht ihre Schwerpunkte in den beiden erstgenannten Gegenstandsbereichen. Über eine kritische Medienanalyse und die Vermittlung von medienbezogenem Sachwissen sollten die Kompetenzen für einen mündigen Medienbürger ausgebildet werden. Im Unterschied dazu nimmt die handlungsorientierte Kommunikationspädagogik jene Erfahrungen, die in der Mediennutzung gebunden sind, ernst. Wenn Menschen über Medien – sei es deren Themen, Dramaturgien oder Rezeptionssituationen – Nähe und Solidarität, Erlebnisdichte und Direktheit, Unmittelbarkeit und Vertrautheit herstellen und ausdrücken, dann kommt es darauf an, die Arbeit mit (alten wie neuen) Medien als »Beziehungsarbeit« zu gestalten. So knüpft denn eine handlungsorientierte M. an Alltags- und Medienerfahrungen an, nimmt sie ernst und greift emotionale Bedürfnisse auf. Kommunikationspädagogik zielt nicht allein auf Ergebnisse und vordergründige Veränderungen ab. Sie versteht sich als ein andauernder, gemeinsamer, praktischer und (wohl auch) lebenslanger Prozeß. Der mündige Medienbürger ist nicht das Resultat noch so komplexer → Lernziele oder differenzierter Lerninhalte, schon gar nicht End-

produkt einer noch so »guten« Medienerziehung. Der mündige Medienbürger ist das Ergebnis einer fortwährenden Bemühung. Dies gilt insbesondere angesichts multimedialer Trends, die eine generationsübergreifende Herausforderung für pädagogisch Tätige darstellen.
Lit. Armbruster u. a.: Neue Medien; DJI: Medienerziehung; Issing: Medienpädagogik; Merkert: Medien; Rogge: Kinder; Schmidbauer, M. u. a.: Fernsehpädagogik; Schmidt, H.-G.: Kinder. *Jan-Uwe Rogge*

Medikamentensucht → Arzneimittelmißbrauch, → Drogenabhängigkeit

Medizinischer Dienst (Kurzform für »Medizinischer Dienst der → Krankenversicherung«) wurde in der derzeitigen Organisationsform durch das → Gesundheits-Reformgesetz (GRG) mit Wirkung vom 1. 1. 1989 eingeführt. Er tritt an die Stelle des Vertrauensärztlichen Dienstes.
Wesentliche Merkmale der Neukonzeption des M. D. sind eine völlig neue Organisationsstruktur in der Form als Arbeitsgemeinschaft, seine Einbindung in die Selbstverwaltung der Krankenversicherung sowie eine Weiterentwicklung der Beratungs- und Begutachtungsaufgaben.
Träger des M. D. ist die in jedem Land gebildete Arbeitsgemeinschaft »M. D. der Krankenversicherung«; deren Mitglieder sind die Landesverbände der Krankenkassen und die Verbände der Ersatzkassen (§ 278 SGB V). Für Sonderbereiche wie Bundesbahn, Bundespost, Bundesknappschaft und See-Krankenkasse sind Ausnahmen vorgesehen (§ 283 SGB V).
Organe des M. D. sind der Verwaltungsrat und der Geschäftsführer (§ 279 SGB V). Der Verwaltungsrat, dessen Aufgaben in § 280 SGB V aufgeführt sind, wird von den Vertreterversammlungen (§ 33 SGB IV) der Mitglieder, der Geschäftsführer vom Verwaltungsrat gewählt. Im übrigen sind typische Regelungen, die für die Träger der Sozialversicherung gelten, auf den M. D. entsprechend anwendbar (vgl. im einzelnen § 279 Abs. 6 SGB V). Die Fachaufgaben des M. D. werden von Ärzten und Angehörigen anderer Heilberufe wahrgenommen. Die Ärzte sind bei der Wahrnehmung ihrer medizinischen Aufgaben nur ihrem ärztlichen Gewissen unterworfen.
Die zur Finanzierung des M. D. erforderlichen Mittel werden von den Mitgliedern durch eine Umlage, die sich nach dem Verhältnis der Mitglieder der einzelnen Krankenkassen richtet, aufgebracht. Nach den Rechnungsergebnissen des Jahres 1990 betrug die Gesamtumlage bei den Krankenkassen (also in den alten Bundesländern) insgesamt 385,531 Mio. DM; das entspricht Kosten in Höhe von 10,47 DM je Mitglied.

Für das Haushalts- und Rechnungswesen gelten die entsprechenden Regelungen des Vierten Buches → Sozialgesetzbuch (SGB) wie für die Sozialversicherungsträger. Der M. D. unterliegt der Aufsicht des Landes, in dem er seinen Sitz hat.
Dem M. D. obliegen Begutachtungs- und Beratungsaufgaben. Die Krankenkassen sind unter bestimmten Umständen verpflichtet, eine gutachterliche Stellungnahme des M. D. einzuholen bei der Erbringung von Leistungen, bei Einleitung von Maßnahmen zur Rehabilitation sowie bei Arbeitsunfähigkeit (§ 275 Abs. 1 SGB V). Zum Zwecke der einheitlichen Handhabung der Begutachtungspraxis haben die Spitzenverbände der Krankenkassen gemeinsam und einheitlich Richtlinien beschlossen. In einem weiteren Bereich (→ Kuren, stationäre Rehabilitationsmaßnahmen, → Pflegeversicherung, Auslandsbehandlung, Verlängerung der → häuslichen Krankenpflege) werden die Krankenkassen zu einer Prüfpflicht durch den M. D. veranlaßt (§ 275 Abs. 2 SGB V). In keinem Fall darf der M. D. in die Behandlung des Arztes eingreifen. Sofern es notwendig ist, darf der M. D. die Räume der Krankenhäuser und Vorsorge- und Rehabilitationseinrichtungen betreten.
Damit der M. D. seine vielfältigen Aufgaben qualitativ zufriedenstellend bewältigen kann, sind die Krankenkassen zur Bereitstellung der für die Begutachtung erforderlichen Unterlagen verpflichtet. Sofern der M. D. personenbezogene Daten erfaßt, dürfen sie nur für die gesetzlichen Aufgaben verwendet werden; die Daten sind nach fünf Jahren zu löschen. Der Versicherte ist zur Akteneinsicht berechtigt.
Das Ergebnis der Begutachtung hat der M. D. dem behandelnden Arzt, sonstigen Leistungserbringern und der Krankenkasse mitzuteilen. Bei Differenzen zwischen der Arbeitsunfähigkeitsbeurteilung durch den behandelnden Arzt und der Begutachtung durch den M. D. während der Dauer der Entgeltfortzahlung durch den Arbeitgeber besteht auch eine Mitteilungspflicht gegenüber dem Arbeitgeber und dem Versicherten. Insoweit darf allerdings ebenfalls keine Angabe zur Krankheit gemacht werden.
Darüber hinaus verlangt die Krankenversicherung sozialmedizinische Kompetenz für Fragestellungen zu mittel- und längerfristigen Orientierungs- und Führungsdaten. Diese sind erforderlich, um daraus Konsequenzen für Höhe, Zuwachs und Strukturierung der Gesundheitsausgaben ziehen zu können. Der M. D. soll hierbei mit seinen Kenntnissen und Erfahrungen beisteuern.
Zur wirksamen Förderung der Aufgaben des M. D. wurde von den Spitzenverbänden der Krankenkassen eine Arbeitsgemeinschaft gebildet (§ 282 Satz 2 SGB V). Die Spitzenverbände haben gemeinsam und einheitlich Richtlinien zu beschließen und

können Empfehlungen abgeben. Die Arbeitsgemeinschaft wird von den Spitzenverbänden gemeinsam finanziert.

Werner Gerlach

Medizinische Rehabilitation zielt darauf ab, die durch einen Schaden (impairment) entstandenen Fähigkeitsstörungen (disability) eines Menschen und seine damit verbundenen sozialen Beeinträchtigungen (handicap) zu beseitigen, zu mindern oder sie durch Ersatzstrategien wie Kompensation zu verbessern. Der Betroffene wird in der Regel durch solche Fähigkeitsstörungen zum → Behinderten. Das bedeutet für den → Arzt, daß ein auf Krankheitsursachen bezogenes Denk- und Handlungsmodell erweitert werden muß um das Handeln des Betroffenen auf der sozialen Ebene im Sinne eines Krankheitsfolgenmodells. Die Wiedereingliederung des Betroffenen in den Beruf ist dabei nur ein Teilziel. Das umfassendere Ziel ist seine soziale → Integration. Die m. R. ist oft die Voraussetzung erfolgreichen Handelns in der → beruflichen und → sozialen Rehabilitation. Eine soziale Integration bedeutet nicht nur die Anpassung des Behinderten an die soziale Umgebung, sondern auch die Gestaltung der Umwelt entsprechend seiner Behinderung. Auf Grund der weitgefaßten Ziele ist eine Kooperation mit Vertretern anderer Berufe aus dem medizinischen und sozialen Spektrum notwendig. Sie wird im Rehabilitationsteam verwirklicht. Der Rehabilitationsbedarf des Behinderten muß frühzeitig erkannt werden. Dies bedeutet für den Vertragsarzt oder den Arzt im Krankenhaus, daß er beim Vorliegen einer chronischen → Krankheit daran denken muß, ob eine Behinderung droht oder schon eingetreten ist. Dies erfordert Erfahrungen, die durch eine Weiterbildung zum Erlangen der Zusatzbezeichnung »Rehabilitationswesen« erreicht werden kann. Eine geeignete Rehabilitationsmaßnahme muß frühzeitig eingeleitet werden. Dazu dient auch die Anschlußheilbehandlung (AHB). Ihr Vorteil ist die direkte Verbindung zwischen dem Krankenhaus und der Rehabilitationsklinik oder eine Eilverbindung über die Zentralverwaltungen der → Rehabilitationsträger. Ziel ist es, eine Nahtlosigkeit zwischen Krankenhausbehandlung und stationärer Rehabilitation zu erreichen. Die Rehabilitationsmaßnahmen werden zur Zeit überwiegend stationär in Rehabilitationskliniken durchgeführt. Die ambulante Rehabilitation wird aufgebaut. Alle Rehabilitationsträger haben sich auf »Rahmenempfehlungen zur ambulanten m. R.« geeinigt. Zu ihr gehören auch die teilstationären Maßnahmen, wenn der Schweregrad der Fähigkeitsstörungen des Betroffenen dies nötig macht. Damit wird der Flexibilität in der Durchführung der Rehabilitationsbausteine wie → Krankengymnastik, → Ergotherapie, → Logopädie, psychosoziale Betreuung und Gesundheitstraining pro Tag und für die Gesamtdauer der Rehabilitationsmaßnahme Rechnung getragen. So können bei Teilzeitbeschäftigten solche ambulanten Maßnahmen neben der Berufstätigkeit durchgeführt werden. Ein Problem ist, daß in Ballungsgebieten die Infrastruktur schnell aufgebaut werden kann, in ländlichen Gebieten die langen Anfahrtszeiten ein Hindernis darstellen. Neben den schon bestehenden Grundsätzen »Rehabilitation vor Rente« und »ambulant vor stationär« gewinnt der Begriff »Rehabilitation vor Pflege« zunehmende Bedeutung, da Behinderung und Pflege nahe beieinander liegen können. Die → Pflegekassen sind verpflichtet, bei den zuständigen Rehabilitationsträger darauf hinzuwirken, daß frühzeitig eine m. R. eingeleitet wird, um den Eintritt einer → Pflegebedürftigkeit zu vermeiden oder bei vorhandener zu erreichen, daß diese überwunden wird oder ihr Grad nicht erhöht werden muß. Alle m. R.maßnahmen stehen unter dem Leitsatz »Hilfe zur → Selbsthilfe«. Der Betroffene muß in dem ihm möglichen Ausmaß an ihnen mitwirken. Die → Multimorbidität muß bei der Einleitung einer Rehabilitation berücksichtigt werden.

Für die m. R. sind die Träger der gesetzlichen → Krankenversicherung, der gesetzlichen → Unfallversicherung, der gesetzlichen Rentenversicherung (→ Rentenversicherungsträger), der → sozialen Entschädigung bei Gesundheitsschäden und subsidiär die Träger der Sozial- und Jugendhilfe (→ Sozialhilfeträger, → Jugendhilfeträger). Alle Träger sind sowohl zur Zusammenarbeit wie zur → Auskunft und → Beratung verpflichtet. Eine besondere Stellung nimmt die Beihilfe, eine eigene beamtenrechtliche Krankenfürsorge, ein. Durch sie beteiligt sich der Dienstherr auch an Rehabilitationsleistungen.

Für alle Rehabilitationsleistungen gilt, daß sie grundsätzlich einen → Antrag voraussetzen. Nur bei der gesetzlichen Unfallversicherung sowie in der Sozial- und Jugendhilfe werden sie von Amts wegen erbracht, wenn die gesetzlichen Voraussetzungen dafür vorliegen.

Ärztliche Dienste der Leistungsträger prüfen die Rehabilitationsbedürftigkeit, die Rehabilitationsfähigkeit und Art und Umfang der beantragten bzw. ärztlich empfohlenen Leistungen.

Durch das Wachstums- und Beschäftigungsförderungsgesetz (WFG) werden ab 1. Januar 1997 wesentliche Einschränkungen in der medizinischen Rehabilitation wirksam.

Lit. Bundesarbeitsgemeinschaft für Rehabilitation (Hrsg.): Rahmenempfehlungen; Bundesarbeitsgemeinschaft für Rehabilitation (Hrsg.): Rehabilitation.

Horst-Christian Mäurer

Medizinsoziologie ist die Anwendung von Methoden und Theorien der → Soziologie auf Probleme der Medizin. Diese erfüllt zumindest drei gesellschaftliche Funktionen: a) professionelle Hilfe und Beratung zur Erhaltung und Wiederherstellung der → Gesundheit; b) als sozialstaatliches Dienstleistungssystem gewährleistet sie einen umfassenden Gesundheitsschutz und die Gesundheitssicherung der Bevölkerung; c) als gesellschaftliches Deutungsmuster prägt sie das Alltagsverständnis von Gesundheit und → Krankheit. Die gesellschaftlichen Funktionen der Medizin machen sie M. zu einem unverzichtbaren Bestandteil der sozialmedizinischen Ausbildung (→ Sozialmedizin). Ihre Aufgaben in Forschung und Lehre sind interdisziplinärer Art, Soziologie und medizinische Wissenschaften verbindend, sowie problembezogen, weil die Theorien und Methoden der Soziologie nur insoweit bedeutsam werden, wie sie zur Lösung medizinischer Aufgaben beitragen.

Derzeit sieht sich die M. vor vier Aufgaben gestellt: a) die gesellschaftlichen Hintergründe und Entstehungsursachen von Krankheiten und Behinderungen herauszuarbeiten sowie zum besseren Verständnis gesunder Lebensbedingungen beizutragen, um Grundlagen für die → Gesundheitsvorsorge und für die → Rehabilitation zu schaffen; b) die Struktur und die Funktionen der medizinischen Versorgung als eines gesellschaftlichen Dienstleistungsbereichs auch systemvergleichend darzustellen, um gesundheitspolitische Interventionsmöglichkeiten aufzuzeigen; c) Bedingungen und Folgen von Patient-Arzt-Beziehungen, aber auch von Patient-Berater-Beziehungen (→ Beratung) systematisch zu untersuchen, um die medizinische Diagnostik und die Therapie zu unterstützen; d) das Selbsthilfepotential in der Bevölkerung zu untersuchen, um Wege der Selbsthilfeunterstützung bei der Gesunderhaltung und bei der Krankheitsbewältigung aufzuzeigen.

Unmittelbare Anwendung erfährt die M. in der Gesundheitspolitik, -planung und -verwaltung sowie in den → sozialen Diensten im → Gesundheitswesen. Beides erlangt eine wachsende Bedeutung, da die Expansion des Gesundheitswesen zur Planung und Steuerung zwingt und eine zunehmende Ergänzung, aber auch Ersetzung medizinischer durch soziale Dienstleistungen (→ Sozialstationen, Gesundheitszentren, Suchtberatungsstellen, Kontakt- und Informationsstellen für Selbsthilfe) stattfindet.

Christian von Ferber

Mehrbedarf Hilfesuchende, deren Bedarf an → Lebensunterhalt über den in den → Regelsätzen berücksichtigten typischen Bedarf hinausgeht, erhalten in der → Sozialhilfe zusätzliche Leistungen. Bei den in § 23 → Bundessozialhilfegesetz (BSHG) genannten Personengruppen wird wegen ihrer besonderen Lebensumstände ein Bedarf an zusätzlichen Leistungen = M. stets anerkannt. Diese Personengruppen sind: über 65jährige und Erwerbsunfähige unter 65 Jahren mit einem Ausweis nach § 4 Abs. 5 → Schwerbehindertengesetz (SchwbG, Merkzeichen G), werdende Mütter nach der 12. Schwangerschaftswoche; Personen, die allein für die Pflege und Erziehung eines Kindes unter 7 Jahren oder von 2 oder 3 Kindern unter 16 Jahren sorgen, → Behinderte, die nicht mehr im schulpflichtigen Alter sind und in einer Schul- oder Berufsausbildung stehen (§ 40 Abs. 1 Nr. 3 bis 5 BSHG), ferner Kranke, Genesende, Behinderte oder von einer Krankheit oder Behinderung Bedrohte, die einer kostenaufwendigeren Ernährung bedürfen (→ Hilfeempfänger/Hilfesuchender). Die genannten Personen sind in ihrer Leistungs- oder Bewegungsfähigkeit beeinträchtigt, durch häusliche Pflichten besonders belastet, haben zusätzliche Bedürfnisse oder benötigen eine kostenaufwendigere → Ernährung. Dadurch entstehen ihnen zusätzliche Ausgaben für Fahrgeld wegen häufiger Fahrten bei Besorgungen, höhere Portoaufwendungen und Telefongebühren zur Aufrechterhaltung der Beziehungen zu Dritten, für Zuwendungen bei gelegentlichen Hilfeleistungen durch Dritte (kleine Aufmerksamkeiten) und teurere Lebensmittel.

Der Gesetzgeber geht bei diesen Personengruppen – eine Ausnahme gilt für Personen, die aus Gesundheitsgründen einer aufwendigeren Ernährung bedürfen – von einem regelmäßig in gleicher Höhe bestehenden und daher typischen M. aus und pauschaliert ihn in Höhe von 20 v. H. – bei einigen der genannten Personengruppen von 40 v. H. – des maßgebenden Regelsatzes. Für Erwerbstätige und Kranke wird der M. individuell bemessen. Bei den pauschalierten Sätzen ist der Regelsatz des Hilfesuchenden maßgebend, der Anspruch auf Anerkennung des M. hat. Von den Pauschbeträgen ist abzuweichen, soweit im Einzelfall ein höherer Bedarf besteht.

Der Mehrbedarf für Erwerbstätige (§ 23 Abs. 4 Nr. 1 BSHG a. F.) wurde zum Absetzungsbetrag beim Einkommen umgewandelt (vgl. § 76 Abs. 2 a BSHG). Solange die Rechtsverordnung zur Festsetzung dieser Absetzbeträge (§ 76 Abs. 5 BSHG) noch aussteht, wird deren Höhe in der Praxis nach der Höhe der früheren Mehrbedarfszuschläge bestimmt. Der nach § 76 Abs. 2a BSHG abzusetzende Betrag bildet zugleich den Mindest-Lohnabstand bei der Bemessung der Regelsätze (§ 22 Abs. 4 BSHG). Bei Erwerbstätigen (§ 23 Abs. 4 Nr. 1 BSHG) ist die Angemessenheit der Höhe des M. unter Berücksichtigung von zwei Zielen zu beurteilen: Erstens ist von dem die Erwerbsarbeit verursachter zusätzlicher Bedarf zu decken. Er entsteht vor allem bei der Ernährung, Körperpflege, Instandhaltung der Kleidung und den persönlichen → Bedürfnissen des täglichen Lebens. Zweitens soll dem Hilfesuchenden ein Anreiz zur Aufnahme und zur Steigerung von Erwerbsarbeit gegeben werden. Dieses Ziel basiert auf der Regelung in § 1 Abs. 2 BSHG, nach der Hilfesuchende soweit wie möglich zu einem Leben unabhängig von Sozialhilfe befähigt werden sollen. Erhöhend auf den anzuerkennenden M. wirkt sich die Leistung schwerer Arbeit und eine Erwerbstätigkeit trotz beschränkten Leistungsvermögens aus. Um die schwierige Ermittlung der angemessenen Höhe zu erleichtern, hat der → Deutsche Verein für öffentliche und private Fürsorge (DV) Empfehlungen ausgearbeitet. Für erwerbstätige → Blinde und andere Schwerstbehinderte gelten nach § 24 BSHG Sondervorschriften, um die Anerkennung eines höheren M. als bei sonstigen Erwerbstätigen zu sichern.

Zulagen für aufwendigere Ernährung (Krankenkostzulagen) waren in der Sozialhilfe, bevor sie anläßlich der 4. BSHG-Novelle der → Hilfe zum Lebensunterhalt zugeordnet wurden, Leistungen der → Krankenhilfe, der → vorbeugenden Gesundheitshilfe oder der → Eingliederungshilfe für Behinderte. In den Erläuterungen zu »Empfehlungen des DV für die Gewährung von Krankenkostzulagen« werden die Gesundheitsschäden (bestehende oder drohende Krankheiten oder Behinderungen) aufgeführt, bei denen nach der überwiegenden Meinung in der medizinischen Wissenschaft Krankenkostzulagen erforderlich sind. Der DV hat für die am häufigsten vorkommenden Gesundheitsschäden den zu deckenden typischen Bedarf umgrenzt und die erforderlichen Leistungen in Regelwerten zusammengefaßt. Dabei ist er von der Notwendigkeit ausgegangen, eine nach Lebensaltersgruppen abgegrenzte vollwertige Ernährung zu ermöglichen, deren Zusammensetzung sich nach dem Gesundheitsschaden und den Verbrauchsgewohnheiten der den Hilfeempfängern vergleichbaren Personengruppe zu richten hat. Die Empfehlungen enthalten weitere Unterlagen für eine pauschale Feststellung der Höhe der Regelwerte. Welche M.arten einander ausschließen und welche nebeneinander anzuerkennen sind, wird in § 23 Abs. 5 geregelt, eine Kumulierung von Mehrbedarfszuschlägen ist nur bis zur Höhe des maßgebenden Regelsatzes zulässig. Auf Länderebene sind die Empfehlungen des DV vereinzelt in Richtlinien umgesetzt (vgl. z. B. Anhang XI, Sozialhilferichtlinien Rheinland-Pfalz).

Die neu abgefaßten Empfehlungen des DV zur Gewährung von Krankenkostzulagen werden 1997 mit Erläuterungen veröffentlicht.

Lit. DV: Gutachten vom 19. Juli 1965; DV: Gutachten vom 31. August 1966; DV: Gutachten vom 4. April 1967; DV: Gutachten vom 27. Juli 1969; DV: Mehrbedarf; Gottschick u. a.: BSHG (Komm.); Knopp u. a.: BSHG (Komm.); Petersen, K.: Krankenkostzulagen; Petersen, K.: Mehrbedarf; Schellhorn u. a.: BSHG (Komm.).

Manfred Wienand

Mehrfachbehinderte Die Empfehlungen der Bildungskommission zur pädagogischen Förderung behinderter und von Behinderung bedrohter Kinder und Jugendlicher bezeichnen als M. »Personen, die
– infolge schicksalhafter Kumulierung von mehr als einer Behinderung betroffen wurden (z. B. ein Blinder, der durch einen Unfall körperbehindert wurde);
– von einem Schädigungssyndrom betroffen wurden, das erfahrungsgemäß häufig mehr als eine Behinderung hervorruft (z. B. eine zerebrale Bewegungsstörung, die neben der Körperbehinderung häufig noch Sprach- und andere Behinderungen zur Folge hat).
Davon werden Folgebehinderungen unterschieden, die
– infolge einer bereits bestehenden Behinderung zu Abweichungen in der Entwicklung und im Verhalten führen. Sie treten i. d. R. als Lernbehinderung (→ Lernbehinderte), Sprachbehinderungen (→ Sprachbehinderte), → Verhaltensauffälligkeiten oder Störungen der Psychomotorik auf (z. B. Sprachbehinderung als Folge von Schwerhörigkeit, Störung der Psychomotorik als Folge von geistiger Behinderung usw.).« (Deutscher Bildungsrat, S. 32)

Verläßliche Daten über die Zahl M. liegen nicht vor. Insbes. bei den Einschulungen zeigt sich aber, daß der Anteil → Sinnes- und → Körperbehinderter mit Lern- und geistigen Behinderungen groß ist.

Die Förderung und → Rehabilitation dieses Personenkreises in Früherziehung, Schule und Beruf bereitet viele Schwierigkeiten, weil sich z. B. Blinde Informationen normalerweise über andere Wahrnehmungssysteme wie Hören oder Tasten aneignen und dies bei Taubblinden nicht mehr möglich ist. Liegt zusätzlich eine spastische Lähmung vor (→ Spastiker), wird auch das Lormen (Fingerzeichen in der Handfläche) nicht als Verständigungsmittel genutzt werden können.

Dabei muß gesehen werden, daß M. nicht lediglich eine Addition einzelner, isolierbarer Behinderungen darstellen, sondern daß sie eine Multiplizierung der Lebenserschwerung zur Folge haben (Hagemeister).

Lit. Deutscher Bildungsrat: Förderung; Deutsche Vereinigung für die Rehabilitation Behinderter: Mehrfachbehinderte; Hagemeister: Lernen. *Emil Weichlein*

Mehrleistungen in der Krankenversicherung Neben den durch Gesetz unmittelbar vorgeschriebenen Regelleistungen gibt es

in der → Krankenversicherung auch M. Bei den M. zieht das Gesetz lediglich den Rahmen, innerhalb dessen die durch Vertreter der Versicherten und Arbeitgeber gebildete Selbstverwaltung der → Krankenkassen einen Gestaltungsraum hat. Die M. werden in der Satzung der Krankenkassen festgelegt. Dabei ist auch zu bestimmen, welche Voraussetzungen für den Anspruch auf M. zu erfüllen sind.
Der Katalog der M. ist in der Vergangenheit durch die → Gesetzgebung mehr und mehr zugunsten der Regelleistungen eingeschränkt worden. M. spielen heute im wesentlichen nur noch bei der → häuslichen Krankenpflege und der → Haushaltshilfe eine Rolle. Das Beitragsentlastungsgesetz vom 1. 1. 1996 (BGBl. I S. 1631) sieht vor, daß die bisher den Krankenkassen gegebene Möglichkeit, M. auch zur Erhaltung und Förderung der Gesundheit sowie zur Verhütung von Krankheiten anzusehen, vom 1. 1. 1997 an entfällt. Die Satzungsbestimmungen über M. bedürfen der Genehmigung der für die staatliche Aufsicht über die Krankenkassen zuständigen Behörde (Aufsichtsbehörde), § 34 Abs. 1 SGB IV.

Ernst Picard

Meinungsforschung → Demoskopie

Meinungsführer spielten insbes. bei der Aufnahme und Verarbeitung von neuem Wissen, der Bildung von neuen Urteilen und der Schaffung neuer Prägungen eine Rolle. M. nehmen Gruppen und einzelnen dort, wo Interpretationsschwierigkeiten bestehen, die Unsicherheit durch ihr i. d. R. höheres gruppenrelevantes Wissen. Dabei sind M. zumeist auf einen begrenzten Interessenkreis und den vorgegebenen Rahmen ihres Kommunikationsbereichs bezogen. Kontakte mit M. sind auch im Bereich der → sozialen Arbeit besonders dort wichtig, wo neue Sachverhalte nicht nur präsentiert und über sie nicht nur informiert werden soll, sondern Interpretation und Adaption angestrebt wird. M. sorgen durch Kommentierung sowie Aufklärung über Hintergründe und Zusammenhänge für die Zuordnung von neuen Sachverhalten in ein Weltbild oder einen Erfahrungsschatz, wobei sie diese beiden mit durch ihre »Meinung« verändern können. M. müssen in diesem Sinne herausragen durch fachliche Kompetenz sowie Normen- und Wertewissen.
Lit. Aufermann: Kommunikation; Eurich: Meinungsführer; Langenbucher: Politik.

Joachim Peter

Meldepflicht für Behinderte Eine allgemeine namentliche M. für → Behinderte gibt es in der Bundesrepublik Deutschland nicht. In der Abwägung zwischen dem Schutz personenbezogener Daten (→ Datenschutz) und ärztlicher → Schweigepflicht einerseits und dem Bestreben nach Früherfassung und → Frühförderung durch namentliche Meldung an eine Behörde andererseits sind bisher nur fragwürdige Kompromisse erzielt worden. Vom mündigen Bürger wird erwartet, daß er sich der gebotenen öffentlichen und privaten Hilfe aus eigenem Antrieb bedient und einer staatlichen Erfassung nicht bedarf.
Nach § 124 → Bundessozialhilfegesetz (BSHG) haben Eltern und Vormünder ihrer Personensorge anvertraute Personen dem Gesundheitsamt oder einem → Arzt zur Beratung (→ Behindertenberatung) über Eingliederungsmaßnahmen persönlich vorzustellen. Kommen die Personensorgeberechtigten auch nach wiederholtem Hinweis dieser Pflicht nicht nach, sind Hebammen, Medizinalpersonen außer Ärzten, Lehrer, → Sozialarbeiter, → Jugendleiterinnen, Kindergärtnerinnen und Heimerzieher (→ Erzieher/-in) zur namentlichen Meldung des Behinderten gegenüber dem Gesundheitsamt verpflichtet.
Volljährigen behinderten Personen oder den für sie bestellten Betreuern haben die genannten »Wohlfahrtspfleger« eine Beratung durch Arzt oder → Gesundheitsamt anzuraten. Eine Meldung (»Benachrichtigung«) ist nur zulässig bei ausdrücklicher Zustimmung der Betroffenen oder ihrer Betreuer.
Um die öffentliche → Planung in der erforderlichen Einrichtung zur Eingliederung zu erleichtern und die wissenschaftliche Auswertung des Auftretens von Behinderungen zu ermöglichen, werden Ärzte in § 125 BSHG verpflichtet, die ihnen bekanntwerdenden Behinderungen und wesentliche Angaben zur Person des Behinderten alsbald dem Gesundheitsamt mitzuteilen. Dabei sind jedoch die Namen der Behinderten und der Personenberechtigten nicht anzugeben. Läßt ein Personensorgeberechtigter trotz wiederholter Aufforderung durch den Arzt die zur Eingliederung erforderlichen Maßnahmen nicht durchführen oder nachlässigt er sie, so ist der Arzt zur Benachrichtigung des Gesundheitsamtes mit Namensangaben verpflichtet. Werden sonstige (nicht ärztliche) Eingliederungsmaßnahmen nicht durchgeführt oder vernachlässigt, darf der Arzt das Gesundheitsamt benachrichtigen.
Das Fünfte Buch des → Sozialgesetzbuchs – Gesetzliche Krankenversicherung – verpflichtet in § 92 SGB V die Bundesverbände der → Krankenkassen und die Kassenärztlichen Bundesvereinigungen, in Verträgen zu regeln, bei welchen Behinderungen, unter welchen Voraussetzungen und nach welchen Verfahren zur frühzeitigen Einleitung von Rehabilitationsmaßnahmen die Ärzte die Krankenkassen über die Behinderungen von Versicherten zu unterrichten haben. Dem ist entsprochen mit den Richtlinien des Bundesausschusses der Ärzte und Krankenkassen (Rehabilitationsrichtlinien) über Verträge nach § 368s → Reichs-

versicherungsordnung (RVO) vom 17. 12. 1975 (BAnz. 1976 Nr. 55). Nach Ablösung der RVO durch das SGB V sind diese Verträge auf einen Beschluß des Bundesausschusses zu § 92 SGB V vom 12. 1. 1989 weiter anzuwenden.
Festzustellen bleibt, daß trotz der verschiedenen gesetzlichen Meldepflichten die Anzahl von Meldungen über Behinderungen in der Praxis sehr gering ist.

Christoph Nachtigäller

Meldepflichtige Krankheiten Die Verpflichtung zur Meldung einer bestimmten Krankheit kann aus sehr unterschiedlichen Gründen teils gesetzlich festgelegt, teils aber auch nur freiwillig vereinbart sein. Auch ist bei diesen Anlässen für eine Meldepflicht zu trennen zwischen der für die Allgemeinheit entstehenden Gefahr, z.B. im → Bundes-Seuchengesetz (BSeuchG) i.d.F. vom 18. 12. 1979 (BGBl. I S. 2262), von einer evtl. Gefährdung des Individuums, z.B. im → Bundessozialhilfegesetz (BSHG). Ebenso kennt man die anonyme Meldung für statistische Zwecke und die personenbezogene Meldung zur Einleitung gezielter evtl. seuchenhygienischer Maßnahmen.
Von der Bedeutung der sich daraus ergebenden Konsequenzen steht im Vordergrund die in § 3 BSeuchG festgelegte Meldepflicht. Hierbei sind neben Familienangehörigen insbes. Ärzte und evtl. Pflegepersonal zu einer umfassenden Meldung und weiteren Auskunft über persönliche Daten der Erkrankten, seines Berufes usw. verpflichtet, die dem → Gesundheitsamt die unverzügliche Einleitung der erforderlichen Abwehrmaßnahmen ermöglichen.
Man unterscheidet zwischen der Gruppe der »gemeingefährlichen« oder sich rasch verbreitenden Erkrankungen, bei der die Meldung nicht nur der Erkrankung oder des eingetretenen Todes, sondern auch bereits des Verdachts der Erkrankung zu erstatten ist, z.B. Cholera, Lepra, Pocken, Tuberkulose, Typhus, hämorrhagisches Fieber, gegenüber anderen Gruppen, deren Verlaufsformen weder an sofortiges Eingreifen notwendig machen noch ggf. aus medizinischen Gründen erlauben. In diesen Fällen beschränkt sich die Meldepflicht auf die Erkrankung oder den eingetretenen Tod, z.B. Diphterie, Meningitis, Virushepatitis, Tetanus und bei angeborenen Infektionen wie Cytomegalie, Lues oder Rötelnembryopathie. Lediglich der Tod an z.B. Virusgrippe, Keuchhusten, Masern und Scharlach ist zu melden, oder nur die Ausscheidung bestimmter Krankheitserreger. Ebenso sind nach § 8 dieses Gesetzes bestimmte Erkrankungen dann zu melden, wenn sie in Krankenhäusern gehäuft auftreten.
Besondere Vorschriften für Schulen und sonstige Gemeinschaftseinrichtungen erweitern in § 45 BSeuchG diese Meldepflicht wegen der sich daraus ergebenden seuchenhygienischen Konsequenzen auf Krankheiten, die vorwiegend unter Kindern verbreitet sind. Tierische Schädlinge i.S.d. § 13 gewinnen dabei an Bedeutung.
Das Gesetz zur Bekämpfung der → Geschlechtskrankheiten sieht neben der anonymen Meldung für statistische Zwecke dann eine personenbezogene Meldung durch den behandelnden Arzt an das Gesundheitsamt vor, wenn anders z.B. die Behandlung nicht ordnungsgemäß ausgeführt oder die Ansteckungsquelle nicht ermittelt werden kann. Weiterhin besteht diese namentliche Meldepflicht, sofern der Kranke minderjährig ist und sittlich gefährdet erscheint. Entsprechend kennt das BSHG in § 125 eine vergleichbare Meldepflicht für Behinderung oder drohende Behinderung (→ Meldepflicht für Behinderte). Auch dort hat die namentliche Meldung an das Gesundheitsamt den Zweck, die rechtzeitige Behandlung oder Einleitung von Rehabilitationsmaßnahmen zu sichern. Eine freiwillig vereinbarte oder durch spezielle Verordnungen geregelte Meldepflicht besteht teilweise regional, z.B. bei den Krebsregistern, die hauptsächlich wissenschaftlichen Zwecken dienen.
Lit. Bundesrat: Entwurf 4. Gesetz BSeuchG.

Margarete Peters

Menschenrechte Rechte des einzelnen Menschen gegenüber der Hoheitsgewalt, die ihm von Natur aus, im Wesen des Menschen und seiner Würde (→ Menschenwürde) begründet und deshalb unverletzlich und unveräußerlich, zustehen sollen. Die M. werden wegen ihrer überpositiven, naturrechtlichen Grundlegung unabhängig von staatlicher Anerkennung oder Gewährleistung als geltend angesehen. Insofern sind sie auch in Verfassungsstaaten mit → Grundrechten die vorpositive Grundlage derselben. Innerstaatlich werden als M. auch diejenigen im → Grundgesetz enthaltenen Grundrechte bezeichnet, die allen Menschen, »jedermann«, zustehen und die nicht nur als Bürgerrechte allen Deutschen gewährleistet sind.
M. sind zuerst in der Virginia Bill of Rights von 1776, in der amerikanischen Bundesverfassung von 1789 erst als Zusatzartikel von 1790 und in der französischen Erklärung der Menschen- und Bürgerrechte von 1789 positivrechtlich verbürgt worden. Sie haben in die deutschen Verfassungen des Konstitutionalismus und als »Grundrechte« in die Frankfurter Reichsverfassung von 1848 sowie in die Weimarer Reichsverfassung von 1919 Eingang gefunden. Erst in dieser wurde die Gleichberechtigung der Frauen garantiert. Im Grundgesetz steht die Gewährleistung von Grundrechten unter der Verpflichtung aller staatlichen Gewalt, die unantastbare Würde des Menschen zu achten und zu schützen und unter dem Be-

kenntnis zu unverletzlichen und unveräußerlichen M. Das sind Aussagen im Sinne der Idee der M.

Auf internationaler Ebene haben M. zunächst lediglich grundsätzliche Anerkennung in der Form unverbindlicher Erklärungen gefunden (Allgemeine Erklärung der Menschenrechte der Vereinten Nationen von 1948). Später haben sich Staaten dazu verpflichtet, M. in ihrem Hoheitsgebiet zu gewährleisten (Europäische Konvention zum Schutze der Menschenrechte und Grundfreiheiten von 1950 mit den Zusatzprotokollen von 1952 und 1963, Internationale Pakte über bürgerliche und politische Rechte und über wirtschaftliche, soziale und kulturelle Rechte von 1966). Diese Verträge sehen – in unterschiedlichem Maße – Institutionen und Verfahren der Sicherung der M. vor. Die Themen einer gerechten Verteilung von Gütern – des »gemeinsamen Erbes der Menschheit« – zwischen Völkern und des Rechts von Völkern der Dritten Welt auf Entwicklung werden in jüngster Zeit als solche von »Menschenrechten der dritten Generation« (neben den Abwehr- und politischen Mitwirkungsrechten als solchen der ersten und sozialen Grundrechten als solchen der zweiten Generation) diskutiert.

Lit. Brugger: Menschenrechte; Denninger: Verhältnis; Hofmann, H.: Menschenrechtliche Autonomieansprüche; Kirchhof: Menschenrechte; Schwartländer: Menschenrechte und Demokratie; s. a. die Lit.-Hinweise bei → Grundrechte. *Ingwer Ebsen*

Menschenwürde »Das Grundgesetz sieht die freie menschliche Persönlichkeit und ihre Würde als höchsten Rechtswert an« (BVerfGE 12, 53). Die M. gehört »zu den tragenden Konstitutionsprinzipien« (BVerfGE 6, 36). Um Verletzungen der M. wie im Nationalsozialismus künftig zu verhindern, hat das → Grundgesetz (GG) die »Würde des Menschen« an die Spitze gestellt, für »unantastbar« erklärt (vgl. auch Art. 79 Abs. 3 GG) und die staatliche Gewalt verpflichtet, sie »zu achten und zu schützen« (Art. 1 Abs. 1 GG). Obwohl es nicht möglich ist, das vielfältig verwendbare Wort M. für alle akzeptabel zu definieren und daraus konkrete Rechtsfolgen abzuleiten, ist es von großer praktischer Bedeutung. Es vermittelt die in unserem Kulturkreis gewachsenen und mehr oder weniger stillschweigend vermittelten Überzeugungen vor allem darüber, was mit dem Menschen nicht geschehen dürfte, ohne ihn in unerträglicher Weise zu erniedrigen. Den Schutz vor solchen Verletzungen der M. garantieren primär die → Grundrechte (vgl. Art. 1 Abs. 2 und 3 GG). Das Prinzip der M. soll bei der → Auslegung der Grundrechte und ihrer Schranken als Richtschnur dienen sowie Gefährdungen der menschlichen Integrität dort abfangen, wo die Grundrechte sich aufgrund ihrer sprachlichen Fassung aus dem 19. Jh. als unzureichend erweisen.

Letzteres ist vor allem da zu befürchten, wo die wissenschaftlich-technische Entwicklung neue Eingriffe erlaubt (Abhörmöglichkeiten, Datensammlungen [→ Datenschutz]), Lügendetektoren, → Psychopharmaka, Narkoanalyse, Organtransplantation, künstliche Insemination, gentechnische Eingriffe, Embryonenforschung, Verletzungen der Intimsphäre durch die → Medien und die Werbung, maschinelle Überwachung am Arbeitsplatz usw.). Daneben liegt der Grundsatz der M. der gesamten → Sozialarbeit als Zielvorstellung zugrunde. § 1 Abs. 2 → Bundessozialhilfegesetz (BSHG) bezeichnet es als Aufgabe der → Sozialhilfe, »dem Empfänger der Hilfe die Führung eines Lebens zu ermöglichen, das der Würde des Menschen entspricht« (s. a. § 9 Sozialgesetzbuch – Allgemeiner Teil –). Die Sozialhilfe soll die Hilfsbedürftigkeit beseitigen, deren Fortbestehen die M. verletzen würde.

Da Art. 1 Abs. 1 GG unmittelbar anwendbar ist, gilt das Ziel menschenwürdiger Existenz in gleicher Weise für die → Gemeinwesenarbeit, → Jugendhilfe, Behindertenarbeit, Ausländerhilfe, Strafvollzugsarbeit und andere Felder der Sozialarbeit.

Lit. Dürig: Menschenwürde; Maihofer: Rechtsstaat; Maunz u. a.: GG (Komm.); Wertenbruch: GG. *Michael Stolleis*

Mental Health → Psychosoziale Gesundheit

Messung Um Informationen über Gegenstände oder soziale Prozesse statistischen Operationen unterwerfen zu können (→ Statistik), müssen sie gemessen, d. h. quantifiziert werden. M. bedeutet also Transformation qualitativer in quantitative Daten. Empirische Sachverhalte werden in Zahlen und Symbolen abgebildet. Einfachstes Beispiel ist die Bezeichnung der beiden Ausprägungen des Merkmals »Geschlecht«, »männlich« und »weiblich«, mit den Zahlensymbolen »0« und »1«. Mit dieser Umformung ist jedoch noch keine Entscheidung über mögliche mathematische Operationen innerhalb des Zahlensystems getroffen (z. B. Auszählung, d. h. Addition der unter die beiden Ausprägungen subsumierbaren »Fälle«). Die Abbildung empirischer Beziehungen in numerische Relationen mit dem Ziel statistischer Verarbeitung muß vom Objektbereich (dem zu messenden Ausschnitt empirischer Realität) zulässig sein, d. h., damit die mathematischen Operationen Sinn in Begriffen der empirischen Realität haben, müssen die ihnen zugrundeliegenden logischen Regeln im Objektbereich ebenfalls erfüllt sein. So wird z. B. bei der Einstellungsm. (→ Attitüde) mit Hilfe eines Polaritätsprofils (→ Skalen) eine Person gebeten, Begriffe (»Jugend«,

»Alter« etc.) in Gegensatzpaaren (hart-weich, heiß-kalt) zu beurteilen, wobei die Meinung graduell abgestuft werden soll. Ihre Einstellung gegenüber diesem Begriff ergibt sich dann aus der mathematischen Zusammenfassung der pro Gegensatzpaar erzielten Werte. Dieses Verfahren basiert auf der Annahme, die graduellen Abstände zwischen den Beurteilungsmöglichkeiten würden von dem Befragten als gleich wahrgenommen. Nur wenn diese Annahme sich empirisch überprüfbar als richtig erweist, dürfte eine Einstellungsm. vorgenommen werden, denn nur dann ist die logische Struktur der M. (die Gleichheit der Intervalle vorausgesetzt) mit der Struktur des Objektbereichs deckungsgleich.

Ist die logische Zuordnung zwischen qualitativen Ausprägungen und Zahlensymbolen aus der Eigenschaftsstruktur der Objekte des Meßbereichs nicht gewährleistet, besteht die Gefahr, daß ein vorgegebenes Meßsystem der Realität übergestülpt wird, ohne daß der empirische Sinn dieses Verfahrens noch hinterfragt wurde (Cicourel). Mit der Implementation betriebswirtschaftlicher Steuerungsinstrumente (→ Controlling) wird die Frage der Meßbarkeit qualitativer Sachverhalte (z. B. interaktiver Prozesse) über den methodischen Bereich hinaus zum Gegenstand fach(politischer) Diskussionen.

Lit. Cicourel: Methode; Ritsert u. a.: Grundzüge; Scheuch: Sozialforschung. *Claus Reis*

Metakommunikation bedeutet wörtlich »Kommunikation über Kommunikation« und ist ein zentraler Begriff der neueren Kommunikationsforschung (→ Kommunikation). M. findet unbeabsichtigt ständig statt (implizite M.), weil jede sprachliche Botschaft von nonverbalen Signalen (Tonfall, Mimik, Gestik u. ä.) begleitet ist. Dadurch wird eine »Verstehensanweisung« mitgeliefert, wie eine Botschaft aufzufassen ist.

Im Unterschied dazu versteht man unter expliziter M. den absichtlichen Wunsch, über einen abgelaufenen Kommunikationsprozeß und die Wirkungen, die er bei den jeweiligen Gesprächspartnern ausgelöst hat, in einen Austausch zu treten. Dadurch können Mißverständnisse aufgedeckt, unterschiedliche Sichtweisen verstehbar gemacht und Kommunikationsstile, die ansonsten eine dauernde Konfliktursache darstellen würden, verändert werden oder – umfassender formuliert – die Art der Beziehung zueinander geklärt werden. Ein Beispiel für explizite M. ist das → Feedback.
Wilfried Reifarth

Metalog → Systemischer Ansatz

Methoden der Sozialarbeit Der M.begriff wird in der Sozialarbeit (→ Sozialarbeit/Sozialpädagogik) für unterschiedliche Sachverhalte verwendet.

1. Mit M. wird erstens ein systematisches Vorgehen zur Lösung von Problemen mit den allgemein anerkannten Verfahrensschritten: Situationsanalyse, Zielklärung (→ Ziele in der sozialen Arbeit), Handlungsplan, Veränderungsmaßnahmen und Auswertung (→ Evaluation) bezeichnet.

In einem zweiten Sinn werden umfassende Handlungskonzepte, z. B. Gesprächspsychotherapie, als M. benannt. Im Zuge der Kritik an den »klassischen« M. wurden solche als »wissenschaftliche M.« in der Sozialarbeit eingeführt (u. a. Hege, Brack, Possehl). In der neueren Fachliteratur ist von »M. der Sozialarbeit« die Rede, und gemeint ist auch hier eine Methodenlehre (u. a. Groddeck/Schumann, Lüssi). Hier liegt ein Mangel an Differenzierung zwischen allgemeiner und spezieller → Handlungstheorie (HT) vor. Gesprächspsychotherapie z. B. ist ein zusammenhängendes Aussagensystem, also eine »HT«, aber nicht im Sinne allgemeiner Regeln zur Erzeugung von Handlungswissen, sondern im Sinne einer, und damit speziellen »HT« unter anderen. Sie gilt für einen bestimmten Wirklichkeitsausschnitt und behandelt die dort spezifischen Probleme, Ziele und Verfahren.

In einer dritten, für die Sozialarbeit spezifischen Bedeutung werden → Einzel(fall)hilfe, → Gruppen-, → Familien- und → Gemeinwesenarbeit bzw. -beratung als Methoden bezeichnet. Diese unpräzise Bedeutung des M.begriffs wurde in der europäischen Sozialarbeit unter dem Einfluß des »Social Work« eingeführt, weil in den USA früher »Casework«, »Groupwork«, »Community Organization« als die »drei klassischen M.« bezeichnet und in separaten Ausbildungen gelehrt wurden (→ Geschichte der Sozialarbeit). Die »Working Definition« (National Association of Social Workers [NASW], USA) von 1958 ist ein frühes, offizielles Dokument, das von dieser Auffassung abweicht und festhält, daß »M. eine systematische Vorgehensweise« sei, die »Beobachtung und Einschätzung sowie Formulierung eines Aktionsplanes als Grundlage für das professionelle ... Handeln« beinhalte, »... und sowohl für Einzelhilfe, soziale Gruppenarbeit als auch Gemeinwesenarbeit« gelte (Bartlett). Die »Working Definition« löste eine intensive Diskussion um die Bedeutung des Begriffs M. aus. Es handle sich nicht um Vorgehensweisen, sondern um einen vagen, werthaltigen »approach«. Die tätigkeitsgerichteten Begriffe »techniques« und »intervention« eigneten sich besser. 1975 schreibt Sipron, M. werde »mit einer Arbeitsform (›setting‹) verwechselt«. Er verwendet die Begriffe »strategy«, »procedures«, »techniques« und reserviert M. für bestimmte »modes« (= »Ansatz«). Tatsächlich werden hier Systemebenen als M. benannt: in der Einzelhilfe das Individuum in seiner biologisch-psychischen Verfassung unter sekundärem Einbezug der persönlichen, sozialen und physischen Umwelt; in der Gruppenberatung das soziale System und sekundär die biologisch-psychischen Eigenschaften der Gruppenmitglieder. Bereits in der Gemeinwesenberatung, aber noch viel deutlicher in der → Organisationsentwicklung verschiebt sich der Gegenstand zum sozio-kulturellen Niveau. Infolge der genannten historischen Faktoren wurden voneinander unabhängige und jeweils spezielle »HT« für jedes Interventionsniveau entwickelt und als M. deklariert. Spezifisch ist nicht die M., sondern die Organisationsform, in der die Beratung stattfindet. Die Eigenschaften dieser verschiedenen Settings sind bis heute zu wenig präzise analysiert worden (Specht/Vickery als seltener Versuch), darum fehlt auch die Herausarbeitung der für eine bestimmte Organisationsform spezifischen bzw. unspezifischen Verfahren.

Hier schließt sich die vierte Bedeutung an, mit der einzelne, klar eingrenzbare Verfahren (»Techniken«) als M. benannt werden: z. B. »Stützen« oder »Zirkuläres Fragen«. Possehl verwendet den Begriff in diesem Sinn für sozialarbeitsspezifische »Handlungsm.« und benennt u. a. »Finanzielle Ansprüche prüfen und Unterstützung erwirken«. Während in der zweiten Bedeutung ein viel allgemeineres Verständnis von M., nämlich Verfahren im Sinne einer speziellen Interventionstheorie (»Ansatz«) gemeint ist, steht M. hier für spezifischere, kleinere Denk- oder Handlungsroutinen, die als Teilmengen in einer Interventionstheorie enthalten sind. In beiden Fällen handelt es sich um Verfahrens- oder Vorgehensweisen, aber jeweils mit unterschiedlichem Allgemeinheitsgrad, und es ist eine Frage der terminologischen Übereinkunft, welcher der beiden Fälle mit dem Begriff M. belegt werden soll.

Die verschiedenartigen Bedeutungen des Begriffs M. zeigen die mangelhafte begriffliche Präzision, die die Weiterentwicklung des agogischen Instrumentariums behindert. Nur am Rande sei vermerkt, daß das Problem nicht nur in der Sozialarbeit besteht: Schulze hat für die Pädagogik (→ Erziehungswissenschaft) mindestens acht verschiedene Bedeutungen von M. nachgewiesen, die »eine Vielfalt von Erscheinungen sehr unterschiedlicher Art und Größenordnung« umfassen (vgl. Schulze).

2. Klärungsversuch:
2.1 Eine M. ist ein Verfahren zur Lösung eines Problems. Die Probleme können entweder kognitiver oder praktischer Art sein. Das bekannteste allgemeine Verfahren zur Lösung kognitiver Probleme ist die wissenschaftliche M., deren Ziel die Feststellung von Fakten und Entwicklungen von Theorien sowie von Technologien ist. Ein allgemeines Verfahren zur Lösung praktischer Probleme ist die allgemeine normative HT im Sinne eines Modells des rationalen Handelns. Ihr Anwendungsbereich ist die Entwicklung spezieller normativer HT bzw. spezieller Anwendungen des rationalen Handlungsmodells. Eine allgemeine normative HT ist m. a. W. eine allgemeine M.lehre zur Lösung praktischer Probleme. Im folgenden ist nur noch von dieser zweiten Methodologie die Rede.

2.2 Konstruktionselemente von allgemeinen und normativen HT sind (nach Obrecht) interdependente Formen von Wissen. Danach muß der Akteur einer rationalen Handlung über folgende Konfiguration von Wissensformen in bezug auf eine Handlungssituation verfügen:

a) Beschreibungswissen über die mutmaßlich relevanten Fakten der Handlungssituation, d. h. Antworten auf Was-, Wann-, Wo- und Woher-Fragen.

b) Erklärungswissen zum einen in bezug auf Gesetzmäßigkeiten zwischen Eigenschaften von Dingen (wissenschaftliche bzw. nomologische Theorien) und zum anderen in bezug auf Handlungen von Individuen und deren Folgen (nomopragmatische Theorien). Beide beantworten die Warum-Fragen.

c) Zukunfts- bzw. prognostisches Wissen als besondere Form von Beschreibungswissen: → Fachkräfte bewerten (»Was ist gut-Frage«) nicht nur auf gegenwärtige, sondern vor allem auch antizipierte Zustände (Prognosen: »Wohin-Fragen«). Fällt eine Bewertung negativ aus, so führt dies zur Entwicklung eines Bildes gewünschter zukünftiger Zustände in Form von Zielen (»Woraufhin-Frage«), die durch Wertwissen (Was ist gut-Frage) und Interventionswissen (»Wie-Frage«, vgl. den nächsten Punkt), beruhend auf Erklärungswissen (vgl. b), gesteuert werden.

d) Interventionswissen beantwortet die Frage nach dem »Wie«, und zwar einmal in einem allgemeinen Sinn: 1) welche Handlungs-Regeln lassen sich – via nomopragmatische Gesetzmäßigkeiten – im Hinblick auf Probleme der vorliegenden Art »ableiten«? (spezielle normative HT bzw. Technologie bzw. spezielle Interventionstheorie); 2) wie können solche allgemeinen Regeln in situationsbezogene, zielwirksame Handlungen umgesetzt werden? (Pläne). Handlungspläne sind m. a. W. auf der Grundlage der problembezogenen Interventionsregeln konzipierte Abfolgen von konkreten Handlungen, mit deren Hilfe die aktuelle oder antizipierte unerwünschte Situation in die gewünschte überführt werden soll. Sie sind »Übersetzungen« von allgemeinen Handlungsanweisungen in eine spezifische Situation und das Scharnier zwischen Interventionstheorie (oder Technologie) und praktischem Handeln (Intervention).

2.3 Zu einer HT gehören alle diese Wissensformen. Das Interventionswissen »d«

ist dabei in zweierlei Hinsicht speziell: a) der Gegenstand ist professionsspezifisch; b) ab hier greift die Fachkraft u. a. aktiv ins Geschehen ein, indem Pläne als Veränderungsmaßnahmen umgesetzt werden. Damit kommt eine neue, über das Wissen hinausreichende Dimension, nämlich Fertigkeiten, »Können« dazu.

Was den Plan betrifft, so kann die Handlungsfolge relativ allgemein oder auch sehr detailliert formuliert sein. Meistens wird der Akteur im Vollzug den Detaillierungsgrad erhöhen, d. h. aus relativ globalen Verfahrensvorstellungen werden in einer Art Schlaufenbewegung die Operationen verfeinert bzw. in Subroutinen zerlegt. Entsprechend kleiner werden die gedachten Handlungseinheiten.

Solche einzelnen (umfassenderen oder kleineren) Handlungseinheiten werden entweder für die Problemlösung neu entwickelt (mit Hilfe der technologischen Regeln) oder aber – bei häufigem Vorkommen ähnlicher oder gleicher Situationen – routinisiert: bei Auftreten einer bereits bekannten Problemstellung wird die geeignete Handlungseinheit im »Kurzverfahren« mobilisiert. Solche standardisierten konkreten, erkenn- und lernbaren Handlungsmuster (Tätigkeiten) werden als Techniken bezeichnet. Im Unterschied zu handwerklichen, d. h. aufgrund von Nachahmung gelernten Techniken wird ihre Auswahl hier angeleitet von technologischen Handlungsanweisungen. Beispiele dafür aus der Beratungssituation sind: Gesprächseröffnungstechniken (»Joining«), »Stützen«, »Finanzbedarf abklären«. In der Fachliteratur werden solche Techniken beschrieben und lernbar gemacht. M. a. W., einzelne Operationen werden »normiert« im Sinne einer verallgemeinerten Regel: »Immer wenn Problemsituation X eintritt, dann benutze das Handlungsmuster Y«. Professionelles Handeln (→ Professionalisierung) unterscheidet sich von Alltagshandeln u. a. dadurch, daß die Fachkraft a) in noch unbekannten Problemsituationen mittels technologischer Regeln selber Handlungstechniken entwickeln kann, und b) daß sie normierte Techniken nicht nur handhaben lernt, sondern auch weiß, warum sie diese einsetzt.

Als Konsequenz unseres Klärungsversuchs und in möglichst naher Anlehnung an die in Fachkreisen üblichen Benennungen schlagen wir folgende Klassifikation vor:

3. Vorschlag einer Klassifikation von Verfahren im Rahmen einer normativen HT (Technologie bzw. Methodenlehre)

Außer dem Begriff »M.« sind weitere Bezeichnungen im Umlauf, die die Sachverhalte 1, 2 und 4 meinen: Arbeits-, Vorgehensweisen, Verfahren, Prozeduren, Strategien, Interventionen. Jeder verbindet mit einzelnen dieser Bezeichnungen etwas andere Konnotationen, und dementsprechend fehlt eine anerkannte fachliche Sprachregelung. Voraussetzung für eine solche ist vor allem ein klareres Verständnis der gemeinten Sachverhalte.

4. Zur Kritik an Technologie und Techniken: Diese Terminologie bedarf noch einer

Vorgeschlagene Benennung	Umschreibung
1. Methodologie bzw. Methode (oder allgemeine normative HT)	Allgemein anerkanntes, professionsunspezifisches systematisches Vorgehen zur Lösung praktischer Probleme bzw. zur Erreichung eines praktischen Zieles.
2. Spezielle normative HT oder Technologie (evtl. professionsspezifische M.lehre)	Ein auf nomologischen Theorien basierendes System von Regeln (auch Technologie oder Interventionstheorie) für einen spezifischen Wirklichkeitsbereich (bisher häufig »Schule«, »Ansatz«, »Methode« genannt wie z. B. → Verhaltenstherapie oder → Montessori-Pädagogik), enthaltend ein mehr oder weniger umfangreiches Sortiment von einzelnen Verfahren (Techniken).
3. Handlungsplan	(Mündlich oder schriftlich formulierte) konkrete Abfolge von gedachten Handlungen, bezogen auf eine konkrete, bewertete Situation, die auf ein konkretes Ziel hin verändert bzw. stabil gehalten werden soll und auf technologischem Wissen basiert.
4. Techniken	Relativ klar eingegrenzte Operationen zur gezielten Veränderung bzw. Beibehaltung eines Zustandes im Rahmen eines Handlungsplanes; sie können entweder für neue Problemsituationen aus Regelwissen abgeleitet oder für häufige, relativ gleichartige Situationen als »Routine« gelernt und praktiziert werden. Sie sind eine Teilmenge einer speziellen normativen HT (Methodenlehre).
5. Dienstleistungs-, Organisations- oder Arbeitsform	meint das Setting bzw. das Interventionsniveau, in dem die Beratung stattfindet: Diade (Einzelberatung), Paar/Familie(nberatung), Gemeinwesen(beratung).

Erläuterung, weil sie negativ belegt und ihr darum – zum Schaden der begrifflichen Klarheit – ausgewichen wird.
In der Kritik sind mindestens drei Mißverständnisse angelegt:
4.1 Technologie wurde lange Zeit vor allem im physikalischen Wirklichkeitsbereich entwickelt und darunter die Anordnung von physikalischen Geräten zur Veränderung natürlicher Dinge verstanden, woraus vielfach geschlossen wird, daß der Begriff in den Human- und Sozialwissenschaften unbrauchbar sei, weil »mechanisch« und normenlos. Wissenschaftlich begründete Psychotherapien sind aber ebenso wie Architektur oder Medizin je spezielle normative HT (Technologien). Weil es um Handlungswissen geht, das sich auf wissenschaftliches Erklärungswissen stützt und daraus handlungsleitende Regeln entwickelt werden, unterliegen alle den gleichen allgemeinen methodologischen Grundregeln rationalen Handelns (s. Bunge, Obrecht, Possehl).
4.2 Techniken seien angelernte Fertigkeiten, die nur auf Erfahrung und unreflektiertem Alltagswissen beruhen. Ihr unkritisches Antrainieren sei für zwischenmenschliches Helfen gefährlich. Dem ist einerseits zuzustimmen, aber gleichzeitig entgegenzuhalten, daß die Kritik an dem hier in gebotener Kürze dargelegten Technologie- und Technikbegriff vorbeizielt, weil dieser wissenschaftsgestützt ist.
4.3 Nicht selten verbirgt sich hinter solcher Ablehnung der (unreflektierte) Gegensatz von Geist und Materie, der allerdings einem modernen Menschenbild nicht mehr standhält. Es gibt also keine theoretisch haltbare Begründung für die Ablehnung dieser Terminologie.
5. Zur Weiterentwicklung der Handlungstheorie bzw. der M.: Wir beschränken uns auf zwei Aspekte, die in unserer Thematik angelegt sind.
5.1 Nach ausgiebiger Kritik an der (herkömmlichen) berufseigenen M.lehre und dem als Alternative praktizierten und ebenso wenig hilfreichen Import »wissenschaftlicher« Methoden wird es Zeit, daß die Sozialarbeit eine auf ihren eigenen Gegenstand bezogene normative Handlungstheorie und Technologie (→ Theorien der Sozialarbeit/Sozialpädagogik) erarbeitet. Dazu bedarf es vertiefter Analysen, die sich an der Praxis der Sozialarbeit (→ Praxisforschung, → Evaluation, → Selbstevaluation) orientieren (beispielhaft bei Possehl oder Obrecht). Dabei kann die von Obrecht ausgearbeitete Struktur einer allgemeinen normativen HT wegweisend sein.
5.2 Nachdem sich erwiesen hat, daß der Import spezieller Technologien aus anderen Professionen die Praxis der Sozialarbeit kaum »trifft«, stellt sich die Frage, ob die Sozialarbeit eine HT von A-Z »eigenständig« erfinden muß. Wir meinen, daß die Sozialarbeit vor allem ihren Gegenstand und damit die zu lösenden Probleme bestimmen muß: daran ist die Suche nach geeigneten Verfahren auszurichten. Einige Verfahren(steile) muß die Sozialarbeitswissenschaft anhand von wissenschaftlich gestützten Handlungsregeln selber entwickeln, wozu voraussichtlich die Beratung im Kontext von Erschließung materieller Güter und Dienstleistungen, aber auch die Beratung von mehrfach benachteiligten Menschen (→ soziale Benachteiligung) in chronifizierten Situationen (u. a. aufsuchende und/oder mit rechtlichen Maßnahmen verknüpfte Beratung) gehören. Professionsspezifisch ist vermutlich auch der Einbezug anderer beeinflussender Systeme – neben der Familie (Schule, Arbeitgeber, Wohnungsvermieter) – systemische Sozialarbeit (→ systemischer Ansatz). Ebenso klar ist aber, daß die Beratungssituation in der Sozialarbeit nicht so speziell ist, daß nicht einzelne Techniken aus anderen agogischen Berufen integriert werden könnten. Wir plädieren für die Suche nach geeigneten Techniken, d. h. nach relativ eng gefaßten Operationen, die in die professionsspezifischen HT einzupassen sind, nicht aber nach Technologien (sog. »M.ansätzen«). Ein möglicher Vorwurf des »Eklektizismus« ist nicht stichhaltig, weil die Auswahl nicht beliebig, sondern theoretisch angeleitet ist. Namhafte Autoren teilen unsere Sicht, daß eine »theoriegeleitete und empirisch untermauerte Therapiekombination« zweckmäßig sei, weil die Techniken verschiedener Psychotherapiesysteme teilweise sehr ähnlich, möglicherweise sogar identisch seien (vgl. Bastine, Ford, Garfield, Thorne). Für die Weiterentwicklung der sozialarbeitsspezifischen normativen HT ist dieses Ergebnis bedeutsam, weil es dafür spricht, daß die Sozialarbeit für ihre sehr verschiedene Klientschaft und wenigstens für einen Teil der breiten Palette vorgefundener Problematiken geeignete Techniken aus anderen Disziplinen – nicht nur der Psychotherapie – ins Handlungsrepertoire integrieren kann.

Lit. Bartlett: Sozialarbeit; Bastine: Interventionsstrategien; Brack: Suche; Dewe u. a.: Soziales Handeln; Ford u. a.: Psychotherapie; Garfield: Psychotherapie; Groddeck u. a.: Modernisierung; Hege: Methoden; Lüssi: Sozialarbeit; Obrecht: Wissen; Obrecht: Sozialarbeitswissenschaft; Possehl: Methodenentwicklung; Possehl: Methoden; Siporin: Introduction; Specht u. a.: Methodenintegration; Thorne: Psychotherapie.
Ruth Brack

Miete → Unterkunft

Mieterschutz ist das Ziel einer Reihe von in verschiedenen Gesetzen kodifizierten Regelungen des sozialen Mietrechts (insbes. §§ 535 bis 580a BGB; Gesetz zur Regelung der Miethöhe vom 18. 12. 1974, BGBl. I S. 3603, zuletzt geändert durch Gesetz vom 21. 7. 1993 [BGBl. I S. 1257]). Als Ergänzung zu den materiellen öffentlichen Leistungen wie Wohnungsbau (→ Wohnungsbau, sozialer), → Wohngeld und neben anderen Maßnahmen der → Wohnungssicherung, sehen diese zwingenden, d. h. nicht vertraglich abänderbaren Vorschriften angesichts der existentiellen Bedeutung der Wohnung und der wirtschaftlichen Ungleichheit von Vermieter und Mieter Regelungen zum Schutz des Mieters vor allem bei Kündigungen und Mieterhöhungen vor. Das Recht des Vermieters zur fristlosen Kündigung ist eingeschränkt auf die Fälle eines trotz Abmahnung fortgesetzten vertragswidrigen Gebrauchs der Wohnung, grober schuldhafter Vertragsverletzungen, die die Fortsetzung des Mietverhältnisses unzumutbar machen und des erheblichen Zahlungsverzuges (dieser Kündigungsgrund kann nachträglich beseitigt werden, wenn innerhalb eines Monats nach Erhebung der → Räumungsklage der rückständige Mietzins gezahlt wird oder eine öffentliche Stelle, z. B. das → Sozialamt die Übernahme der Mietschulden bescheinigt – § 554 Abs. 2 Nr. 2 BGB). Eine ordentliche (an Fristen gebundene, vgl. § 565 BGB) Kündigung des Vermieters ist nur wirksam, wenn er ein berechtigtes Interesse an der Beendigung des Mietverhältnisses nachweist. Die Kündigung muß schriftlich erfolgen (sonst nichtig) und die Gründe angeben (sonst keine Berücksichtigung). Als berechtigte Interessen gelten gem. § 564b BGB vor allem: nicht unerhebliche schuldhafte Vertragsverletzungen des Mieters, Eigenbedarf des Vermieters, Verhinderung einer angemessenen wirtschaftlichen Verwertung (noch nicht anzunehmen bei Möglichkeit anderweitiger günstigerer Vermietung oder Umwandlung in Wohnungseigentum). Eine Kündigung zum Zwecke der Mieterhöhung ist gesetzlich ausgeschlossen; außer der Möglichkeit einer Umlegung von Modernisierungskosten sowie Betriebs- und Kapitalkostenerhöhungen ist eine Mieterhöhung (höchstens 30% innerhalb von 3 Jahren und bei bis 1980 fertiggestelltem Wohnraum höchstens 20%, wenn das Mieterhöhungsverlangen vor dem 1. 8. 1998 zugeht und die Kaltmiete bereits über 8 DM/qm liegt; bei Kaltmieten unter 8 DM/qm verbleibt es bei 30%, aber die Anhebung kann höchstens auf 9,60 DM erfolgen) nur bis zur ortsüblichen Vergleichsmiete möglich und bedarf der ggf. gerichtlich einzuklagenden Zustimmung des Mieters. Im Falle einer wirksamen Kündigung hat der Mieter bei Vorliegen von Härtegründen das Recht, bis spätestens 2 Monate vor Beendigung des Mietverhältnisses schriftlich zu widersprechen und für eine angemessene Zeit die Fortsetzung zu verlangen (Sozialklausel, § 556a BGB); als Härtegründe kommen in Betracht: kein angemessener Ersatzwohnraum zu zumutbaren Bedingungen, hohes Alter, Behinderung, schwere Krankheit, Schwierigkeiten für die Kinder etc. Den tatsächlichen Auszug aus der Wohnung kann der Vermieter nur durch Räumungsklage erzwingen.

Lit. Blank: Miete; Sternel: Mietrecht.

Hans-Ulrich Weth

Mietzuschuß → Wohngeld

Migration (lateinisch u. englisch = Wanderung) im Gegensatz zu Immigration (Einwanderung nach vorheriger Emigration und Auswanderung) bezeichnet als Oberbegriff den Wanderungsprozeß von einzelnen und Gruppen über Nationalitätsgrenzen hinweg. Historisch ist M. ein prägendes Element der Weltgeschichte. Nach religiöser Verfolgung im 18. Jh., Bevölkerungsexplosion und Massenelend im Frühkapitalismus im 19. und beginnenden 20. Jh. mußten 60-70 Mio. Europäer ihre Heimatländer verlassen. Auch am Ende des Ersten Weltkrieges standen große Bevölkerungsvermischungen. Zwischen 1934 und 1938 flohen etwa 700 000 Menschen aus Deutschland, davon die Hälfte aus der jüdischen Bevölkerung. Im unmittelbaren Zusammenhang mit dem Zweiten Weltkrieg mußten 40-50 Mio. Menschen ihre Heimat verlassen. Zu Beginn der 60er Jahre führte der erhebliche Arbeitskräftemangel in der schnell expandierenden Wirtschaft der westlichen Industrieländer zur größten innereuropäischen Arbeitsmigration.
M. hat vor dem Hintergrund der fortschreitenden Globalisierung ein Ausmaß erreicht, das sie zu einem prägenden Faktor der heutigen Welt macht. Bei den weltweit geschätzten mindestens 125 Mio. Migranten handelt es sich um Arbeitsmigranten mit gesichertem Rechtsstatus, illegale Arbeitskräfte, Asylbewerber und nach der Genfer Flüchtlingskonvention von 1951 anerkannte Flüchtlinge, zunehmend aber auch um inzwischen auf ca. 30 Mio. geschätzte »Binnenflüchtlinge«, Vertriebene innerhalb der Grenzen ihrer Nation, 1995 allein 1,2 Mio. innerhalb der Grenzen Bosniens/Herzegowinas. Das Flüchtlingshilfswerk der Vereinten Nationen (UNHCA) betreut 27 Mio. Flüchtlinge in mehr als 70 Ländern. In 30 Ländern leben jeweils mehr als 100 000 Flüchtlinge, wobei neben Deutschland, das mehr als die Hälfte der 700 000 vor dem Jugoslawienkrieg nach Westeuropa geflohenen Menschen aufgenommen hat, die Entwicklungs- bzw. Schwellenländer Zaire und Pakistan an der Spitze stehen.
Die Ursachen grenzüberschreitender legaler und illegaler M. sind vielfältig und komplex. Da sie durch Kriege, ökonomische Ungleichgewichte, → Armut und Umweltzerstörung, häufig in der Kombination mit Menschenrechtsverletzungen (→ Men-

schenrechte, → Menschenwürde), begünstigt wird, könnte eine international koordinierte, effiziente Entwicklungspolitik langfristig den Migrationsdruck aus der Dritten Welt reduzieren. Ergebnis der M. sind weltweit und in Europa große Gruppen von Menschen, deren ethnische Herkunft und sozial/kulturell/religiöser Hintergrund anders als der der Mehrheitsgesellschaft ist. Diese Gruppen sind in der Regel marginalisiert, da ihnen aufgrund wirtschaftlicher Nachteile, fehlender Qualifikation und gesicherten Aufenthaltsstatus, fehlender Vertrautheit mit der sozialkulturellen Tradition des Gastlandes und bewußter und unbewußter Diskriminierung die Möglichkeiten fehlen, sich wirksam zu integrieren. Andauernde Marginalisierung ist jedoch eine Quelle sozialer Spannungen und Konflikte in der Gesellschaft.

Deutschland ist spätestens seit dem Anwerbestopp nach der ersten Wirtschaftskrise 1973 und der daraufhin verstärkten Tendenz zur dauerhaften Niederlassung ausländischer Arbeitnehmer aufgrund der Binnenwanderung in der → Europäischen Union und der Zuwanderungen aus Zentral- und Osteuropa faktisch ein Einwanderungsland geworden, obwohl dies von der Politik geleugnet wird. Der Ausländeranteil an der Gesamtbevölkerung in Deutschland ist der drittgrößte in der Europäischen Gemeinschaft mit insgesamt knapp 7 Mio. Ausländer/-innen 1995, wobei allerdings zu beachten ist, daß in den EU-Ländern sehr unterschiedliche Staatsangehörigkeitsregelungen gelten. 28% der Ausländer kommen aus der Türkei, 12% aus dem ehemaligen Jugoslawien und 8% aus Italien. 65% der Türken, Griechen und Portugiesen, 70% der Italiener und 85% der Spanier leben seit mehr als zehn Jahren in Deutschland. Trend ist ein sich abschwächender positiver Wanderungssaldo, der sich zusammensetzt aus zurückgehenden Asylbewerberzahlen (→ Asylberechtigte) und steigenden Zahlen von in Deutschland geborenen Kindern ausländischer Eltern, die aufgrund des geltenden Staatsangehörigkeitsrechts als Ausländer registriert werden müssen. Mehr als 10% aller in Deutschland geborenen Kinder haben ausländische Staatsangehörigkeit, davon fast die Hälfte die türkische, weitere 5% der Kinder entstammen einer deutsch-ausländischen Ehe. Die schulische und berufliche Ausbildung ausländischer, überwiegend bereits in Deutschland geborener Jugendlicher ist noch immer signifikant schlechter als die deutscher, was die berufliche und gesellschaftliche → Integration weiterhin erschwert. Spezielle bildungs- und rechtspolitische Maßnahmen (Reform des Staatsangehörigkeitsrechts) erscheinen dringlich, um die Verfestigung einer sozialen Unter-Schichtung der deutschen Gesellschaft mit allen negativen Konsequenzen zu vermeiden. Außerdem wäre es wichtig, daß die öffentliche Verwaltung und insbesondere die → sozialen Dienste interkulturelle Kompetenz erwerben, um der durch Migrationsprozesse entstandenen ethnisch/religiös/kulturell/sprachlichen Vielfalt ihrer Klientel Rechnung tragen zu können.

Lit. Beauftragte der Bundesregierung: 2. Bericht; Rürup u. a.: Einwanderungspolitik; Statistisches Bundesamt (Hg.): Blickpunkt; Steinert, J. D.: Migration.

Jutta Braun-v. d. Brelie

Mikrozensus wird als eine 1%-Stichprobe der → Bevölkerung Deutschland im Rahmen der Bundesstatistik (→ Statistik) jährlich durchgeführt – und zwar seit 1957 im früheren Bundesgebiet und seit 1991 auch in den neuen Ländern. Ein Teil des Frageprogramms ist identisch mit demjenigen der Arbeitskräftestichprobe der Europäischen Union, die in allen ihren Mitgliedsstaaten durchgeführt wird. Aufgabe des M. ist es, sachlich tief gegliederte Ergebnisse über die Bevölkerungsstruktur, über die wirtschaftliche und soziale Lage der Bevölkerung, der Familien und Haushalte, über Ausbildung und Erwerbstätigkeit, berufliche Gliederung und Wohnverhältnisse bereitzustellen. – Die meisten Merkmale werden jährlich erhoben. Hierzu gehören u. a. Fragen zur Person und zum Erwerbsstatus, nach Besuch von → Kindertageseinrichtungen und Schulen, nach Art und Höhe des Einkommens sowie nach der Zusammensetzung des Haushalts und der Familie. Hinzu kommen Merkmale, die überwiegend nur in vierjährigen Abständen erfragt werden, z. B. eine amtlich anerkannte Behinderung mit Angabe des Grades; Art und Umfang einer → Pflegebedürftigkeit; Leistungen einer → Pflegeversicherung; Dauer von → Krankheiten und Unfallverletzungen sowie Art der Behandlung, → Gesundheitsvorsorge und Krankheitsrisiken. – Ein Teil der Merkmale – insbesondere die letztgenannten – wird nur mit einem Auswahlsatz von 0,5% erhoben.

Dieter Deininger

Milieutherapie 1. Sammelbegriff für Verfahren, die das räumliche und soziale Milieu innerhalb vorwiegend psychiatrischer Institutionen möglichst krankenhaus-unähnlich und kommunikationsfördernd zu gestalten versuchen. Vom Wohncharakter der Zimmer über Dienstleistungsangebote, Gruppenaktivitäten und Kleidung bis zur Strukturierung als »→ therapeutische Gemeinschaft« reichen die einzelnen als M. bezeichneten Änderungen. Als wesentliche Prinzipien, wenn auch nicht jeder Form der M., werden genannt:
Aktive Rehabilitation im Gegensatz zu bloßer Verwahrung; offene Entscheidungsfindung statt hierarchischer Vorschriften; Toleranz und kontinuierliche Anregung zur → Kommunikation der Patienten untereinander ebenso wie des Personals.

Neben der Umgestaltung einzelner Stationen ist die Teamarbeit des Personals (→ Therapeutisches Team) im Vergleich zur traditionellen Leitung durch den Arzt eine wichtige Voraussetzung milieutherapeutischer Ansätze. Inwieweit → Arbeits- und Beschäftigungstherapie oder gesellschaftliche Angebote, Selbsthilfeaktivitäten (z.B. Patientenklubs, → Selbsthilfefirmen) im Vordergrund stehen, bleibt abhängig von den inhaltlichen Vorentscheidungen des Personals oder der Institution.
Lit. Heim, E.: Milieu-Therapie; Strotzka: Psychotherapie. *Peter Barkey*

Milieutherapie 2. M. in der Altenarbeit bedeutet eine Fokussierung auf die Gestaltung der zwischenmenschlichen Beziehungen und der Kommunikation in einem überschaubaren Lebens- und Wohnumfeld. Dabei sind stationäre → Einrichtungen von besonderem Interesse, da sie überschaubare Wohn- und Lebensräume für die betroffenen älteren Menschen bieten. Für das Wohlbefinden älterer Menschen, so zeigen zahlreiche Untersuchungen, ist die Atmosphäre in der zwischenmenschlichen → Interaktion von großer Bedeutung. Die Wohn- und Lebensräume in stationären Einrichtungen sind komplexen und vielfältigen Einflüssen ausgesetzt. Für die Milieugestaltung im stationären Bereich der → Altenhilfe sind typische äußere und innere Merkmale zu nennen. Das Wohnumfeld muß so gestaltet sein, daß eine häusliche Atmosphäre entstehen kann und zugleich müssen Räume bereitgestellt werden, die die Pflege von Kommunikation und Kontakten ermöglichen. Für die innere »unsichtbare« Struktur des Milieus als Lebensraum, in dem verschiedene Menschen miteinander leben und umgehen, ist insbes. der Stil der Kommunikation bedeutsam, der unbedingt von Toleranz und Akzeptanz geprägt sein muß. Das heißt, Meinungen müssen zugelassen und Kontroversen in einer Weise ausgetragen werden, die Demütigung und Bevormundung des Gesprächspartners vermeiden. Der Kommunikationsstil aller Beteiligten muß Transparenz vermitteln, und zudem ist ein gleichberechtigter Dialog, in dem insbes. in Institutionen Mitarbeiter und Bewohner als gleichberechtigte Partner gesehen werden, zu fördern.
Ganz allgemein setzt der milieutherapeutische Ansatz auf eine Kommunikationsstruktur in Institutionen, die gekennzeichnet ist von Transparenz in den Entscheidungsprozessen und Kontroversen und dem Versuch, Konsens zu bilden und im Dialog Lösungen und Kompromisse zu finden – im Gegensatz zu rigiden Normen und Verboten.
Lit. Heim: Milieu-Therapie; Strotzka: Psychotherapie. *Esther Weitzel-Polzer*

Minderheiten Meistens zahlenmäßig kleinere Bevölkerungsgruppen, die sich durch bestimmte Merkmale von dem herrschenden Teil einer → Gesellschaft, der im allgemeinen auch die Bevölkerungsmehrheit ausmacht, unterscheiden. Für diese kann – worauf in aller Regel hingewiesen wird – eine bestimmte ethnische, rassische, religiöse oder sonstige kulturelle Gemeinsamkeit kennzeichnend sein, von der M. ganz oder teilweise abweichen.
M.probleme können dann entstehen, wenn M.gruppen sich von ihrer Umwelt abgrenzen, nur die Eigengruppe als positive → Bezugsgruppe anerkennen, → Anpassung an die Fremdgruppe verweigern und wenn deren Mitglieder eine solche Einstellung (→ Attitüde) negativ bewerten. Folgenreich kann sich überdies auswirken, wenn anpassungswillige M. zurückgewiesen und deren Bemühungen um → Integration erschwert oder sogar im ganzen zurückgewiesen werden.
Wurde und wird über M. und M.probleme im eigentlichen und engeren Sinne meistens i.V.m. demokratischen und nationalen Ideen diskutiert (Anwendungsfall z. B. Südtirol), so umfaßt ein weiterer M.begriff auch die üblicherweise als → Randgruppen bezeichneten Menschen. Dabei können die bisher genannten ethnischen, rassischen und religiösen Merkmale einzeln oder kombiniert auftreten (z. B. Ausländische Arbeitnehmer), müssen dies aber nicht (z. B. viele Obdachlose; → Obdachlosigkeit). Und es kann zahlenmäßig kleinere (z. B. Nichtseßhafte; → Nichtseßhaftigkeit) ebenso wie größere Randgruppen (z. B. → psychisch Kranke) geben.
Sofern ein – wie dies meistens der Fall ist – mehr oder weniger spannungsgeladenes Verhältnis zwischen M. und Bevölkerungsmehrheit besteht, hat dies regelmäßig seinen Grund in einem weitreichenden Geltungsanspruch für die → Normen und Verhaltensweisen des herrschenden Teils der Gesellschaft. Diesem Anspruch zufolge werden die sozialkulturelle → Distanz zu den M. sehr stark betont und die Existenzberechtigung andersartiger Lebensformen entweder überhaupt nicht oder nur begrenzt anerkannt.
Die → sozialen Beziehungen zwischen Mehrheit und M. sind im allgemeinen mit negativen → Vorurteilen behaftet, die in einer nach Ort, Zeit und Anlaß unterschiedlichen Art und Weise mit → Diskriminierung einhergehen. Diese wiederum kann von versteckter oder offener Benachteiligung bis hin zur physischen Vernichtung einzelner oder mehrerer Menschen reichen.
Lit. Bellebaum: Abweichendes Verhalten; Francis: Minderheiten; Hofstätter: Sozialpsychologie; Markefka: Vorurteile.
Alfred Bellebaum

Minderjährigkeit Mit dem Begriff sind alle heranwachsenden jungen Menschen vor Eintritt der → Volljährigkeit (18. Lebens-

jahr) in ihrem gesamten Lebenszusammenhang umfaßt (→ Kindesalter, → Jugendalter). M. ist hauptsächlich als zentraler Koordinationsbegriff in der Rechtsordnung zu verstehen, durch den die Gebiete des Privatrechts (z. B. des Vertragsrechts, des → Familienrechts, des → Erbrechts, des internationalen Privatrechts) und des → öffentlichen Rechts (z. B. des → Kinder- und Jugendhilfegesetzes [KJHG – SGB VIII], des → Jugendschutzes u. a.) aufeinander bezogen sind. Zu den grundlegenden Dimensionen einer prozeßhaften Betrachtung von M. gehören ein gestuftes Heranführen an »soziale Reife« und »Mündigkeit« als Ausdruck der Selbständigkeit mit entsprechendem Zurücknehmen von Fremdbestimmungen im Rahmen der Erziehungsverantwortung durch die Personensorgeberechtigten sowie des Netzes der Jugendschutzbestimmungen. Den pädagogischen Prinzipien des »Führens und Wachsenlassens« bzw. der Erziehung zur Selbständigkeit entspricht in der Rechtsordnung eine allmähliche Verlagerung der Erziehungsverantwortung auf Eigenverantwortung des heranwachsenden Minderjährigen entsprechend bestimmten → Altersstufen. Diese grundlegenden Dimensionen sind auch eine Orientierung für die Definition des Umfangs der Erziehungsverantwortung im Rahmen der → Personensorge, insbes. für die inhaltliche Bestimmung z. B. der → Aufsichtspflicht und des Rechts der Aufenthaltsbestimmung über Minderjährige. Neben diesem gestuften Aufbau von Teilmündigkeiten spielt vor allem der Schutzgedanke in der Rechtsordnung eine bedeutende Rolle. Zur Ausgestaltung dieses Schutzaspektes vgl. → Altersstufen.
Nach dem → Haager Minderjährigenschutzabkommen (für die Bundesrepublik in Kraft seit dem 17. 9. 1971, BGBl. II S. 1150) ist das Recht des gewöhnlichen → Aufenthalts des Minderjährigen maßgebend, so daß auch ausländische Minderjährige den Schutz der Rechtsordnung der Bundesrepublik genießen (§ 6 Abs. 2 und 4 Kinder- und Jugendhilfegesetz [KJHG – SGB VIII]). Eine weitere Verbesserung für ausländische Minderjährige wird von der »UN-Übereinkunft über die Rechte des Kindes« vom 20. 11. 1989 nach deren Ratifizierung durch die BRD erwartet. Gemäß Art. 2 dieser Übereinkunft können dann die bestehenden Einschränkungen durch das Aufenthaltsrecht des AuslG und § 6 Abs. 2 KJHG – SGB VIII gemildert werden.
Lit. Belling u. a.: Selbstbestimmungsrecht; Oberloskamp: Vormundschaft; Ramm: Jugendrecht; Roell: Grundrechte; Steindorff: Kindeswohl; s. a.: → Altersstufen im Recht.
Jost Bauer

Minderwertigkeitskomplex Die Herkunft des Begriffes ist unklar, wird jedoch überwiegend dem Begründer der → Individualpsychologie Adler zugeschrieben. Dieser verwendet auch den Begriff des Minderwertigkeitsgefühls (→ Insuffizienz) und geht davon aus, daß zunächst jeder Mensch Minderwertigkeitsgefühle haben muß. Dreikurs unterscheidet
– die biologische Minderwertigkeit, bedingt durch die Beschränkungen, die die Natur uns auferlegt;
– die soziale Minderwertigkeit, davon ausgehend, daß der junge Mensch des besonderen Schutzes und der Zuwendung bedarf;
– die kosmische Minderwertigkeit, bedingt durch die Kleinheit des Menschen in Beziehung zum All.
Das Minderwertigkeitsgefühl ist also eine Meinung, die wir von uns haben. Wir setzen voraus, daß wir anderen unterlegen sind. Tatsächlich entsprechen die Minderwertigkeitsempfindungen keineswegs unseren wirklichen Fähigkeiten.
Wird der Zweifel am eigenen Wert so groß, daß eine → Kompensation nicht mehr möglich ist, wird vom M. gesprochen. Er ist die Bankrotterklärung des Menschen auf verschiedenen Lebensgebieten (Beruf, Familie und Freundschaftsbeziehungen). Der M. stützt sich auf die Überzeugung völliger Unzulänglichkeit. Das Kind oder der Erwachsene geben sich folgerichtig noch schwächer als sie sind. Gezielte Ermutigung wird bei diesem Grad der Aufgabe des einzelnen Menschen nur durch einen Psychotherapeuten zu leisten sein.
Lit. Adler, A.: Charakter; Brunner u. a.: Individualpsychologie; Titze, M.: Frühe Beschämungen.
Dieter Braun

Mindesteinkommen in der EG Die Gemeinschaftscharta der sozialen Grundrechte der Arbeitnehmer vom Dezember 1989 (→ Soziale Grundrechte) gewährleistet allen Personen, die vom → Arbeitsmarkt ausgeschlossen sind, weil sie keinen Zugang dazu fanden oder sich nicht wieder eingliedern konnten, und die nicht über genügend Mittel für ihren Unterhalt verfügen, ausreichende Leistungen und Zuwendungen, die ihrer persönlichen Lage angemessen sind (Ziff. 10); jeder, der das Rentenalter erreicht hat, aber keinen Rentenanspruch besitzt und über keine sonstigen ausreichenden Unterhaltsmittel verfügt, soll ausreichende Zuwendungen, Sozialhilfeleistungen und Sachleistungen bei Krankheit erhalten, die seinen spezifischen Bedürfnissen angemessen sind (Ziff. 21). Wegen des Charakters der Gemeinschaftscharta als politischer Erklärung ohne Rechtsverbindlichkeit ist diese Gewährleistung allerdings lediglich deklaratorischer Natur. Für ihre Umsetzung und die Einräumung entsprechender Rechtsansprüche sind die Mitgliedstaaten zuständig. In acht Mitgliedstaaten (Belgien, Deutschland, Dänemark, Frankreich, Irland, Luxemburg, Niederlande, Vereinigtes Königreich) gibt es bereits

Mindestrente

einen individuellen Rechtsanspruch auf Leistungen, die das soziale → Existenzminimum sichern, entsprechend der → Hilfe zum Lebensunterhalt nach dem → Bundessozialhilfegesetz (BSHG). Hingegen fehlt es an einem solchen Recht in Griechenland, Italien, Portugal und Spanien. (Allerdings gibt es in diesen Ländern z. T. auf lokaler bzw. regionaler Ebene bzw. für bestimmte Personenkreise, z. B. alte Menschen und Behinderte, bereits entsprechende Gewährleistungen.) Der Rat hat am 24. 6. 1992 eine Empfehlung über gemeinsame Kriterien betreffend ausreichende Leistungen und Mittel, die in den Systemen der sozialen Sicherheit vorzusehen sind, verabschiedet (ABl. EG 1992 Nr. L 245/46 vom 26. 8. 1992), wonach alle Mitgliedstaaten einen Rechtsanspruch auf entsprechende Mindestleistungen einräumen sollen. Ferner sollen die Mitgliedstaaten ihre jeweiligen Systeme nach bestimmten gemeinschaftlichen Kriterien ausgestalten, um auf diese Weise dem Ziel eines »sozialen Sockels« in der Gemeinschaft, der Armut und sozialen Ausschluß verhindern soll, näher zu kommen. Die quantitative Bemessung dieser Mindestleistungen wird nach wie vor von den jeweiligen nationalen Gegebenheiten (Einkommensniveau, Lebensstandard, sonstigen Lebensverhältnissen u. a.) abhängig sein. Im Falle des Beitritts mittel- und osteuropäischer Staaten, die sich im Vergleich zu den jetzigen EU-Mitgliedstaaten durch ein sehr viel geringeres Lebensstandardniveau auszeichnen, wird diese Empfehlung aktuelle Bedeutung erlangen.
Lit. Kommission der EG: Kriterien; Schulte, B.: Europa; Schulte, B.: Grundsicherung; Schulte, B.: Mindesteinkommen.
Bernd Schulte

Mindestrente → Rente nach Mindesteinkommen

Miniclub → Eltern-Kind-Gruppe

Mitarbeitergespräch (MAG) ist ein geplantes, strukturiertes, inhaltlich von beiden Beteiligten vorbereitetes und systematisch geführtes Gespräch zwischen Vorgesetztem und Mitarbeiter. Es findet in der Regel verbindlich einmal im Jahr statt. Als wirkungsvolles Instrument der → Personalentwicklung und Mitarbeiterführung stellt das M. die Förderung des Mitarbeiters in den Mittelpunkt. Inhalte des M. sind dementsprechend: 1. Gemeinsame Einschätzung von erzielten Arbeitsergebnissen und gezeigtem Arbeitsverhalten. 2. Betrachtung individueller Schwächen und Stärken. 3. Definition persönlicher und beruflicher Zielsetzungen und Perspektiven, Karrierewünsche, zukünftige Arbeitsschwerpunkte. 4. Festlegung gezielter möglicher Fördermaßnahmen und Bildungsaktivitäten. 5. Zielvereinbarungen für das Folgejahr.

Ein wesentlicher Erfolgsfaktor für das M. ist die sorgfältige Vorbereitung beider Gesprächspartner. Sie wird erleichtert durch Hilfsmittel wie Gesprächsleitfäden, Stellenbeschreibungen, Zielvereinbarungsunterlagen. Über Gesprächsergebnisse und vereinbarte Aktivitäten sollte ein Ergebnisprotokoll oder Maßnahmenplan angefertigt und von beiden Seiten unterzeichnet werden. Bei der Einführung des M. sollte von Beginn an eine breite Beteiligung der Mitarbeiter sichergestellt sein. Die Unterstützung durch externe Berater bei der Entwicklung des Regelwerks und der erforderlichen Schulung der Führungskräfte hat sich als sinnvoll erwiesen. Das M. sollte »top-down« durchgeführt werden und zumindest nach dem ersten Durchlauf evaluiert und verbessert werden. *Friedbert Hanke*

Mitbestimmung i. w. S. ist ein Leitprinzip demokratischer Gesellschaftssysteme. Es hat zum Inhalt, daß Herrschaftsrechte und Leitungsbefugnisse von deren Inhabern nicht einseitig (→ Fremdbestimmung), sondern nur unter Beteiligung der Betroffenen ausgeübt werden. Dieser Grundsatz gilt nicht nur für das Verhältnis zwischen Arbeitgebern und Arbeitnehmern, er erfaßt vielmehr zahlreiche andere gesellschaftliche Bereiche und Institutionen wie z. B. Schulen (→ Elternbeirat), Kirchen, aber auch Anstalten und Heime (→ Heimbeirat). Das → Arbeitsrecht verwirklicht M. auf zwei Ebenen: Im Betrieb räumt das Betriebsverfassungsgesetz (BetrVG) von 1972 der Belegschaft durch das Organ → Betriebsrat die Möglichkeit ein, an Entscheidungen des Arbeitgebers über ihre Arbeitsbedingungen mitzuwirken. Für den öffentlichen Dienst gelten die Personalvertretungsgesetze des Bundes und der Länder (→ Personalrat).
I. e. S. versteht man unter M. die Einbeziehung der Beschäftigten in die wirtschaftlichen Entscheidungsprozesse auf Unternehmensebene: Durch Vertretung im Aufsichtsrat sollen die Arbeitnehmer Einfluß nehmen können auf die gesamte Geschäftspolitik des Unternehmens. Der Aufsichtsrat ernennt den Vorstand, überwacht seine Geschäftsführung und kann sich bestimmte wichtige Entscheidungen selbst vorbehalten. Kernstück der gesetzlichen Regelung ist das Mitbestimmungsgesetz (MitbG) vom 4. 5. 1976. Für Kapitalgesellschaften (d. h. in erster Linie Aktiengesellschaften und GmbHs) mit mehr als 2 000 Arbeitnehmern sieht es die Besetzung des Aufsichtsrats zur Hälfte mit Repräsentanten der Arbeitnehmerseite vor. Mindestens zwei von ihnen werden »extern«, d. h. von den → Gewerkschaften, vorgeschlagen; ein Sitz auf der »Arbeitnehmerbank« ist für die leitenden Angestellten reserviert. Vom MitbG erfaßt werden rund 650 Gesellschaften mit ca. 5 Mio. Beschäftigten.

Die Verabschiedung des MitbG im Bundestag erfolgte zwar fast einmütig, ihr ging jedoch eine langjährige gesellschaftspolitische und juristische Kontroverse mit zahlreichen Modellen und Stellungnahmen von seiten der politischen Parteien, Gewerkschaften und Arbeitgeberverbände voraus. Ihr Schlüsselthema war die Forderung der Gewerkschaften nach »Parität«, d. h. nach völliger Gleichberechtigung von Kapital und Arbeit im Unternehmen. Das MitbG realisiert diese Forderung nicht vollständig (z. B. wegen der Zweitstimme des Aufsichtsratsvorsitzenden, der von der Anteilseignerseite gestellt wird). Die lange umstrittene Vereinbarkeit des MitbG mit dem → Grundgesetz (»Verfassungsmäßigkeit«) hat das → Bundesverfassungsgericht (BVerfG) in seinem Urteil vom 1. 3. 1979 (s. BB 1979/7, Beilage 1979/2) bejaht.
Für Kapitalgesellschaften unter 2 000 Arbeitnehmern gilt nach wie vor die M.regelung des BetrVG von 1952; der Aufsichtsrat besteht dort nur zu einem Drittel aus Vertretern der Beschäftigten. In Unternehmen der Eisen- und Stahlindustrie sowie des Bergbaus mit mehr als 1 000 Arbeitnehmern gilt das Montan-MitbestG von 1951 i.V.m. dem MitbestErgG von 1956, geändert 1994. Das Montan-MitbestG gewährleistet eine nahezu paritätische Besetzung des Aufsichtsrats, verliert aber durch Umstrukturierungen im Montanbereich stark an Bedeutung.
Im Zusammenhang mit dem europäischen Binnenmarkt werden die Arbeitsbeziehungen in multinationalen Unternehmen immer wichtiger, insbesondere auch die Arbeitnehmermitbestimmung, für die es auf EU-Ebene mehrere Regelungsvorschläge gibt (Eser, Europarechtliche Aspekte der Arbeitermitbestimmung in multinationalen Unternehmen, ArbuR 1994, 91).
Lit. Raiser: MitbestG.

Marita Körner-Dammann

Mittelfristige Finanzplanung → Finanzplanung

Mittelwert a) Der Durchschnitt im allgemeinen Sprachgebrauch wird in der → Statistik als M. bezeichnet. Die Summe der Einzelwerte wird durch die Anzahl der Werte dividiert. Beispiel: In einem Betrieb wird nach 4 Lohngruppen (7, 11, 22, 950 DM/Std.) entlohnt. Der M. beträgt nach der Formel

$$\bar{x} = \frac{x_1 + x_2 \ldots x_n}{n} \text{ oder}$$

$$\bar{x} = \sum_{i=1}^{n} x_i : \frac{7 + 11 + 22 + 950}{4} = 247,50.$$

Das heißt, der durchschnittliche Stundensatz beträgt 247,50 DM.
Neben diesem einfachen arithmetischen Mittel gibt es noch weitere M.:

b) Das gewogene arithmetische Mittel berücksichtigt, wie häufig ein Einzelwert vorkommt. Die 4 Lohngruppen verteilen sich auf unterschiedlich viele Arbeitnehmer: 55 mal 7 DM, 44 mal 11 DM, 10 mal 22 DM und 1 mal 950 DM je Stunde. Zur Errechnung des gewogenen M. werden die verschiedenen Ausprägungen (x_i = 4 Lohngruppen) mit ihrer jeweiligen Häufigkeit (n_i) multipliziert, dann addiert und durch die Summe der Häufigkeiten

$$\left(\sum_{i=1}^{n} n_i\right) \text{ dividiert: } \bar{x}g = \frac{\sum_{i=1}^{n} x_i \cdot n_i}{\sum_{i=1}^{n} n_i}$$

$$= \frac{(55 \times 7) + (44 \times 11) + (10 \times 22) + (1 \times 950)}{55 + 44 + 10 + 1} = \frac{2039}{110} = 18,54$$

Der gewogene durchschnittliche Stundensatz beträgt demnach 18,54 DM.
c) Der Median oder Zentralwert dagegen ist ein M., der eine nach der Größe geordnete Reihe in 2 Hälften teilt, die eine enthält nur größere, die andere nur kleinere Werte. Der Median ist der »mittlere Wert«, bei einer ungeraden Zahl von Beobachtungswerten steht er in der Mitte. Sind die Beobachtungswerte eine gerade Zahl, in unserem Beispiel 110 Arbeitnehmer, so liegt der Median zwischen dem 55. und dem 56. bzw. dem arithmetischen Mittel ihres Stundenlohnes, in unserem Fall bei 9 DM ([7 + 11] : 2 = 9).
d) Der einfachste M. ist der Modalwert, der durch das häufigste Vorkommen in der Grundgesamtheit gebildet wird. Er wird leicht von Zufallsfaktoren bestimmt und nimmt auf die Verteilung der Beobachtungswerte keine Rücksicht. In unserem Beispiel ist 7 DM der Modalwert, da er mit 55 Beobachtungen am häufigsten vorkommt.
Die erwähnten M. haben Vorzüge und Nachteile. Das arithmetische Mittel ist verständlich und leicht zu berechnen, mißt jedoch den extremen und oft abnormen Werten zu viel Gewicht bei; dieser Nachteil wird beim gewogenen arithmetischen Mittel vermieden. Der Median scheidet extreme Werte aus, wenn nur die Werte mittlerer Größe berücksichtigt werden, bei unregelmäßiger Verteilung der Werte jedoch ist er schwer bestimmbar. Trotz der leichten Verständlichkeit ist die Feststellung des Modalwertes häufig schwierig.
Lit. Bohley, P.: Statistik; Lippe, P. v. d.: Statistik; Zöfel: Statistik. *Hans-Georg Rasch*

Mitwirkung der Heimbewohner → Heimbeirat

Mitwirkung im Verfahren nach dem Jugendgerichtsgesetz (JGG) / Jugendgerichtshilfe (JGH) JGH ist nach § 8 JGG die Mitwirkung des → Jugendamtes oder des

Trägers der freien → Jugendhilfe in Jugendstrafverfahren; das → Kinder- und Jugendhilfegesetz (KJHG – SGB VIII) spricht hingegen von der »Mitwirkung in Verfahren nach dem JGG« (§ 52 KJHG).
JGH hat ihre Wurzeln im täterorientierten, d. h. spezialpräventiven → Jugendstrafrecht. Als private, vorrangig caritative Tätigkeit erstmals nach 1900 von der »Frankfurter Zentrale für private Fürsorge« praktiziert, entwickelte sie sich von der Angeklagtenhilfe zu institutionalisierter Jugendgerichts- und Jugendlichenhilfe. Bis Anfang der 80er Jahre überwog die Hilfe für das Gericht, sozialpädagogische Aufgaben erschienen nachrangig. JGH war bis dahin fast ausschließlich → Einzel(fall)hilfe.
Angeregt durch die Zunahme lebensweltorientierter Ansätze (→ Lebenswelt) in Theorie und Praxis, die auch durch kriminologische Forschungen zur → Jugendkriminalität unterstützt werden, entwickelte die JGH ein Tätigkeitsprofil, welches die direkte, alltagsgestaltende Hilfe für den jungen Menschen (14 bis unter 21 Jahren) in den Vordergrund stellt. Neue ambulante Maßnahmen nach dem JGG (→ Diversion), wie z. B. soziale Trainingskurse, die Betreuungsweisung oder der → Täter-Opfer-Ausgleich, wurden von der JGH z. T. initiiert, durchgeführt und weiterentwickelt. Mehrfach- und Massivtäter bzw. von U-Haft oder Haft bedrohte junge Menschen sind zunehmend die Hauptadressaten der JGH, da ihnen der Beginn einer kriminellen Karriere droht.
Die sog. »klassische« Aufgabenstellung des »Vertreters der JGH« nach § 38 JGG, d. h. »Persönlichkeitserforschung mit Berichterstattung, Teilnahme an den Hauptverhandlungen, Vollzugshilfe und nachgehende Fürsorge« wurde nach dem 1. JGGÄndG, ergänzt durch eine beschleunigte Berichterstattung bei in Untersuchungshaft befindlichen jungen Menschen, um der Justiz Alternativen zur Haft aufzuzeigen. Zudem können gem. § 38 JGG Jugendgerichtshelfer als → Betreuungshelfer nach § 10 Abs. 1 Ziff. 5 JGG vom Gericht bestellt werden. Das KJHG setzt zusätzliche Akzente, indem es die Eigenständigkeit der Jugendhilfe gegenüber der Justiz deutlich betont und klarmacht, daß diese spezielle Form der Jugendhilfe primär Hilfe für den jungen Menschen in der besonderen Situation der Strafverfolgung bedeutet. Die kriminologische Leitlinie der JGH ist heute die Sichtweise von der generellen Normalität delinquenten Verhaltens junger Menschen.
Somit sind JGH bzw. Jugendhilfe in Strafverfahren:
1. Beratung des jungen Menschen bzgl. seiner Rechte im Strafverfahren, der Jugendhilfe und anderer Leistungen, Vermittlung und Durchführung dieser Hilfen auch zur Vermeidung von Haft oder eines förmlichen Verfahrens (Diversion), Vorbereitung auf die Verhandlung, Einbeziehung der Eltern und Bezugspersonen in die Beratung.
2. Vertretung der Belange der Jugendhilfe bei Staatsanwaltschaft und Gericht, d. h. Darstellung der persönlichen, familiären u. sozialen Gegebenheiten des jungen Menschen unter besonderer Berücksichtigung seiner aktuellen Lebenssituation, Unterbreitung von Jugendhilfe-Leistungen, Beratung der Justizorgane zur Findung angemessener Reaktionen i. S. eines Entscheidungsvorschlages.
3. Koordination der sozialpädagogischen Fachkräfte, die im Jugendstrafverfahren tätig sind. Zu diesem Zweck hat sie verschiedene Beteiligungsrechte im gesamten Verfahren.
Tendenzen gehen dahin, die Jugendhilfe in Strafverfahren sowohl eigenständig als auch verstärkt einzusetzen (z. B. Fragerechte, Anregung von Beweiserhebungen, Zeugnisverweigerungsrecht). Es gibt auch Überlegungen, sie ganz aus dem Justizbereich herauszuziehen und sie i. S. einer Jugendstraffälligenhilfe auf rein pädagogische Funktionen zu beschränken, wobei die »gerichtsorientierten« Tätigkeiten durch Institutionen der Justiz wahrgenommen werden sollen.
In der Literatur, siehe auch die diversen Jugendberichte, wird die Dysfunktionalität der Institution JGH moniert. Nicht die »duale Rolle« der JGH (= Ermittlungshilfe für die Justiz und Hilfe für den jungen Menschen) erscheint dafür verantwortlich, sondern sich gegenseitig beeinflussende Faktoren wie: Erziehung versus Strafe im JGG, gesetzlich bedingte Marginalität der JGH im Verfahren selbst sowie ihre ungenügende strukturelle und personelle Ausstattung durch die Kommunen. Die Aufgaben der JGH an der Schnittstelle von Jugendhilfe und Justiz verlangen effektive Organisationsstrukturen mit regionalem/stadtteilorientiertem Bezug und besonderes Fachwissen. Eine Übertragung der JGH an den ASD (→ Sozialdienst, allgemeiner), ohne zumindest dort als Vertiefungsgebiet oder als Besonderer Sozialer Dienst (BSD) (→ Sozialdienste, besondere) angeboten zu werden, ist wenig geeignet, den jungen Menschen, besonders wenn ihnen eine kriminelle Karriere droht, adäquate Hilfestellung geben zu können. Vertretbare Ansätze zu → Fachlichkeit u. Personalbedarf wurden bereits durch die → »Kommunale Gemeinschaftstelle für Verwaltungsvereinfachung« (KGSt.) in den Berichten Nr. 9/1976 (Spezialisierung von JGH) und Nr. 9/1981 (Personalreform) veröffentlicht, setzten sich ob ihrer Unverbindlichkeit für die Kommunen nur wenig durch. Neuere Veröffentlichungen der KGSt. sehen JGH als Teil regionaler Arbeitsorganisation der Jugendhilfe.
Die Interessenvertretung liegt bei der → »Deutschen Vereinigung für Jugendgerich-

te und Jugendgerichtshilfen e. V.«, (DVJJ), Hannover.
Lit. KGSt.: Jugendgerichtshilfe; Klier u. a.: Jugendgerichtshilfe. *Rudolf Klier*

Mitwirkung in Verfahren vor den Vormundschafts- und den Familiengerichten → Familiengerichtshilfe (FamGH), → Vormundschaftsgerichtshilfe

Mitwirkungspflichten Das Sozialstaatsprinzip beinhaltet für den einzelnen Bürger nicht nur Rechte auf öffentliche Sozialleistungen, sondern auch Pflichten zu sozialem Verhalten. Wer → Rechtsansprüche auf Sozialleistungen in Anspruch nimmt, hat die Pflicht, die für die Gewährung der Leistungen erheblichen Tatsachen anzugeben, und er hat in zumutbarem Umfang dazu beizutragen, daß keine unnötigen oder vermeidbaren Ausgaben entstehen.
Die M. des Sozialleistungsberechtigten sind für alle Sozialleistungsbereiche, für die das → Sozialgesetzbuch (SGB) gilt, in §§ 60–67 SGB I zusammengefaßt. Wer Sozialleistungen beantragt oder erhält, ist danach verpflichtet, alle für die Leistungen erheblichen Tatsachen anzugeben und Änderungen der maßgebenden Verhältnisse unverzüglich mitzuteilen (§ 60 SGB I). Erforderlichenfalls soll der Leistungsberechtigte zur mündlichen Klärung strittiger Fragen beim zuständigen Leistungsträger persönlich erscheinen (§ 61 SGB I). Er soll sich ärztlichen und psychologischen Untersuchungsmaßnahmen unterziehen (§ 62 SGB I). Wer Sozialleistungen wegen → Krankheit oder Behinderung beansprucht, soll sich einer erforderlichen Heilbehandlung unterziehen (§ 63 SGB I). Wer wegen Minderung der Erwerbsfähigkeit oder wegen → Arbeitslosigkeit Sozialleistungen beansprucht, soll an geeigneten berufsfördernden Maßnahmen teilnehmen (§ 64 SGB I).
Den M. nach den §§ 60–64 SGB I sind Grenzen gesetzt (§ 65 SGB I). Es gilt für sie der Grundsatz der → Verhältnismäßigkeit; Näheres hierzu ist in § 65 SGB I bestimmt. So können Behandlungen oder Untersuchungen abgelehnt werden, wenn im Einzelfall ein Schaden für Leben oder → Gesundheit nicht mit hoher Wahrscheinlichkeit ausgeschlossen werden kann, oder wenn sie mit erheblichen Schmerzen verbunden sind oder einen erheblichen Eingriff in die körperliche Unversehrtheit bedeuten (§ 65 Abs. 2 SGB I). Ebenso können Angaben verweigert werden, die den Antragsteller, den Leistungsberechtigten oder ihnen nahestehende Personen (§ 383 Abs. 1 Nr. 1–3 ZPO) der Gefahr strafrechtlicher Verfolgung oder eines Verfahrens nach dem Gesetz über → Ordnungswidrigkeiten aussetzen (§ 65 Abs. 3 SGB I). Wer einem Verlangen des zuständigen Leistungsträgers nach den §§ 61 oder 62 SGB I nachkommt, kann nach Maßgabe des § 65 a SGB I Aufwendungsersatz erhalten.

Die M. nach den §§ 60–64 SGB I können nicht gerichtlich eingeklagt oder erzwungen werden. Der Verpflichtete hat aber die Folgen der unterlassenen Mitwirkung zu tragen. Wird hierdurch die Aufklärung des von Amts wegen zu ermittelnden Sachverhalts erheblich erschwert, kann der → Sozialleistungsträger ohne weitere Ermittlungen die Leistungen bis zur Nachholung der Mitwirkung versagen oder entziehen, soweit die Voraussetzungen der Leistungen nicht nachgewiesen sind. Auf diese Folge ist der Leistungsberechtigte zuvor hinzuweisen. Dabei ist ihm für die Mitwirkung eine angemessene Frist zu setzen (§§ 66 und 67 SGB I). Die Vorschriften der §§ 60–67 SGB I über die M. sind zum Teil eine Übernahme der in unterschiedlichen Formulierungen in den einzelnen Leistungsbereichen bestehenden M.; teilweise sind sie neu.
Lit. Brackmann: Mitwirkung; Burdenski u. a.: SGB (Komm.); Eyermann u. a.: Verwaltungsgerichtsordnung(Komm.); Rosenberg: Beweislast. *Erich Dahlinger*

Mobile Jugendarbeit Im Feld der → Jugendhilfe hat sich die Arbeitsform → Streetwork durch konzeptionelle Erweiterung und praxisbezogene Ausdifferenzierung zur M. J. hin entwickelt. Zu Beginn der 70er Jahre zunächst regional konzentriert auf den baden-württembergischen Raum, hat sich M. J. inzwischen bundesweit insbesondere auch in den neuen Bundesländern (z. B. in Sachsen) etabliert. Die konzeptionellen und arbeitspraktischen Grenzen zu Streetwork sind fließend: Spezifische Schwerpunkte liegen bei M. J. im allgemeinen jedoch auf einer stärker stadtteilorientierten/sozialräumlichen Ausrichtung, auf der Verbindung zwischen lebensweltzentriertem Aufsuchen und einrichtungsgebundener Club-/Freizeitarbeit sowie auf vielerorts nachhaltigen Bemühungen um die Integration von ehrenamtlich tätigen Peers bzw. von Schlüsselpersonen aus dem jeweiligen Gemeinwesen. Mit dem Beschluß der → Bundesarbeitsgemeinschaft der Landesjugendämter und überörtlicher Erziehungsbehörden zu M. J. (1986) als fachlicher Grundlage und dem → Kinder- und Jugendhilfegesetz (KJHG – SGB VIII) als rechtlicher Grundlage (§ 13) steht dieses Handlungskonzept im Gegensatz zu Streetwork in anderen Arbeitsfeldern auf einer relativ abgesicherten Basis. *Werner Steffan*

Mobilität In den Sozialwissenschaften die Bewegung von Personen aus einer gesellschaftlichen Position in eine andere innerhalb der nach bestimmten Merkmalen gegliederten → Gesellschaft. I. d. R. wird soziale M. als Veränderung der sozialen Lage, als Bewegung zwischen sozialen Positionen mit verschiedenem gesellschaftlichem Ansehen oder als räumliche oder regionale M.

(→ Migration) untersucht. Das vorrangige Forschungsinteresse an Prozessen sozialen Auf- und Abstiegs, d. h. an vertikaler M., hat seine Ursache in der zentralen politischen Bedeutung des ökonomischen und → sozialen Wandels. So werden Veränderungen in der sozialen Schichtung (→ Schicht), etwa in Richtung eines Anwachsens der Mittelschicht, als Ergebnis häufigeren sozialen Aufstiegs angesehen. Ein Interesse an horizontaler M., bei der von der Bewertung sozialer Positionen abgesehen wird, gibt es kaum. Beherrschende Themen der M.forschung waren bis zu den 60er Jahren die soziale Herkunft von politischen und wirtschaftlichen Eliten und bestimmten Berufsgruppen, die Folgen von Umwälzungen beruflicher Tätigkeiten im Zuge der Industrialisierung, die Wirkungen von Schichtbarrieren auf Berufswege und die Folgen des Zweiten Weltkriegs auf soziale Auf- und Abstiegsprozesse. Seitdem wird stärker die Frage untersucht, in welchem Umfang → Chancengleichheit beim Zugang zu gesellschaftlichen, insbes. beruflichen Positionen durchgesetzt und damit die Situation benachteiligter Bevölkerungsgruppen (→ Soziale Benachteiligung) verändert worden ist.

Die Forschung befaßt sich meist mit speziellen M.vorgängen und untersucht etwa beruflichen Auf- und Abstieg mit Hilfe mathematisch-statistischer Verfahren. Als wichtige Aspekte werden unterschieden: a) Inter-Generationen-M. als das Ausmaß von Positionsveränderungen über den längeren Zeitraum von mindestens 2 Generationen gegenüber der Intra-Generationen-M. als Positionswandel innerhalb einer Generation, b) individueller Wechsel, der als Auf- oder Abstieg durch verschiedenste soziale Faktoren ausgelöst sein kann, und kollektiver Wechsel als Wandel der rechtlichen oder sozio-ökonomischen Situation oder der sozialen Wertschätzung von Berufen.

Die vertikale M. hat, und dies widerspricht dem Selbstverständnis dieser Gesellschaften, in den kapitalistischen Industrieländern nach den Ergebnissen empirischer Studien zur Inter-Generationen-Berufsm. seit Beginn dieses Jahrhunderts nur unerheblich zugenommen. Bei allen Schwierigkeiten, strukturelle und individuelle Einflußfaktoren und Folgen von M. zu klären, gilt auch für die Bundesrepublik Deutschland, daß es nach wie vor in hohem Maße von der familiären Herkunft abhängt, welche Schulausbildung und damit welche Ausgangslage für die spätere Berufstätigkeit erreicht wird (vgl. Müller).

Lit. Bolte u.a.: Ungleichheit; Bolte u.a.: Mobilität; Kaelble: Mobilität; Müller, W.: Mobilität. *Wilhelm Schumm*

Modalwert → Mittelwert

Modellernen → Lernen

Modellprogramm Psychiatrie → Psychiatrie-Enquête

Moderationsmethode Methodisch angewandte und durchgeführte Moderation ist eine sinnvolle und effektive Möglichkeit, Gruppenarbeitsprozesse zielgerichtet und ergebnisorientiert zu unterstützen. Durch Moderation besteht bei → Team- und Gruppenarbeit eine hohe Chance,
– möglichst alle Teilnehmer in einer hierarchiefreien Atmosphäre aktiv am Gruppenarbeitsprozeß zu beteiligen;
– die → Kompetenz, das Wissen und die Kreativität aller zu nutzen;
– Arbeitsergebnisse mit einer hohen Akzeptanz zu erzielen.
Die M. bedient sich einer Reihe von Verfahren (z. B. Ein-Punkt-Abfrage, Themenspeicher, Gewichtungsverfahren, Maßnahmenplan etc.), deren hervorragendes Kennzeichen die Visualisierung mittels Flipchart, Pinwand, Karten, Klebepunkten etc. ist. In der von spezialisierten Instituten angebotenen Moderatorenausbildung werden neben den benötigten Moderationsverfahren und Visualisierungstechniken insbes. kommunikative Fertigkeiten trainiert. Erfolgreiche Moderation beruht auf einer konsequent gelebten Haltung des Moderators, die sich auszeichnet durch: inhaltliche Neutralität; persönliche Neutralität; fragende Haltung; Prozeßverantwortung für Methoden, Spielregeln und Zielverfolgung.
Friedbert Hanke

Mongolismus → Down-Syndrom

Montessori-Pädagogik Maria Montessori wurde am 31. 8. 1870 in Chiaravalle/Italien geboren. Sie studierte als erste Frau Italiens Medizin. Bei ihrer Arbeit mit schwachsinnigen Kindern setzte sie die Erkenntnisse des französischen Arztes Seguin ein, entwickelte diese weiter und erzielte große Erfolge. 1907 gründete sie in einem Elendsviertel in Rom ihr erstes Kinderhaus »casa dei Bambini«, mit dem sie und ihre »Methode« weltberühmt wurden. Montessori setzte sich unermüdlich für die weltweite Verbreitung ihrer Pädagogik ein. Ihre Wahlheimat waren die Niederlande. Hier starb sie 1952. Grundlage der Pädagogik ist Montessoris Menschenbild, das sie aufgrund von Beobachtungen entwickelte. Sie sieht das Kind als ein geistiges Wesen, das von Geburt an ein aktives Seelenleben besitzt und mit spontaner Aktivität ausgestattet ist. Aufgabe des Kindes ist es, seine Persönlichkeit zu bilden, »den Menschen aufzubauen«. Das Kind verfügt in den ersten Lebensjahren über eine unbewußte Geistesform (absorbierender Geist), mit deren Hilfe die Umwelt ohne willentliche Steuerung aufgenommen wird (z. B. Sprachentwicklung). Der absorbierende Geist wird mit zunehmendem Alter vom bewußten Geist abgelöst, das Kind wird vom »unbewußten Schöpfer zum bewußten Arbeiter«. Die kindliche Entwicklung verläuft nach bestimmten Gesetzmäßigkeiten (innerer Bauplan), wonach in jedem Kind zu unterschiedlichen Zeiten Bereitschaften zum Erwerb bestimmter Fähigkeiten (sensible Phasen) auftreten. In diesen Empfänglichkeitsperioden, die von vorübergehender Dauer sind, lernt das Kind besonders leicht, ausdauernd und erfolgreich. Im Zusammenhang mit den sensiblen Phasen entdeckte Montessori das Phänomen der »Polarisation der Aufmerksamkeit«: Sie beobachtete in ihrem Kinderhaus ein kleines Mädchen, das Übungen mit einem Einsatzzylinder 44x wiederholte, sich nicht ablenken ließ und nach Beendigung der Arbeit glücklich und zufrieden wirkte. Montessori erkannte, daß bereits kleine Kinder zu großer Aufmerksamkeit und tiefer Konzentration fähig sind, wenn sie Gegenstände ihres Interesses aus eigenem Antrieb wählen können.

Um die selbstbestimmte, selbsttätige Entwicklung der Kinder zu gewährleisten, stellte Montessori ihnen eine »vorbereitete Umgebung« zur Verfügung, in der die gesamte Einrichtung auf die Größe der Kinder abgestimmt ist. Alle anfallenden Tätigkeiten sollen vom Kind selbständig ausgeführt werden können. Dazu gehören die Pflege der eigenen Person, der Umgang mit anderen Personen und die Pflege der Umgebung (Tätigkeiten des praktischen Lebens). Besonderen Wert legte Montessori auf die Koordination der Bewegungen und die Ausbildung der Sinne (»Tore zur Welt«). Für alle genannten Bereiche (einschließlich der Sachgebiete Sprache, Mathematik und kosmische Erziehung) stehen didaktische Materialien zur Verfügung, die das Kind zur Selbsttätigkeit anregen. Der Erzieher übernimmt dabei die Rolle des Helfers. Die Bitte des Kindes an den Erzieher lautet: Hilf mir, es selbst zu tun!

Die Arbeit des Kinderhauses wird in der Schule fortgesetzt, der Übergang zwischen Kinderhaus und Schule ist fließend. Besondere Merkmale der schulischen Arbeit sind die jahrgangsübergreifenden Lerngruppen, der zeitliche Umfang der Freiarbeit, das individualisierte Lernen und die Form der Leistungskontrolle und -beurteilung.

Lit. Montessori: Grundgedanken; Montessori: Kinder. *Rotraut Bührlen-Enderle*

Motivation Unter M. versteht man diejenigen inneren Prozesse, welche in einer gegebenen Situation (d. h. in einem spezifischen Person-Umwelt-Bezug) Veränderungen in der Stärke, Dauer und Richtung des → Verhaltens bewirken (Thomae). M.konstrukte sollen somit erklären, warum ein Mensch (oder Tier) sich unter bestimmten Umständen gerade so und mit dieser Intensität (Durchsetzung und Beharrlichkeit) verhält. Aus der Definition lassen sich zwei Hauptfunktionen der M. ablesen: M. als Aktivierungsgeschehen und M. als Steuerungsfaktor. Es gibt Forscher, die in der Aktivierung das zentrale Charakteristikum der M. sehen. Anderen gilt die Steuerungsfunktion als wichtigste Eigenart der M. Die erstgenannte Gruppe ist meist psychophysiologisch, die letztgenannte kognitiv orientiert. Zur Erklärung des M.geschehens werden einerseits Begriffe herangezogen, welche auf innerorganismische Prozesse verweisen (→ Bedürfnis, Spannung, Streben, Verlangen, Antrieb, Trieb, Instinkt, Wunsch), andererseits aber auch solche, welche Veränderungen in der Bedeutsamkeit und Wertigkeit von »Objekten« signalisieren, mit denen das Individuum in Bezug tritt (Valenz, Aufforderungscharakter, Wert, Anreiz).

Verschiedene Prozeßmuster von motivationalem Geschehen, welche sich im zeitlichen Verlauf, der Intensität und der Zeitperspektive sowie in der Klarheit des Objektbezugs unterscheiden (z. B. Drang, Trieb, Begierde, Wunsch), werden als unterschiedliche M.formen bezeichnet (Thomae). Unter »M.arten« versteht man spezifische Handlungsbereitschaften, welche durch eine einheitliche Klasse von Zielsetzungen gekennzeichnet sind, die in spezifischen Lebensbereichen auftreten (z. B. sexuelles, aggressives, machtorientiertes, prosoziales, leistungsmotiviertes, angstvolles Verhalten). Ein bedeutsames Thema der M.psychologie sind die zwischen den M.arten auftretenden Konflikte. → Emotion und M. sind als unterschiedliche Seiten desselben inneren Zustandes zu begreifen. Emotionen sind Bewußtseinszustände oder Gestimmtheiten, welche bestimmte Handlungsbereitschaften (= M.) signalisieren. Die in einer bestimmten Situation auftretenden und ablaufenden M.prozesse werden nicht nur von den Aspekten des gerade aktuellen Person-Umwelt-Bezugs bestimmt, sondern auch von zeitlich relativ stabilen, persönlichkeitsspezifischen M.strukturen, welche als → Einstellungen, Interessen und Temperamentsfaktoren bezeichnet werden. Es handelt sich bei diesen um relativ konstante Dispositionen, welche sich als überdauernde, konsistente Erwartungshaltungen und Bereitschaften verstehen lassen.

Ein adäquates Verständnis des M.geschehens erfordert die Beachtung der Zusammenhänge mit kognitiven Prozessen (→ Wahrnehmung und Bewertung von Person-Umwelt-Beziehungen, Zielsetzungen, Kausalattribuierungen), mit psychophysiologischen (zentralnervösen, peripher-vegetativen, endokrinologischen) Faktoren sowie mit sozialpsychologischen Bedingungen (Bestimmtheit des Person-Umwelt-Bezugs durch → Normen, Wert- und Rollenvorstellungen).

Lit. Thomae: Motivation. *Klaudius Siegfried*

Motologie ist der Wissenschaftsbereich, der sich mit der → Motorik des Menschen

Motorik

als eine der wichtigsten Grundlagen der Handlungs- und Kommunikationsfähigkeit des Menschen, ihrer Entwicklung, ihrer Förderung, ihrer Störungen und deren Behandlung beschäftigt. M. basiert auf dem Erfahrungs- und Gedankengut der → Psychomotorik, die in den 60er Jahren von E. J. Kiphard begründet wurde. Ihre wesentlichen Ziele bestanden darin, gehemmten, erziehungsschwierigen, motorisch und psychisch gestörten Kindern zu geordneter Selbsttätigkeit, zu Selbstsicherheit und zu einer harmonischen Persönlichkeitsentwicklung zu verhelfen. 1976 wurde der Aktionskreis Psychomotorik e.V. von Pädagogen, Psychologen, Medizinern, Sozialarbeitern und Therapeuten begründet mit dem Ziel, den Ansatz der Psychomotorik zu vertiefen, zu verbreiten und lehrbar zu machen. Die von E. J. Kiphard begründete »Psychomotorische Übungsbehandlung« wurde unter dem Begriff »Motopädagogik« für die Erziehungsbereiche und unter dem Begriff »Mototherapie« für klinische Anwendungen weiterentwickelt.

Als psychomotorische Übungsgeräte und -materialien werden neuentwickelte, bewegliche und flexibel einsetzbare Geräte und Materialien bezeichnet, die sich in besonderem Maße für das handelnde Auseinandersetzen in den Bereichen Körper-, Material- und Sozialerfahrung eignen.

M. ist als fächerübergreifender Wissenschaftsbereich, als eine »Psychologie der Bewegung« zu verstehen, die sich mit Fragen des Wahrnehmungs- und Bewegungslernens, der nonverbalen und verbalen Kommunikation sowie der Sozialisation mit dem Ziel der Persönlichkeitsbildung und -veränderung über das Medium Bewegung in Forschung und Lehre beschäftigt. Für eine gesunde Persönlichkeitsentwicklung ist es notwendig, daß sich das Kind intensiv mit sich selbst, seinem Körper, mit den materialen, biologischen und sozialen Bedingungen dieser Welt auseinandersetzt und lernt, selbstverantwortlich handelnd damit umzugehen. Ziel ist daher die Befähigung, sich sinnvoll mit sich selbst (Ich-Kompetenz), mit seiner dinglichen (Sachkompetenz) und personalen Umwelt (Sozialkompetenz) kritisch auseinanderzusetzen, um entsprechend handeln zu können.

Seit 1983 wird an der Philipps-Universität Marburg ein viersemestriger Aufbaustudiengang zum/r Dipl.-Motologen/-in angeboten. Studienschwerpunkt: M., Motorische Entwicklung, Motopädagogik/ Mototherapie, Motodiagnostik, Medizin, Berufspraktische Studien und die Nebenfächer Psychologie und Behindertenpädagogik. Berufsfelder: Frühförderung; Bewegungserziehung in Kindergarten, Grundschule und Sonderschule; Förderunterricht; Psychomotorische Behandlung (Mototherapie) im Kindes- und Jugendalter; Klinik Erwachsenen- und Altenbereich (Motogeragogik). Eine einjährige Weiterbildung an der Fachschule für Bewegungstherapie in Dortmund zum/r Motopäden/-in wird für Sport- und Gymnastiklehrer sowie für Berufe aus dem sozial-heilpädagogischen und dem krankengymnastischen Bereich bei einer sportpädagogischen Qualifikation (z.B. ÜL-Schein) angeboten.

Der Aktionskreis Psychomotorik (Lemgo) bietet Fortbildungskurse zur motopädagogischen Qualifikation u.a. für sozial-heilpädagogische Berufe an und gibt die Fachzeitschrift »Motorik« und die Buchreihe »Motorik« (Schorndorf) heraus. In Dortmund erscheint die »Praxis der Psychomotorik«.

Dipl.-Motologen und Motopäden sind in jeweils eigenen Berufsverbänden organisiert.
Lit. Kiphard: Motopädagogik; Kiphard: Mototherapie. *Friedhelm Schilling*

Motorik Bezeichnung für die Gesamtheit der körperlichen Bewegungsabläufe und Haltungen. Kennzeichnend für M. ist die Möglichkeit willkürlicher Beeinflussung von Bewegungen. Im Unterschied dazu bezeichnet man Bewegungen, die mehr reflexhaft bzw. automatisch ablaufen, als Motilität (z.B. der Magen- und Darmwände). Störungen der M. zeigen sich als zeitlich und räumlich unangepaßter Bewegungsablauf, der eckig und unpräzise anmutet und nicht selten von plötzlich einschießenden, unwillkürlichen Mitbewegungen begleitet ist. Von »motorischer Unruhe« spricht man, wenn bei einem Menschen übermäßige Spontanbewegungen zu beobachten sind. Dies ist häufig bei psychisch Kranken der Fall, wenn sich starke → Angst und innere Unruhe in einem heftigen Bewegungsdrang entladen. *Wilfried Reifarth*

Multi-Infarkt-Demenz → Gerontopsychiatrie

Multimorbidität Mit zunehmendem Lebensalter verstärkt sich das Risiko, nicht nur an einer einzigen, sondern an mehreren → Krankheiten gleichzeitig zu leiden. Es besteht ein nachweisbarer Zusammenhang zwischen Alter, Krankheitshäufung und Kombinationsmöglichkeiten. M. (= Polypathie) unterscheidet zwischen kombinierten Erkrankungen mit Kausalzusammenhang (voneinander ableitbare Krankheiten – »Kettenreaktion«) und komitierenden Erkrankungen ohne Kausalzusammenhang (zufällig nebeneinander bestehende Krankheiten). Mit zunehmendem Alter steigt die Zahl multimorbider Zustände. Bei kranken Hochbetagten gilt M. als ein Grundprinzip der Diagnostik und Therapie. Bei Kranken unter 29 Jahren werden meist nur ein bis zwei Diagnosen gestellt, bei Patienten im mittleren Lebensalter zwei bis drei und in den höheren Altersgruppen häufig vier bis neun Einzeldiagnosen. Das weibliche Geschlecht scheint etwas häufiger von M. betroffen zu sein als das männliche. Das Vorhandensein einer M. erschwert die Durchführung der Behandlung. Die Schwerpunkttherapie greift wichtige, vorrangige Leiden heraus und läßt (zunächst) unbedeutende, leichtere krankhafte Störungen außer acht.

Klaus Oesterreich†

Multiple Sklerose (MS) ist eine der häufigsten Krankheiten des Zentralnervensystems. Die Krankheit verläuft in den Anfangsstadien meistens in Schüben, mit unterschiedlichen langen beschwerdearmen Intervallen, später chronisch-fortschreitend. Die MS tritt überwiegend zwischen dem 20. und dem 40. Lebensjahr auf, gelegentlich kann sie aber auch schon in der Kindheit manifest werden. Am häufigsten ist sie in den gemäßigten Zonen der westlichen Welt, so daß geographisch bedingte Umwelteinflüsse naheliegen. Es gibt aber zweifellos auch eine Veranlagung für MS, besonders bei eurokaukasischen Völkern. Die primäre Ursache ist noch strittig. Eine Reihe klinischer und experimenteller Befunde spricht für die Einwirkung eines bisher noch unbekannten Agens (Virus?), mit einer nachfolgenden fehlgesteuerten Immunreaktion, welche die weiße Substanz des Zentralnervensystems bei entsprechender Veranlagung zerstört. Der häufigste kausaltherapeutische Ansatz ist die Gabe von Cortisonpräparaten zur Bekämpfung der Entzündung und die Gabe von immunsuppressiven und -modulativen Medikamenten zur Unterdrückung der fehlgesteuerten Immunreaktion.

Die wichtigsten Fortschritte in der praktischen Therapie der MS verdanken wir aber der Physiotherapie und der Ergotherapie zur Erhaltung der Mobilität und Selbsthilfefähigkeit, gezielter medikamentöser Bekämpfung von Spastik und Komplikationen, der Verhinderung von Mangelzuständen und der psychosozialen Betreuung. Durch moderne klinische Untersuchungsmethoden, subtilere Analysen der Nervenflüssigkeit und die Kernspinresonanz-Tomographie ist die Diagnosenstellung auch in frühen Stadien sicherer geworden.

MS ist nicht stets eine prognostisch ungünstige neurologische Erkrankung. Der Verlauf ist bei jedem Patienten sehr unterschiedlich und reicht von lebenslang leichteren Behinderungen bis hin zu rasch fortschreitenden schweren Lähmungen, Seh-, Sprach- und Blasenfunktionsstörungen. Vielseitige Hilfen sind notwendig:
a) Medizinische Betreuung: – Ständige Verlaufsbeobachtungen durch den Facharzt (Neurologen);
– detaillierter Plan für die Basistherapie;
– Behandlungen in den neurologischen Kliniken und in den MS-Spezialkliniken;
– enge Zusammenarbeit der Neurologen mit den Spezialkliniken und der Deutschen Multiple Sklerose Gesellschaft«;
– ständige aktive Physiotherapie.
b) Sozial-medizinische Betreuungsarbeit:
– Ständige Kontaktpflege mit den Patienten;
– Sicherstellung der finanziellen Situation;
– Beschaffung von → Hilfsmitteln wie Rollstühlen, Hebegeräten usw.;
– Vermittlung von → behindertengerechten Wohnungen;
– psychische Hilfen durch Einzelgespräche, Gruppengespräche, Therapiekreise und Ehepaar-Seminare;
– Vermittlung von Reisen, Ausflügen und kulturellen Veranstaltungen;
– Fahrtendienst;
– Sicherung des Arbeitsplatzes;
– Vermittlung von Spezialkliniken, Physiotherapie, Pflegeheimen und Erholungsmaßnahmen, Pflegepersonal, Haushaltshilfen.
Umfangreiche Beratungsaufgaben, aber auch Vermittlung von Therapie und Betreuung, sowie Finanzierung von Forschungsprojekten zur MS nehmen wahr: Deutsche Multiple Sklerose Gesellschaft (DMSG), Vahrenwalder Straße 205-207, 30165 Hannover und ihre Landesverbände.

Hermann Hoffmann

Multiplikator → Fortbildung, → Öffentlichkeitsarbeit

Mündel → Vormundschaft

Münzverstärkungsprogramm → Tokensystem

Musiktherapie ist als tiefenpsychologisches Therapieverfahren (→ Tiefenpsychologie, → Therapie) über das kulturelle Musik handlungs- und/oder erlebnisorientiert gebunden. Musiktherapeutische Methoden ordnen sich in Einzel- und in → Gruppentherapie, in 1. aktive M. und 2. in rezeptive M.
1. Aktive M. ist als psychotherapeutisches Behandlungskonzept (→ Psychotherapie) »handlungsorientiert«. Aktives musikalisches Handeln wird durch die Erlebnisbreite des Patienten in der Gestaltung rhythmischer und melodischer Verläufe einer Improvisation bestimmt und damit dem musiktherapeutischen Handlungsinhalt zugänglich. 2. Rezeptive M. ist als »erlebnisorientes« Hör-»Reiz«-Erleben vom Kulturgut Musik als Sozialisierungsprozeß des Individuums geprägt. Das Hören von Musik als Erlebniswahrnehmung wird in der verbalen Aufarbeitung (→ Gesprächsführung, → Gesprächspsychotherapie) der eigenen Veränderbarkeit von Reiz und Reizwahrnehmung und Erlebnisveränderung verdeutlicht. Die musiktherapeutische Methode wird durch das symptomspezifische Restvermögen des Patienten bestimmt. In-

haltlich zu unterscheiden sind 2 patientenzentrierte Handlungsansätze: a) konfliktzentrierter Handlungsansatz zur Aufarbeitung pathologisch bedingter Konflikte sowie deren primärer und sekundärer Symptome; b) verhaltenszentrierter Handlungsansatz bei ständigem Gegenwartsbezug des Patienten, um Fehleinstellungen in Verhaltens- und Erlebnisweisen und deren ursächliche Zusammenhänge zu erkennen, zu bearbeiten und neue Handlungsmodelle zu ermöglichen.

Die Musik als Handlungsmittel erlaubt es, emotional gestimmte Prozesse auszulösen. Das Darstellen durch agierende Tätigkeit (aktive M.) vollzieht sich zunächst auf der Ebene des eigenen Erlebens. Dieser Prozeß der nonverbalen → Kommunikation im Bereich der Zulassung von eigenen Befindlichkeiten nach außen, ermöglicht den Kommunikationsprozeß mit spezifisch musiktherapeutischen Handlungsinhalten.

Das musikalische Material, das im Handlungsverlauf eingesetzt und erarbeitet wird, ist einerseits das angebotene klangerzeugende Instrumentarium, andererseits gehören dazu auch die verschiedenen Formen der musikalischen Strukturen, die durch Spielen mit den Klangerzeugern die Handlungsbreite bestimmen und den musikalischen Prozeß offenlegen. Die vermittelnde Funktion des jeweiligen musikalischen Materials ist also »Musik machen« und gleichzeitig außermusikalische Erlebnisinhalte als neue Handlungsabläufe erleben. Musikalisches Material ist noch nicht automatisch »therapeutisches« Material. Erst das spezifische therapeutische Handlungsziel im Kontext mit a) nondirektivem Therapeutenverhalten bei patienteneigenem und akzeptiertem Therapiebewußtsein und b) direktivem Therapeutenverhalten bei ziellosem oder dem Konflikt ausweichenden Patientenverhalten läßt das musikalische Material zu einem spezifisch »musiktherapeutischen« werden (→ Therapeutenvariablen).

Der positive Einsatz von M. in stationären und in ambulanten Einrichtungen ist in den letzten 10 Jahren in den Bereichen sonder- und heilpädagogischer, sozialpädagogischer (→ Sonder- und → Heilpädagogik), psychiatrischer Facheinrichtungen ebenso anerkannt und ausgebaut worden wie in der → Rehabilitation, in der Therapie Verhaltensgestörter (→ Verhaltensauffälligkeit) und im Strafvollzug. Die Ausbildung zum Musiktherapeuten ist durch ein grundständiges Fachhochschulstudium (Diplom 1) und durch Angebote an Hochschulen als Zusatzstudium (Diplom 2) hochschulrechtlich geregelt.

Lit. Heidelberger Schriften.

Heinrich-Otto Moll†

Musische Bildung Ihre Vertreter bezogen sich (etwa ab 1927) auf den Kulturpessimismus und die daraus folgenden Erneuerungsgedanken der → Reformpädagogik, verknüpften sie mit (ihren) Erfahrungen der bündischen → Jugendbewegung. Nach 1945 erfuhr die m. B. (über jeden Verdacht politischen Engagements erhaben) ihre volle Blüte. Wesentliche Elemente sind Sprache, Musik, Bewegung (Tanz); zu integrieren versucht wurden auch die Bildenden Künste. Die ursprüngliche Entfaltung schöpferischer Kräfte, die Selbstverwirklichung im noch so bescheidenen gestaltenden Tun (beschränkt auf die Freizeit!) war ihr zentrales Anliegen. Während m. B. in der Schule zusammenhängend mit der fortschreitenden Fächerdifferenzierung schon bald ihres ganzheitlichen Anspruchs beraubt und auf Musik- und Kunsterziehung reduziert wurde, überdauerte sie – bedingt durch das allgemeine Theoriedefizit und die nur lückenhaften Zielvorgaben in der sozialen Arbeit überhaupt – da bis in die späten 60er Jahre. Ihre Erneuerung findet sie seitdem im breiten Spektrum der → ästhetischen Erziehung.

Lit. Haase, O.: Musisches Leben; Kerbs: Kunstpädagogik; Neumann, E.: Kunst; Warner: Musische Erziehung. *Martin Dürk*

Muß-Leistung → Pflichtleistung

Mutismus ist eine psychogene Sprechstörung bzw. eine durchgängige Weigerung, in fast allen sozialen Situationen zu sprechen. Dabei ist der zentrale und periphere Sprechapparat normal entwickelt. Die Fähigkeit, gesprochene Sprache zu verstehen und zu sprechen, ist erhalten. Der selektive M. wird als erhebliche Sprachscheu nur in bestimmten Situationen oder im Gespräch mit bestimmten Personen beobachtet. Der totale M. führt zum völligen Schweigen und kann auch das Symptom einer beginnenden → Psychose sein. Mutistische Kinder sind oftmals leicht intelligenzgemindert. Häufig besteht beim M. eine starke symbiotische Bindung (→ Symbiotische Beziehung) zum Elternhaus, meist zur Mutter, die im Behandlungsvorgang vorsichtig gelöst werden muß. Auch verhaltenstherapeutische Methoden lassen sich bei der Therapie einsetzen (→ Verhaltenstherapie). Wesentlich ist, den Kontaktverlust und die Vertrauenslosigkeit des Kindes zu bessern. Die Differentialdiagnose zur Aphasie (→ Werkzeugstörungen) als organisch verursachter Sprechstörung ist stets verantwortungsvoll.

Lit. Spieler: Schweigende Kinder; Strunk, P.: Mutismus.

Hubert Harbauer†/Werner Richtberg

Mutter → Familie

Mütterberatung soll Eltern von Säuglingen und Kleinkindern in ihrem Bemühen um eine gesunde, bestmögliche körperliche, seelische und geistige Entwicklung ihrer Kinder unterstützen. Die Aufgabe des öffentl. Gesundheitsdienstes (→ Gesundheitsdienst, öffentlicher [ÖGD] hatte das Ziel, Fehlentwicklungen und mögliche Behinderungen frühzeitig zu erkennen und Maßnahmen einzuleiten. M. stellt ein kostenloses Angebot an die Bevölkerung dar. Sie wird i.d.R. vom Kinderfacharzt und/oder Sozialpädagoge/-in wahrgenommen. M. wurde in Deutschland als kommunale → Gesundheitsfür- und -vorsorge schon vor dem 1. Weltkrieg eingeführt. Sie diente vor allem der Bekämpfung der Säuglingssterblichkeit.

Neben der gesundheitlichen Versorgung durch freipraktizierende Ärzte hat die öffentl. → Säuglings- und Kleinkinderfürsorge für Kinder in vernachlässigenden Milieus eine besondere Bedeutung. Im vernetzten System gesundheitlicher und sozialer Hilfen ist M. besonders wichtig im Hinblick auf gesundheitliche Bedrohung durch Umwelteinflüsse, Erkenntnisse über Auswirkungen von Suchtverhalten von Eltern (Nikotin, Alkohol, Drogen) gerade auf Säuglinge. Umstellung von Berufsarbeit auf Familienphase (Babyschock). Es ist eine enge Vernetzung der Dienstleistung zu Einrichtungen für Säuglinge und Kleinkinder (→ Krippe) als auch zum Allgemeinen Sozialdienst (→ Sozialdienst, Allgemeiner [ASD]) geboten. *Almuth Tauche*

Müttererholung → Erholung, → Müttergenesungswerk

Müttergenesungswerk, am 31. 1. 1950 von Elly Heuss-Knapp als rechtsfähige Stiftung des bürgerlichen Rechts (Elly-Heuss-Knapp-Stiftung, Deutsches Müttergenesungswerk) gegründet. Im M. fanden sich die bereits auf dem Gebiet der Müttererholung (→ Erholung) tätigen kirchlichen Frauenverbände und Träger der → freien Wohlfahrtspflege zusammen, um gemeinsam zur Verbesserung der Gesundheit von Müttern beizutragen. Heute sind die fünf Trägergruppen des M. die → Arbeiterwohlfahrt (AWO), → Der Paritätische (DPWV), → Deutsches Rotes Kreuz (DRK), Evangelische Arbeitsgemeinschaft für Müttergenesung e.V., Katholische Arbeitsgemeinschaft für Müttergenesung e.V. In der Nachkriegszeit wurden Erholungsmaßnahmen für Mütter durchgeführt. Als Reaktion auf die gesellschaftlichen Veränderungen und die damit jeweils verbundenen Belastungen entwickelte sich ein differenziertes Angebot von Präventions- und Rehabilitationskuren für Mütter aller Altersstufen. Frauen mit Kindern werden durch Haus- und Familienarbeit und zunehmend durch Mehrfachbelastung als berufstätige Mutter oft körperlich und psychisch überfordert. Maßnahmen, die ihre Gesundheit erhalten und wiederherstellen, sieht das M. als eine gesellschaftlich notwendige Aufgabe.

Heute bietet das M. vierwöchige psychosomatisch orientierte Mütter- und Mutter-Kind-Kuren (1996: 127 Häuser mit jährlich rund 95 000 Kurplätzen für Mütter und Kinder) an. Neben medizinischer Therapie, gesundheitsfördernden Maßnahmen (z.B. Bewegungs- und Entspannungsangeboten, Informationsgesprächen zu Gesundheitsfragen) und kreativen Angeboten hat die psychosoziale Therapie in den Kuren zentralen Stellenwert. Zunehmende Bedeutung gewinnt die Kurnacharbeit, die die Frauen darin unterstützt, notwendige Veränderungen in ihrem Alltag nach der Kur umzusetzen. Durch diese Angebote leistet das M. mit seinen fünf Trägergruppen einen wichtigen Beitrag zur Frauen-, → Familien-, → Gesundheits- und → Sozialpolitik.

Das entscheidende Organ der Elly-Heuss-Knapp-Stiftung ist das Kuratorium. Es setzt sich zusammen aus Vertreterinnen der fünf Trägergruppen und unabhängigen, für die Müttergenesungsarbeit engagierten Persönlichkeiten des öffentlichen Lebens. Schirmherrin ist die Gattin des amtierenden Bundespräsidenten. Satzungsgemäße Aufgaben der Stiftung sind vor allem die finanzielle Unterstützung von Kuren, der Ausbau von Kurvorbereitung und -nacharbeit sowie Öffentlichkeitsarbeit. Das M.-Jahrbuch beinhaltet ein Verzeichnis sämtlicher Kurangebote.

Anschrift: Postfach 12 60, 90544 Stein/Mfr.
Lit. Collatz u.a.: Effektivität; Dokter u.a.: Müttergenesung. *Elvira Freitag*

Mutter-Kind-Einrichtungen → Vater-/Mutter-Kind-Einrichtungen

Mütterkuren → Kur

Mutterschaftsgeld → Mutterschutz

Mutterschaftshilfe kann eine Frau teils als Versicherungsleistung, teils als Leistung des Bundes in Anspruch nehmen. Nach § 21 Abs. 1 Nr. 4 des → Sozialgesetzbuches – Allgemeiner Teil – (SGB I) ist es Aufgabe der gesetzlichen → Krankenversicherung, die versicherungsmäßige M. zur Verfügung zu stellen; die konkreten Rechtsgrundlagen enthalten die §§ 195 ff. → Reichsversicherungsordnung (RVO). Die Ansprüche auf M. zu Lasten des Bundes sowie den sonstigen → Mutterschutz regelt das Mutterschutzgesetz (MuSchG).

Die Leistungen der versicherungsmäßigen M. – das sind ärztliche Betreuung und Hilfe sowie Hebammenhilfe, Versorgung mit → Arznei-, Verband- und → Heilmitteln, stationäre Entbindung in einem Krankenhaus, → Haushaltshilfe sowie Mutterschaftsgeld – erhalten Frauen, die bei einer → Krankenkasse versichert sind.

Nach dem MuSchG dürfen Frauen für die Dauer von 6 Wochen vor und 8 Wochen (bei Mehrlingsgeburten und Frühgeburten 12

Mutterschaftsurlaub

Wochen) nach der Entbindung (§ 3 Abs. 2, § 6 Abs. 1 MuSchG) nicht beschäftigt werden. Für die Zeit der Schutzfristen zahlt die Krankenkasse als Einkommensersatz Mutterschaftsgeld; Frauen, die nicht Mitglied einer gesetzlichen Krankenkasse sind, erhalten diese Geldleistungen vom Bund (§ 13 MuSchG). Die Höhe der Geldleistungen entspricht grundsätzlich dem Nettoarbeitsentgelt der Frau; soweit das Nettoarbeitsentgelt den Betrag von 750 DM monatlich übersteigt, zahlt der Arbeitgeber – unter bestimmten Voraussetzungen aber auch die Krankenkasse oder der Bund – für die Dauer der Schutzfristen einen Zuschuß zum Mutterschaftsgeld in Höhe des Unterschiedsbetrages zwischen Mutterschaftsgeld und tatsächlichem Nettoarbeitsentgelt (§ 14 MuSchG).

Lit. Fischwasser: Mutterschaftsrecht; Peters, H.: Krankenversicherung (Komm.), zu § 195 ff. RVO. *Ernst Picard*

Mutterschaftsurlaub → Erziehungsgeld/-urlaub

Mutterschutz Frauen werden aus Anlaß einer Schwangerschaft vor Beschäftigungen, die die Gesundheit von Mutter und Kind gefährden, § 3 Abs. 1 Mutterschutzgesetz (MuSchG), und vor dem Verlust des Arbeitsplatzes, § 9 MuSchG, geschützt.
Ein allgemeines Beschäftigungsverbot unabhängig von der Art der Beschäftigung besteht für die Zeit von 6 Wochen vor der Entbindung, § 3 Abs. 2 MuSchG, bis zum Ablauf von 8 Wochen nach der Entbindung, § 6 Abs. 1 MuSchG. Bei Früh- oder Mehrlingsgeburten verlängert sich die Frist auf 12 Wochen. Schwangere dürfen ferner mit bestimmten gesundheitsschädlichen Arbeiten, die in § 4 MuSchG aufgeführt sind, und gem. § 8 MuSchG nicht mit Mehrarbeit sowie zur Nachtzeit und an Sonntagen beschäftigt werden. Auch nach der Entbindung gelten während der Stillzeit die gleichen Einschränkungen, § 6 Abs. 3 MuSchG.
Während der Schwangerschaft und bis zum Ablauf von 4 Monaten nach der Entbindung besteht ein absolutes Kündigungsverbot, § 9 Abs. 1 MuSchG. Damit ist auch eine → Kündigung aus wichtigem Grunde ausgeschlossen. Lediglich in besonderen Ausnahmefällen kann die nach § 9 Abs. 3 MuSchG zuständige Behörde, i. d. R. das Gewerbeaufsichtsamt, die Kündigung für zulässig erklären. Voraussetzung des Kündigungsschutzes ist allerdings, daß dem Arbeitgeber zum Zeitpunkt des Ausspruchs der Kündigung die Schwangerschaft bekannt war oder innerhalb von 2 Wochen nach Zugang der Kündigung mitgeteilt wird. Diese Frist kann allerdings nach einer Entscheidung des Bundesverfassungsgerichts überschritten werden, wenn die Schwangerschaft zum Zeitpunkt der Kündigung bereits vorlag, der Arbeitnehmerin jedoch innerhalb der 2-Wochenfrist nicht zur Kenntnis gelangt ist. Der Kündigungsschutz endet ferner mit einer Fehlgeburt oder Abtreibung (→ Schwangerschaftsabbruch).
Das Kündigungsverbot nach dem MuSchG hindert nicht die einvernehmliche Aufhebung des → Arbeitsvertrages. Die Möglichkeit der Anfechtung des Arbeitsvertrages mit der Begründung, die Arbeitnehmerin habe bei der Einstellung die Frage nach der Schwangerschaft wahrheitswidrig verneint, dürfte der Vergangenheit angehören. Unter Berufung auf den durch das Gesetz zur Gleichbehandlung von Männern und Frauen im Jahre 1980 eingeführten § 611a des Bürgerlichen Gesetzbuches (BGB) halten die Gerichte zunehmend die Frage nach der Schwangerschaft bei der Einstellung (außer bei reinen Frauenberufen) für unzulässig, die Falschbeantwortung einer unzulässigen Frage hat aber keine rechtlichen Konsequenzen.
Die Arbeitnehmerin erhält während der Zeit des generellen Beschäftigungsverbotes Mutterschaftsgeld von der Krankenkasse (→ Mutterschaftshilfe), § 13 Abs. 1 MuSchG, § 200 → Reichsversicherungsordnung (RVO). Das Mutterschaftsgeld ist auf 25 DM pro Kalendertag begrenzt, § 200 Abs. 2 RVO. Den Unterschiedsbetrag zu einem höheren Nettolohn hat der Arbeitgeber zuzuschießen, § 14 MuSchG.
Damit die Mutter in der für die Entwicklung wichtigen ersten Lebensphase länger für das Kind sorgen kann, wird ihr auch außerhalb der 8wöchigen Schutzfrist nach der Entbindung Urlaub gewährt. Dieser Mutterschaftsurlaub ist seit 1. 1. 1986 mit der Einführung des Bundeserziehungsgeldgesetzes (BErzGG) in → Erziehungsurlaub umgewandelt worden (steht nunmehr allerdings auch männlichen Erziehungsberechtigten zu). Der Erziehungsurlaub kann bis zur Vollendung des 3. Lebensjahres des Kindes in Anspruch genommen werden, § 15 BErzGG. Während des Erziehungsurlaubs wird ein → Erziehungsgeld in Höhe von 600 DM monatlich gezahlt, das jedoch bei Überschreitung bestimmter Einkommensgrenzen gekürzt wird, § 5 BErzGG; ferner besteht in diesem Zeitraum das absolute Kündigungsverbot fort, § 18 BErzGG.

Klaus Feser

Mütterzentren sind Treffpunkte vor Ort für Frauen mit Kindern und haben sich als gelungenes Modell der Nachbarschaftsentwicklung erwiesen. Sie tragen sowohl zu einer höheren Lebensqualität von Müttern und Kindern in der Familienphase als auch zur beruflichen Wiedereingliederung nach dieser bei. Aus Forschungsergebnissen des → Deutschen Jugendinstituts e.V. (DJI) heraus entstanden 1981 die ersten M. Die Idee zündete – derzeit gibt es in der BRD

(in Ost und West) 300 M. Das Erfolgsrezept:
- Der Laienansatz: Mütter sind nicht Klientel, sondern Praxisexpertinnen, Profis arbeiten nur ambulant mit.
- Kein Defizitansatz: Jede kann etwas besonders gut, das sie in M. einbringen kann.
- Offener Betrieb: die offene Caféstube ermöglicht niedrige Zugangsschwellen.
- Öffentliche Wohnstube: Kinder sind immer dabei und willkommen, aber es sind die Mütter, die in M. im Mittelpunkt stehen.
- Honorare: In M. werden Honorare gezahlt: z.B. für Cafédienst, Frisörecke, Babysittervermittlung, Mittagstisch, Bügelservice, Beratung.
Um die notwendigen Zuschüsse (Jahresetat DM 60 000–150 000) müssen M. hart kämpfen, und die Mehrheit hat keine gesicherte Förderung. *Monika Jaeckel*

N

Nachbarschaftshilfe wurde ursprünglich als spontane Hilfe von Mensch zu Mensch verstanden. Sie hat auch heute noch in dieser Form besondere Bedeutung. § 69 des → Bundessozialhilfegesetzes (BSHG) verpflichtet den → Sozialhilfeträger, darauf hinzuwirken, daß Wartung und Pflege durch dem Pflegebedürftigen (→ Pflegebedürftigkeit) nahestehende Personen oder im Wege der N. übernommen werden (s. § 8 SGB XI).
In den letzten Jahren hat sich neben der ursprünglichen Form der N. zunehmend auch organisierte N. entwickelt. Es bilden sich Helferkreise, die mit Hilfe einer Einsatzstelle Hilfeleistungen unterschiedlicher Art in einem bestimmten regionalen Bereich oder für einen bestimmten Personenkreis übernehmen. Der Anstoß zur Bildung solcher Helferkreise, die z.T. auch als Sozialdienste bezeichnet werden, geht vielfach von bestimmten Organisationen (Wohlfahrtsverbänden, Kirchen, Frauenorganisationen) aus, daneben gibt es aber auch in Vereinsform organisierte → Bürgerinitiativen, die N. leisten.
Das Spektrum der Hilfeleistungen ist vielfältig. Im Mittelpunkt steht meist die Pflege und die persönliche Betreuung von Kranken und behinderten Menschen sowie Kindern während der Abwesenheit der Eltern. Daneben gibt es entsprechend den örtlichen Bedürfnissen vielfältige Formen weiterer Hilfen, z.B. Hilfe in Haus und Garten, Besorgungen, Essen auf Rädern, Hilfen in behördlichen Angelegenheiten, Kinderkleidertauschstellen, → Fahrdienste u.a.m. Die Helfer arbeiten unentgeltlich oder gegen geringe Vergütung (→ Ehrenamtliche Tätigkeit im sozialen Bereich).
Das Gros der Helfer bilden Hausfrauen, ältere Menschen und Jugendliche. Viele Helfer bringen im Zusammenhang mit dem vorher ausgeübten Beruf oder der Tätigkeit in der eigenen Familie eigene Fachkenntnisse und Erfahrungen für die Arbeit in der N. mit. Darüber hinaus werden vielfach Kurse für die N. angeboten.
Die N. sind meist einem Verband der → freien Wohlfahrtspflege angeschlossen. Dieser bietet den Mitarbeitern in der N. Fortbildungsveranstaltungen und → Beratung durch → Fachkräfte an. Dabei werden u.a. Prinzipien der → Gemeinwesenarbeit angewendet. Manchmal organisiert er auch selbst den Einsatz durch Fachkräfte.
Die N. nehmen eine wichtige Vermittlerrolle zwischen den Hilfesuchenden und den professionellen → sozialen Diensten ein. Durch die meist große Zahl der Helfer sind sie fast immer in der Lage, unter Wahrung des Freiwilligkeitsprinzips bei den Helfern, auf Hilfeanfragen sachgerecht zu reagieren.
Für die Helfer selbst bedeutet die Mitarbeit in der N. eine vielfältig lohnende Tätigkeit, die auf die individuelle Leistungsfähigkeit abgestimmt ist, Isolierung vermeidet und zu weiterem Engagement in der Gemeinde ermutigt.
S. a. → Sozialhilfe
Lit. Born: Nachbarschaftshilfe; Uffrecht: Nachbarn. *Bernhard Uffrecht*

Nachgehende Hilfe Durch n. H. sollen die primären Hilfen verstärkt und deren Wirkung gesichert werden. Die n. H. entspricht in ihrer Zielrichtung der → vorbeugenden Hilfe, da sie wie diese → Krankheiten, Behinderungen (→ Behinderte) und andere Nachteile oder Notlagen für die Zukunft nach Möglichkeit ausschließen oder mildern will. Sie soll dem einzelnen Kraft und Mut zum Leben geben und seine künftige Lebensführung günstig beeinflussen. Bei der n. H. spielt die Aktivierung der Selbsthilfekräfte (→ Selbsthilfe), z.B. durch Beratung oder durch Beteiligung in → Selbsthilfegruppen, eine wichtige Rolle (vgl. Haller). N. H. wird in der täglichen → Sozialarbeit noch zu wenig gewährt. Gezielte Aufklärung und → Beratung im Einzelfall kann ihre Inanspruchnahme fördern.
N. H. werden im Einzelfall von den → Sozialleistungsträgern nach Maßgabe der dafür geltenden Vorschriften gewährt. Bei der Krankenbehandlung liegt das Hauptziel der n. H., die dort auch Nachsorge genannt wird, in der Verhinderung von Folgen der Primärtherapie und der Behandlung von Spätfolgen. Die → Rehabilitationsträger gewähren ergänzend zu den medizinischen und berufsfördernden Hauptmaßnahmen Leistungen, die unter Berücksichtigung von Art oder Schwere der Behinderung erforderlich sind, um das Ziel der → Rehabilitation zu sichern. Zu den Aufgaben der Hauptfürsorgestelle gehört nach § 28 → Schwerbehindertengesetz (SchwbG) auch die n. H. im Arbeitsleben. Diese ist in enger Zusammenarbeit mit der Bundesanstalt für

Arbeit (→ Arbeitsverwaltung) und den übrigen Trägern der Rehabilitation durchzuführen und soll dahin wirken, daß die → Schwerbehinderten in ihrer sozialen Stellung nicht absinken, auf Arbeitsplätzen beschäftigt werden, auf denen sie ihre Fähigkeiten und Kenntnisse voll verwerten und weiterentwickeln können, sowie durch Leistungen der Rehabilitationsträger und Maßnahmen der Arbeitgeber befähigt werden, sich im Arbeitsleben und im Wettbewerb mit Nichtbehinderten zu behaupten. Die Hauptfürsorgestelle soll außerdem darauf Einfluß nehmen, daß Schwierigkeiten bei der Beschäftigung verhindert oder beseitigt werden.

Im → Bundessozialhilfegesetz (BSHG) ist in § 6 Abs. 2 allgemein für die → Sozialhilfe bestimmt, daß diese auch nach Beseitigung einer Notlage gewährt werden soll, wenn dies geboten ist, um die Wirksamkeit der zuvor gewährten Hilfe zu sichern. Das BSHG enthält außerdem spezielle Vorschriften über die n. H. zur Sicherung ärztlicher oder beruflicher Maßnahmen, z.B. § 40 Abs. 1 Nr. 7. Auch in der → Jugendhilfe hat die n. H. die Aufgabe, die Hauptmaßnahmen zu sichern und in ihrer Wirkung zu verstärken. In diesem Zusammenhang ist auf § 41 Abs. 1 und 4 → Kinder- und Jugendhilfegesetz (KJHG – SGB VIII) hinzuweisen. Nach § 41 Abs. 1 KJHG soll jungen Volljährigen (das sind Personen, die 18, aber noch nicht 27 Jahre alt sind) Hilfe für die Persönlichkeitsentwicklung und zu einer eigenverantwortlichen Lebensführung gewährt werden, wenn und solange im Einzelfall die Hilfe auf Grund der individuellen Situation des jungen Menschen notwendig ist. Die Hilfe wird i.d.R. nur bis zur Vollendung des 21. Lebensjahres gewährt; in begründeten Einzelfällen soll sie für einen begrenzten Zeitraum darüber hinaus fortgesetzt werden. Nach § 41 Abs. 4 KJHG soll der junge Volljährige auch nach Beendigung der genannten Hilfe bei der Verselbständigung im notwendigen Umfang beraten und unterstützt werden.

Lit. Burdenski u.a.: SGB (Komm.); DV: Selbsthilfe; Deutsche Vereinigung für die Rehabilitation Behinderter: Beratung; Jans u.a.: KJHG (Komm.); Knopp u.a.: BSHG (Komm.); Mergler u.a.: BSHG (Komm.).

Erich Dahlinger

Nachlaß → Erbrecht, → Kostenersatz

Nachlaßpflegschaft → Pflegschaft

Nachrang der Sozialhilfe und der Jugendhilfe wird als konstitutiv für das Wesen der öffentlichen → Fürsorge und als leitender Grundsatz für die Rangordnung von → Selbsthilfe und Gemeinschaftshilfe angesehen. Zusammen mit den Koordinationsregeln der institutionellen → Subsidiarität für das Verhältnis von → freien und → öffentlichen Trägern wird das rechtliche Ordnungsprinzip des Nachrangs der → Sozialhilfe und der → Jugendhilfe (auch fürsorgerische Subsidiarität genannt) geprägt durch das sozialphilosophische Axiom des Subsidiaritätsprinzips. Unter dem Einfluß dieses Prinzips, einschließlich finanzpolitischer Gründe (Gebot rationeller Finanzwirtschaft) und sozialpädagogischer Erwägungen (Entfaltung durch Selbsthilfe und Selbstverantwortung), lautet die grundsätzliche Rangordnung: private Mittel wie Arbeit, Einkommen, Vermögen, Unterhalt und Erziehung durch Eltern – vorsorgebegründete, entschädigende und ausgleichende öffentliche Leistungen als Ausprägung (unterschiedlich starker) Eigenleistungs-/Gegenleistungsbeziehungen – Fürsorge als einseitige Anspruchsgewährung aus allgemeinen Steuermitteln und nach dem Prinzip der → Individualisierung mit dem Ziel, einen bestimmten Standard zu erreichen.

1. Nachrang der Sozialhilfe: Der in § 2 Abs. 1 des → Bundessozialhilfegesetzes (BSHG) niedergelegte Grundsatz des N.d.S. bedeutet gegenüber dem Hilfesuchenden (→ Hilfeempfänger), daß er Sozialhilfe nur erhält, wenn er sich nicht selbst helfen kann und auch von anderen nicht die erforderliche Hilfe erhält. Der Grundsatz bedeutet gegenüber Dritten (besonders Unterhaltspflichtigen und – vor allem – anderen → Sozialleistungsträgern), daß ihre Verpflichtungen gegenüber dem Hilfebedürftigen durch die Sozialhilfe nicht aufgehoben oder eingeschränkt werden. Auch Leistungen anderer, die auf Rechtsvorschriften beruhen, auf die jedoch kein Anspruch besteht, dürfen nicht deshalb versagt werden, weil in der Sozialhilfe entsprechende Leistungen vorgesehen sind. Der Grundsatz des N.d.S. hat im wesentlichen Bedeutung für die:

a) Selbsthilfe mit den Hauptfällen: Einsatz von Arbeitskraft, → Einkommen und → Vermögen sowie zumutbare Realisierung von Ansprüchen, die zur Bedarfsdeckung führen würden;

b) tatsächlichen Leistungen Dritter, die geeignet sind, Hilfebedürftigkeit (ganz oder teilweise) zu verhindern oder zu beseitigen;

c) Verpflichtungen anderer. Da diese in vielen Fällen nicht erfüllt werden und die Sozialhilfe als Garant eintreten muß, wird dem → Sozialhilfeträger zur Wiederherstellung des Nachrangs die Möglichkeit eingeräumt, Ansprüche gegen einen vorrangig verpflichteten Schuldner – insbes. Unterhaltspflichtigen (→ Unterhaltspflicht) – nach §§ 90, 91 BSHG durchzusetzen sowie die – dem § 90 BSHG vorgehenden – → Erstattungsansprüche nach Sondervorschriften anderer Gesetze, vor allem gegenüber anderen Sozialleistungsträgern nach § 104 des → Sozialgesetzbuchs, 10. Buch (SGB X), zu realisieren.

Der Grundsatz des N. d. S. wird im BSHG durch eine Reihe von Ausnahmen eingeschränkt, die aus unterschiedlichen Erwägungen und in differenzierter Weise etwa den Verzicht auf den Einsatz der Arbeitskraft oder die Nichtanrechnung von Einkommen und Vermögen des Hilfesuchenden und bestimmter Unterhaltspflichtiger regeln (z. B. §§ 88 Abs. 2 BSHG: geschontes Vermögen). Darüber hinaus hat der Gesetzgeber von seiner Befugnis, den N. d. S. zu modifizieren, auch außerhalb des BSHG vielfältigen Gebrauch gemacht (insbes. durch Verbote der Anrechnung bestimmter Sozialleistungen auf die Sozialhilfe, z. B. der Leistungen nach dem Bundeserziehungsgeldgesetz). Angesichts zunehmender Durchbrechungen des N. d. S. stellt sich freilich die Frage, inwieweit solche Modifikationen das Prinzip des N. d. S. in der Weise aushöhlen, daß es in seinem Kernbereich angetastet wird.

Aus dem Grundsatz des N. d. S. folgt die Eigenschaft der Sozialhilfe, Ausfallbürge für eine Lebensführung zu sein, die der Menschenwürde entspricht (§ 1 Abs. 2 S. 1 BSHG). Diese Rollenzuweisung führt in zahlreichen Fällen und zunehmend dazu, daß die Sozialhilfe in erheblichem Umfang unzureichende Leistungen oder Lücken vorrangiger Sozialleistungssysteme durch Aufstockungsleistungen ergänzen oder als »Lückenbüßerin« (Achinger) eintreten muß. Damit wird aber der eigentliche Auftrag der Sozialhilfe in sozialpolitisch bedenklichem Umfang beeinträchtigt.

2. Nachrang der Jugendhilfe: Die Jugendhilfe wird von einem dreifachen Grundsatz des Nachrangs geprägt, nämlich vom a) Grundsatz des Nachrangs gegenüber dem elterlichen Erziehungsrecht, b) vom Grundsatz des kostenrechtlichen Nachrangs und c) vom Grundsatz des Nachrangs gegenüber der Sozialhilfe.

Zu a: Wenn und soweit der → Erziehungsanspruch durch die Eltern erfüllt werden kann, tritt die Erziehungstätigkeit der öffentlichen (aber auch der freien) → Jugendhilfeträger nach dem in § 1 Abs. 2 S. 1 des → Kinder- und Jugendhilfegesetz (KJHG – SGB VIII) festgelegten (und den Wortlaut des Art. 6 Abs. 2 S. 1 → Grundgesetz [GG] wiedergebenden) Grundsatz des Vorrangs der elterlichen Erziehung zurück: Das → Elternrecht ist der verfassungsrechtlich gebotene Ausgangspunkt des KJHG; in dieses Recht darf nur eingegriffen werden, wenn das dem Staat nach § 1 Abs. 2 S. 2 KJHG zukommende Wächteramt dies gebietet.

Zu b: Deutlicher als bislang das → Jugendwohlfahrtsgesetz (JWG) bestimmt nunmehr das KJHG in § 10 Abs. 1, daß die Leistungen der Jugendhilfe gegenüber anderen Verpflichteten, insbes. Unterhaltspflichtigen oder anderen Sozialleistungsträgern, nachrangig sind. Bei den Kostenvorschriften unterscheidet das KJHG zwischen der Erhebung von Teilnahmebeiträgen und Gebühren (§ 90), deren Realisierung Sache des Trägers eines Jugendhilfeangebots (z. B. eines Kindergartens) ist, und der Erhebung eines → Kostenbeitrags (§§ 91 bis 93), der durch Leistungsbescheid des Trägers der öffentlichen Jugendhilfe festgesetzt wird. Der kostenrechtliche N d. J. kann auch dadurch verwirklicht werden, daß der Träger der öffentlichen Jugendhilfe Erstattungsansprüche gegen andere Sozialleistungsträger (vor allem nach § 104 SGB X) geltend macht oder vorrangige Ansprüche auf sich überleitet (§§ 95, 96 KJHG).

Zu c: § 10 Abs. 2 S. 1 KJHG bestimmt, daß die Leistungen der Jugendhilfe den Leistungen nach dem BSHG vorgehen. Dies gilt freilich nicht für Leistungen der Eingliederungshilfe für Behinderte an junge Menschen, die körperlich oder geistig behindert (bzw. von einer solchen Behinderung bedroht) sind: Hier ist die Sozialhilfe (§§ 39 ff. BSHG) vorrangig zuständig. Leistungen für seelisch behinderte Kinder und Jugendlicher (oder von einer seelischen Behinderung Bedrohte) sind hingegen Bestandteil der Jugendhilfe (§ 35a KJHG → Eingliederungshilfe). Mit dieser Abgrenzung werden die Schwierigkeiten bei der Zuordnung behinderter junger Menschen zur Sozialhilfe oder zur Jugendhilfe (an der Schnittstelle zwischen → Verhaltensauffälligkeiten im Entwicklungsprozeß und seelischen Behinderungen junger Menschen) weitgehend entschärft.

Lit. Bäumerich: Nachrangprinzip; Knopp u. a.: BSHG (Komm.); Mergler u. a.: BSHG (Komm.); Oestreicher u. a.: BSHG (Komm.); Schellhorn u. a.: BSHG (Komm.); Schulte B.: Nachrang; Wiesner u. a.: SGB VIII (Komm.).

Peter Trenk-Hinterberger

Nachtcasino Der Anteil gerontopsychiatrisch erkrankter Menschen in den Alten- und Pflegeheimen (→ Altenpflegeheim) ist in den letzten Jahren rasant angestiegen. Ein neues Betreuungskonzept war notwendig, um auch diesem Personenkreis ein weitgehend selbstbestimmtes Leben zu ermöglichen. Ein ihrem Tagesrhythmus angepaßtes Konzept sollte – ohne sedierende Medikamente – Lebensqualität sicherstellen. Das N. wurde am 15. 6.1992 eröffnet; im Jahr 1994 wurde dem Pauline-Ahlsdorff-Haus der Altenpflegepreis des Vincentz-Verlages zuerkannt.

Mit dem Angebot des N. sollen u. a. folgende Ziele erreicht werden:
– Beibehaltung des vorherigen Tagesrhythmus;
– Förderung des geselligen Beisammenseins;
– Stärkung des Lebenswillens;
– Förderung des Selbstbewußtseins durch gemeinsame Aktivitäten;

– Hilfe zur Selbsthilfe durch Anleitung und Motivation;
– Reduzierung/Vermeidung von Medikamenten;
– gezielte Einzelfallhilfe etc.

Hermann Packbier-Copier

Nachtklinik Halbstationäre, eigenständige Einrichtungen oder Teile einer größeren Institution zur Behandlung in Arbeit stehender → psychisch Kranker. Sie dienen der Rückfallprophylaxe und schrittweisen Wiedereingliederung in das Erwerbsleben bei nicht vorhandenem oder nicht ausreichend tragfähigem familiären Hintergrund. N. bieten im sozialpsychiatrischen Sinne (→ Sozialpsychiatrie) ein Übungsfeld zur vollen sozialen Reintegration mit dem Ziel der Vermeidung eines langfristigen Aufenthaltes in einer vollstationären psychiatrischen Einrichtung (→ Landeskrankenhaus) bzw. der Primäraufnahme in Krisensituationen ohne vollstationäre Hospitalisierung. N. werden durch → therapeutische Teams betreut. Ziel ist die Anleitung zur → Selbsthilfe, insbes. im Bereich sozialkommunikativer Fähigkeiten. An Behandlungsformen stehen neben → Psychopharmaka vorwiegend die Soziotherapie (→ Sozialtherapie), gelegentlich auch psychotherapeutische Verfahren i. e. S. (→ Psychotherapie) zur Verfügung. Unter den Bedingungen zunehmender → Arbeitslosigkeit und der damit einhergehenden Ausgrenzung psychisch Kranker aus dem Erwerbsleben verlieren N. als gemeindepsychiatrische Hilfsmöglichkeiten (→ Gemeindepsychiatrie) an Bedeutung.

Lit. Angermeyer: Nachtklinik; Dörner, K. u. a.: Gemeindepsychiatrie; Frießem: Sozialpsychiatrie; Wienekamp: Nachtklinik.

Ralf Seidel

Nachtpflege ist ein Angebot für ältere Menschen, die eine Versorgung, Behandlung und Betreuung bis zu sieben Nächten in der Woche benötigen. Sie zählt – wie die → Tagespflege – zu den → teilstationären Leistungen der → Altenhilfe. In N.einrichtungen werden ältere Menschen vom späten Nachmittag bis zum nächsten Morgen versorgt. Den Tag verbringen sie (mit ihren Angehörigen) in ihrer Privatwohnung.
Bei Besuchern von N.einrichtungen handelt es sich meist um Menschen, die durch körperliche oder psychische Leiden (etwa Demenzen) massive Schlafstörungen haben. Viele müssen aber auch – vor allem nach Entlassungen aus dem → Krankenhaus – nachts medizinisch versorgt werden. Andere Besucher – insbesondere Alleinlebende – haben sehr große Ängste bei Dunkelheit. Die N.einrichtungen bieten ihnen Schutz. Darüber hinaus entlasten sie auch die pflegenden Angehörigen zu Hause.
Für Pflegebedürftige (→ Pflegebedürftigkeit) übernimmt die → Pflegekasse einen Teil der Kosten: In Pflegestufe 1 zahlen die Kassen bis zu 750 DM, in Stufe 2 bis zu 1 500 DM und in Stufe 3 bis zu 2 100 DM für die nächtliche Pflege und Betreuung sowie für Fahrtkosten. Die Aufwendungen für Unterkunft und Verpflegung müssen die Pflegebedürftigen selbst tragen.
Bis jetzt gibt es zu wenige Einrichtungen in Deutschland, die N. anbieten. Im April 1996 hatten insgesamt 325 Altenpflegeeinrichtungen – meistens Heime – bei den Pflegekassen eine Zulassung (auch) zur N. beantragt. Die meisten von ihnen verfügen nur über wenige Plätze für die nächtliche Betreuung. Oft findet diese in speziellen »Nachtcasinos« oder »Nachtcafés« in den Heimen statt.

Lit. s.: → Betreutes Wohnen für alte Menschen.

Hans Nakielski

NAKOS (Nationale Kontakt- und Informationsstelle zur Anregung und Unterstützung von Selbsthilfegruppen) ist die bundesweite Aufklärungs- und Auskunftsagentur zum Thema → Selbsthilfegruppen und Selbsthilfeunterstützung (→ Selbsthilfe).
Die NAKOS entwickelt und streut allgemeine Informationen über Möglichkeiten und Nutzen von Selbsthilfegruppen (Broschüren, Faltblätter, Plakate) und leistet so für viele Betroffene und Angehörige generelle Aufklärungsarbeit. Sie ebnet Interessierten Zugänge zu Selbsthilfegruppen in ihrer Region (vor allem über die Angabe von → Selbsthilfekontaktstellen und Anschriften von Selbsthilfeverbänden).
Fachleuten gibt sie Orientierungspunkte zur Zusammenarbeit mit Selbsthilfegruppen (über Broschüren und Fortbildungsmaßnahmen). Politischen und administrativen Entscheidungsträgern vermittelt sie über Fachtagungen, Studien und Stellungnahmen Konzepte für eine angemessene Förderung von Selbsthilfegruppen.
Für Mitarbeiter/-innen in Selbsthilfekontaktstellen organisiert die NAKOS spezifische Fortbildungsangebote.
Träger der NAKOS ist die → Deutsche Arbeitsgemeinschaft Selbsthilfegruppen e.V. Die Grundfinanzierung der NAKOS leisten das → BMFSFJ und die Berliner Senatsverwaltung für Gesundheit und Soziales.
Vierteljahreszeitung: »NAKOS-INFO«
Anschrift: »Albrecht-Achilles-Str. 65, 10709 Berlin«.

Klaus Balke

Name Der bürgerliche N. einer Einzelperson, in Deutschland Familienn. und mindestens ein Vorname, dient der Individualisierung, ist als unübertragbares Persönlichkeitsrecht anzusehen und erlischt mit dem Tod.
Den Vornamen geben die personensorgeberechtigten Eltern (→ Personensorge) dem Kind. Der Vorname muß das Geschlecht erkennen lassen; Auswahl nur durch allge-

meine Sitte und Ordnung beschränkt; Erteilung formlos; Eintragung im Geburtenbuch beim Standesamt nur deklaratorisch.
Bei der Eheschließung sollen die Partner als gemeinsamen Familien. (Ehen.) den Geburtsn. der Frau oder des Mannes wählen (§ 1355 → Bürgerliches Gesetzbuch [BGB]). Der Ehegatte, dessen Geburtsn. nicht Familienn. wird, kann zusätzlich seinen früheren N., dem Familienn. vorangestellt oder angefügt, weiterführen, bei mehreren früheren N. aber nur einen von diesen; Form: öffentlich beglaubigte Erklärung gegenüber dem Standesbeamten, die widerrufen werden kann (§ 1355 Abs. 4 BGB).
Bestimmen die Partner keinen Ehenamen, führt jeder seinen Namen weiter. Innerhalb von 5 Jahren nach der Eheschließung kann durch öffentlich beglaubigte Erklärung jedoch noch ein gemeinsamer Familienn. gewählt werden.
Das → eheliche Kind erhält den Familienn. der Eltern (§ 1616 BGB), führen die Eltern keinen gemeinsamen Ehen., so bestimmen sie gegenüber dem Standesbeamten den N., den einer von ihnen führt, zum Familienn. des Kindes. Fehlt eine solche Bestimmung einen Monat nach der Geburt, überträgt das Vormundschaftsgericht einem Elternteil das Bestimmungsrecht. Wählen die Eltern erst nach der Geburt ihres Kindes einen gemeinsamen Familienn., so erhält das Kind, wenn es zu diesem Zeitpunkt noch nicht 5 Jahre alt ist, diesen Namen automatisch auch. Nach Vollendung des 5. Lebensjahres erhält das Kind diesen Namen nur, wenn es sich der Änderung des Namens anschließt, nach Vollendung des 14. Lebensjahres durch eigene öffentlich-beglaubigte Erklärung gegenüber dem Standesbeamten, vorher durch entsprechende Erklärung des gesetzlichen Vertreters; soweit dies die Eltern sind, bedarf deren Erklärung der vormundschaftlichen Genehmigung.
Das → nichteheliche Kind erhält den Familienn., den die Mutter z.Z. der Geburt des Kindes führt (§ 1617 BGB). Zu den Auswirkungen der Änderung des Familienn. der Mutter auf den N. des nichtehelichen Kindes vgl. §§ 1617 Abs. 2 bis 4, 1720 BGB, zur Einbenennung des Kindes § 1618 BGB. Wird ein Kind auf Antrag seines Vaters für ehelich erklärt, erhält es den Familienn. des Vaters (§ 1737 BGB); erfolgt die Ehelicherklärung auf Antrag des Kindes nach Tod eines Elternteils, erhält das Kind den Familienn. des überlebenden Elternteils oder mit Zustimmung des überlebenden Elternteils den Familienn. des verstorbenen Elternteils (§ 1740 f BGB).
Mit der → Annahme als Kind erhält das Kind als Geburtsn. den Familienn. des Annehmenden; eine Änderung des Vorn. ist nur möglich, wenn dies dem Wohl des Kindes entspricht, das Beifügen des bisherigen Familienn. ist nur möglich, wenn dies aus schwerwiegenden Gründen zum Wohl des Kindes erforderlich ist (§ 1757 BGB; → Kindeswohl).
Verwitwete oder geschiedene Ehegatten behalten den Ehen., können aber durch Erklärung gegenüber dem Standesbeamten auch ihren Geburtsn. oder den N., den sie bis zur Eheschließung führten, wieder annehmen oder den Geburtsn. dem Ehen. voranstellen oder anfügen (§ 1355 Abs. 5 BGB).
Außer diesen familienrechtlich bedingten N.gebungen und -änderungen können Vorn. und Familienn. durch die Verwaltungsbehörden aus wichtigem Grund nach dem »Gesetz über die Änderung von Familiennamen und Vornamen« vom 5.1. 1938 geändert werden.
Gegen unbefugtes Führen desselben N. durch einen anderen oder das Bestreiten des Rechts zum Gebrauch eines N. eröffnet § 12 BGB eine Klage auf Beseitigung der Beeinträchtigung bzw. Unterlassung.
Zum Übergangsrecht in dem in Art. 3 des Einigungsvertrages genannten Gebiet nach dem Beitritt zur BRD vgl. Art. 234, §§ 3 und 10 EGBGB.
Lit. Palandt: BGB (Komm.).
Helga Gross/Bärbel Habermann

Narzißmus In Anlehnung an die Sage von Narzissos, der sich in sein eigenes Selbstbild verliebte, die Liebe, die man dem Bild von sich selbst entgegenbringt. Bei S. Freud erscheint der Begriff »N.« erstmals, um ein zwischen Autoerotismus und Objektliebe liegendes Entwicklungsstadium zu beschreiben, in dem sich noch alle → Libido im Ich (Selbst) befindet.
Gegenwärtig ist die N.theorie oder besser die Theorie vom Selbst und seiner Pathologie Gegenstand einer heftigen Kontroverse. Im Rahmen des sich erweiternden Anwendungsgebietes der → Psychoanalyse werden auch die zunächst für unbehandelbar gehaltenen narzißtischen Persönlichkeitsstörungen therapeutisch angegangen. Kennzeichnend für die narzißtische Störung ist, daß die zum Alter des Kindes gehörenden narzißtischen Bedürfnisse, wie z.B. Bewundertwerdenwollen, aggressive Regungen, Autonomiebestreben und Idealisierung der Eltern, nicht integriert, sondern abgespalten und teilweise verdrängt werden mußten und in ihrer archaischen Form erhalten bleiben. Miller schildert zwei extreme Formen von narzißtischer Störung: Grandiosität als Abwehr von → Depression und deren Kehrseite die Depression als Abwehr des eigentlichen Schmerzes über den Selbstverlust. Der »grandiose« Mensch war immer das von der Mutter wegen bestimmter Eigenschaften bewunderte Kind, das aber nie um seiner selbst willen geliebt wurde. Als Erwachsener sucht dieser Mensch immer noch nach Bewunderung, die allerdings – wenn er sie findet – nie genügen kann, weil sie eine Ersatzbefriedigung für das unbewußt gebliebene Bedürf-

nis nach Liebe, Achtung und Anerkennung ist. Manchmal bricht die Grandiosität z. B. im Alter oder bei Erkrankung zusammen und Depression tritt auf. Grandiosität und Depression können auch phasenhaft aufeinander folgen, Gefühle von göttlicher Größe und Allmacht können mit Gefühlen von Leere und Sinnlosigkeit abwechseln (→ Manisch-depressiver Formenkreis). So bringt z. B. Erfolg nur eine vorübergehende Sättigung, da er der Verleugnung der kindlichen → Frustration diente. Herrscht die ständig manifeste Verstimmung vor, die äußerlich keinen Zusammenhang mit Grandiosität zu haben scheint, lassen sich verdrängte oder abgespaltene Größenphantasien leicht herausarbeiten. In der Depression werden eigene Gefühlsreaktionen und Empfindungen aus Angst vor Liebesverlust des Objekts verleugnet, statt dessen müssen zwanghaft die Erwartungen der verinnerlichten Mutter erfüllt werden.

Lit. Henseler, H.: Narzißtische Krisen; Kernberg: Borderline-Störungen; Köhler, L.: Persönlichkeitsstörungen; Kohut: Heilung; Kohut: Narzißmus. *Hannelore Barth*

Nationale Armutskonferenz (NAK) Sie wurde 1991 gegründet als ein Forum von Spitzenverbänden der → Freien Wohlfahrtspflege und Fach- und Selbsthilfeorganisationen sowie dem Deutschen Gewerkschaftsbund. Die Mitgliedsorganisationen tragen mit ihrer Arbeit dazu bei, das Armutsproblem zu überwinden. Sie repräsentieren die Selbsthilfeansätze der von → Armut betroffenen oder bedrohten Bevölkerungsgruppen. Die NAK versteht sich zum einen als Parallelorganisation zu den nationalen Armutsnetzwerken in den übrigen EU-Mitgliedstaaten und ist Teil des → European-Anti-Poverty-Network (eapn), des Armutsnetzwerkes auf EU-Ebene. Sie will zum anderen auf nationaler Ebene einen Beitrag leisten zur Vernetzung der Aktivitäten der Bekämpfung von Armut und der Bemühungen zur Verhinderung von Armut in einer reichen Gesellschaft. Als Teil des eapn sieht die NAK ihre Aufgabe auch darin, auf europäischer Ebene Sozialpolitik mitzugestalten. Sie will erreichen, daß Wohlfahrtsverbände und Fach- und Selbsthilfeorganisationen in Zukunft an der Erstellung und Durchführung von Programmen zur Armutsbekämpfung beteiligt werden und Planungen im sozialen Bereich sowie soziale Gesetzgebung mitgestalten können. Die in der NAK zusammengefaßten Organisationen wollen Verantwortung im nationalen und europäischen Bereich übernehmen und setzen sich gegenüber der Politik dafür ein, als Partner akzeptiert zu werden. Anschrift: c/o SKM-Zentrale, Ulmenstraße 67, 40476 Düsseldorf. *Rolf Lodde*

Negative Einkommenssteuer → Grundsicherung

Netzplantechnik Methode zur → Planung, Steuerung und Überwachung von komplexen Abläufen von Einzelprojekten auf der Basis der Graphentheorie. Alle zur Projektverwirklichung erforderlichen Einzelvorgänge und Ereignisse werden in ihren sachlichen und zeitlichen Abhängigkeiten erkannt, der Zeitbedarf für die Vorgänge ermittelt und ein optimaler Ablauf zur Erreichung des Projektzieles konstruiert.

Der Netzplan umfaßt zwei wichtige Elemente: die Ereignisse, die einen bestimmten Zustand im Ablauf (am Anfang und am Ende von Aktivitäten) darstellen und graphisch als Knoten oder Kreis gezeichnet werden. Aktivitäten (Vorgänge) stellen ein zeiterforderndes Geschehen zwischen zwei Ereignissen dar. Zur graphischen Darstellung benutzt man Pfeile, wobei die Pfeilspitze die Aktivitätsrichtung angibt. Die Knoten werden numeriert, um die zeitliche Folge zu dokumentieren. Die Struktur des Netzes zeigt den möglichen Ablauf und die Abhängigkeiten der Aktivitäten voneinander auf. Sind die Gesamtdauer eines Projektes, die Vorgangsfolgen sowie die zeitliche Dauer des jeweiligen einzelnen Vorganges bekannt, so läßt sich der Netzplan entwerfen.

Die N. eignet sich vor allem für die sog. »operative« Planung, d. h. für die Projektdurchführung und die Zeitplanung der Projekte. Da die N. selbst sehr aufwendig ist, wird sie nur für größere komplexe Projekte benutzt. Deshalb werden bei größeren Netzplänen schon Programme der Elektronischen Datenverarbeitung eingesetzt. In der → Sozialplanung gibt es bisher kaum Anwendungsbeispiele. *Dietrich Kühn*

Netzwerke, soziale (englisch: social networks) entwickeln sich aus informellen Beziehungen sozialer Nähe – im Unterschied zur formellen und funktionalen Verknüpfung durch Organisationssysteme oder zur (massen)medialen Vermittlung durch Kommunikationstechnik. Zu unterscheiden sind die »natural networks« einer als natürlich geltenden Gemeinschaftsbindung (insbes. Verwandtschaft und Nachbarschaft) und die »künstliche« Einrichtung und Ausgestaltung sozialer Netze auf der Basis verbindender Betroffenheit und in besonders vereinbarter Ausrichtung auf begrenzte Interessen und Probleme. Ein aktuelles Beispiel ist die Verlagerung sozialer Problembearbeitung (z. B. Pflegebedürftigkeit, Suchtkrankheit, psychosoziale Problembelastung) aus der primären Nähe familialer Solidarität in bewußt gestaltete Gruppenbeziehungen (selbstaktive Felder) der Selbst- und Solidarhilfe (→ Selbsthilfegruppen, → Nachbarschaftshilfe).

Sozialpolitisch zu würdigen ist die soziale Schutz-, Bewältigungs-, Entlastungs- und Unterstützungsfunktion lebensnaher Netze. In der Praxis bedeutet dies einen Perspektivenwechsel sozialer Arbeit vom individualisierenden Fallbezug zu sozialökologischer Feldorientierung (vgl. → Alternative soziale Bewegung). Als Problemorientierung sensibilisiert die Theorie sozialer Netze für die problemverursachende, problemverschärfende, aber auch problemlösende Wirkung sozialer Vernetzung. Als Handlungsorientierung bietet die Netzwerkanalyse dem »professionellen Helfer als Netzwerker« einen Ansatz, die Stärken der alltäglichen Lebensfelder anzuerkennen, zu fördern und neu zu beleben.

Im Verantwortungshorizont kommunaler → Sozialpolitik (→ Sozialplanung) führt ein professionelles Verständnis von → Sozialarbeit als »Netzwerk«-Arbeit aber auch zu Spannungen und Vermittlungen, Auseinandersetzungen und Verhandlungen zwischen dem politisch-administrativen System und den selbstaktiven Feldern der → Selbsthilfe, Selbstorganisation und → Selbststeuerung.

Aktuell wurde die lebenspraktische Bedeutung der s. N. im deutschen Einigungsprozeß. Im Umbruch der DDR waren die in privaten und subkulturellen Nischen – insbes. »unter dem Dach der Kirche« – lebendigen Gruppen und Netze Gegenhalt und Gegenmacht zum Integrationsdruck totaler Organisation. In den neuen Bundesländern scheint diese »Nischenkultur« sozialer Vernetzung durch das Tempo marktwirtschaftlicher Mobilisierung und Modernisierung besonders belastet, womit eine aktive Feldorientierung sozialer Netzwerkarbeit hier besonders gefordert ist.

Lit. Bussmann: Lernen; Collins u.a.: Nachbarschaft; Dewe u.a.: Netzwerkförderung; Kähler: Netzwerker; Keupp u.a.: Netzwerke; Nokielski u.a.: Netzwerkhilfe; Schenk, M.: Netzwerk; Wendt: Ökologie.

Eckart Pankoke

Neue Fachlichkeit in der Jugendhilfe Mit N. F. wird im engeren Sinne das veränderte Rollenskript für (insbesondere behördliche) → Fachkräfte auf dem Hintergrund eines gewandelten Selbstverständnisses der (lebensweltorientierten) → Jugendhilfe (→ Lebenswelt) und veränderter gesetzlicher Rahmenbedingungen bezeichnet. Das → Kinder- und Jugendhilfegesetz (KJHG – SGB VIII) hat die ordnungspolitische Funktion v.a. in den hoheitlichen Aufgabenbereichen zugunsten des hilfeorientierten Gesamtauftrags (§ 1 KJHG) zurückgedrängt. Jugendhilfe grenzt sich nunmehr in ihrer Eigenständigkeit deutlich(er) von anderen gesellschaftlichen Bereichen, v.a. der Justiz, ab (→ Trennungs- und Scheidungsberatung). Sie nimmt das für ihren Aufgabenbereich übertragene staatliche Wächteramt nur ausschließlich durch betroffenenorientierte, permissive »Motivationsarbeit« wahr; dadurch sollen die Zugangsbarrieren zur (öffentlichen) Jugendhilfe v.a. in Krisensituationen abgebaut und Eltern wie Kinder/Jugendliche ermutigt werden, Hilfe und Unterstützung anzunehmen. Nur so können Kinder wirksam geschützt werden (vgl. unten N. F. in den Fällen des § 1666 BGB). Die Annahme sozialer Hilfen ist danach nicht Stigmatisierung, sondern Teil der sozialen Kultur einer Gesellschaft. Die N. F. orientiert sich insbesondere a) an einem veränderten Menschenbild (vom Fürsorgebittsteller zum dienstleistungsberechtigten Bürger), b) an einem gewandelten Hilfeverständnis (Akzeptanz der Hilfen durch die Betroffenen als Maxime) und c) bei der Erarbeitung konkreter Handlungsstrategien an den biographischen Erfahrungen der Betroffenen, an ihren Alltagsbedingungen und der darin entwickelten Fähigkeiten/Ressourcen.

N. F. rückt somit drei Qualifikationsmerkmale in den Mittelpunkt:

a) Es geht einmal um das ethnographische (Fremd-)Verstehen; gemeint ist damit die Fähigkeit, in die Lebenslage und Lebensverhältnisse von hilfesuchenden Menschen »einzutauchen«, um so ein Verständnis für zentrale biographische Ereignisse und für das Sinnverstehen der Betroffenen zu bekommen. Dieser eng biographiebezogene »innere Blick« erklärt Deutungsmuster und Lebensstrategien der Akteure. Die biographischen Ereignisse vor dem Hintergrund des je spezifischen gesellschaftlichen und sozialen Milieus zu interpretieren und den spezifischen Sinn des Handelns der Akteure zu entdecken, meint die Fähigkeit des ethnographischen (Fremd-)Verstehens. Dem »Eintauchen« in die Lebensgeschichte der Hilfesuchenden folgt somit die Reflexion des differenzierten Erkenntnisstandes, der sich durch diese nahezu unvoreingenommene Betrachtung des sozialen Geschehens vermittelt (Schütze, 1994; Mead, 1968). Dadurch ergibt sich

b) die Fähigkeit zur biographischen Begleitung. Den Betroffenen das Gefühl zu vermitteln, daß mit Blick auf ihre Biographie und Lebensverhältnisse ihre handlungsbestimmenden Motive einen Sinn machen und verstanden werden, ist Voraussetzung dafür, von ihnen als »signifikant anderer« (Mead, 1968) akzeptiert zu werden. Im Mittelpunkt dieses Rollenskripts steht die Aneignung der Betroffenenperspektive (ethnographisches Fremdverstehen) als Grundlage für die Herstellung einer besonderen vertrauenswürdigen Beziehung. Erst danach ist es möglich, Ressourcen bei den Betroffenen selbst und in dem sozialen Milieu wahrzunehmen und diese zentral im Hilfeprozeß einzubeziehen. Die biographische Begleitung ist demnach ein auf die Lebensgeschichte der Betroffenen gerichtetes prozeßbezogenes Reflektieren und Handeln. Diesem Hilfeverständnis ist immanent, daß die Klienten entscheiden, was sie an Hilfearrangements annehmen können. Hilfeprozesse werden somit abduktiv orga-

nisiert; das, was sich als Hilfe, Verstärkung und Unterstützung anbietet, wird erst nach und nach entdeckt und erarbeitet (Glinka, 1997). Schematische Angebotspaletten sind kontraproduktiv, weil sie den Blick auf das wesentliche trüben.
c) Die Fähigkeit zur Selbstreflexion. Die Fachkräfte werden in ihrer Praxis immer wieder mit Werten, Normen und Handlungsstrategien von Menschen konfrontiert, die sie selbst nicht teilen oder energisch ablehnen. Dies führt zu Blockaden im Hilfeprozeß, zu gegenseitigen → Projektionen und → Übertragungen.

Die Aneignung von Werten und → Normen und die Umsetzung in soziales Handeln passiert vor dem Hintergrund insbesondere zweier Folien:
– Es gibt einerseits die Ebene der abstrakt definierten Werte und Normen, die vorwiegend das Ergebnis von gesellschaftlichen Traditionen, religiösen und politischen Grundüberzeugungen sowie der aktuellen gesellschaftlichen Praxis sind. Dabei kristallisieren sich »Grundwerte« und Normen heraus, die überwiegend akzeptiert sind.
– Wie diese Wertkonsense in gesellschaftliche Praxis vom einzelnen umgesetzt werden, ist abhängig von den Lebenserfahrungen (Biographie), Lebensverhältnissen und Lebensereignissen; ein Beispiel: Eltern wollen in der Regel »das Beste für ihre Kinder«, lösen aber in der konkreten gesellschaftlichen Praxis ggf. das Gegenteil aus. Dieser Widerspruch erklärt sich u. a. dadurch, daß der elterliche Erkenntnisumfang über eine kindeswohlorientierte Erziehung sich eben nach ihren biographischen Erfahrungen, Wissen und Wahrnehmungen, den aktuellen sozialen Rahmenbedingungen und den sozialen Lebensereignissen (Schulschwierigkeiten der Kinder; Arbeitslosigkeit der Eltern etc.) strukturiert und sie danach handeln.

Unabhängig, wie Betroffene konkret handeln, gilt: Die Art und Weise ihrer Reaktion macht aus ihrer biographischen Perspektive einen Sinn. Dieser Sinn verschließt sich oftmals den Fachkräften. Gewaltanwendung, Alkoholsucht, Aggressivität, Wutausbrüche etc. blockieren vielfach die Beziehung zwischen beiden, weil biographische Erfahrungen auch auf seiten der Fachkraft wiederbelebt und wirksam werden (Übertragungen; Projektionen), ablehnende Gefühle verstärken und damit auch den Blick für mögliche betroffenenorientierte Unterstützungszusammenhänge trüben.

Selbstreflexive Kompetenz bedeutet hier, wahrzunehmen und zu analysieren, was die konkrete Kommunikation intrapersonal auslöst, woher diese Gefühle kommen und was sie bewirken können. Das bedeutet gleichzeitig, daß die Fachkräfte selbst für sich biographische Arbeit im Sinne der Selbstreflexion leisten müssen. Dies ist die Voraussetzung, um Verstrickungen zu erkennen und sich aus diesen zu befreien. Werte und Normen sind in ihrer Relativität von Lebenserfahrungen, -verhältnissen und -bedingungen zu begreifen. Damit werden die Voraussetzungen auf der zwischenmenschlichen Ebene geschaffen, um Veränderung überhaupt zu ermöglichen.

Historisch gesehen war die Jugendhilfe von der Nachkriegsära bis weit in die 60er Jahre hinein geprägt durch unmittelbare »Nothilfe«, konzentrierte sie sich auf soziale Integration »gefährdeter« oder »verwahrloster« Kinder und Jugendlicher und ihrer → Familien. Dies entsprach auch ihrem gesetzlichen Auftrag (→ Jugendwohlfahrtsgesetz [JWG]). Dem seinerzeitigen Zeitgeist und der Tradition sozialer Hilfeapparaturen entsprechend waren die Praxisstrategien der Jugendhilfe eher ordnungspolitisch, bei unzureichender »Integrationsmotivation« der Betroffenen repressiv ausgerichtet. Das Selbstverständnis entsprach dem der »disziplinierenden Fürsorge«. Der Handlungsrahmen war eng und fast ausschließlich auftragsorientiert, d. h., Inhalt und Rahmen der Arbeit wurden weitestgehend von den »Auftraggebern« vorgegeben (Familie; Schule; → Gesundheitsamt; Fürsorgeamt; → Sozialamt; Justiz etc.).

So erklären sich die vielfach repressiven Arbeitsstrategien insbesondere in den jugendfürsorgerischen Handlungsfeldern. Man verstand sich überwiegend als Zuarbeiter, Ermittler und Entscheidungshelfer für das Gericht. Erst in den 70er und 80er Jahren begann die Jugendhilfe selbstbewußter den ihr gesellschaftlich übertragenen eigenständigen Hilfeauftrag zu erkennen und sich zunehmend mehr von anderen Institutionen, insbesondere der Justiz, abzugrenzen.

Der 8. Jugendbericht entwickelte den konzeptionellen Rahmen für eine »lebensweltorientierte Jugendhilfe«, in dem er für die Handlungskonzepte der Jugendhilfe folgende Strukturmaximen formulierte: → Prävention, verstanden als Mitarbeit der Jugendhilfe an lebenswerten, stabilen Verhältnissen und an krisenvermeidenden bzw. -vermindernden Hilfen; Dezentralisierung (→ Dezentralisation)/Regionalisierung, verstanden als Einbettung der Arbeit in den konkreten regionalen Bezug; Alltagsorientierung (→ Alltag), verstanden als den sensiblen und respektvollen Umgang im sozialen Milieu der Betroffenen, der Nutzung der dortigen Ressourcen und der Vernetzung von professionellen und nicht-professionellen Systemen; → Integration/Normalisierung, verstanden als Arbeitsstrategien, die den »eigensinnigen Lebenskonstellationen und Lebensperspektiven« der Betroffenen gerecht werden; → Partizipation, verstanden als mitverantwortliche Einbeziehung von Familien in die Hilfeprozesse und eine Verstärkung der Rechtsposition; Lebensweltorientierung zwischen Hilfe und Kon-

trolle, verstanden als eine sensible Jugendhilfe, die sich ihrer teilweisen Zudringlichkeit bewußt ist und dieser auch Grenzen setzt. Kinder, Jugendliche und Eltern müssen die Möglichkeit haben, sich der Jugendhilfe zu entziehen (8. Jugendbericht, 1990; Mielenz, 1990).
N. F. bezieht sich demnach in ihrem konzeptionellen Arbeitsansatz auf das Merkmal der »Lebensweltorientierung«, indem sie sich dem »Milieu« in sensibler und respektvoller Weise nähert und mit Eltern und Kindern/Jugendlichen gemeinsame Hilfestrategien entwickelt.
Andererseits bezieht sie sich in den hoheitlichen Aufgabenfeldern auf das Merkmal des hilfeorientierten (und nicht justizorientierten) Krisenmanagements.
Das 1990 bzw. 1991 in Kraft getretene KJHG hat den Perspektiven- bzw. Paradigmenwechsel in der Jugendhilfe aufgegriffen und ein neues Verständnis von Jugendhilfe zugrunde gelegt: sie dient nicht der Aufrechterhaltung der öffentlichen Sicherheit und Ordnung und versteht sich nicht als Retter von Kindern vor dem gefährdenden Einfluß ihrer Eltern, sondern soll die Entwicklung junger Menschen und ihre Integration in die Gesellschaft durch allgemeine Angebote und Leistungen in unterschiedlichen Lebenssituationen fördern.
Die Leistungen der Jugendhilfe sind grundsätzlich als soziale → Dienstleistungen ausgestaltet.
Insofern rückt das KJHG den Hilfe- und Unterstützungsauftrag der Jugendhilfe und die freiwillige Inanspruchnahme der Angebote und Leistungen durch die Betroffenen in den Mittelpunkt (Wiesner, 1995).
N. F. in Fällen des § 1666 BGB:
Die Herausnahme von Kindern aus ihren Familien kann nach § 1666 BGB dann erforderlich werden, wenn dort »das körperliche, geistige oder seelische Wohl des Kindes durch mißbräuchliche Ausübung der elterlichen Sorge, durch Vernachlässigung des Kindes, durch unverschuldetes Versagen der Eltern oder durch das Verhalten eines Dritten gefährdet« wird und die Eltern nicht gewillt oder in der Lage sind, die Gefahr abzuwenden (Absatz 1). Ein sich auf die Philosophie der N. F. stützendes sozialarbeiterisches Handeln in derart zugespitzten kindeswohlgefährdenden Situationen setzt auf der professionellen Ebene zunächst voraus, daß die Fachkraft selbstkritisch die Motive ihres Handelns reflektiert. Gerade das Handeln in kindeswohlgefährdenden Familiensituationen belebt sehr häufig eigene, unaufgearbeitete Familienerfahrungen (Beiderwieden et al.). Hier gilt es, mögliche Verstrickungen (z.B. Bestrafungswünsche) zu erkennen und sie in der kollegialen Beratung und in der → Supervision aufzuarbeiten.
Des weiteren ist in zugespitzten familialen Krisensituationen zu beachten, daß dort, wo das Zusammenleben von Erwachsenen und Kindern durch Ausbeutung, Macht und → Gewalt dominiert wird, die Akteure, hier die Erwachsenen, damit auch signalisieren, daß es ihnen nicht möglich ist, im Kontext ihrer spezifischen sozialen und biographischen Lebensdaten andere Aushandlungsformen ihrer Wünsche und Interessen zu finden und zu praktizieren. Wenn im Einzelfall den Eltern die Übersicht und Kontrolle ihres Handelns verlorengeht, dann ist es nicht nur zum Schutze des Kindes, sondern auch der Eltern oder eines Elternteils notwendig zu intervenieren, eben möglicherweise auch durch die Herausnahme des Kindes. Handeln im Verständnis der N. F. bedeutet hier zunächst zu erkennen, daß unter Berücksichtigung der sozialen und biographischen Bedingungen aus der Sicht der betroffenen Eltern deren Handeln einen »Sinn« macht: Es dient der Herstellung des »inneren« Gleichgewichts und dem Ventilieren von Gefühlen wie Ohnmacht und Hilflosigkeit, aber auch Machtwünschen. Das Mißhandlungsgeschehen (→ Kindesmißhandlung) so zu sehen, führt dazu, daß mißhandelnde Eltern durch die sozialen Dienste nicht ausgegrenzt und bestraft werden, sondern mit ihnen daran gearbeitet wird, die Motive ihres Handelns zu erkennen und damit »erzieherische Grenzüberschreitungen« zu vermindern oder zu vermeiden. Unter Einbeziehung der milieuspezifischen Dynamik sind daneben Handlungsalternativen zu vermitteln, die von den Beteiligten als hilfreich für die Gestaltung ihres Alltags verstanden und umgesetzt werden können. Dies gelingt nur, wenn die ehedem strafenden und repressiven »Haltungs- und Handlungsstrategien« der Fachkräfte abgelegt werden. Eine Fachkraft kann in der Herausnahme-Situation eines Kindes aus seiner Familie den Eltern Verständnis für die Schwierigkeit ihrer Situation signalisieren, aber auch auf das Schutzbedürfnis des Kindes als Ausgangspunkt des aktuellen Handelns hinweisen. N.F. zielt in solchen Situationen darauf ab, das Schutzbedürfnis des Kindes und der Eltern zu sichern und gleichzeitig sich einen Zugang zu den Eltern zu eröffnen.
Lit. Beiderwieden u.a.: Gewalt; BMJFFG (Hg.): 8. Jugendbericht; Faltermeier: Neue Fachlichkeit; Glinka: Forschungsverfahren; Mead: Geist; Mielenz: Strukturmaximen; Schütze: Ethnographie; Wiesner u.a.: SGB VIII (Komm.). *Josef Faltermeier*

Neue Steuerungsmodelle → Verwaltungsmodernisierung

Neurasthenie Ursprünglich (G. Beard) Schwäche des Nervensystems durch Überarbeitung. Später Sammelbegriff für die verschiedensten psychovegetativen Störungen. Bei Freud ist N. neben der → Hypochondrie und Angstneurose (→ Phobie) ei-

ne der Aktualneurosen: durch Triebstau hervorgerufene Störungen. Das Konzept der Aktualneurosen gilt heute als überholt. Neurasthenische Zustände werden heute entweder deskriptiv als Erschöpfungs- und Versagenszustände beschrieben (Bayer, Bochnik) oder anderen Neuroseformen (→ Neurose) zugeordnet. Es ist zu vermuten (vgl. Mentzos), daß sich die verschiedenen Erschöpfungszustände in 2 Kategorien zusammenfassen lassen:
1. Tatsächliche Erschöpfung durch a) chronifizierte, innerseelische → Konflikte und damit verbundener Energieverbrauch; b) Aufreibung durch psychosozial bedingte chronische Belastungen.
2. Erschöpfungszustände als körperlicher Ausdruck einer depressiv-resignativen Haltung dem Leben gegenüber.
Lit. Bayer: Erschöpfung; Bochnik: Erschöpfungs- und Versagenszustände; Freud, S.: Werke, Bd. 1; Mentzos: Neurasthenie.   *Stavros Mentzos*

Neuroleptika → Psychopharmaka

Neurose Zunächst von W. Cullen im Jahre 1777 zur Charakterisierung jeder Erkrankung des Nervensystems ohne nachweisbare Ursache benutzt. Auch im 19. Jh. werden alle Störungen ohne Organisationen N. genannt; je nach Organ unterscheidet man Herzn., → Hysterie (von der Gebärmutter) usw. Erst durch Freud (1893 und danach) und die → Psychoanalyse bekommt die Bezeichnung ihre heute gültige Bedeutung: Eine N. ist eine seelisch bedingte körperliche oder psychische Gesundheitsstörung, deren Symptome direkte oder indirekte Folgen eines unbewußten innerseelischen Konfliktes sind. Die Symptome kommen u.a. mit Hilfe der → Abwehrmechanismen zustande und stellen Kompromißlösungen zwischen den verdrängten Impulsen und Bedürfnissen einerseits und den abwehrenden entgegengesetzten Tendenzen andererseits dar. Diese Konflikte stehen im engen Zusammenhang mit der Kindheitsentwicklung und während dieser Zeit erlittenen → Traumata. Dabei handelt es sich nicht so sehr – wie man früher glaubte – um die Folgen von akuten Ereignissen, sondern um ungünstige Gesamtkonstellationen in der unmittelbaren Umwelt des Kleinkindes, die ihm die Lösung von eigentlich regelmäßig, (normal), vorkommenden Konflikten und Krisen erschweren oder unmöglich machen. Dadurch entstehen → Fixierungen. In dieser Sicht bekommen die früheren Objektbeziehungen eine hervorragende Bedeutung, da es von ihrer Qualität, Dauerhaftigkeit und Zuverlässigkeit abhängt, ob das Kind solche wichtigen Entwicklungsschritte erfolgreich durchlaufen wird.
Man unterscheidet Symptomn. und Charaktern. Bei den ersten stehen Symptome, also auch von den Betreffenden als Ich-fremd empfundene Störungen im Vordergrund (z.B. bei der Zwangsn. Waschzwang, Zählzwang, zwanghafte Grübeleien). Bei den Charaktern. wiederum handelt es sich um Charakterzüge und Verhaltensweisen, die von den Betroffenen meistens nicht als Ichfremd empfunden werden. So zeichnet sich z.b. die Zwangscharaktern. durch ausgesprochen übertriebene Genauigkeit, Überkorrektheit, Sauberkeit (bis zum Sauberkeitsfimmel), Pedanterie, Überfreundlichkeit, vermehrtes Absicherungsbedürfnis, Unterdrückung der spontanen Emotionalität zugunsten einer zunehmenden Intellektualisierung aus, also alles Eigenschaften, die unterdrückte Impulse und Tendenzen nach Spontaneität, Ungehorsam, Beschmutzung, Unordnung, Unkorrektheit, insbes. Aggressivität (→ Aggression/Aggressivität) dauerhaft in Schach halten sollen. Analoges gilt für die hysterische Charaktern.
Bei den N. steht der neurotische Konflikt, bei den → Psychosen die Beeinträchtigung des Ichs im Vordergrund, obwohl auch bei den Psychosen elementare dilemmatische Konstellationen (»Grundkonflikte«) in Verbindung mit bestimmten psychologischen Vulnerabilitäten (oder nur Sensibilitäten) von großer Bedeutung sind (vgl. Mentzos 1991, 1992).
Die psychoanalytische Therapie der N. ist eine aufdeckende: Der Patient soll seiner Konflikte und seiner Abwehrmechanismen bewußt werden, um die infantilen Fixierungen aufzugeben und zu einer realitätsgerechten Lösung zu kommen. Dies geschieht weniger durch eine intellektuelle Einsicht und mehr durch eine emotional getragene Wiederbelebung der ursprünglichen pathogenen Situationen in der → Übertragung.
Die → Verhaltenstherapie dagegen verwirft die psychoanalytische Theorie und Behandlung und betrachtet die neurotischen Symptome als gelernte Gewohnheiten. Sie interessiert sich nicht dafür, was hinter dem Symptom steht, sondern nur für das Symptom selbst.
Im ICD-10 (→ Klassifikationssystem psychischer Störungen) kommt das Substantivum »N.« als Terminus nicht vor. Lediglich das Adjectivum »neurotisch« wird bei der zusammenfassenden Bezeichnung »Neurotische, Belastungs- und somatoforme Störungen« (F 40-F 49) benutzt. Dagegen findet sich im DSM-III-R (noch) die Bezeichnung »hysterische Neurose« und »hypochondrische Neurose« (300.11 und 300.70).
Lit. Fenichel: Neurosenlehre; Mentzos: Konfliktverarbeitung; Mentzos: Psychiatrie.   *Stavros Mentzos*

Nichteheliche Lebensgemeinschaft ist das meist emotional geprägte Zusammenleben einer Frau und eines Mannes in einer Haushaltsgemeinschaft ohne rechtliche Eheschließung (→ Ehe). Die n. L. hat sich nach jahrhundertelanger Illegitimität mit den Freiheitsrechten des → Grundgesetzes (GG) als gesellschaftlich akzeptierte Lebensform durchgesetzt. Ungefähr 2,2 Mio. Partnerschaften (1993) verteilen sich auf überwiegend voreheliche (Ehe auf Probe), nacheheliche (anstelle einer zweiten Ehe) und seltener auf alternativ gewollte Formen. Rund 85% sind kinderlos. In Gemeinschaften mit Kindern sind es meistens Kinder der Frau aus früheren Beziehungen. Rechtliche Problemlagen bestehen weniger in der Binnenstruktur, sondern treten hauptsächlich in Bereichen auf, in denen Partnerschaften Dritten gegenüber einheitlich als Ehe behandelt wurden: bei Wohnungsmiete, → elterlicher Sorge und sozialrechtlichen Ansprüchen.

Bei der grundsätzlichen rechtlichen Unverbindlichkeit können sich Rechte und Pflichten nur aus internen Absprachen (Partnerschaftsverträgen) ergeben. Das → Bürgerliche Gesetzbuch (BGB) enthält über die n. L. keine Regelungen. Das → Eherecht ist nicht – auch nicht analog – anwendbar. Gesetzliche Unterhaltsansprüche entstehen nicht. Im Vermögensbereich kann es zu Einzelverträgen kommen, die zu Miteigentümergemeinschaften und – bei Kreditaufnahmen – zu Gesamtschuldnerschaften führen.

Die Partner können Wohnungsmietverträge gemeinsam und dann gleichberechtigt abschließen. Im sozialen Wohnungsbau (→ Wohnungsbau, sozialer) können Ausnahme-Wohnberechtigungsbescheinigungen nach Ermessen des Wohnungsamtes erteilt werden. Ein Partner darf in die vom anderen bereits vorher angemietete Wohnung des anderen aufgenommen werden. Beim Tod des Mieters kann der Partner das Mietverhältnis als »Familienangehöriger« fortsetzen, wenn die Gemeinschaft auf Dauer angelegt und beide Partner unverheiratet waren (vgl. BGH in NJW 1993, 999).

Im Sozialversicherungsrecht (→ Sozialversicherung) sind die Partnerschaften nicht erfaßt: keine kostenfreie Familienversicherung nach § 10 SGB V (→ Sozialgesetzbuch [SGB]), keine → Witwenrente/→ Witwerrente, keine Zuschläge beim → Arbeitslosengeld (Alg). Der Steuervorteil durch das Ehegattensplitting fehlt ihnen. Allerdings werden sie bei der → Sozialhilfe (→ Eheähnliche Gemeinschaft) und der → Arbeitslosenhilfe (Alhi) wie ein Ehepaar behandelt, indem dem »arme« Partner Einkünfte des besser verdienenden zugerechnet bekommt (vgl. § 122 → Bundessozialhilfegesetz [BSHG] und § 137 Abs. 2a AFG [→ Arbeitsförderung/Arbeitsförderungsgesetz]). Das Bundesverfassungsgericht hat dies als verfassungskonform gewertet, allerdings die n. L. eingeschränkend definiert: Es muß auf Dauer angelegte Lebensgemeinschaft zwischen einem Mann und einer Frau sein, die neben sich keine weitere Lebensgemeinschaft gleicher Art zulasse und sich durch innere Bindungen auszeichne, die ein gegenseitiges Einstehen der Partner füreinander begründen (BVerfG in NJW 1993, 643).

Haben die Partner ein gemeinsames Kind, war bisher der Vater gesetzlich von der elterlichen Sorge ausgeschlossen. Die Mutter hat die alleinige elterliche Sorge (§ 1705 BGB). Als Hilfskonstruktion blieb die Teilhabe an der elterlichen Sorge in Absprache mit der Mutter. Bei einer Trennung bleibt dem Vater ein beschränktes Umgangsrecht nach § 1711 BGB. Mit der kommenden Reform des Familienrechts (1996) soll die gemeinsame e. S. ermöglicht werden.

Bei Auflösung der n. L. findet kein allgemeiner Ausgleich unterschiedlicher Beiträge zur gemeinsamen Lebensführung statt (BGH in NJW 1980, 1520 und 1992, 906). Es entsteht grundsätzlich kein gesetzlicher Unterhaltsanspruch, auch nicht wegen »gemeinschaftsbedingter Bedürftigkeit« bei Betreuung eines gemeinsamen Kleinkindes. Ist ein Partner alleinberechtigt an der Wohnung, kann der andere ausgewiesen werden. Nur bei besonderen Vereinbarungen können Abwicklungsansprüche entstehen (z. B. bei gemeinsamem Kauf von Gegenständen, gemeinsamer Wohnungsmiete, gemeinsamer Kreditaufnahme). Auch können Unterhaltsverträge abgeschlossen werden. Bei Tod eines Partners fällt das Vermögen an die gesetzlichen Erben, dem Partner bleibt nur der dringend benötigte Hausrat für 30 Tage analog § 1969 BGB, es sei denn, er wäre testamentarisch als Erbe eingesetzt worden.

Lit. BMJFG: Lebensgemeinschaften; Erler: Lebensgemeinschaften; Limbach: Familienrecht; Müller-Alten: Kinder; Palandt: BGB (Komm.), Einführung 8 vor § 1353; Plate: Rechtsprechung. *Lutz Müller-Alten*

Nichteheliches Kind ist das von einer nicht verheirateten Frau oder später als 302 Tage nach Auflösung der → Ehe der Frau geborenes Kind (§§ 1591, 1592 → Bürgerliches Gesetzbuch [BGB]), oder ein Kind, dessen Ehelichkeit mit Erfolg angefochten ist (→ Anfechtung der Ehelichkeit) und dessen Nichtehelichkeit durch Vaterschaftsanerkennung oder gerichtliche Vaterschaftsfeststellung rechtskräftig festgestellt ist (§§ 1593, 1600a ff. BGB). Das minderjährige (→ Minderjährigkeit) nichteheliche Kind steht unter der → elterlichen Sorge der volljährigen Mutter. Dieses Sorgerecht der Mutter eines nichtehelichen Kindes ist aber in den alten Bundesländern noch dadurch eingeschränkt, daß mit der Geburt des Kindes → Amtspflegschaft des → Jugendamtes (§ 1709 BGB) eintritt zur Wahrnehmung der Angelegenheiten der Feststellung der Vaterschaft (→ Vaterschaftsanerkennung) und aller sonstigen Angelegenheiten, die die Feststellung oder Änderung des Eltern-Kind-Verhältnisses

(z. B. die → Annahme als Kind) oder des Familien-)→ Namens des Kindes betreffen, der Geltendmachung von Unterhaltsansprüchen (→ Unterhaltspflicht), ggf. auch gegen die Mutter, einschließlich einer Abfindung durch den Vater (§ 1615e BGB) und bezüglich der Regelung von Erb- und Pflichtteilsrechten (→ Erbrecht), die dem Kind im Falle des Todes des Vaters und seiner Verwandten zustehen, z. B. des Erbersatzanspruchs (§ 1934a BGB) und des vorzeitigen Erbausgleichs (1934d BGB).

Schon vor der Geburt des Kindes kann eine geeignete Einzelperson (z. B. der schon in diesem Zeitpunkt zur Anerkennung bereite Vater) oder ein Verein (§§ 1915, 1887 BGB) zum Pfleger, zur Wahrnehmung der in § 1706 BGB genannten Angelegenheiten, bestellt werden. Diese Bestellung wird mit der Geburt des Kindes wirksam (§ 1708 BGB) und schließt dann den Eintritt der gesetzlichen Amtspflegschaft des Jugendamtes aus (§ 1709 Absatz 1 Satz 2 BGB). Darüber hinaus kann vor der Geburt von Amts wegen oder auf Antrag der Mutter oder des Jugendamtes ein Pfleger für die Leibesfrucht bestellt werden (§ 1912 BGB).

Auf Antrag der nichtehelichen Mutter hat das → Vormundschaftsgericht anzuordnen, daß die Pflegschaft nicht eintritt oder aufgehoben oder der Wirkungskreis des Pflegers beschränkt wird (§ 1707 BGB), wenn dies dem Wohl des Kindes (→ Kindeswohl) nicht widerspricht; im Umfang dieser Anordnung fällt die elterliche Sorge wieder der nichtehelichen Mutter zu. Das Vormundschaftsgericht kann seine Entscheidung ändern, wenn dies zum Wohl des Kindes erforderlich ist. Verschweigt die Mutter den Namen des Vaters, steht dies nach herrschender Rechtsprechung der Aufhebung der Pflegschaft entgegen (BGH NJW 1982, 381).

Ist die Mutter gemäß § 104 BGB geschäftsunfähig oder gemäß § 106 BGB in der → Geschäftsfähigkeit beschränkt, so ruht die elterliche Sorge und das Jugendamt wird gemäß §§ 1773, 1791c Absatz 1 BGB gesetzlicher Amtsvormund, soweit nicht bereits gemäß § 1774 Satz 2 BGB vor der Geburt des Kindes ein Vormund bestellt worden ist. Endet die gesetzliche Voraussetzung für diese Vormundschaft, wird der bisherige Vormund Pfleger nach § 1706 BGB, sofern die Voraussetzungen dafür vorliegen.

Die nichteheliche Mutter bestimmt gemäß § 1711 BGB den Umgang des Kindes mit dem Vater, wobei sie, ebenso wie der Vater, alles zu unterlassen hat, was das Verhältnis des Kindes zum anderen Elternteil beeinträchtigt oder die Erziehung erschwert. Dient der persönliche Umgang des Kindes mit dem Vater dem Kindeswohl, kann das Vormundschaftsgericht entscheiden, daß dem Vater ein persönliches Umgangsrecht zusteht. Der Vater kann von der nichtehelichen Mutter bei berechtigtem Interesse Auskunft über die persönlichen Verhältnisse des Kindes verlangen, soweit dies mit dem Kindeswohl vereinbar ist (§ 1711 Absatz 3 i. V. m. § 1634 Absatz 3 BGB).

Das nichteheliche Kind kann, ebenso wie das eheliche Kind, von seinem Vater, nachdem die Vaterschaft anerkannt oder gerichtlich festgestellt worden ist, Individualunterhalt in Höhe seines Bedarfes verlangen (§§ 1601 ff. BGB). Stattdessen kann das noch nicht 18jährige Kind aber auch vom Vater mindestens den Regelunterhalt gemäß §§ 1615a, 1615f BGB fordern, wobei eine Prüfung der Bedürftigkeit des Kindes und der Leistungsfähigkeit des Vaters entfällt, der Vater aber unter den engen Voraussetzungen des § 1165h BGB Herabsetzung des Regelunterhalts verlangen kann.

Das nichteheliche Kind erhält den Familiennamen, den die Mutter zur Zeit der Geburt des Kindes führt (§ 1617 BGB). Eine Änderung des Familiennamens der Mutter erstreckt sich auf den Geburtsnamen des Kindes, welches das 5. Lebensjahr vollendet hat, nur dann, wenn es sich, vertreten durch den Pfleger oder Vormund, der Namensänderung anschließt; hat das Kind das 14. Lebensjahr vollendet, kann es die Erklärung mit Zustimmung des → gesetzlichen Vertreters nur selbst abgeben. Eine Änderung des Familiennamens der Mutter infolge Eheschließung erstreckt sich nicht auf das Kind. Hat die Mutter geheiratet, so können sie und ihr Ehemann dem unverheirateten Kind mit dessen Einwilligung ihren Ehenamen oder der Vater des Kindes mit dessen und der Einwilligung der Mutter seinen Familiennamen erteilen (§ 1618 BGB).

Beim Tode des Vaters des nichtehelichen Kindes gilt die erbrechtliche Besonderheit, daß das nichteheliche Kind nicht Mitglied der Erbengemeinschaft wird und von einer dinglichen Beteiligung am Nachlaß ausgeschlossen ist und stattdessen einen gesetzlichen Erbersatzanspruch gegen die Erben in Höhe des Wertes des Erbteils hat (1934a BGB), der von dem nichtehelichen Kind zwischen dem 21. und 27. Lebensjahr im Wege des vorzeitigen Erbausgleichs regelmäßig in Höhe des dreifachen Unterhalts der letzten fünf Jahre verlangt werden kann (§ 193d BGB).

Im Rahmen der → Kindschaftsrechtsreform sollen nach der Vorstellung der Bundesregierung im Gesetzentwurf zur Reform des Kindschaftsrechts (Bundestags-Drucksache 13/4899) die rechtlichen Unterschiede zwischen ehelichen und nichtehelichen Kindern soweit wie möglich zugunsten einer einheitlichen Regelung im Bereich des Abstammungs-, Sorge- und Umgangsrecht abgebaut werden. Nach einem Entwurf der Bundesregierung zur Abschaffung der gesetzlichen Amtspflegschaft und Neuordnung des Rechts der Beistandschaft (Bundestags-Drucksache 13/892) soll die in den alten Bundesländern noch bestehende gesetzliche Amtspflegschaft des nichtehelichen Kindes durch eine freiwillige Beistandschaft für alle allein sorgeberechtigten Elternteile ersetzt werden. Vorgesehen ist zudem in einem Kindesunterhaltsgesetz sowie in einem Erbrechtsgleichstellungsgesetz alle Kinder, unabhängig davon, ob sie ehelicher oder nichtehelicher Abstammung sind, unterhaltsrechtlich und erbrechtliche weitgehend gleichzustellen.

Lit. Palandt: Bürgerliches Gesetzbuch; Gernhuber u. a.: Familienrecht; Schwab: Familienrecht.

Jochem Baltz

Nichtseßhaftigkeit / Nichtseßhaftenhilfe
Nach der überholten, aber z. Zt. noch geltenden und v. a. kostenrechtlich wirksamen Legaldefinition des BSHG werden in § 4 der Verordnung zur Durchführung des § 72 BSHG (VO) »Nichtseßhafte« definiert als »Personen, die ohne wirtschaftliche Lebensgrundlage umherziehen oder sich zur Vorbereitung auf eine Teilnahme am Leben in der Gemeinschaft oder zur dauernden persönlichen Betreuung in einer Einrichtung für Nichtseßhafte aufhalten«. Als solche gehören sie zu den Personen, bei denen besondere Lebensverhältnisse mit sozialen Schwierigkeiten (der Teilnahme am Leben in der Gemeinschaft) verbunden sind und die Anspruch auf → »Hilfe zur Überwindung besonderer sozialer Schwierigkeiten« (§ 72 BSHG) haben, wenn sie diese nicht aus eigenen Kräften überwinden können. Als weitere und in der Regel anspruchsberechtigte Personengruppen werden in der VO »Personen ohne ausreichende Unterkunft« (§ 2), »Landfahrer« (§ 6), »aus richterlich angeordneter Freiheitsentziehung in ungesicherte Lebensverhältnisse Entlassene« (§ 5) und »verhaltensgestörte junge Menschen« (§ 7) exemplarisch aufgeführt. Diese 1976 erlassene VO zu § 72 BSHG entspricht der traditionellen historisch gewachsenen Organisation und Ausdifferenzierung der klassischen → »Gefährdetenhilfe« und deren jeweiligen traditionellen Hilfe- und Problemverständnissen von → Obdachlosenhilfe, Nichtseßhaftenhilfe, → Straffälligenhilfe etc. Dies gilt insbesondere für die damalige »Nichtseßhaftenhilfe« in ihrer traditionellen Eigenständigkeit und Isoliertheit und mit ihrem eine eigenständige Klientel beanspruchendem und praktisch kreierendem Hilfeverständnis, was sich nicht nur in der tautologischen Definition (»nichtseßhaft ist, wer ... sich in einer Einrichtung ... für Nichtseßhafte aufhält«), sondern auch in ihrer Sonderstellung bei der sachlichen Zuständigkeitsregelung in den (meisten) Bundesländern niedergeschlagen hat, bei denen im Ausführungsgesetz zum BSHG bestimmt wird, daß auch für die »Hilfe zur Seßhaftmachung« außerhalb von Einrichtungen der überörtliche Sozialhilfeträger sachlich zuständig ist. Dies entspricht der traditionellen Auffassung, daß die N. ein überregionales Problem sei, was wiederum die Praxis der traditionellen »Exkommunalisierung« des Problems der Obdach- und Mittellosigkeit alleinstehender Erwachsener begründet hat – und fortsetzt. Zurückzuführen sind sowohl das Verständnis wie seine praktische Auswirkung als Abschiebung und »vertreibende Hilfe« für (ortsfremde) alleinstehende Obdachlose auf die ursprüngliche Intention des in den 80er Jahren des vorigen Jh. gegründeten Hilfesystems für sog. »Wanderarme«, der ursprünglichen Nichtseßhaftenhilfe. Sie verfolgte mit ihren Einrichtungen, den »Arbeiterkolonien«, den »Wanderarbeitsstätten« und »Herbergen zur Heimat« das ordnungs- und sozialpolitische Ziel des geordneten Wanderns als Arbeitsvermittlung und als Bekämpfung der Bettelei bei den durch die erste industrielle Depression arbeits- und obdachlos gewordenen Arbeitern.

Ihrer Funktion nach war diese Hilfe private Arbeitslosenhilfe der Kirchen, vor allem der Inneren Mission. Sie sollte den auf der Suche nach Arbeit von Ort zu Ort wandernden Arbeits- und Wohnungslosen ein geordnetes Wandern und Obdach gewährleisten – den Arbeitsfähigen unter ihnen Arbeitsvermittlung und Beherbergung anbieten, den nicht Vermittelbaren längeren oder dauernden Aufenthalt in den Heimen »zur inneren und äußeren Erneuerung« ermöglichen. Kernstück dieser Anstalts- und Heimhilfe war und ist z. T. heute noch immer im stationären Bereich die Verpflichtung zur Arbeit ohne Lohn und Versicherung als Gegenleistung für Unterkunft und Verpflegung.

Aus dieser ursprünglichen »Wanderarmenhilfe« wurde in den 20er Jahren die »Wandererfürsorge«. Unter Federführung des → Deutschen Vereins für öffentliche und private Fürsorge (DV) strebte eine gesetzlich verankerte Wandererordnung an, die Sozialhilfe und Arbeitsvermittlung für die wohnungslosen Arbeitsfähigen und -suchenden einerseits und die (zwangsweise) »Bewahrung« der arbeitsunfähigen, sog. »ungeordneten Wanderer« andererseits vorsah. Wenn auch das angestrebte Wandererfürsorgegesetz und das Bewahrungsgesetz nicht aus dem Entwurfsstadium hinauskamen, war doch mit der Wandererfürsorge praktisch ein eigenständiges Hilfe- und Ordnungssystem für alleinstehende, arbeits- und wohnungslos gewordene Männer neben und außerhalb der normalen, kommunalen Fürsorge entstanden.

Mit dem Ausbau der staatlichen → Arbeitsvermittlung und → Arbeitslosenversicherung in den 20er Jahren verlor die N. ihre ursprüngliche Funktion und Bedeutung als private Arbeitslosenhilfe und Wandererordnung.

Nichtseßhaftigkeit / Nichtseßhaftenhilfe

Unter den auch von ihr unterstützten ordnungs- und beschäftigungspolitischen Maßnahmen des nationalsozialistischen Regimes (Arbeitseinsatz, Bettelrazzien und KZ-Inhaftierung von sog. Asozialen) entwickelte sich die Wandererfürsorge zu einer reinen »Heim- und Bewahrungsfürsorge« für alleinstehende, mittel- und wohnungslose, nicht mehr dem Arbeitsmarkt zur Verfügung stehende, jetzt als »Nichtseßhafte« bezeichnete Personen.

Mit diesem Begriff setzt sich ein individualpathologisches Verständnis von mobiler Armut und → Obdachlosigkeit durch, indem er postuliert, daß es innerhalb der normalen, seßhaft veranlagten und lebenden Bevölkerung immer noch oder immer wieder eine Gruppe von Menschen gebe, die nicht seßhaft veranlagt oder aufgrund einer bestimmten abnormen Persönlichkeitsstruktur in eine nicht seßhafte Lebensweise verfalle, daß es also in diesem Sinne »nichtseßhafte Menschen« gebe (→ Abweichendes Verhalten). Aus dieser Denktradition und den damit verbundenen individuellen, überwiegend medizinisch-psychiatrischen Erklärungsansätzen sind die Begriffe N. und Nichtseßhafte erst in der nationalsozialistischen Zeit im Geiste dieser Zeit in den offiziellen Sprachgebrauch eingeführt und bis in die 70er Jahre unkritisch übernommen worden (vgl. Aderhold: Nichtseßhaftigkeit, Köln 1970).

Um die sich aus diesem Begriff ergebenden → Stigmatisierungen zu vermeiden, ist dieser Begriff zunehmend durch die Bezeichnung der Betroffenen als → »alleinstehende Wohnungslose« oder richtiger als »Wohnungslose« abgelöst worden. Damit wird auf die wesentliche, den Betroffenen gemeinsame Problemlage i. S. d. besonderen sozialen Schwierigkeiten nach § 72 BSHG abgestellt, nämlich auf das Fehlen einer Wohnung mangels ausreichender Existenzmittel und auf die mit der Lebenslage zwangsläufig verbundene gesellschaftliche Isolation der Betroffenen und auf deren Nicht-Eingebundensein in privaten Solidarbeziehungen und Netzwerken wie Ehe, Familie, Nachbarschaft etc., aber auch öffentlichen Sicherungssystemen, vor allem Existenz- und Wohnungssicherung durch → Sozialhilfe. N. ist primäre oder absolute → Armut in unserer Gesellschaft, die mit ihren Formen des Bettelns und des öffentlichen Lebens und Krankseins auf den Straßen am auffälligsten in Erscheinung tritt. Nichtseßhaft sind in erster Linie Arbeitnehmer/-innen mit keiner oder geringer beruflicher Qualifikation und entsprechend hohem Arbeitsplatzrisiko (ca. 55%), Facharbeiter/-innen und Handwerker aus sog. Krisenbranchen und -berufen, Gelegenheits- und Saisonarbeiter/-innen, Arbeitslose (→ Arbeitslosigkeit), Erwerbsgeminderte oder Erwerbsunfähige mit unzureichendem Ersatzeinkommen, aus Kliniken und Haft in ungesicherte soziale und wirtschaftliche Verhältnisse Entlassene. N. verschlimmert vorhandene physische und psychische Beeinträchtigungen der Betroffenen und macht krank. → Alkoholismus, Depressivität (→ Depression), Hauterkrankungen und psychosomatische Leiden (→ Psychosomatik) sind am auffälligsten.

Auch die Nichtseßhaftenhilfe hat sich mit der Umdeutung und Umbenennung der Nichtseßhaftigkeit als Wohnungslosigkeit von ihrem überkommenen Hilfeverständnis und -ansatz gelöst. Im Zuge der Professionalisierung der Sozialarbeit ist die stationäre N. zunehmend methodisch differenziert und nach Schwerpunkten und Zielgruppen orientiert entwickelt worden.

Zusätzlich ist in den 70er Jahren mit der Kritik → totaler Institutionen und der Beachtung ihrer sozialen Entfremdung und Hospitalisationseffekte und unter der Zielsetzung der möglichst frühzeitigen Vermeidung von Wohnungslosigkeit (→ Unterkunft) die ambulante N. entstanden. Mit dem Aufbau der ambulanten N. verbindet sich die Ablösung von den tradierten, individualistischen Erklärungs- und Behandlungsformen für »Nichtseßhafte« und »Gefährdete«. Die N. folgt damit der in den 60er Jahren begonnenen »Randgruppendiskussion« (→ Randgruppe) und der Erklärung von Randgruppenbildung durch → soziale Benachteiligung, Stigmatisierung und → Diskriminierung, die es insbes. durch eine an den Problemlagen und den Bedürfnissen der Betroffenen orientierte Sozialarbeit und Sozialpolitik in den Gemeinwesen zu beheben gilt. Mit der Öffnung der N. zu einem ambulanten und damit gemeindeorientierten Hilfeangebot, d. h. mit ihrer eigenen »Resozialisierung«, ist auch die Fixierung der traditionellen und ausschließlich stationären N. auf Männer aufgebrochen und die Probleme und der Anteil wohnungsloser Frauen immer stärker ins Blickfeld der Hilfe geraten. Gleichzeitig ist mit dieser Entwicklung die Umbenennung der N. in Wohnungslosenhilfe verbunden.

Die Wohnungslosenhilfe ist schwerpunktmäßig auf die Sicherung materieller Existenzansprüche, Wohnungsbeschaffung, → Beratung in rechtlichen und persönlichen Angelegenheiten, Hilfe zur Erlangung eines Arbeitsplatzes (→ Hilfe zur Arbeit), Schuldenregulierung (→ Schuldnerberatung), Vermittlung therapeutischer Hilfen im individuellen Bedarfsfall gerichtet.

Das Spezifische dieser Hilfe im Unterschied zu anderen Hilfeformen ist die enge und aufeinander in einem Gesamtplan abzustimmende Verknüpfung von → persönlicher Hilfe (Betreuung und Beratung), wirtschaftlicher Hilfe und anderer im Einzelfall gebotener → Leistungen der Sozialhilfe, die zusammen zur Überwindung der besonders schwierigen Verhältnisse, die der Teilnahme der Betroffenen am Leben in der Ge-

meinschaft entgegenstehen, eingesetzt werden sollen.
Die Angebote reichen von → Streetwork, »Teestuben« oder Tagesaufenthaltsstätten mit Beratungsangeboten, von Angeboten zum selbstorganisierten Leben und Wohnen über Fachberatungsstellen zur individuellen Wohnungsversorgung und persönlicher Betreuung und Beratung bis zu teilstationären und stationären arbeits- und sozialtherapeutischen Angeboten (→ Sozialtherapie). Im Unterschied zu kommunalen Obdachlosenhilfe-Programmen bedarf die Wohnungslosenhilfe überregional verbindlicher Mindeststandards der Sozialhilfe und Angebotsplanung, um die Abwanderung und Zwangsmobilität der Betroffenen auf Grund befristeter und unzureichender Sozialhilfe für »ortsfremde« Wohnungslose in einzelnen Städten zu vermeiden bzw. zu überwinden. Zur Überwindung dieser »besonderen sozialen Schwierigkeit« für die Betroffenen und die Hilfe sind in den letzten Jahren in mehreren Bundesländern Landeskonzepte und Vereinbarungen beschlossen worden.
Lit. Berthold: Wohnungslosenhilfe; Bundesarbeitsgemeinschaft für Nichtseßhaftenhilfe: Grundsatzprogramm; DV: Wohnungslose; Lutz, R.: Wohnungslose; Roscher: Nachrangregelung; Scheffler: Bürger.   *Heinrich Holtmannspötter*

Nominalskalen → Skalen

Non-direktive Methoden der Praxisberatung → Gesprächspsychotherapie

Norm Ein Grundtatbestand menschlichen Lebens und Zusammenlebens aufgrund der biologischen Weltoffenheit (Gehlen) des Menschen im Sinne seiner nur begrenzten Ausstattung mit → Instinkten. Die sich aus der dem Menschen eigenen »Verarmung des Machtbereichs der Instinkte« (Portman) ergebende Hilflosigkeit ist nur durch n.orientiertes, sozial geregeltes Handeln überwindbar. N. als Verhaltensvorschriften sind deshalb auch eine anthropologische Voraussetzung für Handeln. Denn: In → Anpassung an → Gesellschaft und Kultur muß vermittels → Sozialisation die biologische Weltoffenheit in eine (allerdings nur:) relative Weltgeschlossenheit (s. Berger u. a.) überführt werden. Bloß »relativ« deshalb, weil es – wie → sozialer Wandel und Geschichte belegen – nach Zeit und Ort höchst unterschiedliche N. und N.systeme gibt, weil N. sich ändern können und weil gegen N. verstoßen werden kann.
Nach dem Grad des Bewußtseins, mit dem durch N. gebotenes Handeln befolgt wird, ist unterscheidbar zwischen Brauch (unreflektiertes Tun), Sitte (ansatzweise überlegtes Tun), Recht und → Gesetz (eindeutig zweckgebunden und schriftlich fixierte Vorschriften). Nach dem Grad der Ausdrücklichkeit, mit dem Handeln geboten wird, gibt es Kann-, Muß- und Sollerwartungen. Nach der Zahl der betroffenen Menschen gelten Handlungsanweisungen für alle oder nur für bestimmte Mitglieder einer Gesellschaft.
Mit Blick auf N. ist natürlich entscheidend, ob und in welchem Ausmaß sie gelten, wobei die Geltung am tatsächlichen Einsatz positiver oder, im Falle → abweichenden Verhaltens, negativer → Sanktionen etwa in Form von → Strafen nachgewiesen werden kann. Wichtig sind dabei nicht nur – und vielleicht nicht einmal vorwiegend – Einrichtungen äußerer → sozialer Kontrollen wie etwa Polizei, Justiz oder Sozialarbeit. Es gibt wesentlich auch die vermittels gelungener → Internalisierung aufgebauten inneren sozialen Kontrollen (Scham, Reue, Bußbereitschaft).
Aufgrund des engen Zusammenhangs von N. und → Gruppen gilt für die moderne Gesellschaft mit ihrer Vielzahl von Gruppen ein ausgeprägter N.pluralismus. Wegen der Mitgliedschaft in mehreren Gruppen und der Wahrnehmung zahlreicher → Rollen ist man unvermeidbar mit einer Vielfalt ganz oder teilweise konkurrierender N. konfrontiert. Es hängt sicherlich u. a. von der Art der Wahrnehmung dieses Sachverhalts und den Möglichkeiten der Lebensführung ab, wie die N.pluralismus eingeschätzt wird und sich die Lebensgestaltung auswirkt. Ein verallgemeinernder Hinweis auf Orientierungsprobleme und Handlungsunsicherheit mit individuell und gesellschaftlich folgenreichen Auswirkungen ist dennoch angebracht.
Soziale Arbeit ist von alledem unmittelbar betroffen. So fragen manche Klienten weniger oder gar nicht nach materieller, sondern eher oder sogar ausschließlich nach immaterieller Hilfe. In zahlreichen Beratungseinrichtungen (→ Beratung) geht es direkt oder indirekt um N.fragen, Orientierungsmuster, ihre Begründung und Durchsetzbarkeit. Und viele Helfer, welche die N. ihrer Organisation bzw. Trägerschaft berücksichtigen sollen, haben es bei Klienten oft mit anderen Einstellungen und Verhaltensweisen zu tun. Überall dort, wo soziale Arbeit vorbeugend oder nachträglich korrigierend eingreift, sind solche Eingriffe überdies normativ zu rechtfertigen.
Lit. Bellebaum: Grundbegriffe; Bellebaum: Soziales Handeln; Berger, P. L. u. a.: Konstruktion; Popitz, H.: Gesellschaft.
Alfred Bellebaum

Normative Pädagogik → Erziehungswissenschaft

Notunterkunft → Obdachlosigkeit/Obdachlosenhilfe

O

Obdachlosigkeit / Obdachlosenhilfe Obdachlose – in der Fachöffentlichkeit wird mittlerweile eher der Begriff Wohnungslose verwendet – bilden nach einer Definition des → Deutschen Städtetages von 1987 eine Teilgruppe der Wohnungsnotfälle. Als Wohnungsnotfälle gelten Personen, die aktuell von O. betroffen sind, Personen, die unmittelbar von O. bedroht sind und Personen, die in unzumutbaren Wohnverhältnissen leben. Es wird geschätzt, daß derzeit rund 5% der Gesamtbevölkerung und damit etwa 4 Millionen Menschen in diesem Sinne von Wohnungsnot betroffen sind.
Wohnungslos ist, wer nicht über mietvertraglich abgesicherten Wohnraum verfügt. Dazu gehören u. a. Personen, die nach Ordnungsrecht in Wohnräume oder Notunterkünfte eingewiesen wurden, die in → Frauenhäusern, Übergangsheimen oder Billigpensionen wohnen oder die vorübergehend bei Bekannten untergekommen sind.
Nach einer Schätzung der → Bundesarbeitsgemeinschaft Wohnungslosenhilfe e.V. waren 1995 in Westdeutschland 920 000 Menschen wohnungslos. Davon lebten 400 000 in Mehrpersonenhaushalten, 180 000 in Einzelpersonenhaushalten. Hinzu kamen 340 000 Aussiedler (→ Spätaussiedler), die in Aussiedlerunterkünften untergebracht waren. Für Ostdeutschland geht die Schätzung von 43 000 Personen aus (ohne Aussiedler). Wohnungslose Familien bekommen in der Regel eine Notunterkunft zugewiesen. Anders verhält es sich bei den → alleinstehenden Wohnungslosen, die früher auch als Nichtseßhafte (→ Nichtseßhaftigkeit/Nichtseßhaftenhilfe) bezeichnet wurden. Von ihnen leben 30 000 bis 35 000 auf der Straße, darunter 3 000 bis 4 000 Frauen. Insgesamt sind etwa 30% der Wohnungslosen Frauen, 40% sind Männer. Kinder und Jugendliche bilden einen Anteil von 30% (jeweils ohne Aussiedler).
Die Zahl der Wohnungslosen stieg gegen Ende der achtziger Jahre erkennbar an. Hauptursache dafür waren deutliche Engpässe auf dem Wohnungsmarkt. Preiswerter Wohnraum wurde zu einem knappen und begehrten Gut, weil die Neubautätigkeit im Bereich des sozialen → Wohnungsbaus zurückging, bestehende Sozialwohnungen in großer Zahl aus der Belegungsbindung fielen und Mietwohnungen zunehmend in Eigentum umgewandelt wurden. Gleichzeitig war die Zuwanderung aus dem Ausland in diesen Jahren überdurchschnittlich hoch. Bedingt auch durch die ungünstige Lage auf dem Arbeitsmarkt konkurriert heute eine steigende Zahl von Haushalten mit niedrigen Einkommen um eine sinkende Zahl preiswerter Wohnungen.
Selbst in Zeiten, in denen der Wohnungsmarkt relativ entspannt ist, haben Haushalte mit geringer wirtschaftlicher und sozialer Bonität Probleme, eine Wohnung zu bekommen. Ist der Wohnungsmarkt jedoch angespannt, verschärfen sich diese Benachteiligungen. Sie betreffen einen ständig wachsenden Personenkreis. Dazu zählen von → Armut betroffene Haushalte, kinderreiche Familien, → Alleinerziehende, Ausländer, Aussiedler, Menschen mit unkonventionellem Aussehen und Lebensstil sowie Personen, die nicht verbergen können, daß sie Schwierigkeiten haben, wie Arbeitslose, Strafentlassene oder psychisch Kranke.
Die Unterversorgung in einem so zentralen Lebensbereich wie dem Wohnen zieht vielfältige Belastungen nach sich oder verstärkt bestehende. Das wiederum erschwert dann die Überwindung der O. Obdachlose Familien werden nach Möglichkeit in Sozialwohnungen untergebracht, oft aber in städtischen Notunterkünften oder in Schlichtwohnungen, die isoliert am Rande der Siedlungsgebiete liegen (häufig in der Nähe von Industrie-Anlagen oder Bahngleisen) und schlecht ausgestattet sind (z. B. ohne Bad). Die Standorte gelten zum Teil als → soziale Brennpunkte.
Wohnungshilfen zur Vermeidung und Überwindung von O. setzen an verschiedenen Punkten an. Zu den präventiven Hilfen, die dem Verlust der Wohnung vorbeugen sollen (→ Wohnungssicherung), gehören Betreuungs- und Beratungsangebote (z. B. die → Schuldnerberatung) sowie finanzielle Hilfen wie das → Wohngeld und Leistungen nach dem → Bundessozialhilfegesetz (BSHG). Nach § 15a BSHG können Mietschulden vom → Sozialhilfeträger übernommen werden, wenn diese Hilfe gerechtfertigt und notwendig ist und ohne sie Wohnungslosigkeit einzutreten droht (→ Räumungsklage). Darüber hinaus bedarf es zur Vermeidung und Beseitigung von O. einer entsprechenden → Wohnungspolitik und einer darauf abgestellten → Wohnungsbauförderung. Die Kommunen benötigen einen ausreichenden Bestand an Wohnungen, für die sie über Belegungsrechte verfügen und die sie anhand einer Dringlichkeitsliste oder Notfallkartei gezielt an betroffene Haushalte vergeben können. Die Belegungsrechte können per Rechtsverordnung gesichert werden (vgl. § 5a Wohnungsbindungsgesetz), häufiger jedoch basieren sie auf vertraglichen Vereinbarungen mit den → Wohnungsunternehmen. Ein weiteres Instrument der O.hilfe sind Wohnprojekte gemeinnütziger Träger. Sie beschreiten innovative Wege, um zusätzlichen Wohnraum zu schaffen, und verbinden dabei vielfach das Wohnangebot mit einem Betreuungsangebot. Es soll den Bewohnern dabei helfen, besondere soziale Schwierigkeiten zu überwinden.
Für die Wohnungslosenhilfe sind vor allem das Sozial-, Jugend und Gesundheitsamt sowie das Amt für Wohnungswesen zuständ-

dig, zum Teil aber auch das Ordnungsamt und die sozialen Dienste. Um drohende Wohnungslosigkeit abwenden und effektiv Hilfe leisten zu können, müssen die verschiedenen Zuständigkeiten, Ressourcen und Kompetenzen mit dem Ziel einer systematischen Zusammenarbeit gebündelt werden. Hier sind verschiedene Strategien denkbar, angefangen von der Schaffung einer Koordinierungsstelle bis zur Einrichtung einer → zentralen Fachstelle (wie z. B. in Köln).
Lit. Angele: Obdachlosigkeit; Bundesminister für Raumordnung, Bauwesen und Städtebau sowie BMFSFJ: Wohnungssicherung; Busch-Geertsema u. a.: Wohnungsnotfälle; Deutscher Städtetag: Sicherung, Ministerium für Arbeit, Gesundheit und Soziales des Landes NRW: Landessozialbericht Bd. 2; Weeber u. Partner: Obdachlosigkeit; Weeber u. Partner: Wohnversorgung. *Rotraut Weeber/Christine Blankenfeld*

Objektivität, wissenschaftliche Von w. O. wird i. d. R. dann gesprochen, wenn Aussagen über einen Gegenstandsbereich gemacht werden, die den Anspruch erheben können, nicht nur die subjektiven Meinungen des Urteilenden widerzuspiegeln, sondern allgemeingültig zu sein. Dieser Anspruch wird durch Regeln gerechtfertigt, welche die Verfahrensweise zur Gewinnung gültigen Wissens festlegen. In dem Maße, wie verschiedene Vorstellungen über diese Regeln anzutreffen sind, gibt es auch verschiedene Vorstellungen über w. O.
In den Sozialwissenschaften ist die Frage der w. O. von Aussagen in grundsätzlicher Weise zuerst von Max Weber behandelt worden. Er vertrat den Standpunkt, daß zwischen Aussagen, die faktische Gegebenheiten beschreiben, und solchen, die subjektive Wertungen wiedergeben (Werturteilen), zu unterscheiden sei und daß w. O. allein ersteren zukommen könne. In der Folgezeit ist diese Auffassung dahingehend verdeutlicht worden, daß w. O. grundsätzlich nur solchen Aussagen zugebilligt wird, die »intersubjektiv überprüfbar« sind; die Ausarbeitung der Methoden der → empirischen Sozialforschung ist als Versuch anzusehen, eine solche Art von O. in den Sozialwissenschaften herzustellen. Diese Vorstellung von O. sozialwissenschaftlicher Erkenntnis steht in Opposition zum marxistischen Standpunkt. Ihm gemäß ist alles Wissen durch die Interessen antagonistischer Gesellschaftsklassen bestimmt; O. könne allein das Wissen der historisch progressiven → Klasse beanspruchen. Ganz ähnlich die Vorstellung Karl Mannheims von der »Standortgebundenheit des Denkens«, die jedoch von einer sozial »freischwebenden Intelligenz« zu überwinden sei. In neuerer Zeit ist die Webersche Leitvorstellung w. O. vor allem von J. Habermas und K. O. Apel in Frage gestellt worden. Nach ihnen ist alle Erkenntnis durch bestimmte Interessen geleitet – auch eine an den Weberschen Kriterien orientierte Erkenntnis, der ein technisches Interesse zugrunde läge –, und nach ihnen geht diese Leitvorstellung von einer unzulänglichen Wahrheitstheorie aus, der Korrespondenztheorie der Wahrheit, welche durch die Konsenstheorie der Wahrheit zu ersetzen sei. Diesem Standpunkt ist von Albert heftig widersprochen worden.
Lit. Albert: Transzendentale Träumereien; Albert: Wertfreiheit; Apel: Philosophie; Habermas: Erkenntnis; Habermas: Kommunikative Kompetenz; Mannheim: Ideologie; Weber, M.: Objektivität.
Clausjohann Lindner

Objektsanierung/Flächensanierung → Sanierung

Ödipuskomplex Gesamtheit libidinöser und aggressiver Wünsche des Kindes zwischen dem 3. und 5. Lebensjahr gegenüber den Eltern. In der nunmehr typischen Dreier-Konstellation, die von der realen Beziehung zwischen Vater und Mutter entscheidend mitbestimmt ist, entwickelt der Junge eine stürmisch begehrende Liebe zur Mutter, und das Mädchen umwirbt zärtlich fordernd den Vater. Beide betonen häufig, den gegengeschlechtlichen Elternteil »heiraten« zu wollen, der gleichgeschlechtliche soll einfach nur »weg« sein. Neben dem zärtlichen Charakter dieser Beziehungen zeigt sich auch die Trieb- und Affektgeladenheit (→ Affekt) mit allen Zeichen der Eifersucht und Rivalität.
Nach S. Freud bildet der Ö. den unbewußten Kern aller → Neurosen, dessen Durcharbeitung in der psychoanalytischen Therapie (→ Psychoanalyse) eine entscheidende Rolle spielt. Häufig kommt dieser vom Kind ausgehenden Triangulierung eine ähnliche Neigung seitens der Eltern entgegen. Natürlich meint S. Freud nicht, daß das Kind realen Koitus und Elternmord vollziehen könnte, sondern er erkannte in verbalen Äußerungen, im Spielverhalten und in Träumen von Kindern die Wünsche und Phantasien vom Triebziel her. Die Lösung des ödipalen Konflikts besteht in der → Identifikation mit dem gleichgeschlechtlichen Elternteil und ist die entscheidende Voraussetzung zur Geschlechtsidentität (→ Identität) und zur Anerkennung bestehender Realität neben magischem Wunschdenken. Bei Mißlingen dieser Aufgaben bilden sich Ansätze zur hysterischen Neurosenstruktur (→ Hysterie). In seiner Umkehrung, der sog. negativen Form des Ö., stellt sich der Ö. folgendermaßen dar: der Junge haßt die Mutter und liebt den Vater, wodurch eine latente oder manifeste homosexuelle bzw. beim Mädchen eine lesbische Entwicklung eingeleitet werden kann (→ Homosexualität). Die Hauptstörungsfolge

einer ungelösten ödipalen Situation ist die latente oder manifeste → Fixierung an einen Elternteil sowie die Entwicklung zum passiv-femininen Mann oder zur phallischen Frau, die dem Mann ihre Überlegenheit ständig beweisen muß.
Lit. Elhardt: Tiefenpsychologie; Mertens, W.: Psychosexualität; Riemann: Angst.

Hannelore Barth

OECD → Organisation für wirtschaftliche Zusammenarbeit und Entwicklung

Offenbarungspflicht → Amtsgeheimnis, → Datenschutz, → Schweigepflicht, → Sozialgeheimnis

Offenbarungsversicherung Sie dient (§§ 807, 883 Abs. 2, 899 ff. Zivilprozeßordnung und § 284 Abgabenordnung [s. a. § 125 Konkursordnung]; früher »Offenbarungseid«) in der → Zwangsvollstreckung dazu, nach fruchtlosem Vollstreckungsversuch auf Antrag des Gläubigers den Schuldner zur Offenlegung seines Vermögens zu zwingen, um den Zugriff auf versteckte, »verschobene« oder sonst unbekannte pfändbare Objekte zu ermöglichen – ein derzeit wenig effektives, dringend reformbedürftiges »letztes Mittel«. Der Schuldner hat auf Antrag des Gläubigers eine Vermögensaufstellung – nach Formular, mit Spalten u. a. für Forderungen und Beschäftigungsverhältnis – zu fertigen und zusätzlich anzugeben, was er im letzten Jahr an nahestehende Personen veräußert und was er im letzten Jahr (an seinen Ehegatten: in den letzten 2 Jahren) verschenkt hat. Die Richtigkeit hat er vor dem Amtsgericht seines Wohnorts an Eides Statt zu versichern (→ Eidesstattliche Versicherung). Bei Weigerung oder Ausbleiben im Termin ergeht Haftbefehl zur Erzwingung. Abgabe der Versicherung und Anordnung der Haft werden vom Gericht in das Schuldnerverzeichnis eingetragen (Löschung nach Befriedigung des Gläubigers, längstens nach 3 Jahren), aus dem unter bestimmten Voraussetzungen (§§ 915 ff. ZPO) Informationen an Dritte erteilt werden können.
Lit. Rosenberg u. a.: Zwangsvollstreckungsrecht.

Eberhard Schilken/Dieter Brüggemann

Offene Fragen → Befragung

Offene Jugendarbeit → Jugendarbeit

Öffentliche Erziehung Der Begriff wurde als zusammenfassender Oberbegriff für die → freiwillige Erziehungshilfe (FEH) und die → Fürsorgeerziehung (FE) gebraucht. Als sog. überörtliche Erziehungshilfen wurden sie unter Geltung des → Jugendwohlfahrtsgesetzes (JWG) vom → Landesjugendamt durchgeführt. Ihre zentrale Bedeutung hatte die Begrifflichkeit von der ö. E. darin, daß – in schon unter Geltung des JWG rechtsdogmatisch nicht unbedenklicher Weise – hieraus ein eigenständiges, originäres ö. E.recht für das Landesjugendamt abgeleitet wurde. Die Frage nach der rechtsdogmatischen Haltbarkeit ist mit der Abschaffung des JWG durch das → Kinder- und Jugendhilfegesetz (KJHG – SGB VIII) obsolet geworden. Das KJHG kennt keine ö. E., die mit einem ö. E.recht in bisherigen Sinne verbunden wäre. Die Unterbringung und Erziehung außerhalb des Elternhauses ist konzeptionell Teil der → Hilfe zur Erziehung (HzE) nach §§ 27 ff. KJHG. HzE nach dem KJHG sind Leistungsangebote der → Jugendhilfe, die im Rahmen des Wunsch- und Wahlrechts der Leistungsberechtigten (§ 5 KJHG, → Wunsch- und Wahlrecht des Hilfeempfängers) von diesen angenommen – oder eben auch abgelehnt – werden können. Wie bei allen HzE werden für das die Hilfen erbringende → Jugendamt (JA) keine eigenständigen, originären Rechtspositionen begründet, damit auch kein originäres ö. E.recht. Grundsätzlich bleiben die Sorgeberechtigten weiterhin zuständig.
Rechtliche Basis der → Erziehung außerhalb des Elternhauses ist allein die privatrechtliche Vereinbarung zwischen den Sorgeberechtigten und dem JA bzw. der → Einrichtung.
Bei der Bewältigung von Alltagsangelegenheiten wird die privatrechtliche Vertragsbasis meist hinreichend sein. Hieran knüpft auch § 38 KJHG an, wonach Pflegepersonen und die in den Einrichtungen für die Erziehung verantwortlichen Personen, im Rahmen einer HzE nach §§ 33 und 34 KJHG berechtigt sind, die Personensorgeberechtigten in der Ausübung der elterlichen Sorge zu vertreten. In grundsätzlichen Angelegenheiten und Angelegenheiten mit längerfristigen Auswirkungen bleibt die Kompetenz der Personensorgeberechtigten erhalten.
Ist im konkreten Fall die vertragliche Basis für die Erziehung außerhalb des Elternhauses nicht hinreichend, so bleibt nur der Rückgriff auf § 1666 BGB mit der Möglichkeit der Einschränkung bzw. des Entzugs der elterlichen Sorge.
Lit. Münder: Beratung; Münder: KJHG-Einführung; Münder u. a.: KJHG (Komm.); Schellhorn u. a.: KJHG (Komm.); Wiesner u. a.: SGB VIII.

Johannes Münder

Öffentliche Sicherheit und Ordnung → Polizeirecht

Öffentliches Recht Traditionell wird die Gesamtrechtsordnung in das ö. R. und das Privatrecht (Zivilrecht, Bürgerliches Recht) unterteilt. Die abstrakte Abgrenzung ist Gegenstand eines unermüdlichen Theorienstreites, für die Praxis jedoch außer bei der Feststellung der zuständigen Gerichtsbarkeit von geringerer Bedeutung. Den

weitaus meisten Erfordernissen genügend ist die folgende Unterscheidung:
Ö. R. umfaßt alle Rechtsgebiete, in denen das Verhältnis des Bürgers zum hoheitlich handelnden Staat und der staatlichen Organe untereinander geregelt ist. Demgegenüber befaßt sich das Privatrecht mit den Rechtsverhältnissen der Bürger untereinander (→ Bürgerliches Gesetzbuch).
Das Modell des klassischen Privatrechts geht dabei von einem Verhältnis der Gleichordnung aller Bürger aus, während der Staat und seine Organe auf dem Gebiet des ö. R. dem Bürger übergeordnet sind. Dies drückt sich auch in den Formen staatlichen Handelns aus. Anstelle des von freien und gleichen Individuen ausgehandelten → Vertrages ergeht der hoheitliche Befehl in Form des → Verwaltungsaktes, der in die Rechte der Bürger auch gegen deren Willen eingreifen darf, wenn er eine Rechtsgrundlage hat. Dem entspricht das Gewalt- und Strafmonopol des Staates.
Als Abgrenzungskriterium wird dieses Über- und Unterordnungsverhältnis da fragwürdig, wo sich der Staat zur Erfüllung seiner Aufgaben privatrechtlicher Formen bedient, öffentlich-rechtliche Verträge schließt (§§ 54–62 VwVfG) und zunehmend seine Tätigkeit vom klassischen Bereich der Eingriffsverwaltung zur Leistungsverwaltung (→ Daseinsvorsorge) hin verlagert. Auch in diesem Bereich bleibt allerdings die Bindung an die Verfassungsgrundsätze bestehen.
Nach der traditionellen Einteilung umfaßt das ö. R. neben dem Staatsrecht das Völkerrecht einschließlich des Rechts der supranationalen Gemeinschaften, das → Verwaltungsrecht, das Finanz- und Steuerrecht, das → Strafrecht und das Recht der → Ordnungswidrigkeiten, das Verfassungsrecht, das Prozeßrecht mit seinen Verfahrensordnungen für die einzelnen Gerichtszweige (BVerfGG, ZPO, StPO, JGG [→ Jugendgerichtsgesetz], VwGO, SGG, FGO) und herkömmlicherweise auch das Kirchenrecht.
Von besonderer Bedeutung ist das Verfassungsrecht als Kernrecht des Staatsrechts mit seinen im → Grundgesetz (GG) festgelegten Prinzipien (Republik, → Föderalismus, Demokratie, → Rechtsstaat, Sozialstaat [→ Sozialstaatsprinzip]) und den → Grundrechten, die unmittelbar oder mittelbar in alle übrigen Rechtsgebiete hineinwirken. Daneben sind auch die einzelnen Landesverfassungen zu beachten.
Praktische Bedeutung erlangt die Unterscheidung zwischen ö. R. und Privatrecht im wesentlichen nur bei der Frage der Zuständigkeit verschiedener Gerichtsbarkeiten für öffentlich-rechtliche und privatrechtliche Streitigkeiten. Abgesehen von Sonderzuweisungen ist im Verhältnis des Bürgers zum Staat und dessen Organen der durch Art. 19 Abs. 4 GG garantierte Rechtsweg gem. § 40 VwGO zu den → Verwaltungsgerichten eröffnet. Strafsachen sind der ordentlichen Gerichtsbarkeit zugewiesen, ebenso die privatrechtlichen Streitigkeiten. Bei Grundrechtsverletzungen kann der Bürger das → Bundesverfassungsgericht anrufen. *Walter Roth*

Öffentliche Träger Im weitesten Sinne sind unter ö. T. alle Körperschaften, Anstalten und Stiftungen des öffentlichen Rechts zu verstehen, ohne Rücksicht darauf, ob sie ausschließlich öffentlich-rechtliche Aufgaben erfüllen oder auch privatrechtlich tätig sind. I. S. d. → Sozialgesetzbuchs (SGB) sind ö. T. vor allem die → Sozialleistungsträger. Ihnen obliegen die im SGB im einzelnen umschriebenen Aufgaben.
Im Bereich der → Sozialhilfe und der → Jugendhilfe ist die Unterscheidung zwischen ö.T. und → freien Trägern traditionell von besonderer Bedeutung, da die ö. T. in ihrem Handeln in bestimmtem Umfang gegenüber den freien Trägern subsidiär sind (→ Subsidiarität), die freien Träger in wesentlichem Umfang eigenständige Aufgaben in diesem Bereich durchführen und sie darüber hinaus teilweise bei der Erfüllung der Aufgaben der ö. T. förmlich mitwirken. In das Sozialhilferecht haben neuerdings auch ausdrücklich »andere Träger« Eingang gefunden (§ 93 Abs. 1 BSHG), die als Sammelbegriff neben den freien Trägern auch private und gewerbliche Träger mit einschließen.
Ö. T. sind in der Sozialhilfe die örtlichen und die überörtlichen Träger (→ Sozialhilfeträger), im Bereich der Jugendhilfe die Rechtsträger der → Jugendämter (JÄ) und der → Landesjugendämter (Jugendhilfeträger). Die ö. T. handeln zwar durch ihre Organe, Behörden, Ämter, Dienststellen und Bediensteten, verantwortlicher Rechtsträger bleibt aber die der Gesamtkörperschaft (Grundsatz der Einheit der Verwaltung).
Lit. Frank, W.: Kommunen; Giese: Einheit.
Walter Schellhorn

Öffentlichkeitsarbeit bedeutet im sozialen Bereich die Initiierung eines bewußten, langfristg und systematisch geplanten Kommunikationsprozesses zwischen den Adressatengruppen Klient, Sozialarbeiter, Träger und Öffentlichkeit. Ö. (bedeutungsidentisch mit Public Relations – PR) will einen möglichst großen Teil der Gesellschaft erreichen, sie informieren und beteiligen, bestimmte Tatsachen oder Meinungen verbreiten, gewisse Tendenzen, Informationen oder auch Kontroversen in die öffentliche → Kommunikation einbringen, um für das Verständnis sozialer Belange zu werben, das notwendige Vertrauen in sozialarbeiterisches Tun aufzubauen und zu pflegen und eventuell Einstellungsänderungen zu bewirken. Die Aufgaben der Ö. sind dabei im

Öffentlichkeitsarbeit

einzelnen: einen Informationstransfer zwischen den Adressatengruppen zu gewährleisten (kommunikative Vernetzung); die Nutzer sozialer Arbeit über Rechtslage und Angebotsstruktur sozialer Maßnahmen zu informieren (Informationsvermittlung); Klienten bzw. Zielgruppen sozialer Arbeit in deren eigenem Interesse Hilfen zur Herstellung von Öffentlichkeit zu geben (→ Selbsthilfeförderung); auf der Ebene der Einrichtungen für die interne Verständigung zu sorgen (interne Kommunikation); soziale Arbeit als legitimationspflichtigen öffentlichen Dienst zu kommunizieren (Rechenschaftspflicht); sich am fachöffentlichen und sozialpolitischen Diskurs zu beteiligen (sozialpolitisches Wächteramt); und ganz allgemein öffentliche Aufmerksamkeit für soziale Themen zu erzeugen (öffentlichkeitswirksame Präsenz).

In der mediengerechten Nutzung des Mediensystems (Massenkommunikation) sowie der publizistischen Darstellung sozialen und sozialpädagogischen Handelns (→ Sozialarbeit/Sozialpädagogik) liegt für die Institutionen der sozialen Arbeit die Chance, öffentlich zur Kenntnis genommen und gesellschaftlich gewertet zu werden. Bei einem so verstandenen Verhältnis zur Öffentlichkeit und zur öffentlichen Meinung bleibt Ö. nicht länger eine (die vierte) → Methode sozialer Arbeit, sondern hat den Charakter einer Querschnittsaufgabe und ist für Bestand und Erfolg sozialer Arbeit konstitutiv; Ö. ist Teil eines Socialmarketing-Konzepts.

Ö. erfüllt für soziale Arbeit den genannten Aufgabenkatalog, indem sie sich der direkten und indirekten Kommunikation bedient und die öffentlichen Kommunikationsmittel und -wege (→ Medien, → Presse) professionell und offensiv nutzt. Darunter fallen alle Formen mündlicher, schriftlicher und (audio-)visueller Informationsvermittlung.

Zur direkten Kommunikation sind eigene Medien (→ Medienpädagogik) wie Prospekte, Faltblätter, Plakate, Videofilme oder Informationsstände zu rechnen, aber auch das persönliche Gespräch, der Vortrag, die Ansprache von Zielgruppen in privatem Rahmen oder Veranstaltungen.

Unter indirekter Kommunikation sind üblicherweise die Instrumente der massenmedial vermittelten Öffentlichkeit (Massenmedien) bzw. der öffentlichen Meinungsbildung zu verstehen (Information bzw. Unterrichtung der Medienvertreter durch Pressemitteilungen, Hintergrundberichte, Pressekonferenzen, Interviews, Auskünfte und Einladung zu Veranstaltungen, Pressefahrten oder Präsentationen etc.).

Zur Wahrnehmung von Ö. bedarf es bestimmter Voraussetzungen: personell durch einen ständigen Beauftragten oder Referenten (→ Jugend- und → Sozialämter eventuell in Kooperation mit dem kommunalen Presse- und Informationsamt); materiell durch Ausstattung mit entsprechenden finanziellen, technischen und zeitlichen Ressourcen; organisatorisch durch die Anbindung der Ö. an die Geschäftsleitung; inhaltlich durch die Vermittlung eines definierten fachlichen Selbstverständnisses: intentional (Corporate identity) und optisch (Corporate design) (→ Leitbild/Leitbildentwicklung); systematisch durch die Entwicklung und Durchführung einer PR-Konzeption (Verlaufsplan: Problemanalyse, Zielsetzung, Strategie, Realisation, Erfolgskontrolle); ethisch durch die Beachtung der internationalen Richtlinien des Code d'Athènes: Achtung der → Menschenwürde, Wahrheitstreue, Sachlichkeit und Aktualität.

Nach den Pressegesetzen (→ Presserecht) der Länder sind die Behörden verpflichtet, den Vertretern der Presse die der Erfüllung ihrer öffentlichen Aufgabe dienenden Auskünfte zu geben (→ Auskunftspflicht gegenüber Presse). Dies gilt um so mehr, als § 13 → Sozialgesetzbuch – Allgemeiner Teil – (SGB I) die Leistungsträger (→ Sozialleistungsträger), ihre Verbände und sonstigen öffentlich-rechtlichen Vereinigungen verpflichtet, »im Rahmen ihrer Zuständigkeiten die Bevölkerung über die Rechte und Pflichten nach diesem Gesetz aufzuklären«. Rechtlich von Bedeutung sind außerdem die verfassungsrechtlichen Bestimmungen des → Grundgesetzes (GG) zur Meinungs-, Informations- und Pressefreiheit, die urheber- und verwertungsrechtlichen Bestimmungen, bestimmte Persönlichkeitsrechte (z. B. das Recht am eigenen Bild), das → Zeugnisverweigerungsrecht nach § 53 StPO sowie die Sorgfaltspflicht und Gegendarstellungspflicht der Presse nach den Landespressegesetzen.

Obwohl die Bedeutung der Ö. für die Belange der sozialen Arbeit seit den 60er Jahren immer wieder hervorgehoben wird und obwohl über die Notwendigkeit heute im Unterschied zu früheren Zeiten Konsens zu bestehen scheint, ist das Verhältnis der sozialen Arbeit zur Ö. ambivalent. Ö. wird normalerweise als Technik verstanden, und die methodische Verfahren des Repertoires praktischer Ö. sind bei kleineren Trägern oft »handgestrickt«, bei größeren den Wirtschaftswissenschaften entlehnt. Ein eigenes Profil hat soziale Arbeit ihrem Verständnis von Ö. bisher nicht geben können. An den Ausbildungsstätten spielt Ö. als Unterrichtsfach eine sehr untergeordnete Rolle, gleichwohl wird in den Praxisfeldern sozialer Arbeit der professionelle Umgang mit Ö. wie selbstverständlich vorausgesetzt. Dabei fällt auf, daß Ö. häufig aus zwei Gründen »situativ eingesetzt« wird. Einmal reaktiv unter Legitimationsdruck bei Existenznöten, oder aber, wesentlicher noch, instrumentell im Rahmen von → Social sponsoring und → Fund raising. Man kann

sich daher fragen, ob die Konjunktur, die Ö. derzeit in der sozialen Arbeit erlebt, nicht auf einem Mißverständnis beruht, nämlich der Ansicht und Erwartung, Ö. diene vor allem anderen der Einwerbung von Finanzmitteln.
Lit. Bebber v. u. a.: Öffentlichkeit; Fachhochschule Esslingen: Handreichung; Puhl: Öffentlichkeitsarbeit; Thorun: Öffentlichkeitsarbeit. *Ria Puhl/Walter Thorun*

Öffnung der Hochschule → Bildung/Bildungswesen

Ökologisches Jahr → Freiwilliges soziales Jahr (FSJ)/ → Freiwilliges ökologisches Jahr (FÖJ)

Oligophrenie → Schwachsinn

Omnibusfragen → Befragung

Operante Konditionierung → Konditionierung

Operationalisierung 1. In den empirisch ausgerichteten Sozialwissenschaften die Überführung theoretischer Fragestellungen, → Konstrukte und einzelner → Hypothesen in Meßoperationen (→ Indikator, → Variable). Nur derart konkretisierte und intersubjektiv überprüfbar gemachte Hypothesen und Hypothesenverkettungen (→ Theoriebildung) können nach Auffassung der empirisch-analytischen Wissenschaftstheorie (Carnap, Popper) wissenschaftliche → Objektivität beanspruchen, die die Gütekriterien der → Reliabilität und → Validität erfüllen (→ Empirische Sozialforschung).
Die Forderung, auch komplexe Theorien letztlich auf Beobachtungssätze hin zu operationalisieren, wurde im sog. Positivismusstreit (→ Positivismus) von Vertretern der → Kritischen Theorie (Adorno, Habermas) u. a. mit dem Argument kritisiert, daß die kritische Reflexion gesellschaftlicher Totalität (→ Gesellschaft), wie sie Aufgabe der Sozialwissenschaften sei, sich nicht (den Naturwissenschaften entlehnten) mathematisch-logischen Regeln beugen könne.
Damit ist das Problem benannt, daß exakte O. in den Sozialwissenschaften höchstens noch für »Theorien mittlerer Reichweite« (Merton) möglich ist, umfassendere Erklärungsansätze z. B. → abweichenden Verhaltens sich jedoch einer stringenten empirischen Überprüfung sperren. Starres Festhalten an den Objektivitätskriterien empirisch-analytischer Wissenschaftstheorie könnte deshalb einen immer eingeschränkteren Geltungsbereich sozialwissenschaftlicher Theorien zur Folge haben.
Lit. Adorno u. a.: Positivismusstreit; Berger, H.: Untersuchungsmethode; Cicourel: Methode; Friedrichs: Methoden; Opp: Methodologie. *Claus Reis*

2. Im pädagogischen Bereich gelangte das Verfahren der O. in Zusammenhang mit der → Curriculumforschung zu erheblicher Bedeutung. Es wird dort – häufig in einem modifizierten und erweiterten Verständnis – als Verfahren zur Präzisierung von → Lernzielen eingesetzt. Lernziel-O. im weiteren Sinne ist die »semantisch möglichst eindeutige Angabe der beobachtbaren Elemente der gewünschten Verhaltensdisposition (→ Attitüde) eines Lernenden« (Meyer). – In der Bundesrepublik beruhte die Diskussion und Verwendung von operationalisierten Lernzielen zunächst hauptsächlich auf den Arbeiten von Robert F. Mager. Nach seinem Verständnis muß ein operationalisiertes Lernziel folgende drei Elemente aufweisen: a) Benennung des Endverhaltens (des Lernenden nach Ablauf des Unterrichts); b) Beschreibung der Bedingungen, nach denen das Endverhalten gezeigt werden soll; c) Angabe des Beurteilungsmaßstabes für das als ausreichend geltende Verhalten. Möller griff das Verfahren auf und ergänzte es um ein Drei-Stufen-Modell (Richt-, Grob-, Feinziel). Heftig kritisiert wurde die Vorstellung, operationalisierte Lernziele (Feinziele) aus den abstrakteren Lernzielen logisch ableiten zu können (Deduktion). – Im alltäglichen Schulunterricht haben sich operationalisierte Lernziele nicht durchgesetzt, wohl aber in der individualisierten Unterweisung und im programmierten Unterricht. Bei der Curriculumkonstruktion ist die Bedeutung operationalisierter Lernziele stark zurückgegangen.
Lit. Mager: Lernziele; Mager: Zielanalyse; Meyer, H. L.: Trainingsprogramm; Möller: Lernplanung; Vester, H.: Formulierung.
Gisela Wegener-Spöhring

Opferentschädigungsgesetz (OEG) Das Gesetz über die Entschädigung für Opfer von Gewalttaten vom 11. 5. 1976 (BGBl. I S. 1181), i. d. F. des zweiten Änderungsgesetzes vom 21. 7. 1993 (BGBl. I S. 1262) bezieht die Opfer von Gewalttaten in den Schutz des sozialen Entschädigungsrechts (§ 5 SGB I; → Sozialgesetzbuch [SGB]; → Soziale Entschädigung) ein. Leistungssystem und -höhe bestimmen sich daher nach dem → Bundesversorgungsgesetz (BVG). Voraussetzung ist die gesundheitliche Schädigung (nicht Vermögens- oder Sachbeschädigung) durch einen gegen einen Menschen gerichteten vorsätzlichen, rechtswidrigen tätlichen Angriff oder durch ein mit gemeingefährlichen Mitteln begangenes Verbrechen. Der Täter muß das Opfer in feindlicher Absicht angegriffen haben. Fahrlässig herbeigeführte Verletzungen und Unfälle fallen daher nicht unter das OEG. Ausgeschlossen sind auch die mit einem Kraftfahrzeug begangenen Taten. Hierfür leistet der Entschädigungsfonds für Schäden aus Kraftfahrzeugunfällen. Hat sich die Schädigung bereits vor dem 16. 5. 1976 er-

eignet, so ist Anspruchsvoraussetzung, daß die heute noch ursächlich auf die Gewalttat zurückgehenden Gesundheitsstörungen eine MdE von mindestens 50 v. H. verursachen und Bedürftigkeit vorliegt.
Das OEG gilt unabhängig von Staatsangehörigkeit und Wohnsitz für alle Personen, die im Bundesgebiet geschädigt werden. Der für Nicht-EG-Ausländer geltende Vorbehalt, daß ihr Heimatstaat eine vergleichbare Regelung besitzt, wurde gegenüber der ursprünglichen Fassung des OEG stark abgemildert.
Leistungen werden versagt, wenn das Opfer die Tat mitverursacht hat (z.B. durch Provokation oder leichtsinnige Selbstgefährdung) oder wenn die Versorgung unbillig wäre (z.B. weil Opfer und Täter zusammenleben oder der Täter dem Opfer Unterhalt schuldet und die Versorgung deshalb mittelbar auch dem Schädiger zugute käme). Zuständig sind die → Versorgungsämter des Landes, in dem das Opfer geschädigt wurde. *Kirsten Wachholz*

Opinion Leader → Meinungsführer

Orale Phase Nach S. Freud erste Stufe der Libidoentwicklung (→ Libido), in der die Lusterlebnisse an die Reizung von Mundhöhle, Zunge und Lippen gebunden sind. Unvermeidbare orale → Frustration ist ein wichtiger Motor der weiteren Ich-Entwicklung. Das Kind lernt Selbst und Nichtselbst, Subjekt und Objekt zu unterscheiden, und an seinem ersten Objekt, der Mutter, kann es erkennen, daß dieselbe Mutter einmal Befriedigung vermittelt und dann wieder Versagung verursacht. Aber nicht nur äußere Frustration, auch das grundsätzliche Problem der oralen Ambivalenz steht dem → Lustprinzip entgegen: das Kind kann die Brust nicht »aufessen« und zugleich »haben«. Die entstehenden aggressiven Regungen sind förderlich zur Weiterentwicklung des → Gedächtnisses und der → Wahrnehmung und geben den ersten Anstoß, die Symbiose (→ Symbiotische Beziehung) zu verlassen. Extreme orale Versagung kann zu irreparablen Störungen wie → Hospitalismus führen oder erste Strukturansätze der depressiven → Neurose ausbilden.
S. a. → Anale Phase, → Genitale Phase.
Hannelore Barth

Ordinalskalen → Skalen

Ordnungswidrigkeiten sind Verstöße gegen gesetzliche oder aufgrund eines Gesetzes erlassener Gebots- oder Verbotsvorschriften, die im Kern zum Schutz des Gemeinwesens unter dem Aspekt einer geordneten Verwaltung oder auch zur Abwehr von Verhaltensweisen erlassen sind, die strafrechtlich geschützte Rechtsgüter (→ Strafrecht) im Vorfeld gefährden könnten. Ungeachtet der umstrittenen Frage, ob sie sich von Straftaten qualitativ oder nur graduell abgrenzen lassen, bezeichnen sie jedenfalls Handlungen, denen jener hohe Unrechtsgehalt und Grad an Verwerflichkeit fehlt, der allein das Unwerturteil der → Strafe rechtfertigt. Die staatliche Reaktion ist deshalb auch nur Geldbuße, eine zweckgerichtete Zwangsmaßnahme zur Durchsetzung der Normbefehle.
Die äußerlich stets an der Bußgeldbewehrung erkennbaren O.tatbestände finden sich über eine Vielzahl gesetzlicher Vorschriften verstreut. Zur Ahndung von O. sind die Verwaltungsbehörden befugt, im Gegensatz zu den Strafverfolgungsorganen bei Straftaten dazu aber nicht in jedem Fall auch verpflichtet. Die zu verhängende Geldbuße beträgt zwischen 5 und 1 000 DM, wenn nicht im einzelnen Gesetz – so insbes. im Wirtschaftsrecht – höhere Beträge vorgesehen sind. Sie darf auch gegen juristische Personen, Vereine und Personenhandelsgesellschaften festgesetzt werden, wird aber nicht ins → Bundeszentralregister eingetragen. Gegen die Verhängung kann der Betroffene mittels Einspruchs (→ Rechtsbehelf) das Amtsgericht anrufen. Es kommt dann zu einer mündlichen Erörterung ähnlich wie im → Strafprozeß. Allerdings ist das Gericht bei der Erhebung der Beweise freier gestellt als dort. Es darf auch zum Nachteil des Betroffenen vom Bußgeldbescheid abweichen. Ergeben sich Anhaltspunkte dafür, daß die Tat als Straftat zu beurteilen sein könnte, kann in das Strafverfahren übergegangen werden, jedoch gelten dann auch dessen Garantien. Gegen die Entscheidung im O.verfahren kann Rechtsbeschwerde erhoben werden, wobei das Urteil aber nur auf Rechtsfehler überprüft wird.
Das Recht der O. ist seit 1952 im »Gesetz über O.« (OWiG) kodifiziert, grundlegend neu gefaßt 1968 und 1975, zuletzt geändert am 28. 10. 1994. Es enthält für alle O. geltende Ahndungsvoraussetzungen und Verfahrensvorschriften, systemwidrig aber auch einige wenige Bußgeldtatbestände (§§ 111–130 OWiG).
Lit. Göhler: Ordnungswidrigkeiten (Komm.).
Jochen Schroers

Organisation Organisieren ist Gestalten von Strukturen, Prozessen und Beziehungen in sozialen Systemen. Strukturen legen fest, welche O.einheiten auf welchen Ebenen zu schaffen sind (z. B. als Sachbearbeiter, Abteilungsleiter, Amtsleiter), welche Aufgaben ihnen zu übertragen sind und welche Leistungen sie zu erbringen haben. Prozesse ordnen die zeitliche und räumliche Folge der Arbeiten zur Erbringung einer Leistung sowie das Zusammenwirken von Mitarbeitern und den Einsatz von Arbeitsmitteln. Beziehungen regeln die Kommunikation zwischen den einzelnen O.einheiten und Mitarbeitern bei der Leistungserstel-

lung. Organisieren ist ganzheitlich, d. h. Strukturen, Prozesse und Beziehungen sind im Zusammenhang zu sehen und zu gestalten und betrifft das Zusammenwirken von Mitarbeitern in sozialen Systemen.
Das Ergebnis des Organisierens ist die O., die Gesamtheit aller Regelungen und Verfahrensweisen zur Erfüllung von Aufgaben bzw. zur Herstellung von Leistungen. Der Begriff O. wird darüber hinaus auch zur Bezeichnung einer Institution insgesamt (z. B. eine Gemeinde oder ein Kreis) als ein System handelnder Menschen zur Erreichung bestimmter Zwecke verwandt.
Begrifflich sind somit zu unterscheiden:
– funktionaler O.begriff (Organisieren als gestaltende Tätigkeit – die → Verwaltung wird organisiert);
– instrumentaler O.begriff (O. als Instrument, das planvolle Arbeiten und Zusammenwirken der Mitarbeiter zu regeln – die Verwaltung hat eine O.);
– institutionaler O.begriff (O. als soziales Gebilde – die Verwaltung ist eine O.).
Organisieren ist Gestalten von Strukturen und Prozessen mit dem Ziel, die einer → Verwaltung übertragenen Aufgaben unter Einsatz von Arbeitsmitteln durch die Mitarbeiter möglichst wirksam und wirtschaftlich zu erfüllen.
Objekte des Organisierens sind die von der Verwaltung zu erfüllenden Aufgaben sowie die zur Aufgabenerfüllung zur Verfügung stehenden Menschen und Arbeitsmittel. Öffentliche Aufgabe ist der in einer → Norm (→ Gesetz, → Rechtsverordnung, kommunale Satzung) oder durch politische Willensäußerung (Rat bzw. Kreistag in kommunalen Gebietskörperschaften, Landtage, Bundestag) festgelegte Verwaltungszweck. Von Zeit zu Zeit muß jede Aufgabe der öffentlichen Verwaltung hinsichtlich des Zweckes und der Art der Erfüllung unter Berücksichtigung der anderen Aufgaben und der zur Verfügung stehenden Mittel überprüft werden (→ Aufgabenkritik). Menschen leisten Arbeit als primäre Arbeitsträger; organisatorische Regelungen sollen das Handeln der Menschen in der Verwaltung festlegen und damit berechenbar machen. Organisatorische Regelungen sind Verhaltenserwartungen, die von den Mitarbeitern aufgenommen, akzeptiert und in tatsächliches Verhalten umgesetzt werden sollen. Nur wenn dies geschieht, haben sie einen Sinn. Bei der Konzeption organisatorischer Regelungen ist deshalb zu bedenken, wie sich Menschen in einer konkreten Situation typischerweise verhalten. Dies wiederum ergibt sich aus allgemeinen Motiven (→ Motivation), → Bedürfnissen sowie allgemeinen Erwartungen an die Arbeit.
Die O. einer Verwaltung (Strukturen, Prozesse, Beziehungen) ist so zu gestalten, daß die zur Aufgabenerfüllung notwendigen Leistungen unter Beachtung der jeweils festgelegten Anforderungen an Qualität und Wirtschaftlichkeit erbracht werden. Die Bausteine dieser O. sind die Instrumente des Organisierens, so bezeichnet in Anlehnung an den instrumentalen O.begriff. Techniken des Organisierens können dabei helfen, die Instrumente zu entwickeln.
Die Instrumente des Organisierens sind:
– Aufgabenplanung: Jede Verwaltung hat die ihr übertragenen Aufgaben festzustellen und in einem systematisch gegliederten Aufgabenkatalog (Aufgabengliederungsplan) darzustellen. Die Aufgabe und die zur Aufgabenerfüllung hergestellten Leistungen und die damit verfolgten Ziele sind in regelmäßigen Abständen zu überprüfen (Aufgabenkritik). Der Aufgabenkatalog kann ergänzt werden um ein Verzeichnis der Leistungen, die zur Aufgabenerfüllung hergestellt werden.
– Planung der Verwaltungsstruktur: Der Einsatz vieler Mitarbeiter erfordert den Aufbau einer Verwaltungsstruktur, die eine arbeitsteilige und zugleich koordinierte Leistungserstellung gewährleistet (→ Koordination). Die Verwaltungsstruktur umfaßt hauptsächlich Stellen zur Wahrnehmung von Sachbearbeitungsfunktionen, ergänzt um Stellen zur Wahrnehmung von Unterstützungsfunktionen für die Sachbearbeitung und von Stellen für spezielle Funktionen (z. B. zur Gleichstellung von Frauen und Männern). Durch die Zusammenfassung jeweils mehrerer Stellen unter dem Aspekt der Leitung entstehen Stellen, die in einer hierarchischen Ordnung zueinander stehen (→ Hierarchie).
– Arbeitsgestaltung: Die zeitliche und räumliche Folge der Arbeiten zur Herstellung einer Leistung sowie der Einsatz von Arbeitsmitteln (auch Informationstechnik) kann vorausschauend durchdacht (optimiert) und festgelegt werden. Diese Arbeitsgestaltung ist ein Instrument, die Verwaltung systematisch an vorgegebenen Arbeitsprozessen auszurichten.
– Stellenbemessung: Der zur Herstellung einer Leistung durchschnittlich erforderliche Arbeitsaufwand kann unter Berücksichtigung von Quantität und Qualität der geforderten Leistung ermittelt werden. Der Arbeitsaufwand für alle Leistungen einer O.einheit ergibt in Verbindung mit der durchschnittlichen Arbeitszeit der Mitarbeiter deren Stellenbedarf.
– → Stellenbewertung: Die Bewertung der mit der Wahrnehmung einer Stelle verbundenen Anforderungen ermöglicht die funktionsgerechte Zuordnung der Stellen zu einer Besoldungs-, Vergütungs- oder Lohngruppe.
Die Instrumente des Organisierens sind nicht das Ergebnis eines intuitiven Einfalls; sie müssen bewußt gestaltet und ständig weiterentwickelt werden. Dies geschieht in einem planmäßigen Verfahren durch eine zentrale O.stelle oder durch die Fachberei-

che selbst (zur Abgrenzung vgl. unten). Unterstützt werden die Veränderungsprozesse durch Techniken des Organisierens (→ Organisationsanalyse). Je nach Einsatz im Laufe des Veränderungsprozesses tragen die Techniken dazu bei, den vorhandenen (unbefriedigenden) Ist-Zustand zu erfassen, zu beschreiben oder zu analysieren bzw. einen künftig angestrebten Zustand zu planen und darzustellen.
Die O. der Aufgabenerfüllung ist Teil der Aufgabenerfüllung und damit zunächst Angelegenheit der jeweils zuständigen Fachbereiche. Soweit O.aufgaben einheitlich aus der Sicht der Gesamto. zu erfüllen sind oder regelmäßig nur eine besondere O.stelle über spezielle organisatorische Fachkenntnisse verfügen kann, sind die O.aufgaben allerdings einer zentralen O.stelle zuzuordnen (→ Zentralisation). In welchem Umfang dies im einzelnen geschehen sollte, ist umstritten. Die in der Vergangenheit festzustellende → Konzentration der O.aufgaben in einer zentralen O.stelle war teilweise überzogen. Die Tendenz geht heute dahin, nur die O.aufgaben zentral wahrzunehmen, die von zentraler Steuerungsbedeutung für die Gesamto. sind, und sie im übrigen den Fachbereichen zuzuordnen (→ Dekonzentration, → Organisationsentwicklung). Es wird zunehmend erkannt, daß den Fachbereichen und ihrem Führungspersonal neben ihrer Fachverantwortung eine wesentliche Personal- und O.verantwortung zukommt, deren wirksame Ausübung Voraussetzung für die optimale Leistungserbringung ist.
Die volle O.verantwortung ist auch Ziel des Neuen Steuerungsmodells (→ Verwaltungsmodernisierung). Die Steuerung durch Vorgaben zur O. der Aufgabenerfüllung ist hier ersetzt durch die Vorgabe der vom Fachbereich geforderten Leistungen und Bereitstellung leistungsbezogener Budgets.
Lit. Becker, U.: Organisation; Hill u. a.: Organisationslehre; KGSt.: Verwaltungsorganisation; Siepmann: Verwaltungsorganisation. *Heinrich Siepmann*

Organisation für wirtschaftliche Zusammenarbeit und Entwicklung – Organisation for Economic Cooperation and Development (OECD) – mit Sitz in Paris ist ein Zusammenschluß von 18 westeuropäischen Staaten sowie Australien, Japan, Kanada, Mexiko, Neuseeland, Türkei, Vereinigte Staaten von Amerika. Diese 25 Mitgliedsstaaten umfassen eine Gesamtbevölkerung von rund 950 Mio. Einwohnern.
Die OECD wurde im Jahre 1960 als Nachfolgeorganisation des Europäischen Wirtschaftsrates (OEEC) gegründet, der seit 1948 ein wichtiges Instrument für den Wiederaufbau der vom 2. Weltkrieg schwer betroffenen Länder Westeuropas mit Mitteln der Marshallplanhilfe der USA gewesen war. Ziele der neuen Organisation sind die Förderung des Wirtschaftswachstums und der sozialen Wohlfahrt in den Mitgliedsstaaten durch Unterstützung der Regierungen bei der Erarbeitung entsprechender Konzeptionen und deren Koordinierung, die Förderung und Abstimmung der Hilfe für Entwicklungsländer sowie die Ausweitung des Handels in der ganzen Welt.
Die OECD ist eine reine Regierungsorganisation, die von den Mitgliedsstaaten finanziert wird und deren Organe sich ausschließlich aus Regierungsvertretern zusammensetzen. Die Ausschüsse und das Generalsekretariat befassen sich mit den folgenden Aufgabenbereichen, zu denen sie Analysen durchführen, Prognosen erstellen und Empfehlungen erarbeiten: wirtschaftliche Zusammenarbeit; Energie und friedliche Nutzung der Kernenergie; Entwicklungskooperation; Handels-, Finanz- und Steuerpolitik; Sozialfragen, Arbeitsmarktprobleme und Bildungswesen; Umweltschutz; öffentliche Verwaltung; Städteplanung; Naturwissenschaften, Technologie und Industrie; Landwirtschaft und Fischerei.
Im Bereich Sozialfragen, Arbeitsmarktprobleme und Bildungswesen ist die OECD befaßt mit Maßnahmen zur Aufrechterhaltung und Steigerung der Beschäftigung sowie zur Verbesserung der fachlichen Qualifikation und der Mobilität der Arbeitskräfte; mit der Förderung einer besseren Integration der Sozialpolitik (→ Sozialpolitik, europäische); mit der Entwicklung sozialer Indikatoren (→ Sozialindikatoren) und den vergleichenden Analysen über sozialpolitische Alternativen; mit Maßnahmen zur Gewährleistung einer besseren → Einkommensverteilung und einer erhöhten Chancengleichheit; mit der Förderung einer besseren Koordinierung der von den Arbeitgebern, den Arbeitnehmern und den Regierungen verfolgten Politik; mit der Stärkung der Verbindungen zwischen Bildungswesen und Arbeitswelt; mit Statistiken und Indikatoren über Entwicklungstendenzen im Bildungswesen; mit der Analyse von Maßnahmen zur Gewährleistung gleicher Bildungschancen (→ Chancengleichheit) sowie mit der Ausarbeitung von Vorschlägen für die Struktur des → Bildungswesens und der Bildungsplanung in Europa.
Aufgrund ihrer Geschichte und ihrer speziellen Erfahrungen fühlt sich die OECD besonders qualifiziert und legitimiert, den zentral- und osteuropäischen Staaten bei der Umstrukturierung ihrer Wirtschaftssysteme im Hinblick auf die volle Teilnahme an der freien Marktwirtschaft im Rahmen einer pluralistischen Gesellschaftsform behilflich zu sein. Dafür wurde 1990 eine eigene Beratungs- und Unterstützungsstruktur geschaffen, das Center of Cooperation with European Economies in Transition (CCEET).
Anschrift: 2, rue André-Pascal, F-75775 Paris Cedex 16. *Dirk Jarré*

Organisationsanalyse Der Zweck der O. ist die Steigerung der Leistungsfähigkeit und Wirtschaftlichkeit der Verwaltungsorganisation. Die O. (→ Verwaltung) ist dabei der Ausgangspunkt für Veränderungsprozesse in der Aufbau- und Ablauforganisation, erste Etappe bei der Einführung neuer Arbeitsverfahren und Technikunterstützung sowie die Grundlage für die bereichsbezogene Personalplanung bzw. -bemessung.
Ihr Untersuchungsgegenstand sind die → Ziele, Programme und Strategien der jeweiligen Verwaltungsorganisation, ihre Struktur und organisatorische Gliederung, die hier definierten Funktionen und Kompetenzen, die Arbeitsabläufe und Verfahrensstandards, die jeweils verwendeten Sachmittel, arbeitsunterstützenden Techniken und beanspruchten Räume, die hier tätigen Mitarbeiter und Führungskräfte, sowie die relevante Umwelt der Verwaltungsorganisation, d.h. die wichtigen externen Einflußfaktoren und Anspruchsgruppen.
Als typische Untersuchungstechniken seien hier auszugsweise genannt: Aktenanalyse, Besichtigung, Befragung, Interview, Stellenbeschreibung, Aufgaben- und Arbeitsanalyse, Arbeitsaufzeichnungen, Arbeitsablaufdarstellung, Wirtschaftlichkeitsrechnung, Personalbemessung.
Die konkrete Praxis der O. wird im wesentlichen bestimmt durch das ihr zugrundeliegende Organisationsmodell (→ Organisationssoziologie) sowie ein hierzu korrespondierendes Menschenbild.
Der objektive Ansatz in der O.:
Organisation wird hier verstanden »als die Gesamtheit der Regelungen, die eine rationale Zielerreichung« (Kirchhoff) gewährleisten. Organisation erscheint in diesem Verständnis als Trivialmaschine, die nach funktionalen Zielen und Plänen programmierbar und in den konkreten Einzelfunktionen und Handlungen beliebig gestaltbar ist; die entsprechenden Methoden und Ressourcen sind nur »richtig« zu kombinieren, um die angestrebten Ziele zu erreichen. Dieser Prämisse der Machbarkeit korrespondiert ein entsprechendes Modell vom Mitarbeiter. Organisationsmitglieder verhalten sich, weil ein äußerlicher (z.B. Anweisung einer Führungskraft) oder ein innerer (z.B. persönliche Motive) Stimulus ihre Reaktion verursacht. Der Mitarbeiter handelt in diesem Verständnis nicht als eigensinniges Subjekt, sondern als Objekt von Impulsen, die im Sinne der Organisationsgestaltung/Motivationssteuerung nur »richtig« gesetzt werden müssen. Auf der Grundlage eines solchen technomorphen Organisationsverständnisses und Menschenbildes begreift sich die O. als objektives Verfahren, das wertneutral die notwendigen Daten zur Korrektur fehlerhafter Strukturen und Motivationslagen liefert.
Wirkliche Gestaltungs- und Veränderungserfolge auf der Grundlage einer derartig steuerungsoptimistischen O. lassen sich indes nur schwer erzielen; dies deshalb
1. weil der Erkenntnisgegenstand der objektiven O. unzureichend konstruiert ist und wesentliche Dimensionen der Organisationswirklichkeit nicht erfaßt;
2. weil die beforschten Mitarbeiter das objektiv-wertneutrale Erkenntnisinteresse der O. zumeist nicht (an-)erkennen, es vielmehr als unternehmenspolitische Intervention begreifen, die u.U. ihren Interessen zuwiderläuft;
3. weil die Auftraggeber nur bedingt etwas mit den Ergebnissen der objektiven O. anfangen können; sie erfahren zwar etwas über die Veränderungsnotwendigkeit in der betreffenden Organisationseinheit, wenig aber über die realen Veränderungschancen, d.h. die Akzeptanz und Veralltäglichung der Organisationsveränderung im Handeln der Mitarbeiter.
Der subjektive Ansatz in der O.:
In diesem Verständnis ist Organisation das Resultat von Aushandlungsprozessen interessegeleiteter Akteure, die auf der Grundlage ihrer Wirklichkeitskonstruktionen die für sie verbindlichen Ordnungen generieren. Organisation erhält hier – anders als im statischen Konzept des objektiven Ansatzes – eine dynamische Qualität.
Mitarbeiter sind diesem Verständnis nach nicht stimulusgetriebene Steuerungsobjekte, sondern tendenziell steuerungs- und beobachtungsresistente Akteure, die eigensinnig Regeln und Strukturvorgaben interpretieren, situativ redefinieren und ihre Interessen verfolgen.
Wenn die Organisationswirklichkeit nicht unabhängig von den strukturgenerierenden Praktiken der Akteure verstanden werden kann, so stellen sich Fragen nach 1. dem Gegenstandsbereich der O. und 2. nach dem Akteursstatus des Organisationsanalytikers selbst.
1. Klassischerweise untersuchen O. Arbeitsabläufe, Akten usw. Im Verständnis des subjektiven Ansatzes der O. sind dies gewissermaßen Sedimente, Artefakte der zugrundeliegenden sozialen Praktiken, die insbesondere dann aufgeklärt und verstanden werden müssen, wenn der Organisationsanalytiker praktische Vorschläge für eine wirksame Optimierung der Arbeitsorganisation unterbreiten will. Neben die klassischen Werkzeuge der O. sollte deshalb der kompetente Umgang mit sozialwissenschaftlichen Techniken und Methoden treten, um die soziale Logik, die zu einer gegebenenfalls defizitären Arbeitsorganisation führt, aufzuzeigen.
2. Im objektiven Ansatz versteht sich der Organisationsanalytiker als wertneutraler, »objektiver« Beobachter. Dieses Selbstverständnis ist im subjektiven Ansatz nicht haltbar. Wie auch immer methodisch ausgestattet, versteht der Organisationsanalytiker seine – fachlich elaborierte – Wirklich-

Organisationsberatung

keitsdefinition als betrachtungsperspektivisches Produkt. Das bedeutet nicht, daß er keine relevanten Aussagen hinsichtlich der Verbesserungsnotwendigkeit einer Organisation machen könnte. Er geht allerdings davon aus, daß sowohl sein Beobachtungs- und Analyseinteresse als auch seine Gestaltungsvorschläge nicht fraglos hingenommen werden, sondern mit den u. U. gegenläufigen Interessen der beforschten Akteure rechnen müssen. An die Stelle des Gestaltungsoptimismus im objektiven Ansatz tritt hier das Bewußtsein von der Unwahrscheinlichkeit, nicht Unmöglichkeit der Veränderung (→ Organisationsentwicklung).
Christian Barthel

Organisationsberatung → Institutionsberatung

Organisationsentwicklung (OE) wird als zusammenfassender Begriff für die Bemühungen verstanden, zur Humanisierung der Arbeitsbedingungen sowie zur Steigerung der Flexibilität und Veränderungsbereitschaft einer → Organisation beizutragen; eine allgemein akzeptierte Definition hat sich noch nicht gebildet. Es geht dabei sowohl um eine Erhöhung der Leistungsfähigkeit einer Organisation wie auch um mehr Raum für die Persönlichkeitsentfaltung der Mitarbeiter. Ende der 40er Jahre in den USA entstanden, ist OE vor allem in Organisationen der Privatwirtschaft angewandt worden. Es gibt heute verschiedene Verfahren und Akzentsetzungen, auch aufgrund der Praxis in einer Reihe von europäischen Ländern.

OE beruht insbes. auf folgenden Annahmen: a) Organisationsveränderungen längerfristiger Natur bedürfen an erster Stelle Verhaltens- und ggf. auch Einstellungsänderung der Mitarbeiter; b) Organisationsveränderungen werden eher akzeptiert, wenn sie von den Mitarbeitern selbst geplant wurden oder wenn sie bei der Planung mitreden konnten (→ Partizipation); c) Arbeit, die so organisiert ist, daß sie sowohl den Bedürfnissen der Mitarbeiter entgegenkommt als auch die organisatorischen Anforderungen erfüllt, erzeugt den größten Erfolg. Bei diesen Annahmen sind die partizipativen und emanzipatorischen Züge und das zugrunde gelegte Menschenbild unverkennbar.

Um Verhaltensänderungen zu erreichen, arbeitet der OE-Berater zusammen mit den Mitarbeitern mittels sog. Interventionen wie Workshops (→ Inservice-Training), Rollenanalyse, Sensitivity-Training (→ Sensitivity/Sensitivity-Training) und »survey-feedback« (Ermittlung der Einstellungen von Mitarbeitern und gemeinsame Gruppendiskussion der Ergebnisse). Da in jeder Organisation die Probleme anders gelagert sind, gibt es keine Standardprogramme und -fragestellungen. Häufiger anzutreffen sind z. B.: Welche Konflikte gibt es bei uns, und was können wir zu ihrer Bewältigung beitragen? Wie schaffen wir ein zwischenmenschliches Klima, das wir für wünschenswert halten? Wie können wir neuen Anforderungen an die Organisation besser gerecht werden?

OE in der öffentlichen → Verwaltung stößt auf andersgeartete Rahmenbedingungen als in der Privatwirtschaft: z. B. Netzwerk von Rechts- und → Verwaltungsvorschriften, Kontrolle durch Parlament, → Rechnungsprüfung und Medien, parlamentarisches Mittelbewilligungsverfahren. Sie engen den Spielraum für OEverfahren in der öffentlichen Verwaltung ein (→ Verwaltungsreform). Auch liegen bisher noch verhältnismäßig wenig Erfahrungen vor.

Das Verfahren erscheint, ggf. mit Modifikationen, insbes. dazu geeignet, Spannungen und Konflikte zwischen verschiedenen Berufsgruppen, z. B. Verwaltungsfachkräften und Sozialarbeitern innerhalb eines Amtes, abzubauen und die Zusammenarbeit zu verbessern. Auch für Führungsstilveränderungen eignet es sich (→ Führungsstile). Durch Fortbildungsveranstaltungen (→ Fortbildung) mit Mitarbeitern einer Organisationseinheit könnte ein OEprozeß eingeleitet und begleitet werden; ebenso im Rahmen von Supervisionsmaßnahmen (→ Supervision) oder von → Institutionsberatung.

Lit. French u. a.: Organisationsentwicklung; Gebert: Organisationsentwicklung; Gesellschaft für Organisationsentwicklung: Organisationsentwicklung; Glasl: Verwaltungsreform; Glasl u. a.: Organisationsentwicklung; Scholz, G.: Organisationsentwicklung; Sievers: Organisationsentwicklung; Slesina: Organisationsentwicklung.
Gotthard Scholz-Curtius

Organisationskriterien → Organisation

Organisation sozialer Dienste → Soziale Dienste werden von sozialpädagogischen → Fachkräften erbracht, um soziale Probleme zu lösen und zu verhindern. → Öffentliche und → freie Träger setzen sie zur Aufgabenerfüllung in → Sozial-, → Jugend- und → Gesundheitshilfe ein. Die → Organisation dieser Dienste umfaßt alle Regelungen, die Zielsetzung (Aufgaben), Einsatz von Ressourcen (Mitarbeiter, Sachmittel, Finanzmittel) und Arbeitsprozesse zur Zielerreichung steuern. Der gewählte Organisationsbegriff schließt Aufbauorganisation (Strukturen) und Ablauforganisation (Prozesse) ein.

Das organisatorische Erscheinungsbild der öffentlichen sozialen Dienste ist aufgrund des Selbstverwaltungsrechtes (→ Selbstverwaltung) der → Gemeinden vielgestaltig, geprägt von unterschiedlichen historischen, politischen und ökonomischen örtlichen Gegebenheiten. Die Mehrzahl der Sozialverwaltungen ist durch folgende Merkmale gekennzeichnet: nach Ämtern getrennte Aufgabenerfüllung; Liniensystem mit oft unzureichenden horizontalen, problembezogenen → Kooperationen; Trennung von Aufgaben- und Ressourcenverantwortung; Fehlen von überprüfbaren Leistungszielen und von Verfahren zur Kontrolle der Wirksamkeit erbrachter Leistungen; nicht aufeinander und auf das Problem abgestimmte Arbeitsteilungen, z. B. nach Wohnbezirken gegliederter Allgemeiner Sozialdienst (→ Sozialdienst, Allgemeiner [ASD]), alphabetische Personeneinteilung für wirtschaftliche Leistungen; überwiegende Einzelfallorientierung, wenig gruppen- und gemeinwesenbezogene Hilfen; geringe planerische, strukturverändernde Leistungen; Trennung → vorbeugender und → nachgehender Hilfen. Diesem weitverbreiteten Zustandsbild sind folgende Grundforderungen gegenüberzustellen:

– Die Organisation sozialer Arbeit muß sich an der → Lebenswelt des Bürgers orientieren und ganzheitliche, die Lebenszusammenhänge erfassende Hilfen ermöglichen. Sie darf nicht vordergründig nach Symptomen, Gesetzen oder klassischen Verwaltungsstrukturen ausgerichtet werden.
– Die Mitwirkung der Bürger bei der Lösung ihrer Probleme muß gewährleistet sein. Der Weg zu selbständigem und verantwortlichem Handeln von Klienten führt über Mitgestaltung und Mitsprache bei sozialen Leistungen, über Transparenz von Organisationen und Entscheidungen.
– Soziale Dienste sollen dem Bürger leicht zugänglich sein. Die Zugänglichkeit hängt ab von der örtlichen und zeitlichen Erreichbarkeit, vom Informationsgrad über das Leistungsangebot, von psychologischen oder sozialen Barrieren, von der Vertrauenswürdigkeit.
– Entscheidungsprozesse müssen zielorientiert, transparent und zügig gestaltet werden.
– Die O. s. D. hat Rahmenbedingungen dafür zu schaffen, daß Bürger mit kompetenten Fachkräften Beziehungen aufbauen können, die → soziales Lernen ermöglichen.
– Sozialpädagogische und finanzielle Aspekte sind in Hilfeplanung und Steuerung der Organisation zu integrieren und auf Zielgenauigkeit und Wirtschaftlichkeit zu überprüfen.
– Soziale Dienste müssen offen für gesellschaftliche Entwicklungen gestaltet werden. Sie sollen durch Beweglichkeit und offene Kommunikationsstrukturen gekennzeichnet sein (lernende Organisationen).
– Soziale Dienste sind durch ein Netzwerk aus → Kooperation und → Koordination miteinander zu verknüpfen.
– Die »Zerspezialisierung« von Diensten verhindert Lebensweltorientierung und soll durch Zusammenführung abgebaut werden.
– Zwischen öffentlichen und freien Trägern ist partnerschaftliches Zusammenwirken zu sichern.
– Soziale Dienste bedürfen einer präventiven (→ Prävention) Orientierung. Nachgehende Hilfen allein vermögen die Probleme nicht zu lösen und wären volkswirtschaftlich nicht zu vertreten. Es gilt, Ressourcen für die Verhinderung sozialer Ausgrenzung, für Einmischungsstrategien, für die Aktivierung von → Selbsthilfe, für → Gruppen- und → Gemeinwesenarbeit zu gewinnen. Soziale Arbeit darf organisatorisch nicht als → Einzel(fall)hilfe festgeschrieben werden.
– Es müssen entscheidende Einflußmöglichkeiten auf → Sozial- und Stadtentwicklungsplanung gegeben sein. Dabei fällt dekonzentriert arbeitenden Diensten die Aufgabe zu, Grundlagen für wohnquartierorientierte, kleinräumige Planung einzubringen.

Der → Deutsche Verein für öffentliche und private Fürsorge (DV) setzt sich in dem Diskussionspapier »Strukturmerkmale für die Organisation kommunaler sozialer Dienste« für folgende Entwicklungslinien der sozialen Dienste ein: Von der Einzelfallhilfe zur Lebensweltorientierung; von der Symptomorientierung zur Systemorientierung (→ systemischer Ansatz, → Systemtheorie); von der → Intervention zur Prophylaxe; von der Inputorientierung zur Outputorientierung; von der Bedürfnisbefriedigung zur Selbsthilfeorientierung (→ Selbsthilfe).

Die genannten Anforderungen und Entwicklungen lassen sich nur sehr begrenzt durch formale organisatorische Regelungen umsetzen. Wesentliche Voraussetzung für das Wirksamwerden sozialer Dienste ist die Entwicklung einer ethischen und fachlichen Identität, die das Handeln der Mitarbeiter und die Steuerung der Organisation leitet. Der Arbeitserfolg hängt entscheidend von der Akzeptanz der Organisationsphilosophie und der Kontrollfähigkeit der Ziele und Arbeitsaufträge ab. Die »Strukturmerkmale für die Organisation kommunaler sozialer Dienste« entwickeln ihr Organisationsleitbild (→ Leitbild [-Entwicklung]) aus folgenden Prinzipien sozialer Arbeit: Lebensweltbezug und Systemorientierung, Integration, Partizipation, Selbsthilfeorientierung, Wirksamkeit und Wirtschaftlichkeit. Diesem Leitbild folgend wird zur Sicherung der psychosozialen Grundversorgung im Wohngebiet ein Kommunaler Sozialdienst (KSD) mit umfassender Zuständigkeit empfohlen. Der KSD ist als Weiterentwicklung des ASD zu sehen. Die Organisationsleitbilder sind weitgehend identisch. Der KSD ist Anlaufstelle mit Informations- und Drehscheibenfunktion. Er hat den Auftrag, insbesondere auf der Grundlage des → Kinder- und Jugendhilfegesetzes (KJHG – SGB VIII) und des →

Bundessozialhilfegesetzes (BSHG), persönliche Hilfe ganzheitlich, gesetzes- und generationsübergreifend bereitzustellen. Die Hilfen werden im offenen Dialog mit den Betroffenen und unter Beteiligung anderer für die Hilfeleistung erforderlicher Personen und Dienste entwickelt.
Der KSD arbeitet dekonzentriert (→ Dekonzentration), hat flache → Hierarchien und ist mit Fach- und Ressourcenverantwortung ausgestattet. In Umsetzung der verstärkten Prophylaxeorientierung fließen seine Kenntnisse über das soziale Feld in Planung und Steuerung ein. Der KSD soll 20-30% seiner Zeitkapazität für Vorbeugung, Arbeit mit Multiplikatoren, Vernetzung sowie für Hilfe zur Selbst- und Mithilfe nutzen, z. B. Initiieren und Begleiten von Nachbarschaftshilfe und Selbsthilfegruppen, Mitwirkung bei der sozialräumlichen Planung, Stadtteilkonferenzen. Der KSD soll ganzheitliche, lebensweltorientierte Hilfe sicherstellen, eine Allzuständigkeit wird aber nicht angestrebt. Allzuständigkeit würde zur Überforderung der Fachkräfte, Verflachung der Hilfequalität und Verlust an Wirksamkeit führen. Empfohlen wird ein durch Vertiefungsgebiete (Teilspezialisierung) und besondere soziale Dienste (→ Sozialdienste, besondere) ausdifferenziertes Angebot. In Vertiefungsgebieten erwerben Fachkräfte in einem Teilbereich sozialer Arbeit vertiefte Kenntnisse und stehen damit ihren Kollegen als Berater zur Seite. Teilspezialisierung ergänzt den systemorientierten Arbeitsansatz um die Zielgruppenorientierung.
Aus der Lebensweltorientierung folgt das Ziel der Integration sozialer Dienste. Besondere soziale Dienste sollen nur dann eingerichtet werden, wenn es erforderlich ist. Dies kann insbesondere der Fall sein, wenn die Besonderheit der Hilfe vertieftes Fachwissen und besondere Erfahrungen erfordert (z. B. Drogenberatung), die Wahrnehmung der Hilfe eine ständige intensive Zusammenarbeit mit Dritten notwendig macht und die Zusammenfassung der Hilfe den Beteiligten die Bearbeitung erleichtert und sie verbessert (z. B. → Sozialdienst im Krankenhaus, → Hilfe zur Arbeit) oder die Art der Aufgabe eine Zusammenfassung erfordert (z. B. → Adoptionsvermittlung). Auch besondere soziale Dienste sollen systemorieniert arbeiten. Nach Symptomen ausgerichtete Dienste sind in Gefahr, unwirksam zu sein. Um Zeit- und Reibungsverluste zu vermeiden, sind besondere soziale Dienste und KSD möglichst in einer Organisationseinheit zu verbinden.
Der umfassende Arbeitsauftrag des KSD und das Ziel der Integration sozialer Dienste erfordern eine eigenständige Organisationseinheit mit klaren Kompetenzen und eigener Leitung, die sie auch gegenüber den Amtsleitern des → Sozial-, → Jugend- und → Gesundheitsamtes vertritt. Auf der Leitungsebene werden fachliche Linien, Zuständigkeitsregelungen und Planungen abgestimmt.
Die Integration → persönlicher und wirtschaftlicher Hilfen als Leistung aus einer Hand erscheint im Hinblick auf unterschiedliche Ausbildungsgänge und Anforderungen an Fachlichkeit nicht erreichbar. Da die beiden Hilfearten aber in enger Wechselwirkung stehen, sind sie durch gemeinsame fachliche Linien und Hilfeplanungen zu harmonisieren. Sozialpädagogische und Verwaltungs-Fachkräfte arbeiten gleichberechtigt an der Erfüllung einer gemeinsamen Aufgabe. Sie dürfen ihre Entscheidung nicht wechselseitig aushebeln, sondern sollen sie kooperativ aushandeln.
Die Entscheidungsbefugnisse sind zur Gewährleistung von → Betroffenenbeteiligung und zur Verfahrensbeschleunigung möglichst umfassend zu delegieren. Die Komplexität von Notlagen, die Vielfalt von Wertorientierungen, die Verbindung von zielgruppen- und lebensweltorientiertem Steuerungsbedarf sowie die Abstimmung von Finanz- und Leistungszielen fordern geregelte Kooperationsformen auf Sachbearbeitungs- und Leitungsebene. Wenn es zur sachgerechten Aufgabenerfüllung der Gruppe bedarf, soll ihr auch die Entscheidungskompetenz übertragen werden. → Teamarbeit ist geeignet, Fachwissen zu bündeln, Entscheidungen zu optimieren und zu beschleunigen. Sie ist zugleich ein Instrument der fachlichen → Kontrolle. Das KJHG beinhaltet in § 36 eine zentrale Norm für kooperativ und überprüfbar gestaltete Entscheidungsprozesse.
Die → Kommunale Gemeinschaftsstelle für Verwaltungsvereinfachung (KGSt) setzt sich in ihren Berichten seit 1991 für ein neues Steuerungsmodell der öffentlichen Verwaltung ein, das einen grundlegenden Paradigmenwechsel der öffentlichen Verwaltung anstrebt (→ Verwaltungsmodernisierung). Die Kommunalverwaltung soll sich von einer gesetzesgesteuerten Behörde zu einem an Marktprinzipien ausgerichteten Dienstleistungsunternehmen wandeln. Die Umsetzung von Markt- und Kundenorientierung ist in Jugend- und Sozialhilfe umstritten, weil Sozialpolitik auf Gruppen zielt, die ihre Existenz unter Marktbedingungen nicht sichern können, weil für viele »Produkte« sozialer Dienste kein Markt existiert und ein Teil der »Kunden« soziale Dienstleistungen nicht autonom nachfragen kann. Gleichwohl sind wesentliche Elemente aus dem neuen Steuerungsmodell geeignet, Organisation sozialer Dienste zu qualifizieren, bisher ungelöst gebliebene fachliche Forderungen zu realisieren und notwendige Veränderungen zu unterstützen. Hier sind zu nennen: Bürgerorientierung, dekonzentrierte Aufgabenerfüllung, flache Hierarchien, Kontraktmanagement, dezentrale Fach- und Ressourcenverant-

wortung, Entwicklung überprüfbarer Leistungsziele, Outputsteuerung, → Qualitätsmanagement, → Controlling, Aufteilung der Budgetmasse nach strategischen Zielen (→ Budgetierung), Flexibilität des Haushaltsvollzuges.
Die vielfältigen Aufgaben von Sozial-, Jugend- und Gesundheitshilfe werden von öffentlichen und freien Trägern erfüllt. Um Defizite und Überversorgung zu vermeiden, bedarf es der gemeinsamen Planung. Diese sollte in Arbeitsgemeinschaften institutionalisiert werden. Das Erfordernis, soziale Dienste aufgabengerecht zu organisieren, trifft öffentliche und freie Träger. Bei der Neustrukturierung sozialer Dienste müßte es daher nicht nur eine gegenseitige Abstimmung, sondern ein gemeinsames Vorgehen geben. Dies gilt in besonderer Weise für das mit einem Paradigmenwechsel der öffentlichen Verwaltung vorgehende neue Steuerungsmodell. Es hat fundamentale Auswirkungen auf Struktur und Finanzierung freier Träger (→ Finanzierung sozialer Dienste und Einrichtungen).
Lit. BMJFFG (Hg.): 8. Jugendbericht; KGSt.: Ressourcenverantwortung; KGSt.: Outputorientierte Steuerung; KGSt.: Aufbauorganisation; KGSt.: Fach- und Ressourcenplanung; Merchel: Neue Steuerung; DV: Soziale Dienste; Rose: Organisationsmodell; Trube: Sozialhilfe.

Herwart Rose

Organisationssoziologie Als → Organisation bezeichnet man üblicherweise ein soziales Gebilde, in dem Menschen zur Erreichung von bestimmten Zielen dauerhaft, bewußt und arbeitsteilig zusammenwirken. Damit ist der Gegenstand der modernen O. umrissen. Die O. beschreibt und erklärt menschliches Handeln in Organisationen. Sie befaßt sich aber auch mit den Voraussetzungen der Entstehung, des Wandels, der Selbsterhaltung und Funktionsfähigkeit von Organisationen sowie mit den Folgen des Bestehens und Handelns dieser sozialen Gebilde für bestimmte Bereiche der Gesellschaft. Diese können wiederum Organisationen, aber auch einzelne Menschen je nach bestimmter sozialer Lage sein. Organisationen sind nach dieser Definition sowohl Parteien, Schulen, → Gewerkschaften usw. als auch → freie Träger, → Verwaltungen und damit auch Sozialverwaltungen. Bezogen auf Verwaltungen bzw. Sozialverwaltungen und freie Träger ist die O. geeignet, Erklärungen und Beschreibungen der Verhaltensweisen der dort tätigen Menschen zu leisten; darüber hinaus können auch außen- bzw. klientenbezogene Verhaltensweisen aus der Struktur der jeweiligen Organisation hergeleitet und erklärt werden.
Organisatorische bzw. organisationssoziologische Fragestellungen und Forschungsergebnisse haben im Rahmen der Diskussion um eine Reform der → sozialen Dienste und der entsprechenden Ämter an Bedeutung gewonnen. Die Realität und Veränderung sozialarbeiterischen und sozialpädagogischen Handelns wird und wurde zu Recht als stark mit der Organisationsstruktur der Sozialverwaltungen (→ Organisation sozialer Dienste) verknüpft gesehen. Für den Bereich der Verwaltungsrealität wird die O. um so realistischere und bedeutsamere Ergebnisse zeitigen, je mehr es ihr gelingt, die »klassischen« Ansätze und Fragestellungen, etwa von Weber, March u. a. weiterzuentwickeln und um innovative, realitätsangemessene Einsichten zu ergänzen.
Vor dem Hindergrund einer in den 90er Jahren beginnenden Ausrichtung der Reform sozialer Dienste an betriebswirtschaftlichen Denkmustern und Verfahrensweisen (→ Verwaltungsreform) wird die praktische Bedeutung der O. nicht abnehmen. Sie bleibt, zusammen mit der benachbarten Organisationspsychologie und den betriebswirtschaftlichen Organisationslehren, unverzichtbares Fundament jeder seriösen Organisationsberatung, → Organisationsentwicklung und des → Sozialmanagements bzw. der Personalführung. Die derzeit neu entstehenden Organisationsstrukturen und die Tatsache, Geschwindigkeit und Richtung des organisatorischen Wandels sind wiederum eine bedeutende theoretische Herausforderung für die O.
Lit. Bosetzky/Heinrich: Mensch; Büschges: Einführung; Endruweit: Organisationssoziologie; Puch: Organisation.

Eckart Reidegeld

Örtliche Träger → Sozialhilfeträger

Output-orientierte Steuerung → Verwaltungsmodernisierung

Outsourcing → Ausgründung

Overprotection Seit Levy 1943 die Ergebnisse seiner empirischen Untersuchung über »maternal overprotection«, die Überbehütung von Kindern durch ihre Mütter und die charakteristischen Störungen jener Kinder, veröffentlicht hat, wird O. neben Deprivation, Repression und Überforderung (→ Streß, → Trauma) als ein typischer störender Einfluß auf die kindliche Entwicklung angesehen. Der Begriff ist präziser als der oft verwandte der Verwöhnung, mit dem ähnliches Verhalten, aber eher mißverständlich bezeichnet wird. Nach Richter gehören bei Levy zur mütterlichen Überbesorgnis a) exzessiver Kontakt zwischen Mutter und Kind, b) überdurchschnittlich lange Obhut, c) Behinderung des Kindes, selbständig zu werden, d) totale Kontrolle oder mangelnde Kontrolle über das Kind.
Zum Verständnis des überbeschützenden Verhaltens von Müttern ist zu bedenken,

Pädagogik

daß bei der Frau das Streben nach Abgrenzung und Selbstbestimmung (→ Individuation) traditionell von früher Kindheit an eingeschränkt wird. Das Streben ihrer Kinder nach Autonomie rührt an ihre eigenen abgewehrten Wünsche (→ Abwehrmechanismen) dieser Art, was sie als (innere) Bedrohung erlebt. Ohne sich dessen bewußt zu sein, schützt sie sich dagegen, indem sie u. a. ihr Kind in symbiotischer Abhängigkeit (→ Symbiotische Beziehung) hält und seine allmähliche → Ablösung von ihr, seine Expansion und sein Interesse an anderen Beziehungen – schon zum Vater – nicht aufkommen läßt. Damit wird die gesamte Entwicklung blockiert, was sich z. B. in Unselbständigkeit, geringem Selbstvertrauen, Ängstlichkeit, Unruhe, psychosomatischen Störungen (→ Psychosomatik), Schulangst und Leistungsversagen äußern kann (→ Borderline-Störung, → Lernstörungen, → Neurose, → Schulschwierigkeiten). Die überbeschützende Haltung wird bei einer Mutter besonders dann ausgelöst, wenn sie die Wahrnehmung eigener feindseliger Gefühle zu ihrem – etwa unerwünschten, kranken oder originär behinderten – Kind mit besonderer Fürsorge auch vor sich selbst kaschieren muß, oder wenn sie aufgrund eigener → Sozialisation und aktueller Lebenssituation in ihrem Kind ein Wesen braucht, das ihre uneingestandene Hilflosigkeit und Bedürftigkeit zu übernehmen hat und über das sie total verfügen kann. Gerade dazu bieten sich kranke und behinderte Kinder besonders an. Die die Entwicklung eines Kindes hemmende und beeinträchtigende Überfürsorglichkeit der Mutter läßt sich weder durch diskriminierende Etikettierung als »o. mother« noch durch moralische Appelle ändern, sondern nur durch Interventionen, bei denen auf die psychosoziale Situation der Betroffenen mit Verständnis eingegangen wird (→ Familientherapie, → Heilpädagogik, Kinder- und Jugendlichen-Psychotherapie, → Psychotherapie, → Psychoanalyse).
Lit. Leber, A.: Heilpädagogik; Levy: Overprotection; Mannoni: Kind; Richter, H. E.: Eltern. *Aloys Leber*

P

Pädagogik → Erziehungswissenschaft

Pädagogische Psychologie Verschiedene Richtungen der p. P. unterscheiden sich ihrem theoretischen und methodischen Anspruch nach, unter dem erzieherische, unterrichtliche und soziale Praxis untersucht und reflektiert wird. Sie darf nicht als verkürzte → Psychologie für Pädagogen mißverstanden werden. Sie sollte nicht nur die »Realisierungschancen von... Erziehungszielen verbessern, sondern auch den Bezug zwischen erzieherischen Handlungszielen, gesellschaftlichen Normen und den praktischen Maßnahmen, die eine Verhaltensveränderung beabsichtigen, kritisch aufzeigen« (O. Ewert, in: Brandstädter u. a., S. 16).
I. e. S. wird sie als Lernpsychologie dargestellt (→ Lernen). Häufiger jedoch werden entwicklungspsychologische (→ Entwicklungspsychologie), sozialpsychologische (→ Sozialpsychologie), auch tiefenpsychologische (→ Tiefenpsychologie) und klinische Aspekte (→ Klinische Psychologie) mit den Voraussetzungen für Bewertungs-, Lehr- und Lernprozesse koordiniert. Auch die Grundbegriffe der Sozialisationsforschung (→ Sozialisation) und der Motivationspsychologie (→ Motivation) werden aufgegriffen (vgl. Mietzel, Keil).
I. w. S. wird sie zur Erziehungspsychologie gerechnet (vgl. Tausch) und bearbeitet die grundlegenden Stilformen (→ Erziehungsstile, → Führungsstile) in der Begegnung von Menschen und bei der Leitung von → Gruppen. Auch bestimmte Bereiche der Testpsychologie (→ Test), Kriterien für die Beurteilung von Testverfahren und Interpretationshilfen für empirisch gewonnene Erkenntnisse werden angeboten. Die didaktische Diskussion – Aufbau von Unterrichtseinheiten, Entwicklung von Programmen zur Informationsvermittlung und Sicherung von Unterrichtserfolgen – tritt heute in den Hintergrund gegenüber Verfahren, die Lernfortschritte messen und eine gesicherte Persönlichkeitsdiagnose ermöglichen sollen.
Die jeweilige Richtung der p. P. wird aber auch bestimmt von Überlegungen, welchen Zielen die Auslese für bestimmte Schularten, Berufe und Laufbahnen dienen soll oder ob ein »Lernerfolg für alle« mit entsprechender Aufgabensetzung wichtiger sei. »Lernen ein Leben lang« als Bereitschaft zur Veränderung und Neueinstellung auf bestimmte Umweltanforderungen scheint wesentlicher sein als die Züchtung einer »Elite«, die durch bestimmte Auslesemechanismen auf Kosten eines sozialen Miteinander modelliert wird. Therapeutische Richtungen – Hilfe für Außenseiter und Sozialschwache, Behinderte und Kranke – treten damit stärker in den Vordergrund. In jüngster Zeit werden auch Bestrebungen aufgegriffen, durch Öffnung der Universität für eine »Universität des 3. Lebensalters« ein Modell »dialogischen Lernens« (M. Buber) zwischen Studierenden und nicht mehr im Arbeitsprozeß stehenden älteren Mitbürgern aufzugreifen.
Lit. Brandstädter u. a.: Pädagogische Psychologie; Gage u. a.: Pädagogische Psychologie; Graumann, C. F. u. a.: Pädagogische Psychologie; Keil, W.: Psychologie; Mietzel: Pädagogische Psychologie; Tausch: Erziehungspsychologie; Weidemann u. a.: Pädagogische Psychologie; Weinert: Pädagogische Psychologie. *Gisela Oestreich*

Pädophilie bezeichnet ein vorwiegend oder ausschließlich auf vorpubertäre Kinder gerichtetes erotisches und sexuelles Verlangen, unabhängig davon, inwieweit dies realisiert oder nur in der Phantasie ausgemalt wird. Identifikatorische, idealisierende, rationalisierende (pädagogisch motivierte), aggressionsverleugnende und regressive → Abwehrmechanismen und Reaktionsbildungen spielen bei der Ausgestaltung der pädophilen Phantasien zusammen und prägen deren Umsetzung in die Tat. Bei den pädophilen Erwachsenen handelt es sich fast ausschließlich um Männer, bei den Kindern um weitaus mehr Mädchen als Jungen. In der Strafrechtsreformdiskussion der letzten Jahre wurde der Begriff P. zunehmend abgelehnt mit der Begründung, er sei euphemistisch, und ersetzt durch den Begriff sexueller Kindesmißbrauch. Nach dem DSM-IV (→ Klassifikationssysteme psychischer Störungen), worin die Begriffe Deviation und Perversion zugunsten des Begriffes Paraphilie aufgegeben wurden, muß der Erwachsene mindestens 16 Jahre alt bzw. 5 Jahre älter als das Kind sein, mit dem er sich sexuell einläßt. Die im deutschen → Strafrecht festgelegte Schutzaltergrenze (§ 176 StGB: Sexueller Mißbrauch von Kindern) entspricht oft nicht dem psychologisch entscheidenden Faktor, nämlich daß es sich um ein präpubertäres Kind, nicht um einen Adoleszenten handelt, auf den sich das sexuelle Verlangen richtet. Gewünschte und realisierte sexuelle Handlungen reichen vom Zeigen der Genitalien (→ Exhibitionismus) über einseitige und/oder gegenseitige manuelle oder orale Stimulation bis zu (selten) Koitusversuchen. Unmittelbare körperliche Gewaltanwendung spielt gegenüber der Androhung von Gewalt und dem Ausspielen des Machtgefälles zwischen Erwachsenem und Kind eine untergeordnete Rolle. Man muß mit einer hohen Dunkelziffer in Verwandschaftsbeziehungen rechnen (→ Inzest, → Kindesmißhandlung). Kinder verarbeiten pädophile Kontakte je nach deren Charakter und abhängig von der eigenen Vulnerabilität unterschiedlich. Ihre Reaktionen reichen von Gleichgültigkeit oder unbefangener Neugier über Scham und Ekel bis zu schwerer Angst und dem Gefühl vitalen Bedrohtseins. Nicht selten wirkt erst die aufgeregte Bewertung durch Eltern oder Gerichte traumatisch oder zumindest i. S. einer Sekundärtraumatisierung. Dies kann ein Kind ebenso nachhaltig schädigen, wie wenn es mit seinem unverstandenen Erleben allein gelassen wird. Derzeit werden umfangreiche Änderungen der Strafprozeßordnung diskutiert, um kindliche Opferzeugen besser zu schützen.
Lit. Money: Lovemaps; Rutschky: Aufklärung; Salgo: Anwalt des Kindes; Schorsch u. a.: Perversion. *Friedemann Pfäfflin*

Paradoxie Bezeichnung für einen Widerspruch, der sich durch folgerichtige Ableitung aus widerspruchsfreien Voraussetzungen ergibt. P. beschäftigen Logiker, Mathematiker und Philosophen seit 2000 Jahren. Ein klassisches Beispiel: »Alle Kreter sind Lügner. Epimenides von Kreta.«
Während Logiker meistens die durch P. geschaffenen Situationen für praktisch bedeutungslos halten, weil sie logisch unmöglich sind, hat die Erforschung der verhaltensmäßigen (pragmatischen) Wirkungen von P. in zwischenmenschlichen Beziehungen viel zu deren tieferem Verständnis beigetragen (→ Doppelbindung). Bekanntestes Beispiel für pragmatische P. ist die »Sei-spontan-P.«, durch die ein Verhalten gefordert wird, das sich seinem Wesen nach nur spontan ergeben kann, dessen Spontaneität (und damit die Möglichkeit seines Eintretens) aber eben durch sein Gefordertwerden unmöglich gemacht wird. *Wilfried Reifarth*

Paranoia Früher als selbständige Sonderform der → Psychosen aus dem schizophrenen Formenkreis (→ Schizophrenie) aufgefaßte Wahnkrankheit (→ Wahn). Sie gilt als sich logisch konstruierender, systematisierender Wahn, der sich langsam entwickelt hat, eine seltene und dann chronische Psychose, ohne → Halluzinationen oder schizophrene Denkstörungen, ohne andere Krankheitszeichen. Der P.begriff wandelte sich in der Geschichte der → Psychiatrie. Erscheint er zunächst als allmähliche Entwicklung eines anhaltenden unkorrigierbaren Wahnsystems bei intakt bleibender Persönlichkeit, sah man später stärker die Faktoren der Persönlichkeitsentwicklung in einem → sozialen Umfeld, die zur P. i. S. einer Wahnentwicklung führen, die ableitbar und verstehbar ist. Die Diagnose wird heute kaum noch gestellt. Vielmehr rückt das Adjektiv »paranoid« in den Vordergrund als Kennzeichnung einer wahnhaften Beziehungsstörung mit Beeinträchtigungs- und Verfolgungsideen. Das paranoide → Syndrom ist Bestandteil verschiedenartiger psychotischer wie andersartiger Krankheitsformen. *Gerhard Irle*

Parität International → Deutscher Paritätischer Wohlfahrtsverband (DPWV)

Partizipation Der Begriff findet sich in den Sozialwissenschaften, insbes. in der Demokratie-Theorie und der → Organisationssoziologie und meint als Sammelbegriff sehr verschiedene Arten und Formen der Beteiligung (→ Beteiligungsstrategien), Teilhabe, Teilnahme, Mitwirkung und → Mitbestimmung, wobei auch Funktion, Umfang und Begründung der P. sehr unterschiedlich sein können. P. wird – deskriptiv oder normativ verwendet – in Zusammenhang gebracht mit Prozessen der Demokratisierung (→ Bürgerbeteiligung) und →

Emanzipation, aber auch der → Rationalisierung und Effektivität. So wird P. teils als Entwicklungsziel eines gesellschaftlichen Entwicklungsprozesses gesetzt, teils auch als Gegenreaktion auf Entwicklungsmerkmale sozialstaatlicher Intervention, wie Bürokratisierung (→ Bürokratie), Verrechtlichung und → Zentralisation, verstanden. In arbeitsteiligen, segmentierten Gesellschaften bezieht er sich auf verschiedene Bereiche (Produktion – Reproduktion – Distribution) und beinhaltet u. a. politische, ökonomische, soziale, kulturelle P.
Auch im Politikbereich → Sozialpolitik und in den Arbeitsfeldern der → Sozialarbeit/Sozialpädagogik spielt er eine vielfältige Rolle:
1. P. soll zur Demokratisierung hierarchischer administrativer Strukturen beitragen und dies durch eine Öffnung von Entscheidungsprozessen gegenüber Mitarbeitern einerseits und Betroffenen (→ Betroffenenbeteiligung) andererseits erreichen.
2. Institutionen, wie Heime, Kindergärten, Jugendzentren usw., sollen durch P. in verschiedener Form – wie Beiräte, → Selbstverwaltung – demokratisiert und ihr Charakter als potentiell → »totale Institution« abgebaut werden.
3. Eine weitere wichtige Beteiligungsmöglichkeit und -notwendigkeit zeigt sich bei der → Sozial- und → Infrastruktur-Planung von Kommunen und Regionen.
4. Selbst in der Sozialforschung wird in Formen wie der → Handlungsforschung die Beteiligung der »Beforschten« gesucht und angestrebt.
5. Bei → Randgruppen und Unterprivilegierten soll deren Ohnmacht und Apathie durch P. abgebaut und überwunden werden, so z. B. in Projekten mit Ausländern, Obdachlosen, Behinderten.
6. Über P. in der Sozialarbeit hinaus muß durch Sozialarbeit die materielle Ermöglichung allgemeiner, politischer, sozialer und kultureller P. für die Klientengruppen der Sozialarbeit – wie Behinderte, Sozialhilfeempfänger, Obdachlose – gesichert werden, z. B. durch die Berücksichtigung der Kosten sozialer und kultureller Teilhabe in der → Sozialhilfe.
In allen diesen Bereichen und Zielrichtungen ist die grundsätzliche Widersprüchlichkeit von P. nicht zu übersehen: Sie ist einerseits Mittel zum Ziel → Integration, als »Didaktik auf dem Weg zur formierten Gesellschaft«, als solche auch als »P.-Technokratie« bezeichnet und als Erziehungsmittel zu systemgerechter → Sozialisation verstanden. Andererseits werden als P.-Ziel Emanzipation und reale (nicht nur formale) Demokratisierung und als P.-Folge emanzipatorische Lernprozesse und Sozialisation zur Befreiung sowie ihr Zusammenhang mit historischen Befreiungsbewegungen, wie → Arbeiter-, → Frauen-, → Jugendbewegung, und sog. »neuen sozialen Bewegungen« gesehen. So kann P., die eigentlich universalistisch auf die Freiheit aller gerichtet sein soll, durchaus auch dazu führen, daß faktisch Privilegierte weiter und umfassender privilegiert werden, und was eigentlich Gegenmacht gegen politisch-administrative Herrschaft aufbauen sollte, kann auch als nützliches Frühwarnsystem von der Administration und Sozialbürokratie vereinnahmt werden.
Lit. Abendroth: Demokratie; Decker, F.: Ausländer; Gronemeyer: Integration; Haag, F. u. a.: Aktionsforschung; Habermas: Legitimationsprobleme; Höbel u. a.: Bürgerinitiativen; Hollihn: Partizipation; Knorr u. a.: Sozialplanung; Marzahn: Partizipation; Marzahn: Sozialpädagogik; Mayntz: Demokratisierungspotential; Ortmann: Sozialplanung; Pfaffenberger: Sozialpädagogen/Sozialarbeiter; Vilmar: Demokratisierung.

Hans Pfaffenberger

Patientenverfügung (auch Patiententestament genannt) In einer P. bringt ein Patient oder möglicher Patient schriftlich zum Ausdruck, daß er bei schwerer Krankheit mit hoffnungsloser Prognose nicht mit einer lebensverlängernden Behandlung einverstanden ist. Durch eine P. soll Vorsorge für den Fall getroffen werden, daß ihm in einer solchen Situation infolge seines Zustandes eine Entscheidung nicht mehr möglich ist. P. stellen zumindest eine wesentliche Entscheidungshilfe für den Arzt dar.

Hans-Gerd Ronge

Pauschalbetrag, monatlicher, bei Familienpflege → Pflegegeld für Familienpflege

pauschaliertes Wohngeld → Wohngeld

Pauschalierung Unter Berücksichtigung der Rechtsprechung des → Bundesverwaltungsgerichtes (BVerwG, Urteil vom 22. 4. 1970, BVerwGE 35, 178 = NDV 1970, 279) ist die P. → einmaliger Leistungen zulässig, wenn die Pauschalen auf ausreichenden Erfahrungswerten beruhen und gewährleistet ist, daß durch die Pauschale der individuelle → Bedarf abgedeckt ist. Die Pauschale muß also so bemessen sein, daß sie den individuellen → Rechtsanspruch erfüllt und im Einzelfall die Möglichkeit offenbleibt, abweichend von dem Pauschalbetrag den Besonderheiten des Einzelfalles Rechnung zu tragen.
Für die P. einmaliger Leistungen spricht sowohl die erweiterte Dispositionsfähigkeit des → Hilfeempfängers durch die Möglichkeit eigener wirtschaftlicher Überlegungen und die dadurch geförderte Verselbständigung, wie auch die Vereinfachung und Beschleunigung des → Verwaltungsverfahrens mit den damit einhergehenden, dringend erforderlichen Entlastungseffekten für die Sachbearbeiter. Argumente gegen die P. einmaliger Leistungen sind vor allem

die Erhöhung des Kostenaufwandes und die Reduzierung des Rationalisierungseffektes (→ Rationalisierung) durch erforderliche Individualbewilligungen.
Bei der Sozialhilfe werden die einmaligen Leistungen für Bekleidung als Pauschalbeträge, der Besonderheit des Einzelfalls entsprechende Bemessung der Leistung festgelegt.
Die Pauschalen unterliegen der verwaltungsgerichtlichen (→ Verwaltungsprozeß) Überprüfung. Der Rechtsschutz des Hilfeempfängers darf bei einer P. einmaliger Leistungen nicht geringer sein, als wenn nicht pauschaliert würde.
Lit. Bäumerich u. a.: Bekleidungs- u. Heizungshilfen; Wagner, E.: Pauschalierung.

Marion Götz

Pavor nocturnus als plötzliches, angsterfülltes Aufschrecken meist des Kindes im Vorschulalter und der ersten Schuljahre ist weniger eine Störung des Schlafes als eine Angstsymptomatik (→ Angst). Dies ereignet sich im allgemeinen wenige Stunden nach dem Einschlafen, d. h. oft vor Mitternacht. Die Kinder wachen auf, verlassen gelegentlich das Bett, klammern sich angsterfüllt an die herbeigeeilten Angehörigen, können schweißbedeckt sein und haben am Morgen nach dem Geschehen an den Vorgang keine Erinnerung mehr. So auffällig gewordene Kinder nehmen im allgemeinen angsterlebte Situationen, wie den vermeintlichen Verlust von Angehörigen oder erregende Fernsehsendungen, mit in den Schlaf. Oftmals sind es auch Kinder, die sich tagsüber besonders angepaßt und »brav« verhalten. Bei schweren Zustandsbildern sollte immer die Differentialdiagnose zu einem hirnorganischen Anfallsleiden, das gelegentlich ähnlich imponieren kann, ausgeschlossen werden. Therapeutisch rangiert vor die Ordnung der Familiensituation und die Ausräumung bzw. Minderung der Angst vor dem Medikament.
Lit. Dührssen: Erkrankungen; Strunk, P.: Störungen.

Hubert Harbauer†/Werner Richtberg

Peergroup → Bezugsgruppe, Bezugsperson

Perinatale Phase Zeit kurz vor, während und kurz nach der Geburt (bis ca. 7 Tage). Im Vergleich zu der vorangegangenen → pränatalen Phase und der nachfolgenden → postnatalen Phase erfolgt in der p. P. durch die Geburt in relativ kurzer Zeit eine plötzliche und tiefgreifende Veränderung, wie sie in keiner anderen Lebenssituation wieder auftritt. Die strapaziöse Prozedur einer normal verlaufenden Geburt, die Umstellung der Atmung, der Nahrungsaufnahme, der Ausscheidung sowie die Anpassung des nun eigenständig arbeitenden Herz-Kreislauf-Systems, stellen eine enorme Belastung für das Neugeborene dar.
Psychoanalytische Theoretiker (→ Psychoanalyse) sehen in der gewaltsamen Unterbrechung der vorgeburtlichen Beziehung zwischen Mutter und Kind eine dramatische Situation, die für die Persönlichkeitsentwicklung des Kindes von Bedeutung ist. Der Schock des »Geburtstraumas« (→ Trauma) ist nach der Theorie von O. Rank die Ursache der → Angst im ganzen späteren Leben. Psychologische Theoretiker hingegen halten den Geburtsvorgang zwar auch für einen physischen Schock, der das Leben und die Gesundheit des Kindes gefährdet, aber sie lehnen die Hypothese eines Geburtstraumas ab, weil das Gehirn eines Neugeborenen noch nicht so weit entwickelt sei, daß eine Gedächtnisfähigkeit (→ Gedächtnis) vorhanden ist.
Die Geburtsprozedur und die Anpassung an die nachgeburtliche Umwelt lassen sich durch verschiedene Geburtsmethoden erleichtern (Leboyer, Lamaze).
Lit. Ewy u. a.: Lamaze-Methode; Hurlock: Entwicklung; Leboyer: Weg.

Rainer Biesenkamp

Personalentwicklung umfaßt alle Maßnahmen, die unter Beachtung der → Ausbildung, des Entwicklungsstandes und der persönlichen Interessen der Mitarbeiter/-innen diejenigen Qualifikationen sichern und vermitteln, die heute oder in Zukunft für die Aufgabenerfüllung im Sinn der betreffenden Organisationseinheit erforderlich sind bzw. werden. Auftrag an P. ist es, unter Berücksichtigung ständiger Veränderungsprozesse zu einer weitestgehenden wechselseitigen Übereinstimmung von Mitarbeiterpotential und Arbeitsplatzanforderungen beizutragen. Als Zielsetzung gilt: zur richtigen Zeit die richtige Person an den richtigen Platz! Fort- und Weiterbildungsmaßnahmen (→ Fortbildung, → Weiterbildung), → Beratung und Supervision machen nur einen, wenn auch nicht unwesentlichen Bestandteil von P. aus. Diese Maßnahmen sind jedoch nur dann gerechtfertigt, wenn sie in einem ganzheitlichen Konzept aufgehoben sind und einem begleitenden → Controlling unterliegen. P. sollte eingebettet sein in einem strategischen Gesamtentwurf der Organisationseinheit, (→ Organisationsentwicklung), in dem Aussagen über Leitbild (→ Leitbild[-entwicklung]), Grundsatzziele, Geschäftsfelder und langfristige Entwicklungsperspektiven getroffen werden. Die grundlegende Entscheidung über die Einrichtung einer Organisationsfunktion P. und deren generelle Ziele obliegt der Unternehmensleitung. Die Umsetzung fällt in den Bereich der Personalabteilung; sinnvoll – und in einigen Wohlfahrtsverbänden bereits realisiert – ist die Einrichtung einer eigenen Stabstelle oder Abteilung P.

Das Aufgabengebiet von P. in diesem umfassenden Verständnis ist hochkomplex. Ausgangspunkte bilden der aktuelle oder zukünftige Personalbedarf des Unternehmens, die vorhandenen → Stellen- oder Funktionsbeschreibungen, das Qualifikationsportfolio und die prospektiven Anforderungsprofile an die Qualifikationen der Mitarbeiter/-innen.

Gezielte P. setzt neben den oben formulierten Ausgangsbedingungen als wichtigste Informationsquelle aussagekräftige Instrumente der Mitarbeiterbeurteilung voraus. Die Beurteilung der Mitarbeiter/-innen sollte regelmäßig stattfinden und Aussagen treffen über das gegenwärtige Arbeitsverhalten, das erkennbare Entwicklungspotential der Mitarbeiter/-innen und die daraus ableitbaren Fördermöglichkeiten bzw. -notwendigkeiten. Neben standardisierten Beurteilungsverfahren hat sich in der gewerblichen Wirtschaft seit einigen Jahren das strukturierte, regelgeleitete → Mitarbeitergespräch (MAG) zur Beurteilung und Förderung durchgesetzt. Das MAG bietet in hervorragender Weise die Möglichkeit, Personal- und Organisationsentwicklung miteinander zu verknüpfen und findet in Zusammenhang mit Veränderungsprozessen in Verwaltungen und Verbänden auch hier zunehmend Verbreitung.

Beurteilung findet auch in Auswahlseminaren (Assessmentcenters [AC]) bei der Einstellung oder Potentialermittlung vorwiegend von Führungs- oder Führungsnachwuchskräften statt. Ein AC besteht, ausgehend von spezifisch definierten Anforderungsprofilen, aus Interviews, Einzelaufgaben und Gruppenübungen, wobei 6 bis 12 Teilnehmer/-innen von mehreren geschulten, internen und externen, Beobachtern beurteilt werden. Ein AC findet in der Regel in einem Zeitraum von 2 bis 3 Tagen statt. Bei aller berechtigten Kritik an der von Verfechtern des AC behaupteten wissenschaftlichen Objektivierbarkeit ist das Verfahren ein in den meisten Fällen hilfreiches und hinreichend treffsicheres Instrument der Personalauslese. Die Instrumente zur Beurteilung und zum Abgleich von Stellenanforderung und Eignung der Mitarbeiter/-innen sind die Grundlagen für gezielte Maßnahmen der Personalförderung:

Die positionsorientierte Förderung bedient sich der Laufbahn- und der Nachfolgeplanung. Laufbahnplanung geht von der Person und den Fähigkeiten der Mitarbeiter/-innen aus und entwickelt Karrierepfade. Nachfolgeplanung geht von den künftig zu besetzenden Stellen aus und entwickelt konkrete Einsatzprogramme.

Die potentialorientierte Förderung hat die Weiterentwicklung des vorhandenen Qualifikationspotentials der Mitarbeiter/-innen zum Ziel. Dies kann durch strukturelle Eingriffe in die Arbeitsgestaltung, durch Bildungs- und Trainingsmaßnahmen und durch arbeitsplatznahe und aufgabenbezogene Prozeßbegleitung erfolgen.

Maßnahmen der Arbeitsgestaltung sind: »Job enlargement« als Ausweitung des Arbeitsinhalts durch Hinzufügen qualitativ gleichwertiger Tätigkeiten; »job enrichment« als Anreicherung des Arbeitsinhalts mit qualitativ höherwertigen Arbeitselementen; »job rotation« als regelmäßiges Wechseln von Arbeitsplätzen.

Bildungs- und Trainingsmaßnahmen erfolgen: »on-the-job« als planmäßige Unterweisung, »job rotation«, Übertragung von Sonderaufgaben, Teilnahme an Projektgruppen, Qualitätszirkeln und Erfahrungsaustauschgruppen; »off-the-job«, »in-house« und extern durch Seminare, Workshops, Fernstudium Weiterbildungsprogramme, Hospitationen.

Arbeitsplatznahe und aufgabenbezogene Prozeßbegleitung geschieht mit Einzelpersonen oder einigen Gruppen durch Beratung, Supervision, → Coaching, moderierte Reviews und Einzel- und Gruppen-Feedback in Echt-Situationen.

Hohen Führungskräften in der Wirtschaft wird bei Freisetzung ein »outplacement« angeboten. Für einen bestimmten Zeitraum (1/2 bis 1 Jahr) erhält die Führungskraft bei reduzierten Bezügen professionelle Beratung und Unterstützung bei der Suche nach einem neuen Arbeitgeber. Die Beratungsfirma stellt neben einem vollen Büroservice alle notwendigen Arbeitsinstrumente, darüber hinaus methodisch-technische Hilfen sowie psychologische Begleitung zur Verfügung.
Friedbert Hanke

Personalrat ist der Vertreter der zu einer Gemeinschaft zusammengefaßten Beschäftigten (Beamte, Angestellte, Arbeiter einschließlich der zur Berufsausbildung Beschäftigten und Richter) in den → Verwaltungen und Betrieben (soweit nicht privatrechtlich) des Bundes, der Länder, Gemeinden und Gemeindeverbände, der bundes- und landesunmittelbaren Körperschaften, Anstalten, Stiftungen des öffentlichen Rechts sowie den Gerichten des Bundes und der Länder. Er nimmt als Personalvertretung die Rechte und berechtigten Interessen der Bediensteten in sozialen (Unterstützungen, Darlehen, Wohnungsfürsorge), personellen (Einstellung, → Aufgabenübertragung, Eingruppierung, → Kündigung [im Arbeitsrecht]), organisatorischen und sonstigen Angelegenheiten (Dienstvereinbarung, Arbeitszeitregelung) wahr und vertritt sowohl Gemeinschafts- als auch Einzelinteressen. Er ist dabei auf dessen Antrag Anwalt des Bediensteten, Sprecher der Bedienstetengemeinschaft bei allgemeinen sozialen und Ordnungsfragen, Fürsprecher der einzelnen Gruppen und Kontrolleur der Dienststelle, aber auch der Beschäftigten im Wege der Mißbrauchsaufsicht (z. B. Vergabe von Dienstwohnungen, Grund-

stücken), normsetzungsbeteiligt bei allgemeinen innerbetrieblichen Regelungen über Behörden und Bedienstete der Verwaltung. Der P. muß darauf hinwirken, daß die zugunsten der Bediensteten geltenden Rechtsvorschriften, Dienstvereinbarungen, Verwaltungsanordnungen durchgeführt werden, Beschwerden und Anregungen bearbeiten, die Eingliederung → Schwerbehinderter im Zusammenwirken mit dem Vertrauensmann der Schwerbehinderten (→ Schwerbehindertenvertretung), sonstiger Schutzbedürftiger sowie → ausländischer Arbeitnehmer fördern und mit der Jugendvertretung zusammenarbeiten. Er kann Maßnahmen vorschlagen, die der Dienststelle und ihren Angehörigen dienen (Initiativrecht, bes. Bedeutung bei der Verwaltungsmodernisierung). Er wird nach dem Gruppenvertretungsprinzip durch eine alle 3 Jahre stattfindende Gruppenwahl (Beamte, Angestellte, Arbeiter) legitimiert. Die Tätigkeit des P. ist ehrenamtlich. Die Zahl der P.-Mitglieder und der Freistellungen bestimmt sich nach der Anzahl der Beschäftigten in der Dienststelle. Gesetzliche Grundlagen sind das Bundespersonalvertretungsgesetz (BPersVG), das zugleich Rahmenvorschrift für die Personalvertretungsgesetze (PersVG) der Länder (z.B. HmbPersVG, Hess. PersVG) ist.
Die Mitbestimmungs- und Beteiligungsrechte des P. sind in den Länder-PersVG in Umfang und Gewicht sehr unterschiedlich. Ziel der Beteiligung der Beamten und Arbeitnehmer im öffentlichen Dienst ist es, die Entscheidungen der Dienststelle transparenter, durchsichtiger und berechenbarer zu machen und Wünsche und Überlegungen der Beschäftigten einzubeziehen, die Fremdbestimmtheit (→ Fremdbestimmung) im hierarchischen Gefüge der Verwaltung (→ Hierarchie) durch ihre Teilnahme an den Entscheidungen über die Ausgestaltung der Arbeitsbedingungen, Regelungen der Personalangelegenheiten auszugleichen, dem Bedürfnis nach Persönlichkeitsentfaltung und Selbstbestimmung entgegenzukommen und zur Humanisierung der Arbeitswelt beizutragen. Das BPersVG geht bei der Beteiligungsregelung grundsätzlich von einer → Mitbestimmung des P. aus, nur in wenigen Fällen Mitwirkung. Die Grenzen der Mitbestimmung sind erreicht, wenn Angelegenheiten, die wesentlicher Bestandteil der Regierungsgewalt sind, auf Stellen übertragen werden, die weder Regierung noch Parlament verantwortlich sind. Die Beteiligungsrechte leiten sich aus dem Sozialstaatsgedanken (Art. 20 Abs. 1, Art. 28 Abs. 1 GG) i.V.m. den → Grundrechten (Art. 1 Abs. 1, Art. 2 Abs. 1 und Art. 5 Abs. 1 – strittig – GG) ab.
Wie im BetrVG (→ Betriebsrat) herrscht auch in den PersVG das Gebot der vertrauensvollen Zusammenarbeit zwischen Dienststelle und P. zum Wohl der Beschäftigten und zur Aufgabenerfüllung in der Dienststelle.
P. wie Dienststelle stehen unter starkem Kompromißzwang, wenn sie die Verwaltung nicht lahmlegen wollen. Der institutionell schwächere P. wird so zum nahezu gleichberechtigten Partner, bei entsprechend normierten Rechten zum Machtfaktor (z.B. HmbPersVG). Von der Mitbestimmung in personellen Angelegenheiten sind die sog. politischen Beamten (§ 36 Bundesbeamtengesetz), die Beamten ab Besoldungsgruppe A 16 und – soweit nicht ausdrücklich beantragt – Beamte auf Zeit und Beschäftigte mit überwiegend wissenschaftlicher und künstlerischer Tätigkeit ausgenommen. Die Beteiligung der → Gewerkschaften ist nach dem BPersVG begrenzt, in den LänderPersVG ist sie unterschiedlich geregelt. Das BPersVG sieht u.a. Zutrittsrecht, beratende Teilnahme an den Sitzungen des P. und Teilnahme an den Personalversammlungen vor.
Das Einigungsverfahren setzt ein, wenn in mitbestimmungspflichtigen Fragen keine Einigung zwischen Dienststelle und P. erzielt werden kann. Dienststellenleiter oder P. können die Angelegenheit den übergeordneten Dienststellen, bei denen Stufenvertretungen bestehen (Bezirks-, Haupt-, Gesamt-P.) vorlegen (in einigen Ländern vorab Schlichtungsstelle). Kommt es zu keinem Einvernehmen, entscheidet auf Antrag eines Beteiligten eine paritätisch besetzte, von einem unparteiischen Vorsitzenden geleitete Einigungsstelle. Bei Justiziabilität der Fälle sind die Verwaltungsgerichte zuständig, sonst letztlich Entscheidung der obersten Dienstbehörden.
Lit. Dietz u.a.: BPersVG (Komm.); Grabendorff u.a.: BPersVG (Komm.); Kirchner u.a.: BPersVG; Kratzmann: Personalrat; Schönfelder: Hierarchie.

Hans-Walter Böttcher

Personensorge Als Bestandteil der → elterlichen Sorge und Kernstück des → Elternrechts umfaßt sie die für die Entwicklung des Kindes wesentlichen Rechte und Pflichten. Im Verhältnis Eltern-Kind ist die »tatsächliche P.« entscheidend, die »gesetzliche Vertretung in persönlichen Angelegenheiten« ist für rechtliche Außenwirkungen bedeutsam (z.B. Abschluß des Ausbildungsvertrages, Durchsetzung persönlicher Ansprüche des Kindes). Zur P. gehören nach §§ 1631 ff. → Bürgerliches Gesetzbuch (BGB) insbes. Recht und Pflicht zur Erziehung des Kindes (→ Erziehungsanspruch), einschließlich religiöser Erziehung (s. RKEG), zur Aufenthaltsbestimmung, einschließlich Anspruch auf → Herausgabe des Kindes (§ 1632 Abs. 1) und zur Beaufsichtigung (→ Aufsichtspflicht), einschließlich Umgangsbestimmung (§ 1632 Abs. 2). Diese Bestandteile sind nicht scharf voneinander abzugrenzen (auch zur

→ Vermögenssorge kann es Überschneidungen geben). Das ist zu beachten, wenn eine → Pflegschaft z.B. für das Aufenthaltsbestimmungsrecht besteht (vgl. §§ 1909 und 1630 Abs. 1).
Für die P. ist die Leitnorm des § 1626 Abs. 2 besonders wichtig. Sie wird für Entscheidungen in Ausbildungsfragen durch § 1631 a ergänzt. Kindesgrundrechte werden ferner in § 1631 Abs. 2 (Verbot entwürdigender Erziehungsmaßnahme psychischer wie physischer Art) und in § 1631 b berücksichtigt und begrenzen insoweit elterliche Befugnisse. Im übrigen können Eltern im Rahmen pflichtgemäßer Ausübung der P. über ihre → Erziehungsstile, → Erziehungsziele usw. frei entscheiden. Sie können auch Dritte ermächtigen, sich an der Ausübung ihrer P. zu beteiligen (z.B. den Stiefelternteil, den Lebenspartner) oder an ihrer Stelle die zur P. gehörenden Aufgaben voll zu übernehmen (z.B. Großeltern, andere Pflegeeltern, vgl. → Pflegevertrag), ohne daß sie ihre P. verlieren (s. aber § 1632 Abs. 4).
Bei Gefährdung des → Kindeswohls kommen gerichtliche Eingriffe in die P. in Frage (vgl. vor allem §§ 1666, 1666a). Dem → Vormundschaftsgericht (VG) obliegen weitere Schutzfunktionen (§§ 1631 a Abs. 2, 1631 b und 1632 Abs. 4). Streitentscheidungen nach § 1632 Abs. 3 und Unterstützungsfunktionen nach § 1631 Abs. 3. Vorrangig gegenüber staatlichen Eingriffen sind aber stets Hilfen des → Jugendamtes (JA), die eine Ausübung der P. im Interesse der Kinder zum Ziel haben.
Lit. s.: → Elterliche Sorge. *Helga Danzig*

Personen, sozial erfahrene Der Begriff s. e. P. wird in § 114 → Bundessozialhilfegesetz (BSHG) verwendet. Eine Begriffsbestimmung enthält das Gesetz nicht. Das OVG Lüneburg hat in seiner Entscheidung vom 27. 6. 1973 (FEVS 21, 367) ausgeführt, daß darunter Personen zu verstehen seien, die praktische Erfahrungen mit den Problemen sozial schwacher Bürger haben. Dies ist freilich zu wenig: Solche Erfahrungen können nur Mindestvoraussetzung sein; darüber hinaus müssen im Hinblick auf den Zweck des § 114 BSHG (Stärkung der Rechtsposition von Sozialhilfeempfängern und kompetente Unterstützung der Sozialhilfeverwaltung) weitere Qualifikationen vorliegen (insbes. Kenntnisse des Sozialhilferechts und der Ermittlung des → Regelsatzes).
§ 114 BSHG schreibt die Beteiligung s. e. P. vor und gibt gleichzeitig einen Hinweis auf die Auswahl dieser Personen: nämlich aus Vereinigungen, die Bedürftige betreuen (z.B. die Verbände der → freien Wohlfahrtspflege), oder aus Vereinigungen von Sozialleistungsempfängern. Nach § 114 Abs. 1 BSHG sind s. e. P. vor dem Erlaß allgemeiner → Verwaltungsvorschriften und der Festsetzung der Regelsätze zu hören. Diese Anhörungspflicht ist zwingendes Recht, die Entscheidung in der Sache trifft jedoch die Behörde. § 114 Abs. 2 BSHG schreibt die beratende Beteiligung von s. e. P. bei bestimmten Einzelfallentscheidungen der → Sozialhilfeträger vor, und zwar vor dem Erlaß eines Bescheides über einen → Widerspruch gegen die Ablehnung der Sozialhilfe oder gegen die Festsetzung ihrer Art und Höhe. Dies kann z.B. in der Form der Beteiligung eines Widerspruchsbeirats geschehen.
Die Folgen von Fehlern bei Anhörung und beratender Beteiligung sind im einzelnen umstritten. Ganz überwiegend wird jedenfalls ein Verstoß gegen § 114 Abs. 2 BSHG als ein wesentlicher Verfahrensfehler i. S. d. § 79 Abs. 2 S. 2 VwGO angesehen, der grundsätzlich zur Aufhebung des Widerspruchsbescheids durch das → Verwaltungsgericht führen muß.
Nicht näher geregelt sind in § 114 BSHG die Qualifikation, das Verfahren der Auswahl und Berufung, die Anzahl, die Art und Weise der Anhörung oder der beratenden Beteiligung sowie die verfahrensrechtliche Stellung der s. e. P.. Die landesrechtlichen Vorschriften zur Ausführung des § 114 BSHG geben hierzu nur wenige Anhaltspunkte. Insgesamt betrachtet ist die Beteiligung s. e. P. in § 114 BSHG unzureichend und in den landesrechtlichen Vorschriften lückenhaft, uneinheitlich und teilweise nur schwer durchschaubar geregelt. Die gegenwärtige Rechtslage und die dazu bekanntgewordene Praxis lassen die Beteiligung s. e. P. als wenig geeignet erscheinen, die Rechtsstellung von Sozialhilfeempfängern zu stärken und die Verwaltungsentscheidungen zu effektivieren.
Lit. Schoch: Beteiligung.
Peter Trenk-Hinterberger

Personenstand umfaßt die einen Menschen individualisierenden, in den P.büchern zu registrierenden Daten über die Geburt, den Vor-, Familien-, Ehe- und Geburtsnamen, die Verwandtschaft, die Eheschließung und den Tod. Nach dem PStG führen unabhängige Standesbeamte in einem justizförmigen Vefahren der → freiwilligen Gerichtsbarkeit vier P.bücher: Geburten-, Familien-, Heirats- und Sterbebuch. Die P.bücher beweisen Geburt, Eheschließung und Tod und die darüber gemachten näheren Angaben. Der Nachweis der Unrichtigkeit der beurkundeten Tatsachen ist zulässig. Auf Grund seiner P.bücher stellt der Standesbeamte beglaubigte Abschriften aus den P.büchern sowie Geburts-, Heirats-, Sterbe- und Abstammungsurkunden aus. Einsicht in die P.bücher und Erteilung von P.urkunden kann nur unter restriktiven Voraussetzungen verlangt werden (vgl. § 61 PStG). Ist ein Kind nichtehelich oder für ehelich erklärt, kann bei dem Geburtseintrag ein

Sperrvermerk eingetragen werden. Lehnt der Standesbeamte die Vornahme einer Amtshandlung ab, kann das Amtsgericht angerufen werden. Für das gerichtliche Verfahren gelten die Vorschriften des FGG.
Lit. Hepting u.a.: Personenstandsgesetz (Komm.)
Albrecht Weber

Persönliche Bedürfnisse des täglichen Lebens → Bedürfnisse, persönliche, des täglichen Lebens

Persönliche Hilfe wird als gesetzlicher Begriff in § 11 S. 2 → Sozialgesetzbuch – Allgemeiner Teil – (SGB I) verwendet und den → Dienstleistungen zugerechnet, die zusammen mit den → Sach- und → Geldleistungen Sozialleistungen i. S. des SGB sind. Neben den p.H. werden die erzieherischen Hilfen ausdrücklich genannt. § 11 SGB knüpft an die Vorschriften des §8 Abs. 1 → Bundessozialhilfegesetz (BSHG) und § 25a Abs. 2 → Bundesversorgungsgesetz (BVG) an. Der Versuch, die in Literatur und Fachkreisen herrschende Meinung zu kodifizieren, wonach zur p. H. auch die im Einzelfall erforderliche → Beratung sowie allgemeine Lebenshilfe und persönliche Betreuung rechnen, ist 1978 daran gescheitert, daß der Regierungsentwurf eines Vierten Gesetzes zur Änderung des BSHG (BRDrucks. 524/78) wegen anderer Bestimmungen keine Mehrheit fand.
In der Lit. wird die p. H. umfassend als Inbegriff aller Hilfen (so Gottschick u.a) angesehen. Insbes. wird die Vermittlung von Hilfen und die Beratung einbezogen. Als Beratung i. w. S. werden das Tätigwerden in bestimmten Anliegen durch Gewährung einer → Auskunft oder auch die Unterstützung in der Form der Besorgung einer Angelegenheit, d. h. konkret auch Hilfen bei der Rechtsverwirklichung, wie z.B. beim Schriftverkehr, bei Verhandlungen über die Hilfegewährung, bei Vermittlung eines Rechtsanwaltes angesehen. Zum anderen gehört dazu als Beratung i. e. S. die umfassende Erörterung der Rechtsstellung (→ Rechtsberatung) des Hilfesuchenden (→ Hilfeempfänger/Hilfesuchender) im Hinblick auf seine Wünsche und Bedürfnisse, sei es bei der Entscheidung von Lebensfragen, bei allgemeinen Lebenshilfen oder bei Problemen mit Verwandten in und außerhalb der → Familie, in → Erziehung, Schule, → Ausbildung, Beruf oder in sonstigen besonderen → Lebenslagen. Diese → Beratung wird auch als Beistand in persönlichen Angelegenheiten bezeichnet, um die → helfende Beziehung zwischen Berater und Hilfesuchendem zu verdeutlichen, die personengebunden an der konkreten Lage des Helfers und des Hilfesuchenden anknüpft und die nicht durch eine materielle Hilfe ersetzt werden kann. Beistand kann nicht als normierte Durchschnittsleistung und daher nicht ohne ethisch begründeten Willen zum Helfen geleistet werden; sein Wesenskern ist weder rechtlich im einzelnen gestaltbar noch justitiabel, doch bildet die → Menschenwürde des Hilfesuchenden die unverzichtbare Voraussetzung des Hilfeverhältnisses. P. H. soll zur → Selbsthilfe anregen und findet ihre Grenze an der Weigerung des Hilfebedürftigen zur Annahme der Hilfe. P. H. kann auch unabhängig von → Hilfen zum Lebensunterhalt oder → Hilfen in besonderen Lebenslagen gewährt werden, d. h. nicht nur als Bestandteil einer weitergehenden Sozialhilfe, sondern als selbständige und ausschließliche Leistung. Wegen des weiten, über die gesetzlichen Tatbestände hinausreichenden Anwendungsgebietes ist die p.H. ein geeignetes Tätigkeitsfeld der Träger der → freien Wohlfahrtspflege.
Wegen der stark wachsenden Zahl von Hilfesuchenden wird zunehmend beklagt, daß Geldleistungen und Sachleistungen im Rahmen der → Sozialhilfe die kommunalen Personal- und Finanzhaushalte in einem Maße belasten, daß persönliche und individualisierende Hilfen immer mehr zurücktreten.
Lit. Birk u.a.: BSHG (Komm.); Collmer: Persönliche Hilfe; Giese: Persönliche Hilfe; Gottschick u.a.: BSHG (Komm.); Hanesch: Sozialhilfeberatung; Münder: Sozialhilfe; Vogel, M. R.: Persönliche Hilfe.
Josef Schmitz-Elsen/Reiner Sans

Persönlichkeit Wie jedes theoretische Konstrukt, ist der Begriff P. in eine Theorie eingebettet und nur aus dieser heraus vollkommen verständlich. Allport zählt an die 50 P.definitionen auf. Besonders bekannt geworden sind die Definitionen Allports und Guilfords. Allport definiert P. als »die dynamische Ordnung derjenigen psychophysischen Systeme im (→) Individuum, die seine einzigartigen Anpassungen an die Umwelt bestimmen« (Allport, S. 49). Guilford begreift die P. eines Individuums als dessen »einzigartige Struktur von Wesenszügen« (Guilford, S. 6). Als Wesenszug oder P.eigenschaft gilt jedes abstrahierbare und relativ konstante Merkmal, in dem sich Menschen voneinander unterscheiden. An P.bereichen zählt Guilford auf: a) körperliche Bereiche: morphologische und physiologische Züge; b) Bereich der hormetischen (= motivspendenden) Wesenszüge: → Bedürfnisse, Interessen, → Einstellungen; c) Temperamentsbereich (z. B. Aktivität, Impulsivität) und d) Eignungsbereich (intellektuelle, künstlerische, psychomotorische Eigenschaften).
Verschiedene P.theorien konzipieren die überdauernden Ordnungsstrukturen, welche die P. ausmachen, in unterschiedlicher Weise, z.B. mit Hilfe eines typologischen (Kretschmer, Sheldon), eigenschaftsorientierten (Cattell, Eysenck, Guilford), psychodynamischen (vgl. psychoanalytisches

Strukturmodell: Ich – Es – Über-Ich), selbsttheoretischen (Allport, Rogers) oder biographischen (Thomae) Ansatzes. Gemeinsames Ziel dieser P.modelle und -theorien ist nicht nur das Bemühen, ein Individuum in seiner Einzigartigkeit zu beschreiben, sondern Verhalten in einer spezifischen Situation besser vorhersagen zu können. Cattell faßt dies in die Formel »R = f (S, P)«, wobei die Reaktion (R) einer Person eine Funktion der Situation (S), in der sie sich befindet, und der Struktur ihrer P. ist.

Lit. Allport: Persönlichkeit; Cattel: Persönlichkeit; Guilford: Persönlichkeit; Herrmann: Persönlichkeitsforschung; Pervin: Personality. *Klaudius Siegfried*

Persönlichkeitsstörungen Im Multiaxialen Klassifikationsschema für psychiatrische Erkrankungen bei Kindern und Jugendlichen sind P. wie folgt definiert:»Personen mit tief eingewurzeltem Fehlverhalten, das im allgemeinen z. Z. der Adoleszenz oder früher erkennbar wird und die meiste Zeit während des Erwachsenenalters besteht, obwohl es häufig im mittleren und höheren Lebensalter weniger deutlich wird. Die Persönlichkeit ist abnorm entweder hinsichtlich der Ausgeglichenheit ihrer Komponenten, deren Qualität und Ausdrucksform, oder hinsichtlich des Gesamtbildes. Unter dieser Abnormität oder Psychopathie leidet der Patient, oder andere haben darunter zu leiden, und es ergeben sich nachteilige Folgen für das Individuum und die Gesellschaft. Hierzu gehören auch sogenannte psychopathische Persönlichkeiten. P. sind keine Krankheiten, sondern Varianten der Persönlichkeitsausstattung, die in bestimmten Situationen aber durchaus Krankheitswert erlangen können.«

Die Diagnose einer P. (→ Abweichendes Verhalten, → Verhaltensauffälligkeit) wird nicht im → Kindesalter, sondern erst in der → Adoleszenz gestellt. Dennoch zeigen Untersuchungen, daß es auch im Kindesalter, ja sogar schon im Säuglingsalter erhebliche Unterschiede im Verhalten von Kindern gibt, die im früheren Lebensalter meist unter der Bezeichnung »Temperamentsunterschiede« beschrieben werden.

Die internationale Klassifikation der Krankheiten (→ Klassifikationssysteme psychischer Störungen; vgl. Dilling u.a.) unterscheidet folgende P.: a) Paranoide Persönlichkeiten (→ Paranoia): sie sind übermäßig empfindsam, leicht zu kränken, mißtrauisch, häufig zurückgezogen, zuweilen aggressiv. b) Zyklothyme Persönlichkeiten: bei ihnen besteht eine ausgesprochene Neigung zu Stimmungsschwankungen (nach den depressiven oder manischen Seite; → Manisch-depressiver Formenkreis). c) Schizoide Persönlichkeiten (→ Schizophrenie): hier dominiert die Rückzugshaltung mit autistischer Vorliebe für Phantasie und Introspektion (→ Autismus). Auffällige Kühle und Zurückhaltung verdeckt oft die Unfähigkeit, Gefühle auszudrücken. d) Erregbare Persönlichkeiten: sie sind durch Unbeständigkeit der Stimmung und Neigung zu Temperamentsausbrüchen, oft bei geringem Anlaß gekennzeichnet. e) Anaukastische (zwanghafte) Persönlichkeiten: Bei ihnen stehen Unsicherheiten, Zweifel an sich selbst und Gefühle der eigenen Unvollkommenheit im Vordergrund, kombiniert mit Kontrollzwängen und übermäßiger Gewissenhaftigkeit. f) Hysterische Persönlichkeiten (→ Hysterie): kennzeichnend ist hier eine labile Affektlage, eine hohe Suggestibilität, egozentrisches Verhalten und ein sehnsüchtiges Verlangen nach Anerkennung. g) Asthenische Persönlichkeiten: Antriebs- und Energiemangel, passives Verhalten, verbunden mit geringer Fähigkeit, Emotionen zu zeigen oder sich zu freuen, kennzeichnen das Bild. h) P. mit vorwiegend soziopathischem oder asozialem Verhalten (→ Dissozialität): auffällig ist hier die Mißachtung sozialer Verpflichtungen, ein fehlendes Gefühl für andere, häufig kombiniert mit einem Fehlen von Verantwortungsgefühl und einer geringen Frustrationstoleranz.

Störungen im Grenzbereich, bzw. in der Überlappungszone zwischen Psychosen, Neurosen und P. werden mit dem Begriff→ »Borderline-Syndrom« umschrieben, wobei es sich meist um P. im herkömmlichen Sinn handelt. Die Diagnose erfolgt in der Regel aufgrund der berichteten bzw. beobachteten Symptomatik und aufgrund spezieller Untersuchungsinstrumente wie des diagnostischen Interviews für Borderline-Fälle (DIB). Die nicht sehr scharf definierten Kriterien für die Diagnose des Borderline-Syndroms (nach DSM-III-R) umfassen: 1. Störungen des Sozialverhaltens schon vor Vollendung des 15. Lebensjahrs (Schuleschwänzen, Weglaufen, aggressives Verhalten, Lügen, Stehlen, Gewalt gegen Personen usw.); 2. verantwortungsloses, zum Teil antisoziales Verhalten (z.B. Fehlen vorausschauender Lebensplanung, Unfähigkeit, sich an die rechtlichen Normen der Gesellschaft anzupassen, Fehlen von Wahrheitsempfinden, inkonstantes Arbeitsverhalten, Rücksichtslosigkeit gegenüber anderen); 3. kein direkter Zusammenhang dieser Störungen mit einer schizophrenen oder manischen Krankheitsepisode.

Ursachen: Als Ursachen für P. werden frühe Entwicklungsstörungen, genetische Faktoren sowie eine Kombination dieser Einflüsse angenommen.

Behandlung: Im Rahmen der Behandlung versucht man, ausgebliebene Lernprozesse nachzuholen bzw. defizitäre Erfahrungen zu überwinden. Verlaufsuntersuchungen zeigen eine Besserung der Symptomatik mit zunehmendem Lebensalter.

Lit. Dilling u. a.: Klassifikation; Tölle: Psychiatrie. *Helmut Remschmidt*

Perversion Überbegriff für verschiedene sexuelle Verhaltensabweichungen (→ Abweichendes Verhalten, → Verhaltensauffälligkeit) vor allem von Männern, bei denen eine spezifische sexuelle Anziehung von abweichenden sexuellen Praktiken (Schlagen, Fesseln), von abweichenden Beziehungsformen zu Partnern (zu Kindern, durch Exhibition u. a.) oder von einem symbolischen Ersatz für den Partner (Fetisch) ausgeht, sei es im Sinne einer Vorliebe für die Abweichung, sei es im Sinne einer völligen Fixierung auf sie. Einige wichtige P. werden im DSM-III-R (→ Klassifikationssysteme psychischer Störungen) unter dem Stichwort Paraphilien geführt und genauer anhand von Verlaufs- und Verhaltenskriterien definiert.
Die → Psychopathologie verknüpft mit den P. die Vorstellung einer krankhaften abnormen psychischen Entwicklung. Psychoanalytische Theorien (→ Psychoanalyse) weisen auf Störungen der frühen Mutter-Kind-Beziehung hin (Becker, Morgenthaler), die an den Konflikten des → Ödipuskomplexes und in späteren Lebenskrisen in der Richtung ausgeformt werden, daß die abweichenden sexuellen Wünsche spezifische Bedeutung gewinnen. Je nach Art der weiteren psychischen Verarbeitung (→ Abwehrmechanismen) kann der deviante, aber sozial verfolgte und mit → Schuldgefühlen besetzte Wunsch dann mehr oder weniger zugelassen, u. U. teilweise ausgelebt werden, und kann in eine krisenhafte progrediente Entwicklung führen, in der er zeitweise unterdrückt, dann wieder als überstark erlebt wird, oder er kann durch die Abwehrform der Verleugnung als persönlichkeitsfremd und im Alltag unbewußt erlebt werden, so daß er nur in besonderen Krisen auftritt und dann u. U. schwer oder nicht kontrolliert werden kann (vgl. Schorsch). P. können zur → Delinquenz führen, vor allem wenn die devianten Wünsche in der Gesellschaft stark sanktioniert sind (→ Pädophilie, → Exhibitionismus) oder wenn sie innerpsychisch so abgewehrt werden, daß ihre Kontrolle in Krisen unmöglich ist (→ Sadismus), sie stehen aber immer im Zusammenhang mit anderen, den Beziehungs- und Kontaktbereich belastenden allgemeinen psychischen Störungen und Verhaltensdefiziten. P. sind, auch wenn eine Verwirklichung der Wünsche in einer Partnerschaft erschwert oder unmöglich sein kann, soziale Verhaltensweisen, sie zielen trotz eines aggressiven Anteils auf Nähe zu einem Partner. Sie können z. T. auch in Partnerschaften integriert oder mit Prostituierten (→ Prostitution) ausgelebt oder in subkulturellen Gruppen (→ Subkultur) organisiert werden (→ Sadomasochismus, → Fetischismus), wenn sie sich nicht in Formen ausdrücken, in denen ihr sexueller Charakter nicht offen ersichtlich ist (z. B. in Erziehungsverhältnissen, Jugendgruppen). P. führen nicht zuletzt wegen der massiven Belastung mit Schuldgefühlen und der ablehnenden Reaktion der Gesellschaft z. T. zu psychischen Folgereaktionen, die Krankheitswert haben. Körperliche Behandlungsverfahren können die Ursachen der psychischen Entwicklung bei P. nicht beeinflussen, die sog. »triebdämpfenden« Maßnahmen wie hormonelle oder chirurgische → Kastration oder Hirnoperationen reduzieren nur die körperliche Bereitschaft, auf sexuelle Inhalte zu reagieren. Psychotherapeutische Ansätze (→ Psychotherapie) zielen vielmehr auf die Integration der devianten Wünsche in die Persönlichkeit bzw. auf die Umformung in eine sozial akzeptiertere Ausdrucksform oder sie vermitteln bessere Möglichkeiten der Selbstkontrolle unter Verbesserung der sozialen Beziehungsmöglichkeiten, so daß die P. nicht mehr realisiert werden muß. Die den P. zugrundeliegenden psychischen Konflikte werden in unserer Gesellschaft vor allem von Männern so verarbeitet, daß es zu manifest abweichenden sexuellen Verhaltensweisen kommt, daher werden P. in dieser Form bei Frauen nur ausnahmsweise beobachtet. P. kommen ebenso bei homosexuellen Männern und Frauen vor (→ Homosexualität).
Lit. Becker, N. u. a.: Deviationen; Morgenthaler: Perversionen; Schorsch: Sexuelle Deviationen. *Andreas Spengler*

Pestalozzi-Fröbel-Verband e.V. (PFV) wurde 1873 als Deutscher Fröbel-Verband gegründet. Nach der Selbstauflösung in der Zeit des Nationalsozialismus nahm er als PFV 1948 seine Arbeit wieder auf. Der PFV ist ein politisch und konfessionell unabhängiger, sozialpädagogischer Fachverband. Mitglieder sind Angehörige aller pädagogischen und sozialpädagogischen Berufe. Erziehungs- und Sozialwissenschaftler, Fachkräfte aus der → Aus- und → Fortbildung, der Verwaltung (→ Verwaltungsfachkräfte) sowie Verbände und Institutionen der → Kinder- und Jugendhilfe. Der PFV informiert über aktuelle und grundsätzliche pädagogische Fragen, greift dabei unterschiedliche Positionen zu wichtigen sozialpädagogischen Themen auf und diskutiert sie in der Fachöffentlichkeit. Der PFV versteht sich als ein Forum, das neue durch sozialen Wandel bedingte Problemlagen im Interesse von Kindern, Erziehern und Eltern deutlich markiert. Diese Fragen werden einer möglichst breiten, differenzierten fach- und berufspolitischen Diskussion zugeführt und sollen Handlungsimpulse für Entscheidungs- und Verantwortungsträger geben. Der PFV ist Herausgeber einer eigenen Schriftenreihe, die Beiträge zu wichtigen sozialpädagogischen Fragen veröffentlicht und die regelmäßig stattfindenden Bundes-

fachtagungen dokumentiert. Der PFV unterhält ein Archiv zur Geschichte der Fröbelbewegung im In- und Ausland seit Mitte des 19. Jh.
Anschrift: Barbarossastraße 64, 10781 Berlin.
Sigrid Ebert

Petitionsrecht ist gem. Art. 17 des → Grundgesetzes (GG) das Recht (→ Grundrechte) eines jeden, sich einzeln oder in Gemeinschaft mit anderen (sog. Sammelpetition), schriftlich mit Bitten oder Beschwerden an die zuständigen Stellen (→ Zuständigkeit, sachliche und örtliche) und an die Volksvertretung (Bundes- und Landesparlamente) zu wenden, und zwar außerhalb förmlicher Rechtsbehelfs- und Gerichtsverfahren. Kennzeichnend für Petitionen sind bestimmte, mit dem Ziel der Abhilfe verbundene Begehren (Bitten, Beschwerden, Sorgen und Anliegen etc.). Die Schriftform erfordert eine eigenhändige Unterschrift.

Das P. steht »jedermann« – unabhängig von der → Staatsangehörigkeit – zu. Einschränkungen kann das P. im Rahmen besonderer Gewalt- und Pflichtenverhältnisse (z.B. im Strafgefangenenverhältnis, Beamtenverhältnis und nach Art. 17a Abs. 1 GG), aber auch bei Ehrverletzungen erfahren.

Art. 17 GG verpflichtet die betreffende Stelle zur sachlichen Prüfung und schriftlichen Beantwortung des Ersuchens. Eine Petition kann nur als Anregung dienen, ein (politisches) Mitwirkungsrecht gewährt Art. 17 GG nicht. Hierin liegt ein wesentlicher Unterschied zu Volksbefragung, Volksbegehren und Volksentscheid.
Peter Schmidt

Pfändung → Zwangsvollstreckung

Pfändungsschutz Erscheinungsform des → Vollstreckungsschutzes zur Sicherung des (pfändungsrechtlichen) Existenzminimums.
a) Sachgüter: § 811 Zivilprozeßordnung (ZPO) erklärt insbesondere als unpfändbar: die zur Führung eines bescheidenen Hauswesens unentbehrlichen Dinge (Hausrat, Kleidung, Vorräte für 4 Wochen oder den Geldbetrag hierfür); die Arbeitsmittel des körperlich oder geistig Schaffenden; die Sachmittel des landwirtschaftlichen Betriebes (einschließlich der Forderungen aus Verkauf von Betriebserzeugnissen, § 851 a ZPO) zur Fortführung der Bewirtschaftung; das Deputat des Landarbeiters, Kleinvieh und zur Sicherung der Ernährung benötigte Nutztiere, persönlich benötigte → Heil- und medizinische → Hilfsmittel. Hiernach unpfändbare Gegenstände werden jedoch pfändbar, wenn der Gläubiger ein dem Verwendungszweck genügendes (geringwertiges) Ersatzstück stellt: Austauschpfändung, § 811 a ZPO. Haustiere sind nur unter besonderen Voraussetzungen pfändbar (§ 811 c ZPO).

b) Lohn- und Gehaltsforderungen, sonstige Vergütungen für hauptberufliche Dienstleistungen, Renten und Versorgungsbezüge sind nach den §§ 850 f ZPO, auch auf dem Gehaltskonto des Schuldners (§ 850 k ZPO) – und noch der ausgezahlte Betrag, § 811 Nr. 8 ZPO – nur pfändbar oberhalb einer Grenze, die sich aus einer nach der Zahl der vom Schuldner unterhaltenen Personen gestaffelten gesetzlichen Tabelle zu § 850 c ZPO ergibt. Im Grundsatz unpfändbar sind tätigkeitsspezifische Lohnnebenbezüge, Gratifikationen, Überstundenlöhne (zur Hälfte), Unterhalts- und Schädigungsrenten und die Lebensversicherungssumme bis 4 140 DM als Hinterbliebenenversorgung. Bei Unterhaltsvollstreckung gilt die Tabellengrenze nicht; hier hat der Schuldner nur das persönliche Existenzminimum und den Unterhalt für ranggleiche und rangbessere Unterhaltsberechtigte frei (850 d ZPO). Unter bestimmten Voraussetzungen kann der unpfändbare Betrag nach oben oder unten verändert werden (§ 850 f ZPO). Schiebungen (Vereinbarung eines Dritten als anspruchsberechtigt für den pfändbaren Betrag) und Schmälerungen der Pfändbarkeit durch vereinbarte Nicht- oder Untervergütung schaltet § 850 h ZPO aus. Sozialleistungen (→ Sozialversicherung) sind nach näherer Maßgabe des § 54 SGB I begrenzt pfändbar.
Lit. Zöller u. a.: ZPO (Komm.).
Eberhard Schilken/Dieter Brüggemann

Pflege-Abgrenzungsverordnung (Pflege-AbgrV) liegt z. Zt. nur als Entwurf vor. Sie wird eine Definition der Anlagegüter und der Verbrauchsgüter zum Inhalt haben. Dabei ist strittig, ob den Verbrauchsgütern auch wiederbeschaffbare, abnutzbare und bewegliche Anlagegüter, die einer selbständigen Nutzung fähig sind und deren Herstellungs- und Anschaffungskosten für das einzelne Anlagegut von USt 100 DM (Entwurf BMA) oder 800 DM (Entwurf der Länder) betragen, zugeordnet werden dürfen. Außerdem wird die Pflege-AbgrV die Aufteilung in pflegenotwendige, unterkunfts- und verpflegungsbedingte (nur teil- oder vollstationäre Pflege) und betriebsnotwendige Verbrauchsgüter vornehmen. Nicht berücksichtigungsfähig sind die Aufwendungen für die Herstellung, An- oder Wiederbeschaffung, Ergänzung, Instandhaltung der Anlagegüter, die für den Betrieb der Pflegeeinrichtungen notwendig sind und die in § 82 Abs. 2 Nr. 2 bis 5 SGB XI genannten Maßnahmen. Die → Pflegesätze bei teil- oder vollstationären Pflegeleistungen dürfen nur die pflegebedürftigen Verbrauchsgüter und 50% der betriebsnotwendigen Verbrauchsgüter berücksichtigen. Die Entgelte für Unterkunft und Verpflegung beinhalten danach die unterkunfts- und verpflegungsbedingten Verbrauchsgüter und 50% der betriebsnotwendigen Verbrauchsgüter. *Hans-Dieter Falkenberg*

Pflegebedürftigkeit Der Begriff der P. wird in der Rechtsordnung der Bundesrepublik Deutschland nicht einheitlich verwendet. Auch im Sozialleistungssystem ist es trotz des Harmonisierungsanspruchs des → Sozialgesetzbuchs (SGB) und trotz der (gesetzlichen) → Pflegeversicherung noch nicht zu einer vollen Begriffsangleichung gekommen. Gemeinsamer Kern aller gesetzlichen Definitionen ist, daß als pflegebedürftig gilt, wer so hilflos ist, daß er für die gewöhnlichen und regelmäßig wiederkehrenden Verrichtungen im Ablauf des täglichen Lebens fremder Hilfe, i. S. v. »Wartung und Pflege«, bedarf. Hierbei wird von personenbezogenen Verrichtungen ausgegangen, z. B. Nahrungsaufnahme, Körperpflege, An- und Auskleiden, Verrichtungen der Notdurft. Hauswirtschaftliche Verrichtungen gehören im Rahmen der Pflegeversicherung (PflegeVG) und der → Sozialhilfe komplementär dazu, wenn Fremdhilfe bei personenbezogenen Verrichtungen notwendig ist.
Dabei wird in den verschiedenen Leistungsbereichen i. d. R. zur Abstufung von Leistungen an differenzierte Grade der P., also an den falltypischen Umfang der Fremdpflegebedarfs, angeknüpft.
Aufgrund solcher Definitionen sind Leistungen im Falle der P. vorgesehen im PflegeVG, im Recht der gesetzlichen → Unfallversicherung (GUV), der → Kriegsopferversorgung und entsprechender Bereiche des sozialen Entschädigungsrechts (→ Soziale Entschädigung) sowie im LAG (→ Lastenausgleich [LA]), im Beihilferecht des Öffentlichen Dienstes, in Pflegegeldgesetzen einzelner Länder und, ergänzend immer noch, im → Bundessozialhilfegesetz (BSHG).
Ein differenzierter Begriff der P. ist im PflegeVG sowie in den Pflegebedürftigkeitsrichtlinien enthalten: Pflegebedürftig sind danach Personen, die wegen einer körperlichen, geistigen oder seelischen → Krankheit oder Behinderung (→ Behinderte) für die gewöhnlichen und regelmäßig wiederkehrenden Verrichtungen im Ablauf des täglichen Lebens auf Dauer, voraussichtlich für mindestens 6 Monate, in erheblichem oder höherem Maße der Hilfe bedürfen. Krankheiten oder Behinderungen in diesem Sinne sind 1. Verluste, Lähmungen oder andere Funktionsstörungen am Stütz- und Bewegungsapparat, 2. Funktionsstörungen der inneren Organe oder der Sinnesorgane, 3. Störungen des Zentralnervensystems (Antriebs-, Gedächtnis- oder Orientierungsstörungen sowie endogene Psychosen, Neurosen oder geistige Behinderungen). Die P. muß darauf beruhen, daß die Fähigkeit, bestimmte Verrichtungen im Ablauf des täglichen Lebens auszuüben, eingeschränkt oder nicht vorhanden ist. Maßstab der Beurteilung der P. sind daher ausschließlich die Fähigkeiten zur Ausübung dieser Verrichtungen und nicht Art oder Schwere vorliegender Erkrankungen oder Schädigungen. Entscheidungen in einem anderen Sozialleistungsbereich über das Vorliegen einer Behinderung oder über die Gewährung einer Rente sagen über das Vorliegen von P. i. S. des PflegeVG nichts aus. P. ist auch dann gegeben, wenn der Pflegebedürftige die Verrichtung zwar motorisch ausüben, ihre Notwendigkeit aber nicht erkennen oder nicht in sinnvolles zweckgerichtetes Handeln umsetzen kann.
Die relevanten gewöhnlichen und regelmäßig wiederkehrenden Verrichtungen sind solche im Bereich der Körperpflege, der Ernährung, der Mobilität und der hauswirtschaftlichen Versorgung. Die pflegerische Hilfe besteht in der Unterstützung, in der teilweisen oder vollständigen Übernahme der Verrichtungen im Ablauf des täglichen Lebens oder in Beaufsichtigung oder Anleitung mit dem Ziel der eigenständigen Übernahme dieser Verrichtungen.
Das Vorliegen von P. wird durch den → Medizinischen Dienst der Krankenkassen (MDK) festgestellt; pflegebedürftige sind in eine von drei Pflegestufen einzuordnen:
1. Pflegestufe I (erheblich Pflegebedürftige) mit Hilfebedarf wenigstens einmal täglich bei wenigstens 2 Verrichtungen der Körperpflege, der Ernährung oder der Mobilität und zusätzlich mehrfach wöchentlich bei der hauswirtschaftlichen Versorgung;
2. Pflegestufe II (Schwerpflegebedürftige) mit Hilfebedarf wenigstens dreimal täglich zu verschiedenen Tageszeiten bei der Körperpflege, der Ernährung oder der Mobilität und zusätzlich mehrfach wöchentlich bei der hauswirtschaftlichen Versorgung;
3. Pflegestufe III (Schwerstpflegebedürftige) mit Hilfebedarf täglich rund um die Uhr, auch nachts, bei der Körperpflege, der Ernährung oder der Mobilität und zusätzlich mehrfach wöchentlich bei der hauswirtschaftlichen Versorgung. Erforderlich ist ferner ein Mindestzeitaufwand für die betreffenden pflegerischen Hilfen, bei dem der Aufwand für die körperbezogenen Hilfen gegenüber dem für hauswirtschaftliche Versorgung überwiegen muß.
Leistungen des PflegeVG werden bei häuslicher Pflege, bei teilstationärer Pflege, bei stationärer Kurzzeit- oder Dauerpflege als → Sachleistungen, bei häuslicher Pflege wahlweise auch als Geldleistungen gewährt.
Die GUV (§§ 558 ff. → Reichsversicherungsordnung [RVO]) gewährt → Hauspflege durch Fremdpflegekräfte, Anstaltspflege, Pflegegeld anstelle von Anstalts- oder Hauspflege und → Hilfsmittel. Für Kriegsopfer und im Rahmen des sozialen Entschädigungsrechts wird bei → häuslicher Pflege → Pflegezulage in sechs Stufen

Pflegebedürftigkeit

gewährt, erforderlichenfalls Anstaltspflege (§ 35 → Bundesversorgungsgesetz [BVG]), Hilfsmittel (§ 13 BVG) und im Falle der Bedürftigkeit ergänzend → Hilfe zur Pflege im Rahmen der → Kriegsopferfürsorge, die sich dem Umfang nach an den Leistungen des BSHG orientiert (§ 26 c BVG). Für → Pflegepersonen sind Badekuren vorgesehen (§ 12 BVG). Nach § 267 LAG kann pflegebedürftigen Personen im Zusammenhang mit der Unterhaltshilfe eine Pflegezulage für die ambulante Pflege bzw. für die Anstaltspflege gewährt werden.

Nach dem Beihilferecht im Öffentlichen Dienst werden im Falle der P. die Kosten für eine dauernde Anstaltsunterbringung oder Aufwendungen für eine Berufs- bzw. Ersatzpflegekraft sowie für bestimmte Hilfsmittel teilweise übernommen.

In den Ländern Berlin, Bremen und Rheinland-Pfalz erhalten erheblich (Berlin) bzw. schwer Pflegebedürftige ein → Pflegegeld für Pflegebedürftige ohne Rücksicht auf → Einkommen und → Vermögen (→ Einsatz des Einkommens/Vermögens). Diese Leistungen sind im Hinblick auf die Vergleichbarkeit solcher P. mit Blindheit und auf die einkommensunabhängigen Leistungen nach den → Landesblindengeldgesetzen entwickelt worden.

Während vor der Pflegeversicherung die → Sozialhilfe Hauptgarant der pflegerischen Versorgung war, ist sie dies heute nicht mehr in solchem Maße. Weil Pflegeversicherung aber nur eine der Höhe nach begrenzte → Grundsicherung bietet und ihre Leistungen auf die allgemeinen Pflegeleistungen beschränkt, bedarf es weiterhin in einer nicht unerheblichen Zahl von Fällen der Hilfeergänzung durch die Sozialhilfe. Dies drückt sich aus in einem erweiterten Begriff der P. im Sozialhilferecht, in der Aufstockungsfunktion der Sozialhilfe für die Kosten der allgemeinen Pflegeleistungen und in ihrer (nachrangigen) Verpflichtung, für die Entgeltbestandteile Unterkunft und Verpflegung sowie Investitionskostenanteil bei stationärer Pflege zu garantieren. Näheres s. Pflegeversicherung.

Der Begriff der P. ist im Sozialhilferecht gegenüber dem PflegeVG insofern erweitert, als Hilfe zur Pflege auch zu gewähren ist, wenn der Kranke oder Behinderte voraussichtlich für weniger als 6 Monate der Pflege bedarf oder einen geringeren Hilfebedarf hat, als er für die Einstufung nach dem PflegeVG erforderlich ist, oder wenn die Hilfe für andere Verrichtungen als Körperpflege, Ernährung, Mobilität oder hauswirtschaftliche Versorgung notwendig ist. Die Krankheiten oder Behinderungen, die Pflegebedarf auslösen, sind, anders als im PflegeVG, nicht enumerativ festgelegt. Die Leistungen der Hilfe zur Pflege i.S. des BSHG entsprechen im wesentlichen denen der Pflegeversicherung. Ehe jedoch Sozialhilfe leistet, muß der Pflegebedürftige sein Einkommen und Vermögen in zumutbarem Umfang einsetzen.

Bis zum Inkrafttreten des PflegeVG (1. 4. 1995/1. 7. 1996) war Fremdhilfe bei P. privat oder (nachrangig) durch die Sozialhilfe zu finanzieren. Letztere mußte bei rund 70% der Pflegeheimbewohner in den alten Bundesländern eintreten. Mehr als ein Drittel der Bruttoaufwendungen der Sozialhilfe entfielen auf die Hilfe zur Pflege. Ebensowenig wie Rentenerhöhungen hielt das allgemeine Steuerkraftwachstum mit den linearen und vor allem den strukturell wie demographisch bedingten Ausgabenzuwächsen Schritt. Ein immer höherer Anteil öffentlicher Mittel mußte im Rahmen der Sozialhilfe für die Kosten der Hilfe zur Pflege bereitgestellt werden. Die Zahl der Pflegebedürftigen betrug 1991 mindestens 1,65 Mio. (2% der deutschen Wohnbevölkerung). Davon wurden rund 450 000 stationär und rund 1,2 Mio. im häuslichen Bereich versorgt. Eine Zunahme dieser Zahlen in den nächsten 20 Jahren um bis zu 250 000 Personen war prognostiziert.

Die wachsende Problematik konnte auch im Rahmen der GKV nicht gelöst werden, die nur im Falle der Behandlungsbedürftigkeit einzutreten verpflichtet ist. Daß P. auch von der → Rechtsprechung als Gegensatz hierzu aufgefaßt wird, blieb allerdings nicht unumstritten.

In einem Gutachten (1974) hat das → Kuratorium Deutsche Altershilfe (KDA) darauf hingewiesen, daß die Übergänge fließend sind und die Einstufung als Behandlungs- oder Pflegefall häufig von Zufällen, u.a. auch von der Versorgung im Krankenhaus oder (sofort) im Pflegeheim, abhängig ist. Dieses Gutachten wird allgemein als Anstoß für die Diskussion um eine (gesetzliche) Pflegeversicherung angesehen. Sozialpolitisch ist nicht einsichtig, daß ein soziales Sicherungssystem durch die GKV alle Krankheiten, von Bagatellen bis zu Langzeitkrankenhausaufenthalten, absichert, sich aber im Falle der schwersten existentiellen Bedrohung und finanziellen Belastung verweigert. Dies gilt um so mehr, als P. infolge der hohen Lebenserwartung inzwischen nach ganz überwiegender Auffassung zu einem allgemeinen Lebensrisiko geworden ist.

Die Einführung von Leistungen der GKV bei Schwerpflegebedürftigkeit war unzureichend, da die persönlichen Anspruchsvoraussetzungen äußerst eng gefaßt waren und da Pflegebedürftige in stationärer Pflege keine Leistungen erhielten. Dies war versicherungsrechtlich bedenklich, weil der Pflegebedürftige stationäre Pflege i.d.R. nicht frei wählt, sondern mangels häuslicher Betreuungsmöglichkeit zu diesem Schritt gezwungen ist. Gerade in dieser Hinsicht war eine solidarische Absicherung notwendig, weil die Heimkosten inzwischen eine Höhe erreicht hatten (Tagespfle-

gesätze von mehr als 150 DM), die zur Verarmung des Pflegebedürftigen führen und seine unterhaltspflichtigen Angehörigen (→ Unterhaltspflicht) zusätzlich belasten.
Mitveranlaßt durch das KDA-Gutachten hat die → Arbeiterwohlfahrt (AWO) 1976 ein Konzept für eine gesetzliche Pflegeversicherung vorgelegt und eine Neuordnung der Finanzierung der Pflegekosten gefordert. Danach sollte die Kostentragung der Heimpflege so verteilt sein, daß für den Bereich Wohnen/Verpflegung der Pflegebedürftige, für die eigentliche Pflege die gesetzliche Krankenkasse und für den individuellen Betreuungsaufwand die Kommunen (Sozialhilfe) aufzukommen hätten. Das Sozialministerium des Landes Baden-Württemberg hat anschließend in einer Studie die versicherungsrechtliche Möglichkeit herausgearbeitet, Pflegekosten in den Leistungskanon der GKV einzubeziehen (1977). Eine Bund-Länder-Arbeitsgruppe »Aufbau und Finanzierung ambulanter Pflegedienste« hat daraufhin verschiedene Lösungswege untersucht und ist 1980 zu dem Ergebnis gelangt, daß eine umfassende Lösung der Pflegekostenabsicherung durch eine besondere gesetzliche Pflichtversicherung am sachgerechtesten wäre. Ebenfalls 1980 hat der → Deutsche Verein für öffentliche und private Fürsorge (DV) in »Thesen... zur Neuregelung der Absicherung des Risikos der P.« eine versicherungsrechtliche Lösung gefordert. Im Januar 1983 haben sich die → Bundesvereinigung der kommunalen Spitzenverbände (BV), die → Bundesarbeitsgemeinschaft der überörtlichen Träger der Sozialhilfe, die → Bundesarbeitsgemeinschaft der Freien Wohlfahrtspflege e.V., der DV sowie das KDA zu einem gemeinsamen Vorschlag für die »Einrichtung einer Pflegeversicherung mit organisatorischer Anbindung an die gesetzlichen Krankenkassen, ohne Erweiterung des Krankheitsbegriffs«, zusammengefunden.
Im Hinblick auf vielerlei Widerstände gegen solche Überlegungen, die meist ordnungspolitisch (Bedenken gegen eine Erhöhung der Staatsquote und gegen befürchtete Sogwirkungen in die Heime) oder finanzpolitisch begründet wurden, war es notwendig, Hauptkriterien für die Problemlösung und einen in sich schlüssigen, stellungnahmefähigen Vorschlag in die Diskussion zu bringen. Dies hat der DV 1984 durch »Einzelüberlegungen für eine Pflegeversicherung« geleistet, die er 1986 in einem ausformulierten Gesetzesvorschlag konkretisiert hat. Bei dieser Ausarbeitung haben sich die folgenden Kriterien herauskristallisiert, nach denen seitdem auf kommunaler Seite und auf seiten aller Fachverbände die immer zahlreicher und differenzierter werdenden Lösungsvorschläge bewertet werden: 1. Häusliche und stationäre Pflege müssen prinzipiell gleich behandelt werden. Die Lösung darf keine Sogwirkung in Heime verursachen. 2. Die Leistungen für Unterkunft und Verpflegung (»Hotelkosten«) sind wie im häuslichen Bereich auch bei stationärer Pflege aus eigenen Mitteln zu tragen. 3. Anstelle von Sachleistungen sind Geldleistungen vorzusehen, um die häuslich pflegende Familie nicht auszuschließen und um den Aufwand kalkulierbar zu halten. 4. Die Lösung muß im Hinblick auf die Würde des Menschen die Freiheit der Auswahl (→ Wunsch- und Wahlrecht des Hilfeempfängers) unter einem pluralen Hilfsangebot gewährleisten. 5. Die Lösung sollte ordnungspolitisch gesehen dem Grundsatz der Selbstvorsorge (Hilfe zur → Selbsthilfe) in einem Solidaritätsverbund Rechnung tragen. 6. Die Lösung darf keine weiteren Schnittstellen zwischen Krankheit, Behinderung und P. hervorrufen. Vorhandene Schnittstellen müssen vielmehr abgebaut werden. 7. Die Lösung muß sofort wirksam werden und eine Entlastung für heute und morgen pflegebedürftige Personen ermöglichen, die eine Selbstvorsorge bisher nicht bewerkstelligen konnten. 8. Die Sozialhilfe, bei der das Allgemeinrisiko der P. inzwischen zu einem systemfremden Element geworden ist, muß eine deutliche Entlastung erfahren.
Diesen Kriterien entsprach der Vorschlag des DV von 1986 in vollem Umfang. Er sah eine gesetzliche Pflegeversicherung im Rahmen der GKV, jedoch mit Sondervermögen, vor. Versicherungspflichtig sollten die Pflichtversicherten der GKV sein, freiwillige Krankenversicherung bei der GKV sollte die Pflegeversicherung umschließen. Damit wären 90% der Bevölkerung in den Solidarverbund Pflegeversicherung einbezogen. Als Leistungen waren pauschale Geldleistungen, ausnahmsweise Sachleistungen, an Personen mit 15jähriger Vorversicherungszeit vorgesehen. Die Geldleistungen sollten (Basis 1986) bei häuslicher P. in 3 Stufen von monatlich 350, 600 und 850 DM gezahlt werden, bei stationärer Pflege in Höhe von monatlich 1 410 DM. Nach dem Stand des Jahres 1987 hätten die Kosten 8,1 Mrd. DM betragen. Sie sollten durch Beitragsfinanzierung nach den Maßstäben der GKV aufgebracht werden (ca. 1 bis 1,2 Beitragsprozentpunkte).
Auf politischer Ebene wurde das Thema durch eine Gesetzesinitiative der Grünen (BTDrucks. 10/2609) im Dezember 1984 aufgegriffen. Sie sah ein Bundesleistungsgesetz vor und wollte Heime in absehbarer Zeit abschaffen. Das Land Rheinland-Pfalz verfolgte mit seinem Gesetzesantrag Anfang 1986 (BRDrucks. 137/86) eine steuerfinanzierte Lösung, bei der Pflegehilfeleistungen neuer Art mit Leistungen nach dem BSHG kombiniert werden sollten. Das Land Hessen schlug zur gleichen Zeit (BRDrucks. 81/86) eine sozialversicherungsrechtliche Lösung, sachleistungsorientiert, vor. Die Mehrheit im BR fand

schließlich ein Gesetzesvorschlag des Freistaates Bayern (BRDrucks. 138/86), der auf Sozialversicherungbasis einen begrenzten Einstieg dargestellt hätte: Leistungen sollten für Schwerpflegebedürftige mit gleich hohen Geldpauschalen bei häuslicher und stationärer Pflege gewährt werden. Die Bundesregierung, die zu jenem Zeitpunkt noch keine Möglichkeiten für eine umfassende Pflegeversicherung sah, setzte den Länderentwürfen den Entwurf eines Pflegeverbesserungsgesetzes (BRDrucks. 270/86) entgegen.

Mit Ende der 10. Legislaturperiode des BT Anfang 1987 gingen sowohl der Entwurf der BR-Mehrheit (Bayern) wie derjenige der Bundesregierung unter. Im → Gesundheits-Reformgesetz (politisches Postulat: Vorrang für häusliche Pflege) wurden sodann ab 1989 Leistungen für häusliche gepflegte Schwerstpflegebedürftige ausgebracht: Die Heimbewohner haben keinen Anspruch. Dies ist weiterhin unbefriedigend. Die Länder Bayern und Rheinland-Pfalz haben deshalb 1987/88 ihre Initiativ-Gesetzentwürfe erneut im BR eingebracht. Bewegung in die erstarrt scheinenden Fronten brachte 1990 eine BR-Initiative des Landes Baden-Württemberg (BRDrucks. 367/90). Vorgeschlagen wurde im Hinblick auf die ungünstiger werdende demographische Entwicklung eine Pflichtversicherung auf privater Basis außerhalb der gesetzlichen Sozialversicherung mit Versicherungspflicht ab dem 45. Lebensjahr, sozialer Abfederung des einkommensunabhängigen Versicherungsbeitrags durch Sozialhilfe und Prämienentlastung mittels eines Ausgleichsfonds, einheitlichen pauschalen Geldleistungen bei stationärer und häuslicher Pflege in 3 Stufen von 750, 1 075 und 1 500 DM. Da eine solche Lösung mangels Umlagedeckungsverfahren erst in 15 bis 20 Jahren volle Wirksamkeit erzielen könnte, sollte nach einer Übergangsvorschrift die GKV für über 65jährige Pflegebedürftige bis zum Wirksamwerden der Eigenvorsorge Leistungen wie für häuslich gepflegte Schwerpflegebedürftige gewähren. Nachdem gegen diesen Vorschlag gravierende Bedenken hinsichtlich der sozialen Verträglichkeit, der pflege- und gesundheitspolitischen Effizienz, der aufwendigen Verwaltungsorganisation und der mangelnden Sozialhilfeentlastung erhoben wurden, hat der Verband der Kriegs- und Wehrdienstopfer, Behinderten und Sozialrentner Deutschland (→ VdK Deutschland) Ende 1990 einen Vermittlungsvorschlag unterbreitet: Anbindung an die GKV, modifiziertes Umlagedeckungsverfahren mit Kapitalansammlung zum späteren Ausgleich der ungünstigen demographischen Entwicklung, keine zwingende Arbeitgeberbeteiligung.

Zur jüngeren politischen Entwicklung: → Pflegeversicherung, gesetzliche.

Die Finanzierung der Fremdhilfe ist bei P. nicht das einzige Problem, das in die Zukunft hinein ansteht. Die Gewinnung von Menschen, die diese Pflege leisten, ist bei rückläufigem Erwerbstätigenpotential womöglich eine noch größere Herausforderung. Es muß darum gehen, die heutigen Relationen zwischen häuslicher und stationärer Pflege (ca. 85:15) wenigstens zu halten, selbst wenn die absolute Zahl der Pflegebedürftigen ansteigt. Deshalb muß der Einsatz der Pflegepersonen anerkannt werden (eigenständige Absicherung in der gesetzlichen Rentenversicherung, Möglichkeit des Beitritt zur GKV, beitragsfreie Absicherung in der GUV). Ferner muß der ambulante Hilfebereich verstärkt werden (→ Sozialstation, → Nachbarschaftshilfe). Tages- und Kurzzeitpflegeeinrichtungen und Krankenwohnungen sind notwendig. Notwendig ist aber auch ein Ausbau des stationären Hilfeangebots. Hierfür werden zukünftig noch mehr (ausgebildete) → Pflegekräfte benötigt. Sie für diesen Beruf zu gewinnen, in dem Beruf zu halten oder dafür zurückzugewinnen ist nur bei attraktiven Arbeitsbedingungen möglich (Verbesserung des Ansehens aller Pflegeberufe, bundeseinheitliche Ausbildungsregelungen für den Altenpflegeberuf, leistungsgerechte Vergütungen, sachgerechte Personalausstattung der Heime, flexiblere Arbeitszeiten, bessere Qualifikations- und Aufstiegschancen, → Fort- und Weiterbildungsangebote).

Lit. Bundesregierung: Pflegebedürftigkeit; DV: Pflegebedürftigkeit; DV: Sozialhilferecht; Frank, W.: Pflegerisiko; Frank, W.: Pflegeversicherung; Verband der Kriegs- und Wehrdienstopfer, Behinderten und Sozialrentner Deutschl: Absicherung.

Werner Frank

Pflege-Buchführungsverordnung (PBV) vom 22. November 1995 (BGBl. I S. 1528). Die PBV soll ein effektives innerbetriebliches Führungsinstrument schaffen; den Nachweis der zweckentsprechenden Verwendung der öffentlichen Fördermittel der Länder für die Investitionsförderung ermöglichen; deren ordnungsmäßige Verwendungen gewährleisten; Grundregeln schaffen für die Beschaffung und Nachweis der Daten, die für den Abschluß von Versorgungsverträgen und Vergütungsvereinbarungen, für die Abgrenzung zu der Krankenversicherung, der Sozialhilfe u. a. sowie für die Durchführung von Wirtschaftlichkeits- und Qualitätsprüfungen zwingend erforderlich sind. Nach § 1 (Anwendungsbereich) richten sich die Rechnungs- und Buchführungspflichten der Pflegedienste und Pflegeheime (mit Versorgungsvertrag) nach dieser Verordnung. § 2 bestimmt, daß das Geschäftsjahr das Kalenderjahr ist. § 3 regelt die praktische Durchführung für Buchführung und Inventar. Es sind die Bü-

cher nach den Regeln der kaufmännischen doppelten Buchführung zu führen (Abs. 1). Der Kontenrahmen der Anlage 4 ist einzuhalten, kann aber nach Abs. 2 abweichen. In § 4 werden die Bestandteile des Jahresabschlusses aufgeführt; es sind dies die Bilanz (Anlage 1 PBV), die Gewinn- und Verlustrechnung (Anlage 2 PBV), sowie der Anhang einschließlich nach den Anlagen 3a und 3b gegliederten Anlagen- und Fördernachweise. Die Aufstellung hat innerhalb von sechs Monaten nach Ablauf des Geschäftsjahres zu erfolgen. Die Abs. 2 und 3 geben unterschiedliche Varianten bei mehreren → Pflegeeinrichtungen eines Trägers bzw. gemischten Einrichtungen an. Die Besonderheiten (Buchung von Fördermitteln und Zuwendungen, von Trägerzuschüssen, von Ausgleichsposten) werden in § 5 Abs. 2 bis 5 beschrieben. Vorschriften für die erstmalige Anwendung der PBV beinhaltet § 5 Abs. 1. Für die Aufbewahrung von Unterlagen, die Aufbewahrungsfristen und die Vorlegung von Unterlagen gilt § 6 mit Hinweis auf § 257 und § 261 HGB. Die Kosten und Leistungsrechnung nach § 7 PBV ist von zentraler Bedeutung. Hierdurch soll eine betriebsinterne Steuerung sowie die Beurteilung der Wirtschaftlichkeit und Leistungsfähigkeit ermöglicht werden. Mindestanforderungen hiernach sind, Bildung von Kostenstellen nach dem Muster der Anlage 5 (Ziffer 1), nachprüfbare Herleitung der Kosten aus der Buchführung (Ziff. 2), verursachungsgerechte Zuordnung der Kosten und Leistungen zu Kostenträgern ([Muster Anlage 6] Ziff. 4). Ziffer 5 beschreibt die Verfahrensweise bei mehreren bzw. gemischten Einrichtungen. § 8 gibt Kapitalgesellschaften die Möglichkeit, Wahlrechte auszuüben. § 9 enthält die Befreiungen. Abs. 3 stellt sicher, daß trotz der Befreiung Mindestanforderungen erfüllt werden müssen. Die Ordnungswidrigkeiten werden mit Hinweis auf § 334 Abs. 1 Ziff. 6 HGB in § 10 beschrieben. § 11 legt fest, daß die PBV am 1. 1. 1996 in Kraft tritt (Abs. 1). Dabei sind § 3 (Buchführung und Inventar), § 7 (Kosten- und Leistungsrechnung) auf stationäre Pflegeeinrichtungen erstmals für das Geschäftsjahr 1997 und ambulante Pflegeeinrichtungen für das Geschäftsjahr 1998 anzuwenden.
Lit. Falkenberg u.a.: Finanzbuchhaltung; Vollmer u.a.: Pflege-Buchführungsverordnung. *Hans-Dieter Falkenberg*

Pflegedienst → Pflegeeinrichtung, → Pflegefachkraft

Pflege eines Pflegebedürftigen, Berücksichtigung der, in der gesetzlichen Rentenversicherung, → Berücksichtigungszeiten für Kindererziehung und Pflege, → Pflegeversicherung, gesetzliche, → Pflegepersonen

Pflegeeinrichtung ist die ambulante, teil- oder vollstationäre Vertragseinrichtung der → Pflegekassen zur Erbringung der Pflegeleistungen nach SGB XI (→ Pflegeversicherung, gesetzliche). Nach § 72 Abs. 1 SGB XI dürfen Pflegekassen Pflege nur durch P. gewähren, mit denen ein Versorgungsvertrag besteht (zugelassene P.). In ihm sind Art, Inhalt und Umfang der angebotenen Pflegeleistungen festzulegen. Der Versorgungsvertrag wird zwischen dem Träger der P. oder seinem bevollmächtigten Dachverband und den Landesverbänden der Pflegekassen abgeschlossen. Die Plegekassen haben wegen der in § 93 Abs. 7 BSHG festgelegten Auswirkung auf die Sozialhilfe das Einvernehmen mit dem zuständigen Sozialhilfeträger herzustellen (§ 72 Abs. 2 SGB XI). Gemäß § 72 Abs. 3 Satz 3 SGB XI besteht für entsprechend qualifizierte P. ein Anspruch auf Abschluß eines Versorgungsvertrages. Eine Angebotssteuerung durch zurückhaltende Zulassungspolitik der Pflegekassen ist im Gesetz nicht vorgesehen. § 11 Abs. 2 SGB XI geht ausdrücklich von einer Trägervielfalt aus. Er auferlegt den Pflegekassen, Selbständigkeit, Selbstverständnis und Unabhängigkeit der P. zu achten. Eine Auswahl zwischen Leistungserbringern ist nach § 72 Abs. 3 Satz 2 SGB XI nur zulässig, wenn sie notwendig ist. Eine Notwendigkeit in diesem Sinne kann nur angenommen werden, wenn ein derartiges Überangebot an Pflegeleistungen besteht, daß bei Zulassung weiterer Leistungserbringer massive Unwirtschaftlichkeit zu erwarten wäre.
Der Zulassungsanspruch ist allerdings an einige gesetzlich fixierte Voraussetzungen gebunden. Einen Versorgungsvertrag können P. nur erhalten, die selbständig wirtschaften und unter ständiger Verantwortung einer ausgebildeten → Pflegefachkraft Pflegebedürftige pflegen. Teil- und vollstationäre P. müssen darüber hinaus Unterkunft und Verpflegung bieten.
Eine P. wirtschaftet selbständig, wenn sie ausschließlich Leistungen nach dem SGB XI erbringt. Das Merkmal der wirtschaftlichen Selbständigkeit des Betriebsbereiches Pflege ist aber auch dann erfüllt, wenn für diesen eine eigene Kostenstelle eingerichtet ist. Eine weitergehende organisatorische oder gar rechtliche Ausgliederung ist nicht erforderlich. Weitere Vorgaben enthält die → Pflege-Buchführungsverordnung. Als ausgebildete Pflegefachkraft erkennt § 71 Abs. 3 SGB XI (Kinder)Krankenschwestern und -pfleger (→ Krankenpflegeberufe) sowie → Altenpfleger/-innen mit bestimmter Berufserfahrung an. Bei ambulanten P., die überwiegend behinderte Menschen pflegen und betreuen, gelten auch nach Landesrecht ausgebildete → Heilerziehungspfleger/-innen sowie Heilerzieher/-innen als Pflegefachkräfte. Weitere Festlegungen enthalten die nach § 80 SGB XI

zwischen Pflegekassen und Verbänden der P. abgeschlossenen Qualitätsvereinbarungen.
Der Abschluß eines Versorgungsvertrages ist weiterhin davon abhängig, daß die P. wirtschaftlich und leistungsfähig ist. Bei der Wirtschaftlichkeit geht es im Grunde darum, daß die Leistungen das Maß des Notwendigen nicht überschreiten sollen (§ 29 SGB XI). Die Anforderungen an die Leistungsfähigkeit ergeben sich aus den Qualitätsvereinbarungen nach § 80 SGB XI. Als P. gelten nach § 71 Abs. 4 SGB XI ausdrücklich nicht voll- und teilstationäre Einrichtungen, in denen die medizinische Vorsorge, Krankenbehandlung oder Rehabilitation, die berufliche oder soziale Eingliederung, die schulische Ausbildung oder die Erziehung Kranker oder Behinderter im Vordergrund des Einrichtungszwecks steht, auch wenn dort in erheblichem Umfang Pflege geleistet wird. Kommt ein Versorgungsvertrag zustande, ist dieser für die Pflegekassen im Inland verbindlich (§ 72 Abs. 2 Satz 2 SGB XI). Wegen § 93 Abs. 7 BSHG erstreckt sich diese Verbindlichkeit ebenfalls auf alle → Sozialhilfeträger. Auch wenn Bewohner aus anderen Bundesländern in eine stationäre P. aufgenommen werden möchten, muß mit den dortigen Kostenträgern nicht noch eine weitere Zulassung vereinbart werden.
Mit Abschluß des Versorgungsvertrages ist die P. zur Leistungserbringung zugelassen und auch verpflichtet (§ 72 Abs. 4 SGB XI). Die Qualitätsvereinbarung nach § 80 SGB XI ist ebenso zu beachten wie die Rahmenverträge nach § 75 SGB XI. Dem Grunde nach entsteht ein Vergütungsanspruch gegen die Pflegekasse nach § 75 Abs. 4 SGB XI.
Die Höhe der Vergütung bleibt indes gesonderten Verhandlungen und Verträgen nach §§ 84 ff. SGB XI und §§ 89 ff. SGB XI vorbehalten. Der Versorgungsvertrag bleibt wirksam, bis er durch einen neuen Versorgungsvertrag einvernehmlich abgelöst oder gem. § 74 SGB XI gekündigt wird (§ 73 Abs. 3 Satz 4 SGB XI). Er kann seitens des Einrichtungsträgers schriftlich mit Jahresfrist gekündigt werden. Auch die Landesverbände der Pflegekassen können mit dieser Frist schriftlich kündigen. Zusätzlich ist aber Bedingung, daß die Voraussetzungen für den Anspruch auf einen Versorgungsvertrag nicht mehr gegeben sind und der zuständige Sozialhilfeträger der Kündigung zugestimmt hat. Darüber hinaus können die Landesverbände der Pflegekassen fristlos im Einvernehmen mit dem zuständigen Sozialhilfeträger kündigen, wenn die P. ihre gesetzlichen oder vertraglichen Verpflichtungen gegenüber dem Pflegebedürftigen oder dessen Kostenträgern derart gröblich verletzt, daß ein Festhalten an dem Vertrag nicht zumutbar ist. »Das gilt insbesondere dann, wenn Pflegebedürftige infolge der Pflichtverletzung zu Schaden kommen oder die Einrichtung nicht erbrachte Leistungen gegenüber den Kostenträgern abrechnet.« (§ 74 Abs. 2 Satz 2 SGB X).
Lit. Kesselheim: Pflegeversicherung.

Werner Hesse-Schiller

Pflegeerlaubnis Die Entwürfe zum → Kinder- und Jugendhilfegesetz (KJHG – SGB VIII) lösten, bezogen auf die Notwendigkeit einer P. (§ 44) höchst kontroverse Diskussionen aus, die bis heute weitergeführt werden. Sie haben in der Zwischenzeit andere Schwerpunkte erhalten.
In der Praxis besteht weitgehend Einvernehmen darüber, daß P. nicht erforderlich ist, wenn → Hilfe zur Erziehung (HzE) gem. § 27 i.V.m. § 33 KJHG – SGB VIII (Vollzeitpflege) gewährt wird – und zwar unabhängig davon, ob der → freie oder der → öffentliche Träger vermittelnd tätig wurde. Die Pflegepersonen erhalten dann regelmäßig Bescheinigungen oder Ausweise, in denen insbesondere die individuell erfolgten Absprachen zu § 38 KJHG – SGB VIII dokumentiert sind. Bemerkenswert ist, daß selbst dann, wenn eine (Vor-)Vermittlung durch den Sorgerechtsinhaber erfolgte, bei Einvernehmen in der Hilfeplanung gem. § 36 KJHG – SGB VIII im obigen Sinne verfahren wird. Kontrovers ist die Diskussion bei → Tagespflege geblieben. Der Forderung nach Erteilung der P. bei Aufnahme des ersten Kindes in Tagespflege steht die Theorie gegenüber, daß Sorgerechtsinhaber allein über die Geeignetheit der Pflegeperson für ihr Kind zu entscheiden haben. Die Definition der »Gewerbsmäßigkeit« ist ebenfalls strittig, da häufig mehrere Tagespflegekinder zu unterschiedlichen Zeiten ergänzend zum → Kindergarten oder zur Schule versorgt werden und – so vorhanden – die Richtlinien der Länder auf die ganz individuell gefundenen Regelungen nicht eingehen (können). So bleibt: Eltern kritisieren häufig kommerzielle Tagespflege im nachhinein.
Die Antwort kann nur lauten: → Jugendamt und freie Träger verstärken das Angebot der Qualifizierung von Tagespflege und gewährleisten, daß Eltern unter mehreren geeigneten Tagespflegepersonen auswählen können.
Ob bei einer → Inobhutnahme von Kindern in Bereitschaftspflege P. erforderlich ist, blieb bisher weitgehend ohne Klärungsbedarf; d.h., die Ausstellung von Bescheinigungen, so erforderlich, wurde als ausreichend angesehen. Unstrittig dagegen ist, daß bei der Unterbringung von Kindern in → Pflegestellen für Behinderte (mit Leistungen nach dem → Bundessozialhilfegesetz [BSHG]: Eingliederungshilfe) eine P. zu erteilen ist.

Helga Mikuszeit

Pflegefachkraft ist eine Person, die sich durch den Abschluß einer entsprechenden

Ausbildung für die Pflege qualifiziert hat und ggf. durch eine spezifische → Weiterbildung für einen bestimmten Fachbereich innerhalb der Pflege besondere Kompetenz erworben hat. Eine P. ist durch ihre Ausbildung befähigt, sach- und fachkundige, umfassende und geplante Pflege selbständig und eigenverantwortlich durchzuführen. Unter den Begriff der besonderen Pflegekraft i.S.v. § 69b Abs. 1 Satz 2 und Abs. 2 → Bundessozialhilfegesetz (BSHG) fallen neben den P. auch Personen, die aufgrund von Helferausbildungen oder Basisqualifikationen sowie ihrer einschlägigen Tätigkeit und Erfahrung zur Pflege geeignet und gegen Entgelt, d.h. professionell in der Pflege tätig sind.

Der Gesetzgeber bedient sich im Pflege-Versicherungsgesetz (Pflege-VG → Pflegeversicherung, gesetzliche) des Begriffes P. und definiert ihn in § 71 → Sozialgesetzbuch (SGB XI) in Abgrenzung zu den Begriffen Pflegekraft (§ 36 Abs. 1 S. 3 und § 77 Abs. 1 SGB XI) und Pflegeperson (§ 19 SGB XI). Für die Anerkennung als P. wird dort vorgeschrieben, daß neben der abgeschlossenen Ausbildung als Krankenschwester oder Krankenpfleger, als Kinderkrankenschwester oder Kinderkrankenpfleger nach dem Krankenpflegegesetz oder als → Altenpflegerin oder Altenpfleger nach Landesrecht eine praktische Berufserfahrung in dem erlernten Pflegeberuf von zwei Jahren innerhalb der letzten fünf Jahre erforderlich ist (§ 71 Abs. 3 S. 1 SGB XI). Bei ambulanten → Pflegeeinrichtungen, die überwiegend behinderte Menschen (→ Behinderte) pflegen und betreuen, gelten auch nach Landesrecht ausgebildete → Heilerziehungspflegerinnen und Heilerziehungspfleger sowie Heilerzieherinnen und Heilerzieher mit einer praktischen Berufserfahrung von zwei Jahren innerhalb der letzten fünf Jahre als P. (§ 71 Abs. 3 S. 2). Diese Vorschriften sollen gewährleisten, daß die angebotenen Pflegeleistungen fachlichpflegerisch unter ständiger Verantwortung einer ausgebildeten und berufserfahrenen Pflegekraft erbracht werden. Damit bleibt der Gesetzgeber unter den Anforderungen, die in Vereinbarungen der Selbstverwaltung zur → Qualitätssicherung getroffen wurden. Die Spitzenverbände der Pflegekassen, die → Bundesarbeitsgemeinschaft der überörtlichen Träger der Sozialhilfe, die → Bundesvereinigung der Kommunalen Spitzenverbände und die Vereinigungen der Träger der Pflegeeinrichtungen auf Bundesebene haben »Gemeinsame Grundsätze und Maßstäbe zur Qualität und Qualitätssicherung einschließlich des Verfahrens zur Durchführung von Qualitätsprüfungen nach § 80 SGB XI« vereinbart. Nach diesen Qualitätsmaßstäben ist die Eignung einer P. zur Übernahme der ständigen Verantwortung zusätzlich zu den o.g. fachlichen Voraussetzungen davon abhängig, daß der Abschluß einer Weiterbildungsmaßnahme für leitende Funktionen mit einer Mindeststundenzahl von 460 Stunden oder der Abschluß einer Ausbildung im Pflegemanagement an einer Fachhochschule oder Universität vorliegt. Für die Übernahme der Tätigkeit als verantwortliche P. in ambulanten Pflegeeinrichtungen wird weiter vorausgesetzt, daß von den zwei Jahren praktischer Berufserfahrung in der Regel mindestens ein Jahr im ambulanten Pflegebereich ausgeübt wurde.

Lit. Bundesanzeiger Nr. 152a: PflegeVG Handbuch. *Ingeburg Barden*

Pflegefamilie ist die alltagssprachliche Bezeichnung für den Sozialisationsort von → Pflegekindern in allen Formen der → Familienpflege, auch da, wo es sich nicht um → »Familien« im tradierten Sinne, sondern z.B. um Wohngemeinschaften oder nichteheliche Lebensgemeinschaften handelt. Obgleich – aus diesem Grund – die Beibehaltung des P.-Begriffes auch Kritik findet, macht seine Beibehaltung aus Sicht vieler Pflegekinder durchaus einen Sinn. Gerade für »fremdplacierte«, »familienlose« Kinder ist es oft von hoher Bedeutung, wie die Mehrheit ihrer Altersgruppe eine »Familie« zu haben. Andererseits kann es in Einzelfällen, insbesondere gegenüber älteren Kindern und Jugendlichen und solchen, die noch über enge Bindungen an ihre → Herkunftsfamilie verfügen, gerade sinnvoll sein, den Begriff P. zu vermeiden, um die besondere Lebensform, in die sie hineingegeben werden sollen, zu betonen.

Der Begriff P. hält sich auch deshalb in Praxis und Literatur, weil er am anschaulichsten die Privatheit des Arrangements betont. Tatsächlich werden P. meist bewußt als Alternative zu einem institutionellen Arrangement gewählt und mit dem privaten Arrangement Begriffe wie gegenseitige Zuwendung, Intimität, Vertrauen, Geborgenheit, Konstanz von Beziehungen und Einbettung in ein Verwandtschaftsverhältnis assoziiert.

Schließlich entspricht der Begriff auch dem Selbstverständnis der meisten Pflegepersonen, von denen – geschätzt – ohnehin rund 90% Eheleute sind.

Obgleich auch P. und damit auch die in ihnen lebenden Kinder nicht gegen die Risiken moderner Familien zwischen emotionaler Überfrachtung und Scheidung gefeit sind, sprechen die empirischen Daten für einen überdurchschnittlichen Grad an Stabilität, ein Ergebnis, das sich auch als Ausdruck eines besonderen Familienzentrismus gerade von P. lesen läßt. Er wird, so Kritiker, da riskant, wo er zur Abschottung gegenüber den Herkunftsfamilien der Kinder und deren Diskriminierung als »schlechte Eltern« führt.

Lit. Güthoff u.a.: Projektbericht. *Jürgen Blandow*

Pflegegeld → Landespflegegeldgesetze, → Pflegegeld für Familienpflege, → Pflegegeld für Pflegebedürftige

Pflegegeld für Familienpflege Die → Familie sichert vorrangig die Pflege und → Erziehung der Kinder. Kommt die Familie dieser Verpflichtung nicht nach, wird ggf. die Aufnahme, Pflege und Erziehung in einer anderen Familie, d.h. bei Pflegeeltern (→ Pflegefamilie) notwendig, soweit nicht andere Hilfen in Frage kommen. Es entsteht ein Anspruch des Kindes auf P. (→ Hilfe zur Erziehung [HzE]).
Das → Kinder- und Jugendhilfegesetz (KJHG) sieht in §§ 39 und 33 SGB VIII (→ Sozialgesetzbuch [SGB]) eine gegenüber dem früheren → Jugendwohlfahrtsgesetz (JWG) veränderte Rechtsgrundlage für Leistungen zum Unterhalt von Kindern und Jugendlichen in Vollzeitpflege vor. Der notwendige Unterhalt ist nach wie vor keine eigenständige, sondern nur eine Annex-Leistung im Rahmen der HzE, beschränkt auf den notwendigen Unterhalt außerhalb des Elternhauses.
Das P. soll den gesamten regelmäßig wiederkehrenden Lebensbedarf des Minderjährigen, einschließlich der Kosten der Erziehung, umfassen und wird in einem monatlichen Pauschalbetrag gewährt (DV: Pauschalbetrag, DV: Vollzeitpflege). Die Pauschalbeträge werden von den nach Landesrecht zuständigen Behörden festgesetzt. Daneben können einmalige Beihilfen oder Zuschüsse, insbes. zur Erstausstattung einer Pflegestelle oder z.B. für Urlaubs- und Ferienreisen des Kindes, gewährt werden.
Lit. DV: Pauschalbetrag; DV: Vollzeitpflege. *Manfred Wienand/Monika Wienand*

Pflegegeld für Pflegebedürftige ist eine pauschalierte Leistung im Rahmen der → Hilfe zur Pflege nach §§ 68-69c → Bundessozialhilfegesetz (BSHG).
Ausgehend von § 68 Abs. 1 S. 1 sind anspruchsberechtigt Personen, die wegen einer körperlichen, geistigen oder seelischen Krankheit oder Behinderung (s. § 68 Abs. 3) für die gewöhnlichen und regelmäßig wiederkehrenden Verrichtungen im Ablauf des täglichen Lebens (s. § 68 Abs. 5) auf Dauer, voraussichtlich für mindestens 6 Monate, in erheblichem oder höherem Maße der Hilfe bedürfen.
Das P. gliedert sich gem. § 69a in 3 Pflegestufen, wobei ausschlaggebend der Umfang und die Häufigkeit der benötigten Hilfen bei der Körperpflege, der Ernährung und der Mobilität sind. Zusätzlich erforderlich ist jedoch in allen Pflegestufen ein Hilfebedarf für die hauswirtschaftlichen Verrichtungen.
Über den Grad der → Pflegebedürftigkeit ist aufgrund ärztlicher → Gutachten zu entscheiden, wobei der → Träger der Sozialhilfe im Falle der Festlegung durch den → Medizinischen Dienst der → Pflegekasse bei Tatsachenidentität an diese Entscheidung gebunden ist (s. § 68a).
Ein Drittel des P. dient dazu, die Pflegebereitschaft von Angehörigen und Nachbarn (→ Nachbarschaftshilfe) anzuregen/zu erhalten; aus dem restlichen Betrag sind die Aufwendungen zu bestreiten.
Reicht dieser Betrag nicht aus und ist z.B. die Heranziehung einer besonderen → Pflegefachkraft erforderlich, sind diese zusätzlichen angemessenen Kosten gem. § 69b Abs. 1 S. 2 zu übernehmen. In diesem Fall kann jedoch das P. gem. § 69c Abs. 2 um bis zu 2/3 gekürzt werden.
Ebenso kann das P. bei teilstationärer Betreuung, z.B. in einem → Sonderkindergarten oder in einer → Werkstatt für Behinderte, angemessen gekürzt werden (§ 69c Abs. 3).
Zusätzlich zum P. sind die Aufwendungen für die Beiträge einer Pflegeperson oder einer besonderen Pflegefachkraft für eine angemessene → Alterssicherung zu übernehmen, wenn diese nicht anderweitig sichergestellt ist.
Erhalten Pflegebedürftige → Blindenhilfe nach § 67 oder andere gleichartige Leistungen (z.B. Landesblindengeld), ist diese Drittleistung zu 70% auf das P. anzurechnen (§ 69c Abs. 1 S. 2).
Die Dynamisierung des P. richtet sich gem. § 68 Abs. 6 nach der Verordnung zu § 30 des SGB XI (→ Pflegeversicherung, gesetzliche).
Ausgeschlossen ist das P., soweit vorrangige gleichartige Leistungen nach anderen Rechtsvorschriften gewährt werden (§ 69c Abs. 1). Dies sind vor allem: das P. aufgrund der gesetzlichen Pflegeversicherung gem. §§ 37, 38, 41 Abs. 3 SGB XI, das P. im Rahmen der → Unfallversicherung nach § 558 bzw. 1.151 RVO, das P. nach § 26c BVG, die Pflegezulagen nach § 35 BVG und nach §§ 267, 269 LAG sowie die Beihilfepauschalen nach den öffentlich-rechtlichen Beihilfevorschriften.
Wegen der ab 1. 4. 1995 gewährten vorrangigen Leistungen aus dem Bereich der häuslichen Hilfe zur Pflege nach dem Pflege-Versicherungsgesetz, ist in diesem Zusammenhang auf die Besitzstandsregelung des Art. 51 Pflege-Versicherungsgesetz in der geänderten Fassung vom 15. 12. 1995 hinzuweisen.
Von dieser detaillierten Übergangsregelung werden die Personen erfaßt, die bis 31. 3. 1995 P. nach den Bestimmungen des BSHG erhalten haben und deren P. (einschließlich eines evtl. von der Krankenkasse nach der Altregelung des § 57 SGB V gezahlten Geldbetrages in Höhe von 400,00 DM für Schwerpflegebedürftige) höher war als die Leistungsansprüche nach den zum 1. 4. 1995 in Kraft getretenen gesetzlichen Neuregelungen.
In Höhe des Differenzbetrages erhalten diese Personen einen Nachteilsausgleich, wo-

bei für die Weitergewährung immer die bis zum 31. 3. 1995 geltende Rechtslage maßgebend ist.

Lit. s.: → Hilfe zur Pflege. *Wolfgang Maas*

Pflege, häusliche → Häusliche Pflege

Pflegeheim → Altenpflegeheim

Pflege, Hilfe zur → Hilfe zur Pflege

Pflegehilfsmittel Die → Pflegekassen stellen zur Erleichterung der Pflege oder zur Linderung der Beschwerden oder zur Ermöglichung einer selbständigeren Lebensführung des Pflegebedürftigen (→ Pflegebedürftigkeit) P. zur Verfügung (§ 40 Abs. 1 → Sozialgesetzbuch [SGB XI]). Der Anspruch orientiert sich an der individuellen Pflegesituation. Eine ärztliche Verordnung ist nicht erforderlich. Stellt die Pflegekasse ggf. nach Begutachtung durch den Medizinischen Dienst (MDK) fest, daß die Voraussetzungen für eine Kostenübernahme als P. nicht erfüllt sind, kommt ggf. eine Abgabe der Unterlagen einschließlich des → Gutachtens des MDK an die → Krankenkasse in Betracht, wenn sich aus dem Gutachten Anhaltspunkte für eine Leistungspflicht der Krankenkasse ergeben. Wählt der Versicherte ein aufwendigeres P. als notwendig, hat er die Mehrkosten dafür selbst zu tragen. Ist für ein erforderliches P. ein → Festbetrag festgesetzt (§ 78 Abs. 3 SGB XI), trägt die Pflegekasse die Kosten bis zur Höhe dieses Betrages. Für andere P. übernimmt sie die jeweils vertraglich vereinbarten Preise.
Bei den P. ist zu unterscheiden zwischen zum Verbrauch bestimmten P., z. B. Desinfektionsmittel, Einmalhandschuhe sowie saugende Schutzeinlagen, und technischen P. Die Aufwendungen der Pflegekassen für zum Verbrauch bestimmte P. dürfen je Pflegebedürftigem monatlich den Betrag von 60 DM nicht übersteigen. Aufwendungen über 60 DM im Monat fallen in den Eigenverantwortungsbereich des Pflegebedürftigen.
Technische P. (Einzelheiten regelt das Pflegehilfsmittelverzeichnis) sollen den Pflegebedürftigen in allen geeigneten Fällen vorrangig leihweise zur Verfügung gestellt werden (§ 40 Abs. 3 Satz 1 SGB XI). Lehnt der Pflegebedürftige die leihweise Überlassung eines technischen P. ohne zwingenden Grund ab, hat er die Kosten der P. in vollem Umfang selbst zu tragen. Ist eine leihweise Überlassung nicht möglich oder sinnvoll, hat der Versicherte, der am Tage der Abnahme des P. das 18. Lebensjahr vollendet hat, eine Zuzahlung zu den Kosten in Höhe von 10%, jedoch höchstens 50 DM je P. zu leisten. Zur Vermeidung von Härten kann die Pflegekasse den Versicherten entsprechend §§ 61, 62 SGB V ganz oder teilweise von der Zuzahlung befreien.

Harald Kesselheim

Pflegekassen sind Träger der → Pflegeversicherung (§ 1 Abs. 3, § 46 Abs. 1 Sozialgesetzbuch [SGB] XI). Aufgrund § 46 Abs. 1 S. 2 SGB XI ist bei jeder → Krankenkasse kraft Gesetzes eine P. errichtet. Mithin besteht bei jeder AOK, Betriebskrankenkasse, Innungskrankenkasse, landwirtschaftlichen Krankenkasse und Ersatzkasse eine P. Für die Pflegeversicherung der Seeleute ist die Seekrankenkasse zuständig, für knappschaftlich Versicherte nach § 46 Abs. 1 S. 6 SGB XI die Bundesknappschaft. Die P. sind nach § 46 Abs. 2 S. 1 SGB XI rechtsfähige Körperschaften des öffentlichen Rechts mit → Selbstverwaltung. Wie für alle Versicherungsträger gelten auch hinsichtlich der Rechtsstellung der P. die Vorschriften des SGB IV über die Verfassung der Versicherungsträger sowie die Zusammensetzung, Wahl und Verfahren der Selbstverwaltungsorgane, über das Haushalts- und Rechnungswesen, das Vermögen und die Aufsicht. § 46 Abs. 2 S. 4 SGB XI stellt klar, daß bei der Ausführung des SGB XI das erste Kapitel SGB X (Verwaltungsverfahren) anzuwenden ist.
Die P. ist als Selbstverwaltungskörperschaft des öffentlichen Rechts finanziell selbständig. Sie handelt im eigenen Namen und hat eine eigene Satzung. Jedoch bildet sie mit der Krankenkasse, bei der sie errichtet ist, eine Verwaltungsgemeinschaft, die die Krankenkasse verpflichtet, ihre räumliche, sachliche und personelle Infrastruktur der P. zur Verfügung zu stellen. Dies folgt einerseits aus § 46 Abs. 2 S. 1 SGB XI, insbesondere aber aus den Regelungen des § 46 Abs. 2 S. 2 und 3, wonach Organe der P. die Organe der Krankenkasse und Arbeitgeber der für die bei P. Beschäftigten die Krankenkassen sind. Da die P. die Infrastruktur der Krankenkasse in Anspruch nehmen, sind sie zur Abgeltung der dadurch entstehenden Aufwendungen verpflichtet, an die Krankenkassen eine Verwaltungskostenpauschale von 3,5% des Mittelwerts von Leistungsaufwendungen und Beitragseinnahmen zu zahlen. *Harald Kesselheim*

Pflegekinder Unterschiedliche Rechtsfiguren (§§ 33, 42, 44 KJHG-SGB VIII), pädagogische Konzepte und die Zunahme von Jugendlichen in → Pflegestellen führten im KJHG zum Verzicht auf den traditionellalltagssprachlichen Begriff P. Dagegen existiert der Begriff P. in anderen Rechtsbereichen (z. B. → Kindergeld, Steuerrecht). Sozialpsychologisch sind P. Kinder, Jugendliche und junge Volljährige, die vorübergehend oder auf Dauer, Tag und Nacht (im Gegensatz zur Tagespflege gemäß § 23 KJHG) außerhalb der → Herkunftsfamilie bei Einzelpersonen, in Familien und anderen Lebensgemeinschaften (→ nichteheliche Lebensgemeinschaften) von fremden und verwandten → Pflegepersonen betreut und versorgt werden. Von wenigen Ausnah-

men (§ 45 KJHG) abgesehen, werden P. durch die → Jugendämter, z. T. unterstützt durch → freie Träger und durch → Landesjugendämter/→ Landschaftsverbände, soweit es sich um professionelle Erziehungsstellen handelt, vermittelt.
Am 1. 1. 1995 lebten in Deutschland etwa 56 100 junge Menschen (davon etwa 10 000 in den neuen Bundesländern) in Pflegestellen, davon jeder 4. bei Verwandten, insbesondere Großeltern. Der Anteil der Mädchen und Jungen war etwa gleich. Am Stichtag waren 18% der P. unter 6 Jahren, 48% zwischen 6 und 15, 20% von 15 bis 18 und 14% über 18 Jahre alt. 43% der P. wurden nichtehelich geboren, 6% waren ausländischer Herkunft. – Das Alter der 11 500 1994 vermittelten P. lag bei den unter 6jährigen bie 43%, 44% waren zwischen 6 und 15 Jahren. Bei 12% der Kinder und Jugendlichen gingen Heimerziehung/Betreuung in anderen Wohnformen, bei 13% Vollzeitpflege, bei 8% Betreuung durch Großeltern/Verwandte und bei 30% ambulante Hilfen voraus. 40% der P. kommen aus Ein-Eltern-, 14,5% aus vollständigen Familien. 2/5 der P. lebten bis zu einem Jahr in einer Pflegestelle, 30% 5 Jahre oder länger. 30 bis 40% der P. kehrten in die – häufig neu konstellierte (Trennung, Geschwister) – Familie zurück, 20 bis 40% wechselten in andere vollzeitliche Betreuungsformen.
Die Unterbringungsgründe lagen – abgesehen vom vorübergehenden Ausfall eines alleinerziehenden Elternteils wegen Kur/Krankenhausaufenthalt – in einer vielschichtig belasteten, instabilen Familiensituation. Dominierende Merkmale waren: geringes Einkommen, Verarmung, Wohnungsnot, Überforderung → Alleinerziehender (häufig jüngere ledige Mütter), Ehe-/Partnerkonflikte, Trennung, Scheidung (→ Trennungs- und Scheidungsberatung), Mißhandlungen, Sucht, psychische Leiden. Bedingungen, die vom Mangel an Versorgung, Zuwendung und Erziehung begleitet sind und mit zunehmendem Alter des P. zu Deprivationen, Normenverstößen, sozialer Aussonderung führen. Für P. sind traumatisierende Beziehungsabbrüche, häufig frühkindliche Erfahrungen in Heimen und anderen Pflegestellen lebensgeschichtliche Realität. Rivalität zwischen Eltern und Pflegeeltern, Loyalitätskonflikte, Statusunsicherheit stellen spezifische Gefährdungsmomente für eine ichstärkende, identitätsbildende Entwicklung der P. dar. Für spezifische Unterbringungsanlässe wurden (semi)professionelle Pflegestellenformen entwickelt (z. B. Erziehungsstellen/heilpädagogische Pflegestellen für »besonders entwicklungsbeeinträchtigte« Kinder und Jugendliche [§ 33, letzter Satz KJHG]; Bereitschaftspflegestellen als Krisenintervention [§ 42 KJHG]). Für behinderte Kinder und Jugendliche mangelt es an Konzepten und Unterstützung.

Lit. Gintzel (Hg.): Pflegefamilien; Hamburger Pflegekinderkongreß: Dokumentation; Maywald u.a.: Handbuch; Nienstedt u.a.: Pflegekinder. *Peter Widemann*

Pflegekinderdienst Mit der Kritik an der Arbeit der → Jugendämter geriet in den 70er Jahren der stark vernachlässigte Pflegekinderbereich (→ Pflegekinder, → Pflegekinderwesen) in den Blickpunkt. Zu den Reformansätzen gehörten in den Jugendämtern die Einrichtung von mit → Fachkräften ausgestatteten (speziellen) Pflegekinder- (und Adoptionsdienste) und die Entwicklung von Aufgabenprofilen.
Zentrale Aufgaben der P. sind: → Öffentlichkeitsarbeit (Informationsmaterial, Veranstaltungen), Eignungsprüfung, Vorbereitung und Schulung der Bewerber, Wahl der Pflegepersonen/-formen im Rahmen der → Hilfeplanung, Abschluß des → Pflegevertrages, einschließlich Entscheidung zum Unterhalt, Vermittlung nach sozialpädagogischen und psychologischen Kriterien unter Berücksichtigung der Bedürfnisse/Interessen der Kinder, Eltern und Pflegepersonen, Beratung und Unterstützung der Pflegeeltern und deren Zusammenschlüsse, Bedarfsanalysen, konzeptionelle Fortentwicklung (z. B. heilpädagogische → Pflegestellen, Bereitschaftspflege), Kooperation mit anderen Jugendämtern (§ 86 Abs. 6 KJHG – SGB VIII) sowie die spezifischen Aufgaben der Inobhutnahme durch Pflegestellen (§ 42 KJHG), der Adoptionspflege (§ 1744 BGB), der erlaubnispflichtigen → Familienpflege (§ 44 KJHG) und - soweit noch im P. integriert - die → Tagespflege (§ 23 KJHG). Für die → Herkunftsfamilie ist der P. in der Regel nicht zuständig.
Die Unterbringung in Vollzeitpflege stellt insbesondere für das Kind einen empfindlichen lebensgeschichtlichen Eingriff dar und erfordert von den Fachkräften fundierte sozialpädagogische und psychologische Kenntnisse, Erfahrungswissen, entsprechende gutachtliche und beratende Kompetenz, Rechtskenntnisse und gründliches Wissen zur (familialen) → Sozialisation. Mit den im KJHG angelegten lebensweltbezogenen Konzepten (→ Lebenswelt) und Handlungsprinzipien (Regionalisierung, Alltagsorientierung [→ Alltag], Ganzheitlichkeit) und einer betriebswirtschaftlich orientierten → Verwaltungsmodernisierung wächst die Tendenz, eigenständige, spezialisierte P. (stärker) in den → allgemeinen Sozialdienst (ASD) bzw. eine Organisationseinheit »Hilfen zur Erziehung« zu integrieren oder aufzulösen. Trotz der Gefährdungsmomente, denen Spezialdienste prinzipiell ausgesetzt sind (fachliche Überbewertung der eigenen Aufgabe, Abschottung von anderen Diensten, Kooperationsprobleme) gewann der gesamte Pflegekinderbereich mit dem P. an Fachlichkeit (hinsichtlich der Öffentlichkeitsarbeit, Wer-

bung, Beratung, Entwicklung neuer Pflegestellenformen), Orientierung für Pflegeeltern und Interessierte, politischem Gewicht und ist eine plausiblere Berechnung des Personalbedarfs (pro Fachkraft 25 Familien oder 40 Kinder, bei professionellen Formen [Bereitschaftspflege, heilpädagogische Pflegestellen] entsprechend niedrigere Arbeitsraten) möglich. Die rechtlich begründete organisatorische Zuordnung der Tagespflege zu den Tageseinrichtungen (§ 22 KJHG) lösten bisher nicht das konzeptionell-strukturelle Nebeneinander beider Betreuungsformen, vielmehr schränken sie die bewährte fachliche Verbindung von Vollzeitpflege und Tagespflege (Mischpflegestellen) erheblich ein. Die Delegation von Aufgaben (soweit sie nicht hoheitlicher Natur sind) an → freie Träger hat in Deutschland bisher keinen strukturrelevanten Durchbruch erfahren.

Lit. Hamburger Pflegekinderkongreß: Dokumentation; Planungsgruppe Petra u.a.: Erziehungsstellen; Widemann: Neue Wege.

Peter Widemann

Pflegekinderschutz Der P. im bisherigen teilweise obrigkeitsstaatlichen Verhältnis von → Sozialarbeit/Sozialpädagogik des → Jugendwohlfahrtsgesetzes (JWG) ist im Kinder- und Jugendhilfegesetz (KJHG – SGB VIII) so nicht mehr enthalten. War bisher bei jeder Art von Pflegeverhältnis die Notwendigkeit der Erteilung einer → Pflegeerlaubnis durch das → Jugendamt (JA) zwingend vorgeschrieben, so sieht das KJHG – SGB VIII (§ 44 Abs. 1) weitgehend davon ab und verlangt eine Pflegeerlaubnis nur noch in – statistisch gesehen – wenigen Pflegeverhältnissen. An die Stelle der förmlichen Pflegeerlaubnis tritt die qualifizierte Auswahl und Vorbereitung der potentiellen → Pflegefamilie durch Überprüfung, Beratung und Schulung im Sinne des § 37 durch das Jugendamt bzw. den freien Träger. Dieser Wandel wurde durch die Erfahrung bewirkt, daß die qualifizierte Vorbereitung eines Pflegeverhältnisses einen besseren »Schutz« für das → Pflegekind bietet als formale Schutzvorschriften und Kontrollmaßnahmen. Dem entspricht auch der Verzicht auf die bisherige Pflegekinderaufsicht, die nun konsequenterweise von dem Postulat der Zusammenarbeit zum Wohl des Kindes (→ Kindeswohl) abgelöst wurde. Diese Forderung verpflichtet aufnehmende Pflegefamilie und Jugendamt. In der Praxis bedeutet dies weiteren Ausbau und Differenzierung begleitender und unterstützender Angebote für das Kind und seine beiden Familien. *Helga Mikuszeit*

Pflegekinderwesen Der Begriff P. umfaßt jene Aufgaben und Funktionen → öffentlicher und → freier Träger, die im Zusammenhang mit der → Fremdunterbringung von Kindern außerhalb ihres Herkunftsmilieus (→ Herkunftsfamilie) in Familien stehen.

Historisch gesehen vollzog sich die Ersatzerziehung von Kindern und Jugendlichen schon immer in den beiden Grundformen der Anstaltserziehung und der → Familienpflege. Einen wichtigen Markierungspunkt stellt der sog. »Waisenhausstreit« Ende des 19. Jh. dar: Die hohe Kindersterblichkeit in den → Anstalten aufgrund schlimmer hygienischer Zustände und die Teuerung des Pflegesatzes führten zu einem Aufschwung des P. Allerdings zeigten sich auch hier bald Strukturschwächen (Ausbeutung der → Pflegekinder auf dem Lande; Praktiken der »Engelmacherinnen«), die den Ruf nach staatlicher Aufsicht verstärkten. Im RJWG (1922) wurde die Pflegekinderaufsicht reichseinheitlich geregelt. Die historischen Erfahrungen mit dem Mißbrauch von Pflegekindern erklären auch, warum bis Ende der 80er Jahre der ordnungspolitisch konzipierte → Pflegekinderschutz die gesetzlichen Regelungen bestimmte (vgl. §§ 27ff. → Jugendwohlfahrtsgesetz [JWG].

Mit dem Inkrafttreten des → Kinder- und Jugendhilfegesetzes (KJHG – SGB VIII) wurde auch das P. neu geregelt; folgende Ziele stehen hierbei im Mittelpunkt:

1. Ausbau wirksamer Hilfen im Vorfeld der Fremdunterbringung von Kindern;
2. bei Unterbringung in einer Pflegefamilie Abklärung sowohl von Dauer und als auch von Perspektiven des Pflegeverhältnisses (§ 37 KJHG. 1 KJHG);
3. Erstellung eines → Hilfeplans unter Einbeziehung der Betroffenen (Kinder/Jugendliche, Herkunftseltern/Pflegeeltern, beteiligte → Fachkräfte) und dessen Fortschreibung (§ 36 KJHG);
4. Beratung und Unterstützung von Herkunftsfamilien, Pflegefamilien (§ 37 Abs. 1, 2 KJHG);
5. Wegfall des Erfordernisses der → Pflegeerlaubnis bei Vermittlung durch das → Jugendamt – JA – (§ 44);
6. Stärkung der Rechtsstellung von Pflegeeltern in Vollzeitpflegeverhältnissen (§ 38 KJHG, § 1632 Abs. 4 → Bürgerliches Gesetzbuch [BGB]);
7. Wegfall der Meldepflicht für die Tagespflege unter bestimmten Voraussetzungen, wobei Ausnahmeregelungen zu beachten sind (§ 44 Abs. 1 Satz 3 Nr. 2 KJHG);

Gegenwärtig (Stand 1990) sind in den alten Bundesländern ca. 34 000 Kinder in Vollzeitpflege, 2 000 in Wochenpflege und 43 000 in Tagespflege (→ Tagesbetreuung) untergebracht. In dieser Zahlenmaterial sind u.a. nicht enthalten die Pflegeverhältnisse bei Verwandten (bis zum 3. Grad) und Großeltern, für die keine Meldepflicht besteht. Eine Untersuchung des → Deutschen Vereins für öffentliche und private Fürsorge (DV) beispielsweise rechnet für die Bundesrepublik Deutschland etwa 140 000 Großeltern-Pflegeverhältnisse hoch (1980),

von denen lediglich etwa 22 500 registriert sind.
Während die Unterbringung in Dauerpflegeverhältnissen sinkt, steigt die Anzahl der Tagespflegeverhältnisse stetig. Dies ist wohl auch auf sinkende Geburtenraten und den Ausbau präventiver Hilfen (z. B. sozialpädagogische → Familienhilfe) zurückzuführen. Der zunehmende Bedarf an Tagespflegestellen hängt u. a. mit der Erwerbstätigkeit der Eltern bzw. eines Elternteils zusammen.
In den sonderpädagogischen Tagespflegestellen werden insbes. geistig und/oder körperlich behinderte Kinder untergebracht. Sie sind allerdings mit etwa 7% nur sehr gering vertreten.
Neben den klassischen Grundformen von Pflegeverhältnissen (Tages-, Wochen-, Kurz- und Dauer- oder Vollzeitpflege) gibt es Sonderformen: so die heilpädagogische bzw. sonderpädagogische Pflegestelle (Bremen, Berlin) bzw. die Erziehungsstellen (Hessen), in denen Kinder/Jugendliche mit erheblichen Verhaltensauffälligkeiten untergebracht sind und von pädagogisch/psychologisch geschulten Pflegeeltern betreut werden. Das Pflegegeld ist hier dann auch weitaus höher als für sogenannte »Normalpflegeverhältnisse«.
Die Gründe für die Unterbringung von Kindern in Vollzeitpflege sind vielfältig: Arbeitslosigkeit und die »neue Armut« verschärfen ohnehin labile Familiensituationen und produzieren so Konflikte, die zur Herausgabe bzw. Herausnahme von Kindern (→ Herausgabe [des Kindes]) führen. Andererseits wächst der Anteil der alleinerziehenden Mütter, insbes. durch Scheidung: Mehr- und Doppelbelastung der Betroffenen (Erwerbstätigkeit; Haushaltsführung; Kindererziehung) und deren Randstellung im sozialen Sicherungssystem sind Ursache oftmals prekärer Familiensituationen. Weniger die fehlende elterliche Kompetenz als vielmehr die soziale Lage der Familie führen zu Fremdunterbringungen. Der Erfolg eines Pflegeverhältnisses hängt im wesentlichen von der Bereitschaft zur Zusammenarbeit zwischen Herkunftseltern und Pflegeeltern ab und einer entsprechend organisierten Beratung und Unterstützung, die das JA sicherzustellen hat (§ 37 KJHG).
In der sozialwissenschaftlichen und fachpolitischen Diskussion ist seit einiger Zeit ein »Richtungsstreit« über das Selbstverständnis des P. im Gange. Bislang dominierten in Fachdiskussionen vor allem die Auffassungen von Goldstein, Freud und Solnit; sie entwickelten die Grundzüge eines psychoanalytisch orientierten Theorieansatzes. Dabei wird davon ausgegangen, daß ein über einen längeren Zeitraum in einer Pflegefamilie untergebrachtes Kind Bindungen zu den Pflegeeltern entwickelt, die eine faktische Elternschaft begründen. Diese neuentstandene elternanaloge Bindung sei zuförderst durch den Staat mittels einer entsprechenden Gesetzgebung zu schützen.
Die Vertreter des systemisch orientierten Ansatzes (Deutsches Jugendinstitut) gehen davon aus, daß mit der Inpflegegabe das Kind zu seiner Herkunftsfamilie eine weitere Familie hinzubekommt. Das Familiensystem hat sich somit erweitert und ist ergänzt worden. Die Pflegefamilie ist danach nicht Ersatzfamilie, die die Herkunftsfamilie ersetzen soll, sondern Ergänzungsfamilie. Sie sprechen sich dafür aus, im Regelfall die Bindungen des Kindes zu allen Beteiligten aufrechtzuerhalten und Optionen für die Zukunft offenzuhalten. Das Hauptaugenmerk müsse deshalb auf einer Klärung der Beziehungen zwischen Pflegeeltern und Herkunftseltern liegen; es gelte, beiden Kompetenzen im Hinblick auf eine kindangemessene Zusammenarbeit zu vermitteln.
Die kontrovers geführte Diskussion ist mehr als nur ein Theorienstreit. Vielmehr werden hier auch zwei völlig unterschiedliche Strategien für die Praxis des P. aufgezeigt. Diese beziehen sich nicht nur auf die unterschiedliche Einschätzung der Arbeit mit der Herkunftsfamilie, sondern entscheiden sich auch für sehr unterschiedliche Lösungen in der rechtlichen Gestaltung des Pflegeverhältnisses. Unbestritten ist, daß der Erfolg bzw. Mißerfolg eines Pflegeverhältnisses von der sorgfältigen Auswahl und Vorbereitung der Beteiligten abhängig ist; Pflegeeltern, Herkunftseltern und Kinder sind in alle Überlegungen verantwortlich mit einzubeziehen und begleitend zu unterstützen und zu beraten.
Lit. Blandow u. a.: Erziehungshilfen; Hamburger Pflegekinderkongreß: Dokumentation; Nienstedt u. a.: Pflegekinder; Salgo: Staatsintervention; Wiemann: Adoptivkinder.
Josef Faltermeier

Pflegekonferenz Im Rahmen des Sicherstellungsauftrags (§ 12 und § 69 SGB XI) sollen von den → Pflegekassen örtliche und regionale Arbeitsgemeinschaften, sogenannte Pflegekonferenzen, gegründet werden; die Initiative zur Gründung dieser AG kann auch von Kommunen bzw. Landkreis ausgehen.
Die Teilnahme der einzelnen Mitglieder an der P. ist freiwillig. Die Ergebnisse der Arbeit beruhen auf dem Konsens der daran Beteiligten.
Ziel der P. ist es, im Rahmen von bundes- und landesrechtlichen Regelungen und Verordnungen die Pflegeinfrastruktur zu effektivieren und einzelne Aufgabenbereiche der → Altenhilfe und → Altenpflege miteinander zu verzahnen. Dieses Gremium soll die → Qualitätssicherung und Festlegung von Leistungsstandards erreichen, hat dabei aber nur empfehlenden Charakter. Es soll weiterhin die Beteiligung von Betroffenen

bzw. ihrer Angehörigen im Sinne von Verbraucherschutz sicherstellen.
Die P. selbst kann einzelne Arbeitskreise einsetzen, die speziell Problemlösungen, beispielsweise Einrichtung einer Koordinationsstelle oder gemeinsam genutzter Hausnotrufdienst, erarbeiten und die Ergebnisse der P. zur Annahme empfehlen.
Lit. Igl u. a.: SGB XI; DV: Sozialhilfe.

Susanne Däbritz

Pflegekräfte → Pflegefachkraft

Pflegekurse § 45 des → Sozialgesetzbuches, Buch XI (SGB XI) verpflichtet die → Pflegekassen, für Angehörige und sonstige an einer ehrenamtlichen Pflegetätigkeit interessierten Personen Schulungskurse unentgeltlich anzubieten. Das kann auch in der eigenen Häuslichkeit geschehen. § 45 Abs. 2 SGB XI räumt den Kassen die Möglichkeit ein, diese P. entweder selbst durchzuführen oder geeignete Einrichtungen mit der Durchführung von Kursen zu beauftragen.
Der Gesetzgeber hat in § 45 Abs. 1 SGB XI die Zielsetzung für die P. wie folgt definiert: Die Kurse sollen soziales Engagement im Bereich der Pflege fördern und stärken, Pflege und Betreuung erleichtern und verbessern sowie pflegebedingte körperliche und seelische Belastungen mindern. Die Kurse sollen Fertigkeiten für eine eigenständige Durchführung der Pflege vermitteln. An die P. sind folgende allgemeine konzeptionelle und inhaltliche Anforderungen zu stellen:
(a) Sie sollten nicht als isolierte Veranstaltungen angeboten werden, sondern integraler Bestandteil der Angehörigenarbeit insgesamt mit verschiedenen Angeboten sein.
(b) Sie sollten Pflegenden pflegerelevante Techniken zur Erleichterung der Pflege vermitteln und dabei auch psychosoziale Befindlichkeit berücksichtigen.
(c) Die Kursinhalte sollten Kenntnisse über Pflegetechniken vermitteln bzw. den Erwerb von entsprechenden Fähigkeiten ermöglichen.
Bestandteil der Kurse sollten auch die Vermittlung folgender Kenntnisse sein:
(a) die wichtigsten Erkrankungen, insbesondere der hirnorganischen Erkrankungen und deren Auswirkungen auf den Pflegebedürftigen und seine Umwelt
(b) die psychosoziale Befindlichkeit von Pflegenden, deren Emotionen und Affekte (um den teilweise massiven seelischen Belastungen der Angehörigen entgegenzuwirken)
(c) die gesetzlichen Grundlagen und finanziellen Ansprüche
(d) die Hilfsmittel und Hilfeangebote im Umkreis
(e) die »Selbstpflege-Notwendigkeit und -Möglichkeit«, d. h. wie Pflegende sich selbst etwas Gutes tun können – nach dem Grundsatz: »Nur wer sich selbst pflegt, kann auf Dauer für andere da sein«.

Astrid Hedtke-Becker

Pflegenest Diese, zunehmend veraltete, Bezeichnung umfaßt Betreuungsformen, die als Großpflegestelle/Mehrkinderpflegestelle sowohl der Vollzeitpflege (§ 33 KJHG – SGB VIII) als auch der → Heimerziehung und den sonstigen betreuten Wohnformen nach § 34 KJHG (z. B. Familienkleinstheim, Kinderwohngruppe, Erziehungswohngruppe, Kinderhaus) zugeordnet werden. Als → Pflegestelle unterliegt das P. den Bestimmungen zur Vollzeitpflege (insbesondere §§ 37 Abs. 2 und 3, 86 Abs. 6 KJHG). Als Vollzeitpflege ist das P. an Privatpersonen und an das örtliche → Jugendamt (JA) gebunden und unterscheidet sich von anderen Pflegestellenformen durch die Betreuung von bis zu fünf Kindern/Jugendlichen durch fachlich qualifizierte Pflegepersonen und durch ein erhöhtes → Erziehungsgeld (»Kosten zur Erziehung« gemäß § 39 KJHG) für die Betreuungs- und Erziehungsleistung. Als institutionelle Form ist P. gekennzeichnet durch die Verantwortung eines Trägers, Betriebserlaubnis, Aufsicht und Beratung durch das → Landesjugendamt (§§ 45 ff. KJHG), durch hauptamtliches Personal und Kostensätze. P. erfahren als besondere Wohnformen wegen ihrer überschaubaren und familiären Sozialisationsbedingungen, die sich durch das Zusammenleben von Erwachsenen und Kindern von der schichtdienstorientierten Heimerziehung abheben, zunehmende Bedeutung. Im Spektrum der Vollzeitpflege stellt das P. als gruppenorientierte und familienähnliche Lebensgemeinschaft eine wichtige Alternative dar, die allerdings nur vereinzelt gefördert wird.

Peter Widemann

Pflegepersonen → Häusliche Pflege

Pflegesachleistung → Häusliche Pflege

Pflegesatz Begriff für die Vergütung von Leistungen i. d. R. in stationären und teilstationären Einrichtungen der → Sozialhilfe, → Jugendhilfe, → Pflegeversicherung und → Gesundheitshilfe. Das P.wesen wird z. Zt. durch zahlreiche gesetzliche Neuregelungen (z. B. im BSHG und SGB XI) umgestaltet. Für Vergütungen von Sozialhilfeleistungen, vor allem nach §§ 39 ff., 72, 11 Abs. 3 BSHG gilt Abschn. 7 BSHG. Bei Leistungen nach § 68 BSHG nur, wenn das PflegeVG keine Regelung vorsieht. Die zum 1. 8. 1996 beschlossenen Änderungen in Abschn. 7 BSHG sollen Grundlage für ab 1. 1. 1999 geltende P. sein. Das einrichtungsbezogene Modell einer an der Selbstkostendeckung orientierten Kostenerstattung wird ersetzt durch pauschal ermittelte Entgelte für vereinbarte Leistungskomple-

xe. Leistungen von → Sozialhilfeträgern an Einrichtungen erfordern i.d.R. Vergütungs-, Leistungs- und Prüfungsvereinbarungen. In der Leistungsvereinbarung ist zu regeln: die personelle Ausstattung, die Qualitätsanforderungen an das Personal, die sächliche Ausstattung incl. der betriebsnotwendigen Anlagen der Einrichtung, der zu betreuende Personenkreis sowie Art, Ziel und Qualität der angebotenen Leistung. Die Leistungsvereinbarung ist Grundlage der Vergütungsvereinbarungen für die Maßnahmen-, die Unterkunfts- und Verpflegungsleistung und ggfs. Aufwendungen für notwendige Investitionen. Der P. wird unabhängig von den tatsächlichen Kosten einer konkreten Einrichtung nach einheitlichen Grundsätzen vereinbart. Kalkulationsbasis ist der fiktive künftige Aufwand für eine entsprechend der Leistungsvereinbarung zu erbringende Leistung. Mit diesem P. sind alle der Einrichtung entstehenden Kosten (Personal- und Sachkosten), unabhängig von deren Entwicklung abgegolten. Der Bund kann durch Rechtsverordnung Näheres zur Bestimmung der Maßnahmenpauschalen und Abgrenzung der Kostenarten der Vergütungspauschalen regeln. Auf Landesebene abzuschließende Rahmenverträge, die Grundlage für Einzelvereinbarungen darstellen, müssen dies regeln. Vereinbarte P. gelten nur für die Zukunft (prospektive Wirkungsweise). Ein nachträglicher Ausgleich ist unzulässig. Eine Neuverhandlung ist nur bei unvorhersehbaren, wesentlichen Veränderungen während des laufenden Vereinbarungszeitraumes möglich. Die P. gelten nach Ablauf des Vereinbarungszeitraumes bis zur Vereinbarung neuer weiter. Kommt es zu keiner Einigung, ist ein Schiedsverfahren vorgesehen. Führt ein Schiedsverfahren zu keinem Einvernehmen, können die Vertragsparteien die Auseinandersetzung vor dem → Verwaltungsgericht fortsetzen. In den P.vereinbarungen müssen bis zum 31. 12. 1998 für nach derzeitigem Recht vereinbarte P. gesetzlich festgeschriebene Höchststeigerungsraten eingehalten werden (§ 93 Abs. 6 BSHG).
P. nach dem SGB XI können nur für anerkannte → Pflegeeinrichtungen (§§ 71 f. SGB XI) vereinbart werden. P. i.S.d. SGB XI gibt es für allgemeine Pflegeleistungen, Entgelte für Unterkunft und Verpflegung sowie Zusatzleistungen (§ 88 SGB XI). Aufwendungen für Investitionen werden gesondert geregelt (§ 82 SGB XI). Der P. ist unabhängig von der individuellen Kostenstruktur der Einrichtung zu vereinbaren. Maßstab ist eine leistungsgerechte Vergütung, die es der Einrichtung ermöglicht, bei wirtschaftlicher Betriebsführung den Versorgungsauftrag zu erfüllen. Das SGB XI schreibt verbindlich eine Einteilung der P. für allgemeine Pflegeleistungen in drei Klassen vor. P. dürfen nur im voraus für einen zukünftigen Zeitraum vereinbart werden. Vor den Verhandlungen sind Leistungsnachweise zu Art, Inhalt und Umfang der Kosten vom Pflegeheim zu erbringen. Die → Pflege-Buchführungsverordnung verpflichtet die Einrichtungen zu Jahresabschlüssen. Kommt es innerhalb von 6 Wochen nach Aufforderung zu Vertragsverhandlungen zu keiner Einigung, setzt eine Schiedsstelle den P. unverzüglich fest. Gegen diese Festsetzung können die Vertragsparteien vor den → Sozialgerichten Klage erheben. Bis längstens 31. 12. 1997 können anstelle der P. nach dem SGB XI die Sonderregelungen des 1. SGB XI-ÄndG angewandt werden. Die → Jugendhilfeträger sind gehalten (§ 77 KJHG – SGB VIII), Vereinbarungen mit den Trägern der freien Jugendhilfe über die Höhe der Kosten bei Inanspruchnahme ihrer Einrichtungen bzw. Dienste anzustreben. Aufgrund dieser Bestimmungen sind in den meisten Bundesländern zwischen den Verbänden der → freien Wohlfahrtspflege und den öffentlichen Jugendhilfeträgern bzw. deren Organisationen P.vereinbarungen abgeschlossen worden. Für die Einrichtungen der Jugendhilfe gilt eine Deckelung der Steigerungsraten bis zum 31. 12. 1998 wie in der Sozialhilfe.
Lit. Friedrich: Pflegesatzregelung; Vigener: Pflegesätze. *Franz Schmeller*

Pflegestatistiken Die Ermächtigung der Bundesregierung mit Zustimmung des BR zur Anordnung von Rechtsverordnungen zur jährlichen Erhebung über ambulante und stationäre → Pflegeeinrichtungen sowie über die häusliche Pflege als Bundesstatistik ist aus § 109 PflegeVG (→ Pflegeversicherung, gesetzliche) zu entnehmen. Auskunftspflichtig sind danach die Träger der Pflegeeinrichtungen, die der Pflegeversicherung sowie die privaten Versicherungsunternehmen. Die Bundesstatistik kann folgende Sachverhalte umfassen (Abs. 1 Ziff. 1-7), Art der Pflegeeinrichtung und der Trägerschaft, in der ambulanten und stationären Pflege tätige Personen, sachliche Ausstattung und organisatorische Einheiten der Pflegeeinrichtungen, betreute Pflegebedürftige, in Anspruch genommene Pflegeleistungen, Kosten der Pflegeeinrichtungen. In Abs. 2 steht außerdem die Ermächtigung zur jährlichen Erhebung über die Situation Pflegebedürftiger und ehrenamtlich Pflegender als Bundesstatistik. Die Ziff. 1 bis 7 beschreiben folgende Einzelheiten: Ursache von Pflegebedürftigkeit, Pflege- und Betreuungsbedarf, Pflege- und Betreuungsleistungen, Maßnahmen zur → Prävention und → Rehabilitation, Maßnahmen zur Erhaltung und Verbesserung der Pflegequalität, Bedarf an Pflegehilfsmitteln und technischen Hilfsmitteln, Maßnahmen zur Verbesserung des Wohnumfeldes. Die Daten sind für Zwecke der Planung und Investitionsfinanzierung der Pflegeeinrichtungen den zuständigen Landesbehörden mitzuteilen (Abs. 3). Dabei sind sie zu anonymisieren (Abs. 4). Die Bundesregierung hat von den Ermächtigungen bislang keinen Gebrauch gemacht. *Hans-Dieter Falkenberg*

Pflegestelle ist der allgemeinste Begriff zur Kennzeichnung eines in der Regel familiären Unterbringungsortes für junge Menschen, für die Nachbetreuung von Psychiatriepatienten, selten auch für die Betreuung pflegebedürftiger alter oder behinderter Menschen. In dieser weiten Bedeutung wird P. meist synonym mit dem Begriff → »Familienpflege« genutzt und der »Anstaltspflege« gegenübergestellt. Speziell im Bereich der → Jugendhilfe ist P. ein Sammelbegriff für die vielfältigen Formen familiärer Unterbringung von jungen Menschen im Rahmen der Normen des KJHG: Tagesp., Vollzeitp., Großeltern-/Verwandtenp., Kurzzeitp., Bereitschaftsp., Übergangsp. u. a. P. werden in der Regel von einer hierzu befugten und befähigten Person – sei es im Rahmen amtlicher Aufgaben oder durch einen speziellen psychologischen Dienst einer Einrichtung – vermittelt, die Pflegepersonen werden beraten. Insofern handelt es sich primär um einen Begriff der Amtssprache. Darüber hinaus sprechen allerdings auch Personen, die ihr Kind oder einen anderen Angehörigen von einer fremden Person betreuen lassen, davon, daß ihr Kind (etc.) in einer P. lebt, betonen dabei aber oft zusätzlich den besonderen Charakter der Unterbringungsform (z. B. »Tagesmutti«, → Pflegefamilie). *Jürgen Blandow*

Pflegestellenvermittlung Für die Unterbringung eines Kindes oder Jugendlichen in einer Vollzeitpflege sieht das → Kinder- und Jugendhilfegesetz (KJHG – SGB VIII) gem. § 33 i. V. m. §§ 37 u. 44 die Vermittlung durch das → Jugendamt (JA) vor. Diese Aufgabe wird häufig auch von → freien Trägern wahrgenommen, nicht selten sind auch Dritte »vermittelnd« tätig. Während die Vermittlung in Adoption (→ Adoptionsvermittlung/Adoptionsvermittlungsgesetz) gesetzlich geregelt ist, hat der Gesetzgeber für das → Pflegekinderwesen auf eine analoge Regelung verzichtet, was die Praxis nicht selten in »Zugzwang« setzt, da fachliche Standards und das Anforderungsprofil an Pflegepersonen bei Vorentscheidungen andere Definitionen erfahren.

Die P. erfordert die möglichst genaue Kenntnis der beteiligten verantwortlichen Fachkräfte über Herkunft, Besonderheiten, individuelle Bedürfnisse des zu vermittelnden Kindes oder Jugendlichen und notwendige Hilfe. Dieses Wissen und die daraus resultierenden Planungen werden in einem »vorläufigen« → Hilfeplan aufgenommen. Entsprechend diesen Vorgaben muß eine geeignete → Pflegefamilie ausgewählt und vorbereitet werden. Die Praxis der Vergangenheit zeigt, daß Abbruch und Mißlingen von Pflegeverhältnissen oft bereits durch unklare Prämissen während des Vermittlungsprozesses »vorgezeichnet« waren. Daher kommt dieser sensiblen Phase eine besondere Bedeutung zu. Die größtmögliche Präzisierung der Erwartungen und Wünsche der → Herkunftsfamilie und des zu vermittelnden Kindes oder Jugendlichen muß ebenso erfolgen, wie auch den Möglichkeiten und Grenzen der aufnehmenden Pflegefamilie Rechnung zu tragen ist.

Stärker als bei jeder anderen Form der Fremdplazierung (→ Fremdunterbringung) impliziert die P. differenzierte, sogar konträre Perspektiven, die von einer zeitlich befristeten Hilfe mit Rückkehroption bis hin zu einem auf Dauer angelegten Vollzeitpflegeverhältnis reichen können. Ein besonderes Gewicht erhält der Vermittlungsprozeß durch das Zusammentreffen unterschiedlicher Bindungs- und Beziehungsgefüge in das jeweilige Familiensystem. Die Aufgabe der Fachkräfte ist es, an ihrer Neu- und Umgestaltung mitzuwirken. Der konkrete Ablauf der P. muß sich an den Erfordernissen des Einzelfalles orientieren.

Im Bereich des § 23 KJHG – SGB VIII (Tagespflege) sind die Eltern nicht (mehr) auf die Vermittlung durch das Jugendamt angewiesen; es wird jedoch tätig, wenn die suchende Familie dies wünscht oder ein Anspruch auf finanzielle Förderung besteht. In diesem Fall wird die Notwendigkeit der Unterbringung und die Geeignetheit der Pflegeperson durch das Jugendamt festgestellt oder bestätigt. Möglich ist die Aufgabenübertragung auf einen anderen Träger – so erforderlich – mit Rechtsfolgevereinbarung. *Helga Mikusseit*

Pflegeversicherung, gesetzliche Die zunehmenden Probleme, Fremdhilfe im Falle von → Pflegebedürftigkeit zu finanzieren, und das Bedürfnis einer Harmonisierung von Leistungen bei Krankheit und Pflegebedürftigkeit im System der → sozialen Sicherheit haben seit 1974 eine Diskussion um die sozialversicherungsrechtliche Absicherung des Risikos der Pflegebedürftigkeit entstehen lassen. Zu deren Entwicklung und Ablauf s. → Pflegebedürftigkeit. Mit dem Gesetz zur sozialen Absicherung des Risikos der Pflegebedürftigkeit – Pflege-Versicherungsgesetz (PflegeVG) – vom 26. 5. 1994 (BGBl. I S. 1014) ist das deutsche Sozialversicherungssystem, das 1883 mit der → Krankenversicherung (KV) begründet und dem 1884 die → Unfallversicherung, 1889 die → Rentenversicherung und 1927 die → Arbeitslosenversicherung hinzugefügt worden war, mit einer 5. Säule komplettiert worden.

Das Gesetz ist in Stufen in Kraft getreten: am 1. 6. 1994 die organisationsrechtlichen

Pflegeversicherung, gesetzliche

Bestimmungen, am 1. 1. 1995 die Bestimmungen über die Beitragspflicht, am 1. 4. 1995 die 1. Leistungsstufe (→ häusliche Pflege, → Kurzzeit- und → Tagespflege), am 1. 7. 1996 die 2. Leistungsstufe (stationäre Pflege). Zeitgleich mit der 2. Leistungsstufe trat das Erste SGB XI-Änderungsgesetz (1. SGB XI-ÄndG) vom 14. 6. 1996 (BGBl. I S. 830) in Kraft, das neben mannigfaltigen Änderungen oft klärender Natur grundsätzliche Entscheidungen über die Berücksichtigung pflegebedürftiger Behinderter und über die soziale Betreuung und die medizinische → Behandlungspflege in Heimen vornahm sowie Leistungen und Vergütungen im stationären Bereich für eine Übergangszeit regelt.

Dem Gesetzeswerk sind erhebliche politische Auseinandersetzungen vorangegangen. Die Regierungskoalition aus CDU/CSU und FDP hat im Januar 1991 vereinbart, spätestens bis 1. 6. 1992 den Entwurf einer P. vorzulegen. Ein Tendenzbeschluß des CDU-Bundesvorstands (Oktober 1991) sah eine Grundversicherung für den Fall der Pflegebedürftigkeit im Umlagedeckungsverfahren innerhalb der → Sozialversicherung mit limitiertem Beitragssatz, zusätzlicher Kapitalrückstellung für die abzusehende Generationenunwucht und kompensatorischer Entlastung für die Wirtschaft (Arbeitgeberanteil) vor. Höhere Vorsorge sollte der Privatabsicherung überlassen bleiben (Pflegerisikoversicherung). Aus der Pflichtversicherung sollten für häusliche Pflege (→ Hilfe zur Pflege) → Geld-, wahlweise → Sachleistungen, für die stationäre Pflege Sachleistungen gewährt werden. Demgegenüber wollten die FDP wie die Arbeitgeberverbände zur Versicherung bei privaten Versicherungen nach dem Kapitaldeckungsverfahren verpflichten. Es sollten ausschließlich Geldleistungen gewährt werden.Für entsprechende Leistungen an heute schon Pflegebedürftige und für Beitragszuschüsse an über 65jährige sollte ein Fonds geschaffen werden, der durch den Bund, die Arbeitgeber und Beiträge der nicht mehr von einer Versicherungspflicht Erfaßten (ab dem 60. Lebensjahr) gespeist würde. Die SPD hat in Anlehnung an einen Mehrheitsbeschluß der Arbeits- und Sozialministerkonferenz (ASMK) im September 1991 einen Gesetzentwurf eingebracht, der mit organisatorischer Anbindung an die gesetzliche Krankenversicherung (GKV), Umlagedeckungsverfahren und Sachleistungsprinzip dem CDU-Tendenzbeschluß näher stand als den FDP-Vorstellungen.

Erst ein Jahr nach dem ursprünglich geplanten Termin haben die Koalitionsfraktionen am 29. 6. 1993 den Entwurf eines PflegeVG als Initiativgesetzentwurf im Bundestag eingebracht, gedoppelt durch einen gleichlautenden Entwurf der Bundesregierung. Zusammen mit 3 Gesetzentwürfen von Oppositionsseite in den Ausschüssen beraten, wurde der Entwurf im Oktober 1993 vom Bundestag mehrheitlich verabschiedet. Wegen des zur Kompensation der Arbeitgeberbelastung geänderten Entgeltfortzahlungsgesetzes (→ Entgeltfortzahlungen) hat der Bundesrat Einspruch erhoben und zum PflegeVG den Vermittlungsausschuß angerufen. Erst in einem 2. Vermittlungsverfahren kam es zu einem Kompromiß zwischen Koalition und Opposition, Bundestag und Bundesländern.

Die P. ist unter dem Dach der GKV eingerichtet und folgt dieser in allen wesentlichen strukturellen und organisatorischen Teilen. Insbesondere der versicherungspflichtige Personenkreis entspricht dem der GKV. Auch freiwillige Mitglieder der GKV sind versicherungspflichtig in der P.; sie haben jedoch ein zeitlich begrenztes Recht zum Wechsel in eine private Pflegeversicherung. Familienangehörige (Ehegatten und Kinder) sind wie in der GKV beitragsfrei familienversichert. Wer gegen Krankheit bei einer privaten Krankenversicherung versichert ist, muß sich auch gegen das Risiko der Pflegebedürftigkeit (privat oder freiwillig in der GKV) versichern. Beihilfeberechtigte im öffentlichen Dienst sind anteilig versicherungspflichtig. Vom PflegeVG nicht erfaßt sind demnach nur Personen, die weder in der GKV versicherungspflichtig sind noch eine freiwillige (auch private) Krankenversicherung abgeschlossen haben. Im Ergebnis kommt dies faktisch einer Volksversicherung gleich, jedoch mit getrennten Kunden- und Risikokreisen.

Leistungen erhalten Versicherte im Falle der Pflegebedürftigkeit, also wenn sie wegen einer körperlichen, geistigen oder seelischen → Krankheit oder Behinderung (→ Behinderte) für die gewöhnlichen und regelmäßig wiederkehrenden Verrichtungen im Ablauf des täglichen Lebens auf Dauer, voraussichtlich für mindestens 6 Monate, in erheblichem oder höherem Maße der Hilfe bedürfen. Im Gegensatz zum vorher gebräuchlichen Recht, etwa der → Sozialhilfe, gibt die P. eine Legaldefinition der relevanten Krankheiten und Behinderungen und der maßgeblichen Verrichtungen; diese beschränken sich auf Hilfebedarf bei Körperpflege, Ernährung, Mobilität und hauswirtschaftlicher Versorgung. Hilfe ist die (ergänzende) Unterstützung bei und die (ersetzende) Übernahme von Verrichtungen sowie Beaufsichtigung oder Anleitung.

Das Maß der Pflegebedürftigkeit wird nach 3 Stufen festgestellt, wobei Zahl der Hilfevorgänge und zeitliche Beanspruchung entscheiden.

Pflegebedürftigkeitsrichtlinien, beschlossen von den Spitzenverbänden der → Pflegekassen und genehmigt vom BMA, und eine bundeseinheitliche Begutachtungsanleitung sind Grundlage für die Feststellung der Pflegebedürftigkeit durch den → Medizinischen Dienst der Krankenkassen (MDK).

Die Erfahrungen mit der ersten Einstufungsaktion haben das Bedürfnis für eine Präzisierung der Richtlinien und für eine gleichmäßigere Begutachtungspraxis gezeigt.
Leistungen werden für Pflegebedürftige selbst und, in begrenztem Maße, für → Pflegepersonen erbracht. Regelleistung ist die Sachleistung; im Falle häuslicher Pflege können auch Geldleistungen gewählt werden. Die Leistungen sind je nach Pflegestufe beitragsmäßig begrenzt (→ Grundsicherung, »Teilkaskoversicherung«); in diese Beträge übersteigender individueller Bedarf muß privat oder (nachrangig) durch die Sozialhilfe abgedeckt werden. → Rehabilitation hat Vorrang vor Pflege, häusliche Pflege vor stationärer Pflege. Sachleistungen bei häuslicher Pflege können bei ambulanten Pflegediensten in Anspruch genommen werden, mit denen ein Versorgungsvertrag abgeschlossen ist. Sie betragen 750 DM (Pflegestufe I), 1 800 DM (II), 2 800 DM (III). Die alternative Geldleistung, zur Unterstützung der selbstorganisierten Pflege im familiären Bereich, beträgt 400 DM (I), 800 DM (II), 1 300 DM (III). Sach- und Geldleistung können auch innerhalb der Leistungsgrenzen kombiniert werden. Weitere Hilfen bei Pflege im häuslichen Bereich sind Urlaubsersatzpflege, Kurzzeit- und Tages- (oder Nacht-)pflege. Pflegepersonen, die in gewissem Mindestumfang pflegen, können Beiträge zur Rentenversicherung erhalten und sind unfallversichert.
Bei vollstationärer Pflege werden die Kosten der pflegebedingten Aufwendungen einschließlich der sozialen Betreuung und der medizinischen → Behandlungspflege bis zur Höhe von monatlich 2 800 DM (und bis zu einer Durchschnittsleistung pro Pflegebedürftigem von 30 000 DM jährlich) übernommen. Die Aufwendungen für Unterkunft und Verpflegung (»Hotelkosten«) und die Investitionsanteile sind privat bzw. (nachrangig) von der Sozialhilfe zu finanzieren. Für eine Übergangszeit bis 31. 12. 1997 sind die Leistungsbeträge ebenfalls nach Pflegestufen fixiert: 2 000 DM (I), 2 500 DM (II), 2 800 DM (III). Pflegebedürftige → Behinderte, die stationär nicht in einer zugelassenen → Pflegeeinrichtung, sondern in einer vorzugsweise der Vorsorge, Rehabilitation, Bildung oder Krankenversorgung gewidmeten Einrichtung versorgt werden, erhalten lediglich gekürzte Leistungen, nämlich 10% des Pflegesatzes, höchstens monatlich 500 DM. Diese eklatante Benachteiligung Behinderter, erklärtermaßen aus Sorge um die Finanzierbarkeit der P. nachträglich angeordnet, kann im Hinblick auf Art. 3 GG keinen Bestand haben (→ Gleichheits[grund]satz).
Aus dem das PflegeVG beherrschenden Sachleistungsprinzip ergibt sich die Notwendigkeit, ein Instrumentarium für die Erfüllung solcher Ansprüche zu bieten. Die pflegerische Versorgung der Bevölkerung ist als gesamtgesellschaftliche Aufgabe deklariert. Bund, Länder, Kommunen, Pflegeeinrichtungen und Pflegekassen wirken hierfür unter Beteiligung des MDK eng zusammen.
Länderaufgabe ist es, für die Vorhaltung der pflegerischen Versorgungsstruktur zu garantieren. Dies geschieht durch → Planung und Förderung mittels → Landespflegegesetzen, in denen i. d. R. → Gewährleistungspflicht, Planungskompetenz und -verfahren sowie Förderpflichten geregelt sind. Zur Förderfinanzierung sollen Sozialhilfeeinsparungen herangezogen werden. Die meisten Länder haben sich für den herkömmlichen Weg der Objektförderung (Investitionssubvention) entschieden, ohne die gesamten Investitionskosten zu finanzieren (teilduale Finanzierung); wenige Länder haben eine sogenannte Subjektförderung (Pflegewohngeld für die Nutzer unsubventionierter Einrichtungen) eingeführt.
Für die → Pflegeeinrichtungen (Pflegedienste und Pflegeheime) gilt der Grundsatz des Vorrangs freigemeinnütziger und privater vor öffentlichen Trägern. Sie müssen den fachlichen Anforderungen (Qualität und → Wirtschaftlichkeit) entsprechen, genießen anderseits aber den Schutz ihrer Selbständigkeit, ihres Selbstverständnisses und ihrer Unabhängigkeit.
Der Sicherstellungsauftrag für die pflegerische Versorgung obliegt den Pflegekassen, den sie durch Versorgungsverträge mit Pflegeeinrichtungen erfüllen, die bestimmten Anforderungen genügen. Der Versorgungsvertrag beinhaltet Zulassung, Versorgungsauftrag und -pflicht und Vergütungsanspruch. Eine Bedarfsprüfung findet nicht statt; es gilt der Grundsatz des »offenen Pflegemarkts«. Pflegeeinrichtungen, die vor dem Inkrafttreten der jeweiligen Leistungsstufe zur Pflege zugelassen waren, haben Bestandsschutz. Versorgungsverträge wirken auch für Träger der Sozialhilfe, deshalb sind diese am Abschluß zu beteiligen. Der Versorgungsvertrag legt Art, Inhalt und Umfang der allgemeinen Pflegeleistungen fest, die von der Einrichtung zu erbringen sind. Grundlage hierfür sind Qualitätsrichtlinien (→ Qualitätsstandards) auf Bundesebene, Bundesempfehlungen und (Landes-) Rahmenverträge. Zur Sicherung der Wirtschaftlichkeit und Leistungsfähigkeit sind Wirtschaftlichkeits- und Qualitätsprüfungen möglich.
Zugelassene Pflegeeinrichtungen erhalten als Vergütung (Gesamtentgelt) eine Pflegevergütung für die allgemeinen Pflegeleistungen unter dem Gesichtspunkt prospektiver Budgetierung (bei Pflegeheimen: → »Pflegesätze«), bei stationärer Pflege ein angemessenes Entgelt für Unterkunft und Verpflegung, nach Zustimmung der zuständigen Landesbehörde Entgeltteile für nicht geförderte Investitions- oder Mietaufwen-

dungen und ggf. nach Vereinbarung mit dem Pflegebedürftigen Zuschläge für Zusatzleistungen. Soweit die Leitungen der P. nicht ausreichen, ist das Gesamtentgelt privat zu zahlen bzw. tritt (nachrangig) Sozialhilfe ein. Zusatzleistungen kann die Sozialhilfe nicht übernehmen. In zugelassenen Pflegeeinrichtungen, die auf eine Vergütungsvereinbarung verzichten, erhalten Pflegebedürftige nur 80% der Leistungen. Kommt es zu keiner Einigung über die Pflegevergütung, kann eine → Schiedsstelle angerufen und danach der Sozialgerichtsweg (→ Sozialgerichte) beschritten werden.
Für die Übergangszeit bis 31. 12. 1997 gelten bei Pflegeheimen die am 30. 6. 1996 vereinbarten Pflegesätze weiter (Art. 49a, 1. Alternative). Die Heime können jedoch bereits in dieser Zeit eine Staffelung der Pflegesätze nach Pflegebedürftigkeitsstufen unter Wahrung ihres Gesamtbudgets beantragen (Art. 49a, 2. Alternative) oder Vergütungsverhandlungen nach §§ 84, 85 SGB XI (prospektives Budget) führen.
Lit. Aengenendt: Pflege '92; Bundesvereinigung der Deutschen Arbeitgeberverbände (Hrsg.): Neuordnung; DV: Pflegeversicherung; Frank, W.: Umsetzung; Frank, W. u. a.: PflegeVG; Hesse-Schiller u. a.: Ergänzungsfunktion; Jung, K.: Widerstände; Lachwitz: Pflegeversicherung; Schellhorn: Pflegeversicherung; Schellhorn: Pflegeversicherung und Sozialhilfe; Schulin: Grundstrukturen; Seehofer: Pflegeversicherung; Wienand: Pflege-Versicherungsgesetz.

Werner Frank

Pflegevertrag Der Begriff P. unterstellt, daß bestimmte Rechte der Parteien eingeklagt werden können; dies mag für den finanziellen Aspekt im Rahmen eines (Tages-)Pflegeverhältnisses vielleicht noch gelten, nicht aber für pädagogische Inhalte. »Pflegevereinbarung«, die das Miteinander und die Zusammenarbeit vorrangig zwischen Pflegeeltern, dem Kind und seinen Familien, ggf. dem gesetzlichen Vertreter gestalten helfen, werden immer weniger verwandt. Bei → Tagespflege nach § 23 → Kinder- und Jugendhilfegesetz (KJHG – SGB VIII) wird i.d.R. der Abschluß von Vereinbarungen zwischen den Pflegepersonen und den Herkunftseltern zu empfehlen sein; verschiedene Modelle regeln die wesentlichen Bereiche, wie Dauer der Versorgung, Aufgabenstellung, Finanzierung, Haftung etc. Gewährt das Jugendamt eine Förderung nach § 23 Abs. 3 KJHG – SGB VIII, so erfolgen häufig noch Vereinbarungen zwischen den Pflegepersonen und dem Jugendamt, die sich meist auf Dauer und Umfang der finanziellen Förderung sowie Aufenthaltszeiten der Kinder beziehen. Bei Vollzeitpflege (einschl. aller Sonderformen) wird der → Hilfeplan (§ 36 KJHG – SGB VIII) als Basis der Gestaltung des Pflegeverhältnisses gesehen, da er von den direkt Betroffenen (Eltern, ggf. gesetzliche Vertreter, Kind bzw. Jugendliche, Pflegeeltern und Jugendamt) mitgestaltet und unterzeichnet wird. Unabhängig davon gibt es häufig vertragliche Regelungen zwischen freien bzw. öffentlichen Trägern und Pflegepersonen, die als Erziehungsstelle, sonderpädagogische Pflegestelle oder Bereitschaftspflege zur Verfügung stehen.
Juristisch umstritten ist dieser Lösungsweg »Vertrag« zwischen dem Erwartungsprofil der → Jugendhilfe und möglicher arbeitsrechtlicher Konsequenzen. *Helga Mikuszeit*

Pflegezulage → Beschädigtenrente

Pflichtleistung Im Sozialleistungsrecht die gebräuchliche Bezeichnung solcher Leistungen, zu deren Erbringung der Leistungsträger auf Grund sog. Muß-Vorschriften verpflichtet ist. Sozialleistungen sind P., soweit nicht der → Sozialleistungsträger ausnahmsweise ermächtigt ist, nach seinem → Ermessen zu handeln; dies folgt aus der allgemein geltenden Vorschrift des § 38 → Sozialgesetzbuch – Allgemeiner Teil – (SGB I). Der absoluten Leistungspflicht des Leistungsträgers entspricht auf seiten des Bürgers der gerichtlich einklagbare → Rechtsanspruch auf die Leistung. Keine P. in diesem Sinne sind Leistungen, die ein Leistungsträger nach dem Wortlaut des Gesetzes gewähren »soll« oder gewähren »kann« (→ Soll-Leistung und → Kann-Leistung), solche Leistungen, über deren Gewährung die Leistungsträger in einem Ermessensrahmen entscheidet. Dieser Ermessensrahmen ist jedoch in der Praxis vielfach durch Rechtsprechung, Verwaltungspraxis oder Selbstbindung der Verwaltung »auf Null« eingeschränkt, was dann im Ergebnis auch Soll- und Kann-Leistungen zu P. werden läßt. *Manfred Streppel*

Pflichtpflegeeinsatz Die meisten Pflegebedürftigen entschieden sich, so sie nach Pflege-Versicherungsgesetz (SGB XI) (→ Pflegeversicherung, gesetzliche) anspruchsberechtigt sind, für die Geldleistung nach § 37 SGB XI. Nach § 37 Abs. 3 SGB XI muß der Pflegebedürftige bei Pflegestufe I und II mindestens einmal halbjährlich und bei Pflegestufe III einmal im Vierteljahr einen Pflegeeinsatz durch eine Pflegeeinrichtung abrufen, mit der seine Pflegekasse einen Versorgungsvertrag geschlossen hat. Die Kosten dieses Einsatzes müssen vom Pflegebedürftigen selbst bezahlt werden bzw. werden auf Nachweis unter Anrechnung des Pflegegeldes erstattet. Dieser Einsatz soll der Beratung der Angehörigen und der Qualitätssicherung ihrer Arbeit dienen. Die Familien erwarten einen korrekten Pflegeeinsatz und eine ordnungsgemäße Bestätigung unter Angabe der Kosten.
Je nach Pflegesituation (z. B. verwirrte oder demente Ältere, körperlich oder geistig be-

hinderte Kinder) sollten jeweils speziell geschulte Fachkräfte in die Familien gehen. Nur so kann eine weitere Beratung auf Wunsch erfolgen. Dabei sind auch die Möglichkeiten nach § 38 SGB XI (Kombinationsleistung von Geld- und Sachleistung) sowie die kostenlosen Schulungskurse nach § 45 SGB XI, die auch als Hausbesuche erfolgen können (→ Pflegekurse) anzubieten. Grundsätzlich hat sich gezeigt, daß bezüglich des § 37 SGB XI nur die Dienste effektiv arbeiten, die zum einen dem gesetzlichen Auftrag ohne Befürchtungen nachkommen und zum anderen auf Wünsche und Bedürfnisse der Pflegenden flexibel eingehen können. Dazu gehört auch, daß die durchführenden Pflegekräfte und Sozialarbeiter besonders gut über weitere Hilfen informiert und auch in Gesprächsführung geschult sind. Es hat sich beispielsweise gezeigt, daß bei qualifizierter Beratung Angehörige von der reinen Pflege-Sachleistung gern auf die für sie vorteilhafte Kombinationsleistung übergehen, welche erstens schon einmal monatlich als solche abgerechnet werden kann, zweitens u. U. sogar kostengünstiger ist und drittens zur kontinuierlichen Weiterentwicklung der Pflegequalität führen kann. *Astrid Hedtke-Becker*

Pflichtteil → Erbrecht

Phobien Zwanghaft sich aufdrängende übermäßige Ängste vor bestimmten Situationen oder Objekten (→ Angst), deren pathologische Dimension in dem Mißverhältnis zwischen Auslösereiz und der Heftigkeit der darauf folgenden Furcht- und Vermeidungsreaktionen begründet liegt. Der psychische → Leidensdruck des Phobikers ergibt sich aus den extremen situativen Angstbindungen, die als weitgehend unbegründet erkannt werden und meist mit heftigen vegetativen Begleitreaktionen (Herzrasen, Atemnot, Zittern, Schwindel, Schwitzen usw.) und kompensatorischen Vermeidungsreaktionen einhergehen, die oft zu schweren Lebensbeeinträchtigungen (Vernachlässigung alltäglicher Pflichten, Behinderung normaler Lebensentfaltungen in Beruf, Familie und Freizeit) führen.
Formen: a) Situationsp.: Klaustrop. (Furcht vor geschlossenen, engen Räumen), Agorap. (Platzangst; Furcht, auf die Straße oder über einen freien Platz zu gehen), Akrop. (Höhenangst), Nyktop. (Angst vor Dunkelheit und Nacht), Erythrop. (Errötungsangst); b) Objektp. (z. B. Feuer, Wasser); c) Tierp. (z. B. Mäuse, Spinnen, Schlangen); d) Krankheitsp.: Karzinop. (Furcht vor Krebs bzw. Angst, krebskrank zu sein; tritt i. d. R. mit einer gesteigerten Bereitschaft auf, den eigenen Körper ständig auf Krebssymptome zu untersuchen bzw. harmlose Körpererscheinungen als solche zu mißdeuten; kann im Extremfall in hypochondrische Wahnbildungen übergehen: → Hypochondrie); Infektionsp. (Furcht vor Ansteckung). Krankheitsp. sind oft mit → Zwangssymptomen kombiniert (z. B. Infektionsp. mit Waschzwang), wobei die Zwangshandlung der Abwehr des phobischen Inhalts dient.
Ätiologie: P. entstehen auf dem Boden der Selbstunsicherheit. Nach psychoanalytischer Deutung (→ Psychoanalyse) ist die P. symbolischer Ausdruck verdrängter infantiler Wünsche oder unbewältigter innerer Ängste. Im Sinne der → Verhaltenstherapie werden P. als konditionierte (gelernte) Furchtreaktionen (→ Konditionierung) betrachtet.
Therapie: In der Praxis haben sich verhaltenstherapeutische Methoden als besonders effektiv erwiesen, insbes. solche, die nach dem Prinzip der reziproken Hemmung (→ Desensibilisierung) vorgehen.
Lit. Eysenck u. a.: Neurosen; Freud, S.: Phobie; Hautzinger: Kognitive Verhaltenstherapie; Wolpe: Verhaltenstherapie.
Werner Richtberg

Pionierfunktion der Sozialhilfe → Bundessozialhilfegesetz (BSHG)

Planspiel Das P. ist aus den militärischen Sandkastenspielen und den Simulationsspielen der Wirtschaft, in denen Strategien zur Erhöhung von Marktanteilen erprobt werden, entstanden. Seit längerer Zeit wird das P. auch in der Praxis der sozialen Arbeit, z. B. in der → Aus-, → Fort- und Weiterbildung; in der Arbeit von → Projektgruppen und → Bürgerinitiativen; in der → Sozialplanung und in der → Organisationsentwicklung eingesetzt.
Das P. ist eine Methode, die sowohl der Analyse von Schwachstellen spezifischer Handlungssituationen und -bedingungen als auch der Entwicklung und Erprobung neuer Aufgabenlösungen und Organisationsstrukturen in der sozialen Arbeit dienen kann. In der Praxis sind verschiedene Modelle des P. entwickelt, die sich in zwei Grundmodellen, die in der Praxis miteinander kombinierbar sind, zusammenfassen lassen: a) P. mit fiktiven Ausgangslagen, in denen exemplarisch und modellhaft die Vor- und Nachteile alternativer Aufgabenlösungen und Organisationsstrukturen überprüft werden können und in denen innovative Modelle und Strategien simuliert werden können; b) P. mit realen Ausgangslagen, in denen konkrete Bedingungen in Institutionen und → Organisationen auf Schwachstellen überprüft werden und mit den konkret handelnden und beteiligten Personen Entwicklungen simuliert und ausgewertet werden können.
In P. kann eine Praxisdimension einbezogen und von den Beteiligten erlebt werden, die bei traditionellen Lern- und Arbeitsformen regelmäßig ausgeblendet bleiben muß: die Dimension der Handlungsstrategien und

Planung

der praktischen Auswirkungen von fachlichen und politischen Entscheidungen. Teilnehmer/Arbeitsgruppenmitglieder denken und sprechen im P. nicht mehr nur über Gegenstände, Theorien, Prozesse, Konflikte; sie verhalten sich in und zu ihnen. Sie werden in die Lage versetzt, bisherige Berufserfahrungen zu reflektieren sowie Konsequenzen ihres Urteilens, Entscheidens und Handelns auf Prozesse und Konfliktlösungen zu erleben und zu bewerten.
Im Mittelpunkt eines P. steht ein Prozeß/ Konflikt (z.B. Sanierung eines Stadtteils): Mehrere Spielgruppen (z.B. Sozialarbeiter, Bürger, Verwaltung, Gewerbetreibende, Planungsbüro, Presse) simulieren die soziale Wirklichkeit, indem sie versuchen, mit ihren Mitteln Einfluß auf Konzeptionen und Entscheidungen zu nehmen.
Wichtig dabei ist es, daß den Mitwirkenden kein Ziel vorgegeben wird, das sie erreichen müssen, sondern daß sie aus ihrem Erfahrungszusammenhang Ziele zur Konfliktlösung gemäß der Interessenlage der von ihnen »gespielten« Institution/sozialen Gruppe entwickeln und diese im Konfliktlösungsprozeß durchzusetzen versuchen. Aus der Reflexion dieser Prozesse können realistische Strategien für die Praxis entwickelt werden.
Bei der Auswertung, die neben der Konfliktbeschreibung und dem Simulationsprozeß selbst der wesentlichste Bestandteil von P. ist, muß die historische Entwicklung des Konfliktes mit ihrer Verflechtung gegenläufiger Interessenlagen herausgearbeitet und Lehren für künftige Konzepte und Strategien gezogen werden.
In Erweiterung der Möglichkeit des → Rollenspiels, in dem Effekte in erster Linie auf der Ebene personalen Verhaltens erzielt werden können, bietet ein P. die Chance, Strategien im Kontext politischer und institutioneller Strukturbedingungen zu erlernen und zu erproben und die Interessenlage anderer sozialer Gruppen realistischer einzuschätzen.
P. erhöhen die Motivation von Teilnehmern, weil sie es erlauben, eigene Erfahrungen unmittelbar in den Prozeß einzubeziehen, und die Beteiligung der Teilnehmer ungleich stärker ist als bei traditionellen Lern- und Arbeitsformen.
Lit. Reimann, H.L.: Planspiel. *Manfred Wolf*

Planung ist eine methodische Handlungsvorbereitung durch systematische Informationsversuche, -auswahl und -verarbeitung, um wünschenswerte Entwicklungen zu erkennen, zu fördern und einzuleiten. Der P.prozeß besteht in der Entwicklung von Zielen, in der Analyse der Bedingungsstruktur des Systems, in der Auswahl geeigneter Mittel, in der Festlegung einer Durchsetzungsstrategie und in der Kontrolle der Zielerreichung (→ Planungsablauf). Ergebnis der P. sind Pläne, die ein raum- und zeitbezogenes Handlungskonzept zur Verwirklichung der angestrebten Ziele enthalten.
Das P.verständnis weist in den einzelnen Fachdisziplinen charakteristische Unterschiede auf. Die ökonomische Entscheidungstheorie versteht P. in erster Linie als ein Instrument zur »rationalen Allokation knapper Mittel zur Erreichung vorgegebener Ziele« (Gäfgen). P. ist eine wertneutrale Methode zur Erhöhung der Zweckrationalität im Hinblick auf vorgegebene Ziele. Die kritische Reflexion der Ziele (→ Zielkonflikt) des Handelns und ihrer gesellschaftlichen und politischen Folgen, m.a.W. die Berücksichtigung sozialer Zusammenhänge ist nicht Teil der P. Auch der systemtheoretische Ansatz (→ Systemtheorie) stellt ausschließlich auf den instrumentellen Charakter der P. ab. P. wird definiert als ein Verfahren zur »Reduktion von Komplexität« (Luhmann), d.h., Zweck der P. ist es, bei einer komplexen Aufgabenstellung das Entscheidungsproblem zu definieren und die Bedingungen für die Lösungen festzulegen, ohne jedoch die Lösung inhaltlich zu determinieren.
Diesen formalen P.begriffen gegenüber leitet der politikwissenschaftliche P.ansatz sein P.verständnis von den Strukturen der jeweiligen Gesellschaftsordnung ab. P. wird als ein politischer Steuerungs- und Entscheidungsprozeß, als »Steuerung von sozialem Wandel in einem sozialen System« (Friedmann) definiert, dessen Bedingungen durch das gesellschaftliche System festgelegt sind. Dies bedeutet, daß die planende Instanz, sei es der Staat, die Verwaltung oder gesellschaftliche Gruppen, bestimmbar und die jeweilige P.kompetenz geregelt ist. Zum Prozeß des Planens selbst gehört auch die Integration von Gruppeninteressen, wobei Art und Umfang gesellschaftlicher Mitbestimmung und individueller → Partizipation vorgegeben sind. Das Problem der Legitimation der Planenden und der Mitberücksichtigung in der P. sind wesentliche Aspekte dieses P.ansatzes.
Das P.handeln der administrativen Praxis ist weitgehend durch den Begriff »Anpassungsp.« charakterisiert. Kennzeichnend für diesen P.typ ist vor allem, daß die planende Instanz nicht aufgrund eigener Problemwahrnehmung und nicht mit der Kompetenz zu eigener Ziel- und Mittelauswahl plant, sondern daß der Handlungsrahmen durch vorgegebene Programme und Entscheidungen, die außerhalb des P.prozesses fallen, festgelegt ist. In der Anpassungsp. ist der P.vorgang auf die Bestimmung des effizienten Mittelansatzes bei vorgegebenen Zielen reduziert. Sie vermag deshalb auch nur kurzfristig und symptomorientiert auf aktuelle Problemsituationen zu reagieren. Das P.konzept der Ziel- oder → Entwicklungsplanung setzt demgegenüber eine weitgehende Autonomie in der Zielsetzung und beim Einsatz der erforderlichen Mittel

voraus. Unterschiedliche Wertvorstellungen und Interessenlagen können nur dann berücksichtigt werden, wenn Zielfindung und Zieldiskussion Teil des P.prozesses sind. Problembewertung, Konsensbildung und Suche nach alternativen Lösungsmöglichkeiten sind die wichtigsten Merkmale der Entwicklungsp. und unerläßliche Voraussetzungen für eine längerfristige, innovative P.
Lit. Ellwein: Politik; Friedmann: Planungsverhalten; Häusler: Planung; Hesse, J. J.: Stadtentwicklungsplanung; Lampe: Gesellschaftspolitik; Luhmann: Planung; Ronge u. a.: Planung; Schäfers: Planung; Waterkamp: Planung. *Martin Berthold*

Planungsablauf (→ Planung) beinhaltet einen zeitlichen Prozeß systematischer, aufeinander bezogener Arbeitsschritte, um ein bestimmtes Planungsziel innerhalb einer bestimmten Zeit zu erreichen. Die planungslogische Abfolge der Planungselemente läßt sich mit Hilfe eines Ablaufdiagrammes (graphische Skizze der Abhängigkeit der Planungsschritte) darstellen. Um den »optimalen« Weg zum Planungsziel herauszufinden, wird bei besonders komplexen Planungsaufgaben auch die → Netzplantechnik eingesetzt. In der → Sozialplanung werden heute zwei alternative P. diskutiert:
a) der heute dominierende, durch die Verwaltungsrationalität geprägte Ablauf in vier aufeinanderfolgenden Planungsphasen und b) ein alternativer, kommunikativer und kooperativer Ablauf, der die Aushandlungsprozesse der Akteure der Planung in den Mittelpunkt stellt.
Der traditionelle, verwaltungsorientierte Ansatz läßt sich in folgende Planungsphasen aufteilen: Einleitungsphase, Planungsphase, Entscheidungsphase und Durchführungsphase. Die Einleitungsphase umfaßt die Initiative zum Planungsprozeß, die von der Verwaltungsspitze, den Fachämtern und/oder den politischen Gremien ausgehen kann. Es folgt meist die Grundsatzentscheidung zur Aufstellung des Planes. Die Verwaltung versucht danach intern, den P. zu organisieren (Zeit- und Arbeitsplan, Personaleinsatz, Finanzen). Die Sozialplanung wird i. d. R. fach- und ämterübergreifend durch eine → Projektgruppe aus Mitarbeitern verschiedener Ämter in Angriff genommen. In diesem entscheidenden Planungsschritt müßte auch die Beteiligung der → freien Träger, der politischen Gremien und vor allem der Betroffenen organisiert (→ Betroffenenbeteiligung) werden.
Die eigentliche Planungsphase enthält eine Reihe wichtiger Planungselemente, die nicht unbedingt nacheinander abgearbeitet werden müssen, sondern z. T. mehrfach und z. T. nebeneinander in diesem Planungsstadium auftauchen:

– Zielfindung: Ohne einen Zielrahmen ist eine sinnvolle Planung nicht möglich. Ziele zeigen angestrebte zukünftige Zustände auf, sie sind Voraussetzung für die Mittelauswahl und die Prioritätensetzung. Ziele werden oft aus Gesetzen und politischen Programmen deduktiv abgeleitet oder in langen Diskussionen der Planungsbeteiligten festgelegt.
– Bestandsaufnahme: Die bestehenden Einrichtungen und Aktivitäten werden möglichst genau erfaßt und bewertet. Meist fehlt eine qualitative Bewertung, die die Interessen und Bedürfnisse der Benutzer miteinbezieht.
– Bedarfsschätzung: Dieses Planungselement ist zentral für die Planungsphase und wird immer weiter differenziert und mit anspruchsvollen Methoden ausgefüllt: → Befragungen der Zielgruppe, Richtwerte, Städtevergleiche, Benutzeranalysen, Expertenbefragungen, Szenarien. Die direkte Beteiligung der Betroffenen wird bisher kaum praktiziert.
– Maßnahmenprogramm: Die Umsetzung des geschätzten Bedarfs in konkrete, räumlich und zeitlich differenzierte Maßnahmenalternativen mit Kostenschätzungen erlaubt erst die Bewertung und Entscheidung durch die Ratsgremien.
– Kosten und Finanzierung, Standorte, Flächen, Personal.
Die Entscheidungsphase umfaßt die Diskussion und Beschlußfassung der politischen Entscheidungsträger, hierbei sind Ratsgremien von der Informationsvermittlung durch die Verwaltung abhängig. Die Umsetzung und die Fortschreibung (einschließlich Folgenkontrolle) bilden die beiden letzten Planungselemente. Ziel ist die möglichst zeitgerechte und ohne inhaltliche Veränderungen vorgenommene Realisation des Planes. Hierzu sollte der Planer von den umsetzenden Fachämtern beteiligt werden. Die Fortschreibung umfaßt die Anpassung und Weiterentwicklung des Planes auf der Basis inzwischen eingetretener Veränderungen der Rahmenbedingungen, Ziele, Bedürfnisse und der festgestellten Effekte des Planes (Folgenkontrolle; Effizienzkontrolle; s. a. → Effizienz, → Effektivität).
Dieser heute dominante P. wird kritisiert: die zu sehr im Vordergrund stehende Verwaltungsrationalität läßt den Bürger zum Objekt der Planung werden. Zunehmend tritt daher die Forderung nach Partizipation, d. h. nach Öffnung der bisherigen »geschlossenen« Verwaltungsplanung, in den Vordergrund (→ Bürgerbeteiligung). Es wird gefordert, daß Sozialplanung als ein fortwährender, kommunikativer Prozeß der Auseinandersetzung und Vereinbarung zwischen den Akteuren der Planung (Politiker, öffentliche und freie Träger, Mitarbeiter der Dienste und insbesondere Betroffene wie Kinder, Jugendliche, ältere Menschen, Behinderte u. a.) organisiert wird. Die Be-

troffenen werden Subjekte der Planung. Ausgangspunkt ist die unmittelbare, laufende Berücksichtigung der Bedürfnisse der Betroffenen durch direkte Partizipation. Diese kooperative, kommunikative Planung stellt außerdem folgende weitere Anforderungen an den P.:
– Sozialraumorientierung: Zielgruppenübergreifend, kleinräumige Sozialberichterstattung, um lokale Besonderheiten des Nahraumes erkennen und Selbsthilfepotentiale fördern zu können.
– Lebensweltorientierung: Die Lebenswelt als der Ort, wo der Mensch als Individuum oder als Gruppe alltäglich handelt, muß gestärkt werden.
– Umsetzungsorientierung: Es fehlt oft die Integration der Planung in die Praxis, deshalb wird eine enge Verknüpfung mit der Arbeit der Mitarbeiter vor Ort angestrebt.
– Integration von Sozial- und Ressourcenplanung.
– Zunehmende Bedeutung von Fortschreibung und → Evaluation von Planung.
– Fachpolitische Diskussion und Konkretisierung von sozialpädagogischen Inhalten, Zielen, Konzepten und Leistungen (Produkten).
– Erhöhung der Professionalität von Sozialplanern durch verstärkte kommunikative Kompetenzen.
– Vernetzung, Koordination und evtl. Einmischung in Planungen anderer Ressorts zur Offenlegung der sozialen Komponenten der Planungen.
Der heutige P. wird im Rahmen kommunikativer Planung schrittweise Aspekte der Beteiligung der Betroffenen verstärkt beachten und Aspekte der Neuen Steuerungsmodelle (→ Verwaltungsmodernisierung) mit aufnehmen müssen.
Lit. DV: Handbuch Sozialplanung; Gläss/Herrmann: Strategien der Jugendhilfeplanung; Kühn u.a.: Leitfaden; Merchel: Kooperative Jugendhilfeplanung; Lukas/Strack (Hrsg.): Methodische Grundlagen.
Dietrich Kühn

Planungsebenen Dem hierarchischen, mehrstufigen Aufbau der Träger öffentlicher → Verwaltung (Bund, Länder, Gemeinden) entspricht ein gegliedertes System von Planwerken. Auf allen Verwaltungsebenen lassen sich drei Arten von → Planungen nachweisen: räumliche, fachliche und finanzielle. Eine Integration der Planungsansätze soll durch umfassende → Entwicklungsplanungen erreicht werden. Die räumlichen Planungen sind auf allen Verwaltungsebenen bisher am weitestgehenden eingeführt und gesetzlich fundiert worden (Bundesraumordnungsprogramm, Landesraumordnungsprogramm, Bezirksraumordnungsprogramm, kommunale → Bauleitplanung). Während der Bund sich vor allem auf die Gesetzgebung (→ Planungsrecht) und auf Förderungs- und Steuerungsprogramme konzentriert, sind die Landesplanungen inzwischen weitgehend vertikal und horizontal differenziert (z.B. Landesentwicklungsprogramm). Die Planungen der übergeordneten Ebenen begrenzen durch rechtliche, organisatorische und finanzielle Festlegungen den Planungsspielraum der unteren Ebenen. Die Entwicklungsplanung der kommunalen Ebene läßt sich daher nur in den engen, von Bund und Land gesetzten Grenzen, betreiben.
Dietrich Kühn

Planungsgrundlagen und -methoden dienen dazu, Planungs- und Entscheidungsprozesse transparent und rational zu strukturieren. Sie werden zunehmend für Aufgaben der → Sozialplanung eingesetzt. Die Auswahl des jeweiligen Instrumentariums richtet sich nicht nur nach dem Sachproblem, sondern auch nach der verfügbaren Arbeitskapazität sowie nach dem grundlegenden Planungsverständnis (Bedeutung der → Partizipation; → Planungsablauf). Hier kann nur ein begrenzter Überblick über solche Pg. und Pm. gegeben werden, die den Belangen von Sozialplanung besonders entsprechen.
Einige Pm. sind dazu entwickelt worden, um den Planungsprozeß entsprechend der Komplexität der Aufgabe zu strukturieren und eine sachlich begründete zeitliche Abfolge der Planungsschritte zu entwickeln (besonders Balkenplantechnik und → Netzplantechnik). Diese Techniken erfordern es, das Planungsproblem in Teilprobleme und Arbeitsschritte zu zerlegen, um daraus Arbeitsablaufbilder unterschiedlicher Feinheit für den gesamten Planungsvorgang zu entwickeln. Die Schwäche dieser Techniken für die Sozialplanung liegt im wesentlichen in der unzureichenden Problemkenntnis zu Beginn eines Planungsvorgangs begründet. Vorteilhaft sind solche Techniken für die Sozialplanung dann, wenn sie flexibel gehandhabt und die Abhängigkeiten zwischen den Teilproblemen berücksichtigt werden. Sozialplanung erfordert schöpferisches Denkvermögen (→ Kreativität), das durch entsprechende Pm. gefördert werden kann. Der entscheidende Ansatzpunkt solcher Kreativitätstechniken besteht darin, Ideen zu einer Problemlösung zu suchen, ohne sie in einem Atemzug auf ihre Realisierungsfähigkeit hin zu bewerten. In sozialen Aufgabenfeldern werden dazu Methoden der Gruppenarbeit und der Moderation (z.B. → Brainstorming, → Planspiel, → Zukunftswerkstatt) eingesetzt. Dabei können einer ungehinderten Ideengewinnung entgegenstehen: Konformitätsdruck, Autoritätsgläubigkeit und Angst vor Fehlern sowie die Neigung, Sachgerechtigkeit und Neutralität überzubewerten.
Die Pg. bilden alle Erkenntnisse und Rahmenbedingungen, die erarbeitet werden

müssen, um eine Problemlösung planerisch ausarbeiten zu können. Wenn sie unvollständig sind oder gar gänzlich fehlen, besteht die Gefahr von Fehlplanungen oder gar Problemverschärfung. Die Pg. umfassen nicht allein die Problemanalyse, sondern auch z. B. die rechtlichen, ressourcenmäßigen und (gesellschafts-)politischen Rahmenbedingungen sowie Aussagen über erwartete Wirkungszusammenhänge. Demnach werden sie nicht vorab, sondern jeweils bezogen auf die einzelnen Stufen eines Planungsablaufs erarbeitet. Für die Problemanalyse sind folgende Pg. relevant: Bestandsaufnahme der sozialen Probleme des Planungsfeldes, bezogen sowohl auf die Zielgruppen wie auf die Leistungsangebote (räumliche Verteilung, Kapazität – Programminhalte): Analyse des sozialen Umfeldes und der das Planungsproblem verursachenden Wirkungszusammenhänge (Sozialatlas, → Sozialraumanalyse) sowie → Prognose bzw. Abschätzung der künftigen Entwicklungen des sozialen Umfeldes ohne weitere Einwirkungen (Status-quo-Prognose).

Pg. werden hauptsächlich mit Hilfe folgender Techniken gewonnen: a) Auswertung vorhandener Datenquellen (z. B. amtliche → Statistik, Daten aus Vollzugsakten und Verwaltungsdateien: Sekundärstatistik), b) → Beobachtung eines → sozialen Umfeldes (z. B. durch Begehung oder teilnehmende Beobachtung) sowie c) → Befragung (z. B. Bewohnerbefragung in Sanierungsgebiet, Besucherbefragung im Jugendfreizeithaus, Betreuerbefragung im Altenheim). Über den »maßgeschneiderten« Einsatz solcher Techniken ist von Fall zu Fall zu entscheiden. Auch die Prognosetechniken sind vielfältig; sie reichen von Befragung (»Wie würdest du dich verhalten, wenn...?«) über praxiserfahrene Schätzung und Intuition (z. B. unter Einsatz der → Delphi-Methode) bis hin zur Zeitreihenanalyse (vor allem durch Trendextrapolation; → Trend), gelegentlich ergänzt durch Querschnittsanalyse (z. B. Veränderung der Bewohnerstruktur eines Problemgebiets oder der Nutzerstruktur einer sozialen Einrichtung; → Querschnittsuntersuchung).

Auf der Maßnahmenebene bildet der Handlungsspielraum der planenden Institution (z. B. Entscheidungszuständigkeit, Forderungen von Zuschußgebern) eine ebenso wichtige Pg. wie der Ressourcenrahmen (z. B. verfügbare Standorte, Personal- und Finanzkapazität).

Für jede lang- und mittelfristige Ziel- und Maßnahmenplanung ist es wichtig, daß ihre Ergebnisse in Abstimmung mit den Anforderungen anderer Aufgabenbereiche in konkrete Maßnahmen umgesetzt werden. Der Einsatz entsprechender Pm. gewährleistet, daß Konzeptebene und Umsetzungsebene (z. B. räumliche Planung, Personalplanung, Investitions- und Haushaltsplanung) wirkungsvoll zu einem integrierten Planungssystem verknüpft werden.

Lit. BMFT: Projektmanagement; DV: Handbuch Sozialplanung; Gregor-Rauschtenberger u. a.: Projektführung; Jungk u. a.: Zukunftswerkstätten; Kühn: Sozialplanung; Reichard: Betriebswirtschaftslehre.

Dieter von Lölhöffel

Planungshoheit Ausfluß der Souveränität (Allmacht) des Staates ist die Staatsgewalt, die die Wahrnehmung hoheitlicher Aufgaben bezweckt und zugleich in dieser gründet. Organisations-, Personal- und Finanzhoheit setzen den Staat in den Stand, seine Aufgabenhoheit auszuüben. Im demokratischen Rechtsstaat ist Gewaltenteilung (-trennung) gegeben: gesetzgebende (legislative), ausübende (exekutive) und rechtsprechende (judikative) Gewalt. In der Bundesrepublik gibt es zu dieser »horizontalen« Gewaltentrennung eine sog. vertikale: Die Aufgabenerfüllung verteilt sich auf Bund, Länder und kommunale Selbstverwaltungskörperschaften.

Wichtige Sachkomplexe haben eine systematische Ausformung erlangt, die die klassischen Gewalten und die erwähnten Gewaltebenen (Ausdruck formaler Kompetenzregelungen) inhaltlich übergreift, wie etwa die auswärtige Gewalt, die Verteidigungshoheit, die Steuerhoheit und in jüngster Zeit auch die P. Wichtige Teilaufgaben der P. sind auf der kommunalen Ebene die → Bauleitplanung, auf der Länderebene die Raumordnung und Landesplanung, auf Bundesebene die Raumordnung im Bundesgebiet und die Zusammenarbeit im europäischen Raum (→ Raumordnungsgesetz). Die Haushalts- und → Finanzplanung der verschiedenen Körperschaften sind andere Beispiele angewandter P., desgleichen die vielfältigen Fachentwicklungsplanungen (→ Entwicklungsplanung, → Sozialplanung, → Jugendhilfeplanung).

Die P. erlangt immer größere Bedeutung: wegen der Knappheit von Grund und Boden, der Rohstoffe, der Ressourcen überhaupt; wegen der Probleme des Umweltschutzes, der Sicherung der → Daseinsvorsorge und der Lebensstandards der Menschen; wegen der generell gesteigerten und sich fortwährend noch steigernden Komplexitäten und Quantitäten bei der Aufgabenerfüllung in unserer industriellen Wirtschafts- und Gesellschaftsordnung. Die Form und Verfahrensmethode der Aufgabenwahrnehmung durch → Planung entwickelt sich zunehmend zu einem eigenständigen Verwaltungszweig neben den überkommenen Zweigen der Eingriffs- und Leistungsverwaltung (→ Verwaltung).

Die P. gehört zu dem unverzichtbaren Kernbereich kommunaler → Selbstverwaltung, so wie sie Bestandteil staatlicher Souveränität oder Teilsouveränität ist. Damit er-

wächst das Problem der Planabstimmung sowie der Plananpassung.
Lit. Meichsner u. a.: Finanzplanung; Peters: Verwaltung; Peters: Staatsgewalt; Siedentopf: Selbstverwaltungsgarantie.

Hans-Joachim Franke

Planungsphasen → Planungsablauf

Planungsrecht Besonderes Gewicht kommt dem P. im Städtebaurecht und im Haushaltsrecht zu, allgemein formuliert: in allen Rechtsbereichen, die die räumliche Planung oder die finanzielle Planung betreffen. Neuerdings entwickeln sich mit einer stärkeren funktionalen Planung auch stärkere Ansätze in anderen Bereichen, wie z. B. das weite Feld der → Sozialplanung zeigt. Ein geschlossenes entwicklungsplanerisches System über verschiedene staatliche Ebenen darzustellen, ist auf dem Boden der grundgesetzlichen Regelungen aber nur bedingt möglich und überzeugt nicht.
Möglichkeiten, Problemlagen und Grenzen des P. lassen sich exemplarisch an den Vorschriften des Städtebaurechts verdeutlichen. Danach sind bei der Aufstellung der Bauleitpläne (→ Bauleitplanung) die öffentlichen und privaten Belange gegeneinander und untereinander gerecht abzuwägen, wobei das planerische Ziel einer bestimmten städtebaulichen Entwicklung und Ordnung bei der baulichen und sonstigen Nutzung der Grundstücke weitestgehenden Handlungs- und Entscheidungsspielraum (kommunales Planungsermessen) beläßt. Die Rechtsprechung hat diese Normsituation eingefangen, indem sie die folgenden Bewertungskriterien zur Beurteilung von Bauleitplänen herausarbeitete (vgl. BVerwG. Urteil vom 5. 7. 1974 in BVerwGE 45, 309):
a) Hat überhaupt eine sachgerechte Abwägung stattgefunden?
b) Wurde in die Abwägung an Belangen eingestellt, was nach Lage der Dinge in sie eingestellt werden muß?
c) Wurde die Bedeutung der betroffenen Belange nicht verkannt?
d) Ist der Ausgleich zwischen den von der Planung berührten Belangen in einer Weise vorgenommen, die für die objektive Gewichtigkeit einzelner Belange nicht außer Verhältnis steht?
Die Auseinandersetzung mit Bedenken und Anregungen verdeutlicht die einzelnen Komponenten eines Plans sowie dessen Planungsziele. Dies ist um so wichtiger, als Planung immer auch Eingriff in die Rechts- und Interessensphäre der Bürger bedeutet, nämlich der Bürger, deren Interessen aufgrund der getroffenen Abwägung nicht zum Zuge kommen. Dies ist im Rechtsbegriff »Plan« und/oder »Planung« immanent und unvermeidlich enthalten. Für die soziale Arbeit ergibt sich, daß ihr spezielles Interesse mit öffentlichen (und privaten) Belangen gleichzusetzen ist, die bei der Abwägung/Planung zu berücksichtigen sind. Dies kann um so wirksamer geschehen, wenn diese Interessenlagen in Fachentwicklungsplänen (→ Entwicklungsplanung) und entsprechenden → Fachplanungen aufgearbeitet und der Öffentlichkeit vorgestellt werden.
Lit. Bielenberg u. a.: Raumordnungsrecht (Komm.); Ernst u. a.: BauG (Komm.); Forsthoff u. a.: Raumordnungsrecht.

Hans-Joachim Franke

Planungsrestriktionen Das Planungshandeln unterliegt auf jeder → Planungsebene (Bund, Länder, Kreise/Gemeinden) unterschiedlichen Begrenzungen und Rahmenbedingungen, die den Planungsspielraum einschränken. Es lassen sich externe und interne Restriktionen unterscheiden. Externe Begrenzungen sind von »außerhalb«, z. B. von übergeordneten Verwaltungsebenen, dem Planungsträger vorgegeben und lassen sich im Planungsprozeß nicht beeinflussen. Interne Restriktionen können vom Planer durch Planungsschritte verändert bzw. überwunden werden.
Zu den externen Restriktionen kommunaler → Sozialplanung gehören z. B. Gesetze, Verordnungen, Förderrichtlinien, übergeordnete → Planungen, die Finanzverfassung sowie die sog. systemischen Restriktionen (Gesellschafts- und Wirtschaftssystem). Diese Restriktionen haben sich in den letzten Jahren auf der kommunalen Ebene immer weiter verstärkt, so daß heute fraglich ist, ob den Gemeinden nicht nur noch eine Anpassungsplanung mit minimalem Gestaltungsspielraum übrigbleibt. Die Zentralisierung von Kompetenzen und Ressourcen bei Bund und Ländern, die konjunkturpolitische Steuerung kommunaler Investitionen und die Ausweitung planungsrechtlicher (→ Planungsrecht) und planungspraktischer Möglichkeiten oberhalb der Kommunalebene müssen hier angeführt werden.
Zu den internen Restriktionen zählen vor allem die Macht- und Interessenstrukturen in einer Gemeinde, die sich in der »Randstellung« der sozialen Aufgaben bei der Prioritätensetzung im → Haushaltsplan mancher Gemeinden widerspiegeln. Zu den internen Begrenzungen lassen sich aber auch die Organisationsstrukturen der → Sozial- und → Jugendämter, die Abläufe in der Verwaltung und die Personalkapazität für Planungen rechnen. Das Problembewußtsein der politischen Gremien, der Parteien und der Öffentlichkeit über einen Planungsgegenstand (z. B. die Wichtigkeit von offener → Jugendarbeit) muß vom Planer als Rahmenbedingung erkannt werden, die durch eine systematische »Planung der Planung«, d. h. durch eine entsprechende Organisation des Planungsprozesses, beeinflußt werden kann.

Externe Restriktionen der kommunalen Sozialplanung werden sich nur langfristig verändern lassen. Positive Effekte könnten sich durch die weitergehende rechtliche Absicherung der Planung, durch einen Abbau der Unübersichtlichkeit der Sozialgesetze, durch Verbesserungen der sozialen Rechte der Bürger und durch abgesicherte Leistungskataloge ergeben. Interne Restriktionen lassen sich durch → Öffentlichkeitsarbeit und vor allem durch die Beteiligung der Betroffenen (→ Betroffenenbeteiligung), der politischen Gremien und der → freien Träger beeinflussen.
Lit. Ronge u. a.: Restriktionen.

Dietrich Kühn

Platzangst → Phobien

Polaritätsprofil → Skalen

Polikliniken An der ambulanten ärztlichen Behandlung (→ Ambulante ärztliche Versorgung) von Versicherten sind auch poliklinische Institutsambulanzen der Hochschulen (P.) teilnahmeberechtigt. Die Teilnahme geschieht ausschließlich aus Gründen der Forschung und Lehre.
Poliklinische Institutsambulanzen sind Einrichtungen innerhalb der Fachgebietsgrenzen der Universitätskliniken (z. B. P. der medizinischen Klinik, P. der chirurgischen Klinik, usw.). Die Teilnahme setzt auf Antrag des Trägers der poliklinischen Einrichtung einen Ermächtigungsbeschluß des für den Sitz der Universität zuständigen Zulassungsausschusses für Ärzte nach § 96 SGB V (→ Sozialgesetzbuch [SGB]) voraus. Auf die Erteilung der Ermächtigung besteht ein Anspruch; ein Ermessensspielraum des Zulassungsausschusses besteht nur hinsichtlich des Umfangs der Ermächtigung. Über die Berechtigung zur Behandlung der Versicherten von Ersatzkassen entscheidet die Beteiligungskommission (vgl. auch § 95 Abs. 8 SGB V).
Der Umfang der Ermächtigung bestimmt sich nach den Notwendigkeiten von Forschung und Lehre; in dem Ermächtigungsbeschluß sind Behandlungsmöglichkeiten und Umfang der Teilnahme festzulegen. Zu diesem Zweck dürfen auch Richtzahlen der zu behandelnden Patienten festgelegt sowie bestimmt werden, ob Versicherte unmittelbar oder auf Überweisung eines niedergelassenen Arztes die P. aufsuchen darf. Das Nähere – insbesondere die Vergütung – regeln die Kassenärztlichen Vereinigungen im Einvernehmen mit den Landesverbänden der → Krankenkassen. Für die Vergütung sieht § 120 Abs. 1 Satz 1 SGB V eine Vergütung nach den für Kassenärzte geltenden Grundsätzen vor. Die aus der Gesamtvergütung (§ 85 SGB V) zu entrichtende Vergütung unterliegt denselben Honorarbegrenzungsregelungen aus dem Honorarverteilungsmaßstab wie bei Vertragsärzten.

Ebenso unterliegen die ärztlichen Maßnahmen in poliklinischen Einrichtungen der Wirtschaftlichkeitsprüfung (§ 106 SGB V); dabei sind die Besonderheiten einer P. angemessen zu berücksichtigen.
Ärztlich geleitete P., die typisch zu den kommunalen, staatlichen oder freigemeinnützigen Gesundheitseinrichtungen der ehemaligen DDR gehörten, sind kraft Gesetzes zur ambulanten kassenärztlichen Versorgung zugelassen (§ 311 Abs. 2 SGB V). Diese P. sind nicht mit den oben beschriebenen poliklinischen Institutsambulanzen vergleichbar; P. im Beitrittsgebiet haben ganz überwiegend die ambulante Versorgung der Bevölkerung gewährleistet.

Werner Gerlach

Politische Bildung Wenn als Kurzbeschreibung der p. B. die Entwicklung und Förderung von → Einstellungen und Verhaltensweisen gegenüber gesellschaftlichen Einrichtungen, → Organisationen, Strukturen und Vorgängen (Prozessen) akzeptiert wird, ist p. B. zunächst und überwiegend ein alltäglicher und erst nachrangig ein organisierter Vorgang. Angebote der → Medien (Presse, Funk, Fernsehen) sind in diesem Sinne ebenso politisch bildend (beeinflussend) wie Gespräche zwischen Freunden, Nachbarn und Kollegen über ihre Lebens- und Arbeitsbedingungen, wie die Predigt des Pfarrers am Sonntag sowie das Erziehungsverhalten von Eltern, das bei Kindern zur Bildung von Wertvorstellungen beiträgt. Insofern ist p. B. ein politischer Sozialisationsprozeß (→ Sozialisation), der bewußt oder unbewußt ständig stattfindet und auch in allen organisierten (institutionellen) Bereichen von → Erziehung und → Bildung wirksam wird (→ Frühkindliche Erziehung, → Kindergarten, → Jugendarbeit, Angebote der → Jugendverbände, Schule, → Fortbildung, → Weiterbildung, → Erwachsenenbildung). Im Bereich der → Jugendhilfe wird p. B. organisiert durch kommunale staatliche Träger (→ Öffentliche Träger) sowie durch → freie Träger – vor allem Jugendverbände – angeboten (→ Jugendfreizeitstätten).
Von zentraler Bedeutung für die organisierten Angebote ist der ihnen zugrundegelegte Begriff des Politischen. Was als Zielsetzung der p. B. angegeben wird, hat sich immer wieder im Laufe der Zeiten gewandelt, ist ständig zugleich Gegenstand politischer Auseinandersetzung. Nach dem 2. Weltkrieg lassen sich schlaglichtartig dargestellt folgende Positionen beschreiben:
– die demokratischen Umerziehungsbemühungen der Alliierten (re-education);
– die »Partnerschaftserziehung« T. Wilhelms und F. Oetingers;
– die »neue« Konzeption der staatsbürgerlichen Erziehung von T. Litt und H. Weinstock, die im Partnerschaftskonzept illusionäre Harmonievorstellungen kritisieren und

zentrale Begriffe wie politische Macht und politischer Kampf benutzen;
– die Konzeption des ethischen Personalismus A. Petzels, die das »Sittliche« als wesentlichen Gegenstand der p.b. betrachtet und sich an die katholische Sozialphilosophie (→ Sozialethik) anlehnt;
– die »didaktische« Wende zu Beginn der 60er Jahre (hessische Konzeption) von Fischer, Hilligen und Lingelbach, die didaktisch orientiert ist und Entscheidungen über Ziele, Inhalte und Methoden p.B. begründet sowie die bisher diffusen Vorstellungen von Wertentscheidungen thematisiert;
– das konfliktorientierte Modell p.B. A. Giesekes, das auf der Basis einer pluralen sozialstaatlichen Demokratie eine institutionalisierte Konfliktlösung anstrebt;
– die Konzeption einer p.B. als Aufklärung und Ideologiekritik (Schmiederer, Gottschalch), die von einer demokratisch-sozialistischen Kritik an den antagonistischen Gesellschaftsstrukturen (→ Gesellschaft) ausgeht;
– die staatszentrierte und ordnungspolitische Konzeption politischer Didaktik B. Sutors, die der aufklärerischen p.B. Schmiederers eine normativ-ontologische Perspektive entgegensetzt;
– die wissenschaftsorientierte curriculumtheoretische (→ Curriculum) Konzeption einer p.B., die sich zumeist aus wissenschaftstheoretischen oder grundsätzlichen Normen ableitet;
– die basisdemokratisch inspirierten, partizipatorischen Konzepte p.B., die die »vor Ort«, mitten in der → Lebenswelt von Bürgern durch interessenbezogenen Austausch und direkte Teilhabe politische Entscheidungen beeinflussen wollen.
P.B. hat es einerseits mit der Gefahr des Rückzugs großer Bevölkerungsgruppen aus dem Politischen und einer Gleichgültigkeit gegenüber dem politischen System zu tun, d.h., für die Kontrolle eines kollektiven und individuell erfahrbaren Sinns sind immer mehr »Spezialisten« zuständig. Andererseits entstanden in den 70er und 80er Jahren neben »politisch-apathischen Gruppen« wichtige politisch-soziale Bürger-Bewegungen (Müller, C.W.). Die Unzufriedenheit dieser Gruppen resultierte u.a. aus direkter Betroffenheit und basierte auf neuen Bedürfnissen und Wertvorstellungen (→ Alternative soziale Bewegung). Mit diesem »Widerspruch« muß die p.B. verstärkt zurechtkommen, denn das Problem der politischen Sozialisation liegt heute darin, daß durch die postkapitalistische Produktionsweise immer mehr die bislang identitätsstiftenden Lebenswelten aufgelöst werden. Der unaufhaltsame Trend zur Individualisierung führt zu einer subjektiven Zweckverfolgung individueller Interessen. Dabei steht Individualisierung nicht für Einmaligkeit und Unverwechselbarkeit, sondern ist ein Anpassungsreflex und der Ausdruck von Partikularismus. Die Zerstörung von Lebenswelten raubt dem → Individuum auch den Raum zur lebensnotwendigen Identitätsentwicklung und verhindert die Verarbeitung von Sozialisationserfahrungen.
In den neuen Ländern ist die p.b. mit völlig neuen Handlungsdimensionen konfrontiert. Denn dort hat die »schnelle ... Einigung ... die Herausbildung einer selbstbestimmten demokratischen politischen Kultur von unten her unterbrochen« (Misselwitz), dort besteht »die Gefahr, daß das politische Selbstverständnis ... überwiegend in einem Gestus der Unterwerfung unter die Übermacht der neuen Institutionen entwickelt, statt in eine Praxis der Gleichheit, des Ringens um ein neues tragfähiges Miteinander einzumünden« (ebd.).
Wie die Jugendhilfe allgemein, wie die Jugendarbeit insgesamt, hat auch p.B. zukünftig keine eindeutigen Zielgruppen mehr, sondern muß sich immer wieder neuen jugendkulturellen Milieus (Ferchhoff) zuwenden. Milieutypisch ausgeprägte Varianten von gewaltbereiten, traditionsgebundenen, nationalistischen, konservativ bis offen rechtsextremen Orientierungen werden dabei die p.B. in Ost- und Westdeutschland zu neuen Angebotsformen verpflichten (zu den unterschiedlichen Handlungsmöglichkeiten von → Jugendarbeit vgl. Bohn u.a.).
Perspektiven für eine p.b. lassen sich auf der Basis solcher Annahmen nicht sicher ableiten. Dennoch läßt sich sagen, daß es für die p.b. von Bedeutung ist, ob lediglich der Umgang mit staatlich-institutionellen Herrschaftsaufgaben geübt wird oder ob interessengeleitete Handlungsmotivationen und die Erweiterung praktischer politischer Handlungschancen eröffnet werden. Gegenwärtig ist der Begriff Risikogesellschaft das zentrale Schlüsselwort für p.B. Er ist ein Passepartout für die Identifizierung der wesentlichen Entwicklungstrends unserer Zeit, auch geeignet, die p.B. zur Auseinandersetzung mit Tendenzen und potentiellen Risiken gesellschaftlicher Entwicklungen zu nutzen (wie Ausländerfeindlichkeit, Rechtsradikalismus, aber auch Arbeitslosigkeit, Wohnungsnot und ihre jeweiligen Begründungen).
Lit. Beck: Risikogesellschaft; Bohn u.a.: Jugend und Gewalt; Claußen: Risikogesellschaft; Ferchhoff: Jugendkulturen; Giesecke: Politische Bildung; Heitmeyer u.a.: Gewalt; Misselwitz: Politische Bildung; Müller, C.W.: Beruf. *Dieter Kreft/Gerd Stüwe*

Politische Ökonomie Eine in westlichen Ländern seit etwa 100 Jahren weitgehend außer Gebrauch geratene, im Marxismus aber fortlebende Bezeichnung für Volkswirtschaftslehre und die zu ihr gehörende Lehre von der Wirtschaftspolitik. Geprägt im 17. Jh., sollte mit ihr die damals erstmals

aufkommende volkswirtschaftliche Betrachtung abgehoben werden von dem bis dahin vorherrschenden Verständnis von Ökonomie als Hauswirtschaftslehre. Im 18. und 19. Jh. wurde »Political Economy« zu einer gebräuchlichen Bezeichnung für die in England sich herausbildende »klassische« Volkswirtschaftslehre (Smith, Ricardo, Mill). Mit ihr setzte sich Karl Marx kritisch auseinander und beanspruchte zugleich, deren Tradition progressiv fortzuführen. Seitdem gilt der Begriff im deutschen Sprachraum verbreitet als ein Etikett für marxistische ökonomische Analysen.
Außerhalb des Marxismus im deutschen Sprachraum vorher nie richtig eingebürgert, kam der Begriff P. ö. hier erst ab 1960 etwas in Mode, besonders im Zuge der ab 1967 einsetzenden stärkeren Politisierung der Wirtschaftswissenschaft, wobei seine Benutzer damit zumeist auf die Zusammenhänge von Wirtschaft und Politik besonders hinweisen wollen. In neuester Zeit wird er hier schließlich vielfach auch zur Bezeichnung der gegenwärtig sich breit entfaltenden »ökonomischen Theorie der Politik« verwendet: der Anwendung des analytischen Instrumentariums der modernen (nichtmarxistischen) Volkswirtschaftslehre zur Erklärung politischer Erscheinungen, oder allgemeiner, von Vorgängen außerhalb des Marktbereichs (Nicht-Markt-Ökonomik), wie z. B. das Funktionieren demokratischer Systeme, das Handeln von Regierungen, staatlichen Bürokratien und Interessengruppen. Hauptvertreter dieser »Neuen Politischen Ökonomie« sind in den USA A. Downs, J. M. Buchanan und G. Tullock sowie B. S. Frey im deutschen Sprachraum.
Lit. Bernholz u. a.: Politische Ökonomie; Frey, B. S.: Politische Ökonomie; Kirsch: Politische Ökonomie. *Hermann Scherl*

Polizeirecht umfaßt alle Rechtsnormen, die Organisation, Aufgaben und Befugnisse der Polizei sowie das Verfahren in polizeilichen Angelegenheiten regeln. P. beschränkt sich heute auf die Gefahrenabwehr.
P. ist vorwiegend Landesrecht. Dem Bund steht nur für einige im → Grundgesetz (GG) genannte Gebiete – Verfassungsschutz, Grenzschutz, Bundeskriminalamt – die Gesetzgebungskompetenz (→ Gesetzgebung) zu. Dazu ist die sog. Annexkompetenz zur Regelung polizeirechtlicher Maßnahmen im Zusammenhang mit Art. 73 und 74 GG (BVerfG, Beschluß vom 29. 4. 1958, in BVerfGE 8, 143). In einigen Ländern gibt es eine Trennung in Polizei- und Ordnungsbehörden (inhaltlich kein wesentlicher Unterschied).
Neben Spezialermächtigungen (Bundes-Seuchengesetz [BSeuchG], → Unterbringungsgesetze) ist Grundlage des Eingreifens die sog. polizeirechtliche Generalklausel (so § 14 preußisches Polizeiverwaltungsgesetz): »Die Polizeibehörden haben im Rahmen der geltenden Gesetze die nach pflichtgemäßem Ermessen notwendigen Maßnahmen zu treffen, um von der Allgemeinheit oder dem einzelen Gefahren abzuwehren, durch die die öffentliche Sicherheit oder Ordnung bedroht wird.« Öffentliche Sicherheit: Unversehrtheit von Leben, Gesundheit, Ehre, Freiheit und Vermögen der Bürger sowie Bestand und Funktionieren des Staates und seiner Einrichtungen. Öffentliche Ordnung: Gesamtheit der ungeschriebenen Regeln, deren Befolgung nach sozialen und ethischen Anschauungen als unerläßliche Voraussetzungen eines geordneten Zusammenlebens angesehen wird (BVerfG, Beschluß vom 14. 5. 1985, in BVerfGE 69, 315 = NJW 1985, 2398). Bei »Gefahr« für diese Güter (wahrscheinlicher Schadenseintritt) kann die Polizei handeln (Opportunitätsprinzip). Sie entscheidet nach pflichtgemäßem → Ermessen unter Berücksichtigung der → Verhältnismäßigkeit, »ob« und ggf. »wie« sie vorgeht. Der verantwortlichen Person (»Störer«) werden Handlungs- oder Duldungspflichten auferlegt.
Eingriffe in das Recht des Bürgers auf »informationelle Selbstbestimmung« sind nur aufgrund besonderer Rechtsvorschriften zulässig (→ Datenschutz); es gilt ein Verbot der Datensammlung auf Vorrat und Erstellung von Persönlichkeitsprofilen (BVerfG, Urteil vom 15. 12. 1983, in BVerfGE 65, 1). Es bestehen Schutzrechte des Betroffenen (Auskunft, Berichtigung falscher oder Löschung unrichtiger und nicht mehr erforderlicher Daten, Kontrollbefugnisse des → Datenschutzbeauftragten). Der polizeiliche Zugriff auf Daten bei → Sozialleistungsträgern (→ Sozialgeheimnis) unterliegt den Vorbehalten des → Sozialgesetzbuchs (SGB).
Lit. Götz: Polizei- und Ordnungsrecht; Lisken: Polizeirecht; Riegel: Polizei- und Ordnungsrecht; Scholler u. a.: Polizei- und Ordnungsrecht; Wolff u. a.: Verwaltungsrecht III. *Gerd Siekmann*

Pornographie → Jugendschutz

Positivismus 1. In der Bedeutung einer philosophischen Strömung stammt der Begriff P. von Auguste Comte (1798–1857). Dieser meint damit diejenige Denkrichtung, welche Theologie und Metaphysik ablösen sollte und als alleinige Quelle wahrer Erkenntnis die systematische → Beobachtung der Phänomene anerkennt. Die wichtigsten älteren Vertreter dieses Standpunkts sind einesteils die englischen Empiristen mit Francis Bacon, Thomas Hobbes, John Locke und vor allem David Hume, andererseits aber auch die französischen Enzyklopädisten, vor allem D'Alembert und Turgot. In neuerer Zeit ist diese Position vor allem

vom Wiener Kreis des Neopositivismus mit Moritz Schlick, Rudolf Carnap, Otto Neurath, Herbert Feigl, Viktor Kraft u. a. weiterbearbeitet worden, wobei wichtige Einflüsse von Bertrand Russell und Ludwig Wittgenstein wirksam waren. Das entscheidende Merkmal dieser Schule besteht darin, daß sie der Philosophie die Aufgabe logischer Analyse von Aussagen mit dem Ziel zuweist, sinnlose von sinnvollen Sätzen zu unterscheiden, wobei als sinnvoll lediglich analytische Aussagen (Mathematik und Logik) und empirisch überprüfbare Aussagen (Realwissenschaften), → Objektivität, wissenschaftliche) anerkannt werden.
In den heutigen Gesellschaftswissenschaften werden häufig – vor allem von geisteswissenschaftlich orientierten Vertretern – »positivistisch« diejenigen Richtungen genannt, welche die Gesellschaftswissenschaften am Ideal der Naturwissenschaften orientieren möchten. Dies war z. B. der Fall im sog. »P.streit«, der zwischen der Frankfurter Schule der → Soziologie mit T. W. Adorno und J. Habermas einerseits (→ Kritische Theorie) und den kritischen Rationalisten mit K. R. Popper und H. Albert andererseits ausgetragen wurde. Die Vertreter der Frankfurter Schule erhoben den Vorwurf, daß eine Gesellschaftswissenschaft nach dem Ideal der Naturwissenschaften bestenfalls auf ein technisches Erkenntnisinteresse bezogene Einsichten in Zweck-Mittel-Zusammenhänge liefere und Wege der Unterlassung, historisch gültige Werte zu bestimmen, nur ungenügende Anleitungen für die gesellschaftliche Praxis biete. Die kritischen Rationalisten, welche die Bezeichnung »Positivisten« wegen starker Divergenzen mit zentralen Positionen des Neop. ablehnten, wiesen das Argument der Interessenbezogenheit des nach naturwissenschaftlichen Standards gewonnenen Wissens zurück und bezweifelten, daß es eine haltbare Methode zur Bestimmung historisch gültiger Werte gäbe. In der Folgezeit haben die an diesem Streit beteiligten Parteien ihren Standpunkt weiterentwickelt, aber nicht angenähert. Ein zentraler Streitpunkt ist die von Habermas und Apel entwickelte Konsensustheorie der Wahrheit.
2. In der Bedeutung eines Standpunkts in der Rechtswissenschaft bezeichnet P. die Auffassung, nach welcher die Frage, was Recht oder Unrecht sei, allein anhand des jeweils geltenden Rechts zu beantworten sei, und weitergehende Rechtsbegründungen – etwa das Naturrecht – abzulehnen seien. Prominenteste Vertreter sind Hans Kelsen und Gustav Radbruch.
Lit. Adorno u. a.: Positivismusstreit; Albert: Transzendentale Träumereien; Apel: Philosophie; Comte: Positivismus; Habermas: Kommunikative Kompetenz; Kelsen: Rechtslehre; Kraft: Kreis; Radbruch: Rechtsphilosophie. *Clausjohann Lindner*

Postnatale Phase Die Zeit nach der Geburt. Die ersten Tage und Wochen des Neugeborenen werden im wesentlichen von der erfolgreichen bzw. teilweise mißlungenen Anpassung an die neue → Lebenswelt geprägt (→ Perinatale Phase). Die physiologischen Funktionen des Organismus sind noch wenig stabil und benötigen geraume Zeit, um ihren normalen Rhythmus zu finden. Die Aktivitäten eines Neugeborenen beruhen auf spontanen Körperreaktionen oder reflektorischen Antworten auf innere oder äußere Reize. Eine willentlich gesteuerte Reaktion ist noch nicht möglich. Die Sinnesorgane sind ebenso wie das Nervensystem noch nicht vollständig ausgereift. Im Unterschied zur Tierwelt ist die p. P. beim Menschen durch Unvollständigkeit und Hilflosigkeit gekennzeichnet. Der Säugling ist auf die liebevolle Fürsorge von Eltern oder Pflegepersonal angewiesen. Dabei ist es trotz der unvollkommen entwickelten Sinnesorgane von entscheidender Bedeutung für die Persönlichkeitsentwicklung eines Kindes, daß es nicht nur körperlich gut versorgt wird, sondern auch emotionale Zuwendung erhält. Untersuchungen von R. Spitz haben gezeigt, daß pflegerisch und medizinisch gut betreute, aber emotional vernachlässigte Säuglinge für das ganze Leben psychisch schwer geschädigt werden oder sogar sterben. Die Forderung vieler Psychologen und Ärzte, Säuglinge zu stillen, beruht daher nicht nur auf der Erkenntnis, daß die Muttermilch die beste Nahrung darstellt, sondern auch auf der Tatsache, daß mit dem Stillen gleichzeitig Wärme, Zärtlichkeit und Schutz vermittelt werden. *Rainer Biesenkamp*

Praktikum nennt man jene Phase der → Ausbildung, in der ein Student oder Berufsanfänger in Institutionen der → Sozialarbeit/Sozialpädagogik unmittelbar in »Klient«-Systemen tätig wird, wobei die Verantwortlichkeit für diese Tätigkeit dadurch gemindert ist, daß er während eines genau begrenzten Zeitraums nur in einem Teilbereich der zukünftigen Berufstätigkeit arbeitet und i. d. R. für diese Aufgabe von einem erfahrenen Berufskollegen der Praxisinstitution angeleitet wird.
Als Ausbildungsform zielt das P. eine Integration von Theorie und Praxis an, indem es die an der Gesamt- bzw. → Fachhochschule mehr theoretisch erarbeiteten Lerninhalte mit tatsächlicher Praxisausübung konfrontiert und so Praxis und Theorie zu vermitteln sucht (→ Theorie-Praxis-Verhältnis). Ausbildungsstätten und Praxisinstitutionen versprechen sich für gewöhnlich von den P., die während des Studiums stattfinden, eine motivierende Funktion für die zukünftige Berufstätigkeit und für die mehr theoretisch strukturierten Lehrteile eine stärkere Praxisorientierung der gesamten Ausbildung und einen größeren Realitätsbezug

der Studenten hinsichtlich der zu erwartenden Berufsprobleme (z.B. Verminderung des »Praxisschocks«).
Die verbreitetsten Arten des P. sind:
a) das »Blockp.«: mehrere zusammenhängende Wochen (bzw. mehrere Monate in der achtsemestrigen, »einphasigen« Ausbildung);
b) das »Unterrichtsbegleitende P.«: ein Tag (oder einige Stunden) pro Woche während der laufenden Studienzeit im Semester;
c) das »Berufsp.«: die zweite Phase innerhalb der »zweiphasigen« Ausbildung von der Dauer eines Jahres, nachdem die sechssemestrige Gesamt- bzw. Fachhochschulausbildung abgeschlossen ist.
d) das »Vorp.«: mehrere Monate bis zu einem halben Jahr vor Beginn des Studiums, das von manchen Hochschulgesetzen für Studienanfänger verlangt wird, die bislang in ihrem Ausbildungsgang keine P.erfahrung in sozialen Arbeitsbereichen besitzen.
Die Verantwortung für die P. tragen i.d.R. Vertreter der Gesamt- bzw. Fachhochschulen und Vertreter der Praxisinstitutionen gemeinsam. Die genauen gesetzlichen Regelungen sind in den einzelnen Bundesländern unterschiedlich.
Seit Errichtung der Gesamt- bzw. Fachhochschulen (etwa 1969–1973) wird das Theorie-Praxis-Verhältnis im Rahmen der wissenschaftlichen Ausbildung für soziale Berufe kontrovers diskutiert. Von dieser Diskussion ist die Frage nach Sinn und Zweck, Methode und Organisation der P. mitbetroffen. Eine allzu einfache Zweiteilung in »Theorie« an der Hochschule und »Praxis« in den Institutionen der Sozialarbeit/Sozialpädagogik läßt Theorie und Praxis unvermittelt, versäumt eine kritisch-konstruktive Reflexion der hochschulischen Praxis und der Theorien, die in den Berufsfeldern über die gegenwärtige »Praxis« erstellt werden und verstellt innovatorische Möglichkeiten sowohl für die Theorieentwicklung und hochschuldidaktische Praxis einerseits und die Praxisentwicklung und Theorieüberprüfung in den Berufsfeldern andererseits.
Die negative Folge für die P. ist, daß sie häufig nichts anderes sind als Anpassung an die »Praxis«, wie sie z.Z. stattfindet. Das Berufsp. degeneriert darum nicht selten zu einer Art »Nachsozialisierung«, »in der der Berufsanfänger erst einmal alles das vergessen soll, was er an der Hochschule gelernt hat«.
Einige Bundesländer (z.B. Bayern, Baden-Württemberg) bevorzugen daher die einphasige Ausbildung mit einem P.schwerpunkt nach dem vierten Semester.
Innerhalb der zweiphasigen Ausbildung versuchen einige Fachhochschulen (vor allem solche in freier Trägerschaft), die P.anteile während des Studiums zu vermehren und in eine gewisse Ordnung zueinander zu setzen: z.B. erstes Blockp. (bis zu zehn Wochen) nach dem ersten Semester, der Student hospitiert in einer Institution; zweites Blockp. nach dem dritten Semester, der Student arbeitet in einem »Klient«-System unter Praxisanleitung; Unterrichtsbegleitendes P., drei Semester hindurch, der Student arbeitet selbständig unter Praxisanleitung und → Supervision.
Praxisanleitung erfordert von den Praxisanleitern neben einer differenzierten beruflichen Qualifikation didaktische Fähigkeiten, die über → Zusatzausbildungen bzw. → Weiterbildungen erworben werden sollten. Der Deutsche Verein ist auf diesem Gebiet führend und hat mit dem von Scherpner und Sitzenstuhl veröffentlichten Material zur Praxisanleitung und zur Ausbildung von Praxisanleitern entscheidende Maßstäbe gesetzt.
Inzwischen versuchen auch Gesamt- und Fachhochschulen mit Hilfe von → Fortbildungen für Praxisanleiter und des Einsatzes von Supervisoren auch für Praktikanten die P. zu qualifizieren.
Ausbildungsmittel in einer qualifizierten Praxisanleitung sind: 1. die Ausbildungsdiagnose für den Praktikanten, 2. der Ausbildungsplan, der die Lernziele der Gesamt- bzw. Fachhochschule, die Möglichkeiten des Praxisfeldes und die individuellen Vorstellungen und Möglichkeiten des Praktikanten enthält, 3. die kontinuierlich stattfindenden Anleitungsgespräche, 4. der Lernprozeß während des P., der einem offenen Curriculum folgt und sich an den Prozeß der Tätigkeiten im P. anlehnt, 5. die Auswertung des laufenden Prozesses in den Anleitungsgesprächen und 6. die Schlußauswertung mit der daraus folgenden Beurteilung.
Praxisanleitung ist meist eine zusätzliche Aufgabe eines Sozialarbeiters/Sozialpädagogen. Mitunter leitet ein Sozialarbeiter/Sozialpädagoge mehrere Praktikanten an. In den administrativen Institutionen der Großstädte, bei einigen Bistümern und Landeskirchen, die ständig eine Vielzahl von Praktikanten ausbilden, wurden teilweise zusätzliche Positionen in Form von Praktikantenämtern geschaffen mit den Aufgaben, die Praxisanleitung innerhalb der Institution zu koordinieren, generell in die Institution und Administration einzuführen, ergänzende Ausbildungsseminare zu veranstalten und qualifizierte Praxisanleitung i.S.v. Supervision zu erteilen sowie mit den Gesamt- bzw. Fachhochschulen zusammen zu arbeiten. Die Positionsträger in den Praktikantenämtern verfügen meist über eine spezielle Ausbildung als Supervisoren.
Die Verantwortung für die Praxisanleitung tragen der Praxisanleiter, der Ausbildungsleiter (Vorgesetzter in Ausbildungsangelegenheiten, je nach Organisationsform) und der Praktikant gemeinsam. Die übergeordnete Ausbildungsverantwortung ist in den Bundesländern unterschiedlich geregelt;

teils liegt sie bei den Ländern bzw. den jeweiligen Bezirksregierungen und deren staatlichen Prüfungsämtern, teils bei den Gesamt- bzw. Fachhochschulen und den jeweiligen akademischen Prüfungsämtern, teils bei speziellen Institutionen.
Die Diskussion um eine gemeinsame Ausbildungsverantwortung von Praxisinstitution und Fachhochschule wurde u. a. durch die Stellungnahme des → Deutschen Vereins für öffentliche und private Fürsorge (DV) zu den »Anforderungen an eine berufsqualifizierende Ausbildung der Sozialarbeiter/Sozialpädagogen« angeregt. Diese Stellungnahme weist der Integration von theoretischen und praktischen Anteilen während der Ausbildung ein eigenes Lernfeld (»Wechselbezug«) zu. Da dieses nur in enger Kooperation zwischen den beiden Ausbildungsinstanzen konstituiert werden kann, gewinnt in dieser Konzeption auch das P. als Handlungs- und Erfahrungsort einen stärkeren Stellenwert.
Lit. DV: Praktikanten; DV: Stellungnahme berufsqualifizierende Ausbildung; Kersting: Soziale Berufspraxis; Kersting: Supervision; Kersting u.a.: Modellstudiengang; Melzer: Praxisanleitung; Projektgruppe Soziale Berufe: Sozialarbeit – Expertisen, Bd. 1; Scherpner u.a.: Anleiten; Wesche: Soziale Berufspraxis.

Heinz J. Kersting

Pränatale Phase Zeitspanne der Entwicklung eines Ungeborenen vom Zeitpunkt der Befruchtung der Eizelle bis zum Geburtsbeginn, normalerweise 280 ± 10 Tage. Die vorgeburtliche Entwicklung erfährt in der Zeit von der 2. Lebenswoche bis zum Ende des 2. Monats die größten Fortschritte. Am Schluß dieser Phase besitzt der normal entwickelte Embryo alle wichtigen inneren und äußeren Merkmale eines menschlichen Wesens. Dieses erste Drittel der intrauterinen Entwicklung gilt allgemein als die wichtigste und kritischste Phase, weil der Embryo äußerst empfindlich auf alle Umwelteinwirkungen reagiert und ungünstige Einwirkungen leicht irreparable Schädigungen verursachen können. Bis zum 5. Monat werden die inneren Organe funktionsfähig ausgebildet und ab dem 7. Monat (ca. 180 Tage) erreicht der Fötus das Stadium der Lebensfähigkeit.
Die gesunde Entwicklung des Ungeborenen hängt entscheidend von folgenden Faktoren ab: Ernährung, Gesundheit und Alter der Mutter, Alkohol-, Nikotin- und Drogenkonsum, emotionale Verfassung, familiäre Situation und Einstellung der Mutter zum Kind, intrauterine Bedingungen, wie Enge des Uterus und Versorgungssituation des Ungeborenen. Neben physischen Schädigungen durch Verletzungen, Vergiftungen, Infektionen und Mangelversorgung können bei Ungeborenen auch schon psychische Beeinträchtigungen auftreten. Starke und anhaltende nervliche und emotionale Störungen der Mutter beeinflussen das Ungeborene und können sich auch über die Geburt hinaus auswirken.
Wegen der Bedeutung der vorgeburtlichen Umwelteinflüsse für eine normale Schwangerschaft und eine gesunde Entwicklung des Kindes haben sich Spezialdisziplinen der pränatalen Medizin herausgebildet, die sich die Erforschung der p. P. und die → Prophylaxe zum Ziel gesetzt haben.
S. a. → Perinatale und → Postnatale Phase.
Lit. Hurlock: Entwicklung.

Rainer Biesenkamp

Prävention 1. Der Begriff P. aus dem kriminologischen Sprachgebrauch (→ Kriminologie) wird hier differenziert nach
a) Generalp., worunter zu verstehen ist, daß durch eine allgemeine Strafandrohung (→ Strafe) grundsätzlich davon abgeschreckt wird, Straftaten zu begehen;
b) Spezialp., die darauf abzielt, durch das unmittelbare Einwirken auf den Täter (i. d. R. durch Bestrafung) künftige Straftaten zu verhindern.
Während das »Kriminologische Modell« durch Androhung von Strafe und Disziplinierung ein angemessenes gesellschaftliches → Verhalten des einzelnen erreichen will, vertritt das »sozialwissenschaftliche Modell« die Auffassung, daß erst durch die Herstellung positiver sozialer Rahmenbedingungen → abweichendes Verhalten verhindert werden kann.
Die terminologische wie ideologische Herkunft des Begriffs ist für die P.strategien in der Praxis der Sozialarbeit nicht unbedeutend. So lassen sich diese je nach theoretischer Blickrichtung unterscheiden in:
– Personenbezogene P.strategien: sie konzentrieren sich ausschließlich auf die Verhaltensmerkmale einzelner und versuchen, Störungen (→ Verhaltensauffälligkeit) durch kontrollierende, beraterische oder/und therapeutische → Interventionen zu verhindern. Eingriffe in das → soziale Umfeld erfolgen i. d. R. nicht.
– Strukturbezogene P.strategien: diese zielen in erster Linie auf die Veränderung restriktiver und den einzelnen und Gruppen in seinen/deren Entwicklungsmöglichkeiten hemmenden Lebensbedingungen ab, da diese als die wesentlichsten Ursachen für Chancenungleichheit (→ Chancengleichheit) und soziale Auffälligkeit angesehen werden.
Grundsätzlich sind mit P. in der Sozialarbeit alle jene Anstrengungen gemeint, die darauf gerichtet sind, Notlagen zu prognostizieren und deren Entstehung durch die Entwicklung systematischer und gradueller Strategien zu verhindern. P. setzt also das frühzeitige Erkennen von Problemlagen voraus und die Intervention durch systematisch und graduell aufeinander abgestimmte umfassende Maßnahmen, damit deren Ein-

treten verhindert wird. Je nach theoretischer Position bezieht sich hierbei das P.verständnis sowohl auf die »Störanfälligkeiten« einzelner Individuen wie auch auf die des gesellschaftlichen Umfeldes bzw. auf deren Anteile am Zustandekommen von Konflikten einzelner und Gruppen. Die Sorge um eine Kolonialisierung des Alltags der Betroffenen durch eine Ausweitung behördlicher P.strategien macht die P. in der Sozialarbeit nicht unumstritten (vgl. Zeitschrift für Pädagogik). So weist insbesondere der 8. Jugendbericht (1990) darauf hin, daß durch lebensweltorientierte, präventive Handlungsansätze Adressatengruppen oftmals einem »Kontrollzirkel« ausgeliefert seien, dem diese sich kaum entziehen könnten. Sozialarbeit müsse sich ihrer teilweisen »Aufdringlichkeit« bewußt sein und dieser Grenzen setzen (8. Jugendbericht).
Lit. BMJFFG (Hg.): 8. Jugendbericht; Faltermeier: Jugendhilfe; Giesecke: Sozialpädagogik; Marburger: Sozialpädagogik; Zeitschrift für Pädagogik: Beiträge.

Josef Faltermeier

2. In der Medizin wird P. heute sehr umfassend verstanden: Man faßt mit ihm alle Maßnahmen zusammen, die darauf ausgerichtet sind, → Krankheiten zu verhüten oder in ihrem Verlauf zu verlangsamen bzw. zu bessern. Man unterscheidet: a) primäre P., die darauf gerichtet ist, Erkrankung zu verhindern bzw. → Gesundheit zu erhalten; b) sekundäre P., bei der eine Krankheit frühzeitig, möglichst im sog. »präklinischen Stadium« zu erkennen (»Vorsorge«) und zu behandeln ist; c) tertiäre P., rehabilitative Maßnahmen bei chronischen Zuständen.
P. richtet sich weniger auf den einzelnen Patienten als mehr auf Bevölkerungsgruppen aus. Bevölkerungsbezogenes Handeln mit dem Ziel, krankmachende Faktoren auszuschalten oder günstig zu beeinflussen, wird als Intervention bezeichnet. Intervention ist der kalkulierte Eingriff in Krankheitsentwicklung und -verlauf zu einem möglichst frühen Zeitpunkt. Die Einbeziehung sozialer Bedingungen führt zum Begriff der »community medicine«. Die Interventionsmaßnahmen sind auf allen drei Ebenen der P. möglich: a) Primäre Intervention richtet sich auf die Vermeidung schädlicher Verhaltensweisen durch Verhinderung der Exposition oder ihrer Reduzierung. b) Sekundäre Intervention, bei der die bereits erfolgte Schädigung oder Krankheitsfrühform erkannt und behandelt wird. c) Tertiäre Intervention: Verhinderung sozialer Desintegration geschädigter Personen. Grundsätzlich ist zwischen struktureller und verhaltensorientierter Intervention zu unterscheiden. Die Forschungsmethode der P. ist die Epidemiologie, die zur Entstehung von Krankheiten disponierende Risikobedingungen aufdecken will. Interventionsmaßnahmen sollen einer Erfolgskontrolle unterliegen.
Die zur sekundären P. gehörenden Vorsorge- und Früherkennungsmaßnahmen bzw. → Früherkennungsuntersuchungen sind in § 181 → Reichsversicherungsordnung (RVO) festgelegt, und die Einführung von präventiven Kriterien auf Bevölkerungsebene in Zusammenhang mit dem kassenärztlichen Sicherstellungsauftrag ermöglichen §§ 181a und 368 Abs. 3 und 4 RVO.
Die → Gesundheitserziehung ist ein Interventionsinstrument der ersten Wahl. Maßnahmen zur Gesundheitserziehung werden durch die → Bundeszentrale für gesundheitliche Aufklärung, Köln, die Landesministerien bzw. die → Gesundheitsämter sowie im Rahmen des Schulunterrichtes durchgeführt. Darüber hinaus gibt es eine Vielzahl von Organisationen auf diesem Gebiet, die in der Bundesvereinigung für Gesundheitserziehung, Bonn, zusammengefaßt sind.

Herbert Viefhues

Praxisanleitung → Praktikum

Praxisberatung → Supervision, → Fachberatung

Praxisbezug → Theorie-Praxis-Verhältnis

Praxisforschung Unter P. wird die wissenschaftliche Untersuchung der Praxis sozialer Arbeit verstanden. Ein allgemeingültiges oder akzeptiertes Konzept über Ziele, methodische Vorgehensweise, Gegenstände und die Reichweite der Beteiligung der Fachkräfte der sozialen Arbeit (→ Sozialarbeit/Sozialpädagogik) selber existiert nicht. Der Begriff ist nicht trennscharf definiert im Hinblick auf andere forschungsrelevante Ansätze wie zum Beispiel die → Evaluation oder → Selbstevaluation.
Ein wichtiger Ansatz, der in den 70er Jahren ausgeprägt wurde, sah mit der Aktionsforschung (→ Handlungsforschung) eine Möglichkeit, die Erforschung der Praxis mit einem kritisch-aufklärerischen Interesse zu verbinden (Moser). Aktionsforschung war gedacht als durch externe Forscher angeleitete Selbstreflexion der Fachkräfte sozialer Arbeit und der Adressaten ihrer Hilfeprogramme. Sie verfolgte das politisch-emanzipatorische Ziel der Veränderung von Praxis und stellte – in kritischer Distanz zur Auffassung der traditionellen empirischen Forschung – ein neues Verständnis des Subjekt-Objekt-Verhältnisses für den Forschungsprozeß heraus (→ empirische Sozialforschung).
Dieses Konzept ist heute, allerdings in stark modifizierter Form, weiter bedeutsam. Im Vordergrund steht weniger die emanzipatorische Zielsetzung als die Herstellung eines Kontextes, in dem Forscher und Praktiker gemeinsam die Bedingungen, fachlichen Konzepte und Wirkungen des Handelns in

→ sozialen Diensten und Einrichtungen untersuchen können (Filsinger/Hinte). In diesem Verständnis ist Praxisforschung stark anwendungsbezogen, d. h. auf die Weiterentwicklung der Praxis sozialer Arbeit orientiert. Forschung und Praxis verschränken sich in diesem Konzept, indem sich methodologische und technische Forschungskompetenz mit der Bereitschaft verbindet, das Feld sozialer Arbeit systematischer Beobachtung und einer kritischen Reflexion zugänglich zu machen.
Als wichtiger Aufgabenbereich der P. gelten u. a. die Programm- und Produktentwicklung, die Analyse und Unterstützung der Programm- und Methodenimplementation, die → Organisationsanalyse und → Organisationsentwicklung, Arbeitsfeldstudien, Zielgruppenanalysen (v. Kardorff).
Als Methoden der P. kommen, abhängig von der Fragestellung, sowohl quantitative und statistische Verfahren in Frage, auch im Sinne von Sekundäranalysen, als auch → qualitative Erhebungs- und Auswertungsmethoden.
Lit. Filsinger u. a.: Praxisforschung; Heiner: Praxisforschung; v. Kardorff: Praxisforschung; Moser: Aktionsforschung; Moser: Praxisforschung .   *Gerhard Frank*

Preisindex für die Lebenshaltung Der → Index weist die Veränderung der Preise von ausgewählten Gütern der Lebenshaltung nach, die von den privaten Haushalten verbraucht werden. Diese Güter sollen in ihrer Qualität und Menge unverändert bleiben, sie müssen eine große Verbrauchsbedeutung haben und geeignet sein, andere Güter hinsichtlich ihrer Preisentwicklung zu repräsentieren. Die ausgewählten Positionen können nicht mit gleichen Anteilen in die Indexberechnung eingehen, sondern müssen »gewogen« werden. Jedes dieser Güter erhält eine Wägungszahl, die aus seiner Verbrauchsbedeutung abgeleitet wird. Salz und Benzin sind wichtige Waren, ihre Verbrauchsbedeutung ist jedoch sehr unterschiedlich, weshalb Salz ein geringeres Gewicht als Benzin erhält. Die → Einkommens- und Verbrauchsstichprobe stellt die Unterlage dar, aus der die Verbrauchsbedeutung der einzelnen Güter und damit ihr Anteil, ihr Gewicht entnommen werden kann. Der so gebildete Indexhaushalt repräsentiert im Durchschnitt alle bedeutenden Waren und Dienstleistungen. Der individuelle Haushalt jedoch weicht in seinem Verbrauchsverhalten von diesem ab. Sind z. B. die Familienangehörige Nichtraucher, so sind für sie die Preise für Tabakwaren uninteressant, oder besitzen sie kein Auto, so wirken sich Benzinpreiserhöhungen in ihrem Haushaltsbudget nicht aus. Der P. f. d. L. dagegen hat nicht nur diese, sondern auch andere Preisänderungen zu berücksichtigen. Die einmal gewählte Güterauswahl und die festgestellten Gewichte bleiben über einen längeren Zeitraum konstant. Eine Indexreform wird nur in größeren Zeitabständen durchgeführt und fand seit dem 2. Weltkrieg in der Bundesrepublik Deutschland in den Jahren 1950, 1958, 1962, 1970, 1976, 1980 und 1985 (Basisjahr) statt. Der Index wird so wie alle amtlichen Preisindizes nach der Laspeyres-Formel berechnet:
Wertgewichte des Basisjahres x Preise zum Erhebungszeitpunkt ./.
Wertgewichte des Basisjahres x Preise des Basisjahres.
Die Neuberechnung des P. f. d. L. auf der Basis 1991 berücksichtigt 1. den Zusammenschluß der beiden deutschen Staaten mit der am 1. Juli 1990 vollzogenen Wirtschafts-, Sozial- und Währungsunion und 2. die wirtschaftliche Integration Europas. Dieser Index mußte in der Methode und systematischen Gliederung den Vorgaben der Europäischen Gemeinschaft angepaßt werden, um die Preisveränderungen zwischen den europäischen Staaten vergleichbar zu machen.
In den neuen Bundesländern kam es auf allen Ebenen des gesellschaftlichen Lebens zu erheblichen Veränderungen. Die Übernahme der Wirtschaftsordnung und des Güterangebotes aus der Bundesrepublik Deutschland verlief nicht ohne Schwierigkeiten. Die Anhebung der Preise von Gütern des täglichen Bedarfs (z. B. Wohnungsmieten, öffentlicher Verkehr) führte in den Jahren 1991, 1992, 1993 zu erheblichen Preissteigerungen. Daher mußte das Statistische Bundesamt für die alten und die neuen Bundesländer eigene Preisindizes berechnen. Außerdem wird für ganz Deutschland ein Preisindex erstellt.
Auf der Basis 1991 stehen folgende P. f. d. L. zur Verfügung: für Deutschland (insgesamt: aller privaten Haushalte; für das frühere Bundesgebiet: aller privaten Haushalte, 4-Personen-Haushalte von Beamten und Angestellten mit höherem Einkommen, 4-Personen-Haushalte von Arbeitern und Angestellten mit mittlerem Einkommen, 2-Personen-Haushalte von Renten- und Sozialhilfeempfängern mit geringem Einkommen; für die neuen Bundesländer und Berlin-Ost: aller privaten Haushalte, 4-Personen-Arbeitnehmerhaushalte mit höherem Einkommen, 4-Personen-Arbeitnehmerhaushalte mit mittlerem Einkommen, 2-Personen-Rentnerhaushalte.
Das Statistisches Bundesamt hat bereits angekündigt, daß auf der neuen Basis 1995 die Teilindizes für die alten und die neuen Bundesländer nicht mehr berechnet werden. Der P. f. d. L. von 4-Personen-Haushalten von Arbeitern und Angestellten mit mittlerem Einkommen repräsentiert nur etwa 7% der Bevölkerung. Der P. f. d. L. aller privater Haushalte für Deutschland (insgesamt) ist der umfassende Index, der die allgemeine Preisentwicklung und damit die Inflation

mißt. Dieser Index dient auch als Wertmesser in langfristigen Verträgen, um die Wertbeständigkeit einer Geldforderung zu sichern (Wertsicherungsklauseln).
Lit. Bohley: Statistik; Elbel: Preisindex; Lippe: Wirtschaftsstatistik; Statistisches Bundesamt: Preisindizes. *Hans Georg Rasch*

Presse Nicht eindeutig abgegrenzter Begriff, der mit der globalen multimedialen Entwicklung weiteren Wandlungen unterworfen sein dürfte. Umschreibungen des allgemeinen Sprachgebrauchs und der Praxis der P.arbeit weichen zum Teil vom presserechtlichen (→ Presserecht) und produktionstechnischen Begriff der P. ab.
Der auf Verfassungsrecht, Bundesrecht und Landespressegesetzen beruhende P.begriff umfaßt das P.wesen in seiner Gesamtheit: das P.-Erzeugnis, das P.-Unternehmen und die in der P. tätigen Personen. Als P.produkt in diesem Sinne werden nicht nur die periodischen Druckwerke wie Zeitungen und Zeitschriften verstanden, sondern auch die in Massenvervielfältigung zur Verbreitung bestimmten Schriften, Bilder, Tonträger und Filme wie auch das vervielfältigte Informationsangebot in Wort und/oder Bild der sog. »Dienste« wie der P.agenturen, P.korrespondenzen, Bilderdienste und Materndienste. Technisch zu unterscheiden von diesen »verkörperten« Medien sind die »körperlosen« Medien der akustischen und/oder optischen Übertragung in Form von Hörfunk, Fernsehen oder Filmvorführung.
In der praktischen P.arbeit als Informationstätigkeit von P.stellen gegenüber Massenmedien spricht man von P. als der redaktionellen Seite der P.agenturen, Tageszeitungen, Wochenzeitungen und Zeitschriften, des Hörfunks und des Fernsehens. Der gelegentliche oder ständige P.sprecher (P.beauftragte) gibt an Journalisten und Redaktionen mündlich oder schriftlich Informationen auf Einzelanfragen oder im Wege von P.gesprächen, P.konferenzen, P.informationen, P.seminaren und P.fahrten. Diese P.arbeit läßt sich zur Unterscheidung von Öffentlichkeitsarbeit auch als »mittelbare« Informationsarbeit bezeichnen, während → Öffentlichkeitsarbeit ihre Informationen in den Medien »unmittelbar« selbst gestaltet! Damit verbindet sich auch die weiterhin offene Frage der Praxis, ob P.arbeit unabhängig von Öffentlichkeitsarbeit zu betreiben oder dieser unterzuordnen ist.
Lit. Bebber: Öffentlichkeit; Bungert: Weiter; Lindner: Pressearbeit; Ulsamer: Presse- und Öffentlichkeitsarbeit.

Hermann C. Kerckhoff

Pressearbeit → Öffentlichkeitsarbeit

Presserecht Alle rechtlichen Normen, die sich auf die → Presse beziehen, vor allem zur Wahrung der äußeren und inneren Freiheit der Presse. Ihrem Charakter nach ist die Pressefreiheit ein Abwehrrecht gegenüber hindernden und unterbindenden Eingriffen. Anstelle des Reichspressegesetzes von 1874 sind seit 1949 Landespressegesetze in Kraft getreten. In diesen Landespressegesetzen ist die Bedeutung der Presse für die freiheitliche demokratische Grundordnung und der Grundsatz ihrer öffentlichen Aufgabe verankert. Sie gelten mit ihren wichtigsten Bestimmungen sinngemäß auch für Hörfunk sowie Fernsehen und regeln u. a. die Fragen, die das Impressum, die Sorgfaltspflicht der Presse, die strafrechtliche Verantwortung und das → Zeugnisverweigerungsrecht betreffen. Für alle Publikationen besteht die Verpflichtung, im sogenannten Impressum den Verleger bzw. Herausgeber, den verantwortlichen Redakteur bzw. Verfasser und den Drucker mitzuteilen. Ferner ist besonders ausführlich der Anspruch auf Gegendarstellung gestaltet. Durch Verschärfung des Gegendarstellungsrechts (Saarland) ist seit 1994 verstärkt eine Tendenz zur Einschränkung der Pressefreiheit festzustellen.
Die gesetzlich festgelegte → Auskunftspflicht der Behörden gegenüber der Presse besteht u. a. vor allem dann nicht, wenn die sachgemäße Durchführung eines schwebenden Verfahrens vereitelt, erschwert, verzögert oder gefährdet werden könnte, aber auch wenn Vorschriften über Geheimhaltung (→ Datenschutz) entgegenstehen bzw. ein überwiegendes öffentliches oder ein schutzwürdiges privates Interesse verletzt werden würde. In diesem Zusammenhang sei auch auf den § 15 Abs. 1 und 2 (Auskunft) einerseits und den § 35 (Sozialgeheimnis) des → Sozialgesetzbuches – Allgemeiner Teil – (SGB I) andererseits verwiesen.
Im Umgang mit allen → Medien ist das Urheberrecht von besonderer Bedeutung. Das Urheberrecht von 1965 regelt das sogenannte geistige Eigentum an einem Werk aus Kunst oder Wissenschaft. Allein der Urheber hat danach das Recht der Vervielfältigung, Verbreitung und Ausstellung seines Werkes. In bestimmten Fällen, z.B. bei der Verwendung in Nachrichten oder im Unterricht, ist das Urheberrecht eingeschränkt. In diesem Zusammenhang kann unter Hinweis auf die Quelle auch aus Veröffentlichungen aller Art zitiert werden. Nach dem Recht am eigenen Bild bestimmt allein der Abgebildete, ob sein Bildnis verbreitet oder öffentlich zur Schau gestellt werden darf. Bei Minderjährigen muß zusätzlich der Sorgeberechtigte seine Zustimmung geben. Grundsätzlich keine Einwilligung ist erforderlich bei Bildnissen aus dem Bereich der Zeitgeschichte und bei Bildern, auf denen Personen nur als Beiwerk erscheinen. Die gesamte → Öffentlichkeitsarbeit hat ihre rechtliche Basis in Art. 5 des → Grundgesetzes (GG).

Lit. Hubmann u.a.: Urheber- und Verlagsrecht; Löffler: Presserecht; Löffler u.a.: Presserecht; Stöckel: Presserecht.
Klaus Bartnitzke

Privatisierung → Ausgründung

Problemanalyse → Planungsablauf

Produkt → Verwaltungsmodernisierung

Pro Familia Deutsche Gesellschaft für Familienplanung, Sexualpädagogik und Sexualberatung e.V. gegründet 1952, ist nach Ortsvereinen, Landesverbänden und als Bundesverband organisiert, Mitglied im → Deutschen Paritätischen Wohlfahrtsverband (DPWV) und Gründungsmitglied der International Planned Parenthood Federation, parteipolitisch und konfessionell ungebunden.

Pro Familia unterhält ca. 150 Einrichtungen zur Beratung im Rahmen des Schwangeren- u. Familienhilfe Änderungsgesetzes (SFHÄndG) über Empfängnisregelung, Kinderwunsch, ungewollte Schwangerschaft (nach § 219 StGB), Partnerschafts- und Sexualprobleme und führt Sexualpädagogik in Gruppenarbeit und Einzelsprechstunden mit Jugendlichen sowie Multiplikatorenarbeit mit Angehörigen pädagogischer Berufe durch. In 8 Familienplanungszentren werden diese Tätigkeiten durch medizinische Dienstleistungen wie Sterilisation und Schwangerschaftsabbruch erweitert.

Das »pro familia magazin« erscheint sechsmal im Jahr als Fachzeitschrift zur → Sexualerziehung und → Familienplanung.

Anschrift des Bundesverbandes: Stresemannallee 3, 60596 Frankfurt am Main.
Monika Simmel-Joachim

Professionalisierung Der Begriff P. wird in der Berufssoziologie zur Untersuchung der Eigenständigkeit von Berufen und ihrer gegenseitigen Abgrenzung benutzt. Soweit er i.w.S. verwandt wird, werden damit zwei Entwicklungen beschrieben:
a) Der Prozeß der Ausgliederung von Aufgaben aus dem Familienverband und seinem unmittelbaren Lebensumkreis oder aus der Verantwortung ehrenamtlich Tätiger (→ Ehrenamtliche/freiwillige Tätigkeit im sozialen Bereich) in eigene Organisationsstrukturen, in denen → Fachkräfte tätig sind, die sich in einer → Ausbildung Wissen und Können angeeignet haben, ihre volle Arbeitskraft zur Verfügung stellen und dafür materiell entschädigt werden.
b) Der Vorgang der Ausfächerung weniger Grundberufe in abgegrenzte Tätigkeiten mit eigener Berufs- oder Funktionsbezeichnung.

Für die soziale Arbeit treffen beide Entwicklungen zu. Die erste ist mit dem Jahr 1899 zu datieren, als A. Salomon in Berlin einen Jahreskurs für »Berufsarbeit in der Wohlfahrtspflege« begann. Die zweite zeichnet sich seit Anfang der 20er Jahre ab, hat aber in den letzten beiden Jahrzehnten rapide zugenommen. Sie spiegelt sich wider in der derzeitigen Vielzahl sozialer und sozialpflegerischer Berufe (→ Soziale Berufe). P. i.e.S. meint die Entwicklung jüngerer Berufe zu einem Status hin, der in der englischen Sprache durch »profession« beschrieben wird und zunächst nur für wenige etablierte Berufe wie z.B. Arzt, Rechtsanwalt, Richter, Geistlicher verwandt wurde. Diese Berufe zeichnen sich durch ein hohes Maß an Ausbildungshöhe, Ansehen und Einfluß aus. Sie sind herausgehoben in bezug auf Fachautorität, Anwendung systematischen Wissens, weitgehende Autonomie bei der Gestaltung der Berufsvollzüge, Vertrauenswürdigkeit der Dienstleistung, Orientierung des Handelns an beruflichen Normen (Berufskodex), Kontrolle durch Gremien, die von Angehörigen des Berufes gebildet werden, und hohe gesellschaftliche Anerkennung (Hesse). Anhand dieser Merkmale wird der P.grad jüngerer Berufe festgestellt. Die Kriterien, die dafür gelten, sind: a) eine langdauernde Spezialausbildung, in der ein systematisches und überprüfbares theoretisches Wissen und überprüfbare spezifische berufliche Kenntnisse und Verfahrenstechniken vermittelt werden; b) professionelle Spezifität (Lotmar), d.h. eine fest umgrenzte Funktion des Berufes, deren Notwendigkeit als Dienstleistung für die Gesellschaft öffentlich anerkannt wird; c) ein hoher Grad an beruflicher Organisation, deren Organe auch die Einhaltung der beruflichen Verhaltensregeln, die in einem Berufskodex zusammengefaßt sind, überwachen; d) persönliche und fachliche Entscheidungs- und Gestaltungsfreiheit der Tätigkeit, auch wenn sie nicht in freier Praxis, sondern in Institutionen ausgeübt wird, die vielmehr ihr Vertrauen in die fachliche → Kompetenz und die Selbstbindung an Berufsnormen gründet.

Diesen strengen Kriterien werden die sozialen und sozialpflegerischen Berufe in Europa und in den meisten außereuropäischen Ländern noch nicht gerecht. → Sozialarbeit/Sozialpädagogik haben zwar das Spektrum ihrer → Handlungstheorien und -instrumente erweitert. Bisher gelang es aber noch nicht, sie zu bündeln und einem Berufsprofil zuzuordnen, unter dem das Handeln der Berufsangehörigen in allen Arbeitsfeldern zu subsumieren ist. Es fehlt ein Kanon der Handlungstheorie und -instrumente, der verbindlich zu lehren und zu lernen ist. Soz.arb./Soz.päd. ist überdies in ein Kontrollsystem der → Fachaufsicht, die nicht überall durch Angehörige der Berufsgruppe ausgeübt wird. Zur P. eines Berufes gehört es auch, daß ihm eine gesellschaftlich anerkannte Domäne beruflicher Kompetenz – Zuständigkeiten und Fähigkeiten – zukommt, in der er durch keinen

anderen Beruf ersetzbar ist. Dazu bedarf es verbindlicher Festlegungen, wie sie mit gutem Grund für die Ausbildung von z.B. Ärzten und Juristen auf Bundesebene erfolgt.
Hinzu kommt, daß es nur bedingt möglich ist, einem Beruf, den die Gesellschaft in die Bereiche des Marginalen und Diffusen verweist (Doorn), der sich in vielfältigen Arbeitsfeldern unter wechselnden Bedingungen vollzieht, der einerseits als »Vorhut« neue Probleme und Defizite, ehe sie definiert sind, aufgreift und andererseits als »Nachhut« Defizite aus nicht gelungenen Problemlösungen auffangen soll und für die adäquate Instrumente der Fremd- und Selbstevaluation (→ Evaluation) noch in der Entwicklung sind, verbindliche Kernfunktionen und abgegrenzte Aufgaben zuzuweisen. Die Einbindung in Verwaltungshandeln und die hierarchischen Strukturen der → Verwaltung (→ Hierarchie) schränken den Entscheidungsspielraum und die Orientierung der Fachkräfte an den Normen ihres Berufes und die Kontrolle durch Berufsangehörige dieses Berufes ein. Hinzu kommt das Fehlen einer einheitlichen Berufsorganisation.
Gegenüber dem Trend zur P. äußern seit Mitte der 70er Jahre → Sozialarbeiter/-innen/Sozialpädagog/-innen, aber auch Träger und Nutzer → sozialer Dienste Bedenken. Diese richten sich auf die mit einem einseitigen Expertenverständnis verbundene Tendenz zur Differenzierung und Spezialisierung der Aufgaben und damit zur Distanzierung vom → Alltag der Nutzer und deren Lebensbezügen. Dazu kommt die Sorge, daß durch Abgrenzung der Funktionen und Spezialisierung der → Methoden das Charakteristikum der Sozialarbeit/Sozialpädagogik, ihre Fähigkeit zur Improvisation und immer wieder neuen Kombinationen im Umgang mit Problemlagen, Ressourcen, Systemen und Methoden, verlorengeht. Das Professionsprofil verändert sich angesichts der Ökonomisierung der sozialen Dienste bei behördlichen und freigemeinnützigen Trägern sowie der Unterstützung von Ressourcen selbstorganisierter Hilfe und ehrenamtlichem freiwilligen Engagement. In einer Zeit, in der der Sozialstaat auf dem Prüfstand steht, kommt es zu neuen Verbindungen zweierlei Hilfen durch professionelle Experten und sozial engagierte Bürger/-innen und damit zu Veränderungen beruflicher Funktionen und Kompetenzen.
Lit. Bartlett: Sozialarbeit; Doorn: Professionalisierung; Engelke: Soziale Arbeit; Hesse: Berufe; Lotmar: Professionalisierung; Lowy: Sozialarbeit/Sozialpädagogik; Olk: Zukunft; Rauschenbach: Professionalität. *Teresa Bock*

Projektberatung → Projekte in der sozialen Arbeit sind inzwischen als Möglichkeit für kontrollierte → Innovation anerkannt (z. B. Konzeptentwicklung, → Organisationsentwicklung). In der Praxis werden sie sowohl mit Eigenmitteln der Organisation als auch mit → Beratung durch externe Personen/Institutionen (Experten, Beratungsunternehmen, wissenschaftliche Institute, Fachhochschulen, Universitäten) geplant und durchgeführt. Die Entscheidung für den einen oder anderen Weg hängt praktisch vom Umfang der Innovation, der Veränderungsreichweite des Projektes, der verfügbaren fachlichen Ressourcen der Organisation sowie dem disponiblen Finanzvolumen ab. Bei Verpflichtung Externer müssen Inhalt und Umfang der Beratungsleistung, Ziele und Abschluß des Projektes sowie Fragen der Umsetzung des Projektergebnisses in die Organisationspraxis präzisiert und vertraglich vereinbart werden. Zur P. gehört immer auch die begleitende Auswertung des Projektprozesses, d.h. die Reflexion der Auswirkungen von Innovationen auf die Organisationsmitglieder und die Öffentlichkeit (→ Betroffenenbeteiligung, → Evaluation). *Manfred Wolf*

Projekte in der sozialen Arbeit sind a) (zumeist auf Zeit angelegte) spezielle Angebote innerhalb bereits etablierter Arbeitsfelder oder
b) Ausdruck sich neu formierender Sektoren sozialer Arbeit.
Als spezielle Angebote innerhalb bereits bestehender Arbeitsfelder werden bereits zur Verfügung stehende Sach- und Personalmittel auf Zeit gebündelt und ggf. um nur für das Projekt bestimmte Sach- und Personalmittel ergänzt, um die Wirksamkeit eines spezifischen Angebots sozialer Arbeit zu erproben oder die Sinnhaftigkeit und den Nutzen eines neuen Angebotstyps sichtbar zu machen und derartige Angebote langfristig zu etablieren.
Als Ausdruck sich neu formierender Sektoren sozialer Arbeit stehen P. eher in Verbindung zu jeweils neuen sozialen Bewegungen (→ Alternative soziale Bewegung) als zu den traditionellen Wohlfahrtsverbänden oder der staatlichen und kommunalen Sozialadministration. Sie entstehen gerade in den Zonen (oder an deren Rande), die von den angestammten Trägern sozialer Arbeit (noch) nicht erkannt wurden.
Am Ursprung von P. steht die Kritik sowohl an den gesellschaftlichen Verhältnissen, die ein soziales Problem hervorbringen, als auch inner praktische Kritik an den aktuell gegebenen Formen der Problembewältigung. So wird versucht, objektiv bestehende soziale Problemlagen mit neuen, unkonventionellen Mitteln anzugehen – und zumeist von Menschen, die bis dahin nicht professionell in Wohlfahrtsinstitutionen integriert waren, und unter unbedingter Beteiligung der unter den Problemlagen Leidenden.

Zu überlebensfähigen Projekten werden diese Versuche immer da, wo diese Initiativen Finanzierungsträger für ihre Form der Problembewältigung finden. Dies gelingt ihnen nur in dem Maße, in dem es zugleich gelingt, die Existenz und Ausformung der Problemlage einer breiten Öffentlichkeit zu verdeutlichen; für ihren Ansatz der Problembewältigung Sympathie in Politik und Öffentlichkeit zu erlangen; dabei zugleich Anschluß an die professionellen Formen der Problembearbeitung zu finden, ohne in konventionelle Fahrwasser zu geraten, sowie sich mit der Sozialadministration über Standards der Geldvergabe und -abrechnung zu verständigen.

Aus dieser Erfahrung heraus sind für viele Projektbereiche Selbstunterstützungsnetze und/oder Beratungsgesellschaften entstanden, die dazu beitragen, die projekterhaltenden Kenntnisse, Fertigkeiten und Fähigkeiten zu identifizieren, zu sammeln und zu verbreitern.

Die Projekte kommen ohne ein gewisses Maß an öffentlicher Anerkennung und ohne Verbündete in Politik und Administration nicht aus, und sie müssen sich dabei »professionalisieren«.

Dabei besteht zweifellos die Gefahr, im Laufe eines längeren Prozesses der konventionellen → Sozialarbeit großer Wohlfahrtsverbände immer ähnlicher zu werden. Gleichzeitig werden von den Verbänden Teile der Projektinnovation assimiliert, was sozialpolitisch als wünschenswert zu erachten ist.

Im Zeitverlauf wächst zudem die Gefahr, daß sich die anfängliche Orientierung an denen, die unter der Problemlage leiden (die sogenannte Nutzer- bzw. Nachfrageorientierung) zu einer Angebotsorientierung umkehrt. Nicht mehr die Problemlagen und engagierte Menschen machen die Projekte, sondern die existierenden Projekte suchen sich ihre Klientel – genauso wie andere etablierte Einrichtungen.

Dieser Entwicklung wäre nur mit einer Sozialarbeit zu begegnen, die zentrale Elemente der Projektstrukturierung als andauernde etabliert. Dazu gehört Überprüfung des (Fort-)Bestehens der Problemlage durch einen öffentlichen Diskurs; unbedingte Beteiligung derer, an die sich die Angebote richten (also der Nutzer); ständige Überprüfung des Problemlösungsansatzes; Abstimmung der Finanzierungsform zwischen den Anforderungen der Projektpraxis und denen der Sozialadministration sowie permanente Aktualisierung des Wissensstandes, der Fähigkeiten und der Fertigkeiten der Mitarbeiter.

Diese Vorgaben könnten durch eine Projekt-Pool-Finanzierung realisiert werden, bei der auch Arbeitnehmerinteressen Berücksichtigung fänden. Für die Bearbeitung einer bestimmten Klasse von sozialen Problemen in einer Region (z.B. Versorgung psychisch kranker Langzeitpatienten) wird ein Budget zur Verfügung gestellt. Aus diesem Budget werden einzelne Projekte gerade so lange finanziert, wie es der Sache nach erforderlich ist. Danach wenden sich die Projektmitarbeiter anderen, gerade aktuell notwendigen Projektrealisierungen zu, die dann ebenfalls aus dem Budget finanziert werden.

Lit. Biesenkamp: Beschäftigungsprojekte; Bloesy u.a.: Erfahrungen; Bodenschatz u.a.: Zerstörung; ISS u.a.: Herausforderung; Kreft u.a.: Perspektivenwandel; Münder u.a.: Sozialhilfe; Nowak, J.: Probleme; Robert-Bosch-Stiftung: Fördern; Sozialpädagogisches Institut Berlin: Soziale Arbeit. *Reinhard Peukert*

Projektgruppe 1. Eine Anzahl von Mitarbeitern (5–9), denen für eine zeitlich begrenzte Dauer die Planung und/oder Durchführung eines → Projektes übertragen worden ist. Die Mitglieder der P. gehören verschiedenen Stellen der Verwaltung an, die im allgemeinen im Rahmen der Linienorganisation nicht zusammenarbeiten; die Zusammensetzung unter fachlichen Gesichtspunkten wird durch das jeweilige Projekt bestimmt. Die P. ist besonders geeignet zur Bearbeitung von Vorhaben mit ungenauer Zieldefinition, bei Unkenntnis des methodischen Vorgehens bzw. des Problemlösungsweges, bei sehr großem Umfang der zu verarbeitenden Informationen oder bei komplexen Vorhaben. Die Mitglieder haben – auch bei sonst unterschiedlicher hierarchischer Stellung – die gleichen Rechte und Pflichten. Probleme sind grundsätzlich auszudiskutieren und nur ausnahmsweise durch Abstimmung zu erledigen. Die P. kann mit oder ohne Projektleiter arbeiten (→ Teamarbeit).
Lit. KGSt.: Arbeits- und Projektgruppen.
Gerd Kirchhoff

2. Seit längerer Zeit werden in der → Aus-, → Fort- und → Weiterbildung → Projekte eingerichtet, die als vorrangiges Ziel eine praxisorientierte Vermittlung neuer wissenschaftlicher Erkenntnisse für berufliches Handeln unter den Bedingungen institutionalisierter → Sozialarbeit bezeichnen. Besonderer Wert wird dabei auf die Reflexion der Eingangsbedingungen dieser theoretischen Erkenntnisse in das politisch-administrative System der Sozialarbeit sowie von Auswirkungen auf die → Lebenslage von Klienten gelegt.

P., die unter solcher Zielsetzung eingerichtet werden, bieten darüber hinaus für die Beteiligten Lernchancen auf folgenden Ebenen:
– selbstorganisierte Lern- und Arbeitsprozesse in interdisziplinären Teams (→ Teamarbeit),
– Analyse von → Interaktions- und → Kommunikationsprozessen vor dem Hinter-

grund gemeinsamer gesellschaftspolitischer Erfahrungen,
– Entwicklung kollegialer, kooperativer (→ Kooperation) und solidarischer Arbeitsformen,
– Entwicklung problemgerechter Alternativen zur bestehenden Sozialarbeit.
Lit. Bergmann, K. u. a.: Bildungsarbeit.

Manfred Wolf

Projektion ist im psychoanalytischen Sinne ein → Abwehrmechanismus, bei dem eine inakzeptable Vorstellung oder ein unangenehmer Impuls aus dem Innern auf die Außenwelt verlagert wird. Was eine Person als zu ihr gehörig, von ihr selbst ausgehend, nicht akzeptieren kann, kann noch einer Abwandlung unterzogen werden, bevor es projiziert wird. So erkannte S. Freud, daß die paranoiden Reaktionen (→ Paranoia) auf unbewußten homosexuellen Triebwünschen (→ Homosexualität) basieren. Dabei wird zunächst das Gefühl der Zuneigung zu einer gleichgeschlechtlichen Person in Haß auf dieses Objekt umgeformt und dann dieser Haß auf das Liebesobjekt projiziert, das dann zu einem verfolgenden Objekt wird. Dadurch erlebt sich der Projizierende selbst als das Objekt seines projizierten Hasses und kann sich in der Verteidigung dauernd mit dem zum Verfolger umgewandelten Liebesobjekt befassen.
P. spielen im Bereich öffentlicher Maßnahmen und Verbote eine große Rolle. Sie geben den kontrollierenden Instanzen die Möglichkeit, sich mit eigenen, abgewehrten und in die Situation projizierten Tendenzen zu beschäftigen.
Lit. Freud, S.: Mechanismen.

Willi Baumann

Projektmanagement Mit P. werden alle Aufgaben bezeichnet, die mit der Planung, Durchführung und Auswertung eines Projektes zusammenhängen. Entscheidend ist, was mit Projekt gemeint ist. Hier empfiehlt sich eine Definition aus der Organisationswissenschaft (Haberfellner). In Anlehnung an diese lassen sich folgende Charakteristika benennen: – zeitliche Begrenzung, – definierte Ziele, – keine Routineaufgabe, – innovative Bedeutung, – arbeitsteilige Bearbeitung, – umfangreiche und komplexe Bewältigung, – ungewisser Ausgang.
Im For-Profit-Bereich (FPO) gibt es inzwischen gute evaluierte Erfahrungen mit P. (Heintel/Krainz). Diese Managementpraxis setzt sich zunehmend auch im Non-Profit-Bereich (NPO) durch. Sowohl bei FPOs als auch bei NPOs wird als das zentrale Motiv für P. der Versuch bewertet, eine Handlungspraxis zu innovieren in Richtung auf sich verändernde Kontextbedingungen einer → Organisation/eines Unternehmens (Strunk). Im Bereich der Sozialen Arbeit erfordern Innovationen u. a. – Kostendämpfung, – Konkurrenz zu gewinnorientierten Anbietern, – wachsendes Selbstbewußtsein der Nachfrager, – integrative Hilfekonzeption (»Hilfe aus einer Hand«), – Regionalisierung der Angebote, – neue Steuerungsmodelle (→ Verwaltungsmodernisierung).
Im Vollzug des P. tauchen regelmäßig folgende sieben Praxisprobleme auf. Diese erfordern eine professionelle Umgehensweise, für die entsprechende Schlüsselqualifikationen notwendig sind.

1. Beherrscht werden muß der kognitive Umgang mit komplexen Problemen (Gomez/Probst). Bewährt hat sich eine zielorientierte Projektplanung.
2. P. gelingt in der Regel nur über Gruppenarbeit (Projektgruppe) und entsprechend arbeitsteiliges Vorgehen. Hier muß auf ein Ausbalancieren der emotionalen Dynamik mit der sachlichen Dynamik geachtet werden (Heintel). Dieses Ausbalancieren muß nicht unbedingt Aufgabe der Projektsteuerung sein. Diese Aufgabe kann auch von einer Sprecherin/einem Sprecher der Gruppe geleistet werden in kollegialer Kooperation mit der Projektsteuerung.
3. Für die Steuerung des gesamten Prozesses muß eine klare Zuständigkeit geschaffen werden. Diese kann sowohl in der Linie als auch in Stabsfunktion lokalisiert werden. Projektsteuerung in Stabsfunktion hat den Vorteil, daß das Liniensystem oft besser innoviert werden kann. Projektsteuerung als Aufgabe des Liniensystems hat den Vorteil, daß die Ressourcen des Liniensystems effizienter genutzt werden können. Die verbindliche »Verortung« der Steuerung ist Aufgabe der Gesamtleitung der Organisation/des Unternehmens.
4. Für die Steuerung ist eine Vernetzung über alle relevanten Hierarchieebenen (→ Hierarchie) der Organisation/des Unternehmens zu leisten. Relevante Mitarbeiter und Mitarbeiterinnen müssen für das P. kontrollierbare Arbeitsbudgets einbringen. Häufig scheitert P. an einer unrealistischen Bewirtschaftungsgrundlage, weil zuwenig kontrollierbare Arbeitsbudgets für das P. innerhalb der Organisation/des Unternehmens zur Verfügung gestellt werden.
5. Die Steuerung gelingt in der Regel über Verfahren wie → Netzplantechnik. In Netzplänen wird die logische und die zeitliche Abfolge der notwendigen Arbeitsschritte dargestellt und kontrolliert (Schwarze). Der Netzplan wird von der Projektsteuerung ausgearbeitet, kontrolliert und bei Bedarf fortgeschrieben.
6. Die am P. beteiligten Mitarbeiterinnen und Mitarbeiter verpflichten sich zu planungs- und kontrolldeterminierter Arbeit und üben eine entsprechende Selbstkontrolle und ein individuelles Zeitmanagement aus (Borchert). Das allseitige Einverständnis für die Planung und Kontrolle sollte in einer schriftlichen Vereinbarung zum P. niedergelegt werden.
7. Gelingendes P. erfordert eine offene und kontinuierliche Informationsgestaltung in der Organisation/im Unternehmen.

Dazu zählen: regelmäßiges Projektplenum (aller am Projekt Beteiligter), Aufbau und Pflege einer Projektdokumentation, kontinuierliche schriftliche Informationen an das Projektumfeld. Das Projekt schafft sich durch kluge Informationsgestaltung in der Regel selbst die Voraussetzung für die Implementation des Projekterfolges.
Lit. Borchert: Zeitmanagement; Gomez u. a.: Praxis; Haberfellner: Projektmanagement; Heintel u. a.: Projektmanagement; Schwarze: Netzplantechnik; Strunk: Innovation.
Andreas Strunk

Projektstudium Erziehungswissenschaftliche Ausbildungsgänge sollen der Forderung nach Praxisnähe und Wissenschaftlichkeit genügen. Diese Forderungen stehen in einem Spannungsverhältnis, da die alltäglichen, routinierten Handlungsweisen der Praxis vom wissenschaftlichen Standpunkt anders wahrgenommen werden, als sie dem praktisch Handelnden erscheinen (→ Theorie-Praxis-Verhältnis). Um diese unterschiedlichen Sichtweisen von Wissenschaft und Praxis zu integrieren, wurde etwa ab 1970 das P. eingeführt.
Darunter versteht man jenen Teil der Ausbildung von → Erzieher/-innen, → Sozialarbeiter/-innen und Sozialpädagogen/Sozialpädagoginnen sowie → Diplom-Pädagogen/-Pädagoginnen, der die Mitarbeit in einem Praxisprojekt umfaßt. Die Mitarbeit kann sich von hospitierender Teilnahme bis zur probeweisen Übernahme der Berufsrolle erstrecken. Die Erfahrungen der Projektarbeit werden in begleitenden Veranstaltungen zu theoretischen, konzeptuellen und organisatorischen Fragen sowie → Supervision und → Projektberatung ausgewertet und verarbeitet. Das P. ermöglicht bereits während der Ausbildung das Kennenlernen eines exemplarischen Ausschnitts des künftigen Berufsfeldes i.V.m. einer Auseinandersetzung über wissenschaftliche Konzepte und Zielvorstellungen. Auf diese Weise wird nicht nur wie in herkömmlicher Ausbildung eine Interpretationskompetenz für soziale Wirklichkeit eingeübt, sondern auch Handlungskompetenz. Dem P. liegt ein Begriff von → Lernen zugrunde, der sich von der vorherrschenden Bedeutung einer rezeptiven Wissensaufnahme unterscheidet. Lernen wird hier als aktive Auseinandersetzung mit der Wirklichkeit verstanden. P. ist nicht nur auf alternative Ziele und Inhalte der Ausbildung gerichtet, sondern auch auf neue Kommunikationsformen. Dabei geht es um den Abbau der Hierarchie zwischen Lehrenden und Lernenden, um Kooperation zwischen Vertretern verschiedener wissenschaftlicher Disziplinen und um Verständigung zwischen den Angehörigen der Hochschule und den Praxismitarbeitern. Die Verwirklichung des P. stößt ähnlich wie die → Handlungsforschung auf Probleme und bedarf daher wissenschaftlicher Forschung und Kritik.
Lit. Berndt u. a.: Erziehung; Brauner u. a.: Projektstudium; Dümpelmann u. a.: Projektstudium; Eyferth u. a.: Studienmodell; Fichter: Praxisbezug; Göttinger Kollektiv: Lehrerausbildung; Jungblut u. a.: Projektarbeit; Projektkoordination: Projektstudium; Schweitzer, H. u. a.: Projektstudium; Schweitzer, H. u. a.: Schwierigkeit.
Hans Stapelfeld

Prophylaxe ist die gezielte → Prävention bestimmter Krankheitsgruppen (z. B. »Impfp.« für ansteckende Krankheiten) oder → Krankheiten (z. B. Malariap., Kariesp. durch Fluoridierung). P. wird auch synonym mit »primärer Prävention« benutzt.
Herbert Viefhues

Prospektive Pflegesätze → Pflegesatz, → Vereinbarungen über Leistungen, Vergütungen sowie die Prüfung der Einrichtungen

Prostitution Die gelegentliche oder gewerbsmäßige körperliche Hingabe einer Person an beliebige Personen zu deren sexueller Befriedigung gegen Entgelt, wobei die Entlohnung nicht nur in Geld, sondern auch in anderen Werten erfolgen kann. Die sich prostituierende Person kann ein Mann oder eine Frau sein (hetero-, homosexuelle P.).
Über die Ursachen der P. gibt es verschiedene Theorien, z. B. die Milieu-, Anlage- oder Konvergenztheorie. Es wird auch eine historische Entstehung der P. vertreten. In der modernen → Soziologie wird der P. die Rolle einer »Ventilinstitution« eingeräumt, sie habe damit eine aus den → Normen der Gesellschaft abzuleitende Ausgleichsfunktion. In der industriellen Gesellschaft ist die P. z. T. eine wirtschaftlich begründete Erscheinung. Andererseits können Notzeiten, ungünstige Entwicklungsbedingungen u. ä. bei Angehörigen beider Geschlechter die Voraussetzungen zur P. schaffen.
Die P. hat sich historisch mehrmals gewandelt, so in diesem Jahrhundert im Zusammenhang mit den Militärs und den Besatzungstruppen in und nach den beiden Weltkriegen und den Zeiten des deutschen »Wirtschaftswunders«. Sie wird in angemieteten Absteigequartieren, Hotels, Dirnenwohnheimen, Eros-Centers, Massagesalons, Saunen oder in Form von Lokal-, Auto- bzw. Reise-P. ausgeübt. P. bietet sich auf der Straße, in Eros-Centers, Bars, Anknüpfungslokalen und anderen Orten der Vergnügungsindustrie sowie durch Annoncen und Call-girl-Ringe an. Die P. ist ein wesentlicher Bestandteil mancher Zweige des Hotel- und Gaststättengewerbes, der Vergnügungsindustrie und des Wohnungsmarktes. Neben den zahlreichen Nutznießern der P. hat vor allem der Zuhälter Be-

deutung, der Beschützer, Freund, Geliebte und Ausbeuter der Prostituierten. Zuhälter beherrschen das Milieu der P. in den Hafen- und Großstädten. In der Art und Weise des Überwachens einer oder mehrerer Prostituierten und des Bestimmens von Ort, Zeit und Ausmaß durch den Zuhälter wird ein gewisses Management erkennbar. Die Prostituierte wird in Abhängigkeit gebracht, nicht selten durch Nötigung und Körperverletzungshandlungen, und somit an das Milieu der P. gebunden. Es ist bekannt, daß die meisten Prostituierten auf Dauer nur mit Hilfe von Alkohol, Medikamenten oder anderen Stimulanzien (→ Sucht/Suchtgefährdung) zur Ausübung der P. in dieser Form in der Lage sind.

Gesetzliche Maßnahmen haben nach dem 1. Weltkrieg im Deutschen Reich und anderen europäischen Staaten die einseitige strafrechtliche Verfolgung der Prostituierten, ihre sitten- und gesundheitspolizeiliche Überwachung und zwangsmäßige Kasernierung beseitigt.

Das Gesetz zur Bekämpfung der Geschlechtskrankheiten (GBG) vom 18. 2. 1927 betrifft Erkrankung, Behandlung und Verbreitung von → Geschlechtskrankheiten und bezieht sich auf beide Geschlechter. Eine Person, die in der Gefahr steht, geschlechtskrank ist, werden oder Geschlechtskrankheiten zu verbreiten, ist nach dem Gesetz zur wiederholten Vorlage eines ärztlichen Zeugnisses über ihren Gesundheitszustand verpflichtet.

Für die Durchführung wurden statt der Polizei die Gesundheitsämter bestimmt. Das GBG vom 23. 7. 1953 (BGBl. I S. 700; letztes Änderungsgesetz vom 2. 3. 1974, BGBl. I S. 552) enthält im § 14 sogar sozialpädagogische Aspekte und den Auftrag, Beratungsstellen (→ Geschlechtskrankenfürsorge) einzurichten. In der Bundesrepublik Deutschland schließt das → Grundgesetz (GG) durch Art. 2 Sondergesetze für Prostituierte aus. Das Strafgesetzbuch sieht aber Vorschriften zum Schutz vor den mit der P. verbundenen Gefahren für die Prostituierte und für ihre persönliche Freiheit vor (§§ 180a, 181, 183a) und schützt andererseits bestimmte Bereiche vor den mit der P. verbundenen Belästigungen und Gefahren, auch für die Jugend (§§ 184a, 184b).

Hilfen für Prostituierte: Die → Frauenbewegung, voran J. Butler mit der 1875 gegründeten Internationalen Abolitionistischen Föderation, setzte sich mit Erfolg für die Abschaffung der Reglementierung und Kasernierung, Verbot der Bordelle usw. und die Wiedereingliederung der Prostituierten in die Gesellschaft ein. Auch in Deutschland, wo die Sozialarbeit zunächst nur durch die konfessionellen Verbände und Vereinigungen geleistet wurde, entstanden ab 1900 in allen Großstädten Fürsorgestellen bei der Polizei (Vorläufer der späteren weiblichen Kriminalpolizei). Die Aufgabe bestand in »der Betreuung obdachloser, sexuell gefährdeter Jugendlicher, Hilfe für besserungswillige, ältere Dirnen und der Unterstützung von Frauen vor Gericht«. Das 1927 verabschiedete GBG brachte eine Verlagerung von der Polizei auf die Gesundheitsämter und die Fürsorgeeinrichtungen der Gemeinden, zumal aufgrund der Sozialgesetzgebung (1924) überall → Jugend- und → Sozialämter entstanden. Die bereits bestehenden behördlichen Spezialstellen für → Gefährdete nannten sich ab 1927 »Pflegeamt«. Das → Bundessozialhilfegesetz (BSHG) garantiert im § 72 Personen mit besonderen sozialen Schwierigkeiten einen Anspruch auf Hilfe (→ Hilfe zur Überwindung besonderer sozialer Schwierigkeiten). Die Prostituierte kann diese Hilfe in Form von → Beratung und Betreuung usw. sowie andere Hilfearten des BSHG erhalten.

Lit. Borelli u. a.: Prostitution.

Christa Hopster-Fiala

Prozeßkostenhilfe befreit die Partei (→ Klage) mit geringem → Einkommen und Vermögen von den Kosten eines gerichtlichen Verfahrens – §§ 114ff. ZPO, § 166 VwGO, § 73a SGB und § 11a ArbGG – (s. für das vorgerichtliche Verfahren → Beratungshilfe). P. wird auf Antrag vom der Hauptsache zuständigen Gericht gewährt, wobei die Partei ein Formular »Erklärung über die persönlichen und wirtschaftlichen Verhältnisse« ausfüllen muß. Voraussetzungen der P.: a) Der Antragsteller muß nach seinen persönlichen und wirtschaftlichen Verhältnissen außerstande sein, die Verfahrenskosten ganz, z. T. oder in Raten aufzubringen (§ 117 ZPO). Maßgeblich für die Bewilligung der P. sind die in einer Tabelle zu § 114 ZPO festgelegten Einkommenssätze. Danach erhalten alleinstehende Antragsteller ohne → Unterhaltspflichten nicht zurückzuzahlende P. bis zu einem relevanten Nettoeinkommen von 850 DM monatlich, bei Unterhaltsleistungen aufgrund gesetzlicher Unterhaltspflicht gegenüber einem Unterhaltsberechtigten erhöht sich dieser Betrag auf 1 300 DM und für jeden weiteren um jeweils 275 DM im Monat. Diese Sätze sind inzwischen fast 10 Jahre unverändert geblieben. Doch sind die Gerichte weiterhin an die Tabellenwerte gebunden. In den neuen Bundesländern gelten trotz geringerer Miet- und Nebenkosten die in der Tabelle zu § 114 ZPO enthaltenen Ratenzahlungsstufen ebenfalls (dazu KG, Beschluß vom 4. 2. 1991, Deutsch-deutsche Rechtszeitschrift 1991, 215). Sind diese Sätze überschritten, ordnet das Gericht die Rückzahlung der P. in bis zu 48 Monatsraten an. Zum → Einsatz des Einkommens und Vermögens verweist § 115 ZPO auf das → Bundessozialhilfegesetz (BSHG). Zusätzlich können besondere Belastungen wie Körperbehinderung, erhöhte Unterhaltslei-

Prozeßqualität

stungen, Mietzahlungen in ihrem Spitzenbetrag, wenn sie 18% des verfügbaren Nettoeinkommens übersteigen, weitere außergewöhnliche Mietnebenkosten, Verbindlichkeiten – etwa aus Darlehen für die Erhaltung und Beschaffung des Familienheimes – berücksichtigt werden. b) Die geplante Rechtsverfolgung muß hinreichende Erfolgsaussichten bieten und darf nicht mutwillig sein. In einem höheren Rechtszug ist nicht zu prüfen, ob die Rechtsverfolgung oder Rechtsverteidigung diese Anforderungen erfüllt, wenn der Gegner das Rechtsmittel eingelegt hat (§ 119 S. 2 ZPO).
Mit der Gewährung von P. ist der Antragsteller von seinen Verpflichtungen entbunden, Gerichtskosten und sonstige Auslagen für das Verfahren zu zahlen (§ 122 ZPO). Ist eine Vertretung durch Anwälte gesetzlich vorgeschrieben, wird ihm ein Anwalt seiner Wahl beigeordnet (§ 121 Abs. 1 ZPO). Auf die Verpflichtung zur Kostenerstattung an den Gegner hat die P. keinen Einfluß.
Nach § 124 ZPO kann das Gericht einen Bewilligungsbeschluß aufheben, wenn der Antragsteller durch falsche Angaben oder sonstige Nachlässigkeiten zu Unrecht die besonderen staatlichen Leistungen in Anspruch genommen hat. Nachzahlungspflichten bei einer späteren Verbesserung seiner wirtschaftlichen Verhältnisse sind nicht vorgesehen. P. erhalten auch Ausländer. Die Bewilligung der P. ist unanfechtbar, gegen ihre Versagung kann der Antragsteller Beschwerde einlegen (§ 127 Abs. 2 ZPO).
Vorrangig kann die Verpflichtung eines unterhaltspflichtigen Verwandten zur Zahlung eines Prozeßkostenvorschusses sein, für Eheleute – und das Scheidungsverfahren mit den Scheidungsfolgen – vgl. dazu § 1361a Abs. 4 BGB, zum Verfahren § 127a ZPO und § 620 Ziff. 9 ZPO (für Scheidungs- und Scheidungsfolgesachen). Ansprüche auf einen Prozeßkostenvorschuß können im Wege der → einstweiligen Anordnung gerichtlich durchgesetzt werden.
Lit. Bundesregierung: Prozeßkostenhilfe; Müller-Alten: Familiensachen; Schoreit u. a.: Beratungshilfegesetz (Komm.).
S. a.: → Beratungshilfe *Peter Finger*

Prozeßqualität → Qualitätssicherung

Psychiatrie Die P. ist ein Fachgebiet der Medizin. Sie befaßt sich mit der Erkennung, der nichtoperativen Behandlung (→ Therapie), der → Rehabilitation, der → Prävention und der Begutachtung psychischer Auffälligkeiten und Krankheiten (→ Psychisch Kranke, → Seelisch Behinderte). Die Weiterbildung zum Arzt für P. bzw. zum Nervenarzt (Arzt für P. und Neurologie) ist nach der Weiterbildungsordnung der Bundesärztekammer geregelt und dauerte 4 bzw. 5 Jahre. Nach der neuen Weiterbildungsordnung, die in den meisten Bundesländern ab 1995 umgesetzt worden ist, gibt es P. nur noch in Kombination mit Psychotherapie in einer auf 5 Jahre erweiterten Ausbildungszeit (davon 1 Jahr Neurologie). Nervenarzt kann sich künftig nur noch nennen, wer gleichzeitig Arzt für P. und Psychotherapie und Arzt für Neurologie ist. Die → Deutsche Gesellschaft für Psychiatrie, Psychotherapie und Nervenheilkunde (DGPPN) ist der zuständige ärztliche Berufsverband.
Geschichte: Die Bezeichnung P. wurde von dem Berliner Neurologen J.C. Reil 1808 geprägt. Voraussetzung für die Entwicklung einer humanen und wissenschaftlichen P. war die Überwindung irrationaler Vorstellungen über den psychisch Kranken. Entscheidend hierfür war, daß der französische Psychiater Philippe Pinel 1793 den Revolutionsführer Couthun davon überzeugen konnte, die Geisteskranken von den Ketten, an die sie seit Jahrhunderten gefesselt gewesen waren, zu befreien. Pinel, der 2 Jahre später die Leitung der großen Pariser Krankenanstalt Salpêtrière übernahm, forderte von seinen Ärzten, Tag und Nacht mit den Patienten zusammen zu leben, um diese genau zu beobachten. Der psychisch Kranke war zum ersten Mal nicht mehr ausschließlich der Gegenstand philosophischer Spekulationen und theoretischer Überlegungen über die Seele, sondern man bemühte sich, sein individuelles Befinden und Verhalten zu erforschen. Den ersten Lehrstuhl für P. richtete 1811 die Universität Leipzig ein und besetzte ihn mit J.C.A. Heinroth. Das erste psychiatrische Krankenhaus, Schloß Sonnenstein, wurde im selben Jahr bei Dresden gegründet. W. Griesinger führte 1845 mit seinem Lehrbuch »Pathologie und Therapie der psychischen Krankheiten« den naturwissenschaftlichen Forschungsansatz in die P. ein. Angesichts des diskriminierenden Umgangs mit dem psychisch Kranken in den Jahrhunderten zuvor wurde die dadurch erreichte Verankerung der P. in der Medizin als entscheidender Fortschritt gewertet. Infolgedessen wurden in den darauffolgenden Jahrzehnten, in denen sich die naturwissenschaftlich ausgerichtete Medizin stürmisch entwickelte, somatomedizinische Störungs- und Forschungskonzepte für die P. besonders attraktiv. Emil Kraepelin ordnete psychische Auffälligkeiten erstmals 1883 zu Krankheitseinheiten. Er führte aber auch das psychologische Experiment ein. Mit der Untersuchung der Wirkung psychotroper Substanzen auf das menschliche Befinden und Verhalten wurde er zum Begründer der Psychopharmakologie (→ Psychopharmaka). Durch seine Beobachtungen auf Java lenkte er erstmals das Interesse auf transkulturelle Aspekte psychischer Veränderungen. Karl Jaspers schuf 1913 mit seiner Allgemeinen → Psychopathologie eine bis heute für wesentlich er-

achtete methodische Grundlage, um die Symptomatologie psychiatrischer Störungen zu beschreiben. Eugen Bleuler führte psychodynamische Überlegungen (→ Psychodynamik) in die Psychopathologie der → Schizophrenie ein (1911). Eine breitere Rezeption der → Psychoanalyse (S. Freud) in der P. kam dagegen noch nicht in Gang, weil die der naturwissenschaftlichen Methode verpflichtete Medizin deren hermeneutischen Ansatz als nicht kompatibel (verträglich) mit ihrem Wissenschaftskonzept einstufen mußte. Die Einführung der Arbeitstherapie durch H. Simon 1929 und die Entwicklung somatotherapeutischer Maßnahmen (die Malariakur zur Behandlung der Syphilis des Gehirns durch Wagner-Jauregg 1917, die Insulinkomabehandlung 1933, die Kardiazolschocktherapie 1934 und die Heilkrampfbehandlung 1938; → Schocktherapien) markierten erste wichtige Schritte, um den bislang vorwiegend kustodialen (verwahrenden) Charakter abzubauen. Ein entscheidender Durchbruch wurde dann die Einführung der modernen Psychopharmaka ab 1953.
Obwohl die P. demnach in der biologischen Forschung und in den biologisch begründeten Behandlungsverfahren einen Schwerpunkt sieht, hat sie in den letzten Jahrzehnten ihre Beziehungen zu verschiedenen psychosozialen Disziplinen immer enger geknüpft und bezieht für sie relevante Erkenntnisse angemessen und ausgewogen ein. So hat sich das Verstehenspotential der Psychoanalyse als wichtig für den Umgang mit dem psychisch Kranken bewährt. Aber auch die Verdienste der Psychoanalyse um die → Psychotherapie in der P. werden als wesentlich anerkannt. Die experimentalpsychologisch fundierte → Psychologie gewinnt durch ihre psychodiagnostischen Verfahren (→ Test), aber vor allen Dingen auch durch die aus ihr hervorgegangenen Psychotherapieverfahren für die Behandlung psychisch Kranker immer größere Bedeutung. Auch die Beziehungen zwischen dem individuellen Kranken und seinem → sozialen Umfeld fanden in den vergangenen 2 Jahrzehnten immer stärkere Beachtung, was in der erstmals systematisch betriebenen sozialpsychiatrischen Forschungsarbeit zum Ausdruck kam (→ Sozialpsychiatrie). Das sich immer mehr differenzierende Angebot der Soziotherapie (→ Sozialtherapie) wirkte sich nicht nur günstig auf die Prognose des individuellen Krankheitsgeschehens aus, es erweiterte für den psychisch Kranken auch die Kompetenz seines Handelns in einer konkreten Gemeinschaft.
Daß die Notwendigkeit umfassender Reformen im Bereich psychiatrischer Versorgung in der Öffentlichkeit anerkannt und schließlich auch politisch unterstützt wurde, darum haben sich die 1958 gegründete → Bundesvereinigung Lebenshilfe für geistig Behinderte und der 1959 entstandene frühere Aktionsausschuß zur Verbesserung der Hilfe für psychisch Kranke sowie der DV Verdienste erworben. Mit der Einsetzung einer Enquête-Kommission hat der Deutsche Bundestag 1971 einen Bericht über die Lage der P. in der Bundesrepublik angefordert (→ Psychiatrie-Enquête). Hieraus ergaben sich für die psychiatrischen Therapiekonzepte folgende Schwerpunktänderungen: Die Entwicklung von → Tages- und → Nachtkliniken, → Übergangseinrichtungen und Patienten-Wohnheimen zwischen dem stationären und dem ambulanten Bereich, eine Bettenreduzierung in den Großkrankenhäusern bei gleichzeitigem Aufbau kleinerer psychiatrischer Akutabteilungen an Allgemeinkrankenhäusern sowie den Ausbau ambulanter Dienste, wodurch die psychosozialen Aspekte der Betreuung besser berücksichtigt werden können (→ Gemeindepsychiatrie). Gleichzeitig wurde auch die Bedeutung der in der P. tätigen nichtärztlichen Berufsgruppen stärker herausgestellt, was zur Gründung der → Deutschen Gesellschaft für Soziale Psychiatrie (DGSP) führte.
Die Diagnostik berücksichtigt alle Faktoren, die seelische Störungen bedingen können. An die Stelle der Suche nach monokausalen Ursachen ist eine mehrdimensionale, multifaktorielle Betrachtungsweise getreten, da körperliche, psychologische und soziale Sachverhalte – wenn auch jeweils mit unterschiedlichem Gewicht – zusammenwirken (= bio-psychosoziales Bedingungsgefüge). Folgende diagnostische Kategorien werden unterschieden: Reversible und irreversible körperlich begründete psychische Störungen, endogene → Psychosen, → Schizophrenie und → manischdepressiver Formenkreis, → Neurosen, → Persönlichkeitsstörungen sowie Mißbrauch- und Abhängigkeitsprobleme (→ Abhängigkeit, → Sucht). Die wesentliche diagnostische Untersuchungsmethode ist das ärztliche Gespräch mit dem psychisch Kranken. Es zielt auf die differenzierte Erfassung psychopathologischer Symptome, die Klärung intrapsychischer → Konflikte und auf die umfassende Erhebung der Lebensgeschichte. Über das in der somatischen Medizin im Vordergrund stehende objektive Beschwerdebild hinaus interessiert auch, wie die seelische Störung vom Patienten selbst, aber auch von seinen Angehörigen erlebt wird. Im diagnostischen Gespräch mit dem psychisch Kranken beginnt auch schon eine therapeutische oder im ungünstigen Fall auch antitherapeutische Beeinflussung. Ebenso wichtig wie die Orientierung der → Gesprächsführung an den Befunden der Interviewforschung (→ Befragung) ist daher auch die Fähigkeit des Untersuchers, durch Einfühlung den Patienten zu verstehen (→ Empathie) und ihm dies auch im Verhalten zu signalisieren (→ Therapeutenvariablen). Der Einsatz standardisierter Selbst- und

Fremdbeurteilungsinstrumente macht die Befunderhebung besser vergleichbar. Das ärztliche Gespräch sollte durch fremdanamnestische Angaben (→ Anamnese) ergänzt werden. Die → Korrelation seines Ergebnisses mit Testbefunden ist für prognostische, rehabilitative und gutachterliche Fragen bedeutsam. Die obligatorische körperlich-neurologische Untersuchung muß durch medizintechnische Zusatzverfahren wie z. B. das Elektroencephalogramm, das Computertomogramm oder das Magnetresonanztomogramm des Kopfes ergänzt werden, wenn ein Verdacht auf eine hirnorganische Schädigung (vgl. → Frühkindliche Hirnschädigung) besteht. Psychiatrische Therapie wird vom Ergebnis der Diagnostik und von der Formulierung des Therapieziels für den einzelnen Patienten bestimmt. Eine individuell und störungsspezifisch gewichtete Kombination pharmakopsychiatrischer, psychotherapeutischer und soziotherapeutischer Maßnahmen ist die Regel. Für ein solches Therapiekonzept haben intersubjektiv überprüfbare Erfahrungen, die an diagnostisch vergleichbaren Patientengruppen gewonnen wurden, Entscheidungscharakter.

Etwa 1% der Bevölkerung konsultiert jährlich einen niedergelassenen Nervenarzt. Er ist meist der Ansprechpartner psychiatrischer Patienten, da die Kapazität vorhandener ambulanter Einrichtungen (Universitätspolikliniken und Ambulanzen an psychiatrischen Fachkrankenhäusern) gering ist. Etwa 150 000 bis 200 000 Patienten werden jährlich in der Bundesrepublik stationär behandelt, wobei es sich bei ca. 50% um Ersterkrankungen handelt. Moderne pharmakopsychiatrische und sozialpsychiatrische Behandlungsmaßnahmen haben es möglich gemacht, die Behandlung mehr in den ambulanten Bereich zu verlagern und die stationäre Verweildauer deutlich abzukürzen. Da der psychisch Kranke meist weniger selbständig ist als der körperlich Kranke, hat sich die koordinierte Zusammenfassung aller Betreuungsmaßnahmen als günstig herausgestellt. Diese gemeindenahe P. faßt die Leistungen psychiatrischer Krankenhäuser, niedergelassener Ärzte, von Übergangseinrichtungen und der psychosozialen Dienste und Beratungsstellen zusammen (→ Komplementäre Dienste und Einrichtungen, → Sozialpsychiatrische Dienste). Wenn alle Patienten in einem definierten Bereich durch diese Organisationsform umfassend betreut werden, wird von einer Sektorisierung der psychiatrischen Versorgung gesprochen. Nach den Erfahrungen mit den Anonymen Alkoholikern erscheint es sinnvoll, daß professionelle Betreuer psychiatrischer und psychosozialer Einrichtungen den Kontakt und nach Möglichkeit eine Kooperation mit solchen → Selbsthilfegruppen suchen, in denen ihre Patienten mitarbeiten.

Im Forschungsbereich hat die zunehmende Entwicklung der P. zu einer vielfältigen Aufgliederung der Arbeitsgebiete geführt, wie sich am Beispiel der psychiatrischen Grundlagendisziplin Psychopathologie demonstrieren läßt. So berücksichtigen moderne Störungskonzepte die Forschungsergebnisse verschiedener psychologischer Disziplinen (→ Entwicklungspsychologie, Persönlichkeitslehre, → Sozialpsychologie, Psychodiagnostik, medizinische Psychologie), der → Verhaltensforschung, der → Tiefenpsychologie, der transkulturellen P. und der Neuropsychologie, welche die Beziehung zwischen Hirnstruktur und Hirnfunktion untersucht. Um objektivierend-quantifizierende Aussagen zu ermöglichen, wird dabei die experimentelle Methodik immer dann eingesetzt, wenn dies angesichts der konkreten Individualität des Patienten möglich ist.

Die biologische P. beschäftigt sich mit der biologischen Ursachenforschung und damit auch den möglichen Wirkfaktoren körperlich-medizinischer Behandlungsmaßnahmen. Neben neuroanatomischen, neuropathologischen und genetischen Forschungsansätzen liegt derzeit ein Schwergewicht im Bereich neurophysiologischer, psychophysiologischer sowie biochemischer und pharmakopsychiatrischer Ansätze. So haben z. B. biochemische Befunde zu den Übertragersubstanzen an den Schaltstellen des Nervensystems und gleichzeitig ablaufende endokrinologische Veränderungen zu wichtigen ätiologischen und therapeutischen Modellvorstellungen (insbesondere auch im Bereich → Sucht) geführt. Schwerpunkte psychiatrischer Psychotherapieforschung sind die Erarbeitung von patientenbezogenen Indikationskriterien (→ Indikation), Evaluationsprobleme (→ Evaluation), familientherapeutische Ansätze (→ Familientherapie) sowie die Entwicklung spezieller verhaltenstherapeutischer Techniken (→ Verhaltenstherapie), die z. B. zur Förderung kognitiver (→ Kognitive Funktionen) und sozialer Bewältigungsstrategien gezielt an experimentell gesicherten Befunden zur Schizophrenie ansetzen. Neben epidemiologischen Fragestellungen gewinnt die sog. Verlaufsforschung, die u. a. auch die nervenärztlichen und die psychosozialen Aktivitäten im ambulanten Bereich systematisch einbezieht, immer größere Bedeutung für praxisrelevante psychiatrische Störungs- und Behandlungskonzepte.

S. a. → Antipsychiatrie.

Lit. Battegay u. a.: Handwörterbuch; Kisker u. a.: Psychiatrie; Peters, U. H.: Psychiatrie; Tölle: Psychiatrie. *Karl Schröder-Rosenstock*

Psychiatrie des Alterns → Gerontopsychiatrie

Psychiatrie-Enquête Am 5. 3. 1970 beantragten Abgeordnete im Deutschen Bundestag (BT), die Bundesregierung mit einer umfassenden Untersuchung über die psychiatrisch-psychohygienische Versorgung der Bevölkerung zu beauftragen (→ Psychiatrie, → Psychohygiene). Am 23. 6. 1971 stimmte das Parlament dem entsprechenden Antrag des zuständigen Ausschusses einstimmig zu. Die BMJFG, Frau K. Strobel, berief daraufhin eine Sachverständigen-Kommission, welche am 31. 8. 1971 konstituiert wurde. Der Kommission gehörten unter dem Vorsitz von Prof. Dr. C. Kulenkampff 19 bis 26 Experten an. Die über 4 Jahre anhaltende Arbeit führte zu analytischen Bestandsaufnahmen und einer Fülle grundsätzlicher Empfehlungen zur Neuordnung der Versorgung → psychisch Kranker und (→ seelisch) Behinderter. In zahlreichen Arbeitsgremien waren schließlich über 120 Personen an der Erarbeitung der sog. P.-E. beteiligt. Im September 1975 wurde der Hauptbericht der Bundesregierung übergeben. Die Unterrichtung des BT durch die Bundesregierung erfolgte noch im gleichen Jahr als »Bericht über die Lage der Psychiatrie in der Bundesrepublik Deutschland zur psychiatrischen und psychotherapeutisch/psychosomatischen Versorgung der Bevölkerung« BTDrucks. 7/4200 und 4201 (→ Psychotherapie, → Psychosomatik). Anfang 1979 wurde der Bericht im BT beraten. Diese sog. P.-E. war einerseits Manifestation des in den politischen Bereich durchbrechenden Reformwillens angesichts unerträglich gewordener Zustände, andererseits ist sie weithin akzeptiert Basis für die noch nicht zum Abschluß gekommene Fortentwicklung der Versorgung psychisch Kranker und Behinderter hierzulande geworden.

Im Zusammenhang mit der Diskussion des Enquête-Berichts im Kabinett beschloß die Bundesregierung, 250 Mio. DM für ein »Modellprogramm Psychiatrie« zur Verfügung zu stellen. Dieses Modellprogramm wurde ab 1980 auf 5 Jahre ausgelegt und bezweckt die praktische Erprobung von extramuralen Versorgungsnetzen. In 14 Modellregionen wurden dementsprechend etwa 125 ambulante, komplementäre (→ Komplementäre Dienste und Einrichtungen für psychisch Kranke/seelisch Behinderte), teilstationäre und rehabilitative → Einrichtungen durch das BMJFG und zu einem geringen Teil durch das BMA (→ Bundesministerium für Arbeit und Sozialordnung [BMA]) über die Länder gefördert. Die wissenschaftliche Begleitung und Auswertung des Programmlaufs wurde der Prognos AG in Zusammenarbeit mit einer Beraterkommission übertragen. Nach weitgehender Fertigstellung des Abschlußberichtes der Begleitforschung wurde Anfang 1987 die Beraterkommission in die personell verstärkte Expertenkommission umbenannt und von der Bundesregierung mit der Ausarbeitung des Empfehlungsbandes beauftragt. Die Geschäftsführung wurde der → Aktion psychisch Kranke übertragen. Die »Empfehlungen der Expertenkommission der Bundesregierung zur Reform der Versorgung im psychiatrischen und psychotherapeutisch / psychosomatischen Bereich auf der Grundlage des Modellprogramms Psychiatrie der Bundesregierung« wurden dem BMJFFG am 11. 11. 1988 übergeben.

Im Auftrag des BMG (→ Bundesministerium für Gesundheit) wurde ferner eine aus Experten der alten und neuen Bundesländer zusammengesetzte Kommission ab Oktober 1990 tätig, welche am 30. 5. 1991 den Bericht »Zur Lage der Psychiatrie in der ehemaligen DDR-Bestandsaufnahme und Empfehlungen« dem BMG aushändigte.
Lit. BMJFFG: Versorgung.

Caspar Kulenkampff

Psychiatrische Institutsambulanzen Psychiatrische → Krankenhäuser sind zur ambulanten psychiatrischen und psychotherapeutischen Behandlung zu ermächtigen; Allgemeinkrankenhäuser mit selbständiger, gebietsärztlich geleiteter psychiatrischer Abteilung können zu dieser ermächtigt werden (§ 118 Abs. 1 SGB V Sozialgesetzbuch [SGB]). Es muß sich um Krankenhäuser handeln, die die mit dem Fach der → Psychiatrie beschriebenen medizinischen Versorgungsaufgaben kompetent abdecken und Kranke mit entsprechendem Krankheitsbild qualifiziert behandeln können. Soweit es sich um Krankenhäuser mit Fachabteilungen handelt, ist erforderlich, daß die eigenständige Abteilung unter gebietsärztlicher Leitung steht. Selbständigkeit in diesem Sinne dürfte einer Abteilung zukommen, wenn sie unter der Leitung eines Arztes steht, der in seinen ärztlichen Aufgaben nicht den Weisungen eines übergeordneten Arztes unterworfen ist, und sie organisatorisch-technisch eine ihrer Versorgungsaufgabe gemäße Ausstattung aufweist. Gebietsärztliche Leitung erfordert, daß der Leiter ein Arzt ist, der berechtigt ist, im Gebiet der Psychiatrie und Psychotherapie aufgrund entsprechender Anerkennung von Gebiets- oder Teilgebietsbezeichnungen tätig zu werden.

Die Ermächtigung zur Teilnahme an der vertragsärztlichen Versorgung erteilt der Zulassungsausschuß (§ 96 SGB V). Voraussetzung der Ermächtigung ist bei psychiatrischen Krankenhäusern der Antrag des Krankenhausträgers. Bei Krankenhäusern mit entsprechender Fachabteilung ist ferner Bedingung, daß aus Sicherstellungsgründen ein Bedarf für die Ermächtigung besteht. In der Ermächtigung ist der Versorgungsauftrag der psychiatrischen Einrichtung unter morbiditäts- und sicherstellungsbezogenen Gesichtspunkten zu konkretisieren (§ 118 Abs. 2 SGB V).

Die Vergütung der Leistungen wird zwischen den Landesverbänden der Krankenkassen und den Krankenhäusern vereinbart (§ 120 Abs. 2 SGB V). Der Vergütungsvertrag bietet die Möglichkeit, die Ermächtigung hinsichtlich weiterer Modalitäten, zum Beispiel hinsichtlich des berechtigten Personenkreises, zu ergänzen. Im Umfang der Teilnahme der psychiatrischen Institutsambulanzen an der kassenärztlichen Versorgung sind Ermächtigungen von Krankenhausärzten nach § 116 SGB V – abgesehen von einer spezifischen Form in der psychiatrischen oder psychotherapeutischen Versorgung – ausgeschlossen. Insoweit geht die institutionelle Teilnahmeform vor. *Werner Gerlach*

Psychisch Kranke Die Erfahrung, krank sein zu können, ist dem Menschen nicht fremd. Bereits das mittelhochdeutsche kranc(k), das schmal, gering und schwach bedeutet, erfaßt den wesentlichen Sachverhalt, der angesprochen ist, wenn jemand als krank bezeichnet wird. Der Begriff »p. K.« bedeutet eine Abgrenzung von dem Begriff »körperlich Kranke«. Noch teilweise bis ins 20. Jh. hinein war für p. K. die Bezeichnung »Irre« geläufig, man unterschied dann »Geisteskranke« von »Gemütskranken«, wobei auch der Begriff »geisteskrank« zunehmend als diffamierend angesehen wurde und inzwischen aufgegeben worden ist. Dennoch sind p. K. auch heute noch dem Verdacht des »Verrücktseins« und damit der → Stigmatisierung und der → Diskriminierung ausgesetzt. Die Begegnung mit p. K. schafft Konfrontation mit Veränderungen im Verhalten und im sozialen Kontakt bis hin zur Aufhebung des Konsens über die Realität in der → Psychose. Oft löst das Erleben von p. K. Befremden, Betroffenheit, Angst und Abwehr hervor. Daraus resultiert die Forderung ausreichender Erfahrung und Selbsterfahrung für die Mitglieder aller therapeutisch beteiligten Berufsgruppen. Eine Polarisierung der Begriffe »p. K.« und »körperlich Kranke« ist mit einem modernen Krankheitskonzept, für das sich die → Psychiatrie (→ Kinder- und Jugendpsychiatrie) und die verschiedenen psychosozialen Fächer (→ Humanistische Psychologie, → Soziologie, → Sozialpsychologie) immer wieder einsetzen, nicht vereinbar. Denn der körperlich kranke Mensch reagiert immer auch mehr oder weniger deutlich psychisch. Obwohl es legitim ist, daß in der Forschung umschriebene Teilaspekte psychiatrischer Störungen untersucht werden, wird man dem Individuum Patient sicher nicht gerecht, wenn man es auf Körperliches, Psychisches oder Soziales zu reduzieren versucht. Der Begriff »p. K.« reflektiert aber die in einer bestimmten historischen Situation notwendigen Bemühungen, die von manchen Psychiatern zu lange und zu wenig differenziert postulierte körperliche Begründbarkeit aller psychischen Auffälligkeiten abzuweisen und gleichzeitig die Bedeutung psychologischer und sozialer Sachverhalte für das Zustandekommen psychiatrischer Störungen zu betonen (vgl. → Psychosomatik). Wenn dieser Begriff den heutigen Erkenntnisstand über die Entstehung psychiatrischer Störungen sachgerecht repräsentieren soll, muß sein wesentlicher semantischer Gehalt beschrieben, daß ein Mensch dadurch von der → Norm abweicht, indem er vorrangig durch Veränderungen des subjektiven Erlebens und des objektivierbaren Verhaltens reagiert (→ Verhaltensauffälligkeit). Für die außerordentlich komplexe, aber auch wichtige Normalitätsdiskussion, die hier nicht geleistet werden kann, erweisen sich neben dem subjektiven und dem medizinischen Krankheitsbegriff soziokulturelle Kriterien und die Einschätzung der für den einzelnen Patienten wesentlichen Bezugspersonen (→ Bezugsgruppe) als hilfreich und gut handhabbar. Konkrete Aufgabe ist jeweils, diagnostisch hinsichtlich aller wichtigen Dimensionen des Bedingungsgefüges einer Normabweichung zu analysieren, warum der betroffene Mensch mit sich und seiner Umwelt nicht mehr zurechtkommt, und warum er übernommene Aufgaben nicht mehr bewältigen kann. Sowohl für diese diagnostische wie auch für die anschließende therapeutische Arbeit erscheint ein Störungsmodell notwendig, das die biologischen und die psychosozialen Ansätze integrieren kann. Es sieht Krankhaftes nicht als etwas Statisches, sondern eher als eine Begrenzung und Labilisierung bestimmter Funktionen. Psychische Gesundheit bedeutet demnach eine Reihe von Sicherungen auch in extremen Situationen, die Möglichkeit zur Expansion und das Eingehen von Risiken. Seelische Krankheit (→ Seelisch Behinderte) heißt dagegen Rückzug, Vermeidung von Risiken und deshalb Verminderung von Freiheitsgraden des Erlebens und Verhaltens. Nicht absolute Meßgrößen bestimmen demnach die Krankhaftigkeit einer Reaktionsweise, sondern ihre mögliche Variabilität in Abhängigkeit von den Anforderungen einer gegebenen Situation.
Lit. Berner: Psychiatrische Systematik; Degkwitz u. a.: Psychisch krank; Dörner, K. u. a.: Psychiatrie/Psychotherapie; Haring: Psychiatrie; Heimann, H.: Psychiatrie.
Karl Schröder-Rosenstock

Psychoanalyse Bezeichnung für ein von S. Freud begründetes Verfahren, das auf drei Ebenen wirksam wird: a) als Untersuchungsmethode von seelischen Vorgängen, b) als Behandlungsmethode neurotischer Störungen (→ Neurose), c) als Gesamtheit psychologischer und psychopathologischer Theoriebildung.

a) Das Ziel psychoanalytischer Einzeltherapie, die Bewußtmachung unbewußt gewor-

dener Interaktionserfahrung, stößt auf → Widerstände, zu deren Überwindung spezielle Techniken entwickelt wurden. Das Liegen auf der Couch soll die → Regression, das Zurückschreiten auf frühere Interaktionserfahrungen, erleichtern und das Einhalten der Grundregel der »freien Assoziation« ermöglichen. Zu Beginn der psychoanalytischen Behandlung wird der Patient aufgefordert, alles mitzuteilen, was ihm durch den Sinn geht, auch Körperempfindungen, Träume oder Gefühle dem Analytiker gegenüber, selbst wenn sie ihm als lächerlich, unsinnig usw. erscheinen.
b) Im Verlauf einer P. werden Gegenwartskonflikte mit aktuellen Bezugspersonen auf Grundkonflikte der Kindheit zurückgeführt, und der Patient wird angeregt, die Wurzeln des Konflikts in der Übertragungsbeziehung zum Therapeuten neu zu durchleben und dabei aufzulösen. → Übertragung meint, daß der Patient Personen, die er in seiner Kindheit als prägend empfunden hat, in der Beziehung zum Psychoanalytiker wiedererlebt, sie auf ihn »überträgt« und im Hier und Jetzt der psychoanalytischen Situation die Gelegenheit hat, sie neu zu verstehen und von ihrer infantilen Bindung zu lösen. Erst wenn frühe Erlebnisweisen nicht nur erinnert, sondern auch emotional nachvollzogen werden, wenn kindliche → Ängste, Fehlerwartungen, naive Anspruchlichkeit oder Traurigkeit und Verzweifeltsein noch einmal erlebt und in die erwachsene, realistischere Perspektive gehoben werden können, findet Einsicht statt, die zu Veränderung führt.
c) Ausgehend von der therapeutischen Anwendung, gelangte die P. zu einer empirisch gewonnenen Aussage über die psychische Entwicklung des Menschen. Das psychoanalytische Persönlichkeitsmodell unterscheidet drei seelische Funktionsbereiche oder Instanzen, das »Es«, »Ich« und »Über-Ich«. Neben dem Sexual- und Aggressionstrieb rechnet S. Freud auch die aus dem Ich im Verlauf des späteren Lebens verdrängten Triebwünsche, → Affekte und Erinnerungen zu den Inhalten des Es, die allesamt unbewußt (→ Unbewußtes) sind. Das Ich hat die Aufgabe, Triebimpulse aus dem Es mit den Anforderungen des Über-Ich und der Realität abzustimmen. Zu den wichtigsten Ich-Funktionen zählen → Wahrnehmung, Erinnern, → Denken, Ausführung motorischer Willkürbewegungen sowie Kontrolle und Abwehr (→ Abwehrmechanismen). Das Über-Ich bildet sich ab dem 3. Lebensjahr durch die Verinnerlichung (→ Internalisierung) elterlicher Gebote und Verbote. Daneben wirken die Eltern auch als Vorbild. So sprach S. Freud vom Ich-Ideal einer Person, das sich am Vorbild der idealisierten Eltern bildet und zum Maßstab für die Selbstbewertung wird (→ Narzißmus). Verstöße gegen das Über-Ich machen sich durch → Schuldgefühle bemerkbar; wird ein Individuum seinem Ich-Ideal nicht gerecht, so erlebt es Scham und Minderwertigkeitsgefühle.

Als völlig neuer Zweig der P. entstand die Gruppen-Analyse oder psychoanalytische Gruppen-Psychotherapie (→ Gruppentherapie), über die Patienten mit unterschiedlichsten psychischen Störungen unter der Bedingung, daß sie an dem → Gruppenprozeß teilhaben, effektiv behandelt werden können. Die Gruppe als Ganzes greift in der Übertragungsbeziehung zum Therapeuten auf entwicklungspsychologisch frühe Interaktionsmuster und -strukturen zurück und bringt diese zur Darstellung. An Bedeutung gewinnt die Familienanalyse, in der die Familiengruppe als Ganzes zum Gegenstand therapeutischer Einwirkung genommen wird (→ Familientherapie). Familientherapeutische Verfahren sind immer dann angezeigt, wenn sich nachweisen läßt, daß die manifeste psychische Krankheit der als Patient angebotenen Person ursächlich bedingt ist durch eine gestörte Interaktion der gesamten familiären Gruppe.

Lit. Freud, A.: Ich; Grotjahn: Analytische Gruppentherapie; Loch: Krankheitslehre; Meltzer, D.: Psychoanalytischer Prozeß; Muck u.a.: Psychoanalyse; Müller-Pozzi: Psychoanalytisches Denken; Simon, F. B. u.a.: Familientherapie; Stierlin: Tun.

Hannelore Barth

Psychodiagnostik → Test

Psychodrama Von J. L. Moreno entwickelte psycho- und sozialtherapeutische Methode, die internationale Verbreitung gefunden hat. Intrapersonale und interpersonelle Konflikte und Probleme werden im P. in → Rollenspielen zur Darstellung gebracht, ihre Ursachen erhellt und Lösungen erarbeitet, unter Anwendung spezieller psychodramatischer Techniken (Doppeln, Monolog, Rollentausch, leerer Stuhl u.a.m.). Das konkrete Handeln in den psychodramatischen Szenen gibt den daran Beteiligten außerdem Gelegenheit, ihren bisherigen Erfahrungsspielraum in bezug auf sich selbst und auf andere zu vergrößern und zu vertiefen. Theoretisch basiert das P. zum einen auf Morenos philosophischer Anthropologie. Nach dieser ist der Mensch von Natur aus zum Handeln bestimmt und kreativ; seine Handlungs- und Gestaltungsmöglichkeiten sind jedoch häufig infolge sozialer und ökonomischer Mißstände verkümmert und müssen wieder entfaltet werden. Daher werden im P. auch Zukunftsvorstellungen und Phantasieszenen gestaltet, um die Kreativität der Mitwirkenden zu erweitern. Zum anderen war Moreno einer der ersten, der das systemische Denkmodell auf die Psycho- bzw. → Sozialtherapie anwandte. Das heißt, er betonte von Anfang an in seinen Publikationen, daß wirksame therapeutische Maßnahmen sich immer darauf rich-

ten müßten, gestörte bzw. pathogene Beziehungen zu behandeln und nicht nur einzelne, die aufgrund derartiger Beziehungen zu Symptomträgern geworden sind (→ Systemischer Ansatz). Moreno hat sich außerdem, was die Theorie des P. anbelangt, intensiv und kritisch mit den Erkenntnissen der → Psychoanalyse auseinandergesetzt, ebenso mit den Erkenntnissen des → Behaviorismus. Das P. ist also eine holistische (ganzheitliche) und komplexe Aktionsmethode. Ihre theoretischen Wurzeln sind Morenos philosophische → Anthropologie, die → System- und Kommunikationstheorie (→ Kommunikation), die → Tiefen-, → Sozial- und Lernpsychologie (→ Lernen). Die Mitwirkenden in P.szenen haben bei ihren Interaktionen die Möglichkeit, sich bislang unbewußte Motive ihres Handelns bewußt zu machen, durch die Identifikation mit anderen neue Handlungsmodelle zu finden, Einsichten in die eigene → Psychodynamik, in funktionale und disfunktionale Sozialstrukturen zu gewinnen sowie bislang unerprobte Handlungsmuster und ihre Wirkungen zu erproben.
Der P.-Therapeut bzw. -Leiter hat die Aufgabe, die Handlungsabläufe mittels spezieller Techniken und Interventionen problemgerecht zu inszenieren.
Anwendungsbereiche des P.: Gruppen- und Einzelpsychotherapie, z.B. bei → Psychosen, → Neurosen, Suchtkrankheiten (→ Sucht/Suchtgefährdung).
Beeinflußt hat das P. im übrigen praktisch alle handlungsorientierten Therapiemethoden (z.B. → Gestalttherapie, → Familientherapie, → Transaktionsanalyse), vor allem durch die Bereitstellung differenzierter aktionaler Techniken.
Das P. bietet auch viele Anwendungsmöglichkeiten im sozialpädagogischen Bereich. Hierbei geht es dann vor allem um die Förderung der Persönlichkeitsentwicklung, der Soziabilität und der Kreativität. Die Zielgruppen für das sozialpädagogische P. sind weit gestreut, sie reichen von Vorschulkindern, die durch Kontaktschwäche und Passivität auffallen, über psychisch und psychisch-körperlich Behinderte bis zu alten Menschen in unserer Gesellschaft. Auch Arbeitslosen, Randgruppen und sozialen Minderheiten bietet das P. bzw. → Soziodrama Möglichkeiten zur Bearbeitung ihrer Probleme, was jedoch, wie beim spezifisch therapeutischen P. voraussetzt, daß ein kompetenter P.-Leiter die jeweilige Gruppe bei der Bearbeitung ihrer Probleme unterstützt.
Effektivität: Die therapeutische bzw. pädagogische Wirksamkeit gezielter Rollenspiele ist experimentell bewiesen, ebenso die Wirksamkeit der tiefenpsychologischen Sicht i.V.m. den Erkenntnissen der System- und Kommunikationstheorie.
Lit. Buer: Philosophie; Leutz: Imagination; Leutz: Psychodrama; Moreno: Psychodrama; Moreno: Soziometrie; Moreno u.a.: Gruppenpsychotherapie; Petzold: Psychodrama; Schützenberger: Rollenspiel; Shaffer u.a.: Gruppenmodelle; Smilansky: Rollenspiel; Straub: Klinik; Straub: Psychodrama; Straub: Therapieform; Yablonsky: Psychodrama; Zeintlinger: Therapie.
Helga Heika Straub

Psychodynamik bezeichnet das Mit- oder Gegeneinanderwirken von Kräften in der Seele, wie z.B. bewußte oder unbewußte Ambivalenzkonflikte zwischen Liebe und Haß.
S. Freud führte zur Charakterisierung des → Unbewußten dessen Dynamik ein. Wesentlich sind unbewußte, dynamisch wirksame Kräfte, wie z.B. Wünsche und Erinnerungen, die ins → Bewußtsein vordringen möchten, jedoch von der gleichzeitig unbewußt wirksamen Abwehr im Unbewußten gehalten werden (→ Abwehrmechanismen). Beispiel: Ein ehemals bewußter infantiler Wunsch, vom Vater ein Kind zu bekommen, scheitert am Inzestverbot, wird abgewehrt, bleibt – falls unbehandelt – bis ins Erwachsenenalter unbewußt wirksam. Hierbei handelt es sich um einen unbewußt gewordenen → Konflikt zwischen Triebwunsch und Über-Ich-Verbot. Die Dynamik unbewußt wirksamer Konflikte wird im Individuum in dessen Träumen oder Symptomen sichtbar.
In der psychoanalytischen Behandlung (→ Psychoanalyse) kommt die Dynamik des Unbewußten in der → Übertragung zum Ausdruck und kann so zum Gegenstand der Behandlung gemacht werden.
Unbewußte Konflikte des Individuums werden auch in Paarbeziehungen wirksam. Sie zeigen sich u.a. in einer unbewußt motivierter neurotischer Partnerwahl, die das Entwicklungspotential einer Ehe beeinträchtigt (→ Eheberatung). Blancks Paartherapie, orientiert an unbewußten Trieb-Abwehr-Konflikten oder Konflikten aus der Loslösungs- und Individuationsphase (→ Ablösung, → Individuation), konzentriert sich auf das Aufeinanderwirken individueller Konflikte in der Paarbeziehung. Die Partner werden konsequent in Einzeltherapie behandelt.
Richter befaßt sich mit der Familiendynamik, untersucht pathogene Familienstrukturen oder Rollenzuschreibungen an Kinder zur Konfliktentlastung der Eltern. Wesentlich ist der Familienkontakt, die gestörte bewußte → Kommunikation, die durch ineinander verzahnte unbewußte Konflikte der Familienmitglieder aufrechterhalten wird. Bei der → Familientherapie ist der Patient die Familie selbst.
Lit. Blanck, R. u.a.: Ehe; Freud, S.: Hysterische Phänomene; Freud, S. u.a.: Hysterie; Richter, H.E.: Eltern; Richter, H.E.: Familie.
Ursula Palzer

Psychohygiene ist ein Teilgebiet der angewandten → Psychologie und → Psychiatrie. Sie hat ein dreifaches Ziel: a) Verhütung von psychischen Krankheiten und Störungen sowie Erhaltung der seelisch-geistigen Gesundheit. b) Verbesserung der Behandlung, der Pflege und der → Rehabilitation → psychisch Kranker. c) Aufklärung der Öffentlichkeit über die Bedeutung psychischer Anomalien besonders im Bereiche der Erziehung, Wirtschaft, im Berufsleben oder auch auf dem Gebiete der Kriminalität (z. B. Süchtige, Triebtäter u. ä.); ferner beabsichtigt sie eine Erziehung der Bevölkerung zu einem humaneren Umgang mit psychisch Gestörten.
Verhütung von → Psychosen, → Neurosen, → Drogenabhängigkeit und → Kriminalität wird durch psychiatrische, psychologische, pädagogische und sozialarbeiterische Maßnahmen angestrebt und Einfluß auf die → Sozialpolitik gesucht. Diese »prohibitive P.« oder »Psychoprophylaxe« bildet das Hauptziel einer »positiven« P. Als »negative« P. wird dagegen die Forderung der Therapie psychisch Gestörter und ihre Wiedereingliederung in eine hilfsbereite und tolerante Gesellschaft bezeichnet.
Historisch wurde zu allen Zeiten in den Hochkulturen die Bewahrung geistig-seelischer Gesundheit als Aufgabe wahrgenommen. Für Deutschland legte neben Hufeland der Wiener Arzt E. von Feuchtersleben (Zur Diätetik der Seele, 1848) Grundlagen für eine P. im 19. Jh. Der Gießener Psychiater R. Sommer (1864–1937) gründete den ersten deutschen Verband für P. In den USA kam es durch C. W. Beers, der als genesener Kranker eine Heilungsgeschichte schrieb (»A Mind That Found Itself«, 1908), zur Begründung der »Mental Hygiene«-Bewegung. Seit 1948 sind die nationalen, die P. fördernden Vereinigungen in der World Federation for Mental Health (WFMH) zusammengefaßt (→ Psychosoziale Gesundheit).
Lit. Brezina u. a.: Hygiene; Meng: Psychohygiene; Pfister-Amende: Psychohygiene; Tramer: Psychohygiene.

Herbert Viefhues

Psychologie Die Psychologen stimmen weitgehend darin überein, das Jahr 1879, in dem W. Wundt (1832–1920) an der Universität Leipzig das erste psychologische »Laboratorium« gründete, als »Geburtsjahr« einer eigenständigen P., die sich von der Philosophie löste, anzusehen. In den Jahrzehnten danach entstanden jene Hauptrichtungen der P., die sich heute in der Vielfalt psychologischer »Modelle« erkennen lassen: das biopsychologische Modell, das behavioristische Modell, das psychodynamische Modell (dem die Tiefenp. mit ihren verschiedenen Richtungen zuzuzählen ist), das kognitive Modell (dem man die Gestaltp. zuordnen kann), das humanistische Modell, sowie – beschränkt auf Deutschland – das Forschungsprogramm Subjektive Theorien und die Kritische P. Obwohl noch keine Einigung in bezug auf den Gegenstand der P. erreicht worden ist, kann als brauchbarste, mit derzeitigen wissenschaftlichen Erkenntnissen am besten in Einklang stehende, freilich auch umfassendste Definition von P. diejenige des Gestaltpsychologen Metzger (1899–1979) gelten: Er bestimmt P. als »die Wissenschaft vom Erleben und Verhalten von Lebewesen und von der Eigenart ihrer Welt, soweit diese ... auf Eigentümlichkeiten ihrer eigenen Natur zurückzuführen ist und sofern ihr besonderes Verhalten nur im Rahmen der ihnen jeweils zugeordneten Welt verständlich wird« (Metzger, S. 142).
Als Aufgaben der P. können Beschreiben, Verstehen, Erklären und u. U. auch Beeinflussen von Erleben, Verhalten und erlebter Welt von Lebewesen verstanden werden. Die P. erfüllt ihre Aufgabe indessen nicht, solange sie sich mit unverbindlichen Deutungen zufrieden gibt. Vielmehr muß nach Metzger jede Vermutung auf ihre Stichhaltigkeit geprüft werden. Denn die P. strebt wie jede Wissenschaft danach, »den Zusammenhang der Erscheinungen ihres Sachgebietes als innerlich notwendig zu verstehen« (Metzger, S. 142). Methoden der P. sind in erster Linie die verschiedenen Formen von → Beobachtung und Befragung, das Experiment sowie standardisierte und nicht standardisierte → Tests.
P. ist für die → Sozialarbeit von grundlegender Bedeutung. Denn ohne genaue Kenntnis des menschlichen Verhaltens bestimmenden funktionalen Zusammenhänge ist es unmöglich, Menschen dazu zu verhelfen, ihr Erleben und Verhalten in einer für sie selbst und ihre Mitmenschen sinnvollen Weise zu steuern. Dafür nur die in einigen Teilgebieten der P. wie z. B. → Sozialpsychologie, → klinische Psychologie, → Psychopathologie, Motivationsp. (→ Motivation) und P. des → Lernens gewonnenen Erkenntnisse nutzen zu wollen, wäre sicherlich zu eng. Letzten Endes kommen nahezu sämtliche Teilgebiete der P. für die Anwendung ihrer Erkenntnisse in der Sozialarbeit in Frage.
Womit sich Psychologen befassen, entnimmt man am besten psychologischen Wörterbüchern oder Lehr- und Handbüchern der P. Hier soll lediglich eine Aufzählung wichtiger Forschungs- und Anwendungsgebiete ohne Anspruch auf Vollständigkeit gegeben werden: Die Allgemeine P. befaßt sich mit den Methoden der P. und untersucht → Wahrnehmung, → Denken, Lernen, → Gedächtnis, → Emotion und Motivation, wobei sie von Unterschieden zwischen Individuen und Gruppen zugunsten allgemeiner Bedingungs- und Funktionszusammenhänge absieht. Im Unterschied dazu sind die Besonderheit des einzelnen, Unterschiede zwischen Individuen und zwischen

Gruppen sowie die Entstehung dieser Unterschiede Thema der Differentiellen P. Außerdem sind noch zu nennen: → Entwicklungspsychologie, Persönlichkeitsp., Psychodiagnostik, Ausdrucksp. (Mimik, Gestik, Pantomimik, Stimmlage, Sprechweise, Schrift), Sozialp., Organisationsp., Kulturp., Völkerp., Religionsp., → pädagogische Psychologie, klinische P. (Diagnostik, Beratung, Therapie), Psychopathologie, medizinische P., Pharmakop., physiologische P. (die Untersuchung der Zusammenhänge zwischen körperlichem und seelischem Geschehen), Arbeitsp., Berufsp., Betriebsp., Wirtschaftsp., forensische und Kriminalp., politische P., Sportp. und Wehrp.
Lit. Dorsch: Wörterbuch; Legewie u. a.: Psychologie; Zimbardo: Psychologie.
Peter Moltke

Psychologie des Jugendalters → Jugendalter

Psychologie des Kindesalters → Kindesalter

Psychologischer Test → Test

Psychomotorik Bezeichnung für die Gesamtheit der Bewegungen und Haltungen, die durch psychische Vorgänge reguliert werden. In seiner Grundbedeutung zielt der Begriff auf die psycho-somatische Einheit des Menschen hin: motorische Abläufe werden als sichtbarer Ausdruck psychischen Geschehens aufgefaßt und stellen somit einen psychodiagnostisch verwertbaren Zugang zum Erleben und zur Persönlichkeitsstruktur eines Menschen dar. Ausdrucksträger sind hierfür insbes. Mimik, Gestik, Sprechweise, der Gang sowie Schreibbewegungen. Die P. ist abhängig vom Konstitutionstyp, dem Geschlecht und dem Alter eines Menschen.
Neben dem Ausdrucksaspekt der P. ist die sog. Leistungsmotorik von Bedeutung. Hier stehen Fragen der Koordination, Gelenkigkeit, Genauigkeit und Schnelligkeit der individuellen Bewegungsabläufe im Vordergrund des Interesses. Mit Hilfe motorischer → Tests lassen sich Aussagen über die Eignung für einen bestimmten Arbeitseinsatz machen.
Die P. kann auf vielfältige Weise durch psychische Erkrankungen oder Verletzungen des Gehirns beeinträchtigt werden. So zeigt sie sich z. B. bei manischen Zuständen beschleunigt (→ Manie), während sie in Fällen von Bewußtseinstrübung verlangsamt ist.
P. kann auch als methodisches Prinzip jeder Erziehung und Entwicklungsförderung verstanden werden. Durch Bewegungs- und Wahrnehmungserfahrungen werden elementare Lernprozesse in Gang gesetzt. Der Wissenschaftsbereich, der sich schwerpunktmäßig hiermit befaßt, wird als → Motologie bezeichnet. *Wilfried Reifarth*

Psychopathologie Der Begriff P. ist zusammengesetzt aus den griechischen Wörtern Psyche (Seele), Pathos (Krankheit, Leiden) und Logos (Lehre, Wissenschaft). P. ist also die Lehre von den Krankheiten der Seele, genauer gesagt von der bei psychisch kranken Menschen (→ psychisch Kranke) veränderten Seele.
Deswegen ist das Grundanliegen der allgemeinen P., menschliche Erlebnis- und Verhaltensweisen zu beschreiben, Phänomene der Abweichungen (→ abweichendes Verhalten) aufzuzeigen und über eine Symptomenlehre Krankheiten zu definieren. Dabei geht es nicht darum, Aussagen über das Wesen und die Ursachen psychischer Erkrankungen zu machen, sondern eine Gliederung der (krankhaften) psychischen Vorgänge vorzunehmen. Gegenstand der P. im einzelnen sind daher Störungen des → Bewußtseins, des → Denkens, der Orientierung, des Zeiterlebens, des → Gedächtnisses und der → Erinnerung, Störungen der Affektivität (→ Affekt,), der → Intelligenz, des Antriebs, des Wahrnehmens (→ Wahrnehmung) und Erkennens sowie Triebstörungen.
In Abgrenzung zur allgemeinen P. sucht die spezielle P. nach dem Regelhaften bei einzelnen Krankheitsbildern. *Manfred Bauer*

Psychopharmaka sind medizinische → Heilmittel, welche die Psyche des Menschen zu beeinflussen vermögen. Durch ihre Wirkung auf den Ablauf hormoneller, nervöser und hirnorganischer Funktionsabläufe im Menschen vermögen sie in ihm unterschiedliche Wahrnehmungs-, Gefühls- und körperliche wie psychische Handlungsabläufe zu verändern. Sie dienen primär der Wiederherstellung der geistigen und körperlichen → Gesundheit des Menschen, werden jedoch in zunehmendem Maße als Suchtmittel (→ Sucht/Suchtgefährdung, → Arzneimittelmißbrauch) mißbraucht. Alle P. haben zusätzlich Nebenwirkungen, die z. B. die Aufmerksamkeitsspannung verringern (Straßenverkehr), die aber auch körperliche Schädigungen hervorrufen, deshalb ständiger ärztlicher Kontrolle bedürfen. Ihre Wirkungen und Nebenwirkungen sind individuell sehr verschieden. Unsachgemäßes Einnehmen und Absetzen der Medikamente kann zu schweren psychischen Krisen führen.
In der psychiatrischen und tierexperimentellen Forschung dienen sie der Untersuchung psychophysiologischer Vorgänge im Menschen und der Beeinflussung seiner psychischen Erkrankungen.
Die Vielzahl der auf dem Markt vorhandenen P. läßt sich in wenige Wirkgruppen unterteilen:

a) Neuroleptika: Hauptanwendung bei unruhig erregten und unter inneren Spannungen leidenden psychotischen Patienten (→ Psychose). Erst in den 50er Jahren entwickelt, wurden sie zur wichtigsten Hilfe auf dem Weg zur Humanisierung und Verkleinerung psychiatrischer Anstalten. Bei fehlendem bzw. unzureichendem Einsatz psychotherapeutischer Maßnahmen (→ Psychotherapie, → Therapeutische Gemeinschaft, Nachsorgesysteme) halten sie den Patienten in dumpfer → Abhängigkeit (»innere Zwangsjacke«). Bis zu 30% neuroleptisch behandelter Patienten zeigen irreversible Spätschäden. Deshalb gibt es eine zunehmende Tendenz zur Reduktion von Neuroleptika in der Psychiatrie. In der übrigen Medizin existiert weiterhin ein umstrittener Einsatz niedrigdosierter Neuroleptika. Bei unzureichender psychosozialer Betreuung, bei beruflichen oder familiären Spannungen sowie bei nicht reduzierbaren inneren Spannungen ist eine längerfristige Neuroleptika-Behandlung notwendig, um die erneute stationäre Behandlung zu vermeiden.
b) Antidepressiva: Medikamente zur Behandlung der → Depressionen, erfolgreich vor allem bei schweren endogenen Depressionen. Wirkungen: vor allem angstlösend, beruhigend, krankhafte innere Spannungen reduzierend, antriebssteigernd, stimmungshebend. Je nach Ausprägungsart der Depression werden Medikamente mit mehr beruhigender oder mit mehr antriebssteigernder Wirkung eingesetzt.
c) Tranquilizer: Im 19. Jh. Name für einen »Zwangsstuhl« in der Psychiatrie für erregt unruhige Patienten. Heute am häufigsten verschriebenes P. für eine zunehmende Anzahl von Patienten und Anwendungsbereichen: bei psychosomatischen Erkrankungen (→ Psychosomatik), Schlafstörungen sowie jeder Form von innerer Unruhe und Unbehagen. Mißbrauch der Antidepressiva und der Tranquilizer vor allem durch Langzeit- und Dauerbehandlung zur Reduzierung und Ausschaltung geringster innerer Spannungen, damit Verhinderung menschlicher Entfaltungs- und Empfindungsmöglichkeiten. Ergebnis: zunehmende Lebensunlust; Sucht; Suizidgefahr. Suchthafte Abhängigkeit von Tranquilizern kann sich bereits nach drei bis sechs Wochen einstellen.
d) Schlafmittel gehören zur Gruppe der Narkotika mit ihren segensreichen, schmerzlindernden und Operationen ermöglichenden Wirkungen. In der Langzeit-Selbstbehandlung Sucht.
e) Stimulantien dienen kurzzeitiger Erlebnis- und Leistungssteigerung. Wegen der großen Sucht- und Psychosegefährdung weitgehend aus dem Verkehr gezogen.
f) Halluzinogene sind die ältesten → Drogen des Menschen. Sie wurden bereits vor 5000 Jahren als medizinisch-magisch wirksame Substanzen, zur Beruhigung und Behandlung psychosomatischer Störungen, vor allem zur Erzeugung religiös-ekstatischer Ausnahmezustände angewandt. Sie vermögen den Psychosen vergleichbare → Halluzinationen hervorzurufen und wurden experimentell zur Erzeugung von Modell-Psychosen sowie in der → Psychoanalyse benutzt. Wegen der erheblichen Psychose- und Suchtgefährdung weitgehend Beendigung dieser Versuche.
Lit. Benkert, O.: Pharmakotherapie; Faust, V.: Psychopharmaka; Finzen, A.: Medikamentenbehandlung; Spiegel, R.: Psychopharmakologie; Voß, R.: Rezept.
Alfred Drees

Psychose Tiefgreifende seelische Krankheit, auch Geisteskrankheit. Unscharfer, nicht exakt definierter Oberbegriff für eine Reihe seelischer Krankheiten, bei denen die Beeinträchtigung psychischer Funktionen ein solches Maß erreicht hat, daß dadurch Einsicht und Fähigkeit gestört sind, einigen der üblichen Lebensanforderungen zu entsprechen. Der Realitätsbezug ist eingeschränkt. Weil der P.begriff sowohl dimensionale (Symptomatik, Schweregrad) als auch kategoriale (Krankheit) und systematische (Diagnose) Anteile enthält, verzichtet etwa das DSM-III-R » Klassifikationssysteme für psychische Störungen) praktisch auf seine Anwendung, während er in der europäischen Nomenklatur trotz seiner Vieldeutigkeit noch im Schwang ist. So steht er etwa abgrenzend für → Syndrome hirnorganisch begründbarer Krankheiten (Exogene P.) den → Neurosen gegenüber. Während bei Neurosen psychodynamische und innerseelische Konflikte im Vordergrund stehen, sieht man bei den P. stärker die Störung der Hirnphysiologie einschließlich genetischer Momente. Seit jedoch die Einsicht an Boden gewonnen hat, daß psychische Krankheit so allemal multikonditional bedingt, schwindet die Notwendigkeit solcher Gegenüberstellung. Der P.begriff kann dann eigentlich nur ein Mehr an hirnorganisch geprägtem gegenüber psychodynamisch bestimmtem, umreißen. Auch für die sog. endogenen P., die Krankheiten aus dem schizophrenen Formenkreis (→ Schizophrenie) oder die aus dem → manisch-depressiven Formenkreis, bei denen bisher nicht eindeutig hirnorganisch pathologisches Geschehen als Ursache gesichert ist, müssen mit hoher Wahrscheinlichkeit vielfache Faktoren verantwortlich gemacht werden, so daß am Ende der P.begriff keine qualitative, sondern nur eine Aussage zum Schweregrad der Störung bleibt. Aus dem Gesagten geht hervor, daß für den P.begriff erhebliche Abgrenzungsschwierigkeiten bestehen. Kriterien für eine P., wie mangelnde Verstehbarkeit, mangelnde Kommunikationsfähigkeit, vorhandene Krankheitsuneinsichtigkeit und mangelnde Fähigkeit zur sozialen Anpassung, sind relativ und geben Raum für viele Mischformen.
Gerhard Irle

Psychosomatik Der Begriff P. wird in unterschiedlichem Bedeutungsumfang gebraucht.
1. Zunächst bezeichnet er in seinem klassischen, engeren Sinne ein Teilgebiet der Medizin, das sich mit einer umgrenzten Anzahl von Krankheitsbildern beschäftigt. Bei diesen Krankheiten treten – im Unterschied etwa zu → Neurosen – i. d. R. nachweisbare pathologische Organveränderungen auf, für ihre Genese werden jedoch auf dem Hintergrund genetisch bedingter somatischer Reaktionsbereitschaft psychische Prozesse entscheidend mitverantwortlich gemacht (→ Somatisierung). Das Vorliegen spezifischer Konfliktkonstellationen für jede solcher Erkrankungen ist umstritten. Heute wird eher eine allgemeine psychosomatische Persönlichkeitsstruktur bzw. eine Ätiologie aufgrund psychischer Defekte diskutiert. In diesem Sinne sollen viele psychosomatische Patienten klinisch durch ihre Unfähigkeit, Zugang zu ihren Gefühlen, Ängsten und Wünschen zu finden und diese in Worte zu kleiden, sowie durch ihre Phantasielosigkeit beeindrucken.
Entsprechend der psychischen (Mit-)Verursachung von Psychosomatosen ist eine psychotherapeutische (Mit-)Behandlung angezeigt. Diese ist denkbar im Rahmen eines stationären Aufenthaltes, als ambulante → Psychotherapie oder auch als psychologische Betreuung durch einen entsprechend orientierten Hausarzt.
2. Ein moderner, weiter gefaßter Begriff von P. bezeichnet eine ganzheitliche Betrachtungsweise des kranken Menschen, die über die übliche, ausschließlich organische Medizin hinausgeht. Selbst wenn eine Erkrankung rein somatischen Ursprungs sein sollte, findet das Krankheitsgeschehen und das Krankheitserleben des Patienten doch in einem psychosozialen Feld statt und kann für ihn und seine unmittelbare Umgebung tiefgreifende psychische Konsequenzen haben. Dies gilt besonders für chronische Krankheiten, von denen ein ständig wachsender Prozentsatz aller Patienten betroffen ist. Veränderungen ergeben sich für die Betroffenen etwa am Arbeitsplatz (bis hin zu Umschulung und frühzeitiger Berentung), in Partnerschaft und → Familie (wo z. B. die vertraute Rolle als Ehepartner oder Elternfigur nicht mehr ausgefüllt werden kann) oder im Freundeskreis (von dessen Aktivitäten man vielleicht ausgeschlossen bleibt). Neben der Notwendigkeit, einen beträchtlichen Teil seines Alltagslebens umzustellen, wären subjektive Gefühle der Deprimiertheit, der latenten Aggressivität, der Gekränktheit und des Neides auf Gesunde zu bedenken.
Entsprechend diesem umfassenden bio-psycho-sozialen Verständnis von Krankheit und Genesung wird das therapeutische Angebot internistischer und psychotherapeutischer Art mehr und mehr ergänzt von Paar- und → Familienberatung (→ Eheberatung) sowie von → Selbsthilfegruppen der Betroffenen.
Lit. Bräutigam, W. u. a.: Psychosomatische Medizin; Neun: Einrichtungen; Overbeck: Krankheit; Uexküll: Psychosomatische Medizin. *Jürgen Matzat*

Psychosoziale Arbeitsgemeinschaften (PSAG) Ausgehend von der Überlegung, daß die Planung einer verbesserten, insbes. gemeindenahen psychosozialen Versorgung der stärkeren Koordination und Kooperation der daran beteiligten Dienste bedarf (→ Gemeindepsychiatrie), haben sich seit den 70er Jahren vielerorts PSAG gebildet. Das »Konzept PSAG« wurde auch als Empfehlung in die → Psychiatrie-Enquête (1975) aufgenommen. Dabei nennt die Enquête als die wesentlichen Aufgaben der PSAG: 1. den (institutionsüberschreitenden) Erfahrungsaustausch der Mitarbeiter, 2. wechselseitige, fachliche und institutionelle Unterstützung (bei Konflikten: fachlich orientierte Vermittlung), 3. gemeinsame Fort- und Weiterbildungsaktivitäten.
Einige PSAG sind im Zusammenhang mit dem Modellprogramm Psychiatrie entstanden; die Beraterkommission hatte zur Bedingung gemacht, daß in allen Modellregionen eine PSAG existieren muß. Unabhängig von Anlaß und Zeitpunkt der Gründung sind Trägerschaft, Organisationsstruktur und Selbstverständnis der PSAG sehr unterschiedlich. Während viele PSAG in eigener Trägerschaft ohne Zuschüsse agieren, andere mit Zuschüssen (etwa – so in Darmstadt – für eine Geschäftsstelle), gibt es (insbes. in Bayern) PSAG, die direkt den → Gesundheitsämtern unterstellt sind.
Lit. Bundesvereinigung für seelische Gesundheit: Psychosoziale Arbeitsgemeinschaften; Kuratorium Deutsche Altenhilfe: Kreisaltenplan; Richter, H. E.: Psychosoziale Arbeitsgemeinschaft; Weber, C. u. a.: Psychosoziale Arbeitsgemeinschaft.
Thomas Mörsberger

Psychosoziale Diagnose → Diagnose

Psychosoziale Dienste → Gemeindepsychiatrie

Psychosoziale Gesundheit beschreibt den nichtkörperlichen Bereich der → Gesundheit, die nach neuerem Verständnis neben der körperlichen Dimension auch die geistig-seelische (psychische) und die soziale einschließt. Zwischen diesen Bereichen bestehen ständige Wechselwirkungen und gegenseitige Beeinflussungen. Der Förderung der p. G. (→ Psychohygiene) dienen eine Reihe von Verbänden, Einrichtungen und Gruppen mit unterschiedlicher Zielsetzung und differenzierten Arbeitsansätzen. Als Zusammenschluß dieser Interessen ist das »Deutsche Nationalkomitee für seelische

Gesundheit« in der World Federation for Mental Health (WFMH) anzusehen.
Ziele sind
– der Vorrang der → Prävention (primäre Prävention = Verhinderung des Erstauftretens einer psychischen Störung; sekundäre Prävention = Früherkennung und Frühbehandlung von psychischen Störungen zur Verkürzung der Erkrankungsdauer; tertiäre Prävention = Verminderung oder Milderung von chronischen Auswirkungen psychischer Störungen);
– die Berücksichtigung des Zusammenhanges von Primärprävention und Umweltfaktoren;
– die Förderung des Selbsthilfepotentials von Individuen, Familien, Nachbarschaft und anderen Gruppen in der Gesellschaft (→ Selbsthilfe);
– die dauerhafte Sicherung p. G.;
– die Berücksichtigung der körperlich-seelisch-sozialen Einheit menschlicher Gesundheit, so daß die Maßnahmen von interdisziplinären Teams (→ Therapeutisches Team) durchzuführen sind. Gleichgewichtig ist das Prinzip der bürger- und gemeindenahen Organisation (→ Gemeindepsychiatrie) präventiver Dienste anzuwenden.
Heinz Bialonski/Rainer Hoehne

Psychotherapie ist die Einflußnahme mittels psychologischer Methoden auf Verhaltensweisen und Erlebenszustände, die beim Betroffenen → Leidensdruck entstehen lassen und von ihm wie auch vom Therapeuten als behandlungsbedürftig angesehen werden (Ausnahme: Zwangsbehandlungen). Die Methoden sollen sich einem psychologischen Theoriensystem »normalen« und »pathologischen« Verhaltens begründen lassen und in einer entsprechenden Ausbildung vermittelt werden. P. kann ambulant erfolgen oder stationär.
Indikation für P. liegt vor allem bei neurotischen, psychosomatischen und psychotischen Erkrankungen vor (→ Neurose, → Psychose, → Psychosomatik). Zunehmend werden psychotherapeutische Hilfen jedoch auch in Anspruch genommen bei der Krankheitsverarbeitung von organischen Leiden, Operationsfolgen etc., etwa im Rahmen von Rehabilitations- oder Kurmaßnahmen.
Die klassische und wohl zugleich bekannteste Form der P. ist die → Psychoanalyse. Aus der psychoanalytischen Standardmethode, wie sie von S. Freud erarbeitet und gelehrt wurde, haben sich verschiedene Varianten entwickelt, die sämtlich auf der psychoanalytischen Theorie fußen und psychoanalytische Techniken benutzen, aber in Dauer, Sitzungsfrequenz, Arrangement, Anzahl der beteiligten Personen und Gegenstand der Behandlung von ihr abweichen.
Mehr oder weniger in Ab- oder Anlehnung an die Psychoanalyse sind vor allem von Psychologen zahllose nicht-analytische Verfahren entwickelt worden. Darunter nehmen nach Verbreitung, theoretischer Fundierung und wissenschaftlicher Anerkennung die → Verhaltenstherapie, → Gesprächsp., neuerdings auch die → Familientherapie, Sonderstellungen ein. Vor allem zwischen Verhaltenstherapie und Psychoanalyse hat ein langer Schulenstreit getobt, der mittlerweile jedoch an Aktualität verloren hat. Auch die Versuche, herauszuarbeiten, welche Therapieform für welche spezielle Erkrankung am wirkungsvollsten ist (»differentielle Indikation«), sind weitgehend gescheitert.
Statt dessen gibt es Bemühungen, allgemeine Wirkfaktoren von P. zu analysieren (vgl. z. B. Grawe) und zu integrativen Therapieansätzen zu kommen. Viele Therapeuten verwenden heute schon in ihrem praktischen Vorgehen Elemente verschiedener Therapierichtungen, auch wenn sie nach außen als Vertreter nur einer Schule gelten.
Ein weiterer Trend geht dahin, psychotherapeutische Einflußnahme nicht länger nur auf einzelne Patienten auszuüben, sondern Paare (vgl. z. B. Willi), Familien (vgl. z. B. Richter), Gruppen (→ Gruppentherapie) oder gar Institutionen (→ Inservice-Training, → Institutionsberatung; vgl. z. B. Fürstenau) zu beraten. Dieses Vorgehen trägt zum einen neueren Erkenntnissen über die Entstehung psychischer Störungen im sozialen Kontext Rechnung, zum anderen nutzt es die gesunden, ja therapeutischen Potentiale dieser Gruppierungen. Die Aktivierung gesunder Persönlichkeitsanteile, von jeher ohnehin wichtiger Bestandteil jeglicher P., findet ihre konsequenteste Nutzung in Form psychotherapeutischer → Selbsthilfegruppen (Moeller), zu denen sich Betroffene ohne Therapeuten zusammentun, um als eigenständige Gesprächsgruppen an ihren Problemen zu arbeiten.
Neben den oben genannten, allgemein als seriös anerkannten Therapieformen hat in den letzten Jahren der sog. »Psycho-Boom« eine nicht mehr überschaubare Welle von teilweise sehr exotischen Verfahren nach Europa geschwemmt. Viele dieser XY-Therapeuten verdienen gutes Geld an nichtsahnenden Patienten, an Menschen, die ohne eigentlichen Leidensdruck ihren persönlichen Selbst-Erfahrungshorizont erweitern wollen oder einfach einem modischen Trend folgen. Anderseits sind fruchtbare Kritik und neue Ideen oft genug von Außenseitern ausgegangen.
Eine Klärung wird seit vielen Jahren von einem »Psychotherapeutengesetz« erhofft, das den Zugang zu diesem Beruf regeln und Ausbildungsstandards garantieren sollte (s. Meyer, A.-E. u. a.). Danach müßten die Krankenkassen für P. durch entsprechend ausgebildete Diplom-Psychologen aufkommen, was bisher im Rahmen kassenärztlicher Vereinbarungen weitgehend ärztlichen

Psychotherapeuten und Psychoanalytikern vorbehalten bleibt, während an niedergelassene Psychologen die Patienten häufig privat bezahlen müssen.
Der Zugang zur P. scheitert jedoch vielfach weniger an der Finanzierungsfrage als am → Widerstand der Patienten.
Lit. Fürstenau: Theorie; Grawe u.a.: Psychotherapie; Meyer, A.-E. u.a.: Forschungsgutachten; Moeller: Selbsthilfegruppen; Richter, H. E.: Familie; Thomä: Lehrbuch; Willi: Therapie. *Jürgen Matzat*

Pubertät Im deutschen Sprachgebrauch oft gleichbedeutend mit → Jugendalter, Reifezeit, → Adoleszenz – der Altersabschnitt zwischen Kindheit (bis 11/12 J.) und Erwachsensein (ab 21/24 J.). In dieser Zeit werden in unserer Kultur neben der Fähigkeit zur Fortpflanzung die wesentlichen gesellschaftlichen und seelisch-geistigen Orientierungen der → Persönlichkeit erworben.
I.e.S. als physische P. ist die hormonale Umstellung des Körpers gemeint, die zur Ausbildung der sekundären Geschlechtsmerkmale führt, die Ausreifung der genitalen → Sexualität bis zur Fortpflanzungsfähigkeit steuert und bei sehr uneinheitlichen Altersspannen in einer recht stabilen Reihenfolge bestimmte körperliche Veränderungen verursacht (Ausubel, S. 86 ff.).
Bei Mädchen: Längenwachstum, Entwicklung der Brust, glattes Schamhaar, jährliche Wachstumsschübe, Kräuselung des Schamhaares, Menstruation, Achselbehaarung.
Bei Jungen: Längenwachstum, Entwicklung der Keimdrüsen, glattes Schamhaar, erster Beginn des Stimmbruchs, Ejakulation, Kräuselung des Schamhaares, jährliche Wachstumsschübe, erstes Erscheinen des Bartflaums, Achselbehaarung, Höhepunkt des Stimmbruchs, Beginn stärkeren Bartwuchses, Brustbehaarung (Muuss, S. 10 f.).
Die Jugendlichen wirken in dieser Zeit unkoordiniert in ihren Bewegungen. Die Körpergestalt wirkt unproportioniert wegen des anfänglich starken Wachstums der Gliedmaßen (Gestaltwandel). Kreislauf und hormonales Regelsystem scheinen aus dem Gleichgewicht geraten.
Die Einstellung der Umwelt zu diesen Veränderungen, insbes. zur Sexualität – verstärkt bei akzelerierten Jugendlichen (→ Akzeleration), kann zu erheblichen Auseinandersetzungen führen. Der Haltungsverfall wird Anlaß zu Versuchen intensiver Disziplinierung. Der Jugendliche fühlt sich überfordert und antwortet mit Reizbarkeit und Opposition.
S. a. → Entwicklungspsychologie.
Lit. Ausubel: Jugendalter; Eagle u.a.: Pubertät; Fenwick: Pubertät; Köhler, H.: Pubertät; Muuss: Adoleszenz. *Gisela Oestreich*

Public Relations → Öffentlichkeitsarbeit

Q

Qualitative Erhebungs- und Auswertungsmethoden werden in der → Soziologie, → Psychologie, Pädagogik (→ Erziehungswissenschaft) und Ethnologie zunehmend als eigenständige methodologische Ergänzung zur experimentellen und quantitativen (an den Naturwissenschaften orientierten) Forschung verstanden. Sie dienen der Beschreibung und Analyse komplexer sozialer, kultureller und psychischer Sachverhalte (auch Einzelfällen) und sind von dem Verständnis getragen, deren Eigensinn in einer ganzheitlichen Perspektive zu erfassen. Q. E. u. A. basieren nicht auf einem geschlossenen wissenschaftstheoretischen und methodologischen Konzept. Wichtige Quellen sind die Hermeneutik, die Phänomenologie und der → Symbolische Interaktionismus.
Unter q. E. u. A. werden i. e. S. bestimmte Forschungstechniken verstanden. Auf der Seite der q. E. kommt dem Interview (→ Befragung) größere Bedeutung zu, sei es in Form der Leitfadentechnik (Hopf, C.) oder sei es in der Form eines offener gestalteten Verfahrens (narratives Interview; Schütze). An eine qualitative Interviewtechnik wird der Anspruch gestellt, daß sie – was allgemein auch für das Vorverständis des Forschers über seinen Gegenstand gilt – hinreichend offen gestaltet sein muß (Hoffmann-Riem). Die Befragten sollen, von methodischen Instrumentarium möglichst wenig eingeengt oder festgelegt, im Rahmen ihrer eigenen Orientierungen, Präferenzen und Einstellungen antworten und Sinnzusammenhänge herstellen können. Die durch die → Subjektivität des Befragers und des Befragten entstehende Interaktionsdynamik im Interview wird – im Gegensatz zu standardisierten, quantitativen Verfahren – als ein den Datengewinnungsprozeß mitbeeinflussendes Merkmal angesehen und in der Auswertung berücksichtigt. Weitere wichtige q. E. sind die → Beobachtung und das Gruppendiskussionsverfahren.
Die entsprechenden q. A. sind aufgrund der Komplexität und des Umfangs der erhobenen Daten oft sehr aufwendig. Dies hat zur Folge, daß die Fallzahl der Untersuchungen begrenzt werden muß. Bisher umstritten ist daher das Problem der Verallgemeinerbarkeit von Erkenntnissen (→ Repräsentativität). Ein wichtiges Verfahren der Verallgemeinerung besteht im Aufbau von Typologien. Q. A. können ganz unterschiedliche Datenebenen erfassen. Für manche Untersuchungszwecke reicht es aus, die erhobenen Daten zu beschreiben und zu klassifizieren. Aussagekräftiger und für die Theoriebildung unerläßlich sind Verfahren, die versuchen, bestimmte Struktureigenschaften des Sinn- und Bedeutungsgehalts des Datenmaterials aufzudecken. Im Prinzip können alle textförmigen Daten, also auch

solche, die nicht eigens durch ein entsprechendes Instrument erhoben wurden (wie z. B. Zeitungen, historische Dokumente, Akten, Tagebücher) durch q. a. analysiert werden. Als wichtiges Verfahren hierzu – mit eigener wissenschaftstheoretischer Herleitung – gilt die »objektive Hermeneutik« nach U. Oevermann. In einem streng »sequentiellen« und »feinanalytischen« Vorgehen werden Textstellen – gleichsam Schritt für Schritt und Sinnelement für Sinnelement – in ihrem objektiven (latenten) Bedeutungsgehalt ausinterpretiert und auf dem Wege des Falsifikationsversuchs mit Hilfe der auf Interpretation immer weiterer Textstellen zu einer »Fallstrukturhypothese« verdichtet. Ziel ist es, hinter den fallspezifischen Besonderheiten Aspekte eines allgemeinen sozialen Strukturtypus auszuweisen und somit das gesellschaftlich Allgemeine aus dem Besonderen des Einzelfalles herauszuarbeiten. Dieses Verfahren stellt zugleich eine Auswertungsmethode sowie ein ganzes Forschungsdesign dar. Die »objektive Hermeneutik« gilt damit als interpretationstechnische Anleitung wie als Verfahren der sozialwissenschaftlichen → Theoriebildung auf der Grundlage qualitativer Daten.
Die Bedeutung q. E. u. A. für die soziale Arbeit liegt allgemein in ihrem Beitrag zur Erforschung, Entwicklung und Evaluierung (→ Evaluation, → Selbstevaluation) ihrer organisatorischen und methodischen Handlungsgrundlagen sowie zur Erforschung von Arbeitsfeldern und gesellschaftlichen Entwicklungen. Wichtige konkrete Forschungsfragen sind gegenwärtig z. B. die Beratungsinteraktion, die Interaktion von Experten und Klienten in sozialen Dienstleistungsorganisationen, Sozialisationsverläufe in Familien und Einrichtungen der Erziehungshilfe, Patienten- und Klientenbiographien (→ Biographischer Ansatz), formelle und informelle Strukturen in Organisationen, Orientierungs- und Handlungsmuster von sozialberuflich Tätigen und Hilfesuchenden. Auch im Rahmen der → Jugendhilfeplanung können q. E. u. A. zum Zweck der Bedürfnis- und Bedarfsfeststellung angewandt werden.
Lit. Flick u. a.: Sozialforschung; Hoffmann-Riem, C.: Sozialforschung; Lamnek: Sozialforschung; Mayring: Einführung; Oevermann: Hermeneutik; Schütze: Interviews; Strauss: Grundlagen. *Gerhard Frank*

Qualitätsmanagement Konzepte, die auf umfassendes Q. setzen, werden inzwischen synonym auch als »Total Quality Management« (TQM) bezeichnet. Die Deutsche Gesellschaft für Qualität e.V. definiert TQM als »eine auf der Mitwirkung all ihrer Mitglieder beruhende(n) Führungsmethode einer → Organisation, die Qualität in den Mittelpunkt stellt und durch Zufriedenheit der Kunden auf langfristigen Geschäftserfolg sowie auf Nutzen für die Mitglieder der Organisation und für die Gesellschaft zielt«. Unter TQM werden somit alle Strukturen, Abläufe, Vorschriften und Maßnahmen verstanden, mit deren Hilfe die Qualität von Produkten und Dienstleistungen gewährleistet und kontinuierlich verbessert werden kann.
Konzepte der Q. haben ihre Wurzeln in der privatwirtschaftlichen Güterproduktion. Hierbei spielten japanische Unternehmen die führende Rolle, die in den 60er Jahren die konzeptionellen Ideen amerikanischer Qualitätsexperten aufgriffen und sukzessive weiterentwickelten. Die japanischen Erfolge durch umfassende Qualitätsbeherrschung stellen gegenwärtig auch die in Europa und besonders in Deutschland vorherrschende Orientierung auf nachträgliche Qualitätskontrolle und Nachbesserung in Frage. Die Übertragbarkeit von TQM auf die Dienstleistungsproduktion wird nicht nur im privaten, sondern auch im öffentlichen Sektor gegenwärtig mit wachsendem Interesse diskutiert und erprobt. Erste erfolgversprechende Ansätze werden sowohl in Kliniken als auch in Kommunalverwaltungen praktiziert; sie erstrecken sich im Bereich sozialer Dienstleistungen sowohl auf Senioren- und Kinderbetreuung als auch auf Hauskrankenpflege oder Behindertenarbeit.
Die zunehmende Aufmerksamkeit für Q. steht in engem Zusammenhang mit dem seit Beginn der 90er Jahre eingeleiteten Umbau bürokratischer Verwaltungsstrukturen in moderne bürger- bzw. kundenorientierte Dienstleistungsunternehmen durch neue Steuerungsmodelle (→ Verwaltungsmodernisierung). Aus dieser Perspektive hat die Qualität der Dienstleistungsarbeit und ihrer Ergebnisse nicht nur zentrale Bedeutung für den Bürger oder die Kunden; Leistungsqualität wird zugleich zum Parameter für Wettbewerb, für Steuerung und für Personalführung. Um Leistungsqualität einer Serviceeinheit oder eines Dienstleistungsproduzenten definieren, messen, bewerten und vergleichen zu können, müssen explizite Vorgaben nicht nur zu Quantitäten und Kosten, sondern auch zu Qualitäten von »Outputs« und »Outcomes« gemacht werden.
In der Praxis findet sich zwar eine große Vielfalt von Qualitätsinitiativen; konzeptionell besteht allerdings weitreichender Konsens über einige Grundprinzipien des TQM:
– Qualität wird vom Kunden her definiert. Kunde ist dabei jeder, der eine Dienstleistung empfängt; neben dem Endnutzer geht es also auch um die internen Kunden, deren Erwartungen und Einschätzungen von Qualität systematisch exploriert werden müssen.
– Qualität wird in den Leistungsprozeß eingebaut. Mögliche Fehler und Qualitätsdefizite sind auf allen Stufen des Produktions-

prozesses zu vermeiden, statt sie am Ende – oft nach der Dienstleistungskonsumtion – zu ermitteln. Durch ablauforganisatorische und personelle Maßnahmen sind einzelne Prozesse so zu gestalten, daß sie das Erkennen bzw. Vermeiden von Fehlern wie auch Verbesserungsaktivitäten erleichtern und zur Optimierung des Gesamtprozesses beitragen.
– Qualität ist Resultat des effektiven Zusammenwirkens aller. Erforderlich sind hierfür intensive Kooperation und Kommunikation oft zwischen verschiedenen Arbeitseinheiten, auch über Organisationsgrenzen hinweg. Eine kundengruppenorientierte Form der Aufgabenintegration sowie entsprechende Requalifizierungsmaßnahmen für die Mitarbeiter und Mitarbeiterinnen auf allen Ebenen sind erforderlich.
– Qualität erfordert kontinuierliche Verbesserung. Die sich wandelnden Konsumtenpräferenzen und Rahmenbedingungen der Dienstleistungsproduktion verlangen eine fortwährende Verbesserung der Ergebnisse über die Optimierung von »Inputs«, Arbeitsprozessen und -strukturen. Q. organisiert Prozesse der kritischen Examination und Verbesserungsvorschläge.
– Qualitätsverbesserung ist nur über → Partizipation aller Beschäftigten zu erzielen. Denn sie sind diejenigen, die die konsequente Fehlervermeidung in die Tat umsetzen müssen und zugleich die Experten für die Suche nach Lösungen für Qualitätsprobleme sind. Mit der direkten Beteiligung an Verbesserungsaktivitäten aller kann zugleich das neue Qualitätsbewußtsein auf allen Ebenen verankert werden.
– Qualitätsverbesserung erfordert einen partizipativen → Führungsstil. Delegation und Verantwortung an teilautonome Arbeitsteams sowie eine Atmosphäre von Offenheit und Vertrauen sind Voraussetzung für kontinuierliche Prozesse der kritischen Durchleuchtung und Verbesserung von Arbeitsmethoden und -routinen ebenso wie für die Entwicklung von Initiative und Konfliktlösungspotential. Eine Qualitätsinfrastruktur muß vom Management aufgebaut werden (Qualitätsbeauftragte, Qualitätsteams und -projekte).
Q. läßt sich nur in erfolgversprechender Weise umsetzen, wenn es prozeßhaft und als doppelt gekoppelter, das heißt lernorientierter Regelkreis geplant, gelenkt und evaluiert wird. In den verschiedenen Phasen des Managementprozesses können je spezifische altbekannte mit neuen Instrumenten und Verfahren kombiniert werden. Im Rahmen einer Gesamtstrategie sind zunächst Qualitätsziele und -grundsätze zu definieren. Für die Qualitätsplanung können erprobte Verfahren der → Bedarfs- und Zielgruppenanalyse, Bürger- und Beschäftigtenbefragungen (→ Befragung) durch neuere Methoden der Problem- und Schwachstellenanalyse wie interaktive Focusgruppen oder »critical incident«-Analyse ergänzt werden. Qualitätslenkung erfolgt über qualitätsorientierte Personalpolitik und -entwicklung (→ Personalentwicklung) hinaus über neue Zielvereinbarungs-, Anreiz- und Karrieresysteme sowie über die Einrichtung von internen Qualitätszirkeln und gemischten Ausschüssen von Produzenten und Konsumenten. Für die Prüfung und Bewertung der Zielerreichung kommen eine Reihe von Methoden zur Anwendung, die entweder primär organisationsintern ansetzen (→ Mitarbeitergespräche, Vorgesetztenbeurteilung, Berichtssysteme und Leistungsvergleiche zwischen Serviceeinheiten oder im Zeitvergleich) oder die unter Einbeziehung von externen Experten und Endnutzern erfolgen (Servicetests, Wirkungsanalyse, Benchmarking, Qualitätsaudit oder die Beteiligung an Qualitätsauszeichnungsverfahren).
Q. als umfassendes Führungskonzept und ganzheitliche Organisationsphilosophie reicht in seiner Zielsetzung deutlich über Ansätze expertenzentrierter, relativ statischer und kontrollorientierter Ansätze der Qualitätssicherung hinaus (→ Qualitätssicherung, → DIN ISO EN 9004 ff.). Ein besonderer praktischer Vorteil des Q. liegt darin, daß nicht bereits vor dem Start perfekte Instrumente und umfassende → Indikatorensysteme entwickelt werden müssen. Diese können vielmehr sukzessive erweitert und selbst zum Gegenstand des kontinuierlichen Verbesserungsprozesses gemacht werden. Q. ist allerdings auch keine »schnelle und billige« Lösung für lange Zeit vernachlässigte Qualitätsprobleme. Zum einen müssen Ressourcen für die beteiligungsorientierte Infrastruktur wie auch für Qualifizierung und Training reserviert werden. Zum anderen sind deutliche Erfolge in der Umlenkung bislang verschwendeter Ressourcen in verbesserte Dienstleistungen erst Resultat einer langfristigen und konstanten Qualitätsverpflichtung der Führung, was in der politischen Arena der öffentlichen Dienstleistungsproduktion weit schwieriger sichergestellt werden kann als in der Privatwirtschaft (→ Führen und Leiten in der sozialen Arbeit).
Lit. Bruhn, M.: Qualitätsmanagement; Damkowski u.a.: Public Management; Deutsche Gesellschaft für Qualität e.V.: Qualitätsmanagement; Oppen M.: Qualitätsmanagement. *Maria Oppen*

Qualitätssicherung – bezeichnet eine neue Aufgabe → sozialer Dienste und Einrichtungen, die im Zusammenhang mit der Neufassung des Rechts der → Pflegeversicherung (§ 80 SGB XI) seitdem die Fachdiskussion in nahezu allen Arbeitsfeldern bestimmt. Ihre besondere Bedeutung erhält die Q. durch zwei Entwicklungslinien: zum einen der jedem Dienstleistungsbereich immanenten Zielvorgabe der ständigen und

kontinuierlichen Verbesserung der zu erbringenden Leistung – zum anderen dem zunehmenden finanzpolitischen Druck, Kosten zu überprüfen und möglichst zu reduzieren.
Qualitätssicherungsvereinbarungen (z. B. über → Leistungsverträge) zwischen den Trägern der Dienste und Einrichtungen und ihren Finanziers (z. B. → Pflegekassen, → Sozialhilfeträger) unterscheiden zwischen Struktur-, Prozeß- und Ergebnisqualität. Strukturqualität beinhaltet die Rahmenbedingungen der Leistungserbringung. Dazu gehören die personelle Ausstattung, die baulichen Voraussetzungen, die finanzielle Ausstattung, die rechtlichen Rahmenbedingungen wie z. B. → Heimverträge, Mitwirkungsrechte oder schriftliche Informationen über die Leistungsangebote.
Prozeßqualität bezieht sich auf den Verlauf der Erbringung der Dienstleistung. Gefordert wird eine systematische Planung, Reflexion und Dokumentation, um auf dieser Basis eine kontinuierliche Verbesserung realisieren zu können. Grundlage ist eine sorgfältige → Anamnese, die zu einem individuellen → Hilfe- oder Maßnahmenplan führt. Dieser beschreibt alle zu erfüllenden Aufgaben, definiert die zuständigen Personen/Organisationen und enthält eine entsprechende Arbeits- und Zeitplanung. Ergebnisqualität definiert den Grad der Zielerreichung im Prozeß der Aufgabenwahrnehmung entsprechend dem Hilfe- oder Maßnahmenplan. Die Festlegung und Einigung auf entsprechende → Qualitätsstandards und auf geeignete Instrumente und Methoden zur → Evaluation ist eine Daueraufgabe des → Qualitätsmanagement in Betrieben und Unternehmen des jeweiligen Dienstleistungsbereichs. Da es sich überwiegend um personen-/klientenbezogene Dienstleistungen handelt, ist die Ergebnisqualität schwer zu definieren und muß deshalb ständig neu erarbeitet werden. Im individuellen Hilfeplan sind ggf. die Ziele und die Planung zu verändern und an die festgestellten Zwischenergebnisse anzupassen. Standards für die Ergebnisqualität können z. B. Indikatoren für die materielle und körperliche Grundversorgung, für die Selbstversorgung, für die Unterstützungsleistungen des sozialen Umfelds, aber auch für die subjektive Zufriedenheit oder für das Kommunikationsverhalten sein.
Instrumente und Methoden der Qualitätssicherung sind Qualitätszirkel, Qualitätsbeauftragte, Qualitätskonferenzen, Assessmentverfahren, Kunden- und Nutzerbefragungen, → kollegiale Beratung, Betriebsvergleiche. Hinzu kommen Verfahren der Überprüfung und Zertifizierung durch externe Organisationen z. B. nach → DIN ISO 9000 ff.
Überlagert wird die systematische und arbeitsfeldbezogene Entwicklungsarbeit für eine verbesserte Qualitätssicherung durch den zeitgleich und z. T. dramatisch verlaufenden Prozeß der Reduzierung von → Zuwendungen oder Entgelten zur finanziellen Absicherung der Dienstleistungen. Noch sind die Zusammenhänge zwischen Qualität und Kosten sozialer Dienstleistungen fachlich, wissenschaftlich und auch fachpolitisch für alle Arbeitsfelder nicht genügend untersucht und transparent, so daß eine langfristig tragende und abgesicherte Auseinandersetzung mit den Finanziers und den Sozial- und Finanzpolitikern noch nicht geführt werden kann. So erfüllt der derzeit stattfindende Prozeß des Umbaus des Sozialstaats nicht die selbst gesetzten Qualitätsstandards.
Lit. Gehrmann u. a.: Management; Lux: Total Quality Management; Maelicke: Beratung; Maelicke: Qualitätsmanagement; Meinhold: Qualitätssicherung; Schwarz, P.: Management; Steinbeck: Total Quality Management; Strunk, A.: Dienstleistungscontrolling.
Bernd Maelicke

Qualitätsstandards – auch Qualitätskriterien genannt, konkretisieren die Zielgrößen der → Dienstleistungen, die durch das Handeln der → Fachkräfte und durch die Gestaltung der organisatorischen Rahmenbedingungen möglichst weitgehend erreicht werden sollen. Sie sind überwiegend zu beziehen auf die Klienten, »Kunden« und Zielgruppen sozialer Arbeit (→ Ziele in der sozialen Arbeit), wobei auch die Qualitätsanforderungen der »Auftraggeber« (z. B. Gesetzgeber, Finanziers, Amtsleiter etc.) zu berücksichtigen sind. Deshalb sind Zielkonflikte und -prioritäten zu klären, damit Q. eindeutig und kontrollfähig definiert werden können.
Q. werden überwiegend definiert in den Qualitätsdimensionen der Struktur-, Prozeß- und Ergebnisqualität. In der Dimension der Strukturqualität beziehen sich auf die Organisationsform eines Dienstes oder einer → Einrichtung, auf die materiellen und personellen Ressourcen, auf den Professionalisierungsgrad der Fach- und Leitungskräfte. Standards der Prozeßqualität sind Definitionen über die Art und Weise der Dienstleistungserbringung wie z. B. Verlaufsdokumentationen, Kooperationsabsprachen der beteiligten Fachkräfte und Institutionen, Evaluationsverfahren. Q. in der Dimension der Ergebnisqualität benennen angestrebte Veränderungen auf die Person der Klienten/Kunden, auf ihr Verhalten, ihr subjektives Wohlempfinden, auf ihre Lebenslage/Lebenssituation bezogen.
Nach der Festlegung und Einigung über Zielvereinbarungen und Q. werden im Prozeß des Qualitätsmanagements Leistungsbeschreibungen (Produktgruppen) vereinbart und zur Grundlage von Dokumentations- und → Controlling-Verfahren gemacht.

Qualitätszirkel

Die Definition von Q. ist i.d.R. Teil von Prozessen der Modernisierung und der Einführung von → Qualitätssicherung und Qualitätsmanagement bei → öffentlichen und → freien Trägern der Jugend-, Sozial- und Gesundheitshilfe. Für das Gelingen der Einigung über Zielvereinbarungen und Q. ist entscheidend, daß betriebswirtschaftliche Ziele sozialarbeiterische/sozialpädagogische Standards nicht überlagern bzw. verdrängen.

Lit. Meinhold: Qualitätssicherung; Maelikke: Qualitätsmanagement; Steinbeck: Total Quality Management. *Bernd Maelicke*

Qualitätszirkel → Qualitätsmanagement, → Personalentwicklung

Querschnittuntersuchung Eine in der → empirischen Sozialforschung und der → Entwicklungspsychologie gebräuchliche Forschungsstrategie zur Erfassung altersgebundener oder epochaler Merkmalsveränderungen. Bei ontogenetischer Fragestellung wird im Unterschied zur → Längsschnittuntersuchung dasselbe Merkmal zum selben Zeitpunkt an unabhängigen → Stichproben verschiedenen Alters (→ Lebensalter) erhoben. Man vergleicht deren Verteilungskennwerte (→ Mittelwert, → Streuung) miteinander. Sind die Stichproben repräsentativ (→ Repräsentativität) für ihre Alterspopulationen und ist die Altersspanne zwischen ihnen nicht zu groß, wird aus den Unterschieden auf den Entwicklungsverlauf des Merkmals geschlossen (Ontogenese, Veränderungen in Abhängigkeit vom Lebensalter). Entwicklungsfaktoren, wie Geschlecht, Sozialschichtzugehörigkeit (→ Schicht) oder Umwelteinflüsse anderer Art, schlagen sich in den Streuungen um die Mittelwerte der Stichproben gleichen Alters nieder. Ihr Beitrag zum Entwicklungsverlauf wird über Streuungsanalysen ermittelt (z.B. in der → Differentiellen Psychologie). Die Q. ist ökonomisch, da sie – anders als die Längsschnittuntersuchung mit Meßwiederholung an derselben Stichprobe – auf einmal (synchron) durchgeführt werden kann. Bei großer Altersspanne, z.B. Intelligenzentwicklung vom Kleinkind- bis zum Greisenalter, können die Alters- von Generationseffekten, z.B. aufgrund systematischer Ausbildungsunterschiede zwischen den Jüngeren und den Älteren, überlagert sein. Zu deren Kontrolle ist die Kombination von Q. und Längsschnittuntersuchungen (Kohortenanalyse, Sequenzmodelle) angezeigt. Dabei treten soziokulturelle Perioden- oder Zeitwandeleffekte, wie veränderte Lebensumstände oder epochale Einstellungsänderungen in der Bevölkerung, an Stichproben verschiedener Geburtsjahrgänge zutage, die – zeitlich versetzt (diachron) – im selben Alter mit denselben Verfahren untersucht werden.

Lit. Jugendwerk der Deutschen Shell AG (Hrsg.): Jugendliche; Jugendwerk der Deutschen Shell AG (Hrsg.): Jugend '92; Markefka u.a.: Handbuch; Roth, E.: Methoden; Stiksrud: Jugend; Trautner: Entwicklungspsychologie. *Lothar Tent*

R

Rahmenplan Die Bezeichnung R. wird in den unterschiedlichsten fachlichen Arbeitsfeldern für übergreifende Regelungen von Zielen und Maßnahmen, die noch der Konkretisierung durch folgende Pläne für kleinere räumliche Einheiten oder der Ausdifferenzierung bestimmter Fachgebiete bedürfen, auf den verschiedenen Ebenen staatlichen und kommunalen Planens benutzt. Insbes. die → Entwicklungsplanungen, z.B. Landesentwicklungspläne, regionale Raumentwicklungspläne, Kreis- und Stadtentwicklungspläne, Standortprogramme oder Stadtteilentwicklungspläne, sind R. für die jeweils nachfolgende Planungskategorie. Inhalt, Reichweite und Verbindlichkeit sind entsprechend unterschiedlich. Die Träger der sozialen Arbeit werden im kommunalen Bereich häufig zu tun haben mit der sog. »städtebaulichen Rahmenplanung«, ein von den Stadtplanern benutztes – gesetzlich nicht vorgeschriebenes/verankertes – Instrument zwischen der großflächigen, das ganze Gemeindegebiet umfassenden, vorbereitenden (M 1:10 000) und der parzellenscharfen, nur einen kleinen Gebietsteil umfassenden (M 1:1 000), verbindlichen → Bauleitplanung, z.B. als – evtl. vom Gemeinderat beschlossenes – für die Entwicklung von Stadterweiterungsgebieten oder für die → Sanierung von Innenstadtgebieten i.d.R. räumlich-funktionales Zielkonzept.
Zum anderen wird in verschiedenen Städten inzwischen als Teil der kommunalen → Sozialplanung ein »R. Sozialwesen« erarbeitet, der die übergeordneten Ziele für alle folgenden → Fachplanungen (wie Jugendhilfeplan, Behindertenplan usw.) enthält, auf die dort die jeweiligen Maßnahmen aufbauen und der sich mit allen Aspekten der sozialen Arbeit in der Gemeinde langfristig vorausschauend als integraler Teil der Stadtentwicklungsplanung auseinandersetzt. *Hartmut Großhans*

Randgruppe/Randgruppenarbeit Der Begriff R. wurde zuerst in der amerikanischen Soziologie (marginality, marginal man) verwendet im Rahmen der Minoritätenforschung (→ Minderheiten). Es wird unterschieden zwischen freiwilligen oder elitären R. (Beatniks, Blumenkinder, Sektierer) einerseits und unterdrückten und an den Rand der Gesellschaft gedrängten Gruppen andererseits, die i.d.R. stark diskriminiert wurden (→ Diskriminierung). Dabei handelt es sich nicht immer um Minoritäten, denn Minoritäten können herrschen und Mehrheiten unterdrückt sein. Die R., denen sich Randgruppenarbeit (RA.) zuwendet, sind Bevölkerungsgruppen, die aufgrund bestimmter Merkmale (→ Obdachlosigkeit, Straffälligkeit, Behinderung, psychische Erkrankung; ethnische Zugehörigkeit: → Ausländische Arbeitnehmer) diskriminiert sind und nur geringe Chancen besitzen, ihre → Bedürfnisse und Interessen in dieser Gesellschaft durchzusetzen (→ Soziale Benachteiligung). Sie haben kaum Einfluß auf gesellschaftliche Entscheidungsprozesse und sind von starken Ohnmachtserfahrungen bestimmt. Sie entstehen vor allem in Gesellschaften mit starken Ungleichheiten und Leistungszwängen. R. haben gesellschaftlich eine Sündenbock- und Disziplinierungsfunktion. Sie dienen der Systemstabilisierung, indem sie ein Sammelbecken der Abweichenden und Ausgegliederten darstellen und durch ihre → Stigmatisierung abschrecken. Die Existenz, Quantität und Situation von R. lassen Rückschlüsse auf den Zustand einer Gesellschaft zu. Sie sind eine permanente Herausforderung für das sozial- und rechtsstaatliche Selbstverständnis.

Den Beginn der RA. könnte man im ausgehenden Mittelalter lokalisieren, als mit der entstehenden Bettelplage die Armen nicht mehr einen integrierten Stand innerhalb des Gesellschaftsgefüges darstellten, sondern als eine R. auftraten (→ Fürsorge/Geschichte der Fürsorge). Die Einrichtungen von Zucht- und Arbeitshäusern und Armenanstalten können als erste und deutlich repressive Versuche einer RA. angesehen werden. Bis in die Gegenwart hinein stellt sich der Umgang mit ethnischen oder religiösen → Minderheiten und mit → abweichendem Verhalten als Verfolgung, ausbeutende Unterdrückung oder bestenfalls als Versorgung dar. Die seltene → Integration, etwa von → Flüchtlingen, wurde weitgehend von ihrem ökonomischem Nutzen bestimmt. Nachdem im Dritten Reich die R.frage durch »Ausmerzen« beantwortet worden war, erlebten nach dem Zusammenbruch unzählige Flüchtlinge ein R.schicksal, vor allem in ländlichen Gemeinden. Nach ihrer Integration in der Wiederaufbauphase wurden Ende der 50er Jahre die Obdachlosen (→ Obdachlosigkeit), später Heimkinder (→ Heimerziehung), → psychisch Kranke und Strafgefangene als R. und als Ziel einer neuen RA. entdeckt. Starke Anstöße dazu kamen aus der beginnenden studentischen Bewegung.

Die ursprünglich im Sinne traditioneller Sozialarbeit individuell betreuenden Ansätze studentischer Gruppen kamen ab 1968 zu einer immer ausgeprägteren sozialpolitischen Sichtweise. Wurde zeitweise R. die Rolle eines revolutionären Potentials zugesprochen (vgl. z. B. Sozialistisches Patientenkollektiv Heidelberg), so nahm doch die Mehrheit der studentischen Gruppen bereits 1970 auf der sog. Berliner Randgruppenkonferenz Abschied von dieser Vorstellung. Das führte in vielen Fällen dazu, daß mit dieser politischen Utopie auch die praktische Arbeit aufgegeben wurde. Sozialarbeit mit R. erschien nun als bloße → Anpassung an dominierende gesellschaftliche → Normen. Ihr wurde in Anlehnung an die »Kultur der Armut« (O. Lewis) oder an Vorstellungen einer proletarischen Kultur der Lebensstil der R. als Alternative oder Gegenkultur (→ Subkultur) gegenübergestellt. Dabei wurde oft übersehen, daß erst erzwungene abweichende Lebensbedingungen eine »Armutskultur« hervorbringen und die Erhaltung dieser Kultur an die Erhaltung der → Armut geknüpft ist (→ Soziales Umfeld).

Konnten die politischen Forderungen der Arbeit mit Randgruppen in den ersten Jahren angesichts einer noch hilflosen Öffentlichkeit und im Rahmen einer allgemeinen demokratischen Aufbruchstimmung teilweise durchgesetzt werden (Wohnkollektive für Jugendliche, Abriß von Notunterkünften, Release-Ketten für Drogenabhängige), so brachte mit der wirtschaftlichen Krise und der allgemeine Rechtsruck (ab 1976) eine immer stärkere Zurückdrängung der Ansätze von Aktivierung und Selbstbestimmung der R. im Sinne einer politischen → Gemeinwesenarbeit. Von der Systemveränderung wurde zu den individuellen Problemen zurückgelenkt, und es wurden therapeutische Lösungen gesucht. Eine aussichtsreiche RA. ist aber auf die Integrierung beider Sichtweisen angewiesen: die Bekämpfung gesellschaftlicher Fehlentwicklungen, die ständig Menschen an den Rand drängen (z. B. Alte), und die Stärkung der Ich-Identität der R.angehörigen und ihrer Selbstdurchsetzungsfähigkeit. Dieser sehr hohe Anspruch ist eine schwere, aber notwendige Hypothek für jede RA.

In den 80er Jahren haben sich für die RA. neue Aufgabenfelder mit dem Anwachsen der Zahlen von → Spätaussiedlern, Übersiedlern und Flüchtlingen aus den ehemaligen Ostblockländern und aus der Dritten Welt entwickelt. Aber auch die »Neue Armut« und »Neue Wohnungsnot« haben mit den Gruppen der Langzeitarbeitslosen und der von Wohnungsverlust Bedrohten und Betroffenen neue Probleme aufgeworfen. Durch Massenarbeitslosigkeit, besonders in den neuen Bundesländern, und durch den Zusammenbruch des Wohnungsmarktes entstehende neue Problemgruppen sind mit klassischen R.konzepten kaum anzusprechen, handelt es sich doch um durchaus qualifizierte und oft der Mittelschicht angehörige Personenkreise. Nicht wenige von ihnen sind inzwischen in der Szene der → alleinstehenden Wohnungslosen (»Nichtseßhafte«) gelandet, die zu etwa 25% aus der ehemaligen DDR stammen. Ohne eine gegensteuernde Wohnungsbau- und Wohnungserhaltungspolitik, Arbeitsmarkt- und Wirtschaftspolitik müssen Formen der RA. gegenüber so massiven Prozessen der gesellschaftlichen Ausgliederung ohnmächtig und vergeblich werden. Eine effektive RA. ist nur im Rahmen einer entsprechenden Sozialpolitik möglich, wobei sich vordringlich die Frage nach der → Einkommensverteilung und nach dem sozialen Konsens stellt, wieviel Armut und Randständigkeit eine Gesellschaft zu tolerieren bereit ist.

Lit. Arbeitsgemeinschaft Sozialpolitischer Arbeitskreise: Obdachlosenpolitik; Caritas: Caritas-Armutsuntersuchung; Freire: Unterdrückte; Fürstenberg: Randgruppen; Hofstätter: Sozialpsychologie; Iben: Kinder; Iben u.a.: Gemeinwesenarbeit; Vaskovics: Segregierte Armut. *Gerd Iben*

Ratenkauf → Verbraucherkreditgesetz (VerbrKrG)

Rational-emotive Therapie → Kognitive Therapie

Rationalisierung In den Sozialwissenschaften mit verschiedenen Bedeutungen benutzter Begriff.
1. In den Wirtschafts- und Arbeitswissenschaften wird darunter die Anwendung von »Ratio« im Sinne umfassender berechnender, vorausplanender und steuernder Verfahren verstanden, welche die Art der Arbeitsteilung in der Produktion von Gütern und Dienstleistungen festlegen. Dies geschieht mit Hilfe von organisatorischen, technischen und wissenschaftlichen Mitteln und dient größerer Wirtschaftlichkeit und Produktivität der menschlichen Arbeit. R. setzt die Entwicklung von Buchhaltung und Rechnungswesen voraus und benutzt als Mittel Arbeitszerlegung, Maßnahmen der Arbeitsvorbereitung und Arbeitsbewertung, Mechanisierung, Automatisierung und elektronische Datenverarbeitung. Solche Maßnahmen haben in entwickelten Industriegesellschaften weite Bereiche menschlicher Tätigkeit auch außerhalb der Produktion erfaßt (Industrieverwaltung, private und öffentliche Dienstleistungen, Landwirtschaft etc.). Ihre Folgen für die Arbeits- und Qualifikationsanforderungen wie für den Arbeitsmarkt sind zu einem wichtigen Schwerpunkt der → Industriesoziologie geworden.
2. M. Weber versteht in einem weiteren Sinne unter R. eine epochale Tendenz zunehmender Durchsetzung eines Denkens in effektiven Zweck-Mittel-Beziehungen. Danach dringt »berechnendes« und wissenschaftliches Denken mit der Entwicklung kapitalistischer Gesellschaften auch in die Bereiche außerhalb von Wissenschaft, Produktion und Arbeit ein. Durch R. der → »Lebenswelt« werden von Traditionen geprägte Vorstellungen und Ordnungen gefährdet. R. durch Wissenschaft und Technik bedeutet sowohl ein Fortschritts- wie (in zunehmendem Maß) ein Zerstörungspotential.
3. Psychoanalytischer Begriff: Der Versuch, eine Verhaltensweise, eine Handlung, einen Gedanken oder ein Gefühl, deren wirkliche Motive unerkannt bleiben, mit logischen Mitteln zu erklären, um sie in einen kohärenten oder moralisch vertretbaren Zusammenhang zu bringen, d.h., die innere Kontinuität im Mittelpunkt der logischen Verarbeitung zu garantieren. R. treten besonders da auf, wo Symptome, → Fehlleistungen oder Abwehrhaltungen erklärt werden sollen, um sich durch Erklärungen der Situation wieder zu bemächtigen. R. können das Ausmaß eines großangelegten Denksystems einnehmen, wie z.B. beim → Wahn. Die R. ist ein sehr allgemeines Vorgehen und trotz ihrer offenkundigen Abwehrfunktion nicht eigentlich zu den → Abwehrmechanismen zu zählen, da sie nicht direkt gegen die Triebbefriedigung gerichtet ist, sondern eher sekundär die verschiedenen Elemente des Abwehrvorganges verschleiert. *Wilhelm Schumm/Willi Baumann*

Ratioskalen → Skalen

Raumordnungsgesetz (ROG) (BGBl. III S. 2300) i.d.F. vom 28. 4. 93 (BGBl. I S. 630) dient dazu, die räumlichen Strukturvoraussetzungen für die bestmögliche Entfaltung der freien Persönlichkeit in der Gemeinschaft zu schaffen. Dabei sind die natürlichen Gegebenheiten sowie die wirtschaftlichen, sozialen und kulturellen Erfordernisse zu beachten. Hierzu stellt das ROG Grundsätze (operationale Bedingungen) auf, die für Bund und Länder unmittelbar gelten und für alle raumbedeutsamen Planungen und Maßnahmen Richtliniencharakter haben.
Raumordnung ist »die zusammenfassende, übergeordnete Planung und Ordnung des Raumes. Sie ist übergeordnet, weil sie überörtliche Planung ist und weil sie vielfältige → Fachplanungen zusammenfaßt und aufeinander abstimmt« (Gutachten des BVerfG vom 16. 6. 1954 – BVerfGE 3, 407). Die Bauleitplanung beinhaltet die öffentlich-rechtliche Regelung der Bodennutzung im örtlichen Zusammenhang mit unmittelbarer Rechtswirkung (Rechte wie Pflichten für den einzelnen Bürger).
Die Länder haben in Ausführung und Ausfüllung des ROG Landesgesetze erlassen. Das Ziel ist, → soziale Benachteiligungen für die Bevölkerung einzelner Teilräume abzubauen, weitere zu vermeiden und nach Möglichkeit die Abwanderung aus diesen Räumen zu verhindern. In allen Teilen des Bundesgebietes sollen gleichwertige Lebensbedingungen geschaffen und erhalten werden.

Die Raumordnung und Bundes-(Landes-)planung stärken wegen ihres Ansatzes einer umfassenden politischen Handlungsstrategie für den Gesamtstaat einheitsstaatliche Tendenzen. Im Verhältnis Bund-Länder gefährden sie die föderale Grundstruktur, im Verhältnis Land-Gemeinden die kommunale → Selbstverwaltung, indem sie geeignet sind, die notwendigen Handlungs- und Entfaltungsspielräume einzuengen und damit letztlich die Kompetenzen auszuhöhlen. Wie dieser Tendenz entgegengesteuert werden kann, bleibt abzuwarten (→ Planungshoheit, -recht). Planabstimmung und -anpassung müssen so gelöst werden, daß das grundgesetzlich geschützte System vertikaler Gewaltentrennung erhalten bleibt. Es ist daher der Vorrang der unteren Planungsebenen zu fordern. Dies bedeutet, daß Unterschiede in den Lebensbedingungen u.U. hingenommen werden müssen – als bewußt gewollte Auswirkung kommunaler Selbstverwaltung oder der Eigenstaatlichkeit der Länder.
Lit. Bielenberg u.a.: Raumordnungsrecht; Ernst u.a.: Baugesetzbuch; Siedentopf: Selbstverwaltungsgarantie.

Hans-Joachim Franke

Räumungsklage Klage des Vermieters auf Räumung der Wohnung nach Kündigung des Mietverhältnisses (→ Mieterschutz) bei dem Amtsgericht, in dessen Bezirk sich die Wohnung befindet.
Auf die R. hin ergeht ein Räumungsurteil gegen den Mieter, wenn nach Auffassung des Gerichts die Kündigung wirksam ist und kein berechtigter Widerspruch des Mieters vorliegt. Das Gericht kann dem Mieter auf Antrag, der in jedem Fall vorsorglich gestellt werden sollte, eine angemessene Räumungsfrist einräumen (§ 721 ZPO), die i.d.R. 3 bis 6 Monate, höchstens 1 Jahr beträgt. Nach Ablauf der Räumungsfrist kann der Vermieter im Wege der → Zwangsvollstreckung die Räumung durch den Gerichtsvollzieher veranlassen.
Rechtzeitige Mitteilung des Gerichts über R. an die Sozial- bzw. Obdachlosenbehörde kann zur Verhinderung von → Obdachlosigkeit beitragen (→ Wohnungssicherung).

Hans-Ulrich Weth

Rauschgift, Rauschmittel → Drogen

Rechnungsprüfung Das ist die Prüfung der Jahresrechnungen (und ihrer Unterlagen) der Körperschaften, Anstalten und Stiftungen des öffentlichen Rechts. Dazu gehören vor allem der Bund, die Länder und die Kommunen sowie die sonstigen → Sozialleistungsträger (→ Krankenkassen, → Rentenversicherungsträger, → Arbeitsverwaltung u.a.) mit ihren → Einrichtungen. Inhalt der R. ist die Rechtmäßigkeit, Ordnungsmäßigkeit und → Wirtschaftlichkeit sowie Sparsamkeit des Haushalts- und Wirtschaftsführung und des Verwaltungshandelns zu überwachen. Die Kontrolle will beobachten, ob die Finanzgeschäfte so gelaufen sind, wie sie gewollt waren. Sie will Fehler im geordneten Vollzug, Verstöße gegen die Treue zum Auftrag oder Auftraggeber erkennen und verhindern. Im einzelnen dient sie der R. der Feststellung, ob die Haushaltssatzung und der → Haushaltsplan eingehalten worden sind, die Einnahmen und Ausgaben formell, rechnerisch und sachlich einwandfrei nachgewiesen und hierbei die einschlägigen Vorschriften beachtet wurden und die Verwaltung zweckmäßig und wirtschaftlich geführt wurde. Begründete Ermessensentscheidungen (→ Ermessen), vor allem solche im → Sozialrecht, können dabei – soweit kein Ermessensmißbrauch vorliegt – nicht durch das Prüfungsorgan beanstandet werden.
Die R. erfolgt bei Kommunen grundsätzlich in zwei Ebenen; örtliche Prüfung, z. B. bei einer Gemeinde durch den Gemeinderat oder R.ausschuß, der sich bei größeren Gemeinden eines Rechnungsprüfungsamtes bedient, und überörtliche Prüfung durch ein unabhängiges Organ (Landesrechnungshöfe, überregionale Prüfungsverbände, Rechnungsprüfungsstellen der Rechtsaufsichtsbehörden). Neben der R. wird die Kassenprüfung, die Prüfung der Jahresabschlüsse der Betriebe und bei Gewährung von öffentlichen Zuschüssen an → freie Träger und Verbände die Prüfung der Verwendungsnachweise vorgenommen.
Seit 1. 7. 1994 muß außerdem den Trägern der Sozialhilfe in den Vereinbarungen mit den Trägern von → Einrichtungen über die Übernahme der Kosten nach § 93 BSHG ein Recht zur Prüfung der Wirtschaftlichkeit und Qualität der Leistungen eingeräumt werden.
Lit. Adolphs: Prüfungswesen. *Helmut Zeitler*

Rechtliches Gehör Art. 103 Abs. 1 des → Grundgesetzes (GG) bestimmt: Vor Gericht hat jedermann Anspruch auf rechtliches Gehör. Der Anspruch auf r. G. ist objektives und grundrechtsgleiches Verfassungsrecht (BVerfGE 74, 5 : Prozeßgrundrecht). R.G. bedeutet, daß die Prozeßbeteiligten in allen gerichtlichen Verfahren Gelegenheit haben, sich vor Erlaß gerichtlicher Entscheidungen tatsächlich und rechtlich zur Sache zu äußern (BVerfGE 83, 35). Das Gericht muß die Ausführungen zur Kenntnis nehmen und in Erwägung ziehen, doch braucht es sich nicht mit jedem Vorbringen in den Entscheidungsgründen ausdrücklich zu befassen (BVerfGE 47, 187). Das Gericht darf seine Entscheidung nur auf Tatsachen, Beweise und rechtliche Gesichtspunkte stützen, zu denen die Beteiligten sich äußern konnten (Schutz vor Überraschungsentscheidungen). – Die Ausgestaltung des Anspruchs auf r. G. ist durch die einzelnen Prozeßordnungen geprägt (BVerfGE 81,

129). Denn zum einen sind für das r. G. wegen seines Bezugs auf das Verfahren vor Gericht die Besonderheiten der jeweiligen Prozeßart maßgebend. Und zum anderen können die Verfahrensordnungen den Anspruch auf r. g. unter Bindung an die verfassungsrechtliche Vorgabe in Art. 103 Abs. 1 GG einfachgesetzlich weiter fassen.
– Beispiele: Bei angemessener Frist verstößt Präklusion verspäteten Vorbringens nicht gegen Anspruch auf r. G. (BVerfGE 81, 273); vorheriges r. G. ist ausnahmsweise dann nicht erforderlich, wenn es den Zweck der Maßnahme vereitelte oder wenn die Entscheidung nach vorherigem r. g. zu spät käme (BVerfGE 83, 35). Verstoß gegen r. G. ist unabhängig von Verschulden. Er wird geheilt, wenn r. G. nachträglich (auf → Rechtsbehelf hin) gewährt wird und berücksichtigt werden kann. Verstoß gegen r. G. kann Betroffener (BVerfGE 75, 215) mit zulässigem Rechtsbehelf oder mit Gegenvorstellung rügen.
Das r. G. im Verwaltungsverfahren wird nicht von Art. 103 Abs. 1 GG erfaßt. Seine verfassungsrechtliche Grundlage soll im Rechtsstaatsprinzip (→ Rechtsstaat), in der Pflicht des Staates zur Achtung der Menschenwürde bzw. im verfassungsrechtlichen Schutzbereich der → Grundrechte liegen. – In der Praxis interessiert die Einzelausgestaltung der Anhörungspflicht in §§ 28, 45, 46 VwVfG für das allgemeine Verwaltungsverfahren und in §§ 24, 41, 42 SGB X für das Sozialverwaltungsverfahren. § 28 Abs. 1 VwVfG und § 24 Abs. 1 SGB X bestimmen gleichlautend die Pflicht zur → Anhörung Beteiligter, bevor ein → Verwaltungsakt erlassen wird, der in seine Rechte eingreift. *Peter Schmidt*

Rechtsanspruch Subjektiv-öffentlich-rechtlicher Anspruch des Bürgers gegen eine Behörde bei Vorliegen eines vom Gesetz beschriebenen Tatbestandes in einem bestimmten Sinne zu handeln. Im Sozialleistungsrecht gilt der Anspruch auf Gewährung der in gesetzlichen Normen vorgesehenen → Dienst-, → Sach- und → Geldleistungen. Die den R. begründenden Vorschriften werden als Muß-Vorschriften bezeichnet. Kennzeichnend für den R. ist auf seiten der Behörde der absolute Verpflichtungscharakter der Norm und das Fehlen jedes Ermessensspielraums (→ Ermessen); es handelt sich also um reine Rechtsanwendung. Begrenzten Entscheidungsspielraum hat die Behörde nur dort, wo das Gesetz zur Tatbestandsbeschreibung einen → unbestimmten Rechtsbegriff verwendet. Die Rechtsposition des Bürgers besteht in seinem Recht, bei Versagen der Leistung trotz Vorliegens ihrer gesetzlichen Voraussetzungen den Anspruch bei den → Sozial- oder → Verwaltungsgerichten einzuklagen. Eine modifizierte Form des R. auf eine Sozialleistung kennt das Sozialhilferecht. Dort ist der R. (von Ausnahmen abgesehen) auf die erforderliche Hilfe als solche begrenzt (Anspruch dem Grunde nach), während die Bestimmung von Art und Maß der Hilfe in das pflichtmäßige Ermessen des → Sozialhilfeträgers gestellt ist. § 4 → Bundessozialhilfegesetz (BSHG).
Das System der → sozialen Sicherheit in der Bundesrepublik ist dadurch gekennzeichnet, daß auf Sozialleistungen grundsätzlich ein R. besteht, es sei denn, das Gesetz ermächtigt die Behörde ausdrücklich, bei der Entscheidung über die Leistung nach ihrem Ermessen zu handeln, § 38 → Sozialgesetzbuch – Allgemeiner Teil – (SGB 1). Das Sozialgesetzbuch und seine besonderen Teile enthalten Vorschriften über Entstehung, Fälligkeit, Übertragbarkeit, Pfänd- und Verpfändbarkeit, Verrechnung usw. von Sozialleistungsansprüchen. So bestimmt § 40 Abs. 1 SGB 1, daß Ansprüche auf Sozialleistungen entstehen, sobald ihre im Gesetz oder auf Grund eines Gesetzes bestimmten Voraussetzungen vorliegen. Zu diesen Voraussetzungen kann nach Maßgabe der einzelnen Leistungsgesetze auch die Antragstellung gehören. In der → Sozialhilfe ist der maßgebende Zeitpunkt das Bekanntwerden der Hilfevoraussetzungen bei der Behörde § 5 BSHG. Bei Leistungen, die nach dem Ermessen der Behörde zu gewähren sind, erstarkt der Anspruch des Bürgers, der materiellrechtlich zunächst lediglich auf pflichtmäßige Ausübung des Ermessens geht (§ 39 Abs. 1 S. 2 SGB I), mit dem Zeitpunkt der Bekanntgabe der Entscheidung oder eines anderen in der Entscheidung angegebenen Zeitpunktes ebenfalls zu einer R.position. Dies ist § 40 SGB I zu entnehmen, wonach bei Ermessensleistungen zu den angegebenen Zeitpunkten »Ansprüche auf Sozialleistungen« entstehen.
Lit. Bley u. a.: Sozialrecht. S. 49 ff.; Burdenski u. a.: SGB (Komm.), zu §§ 38 und 40; BSHG. Gottschick u.a.: BSHG (Komm.), zu § 4; Schellhorn u. a.: BSHG (Komm.), Rdnr. 5 zu § 4; Wolff, H. J. u. a.: Verwaltungsrecht I, S. 358 ff. *Manfred Streppel*

Rechtsanspruch auf einen Kindergartenplatz § 24 des → Kinder- und Jugendhilfegesetzes (KJHG – SGB VIII) wurde im Rahmen der Reform des Gesetzes zum Schutz vorgeburtlichen/werdenden Lebens, zur Förderung einer kinderfreundlicheren Gesellschaft, für Hilfen im Schwangerschaftskonflikt (→ Schwangerschaftskonfliktberatung) und zur Regelung des Schwangerschaftsabbruchs vom 27. 7. 1992 (BGBl. I S. 1398) dahin geändert, daß ein Kind vom vollendeten dritten Lebensjahr an bis zum Schuleintritt Anspruch auf den Besuch eines → Kindergartens hat. Der R. trat am 1. 1. 1996 mit einer auf den 31. 12. 1998 befristeten Übergangsregelung, § 24 a KJHG, in Kraft. Für diese befri-

stete Zeit wurde der R. dahingegend modifiziert, daß ein Kind, das bis zum 31. Juli eines Jahres das dritte Lebensjahr vollendet hat, vom folgenden August an bis zu seinem Schuleintritt einen Anspruch auf einen Kindergartenplatz erhält. Weiterhin wird die Anerkennung anderer geeigneter Förderangebote ermöglicht und eine Härteklausel eingeführt. Angesichts des bis zuletzt in der Diskussion stehenden Wegfalls der Stichtagsregelung ab 1. 1. 1996 ist diese gesetzliche Regelung ein Kompromiß, der eine finanzielle, organisatorische und personelle Überforderung der Kommunen als Träger der Öffentlichen Jugendhilfe (→ Jugendhilfeträger, → Jugendamt) verhindern soll, denn sie verfüge – regional unterschiedlich – nicht über die erforderlichen Kindergartenplätze. Gegenwärtig wird die Mehrzahl der Plätze von Trägern der freien Jugendhilfe betrieben.
In der Praxis führte die Umsetzung des R. in den einzelnen Bundesländern zu unterschiedlichen Platzangeboten (z.B. Halbtagsgruppe, Doppelbelegung, Erhöhung der Gruppenzahlen). *Claudia Hentschel*

Rechtsbehelf ist Sammelbegriff für jedes innerhalb der Rechtsordnung mögliche Gesuch, bei Behörde oder Gericht zur Durchsetzung eines (vermeintlichen) Rechts eine andere Entscheidung herbeizuführen. Man unterscheidet den außergerichtlichen R. (vgl. § 44 FGO), z.B.: Gegenvorstellung, → Dienstaufsichtsbeschwerde, Einspruch (§ 348 AO), → Widerspruch (§ 68 VwGO), → Erinnerung (§ 11 RPflG), Antrag auf Wiederaufgreifen des Verfahrens (§ 51 VwVfG), und den gerichtlichen R. – dazu gehört das → Rechtsmittel –, z.B. → Klage (§ 253 ZPO), Antrag auf Erlaß einer einstweiligen Anordnung (§ 123 VwGO), Antrag auf Wiedereinsetzung in den vorigen Stand (§ 233 ZPO, § 60 VwGO), Antrag auf Wiederaufnahme des Verfahrens (§§ 578ff. ZPO, § 153 VwGO). Der förmliche Rechtsbehelf erfordert Einhaltung einer bestimmten Form (z.B. Klage, §§ 81, 82 VwGO). Der R. kann fristgebunden (z.B. Klage, § 74 VwGO) oder fristungebunden (z.B. Gegenvorstellung) sein. Ordentlicher R. ist derjenige, der in einem noch nicht bestandskräftig/rechtskräftig abgeschlossenen Verfahren ergriffen wird; der außerordentliche R. dient dazu, die erneute Behandlung einer bestandskräftig/rechtskräftig abgeschlossenen Sache zu erreichen (z.B. Wiedereinsetzung in den vorigen Stand, Wiederaufnahme des Verfahrens). Hat R. aufschiebende Wirkung (z.B. § 80, 80a VwGO) darf die angefochtene Entscheidung vor der Erledigung des R. nicht vollzogen werden. Mit der einem → Verwaltungsakt (einer – gerichtlichen Entscheidung) beigefügten R.belehrung (bei Rechtsmittel: Rechtsmittelbelehrung) belehrt die Behörde (das Gericht), welcher R. gegeben ist und in welcher Form und Frist er bei welcher Stelle einzulegen ist. Bei Verwaltungsakten besteht eine R.belehrungspflicht z.B. nach § 59 VwGO und nach § 73 Abs. 3 S. 1 VwGO (Widerspruchsbescheid). Im gerichtlichen Verfahren besteht mit Ausnahme des Zivilprozesses eine R.belehrungspflicht (§ 9 Abs. 5 S. 1 ArbGG, § 117 Abs. 2 Nr. 6 VwGO, § 136 Abs. 1 Nr. 7 SGG, § 105 Abs. 2 Nr. 6 FGO). Im übrigen ergibt sich ein gewisser »Zwang« zur R.belehrung daraus, daß die Frist für einen R. (Rechtsmittel) erst zu laufen beginnt, wenn richtig belehrt worden ist (§ 9 Abs. 5 S. 3 ArbGG, § 58 Abs.1 VwGO, § 66 Abs. 1 SGG, § 55 Abs. 1 FGO). Unabhängig von einer R.belehrung ist die Einlegung eines fristgebundenen R. jedenfalls grundsätzlich ein Jahr nach der beanstandeten Entscheidung nicht mehr möglich.
Peter Schmidt

Rechtsberatung wird nur dem Auftraggeber gegenüber vorgenommen und bedeutet die Unterrichtung des Ratsuchenden über die Rechtslage seines Einzelfalles sowie die zu ergreifenden Maßnahmen und Hilfestellung bei der Sammlung von Unterlagen oder bei Eingaben an Behörden. Das Rechtsberatungsgesetz (RBerG) vom 13. 12. 1935 monopolisiert Beratung in Rechtsangelegenheiten weitgehend bei den Rechtsanwälten. Das Gesetz selbst regelt einige Ausnahmetatbestände, z.B. die R. durch Behörden im Rahmen ihrer Zuständigkeit (z.B. § 14 SGB I). Für die → Sozialhilfeträger und die Verbände der → freien Wohlfahrtspflege gibt es eine weitere wesentliche Ausnahme: Gem. § 8 Abs. 2 → Bundessozialhilfegesetz (BSHG) haben die freie Wohlfahrtspflege und die Sozialhilfeträger das Recht und die Pflicht, in Fragen der → Sozialhilfe (§ 14 SGB I) und in sonstigen sozialen Angelegenheiten zu beraten. Erfordert eine vollständige und wirksame → Beratung in sonstigen sozialen Angelegenheiten auch eine R., so ist diese erlaubt, soweit sie nicht von anderen Stellen oder Personen wahrzunehmen ist. Zu denken ist insbes. an Rechtsfragen aus dem → Sozial-, → Familien- und → Ausländerrecht. Diese erlaubte R. umfaßt die Aufklärung über Ansprüche und die Hilfe bei der Abfassung und Stellung von Anträgen. Eine Vertretung bei der Durchsetzung von Ansprüchen Hilfesuchender im gerichtlichen Verfahren ist hingegen nicht mehr Sache der → öffentlichen oder → freien Träger.
In der Praxis gibt es vor allem zwei Problembereiche:
1. Vom freien Träger eingelegter → Widerspruch im Auftrag des Hilfesuchenden. Es handelt sich dabei um ein unmittelbares Tätigwerden Dritten gegenüber. Die Auffassung, dies sei eine Rechtsbesorgung und damit verboten, ist in Fällen (psycho-)sozialer Hilfsbedürftigkeit unbefriedigend. Nicht

selten finden sich in der Beratung Personen, die durch Mittellosigkeit, hohes Alter, Krankheit, Behinderung, seelische Krisensituationen, Unerfahrenheit, Nichtbeherrschen der deutschen Sprache bei der Wahrnehmung ihrer rechtlichen Interessen behindert sind. Ein ganzheitlicher Hilfeansatz der → Sozialarbeit verlangt bei diesen Personen – sofern sie zu einer eigenständigen Rechtswahrnehmung nicht in der Lage sind – ein stellvertretendes Handeln gegenüber Behörden, damit diese Personen nicht schutzlos sind.
2. Gespräche und Verhandlungen von Schuldnerberatungsstellen mit Dritten im Auftrag des Hilfesuchenden über den Erlaß, die Stundung oder eine tragbare Tilgung. Diese Tätigkeiten gehören wesensmäßig zur → Schuldnerberatung, bilden regelmäßig aber nicht ihren Schwerpunkt. Dies soll auch der anstelle von »Schuldnerberatung« geläufige Begriff »Sozialberatung für Schuldner« verdeutlichen. Wann die Grenze zu einer unzulässigen Rechtsbesorgung überschritten wird, ist sehr umstritten. Wegen der aufgetretenen Streitfragen fordern die Wohlfahrtsverbände seit geraumer Zeit eine Änderung und Klarstellung im RBerG. 1999 tritt die Insolvenzordnung in Kraft. Im Rahmen der dann obligatorischen außergerichtlichen Einigungsversuche zwischen Schuldner und Gläubiger wird den Schuldnerberatungsstellen eine bes. Bedeutung zuwachsen. Die BuReg. erwägt deshalb eine Änderung des R.gesetzes zur rechtlichen Absicherung der Tätigkeit der Schuldnerberatungsstellen.
Zur Sicherstellung der R. von finanziell hilfebedürftigen Bürgern dient die → Beratungshilfe nach dem Beratungshilfegesetz.
Lit. Birk u.a.: BSHG (Komm.); DV: Schuldnerberatung; Schellhorn u.a.: BSHG (Komm.). *Josef Schmitz-Elsen/Reiner Sans*

Rechtsfähigkeit ist die Fähigkeit eines Zuordnungssubjekts, Träger von Rechten und Pflichten sein zu können. Im Menschsein selbst ist diese Fähigkeit bereits begründet, denn jede natürliche Person kann Träger von → Grundrechten, Eigentümer eines Grundstücks, Inhaber von Unterhaltsansprüchen oder schadensersatzpflichtig sein. Von der R. ist die → Geschäftsfähigkeit als diejenige Fähigkeit zu unterscheiden, durch eigene Erklärungen Rechte und Pflichten begründen zu können. Neben natürlichen Personen besitzen nach unserer Rechtsordnung auch → juristische Personen, wie → Vereine oder Aktiengesellschaften, durch Zuerkennung R. und werden dadurch in die Lage versetzt, selbständig am Vermögensverkehr teilzuhaben.
Nach § 1 → Bürgerliches Gesetzbuch (BGB) beginnt die R. des Menschen mit der Vollendung der Geburt. Sie endet mit dem Tod. Durch zahlreiche Vorschriften wird diese Begrenzung jedoch aufgehoben und dem Menschen vor der Geburt und nach dem Tod → Rechtsschutz zuteil.
Lit. s.: → Geschäftsfähigkeit.
Manfred Wienand

Rechtshilfe → Amtshilfe

Rechtskraft kommt nur → gerichtlichen Entscheidungen zu, soweit sie ein Verfahren abzuschließen geeignet sind. Formelle R. (vgl. § 705 ZPO) tritt ein, wenn ein → Rechtsmittel nicht (mehr) statthaft ist, ein statthaftes Rechtsmittel nicht oder nicht rechtzeitig eingelegt oder ein statthaftes, rechtzeitig eingelegtes Rechtsmittel zurückgenommen wird. Aus der formellen R. folgt die materielle R.: Bindung der Prozeßbeteiligten und ihrer Rechtsnachfolger (personeller Umfang der R.wirkung) an die Entscheidung, soweit über den Streitgegenstand entschieden worden ist (sachlicher Umfang der R.wirkung); s. §§ 322, 325 Abs. 1 ZPO, § 121 VwGO, § 141 Abs. 1 SGG, § 110 Abs. 1 S. 1 FGO. In diesem Umfang ist auch das Gericht gehindert, anders zu entscheiden, wenn die am Vorprozeß Beteiligten (ihre Rechtsnachfolger) um dieselbe Sache erneut prozessieren. Bindung auch anderer Gerichte, z.B. des → Zivilgerichts im Rechtsstreit um Schadensersatz wegen Amtspflichtverletzung an die rechtskräftige Entscheidung des Verwaltungsgerichts, mit der ein Verwaltungsakt aufgehoben worden ist, weil er rechtswidrig war. – Anderer Art ist die Bindung des Vordergerichts an die rechtliche Beurteilung durch Rechtsmittelgericht bei Zurückverweisung der Sache (vgl. § 565 Abs. 2 ZPO, §§ 130 Abs. 2, 144 Abs. 6 VwGO). Nach R. ist unter engen Voraussetzungen Wiederaufnahme des Verfahrens möglich (vgl. §§ 578 ff. ZPO, § 153 VwGO). Bei wesentlicher Änderung der maßgeblichen Verhältnisse nach Verurteilung zu wiederkehrenden Leistungen kann Änderungsklage erhoben werden (§ 323 ZPO). *Peter Schmidt*

Rechtsmittel ist → Rechtsbehelf. Es dient dazu, eine → gerichtliche Entscheidung durch eine höhere Instanz nachprüfen zu lassen (→ Berufung, → Revision, → Beschwerde). Einlegung des R. bewirkt, daß das Verfahren bei der höheren Instanz anfällt: Devolutiveffekt. Bei der Beschwerde darf die bisherige Instanz ihre Entscheidung selbst ändern: Abhilfe (s. § 571 ZPO, § 148 Abs. 1 VwGO, § 174 SGG, § 130 Abs. 1 FGO). Einlegung des R. hemmt Eintritt der → Rechtskraft: Suspensiveffekt (vgl. § 705 ZPO). R. darf nicht zur Schlechterstellung des R.klägers führen (Verbot der reformatio in peius); eine Entscheidung zum Nachteil des R.klägers ist allerdings möglich, wenn auch der Prozeßgegner R. (Anschlußberufung, Anschlußrevision, Anschlußbeschwerde) einlegt. *Peter Schmidt*

Rechtsnormen setzen Recht. Sie beinhalten allgemein verbindliche Verhaltensanordnungen und zwar aufgrund der Verfassung (→ Grundgesetz) oder eines Gesetzes eines zur Rechtsetzung autorisierten Normgebers (→ Gesetzgebung). R. sind Gesetz, → Rechtsverordnung, → Satzung.

Karin Wolski

Rechtsprechung, die sog. »Dritte Gewalt« im gewaltenteilenden Staat, ist nach Art. 92 → Grundgesetz (GG) »den Richtern anvertraut; sie wird durch das Bundesverfassungsgericht, durch die in diesem Grundgesetz vorgesehenen Bundesgerichte und durch die Gerichte der Länder ausgeübt«. Damit ist der organisatorische Aufbau skizziert: zuoberst das → Bundesverfassungsgericht (BVerfG), zugleich Verfassungsorgan und Gerichtshof; an der Spitze der einzelnen Zweige der Gerichtsbarkeit die »obersten Gerichtshöfe« (Bundesgerichtshof/Karlsruhe – Bundesverwaltungsgericht/Berlin (künftig Leipzig) – Bundesfinanzhof/München – Bundesarbeitsgericht/Kassel (künftig Erfurt) – Bundessozialgericht/Kassel – Bundespatentgericht/München); darunter die Mittel- und Untergerichte. Die hier tätigen Richter »sind unabhängig«, und zwar sachlich und persönlich (Art. 97 GG), d. h. gesichert gegen Eingriffe der Exekutive und Legislative. Sie sind weiter »nur dem Gesetze unterworfen« (Art. 97 GG). Hinter dieser einfachen Formel verbergen sich schwierige rechtstheoretische und praktische Probleme. Das Gesetz läßt den Richter oft im Stich, ist zweideutig, unvollständig, widersprüchlich, oder es fehlt ganz. Da die Entscheidung des konkreten Rechtsstreits nicht bis zu einem klärenden Wort des Gesetzgebers aufgeschoben werden kann, ist der Richter in diesen Fällen darauf angewiesen, selbst eine Lösung zu finden. Hierzu fragt er nach dem Sinn des Gesetzes, nach der »Natur der Sache«, sucht Analogien zu anderen Regelungen usw. (→ Auslegung). Die dadurch entstehende sog. »richterliche Rechtsfortbildung« läuft parallel zur Anpassung des Rechtssystems an die Veränderung der wirtschaftlichen, sozialen und politischen Realitäten durch die → Gesetzgebung. Sie hat in der Vergangenheit zu großen sozialen Fortschritten (insbes. im → Arbeitsrecht) und rechtsdogmatischen Neuschöpfungen geführt. Sie wird heute wahrgenommen vor allem durch die Obergerichte, deren Aufgabe es ist, die Einheitlichkeit der R. zu wahren und das Gesetzesrecht über den Einzelfall hinaus in »denkendem Gehorsam« auszulegen und anzuwenden. Die R. vollzieht so eine ständige Gratwanderung zwischen »freier«, jeder tagespolitischen Meinung ausgelieferter Rechtsschöpfung und blindem Gesetzesgehorsam.

Die R. in den für die → Sozialarbeit relevanten Bereichen ist der Verwaltungsgerichtsbarkeit (→ Verwaltungsgerichte; → Sozialhilfe, → Jugendhilfe), der ordentlichen Gerichtsbarkeit (→ Zivilgerichte; → Familienrecht, Wohnraum-Mietrecht, → Strafrecht) und der Arbeits- und Sozialgerichtsbarkeit (→ Arbeitsgerichte; → Sozialgerichte; Arbeitsrecht; Arbeitslosenversicherung; → Sozialversicherung) zugeordnet. Aufgabe der dort geübten R.tätigkeit ist es, daß die → sozialen Rechte des einzelnen »möglichst weitgehend verwirklicht werden« (§ 2 Abs. 2 → Sozialgesetzbuch – Allgemeiner Teil – SGB I). Die Entscheidungen dieser Rechtsprechungszweige sind, auf die Bedürfnisse der Sozialarbeit zugeschnitten, gesammelt in den Heften 50, 57, 61, 62, 66, 67 der Reihe »Kleinere Schriften des → Deutschen Vereins für öffentliche und private Fürsorge (DV)«. Sie sind außerdem zu erschließen über die Registerbände der Amtlichen Sammlungen der obersten Gerichtshöfe sowie über die Kommentare zu den Gesetzen, die für die Sozialarbeit von besonderer Bedeutung sind (→ Bundessozialhilfegesetz [BSHG], → Kinder- und Jugendhilfegesetz [KJHG – SGB VIII], Jugendgerichtsgesetz, → Bundesversorgungsgesetz, SGB I).

Lit. Bachof: GG; Lautmann: Justiz; Maunz u.a.: GG (Komm.); Simon, D.: Unabhängigkeit.

Michael Stolleis

Rechtsschutz besagt im weitesten Sinne: der Staat gewährleistet durch seine Gerichte (→ Rechtsprechung – Art. 92 GG) die Verwirklichung von Rechtsansprüchen, die Gestaltung von Rechtsbeziehungen und den Schutz gegen Rechtsverletzungen; so gegen jede Verletzung von Rechten durch die öffentliche Gewalt (zu letzterem Art. 19 Abs. 4 GG [→ Grundrechte]; Generalklausel, s. § 40 Abs. 1 S. 1 VwGO). Form des R. in den einzelnen Rechtswegen ist durch die jeweiligen Verfahrensordnungen geregelt (BVerfGG, ZPO, ArbGG, VwGO, SGG, FGO). Kein R. wegen eines allgemeinen staatsbürgerlichen Interesses an der Aufrechterhaltung der Rechtsordnung (Ausschluß der Popularklage). R. wird nur auf Gesuch hin (z. B. → Klage, vgl. § 53 SGG) gewährt. Das R.-Gesuch setzt R.-Bedürfnis voraus; dieses fehlt, wenn das erstrebte Ziel billiger, einfacher oder ohnehin erreicht werden kann, wenn Inanspruchnahme des Gerichts mutwillig oder aus unlauteren Motiven erfolgt; in diesem Fall ist das R.-Gesuch unzulässig und Abweisung der Klage durch Prozeßurteil (→ Gerichtliche Entscheidungen) gegeben. – Effektivität des R. schließt einstweiligen (vorläufigen) R. ein; Formen: Arrest, → einstweilige Verfügung (§§ 916 ff. ZPO), Anordnung/Wiederherstellung der aufschiebenden Wirkung (§§ 80, 80a VwGO, § 97 SGG, § 69 FGO), → einstweilige Anordnung (§ 123 VwGO). Einstweiliger R. dient der Verwirklichung eines Rechts durch die vorläufige Sicherung oder Veränderung des bestehenden Zustandes; er will Schaffung vollendeter Tatsachen verhindern und soll i.d.r. keine Vorwegnahme der Entscheidung in der Hauptsache bewirken. R. des Minderbemittelten wird durch → Prozeßkostenhilfe gewährleistet, s. §§ 114 ff. ZPO, § 166 VwGO, § 73a SGG, § 142 FGO.

Peter Schmidt

Rechtsstaat Ein verfassungsrechtliches Grundprinzip, welches historisch die Grundlage des Verfassungsstaates überhaupt darstellt, indem es die Bindung aller staatlichen Gewalt an das Recht postuliert. Für den im Deutschland des 19. Jhdt. entwickelten formalen R. waren insbes. der Vorbehalt des (konstitutionell an die parlamentarische Zustimmung des Bürgertums gebundenen) → Gesetzes für Eingriffe in Freiheit und Eigentum und die Bindung der monarchischen → Verwaltung an das Gesetz wesentlich. Spezifikum des → Grundgesetzes (GG) ist nicht nur die Erweiterung des R. um materielle Elemente, sondern seine gleichrangige Verknüpfung mit dem → Sozialstaatsprinzip, das insbes. bei der Auslegung der → Grundrechte zu beachten ist.

Im GG ist der R. in Art. 28 Abs. 1 mit der Entscheidung für Republik, Demokratie und Sozialstaat auch der Verfassungsordnung in den Ländern aufgegeben. Auch ist der R. zumindest mit denjenigen seiner Elemente, auf die Art. 79 Abs. 3 GG Bezug nimmt, von der Unabänderlichkeitsgarantie dieser Vorschrift umfaßt. Die Elemente des R. sind zum großen Teil eigenständig im GG verankert, so daß in der Praxis ein Rekurs auf das Grundprinzip selbst nur selten nötig ist. Die Bindung der → Gesetzgebung an die Verfassung, insbes. an die → Grundrechte (Art. 1 Abs. 3 GG) und der Verwaltung und → Rechtsprechung an Gesetz und Recht (Art. 20 Abs. 2 GG, → Gesetzmäßigkeit der Verwaltung) sichern im Stufenbau der Rechtsordnung und die vorrangige Zuständigkeit des Parlaments für alle wesentlichen Entscheidungen. Die Rechtsbindung der Verwaltung wird durch die Garantie des Rechtswegs gegenüber der öffentlichen Gewalt (Art. 19 Abs. 4 GG) gesichert und kontrolliert. Der Grundsatz der Gewaltenteilung (Art. 20 Abs. 2 GG) ist tragendes Organisationsprinzip des GG und fordert die Aufteilung der Staatsfunktionen auf die unterschiedlichen Träger von Gesetzgebung, Verwaltung und Rechtsprechung zur gegenseitigen Kontrolle und Mäßigung, nicht zu ihrer absoluten Trennung voneinander. Materielle Elemente des R. sind neben den Grundrechten der Grundsatz der Verhältnismäßigkeit (→ Verhältnismäßigkeitsgrundsatz) (Übermaßverbot), die Rechtssicherheit als Inbegriff von Erkennbarkeit (Bestimmtheitsgebot) und Verläßlichkeit der Rechtsordnung und von Vertrauensschutz gegenüber Rechtsänderungen. Eine Reihe rechtsstaatlicher Gewährleistungen gelten im Bereich der Rechtsprechung: Unabhängigkeit der Richter, Verbot von Ausnahmegerichten, Garantie des gesetzlichen Richters, Anspruch auf → rechtliches Gehör, das Verbot rückwirkender Strafgesetze und der mehrfachen Bestrafung sowie die Rechtsgarantien bei → Freiheitsentziehungen (Art. 97, 101, 103, 104 GG). Rechtsstaatlich garantiert ist auch der Grundsatz der Entschädigung (→ Staatshaftung, Art. 34 GG) für Rechtsverletzungen durch öffentliche Gewalt.

Lit. Benda: Sozialer Rechtsstaat; Kunig: Rechtsstaatsprinzip; Lipphardt: Grundrechte; Schmidt-Aßmann: Rechtsstaat.

Ingwer Ebsen

Rechtsverordnung dient der flexiblen Handhabung eines Gesetzes. Sie unterscheidet sich vom → Verwaltungsakt dadurch, daß sie einen abstrakten Lebenssachverhalt regelt, vom → Gesetz dadurch, daß sie durch ein Organ der vollziehenden Gewalt erlassen wird. Dies bietet den Vorteil rascher Handlungsfähigkeit unter Ausnutzung von Sachnähe und Fachwissen der Verwaltung. Da im parlamentarisch verfaßten Staatswesen der Bundesrepublik Deutschland nur das Parlament zur → Gesetzgebung und zum Eingriff in → Grundrechte des Bürgers (»Gesetzesvorbehalt«) befugt ist, bedarf die vollziehende Gewalt einer gesetzlichen Ermächtigung zum Erlaß von R. Solche Gesetze müssen Inhalt, Zweck und Ausmaß der erteilten Ermächtigung bestimmen, Art. 80 → Grundgesetz (GG), so daß programmartig die Wertentscheidung des Gesetzgebers deutlich wird. Beispiele: § 22 Abs. 2 → Bundessozialhilfegesetz (BSHG) und Verordnung zur Durchführung des § 22 BSHG – Regelsatzverordnung – sowie weitere Verordnungen zu §§ 47, 72, 76, 81 Abs. 1 Nr. 3, 88 Abs. 2 Nr. 8 BSHG.

Lit. Forsthoff: Verwaltungsrecht; Hesse, K.: Verfassungsrecht, § 14 I 3; Maunz u.a.: GG (Komm.), zu Art. 80. *Karin Wolski*

Rechtswidrigkeit (Widerrechtlichkeit) gehört zu den kategorialen Grundbegriffen des Rechts und bezeichnet das Unwerturteil der Rechtsordnung über eine bestimmte Handlung. R. ist zu unterscheiden vom Begriff der → Schuld, die gleichfalls ein Werturteil beinhaltet, das zwar notwendigerweise eine rechtswidrige Handlung voraussetzt, aber darüber befindet, ob die Handlung dem Täter persönlich vorwerfbar ist. Anders als der Schuldbegriff ist der Begriff der R. für Zivil- und Strafrecht derselbe. Insoweit die strafrechtlichen Bestimmungen Unrechtstatbestände typisieren, wird in aller Regel mit der Tatbestandsmäßigkeit auch die R. angezeigt. R. ist allerdings erst dann gegeben, wenn nicht nur der

Tatbestand verwirklicht ist, sondern auch Rechtfertigungsgründe fehlen. Rechtfertigungsgründe (z.B. Notwehr, rechtfertigender Notstand, Pflichtenkollision, → Einwilligung) schließen das Unrecht einer Handlung mit Wirkung für alle Rechtsgebiete aus.
Lit. Enneccerus u.a.: Bürgerliches Recht; Jeschek: Strafrecht. *Manfred Wienand*

Reflexivität → Evaluation, → Selbstevaluation

Reform der öffentlichen Verwaltung → Bürgernähe, → Verwaltung, → Verwaltungsmodernisierung

Reformpädagogik Bezeichnung für die vielfältigen praktischen und programmatischen Bemühungen von 1880 bis 1933, das Erziehungssystem in Deutschland (→ Bildung/Bildungswesen) (vergleichbar: in den USA und in westeuropäischen Ländern) gegen intellektualistische, autoritäre, lebens- wie schülerferne Strukturen hin zu stärkerer Verbindung mit dem Leben, zu Aktivität und Selbsttätigkeit »vom Kinde aus« zu verändern. Diese bürgerlichen Bestrebungen wurden durch Kulturkritik (Nietzsche, Langbehn, Lagarde) und Lebensphilosophie begründet und durch parallele »Bewegungen« (→ Jugendbewegung) gestützt. Seit Nohl zählen zur R. die → Volkshochschul-, Kunsterziehungs-, Arbeitsschul-, Landerziehungsheim- und Einheitsschulbewegung. Ihnen ist gemeinsam, daß sie in der Krise des bürgerlichen Selbst- und Weltverständnisses angesichts des organisierten Kapitalismus die pädagogische Tradition aktivieren, um vom Erziehungssystem her das gesellschaftliche System zu »heilen«. Historisch ist R. weder gleichzusetzen mit der entstehenden → Erziehungswissenschaft, noch deckt sie die Praxis der → Erziehung bis 1933. Zur Theorie bleibt ihr Verhältnis distanziert, in ihrem Selbstverständnis werden Theorie und Praxis sozialistischer und psychoanalytischer Erziehung (→ Sozialistische Pädagogik, → Psychoanalyse) meist ausgeklammert, und für die Wirklichkeit des staatlichen Bildungssystems ist R. von marginaler Bedeutung. Im Bereich der sozialen Arbeit (→ Sozialarbeit/Sozialpädagogik) verdeutlichen das → Jugendwohlfahrtsgesetz (JWG) und das JGG, vereinzelte Versuche in → Heimerziehung, → Jugendstrafvollzug und die Ausbildungsformen hauptamtlicher → Erzieher die historisch-politisch mögliche reformpädagogische Erziehung. Nationalsozialistische Pädagogik konnte 1933 relativ leicht, wenn auch nicht immer bruchlos, an Selbstbegründung (Führerideologie), Denkstil (Irrationalismus) und Organisationsprinzipien der R. anknüpfen. Die hilflose Abgrenzung der R. vom Nationalsozialismus verdeutlicht ihre geringe theoretische Fundierung und ihre (klein-)bürgerlich-rückwärtsgewandte, kulturkritische Orientierung. Die gegenwärtige Bedeutung der R. besteht denn auch nicht in theoretischen Analysen; dagegen liefert sie Modelle erzieherischen Handelns, die bis heute pädagogische Reformbewegungen inspiriert haben. Ein Beispiel für die Wirksamkeit im sozialpädagogischen Bereich ist das → Kinder- und Jugendhilfegesetz (KJHG – SGB VIII), dessen Programm (vgl. § 1.1) von Ideen der R. mitgeprägt wurde.
Etwa 1200 Schulen in Europa gestalten gegenwärtig ihr Schulleben gemäß einer der Traditionen der R. Ein Kanon von Grundsätzen ist vielen von ihnen gemeinsam: »Kindorientierung«; »ganzheitliche« und vielseitige Erziehung; Kooperation statt Konkurrenz. Wie die kindliche Entwicklung gedeutet und was als »kindgerechte« Erziehung definiert wird, ist je nach weltanschaulichen und menschenkundlichen Grundannahmen jedoch sehr unterschiedlich. Starke innovative Breitenwirkung ging von Daltonplan-, Freinet-, Jenaplan-, Montessori-, Waldorfschulen (und zugehörigen Kindergärten/Kinderhäusern) aus. Einige Landerziehungsheime bestehen seit dem Anfang des Jahrhunderts; Wirkungen der R. ihrer Gründer (vor allem von Lietz, Geheeb, Kurt Hahn) sind auch in Internatsschulen und in der Heimerziehung nachweisbar. »Alternative« oder »Freie« Schulen stehen mit ihren Konzepten häufig Modellen der R. nahe. Die Internationalität reformpädagogischer Bewegungen blieb erhalten; Zusammenschlüsse umfassen Erziehungseinrichtungen in allen Kontinenten, auch in Ländern der »Dritten Welt«.
Lit. Klaßen u.a.: Schulen; Nohl: Pädagogische Bewegung; Oelkers, J.: Reformpädagogik; Pädagogisches Forum: Reformpädagogik; Röhrs: Reformpädagogik; Schonig: Reformpädagogik.
Heinz-Elmar Tenorth/Heide Kallert

Regelbedarf ist der Betrag, der bei einfacher Lebenshaltung zum Unterhalt (→ Unterhaltspflicht) eines in häuslicher Pflege – regelmäßig bei der Mutter, also nicht (zugleich) im Haushalt des Vaters – lebenden → nichtehelichen Kindes erforderlich ist (§ 1615f Abs. 1 S. 2 → Bürgerliches Gesetzbuch – BGB –). Der R. wird von der Bundesregierung mit Zustimmung des Bundesrats durch → Rechtsverordnung festgesetzt; er kann nach dem Alter des Kindes (und – was keine praktische Bedeutung erlangt hat – nach den örtlichen Unterschieden in den Lebenshaltungskosten) abgestuft werden (§ 1615f Abs. 2). Er ist zu unterscheiden von dem in der → Sozialhilfe festzusetzenden → Regelsatz. Er beträgt seit 1. 1. 1996 in den alten/neuen Bundesländern monatlich bis zur Vollendung des 6. Lebensjahres 349/314 DM, vom 7. bis zur Vollendung des 12. Lebensjahres 424/380

DM und vom 13. bis zur Vollendung des 18. Lebensjahres 502/451 DM. Der R. bildet die Grundlage für die Berechnung des → Regelunterhalts.

Der R. hat im Rahmen der Düsseldorfer Tabelle und der Berliner Vortabelle (für die neuen Bundesländer) als niedrigste Gruppe beim Kindesunterhalt auch für → eheliche Kinder Bedeutung, wenn die Eltern nicht nur vorübergehend getrennt leben (vgl. §§ 1567, 1672), wenn ihre Ehe geschieden (§1564) oder für nichtig erklärt worden ist (§ 23 EheG), und das Kind, nachdem es in den Haushalt des einen Elternteils (oder mit diesem zusammen bei Großeltern) aufgenommen ist, Unterhalt vom anderen Elternteil verlangt; die Zugehörigkeit zum Haushalt gilt auch bei einer Unterbringung von dort aus in auswärtiger Lehre oder in einem Internat als gewahrt. Als (Mindest-) Bedarf gilt hier der für nichteheliche Kinder der entsprechenden Altersstufe festgesetzte R. (§ 1610 Abs. 3). Zweck der Regelung ist es, die Rechtsstellung des ehelichen Kindes zu verbessern und die Rechtsverfolgung zu vereinfachen: Das Kind braucht im Unterhaltsprozeß nur die Bedürftigkeit (§ 1602) darzulegen und ggf. zu beweisen, nicht aber die Höhe des Bedarfs. Auch können solche Unterhaltstitel im → vereinfachten Verfahren an Stelle einer → Abänderungsklage an veränderte Kosten der allgemeinen Lebenshaltung angepaßt werden. Ein im Frühjahr 1996 vorgelegter Entwurf des BMJ für ein Kinderunterhaltsgesetz zielt darauf ab, im Zuge einer Reform des Kindschaftsrechts (→ Kindschaftsrechtsreform) das Unterhaltsrecht für eheliche und nichteheliche Kinder zu vereinheitlichen; damit sollen die Vorteile des Regelunterhaltssystems, auf schnellem und verfahrensrechtlich vereinfachtem Weg Unterhalt zu erlangen, in weiterentwickelter Form und mit bundeseinheitlichem R. allen Kindern zugute kommen. *Dieter Brüggemann/Gottfried Eichhoff*

Regelsatz Der R. der → Sozialhilfe ist ein monatlicher Geldbetrag, der als erforderlich und ausreichend angesehen wird, um den in § 1 der → RegelsatzVO genannten Monatsbedarf zu decken. Der R. wird im Rahmen der RegelsatzVO von den Landesregierungen für den → Haushaltsvorstand oder Alleinstehenden und für die Haushaltsangehörigen (→ Bedarfsgemeinschaft) festgesetzt. Rechtsgrundlage ist § 22 Abs. 1 S. 1 → Bundessozialhilfegesetz (BSHG), der vorschreibt, daß laufende Leistungen zum → Lebensunterhalt außerhalb von → Einrichtungen nach R. gewährt werden.

Schon aus dieser Vorschrift wird deutlich, wo im Leistungsspektrum (→ Leistungsarten) der Sozialhilfe die unmittelbare Bedeutung des R. liegt: Sein zentraler Anwendungsort ist die laufende Hilfe (nicht die »einmalige« Leistung), die Hilfe außerhalb von Einrichtungen (nicht die Hilfe in Einrichtungen), die → Hilfe zum Lebensunterhalt (nicht die → Hilfe in besonderen Lebenslagen). Mittelbar wirkt sich der R. jedoch auch darauf aus, ob und in welchem Umfang einmalige Leistungen, z. B. zur Beschaffung von Bekleidung oder Heizmaterial, zu gewähren sind (§ 21 Abs. 1a BSHG). Für Leistungsempfänger in Einrichtungen ist der R. bedeutsam, weil sich an ihm der → Barbetrag zur persönlichen Verfügung und der zusätzliche Barbetrag (Taschengeld) orientieren (§ 21 Abs. 3 BSHG). Bei der Hilfe in besonderen Lebenslagen bemessen sich die Familienzuschläge der → Einkommensgrenzen (§ 79 BSHG) nach dem R.

Im Rahmen der laufenden Hilfe zum Lebensunterhalt außerhalb von Einrichtungen ist der R. (neben den Kosten der → Unterkunft, den laufend zu entrichtenden Heizkosten, einem etwaigen → Mehrbedarf nach § 23 BSHG sowie dem Sonderbedarf i. S. d. §§ 13 und 14 BSHG) ein wesentlicher Bestandteil des Bedarfs und der Bedarfsermittlung (→ Bedarfsdeckungsprinzip). Er bestimmt die monatlichen Aufwendungen für → Ernährung, hauswirtschaftlichen Bedarf einschließlich Haushaltsenergie und für persönliche Bedürfnisse des täglichen Lebens. So ist der R. ein unentbehrliches Hilfsmittel bei der Prüfung der Frage, ob und inwieweit im Einzelfall Anspruch auf laufende Hilfe zum Lebensunterhalt besteht: Bleibt die Summe aus R., Warmmiete, Mehrbedarf und Sonderbedarf unter dem anrechenbaren Einkommen, ist laufende Hilfe (in Höhe des Differenzbetrags) zu gewähren.

Damit ist auch die wichtigste Funktion des R. beschrieben: Er ermöglicht für die von ihm erfaßten Bereiche eine verwaltungseinfache und gleichmäßige Bedarfsfeststellung und Hilfegewährung.

Dieses Ziel ist allerdings nur erreichbar durch Typisierung, Schematisierung und Standardisierung, durch Abstellen auf Durchschnittsbedarfe, also auf den Regelfall. Eine Kollision mit dem Individualisierungsgebot (§ 3 BSHG; → Individualisierungsprinzip) ist unvermeidlich, muß aber in Kauf genommen werden, zumal es ohnehin ausgeschlossen ist, alle für den Bedarf erheblichen Besonderheiten des Einzelfalles (Alter, Geschlecht, körperliche und seelische Konstitution, Art der Tätigkeit, Jahreszeit, Begabung und Geschicklichkeit im Verwerten der Lebensmittel usw.) exakt festzustellen.

Entsprechend dem Individualisierungsgebot sind die laufenden Leistungen abweichend vom R. zu bemessen, wenn im Einzelfall erhebliche Abweichungen vom Regelbedarf festgestellt werden (§ 22 Abs. 1 S. 2 BSHG, § 3 Abs. 3 RegelsatzVO). Für den Regelfall aber ist der R. verbindlich. Er ist nicht etwa nur Orientierungshilfe oder Anhaltspunkt für die Leistungsbemessung.

Die Verbindlichkeit, die auch der Gleichbehandlung der Hilfeempfänger und Hilfesuchenden dient, läßt sich (im Umkehrschluß) aus der Ausnahmevorschrift des § 25 Abs. 2 BSHG ableiten.
Wie hoch der R. sein muß, geht aus dem Gesetz nicht hervor. Das Postulat des § 22 Abs. 4 BSHG (sog. Lohnabstandsgebot) gibt jedoch einen deutlichen Anhaltspunkt. Bei Haushaltsgemeinschaften von Ehepaaren mit drei Kindern müssen hiernach die R. mit den Durchschnittsbeträgen für die Kosten der Unterkunft und Heizung sowie für einmalige Leistungen unter Berücksichtigung des abzusetzenden Betrags nach § 76 Abs. 2a Nr. 1 BSHG – Erwerbstätigenmehrbedarf – unter dem durchschnittlichen Netto-Arbeitsentgelt unterer Lohn- und Gehaltsgruppen (einschließlich einmaliger Zahlungen zuzüglich Kindergeld und Wohngeld) in einer entsprechenden Haushaltsgemeinschaft mit einem alleinverdienenden Vollzeitbeschäftigten bleiben. Diese Vorschrift läßt die Absicht des Gesetzgebers erkennen, daß → Selbsthilfe durch Arbeit sich auch finanziell lohnen muß. Für die Höhe des R. von Bedeutung sind §§ 1 Abs. 2 und 25 Abs. 2 BSHG. Hiernach muß der R. – wie jede Hilfe nach dem BSHG – die Führung eines menschenwürdigen Lebens ermöglichen und zur Selbsthilfe befähigen. Er muß jedenfalls über dem Bedarf liegen, der zum Lebensunterhalt unerläßlich, also für das → Existenzminimum gerade noch ausreichend ist, darf aber auch nicht so hoch sein, daß er das Bemühen des → Hilfeempfängers lähmt, so schnell wie möglich wieder unabhängig von Sozialhilfe leben zu können.
Was konkret bedarfsnotwendig ist, wo die → Menschenwürde (schon oder noch nicht) verletzt wird, läßt sich nicht mit mathematischer Objektivität feststellen. Vielmehr bedarf es einer (wertbezogenen) politischen Entscheidung der Frage, wo die untere Grenze wirtschaftlicher Sicherung liegt. Diese Armutsgrenze kann nicht ein für allemal gezogen werden. Sie ist nach Ort und Zeit unterschiedlich, wird aber immer in einer Relation zum Lebensstandard der Bevölkerungsmehrheit im weiteren Umfeld des Hilfesuchenden stehen.
Die eigentliche Entscheidung über die Höhe des R. fällt – von der bereits mehrfach praktizierten bundesgesetzlichen Festschreibung abgesehen – nicht mit der (jährlichen) Festsetzung des R. nach § 22 Abs. 2 BSHG, sondern dann, wenn man sich über ein Bedarfsbemessungsschema verständigen muß. Die Höhe der nach R. zu gewährenden Hilfe wird aus dem Verbraucherverhalten abgeleitet. Als wichtigste Datenquelle dabei dient die im Fünf-Jahres-Abstand vom Statistischen Bundesamt veröffentlichte → Einkommens- und Verbrauchsstichprobe (Statistikmodell). Grundgedanke dieses Modells ist: Der Aufwand unterer Verbrauchergruppen für den regelsatzrelevanten notwendigen Lebensunterhalt wird als Bedarf anerkannt. Mit der Festsetzung des R. nach § 22 Abs. 2 BSHG ist dabei zu entscheiden, ob die Träger der Sozialhilfe ermächtigt werden, auf der Grundlage von landesweit festgelegten Mindestr. regionale R. zu bestimmen, oder ob ein landeseinheitlicher R. festgesetzt wird.
Vor der Festsetzung des R., also vor Erlaß der RechtsVO der jeweiligen Landesregierung, sind gem. § 114 BSHG sozial erfahrene → Personen zu hören.
Lit. Galperin, P.: Regelsatz; Petersen, K.: Regelsätze; Tschoepe, A.: Bedarfsbemessungssystem. *Albin Nees*

Regelsatzverordnung (RegelsatzVO) ist die Verordnung zur Durchführung des § 22 → Bundessozialhilfegesetz (BSHG). Die RegelsatzVO konkretisiert den § 22 BSHG in dreifacher Hinsicht: Sie bestimmt, welche Bedarfsbereiche des § 12 BSHG (sofern es sich um einen laufend wiederkehrenden → Bedarf handelt) vom Regelsatz umfaßt sind (§ 1). Sie bestimmt ferner, in welchem Verhältnis der Regelsatz eines → Haushaltsvorstandes bzw. Alleinstehenden zu den Regelsätzen von → Haushaltsangehörigen (→ Bedarfsgemeinschaft) – gestaffelt nach Altersgruppen – steht (§ 2). Seit 1990 unterscheidet die RegelsatzVO 4 Gruppen von Haushaltsangehörigen, deren Regelsatz 50 (bei Kindern von Alleinerziehenden 55), 65, 90 und 80 v. H. des Eckregelsatzes beträgt. Schließlich bestimmt sie Näheres über das Maß laufender Leistungen für → Unterkunft und Heizung (§ 3 – Heizungshilfe), denn diese Bedarfsbereiche hat sie aus der Gewährung der → Sozialhilfe nach Regelsätzen ausgenommen (s. § 22 Abs. 5 S. 2 BSHG). *Albin Nees*

Regelunterhalt ist der standardisierte Unterhalt, den der Vater (§ 1600a BGB) dem → nichtehelichen Kind bis zur Vollendung des 18. Lebensjahres schuldet (§ 1615f Abs. 1 S. 1 BGB). R. ist der → Regelbedarf, vermindert um bestimmte, nach § 1615g BGB anzurechnende Beträge (§ 1615f Abs. 1 S. 2 BGB): nämlich zur Hälfte das auf das Kind entfallende → Kindergeld, Kinderzuschläge (→ Kinderzuschuß) und ähnliche regelmäßig wiederkehrende Geldleistungen, die nicht dem Vater, sondern einem anderen (regelmäßig der Mutter, ggf. dem Ehemann der Mutter) zustehen. Weitere Einzelheiten enthält die Regelunterhalts-VO vom 27. 6. 1970, BGBl. I S. 1010, zuletzt geändert durch die VO vom 25. 9. 1995, BGBl. I S. 1190, i. d. F. des Art. 3 des Jahressteuer-Ergänzungsgesetzes 1996 vom 18. 12. 1995, BGBl. I S. 1959.
Der R. ist als Mindestbetrag zu verstehen, den der Vater dem nichtehelichen Kind zu zahlen hat. Zweck ist, die Rechtsverfolgung

des Kindes zu verbessern und zu vereinfachen: Das Kind braucht weder seine Bedürftigkeit und die Höhe seines Bedarfs noch auch die Leistungsfähigkeit des Vaters darzulegen und ggf. zu beweisen. Darlegungs- und beweisbedürftig sind dagegen die Umstände, auf Grund derer das Kind wegen individuell erhöhten Bedarfs oder (vor allem) höherer Leistungsfähigkeit des Vaters einen Zuschlag zum R. verlangt. Im Streitfall ergeht das Urteil auf Zahlung »des R.« ggf. mit einem (prozentual zu bemessenden, auch später durch besondere Klage nachzuverlangenden) Zuschlag (§§ 642, 642d ZPO); die vollstreckbare Festsetzung des Betrags erfolgt in einem Beschlußverfahren nach § 642 a ZPO durch den Rechtspfleger, ebenso (§ 642b ZPO) eine spätere Fortschreibung dieses Betrages auf Grund neu verordneter Regelbedarfsätze oder einer Änderung der Anrechnungsfaktoren aus § 1615 g BGB. Ein Verurteilung zum R. erfolgt im → Vaterschaftsprozeß auf Antrag zugleich mit der Feststellung der Vaterschaft (§§ 643, 643 a ZPO). Der Vater kann, wenn der R. wesentlich den Betrag übersteigt, den er nach den allgemeinen Vorschriften (§§ 1602 ff. BGB) leisten müßte, die Herabsetzung des R. auf diesen Betrag verlangen (§ 1615 h BGB: Abschlag vom R. – § 642 d ZPO – äußerstenfalls »bis auf Null«), außer wenn die Veranlassung gebenden Umstände nur vorübergehend sind. Nicht gehindert ist das Kind, den Unterhalt, statt auf Basis des R., als einen von vornherein und individuell bezifferten zu beanspruchen, den es dann unter allgemeinem Recht durchzusetzen hätte (→ Unterhaltspflicht, → Abänderungsklage, → Vereinfachtes Verfahren). In einem 1996 vorgelegten Referentenentwurf für ein Kindesunterhaltsgesetz ist eine Vereinheitlichung des Unterhaltsrechts für Kinder vorgesehen, derzufolge die verfahrensrechtlichen Vorteile des Regelunterhaltssystems auch bei ehelichen Kindern wirksam werden sollen. *Dieter Brüggemann/Gottfried Eichhoff*

Reggio-Pädagogik bezeichnet ein Modell vorschulischer Bildung, das in der norditalienischen Stadt Reggio nell' Emilia praktiziert wird. In den kommunale → Krippen und → Kindergärten dieser Stadt geschieht Aufsehenerregendes: Einjährige Kinder experimentieren an Staffeleien mit Farben und Formen, Dreijährige erkunden in Projekten das Wesen und Wirken von Computern, und Fünfjährige philosophieren über das Phänomen des Schattens: »Wenn es regnet, geht der Schatten in uns, damit er nicht naß wird.« (Dreier).
Die Pädagogen in Reggio Emilia haben ein Modell der öffentlichen Erziehung entwickelt, das die Lernfähigkeit und Kreativität von Kindern ernstnimmt und unterstützt: Kinder werden nicht in die Zwangsjacke von Lern- und Förderprogrammen gesteckt, sondern bei ihrem »Flirt« mit der Welt systematisch begleitet. Neben Erzieherinnen, Eltern und Pädagogen arbeiten Künstler und Naturwissenschaftler mit den Kindern in Projekten, die darauf abzielen, den Wahrnehmungs- und Ausdrucksfähigkeiten junger Kinder Raum zur Entfaltung zu geben: »Kinder haben 100 Sprachen, 99 davon rauben ihnen die Erwachsenen«. Mit diesen Worten beschreibt Loris Malaguzzi, Mitbegründer der Reggio-Pädagogik, den vielerorts üblichen Erziehungsprozeß. Dieser Einschränkung von Kindern setzt die Reggio-Pädagogik eine andere Praxis entgegen: Graphisches Gestalten, Puppenspiel, Werken oder Licht- und Schattenspiele sind alltägliche Beschäftigungen der Kinder. So ähneln die Krippen und Kindergärten anregenden Werkstätten, die zum Lernen mit allen Sinnen auffordern, getreu dem Motto: »Nichts ist im Verstande, was nicht zuvor in den Sinnen war.«
Ausstellungen und Fachtagungen machten die Reggio-Pädagogik Mitte der 80er Jahre weltweit bekannt; inzwischen gilt sie in vielen Ländern als Synonym für neue Wege in der öffentlichen Kleinkindererziehung.
Seit Kriegsende entwickelten Eltern und Pädagogen dieses Modell vorschulischer Bildung, das bis heute auf die enge Zusammenarbeit von Familien und öffentlichen Einrichtungen stützt: Eltern, Erzieherinnen und Bürger der Stadt leiten gemeinsam die Krippen und Kindergärten; auf diese Weise werden die Kindereinrichtungen zu gesellschaftlich und kulturell bedeutsamen Zentren, zu Orten für interessante Begegnungen zwischen Groß und Klein.
Lit. Dreier: Kleinkind-Pädagogik.
Annette Dreier

Regression Rückzug auf eine frühere Phase der Trieborganisationsstufen, besonders der frühkindlichen (→ Orale Phase, → Anale Phase, → Genitale Phase). Ein solcher Rückfall tritt auf, wenn im Lebenslauf eine biologisch determinierte Reifestufe das Individuum vor unüberwindliche Schwierigkeiten stellt. Dies steht oft im Zusammenhang mit ungelösten → Konflikten und → Ängsten aus früheren Entwicklungsstufen, die Schwachstellen zurücklassen (→ Fixierungen), auf die das Individuum regrediert. Ein einfaches Beispiel der R. liegt vor, wenn ein Kind unter emotionaler Überbelastung zum Daumenlutschen zurückkehrt, das es bereits aufgegeben hatte. In der Kindheit, in der die Entwicklung der sexuellen Triebe noch im Fluß ist, sind solche Trieb-R. verbreitet, speziell bei Ermüdung oder Krankheit, und sind kein Indikator für krankhafte Zustände. Auch gesunde Erwachsene zeigen das Wiederauftreten früherer Muster von Triebwünschen und des dazu gehörenden Verhaltens unter bestimmten Bedingungen, z. B. Schlafen und Träumen, oder unter dem Einfluß von Alko-

hol oder → Drogen. Pathologische Manifestationen der R. finden sich bei den → Neurosen und → Psychosen und bei den → Perversionen.
Ich-R. ist die Wiederaufnahme von bestimmten Funktionsweisen des Ich (→ Psychoanalyse), die für eine frühere Periode typisch sind. Davon sind gewöhnlich nur bestimmte Ich-Funktionen betroffen. Von einer »Regression im Dienste des Ich« (Ernst Kris) spricht man, wenn das Ich in der Lage ist, durch spielerische Lockerung der Zügel sich regressive Befriedigungen zu gestatten, da es sich der Selbstbeherrschung im Notfall sicher fühlt. Man kann von der R. als einem psychobiologischen Prinzip sprechen, das besagt, daß die menschlichen Lebensvorgänge kontinuierlich zwischen Progression und R. fluktuieren.
Lit. Waelder: Psychoanalyse. *Willi Baumann*

Rehabilitation wird allgemein als Begriff für die Eingliederung → Behinderter oder von Behinderung Bedrohter in die Gesellschaft, insbes. in Arbeit und Beruf, verwendet. Unter R. wird dabei das anzustrebende Ziel, zugleich aber auch die Gesamtheit der Leistungen und Maßnahmen, die diesem Ziel dienen, einschließlich des Verfahrens verstanden. Unerheblich ist, ob die Behinderung von Geburt an besteht oder erst später – etwa durch → Krankheit oder Unfall – eingetreten ist. Auch bei Behinderten, die noch nie in die Gesellschaft eingegliedert waren, spricht man von R.
Im Ablauf der R. werden vier Phasen unterschieden: die → medizinische, die pädagogisch(vorschulisch)-schulische (→ Schulische Rehabilitation), die → berufliche und die → soziale R. Dabei sieht man teilweise die pädagogisch-schulische R. als Teil der sozialen an. Wesentlich ist das Prinzip der Individualisierung. Dieses bedeutet, daß im Einzelfall die R. weder grundsätzlich in dieser Reihenfolge durchlaufen werden muß, noch daß stets alle Phasen und die damit verbundenen R.leistungen erforderlich werden.
Sehr entscheidend für den Erfolg der R. ist, daß sie möglichst frühzeitig einsetzt (§ 4 Abs. 2 S. 1 → Rehabilitationsangleichungsgesetz [RehaAnglG]). Das gilt insbes. bei behinderten Kindern (→ Frühförderung Behinderter). Auch deshalb kommt der → Auskunft und → Beratung (§ 3 Abs. 2 RehaAnglG, § 8 Abs. 2 → Bundessozialhilfegesetz [BSHG], §§ 14, 15 → Sozialgesetzbuch – Allgemeiner Teil – [SGB I]) große Bedeutung zu. Weiter müssen – was durch den → Gesamtplan in der Rehabilitation (§ 5 Abs. 3 RehaAnglG, § 46 BSHG) sichergestellt werden soll – die Maßnahmen nahtlos ineinandergreifen. Schließlich muß der Behinderte bei der R. mitwirken (§ 4 Abs. 1 RehaAnglG, §§ 60ff. SGB I) und ist auch die Unterstützung seiner R. durch die Familie wesentlich.

Die R. ist in Anbetracht ihrer humanitären, gesellschaftspolitischen und auch volkswirtschaftlichen Bedeutung ein wesentliches Element im System der sozialen Sicherung (→ Soziale Sicherheit), das seine Aufgabe nicht allein in einem Ausgleich der Folgen bestimmter ursächlicher Schädigungen (z. B. Kriegsbeschädigung, → Arbeitsunfall) sieht (→ Kausalprinzip), sondern auch auf das Ziel ausgerichtet ist, allen Behinderten unabhängig von der Ursache ihrer Behinderung die Eingliederung in die Gesellschaft zu ermöglichen (→ Finalprinzip). Das SGB I sieht ein → soziales Recht zur Eingliederung Behinderter (R.) vor. Wer körperlich (→ Körperlich Behinderte), geistig (→ Geistig Behinderte) oder seelisch behindert (→ Seelisch Behinderte) ist oder wem eine solche Behinderung droht, hat ein Recht auf die Hilfe, die notwendig ist, um die Behinderung abzuwenden, zu beseitigen, zu bessern, ihre Verschlimmerung zu verhüten oder ihre Folgen zu mildern und ihm einen seinen Neigungen und Fähigkeiten entsprechenden Platz in der Gemeinschaft (hier i. S. v. Gesellschaft), insbes. im Arbeitsleben, zu sichern (§ 10 SGB I).
Nach dem Recht der Eingliederung Behinderter (§ 29 Abs. 1 SGB I) können in Anspruch genommen werden:
a) Medizinische Leistungen, insbes. ärztliche und zahnärztliche Behandlung, → Arznei- und Verbandmittel, → Heilmittel einschließlich → Krankengymnastik, → Bewegungs-, → Sprach- und Beschäftigungstherapie (→ Arbeits- und Beschäftigungstherapie), → Körperersatzstücke, orthopädische und andere → Hilfsmittel sowie → Belastungserprobung und Arbeitstherapie, auch in → Krankenhäusern und Vorsorge- oder R.einrichtungen (→ Kur).
b) Berufsfördernde Leistungen, insbes. Hilfen zur Erhaltung oder Erlangung eines Arbeitsplatzes, Berufsvorbereitung, berufliche Anpassung, → Ausbildung, → Fortbildung und Umschulung sowie sonstige Hilfen zur Förderung einer Erwerbs- oder Berufstätigkeit auf dem allgemeinen → Arbeitsmarkt oder in einer → Werkstatt für Behinderte.
c) Leistungen zur allgemeinen sozialen Eingliederung, insbes. Hilfen zur Entwicklung der geistigen und körperlichen Fähigkeiten vor Beginn der → Schulpflicht, zur angemessenen Schulbildung einschließlich der Vorbereitung hierzu, für Behinderte, die nur praktisch bildbar sind, zur Ermöglichung einer Teilnahme am Leben in der Gemeinschaft, zur Ausübung einer angemessenen Tätigkeit, soweit berufsfördernde Leistungen nicht möglich sind, zur Ermöglichung und Erleichterung der Verständigung mit der Umwelt, zur Erhaltung, Besserung und Wiederherstellung der körperlichen und geistigen Beweglichkeit sowie des seelischen Gleichgewichts, zur Ermöglichung und Erleichterung der Besorgung

Rehabilitation

des Haushalts, zur Verbesserung der wohnungsmäßigen Unterbringung (→ Behindertengerechte Wohnung) sowie zur Freizeitgestaltung und zur sonstigen Teilnahme am gesellschaftlichen und kulturellen Leben.
d) Ergänzende Leistungen, insbes. Übergangs- oder → Krankengeld, sonstige Hilfen zum Lebensunterhalt, Beiträge zur gesetzlichen → Kranken-, → Unfall- und → Rentenversicherung sowie zur Bundesanstalt für Arbeit (→ Arbeitslosenversicherung), Übernahme der mit einer berufsfördernden Leistung zusammenhängenden Kosten, Übernahme der Reisekosten, → Behindertensport (jetzt → Rehabilitationssport) in Gruppen unter ärztlicher Betreuung sowie → Haushaltshilfe.
Im Gegensatz zu den anderen sozialen Rechten, die nur in einem Sozialleistungsbereich eine gesetzliche Regelung gefunden haben, ist die R. eine Aufgabe, die in fast allen Sozialleistungsbereichen wahrgenommen wird. Den Trägern der → Krankenversicherung, → Unfallversicherung, → Rentenversicherungen einschließlich der → Alterssicherung für Landwirte, → Arbeitsförderung, → sozialen Entschädigung bei Gesundheitsschäden, Schwerbehindertenhilfe (→ Schwerbehinderte, → Schwerbehindertengesetz [SchwbG]) sowie der → Sozial- und der → Jugendhilfe ist die R. als weitere Aufgabe zu ihrer jeweiligen Grundaufgabe übertragen. Diese → Sozialleistungsträger sind für den von ihnen zu betreuenden Personenkreis zugleich → Rehabilitationsträger.
Mit dem RehaAnglG wurden die bis dahin unterschiedlichen Begriffe und Leistungen der verschiedenen von diesem Gesetz erfaßten R.trägerbereiche angeglichen und allgemeine Vorschriften für die Einleitung und Durchführung des R.verfahrens aufgestellt. Auch wenn alle R.träger der gleichen Aufgabenstellung der R. verpflichtet sind (§ 1 Abs. 1 RehaAnglG), richten sich die Voraussetzungen sowie Art und Umfang der Leistungen zur R. im einzelnen nach den für den jeweiligen R.träger geltenden besonderen Rechtsvorschriften (§ 9 Abs. 1 RehaAnglG.) Die Träger der Sozial- und der Jugendhilfe sowie die Träger der Schwerbehindertenhilfe sind von dem RehaAnglG nicht erfaßt.
Die Krankenversicherung gewährt medizinische und ergänzende Leistungen zur R., die notwendig sind, um einer drohenden Behinderung oder Pflegebedürftigkeit vorzubeugen, sie nach Eintritt zu beseitigen, zu bessern oder eine Verschlimmerung zu verhüten (§ 11 Abs. 2 S. 1 SGB V – Gesetzliche Krankenversicherung).
Die Rentenversicherung erbringt medizinische, berufsfördernde und ergänzende Leistungen zur R., um den Auswirkungen einer Krankheit oder einer körperlichen, geistigen oder seelischen Behinderung auf die Erwerbsfähigkeit der Versicherten entgegenzuwirken oder sie zu überwinden und dadurch Beeinträchtigungen der Erwerbsfähigkeit der Versicherten oder ihr vorzeitiges Ausscheiden aus dem Erwerbsleben zu verhindern oder sie möglichst dauerhaft in das Erwerbsleben wiedereinzugliedern (§ 9 Abs. 1 S. 1 SGB VI – Gesetzliche Rentenversicherung).
Die Unfallversicherung gewährt Heilbehandlung einschl. Leistungen zur medizinischen Rehabilitation, berufsfördernde Leistungen, Leistungen zur sozialen Rehabilitation und ergänzende Leistungen bei → Arbeitsunfall, Wegeunfall, → Berufskrankheit und drohender Berufskrankheit (insbes. §§ 7 bis 13, 26 bis 52 SGB VII – Gesetzliche Unfallversicherung).
Die Arbeitsförderung gewährt unter der Voraussetzung, daß kein anderer R.träger i. S. d. RehaAnglG vorrangig zuständig ist, berufsfördernde und ergänzende Leistungen, die wegen Art oder Schwere der Behinderung erforderlich sind, um die Erwerbsfähigkeit der körperlich, geistig oder seelisch Behinderten entsprechend ihrer Leistungsfähigkeit zu erhalten, zu bessern, herzustellen oder wiederherzustellen und sie möglichst auf Dauer beruflich einzugliedern (§§ 56 Abs. 1 S. 1, 57 S. 1 Arbeitsförderungsgesetz [AFG]).
Nach dem sozialen Entschädigungsrecht werden medizinische, berufsfördernde und ergänzende Leistungen zur R. gewährt bei gesundheitlichen Schäden, die verursacht sind durch militärische oder militärähnliche Dienstverrichtungen, Kriegseinwirkung, Kriegsgefangenschaft, Internierung (§§ 1 bis 8b → Bundesversorgungsgesetz [BVG]), Inhaftierung i. S. d. §§ 1, 4 Häftlingshilfegesetz (HHG), Wehrdienstbeschädigung (§§ 80, 81 und 82 Soldatenversorgungsgesetz [SVG]), Zivildienstbeschädigung (§§ 47 und 48 Zivildienstgesetz [ZDG]), Impfung (§§ 51 und 52 → Bundes-Seuchengesetz [BSeuchG]; → Schutzimpfung) sowie einen vorsätzlichen, rechtswidrigen tätlichen Angriff gegen seine oder eine andere Person oder dessen rechtmäßige Abwehr (§ 1 Opferentschädigungsgesetz [OEG]).
Die Träger der Schwerbehindertenhilfe gewähren nachrangig gegenüber den Leistungen der bereits genannten Bereiche → begleitende Hilfe im Arbeits- und Berufsleben (§ 31 Abs. 1 Nr. 3, 2-5 SchwbG).
Die → Sozialhilfeträger gewähren → Eingliederungshilfe für Behinderte, die medizinische, berufsfördernde und Leistungen zur allgemeinen sozialen Eingliederung (§§ 39 ff. BSHG; → Eingliederungshilfe-Verordnung [EinglHVO]) umfaßt, wenn sich der Behinderte oder von Behinderung Bedrohte nicht selbst helfen kann und die erforderliche Hilfe von anderen, besonders von Angehörigen oder von Trägern anderer Sozialleistungen nicht erhält (§ 2 Abs. 1 BSHG).

In der → Jugendhilfe erhalten seelisch behinderte oder von einer solchen Behinderung bedrohte Kinder und Jugendliche Eingliederungshilfe (§35a → Kinder- und Jugendhilfegesetz [KJHG – SGB VIII]). Diese Bestimmung ist im Rahmen der Hilfe für junge Volljährige (→ Hilfe für junge Menschen/Volljährige) nach § 41 KJHG entsprechend anzuwenden (§ 41 Abs. 2 KJHG). Für junge Menschen, die körperlich oder geistig behindert oder von einer solchen Behinderung bedroht sind, gehen die Maßnahmen der Eingliederungshilfe nach dem BSHG Leistungen nach dem KJHG vor (§ 10 Abs. 2 S. 2 KJHG). Landesrecht kann die Gewährung der Maßnahmen der Frühförderung für Kinder unabhängig von der Art der Behinderung vorrangig von anderen Leistungsträgern regeln (§ 10 Abs. 2 S. 3 KJHG).
Für die Durchführung der medizinischen, pädagogisch (vorschulisch)-schulischen, beruflichen und sozialen R. stehen vor allem folgende R.einrichtungen zur Verfügung: Krankenhäuser, Vorsorge- und R.einrichtungen, medizinisch-berufliche R.einrichtungen (Phase II), → Sonderkindergärten (→ Integrative Erziehung), → Sonderschulen, → Berufsbildungswerke, → Berufsförderungswerke, → Werkstätten für Behinderte, → Übergangseinrichtungen, Wohnheime (→ Behindertenwohnheim), Freizeit- und Erholungseinrichtungen (→ Erholung).
Neben den Leistungen der R.träger sind die Aktivitäten der Verbände der → freien Wohlfahrtspflege, der Behindertenorganisationen (→ Behindertenverbände) und der → Selbsthilfegruppen von hoher Bedeutung. Mit der im ganzen positiven Entwicklung im Bereich der R. hat die Einstellung der Bevölkerung zu den Behinderten nicht voll Schritt gehalten. Hier bestehen noch immer → Vorurteile, die einer vollen Eingliederung dieses Personenkreises im Wege stehen. Fortschritte werden nun jetzt im → Grundgesetz (GG) verankerten Verbot der Benachteiligung wegen Behinderung (Art. 3 Abs. 2 S. 1) erwartet.
In der nächsten Zeit wird es nicht in erster Linie darum gehen, neue gesetzliche Bestimmungen zu schaffen. Entscheidend dürfte vielmehr sein, das R.system den Veränderungen in der Behindertenstruktur anzupassen, die durch eine Zunahme der chronischen und Verschleißerkrankungen sowie durch einen schnellen Anstieg der Zahl alter multimorbider Menschen (→ Multimorbidität) gekennzeichnet ist. Hierbei kommt der ambulanten wohnortnahen R. zunehmende Bedeutung zu. Insgesamt bedarf es einer noch engeren Zusammenarbeit aller an der R. Beteiligten. Die berufliche Rehabilitation muß verstärkt an die Veränderungen des Arbeitsmarktes angepaßt werden.
Auch weiterhin wird es darauf ankommen, durch Aufklärung der Bevölkerung die Einstellung gegenüber den Behinderten zu verändern. Schließlich muß die Forschung in allen Bereichen, die für die R. von Bedeutung sind, auch in Zukunft gefördert, zugleich aber eine eigenständige Forschung im R.bereich aufgebaut werden. Die Entwicklung einer rehabilitationswissenschaftlichen Struktur unter Einbeziehung von Hochschulen, R.einrichtungen und R.trägern wird von allen Beteiligten als notwendig erachtet.
Über die Durchführung von R.maßnahmen wird jährlich eine Bundesstatistik durchgeführt (§ 53 Abs. 2 SchwbG). Sie umfaßt Angaben über die Zahl der Behinderten, persönliche Merkmale der Behinderten, Stellung der Behinderten im Erwerbsleben und im Beruf, Art und Ursache der Behinderung sowie Art, Ort, Dauer, Verlauf und Ergebnis der durchgeführten Maßnahmen zu R. Auskunftspflichtig sind die Träger der gesetzlichen Kranken-, Unfall- und Rentenversicherung, der Kriegsopferversorgung und → Kriegsopferfürsorge, der Arbeitsförderung, der begleitenden Hilfe im Arbeits- und Berufsleben sowie der Sozialhilfe (§ 53 Abs. 3 Nr. 2 SchwbG). Nach dieser Statistik wurden 1994 von den Sozialleistungsträgern 1,92 Mio. R.maßnahmen durchgeführt. Davon entfielen 72,8% auf medizinische Maßnahmen. 22,5% waren berufsfördernder Art und 4,8% dienten der allgemeinen sozialen Eingliederung. Die Verteilung auf die R.träger zeigt für 1994 folgendes Bild: Die gesetzliche Krankenversicherung führte 388 796 medizinische R.maßnahmen durch. Auf die gesetzliche Unfallversicherung entfielen 80 639 medizinische, 19 859 berufliche und 6 659 soziale R.maßnahmen. Für die gesetzliche Rentenversicherung weist die Statistik 901 032 medizinische und 75 786 berufsfördernde R.maßnahmen aus. Die Kriegsopferversorgung weist 17 446 medizinische, die Kriegsopferfürsorge 350 berufsfördernde und 46 746 soziale Maßnahmen zur Eingliederung Behinderter aus. Die Bundesanstalt für Arbeit (→ Arbeitsverwaltung) führte 320 769 berufsfördernde Maßnahmen zur R. durch. Die Zahlen für die Sozialhilfe lauten: 10 082 medizinische Maßnahmen. 1 087 berufsfördernde und 38 131 Maßnahmen zur sozialen Eingliederung. Die Zahl der R.maßnahmen der begleitenden Hilfe im Arbeits- und Berufsleben betrug 14 602.
Lit. Blohmke u.a.: Sozialmedizin; Bundesarbeitsgemeinschaft für Rehabilitation: Arbeitshilfen; Bundesarbeitsgemeinschaft für Rehabilitation (Hrsg.): Rehabilitation; Bundesregierung: Behinderte; Dahlinger: Eingliederung; Jochheim u. a.: Rehabilitation; Kolb u. a.: Rehabilitationsrecht (Komm.); Mrozynski: Rehabilitationsrecht; Neumann, V. u. a.: Reform; Petersen: Rehabilitation; Statistisches Bundesamt: Rehabilitationsmaßnahmen; Thust u.a.: Behinderte.

Hans-Gerd Ronge/Günter Schäfer

Rehabilitation International (RI) ist eine regierungsunabhängige Vereinigung nationaler und internationaler Organisationen, die in 90 Ländern auf dem Sektor der → Rehabilitation Behinderter engagiert ist. Auch die → Bundesarbeitsgemeinschaft für Rehabilitation (BAR) und die Deutsche Vereinigung für die Rehabilitation Behinderter e. V. sind Mitglied bei RI.
RI wurde 1922 gegründet und hat seinen Sitz in New York. Als internationale Organisation, die alle Aspekte der Behinderung und Rehabilitation in ihrer Arbeit umfaßt, hat RI beratenden Status bei den → United Nations (UN) und einigen ihrer Sonderorganisationen, der → Weltgesundheitsorganisation (WHO), der → Internationalen Arbeitsorganisation (IAO), dem → Europarat und der → Europäischen Union (EU).
Seine Aufgaben der Förderung internationalen Informationsaustausches und übernationaler Kooperation nimmt RI u. a. durch Herausgabe von Fachzeitschriften (IRR und ijrr) und durch die Veranstaltung von Regional- und Weltkongressen wahr. RI empfahl z. B. im Jahre 1969 das Rollstuhlfahrersymbol als Zugangszeichen. Es ist von mehr als 60 Ländern übernommen worden, auch von der Bundesrepublik Deutschland. Anschrift: 25 East 21st Street, New York, New York 10010, USA. *Bernd Steinke*

Rehabilitationsangleichungsgesetz (RehaAnglG) Das Gesetz über die Angleichung der Leistungen zur Rehabilitation vom 7. 8. 1974 (BGBl. I S. 1881), zuletzt geändert durch das Wachstums- und Beschäftigungsförderungsgesetz vom 25. 9. 1996 (BGBl. I S. 1471), verfolgt das Ziel, die Leistungen, die → Behinderte oder von Behinderung Bedrohte von den verschiedenen → Rehabilitationsträgern erhalten, einander anzugleichen. Es stellt deshalb Grundsätze für die Gewährung medizinischer, berufsfördernder und ergänzender Leistungen zur → Rehabilitation auf. Wesentlich ist dabei jedoch, daß sich Voraussetzungen, Art und Umfang der Leistungen auch weiterhin im einzelnen nach den für den jeweiligen Träger geltenden besonderen Rechtsvorschriften richten (§ 9 Abs. 1).
Durch das RehaAnglG wurden die → Krankenkassen zu Rehabilitationsträgern (→ Krankenversicherung). Nicht einbezogen in das RehaAnglG sind die Rehabilitationsleistungen nach dem → Bundessozialhilfegesetz (BSHG) (→ Eingliederungshilfe für Behinderte), nach dem → Schwerbehindertengesetz (SchwbG) (→ Begleitende Hilfe im Arbeits- und Berufsleben) und nach dem → Kinder- und Jugendhilfegesetz (KJHG – SGB VIII).
Neben den Grundsätzen zur Leistungsangleichung enthält das RehaAnglG wesentliche Vorschriften zum Rehabilitationsverfahren. Der Behinderte hat Anspruch auf sachdienliche → Auskünfte sowie rechtzeitige und umfassende → Beratung (§ 3 Abs. 2). Es ist in allen geeigneten Fällen ein → Gesamtplan aufzustellen (§ 5 Abs. 3 S. 1). Bei ungeklärter Zuständigkeit oder bei Gefährdung der unverzüglichen Einleitung der erforderlichen Maßnahmen aus anderen Gründen sind vorläufig Leistungen zu erbringen (§ 6 Abs. 2; → Vorleistungspflicht). Die Träger haben im Interesse einer raschen und dauerhaften Eingliederung der Behinderten eng zusammenzuarbeiten (§ 5 Abs. 1 S. 1). Vgl. auch → Gesamtvereinbarungen.
Das Vorhaben eines Sozialgesetzbuchs IX – Rehabilitation und Eingliederung Behinderter – wird voraussichtlich auch in der 13. Legislaturperiode des Deutschen Bundestages noch nicht verwirklicht werden.
Lit. Bundesregierung: RehaAnglG; Jung, K.: RehaAnglG; Jung, K.: Sozialhilfe; Jung, K. u. a.: Rehabilitation (Komm.); Thust u. a.: Behinderte. *Hans-Gerd Ronge*

Rehabilitationsberater Der ganzheitliche Ansatz der → Rehabilitation erfordert eine individuelle, professionelle → Beratung und → Betreuung behinderter und chronisch kranker Menschen (→ Behindertenberatung). Die Tätigkeit des R. soll dazu beitragen, daß die erforderlichen medizinischen, beruflichen und sozialen Maßnahmen und Leistungen zur Rehabilitation frühzeitig, nahtlos und bedarfsgerecht erfolgen. Zu den Aufgaben des R. gehören insbesondere die umfassende und rechtzeitige Information des → Behinderten und chronisch Kranken über alle im Zusammenhang mit seiner Rehabilitation relevanten Leistungsmöglichkeiten und Hilfen, die psychosoziale Beratung und Betreuung, die Unterstützung in allen sozialrechtlichen Fragen, Vermittlung ergänzender ambulanter Dienste und Hilfen, Ermittlung des Rehabilitationsbedarfs und Mitwirkung bei der Erstellung eines individuellen Rehabilitationskonzeptes in enger Zusammenarbeit mit den beteiligten Personen, Einrichtungen und Stellen, frühzeitige Einleitung und Steuerung des Verlaufs der Rehabilitation, Aufnahme und Pflege von Kontakten zu anderen Leistungsträgern, Ärzten, Betriebsärzten, medizinischen Diensten der Krankenkassen und → Leistungserbringern.
Umfassende Beratung und Betreuung des Rehabilitanden erfordern Kenntnisse, insbesondere des Rechts der → Kranken-, → Renten-, → Arbeitslosen-, → Unfall- und → Pflegeversicherung, der → Sozialhilfe, dem Behindertenrecht und der → Kriegsopferversorgung. Der R. muß zudem Grundkenntnisse über Krankheitsbilder, Funktionseinschränkungen, soziale/psychosoziale Beeinträchtigungen haben, sich in der Versorgungslandschaft im regionalen und überregionalen Bereich auskennen und in der Lage sein, mit anderen Leistungsträgern, Leistungsanbietern, → Gesundheits-

ämtern, Verbänden der → freien Wohlfahrtspflege und → Selbsthilfegruppen intensiv und effektiv zusammenzuarbeiten.
Es gibt kein einheitliches Berufsbild. Die Ausbildung entspricht den jeweiligen Aufgaben, die der R. in seinem Arbeitsgebiet, z. b. bei einem Sozialversicherungsträger, → Sozialhilfeträger, → Behindertenverband oder einer Rehabilitationseinrichtung zu erfüllen hat. Unterschiedlich sind auch die in den verschiedenen Bereichen gebräuchlichen Bezeichnungen für den R., z. B. Reha-Fachberater in der gesetzlichen Rentenversicherung, »Berufshelfer« in der gesetzlichen Unfallversicherung, »R.« in der → Arbeitsverwaltung, in der Krankenversicherung und bei den meisten Rehabilitationseinrichtungen.
In der Hand des R. sollten alle Fäden der Rehabilitation zusammenlaufen. In der → Sozialversicherung bereitet er die verwaltungsmäßigen Entscheidungen vor und wirkt bei der Aufstellung oder Fortschreibung des → Gesamtplans zur Rehabilitation mit. Insbesondere in der Krankenversicherung wird das Aufgabengebiet des R. um Elemente des → Case Managements ergänzt. In Rehabilitationseinrichtungen (Rehabilitationskrankenhäuser und -abteilungen, Einrichtungen vorberuflicher Förderung, → Berufsförderungs- und → Berufsbildungswerke, → Werkstätten für Behinderte u. ä.) ist der R. schwerpunktmäßig Bezugsperson des Behinderten auf seinem Weg zur sozialen und beruflichen Eingliederung, Koordinator der Bemühungen des Rehabilitationsteams und Verbindungsperson zu Kostenträgern, Einrichtungen, Familie, Schule, Arbeitgebern usw.
Bernd Steinke

Rehabilitationseinrichtungen für psychisch Kranke und Behinderte i. S. d. »Empfehlungsvereinbarung über die Zusammenarbeit der Krankenversicherungsträger und der Rentenversicherungsträger sowie der Bundesanstalt für Arbeit bei der Gewährung von Rehabilitationsmaßnahmen in Rehabilitationseinrichtungen für psychisch Kranke und Behinderte – Empfehlungsvereinbarung RPK – vom 17. November 1986« sind möglichst gemeindenahe stationäre → Einrichtungen mit einem spezifischen therapeutischen Milieu. Sie erbringen für nicht-krankenhauspflegebedürftige (→ Krankenhausbehandlung) → psychisch Kranke und → seelisch Behinderte medizinische, berufsfördernde und ergänzende Maßnahmen und Leistungen der → Rehabilitationsträger i. S. d. → Rehabilitationsangleichungsgesetzes (RehaAnglG) bei begleitender psychosozialer Betreuung. Der Schwerpunkt der R. liegt bei ärztlich verantworteten, stabilisierenden, trainierenden und damit auch die Berufsförderung vorbereitenden Maßnahmen sowie bei psychosozialer Betreuung einschließlich Rehabilitationsberatung. R. müssen – ggf. in Kooperation mit anderen Einrichtungen – die nach den Erfordernissen des Einzelfalles notwendigen berufsfördernden Maßnahmen sicherstellen. Die Bundesarbeitsgemeinschaft für Rehabilitation hat nach erfolgreicher Modellerprobung der R. 1993 deren weiteren Ausbau empfohlen. Die Umsetzung in den einzelnen Bundesländern ist allerdings unterschiedlich.
Udo Schlitt

Rehabilitationseinrichtungen im Sinne der gesetzlichen Krankenversicherung → Kur

Rehabilitationskuren → Kur

Rehabilitationssport Der auf ärztliche Verordnung durchgeführte R. (u. a. nach § 43 Nr. 1 SGB V und § 28 Nr. 3 SGB VI; → Sozialgesetzbuch [SGB] – früher Behindertensport – umfaßt bewegungstherapeutische Übungen; sie finden in Gruppen von bis zu 15 Personen unter ärztlicher Überwachung sowie Betreuung durch qualifizierte Übungsleiter regelmäßig statt. Die Übungen sind dabei auf die Art und Schwere der Behinderung und auf den gesundheitlichen Allgemeinzustand des → Behinderten abgestimmt.
R. soll den (ggfs. in der Rehabilitationsklinik begonnenen) Rehabilitationprozeß vor Ort (ambulant) fortsetzen, um vor allem die Funktionsbeeinträchtigungen, aber auch die Lebensweise und die Sozialfähigkeit des Behinderten günstig zu beeinflussen. R. ist kein Leistungssport; Leistungsvergleiche unter Teilnehmern an einer regelmäßig stattfindenden Übungsveranstaltung gelten aber als R.
Bei medizinischer Notwendigkeit kann R., z. B. bei Herz-Kreislauf-Erkrankungen, bei neurologischen Erkrankungen, bei Krebserkrankungen, durch den → Arzt verordnet werden. Als R.arten kommen dabei primär Gymnastik, Leichtathletik, Schwimmen und Bewegungsspiele in Betracht. Inhaltlich eng mit dem R. verbunden ist das Funktionstraining in Gruppen auf ärztliche Verordnung, insbesondere für schwer Rheumakranke. Die in diesen Gruppen durchgeführte Trocken- oder Warmwassergymnastik ist bei allen Erkrankungen des rheumatischen Formenkreises, z. B. Polyarthritis, Arthrose, Wirbelsäulenerkrankungen, aber auch für Multiple Sklerose-Kranke, bei der Parkinsonschen Krankheit oder für Osteoporose-Kranke angezeigt.
Die Leistungsvoraussetzungen für den R. sind im Rehabilitationsangleichungsgesetz (RehaAnglG) und in den für die jeweiligen → Rehabilitationsträger geltenden speziellen Vorschriften geregelt.
Grundlage für den Aufbau entsprechender Therapieübungsgruppen bildet die → Gesamtvereinbarung der → Bundesarbeitsgemeinschaft für Rehabilitation über den R.

und das Funktionstraining vom 1. Januar 1994. Sie löst die Gesamtvereinbarung über den ambulanten → Behindertensport vom 1. Juli 1981 ab. Gleichzeitig sind damit die Empfehlungen der Spitzenverbände der Kranken- (→ Krankenkasse) und → Rentenversicherungsträger zur Förderung von Übungsbehandlungen in Rheumagruppen vom 30. November 1983 sowie die Hinweise zur ärztlichen Versorgung von ambulantem Funktionstraining in Rheuma-Therapiegruppen vom 5. Dezember 1984 außer Kraft getreten. Die Durchführung des ambulanten R. obliegt in der Regel den Sportgemeinschaften, die über die Landesbehinderten-Sportverbände dem Deutschen Behindertensportverband angehören. Wichtige Partner bei der Durchführung sind aber auch die Deutsche Gesellschaft für Prävention und Rehabilitation von Herz-Kreislauf-Erkrankungen e.V. oder etwa die Arbeitsgemeinschaften der Rheuma-Liga beim Funktionstraining.

Versehrtenleibesübungen für Kriegs- und Wehrdienstbeschädigte nach dem → Bundesversorgungsgesetz (BVG) sind inhaltlich ebenfalls eng mit dem R. verwandt und werden in Sportgemeinschaften durchgeführt, die sich mittlerweile meist für alle Behinderten geöffnet haben.

Die zukünftige Entwicklung des R. wird sich damit befassen müssen, welche weiteren Behinderungsarten aufgenommen werden sollen, wie die Intensivierung der Schulung von Übungsleitern zu organisieren ist und wie die niedergelassenen Ärzte verstärkt für die Idee des R. gewonnen werden können. *Bernd Steinke*

Rehabilitationsträger I. S. d. → Rehabilitationsangleichungsgesetzes (RehaAnglG) sind R. nur die zur Erbringung von Leistungen zur → Rehabilitation gesetzlich verpflichteten Körperschaften, Anstalten und Behörden der Sozialleistungsbereiche, für die dieses Gesetz gilt (§ 2 Abs. 2, Abs. 1 S. 1 RehaAnglG), d. h. der → Krankenversicherung, → Unfallversicherung, → Rentenversicherungen, → Alterssicherung für Landwirte, → Kriegsopferversorgung einschließlich → Kriegsopferfürsorge nach dem → Bundesversorgungsgesetz (BVG) und Versorgung nach anderen Gesetzen, soweit diese das BVG für anwendbar erklären, sowie Arbeitsförderung nach dem Arbeitsförderungsgesetz (→ Arbeitsförderung/Arbeitsförderungsgesetz [AFG]) und nach anderen Gesetzen, soweit diese das AFG für anwendbar erklären. Im sonstigen Sinne gehören auch die Träger der → Sozialhilfe (→ Sozialhilfeträger, → Eingliederungshilfe für Behinderte), die örtlichen Träger der öffentlichen → Jugendhilfe (→ Jugendhilfeträger, → Jugendamt [JA] und die Träger der Hilfe für → Schwerbehinderte (→ Begleitende Hilfe im Arbeits- und Berufsleben, → Schwerbehindertengesetz [SchwbG]) zu den R. *Hans-Gerd Ronge*

Rehabilitationsvorbereitungs - Lehrgänge (RVL) Bei einem nicht unerheblichen Teil der für eine berufliche Rehabilitationsmaßnahme (→ Berufliche Rehabilitation) vorgesehenen erwachsenen Behinderten liegen Defizite vor, die den Ausbildungsverlauf beeinträchtigen können. Für diesen Personenkreis sind RVL erforderlich. Die RVL bezwecken eine Aufarbeitung der Defizite und damit eine systematische Heranführung an die geplante Ausbildung. Da die Teilnehmer im allgemeinen bereits für bestimmte Berufe vorgesehen sind, haben RVL nicht das Ziel einer → Berufsfindung und → Arbeitserprobung. Sie sind auch keine Verlängerung der eigentlichen Ausbildungsmaßnahme.

RVL tragen dazu bei, die Sach-, Lern- und Sozialkompetenz für die Ausbildung der Teilnehmer zu erhöhen. Da die einzelnen Lernprobleme nicht isoliert gesehen werden können, wird der didaktische Rahmen durch einen ganzheitlichen, erwachsenengemäßen Ansatz bestimmt. Dabei orientieren sich die Fachinhalte an dem Umschulungsberuf.

Die Dauer der RVL beträgt im allgemeinen 3 bis 4 Monate. Die Kosten werden von dem Träger übernommen, der für die anschließende Ausbildungsmaßnahme zuständig ist.

Die RVL für erwachsene Rehabilitanden entsprechen den → Förderlehrgängen für jugendliche Behinderte.

Lit. Arbeitsgemeinschaft Deutscher Berufsförderungswerke: Rehabilitationsvorbereitungs-Lehrgänge. *Manfred Thrun*

Rehabilitative Pflege Unter r. P. versteht man grundsätzlich alle Maßnahmen, die zu einer längerfristigen Verbesserung des Gesundheitszustandes oder der Lebensqualität des Pflegebedürftigen beitragen. Im Pflege-Versicherungsgesetz (→ Pflegeversicherung, gesetzliche) wird in diesem Zusammenhang von → aktivierender Pflege gesprochen, womit jedoch inhaltlich dasselbe ausgesagt ist, denn ein rehabilitatives Pflegeergebnis kann langfristig nur erzielt werden, wenn es gelingt, die noch vorhandenen Selbstpflegefähigkeiten und Ressourcen des Pflegebedürftigen zu aktivieren. In diesem Sinne sollte Pflege einen grundsätzlich rehabilitativen Charakter haben. Eine Pflege, die einzig Versorgungscharakter hat, wie dies heute im wesentlichen der Fall ist, trägt wenig zum Wohle des einzelnen und noch weniger zum Allgemeinwohl bei, bedenkt man die Sozialkosten, die letztlich jeder zu bezahlen hat. Eine überwiegend versorgende Pflege führt dazu, daß Hilfebedürftigkeit erhalten und gefördert statt vermieden und behoben wird.

Adelheid von Stösser

Reichsfürsorgepflichtverordnung (RFV), übliche Bezeichnung für die »Verordnung über die Fürsorgepflicht« vom 13. Februar 1924 (RGBl. S. 100), in Kraft getreten am 1. April 1924. Die RFV ist gemeinsam mit den → Reichsgrundsätzen (RGr) und zusammen mit dem Reichsjugendwohlfahrtsgesetz (RJWG) das große, neuartige, umfassende Reichsfürsorgegesetzeswerk überhaupt. Sowohl die RFV als auch die RGr sind im → Deutschen Verein für öffentliche und private Fürsorge vorbereitet worden, der zuvor (März 1922) zahlreiche Leitsätze beschlossen hatte, in deren zweitem es heißt: »Ziel ist die Zusammenfassung der gesamten in verschiedenen Gesetzen geregelten Materien der öffentlichen Wohlfahrtspflege in einem einheitlichen Gesetzgebungswerk. Die nächste Aufgabe ist die Reform der verschiedenen Gesetze nach einheitlichen Gesichtspunkten. Ihre Verschmelzung muß späterer Zeit vorbehalten bleiben.« Die Zusammenfassung und erste Reform jener Materien wurde durch RFV und RGr erreicht, die Verschmelzung und große Reform erfolgte im → Bundessozialhilfegesetz (BSHG) vom 30. Juni 1961.
Die RFV löste das → Unterstützungswohnsitzgesetz (UWG) ab. An die Stelle des »Unterstützungswohnsitzes« trat der »gewöhnliche → Aufenthalt«. Ausdrücklich wurde das Zusammenwirken von öffentlicher und → freier Wohlfahrtspflege vorgesehen.
Lit. Orthbandt: Deutscher Verein.
Eberhard Orthbandt

Reichsgrundsätze über Voraussetzung, Art und Maß der öffentlichen Fürsorge (RGr) Die RGr wurden im Auftrag der Reichsregierung vom → Deutschen Verein für öffentliche und private Fürsorge ausgearbeitet und formuliert. Sie wurden am 4. Dezember 1924 als Reichsgesetz erlassen und traten am 1. Januar 1925 in Kraft. Notwendig ergänzten sie die → Reichsfürsorgepflichtverordnung (RFV) vom 13. Februar 1924 (gem. §6 RFV). Beide Gesetze können insofern als Einheit gelten. Nach dem 2. Weltkrieg wurden im → Bundessozialhilfegesetz (BSHG) vom 30. Juni 1961 die RFV und RGr sowohl zusammengefaßt als auch reformiert und erweitert.
Lit. Orthbandt: Deutscher Verein.
Eberhard Orthbandt

Reichsversicherungsordnung (RVO) In der RVO wurden bis zum 1. 1. 1989 die Kernbereiche der → Sozialversicherung (→ Kranken-, → Unfall- und → Rentenversicherung für Arbeiter) geregelt. Die RVO entstand 1911 durch eine Zusammenfassung der drei Arbeiterversicherungsgesetze, des Krankenversicherungsgesetzes von 1883, des Unfallversicherungsgesetzes von 1884 und des Invaliden- und Altersversicherungsgesetzes von 1889, wobei die unterschiedliche Organisation der verschiedenen Versicherungszweige im wesentlichen erhalten blieb. Vereinheitlicht wurden allerdings die Versicherungsbehörden und das Verfahrensrecht. Außerhalb der RVO blieb die Rentenversicherung der Angestellten, die im Angestelltenversicherungsgesetz von 1911 neu und eigenständig geregelt wurde. Die RVO wird zusammen mit anderen Sozialversicherungsregelungen für bestimmte Berufe, wie z. B. die der Bergleute, für die das RKG galt (→ Knappschaftsversicherung), Schritt für Schritt in das neue → Sozialgesetzbuch (SGB) integriert (Art. II § 1 Nr. 4 SGB I). Von diesem ist bisher bezüglich des Sozialversicherungsrechtes das 1. Buch (Gemeinsame Vorschriften für die Sozialversicherung), das 5. Buch (Krankenversicherung), das 6. Buch (Rentenversicherung) und zum 1. 1. 1997 das 7. Buch (gesetzliche Unfallversicherung) in Kraft getreten. Im Zuge dessen wurde mit Wirkung zum 1. 1. 1990 das 2. Buch (Krankenversicherung) der RVO bis auf wenige Vorschriften (Leistungen bei Schwangerschaft und Mutterschaft, sowie sonstige Hilfen), zum 1. 1. 1992 das 4. Buch (Rentenversicherung) und zum 1. 1. 1997 das 3. Buch (gesetzliche Unfallversicherung) der RVO gestrichen.
Außerdem sind andere Bestimmungen der RVO durch Regelungen im 1. Buch SGB (Allgemeiner Teil) und im 10. Buch (Verwaltungsverfahren, Schutz der Sozialdaten, Zusammenarbeit der Leistungsträger und ihre Beziehungen zu Dritten) abgelöst worden.
Neben den restlichen Regelungen der Krankenversicherung (2. Buch) haben deshalb das 1. Buch (Gemeinsame Vorschriften), das 5. Buch (Beziehungen der Versicherungsträger zueinander und zu anderen Verpflichteten) sowie das 6. Buch (Verfahren) der RVO erheblich an Bedeutung verloren.
Lit. Bley u. a.: Sozialrecht; Brackmann: Handbuch Sozialversicherung; Kasseler Kommentar; Krause, P. u.a.: SGB (Komm.); Peters, H.: Geschichte; Vogel, W.: Arbeiterversicherung; Wannagat: Sozialversicherungsrecht. *Bernd von Maydell*

Reifung » (→) Lernen ist nicht die einzige Erklärung für alle Veränderungen, die bei Mensch und Tier zu beobachten sind« (Hebb, S. 172). Die Entwicklungsbiologie unterscheidet zwischen Wachstum als nicht umkehrbarer Volumenzunahme und R. als Strukturbildung und Differenzierung (Undeutsch, S. 76).
Physisches Wachstum, die Zunahme an Muskulatur, die feinere Ausbildung der Verbindungsfasern im Nervensystem, die Entwicklung der hormonalen Bedingungen für die Geschlechtsreife sind Voraussetzungen dafür, daß durch Übung und die Erfahrung von Erfolg und Mißerfolg überhaupt → Verhalten ausgebildet werden kann. Da-

bei wird in einigen biologisch orientierten Theorien ein »readiness for learning« (ein Reifestand, sensible Phasen oder Perioden) angenommen, das als Voraussetzung von Verhaltensänderungen durch Erfahrung (= Lernen) erreicht sein muß. »Das Konzept ... stammt ... aus der Embryologie, und bezeichnet dort Entwicklungsabschnitte, in denen bestimmte Organe ausgebildet werden« (Montada, S. 38). Analog dazu spricht K. Lorenz von »Prägung«. Jeder Erzieher beobachtet, daß seine Einwirkungen zu verschiedenen Zeiten unterschiedlich intensiv von Kindern angenommen werden. Neuerwerb von Verhalten oder ein Umlernen scheinen leichter oder schwieriger zu geschehen. Ob dies eher auf R. oder auf bestimmte Lernprozesse zurückzuführen sei, ist durch empirische Ergebnisse noch nicht zweifelsfrei zu belegen.

Bei M. Montessori gehört die Annahme »sensibler Phasen« zum Kern ihres pädagogischen Konzepts. Lernen und R. sind jedoch nicht unabhängig voneinander oder als Gegensätze zu bestimmen. Die Diskussion verweist auf die Anlage-Umwelt-Problematik (→ Erbanlage) und wird oft mit ideologisch überformten Argumenten geführt.

Lit. Böse: Psychologie; Hebb: Psychologie; Montada: Themen; Montessori: Kinder; Overbeck, A.: Familie; Undeutsch: Entwicklung.   *Gisela Oestreich*

Reihenuntersuchungen → Früherkennungsuntersuchungen

Reinforcement → Verstärkung

Release → Drogentherapie

Reliabilität Unter R. (Verläßlichkeit, Zuverlässigkeit) wird die Meßgenauigkeit sozialwissenschaftlicher Forschungsinstrumente – hier insbesondere standardisierte Fragebogen, Meßskalen, psychologische Testverfahren – verstanden (→ Messung). Ein solches Verfahren gilt dann als brauchbar, wenn der Meßfehler gegen Null tendiert.

Die Qualität der R. wird durch den sogenannten R.-Koeffizienten ausgedrückt, der numerisch zwischen 0 (keine Zuverlässigkeit) und 1,0 (absolute Meßgenauigkeit) variieren kann.

Der R.-Koeffizient ermöglicht sowohl die allgemeine Beurteilung der Zuverlässigkeit eines Untersuchungsinstrumentes und damit die Tragfähigkeit einer Untersuchung, die mittels dieses Verfahrens angestellt wurde, als auch die Fehlertoleranzen bei individualdiagnostischen Aussagen.
Manfred Laimer

Religionsmündigkeit ist das Recht des Kindes, ab einer bestimmten → Altersstufe das religiöse Bekenntnis (Weltanschauung) selbst zu bestimmen. Dieses Selbstbestimmungsrecht steht im Gegensatz zum → Elternrecht der religiösen Erziehung; es vollzieht sich in 3 Stufen: Mit Vollendung des 10. Lebensjahres ist das Kind vor einer Entscheidung des → Vormundschaftsgerichts zu hören bei Bekenntniswahl bzw. Abmeldung vom Religionsunterricht sowie bei entsprechenden Bestimmungen durch alleinberechtigte Vormünder oder Pfleger (§§ 2 ff. Gesetz über die religiöse Kindererziehung – RKEG –). Mit Vollendung des 12. Lebensjahres kann ein Wechsel des Bekenntnisses nicht gegen den Willen des Kindes vollzogen werden (§ 5 RKEG). Mit Vollendung des 14. Lebensjahres kann das Kind sein religiöses Bekenntnis (Weltanschauung) selbst bestimmen (§§ 5 f. RKEG).

Der Gesetzgeber hat durch diese Teilmündigkeit des Kindes im Rahmen einer Kollisionsnorm einen verfassungsrechtlichen Grundkonflikt zwischen Elternrecht, Art. 6 → Grundgesetz (GG), und sich entwickelnder Grundrechtsmündigkeit des Kindes (Art. 1 und 4 GG) zu lösen versucht. Bestritten ist, ob das Selbstbestimmungsrecht des Kindes das Elternrecht auf religiöse Erziehung eindeutig begrenzt, z.B. bei Entscheidungen über die Teilnahme am Religionsunterricht.

Lit. s.: → Altersstufe im Recht.   *Jost Bauer*

Religiosität 1. Es gibt keine wertneutrale Definition dessen, was Religion und R. ist. Die phänomenologischen Strukturen sind, in der Bildsprache der Religionen:

a) Religion weist auf ein Grund, auf dem jeder Mensch »steht«, der nach Be-Gründung und Bestimmung seines Lebens sucht. Der tragende Grund zeigt sich, wenn er es aufgibt, sich selber zu begründen und tragen zu wollen. Selbständig wird er, wenn er es zuläßt, getragen zu werden (Schöpfung) und so sich und die »Welt« erträgt.

b) Das zweite Wesensmerkmal von R. ist die Erfahrung, daß jeder Mensch trotz Einsicht in a. (s. o) den ständigen Versuch der Selbstbegründung macht. Dieser Versuch wird als Sünde, Schuld, Verfehlung etc. beschrieben und rituell, moralistisch und prophetisch attackiert. Die Krise des Abbruchs dieses Versuchs wird erfahren in einem Neuanfang, der »von außen« angestoßen wird, einem Wachstum neuer Kräfte und des Zieles eines »neuen Lebens« (in Bildern des Hauses, einer Stadt, eines neuen Himmels, einer Auferstehung, Verklärung, etc.).

c) Zwischen die Bilderwelten jeder Religion, die sich zum einen auf Aussagen der Schöpfungslegenden (protologisch = a.) und zum anderen auf eschatologische Aussagen (eschatologisch = b.) beziehen, schiebt sich aus der alttestamentlich-jüdischen Tradition die dann dominierende religiöse Grundfigur des »Weges« (von a. zu b.). Alle reli-

giöse Energie konzentriert sich auf den Beginn des kritischen Prozesses der Befreiung (Erlösung) von den alten Selbstbegründungsversuchen und bedenkt die Stationen der lebenslangen Scheidungen von »alt und neu«, »böse und gut« etc. Die Führung dieses Weges liegt bei »einzelnen« (Moses, Jesus, Mohammed), die den Weg »als erste« gingen, in der Aktualisierung ihrer Kraft in der Weggemeinschaft der »Glaubenden« (Gemeinde, Jünger).
2. Fragen religiöser Begründungen in der sozialen Arbeit virulent, wenn der Sozialarbeiter folgende Fragen stellt: Wer und was legitimiert die berufliche Bemühung, als einzelner Mensch einzelnen Menschen zu helfen (→ Helfende Beziehung), einen (wie immer gearteten) Neuanfang ihres bedrohten, eingeschränkten, unterdrückten Lebens zu finden? Welcher Weg ist dabei zu gehen? Welches Ziel hat und vermittelt der Sozialarbeiter bei diesem Versuch, auch unbewußt? Die religiöse Frage bezieht sich kritisch auf den institutionell-professionellen Gesichtspunkt, der die obigen Fragen als illegitim ablehnt. Sie fragt: Wieweit ist ein gemeinsamer »Weg« denkbar? Wie verhält sich die Aufgabe, zu helfen, zu den Bemühungen, selbst geliebt zu werden (→ Helfersyndrom)? Wie kann die Ungewißheit der Standards beruflichen Könnens und der Ziele sozialer Arbeit ertragen werden? Es stehen direkt nebeneinander Forderungen persönlicher Einflußnahme/Macht und uninteressierter Technik, die Ambivalenz von Liebe und Haß und der Glaube an das Prinzipat der Liebe, des Respekts vor der Integrität des Klienten und der Hinterfragung seiner Haltung etc. Läßt Sozialarbeit diese Frage zu, rührt sie unmittelbar an den Bereich, der mit R. beschrieben werden kann.
Der Sozialarbeiter sieht sich heute besonders herausgefordert, seine eigene Haltung in dieser Beziehung zu klären, weil er ständig konfrontiert wird mit der Suche nach dem Sinn des Lebens und dem Heil für die Menschen (die Welt), vor allem bei Jugendlichen, aber auch insgesamt in der Bevölkerung. Je weniger Klarheit über die eigene Haltung besteht, die vermittelt wird, um so größer wird das Vakuum an Sinnhaftigkeit, in dem sich alle möglichen religiösen und pseudoreligiösen Gruppen tummeln (→ Jugendreligionen). Diese neuen religiösen Bewegungen zeichnen sich vor allem durch die Suche nach alternativen Lösungen aus, die Inhalte können ganz beliebiger Tradition entstammen.
Lit. Eliade, M.: Geschichte; Halmos: Beichtväter; Hasselmann: Beichtväter.

Karl-Behrnd Hasselmann

Rentenabfindung Mit der ersten Wiederheirat der verwitweten Berechtigten erlischt der Anspruch auf → Witwenrente oder → Witwerrente. Als Ausgleich wird eine Abfindung in Höhe des 24fachen der in den letzten zwölf Kalendermonaten durchschnittlich bezogenen Witwen- oder Witwerrente gezahlt. Die gesetzliche Fiktion des Bestehens eines Anspruchs auf Witwen- oder Witwerrente für den Abfindungszeitraum in § 107 → Rentenreformgesetz 1992 (RRG) hat insbes. Bedeutung für die Voraussetzung und die Höhe einer aus derselben Rentenanwartschaft beanspruchten → Hinterbliebenenrente an vor Juli 1977 geschiedene Ehegatten. Diese sind verwitweten Personen bei Erfüllung bestimmter Voraussetzungen gleichgestellt.

Marita Kahn

Rente nach Mindesteinkommen Grundsätzlich bemißt sich die Höhe der Altersrente (→ Renten wegen Alters) nach der Höhe des beitragspflichtigen Arbeitseinkommens und der Versicherungsdauer. Demgemäß kennt das deutsche Rentenversicherungsrecht (→ Rentenversicherung) keine Mindestrente. Von diesem Grundsatz der Beitragsorientierung gibt es im Interesse des sozialen Ausgleichs eine Reihe von Ausnahmen. Eine dieser Ausnahmen ist die sog. R.n.M. Dieses Institut wurde im Rahmen der → Rentenreform des Jahres 1972 geschaffen. Dadurch sollte vor allem die frühere Lohndiskriminierung der Frauen nachträglich partiell ausgeglichen werden. Die damals eingeführte Regelung besagte, daß für Versicherte, die mindestens 25 anrechnungsfähige Versicherungsjahre (ohne Ausfall- und freiwillige Versicherungszeiten) nachweisen konnten, Beschäftigungszeiten vor 1973, die eine persönliche Bemessungsgrundlage von weniger als 75% der allgemeinen Bemessungsgrundlagen aufwiesen, auf diesen Wert von 75% angehoben wurden. Dadurch wurden diese Versicherten, vor allem ging es um Frauen, so gestellt, als hätten sie in dieser Zeit drei Viertel des Durchschnittsverdienstes erzielt. Diese Regelung führte dazu, daß es 1973 zu einer Anhebung von mehr als 12% aller Renten kam, wobei in ca. 80% der Fälle Frauen die Nutznießer waren. In der Folgezeit wurde diskutiert, ob man diese Regelung nicht zeitlich weiterführen und ausdehnen sollte. Diese Diskussion führte im → Rentenreformgesetz 1992 (RRG 1992) zu einer modifizierten Form der R.n.M., die nunmehr in das SGB VI (→ Sozialgesetzbuch [SGB]) eingebaut worden ist (§ 262 SGB VI; Art. 82 RRG 1992). Danach wird die R.n.M. für Versicherungszeiten bis 1991 verlängert. Gleichzeitig werden aber die Modalitäten für eine Anrechnung erschwert und die Rechtsfolge geändert. Voraussetzung ist nunmehr, daß der Versicherte 35 Jahre oder länger der Rentenversicherung angehört haben muß. Die begünstigten Zeiten werden nicht mehr generell auf 75% des Durchschnittsverdienstes angehoben, sondern erhalten nur noch einen

Zuschlag von 50% auf die tatsächlich erzielten Werte, wobei die 75%-Marke die Obergrenze darstellt. Im Rahmen der Diskussion über eine Mindestsicherung wird die Frage zu beantworten sein, ob diese Regelung ausreicht oder durch eine weitergehende Absicherung ersetzt werden sollte. Insbesondere geht es um die Frage, ob die Regelung der R. n. M. auf Beschäftigungszeiten ab 1992 ausgedehnt werden sollte.
Lit. Kreikebohm: Mindesteinkommen; Ruland: Grundprinzipien. *Bernd von Maydell*

Rentenarten Renten werden geleistet wegen Alters, wegen verminderter Erwerbsfähigkeit oder wegen Todes. → Renten wegen Alters oder wegen verminderter Erwerbsfähigkeit erhält der Versicherte selbst, Renten wegen Todes dagegen werden an seine Hinterbliebenen gezahlt.
Zu den Renten wegen Alters zählen die Regelaltersrente, die Altersrente für langjährig Versicherte, die Altersrente für Schwerbehinderte, Berufsunfähige oder Erwerbsunfähige, die Altersrente wegen Arbeitslosigkeit, die Altersrente für Frauen und die Altersrente für langjährig unter Tage beschäftigte Bergleute.
Unter den Begriff der Renten wegen verminderter Erwerbsunfähigkeit fallen die Renten wegen Berufsunfähigkeit (→ Berufsunfähigkeitsrente), die Rente wegen Erwerbsunfähigkeit (→ Erwerbsunfähigkeitsrente) und die Rente für Bergleute. Die Renten wegen Todes umfassen die → Witwenrente und die → Witwerrente, die → Erziehungsrente, die → Waisenrente sowie die Renten wegen Todes bei Verschollenheit. Die Erziehungsrente beinhaltet zwar eine Rente aus eigener Versicherung, jedoch ist auch für sie der Tod des geschiedenen Ehegatten anspruchsbegründende Voraussetzung. *Marita Kahn*

Rentenauskunft Auskunft über die aktuelle Höhe der Rentenanwartschaft, die ihnen ohne weitere rentenrechtliche Zeiten als Regelaltersrente zustehen würde, erhalten von Amts wegen alle Versicherten, die ihr 55. Lebensjahr vollendet haben. Auch jüngeren Versicherten kann sie von Amts wegen oder auf Antrag erteilt werden.
Entsprechendes gilt für die Auskunft über die Höhe der Anwartschaft auf Rente wegen verminderter Erwerbsfähigkeit (→ Berufsunfähigkeitsrente, → Erwerbsunfähigkeitsrente) oder auf Rente wegen Todes (→ Erziehungsrente, → Waisenrente, → Witwenrente, → Witwerrente) an Familienangehörige. Voraussetzung ist die Antragstellung des mindestens 55jährigen Versicherten, beim jüngeren Versicherten das weiteres sein berechtigtes Interesse an der Auskunft.
Auskunft über die Höhe der während der Ehezeit erworbenen Rentenanwartschaft ist auf Antrag dem Versicherten oder dessen Ehegatten bzw. geschiedenem Ehegatten zu erteilen. Dabei handelt es sich um die Bekanntgabe personenbezogener Daten. (→ Datenschutz). Der Ehegatte bzw. geschiedene Ehegatte ist daher nur dann auskunftsberechtigt, wenn der Versicherte seine Auskunfspflicht ihm gegenüber nicht oder nicht vollständig erfüllt hat.
R. sind schriftlich zu erteilen; sie haben aber keine rechtsverbindliche Wirkung. *Marita Kahn*

Rentenformel Die Rentenreform 1992 (→ Rentenreformgesetz 1992 [RRG 1992]) hat zu einer neuen R. geführt. Nach ihr ergibt sich die Monatsrente, wenn die persönlichen Entgeltpunkte (pEp) mit dem aktuellen Rentenwert (aRw) und dem Rentenartfaktor (Raf) multipliziert werden. Die pEp sind das Ergebnis der Multiplikation der Entgeltpunkte (Ep) mit dem Zugangsfaktor (Zf). Die R. lautet somit:
(Ep x Zf =) pEp x aRw x Raf = Monatsrente.
Auch nach der neuen R. bleibt die Rente abhängig von der Höhe der während des Versicherungslebens gezahlten Beiträge und damit von den versicherten Arbeitsentgelten. Die Ep geben an, in welchem Verhältnis je Versicherungsjahr das individuelle Bruttojahresarbeitsentgelt des einzelnen Versicherten zum durchschnittlichen Bruttojahresarbeitsentgelt aller Versicherten gestanden hat. Ein Versicherter z. B., der 1994 ein Bruttojahresarbeitsentgelt von 58 000 DM erzielt hat, erreichte in diesem Jahr bei einem durchschnittlichen Bruttojahresarbeitsentgelt aller Versicherten von 41 946 DM 1,3827 Ep. Hätte er durchschnittlich verdient, hätte er in diesem Jahr einen Ep erhalten, bei dem 1 1/2fachen des Durchschnittsverdienstes 1,5 Ep. Der andere Grundfaktor der neuen R. ist der aRw. Er ist für alle Renten einheitlich. Er gibt den monatlichen Betrag der → Rente wegen Alters an, der sich errechnet, wenn für ein Kalenderjahr Beiträge nach dem Durchschnittsentgelt aller Versicherten entrichtet werden. Er beträgt ab 1. 7. 1996 46,67 (neue Bundesländer: 38,38) DM. Er ist der Dynamisierungsfaktor des neuen Rechts und wird entsprechend der neuen Anpassungsformel angepaßt.
Der Raf bestimmt das Sicherungsziel der jeweiligen Leistungsart. Für die Altersrenten beträgt er 1. Es soll eine volle Sicherung gewährt werden. Gleiches gilt für die → Erwerbsunfähigkeitsrenten. Für die → Berufsunfähigkeitsrenten mit ihrem bisher um ein Drittel niedrigeren Steigerungssatz beträgt der Raf hingegen 0,6667. Mit dem Raf wird auch die Höhe der Renten wegen Todes bestimmt. Er beträgt für die große → Witwen- und → Witwerrente 0,6 und für die kleinen Witwen- und Witwerrenten 0,25, im Sterbequartal jeweils 1. Die 10 Prozent der Halbwaisenrente (→ Waisenrente) sind zum Raf 0,1 geworden, für die Vollwaisenrenten gilt der Raf 0,2.

Lit. Michaelis: Rentenberechnung; Ruland: Rentenversicherungsrecht. *Franz Ruland*

Rentenreform Das → Sozialrecht ist einem ständigen Wandel ausgesetzt, wie die Flut sozialrechtlicher Gesetze deutlich macht. Es ist daher das Wort von der permanenten → Sozialreform (Bley) geprägt worden, wobei die Frage offenbleibt, welche dieser verschiedenen Änderungen dem Anspruch gerecht werden, Reformgesetze zu sein. Ein wichtiger Teil der fortlaufenden Sozialreform hat sich im Bereich der Alterssicherung realisiert (→ Rentenversicherung). Besonders bedeutsam sind die R. des Jahres 1957 und – mit Einschränkungen – das RRG des Jahres 1972 sowie das → Rentenreformgesetz 1992 (RRG 1992), das in seinen wesentlichen Teilen am 1. 1. 1992 in Kraft trat und eine Kodifikation des Rentenversicherungsrechts mit einer inhaltlichen Reform verband.

Betrachtet man nicht nur diese herausragenden Reformen, so lassen sich insgesamt folgende Reformtendenzen feststellen:
a) Der erfaßte Personenkreis ist immer mehr erweitert worden. Heute sind alle Arbeitnehmer unabhängig von der Höhe ihres Verdienstes in der Rentenversicherung erfaßt. Aber auch die Selbständigen haben seit dem RRG 1972 die Möglichkeit, durch Antrag Mitglied zu werden, nun in § 4 Abs. 2 SGB VI (→ Sozialgesetzbuch [SGB]) geregelt, oder freiwillige Beiträge zu leisten, sofern sie nicht schon kraft Gesetzes versicherungspflichtig sind.
b) Die → Rentenformel erfuhr mehrfache Umgestaltung. Unter Beibehaltung des Systems der lohn- und beitragsbezogenen Rentenversicherung soll die neue Rentenformel des RRG 1992 der Vereinfachung dienen: Die Höhe der Rente bemißt sich nach individuellen und allgemeinen Faktoren, wobei die geleisteten Beiträge und beitragsfreien anrechenbaren Zeiten in Entgeltpunkte umgerechnet werden und zu den allgemeinen Faktoren – namentlich der allgemeinen Bemessungsgrundlage und dem Steigerungssatz für das Altersruhegeld (→ Renten wegen Alters) in Beziehung gebracht werden.
Schon 1957 wurde ein Verfahren für eine jährliche Anpassung der Bestandsrenten eingeführt, wobei diese Anpassung sich an der Entwicklung der Durchschnittslöhne und -gehälter ausrichtete. Durch das RRG 1992 erfolgt der Wechsel von der bruttolohnbezogenen zur nettolohnbezogenen Dynamisierung.
c) Die Dynamisierung der Renten 1957 erforderte ein neues Finanzierungsverfahren. Es wurde das Abschnittsdeckungsverfahren und damit praktisch das Umlageverfahren eingeführt. In dem jeweiligen Deckungsabschnitt müssen die Versicherten die notwendigen Mittel für die in diesem Abschnitt zu zahlenden Renten aufbringen, wobei zu den Beiträgen der Versicherten noch die Staatszuschüsse zur Deckung der Ausgaben hinzukommen.
d) Die Versicherungsfälle sind differenzierter geworden. So wurde 1957 der Fall der Invalidität aufgespalten in eine → Berufsunfähigkeitsrente und eine → Erwerbsunfähigkeitsrente, ohne daß diese Regelung sich letztlich bewährt hätte, denn die Berufsunfähigkeitsrente hat mangels genügender Teilzeitarbeitsplätze keine große Bedeutung erlangt. Dieser Komplex bleibt auch nach dem RRG 1992 reformbedürftig. Der Gesetzgeber hat 1977 im Zuge der Eherechtsreform neben dem → Versorgungsausgleich die → Erziehungsrente neu geschaffen.
Die durch das RRG 1972 eingeführte flexible Altersgrenze wurde durch das RRG 1992 durch stufenweise Heraufsetzung der Regelaltersgrenze umgestaltet. Ferner besteht nunmehr die Möglichkeit, durch Bezug einer Teilrente bei entsprechender Einschränkung der Erwerbstätigkeit den Übergang in den Ruhestand den individuellen Bedürfnissen entsprechend zu gestalten. Im Zuge der Sparmaßnahmen des Jahres 1996 ist der Zeitrahmen für die Heraufsetzung der Regelaltersgrenze verkürzt worden.
e) Die → Rehabilitation ist zunehmend ausgebaut worden, ohne daß – auch nicht durch das RRG 1992 – ein Endpunkt erreicht worden wäre. Wie die Einsparungen des Jahres 1996 belegen, verläuft diese Entwicklung nicht geradlinig, sondern in Wellenbewegungen.
f) Im RRG 1992 sind die Reformen der → Hinterbliebenenrenten durch das Hinterbliebenenrenten- und Erziehungszeiten-Gesetz (HEZG) einbezogen worden, ohne daß umfassende Änderungen vorgenommen worden sind.
g) Auch in Zukunft werden weitere Änderungen des Rentenversicherungsrechts notwendig werden. Dies ergibt sich vor allem aus der sich verschlechternden Altersstruktur: Immer weniger Aktive stehen einer immer größeren Anzahl von Rentnern gegenüber und müssen folglich im Rahmen der Umlagefinanzierung eine höhere Beitragslast tragen, wenn die Renten in bisheriger Höhe weitergewährt werden sollen. Das gegenwärtige System wird im übrigen auch deshalb kritisiert, weil die verschiedenen Teilsysteme der Alterssicherung nicht genügend miteinander koordiniert sind und dadurch Fälle der Überversorgung entstehen können. Daran hat auch das RRG 1992 nichts geändert. Ferner wurde im RRG 1992 durch eine Neuordnung der beitragsfreien und beitragsgeminderten Zeiten sowie durch eine neue Gesamtleistungsbewertung (insbes. durch Verzicht auf das Erfordernis der Halbbelegung) ein Einstieg in die Neuregelung der sozialen Alterssicherung der Frau geschaffen; eine umfassende Reform – speziell hinsichtlich der Berück-

sichtigungszeiten für Kindererziehung und Pflege – steht jedoch nach wie vor aus.
Dem RRG 1992 werden – bei aller Kritik von verschiedener Seite – beachtliche Konsolidierungseffekte für die mittelfristige Rentenfinanzierung vorausgesagt. Daraus kann aber nicht geschlossen werden, daß nicht nach wie vor erhebliche Anstrengungen notwendig sein werden, um die Finanzierung der Rentenversicherung auch zukünftig sicherzustellen.
Lit. Bley: Sozialrecht; BMA: Soziale Sicherung; Ruland: Handbuch; Schmähl: Alterssicherung. *Bernd von Maydell*

Rentenreformgesetz 1992 (RRG 1992)
Das am 9. 11. 1989 im Konsens der großen Parteien verabschiedete RRG 1992 ist am 1. 1. 1992 sowohl in West- als auch in Ostdeutschland in Kraft getreten. Es verbindet eine völlige Neukodifikation des Rentenrechts mit einer sehr umfangreichen Sachreform. Das → Rentenüberleitungsgesetz hat jene Bestimmungen eingefügt, mit denen das Rentenrecht in den fünf neuen Bundesländern eingeführt wurde.
Das neue Rentenrecht ist nun für alle drei Zweige (Arbeiterrenten-, Angestelltenversicherung, knappschaftliche Rentenversicherung; → Rentenversicherung) im SGB VI (→ Sozialgesetzbuch [SGB]) geregelt. Es ist völlig neu formuliert und systematisiert worden. Dies hat vielfach auch zu neuen Begriffen geführt (z.B. statt »Altersruhegelder«: → »Renten wegen Alters«, statt »Ausfall-«: → »Anrechnungszeiten«). Wichtigster Teil der Neukodifikation ist die neue → Rentenformel.
Als Ergebnis der Diskussion um die → Rentenreform hat es zahlreiche sachliche Änderungen gegeben. Die Anpassung der Renten zum 1. Juli eines Jahres richtet sich nicht mehr nach der vorangegangenen Entwicklung der Brutto-, sondern nur noch nach der der Nettoarbeitsentgelte. Steigende Steuern oder Sozialabgaben führen daher zu einer niedrigeren Anpassung der Rente. Die vorgezogenen Altersgrenzen von 60 und 63 Jahren werden ab 2001 schrittweise an die Regelaltersgrenze bei Vollendung des 65. Lebensjahres angehoben, dieses Jahren soll – um den Trend zur Frühverrentung zu stoppen – bei der Altersgrenze 60 wegen Arbeitslosigkeit schon ab 1997 beginnen (Entwurf eines Gesetzes zur Förderung eines gleitenden Übergangs in den Ruhestand, BR-Drucks. 208/96). Ausgenommen ist die Altersgrenze 60, ab der → Schwerbehinderte, Berufs- und Erwerbsunfähige Altersrente beanspruchen können. Der Rentenbeginn ist in doppelter Weise flexibilisiert worden: Die Versicherten können bis zu 3 Jahren früher in Rente gehen, müssen dies dann allerdings mit versicherungsmathematischen Abschlägen (0,3% der Rente pro Monat) bezahlen. Sie können sich zudem statt für die Vollrente für eine Teilrente (1/3, 1/2, 2/3) entscheiden und nebenher verdienen (80%, 60%, 40%) und versichert bleiben. Die Anerkennung und Bewertung der beitragsfreien Zeiten (Anrechnungs-, → Ersatzzeiten, → Zurechnungszeit) ist neu geregelt worden. Die Regelungen über die → »Rente nach Mindesteinkommen« sind modifiziert und um die Pflichtbeitragszeiten bis Ende 1991 erweitert worden. Die Höhe des Bundeszuschusses hängt künftig nicht nur von der Entwicklung der Bruttoarbeitsentgelte, sondern auch von der des Beitragssatzes ab.
Die Sondersituation in den fünf neuen Bundesländern machte zahlreiche Übergangsregelungen notwendig. Sie betreffen einmal die Umwertung der Bestandsrenten, die Berücksichtigung und Bewertung der in der Vergangenheit liegenden Zeiten und die Einbeziehung der zahlreichen Zusatz- und Sonderversorgungssysteme in die Rentenversicherung. Durch häufigere und höhere Anpassungen ist das Rentenniveau (Ost) an das in den alten Bundesländern herangeführt worden.
Lit. Ruland: Handbuch; Ruland: Rentenversicherungsrecht. *Franz Ruland*

Rentenüberleitungsgesetz Mit dem R. vom 25. 7. 1991 wurden zwei Probleme gelöst: (1.) Die Überleitung des nun im SGB VI (→ Sozialgesetzbuch [SGB]) kodifizierten Rentenrechts auf die fünf neuen Bundesländer und (2.) die Überführung der dort vorhanden gewesenen Zusatz- und Sonderversorgungssysteme in die → Rentenversicherung. Es ist am 1. 1. 1992 in Kraft getreten. Die unterschiedliche wirtschaftliche Situation und das von Fest- und Mindestbetragsregelungen geprägte Rentenrecht der früheren DDR und seine im Vergleich zum SGB VI erheblich abweichenden Anspruchsvoraussetzungen machten zahlreiche Überleitungsregelungen notwendig.
Die Bestandsrenten wurden abhängig von der Zahl der Arbeitsjahre und vom individuellen Durchschnittseinkommen der letzten 20 Arbeitsjahre zum 1. 1. 1992 umgestellt. Abweichend von der bereits zum 1. 7. 1990 erfolgten Rentenumstellung wurden bei dieser Umwertung nicht alle sozialen Komponenten des früheren DDR-Rechts berücksichtigt, weil sie sich nach dem neuen Recht zum ersten Mal richtig und überproportional ausgewirkt hätten. Ist daher der sich aus den persönlichen Entgeltpunkten (Ost) und dem aktuellen Rentenwert (Ost) ergebende Rentenbetrag niedriger als der Ende 1991 geleistete Zahlbetrag, wird, um den Besitzschutz zu wahren, in Höhe der Differenz ein »Auffüllbetrag« gezahlt. Bei Rentenzugängen bis Ende 1993 erfolgt dieser Besitzschutz durch einen »Rentenzuschlag«. Auffüllbetrag und Rentenzuschlag werden undynamisiert bis Ende 1996 gezahlt und danach durch die Anpassungen abgeschmolzen. Bei Rentenzugän-

gen zwischen dem 1. 1. 1992 und dem 31. 12. 1996 wird ein »Übergangszuschlag« gezahlt, wenn die nach dem nach 1990 geltenden Recht berechnete Rente höher ist als die SGB VI-Rente. Im übrigen wird eine nach dem alten Recht berechnete Rente gewährt, wenn ein Anspruch nur nach Maßgabe dieser früheren Regelungen besteht. Unterschreitet das monatliche Einkommen bei Alleinstehenden den Betrag von 681 DM, bei Verheirateten den von 1093 DM, wird ein »Sozialzuschlag« gezahlt, der der Sache nach eine Leistung der → Sozialhilfe ist. Beide Beträge sind dynamisch. Sie verändern sich wie die → Regelsätze. Die Sozialzuschläge werden bis längstens 1996 gezahlt. Danach werden sie auf die Sozialhilfe übergeleitet.
Entsprechend den Vorgaben des Einigungsvertrages überführt das R. auch die meisten Zusatz- und Sonderversorgungssysteme in die gesetzliche Rentenversicherung. Dabei wird von dem tatsächlich erzielten Einkommen ausgegangen, das allerdings nur bis zur Höhe der Beitragsbemessungsgrenze berücksichtigt wird. Die Versorgung der Personen, die kraft ihrer Funktion dem politischen System der ehemaligen DDR besonders nahestanden, wird bis jetzt - Änderungen sind geplant (vgl. AAÜG-ÄndG, BR-Drs 209/96) - auf maximal jährlich 1 Entgeltpunkt begrenzt, die der Stasi-Mitarbeiter auf 0,7 Entgeltpunkte. Die Kumulation gleichartiger Renten aus der Rentenversicherung und den Zusatzversorgungen ist begrenzt. Renten können insgesamt zum Ruhen gebracht werden, wenn gegen den Berechtigten ein Strafverfahren betrieben wird und er sich ihm durch Aufenthalt im Ausland entzieht.
Lit. Michaelis u. a.: Überleitung; Ruland: Rechtseinheit. *Franz Ruland*

Rentenversicherung (DRentVers.) Zweig der → Sozialversicherung, der neben Maßnahmen zur Erhaltung, Besserung und Wiederherstellung der Erwerbsfähigkeit (→ Rehabilitation) die Zahlung von Renten zu leisten hat. Den bei ihr Versicherten, ca. 95% der Bevölkerung, soll im Alter, aber auch bei Berufs- oder Erwerbsunfähigkeit eine Rente (Altersruhegeld) gezahlt werden, die dem individuellen versicherungspflichtigen Einkommen während des Erwerbslebens entspricht und deren Höhe an die weitere Wohlstandsentwicklung der Arbeitnehmer angepaßt wird (dynamische Rente). Auch für ihre Hinterbliebenen wird angemessen gesorgt. – Die DRentVers. verwaltet sich selbst. Ihre beiden Hauptzweige sind die Arbeiterrentenversicherung (früher Invalidenversicherung) und die Angestelltenversicherung. Daneben gibt es die → Knappschaftsversicherung und Sonderanstalten für die Arbeitnehmer (außer Beamten) der Bundesbahn sowie für die Seeleute. Die Altershilfe für Landwirte (→ Alterssicherung der Landwirte) zählt im Gegensatz zur Handwerkerversicherung (innerhalb der Arbeiterrentenversicherung; → Handwerker, Rentenversicherung der) nicht zur Rentenversicherung i. e. S. – In der DRentVers. waren 1995 ca. 45 Mio. Versicherte; 20,5 Mio. erhielten Renten im Gesamtbetrag von über 318 Mrd. DM, für die KV der Rentner wurden über 20,7 Mrd. DM und für Reha-Maßnahmen über 9,8 Mrd. DM gezahlt.
Die Renten werden von den Beitragseinnahmen (des gleichen Jahres), vom Bundeszuschuß und, soweit notwendig und möglich, aus der Schwankungsreserve finanziert. Die Zahlungsfähigkeit stellt der Bund sicher.
In der DRentVers. sind pflichtversichert außer den Arbeitern und Angestellten selbständige Handwerker, Hausgewerbetreibende, Küstenfischer und -schiffer, Wehr- und Zivildienstleistende (→ Wehrpflicht, → Zivildienst), Entwicklungshelfer, Personen, die ein → freiwilliges soziales Jahr ableisten, → Schwerbehinderte, Empfänger von → Arbeitslosengeld, → Arbeitslosenhilfe oder Unterhaltsgeld, Bezieher von → Übergangsgeld, selbständige Artisten, Hebammen mit Niederlassungserlaubnis, selbständige Lehrer, Erzieher und Musiker. Auf Antrag können auch sonstige Selbständige pflichtversichert werden. – Überwiegend körperlich tätige Arbeitnehmer gehören zur Arbeiterrentenversicherung, überwiegend geistig tätige Arbeitnehmer zur Angestelltenversicherung. Die Grenzen sind fließend; im Zweifelsfalle entscheidet die → Krankenkasse, an die der Arbeitgeber Beiträge abführt. – Wer nicht erwerbstätig oder nicht pflichtversichert ist, kann eine freiwillige Rentenversicherung eingehen.
Die Leistungen (→ Renten wegen Alters, → Berufs- oder → Erwerbsunfähigkeitsrente, → Hinterbliebenenrente) sind bei Vorliegen gleicher Voraussetzungen (Beitragshöhe, Versicherungsdauer usw.) für Arbeiter und Angestellte gleich, ebenso die Beitragshöhe (Prozentsatz vom versicherungspflichtigen Einkommen) und die Beitragsbemessungsgrenze. Über den → Finanzausgleich sind die Träger der Arbeiter- und der Angestelltenversicherung auch finanziell eng miteinander verbunden (→ Finanzierung).
Dem Ausbau der sozialen Sicherheit im Alter sind wegen der finanziellen Situation enge Grenzen gesetzt. Das → Bundesverfassungsgericht verpflichtete durch Urteil vom 12. 3. 1975 den Gesetzgeber zu einer sachgerechteren Lösung der Hinterbliebenensicherung bis 1984. Mit zeitlicher Verzögerung ist das Gesetz zur Neuordnung der Hinterbliebenenrenten sowie zur Anerkennung von Erziehungszeiten in der gesetzlichen Rentenversicherung (HEZG) am 1. 1. 1986 – für Todesfälle ab diesem Zeitpunkt – in Kraft getreten (→ Kindererziehungszeiten, rentenrechtliche Anerkennung

von). Es überträgt die bisherige Witwenrentenregelung auf Witwer (→ Witwerrente). Jedoch wird, aus Gründen der Kostenneutralität der Neuregelung, eigenes → Einkommen des überlebenden Ehegatten, das einen (dynamischen) Freibetrag von derzeit DM 1220 zu 40% des übersteigenden Teiles auf die Hinterbliebenenrente angerechnet; die eigene Rente des Überlebenden bleibt garantiert.

Auf längere Sicht bringt auch die seit einiger Zeit eingetretene Bevölkerungsentwicklung für die Rentenfinanzierung Probleme. Schließlich könnte eine intensivere »Rentnerbetreuung« (über die Rentenzahlung hinaus) zu einer höheren finanziellen Belastung führen.

Die DRentVers. geht auf die Kaiserliche Botschaft vom 17.11.1881 zurück (Vorläufer u. a. im Preußischen Landrecht vom 5.2. 1794). Für die Arbeiter wurde am 22.6. 1889 das Gesetz betreffend die Invaliditäts- und Altersversicherung erlassen, ein Angestelltenversicherungsgesetz folgte zum 1.1. 1913. Für Bergleute führte das Preußische Knappschaftsgesetz vom 10.4.1854 die staatlich garantierte Alters- und Invalidensicherung ein (s. a. → Soziale Gerechtigkeit).

Lit. Aichberger: Reichsversicherungsordnung; Peters, H.: Geschichte; Verband Deutscher Rentenversicherungsträger: Rentenversicherung; Zweng u. a.: Rentenversicherung. *Rudolf Kolb*

Rentenversicherungsträger 27 öffentlich-rechtliche Selbstverwaltungskörperschaften unter Aufsicht des Bundes oder der Länder, die entsprechend der Gesetzgebung für die → Rentenversicherung – beitragszahlende Versicherte und Rentner – zuständig sind. Sie führen für jedes Mitglied Versicherungskonten, aus denen Versicherungsdauer, Beitragsleistungen und -zeiten usw. hervorgehen. Aufgrund dieser Konten berechnen sie die individuellen Rentenleistungen. Für die Arbeiterrentenversicherung arbeiten regional aufgeteilt 23 → Landesversicherungsanstalten, für die Angestelltenversicherung die → Bundesversicherungsanstalt für Angestellte, für die Beschäftigten in Bergbaubetrieben die Bundesknappschaft; daneben besteht als Sonderanstalten der Arbeiterrentenversicherung die Bundesbahn-Versicherungsanstalt und die Seekasse. Dachorganisation der rechtlich selbständigen R. ist der → Verband Deutscher Rentenversicherungsträger (VDR) mit Sitz in Frankfurt. *Rudolf Kolb*

Renten wegen Alters werden auf Antrag von der gesetzlichen → Rentenversicherung (DRentVers.) gewährt, wenn Versicherte die Altersgrenze erreicht und die entsprechende → Wartezeit erfüllt haben.

Die Regelaltersrente können Versicherte erhalten, die das 65. Lebensjahr vollendet haben. Auf die Altersrente für langjährig Versicherte besteht mit Vollendung des 63. Lebensjahres ein Anspruch, wenn die Wartezeit von 35 Jahren zurückgelegt worden ist.

Altersrente von Vollendung des 60. Lebensjahres an können erhalten: Versicherte, die als → Schwerbehinderte anerkannt, berufs- oder erwerbsunfähig sind; Versicherte, die arbeitslos sind und innerhalb der letzten eineinhalb Jahre vor Beginn der Rente insgesamt 52 Wochen arbeitslos waren, und die nach Vollendung des 40. Lebensjahres mehr als 10 Jahre Pflichtbeitragszeiten haben, d. h. mindestens 121 Kalendermonate rentenversicherungspflichtig beschäftigt oder tätig waren.

Vom Jahre 2001 an wird die Altersgrenze von 60 Jahren bei den Altersrenten wegen Arbeitslosigkeit und für Frauen sowie die Altersgrenze von 63 Jahren für langjährig Versicherte stufenweise bis zur Regelaltersgrenze von 65 Jahren angehoben. Gleichzeitig wird die Möglichkeit eingeräumt, die Altersrente vor den dann jeweils maßgebenden Altersgrenzen in Anspruch zu nehmen, allerdings gekürzt um einen Rentenabschlag als Ausgleich für die längere Bezugsdauer.

Die R. w. A. können in voller Höhe (Vollrente) oder als Teilrente in Anspruch genommen werden. Die Teilrente beträgt ein Drittel, die Hälfte oder zwei Drittel der erreichten Vollrente. Wird die Regelaltersrente nach Vollendung des 65. Lebensjahres nicht oder nur als Teilrente in Anspruch genommen, so erhöht sich die spätere Vollrente um einen Zuschlag von 0,5% monatlich (= 6% jährlich) des nicht in Anspruch genommenen Teils. Während der Bezieher einer Regelaltersrente beliebig viel hinzuverdienen kann, wird eine R. w. A. vor Vollendung des 65. Lebensjahres nur geleistet, wenn bestimmte Hinzuverdienstgrenzen nicht überschritten werden. Für die Vollrente gibt es eine allgemeine Hinzuverdienstgrenze in Höhe von einem Siebtel der monatlichen Bezugsgröße (1996 = 590 DM monatlich in den alten Bundesländern).

Für die Teilrenten wird die Hinzuverdienstgrenze individuell entsprechend dem Vorjahresverdienst bestimmt. Je niedriger der Anteil an der Vollrente ist, um so höher ist die Hinzuverdienstgrenze. Die maßgebende Hinzuverdienstgrenze darf zweimal im Laufe eines Jahres seit Rentenbeginn bis zum Doppelten dieser Grenze überschritten werden, ohne daß der Anspruch auf die jeweilige Voll- oder Teilrente verlorengeht.

Die R. w. A. beginnt mit dem Kalendermonat, zu dessen Beginn die Anspruchsvoraussetzungen für die Rente erfüllt sind. Voraussetzung hierfür ist jedoch, daß der Rentenantrag innerhalb von drei Kalender-

monaten nach Ablauf des Monats gestellt wird, in dem die Anspruchsvoraussetzungen vorliegen. Wird die Rente erst später beantragt, beginnt die Rente mit dem Antragsmonat.
Lit. Bley u. a.: SGB/Sozialversicherung (Komm.); Brackmann: Handbuch Sozialversicherung; Eicher, H. u. a.: Rentenversicherung; s. ferner: → Rentenversicherung.
Rudolf Kolb

Renten wegen Todes → Erziehungsrente, → Waisenrente, → Witwenrente, → Witwerrente, → Hinterbliebenenrenten

Renten wegen verminderter Erwerbsfähigkeit → Berufsunfähigkeitsrente, → Erwerbsunfähigkeitsrente

Repräsentativität Eine → Stichprobe wird als repräsentativ bezeichnet, wenn sie statistisch (→ Statistik) gesicherte Rückschlüsse auf die → Grundgesamtheit erlaubt. R. beinhaltet, daß 1. die Stichprobe ein verkleinertes Abbild der Grundgesamtheit ist, d. h. daß sie nicht nur die »typischen« oder wichtigsten Fälle der → Grundgesamtheit enthält, sondern alle interessierenden Strukturen widerspiegelt (qualitative R.) und 2. der Umfang der Stichprobe hinreichend groß ist, um die Genauigkeitsanforderungen an die gewünschten Ergebnisse erfüllen zu können (quantitative R.).
Aus wahrscheinlichkeitstheoretischer Sicht sind nur solche Stichproben repräsentativ, die nach dem Zufallsprinzip ausgewählt worden sind; denn nur Zufallsauswahlen sind objektiv und ermöglichen die Abschätzung des Zufallsfehlers (→ Fehler) der Stichprobenergebnisse. Da der Begriff der R. einer Stichprobe eine hohe Suggestivwirkung auf Konsumenten statistischer Erhebungsergebnisse ausstrahlt, wird er häufig auch unberechtigt verwendet.
Viele sog. »repräsentative« Umfragen der Markt- und Meinungsforschung bzw. der empirischen Sozialforschung erfüllen die wahrscheinlichkeitstheoretischen Voraussetzungen für R. nicht, weil ihnen ein subjektives Auswahlverfahren zugrunde liegt und/oder die Stichprobe zu niedrig dimensioniert ist. Umfragen dieser Art können zwar auch zu brauchbaren Ergebnissen führen, die Ergebnisqualität kann aber nicht objektiv (d. h. mit Mitteln der Wahrscheinlichkeitstheorie) abgeschätzt und gesichert werden. Bei Stichprobenerhebungen mit freiwilliger Auskunftserteilung ist die qualitative R. wegen der unbekannten Struktur der im allgemeinen beträchtlichen Zahl von Antwortausfällen (Ausfallquoten zwischen 30 und 50% sind üblich) prinzipiell schwer erreichbar. Die Stichprobenerhebungen der amtlichen Statistik werden weitaus überwiegend mit Auskunftspflicht durchgeführt und sind so konzipiert, daß sie die strengen Voraussetzungen für R. erfüllen.

Lit. Krug u. a.: Wirtschafts- und Sozialstatistik; Quatember: Repräsentativität.
Jürgen Schmidt

Repressive Erziehung → Erziehungsstile

Resozialisierung Auch Resozialisation genannt, Begriff für Zielvorstellungen des Strafgesetzbuches (StGB), seiner Nebengesetze und besonders des Strafvollzugsgesetzes (StVollzG) vom 1. 1. 1977.
Nach § 46 Abs. 1 StGB sind bei der Strafzumessung die Wirkungen zu berücksichtigen, die von der → Strafe für das künftige Leben des Täters in der Gesellschaft zu erwarten sind. Damit ist gesetzlich festgeschrieben, daß Strafe in der Gesellschaft der Bundesrepublik nicht die Aufgabe hat, Schuldausgleich und Gerechtigkeit um ihrer selbst willen zu üben, sondern nur dadurch gerechtfertigt ist, wenn sie sich als notwendig erweist zur Erfüllung der präventiven Schutzaufgabe des → Strafrechts (BGHSt. 24, 40).
Ebenso geht das StVollzG in seiner Beschreibung der Aufgaben, der Gestaltung und der Behandlungsmaßnahmen des Vollzuges (→ Strafvollzug) vom Vorrang des Ziels der R. vor seinen sonstigen Aufgaben der Sicherheit und Ordnung aus (vgl. §§ 2, 3, 4, 6, 7 StVollzG). Durchgängiges Leitmotiv ist die soziale Eingliederung des Täters und damit zugleich die Verhinderung des Rückfalls.
Eine genaue Eingrenzung des Begriffs R. findet sich weder in den Begründungen noch in den strafrechts- und strafvollzugswissenschaftlichen Kommentierungen des StGB oder des StVollzG. In der sozialwissenschaftlichen, speziell sozialpädagogischen Lit. wird der Begriff der R. abgeleitet vom Oberbegriff der → Sozialisation. Sozialisation beinhaltet in erster Linie den fortschreitenden Prozeß der lebenslangen Entwicklung des Individuums in der Wechselbeziehung zur umgebenden Gesellschaft. R. wird verstanden als Teil des lebenslangen Sozialisationsprozesses, wobei die Vorsilbe Re- ausdrücken soll, daß ein Teil der Sozialisation außerhalb der gesellschaftlich vorgegebenen → Normen und Wertvorstellungen stattgefunden hat, so daß eine »Wieder«-Eingliederung notwendig ist.
Damit ist R. inhaltlich verbunden und geprägt durch das Faktum → abweichenden Verhaltens von gesellschaftlich definierten Erfordernissen. Zentrale Rollenerwartungen (→ Rolle) werden durch abweichendes Verhalten von einzelnen Mitgliedern oder Gruppen der Gesellschaft verletzt, der Prozeß der Sozialisation damit gestört und dies über dafür geschaffene Instanzen der → sozialen Kontrolle festgestellt. Diese Instanzen, wie Staatsanwaltschaften, Gerichte, Strafvollzugsanstalten, haben die Aufgabe, diese Abweichung zu sanktionieren (→

Sanktion) und über den Prozeß der R. mit dem Ziel der sozialen → Integration in die Gesellschaft zu korrigieren. R. von Straffälligen bedeutet also, daß diese durch den stattfindenden individuellen Lernprozeß beeinflußt werden sollen, die Wertvorstellungen und Rollenerwartungen der Gesellschaft so zu internalisieren und sich entsprechend zu verhalten, daß weitere Straffälligkeit vermieden wird.
Nicht alle Deliktverstöße werden jedoch mit dem Begriff der R. in Zusammenhang gebracht. Denn nicht alle Verletzungen von strafrechtlichen Normen bedeuten im gleichen Umfang gesellschaftliche Ausgliederung, die durch Re-Integration wieder aufgehoben wird. R. ist neben dem Merkmal der Straffälligkeit zusätzlich dadurch gekennzeichnet, daß eine Ausgliederung aus der Gesellschaft stattgefunden hat, die überwiegend bestimmt ist durch den Faktor der Zugehörigkeit zur gesellschaftlich nicht mit Macht ausgestatteten Unterschicht. So wird erklärbar, warum die Insassen der Vollzugsanstalten nach wie vor nahezu ausschließlich der Unterschicht zuzurechnen sind oder warum Entkriminalisierung durch Veränderung des strafrechtlichen Normensystems vor allem dort gefordert wird, wo solche Delikte definiert werden, die vorwiegend oder mindestens im gleichen Umfang von Mittelschichtsangehörigen begangen werden (Ladendiebstähle, Verkehrsdelikte u.a.). Somit beschreibt R. neben der Vorstellung der sozialen Integration zugleich auch den Prozeß der Ausgliederung bestimmter Bevölkerungsgruppen, die als r.bedürftig angesehen werden. R. ist damit ein Teil auch der sozialen Kontrolle und der sozialen Selektion.
Hinzu kommt, daß R.erfolge, die bisher überwiegend als Merkmal der Nicht-Rückfälligkeit gemessen wurden, empirisch abgesichert kaum feststellbar sind. Die Rückfallstatistiken weisen einen jährlich erhöhten Anteil von Vorbestraften unter der Gesamtmenge der angezeigten und verurteilten Täter nach. Diese Quote hat bei männlichen Tätern inzwischen mehr als 40% erreicht. Damit stellt sich weiterhin die Frage nach den Erfolgen der resozialisierenden Maßnahmen und der inhaltlichen Konkretisierung der sozialpädagogischen Interventionen, die zu einer echten gesellschaftlichen Integration Straffälliger beitragen können.
Lit. Cornel u.a.: Handbuch; Cornel u.a.: Resozialisierung; Kaiser, G.: Kriminologie; Maelicke: Entlassung; Maelicke u.a.: Kriminalpolitik; Müller-Dietz: Strafzwecke.
Bernd Maelicke

Restriktionen → Planungsrestriktionen

Retardierung Unter R. wird im allgemeinen aufholbarer, nicht erkennbar hirnorganisch verursachter, mäßiger psychophysischer Entwicklungsrückstand verstanden. Durch die Vermengung mit dem aus der englischen Sprache übernommenen Begriff »mental retardation« kommt es häufig zu Mißverständnissen, weil hierunter ein geistiger Entwicklungsrückstand oft erheblichen Grades verstanden wird. Die seelisch-geistige Entwicklung retardierter Kinder verläuft langsamer als in der Norm, erreicht aber meist im 3. Lebensjahrzehnt den in der Durchschnittsbevölkerung üblichen Reifezustand, bzw. nähert ihm sich sehr.
Die Grenzziehung zu minimal hirnvorgeschädigten Kindern (→ Frühkindliche Hirnschädigung) ist vor allem in den ersten Lebensjahren schwierig. Emotional retardierte Kinder sind meist erzieherisch ohne gravierende Probleme, benötigen aber besonderes Verständnis. Sie zeigen sich meist unkompliziert und zuwendungsbedürftig. In der Schulklasse geraten sie nicht selten in eine Außenseiterposition, da der Pseudostandard einer Klasse oft von den entwicklungsbeschleunigten Kindern bestimmt wird.
Lit. Corboz: Spätreife; Harbauer, H. u.a.: Kinder- und Jugendpsychiatrie.
Hubert Harbauer†/Werner Richtberg

Revision ist ein → Rechtsmittel, mit dem das angefochtene Urteil in der Sache nicht auf Fehler in Tatsächlichen, sondern nur auf Rechtsverletzungen überprüft wird. Aufgabe der R. ist sowohl der Rechtsschutz des einzelnen im konkreten Streitfall als auch die Sicherung der einheitlichen → Rechtsprechung (Art. 95 III GG) und die Fortentwicklung des Rechts. Im dreistufigen gerichtlichen Verfahren richtet sich R. regelmäßig gegen Urteile (→ Gerichtliche Entscheidungen) des Berufungsgerichts. Aufgrund besonderer Zulassung kann die Berufungsinstanz im Einverständnis der Beteiligten durch Sprungr. übergangen werden (§ 566a ZPO, § 134 VwGO, § 161 SGG). Von Besonderheiten im Zivilprozeß (streitwertabhängige Revision, §§ 546, 554b ZPO) und im finanzgerichtlichen Verfahren (§ 116 FGO) abgesehen, setzt R. ihre Zulassung durch das Vordergericht oder R.gericht voraus (§ 546 ZPO, § 72 ArbGG, § 132 VwGO, § 160 SGG, § 115 FGO); Zulassungsgründe: grundsätzliche Bedeutung der Rechtssache, Abweichung von höchstrichterlicher Rechtsprechung, Verfahrensmangel. Zu tatsächlichen Feststellungen in bezug auf den Streitgegenstand ist das R.gericht nicht befugt. R. ist Rechtskontrolle.
Peter Schmidt

Rezeptgebühr → Arzneimittel, → Selbstbeteiligung in der Krankenversicherung

Rigidität bezeichnet ganz allgemein ein unflexibles Festhalten an Reaktionen, Gewohnheiten, → Einstellungen oder Hand-

lungen trotz Variation der situativen Gegebenheiten. Die (unpassende) Wiederkehr bzw. das Fortwirken von früherem → Verhalten und früheren Vorstellungen werden auch als Perseveration bezeichnet. Die Verwendung des Begriffes der R. ist in der Literatur nicht einheitlich, da man sich teilweise auf unterschiedliche Klassen von Verhaltensweisen bezieht. Cattell und Tiner (1949) fanden aufgrund ihrer Analyse von 17 R.-Tests zwei Faktoren: 1. eine das motorische Verhalten betreffende R. (»habituelle« oder »dispositionelle« R.: die Schwierigkeit, motorische Reaktionen zu ändern) und 2. eine R., welche kognitive Prozesse betrifft. Letztere wird von Guilford (1957) als negative Variante zweier unterschiedlicher Intelligenzfaktoren betrachtet, die als »adaptive Flexibilität« (Unfähigkeit, Einstellungen zu ändern) und als »Spontanflexibilität« (Fähigkeit, vielfältige Ideen zu einem Thema zu produzieren; vgl. dazu auch den Begriff der »divergenten Fähigkeiten« und der → »Kreativität«) bezeichnet werden. Letztere ist bedeutsam für kreatives → Denken.
Hohe R., erkennbar durch häufige Perseverationen und Unfähigkeit, sich auf neue Aufgaben umzustellen, ist sowohl bei starker Affektivität, aber auch bei bestimmten organischen Psychosyndromen zu finden.
Lit. Guilford: Intelligence.

Klaudius Siegfried

Risiko-Kinder In den 50er Jahren wurde dieser Begriff für Säuglinge und Kleinkinder eingeführt, die möglicherweise vor, während oder nach der Geburt durch belastende Faktoren geschädigt wurden und deren → Gesundheit und allgemeine Entwicklung dadurch gefährdet sein konnte. Sie wurden dementsprechend häufiger und intensiver medizinisch überwacht und behandelt. In den 80er Jahren erweiterte man die Definition wesentlich auf Kinder und Jugendliche, die durch eine große Anzahl unterschiedlicher Risikofaktoren belastet sind oder durch ihr eigenes Risikoverhalten dazu beitragen, daß sie zu den medizinischen, pädagogischen und gesellschaftspolitischen Problemkindern gehören.
Folgende Risikofaktoren werden unterschieden: 1. Genetische Faktoren; 2. Biologisch-konstitutionelle Faktoren; 3. Reproduktive Risikofaktoren (Störungen oder Unregelmäßigkeiten bei Schwangerschaft und Geburt); 4. Sozioökonomische Risikofaktoren; 5. Familienfaktoren (z. B. Vernachlässigung, Kindesmißhandlung, Scheidung, Isolation, Kriminalität, geringe oder abgebrochene Ausbildung); 6. Medizinische Faktoren (z. B. Frühgeburt, Unterernährung, chronische Krankheiten, ungesunde Lebensgewohnheiten der Mütter).
Die Häufigkeit von R.-K. oder Kindern mit Risikoverhalten wird mit 1/4 bis 1/3 aller Kinder angegeben. Dabei scheinen die sozioökonomischen und familiären Faktoren die am stärksten wirksamen zu sein. Viele Faktoren sind voneinander abhängig oder treten gemeinsam auf, wobei dann die Wahrscheinlichkeit von Entwicklungsgefahren erheblich zunimmt.
Auffallend ist, daß sich unter den R.-K. insgesamt deutlich mehr Jungen finden. Dies trifft besonders auf das erste Jahrzehnt zu. Erst nach der Pubertät kehrt sich dieser Trend vorübergehend zu Ungunsten der Mädchen um, die jetzt durch zu frühe Schwangerschaft, soziale und emotionale Probleme (→ Depression, → Anorexia nervosa, → Bulimia nervosa, Abhängigkeit) stärker belastet sein können.
Durch die Einführung der → Früherkennungsuntersuchungen 1971 wurde versucht, Risiken bei Kindern früh zu entdecken und zu mindern. Leider überwiegen dabei medizinische Kriterien, während andere entwicklungsbestimmende Faktoren wie psychische und sozioökonomische kaum oder gar nicht beachtet werden.
Lit. Muuss: Risikokinder. *Rainer Hoehne*

Rocker → Jugendprotest

Rolle Mit diesem Grundbegriff der → Soziologie wird die Gesamtheit der mit einer sozialen Position (z. B. Lehrerr., Mutterr., Altersr.) verknüpften gesellschaftlichen Verhaltensanforderungen (R.anforderungen/R.erwartungen) bezeichnet. Als Träger sozialer R. orientiert sich das → Individuum an diesen gesellschaftlichen R.anforderungen. Mit dem R.begriff wird also nicht das konkrete Verhalten eines individuellen Sozialarbeiters X beschrieben; vielmehr wird von den individuellen Besonderheiten des Sozialarbeiters X abstrahiert, um die soziale Gebundenheit individuellen Verhaltens zu verdeutlichen.
Theoriegeschichtlich ist die R.theorie als Versuch anzusehen, das Spannungsverhältnis zwischen → Individuum und → Gesellschaft im Sinne eines Gleichgewichtssystems zu interpretieren. Angenommen wird, daß sich Individuen an ihren gegenseitigen, von gesellschaftlichen Wertvorstellungen (→ Norm) geprägten R.anforderungen bruchlos orientieren und sich daher ein Gleichgewicht von Erwartungen, faktischem Verhalten und Befriedigungen einspielt. Dieser Ansatz wurde im wesentlichen in drei Punkten kritisiert: a) In dem gegenwärtig vorfindbaren Gesellschaftssystem, das durch soziale Ungleichheit gekennzeichnet ist, sind nicht alle R. mit gleichen Befriedigungschancen (Gratifikationen) verknüpft. Daß Individuen den R.erwartungen entsprechen, kann daher nur durch gesellschaftlichen Zwang – also durch Bestrafungen (→ Sanktionen) bei nicht-konformem Verhalten – abgesichert werden (→ Soziale Kontrolle). b) Die ange-

nommene Deckungsgleichheit von R.erwartungen und tatsächlichem Verhalten übersieht bestehende Möglichkeiten individueller Selbstdarstellung. Es besteht eine Diskrepanz zwischen R.anforderungen an den Träger einer sozialen Position und dessen eigenem R.entwurf. c) Die Annahme, daß Individuen den an sie gerichteten R.anforderungen problemlos entsprechen, leugnet den Widerspruch zwischen sozialen Anforderungen und individuellen → Bedürfnissen. Individuen verfügen nicht nur über einen Set gesellschaftlicher Wertvorstellungen, sondern auch über ein Potential von Triebansprüchen (→ Lustprinzip), die mit den Wertvorstellungen zunächst unvereinbar sind.

Diese neuere Kritik läßt indessen die »Vormacht des Objektiven« (Adorno) außer acht und damit das Hauptproblem, daß gesellschaftliche R., anders als die bühnendramatischen, dem Individuum nicht maskenartig-äußerlich anhaften. Wie insbes. Adorno aufgewiesen hat, bilden gesellschaftliche Handlungs- und Bewußtseinsformen die einzige Substanz, durch die hindurch (und erst letztendlich: gegen die) sich Menschen überhaupt zu selbständigen Subjekten individuieren können (→ Individuation). Der anwachsende gesellschaftliche Konformitätsdruck, der die individuell möglichen Individuierungsprozesse immer stärker einschränkt, wird also im Konzept der sozialen R. als einem unhistorischen unterschlagen. Dies gilt auch für die von Habermas formulierten »Grundqualifikationen eines handlungsfähigen Subjekts«. Gelernt werden muß: a) sich mit dem System ungleicher Entschädigungen abzufinden (Frustrationstoleranz), b) ein ausgewogenes Verhältnis zwischen eigenem R.entwurf und sozialen R.anforderungen zu finden (kontrollierte Selbstdarstellung) und c) die in den R.anforderungen enthaltenen normativen Erwartungen in bezug auf die eigenen Ansprüche kritisch zu überprüfen und der sozialen Situation entsprechend anzuwenden (flexible Über-Ich-Formation; → Psychoanalyse).

Die Fähigkeit zum R.handeln, insbes. die Basisr. des Geschlechts und der Generation, werden in der → Sozialisation vermittelt. Sie werden nicht durch einfaches → Lernen, sondern durch → Identifikation erworben.

Die Erwartungen, die an das Individuum als Träger sozialer R. gestellt werden, sind häufig widersprüchlich; es entstehen R.konflikte. Dazu gehören z. B. die häufig unvereinbaren Erwartungen, die die Institution und die Klientel an den Sozialarbeiter stellen.

Lit. Adorno: Soziologie; Dahrendorf: Homo sociologicus; Dreitzel: Leiden; Habermas: Sozialisation. *Martin R. Vogel*

Rollenambiguität → Ambiguitätstoleranz

Rollenspiel Im Zuge der Diskussion um das → Soziale Lernen wurde seit den 70er Jahren das Rollenspiel für unterschiedlichste Ziele im Sozialen Bereich empfohlen. Schwierigkeiten der Umsetzung dieser komplexen Methode haben jedoch rasch zu Frustrationen bei den Praktikern geführt. Heute ist es um das R. sehr viel ruhiger geworden. Kleine Kinder spielen spontane R. (Imitationsspiele), in denen sie die ihnen bekannte Realität meist stark typisiert reproduzieren und sich so an sie anpassen (»Vater-Mutter-Kind«). Nur diese R. sind wirkliche → Spiele. In Sozialarbeit, Schule und Erwachsenenbildung finden wir i. d. R. das angeleitete R. Hier handelt es sich um eine pädagogische Methode, in der Konfliktlösungen erarbeitet und Verhalten durchschaubar gemacht und verändert werden soll. Dabei wird eine solche Spielsituation von dem Pädagogen/der Pädagogin ausgewählt, die den Spielteilnehmern in der Realität begegnen und möglicherweise Schwierigkeiten bereiten wird. Diese Situation wird im Spiel dargestellt und zur Probe weitergeführt. Dabei sprechen und handeln die Spielteilnehmer in vorgegebenen sozialen → Rollen, also i. d. R. in Fremdrollen. Dem Spiel folgt ein Gespräch, das die spielerische Bewältigung der Situation durch die Gruppe bewertet und ggf. weitere Lösungsvorschläge erarbeitet. Diese Lösungsvorschläge werden in einem erneuten R. dargestellt, dem wiederum eine Gesprächsrunde folgt. Dieser Zirkel wird beendet, wenn die Gruppe eine von ihr als angemessen bewertete Lösung gefunden hat (vgl. Shaftel/Shaftel; Kochan). Der zentrale Anspruch des angeleiteten R. – den Spielteilnehmern eine bessere Bewältigung der Realität zu ermöglichen – konnte nur bedingt eingelöst werden. Allzusehr unterscheidet sich Spielhandeln vom Alltagshandeln. Verkürzungen der Spielsituation (so sind ja z. B. gesellschaftliche Zusammenhänge im R. kaum darstellbar) verhindern häufig realitätsadäquate Verhaltensweisen. Wahrscheinlich liegen die Stärken der R.-Methode nicht so sehr im inhaltlichen Bereich wie ursprünglich angenommen, sondern seiner im Interaktionsbereich: Die Spielteilnehmer gehen intensiv und ganzheitlich miteinander um, so daß ihre Interaktionskompetenz gestärkt wird. Damit ist eine Annäherung an die Zielsetzungen des → Psychodramas erfolgt. Eine Weiterentwicklung speziell für die Sozialarbeit und Sozialpädagogik ist das Sozialtherapeutische Rollenspiel, das in problem- und gruppenzentrierten Spielen die Selbstheilungskräfte der Klienten mobilisieren will (vgl. Stein). Ein ganz anderes Phänomen ist mit dem Phantastischen, dem Fantasy R. gemeint, zu dem eine eigene Spielszene existiert: Gruppen versetzen sich intensiv und über teilweise lange Zeiträume hinweg in phantastische Szenarien (»Earthdawn«).

Lit. Kochan: Rollenspiel; Shaftel u.a.: Rollenspiel; Stein, A.: Rollenspiel; Wegener-Spöhring: Rollenspiel.

Gisela Wegener-Spöhring

Rollstuhlfahrer Die neue internationale Terminologie ist Rollstuhlbenutzer, um psychologisch die Person vom Hilfsmittel besser trennen zu können.
Der betroffene Personenkreis ist in der Steh- und Gehfähigkeit so weit eingeschränkt, daß er dauernd oder teilweise auf dieses Hilfsmittel zur Fortbewegung angewiesen ist (→ Körperbehinderte). Je nach Behinderungsauswirkung, -grad und Verwendungszweck steht eine Palette von verschiedenen Modellen zur Verfügung:
a) der Faltfahrstuhl, zur Fortbewegung mit Greifreifen,
b) der Transportrollstuhl, der nur geschoben werden kann,
c) der Sportrollstuhl, in stabilerer Ausführung,
d) der Elektrorollstuhl, in verschiedenen Ausführungen und Größen, als Straßen- oder Hausfahrzeug.
Bei der Rollstuhlbeschaffung ist darauf zu achten, daß Sitzgestaltung und Anbringung von zusätzlichen Hilfsmitteln immer auf die physiologischen Erfordernisse und den Behinderungsgrad des Benutzers abgestimmt sein müssen.
Besondere Schwierigkeiten, denen sich der Rollstuhlbenutzer gegenübersieht, sind u.a. die architektonischen Barrieren wie z.B. Stufen, Engpässe, zu starke Steigungen (über 6%) sowie unzulänglicher Untergrund. Zur Überwindung dieser Schwierigkeiten wurden für behindertengerechtes Bauen entsprechende DIN-Normen entwickelt. DIN 18024 für öffentliche Gebäude, DIN 18025 für Privat-Bauten. DIN 18025 beinhaltet soweit allgemein möglich Hilfsmittelvorschläge wie Haltehilfen und entsprechende Einbauten für Bad, WC und Küche.
Zur Bewältigung und Akzeptanz des → Hilfsmittels sowie der Situation des Benutzers benötigt jeder → Behinderte ein ausgiebiges Rollstuhltraining, das ihm die Fahrpraxis vermittelt, um Hindernisse zu überwinden. Ebenfalls benötigt jeder Rollstuhlbenutzer ein speziell abgestimmtes psychologisches Training, das insbes. den Problemkreis Annehmen und Gewähren von Hilfe sowie das Fragen nach Hilfe beinhaltet. Solche Grundlagen wurden bereits in Rehabilitationszentren entwickelt; sie beziehen sich auch die Umwelt des Behinderten mit ein und haben dadurch eine psychisch stabilisierende Wirkung. *Matthias Kusche*

Rothenfelser Denkschrift 1955 in Rothenfels am Main (Spessart) von den Professoren Achinger, Höffner, Muthesius und Neundörfer ausgearbeiteter Reformplan. In diesem »großen Programmentwurf« zu einer Reform der deutschen sozialen Sicherungen, die infolge der »Bürde der Geschichte« verwirrend uneinheitlich und ungeordnet geworden waren, haben sich die Verfasser bemüht, von den »sozialen Tatbeständen« auszugehen – »so gut sie erfaßt werden konnten«. Zehn Jahre nach dem Ende des 2. Weltkrieges mußten sie jedoch noch große Lücken in der Kenntnis dieser Tatbestände feststellen; um so erstaunlicher ist auch heute noch die Fülle empirischer Daten, die auf knappstem Raum verarbeitet wurden. Das entwickelte Reformprogramm sollte sich nicht an den »von der geltenden Gesetzgebung geschaffenen Gruppierungen von Notständen und Maßnahmen« orientieren, sondern auf die »allgemeinen Lebenstatbestände, die gesellschaftliche Einwirkungen bedingen«, antworten. Leitlinie waren die Grundsätze → »Solidarität« und → »Subsidiarität«. Ihnen sollten zum Teil sehr originelle (und nie verwirklichte) praktische Vorschläge Geltung verschaffen, damit die »zweite Einkommensverteilung« nicht zum Übergewicht staatlicher Zwangseingriffe über Selbstvorsorge führen würde. Die besondere Bedeutung der »Hilfe zur → Selbsthilfe« als vordringlichste Aufgabe staatlicher → Sozialpolitik wurde betont, die Einheit aller Rehabilitationsmaßnahmen gefordert, Elemente einer Reform des Jugendhilfe- und Fürsorgerechts bestimmt und schließlich als einheitliches Gesetzeswerk ein »Code social« vorgeschlagen, wie er jetzt endlich im → Sozialgesetzbuch (SGB) verwirklicht wird (→ Sozialreform).
Lit. Achinger u.a.: Neuordnung.

Gerd Neises

Rückfall → Vorstrafe

Rückkoppelung → Feedback

Rundfunkgebühren, Befreiung von Bestandteil der R. ist die Fernsehgebühr. Nach § 6 des Rundfunkgebührenstaatsvertrages (Art. 4 des Staatsvertrages über den Rundfunk im vereinten Deutschland vom 31. 8. 1991) haben die Bundesländer gleichlautende Verordnungen über die Befreiung von der R.-Pflicht erlassen. Begünstigt sind:
1. Schwerbehinderte (→ Schwerbehindertengesetz) und Sonderfürsorgeberechtigte (→ Bundesversorgungsgesetz[BVG]) unter bestimmten Voraussetzungen;
2. Personen, die wegen Pflegebedürftigkeit spezielle Leistungen oder Vergünstigungen als → Sozialhilfe, → Kriegsopferfürsorge oder → Lastenausgleich erhalten;
3. Empfänger laufender → Hilfe zum Lebensunterhalt nach Abschnitt 2 BSHG oder ergänzende Hilfe zum Lebensunterhalt nach § 27a Abs. 1 BVG;
4. Personen oder → Haushaltsgemeinschaften, die nach dem BSHG kein → Vermögen einzusetzen haben und deren → Einkommen den sozialhilferechtlichen Bedarf

der → Hilfe zum Lebensunterhalt nur geringfügig überschreitet.
5. Bewohner von Altenwohnheimen, Altenheimen oder → Altenpflegeheimen, deren Einkommen nach Bezahlung der Heimkosten den angemessenen → Barbetrag zur persönlichen Verfügung nach § 21 Abs. 3 BSHG nicht oder nur geringfügig übersteigt.
Darüber hinaus wird die Befreiung auch für Rundfunkgeräte gewährt, die vom Träger sozialer Einrichtungen für den betreuten Personenkreis bereitgehalten werden.
Die Befreiung wird auf Antrag gewährt.
Walter Tattermusch

S

Sachleistung Eine der drei → Leistungsarten des Sozialleistungsrechts, § 11 → Sozialgesetzbuch – Allgemeiner Teil – (SGB I). Im Unterschied vor allem zur → Geldleistung die Leistungsart, bei der der Leistungsträger dem Berechtigten Einrichtungen, Sachen oder entgeltliche Dienstleistungen (z. B. durch Ärzte oder berufsmäßiges Pflegepersonal) »in Natur« zur Verfügung stellt, indem er durch unmittelbare Übernahme von Kosten den Leistungsberechtigten von eigenen Zahlungsverpflichtungen freistellt. Vor allem in der → Sozialversicherung, aber auch in der → Kriegsopferversorgung ist die gesamte medizinische Versorgung einschließlich der Versorgung mit → Hilfsmitteln auf dem S.prinzip aufgebaut. Bei Zuschüssen (z. B. zu → Kuren) und → Kostenerstattungen handelt es sich dagegen um Geldleistungen. In der → Sozialhilfe entscheidet grundsätzlich der Träger nach seinem → Ermessen darüber, ob er eine Hilfe als Geldleistung oder S. gewähren will, ob er z. B. Hausrat unmittelbar zur Verfügung stellen oder dem Hilfesuchenden (→ Hilfeempfänger) Geld zur eigenen Beschaffung zahlen will. Auch wo das → Bundessozialhilfegesetz (BSHG) von der Übernahme von Kosten spricht (z. B. in den §§ 37 b und 69), kann die Leistungsart Geldleistung oder S. sein. *Manfred Streppel*

Sachleistungsprinzip Versicherte der gesetzlichen → Krankenversicherung erhalten die Leistungen als → Sach- und Dienstleistungen, soweit im SGB V (→ Sozialgesetzbuch [SGB]) nichts Abweichendes vorgesehen ist (§ 2 Abs. 2 SGB V). Mit dieser Vorschrift korrespondiert § 13 Abs. 1 SGB V; danach darf die → Krankenkasse an Stelle der Sach- oder Dienstleistung Kosten nur dann erstatten, wenn es das SGB vorsieht. Auch bereits vor dem Inkrafttreten des → Gesundheits-Reformgesetzes (GRG) am 1. 1. 1989 war → Kostenerstattung grundsätzlich nicht erlaubt. Zwar enthielt die → Reichsversicherungsordnung (RVO) keine gesetzlichen Normen, die die Kostenerstattung ausdrücklich untersagten, jedoch hat die → Rechtsprechung wiederholt und für die typischen Leistungsarten ärztlicher Behandlung (BSG, Urteil vom 6. 1. 1977, in USK 7798), → Arznei- und → Heilmittel (BSG, Urteil vom 18. 5. 1978, in USK 7850), → Hilfsmittel (BSG, Urteil vom 21. 3. 1978, in USK 7812) sowie Krankenhauspflege (BSG, Urteil vom 20. 7. 1976, in USK 7685 und vom 24. 4. 1979, in USK 7960) das S. für maßgebend erklärt und das Kostenerstattungsverfahren abgelehnt. Das S. geht weit auf die Ursprünge der gesetzlichen Krankenversicherung zurück. Dieses Prinzip hielt die RVO bei. Das S. bewirkt, daß Versicherte die ihnen zustehende Sach- und Dienstleistungen (z. B. ärztliche und zahnärztliche Behandlung, Arznei-, Heil- und Hilfsmittel, → Krankenhausbehandlung) in natura erhalten, also ohne Vorkasse mit anschließender Kostenerstattung. Die Krankenkasse hat das Sachleistungsangebot durch Verträge mit den Leistungserbringern zu gewährleisten. Dazu vereinbaren i. d. R. die Verbände der Krankenkassen mit den Organisationen der Leistungserbringer die Vergütung der Leistungen (vgl. § 69 ff. SGB V). Daher erhält der Versicherte für die Inanspruchnahme eine → Krankenversichertenkarte (§ 15 SGB V). Das S. wird nicht durchbrochen, weil der Versicherte bei einigen Sach- und Dienstleistungen eine Zuzahlung (→ Selbstbeteiligung in der Krankenversicherung) zu leisten hat. Eine Kostenerstattung ist nur in wenigen abschließend aufgezählten Ausnahmen zulässig (vgl. §§ 13, 14, 29, 30 und 64 SGB V). Eine Ausnahme für die Kostenerstattung gestattete das BSG allerdings in seiner Entscheidung vom 9. 9. 1981 (USK 81170). Darin bekräftigte das BSG zwar das S., es hielt aber eine Kostenerstattung für bestimmte Gruppen von freiwilligen Mitgliedern für zulässig, wenn die Satzung eine entsprechende Regelung über die Kostenerstattung enthalte. Nach Art. 61 GRG können deshalb die Krankenkassen, die aufgrund ihrer Satzung und in rechtlich zulässiger Weise Kostenerstattung durchgeführt haben, dies nach dem 31. 12. 1989 in dem Umfange weiterhin praktizieren, wie es die Satzung am 31. 12. 1988 vorgesehen hatte.
Werner Gerlach

Sachverständiger → Gutachten

Sadismus 1. Sexuelle Verhaltensabweichung: → Sadomasochismus. 2. Verhalten bzw. Beziehungsstruktur, bei der ein – in die masochistische Rolle (→ Masochismus) gedrängtes – Gegenüber unterworfen, erniedrigt, psychisch oder physisch verletzt wird. S. kann als »sexualisierte Destruktivität« in gesellschaftlich vorgegebenen Rollen, z. B. in Erziehungsverhältnissen oder gegenüber Gefangenen, ausgelebt werden, ohne daß sein sexueller Charakter deutlich

wird. S. kann auch als ein sonst unbewußtes, subjektiv persönlichkeitsfremdes Erlebniselement in Krisensituationen hervortreten und als – sehr seltenes – sexuelles Gewaltdelikt strafrechtlich relevant werden. S. ist unter dem Oberbegriff der → Perversion als frühe Störung der Persönlichkeitsentwicklung erklärbar.
Andreas Spengler

Sadomasochismus Sexuelle Verhaltensabweichung (vgl. → Sadismus und → Masochismus): Sadomasochisten strukturieren ihre sexuellen Beziehungen durch eine Rollenteilung zwischen einem aktiven, in der sadistischen Rolle agierenden, und einem passiven, masochistischen Partner. In der Beziehung beider werden sexuelle Erregung und eine inszenierte, ritualisierte gegenseitige oder einseitige Unterwerfung, Abhängigkeit, Erniedrigung und Schmerzzufügung verbunden. Praktiken wie Schlagen, Fesseln (und sehr selten real verletzende Praktiken) drücken diese Beziehungsform aus, sie richten sich nicht primär auf die körperlichen Schmerzerlebnisse. Die Rollen können getauscht werden bzw. oszillieren. Häufig werden Elemente des → Fetischismus einbezogen. S. ist partnerschaftlich realisierbar, allerdings gibt es sehr wenige Frauen, die diese Praktiken als sexuell erregend wünschen, so daß heterosexuelle Sadomasochisten im Gegensatz zu homosexuellen ihre Wünsche oft nicht partnerschaftlich verwirklichen können. Sadomasochisten finden sich häufig in subkulturellen Zirkeln oder Gruppen zusammen (→ Subkultur), sowohl in heterosexuellen Kreisen, die oft um Prostituierte herum entstehen (→ Prostitution), als auch in homosexuellen Clubs, die der homosexuellen Subkultur zugehören (→ Homosexualität). S. ist sozial unauffällig, wird stark verheimlicht und führt in der subkulturell organisierten Form nicht zur Delinquenz. S. wird von der → Psychoanalyse unter dem Oberbegriff → Perversion nachvollziehbar gemacht.
Lit. Spengler: Sadomasochisten.
Andreas Spengler

Sammlungsrecht regelt die Erlaubnispflicht von öffentlichen Sammlungen u.a. für Zwecke der Wohlfahrtspflege. Als Ordnungsrecht ist es von Bundesland zu Bundesland in eigenen Gesetzen, aber doch weitgehend gleichlautend gefaßt. Zweck ist vor allem der Schutz der Bürger davor, daß das von ihnen für gute Zwecke gegebene Geld etc. vom Sammler zum eigenen Vorteil mißbraucht wird. Die Erlaubnispflicht umfaßt die Sammlung von Person zu Person
– auf Straßen oder Plätzen oder anderen jedermann zugänglichen Räumen z.B. Gaststätten (sog. Straßensammlung),
– von Haus zu Haus, insbesondere mit Listen (sog. Haussammlung).
Erfaßt ist auch der Verkauf von Waren für wohltätige Zwecke, Verkauf von Karten für Konzerte behinderter Künstler und Altmateriealsammlungen zu wohltätigen Zwecken auch durch anonyme Abholung oder Sammlung an der Straße.
Die Erlaubnis ist zu erteilen, wenn die öffentliche Sicherheit und Ordnung nicht gestört wird bzw. bei Verkäufen ein Viertel des Preises für wohltätige Zwecke verwandt wird. Nach der Sammlung muß der Veranstalter der Erlaubnisbehörde eine Abrechnung über das Ergebnis der Sammlung und die Verwendung der Erträge vorlegen. Diese Verpflichtung besteht auf Verlangen der Behörde auch bei nicht erlaubnispflichtigen Sammlungen. Die Kirchen sind bei internen Sammlungen von den Vorschriften ausgenommen. Verstöße gegen die Vorschriften der Sammlungsgesetze werden als Ordnungswidrigkeit mit Bußgeldern geahndet.
Peter Niemann

Sample → Stichprobe

Sanierung (Erneuerung) Der Begriff der S.bedürftigkeit von Stadtbereichen oder einzelnen Objekten (Häuser, Häuserblocks etc.) orientierte sich traditionell an Kriterien des Bauzustandes und der Wohnungsausstattung, erfuhr jedoch während der zurückliegenden Jahre eine erhebliche Differenzierung und Ergänzung um soziale Kriterien. Als s.bedürftig gelten heute Stadtbereiche, in denen i. d. R. mehrere der nachfolgenden Sachverhalte gegeben sind:
– Mangelhaftigkeit der Bausubstanz, hohe Baudichten;
– Veralterung oder Fehlen einer zeitgemäßen sanitären Ausstattung;
– hohe Umweltbelastung durch Verkehr, Lärm, Schmutz, Abgase; problematische Mischung von Wohnen und Gewerbe (Gemengelagen);
– mangelhafte Ausstattung mit Einrichtungen der öffentlichen Infrastruktur;
– schlechte Ausstattung mit bzw. schwere Zugänglichkeit von Grünanlagen, Freiräumen;
– unausgewogene Bevölkerungs- und → Sozialstruktur (Überalterung; häufig, insbes. in Großstädten, hoher Ausländeranteil) aufgrund demographischer Segregation (Wegzug der wirtschaftlich stärkeren, jüngeren Bevölkerungsteile, Zurückbleiben der wirtschaftlich schwächeren und älteren Bewohner, Nachziehen von Ausländern);
– problematische Wirtschaftsstruktur (häufig kleingewerbliche Struktur und ökonomische »Randexistenzen«, fehlende Entwicklungsdynamik, fehlende Expansionsmöglichkeiten, geringe Kapitaldecke); Tendenz expansiver Betriebe zur Abwanderung.
Durch das Zusammentreffen mehrerer dieser Merkmale fehlt häufig sowohl die Kraft

zur Selbsterneuerung wie der Anreiz für Investitionen.
Als Positiva s.bedürftiger Wohnbereiche werden häufig lange Wohndauer, ein hoher Grad von → Integration der Bewohner verbunden mit einem dichten Netz nachbarschaftlicher → Kommunikation und Hilfen, ein enges Mischungsverhältnis von Wohnungen, Arbeitsplätzen und Versorgungseinrichtungen und ein vielgestaltiges architektonisches Erscheinungsbild registriert. Kritische Analysen zeigen jedoch unterschiedlichste Verhältnisse (z.B. Vereinsamung und Notlage alter Menschen, scharfe soziale Gegensätze und Spannungen, Unsicherheit) und problematisieren romantisierende Beschreibungen.
Nach Definition des → Baugesetzbuchs (BauGB) sind S.maßnahmen Maßnahmen, durch die ein Gebiet zur Behebung städtebaulicher Mißstände wesentlich verbessert oder umgestaltet wird, wobei Kriterien der S.bedürftigkeit sowohl die Wohn- und Arbeitsverhältnisse als auch die Funktionstüchtigkeit des Gebietes (Wirtschaft, Verkehr, Infrastruktur) sind (§ 136 BauGB).
Galt früher die Flächens., d.h. der teilweise oder auch weitgehende Abbruch und Neuaufbau überalterter Wohnquartiere als eine mögliche Strategie der S., so dominieren heute differenzierte Erneuerungskonzepte (»erhaltende«, »behutsame« Stadterneuerung) mit dem Ziel der Erhaltung der historisch entstandenen städtebaulichen Struktur bei Abbruch lediglich der nicht s.fähigen Substanz und baulicher Auflockerung (z.B. Hinterhofentkernung). S.maßnahmen erfolgen häufig auf der Grundlage umfassender Planungskonzepte, die städtebaulich-physische, wirtschaftliche und soziale Gesichtspunkte einschließen (→ Sozialplanung). Erhebliche Bedeutung haben in der jüngeren Vergangenheit auch ökologische Gesichtspunkte bei der S. erlangt (»ökologischer Stadtumbau«). Durch Modernisierung sollen Altbauwohnungen in ihrem Standard weitgehend heutigen Wohnstandards angepaßt werden. Darüber hinaus kommt besonderes Gewicht der Verbesserung der Wohnumfeldbedingungen, dem Ausbau der öffentlichen Infrastruktur, der Lösung der Verkehrsprobleme und der Stabilisierung der Sozialstruktur bei Erhaltung der Wohnmöglichkeit für die angestammte Bevölkerung zu. Damit verlor auch das zu Beginn der 70er Jahre vielerorts vertretene S.ziel »Verbesserung der Sozialstruktur« erheblich an Bedeutung und wird heute nur noch in Ausnahmefällen vertreten. Ziel kann eine Substanzs. (Erhaltung der Wohnbausubstanz) oder eine Funktionss. (Zuweisung neuer Aufgaben an das Stadtquartier im Stadtganzen) sein. Deutlichsten Ausdruck fand der Wandel der S.konzeptionen in der »behutsamen Stadterneuerung«, die sich auf die Instandsetzung und Sicherung der Bewohnbarkeit konzentriert (Modernisierung auf niedrigem Standard, Vermeidung von Mietsteigerungen und Verdrängung; → Bürgerbeteiligung, → Partizipation, → Selbsthilfe) und Substanzabbrüche nur in Ausnahmefällen zuläßt. Die Strategie ist u.a. Ergebnis der »Instandbesetzer«-Bewegung (Konflikt zwischen Verwertungsinteressen von Hausbesitzern und Mieterinteressen). Wichtiges Ziel ist die Sicherung und Erhaltung mietpreisgünstiger Wohnungen unter Hinnahme von Standardreduzierungen, wobei diese Strategie jedoch vielerorts – unter Gesichtspunkten der langfristigen Verwertbarkeit der Bausubstanz – auf Vorbehalte stößt.
Zur Lösung der Aufgaben der Stadterneuerung wurde 1971 das StBauFG und 1976 das Wohnungsmodernisierungsgesetz erlassen.
Das StBauFG konstituierte erstmals für die in einem förmlichen Verfahren als S.gebiet festgelegten Gebiete ein zeitlich – für die Dauer des S.ablaufs – befristetes Sonderrecht, das v.a. die Veräußerung von Grundstücken und die Vornahme wertsteigernder Investitionen von einer gemeindlichen Genehmigung abhängig macht und finanzielle Regelungen für die Durchführung der S. enthält sowie die Rechte von Mietern erweitert. Im BauGB sind die für die S. relevanten Regelungen bis auf Korrekturen in Randbereichen im wesentlichen erhalten geblieben. Als Voraussetzung für die Ausweisung eines S.gebietes hat die Gemeinde gem. § 141 BauGB vorbereitende Untersuchungen durchzuführen oder zu veranlassen, um Beurteilungsgrundlagen über die Notwendigkeit der S. zu erlangen. Diese Untersuchungen sollen auch nachteilige Auswirkungen erfassen, die sich durch die S. für die Betroffenen in ihren persönlichen Lebensumständen im wirtschaftlichen und sozialen Bereich voraussichtlich ergeben werden. Die förmliche Festlegung eines S.gebietes wird gem. § 142 BauGB als Satzung beschlossen. Mit Erlaß einer S.satzung bedürfen eine Reihe von Vorhaben und Rechtsvorgänge der schriftlichen Genehmigung (vgl. § 144 BauGB). Die S. soll gem. § 137 BauGB mit den Eigentümern, Mietern, Pächtern und sonstigen Betroffenen möglichst frühzeitig erörtert werden (→ Anhörungsverfahren). Die Betroffenen sollen zur Mitwirkung bei der S. und zur Durchführung der erforderlichen baulichen Maßnahmen angeregt und hierbei im Rahmen des Möglichen beraten werden. Wirken sich S.maßnahmen voraussichtlich negativ auf die persönlichen Lebensumstände der in dem Gebiet wohnenden oder arbeitenden Menschen aus, soll die Gemeinde gem. § 180 BauGB Vorstellungen entwickeln und mit den Betroffenen erörtern, wie solche Auswirkungen vermieden oder gemildert werden können. Die Gemeinde hat den Betroffenen bei ihren Bemühungen zu helfen, nachteilige Auswirkungen zu ver-

hindern oder zu mildern insbes. beim Wohnungs- oder Arbeitsplatzwechsel oder beim Umzug von Betrieben. Das Ergebnis der Erörterungen und Prüfungen ist in einem → Sozialplan schriftlich darzustellen. Gem. § 181 BauGB soll die Gemeinde, soweit es die Billigkeit erfordert, zum Ausgleich oder zur Vermeidung wirtschaftlicher Nachteile aus der S. auf Antrag einen Härteausgleich in Geld gewähren.

Für die durch die S. bedingte Wertsteigerung seines Grundstücks kann der Eigentümer von der Gemeinde gem. § 154 BauGB zur Entrichtung eines Ausgleichsbetrags herangezogen werden.

Die S. mietpreisgünstiger Altbausubstanz hat häufig zur Folge, daß die bisherigen Mieter nach Modernisierung wegen gestiegener Mieten nicht wieder einziehen bzw. nicht in den Wohnungen bleiben können. Dies kann jedoch durch eine konsequente Sozialplanung weitgehend verhindert werden. Eine Kontrolle des Mietanstiegs ist u.a. möglich, wenn für die Modernisierungsmaßnahmen durch den Grundbesitzer öffentliche Mittel in Anspruch genommen werden (vertragl. Bindungen, Erwerb von Belegungsrechten). Die Tendenz zur S./Erneuerung ohne Inanspruchnahme öffentlicher Mittel i. S. d. Umgehung der dort vorgesehenen Bindungen und Regelungen zu sog. Luxusmodernisierungen (mit anschließender Umwandlung in Eigentumswohnungen) ist weit verbreitet. Sie wird gestützt durch den Wandel der Wohnvorstellungen teils konsumstarker gesellschaftlicher Teilgruppen (zunächst sog. »Alternative« als »Pioniere«, sodann »Singles« und gut verdienende jüngere Akademikerhaushalte etc.) i. S. einer Wiederentdeckung innenstadtnaher, urbaner Quartiere mit historischer Prägung (Gründerzeitquartiere) und einer entsprechenden Standortwahl publikumsorientierter Dienstleistungsfunktionen.

Nach dem BauGB kann die Gemeinde in erneuerungsbedürftigen Gebieten für einzelne Anwesen ein Abbruch-, Bau-, Modernisierungs- und/oder Instandsetzungsgebot sowie – z. B. bei städtebaulichen Umstrukturierungen u. a. zur Erhaltung der Zusammensetzung der Wohnbevölkerung – gem. § 172 BauGB eine → Erhaltungssatzung erlassen: Nach zunächst zögerlicher Aufnahme des Instruments durch die Gemeinden (Prozeßrisiko) findet es zwischenzeitlich breite Anwendung mit nachgewiesener Wirksamkeit.

Während in den alten Bundesländern S.maßnahmen (nach BauGB) weitgehend routinisiert ablaufen und – u. a. aufgrund von Konflikten und des Einflusses von Bürgerinitiativen, S.beiräten u.ä. in der Frühphase systematischer Stadterneuerung (70er, frühe 80er Jahre) – dabei sozialplanerische Kriterien i. d. R. wesentlicher Bestandteil der Erneuerungskonzepte sind, konnten sich problemangemessene Vorgehensweisen in den neuen Bundesländern, wo Stadterneuerung (»Rekonstruktion«) zu DDR-Zeiten nur punktuell stattfand, erst schrittweise herausbilden. Das Aufgabenfeld birgt erhebliches soziales und ökonomisches Konfliktpotential (geringe Einkommen, Auflösung von Wohn- und Lebenssicherheiten durch neue Eigentümerstrukturen, ökonomische Stagnation, Notwendigkeit neuer Funktionszuweisungen an städtische Teilräume, Jugendprobleme, Arbeitslosigkeit, schlechter Wohnstandard in stadträumlicher Kumulation). Probleme lagen zunächst u. a. in quantitativ und qualitativ unzureichender Personalausstattung, ungeklärten Eigentumsverhältnissen, fehlenden Rahmenplänen, Fehleinschätzungen der Sozialplanung als Investitionshemmnis. Konzentrierte sich die S. in den 70er und 80er Jahren vornehmlich auf gründerzeitliche Altbauquartiere, so rücken zunehmend Baubestände der 20er und 30er Jahre sowie der Nachkriegszeit in den Mittelpunkt des S.interesses.

In den neuen Bundesländern stellt neben der S. umfangreicher Altbaubestände die S. der Plattenbau-Siedlungen ein besonderes Problemfeld dar.

Lit. Arbeitskreis Stadterneuerung an deutschsprachigen Hochschulen u.a.: Jahrbücher; Bielenberg u.a.: Städtebaurecht; Bodenschatz: Stadterneuerung; Bundesminister für Raumordnung, Bauwesen und Städtebau: Instrumente; Heil: Altenhilfe; Heil u.a.: Sanierung; Heil u.a.: Stadterneuerung; Köhler, H.: Planverwirklichungsgebote; Krautzberger: BauGB; Marcuse, P. u.a.: Wohnen. *Karolus Heil*

Sanktion Das Gefüge sozialer → Rollen und → Normen, innerhalb dessen sich menschliches → Verhalten abspielt, bedarf, damit es funktioniert, eines Instrumentariums, das die Handlungen und Einstellungen (→ Attitüden) einzelner Menschen oder Gruppen kontrolliert (→ Soziale Kontrolle). Die Instrumente dieser Kontrolle, die auf jede Äußerung reagiert, heißen S.; terminologisch unterscheidet man positive (z. B. Billigung) und negative (z. B. Ablehnung).

Weitere phänomenologische Unterscheidungen nach dem Intensitäts- (z. B. Nicken – rechtskräftige Verurteilung) und Realisierungsgrad (z. B. ausgeübt – angedroht) oder auch nach der Art der Vermittlung (z. B. amorph – institutionalisiert, anonym – persönlich) sind möglich.

Den mannigfachen, aber unausgeprägten Verhaltensweisen der zu Erziehenden entsprechen in der klassischen Erziehungspraxis Lob, Tadel und Strafe als gebräuchliche S.formen. *Silke Angor*

Satzung Ebenso wie → Gesetz und → Rechtsverordnung beinhalten S. (»Statu-

Säuglingsfürsorge

ten«) allgemeinverbindliche Rechtssätze. Im Unterschied zu diesen können S. jedoch von Privatpersonen oder von Körperschaften des öffentlichen Rechts (vor allem Gemeinden) erlassen werden. Diese Rechtssetzungsbefugnis ist Ausdruck der Anerkennung autonomer Regelungsbereiche. Im Privatrecht beruht sie auf der Privatautonomie, der Freiheit, private Rechtsbeziehungen im Rahmen der zwingenden staatlichen Rechtsnormen selbst festzulegen. Diese ist Ausfluß der Freiheitsrechte, insbes. der Rechte an allgemeine Handlungs-(Vertrags-) und Vereinigungsfreiheit. Im Bereich des öffentlichen Rechts werden ebenfalls autonome Regelungsbereiche anerkannt, innerhalb derer ein dem Staat zwar eingegliederter, aber objektiv abgehobener Verband zur Setzung objektiven Rechts befugt ist, um seine Angelegenheiten zu regeln. S. regeln die Grundordnung (Verfassung) eines rechtlichen Zusammenschlusses; sie können auch Regelungen beinhalten, die Dritte (Nicht-Mitglieder) betreffen. Im Bereich des Privatrechts sind S. vor allem beim → Verein und der Aktiengesellschaft übliche Rechtsformen. Beim Verein des bürgerlichen Rechts kommt die S. durch Rechtsgeschäft (i.d.R. Beschluß der Mitgliederversammlung) zustande. Sie enthält Bestimmungen über Namen und Zweck des Vereins, den Personenkreis, aus dem er besteht – insbes. über Erwerb und Verlust der Mitgliedschaft –, über die Organisation der Willensbildung und das Maß der Unterwerfung unter die Vereinsgewalt (z.B. Beitragspflicht). Abgesehen von den zwingenden Bestimmungen der §§ 27 ff., 40 → Bürgerliches Gesetzbuch (BGB) ist die S. nur dem Willen des zuständigen Vereinsorgans unterworfen. Eine gerichtliche Kontrolle der S. durch die → Zivilgerichte findet nur begrenzt statt: Die Gerichte prüfen lediglich, ob kein Verstoß gegen Gesetz oder gute Sitten (§§ 134, 138 BGB) vorliegt. Eine weitergehende Inhaltskontrolle nimmt die Rechtsprechung nur vor, wenn die S. Rechtsbeziehungen zu Dritten (Nicht-Vereinsmitgliedern) regelt.
Autonome Regelungsbereiche des → öffentlichen Rechts, die durch S. bestimmt werden, sind vor allem für die Gemeinden (Art. 28 Abs. 2 → Grundgesetz – GG –) anerkannt (weiterhin: Hochschulen, berufsständische Selbstverwaltung, Wasser- und Bodenverbände u.a.m.). Hier entsteht die S. kraft hoheitlicher Entscheidung. Da auch diese Regelungskompetenz letztlich vom Staat abgeleitet ist, wird die Befugnis zum Erlaß einer S. regelmäßig durch Gesetz verliehen (z.B. § 5 Hessische Gemeindeordnung), häufig gekoppelt an einen staatlichen Genehmigungsvorbehalt. Möglich ist auch die Einflußnahme auf den Inhalt der S. durch die Rechts- und Zweckmäßigkeitskontrolle der staatlichen → Fachaufsicht. Ebenso wie im Bereich des Privatrechts findet eine gerichtliche Kontrolle nur begrenzt statt. Für die Kontrolle öffentlich-rechtlicher S. ist die Verwaltungsgerichtsbarkeit (→ Verwaltungsgerichte) zuständig (§ 47 VwGO).
Lit. Forsthoff: Verwaltungsrecht; Kopp: Verwaltungsgerichtsordnung; Palandt: BGB (Komm.). *Karin Wolski*

Säuglingsfürsorge ist ein präventives Angebot des öffentl. → Gesundheitsdienstes zur Unterstützung einer gesunden Entwicklung der Säuglinge und Kleinkinder in ihren Familien. Durch Vorsorgeleistungen der Krankenkassen heute weitgehend Aufgabe kinderärztlicher Praxen. Bei Risikokindern bzw. überforderten Eltern oder in Wohnquartieren mit schlechter Lebensqualität hat vor allem die aufsuchende S. der Kinderkrankenschwestern eine wichtige Funktion.
Es ist u.a. ein Verdienst der S. und der Kleinkinderfürsorge mit ihren Leistungen wie: ärztliche Untersuchung und Beratung, Rachitisprophylaxe, Impfungen, Hygiene- und Ernährungsberatung die Säuglingssterblichkeit erfolgreich bekämpft und Behinderungen frühzeitig erkannt zu haben.
Mit dem Ziel von Einsparmaßnahmen erfolgt heute in vielen Kommunen eine Umstrukturierung der S. und Kleinkinderfürsorge. Dabei darf nicht aus dem Auge verloren werden, daß es wichtig ist, die zunehmende Zahl der in ihren Familien (speziell im Alter unter 5 Jahren) vernachlässigten Kinder zu erreichen. *Almuth Tauche*

Säuglingsheim In früheren Jahren wurden Säuglinge und Kleinkinder bis zum vollendeten 2. Lebensjahr in S. betreut, wenn ihre Pflege und → Erziehung im Elternhaus nicht gegeben war; in einigen Heimen mit angeschlossenen Kleinstkinderabteilung auch bis zum 3. oder 4. Lebensjahr. Die → Bundesarbeitsgemeinschaft der Landesjugendämter (BAGLJÄ) formuliert in ihren Richtlinien als Empfehlung für S.: »In diesen Einrichtungen sollen Kinder nur kurzfristig Aufnahme finden. Gründe für eine vorübergehende Aufnahme sind insbes.: beabsichtigte Adoption oder Unterbringung in einer Pflegestelle oder vorübergehende Abwesenheit der Mutter. Wegen der Gefahr der irreparablen Schäden im frühen Kindesalter durch Pflege Gleichaltriger in einer Gruppe sollen Kinder, bei denen von vornherein feststeht, daß sie über einen längeren Zeitraum im Heim leben müssen, in Heimen mit altersgemischten Gruppen untergebracht werden.«
Die Erkenntnis, daß Gemeinschaftserziehung für Säuglinge und Kleinkinder erhebliche Schädigungen vor allem in der → Sprach- und Sozialentwicklung verursacht, hat in den letzten 2 Jahrzehnten dazu geführt, weitgehend auf S. zu verzichten und verstärkt → Vater-/Mutter-Kind-Einrichtungen einzurichten oder die Kleinstkinder

in familiengegliederte Heimgruppen (→ Heimerziehung) aufzunehmen, wenn eine Inpflegegabe (→ Pflegekinder) oder Adoption (→ Annahme als Kind) ausgeschlossen ist. Neben einer verstärkten Suche nach Ersatzfamilien (→ Pflegefamilie) hat auch der Geburtenrückgang zu einer erheblichen Reduzierung der Heimaufnahmen von Säuglingen geführt. *Klaus-Rainer Martin*

Schadenersatz Das S.recht (§§ 249 ff. BGB) regelt zentral Inhalt und Umfang der S.verpflichtungen, die z. B. aus Vertragsverletzungen oder → unerlaubten Handlungen begründet worden sind. Der S. bedeutet in seiner Ausgleichsfunktion die individuelle Wiedergutmachung zunächst ohne Einbeziehung der sozialen Sicherungssysteme. Dementsprechend muß der zum S. Verpflichtete auch bei nur geringem Verschulden und ohne Rücksicht auf seine Vermögensverhältnisse dem Geschädigten alle Schäden ersetzen (Totalreparation), d. h. er hat grundsätzlich den Zustand wiederherzustellen, der vor dem zum S. verpflichtenden Ereignis bestand (Wiederherstellung in Natur/sog. Naturalrestitution § 249 S. 1 BGB). Bei Verletzungen einer Person oder Beschädigung einer Sache kann der Gläubiger anstelle der Wiederherstellung den dazu erforderlichen Geldbetrag fordern (§ 249 S. 2 BGB). Kann die Wiederherstellung nicht rechtzeitig geschehen (§ 250 BGB) oder ist sie unmöglich (§ 251 BGB), besteht ein Anspruch auf Geldersatz. Zu ersetzen ist i. d. R. nur der materielle Schaden, d. h. der tatsächlich eingetretene meßbare Vermögensschaden. Der immaterielle Schaden kann nur in Ausnahmefällen (§ 253 BGB), z. B. über das sog. → Schmerzensgeld (§ 847 BGB), abgegolten werden. Der S. umfaßt neben dem unmittelbaren auch den mittelbaren Schaden, z. B. den entgangenen Gewinn (§ 252 BGB) und bei Personenverletzungen die durch Beeinträchtigung der Arbeitskraft entstehenden Schäden (§§ 842 ff. BGB). Wurde dem Verletzten der Schaden bereits durch einen Träger der sozialen Sicherung ausgeglichen, z. B. durch Lohnfortzahlung im Krankheitsfall, durch eine → Unfall- oder → Krankenversicherung oder einen → Sozialhilfeträger, so kann dieser Träger seinerseits Ansprüche aus abgeleitetem Recht gegenüber dem Schädiger geltend machen (nach § 116 SGB X und § 616 BGB i. V. m. § 4 Lohnfortzahlungsgesetz kraft Gesetzes bei Arbeitern, bei Angestellten duch Abtretung nach §§ 398, 255 BGB).
Der Geschädigte hat die Pflicht, den Schaden gering zu halten und muß sich neben dem Vorteilsausgleich auch mitwirkendes Verschulden (§§ 254, 846 BGB) anrechnen lassen; z. B. Eltern, die ihr durch einen Dritten verletztes Kind nicht hinreichend beaufsichtigt haben (§ 254 Abs. 2 BGB), → Aufsichtspflicht.

Lit. Jauernig: BGB (Komm.); Wilk: Schaden; s. a.: → Schmerzensgeld, → unerlaubte Handlung. *Jost Bauer*

Scheidung → Ehescheidung, → Trennungs- und Scheidungsberatung

Scheineheliches Kind Es gilt rechtlich als → eheliches Kind, solange nicht die Ehelichkeit angefochten und die Nichtehelichkeit rechtskräftig festgestellt ist (§ 1593 BGB; → Anfechtung der Ehelichkeit), also auch, wenn die blutsmäßige nichteheliche → Abstammung, z. B. auf Grund der Hautfarbe, evident ist. Das Kind hat die volle Rechtsstellung des ehelichen Kindes. Andererseits ist es rechtlich nicht mit seinem wirklichen (blutsmäßigen) Vater verwandt (→ Verwandtschaft). Auch nach den vorgesehenen Änderungen im Rahmen der → Kindschaftsrechtsreform (Bundestags-Drucksache 13/4899, S. 5 f., 83, 86) behält der Begriff insoweit seine Bedeutung, als daß Vater eines Kindes der Mann ist, der zum Zeitpunkt der Geburt mit der Mutter des Kindes verheiratet ist (§ 1592 Ziff. 1 BGB-E), solange nicht aufgrund einer Anfechtung rechtskräftig festgestellt ist, daß er nicht der Vater des Kindes ist.
Jochem Baltz/Horst Göppinger

Schicht Eine durch gemeinsame soziale Merkmale bestimmte Bevölkerungsgruppe innerhalb des Schichtungsgefüges einer → Gesellschaft. In der → Soziologie variieren die Definitionen der Begriffe soziale S. und soziale Schichtung (als Gesamtheit der S.) nach dem theoretischen Ausgangspunkt: a) In Verallgemeinerung des Modells der Klassengesellschaft (→ Klasse) wird eine Gliederung der Gesellschaft in zwei S. nach objektiven Merkmalen behauptet. Die Zugehörigkeit zu einer der beiden S. bedeutet Verfügung über bzw. Ausschluß von Mitteln, ökonomische, politische oder soziale Macht auszuüben. b) Von S. wird dann gesprochen, wenn über die Gemeinsamkeit der ökonomischen Situation hinaus vergleichbare typische Chancen der »äußeren Lebensstellung« und des »inneren Lebensschicksals« (M. Weber) oder eine gemeinsame soziale »Mentalität« (Geiger) vorhanden sind, die sich in bestimmten, für die jeweilige S. charakteristischen sozio-kulturellen → Einstellungen und Verhaltensweisen ausdrückt. c) Die Mitglieder einer Gesellschaft werden nach objektiven Merkmalen (Beruf, Bildung, Einkommen) oder nach »subjektiven« Kriterien (Bewertung der eigenen Stellung oder der anderer Personen in der sozialen → Hierarchie) einer S. zugeordnet. Solche Modelle bestehen meist aus drei S. (Unter-, Mittel- und Obers.) mit weiteren Untergliederungen. Unterstellt wird, soziale Schichtung sei für den Bestand und die Stabilisierung der Gesellschaft funktio-

nal (→ Systemtheorie). Die selektive Wirkung von sozialer Schichtung sei notwendig, weil die mit den höheren Positionen verbundene längere Ausbildung und schwierigeren Arbeitsforderungen nur bei höherem Einkommen und anderen Privilegien in Kauf genommen würden.
Die Schichtungsforschung sieht sich vor den methodischen Problemen, relevante → Indikatoren zu finden, aussagekräftige Abgrenzungen zwischen den S. vorzunehmen und Wirkungen der S.zugehörigkeit z. B. auf soziales Verhalten feststellen zu können. Gesellschaftlicher Wandel (→ Sozialer Wandel) wird insoweit erfaßt, als er sich in Prozessen der → Mobilität von Individuen und der veränderten Zusammensetzung der S. ablesen läßt. Besonders das für kapitalistische Industriegesellschaften charakteristische Anwachsen der Gruppe der Angestellten und die tendenzielle Angleichung der Lebensbedingungen der Arbeiterschaft an die der unteren Angestellten wird als Zunahme der Mittels. gedeutet und zum Anlaß genommen, sich bewußt vom Marxschen Klassenbegriff abzugrenzen.
Lit. Bolte u. a.: Soziale Schichtung; Bottomore: Soziale Schichtung; Dahrendorf: Soziale Schichtung; Geiger, T.: Soziale Schichtung; Hartfiel: Schichtung; Hradil: Sozialstrukturanalyse; Lepsius: Sozialstruktur. *Wilhelm Schumm*

Schichtspezifische Erziehung Die Sozialisationsforschung der 60er Jahre (→ Sozialisation) deckte (erneut) s. E.unterschiede auf, die vor allem als Bildungsdefizite der unteren Sozialschichten (→ Chancengleichheit, → Schicht) im mittelschichtbestimmten Bildungssystem erscheinen (→ Bildung/Bildungswesen). Geringere Leistungsmotivation, geringerer Wortschatz, weniger differenzierter Satzbau und schwächere Abstraktionsleistungen wurden auf die Arbeitssituation der Eltern oder auf subkulturelle Merkmale zurückgeführt (→ Soziale Benachteiligung). Die Kritik an der frühen Sozialisationsforschung stellte z.T. die Erhebungsmethoden (→ Erhebung, → empirische Sozialforschung) in Frage und betonte den Eigenwert einer Kultur der → Armut oder einer proletarischen Kultur, die andere Fähigkeiten (Spontaneität, nonverbale → Kommunikation, Nachbarschaftsbezogenheit) hervorhob und zu einer Kritik des bestehenden Schulwesens führte, das diesen Unterschieden nicht gerecht wurde. Solange eine Gesellschaft durch starke Schichten- und Klassenunterschiede (→ Klasse) wie Besitz, Einfluß, Bildung geprägt ist, erzwingen stark unterschiedliche Lebensbedingungen auch s. E. Diese läßt sich nur mit den Bedingungsfaktoren gemeinsam aufheben.
Nachdem es in den 70er und 80er Jahren zu einer starken Expansion im höheren Bildungswesen gekommen ist, die Gymnasien und Universitäten überfüllt sind und sich eine Akademiker-Arbeitslosigkeit entwickelt hat, ist das Interesse an einer Überwindung von Bildungsbarrieren in Form einer s. E. weitgehend geschwunden. An die Stelle dieser Diskussion traten Fragen geschlechtsspezifischer Sozialisation (Frauenemanzipation und → Frauenforschung) sowie intellektueller → Erziehung. Obwohl auch die geschlechtsspezifische Sozialisation und die Sozialisation von → ausländischen Kindern stark mit sozialer Schichtung gekoppelt ist, geriet dieser Aspekt aus dem Blick.
Die vor allem von der Soziolinguistik erhobenen Befunde zu Sprachunterschieden und ihren Konsequenzen für die kognitive, motivationale und emotionale Entwicklung von Kindern werden kaum mehr erwähnt und von Erörterungen über Zweisprachigkeit, Deutsch als Fremdsprache oder über Sprachdefizite von Ausländer- und Aussiedlerkindern überlagert. Da auch die strukturellen Veränderungen des → Arbeitsmarktes fast alle Sozialschichten berühren und größere Armutspopulationen als Preis des »freien Marktes« hingenommen werden, hat die Frage der s. E. an Brisanz verloren, wie sie doch aufgeworfen worden ist, als es um die Mobilisierung aller Begabungsreserven ging. Die sich bildende europäische und multikulturelle Gesellschaft wird ethnische und nationalkulturelle Unterschiede stärker in den Mittelpunkt rücken als schichtspezifische. Dennoch werden in den nachwachsenden Gruppen sozial Benachteiligter oder Ausgegliederter spezifische Sozialisationsweisen erzwungen (z.B. bei Kindern von Langzeitarbeitslosen oder Obdachlosen, [→ Obdachlosigkeit]), die keinesfalls negiert werden dürfen. Gerade die multiethnische und multikulturelle Gesellschaft braucht ebenso wie die Behauptung nationaler Identität eine permanente Besinnung auf Sozialisation und Sprache in ihren Abhängigkeiten von sozialen Bedingungen. Die Durchlässigkeit von Grenzen und die noch wachsende Armutsproblematik lösen Migrationsbewegungen aus, die neben kulturellen und sprachlichen Problemen stets auch Fragen nach der sozialen Schichtung und nach deren Konsequenzen aufwerfen. Die Tochter eines marokkanischen Landarbeiters wird zweifellos anders in der Bundesrepublik erzogen als die eines marokkanischen Kaufmannes, auch wenn beide sich an der islamischen Tradition orientieren. Innerhalb der Bildungswesens müssen sich die Grundschulen und besonders die Haupt-, Sonder- und Berufsschulen auf Schüler einstellen, deren Sozialisation und Erziehung sie erheblich benachteiligen.
Lit. Döring u. a.: Armut; Hagemann-White u. a.: Lebensumstände; Iben: Defizite; Iben u. a.: Sozialisation; Rolff: Chancengleichheit. *Gerd Iben*

Schiedsstellen Soweit innerhalb einer bestimmten Frist keine Vereinbarung über Inhalt, Umfang und Qualität der Leistungen in → Einrichtungen und über das zu entrichtende Entgelt (Pflegesatz-Vereinbarung) zustande kommt oder über einzelne Punkte keine Einigkeit erzielt wird, wird in einem S.verfahren durch eine S. (§ 94 → BSHG) entschieden.
Ein ähnliches S.verfahren sieht § 75 SGB XI (→ Pflegeversicherung, gesetzliche) vor. Diese S. setzen in Streitfällen den Inhalt von Rahmenverträgen zur ambulanten Pflege (§ 75 Abs. 3 SGB XI) und Pflegesätze bei Heimpflege (§ 85 Abs. 5 SGB XI) sowie die vom Pflegebedürftigen zu tragenden Entgelte für Unterkunft und Verpflegung fest (§ 87 SGB XI).
Die S. werden bei den von den Ländern zu bestimmenden zuständigen Landesbehörden gebildet; bei Pflegeversicherungs-S. von den Landesverbänden der Pflegekassen und den Vereinigungen der Einrichtungsträger.
Die S. bestehen paritätisch aus Vertretern der jeweiligen Kosten- und Einrichtungsträger; einem unabhängigen Vorsitzenden und bei den Pflegeversicherungs-S. zwei weiteren unparteiischen Mitgliedern.
Die Bildung der S. ist abgeschlossen. Die Länder haben durchweg Ausführungs-Verordnungen über Zusammensetzung, Auswahlverfahren, Beratungs- und Entscheidungsverfahren, Gebühren und Kosten erlassen.
Der Rechtscharakter der S. und des Schiedsverfahrens ist umstritten. Z. T. werden sie als unabhängige, nicht weisungsgebundene Kollegialbehörden angesehen, z. T. als Schiedsgerichte in Anlehnung an zivilprozessuale und handelsrechtliche Schiedsgerichte. Das Verfahren bestimmt in der Regel Vorschriften des SGB X.
Gegen S.-Entscheidungen ist der Rechtsweg zu den Verwaltungsgerichten (§ 93 Abs. 3 BSHG) bzw. den Sozialgerichten (§ 85 Abs. 5 Satz 2 SGB XI) gegeben. Die Klage richtet sich in der → Sozialhilfe seit dem Sozialhilfe-Reformgesetz gegen den jeweiligen Beteiligten des Schiedsverfahrens, nicht mehr gegen die S.
S. und Schiedsverfahren gibt es in ähnlicher Art im Recht der kassenärztlichen Versorgung und der Krankenhaus-Finanzierung.
S. a. → Vereinbarungen über Leistungen, Vergütungen sowie die Prüfung der Einrichtungen
Lit. Armborst: Verfahren. *Otto Fichtner*

Schizophrenie Oberbegriff für massiv in die Persönlichkeit eingreifende und oft chronifizierende psychiatrische Krankheitsbilder, die zu den sog. »endogenen« — der Psychosen gerechnet werden, da bisher weder spezifische organische Grundlagen noch psychologische oder soziale Ursachen gesichert werden konnten. Neben auch im Erbgut verankerten Dispositionen werden für das manifeste Auftreten verschiedene psychosoziale Faktoren diskutiert. S. kann sich sowohl in Störungen der → Wahrnehmung (→ Halluzinationen), vor allem »Stimmenhören«, wie in → Denkstörungen äußern. Verbindend für die verschiedenen Erscheinungsformen sind die affektiven Störungen mangelnder Kontaktfähigkeit bis zum autistischen Rückzug auf sich selbst (→ Autismus), Depersonalisationserlebnisse (→ Depersonalisation) und die Spaltung in gegensätzliche und gewöhnlich unvereinbare Persönlichkeits- und Affektkomponenten, die der S. (»Spaltungsirresein«) ihren Namen gaben.
Die moderne Therapie verbindet die medikamentöse Behandlung mit neuroleptischen → Psychopharmaka, die vor allem der Reduktion manifester Symptome wie Halluzinationen, Erregung und Angst dienen, durch einen breiten Fächer aktivierender Therapieformen, welche der Gefahr des affektiven und kommunikativen Rückzugs begegnen und nicht behebbare Ausfälle kompensieren helfen. Hierzu gehören neben Formen von → Gruppentherapie insbes. die → Arbeits- und Beschäftigungstherapie, wobei alle soziotherapeutischen Einzelangebote in einen erlebbaren Gesamtrahmen eingebettet werden (→ Milieutherapie, → Therapeutische Gemeinschaft). Im Sinn gestufter Behandlung eignen sich hierfür besonders gut die teilstationären Einrichtungen (→ Tagesklinik, → Nachtklinik). Im Rahmen extramuraler Versorgung psychisch Kranker und der Nachsorge, für welche gleichfalls eine → Gemeindepsychiatrie zu fordern ist, gewinnen auch die Einbeziehung der in ihrer Struktur fast immer problematischen Familien (→ Familientherapie, Angehörigengruppen) zunehmend Bedeutung, ebenso aktivierende Freizeitangebote. Für die von Vereinsamung bedrohten oder allein (noch) nicht existenzfähigen Patienten treten häufig Bemühungen um eine beschützte Wohnsituation (→ Übergangseinrichtungen, → Wohngemeinschaften für Behinderte und psychisch Kranke) in den Vordergrund der sozialen Bemühungen.
Behandlung und Wiedereingliederungsbemühungen (→ Rehabilitation) sind bei der S. besonders eng verbunden. Für die → berufliche Rehabilitation kommen je nach Krankheitsverlauf Maßnahmen der → beruflichen Bildung, der → Umschulung oder der → Ausbildungsförderung in Betracht wie auch vorberufliches allgemeines Arbeitstraining und Maßnahmen der → Berufsfindung und der → Belastungserprobung, um eine Wiedereingliederung, u. U. mit reduzierter Belastung und Verantwortung, innerhalb des vertrauten Arbeitsmilieus anzustreben. In vielen Fällen ist eine sinnerfülltere Daseinsgestaltung auch durch das Angebot eines → beschützten

Arbeitsplatzes oder den Besuch einer Tagesstätte zu erreichen.
Lit. Benedetti: Schizophrenie; Kisker u. a.: Psychosomatik; Psychiatrie-Enquête-Kommission: Bericht.

Gregor Bosch/Manfred Bauer

Schmerzensgeld Schon im Mittelalter sah Art. 20 f. der Carolina einen Anspruch auf S. wegen unzulässiger Folter vor. Nach heutigem Recht dient das S. einer angemessenen Entschädigung des sog. immateriellen Schadens (→ Schadenersatz), der durch eine → unerlaubte Handlung verursacht wurde. S.ansprüche sind bei Verletzung des Körpers, der Gesundheit, bei Freiheitsentzug sowie bei Verletzung des sexuellen Selbstbestimmungsrechts der Frau möglich (§ 847 BGB). Hinzu kommen Ansprüche auf S. wegen Verletzung des von der Rechtsprechung entwickelten allgemeinen Persönlichkeitsrechts, aus dem gesellschaftlich bedeutungslos gewordenen »Kranzgeld« (§ 1300 BGB) sowie aus § 53 Abs. 3 Luftverkehrsgesetz und § 34 Bundesgrenzschutzgesetz. Neben dem Ersatz des materiellen Schadens (Vermögensschaden) kann in diesen Fällen das S. als ein Geldanspruch auch für die Beeinträchtigungen der Lebensführung gewährt werden, die sich nicht als Vermögensschaden berechnen lassen (z. B. für körperliche Schmerzen, seelische Leiden, Beeinträchtigung physischer oder psychischer Funktionen insbes. bei Mißhandlungen von Frauen und Kindern). Neben dieser »Ausgleichsfunktion« soll das S. auch dem Gedanken Rechnung tragen, daß derjenige, der den Schaden schuldhaft verursacht hat, dem Geschädigten Genugtuung schuldet (Genugtuungsfunktion). Beide Funktionen bestimmen die Höhe des Ersatzanspruchs im Einzelfall, der als einmalige Geldzahlung oder Rente oder in einer Mischform vom Gericht unter »Würdigung aller Umstände nach freier Überzeugung« festgesetzt wird (§ 287 ZPO). Die Praxis orientiert sich dabei an aus der → Rechtsprechung entwickelten S.tabellen. Hierbei fällt auf, daß z. B. bei Verletzungen des allgemeinen Persönlichkeitsrechts Entschädigungen sogar über 100 000 DM, bei Vergewaltigungen demgegenüber nur bis zu 8 000 DM vorgesehen sind.
Lit. Hacks u. a.: Schmerzensgeldbeträge; Jarosch u. a.: Schmerzensgeld. *Jost Bauer*

Schocktherapien Verfahren, bei denen durch einen plötzlichen massiven Eingriff in das vegetative körperliche Gleichgewicht versucht wird, psychische Krankheiten zu bessern. Wie weit alte Praktiken der Kaltwasseranwendung o. ä. bis in Folterzeit tatsächlich therapeutische Erfolge zeitigten, bleibt dahingestellt. Unbestritten ist, daß die künstliche Provokation eines cerebralen Krampfanfalls Wahnphänomene (→ Wahn) und vital-depressive Verstimmung (→ Depression) zum Verschwinden bringen kann, wenn auch nur vorübergehend. Anfängliche Methoden künstlicher Krampfprovokation mit Cardiazol (Meduna 1934) mündeten in die Elektrokrampfbehandlung (Cerletti und Bini 1938), die über 2 Jahrzehnte hinweg samt hypoglycämischen Schocks durch Insulininjektionen die Methode der Wahl bei der Psychosebehandlung wurde. Unter der Therapie mit → Psychopharmaka trat die S. in den Hintergrund, erlebt jedoch in modifizierter und gemilderter Anwendung derzeit vor allem in den angelsächsischen Ländern bei therapieresistenter Depression eine Renaissance.

Gerhard Irle

Schonvermögen → Vermögen

Schularbeitenhilfe Sieht man von der privaten S., z. B. durch Eltern und von kommerzialisierten S.-Unternehmen, die mit Gewinn arbeiten (Pauk-Studios), einmal ab, so bleibt ein Feld vielfältiger Formen von S.: → Eltern- und Lehrerinitiativen, Spiel- und Lernstuben, sozialpädagogische und therapeutische Schülerhilfen. Zielgruppe von S. sind sozial benachteiligte (→ Soziale Benachteiligung) Kinder und Jugendliche, die den schulischen Anforderungen nicht gerecht werden, wobei die »Schulschwäche« (→ Schulschwierigkeiten) dieser Schüler vorwiegend durch Umstände bedingt ist, die diese nicht zu verantworten haben. 1984 wurde die Zahl der S. im → Deutschen Jugendinstitut (DJI) auf etwa 3 000 geschätzt. In den neuen Bundesländern kamen seitdem S. hinzu, in den alten Bundesländern ist ihre Zahl leicht rückläufig. Der ursprünglich starke Anteil von ehrenamtlicher Mitarbeit ist geschrumpft, der Einfluß pädagogischer Fachkräfte hat S. professionalisiert. Die meisten Anstellungsverhältnisse sind kurzfristig (ABM), bzw. ungeschützt (Honorarbasis), so daß eine hohe Fluktuation von Mitarbeiter/-innen besteht.
Der Anteil ausländischer Kinder und Jugendlicher war immer schon hoch. In den vergangenen Jahren ist diese Zielgruppe in den Mittelpunkt gerückt. Schwerpunkte der Arbeit sind soziale → Integration, die Stabilisierung von Selbstwert und Lebensperspektiven, die Verbesserung der Lebensbedingungen im sozialen Umfeld. Didaktisch ist spielpädagogische Arbeit (→ Spieltherapie) von zentraler Bedeutung. In vielen S. hat sich eine intensive Arbeit mit den Müttern der Kinder und Jugendlichen entwickelt, mit dem Ziel, daß diese Deutsch lernen und das deutsche Schulsystem verstehen.
Die Erfahrungen von S. laufen darauf hinaus, daß nur den wenigsten Schülern durch bloße Betreuung bei den Hausaufgaben angemessene Hilfe zuteil werden kann. Konsequent hierzu haben sich die meisten S. zu Schülerhilfen weiterentwickelt, die die so-

ziale Problemlage der Schüler ins Zentrum ihres Konzepts stellen.
Ende 1986 stellte der Bund seine Fördermittel, die als Integrationshilfen über die Länder an verschiedene Träger verteilt worden waren, ein. Die Länder hatten zwar ihre Bereitschaft erklärt, die Defizite aufzufangen, tatsächlich regelten sie die Förderbedingungen sehr unterschiedlich, zugleich restriktiv. Dem Förderwirrwarr liegt die Ignoranz gegenüber dem sozialpädagogischen Bedarf zugrunde, den S. abdecken. Die Widersprüche im politischen Umfeld erodieren permanent den Erfolg der Arbeit. In der Fachbasis hat S. einen festen Platz (vgl. 6., 7. und 8. → Jugendbericht). Das → Kinder- und Jugendhilfegesetz (KJHG) stellt die S. auf eine klar geregelte Rechtsgrundlage. Ob sich die Lage von S. konsolidieren wird, hängt maßgeblich davon ab, inwieweit auf der Ebene der Länder und Kommunen S. als Regelaufgabe der → Jugendhilfe gesehen wird.
Lit. AWO, Bundesverband: Praxisheft 23; DCV: Handbuch; Staufer: Schülerhilfen.
Jochen Staufer

Schulärztlicher Dienst → Jugendärztlicher Dienst

Schulbildung Behinderter → Schulische Rehabilitation

Schuld wurde in der älteren Rechtslehre als psychologischer Sachverhalt bestimmt: Vorsatz und Fahrlässigkeit waren die Formen der S., deren wesentliches Merkmal man in einer psychischen Beziehung des Täters zum verursachten Erfolg sah. Ausgehend vom → Strafrecht hat sich im Zivilrecht (→ Bürgerliches Gesetzbuch) ein gewandeltes Verständnis entwickelt: Der Begriff der S. setzt sich hier nur im Begriff des »Verschuldens« fort. Der strafrechtliche Ursprung dieses Begriffes wird vor allem im Recht der → unerlaubten Handlung (→ Haftung) deutlich.
Besonders beim strafrechtlichen und zivilrechtlichen Fahrlässigkeitsbegriff ergeben sich Unterschiede: Während dem Begriff der Fahrlässigkeit im Zivilrecht ein auf die allgemeinen Verkehrsbedürfnisse ausgerichteter, nach normativen Anforderungen zu bestimmender »abstrakter« Sorgfaltsmaßstab zugrunde liegt, tritt im Strafrecht stets die Prüfung der dem konkreten Täter möglichen, individuellen Sorgfalt hinzu.
Insbes. die neuere Strafrechtslehre und -praxis sind von der nach psychologischen Maßstäben gebildeten S.auffassung abgerückt und haben das Wesen der S. als Werturteil der Rechtsordnung über den Täter gekennzeichnet (normative S.auffassung; → Rechtswidrigkeit). Der Große Senat des Bundesgerichtshofes hat S. definiert: »Strafe setzt Schuld voraus. Schuld ist Vorwerfbarkeit. Mit dem Unwerturteil der Schuld wird dem Täter vorgeworfen, daß er sich nicht rechtmäßig verhalten hat, daß er sich für das Unrecht entschieden hat, obwohl er sich rechtmäßig verhalten, sich für das Recht hätte entscheiden können« (BGHSt. 2, S. 200 f.). Strafrechtliche S.ausschließungsgründe sind z.B. → Schuldunfähigkeit (§§ 19, 20 StGB, hier tritt keine Bestrafung ein, aber evtl. → Maßregeln der Besserung und Sicherung; → Maßregelvollzug); entschuldigender Notstand (§ 35 StGB); Notwehrüberschreitung (§ 33 StGB); Verbotsirrtum (§ 17 StGB). Neben der Bedeutung der S. als Voraussetzung jeder Verurteilung dient die S. auch als Grundlage der Strafzumessung (§ 46 StGB).
Der strafrechtliche S.begriff eröffnet Spannungsverhältnisse einerseits zur überkommenen religiösen S.vorstellung, andererseits zu den Erkenntnissen der Sozialwissenschaft (→ Psychologie, → Behaviorismus, → Entwicklungspsychologie, → Sozialpsychologie, → Soziologie), zur → Kriminologie und besonders in Grenzfällen (»Fall Bartsch«) zur → Psychopathologie und → Psychiatrie. Ein radikal anderer Ansatz zum S.verständnis findet sich in der → Psychoanalyse (→ Schuldgefühl) und beim → Labeling Approach.
Lit. Enneccerus u.a.: Bürgerliches Recht; Jeschek: Strafrecht.
Manfred Wienand/Monika Wienand

Schuldenregulierung → Schuldnerberatung

Schuldfähigkeit → Schuldunfähigkeit

Schuldgefühl Affektiver Zustand, der auf eine als tadelnswert empfundene Handlung folgt, oder auch ein diffuses Empfinden persönlicher Minderwertigkeit ohne Bezug zu einer bestimmten Handlung.
Freud unterschied ein äußeres, soziales S. und ein inneres, das sich unter dem Einfluß des Über-Ich (→ Psychoanalyse) entwickelt. Das äußere S. stellt sich als Reaktion auf die Angst vor Strafe ein, wobei das Kind Strafe mit Liebesverlust identifiziert. Es entspringt also der Angst vor dem Verlust der libidinösen Bindung (→ Libido) an das Objekt und hat sozialen Charakter. Das S., das unter dem Einfluß eines strengen Über-Ich entsteht, stellt sich auch ohne soziale Angst ein und entspricht der Wahrnehmung der Kritik durch das Über-Ich als strafender Instanz im Ich, wobei die Beziehung zwischen Ich und Über-Ich unbewußt (→ Unbewußtes) sein kann und sich in subjektiven Wirkungen äußert, in denen jede empfundene → Schuld fehlt. So kann man z.B. bei einem jugendlichen Täter ein starkes S. nachweisen, das vor der Tat bestand. Die Tat selbst stellte eine Erleichterung dar insofern, als unbewußte S. an etwas Realem festgemacht werden konnten.

Sowohl das äußere als auch das innere, eigentliche S. beruhen auf → Ambivalenz. Je mehr das Kind Vater und Mutter liebt, desto größer ist seine Angst, die Liebe dieser Objekte zu verlieren. Bei Abwesenheit der Bezugspersonen kann sich das Kind einen verbotenen Wunsch erfüllen, ohne Strafe zu erwarten; bei Angst vor dem allgegenwärtigen Über-Ich, dem inneren S., ist dies nicht mehr möglich. Nicht immer ist eine strenge Erziehung die Voraussetzung für ein strenges Über-Ich und massive S. Gerade bei sehr nachsichtigen Eltern wird häufig die → Aggression des Kindes gehemmt und verwandelt sich in S., unter denen die übermäßig braven Kinder dann für immer zu leiden haben.
Lit. Elhardt: Tiefenpsychologie.

Hannelore Barth

Schuldnerberatung Seit Anfang der 80er Jahre entwickelte sich als Reaktion auf das gesellschaftliche Phänomen der → Überschuldung von Privathaushalten S. als spezielles und immer stärker spezialisiertes Hilfsangebot im Rahmen der sozialen Arbeit. Obwohl exakte Angaben fehlen, kann angenommen werden, daß momentan zwischen 300 und 500 S.stellen in freier oder öffentlicher Trägerschaft existieren. In der S. arbeiten vorwiegend → Sozialarbeiter/-innen und Sozialpädagog/-innen, aber auch Bankkaufleute oder Jurist/-innen.
Konzeptdiskussionen und Professionalisierungsbemühungen (→ Professionalisierung) sind noch nicht abgeschlossen, doch herrscht unter Praktikern Einigkeit darüber, daß der Arbeitsansatz der S. vier Dimensionen umfassen sollte: a) finanziell-rechtliche Beratung (inkl. Sanierung, Überprüfung von Forderungen in Zusammenarbeit mit Rechtsanwälten); b) lebenspraktische Beratung (Aufarbeitung der individuellen Probleme, die zur Notsituation führten); c) psychosoziale Hilfen (Aufarbeitung von schuldenbedingten sozialen Folgeproblemen) sowie d) präventive Arbeit (Bildungsarbeit, Aufklärungs- und Öffentlichkeitsarbeit, aber auch rechtspolitische Aktivitäten). In der Praxis dominiert bisher die Einzelfallhilfe, auch wenn sich in den letzten Jahren S. immer wieder um die Integration präventiver Ansätze bemüht.
Gegenüber der stärker juristisch akzentuierten Beratung der Verbraucherberatungsstellen steht bei der S. im Rahmen der sozialen Arbeit die Betrachtung der gesamten Lebensverhältnisse der ver- und überschuldeten Klienten im Vordergrund. In dieser Perspektive kann ein breites Spektrum von Beratungsmethoden (→ Beratung, → Methoden der Sozialarbeit) für die S. fruchtbar gemacht werden.
Das BSHG sieht S. als Leistung im Rahmen des § 17 vor, wenn zur Vermeidung oder Überwindung von Sozialhilfebedürftigkeit weitergehende Beratung geboten ist, als sie das Sozialamt selbst bieten kann.
Da es sich um eine »Kann-Leistung« handelt, ist die Diskussion um die Rechtsgrundlagen der Schuldnerberatung damit noch nicht beendet. Weitgehend ungeklärt sind auch die konkreten Modalitäten der Kostenübernahme, wenn die S. von einem freien Träger durchgeführt wird (→ Finanzierung sozialer Dienste). Die §§ 6, 15a, 27 Abs. 2, 30 und 72 → Bundessozialhilfegesetz (BSHG), die als Rechtsgrundlagen der S. zur Diskussion stehen, verbieten ebenso wie Vorschriften des → Kinder- und Jugendhilfegesetz (KJHG) eine zu enge Definition von Zielgruppen der S. Entgegen weitverbreiteter Auffassungen schließt § 5 BSHG die Übernahme von Schulden im Rahmen der → Sozialhilfe nicht aus, so daß auch die materielle Hilfe, d. h. die Schuldenregulierung, in den o. g. Vorschriften ihre Rechtsgrundlage findet.
Im Rahmen der neugeregelten Insolvenzordnung, in der erstmals in der Bundesrepublik ein Verbraucherkonkurs vorgesehen ist (Restschuldbefreiung, wenn u. a. 7 Jahre lang ein vom Gericht aufgestellter Tilgungsplan erfüllt wurde), kommt der S. im vorgerichtlichen Verfahren eine neue Funktion zu, deren finanzielle Absicherung bisher völlig ungeklärt ist.
Lit. DV: Schuldnerberatung; Ebli, H.: Handeln; Groth u. a.: Handbuch; Hesse-Schiller u. a.: Überschuldung; Hörmann: Verbraucher; Korczak u. a.: Schuldnerberatung; Reifner u. a.: Überschuldung; Reis: Schuldnerberatung; Reis u. a.: Soziale Arbeit.

Claus Reis

Schuldunfähigkeit Während bei Kindern die S. unwiderleglich vermutet wird (§ 19 StGB) und bei Jugendlichen zwischen 14 und 18 Jahren die Schuldfähigkeit als Voraussetzung strafrechtlicher → Schuld im Einzelfall festgestellt werden muß (§ 3 JGG), geht das geltende Recht bei Personen über 18 Jahren davon aus, daß sie im Normalfall schuldfähig sind, d. h. die Fähigkeit besitzen, das Unrecht der Straftat einzusehen und nach dieser Einsicht zu handeln. Bei S. (früher: Zurechnungsunfähigkeit) kann keine → Strafe, wohl aber eine → Maßregel der Sicherung und Besserung ausgesprochen werden. Bei erheblich verminderter Schuldfähigkeit (§ 21 StGB) kann die Strafe gemindert werden. S. (§ 20 StGB) liegt vor:
a) bei krankhaften seelischen Störungen, z. B. bei traumatisch exogenen und endogenen → Psychosen, bei Persönlichkeitsverfall durch → Alkoholismus, hirnorganischen Krampfleiden (→ Epilepsie) oder hirnorganischem Persönlichkeitsabbau.
b) Bei tiefgreifender Bewußtseinsstörung; diese setzt aber noch vorhandenes Bewußtsein voraus, da sonst keine zurechenbare Handlung vorliegt. S. kann auch vorliegen

bei Übermüdung, Erschöpfungszuständen, Schlaftrunkenheit, hypnotischen Zuständen und als praktisch häufigster Fall bei Rauschzuständen infolge Alkohols (etwa ab 3‰ Blutalkoholkonzentration) oder → Drogen.
c) Bei → Schwachsinn, und zwar bei angeborener Intelligenzschwäche – sonst a) – in den Formen: Idiotie, Imbezillität und Debilität.
d) Bei schweren anderen seelischen Abartigkeiten, wie z. B. erhebliche → Neurosen, Psychopathien oder Triebstörungen.
Bei Vorliegen einer der biologischen Voraussetzungen a)–d) wird S. dann angenommen, wenn der Täter zur Tatzeit infolge dieses Zustandes unfähig war, das Unrecht der Tat einzusehen oder nach dieser Einsicht zu handeln.
Lit. Baer, R.: Psychiatrie; Dreher u. a.: StGB (Komm.); Haddenbrock: Freiheit; Haddenbrock: Handlungsfähigkeit; Rasch, W.: Abartigkeit; Schönke u. a.: StGB (Komm.); Winterfeld: Bewußtseinsstörung.
Ernst Bauer

Schülerladen Die Bildung von S. ist als eine Fortsetzung der Kinderladenbewegung (→ Kinderladen) anzusehen. Die ersten S. entstanden in West-Berlin in Stadtteilen, in denen überwiegend Arbeiterkinder lebten. Diese Kinder sollten durch die S. angesprochen werden, um mit ihnen gemeinsam Formen von Kollektiverziehung zu praktizieren. Die Arbeit der S. war darauf ausgerichtet, den Kindern ein politisches Bewußtsein zu vermitteln und sie dadurch zur Veränderung bestehender gesellschaftlicher Strukturen zu befähigen. Gleichzeitig wurde versucht, die → Bedürfnisse und Interessen der Kinder, die im Rahmen der Familienerziehung und der gegebenen Lebens- und Wohnbedingungen nicht befriedigt werden konnten, aufzugreifen und zu realisieren. Konkreter Ansatzpunkt sollte dabei eine aktive, kritische Auseinandersetzung mit den herkömmlichen, schulischen Bedingungen sein, ebenso wie mit den vorfindbaren Gegebenheiten im Stadtteil. Ein weiterer wichtiger Bestandteil war die politische Arbeit mit den Eltern der betroffenen Kinder. Heute noch existierende S. verstehen sich als ein Ort gemeinsamen Lebens und Aufwachsens für Schulkinder aller → Schichten. Im Mittelpunkt der Arbeit stehen weniger Ansprüche nach einer Politisierung der Kinder und Eltern als vielmehr das Ziel, den Kindern soziale Lernerfahrungen (→ Soziales Lernen) und das Leben in einer Gruppe zu ermöglichen und hierdurch ein Gegengewicht zu der Schule zu schaffen, in der vor allem kognitive Lerninhalte, die Forderung nach Leistung und Konkurrenz vorherrschen.
Lit. Autorenkollektiv: Schülerladen; Werder u. a.: Schulkampf.
Angelika Ehrhardt

Schüler-Unfallversicherung Nach § 2 Abs. 1 Nr. 8 Buchstabe a-c → Sozialgesetzbuch (SGB) VII sind Kinder während des Besuchs von Tageseinrichtungen, deren Träger eine besondere Betriebserlaubnis besitzen (Buchstabe a) (→ Kindertageseinrichtungen), Schüler während des Besuchs von allgemein- oder berufsbildenden Schulen und während der Teilnahme an unmittelbar vor oder nach dem Unterricht von der Schule oder im Zusammenhang mit ihr durchgeführten Betreuungsmaßnahmen (Buchstabe b) sowie Studierende während der Aus- und Fortbildung an Hochschulen (Buchstabe c) in der gesetzlichen → Unfallversicherung kraft Gesetzes versichert. Durch das SGB VII ist der Unfallversicherungsschutz für Kinder auf alle Kinder erweitert worden, die Tageseinrichtungen besuchen, womit dem über die Betreuungsfunktion hinausgehenden Erziehungs- und Bildungsauftrag auch dieser Einrichtungen Rechnung getragen worden ist (Buchstabe a). Eine weitere Ausweitung des Versicherungsschutzes hat das SGB VII bei Schülern von allgemein- oder berufsbildenden Schulen gebracht, da diese nun auch während der Teilnahme an unmittelbar vor oder nach dem Unterricht von der Schule oder im Zusammenwirken mit ihr durchgeführten Betreuungsmaßnahmen unfallversichert sind. In diesen Fällen reicht der Unfallversicherungsschutz über den rechtlichen und organisatorischen Verantwortungsbereich der Schule hinaus, sofern die Schule bei der Durchführung der Maßnahme zumindest beteiligt worden ist (Buchstabe b). Der Umfang des Versicherungsschutzes von Studierenden entspricht dem der alten Rechtslage (Buchstabe c). Damit ist ein Unfall von Kindern, Schülern und Studierenden im Zusammenhang mit dem Besuch der genannten Einrichtungen in gleichem Maße versichert wie ein → Arbeitsunfall (→ Unfallrente). Der Versicherungsschutz erstreckt sich u. a. auf den Aufenthalt in → Kindergärten, → Krippen und → Horten sowie Schulen und Hochschulen, auf dem Weg dorthin und zurück, wenn und soweit er in unmittelbarem Zusammenhang mit dem Besuch dieser Einrichtungen gestanden hat, sowie bei Schulen auch auf Schulwanderungen, Klassenfahrten, Schulfreizeiten etc. Ziel der S. ist es, die Leistungsfähigkeit der Unfallopfer mit allen geeigneten Mitteln bis hin zu aufwendigen → Rehabilitationen und Sonderuntersuchungen wiederherzustellen. Organisiert ist dieser Versicherungsschutz über die Unfallversicherungsträger der öffentlichen Hand. Die Kosten hierfür tragen die Länder und Kommunen. Die Versicherten selbst zahlen keine Beiträge.
Lit. s.: → Unfallversicherung.
Günther Sokoll/Harald Dahm

Schulische Integration meint den gemeinsamen Unterricht behinderter und nichtbehinderter Kinder. Sie entstand aus einer kri-

tischen Abwägung des eigenständigen Sonderschulwesens (→ Sonderschule, → Sonderpädagogik, → Heilpädagogik) zwischen individuellem Förderbedarf und sozialer Ausgrenzung. Zu unterscheiden sind Einzelintegrationsmaßnahmen von komplett eingerichteten Integrationsklassen. Überwiegend gelangt man heute zu Gruppengrößen von etwa 20 Kindern, von denen 2 bis 4 behindert sind. Bevorzugt erfolgt die Aufnahme nach der Wohnortnähe. Nach dem Mehrpädagogenprinzip werden Grund bzw. Sekundarstufen- und Sonderschullehrer gemeinsam eingesetzt. Zuweilen werden auch Erzieher oder Sozialpädagogen hinzugezogen. In zahlreichen Modellversuchen wurde nachgewiesen, daß bei den I. die jeweiligen → Lernziele für die behinderten und nichtbehinderten Kinder erreicht werden. Die gewonnenen Erkenntnisse sind inzwischen in die schulrechtlichen Bestimmungen einiger Bundesländer eingegangen, eine flächendeckende Umsetzung scheitert aber derzeit insbesondere an den nicht zur Verfügung stehenden Ressourcen.
S. a. → Schulschwierigkeiten, → Integrative Erziehung. *Manfred Gerspach*

Schulische Rehabilitation ist die Summe aller Maßnahmen der Schulen des → Primar- und Sekundarbereichs und der → Sonderschulen, behinderten Kindern und Jugendlichen eine ihrer Begabung und Eigenart entsprechende → Bildung und → Erziehung zukommen zu lassen, die die Schüler zu sozialer und beruflicher Eingliederung führen und ihnen zu einem erfüllten Leben verhelfen soll. Die Empfehlungen der Bildungskommission des Deutschen Bildungsrates beschreiben im Strukturplan für das Bildungswesen das umfassende Ziel der Bildung als die Fähigkeit des einzelnen zu individuellem und gesellschaftlichem Leben, verstanden als eine Fähigkeit, die Freiheit und die Freiheiten zu verwirklichen, die ihm die Verfassung gewährt und auferlegt. Das Recht auf schulische Bildung sieht die Kommission dann verwirklicht, wenn Gleichheit der Bildungschancen besteht und jeder Heranwachsende so gefördert wird, daß er die Voraussetzungen besitzt, die Chancen tatsächlich wahrzunehmen. Bestehende Unterschiede sollen frühzeitig ausgeglichen und das Bildungsangebot differenziert werden. Neben dem Angebot des üblichen Lehrstoffes bedeutet dies für die einzelnen Behindertengruppen:
– bei blinden Schülern (→ Blinde) unter Einsatz von Blindenhilfsmitteln und -techniken den Tastsinn und die übrigen Sinne besonders zu schulen. Der blinde Schüler muß lernen, sich räumlich zu orientieren, Bewegungshemmungen zu überwinden, die Verrichtungen des täglichen Lebens weitgehend ohne Hilfe selbständig auszuführen;
– bei gehörlosen Schülern (→ Hörbehinderte) unter Verwendung technischer → Hilfsmittel die Lautsprache zu erlernen, Gesprochenes vom Munde abzulesen und sie soweit wie möglich zum sprachlichen Verkehr zu befähigen;
– bei geistig behinderten Kindern (→ Geistig Behinderte), bei denen die Fertigkeiten des Lesens, Rechnens und Schreibens allenfalls ansatzweise zu erreichen sind, lebenspraktische Fertigkeiten und soziale Verhaltensweisen, Körperbeherrschung, Wahrnehmens- und Wiedergabefähigkeit einfacher Denk- und Sprachvollzüge zu schulen;
– bei → Lernbehinderten die geistig-seelische und körperliche Entfaltung anhand des Lernens durch Beispiele, sprachliche Ausdruckspflege und Begriffsbildung zu unterstützen;
– bei Schwerhörigen durch individuell angepaßte technische Hilfsmittel und durch Ausbilden der Lautsprache Sprachentwicklungsverzögerungen zu verhindern und vorhandenes Hörvermögen zu schulen und auszuschöpfen;
– bei → Sehbehinderten unter Einsatz technischer Hilfsmittel vorhandenes Sehvermögen zu erhalten und zu schulen, Bewegungsarmut abzubauen und Raumgefühl zu entwickeln;
– bei → Sprachbehinderten, die durch ambulante oder vorübergehende stationäre Behandlung nicht ausreichend gefördert werden können, die sprachlichen Fehlleistungen zu beheben, sprachliche Kontaktfähigkeit und Ausdrucksvermögen zu fördern;
– bei Verhaltensgestörten (→ Verhaltensauffälligkeit), die trotz therapeutischer Maßnahme nicht in der allgemeinen Schule verbleiben können, dem Schüler zu helfen, seine Fehlhaltung zu überwinden.
Nach den Schulgesetzen haben auch schwerst- und mehrfachbehinderte Kinder und Jugendliche einen Anspruch auf s. R., tatsächlich aber scheitert ihre Beschulung nicht selten an fehlenden Mitteln.
Im Rahmen der s. R. ist neben ausgebildeten Lehrern für die verschiedenen Behinderungsarten der Einsatz zusätzlicher Therapeuten, und von Fall zu Fall auch von Betreuungs-, Beratungs- und Pflegepersonal erforderlich, wenn das Recht des behinderten Menschen auf eine seiner Begabung und Eigenart entsprechende Bildung und Erziehung verwirklicht werden soll.
Lit. Bleidick: Sonderschule; Deutscher Bildungsrat: Förderung; Kultusministerium Rheinland-Pfalz: Integriertes Lernen.
Emil Weichlein

Schulkindergarten ist eine sozialpädagogische Einrichtung für schulpflichtige (→ Schulpflicht), aber noch nicht schulreife Kinder (→ Schulreife), in der diese auf ein erfolgreiches Mitarbeiten in der Anfangsklasse der Grundschule vorbereitet werden. Organisatorisch sind die S. den Grundschulen zugeordnet; die in ihnen tätigen Sozialpädagogen – in einzelnen Bundesländern

auch → Erzieher – sind Mitglieder des Lehrerkollegiums.
Es ist Aufgabe des S., die Entwicklungsdefizite der Kinder durch sozialpädagogisch orientierte Hilfestellung auszugleichen. Mit dem Ausbau der → Kindergärten und durch die Entwicklung enger Kooperationsformen zwischen Kindergärten und Grundschulen können die Aufgaben der S. von dort übernommen werden. In den Ländern Bremen und Hessen führen die hier beschriebenen Einrichtungen die Bezeichnung → Vorklasse, die in den übrigen Ländern eine andere Bedeutung hat.

Heribert Mörsberger

Schulpflicht, allgemeine Erst mit Art. 145 Weimarer Reichsverfassung (WRV) wurde die a. S. eingeführt. Zuvor bestand nur eine allgemeine Bildungspflicht. Die S. wurde durch das Grundschulgesetz vom 28. 4. 1920, das alle Schüler in einer gemeinsamen Grundschule zusammenführte, konkretisiert. Das Reichsschulpflichtgesetz vom 6. 7. 1938 brachte eine reichseinheitliche Regelung der S.
Das föderative System der Bundesrepublik (→ Föderalismus) brachte verschiedene S.regelungen, die jedoch aufgrund des Hamburger Abkommens vom 28. 10. 1964 im wesentlichen vereinheitlicht wurden. Schulpflichtig sind alle Kinder, die in einem Land der Bundesrepublik ihren Wohnsitz oder gewöhnlichen → Aufenthalt haben. Sie beginnt bundeseinheitlich für alle Kinder, wenn bis zum 30. 6. das 6. Lebensjahr vollendet ist. Eine vorzeitige Einschulung erfolgt, wenn bis zum 31. 12. das 6. Lebensjahr vollendet und die → Schulreife festgestellt wird. Wenn Zweifel an der Schulreife bestehen, besteht die Möglichkeit der Zurückstellung. Seit einigen Jahren steht die Sonderschule auf dem Prüfstand. In den Ländern Bremen, Berlin, Hamburg, Hessen, Saarland wird der Begriff der »Sonderschulbedürftigkeit« durch den Begriff »sonderpädagogischer Förderbedarf« ersetzt, d. h., es besteht ein Anspruch auf sonderpädagogische Förderung für die gesamte Schulzeit. Der sonderpädagogische Förderbedarf kann sowohl in der allgemeinen Schule als auch in der Sonderschule realisiert werden (Integrative Beschulung). Begleitend sollen die Schulen präventiv Fördermaßnahmen einleiten, um einer Behinderung vorzubeugen. Diese schulrechtliche Entwicklung in den Bundesländern ist nicht abgeschlossen.
Die Vollzeits. beträgt 9 Jahre. Sie kann auf der Grundlage des Hamburger Abkommens auf 10 Jahre ausgedehnt werden. Von dieser Möglichkeit haben angesichts der Jugendarbeitslosigkeit und des Lehrstellenmangels die Länder Berlin, Bremen, Hessen, Niedersachsen und Nordrhein-Westfalen Gebrauch gemacht.

An die Vollzeits. von 9 Jahren schließt sich eine 3jährige Schulbesuchspflicht der Teilzeitberufsschule an. Diese Teilzeitberufss. wird in verschiedenen Ländern durch großzügige Befreiungsmöglichkeiten durchlöchert.
Adressaten der S. sind der Schüler, die Eltern, → Erziehungsberechtigte, Ausbilder und Arbeitgeber. Bei Heimunterbringung sind die → Erzieher im Heim verantwortlich für die Erfüllung der S. Die Verletzung der S. kann als → Ordnungswidrigkeit mit einem Bußgeld verfolgt werden (daneben besteht Strafandrohung in den Ländern Berlin, Bremen, Hessen, Saarland, eingeschränkt Hamburg).
Die hartnäckige Verletzung der S. wird häufig als Grund für eine Heimeinweisung herangezogen (→ Verwahrlosung), da eine dauernde Verletzung der S. die Gefahr des Schulversagens mit sich bringt und meist negative Konsequenzen für den Schüler und die Allgemeinheit hat.

Adelheid Viesel

Schulpflicht Behinderter → Schulische Rehabilitation

Schulpsychologischer Dienst Nach der jüngsten statistischen Erhebung der Sektion Schulpsychologie im Berufsverband Deutscher Psychologen (Stand 10/93) gibt es in Deutschland rund 1 000 Planstellen für Schulpsychologen; davon sind etwa 150 Planstellen in Bayern mit knapp 250 Lehrern besetzt, die neben der Erteilung von Unterricht als Schulpsychologen in Schulen arbeiten. In den übrigen Bundesländern sind die Schulpsychologiestellen mit Diplom-Psychologen besetzt. Die Mehrzahl der Dienste befindet sich in staatlicher bzw. kommunaler Trägerschaft. In sieben Bundesländern ist die Arbeit von Beratungslehrern in den Schulpsychologischen Dienst eingebunden. Eine Besoldung nach A 13/ A 14 bzw. BAT IIa, IIa/Ib ist üblich; von den rund 1 000 Planstellen sind weniger als 70 nach A 15 ausgewiesen.
Nach der Wiedervereinigung Deutschlands hat der Berufsverband Empfehlungen zum Aufbau von Schulpsychologischen Diensten in den neuen Bundesländern ausgearbeitet; inzwischen existieren in allen Bundesländern solche Beratungsdienste mit den entsprechenden Dienstvorschriften.
Im Durchschnitt beträgt die Relation von Schulpsychologen und Schülern 1:9 000, in Hessen 1:11 000. Je nach Größe bzw. Ausbaustufe der Dienststellen werden unterschieden: große zentrale – mittlere zentrale – kleine zentrale – integrierte (überwiegend in Gesamtschulen) S. D. Der S. D. steht allen Schülern, Eltern, Lehrern und Funktionsträgern zur Verfügung, wenn Schwierigkeiten in der Schule oder mit der Schule gelöst oder vermieden werden sollen (→ Schulsozialarbeit). Er ist weder einseitig der Schule verpflichtet, noch vertritt er ein-

seitig die Interessen der Schüler oder deren Eltern. Er unterstützt, fundiert durch psychologische Erkenntnisse und Methoden, die pädagogische Arbeit an den Schulen und fördert die Weiterentwicklung des Schulwesens. Er versteht sich als Mitarbeiter eines Bildungs- und Ausbildungssystems (→ Bildung/Bildungswesen, → Ausbildung), das der einzelnen Schule und den in ihr tätigen Menschen ein wirkungsvolles und befriedigendes Schaffen ermöglicht und das zukünftigen Anforderungen durch rechtzeitige vorausschauende Gestaltung der Inhalte und Bedingungen schulischer Arbeit gerecht wird. Beratung erstreckt sich auf drei Funktionsbereiche, die in einem systemischen Zusammenhang stehen und daher nicht isoliert voneinander betrachtet werden können:
– Beratung von Schule als Ort des Lernens und Erziehens,
– Beratung von Gruppen, z. B. Schülerschaft, Elternvertretungen (→ Elternbeirat), Lehrerkollegien,
– Beratung von Einzelpersonen, z. B. Schüler, Eltern, Lehrer, Schulleiter.
Die Arbeitsschwerpunkte in der Individualberatung liegen vorwiegend in den Bereichen der Verhaltensauffälligkeiten und des Sozialverhaltens, gefolgt von Lern- und Leistungsschwierigkeiten.
Als Experte für Fragen des Lernens und Zusammenlebens in der Schule berät der Schulpsychologe alle Beteiligten mit dem Ziel, aktuelle Schwierigkeiten zu überwinden, Probleme zu lösen und Bedingungen zu schaffen, die erfolgreiches und entwicklungsgerechtes Lernen begünstigen bzw. ermöglichen.
Das Spezifische des schulpsychologischen Beitrages an der Beratung im Bereich der Schule besteht in der Analyse und Erklärung des Verhaltens, Erlebens, Bewußtseins sowie der → Identität von Personen und Gruppen, ihrer sozialen Bezüge und ihrer institutionellen Bedingungen bzw. Anforderungen sowie deren Zusammenhängen. Ein weiteres Spezifikum besteht in der Unterstützung von Zielklärungsprozessen (Motivationen abklären, Alternativen aufzeigen, auf mögliche Konsequenzen hinweisen). Schließlich ist die Begleitung von Veränderungsprozessen zu nennen, wobei Wege und Methoden für Veränderungen aufgezeigt, Kompetenzen vermittelt sowie Wirkungs- und Nebenwirkungskontrollen durchgeführt werden.
Die beschriebenen Aufgaben lassen sich nicht durch Einrichtungen der → Familien- und → Jugend-, → Erziehungs- und → Drogenberatung erfüllen.
Für die Förderung von pädagogischer Arbeit und die Gestaltung von Schule ist ein eigenständiger Schulpsychologischer Dienst unabdingbar.
Wichtig ist, daß der spezifische Charakter schulpsychologischer Beratung in den gesetzlichen Regelungen zur Gestaltung des Bildungswesen verankert ist und gleichzeitig die strukturellen Voraussetzungen und die Tätigkeitsmerkmale in entsprechenden Dienstvorschriften geregelt werden.
Um möglichst vielseitig arbeiten zu können, bedarf es besonderer Fähigkeiten und Kompetenzen. Das ständige Bemühen um → Fortbildung und um Erhalt der fachlichen Kompetenz ist Anspruch von Schülern, Eltern, Lehrern und Schulaufsicht an die Schulpsychologen und Verpflichtung für sie selbst.
Lit. Hanckel u. a.: Berichte; Hanckel u. a.: Schulpsychologie; Käser: Perspektiven; Keller u. a.: Schulpsychologie; Wahl u. a.: Schulpraxis. *Silke Angor*

Schulreife bezeichnet den Entwicklungsstand eines Kindes, der es für die Lern-, Verhaltens- und Arbeitsanforderungen der Schule »reif« sein läßt. Bei Kindern im Einschulungsalter (ca. 6 Lebensjahre) wird davon ausgegangen, daß bestimmte Kennzeichen und Leistungsfähigkeiten mit hoher Sicherheit erwarten lassen, daß diese Kinder die Anforderungen des Schulanfanges und der Grundschule erfüllen können.
Neben den Anforderungen, die von den Lerngegenständen (z. B. »Lesen lernen«) gestellt werden, fordern Lernarbeit und Zusammenleben in der Schule von den Kindern sozial angemessenes Verhalten und Stetigkeit der gemeinsamen und selbständigen Arbeit, die mit dem Begriff »Arbeitsverhalten« umschrieben wird.
Schon in den 20er Jahren hat Kern versucht, einfache, testfähige Kriterien der S. an Kindern zu erkennen. Sein Buch »Sitzenbleiberelend und S.« (1951) untersucht die Frage, ob mangelnde S. für die hohen Sitzenbleiberquoten verantwortlich ist. Bis in die 70er Jahre wurden zahlreiche S.tests (z. B. Münchner, Göppinger, Weilburger und Frankfurter S.test) entwickelt. Der Grundgedanke ist, daß bestimmte, im Test erfaßbare Fähigkeiten und Fertigkeiten des Schulanfängers eine relativ sichere Aussage über den zu erwartenden Schulerfolg oder → Schulschwierigkeiten ermöglichen. Bis Mitte der 80er Jahre wurden diese S.tests obligatorisch oder nach Entscheidung des Kollegiums mit vielen Schulanfängern durchgeführt und zur Entscheidung bei Grenzfällen herangezogen. Die Verläßlichkeit dieser Testverfahren war und ist umstritten. Die punktuelle Prüfung bestimmter Fertigkeiten und des Aufgabenverständnisses gebe keine relativ sicheren Hinweise zum notwendigen Arbeitsverhalten und zur sozialen Entwicklung der Kinder.
Heute werden die S.tests nur noch selten für alle Schulanfänger, i. d. R. nur in erkennbaren Problemfällen im Zusammenhang umfangreicherer Untersuchungen durch den schulpsychologischen Dienst herangezogen.

Die Tendenz der Eltern, ihre Kinder vorzeitig (»Kannkind«) zum Schulbesuch anzumelden, ist stark zurückgegangen. Die Belastungen durch die Schule und die Gefahr des Scheiterns werden anders eingeschätzt. Kinder, bei denen Probleme vorhergesehen oder während des ersten Schuljahres erkannt werden, können eine → Vorklasse für schulpflichtige, aber nicht schulreife Kinder besuchen. Grundgedanke der Arbeit in diesen Klassen ist die allseitige Förderung in der Gruppe. Die wesentlich veränderte Lebenssituation vieler Kinder und der innere Wandel der Grundschule führt zu einer Wende der Fragestellung. Heute ist die Frage: »Wie kann sich die Grundschule den Kindern anpassen?«

Lit. Faust-Siehl u. a.: Schule; Naegele u. a.: Schulanfang. *Richard Meier*

Schulschwierigkeiten Sammelbezeichnung 1. für Schwierigkeiten von Schülern, z.B. Teilleistungsstörungen (→ Lese-Rechtschreib-Schwäche), teilweises oder umfassendes Lernversagen (→ Lernstörungen, → Lernbehinderte), sog. → Verhaltensauffälligkeiten (→ Abweichendes Verhalten), Schulschwänzen, Schulangst (→ Angst), bis hin zu körperlichen Beschwerden (→ Psychosomatik), die im Zusammenhang mit dem Schulbesuch auftreten sowie 2. für Schwierigkeiten, die die Schule den Schülern, aber auch den Lehrern und Eltern bereitet.

1. Schwierigkeiten von Schülern: Die oben erwähnten Erscheinungen treten in mannigfachen Formen und wechselnden Verbindungen auf; Klassifikationen (z.B. Lernstörung gegen Lernbehinderung) und typologische Einteilungen (z.B. neurotisch-gehemmte gegen aggressiv-ausagierende Kinder) sind wissenschaftlich umstritten und praktisch kaum brauchbar. Abgrenzungen gegen »normales« Verhalten sind fließend und von der jeweiligen Umgebung vorurteilsbestimmt (→ Stigmatisierung). Statistische Einschätzungen über Verhaltensauffälligkeiten erreichen sehr unterschiedliche, mitunter phantastisch hohe Werte. Als objektiver Indikator für Schulversagen kann das Nichterreichen des Hauptschulabschlusses genommen werden.

2. Schwierigkeiten der Schule: In doppeltem Sinne wird der verwandte Begriff »Schulschwäche« auch als Schwäche der Schule verstanden, Kindern gerecht zu werden, die den meist nicht hinterfragten Erwartungen der Grundschule nicht entsprechen und andere Lernvoraussetzungen, Entwicklungsverläufe und Bedürfnisse zeigen. Erhöhter Leistungs- und Selektionsdruck, Intellektualisierung und Nichtbeachtung kindlicher Bedürfnisse werden als Ursachen genannt. Der Zusammenhang zwischen den Schwierigkeiten der Schüler und den psychischen Schwierigkeiten und Kooperationsmängeln der Lehrer in der Institution Schule findet zunehmend Beachtung (vgl. Weidemann). Die Behauptung ansteigender Schulschwierigkeiten muß auf dem historischen Hintergrund der Entwicklung der Schule zum maßgeblichen gesellschaftlichen Einordnungs- und Zuweisungsinstrument verstanden werden.

S. lassen sich nie auf isolierte Einzelursachen zurückführen, auch wenn bestimmte Belastungsmomente ins Auge stechen. Es sind dies u. a. Herkunft aus → Randgruppen (soziokulturelle → Depravation), Unterprivilegierung, Erziehungsschwäche der Familie und familiäre Konfliktbelastungen, nichtkompensierte → frühkindliche Hirnschädigungen. Auf die Probleme der → ausländischen Kinder sei besonders hingewiesen. Die wechselseitige Verstärkung bzw. Kompensation der verschiedenen auf den Schüler wirkenden Einflüsse muß in einem einfühlenden Verstehensprozeß aus der Lebensgeschichte des Schülers begriffen werden. Daher sind inzwischen an die Stelle normativ geprägter und symptomorientierter Betrachtungen der individuellen Schulschwäche die Forderung nach nicht- oder nachrangigkategorisierenden Förderhilfen (vgl. Reiser) bzw. eine systemische Betrachtung des Problemschülers im Schnittpunkt von Familie und Schule (vgl. Hennig, Knödler) getreten. Insbesondere die Koordination von schulischen Hilfen und Angeboten mit der Jugendhilfe einschließlich der Beratung von Eltern und Lehrern erhält eine zunehmende Bedeutung im Hinblick auf gezielte und eine Aussonderung soweit wie möglich vermeidende Einzelförderung (vgl. Reiser, Loeken). Gemeinsam soll eine Kind- Umfeld-Diagnose erstellt werden, in die alle am Erziehungsprozeß Beteiligten einbezogen werden sollen. Zentral ist dabei die Fragestellung, wie der Schüler sich und seinen Lernerfolg dabei selbst wahrzunehmen gelernt hat (→ Selbstwahrnehmung). → Tests sind dabei nur ein – zunehmend umstrittenes – Hilfsmittel neben anderen Verfahren wie erkundende Gespräche mit Kind und Erziehungspersonen, Erhebung der Lebensgeschichte und Schulkarriere, Beobachtung der schulischen → Interaktionen und informelle Verfahren zur qualitativen Feststellung der Leistungsbestände und Lücken des Kindes (Lerndiagnose [vgl. Faust-Siehl u.a.]). Die Erwartungen, Toleranzgrenzen, pädagogischen Alltagstheorien und Verhaltensstile der jeweiligen Schulen und Lehrer sind in ihrer Wirkung auf die Persönlichkeit des Kindes besonders zu beachten, da eine einseitige Verlagerung der Ursachenvermutungen in die Familie die Behandlungschancen in der Schule vermindert.

Die heilpädagogische und sozialpädagogische Arbeit zur Prophylaxe und zum Abbau von S. sollte stets auf zwei sich ergänzende Schwerpunkte gerichtet sein: a) auf das Bemühen zur Anpassung des Umfeldes (Schu-

le, Elternhaus, Freizeit) an die Bedürfnisse des Kindes und b) auf das Bemühen zur → Anpassung des Kindes und des außerschulischen Umfeldes an die Erwartungen der Schule im Verhaltensbereich und in der Leistung. In den letzten Jahren werden solche Kinder zunehmend integrativ beschult (→ Schulische Integration, → Integrative Erziehung), weil unter günstigeren personellen und organisatorischen Bedingungen die Vermittlung der Lernanforderungen mit ihren Bedürfnissen eher möglich erscheint. S. a. → Schulsozialarbeit.
Lit. Ertle u.a.: Unterricht; Faust-Siehl u.a.: Grundschule; Hennig u.a.: Problemschüler; Myschker: Verhaltensstörungen; Ortner u.a.: Verhaltens- und Lernschwierigkeiten; Reiser: Sonderpädagogische Förderung; Reiser u.a.: Erziehungshilfe; Weidemann: Lehrerangst.

Helmut Reiser/Manfred Gerspach

Schulsozialarbeit Mit der Reichsschulkonferenz 1920 wurde zu Beginn dieses Jahrhunderts der Versuch gemacht, Schule und → Jugendhilfe zu verzahnen, der allerdings in der Unterordnung des Jugendhilfebereiches unter die Schule endete (RJWG 1924). In der Bundesrepublik sind Anläufe zu S. Ende der 60er Jahre zu verzeichnen. Erste Überlegungen gehen von einem Mangel an Sozialerziehung, dem Ausgleich von Sozialisationsdefiziten (→ Sozialisation) aus oder sehen in der Zusammenarbeit von Sozialpädagogik und Schule eine Möglichkeit zu bildungspolitischer Innovation.
Dagegen wird in der Stellungnahme der → Arbeiterwohlfahrt (AWO) zur S. (März 1985) auf die Scharnierfunktion der S. zwischen den Sozialisationsinstanzen hingewiesen, der spezifische Stellenwert als Jugendhilfe in der Schule herausgearbeitet und dieser präventive Ansatz in größtmöglicher Nähe zum Arbeitsplatz der Schüler gesehen. Gewarnt wird vor einer Vereinnahmung der S. für Strukturprobleme und Defizite der Schule. S. soll eine eigenständige Orientierungs- und Strukturierungshilfe für Kinder und Jugendliche sein, die Ansätze der (offenen) → Jugendarbeit mit Beratungsformen bündelt. Durch Bereitstellen eines Raum- und Zeitkontingentes zielt sozialpädagogisches Handeln in der Schule auf die Vermittlung zwischen den definierten Normen und Regeln und dem abweichenden Handeln von Kindern und Jugendlichen ab.
Die zu Defiziten beitragende mangelnde Orientierung für Kinder und Jugendliche im schulischen Bereich wird durch die sozialpädagogischen und jugendspezifischen Arbeitsformen der S. bearbeitet.
Wegen der Probleme (»Schulmüdigkeit«, »Schulverweigerung«) versucht eine Vielzahl von S.-Projekten die Jugendlichen durch sog. »Berufsfindungsgruppen« bei der Erreichung des Schulabschlusses und der Lehrstellensuche zu unterstützen (Übergang Schule in den Beruf). (s. dazu Staufer/Stickelmann S. 308 ff.)
Begriffsbestimmung: Soziale Probleme und Spannungen, denen insbes. Kinder und Jugendliche aus unterprivilegierten Familien ausgesetzt sind, auch die Schwierigkeiten der 2. und 3. Migrantengeneration (s. dazu Böhme), und die vor allen Dingen durch den Selektionscharakter der Schule entstehen, werden durch Einzelfall- bzw. soziale → Gruppenarbeit mit Kindern und Jugendlichen aufgefangen, Stigmatisierungstendenzen (→ Stigmatisierung) abgebaut und einer Ausgliederung bestimmter Kinder oder Jugendlicher oder Gruppen entgegengewirkt. S. kann eine Vermittlung zwischen der außerschulischen Jugendarbeit (Jugendhilfe) und der Schule leisten, dort, wo sich die Lebenschancen und Lebensperspektiven der Kinder und Jugendlichen mitentscheiden. Sie kann zudem, wenn sie die Kinder und Jugendlichen und nicht die Organisation Schule in den Mittelpunkt ihrer Arbeit stellt, ein Gegengewicht zu den Technokratisierungs- und Verwaltungstendenzen der Schule darstellen. Defizite bei den Freizeitangeboten für Kinder und Jugendliche wie auch eine ganztägige Betreuung und Versorgung von Schülern werden von → Jugendämtern als wesentliche Gründe für die Einrichtung von S. genannt. Hinzu kommt die Möglichkeit, S. als Form ihrer kultureller Jugendarbeit zu nutzen, hier besonders den Schwerpunkt auf die → Mädchenarbeit zu legen. Häufig werden Projekte der S. als Maßnahmen gegen Vernachlässigung von Kindern und Jugendlichen in Trabantenstädten und Stadtteilen eingerichtet, die durch ein hohes Maß an sozialen Schwierigkeiten gekennzeichnet sind (→ Sozialer Brennpunkt). Im Vorfeld des Entstehens sozialer Auffälligkeiten soll so dem Schulschwänzen, den Kontakten zu »gangs« und Straßenkinderkarrieren entgegengewirkt werden.
Für S. als Teil offensiver Jugendhilfe gibt es keine rechtlich verbindliche Verpflichtung auf Leistung. Folglich gerät der Ansatz von S. immer wieder in den Sog restriktiver Sozialpolitik und gehört zu jenen Leistungen, die bei Verknappung der Mittel gestrichen werden. Durch diese fehlende Verankerung im KJHG ist S. in der konzeptionellen Ausprägung durch die Kompetenz des jeweiligen Trägers geprägt. Entfallen stützende und präventive Maßnahmen für gefährdete und benachteiligte Kinder und Jugendliche, z.B. bei Drogenproblemen oder Jugendgerichtsfällen, werden die Folgeprobleme um so gravierender. Idealtypisch soll S. nicht für Organisationsprobleme der Schule und deren pädagogischer Defizite in Anspruch genommen werden (Abhalten von Wahlkursen für Spiel und Basteln, Einsatz für ausfallende Stunden), sondern Aufgaben der Jugendhilfe erfüllen. Dazu können auch → Schularbeitenhilfe,

→ Elternarbeit, therapeutisch orientierte Einzelfallarbeit gehören. Im Mittelpunkt der Arbeitsformen stehen jedoch Angebote für Kinder und Jugendliche, die durch die Selektionsinstanz Schule in ihren sozialen Defiziten nicht aufgefangen werden können, die folglich Schule schwänzen oder durch aggressives Handeln auffallen (s. dazu Staufer u. a. S. 288 f.). Drogengebrauch und Gewalt (s. dazu Stickelmann, 1996) insbesondere bei männlichen Jugendlichen als Ausdruck einer instabilen → Identität fordern neben reagierende, agierende, aufsuchende Arbeitsformen. So können soziale Defizite, die sich in Ängsten, Sperren und Unsicherheiten in der Alltagsbewältigung Jugendlicher ausdrücken, aufgegriffen und bearbeitet werden (z. B. durch Jungenarbeit). Für diese Problembereiche wird eine an der Jugendarbeit orientierte Anlaufstelle eingerichtet, die Kontakte ohne sanktionierende Kontrolle (durch Flippern, Kickern, Disco) ermöglicht und Zugänge zu den außerschulischen → Lebenslagen eröffnet. Anbindung an Gruppenprozesse (Mofa reparieren, Freizeiten) können stabilisierende Orientierungen und Muster vermitteln, die von delinquenten Handlungsformen wegführen. In Anlehnung an → Streetworkansätze kann auch eine weitergehende sozialpädagogische Betreuung außerhalb der Schule angezeigt sein. Präventive Ansätze lassen sich indessen nur verwirklichen, wenn der Aufgabenbereich des Schulsozialarbeiters nicht durch das Aufrechterhalten des schulischen Betriebs absorbiert wird. Dies setzt eine Eigenständigkeit des Angebotes voraus, die i. d. R. nur dann gewährleistet ist, wenn sich S. in der Trägerschaft → freier Träger befindet, zudem wenn eine ganzheitliche Sicht von Kindern und Jugendlichen das Konzept leitet. Schwerpunkte der → Intervention sind dann die Lebenslage der Kinder und Jugendlichen, ihre Schwierigkeiten in Familie, Schule und Gemeinwesen. Bei diesem Ansatz, dieser konzeptionellen Sichtweise, werden infrastrukturelle Mängel des Schulsystems nicht zu Auslösern des sozialpädagogischen Handelns und Reagierens.

Lit. Böhme, I.: Wissen; Flösser u. a.: Schule und Jugendhilfe; Raab u. a.: Schulsozialarbeit; Staufer u. a.: Schule; Stickelmann: Erziehungshilfen; Stickelmann: Sozialarbeit; Stickelmann: Zuschlagen oder Zuhören; Wulfers: Schulsozialarbeit.

Bernd Stickelmann

Schultest → Test

Schutzhilfe → Intensive sozialpädagogische Einzelbetreuung

Schutzimpfungen sind Maßnahmen zum individuellen und kollektiven Schutz vor Infektionskrankheiten. Ihr Ziel ist die Erzeugung einer Unempfänglichkeit (Abwehr, Immunität) gegen bestimmte Krankheitserreger. Der Vorgang der Erzeugung der Immunität wird Immunisierung genannt. Zu unterscheiden sind:
a) die aktive Immunisierung (die eigentliche Schutzimpfung), bei der dem zu schützenden Organismus bestimmte Krankheitserreger oder deren Gifte (Antigene) einverleibt werden. Als Antwort darauf bildet der Organismus Schutzstoffe (Antikörper). Diese können bei einer späteren Infektion aktiviert werden und die eindringenden Krankheitserreger unschädlich machen bzw. ihre Vermehrung verhindern. Sie sind streng spezifisch, d. h., sie wirken nur auf das sie auslösende Antigen. Die Stoffe, die zur aktiven Immunisierung verwandt werden, nennen wir Impfstoffe. Sie beinhalten lebende, aber abgeschwächte Erreger, abgetötete Erreger oder deren abgeschwächte Gifte. Zur Erzeugung des Impfstoffes benötigt der Organismus 10–14 Tage. Die Dauer des Impfschutzes ist verschieden lang (6 Monate bis 10 Jahre). Für die meisten Impfungen sind deshalb Auffrischimpfungen notwendig, um einen ausreichenden Impfschutz aufrechtzuhalten.
b) passive Immunisierung – bei der dem zu schützenden Organismus fertige Antikörper von immun gemachten Tieren oder immunen Menschen übertragen werden. Der Schutz tritt sofort ein, hält aber nur wenige Wochen bis Monate an. Die zur passiven Immunisierung verwendeten Stoffe werden Serum oder Immunglobulin genannt.
Z. Z. gibt es in der BRD keine gesetzlich vorgeschriebenen Impfungen. Die obersten Landesgesundheitsbehörden können zum Schutz der Gesundheit bestimmte Impfungen öffentlich empfehlen (§ 14 Abs. 3 BSeuchG). Im Impfschadensfall besteht dann Anspruch auf Versorgung (§ 51 BSeuchG). Der Schwerpunkt der Impfprophylaxe richtet sich mit Vorzug gegen Infektionskrankheiten, die entweder epidemiologisch von Bedeutung oder unzureichend zu behandeln sind. Dazu gehören vor allem Poliomyelitis, Tetanus, Diphterie, Masern, Mumps, Röteln, Keuchhusten. Die Notwendigkeit von S. leitet sich aus dem altersabhängigen Schutzbedürfnis des einzelnen wie aus dem Schutzinteresse der Sozialgemeinschaft ab.

Margarete Peters

Schutz von Kindern und Jugendlichen in Einrichtungen nimmt nach §§ 45-48a des → Kinder- und Jugendhilfegesetzes (KJHG – SGB VIII) das nach § 85 Abs. 2 Nr. 6, § 87a Abs. 2 und § 69 Abs. 3 KJHG – SGB VIII verantwortliche → Landesjugendamt wahr. Gegenstand des Sch. ist das Wohl der Kinder und Jugendlichen (→ Kindeswohl). Vorläufige Maßnahmen bei Gefahr im Verzug (Herausnahme nach § 43, s. → Inobhutnahme) obliegen dem nach § 85 Abs. 1, § 87 KJHG – SGB VIII zuständigen → Jugendamt. Bisherige landesrechtliche Zuständig-

keiten für den Sch. durch mittlere oder untere Behörden (so in Bayern und Rheinland-Pfalz) gelten im Rahmen des § 85 Abs. 4 KJHG – SGB VIII fort.
Der erstmals in §§ 19, 29 des Reichsjugendwohlfahrtsgesetzes (RJWG) vom 9. 7. 1922 (RGBl. I S. 633) reichsrechtlich statuierte Schutz wurde 1961 nach § 79 des → Jugendwohlfahrtsgesetzes (JWG) auf Jugendliche unter 16 Jahren und erst mit dem KJHG – SGB VIII auf alle Jugendlichen (→ Altersstufen im Recht) ausgedehnt. Neben diesen personenbezogenen, individuellen Sch. trat nach § 78 JWG die institutionelle Aufsicht über Heime und andere Einrichtungen für Minderjährige. Heute werden sowohl der personenbezogene als auch der institutionelle Schutz nicht mehr als Aufsicht bezeichnet. Die Schutzvorschriften der §§ 45 ff. KJHG – SGB VIII basieren auf → Betriebserlaubnis, Prüf- und Meldepflichten. *Günter Happe*

Schwachsinn (auch als Geistesschwäche bezeichnet) ist durch beeinträchtigte Abstraktions- und Kombinationsfähigkeit, Begriffs- und Urteilsbildung sowie durch eingeschränktes Gefühls- und Antriebserleben (→ Antrieb) gekennzeichnet (→ Intelligenz).
Es werden in der → Psychiatrie heute im allgemeinen gemäß den Vorschlägen der → Weltgesundheitsorganisation (WGO) folgende Grade unterschieden: Idiotie (IQ 0 – etwa 19), Imbezillität (IQ etwa 20–49), Debilität (IQ etwa 50–69); im darüberliegenden Bereiche wird gelegentlich von »Beschränktheit«, »Dummheit« gesprochen und abgegrenzt von Pseudo-S. (sofern psychische und sozio-kulturelle Ursachen angenommen werden), von → Schizophrenie, von Minderbegabung bei sog. Psychopathen. Es wird unterschieden zwischen Oligophrenie als ererbter, angeborener oder in früher Kindheit erworbener und → Demenz als später erworbener Intelligenzminderung.
Bezüglich des Antriebsgeschehens wird zwischen erethischen (unruhigen) und torpiden (stumpfen) Zustandsbildern unterschieden sowie zwischen Formen, die sich im Zusammenhang mit bestimmten Ursachen ergeben und die z. T. spezielle sichtbare Kennzeichen (Mißbildungen) tragen.
Als Ursachen des S. werden in der Psychiatrie – wenn auch mit abnehmender Ausschließlichkeit – Vererbung und exogene Hirnschädigungen (→ Frühkindliche Hirnschädigung) angenommen, während soziokulturelle und insbes. erzieherische Faktoren erst allmählich in ihrem mehr oder minder großen ätiologischen Stellenwert berücksichtigt werden. Die Prognose wird im allgemeinen als relativ ungünstig beurteilt, obschon Begriffe wie Bildungsunfähigkeit, Erziehungsunfähigkeit und die Gleichsetzung von S. mit Anstaltsbedürftigkeit zunehmend überwunden werden und eine größere Zurückhaltung hinsichtlich negativer Prognosen festzustellen ist.
Es wird mit etwa 2–3% Debilen, 0,5% Imbezillen und 0,25% Idioten in der Gesamtbevölkerung gerechnet.
Während der S.begriff früher auch in der → Sonderpädagogik verwendet wurde, wird er heute tunlichst vermieden – und auch in der Psychiatrie mehr und mehr verdrängt –, nicht nur wegen seiner diskriminierenden Bedeutung (→ Stigmatisierung), sondern vor allem wegen seiner traditionell vorwiegend statischen Auffassung, seiner Globalität angesichts stark unterschiedlicher Phänomene und Grade und nicht zuletzt wegen der mit ihm in der Vergangenheit verknüpften einseitigen Ursachenbehauptung und prognostischen (→ Prognose) Negativität.
Im Bereiche der Sonderpädagogik sind an seine Stelle die Begriffe → Lernstörung, Lernbehinderung (→ Lernbehinderte) und geistige Behinderung (→ Geistig Behinderte) getreten.
Lit. Bach, H.: Geistigbehinderte; Benda, C. E.: Oligophrenien; Harbauer, A.: Aspekte; Harbauer, H. u.a.: Kinder- und Jugendpsychiatrie; Zerbin-Rüdin: Oligophrenieforschung. *Heinz Bach*

Schwägerschaft Gegenseitige Rechtsbeziehungen zwischen einem Ehegatten und den Verwandten seines Ehepartners (§ 1590 BGB). Sie entsteht durch Eheschließung, bleibt aber über den Bestand der betreffenden → Ehe hinaus bestehen und ist auch unabhängig von faktischen Beziehungen. Die Unterscheidung nach Linien und Graden der S. besteht wie bei → Verwandtschaft und folgt den gleichen Gesetzmäßigkeiten, d. h., die Grade und Linien der S. entsprechen den Verwandtschaftsgraden und Linien zwischen dem Ehegatten und seinen Verwandten: Schwiegertochter und -mutter = gerade Linie, 1. Grad; Stiefelternteil und -kind = gerade (absteigende) Linie, 1. Grad; Ehefrau – Schwager = Seitenlinie, 2. Grad.
Die Rechtsfolgen aus S. sind weniger umfassend als die der Verwandtschaft, aber z. B. wichtig im → Zeugnisverweigerungsrecht, → Strafrecht, → Pflegekinderschutz. *Helga Danzig*

Schwangeren- und Familienhilfeänderungsgesetz (SFHÄndG) vom 21. 8. 1995 (BGBl. I S. 1050) enthält eine Reihe von Änderungen gesetzlicher Bestimmungen zum → Schwangerschaftsabbruch, die seit 1. 10. 1995 und 1. 1. 1996 in Kraft sind. Die Neuregelung war nach Art. 31 Abs. 4 S. 1 des Einigungsvertrages notwendig, weil die Rechtslage in beiden Teilen Deutschlands weit auseinanderging. Der Schwangerschaftsabbruch war in den alten Bundesländern grundsätzlich strafbar (§§ 218ff. StGB), wenn keine der gesetzlich anerkannten Indikationen (medizinische, embryopathische, kriminologische

und soziale Notlagen) vorlagen. In der DDR war die Schwangere nach dem Gesetz über die Unterbrechung der Schwangerschaft vom 9. 3. 1972 grundsätzlich berechtigt, die Schwangerschaft innerhalb der ersten 12 Wochen unter Einhaltung bestimmter Verfahrensregeln abbrechen zu lassen. Die durch den Einigungsvertrag für die Neuregelung bestimmte Frist (spätestens zum 31. 12. 1992) wurde nicht eingehalten. Denn das am 25. Juni 1992 vom Deutschen Bundestag beschlossene Schwangeren- und Familienhilfegesetz konnte in seinem strafrechtlichen Teil nicht in Kraft treten, da das Bundesverfassungsgericht auf Antrag der Bayerischen Staatsregierung und von 249 Abgeordneten des Deutschen Bundestages eine einstweilige Anordnung erlassen hatte. Die beschlossenen Hilfen für Frauen konnten unbeanstandet in Kraft treten, u.a. → Rechtsanspruch auf einen Kindergartenplatz für Kinder ab dem dritten Lebensjahr (ab 1. 1. 1996), bedarfsgerechter Ausbau des Betreuungsangebotes für Kinder unter drei Jahren und im schulpflichtigen Alter, Mehrbedarfszuschlag bei der → Hilfe zum Lebensunterhalt, besondere Berücksichtigung von Schwangeren bei der Vergabe von Wohnungen. In seinem Urteil vom 28. Mai 1993 (BVerfGE 88, 203) traf das BVerfG Anordnungen für den strafrechtlichen Schutz des ungeborenen Lebens bis zur Neuregelung durch den Gesetzgeber. Das SFHÄndG vom 21. 8. 1995 setzte die Vorgaben des BVerfG um. Vorausgegangen waren intensive Diskussionen zu der Durchführung und Finanzierung der Beratung von Schwangeren, der Einbeziehung des sozialen Umfeldes in den Beratungsprozeß sowie einer Strafandrohung gegenüber Personen, die die Frau zum Abbruch einer Schwangerschaft drängen. Von allen Fraktionen waren eigene Entwürfe vorgelegt worden. Das Gesetz legt folgendes fest: Ein Schwangerschaftsabbruch in den ersten 12 Wochen ist rechtswidrig, aber straffrei, wenn die Frau ihn verlangt und eine Beratung nachweist → Schwangerschaftskonfliktberatung; er ist nicht rechtswidrig, wenn eine medizinische oder kriminologische Indikation (Vergewaltigung) vorliegt. Eine embryopathische Indikation ist nicht vorgesehen. Die Kosten werden von der Frau getragen; die Krankenkassen übernehmen die Kosten bei der medizinischen und kriminologischen Indikation. Für Frauen, denen die Aufbringung der Mittel nicht zuzumuten ist, tragen die Bundesländer die Kosten.
Lit. Eser: Schwangerschaftsabbruch.
Gabriele Conen

schen (→ Bevölkerungspolitik) Gründen moralisch verurteilt und mit Strafe bedroht. In den letzten Jahrzehnten gibt es weltweit eine deutliche Tendenz zur Liberalisierung der Strafrechtsbestimmungen zum S. Zugleich haben schwangerschaftsverhütende Methoden den S. als das bis in die jüngste Vergangenheit vorherrschende Mittel der Geburtenkontrolle verdrängt (→ Familienplanung).
Die gebräuchlichsten medizinischen Techniken des S. sind die Absaugmethode (Saugkürettage), die Ausschabung der Gebärmutter (Kürettage) und die medikamentöse Behandlung mit Prostaglandinen (Hormone); letztere ist bei S. in der Frühschwangerschaft wegen erheblichen Nebenwirkungen umstritten. Die Komplikationsrate ist bei sachgerechter Durchführung in den ersten 10 Wochen sehr gering, steigt danach aber rasch an. Medizinisch ist daher eine möglichst frühzeitige Vornahme des S. unbedingt zu befürworten. Die sog. Abtreibungspille (Wirkstoffname »RU 486«) ist in Deutschland bislang nicht zugelassen. S. im ersten Schwangerschaftsdrittel werden heute ganz überwiegend ambulant in entsprechend eingerichteten Arztpraxen oder anderen Einrichtungen durchgeführt.
Nach geltendem Recht (§§ 218 ff. StGB) ist der S. in Deutschland grundsätzlich mit Strafe bedroht. Wesentliche Begründung dafür ist die Schutzwürdigkeit auch des vorgeburtlichen Lebens nach Art. 2 Abs. 2 S. 1 → Grundgesetz (GG). Methoden der Schwangerschaftsverhütung, die die sonst ca. zwei Wochen nach Empfängnis abgeschlossene Einnistung eines befruchteten Eies verhindern (»Pille danach«), gelten nach § 218 Abs. 1 StGB nicht als S. »Nicht rechtswidrig« sind S., bei denen eine gesetzliche »Indikation« ärztlich festgestellt wurde. Bei »medizinisch-sozialer« Indikation (Fortsetzung der Schwangerschaft würde die körperliche oder seelische → Gesundheit der Schwangeren erheblich gefährden) ist ein S. bis Ende der Schwangerschaft erlaubt, bei »kriminologischer« Indikation (Schwangerschaft als Folge einer Straftat, z. B. Vergewaltigung) bis zum Ende der 12. Woche. Straffrei bleiben ferner S., die auf Verlangen der Frau von einem Arzt innerhalb von 12 Wochen nach Empfängnis und frühestens am vierten Tag nach Beratung in einer anerkannten Beratungsstelle (→ Schwangerschaftskonfliktberatung) vorgenommen werden; unter diese sog. Beratungsregeln fallen mehr als 90 % der S. Ein nicht indizierter S. nach der 12. Woche, etwa im Ausland, bleibt für die Schwangere selbst – nicht aber für andere am S. oder seiner Vorbereitung Beteiligte! – straffrei, sofern er vor der 22. Woche von einem Arzt vorgenommen und die Frau zuvor in einer anerkannten Beratungsstelle beraten wurde.
Die Kosten indizierter S. werden im Rahmen der Gesetzlichen → Krankenversiche-

Schwangerschaftsabbruch (auch: Abtreibung). Die künstlich ausgelöste vorzeitige Beendigung einer Schwangerschaft.
Seit der Antike wurde der S. zunehmend aus religiös-ethischen und bevölkerungspoliti-

rung (§ 24b Abs. 1 und 2 SGB V), bei Beamtinnen und Familienangehörigen von Beamten im Rahmen der Beihilfeverordnungen (→ Beihilfe) von Bund und Ländern, voll übernommen, von Privatkrankenkassen i.d.R. nur bei medizinisch-sozialer Indikation. Bei S. nach der Beratungsregelung, deren Rechtmäßigkeit nicht ärztlich festgestellt wird, gilt eine komplizierte Regelung (Art. 5 SFHÄndG: Gesetz über Hilfe für Frauen bei Schwangerschaftsabbrüchen in besonderen Fällen), die hier nur skizziert werden kann: Hier kommt die GKV ohne weiteres nur für einen Teil der Kosten auf. Den Eingriff selbst und die Anästhesie muß die Frau grundsätzlich selbst bezahlen. Bei (auch nicht in der GKV versicherten!) Frauen allerdings, die kein oder nur geringes persönliches Einkommen haben, treten die Krankenkassen der GKV hierfür auf Antrag der Frau in Vorleistung; die Länder erstatten den Kassen diese Auslagen wiederum. Diese gesetzliche Regelung wurde 1995 nach langjährigem politischen Streit von einer breiten parlamentarischen Mehrheit beschlossen (SFHÄndG). Zuvor waren S. im alten Bundesgebiet seit 1976 nur bei ärztlicher Feststellung bestimmter Gründe (Indikationsregelung) und nach Beratung zulässig, in der DDR hingegen seit 1972 innerhalb 12 Wochen nach Empfängnis auf Antrag der Frau. Die Kosten zulässiger S. wurden in beiden Landesteilen von der GKV bzw. Sozialversicherung übernommen. Ein vom Parlament 1992 verabschiedetes gesamtdeutsches Gesetz (SFHG) war nach einstweiliger Anordnung des Bundesverfassungsgerichts nicht in Kraft getreten und 1993 teilweise für nichtig erklärt worden. Seit 1976 (DDR: 1972) besteht in der Bundesrepublik eine Meldepflicht für S.; über sie wird eine Bundesstatistik (§§ 15 bis 18 SchKG, → Statistik) geführt. 1995 wurden bundesweit 97 937 S. registriert. Allerdings sind zahlreiche S. darin nicht erfaßt (mindestens 4 000 weitere im Ausland und geschätzt 30 000 bis 60 000 nicht gemeldete im Inland). Seit Anfang der achtziger Jahre sinkt die Zahl der S. in beiden Teilen Deutschlands, das im internationalen Vergleich zu den Ländern mit der niedrigsten S.häufigkeit gehört. *Joachim von Baross*

Schwangerschaftskonfliktberatung 1. Im fachlichen Sinne die freiwillig in Anspruch genommene, auf wissenschaftlicher Grundlage durchgeführte psychosoziale → Beratung (Lebensberatung) einer Frau, die ihre - meist ungewollte - Schwangerschaft in innerem → Konflikt mit anderen pesönlichen Werten erlebt und daher einen → Schwangerschaftsabbruch erwägt oder wünscht. Ziel der S. ist die Erweiterung des persönlichen Entscheidungsspielraums und die Stärkung der Fähigkeit, die Folgen der Entscheidung, sei es für oder gegen die Fortsetzung der Schwangerschaft, tragen zu können. S. wird seit jeher von Beratungseinrichtungen zur → Familienplanung angeboten und umfaßt dort auch die Beratung über Schwangerschaftsverhütung.
2. Im juristischen Sinne die nach § 219 StGB vor einem → Schwangerschaftsabbruch nach der sog. Beratungsregelung zwingend vorgeschriebene Beratung in einer hierfür staatlich anerkannten Beratungsstelle. Inhalt und Rahmen der S. sind näher in §§ 5 bis 11 SchKG geregelt. Die S. soll dem Schutz des ungeborenen Lebens dienen, dabei aber von der Verantwortung der Frau ausgehen und ergebnisoffen geführt werden. Sie umfaßt die im konkreten Fall erforderliche medizinische, soziale (z.B. → Sozialleistungen) und juristische Information, die Darlegung der → Rechtsansprüche von Mutter und Kind und der praktischen Hilfen, die insbesondere die Fortsetzung der Schwangerschaft in der Lage von Mutter und Kind erleichtern können (z.B. → Stiftung »Mutter und Kind - Schutz des ungeborenen Lebens«). Ferner soll in eine Konfliktberatung i.e. S. zumindest eingetreten und der Frau das Angebot von Unterstützung, Nachbetreuung und Beratung über Schwangerschaftsverhütung gemacht werden. Die S. ist unentgeltlich und der Frau nach Abschluß schriftlich zu bestätigen.
Kritik ist am gesetzlichen Auftrag der S. geäußert worden, da er in sich widersprüchlich sei. Umstritten ist auch die von den Grundregeln psychosozialer Beratung abweichende Ausgestaltung der S. als strafrechtliche Pflicht, die von vielen Frauen als Zwang erfahren wird und so die Vertrauensbeziehung und Offenheit in der S. beeinträchtigen kann. Insbes. wird kontrovers gesehen, ob die Frau verpflichtet ist, ihre Beweggründe zu nennen.
Das nach § 7 SchKG vorgeschriebene flächendeckende plurale Netz anerkannter Beratungsstellen besteht aus Einrichtungen freier Träger (nicht konfessionelle Verbände: z.B. → Pro Familia, → Arbeiterwohlfahrt [AWO], in den neuen Bundesländern auch → Deutsches Rotes Kreuz [DRK]; konfessionelle: → Diakonisches Werk der evangelischen Kirche in Deutschland [DW], → Deutscher Caritasverband [DCV]) oder des öffentlichen Gesundheitsdienstes (→ Gesundheitsamt) oder Sozialdienstes (→ Sozialdienste, besondere [BSD]). Ferner können auch Ärzte als Berater anerkannt werden. Bisher ist nicht in allen Bundesländern ein plurales Beratungsangebot vorhanden.
Elke Thoß/Joachim von Baross

Schweigepflicht ist die mit Strafdrohung bewehrte persönliche Pflicht der Angehörigen bestimmter Berufe, ein fremdes Geheimnis nicht unbefugt zu offenbaren, das ihnen in Ausübung ihres Berufes bekanntgeworden ist (§ 203 Abs. 1 StGB). Sie ob-

liegt u. a.: Ärzten und Angehörigen anderer Heilberufe, die für die Ausübung dieses Berufs oder die Führung der Berufsbezeichnung eine staatlich geregelte → Ausbildung benötigen; Berufspsychologen mit staatlich anerkannter wissenschaftlicher Abschlußprüfung; Rechtsanwälten; Ehe-, Erziehungs- oder Jugendberatern sowie Beratern für Suchtfragen in einer Beratungsstelle (→ Ehe-, → Erziehungs-, → Jugend-, → Drogenberatung), die von einer Behörde oder Körperschaft, Anstalt oder Stiftung des öffentlichen Rechts anerkannt ist; Mitgliedern oder Beauftragten einer anerkannten Beratungsstelle nach §§ 3, 8 des Schwangerschaftskonfliktgesetzes (→ Schwangerschaftskonfliktberatung); staatlich anerkannten → Sozialarbeitern/Sozialarbeiterinnen und Sozialpädagogen/Sozialpädagoginnen sowie den berufsmäßig tätigen Gehilfen dieser Personen und denjenigen, die bei ihnen zur Vorbereitung auf den Beruf tätig sind (§ 203 Abs. 1 Nr. 1–5, Abs. 3 StGB). Darüber hinaus unterliegen alle Amtsträger i. S. d. § 11 Abs. 1 Nr. 2 StGB und alle für den öffentlichen Dienst besonders Verpflichteten i. S. d. § 11 Abs. 1 Nr. 4 StGB ebenfalls einer mit Strafdrohung bewehrten persönlichen S. hinsichtlich der fremden Geheimnisse, die ihnen in Ausübung ihres Amtes/des öffentlichen Dienstes bekanntgeworden sind (§ 203 Abs. 2 S. 1 Nr. 1, 2 StGB).
Von der persönlichen S. der Genannten zu unterscheiden ist die Pflicht zur Wahrung des Dienst- bzw. → Amtsgeheimnisses und des → Sozialgeheimnisses. Die Strafbarkeit verbotener Mitteilungen über Gerichtsverhandlungen regelt § 353d StGB.
Geheimnis i. S. d. § 203 StGB ist jede Tatsache, die nur einem beschränkten Personenkreis bekannt ist und an deren Geheimhaltung der von ihr Betroffene ein von seinem Standpunkt aus sachlich begründetes Interesse hat. Inwieweit das Geheimnis dem Angehörigen der genannten Vertrauensberufe in Ausübung der S. begründenden Tätigkeit bekanntgeworden ist, richtet sich nach der Rechtsprechung des BGH in Zweifelsfällen auch nach seiner Erklärung (NJW 1990, 3283). Offenbart wird ein solches Geheimnis nur, wenn einem anderen sowohl die ihm bis dahin unbekannte Tatsache als auch Umstände mitgeteilt werden, aufgrund derer er den Betroffenen ermitteln kann. Eine Befugnis zur Offenbarung eines fremden Geheimnisses ist den genannten Schweigepflichtigen im wesentlichen unter einer der folgenden Voraussetzungen verliehen:
a) Der Betroffene erklärt (ausdrücklich oder durch sein gesamtes Verhalten, also konkludent) seine → Einwilligung in die Offenbarung; die Annahme einer konkludenten Einwilligung setzt voraus, daß der Betroffene substantiiert auf die beabsichtigte Offenbarung hingewiesen wurde;

b) die Offenbarung erfolgt in Erfüllung einer in einem Bundesgesetz normierten ausdrücklichen Mitteilungspflicht; hierzu zählen beispielsweise die Anzeige geplanter Straftaten gem. § 138 StGB und zur Benachrichtigung des → Gesundheitsamtes gem. § 124 Abs. 2 S. 2 BSHG, nicht jedoch die allgemeine Pflicht des Schweigepflichtigen, seine Vorgesetzten zu beraten und zu unterstützen;
c) es liegt ein rechtfertigender Notstand (§ 34 StGB) vor, dessen Abhilfe die Offenbarung des Geheimnisses dient;
d) das Geheimnis muß durch die Zeugenaussage eines Schweigepflichtigen offenbart werden, dem ein → Zeugnisverweigerungsrecht zusteht.
Hingegen sind die Genannten darüber hinaus nicht schon unter den Voraussetzungen von ihrer persönlichen S. über ein fremdes Geheimnis befreit, unter denen die Verarbeitung und Nutzung von dem → Sozialgeheimnis unterliegenden Sozialdaten gem. § 67b Abs. 1 SGB X zulässig wäre. Nach der Rechtsprechung des BVerwG (NJW 1989, 2961) muß die persönliche S. erforderlichenfalls hinter die Wahrnehmung überragend wichtiger Belange des Allgemeinwohls, wozu auch die Rechnungsprüfung durch eine externe Behörde gehört, zurücktreten. Durch eine zweckmäßig getrennte → Aktenführung kann sowohl diesen Belangen als auch der persönlichen S. gleichermaßen Rechnung getragen werden. Die S. der Amtsträger oder der für den öffentlichen Dienst besonders Verpflichteten erstreckt sich nicht nur auf fremde Geheimnisse (§ 203 Abs. 2 S. 1 StGB), sondern auch auf Einzelangaben über persönliche oder sachliche Verhältnisse eines anderen, die für Aufgaben der öffentlichen Verwaltung erfaßt worden sind (§ 203 Abs. 2 S. 2 StGB). Diese unterscheiden sich von einem fremden Geheimnis dadurch, daß der Betroffene an ihrer Geheimhaltung ein von seinem Standpunkt aus sachlich begründetes Interesse nicht hat. Für Aufgaben der öffentlichen Verwaltung dürfen solche Einzelangaben daher offenbart werden, soweit das Gesetz dies nicht untersagt (§ 203 Abs. 2 S. 2 StGB), beispielsweise also, wenn eine Befugnis zur Übermittlung oder Nutzung von Sozialdaten gem. §§ 67b ff. SGB X vorliegt, der auch §§ 65, 64 Abs. 2 KJHG - SGB VIII nicht entgegenstehen.
Da die S. den Genannten persönlich obliegt, steht sie nach Maßgabe der obenstehenden Darlegungen auch der Offenbarung fremder Geheimnisse innerhalb der Organisationseinheit (Behörde, Stelle) entgegen, innerhalb derer der Verpflichtete seine Tätigkeit ausübt. Nach der Rechtsprechung des BAG (NDV 1987, 333) müssen die Arbeitsbedingungen so gestaltet werden, daß der Schweigepflichtige seiner S. auch nachkommen kann. Dies führt zu teilweise unnötigen Behinderungen der Zusammenar-

beit (→ Teamarbeit) der Verpflichteten mit anderen → Fachkräften, der Ausübung von Leitungsfunktionen und Aufsichtsfunktionen und der Regelung ausreichender Vertretung des Verpflichteten bzw. seiner Nachfolge sowie zu Problemen für die Aktenführung. Es hat verschiedene Versuche gegeben, diesen Schwierigkeiten einschränkende → Auslegung des § 203 StGB zu begegnen, ohne dadurch das mit dieser Vorschrift verfolgte Anliegen des Gesetzgebers zu gefährden.
Lit. Abel-Schepping u. a.: Sozialgeheimnis; Frommann: Schweigepflicht; Groell u. a.: Datenschutz; Hassemer, R.: Schweigepflicht; Lenckner: § 203 StGB; Mörsberger, T.: Informationsmacht; Mörsberger, T.: Verschwiegenheitspflicht; Onderka u. a.: Schweigepflicht. *Matthias Frommann*

Schwerbehinderte im Sinne des → Schwerbehindertengesetzes (SchwbG) sind Personen mit einem Grad der Behinderung von wenigstens 50, sofern sie ihren Wohnsitz, ihren gewöhnlichen → Aufenthalt oder ihre Beschäftigung auf einem Arbeitsplatz rechtmäßig im Bundesgebiet haben (§ 1 SchwbG).
Behinderung ist nach § 3 Abs. 1 S. 1 SchwbG »die Auswirkung einer nicht nur vorübergehenden Funktionsbeeinträchtigung, die auf einem regelwidrigen körperlichen, geistigen oder seelischen Zustand beruht«.
Wer S. ist, stellt das → Versorgungsamt fest, das auch den Ausweis über die Eigenschaft als S. ausstellt (§ 4 SchwbG). Der Ausweis dient dem Nachweis für die Inanspruchnahme von Rechten und Nachteilsausgleichen, die S. nach dem SchwbG oder nach anderen Vorschriften zustehen.
Jürgen Schmidt

Schwerbehindertenausweis → Schwerbehinderte

Schwerbehindertengesetz (SchwbG), das Gesetz zur Sicherung der Eingliederung Schwerbehinderter in Arbeit, Beruf und Gesellschaft vom 29. 4. 1974, i. d. F. vom 26. 8. 1986 (BGBl. I S. 1421), zuletzt geändert durch das Gesetz zur Reform des Sozialhilferechts vom 23. 7. 1996 (BGBl. I S. 1088), regelt als Sonderrecht für Schwerbehinderte insbes. den geschützten Personenkreis (§§ 1 ff.); die Beschäftigungspflicht des Arbeitgebers und die Zahlung einer → Ausgleichsabgabe (§ 5 ff.); die behinderungsgerechte Gestaltung der Arbeitsplätze (§§ 14 und 31); den → Kündigungsschutz für Schwerbehinderte (§§ 15 ff.); die Aufgaben der → Schwerbehindertenvertretung, des Betriebs- und Personalrats bei der Eingliederung Schwerbehinderter, des Beauftragten des Arbeitgebers in Schwerbehinderten-Angelegenheiten (§§ 23 ff.); die → begleitende Hilfe im Arbeits- und Berufsleben (§ 31); die Erhebung und Verwendung der Ausgleichsabgabe (§ 31 i. V. m. der Schwerbehinderten-Ausgleichsabgabeverordnung); den → Zusatzurlaub für Schwerbehinderte (§ 47); die → Werkstätten für Behinderte (§§ 54 ff.) sowie die → unentgeltliche Beförderung Schwerbehinderter im öffentlichen Personenverkehr (§§ 59 ff.).
Zum geschützten Personenkreis gehören Schwerbehinderte mit einem Grad der Behinderung (GdB) von wenigstens 50. Personen mit einem GdB von weniger als 50, aber wenigstens 30 sollen vom Arbeitsamt den Schwerbehinderten gleichgestellt werden, wenn sie infolge ihrer Behinderung ohne die Gleichstellung einen geeigneten Arbeitsplatz nicht erlangen oder nicht behalten können (§ 2).
Die → Beschäftigungspflicht der Arbeitgeber ergibt sich aus § 5. Danach haben private Arbeitgeber und Arbeitgeber der öffentlichen Hand, die über mindestens 16 Arbeitsplätze verfügen, auf wenigstens 6 v. H. der Arbeitsplätze Schwerbehinderte zu beschäftigen. Solange sie die vorgeschriebene Zahl Schwerbehinderter nicht beschäftigen, haben sie für jeden unbesetzten Pflichtplatz eine Ausgleichsabgabe in Höhe von monatlich 200 DM an die → Hauptfürsorgestelle zu entrichten (§ 11).
Nach § 14 haben die Arbeitgeber die Schwerbehinderten so zu beschäftigen, daß diese ihre Fähigkeiten und Kenntnisse möglichst voll verwerten und weiterentwickeln können. Sie haben die Arbeitsplätze behinderungsgerecht einzurichten.
In den §§ 15 ff. ist der besondere → Kündigungsschutz für Schwerbehinderte geregelt. Danach bedarf die Kündigung des Arbeitsverhältnisses eines Schwerbehinderten durch den Arbeitgeber im allgemeinen der vorherigen Zustimmung der Hauptfürsorgestelle.
Betriebs- und Personalräte haben gemäß § 23 die Eingliederung Schwerbehinderter zu fördern.
Die Interessen der Schwerbehinderten werden von der → Schwerbehindertenvertretung wahrgenommen, die auf 4 Jahre von den Schwerbehinderten gewählt wird (§§ 24 ff.).
Der Arbeitgeber hat einen Beauftragten zu bestellen, der ihn in Angelegenheiten Schwerbehinderter vertritt (§ 28).
Die begleitende Hilfe im Arbeits- und Berufsleben, für die die Hauptfürsorgestelle zuständig ist, soll dahin wirken, daß die Schwerbehinderten in ihrer sozialen Stellung nicht absinken und auf Arbeitsplätzen beschäftigt werden, auf denen sie ihre Fähigkeiten und Kenntnisse voll verwerten und weiterentwickeln können (§ 31).
Die Mittel der von der Hauptfürsorgestelle erhobenen Ausgleichsabgaben werden z. B. verwendet für Lohnkostenzuschüsse des → Arbeitsamtes bei der Einstellung von

Schwerbehinderten, für die Finanzierung neuer Arbeitsplätze und die behinderungsgerechte Gestaltung vorhandener Arbeitsplätze durch die Hauptfürsorgestelle, zur Förderung von Werkstätten und Wohnheimen für Behinderte und zu weiteren Zwecken, die der beruflichen Eingliederung Schwerbehinderter dienen.
Als Nachteilsausgleich erhalten Schwerbehinderte u. a. nach § 47 einen → Zusatzurlaub von 5 Arbeitstagen im Jahr.
Schwerbehinderte, die infolge ihrer Behinderung in ihrer Bewegungsfähigkeit im Straßenverkehr erheblich beeinträchtigt oder hilflos oder gehörlos sind, können öffentliche Verkehrsmittel im Nahverkehr unentgeltlich benutzen, wenn sie einen Schwerbehindertenausweis mit orangefarbenem Flächenaufdruck sowie ein Beiblatt mit gültiger Wertmarke besitzen (§§ 59 ff.) → Unentgeltliche Beförderung Schwerbehinderter).
Ferner ist die Förderung der Werkstätten für Behinderte und deren Anerkennungsverfahren geregelt (§ 54 ff.). *Jürgen Schmidt*

Schwerbehindertenvertretung (Vertrauensfrau oder Vertrauensmann der Schwerbehinderten) wird in Betrieben und Dienststellen mit wenigstens 5 Schwerbehinderten von diesen für 4 Jahre gewählt. Ihre Aufgaben, Rechte und Pflichten sind in §§ 25 und 26 → Schwerbehindertengesetz (SchwbG) geregelt. Sie hat die Eingliederung Schwerbehinderter in den Betrieb oder die Dienststelle zu fördern und die Interessen der Schwerbehinderten zu vertreten. Dabei hat sie vor allem
– darüber zu wachen, daß die zugunsten der Schwerbehinderten geltenden Gesetze, Verordnungen, Tarifverträge, Betriebs- oder Dienstvereinbarungen und Verwaltungsanordnungen durchgeführt, insbesondere auch die dem Arbeitgeber nach den §§ 5, 6 und 14 SchwbG obliegenden Verpflichtungen erfüllt werden,
– Maßnahmen, die den Schwerbehinderten dienen, bei den zuständigen Stellen zu beantragen; es handelt sich hierbei um Maßnahmen, die mit der beruflichen Eingliederung und Beschäftigung Schwerbehinderter im Zusammenhang stehen,
– Anregungen und Beschwerden von Schwerbehinderten entgegenzunehmen und, falls sie berechtigt erscheinen, durch Verhandlung mit dem Arbeitgeber auf eine Erledigung hinzuwirken. *Jürgen Schmidt*

Schwerhörige → Hörbehinderte

Schwerstbeschädigtenzulage → Beschädigtenrente

Schwesternhelferin (Pflegehelferin) → Krankenpflegeberufe

Seelentaube → Agnosie, akustische

Seelisch Behinderte Der Begriff s. B. umfaßt diejenigen → Behinderten, bei denen die Behinderung ihre Ursache in einem regelwidrigen seelischen Zustand hat.
In der → Psychiatrie-Enquête sind unter s. B. »vor allem chronisch → psychisch Kranke zu verstehen. Zu ihnen zählen Personen mit abnormen psychischen Dauerzuständen, z. B. nach schizophrenen → Psychosen (→ Schizophrenie) oder nach hirnorganischen Erkrankungen«.
Nach der Arbeitsgruppe 11 der Nationalen Kommission für das Internationale Jahr der Behinderten gelten als s. B. »heute Bürger, die als Folge von psychischen oder körperlichen → Krankheiten nicht nur vorübergehend, sondern langfristig in ihrer seelischen Stabilität eingeschränkt sind«. Das treffe vor allen Dingen für Menschen zu, die wegen psychischer Leiden eine »psychiatrische Karriere«, beispielsweise mehrere längere Aufenthalte in psychiatrischen → Krankenhäusern, durchgemacht hätten.
Für die → Eingliederungshilfe für Behinderte im Rahmen des → Bundessozialhilfegesetzes (BSHG) ist die Bestimmung des Kreises der seelisch wesentlich Behinderten von besonderer Bedeutung. Nach § 3 S. 1 → Eingliederungshilfe-Verordnung (EinglHVO) sind seelisch wesentlich behindert i. S. d. § 39 Abs. 1 S. 1 BSHG »Personen, bei denen infolge seelischer Störungen die Fähigkeit zur Eingliederung in die Gesellschaft in erheblichem Umfange beeinträchtigt ist«. Seelische Störungen, die eine solche Behinderung zur Folge haben können (nicht: müssen), »sind 1. körperlich nicht begründbare Psychosen, 2. seelische Störungen als Folge von Krankheiten oder Verletzungen des Gehirns, von Anfallsleiden (→ Epilepsie) oder von anderen Krankheiten oder körperlichen Beeinträchtigungen, 3. Suchtkrankheiten (→ Sucht/Suchtgefährdung, → Alkoholismus, → Drogenabhängigkeit), 4. → Neurosen und → Persönlichkeitsstörungen« (§ 3 S. 2 EinglHVO). In S. 2 nicht genannte Störungen vermögen niemals Ursache einer wesentlichen seelischen Behinderung zu sein. Andererseits muß bei der Feststellung einer der dort aufgeführten Störungen immer noch im Einzelfall geprüft werden, ob durch sie »die Fähigkeit zur Eingliederung in die Gesellschaft in erheblichem Umfange beeinträchtigt ist« (§ 3 S. 1. EinglHVO).
Bei jungen Menschen, die seelisch behindert oder von einer solchen Behinderung bedroht sind, gehen die Leistungen nach dem → Kinder- und Jugendhilfegesetz (KJHG – SGB VIII) denen nach dem BSHG vor (§ 10 Abs. 2 S. 1 und 2 mit Vorbehalt für abweichende landesrechtliche Regelung der Maßnahmen in S. 3 KJHG – SGB VIII).
Die Gleichstellung der chronisch psychisch Kranken und s. B. mit den chronisch körperlich Kranken und Behinderten (→ Kör-

perlich Behinderte) ist insbes. in der gesetzlichen → Kranken- und → Rentenversicherung noch immer nicht erreicht. Das liegt weniger am Fehlen entsprechender gesetzlicher Bestimmungen als an der in der Praxis unzureichenden Berücksichtigung der Besonderheiten chronischer psychischer Krankheit und seelischer Behinderung.
Lit. BMJFFG: Versorgung; Bundesregierung: Stellungnahme Psychiatrie; Dahlinger: Eingliederung; Kobus: Seelisch Behinderte; Ludemann: Rehabilitationsrecht; Nationale Kommission für das Internationale Jahr der Behinderten 1981: Behindertengruppen; Psychiatrie-Enquête-Kommission: Bericht. *Hans-Gerd Ronge*

Sehbehinderte sind Personen mit Beeinträchtigungen des Sehvermögens, die den bei den → Blinden vorliegenden Grad nicht erreichen. Man unterscheidet wiederum verschiedene Grade von »sehbehindert«, wobei die begrifflichen Festlegungen nicht immer voll aufeinander abgestimmt sind. Als »sehbehindert« gelten gemäß § 1 Nr. 4 → Eingliederungshilfe-Verordnung (EinglHVO) Personen, »bei denen mit Gläserkorrektion ohne besondere optische Hilfsmittel a) auf dem besseren Auge oder beidäugig im Nahbereich bei einem Abstand von mindestens 30 cm oder im Fernbereich eine Sehschärfe von nicht mehr als 0,3 besteht oder b) durch Buchstabe a nicht erfaßte Störungen der Sehfunktion von entsprechendem Schweregrad vorliegen«. Diese Personen sind gemäß § 39 Abs. 1 → Bundessozialhilfegesetz (BSHG) berechtigt (→ Pflichtleistung), → Eingliederungshilfe zu erhalten.
Im Blindenwesen gelten als »sehbehindert« hingegen nur Personen mit einer Sehschärfe auf dem besseren Auge von nicht mehr als 1/10 und nicht weniger als 1/20 oder mit gleichgewichtigen Sehbeeinträchtigungen; entsprechend der Sehschärfentabelle in Nr. 26.4 der »Anhaltspunkte für die ärztliche Gutachtertätigkeit im sozialen Entschädigungsrecht und nach dem Schwerbehindertengesetz« (AHP) erhalten sie im Schwerbehindertenausweis einen GdB von 70–90 und die Merkzeichen H, B und RF zuerkannt.
Davon zu unterscheiden sind aufgrund Nr. 23 Abs. 4 AHP, »hochgradig Sehbehinderte« (im → Landesblindengeldgesetz des Landes Hessen als »wesentlich Sehbehinderte« bezeichnet). Dies sind Personen mit einer Sehschärfe auf dem besseren Auge von nicht mehr als 1/20 und nicht weniger als 1/50 oder mit gleichgewichtigen Sehbeeinträchtigungen; sie erhalten im Schwerbehindertenausweis einen GdB von 100 und die Merkzeichen H, B und RF zuerkannt.
Hochgradig Sehbehinderte sind in fast allen Fällen sozialrechtlich den Blinden gleichgestellt; → Blindengeld erhalten sie jedoch nur in den Bundesländern Berlin, Hessen, Mecklenburg-Vorpommern (obere Sehschärfengrenze 1/25), Nordrhein-Westfalen (einkommens- und vermögensabhängig), Sachsen und Sachsen-Anhalt. In der früheren DDR galten sie und in Frankreich, Großbritannien und Italien gelten sie offiziell als blind. *Karl Thomas Drerup*

Sekte In Religionswissenschaft und Konfessionskunde bezeichnet S. eine kleine Religionsgemeinschaft, die sich von einer größeren Religionsgemeinschaft abgespalten hat (von lat. secta: Schulrichtung, Partei, Gefolgschaft). Solche Untergruppen gibt es in allen großen Religionen. Christliche S. sind in Deutschland z. T. als → Vereine registriert, z. T. wurden ihnen aber auch die Rechte einer Körperschaft öffentlichen Rechts vom Staat verliehen, wenn sie z. B. als Träger der freien Jugendhilfe nach § 75 Abs. 3 des → Kinder- und Jugendhilfegesetzes, SGB VIII, anerkannt sind (→ Jugendhilfeträger).
Dagegen bezeichnet der Begriff S. umgangssprachlich und ungenau auch z. T. sehr verschiedenartige religiöse und politische Kleingruppen; auch die → Jugendreligionen werden z. T. (fälschlich) als S. bezeichnet.
Lit. Gasper u. a.: Lexikon (1994); Haack: Sekten (1994) ; Reller u. a.: Gemeinschaften (1993); Taudien: Grenzen (1987).
Thomas Gandow

Sekundäranalyse Zusammenfassung, Überprüfung und weitere Auswertung von vorliegenden Datenmaterialien (→ Daten) aus schon abgeschlossenen Studien und → Erhebungen anderer Institutionen unter der gleichen Fragestellung oder unter geänderter Fragestellung und neuem theoretischem Ansatz.
Dieses Verfahren erlaubt (auch im internationalen Rahmen) Vergleiche von Ergebnissen mehrerer unabhängiger Untersuchungen bzw. die Absicherung eigener Aussagen durch weiteres Datenmaterial. Probleme liegen in der Zugänglichkeit des Materials sowie in den unterschiedlichen Fragestellungen und Erhebungsmethoden, die eine Vergleichbarkeit einschränken. Inzwischen wurden allerdings eine Reihe von Datenarchiven und Dokumentationsstellen mit öffentlicher Unterstützung eingerichtet, z. B. Informationszentrum für Sozialwissenschaftliche Forschung, Bonn-Bad Godesberg. Die S. ist kostengünstig, da das Material oft auf Datenbändern für die elektronische Datenverarbeitung zur Verfügung steht. In der → Sozialplanung gewinnt die Analyse an Bedeutung, da eine Reihe von Primärerhebungen zur Situation sozial benachteiligter Gruppen (Alte, Jugendliche, Obdachlose) und die amtliche → Statistik zur Verfügung stehen.
Lit. DV: Handbuch Sozialplanung.
Dietrich Kühn

Sekundärstatistik → Statistik

Sekundarstufe I und II → Bildung/Bildungswesen

Selbstbehalt → Unterhaltspflicht

Selbstbeteiligung in der Krankenversicherung ist der Sammelbegriff für eine finanzielle Beteiligung des Versicherten an einer → Sachleistung der → Krankenversicherung. Das Recht der Krankenversicherung sieht eine S. in folgenden Fällen vor:
Bei der Abnahme von → Arznei- und Verbandmitteln haben Versicherte, die das 18. Lebensjahr vollendet haben, eine Zuzahlung an die abgebende Stelle zu leisten. Die Zuzahlung beträgt 4 DM je Packung für kleine Packungsgrößen, 6 DM je Packung für mittlere Packungsgrößen und 8 DM je Packung für große Packungsgrößen, jedoch nicht mehr als die Kosten des Mittels.
Versicherte, die das 18. Lebensjahr vollendet haben, zahlen zu den Kosten der → Heilmittel eine Zuzahlung von 10 v. H. an die abgebende Stelle.
Zu den im Zusammenhang mit der Versorgung mit → Zahnersatz entstehenden Kosten (zahnärztliche Behandlung und zahntechnische Leistungen) zahlen die → Krankenkassen Zuschüsse. Der Zuschuß beträgt grundsätzlich 50 v. H. der Kosten; er erhöht sich um 10 v. H. der Kosten, wenn der Gebißzustand regelmäßige Zahnpflege erkennen läßt und der Versicherte seit dem 1. 1. 1989 bei Behandlungsbeginn nach dem 31. 12. 1993 während der letzten 5 Kalenderjahre vor Beginn der Behandlung die Untersuchungen nach §22 SGB V (→ Sozialgesetzbuch [SGB]) zur Verhütung von Zahnerkrankungen (für Versicherte zwischen dem 12. und 20. Lebensjahr) in jedem Kalenderhalbjahr in Anspruch genommen hat und er sich nach Vollendung des 20. Lebensjahres mindestens einmal in jedem Kalenderjahr hat zahnärztlich untersuchen lassen. Der Zuschuß der Krankenkasse erhöht sich um weitere 5 v. H. der Zahnersatzkosten, wenn der Versicherte seine Zähne regelmäßig gepflegt und in den letzten 10 Kalenderjahren vor Beginn der Behandlung die zahnärztlichen Untersuchungen in Anspruch genommen hat.
Bei → kieferorthopädischer Behandlung erstattet die Krankenkasse 80 v. H. der Kosten der im Rahmen der vertragszahnärztlichen Versorgung durchgeführten kieferorthopädischen Behandlung in medizinisch begründeten Indikationsgruppen. Befinden sich mindestens zwei Kinder des Versicherten in kieferorthopädischer Behandlung und haben sie bei Behandlungsbeginn das 18. Lebensjahr noch nicht vollendet, so erstattet die Krankenkasse für das 2. und jedes weitere Kind 90 v. H. der Behandlungskosten. Die Krankenkasse erstattet Versicherten ihren Eigenanteil, wenn die Behandlung in dem durch den Behandlungsplan bestimmten medizinisch erforderlichen Umfang abgeschlossen ist.
Bei einer Krankenhausbehandlung und stationärer Anschlußrehabilitation hat sich der Versicherte mit einem Betrag von 12 DM (neue Bundesländer: 9 DM) je Kalendertag an den Kosten zu beteiligen. Die Zuzahlung ist auf höchstens 14 Tage innerhalb eines Kalenderjahres begrenzt. Dies gilt sowohl für Selbst-Versicherte als auch für familienversicherte Angehörige. Von dieser Zuzahlung sind Versicherte befreit, die das 18. Lebensjahr noch nicht vollendet haben. Bei teilstationärer Krankenhausbehandlung besteht ebenfalls keine Zuzahlungspflicht.
Bei einer stationären Kur im Rahmen der → Gesundheitsvorsorge oder einer Maßnahme zur → medizinischen Rehabilitation hat sich der Versicherte mit einer Zuzahlung von 25 DM (neue Bundesländer: 20 DM) je Kalendertag an den Kosten zu beteiligen. Diese Zuzahlung ist nicht zeitlich befristet, sie gilt für die Gesamtdauer der stationären Kurmaßnahme. Sie gilt auch für familienversicherte Angehörige. Versicherte, die das 18. Lebensjahr noch nicht vollendet haben, brauchen keine Zuzahlung zu entrichten. Bei Vorsorgekuren für Mütter und Müttergenesungskuren beträgt die Zuzahlung 12 DM (neue Bundesländer: 9 DM).
Die im Zusammenhang mit der Gewährung einer Leistung der Krankenversicherung erforderlichen → Fahrkosten übernimmt die Krankenkasse bei Leistungen, die stationär erbracht werden, bei Rettungsfahrten zur ambulanten Krankenhausbehandlung und wenn der Krankheitszustand des Versicherten während der Fahrt eine fachliche Betreuung erforderlich macht oder die besonderen Einrichtungen eines Krankenkraftwagens notwendig sind oder dies zu erwarten ist (qualifizierter Krankentransport), jeweils in Höhe des 20 DM je Fahrt übersteigenden Betrages.
Von den Zuzahlungen zu den vorerwähnten Leistungen kann die Krankenkasse den Versicherten ganz oder teilweise befreien, wenn er unzumutbar belastet oder finanziell überfordert würde. Näheres über diese Befreiung regeln die §§ 61 und 62 SGB V (→ Härtefälle in der gesetzlichen Krankenversicherung). Ausgenommen von dieser Befreiung ist lediglich die Zuzahlung bei einer Krankenhausbehandlung. Von der vom Versicherten zu tragenden S. bei einer Kur kann die Krankenkasse nur bei einer unzumutbaren Belastung (§ 61 SGB V) vollständig befreien; eine teilweise Befreiung bei einer finanziellen Überforderung ist bei der S. für diese Leistungsart nicht möglich.
Soweit die Krankenkasse von der Pflicht des Versicherten zur S. nicht befreien kann, kann unter Berücksichtigung der tatsächlichen Einkommens- und Vermögensverhältnisse eine Übernahme der S. im Rahmen der

Selbsterfahrung

→ vorbeugenden Gesundheitshilfe, → Krankenhilfe oder → Eingliederungshilfe für Behinderte nach §§ 36, 37 oder 39 ff. → Bundessozialhilfegesetz (BSHG) in Betracht kommen.
Lit. Gottschick u.a.: BSHG (Komm.).

Ernst Picard

Selbsterfahrung ist ein Prozeß der bewußten → Wahrnehmung eigener und fremder Bedürfnisse, Wertvorstellungen, Fähigkeiten, Begrenzungen und Möglichkeiten. Es erfolgt eine Sensibilisierung gegenüber emotionalen Reaktionen und Ausdrucksweisen.
Die Folgen eines gänzlichen Fehlens der bewußten Wahrnehmung lassen sich so beschreiben: »Ohne diese Bewußtheit (auf der latenten ebenso wie auf der manifesten Ebene) werden die Ziele, Werte und Handlungen eines Menschen inkongruent mit seiner realen Gesamtpersönlichkeit. Er kann den vollen Umfang seiner individuellen Entwicklungsmöglichkeiten nicht mehr erkennen und sie daher auch nicht verwirklichen; oder er verhält sich partiell blind gegen den Komplex von menschlichen Faktoren, den jede Situation verkörpert.« (Bradford u.a.).
Cooley (1902), ein Vertreter der Interaktionistischen Schule, geht davon aus, daß wir dazu neigen, andere als eine Art Spiegel zu betrachten, in dem wir uns selbst sehen. Diese Erfahrung, die wesentlich zur Entwicklung des Selbst beiträgt, gewissermaßen die S. an sich darstellt, geschieht nach Cooley in einem Prozeß aus drei Teilstücken: 1. Wahrnehmung der Reaktionen des/der anderen; 2. Auswertung dieser Reaktionen als positiv oder negativ der eigenen Person gegenüber; 3. Beeinflussung des Selbstwertgefühls durch das Gefühl der Beschämung oder des Stolzes. G. H. Mead teilt diese Auffassung, daß → Persönlichkeit aus der Reflexion über Reaktionen von anderen auf das eigene Verhalten entsteht und sich entwickelt. Die Überlegungen von Cooley und Mead bilden die Grundlage für den Ansatz der → Feldtheorie. Darüber hinaus sind sie bestimmende Elemente im Bereich der → Humanistischen Psychologie, in der die Begriffe Selbst, Selbstverwirklichung und Selbstentfaltung eine zentrale Bedeutung haben. Eng verbunden damit ist der Begriff des Selbstkonzeptes, den C. Rogers, der Begründer der → Gesprächspsychotherapie, als das »Schema der eigenen Person« charakterisiert.
Er mißt dem → Individuum grundsätzlich eminente Möglichkeiten zu, sich selbst zu begreifen, eigene Selbstkonzepte und Grundeinstellungen sowie das selbstgesteuerte Verhalten zu verändern.
Danach ist jemand, der sich selbst erfahren und akzeptieren und seine S. seinem Selbstkonzept zuordnen kann, als gesunde Person zu bezeichnen. Als krank, i. S. einer psychischen Fehlentwicklung kann die Person bezeichnet werden, die eine Inkongruenz zwischen konkretem Erleben und dem eigenen Selbstkonzept (Idealbild) erfährt. Diese Desintegration versucht die → Therapie zu korrigieren, indem der Klient u. a. lernt, seine geleugneten Gefühle zu sehen, sich selbst, seine Körper- und Sinneserfahrungen innerhalb des therapeutischen Prozesses zu entdecken und anzunehmen.
Für C. Rogers hat der Begriff der S. eine zentrale Bedeutung: Erfahrung ist für ihn die höchste Autorität. »Der Prüfstein für Gültigkeit ist meine eigene Erfahrung. Keine Idee eines anderen und keine meiner eigenen Ideen ist so maßgeblich wie meine Erfahrung. Ich muß immer wieder zur Erfahrung zurückkehren, um der Wahrheit, wie sie sich mir als Prozeß des Werdens darstellt, ein Stück näherzukommen« (Rogers).
Charakteristisch für S. ist das Gefühl des Zusammenwirkens von geistigen, physischen und seelischen Aspekten des Selbst. Neben der oben beschriebenen Möglichkeit der S. unter therapeutischer Begleitung bieten sich darüber hinaus noch weitere methodische Möglichkeiten an, die besonders in Gruppen Anwendung finden: → Psychodrama, → Gestalttherapie, Sensitivity-Trainings, (→ Sensitivity/Sensitivity-Training), → Themenzentrierte Interaktion (TZI), Encounter-Gruppen etc. nutzen die → Gruppenprozesse, um mittels → Feedback der Gruppenteilnehmer, die → Selbst- und Fremdwahrnehmung erfahrbar zu machen und Veränderungsprozesse in Gang zu setzen.
Lit. Argyle: Interaktion; Bradford u.a.: Gruppentraining; Rogers: Mensch.

Thomas Listing

Selbsterfüllende Prophezeiung → Selffulfilling Prophecy

Selbstevaluation gilt als eine zunehmend wichtiger werdende Aktivität im Rahmen der Bemühungen um → Qualitätssicherung und Qualitätsentwicklung in → sozialen Diensten und Einrichtungen. Selbstevaluation bedeutet, daß Fachkräfte der sozialen Arbeit mit Hilfe von Methoden der → empirischen Sozialforschung die Qualität des eigenen Handelns überprüfen. Diese Qualität läßt sich – in der klassischen Dreiteilung – im Hinblick auf ihre strukturellen Voraussetzungen, ihre prozeß- und ergebnisbezogenen Aspekte untersuchen. Welche Methoden im einzelnen geeignet sind, hängt auch in Evaluationsstudien von der jeweiligen Fragestellung ab. Forschungsdesigns, in denen → Hypothesen über die Wirkung von Interventionen getestet werden – insbesondere durch Experimente und Quasi-Experimente –, sind hier allerdings Grenzen gesetzt. Als problematisch gelten auch Verfahren, in denen mit Hilfe von nur zwei Meßzeitpunkten (zum Beginn und zum En-

de einer Intervention) Veränderungen beobachtet werden. Demgegenüber haben Untersuchungsansätze in Form von Prozeßanalysen, in denen Aktivitäten der Fachkräfte und die → Interaktionen mit den Hilfeadressaten laufend beobachtet und optimiert werden (formative Evaluation), die größere Plausibilität und Praktikabilität im Rahmen einer S.
Begrifflich und sachlich muß die Auswertung und Bewertung der Praxis von Personen oder Teams (→ Teamarbeit) durch diese selbst (= Selbstevaluation) unterschieden werden von Formen der Evaluation, in denen organisationseigene Stabsstellen oder Arbeitsgruppen die Arbeit bestimmter Abteilungen oder das Handeln anderer Organisationseinheiten, gleichsam aus einer Außenperspektive, untersuchen. In diesem Falle sollte besser von interner Fremdevaluation gesprochen werden.
Das allgemeine fachliche Interesse an S. kann, nach M. Heiner, in verschiedenen Aspekten gesehen werden, die alle einer Qualitätssicherung und -verbesserung dienen: u. a. in einer leistungsbezogenen Selbstkontrolle, dem Gewinnen fachlicher Sicherheit, dem Lernen der Fachkräfte in Alternativen zu denken, Distanz zu gewinnen sowie gezielter zu handeln. Auf der Grundlage einer systematischen Dokumentation, Auswertung und Bewertung der Prozesse der Leistungserbringung in sozialen Diensten und Einrichtungen kann S., so H. v. Spiegel, verschiedenen spezifischen Zielen und Zwecken dienen:
a) der Kontrolle der Wirkungen des eigenen Handelns (Aspekt der Zielerreichung, der → Effektivität und der Effizienz). Unter diesem – methodisch besonders anspruchsvollen – Aspekt wird überprüft, inwiefern die hinsichtlich eines bestimmten Falles oder eines Problems gesetzten Ziele erreicht worden sind, inwiefern die gewählten Hilfe-, Unterstützungs- oder andere Handlungsformen sinnvoll waren und wie das Verhältnis von Aufwand und Erfolg einzuschätzen ist. Auch die Frage, ob die gesetzten Ziele hinsichtlich des zu lösenden Problems angemessen formuliert waren, sollte in eine S. einbezogen werden;
b) der Reflexion der Fachkräfte über die Denk- und Deutungsmuster, die ihren Handlungen zugrunde liegen (Aspekt der Aufklärung). Unter diesem Aspekt dient S. der Analyse von Handlungsverläufen sowie der Herstellung von Transparenz hinsichtlich der eigenen fachlichen Orientierungen und deren Angemessenheit;
c) der Entwicklung der eigenen Kompetenzen (Aspekt der Qualifizierung). S. kann der eigenen Qualifizierung insofern dienen, als sie über Wirkungen des eigenen Handelns und dessen Voraussetzungen (z. B. objektive Rahmenbedingungen, persönliche Stärken und Schwächen, die Interaktionsdynamik zwischen Helfern und Hilfesuchenden usw.), wie in der → Supervision, systematisch Aufschluß gibt;
d) der Überprüfung und Entwicklung von Planungsgrundlagen für die weitere Arbeit (Aspekt der Innovation). Indem S. der Transparenz über Ziele, Wirkungen und Voraussetzungen des eigenen Handelns und auf diese Weise der Aufklärung und Qualifizierung der Fachkräfte dient, entfaltet sie auch deren innovatorisches Potential. Kritisch reflektierte und wissenschaftlich analysierte Praxis mündet in überarbeiteten Zielen, Handlungsplänen, Arbeitsformen, Methoden usw. (→ Methoden der Sozialarbeit).
Besonderes Augenmerk muß bei einer S. – wie bei jeder anderen Untersuchungsform – methodischer Sorgfalt und Systematik gelten. Dies gilt zum einen für das Untersuchungsdesign insgesamt wie für die Auswahl und Gestaltung der Untersuchungsverfahren im engeren Sinne. Analog zur Vorgehensweise bei einem empirischen Sozialforschungsprojekt sind die notwendigen Ablaufschritte genau zu planen (Heiner). Als Methoden einsetzbar sind, je nach Gegenstand und Ziel der S., quantitative und → qualitative Erhebungs- und Auswertungsverfahren. Bei den letzteren spielen insbesondere prozeßorientierte »Fallstudien« auf der Basis von → Beobachtungen, → Befragungen, → Akten- und Dokumentenanalysen, Gruppendiskussionen und Expertengesprächen eine Rolle.
Ein besonderes Problem der Gestaltung von Projekten der S. stellen blockierende Interessen oder Widerstände seitens der beteiligten Fachkräfte gegenüber den zu erwartenden Erkenntnissen dar. Solche Blockierungen oder Widerstände, auch blinde Flecken, sollten nicht unterschätzt werden. Von ihrer Reflexion und Bearbeitung hängt ab, ob wissenschaftliche Erkenntnisse über die eigene Praxis möglich sind und ob es gelingt, die Ergebnisse der S. in eine innovative Gestaltung von Praxis und Organisation umzusetzen. Als wichtige Voraussetzung einer gelingenden S. gilt die Schaffung eines Arbeitsklimas, das es den Beteiligten leicht macht, selbstkritisch über ihre eigenen Stärken und Schwächen zu kommunizieren.
Lit. Heiner: Qualitätsentwicklung; v. Spiegel: Erfahrung. *Gerhard Frank*

Selbsthilfe als Prinzip, eigene Probleme aus eigener Kraft bzw. gemeinsame Probleme mit gemeinsamer Anstrengung zu bearbeiten, realisiert sich einerseits in primären Lebenskreisen und Leistungsbereichen des privaten und familialen → Alltags (primäre S.), andererseits über die Problemlösungs- und Problembearbeitungsfähigkeit organisierter S. als bewußtes Gegenkonzept zu bürokratisch oder professionell organisierter »Fremdhilfe«.
Historisch weist S. zurück auf ständische und genossenschaftliche Hilfsgemeinschaf-

Selbsthilfe

ten. Mitte des 19. Jh. wurde S. gleichermaßen zur Programmformel der genossenschaftlichen Stabilisierung bürgerlicher Selbständigkeit (Schulze-Delitzsch), wie der proletarischen Selbstorganisation von »Produktiv-Assoziationen« (Lassalle), für welche als »Hilfe zur S.« staatliche Subventionen und Interventionen gefordert waren (vgl. → Soziale Gerechtigkeit).
Primäre S. entwickelt sich in der privaten Nähe, insbes. im familialen Haushalt. Hier galten private Initiative und verwandtschaftliche → Solidarität lange als Selbstverständlichkeit. So läßt sich »das ganze Haus« als ein ganzheitlicher Lebenskreis vielfältiger Versorgungs-, Sicherungs-, Betreuungs- und Erziehungsaufgaben rekonstruieren. Gesellschaftliche Modernisierung bedeutet demgegenüber die Auslagerung häuslich-familialer Leistungen an gesamtgesellschaftlich organisierte Funktionssysteme (z. B. Produktion, Konsum, → Bildung, → Erziehung). Allerdings zeigt sich gerade bei Defiziten gesellschaftlicher Versorgungsbereiche, daß in primären Lebenskreisen latente Reserven einer primären S. aktiviert werden können. Dabei erscheint S. nicht nur als quantitative Entlastung von Kostenexplosionen öffentlicher Dienstleistungsbereiche (Laienmedizin). Auch qualitativ verspricht familiale und situative S., neu »entdeckt« als »humane« Alternative zur funktionalen Rationalität organisierter Versorgungen, oft das bessere therapeutische Klima. Allerdings ist S. unter den Bedingungen moderner Gesellschaft nicht mehr selbstverständlich (funktionale Differenzierungen, Anonymität). Insbes. scheint die privatisierte Kleinfamilie (→ Familie) der Krise einer soziopsychischen Dauerbelastung – etwa bei chronischer Erkrankung und Behinderung – kaum mehr gewachsen, zumal auch die entlastenden Elastizitäten (wahl-)verwandtschaftlicher und nachbarschaftlicher Kontexte zumeist ausfallen. Entsprechend leisten öffentliche → Sozialdienste eine »Hilfe zur S.« zunächst i. S. d. Stabilisierung und Reaktivierung geschwächter primärer Lebenskreise (Familienhilfe, → Nachbarschaftshilfe, → Gemeinwesenarbeit), zunehmend aber auch durch Anregung, Förderung und Begleitung »künstlicher« Kontexte einer Selbstorganisation von S.
Organisierte S. reagiert auf den Ausfall und die Überforderung primärer S. durch den Versuch, soziale Bedingungen einer gemeinsamen Problembearbeitung künstlich in Szene zu setzen. Krisen, die das Selbstverständliche des Gewohnten sprengen, überlasten und überfordern zumeist die privaten Lebenskreise, wobei sich der Problemdruck durch die strukturelle Enge und Schwäche des privaten Kontextes oft noch verschärft. Als »Alternative« wird S. dann durch → Selbsthilfegruppen außerhalb des familialen Lebenskreises entwickelt, d. h.

auf der Basis der verbindenden Betroffenheit durch die gemeinsame Problemlage. Im Unterschied zur lebensweltlichen Ganzheitlichkeit der primären S. bestimmt sich gesellschaftliche Organisation von S. zumeist durch thematische Konzentration auf spezielle Probleme.
Das geltende → Sozialrecht bezieht die »Hilfe zur S.« (→ Subsidiarität) i. d. R. auf die materielle Sicherung der Selbständigkeit individueller Haushaltsführung. Auch bei kritischen Situationen orientiert sich das offizielle System sozialer Dienstleistung eher personalisierend am klinischtherapeutisch isolierbaren Einzelfall und an Möglichkeiten der → »Hilfe in besonderen Lebenslagen«. In Sozialleistungssystemen, die i. S. d. Verrechtlichung von Ansprüchen und der Verrechenbarkeit von Leistungen rationalisiert sind, ergeben sich allerdings Probleme mit gruppenhafter S. Zu verweisen ist auf aktuelle Reformansätze und Modellversuche, die Aktionsformen organisierter S. nicht nur unmittelbar über die Delegation von »Fällen«, sondern auch über eine unmittelbare Subvention von Gruppen, Initiativen und Projekten zu entwickeln.
So bedeutet der Perspektivenwechsel sozialer Arbeit vom »Fallbezug« zur »Feldorientierung« auch ein neues Interesse an Aktionsformen der S. und Solidarhilfe. »Hilfe zur S.« fordern dabei gerade jene »Grauzonen«, wo gewachsene primäre Netze dem Problemdruck von → Lebenskrisen nicht mehr gewachsen scheinen, die sekundären Systeme offizieller und professioneller Hilfeleistung jedoch noch nicht/nicht mehr greifen. Neben der Hilfe für natürliche Netze (natural networks) gewinnen zunehmend auch die Hilfen zur Entwicklung »selbstaktiver Felder« (z. B. S.gruppen, Initiativprojekte) an Bedeutung (→ Netzwerke, soziale).
In der Praxis der S.förderung geht es um die Entwicklung einer s.förderlichen Infrastruktur. Beispielhaft sind im Rahmen eines Modellprogramms des Bundes in der Zusammenarbeit von Sozialverwaltungen und Wohlfahrtsverbänden entwickelten »Informations- und Kontaktstellen für Mitarbeit und Selbsthilfe« (vgl. Braun, J. u. a.: Selbsthilfeförderung). Ähnliche Aktivitäten sind in den neuen Bundesländern angelaufen.
Auch das neue → Kinder- und Jugendhilfegesetz (KJHG – SGB VIII) öffnet in den Regelungen der Zusammenarbeit → öffentlicher und → freier Träger, insbes. im Bezug auf die Mitwirkung freier Träger im → Jugendhilfeausschuß (§ 71 Abs. 1 KJHG – SGB VIII), die finanzielle Förderung der → Jugendhilfe (§ 74 KJHG – SGB VIII) und der Beteiligung freier Träger an der Planung der → Jugendämter (§ 80 Abs. 3 KJHG – SGB VIII) auch den neuen Arbeitsformen und Trägerstrukturen sozialer S. (wie S.gruppen, Elterninitiativen, Beschäf-

tigungsinitiativen) neue Wege der institutionellen Anerkennung und Mitwirkung.
S. a. → Altenselbsthilfe.
Lit. Braun, J. u. a.: Selbsthilfeförderung; Evers: intermediärer Bereich; Ferber u. a.: Laienpotential; Jakob: Selbstbezug; Kaufmann: Staat; Moeller: Selbsthilfegruppen; Nokielski u. a.: Netzwerkhilfe; Trojan: Wissen. *Eckart Pankoke*

Selbsthilfefirmen sind i. d. R. als gemeinnützig anerkannte, privatrechtlich organisierte Firmen, die für → seelisch Behinderte, die in der → Werkstatt für Behinderte (WfB) aufgrund ihres Leistungsvermögens unterfordert wären, Dauerarbeitsplätze im Rahmen regulärer Arbeitsverhältnisse in Anlehnung an tarifrechtliche bzw. orts- oder branchenübliche Bedingungen anbieten. Im Unterschied zur WfB arbeiten die S. nach allgemeinen Wettbewerbsbedingungen, wobei Hauptziel nicht der Gewinn, sondern die berufliche Wiedereingliederung (→ Berufliche Rehabilitation) ehemaliger Langzeitpatienten psychiatrischer Einrichtungen ist. In diesem besonderen Arbeitsmarkt werden Arbeitsplätze im Bereich von industrieller Fertigung, Handwerk und Dienstleistungen angeboten.
S. haben sich Ende der 70er Jahre als Reaktion auf die allgemeine Krise des → Arbeitsmarktes entwickelt, die den Personenkreis seelisch Behinderter besonders hart traf. Ende 1984 existierten 13 Firmen mit insgesamt 130 Arbeitsplätzen.
Es lassen sich im wesentlichen 2 Typen von S. unterscheiden: zum einen Betriebe, die sich ausschließlich an den Arbeitsbedingungen herkömmlicher Betriebe orientieren, zum anderen solche Betriebe, in denen die besondere Situation der seelisch Behinderten in der Gestaltung der Arbeitsplätze und der Arbeitsabläufe berücksichtigt wird. Beide Typen verstehen sich nicht als Rehabilitations- bzw. Versorgungseinrichtungen. Daher eignen sie sich nur sehr eingeschränkt als Instrument zur Bedarfsdeckung von Arbeitsmöglichkeiten für seelisch Behinderte. Die Hauptlast der Versorgung arbeitsloser seelisch Behinderter wird durch das Netz der WfB getragen.
Das Arbeiten nach marktüblichen Bedingungen wird von den S. als wesentliches Merkmal einer tatsächlichen → Integration gewertet, weil damit der ausgrenzende Charakter anderer Arbeitsangebote aufgehoben wird. Probleme bei der Realisierung dieser Zielsetzung ergeben sich
– aus den Bedingungen des Wirtschaftssystems, in dem eine Unzahl von Unternehmen um Dienstleistung und Produktion untereinander konkurrieren und besondere Betriebe nicht die besten Marktchancen haben;
– aus den persönlichen Bedingungen des → psychisch kranken bzw. seelisch behinderten Menschen, in deren krankhaften Episoden nicht nur eine zeitweise Leistungsstörung vorliegt, sondern die Eigendynamik der → Psychose stärker ist als die Interventionsmöglichkeit des Helfers. Häufig geht damit eine Einsichtsunfähigkeit für die vielleicht erforderliche Intensivbehandlung in der Klinik einher, die gegen den Willen des Kranken nicht eingeleitet werden kann. Hier hat der Betrieb → Krisenintervention zu leisten durch die fehlende langfristige finanzielle Absicherung der in den besonderen Firmen tätigen nichtbehinderten Mitarbeiter. Diese sind Träger der Produktion. Sie sind häufig als Initiatoren von → Selbsthilfegruppen zunächst zu Lohnverzicht – auch teilweise – bereit; langfristig ist dies weder zumutbar, noch zu erwarten.
Es hat sich gezeigt, daß S. auf die Dauer nicht existenzfähig waren. S. sind zumeist in → Beschäftigungsgesellschaften aufgegangen.
Um das Angebot der S. auf Dauer aufrechtzuerhalten, ist sicherlich eine Kooperation mit den WfB sinnvoll, um die Kosten für die Betriebsorganisation der S. niedrig zu halten.
Lit. Arbeitskreis Firmen in der Deutschen Gesellschaft für Soziale Psychiatrie: Firmen. *Paul Marx*

Selbsthilfeförderung Im Zentrum der S. steht die direkte Unterstützung einzelner → Selbsthilfegruppen und -organisationen durch finanzielle Zuwendungen und die infrastrukturelle Förderung der Selbsthilfe durch → Selbsthilfekontaktstellen.
Da die S. sowohl eine freiwillige Aufgabe der öffentlichen Hand als auch der Sozialversicherungsträger (insbesondere der → Krankenkassen) ist, fällt die Umsetzung sehr unterschiedlich aus.
Auf der Ebene des Bundes werden vor allem vom BMG und BMFSFJ Modellvorhaben und eingie bundesweit arbeitende Selbsthilfeorganisationen sowie die Nationale Kontakt- und Informationsstelle zur Anregung und Unterstützung von Selbstfegruppen (→ NAKOS) gefördert.
Der Adressatenkreis und der Umfang der Selbsthilfeförderung auf der Ebene der 16 Bundesländer ist sehr verschieden. Einige Länder legen den Schwerpunkt ihrer finanziellen Unterstützung auf örtliche Selbsthilfegruppen, andere auf die Förderung der Infrastruktur, d. h. der Selbsthilfekontaktstellen. Insgesamt förderten die Länder den Selbsthilfebereich 1995 mit 32 Mio. DM.
Auf der kommunalen Ebene werden in erster Linie örtliche Selbsthilfegruppen finanziell unterstützt und in manchen Fällen Selbsthilfekontaktstellen. Der Förderumfang ist je nach kommunalen Gegebenheiten sehr unterschiedlich und läßt sich nicht genau bestimmen. Die gesetzlichen Krankenkassen können seit dem 1. Januar 1993 nach § 20 (3a) SGB V »Selbsthilfegruppen und -kontaktstellen mit gesundheitsför-

dernder oder rehabilitativer Zielsetzung durch Zuschüsse fördern«. Die einzelnen Krankenkassenverbände haben Konzepte entwickelt, wie sie die Förderung für ihren Bereich umsetzen. Eine Förderungswürdigkeit für Selbsthilfegruppen wird in der Regel an einer bereits erfolgten Förderung aus öffentlichen Mitteln festgemacht. Das führt in der Tendenz dazu, daß nur solche Selbsthilfegruppen gefördert werden, die bereits finanzielle Unterstützung erfahren. Ähnliches gilt für die Selbsthilfekontaktstellen. Eine Kooperation bei der Förderung ist kaum gegeben. Der Aspekt des Wettbewerbs spielt eine große Rolle.
Konkrete Zahlen über die Ausgaben für die Förderung der Selbsthilfegruppen und Selbsthilfekontaktstellen durch die Krankenkassen gibt es nicht. Nach Schätzungen wurden 1995 Selbsthilfegruppen insgesamt mit knapp 10 Mio. DM gefördert. Eine bundesweite Untersuchung zur Förderung der Selbsthilfekontaktstellen zeigte 1995, daß die Krankenkassen diesen Bereich mit 360 000 DM gefördert haben.
Lit. Balke: Förderung. *Klaus Balke*

Selbsthilfegruppen Selbstbetroffenheit und Handeln in eigener Sache sind die entscheidenden gemeinsamen Merkmale aller S. Doch unterscheiden sie sich in ihren besonderen Zielen: Die psychosozialen S. (a) – wie die Anonymen Alkoholiker und zahlreiche weitere eigenständige Gesprächsgruppen für nahezu jede seelische und soziale Belastung – verfolgen über gleichzeitige Selbstveränderung und soziale Veränderung vor allem therapeutische Ziele. Medizinische S. (b) – wie die Rheuma-Liga, die Frauenselbsthilfe nach Krebs und weitere 19 Vereinigungen im Bundesverband »Hilfe für Behinderte« (→ Bundesarbeitsgemeinschaft »Hilfe für Behinderte«) mit über einer Viertelmillion Mitglieder – beschränken sich bisher weitgehend auf »äußere« Selbsthilfe (juristische und soziale → Beratung, Forschungsförderung und Gesetzesarbeit). Zu den bewußtseinsverändernden S. (c) gehören die Frauengruppen der Emanzipationsbewegung (→ Frauenbewegung) oder die homosexuellen Gruppen, zu den lebensgestaltenden S. (d) u. a. die Landkommunen. In arbeitsorientierten S. (e) haben sich jugendliche, aber auch ältere Arbeitslose zusammengefunden, um sich eine berufliche Tätigkeit zu erschließen. Mehr und mehr entwickeln sich auch ausbildungsorientierte S. (f) – etwa für → Sozialarbeiter zur Vertiefung und emotionalen Integration des Studiums oder als selbstorganisierte → Fortbildung in der Praxis. Schließlich sind alle → Bürgerinitiativen (g) zu den S. zu zählen. Weltweit haben sich mehrere hunderttausend S. gebildet. Diese soziale Bewegung hat im Bereich der psychosozialen Versorgung eine stille Revolution eingeleitet.

Für die soziale Arbeit sind die psychosozialen S. (a) von höchster Bedeutung. Zu einer solchen eigenständigen Gesprächsgruppe finden sich 6 bis 12 Betroffene zusammen, um ohne einen professionellen Leiter gemeinsam ihre Probleme zu lösen. Sie treffen sich an einem möglichst neutralen Ort einmal in der Woche abends für etwa 2 Stunden über mehrere Jahre. Eine besondere Anleitung ist nicht nötig, weil ihr Arrangement indirekt zahlreiche Bedingungen festlegt, die einen selbstgesteuerten → Gruppenprozeß begünstigen: die Prinzipien der Kleingruppe, der Regelmäßigkeit und der Selbstbetroffenheit u. a. Grundlegend für den Gruppenverlauf ist das demokratische, gleichgestellte Arbeitsbündnis. Empirische Untersuchungen zeigten, daß die Ergebnisse der Arbeit in S. denen der professionellen Gruppenbehandlung gleichen.
Trotz zahlloser Schwierigkeiten eröffnet der Verbund von S. und Fachleuten aus den sozialen Berufen die günstigsten Entwicklungschancen. Diese Zusammenarbeit ist auf dem sog. Gesamttreffen möglich. Zu einem Gesamttreffen finden sich Vertreter regionaler S. einmal monatlich zusammen, um wechselseitig ihre Erfahrungen auszutauschen und Probleme bzw. Krisen zu besprechen, die eine einzelne Gruppe nicht zu bewältigen glaubt. Das Gesamttreffen ist die Kontaktadresse für Neue. Neben vielen weiteren Aufgaben ist es aber auch der Ort, an dem Experten als S.berater mitwirken können. Dafür ist ein neues Rollenverständnis der Experten und Laien nötig (→ Rolle). Denn im Kontrast zur traditionellen ungleichgewichtigen Beziehung zwischen Fachleuten und Klienten (→ Helfende Beziehung) berät der Experte nicht die Gruppe, sondern berät mit den Gruppen. Über die Schwierigkeiten, die dieses neue Rollenverständnis auf beiden Seiten macht, geht der Gesamtwiderstand gegen eigenständige Gesprächsgruppen jedoch weit hinaus: Angst vor dem unbekannten Fremden, vor Arbeiten ohne Leiter, vor der Erörterung persönlicher Probleme in einer Gruppe, vor den eigenen Konflikten und vor übler Nachrede sind auf seiten möglicher Teilnehmer die größten Barrieren. Auf seiten der Fachleute entspricht ihnen die Angst vor Konkurrenz, vor Entbehrlichwerden, vor Verlust der stabilisierenden Versorgerrolle (→ Helfersyndrom), aber auch vor zu aktivem Eingreifen und Steuern.
Die brisante Entwicklung der S. und die heute diskutierte Erschütterung der traditionellen Expertenrolle laufen nicht auf eine Selbstaufgabe des beruflichen Helfers hinaus, sondern auf die Realisierung derselben Aufgabe in einer neuen, gleichgestellten Beziehung. Die »Hilfe zur Selbsthilfe« entwickelt sich konsequent zu einer »Hilfe zur Gruppenselbsthilfe«.
Sofern die latente Expertendominanz und Klientenabhängigkeit vermieden werden

können, dürfte die Zusammenarbeit mit eigenständigen Gesprächsgruppen ein wesentliches Zukunftskonzept der sozialen Arbeit darstellen. Die zunehmende Isolation der Menschen, das Ansteigen psychosozialer Notlagen, die immer schnellere Veränderung unserer Lebensbedingungen und die gleichzeitige Entwicklung zu mehr Selbstbestimmung und Demokratisierung verstärken den Druck zu einem solchen Vorgehen. Der Übergang ist leicht, da S.arbeit in sehr unterschiedlicher Weise mit der professionellen Hilfe zu verbinden ist.
Lit. Kickbusch u. a.: Gemeinsam; Moeller: Helfen; Moeller: Selbsthilfegruppen.

Michael Lukas Moeller

Selbsthilfekontaktstellen sind professionelle Beratungseinrichtungen mit hauptamtlichem Personal, die bereichsübergreifend Dienstleistungsangebote bereitstellen, die auf die Unterstützung und Stabilisierung von Selbsthilfeaktivitäten abzielen. Eine Hauptzielgruppe von S. sind Bürger, die noch nicht Teilnehmer an → Selbsthilfegruppen sind, sondern sich hierüber informieren und beraten lassen möchten. Die Motivation zur Teilnahme an Selbsthilfegruppen ist ein wesentlicher Arbeitsbereich für S. Auf Wunsch unterstützen sie aktive Betroffene bei der Gruppengründung. Bestehenden Selbsthilfegruppen bieten sie Räume, Beratung und supervisorische Begleitung in schwierigen Gruppensituationen oder bei Problemen an. Durch Öffentlichkeitsarbeit (z. B. die Durchführung von Selbsthilfetagen) tragen S. zur größeren Bekanntheit und Akzeptanz von Selbsthilfegruppen bei.
S. sind Agenturen zur Stärkung der Eigenverantwortung und gegenseitigen freiwilligen Hilfe. Sie verbessern die Infrastruktur für die Entstehung und Entwicklung von Selbsthilfegruppen (→ NAKOS).
Zwei Modellprogramme des BMFSFJ haben gezeigt, daß in Orten, in denen eine S. existiert, eine überdurchschnittliche Zunahme und eine größere Stabilität der Arbeit von Selbsthilfegruppen zu verzeichnen ist. Die Zahl der S. in der Bundesrepublik Deutschland, die mit festangestelltem Personal als eigenständige Einrichtungen arbeiten, beträgt 1996 165.
Ein Problem für viele S. ist die mangelnde finanzielle Unterstützung (vgl. → Selbsthilfeförderung). Obwohl die Finanzierung von S. eine Gemeinschaftsaufgabe von Ländern, Kommunen und Krankenkassen ist, werden die Einrichtungen nur in wenigen Kommunen und Ländern hinreichend abgesichert. Die Bereitschaft der Krankenkassen, S. angemessen gemeinschaftlich zu fördern, ist von einzelnen Ausnahmen abgesehen, nicht vorhanden.
Lit. Braun, J.: Praxishandbuch; Braun, J. u. a.: Selbsthilfeförderung. *Klaus Balke*

Selbsthilfeprojekte → Alternative soziale Bewegung

Selbstmord → Selbsttötung

Selbstsicherheitstraining Sammelbegriff für therapeutische Techniken im Rahmen der → Verhaltenstherapie zum Abbau von sozialen Ängsten (→ Angst) und Hemmungen und zum Aufbau sozialer Fertigkeiten. S., assertive training und Training sozialer Kompetenz sind synonym verwendete Begriffe für die seit etwa 1950 entwickelten Maßnahmen.
Die Anwendung erfolgt vorwiegend als → Gruppentherapie, u. a. bei psychiatrischen Störungen mit begleitenden Kontaktschwierigkeiten, bei Drogen- und Alkoholabhängigen (→ Abhängigkeit) sowie bei Jugendlichen und Erwachsenen mit sozialen Schwierigkeiten. Halbstandardisierte (z. B. Feldhege u. a.) und standardisierte (z. B. Ullrich u. a.) Fassungen liegen vor.
Therapeutische Zielbereiche im beruflichen und privaten Bereich sind vorwiegend: nein sagen und Kritik äußern, Forderungen stellen, Kontakte aufbauen, sich Fehler erlauben und öffentlicher Beachtung aussetzen sowie Kompromisse schließen können. Als Wirkmechanismen gelten u. a.: angstfreie Übungssituation, Einübung von Verhaltensweisen mit aufsteigender Schwierigkeit, operante → Konditionierung sowie Erprobung des gelernten Verhaltens in der natürlichen Umgebung.
Lit. Feldhege u. a.: Verhaltenstrainingsprogramm; Ullrich u. a.: Selbstvertrauen.

Gerhard Bühringer

Selbststeuerung Die aus der Kybernetik entlehnte Formel der S. verweist im Kontext sozialer Arbeit auf die Gestaltbarkeit der Außenbezüge sozialer Aktionseinheiten (Initiativen, Gruppen, Verbände usw.). Gefragt wird, welche Möglichkeiten die in den Feldern sozialer Arbeit Handelnden haben, die finanziellen, sozialen, rechtlichen und politischen Rahmenbedingungen ihres Handelns zu beeinflussen. Während bei Selbstregulierung das eigene Handeln den äußeren Bedingungen angepaßt wird, richtet sich S. aktiv auf eine Veränderung der Rahmenbedingungen. Als Entwicklungs- und Bestandssicherungsstrategie gewinnt S. gerade bei neuartigen Problemen sozialer Betroffenheit und unkonventionellen Bearbeitungsformen (z. B. autonome Einrichtungen, Organisationen oder Selbsthilfeprojekten [→ Selbsthilfe], → Gemeinwesenarbeit) an Bedeutung. Bereits Selbstregulierung setzt über die bloße Anpassung der Binnenstruktur die Fähigkeit zum Aufbau einer Beziehungsstruktur zur gesellschaftlichen Umwelt voraus (Kontakte zu Behörden und Verbänden, Vernetzung mit anderen Organisationen usw.). Von S. läßt sich sprechen, wenn es sozialen Aktionseinten zudem gelingt, in ihrer Umwelt Veränderungen zu bewirken, mit denen sie die Rahmenbedingungen ihres Handelns zu ihren Gunsten beeinflussen können. S. kann z. B. darin bestehen, durch politische Aktionen eine gesellschaftliche Anerkennung der Probleme von Mitgliedern/Klienten zu bewirken, womit wichtige Voraussetzungen zur Erschließung neuer Fördermöglichkeiten geschaffen werden. S. kann sich aber auch darauf richten, durch neue Formen der Zusammenarbeit und Interessenvertretung (Aktionsbündnisse, Verbandsbildung, institutionalisierte Netzwerke) die eigenen Handlungsmöglichkeiten zu verbesern. Unter Bedingungen einer an »Märkten« agierenden sozialen Arbeit scheint S. an Bedeutung zu verlieren. Sollen die Anbieter sozialer Dienstleistungen lediglich eine gegebene Nachfrage befriedigen, könnte Selbstregulierung ausreichen. Sieht man die soziale Arbeit jedoch als Chance und Mittel gesellschaftsinnovativer Sozialpolitik, wird S. sowohl im Verhältnis zur politischen Arena als auch zu potentiellen »Kunden« zum Korrektiv und zur Ergänzung des Marktprozesse.

Lit. Becher, B. u.a.: Sozialadministration; Kaufmann: Gestaltung; Klimecki u.a.: Sozialmanagement; Pankoke u.a.: Selbststeuerung; Pankoke u.a.: Verwaltungssoziologie. *Hans Nokielski*

Selbsttötung (Selbstmord, Freitod, Suizid) meint den durch gewollte und gezielte Handlung herbeigeführten eigenen Tod. Noch bis in die zweite Hälfte des 20. Jh. unterlag die S. als »Selbstmord« im christlich geprägten »Abendland« erheblichen Sanktionen (Verweigerung von kirchlichen Begräbnissen, Bestrafung nach S.versuchen), erst dann setzte sich die Erkenntnis durch, daß der größte Teil aller S.handlungen auf psychische Störungen zurückgeht. Allerdings wird diese Sicht von solchen Autoren kritisiert, die die S. als einen vernünftigen Abschluß eines nicht mehr sinnerfüllten Lebens und damit als »Freitod« bewerten (s. Amery). S. ist immer die Folge von individuellen Handlungen in je eigenen individuellen Situationen. Dennoch unterliegt die Zahl von S. in einer Gesellschaft einer Fülle von soziologischen Faktoren, z. B. dem Grad der Industrialisierung, der Bevölkerungsdichte, der Konfessionsstruktur. Darüber hinaus sind bestimmte Bevölkerungsgruppen stärker s.gefährdet als andere, z. B. alte Menschen, Geschiedene, Verwitwete, Arbeitslose, Behinderte, psychisch Kranke (s. Böcker).

S. und S.versuche sind nicht in allen Einzelheiten vergleichbar. Der Ausgang einer S.handlung hängt ab von der gewählten S.methode (gefährlich sind Strangulationen, Anwendung von Schußwaffen, Springen aus großer Höhe, Ertränken; mehrheitlich überlebt werden Vergiftungen und Schnittverletzungen), dem Arrangement (S.handlung ausgeführt ohne erkennbare Möglichkeit rascher Entdeckung oder S.handlung im Beisein anderer), der Art und Ausprägung der zugrunde liegenden psychischen Störung und dem Wollen des einzelnen. Die meisten S.handlungen sind gemeint als Appell, als Hinweis auf eine ausweglos erscheinende Situation und damit als verzweifelter Ruf um Hilfe, der auch dann nicht überhört werden darf, wenn die S.handlung unernst und ausgesprochen demonstrativ wirkte. Besonders s.gefährdet sind Patienten, die an psychischen Erkrankungen, vor allem → Psychosen leiden (endogene → Depression, → Schizophrenie, somatogene Psychose), Suchtkranke (→ Alkoholismus, → Arzneimittelmißbrauch, → Drogenabhängigkeit, → Sucht/Suchtgefährdung) und Menschen, deren Selbstwerterleben nur gering entwickelt ist und die damit für »narzißtische Krisen« (s. Henseler) besonders anfällig sind. Vielfach kündigen sich S.tendenzen durch ein präsuizidales → Syndrom (s. Ringel) an, gekennzeichnet durch Einengung, gehemmte und auf die eigene Person gerichtete → Aggressionen und durch S.phantasien. Die meisten S.gefährdeten kündigen die S.handlung direkt oder indirekt an. Wird das Signal nicht verstanden oder wird darauf nicht reagiert, folgt früher oder später ein S.versuch. Da Menschen, die S.versuche überlebt haben, zu etwa 25% später S.handlungen wiederholen und da die Menschen, die durch S. gestorben sind, zu 50% zuvor S.versuche überlebten, ist die Betreuung nach S.versuchen von eminenter Bedeutung. Die alleinige körperliche Behandlung der Vergiftungsfolgen oder einer Schnittverletzung kann die der Verzweiflung zugrunde liegende Störung und die beteiligten Konflikte nicht beseitigen. Vielmehr muß eine ausreichende Behandlung aufbauen auf einer klaren diagnostischen Zuordnung der ursächlichen psychischen Krankheit oder Störung und auf einer genauen Aufklärung über die Konflikte (meist zwischenmenschliche), die zum S.versuch Anlaß geben. Die Behandlung muß unverzüglich folgen, da Patienten und Angehörige unmittelbar unter dem Eindruck der S.handlung für eine Therapie zugänglich sind, wenige Tage später aber nicht mehr (s. Böcker u.a.). Da bei S.handlungen im allgemeinen psychiatrische, psychologische, soziale und weltanschauliche Faktoren miteinander verknüpft sind, müssen in der Behandlung alle beteiligten Berufsgruppen eng zusammenarbeiten. Diese Notwendigkeit hat in einzelnen Zentren zur Bildung von fachübergreifenden (Liaison) Diensten geführt. S.-Präventions-Zentren und Krisen-Interventions-Zentren bemühen sich (ebenfalls interfakultativ) um S.prophylaxe (s. Reimer, C.).

Lit. Amery: Hand; Böcker: Suizide; Böcker u. a.: Suizidversuch; Dürkheim: Selbstmord; Henseler: Selbstmord; Reimer, C.: Prävention; Reiner: Suizid; Ringel: Selbstmordproblem; Seyfried: Suizidalität.

Felix Böcker

Selbstverwaltung 1. S. bedeutet das Handeln öffentlich-rechtlicher Körperschaften in eigener sachlicher und finanzieller Verantwortung. Die Entscheidungen unterliegen nur der allgemeinen Rechtsaufsicht der staatlichen Aufsichtsbehörden. Das S.recht im kommunalen Bereich schließt die eigenverantwortliche Rechtsetzung durch → Satzungen ein. S. bedeutet nicht nur das Recht der → Gemeinden, von staatlichen → Fachaufsicht unabhängige Behördenapparate einrichten zu können. In einer demokratisch verfaßten Gesellschaft bedeutet s., daß die Bürger im Rahmen der örtlichen Gemeinschaft bei der Gestaltung aller örtlichen Angelegenheiten aktiv mitwirken und damit Verantwortung übernehmen können. Im Sozialwesen ist das S.recht der Gemeinden und Gemeindeverbände von besonderer Bedeutung, da die Befriedigung sozialer Bedürfnisse – soweit diese nicht spezialgesetzlich besonderen Trägern und Institutionen zugeordnet ist – im Rahmen der allgemeinen → Daseinsvorsorge zu den wichtigsten kommunalen Aufgaben gehört.
2. Den Gemeinden und Gemeindeverbänden ist in Art. 28 Abs. 2 des → Grundgesetzes (GG) sowie in den Länderverfassungen das Recht der S. garantiert, wobei das GG den Rechtsbegriff als solchen voraussetzt und nicht näher beschreibt. Die begriffliche Konkretisierung bzw. Beschränkung (»im Rahmen der Gesetze«) bleibt einzelgesetzlichen Regelungen überlassen. Das Recht der S. wird vor allem in den Gemeindeordnungen und für die → Landkreise in den Landkreisordnungen näher ausgeformt.
3. Von der kommunalen S. zu unterscheiden ist die S. der Sozialversicherung, die wegen des gesetzlichen Ausbaus des Leistungssystems im wesentlichen die Organisation des Vollzugs gesetzlicher Vorgaben in S. wahrzunehmen hat.
4. Das S.recht ist einem Wandel unterworfen, der fast als Krise der S. beschrieben werden kann:
– Die Vorschriftenflut – nicht zuletzt auch im sozialen Bereich – engt das eigenverantwortliche Handeln (nicht nur der Kommunen) immer mehr ein.
– Die finanziellen Verflechtungen zwischen Bund, Ländern und Gemeinden und die damit verbundenen Abhängigkeiten haben ein solches Ausmaß angenommen, daß der formal noch bestehende Entscheidungsspielraum immer kleiner wird.
– Die ständig wachsende Zahl von → Bürgerinitiativen zur Durchsetzung bestimmter Ziele außerhalb der bestehenden Organe läßt eine zunehmende Distanz zwischen den Bürgern und den gewählten Vertretern erkennen.
5. S. im sozialen Bereich: Der Vollzug vor allem des → Bundessozialhilfegesetzes (BSHG) und des → Kinder- und Jugendhilfegesetzes (KJHG – SGB VIII) obliegt den örtlichen und überörtlichen Trägern (→ Sozial-, → Jugendhilfeträger) als S.angelegenheit. Insbes. bei den institutionellen Aufgaben berühren sich hier kommunale Maßnahmen mit den Aktivitäten der → freien Träger der Wohlfahrtspflege. Zur Abgrenzung der Aufgabenbereiche der → öffentlichen und der freien Träger sowie zum Verhältnis der »Vorrangbestimmungen« des BSHG und KJHG – SGB VIII – zum S.recht vgl. die grundlegende Entscheidung des Bundesverfassungsgerichts vom 18. 7. 1967, in: BVerfGE 22, S. 180 = NDV 1967, S. 227. Sozialarbeit und Sozialverwaltung stehen wegen des Gebots individueller Hilfeleistung einerseits und der Notwendigkeit einer allgemeinen Umschreibung von Art und Maß der Hilfen anderseits in einer gewissen Spannung zueinander. Im Bereich der S. besteht ein ähnliches Spannungsverhältnis, da die → sozialen Dienste auf der Grundlage der von den S.organen und der Administration vorgegebenen Rahmenbedingungen zu leisten sind. Durch gesellschaftspolitische Grundvorstellungen und bestimmte Prioritätsentscheidungen der S.organe, aber auch z. B. durch → Haushaltsplan und Behördenorganisation (→ Behördenaufbau) sind der Sozialarbeit rechtliche, finanzielle und organisatorische Rahmenbedingungen vorgegeben, die das Verhältnis zwischen S. und Sozialarbeit bestimmen und zuweilen auch belasten.
6. Zum Begriff der S. gehört wesensnotwendig eine angemessene finanzielle Grundausstattung, die Entscheidungsautonomie ohne die Möglichkeit, auch über finanzielle Mittel eigenverantwortlich entscheiden zu können, nicht denkbar ist. Besondere Bedeutung hat dieser Aspekt im sozialen Bereich dann, wenn freie Träger anstelle der öffentlichen Hand (→ Subsidiarität) Aufgaben der Daseinsvorsorge wahrnehmen. Denn freie Trägerschaft bedingt ebenso wie die S. der Kommunen einen Entscheidungsspielraum, der auch Finanzverantwortung umfassen sollte. Wo freie Träger öffentliche Aufgaben erledigen, muß daher in gewissem Rahmen eine finanzielle Grundausstattung (→ Zuwendungen, Förderung) (→ Subventionen) gewährleistet sein, damit Einrichtungen und Maßnahmen in eigener Verantwortung überhaupt möglich sind.

Lit. Bonner Kommentar; Eichenhofer: Sozialrecht; Kunze, R. u. a.: Gemeindeordnung; Maunz u. a.: Grundgesetz; v. Maydell: Lexikon; Schellhorn u. a.: Bundessozialhilfegesetz.

Klaus Richter

Selbstwahrnehmung Ein bewußter psychischer Vorgang, der auf das Erkennen der eigenen Person, besonders der persönlichkeitsspezifischen emotionalen Reaktionen, → Motivationen, Haltungen, Einstellungen (→ Attitüden), Verhaltensmuster, auch in ihrer Wirkung auf andere Menschen, gerichtet ist. Die S. ist allerdings i.d.R. durch die unbewußte psychische Abwehr (»blinde Flecke«) beeinträchtigt oder verzerrt (→ Abwehrmechanismen). Für Angehörige helfender Berufe, besonders für Sozialarbeiter, die in der intensiven beruflichen → Interaktion mit anderen Menschen ihre eigene Person als Instrument der Hilfe einsetzen, ist ein hoher Grad an S. erforderlich (→ Helfende Beziehung, → Helfersyndrom, Problemaffinität). Hilfe zur Verbesserung der S. geben kontinuierliche Selbstkontrolle, → Supervision, Teilnahme an Selbsterfahrungsgruppen (→ Selbsterfahrung). *Hildegard Bechtler*

Self-fulfilling prophecy (deutsch: selbsterfüllende Prophezeiung) ist die Bezeichnung für die Beobachtung, daß ein Verhalten eines Menschen mit um so größerer Wahrscheinlichkeit auftritt, je mehr dieses Verhalten erwartet wird. Wenn jemand z.B. davon überzeugt ist, daß er von anderen Menschen abgelehnt wird, verhält er sich wahrscheinlich mißtrauisch, abweisend oder aggressiv gegen seine Umwelt. Diese wiederum reagiert darauf mit Unmut und »beweist« dadurch seine ursprüngliche Annahme, daß er abgelehnt wird. Der Betreffende sieht also sein Verhalten nur als Reaktion auf das der anderen, nicht aber, daß er selbst als Auslöser wirkt.
Untersuchungen der S.p. im Bereich der Pädagogik durch Rosenthal (von ihm als »Pygmalion-Effekt« bezeichnet) lassen den Schluß zu, daß die gehegten Erwartungen, → Vorurteile und Überzeugungen des Lehrers das Verhalten des Schülers tatsächlich beeinflussen, wenngleich gegen die angewendeten Untersuchungsverfahren und die Schlußfolgerungen Kritik erhoben wurde.
Die Wirkungen der S.p. werden vermutlich über paralinguistische Phänomene und → Körpersprache kommuniziert.
Wilfried Reifarth

Seniorenbericht der Bundesregierung
Die »Sachverständigenkommission für den ersten Altenbericht der Bundesregierung« wurde im März 1989 durch die damalige Bundesfamilienministerin Prof. Dr. Ursula Lehr berufen. Ihre Aufgabe war es, einen umfassenden, d.h. in der Themenstellung nicht eingeschränkten Altenbericht bis Anfang 1992 zu erstellen. Als Schwerpunktthemen waren vorgegeben: Erhaltung und Steigerung der Kompetenz im Alter, Prävention und Rehabilitation zur Verhinderung von → Pflegebedürftigkeit. Zwei Kommissionsberichte wurden durch das federführende Bundesministerium für Familie und Senioren veröffentlicht, insgesamt fünf Expertisenbände durch das → Deutsche Zentrum für Altersfragen e.V. (DZA) in Berlin.
Der Deutsche Bundestag hat im Zusammenhang mit der Beratung des Ersten Altenberichts die Bundesregierung aufgefordert, in der 13. Legislaturperiode einen Bericht zu einem Schwerpunktthema zu erarbeiten und den nächsten umfassenden Altenbericht im Jahre 2000 vorzulegen. Die »Kommission für den Zweiten Altenbericht der Bundesregierung« wurde im Juli 1995 berufen und mit der Bearbeitung des Themas »Wohnen im Alter« beauftragt. Als Themenschwerpunkte sind vorgegeben: Wohnsituation, Wohnbedürfnisse, Wohnumfeld, wohnungsbezogene Dienste, Verkehr, Siedlungsstrukturen, materielle Bedingungen des Wohnens. Vorschläge zur Verbesserung der Wohnsituation älterer Menschen werden erwartet. Vor dem Hintergrund der demographischen Entwicklung soll dabei auch die besondere Lebenssituation älterer Migranten berücksichtigt werden. Zugleich sind die rechtlichen Rahmenbedingungen zu prüfen in Hinblick auf Anreize zum Bau altengerechter Wohnungen und des barrierefreien Gestaltens von Wohnungen und Wohnumgebungen.
Die Geschäftsstelle der Zweiten Altenberichtskommission ist im Deutschen Zentrum für Altersfragen e.V. (DZA) in Berlin angesiedelt.
In zeitlicher Überschneidung mit der Kommissionstätigkeit im Rahmen der Altenberichterstattung des Bundes arbeitet eine durch den Deutschen Bundestag eingesetzte Enquête-Kommission. Sie befaßt sich unter dem Stichwort des »Demographischen Wandels« mit den »Herausforderungen unserer älter werdenden Gesellschaft an den einzelnen und die Politik«. Ein erster Kommissionsbericht wurde zum Ende der 12. Legislaturperiode 1994 vorgelegt. Die zweite Arbeitsphase der Enquête-Kommission liegt in der 13. Legislaturperiode und wird 1998 enden. Der publizierte Zwischenbericht befaßt sich ausführlich und fundiert mit der demographischen Entwicklung bis zum Jahr 2030, der Familie und ihrem sozialen Umfeld, der materiellen Situation älterer Menschen, ihrem Wohnen und dem Wohnumfeld, mit der gesundheitlichen Situation, Versorgung und Betreuung älterer Menschen.
Der Enquête-Kommission gehören Mitglieder des Bundestages sowie in die Kommission berufene Experten mit gleichrangigem Status an. Die Geschäftsstelle ist in der Bundestagsverwaltung angesiedelt.
Lit. BMFuS: 1. Altenbericht; DZA: Expertisen. *Margret Dieck †*

Seniorenbüros gehen zurück auf ein Modellprogramm, das vom Bundesministerium für Familie, Senioren, Frauen und Jugend ab 1992 bundesweit durchgeführt wird. Sie haben über das Modellprogramm hinaus weite Verbreitung gefunden. Gemeinsam ist allen Seniorenbüros die Aufgabe der Engagementförderung für Menschen in der nachberuflichen oder nachfamilialen Lebensphase. Sie informieren über Aktivitätsmöglichkeiten vor Ort, beraten zu individuellen Präferenzen und Bedürfnislagen und den vorhandenen Möglichkeiten eines ehrenamtlichen Engagements, vermitteln an Träger, Initiativen und Organisationen, die ehrenamtliche Mitarbeiterinnen und Mitarbeiter suchen, und sind Ansprechpartner bei möglicherweise auftretenden Konflikten und Problemen. Falls kein geeignetes Tätigkeitsfeld existiert, regen sie den Aufbau neuer Tätigkeitsfelder an und unterstützen Seniorinnen und Senioren beim Aufbau selbstorganisierter Gruppen. Daneben ergibt sich ein vielfältiges Aufgabenspektrum aus regionalen Bedarfslagen.

Seniorenbüros arbeiten mit einem Team von haupt- und ehrenamtlichen Mitarbeiterinnen und Mitarbeitern und tragen damit dem Prinzip der → Bürgerbeteiligung Rechnung. Sie sind trägerübergreifend tätig.
Gertrud Zimmermann

Seniorengenossenschaften beziehen sich auf Selbsthilfe i.w.S. Sie gehen über die Einstufung als intermediäre Organisationen im Rahmen der → Altenhilfe hinaus. Eine große Gründungswelle erfolgte Anfang der 90er Jahre im Rahmen eines Modellprogramms des Sozialministeriums Baden-Württemberg mit dem Effekt bundes- und europaweiter Ausstrahlung. Ihr Charakter als Genossenschaft hängt nur bei wenigen S. mit der Rechtsform der e.G. zusammen - meist handelt es sich um freie Initiativen oder e.V. Wichtiger sind das Gegenseitigkeits- und Mitgliederprinzip, wobei auch nach außen gewirkt werden soll. S. sollen Gelegenheitsstrukturen zum Austausch nützlicher Hilfen (bspw. bürgerschaftliche Tagespflege, Mahlzeitendienste, Beratung/ Begleitung) ebenso wie zu sozialer Integration ermöglichen. → Ehrenamtliche Tätigkeit soll nicht Konkurrenz, sondern neue Impulse erhalten, wichtiges Teilanliegen ist ihre Förderung als freiwilliges Engagement (u.a. durch »Zeittausch« i.S. einer Gutschriftgewährung) in kooperativen Bezügen mit → sozialen Berufen, »Betroffenen« und deren sozialen Netzwerken. Gleichzeitig wurde durch S. ein Leitbild aktiven Alterns i.w.S. in vielfältig verfügbaren Rollenmöglichkeiten und partizipativer Gestaltung eigener Lebensräume zu fördern versucht. Dies führt inzwischen zu einer Aufweichung von Altersgrenzen und Folgeprojekten breit verstandenen »bürgerschaftlichen Engagements«. Kennzeichnend ist die chancenreiche Zwischenstellung zwischen Dienstleistung und Gesellung, Nützlichkeit und explizit zugelassenem Selbstbezug, Einbindung und Autonomie.
Ulrich Otto

Seniorenstift ist ein Wohnangebot für alte Menschen, das es ihnen ermöglicht, eigene Apartments in einem abgeschlossenen Gebäudekomplex zu bewohnen. Die Apartments haben in der Regel bis zu zwei Zimmern. S. bieten neben pflegerischen und hauswirtschaftlichen Dienstleistungen auch Beratung und kulturelle Aktivitäten an. Mit dem Mietvertrag wird ein Basis-Servicepaket vereinbart, das häufig den Hausnotruf, Hausmeistertätigkeit und eine begrenzte Zahl von Pflege- und Versorgungsleistungen im Krankheitsfall beinhaltet. Weitergehende Serviceleistungen werden nach Bedarf berechnet.

Im Bereich der Hauswirtschaft können sich die Bewohner/-innen vollständig selbst versorgen oder aber Mahlzeiten im Restaurant des S. einnehmen bzw. im Apartment servieren lassen. Besonderen Wert legen S. auf ein breites gesellschaftliches und kulturelles Angebot.

Kritik an S. wird dahingehend geäußert, daß sie in der Konzeption davon ausgehen, daß die Bewohnerinnen und Bewohner keine oder nur in geringem Maße pflegerische Hilfen benötigen. Kritische Betreuungssituationen können dann eintreten, wenn bei Bewohner/-innen höheren Alters die Betreuungs- und Pflegebedürftigkeit aufgrund körperlicher oder seelischer Erkrankungen zunimmt. Ein Umzug in ein Pflegeheim kann die Folge sein. Neuere Konzepte ermöglichen Pflege und Betreuung bis zum Lebensende im Apartment.

S. werden in der Regel ohne öffentliche Zuschüsse errichtet.

S. a. → Altenwohnanlagen.
Klaus Titz

Seniorenvertretungen, Seniorenbeirat oder Seniorenrat (SV) sind Zusammenschlüsse älterer Bürger, die es sich seit Anfang der 70er Jahre zur Aufgabe gemacht haben, als vorparlamentarisches Beratungs- und Vertretungsorgan die Bedürfnisse und Interessen der Älteren gegenüber den kommunalen Vertretungskörperschaften wahrzunehmen (→ Bürgerbeteiligung).

Die Einrichtung der SV wird mit der Abnahme der Partizipationsmöglichkeiten (→ Partizipation) für die ältere Generation in entscheidungsbefugten Gremien und mit dem steigenden Partizipationsbedarf in der Gesellschaft begründet.

Die SV können über drei verschiedene Verfahren konstituiert werden: (1) Das Verfahren der freien Wahl (als Forum, per Briefwahl oder per Abstimmung in Wahllokalen); (2) das Ernennungsverfahren (die Teilnehmer einer SV werden vom Rat/Verwaltung einer Kommune benannt; (3) die Entsendung von Delegierten aus Institutionen der Altenarbeit und → Altenhilfe. Die selbstgestellten Ziele der SV lassen sich (1) als Interessenvertretung der Älteren, (2) als Beratungsorgan und (3) als Koordinator der Altenhilfe beschreiben.

An diese Ziele ist ein breites Spektrum von Handlungsfeldern geknüpft, die heute alle Felder der Kommunalpolitik, vom Wohnungsbau, der Verkehrsplanung, dem Sozialbereich bis zum Kulturbereich umfassen. Der Einfluß der SV auf die Kommunalpolitik wird vorrangig über die Mitwirkung in Ausschüssen wahrgenommen. Sonstige Aktivitäten werden u. a. über → Öffentlichkeitsarbeit, Beratung in Sprechstunden, Einzelfallhilfen sowie auch über kulturelle Angebote durchgeführt.

Weitere Mitwirkungsrechte sind in den Gemeindeordnungen der Länder nicht vorgesehen. Die fehlende gesetzliche Grundlage führt zu unterschiedlichen Behandlungen der SV durch Kommunen und Länder, insbesondere in der Ausstattung mit Sach- und Finanzmitteln.

Trotz der Kritik, Älteren mit den SV eine Sonderrolle zuzugestehen, zumal sie ja in ihren Rechten nicht eingeschränkt seien, sind bis Mitte 1996 auf kommunaler Ebene (Orte und Kreise) ca. 700 SV gegründet worden, die wiederum in allen 16 Bundesländern einer Landesseniorenvertretung angehören. Diese Landesseniorenvertretungen sind in der Bundesseniorenvertretung zusammengefaßt, die bereits 1984 als Bundesarbeitsgemeinschaft gegründet wurde und als Mitbegründerin der → Bundesarbeitsgemeinschaft der Seniorenorganisationen (BAGSO) die Interessen der Älteren auf überregionaler Ebene vertritt.

Lit. Reggentin u. a.: Seniorenbeiräte.

Heike Reggentin

Sensitivity/Sensitivity-Training S. bedeutet in den Sozialwissenschaften »Gespür«, Feinfühligkeit, Einfühlungs- und Mitschwingungsfähigkeit im zwischenmenschlichen Bereich und liegt damit nahe am Begriff → Empathie (→ Therapeutenvariablen). S. kann sich dabei sowohl auf die individuelle als auch auf die kollektive Interaktionsbasis (→ Interaktion) beziehen und beschreibt die Fähigkeit, Kommunikationssignale (→ Kommunikation) aufzunehmen und adäquat zu beantworten. Nach Däumling u. a. drückt sie sich aus:

a) im sozial-kognitiven Bereich als differenzierte → Wahrnehmung des anderen einschließlich der Erkenntnis emotionaler Störfaktoren, Täuschungs- und Vorurteilsquellen, die in der eigenen Person und der → Beziehung zum anderen liegen;

b) im motivationalen Bereich insbes. der Fähigkeit, individuelle Beweggründe in vielfältigen Situationen aufzufassen und auf dem Hintergrund dispositioneller Gegebenheiten oder des sozialen Umfeldes zu verstehen;

c) im expressiven Bereich als feine Abstufung der spontanen Ausdrucksmöglichkeiten und differenzierte Abstimmung der Äußerungen auf den anderen (z. B. dessen Möglichkeiten, Befinden oder Mentalität) und die Situation, ohne Emotionalität (→ Emotion) und Authentizität einzubüßen.

Die Bezeichnung »S.-T.« wurde um das Jahr 1954 an der University of California in Los Angeles von Wechsler und Tannenbaum eingeführt zur Charakterisierung eines Lernkonzepts der → Gruppendynamik, das auf besseres zwischenmenschliches Verstehen und Zusammenwirken (Verbesserung der Interaktion und Kommunikation) zielt. Beim S.-T. ist die gruppendynamische Methode eher auf das Individuum hin orientiert i. S. v. Bennes Formel »Therapie für Normale«. Entsprechend steht der einzelne mit seinen Einstellungen, Haltungen, Erlebnis- und Verhaltensweisen und deren Bedeutung und Folgen für zwischenmenschliche Beziehungen im Mittelpunkt des Lerngeschehens. Das Gruppengeschehen (Struktur und Prozeß) und die Auseinandersetzung mit Systemstrukturen und gesellschaftlichen Gegebenheiten sind thematisch eher nachgeordnet.

Der systematische Ort des S.-T. innerhalb der Gruppendynamik liegt von dieser Zielsetzung her näher bei der → Gruppentherapie, darf aber wegen der verschiedenartigen Indikation und Methodik nicht mit dieser gleichgesetzt werden. (Für → Psychosen und schwere → Neurosen ist S.-T. kontraindiziert.) Zentrale methodische Prinzipien sind der »Hier-und-jetzt-Bezug« (das S.-T. konzentriert die Wahrnehmung und Reflexion auf die aktuellen Gefühle, Phantasien und Reaktionen aus Konflikte in der »gegenwärtigen« und nicht der »damaligen« Konstellation), das »Unfreezing« (Auftauen, Bewußtwerden von rigiden, stereotypen Verhaltensweisen, Wecken von Motivation für Veränderung nach dem Lewinschen Phasenmodell für individuelle Lernprozesse: »Unfreezing«, »Change«, »Refreezing«) und das → Feedback.

Häufigste Arbeitsform ist das Gruppendynamische Laboratorium, in dem die Trainingsgruppe (1–2 Trainer arbeiten mit ca. 10–12 Teilnehmern) dominiert. Das Trainerverhalten variiert je nach Konzept von gezielter Inaktivität über interpretierende Interventionen bis zur direkten Beteiligung. Als allgemeine Lernziele des S.-T. werden i. d. R. genannt: Schärfung der → Selbst- und → Fremdwahrnehmung, Verbesserung der Kommunikation und Kooperation, Erhöhung der Rollenflexibilität, Reifung durch Selbstkonfrontierung, Auseinandersetzung mit → Autorität, Analyse von Gruppenprozessen, u. a. m. S.-T. ist, nach Däumling, eine Methode, »eigene und fremde Verhaltensweisen subtil aufeinander abzustimmen«.

Die hier beschriebene Form des S.-T. kann nicht unmittelbar in Betrieben, Verwaltungen und sonstigen Organisationen angewendet werden (vgl. → Inservice-Training), sondern bietet sich als externes Seminar mit einander fremden Teilnehmern

an. In jüngerer Zeit nehmen S.-T. zu, die sich mit abgegrenzten und berufsfeldorientierten Problembereichen beschäftigen (thematisch fokussiertes S.-T., vgl. Doppler u. a.).
Lit. Bradford u. a.: Gruppentraining; Däumling: Sensitivity-Training; Däumling u.a.: Gruppendynamik; Doppler u.a.: Entwicklung; Faix u.a.: Kompetenz; Goleman: Intelligenz; Voigt: Gruppendynamik.
Bert Voigt/Klaus Doppler

Sensumotorik (auch Sensomotorik) ist die Bezeichnung für die Gesamtheit der Nervenprozesse, die als Wechselwirkung zwischen Wahrnehmungseindrücken und Bewegungsvorgängen ablaufen (z.B. Koordination von Augen- und Handbewegung). Die von den Sinnesorganen aufgenommenen Informationen über die Umwelt gelangen über die sensorischen (afferenten) Nervenbahnen zum Gehirn, werden dort entschlüsselt und als Handlungsimpulse über die motorischen (efferenten) Nervenbahnen an die Muskeln weitergeleitet, wo sie in Aktivität umgesetzt werden. Da die Muskelbewegungen durch fortlaufende Rückkoppelung der jeweiligen Situation angepaßt werden, liegt es nahe, die gesamten Vorgänge als sensumotorischen Regelkreis anzusehen (→ Kybernetik). Störungen der S., die ursächlich sowohl den sensorischen als auch den motorischen Bereich betreffen können, treten immer wieder hin wegen des Wechselwirkungszusammenhanges als insgesamt beeinträchtigte Anpassungsfähigkeit in Erscheinung. *Wilfried Reifarth*

Seuchenbekämpfung Der Begriff ist durch die Weiterentwicklung der hygienischen Kenntnisse über die Ursachen von Infektionskrankheiten und deren Verbreitung zur Seuche sehr komplex geworden, einschließlich der Vielschichtigkeit der sich daraus ergebenden Folgerungen. Neben den meist als Folter vor dem unbekannten Schicksal ausgelösten rein defensiven Abwehrmaßnahmen des Altertums enthielten bereits die großen Religionen des Orients hygienische Verhaltensvorschriften zur Verhütung von Infektionskrankheiten und deren Verbreitung. Erst mit der Entdeckung von Bakterien und Viren als Erreger von Infektionskrankheiten werden die bis dahin teilweise mystischen Abwehrmaßnahmen gegen Ende des 19. Jh. ursächlich orientiert. Aus diesen Erkenntnissen sind Möglichkeiten für gezielte Präventivmaßnahmen entwickelt worden.
Der Begriff der S. erfaßt daher nach heutigen Vorstellungen über die zumeist internationalen Abwehrmaßnahmen gegen z.B. Pest, Cholera, Pocken und Malaria hinaus bereits die Maßnahmen zur Bekämpfung der einzelnen infektiösen Erkrankung und deren Weiterverbreitung einschließlich der Präventivmaßnahmen zur Verhütung von Infektionskrankheiten überhaupt. Dabei ist zu unterscheiden zwischen der Prävention am Individuum, z.B. Impfungen (→ Schutzimpfung), und allgemeinen hygienischen Vorschriften, z.B. der Lebensmittelkontrolle, der hygienischen Überwachung von Schwimmbädern oder der Wasser- und Abwasservorschriften im Rahmen des Wohnungsbaues.
Die wichtigste rechtliche Grundlage der S. ist das → Bundes-Seuchengesetz (BSeuchG). Bei einigen Infektionskrankheiten besitzen die sozialen Bezüge zwischen den Ursachen der Erkrankung und deren Bekämpfung noch immer eine größere Bedeutung. Ein typisches Beispiel hierfür ist das Gesetz zur Bekämpfung der Geschlechtskrankheiten. Umgekehrt haben sich die Maßnahmen zur Bekämpfung der Tuberkulose denen gegen akute Infektionskrankheiten angeglichen und dadurch den Umfang der sozialen Begleitmaßnahmen zurücktreten lassen.
Die fachliche Beurteilung der Eignung von Maßnahmen zur Abwehr von Gefahren für die menschliche → Gesundheit durch Infektionskrankheiten ist ein Schwerpunkt der Aufgaben des öffentlichen → Gesundheitsdienstes und insbes. des → Gesundheitsamtes. Im Rahmen allgemeiner Maßnahmen der Gefahrenabwehr ist die verwaltungsrechtliche Durchsetzung entsprechender Anregungen im wesentlichen den Ordnungsbehörden nach → Polizeirecht übertragen.
Die oft das Schicksal ganzer Völker entscheidenden Seuchenzüge früherer Jahrhunderte sind kaum wieder zu erwarten. Die moderne Problematik der Seuchengefahr ist gekennzeichnet durch die Zunahme von Krankheitserregern, die gegenüber den bekannten Behandlungsmethoden resistent geworden sind, die mögliche Verbreitung noch wenig bekannter Virusarten und die Gefahren aus dem internationalen Reiseverkehr. Eine moderne S. ist daher trotz der zunächst gegebenen örtlichen Zuständigkeit des Gesundheitsamtes ohne die rasche überörtliche Koordination und schließlich internationale Information nicht möglich. Als wichtige Behörden sind hierfür auf nationaler Ebene das Robert-Koch-Institut in Berlin und auf internationaler Ebene die → Weltgesundheitsorganisation mit Sitz in Genf zu nennen. Beide Institutionen pflegen neben anderen Aufgaben intensiv den Erfahrungsaustausch, unterhalten hierfür teilweise eigene Labors und stehen jeweils als Sachverständige den nationalen Verwaltungen bzw. den Länderministerien zur Verfügung.
Margarete Peters/Klaus Schildwächter

Sexualerziehung Derjenige Teil der gesellschaftlichen → Sozialisation, in dem sexuelles Verhalten gemäß den gruppenspezifischen Regeln des Zusammenlebens er-

Sexualität

lernt wird. In einem herkömmlichen Sinne wird darunter lediglich »Sexualaufklärung« verstanden, d. h. das Bekanntmachen mit den biologischen Grundtatsachen der Zeugung und Geburt. Die neuere S. vermeidet eine Isolierung der → Sexualität auf die Fortpflanzung und die Verkürzung auf eine bloße Vermittlung kognitiver Wissensdaten. Ihr Ausgangspunkt ist die umfassende Bedeutung, die der Sexualität neben Arbeit und Wissen als wesentlicher Kraft des menschlichen Lebens zukommt. Hier wird die Aufgabe der S. eingebettet gesehen in den Bereich des emotionalen und → sozialen Lernens.

Mit der Legitimationskrise der vorherrschenden → Normen hängt die gegenwärtige Unsicherheit über die Zielorientierung der S. zusammen. Angesichts der vielfältigen Auffassungen lassen sich vereinfachend zwei Tendenzen unterscheiden. Die Anhänger der repressiven S. möchten die traditionellen Normen und Institutionen unverändert fortbestehen lassen und sind daher an einem Sozialcharakter interessiert, der sich durch ängstliche Einstellung zur Sexualität, Beschränkung sexuellen Verhaltens auf die Ehe und gesellschaftliche → Konformität auszeichnet. Hingegen lehnen die an der → Emanzipation interessierten Erzieher die → Verdrängung sexueller Bedürfnisse, soweit sie im Dienst überholter Herrschaftsansprüche steht, ab. Den Kindern und Jugendlichen wird ein Recht auf sexuelles Erleben zuerkannt. Von der ausreichenden Befriedigung der altersgemäßen sexuellen → Bedürfnisse wird die Entwicklung von Fähigkeiten erwartet, über die die heute erziehende Generation nur begrenzt verfügt: Liebesfähigkeit, Spontaneität, Genußfähigkeit, Offenheit, Direktheit; in einem Wort: Lebendigkeit. Die Entwicklung dieser Fähigkeiten, die von einem fließenden, nicht blockierten Verhältnis zum eigenen Körper abhängt, soll die Grundlage eines Selbstbewußtseins bilden, das sich durch Ich-Stärke auszeichnet.

Trotz der äußerlichen Liberalisierung der Sexualität in den vergangenen Jahren bestehen in der erzieherischen Praxis als Nachwirkung der leibfeindlichen Einstellung, die besonders durch die christlichen Kirchen geprägt wurde, noch zahlreiche Zwänge und Tabus. So rufen ungehemmte kindliche Sexualäußerungen bei vielen Erwachsenen ängstliche oder verlegene und abwehrende Reaktionen hervor. Deshalb ist für eine auf die Emanzipation von diesen Zwängen gerichtete Sexualpädagogik die Sensibilisierung für die Entwicklung der eigenen Sexualität der Erzieher und die Aufarbeitung eigener → Vorurteile unerläßlich. Die Wahrnehmung und Auflösung der Einschränkungen aus der eigenen Entwicklung kann gelingen, wenn S. als ein gemeinsames Lernen von Kindern und Erwachsenen verstanden wird. Freilich sind dem

Grenzen gesetzt, wie zahlreiche Konflikte zwischen fortschrittlichen Erziehern und Eltern oder gesellschaftlichen Interessengruppen zeigen. Eine Sensibilisierung der Erzieher für die Eigenproblematik, so notwendig sie ist, reicht nicht aus, da die Einschränkungen, denen die Entwicklung der kindlichen Sexualität unterworfen werden soll, institutionell verankert sind. Hieran wird deutlich, daß S. nicht nur Fragen der kindlichen Entwicklung und des Verhältnisses von Kindern und Erwachsenen berührt, sondern eng mit gesellschaftspolitischen Positionen verbunden ist.

Lit. Claesson: Sexualinformation; Drygala u.a.: Zärtlich sein; Fricke u.a.: Sexualerziehung; Furian: Sexualerziehung; Gamm, H. u.a.: Sexualpädagogik; Jacobi, P. u.a.: Sexfibel; Kentler: Sexualerziehung; Kerscher, K.-H. I.: Sexualität; Scarbath u.a.: Persönlichkeitsentfaltung; Zitelmann u.a.: Sexualerziehung.

Hans Stapelfeld

Sexualität Der Begriff S. entstand wahrscheinlich erst im 19. Jh. in den westlichen Industriegesellschaften. Die Leistungsanforderungen und die Verzichtsideologie des Frühkapitalismus bedeuteten eine Entfremdung von Körperempfindungen, eine Privatisierung von Gefühlen in das affektiv stark besetzte Binnenklima der Kleinfamilie und die Funktionalisierung der Körperlichkeit. Eine Unterdrückung nichteheliche S. war die Folge. S. wurde als Gefahr benannt, weil sie diesen Verhaltensanforderungen entgegenzustehen schien. Bis zur Mitte des 20. Jh. hielt sich dieses repressive Verständnis einer außerhalb der Ehe als asozial aufgefaßten S. weitgehend.

Vor dem Hintergrund einer stärker konsumbetonten Wirtschaftsordnung änderte sich in der Mitte der 60er Jahre die soziale Bewertung von S. Mit einer »Liberalisierung« genannten Bewegung setzte sich eine prosexuelle Einstellung durch, die S. als Prototyp individuellen Genusses erlaubt, der nicht normativ festgelegt ist.

Unter Sexualtrieb versteht die → Psychoanalyse ein inneres Drängen, das sich aber nicht nur auf genitale Aktivitäten bezieht, sondern auf eine allgemeine »Lust aus Körperzonen« bezieht und hinsichtlich seiner Befriedigungsformen und -objekte nicht biologisch festgelegt ist (im Gegensatz zum → Instinkt). Für die psychische Entwicklung gibt die Psychoanalyse der S. eine Schlüsselfunktion: daß die kindliche Entwicklung ist durch Aufeinanderfolge verschiedener sog. Partialtriebe gekennzeichnet, die alle Abkömmlinge des Sexualtriebes sind (z.B. oraler, analer Partialtrieb; → Orale, → Anale, → Genitale Phase). Mit der Reifung vereinigen sich diese zunächst voneinander unabhängigen Partialtriebe und bestimmen durch ihre Organisation die Persönlichkeit eines Individuums.

Die moderne Sexualforschung bezieht sich nur teilweise auf die psychoanalytische Theorie. Als interdisziplinäres Fach berührt sie die Gebiete der Biologie (Endokrinologie, Ethologie), der Medizin (Gynäkologie, Urologie, Psychiatrie), der Psychologie, der Sozialwissensschaften und der Rechtswissenschaft.
Lit. Bräutigam, W. u.a.: Sexualmedizin; Freud, S.: Sexualtheorie; Schmidt, G.: Motivation; Schmidt, G. u.a.: Liberalisierung; Ussel: Sexualunterdrückung. *Ulrich Clement*

Sicherungsverwahrung ist die einschneidendste Maßregel (→ Maßregelvollzug) der Besserung und Sicherung; bei ihr überwiegt die Sicherungsfunktion. Ihr Zweck ist, in erster Linie die Allgemeinheit vor gefährlichen Hangtätern zu schützen.
Voraussetzungen für die Anordnung der S. (§ 66 StGB) sind, daß der Täter wegen vorsätzlicher Straftaten schon a) zweimal zu → Freiheitsstrafen von mindestens einem Jahr verurteilt und b) 2 Jahre Freiheitsstrafe verbüßt hat. Für die neue vorsätzliche Tat ist als schuldangemessene Strafe auf eine Freiheitsstrafe von mindestens 2 Jahren zu erkennen; darüber hinaus muß die Gesamtwürdigung des Täters und seiner Taten ergeben, daß er infolge eines Hanges, durch welchen die Opfer seelisch oder körperlich schwer geschädigt werden oder schwerer wirtschaftlicher Schaden angerichtet wird, für die Allgemeinheit gefährlich ist (Hangtäter). Bei Vorliegen dieser Voraussetzungen ist die Anordnung der S. obligatorisch. Fakultative Anordnung der S. ist möglich, wenn ein Hangtäter – auch ohne Vorstrafen – 3 vorsätzliche Straftaten begangen hat, für diese jeweils mindestens 1 Jahr Freiheitsstrafe verwirkt hat, und wenn er wegen einer oder mehrerer dieser Taten zu mindestens 3 Jahren Freiheitsstrafe verurteilt wird. Für das Gebiet der ehem. DDR ist die S. eingeschränkt: die Taten der → Vorstrafen müssen nach dem 1. 8. 1995 begangen worden sein.
Die S. wird nach der Freiheitsstrafe verbüßt und dauert so lange, wie ihr Zweck es erfordert, höchstens 10 Jahre; eine erneute unbefristete Anordnung der S. ist möglich. Das Gericht (Strafvollstreckungskammer) muß vor Ablauf von jeweils 2 Jahren prüfen, ob die S. zur Bewährung (→ Strafaussetzung) auszusetzen ist. Es tritt dann kraft Gesetzes Führungsaufsicht ein.
Lit. Bender: Serientat; Dreher u.a.: StGB (Komm.); Geisler: Sicherungsverwahrung; Maetzel: Sicherungsverwahrung; Schönke u.a.: StGB (Komm.); Weichert: Sicherungsverwahrung; Weihrauch: Sicherungsverwahrung. *Ernst Bauer*

Signifikanz ist ein Begriff aus der → empirischen Sozialforschung, der zur Kennzeichnung von Forschungsergebnissen als »gesichert« oder »ungesichert« dient. Grundlage der Feststellung von S. ist die statistische Hypothesenprüfung (→ Hypothese). Dabei gilt ein Forschungsergebnis dann als signifikant oder vorläufig gesichert, wenn die ihm zugrundeliegende besondere Datenverteilung nicht mehr durch Zufall zu erklären ist. Da in der sozialwissenschaftlichen Forschung im Gegensatz zur naturwissenschaftlichen zufällige Abweichungen immer eine Rolle spielen und somit Hypothesen als wahrscheinlichkeitstheoretisch gestützte Tendenzaussagen gelten können, bedient man sich in der statistischen Beweisführung einer Konvention, in der die Grenzen von tolerierbaren »Zufallswahrscheinlichkeiten« vereinbart werden. Danach kann ein Ergebnis dann als signifikant bezeichnet werden, wenn die Wahrscheinlichkeit einer zufällig zustandekommenden Datenverteilung nicht mehr als 5% beträgt. Zufallswahrscheinlichkeiten über 5% führen zur Verwerfung der Arbeitshypothese als unrichtig. Je kleiner die Zufallswahrscheinlichkeit (p) ist, desto besser gilt das Untersuchungsergebnis als abgesichert. Man unterscheidet folgende S.stufen: $p \leq 5\%$ (Ergebnis ist signifikant oder gesichert); $p \leq 1\%$ (Ergebnis ist sehr signifikant oder hoch gesichert) und $p \leq 0,1\%$ (Ergebnis ist höchst gesichert).
Der Begriff eines gesicherten Ergebnisses ist insofern mißverständlich, weil damit lediglich ausgedrückt werden kann, daß die Arbeitshypothese – noch – nicht falsifiziert werden konnte. Sie ist damit aber noch nicht verifiziert, sondern kann nur so lange beibehalten werden, solange es nicht gelingt, sie zu falsifizieren. *Manfred Laimer*

Simulation Zielgerichtetes Experimentieren an Modellen, die das Verhalten bestimmter Systeme beschreiben. Die Methode der S. wird mit vermehrtem Einsatz von EDV-Anlagen immer häufiger in Praxis, Ausbildung und Forschung eingesetzt. So werden die Auswirkungen von natürlichen Handlungsalternativen wie alternative Steuer- oder Rentenänderungen oder Änderungen z. B. von Sozialhilfesätzen in Forschung und politischer Planung mit der Methode der S. analysiert. So können z. B. in einem Handelsbetrieb verschiedene Bestellpolitiken für die Lagerhaltung bei unterschiedlichem Absatz durchgespielt werden, um die jeweils kostengünstigste Politik herauszufinden. Unternehmensspiele sowie → Planspiele z. B. in der Kommunalverwaltung oder Regionalplanung unterstützen die Ausbildung in Betrieb, Hochschule und öffentlicher Hand. Dafür werden die Wirkungen auf Verhaltensweisen der gesamten Volkswirtschaft (Makrosimulation) und auf Personengruppen und Individuen (Mikrosimulation) in veränderten Situationen simuliert. Zur Unterstützung von Wirtschafts- und Sozialpolitik werden vermehrt statische und dynamische Mikrosimu-

lationsmodelle (MSM) eingesetzt, die sich insbes. durch die Modellierung des Alterns einer → Stichprobe unterscheiden. Bei dynamischen MSM wird jede Person einer Stichprobe bei bestimmter Sterbewahrscheinlichkeit gealtert. Bei den kostengünstigeren statischen MSM erhält man eine veränderte Altersstruktur durch neue Gewichtungsfaktoren. Die S. ist immer dann angebracht, wenn die versuchsweise Lösung eines Problems in der Wirklichkeit nicht durchführbar, unzumutbar oder unwirtschaftlich wäre; insbes. dann, wenn der Ausgang des Experimentes mit Risiken und Gefahren verbunden ist und/oder vollendete, nicht korrigierbare Fakten schaffen würde.
Bei der deterministischen S. sind alle Struktur- und Ablaufdaten vollständig bestimmt. Werden den deterministischen Beziehungen noch zufällige Einflüsse (Störungen) überlagert, spricht man von stochastischer S. Ein Ziel stochastischer S. ist es, auch Störungen in einem zu verwirklichenden System auffangen zu können.
Wirtschafts- und sozialpolitische Maßnahmen werden heute verstärkt mit der Mikros. auf der Basis von → Stichproben mit Personen, Familien und Haushalten untersucht. Datenbasis sind amtliche und nichtamtliche Umfragen als Querschnitt (zu einem Zeitpunkt) oder als Längsschnitt (über mehrere Jahre) und nun auch Paneldaten mit Informationen über die Zeit mehrfach befragten Personen (Haushalte). Institutionelle Regelungen werden dafür im Computerprogramm durch »if-then«-Regelungen abgebildet. Verhaltensreaktionen auf geänderte Politiken (wie z. B. verändertes Arbeitsmarktverhalten der Beteiligten aufgrund einer Steuerreform) sind schwieriger zu erfassen; dazu werden mikroökonometrische Schätzungen durchgeführt und als Verhaltensgleichungen im Modell berücksichtigt. Für jede Person/Familie/Haushalt einer Stichprobe wird dann die Situation vor und nach der neuen Maßnahme berechnet.
Ziel der Mikros. ist es, zum einen Verteilungswirkungen der individuellen Ent- und Belastungen von Steuer- und Transferänderungen für unterschiedliche sozioökonomische Bevölkerungsgruppen zu untersuchen sowie zum anderen die Kosten für die Einführung einer Maßnahme abzuschätzen. Inhaltliche wirtschafts- und sozialpolitische Beispiele: BAFöG-Änderungen, → Rentenreform, Kindergeldänderungen (→ Kindergeld), Steuerreform mit veränderter Tarifstruktur etc.
Beispiele für die neuere Entwicklung der Mikros. im PC-Bereich sind TAXMOD (London School of Economics) oder MICSIM (Sonderforschungsbereich 3, Universität Frankfurt; Forschungsinstitut Freie Berufe [FFB], Universität Lüneburg).
Lit. Harbordt: Computersimulation; Hujer u. a.: Simulationsexperimente; Krupp u. a.: Alternativen; Krupp u. a.: Grundlagen; Merz. J.: Microsimulation; Merz, J.: Simulation; Orcutt u. a.: Simulation Models; Pagenkopf, J.: Simulation; Spahn u. a.: Mikrosimulation; Vetterle: Konstruktion.
Joachim Merz

Sinnesbehinderte Umfaßt vor allem die Personen mit Behinderungen (→ Behinderte) im Bereich der sog. Fernsinne, nämlich des Hörens (→ Hörbehinderte) und des Sehens (→ Sehbehinderte, → Blinde). Die S. gehören zu den → körperlich Behinderten.
Hans-Gerd Ronge

Situationsansatz Nach der Verankerung des → Kindergartens als erster Stufe des Bildungswesens (→ Bildung/Bildungswesen) in den 70er Jahren wurde in Modellversuchen verschiedener Bundesländer mit dem S. ein eigenständiges sozialpädagogisches Konzept für den → Elementarbereich entwickelt. Der S. hat seine Wurzeln in curriculumtheoretischen (→ Curriculum) und sozialisationstheoretischen (→ Sozialisation) Ansätzen, aber auch in der Entschulungsdebatte, in Ideen der Studentenbewegung sowie in Konzepten der → Reformpädagogik der 20er Jahre. Merkmale dieses Ansatzes sind der Bezug des → Lernens von Kindern (→ Lernen im Kindes- und Jugendalter) zu ihren Lebenssituationen, die Verbindung von sozialem und sachbezogenem Lernen, das Zusammenleben in altersgemischten Gruppen, die Stützung einer aktiven Mitwirkung von Eltern und die Öffnung des Kindergartens zum Gemeinwesen. In diesem Konzept wird das Lernen der Kinder als vielfältige Anregung und Erfahrung im → Alltag der → Einrichtung und ihres Umfeldes verstanden. Die Lebensweltperspektive (Frage nach den Lebenssituationen von Kindern und ihrer → Familien, → Lebenswelt) wird mit einer institutionenkritischen Perspektive (Fragen nach den Lebens- und Lernmöglichkeiten, aber auch nach den Begrenzungen und Belastungen in Institutionen) verknüpft, um vor diesem Hintergrund Sozialisationsaufgaben der Tageseinrichtung wie auch die behindernde institutionelle Verkrustungen zu identifizieren. Der S. versteht sich als pädagogisches Konzept, das das Spannungsverhältnis zwischen der familiären Lebenswelt des Kindes und veranstalteter öffentlicher → Erziehung aufgreift und das künstliche Inseldasein pädagogischer Institutionen dadurch aufzubrechen versucht, daß die Einrichtung sich mit ihrer Arbeitsweise in nachbarschaftliche Lebenszusammenhänge einfügt und die Teilhabe der Kinder am öffentlichen Leben anstrebt.
Der S. gilt inzwischen als tragfähige Orientierung für die Arbeit in → Kindertageseinrichtungen. Wie eine Anfang der neunziger Jahre durchgeführte Evaluation des Reformprozesses im Elementarbereich bele-

gen kann, haben die Innovationsprozesse jedoch nur einen begrenzten Ausschnitt der Praxis erreicht, und vor allem haben sich die qualitätsbestimmenden Rahmenbedingungen (Gruppengröße, Personalbemessung) nicht den Reformansätzen entsprechend durchsetzen können. Die Untersuchung hat gezeigt, daß die Implementation von innovativen Ansätzen dort gelingen konnte, wo praxisstützende Qualifizierungsstrategien (regionale Arbeitskreise, → Fachberatung, → Fortbildung) diese kontinuierlich vorantrieben.

Die Qualifizierung der → Erzieher/-innen ist wichtige Voraussetzung für die Umsetzung des S. Ansätze zur Reform der Ausbildung weisen auf Versuche hin, Inhalte und Verfahren der Erzieherausbildung parallel zu der Entwicklung im Praxisfeld zu verändern. Jedoch sind diese Ansätze bisher Einzelinitiativen im Rahmen einer wenig veränderten Ausbildungsstruktur. Stärkeren Niederschlag hat situationsorientierte Arbeit in der praxisbegleitenden Fortbildung gefunden. Vielfältige kommunikative Arbeitsformen – Fortbildungstagungen, → Teamarbeit, regionale Arbeitskreise, Praxisberatung – wurden entwickelt, in denen Erzieher/-innen angeregt werden, mit den Kindern Lernenswertes im Alltag aufzuspüren und auch das Angebotsspektrum der Einrichtung (Öffnungszeiten, alterserweiterte Gruppen, Kooperation mit Tagesmüttern und Elterninitiativen) stärker auf den Bedarf im Einzugsbereich auszurichten. Bei der wachsenden Vielfalt von Lebensformen und regional differenzierten Lebensverhältnissen sind neue Anforderungen entstanden: Der Kindergarten wird heute nicht nur als anregungsreicher Lebensraum für Kinder, sondern auch als Dienstleistung für Familien gesehen. Er wird als Ort verstanden, an dem sich Eltern begegnen, nachbarschaftliche Kontakte entwickeln und mit Blick auf die Belange der Kinder eine Art von Elternöffentlichkeit entsteht.

Gegenwärtig wird der S. mit seiner Lebensweltorientierung und mit der Akzentsetzung auf die Professionalisierung der Erzieher/-innen als Konzept für die Weiterentwicklung der ostdeutschen Kindertageseinrichtungen diskutiert. Dort sind in der Umbruchphase gravierende Lebensweltbrüche für Kinder, Familien und Erzieher/-innen zu verkraften, und es wird nach Konzepten gesucht, mit denen flexibel und regional angemessen auf die sich wandelnden Lebensbedingungen und Erziehungsvorstellungen reagiert werden kann.

In diesem Kontext ist eine aktuelle Debatte um den Situationsansatz entstanden, in dem es um die Probleme der Umsetzung in die Praxis, um bildungstheoretische Voraussetzungen und notwendige Weiterentwicklungen geht.

Lit. Colberg-Schrader u.a.: Lernen; Colberg-Schrader u.a.: Sozialisationsfeld; Deutscher Bildungsrat: Empfehlungen; DJI: Elementarbereich; Heck u.a.: Reform; Irskens u.a.: Fortbildung; Zimmer, J.: Erziehung. *Hedi Colberg-Schrader*

Skalen erlauben die systematische Anordnung der in Zahlen abgebildeten Ausprägungen (→ Messung) einer → Variablen auf einem Kontinuum. Mit den unterschiedlichen Meßniveau der einzelnen S.typen (Nominal-, Ordinals.) ist die Art der mathematischen Transformationen angegeben, denen die quantifizierten → Daten unterworfen werden können. Eine S. »sagt uns, welche Operationen mit den Zahlen, die bei der Quantifizierung den Objekten zugeordnet wurden, Resultate ergeben, die für die untersuchten Sachverhalte selbst bedeutsam sind« (Ritsert u.a.).

S.typen unterscheiden sich hinsichtlich ihrer mathematischen Eigenschaften und damit der mit ihnen durchführbaren statistischen Operationen:

a) Nominals.: Die Merkmalsausprägungen müssen sich logisch ausschließen, sie werden statt verbal numerisch bezeichnet. Beispiel: Merkmal Geschlecht, Ausprägungen »männlich« = 0, »weiblich« = 1. Außer der Ausschlußbeziehung läßt sich keine logische Verbindung zwischen den Zahlensymbolen »0« und »1« angeben.

b) Ordinals.: Definieren auch Rangfolge, d.h. eine Größenbeziehung zwischen einzelnen Ausprägungen. Beispiel: Merkmal Schulnoten, Ausprägungen Notenstufen von »sehr gut« bis »ungenügend«, bezeichnet mit den Zahlen von 1 bis 6. Eine Aussage über die Größe der Abstände kann nicht getroffen werden, was mathematische Operationen verbietet. So können die einzelnen Rangpositionen weder addiert noch multipliziert werden.

c) Intervall- und Ratios.: Lassen zusätzlich Aussagen über die Abstände der Rangpositionen zu (Gleichheit der Intervalle). Beispiele: Temperatur, Größe, Gewicht, Einkommen. Dabei besitzen Ratios. gegenüber Intervalls. einen absoluten, d.h. empirisch sinnvollen Nullpunkt, was Auswirkungen auf die Art der mathematischen Operationen hat, die mit beiden S.typen durchführbar sind.

Bei Intervalls. sind nur Additionen und Subtraktionen möglich, während bei Ratios. auch weitergehende mathematische Transformationen Anwendung finden können.

Intervall- und Ratios. sind bei Messungen im sozialwissenschaftlichen Bereich selten anwendbar, da die Abstände zwischen einzelnen Meßwerten häufig nicht empirisch sinnvoll in gleichgroße Intervalle unterteilt werden können. Da damit die Möglichkeiten statistischer Operationen begrenzt sind, wird häufig versucht, z.B. Ordinals. wie Intervalls. zu behandeln. Dieses Vorgehen trifft jedoch Vorannahmen über den Ob-

jektbereich (d. h. den gemessenen Ausschnitt empirischer Realität), die nicht immer unproblematisch sind (z. B. Bildung eines Notendurchschnitts, was gleiche Abstände zwischen den Noten voraussetzt).
Skalierungsverfahren wurden in den Sozialwissenschaften vor allem zur Einstellungsmessung (→ Attitüden) entwickelt. Dabei wird im Kontinuum von extrem positiver bis zu extrem negativer Einstellung vorausgesetzt, auf dem sich der ermittelte Wert abtragen läßt. Da Einstellung als theoretisches Konstrukt gilt, kann sie nur über die Konstruktion adäquater Items (als Frage oder Urteil formulierte Aussage, zu der der Befragte graduell Zustimmung oder Ablehnung äußert) erschlossen werden, die sich zu einer S. zusammenfassen lassen. Die »Einstellung« (Gesamts.wert) einer Person ergibt sich dann aus mathematischen Operationen mit den Item-Werten.
Klassische Verfahren hierzu sind Thurstone-, Likert- und Guttmans. sowie Polaritätsprofils.
Kritisch läßt sich gegen Einstellungss. einwenden, daß sie auf Annahmen über den Objektbereich basieren, deren Gültigkeit häufig nicht gesichert ist (→ Validität). So wird bei der Einstellungsmessung mit dem Polaritätsprofil der Befragte gebeten, einen Begriff bzw. Person (z. B. »Jugend«, »Alter«) in Gegensatzpaaren (hart-weich, heißkalt) zu beurteilen, wobei die Meinung graduell abgestuft werden soll. Die Einstellung gegenüber diesem Begriff ergibt sich dann aus der mathematischen Zusammenfassung der pro Gegensatzpaar erzielten Werte. Dieses Verfahren setzt Intervalls.niveau voraus, d. h. geht von der Annahme aus, die graduellen Abstände der Beurteilungsmöglichkeiten würden von den befragten Personen als gleich wahrgenommen. Damit wird eine bestimmte Struktur des Objektbereichs (in diesem Fall die gleichartige Zuordnung von Abstufungen) impliziert, um eine Messung zu ermöglichen, deren Realitätsgehalt kaum nachprüfbar ist.
Lit. Cicourel: Methode; Friedrichs: Methoden; Kritz: Statistik; Ritsert u. a.: Grundzüge; Scheuch: Sozialforschung. *Claus Reis*

Social sponsoring Der Aufbau einer Sponsoringpartnerschaft zwischen Wirtschaftsunternehmen und Non-Profit-Unternehmen hat das Ziel, Verantwortung für das Gemeinwesen zusammen zu tragen, soziale Projekte durch Geld, Sachmittel oder Dienstleistungen zu fördern und über diesen Prozeß die öffentliche Kommunikation lebendig zu halten.
S. s. ist ein Teil einer professionellen Geld-Mittel-Beschaffung (→ Fundraising), die dem Marketing-Arbeitsbereich sozialer Organisationen zuzuordnen ist.
S. s. meint mehr als das in der sozialen Arbeit bekannte Mäzenatentum oder Spendenwesen, wobei eher selbstlose Ziele des Geldgebers im Vordergrund stehen.
S. s. basiert auf dem Prinzip von Leistung und Gegenleistung. Die gesponserte Organisation nutzt die Sponsoringmittel für innovative soziale Leistungen. Im Gegenzug erwartet das Sponsorunternehmen eine Bereicherung durch die gesponserte, sinnhafte Idee/soziale Aufgabe, die sie als Kommunikationsmittel sowohl nach innen, als auch im Werbe- und Marketingbereich nach außen einsetzen kann.
Wer gesponsert werden will, muß in der Lage sein, positive → Leitbildentwicklung und Konzepte seiner Arbeit und Projekte öffentlichkeitswirksam zu transportieren. D. h., daß Kommunikationsarbeit und die damit verbundene Qualitätsleistung die Grundlage und die besondere Chance des S. s. ausmachen, sowohl für den Gesponserten als auch für den Sponsor. Denn: ein Sponsorunternehmen, das zu geringe Mitarbeiter/-innenorientierung aufweist, wird für eine soziale Organisation als Sponsorpartner nicht in Frage kommen.
Für das Sponsorunternehmen sind Sponsoringgelder, da sie in den Bereich Werbekosten fallen, Betriebsausgaben; diese mindern der Steuerschuld. Für die gesponserte Organisation, auch wenn sie gemeinnützig handelt, sind Sponsoringgelder Einkünfte aus Gewerbetätigkeit, und diese sind bei Überschreiten einer Freigrenze zu versteuern. Für viele Sponsoringprojekte reichen die gesetzten Freigrenzen aus. S. s. eignet sich nicht zur Finanzierung sozialstaatlicher Pflichtleistungen; es sollte nur zur Finanzierung zusätzlicher Einzelprojekte herangezogen werden.
Lit. Haibach: Fundraising; Lang, R. u. a.: Konzepte fehlen; Schiewe: Sozial-Sponsoring. *Elisabeth Hollmann*

Social Treatment → Sozialtherapie

Sodomie 1. Sexuelle Kontakte mit Tieren. Hintergrund dieses Verhaltens können eine starke soziale Isolation sein, aber auch verschiedene psychische Störungen, die mit Verhaltensdefiziten im Kontakt- und Beziehungsbereich einhergehen. S. kann auch im Rahmen einer → Perversion auftreten.
2. Veralteter Ausdruck für »Analverkehr«. *Andreas Spengler*

Solidarität (lateinisch solidus = fest, dicht) beschreibt einen gesellschaftlichen Zustand, in dem die Beziehungen zwischen den einzelnen und dem Gemeinwesen gleichermaßen durch Eigenständigkeit und Verantwortung der Individuen und durch Anspruch und Verantwortung des Gemeinwesens gekennzeichnet sind. In diesem Sinne ist das S.prinzip eine Norm für das Verhalten des einzelnen und für die Gestaltung und Verhalten der Gemeinwesen. S. kontrastiert zum Totalitarismus, der den

Anspruch des Gemeinwesens übersteigert, zum Kollektivismus, der das Individuum unterdrückt, und zu einem Liberalismus, der die Rücksicht auf andere und den Anspruch des Gemeinwesens vernachlässigt. S. wird so auch als »dritter Weg« zwischen kapitalistischem Liberalismus und marxistischem Sozialismus verstanden (während demokratischer Sozialismus gemeinhin auf dem Boden des S.prinzips steht). Seit der zweiten Hälfte des 19. Jh. vor allem in Frankreich theoretisch entwickelt und praktisch wirksam, wurde das S.prinzip in Deutschland vor allem als Bestandteil der katholischen → Soziallehre bekannt. Die Verfassungsordnung des → Grundgesetzes (GG) verwirklicht S., indem der Rechtsstaat, insbes. durch die → Grundrechte, das Individuum sichert und der Sozialstaat die Verantwortung des Gemeinwesens wahrnimmt und die einzelnen berechtigt und in Pflicht nimmt. Das S.prinzip beantwortet freilich noch nicht die Frage, in welchen Strukturen es zu erfüllen ist (→ Familie, Verbände, Gemeinden, Staat usw.; s. a. → Subsidiarität).
Ein spezifisches, engeres »S.prinzip« wird für die → Sozialversicherung in Anspruch genommen. Die Versichertengemeinschaften werden als Solidargemeinschaften begriffen, die Versicherten untereinander zum versicherungsfremden (→ Versicherungsprinzip) Solidarausgleich in Anspruch genommen (z. B. Verzicht auf risikogerechte Beitragsgestaltung, sozial intendierte Umverteilung zwischen den Versicherten). Von diesem Standpunkt aus wird anderen Sicherungssystemen der Charakter der S. abgesprochen (»S. – nicht Fürsorge«). In Wirklichkeit handelt es sich nicht um »die« S., sondern um eine besondere Form von S., die nur dadurch besonders ins Bewußtsein getreten ist, daß sie Unterschiede zwischen Privatversicherung und Sozialversicherung rechtfertigt. Aber auch andere Systeme (wie → Sozialhilfe oder → soziale Entschädigung) verwirklichen in Wahrheit S. auf jeweils eigene Weise.
Lit. Grimm: Solidarität; Naendrup: Solidarität; Nell-Breuning: Baugesetze; Rauscher: Solidarität; Schulin: Solidarität.

Hans F. Zacher

Soll-Leistung Im Sozialleistungsrecht eine Leistung, die nach dem Wortlaut des Gesetzes gewährt werden »soll«. Die sog. Soll-Vorschriften knüpfen mit der Rechtsfolge an einen bestimmten typisierten Tatbestand an. Während bei der Kann-Leistung der Behörde ein vergleichsweise weiter Ermessensspielraum (→ Ermessen) eingeräumt ist, ob sie von der Ermächtigung zur Leistungsgewährung Gebrauch machen will, verpflichtet eine Soll-Vorschrift nach der ständigen Rechtsprechung des BVerwG (vgl. BVerwGE 49, 16 [23]) die Behörde, grundsätzlich so zu verfahren, wie es im Gesetz bestimmt ist; einer besonderen Begründung bedarf es hierzu i.d.R. nicht. Nur in atypischen Fällen kann die Behörde bei sehr engem Ermessensspielraum (»gebundenes Ermessen«) anders entscheiden, wobei sie die hierfür maßgebenden Umstände und Erwägungen darzutun hat; in tatsächlicher Hinsicht ist sie dabei beweispflichtig. Die finanzielle Lage eines Leistungsträgers rechtfertigt es (anders als bei der Kann-Leistung) nicht, die Leistung zu versagen.

Manfred Streppel

Somatisierung bezeichnet die Verarbeitung seelischer → Konflikte und Belastungen in körperlichen Symptomen, insbes. wenn diese über flüchtige und unbedeutende Erscheinungen hinaus zu chronischem Geschehen verfestigt sind. Grundlage hierfür ist die wechselseitige Bedingtheit von Gefühlswelt und körperlichen Veränderungen, wie es auch im Alltagsleben bekannt ist (z. B. Herzklopfen bei Aufregung oder Schwitzen bei Angst).
Besondere Bedeutung gewinnt die S. bei der Entstehung der sog. »psychosomatischen« Krankheiten (→ Psychosomatik). Bis heute ist umstritten, wovon die unbewußte »Wahl« des erkrankenden Organs abhängt: von spezifischen Charakterstrukturen (»Ulcus-Persönlichkeit«), von der Möglichkeit, verdrängte Konflikte symbolhaft mit dem Organ darzustellen (ähnlich wie in der → Hysterie), von konstitutionellen Dispositionen oder von einer im Laufe des Lebens eingeschliffenen stereotypen Körperreaktion auf unterschiedliche Belastungen.
Der Tendenz zur S. kommt häufig auch die überwiegend somatische Orientierung der Medizin, der vorherrschende all zu enge Krankheitsbegriff (→ Krankheit) und eine gesellschaftliche → Norm entgegen, die körperliches Leiden eher akzeptabel erscheinen läßt als seelisches. Dadurch erweist es sich oft als außerordentlich schwierig, entsprechende Patienten einer psychotherapeutischen (Mit-)Behandlung zuzuführen (→ Psychotherapie).
Lit. Mitscherlich: Auffassung; Overbeck u. a.: Konflikt; Schur, M.: Somatisierung.

Jürgen Matzat

Sonderkindergarten ist eine Einrichtung für Kinder ab 3 Jahren, die wegen ihrer Behinderung in einem → Kindergarten nicht oder nicht ausreichend gefördert werden können. S. bestehen vor allem für geistig behinderte und für körperlich behinderte Kinder (→ Geistig Behinderte, → Körperlich Behinderte). Träger von S. sind häufig Elternvereinigungen und → Behindertenverbände. S. sind als teilstationäre Einrichtungen entstanden zur Ergänzung und Entlastung der häuslichen Erziehung und zur Förderung behinderter Kinder (→ Frühförderung Behinderter).

Der Erziehungs- und Förderauftrag des S. entspricht dem des Kindergartens. Er dient der Entfaltung der Persönlichkeit des Kindes durch Förderung der motorischen, manuellen, sprachlichen, geistigen, seelischen, musischen, sensorischen und sozialen Fähigkeiten. Die Angebote der S. sind jedoch auf die sehr unterschiedlichen Beeinträchtigungen und Bedürfnisse behinderter Kinder ausgerichtet. Stärkeres Gewicht auf die Vorbereitung zur Schule legen Sonderschulkindergärten, die an verschiedenen → Sonderschulen, besonders für Gehörlose und Schwerhörige (→ Hörbehinderte), eingerichtet sind.

Neben sozialpädagogischen → Fachkräften mit → Zusatzausbildung arbeiten im S. je nach Art und Schwere der Behinderungen unterschiedliche Therapeuten. I. d. R. werden 6 bis 10 Kinder in einer Gruppe gefördert. Die S. unterliegen der Aufsicht nach dem → Kinder- und Jugendhilfegesetz (KJHG – SGB VIII).

Die Kosten für den Betrieb der S. einschließlich Zubringerdienst sind im Rahmen der → Eingliederungshilfe für Behinderte nach dem → Bundessozialhilfegesetz (BSHG) von den überörtlichen → Sozialhilfeträgern zu übernehmen (§§ 39, 40 Abs. 1 Nr. 2 a und § 100 Abs. 1 Nr. 1).

In den letzten Jahren entstehen zunehmend integrative Kindergärten (→ Integrative Erziehung), in denen behinderte und nichtbehinderte Kinder aufgenommen werden. Das Maß der → Integration ist unterschiedlich. Schon die bloße Zusammenfassung eines S. und eines Regelkindergartens unter einem Dach schafft Möglichkeiten der Begegnung und des Zusammenwirkens. Die weitaus häufigste Form eines integrativen Kindergartens ist, daß behinderte und nichtbehinderte Kinder in einer Gruppe zusammen leben, sich entfalten und kennenlernen, erzogen und gefördert werden. Insgesamt sind die Erfahrungen mit integrativen Kindergärten gut. Allerdings müssen sowohl die Förderangebote für behinderte Kinder erhalten und fortentwickelt als auch die Belange der nichtbehinderten Kinder berücksichtigt werden. Die unterschiedlichen Zuständigkeiten für die laufenden Kosten (→ Jugendhilfeträger und überörtliche Träger der Sozialhilfe [→ Sozialhilfeträger]) dürfen kein Hindernis für eine sinnvolle Integration behinderter und nichtbehinderter Kinder sein.

Lit. Bundesverband für spastisch Gelähmte und andere Körperbehinderte: Behindertenarbeit; Bundesvereinigung Lebenshilfe für geistig Behinderte: Förderung; Deutscher Caritasverband: Behinderte Kinder; Ministerium für Soziales und Familie Rheinland-Pfalz: Landesplan und Zwischenbericht; Ministerium für Soziales und Familie Rheinland-Pfalz: Behinderte. *Emil Weichlein*

Sonderpädagogik ist die Theorie und Praxis der → Erziehung aller Personen, deren Selbstverwirklichung und soziale Eingliederung erschwert ist. Das Besondere der S. bedeutet nicht Absonderung, sondern ein quantitatives Mehr und ein qualitatives Anders an Erziehung, das durch vorliegende Beeinträchtigungen erforderlich wird. Parallelbegriffe sind → Heilpädagogik, Orthopädagogik, Defektologie, pädagogische Rehabilitation.

Die Erschwerung besteht in der Diskrepanz zwischen der vorliegenden individualen Disposition (die geschädigt sein kann) und den Umfelderwartungen/Normen (die belastend sein können) unter bestimmten Bedingungen (die benachteiligend sein können). S. ist demgemäß nicht durch Eingeschränktheit, sondern durch Unregelhaftigkeit der pädagogischen Aufgabe gekennzeichnet. Sie ist neben der Regelpädagogik ein Untergebiet der allgemeinen Pädagogik (→ Erziehungswissenschaften).

Im Hinblick auf die Unterschiedlichkeit von Art und Maß der Erschwerungen, die sich aus der Diskrepanz zwischen Erwartungen und Disposition unter bestimmten Bedingungen ergibt, wird zwischen folgenden Beeinträchtigungen unterschieden, um angemessene Maßnahmen und erziehungsorganisatorische Regelungen treffen zu können (→ Heilpädagogische Einrichtungen): a) Behinderungen auf Grund individualer Schädigungen, die umfänglich (d. h. mehrere Lernbereiche betreffend) und schwer (d. h. graduell erheblich unter dem Regelbereich liegend) und längerfristig (d. h. mit angemessenen Fördermaßnahmen in 2 Jahren voraussichtlich nicht dem Regelbereich anzugleichen) sind (→ Körperbehinderte, → Geistig Behinderte, → Lernbehinderte u. a.). b) Störungen auf Grund individualer Schädigungen, die partiell (d. h. nur einen Lernbereich betreffend) oder weniger schwer (d. h. graduell nicht wesentlich vom Regelbereich abweichend) oder kurzfristig (d. h. voraussichtlich in bis zu 2 Jahren mit entsprechenden Fördermaßnahmen dem Regelbereich anzugleichen) sind (Sprachstörung, → Verhaltensauffälligkeit, → Lernstörung u. a.). c) Gefährdungen auf Grund materieller oder sozialer Benachteiligungen, die Störungen oder Behinderungen zu bewirken oder zu verstärken angetan sind (Krankheit, Armut, Elternverlust). d) Sozialrückständigkeiten als Beeinträchtigungen der Gesellschaft, die in Form von Einstellungen, Verhaltensweisen, Gepflogenheiten, materiellen Bedingungen und gesetzlichen Regelungen, Gefährdungen, Störungen und Behinderungen teils verursachen, teils steigern und teils ignorieren und damit mögliche Hilfestellungen verhindern.

Behinderungen, Störungen, Gefährdungen und Sozialrückständigkeiten treten häufig in Verbindung unterschiedlicher Kombinationen mit wechselseitigem Verstärkungscharakter auf. Zwischen ihnen bestehen fließende Übergänge, weswegen im Zweifelsfall eine vorläufige Zuordnung zum Bereiche der weniger umfänglichen Beeinträchtigung angezeigt ist. Die verschiedenen Beeinträchtigungen sind keine feststehenden Eigenschaften, sondern Beschreibungskategorien, die in Korrespondenz zu den erforderlichen Maßnahmen stehen. Sie treffen für einzelne Personen u. U. nur vorübergehend zu.

Die erforderlichen pädagogischen Maßnahmen bei vorliegender Beeinträchtigung werden als S. bezeichnet. S. ist die Theorie und Praxis der Erziehung bei Beeinträchtigungen, und zwar der Sondererziehung (Behindertenpädagogik) bei vorliegender Behinderung, der Fördererziehung bei vorliegender Störung, der Vorsorgeerziehung (Sozialpädagogik i. e. S.) bei vorliegender Gefährdung und der Gesellschaftserziehung bei vorliegender Sozialrückständigkeit.

Da die verschiedenen Arten und Grade der Beeinträchtigung häufig in Verbindung miteinander auftreten, kann sich S. keinem der vier Aufgabengebiete entziehen. Eine Beschränkung auf bloße Behindertenpädagogik wie auf bloße Sozialpädagogik führt im Hinblick auf den einzelnen beeinträchtigten Menschen wie hinsichtlich der Reflexion und Bestellung der anderen Aufgabenfelder zu folgenschweren Unterlassungen. S. erstreckt sich auf alle Arten der Beeinträchtigung (also nicht nur auf Behinderungen), auf alle Formen von Beeinträchtigungen (und nicht nur auf intellektuelle Formen), auf alle Altersstufen (und nicht nur auf die Kindheit) und auf das ganze Erziehungsfeld (und nicht nur auf die Schule).

Da die verschiedenen Formen von Beeinträchtigung häufig in Verbindung miteinander auftreten und die sonderpädagogischen Aufgaben der verschiedenen Altersstufen und des institutionellen wie des außerinstitutionellen Feldes in engem Zusammenhang miteinander stehen, ist eine prinzipielle Einengung des Aufmerksamkeitsbereiches auf bestimmte Formen, Altersstufen und Einrichtungen unvertretbar.

Daher ist neben der Konzentration auf ein bestimmtes Aufgabengebiet (Beeinträchtigungsart, Altersstufe, Institution, Methode) Überschau und Kooperation mit den anderen Bereichen der S. ebenso erforderlich wie eine enge Zusammenarbeit mit den anderen am Gesamt der → Rehabilitation beteiligten Disziplinen, Institutionen und Fachleute und vor allem mit dem Behinderten und seiner Familie selbst.

Lit. Bach, H.: Sonderpädagogik; Bleidick: Pädagogik der Behinderten; Klauer u. a.: Sonderpädagogik; Kobi: Herausforderung; Mollenhauer: Sozialpädagogik; Thimm: Soziologie der Behinderten. *Heinz Bach*

Sonderschule Kinder, die wegen ihrer Behinderung in einer anderen allgemeinbildenden Schule auch mit besonderen Hilfen nicht oder nicht ausreichend gefördert werden können, sind zum Besuch einer ihrer Eigenart entsprechenden S. verpflichtet. Nach Einführung der Schulpflicht für alle → Behinderten ist das S.wesen in der Bundesrepublik entscheidend ausgebaut worden, auch im Sekundarbereich.

Schulträger sind für → Lernbehinderte und → geistig Behinderte größere Städte und Kreise, für die weiteren Behinderungsarten mit kleineren Schülerzahlen i.d.R. Bundesländer, Kommunalverbände höherer Ordnung und private Träger.

Die Führung der S. als → Ganztagsschule ist für geistig Behinderte und für → Körperbehinderte weitgehend verwirklicht. Sie wird auch für andere Gruppen behinderter Kinder angestrebt, schon weil wegen der geringen Schülerzahlen und erforderlichen Transportdienste bei überregionalen Einzugsbereichen die schulische Situation erleichtert wird. Besonders in ländlichen Gebieten und bei kleinen Behindertengruppen lassen sich Schülerinternate nicht vermeiden. Dies gilt besonders für → Blinde und gehörlose Kinder (→ Hörbehinderte).

Es entstanden in der Bundesrepublik viele spezialisierte S. Die Diskussion um eine möglichst weitgehende Erziehung und Unterrichtung zusammen mit nichtbehinderten Kindern, wie sie die Bildungskommission (→ Schulische Rehabilitation) bereits 1973 empfahl, dauert an. Vor allem Elterninitiativen fordern zunehmend eine gemeinsame schulische Förderung ihrer behinderten Kinder mit nichtbehinderten Kindern. Dabei muß den besonderen Förderbedarf Behinderter stets Rechnung getragen werden, indem nicht nur sächliche Mittel wie besondere Schreibmaschinen oder Aufzüge sondern auch zusätzliches Fachpersonal bereitgestellt werden.

Lit. Bleidick: Sonderschule; Nationale Kommission für das Internationale Jahr der Behinderten: Bildung. *Emil Weichlein*

Sorgerecht → Elterliche Sorge

Sozialamt Die von den örtlichen → Sozialhilfeträgern (→ Kreisfreie Städte und Landkreise) eingerichtete Organisationseinheit zur Durchführung der gesetzlich vorgesehenen Maßnahmen der → Sozialhilfe und anderer artverwandter Aufgaben. Artverwandt sind solche Aufgaben, die gleiche Wesensmerkmale beinhalten und einem gemeinsamen Oberbegriff (etwa »Sozialwesen«) zugeordnet werden können. Das Amt – als die bisher in der Kommunalverwaltung für den Aufgabenvollzug tragende Organisationseinheit – bedarf seinerseits, um sachgerecht geleitet werden zu können, je nach Umfang der zugewiesenen Aufgaben wieder einer Gliederung. Als solche stellen sich üblicherweise Abteilungen und Sachgebiete dar.

Unter diesen Gesichtspunkten sind dem S. i. d. R. folgende Aufgaben zugeordnet:
– Aufgaben nach dem → Sozialgesetzbuch, Allgemeiner Teil (SGB I) und Zehntes Buch (SGB X),
– Aufgaben als örtlicher Träger der Sozialhilfe nach dem → Bundessozialhilfegesetz (BSHG),
– Aufgaben der Sozialhilfe, die durch den überörtlichen Träger nach Landesrecht auf den örtlichen Träger zur Durchführung übertragen sind,
– Aufgaben als örtlicher Träger der → Kriegsopferfürsorge nach dem → Bundesversorgungsgesetz und darauf Bezug nehmender Sondergesetze,
– Aufgaben nach dem → Asylbewerberleistungsgesetz,
– Aufgaben nach dem → Pflege-Versicherungsgesetz,
– Aufgaben als örtlicher Träger der → Schwerbehindertengesetz,
– Aufgaben nach dem → Unterhaltssicherungsgesetz,
– Beschäftigungsmaßnahmen für arbeitslose Sozialhilfeempfänger (→ Hilfe zur Arbeit),
– → Schuldnerberatung
– Versorgung mit Wohnraum in Notsituationen (z. B. → betreutes Wohnen, → Obdachlosenhilfe, → Wohnungssicherung),
– Betreuung der Aussiedler, → Flüchtlinge, Vertriebenen und Zuwanderer,
– Aufgaben nach dem → Bundesvertriebenengesetz, dem Häftlingshilfegesetz und dem Kriegsgefangenenentschädigungsgesetz,
– Aufgaben nach den SED-Unrechtsbereinigungsgesetzen sowie dem Rehabilitierungsgesetz,
– Krankenversorgung für Empfänger von Unterhaltshilfe nach dem Lastenausgleichsgesetz (→ Lastenausgleich),
– Hilfsmaßnahmen zugunsten von Besuchern aus Staaten Ost- und Südosteuropas,
– Maßnahmen zur Betreuung ausländischer Einwohner (→ Ausländer, Hilfen für) einschließlich Asylbewerbern,
– Vertretung und → Betreuung (→ Betreuungsrecht) von Volljährigen (bis 31. 12. 1991: → Pflegschaften und → Vormundschaften für Volljährige),
– Aufgaben nach dem → Heimgesetz,
– Befreiung von → Rundfunk- und Fernsehgebühren,
– Planung von → Einrichtungen, Diensten und Veranstaltungen der Sozialhilfe, Verwaltung und Betrieb eigener Einrichtungen, Förderung der Errichtung und des Betriebs derjenigen von Trägern der → freien Wohlfahrtspflege,
– freiwillige oder nach Landesrecht geregelte Sozialmaßnahmen für bestimmte Personenkreise (z. B. Familienerholung, Leistungen nach → Landesblindengeldgesetzen).
Die im Rahmen der vorgenannten Aufgabenerfüllung erforderliche → persönliche Hilfe wird häufig durch den »Allgemeinen → Sozialdienst« (früher: → Familienfürsorge) wahrgenommen.
Soweit nach Landesrecht Aufgaben des örtlichen und überörtlichen Trägers der Sozialhilfe auf → kreisangehörige Städte und Gemeinden zur Durchführung übertragen werden können und worden sind, besteht bei diesen ebenfalls ein S. Die Zuweisung anderer – artverwandter – Aufgaben auf diese Organisationseinheit (insbes. Aufgaben aus dem Bereich der → Sozialversicherung, → Wohnungsbauförderung, des → Wohngeldes) ist je nach Größenordnung sehr unterschiedlich und hängt insbes. von dem Umfang freiwilliger sozialer Maßnahmen sowie entsprechender Einrichtungen ab.
Im Zusammenhang mit der sich seit 1994 verstärkenden Diskussion um → Verwaltungsmodernisierung wird auch eine Änderung der bisherigen Organisationsstruktur nicht ausgeschlossen: Die Zusammenfassung mehrerer Ämter zu »Fachbereichen« kann Folge neuer Steuerungsanforderungen sein, aber auch Folge neuer Sichtweisen von Aufgaben und daraus abzuleitender Leistungen hin zu ergebnisorientierten »Produkt-Angeboten«.
Lit. KGSt.: Organisationsarbeit; KGSt.: Produkte, KGSt.: Sozialamt; KGSt.: Steuerungsmodell; KGSt.: Steuerungsmodell in Gemeinden; KGSt.: Verwaltungsorganisation. *Robert Groell*

Sozialarbeiter/-innen und Sozialpädagogen/-pädagoginnen a) ausbildungsunabhängige Sammelbezeichnung für die Beschäftigten im Feld der → sozialen Berufe. Dies führt insbes. in der amtlichen Arbeitsmarktstatistik zu vielfältigen Ungenauigkeiten und Ungereimtheiten. b) als Diplom-Soz.arb. und -Soz.päd. Bezeichnung von Ausgebildeten, vor allem an → Fachhochschulen und Gesamthochschulen, aber auch an Wissenschaftlichen Hochschulen bzw. → Universitäten (→ Diplom-Pädagoge/Diplom-Pädagogin) und Berufsakademien (in Baden-Württemberg).
Vorläufer der gegenwärtigen Ausbildungen für → Sozialarbeit/Sozialpädagogik sind die Ausbildungen für Fürsorge/Wohlfahrtspflege einerseits und zum/zur → Jugendleiter/-in andererseits. Bis heute bleiben diese Wurzeln in dem ungeklärten Nebeneinander von Soz.arb. und Soz.päd. nicht nur in den unterschiedlichen Bezeichnungen von Studiengängen und Berufsabschlüssen sichtbar, sondern auch in der nach wie vor unzureichenden wissenschaftlichen Rückbindung dieser beiden Fachrichtungen in einer tragfähigen Leitdisziplin. Während der sozialpädagogische Strang über die Ausbildung zur Jugendleiterin und Kindergärtnerin (→ Erzieher/in) eindeutig in pädagogischen Traditionen verwurzelt ist, hat der sozialarbeiterische Strang über die Ar-

menfürsorge und Wohlfahrtspflege gleichzeitig Elemente der Volkswirtschaft, des Rechtes, der → Soziologie und → Sozialpolitik, der Verwaltungswissenschaft, aber auch der Pädagogik (→ Erziehungswissenschaft) und → Psychologie in sich gebündelt. So drückt sich diese Kluft zwischen diesen Traditionen auch in den diversen Versuchen aus, Theorien der »Sozialpädagogik« einerseits und der »Sozialarbeitswissenschaft« andererseits zu entwickeln (Gängler/Rauschenbach). Nicht wenige verbinden mit der immer stärkeren Vermischung dieser beiden Traditionen in den einzelnen Arbeitsfeldern, Handlungsmustern, Konzepten und Methoden die Hoffnung auf neue sinnstiftende und handlungsleitende Ansätze einer integrativen sozialen Arbeit.

1. Die Ausbildung für Soz.arb. entstand zu Beginn des 20. Jh. als Frauenberuf. Im Anschluß an die Tradition der freigemeinnützigen Wohltätigkeit und kommunalen Armenpflege des 19. Jh. begann die eigentliche Entwicklung dieses Berufszweiges mit der Organisation von Lehrgängen und Kursen, die schließlich ab 1905 zur Gründung sozialer Frauenschulen führten, wobei vor allem Alice Salomon eine zentrale Bedeutung zukommt (Sachße). Durch ihren Zusammenschluß in der ebenfalls von A. Salomon gegründeten »Konferenz sozialer Frauenschulen Deutschlands« wurde 1917 der erste Schritt zur Vereinheitlichung und staatlichen Anerkennung dieser Ausbildungen in die Wege geleitet. Stabilisiert wurde diese Entwicklung durch eine Prüfungsordnung, die 1920 in Preußen in Kraft trat und im wesentlichen den Vorstellungen der sozialen Frauenschulen entsprach. Nach 2jähriger Ausbildung und bestandener Prüfung an der Wohlfahrtsschule sowie nach Bewährung in einem anschließenden Berufsjahr wurde die staatliche Anerkennung als Wohlfahrtspflegerin im Falle der Vollendung des 24. Lebensjahres ausgesprochen (Salomon).

In den Jahren danach folgten, orientiert an Preußen, auch Erlasse in den übrigen Ländern; ab Mitte der 20er Jahre wurden vereinzelt auch Ausbildungen für männliche Wohlfahrtspfleger angeboten. 1931 wurde schließlich die 2jährige Ausbildung mit einem sich daran anschließenden berufspraktischen Jahr zur reichseinheitlichen Ausbildungsform.

Nach dieser Phase des Aufbaus und der Konsolidierung der Wohlfahrtsschulen in den ersten 25 Jahren ihrer Existenz erlitt das Ausbildungswesen für soziale Berufe ab 1933 einen Rückschlag und wurde dadurch in seiner Entwicklung nicht unwesentlich unterbrochen. Durch die Auflösung einzelner Wohlfahrtsschulen, die Umbenennung in »Nationalsozialistische Frauenschulen für Volkspflege« und die Entfernung von Teilen des Lehrkörpers wurde vor allem versucht, die gewachsene Identität der Frauenschulen zu zerstören und durch »nationalsozialistische Geisteshaltung« zu ersetzen.

Sozialpolitik, Soziologie und Psychologie verschwanden ebenso aus den Lehrplänen wie allgemeinbildende, theoretische und historische Anteile. Gesundheitsfürsorgerische Tätigkeiten und eine ideologisierte Familienorientierung wurden zu neuen Maßstäben der Volkspflege, die Anbindung der → Jugendämter (JÄ) an die → Gesundheitsämter (GÄ) und die Unterordnung der »Volkspfleger« unter ärztliche Regie verstärkten den Prozeß einer »Entfachlichung« der ehemaligen Wohlfahrtsschulen. Dieser Wandel sollte Auswirkungen bis in die 50er Jahre haben.

Trotz Vorbehalte seitens der Dozent/-innen und der Praxisvertreter/-innen gegen eine Überführung der Ausbildung in die Universitäten wurde Anfang der 50er Jahre dennoch die adäquate »Ranghöhe der Ausbildungsstätten« diskutiert, die Höhere Fachschule als Regelausbildung gefordert und ein Aufbaustudium an Universitäten zur Vorbereitung auf Leitungsaufgaben, Unterricht und Forschung letztlich befürwortet (Magnus). 1958 wurde demgemäß eine Revision und Vereinheitlichung der Ausbildung beschlossen und zwischen 1959 und 1964 – mit Auftakt in Nordrhein-Westfalen – in allen Bundesländern (außer Baden-Württemberg) eingeführt. Das reformierte Konzept sah eine 3jährige Ausbildung an den Schulen selbst sowie ein 4. berufspraktisches Jahr in Kooperation von Praxis und Ausbildungsstätten vor; aus den Wohlfahrtspfleger/-innen der Nachkriegsjahre wurden »Sozialarbeiter/-innen (grad.)«, aus den Wohlfahrtsschulen Höhere Fachschulen für Sozialarbeit. Mit dieser neuen Grundstruktur waren die Weichen für die Zukunft gestellt. Durch den Aufstieg der Soz.arb. in den tertiären Bildungsbereich im Zuge der Errichtung von FH zu Beginn der 70er Jahre wurde eine deutliche Steigerung der Attraktivität erreicht. Infolgedessen kam es zu einem institutionellen Ausbau und zu einer fachlichen Annäherung von Soz.arb. und Soz.päd. etwa in eigenen FH für Sozialwesen oder in gemeinsamen Fachbereichen.

2. Lange Zeit war die Ausbildung zur Jugendleiterin nur als einjähriger Kurs im Anschluß an eine Tätigkeit als Kindergärtnerin möglich; zunächst mußte hierfür ein Jahr, ab 1929 zwei und ab 1932 drei Jahre einschlägige Berufstätigkeit für eine Zulassung nachgewiesen werden. Ende der 40er Jahre wurde die Ausbildung selbst zunächst auf 1 1/2 Jahre und Mitte der 50er Jahre auf 2 Jahre verlängert. In dieser Zeit wurde bereits der Weg für eine grundsätzliche Neukonzipierung der Ausbildung – über die Rückbindung an die Kindergärtnerinnenausbildung hinaus – vorgezeichnet. Ab Mit-

te der 60er Jahre wurde in den einzelnen Bundesländern die Jugendleiterinnenausbildung zu einer 4jährigen Ausbildung an den »Höheren Fachschulen für Sozialpädagogik«, wie sie inzwischen heißen, ausgeweitet und der Abschluß »Soz.päd. (grad.)« eingeführt. Mit der Überführung der Höheren Fachschulen in FH im Jahre 1971 erreichte die Neuordnung dieser Ausbildung ihren vorläufigen Abschluß; im Zuge der Angleichung an das HRG 1979 anstelle der Graduierung die Diplomierung der Absolvent/-innen von FH eingeführt.
3. Aufbau, Länge und Form der FH-Ausbildung ist zwischen Soz.arb. und Soz.päd. inzwischen angeglichen. So beträgt die tatsächliche Studiendauer an Fachhoch- und Gesamthochschulen einheitlich 4 bis 4 1/2 Jahre, aufgeteilt in ein 6- bis 7semestriges Studium und eine einjährige fachpraktische Ausbildung, die im Rahmen der einphasigen Ausbildung in Form von zwei integrierten Praxissemestern, in der zweiphasigen in Form eines einjährigen Berufspraktikums im Anschluß an die erfolgreich abgelegte Diplomprüfung durchgeführt wird. In beiden Fällen endet die Ausbildung mit einem Kolloquium und der staatlichen Anerkennung als Diplom-Soz.arb. und/oder -Soz. päd.
Zulassungsvoraussetzung für das Studium der Soz.arb. oder Soz.päd. ist die Fachhochschulreife oder der erfolgreiche Abschluß einer Fachschule für Soz.päd. (bei Nachweis weiterer Voraussetzungen). Mitte der 90er Jahre werden Studiengänge für Sozialwesen an 60 Fachhochschulen mit 65 Standorten angeboten, davon 20 in kirchlicher Trägerschaft und 12 in den neuen Bundesländern (Galuske/Rauschenbach).
Nach einem zwischenzeitlichen Rückgang Mitte der 80er Jahre ist die Studienplatznachfrage im 1. Studienjahr zu Beginn der 90er Jahre auf neue Spitzenwerte von über 10 000 Anfänger/-innen gestiegen. Örtliche Zulassungsbeschränkungen waren und sind infolgedessen eine Seltenheit. Bei zuletzt über 35 000 Studierenden an den knapp 50 FH der Altbundesländer beenden pro Jahr zwischen 6 000 und 6 500 Absolvent/-innen, davon rund 70% Frauen, ihr Studium erfolgreich; mit einem erneuten Anstieg ist in den nächsten Jahren zu rechnen.
4. Im Zuge eines außergewöhnlichen Anstiegs der Zahl der Erwerbstätigen in den sozialpflegerischen Berufen seit Beginn der 70er Jahre (Rauschenbach: Fachkräfte; Rauschenbach: Jugendhilfe; Rauschenbach/Schilling) haben sich auch die Soz.arb. und Soz.päd. mit einem FH-Abschluß auf dem Arbeitsmarkt deutlich vermehrt. In der → Jugendhilfe stieg die Zahl zwischen 1974 und 1990 von knapp 17 000 auf über 35 000, im gesamten Feld der sozialen Berufe zwischen 1982 und 1995 von etwas mehr als 44 000 auf über 96 000 Erwerbstätige (West). Dieser nach wie vor expandierenden Zahl von Beschäftigten stehen nach einer zwischenzeitlich dramatischen Zunahme (1988: über 10 500) Ende 1995 rund 7 000 arbeitslos gemeldete Soz.arb./Soz.päd. in den alten Bundesländern gegenüber.
Wichtigste Arbeitgeber der Soz.arb. und Soz.päd. (FH) sind im Unterschied zu den anderen sozialen Berufsgruppen die → öffentlichen vor den → freien Trägern. Infolgedessen ist im Bereich der Jugendhilfe auch der größte Anteil der Soz.arb. und Soz.päd. in den JÄ (→ Sozialdienst, Allgemeiner [ASD]) erwerbstätig, gefolgt von der → Heimerziehung, der → Jugendarbeit und der öffentlichen Kleinkindererziehung. Daneben sind Soz.arb. und Soz.päd. u.a. aber auch im → Gesundheitswesen, in der → Behindertenarbeit, in der Suchtkrankenhilfe (→ Sucht/Suchtgefährdung, → Suchtprävention), in → sozialen Brennpunkten oder in der → Altenhilfe tätig.
5. Während den Debatten um die Soz.arb. und Soz.päd. in den 70er Jahren u.a. von den Bemühungen einer Konsolidierung der neu aufgebauten FH und ihrer internen Probleme gekennzeichnet waren (Projektgruppe), lassen sich die 80er Jahre als ein Jahrzehnt der (wenig ergiebigen) Studienreform und der (defensiven) Reaktion auf einem immer prekärer werdenden Arbeitsmarkt für Soz.arb. und Soz.päd. beschreiben (Hanesch). Für die 90er Jahre zeichnen sich demgegenüber neue Herausforderungen ab: die Konsolidierung der Studiengänge in Soz.arb./Soz.päd. in den neuen Bundesländern und die Integration von Soz.arb./Soz.päd. in Europa; die Verbesserung der Arbeitsbedingungen und Aufstiegsmöglichkeiten für Angehörige der sozialen Berufe; die Neuordnung des Ausbildungssystems für soziale Berufe; die Umsetzung einer neuen Diplomrahmenordnung sowie die Stärkung der berufsspezifischen disziplinären Autonomie und personellen Selbstrekrutierung von Soz.arb./Soz.päd. in der Ausbildung wie in der Forschung.
Lit. BA: Diplom-Sozialpädagoge; Galuske u.a.: Jugendhilfe Ost; Gängler u.a.: Antwort; Hanesch: Fachhochschule; Magnus, E.: Ausbildung; Projektgruppe Soziale Berufe: Sozialarbeit – Expertisen, Bd. 1 und 3; Rauschenbach: Fachkräfte; Rauschenbach: Jugendhilfe; Rauschenbach u.a.: Teilarbeitsmarkt; Sachße: Beruf; Salomon: Ausbildung. *Teresa Bock/Thomas Rauschenbach*

Sozialarbeit/Sozialpädagogik Die Frage, was jeweils unter Sozialarbeit (Soz.arb.) und Sozialpädagogik (Soz.päd.) zu verstehen ist oder ob beide Begriffe identisch zu verwenden sind, ist bisher nicht abschließend geklärt. Beide Bezeichnungen werden nach wie vor sowohl zusammen als auch nebeneinander benutzt. So unbefriedigend diese Regelung auch ist, es zeichnet sich nach wie vor keine überzeugende Alternative dafür ab. Soziale Arbeit als Oberbegriff

für Soz.arb. und Soz.päd. scheidet einerseits aus, weil ihm auch die Sozialpflege (→ Sozialpflegerische Dienste) zugeordnet wird und weil von ihm keine Berufsbezeichnung abgeleitet werden kann.
Der Ursprung der Soz.arb. liegt in der behördlichen Armenpflege des 19. Jh., der freien Liebestätigkeit und Wohlfahrtspflege und der → Frauenbewegung. Sie konzentrierte sich auf die Arbeitsfelder und Institutionen der → Säuglings-, Wirtschafts-, Wohnungs-, → Familien-, → Gesundheits-, Gefährdeten- und Betriebsfürsorge (→ Betriebliche Sozialarbeit), die als Antwort auf soziale Not im Zusammenhang mit der Industrialisierung vor allem in Großstädten und Ballungszentren entstanden waren. Aus Veröffentlichungen von Christian J. Klumker, Alice Salomon, Siddy Wronsky u. a. wird deutlich, daß in den Anfängen beruflicher Soz.arb. die Wechselwirkungen zwischen individueller Not und Umweltfaktoren besondere Aufmerksamkeit fanden. Soz.arb. (→ Sozialarbeiter/-innen und Sozialpädagog/-innen) hatten die »ganzheitliche« Lebenssituation im Blick und setzten das »Soziale« als Mittel der Hilfe ein. Das schlug sich sowohl in den Konzepten der Hilfe als auch in den Lehrplänen der Ausbildungsstätten nieder. Mit Hinweisen darauf, daß Not sowohl durch individuelle als auch durch umweltbedingte Faktoren verursacht wird, traten die Vertreterinnen des Berufes einseitigen Schuldzuschreibungen und rigiden Grundsätzen der Reglementierung von Hilfe, die sowohl in Fachkreisen als auch in Politik und Öffentlichkeit verbreitet waren, entgegen. Sie setzten sich von den Selektionskriterien der Medizin, → Psychologie, → Verwaltung und des Rechts ab. Auch die Anfänger des Casework spiegeln dieses für die Soz.arb. charakteristische Verständnis. Die → psychosoziale Diagnose (Richmond) nimmt das gesamte soziale Beziehungsnetz in den Blick. Unter dem Einfluß psychiatrischer/psychologischer Schulen es zu einer einseitigen Verlagerung auf die psychischen Probleme der Klienten auf Kosten der für den Beruf charakteristischen Aufmerksamkeit für die Bedürfnisse und Möglichkeiten, die Menschen haben, und die Anforderungen und Unterstützung ihrer Umwelt.
In den 70er Jahren wurde das »Soziale« in der Soz.arb. wiederentdeckt. Erfahrungen mit der mangelnden Reichweite der klassischen → Methoden der Sozialarbeit sowie mit den Unzulänglichkeiten therapeutischer Verfahren, wenn es darum ging, komplexe Probleme zu erfassen und zu lösen, führten zu »Suchbewegungen«. Sie fielen mit den Diskussionen um den Nutzen der → Systemtheorie für die Soz.arb. zusammen. Auf ihrer Basis wurden generische Modelle entwickelt.
Gegenüber analytisch-psychologischen Ansätzen haben sie den Vorteil, daß mit ihnen Situationen ganzheitlich und in den Wechselwirkungen ihrer verschiedenen Elemente erfaßt werden können. Ein systemisches Modell (→ Systemischer Ansatz) für die komplexe Praxis der Soz.arb./Soz.päd. und ihre verschiedenen Handlungsebenen legen Pincus und Minahan vor. Die ökologische Perspektive beruflichen Handelns, die von Wendt vertreten wird, das »Life Model« von Germain und Gitterman, die soziale Problemtheorie (→ Soziale Probleme) von Staub-Bernasconi greifen auf die Ursprünge der Soz.arb. zurück. Sie schaffen einen Rahmen für die Entwicklung einer sozialarbeitsspezifischen Praxistheorie, die dazu beiträgt, die Dominanz der Theorien anderer wissenschaftlicher Disziplinen zu überwinden. In den letzten Jahren zeichnen sich Fortschritte in der Entwicklung von → Theorien der Soz.arb./Soz.päd. ab, die eine Annäherung der Teilbereiche fördern.
Die Soz.päd. hat eine andere Entwicklung gehabt. Sie ist eine deutsche Variante der Pädagogik (→ Erziehungswissenschaft) geblieben. Ihre Schulen reichen von der Gemeinschafts- und Willenserziehung (Natorp) über die sozialpädagogische Bewegung (Nohl und Bäumer), emanzipatorische Erziehung (Mollenhauer, Gieseke) bis zur alltagsorientierten Soz.päd. (Thiersch). Ihre ursprünglichen Adressaten waren Kinder und Jugendliche in phasenspezifischen Erziehungssituationen (→ Kindergarten) und sozialen Problemlagen (→ Erziehungsheime).
Unter dem Einfluß der Lerntheorie (→ Lernen) wurden alle Altersgruppen – vom Kind bis zum alten Menschen – zu potentiellen Adressaten der Soz.päd. In der an Pädagogischen Hochschulen und Universitäten vertretenen Erziehungswissenschaft ist es der Soz.päd. gelungen, sich zu etablieren und sich in Lehre und Forschung zu einer eigenständigen Studienrichtung zu entwickeln. Das hat ihr gegenüber der Soz.arb. die größere Chance zur Entwicklung berufsspezifischen Erklärungs- und Handlungswissens, zu einer systematischen Reflexion der Praxis und zur gleichberechtigten Kooperation mit relevanten Disziplinen gegeben.
Die Abstinenz der Soz.päd. gegenüber der von Praxis und Ausbildung in den angloamerikanischen Ländern geprägten Sozialarbeitswissenschaft macht sich im Mangel an Rahmenmodellen und Handlungskonzepten bemerkbar. Das erweist sich als Defizit bei Aufgaben in der Praxis, soweit sie über den unmittelbaren pädagogischen Bezug hinausgehen.
Soz.arb. wie Soz.päd. haben es mit konkreten Situationen zu tun. Ihre Aufmerksamkeit gilt Menschen in ihren jeweiligen Lebensumständen. Hilfe wie → Erziehung haben ihren Ort im Gefüge des personalen Lebens und des sozialen Zusammenlebens. Die Aufgaben, die Soz.arb./Soz.päd. über-

Sozialarbeit/Sozialpädagogik

nehmen, stehen in engem Bezug zu den sozialen, politischen, wirtschaftlichen, kulturellen und rechtlichen Bedingungen der Gesellschaft, in der und in deren Auftrag sie tätig werden. Sie finden ihren Ausdruck in Rechtsvorschriften sowie politischen und fachlichen Leitlinien des Trägers, bei dem sie tätig sind.

Soz.arb./Soz.päd. unterstützen Menschen, eine Balance zu finden zwischen ihren jeweiligen Bedürfnissen und Fähigkeiten und ihrer Umwelt mit deren jeweiligen Angeboten und Anforderungen. Dabei sind sie einerseits bemüht, die Entwicklung, die Einstellungen und die Verhaltensweisen von Menschen zu fördern, zu stärken und zu verbessern, die sie zur selbständigen und verantwortlichen Gestaltung ihres Lebens befähigen. Andererseits gehört es zu ihren Aufgaben, die Lebensbedingungen in der Umwelt der Klienten/Betroffenen so zu gestalten und zu beeinflussen, daß die notwendigen Voraussetzungen und Bedingungen für eine menschenwürdige Existenz vorhanden sind.

Ihr berufliches Handeln besteht insbes. in der Hilfe für Kinder und junge Menschen beim Hineinwachsen in ihre Lebensbezüge; für Erwachsene in Übergangsphasen (Lebensabschnitte, Veränderung von Status und Rolle u.a.; für Menschen in inneren und äußeren Krisensituationen; bei inner- und zwischenmenschlichen → Konflikten, die das Miteinander von Familien oder Gruppen und ihre Fähigkeiten, mit Anforderungen angemessen umzugehen, beeinträchtigen.

Hinzu kommen Aktivitäten, um Belastungen abzubauen, die mit dem Mangel an Angeboten im Lebensraum oder mit der Unfähigkeit, sie zu nutzen, zusammenhängen (DV).

Mit Akzentuierungen, die sich aus ihren jeweiligen Arbeitsfeldern und Aufgaben ergeben, haben sie es mit Menschen aus allen Alters- und Bevölkerungsgruppen zu tun. I.d.R. arbeiten sie mit mehreren Partnern zusammen, z.B. mit Eltern und Kindern, alten Menschen und Mitgliedern aus deren Netzwerk, mit ehrenamtlichen Mitarbeitern und Verbänden, mit → Selbsthilfegruppen und politischen Gremien.

Das jeweils Spezifische des beruflichen Handelns von Soz.arb. und Soz.päd. leitet sich aus den Wurzeln der Soz.arb. als Hilfe und → Fürsorge und der Soz.päd. als Erziehung und Bildung (→ Bildung/Bildungswesen) ab.

An der konkreten Praxis von Soz.päd. und Soz.arb. läßt sich dieser Unterschied festmachen. Der Soz.päd. teilt den Alltag mit seinen Klienten. Er verfolgt mit dieser Teilnahme das Ziel, so zu beeinflussen und ihre → Lebenswelt so zu gestalten, daß sie sich bestmöglich entwickeln und menschenwürdig leben können. So hat z.B. bei Kindern dieses Mitleben erzieherischen, in der → Jugendarbeit bildnerischen, in der sozialpädagogischen Familienhilfe (→ Familienhilfe, sozialpädagogische) unterstützenden, bei erwachsenen → geistig Behinderten betreuerischen Charakter. I.d.R. sind hauswirtschaftliche, pflegerische, handwerkliche Tätigkeiten und Freizeitgestaltung als lebenspraktische Begleitung Bestandteil der beruflichen Tätigkeit. Dies macht neben den Arbeitszeiten und Handlungsmethoden den Unterschied zur Soz.arb. aus und setzt spezifische Kenntnisse voraus. Soweit an FH getrennte Studiengänge Soz.arb. und Soz.päd. bestehen, werden die Anforderungen an die berufliche Kompetenz, die sich aus diesen Tätigkeiten ergeben, am breiter gefächerten Lehrangebot für Soz.päd. in der → Medienpädagogik und in den Fächern Methodik/Didaktik sowie Techniken beruflichen Handelns deutlich.

Der Soz.arb. ist dagegen »ambulant« tätig. Er hat seinen Ort in der Institution, nicht in der Lebenswelt der Klienten. Selbst wenn er sie aufsucht, teilt er nicht ihren → Alltag, sondern konzentriert sich – auch wenn er sich dabei für die Bedingungen des Lebensraumes interessiert und dessen Ressourcen wie Defizite in sein Handeln einbezieht – auf die sozialen Probleme seiner Klienten und auf Wege und Mittel, mit denen sie zu lösen sind (Lüssi).

In der Mitte des Kontinuums, auf dem sich das jeweils berufsspezifische Handeln konkretisiert – vor allem im Einsatz von Ressourcen und im Umgang mit den → Netzwerken der Klienten –, gibt es vielfältige Überschneidungen, aber selbst dort zeichnen sich Akzente ab, die eine Tätigkeit eher der Soz.päd. als der Soz.arb. zugeordnet erscheinen lassen.

An der Peripherie von Soz.päd. wie Soz.arb. gruppieren sich weitere Aktivitäten, die zur Soz.arb. wie zur Soz.päd. gehören. Sie reichen von sozialtherapeutischen Tätigkeiten (z.B. in der Suchtarbeit [→ Sucht/Suchtgefährdung], → Psychiatrie und im → Strafvollzug), sozial-kulturellen Aufgaben (in der Freizeit- und Bildungsarbeit), sozialstrukturellen Aktivitäten (z.B. Planung und Organisationsberatung beim Aufbau von Institutionen und der Entwicklung von Infrastruktur) bis zu sozialpolitischen Aktivitäten zugunsten benachteiligter und ausgegrenzter Menschen und Gruppen. Diese Aufgaben werden auch von Angehörigen anderer Berufe (z.B. Psychologen, Soziologen, Medizinern, Lehrern, Betriebswirten) oder in Zusammenarbeit mit ihnen wahrgenommen. In der Regel setzen sie eine Zusatzausbildung voraus.

In allen Arbeitsfeldern gibt es Tendenzen, die Dienste an den Lebenslagen und Lebensweisen der Nutzer zu orientieren. Soz.arb./Soz.päd. unterstützen sie, ihre Situation einzuschätzen und Vorstellungen zu entwickeln, wie sie verändert werden soll.

Sie stärken und bestärken sie darin, Spielräume zur Mitverantwortung und Selbststeuerung zu nutzen. Die Allgemeinen Sozialdienste (→ Sozialdienst, Allgemeiner [ASD]) entwickeln sich zu Zentren sozialer Grundversorgung im Wohngebiet. In Städten und Landkreisen werden Arbeitsansätze der Netzwerkarbeit erprobt. Umfeldorientierte Fallarbeit wird mit fall- und gemeinwesenorientierter Umfeldarbeit verbunden (DV). Fall- und zielgruppenspezifische Beratungsdienste der Verbände der → freien Wohlfahrtspflege kooperieren mit ehrenamtlich Tätigen (→ Ehrenamtliche Tätigkeit im sozialen Bereich) und → Selbsthilfegruppen. Sie nutzen deren Nähe zu den Hilfebedürftigen und ihre fallspezifischen Kenntnisse der Defizite und Ressourcen im Lebensumkreis der Klienten. Von Soz.arb./Soz.päd. wird erwartet, daß sie Bedürfnisse von und Anforderungen an Menschen im Schnittpunkt sozialer Lebenslagen und individueller Lebensweisen wahrnehmen, erfassen und einschätzen. Sie müssen Zugänge auch zu Menschen finden, die unfreiwillig ihre Klienten werden, und deren Vertrauen gewinnen. Der Erfolg ihres Handelns hängt davon ab, daß sie erzieherische und unterstützende Beziehungen zu den Nutzern der Dienste aufbauen, strukturieren und gestalten, sich in kooperative Beziehungen mit anderen → Fachkräften, ehrenamtlich Tätigen und Mitgliedern von Selbsthilfegruppen und selbstorganisierten Diensten einbringen und in aushandelnden Beziehungen Einfluß nehmen auf die Verbesserung sozioökonomischer Lebensbedingungen.

Seit den 90er Jahren nimmt die Konkurrenz zwischen professionell tätigen Sozialarbeitern/Sozialpädagogen und der Eigeninitiative von Bürgerinnen und Bürgern in Selbsthilfegruppen und selbstorganisierten Diensten zu. Soz.arb./Soz.päd. müssen ihre spezifische Kompetenz zur Lösung sozialer Probleme beweisen.

Angesichts der Krise des Sozialstaates steigen die Anforderungen an Soz.arb./Soz.päd., → Effektivität und Effizienz ihrer Leistungen nachzuweisen. Deshalb gewinnt die → Evaluation an Bedeutung.

Fragen nach Werten und Bewertungen, von denen sich Soz.arb./Soz.päd. leiten lassen, wenn sie Ziele formulieren, Leistungen auswählen, Beziehungen eingehen und Methoden benutzen, sind wesentliche Bestandteile beruflicher Reflexion. Sie können nicht ausgeklammert werden, wenn Klienten Entscheidungen treffen, mit denen sie leben und die sie verantworten müssen. Bei weltanschaulich geprägten Trägern hängt die Wertorientierung zusammen mit Fragen nach dem Profil des Dienstes und den Erwartungen, die sich darauf für die Mitarbeiter/-innen ergeben. Wertefragen gehören zur kollegialen Verständigung über den gesellschaftlichen Auftrag von Soz.arb./Soz.päd. wie zur persönlichen Auseinandersetzung mit Betroffenheit und Selbstbetroffenheit.

Lit. BMJFFG: 8. Jugendbericht; DV: Sozialdienst; DV: Stellungnahme berufsqualifizierende Ausbildung; Germain u. a.: Sozialarbeit; Heiner: Qualitätsentwicklung; Lowy: Sozialarbeit/Sozialpädagogik; Lüssi: Sozialarbeit; Mühlum: Sozialpädagogik und Sozialarbeit; Pincus u. a.: Sozialarbeit; Richmond: Social Case-Work; Staub-Bernasconi: Soziale Arbeit; Wendt: Ökosozial; Wendt: Soziale Arbeit. *Teresa Bock*

Sozialberater für Ausländer Öffentlich gefördert werden S. seit 1962. Als Folge der Anwerbevereinbarungen erteilte der Bund einen Beratungs- und Betreuungsauftrag für Staatsangehörige aus den ehemaligen Anwerbeländern an die Wohlfahrtsverbände → Arbeiterwohlfahrt (AWO), → Deutscher Caritasverband (DCV) und → Diakonisches Werk, wobei die Zuständigkeit für die Nationalitäten festgeschrieben wurde. Die AWO war zuständig für Staatsangehörige aus der Türkei, dem früheren Jugoslawien, Marokko und Tunesien, der Deutsche Caritasverband für Staatsangehörige aus Italien, Portugal, Spanien und dem früheren Jugoslawien, das Diakonische Werk der Evangelischen Kirche für griechische Staatsangehörige. Entsprechend den damals vorherrschenden Vorstellungen über eine nur befristete Aufnahme der Arbeitnehmer herrschte die Vorstellung, daß dieses Beratungsangebot auch nur für einen befristeten Zeitraum erforderlich sein würde. Mit dem Anwerbestopp von 1973 wurde die Phase der Anwerbung beendet. In der Folgezeit wurde sehr schnell deutlich, daß die Anwerbung einen dauerhaften Einwanderungsprozeß in Gang gesetzt hatte, so nahmen z. B. die Familienzusammenführungen zu.

Der Bund und die Länder haben 1984 »Grundsätze zur Ausländersozialberatung« verabschiedet, die eine abgestimmte Grundlage für die inhaltliche Ausgestaltung der Sozialberatung darstellten. In den Grundsätzen wurde die nationalitätenspezifische Organisationsweise, das muttersprachliche Arbeitsprinzip und die Zuständigkeit der Verbände festgeschrieben.

Seit Beginn der neunziger Jahre finden in allen Verbänden, beim Bund und den Ländern intensive Debatten über die zukünftigen Aufgaben der Sozialberatung statt. Notwendig wurde diese Debatte, weil sich zeigte, daß sowohl die Beratungsbedürfnisse der Migranten als auch die gesellschaftlichen Rahmenbedingungen sich erheblich gewandelt haben (→ Migration). Stichwortartig seien genannt: die in der Folge der deutschen Wiedervereinigung zunehmenden rassistischen Angriffe auf Migranten, das Entstehen neuer Einwanderungsgruppen, die sozialen Differenzierungsprozesse innerhalb der Einwanderungsgruppen, das Sichtbarwerden der psychischen Langzeitfolgen der Migration, die gesundheitlichen Auswirkungen der schlechten Arbeitsbedingungen der Migranten, die Veränderung des Arbeitsmarktes, das erhöhte Risiko für Migranten arbeitslos zu werden, die beobachtbaren Segregationsprozesse bei Jugendlichen, die Zunahme religiöser Orientierungsmuster, die politischen Veränderungen in den Herkunftsländern (Jugoslawien, Kurden).

Diese Veränderungsprozesse haben Auswirkungen auf die Beratungsformen und -inhalte. Organisatorisch werden mindestens zwei Veränderungen notwendig sein: Sozialberatung kann nicht mehr nationalitätenspezifisch organisiert werden, weil insbesondere neue Migrantengruppen mit dem bestehenden System nicht erreicht werden können. Sozialberatung muß verstärkt mit Angeboten der sogenannten Regeldienste der Sozialen Arbeit vernetzt werden, damit die migrationsspezifischen Fragestellungen in allen Feldern Sozialer Arbeit angemessen berücksichtigt werden.

Wolfgang Barth

Sozialberichterstattung Aufgabe einer S. ist die umfassende Bereitstellung von Informationen über die Entwicklung und Verteilung von Ressourcen und → Lebenslagen für Politik und (Fach-)Öffentlichkeit. Sie soll sozialpolitisch relevante Problem- und Bedarfslagen transparent machen und zugleich Erkenntnisse über die Wirkung sozialpolitischer Intervention zur Verbesserung der → Lebensqualität zur Verfügung stellen. Die Erfüllung dieser Aufgabe bildet eine unverzichtbare Voraussetzung für eine rationale, präventiv ausgerichtete → Sozialpolitik.

Auf der Bundesebene existiert zwar eine ganze Palette von Sozialberichten zu speziellen Themen- bzw. Problembereichen, ohne daß jedoch von einem befriedigenden Stand der S. gesprochen werden könnte. Die vom Bundesministerium für Arbeit und Sozialordnung vorgelegten »Sozialberichte« liefern zwar Daten zum Sozialbudget, es fehlen jedoch systematische Bestandsaufnahmen gesellschaftlicher Lebens- und Problemlagen; zudem geben sie nur Auskunft über die Aufwendungen, nicht jedoch über die Leistungen der Sozialpolitik; schließlich enthalten sie keine empirisch fundierten Wirkungsanalysen sozialpolitischer Maßnahmen.

Die genannten »Sozialberichte« werden ergänzt durch eine Reihe von Einzelberichten zu speziellen sozialpolitischen Aufgaben- und Handlungsfeldern: den Rentenversicherungsbericht, den Wohngeld- und Mietenbericht, die Berichterstattung der Bundesanstalt für Arbeit zum Arbeitsmarktgeschehen, dem Sachstandsbericht der Konzertierten Aktion im Gesundheitswesen, den Jugend- und den Familienbericht. Diese sowie weitere Berichte liefern zweifellos für einzelne Problem- und Handlungsfelder wichtige Informationen; sie reichen jedoch für die Einlösung der genannten Aufgabe keineswegs aus.

Der unbefriedigende Stand der heutigen S. auf Bundesebene ist zum einen Ergebnis von theoretisch-konzeptionellen Defiziten in der Lebenslagen- und Lebensqualitätsforschung in der Bundesrepublik. Er resultiert zum anderen aus dem Fehlen einer hinreichend differenzierten und aktuellen statistischen Datengrundlage (→ Daten). Die vorhandenen Lücken der amtlichen → Statistik können auch von nichtamtlichen Erhebungen wie dem Wohlfahrtssurvey und dem Sozio-ökonomischen Panel nur teilweise geschlossen werden. Schließlich ist die seit Jahren geforderte Einführung einer geschlossenen Verteilungsrechnung für die Bundesrepublik, mit der der Gesamtprozeß der Verteilung und Umverteilung von Einkommen und Vermögen erfaßt und dargestellt werden sollte, ebensowenig realisiert worden wie die systematische Erfassung von objektiven und subjektiven Indikatoren der Lebenslage.

Im Laufe des letzten Jahrzehnts sind auch auf kommunaler und Länderebene in zunehmender Zahl Sozialberichte veröffentlicht worden. Während erste Berichte der Kommunen vor allem darauf konzentriert waren, einen Überblick über die Entwicklung der Sozialhilfeempfänger und Sozialhilfeausgaben (→ Sozialhilfe) zu geben (Armuts- als Sozialhilfeberichte; → Armutsberichterstattung), hat sich das Themenspektrum wie auch das methodische Instrumentarium inzwischen beträchtlich erweitert, auch wenn sich noch kein einheitlicher Standard für eine qualifizierten S. auf kommunaler Ebene herausgebildet hat. Im Vordergrund steht die kleinräumig gegliederte, regelmäßig fortgeschriebene Bestandsaufnahme sozialer Problemlagen und kommunaler Hilfeleistungen, durch die besondere Problemkumulationen und Interventionsbedarfe bei bestimmten Bevölkerungsgruppen und in bestimmten Quartieren frühzeitig erkennbar werden sollen. Ein enges Wechselverhältnis von S. und → Sozialplanung zur Identifizierung von Problem- und Bedarfslagen und zur Bestimmung von gewünschten Versorgungsstandards ist gerade auf kommunaler Ebene unabdingbar, wobei auch die Chance zu einer Einbeziehung von → freien Trägern und von Betroffeneninitiativen offensiv genutzt werden sollte. Auch auf Länderebene wird der S. ein wachsender Stellenwert beigemessen. Beispielhaft sei hier auf das Bundesland Nordrhein-Westfalen hingewiesen, das auf der Basis eines Lebenslagenansatzes eine ganze Palette von zielgruppenorientierten Sozialberichten von unabhängigen Forschungseinrichtungen erstellen ließ.

Angesichts der wachsenden Bedeutung der europäischen Ebene sei abschließend auf die Ansätze zu einer S. des Statistischen Amts der Europäischen Union sowie die verschiedenen Observatory Programs der Kommission der Europäischen Union hingewiesen.

Lit. Habich u.a.: Sozialberichterstattung; Minister für Arbeit, Gesundheit und Soziales des Landes Nordrhein-Westfalen: Landessozialberichte; Schmid-Urban u.a.: Sozialberichterstattung; Statistisches Bundesamt: Datenreport. *Walter Hanesch*

Sozialbudget wird vom → Bundesministerium für Arbeit und Sozialordnung (BMA) jährlich zusammengestellt und in mehrjährigen Abständen in Sozialberichten (→ Sozialberichterstattung) veröffentlicht. Es vermittelt einen Überblick über die jährlichen sozialen Leistungen in der Bundesrepublik Deutschland nach → Leistungs- und Finanzierungsarten sowie über die für die Leistungen zuständigen Institutionen. Das S. enthält Angaben über die Systeme der → Sozialversicherung, über gesetzliche, tarifvertragliche und freiwillige Leistungen der Arbeitgeber, über die Sicherung der Bediensteten von Bund, Ländern und Gemeinden, von Gemeindeverbänden und Sozialversicherungsträgern. Die Ergebnisse des S. werden in die → Daten der → Volkswirtschaftlichen Gesamtrechnungen integriert. Das S. beruht auf statistischen Daten (→ Statistik), für die Darstellung des jeweils aktuellen Zeitraumes sowie bei kurz- und mittelfristiger künftiger Entwicklungen auf Schätzungen. Hierbei werden das geltende Recht – einschließlich bereits beschlossener Rechtsänderungen –, die mittelfristige Finanzplanung sowie gesamtwirtschaftliche Vorausberechnungen berücksichtigt. Das S. wird jährlich aktualisiert und enthält Vorausberechnungen für mehrere Jahre. Neben direkten Leistungen umfaßt das S. auch solche, denen kein Zahlungsstrom entspricht, z.B. steuerliche Maßnahmen. Das S. bildet den finanziellen Teil (Teil B) des Sozialberichts der Bundesregierung, der ihre sozialpolitische Arbeit dokumentiert, über bereits eingeleitete sowie über geplante Maßnahmen informiert und zugleich die Zusammenhänge zwischen → Sozial-, Wirtschafts- und Finanzpolitik darstellt. Dabei werden die Leistungen nach Funktionen und Institutionen, ihre Finanzierung nach Arten und Quellen nachgewiesen.

Für 1994 wies das S. der Bundesrepublik Deutschland nach vorläufigen Berechnungen ein Leistungsvolumen von insgesamt 1106 Mrd. DM aus. Als Funktionen, die jeweils noch weiter untergliedert sind, werden aufgeführt: Ehe und Familie mit 133 Mrd. DM (1994); Gesundheit mit 373 Mrd. DM, Beschäftigung mit 125 Mrd. DM, Alter und Hinterbliebene mit 434 Mrd. DM und übrige Funktionen mit 42 Mrd. DM, darunter Wohnen mit 14 Mrd. DM sowie Sparen/Vermögensbildung mit 19 Mrd. DM.

Bei der Gliederung nach Institutionen, die zumeist durch ein bestimmtes Leistungsrecht (= direkte Leistungen) oder indirekte Leistungen (z. B. Steuerermäßigungen) charakterisiert sind, kommt den allgemeinen Systemen der sozialen Sicherung (1994: 737 Mrd. DM) die größte Bedeutung zu, darunter → Rentenversicherung 335 Mrd. DM, → Krankenversicherung 228 Mrd. DM, → Unfallversicherung 19 Mrd. DM, → Arbeitsförderung 127 Mrd. DM, → Kindergeld 21 Mrd. DM, → Erziehungsgeld 6,7 Mrd. DM. Als Sondersysteme werden die → Alterssicherung der Landwirte (5,8 Mrd. DM) und die Versorgungswerke für Angehörige freier Berufe (2,8 Mrd. DM) bezeichnet. Weiter gehören zu den Institutionen das beamtenrechtliche System mit Leistungen in Höhe von 75 Mrd. DM, Arbeitgeberleistungen (88 Mrd. DM), Entschädigungen (18 Mrd. DM) sowie soziale Hilfen und Dienste (zusammen 107 Mrd. DM), darunter → Sozialhilfe (58 Mrd. DM), → Jugendhilfe (25 Mrd. DM), → Ausbildungsförderung (2,3 Mrd. DM), → Wohngeld (6,2 Mrd. DM) sowie öffentlicher → Gesundheitsdienst (3,6 Mrd. DM) und Leistungen zur Vermögensbildung (12 Mrd. DM). Zu den bisher dargestellten direkten Leistungen (1994: 1033 Mrd. DM) kommen 73 Mrd. DM indirekte Leistungen (67 Mrd. DM steuerliche Maßnahmen und 5,4 Mrd. DM Vergünstigungen im Wohnungswesen). Von 1991 bis 1994 nahm das Gesamtvolumen des S. um 23,7% zu. Finanziert wurde das S. – einschl. Finanzierungssaldo 1142 Mrd. DM – zu 29,6% aus Sozialbeiträgen der Versicherten, zu 35,5% aus Sozialbeiträgen der Arbeitgeber, zu 32,7% aus Zuweisungen, insbesondere aus öffentlichen Mitteln, und zu 2,1% aus sonstigen Einnahmen. In den S. sind ab dem 2. Halbjahr 1990 die neuen Länder einbezogen. Seither werden neben den Daten für Gesamtdeutschland auch S. für die beiden Gebietsteile getrennt nachgewiesen (1994 S. Westdeutschland: 900 Mrd. DM, S. Ostdeutschland: 206 Mrd. DM). Der prozentuale Anteil der in S. enthaltenen Leistungen am Bruttosozialprodukt (→ Sozialprodukt) wird als Sozialleistungsquote bezeichnet. Diese betrug 1994 33,3% (Westdeutschland: 31,6%, Ostdeutschland: 60,0%). Die Sozialleistungen pro Kopf der Bevölkerung beliefen sich 1994 auf 13 590 DM. Seit 1962 führen die → Europäischen Gemeinschaften (EG) eine vergleichende Statistik über die Sozialschutzausgaben durch. Danach wurden in den Ländern der EG 1993 insgesamt 1519 ECU für Sozialschutzleistungen aufgewendet, darunter – in der Gliederung nach Funktionen – 24,3% für den Bereich Krankheit, 9,0% für Mobilität, 36,5% für Alter, 7,8% für Hinterblie-

bene, 0,9% für Mutterschaft, 6,8% für Familien und 7,3% bei Arbeitslosigkeit. Die verbleibenden 7,4% verteilen sich auf die Funktionen Arbeitsunfall/Berufskrankheit, Arbeitsvermittlung/Berufsberatung sowie auf sonstige laufende Ausgaben. Die Sozialschutzstatistik der EG enthält auch einen Nachweis der Finanzierung der Ausgaben.
Lit. Berié: Sozialbudget; BMA: Sozialbericht 1993; Frerich: Sozialleistungssystem; Molitor, B.: Soziale Sicherung; Statistisches Amt der EG: Sozialschutz.

Dieter Deininger

Sozialcharta, europäische → Europäische Sozialcharta

Sozialdaten → Sozialberichterstattung

Sozialdatenschutz → Sozialgeheimnis

Sozialdienst, Allgemeiner (ASD) ist der von seiner Aufgabenstellung am umfassendsten angelegte soziale Dienst in der Gemeinde, der ganzheitliche Hilfe zielgruppen- und problemübergreifend, aber auch ämterübergreifend anbietet (→ Organisation sozialer Dienste). Der ASD ist der wesentliche Garant der sozialen Grundversorgung für die Gemeindebewohner. Die Rechtsgrundlage seiner Tätigkeit bilden die Sozialgesetze, insbesondere das → Sozialgesetzbuch (SGB VIII), das → Bundessozialhilfegesetz (BSHG) und das → Bürgerliche Gesetzbuch (BGB). Prinzipien für die Arbeit des ASD sind: Lebensweltbezug (→ Lebenswelt) und Systemorientierung, Integration als Arbeits- und Strukturprinzip, Partizipation, Selbsthilfeorientierung (→ Selbsthilfe) sowie Wirksamkeit und Wirtschaftlichkeit.
Der umfängliche Aufgabenkatalog des ASD ist Organisationsfolge der Komplexität sozialer Problemlagen, die einen breiten Handlungsrahmen erfordern. Der breitgefächerte Arbeitsauftrag macht Schwerpunktbildungen bei den einzelnen Mitarbeiter/-innen als Vertiefungswissen notwendig. Dadurch sollten kollegiale → Beratung und → Teamarbeit, aber auch arbeitsteilige, themenzentrierte Mitwirkung in unterschiedlichen Fachgremien erleichtert werden. Die → Dienstleistungen, → persönliche und erzieherische Hilfen, Information über Hilfen, Beratung, Begutachtung und Vermittlung von Leistungen, Schutzfunktion für gefährdete Kinder und Erwachsene, stadtteilorientierte → Gemeinwesenarbeit werden als Bezirkssozialarbeit flächendeckend für alle Bürger nicht nur in Sprechstunden, sondern auch durch Hausbesuche und Gremienarbeit erbracht. Typisch für den ASD ist die aufsuchende Sozialarbeit bei verborgenen Notlagen, verschämter → Armut und vermuteten Gewaltbeziehungen (→ Gewalt).

Die Aufgaben werden z.T. in Verbindung mit anderen Dienststellen sowie mit Trägern der → freien Wohlfahrtspflege und der → Jugendhilfe erfüllt.
Die Allgemeinzuständigkeit des ASD soll präventive (→ Prävention) und ganzheitliche Hilfe ermöglichen, den Weg zu Spezialdiensten eröffnen sowie Lebenszusammenhänge erhalten.
Der ASD hat sich aus der kommunalen Familienfürsorge entwickelt. Sein Arbeitsbereich ist insbesondere die → Familie und ihr Umfeld, für deren Lebensqualität bzw. Problembewältigung sowohl Angebote der Jugendhilfe, der → Sozialhilfe wie der → Gesundheitshilfe erforderlich sein können. Ferner sind die Dienstleistungen auf alte Menschen, Kranke und → Behinderte ausgerichtet. Der ASD soll die Ursachen für (potentielle) Notsituationen erkennen und durch Hilfe zur Selbsthilfe oder durch Clearing- und Koordinationsfunktionen sowie → Case Management – neben den direkt von ihm erbrachten Diensten – dazu beitragen, daß dem Bürger alle Angebote der sozialen Infrastruktur zugänglich sind. Hierdurch kommt dem ASD eine wichtige Funktion für die Armutsbevölkerung zu.
Die Aufgaben des ASD werden von diplomierten → Sozialarbeitern und Sozialpädagogen erfüllt. Sie verwenden verschiedene Arbeitsansätze, insbesondere → Einzelhilfe, soziale → Gruppenarbeit und Gemeinwesenarbeit sowie sozialtherapeutische Methoden (→ Sozialtherapie). Die Bezirkssozialarbeit erbringt aufgrund ihrer räumlichen Zuständigkeit und der »Vor-Ort-Präsenz« gute Kenntnisse über Bewohnerstruktur, Bedürfnisse der Bewohner und über das soziale Umfeld, über Einrichtungen und Leistungen der freien Wohlfahrtspflege und anderer Träger sowie der → Nachbarschaftshilfe. Insofern ist der ASD wichtiger Gesprächspartner für die Sozialplaner (→ Sozialplanung).
Bezirkssozialarbeit erfordert eine enge Zusammenarbeit mit Schulen und Kindertageseinrichtungen. Der ASD ist federführend, teils Mitglied in örtlichen Arbeitsgemeinschaften sozialer Dienste im Stadtteil. Seine Einzelerfahrung soll in die Aktivierung sozialer Netze einfließen.
Der ASD hat neben Beratungsfunktionen auch immer Schutzfunktionen für Kinder in ihren Familien bzw. für die in Abhängigkeit lebenden, auf Hilfe angewiesenen Erwachsenen in Haushaltsgemeinschaften. D.h., das Wächteramt des Staates im Rahmen der Jugendhilfe wird in der BRD primär durch den ASD wahrgenommen. Dies führt in bestimmten Fällen zur Doppelfunktion von sozialer Beratung mit freiwilligem Angebotscharakter und ggf. Kontrolle als Schutzfunktion bzw. Eingriff. Die notwendige Transparenz für die beiden Funktionen herzustellen und sich als Helfer auch ungebeten einzumischen und Vertrauen herzu-

stellen, ist eine besondere Kunst in der sozialen Arbeit des ASD. Sie beeinflußt die Sichtweisen von außen, aber auch von innen stark. Wichtig ist, daß Sozialarbeiter/-innen im ASD für die Transparenz ihrer jeweiligen unterschiedlichen gesetzlichen Aufgaben sorgen, daß sie die Datenschutzbestimmungen (→ Datenschutz) bzw. → Schweigepflicht ihrer beruflichen Tätigkeit sowohl gegenüber Klienten als auch in bezug auf Erwartungen anderer Dienststellen, was Informationsarbeit, Zeugenaussagen etc. betrifft, mit einer klaren Linie vertreten.
Trotz Zusammenlegung von Innen- und Außendienst liegen Entscheidungsbefugnisse oft nicht ausreichend beim ASD. Im Hinblick auf die Neue Steuerung (→ Verwaltungsmodernisierung) besteht hier noch ein großer Handlungsbedarf bezogen auf Produktbeeinflussung und -entscheidung, Klarheit in der Federführung für Hilfepläne und Budgetverantwortung.
Wegen seines breiten Einsatzfeldes sind insbesondere für den ASD ständige → Fortbildung und → Teamarbeit sicherzustellen und Praxisberatung sowie → Supervision erforderlich. Es ist nicht möglich, für den ASD Fallzahlen anzugeben, die im ganzen Bundesgebiet Gültigkeit haben, weil vor Ort entsprechend den Zuständigkeiten des ASD variiert werden muß. In der Praxis finden sich organisatorische Zuordnungen des ASD zum Jugendamt, zum Sozialamt oder zum Gesundheitsamt. Außerdem gibt es den ASD als selbständige Organisationseinheit. In den neuen Bundesländern gibt es neben den analogen Organisationsformen auch eine mit reduzierter Aufgabenzuweisung: ASD, die ausschließlich für jeweils ein Amt, das Sozialamt, das Jugendamt, das Gesundheitsamt zuständig sind. In der Kommune gibt es dann drei »Allgemeine« Soziale Dienste.
Lit. Bassarak (Hg.): ASD; DV: Soziale Dienste; Feldmann u.a.: Empfehlungen; Krieger: ASD; Staub-Bernasconi: Systemtheorie; Tauche: Lebenszusammenhänge; Tauche: Neues Denken; Textor: ASD-Handbuch. *Ursula Feldmann/Almuth Tauche*

Sozialdienste, besondere (BSD) Neben dem Allgemeinen Sozialdienst (→ Sozialdienst, Allgemeiner [ASD]) spielen die BSD (andere gebräuchliche Bezeichnungen: Sonderdienste, Spezialdienste) im sozialen Bereich eine große Rolle. BSD werden als Schwerpunktbereiche für bestimmte Probleme, Aufgabenfelder oder auch Zielgruppen je nach Situation vor Ort eingerichtet. Sie werden von Sozialarbeiter/-innen und Sozialpädagogen/-pädagoginnen, gelegentlich unter Beteiligung weiterer Berufsgruppen, wahrgenommen.
Es gibt drei Formen von BSD: a) BSD innerhalb des ASD: Sozialdienste, die innerhalb des ASD geschaffen werden, weil Fallhäufigkeit, besondere Probleme im Bezirk oder auch rationeller Einsatz des Personals eine Zuweisung von bestimmten Aufgaben auf bestimmte Personen zweckmäßig erscheinen lassen. In größeren Städten sind diese Sozialdienste wegen ihrer Größe meist nicht Bestandteil des ASD (z. B. Jugendgerichtshilfe [JGH], → Pflegekinderdienst). b) BSD außerhalb des ASD: Sozialdienste, die von der Aufgabe her erforderlich sind (z. B. → Jugendarbeit) oder die in besonderen Institutionen eng verzahnt mit anderen Berufsgruppen geleistet werden (z. B. institutionelle → Erziehungs- und → Familienberatung) oder für deren Erledigung besondere andersartige Kenntnisse, als sie herkömmlich in der Ausbildung der Soz.arb./Soz.päd. erworben werden, erforderlich sind (z. B. psychiatrischer Außendienst, Suchtberatung; → Drogenberatung) und schließlich solche, die gesetzlich vorgeschrieben sind (z. B. → Adoptionsvermittlung). Diese BSD sollten in Stadt und Land vorgesehen werden. c) BSD, deren Auftrag nicht in engem Zusammenhang mit den Aufgaben des ASD steht: Dazu gehören u. a. Werksfürsorge, Sozialdienst bei der Bundeswehr, Sozialdienst im Landeskrankenhaus (→ Sozialdienst im Krankenhaus), → Schulsozialarbeit. Diese BSD stehen außerhalb der örtlichen Sozialverwaltung.
Je nach Kommune und Organisationsstruktur sind unterschiedliche BSD eingerichtet. Die Soz.arb./Soz.päd. der BSD benötigen umfassende, vertiefte Kenntnisse in ihrem Spezialgebiet. Diese vertieften Kenntnisse und meist geringe Fallzahlen führen dazu, daß Hilfesuchende in diesen Bereichen intensiver beraten und behandelt werden können.
Organisatorisch sind die BSD, soweit sie Teil der Sozialverwaltung sind, i. d. R. je nach Aufgabenbereich dem → Jugendamt (JA), dem → Sozialamt oder dem → Gesundheitsamt (GA) zugeordnet. Für alle Formen von BSD gilt, daß eine enge Kooperation mit dem ASD sichergestellt sein sollte.
Lit. DV: Sozialdienst; DV: Soziale Dienste; KGSt.: Allgemeiner Sozialdienst.
Ursula Feldmann

Sozialdienst im Krankenhaus, spezieller Zweig der → Sozialarbeit im Gesundheitswesen, leistet fachliche Hilfen für Patienten, die persönliche und soziale Probleme haben im Zusammenhang mit ihrer Erkrankung oder Behinderung und deren Auswirkungen auf ihre Lebenswelt und die ihrer → Bezugspersonen. Der S. i. K. greift diese Probleme auf und trägt zu einer Lösung bei sowie zur → Selbsthilfe und Stärkung der Autonomie des Klienten. Hierzu arbeitet er mit den Berufsgruppen im → Krankenhaus und mit den im Einzelfall in Betracht kommenden Personen und → Einrichtungen außerhalb des Krankenhauses zusammen. Er koordiniert Versorgungssysteme und verschafft Zugang zu unterstützenden persönlichen, gesellschaftlichen, sozialen und materiellen Ressourcensystemen. Er gibt Informationen und Hinweise oder vermittelt an die zuständigen Stellen.

Es kommen verschiedene Methoden von Sozialarbeit und Sozialpädagogik zur Anwendung; insbesondere werden mit Hilfe von → Case Management/→ Empowerment folgende Aufgaben wahrgenommen: Erhebung der Sozialanamnese (→ Anamnese); Bearbeitung aktueller, die Krankheit und/oder den Krankenhausaufenthalt betreffenden Probleme; aktuelle Konfliktbewältigung (→ Krisenintervention), Unterstützung bei der Lebensweltgestaltung; Vermittlung ambulanter und institutioneller Hilfen; Sicherstellung der Nachsorge (→ Rehabilitation und Pflege); → Beratung in sozialen und sozialrechtlichen Fragen.

In der Erfüllung dieser Zielsetzung orientiert sich der Sozialdienst an der Würde und am Selbstbestimmungsrecht des Menschen (→ Menschenwürde). Die Handlungen des S. i. K. geschehen nur im Einverständnis mit den Patienten und in Zusammenarbeit mit den jeweils zuständigen Fachdiensten innerhalb und außerhalb des Krankenhauses.

Klienten des S. i. K. sind Angehörige aller Altersgruppen und sozialer Schichten. Hauptzielgruppen sind alte und multimorbid (→ Multimorbidität) erkrankte Menschen, chronisch Kranke, Krebskranke, Suchtkranke und Menschen mit mehrfachen Behinderungen, bei denen neben personal- und zeitintensiver Betreuung Zuwendung und mehrdimensionale begleitende und nachsorgende Maßnahmen notwendig sein können. Häufig werden Bezugspersonen in den Beratungsprozeß einbezogen. Aufgrund der immer kürzer werdenden Verweildauer im Akutkrankenhaus erfordert das Arbeitsfeld eine hohe zeitliche und organisatorische Flexibilität, akute Krisenintervention, rasches Erfassen und situationsgerechtes Verhalten gegenüber Patienten mit individuellen Bewältigungsstrategien und verschiedenartigen Krankheitsbildern und -verläufen, Eigeninitiative sowie Zusammenarbeit mit den Berufsgruppen im Krankenhaus und außerhalb des Krankenhauses, insbesondere mit den ärztlichen und pflegerischen Diensten und den Angehörigen sozialer Netzwerke (z.B. ambulante Pflegedienste, teilstationären und stationären Einrichtungen der → Rehabilitation und Pflege, deren Kostenträgern und involvierten Entscheidungsträgern), ferner umfassende Kenntnisse und Handhabung einschlägiger Gesetze wie z.B. SGB V, SGB VI und SGB XI (→ Sozialgesetzbuch).

Der S. i. K. wird ausgeübt von diplomierten → Sozialarbeitern/Sozialarbeiterinnen und Sozialpädagogen/Sozialpädagoginnen. Sie sind der Zielsetzung des Krankenhauses verpflichtet und unterliegen der gesetzlichen → Schweigepflicht sowie den Datenschutzbestimmungen (→ Datenschutz). Sie sind fachlich eigenverantwortlich unter Beachtung der Regelungen in ihrem Anstellungsvertrag.

Die Personal- und Sachkosten des S. i. K. sind pflegesatzrelevant (→ Pflegesatz). Unter Berücksichtigung der Faktoren psychosozialer Versorgungsschwerpunkte und der Zeitintensität im Rahmen der Aufgaben und Leistungen des S. empfiehlt der Vorstand der »Deutschen Vereinigung für den Sozialdienst im Krankenhaus e.V.« als Personalanhaltszahl für den S. im Akutkrankenhaus des somatischen Versorgungsbereiches 1 Sozialarbeiter/Sozialpädagoge auf maximal 200 durchschnittlich belegte Betten. Auf der Grundlage der aktuellen Veränderungen im Gesundheitsbereich wird diese Anhaltszahl derzeit überprüft und in Kürze für die verschiedenen Versorgungsbereiche differenziert. In Krankenhäusern der Maximalversorgung bzw. mit besonderen medizinischen Versorgungsschwerpunkten ist von einem höheren Personalbedarf auszugehen.

Innerhalb der Klinikorganisation sollte die Anbindung an die Verwaltung erfolgen. Der S. i. K. ist für die Organisation seines Arbeitsablaufs selbst verantwortlich. Der S. i. K. berät den Krankenhausträger bei der Einrichtung und Weiterentwicklung des Sozialdienstes.

Gesetzliche Grundlage für den S. i. K. bildet das SGB V, § 112, Abs. 1 und 2 Ziff. 4 und 5, indem die → Krankenkassen verpflichtet werden, die soziale Beratung und Betreuung sowie den Übergang zur Rehabilitation und Pflege für ihre Versicherten zu gewährleisten. Ergänzende Bestimmungen finden sich in den Landeskrankenhausgesetzen. Vor dem Hintergrund der sozialen und gesundheitspolitischen Veränderungen und den demographischen Strukturen gewinnt der S. i. K. zunehmend an sozialpolitischer Bedeutung. Diesen Anforderungen muß er sein Aufgabenprofil stets neu anpassen. Die Veränderungen in der Sozial- und Gesundheitspolitik führen inzwischen auch zu starken methodischen Überschneidungen der Sozialarbeit/Sozialpädagogik in medizinisch stationären Rehabilitationseinrichtungen (→ Medizinische Rehabilitation) und der → Psychiatrie.

Der Arzt Richard Cabot hat um 1895 in Boston (USA) erstmals den S. i. K. eingeführt. In Deutschland widmeten sich seit 1920 Hedwig Landsberg und Anni Tüllmann, nach Ausbildung durch Alice Salomon, in Berlin der Idee, Wegbereitung und Institutionalisierung von S. i. K. und erarbeiteten »Richtlinien«, deren Kernpunkte bis heute gelten.

Lit. Deutsche Vereinigung für den Sozialdienst im Krankenhaus: Basisinformationen; Viefhues u. a.: Krankenhaus.

Martina Christmann

Soziale Benachteiligung Der Begriff s. B. kam um 1970 als Bezeichnung für einen Sachverhalt auf, der zuvor in der amerikanischen Bildungsdebatte mit »disadvantaged, underprivileged, deprivation« umschrieben wurde. Diese Formulierungen meinten ursprünglich Schüler, die durch deutliche Rückstände in den Schulleistungen auffielen, obwohl sie normal intelligent erschienen. Als Ursache wurden Milieu- und ungünstige Sozialisationsbedingungen (→ Schicht, → Sozialisation) genannt und von der aufkommenden Sozialisationsforschung näher beschrieben.

Was ursprünglich als Versagen einzelner Familien erschien, stellte sich zunehmend als gesellschaftspolitisches Problem heraus. »Soziale Benachteiligung entsteht überall dort, wo bestimmten Gruppen der Zugang zu gesellschaftlich anerkannten Werten (Prestige, höheres Einkommen, → soziale Sicherheit, → Bildung) durch Schichtgrenzen und → Diskriminierung verwehrt oder erschwert ist und Macht, Einfluß und Besitz bei wenigen privilegierten Gruppen konzentriert sind. Jede Stände-, Klassen- oder Schichtengesellschaft bildet eine Hierarchie, in der → Status nicht durch demokratische Legitimation oder individuelle Qualifikation, sondern vorwiegend nach Gruppenzugehörigkeit zugeteilt oder vorenthalten wird. Soziale Benachteiligung ist darum als kollektive Benachteiligung zu verstehen, die nicht durch den Aufstieg und Erfolg einzelner beseitigt werden kann.« (Iben: Erziehung, S. 13 f.)

Sie ist vermutlich auch in keinem Gesellschaftssystem ganz aufhebbar, ist aber in jedem Fall als Widerspruch zum Gleichheitspostulat des Grundgesetzes (→ Gleichheits[grund]satz) und jeder freiheitlich-demokratischen Verfassung zu bekämpfen (→ Chancengleichheit).

Lit. DPWV: Armutsbericht; Hess, H. u.a.: Ghetto; Iben: Defizite; Iben: Erziehung; Roth, J.: Armut. *Gerd Iben*

Soziale Berufe und ihre Aufgabenbereiche fanden bereits 1924 und 1929 Eingang in die ersten Handwörterbücher der Wohlfahrtspflege.

Der Begriff s. B. umfaßt ein großes Spektrum vielfältiger Berufsgruppen für Aufgabenbereiche in der → Alten-, → Gesundheits-, → Jugend-, → Sozialhilfe und für Sektoren im Arbeits-, Bildungs- und Justizbereich. Dienstleistungsträger (→ Dienstleistung) im staatlichen und kommunalen Bereich, die → Freie Wohlfahrtspflege, Kirchen, → freie Träger, Betriebe (→ Betriebliche Sozialarbeit), Organisationen, → Vereine und Verbände stellen Angehörige s. B. ein. Einige sind freiberuflich tätig, beispielsweise als Betreuer (→ Betreuung) und als Supervisoren (→ Supervision). 1975 unterschied die Berufsklassifikation des Statistischen Bundesamtes in der Gruppe 86 »Sozialpflegerische Berufe« vier Berufsordnungen. Kennziffer 861: »Sozialarbeiter, Sozialpfleger«, Kennziffer 862: »Heimleiter, Sozialpädagogen«, Kennziffer 863: »Arbeits-, Berufsberater« und unter der Kennziffer 864 »Kindergärtnerinnen, Kinderpflegerinnen«. In der Fachwelt waren diese Einteilungen umstritten. Daraus ließen sich keine klaren Zuordnungen und konkreten Aussagen für → Ausbildung, → Planung und Zukunftsentwicklung ableiten. Die seit 1992 gültige Berufsklassifikation des Statistischen Bundesamtes (→ Statistik) verwendet den Begriff S. B. und zählt diese zu den Dienstleistungsberufen. Folgende Berufe werden in der Gruppe 86 getrennt statistisch erfaßt und ausgewertet: Kennziffer 861: → »Sozialarbeiter/Sozialarbeiterinnen und → Sozialpädagogen/Sozialpädagoginnen«, Kennziffer 862: → »Heilpädagogen/Heilpädagoginnen«, Kennziffer 863: → »Erzieher/Erzieherinnen«, Kennziffer 864: → »Altenpfleger/Altenpflegerinnen«, Kennziffer 865: → »Familienpfleger/Familienpflegerinnen und → Dorfhelfer/Dorfhelferinnen«, Kennziffer 866: → »Heilerziehungspfleger / Heilerziehungspflegerinnen«, Kennziffer 867: → »Kinderpfleger/Kinderpflegerinnen«, Kennziffer 868: → »Arbeits-, Berufsberater/Berufsberaterinnen« (→ Berufsberatung), Kennziffer 869: »Sonstige soziale Berufe«. Nachteilig ist, daß diese Klassifikation z.Z. noch keine Anwendung in der Arbeitslosenstatistik (→ Arbeitslosigkeit) und der Statistik offener Stellen der Bundesanstalt für Arbeit (→ Arbeitsverwaltung) (Dietrich 1996, 11.) findet. Ferner ist aus den Zahlen nicht ablesbar, ob es sich um aus- oder unausgebildete Kräfte handelt. Erfaßt werden alle erwerbstätigen Personen, die in den jeweiligen Arbeitsfeldern wirken.

Hinter der Sammelbezeichnung s. B. subsumiert sich eine Vielfalt von Berufen. Ihre Ausbildungswege, Aufgaben, Funktionen und Tätigkeiten sind an den Fachlexikon des DV beschriebenen Darstellungen ablesbar: → Altenpflegehelfer/-in; Altenpfleger/-in; Analytische(r) Kinder- und Jugendlichenpsychotherapeut/-in (→ Kinder- und Jugendlichen-Psychotherapie, analytische); → Diplom-Pädagoge/-in; Dorfhelferin; → Drogenberatung, → Drogentherapie; Ehe-, Familien- und Lebensberaterin (→ Eheberatung); Erzieher/-in; Familienhelfer/-in; Familienpflegerin; Heilerziehungspfleger/-in; Heilpädagoge/-in; Heimerzieher/-in (→ Heimerziehung); → Jugendleiter/-in; Jugendpfleger/-in (→ Jugendpflege); Kinderpfleger/-in; Logopäde/-in (→ Logopädie); Pflegefachkraft; → Rehabilitationsberater/-in; Sozialarbeiter/-innen und Sozialpädagog/-innen, → Sozialberater für Ausländer, → Sozialpflegerische Dienste, Supervisor/-in. Für einzelne Berufsgruppen, vorwiegend in Kurzlehrgängen ausgebildet, bestehen Helferberufe,

Soziale Berufe

die nicht zu den → Fachkräften gerechnet werden. Ihre Ausbildung qualifiziert sie »nicht für eigene Verantwortungsbereiche mit selbständigem Handeln«. Der Katalog der s. B. zeigt auch, welche Entwicklung und, damit verbunden, Spezialisierung in sozialen Handlungsfeldern stattgefunden hat.

Es ist die Frage zu stellen, ob der beschrittene Weg, die Entwicklung einzelner s. B. voranzutreiben, der Anerkennung, der Qualifizierung und der → Professionalisierung genutzt hat. Einzelne Autoren (Gildemeister, Leder, Wendt, Kinstler) verweisen auf die mangelnde Anerkennung s. B. »auf allen Ebenen und in allen Arbeitsfeldern«. Sie sei vor allem auf »die Stigmatisierung der bezahlten Nächstenliebe und die Einordnung in den reproduktiven Bereich sowie als Frauenarbeitsfeld zurückzuführen«. Verminderte finanzielle Mittel fordern zu einem permanenten Legitimations- und Begründungsdruck heraus, und die beruflichen Anforderungen wachsen. Es wird auf »absolute wie relative Dequalifizierungsprozesse nach dem Muster billiger statt besser« (Rauschenbach 1995, 89) hingewiesen sowie darauf, daß »der Zwang zur aktiven Gestaltung der Berufsrolle wächst. Man könnte auch sagen, daß in vielen Bereichen die Autonomie in der Berufsausübung gewachsen ist, ohne daß eine entsprechende Statusverbesserung (→ Status) die Folge war oder ist« (Gildemeister 1992, 211).

Zwischen den Berufsgruppen entstehen Definitions- und Abgrenzungsfragen, die auch die Bereiche der »fachlichen Standards« berühren. Die »Verbesserung der Qualifikationsprofile« (→ Qualitätsstandards) sei eine »bedeutende Zukunftsaufgabe«. Rauschenbach weist darauf hin, die von den s. B. zu leistenden Aufgaben und Tätigkeiten würden »vielfach als vergleichsweise voraussetzungslose, qualifikationsschwache Jedermanns-Tätigkeiten« verstanden, und »einer gründlichen und anspruchsvollen Qualifizierung bedarf es« nicht (Rauschenbach 1996). Ein Indiz dafür ist der 1991 verabschiedete Tarifvertrag für Angestellte im Sozial- und Erziehungsdienst. Er sieht vor, für Kinderpflegerinnen, Erzieherinnen und Sozialarbeiter/-innen, Sozialpädagog/-innen »mit staatlicher Anerkennung und entsprechender Tätigkeit« können andere Angestellte, »die aufgrund gleichwertiger Fähigkeiten und ihrer Erfahrungen« bereit sind, tätig zu werden, mit gleicher Vergütung eingestellt werden. Folgt man diesen Überlegungen, spielt es keine Rolle, welche Ausbildung jemand mitbringt, der in einem s. B. tätig werden will.

Nach Pitschas war und ist das Wirken der s. B. eine Reaktion auf die sozialen Probleme und Bedürfnisse »in der dynamischen Gesellschaft«. Die Zielgruppen der s. B. sind in unterschiedlicher Weise auf deren Hilfe angewiesen. Der soziale Bundesstaat ist aufgerufen, seine rechtliche »Schutz- bzw. Grundpflicht« zu angemessener sozialer Sicherung und zur Herstellung sozialer Gleichheit zu aktualisieren. Dabei wirken die s. B. mit ihrem Anspruch, Hilfe zur → Selbsthilfe zu leisten, an entscheidender Stelle mit. Es geht darum, die »soziale Freiheit« in und durch Institutionen zu garantieren. »Dies fordert sowohl das → Sozialstaatsprinzip in Verbindung mit dem Grundrecht der allgemeinen Handlungsfreiheit (Art. 2 Abs. 1 GG) als auch ein Verständnis der ›Grundrechte als Entstehenssicherheit sozialer Freiheit‹ und schließlich die in unserer Verfassung aufgegebene Vergleichbarkeit der Lebensverhältnisse (Art. 72 Abs. 2 GG). Dieser ›institutionelle Freiheitsschutz‹ hat eine spezifisch ›soziale‹ Dimension, weil er in die Sozialverfassung unseres Grundgesetzes eingebettet ist« (Pitschas 1991, 73-74).

Von 1925 bis 1993 weisen die s. B. ein erhebliches Wachstum auf. In der ersten Berufszählung 1925 wurden rund 30 000 Kindergärtnerinnen und Sozialbeamtinnen, der heutigen Sozialarbeiter/-innen, gezählt (Rauschenbach 1996). Neue Berufsgruppen und Aufgabenfelder kamen hinzu. Sie stiegen 1980 auf etwa 284 000 und 1993 auf etwa 866 000 Erwerbstätige. Nach Berufsgruppen differenziert, ergaben sich nach dem Statistischen Jahrbuch 1995 folgende Schwerpunkte: Erzieher/-innen 408 000, Altenpfleger/-innen 304 000 und Sozialarbeiter/-innen und Sozialpädagog/-innen 154 000. In den neuen Bundesländern waren die Erzieher/-innen 1993 mit 152 900 Erwerbstätigen die größte Beschäftigungsgruppe. Rauschenbach weist 1996 mit Recht darauf hin, daß es erlaubt sei, von einem »sozialpädagogischen Jahrhundert« zu sprechen.

Ein wichtiges Merkmals der s. B. ist, es handelt sich in der überwiegenden Mehrheit um Frauen. 1995 waren von 950 000 Erwerbstätigen in den s. B. 83,2% Frauen, bei den Sozialarbeiter/-innen und Sozialpädagog/-innen von 180 000 Erwerbstätigen 63,3% und von den Erzieher/-innen von 410 000 Erwerbstätigen 93,7%.

In Deutschland gab es nach 1945 unterschiedliche Entwicklungen. Die alten Länder der Bundesrepublik setzten die Ausbildungs- und Berufstradition der s. B. aus der Vorkriegszeit fort. Weiterentwicklungen und Spezialisierungen ergaben sich aufgrund veränderter Bedingungen: Wachsende Frauenerwerbstätigkeit, veränderte → Sozialstrukturen in Städten und Dörfern, höhere Lebenserwartungen, damit verbunden ein Ansteigen der → Pflege- und Versorgungsbedürftigkeit älterer und behinderter Menschen (→ Behinderte), der demographisch bedingte Strukturwandel, die Verbesserung und Weiterentwicklung der Konzeptionen zur → Rehabilitation, die Verbesserung der Versorgung und Rehabilitation → psychisch Kranker und → geistig Behinderter, das Aufgreifen neuer Ansätze in der Kinder- und Jugendarbeit. Weitere Aspekte waren: die sich wandelnden wirtschaftlichen und gesellschaftlichen Bedingungen. In der Folge entwickelten sich neue Problemfelder (→ Arbeitslosigkeit, → Drogen, → Sucht, sexueller Mißbrauch [→ Kindesmißhandlung], → Gewalt, → Kriminalität, Straßenkinder [→ Trebegänger], → Prostitution), die zum Ausbau der s. B. nicht unwesentlich beitrugen und in die Ausbildung und deren Gestaltung hineinwirkten. Weitere maßgebliche Faktoren sind: Zunahme gesundheitlicher Risiken (Herz-, Kreislauferkrankungen, → AIDS, Allergien, Krebs, wachsende materielle Probleme bei Teilen der Gesellschaft (Arbeitslosigkeit, Veränderung der Armutsstrukturen [→ Armut]) und ein Wandel normativer Orientierungen (→ sozialer Wandel) in der Bevölkerung.

In der ehemaligen DDR ergaben sich aus dem anderen Staatsverständnis, »Einheit von Wirtschafts- und Sozialpolitik«, andere Anforderungen an s. B. und ihre Qualifizierungen. Aus- und Weiterbildung in der ehemaligen DDR fanden im kirchlichen und staatlichen Bereich als Direkt- oder Fernstudium statt, ggf. auch als Sonderstudium.

Kirchliche Ausbildungen waren: Diakon/-in, Sozialdiakon/-in; Fürsorger/-in im kirchlichen Dienst: Geriatriediakon/-in; Heilerziehungspfleger/-in, Psychiatriediakon/-in, Kinderdiakonin, Heilpädagogische Kinderdiakonin, Erzieherin im Kirchendienst; Sozialpädagoginnen im kirchlichen Dienst, vorher Jugendleiterinnen.

Staatliche Ausbildungen waren: Diplom-Lehrer/-in mit sonderpädagogischem Aufbaustudium; Diplom-Pädagoge/-in Schwerpunkt Jugendhilfe/Heimerziehung; Gesundheitsfürsorgerinnen; Heimerzieher/-in (Unterstufenlehrer/-in); Horterzieherin (Unterstufenlehrerin); Jugendfürsorger/-in; Kindergärtnerin, Krippenerzieherin mit sonderpädagogischer Weiterbildung; Kindergärtnerin, Krippenerzieherin mit sonderpädagogischem Aufbaustudium; Kinderpflegerin, Krippenerzieherin; Rehabilitationspädagoge/-in (Diplom); Rehabilitationspädagogin (Fachschulabschluß); Sozialfürsorger/-in; Unterstufenlehrer/-in mit sonderpädagogischer Zusatzausbildung; Sozialtherapeut/-in.

Nach der Vereinigung Deutschlands entstanden Fragen zur Anerkennung erworbener Abschlüsse. Dazu Art. 37 Abs. 1 Einigungsvertrag: »In der Deutschen Demokratischen Republik erworbene oder staatlich anerkannte schulische, berufliche oder akademische Abschlüsse oder Befähigungsnachweise gelten ... weiter ... abgelegte Prüfungen oder erworbene Befähigungsnachweise stehen einander gleich und verleihen die gleichen Berechtigungen, wenn sie gleichwertig sind. Die Gleichwertigkeit wird auf Antrag von der jeweils zuständigen Stelle festgestellt.« Die 255. Plenarsitzung der → KMK verabschiedete 1991 für die »Fallgruppe 3 Kirchliche Abschlüsse (Diakon, Fürsorger)« einen Beschluß: »Der Abschluß ist einem Abschluß gleichwertig, der an einer Fachhochschule erworben wurde.« Die KMK empfiehlt »im Interesse einer effizienten Berufsausübung« ergänzende Qualifizierungsmaßnahmen. Für die »Fallgruppe 4 Staatliche Abschlüsse (Gesundheits-, Jugend-, Sozialfürsorger)« lautet der Beschluß: »Der Abschluß ist niveaugleich mit einem Fachhochschulabschluß. Die Ausbildung war jedoch unmittelbar auf das Wirtschafts- und Gesellschaftssystem der DDR ausgerichtet, so daß hinsichtlich der Studieninhalte erhebliche systembedingte Unterschiede bestehen.« Die Gleichwertigkeit mit einem Fachhochschulabschluß kann lt. KMK nur nach dem Erwerb zusätzlicher Qualifikationen »festgestellt werden«. Für Erzieherberufe empfahl die 254. Plenarsitzung der KMK Anerkennungen der Gleichwertigkeit mit einem in einem Altbundesland erworbenen Berufsabschluß nur für Teilarbeitsbereiche (Krippenerzieherin für den Krippenbereich; Kindergärtnerin, Erzieher im kirchlichen Dienst, Kinderdiakon und Gruppenerzieher für den Kindergartenbereich, Erzieher für Jugendheime und Erzieher in Jugendwerkhöfen für den Heimbereich; Horterzieher und Unterstufenlehrer mit der Befähigung zur Arbeit im Schulhort für den Hortbereich; Erzieher in Heimen und Horten und Unterstufenlehrer mit der Befähigung zur Arbeit in Heimen und Horten für den Heim- und Hortbereich). Die Anerkennung als staatlich anerkannter Erzieher und damit die Berechtigung, in allen sozialpädagogischen Arbeitsfeldern zu arbeiten, kann nur nach einer mindestens einjährigen Anpassungsqualifizierung erfolgen.

Überlegungen, wie Ausbildungen der s. B. zu gestalten sind, welchem Ziel sie verpflichtet werden sollten, welche Voraussetzungen künftige Auszubildende mitbringen sollten, sind unerläßlich. Veränderungen im Anforderungsprofil, neue gesellschaftliche und sozialpolitische Strukturen und Herausforderungen verlangen, sich dieser Fragen anzunehmen. Ziel aller Bestrebungen muß sein, die Qualifikationsniveaus und -profile der s. B. so zu gestalten, daß einer Verstärkung der »Dequalifizierungsprozesse« (Rauschenbach 1995, 89) entgegengewirkt wird. Es müssen sowohl Qualitätsstandards der Ausbildung als auch des beruflichen Handelns geschaffen werden, um dem sozialstaatlichen Auftrag, eine »soziale Freiheit«, orientiert an der → Menschenwürde zu garantieren, auch durch das Tätigwerden s. B., zu entsprechen. Diesem Ansatz steht es beispielsweise entgegen, wenn vor allem fiskalische Aspekte bei der Mitarbeiterauswahl eine Rolle spielen und

Soziale Berufe

es Entscheidungsfreiheiten gibt, auch gesetzliche, besser oder schlechter qualifizierte Kräfte einzustellen.
Am Beispiel Altenpfleger/-innen werden Entwicklungs- und Integrationsansätze für die s. B. aufgezeigt. Das Gesetz über die → Pflegeversicherung definiert den Begriff »Fachkraft im Pflegebereich« neu. Offen ist, welche Berufe als Fachkraft im Sinne der Pflegeversicherung zu behandeln sein werden. Diese erhalten die Berechtigung, Pflege-Verträge mit den → Krankenkassen abzuschließen (Dietrich 1996, 14). In Fachkreisen besteht die Sorge, daß es zu einer engen Auslegung des Begriffes Pflege kommt. Für Altenpfleger/-innen gibt es seit 1990 Bemühungen um eine bundeseinheitliche Ausbildungs- und Prüfungsordnung. Ausbildungsabschlüsse, Berufszugänge und die Berufsausübung sollen sich an das Krankenpflegegesetz (→ Krankenpflegeberufe) von 1985 anlehnen und den Beruf stärker als bisher normieren. Ein weiterer Hinweis auf Einengung der Altenpflege ist die 1993 erlassene Heimpersonalverordnung in Ergänzung zum → Heimgesetz von 1974. Sie regelt erstmals Qualifikationsvoraussetzungen für Pflegekräfte in Heimen. Sie dient der Absicherung des Fachberufs Altenpflege, bedeutet aber, daß für den Heimbereich der Begriff → Pflegefachkraft exakter beschrieben wird und die Ausbildung Altenpfleger/-in verstärkt im Sinne der Pflege definiert wird. Parallel entwickelte sich im Rahmen der traditionellen Pflegeberufe (Krankenschwester/-pfleger, Kinderkrankenschwester/-pfleger) in Deutschland neue Ausbildungswege, und zwar die Einrichtung von Studiengängen »Pflege« an den → Fachhochschulen für Sozialarbeit/Sozialpädagogik. Durch diese Entwicklungen werden in der Altenpflege und in den Pflegeberufen interessante Veränderungen deutlich. Damit sind gleichzeitig Tendenzen erkennbar, einzelne sozialpflegerische Berufe mehr in die pflegenden Berufe zu integrieren. Fachhochschulen, auch andere Bildungsträger, müssen die Frage prüfen, ob ihre Ausbildungsziele nicht dahingehend zu überarbeiten sind, die sozialpflegerischen Berufe weiterhin im Spektrum des s. B. zu integrieren. »Modelle interdisziplinärer Zusammenarbeit (→ casemanagement) sind zu entwickeln« und müßten verstärkt in neue Ausbildungskonzeptionen aufgenommen werden (Altenbericht 1993, 240). Dabei wäre eine Einengung der Altenpflege und anderer s. B. auf den Bereich → Einrichtungen zu vermeiden. Die Aufgaben in → ambulanten Diensten für Ältere (→ Sozialstationen etc.), im Bereich der psychosozialen → Beratung und Betreuung einschließlich Angehörigenberatung (→ Angehörigenarbeit) wären einzubeziehen, ebenso geriatrische und gerontopsychiatrische Rehabilitation (→ geriatrische Kliniken oder Abteilungen und

gerontopsychiatrische Kliniken oder Abteilungen/Tageskliniken) im ambulanten, teilstationären und stationären Bereich. Die Aufnahme dieser Aspekte in Ausbildung und Praxis entspräche dem Anspruch nach einem integrativen Versorgungsansatz (Altenbericht 1993, 207).
Auf ein umfassenderes Verständnis des Begriffs s. B. und ihrer Ausbildungen wies der DV Juli 1994 mit seinen »Empfehlungen zur bundeseinheitlichen Neuordnung der Berufsfachschul- und Fachschulausbildungen für soziale Berufe« (→ Berufsfachschulen und → Fachschulen) hin. Er bemühte sich, der Durchlässigkeit in der Ausbildung neue Impulse zu geben und damit einer immer größer werdenden Unsicherheit zu begegnen. Sein Vorschlag ist, unter Berücksichtigung der Arbeitsmarkt- und Ausbildungsentwicklung s. B. und der Einstellungspraxis der Träger, eine bundeseinheitliche Einrichtung von Berufsfachschul-Ausbildungsgängen für einen berufsfeldübergreifenden Grundberuf »Sozialassistent« zu schaffen. Eine derartige Ausbildung sollte sowohl eine Berufsqualifikation als auch eine Berechtigung vermitteln, eine Aufbauausbildung für einen bestimmten sozialen Fachkraftberuf an einer Fachschule aufzunehmen.
Der Sozialassistent arbeitet in Zuordnung zur Fachkraft. Regelungen zur Beschäftigung von Sozialassistenten im Verhältnis zu Fachkräften in den entsprechenden Arbeitsfeldern s. B. wären vorzunehmen. Die Empfehlungen des DV nehmen »befürwortend Stellung zu einem vertikal durchlässigen System der Ausbildung sozialer Berufe«. Seine Weiterentwicklung sollte den Fachkräften künftig auch Übergänge auf der horizontalen Ebene, z. B. von der Erzieherin zur Altenpflegerin, ermöglichen«.
Die Grundausbildung sollte Qualifikationen für Tätigkeiten als Sozialassistent/-in in allen Berufsfeldern der s. B. vermitteln. Die Absolventen dieser Bildungsabschlüsse sollen berechtigt sein, nach freier Wahl eine Fachschulaufbauausbildung zum/zur Altenpfleger/-in, Familienpfleger/-in, Heilerziehungspfleger/-in oder Erzieher/-in aufzunehmen, um sich für eine selbständige berufliche Tätigkeit in einem s. B. vorzubereiten. Interessierte könnten durch Besuch »zusätzlicher allgemeinbildender Angebote während einer solchen Fachschulausbildung« die Fachhochschulreife und damit die Berechtigung erwerben, danach die Ausbildung in einem Fachhochschulstudiengang der → Sozialarbeit/Sozialpädagogik, der → Heilpädagogik oder Pflegepädagogik/Pflegemanagement fortsetzen und »damit schließlich einen akademischen Bildungsabschluß« erreichen (DV 1994, 327-329). Ein ähnliches Votum gab das Bundesministerium für Berufsbildung ab.
Eine bundeseinheitliche Einführung dieser Ausbildungskonzeption böte die Gewähr,

daß sozialberuflichen Ausbildungsgängen im europäischen Kontext die Vergleichbarkeit und Gleichwertigkeit erhalten bliebe, die in Anhang C der Richtlinie 92/51 EWG (→ Europäische Gemeinschaften [EG]) des Rates über eine zweite allgemeine Regelung zur Anerkennung beruflicher Befähigungsnachweise vom 18. Juli 1992 zugrunde gelegt werden.
Lit. Becker, W.: Modernisierungsbedarf; BMFuS: Altenbericht; DV: Empfehlungen; Gildemeister: Professionalisierungsdebatte; Hanesch: Zukunft; Karstedt: Handwörterbuch; Kinstler: Hilfe; Leder: Professionalisierung; Pitschas: Armut; Rauschenbach: Soziale Berufe; Thole: Stichworte; Wendt, W. R.: Wirkung. *Peter Reinicke*

Soziale Dienste Von sozialpädagogischen → Fachkräften mit dem Ziel erbrachte Leistungen, soziale Probleme von einzelnen, Gruppen und Gemeinwesen zu lösen und durch → Prophylaxe zu verhindern. → Öffentliche und → freie Träger setzen sie in unterschiedlichen Organisationsformen zur Aufgabenerfüllung in → Sozial-, → Jugend- und → Gesundheitshilfe ein (→ Organisation sozialer Dienste). Es gibt keine allgemeingültige oder gesetzlich fixierte Definition. Der Begriff »s. D.« wird sehr unterschiedlich gebraucht. Er dient der Beschreibung von Dienstleistungen und Organisationsformen, wird als Synonym für Neustrukturierungen sozialer Arbeit, aber auch für tradierte → Familienfürsorge verwendet, z. B. → »Sozialdienst im Krankenhaus«, »Sozialdienst Katholischer Männer«, »Amt für Soziale Dienste«. S. D. und wirtschaftliche Leistungen müssen sich wegen der Wechselwirkung psychosozialer und materieller Not gegenseitig problemgerecht ergänzen. Freier (s.u.) bezieht die wirtschaftlichen Hilfen und damit auch den Verwaltungsdienst bei seiner Definition in die s. D. mit ein.
In der Fachwelt wird unter den Stichworten allgemeiner s. D. (→ Sozialdienst, Allgemeiner [ASD]) und besonderer s. D. (→ Sozialdienste, besondere [BSD]) die Frage von Generalisierung und Spezialisierung diskutiert. Die Notwendigkeit eines umfassenden ASD für Sozial-, Jugend- und Gesundheitshilfe zur Lösung komplexer familien- und wohngebietsbezogener Probleme mit unterschiedlichen Symptomen ist allgemein anerkannt (vgl. KGSt., DV). Unterschiedliche Auffassungen bestehen jedoch über Indikation, Anzahl, Wirksamkeit und Zuordnung von BSD. Eine zu starke Spezialisierung birgt insbes. folgende Gefahren in sich: Auseinanderreißen von Problemzusammenhängen, Symptomausrichtung statt ganzheitlicher Erfassung von Lebenszusammenhängen, Vernachlässigen von Notständen mangels → Zuständigkeit, häufiger Kompetenzwechsel (→ Kompetenz) verschiedener Dienste. Zu wenige BSD können zu einer Verflachung der Fachlichkeit und beruflicher Überforderung führen. S. D. dürfen sich nicht nur auf die Qualifizierung der → persönlichen Hilfen konzentrieren. Sie arbeiten sonst in zu starkem Maße reaktiv und überbetonen den Anteil des Hilfesuchenden an seiner Notlage. Die Zahl der Bürger, die psycho-soziale Hilfen benötigen, ist trotz deutlicher Zunahme der sozialpädagogischen Fachkräfte im Steigen begriffen. S. D. müssen daher einerseits durch systematische Prophylaxe und Einflußnahme auf die → Sozialplanung dieser Entwicklung gegensteuern, andererseits ihre Wirksamkeit regelmäßig kritisch überprüfen. Die Leistungsfähigkeit ist abhängig von: fachlicher Qualifikation und persönlicher Eignung der Mitarbeiter, planmäßiger → Fortbildung und → Praxisberatung, aufgabengerechten Organisationsstrukturen, entwicklungsfördernden Handlungskonzepten, akzeptierter Organisationsphilosophie, Kooperation und Vernetzung der Hilfesysteme. S. D. müssen bürger- und problemnah angeboten werden. Sie sind so zu gestalten, daß sie der Hilfesuchende angstfrei und ohne Diskriminierung in Anspruch nehmen kann. Diese Forderung wird gestützt durch die Regelungen zum Schutz des → Sozialgeheimnisses im → Sozialgesetzbuch (SGB). Zur Gewährleistung des → Wunsch- und Wahlrechtes des Hilfeempfängers bedarf es eines transparenten, sich ergänzenden Angebotes s. D. in öffentlicher und freier Trägerschaft. Die Durchschaubarkeit soll sich nicht nur auf die Dienstleistung, sondern auch auf die Verwendung von Kenntnissen persönlicher Probleme des Bürgers beziehen.
Die soziale Arbeit hat sich von einer Instanz → sozialer Kontrolle zu einem Dienstleistungsangebot für den Bürger entwickelt. Der Begriff »s. D.« ist Ausdruck des veränderten Selbstverständnisses. Durch Einflüsse der → Systemtheorie ist bei den s. D. ein Perspektivenwandel von der Fallorientierung zur Lebensweltorientierung (→ Lebenswelt) zu beobachten.
Lit. BMJFFG: 8. Jugendbericht; DV: Sozialdienst; Freier: Soziale Dienste; KGSt.: Dekonzentration; Regierender Bürgermeister von Berlin: Soziale Dienste.
Herwart Rose

Soziale Entschädigung Herkömmlicherweise wurde das → Sozialrecht in 3 Bereiche, nämlich die → Sozialversicherung, → Sozialversorgung und → Sozialhilfe, eingeteilt. Diese Terminologie ist im Zuge neuer Systematisierungsversuche nicht mehr unangefochten. So wird z. T. von Vorsorge-, Entschädigungs- und Ausgleichssystemen gesprochen (Zacher).
§ 5 → Sozialgesetzbuch – Allgemeiner Teil – (SGB I) nimmt diese neue Terminologie unter der Überschrift »Soziale Entschädi-

gung bei Gesundheitsschäden« auf. Damit wird deutlich, daß der Begriff der s. E. nicht mehr wie der Begriff der Versorgung von der → Kriegsopferversorgung dominiert werden soll. In diesem Sinne formuliert auch § 5 SGB I, daß derjenige ein Recht auf die notwendigen Maßnahmen zur Erhaltung, zur Besserung und zur Wiederherstellung der Gesundheit und der Leistungsfähigkeit sowie auf angemessene wirtschaftliche Versorgung hat, der einen Gesundheitsschaden erleidet, für dessen Folgen die staatliche Gemeinschaft in Abgeltung eines besonderen Opfers oder aus anderen Gründen nach versorgungsrechtlichen Grundsätzen einzustehen hat. Auch die Hinterbliebenen eines Beschädigten haben nach dieser Bestimmung ein Recht auf angemessene wirtschaftliche Versorgung.
S. E. soll also nicht jedweden Schaden ersetzen, sie ist vielmehr kausal orientiert (→ Kausalprinzip) und will nur solche Schäden ausgleichen, für die die Allgemeinheit eine besondere Verantwortung trägt (z.B. die Kriegsopferversorgung).
§ 5 SGB I gibt allerdings kein Recht, da gem. § 2 Abs. 1 S. 2 SGB I aus den → sozialen Rechten, zu denen § 5 SGB I gehört, → Rechtsansprüche nur geltend gemacht oder hergeleitet werden können, soweit ihre Voraussetzungen und ihr Inhalt durch die besonderen Vorschriften des SGB im einzelnen bestimmt sind. § 5 SGB I ist jedoch dadurch nicht funktionslos. Das Recht auf s. E. ist gem. § 2 Abs. 2 SGB I bei der → Auslegung der Vorschriften des SGB und bei Ermessensentscheidungen (→ Ermessen) der Leistungsträger zu berücksichtigen. Nicht nur der Gesetzgeber, sondern speziell die Leistungsträger haben in der täglichen Praxis sicherzustellen, daß das Recht auf s. E. möglichst weitgehend verwirklicht wird.
Zum Kernbereich der s. E. zählt nach wie vor die Kriegsopferversorgung, die im → Bundesversorgungsgesetz (BVG) geregelt ist. Danach begründen gesundheitliche Schädigungen und der Tod einen Versorgungsanspruch, wenn sie insbes. durch militärischen oder militärähnlichen Dienst, unmittelbare Kriegseinwirkung, Kriegsgefangenschaft oder Internierung im Ausland oder in den nicht unter deutscher Verwaltung stehenden Gebieten wegen deutscher Staats- oder Volkszugehörigkeit verursacht worden sind.
Zu den Versorgungsleistungen gehören Heilbehandlung, Versehrtenleibesübungen, Krankenbehandlung, Kriegsopferfürsorge, → Beschädigtenrente, Bestattungsgeld beim Tod des Beschädigten, → Sterbegeld, → Hinterbliebenenrente sowie Bestattungsgeld beim Tod von Hinterbliebenen (vgl. auch § 24 Abs. 1 SGB I).
Zuständig sind u.a. die → Versorgungsämter und die Landesversorgungsämter (vgl. § 24 Abs. 2 SGB I).

Die entsprechende Anwendung des BVG wird in verschiedenen Gesetzen vorgesehen (vgl. Art. II § 1 Nr. 11 SGB I), die jedenfalls teilweise zur s. E. zu zählen sind. Zu nennen ist u. a. das Häftlingshilfegesetz, wonach Häftlinge, die nach freiheitlich-demokratischer Auffassung aus politischen Gründen inhaftiert sind, Ansprüche wegen erlittener Gesundheitsschäden stellen können. Ebenfalls hierzu ist das »1. Gesetz zur Bereinigung von SED-Unrecht« zu zählen. Dieses Gesetz ersetzt das noch von der ehemaligen DDR-Regierung erlassene Rehabilitationsgesetz vom 6. 9. 1990 (GBl. I Nr. 60 S. 1459). Auch das Bundesseuchengesetz (BSeuchG) verweist wegen erlittener Impfschäden auf das BVG. Gleiches gilt für das Gesetz über die Entschädigung für Opfer von Gewalttaten (OEG).
Nicht zum vom § 5 SGB I erfaßten Bereich der s. E. zählt neben der → Staatshaftung u.a. die sog. unechte Unfallversicherung gem. § 539 Abs. 1 Nr. 4, 7–16 → Reichsversicherungsordnung (RVO). Zwar liegt beispielsweise der Aufnahme von sog. Nothelfern in die Unfallversicherung (§ 539 Abs. 1 Nr. 9 RVO) die besondere Verantwortung des Staates für sie zugrunde, so daß von einer Systemwidrigkeit gesprochen werden kann. Jedoch tritt die staatliche Gemeinschaft für die erlittenen Schäden nicht nach versorgungsrechtlichen Grundsätzen ein, wie dies § 5 SGB I als Kennzeichen der s. E. verlangt.
Lit. Bley, u.a.: Sozialrecht; Kretschmer u.a.: SGB (Komm.); Kunz, E.: Opferentschädigungsgesetz; Rohr, K. u.a.: Bundesversorgungsrecht; Schulin: Soziale Entschädigung; Wilke, G. u.a.: Entschädigungsrecht. *Bernd von Maydell*

Soziale Gerechtigkeit Ein materiales, aber schwer zu realisierendes Leitbild staatlicher Ordnung, das – in der Gegenwart oft verbunden mit dem Gebot – sozialer Sicherheit und Gleichheit – in der staatlich verfaßten Gemeinschaft jedermann eine menschenwürdige Existenz ermöglichen bzw. gewährleisten soll. Dieses Leitbild klang in der Trias der Französischen Revolution an (1789: liberté, égalité, fraternité), fand im 19. Jh. Eingang in die deutsche Auseinandersetzung um eine gesellschaftliche Neuordnung, als sich infolge wachsender sozialer Not und politischer Konflikte als notwendig und dringlich erwies. Die Vorstellung von s. G. trieb auch die Wandlungen des liberalen Rechtsstaates zu einem sozialen Rechtsstaat voran, die in Deutschland mit Schaffung eines subjektiven öffentlichen Rechtsanspruches für die Arbeiter in der »Arbeiterversicherung« begann. Das neuartige → Sozialrecht verpflichtete den Staat nicht nur zur positiven sozialen Verantwortung für alle Bürger, sondern schuf auch neuartige öffentliche → Sozialleistungsträger und eine eigenständige Sozialgerichtsbarkeit (→ Sozialgerichte). Später wurden auch die Arbeitsbedingungen durch ein neuartiges → Arbeitsrecht verbessert. Ein Erfolg der sozialen Bestrebungen war insbes. aufgrund des Einflusses der hierdurch gewonnenen Industriearbeiter die Konstituierung des demokratischen und sozialen Rechtsstaates durch die Nationalversammlung von Weimar im Jahre 1919. Die s. g., durch eine wachsende Zahl von Arbeits- und Sozialgesetzen ausgeformt und auf weitere Gruppen von Erwerbstätigen erstreckt – wenn auch in den Jahren von 1933-1945 teilweise stark beeinträchtigt –, wurde 1945 für die Bundesrepublik Deutschland übernommen: Ihr Verfassungsgeber bekannte sich nicht durch → soziale Grundrechte (Ausnahme: Art. 6 Abs. 5 → Grundgesetz [GG]), sondern durch eine verfassungsfeste (Art. 79 Abs. 3 GG) Selbstprädikatisierung des Staates (»demokratischer und sozialer Bundestaat«, Art. 20 Abs. 1 GG, »sozialer Rechtstaat«, Art. 28 Abs. 1 S. 1 GG) und entsprechende Kompetenznormen (u. a. Art. 74 Nr. 6, 7, 9, 10, 12 GG) zum Leitbild der s. g. und übernahm die überkommene Rechtsordnung, soweit diese mit dem GG vereinbar war (Art. 123 GG). Der Gesetzgeber entwickelte dann mit ungewöhnlicher Intensität - in einer mehr als 20jährigen Periode eines kaum beeinträchtigten Wirtschaftswachstums - die Sozialordnung fortschrittlich weiter (Beseitigung der mannigfaltigen schweren Kriegsfolgen, zeitgemäßer Um- und Ausbau der sozialen Sicherung), allerdings mit der Folge zunehmender Unübersichtlichkeit des einschlägigen Rechts. Um diesen Nachteil zu beheben, kündigte eine sozial-liberale Regierungskoalition (Regierungs-Erklärung vom 28. 10. 1969) eine schrittweise zu vollziehende Kodifikation des Arbeits- und Sozialrechts an und berief dazu zwei unabhängige, beratende Sachverständigen-Kommissionen, von denen das für das → Sozialgesetzbuch (SGB) zuständige Gremium 10 Jahre später seine Arbeit erfolgreich beendete. Nach dem Erlaß des SGB I – Allgemeiner Teil – 1975, des SGB IV, 1. Kap. – Gemeinsame Vorschriften der Sozialversicherung – 1976 und des SGB X – Verfahrensvorschriften – 1980 wurden die weiteren erforderliche Gesetzesvorhaben durch neu aufkommende, tiefgreifende materielle Reformarbeiten und ökonomische Krisen verzögert. Die Bewältigung ökonomischer und sozialer Strukturkrisen mit der Folge wachsender Arbeitslosigkeit (gesteigert durch die Zwei-Drittel-Deindustrialisierung der ehemaligen DDR nach der Wiedervereinigung) wurde in der Bundesrepublik Deutschland zur schwierigsten Aufgabe des sozialen Rechtsstaates und seiner s. G. (Rohwer-Kahlmann, ZSR 1973, 201ff.; 1975, 709ff.; 1976, 591ff.; 1977, 7ff.). Die Regierungspolitik ist seitdem weniger dem Leitbild der s. G. als dem der Kostenbegrenzung verpflichtet. Der Umbau des Sozialstaates ist gekennzeichnet durch »Deckelung« der Ausgaben bzw. Abkehr vom Bedarfsdeckungsprinzip und damit teilweise »Entstaatlichung« der Risikovorsorge. 1988 wurde die Arbeit am SGB mit der Verabschiedung von SGB V – Gesetzliche Krankenversicherung – fortgesetzt. 1990 wurde die jahrzehntelange Debatte um die Reform des RJWG mit der Verabschiedung des SGB VIII (→ Kinder- und Jugendhilfegesetz [KJHG]) vorläufig abgeschlossen. 1994 entstand mit der Pflegeversicherung (→ Pflegeversicherung, gesetzliche) durch das SGB XI ein neuer Sozialversicherungszweig mit organisations- und leistungsrechtlichen Grundsätzen, die nur begrenzte Fortschritte im Sinne s. G. brachten.

Das SGB I beginnt mit der Feststellung, daß das Recht des SGB zur Verwirklichung s. G. und Sicherheit Sozialleistungen einschließlich sozialer und erzieherischer Hilfen gestalten soll (§ 1 Abs. 1 S. 1), und ordnet in S. 2 den beiden Leitideen 5 Hauptaufgaben zu. Die §§ 2 ff. normieren → »soziale Rechte«, die (nur) bei der → Auslegung von Vorschriften des SGB und bei der Ausübung von Ermessen zu beachten sind, mit dem Ziel, diese Rechte »möglichst weitgehend« zu verwirklichen. Das kann die Konkretisierung der s. G. erleichtern im Rahmen des sog. »sozialen magischen Vierecks«, das durch – mehr oder weniger vorgegebene – Dominanten (Wertordnung des GG, Sozialstruktur, Bruttosozialprodukt) und durch verschiedene gouvernementale Zielsetzungen gebildet wird. Bei tatsächlichen oder vermeintlichen – → Zielkonflikten staatlicher Aufgaben muß der Gesetzgeber in dem weiten Rahmen des verfassungsmäßig Zulässigen die betroffenen Komponenten gegeneinander abwägen, um das Maß der zu realisierenden s. G. zu bestimmen. Daraus können sich Schwierigkeiten bei der Fortentwicklung des Sozialrechts ergeben, wenn tiefgreifende, strukturverändernde Einschnitte in das Recht der sozialen Sicherung für nötig gehalten werden. Der Gesetzgeber darf zwar die einzelnen → Grundrechte der Verfassung in ihrem Wesensgehalt nicht antasten, kann aber deren Inhalt und Schranken durch Gesetz näher bestimmen (Art. 19 Abs. 2 GG). Das erklärt, daß der wohl unvermeidlichen Restriktion des Sozialrechts – zu Recht oder Unrecht – der Einwand »sozialer Demontage« entgegengesetzt werden kann, zumal wenn Bestrebungen am Werke sind, auch die Sozialhilfe als »umfassende Garantin menschenwürdiger Existenz aus staatsbürgerlicher Solidarität« einzuschränken. Erhebliche Probleme bei der Herstellung s.G. werden sich auch bei der geplanten europäischen Sozialunion ergeben.

Lit. Bank u.a.: Anmerkungen; Döring, D. u.a.: Soziale Sicherheit; v. Maydell u.a.:

Soziale Grundrechte

Handbuch; Rohwer-Kahlmann u. a.: SGB (Komm.); Schulte, B.: EG-Integration.

Harry Rohwer-Kahlmann/Florian Tennstedt

Soziale Grundrechte sind zur Ergänzung der liberalen Freiheitsrechte entwickelt worden. Während die liberalen → Grundrechte vor allem die Freiheitssphäre des einzelnen gegenüber dem Staat schützen sollen, enthalten s. G. primär ein Gestaltungsgebot an den Staat, die Rechts- und Gesellschaftsordnung nach den Grundsätzen sozialer Gleichheit und Gerechtigkeit auszugestalten, ein menschenwürdiges Existenzminimum zu gewährleisten und den allgemeinen Wohlstand zu sichern und zu mehren. Diese grundsätzliche Trennung zwischen liberalen und s. G. wird allerdings teilweise in Frage gestellt. Insbesondere dann, wenn s. G. nicht explizit in der Verfassung anerkannt werden, kann dies dazu führen, daß die liberalen Freiheitsrechte sozial ergänzt und ausgeweitet werden, indem aus ihnen soziale Teilhaberechte abgeleitet werden. Dazu bieten sich insbesondere Art. 3 (Gleichheit) aber auch Art. 12 (Berufsfreiheit) → Grundgesetz (GG) an.

Inwieweit eine Rechtsordnung s. G. explizit gewährleisten soll, ist in der Literatur umstritten. Einerseits wird darauf verwiesen, daß solche Rechte notwendigerweise unter dem Vorbehalt der Leistungsfähigkeit des Staates und der → Gesellschaft stehen müssen; sie können daher nicht das Maß an Konkretisierung erfahren, wie dies z. B. bei Abwehrrechten gegenüber dem Staat möglich ist. Andererseits wird betont, daß der moderne Staat ohne eine ausgebaute Sozialordnung nicht mehr denkbar ist und diese Sozialordnung durch verfassungsrechtliche Grundprinzipien strukturiert werden sollte. Da diese Position weitgehend anerkannt wird, geht es bei dem Streit um die Positivierung s. G. letztlich darum, wie weit diese allgemein anerkannte Grundrechtsposition in einzelne → soziale Rechte aufgefächert werden soll oder ob die allgemeine Formulierung, wie sie in Gestalt des Sozialstaatsgrundsatzes im Grundgesetz enthalten ist, den Besonderheiten s. G. am besten entspricht. Damit wird deutlich, daß nicht konkrete Ansprüche gegen den Staat eingeräumt werden. Gleichzeitig wird mit der Anerkennung eines allgemeinen Sozialstaatsprinzips dem Umstand Rechnung getragen, daß der Bereich des Sozialen nicht präzise abgrenzbar und in seinen Ausformungen zudem zeitbedingt ist. Veränderte gesellschaftliche Verhältnisse verlangen vom Staat unter Umständen ein Tätigwerden auf ganz neuen sozialen Feldern.

S. G. können im nationalen sowie im inter- und supranationalen Recht statuiert werden. Im internationalen Recht gibt es eine Reihe von globalen und regionalen Konventionen und Verträgen, die sich mit s. G. befassen. Regelmäßig werden diese Akte von internationalen Organisationen, wie den → United Nations (UN) und ihren Sonderorganisationen, dem → Europarat etc. ausgearbeitet und durch Ratifikation in den einzelnen Staaten für diese verbindlich. Beispiele dafür sind die UN-Deklaration der Menschenrechte, die auch soziale Rechte enthält, der internationale Pakt über wirtschaftliche, soziale und kulturelle Rechte, die Europäische Sozialcharta etc. (vgl. dazu Zacher: Europäisches Sozialrecht). Die für den sozialen Bereich wichtigste Sonderorganisation ist die → Internationale Arbeitsorganisation (IAO) in Genf, die über 170 Konventionen und eine entsprechende Zahl von Empfehlungen ausgearbeitet hat, die sich mit arbeits- und sozialrechtlichen Schutzstandards befassen. Besonders bekannt und bedeutsam ist die Konvention Nr. 102, die sich mit den Mindestnormen → sozialer Sicherheit befaßt. Kennzeichen dieser internationalen Normen ist, daß sie sich regelmäßig an den Staat richten und dem einzelnen keinen Rechtsanspruch gegen seinen Heimatstaat einräumen. Die Einhaltung der in den internationalen Normen formulierten Standards wird nur durch die in den internationalen Akten vorgesehenen Überprüfungsverfahren überwacht und kann nicht erzwungen werden. Ausnahmsweise können die internationalen Verträge und Konventionen aber auch dem einzelnen unmittelbare Rechte einräumen.

Im supranationalen Bereich ist der soziale Sektor im ursprünglichen EG-Vertrag nur am Rande berücksichtigt. Ausdrückliche s. G. sind nicht normiert. Allerdings sind durch die Verordnungen über die soziale Sicherheit der → Wanderarbeitnehmer auch solche soziale Positionen mit unmittelbarer Geltungskraft ins Gemeinschaftsrecht aufgenommen worden. Darüber hinaus hat der EuGH die Grundfreiheiten des EG-Vertrages (insbesondere die Freizügigkeit und den Grundsatz der Nichtdiskriminierung) dahingehend ausgelegt, daß auch soziale Positionen erfaßt und geschützt werden. Darüber hinaus haben 11 der damals 12 EG-Staaten 1988 eine Gemeinschaftscharta s. G. der Arbeitnehmer verabschiedet, die aber keine unmittelbaren Rechte für die einzelnen einräumt; immerhin wird dadurch ein sozialpolitisches Programm verkündet, dessen Ausführung zu einer Ausdehnung des EG-Sozialrechts führen dürfte. Im Zuge des Ausbaus der Europäischen Union (Maastricht II) wird gegenwärtig die Aufnahme von s. G. in den Gemeinschaftsvertrag diskutiert.

Was das nationale deutsche Recht anbelangt, so ist im GG bislang nur das Sozialstaatsprinzip verankert, nicht aber einzelne soziale Rechte. Ob dies geändert werden soll, wird verstärkt nach der Wiedervereinigung diskutiert. In den Länderverfassungen finden sich vereinzelt soziale Rechte, wie das Recht auf Arbeit. Der deutsche Gesetz-

geber hat allerdings außerhalb des GG im → Sozialgesetzbuch (SGB), und damit in einem ohne weiteres abänderbaren einfachen Gesetz, soziale Rechte normiert (§§ 2 bis 10 SGB I). Diese sozialen Rechte, die keine Ansprüche begründen, sollen bei der Auslegung und der Ausübung von Ermessen berücksichtigt werden. Inwieweit dadurch die Rechtspraxis tatsächlich beeinflußt wird, läßt sich schwer beurteilen; Skepsis ist allerdings angebracht.
In der Diskussion über die s. G. ist eine gewisse Gewichtsverlagerung vom nationalen auf den inter- und supranationalen Bereich festzustellen. Die zahlreichen internationalen Pakte und Konventionen sowie die Diskussion über die soziale Dimension der EG belegen dies. Vor allem auch im Transformationsprozeß in den ehemals sozialistischen Staaten Mittel- und Osteuropas spielen die sozialen Rechte eine wichtige Rolle. Sie machen deutlich, daß die Umstellung auf eine Marktwirtschaft begleitet werden muß durch sozialpolitische Maßnahmen, die sicherstellen, daß ein sozialer Standard gewährleistet wird, wobei dieser Standard nicht allgemeingültig bestimmt werden kann. Die Anerkennung sozialer Rechte ist das Pendant zu den liberalen Freiheitsrechten, insbesondere auch im wirtschaftlichen Bereich. Insoweit sind s. G. – unabhängig von der konkreten Form ihrer Gewährleistung – die unverzichtbare Voraussetzung für eine soziale Marktwirtschaft.
Lit. v. Maydell: EG; v. Maydell: Soziale Rechte; Papier: Verfassungsrecht; Zacher: Europäisches Sozialrecht; Zacher: Staatsziel. *Bernd von Maydell*

Sozialeinkommen sind soziale, zumeist auch sozialpolitisch motivierte Leistungen (→ Sozialpolitik), die auf Einkommensübertragungen (→ Transfers, soziale) beruhen, an private Personen und Haushalte. Zu den S. zählen Einkommensleistungen aus öffentlichen Mitteln, insbes. der → Rentenversicherung, wie Alters- und Invaliditätsrenten (→ Rentenversicherung), → Arbeitslosengeld (Alg) oder → Arbeitslosenhilfe (Alhi) sowie → Krankengeld; Leistungen zum Zweck einer → sozialen Entschädigung, z. B. für Personen, die durch Kriegsereignisse gesundheitliche Schäden erlitten haben (→ Kriegsopferfürsorge); Leistungen mit dem Ziel eines sozialen Ausgleichs, insbes. des → Familienlastenausgleichs, wie → Kindergeld, → Erziehungsgeld und → Wohngeld; sowie soziale Hilfen, die bei gegebenem Bedarf wegen fehlenden eigenen Einkommens und Vermögens gewährt werden, z. B. → Sozialhilfe; ferner Leistungen zur → Ausbildungsförderung. Zu den S. zählen außerdem Leistungen von Unternehmen, vor allem Betriebsrenten und -pensionen (→ Altersversorgung).
Neben den monetären Transfers (Geldleistungen) gibt es Realtransfers, z. B. Mietminderungen, die durch die → Wohnungsbauförderung (→ Wohnungsbau, sozialer) bedingt sind. Einen Überblick über Art und Höhe der S. vermittelt das → Sozialbudget. *Dieter Deininger*

Soziale Kontrolle Ein aus dem Insgesamt von → Gesellschaft nur schwer ausgrenzbarer Sachverhalt, weil s. K. im menschlichen Leben auf vielfältige Weise durchgängig geschieht.
Schon aus der Unvermeidbarkeit von Abweichungen erklärt sich leicht, weshalb s. K. universal geschieht: Normen sind zwar mit → Instinkten vergleichbar, aber mit ihnen dennoch nicht gleichzusetzen; Normen können nämlich verletzt werden und sich wandeln. Einschränkungs- und grenzenlose Abweichung von Normen erscheint allerdings problematisch, weshalb zur Erklärung zusätzlich auf die Bedeutung gesellschaftlicher Ordnung für menschliches Zusammenleben hingewiesen werden kann. Zwar gab und gibt es regelmäßig auch → sozialen Wandel einschließlich Veränderungen überlieferter Ordnungen, aber genauso regelmäßig waren und sind Bemühungen um neuartige Strukturen – bis hin zu utopischen Entwürfen, die darauf abzielen, ein für allemal Ordnung zu schaffen, um Abweichungen unnötig und s. K. funktionslos zu machen.
S. K. setzt früh ein und reicht ggf. sehr weit. Das belegen schon die in der Sozialisation erworbenen inneren Kontrollen, sofern → Internalisierung gelingt. Selbst bestimmte Gefühle und Gedanken können dann als Abweichungen empfunden und zum Anlaß für Selbstanklage, Reue und Scham werden. So falsch es wäre, menschliches Handeln als weithin normorientiertes, sozial geregeltes Handeln ausschließlich oder vorwiegend als durch äußeren Zwang vermittelt anzusehen, so unverkennbar sind doch – nicht zuletzt in der modernen Gesellschaft – Ausmaß und Einfluß äußerer s. K. Zahlreiche Einrichtungen wie Justiz, Polizei, Gefängnisse, Heime, Bürokratien, Verwaltungen, Verbände und Organisationen bis hin zu Kirchen beeinflussen einzelne Menschen oder Menschengruppen mittel- oder unmittelbar, umfassend oder begrenzt, lang- oder kurzfristig, vorbeugend oder nachträglich korrigierend, gesetzlich verfügt oder im eigenen Auftrag, zustimmungs- oder nicht zustimmungsbedürftig. Das gilt nicht zuletzt für weite Bereiche → sozialer Arbeit.
Lit. Bellebaum: Abweichendes Verhalten; Bellebaum: Grundbegriffe; Cohen, A. K.: Abweichung; Schur, E. M.: Abweichendes Verhalten; Tenbruck: Soziale Kontrolle. *Alfred Bellebaum*

Soziale Pflege- und Betreuungsverhältnisse Der Begriff der s. P. B. wurde im Zusammenhang mit den Erörterungen der Sozialrechtlichen Abt. des 52. Deutschen Juristentages (DJT) 1978 in Wiesbaden erarbeitet. Soziale Pflege und Betreuung ist »dadurch gekennzeichnet, daß sie gezielt Menschen zugewandt wird, die aufgrund ihrer sozialen Lage besonders schutzbedürftig sind. Danach ist soziale Pflege und Betreuung durch ihren Charakter als Dienstleistung, ihren Zweck, das Wohl der Empfänger zu fördern und durch ihren Grund, nämlich die besondere Schutzbedürftigkeit der Adressaten, gekennzeichnet« (Krause).

Obwohl s. P. B. in und außerhalb von → Einrichtungen bestehen, hat man sich beim 52. DJT vor allem den Heimverhältnissen zugewandt, weil hier eine rechtliche Aufarbeitung besonders dringlich erschien. Die rechtliche Behandlung der s. P. B. bereitet in der Bundesrepublik deshalb besondere Schwierigkeiten, weil das → Sozialrecht auf der einen Seite sehr stark an den → Geldleistungen orientiert ist und auf der anderen Seite bei → Sach- und → Dienstleistungen (→ Leistungsarten) auf die Realisierung durch Leistungserbringer angewiesen ist, die die jeweilige Leistungsausgestaltung mehr oder weniger autonom vornehmen können. Die Art und Weise der Leistungserbringung bei s. P. B. ist nur ausnahmsweise und bruchstückhaft erfaßt. Bei Heimverhältnissen – Alten- und Pflegeheime für Volljährige – (→ Altenpflegeheim) liegt eine solche Regelung im → Heimgesetz (HeimG) vor.

Mit der Forderung des 52. DJT, sich verstärkt den s. P. B. zuzuwenden, wird dem Anliegen Rechnung getragen, diese »sanften« Gewaltverhältnisse i. S. aller daran Beteiligten zu klären und rechtlich zu ordnen. Klärungsbedarf besteht hinsichtlich der Begründung, des Inhalts, der Änderung, der Beendigung und des Vollzugs der s. P. B. sowie der Kontrollmechanismen hierzu. Weiter ist das Verhältnis zu den → Sozialleistungsträgern regelungsbedürftig. Während durch die Novellierung des HeimG mittlerweile bei den stationären Einrichtungen für Volljährige wichtige Fragen der Gestaltung des → Heimvertrages, so insbes. im Kündigungsschutz, geregelt sind, besteht nach wie vor auf dem Gebiet der → Kurzzeitpflege und im ambulanten Bereich ein Regelungsdefizit. Besondere Fragen werfen auch die Rechtsverhältnisse in → Werkstätten für Behinderte auf, in denen sich sozial- und arbeitsrechtliche Regelungen überlagern. Die rechtliche Erfassung der sozialen Pflege- und Betreuungsverhältnisse wird aber auch durch das Betreuungsgesetz (BtG) sowie durch das Recht der → Pflegeversicherung (SGB XI) und das novellierte → Bundessozialhilfegesetz (BSHG) markiert. Das SGB XI enthält nunmehr wichtige Regelungen zur → Qualitätssicherung von Pflegeleistungen. Auch in Fragen der Leistungsinanspruchnahme und im Verhältnis zwischen den → Leistungserbringern und den Leistungsberechtigten sind erhebliche Fortschritte zu verzeichnen. Diese Bereiche werden vom Gesetz teilweise nur als Rahmen regulatorisch vorgegeben. Die Einzelausgestaltung ist untergesetzlich und bleibt Richtlinien, Empfehlungen und Verträgen vorbehalten. Auch nach dem BSHG sind seit Mitte 1994 Qualitätssicherungsmaßnahmen zwischen den Einrichtungsträgern und den → Sozialhilfeträgern zu vereinbaren.

Die bisherige gesetzliche Entwicklung auf dem Gebiet der sozialen Pflege- und Betreuungsverhältnisse hat gezeigt, daß wichtige gesetzliche Fortschritte inhaltlich im thematischen Rahmen dieses Gebietes stattgefunden haben. Formal waren es jedoch zivilrechtliche und insbes. sozialleistungsrechtliche Gesetze, denen die einzelnen Regelungen zugeordnet worden sind. Trotz dieser Fortschritte ist jedoch festzustellen, daß die rechtliche Situation der Subjekte in den verschiedenen sozialen Pflege- und Betreuungsverhältnissen sehr unterschiedlich ist. Dies hängt von der Sozialleistungssituation ebenso ab wie vom Ort der Leistungserbringung (ambulant oder stationär). Nach wie vor ist man also weit davon entfernt, es mit einem einheitlichen Statut der sozialen Pflege- und Betreuungsverhältnisse zu tun zu haben, in dem unter dem Gesichtspunkt personaler Rechts- und Interessenwahrung die entsprechenden Regelungen geschaffen würden, womit für die Betroffenen auch eine gewisse Übersichtlichkeit gewährleistet werden könnte.

Lit. Igl: Gestaltung; Igl: Pflegeversicherungsrecht; Krause, P.: Pflege- und Betreuungsverhältnisse. *Gerhard Igl*

Soziale Pflegeversicherung → Pflegeversicherung, gesetzliche

Soziale Probleme ist eine in der Alltags- und Wissenschaftssprache vieldeutig und inflationär gebrauchte Formel. Unter »sozial« ist zu verstehen, daß bestimmte Sachverhalte gesellschaftlich bedingt oder doch zumindest mitbedingt sind. Das Wort »Problem« bedeutet zweifelhaft und fragwürdig. Jedoch: Für wen und von wem aus gesehen ist etwas mit welcher Begründung fragwürdig? Wenn Angehörige unterer Sozialschichten ihre inferiore Lage erkennen und darunter leiden, dann müssen anders lebende Menschen diesen Zustand bekanntlich nicht in gleicher Weise beurteilen und für verbesserungswürdig halten.

Sodann ist festzuhalten, daß man sich keineswegs darüber einig ist, was alles »s. P.« sind. Einer brauchbaren Definition zufolge handelt es sich um »Tendenzen und Situationen in den menschlichen Beziehungen und in der Gesellschaft, die als schwierig angesehen werden und denen man Aufmerksamkeit in Form kollektiver und ausgleichender Maßnahmen zukommen läßt«. Unangesehen der berechtigten Frage, wer wodurch legitimiert, wie begründet und mit welchem Erfolg welche Zustände als schwierig und veränderungsbedürftig bezeichnet, ist zu beachten, daß manche Menschen ihre Lebenssituation auch dann als problematisch empfinden können, wenn keinerlei kollektive Maßnahmen ergriffen werden. Es ist sodann vorstellbar, daß die einen mit Blick auf die anderen korrigierende Maßnahmen propagieren, an welchen letztere gar nicht interessiert sind.

Die Umweltbelastung fällt zweifellos unter obigen Begriff, denn sie gilt als ein veränderungswürdiger Zustand und wird inzwischen mit zahlreichen Maßnahmen bekämpft. Auch das überlieferte dreigliedrige Schulsystem ist manchem ein Dorn im Auge und wird da und dort Zug um Zug beseitigt. Selbst Nur-Hausfrauen erfreuen sich wachsenden Mitleids und erhalten, wenn möglich, Teilzeitjobs. Um solche Phänomene geht es in der Spezialdisziplin »Soziologie s. P. und → sozialer Kontrolle« jedoch in aller Regel nicht. Hier stehen Erscheinungen im Vordergrund des Interesses wie z. B. → Kriminalität, Süchte (→ Sucht/Suchtgefährdung), → Obdachlosigkeit, → Nichtseßhaftigkeit, Behinderte (→ Behinderte), → Prostitution, → Armut, Vorbestrafte (→ Vorstrafe).

Solche Phänomene haben manches gemeinsam: Die betroffenen Menschen – natürlich nicht alle und auf breiter Front – leben desintegriert, werden stigmatisiert bzw. etikettiert, sind Objekte sozialer → Vorurteile, erfahren → Diskriminierung und haben mit Maßnahmen der Instanzen äußerer sozialer Kontrolle zu rechnen. So sind beispielsweise Nichtseßhafte aus dem üblichen Leben ausgegliedert, werden wegen ihrer abweichenden Lebensweise negativ bewertet, man hat vorgefaßte Meinungen über sie, mutet ihnen manche Benachteilungen zu und läßt sie die Macht staatlicher und verbandlicher Kontrolle spüren.

Es gibt keinen ein für allemal feststehenden Kanon s. P., denn bestimmte Zustände können mit der Zeit entproblematisiert werden und andere sich zu einem gewichtigen Problem auswachsen. Das gehört zu dem interessanten Thema »Karriere s. P.« – also: Von was hängt es ab, daß eine Problemdefinition Erfolg und ggf. sozialpolitische Maßnahmen zur Folge hat?

Auf die Frage nach den Ursachen s. P. bedenkt man zum einen Antwort anomische Lebensverhältnisse (→ Abweichendes Verhalten) – eine zweite Antwort die erfolgreiche negative Bewertung dieses oder jenes Zustandes (→ Labeling Approach). Beide Erklärungsansätze schließen sich nicht unbedingt aus, sondern sind von Fall zu Fall durchaus kombinierbar.

Lit. Albrecht, G. u. a.: Soziale Probleme; Bellebaum: Abweichendes Verhalten; Haferkamp: Wohlfahrtsstaat; Nowak, J.: Probleme; Staub-Bernasconi: Probleme.

Alfred Bellebaum

Sozialer Ausgleich »ist generell gerichtet auf die Verbesserung der Lebensverhältnisse im Sinne einer sozial gerechten Teilhabe ... an den Gütern der staatlichen Gemeinschaft, auf eine soziale Sicherung, die nicht nur dem Schaden, sondern auch dem Bedarf entspricht« (Bley). Er dient insbes. der Hilfe in »Notlagen, die das Individuum weder aus eigenem Marktteinkommen noch aufgrund von Ansprüchen aus früherer Vorsorge oder gegen Dritte überwinden kann« (Bogs u. a.), dem Ausgleich besonderer Belastungen, vor allem durch Unterhaltspflichten (→ Familienlastenausgleich, → Kindergeld, → Familienversicherung, → Wohngeld), und der individuellen Förderung durch Chancenausgleich oder zumindest -angleichung (→ Arbeitsförderungsgesetz, → Ausbildungsförderung, → Jugendhilfe). Er wird allein aus Gründen → sozialer Gerechtigkeit und → Solidarität geleistet (Zacher). Er ist daher stets mit Einkommensumverteilungen verbunden (→ Einkommensverteilung).

In diesem Sinne ist der Begriff s.A. zur Abgrenzung der → Sozialversicherung von der Individual- oder Privatversicherung benutzt worden: Sozialversicherungen enthalten zwar wesentliche Merkmale der »individuellen Äquivalenz« (→ Äquivalenzprinzip), sind aber als spezifische Rechtsform durch »die Verbindung von versicherungsmäßiger Selbsthilfe und s.A. innerhalb der gesetzlich begrenzten Versicherungsgemeinschaft« charakterisiert (Bogs u. a.). Der s.A., der Sozialversicherungen »zum Versicherungsprinzip in Widerspruch« bringt, wird durch »die teilweise Risikounabhängigkeit der Beiträge, die Einbeziehung von unterhaltsberechtigten Familienangehörigen in den Kreis der geschützten Personen ohne zusätzlichen Beitrag, Leistungen an Hinterbliebene und Staatszuschüsse« bewirkt (Bley).

Seit den Arbeiten am → Sozialgesetzbuch wird der Begriff s.A. zunehmend auch zur Bezeichnung von Institutionen (Leistungszweigen) des sozialen Sicherungssystems benutzt (→ Soziale Sicherheit, → Sozialpolitik), die außerhalb der Reichweite → sozialer Vorsorge und → sozialer Entschädigung liegen (Zacher), die also weder aufgrund von Vorleistungen, insbes. in Form von Beiträgen, noch aufgrund von Entschädigungsverpflichtungen der »staatlichen Gemeinschaft« (vgl. § 5 SGB I) soziale Leistungen erbringen (→ Versicherungsprinzip, → Versorgungsprinzip, → Fürsorgeprinzip).

Lit. Bley: Sozialrecht; Bogs u.a.: Soziale Sicherung; Zacher: Einführung.

Dieter Schäfer

Sozialer Brennpunkt Der Begriff des »s. B.« hat sich seit langem an dem Phänomen der → Obdachlosigkeit im klassischen Sinn orientiert und war demzufolge auf Notunterkünfte, Obdachlosensiedlungen

Sozialer Brennpunkt 856

und Wohnbaracken für Räumungsschuldner, »unzumutbare« Mieter, »soziallästige« Bewohner und ethnische Minderheiten beschränkt. Im Bemühen um ein zeitgemäßes Begriffsverständnis, das von vornherein das diese Sicht auslösende, oft diffamierende persönliche Kriterium der subjektiv verschuldeten Notlage des betroffenen Bürgers in einem s. B. durch eine verobjektivierende Betrachtungsweise in Richtung → sozialer Benachteiligung zu überwinden versucht, kann man heute »s. B.« definieren als »Wohngebiete, in denen Faktoren, die die Lebensbedingungen ihrer Bewohner und insbes. die Entwicklungschancen bzw. Sozialisationsbedingungen von Kindern und Jugendlichen negativ bestimmen, gehäuft auftreten« (vgl. Deutscher Städtetag). Damit öffnet sich der neue Begriffsinhalt über die obengenannte einengende Feststellung hinaus und faßt eine völlig neue Entwicklung ins Auge, die sich in den Städten als Folge erheblicher sozialer Umschichtungen in Gestalt von sozialer Abwertung und gesellschaftlicher Segregation bestimmter Wohnquartiere negativ abzeichnet und damit eine neue soziale Randständigkeit von Bürgergruppen schafft (→ Randgruppenarbeit). So gelangen sozio-ökologische und sozio-ökonomische Gesichtspunkte zur Erhellung der defizitären Verursachungskette im sozialen Raum ins Blickfeld, deren rechtzeitige Berücksichtigung gleichzeitig geeignet ist, gewissermaßen die Produktion »neuer Obdachloser« oder neuer »Nachhut der Gesellschaft« (Adams) prophylaktisch gar nicht erst entstehen zu lassen oder präventiv im Keim zu ersticken bzw. abzufangen. Es werden mögliche oder bereits eingetretene negative Entwicklungsphasen in bestimmten Sanierungsgebieten (Erneuerungsgebieten) und in Neubauvierteln begrifflich miteinbezogen, die in vieler Hinsicht ihrer Natur nach grundsätzlich gleichartige Probleme von Familien wie in den Obdachlosensiedlungen widerspiegeln.

Mit dieser ausweitenden Definition werden, was für das Selbstverständnis von sozialer Arbeit und sozialer Planung (→ Sozialplanung) als integrative Instrumente kommunaler → Daseinsvorsorge und Gesamtentwicklungsplanung (→ Entwicklungsplanung) von höchster Bedeutung ist, sozial- und gesellschaftspolitische Querschnittsfunktionen der politischen Verantwortungsinstanzen ebenso angesprochen wie bürgerschaftliche Mitverantwortung am Gemeinwesen. Daß dies bereits rechtliche Auswirkungen gezeitigt hat, verdeutlicht eine Reihe von struktur- und entwicklungspolitisch motivierten Vorschriften des neuen → Baugesetzbuches (BauGB) und → Raumordnungsgesetzes (ROG), die u. a. im Blick auf s. B. im obigen Sinne durchaus ursachenaufdeckende und ursachenverhindernde Bedeutung haben.

Zusammenfassend und alle Gesichtspunkte aufnehmend, wird man folgende Kriterien für einen s. B. heute herauszustellen haben (mehr oder weniger kumulativ):
– abgesonderte Unterkunft unter dem Niveau sozial- und familiengerechten Standards;
– Tendenz zum sozialen Abstieg bzw. zur sozialen Andersartigkeit und Minderwertigkeit (→ Gefährdete);
– hoher Kinderreichtum, problematische Familienverhältnisse, wenig geplante Lebensführung, wirtschaftliche Schwierigkeiten, oft Berufslosigkeit und Arbeitsentwöhnung;
– latente Milieugefährdung und Milieuschädigung, vor allem der Kinder und Jugendlichen, mangelhafte Schulausbildung, hoher Anteil an Sonderschulkindern (→ Sonderschule), meist kein Hauptschulabschluß sowie mangelnde Berufsreife (→ Berufsfähigkeit/Berufsreife) und fehlende Arbeits-/Lernmotivation der Jugendlichen;
– gesellschaftliche Herabsetzung, Ächtung und → Stigmatisierung mit der Folge von Resignation und dem Gefühl des Ausgeschlossenseins seitens der betroffenen Bürger;
– mangelnde Funktionsfähigkeit des alten, gewachsenen Wohngebietes wegen teilweiser Umstrukturierung zu einem Büro- oder Geschäftsgebiet oft mit hoher Verkehrsdichte (Durchfahrt- und Gewerbelastverkehr) bei gleichzeitiger Konzentration und Anziehung unterprivilegierter Bevölkerungsgruppen wie Einkommensschwache, Sozialschwache, alleinstehende Alte, ausländische Arbeitnehmer, nichtregistrierte Asylanten u. a. m. sowie Tendenz zur unfreiwilligen Selbstisolierung bei erlahmender politischer Selbstbehauptung (»Wer kann, zieht weg, wer nicht kann, muß bleiben!«);
– Stadtrandlage, monotone Bauweise, hohe Dichte an Bevölkerungsmonostruktur und fehlende soziokulturelle → Infrastruktur mit der Folge starker psychischer Vereinsamung der Bürger, mangelnden Willens und Könnens zu nachbarschaftlichen Kontakten und Initiativen sowie wachsender Anonymität der Bewohner untereinander, Rückzug auf sozialtechnische Familien- und Mitbewohnermechanismen, Ansteigen des psycho-sozialen Konfliktstoffes in den Familien bei oft gleichzeitig hoher Kinderzahl, erforderlichem Doppelverdienertum und unorientierten, der Langeweile überlassenen Schlüsselkindern mit der Tendenz zu sozialauffälligen Verhalten und Rechtsbruchneigung (→ Soziales Umfeld).

In diesem Zusammenhang ist nach neuesten Beobachtungen davor zu warnen, etwa bei Neuerschließung von Wohn- und Siedlungsgebieten, von vornherein »Einkommensschwache« mit instabilen »Sozialschwachen« definitorisch gleichzusetzen, denn im Zuge der Maßnahmen gegen die allgemeine Wohnungsnot sind langfristig Wohnungssuchende und auf sozialen Wohnungsbau (→ Wohnungsbau, sozialer) angewiesene Einkommensschwache durchaus »normale Notfälle«, die nicht einen s. B. prognostisch zu kennzeichnen haben. Immerhin bleibt festzuhalten: zehn »gesunde Familien« tragen stets eine »kranke Familie« im Wohnquartier bzw. in der Nachbarschaft!

Lit. Adams: Nachhut; Best: Obdachlosenfrage; Blinkert: Aktionsräume; Bruder: Partizipation; Deutscher Städtetag: Soziale Brennpunkte; ForumJH: Soziale Brennpunkte; Iben: Randgruppen; Iben u. a.: Gemeinwesenarbeit; Mehl u. a.: Zigeuner; Mitscherlich: Unwirtlichkeit; Richter, H. E.: Gruppe.
Hans Peter Mehl

Soziale Rechte Im → Sozialgesetzbuch – Allgemeiner Teil – (SGB I) vom 11. 12. 1975 (BGBl. I S. 3015) ausformulierte Teilhaberechte an der vom Staat geleisteten sozialen Förderung und Sicherung. Aus den s. R. erwachsen dem einzelnen Bürger keine unmittelbaren → Rechtsansprüche; sie sind in erster Linie bei der Auslegung des → Sozialrechts und bei der Ausübung des → Ermessens zu beachten (§ 2 SGB I). Ihre weitere Bedeutung wird in der Füllung von Lücken sowie in der wissenschaftlichen Durchdringung und Systematisierung des Sozialrechts gesehen. Es handelt sich also bei ihnen um Hilfsnormen, die zur Ergänzung der Anspruchs- und Grundsatznormen der besonderen Bücher des SGB heranzuziehen sind. Umstritten ist, ob die s. R. auch der Rechtsfortbildung dienen und ob in ihnen ein gesetzgeberisches Programm für die inhaltliche Gestaltung des Sozialrechts in der Zukunft zu sehen ist (so Merten). Kritisch wird in der Literatur überwiegend darauf hingewiesen, daß die Bezeichnung »s. R.« mißverständlich ist, da dem einzelnen durch diese Bestimmungen keine eigenständigen Rechtsansprüche eingeräumt werden. Das SGB I sieht s. R. auf Bildungs- und → Arbeitsförderung (§ 3), → Sozialversicherung (§ 4), → soziale Entschädigung bei Gesundheitsschäden (§ 5), Minderung des Familienaufwandes (→ Familienlastenausgleich; § 6), Zuschuß für eine angemessene Wohnung (→ Wohngeld; § 7), Kinder- und → Jugendhilfe (§ 8), → Sozialhilfe (§ 9) und Eingliederung Behinderter (→ Rehabilitation; § 10) vor.

S. R. dieser Art wurden erstmals im SGB I ausformuliert. Sie sind das vorläufige und erste Ergebnis einer alten Diskussion um die Schaffung sozialer Grundrechte, die den im Grundgesetz bereits enthaltenen liberalen Freiheitsrechten (→ Grundrechte) gegenübergestellt werden sollten.

Lit. Hauck u. a.: SGB (Komm.); Henke: Plädoyer; Kretschmer u. a.: SGB (Komm.); Maydell: Soziale Rechte; Merten, D.: Soziale Rechte; Rode: Soziale Rechte; Schmeling: Grundrechte; Zacher: Kodifikation.
Walter Schellhorn

Soziale Rehabilitation Innerhalb der → Rehabilitation wird unterschieden zwischen → medizinischer, → schulischer, → beruflicher und s. R. Man spricht von den 4 Phasen oder Arten der R. Ziel der R. insgesamt ist die Eingliederung → Behinderter oder von Behinderung Bedrohter in die Gesellschaft. Im weitesten Sinn ist R. also stets s. R. Meist wird jedoch der Begriff s. R. in einem anderen – engeren – Sinn gebraucht, um die Ziele zu bezeichnen, die über die medizinische, schulische und berufliche R. hinaus zur Eingliederung eines Behinderten oder von Behinderung Bedrohten in die Gesellschaft angestrebt werden. Zugleich werden alle Maßnahmen als s. R. beschrieben, die diesen Zwecken dienen. Die Ziele und Maßnahmen der s. R. i. e. S. sind in keinem Gesetz umfassend beschrieben. § 29 Abs. 1 Nr. 3 → Sozialgesetzbuch – Allgemeiner Teil – (SGB I) beschreibt die Leistungen zur allgemeinen sozialen Eingliederung insbes. als Hilfen zur Entwicklung der geistigen und körperlichen Fähigkeiten vor Beginn der Schulpflicht (→ Frühförderung Behinderter, → Frühkindliche Erziehung, → Sonderkindergarten), zur angemessenen Schulbildung einschließlich der Vorbereitung hierzu (→ Sonderpädagogik, → Sonderschule), zur Ermöglichung einer Teilnahme am Leben in der Gemeinschaft, zur Ausübung einer angemessenen Tätigkeit, soweit berufsfördernde Maßnahmen nicht möglich sind, zur Ermöglichung und Erleichterung der Verständigung mit der Umwelt, zur Erhaltung, Besserung und Wiederherstellung der körperlichen und geistigen Beweglichkeit sowie des seelischen Gleichgewichts, zur Ermöglichung und Erleichterung der Besorgung des Haushalts (→ Haushaltshilfe, → Hilfe zur Weiterführung des Haushalts, → Hilfsmittel), zur Verbesserung der wohnungsmäßigen Unterbringung (→ Behindertengerechte Wohnung), zur Freizeitgestaltung und zur sonstigen Teilnahme am gesellschaftlichen und kulturellen Leben.

Leistungen zur s. R. werden heute im wesentlichen von → Unfallversicherung und → Kriegsopferfürsorge gewährt. Für die dort nicht Anspruchsberechtigten kommen ausschließlich Leistungen nach dem Bundessozialhilfegesetz (BSHG) oder bei seelisch behinderten oder von einer solchen Behinderung bedrohten jungen Menschen nach dem → Kinder- und Jugendhilfegesetz in Betracht, soweit die dort geregelten Voraussetzungen vorliegen.

Maßnahmen der s. R. sind im BSHG als Hilfe zur Teilnahme am Leben in der Gemeinschaft zusammengefaßt. Nach der → Eingliederungshilfe-Verordnung (EinglHVO) zählen dazu u. a. Maßnahmen, die geeignet

Sozialer Konflikt

sind, den Behinderten die Begegnung und den Umgang mit nichtbehinderten Personen zu ermöglichen oder zu erleichtern, und die Hilfe zum Besuch von Veranstaltungen oder Einrichtungen, die der Geselligkeit, der Unterhaltung oder kulturellen Zwecken dienen.

Während andere Bereiche der R. überschaubar und gesetzgeberischen Maßnahmen zugänglich sind, gilt dies für die s. R. i. e. S. nur mit erheblichen Einschränkungen. Das menschliche Miteinander von Behinderten untereinander und zwischen Behinderten und Nichtbehinderten läßt sich durch gesetzgeberische und andere staatliche Maßnahmen allenfalls mittelbar und nur langfristig beeinflussen.

Soziale → Integration setzt eine Wechselwirkung voraus. Behinderte sind dann sozial eingegliedert, wenn sie und Nichtbehinderte sich aufeinanderzu verändern und wechselseitig soziale Beziehungen aufnehmen. Soziale Integration und R. ist mehr als die bloße einseitige soziale → Anpassung der Behinderten an die Mehrheit der Nichtbehinderten. Während sich beim bloßen Anpassungsvorgang lediglich der Behinderte verändert, vollziehen sich bei der eigentlichen s. R. Veränderungen auf beiden Seiten. Erst wenn sich auch die Erwartungen, Einstellungen und das Handeln der Nichtbehinderten an die Bedürfnisse der Behinderten anpassen, Behinderte und Nichtbehinderte sich als gleichwertige Partner begegnen, vollzieht sich s. R.

Besondere Schwierigkeiten bereitet dieser Vorgang, wenn die Beeinträchtigung des Behinderten seine Fähigkeit zur Aufnahme sozialer Beziehungen erheblich einschränkt (→ Hörbehinderte, Schwerstbehinderte, → Geistig Behinderte) oder wenn die Beeinträchtigung des Behinderten gerade in der Unfähigkeit zur Pflege und Aufrechterhaltung sozialer Beziehungen besteht (→ Seelisch Behinderte).

Lit. Eberwein: Handbuch; Jung, K. u. a.: Rehabilitation; Nationale Kommission für das Internationale Jahr der Behinderten: Eingliederung; Schuchardt: Schritte; Speck u. a.: Rehabilitation; Zwierlein: Handbuch.
Emil Weichlein

Sozialer Konflikt Eine Gegensatzbeziehung zwischen gesellschaftlichen Positionen, die sich aus der Gesellschaftsorganisation erklären läßt und je nach historisch spezifischen Problemlagen in unterschiedlichen Formen und unterschiedlich offen ausgetragen wird. S. K. liegt also nicht nur dann vor, wenn man mehr oder weniger kämpferische und gewaltsame Auseinandersetzungen beobachten kann, er kann auch »latent« bleiben. Diesem Begriff des »latenten Konflikts« eng verwandt ist der der »strukturellen Gewalt« (Galtung). In sozialwissenschaftlichen wie Alltagstheorien von → Gesellschaft und Politik findet man unterschiedlich starke Tendenzen, Gegensatz- und Konfliktbeziehungen oder aber Interessengemeinsamkeiten und Vorgänge der gesellschaftlichen → Integration (→ Systemtheorie) in den Vordergrund zu rücken. Der entscheidende Unterschied liegt dabei darin, ob solche Vorgänge als Ergebnis grundlegender Gegensatzstrukturen (Widersprüche) verstanden werden oder als Ausdruck von grundsätzlich aufhebbaren Spannungen mehr oder weniger vorübergehender Art, von Störungen eines letztlich gegebenen Gleichgewichts.

Auch scheinbar individuelle, »private« Konflikte (wie etwa Gewalt in der Familie [→ Kindesmißhandlung], → Jugendkriminalität, Schulversagen [→ Schulschwierigkeiten], Absentismus in der Arbeit, Drogenkonsum [→ Drogenabhängigkeit] etc.) haben in einer konflikttheoretischen Betrachtung eine Grundlage in s. K. Von den Kontrollinstanzen (→ Soziale Kontrolle; Eltern, Schule, Polizei, Psychiatrie, Sozialarbeit) wird in einem individualisierenden Zugang dieser gesellschaftliche Zusammenhang organisatorisch auf einen individuellen reduziert, um ihn unmittelbarer handhabbar zu machen (vgl. Hanak u. a.). Da der gesellschaftliche Problemzusammenhang durch diese individualisierenden Kontrollversuche nicht aufgehoben wird, tritt der entsprechende persönliche Konflikt immer wieder auf.

Auch in innerpsychischen → Konflikten, wie sie etwa in der psychoanalytischen Theorie eine entscheidende Rolle spielen (→ Psychoanalyse), bilden sich zuletzt immer auch s. K. ab, die ihrerseits Familie, Erziehungsinhalte, Kontrollanforderungen, insgesamt also die z. B. klassen- oder geschlechtsspezifische → Sozialisation bestimmen.

Lit. Arbeitskreis Junger Kriminologen: Kriminologie; Ariès: Kindheit; Bühl: Konflikt; Erikson: Kindheit; Galtung: Gewalt; Hanak u. a.: Ärgernisse; Heinz u. a.: Theorien; Keckeisen: Labeling approach; Krysmanski: Konflikt; Oberschall: Social Conflict; Tilly: Rebellious Century.
Heinz Steinert

Sozialer Wandel Grundbegriff in den Sozialwissenschaften zur Kennzeichnung gesellschaftlicher Entwicklungen im historischen Ablauf. Ausgangspunkt ist die Beobachtung, daß moderne → Gesellschaften einem stetigen Veränderungsprozeß unterliegen. Stadien dieses Verlaufs werden mit Schlagworten wie Industrialisierung, Auf-/Ausbau des → Wohlfahrtsstaates, nachindustrielle Gesellschaft charakterisiert. S. W. bezieht sich allgemein auf die umfassende Transformation der sozialen Struktur (→ Sozialstruktur) einer Gesellschaft; zentrale Kategorien sind Richtung, Tempo und Tiefe des s. W. Eine Forschungstradition untersucht Bedingungen für s. W., um Antriebskräfte zu identifizieren. Einer anderen

Tradition geht es stärker um die Beschreibung wie s. W. stattfindet. Dazu bilden Modernisierungstheorien den inhaltlichen Rahmen, Indikatoren der Modernisierung messen und beschreiben reale historische Abläufe.

Modernisierung ist ein Typus von s. W. Zwei gesellschaftliche Umbrüche stehen am zeitlichen Beginn des bis heute andauernden gesellschaftlichen Differenzierungsprozesses: die englische industrielle Revolution auf der Produktionsebene und die Französische Revolution auf der politischen Ebene. S. W. folgt nicht in dem Sinne einer Gesetzmäßigkeit, daß angegeben werden kann, wohin sich mit welchem Tempo eine Gesellschaft entwickelt. Idealtypisch wird jedoch für industriell-kapitalistische Gesellschaften eine Entwicklungslogik angenommen: Vor Beginn der Industrialisierung ist die Gesellschaft ein einfaches soziales Gebilde ohne Staatswesen im heutigen Sinne. Ein Wandel der sozialen Struktur findet kaum statt; die wirtschaftliche Produktion dient der Selbstversorgung. Mit dem Aufkommen erster frühkapitalistischer Produktionsweisen erfolgt zunächst langsam, dann rapide die Ablösung der Bevölkerung aus traditionellen Sektoren der Landwirtschaft und des Kleinhandwerks. Die beginnende Verstädterung ist Ausdruck von s. W. Er wird im weiteren durch die entstehenden Nationalstaaten gefördert. In dieser Phase setzt der industrielle Aufstieg ein. Als Folge kommt es zu Arbeitsteilung und Spezialisierung; wachsende Anteile der Güterproduktion verlagern sich aus dem traditionellen Sektor in Arbeitsstätten: Arbeits- und Gütermärkte entstehen. In einem späteren Stadium werden politische Beteiligungsansprüche mobilisiert und Interessen organisiert (→ Arbeiterbewegung, → Gewerkschaften). Diese werden bei Entstehung demokratischer Institutionen integriert. Der moderne Staat bildet sich aus und damit erste wohlfahrtsstaatliche Einrichtungen. Der weitere Ausbau sozialstaatlicher Systeme (→ Soziale Gerechtigkeit) führt auch zur Umverteilung des wachsenden → Sozialprodukts und ermöglicht dadurch die Phase des Massenkonsums.

Mit diesem idealtypischen Modell des »klassischen« s. W. wird ein Szenario von aufeinanderfolgenden gesellschaftlichen Entwicklungsstufen beschrieben, in dem die Gesellschaft »leistungsfähiger« wird und zugleich die Bürger mit jeder Stufe »mehr« an den Erträgen der gesellschaftlichen Arbeit teilhaben. In einer anderen Betrachtungsweise wird damit die historische Sequenz von bürgerlichen über politische zu sozialen Grundrechten beschrieben. Die langfristigen Entwicklungsprozesse führen zu modernen Gesellschaften mit den vier Basisinstitutionen Konkurrenzdemokratie, Marktwirtschaft, Wohlstandsgesellschaft mit Massenkonsum und Wohlfahrtsstaat.

Dieses Bild von s. W. schreibt Staat und Wirtschaft die treibende Kraft zu; die kulturelle Entwicklung hinkt dem technischen Fortschritt hinterher (→ Cultural Lag). Langfristiges Wirtschaftswachstum, durch Schübe in »langen Wellen« über Innovationen hervorgerufen, durch Konjunkturzyklen und politische Katastrophen beeinträchtigt, ergibt eine stetige Wohlfahrtsentwicklung mit Verbesserungen der Lebensbedingungen und -chancen der Bevölkerung.

Mit diesem Wandel verändert sich die Sozialstruktur, die Gliederung der Bevölkerung nach demographischen Merkmalen, Bildung, Berufstätigkeit und Einkommen. Traditionelle Sozialverhältnisse, z. B. zwischen Arbeit und → Familie, lösen sich auf, getrennte Lebensbereiche bilden sich heraus. Die heutige Gesellschaft ist z. B. durch das Anwachsen der Dienstleistungen (Postindustrielle Gesellschaft) gekennzeichnet, aber auch durch Prozesse der Auflösung von »Normalfamilie« und »Normalbiographie«. Dies wird als Pluralisierung von Lebensformen und Lebensstilen bezeichnet.

Über den weiteren Verlauf des s. W. wird durchaus kontrovers diskutiert: das »Ende der Arbeitsgesellschaft« wurde voreilig postuliert; u. a. ökologische Probleme führten zur These der »Risikogesellschaft« (Beck). In der Diskussion werden mindestens zwei gegensätzliche Positionen vertreten. Die erste sieht eine Begrenzung der Industriegesellschaft darin, daß sie selbst produzierte Risiken und Folgen nicht mehr beherrschen kann, insbes. nicht die technologischen und ökologischen Gefahren. Der s. W. untergräbt sich selbst. Die Gegenposition bestreitet den angesprochenen Bruch im s. W. und behauptet eine weitergehende Modernisierung im Zusammenspiel von Krisen, Reformen und Innovationen. Danach könnte auch die »ökologische Frage« durch technische und soziale Innovationen erfolgreich bearbeitet werden.

Nach dem Zusammenbruch der sozialistischen Regime haben modernisierungstheoretische Ansätze des s. W. eine Wiederbelebung erfahren, weil mit ihnen die Richtung, das Tempo und die Steuerbarkeit der osteuropäischen Transformationsprozesse theoretisch erfaßt werden können (Berger, J.). Der s. W. in Osteuropa war in bezug auf alle Dimensionen umfassend: die Richtung auf ein westliches, wohlfahrtsstaatliches Modell ist mehr oder weniger vorgegeben, die Tiefe und das Tempo des Umbaus war zeitweilig atemberaubend, die Steuerbarkeit wurde von den beteiligten Akteuren in Teilen geradezu euphorisch betont und, wie wir heute wissen, in Teilen überschätzt. Von anderen Typen des s. W. unterscheidet sich die »nachholende« Modernisierung in Osteuropa darin, daß das Ziel bekannt ist: die Transformation hin zu modernen demokratischen, marktwirtschaftlichen und

rechtsstaatlichen Regelungen. Theoretisch gesehen ist allerdings der Weg unklar – unterschiedliche Pfade der gesellschaftlichen Entwicklung sind möglich (Zapf). Nach den Ansätzen des s. W. ist diese Entwicklung längerfristig und wird durch Krisen gekennzeichnet sein. Der zu Beginn notwendige gesellschaftliche Konsens wird im weiteren Verlauf allmählich durch den Dissens der demokratischen Konkurrenz ersetzt. In der deutschen Situation wird übereinstimmend die »Sonderrolle« Ostdeutschlands betont, die u. a. durch die schnelle Übernahme der vorhandenen Institutionen des »ready-made state« inzwischen zu einer Stabilisierung der Transformation (Zapf, Habich) geführt hat. Dennoch ist erkennbar, daß die von oben und außen gesteuerte Umwandlung von den Individuen nicht schnell genug mitvollzogen wird und Resignation und Unzufriedenheit hervorbringt. Dies widerspricht nicht der Vorstellung einer modernen, offenen Gesellschaft; der s. W. und zukünftige Entwicklungen sind s. nicht bekannt, sondern werden im produktiven Konflikt zwischen Erneuerung und Beharrung gestaltet. S. W. ist kein geradliniger Prozeß, der ohne Planung den Wohlstand und die Wohlfahrt der Bevölkerung stetig verbessert.
Lit. Beck, U.: Risikogesellschaft; Beck, U. u. a.: Modernisierung; Berger, J.: Modernisierung; Zapf, W.: Modernisierung; Zapf, W. u. a.: Wohlfahrtsentwicklung.

Roland Habich

Sozialer Wohnungsbau → Wohnungsbau, sozialer

Sozialerziehung → Soziales Lernen

Soziale Schwierigkeiten, besondere → Hilfe zur Überwindung besonderer sozialer Schwierigkeiten

Soziales Handeln → Kompetenz, soziale

Soziale Sicherheit Hinter dem Schlagwort »Sicherheit« verbirgt sich ein universelles, von historischen Einflüssen offenbar unabhängiges menschliches Verlangen, das eng mit wesentlichen Grundbedürfnissen (→ Bedürfnisse) des Menschen in Verbindung steht. Insofern gilt Sicherheit als ein menschliches Handlungsziel und assoziiert nach A. H. Maslow Freiheit von Furcht; Verläßlichkeit, Vertrauen in die Zukunft; Ordnung, Stabilität und Schutz (»safety needs«). Im deutschen Sprachgebrauch bedeutet Sicherheit vor allem aber auch »Beruhigung und Geborgenheit« (Kaufmann: Sicherheit). Dieser Assoziationszusammenhang offenbart eine recht enge Verknüpfung zwischen Sicherheit und Gesellschaftsfunktionen. So erscheint die These nicht abwegig, daß → Gesellschaft letztendlich den allgemeinen Zweck verfolgt, Sicherheit für den einzelnen und die sozialen Beziehungen der Menschen zu erzeugen (Braun, H.).
1. Die ursprüngliche Bedeutung der Wortverbindung s. S. ist nach O. Neuloh die durch »gesellschaftliche Umwelt garantierte Sicherheit«. Denn »wenn wir unter sozial das Zusammenleben der Menschen in Staat und Gesellschaft verstehen, so ist soziale Sicherheit die durch dieses Zusammenleben gebotene Sicherheit«. Diese universelle Begriffsbildung schließt Gebiete wie etwa »öffentliche Sicherheit« (i. S. d. Polizeirechts), »militärische Sicherheit« sowie »Rechtssicherheit« in sich ein. Sie ist in dieser Bedeutung heute kaum noch gebräuchlich.
2. In der neueren sozialwissenschaftlichen Forschung erscheint der Begriff s. S. als eine analytische Kategorie zur Deutung subjektiv erlebter Sicherheitsgefühle im gesellschaftlichen Kontext. S. S. wird dabei als menschliches Handlungsziel verstanden, in gesellschaftlichen Lebensbezügen Sicherheitsgefühle zu erleben. Determiniert ist diese »subjektive Sicherheitsbefindlichkeit« (Kaufmann, F.-X.: Sicherheit) durch die gesellschaftliche Garantie der materiellen Existenzmittel einschließlich Gesundheitsschutz, wenn die Selbstsicherung einmal ausfällt und das »Bewußtsein des Eingeordnetseins in einen sinnvollen und für das eigene Dasein bedeutungsvollen gesellschaftlichen Zusammenhang« (H. Kluth). Während diese Auffassung von s. S. rein theoretischer Natur ist oder allenfalls als Zielvariable der (soziologisch beeinflußten) Sozialpolitik erscheint, hat sich die praktische Sozialpolitik auf einen wesentlich reduzierteren Begriffsinhalt festgelegt.
3. Der dritte, auch international geprägte Begriff s. S. hat seinen Ursprung im angelsächsischen Sprachraum. Anfänglich galt er als politische Parole und taucht unter dem Eindruck der Weltwirtschaftskrise und der Politik des »New Deal« in einem amtlichen Text erstmalig in dem von F. D. Roosevelt für die Vereinigten Staaten erlassenen »Social Security Act« vom 14. 8. 1935 auf. Unter die Bezeichnung »Social Security« werden sozialpolitische Schutzmaßnahmen für Alte, Bergarbeiter, Arbeitsunfähige, Blinde und Arbeitslose subsumiert. Es fällt auf, daß s. S. erst relativ spät diskutiert wurde und dazu noch in einem Land, das in seiner sozialpolitischen Entwicklung weit hinter den europäischen Industrienationen zurückstand (Achinger). Waren es ursprünglich die politisch-ökonomischen Umstände der Weltwirtschaftskrise mit ihrer Massenarbeitslosigkeit, die den Entwicklungsbeginn des Themas s. S. in den Vereinigten Staaten von Amerika beeinflußt haben, so war die weitere Entwicklung ganz entscheidend von globalen machtpolitischen Auseinandersetzungen geprägt. Der Verlauf des 2. Weltkrieges veränderte die weltpoliti-

sche Lage umfassend und zwang zur verstärkten ideologischen Auseinandersetzung der westlichen Demokratien mit dem Nationalsozialismus und Faschismus einerseits sowie dem Sowjetkommunismus andererseits, die in unterschiedlichen Gesellschaftssystemen wirtschaftliche Stabilität und s. S. herauskehrten. Vor diesem politischen Hintergrund formulierten die westlichen Alliierten – in einer gemeinsamen Erklärung des Präsidenten der USA und des britischen Premierministers (Atlantik-Charta vom 14. 8. 1941) – ihre großen Kriegsziele und versprachen den Völkern in einer »Freien Welt« u. a. mit einer allgemeinen Schutzformel »Freiheit von Not«. In Punkt 5 der Atlantik-Charta verpflichteten sich die Unterzeichnerstaaten, »die umfassende wirtschaftliche Zusammenarbeit aller Nationen herbeizuführen, um allen die besten Arbeitsbedingungen, wirtschaftlichen Fortschritt und soziale Sicherheit zu gewährleisten«. Die → Internationale Arbeitsorganisation (IAO) griff den in der Atlantik-Charta fixierten Minimalkonsens s. S. (»Freiheit von Not«) auf und machte – vor allem mit Blick auf die Sozialpolitik der Nachkriegszeit – 1944 den Versuch, durch ihre 26. Internationale Arbeitskonferenz in Philadelphia, s. S. institutionell und funktionell zu definieren. In einem acht standardisierte Risiken umfassenden Katalog sollten Leistungen zur »Sicherung des Lebensunterhalts« bei folgenden Lebenslagen gewährt werden: a) Krankheit, b) Schwangerschaft, c) Invalidität, d) Alter, e) Tod des Versorgers, f) Arbeitslosigkeit, g) außerordentliche Ausgaben, h) berufliche Schädigungen. In Anlehnung an die Gedanken des »Beveridge-Plans« (Bericht des von Lord Beveridge geleiteten Parlamentsausschusses in England 1942) wurde dieses System der »Einkommenssicherung« von der gleichen Arbeitskonferenz noch durch Empfehlungen zur »Gesundheitssicherung« ergänzt. Die 1948 von der Generalversammlung der Vereinten Nationen erlassene »Deklaration der Menschenrechte« greift in Art. 25 den durch die Arbeitskonferenz in Philadelphia festgelegten Begriffsinhalt s. S. auf und bestätigt ihn: »(1) Jeder Mensch hat Anspruch auf eine Lebenshaltung, die seine und seiner Familie Gesundheit und Wohlbefinden, einschließlich Nahrung, Kleidung, Wohnung, ärztlicher Betreuung und der notwendigen Leistungen der sozialen Fürsorge, gewährleistet; er hat das Recht auf Sicherheit im Falle von Arbeitslosigkeit, Krankheit, Invalidität, Verwitwung, Alter oder von anderweitigem Verlust seiner Unterhaltsmittel durch unverschuldete Umstände. (2) Mutter und Kind haben Anspruch auf besondere Hilfe und Unterstützung…« Mit dem Katalog gängiger Lebensrisiken von Philadelphia wird in die internationale Diskussion eine einheitliche Terminologie eingeführt. Die Deklaration der → Menschenrechte begrenzte und festigte diesen Begriff und lieferte seine bisher international verbindlichste Formulierung (Achinger). Nahezu alle nachfolgenden internationalen Dokumente nahmen ihn als »Richtmaß für alle praktischen Gestaltungen« (Schäfer, D.). Auch das Übereinkommen über Mindestnormen der s. S. (Beschluß der 34. Sitzung der Internationalen Arbeitskonferenz, Genf 1951) greift auf die Systematik des Risiken-Katalogs von Philadelphia zurück. Gleichzeitig ist nach Ansicht Weissers (s. u.) mit dieser Übereinkunft eine Definition, die im »Rang einer Legaldefinition« steht, beschlossen worden. S. S. ist danach durch folgende Voraussetzungen determiniert: a) Das Ziel der Versicherungs- oder Versorgungseinrichtung muß darin bestehen, heilende oder verhütende ärztliche Behandlung zu gewähren oder bei unfreiwilligem Verlust des ganzen oder eines großen Teils des Arbeitseinkommens Mittel für den → Lebensunterhalt zu garantieren oder Personen mit Familienangehörigen ein zusätzliches Einkommen zu gewähren. b) Die Einrichtung muß durch → Gesetzgebung geschaffen sein, die bestimmte individuelle → Rechtsansprüche gewährt oder öffentlichen, halböffentlichen oder autonomen Organisationen fest umgrenzte Verpflichtungen auferlegt. c) Die Einrichtung muß durch eine öffentliche, halböffentliche oder autonome Körperschaft verwaltet werden. Neben der IAO ist als spezielle Organisation die → Internationale Vereinigung für Soziale Sicherheit (IVSS) um die Förderung der s. S. bemüht. Andererseits macht Kaufmann darauf aufmerksam, daß mit der Fixierung der Mindestnormen s. S. und der Konsolidierung der IVSS die Diskussion über die »Idee der s. S.« einen gewissen Abschluß fand (vgl. Kaufmann, F.-X.: Sicherheit). Zwar finden im Rahmen der europäischen Integration unter dem Begriff der »sozialen Harmonisierung« Koordinationsbestrebungen, Vereinheitlichungen und Anpassungen sozialer Leistungen statt, aber »durch fortschreitende Reduktion des ideellen Gehalts bei gleichzeitigem Gewinn an technischer Präzision gewann der Begriff der sozialen Sicherheit internationale Gestalt,…«. Von der einstmaligen Appellfunktion der politischen Parole s. S. ist mit der Konsolidierung der allgemeinen Versicherungssysteme in den Staaten mit entwickelten kapitalistischen Wirtschaftssystemen wenig übriggeblieben. Durch die weltweite Einrichtung von öffentlichen Systemen s. S. entfaltete sich der Begriff gleichsam zu einem »Quasi-Grundrecht der menschlichen Gesellschaft und zu einem selbständigen Wert« (M. E. Pfeffer). Entkleidet von seinem »ethischen Pathos« (Weisser) wird der pragmatische Ausdruck s. S. überwiegend im Sinne eines »Terminus technicus« gebraucht. Er erleichtert so die internationale

Soziale Sicherheit

Diskussion, setzt anerkannte Standards, ermöglicht internationale Vergleichbarkeit der Sicherungssysteme und bringt – besonders in den Europäischen Gemeinschaften – Harmonisierungsbestrebungen bei der Sozialgesetzgebung in den einzelnen Ländern voran.

4. In der Bundesrepublik Deutschland wird der Sinn des übernational geprägten Terminus s. S. zusätzlich durch die Entwicklungsgeschichte der deutschen → Sozialpolitik beeinflußt. Einerseits ist er nur ein »neues Sprachsymbol für altbekannte Begriffe« (Weisser) deutscher Sozialpolitik, namentlich der »Sozialpolitik der Hilfe«. Denn schon die Kaiserliche Botschaft vom 17.11.1881, mit der die staatliche Sozialpolitik in Deutschland eingeleitet wurde, versprach recht allgemein »den Hilfsbedürftigen größere Sicherheit und Ergiebigkeit des Beistandes, auf den sie Anspruch haben ...«. Andererseits wird jedoch der »Politik der sozialen Sicherheit« im Unterschied zur »Sozialpolitik« ein Menschenbild unterstellt, das sich lediglich auf die menschliche Arbeitskraft richtet (s. u. Achinger, Boettcher). Während man demnach das Konzept der s. S. mit einer staatlichen Politik verbindet, die vorrangig auf wirtschaftliche Stabilität abzielt und bei standardisierten Risiken Lohnersatz garantiert, werden der entwickelten Sozialpolitik Ziele nachgesagt, die sich auf die Gesellschaft als Ganzes beziehen und im ursprünglichen Sinne der → Sozialreform auf die »Umformung der Sozialstruktur nach einem bestimmten Leitbild« (Boettcher) gerichtet sind. Im Unterschied zum »Social Security«-Konzept, d. h. dem Beveridge-Plan (1942) entsprechend »Gesundheitsdienst und Rehabilitation zur Verhinderung von Frühinvalidität und Erhaltung der vollen Arbeitsfähigkeit bis ins Alter und eine Wirtschaftspolitik der Vollbeschäftigung« (Auerbach), hatte die deutsche Sozialpolitik von Anfang an »gesellschaftspolitische Ambitionen und eine utopische Komponente« (Schäfer, D.). Dabei verband sie ihre Ideen s. S. immer auch mit Bestrebungen zur Verwirklichung → sozialer Gerechtigkeit. Dieser gesellschaftspolitische Einschlag machte s. S. anders als im internationalen Sprachgebrauch zum »sozialpolitischen Zielbegriff«. »Soziale Sicherheit« erscheint in dieser Betrachtungsweise als eine Voraussetzung der gesellschaftlichen Integration, die Maßnahmen der sozialen Sicherheit als Mittel, um das Gefühl der Sicherheit und Geborgenheit in dem durch die Staatsgrenzen bezeichneten gesellschaftlichen Ganzen zu erhöhen und das Vertrauen in die bestehende Gesellschaftsordnung zu festigen« (Kaufmann, F.-X.: Sicherheit).

Zur Kennzeichnung der Palette sozialpolitischer Maßnahmen der → Sozialversicherung, Versorgung und Fürsorge wurde lange Zeit im offiziellen Sprachgebrauch (z. B. durch den BMA) der instrumentelle Begriff »soziale Sicherung« verwendet. Eine präzise und verbindliche Abgrenzung des darunter gefaßten → Sozialrechts gibt das → Sozialgesetzbuch – Allgemeiner Teil – (SGB I) in seinem Katalog → sozialer Rechte, die der Verwirklichung sozialer Gerechtigkeit und sozialer Sicherung in der Bundesrepublik dienen: (§3) Bildungs- und → Arbeitsförderung (→ Ausbildungsförderung, Berufsbildungsgesetz, Arbeitsförderungsgesetz, → Arbeitslosenversicherung); (§4) Sozialversicherung; (§5) → Soziale Entschädigung bei Gesundheitsschäden; (§6) Minderung des Familienaufwandes (→ Familienlastenausgleich, → Kindergeld); (§7) Zuschuß für eine angemessene Wohnung (→ Wohngeld); (§8) → Jugendhilfe; (§9) → Sozialhilfe; (§10) Eingliederung Behinderter (→ Rehabilitation). Versteht man unter sozialer Sicherung nicht nur öffentliche Sozialleistungen, so lassen sich diese durch weitere Sicherungsinstitute ergänzen; etwa → betriebliche Sozialleistungen; Eigenvorsorge; → freie Wohlfahrtspflege; Unterhaltsrecht (→ Unterhaltspflicht); → Erbrecht; Unfallhaftpflichtrecht (→ Haftung).

Die im gegliederten Sozialleistungssystem der Bundesrepublik organisierten Versicherungs-, Versorgungs- und Fürsorgeeinrichtungen unterscheiden sich wesentlich in ihren Konstruktionsprinzipien.

Die Sozialversicherung verfährt nach dem → Versicherungsprinzip, das den Ideen gegenseitiger Hilfe durch Beitragsleistungen und kollektivem Risikoausgleich entspringt. Es besteht weitgehend Sozialversicherungspflicht der Arbeitnehmer, die sich an den Prinzipien von Selbstverantwortung und → Solidarität ausrichtet.

In der Versorgung (→ Beamtenversorgung, → Kriegsopferversorgung) werden ohne selbstentrichtete Beiträge Leistungen aus Rechtsansprüchen gegen den Staat realisiert (soziale Entschädigung, → Versorgungsprinzip). Das aus der Armen- und Wohlfahrtspflege entstandene → Fürsorgeprinzip läßt individualisierte Leistungen (→ Individualisierungsprinzip) aus öffentlichen Mitteln der Sozialhilfe zu, wenn Bedürftigkeit und → Nachrang feststeht (→ Subsidiarität). Träger der Einrichtungen sozialer Sicherung (→ Sozialleistungsträger) haben – abgesehen von Versorgung und Fürsorge – die Rechtsform öffentlich-rechtlicher Körperschaften mit → Selbstverwaltung. Die Finanzierung der sozialen Sicherung wird i. d. R. durch Beitragsleistungen von Versicherten und Arbeitgebern (gespaltener Beitragssatz) sowie vor allem bei Versorgung und Fürsorge aus dem allgemeinen Steueraufkommen bestritten. Durch ein periodisch aufgestelltes → Sozialbudget wird ein Überblick und eine kurz- und mittelfristige Vorausberechnung der Aufwendungen und Leistungen der sozialen Sicherung beabsichtigt (Gesamtsumme aller Sozialleistungen 1990 = 703,06 Mrd. DM; entsprechend 11 270 DM je Einwohner). Stand und Tendenzen der Diskussion um s. S.: Die Interpretation s. S. im Sinne eines sozialpolitischen Zielbegriffs ließ in neuerer Zeit Zweifel daran aufkommen, ob der bislang betriebene materielle Sozialleistungsaufwand überhaupt in einem angemessenen Verhältnis zu seinen sozialpsychologischen Wirkungen steht, also subjektiv s. S. vermittelt. In diesem Zusammenhang wird gleichsam die Grundannahme der Sozialpolitik der Nachkriegszeit, daß vornehmlich direkte Umverteilungsmaßnahmen ein Klima s. S. schaffen können, in Frage gestellt. Ob »also das subjektive Gefühl sozialer Sicherheit unmittelbar von der Effizienz und vom Umfang des Systems der sozialen Sicherung abhängt« (Bethusy-Huc; aber auch Kaufmann, F.-X.; Braun, H.). Diese Skepsis wird vor allem von soziologisch orientierten Sozialpolitikern damit begründet, daß bislang kaum der »kulturellen Infrastruktur« (Badura, B. u.a.) und den immateriell-gesellschaftlichen Aspekten Rechnung getragen wurde. Diese Akzentuierung gesellschaftsstruktureller Gesichtspunkte betrifft freilich die grundsätzliche Frage, ob die Anwendung standardisierter, verrechtlichter Sozialleistungen durch monetäre Sicherungssysteme, die mit der industriellen Entwicklung verlorenen natürlichen, gemeinschaftlich-solidarischen Sicherungsformen ersetzen könne. Mit einer ökonomisch fundierten Sicherungspolitik, die lediglich materielle Risiken zu beheben versucht, so lautet die These, bekomme man von der »Existenz des Menschen nur die ökonomische Komponente« (Boettcher) in den Griff. Überdies wird auf die gesellschaftliche Entwicklung verwiesen, die zeigt, daß auch soziale Unsicherheitsfelder immaterieller Art konzeptionell zu erfassen sind, die trotz oder auch gerade wegen der tendenziellen Sicherung der materiellen Existenz in Erscheinung treten und aus der Perspektive der klassischen Nationalökonomie, welche wirtschaftliche Faktoren einseitig in den Vordergrund rückt, nicht hinreichend beleuchtet werden können (W.R. Leenen). Dabei argumentiert man, daß insbesondere die beseitigten oder zumindest reduzierten materiellen Risiken, die der sozialpolitischen Entwicklung der letzten 100 Jahre gutzuschreiben sind, namentlich die Arbeitnehmerschaft in einem Maß von Sorgen um die wirtschaftliche Existenz entlastete, daß neue Unsicherheiten in ihren Aufmerksamkeitshorizont fallen. »Es steigt ihr Anspruchsniveau im Hinblick auf die Sicherheitsbefindlichkeit« (Braun, H.). Neben Hinweisen auf die sozialpsychologischen Verhältnisse, die offensichtlich durch die ökonomischen Sozialleistungsaufwendungen allein nicht faßbar sind und kultureller und sozialstruktureller Korrektive bedürfen, werden in der neueren sozialpolitischen Diskussion auch »immanente Sinnverschiebungen« (Weisser) der monetären Sicherungssysteme thematisiert. Einer der Vorläufer war G. Mackenroth, der davor warnte, »daß sich die zufällig an der Macht befindlichen Interessengruppen große Beträge aus dem Staatssäckel bewilligen lassen, während andere leer ausgehen, die sie dringender brauchen ...« Achinger sprach von der »politischen Schlagseite von Sicherungssystemen« und meinte damit die Tendenz staatlicher Sozialpolitik, sich durch materielle Vergünstigungen die Loyalität jener sozialer Gruppen zu sichern, die der bestehenden Ordnung gefährlich werden könnten. I. S. d. soziologischen → »Disparitätenthese« formuliert, »liegen jene gesellschaftlichen Bedürfnisse an der Peripherie des staatlichen Aktionsbereichs, die keine Sanktionsgewalt für sich mobilisieren und organisieren können« (Bergmann u.a.; → Randgruppe, → Minderheiten, → Soziale Benachteiligung). Mit ihrer »Mannheimer Erklärung« von 1975 stilisierte dann die CDU die Affinität öffentlicher Sicherungssysteme zu den gesellschaftlichen »pressure-groups« zu einem akuten Problem hoch und konstatierte: »Die Nichtorganisierten, alte Menschen, Mütter mit Kindern oder die nicht mehr Arbeitsfähigen sind den organisierten Verbänden in aller Regel unterlegen. Hier stellt sich die neue soziale Frage ...« Der Zusammenhang macht deutlich, daß es sich hier offenbar nicht um ein neues Problem handelt, sondern um die Frage, wie die »Machtstrukturen im Wohlfahrtsstaat« (H.P. Widmaier) verlaufen, d.h. in welcher Weise die Prioritäten innerhalb des Problemkatalogs sozialpolitischer Bedürfnisse gesetzt werden. Die neuere Diskussion um das Thema s. S. scheint insgesamt in eine Richtung zu verlaufen, die nicht zuletzt wegen knapper werdender Mittel auf Abkehr von einer einseitig quantitativ monetär begründeten Sicherungspolitik sinnt (Umbau des Sozialstaats). So zeugt etwa die Problemformel → »Lebensqualität« von sozialpolitischen Einstellungswandel und propagiert die »... politische Gestaltung der gesellschaftlichen Lebensverhältnisse auf geplante und gezielte Beeinflussung der Qualität defizitärer Lebenslagen« (Kaufmann, F.-X.: Gestaltung) im Sinne einer »qualitativen« und »aktiven« Sozialpolitik. In diesem Kontext kommt es seit einigen Jahren zur Renaissance der Selbsthilfeidee. Dabei lassen sich im Hinblick auf die öffentliche Propagierung von mehr → Selbsthilfe und die strikte Anwendung des Subsidiaritätsprinzips (→ Subsidiarität) hin und wieder Koalitionen von gesellschaftlichen Gruppierungen beobachten, die sonst eher konträr zueinander stehen. Allerdings scheint deren gemeinsame Forderung von mehr Selbsthilfe unterschiedlichen Motiven zu entspringen: Während die einen eher die selbstorganisierte Hilfe von Betroffenen im »autonomen Sektor« im Auge haben, denken die anderen mehr an die Verlagerung und Verringerung sozialer Kosten. Angelpunkte der Debatten um die Krankenversicherungsreform 1989, die Rentenversicherungsreform 1992 und die Absicherung des Pflegerisikos 1995 waren dementsprechend »Ausgabenbegrenzung« und »Individualisierung« von Kosten und/oder Risiken. Aktuell richtet sich die Diskussion über die s. S. auf die, im internationalen Vergleich, hohen Lohnnebenkosten am wirtschaftlichen Standort Deutschland.

Lit. Achinger: Soziale Sicherheit; Auerbach: Sozialpolitik; Badura, B. u.a.: Perspektiven; Beck, U.: Risikogesellschaft; Boettcher: Sozialpolitik; Braun, H.: Soziale Sicherheit; Kaufmann, F.-X.: Gestaltung; Kaufmann, F.-X.: Sicherheit; Opielka: Frage; Schäfer, D.: Fürsorge; Sozialenquête-Kommission: Soziale Sicherung; Weisser: Soziale Sicherheit. *Jürgen Plaschke*

Soziale Sicherheit in der EG Der EG- (vor »Maastricht«: EWG-) Vertrag (EGV) strebt die Schaffung eines einheitlichen Wirtschaftsraums an und gewährleistet zur Erreichung dieses Zieles die Freiheit des Warenverkehrs sowie freien Personen-, Dienstleistungs-, Kapital- und Zahlungsverkehr. Neben dem freien Niederlassungsrecht für Selbständige ist die Freizügigkeit der Arbeitnehmer Bestandteil der Freiheit des Personenverkehrs. Freizügigkeit bedeutet in diesem Zusammenhang, daß → Wanderarbeitnehmern aus den Mitgliedstaaten der → Europäischen Gemeinschaften (EG) ungeachtet ihrer Staatsangehörigkeit der freie Zugang zur Beschäftigung in einem anderen Mitgliedstaat als ihrem Wohnstaat eröffnet wird. Da die Freizügigkeit behindert würde, wenn ein Arbeitnehmer befürchten müßte, bei der »Wanderung« von einem Mitgliedstaat in einen anderen aufgrund daraus resultierender Zugehörigkeit zu verschiedenen nationalen Systemen der → sozialen Sicherheit bestimmte Sozialleistungen nicht zu erhalten oder bereits erworbene Rechtsansprüche einzubüßen, sieht Art. 51 EGV die Einführung eines Systems vor, welches zum Zwecke der Ausübung der Erwerbstätigkeit in Mitgliedstaaten der EG aus- und einwandernden Arbeitnehmern in ihrem jeweiligen Beschäftigungsstaat zum einen die Zusammenrechnung aller nach den verschiedenen innerstaatlichen Rechtsvorschriften der Mitgliedstaaten zu berücksichtigenden Beschäftigungs-, Versicherungs- und Wohnzeiten für den Erwerb und die Aufrechterhaltung von Ansprüchen auf Leistungen der sozialen Sicherheit und zum anderen die Zahlung derartiger Leistungen nicht nur im Beschäftigungsland, sondern auch in allen anderen Mitgliedstaaten vor-

sieht. In Erfüllung dieses gemeinschaftlichen Regelungsauftrages sind die nationalen Systeme der sozialen Sicherheit der Mitgliedstaaten in Anwendung der aus bi- und multilateralen Sozialversicherungsabkommen geläufigen Grundsätze der Zusammenrechnung und des Leistungsexports koordiniert worden. Die Verordnung (EWG) Nr. 1408/71 stellt durch Bestimmungen über das jeweils anwendbare nationale Recht – i.d.R. dasjenige des Beschäftigungsstaates bzw. des Staates der selbständigen Tätigkeit – auch sicher, daß jeweils nur eine Rechtsordnung zur Anwendung kommt (und ein Wanderarbeitnehmer nicht etwa in zwei Mitgliedstaaten gleichzeitig beitragspflichtig ist).

Der sachliche Anwendungsbereich der Verordnungen umfaßt die Leistungen bei → Krankheit, Mutterschaft, Invalidität, Alter, Tod (Hinterbliebenenversicherung), Arbeitsunfällen und Berufskrankheiten, → Arbeitslosigkeit sowie → Familienleistungen.

Die Anwendbarkeit dieser Koordinationsregeln auch auf Leistungen bei → Pflegedürftigkeit – auch diejenigen der deutschen Sozialen → Pflegeversicherung nach dem SGB XI – ist unbestritten. Im Hinblick auf das »Wie« dürfte sich allerdings eine Ergänzung der Verordnung um speziell auf Pflegeleistungen zugeschnittene Vorschriften empfehlen, da die Anwendbarkeit der Regelungen über die Leistungen bei Krankheit – Art. 18 ff. VO (EWG) Nr. 1408/71 – jedenfalls auf das → Pflegegeld fraglich ist und diese Regeln auch nicht recht passen. Im Hinblick auf den personellen Anwendungsbereich dieser Verordnungen über die soziale Sicherheit steht die Ausdehnung auf Wanderarbeitnehmer aus Drittstaaten sowie auf Nichterwerbstätige – z.B. Studenten – zur Diskussion. Im übrigen regelt die »Verordnung (EWG) Nr. 1408/71 über die Anwendung der Systeme der sozialen Sicherheit auf Wanderarbeitnehmer und Selbständige sowie deren Familienangehörige, die innerhalb der Gemeinschaft zu- und abwandern, materiellrechtlich, die Verordnung (EWG) Nr. 574/72 über die Durchführung der Verordnung (EWG) Nr. 1408/71« verfahrensrechtlich diese Koordinierung des Rechts der Mitgliedstaaten auf dem Gebiet der sozialen Sicherheit.

Die Verordnung (EWG) Nr. 574/72 bestimmt u.a., welche Behörden und Träger in den Mitgliedstaaten für die Durchführung der Verordnungen zuständig sind. Die Gemeinschaft selbst hat dafür keine Verwaltungsstruktur. Die rechtsverbindliche Auslegung auch des Gemeinschaftsrechts über die soziale Sicherheit obliegt dem Gerichtshof der Europäischen Gemeinschaften (EuGH). Durch die »Richtlinie 79/7/EWG zur schrittweisen Verwirklichung des Grundsatzes der Gleichbehandlung von Männern und Frauen im Bereich der sozialen Sicherheit« vom 19. 12. 1978 (Abl. EG 1979 Nr. L 6/24) sowie durch die »Richtlinie 86/378/ EWG zur Verwirklichung des Grundsatzes der Gleichbehandlung von Männern und Frauen in den betrieblichen Systemen der sozialen Sicherheit« vom 24. 7. 1986 (ABl. EG 1986 Nr. L 225/48) ist es darüber hinaus in einem kleinen Teilbereich – eben demjenigen der Gleichbehandlung von Männern und Frauen – zu einer Rechtsvereinheitlichung des Rechts der sozialen Sicherheit der Mitgliedstaaten gekommen.

Im Zusammenhang mit der Verwirklichung des von der EG-Kommission erstellten Aktionsprogramms zur Umsetzung der Gemeinschaftscharta der sozialen Grundrechte der Arbeitnehmer von 1989 hat der Rat der EG am 27. Juli 1992 eine – rechtlich unverbindliche – »Empfehlung über die Annäherung der Ziele und der Politiken im Bereich des sozialen Schutzes« (Abl. EG 1992 L 245/49) vorgelegt, die den Mitgliedstaaten vorschlägt, ihre Politik auf dem Gebiet des sozialen Schutzes – und diese schließt die soziale Sicherheit als Kernbereich ein – unbeschadet der Zuständigkeiten der Mitgliedstaaten für die Bestimmung der Grundsätze und des Aufbaus ihrer eigenen Systeme in den betreffenden Bereichen freiwillig an gemeinschaftlichen Zielen auszurichten. Für die Bereiche Krankheit, Mutterschaft, Arbeitslosigkeit, Arbeitsunfähigkeit, Alter sowie Familie werden in dieser – rechtlich unverbindlichen, aber politisch verpflichtenden Empfehlung Zielvorgaben (z. B. gleicher Zugang aller Einwohner zur notwendigen Gesundheitsversorgung, ein nationales Mindesteinkommen für ältere Personen u. a.) vorgegeben, welche in den kommenden Jahren die weiteren Bemühungen der Gemeinschaft in diesem Bereich bestimmen werden, zu einer freiwilligen Annäherung der Systeme der sozialen Sicherheit der Mitgliedstaaten zu kommen.

Lit. Deutscher Sozialrechtsverband: Sozialrecht; Nomos-Kommentar; Schulte, B.: Sicherheit; Schulte, B. u.a.: Wechselwirkungen. *Bernd Schulte*

Soziales Jahr → Freiwilliges Soziales Jahr (FSJ)/Freiwilliges Ökologisches Jahr (FÖJ)

Soziales Lernen Der Begriff s.L. entstand in den 70er Jahren. Mit ihm rückte die soziale Dimension pädagogischen Handelns, in sozialpädagogischen Arbeitsfeldern wohlvertraut, auch in den Blickwinkel der Schule. Diese soziale Dimension wurde zudem politisch und gesellschaftskritisch akzentuiert und unterschied sich so von der älteren, an Zielen sittlichen Sozialverhaltens orientierten Sozialerziehung. Wichtige Anstöße für die Entwicklung des s.L. kamen aus der Gesamtschulbewegung und der → antiautoritären Erziehung mit der ihr folgenden Kinderladenbewegung. S.L. stand für einen innovativen und emanzipatorischen Gedanken, der allerdings mit dem Zurückschrauben der Schulreform in den 80er Jahren an Beachtung verlor und weitgehend nur noch in den sozialpädagogischen Arbeitsfeldern, vor allem in dem der → Jugendhilfe diskutiert wird. Eine schulpraktische Bedeutung hat das Konzept in der Gesamtschulpädagogik und in der → Vorschulerziehung behalten.

Der Begriff S. L. wird in dreifacher Weise verwendet: 1. S. L. als unvermeidliche Begleiterscheinung jeden menschlichen Umganges; hier ist es weitgehend funktional (ungeplant). 2. S. L. als »intentional betriebenes und nach Lernorten, Zielen und Vorgehensweisen zu differenzierendes Lernarrangement, das das quasi-naturwüchsige soziale Lernen im Sinne einer der Emanzipation verpflichteten Pädagogik ablösen will« (Prior: Soziales Lernen). Für das hier Gemeinte wäre eigentlich der Begriff »soziales Lehren« angemessener, er wird jedoch in der Literatur kaum verwendet. 3. S. L. als Erwerb sozialer Kenntnisse, → Einstellungen und Verhaltensweisen (→ Verhalten) durch die Lernenden selbst. Dieses geschieht mittels der für den sozialen Bereich typischen Lernmechanismen wie Imitation, → Identifikation und → Internalisierung (→ Lernen).

S. L. kann sich auf drei verschiedenen Ebenen vollziehen. Fend unterscheidet: die Organisation der Beziehung einer Person zu sich selbst, die Organisation der Beziehung zum unmittelbaren Interaktionskontext, die Organisation der Beziehung zu gesellschaftlichen Verhältnissen. Einzelne Maßnahmen s.L. können sich durchaus auf nur eine der genannten Ebenen beziehen; Gesamtkonzeptionen müssen jedoch die angemessene Berücksichtigung aller Ebenen gewährleisten. S.L. ist damit als komplexes Phänomen beschrieben.

Die übergeordneten Ziele s. L. werden relativ übereinstimmend mit → Emanzipation, Solidarität und sozialer → Kompetenz angegeben.

Das → Kinder- und Jugendhilfegesetz (KJHG – SGB VIII) formuliert seinen Zielanspruch für die Jugendhilfe zurückgenommener: »Jeder junge Mensch hat ein Recht auf Förderung und auf Erziehung zu einer eigenverantwortlichen und gemeinschaftsfähigen Persönlichkeit« (§ 1). Die Konkretisierungen der übergeordneten Ziele unterschieden sich schon in den 70er Jahren erheblich, insbes. bezüglich der angestrebten gesellschaftspolitischen Inhaltlichkeit.

Der ursprünglich im Begriff s.L. implizierte gesellschaftskritische Anspruch scheint in der Verwendung des Begriffs im Rahmen der Jugendhilfe noch auf: »Jugendhilfe bezeichnet … ein von der Gesellschaft bereitzustellendes System von indirekten, direkten und politischen Leistungen, das der Verbesserung der Entwicklungschancen

von Kindern und Jugendlichen wie auch der Entfaltung ihrer sozialen, humanen und solidarischen Verhaltensweisen dienen soll. Dies soll geschehen sowohl durch pädagogisch unterstützende Angebote als auch durch solche, die Ungleichheiten und Benachteiligungen verringern sowie Entwicklungsdefizite beheben« (Jordan u. a.).
Auch die → Jugendarbeit als Teilgebiet der Jugendhilfe reflektiert in ihren Kriterienbeschreibungen den ursprünglichen Anspruch s. L.: Freiwilligkeit, Offenheit, Herrschaftsarmut, Orientierung an den Bedürfnissen der Jugendlichen, Flexibilität der Angebote, Gruppenorientierung, pädagogische Anleitung und Reflexion, die Aufforderung, bewußt und (gemeinsam) handelnd an der sozialen Umwelt zu partizipieren, Persönlichkeitsbildung (Baacke).
Die Diskussion über die Methoden s. L. ist seit den 70er Jahren wenig vorangekommen. Empfohlen werden u. a. Methoden aus der → Gruppendynamik, Spiel- und → Rollenspiel, Lernen im Projekt (→ Projekte in der sozialen Arbeit). Außerdem wird die Wichtigkeit mehr indirekter Vorgehensweisen betont, Oelkers u. a. fordern, ein Pädagoge müsse auf der Grundlage eigener Sozialkompetenz zu einer mit pädagogischem Takt durchgeführten »sozialen Regie« in der Lage sein, die Sozialität und Humanität in pädagogischen Institutionen fördern.
Lit. Baacke: Einführung; Bönsch: Grundlegung; Fritz, J.: Methoden; Jordan u. a.: Jugendhilfe; Oelkers, J. u. a.: Soziales Lernen; Petillon: Soziales Lernen; Prior: Soziales Lernen; Schäfer, G. E.: Soziale Erziehung. *Gisela Wegener-Spöhring*

Soziales Netzwerk → Netzwerke, soziale

Soziales Umfeld Die Frage des s. U. ist seit Mitte der 50er Jahre vor allem von der Stadtsoziologie erforscht worden. Die ersten Ansätze dazu wurden in der amerikanischen Kriminalsoziologie (→ Kriminologie) entwickelt, als die sog. Chicagoer Schule den Area-Approach entfaltete. Sie fand einen Zusammenhang zwischen → Kriminalität und Stadtstruktur. Wesentliche Beiträge kamen aus der Erforschung der Slums und Sanierungsgebiete großer Städte. Die Prägung der Verhaltensweisen durch die Art des Stadtviertels und durch die Intensität der Kommunikation und → sozialen Kontrolle ist vor allem im Zusammenhang mit der Entstehung von → Jugendkriminalität als bedeutsam erkannt worden. Man registrierte die höchste Kriminalitätsrate in Stadtvierteln mit starker Bevölkerungsfluktuation, d. h. mit geringer Kommunikation und nachbarschaftlicher Kontrolle.
Umzüge und Stadtflucht stehen ebenfalls in Wechselbeziehung mit der → Integration oder Desintegration von Stadtvierteln. Wo sich durch eine vernachlässigte Bausubstanz der Wohnungsstandard verschlechtert und neue Investitionen ausbleiben, verschlechtert sich auch bald die → Sozialstruktur und damit das Image eines Viertels.
In abgesunkenen Vierteln oder in solchen, die am Stadtrand von vornherein Slums für arme Zuwanderer oder für Obdachlose (→ Obdachlosigkeit) darstellen, entsteht gewöhnlich eine eigene → Subkultur. Diese zuerst von Oskar Lewis beschriebene »Kultur der → Armut« bildet eine Mischung aus überholten Traditionen und aus Anpassungsversuchen an die Armutssituation. Daneben findet sich gewöhnlich eine deutliche Orientierung an den dominierenden Vorstellungen und → Normen der Gesellschaft. Weil man diese aber nicht realisieren kann und unter dieser Diskrepanz leidet, werden Rechtfertigungen für die eigenen abweichenden Verhältnisse und Verhaltensweisen (→ Abweichendes Verhalten) herausgebildet. Diese Subkultur wird gewöhnlich von der übrigen Gesellschaft als Vorwand zu Diskriminierungen genommen (→ Stigmatisierung), so daß die Bewohner solcher Viertel in einer Art Beziehungsfalle (→ Doppelbindung) nochmals bestraft werden und an Normen gemessen werden, zu deren Erreichung ihnen die Mittel fehlen. Die sich ausbreitenden Ausländergettos in der Bundesrepublik belegen diese Gefahr. Die schlechtesten Wohnungen werden von Ausländern bezogen, die Deutschen ziehen aus dieser Nachbarschaft aus, die Ausländer sind bald unter sich, können sich deshalb nicht integrieren und werden für die Desintegration diskriminiert und für den Niedergang eines Stadtviertels verantwortlich gemacht.
Das s. U. ist für die → Sozialisation von Kindern und Erwachsenen sehr entscheidend, denn keine Familie kann sich ihrem Umfeld entziehen, sondern ist ein Teil von ihm. Zwischen beiden besteht eine ständige Interaktion.
Lit. Hagemann-White u. a.: Lebensumstände; Lewis: Kinder; Mitscherlich: Unwirtlichkeit; Zapf, K.: Viertel. *Gerd Iben*

Sozialethik Bejaht man diesen – nicht unbestrittenen – Begriff (Einwand: alle Ethik sei sozial, also gemeinschaftsbezogen, oder Träger der Sittlichkeit könne nur die Einzelpersönlichkeit sein), so bezeichnet er den Bereich des sozialen Denkens, in dem Entscheidungen über das, was als gerecht und gut gelten soll, nach dem Maßstab verpflichtender Grundwerte fallen (→ Soziallehren, → Soziale Gerechtigkeit). Wird S. in engere Beziehung zu bestimmten Sachgebieten (wie Politik, Arbeit, Wirtschaft usw.) gebracht, spricht man auch von politischer, Arbeits-, Wirtschaftsethik usw. Die Grundwerte können überkommen (→ Menschenwürde) oder neu geprägt (Umweltschutz) sein, aus christlichem Gedankengut stammen und säkularisiert sein oder auf junge Veränderungen der sozialen Wirklichkeit zurückgehen; sie beruhen auf mehr oder weniger weitgehend übereinstimmender Wertüberzeugung der Betroffenen, an die sie sich richten, mögen diese auch aus unterschiedlicher Motivation die Geltung der Grundwerte reflektiert oder nicht reflektiert anerkennen. Dabei spielt eine große Rolle die Positivierung bestimmter Grundwerte durch das → Grundgesetz und die Tatsache, daß zahlreiche Gebiete des sozialen Lebens in die gesetzliche Ordnung des sozialen Rechtsstaates einbezogen worden sind.

Es ist nicht möglich, Wirtschafts-, Sozial-, Finanz-, Agrar-, Bevölkerungs-, Bildungspolitik usw. zu betreiben, ohne zu prüfen, wie sie gerecht und gut sein würde; daher bedürfen alle sozialen Disziplinen der Kooperation mit der S., und diese ist ihrerseits auf die sozialen Disziplinen angewiesen, um den sozialen Bedingungen und Gegebenheiten gerecht werden zu können. Dabei kann fraglich sein, ob und wie weit Sachgesetzlichkeiten grundsätzlich einer oder einer bestimmten gearteten → Intervention des Staates widersprechen oder ob nur Partikularinteressen vorgeschoben werden (soziale Marktwirtschaft, zentrale Planwirtschaft, Gebot einer »moralischen Wende«).

Bei sozialethischer Wertung sind auch mittelbare Folgewirkungen und Konsequenzen auf anderen sozialen Gebieten zu berücksichtigen, wenn gesellschaftliche Daten geplant oder überprüft werden sollen. Wertungsprinzipien wie Individual- (→ Individualisierungsprinzip), Sozial- und Subsidiaritätsprinzip (→ Subsidiarität) sind nur von begrenztem Wert, weil die geistesgeschichtliche Entwicklung zu einem Pluralismus der Wertvorstellungen geführt hat und die starke Differenzierung des sozialen Lebens oft pragmatische Regelungen erfordert. *Harry Rohwer-Kahlmann*

Soziale Ungleichheit ist die Menge der Differenzierungen in einer Gesellschaft nach sozialen Merkmalen, die (a) zu unterschiedlichen sozialen Positionen führen (→ Klasse, → Schicht, soziale Lage), (b) unterschiedliche → Lebenslagen nach sich ziehen, dadurch (c) eine unterschiedliche individuelle und kollektive Teilhabe an Entwicklungschancen sowie knappen und begehrten Gütern einräumen (→ soziale Benachteiligung) verstärkt dadurch, daß (d) sich deren Träger unterschiedlich im Raum positionieren (Segregation, → sozialer Brennpunkt, → Stigmatisierung). Merkmale s. U. sind → Einkommen, → Vermögen, → Bildung, Berufsposition, Macht, Herrschaft, Prestige, Wohn-, Freizeit- und Arbeitsbedingungen etc. (→ Lebenslage, → Lebensqualität). Die Ausprägungen dieser Dimensionen werden in einer Gesellschaft unterschiedlich bewertet. Die Veränderung von Personen und sozialen Gruppen im Gefüge s. U. wird soziale → Mobilität genannt.

Seit der Aufklärung wurde die Forderung nach der Gleichheit der Menschen erhoben und s. U. als ein von Menschen hervorgebrachtes (und damit auch von Menschen veränderbares) Phänomen erachtet. Die Beschreibung, Bewertung und Erklärung s. U. wird in der Regel auf eine konkrete, in Raum und Zeit verortbare (nationale) Gesellschaft bezogen.

Die etabliertesten Kategorien zur Erklärung s. U. sind → Klassen, wie sie von Marx und Engels eingeführt wurden (Besitz an Produktionsmitteln), und → Schichten, die auf Überlegungen von Max Weber zu Ständen (→ Status), sozialen Klassen und Parteien zurückgehen, die heute auch als Vorläufer von Lebensstilkonzepten gelten. Den ersten eigentlichen Schichtungsansatz hat Geiger (1932) formuliert.

Ging Parsons (→ Systemtheorie) anfangs noch davon aus, daß ein gewisses Maß an s. U. notwendig sei, um eine wettbewerbsfähige kapitalistische Volkswirtschaft arbeitsteilig aufzubauen, so setzte sich in Westeuropa zunehmend das wohlfahrtsstaatliche, keynesianische Nationalstaatsmodell durch mit dem expliziten Ziel, s. U. abzubauen. Damit reagiert der Staat auf unterschiedliche Strukturen von Macht, in die er – legitimiert durch Herrschaft – mit gesetzlichem Auftrag eingreift und diese steuert.

Mitte der 50er Jahre schien man in der Bundesrepublik diesem Ziel sehr nahe, als Helmut Schelsky die nivellierte Mittelstandsgesellschaft proklamierte (die u.a. als Grundlage für die Konzipierung des BSHG in den 60er Jahren herangezogen wurde). Eine Folge des staatlichen Interventionismus war das Herausbilden von »Versorgungsklassen« (Lepsius 1979) in Abhängigkeit von staatlichen Transferleistungen resp. von unterschiedlichen Zugängen zu staatlicher Infrastruktur. Das vorgebliche Ende der vertikalen s. U. war zu Beginn der 80er Jahre der Anlaß für einen Paradigmenwechel (allerdings nur in der Bundesrepublik). »Jenseits von Klasse und Stand« (Beck) wurden »neue«, »quer« zu den bestehenden Merkmalen s. U. liegende ausgemacht wie Geschlecht, Alter, Kohorte, Rasse/Hautfarbe, Ethnie, Region. Damit sollte der Einfluß der sog. meritokratischen Triade (Bildung, Berufsposition, Einkommen) auf die Modellierung s. U. überwunden werden, der für die Schichtungstheorien der 60er und 70er Jahre kennzeichnend war. Eine zunehmende Statusinkonsistenz (unterschiedliche Lagerung bezüglich einzelner → Indikatoren s. U.) und die Schwierigkeit der Zuordnung nicht-erwerbstätiger Menschen boten den Anlaß, diese etablierte Form der Beschreibung s. U. zu überwinden.

Als konsequente Fortführung der Distanzierung von Vorstellungen vertikaler Formen s. U. wurde »soziale Ungleichheiten« erstmals im Plural verwendet (Kreckel 1983). Kreckel expliziert dort das Zentrum-Peripherie-Modell s. U. Damit erweitert er durch die Überwindung der nationalstaatlichen Engführung die Sicht auf die Gesellschaft im Weltmaßstab.

Hradil formuliert dort seine Überlegungen zur »sozialen Lage«, wobei die drei Ebenen der strukturellen Lebensbedingungen, der milieuspezifischen → Lebenswelten und der individuellen Lebenslagen die herkömmliche Schichtung ersetzt.

Bourdieu beruft sich auf eine neo-weberianische Strukturierung, indem er das ökonomische, kulturelle und soziale Kapital als Strukturierungsmerkmale s. U. hervorhebt.

Schließlich trägt Beck dort seine Position der entstrukturierten Nach-Industriegesellschaft vor, die er später zur Risikogesellschaft (Beck 1986) und zur Individualisierungsthese (Beck/Beck-Gernsheim 1995) weiterentwickelte.

Heute beginnt man sich wieder auf den Fortbestand alter Strukturierungen zu berufen, die statistisch beschreibbar sind (Geißler 1994), andererseits identifiziert man »neue Unterklassen« aufgrund der Verfestigung von Langzeitarbeitslosigkeit und Sozialhilfebezug in städtischen Wohnquartieren. Auch vor dem Hintergrund des Um- und Abbaus des Sozialstaates (→ Sozialstaatsprinzip) wird im Zusammenhang mit »neuer Armut« diesseits der → Armutsdynamik die offensichtlicher werdende s. U. wieder stärker kritisiert und skandalisiert.

Lit. Beck: Risikogesellschaft; Beck u. a.: Freiheiten; Berger, P. A. u. a.: Lebenslagen; Bolte u. a.: Soziale Ungleichheit; Bourdieu: Unterschiede; Geiger, T.: Soziale Schichtung; Geißler: Lebenschancen; Hradil: Sozialstrukturanalyse; Kreckel: Ungleichheiten. *Jens S. Dangschat*

Soziale Vorsorge Der Begriff bezeichnet seit den Diskussionen über eine neue, konsistentere und übersichtlichere Kodifizierung des gesamten → Sozialrechts, die mit den Arbeiten am → Sozialgesetzbuch (SGB) eingesetzt hat, diejenigen Institutionen der sozialen Sicherung (→ Soziale Sicherheit), die Leistungen bei bestimmbaren, voraussehbaren sozialen Gefährdungen, i. d. R. »durch leistenden Einbezug der Bedrohten und zu Schützenden« (Zacher), bereitstellen. Diese Leistungen dienen der »Sicherung für Sachverhalte, die nahezu jeden treffen (wirtschaftliche Inaktivität im Alter), sowie gegen Risiken, die jeden treffen können (Krankheit, Frühinvalidität, Schadensersatzpflicht bei Unfällen) und die das Individuum zwar im Augenblick ihres Eintritts meist nicht bewältigen, für die ihm aber aufgrund seines Markteinkommens die eigene Vorsorge zugemutet werden kann« (Bogs). S. V. umfaßt demnach vor allem die → Sozialversicherungen und die → Beamtenversorgung, aber auch die Versorgungswerke der freien Berufe und die → betrieblichen Sozialleistungen als Ergänzungssysteme (→ Soziale Entschädigung, → Sozialer Ausgleich).

Lit. Bogs u. a.: Soziale Sicherung; Zacher: Einführung. *Dieter Schäfer*

Sozialgeheimnis Nach § 35 des → Sozialgesetzbuches – Allgemeiner Teil – (SGB I) hat jeder einen Anspruch darauf, daß »Einzelangaben über seine persönlichen und sachlichen Verhältnisse (personenbezogene Daten) von den Leistungsträgern als S. gewahrt und nicht unbefugt offenbart werden. Die Wahrung des S. umfaßt auch die Verpflichtung, die technischen und organisatorischen Maßnahmen einschließlich Dienstanweisungen zu treffen, die erforderlich sind, um sicherzustellen, daß dem S. unterliegende personenbezogene Daten nur Befugten zugänglich sind. Personenbezogene Daten der Beschäftigten und deren Angehörigen sollen, wenn diese Daten Leistungs- und Versicherungsdaten sind, solchen Personen, die Personalentscheidungen treffen oder daran mitwirken können, nicht zugänglich sein oder diesen Personen von Zugriffsberechtigten offenbart werden.« Dieser Anspruch gilt gleichermaßen gegenüber den Verbänden und Arbeitsgemeinschaften der Leistungsträger, den im SGB genannten öffentlich-rechtlichen Vereinigungen, der Künstler-Sozialkasse, der Deutschen Bundespost, soweit sie mit der Berechnung oder Auszahlung von Sozialleistungen betraut ist, und den aufsichts-, rechnungsprüfungs- oder weisungsberechtigten Behörden. Nicht zur Anwendung kommt § 35 SGB I für die freien Wohlfahrtsverbände (→ Freie Wohlfahrtspflege) und andere private Einrichtungen. Nach § 61 Abs. 4 → Kinder- und Jugendhilfegesetz (KJHG – SGB VIII) hat der öffentliche Träger der → Jugendhilfe aber sicherzustellen, daß der → Datenschutz in entsprechender Weise gewährleistet ist.

In § 35 SGB I findet sich nur die Grundnorm zum Sozialdatenschutz. Die einzelnen Befugnistatbestände hinsichtlich der Erhebung, Verarbeitung und Nutzung von Sozialdaten dagegen sind als abschließender Katalog in den §§ 67b ff. SGB X aufgelistet (s. § 35 Abs. 2 SGB I). Weiter konkretisierende und modifizierende Vorschriften finden sich zudem noch in den Besonderen Teilen des SGB zur Renten- und zur Krankenversicherung, aber auch zur Kinder- und Jugendhilfe. Im System des allgemeinen Datenschutzrechts sind die Vorschriften zum S. als vorrangig geltende »bereichsspezifische Regelung« anzusehen, die, zusammen mit den Vorschriften zur Mitwirkungspflicht nach §§ 60 ff. SGB I ein um-

fassendes und einheitliches Informationsrecht der Sozialverwaltung konstituieren.
Werden Sozialdaten vom Sozialleistungsträger an einen anderen Rechtsträger weitergegeben, z. B. vom → Sozialamt ans → Arbeitsamt, von einem → Jugendamt an ein anderes Jugendamt, vom Arbeitsamt an ein privates Planungsbüro, so liegt in jedem Fall eine Übermittlung vor, die der entsprechenden Legitimation bedarf. Aber auch die interne Nutzung von Daten bedarf der Zulässigkeitsprüfung i. S. des SGB. In welchem Fall eine (behörden-)interne Datenweitergabe nur als Nutzung und wann als Übermittlung anzusehen ist, hängt von der Definition des Begriffs »datenverarbeitende Stelle« ab. Sie ist trotz der Novellierung des SGB im Jahr 1994 immer noch nicht eindeutig geklärt, wenn es für Gebietskörperschaften in § 67 Abs. 9 S. 3 SGB X nunmehr heißt, daß »eine speichernde Stelle die Organisationseinheiten sind, die eine Aufgabe nach einem der besonderen Teile dieses Gesetzbuchs funktional durchführen«. In der Jugendhilfe sind nämlich viele sehr unterschiedliche Funktionen in Organisationseinheiten zusammengefaßt, so daß ein Datenaustausch zwischen diesen Funktionseinheiten – weil Übermittlung – nach Maßgabe des Zweckbindungsprinzips selbstverständlich als legitimationsbedürftig i. S. der jeweiligen Befugnistatbestände anzusehen ist (z. B. innerhalb des Jugendamtes, etwa zwischen → Amtsvormundschaft und ASD, nicht zuletzt aber auch innerhalb des ASD, zumal dort meist auch Funktionen des Sozialamtes wahrgenommen werden). Geklärt ist mit der Novellierung allerdings, daß keine legitimationsbedürftige Übermittlung vorliegt, wenn in gleicher rechtlicher Funktion verschiedene Organisationseinheiten informationell einbezogen werden (z. B. die Stadtkasse, die Registratur, die Rechnungsprüfung [soweit der Prüfauftrag reicht]). Ebenso bedarf die vertikale Datenweitergabe, also die Weitergabe an den Vorgesetzten, keiner Legitimation i. S. einer Datenübermittlung, sofern nicht die Voraussetzungen der Schweigepflicht nach § 203 Abs. 1 StGB oder der nach § 65 KJHG – SGB VIII gegeben sind.
Ist die Weitergabe als Übermittlung zu klassifizieren, so ist sie gem. § 67b Abs. 1 SGB X nur zulässig, wenn der Betroffene im Einzelfall (i. d. R. schriftlich) eingewilligt hat oder eine gesetzliche Verarbeitungsbefugnis vorliegt. Das gilt auch – wie sich insbes. aus § 35 Abs. 3 SGB I ergibt – gegenüber der Justiz, wenn beispielsweise ein Mitarbeiter als Zeuge aussagen soll oder Akten beschlagnahmt werden sollen. Auch eine → Aussagegenehmigung (s. § 54 StPO; § 376 ZPO) darf nur erteilt werden, wenn ein Befugnistatbestand i. S. d. §§ 68 bis 77 SGB X gegeben ist.
Für die Rechtswirksamkeit der → Einwilligung kommt es nicht auf die → Geschäfts-

fähigkeit, sondern die Einsichtsfähigkeit des Betroffenen an. Sie muß ferner freiwillig, vorab und für den Einzelfall (keine Pauschalermächtigungen!) erteilt sein. Insbes. muß der Betroffene informiert (ggf. aufgeklärt worden) sein, was Gegenstand der Einwilligung (z. B. bei Übersendung einer Akte deren Inhalt) ist. Unter den gesetzlichen Übermittlungsbefugnissen ist § 69 SGB X die wichtigste: Befugt ist die Datenweitergabe sowohl für den Fall, daß damit eine eigene Aufgabe des → Sozialleistungsträgers erfüllt wird (z. B. bei Weitergabe an → freien Träger), als auch für den Fall, daß die Weitergabe der Aufgabenerfüllung eines anderen Sozialleistungsträgers dient. Das Erforderlichkeitskriterium ist streng auszulegen. So wird die Weitergabe kompletter Akten in den seltensten Fällen als zulässig angesehen werden können. Da das S. als Gegengewicht zu den weitreichenden Mitwirkungspflichten des Betroffenen angelegt ist, ergibt sich aus dem Erforderlichkeitskriterium wohl auch, daß der Betroffene nach Möglichkeit an dem Vorgang der Weitergabe beteiligt wird (z. B. durch Information, evtl. Gelegenheit, die Angaben selbst weiterzugeben). Eine einschränkende Konkretisierung ergibt sich für § 69 SGB X im Rahmen der öffentlichen Jugendhilfe: Nach § 64 Abs. 2 KJHG ist Übermittlung nur zulässig, wenn dadurch »der Erfolg einer zu gewährenden Leistung nicht in Frage gestellt wird«.
Die Pflicht zur → Amtshilfe bedeutet keine eigenständige Offenbarungsbefugnis. Selbst im Falle des § 68 SGB X steht die Weitergabe unter einer mehrfachen Vorbehalt und ist beschränkt auf einen sehr knappen Datensatz (deshalb auch seit der Novellierung im Jahr 1994 nicht mehr überschrieben mit dem Begriff Amtshilfe). Eine besondere Mitteilungsbefugnis kann gegenüber Finanzämtern und Ausländerbehörden gegeben sein (§ 71 SGB X). Die Voraussetzungen (Erforderlichkeit!) zu prüfen, ist Sache des Sozialleistungsträgers. Weitere Befugnisse gibt es im Zusammenhang mit Unfallversicherungsträgern (§ 70 SGB X), mit Strafverfahren (§ 73 SGB X), Nachrichtendiensten (§ 72 SGB X), Unterhaltspflichtverletzungen (§ 74 SGB X) sowie bei Forschungs- bzw. Planungsvorhaben (§ 75 SGB X). Die Geheimhaltungspflicht des SGB wird nach § 78 SGB X dergestalt verlängert, daß die Stellen, denen gegenüber Informationen offenbart worden sind, die Zweckbindung der Information zu beachten haben. Das gilt für Gerichte seit der Novellierung 1994 nur noch eingeschränkt (s. § 78 Abs. 1 S. 4 SGB X).
Alle Befugnistatbestände stehen unter dem Vorbehalt des § 76 SGB X. Sind die Informationen dem Sozialleistungsträger von einem Arzt oder einer anderen schweigepflichtigen Person i. S. d. § 203 Abs. 1 StGB (Psychologen, Sozialarbeitern/Sozialpäd-

agogen, Mitarbeitern von Erziehungsberatungsstellen etc.) zugänglich gemacht worden, so ist die Weitergabe nur unter den Voraussetzungen zulässig, unter denen diese Person selbst weitergabebefugt wäre (also i. d. R. nur mit Einwilligung des Betroffenen, für die es allerdings im Unterschied zum SGB keine Formvorschrift gibt; → Schweigepflicht). Eine Ausnahme gilt nur für Gutachten und Bescheinigungen (§ 76 Abs. 2 Nr. 1 SGB X), obgleich selbst in diesen Fällen der Betroffene ein Widerspruchsrecht hat, das seine Benachrichtigung über die beabsichtigte Übermittlung beinhaltet. Zusätzlich sind Mitarbeiter der öffentlichen Jugendhilfe »privilegiert«, wenn ihnen personenbezogene Informationen »zum Zweck persönlicher und erzieherischer Hilfe anvertraut« worden sind (§ 65 KJHG). Eine Weitergabe dieser Informationen ist dann nur unter den dort genannten engen Voraussetzungen zulässig, also insbes. der Einwilligung »desjenigen, der die Information anvertraut«.
Aus § 81 Abs. 4 SGB X ist zu entnehmen, daß bei jedem Sozialleistungsträger ein → Datenschutzbeauftragter zu bestellen ist. Auf die Einhaltung des S. hat der Betroffene einen einklagbaren Anspruch (→ Rechtsanspruch), dessen Verletzung Haftungsansprüche (→ Haftung) gegen die zur Beachtung des Datenschutzes verpflichtete Stelle auslösen kann (s. § 82 SGB X). Mitarbeiter im öffentlichen Dienst können sich bei einem Verstoß gem. § 203 Abs. 2 StGB strafbar machen.
Lit. Borchert u.a.: SGB X 2; DV: Datenschutz; DV: Sozialdatenschutz; Giese u.a.: SGB I und X (Komm.); Klinger u.a.: Sozialdatenschutz; Krahmer: Sozialdatenschutz; Mörsberger, T.: Verschwiegenheitspflicht; Proksch: Sozialdatenschutz; Wiesner u.a.: SGB VIII (Komm.) mit ausführlicher Kommentierung des SGB X.
Thomas Mörsberger

Sozialgerichte sind besondere Verwaltungsgerichte (§ 1 Sozialgerichtsgesetz [SGG]); sie entscheiden über öffentlich-rechtliche Streitigkeiten in Angelegenheiten der Sozialversicherung, der Arbeitslosenversicherung und der übrigen Aufgaben der Bundesanstalt für Arbeit sowie der Kriegsopferversorgung (§ 51 Abs. 1 SGG). Ferner gehören zur Zuständigkeit der S. bestimmte Streitigkeiten aus dem → Sozialgesetzbuch (SGB) V, insbesondere das Kassen(zahn)arztrecht (§ 51 Abs. 2 S. 1 SGG). Die S. entscheiden zudem über Streitigkeiten in Angelegenheiten der Pflegeversicherung (§ 51 Abs. 2 S. 5 SGG). Darunter fallen auch solche aus dem Bereich der privaten Pflegeversicherung (BSG, Beschluß vom 8. 8. 1996, Az.: 3 BS 1/96). Ferner sind die S. öffentlich-rechtliche Streitigkeiten auf Grund des Lohnfortzahlungsgesetzes zugewiesen (§ 51 Abs. 3 SGG). Weitere Zuständigkeiten ergeben sich kraft ausdrücklicher gesetzlicher Anordnung, z. B. Soldatenversorgungsgesetz, der Altershilfe für Landwirte, Impfschäden, Entschädigung für Opfer von Gewalttaten). Angelegenheiten der Sozialhilfe gehören dagegen nicht vor die S., sondern vor die allgemeinen Verwaltungsgerichte.
Die Sozialgerichtsbarkeit besteht aus einem dreigegliederten Instanzenzug: S., Landess., Bundess. (Sitz in Kassel). Das Verfahren vor den Gerichten der Sozialgerichtsbarkeit ist grundsätzlich kostenfrei (§ 183 SGG). Eine Ausnahme besteht nur für Körperschaften oder Anstalten des öffentlichen Rechts (§ 184 SGG). Grundlegend für die Sozialgerichtsbarkeit ist die Mitwirkung von je zwei ehrenamtlichen Richtern (sachkundige Besitzer) in allen drei Instanzen. In Angelegenheiten der → Sozialversicherung und der → Arbeitslosenversicherung muß je ein ehrenamtlicher Richter dem Kreis der Versicherten angehören; im übrigen vgl. § 12 SGG. Die Berufsrichter und die ehrenamtlichen Richter haben gleiches Stimmrecht.
Wolfhart Burdenski

Sozialgesetzbuch (SGB) Das aus der historischen Entwicklung heraus in zahlreichen Einzelgesetzen unübersichtlich geregelte → Sozialrecht in der Bundesrepublik Deutschland soll in seinen wesentlichen Teilen in einem einheitlichen SGB zusammengefaßt werden. Ziel dieses 1976 eingeleiteten Gesetzgebungsvorhabens ist es nach den Ausführungen der Bundesregierung insbes. (BTDrucks. 7/868), a) die wesentlichen Bereiche der sozialen Sicherung in einem einheitlichen Gesetzgebungswerk zusammenzufassen; b) dabei unnötige Differenzierungen des bisherigen Rechts, die sich vorwiegend aus der unterschiedlichen Entstehungsgeschichte der einzelnen Sozialgesetze erklären lassen, zu beseitigen und – soweit es die Besonderheiten der einzelnen Sozialleistungsbereiche zulassen – Harmonisierung anzustreben; c) das Sozialrecht damit für den Bürger und die Verwaltung transparenter und einfacher zu machen.
Die Bundesregierung hat dabei allerdings zugleich klargestellt, daß das SGB kein Reformgesetz ist. Es soll vielmehr an dem gegliederten Sozialleistungssystem, wie es bisher bestand, festgehalten werden.
Das SGB wird nach Abschluß des gesamten Gesetzgebungsvorhabens die folgenden Sozialleistungsbereiche umfassen: → Ausbildungsförderung; → Arbeitsförderung einschließlich der besonderen Förderung → Schwerbehinderter; → Sozialversicherung (→ Kranken-, → Unfall- und → Rentenversicherung sowie soziale → Pflegeversicherung); → Soziale Entschädigung bei Gesundheitsschäden; → Kindergeld; → Wohngeld; Kinder- und → Jugendhilfe; →

Sozialhilfe. Außerdem soll ein zusammenfassendes Buch → Rehabilitation geschaffen werden (in Erweiterung des bisherigen → Rehabilitationsangleichungsgesetzes [RehaAnglG] und unter Einbeziehung der Sozialhilfe).
Seit dem Inkrafttreten des SGB I am 1. 1. 1976 gelten die vorgenannten Sozialleistungsbereiche bereits als besondere Teile des SGB. Inzwischen sind weiter das → Unterhaltsvorschußgesetz (→ Unterhaltssicherungsgesetz), das Vorruhestandsgesetz, das → Adoptionsvermittlungsgesetz (AdVermiG), der Erste Abschnitt des Bundeserziehungsgeldgesetzes (BErzGG), das Altersteilzeitgesetz und das Gesetz zur Hilfe für Frauen bei → Schwangerschaftsabbrüchen in besonderen Fällen zu Bestandteilen des SGB erklärt worden.
Ein Gesetzgebungswerk im Umfang des SGB kann nur stufenweise realisiert werden. Die Ankündigung des Gesetzgebungsvorhabens erfolgte in der Regierungserklärung vom 28. 10. 1969. Als erste Stufe wurde danach der Allgemeine Teil (SGB I) vom 11. 12. 1975 (BGBl. I S. 3015) verabschiedet, der am 1. 1. 1976 in Kraft trat. Es folgte das SGB – Gemeinsame Vorschriften für die Sozialversicherung – (SGB IV) vom 23. 12. 1976 (BGBl. I S. 3845), das am 1. 7. 1977 in Kraft trat, und das 10. Buch, das wie das 1. Buch übergreifend für alle Sozialleistungsbereiche gilt. Die ersten 2 Kap. des 10. Buches »Verwaltungsverfahren, Schutz der Sozialdaten« vom 18. 8. 1980 (BGBl. I S. 1469) traten am 1. 1. 1981 in Kraft. Das abschließende 3. Kap. »Zusammenarbeit der Leistungsträger und ihre Beziehungen zu Dritten« ist unter dem Datum vom 4. 11. 1982 (BGBl. I S. 1450) verkündet worden und trat am 1. 7. 1983 in Kraft.
Die ursprünglich nur als Harmonisierung der einzelnen Sozialleistungsbereiche gedachten Gesetzgebungsarbeiten zur vollständigen Einfügung in das Gesamtunternehmen SGB wurden nach den bisherigen Gesetzgebungsschritten auch mit einer Gesamtreform des Sozialleistungsbereichs verbunden. Inzwischen sind in das SGB die folgenden Bücher eingegliedert:
SGB IV – Gemeinsame Vorschriften für die Sozialversicherung – vom 23. 12. 1976 (BGBl. I S. 3845);
SGB V – Gesetzliche Krankenversicherung – vom 20. 12. 1988 (BGBl. I S. 2477);
SGB VI – Gesetzliche Rentenversicherung – vom 18. 12. 1989 (BGBl. I S. 2261);
SGB VII – Gesetzliche Unfallversicherung – vom 7. 8. 1996 (BGBl. I S. 1254);
SGB VIII – Kinder- und Jugendhilfe – vom 26. 6. 1990 (BGBl. I S. 1163);
SGB XI – Soziale Pflegeversicherung – vom 26. 5. 1994 (BGBl. I S. 1014).
Eine Neuordnung des Arbeitsförderungsrechts (SGB III) steht unmittelbar bevor. Die → Sozialhilfe wird voraussichtlich als 13. Buch in das SGB eingegliedert werden.

Die einzelnen Sozialleistungsbereiche sind dabei auch innerhalb des SGB in sich abgeschlossen. Die Arbeiten am SGB werden sich nach den bisherigen Erfahrungen noch über einige Legislaturperioden des Deutschen Bundestags hinschleppen, ehe das Gesamtunternehmen mit allen Büchern abgeschlossen sein wird, so daß das Sozialrecht sich in einer längeren Phase der Umgestaltung befindet, die zu einer gewissen Rechtsunsicherheit und zu einer Komplizierung der Rechtslage führt.
Das SGB I und das SGB X enthalten übergreifende Regelungen für alle in das SGB einbezogenen Sozialleistungsbereiche. Ihre Vorschriften stehen jedoch teilweise unter dem Vorbehalt abweichender Regelungen in den einzelnen Sozialleistungsbereichen (§ 37 SGB I). Dabei gehen nicht nur die ausdrücklichen Regelungen der einzelnen Sozialleistungsgesetze vor, sondern auch Regelungen, die sich aus den Grundsätzen und Prinzipien dieser Gesetze ergeben (so auch für das Sozialhilferecht BVerwG, Urteil vom 10. 5. 1979, BVerwGE 58,68 = NDV 1980, 293). Dies gilt allerdings nicht für die §§ 1 bis 17 und 31 bis 36 SGB I.
Lit. Giese u. a.: SGB I und X (Komm.); Grüner u. a.: SGB (Komm.), Hauck u. a.: SGB (Komm.); Krause, P.: Entwicklungsgeschichte; Kretschmer u. a.: SGB (Komm.); Petersen, K.: SGB; Schellhorn: Vorschriften; Wannagat u. a.: SGB (Komm.); Zacher: SGB; Zeitler u. a.: SGB X. *Walter Schellhorn*

Sozialhilfe ist das Teilsystem des Systems sozialer Sicherung (→ Soziale Sicherheit) und → Daseinsvorsorge in der Bundesrepublik Deutschland, in dem Leistungen zur Abwendung individueller sozialer Notlagen gewährt und die dazu notwendigen Einrichtungen und Dienste bereitgestellt werden. S. hat das Ziel, die Chance zu einem menschenwürdigen Leben von in Not geratenen Personen zu bewahren und wiederherzustellen, und zwar soweit wie möglich durch Hilfe zur → Selbsthilfe. Die S. ist mit ihren Leistungszielen und Leistungsgrundsätzen die moderne Ausgestaltung und Weiterentwicklung des → Fürsorgeprinzips. Sie tritt insoweit gleichberechtigt neben die → Sozialversicherung und die sozialen Leistungen nach dem → Versorgungsprinzip, wenn sie auch in der Praxis vielfach deren Leistungen ergänzt. S. ist jedoch mehr als die wohlfahrtsstaatliche Weiterentwicklung des Armenwesens und der öffentlichen → Fürsorge. Sie enthält auch: – in der → Hilfe zum Lebensunterhalt Komponenten einer allgemeinen Volksversorgung, – in der Blindenhilfe (→ Blindengeld), der → Eingliederungshilfe für Behinderte sowie der → Hilfe zur Pflege (→ Pflegegeld) außerhalb der → Pflegeversicherung Komponenten einer Versorgung von Personen in einer besonderen Notlage, – in der → Kranken-

Sozialhilfe

hilfe und der → Hilfe für werdende Mütter und Wöchnerinnen eine Ergänzung der gesetzlichen → Krankenversicherung für nicht versicherte Personen.
Um die Sozialleistungen zu bezeichnen, die außerhalb der Teilsysteme Sozialversicherung und Versorgung erbracht werden, wird auch der Ausdruck soziale Hilfen benutzt, der zumeist neben S. auch Leistungen der Allgemeinversorgung wie → Wohngeld, → Kindergeld und → Ausbildungsförderung umfaßt.
Aufgaben:
In der Konkretisierung der S. durch das → Bundessozialhilfegesetz (BSHG) werden in der Bundesrepublik Deutschland Leistungen der S. gewährt: – als Hilfe zum Lebensunterhalt zur Sicherung des sozialen → Existenzminimums, d. h. zur Abwendung einer individuellen wirtschaftlichen Notlage, – als Existenzaufbauhilfe (→ Hilfe zum Aufbau und zur Sicherung der Lebensgrundlage) gleichfalls zur Abwendung einer individuellen wirtschaftlichen Notlage mit dem Ziel, eine eigenständige wirtschaftliche Existenz zu sichern oder wiederherzustellen, – als Kranken- und Wöchnerinnenhilfe zur Abwendung einer individuellen gesundheitlichen Notlage (Krankenhilfe; Hilfe für werdende Mütter und Wöchnerinnen einschließlich Hilfe bei → Familienplanung), – als Behindertenhilfe (→ Eingliederungshilfe für Behinderte), zur Abwendung oder Verhinderung vorwiegend der sozialen Folgen einer Behinderung durch Eingliederung oder Wiedereingliederung von → Behinderten in die Gesellschaft, – als Pflegehilfe zur Sicherstellung einer Pflege Hilfloser durch Familien- oder → Nachbarschaftshilfe (→ Pflegepersonen) oder einer Pflege in geeigneten Einrichtungen (Hilfe zur Pflege), – als → Gefährdetenhilfe zur Eingliederung oder Wiedereingliederung gesellschaftlicher Randgruppen (→ Gefährdete, → Hilfe zur Überwindung besonderer sozialer Schwierigkeiten), – als → Altenhilfe zur Bewahrung und Erleichterung einer selbständigen Lebensführung im Alter.
Alle Hilfen, die nicht Hilfen zum Lebensunterhalt sind, werden als → Hilfen in besonderen Lebenslagen zusammenfassend bezeichnet.
Leistungsgrundsätze:
Für alle Leistungen der S. gelten Leistungsgrundsätze, die diese Leistungen von denen der Sozialversicherung und Versorgung abgrenzen:
– Der Grundsatz der Individualität (→ Individualisierungsprinzip): Die Leistung (Hilfe) soll entsprechend den Besonderheiten des Einzelfalles gewährt werden. Es gibt grundsätzlich keine von vornherein festgelegte Leistungsart oder Leistungshöhe. Deshalb sind die Rechtsgrundlagen der S. gekennzeichnet einerseits durch ein hohes Maß an → unbestimmten Rechtsbegriffen und → Ermessensvorschriften, andererseits durch subjektiv-öffentliche → Rechtsansprüche auf Leistungen dem Grunde nach.
Um den natürlich auch in der S. geltenden Gleichbehandlungsgrundsatz (→ Gleichheitsgrundsatz) sicherzustellen, wird der Individualitätsgrundsatz eingeschränkt durch generelle Leistungsbemessungsregeln, z. B. die → Regelsätze. Auch die Leistungszeit ist unter Beachtung des Individualitätsgrundsatzes variabel: Neben die eigentliche Leistungsgewährung tritt je nach der Besonderheit des Einzelfalles → vorbeugende oder → nachgehende Hilfe.
– Der Grundsatz des → Nachrangs: S. wird nur gewährt, soweit nicht die eigenen Einkommens- und Vermögensverhältnisse oder Ansprüche gegen Dritte (andere → Sozialleistungsträger; privatrechtliche Schuldner, insbes. Unterhaltsschuldner) oder eigene Tatkraft (Arbeitsleistung; Milieuveränderung) zur Abwendung der Notlage ausreicht. Um eine rechtzeitige Hilfe sicherzustellen, muß jedoch die S. oft vorleisten (→ Vorleistungspflicht). Ansprüche gegen vorrangig Leistungsverpflichtete können dann übergeleitet werden. Wegen dieser Möglichkeit des → Übergangs und der damit verbundenen Inanspruchnahme z. B. von Unterhaltsverpflichteten (→ Unterhaltspflicht) werden in manchen Fällen Leistungen der S. trotz einer Notlage nicht in Anspruch genommen, um den Familienfrieden nicht zu gefährden.
– Der Grundsatz der Bedürftigkeit: Die Ausgestaltung des Grundsatzes des Nachrangs in der Hilfe zum Lebensunterhalt dergestalt, daß zunächst grundsätzlich alles eigene Einkommen und Vermögen eingesetzt werden muß (→ Einsatz des Einkommens/Vermögens), ehe Hilfe zum Lebensunterhalt geleistet werden kann (volle Anrechnung der eigenen Mittel).
– Der Grundsatz der Zumutbarkeit: Die Ausgestaltung des Grundsatzes des Nachrangs in den Hilfen in besonderen Lebenslagen dergestalt, daß der Leistungsberechtigte nur Einkommen und Vermögen, das bestimmte Grenzen überschreitet, zur Abwendung der besonderen Notlage einsetzen muß (Anrechnung der eigenen Mittel nur oberhalb einer Zumutbarkeitsgrenze).
– Der Grundsatz der Mitwirkung und Zusammenarbeit: Der Leistungsberechtigte kann einerseits auf die Ausgestaltung der Leistung Einfluß nehmen, insbes. hat er ein Wahlrecht (→ Wunsch- und Wahlrecht des Hilfeempfängers) in bezug auf die Träger von Diensten und Einrichtungen, die er in Anspruch nehmen möchte. Andererseits ist er verpflichtet, bei der Feststellung der Voraussetzungen für eine Leistungsgewährung durch Auskünfte oder Ermächtigungen zur Auskunftserteilung mitzuwirken.
Leistungsarten:
Die Leistungen der S. i. e. S. der Erfüllung der Ansprüche der Leistungsberechtigten

umfassen → Geldleistungen, → Sachleistungen und insbes. → persönliche Hilfe, durch die die → Sozialarbeit zum unverzichtbaren Bestandteil im Leistungsgefüge der S. wird.
I.w.S. gehören zu den Leistungen der S. auch die Bereitstellung der für die jeweiligen Hilfen erforderlichen → Einrichtungen und Dienste und die Förderung der Träger dieser Einrichtungen und Dienste.
Träger und Zuständigkeiten:
Gesetzliche Träger der S. (Leistungsverpflichtete) sind die (→ Land-)Kreise und → kreisfreien Städte als örtliche, Länder oder Kommunalverbände (→ Landschaftsverbände, → Landeswohlfahrtsverbände) nach Bestimmung durch Landesrecht als überörtliche Träger.
An den Leistungen der S. sind neben den gesetzlichen Trägern in hohem Maße → freie Träger beteiligt. Die partnerschaftliche Arbeitsteilung zwischen öffentlichen (gesetzlichen) und freien Trägern, insbes. auch zur Gewährleistung des Wahlrechts der Leistungsberechtigten, ist ein wesentliches Strukturprinzip der S. in der Bundesrepublik Deutschland (vgl. dazu auch Art. 32 des Einigungsvertrags).
Sachlich zuständig für die Leistungsgewährung ist grundsätzlich der örtliche Träger; der überörtliche ist es im wesentlichen für Leistungen in Heimen und gleichartigen Einrichtungen. Die sachliche Zuständigkeit des überörtlichen Trägers kann durch den Landesgesetzgeber erweitert und – seit Änderung durch das Haushaltsbegleitgesetz 1984 – auch eingeengt werden. Örtlich zuständig ist grundsätzlich der Träger am Ort des tatsächlichen → Aufenthalts des Leistungsberechtigten (→ Zuständigkeit, sachliche und örtliche).
Finanzierung:
Die Kosten der S. werden, wie die der Versorgung, aus allgemeinen Steuermitteln aufgebracht. Wichtigste Kostenträger sind die Kreise und kreisfreien Städte. Im Rahmen des allgemeinen kommunalen → Finanzausgleichs gibt es in einzelnen Ländern einen besonderen Sozialhilfelastenausgleich. Die Kosten für die Leistungen des überörtlichen Trägers werden aus Landesmitteln oder kommunalen Umlagen aufgebracht. An der Förderung der freien Träger sowie der Dienste und Einrichtungen beteiligen sich gleichfalls neben den Gemeinden die Länder.
Um zu vermeiden, daß Träger, in deren Bereich mehrere Heime und gleichartigen Einrichtungen liegen, durch den Grundsatz der Leistungsverpflichtung am Ort des tatsächlichen Aufenthalts über Gebühr belastet werden, gleicht ein System der → Kostenerstattung solche Belastungen aus.
Seit 1965 (2 106,3 Mio. DM) haben sich die Bruttoausgaben der Sozialhilfe bis 1995 nahezu um das Fünfundzwanzigfache auf 52,1 Mrd. DM erhöht. Rund 62 v.H. der Ausgaben entfallen auf die S. in Einrichtungen, 38 v.H. auf S. außerhalb von Einrichtungen. Zur Zahl der → Hilfeempfänger und ihrer Aufgliederung vgl. → Sozialhilfestatistik.
Weiterentwicklung:
Mit grundsätzlichen Änderungen des Teilsystems S. ist in nächster Zeit kaum zu rechnen. Auch das Gesetz zur Reform des Sozialhilferechts vom 23. 7. 1996 (BGBl. I S. 1088) hat das Teilsystem S. nicht grundsätzlich geändert. Das Ausgabenvolumen der → Hilfe zur Pflege ist jedoch durch die → Pflegeversicherung stark reduziert worden. Diskutiert wird z.B. ein Wiederaufgreifen der Vorschläge zu einer staatlichen Mindestversorgung (Volksversorgung, → Mindestrente), die an die Stelle der Hilfe zum Lebensunterhalt treten könnte. S. würde sich dann auf die Gewährung von Hilfen in besonderen Lebenslagen zu beschränken haben. Diese Diskussion ist wiederbelebt worden durch die Mindestrenten-Regelung in der DDR, die, wenn auch befristet, für Berechtigte nach DDR-Recht in die Rentenversicherung übernommen wurde. Die zunehmende Belastung der → Hilfe zum Lebensunterhalt mit der Gewährung von Leistungen an Arbeitslose läßt sich – neben der dadurch eintretenden Verlagerung des finanziellen Risikos der Arbeitslosigkeit auf die Kommunen – mit dem Wesen der S. als einer individuellen Hilfe mit starker Betonung der persönlichen Hilfe nicht vereinbaren.
Bei den Überlegungen zur Schaffung eines eigenständigen Rehabilitations-Rechts geht es mehr um die Vereinheitlichung der gesetzlichen Grundlagen als um die Schaffung eines eigenen Leistungs- und Finanzierungssystems anstelle des heutigen Systems der gegliederten → Rehabilitation, in der die S. mit der Eingliederungshilfe für Behinderte eine wichtige Rolle spielt.
Die Verbindung des Fürsorgeprinzips mit dem Versorgungsprinzip in der S. wird sich eher verstärken als abschwächen (Gewährung von Leistungen ohne Zumutbarkeitsgrenze; Verzicht auf Heranziehung Unterhaltsverpflichteter; Angleichung von Leistungen an vergleichbare Versorgungsleistungen; Nichtanrechnung von Sozialleistungen anderer Leistungsträger).
Neben die Individualleistungen der S. treten in verstärktem Maße Leistungen zugunsten notleidender Gruppen (z.B. Obdachlose; Suchtgefährdete; mißhandelte Frauen; Flüchtlinge u.ä.); für solche Leistungen sind die Rechtsgrundlagen der S. noch sehr unvollkommen.
Die S. ist durch den Einigungsvertrag ab 1. 1. 1991 auch in den neuen Ländern eingeführt und damit ein gesamtdeutsches Leistungssystem geworden. Vom 1. 6. 1990 bis 31. 12. 1990 galt in der DDR ein eigenes S.gesetz, das in vereinfachter Form die wesentlichen Leistungsgrundsätze der S. übernommen hat.

Sozialhilfebericht

Lit. AWO: Sozialhilfe; Bartholomäi u.a.: Sozialpolitik; Brück, G. W.: Sozialpolitik; DV: Fürsorge; DV: Neuordnung; DV: Sozialhilferecht; DV: Sozialreform; DV: Wege; Flamm: Sozialwesen; Kommission »Reform der Sozialhilfe«: Sozialhilfe; Matthes: Sozialhilferecht; Schäfer, D.: Fürsorge; Wehlitz: Sozialarbeit; Wenzel: Sozialhilfereform. *Otto Fichtner/Walter Schellhorn*

Sozialhilfebericht → Armutsberichterstattung

Sozialhilfebescheid → Leistungsbescheid

Sozialhilfe in der EG Wie das Sozialleistungssystem insgesamt ist auch die → Sozialhilfe in den Mitgliedstaaten der → Europäischen Gemeinschaften (EG) in der Kompetenz der Einzelstaaten verblieben. Im Unterschied zu den Systemen der → sozialen Sicherheit (→ Soziale Sicherheit in der EG) sind die Mindestsicherungs- und Sozialhilfesysteme, die darauf abzielen, den Bürgern der Mitgliedstaaten ein soziales Mindesteinkommen (→ Mindesteinkommen in der EG) zu gewährleisten, auch nicht im Interesse der Freizügigkeit der → Wanderarbeitnehmer koordiniert worden. Art. 4 Abs. 4 Verordnung (EWG) Nr. 1408/71 nimmt die »Sozialhilfe« ausdrücklich vom sachlichen Geltungsbereich dieser Verordnung aus. Hingegen fällt die Sozialhilfe unter Art. 7 Abs. 2 Verordnung (EWG) Nr. 1612/68 über die Freizügigkeit der Arbeitnehmer in der Gemeinschaft. Danach haben Arbeitnehmer, die Staatsangehörige eines Mitgliedstaats sind, in einem anderen Mitgliedstaat, in dem sie beschäftigt sind, Anspruch auf Inländergleichbehandlung in bezug auf »soziale und steuerliche Vergünstigungen«. Auf diese Verbürgung können sich auch Familienangehörige von Wanderarbeitnehmern (selbst wenn sie Staatsangehörige eines Drittstaates sind) berufen. Wanderarbeitnehmer und ihre Familienangehörigen haben deshalb in anderen Mitgliedstaaten der EG Anspruch auf Leistungen der Sozialhilfe wie die eigenen Staatsangehörigen. Im Unterschied zu Leistungen der sozialen Sicherheit werden derartige unter die Bestimmung des Art. 7 Abs. 2 VO (EWG) Nr. 1612/68 fallende soziale Vergünstigungen allerdings nicht »exportiert«, d.h. in einen anderen Mitgliedstaat gezahlt. Offen ist, inwiefern sich Nichtwanderarbeitnehmer, z.B. Selbständige, für welche die vorstehend erwähnte »Freizügigkeitsverordnung« nicht gilt, unmittelbar auf das allgemeine Diskriminierungsverbot des Art. 6 EGV berufen und aus diesem Grunde gleichfalls Sozialhilfeleistungen beanspruchen können.
Lit. Ketelsen: Gemeinschaftsrecht; Schulte, B.: Armut; Schulte, B.: Grundsicherung.
Bernd Schulte

Sozialhilferichtlinien Empfehlungen und Hinweise zur Anwendung des → Bundessozialhilfegesetzes (BSHG).
Das BSHG stellt den Grundsatz der individuellen Hilfeleistung (→ Individualisierungsprinzip) als Gebot der → Sozialhilfe besonders heraus (§ 3 BSHG: »Hilfe nach der Besonderheit des Einzelfalles«). Nach Inkrafttreten des BSHG verstärkte sich der Wunsch, angesichts vieler → unbestimmter Rechts- und Ermessensbegriffe den Mitarbeitern in den Verwaltungen der → Sozialhilfeträger Entscheidungshilfen an die Hand zu geben, die insbes. bei Ausübung des → Ermessens als Leitlinien dienen können. Dieser Aufgabe haben sich in den einzelnen Bundesländern vorwiegend die kommunalen Spitzenverbände gewidmet. Teilweise haben die überörtlichen Träger der Sozialhilfe und das zuständige Fachministerium (letzteres z.B. in Rheinland-Pfalz) an der Ausarbeitung mitgewirkt. Die S. sind von den Verfassern unterschiedlich benannt. Sie werden als »Empfehlungen«, »Hinweise« oder »Anhaltspunkte zur Anwendung des BSHG« bezeichnet.
Die S. sollen sicherstellen, daß die einzelnen Sozialhilfeträger innerhalb eines Landes gleichartige Lebenstatbestände nach gleichen Maßstäben bewerten. Als sog. Ermessensrichtlinien liefern sie Entscheidungsmaßstäbe und Entscheidungsmuster für eine sachgemäße Ausübung des Verwaltungsermessens. Sie sollen keiner unzulässigen Schematisierung von Sozialhilfeleistungen Vorschub leisten, sondern vielmehr den Sachbearbeitern ihre praktische Arbeit erleichtern und dazu beitragen, daß das BSHG im Interesse der Hilfesuchenden (→ Hilfeempfänger) und der Allgemeinheit möglichst einheitlich ausgelegt und angewandt wird.
S. sind keine → Verwaltungsvorschriften im formellen Sinne; sie werden es dann, wenn die zuständigen Organe der Sozialhilfeträger sie für ihren Zuständigkeitsbereich als verbindlich erklären. Bei Heranziehung von örtlichen Trägern der Sozialhilfe zur Durchführung von Aufgaben der überörtlichen Träger oder bei der Beauftragung von Gemeinden (→ Aufgabenübertragung) können die S. für den übertragenen Aufgabenbereich durch Weisung des Sozialhilfeträgers verbindlich werden.
Durch die Aufnahme des einschlägigen Bundes- und Landesrechts sowie anderer Vorschriften und Vereinbarungen (insbes. in Baden-Württemberg, Bayern, Brandenburg, Rheinland-Pfalz und Saarland) bieten die S. eine gute Informationsquelle für Ratsuchende.
Nachwuchskräften in sozialen Berufen und in der Verwaltung erleichtern sie das Einarbeiten in die komplizierte Materie des Sozialhilferechts. *Manfred Wienand*

Sozialhilfestatistik ist eine gesetzlich angeordnete Bundesstatistik, deren Ergebnisse sowohl über den Aufwand (Ausgaben und Einnahmen der → Sozialhilfe) als auch über den Personenkreis der Leistungsempfänger überwiegend mit jährlicher Periodizität informieren. Die Statistik beruht auf den Auskünften der überörtlichen und örtlichen Träger der Sozialhilfe (→ Sozialhilfeträger) sowie der kreisangehörigen Gemeinden, soweit sie Aufgaben der Sozialhilfe erfüllen.

In der S., die seit 1963 geführt wird, werden Sozialhilfeaufwand und → Hilfeempfänger nach Hilfearten sowie Inanspruchnahme der Leistungen außerhalb von → Einrichtungen oder in Einrichtungen, außerdem die Einnahmen in der Gliederung nach Einnahmearten erfaßt.

Bei den jährlichen Erhebungen über Hilfeempfänger beschränkte sich die S. bis einschl. 1993 auf eine Erfassung von Alter und Geschlecht; bei der laufenden → Hilfe zum Lebensunterhalt wurden zusätzlich die Stellung des Hilfeempfängers zum Haushaltsvorstand sowie einige haushaltsbezogene Merkmale, nämlich die Hauptursache der Hilfegewährung sowie angerechnete Einkünfte bzw. übergegangene Ansprüche, erhoben.

Angesichts der starken Ausgabenzunahme der Sozialhilfe und der steigenden Zahl der Hilfeempfänger zeigte die bis 1993 geführte Statistik dem Informationsbedarf der gesetzgebenden Körperschaften, der Verwaltung, der Sozialpolitiker und auch der Öffentlichkeit nicht mehr gewachsen. Die Kritik an der S. bezog sich insbesondere auf die Erhebung der Leistungsempfänger und konzentrierte sich auf folgende Punkte: Der Zeitraum zwischen dem Ende eines Berichtszeitraums und der Bekanntgabe der Ergebnisse erschien zu lang. Daß das Gros der statistischen Nachweisung sich auf kumulierte Werte eines Jahreszeitraums und nicht auf einen Stichtag bezog, erschien sachlich nicht gerechtfertigt und erschwerte darüber hinaus Vergleiche mit anderen, durchweg stichtagsbezogenen statistischen Ergebnissen. Ferner vermißte man wesentliche Aussagen: So fehlten Angaben über die Dauer des Leistungsbezugs sowie bei der Hilfe zum Lebensunterhalt über die sozioökonomische und familiäre Lage der → Bedarfsgemeinschaft; der bis 1993 geführte Ursachenkatalog hatte sich als zu wenig aussagekräftig, teils auch als veraltet erwiesen. Bei der → Hilfe zur Pflege bestand der Wunsch nach Informationen über die Form der Leistungen bei ambulanter Hilfe sowie die Unterscheidung stationärer und teilstationärer Leistungen bei Hilfe in Einrichtungen. Bei der Aufwandsstatistik wurden die Einnahmen nicht hilfeartbezogen erfaßt; daher konnten nicht Nettobeträge der Leistungen für einzelne Hilfearten berechnet werden. Mit Jahresbeginn 1994 wurde daher eine neue, inhaltlich und methodisch erheblich verbesserte S. eingeführt, nachdem der gegenwärtige und absehbare zukünftige Informationsbedarf sowie die methodischen Möglichkeiten seitens der hauptsächlich interessierten Institutionen einschl. der Sozialwissenschaft und der → Statistik eingehend erörtert worden waren. Die neue S., deren Rechtsgrundlage das BSHG (§§ 127-137) ist, umfaßt jährliche Erhebungen über den Bestand an Empfängern laufender Hilfe zum Lebensunterhalt, über Empfänger von → Hilfe in besonderen Lebenslagen sowie über Ausgaben und Einnahmen, daneben eine vierteljährliche Statistik über Kurzzeitempfänger von Hilfe zum Lebensunterhalt. Die Bestandsstatistik über Empfänger laufender Hilfe zum Lebensunterhalt wird ergänzt durch vierteljährliche Erhebungen über hinzukommende Hilfeempfänger sowie aus der Leistungsgewährung ausscheidende Personen. Diese Statistiken sollen zur Fortschreibung der Bestandsdaten und damit auch zur Berechnung von Jahresdurchschnittswerten verwendet werden. Inhaltliche Erweiterungen erfolgten hauptsächlich bei der Statistik der Empfänger laufender Hilfe zum Lebensunterhalt. Hier werden ab 1994 die den Hilfeempfängern gewährten Mehrbedarfszuschläge (→ Mehrbedarf) nach ihrer Art erfaßt, außerdem wird bei den 15- bis unter 65jährigen Hilfeempfängern der Erwerbsstatus sowie der jeweils höchste allgemeine Schul- sowie Berufsausbildungsabschluß ermittelt. Darüber hinaus wird die Erfassung der Ausländer durch zusätzliche Antwortvorgabe (EU-Ausländer, → Asylberechtigter, Bürgerkriegsflüchtling, sonstiger Ausländer) stärker differenziert. Für die Bedarfsgemeinschaft werden ab 1994 zusätzlich Beginn und Ende der Leistungsgewährung erfaßt, ferner Bruttobedarf an Hilfe zum Lebensunterhalt sowie Nettoanspruch (nach Abzug angerechneter Einkünfte und übergegangener Ansprüche), die soziale Situation, die für die Hilfegewährung maßgebend ist (diese Frage löst die bisherige nach der Hauptursache der Hilfegewährung ab), Gewährung der Hilfe zum Lebensunterhalt als Vorleistung für andere vorrangige Sozialleistungen und Zahl der Haushaltsmitglieder insgesamt. Bei der Erhebung der beendeten Hilfen (Abgänge) wird zusätzlich nach dem Grund für die Einstellung der Leistung gefragt. Dabei wird u. a. festgestellt, ob im Falle der Aufnahme einer Erwerbstätigkeit diese durch → Hilfe zur Arbeit gefördert wurde.

Kurzzeitempfänger laufender Hilfe zum Lebensunterhalt, bei denen es sich hauptsächlich um → alleinstehende Wohnungslose handelt, werden vierteljährlich mittels eines statistischen Sammelbelegs ermittelt. In der Jahresstatistik der Hilfe in besonderen Lebenslagen werden neben den eingangs erwähnten Merkmalen bei der Hilfe zur Pflege und der → Eingliederungshilfe für Behinderte die Arten bzw. Formen der

Hilfe sowie Beginn und Ende der Hilfegewährung erfragt, außerdem voll- und teilstationäre Betreuung unterschieden.
Die neue S. wurde zum Jahresbeginn 1994 mit einer erstmaligen Bestandserhebung im gesamten Bundesgebiet eingeführt. Gleichzeitig wurde – in enger Anlehnung an Aufbau und Verfahren der S. – eine Asylbewerberleistungsstatistik eingeführt, da die Asylbewerber nicht mehr Leistungen nach dem BSHG, sondern nach dem → Asylbewerberleistungsgesetz erhalten.
Lit. Beck, M. u. a.: Reform; Berg: Sozialhilfestatistik; Bujard u. a.: Sozialhilfe; Hoffmann, K. u. a.: Sozialhilfe- und Asylbewerberleistungsstatistik; Neuhäuser: Sozialhilfeaufwand; Neuhäuser: Sozialhilfeempfänger; Rompel: Sozialhilfestatistik; Statistisches Bundesamt: Sozialhilfe.
Dieter Deininger

Sozialhilfeträger Die → Sozialhilfe wird von örtlichen und überörtlichen S. gewährt, § 9 → Bundessozialhilfegesetz (BSHG). Örtliche S. sind die → kreisfreien Städte und die → Landkreise, § 96 Abs. 1 BSHG. Ihre Organisation regeln die Länder im Rahmen der ihnen nach dem → Grundgesetz zukommenden staatlichen Organisationsgewalt. Soweit sie nicht Stadtstaaten sind, haben die Länder den örtlichen S. die diesen nach dem BSHG obliegenden Aufgaben als Selbstverwaltungsaufgaben (→ Selbstverwaltung) übertragen; das bedeutet, daß die örtlichen Träger ihre Sozialhilfeaufgaben in eigener Verantwortung durchführen und eine staatliche Weisungsbefugnis insoweit nicht besteht. Die örtlichen S. unterliegen lediglich der Rechtsaufsicht; das Nähere bestimmt sich nach Landesrecht.
Die Landkreise als örtliche S. können ihnen zugehörige → Gemeinden und Gemeindeverbände nach näherer Maßgabe landesrechtlicher Vorschriften zur Durchführung ihrer Sozialhilfeaufgaben heranziehen. Diese Heranziehung für bestimmte Sozialhilfeaufgaben kann nach Maßgabe der einzelnen landesrechtlichen Vorschriften entweder im Einzelfall durch Beauftragung oder allgemein durch Delegation (→ Aufgabenübertragung) erfolgen.
Die überörtlichen S. werden durch die Länder bestimmt. Dabei haben die Länder teilweise staatliche Behörden (Berlin, Brandenburg, Bremen, Hamburg, Mecklenburg-Vorpommern, Niedersachsen, Rheinland-Pfalz, Saarland, Sachsen-Anhalt, Schleswig-Holstein, Thüringen), teilweise Selbstverwaltungskörperschaften (→ Landschaftsverbände in Nordrhein-Westfalen, → Landeswohlfahrtsverbände in Baden-Württemberg, Hessen und Sachsen, Bezirke in Bayern) als überörtliche Träger bestimmt. Die staatlichen Behörden unterliegen dem Weisungsrecht im Rahmen der → Fachaufsicht. Soweit die Aufgaben der überörtlichen S. Selbstverwaltungskörperschaften übertragen sind, führen diese ihre Sozialhilfeaufgaben nach Maßgabe des Landesrechts als Selbstverwaltungsaufgaben durch.
Auch die überörtlichen S. können – soweit sie nicht Stadtstaaten sind – nach näherer Maßgabe der hierzu erlassenen landesrechtlichen Vorschriften die örtlichen S. und die Gemeinden und Gemeindeverbände zur Durchführung ihrer Sozialhilfeaufgaben heranziehen.
Die Aufteilung der Aufgaben der Sozialhilfe zwischen örtlichen und überörtlichen S. ergibt sich aus den Vorschriften des BSHG über die sachliche → Zuständigkeit (§§ 99 und 100 BSHG) und den dazu in den Ausführungsgesetzen der Länder (s. das Fundstellenverzeichnis der Ausführungsgesetze und Verordnungen der Länder, in Knopp u. a. und Mergler u. a.) enthaltenen ergänzenden Zuständigkeitsvorschriften.
Lit. Busch, U.: Rechtsbeziehungen; Dahlinger: Heranziehung; Gottschick u. a.: BSHG (Komm.); Knopp u. a.: BSHG (Komm.); Mergler u. a.: BSHG (Komm.); Schellhorn u. a.: BSHG (Komm.).
Erich Dahlinger

Sozialhygiene Seitdem die Begriffe S. (A. Fourcault, 1844) und → »Sozialmedizin« (I. Guàrin, 1848) ungefähr gleichzeitig erstmalig verwendet wurden, bestehen bei uns harte Auseinandersetzungen um die Festlegung einer allgemeinverbindlichen Terminologie und Begriffsbestimmung, dem auch ein eigens hierzu veranstaltetes Podiumsgespräch (ÖffGesundhWesen 1966, S. 47) nicht abhelfen konnte. Vielfach wird aus dem historischen Ablauf des wissenschaftlichen Sprachgebrauchs geschlossen, daß es sich bei der S. um die »Vorläuferin« der Sozialmedizin handelt, deren Inhalte weitgehend identisch seien (Gerfeld). Im frankophonen und im angelsächsischen Schrifttum wird im allgemeinen so verfahren. In den USA ist S. ein Euphemismus für die Bekämpfung von → Geschlechtskrankheiten; in Großbritannien wird aber auch der Begriff »Sozialmedizin« schon wieder zunehmend durch »Community Medicine« ersetzt. Pflanz führt daher auch keine strenge Trennung durch. Da man aber in der Bundesrepublik den Begriff S. weiterhin verwendet, versuchte Trüb folgende Definition: S. ist »Nachweisermittlung krankmachender Faktoren in der Umwelt und in der gesellschaftlichen Struktur sowie ihre Beseitigung durch Gesundheitshilfe, Prophylaxe, Umwelthygiene, Arbeits- und Gewerbehygiene, Kommunalhygiene, Kulturhygiene und generative Hygiene (Eugenik)«.
Lit. Gerfeld: Sozialhygiene; Pflanz: Sozialer Wandel; Trüb: Studie.
Herbert Viefhues

Sozialindikatoren Seit Mitte der 60er Jahre hat sich in den Sozialwissenschaften eine »S.bewegung« gebildet und zur Verbrei-

tung eines Forschungsansatzes beigetragen, dessen dominierendes Erkenntnisinteresse in Sozialberichterstattung bzw. gesellschaftlicher Berichterstattung besteht.
Im Rahmen der »S.forschung«, wie das Arbeitsgebiet zusammenfassend bezeichnet wird, haben sich nicht nur Wissenschaftler an Universitäten, sondern insbes. auch nationale Behörden und internationale Organisationen engagiert. In zahlreichen Staaten sind – überwiegend von amtlichen Stellen – Sozialreports erstellt worden, die über die »Lage der Nation« umfassend Auskunft geben. Besonders die Transformationsprozesse in Ostdeutschland und Osteuropa sind einer Dauerbeobachtung unterzogen worden. In den Vereinten Nationen, in der → Organisation für wirtschaftliche Zusammenarbeit und Entwicklung (OECD) sowie in der Europäischen Union (EU) wurde an der Vereinheitlichung von Sozialstatistiken und der Entwicklung von Systemen von S. gearbeitet. Auch Wirtschaftsunternehmen sind dazu übergegangen, »Sozialbilanzen« zu erstellen, in denen – über die ökonomische Bilanzierung hinausgehend – soziale Kosten und Nutzen aufgezeigt werden.
Unter der Vielfalt von Problemen, die im Rahmen der S.forschung bearbeitet werden, dominieren drei Fragestellungen: erstens die Messung von → Lebensqualität und Wohlfahrt; dabei werden S. als Maßzahlen verwendet, die anzeigen, wie sich objektiv beobachtbare Lebensbedingungen und subjektiv wahrgenommene Lebensqualität zwischen Bevölkerungsgruppen und zwischen Nationen unterscheiden und im Zeitablauf verändern. Als Bewertungskriterien für die erreichte »Wohlfahrt« werden Expertenstandards, gesellschaftspolitische Ziele und die Urteile der betroffenen Individuen herangezogen. Die zweite zentrale Fragestellung bezieht sich auf die Beobachtung von → sozialem Wandel und gesellschaftlicher Entwicklung. S. sind dabei die Maßzahlen, an denen sich Richtung, Schnelligkeit und Tiefgang gesellschaftspolitischer Wandlungsprozesse ablesen lassen. Der dritte wichtige Ansatz besteht in der Durchführung von Prognosen und Wirkungsanalysen. S. bilden dabei die → Variablen eines Modells, mit dessen Hilfe Vorhersagen gemacht oder Wirkungszusammenhänge analysiert werden. Dies ist ein Beitrag der S.forschung für eine rationale gesellschaftliche → Planung, die es erfordert, daß die Auswirkungen gesellschaftspolitischer Handlungsprogramme vorhersehbar sind und ihre tatsächlichen Auswirkungen und ihr Erfolg kontrolliert werden, damit eventuell Programmrevisionen vorgenommen werden können.
Die »S.bewegung« betont, daß von den Ergebnissen gesellschaftlicher Prozesse und gesellschaftspolitischer Handlungsprogramme diejenigen wichtig sind, die die Wohlfahrt der Individuen beeinflussen.

Dies bedeutet z. B., daß der Maßstab für Erfolge der Gesundheitspolitik nicht die Ausgaben für den Gesundheitsbereich und auch nicht die daraus resultierenden, → Gesundheit erhaltenden und wiederherstellenden Einrichtungen (Vorbeugeuntersuchungen, Krankenhäuser, Pflegepersonal usw.) sein können, sondern in erster Linie die damit bewirkten Verbesserungen des Gesundheitsniveaus der Bevölkerung. Das Gesundheitsniveau der Bevölkerung oder andere Zielvorstellungen können i. d. R. nicht durch einen einzelnen, sondern nur durch einen Satz von S. gemessen werden. Beispiele für S. im Bereich Gesundheit sind die Säuglingssterblichkeit, die Lebenserwartung und die Verbreitung gesundheitlicher Beeinträchtigungen in der Bevölkerung. Ein konsistenter Satz von S. für alle wichtigen Lebensbereiche, der aus einem bestimmten Wohlfahrtskonzept abgeleitet ist, wird i. d. R. als System von S. bezeichnet.
Lit. Glatzer: Lebensverhältnisse; Habich u. a.: Sozialberichterstattung; ISI: Abteilung; Leipert: Berichterstattung; Noll: Sozialberichterstattung; Statistisches Bundesamt: Datenreport; Winkler, G.: Sozialreport; Zapf, W.: Sozialberichterstattung.

Wolfgang Glatzer

Sozialisation Mit S. wird zunächst der Prozeß bezeichnet, in dem der nur mit rudimentären → Instinkten geborene, aber für vielfältige Lernprozesse offene Mensch durch die allgemeinen sozialen, ökonomischen und kulturellen Verhältnisse wie durch spezielle S.agenturen der jeweiligen → Gesellschaft so geformt wird, daß er ihren gemäße → Einstellungen und Verhaltensweisen entwickelt und schließlich als Erwachsener zum arbeitsteiligen Reproduktionsprozeß seiner Gesellschaft beitragen kann. Im weiteren Sinne verstanden, schließt S. nicht mit dem Erreichen des Erwachsenenstatus ab, sondern umfaßt auch die lebenslang immer wieder notwendig werdenden Formungs- und Lernprozesse, besonders beim Eintritt in neue soziale Institutionen (Betriebe, Parteien, Verbände usw.) oder beim Erreichen neuer Lebensabschnitte (z. B. Eheschließung, Pensionierung).
Im Vergleich zum Tier ist der Mensch nicht durch instinkthaft gesteuerte Reaktionen an eine bestimmte Umwelt gebunden, vielmehr weltoffen angelegt und auf Lernprozesse angewiesen, um überhaupt lebensfähig zu werden. Die Formbarkeit des Menschen, insbesondere des Kindes und des Heranwachsenden, durch seine soziale Umgebung läßt sich eindrucksvoll belegen durch interkulturelle Vergleiche (Mead, Erikson u. a.); sie läßt sich außerdem beobachten innerhalb einer Gesellschaft für verschiedene soziale Gruppen und für verschiedene historische Epochen. S. ist immer bezogen auf das Ziel, einen Erwachsenen hervorzubringen, der in einer bestimm-

Sozialisation

ten Gesellschaft akzeptierte Beiträge für deren Fortbestehen erbringen kann. Die dazu notwendigen Lernprozesse sind nur zum Teil bewußt gesteuert, als intentionale → Erziehung geplant und kontrolliert. Die sozio-ökonomischen und kulturellen Verhältnisse, in denen ein Kind aufwächst, wirken auf seine Entwicklung ein; sie setzen seiner Entfaltung nicht nur direkt materielle und geistige Grenzen, sondern wirken auch über das Verhalten der Erwachsenen, mit denen es Kontakt hat. Deren soziale Erfahrungen, eigene wie tradierte, beziehen sich zu einem erheblichen Teil auf sozioökonomisch und kulturell begrenzte Bereiche einer Gesellschaft und bestimmen, oft weitgehend unbemerkt, ihre Einstellungen und alltäglichen Verhaltensweisen. Diese Selektion der Erfahrungen der Erwachsenen, die zudem noch bestimmt wird durch regionale Besonderheiten sowie durch religiöse und familiale Traditionen, wird – nur zum Teil bewußt – weitergegeben an die Jüngeren. Ein Überblick über historische Veränderungen der S. in unserer Gesellschaft ergibt, daß bei insgesamt zunehmender Arbeitsteilung sich auch diejenigen Institutionen ausdifferenziert haben, die sozialisierend auf Kinder, Heranwachsende und Erwachsene einwirken. → Familie, → Kindergarten, Schulen aller Art (→ Bildung/Bildungswesen), Betriebe und Massenmedien (→ Medien), aber auch Kirchen, staatliche Institutionen, Parteien und Verbände sind mit teils einander ergänzenden, teils konkurrierenden Ansprüchen im S.prozeß wirksam.

Die Vielschichtigkeit der Problematik erlaubt – und erfordert – eine ihr entsprechende Vielzahl von Fragestellungen, theoretischen und methodischen Zugängen. Die wissenschaftliche Bearbeitung läßt sich dadurch charakterisieren, daß in den beteiligten Disziplinen (→ Erziehungswissenschaft, → Individual- und → Sozialpsychologie, → Soziologie, Politologie, Geschichtswissenschaft u.a.m.) Teilaspekte recht intensiv erforscht und diskutiert werden, Zusammenfassungen jedoch, falls sie überhaupt versucht werden, eher additiv als systematisch verbindend gestaltet sind. Das Fehlen einer umfassenden sozialwissenschaftlichen Theorie der S. hat seine Ursachen nicht nur in der stetig weiter fortschreitenden Arbeitsteilung der Wissenschaften, sondern auch in der Divergenz wissenschaftstheoretischer Positionen, die Verständigung über Erkenntnisinteressen, Fragen der → Theoriebildung und der Methodologie auch innerhalb einzelner Disziplinen erschwert.

Die im S.prozeß wirksamen Faktoren lassen sich analytisch nach mehreren Ebenen unterscheiden: Auf der gesamtgesellschaftlichen Ebene haben die historisch erreichten Ausformungen des Wirtschaftssystems, des politischen Systems und der Kultur, besonders auch der Stand der Ausdifferenzierung des Kommunikationssystems, weitreichende Folgen für die jeweils herrschende Auffassung vom Menschen, für zentrale → Normen und alltägliche Verkehrsformen. Auf der Ebene der einzelnen Institutionen wird der erreichte Grad der gesellschaftlichen Arbeitsteilung deutlich; der Ausgliederung bestimmter Funktionen, der Produktion, Verwaltung, Erziehung, der → sozialen Kontrolle entspricht eine zunehmende Tendenz zur Spezialisierung und Professionalisierung. Das im Gefolge der Industrialisierung immer dichter gewordene Netz der Institutionen wirkt direkt und indirekt auf S.inhalte und -formen ein. Während die Wirksamkeit der an der frühkindlichen und kindlichen S. direkt beteiligten Institutionen, der Familie und der Schule, schon länger Gegenstand wissenschaftlichen Interesses ist, besteht über die S. Jugendlicher und Erwachsener, z.B. über das Ausmaß, in dem Betriebe und Verwaltungen das Bewußtsein der in ihnen Arbeitenden prägen, weit weniger Klarheit (→ Berufliche Sozialisation). Kaum erforscht ist außerdem, wie sich der Einfluß der verschiedenen Institutionen auf die von ihnen abhängigen Menschen im Zeitverlauf oder für eine bestimmte Lebensphase insgesamt darstellt, ob sich diese Einflüsse wechselseitig verstärken, neutralisieren oder zu widersprüchlichen Anforderungen führen. Die Ebene der zwischenmenschlichen Beziehungen hat wohl vor allem deshalb zunehmende Bedeutsamkeit erlangt, weil der Kontrast zwischen im Beruf geforderten, formalisierten und auf Funktionalität ausgerichteten Verhaltensweisen einerseits und den im informellen Bereich erwarteten spontanen, affektbetonten Beziehungen zahlreiche Probleme mit sich bringt. Für Berufe, die im S.prozeß wirksam werden, stellt gerade die gleichzeitige Forderung nach spezialisiertem professionellem Handeln und einem die ganze Persönlichkeit des anderen einbeziehenden, im umfassenden Sinn menschlichen Verhalten einen nur schwer einlösbaren Anspruch dar. Analytisch isolieren läßt sich schließlich noch auf der Ebene des einzelnen Individuums der Problembereich, wie soziale Erfahrungen intrapsychisch verarbeitet werden. Nicht nur die subjektiven Erfahrungen variieren in verschiedenen Kulturen und gesellschaftlichen Gruppen, sondern auch die Toleranzspielräume erlaubter Verarbeitungsformen. Mittelschichttypisch ist wohl die Erwartung von Individualität (→ Individuum, → Individuation), aber zu deutlich abgehobene Besonderheit wird negativ sanktioniert. Hingewiesen sei außerdem auf die geschlechtsspezifischen Begrenzungen individueller Entfaltung zuungunsten der Frauen.

Die Trennung der verschiedenen Ebenen dient sicher der Intensivierung der Erforschung der für sie jeweils charakteristischen Problembereiche; andererseits stellt sich angesichts ihrer wechselseitigen Durchdringung in der gesellschaftlichen Realität die Aufgabe, sie in Theorie und Forschung systematisch miteinander in Beziehung zu setzen. Der Arbeitsteilung der Wissenschaften und ihrer historischen Entwicklung folgend, sind in den einzelnen sozialwissenschaftlichen Disziplinen Theorien zu Teilaspekten der S. formuliert worden. Neben pädagogischen Theorien zum Erziehungsprozeß, die im wesentlichen auf die Erklärung professionellen erzieherischen Handelns abzielen, gibt es im Bereich der → Psychologie umfassender angelegte S.theorien. Die → Psychoanalyse, zunächst zentriert auf den Zusammenhang von Triebkontrolle und S. (S. Freud), wendet sich zunehmend Fragen der Ich-Autonomie, den Chancen der Subjektwerdung (→ Subjektivität) zu und bezieht dabei stärker sozialpsychologische Konstellationen und sozialstrukturelle Momente mit ein (Mitscherlich, Lorenzer, Erikson). Die behavioristisch orientierte Lerntheorie (→ Behaviorismus, → Lernen) versteht S. als komplexe Reiz-Reaktions-Relation mit verstärkend oder abschwächend wirkenden intervenierenden → Variablen, die eine Öffnung der Theorie auf Faktoren aus der sozialen Umgebung erlauben. In den Grundgedanken konzipiert liegt eine marxistische Theorie der Persönlichkeit vor (Seve), die besonders entschieden Elemente der sozioökonomischen Struktur der Gesellschaft mit der Entwicklung der Persönlichkeit verbindet und dabei der Hypothese folgt, daß im Verlauf einer Biographie verschiedene soziale und sozioökonomische Faktoren die Persönlichkeitsstrukturen prägen. In der Soziologie verdienen zwei Hauptstränge der Theoriebildung besondere Beachtung. Die umfassend konzipierte strukturell-funktionale Theorie Parsons hat einen Zusammenhang hergestellt zwischen den obersten Werten einer Gesellschaft, dem kulturellen System, den aus ihm abgeleiteten sozialen Systemen mit je eigenen Normen und sozialen Kontrollen und den letztlich zur Anpassung gezwungenen personalen Systemen, d. h. den einzelnen Mitgliedern einer Gesellschaft. Die vielfältige Kritik an Parsons Theorie hat zwar zu Veränderungen der → Systemtheorie und zu partiell differenzierteren S.theorien geführt, jedoch noch keine ähnlich umfassende Theorie der S. hervorgebracht. So hat beispielsweise die Theorie des → symbolischen Interaktionismus die Aufmerksamkeit auf die Repressivität und Rigidität von Normen und deren Konsequenzen für die Ausbildung von Ich-Identität gelenkt, dabei jedoch die Rückbeziehung der Normen auf die Sozialstruktur und den Zusammenhang mit gesellschaftlicher Ungleichheit nicht berücksichtigt (Dreitzel, Krappmann). Der andere Strang soziologischer Theoriebildung zu Fragen der S. umfaßt historisch und dialektisch konzipierte Theorien, die die Auswirkungen gesellschaftlicher Verhältnisse auf das Bewußtsein und Verhalten der Individuen thematisieren. Die teils stärker materialistisch, teils an einer eigenen Dialektik zwischen sozioökonomischen Verhältnissen und geistigen Strömungen orientierten Theorien heben besonders die historisch sich ausbildenden gesellschaftlichen Widersprüche hervor, die eine freie Entfaltung der Persönlichkeit erschweren, wenn nicht sogar verhindern. Hingewiesen sei hier nur auf die theoretischen und empirischen Arbeiten zur soziopsychischen Entstehung der autoritätsgebundenen Persönlichkeit (→ Autorität), einen Beitrag der → Kritischen Theorie zur Erklärung der subjektiven Wirksamkeit der nationalsozialistischen Ideologie (Adorno u.a.). Die in beiden Theorietypen enthaltene Verbindung von soziologischen und psychologischen Fragestellungen erfährt eine Verstärkung durch die neuerdings zu verzeichnende Hinwendung zu lebensgeschichtlich orientierten Analysen (→ Lebenswelt) im Kontext bestimmter sozialer Verhältnisse (Kohli u.a.). Die begrenzte Reichweite der verschiedenen S.theorien bedeutet für die Praxis, daß die ausschließliche Orientierung an einer Theorie zur Verkürzung der Erklärungen und damit auch zu unvollständigen Handlungsstrategien führen muß.

Ein Überblick über den Stand der S.forschung zeigt, daß eine Fülle von Teilergebnissen vor allem zu sozialisatorischen Leistungen der Familie im Kontext sozialer Ungleichheit vorliegt. Die mehrfach in Sekundäranalysen zusammengefaßten Ergebnisse (z. B. Rolff, Gottschalch, Huch, Walter u.a.) können hier nicht im einzelnen wiedergegeben werden. Gesicherte Differenzen zwischen sozialen → Schichten – vor allem zwischen Mittel- und Unterschicht – wurden bezüglich der → Erziehungsziele und → -stile sowie des Sprachverhaltens festgestellt (→ Schichtspezifische Erziehung). Angesichts der häufigen Dichotomisierung der international gewonnenen Ergebnisse liegt die Gefahr der Bildung von Stereotypen, etwa über die Unterschichtfamilie, nahe. Dem ist entgegenzuhalten, daß die Differenzen jeweils nur gradueller, nicht jedoch prinzipieller Art sind; es gibt auch in der Unterschicht Erziehung zur Leistung oder zur Selbstkontrolle, nur anders konzipiert oder weniger häufig als in der Mittelschichtfamilie. Die Feststellungen schichtspezifischer Unterschiede enthalten kaum Erklärungen über deren Ursachen. Wieweit verschiedene Erfahrungen am Arbeitsplatz, unterschiedliche materielle Ausstattung der Familie oder verschiedene Grade der formalen Bildung, um nur die gängigen Schichtungskriterien zu nennen, allein oder gemeinsam als Ursachen in Frage kommen, oder ob darüber hinaus noch nicht erkannte Faktoren im Spiel sind, ist

noch weitgehend ungeklärt. Die vorliegenden Forschungen bedürfen noch weiterer Relativierungen; zum einen ist die Transferierbarkeit in anderen Gesellschaften gewonnener Ergebnisse nicht ohne Probleme, zum anderen enthalten schichtvergleichende Kategorien und Interpretationen oft nicht offengelegte Wertungen zugunsten der Mittelschicht. Eine für manche Aspekte der Mittelschichts. durchaus vertretbare Kritik wird dadurch fast ausgeschlossen. Das Problem der pauschalen Abwertung von Unterschichtverhalten hat in der Soziolinguistik zu einer Kritik der Defizittheorie Bernsteins u. a., seiner Unterscheidung von restringiertem Code (Unterschicht) und elaboriertem Code (Mittelschicht) geführt. Als Konsequenz ergaben sich nicht nur neue Formen der Theoriebildung und des methodischen Vorgehens, sondern auch kritische Überlegungen zu den pädagogischen Folgerungen aus der Defizittheorie, der → kompensatorischen Erziehung.
Die S.forschung hat bisher Fragestellungen aus der sekundären S. weniger bearbeitet; über die Auswirkungen der schulischen und der betrieblichen S. liegen kaum empirisch gesicherte Ergebnisse vor. Besonders gravierend ist der Mangel an Untersuchungen, in denen die kumulative Wirkung verschiedener S.agenturen analysiert wird.
Das Konzept S. bietet nicht nur Differenzierungen bei der Analyse von sozialen Unterschieden in unserer Gesellschaft, etwa denen zwischen den Geschlechtern, den sozialen Schichten oder den Generationen an. Es ist, wie die Arbeiten der Kulturanthropologen andeuten, auch dazu geeignet, fremde Kulturen in ihrer Eigenart zu erfassen und daraufhin zu untersuchen, welche Akzente sie bei der Formung der in sie hineinwachsenden Menschen setzen. Kulturvergleichende S.forschung kann in einer Zeit sich auflösender Grenzen viel zum notwendigen Verständnis fremder Kulturen beitragen.
Weder die S.theorie noch die S.forschung können Personen oder Berufsgruppen, die im lebenslangen Prozeß der S. an irgendeiner Stelle eingreifend tätig sind, fertige Konzepte für eindeutig richtiges Verhalten liefern. Was sie zu leisten vermögen, sind notwendige Differenzierungen der Fragestellungen, die den Problemen der S. angemessen sind.
Von → Sozialarbeiter/-innen und Sozialpädagogen/Sozialpädagoginnen wird häufig erwartet, Einstellungen und Verhaltensweisen von Klienten zu korrigieren, deren S. als fremd oder defizitär angesehen wird. Erfahrungen aus Theoriebildung und Forschung legen nahe, daß dies nur nach Offenlegung und Diskussion der dabei zugrundegelegten Wertungen und Maßstäbe geschehen sollte. → Sozialarbeit/Sozialpädagogik, die sich als S.agenturen begreifen, können ihre Tätigkeit nicht vorwiegend als Korrektur zwischenmenschlicher Beziehungen oder intrapsychischer Prozesse definieren. Auf die S. eines einzelnen oder einer Gruppe einzugehen bedeutet, die sozialen, materiellen und kulturellen Verhältnisse, unter denen diese aufwuchsen und leben, ebenso zu überdenken wie die daraus resultierende Qualität sozialer Erfahrungen und die subjektiven Möglichkeiten ihrer Verarbeitung. Soziale Arbeit hat Zugang zu Informationen über S.verläufe, die den in unserer Gesellschaft – aus welchen Gründen auch immer – als normal angesehenen in irgendeiner Weise nicht entsprechen. Sie ist deshalb für die Sozialwissenschaften ein wichtiger Partner bei der noch ausstehenden systematischen Klärung der ungelösten Fragen, die im Konzept S. enthalten sind.
Lit. Erikson: Identität; Erikson: Kindheit; Huch: Klassengesellschaft; Hurrelmann: Sozialisationstheorie; Hurrelmann u. a.: Handbuch; Kohli: Lebenslauf; Lorenzer: Sozialisationstheorie; Mead, M.: Jugend; Seve: Marxismus; Tillmann: Sozialisationstheorie. *Alfred Pressel/Ingeborg Pressel*

Sozialistische Pädagogik Definition und Inhaltsbestimmung einer s. P. sind durchaus vieldeutig bzw. in unterschiedlicher Weise möglich, da jeder der beiden Begriffe für sich mehrdeutig ist: a) Pädagogik kann z. B. bedeuten: Erziehungspraxis, Erziehungswirklichkeit als Subsystem in einer bestimmten gesellschaftlichen und staatlichen Verfaßtheit, Erziehungsphilosophie, Ideengeschichte, Erziehungsprogrammatik, Theorie und Metatheorie der → Erziehung. b) Auch »sozialistisch« bedeutet durchaus Verschiedenes, mit unterschiedlichem Bezug auf Gesellschaftssysteme und Staaten, auf politische und wissenschaftliche Aussagensysteme und Programmatiken, auf Bewegungen und Parteien, auf Gruppen und Individuen; unterschiedlich auch nicht selten in der Selbst- bzw. Fremdzuschreibung. Innerhalb eines weiten Spektrums von »Sozialismus« gibt es erheblich abweichende Positionen und Fraktionen. c) Unterschiedlich muß »s. P.« auch sein unter bestimmten Bedingungen des gesellschaftlichen Kontextes, d. h. im Kapitalismus als Idee und Programm, als Grundlage und Bestandteil des politischen Kampfes oder als inselhafte alternative Lebens- und Erziehungsform anders als in staatssozialistischen Gesellschaftssystemen. In letzteren zwingt der Zusammenbruch des »realexistierenden Sozialismus« mit der Auflösung der Sowjetunion und des Ostblocks zu einer Transformation des Bildungs- wie des gesamten Gesellschaftssystems und entzieht der s. P., die in diesem »geschlossenen System« aber ohnehin ideologisch einseitig und dogmatisch verengt und ihrer demokratischen und emanzipatorischen Potentiale beraubt war, theoretische Schlüssigkeit, Legitimationskraft und praktische Wirkungsmöglichkeit. Die demokratischen, emazipatorischen Varianten s. P. in den Industriegesellschaften des Westens werden es danach allerdings noch schwerer haben, sich zu artikulieren, im wissenschaftlichen Diskurs zu Gehör zu bringen oder gar Einfluß auf die Praxis des Erziehungs- und Bildungswesen und seine Reform zu nehmen.

Sucht man über alle diese unterschiedlichen Ausprägungen und Bedingungen hinweg nach gemeinsamen Kriterien und Merkmalen s. P., so könnte man etwa nennen: a) als Basis die dialektisch-materialistische Gesellschafts- und Geschichtstheorie (Marx, Engels; → Gesellschaft), b) die Auffassung vom gesellschaftlichen Charakter der Erziehung und ihrem Zusammenhang mit Stand und Entwicklung der Produktivkräfte und Produktionsverhältnisse, c) das Erziehungsziel der allseitig entwickelten Persönlichkeit, d) die Verbindung von Erziehung und Unterricht mit produktiver Arbeit (Polytechnische Erziehung), e) die Überwindung der Entfremdung des Menschen und die Aufhebung der Klassengegensätze als Ziele s. P. und sozialistischer Politik zugleich.

Metatheoretisch setzt sich die politische Auseinandersetzung fort in der Diskussion um Wissenschaftspluralismus oder Antagonismus zwischen marxistischer und bürgerlicher Wissenschaft.

Bedeutungsgleich, bedeutungsähnlich oder sachverwandt finden sich auch die Bezeichnungen: »marxistisch«, »materialistisch«, »antikapitalistisch«, »proletarisch«, »Pädagogik der Neuen Linken« (→ Antiautoritäre Erziehung, → Antipädagogik).

Lit. Adler, M.: Neue Menschen; Autorenkollektiv: Erziehung; Autorenkollektiv: Projektarbeit; Hierdeis: Sozialistische Pädagogik; Hoernle: Jugenderziehung; Karras: Sozialistische Pädagogik; Löwenstein: Sozialismus; Neuner: Allgemeinbildung; Niermann: DDR-Pädagogik; Niermann: Sozialistische Pädagogik; Suchodolski: Erziehungstheorie; Voets: Erziehung; Werder: Erziehung; Werder: Sozialistische Erziehung. *Hans Pfaffenberger*

Soziallehren Mit dem Begriff S. verbindet sich zumeist die Erinnerung an soziologische und geistesgeschichtliche Untersuchungen, die den Einfluß der Sozialvorstellungen bestimmter gesellschaftlicher Gruppen auf das soziale Leben in Vergangenheit und Gegenwart aufzeigen (so z.B. die Lehre Luthers auf das Verhältnis von Obrigkeit und Untertan). Unter S. wird auch verstanden: die normative und kritische Lehre darüber, wie gesellschaftliche Ordnungsgebilde (Familie, Wirtschaft, Staat, internationale Ordnung) nach dem wertorientierten Verständnis bestimmter Gruppen von Menschen sein sollen oder sein sollten. In dieser – hier zugrunde gelegten – Deutung wird S. gleichbedeutend mit → »Sozialethik« gebraucht, eine Bezeichnung, die die ethische Bindung der S. betont. S. ist dann die mehr oder weniger vollständige und systematische Auswertung sowie Zusammenfassung sozialethischer Aussagen.

Kennzeichnend für diese S., so verschiedenartig ihre Ausprägungen auch sind (protestantische, katholische, S. des dialektischen Materialismus), ist die Tatsache, daß sie z.B. nicht von der positivierten Wertordnung des → Grundgesetzes (→ Soziale Gerechtigkeit), sondern von einer ethisch verpflichtenden Ordnung bestimmter Gruppen von Menschen ausgehen; so z.B. die protestantische S. von der ständig neu gestellten Frage nach dem Willen Gottes mit den Menschen und nach seinen Ordnungen (Grundlage Bibel), um aus christlichem Ethos über Sozialkritik hinaus Erkenntnisse (Richtlinien, Normen, Vorschläge) für eine bessere Ordnung in persönlichen Bereichen (Ehe, Familie, Nachbarschaft, Gemeinde), aber auch für die Ordnung von Wirtschaft und Politik zu gewinnen und zu vermitteln (→ Gesellschaft). Dabei kann das Ziel, wie bei der katholischen und wie bei der marxistischen S., auf eine Gesamtorganisation des gesellschaftlichen Lebens (z.B. »christlicher Staat«) gerichtet sein oder wie die evangelische S. – eingedenk des Wertpluralismus der staatlich verfaßten Industriegesellschaft – sich auf einzelne Bereiche (Ehe, Familie, Arbeit und Wirtschaft) des sozialen Lebens beschränken, ohne damit einem »frommen Laissez-faire« zu folgen. In der christlichen S. geht es um den Gehorsam des Menschen, vor allem des Christen, gegenüber Gottes Gebot, um die Mitverantwortung der Christengemeinde für die Bürgergemeinde (K. Barth), um ein Stück »gesellschaftlicher Diakonie« (Wendland). Ihre Bemühungen zielen immer auf die Stärkung des personalen Ethos und der Reform der äußeren Umstände, denn auch der von Gott gestellten Aufgabe des Staates sind nach der evangelischen S. Grenzen im Inneren und im Verkehr mit anderen Völkern gesetzt.

Das gilt auch für die Ausformung des Sozialstaates. Wenn man auch in den letzten Jahrzehnten erkannt hat, daß der Mensch in der modernen Sozialität in zahlreiche soziale Abhängigkeiten hineingewachsen und eingebunden ist, in denen er seine Persönlichkeit ohne solidarische Hilfe staatlicher oder öffentlicher Institutionen nicht menschenwürdig (→ Menschenwürde) behaupten kann, so bleibt doch die Frage stets aktuell, was der Staat tun muß und wo sich die wachsende Staatstätigkeit lähmend auf Selbstverantwortung und Gliederung der Gesellschaft auswirkt.

Staatliches Gesetz und sozialstaatliches Gebot der S. können im Ergebnis übereinstimmen, und sei es aus unterschiedlicher Motivation. Ist dies nicht der Fall (wie bei

der Regelung der Abtreibung seit 1976), können sich für den einzelnen Betroffenen Gewissenskonflikte darüber ergeben, welche Weisung er befolgen will; dabei ist die Zwangsorganisation staatlicher Macht (→ Autorität) zwar wirksam, aber nicht überzeugend und kann dann zur Aggression auf gesetzlichem oder ungesetzlichem Wege herausfordern.
Die S. stehen in besonderer Affinität zur Ordnung der Gebiete → Familie, Arbeit, Wirtschaft und Bildung (→ Bildung/Bildungswesen). *Harry Rohwer-Kahlmann*

Sozialleistungen Die einzelnen S. ergeben sich aus den §§ 18-29 des Ersten Buches → Sozialgesetzbuch (SGB I). Danach sind S. Leistungen der → Ausbildungsförderung und der → Arbeitsförderung, Vorruhestandsleistungen, Leistungen bei gleitendem Übergang älterer Arbeitnehmer in den Ruhestand, zusätzliche Leistungen für → Schwerbehinderte, Leistungen der gesetzlichen → Krankenversicherung und der gesetzlichen → Pflegeversicherung, Leistungen bei → Schwangerschaftsabbrüchen, Leistungen der gesetzlichen → Unfallversicherung und der gesetzlichen → Rentenversicherung einschließlich der Alterssicherung der Landwirte, Versorgungsleistungen bei Gesundheitsschäden, → Kinder-, → Erziehungs- und → Wohngeld, Leistungen der Kinder- und → Jugendhilfe, Leistungen der → Sozialhilfe und Leistungen zur Eingliederung Behinderter. *Marion Götz*

Sozialleistungsträger Der Begriff des Leistungsträgers wurde durch § 12 → Sozialgesetzbuch – Allgemeiner Teil – (SGB I) eingeführt. Er ist weder neu noch sehr präzise. Gemeint ist damit die »Sozialverwaltung« (Wolff u. a.), die für die Existenzsicherung der Mitglieder des Gemeinwesens als einzelne sorgt. Dies ergibt sich daraus, daß § 12 SGB I die Leistungsträger als zuständig für Sozialleistungen, d. h. die im SGB als Gegenstand der → sozialen Rechte vorgesehenen → Dienst-, → Sach- und → Geldleistungen (§ 11 SGB I), bestimmt.
Der rechtsunkundige Laie kann aus der Bestimmung des § 12 SGB I wenig herleiten, da dort hinsichtlich der Zuständigkeit für die Sozialleistungen auf die in den §§ 18–29 SGB I genannten Körperschaften, Anstalten und Behörden verwiesen wird. Die Abgrenzung von deren → Zuständigkeiten untereinander soll sich wiederum aus den besonderen Teilen des SGB ergeben. Der Laie wird aus dem SGB I daher oft nicht entnehmen können, welcher Leistungsträger für sein Anliegen zuständig ist. So erklärt z. B. § 26 Abs. 2 SGB I hinsichtlich des → Wohngeldes die durch Landesrecht bestimmten Behörden für zuständig. Das in der alten BRD bestehende System der S. wird gemäß dem Einigungsvertrag auf die neuen Bundesländer übertragen. So findet z. B. der § 12 SGB I für die Bereiche der Krankenversicherung, Rentenversicherung und Unfallversicherung seit dem 1. 1. 1991 Anwendung.
Inhaltlich kann man die Leistungsträger als diejenigen Träger der öffentlichen Verwaltung definieren, denen der Bundesgesetzgeber Zuständigkeiten im Bereich der Bearbeitung und Erbringung von Sozialleistungen zuweist (Wertenbruch).
Allen Leistungsträgern gemeinsame Aufgaben sind u. a. die Verpflichtung zur → Aufklärung (§ 13 SGB I) und → Beratung (§ 14 SGB I) und zur effektiven Ausführung der Sozialleistung (§ 17 SGB I).
Lit. Kretschmer u. a.: SGB (Komm.); Wertenbruch u. a.: SGB I (Komm.); Wolff, H. J. u. a.: Verwaltungsrecht III.
Bernd von Maydell

Sozialmanagement Der Begriff S. findet in den letzten Jahren zunehmend überall dort Verwendung, wo von Effektivierung und → Professionalisierung oder ganz allgemein von einer Neuorientierung bei der → Planung, Leitung (→ Führung und Leitung in der sozialen Arbeit) und → Koordination in der sozialen Arbeit die Rede ist. Eine allgemein anerkannte Begriffsbestimmung oder gar eine systematisch ausgewertete Praxis des S. gibt es (noch) nicht. So kann dieser Artikel zunächst nur eine Bestandsaufnahme sein und einerseits definitorische Bezugspunkte benennen, andererseits einige zentrale Widersprüche und offene Fragen der gegenwärtigen Praxisdiskussion aufzeigen.
Die wichtigsten Anlässe für die aktuelle Diskussion des S. sind:
– die Sozialstaatskritik seit den 80er Jahren mit Zweifeln daran, ob neuen sozialen Herausforderungen und Konflikten wie z. B. zunehmende → Armut, Pflegenotstand, »Zerfall« gewachsener Solidarnetze mit traditionellen Konzepten, Organisations- und Entscheidungsstrukturen wirksam begegnet werden könne;
– die Kritik an den → freien Trägern der Wohlfahrtspflege, die im Kern auf die zunehmende Abhängigkeit von staatlichen Subventionen (→ Zuwendungen) bei gleichzeitigem Zweifel an der Professionalität ehrenamtlicher Vorstände, hauptamtlicher Führungskräfte und unzeitgemäßen Entscheidungsstrukturen zielt (Merchel);
– das zeitgleiche Aufkommen und die Attraktivität eines neuen und erfolgreichen Unternehmenstypus aus Japan, dessen Effizienz und Charakter in der Einbeziehung des gesamten Lebenskreises aller Beschäftigten in das soziale Leben des Unternehmens liegen.
Was also ist S., was ist das »Soziale« an S. und was speziell ist von S. für die Lösung sozialer Fragen sowie für die Reform des sozialen Dienstleistungssektors (→ Verwaltungsmodernisierung) zu erwarten?

Die Managementlehre als historische Wurzel des S. versteht Management in einem ebenso umfassenden wie praxisbezogenen Sinn als »auf Personen, Materie und Informationen bezogene Planung, Disposition, Allokation, Koordination und Kontrolle« (Schienstock, S. 351). Als angewandte Betriebswirtschaftslehre will sie Beiträge leisten zur »sozio-ökonomisch-rationalen Lösung von Managementproblemen« (Burla). In der Managementforschung sind drei definitorische Bezugspunkte erkennbar:
– Management als sozialer Prozeß bzw. als betriebliche Funktion,
– Management als gesellschaftliche Klasse/Gruppe (Elite),
– Management als System von Wertvorstellungen (Einfluß von Managementideologien auf gesellschaftliche Wertsysteme) (Schienstock).

Die Übertragung der Managementlehre und -praxis auf die soziale Arbeit und ihre Organisationen knüpft an das Verständnis von Management als sozialem Prozeß und betrieblicher Funktion an. Damit wird eine gesellschaftliche und wissenschaftliche Entwicklung abgebildet, die als Paradigmenwechsel diskutiert wird und in unserem Zusammenhang im Kern einen Verständniswandel des Rationalitätsbegriffs darstellt. Unter dem Begriff »strategisches Management« wird der Übergang von zweckrationalen zu systemrationalen Managementkonzepten diskutiert (Ulrich, P.). Operierten zweckrationale Konzepte in »Wenn-Dann-Beziehungen« und maßen sie ihre Erfolge an der maximalen Erfüllung vorgegebener Ziele und Zwecke mit möglichst rationalem (= geringem) Mitteleinsatz (→ Effizienz), so konzentrieren sich systemrationale Konzepte auf das Geschehen im Unternehmen bzw. in der Organisation sowie auf die Bestandserhaltung der Organisation in einer komplexen und veränderlichen Umwelt.

Zweckrationale Managementinstrumente sind Wirtschaftlichkeitsprüfungen (→ Wirtschaftlichkeit), Finanzbuchhaltung, → Controlling, → Budgetierung usw., systemrationale Instrumente sind → Partizipation an Entscheidungen, Schaffung struktureller Freiräume für argumentative Verständigungen in relativ autonomen Handlungseinheiten durch Dezentralisierung, Dialogorganisation mit extern betroffenen Gruppen (Ulrich, P.).

Bei der Anwendung betriebswirtschaftlicher Managementmethoden und -strategien im sozialen Dienstleistungssektor, sei er öffentlich-rechtlich oder privat organisiert, sind folgende Aspekte in der Diskussion:
1. Produkte des sozialen Dienstleistungssektors sind im klassischen Sinne nicht marktfähig; ihr Preis-Leistungs-Verhältnis wird politisch reguliert. Für erfolgreiches S. bedeutet das die vorrangige Orientierung auf politischen Zuschußmärkten, die sich nicht auf ökonomische Größen und Effizienzkriterien reduzieren lassen.
2. Bei der Produktion sozialer Dienstleistungen, die i. d. R. durch einen kommunikativen Prozeß der Verständigung zwischen Produzenten und Konsumenten hergestellt werden, stehen Medien wie Sprache und Kommunikation im Zentrum; diese weichen Faktoren sind nicht meßbar. Wenn der »subjektive Faktor« eine so zentrale Rolle spielt, werden für S. → Organisations- und Personalentwicklung wichtiger als Methoden der Effizienzkontrolle. Personalgewinnung, -entwicklung und -fortbildung werden zentrale strategische Größen für den Aufbau einer »Organisationskultur« (→ Leitbild[-Entwicklung]).
3. S. ist nicht auf hierarchische Positionen beschränkt: Planende, koordinierende und disponierende Funktionen nehmen auf allen Ebenen in der sozialen Arbeit zu (vom Einzelfall-Management [→ Case-Management] über gruppenorientierte soziale Projekte [→ Projekte in der sozialen Arbeit] und → Gemeinwesenarbeit bis hin zu sozialen Einrichtungen in Verbundsystemen).
4. In der Diskussion um S. spielt das Konzept der Corporate Identity, d. h. der wertgebundenen Pflege eines unverwechselbaren Anbieterprofils eine zentrale Rolle, die jedoch zu einem gefährlichen Dilemma führt: »Denn der Zugang zu den unentbehrlichen öffentlichen Ressourcen wird durch ein einseitig wertbezogenes Auftreten im Namen eines partikularistischen Engagements erschwert; unterliegen die politischen Verteilungsformen doch der Logik eines universalistischen Legitimationszwangs« (Heiner Brülle und Clemens Altschiller in einem unveröffentlichten Manuskript).

Für Verbraucher, Nutzer und Anwender von S.-Angeboten auf einem unübersichtlichen Markt bleibt das Problem, ausschließlich technisch-methodische Angebote von solchen zu unterscheiden, die die Reflexion der genannten Widersprüchen berücksichtigen.

Lit. Burla: Management; Merchel: Wohlfahrtsverbände; Schienstock: Managementsoziologie; Ulrich, P.: Transformation.

Manfred Wolf

Sozialmarketing S. bezeichnet einerseits die Planung, Organisation und Kontrolle von Marketingstrategien und -aktivitäten nichtkommerzieller Organisationen (institutionsbezogenes Verständnis), andererseits Strategien, die direkt oder indirekt auf die Lösung sozialer Aufgaben gerichtet sind (problemorientiertes Verständnis) (vgl. Bruhn/Tilmes 1994). Kunden- und marktorientierte Sichtweisen und Methoden aus dem Marketing von erwerbsorientierten Unternehmen (vgl. Kotler/Bliemel 1995) werden somit in modifizierter und kritisch-reflektierender Weise auch auf die

Sozialmedizin

Erfordernisse von → öffentlichen und → freien Trägern der sozialen Arbeit übertragen. Der Marketingbegriff wird dabei auf drei Ebenen verwendet: auf einer strategischen (als kunden- und marktorientierte Denkhaltung), taktischen (als Führungs- und Managementkonzept für Organisationen) und operationalen (als Bündel von Methoden und Instrumenten).
S. als Marketing nichtkommerzieller Anbieter von sozialen Hilfe- und → Dienstleistungen (z. B. → Beratung, Behandlung, → Betreuung, → Erziehung, Versorgung, Pflege) dient der Gestaltung von Austauschprozessen zwischen Anbietern, Nutzerinnen und Nutzern sowie staatlichen und/oder privaten Finanziers. Dies soll im Rahmen einer aufeinander abgestimmten Produkt-, Verteilungs-, Finanzierungs- und Kommunikationspolitik geschehen. Im Detail geht es um die Informationsbeschaffung und -auswertung, Segmentierung von Leistungen und Zielgruppen, → Qualitätssicherung bei der Leistungserstellung, Sicherstellung von Angebot und Nachfrage sowie die Aktions- und Reaktionsfähigkeit in bezug auf Wandlungen des Umfeldes. Marketing in der sozialen Arbeit gewinnt ein eigenständiges Profil, indem alle Leistungspartner (hilfesuchende und -berechtigte Menschen, Mitglieder, Mitarbeiterinnen und Mitarbeiter, Finanziers) in das Planen und Handeln der Anbieter sozialer Leistungen konsequent einbezogen werden. Dies gilt für die Bedürfnisabklärung (→ Bedürfnisse), die Gestaltung und Abgabe der Leistungen (→ Leitbild[-entwicklung], Etablierung einer Organisations-Identität [Organisationsentwicklung] Konzeptionsentwicklung), die Darstellung und das Agieren nach außen (→ Öffentlichkeitsarbeit, Organisationspolitik) sowie die Beschaffung von Ressourcen (→ Fundraising, → Personalentwicklung) (vgl. Manderscheid 1991).
Als Gestaltung aller organisationsexternen und -internen Beziehungen ist S. somit eine zentrale Aufgabe des → Sozialmanagements und dient dazu, eine Vielzahl eigenständiger Instrumente in ein handlungs- und entscheidungsorientiertes Managementkonzept zu integrieren (vgl. Schwarz/Purtschert/Giroud 1995).
Lit. Bruhn u. a.: Social Marketing; Kotler u. a.: Marketing-Management; Manderscheid: Marketingorientierung; Schwarz u. a.: Management-Modell. *Detlef Luthe*

Sozialmedizin ist ein synoptisches Fach der Medizin. Das Feld der S. grenzt sich durch den Gegenstand und die Methode gegen die klinische und biologisch-theoretische Medizin ab: S. hat es mit den Wechselwirkungen zwischen dem Individuum, der Gesamtgesellschaft und der sozialen Institution »Medizin« an den Phänomenen → »Gesundheit« und → »Krankheit« zu tun.

Die sozialmedizinische Forschung hat zwar an Einzelfällen durch medizinische Methoden erhobene Befunde zum Ausgangsmaterial. Dieses wird jedoch durch sozialwissenschaftliche Zugriffsweisen (soziologische, medizinsoziologische, sozialpsychologische, sozialhistorische, statistische usw.) so aufbereitet, daß einerseits die an Gruppen und sozialen Kategorien feststellbaren Gesundheits- und Krankheitsverhältnisse aufgewiesen werden und andererseits die sozialen Folgen dieser Verhältnisse auf die Gesellschaft und ihre Gebilde, insbes. in Zusammenhang mit den Systemen sozialer und gesundheitlicher Sicherung, sich darstellen.
S. ist somit die Erforschung und Lehre von den über den individuellen Fall hinausgehenden sozialen Bedingungs- und Folgezusammenhängen der Krankheit. Sie versucht immer aufs neue, Modelle zu entwickeln, welche die Zusammenhänge zwischen Krankheit bzw. Gesundheit und Gesellschaft so interpretieren, daß sie sich an der sozialen Wirklichkeit bewähren und Prognosen gestatten. Sie liefert dadurch Unterlagen für gesundheitspolitisches Handeln, ohne aber gesundheitspolitische Ziele setzen zu können.
Ihre Forschungs- und Lehrpraxis differenziert sich in folgende Teilprobleme:
1. Gesundheitsverhalten und → gesundheitliche Aufklärung;
2. → Gesundheitsvor- und → Gesundheitsfürsorge:
a) Allgemeine → Prävention,
b) Allgemeine → Rehabilitation;
3. Epidemiologie der Krankheiten und der gesundheitlichen Gefährdungsfaktoren;
4. Gesundheitsbedürfnisse und Systeme der Gesundheitsversorgung.
S. a. → Gesundheitswissenschaften.
Lit. Viefhues: Sozialmedizin.
Herbert Viefhues

Sozialökologie Durch Übertragung von Vorstellungen und Begriffen aus der biologischen Ökologie in den sozialen Bereich sind verschiedene Ansätze einer S. entstanden. Dabei geht es immer um die wechselseitigen Beziehungen zwischen Menschen und ihrer sozialen, biologischen und physischen Umwelt.
In den 20er Jahren ist in den USA eine S. in der Form einer raumbezogenen → Soziologie ausgearbeitet worden (»Chicago Schule«), die auch heute noch eine wichtige Rolle in der sozialen Arbeit spielt. Sie war von Anfang an eng mit Problemen der Stadt- und Regionalplanung verknüpft und grenzte die »community« scharf von der → Gesellschaft ab, ohne aber die deutsche Ideologie einer Trennung von »Gemeinschaft« und »Gesellschaft« zu übernehmen. Untersucht wird die räumliche Organisation und Differenzierung vor allem großstädtischer Gebiete in zwei Dimensionen: (1) als Ver-

teilung sozialer Aktivitäten und Funktionen (z.B. City, Wohngebiete, Pendlerdörfer, Gewerbegebiete), aus denen typische Muster und Entwicklungen städtischer Flächennutzung bestimmt werden; (2) als Verteilung einer nach sozialen → Schichten, Familienstruktur, Ethnien und Kulturen differenzierten Bevölkerung über die Wohngebiete. Die hierdurch entstehende charakteristische sozialräumliche Verteilung (»Segregation«) von → Subkulturen und Milieus bildet den Ansatzpunkt einer stadtteilbezogenen sozialen Arbeit. Sie arbeitet mit der Methode der → Sozialraumanalyse, die es ermöglicht, Lebenslagen und Lebensformen in einzelnen Wohnquartieren differenziert zu untersuchen.

Aus einer Kritik an der unreflektierten Übertragung biologischer Vorstellungen auf die Gesellschaft ist in den letzten Jahren eine interdisziplinäre und problemorientierte sozial-ökologische Forschung entstanden. Der Problembezug ergibt sich dabei durch konkrete ökologische Krisenerscheinungen (Müll, Wasser- und Luftverschmutzung, Verkehrschaos, großtechnische Risiken etc.). Sie werden als Ausdruck tiefgreifend gestörter »gesellschaftlicher Naturverhältnisse« (Arbeit, Ernährung, Fortbewegung, Sexualität etc.) analysiert. Zusammen mit den von Krisenphänomenen Betroffenen (→ Betroffenenbeteiligung) wird versucht, alternative gesellschaftliche Entwicklungswege und Regulationsformen auszuarbeiten. Für den Erziehungsbereich bedeutet das, die Formen der Regulierung und Symbolisierung des Verhältnisses zwischen den Generationen und Geschlechtern zu verändern. Ideen der → Kritischen Theorie, der ökologischen Technik- und Wissenschaftskritik und des Feminismus (→ Frauenbewegung) werden in der sozial-ökologischen Forschung mit naturwissenschaftlichen Erkenntnissen und kulturanthropologischen Einsichten verbunden. Durch die international geführte Diskussion über »Risikogesellschaft« und eine »nachhaltige Entwicklung« hat die sozial-ökologische Forschung eine verstärkte Bedeutung gewonnen.

Lit. Beck, U.: Risikogesellschaft; Becker, E.: Jahrbuch 1990; Becker, E.: Wachstumsbegrenzung; Bonfenbrenner: Ökologie; Jahn, T.: Krise; Strohmeier: Sozialökologie.

Egon Becker

Sozialpädagoge/Sozialpädagogin → Diplom-Pädagoge/Diplom-Pädagogin, → Erzieher/-in, → Sozialarbeiter/-innen und Sozialpädagogen/-pädagoginnen

Sozialpädagogik → Sozialarbeit/Sozialpädagogik

Sozialpädagogische Familienhilfe → Familienhilfe, sozialpädagogische

Sozialpädiatrische Zentren sind ärztlich geleitete, interdisziplinär arbeitende → Einrichtungen zur Untersuchung und Behandlung von Kindern mit Entwicklungsstörungen und Behinderungen (→ Behinderte) aller Art (einschließlich psychischer Störungen). Die personelle Ausstattung s. Z. umfaßt Ärzte, Psychologen und Therapeuten aus medizinischen und pädagogischen Ausbildungsgängen (Krankengymnasten, Ergotherapeuten, Logopäden; Heilpädagogen, Sozialpädagogen, Motopäden u.a.) sowie → Sozialarbeiter. Ein »sozialpädiatrisches Team« wird in der Regel aus einem Arzt, einem Psychologen und drei bis vier Therapeuten verschiedener Fachrichtungen gebildet; ein Zentrum soll über wenigstens zwei solcher Teams verfügen. Der Leiter soll Kinderarzt mit besonderer Qualifikation sein.

S.Z. arbeiten vorzugsweise ambulant. Im Fünften Buch des → Sozialgesetzbuchs (SGB) sind sie als besondere Form institutioneller Ambulanzen aufgeführt, deren Ermächtigung im Rahmen der vertragsärztlichen Versorgung geregelt wird. Einige Zentren verfügen auch über stationäre Behandlungsmöglichkeiten. In § 119 SGB V wird den s.Z. im gestuften Versorgungssystem die Funktion der höchsten Versorgungsstufe zugewiesen. Die s.Z. arbeiten mit niedergelassenen Ärzten und Therapeuten, Frühförderstellen, → Kindergärten, Schulen, → Jugendämtern (JÄ) und anderen Einrichtungen zusammen.

Die Behandlung in s.Z. wird überwiegend, aber nicht ausschließlich, durch die gesetzliche → Krankenversicherung finanziert. Der zum 1.1.1992 eingefügte § 43a SGB V schließt psychologische, heilpädagogische und psychosoziale Leistungen, soweit sie nicht der Diagnostik und der Aufstellung des Behandlungsplans dienen, aus der Zuständigkeit der → Krankenkassen aus. Nach §§ 39 und 40 → Bundessozialhilfegesetz (BSHG) ist der auf diese Maßnahmen entfallende Kostenanteil von den örtlichen → Sozialhilfeträgern zu übernehmen. Da es keine gesetzliche Regelung für die Kooperation der beiden Kostenträger gibt, sind die Vereinbarungen örtlich verschieden und teilweise mit erheblichen bürokratischen Erschwernissen verbunden (z.B. gesonderte Kostenzusage des Sozialamts neben dem Überweisungsschein eines Vertragsarztes als Zugangsvoraussetzung).

Lit. Schlack, H.G. u.a.: Gesundheitswesen; Schlack, H.G.: Sozialpädiatrische Zentren.

Hans G. Schlack

Sozialpflegerische Dienste Diese werden vorwiegend im ambulanten Bereich als ambulante Krankenpflege, → Gemeindekrankenpflege, als → Alten- und → Familienpflege angeboten. Je nach Einzelfall sind → Fachkräfte aus den entsprechenden Berufsgruppen (Krankenschwestern und -pfleger

Sozialplan

[→ Krankenpflegeberufe], → Altenpfleger/-innen, → Familienpflegerinnen, → Dorfhelfer/-innen) sowie Helfer (Kranken- und → Altenpflegehelfer/-innen) tätig. Ergänzende Dienste werden im Rahmen der Nachbarschaftshilfe oder von ehrenamtlichen Mitarbeitern geleistet (→ Ehrenamtliche Tätigkeit im sozialen Bereich). In der Einsatzleitung sowie Praxisanleitung und Praxisbegleitung (→ Supervision) sind auch → Sozialarbeiter und Sozialpädagogen tätig. Träger der s. D. sind überwiegend Organisationen der → freien Wohlfahrtspflege und Kirchen; daneben auch kommunale Gebietskörperschaften und bürgerlich-rechtliche → Vereine. Bekannteste Organisationsform als Bündelung verschiedener s. D. in einheitlicher Trägerschaft ist die → Sozialstation. Daneben gibt es Arbeitsgemeinschaften verschiedener Träger ebenfalls mit dem Ziel, die Dienstleistungen zu koordinieren, um mit so eine zentrale Anlauf- bzw. Vermittlungsstelle zu schaffen. Diese haben gelegentlich nur Wegweiserfunktion, z. B. gegenüber den unabhängig selbständig arbeitenden Gemeindekrankenpflegestationen sowie den Stationen der Familienpflege und Dorfhilfe. Bei zentraler Koordination dieser Dienste ergänzen sie sich im Einzelfall gegenseitig, womit vor allem vorbeugende und die Hilfe stabilisierende Maßnahmen möglich werden. Die Leitung zentraler Stationen trägt Verantwortung nicht nur für eine fachgerechte Abstimmung zwischen Hilfebegehren und Hilfe, sondern auch für Anleitung und Begleitung sowie Überwachung der Mitarbeiter. In den letzten Jahren haben gewerbliche Anbieter von s. D. stark zugenommen.

Die Finanzierung dieser Dienste erfolgt, sofern sie den Geltungsbereich des SGB XI betreffen, durch den darin vereinbarten Leistungsrahmen. Weiterhin werden diese Dienste über Subventionen (→ Zuwendungen) an die Träger und über Kostenersatz durch die Hilfeempfänger finanziert. Dieser kann nach Gegebenheiten des Einzelfalles und aufgrund bestimmter gesetzlicher Regelungen an die Träger der Sozialversicherung oder Sozialhilfe weitergegeben werden (→ Haushaltshilfe, → Häusliche Krankenpflege, Hauspflege, → Hilfe zur Pflege). *Maria Reichmann/Helmut Dieckmann*

Sozialplan 1. Für den Bereich der privaten Wirtschaft geregelt in § 112 BetrVG, bezweckt der S. den Ausgleich oder jedenfalls die Milderung von wirtschaftlichen Nachteilen, die den Arbeitnehmern infolge einer sog. Betriebsänderung entstehen. Als Betriebsänderungen gelten z. B. die Stillegung oder Verlegung eines Betriebes oder wesentlicher Betriebsteile, die Einführung grundlegend neuer Arbeitsmethoden und Fertigungsverfahren oder die grundlegende Umorganisation eines Betriebs (§ 111 BetrVG). Betriebsänderungen zielen also in aller Regel auf eine → Rationalisierung.

Der S. wird zwischen Unternehmer und → Betriebsrat in Form einer Betriebsvereinbarung abgeschlossen. Den begünstigten Arbeitnehmern verschafft der S. unmittelbar Ansprüche gegen den Arbeitgeber. Typischerweise sieht er Leistungen vor wie z. B. Abfindungen für gekündigte Beschäftigte, Aufstockung des → Arbeitslosengeldes (Alg), Ausgleich für verfallene Anwartschaften auf Betriebsrenten (→ Betriebliche Sozialleistungen), Fahrtkostenzuschüsse bei verlängertem Anfahrtsweg, Trennungsentschädigungen u.a.m.

Der S. ist bei Vorliegen der gesetzlichen Voraussetzungen auch gegen den Willen des Unternehmers durchsetzbar. Kommt keine gütliche Einigung zustande, entscheidet die Einigungsstelle unter neutralem Vorsitz; deren Spruch ersetzt die nicht zustande gekommene Vereinbarung. Die Einigungsstelle muß bei ihrem Spruch die Interessen der betroffenen Arbeitnehmer und des Unternehmens gegeneinander abwägen. Voraussetzung dafür, daß ein S. zwingend aufzustellen ist, ist – neben dem Vorliegen einer Betriebsänderung –, daß in dem betroffenen Betrieb mehr als 20 Arbeitnehmer beschäftigt sind und ein Betriebsrat überhaupt existiert.

Besondere Probleme wirft der S. im Konkurs des Unternehmens auf. Die frühere Rechtsprechung des BAG, nach der S.abfindungen als vorrangige Konkursforderungen eingestuft wurden, hat das BVerfG für verfassungswidrig erklärt (Beschluß vom 19. 10. 1983, AP Nr. 22 zu § 112 BetrVG 72). Dem hat der Gesetzgeber durch das (nach mehrmaliger Verlängerung jetzt bis zum 31. 12. 1998 befristete) Gesetz über den S. im Konkurs- und Vergleichsverfahren vom 20. 2. 1985 Rechnung getragen.

Auch im öffentlichen Dienst gibt es S. bei Rationalisierungsmaßnahmen: Nach § 75 Abs. 3 Nr. 13 BPersVG hat der → Personalrat bei ihrer Aufstellung ein Mitbestimmungsrecht (→ Mitbestimmung); abgeschlossen werden sie als sog. Dienstvereinbarung. Das BPersVG gilt nur für die Bundesverwaltung, gleiche oder ähnliche Regelungen finden sich aber auch in den Personalvertretungsgesetzen der Länder (z.B. § 74 Abs. 1 Nr. 15 HessPersVG).

2. Im BauGB bedeutet der S. die schriftliche Festlegung der Maßnahmen, die die Gemeinde während der Durchführung einer → Sanierung mit den unmittelbar betroffenen Bürgern erörtert hat mit dem Ziel, nachteilige Auswirkungen (z. B. Wohnungswechsel, Umzug von Betrieben) zu vermeiden oder abzumildern. In einem solchen S. sollen die besonderen Verhältnisse der Betroffenen berücksichtigt werden, d. h. deren Berufs- und Erwerbssituation, Familienverhältnisse, Alter, Wohnsituation und örtliche Bindungen (§ 180 BauGB).

Lit. Hemmer: Sozialplanpraxis; Röder u. a.: Sozialplan; Schaub u. a.: Kurzarbeit.

Marita Körner-Dammann

Sozialplanung Bisher gibt es weder eine allgemein akzeptierte Begriffsdefinition noch eine einheitliche Auffassung über den Gegenstand der S.
Die Ansätze der S. lassen sich folgendermaßen systematisieren:
- S.ansätze auf den gestuften → Planungsebenen (Bund/Länder und Gemeinden),
- S.ansätze nach der gesellschaftspolitischen Relevanz und Reichweite (Anpassungs-, → Entwicklungs- und Veränderungsplanung und
- S.ansätze nach der Eingrenzung der Zielgruppe (→ Altenhilfeplanung, → Jugendhilfeplanung u. a.).
Die Zusammenfassung dieser Ansätze ergibt als wesentliche Arten:
- S. als Gesellschaftsplanung,
- S. als Planungs- und Handlungsprozeß im Rahmen der sozialen Infrastrukturplanung, der kommunalen Sozialpolitik, der sozialen Kommunalpolitik und der aktiven Gesellschaftspolitik auf kommunaler Ebene.

S. als Gesellschaftsplanung vollzieht sich auf der Ebene der Bundesregierung und des Bundesgesetzgebers und ist das Instrument gesamtstaatlicher → Sozialpolitik. Ziel der Gesellschaftsplanung ist die Gestaltung der Gesamtgesellschaft und die Beeinflussung bzw. die Veränderung ihrer Strukturen. Die erste historische Phase der Gesellschaftsplanung läßt sich als Anpassungsplanung charakterisieren, d. h., sie wurde zur Korrektur bereits eingetretener Sozialschäden für bestimmte Zielgruppen eingesetzt und versuchte, die nachteiligen Auswirkungen der Industrialisierung und des Wirtschaftsliberalismus durch Sicherung des materiellen → Existenzminimums auszugleichen (Sozialgesetzgebung zum → Arbeitsschutz, zur → Sozialversicherung, zur → Unfallversicherung, zur Gesundheitssicherung).
Nach dem 2. Weltkrieg vollzog sich langsam eine Neuorientierung der Sozialpolitik und damit auch der S. als Gesellschaftsplanung. Die Bundesregierung strebt beim Übergang von der mehr gruppenspezifischen zur umfassenden sozialen Sicherung an (Öffnung der Rentenversicherung für die Landwirte, für andere Selbständige, Hausfrauen u. a., Ausbau des Krankenversicherungsschutzes) und möchte eine stärkere Konzentration auf vorausschauende und vorbeugende Aufgaben erreichen. Damit deuten erste Schritte auf eine Entwicklungsplanung hin.
S. als Planungs- und Handlungsprozeß auf kommunaler Ebene: Von besonderer Bedeutung ist für den sozialen Bereich die kommunale S. Sie gehört zu den Aufgaben der → Gemeinden und Gemeindeverbände (weitere Träger von S. können überörtliche → öffentliche Träger und → freie Träger sein). Kommunale S. ist auf die Bedürfnisse aller Bürger im Gemeindebereich, auf die von bestimmten Zielgruppen, aber auch auf die Ausstattung bestimmter räumlicher Bereiche mit → Infrastruktur gerichtet. Alle Planungen haben eine zeitliche, räumliche, personelle und finanzielle Dimension.
a) S. als soziale Infrastrukturplanung: Sie bezieht die Ausstattung und räumliche Verteilung von Gemeinbedarfseinrichtungen i. w. S. (Sozialeinrichtungsplanung, z. B. → Sozialstationen, Jugendhäuser, Aufbau von → sozialen Diensten, → Gemeinwesenarbeit, Maßnahmen aus der → Jugendhilfe-, → Altenhilfe-, Behindertenhilfeplanung u. a.) sowie die Bevölkerungs-, Alters- und Einkommensstruktur, die Mischung und Segregation sozialer → Schichten und ethnischer Gruppen in ihre Planung ein. Sie versucht abzubauen, daß soziale Einrichtungen als Wohn»folge«einrichtungen erst nach dem vollzogenen Aufbau eines Wohngebietes und ohne Beteiligung der Bewohner geplant und errichtet werden.
b) S. als kommunale Sozialpolitik: Sie ist gerichtet auf die qualitative Beeinflussung der Lebensqualität in einer Gemeinde unter besonderer Berücksichtigung wirtschaftlich und sozial schwacher Bevölkerungsteile. Hierher gehören die Fach-S. (für alte Menschen, für Jugendliche, für Behinderte, für Ausländer usw.; → Fachplanung) und die wohngebietsbezogenen Planungen (vgl. → Sozialer Brennpunkt). Ziel ist, Defizite sozial benachteiligter Bevölkerungsgruppen auszugleichen und eine Integration in die Gesellschaft zu ermöglichen.
c) S. als soziale Kommunalpolitik: Nachteilige soziale Entwicklungen in der Kommune, die aus anderen Teilpolitiken (z. B. Wirtschaftspolitik, Raumordnungspolitik) resultieren, werden aufgezeigt und in ihrer Wirkung auf die Lebensqualität der Bewohner dargestellt. Jede Planung (Wirtschafts-, Verkehrs-, Grünflächenplanung) und jede Schaffung von Einrichtungen, Wohnungen usw. beeinflußt das Leben der Bürger und erfordert daher, daß ihre Interessen und Bedürfnisse in der Planung berücksichtigt werden. S. erfolgt hier als integrierter Bestandteil der Stadt(Gemeinde)entwicklungsplanung. Ihre übergeordnete Koordinierungsfunktion ist auch für die S. maßgebend, weil hier die Fachplanungen (z. B. Schulentwicklungsplanung, Wirtschaftsplanung, S. u. a.) integriert und in Beziehung zu den übergeordneten Stadt(Gemeinde)entwicklungszielen gesetzt werden. Räumliche Planung, Fachplanungen und Stadt(Gemeinde)entwicklungsplanung sind noch nicht voll aufeinander bezogen und in ein abgestimmtes System gebracht. Die unterschiedlichen organisatorischen, instrumentalen und personellen Entwicklungsniveaus sowie das Ressortdenken und die eingefahrenen Verwaltungsabläufe ha-

Sozialplanung

ben bisher eine Integration der S. in die Stadtentwicklungsplanung auf wenige Ausnahmefälle begrenzt. Die Organisationsentwicklungen der letzten Jahre, konkretisiert in den neuen Steuerungsmodellen, eröffnen die Chance eines weitgehend abgestimmten Gesamtkonzeptes der Stadtentwicklung unter dem Oberziel der Dienstleistungsorientierung für den Bürger.
d) S. als aktive Gesellschaftspolitik: In diesem Bereich wird S. tätig, wenn sie die Vorgaben des Bundes und/oder der Länder in konkrete kommunale Vorhaben umsetzt. Sie wirkt bei der Gesellschaftspolitik mit, wenn sie bei kommunalen Vorhaben die sozialen Konsequenzen aufzeigt und evtl. sozial verträglichere Alternativen vorschlägt, im Rahmen der Entwicklungsplanung das Zusammenleben der verschiedenen Bevölkerungsgruppen mitgestaltet, oder kommunale Entwicklungstrends analysiert und durch die Ergebnisse ihrer Analysen die Landes-/Bundesebene auf Probleme größerer Tragweite aufmerksam wird, oder neue Hilfen mitentwickelt und Selbsthilfeaktivitäten unterstützt (z. B. → Wohngemeinschaften, → Frauenhäuser u. a.).
Rechtliche Grundlagen: Für S. als Gesellschaftsplanung ist der Grundsatz der Sozialstaatlichkeit (Art. 20 GG) maßgebend sowie insbes. die Grundrechte des Schutzes der Menschenwürde (Art. 1 GG), der persönlichen Entfaltungsfreiheit (Art. 2 GG), der Gleichheit und Gleichberechtigung (Art. 3 GG). Anknüpfungspunkte finden sich auch im Bundesraumordnungsgesetz (§ 1 Abs. 1, § 2) und in den Landesplanungsgesetzen. Für S. als kommunale Planung sind maßgebend die Gemeindeordnungen, das → Baugesetzbuch (BauGB) sowie die jeweiligen Landesbauordnungen und sonstigen örtlichen auch überörtlichen → Rechtsverordnungen, Richtlinien und einschlägigen → Verwaltungsvorschriften.
Für S. als Fach-S. sind die Vorschriften des SGB I (§§ 1, 17, 35), des SGB X (§§ 67-85, 95), das BSHG (§§ 1, 10, 93 Abs. 1, 95 Abs. 1), das KJHG – SGB VIII (§§ 1, 4, 6, 78, 80, 71 Abs. 2 Nr. 2, 79) sowie spezielle Landesgesetze (z. B. → Kindergartengesetze, Spielplatzgesetze), aber auch Verordnungen, Richtlinien (z. B. für → Altenwohnanlagen) und Förderungsbestimmungen heranzuziehen. Dazu kommen Bestimmungen aus dem SGB XI (Pflegeversicherungsgesetz), z. B. §§ 8, 9 SGB XI, sowie die Ausführungsgesetze der Länder zum SGB XI. Das Bayerische Ausführungsgesetz zum Pflegeversicherungsgesetz z. B. verpflichtet Landkreise und kreisfreie Städte, den für ihren Bereich erforderlichen längerfristigen Bedarf an Pflegeeinrichtungen festzustellen. Obwohl der Sozialplaner auf → Daten angewiesen ist, muß er im Interesse der Betroffenen bei personenbezogenen Daten die Erfordernisse des → Datenschutzes in besonderer Weise beachten. In der Mehrzahl der Fälle sind für die S. anonymisierte Daten ausreichend.
Organisation der S.: Es gibt kein abgesichertes Modell für die Organisation der S., das für alle Städte und Gemeinden und für alle sozialplanerischen Aufgaben Gültigkeit haben kann. S. sollte als Daueraufgabe eingerichtet werden. Für die Organisation der S. gibt es folgende Möglichkeiten:
a) Als Einstieg in die S. und bei überschaubaren Gemeindegrößen kann mit Teilfreistellung einer Person zunächst begonnen werden.
b) Im Fachamt wird eine Person (Planungsbeauftragter) für S. ausschließlich zuständig.
c) Im Fachamt wird eine Planungsgruppe eingerichtet.
d) Es wird eine ämterübergreifende Planungsgruppe mit eigener Zuständigkeit geschaffen.
e) Die Gemeinde beauftragt ein externes Planungsbüro mit der Entwicklung eines Fachsozialplanes.
Auch in den Fällen b, c, e sollte eine ämterübergreifende Arbeitsgruppe S. (zur Sicherstellung der Interdisziplinarität) gebildet werden, deren Aufgabe die Koordinierung der notwendigen Schritte für die sozialen Teilplanungen ist. Um unkoordiniertes Nebeneinanderplanen zu vermeiden, sind Vertreter der sonstigen im Planungsraum vorhandenen Planungsträger, insbes. die freien Träger möglichst frühzeitig an der Planung zu beteiligen. Die Planungsorganisation und der → Planungsablauf sind bisher mit derzeit steigender Tendenz weitgehend nach den Interessen einer effektiven Verwaltungsarbeit und unter Ausschaltung von Konflikten mit Betroffenen gestaltet. In der Phase der Planrealisierung brechen die bis dahin umgangenen Konflikte dafür um so härter auf und führen zu Zeitverlusten, die um vieles höher liegen (z. B. Bau eines Jugendfreizeithauses ohne Beteiligung von Jugendlichen an der Planung).
→ Betroffenenbeteiligung: Die Beteiligung (→ Bürgerbeteiligung, → Partizipation) der Betroffenen bzw. der Öffentlichkeit an der Planung muß weiterentwickelt werden, denn gerade die Beteiligung macht die besondere Qualität sozialplanerischer Ansätze aus. Das BauGB z. B. gesteht den Bürgern nur für einen befristeten Zeitraum die Möglichkeit zu, zu einem Planentwurf Stellung zu nehmen. Weitergehende Möglichkeiten bieten neben den repräsentativen Verfahren (z. B. → Seniorenvertretungen, sachkundige Bürger) und den stellvertretenden Verfahren (→ Anwaltsplanung, Schlüsselpersonen) vor allem Bürgerforen, stadtteilbezogene Arbeitsgruppen und die → Gemeinwesenarbeit.
Stand der gegenwärtigen Planungsaktivitäten und Entwicklungsperspektiven: Seit Beginn der 90er Jahre wird – nach einer Phase der Zurückhaltung in der Planungs-

diskussion – S. wieder intensiv in Wissenschaft und Praxis reflektiert und in Konzepte umgesetzt. Dazu trägt einmal die gesetzliche Verpflichtung zur Jugendhilfeplanung, aber auch die rasante → Organisationsentwicklung vieler Kommunalverwaltungen unter der Zielrichtung der Neuen Steuerungsmodelle bei (→ Verwaltungsmodernisierung). In der wissenschaftlichen Diskussion dokumentiert sich diese Entwicklung in der Verknüpfung des Konzeptes der Planung als kontinuierlichem, kommunikativem und kooperativem Prozeß mit Modellen der Verwaltungsreform und des → Sozialmanagements. Während früher das Ziel eines »fertigen Planes« im Vordergrund stand, wird heute der Planungs- und Beteiligungsprozeß in den Mittelpunkt gestellt, d. h., S. manifestiert sich als ein zwischen den Beteiligten abgestimmter und kooperativer Prozeß. Damit werden zu hohe Erwartungen an S. und ihre Umsetzung aus den 70er/80er Jahren zurückgenommen; die Aushandlungsvorgänge der Akteure der Planung (öffentliche und freie Träger; Politiker/Parteien/Fraktionen; Mitarbeiter der → sozialen Dienste und Einrichtungen; vor allem aber die Betroffenen der Hilfen) werden entscheidend. Ihre Interessen, Problemdefinitionen und Macht- und Einflußbeziehungen, also das gesamte Beziehungsgeflecht, wird offengelegt und die Beteiligung der Betroffenen verstärkt. Damit tritt das sozialtechnische Verständnis der Machbarkeit durch Planung zurück gegenüber dem schon im sog. bedürfnisorientierten Ansatz der 70er Jahre angezielten, aber nicht umgesetzten Planungsleitbild der Kommunikation und Partizipation sowie der Prozeßhaftigkeit und Umsetzungsorientierung. Diese neue Sichtweise kommt auch Konzepten der Organisationsentwicklung entgegen, die bei der Analyse und Veränderung zwischenmenschlicher Gruppen- und Intergruppenbeziehungen ansetzen und sich der Veränderung von meist bürokratischen Organisationsstrukturen widmen. Unter dem → Leitbild Dienstleistungsunternehmen Stadt soll die Kommunalverwaltung grundlegend verändert werden. Hierzu werden die Neuen Steuerungsmodelle mit dem schrittweisen Aufbau einer unternehmensähnlichen, dezentralen Führungs- und Organisationsstruktur sowie der Annäherung an Marktbedingungen auch für öffentliche Dienstleistungen umgesetzt. Elemente dieser neuen Steuerungslogik wie strategische Planung und Entscheidung, dezentrale Ressourcenverantwortung, Kontrakt- und → Qualitätsmanagement, Output-Orientierung, → Budgetierung und → Controlling zeigen Parallelen zur S., ihren Zielen, Methoden und Verfahren. Beide beschäftigen sich mit Zielbestimmungen, Offenlegung von bisherigen Leistungen und Produkten (Bestandsaufnahme), Datenauswertungen als Grundlage für strategische Ziele und Entscheidungen sowie nachträgliche Analyse der Zielerreichung. Empirie erhält einen hohen Stellenwert. Im Rahmen der Neuen Steuerung sind Berichtswesen und Controlling äußerst bedeutsam. → Sozialberichterstattung klärt über Entwicklungen in der Kommune auf und macht Zusammenhänge deutlich. Controlling ist ähnlich wie S. sach- und zukunftsbezogen und dient der systematischen Informationsversorgung der Entscheidungsträger. Dieses eher formale betriebswirtschaftliche Instrument erlangt erst durch die Verbindung zum fachlich-inhaltlichen Instrument der S. die Möglichkeit der fachlich-inhaltlichen Steuerung, indem sie Ergebnisse reflektiert und Fortschreibungen, Weiterentwicklungen, aber auch Änderungen initiiert. S. ist nicht nur Datenlieferant für Produktbeschreibungen, Aufstellen von Kennzahlen u. a., sondern hat zentrale Bedeutung für die → Fachlichkeit der Sozialarbeit; sie hat moderierende Funktion und zwingt zur intensiven fachlichen Auseinandersetzung in der Verwaltung. Die Neuen Steuerungsmodelle bilden außerdem eine große Chance, Fach- und Ressourcenplanung wirksam zu integrieren. S. und Neue Steuerung bedingen sich daher gegenseitig. Eine gute S. ist unabdingbare Voraussetzung für die Umsetzung der Neuen Steuerungslogik und umgekehrt. S. als Steuerungsinstrument braucht Eigenständigkeit und Durchsetzungsfähigkeit. S. liefert die jeweiligen fachlichen Grundlagen für die bedarfsbezogenen und inhaltlich fundierten Konzepte der Dienstleistungen, hilft bei der Operationalisierung der Leistungsziele, verknüpft Leistungs- und Finanzziele und fördert die Kommunikation und Beteiligung der Akteure der Planung. Kundenorientierung der Neuen Steuerung und die Beteiligungskultur der S. können sich ergänzen, z. B. bei den Bürgerbefragungen, Stadtteilforen, Informationen und Beratungen.

S. ist unabdingbar zur Reduzierung von bisherigen Defiziten der Neuen Steuerungsmodelle wie zu geringe Qualifizierung der Produkte, zu unreflektierte Anwendung der Kennzahlen und der interkommunalen Vergleiche sowie der Verkennung der Komplexität von Bedürfnissen und Bedarfen. Die neue Organisationsentwicklung eröffnet die Chance für ein effektives Zusammenspiel von S. und Verwaltungsreform.
Lit. Bolay u. a.: Jugendhilfeplanung; DV: Handbuch Sozialplanung; DV: Kommunale Sozialberichterstattung; DV: örtliche Sozialplanung; Gläss u. a.: Jugendhilfeplanung; Jordan, E. u. a.: Jugendhilfeplanung; KGSt: Fach- und Ressourcenplanung; Kühn, F.: Steuerungsmodelle; Lukas u. a.: Jugendhilfeplanung; Merchel: Jugendhilfeplanung; Schneider, H. R. u. a.: Jugendhilfeberichterstattung; Verein für Sozialplanung u. a.: Sozialplanung.
Dietrich Kühn/Ursula Feldmann

Sozialpolitik Das Wort wird W. H. Riehl zugeschrieben. Es hat sich insbes. nach Gründung des »Vereins für Socialpolitik« 1873 verbreitet und durchgesetzt, aber nur im deutschen Sprachraum. Der gelegentlich auch in anderen Sprachen verwendete entsprechende Terminus (englisch: social policy, französisch: politique sociale) hat i. d. R. andere, teils engere, teils weitere Bedeutungen. Doch auch im Deutschen sind die Interpretationen trotz einer Fülle von Definitionsversuchen (vgl. Kleinhenz) vielfältig, häufig schwankend und kontrovers geblieben. Umstritten ist vor allem, ob S. a) nur mit Problemen zu tun hat, die sich aus der unselbständigen Lohnarbeit (der »Arbeiterfrage«) ergeben, oder auch der Verbesserung der Stellung anderer als (wirtschaftlich) schwach angesehener Gruppen dient, b) nur historisch verstanden werden kann, weil sie erst im Industriezeitalter entstanden und notwendig geworden ist, oder in jeder Gesellschaft stattfindet und daher allgemein und abstrakt, zeit- und raumunabhängig definiert werden muß.

In der neueren Lehre von der S. wird zunehmend die allgemeine Begriffsbildung vertreten. Als Kern der S. erscheint dabei die Einkommensumverteilung durch soziale Sicherungssysteme. Doch werden auch die rechtlichen und betrieblichen Bemühungen, die Situation der Arbeitnehmer zu verbessern (labour economics), im allgemeinen weiterhin zur S. gerechnet; ihre wissenschaftliche Behandlung hat sich aber mehr und mehr in das → Arbeitsrecht und die Betriebssoziologie (→ Industriesoziologie) verlagert. Umstritten bleibt, auch bei solcher eher pragmatischen Beschreibung, ob – wie im angelsächsischen und skandinavischen Raum – Wohnungswesen, → Erziehung, → Gesundheit und Berufsausbildung (→ Berufliche Bildung, → Ausbildung, → Ausbildungsförderung) der S. zuzurechnen sind und ob S. auch dann Politik zum Schutz und zur Förderung bestimmter unterprivilegierter Gesellschaftsgruppen bleibt, wenn nicht mehr nur die Klassenlage des Proletariats beeinflußt werden soll. Da Zielgruppen, Aktionsbereiche und Instrumente der S. sich zweifellos mit den wirtschaftlichen und sozialen Verhältnissen ändern und S. ihrerseits zur Veränderung dieser Verhältnisse beiträgt, hat man die entfaltete S. der Gegenwart auch als Gesellschaftspolitik (Achinger) oder als strukturgestaltende Politik (Preller) bezeichnet.

Am Anfang der S. des Industriezeitalters stehen Arbeiterschutzgesetze, zunächst insbes. für Kinder und Frauen: in England 1802 Gesetz zur Bewahrung der Gesundheit und Moral der Lehrlinge in den Baumwollfabriken, in Preußen 1839 Regulativ über die Beschäftigung jugendlicher Arbeiter in Fabriken (Arbeitsverbot für Kinder unter 9 Jahren, 10-Stunden-Tag für Jugendliche unter 16 Jahren). Weitere Beschäftigungsverbote für Kinder und Frauen in Bergwerken und Fabriken, Arbeitszeitbegrenzungen (seit 1848 Kampf um den 8-Stunden-Tag, 1853 in Preußen 6-Stunden-Tag für Jugendliche unter 14 Jahren) und staatliche Fabrikinspektionen (1833 in England, 1878 im Deutschen Reich) folgten. Die deutsche Arbeiterversicherungsgesetzgebung, 1881 durch die Kaiserliche Botschaft angekündigt, 1883–1889 vom Reichstag beschlossen, wurde in allen Industriestaaten, später – insbes. nach dem 2. Weltkrieg – weltweit zum Vorbild für die Politik der → sozialen Sicherheit. In Deutschland wurde sie 1911 in der → Reichsversicherungsordnung (RVO) zusammengefaßt und durch das Angestelltenversicherungsgesetz ergänzt. Neben dem Ausbau des → Arbeitsschutzes (1891 Arbeiterschutzgesetz als Novelle zur Gewerbeordnung, 1903 Kinderschutzgesetz, 1918 8-Stunden-Tag, 1927 Mutterschutzgesetz, 1938 Jugendschutzgesetz) und der → Sozialversicherung (→ Rentenreformen [1957 und 1972]; → Rentenreformgesetz 1992 [RRG 1992]) sind für die Folgezeit als Beginn neuartiger sozialpolitischer Gesetzgebung vor allem zu nennen: 1918 gesetzliche Anerkennung der → Tarifverträge, 1919 Reichsversorgungsgesetz für Kriegsbeschädigte und Kriegshinterbliebene, 1920 Betriebsrätegesetz, 1926 Arbeitsgerichtsgesetz, 1927 Errichtung einer Reichsanstalt für → Arbeitsvermittlung und → Arbeitslosenversicherung, 1951 Montanmitbestimmung, 1952 LAG (→ Lastenausgleich [LA]), 1953 Sozialgerichtsgesetz, 1954 Einführung des → Kindergeldes, 1960 Einführung von Miet- und Lastenbeihilfen (→ Wohngeld), 1961 Gesetz zur Förderung der Vermögensbildung der Arbeitnehmer, 1969 → Arbeitsförderungsgesetz (AFG) und Lohnfortzahlungsgesetz, 1971 → Bundesausbildungsförderungsgesetz (BAföG), 1974 Gesetz über → Konkursausfallgeld und Gesetz zur Verbesserung der betrieblichen → Altersversorgung, 1986 die Anerkennung von Erziehungszeiten (→ Berücksichtigungszeiten für Kindererziehung und Pflege, → Kindererziehungszeiten, rentenrechtliche Anerkennung von) in der Rentenversicherung durch das HEZG (→ Hinterbliebenenrente) und die Einführung von Erziehungsurlaub und → Erziehungsgeld durch das Bundeserziehungsgeldgesetz (BErzGG). Die meisten dieser Gesetze sind inzwischen mehrfach novelliert und die in ihnen enthaltenen sozialpolitischen Ansätze dadurch ausgebaut worden. Das 1994 verabschiedete SGB XI (→ Pflegeversicherung, gesetzliche) hat völlig neuartige Konstruktionselemente in die soziale Sicherung eingeführt, deren Bewährung noch aussteht: Der Versicherungszwang bei und den korrespondierenden Kontrahierungszwang für private Krankenversicherungen, zwingende gesetzliche Vorgaben für die privaten Versicherungs-

und Tarifbedingungen sowie die zwangsweise Beteiligung aller privaten Krankenversicherungen an einem Risikoausgleichssystem.
S. ist in ihren ersten Anfängen als betriebliche S. von weitblickenden und sozial empfindsamen Unternehmern, wie z. B. Robert Owen, Alfred Krupp und Ernst Abbé, und als → Selbsthilfe in der Arbeiterbewegung entwickelt, dann aber vor allem als staatliche S. schnell und intensiv ausgebaut worden. Mit der Anerkennung der »Trade Unions« in England durch Gesetze von 1871, 1875 und 1876 und der Gewerkschaften in Deutschland durch die Gewerbeordnung des Norddeutschen Bundes von 1869 (Koalitionsfreiheit) und durch die Verordnung über Tarifverträge, Arbeiter- und Angestelltenausschüsse und Schlichtung von Arbeitsstreitigkeiten von 1918 treten die Arbeitsmarktverbände (→ Gewerkschaften und Arbeitgeberverbände) im Rahmen der Tarifpolitik als wichtige, nicht nur sozialpolitisch, sondern auch gesamtwirtschaftlich immer einflußreichere Akteure in die S. ein. Daneben bleiben die Kommunen als Nachfolger der kirchlichen Gemeinden und der Armenpflegeverbände des Mittelalters und der frühen Neuzeit für individuelle, nicht typisierbare Notfälle und für soziale Dienstleistungen und für soziale → Einrichtungen und → Anstalten (→ Infrastruktur, soziale) zuständig.
Sowohl sozialpolitisch als auch ökonomisch hat die staatliche S. sowohl für den Arbeitsschutz und den → Arbeitsvertrag als auch für die soziale Sicherheit das größte Gewicht. Für die Lohnpolitik, aber auch für viele andere Arbeitsbedingungen (Urlaub, Arbeitszeit etc.) sind vor allem die Tarifvertragsparteien verantwortlich. Selbsthilfebestrebungen, die durch staatliche und tarifvertragliche S. lange verdrängt und abgelöst schienen, haben neuerdings wieder an Einfluß gewonnen, wenn auch bisher mehr ideologisch und programmatisch als faktisch. Die betriebliche S. ist in ihrem wichtigsten Bereich, bei den → betrieblichen Sozialleistungen, einerseits durch die »Drei-Säulen-Theorie« zur → Alterssicherung relativiert und in eine die staatliche S. nur ergänzende Funktion verwiesen, andererseits in dieser Funktion durch das Betriebsrentengesetz von 1974 gefestigt, schließlich neuerdings aber auch dadurch aufgewertet worden, daß sie von der tariflichen Arbeitszeitpolitik in Anspruch genommen wird (flexible Arbeitszeitgestaltung, Vorruhestandsregelungen). Die Kommunen sind zwar gesetzliche Träger der → Sozialhilfe und der → Jugendhilfe (→ Sozialhilfeträger, → Jugendhilfeträger), aber auch für diese Bereiche nicht der eigentliche sozialpolitische Akteur, weil die Gesetzgebungskompetenz beim Bund liegt. Zumindest der Bereich der Transferzahlungen (→ Transfers, soziale), also insbes. die → Hilfe zum Lebensunterhalt, ist damit der Gestaltung durch kommunale S. weitgehend entzogen. Bei den → Hilfen in besonderen Lebenslagen und der Jugendhilfe ist allerdings trotz bundesgesetzlicher Regelung die konkrete Hilfeleistung und ihr Erfolg weitgehend von dem durch kommunale S. bestimmten Angebot an stationären und ambulanten sozialen → Dienstleistungen abhängig; selbst wenn diese vielfältigen Beratungs-, Erziehungs-, Eingliederungs-, Behandlungs-, Pflege- und sonstigen Dienste vielfach von → freien Trägern geleistet werden, obliegt doch letztlich den Kommunen die Gesamtverantwortung und die kommunale → Sozialplanung. Ähnliches gilt für die → Gesundheitshilfe und für die stationäre Krankenversorgung (→ Krankenhaus). In einem weiteren Sinn kann kommunale S. in allen Bereichen der kommunalen → Daseinsvorsorge wirksam werden, wenn Wohnungsbau und Stadtplanung, Bildungs- und Kulturpolitik, Verkehrsplanung und Umweltschutz unter dem Aspekt der Hebung der Lebensqualität und des → sozialen Ausgleichs für benachteiligte Menschen durch Verbesserung nicht primär einkommensabhängiger Lebensbedingungen und Chancen betrieben werden.
Lit. Achinger: Sozialpolitik; Achinger: Wissenschaft; Albrecht, G.: Gesellschaftspolitik; Henning, H.: Sozialpolitik III; Kleinhenz: Sozialpolitik; Lampert u. a.: Sozialpolitik I; Lampert: Sozialpolitik; Preller, L.: Sozialpolitik; Riehl, W. H.: Naturgeschichte. *Dieter Schäfer*

Sozialpolitik, europäische Der Begriff e. S. ist insofern mehrdeutig, als unter »europäisch« zum einen der gesamte Kontinent Europa, zum anderen die → Europäischen Gemeinschaften (EG), die weiteren aber auch der → Europarat sowie neuerdings der Europäische Wirtschaftsraum (EWR) als der Zusammenschluß von EG- und EFTA-Staaten sowie schließlich auch die Regelungen im Zusammenhang mit dem sog. »Europaabkommen« der mittel- und osteuropäischen Reformstaaten – sog. MOE-Staaten - verstanden werden können. Hier bezeichnet e. S. die Sozialpolitik der EG als Teil der → internationalen Sozialpolitik, wie sie in den Sozialvorschriften der Europäischen Gemeinschaftsverträge - Vertrag über die Gründung der Europäischen Gemeinschaft für Kohle und Stahl (EGKSV) vom 18. 4. 1951 sowie Vertrag zur Gründung der Europäischen Wirtschaftsgemeinschaft (EWGV) – seit 1. 11. 1993 und dem Inkrafttreten des Vertrages über die Europäische Union (»Maastricht-Vertrag«) EG-Vertrag (EGV) – und Vertrag zur Gründung der Europäischen Atomgemeinschaft (Euratom) (EAGV) vom 25. 3. 1957 – ihren Ausdruck gefunden haben. Der EGV enthält in den Art. 117 bis 122 EGV die »Sozialvorschriften«. In Art. 117 EGV bekennen

Sozialpolitik, europäische

sich die Mitgliedstaaten zur Notwendigkeit, auf eine Verbesserung der Lebens- und Arbeitsbedingungen der Arbeitskräfte hinzuwirken. Art. 118 EGV verpflichtet die EG-Kommission dazu, die Zusammenarbeit der Mitgliedstaaten in sozialen Fragen zu fördern. Art. 118a EGV sieht den Erlaß von Mindestvorschriften zur Verbesserung der »Arbeitsumwelt« vor. Art. 118b EGV betrifft den »sozialen Dialog« zwischen den Sozialpartnern. Art. 119 EGV enthält den Grundsatz des gleichen Entgelts für Männer und Frauen bei gleicher Arbeit, der durch die Richtlinien 75/117, 76/207, 86/378, 79/7 und 86/378/EWG (→ Gleichbehandlung von Männern und Frauen) sowie durch die Rechtsprechung des → Gerichtshofs der Europäischen Gemeinschaften (EuGH) ausdifferenziert und fortentwickelt worden ist. Art. 120 EGV verbrieft die Beibehaltung der bestehenden Ordnungen über die bezahlte Freizeit. Art. 121 EGV ermächtigt den Rat, der Kommission Aufgaben zu übertragen auf dem Gebiet der sozialen Sicherheit der aus- und einwandernden Arbeitskräfte (→ Soziale Sicherheit in der EG; → Wanderarbeitnehmer). Gemäß Art. 122 EGV hat die EG-Kommission dem Rat jährlich Bericht zu erstatten über die soziale Lage in der Gemeinschaft. Die Übersicht zeigt, daß der EGV keine ausgeprägte und ausformulierte Konzeption e. S. enthält, sondern vielmehr den Kompromiß erkennen läßt, den die Vertragsschließenden bei der Aushandlung der Römischen Verträge eingegangen sind. Die → Sozialpolitik ist mithin grundsätzlich Angelegenheit der Mitgliedstaaten geblieben. Lediglich in Zusammenhang mit der Verwirklichung der Grundfreiheiten des Gemeinsamen Marktes und damit gleichsam als »Annex« zu diesen Verbürgungen sind der Gemeinschaft Kompetenzen im Sozialbereich übertragen worden. An dieser Grundorientierung hat auch »Maastricht«, wo die vorstehend genannten Vorschriften z. T. in einer besonderen Vereinbarung für 11 Mitgliedstaaten (ohne das Vereinigte Königreich) modifiziert worden sind, nichts Grundlegendes geändert. Kapitel 2 des Titels VII Sozialpolitik, allgemeine und berufliche Bildung und Jugend enthält in den Art. 123 bis 128 EGV die Vorschriften über den → Europäischen Sozialfonds (ESF). Seit Inkrafttreten des Vertrages über die Europäische Union am 1. 11. 1993 enthält Art. 129 EGV, der den Titel X. Gesundheitswesen ausfüllt, eine – beschränkte – Kompetenz der Gemeinschaft für den Bereich des öffentlichen Gesundheitswesens (Public Health). Auch andere Bereiche des Gemeinschaftsrechts sind sozialpolitisch geprägt. So verlangen Art. 130a bis Art. 130e EWGV eine Politik zur Stärkung des »wirtschaftlichen und sozialen Zusammenhalts« in der Gemeinschaft. Auch andere Politikbereiche, so etwa die Gemeinsame Agrarpolitik, haben soziale Inhalte. Insgesamt hat die Sozialpolitik jedoch in den Gemeinschaftsverträgen keine anderen Politikbereichen ebenbürtige Stellung gefunden.

Im Zusammenhang mit der Herstellung des → Europäischen Binnenmarktes ist es im Rahmen der Gemeinschaftscharta der sozialen Grundrechte der Arbeitnehmer von 1989 (→ Soziale Grundrechte) und der auf ihrer Grundlage erarbeiteten Aktionsprogramms zu einer Stärkung der sozialen Komponente in der praktischen Gemeinschaftspolitik gekommen. So strebt die EG-Kommission eine freiwillige Abstimmung der Politiken des Sozialschutzes der Mitgliedstaaten an. Diese Politik der »Konvergenz« trägt dem Umstand Rechnung, daß eine Harmonisierung der Sozialschutzsysteme der Mitgliedstaaten weder als möglich (insbes. wegen des im Bereich der Sozialpolitik fortbestehenden Einstimmigkeitsprinzips) noch als notwendig (und vielleicht auch nur punktuell als wünschenswert) angesehen wird, vielmehr eine (zu intensivierende) Koordinierung der sozialen Sicherungssysteme der Mitgliedstaaten zur Erreichung der Ziele der Gemeinschaft ausreicht. Darüber hinaus zeugen eine Fülle von Programmen in bezug auf → alte Menschen (→ Eurolink Age), → Armut, → Behinderte, → Familien (→ Familienpolitik), Frauen u. a. von dem Willen der Gemeinschaft, auch auf dem Gebiet der Sozialpolitik Verantwortung zu übernehmen. In diesem Zusammenhang gewinnt – nicht zuletzt vor dem Hintergrund einer verstärkten Diskussion um die Geltung des Subsidiaritätsgrundsatzes auch im Verhältnis zwischen Europäischer Gemeinschaft, Mitgliedstaaten, Gliedstaaten/Regionen, Gebietskörperschaften und gesellschaftlichen Organisationen – die Frage zunehmend an Bedeutung, welche Rolle die → freie Wohlfahrtspflege, die hierzulande eine tragende Säule des sozialstaatlichen Systems ist, künftig in Europa spielen soll (→ Freie Wohlfahrtspflege in Europa). Der auf Grundlage eines Protokolls der seinerzeit 12 – heute 15 – Mitgliedstaaten im Zusammenhang mit dem EU-Vertrag von Maastricht abgeschlossenen Abkommen über die Sozialpolitik von ursprünglich 11 – heute 14 – Mitgliedstaaten (ohne das Vereinigte Königreich) enthält weiterreichende Kompetenzen der Gemeinschaft im Sozialbereich, von denen allerdings bislang nur wenig Gebrauch gemacht worden ist. Neu ist hier insbesondere die große Rolle, welche den Sozialpartnern bei der Gestaltung der Sozialpolitik eingeräumt worden ist.

Lit. Deutscher Sozialrechtsverband e.V.: Sozialrecht; Grabitz: EWGV (Komm.); Groeben u.a.: EWGV (Komm.), Lichtenberg, H.: EG; Prognos AG: Europa; Schulte, B.: Einführung; Schulte, B.: Sozialrecht; Schulte, B. u.a.: Wechselwirkungen.

Bernd Schulte

Sozialprodukt Geldwert aller von Inländern (ständigen Bewohnern) in einer Periode (meist einem Jahr) erstellten Waren und Dienstleistungen, abzüglich des Wertes der Güter, die im Zuge der Produktion verbraucht wurden (Vorleistungen). Das S. gibt in zusammengefaßter Form ein Bild der ökonomischen Leistung einer Volkswirtschaft und stellt damit einen zentralen Begriff der → Volkswirtschaftlichen Gesamtrechnung dar. Es wird im allgemeinen sowohl »brutto« als auch »netto« (d. h. abzüglich der Abschreibungen) dargestellt. Diese Größen können wiederum zu Marktpreisen und zu Faktorkosten (d. h. abzüglich des Saldos aus indirekten Steuern und Subventionen) bewertet werden. Zieht man vom Bruttos. zu Marktpreisen (dem umfassendsten S.begriff) die Abschreibungen und den Saldo aus indirekten Steuern und Subventionen ab, ergibt sich das Nettos. zu Faktorkosten = Volkseinkommen.

Bei Zeitvergleichen ist auch zwischen dem nominalen S. (in jeweiligen Preisen) und dem realen (dem deflationierten, in Preisen eines Basisjahres bewerteten) S. zu unterscheiden. Für die (alte) Bundesrepublik Deutschland belief sich das Bruttos. 1984 auf nominal 1 751 Mrd. DM, 1994 auf 2 978 Mrd. (was auf das Preisniveau von 1991 bezogen 2 710 Mrd. DM entsprach). Je Einwohner belief sich das Bruttos. 1984 auf nominal 28 850 DM, 1994 auf 44 720 DM (was auf das Preisniveau von 1991 bezogen 40 700 DM entsprach).

Das S. eignet sich als → Indikator für die Beobachtung kurz- und mittelfristiger Konjunkturschwankungen. Für langfristige Analysen, internationale Vergleiche (besonders von Ländern unterschiedlicher Wirtschaftssysteme oder Entwicklungsstufen), Wohlstands- oder gar Lebensqualitätsbetrachtungen (→ Lebensqualität) ist der S.begriff jedoch kaum geeignet, da zahlreiche relevante Aspekte, vor allem auch solche qualitativer und struktureller Art, nicht oder nicht ausreichend berücksichtigt werden. Diesen Schwierigkeiten will man durch die Entwicklung statistischer Systeme begegnen, die neben ökonomischen soziale, demographische und ökologische Daten integrieren (→ Sozialindikatoren).

Lit. Brümmerhoff: Rechnungswesen; Cassel u. a.: Kreislaufanalyse; Statistisches Bundesamt: Volkswirtschaftliche Gesamtrechnungen; Stobbe: Rechnungswesen.

Dieter Schäfer

Sozialpsychiatrie kann als eine Weiterentwicklung der → Psychiatrie bzw. als deren kritischer Begriff gefaßt werden. »Sozialpsychiatrie stellt als empirische Wissenschaft, als therapeutische Praxis und als soziale Bewegung den Versuch der Rückbeziehung auf und der Integration der psychisch Leidenden in ihre soziale Realität dar« (Dörner, K. u. a.: Sozialpsychiatrie).

S. wendet sich gegen einen individualisierenden Krankheitsbegriff und gegen ein Verständnis der → Krankheit als einer schicksalshaften Veränderung von Organen oder Funktionen. Gegenstand der S. ist die Entwicklung des Menschen in seiner Beeinflussung durch familiäre und soziale Umwelt, die wiederum von den sozialen Bedingungen, Verhaltensmustern und Wertvorstellungen der Gesellschaft bestimmt sind. Jürgen Ruesch, Psychiater in San Francisco, hat es bereits 1965 so formuliert: »(→) Gemeindepsychiatrie konzentriert sich auf die Struktur der Kommunen, die Bedeutung der Blockierungen und die Mechanismen der Kommunikation. Gemeindepsychiatrie beinhaltet bestimmte Orientierungen, nicht Methoden und Techniken. Sie konzentriert sich auf die sozialen Funktionen der Population und nicht nur auf deren Pathologie. Sie hat es mit Personen in Gruppen und nicht nur mit isolierten Einzelpersonen zu tun. Gemeindepsychiatrie versucht über ihre Behandlungsverpflichtung hinaus, soziale Organisationen, Kommunikationssysteme und soziale Situationen zu beeinflussen« (zitiert nach Pörksen). S. bedient sich epidemiologischer Forschung über die Häufigkeit psychischer Krankheiten in einer gegebenen Population bzw. in Gruppen und Schichten der Bevölkerung und transkultureller Untersuchungen über das Auftreten bestimmter seelischer Störungen in Kulturen und Subkulturen. Sie erhält so Hinweise auf die Pathogenität sozio-ökonomischer Strukturen sowie familiärer und sozialer → Rollen.

S. untersucht die psychiatrischen Einrichtungen und ihre Auswirkungen (Anstaltssyndrome, Isolierungssyndrome, → Hospitalismus), die die ursprüngliche Krankheit häufig überdecken und deren Eigendynamik oft einer → Rehabilitation der → psychisch Kranken entgegenwirkt. Sie fordert das »open-door-system« (Wegfall ständiger Kontrolle, freier Ausgang usw.) und die »therapeutische Kette« (möglichst kurzer stationärer Aufenthalt, Übergang in teilstationäre Einrichtungen, ambulante Beratungs- und Kontaktmöglichkeiten).

S. thematisiert psychiatrisches Handeln (z. B. → Diagnose als Etikettierung; → Stigmatisierung) und die Beziehung des Therapeuten zum Kranken (z. B. Abhängigkeit, Zwang) und übernimmt die → »therapeutische Gemeinschaft« (freie Kommunikation, Abbau traditioneller Autoritätsverhältnisse, → soziales Lernen, tägliche Vollversammlung, Analyse persönlicher und zwischenmenschlicher Dynamik in der Gemeinschaft).

S. fordert die Entwicklung eines chancengleichen Versorgungssystems für alle psychisch Kranken (Allgemeine Psychiatrie,

→ Gerontopsychiatrie und psychiatrische Versorgung Abhängigkeitskranker).
S. oder besser »Soziale Psychiatrie« ist die Grundlage psychiatrischen Handelns. Die psychiatrische Praxis selbst ist in gemeindepsychiatrischen Strukturen weiterzuentwickeln, wobei die Integration psychiatrischen Handelns auf kommunale Strukturen und Verhältnisse anzuwenden ist.
S. wird in der Gemeindepsychiatrie weitergeführt. Sie grenzt sich gegenüber → Antipsychiatrie ab wegen der »Praxisferne« der angelsächsischen Richtung (Cooper, Laing) und »mangelnder Übertragbarkeit« der italienischen Psiciatrica demokratica (Basaglia, Jervis) auf die Bundesrepublik.
S. ist eine interdisziplinäre Wissenschaft (Medizin, Psychologie, Soziologie u. a.) und wird in → therapeutischen Teams (Ärzte, Krankenschwestern, Sozialarbeiter, Beschäftigungstherapeuten) praktisch umgesetzt.
Sozialpsychiatrische → Zusatzausbildungen gibt es vor allem für Krankenschwestern und Krankenpfleger. Die Weiterbildungs-Richtlinien sind in mehreren Bundesländern gesetzlich geregelt. Eine abgeschlossene Weiterbildung führt nach BAT zur Höhergruppierung. Sozialpsychiatrische Zusatzausbildungen für in der Psychiatrie tätige andere Berufsgruppen gibt es an der Berufsschule Hannover, außerdem Angebote von der → Deutschen Gesellschaft für Soziale Psychiatrie (DGSP) und vom Institut für Kommunale Psychiatrie (IKP).
Die → Deutsche Gesellschaft für Soziale Psychiatrie e.V. (DGSP) gibt die Fachzeitschrift »Sozialpsychiatrische Informationen« und ihren Rundbrief heraus.
Lit. Bateson, G. u. a.: Schizophrenie; Battegay u. a.: Sozialpsychiatrie; Dörner, K. u. a.: Psychiatrie/Psychotherapie; Dörner, K. u. a.: Sozialpsychiatrie; Fengler, u. a.: Anstalt; Goffmann: Asyle; Haring: Psychiatrie; Hollingshead u. a.: Sozialcharakter; Pörksen: Kommunale Psychiatrie.

Niels Pörksen

Sozialpsychiatrischer Dienst in der heutigen Form gründet in der offenen Geisteskrankenfürsorge, die in den ersten drei Jahrzehnten dieses Jahrhunderts eine Blüte erlebte. Nach ihrem Mißbrauch während der nationalsozialistischen Gewaltherrschaft, erlebte sie in den 50er und 60er Jahren vorwiegend in den Städten einen Aufschwung. Der Begriff S. D. wurde erstmals 1967 in Berlin eingeführt.
Hinter der Bezeichnung S. D. stehen verschiedene Organisationstypen mit relativ weit auseinanderliegenden Aufgabenfeldern. Fachlich bestimmt wird das Aufgabenfeld eines S. D. durch die gesetzlichen Regelungen der verschiedenen Bundesländer, von seiner Trägerschaft, der Anbindung an andere Institutionen, der Einbindung in das bestehende Versorgungsnetz und durch die jeweils beteiligten Berufsgruppen.
Rechtsgrundlagen: Nordrhein-Westfalen hat bereits 1969 vorsorgende, begleitende und nachgehende Hilfen als Pflichtaufgabe der → Gesundheitsämter in einem »Psychisch-Kranken-Gesetz« festgeschrieben. 1977, 1978, 1979 und 1985 folgten Hamburg, Niedersachsen, Bremen, Berlin und Schleswig-Holstein mit eigenen Gesetzen. Ausdrücklich erwähnt werden S. D. in den Gesetzen von Niedersachsen, Berlin und Bremen. Dort, wo S. D. neben den Gesundheitsämtern existieren, gilt im Hinblick auf Hilfen für psychisch Kranke durch die Gesundheitsämter zumeist noch das → Vereinheitlichungsgesetz. In Bayern und Baden-Württemberg sind S. D. in freier Trägerschaft nicht gesetzlich, sondern durch Förderrichtlinien verankert.
Trägerschaft: Die Integration in die kommunale Ämterstruktur ist am größten, wo S. D. Teil der kommunalen Gesundheitsämter sind. Nahezu überall dort, wo staatliche Gesundheitsämter existieren, sind ergänzend selbständige S. D. in freier Trägerschaft in Gang gekommen.
Fachpersonal: Mit Ausnahme der Ärzte der S. D. in Hannover verfügen → Ärzte in S. D. über keine kassenärztliche Behandlungserlaubnis. Trotzdem wird die Notwendigkeit der Mitarbeit eines Arztes in einem S. D. überwiegend bejaht. Über die ärztlichen Mitarbeiter hinaus gehören zu den Mitarbeitern S. D. im Kern immer → Sozialarbeiter. Krankenpflegekräfte und Psychologen werden fakultativ beschäftigt.
Zielgruppen: Chronisch → psychisch Kranke werden in der Mehrzahl der S. D. als Zielgruppe genannt. Wenn Alkoholkranke (→ Alkoholismus) dabei mit eingeschlossen sind, macht ihr Anteil u. U. bis zu 50% aus. Mit wachsender Bedeutung wenden sich S. D. auch der Betreuung gerontopsychiatrischer Patienten (→ Gerontopsychiatrie) zu.
Aufgaben: Bei den Betreuungsmaßnahmen finden sich i. d. R. vorsorgende, begleitende und nachgehende Hilfe. Die Aufgaben der Ärzte sind zumeist auf → Beratung und Diagnostik beschränkt. Die sozialarbeiterischen Tätigkeiten werden in der üblichen Differenzierung »Arbeit, Wohnen, Freizeit und Kommunikation« genannt. Einigkeit besteht über die Notwendigkeit von Hausbesuchen. → Krisenintervention wird in S. D. nicht umfassend geleistet, da die erforderliche Präsenz rund um die Uhr nicht gewährleistet werden kann. Trägerschaft und Aufgaben stehen in engem Zusammenhang: Kommunale Trägerschaft geht meistens einher mit hoheitlichen Aufgaben und einer großen Zahl von zu Betreuenden. Bei S. D. in freigemeinnütziger Trägerschaft sind die hoheitlichen Aufgaben zumeist abgetrennt; betreut wird eher ein kleiner Kreis von Problempatienten über längere Zeiträume.

Die neuere Entwicklung auf dem Gebiet der ambulanten sozialpsychiatrischen Betreuung geht dahin, regionalen Belangen mehr Raum bei der Planung und Organisation von S. D. als bisher zu lassen.
Lit. Kulenkampff: Sozialpsychiatrischer Dienst; Prognos: Modellprogramm; Rössler: Sozialpsychiatrische Dienste; Rössler u. a.: Landesprogramm. *Wulf Rössler*

Sozialpsychologie Es gibt keine allgemein verbindliche Definition von S. Einen relativ breiten Konsens unter Sozialpsychologen dürften untheoretische, beschreibende Definitionen wie die von Secord u. a. sowie von Allport finden. Erstere stellen fest, daß die S. »menschliches Verhalten im sozialen Kontext« untersucht. Allport beschreibt die S. als »Versuch zu verstehen, wie das Denken, Fühlen und Verhalten von Individuen durch die reale, vorgestellte oder implizite Anwesenheit anderer beeinflußt wird«. Die konkreteste Vorstellung von der modernen S. läßt sich durch Aufzählung und Erläuterung ihrer einzelnen Forschungsbereiche vermitteln. Sozialpsychologische Forschungsdisziplinen sind: a) soziale Wahrnehmung (bzw. Kognition) und Personwahrnehmung; b) Einstellungsforschung; c) Gruppenstrukturen und -prozesse (→ Kommunikation und → Interaktion in → Gruppen); d) Theorie und Erforschung sozialer → Rollen; e) Sozialisationsforschung (vgl. Secord u. a.). Auch die Massen- und Völkerpsychologie wird zu den sozialpsychologischen Disziplinen gerechnet, steht jedoch heute etwas im Hintergrund.
a) Soziale Wahrnehmung (bzw. Kognition): Der engere Begriff von sozialer Wahrnehmung (englisch: social perception) kennzeichnet eine Forschungsrichtung, der es um die Untersuchung der Beeinflussung der → Wahrnehmung durch personale und soziale Faktoren geht (z. B.: Wahrnehmung unter momentanem Bedürfnisdruck; unterschwelliges Wahrnehmen; Wahrnehmung und Wertorientierung). Die sozialen Faktoren fungieren hierbei als unabhängige → Variablen. Der hier benutzte Wahrnehmungsbegriff umfaßt mehr als die Prozesse der sensorischen Verarbeitung, weshalb manche Autoren den Begriff »Kognition« vorziehen. Bei einer Reihe von Autoren gehört zum Begriff der sozialen Wahrnehmung neben den genannten Inhalten noch zusätzlich die Wahrnehmung sozialer Aspekte oder »Objekte«, insbes. die Personwahrnehmung. Diese widmet sich der Erforschung der Faktoren und Prozesse, durch die Eindrücke und Meinungen, welche man von anderen Menschen hat, sowie die damit verbundenen Gefühle geformt werden (z. B. Wirkung des ersten Eindrucks, Bedeutung von Stereotypen).
b) Soziale Einstellungen: → Einstellungen oder → Attitüden sind überdauernde Haltungen einem »psychologischen Objekt« (Süllwold) gegenüber. Als »psychologische Objekte« kommen in Frage: eine Person oder eine Gruppe von Personen, eine Institution, bestimmte Ideen oder Ideensysteme usw. Solchen Haltungen werden im allgemeinen drei Komponenten zugesprochen, eine kognitive (»Meinung«), eine affektive und eine Handlungskomponente. Eine besondere Gruppe von Einstellungen stellen → Vorurteile dar. Die Einstellungsforschung untersucht die Entstehung und Veränderung von Einstellungen (in Abhängigkeit vom Kommunikator, der Art und Häufigkeit seiner »Botschaft« sowie bestimmten Persönlichkeitsmerkmalen des »Empfängers«).
c) Gruppenstrukturen und -prozesse: Es ist zu unterscheiden zwischen Affekt-, Macht-, Status- und Kommunikationsstrukturen. Der Sozialpsychologe beschreibt derartige Strukturen, versucht, ihre gegenseitige Abhängigkeit festzustellen, und untersucht ihre Determinanten und die Prozesse, die zu ihnen führen. Weitere Themen der Gruppenpsychologie sind die Entstehung von Gruppennormen und -konformität (→ Norm), die Führer-Rolle in der Gruppe sowie die Beziehungen zwischen Gruppen.
d) Soziale Rollen: Soziale Rollen beziehen sich auf Erwartungen mit verpflichtendem Charakter, die an die Inhaber bestimmter Positionen innerhalb eines bestimmten sozialen Systems gestellt werden. Rollengemäßes Verhalten wird durch → Sanktionen überwacht. Die Rollenforschung beschreibt soziale Rollen und versucht, die Faktoren ihrer Entstehung, Aufrechterhaltung und Veränderung zu analysieren.
e) → Sozialisation: Die Sozialisationsforschung befaßt sich mit dem Erlernen sozialer Normen und Werte sowie den dazugehörigen Haltensweisen.
Lit. Allport: Background; Graumann, C. F.: Sozialpsychologie; Hartley: Sozialpsychologie; Secord u. a.: Sozialpsychologie.
Klaudius Siegfried

Sozialraumanalyse ist ein Verfahren, um den Stand und die Entwicklung der sozialstrukturellen Verhältnisse eines (Stadt-)Gebietes unter besonderer Berücksichtigung benachteiligter und damit problemanfälliger Lebenslagen kleinräumig differenziert zu erfassen. Es wird davon ausgegangen, daß zwischen einzelnen sozialpolitischen Problemkomplexen (→ Armut, → Arbeitslosigkeit, Devianz) typischerweise ein innerer Zusammenhang besteht, den man mit Begriffen wie → »soziale Benachteiligung«, »Deprivation« o. ä. umschreiben kann. Sehr komplexe gesellschaftliche Prozesse führen außerdem zu einer jeweils charakteristischen kleinräumigen Verteilung sozialer → Lebenslagen in einem Gebiet. So ist die S. zu einer zunehmend praktizierten Methode der Bedarfsbestimmung in der

Sozialrecht

kommunalen → Sozialplanung geworden (→ Sozialökologie).
Die S. geht auf die stadtsoziologische Forschung in den USA, insbes. auf die von Shevky/Bell 1955 entwickelte »social area analysis« zurück. Damals sollte mit Hilfe statistischer Meßdaten gezeigt werden, wie die sozialen Strukturen städtischer Teilgebiete durch den Prozeß fortschreitender Industrialisierung und Verstädterung verändert werden. Entsprechende deutsche Studien haben sich vor allem mit der Verteilung der Wohnstandorte verschiedener gesellschaftlicher Gruppierungen befaßt (soziale Segregation). Man geht davon aus, daß die sozialstrukturelle Zusammensetzung der Bewohner eines Gebietes weitere wichtige Umstände ihrer Daseinssituation prägt: Ausgestaltung des Wohnumfeldes, der Grad nachbarschaftlicher Beziehungen, das »Milieu«, die Ausstattung mit Infrastruktur (→ Infrastruktur, soziale) usw.
Für die Sozialplanung liefert eine räumlich fein gegliederte Übersicht über die Wohnstandorte verschiedener Bevölkerungsgruppen und ihre Lebensverhältnisse Hinweise, an welchen Orten, in welcher Dringlichkeit und mit welchen inhaltlichen Schwerpunkten soziale → Dienstleistungen zu erbringen sind. Die Verwendung bewährter Daten aus → Statistik und Verwaltungsvollzug macht die S. relativ objektiv und geeignet für vergleichende Wiederholungsuntersuchungen. Damit lassen sich zeitliche Veränderungen erfassen und mit den eingesetzten Maßnahmen in Beziehung bringen (Ansatz für Erfolgskontrollen). Voraussetzung ist allerdings die Verfügbarkeit der Daten auf kleinräumiger Ebene, idealerweise auf der Ebene »statistischer Bezirk« o.ä., also Gebietseinheiten von 3 000 bis 5 000 Einwohnern. Größere Gebiete erbringen oft wenig aussagefähige Durchschnittswerte; kleinere Unterteilungen wie »statistischer Wohnblock« sind stigmatisierungsträchtig. Sie werden häufig aus folgenden Bereichen ausgewählt: – Soziale Position: Anteil von Angehörigen einer sozialen Schicht, z.B. Arbeiter, Gymnasiasten; – Soziale Segregation: Grad der sozialen Entmischung, gemessen an deutlich überdurchschnittlichen Anteilen bestimmter Bevölkerungsgruppen, z.B. Ausländer, alte Menschen, kinderreiche Familien; – Administrative Intervention: Fallzahlen von Hilfe- und Kontrollinstitutionen, z.B. Sozialhilfeempfänger, Fälle der Jugendgerichts- und Erziehungshilfe.
Es werden Prozentzahlen gesammelt und mit Hilfe einer Standardisierungsformel vereinheitlicht (→ Datenanalyse). Am Ende lassen sich die städtischen Teilgebiete wie folgt nach Grad der Problemanfälligkeit einordnen: Die höchste Belastung ist dort gegeben, wo die soziale Segregation hoch und die administrative Intervention ebenfalls hoch ist (→ Sozialer Brennpunkt). Wo Gebiete nur in einem Bereich hohe Werte aufweisen, kann man sie als gefährdet betrachten. Als eher stabil kann man die Gebiete ansehen, die in beiderlei Hinsicht als niedrig einzustufen sind. Dabei kann es sich um ein gut integriertes Arbeiterviertel (soziale Position: niedrig) oder eine gutbürgerliche Wohngegend handeln. Beispiele für S. im Bereich der Sozialplanung: Wiesbadener Jugendbericht 1978, Sozialpolitischer Datenreport Bad Vilbel 1995, Jugendarbeit und Jugendhilfe der Stadt Bad Tölz 1994, Sozialraumanalyse der Stadt Bremen 1991.
Lit. Bourgett u.a.: Sozialplanung; Hamm: Sozialraumanalyse; Schmid-Urban u.a.: Sozialberichterstattung. *Rüdiger Spiegelberg*

Sozialrecht Einen feststehenden allgemeinen Begriff des S. kennt die Rechtsordnung nicht. Auch in der wissenschaftlichen Diskussion ist es nicht gelungen, ihn zu entwickeln. Jedoch ist über die entsprechenden Bemühungen die Erkenntnis vorherrschend geworden, daß das S. dasjenige Rechtsgebiet ist, in dem sich der sozialpolitisch gewollte Ausgleich von Einkommen und Chancen zwischen verschiedenen Bevölkerungsgruppen und auch innerhalb derselben in besonderer Weise und mit dem Ziel vollzieht, → soziale Gerechtigkeit herzustellen und soziale Sicherungen zu gewährleisten. Aus dieser Verknüpfung mit der sozialpolitischen Entwicklung (→ Sozialpolitik) folgt, daß auch das gegenwärtige S. ein Recht mit »offenen Grenzen« (Zacher) ist, für das eine rechtssystematische Abgrenzung kaum möglich noch wünschenswert erscheint (Hauck). Es ist durch seine spezielle Dynamik der vorwiegend pragmatischen Antwort auf konkrete Notsituationen und Bedarfslagen gekennzeichnet, so daß entwicklungsgeschichtliches Verstehen erst den Sinn und die Funktion der gegenwärtigen sozialrechtlichen Institutionen offenlegt (Stolleis).
Entwicklungsgeschichtlicher Begriff: S. ist das Recht des seit Beginn der Industrialisierung gewachsenen Systems der → sozialen Sicherheit mit ihren Säulen der Versorgung (→ Versorgungsprinzip), der Sozialversicherung (→ Versicherungsprinzip), der → Fürsorge und der Förderungsleistungen.
Sein ursprünglicher Auftrag, unmittelbare, die physische Existenz gefährdende Not abzuwenden, hat sich im sozialen → Rechtsstaat zu dem Auftrag erweitert, ein menschenwürdiges Dasein (→ Menschenwürde) zu sichern und gleiche Voraussetzungen für die Entfaltung der Persönlichkeit zu schaffen, insbes. durch Hilfen auch für junge Menschen, für Familien und zur Erlangung einer angemessenen Ausbildung und eines freigewählten Arbeitsplatzes. Diese Erweiterung vom Auftrag zur Nothilfe und Garantie eines → Existenzminimums zur Entfaltungshilfe schlägt sich insbes. in den

erst in den letzten Jahrzehnten institutionalisierten Förderungsleistungen (insbes. Ausbildungsbeihilfen nach → Bundesausbildungsförderungsgesetz und Arbeitsförderungsgesetz und → Kindergeld) sowie in der Zielsetzung des → Sozialgesetzbuchs (vgl. § 1 SGB I) nieder. – Z. T. ist im Laufe der Entwicklung auch eine Verengung des Bereichs des S. dadurch eingetreten, daß Rechtsgebiete, die ursprünglich zum S. gerechnet worden sind, sich von ihm gelöst und eigenständig entwickelt haben. Dies gilt insbes. vom → Arbeitsrecht und der → Beamtenversorgung.
Formeller Begriff: S. ist das Recht der im SGB zusammengefaßten Rechtsgebiete der Bildungs- und → Arbeitsförderung, der Sozialsicherung, der → sozialen Entschädigung bei Gesundheitsschäden, der Minderung des Familienaufwands, des Zuschusses für eine angemessene Wohnung, der Kinder- und Jugendhilfe, der → Sozialhilfe sowie der Eingliederung Behinderter (→ Soziale Rechte; → Bundesversorgungsgesetz; → Kinderzuschuß; → Wohngeld; → Kinder- und Jugendhilfegesetz [KJHG]; Bundessozialhilfegesetz [BSHG]; → Rehabilitation; → Eingliederungshilfe für Behinderte; → Rehabilitationsangleichungsgesetz). – Der formelle Begriff ist enger als der entwicklungsgeschichtliche, denn er erfaßt das S. nicht völlig; z. B. ist (bewußt) das Recht des → Lastenausgleichs nicht in das SGB aufgenommen worden.
Lit. Bley: Elementarprinzipien; Hauck: Sozialrecht; Müller-Volbehr: Sozialrecht; Rüfner: Sozialrecht; Stolleis: Sozialrecht; Wolff, H. J. u. a.: Verwaltungsrecht III, §§ 137–139; Zacher: Grundfragen; Zacher: Sozialrecht im Wandel.

Dieter Giese/Jürgen Sauer

Sozialrechtsverband → Deutscher Sozialrechtsverband e. V.

Sozialreform ist ein wenig konturierter Begriff. Jeder Versuch einer allgemeinen und allgemeingültigen Definition müßte ihn irgendwo zwischen sozialpolitischen Einzelaktionen und dem sozialen Umsturz einordnen (Achinger). Sowenig → Sozialpolitik sich begrifflich eindeutig fassen läßt, so klar ist doch, daß nicht alles, was zweifelsfrei Sozialpolitik genannt werden kann, auch schon eine S. bewirkt; der Begriff S. ist eindeutig prätentiöser als der der Sozialpolitik. Andererseits ist ebenso klar, daß S. durch Sozialpolitik herbeigeführt werden kann und herbeigeführt werden soll; S. ist ein Begriff des Reformismus, nicht ein Ziel der Revolution. S. ist einerseits das Ziel jeder Sozialpolitik, andererseits »Reform der Sozialpolitik durch einen Sozialplan« (Mackenroth), also Umorientierung oder Neugestaltung der Sozialpolitik »im Sinne eines umfassenden Konzepts«, das »alle sozialen Leistungen... an der sozialen Wirklichkeit messen und zugleich auch die sozial-ethischen Grundlagen überprüfen (müßte), die seit jeher Gegenstand der ernstgemeinten Sozialreform waren (vgl. päpstliche Enzykliken rerum novarum 1891, quadragesimo anno 1931 und mater et magistra 1961)« (Achinger). Man spricht von S. a) als »Umbau der ganzen societas, der ganzen Gesellschaftsstruktur« durch »Maßnahmen..., die auf eine neue gesellschaftliche Ordnung abzielen und nach deren Bild die bisherige Ordnung umgestalten wollen« (Auerbach), b) wenn »die Gesamtlage einzelner Gruppen (Industriearbeiter, abhängige Beschäftigte, Kriegsgeschädigte, Kinderreiche, Bauern, Mittelstand) grundlegend gebessert werden« soll (Brockhaus-Enzyklopädie), c) »im Sinne einer Abstimmung der sozialen Leistungen mit den volkswirtschaftlichen Möglichkeiten und den gesellschaftlichen Verhältnissen« (Bethusy-Huc), d) bei dem »Versuch, die bestehenden sozialpolitischen Einwirkungen, sowohl was das Arbeitsleben, wie auch die soziale Sicherung der nicht Arbeitenden betrifft, zu erneuern und zu verbessern« (Achinger), e) als »Neuordnung der alten Sozialversicherung und verwandter Zweige« (Preller).
In der deutschen Nachkriegsgeschichte hat man S. immer nur in dem letztgenannten Sinn verstanden. Die Vorstellung, den totalen Zusammenbruch 1945 auch für eine grundlegende S. zu nutzen, war nach dem 1949 erlassenen Sozialversicherungs-Anpassungsgesetz, das die alte gegliederte → Sozialversicherung wieder aufleben ließ, nicht mehr zu halten. 1952 hat Preller im Bundestag beantragt, eine soziale Studienkommission aus unabhängigen Sachverständigen nach Art der royal commissions einzusetzen, welche Vorschläge für eine Neuordnung des Sozialleistungssystems mit dem Ziel seiner Vereinfachung und seiner Verständlichkeit machen sollte. Die gleiche Intention lag dem Vorschlag der → Rothenfelser Denkschrift und des Sozialplans der SPD zugrunde, eine übersichtliche Kodifikation des Sozialrechts mit einem allgemeinen Teil zu schaffen. Erst mit den 1970 begonnenen Vorarbeiten zu einem → Sozialgesetzbuch sind diese Bestrebungen wieder aufgenommen worden; doch scheint dabei trotz Vereinheitlichung keine Vereinfachung und Verständlichkeit erreicht worden zu sein. Die genannte Initiative Prellers von 1952 wurde durch die Bildung eines »Beirats für die Neuordnung der sozialen Leistungen beim Bundesministerium für Arbeit« beantwortet, der zunächst aber nicht einberufen wurde und dann geheim tagte. 1953 kündigte Adenauer in seiner Regierungserklärung eine »umfassende S.« an. 1955 wurde beim Bundesarbeitsminister ein Generalsekretariat für die S. eingerichtet. Umfassende S.-Pläne wie die Ro-

thenfelser Denkschrift, der Sozialplan der SPD und der Schreiber-Plan konnten sich nicht durchsetzen. Die angekündigte S. wurde zunächst auf die → Rentenreform von 1957 reduziert. Ähnliche Teilreformen der → Unfallversicherung, der → Kriegsopferversorgung, der → Sozialhilfe und anderer Leistungszweige folgten im Laufe der Jahre. S. im Sinne eines umfassenden Konzepts ist immer mehr zurückgetreten (Achinger). Bethusy-Huc spricht vom Scheitern, Preller vom Leidensweg der S. Seit 1969 die sozialliberale Koalition ihre Politik der Reformen verkündete, wurde von S. nicht mehr gesprochen, obwohl die Politik der kleinen Schritte auf dem Wege zu einer S. wie vorher fortgesetzt worden ist.

Wenn in neuester Zeit von Reformen im sozialen (sozialpolitischen) Bereich gesprochen wird, sind – wie bei der »Gesundheitsreform« 1989 (→ Gesundheits-Reformgesetz [GRG]) und der »Rentenreform« 1992 (→ Rentenreformgesetz 1992 [RRG 1992]) – stets nur Novellen zu bestehenden Gesetzen gemeint, die nicht einer gesellschaftsstrukturgestaltenden Intention, sondern fast ausschließlich einem finanzpolitischen Krisenmanagement entspringen. Auch die Komplettierung des Sozialstaats durch neuartige Leistungen wie Erziehungsurlaub, Erziehungsgeld (→ Erziehungsgeld/-urlaub) oder Pflegeversicherung (→ Pflegeversicherung, gesetzliche) verbleibt in den traditionellen Denk- und Begründungsmustern des Systems der → sozialen Sicherheit.

Lit. Achinger u.a.: Neuordnung; Auerbach: Sozialpolitik; Bethusy-Huc: Sozialleistungssystem; Boettcher: Sozialpolitik; Mackenroth: Sozialpolitik; Preller: Sozialpolitik; Richter, M.: Sozialreform.

Dieter Schäfer

Sozialstaatsprinzip Ein im → Grundgesetz (GG) in Art. 20 Abs. 1 verankertes und durch Art. 79 Abs. 3 sogar gegen Verfassungsänderungen geschütztes Staatsziel. Soziale Verbürgungen – als pauschale Verpflichtung des Staates auf die allgemeine Wohlfahrt oder als Gewährleistung einzelner Elemente derselben wie das Recht auf Arbeit oder auf Armenfürsorge – finden sich seit Beginn des neuzeitlichen Verfassungsstaates in Verfassungsurkunden, ohne größere praktische Bedeutung erlangt zu haben. Ähnliches gilt für die recht detailliert ausgearbeitete soziale Programmatik in der Weimarer Verfassung von 1919.

Im GG wird auf solche Gewährleistungen sozialer → Grundrechte verzichtet und stattdessen das S. ohne jegliche inhaltliche Konkretisierung normiert. Als Staatsziel verpflichtet es den Staat, insbes. den Gesetzgeber, auf Aktivitäten zur Erreichung und Wahrung bestimmter gesellschaftlicher Zustände, die mit den Begriffen der sozialen Sicherheit, der sozialen Gerechtigkeit und des sozialen Ausgleichs angedeutet sind. Die entsprechenden Aktionsfelder sind durch Gesetzgebungskompetenzen des Bundes bezeichnet: Insbes. für öffentliche Fürsorge und Sozialversicherung, für benachteiligte Gruppen wie Flüchtlinge, Vertriebene und Kriegsopfer, für Arbeitsschutz, Betriebsverfassung und Ausbildungsbeihilfe (Art. 74 GG) sowie für Globalsteuerung und regionale wie sektorale Strukturpolitik (Art. 109, 91a, 104a Abs. 4 GG). Die Art und das Maß der Verwirklichung des S. ist dem Gesetzgeber kaum vorgegeben. Insofern ist das S. auch kaum Grundlage von Leistungsansprüchen gegen den Staat. Allerdings ist der Gesetzgeber aus dem Grundrecht der → Menschenwürde in Verbindung mit dem S. verpflichtet, Hilfebedürftigen die Hilfen zu gewährleisten, die die Mindestvoraussetzungen für ein menschenwürdiges Dasein sicherstellen. Dies umfaßt auch einen Mindestbestand an Hilfen zur Erhaltung der Gesundheit oder zur Krankenbehandlung. Auch kann das S. im Zusammenwirken mit anderen Grundrechten, insbes. dem Gleichheitssatz (→ Gleichheits[grund]satz), staatsgerichtete Leistungsansprüche begründen. Als Ermächtigungsgrundlage kann das S. wirken, wenn → Gesetze, die den Zielen der sozialen Sicherheit und Gerechtigkeit dienen, in Grundrechte eingreifen. Das hier mögliche Spannungsverhältnis ist nicht einseitig, sondern unter dem Gebot verhältnismäßigen Ausgleichs mit dem Ziel praktischer Konkordanz (Konrad Hesse) aufzulösen. Insofern sind auch frühere Vorstellungen von einem unauflöslichen Gegensatz von S. und → Rechtsstaat irrig. Gerade die dem Gesetzgeber aufgegebene Vermittlung von Freiheit und sozialer Gleichheit ist das Spezifikum des sozialen Rechtsstaats.

Lit. Benda: Sozialer Rechtsstaat; Bieback: Sozialstaatsprinzip; Ritter: Sozialstaat; Zacher: Staatsziel.

Ingwer Ebsen

Sozialstation Bezeichnung für eine Organisationsform ambulanter gesundheits- und sozialpflegerischer Dienste, die für einen überschaubaren Einzugsbereich (zw. 20 000 und 40 000 Einwohner) ambulante Krankenpflege, ambulante Altenpflege (→ ambulante Dienste für ältere Menschen) sowie → Familienpflege anbietet. Daneben bieten S. gelegentlich als pflegeergänzende Hilfen »Mobile Soziale Dienste« (MSD) an, die vorwiegend von Zivildienstleistenden erbracht werden. Pflegeergänzende Hilfen sind Begleit- und Betreuungsdienste, Hilfen im Haushalt, Hol- und Bringdienste, aber auch Mithilfe bei der Pflege unter Aufsicht einer → Pflegefachkraft. S. ergänzen ihre Einsätze auch mit ehrenamtlichen Helfern. S. bieten oft einen Verleih von → Pflegehilfsmitteln an.

S. entstanden Anfang der 70er Jahre als Antwort auf den Rückgang der traditionellen → Gemeindekrankenpflege. Inzwischen gibt es im Bundesgebiet über 3 000 S. Die Dienste der S. verbessern den Übergang von stationärer Behandlung über ambulante Pflege in den normalen Alltag, können die Verweildauer im Krankenhaus verkürzen, aber auch durch Sicherstellung von medizinischer, hauswirtschaftlicher und sozialpflegerischer Versorgung Krankenhauseinweisungen verhindern. Die S. kooperiert häufig z. B. mit den niedergelassenen Ärzten, mit Krankenhäusern, Alteneinrichtungen, Rehabilitationseinrichtungen, Krankenkassen, Behörden, anderen Fachdiensten sowie mit Krankengymnasten, Logopäden, Ergotherapeuten, Heilpädagogen. S. leisten außerdem i. d. R. Beratung und Anleitung pflegender Angehöriger bei der häuslichen Pflege kranker, alter und behinderter Menschen, bieten Hauskrankenpflegekurse an und motivieren die Bevölkerung zu nachbarschaftlicher Hilfe.
In S. sind multiprofessionelle Teams tätig. Zu ihnen können gehören: Krankenschwester/-pfleger, → Altenpfleger/-innen, → Familienpfleger/-innen, Hauswirtschafter/-innen, Fachhauswirtschafterin für ältere Menschen, Pflegehelfer/-innen, Verwaltungsfachkräfte, Zivildienstleistende und Sozialarbeiter/-innen. Aufgaben der Leitung sind z. B. → Erstgespräche zur Feststellung des Pflegebedarfs und notwendiger ergänzender Hilfen, zur Einrichtung des Pflegezimmers, zu Fragen der Kostenübernahme, aber auch Pflegeorganisation und Pflegekoordination, Entwicklung von Pflegestandards, Dienstplangestaltung, Leistungserfassung, Leistungsabrechnung sowie Öffentlichkeitsarbeit und Kooperation, nicht nur der unterschiedlichen Dienste innerhalb der S., sondern auch mit anderen sozialen Diensten und Einrichtungen in der Region zur Sicherung der Versorgungskette ambulanter Pflegeleistungen. Soweit Sozialarbeiter in der Leitung der S. tätig sind, übernehmen sie i. d. R. die Koordinierung der MSD und leisten soziale Beratung. Träger der S. sind vor allem Verbände der → freien Wohlfahrtspflege und gelegentlich auch Kommunen. Die Träger der S. haben die Verantwortung in Haftungsfällen und sorgen auch für eine angemessene → Fort- und → Weiterbildung für die Mitarbeiter/-innen. In fast allen Bundesländern gibt es Förderrichtlinien für S. In ihnen sind meist die Größe des Einzugsbereiches, die Mindestpersonalausstattung sowie Modalitäten der Finanzierung festgelegt. Rechtsgrundlagen für die Finanzierung sind z. B. § 37 SGB V (Häusliche Krankenpflege) und § 36 SGB XI (Häusliche Pflegehilfe), die als Sachleistung durch die S. erbracht werden.
Lit. Garms-Homolová u. a.: Sozialstationen; Sieber: Kooperation. **Ursula Feldmann**

Sozialstruktur Zusammensetzung der Bewohner eines räumlich abgegrenzten Bereichs (z. B. eines Landes, einer Stadt, eines Stadtviertels, einer Gemeinde, eines Häuserblocks) oder der Mitglieder einer Gruppe (z. B. Familie, Vereinsmitglieder, Klientel) nach Alter, Geschlecht, Einkommen, sozialer Schichtung, Kinderzahl, familiärer Entwicklungsphase, Schulbildung, Berufstätigkeit sowie weiteren sozialen und demographischen Merkmalen (→ Demographie). Die Darstellung der S. eines Bereichs oder einer Gruppe bedarf i. d. R. einer Vielzahl sozialer Merkmale, ggf. auch deren → Korrelation und Kombination. Der Begriff erlangte in den zurückliegenden Jahren zunehmende Bedeutung, u. a. im Zusammenhang mit der Diskussion um den Rückgang der Geburtenziffern in der Bundesrepublik und Entwicklungsproblemen großstädtischer Verdichtungsräume, z. B. sozialstrukturellen Unausgewogenheiten in neuen Trabantensiedlungen oder Segregations(= Entmischungs)tendenzen in innerstädtischen, insbes. baulich überalterten Wohnbereichen (→ Sanierung).
Die sozialstrukturellen Verschiebungen in der Bundesrepublik (Geburtenrückgang und Stagnation auf niedrigem Niveau; als Folge Tendenz zur Überalterung und Abnahme der Gesamtbevölkerung) werden sowohl als Ergebnis der zivilisatorischen Gesamtsituation und ihres primär konsumorientierten Wertesystems als auch als Folge der Entfaltungsbedingungen für Familien mit Kindern (Kinderfeindlichkeit) interpretiert. Ansätze für eine Veränderung werden vornehmlich in familienfördernden Maßnahmen (→ Familienpolitik; finanzielle Leistungen; spezielle Wohnungsbaumaßnahmen; Verbesserung der Umweltbedingungen und Schaffung einer kinderfreundlichen Umwelt; Ausbau familienbezogener → sozialer Dienste) gesehen, die auch bisher unzureichend versorgte Bevölkerungsgruppen (untere Sozialschichten; ausländische Familien; → Alleinerziehende) erreichen.
Die Schaffung der Voraussetzungen für die Herausbildung bzw. Stabilisierung einer ausgewogenen, d. h. von stärkeren Abweichungen gegenüber dem sozialen Durchschnitt freien S. ist v. a. Aufgabe der → Sozialplanung. Sozialwissenschaftliche Analysen des Entstehens und der sozialen Funktion spezifischer sozialer Umfeldsituationen lassen Normierungen und Bemühungen um eine sozialstrukturelle Nivellierung im Sinne eines »sozialen Durchschnitts« als problematisch erscheinen. Entsprechende Bemühungen von administrativer Seite (z. B. Abbau von Konzentrationen ethnischer Minderheiten) sind stark umstritten und i. d. R. gescheitert. Leitbilder der Stadterneuerung, die im Zuge der baulichen Sanierungsmaßnahmen auch eine Veränderung der S. i. S. v. »Ausgewogenheit« impli-

zierten, gelten als obsolet; unbeschadet dessen impliziert Stadterneuerung i. d. R. eine Veränderung der sozialen Ausgangsstruktur (Gentrification). Milieuschutz als Sicherung eines spezifischen, historisch entstandenen Zusammenhangs von Sozial-, Bau- und Gewerbestruktur wird vor allem in Kommunen/Quartieren mit hohem Entwicklungs-/Veränderungsdruck als Planungsziel verfolgt und durch Anwendung der entsprechenden gesetzlichen Möglichkeiten (§ 172 BauGB – Erhaltung baulicher Anlagen und der Eigenart von Gebieten [→ Erhaltungssatzung]) mit erkennbarem Erfolg umgesetzt.

Die Kenntnis der S. und ihrer voraussichtlichen Entwicklung ist Voraussetzung für die Erklärung sozialer Vorgänge und einer bedarfsgerechten und vorausschauenden Disposition in allen Planungsbereichen (→ Planung), insbes. der Sozial- und → Infrastrukturplanung. Die Notwendigkeit der Beschaffung s.bezogener → Planungsgrundlagen und -informationen und ihrer Fortschreibung ist generell anerkannt. U. a. dienen hierzu Datenbanken und Planungsinformationssysteme. Eine in letzter Zeit – auch durch den → Deutschen Verein für öffentliche und private Fürsorge (DV) – thematisierte kontinuierliche → Sozialberichterstattung verfolgt u. a. das Ziel, durch eine laufende und räumlich disaggregierte Beobachtung und Darstellung sozialer Strukturen und Prozesse Probleme frühzeitig diagnostizieren zu können und die Grundlagen für Problem- und Sozialraumanalysen, Infrastrukturplanung, Sozialplanung, Prognosen etc. zu verbessern. S.daten werden einerseits mittels genereller oder gezielt angelegter → Erhebungen (z. B. → Volkszählungen, Berufszählungen, repräsentative → Befragungen nach Zufallsstichprobe; → Stichprobe), andererseits aus laufenden Verwaltungsvorgängen gewonnen.

Lit. Bundesforschungsanstalt für Landeskunde und Raumordnung (Hrsg.): Perspektiven; Friedrichs: Stadtsoziologie; Zapf, W.: Lebensbedingungen. *Karolus Heil*

Sozialtherapeutische Anstalt Nach ausländischen Vorbildern (Dänemark, Niederlande) wurden in der Bundesrepublik Deutschland s. A. als Modellanstalten oder -abteilungen eingerichtet, in die besonders stark auffällige, gefährdete oder sozial geschädigte Straftäter eingewiesen werden sollen (→ Sozialtherapie).

Nach § 65 StGB (nebst Folgebestimmungen) war seit 1977 die Einweisung in eine s. A. als → Maßregel der Besserung und Sicherung unmittelbar durch Urteil vorgesehen (→ Maßregelvollzug). Diese Vorschrift wurde durch das Gesetz zur Änderung des StVollzG vom 20. 12. 1984 (BGBl. I S. 1654) gestrichen. Damit verbleibt lediglich die Verlegung von zu → Freiheitsstrafe Verurteilten (§ 9 Abs. 1 StVollzG) und zwar als strafvollzugsinterne Maßnahme. Die Verlegung aus dem allgemeinen → Strafvollzug erfolgt, »wenn die besonderen therapeutischen Mittel und sozialen Hilfen einer solchen Anstalt« zur → Resozialisierung angezeigt sind. Die Zustimmung des Gefangenen und des Leiters der s. A. ist erforderlich. Eine Rückverlegung ist möglich, wenn mit den »Mitteln und Hilfen« der s. A. »dort voraussichtlich kein Erfolg erzielt werden kann«.

Als s. A. sind von den übrigen Vollzugsanstalten getrennte Anstalten oder zumindest sozialtherapeutische Abteilungen in Vollzugsanstalten gesetzlich vorgesehen (§ 123 StVollzG). Die z. Z. vorhandenen s. A. haben nicht die dem Bedarf entsprechende Anzahl von Plätzen. Die Zahl der Inhaftierten, die einer intensiven Langzeitbehandlung bedürfen, ist bei einem qualifizierten Auswahlniveau hoch. Die s. A. erheben den Anspruch, bei den individual und sozial besonders gefährdeten Tätern eine Intensivbehandlung durchzuführen.

Das StVollzG ermöglicht in s. A. eine freiere Handhabung der Angebote des allgemeinen Vollzugs, außerdem die Aufnahme auf freiwilliger Grundlage nach der Entlassung (§ 125 StVollzG), wenn das Ziel der Behandlung gefährdet ist. Auch kann in erweitertem Maße (bis zu 6 Monaten) Urlaub zur Vorbereitung der Entlassung (§ 124 StVollzG) gewährt werden, wobei Weisungen und die Unterstellung unter eine Betreuungsperson angeordnet werden können (→ Hafturlaub). Die Zahl der Fachkräfte in den s. A. ist nach § 126 StVollzG so zu bemessen, »daß auch die nachgehende Betreuung gewährleistet wird«. Wenn auch die gesetzlichen Bestimmungen für die s. A. allgemein gehalten sind und die Struktur sich noch zu sehr an den Strafvollzug anlehnt, geben sie doch die Chance, neue und qualifizierte Formen der Behandlung von Rechtsbrechern zu erproben und eine Differenzierung der Anstaltsbehandlung einzuleiten.

Hinsichtlich der Wirksamkeit von s. A. bezüglich der Senkung der Rückfallquote läßt sich bei aller Ungenauigkeit der Meßinstrumente ein moderater positiver Effekt nachweisen.

Lit. Egg: Sozialtherapie; Lösel u. a.: Sozialtherapie; Ortmann: Sozialtherapie; Walter: Strafvollzug. *Max Busch†/Richard Reindl*

Sozialtherapie Psychotherapeutische Methode der gezielten Beeinflussung des sozialen Umfelds von Klienten (Sozio-Milieutherapie).

1947 wurde der Begriff als »Soziale Therapie« von V. v. Weizsäcker in die Medizin eingeführt. Sozialtherapie ist die interdisziplinäre Behandlung von Klienten in ambulanten oder stationären → therapeutischen Gemeinschaften (Jones, M.). Das pragmatische Heranführen an einen realitätsangepaßten Tagesablauf, z. B. in einer Wohngruppe mit therapeutischem Selbstverständnis, ist bereits wesentlicher Teil der Behandlung, zu der die gemeinsame systematische Reflexion der Alltagsabläufe, institutionalisierte Feedbackrunden, die Fortschreibung der Diagnostik und die Entwickung von Behandlungsperspektiven unter Einbeziehung der Klientel gehören. Behandlungsziel ist die Erweiterung der sozialen Handlungskompetenz durch Aktivierung der Eigenkräfte der Klientel. Im Bedarfsfalle werden externe Therapeuten mit individual- oder gruppenpsychologischen Verfahren zur Ergänzung des therapeutischen Angebotes zugezogen.

Klassische Felder für S. sind Drogeneinrichtungen (→ Drogentherapie), psychiatrische → Krankenhäuser und Einrichtungen des → Strafvollzuges.

Im Rahmen der Strafrechtsreform von 1969 sollte mit § 65 StGB der Behandlungsgedanke für Rückfall- und Sexualtäter mit → Persönlichkeitsstörungen und anderen Tätergruppen etabliert werden. Statt der für die Behandlung dieses Personenkreises geplanten speziellen → sozialtherapeutischen Anstalten wurde mit § 9 StVollG die Einrichtung sozialtherapeutischer Abteilungen im Gefängnis verwirklicht. Bei dieser Regelung hat der Gefangene keinen Rechtsanspruch auf Behandlung.

Bei Schuldunfähigkeit gem. § 20 StGB bzw. verminderter Schuldfähigkeit gem. § 21 StGB kann das Gericht für Straftäter → Maßregeln der Besserung und Sicherung wie z. B. Unterbringung in einem psychiatrischen Krankenhaus gem. § 63 StGB und Unterbringung in einer Entzugsanstalt (wegen einer Sucht) gem. § 64 StGB anordnen.

Auswirkungen der → Psychiatrie-Enquête sind, daß der → Maßregelvollzug mehr Aufmerksamkeit gefunden hat und mit dem Ausbau der entsprechenden Einrichtungen begonnen wurde.

Forensische Kliniken oder entsprechende Abteilungen an psychiatrischen Krankenhäusern sind speziell mit der Behandlung psychisch kranker Rechtsbrecher befaßt und verstärkt um Organisationsformen und Konzepte mit therapeutischer Ausrichtung bemüht, z. B. Einrichtungen von Wohngruppen als Übungsfeld anstelle von psychiatrischen Krankenstationen.

Die Offenheit und Kommunikationsdichte, die unabdingbare Verpflichtung zur Kooperation der interdisziplinär zusammengesetzten Mitarbeitergruppen, die permanente Präsenz gegenüber der Klientel und die Auseinandersetzung mit den institutionellen Bedingungen stellen höchste Ansprüche an die Qualifikation, Belastbarkeit und Fortbildungsbereitschaft der Mitarbeitergruppe. Sie besteht i. d. R. neben dem Pflegepersonal und oder den Aufsichtsbeamten aus Erziehern, Sozialarbeitern, Psychologen, Medizinern, Beschäftigungstherapeuten und Juristen. Für die Reflexion der Tagesabläufe, die Bearbeitung der Teamprobleme und Beratung des Personals ist kontinuierliche → Supervision und Organisationsberatung erforderlich.

Die Ausbildung in den Grundberufen wird zunehmend durch sozialtherapeutische Zusatzqualifikationen ergänzt. Bundeszentrale Ausbildungsstätten für Jugend und Sozialarbeit, die Universität Kassel (GhK), das → Diakonische Werk der Evangelischen Kirche in Deutschland, das Institut für Fortbildung, Beratung und Sozialarbeitsforschung in Kooperation mit der FHS Bielefeld, die ev. FH Darmstadt und private Fortbildungsträger bieten 2- bis 4jährige, berufsbegleitende Aufbaustudiengänge und Zusatzqualifikation an.

Ein einheitliches Berufsbild für Sozialtherapeuten konnte noch nicht entwickelt werden. Sozialtherapeuten haben die Möglichkeit, sich in der Sektion Sozialtherapie des Deutschen Arbeitskreises für Gruppendynamik und Gruppenpsychiatrie (DAGG) zu organisieren.

Lit. Driebold u.a.: Anstalt; Gaertner: Sozialtherapie; Rasch: Forensische Sozialtherapie.
Norbert Lippenmeier

Sozialtransfer → Transfers, soziale

Sozialverband Reichsbund e. V. der Kriegs- und Wehrdienstopfer, Behinderten, Sozialrentner und Hinterbliebenen
Der im Mai 1917 gegründete, im Mai 1933 aufgelöste und im November 1946 wiederbegründete Reichsbund ist mit heute ca. 500 000 Mitgliedern die älteste sozialpolitische Interessenvertretung der Kriegsopfer und → Behinderten (→ Kriegsopferverbände).

Im Jahre 1990 hat der Reichsbund sein Wirken auch auf die neuen Bundesländer ausgedehnt und dort weitere Landesverbände gegründet.

Der Reichsbund vertritt die sozialpolitischen Interessen der Kriegs- und Wehrdienstbeschädigten, der Behinderten, der Sozialrentner, der Unfallverletzten, der Sozialhilfeempfänger, aller Hinterbliebenen und der Jugend im Reichsbund gegenüber der Öffentlichkeit, dem Gesetzgeber, den Regierungen, Behörden und Verwaltungen.

Der Reichsbund gewährt seinen Mitgliedern Rechtsschutz bei der Durchsetzung von Ansprüchen aus der → Kriegsopferversorgung, dem Soldatenversorgungsgesetz, dem Häftlingshilfegesetz, der → Sozialversicherung, dem → Schwerbehindertengesetz (SchwbG), dem → Bundessozialhilfegesetz (BSHG) und anderen Sozialgesetzen. Die Ziele des Reichsbundes sollen u.a. erreicht werden durch: Einwirkung auf → Gesetzgebung und → Verwaltung; Beratung der Tarifpartner über die besonderen Bedürfnisse aller Behinderten, Sozialrentner und Hinterbliebenen; Zusammenarbeit

mit anderen sozialen u. ä. Zwecken dienenden Verbänden und Organisationen; Pflege internationaler Beziehungen; → Öffentlichkeitsarbeit; Förderung der → Rehabilitation; Förderung der → Jugendarbeit; Förderung des gemeinnützigen Siedlungs- und Wohnungswesens; Unterrichtung und Aufklärung der Mitglieder durch Herausgabe einer Bundeszeitung sowie sonstiger Informationen und Broschüren.
Anschrift: Beethovenallee 56–58, 53173 Bonn. *Jörg Marquardt*

Sozialverhalten (englisch: social behavior) ist nach einer sehr umfassenden Definition der Behavioristen (→ Behaviorismus) jede Reaktion auf soziale Reizung. Homans schränkt die Aussage ein, indem er feststellt, daß S. immer nur dann vorliegt, wenn sich das → Verhalten tatsächlich abspielt und eine oder mehrere Personen von anderen Personen für eine Handlung entweder belohnt oder bestraft werden bzw. Belohnung oder Bestrafung gegenüber anderen vollziehen (s. u. Homans). In diesem Sinne liegt also S. nur bei Belohnung oder Bestrafung einer Handlung vor. Homans entwickelte seine Definition in Anlehnung an die Lernpsychologie (→ Lernen). S. wird dabei auf gelerntes Verhalten reduziert, das nicht speziell durch Lohn oder Strafe gelernt wurde.
Die → Sozialpsychologie hat sich in bezug auf das S. lange Zeit hauptsächlich mit der Erforschung »antisozialen« (d. h. nicht angepaßten, unerwünschten) Verhaltens und des → sozialen Lernens befaßt. Besonders die Erforschung aggressiven Verhaltens – gegen Personen, Sachen oder sogar sich selbst gerichtet – (z. B. durch Berkowitz; Milgram etc.) stand im Vordergrund. Erst seit Mitte der 60er Jahre wurden Untersuchungen zum Verhalten mit positiven sozialen Konsequenzen, dem »prosozialen« Verhalten, durchgeführt (z. B. Bar-Tal; Lück). Prosoziales Verhalten ist nach Lück jede Hilfeleistung, der die Intention zugrunde liegt, bedürftigen anderen Personen Erleichterung oder Besserung ihrer augenblicklichen Lebenssituation zu verschaffen (s. u. Lück). Diese Definition schließt sowohl altruistisches (also uneigennützig für andere Personen getanes) Verhalten als auch helfendes Verhalten als Wiedergutmachung für selbst erhaltene Hilfe mit ein.
Lit. Bar-Tal: Behavior; Graumann: Sozialpsychologie; Homans: Elementarformen; Lück: Verhalten. *Hans-Jörg Rippe*

Sozialversicherung Das S.system der Bundesrepublik Deutschland beruht in seinen Grundzügen auf der Bismarckschen Sozialgesetzgebung (→ Soziale Gerechtigkeit). Die S. stellt einen besonders wichtigen Teil des Systems → sozialer Sicherheit dar. Zur S. zählen die → Krankenversicherung, die → Unfallversicherung und die → Rentenversicherung (DRentVers.), d. h. die klassischen Zweige der S., die bis zum 1. 1. 1989 in der → Reichsversicherungsordnung (RVO) zusammengefaßt waren. Hinzu kam die → Arbeitslosenversicherung, die heute im AFG (→ Arbeitsförderung/Arbeitsförderungsgesetz [AFG]) geregelt ist. Schließlich ist der Kreis der Sozialversicherungssysteme durch die → Pflegeversicherung erweitert worden, die in Stufen 1995 und 1996 eingeführt worden ist.
Die das S.recht betreffenden Gesetze werden schrittweise in dem → Sozialgesetzbuch (SGB) zusammengefaßt (Art. II § 1 SGB I). Mit Wirkung zum 1. 1. 1989 wurde nahezu das ganze Krankenversicherungsrecht des Zweiten Buches der RVO in das SGB V überführt. Lediglich die Vorschriften über Leistungen bei Sterilisation, Schwangerschaft und → Schwangerschaftsabbruch blieben in der RVO. In einem weiteren Schritt wurde zum 1. 1. 1992 das Rentenversicherungsrecht aus dem Vierten Buch der RVO zusammen mit den Regelungen des AVG, des Handwerkerversicherungsgesetzes (→ Handwerker, Rentenversicherung der), der RKG u. a. in das SGB VI übernommen. Es folgte zum 1. 1. 1997 die gesetzliche Unfallversicherung im 7. Buch des SGB. Trotz der bisher erfolgten Zusammenfassung im SGB besteht noch eine Fülle weiterer Gesetze, wie das Gesetz über die → Alterssicherung für Landwirte und das Künstlersozialversicherungsgesetz (KSVG) vom 27. 7. 1981, um nur die wichtigsten Beispiele zu nennen. Das KSVG unterwirft die selbständigen Künstler und Publizisten einer Pflichtversicherung in der Rentenversicherung der Angestellten und der gesetzlichen Krankenversicherung; dieses Gesetz regelt die Voraussetzungen der Versicherungspflicht und die Durchführung der Versicherung, die durch die → Bundesversicherungsanstalt für Angestellte (BfA) und die gesetzlichen → Krankenkassen erfolgt. Die Beiträge werden zur Hälfte von den Versicherten aufgebracht, während die andere Beitragshälfte durch eine Künstlersozialabgabe (zu zwei Dritteln) und durch den Bund (zu einem Drittel) finanziert wird. Leistungsrechtlich gilt – mit gewissen Modifikationen – das allgemeine S.recht.
Das S.recht gilt seit der Wiedervereinigung auch in den neuen Bundesländern, wobei die notwendigen Übergangsregeln unter anderem für die Krankenversicherung in den §§ 308ff. SGB V, für die Unfallversicherung und die Rentenversicherung in dem »Gesetz zur Herstellung der Rechtseinheit in der Gesetzlichen Renten- und Unfallversicherung« (Renten-Überleitungsgesetz – RÜG) vom 25. 7. 1991 (BGBl. I S. 1606) geregelt sind.
Herkömmlicherweise unterscheidet man neben der S. als weitere Teile des Systems sozialer Sicherheit die soziale Versorgung (→ Versorgungsprinzip, → Soziale Ent-

schädigung) und die Fürsorge (→ Sozialhilfe). Eine andere Systematik (Zacher) differenziert zwischen Vorsorgesystemen, zu denen die S. gehört, Entschädigungssystemen und Ausgleichssystemen. Die S. wird dadurch gekennzeichnet, daß den Leistungen eigene Beiträge der Versicherten gegenüberstehen. Dadurch unterscheidet sich die S. von der Sozialhilfe und der Versorgung. Das Erfordernis von Beitragsleistungen bedeutet allerdings nicht, daß zwischen Leistung und Gegenleistung ein exaktes Äquivalenzverhältnis bestehen muß. Vielmehr ist das → Versicherungsprinzip in zahlreichen Punkten durch Elemente des sozialen Ausgleichs modifiziert. Insoweit bestehen zwischen S. und Privatversicherung Unterschiede. Dennoch ist an der Verknüpfung zwischen Beitrag und Leistung als Kennzeichen der S. festzuhalten. Nun erhalten jedoch einzelne Zweige der S. Staatszuschüsse, die 1988 z. B. bei der Knappschaftsversicherung 58,3% (Rentenanpassungsbericht 1989, BTDrucks. 11/6123), bei der Altershilfe für Landwirte 1986 68,8% (Sozialbericht 1986, BTDrucks. 10/5810) der Ausgaben betrugen. Ob man insoweit noch von einer S. sprechen kann, erscheint fraglich.

Ein weiteres Kriterium der S. ist, daß auf die Leistungen sowohl dem Grunde als der Höhe nach ein → Rechtsanspruch besteht, ohne daß eine Bedürftigkeitsprüfung – wie bei den Leistungen der Sozialhilfe – stattfindet. Schließlich ist für die S. eine eigenständige, von der Staatsverwaltung getrennte Organisationsform kennzeichnend, die auf dem Prinzip der → Selbstverwaltung beruht. Das S.system in der Bundesrepublik ist in verschiedene Versicherungszweige aufgespalten, nämlich Kranken- und Pflegeversicherung sowie Unfall-, Renten- und Arbeitslosenversicherung, für die jeweils eigene S.träger bestehen. Die Vielfalt der Versicherungsträger wird noch dadurch erhöht, daß überwiegend aus historischen Gründen in der Krankenversicherung verschiedenartige Krankenkassen nebeneinander bestehen. Dieses System der Sozialversicherungsträger wurde durch den Einigungsvertrag (Anlage I Kap. VIII Sachg. D Abschn. II Nr. 1) in die neuen Bundesländer übertragen. Allerdings hat das Gesundheitsstrukturgesetz (→ Gesundheits-Reform- und Gesundheitsstrukturgesetz) zu einer Konzentration bei den Krankenkassen geführt.

Die S. ist ursprünglich als Sicherung für die sozial Schwächsten konzipiert worden. Das zeigte sich u. a. daran, daß zunächst nur die gering verdienenden Arbeiter erfaßt wurden. Im Laufe der Geschichte ist der Personenkreis ständig ausgeweitet worden. Heute sind in der Krankenversicherung und der Rentenversicherung etwa 9/10 der Bevölkerung versichert. Man kann daher fast von einer Volksversicherung sprechen. Diese Entwicklung von einer Institution für die Armen zu einem umfassenden Instrument der → Daseinsvorsorge kommt auch im Leistungsniveau zum Ausdruck. Die S.leistungen sollen nicht nur aktuelle Not lindern, sie sollen vielmehr die Aufrechterhaltung des Lebensstandards auch bei Eintritt eines Risikos oder Bedarfsfalles ermöglichen. Demgemäß orientieren sich die laufenden S.leistungen regelmäßig am Erwerbseinkommen und sind dynamisiert.

Das S.system in der Bundesrepublik Deutschland hat sich in der Vergangenheit als leistungsfähig erwiesen, auch wenn seit 1977 wiederholt Reformen im Rahmen einer Kostendämpfungspolitik notwendig wurden. Es kann daher nur in der Zukunft nur um Reformen im Detail und um Anpassungen an veränderte Rahmenbedingungen, nicht aber um eine völlige Ablösung, etwa durch ein System der Staatsbürgerversorgung, gehen, zumal auch in anderen Ländern teilweise eine Rückbesinnung auf die S. erfolgt, wie z. B. im Alterssicherungssystem in Großbritannien.

Lit. Bley u.a.: Sozialrecht; Brackmann: Handbuch Sozialversicherung; Finke: Künstlersozialversicherung; Gitter: Sozialrecht; Kasseler Kommentar; Kittner u.a.: SGB; Köhler, A. u.a.: SGB (Komm.); Krause, P. u.a.: SGB (Komm.); Kretschmer u.a.: SGB (Komm.); Peters, H.: Geschichte; Schulin: Sozialrecht; Schulte, B.: Künstlersozialversicherung; Wannagat: Sozialversicherungsrecht; Zacher: Sozialrecht, S. 15ff.
Bernd von Maydell

Sozialversicherung Behinderter → Behinderte haben in der → Sozialversicherung grundsätzlich die gleiche Rechtsstellung wie Nichtbehinderte. Begründet der Behinderte ein sozialversicherungspflichtiges Beschäftigungsverhältnis, ist er – wie jeder andere Arbeitnehmer – kraft Gesetzes gegen die Risiken → Krankheit, → Arbeitsunfall, Berufs- und Erwerbsunfähigkeit, Alter und → Arbeitslosigkeit versichert.
In der gesetzlichen → Krankenversicherung begründet § 5 Abs. 1 Nr. 6 SGB V (→ Sozialgesetzbuch [SGB]) eine eigene Versicherungspflicht für Personen, die an berufsfördernden Maßnahmen zur → Rehabilitation sowie an Berufsfindungs- und Arbeitserprobungsmaßnahmen (→ Berufsfindung, → Arbeitserprobung Behinderter) teilnehmen. → Schwerbehinderte nach dem → Schwerbehindertengesetz (SchwbG) können unter bestimmten Voraussetzungen der gesetzlichen Krankenversicherung freiwillig beitreten (§ 9 Abs. 1 Nr. 4 SGB V). Der Beitritt ist innerhalb von drei Monaten nach Feststellung der Schwerbehinderung anzuzeigen. Der Versicherungsschutz umfaßt – wie bei allen freiwillig Versicherten – auch die bei Beitritt bestehenden Erkrankungen.

Behinderte Kinder eines Versicherten, die außerstande sind, sich selbst zu unterhalten, sind unabhängig von ihrem Alter nach § 10 Abs. 2 Nr. 4 SGB V im Rahmen der → Familienversicherung versichert.
In der gesetzlichen → Unfallversicherung sind alle behinderten Kinder während des Besuchs von Tageseinrichtungen, deren Träger für deren Betrieb der Erlaubnis nach § 45 SGB VIII oder einer Erlaubnis aufgrund einer entsprechenden landesrechtlichen Regelung bedürfen, sowie alle behinderten Schüler während des Besuchs von allgemein- und berufsbildenden Schulen (§ 2 Abs. 1 Nr. 8 Buchstabe a und b SGB VIII) versichert. Dies gilt auch für sog. Wegeunfälle.
Behinderte, die in einer anerkannten → Werkstatt für Behinderte oder Blindenwerkstatt (einschließlich Heimarbeit) beschäftigt sind, sowie Behinderte in → Anstalten und Heimen, die in gewisser Regelmäßigkeit 1/5 der Leistung eines Vollerwerbsfähigen erbringen, sind in der gesetzlichen Kranken- und Rentenversicherung versichert, § 5 Abs. 1 Nr. 7 und Nr. 8 SGB V, § 1 Abs. 1 Nr. 2 SGB VI. Sie sind ebenfalls in der gesetzlichen Unfallversicherung versichert. Nicht versichert sind sie hingegen in der → Arbeitslosenversicherung.
Schwerbehinderte haben in der gesetzlichen Rentenversicherung bereits mit Vollendung des 60. Lebensjahres einen Anspruch auf Altersrente, § 37 SGB VI.

Emil Weichlein

Sozialversicherungsausweis Die Vorschriften über den S. ergeben sich aus den §§ 95 ff. des Vierten Buches → Sozialgesetzbuch. Danach erhält grundsätzlich jeder, auch geringfügig Beschäftigte, einen S. Ausgenommen sind Beschäftigte, die keinen Bezug zur → Sozialversicherung haben, z. B. mitarbeitende Familienangehörige eines landwirtschaftlichen Unternehmens, Beamte, Pensionäre, Studenten und geringfügig in privaten Haushalten oder als Schüler Beschäftigte.
Zweck des S. ist insbesondere die Aufdeckung und Bekämpfung mißbräuchlicher Inanspruchnahme von → Sozialleistungen, illegaler Beschäftigung und mißbräuchlicher Nutzung der Regelungen über die geringfügige Beschäftigung.
Der zuständige → Rentenversicherungsträger stellt den S. bei Vergabe einer Versicherungsnummer von Amts wegen aus, wobei die Ausstellung auch auf Antrag, z. B. bei erstmaliger Ausstellung oder bei Abhandenkommen des S. erfolgen kann.
Der S. darf nur in gesetzlich vorgesehenen Fällen von der Bundesanstalt für Arbeit (→ Arbeitsverwaltung), den Rentenversicherungsträgern und den → Krankenkassen zum automatischen Abruf personenbezogener Daten verwendet werden, soweit dies zur Aufdeckung von illegalen Beschäftigungsverhältnissen und von Leistungsmißbrauch erforderlich ist.
Der Beschäftigte hat bei Beginn einer Beschäftigung dem Arbeitgeber den S. vorzulegen. Demgegenüber hat der Arbeitgeber die Pflicht, die Vorlage zu verlangen. Kommt der Beschäftigte seiner Vorlagepflicht innerhalb von drei Tagen nach Beschäftigungsbeginn nicht nach, hat der Arbeitgeber der zuständigen Krankenkasse unverzüglich eine Kontrollmeldung über die Nichtvorlage des S. zu machen. Bei Ausübung von Beschäftigungen in bestimmten Gewerben und Wirtschaftsbereichen hat der Beschäftigte seinen S. mitzuführen und auf Verlangen vorzulegen.
Während der Gewährung von Lohnersatzleistungen soll die Bundesanstalt für Arbeit die Hinterlegung des S. verlangen. Das gleiche gilt während der Gewährung von laufender → Hilfe zum Lebensunterhalt für den → Sozialhilfeträger. Davon darf nur abgesehen werden, wenn überwiegende Interessen des Leistungsberechtigten einer Hinterlegung entgegenstehen. Auch die Krankenkasse kann während der Gewährung von Kranken- oder Verletztengeld die Hinterlegung des S. verlangen. Kommt der Leistungsempfänger der Aufforderung zur Hinterlegung aus von ihm zu vertretenden Gründen nicht nach, können die Bundesanstalt für Arbeit und die Krankenkasse die Leistung bis zur Nachholung der Hinterlegung ganz oder teilweise versagen, der Sozialhilfeträger bis zu einem bestimmten Umfang beschränken. Der Arbeitgeber kann während einer Lohnfortzahlung wegen Arbeitsunfähigkeit die Hinterlegung des S. verlangen und bei einer vom Beschäftigen zu vertretenden Verletzung der Hinterlegungspflicht die Lohnfortzahlung verweigern.

Marion Götz

Sozialzentrum → Sozialstation

Sozialzuschlag für Rentner → Rentenversicherung

Soziodrama Methode kollektiver → Gruppentherapie. Wie das → Psychodrama von Moreno entwickelt. Im S. werden Probleme soziologischer Gruppen (z. B. unterprivilegierter → Minderheiten) und Konfliktbeziehungen zwischen Gruppen (z. B. zwischen Gastarbeitern und Einheimischen) in spontan gestalteten Szenen dargestellt. Die Darsteller handeln stellvertretend für ihre Gruppen, i. d. R. vor einem Zuschauerkreis aus Mitgliedern der betroffenen Gruppen. Moreno nahm an, Konflikte in der Gesellschaft könnten verringert werden, wenn das gegenseitige Verständnis verbessert würde »durch offene Exploration und dramatisches Ausagieren soziokultureller Unterschiede« (Shaffer u. a.: Gruppenmodelle). Leiter von S.-Aktionen müssen diese übersichtlich strukturieren, damit → soziales

Lernen, worauf die Methode hauptsächlich abzielt, stattfinden kann.

Das S. findet zunehmend Anwendung (z. B. in den USA in Zusammenhang mit Rassenauseinandersetzungen; in Australien und Lateinamerika in Verbindung mit theaterpädagogischen Konzepten sowie in Deutschland u. a. auf Suchtprophylaxe, AIDS-Aufklärung, Personalentwicklung bezogen).

Lit. s.: → Psychodrama. *Helga Heika Straub*

Soziolinguistik → Schichtspezifische Erziehung

Soziologie ist eine theoretisch und empirisch arbeitende Sozialwissenschaft. Dabei konkurrieren unterschiedliche Ansätze um die inhaltliche Konkretisierung des Begriffs S. Ein zentraler Ausgangspunkt für das Aufkommen von S. und somit auch Konsens für die unterschiedlichen Begriffe von S. ist in der Annahme zu sehen, daß → Gesellschaft (insbesondere in Abgrenzung zu Gemeinschaft und Staat) als ein Gegenstand zu begreifen ist, der »einer eigenen Gesetzlichkeit unterliegt und dem daher auch eine eigene Wissenschaft zugeordnet werden kann« (Jonas).

Auch wenn soziologisch ausgerichtete Fragestellungen demzufolge über eine lange Geschichte verfügen, konnte sich die S. in Deutschland als wissenschaftliche Einzeldisziplin zu Beginn dieses Jahrhunderts an Universitäten mit Lehrstühlen und Instituten etablieren. Insbesondere seit den 50er Jahren erlebte S. eine umfassende Expansion, die Zahl der Lehrstühle, der Wissenschaftler und auch der Studenten stieg nachhaltig an; mit der deutschen Einigung erfolgte auch in den neuen Bundesländern ein breiter Auf- und Ausbau der S.

In der Lehre wird S. als Haupt- und Nebenfach angeboten und führt in mehreren Studiengängen zu unterschiedlich bezeichneten akademischen Abschlüssen. Neben der universitären Forschung und Lehre wird soziologische Forschung an zahlreichen wissenschaftlichen Einrichtungen (z. B. Wissenschaftszentrum Berlin, Max-Planck-Institute, GESIS, IAB) aber auch kommerziell ausgerichteten Forschungseinrichtungen (z. B. GFM-Getas, Infas, Infratest) betrieben. Soziologen haben sich in verschiedenen Standesorganisationen zusammengeschlossen. Unterschiedlich ausgerichtete Fachzeitschriften spiegeln die Vielfalt der Spezialisierungen und Richtungen wider.

Obgleich weitgehend Einigkeit darüber besteht, daß die Erklärbarkeit gesellschaftlicher Phänomene die S. als Wissenschaft konstituiert, zerfällt die S. als paradigmenschwache Disziplin in zahlreiche Theorietraditionen (→ Systemtheorie, → kritische Theorie) und Schulen. Dies kommt in methodologischer und theoretischer Hinsicht ebenso zum Ausdruck wie in unterschiedlichen empirischen Ansätzen (→ empirische Sozialforschung).

In theoretischer Hinsicht kommt neben systemorientierten Ansätzen (Parsons; Luhmann) insbesondere handlungsorientierten (→ Handlungstheorie) bzw. individualistischen Konzepten eine zentrale Bedeutung zu. Aus einer strukturell-individualistischen Perspektive läßt sich S. als jene Wissenschaft begreifen, deren zentraler Gegenstand einerseits die sozialen Bedingungen menschlichen Handelns und andererseits dessen soziale Folgen sind (Büschges u. a.). Dies hat zur Folge, daß die theoretischen Modelle, welche der Erklärung sozialer Sachverhalte zugrunde liegen, zweierlei Arten von Aussagen enthalten müssen: Zum einen sind Aussagen darüber erforderlich, welche Zusammenhänge zwischen den sozialen Bedingungen, unter denen bestimmte Handlungen erfolgen oder nicht erfolgen, und den Handlungszielen, den Handlungsmitteln und den Handlungsmöglichkeiten der dabei involvierten Individuen oder Gruppen von Individuen bestehen. Zum anderen bedarf es Aussagen darüber, wie die jeweiligen sozialen Bedingungen in Verbindung mit den Handlungen der Individuen und ihren interaktiven Verknüpfungen zu überindividuellen, kollektiven und damit auch gesellschaftlichen Folgen führen. Dieser Ansatz der Analyse wird als Mikro-Makro-Modell der Erklärung (Coleman; Esser) bezeichnet.

Mehrheitlich wird S. als empirische Sozialwissenschaft begriffen, d. h., Theoriebildung und empirische Überprüfung sind wechselseitig aufeinander bezogen. Die wissenschaftliche Methodologie und Methodenlehre stellt mit unterschiedlicher Konzeption entsprechende Regeln für die Formulierung wissenschaftlicher → Hypothesen und deren empirische Überprüfung (Datengewinnung und Datenanalyse) zur Verfügung (Opp; Adorno u. a.; Schnell u. a.).

In der S. werden je nach der theoretischen und empirischen Ausrichtung Fragestellungen unterschiedlicher Reichweite verfolgt: als soziologische Grundfragen lassen sich beispielhaft nennen: Soziales Handeln und soziale Beziehungen, → Sozialisation, soziale Ordnung, → soziale Ungleichheit, sozialer → Konflikt, → sozialer Wandel und gesellschaftliche Entwicklung. Vielfach wird die Analyse auf Ausschnitte der sozialen Realität konzentriert. Hier stehen dann soziale Institutionen wie Haushalt und → Familie, das Bildungssystem (→ Bildung/Bildungswesen), das Gesundheitswesen (→ Gesundheit), Industriebetriebe, Berufe oder der → Arbeitsmarkt im Mittelpunkt. Aber auch infolge gesellschaftlichen Wandels (neue → Armut, → Lebensstile) oder politischer Veränderungen (deutsche Einigung) konstituieren sich neue und eigenständige Forschungskonzeptionen.

Mit Büschges u. a. (1995) lassen sich demzufolge hinsichtlich der Praxisrelevanz von S. drei Zielsetzungen unterscheiden, 1. die soziologische Aufklärung mündiger Bürger, 2. die soziologische Orientierung von Personen, die in institutionalisierten und beruflichen oder auf andere Weise organisierten Handlungsfeldern tätig sind, sowie 3. die soziotechnische Anleitung zum Zwecke adäquater Lösungen alltags- oder berufspraktischer Probleme im Einzelfall. Die soziologische Aufklärung hat in Hinblick auf bestimmte gesellschaftliche Zustände Entwicklungen oder Problemlagen und unter Berücksichtigung der jeweils relevanten sozialen Bedingungen Beschreibungen, Erklärungen, Voraussagen und Interpretationen voraussehbarer, abschätzbarer oder auch nicht auszuschließender sozialer Folgen individueller wie kollektiver Handlungen zum Ziel. Im Rahmen der soziologischen Orientierung wird anwendungsbezogenes und beruflich wie alltagspraktisch verwertbares Sach-, Methoden- und Theoriewissen, vermittelt, das geeignet ist, die Situationsdefinition zu verbessern, Problemlösungskapazitäten zu steigern und so Handlungskompetenz zu erhöhen. Im Sinne einer soziotechnischen Anleitung wird darauf abgezielt, soziologisches Wissen für Zwecke konkreter Entscheidungs- und Handlungsprobleme zu verwenden. Angesichts der konkreten anstehenden Probleme verpflichtet dies in der Praxis vielfach zu einer engen interdisziplinären Kooperation mit anderen relevanten wissenschaftlichen Disziplinen.
Lit. Adorno u. a.: Positivismusstreit; Berger, P. L. : Soziologie; Büschges u. a.: Grundzüge; Coleman: Sozialtheorie; Esser: Soziologie; Jonas: Soziologie; Luhmann: Soziale Systeme; Opp: Sozialwissenschaften; Schnell u. a.: Methoden; Weber, M.: Gesellschaft. *Dieter Blaschke/Hans Dietrich*

Soziometrie ist ein Verfahren, um Spezifika zwischenmenschlicher Beziehungen in → Gruppen (speziell in kleinen Gruppen) durchsichtig zu machen. Es besteht darin, daß sich die Gruppenmitglieder gegenseitig einschätzen, und zwar nach Merkmalen, die durch die jeweiligen Fragestellungen, die die Gruppenmitglieder zu beantworten haben, bestimmt werden. Diese können z. B. auf die Struktur der Gruppe (hinsichtlich potentieller Untergruppen), auf die Rollenverteilung (→ Rolle; z. B. Führer, Außenseiter), auf die Funktionsdifferenzierung (z. B. Leiter, Mitläufer), auf die Beliebtheit, auf das gegenseitige Vertrauensniveau usw. ausgerichtet sein. Die Gesamtheit der gegenseitigen Einschätzungen kann dann in der Form eines Soziogrammes oder einer Soziographik dargestellt werden. Die Anwendung des soziometrischen Verfahrens erfolgt üblicherweise in 6 Schritten:

a) Präzise Problemstellung (was soll eingeschätzt werden?); b) Auswahl geeigneter Fragen; c) Festlegung der Durchführungsschritte; d) Durchführung der individuellen Einschätzungen; e) Auswertung der Einschätzungen (evtl. graphische Darstellung); f) Reflexion, Diskussion, Folgerungen.
Das soziometrische Verfahren wurde 1934 von Moreno als ein Analyseinstrument entwickelt, durch dessen Anwendung das Klima in kleinen Gruppen verbessert werden sollte. Moreno hat immer den Praxisbezug des Verfahrens betont und auch für den Einsatz der S. in der sozialen Praxis Regeln entwickelt (Moreno: Who):
– Die Einschätzung soll in einer kleinen Gruppe erfolgen.
– Die Einschätzung soll im Hinblick auf bestimmte festgelegte Aktivitäten in der Gruppe erfolgen.
– Die Ergebnisse des soziometrischen Verfahrens sollen zur Veränderung der Gruppe verwendet werden.
– Es soll geheim eingeschätzt werden.
– Die Fragestellungen sollen allen Gruppenmitgliedern verständlich sein.
Hinsichtlich des Einsatzes im pädagogischen Feld muß bedacht werden, daß der Einsatz des Verfahrens »S.« seine Legitimation aus pädagogischen Begründungs- und Rechtfertigungszusammenhängen bezieht. D. h., die konkrete → Intervention »S.« muß in engem Zusammenhang ausweisbarer übergreifender pädagogischer Intentionen (→ Lernziele) stehen. Nur so kann vermieden werden, daß das soziometrische Verfahren gegen die Klienten eingesetzt wird, indem es zur Stabilisierung der Machtposition des Gruppenleiters (Sozialpädagogen) mißbraucht wird, und nicht zur qualitativen Weiterentwicklung von kleinen Gruppen und deren Mitgliedern.
Lit. Bastin: Methoden; Brüggen: Soziometrie; Dollase: Soziometrie; Dollase: Techniken; Geißler, K. A. u. a.: Konzepte; Höhn, E. u. a.: Soziometrie; Moreno: Who.
Karlheinz Geißler

Soziotherapie → Sozialtherapie

Spastiker ist der umgangssprachlich verwendete Begriff für Menschen mit cerebralen Bewegungsstörungen. Die Spastik ist jedoch nur eine Form der infantilen Cerebralparese (ICP). Je nach Ausprägung der Bewegungsstörung weisen bei der Spastik die betroffenen Körperpartien infolge der zentralnervösen Fehlsteuerung eine zu starke Muskelspannung (Hypertonie) auf. Bestimmte Bewegungsabläufe gelingen nicht oder nur mühsam. Eine weitere weit verbreitete Form ist die Athetose, bei der eine mehr oder weniger starke Bewegungsunruhe im Vordergrund steht. Die Muskelspannung wechselt unkontrolliert. Die Bewegungen sind unwillkürlich, unregelmäßig, langsam und verkrampft. Die Ataxie ist durch schlechte Bewegungskoordination und schlechtes Gleichgewicht gekennzeichnet. Betroffen kann entweder eine Körperhälfte sein (Hemiplegie), oder überwiegend die Beine (Diplegie), Arme und Beine (Tetraplegie) oder der ganze Körper. Ursache ist eine schädigende Einwirkung vor, während oder kurz nach der Geburt auf das sich noch entwickelnde zentrale Nervensystem (Gehirn und Rückenmark). Die schädigende Einwirkung erfolgt zeitlich begrenzt. Es handelt sich also nicht um eine fortschreitende Krankheit. Als Ursache kommen Sauerstoffmangel aufgrund unzureichender Durchblutung, Vergiftung, durch Schadstoffe, Anhäufung hirnschädlicher Stoffwechselanteile oder physikalische Schädigungen infrage. Neben der Bewegung kann die Wahrnehmung und die aktive Beherrschung von Haltung und Bewegung gestört sein. Störungen des Hör-, Sprach- und Sehvermögens, vegetative Störungen sowie Krampfleiden können hinzutreten. Eine Beeinträchtigung der Intelligenzentwicklung ist möglich. Die aus den Funktionsstörungen resultierenden Behinderungen sind sehr unterschiedlich. Sie können bis zur vollständigen Hilfeabhängigkeit führen.

Von 1 000 Neugeborenen kommen 2 bis 3 Kinder mit einer solchen behandlungsbedürftigen Behinderung zur Welt. Die Diagnose ist bei schweren Schädigungen bereits in den ersten beiden Lebensmonaten möglich, bei leichteren bis zum Ende des ersten Lebensjahres. Frühzeitig einsetzende intensive therapeutische Übungsbehandlung, in der Regel auf neurophysiologischer Basis, u. U. auch eine operative Behandlung, kann zu einer wesentlichen Linderung der Bewegungsbeeinträchtigungen führen. Durch therapeutische und pädagogische Förderung unter Einbeziehung der Familie und des sozialen Umfeldes, u. U. auch durch den Einsatz von → Hilfsmitteln, können Kinder mit cerebralen Bewegungsstörungen gut gefördert und ihnen ein hohes Maß an Selbständigkeit ermöglicht werden.

Lit. Feldkamp: Förderung.

Norbert Müller-Fehling

Spätaussiedler Der Status des S. ist durch eine Neufassung des § 4 → Bundesvertriebenengesetz (BVFG – jetzt gültig in der Fassung vom 2. 6. 1993 [BGBl. I S. 829]) mit Wirkung vom 1. 1. 1993 neu geschaffen worden. S. ist in der Regel, wer als deutscher Volkszugehöriger die Republiken der ehemaligen Sowjetunion nach dem 31. 12. 1992 im Wege des Aufnahmeverfahrens verlassen und innerhalb von sechs Monaten danach seinen ständigen Aufenthalt in Deutschland genommen hat. S. ist auch ein deutscher Volkszugehöriger aus den übrigen Aussiedlungsgebieten des § 1 Abs. 2 Nr. 3 BVFG, der die übrigen Voraussetzungen des § 4 BVFG erfüllt und glaubhaft macht, daß er am 31. 12. 1992 oder danach Benachteiligungen oder Nachwirkungen früherer Benachteiligungen aufgrund seiner deutschen Volkszugehörigkeit unterlag. Diese Glaubhaftmachung wird Deutschen aus der Republik Polen im allgemeinen nicht mehr gelingen. Als Benachteiligung wird allerdings auch die persönliche Vereinsamung infolge der Aussiedlung nach Deutschland angesehen, die sich darin zeigt, daß deutsche Kindergärten, Schulen und sonstige Kultureinrichtungen geschlossen werden. Das gilt für die Deutschen in Rumänien. Die generelle Besserstellung der Rußlanddeutschen liegt darin begründet, daß sie aus ihren Heimatgebieten an der Wolga verschleppt und verstreut wurden. Ihr späteres Schicksal unter Kommandaturaufsicht (Einschränkung der Bewegungsfreiheit) wirkt bis heute nach.

Die Bundesregierung bemüht sich um eine Verbesserung der Lebensverhältnisse der Deutschen (u. a. Abschluß von bilateralen Abkommen mit Regelungen zum Minderheitenschutz, Gewährung von sozialen Hilfen, Errichtung von Begegnungsstätten, Förderung des Deutschunterrichts, Bereitstellung von Büchern und Zeitschriften), um ihnen eine Zukunftsperspektive in den gegenwärtigen Aufenthaltsstaaten zu sichern. Personen, die als S. aufgenommen werden und die vorgesehenen Eingliederungshilfen erhalten wollen, benötigen vor dem endgültigen Verlassen des Herkunftsgebiets einen Aufnahmebescheid (§§ 26 ff. BVFG), der bei dem Bundesverwaltungsamt in Köln zu beantragen ist. Nach § 27 Abs. 3 BVFG, der im Rahmen des Asylkompromisses vom 6. 12. 1992 beschlossen wurde, dürfen für jedes Kalenderjahr nur so viele Aufnahmebescheide erteilt werden, daß die Zahl der aufzunehmenden Spätaussiedler, ihrer Ehegatten und Abkömmlinge die Zahl der vom Bundesverwaltungsamt im Durchschnitt der Jahre 1991 und 1992 verteilten Aussiedler nicht überschreitet. Von diesem Wert kann um 10% nach oben und nach unten abgewichen werden. Das bedeutet im Ergebnis eine Quotierung des jährlichen Spätaussiedlerzuzugs auf rd. 225 000 Personen. Für die Anerkennung der Eigenschaft als S. wird auf die deutsche Volkszugehörigkeit abgestellt. Deutscher Volkszugehöriger ist nach § 6 Abs. 1 BVFG, wer sich in seiner Heimat zum deutschen Volkstum bekannt hat, wenn dieses Bekenntnis durch bestimmte Merkmale wie Abstammung, Sprache, Erziehung und Kultur bestätigt wird. Nach § 6 Abs. 2 BVFG wird für Personen, die nach dem 31. 12. 1923 geboren worden sind, grundsätzlich verlangt, daß sie von einem deutschen Staatsangehörigen oder Volkszugehörigen abstammen, daß ihnen die Eltern, ein Elternteil oder andere Verwandte bestätigende Merkmale wie Sprache, Erziehung, Kultur vermittelt haben und daß sie sich bis zum Verlassen des Herkunftsgebiets zur deutschen Nationalität erklärt, sich auf andere Weise zum deutschen Volkstum bekannt haben oder nach dem Recht des Herkunftsstaates zur deutschen Nationalität gehörten. Ausnahmen gelten, wenn die Vermittlung von Bestätigungsmerkmalen oder die Erklärung zur deutschen Nationalität wegen der Verhältnisse in dem Herkunftsgebiet nicht möglich oder nicht zumutbar war. Bis Ende 1995 kamen 3 456 068 Aussiedler und Spätaussiedler nach Deutschland, davon aus der ehemaligen Sowjetunion 1 376 117, aus Polen 1 439 607, aus Rumänien 420 745. Viele Eingliederungshilfen, die Aussiedlern u. a. auf der Grundlage des Eingliederungsprogramms der Bundesregierung vom 12. 5. 1976 gewährt wurden, sind inzwischen entfallen. Das gilt z. B. für die Überbrückungshilfe, das Einrichtungsdarlehen und Vergünstigungen im Rahmen der Wohnungsbauförderung und des Wohngeldes. Einen Überblick über die Eingliederungshilfen für S. gibt der »Wegweiser für Spätaussiedler« des Bundesministeriums des Innern (auch in russischer Sprache). S. sollten bei Behördengängen begleitet (Hilfe beim Ausfüllen von Formularen) und beim Einkauf sowie generell beim Abschluß von Verträgen beraten werden. Auch Kontakte zu Kirchgemeinden, Vereinen (insbes. zu Sportvereinen) und zu gewerkschaftlichen Gruppen sollten hergestellt werden.

Aussiedler sind nach § 1 Abs. 2 Nr. 3 deutsche Staatsangehörige oder deutsche Volkszugehörige, die nach Abschluß der allgemeinen Vertreibungsmaßnahmen (also im wesentlichen ab 1948) ihre Heimat in den damals östlichen Gebieten des Deutschen Reiches oder in den Staaten Ost-, Mittelost- und Südosteuropas, vor dem 1. 1. 1993 verlassen haben. Für später einreisende Personen ist der Status des S. vorgesehen.

Übersiedler waren Personen mit deutscher Staatsangehörigkeit, die vor dem 1. 7. 1990 das Gebiet der ehemaligen DDR unter Einschluß von Berlin (Ost) verlassen hatten und ihren dauernden Aufenthalt im damaligen Bundesgebiet nahmen. Von Kriegsende bis zum 30. 6. 1990 kamen 4 617 331 Übersiedler in das Bundesgebiet.
Lit. Haberland: Aufnahme; Haberland: Asylkompromiß (2); Haberland: Eingliederung. *Jürgen Haberland*

Spendenwesen → Sammlungsrecht

Spezialisierung → Organisation

Spiele/Spieltheorien Der Begriff »Spiel« (S.) bezeichnet so unterschiedliche Dinge (Fußball-, Glücks-, Liebes-, Finger-, Bretts. und das S. der Tiere), daß keine allgemeingültige Definition existiert. Viele Autoren führen deshalb bestimmte Struktur- und Verhaltensmerkmale auf, an denen man i. d. R. ein S. erkennt, von denen jedoch nicht immer alle auftreten müssen. Damit liefern sie zwar keine Definition, aber immerhin eine Beschreibung.

Die wichtigsten Struktur- und Verhaltensmerkmale sind: Ambivalenz, d. h., S. pendelt zwischen einem aktiven Bewältigen und Erkunden der Umwelt und einem Sich-Lösen und Entfernen sowie zwischen Spannung und Lösung, ohne sich ganz festzulegen; Distanz zur Realität, d. h., S. ist »anders als die gewöhnliche Welt« (Huizinga), ist eine Quasi-Realität (Heckhausen), die durch S.regeln und der Alltags-Realität ausgegrenzt ist; Freiraum, d. h., S. ist frei von Sorgen und materiellem Gewinnstreben, frei auch von den → Sanktionen der umgebenden Realität, ist in »entspanntes Feld« (Bally); spontanes Engagement (Goffman), d. h., der Spieler spielt freiwillig, aus Freude und Spaß um des S. selbst willen, das er als intensive Gegenwart erlebt; Antithetik, d. h., das S.motiv ist sehr häufig die Herausforderung durch einen Gegner oder Aufgabe, die Spannung und Ungewißheit schafft. Seit den 70er Jahren wird noch ein Merkmal hinzugefügt: das S. mit S.partnern stellt eine Interaktions- und Kommunikationssituation von seltener Dichte, ein »soziales Ereignis« (Krappmann) dar; zu seinem Gelingen verlangt es vom Spieler, daß er seine Fähigkeiten zu sozialer → Kommunikation und → Interaktion mobilisiert und damit übt.

Eine Spieltheorie (St.), die Allgemeingültigkeit beanspruchen könnte, gibt es aufgrund der Komplexität des Begriffes S. nicht. So stehen die Versuche verschiedener Wissenschaften, das Phänomen »S.« aus ihrer Sicht zu interpretieren, nebeneinander. Sie erklären je unterschiedliche Aspekte und ergänzen sich wechselseitig, wenn auch nicht immer widerspruchslos.

Spiel ist oft sehr idealistisch beschrieben worden; so schreibt Friedrich Fröbel: »Spielen, Spiel ist die höchste Stufe der Kindesentwicklung, der Menschenentwicklung dieser Zeit...« Demgegenüber wenden sich die einzelnen Theorien des Spiels eher pragmatisch Einzelaspekten zu.

Die → Entwicklungspsychologie (Ch. und K. Bühler, Hetzer, Piaget) beschreibt die Bedeutung des S. für die kognitive, emotionale, soziale und motorische Entwicklung des Kindes. Diese wird insbes. auch von den sowjetischen S.pädagogen (Leontjew, Rubinstein, Wygotsky) betont. Dabei werden einander ähnliche phasenhafte Abfolgen kindlichen S.verhaltens festgestellt, die allerdings nicht mit den »Phasenaltern« der älteren Entwicklungspsychologie gleichgesetzt werden dürfen. Sinnvoll sind sie – flexibel angewandt – als Hilfe für die Entwicklung von optimalen altersangemessenen S.angeboten. Werden diese einem Kind vorenthalten, so bedeutet das eine Deprivation, die Entwicklungsretardierungen oder sogar -ausfälle zur Folge haben kann.

Die Lern- und Motivationspsychologie (Berlyne, Heckhausen) untersucht die aktive, realitätszugewandte Seite des S.; Neugierverhalten und Spannungssuche werden als s.auslösende Elemente gesehen. Gegenstände und Umwelten regen S. an, wenn sie solche Diskrepanzen zum Bekannt-Vertrauten schaffen, daß ein mittlerer Spannungsgrad entsteht; wird er zu hoch oder zu niedrig, zerstört er das S. Das Pendeln des S. um diesen mittleren Spannungsgrad beschreibt Heckhausen als »Aktivierungszirkel«. Diese Theorie unterscheidet nicht deutlich zwischen »S.« und »Exploration« (Erkundung der Umwelt).
Die → Psychoanalyse versteht S. nicht unbedingt als freudige und lustvolle Tätigkeit, sondern als eine Möglichkeit der Bewältigung übermächtiger, meist passiv erlittener und bedrohlicher Situationen durch ihre aktive Wiederholung. In der Nachfolge entstanden verschiedene Formen der → Spieltherapie.
Phänomenologie und → Anthropologie verstehen S. als grundlegendes, d. h. nicht auf andere Gründe rückführbares Phänomen menschlichen und tierischen Lebens, das sie anschaulich und in der Fülle seiner Erscheinungen beschreiben: Buytendijk, der auf die spielerische Dynamik abhebt; Huizinga, der sogar kulturelle Erscheinungsformen als S. begreift; Bally, der entspanntes S. im Gegensatz zu gespanntem Triebverhalten als Ursprung der Freiheit sieht; Scheuerl, der für das S. bestimmte phänomenologische Kennzeichen erarbeitet und seine Erscheinungsformen pädagogisch typisiert. Die phänomenologischen Beschreibungen zeigen, daß eine Fülle historischer Traditionen und Gebräuche im S. weiterlebt, daß daneben aber ständig aktuelle Ereignisse zu S.inhalten werden. Kulturvergleichende Studien weisen Zusammenhänge zwischen den Strukturen einer Gesellschaft und Art und Vielfalt der praktizierten S. nach (Sutton-Smith). Beides verweist auf das folgende, besonders von materialistischen Theorien hervorgehobene Faktum: S. ist eine gesellschaftlich-historisch bedingte Tätigkeit. Betont wird besonders ein dialektisches Verhältnis zwischen S. und Arbeit.
Seit den 70er Jahren hat die theoretische Diskussion des Phänomens »S.« erheblich zugenommen. Von besonderem Interesse waren dabei zunächst die Möglichkeiten, S. als Methode für → soziales Lernen und als Motivationshilfe für kognitives Lernen zu benutzen. In jüngster Zeit wird die Frage einer Ökologie diskutiert: Es gilt, die S.räume der Kinder zu verteidigen und auszubauen (Zacharias; → Spielpädagogik).
Lit. Einsiedler: Spiel; Flitner: Kinderspiel; Flitner: Spielen; Fritz, J.: Pädagogik; Huizinga: Homo Ludens; Oerter: Psychologie; Schäfer, G. E.: Spielphantasie; Scheuerl: Spiel; Scheuerl: Theorien; Wegener-Spöhring: Aggressivität. *Gisela Wegener-Spöhring*

Spielpädagogik Spiel (→ Spiel/Spieltheorien) war immer schon ein Gegenstand pädagogischen Interesses (→ Erziehungswissenschaft), eine explizite s. jedoch entwickelt sich erst seit den 70er Jahren, wenngleich man in Fröbel mit seinen »Spielgaben« einen Vater der Spielpädagogik sehen kann. Grundlegend waren das neue Interesse an → sozialem Lernen und die New-Games-Bewegung aus den USA: Die neuen kooperativen Spiele ohne Sieger bedurften einer sensiblen und professionellen Anleitung. Außerdem wurde eine S. notwendig, weil Spielräume, Spielzeiten, ja sogar Spielkompetenzen in einer technisierten und mediatisierten Kindheit abhanden zu kommen drohen. Es wird zu einer Aufgabe, für Kinder (Spiel-)Politik zu machen (z. B. durch die Internationale Vereinigung für das Recht des Kindes zu spielen; s. Wegener-Spöhring u. a.).
S. findet statt, wo in einem institutionellen Rahmen angeleitet gespielt wird. Zunächst waren das Schule und → Kindergarten (s. Hielscher). Daneben hat sich jedoch eine Spielszene – z. T. von der öffentlichen Hand unterstützt, z. T. freiberuflich – entwickelt, die Spiel und → Animation auf dem Freizeitmarkt anbietet: Spielmobile, Spielhäuser, Spielaktionen, Spielfeste, Ferienspiele und das kommunale Netzwerk von spiel- und kulturpädagogischen Aktionen der Pädagogischen Aktion München mit dem Großprojekt der gespielten Kinderstadt Mini-München.
Natürlich muß die Gefahr gesehen werden, daß S. das Kinderspiel – diese Domäne kindlicher Freiheit – verzweckt und pädagogisch verplant. Es besteht aber auch die Chance der Vorreiterrolle zu einer veränderten Pädagogik, die Selbstbestimmung, Muße und Glück ins Zentrum stellt (→ Freizeitpädagogik).
Lit. Fritz, J.: Pädagogik; Hielscher: Spielen; Kreuzer, K. J.: Spielpädagogik; Wegener-Spöhring u. a.: Pädagogik.
Gisela Wegener-Spöhring

Spielplatz/Spielorte für Kinder Mit zunehmenden Maß der Urbanisierung seit der Industrialisierung und aus gesellschafts- und familienpolitischen Gründen ist es als notwendig erkannt worden, Freiflächen zur Nutzung öffentlicher Spielaktivitäten (→ Spiel/Spieltheorien) anzubieten. Je nach Größe und Angebot sollten diese gerade für Kinder bis 12 Jahren entsprechend ihrer Mobilität gefahrlos erreichbar sein. Für Kinder bis 5 Jahren ist die Wohnungsnähe von großer Bedeutung. Kleinkinder sollten schon Freiräume in Ruf- und Sichtweite der elterlichen Wohnung vorfinden.
Grundsätzlich besteht das Problem, daß einerseits Spielmöglichkeiten zur freien Entfaltung gerade von Kindern und Jugendlichen angeboten werden müssen, anderer-

Spielplatz/Spielorte für Kinder

seits zeigen die Erfahrungen, daß klassische Spielplätze durch ihre Abgegrenztheit und den Reservatscharakter nur bedingt freies Spiel ermöglichen. Gerade die Exploration (Erkundung der Umwelt) ist für Kinder von hohem Wert.

Der Begriff Spielplatz findet zur Bezeichnung solcher Spieleinrichtungen Verwendung, die auf einer eindeutig definierten Fläche als Spielangebot von mehreren oder einzelnen Spieleinrichtungen (»Spielgebiete«, Aufenthalts- und Aktionsräume) für die unterschiedlichen Altersgruppen von Kindern und Jugendlichen geplant und angelegt werden. Die Vergangenheit lehrt, daß auch die Erwachsenen mit einbezogen werden müssen.

Da »Orte des Spielens« niemanden ausgrenzen sollten, muß ein neues Verständnis für Spielplätze und Spielorte entwickelt werden. Orte des Spielens dürfen nicht überwiegend auf geplante und funktional vordefinierte Räume begrenzt sein (→ Spielraumgestaltung).

Geplante Spielorte sind meistens Außenanlagen; sie werden seltener in Innenbereichen angelegt. Spielorte der unterschiedlichsten Art und Weise sollen sich innerhalb einer Stadt, eines Quartiers in einem vernetzten System ergänzen und durch Wegeverbindungen gefahrlos untereinander erreichbar sein. Sie existieren als Abenteuer- oder Aktivspielplätze, Naturspielräume, Spielpunkte, Spielplätze, Schulhöfe, Sportanlagen, Skateboardanlagen und → Kindergärten. Zur Verfügung stehen sollten alle öffentlichen Grünanlagen zur freien, spielerischen Betätigung für alle Altersgruppen. Der o. g. Aktivspielbereich unterliegt häufig der pädagogischen Betreuung. Diese Spielorte ermöglichen den wichtigen Umgang mit Feuer, Wasser, Luft und Erde, fördern das Verständnis für natürliche Zusammenhänge zwischen diesen Urkräften. Und sie bieten die Möglichkeit der handwerklichen Betätigung mit unterschiedlichen Arbeitsmaterialien.

Auf Aktivspielplätzen werden vielseitige Sozialhandlungen mit Experimentiercharakter ermöglicht. Damit wird ein wichtiges Kriterium erfüllt, das für die Einrichtung von Spielorten generell gelten sollte.

Dem Naturspielraum, als ein weiterer Vernetzungspunkt innerhalb einer städtebaulichen Gesamtbetrachtung, kommt eine besondere Bedeutung zu. Hier liegt der Schwerpunkt auf naturräumlichen Zusammenhängen wie Anpflanzungen in unterschiedlicher Art, Wiesenlandschaften, natürlichen Modellierungen.

Lose Materialsammlungen sowie freie Betätigungen im Umgang mit Erde und Wasser ermöglichen den Kindern einen weitestgehend selbstbestimmten Umgang mit der Natur und lehrt Erfahrungen durch eigene Handlungen. Bei diesen Spielangeboten gilt hinsichtlich der Gestaltung: »Weniger ist mehr«. Ein weiterer Schwerpunkt liegt auf der fachlich qualifizierten Pflege.

Als Ergänzung und zur Vernetzung von Spielorten und -plätzen hat der Spielpunkt große Bedeutung. Spielpunkte sind Kleinspielorte, die auch kurzfristig an Wegeverbindungen, in Grünanlagen, Fußgängerzonen oder vor öffentlichen Gebäuden installiert werden können. Der Spielpunkt dient als Orientierung und bietet Möglichkeiten des Kurzweilspielens. Entsprechend gestaltet bietet er gerade Kindern und Jugendlichen die Möglichkeiten als Treffpunkt mit Verweilcharakter.

Ausschlaggebend für die Attraktivität eines Spielortes ist der Spielwert. Ein hoher Spielwert auf einem Spielplatz/Spielort wird erreicht durch die sensible Vernetzung einzelner Komponenten wie Modellierung, Pflanzenstellung und -arten, Wasserstellen, Multifunktionalität aller Geräte, Objekte, Einfassungen und Beläge, gestalterischer Wechsel von Überblick und Rückzugsnischen sowie deren Vernetzung. Übergeordnet ist die gefahrlose Erreichbarkeit und die unmittelbare Benachbarung zu benennen.

Je nach Größe und Benachbarung zum nächsten Spielort ist bei der Planung von Spielorten darauf zu achten, daß differenzierte Spielangebote für alle Altersgruppen geschaffen werden, daß weiter Freiräume für motorisch geprägte Aktivitäten, für Ballspiele, für freie soziale Spielarten und für mobile Spielangebote Berücksichtigung finden. Kommunikative Angebote wie Sitz- und Verweilgruppen, Auditorien und Bänke sollen das Angebot ergänzen. Unterschiedliche Spielaktivitäten, wie z. B. bewegungsorientiertes Spiel (Schaukeln, Klettern auf einem Gerät) und ruhiges, zurückgezogenes Spiel (Kleinkindersandspiel) dürfen sich nicht gegenseitig beeinträchtigen. Wasser ist je nach Art des Spielplatzes in geeigneter Form anzubieten, zumindest saisonal. Ergänzend sollten Einrichtungen zum Schutz vor Regen und Sonne vorhanden sein. Heute ist der Spielplatz Kommunikationsort für alle Altersgruppen, ein multikultureller Ort der Begegnung und gegenseitiger Anregung. Spielplätze sind ein wichtiger Teil der sozialen → Infrastruktur und sind in ein siedlungs- und städtebauliches Konzept einzubinden.

Spielortplanung ist eine interdisziplinäre Aufgabe und unter Mitwirkung von Kindern, Jugendlichen und Eltern als potentiellen Nutzern durchzuführen. Zugezogen werden sollen pädagogische Fachkräfte, Landschaftsarchitekten sowie die zuständigen Ämter für Jugend, Gesundheit, Sport und die Gartenbauämter.

Gesetzliche Grundlagen zur Förderung und Einrichtung öffentlicher und privater Spielplätze bieten das → Kinder- und Jugendhilfegesetz (KJHG – SGB VIII), insbes. §§ 1 und 11, die entsprechenden Ausführungsbestimmungen der Bundesländer sowie das

→ Baugesetzbuch (BauGB), §§ 5 Abs. 2 Ziff. 7 und 9 Abs. 1 Ziff. 22 und die Bauordnungen der Länder. Teilweise existieren wie in Hessen Länderspielplatzverordnungen oder wie in Niedersachsen Spielplatzgesetze. Ergänzend dazu gibt es die Richtlinien für die Schaffung von Erholungs-, Spiel- und Sportanlagen aus dem Jahr 1976, herausgegeben von der Deutschen Olympischen Gesellschaft (DOG).
Lit. Agde u. a.: Spielplätze; Brügger u. a.: BeispielplatzBuch; Hollmann u. a.: Gärten; Minister für Arbeit, Gesundheit und Soziales des Landes Nordrhein-Westfalen: Spielen; Sozialministerium Niedersachsen: Spielplatzfibel. *Dirk Schelhorn*

Spielraumgestaltung wird immer mehr von öffentlichen und freien Trägern der Jugendhilfe (→ Jugendhilfeträger) als Teilbereich von Stadt- und → Sozialplanung als Aufgabe vor dem Hintergrund erschwerter Sozialisationsbedingungen von Kindern und Jugendlichen erkannt, die sich ausdrücken in verringerter Geburtenrate, sozialer Abweichung, wie z. B. Gewalt gegen und von Kindern und Jugendlichen, Flucht aus der Realität und soziale Isolierung. Wie in allen gesellschaftlichen Lebensbereichen ist auch die → Lebenswelt von Kindern durch eine immer stärker werdende Vereinselung und Funktionalisierung in einzelne Lebensbereiche gekennzeichnet (Zeiher). Kinder werden dabei auf bestimmte, von Erwachsenen gestaltete Spielorte, wie Kinderzimmer, Kindertagesstättenräume und abgegrenzte Spielplätze (→ Spielplatz/ Spielorte für Kinder) verwiesen, die ihrerseits auch wieder segmentiert und unter zeitlichen, materiellen und normativen Gesichtspunkten stark reglementiert sind. Aus der schon früh geäußerten Kritik (Thomas, I.) an Kinderspielplätzen und der in den 80er Jahren aufkommenden Reflexion sich erheblich verändernder Lebensbedingungen von Kindern wurden diese eher als entsinnlichend, abstrakt, symbolhaft, medial rezeptiv passiv, von Erwachsenen vorgegeben und kontrolliert, von der Umwelt ins Private zurückziehend und als segregativ beschrieben (Meyer, B.). In einem Umkehrschluß lassen sich daraus in positiver Wendung Kriterien und Zielsetzungen für offen gestaltete Spielräume bestimmen.
Nach Bonfenbrenner und Zacharias, die → Sozialisation »als fortschreitende gegenseitige Anpassung zwischen dem sind entwickelnden Menschen und den wechselnden Eigenschaften seiner unmittelbaren Lebensverhältnisse« (Zacharias) beschreiben, läßt sich diese Auffassung auch auf das Aneignen und Tätigwerden in offen gestalteten Spielräumen – auch im doppelten Wortsinn – übertragen. In den verschiedenen Projekten, Modellen und Initiativen, unter verschiedenen Bezeichnungen, wie kinderfreundliche Stadt, Spielumfeldprogramme, wird dabei in unterschiedlicher Weise versucht, Umwelt als vielseitige Spielräume für Kinder zu erschließen, zu erhalten oder wieder instand zu setzen sowohl für:
– raum- und materialbetontes Spiel an unterschiedlichen Orten und zu frei rhythmisierbaren Zeiten,
– für freies Spielen ohne Erwachsene und für Spiele mit Erwachsenen, für Spielen mit Realitätsgehalt wie auch für Fantasiespiele,
– für sinnlich-körperbetonte wie auch inhaltlich-abstrakte Spiele,
– für wilde und besinnliche Spiele,
– für regelhafte wie auch frei assoziative Spiele,
– für Spielen in unterschiedlichen sozialen Bezügen und Gruppenstrukturen,
– für Spiele sowohl mit aktueller Technik als auch in naturbelassenen Umwelten und natürlichen Materialien, z. B. den 4 Elementen Feuer, Wasser, Erde, Luft.
S. kann nur gelingen, wenn Kommunalpolitiker, Kinderbeauftragte, Pädagogen und Architekten gemeinsam in der breiten Öffentlichkeit ein Bewußtsein für die Notwendigkeit von Spielräumen herstellen, da die aus dem Wirtschaftssystem resultierenden Prozesse der Segmentierung von Lebensbereichen nicht aufgehoben sind. Hilfreich für alle kann es sein, sich der Spielorte in der eigenen Kindheit zu erinnern und ohne sentimentale Rückerinnerungen zu versuchen, die darin enthaltenen Gesichtspunkte und Bilder mit den vorhandenen Möglichkeiten in die heutige Realität umzusetzen (Hoppe, J. R.; Oberholzer).
Lit. Hoppe, J. R.: Spielorte; Meyer, B.: Spielräume; Oberholzer: Gärten; Thomas, I.: Bedingungen; Zacharias: Spielräume; Zeiher: Räume. *Jörg Reiner Hoppe*

Spieltherapie ist eine der psychischen Eigenart des Kindes angemessene Form methodischer psychotherapeutischer Beeinflussung (→ Kinder- und Jugendlichen-Psychotherapie, analytische). Sie ist indiziert bei → Verhaltensauffälligkeiten des Kindes, besonders wenn diese bedingt sind durch unzureichende oder unangemessene Verarbeitung belastender seelischer Erlebnisse (→ Neurosen). Medium der Therapie ist das freie Spielen des Kindes, das durch ein dem Alter des Kindes angemessenes Spielmaterial unter Einbeziehung ursprünglicher Materialien (Wasser, Sand, Farben, Ton u. a.) in regelmäßigen Spielstunden angeregt wird. Die teilnehmende Präsenz des Spieltherapeuten und sein zunächst gewährendes Verhalten ermöglichen das spontane Spielen des Kindes und damit die sich darin ereignenden Verarbeitungsprozesse von → Ängsten, → Affekten und frustrierten Bedürfnissen (→ Frustration).
S. als Einzel- oder Gruppentherapie (3–5 Kinder) wird darüber hinaus zu einem intensiven Lernfeld zur Ermöglichung, Erprobung und Festigung neuer sozialer Ver-

haltensweisen mit korrigierenden und erweiternden Erfahrungen.
Die Entwicklung einer eigenständigen, spieltherapeutischen Methode ist zunächst das Verdienst von Anna Freud (1927), Melanie Klein (1932) und insbes. Hans Zulliger. In Abhebung von den bis dahin dominanten Verfahren der Deutung und der Analyse (→ Psychoanalyse), aber unter Beibehaltung der psychokathartischen (affektbefreienden) Intention und der Bedeutung der → Übertragung verwies Zulliger auf die »heilenden Kräfte im kindlichen Spiel« als eine der mythisch-magischen Bewußtseinsstufe des Kindes eigene, ursprüngliche und schöpferische Potenz. Die S. erfuhr dann in Anlehnung an Rogers (→ Gesprächspsychotherapie) durch Axline eine methodische Weiterentwicklung, wobei jetzt die zunächst als non-direktiv, dann als klientenzentriert beschriebene Einstellung des Therapeuten stärkere Beachtung findet (→ Gesprächsführung, Methoden der).
Heute kann auf der Basis der Lern- und Kommunikationstheorie (→ Lernen, → Kommunikation) das Verhalten der Spieltherapeuten in seinen Variablen (→ Therapeutenvariablen) differenzierter beobachtet, trainiert und hinsichtlich seiner therapeutischen Wirksamkeit erforscht werden (s. Schmidtchen). Damit kann die S. als Methode nicht nur besser vermittelt werden, sondern sie wird auch hinsichtlich ihrer Anwendung zu einem vielseitigeren Instrument, da der Spieltherapeut unter Beachtung von ihm zu bestimmender Therapieziele (nun z. B. auch gegenüber früher kontraindizierten, dissozialen Symptombildern) durch die bewußte Steuerung seines eigenen Verhaltens modifizierende Reizsituationen und damit strukturierende Lernbedingungen für erwünschtes und angemessenes Verhalten schafft. Die Beachtung der Beziehungsdynamik und der richtige Umgang mit ihr bleibt aber eine grundlegende Voraussetzung für den Therapieerfolg. Vom Therapeuten wird über die Klientenzentrierung hinaus eine personenbezogene Einstellung verlangt, durch die er sich als einfühlender (→ Empathie) Partner des Kindes in der Beziehung selbst einbringen und sich in Offenheit und Echtheit bewähren muß.
Die Übertragung spieltherapeutischer Prinzipien bewährt sich heute auch innerhalb anderer Medien, wie z. B. Sport, Werken, Klettern, und gewinnt darin als inzwischen eigenständiges Konzept der → Erlebnispädagogik eine für die Sozialarbeit bedeutsame Ausweitung besonders für das → Jugendalter.
In dem Maße, wie in der Förderung Verhaltensauffälliger einzelne Teilziele (wie z. B. Konzentrationstraining, Wahrnehmungsschulung oder Aufbau von Selbständigkeit) in den Vordergrund treten, muß anstelle von S. von »heilpädagogischer Übungsbehandlung« gesprochen werden. Diese den → Heilpädagogen kennzeichnende Handlungsform ist stärker methodisch-didaktisch orientiert. Sie ist bedeutsam für die Frühförderung, den vorschulischen und sonderschulischen Bereich (→ Sonderpädagogik).
Insgesamt wird die → Interaktion zwischen den Eltern und dem Kind stärker beachtet. Im Interaktionstraining, auch als Biofeedbackverfahren, werden Eltern angeleitet, fördernde Verhaltensweisen zu verbessern. So weitet sich S. zu einer mehr familienzentrierten Kindertherapie aus.
Lit. Axline: Kinderspieltherapie; Ginott: Gruppenpsychotherapie; Goetze: Personenzentrierte Spieltherapie; Goetze u. a.: Spieltherapie; Schmidtchen: Kinderpsychotherapie; Schmidtchen: Spiel- und Familientherapie; Speck u. a.: Kindertherapie; Zulliger: Spiel. *Peter Flosdorf*

Sprachbehinderte Es geht um eine Behinderung in zweierlei Hinsicht. Erstens ist das Sprachhandeln des davon betroffenen Menschen behindert, indem er z. B. als Stotterer Schwierigkeiten hat, sich verständlich zu machen. Zweitens macht die behinderte Sprache den davon Betroffenen zum → Behinderten, indem sie seine Lebensteilhabe schmälert. Man hat allen Grund, eine Sprachbehinderung ebenso ernst zu nehmen wie jede andere Behinderung.
Die Sprachbehinderungen lassen sich grob so einteilen:
a) Erwerbshemmungen: verzögerte → Sprachentwicklung, Dysgrammatismus, Stammeln (z. B. Lispeln, Näseln), Lese- und Schreibstörungen;
b) Sprachstörungen als Folge von Gehörleiden (Schwerhörigkeit, Taubheit; → Hörbehinderte);
c) bei Veränderungen der Sprechorgane: Gaumenspalte, Kehlkopfentfernung;
d) durch vererbte und früh erworbene Hirnschäden: konstitutionelle Sprachschwäche, Zerebrallähmung (→ »Spastiker«), geistige Behinderung (→ Geistig Behinderte), → Epilepsie;
e) Störungen des Redeflusses (Stottern, Poltern), z. T. als Folge neurotischer Störungen (hierzu auch → Mutismus, Sprechangst);
f) traumatogener Sprachverlust (Aphasie – Dysphasie, → Werkzeugstörungen);
g) Stimmstörungen: Stimmschwäche, chronische Heiserkeit u. a.
Die für das Kindesalter wichtigste Sprachbehinderung ist das Stottern (krampfartige Störung des Redeflusses). Es kann die verschiedensten somatischen und psychischen Ursachen haben. Das Stottern hat ungünstige Folgen für die Persönlichkeitsentwicklung des betroffenen Kindes, das sich oft isoliert fühlt und Demütigungen ausgesetzt sieht. So stellen sich beim somatischen Stottern sekundäre neurotische Erscheinun-

gen in Erleben und Verhalten ein. Darum soll die Stotterbehandlung neben der physiologisch gerichteten Funktionseinstimmung auch → Psychotherapie sein.
Die nächstwichtige Gruppe unter den Sprachstörungen in der Kindheit sind die verschiedenen Formen des Stammelns, z. B. die Lautbildungsfehler bei s/sch (Lispeln), r, l, g/k usw. sowie die Resonanzabweichungen (Näseln). Hier sind vor allem Übungen zur Artikulationskorrektur angezeigt.
Die Institutionen, die → Sprachtherapie vermitteln, sind sowohl im Bereich des → Gesundheitswesens (z. B. Abteilungen für Sprachgestörte in Hals-Nasen-Ohren-Kliniken) als auch des Schulwesens angesiedelt (z. B. → Sonderschulen für Sprachbehinderte).
Lit. Pehl, K. u. a.: Angebot Hoffnung.

Gerhard Heese

Sprachentwicklung wird in der Literatur auch häufig als Sprachaufbau oder Spracherwerb bezeichnet. Übereinstimmend wird der Verlauf beschrieben:
Vorsprachliche Entwicklung: Die erste lautliche Äußerung des Kindes ist das Schreien. Es wird unmittelbar nach der Geburt ausgelöst, wenn sich der Organismus des Neugeborenen auf die eigenständige Sauerstoffaufnahme umstellt. Mit dem Schreien werden Atmung und Stimmgebung trainiert, es erhält aber bereits in der 1. und 2. Lebenswoche situationsbezogene Bedeutung. Auf Situationen des Unbehagens, die durch Schreien geäußert werden, reagiert die Mutter regelmäßig, indem sie das Kind versorgt. Das Kind assoziiert sein Schreien mit der folgenden Hilfeleistung, und das ungezielte Schreien wird zum Rufen (Anruf und Appell nach K. Bühler).
Vom 2. Monat an beginnt das Kind zu lallen. Dabei treten zunächst Vokale, dann Konsonanten auf. Die produzierten Laute sind in dieser Zeit weitaus vielfältiger als der Lautbestand der jeweiligen Muttersprache. Das Kind wird durch die eigenen Lautproduktionen zu immer neuen Lautkomplexen angeregt. Ab dem 6. Monat nimmt mit zunehmender Nachahmung der Umgebung die Vielfalt der Laute ab, und es erfolgt eine allmähliche Auslese des Lautbestandes der Muttersprache. In der Zeit des nachahmenden Lallens, die sich etwa bis zum 10. Monat erstreckt, realisiert das Kind auch Kontaktwünsche: Ansprache wird lallend beantwortet, die Umgebung wird aber auch lallend zum Kontakt aufgefordert.
Beginn des Sprechens: Das Sprachverständnis geht dem Sprachgebrauch voraus. Eigentliches Sprachverständnis ist erreicht, wenn bestimmten Begriffen konstant dieselben Inhalte zugeordnet werden. Sprache im eigentlichen Sinn beginnt erst, wenn das Kind im Hinblick auf bestimmte Gegenstände konstante Laute hervorbringt, die der Sprache der Umgebung ähneln. Die ersten richtig gebrauchten Wörter treten etwa zwischen 12-18 Monaten auf. Diese Wörter werden komplex gebraucht, sie haben Satzfunktion, denn das Kind drückt Wünsche, Affekte und Konstatierungen damit aus (Einwortsätze).
Erweiterung des Sprachaufbaus: Die Stufe des Einwortsatzes wird mit dem Beginn des 1. Fragealters verlassen (18–24 Monate). Das Kind entdeckt, daß jedes Ding einen Namen hat. Der Wortschatz wächst in dieser Zeit rasch an. Zunächst dominieren Substantive, es folgen Verben, dann Adjektive und Präpositionen. Mit dem Fragealter beginnt das Kind seine Aussagen zu gliedern, zunächst in Zweiwort-, dann in Drei- und Mehrwortsätze, wobei das affektiv Wichtige am Anfang steht und die übrigen Wörter angereiht werden. Etwa ab dem 3. Lebensjahr beginnt das Kind, Flexionen zu gebrauchen und Nebensätze zu bilden. Mit ca. 4 Jahren beherrscht es die wesentlichen Formen von Syntax und Grammatik, mit 5 Jahren ist die Artikulation weitgehend sauber und gut verständlich.
I. d. R. sind die Hauptleistungen der Sprache wie normgerechte Aussprache, sachangemessene Bezeichnung, grammatisch-syntaktische Darstellungsfähigkeit, Grundformen der Gesprächsführung und Situationsablösung bis zum Schuleintritt erreicht. Altersangaben sind nur als Anhaltspunkte zu verstehen, da die S. in starkem Maße umweltabhängig ist (vgl. → Schichtspezifische Erziehung, → Sozialisation, → Sprachbehinderte).
Lit. Atzesberger: Sprachaufbau; Kainz: Sprachentwicklung; Wurst: Sprachentwicklungsstörungen.

Rotraut Bührlen-Enderle

Sprachtherapie Sammelbegriff für spezifische Verfahren zur Behandlung → Sprachbehinderter. Bedarf einerseits der Abgrenzung zum »Sprachunterricht« und zur »Sprachförderung« im Rahmen allgemeiner schulischer und vorschulischer Programme. Andererseits gehört S. zu den wichtigsten therapeutischen Hilfen in der Frühförderung behinderter und von Behinderung bedrohter Kinder (→ Frühförderung Behinderter) sowie in → Sonderkindergärten, Sonderkindertagesstätten, → Sonderschulen und im Rahmen der → Rehabilitation erwachsener → Behinderter.
Voraussetzung für die sprachliche Kommunikation ist das Verstehen und der eigene Gebrauch sprachlicher Strukturen (Benennungen und Begriffe, Grammatik, Sprachlaute, schriftsprachliche Symbole). Hemmungen und Störungen beim Aufbau dieser Strukturen (→ Sprachentwicklung) können sich auf den Verlauf der → Sozialisation ungünstig auswirken. Andererseits führen selbst geringere Abweichungen auch nach dem Spracherwerb zu erheblichen Benach-

teiligungen. Insbes. kann eine verminderte Sprachverwendung eine angemessene schulische und soziale Entfaltung einschränken. Die traditionellen Therapieformen müssen für einige Personengruppen modifiziert und ergänzt werden. Dazu gehört die Entwicklung geeigneter Konzepte für geistig behinderte, körperbehinderte und mehrfachbehinderte Kleinkinder. Dabei sind vor allem die aktuellen Ergebnisse der Säuglings- und Kleinkindforschung zu beachten. Methodisch käme z.b. eine Übertragung der Haussprachenerziehung (→ Hörbehinderte) in Betracht. Die Versorgung hör- und sprachbehinderter → ausländischer Kinder ist hierzulande nur in Ansätzen gelöst. Dies gilt auch für den Abbau und die Vorbeugung hörbedingter Sprech- und Stimmstörungen bei erwachsenen Schwerhörigen und Ertaubten. S. für alte Menschen muß an die veränderten Lernvoraussetzungen sowie die individuellen Lebenserfahrungen angepaßt werden. Sensorische und motorische Grundfunktionen, Gedächtnis- sowie Konzentrationsleistungen sind nach neueren Untersuchungen bis ins hohe Alter trainierbar. Mit Hilfe geeigneter → Medien, z.B. auch dem Einsatz von Computer-Programmen (»Hirnleistungstraining«), können alte Menschen motiviert und aktiviert werden. Dabei ist allerdings zu beachten, daß eine Einbindung in eine umfassendere Rehabilitation sowie eine Einbeziehung der sozialen Umgebung Voraussetzungen dafür sind, daß Zielsetzungen im Sinne kommunikativer Fähigkeiten (→ Kommunikation) und soziale → Integration erreicht werden können. Neben dem Wiedergewinn sprachlicher Leistungen geht es insbesondere bei progressiven Erkrankungen (z.B. → Multiple Sklerose) und mehrfachen Behinderungen (→ Körperlich Behinderte, → Mehrfachbehinderte) auch um den Erhalt bzw. eine Verzögerung des Abbaus von kommunikativen Fähigkeiten. Da sprachlich/kommunikative Abweichungen zu den häufigsten Komponenten komplexer Behinderungssyndrome gehören, sollte S. in → Altenpflegeheimen, Einrichtungen der → Geriatrie, → Tageskliniken sowie im Zusammenhang mit der → Familienpflege und Hauspflege vermittelt werden können. Die Diagnose und Therapie von Sprachschädigungen erfordert oft eine interdisziplinäre Zusammenarbeit, z.B. bei der Behandlung von Aphasikern (→ Werkzeugstörungen), bei Kindern mit Spaltbildungen im Bereich von Lippen, Kiefer und Gaumen sowie bei Kehlkopfoperierten mit dem entsprechenden Facharzt; bei → Autismus, → Mutismus und Stottern gibt es komplexe Behandlungsverfahren, bei denen Formen der → Psychotherapie von besonderer Bedeutung sind. Häufig ist eine intensive Beratung notwendig. Eine weitere Ergänzung kann in der Unterstützung von → Selbsthilfegruppen gesehen werden (Aphasiker, Stotterer,

Schwerhörige, Kehlkopflose sowie Elternvereine).
Neben den Logopäden (→ Logopädie) können Sonderschullehrer (→ Sonderpädagogik) für Sprachbehinderte, Gehörlose und Schwerhörige, → Diplom-Pädagogen/Diplom-Pädagoginnen und andere Berufsgruppen mit entsprechender Schwerpunktbildung für die sprachtherapeutischen Tätigkeiten zugelassen werden (Gemeinsame Empfehlungen der Spitzenverbände der gesetzlichen Krankenkassen vom 16. 5. 1994 zur einheitlichen Anwendung der Zulassungsbedingungen nach § 124 Abs. 2 und 4 SGB V.). Neben der Grundqualifikation ist die berufliche Fort- und Weiterbildung eine entscheidende Voraussetzung für die Bewältigung der aktuellen Aufgaben der S. In NRW wurde dafür z.B. die Akademie für Sprachrehabilitation, Essen, gegründet. Logopäden können an der RWTH Aachen ein Zusatzstudium absolvieren.
Die Finanzierung gehört zu den Leistungen der → Krankenversicherung (→ Reichsversicherungsordnung). Voraussetzung ist eine ärztliche Verordnung. Sie kann durch den Fach- oder Hausarzt ausgesprochen werden. In den → Gesundheitsämtern geschieht dies durch Sprachheilbeauftragte (→ Landesärzte). Stationäre und ambulante S. gehört darüber hinaus zu den Maßnahmen der → Eingliederungshilfe für Behinderte im → Bundessozialhilfegesetz (auch: AGBSHG, → Schwerbehindertengesetz und → Rehabilitationsangleichungsgesetz).
Lit. Birchmeier: Aphasie; Dupuis u.a.: Enzyklopädie; Grohnfeldt: Sprachtherapie; Joosten-Weiser: Multiple Sklerose; Jussen u.a.: Hörgeschädigte; Schulze, H. u.a.: Stottern; Wirth, G.: Sprachstörungen.
Gregor Dupuis

Spruchstellen für Fürsorgestreitigkeiten sind Schiedsgerichte – 6 regionale und die Zentrale Spruchstelle als Beschwerde- und Berufungsinstanz – nach dem in den §§ 1025 bis 1048 ZPO und der → Fürsorgerechtsvereinbarung (FRV) v. 26. 5. 1965 (NDV 1965 S. 326) geregelten schiedsrichterlichen Verfahren.
Rechtsgrundlage für die Kostenerstattungsansprüche zur Erzielung eines finanziellen Lastenausgleichs unter den Trägern für »fremde« Hilfesuchende sind nach dem → Bundessozialhilfegesetz (BSHG) die §§ 103 bei Aufenthalten in einer Einrichtung, 104 bei Unterbringung in einer anderen Familie, 107 (n. F.) bei Umzug, 108 bei Übertritt aus dem Ausland und dem → Kinder- und Jugendhilfegesetz (KJHG – SGB VIII) die §§ 89 bei fehlendem gewöhnlichen Aufenthalt, 89a in der Vollzeitpflege, 89b bei vorläufigen Maßnahmen, 89c bei fortdauernder od. vorläufiger Leistungsverpflichtung, 89d nach der Einreise aus dem Ausland, 89e zum Schutz der Einrichtungsorte.

Bei Kostenerstattungsansprüchen handelt es sich um öffentlich-rechtliche Ansprüche, für welche ohne die Vereinbarung, daß die Entscheidung einer Rechtsstreitigkeit durch mehrere Schiedsrichter erfolgen solle, der Verwaltungsrechtsweg zu den → Verwaltungsgerichten nach § 40 VwGO gegeben ist.

Das schiedsgerichtliche Verfahren ist nur zwischen Partnern der FRV zulässig. Für die der FRV nicht beigetretenen Träger – das sind z.Z. noch insbes. → Sozial- und Jugendhilfeträger in den neuen Bundesländern – und die durch Kündigung der FRV nicht mehr angehörenden Träger ist das Schiedsverfahren nicht eröffnet. Für diese Träger ist ausschließlich der Rechtsweg zu den VerwG gegeben. In den neuen Bundesländern vereinbaren Sozial- und Jugendhilfeträger zunehmend für Einzelfälle die Anwendung des Schiedsverfahrens nach der FRV.

Die Spruchstellen sind in einem ausgewogenen Verhältnis mit im Sozial- und Jugendhilferecht erfahrenen Mitgliedern aus den Reihen der örtlichen und überörtlichen Träger besetzt. Die Schiedssprüche haben unter den Verfahrensbeteiligten die Wirkung eines rechtskräftigen gerichtlichen Urteils (§ 1040 ZPO).

Wird das VerwG von einem Träger wegen einer Kostenerstattungs-Streitigkeit angerufen, für welche die Träger den Schiedsvertrag abgeschlossen haben, so hat das Gericht die Klage als unzulässig abzuweisen, wenn sich der Beklagte auf den Schiedsvertrag beruft (§ 1027a ZPO).

Zur neuen Gestaltung des Fürsorgewesens wurde in den Jahren 1949/1950 zur Umsetzung zeitgemäßer Vorstellungen durch die Initiative erfahrener, hochmotivierter Praktiker aus Landes- sowie städtischen und ländlichen Fürsorgeverbänden mit überzeugender Begründung und organisatorisch beispielhaft die FRV bundesweit eingeführt. Auf die damalige Begründung wird verwiesen.

Die Spruchstellen für Fürsorgestreitigkeiten sind im Verlaufe einer über 45jährigen Spruchpraxis – entgegen sachlich unerklärlicher derzeitiger Äußerungen einiger Institutionen – anerkannt, prozeßrechtlich abgesichert und auf dem Spezialgebiet der Kostenerstattung zwischen Trägern der Sozial- und Jugendhilfe nicht mehr wegzudenken.

Lit. Giese: Änderungen; Mergler: Kostenstattung; Saurbier: Kostenerstattung; Saurbier: Kündigung. *Otto Mergler*

Staatenlose, Jugendhilfe für → Ausländer und Staatenlose, Jugendhilfe für

Staatenlose, Sozialhilfe für → Ausländer, Sozialhilfe für

Staatsangehörigkeit ist die rechtliche Zugehörigkeit einer natürlichen und → juristischen Person zu einem bestimmten Staat. Sie ist für den einzelnen von hoher Bedeutung; nach ihr richtet sich seine rechtliche Stellung im privaten und öffentlichen Bereich des Lebens sowie seine Einordnung in die menschliche Gesellschaft. Sie berechtigt zu wählen und gewählt zu werden sowie hoheitliche Aufgaben auszuüben. Sie verpflichtet aber auch beispielsweise zum Wehrdienst. Sie ordnet den einzelnen einem bestimmten Staatsgebiet zu und gibt ihm auch den Anspruch auf Auslandsschutz bei → Aufenthalt im Ausland.

Jeder Staat regelt kraft eigener Souveränität selbst, wer sein Staatsangehöriger sein soll oder wer seine S. verliert.

Wegen der Bedeutung der S. für den einzelnen gehen die Regelungen im Grundsatz dahin, daß die S. schon durch Geburt erworben wird. Es gibt jedoch verschiedene Prinzipien: Während einige Staaten den Erwerb durch Geburt fast ausschließlich an die → Abstammung anknüpfen (jus sanguinis), so auch die Bundesrepublik Deutschland (maßgebende Regelungen im Reichs- und Staatsangehörigkeitsgesetz – RuStG – vom 22. 7. 1913 mit den späteren Änderungen und Ergänzungen), gewähren andere Staaten ihre S. allen auf ihrem Staatsgebiet Geborenen (jus soli). Dies ist insbes. bei den klassischen Einwanderungsländern der Fall, wie z.B. den USA. Verbreitet sind allerdings auch Mischformen von beiden Prinzipien (z.B. Großbritannien, Frankreich).

Erwerbsgründe für späteren Erwerb: Es ist zu unterscheiden zwischen Erwerb ohne ausdrücklich hierauf gerichteten Willensakt (so z.B. durch → Annahme als Kind oder → Legitimation oder Sammeleinbürgerung) und dem Erwerb durch eigene Erklärung oder aufgrund eines Antrags auf Einbürgerung.

Der automatische Erwerb einer fremden S. von Ehefrauen durch Eheschließung widerspricht dem Gleichberechtigungsgrundsatz und wurde deshalb in vielen Staaten einschließlich der Bundesrepublik abgeschafft und umsomehr trifft dies auf den automatischen Verlust der bisherigen S. durch Heirat zu. Hingegen wurde entsprechend dem Gleichberechtigungsgrundsatz in verschiedenen Staaten der Erhalt der S. durch Abstammung nicht mehr vom Geschlecht des Elternteils abhängig gemacht (so auch in der Bundesrepublik gem. der Novelle zum RuStG vom 20. 12. 1974). Haben die Eltern eine unterschiedliche S., so bedeutet das Doppelstaatsangehörigkeit des Kindes mit Geburt, wenn auch die andere Rechtsordnung die S. dem Kind mit Geburt verleiht.

Unter bestimmten Voraussetzungen, z.B. langjähriger Aufenthalt im Inland, räumt ein Staat Ausländern die Möglichkeit zur Einbürgerung auf Antrag ein. I.d.R. ist hierfür Entlassung aus der bisherigen S. erforderlich, um Mehrstaatigkeit zu vermei-

den, die aus der Sicht der meisten Staaten unerwünscht ist.
Verlust der S.: Auch hier ist zwischen Entlassung oder Verzicht auf eigenen Antrag und dem automatischen Verlust zu unterscheiden. Einen Antrag auf Entlassung lassen die meisten Länder bei Personen zu, die noch eine weitere S. besitzen oder erwerben wollen. Automatischer Verlust erfolgt in einigen Staaten (nicht in der Bundesrepublik) auch bei längerem Auslandsaufenthalt oder bei Nichterfüllung der Wehrpflicht; in anderen beispielsweise bei Legitimation oder Annahme als Kind durch Ausländer.
Die Regelungen sind so ausgerichtet, daß Staatenlosigkeit möglichst vermieden werden soll. Der Staatenlose hat den Nachteil, daß er keinem Staatsgebiet zugeordnet ist und keines Staates Schutz genießt. Zur Milderung der daraus folgenden Härten: UN-Übereinkommen über die Rechtsstellung der Staatenlosen (vom 28. 9. 1954).
Lit. Kugler: Ausländerrecht; Renner, G. u.a.: Staatsangehörigkeitsrecht (Komm.); Weidelener u.a.: Staatsangehörigkeitsrecht.

Ingrid Baer

Staatshaftung i.w.S. ist das Eintreten der Träger öffentlicher Gewalt für Schäden, die im Zusammenhang mit der Erfüllung der ihnen obliegenden Pflichten des öffentlichen Rechts aus den veranlaßten Einzel- oder Allgemeinmaßnahmen einem anderen erwachsen. In diesem weiten Sinne umfaßt die S. neben der → Amtshaftung insbes. die aus dem grundrechtlichen Eigentumsschutz (Art. 14 Abs. 1 S. 1 → Grundgesetz [GG]) fließenden Entschädigungspflichten bei rechtmäßiger Enteignung (Art. 14 Abs. 3 GG), rechtmäßiger Inhaltsbestimmung des Eigentums i.S.v. Art. 14 Abs. 1 S. 2 GG (»ausgleichspflichtige Inhaltsbestimmung«) oder bei rechtswidrigem enteignungsgleichem Eingriff (»Aufopferung«). Daneben tritt die öffentliche Gefährdungshaftung in vielfacher Ausformung (z.B. nach dem Atomgesetz, dem Luftverkehrsgesetz, für Impfschäden nach dem Bundesseuchengesetz) sowie das gesamte Recht der öffentlichen Erstattung zu Unrecht erhobener Beiträge oder nicht erbrachter Leistungen.
S. i.e.S. ist die → Haftung für einen Schaden infolge der Verletzung einer Pflicht des öffentlichen Rechts, den die Träger der öffentlichen Gewalt gegenüber dem Geschädigten obliegt. Diese Materie umfaßt im wesentlichen die Amtshaftung einschließlich der Haftung für solche technischen Einrichtungen, deren sich der Träger öffentlicher Gewalt an Stelle von Personen bedient (z.B. Ampelanlagen). Soweit ein durch hoheitlichen Eingriff verursachter rechtswidriger Zustand nicht durch Entschädigung in Geld beseitigt werden kann, kommen Ansprüche auf Beseitigung der Folgen hoheitlichen Handelns in Betracht. Hierher gehören der öffentlich-rechtliche Folgenbeseitigungsanspruch, der auch den Widerruf unrichtiger, einen Bürger schädigender dienstlicher Äußerungen (dazu BVerwG, Urt. vom 4. 2. 1988, in RsDE 1988, H. 2, 61: Äußerungen eines Bediensteten eines → Jugendamtes [JA]) umfaßt, und der von der → Rechtsprechung des BSG entwickelte Herstellungsanspruch bei pflichtwidrig unterlassener oder falscher → Beratung (dazu BSG, Urt. vom 12. 10. 1979, in BSGE 49, 76 und Urt. vom 17. 12. 1980, in BSGE 51, 89). Der Abwehr drohender rechtswidriger hoheitlicher Handlungen dient der öffentlich-rechtliche Unterlassungsanspruch.
Lit. Ossenbühl: Staatshaftungsrecht; Windhorst u.a.: Staatshaftungsrecht.

Dieter Giese/Jürgen Sauer

Städtebauförderungsgesetz (StBauFG) → Baugesetzbuch (BauGB)

Stadtentwicklungsplanung → Entwicklungsplanung

Stadtsanierung → Sanierung

Stadtteilarbeit ist eine sich auf einzelne und deren Lebensumfeld beziehende Arbeit, der eine dialektische Sichtweise vom Zustandekommen individueller Problemlagen zugrunde liegt. → Einstellungen (→ Attitüden), Haltungen und Verhaltensstrategien werden im wesentlichen gesehen als Antwort- und Ausdrucksformen auf soziale Lebensbedingungen.
Der Stadtteil ist nach Oelschlägel zu »begreifen
– als Ort, in dem Lebenslagen bestimmt und gestaltet werden, ebenso wie Verhaltensweisen und Einstellungen.
– als der Identifikationsort;
– als Lernort für die betroffene Bevölkerung«.
Im Unterschied zur → Gemeinwesenarbeit, die als dritter methodischer Schwerpunkt der Sozialarbeit gesehen wird (neben → Einzelhilfe und → Gruppenarbeit), ist S. ein methodenübergreifender Arbeitsansatz, der von den sich gegenseitig bedingenden und beeinflussenden (Individuum und Umfeld) Verhältnissen im Stadtteil ausgeht: Der Stadtteil prägt Lebensbedingungen und Verhaltensweisen von Menschen, diese aber prägen auch die Struktur des Stadtteils; das Individuum gestaltet den Stadtteil – ob gezielt oder ungewollt – mit. Ziel der S. ist es deshalb, den Betroffenen diesen dialektischen Zusammenhang bewußt zu machen und sie hierdurch für individuelle und umfeldbezogene Veränderungen zu motivieren.
Stadtteilbezogene → Sozialarbeit versteht sich in erster Linie als eine auf sozial benachteiligte einzelne und Gruppen bezoge-

ne Arbeit. Es sind → soziale Benachteiligungen vor allem im
- ökonomischen/materiellen Sinne;
- in der unzureichenden Inanspruchnahme von Bildungsangeboten (→ Chancengleichheit);
- in der damit verbundenen teilweisen bis völligen Ausgrenzung aus dem traditionellen Bildungssystem (→ Schichtspezifische Erziehung);
- in den - u.a. dadurch bedingten - begrenzt zur Verfügung stehenden/gestellten Lebens- bzw. Zukunftschancen.
Diese → sozialen Konflikte werden insbes. als Ursache für die »negativen« Lebensstrategien angesehen, die schließlich zur »Auffälligkeit« geführt haben bzw. führen. Stadtteilbezogene Sozialarbeit ist somit auch immer zielgruppen- und lebensumfeldbezogene Arbeit (→ Soziales Umfeld) und bezieht sich im besonderen Maße auf die Bedürfnisse und Interessen der sozial benachteiligten Bürger. Der zielgruppenbezogene Arbeitsansatz wird ergänzt durch Aktivitäten, die sich mitunter auf den Stadtteil insgesamt beziehen (Straßenfeste, Stadtteilfeste einerseits und Zusammenarbeit mit vorhandenen Projekten und Einrichtungen der sozialen Arbeit andererseits).
Lit. Arbeitsgemeinschaft Carolinenviertel im Verein Jugendhilfe e. V.: Sozialarbeit; Deutscher Städtetag: Soziale Brennpunkte; Oelschlägel: Kulturverein; Victor-Gollancz-Stiftung: Gemeinwesenarbeit.

Josef Faltermeier

Standardabweichung → Streuung

Standardisiertes Interview → Befragung

Ständige Konferenz der Kultusminister
→ Bildung/Bildungswesen

Stationäre Pflegeeinrichtung → Vollstationäre Pflegeeinrichtung

Statistik hat die Aufgabe, Massenerscheinungen zu analysieren und die hierfür notwendigen Methoden zu entwickeln. Statistische Massen sind Gesamtheiten von Fällen, die vom Untersuchungsziel her als gleichartig anzusehen sind, d. h. mindestens ein gemeinsames Merkmal aufweisen. Es gibt qualitative Merkmale, die nach ihren Arten unterschieden werden, z. B. der Familienstand (ledig, verheiratet, verwitwet, geschieden), und quantitative Merkmale, die sich durch Zahlen, z. B. Größenklassen, kennzeichnen lassen, z. B. die Größe von Grundstücken, die in Quadratmetern gemessen werden kann. Quantitative Merkmale können stetig (kontinuierlich) sein, z. B. Körpergröße und Körpergewicht, oder unstetig (diskret und diskontinuierlich), z. B. die Bettenzahl von Krankenhäusern oder die Zahl der Sozialhilfeempfänger. Bei den statistischen Massen kann es sich entweder um Bestandsmassen handeln, die Gesamtheiten von gleichzeitig nebeneinander bestehenden Fällen darstellen, z. B. die Einwohner eines Landes, oder um Bewegungsmassen, die die Summe von Ereignissen oder Handlungen in einem Zeitraum darstellen, z. B. Geburten oder Sterbefälle eines Kalenderjahres.
Man unterscheidet die deskriptive S., die sich mit der Zusammenfassung und Darstellung von → Daten beschäftigt, und die analytische S. - auch als induktive S. oder Interferenz. bezeichnet -, deren Aufgabe die Überprüfung von → Hypothesen in allen empirischen Wissenschaften ist. Die von der S. erbrachten Wahrscheinlichkeitsaussagen geben Aufschluß über die Vereinbarkeit der bei der statistischen Untersuchung erfaßten Daten mit den theoretisch formulierten Hypothesen.
Jede statistische → Erhebung bedarf einer Vorbereitung, die die Erarbeitung der Fragestellung bzw. die Formulierung der Hypothesen und die Prüfung der Möglichkeiten der Durchführung umfaßt. Mit der Festlegung des Erkenntniszieles wird zumeist auch die Darstellung der Ergebnisse geplant. Die Wahl der Methoden der statistischen Erhebung richtet sich nach den Erkenntniszielen sowie nach den erhebungstechnischen und finanziellen Möglichkeiten. Aus Gründen der schnelleren Abwicklung, der besseren Überschaubarkeit und wegen der niedrigeren Kosten werden häufig anstelle von Totalerhebungen → Stichproben durchgeführt.
S., die Daten eigens für statistische Zwecke erhoben werden, bezeichnet man als Primärs. S., die auf bereits für andere Zwecke erhobenem Material, z. B. auf Daten aus Akten bei Behörden und Gerichten, basieren, als Sekundärs. Als Beispiele von Primärs. seien → Volkszählung und → Mikrozensus, als Beispiele von Sekundärs. Steuers. sowie die S. der Geborenen, der Eheschließungen und der Gestorbenen genannt. An die Datenerhebung schließt sich die Aufbereitung an. Hierzu gehört die Überprüfung des gesamten Materials auf seine Vollständigkeit und Stimmigkeit (Vollständigkeits- und Plausibilitätskontrolle, → Fehler). Die Ergebnisse statistischer Erhebungen werden zumeist in Tabellen aufbereitet (→ Tabellenanalyse), in denen die erfaßten Tatbestände nach Merkmalen gegliedert dargestellt werden. Die Häufigkeitsverteilung einer nach diskreten Merkmalen gegliederten Masse ergibt sich aus der Zuordnung ihrer Elemente zu diesen Merkmalen. Zur Beschreibung der Häufigkeitsverteilung einer nach stetigen Merkmalen gegliederten Masse ist eine vorherige (willkürliche) Gruppeneinteilung nach Größenklassen notwendig. Vielfach wird nicht die Verteilung selbst betrachtet, sondern eine oder mehrere ihrer charakteristi-

schen Größen (Parameter). Hierzu gehören neben sog. Lageparametern wie arithmetischem und geometrischem Mittel (→ Mittelwert) sowie Median, die Streuungsmaße (→ Streuung), wie Korrelations- oder Regressionsanalysen (→ Korrelation) sowie graphische und verbale Darstellungen stellen Möglichkeiten der Auswertung bzw. der Weiterverarbeitung der Ergebnisse dar.
Soziale, wirtschaftliche und finanzielle Daten über die Lebensverhältnisse in der Bundesrepublik Deutschland werden in der Bundess. gesammelt, deren technische und methodische Vorbereitung Aufgabe des Statistischen Bundesamtes ist. Das Statistische Bundesamt stellt darüber hinaus die Ergebnisse für den Bund zusammen und veröffentlicht sie; die Durchführung der S. dagegen ist i.d.R. Aufgabe der Statistischen Landesämter. Grundlage der Tätigkeit des Statistischen Bundesamtes ist das Gesetz über die Statistik für Bundeszwecke (Bundesstatistikgesetz BStatG) vom 22. 1. 1987 (BGBl. I S. 462 berichtigt S. 565), zuletzt geändert durch Art. 6 Abs. 36 des Gesetzes vom 27. 12. 1993 (BGBl. I, S. 2378).
Nach § 16 BStatG sind Einzelangaben über persönliche und sachliche Verhältnisse, die für die Bundesstatistik gemacht werden, von den Amtsträgern und für den öffentlichen Dienst besonders Verpflichteten, die mit der Durchführung von Bundesstatistiken betraut sind, geheimzuhalten, soweit durch besondere Rechtsvorschrift nicht anderes bestimmt ist. Neben dieser Geheimhaltungsvorschrift sind die Vorschriften über den → Datenschutz, insbes. des Bundesdatenschutzgesetzes (BDSG), Art. 1 des Gesetzes zur Fortentwicklung der Datenverarbeitung und des Datenschutzes vom 20. 12. 1990 (BGBl. I S. 2954), zuletzt geändert durch Art. 12 Abs. § 16 des Gesetzes vom 14. 9. 1994 (BGBl. I S. 2325), zu beachten. Die Einführung der Bundess. in den neuen Ländern wurde im Einigungsvertrag vom 31. 8. 1990 (BGBl. II S. 885) sowie in der Statistikanpassungsverordnung (StatAV) vom 26. 3. 1991 (BGBl. I S. 846) geregelt.
Außer durch Rechtsvorschriften des Bundes können S. auch durch Verordnungen der → Europäischen Gemeinschaften (EG) angeordnet werden. Statistische Daten über die Bundesrepublik Deutschland werden außerdem von Bundesministerien und anderen Bundesbehörden, z.B. die Arbeitsmarkts. von der BA, für die Länder hauptsächlich von den Statistischen Landesämtern veröffentlicht. Statistisches Material für Zwecke der EG wird vom Statistischen Amt der Europäischen Gemeinschaften (SAEG) in Luxemburg bereitgestellt. Neben der amtlichen gibt es eine nichtamtliche S., die u.a. von Wirtschaftsverbänden, Arbeitgeber- und Arbeitnehmerorganisationen sowie Markt- und Meinungsforschungsinstituten betrieben wird. Deren Ergebnisse stehen der Öffentlichkeit nur teilweise zur Verfügung.
Lit. Bamberg u.a.: Statistik; Bohley: Statistik; Hippmann: Statistik; Krug, W. u.a.: Wirtschafts- und Sozialstatistik; Lippe: Deskriptive Statistik; Rinne, H.: Wirtschafts- und Bevölkerungsstatistik; Sachs: Angewandte Statistik; Statistisches Bundesamt: Bundesstatistik.   *Dieter Deininger*

Statistischer Test → Test

Status bezeichnet in den Sozialwissenschaften die Position, die eine Person innerhalb eines sozialen Systems einnimmt gem. einer unter bestimmten Wertaspekten entwickelten Rangordnung. Zur Bestimmung des sozialen S. werden verschiedene Merkmale herangezogen, insbes. Einkommen, Beruf, Bildung, Besitz, Herkunft, aber auch Wohnstandard, Geschlecht, Alter.
Die Bewertung dieser einzelnen Merkmale für den (Gesamt-)S. hängt vor allem von den in einer Gesellschaft vorherrschenden → Normen und Werten ab und ist daher von gesellschaftlichen Veränderungen unmittelbar abhängig.
Die Veränderung eines der genannten Merkmale kann den Gesamt-S. einer Person insgesamt nachhaltig beeinflussen. So verändert sich bei arbeitslos Gewordenen nicht nur ihr Einkommen, sondern damit zusammenhängend häufig auch Wohnstandard, Beruf, Konsumverhalten usw. und damit auch Geltung und Prestige (→ Arbeitslosigkeit).
Die Veränderung des sozialen S., den eine Person einnimmt, ist ein Bestimmungsmerkmal für soziale → Mobilität. Als vertikale Mobilität einer Gesellschaft wird die Möglichkeit bezeichnet, zu einem Individuum haben, einen von ihrer Herkunftsfamilie unterschiedenen Sozials. einzunehmen.
In der angelsächsischen Lit. wird S. häufig gleichgesetzt mit Schichtzugehörigkeit (→ Schicht), → Rolle und Stand.   *Ionka Senger*

Stellenbeschreibung → Arbeitsplatzuntersuchung

Stellenbewertung ist Zuordnung des Tätigkeitsbereiches eines Beamten (Stelle) zu Ämtern i.S.d. Bundesbesoldungsgesetzes (BBesG) (zur Bewertung von Angestellten vgl. → Bundesangestelltentarifvertrag [BAT]).
Nach § 18 BBesG sind die Funktionen der Beamten, Richter und Soldaten nach den mit ihnen verbundenen Anforderungen sachgerecht zu bewerten und Ämtern zuzuordnen. Die Ämter sind nach ihrer Wertigkeit unter Berücksichtigung der gemeinsamen Belange aller Dienstherren den Besoldungsgruppen zuzuordnen.
Das BBesG schreibt nur die Bewertung vor, gibt jedoch keine Hinweise zum Bewer-

tungsverfahren. Die einzelnen Gebietskörperschaften und Behörden können daher aufgrund ihrer Personal- und Organisationseinheit im Rahmen der Besoldungsvorschriften und des Öffentlichen Dienstrechts Bewertungsverfahren entwickeln und anwenden, die geeignet sind, den Grundsatz der funktionsgerechten Besoldung zu verwirklichen (OVG Münster, in: OVGE 34, 150 ff.). Hierfür enthält das BBesG einen (allerdings recht groben) Rahmen: die Bindung an das System der Besoldungsordnungen, die Unterscheidung von 4 Laufbahngruppen mit je einem Eingangsamt sowie Voraussetzungen für Beförderungsstellen. Die Anteile der Beförderungsämter dürfen die in § 26 BBesG genannten Obergrenzen nicht überschreiten (zur Rechtslage im einzelnen und zur Problematik der Obergrenzen vgl. Siepmann u. a., S. 35–47).
Allgemein wird zwischen summarischen und analytischen Verfahren der S. unterschieden. Summarische Verfahren betrachten und bewerten die Stelle in ihrer Gesamtheit. Dabei werden verschiedene Anforderungsmerkmale wie Können, Verantwortung, Beanspruchung in die Betrachtung einbezogen, aber nicht im einzelnen untersucht. Summarische Verfahren sind dadurch gekennzeichnet, daß sie nur wenige Anforderungsarten zur Erfassung der Arbeitsschwierigkeiten kennen, diese Anforderungsarten nicht weiter unterteilen und das Gewicht der einzelnen Anforderungsarten zueinander nicht festlegen. Analytische Verfahren erfassen und bewerten demgegenüber die verschiedenen mit der Wahrnehmung einer Stelle verbundenen Anforderungen jede für sich. Aus den so gebildeten Teilurteilen wird in einem zweiten Schritt nach einer vorgegebenen Systematik unter Einbeziehung des unterschiedlichen Gewichts der erfaßten Anforderungsarten das Gesamturteil gebildet.
In vielen Verwaltungen (vor allem des Bundes und der Länder) ist es üblich, die Stellen der Beamten aufgrund überkommener Konvention den einzelnen Besoldungsgruppen zuzuordnen. Solche Konventionen sind etwa in der Praxis bewährte Laufbahnzugehörigkeit, hierarchische Stellung innerhalb der Behörde, Stellung der Behörde im Gefüge der Verwaltung, angenommene Arbeitsschwierigkeit, Vergleich mit anderen Stellen innerhalb der Verwaltung und in anderen Behörden. Einzelne Länder wenden summarische Verfahren mit Bewertungsmerkmalen an.
Die analytische S. wird gegenwärtig in Hamburg und in zahlreichen Gemeinden und Kreisen (nach dem Modell der → Kommunalen Gemeinschaftsstelle für Verwaltungsvereinfachung [KGSt] und KGSt Consult) durchgeführt. Grundlage der Bewertung ist entweder das KGSt-Modell von 1970 (oder zunehmend) das im Bundesministerium des Innern unter Mitwirkung der KGSt entwickelte neue Bewertungssystem (beide Systeme sind abgedruckt und erläutert bei Siepmann u. a.). s. → Arbeitsplatzuntersuchung.
Lit. Clemens u. a.: Besoldungsrecht; KGSt: Stellenplan – Stellenbewertung; Siepmann u. a.: Verwaltungsorganisation.

Heinrich Siepmann

Stellenplan → Haushaltsplan

Stellungnahme des Jugendamtes → Gutachtliche Stellungnahme des Jugendamtes

Sterbebegleitung wurde traditionell von der Familie und von Glaubensgemeinschaften geleistet; Säkularisierung und Pluralismus der Gesellschaft haben das Sterben tabuisiert und in die Institutionen (z. B. Pflegeheim, Krankenhaus; vgl. → Sterbehilfe/Euthanasie) abgedrängt. Dem Problem des isolierten Sterbens im Krankenhaus wird in den letzten Jahren wieder vermehrt Aufmerksamkeit geschenkt (s. z. B. Kübler-Ross).
Das Sterben gehört in das Gesamtkonzept der Sinngebung des Lebens. Deshalb sollte S. nicht erst am Lebensende einsetzen und das Sterben nicht in Sterbekliniken erfolgen.
Die Tendenz zur Isolierung Kranker und Sterbender macht S. durch Familie, Glaubensgemeinschaften und interdisziplinär arbeitendes Fachpersonal (Pflegekräfte, Ärzte, Theologen, Psychologen usw.) notwendig. Medizinisch ist u. U. eine medikamentöse Schmerzbehandlung notwendig. Testamentserrichtung ist oft eine praktische Notwendigkeit. Die Grenze zwischen intra- und extramuraler (institutionalisierter – familiärer) S. ist durch die Zusammenarbeit von Familien, ehrenamtlichen Helfern, offenen Hilfen usw. abzubauen. Für Fachkräfte ist Aus-, Fort- und Weiterbildung auf dem Gebiet der Thanatologie (= interdisziplinäres Forschungsgebiet, auf dem sich mit den Problemen des Sterbens und des Todes befaßt) notwendig. Auch Familien bedürfen der Begleitung, wenn ein Mitglied stirbt; dies gilt vor allem für die kürzlich von Partnerverlust betroffenen Frauen. Die → Hospizbewegung hat sich besonders der S. angenommen, es wird stationäre S. nach dem Vorbild der englischen St. Christopherusklinik angestrebt. Es soll aber auch vermehrt eine ambulante S. ermöglicht werden, dies weitgehend durch ehrenamtliche Kräfte, für die aber auch ihre Weiterbildung und Begleitung z. B. Supervision ermöglicht werden sollte. Die S. ist vorwiegend eine mitmenschliche Aufgabe der Religionsgemeinschaften. In der Literatur wird dies Thema schon im Mittelalter, etwa in den JEDERMANN-Spielen dargestellt.
Lit. Falck: Resolution; Falck: Sterbebegleitung; Kübler-Ross: Was tun? *Ingeborg Falck*

Sterbegeld Die → Krankenkasse zahlt S. sowohl beim Tode des Mitglieds als auch beim Tode der familienversicherten Angehörigen. Die Zahlung von S. hängt grundsätzlich davon ab, daß der Tod des Versicherten während des Bestehens der Versicherung eingetreten ist. Stirbt ein versicherungspflichtiges Mitglied, besteht auch dann Anspruch auf S., wenn der Tod längstens einen Monat nach dem Ende der Mitgliedschaft eingetreten ist.
Das S. beträgt beim Tode eines Mitglieds 2 100 DM. Stirbt ein familienversicherter Angehöriger, so beträgt das S. 1 050 DM.
Anspruchsberechtigter für das S. ist derjenige, der die Kosten der Bestattung trägt (§ 58 S. 2 SGB V). Dies sind in aller Regel die überlebenden Angehörigen.
§ 58 SGB V definiert das S. als Zuschuß zu den → Bestattungskosten. Problematisch ist die Zahlung des S. in voller Höhe, wenn die tatsächlichen Bestattungskosten geringer sind. Hier kann die Krankenkasse den Nachweis der tatsächlich entstandenen Bestattungskosten verlangen. Voraussetzung für den Anspruch auf S. ist, daß der Verstorbene am 1. 1. 1989 versichert war. Versicherte, die nach dem 1. 1. 1989 neu in die gesetzliche → Krankenversicherung eintreten, haben wegen der Stichtagsregelung »1. 1. 1989« (§ 58 SGB V) keinen Anspruch auf S., es sei denn, daß sie zum 1. 1. 1989 familienversichert waren. Versicherte, die nach dem 1. 1. 1989 geboren sind, können keinen Anspruch auf S. erwerben.
Ernst Picard

Sterbehilfe/Euthanasie S. ist Hilfe beim und zum Sterben mit dem Ziel der Leidensminderung. E. bedeutet ursprünglich (griechisch) »schöner Tod«. Im Deutschen wird der Begriff S. überwiegend von deren Befürwortern verwendet. Für Kritiker und Gegner von S. ist E. Tötung von »lebensunwertem« Leben, bezugnehmend auf die Vernichtungsaktionen des NS-Regimes. Ideologisch vorbereitet, wurden im »Gesetz zur Verhütung erbkranken Nachwuchses« von 1933 die Aussonderung und Vernichtung unerwünschter → Minderheiten legalisiert, zunächst als »Gnadentod«, später offen als Ausmerzung von »Ballastexistenzen«.
Zu unterscheiden ist zwischen → Sterbebegleitung als Unterstützung im Sterbeprozeß und aktiver bzw. passiver S. Aktive S. ist gezielte Lebensverkürzung auf Verlangen, mit oder ohne Einwilligung; passive S. ist Unterlassung oder Abbruch von Behandlung. Die ärztliche »Garantenpflicht« weist dem Arzt die letzte Verantwortung für medizinische Behandlung bzw. Behandlungsabbruch zu. Der Wille des Patienten ist zu respektieren. Lebensverlängerung um den Preis der Leidverlängerung oder die Aufrechterhaltung von Vitalfunktionen bei kurzfristig sicher zu erwartendem Todeseintritt kann vom Arzt nicht verlangt werden.
Den rechtlichen Rahmen für die S. bilden das → Grundgesetz – GG – (der Schutz der Menschenwürde impliziert das Recht auf menschenwürdiges Sterben; das allgemeine Lebensrecht gilt für jeden Menschen) und das → Strafrecht (Tötung, auch auf Verlangen, steht unter Strafe). Straffreiheit für S. kann gewährt werden, wenn unter Würdigung des Einzelfalls als Beihilfe zur Selbsttötung gewertet wird. Passive S. wird danach beurteilt, ob sie als unterlassene Hilfeleistung oder als Tötungsdelikt eingestuft werden muß, letzteres im Falle der Billigung oder Inkaufnahme vorzeitigen Sterbens (auch »indirekte E.«). Die freie Entscheidung eines entscheidungsfähigen Menschen für die Abkürzung eines unweigerlichen Sterbeprozesses ist zu respektieren. Ein Recht auf Tod oder Tötungshilfe gibt es nicht. Mitleidstötung ist nicht zulässig, ebensowenig wie dem Willen des Betroffenen widersprechende Lebensverlängerung. Rechtsprobleme wirft vor allem die Drittentscheidung über das mutmaßliche Interesse von entscheidungsunfähigen Menschen, ihren Tod herbeizuführen, auf. S. i. S. v. Sterbenlassen ohne zusätzlichen Einsatz medizinischer Technik erscheint legitim nur dann, wenn sie nachweislich im ausschließlichen Interesse des betroffenen Menschen erfolgt nach Beginn des Sterbeprozesses. (In neueren Gerichtsentscheidungen wird Behandlungsabbruch bereits vor Einsetzen des Sterbeprozesses im Einzelfall als zulässig erachtet.)
Aktualität gewinnt die Diskussion um S./E. im Zusammenhang mit Fortschritten der Intensiv-Medizin und mit Kosten-Nutzen-Überlegungen im → Gesundheitswesen. Grundsätzliche Probleme sehen Kritiker, wenn Drittentscheidungen getroffen werden, wenn schwerkranke und behinderte entscheidungsfähige Menschen sich gedrängt sehen, ihr Leben zu verkürzen, um anderen nicht zur Last zu fallen, und wenn individualistische Ansprüche auf absolut freie Verfügung über das eigene Leben und Sterben geltend gemacht werden. Die aktuellen Befürworter von S. (»neue E.-Bewegung«) gehen, wie die NS-Ideologen, davon aus, daß es lebensunwertes menschliches Leben gebe, daß für schwerkranke, alte und behinderte Menschen, für schwer geschädigte Ungeborene und Neugeborene eine Tötungsrechtfertigung bestehe: Tötung aus Mitleid für und Sorge um den leidenden Menschen: Besser nicht leben als leben mit Einschränkungen. Bevölkerungspolitische Motive lehnen sie ab. Sie plädieren für straffreie S. auch im Falle gezielter Tötung, da es keine ethisch begründbare Unterscheidung zwischen aktiver und passiver S. gebe. Zentrale Themen der aktuellen Auseinandersetzung sind Leiden und Mitleiden. Ginge es lediglich um Sterbenserleichte-

rung für den einzelnen, so hat die moderne Medizin eine Reihe schmerzlindernder Maßnahmen zu bieten. Leiden und Sterben haben neben der biologischen eine soziale Seite: die Notwendigkeit von Betreuung bei → Pflegebedürftigkeit und Begleitung beim Sterben. Hinzu kommen das Mit-Leiden Dritter und gesellschaftliche Interessen am optimalen Einsatz medizinischer Möglichkeiten sowie eine Verknappung von Finanzmitteln im Sozial- und Gesundheitsbereich. Hier gewinnen gesellschaftliche Vorstellungen von Glücksstreben und Leidensabwehr an Boden. Ihre Bestätigung finden sie in moralphilosophischen Konzepten, wie sie aktuell etwa der Präferenz-Utilitarismus anbietet. Das normativ-ethische Ziel utilitaristischer Konzepte ist die Rechtfertigung freiwilliger und nichtfreiwilliger E. Ihre Grundannahmen sind: 1. Enttabuisierung der Heiligkeit des menschlichen Lebens; 2. Definition von Personsein durch Eigenschaften wie Rationalität, Autonomie und Selbstbewußtsein; 3. Verfügbarkeit »lebensunwerten« Lebens bei Fehlen dieser Eigenschaften. Die Tötung schwer mißgebildeter Säuglinge z. B. gilt nach diesen Konzepten im Einzelfall als moralisch gerechtfertigt. Der »neuen E.-Bewegung« wird vorgeworfen, sie enttabuisiere allein durch die Thematisierung von S./E. das allgemeine Tötungsverbot und leite einen gesellschaftlichen Entsolidarisierungsprozeß ein. Von der Rechtfertigung der Selbsttötung und der Tötung auf Verlangen über Tötung im mutmaßlichen Eigeninteresse des Betroffenen sei der Weg kurz bis zur gesellschaftlichen Verpflichtung zur Selbsttötung und zur Tötung aus übergeordneten Erwägungen (historische Kontinuität).
Bedeutsam für die Praxis sozialer Arbeit ist, daß ein allgemeiner ethischer Grundkonsens für das Leben bekräftigt werden muß durch Rückbezug auf die → Grundrechte als allgemeine Basis für die Abwehr von menschliches Leben bewertender und bedrohender S. Eine Werte-Diskussion, die Kostengesichtspunkte oder Angst vor Leiden zum Maßstab für Lebensberechtigung macht, ist ethisch höchst gefährlich. Die Schutzgarantien von GG und Strafrecht müssen Orientierung für das verantwortliche Handeln beim Sterben eines jeden Menschen bleiben. Mehr Ermutigung und Unterstützung zum Leben, vor allem bei Betreuungs- und Pflegebedürftigkeit, mehr Lebenshilfe, ist notwendig. S. i. S. v. Sterbebegleitung ist Teil von Lebenshilfe; ihr muß mehr Gewicht beigemessen werden (z. B. → Hospizbewegung).
Lit. Bastian, T.: Denken; Böckle u. a.: Leben; Bundesärztekammer: Weißbuch; Christoph: Zeitgeist; Dörner, K.: Mitleid; Hegselmann u. a.: Euthanasie; Weber, D.: Sterben; Wils u. a.: Ethik; Wolfensberger: Genozid. *Therese Neuer-Miebach*

Steuerfreiheit des Existenzminimums

Nach der Rechtsprechung des Bundesverfassungsgerichts muß dem Steuerpflichtigen nach Erfüllung seiner Einkommensteuerschuld von seinem Erworbenen zumindest das → Existenzminimum, also soviel verbleiben, als er zur Bestreitung seines notwendigen Lebensunterhalts und desjenigen seiner Familie (→ Familienbesteuerung) bedarf (BVerfGE 87, 153, 169 ff., Beschluß vom 25. 9. 1992). Die Höhe der S. d. E. hängt von den allgemeinen wirtschaftlichen Verhältnissen und dem in der Rechtsgemeinschaft anerkannten Mindestbedarf ab. Dadurch sind der Umfang sozialstaatlicher Fürsorge gegenüber einem mittellosen Bürger und damit die bei der → Hilfe zum Lebensunterhalt durch → Regelsatz, laufende Leistungen für die → Unterkunft und einmalige Leistungen im Rahmen der → Sozialhilfe garantierte Bedarfsdeckung von Verfassung wegen zur Maßgröße für die S. d. E. geworden. Darauf bezogen reichte die Höhe des einkommensteuerrechtlichen Grundfreibetrags bei weitem nicht aus. Auf den Beschluß des Bundesverfassungsgerichts erließ der Gesetzgeber bis einschließlich 1995 zunächst eine Übergangsregelung; beim Kinderfreibetrag konnte die bis dahin erreichte Höhe (4 104 DM) unter Umrechnung des als Sozialleistung gewährten Kindergelds in eine zusätzliche Freibetragswirkung als verfassungsgemäß gelten. Mit dem Jahressteuergesetz 1996 vom 11. 10. 1995 (BGBl. I S. 1250) wurde der Grundfreibetrag (§ 32a EStG) für Ledige/Verheiratete auf 12 095/24 191 DM (1996), 12 365/24 731 DM (1997/98) und 13 067/26 135 (1999) sowie der Kinderfreibetrag (§ 32 Abs. 6 EStG) auf 6 264 DM (1996) und 6 912 DM (1997/98) angehoben. Kinderfreibetrag und das seit 1996 im Steuerrecht ausgestaltete Kindergeld (§§ 62 ff. EStG) haben keine gesonderte Einkommenswirkung, weil beides zur Verrechnung kommt und vom Kindergeld nur (noch) ein – schwer bzw. wegen der Grenzsteuersatzes nur individuell beim Steuerpflichtigen festzustellender – Teil als Sozialtransfer (§ 31 EStG, »Familienleistungsausgleich«) zur Förderung der Familie dient. Bei der oberhalb des Existenzminimums von Ledigen/Verheirateten einsetzenden Besteuerung des Einkommens erfolgt in Höhe des Grundfreibetrages eine außertarifliche Grundentlastung, die mit steigendem Einkommen sukzessive abgebaut wird und bei einem zu versteuernden Einkommen von ca. 43 000/86 000 DM ausläuft; damit sind die Steuermindereinnahmen weit geringer, als es bei einem – wie von der Einkommensteuer-(Bareis-)Kommission der Bundesregierung Ende 1994 vorgeschlagen – für alle Steuerpflichtigen durchgängigen Freistellungs-/Grundfreibetrag der Fall gewesen wäre. Den zum Grundfreibetrag und Kinderfreibetrag genannten Werten liegen der

Bericht der Bundesregierung über die Höhe des Existenzminimums von Kindern und Familien vom Jahr 1996 (BTDrucks. 13/381 vom 2. 2. 1995) und auf die Folgejahre gerichtete Erwartungen zugrunde, die möglicherweise noch in dem Jahressteuergesetz 1997 teilweise zurückgenommen/aufgeschoben werden. Die aus der Sozialhilfe und hinsichtlich der Wohnkosten aus der Wohngeldstatistik abgeleiteten Ansätze waren und werden im Hinblick auf spätere Fortschreibungen wohl auch dauerhaft politisch als zu niedrig umstritten bleiben; davon kann wegen der mit der S. d. E. verbundenen Steuermindereinnahmen und dem zu deren Geringhaltung auf die Höhe der Hilfe zum Lebensunterhalt entstehenden Druck ausgegangen werden. Der Steuergesetzgeber hat bei der Festlegung der S. d. E. einen gewissen Einschätzungsspielraum, der – wenn er nachträglich am Maßstab der pauschalen Berechnung des Sozialhilfebedarfs und mit Rücksicht auf die dabei unvermeidbaren Ungenauigkeiten überprüft wird – jedenfalls noch nicht verfassungswidrig ausgeübt war, soweit die aus der Sozialhilfe zum Vergleich entwickelten Richtwerte um weniger als 15% unterschritten wurden (BVerfGE 91, 93, 114 f., Beschluß vom 14. 6. 1994). Tatsächlich bleibt damit nicht stets sichergestellt, daß trotz eines ausreichend hohen Erwerbs das Existenzminimum nicht erst durch Inanspruchnahme von Sozialleistungen bestritten werden kann. Das zieht nach wie vor die von einem Staats- und Gesellschaftsverständnis getragene Kritik nach sich, die es mit dem Bekenntnis des Grundgesetzes zur Menschenwürde für schlechterdings unvereinbar hält, einen Bürger so zu besteuern, daß er auf kompensatorische staatliche Sozialleistungen verwiesen ist; auch bei dieser pointierten Auffassung, wonach Berufsfreiheit und Eigentumsgarantie das Recht des Bürgers umfaßten, am Ergebnis eigener Leistung und Eigentumsnutzung substantiell stärker zu partizipieren als mit dem Betrag, den andere auch ohne eigenen Beitrag als soziale Leistungen von der Allgemeinheit erhielten, müßte eine weitreichende Steuerreform erst noch erfolgen (Verbreiterung der Bemessungsgrundlage durch Abschaffung zahlreicher Steuerbefreiungen und -ermäßigungen und gegebenenfalls – allseits politisch befürwortet – Senkung des Spitzensteuersatzes).
Lit. BMFuS: Existenzminimum; Tipke: Steuerrechtsordnung. *Gottfried Eichhoff*

Steuerungsmodelle, neue, in der öffentlichen und freien Wohlfahrtspflege → Verwaltungsmodernisierung

Steuervergünstigung → Gemeinnützigkeit von Körperschaften

Stichprobe nennt man eine Teilmenge von Einheiten, die man aus einer bestimmten Masse ausgewählt hat, um Erkenntnisse über diese Masse (→ Grundgesamtheit) zu gewinnen. S.erhebungen (→ Erhebungen) werden zumeist durch Zufallsauswahl gebildet. Bei einer reinen Zufallsauswahl hat jedes Element der Grundgesamtheit die gleiche Wahrscheinlichkeit, gezogen zu werden. Bei einer differenzierten Struktur der Grundgesamtheit finden häufig mehrstufige, geschichtete → Auswahlverfahren Anwendung. Daneben wird vor allem bei Meinungsumfragen (→ Demoskopie) das Quotenverfahren angewendet, bei dem den Interviewern die Zusammensetzung des Personenkreises, der befragt werden soll, nur in grober Struktur (z. B. Anteile nach altersmäßiger Zusammensetzung) vorgegeben wird. Die mittels des Zufallsprinzips gebildeten S. gestatten eine Berechnung des Zufallsfehlers (→ Fehler), das Quotenverfahren dagegen nicht. Die Zuverlässigkeit (→ Reliabilität, → Signifikanz) der Ergebnisse einer S. hängt von ihrem Umfang und der → Streuung der erfaßten Sachverhalte ab.
S. werden häufig bei der Untersuchung wirtschaftlicher und gesellschaftlicher Gegebenheiten, insbes. auch von der amtlichen → Statistik (z. B. → Mikrozensus, → Einkommens- und Verbrauchsstichprobe) angewandt, weil sie wesentlich niedrigere Kosten verursachen als Totalerhebungen, wegen der Möglichkeit einer intensiveren Betreuung zuverlässigere Ergebnisse liefern und diese wegen des geringeren Umfangs der Datenerfassung (→ Daten) und Aufbereitung auch wesentlich schneller bereitstehen. *Dieter Deininger*

Stiefkind ist das mit in die → Ehe gebrachte Kind (Halbwaise, »Scheidungswaise«, → nichteheliches Kind) eines Ehegatten im Verhältnis zum anderen. Diese → Schwägerschaft führt zu einem für das Kind bedeutsamen faktischen Eltern-Kind-Verhältnis, dessen Entwicklung u. a. von der Rolle des Stiefelternteils in der → Familie, vom Alter und Geschlecht des Kindes und der Bedeutung des abwesenden Elternteils im Bewußtsein des Kindes abhängt; der Ehegatte des anderen geschiedenen Elternteils ist hier nicht berücksichtigt.
Im → Bürgerlichen Gesetzbuch (BGB) gibt es – von einzelnen Ausnahmen abgesehen (§§ 1371 Abs. 4, 1741 Abs. 2 und § 1618 für nichteheliche Kinder) – trotz mancher Vorschläge von Fachgremien bisher keine Regelungen für das Verhältnis von Stiefelternteil und S. Insbes. steht dem Stiefelternteil nicht die → elterliche Sorge zu. Es wird aber als seine eheliche Pflicht angesehen, den Ehepartner bei dessen Ausübung der elterlichen Sorge zu unterstützen. Dieser wird ihn i. d. R. auch (meist stillschweigend) ermächtigen, daran mitzuwirken (→

Personensorge, → Erziehungsberechtigter), bleibt aber allein verantwortlich.
Während im öffentlichen Recht die enge familiäre Beziehung von Stiefelternteil und S. (allerdings unterschiedlich) berücksichtigt wird (z. B. bei → Kinder- und → Wohngeld, im Steuer- und Sozialversicherungsrecht), besteht zwischen beiden keine gesetzliche → Unterhaltspflicht. Sorgt aber der Stiefelternteil finanziell für das S. mit und nimmt auch entsprechende öffentlich-rechtliche Vergünstigungen in Anspruch, wird dies als vertragliche Verpflichtung interpretiert, die nicht ohne triftigen Grund aufgekündigt werden kann, wenn das in demselben Haushalt lebende Kind anderenfalls → Sozialhilfe in Anspruch nehmen müßte. Diese verwaltungsgerichtliche Rechtsprechung erscheint im Ergebnis fragwürdig, weil die anfangs freiwillige Leistung zur Verpflichtung wird und dies die Situation des S. in der Familie erheblich belasten könnte.

Lit. Krähenbühl u. a.: Stieffamilien; Visher u. a.: Stiefkinder. *Helga Danzig*

Stiftung im Rechtssinn ist ein Vermögen, das nach dem Willen des Stifters einem bestimmten Zweck dauernd dienen soll. Zu unterscheiden sind zunächst selbständige und unselbständige S. Gesetzlich geregelt ist nur die selbständige S., und zwar in den §§ 80 bis 88 des → Bürgerlichen Gesetzbuchs (BGB) und in landesrechtlichen Vorschriften. Danach sind S. → juristische Personen des privaten oder des öffentlichen Rechts. »Öffentliche Stiftungen«, die z. B. im bayerischen S.gesetz genannt werden, können privatrechtlich oder öffentlich-rechtlich organisiert sein. Das BGB trifft nur einige grundlegende Bestimmungen für privatrechtliche S., die nähere Ausgestaltung bestimmt sich nach Landesrecht, das auch ausschließlich für die öffentlich-rechtlichen S. gilt.
Zur Entstehung einer selbständigen S. bedarf es eines S.geschäfts und der staatlichen Genehmigung. In dem S.geschäft legt der Stifter schriftlich die näheren Bedingungen der S. fest. Das kann auch in einer Verfügung von Todes wegen (→ Testament oder Erbvertrag) geschehen. Außer den gestifteten Vermögenswerten und dem Zweck der S. muß mindestens der S.vorstand bezeichnet werden. Die Genehmigung ist i. d. R. beim Regierungspräsidenten zu beantragen. Die S.aufsicht und → Rechnungsprüfung, der die selbständigen S. unterliegen, bestimmt sich im einzelnen nach Landesrecht. Wird der S.zweck unmöglich oder wird durch die S. das Gemeinwohl gefährdet, so kann die Aufsichtsbehörde die S. aufheben oder den S.zweck ändern. Ob die Genußberechtigten (Destinatäre) einklagbare Ansprüche auf S.leistungen haben, ist eine Frage der → Auslegung der → Satzung, die zu verneinen ist, wenn die Auswahl im Rahmen der Richtlinien des Stifters den S.organen nach billigem → Ermessen obliegt.
Eine unselbständige S. ist die Zuwendung von Vermögenswerten mit einer bestimmten Zweckbindung durch → Vertrag oder letztwillige Verfügung an einen bestehenden Rechtsträger. Dieser hat das Vermögen treuhänderisch zu verwalten. Die unselbständige S. bedarf weder der staatlichen Genehmigung, noch unterliegt sie als solche der staatlichen Aufsicht und Rechnungsprüfung.
S. zur Förderung des Gemeinwohls sind von den wesentlichen Steuern befreit. Nach den §§ 51 bis 68 Abgabenordnung 1977 i. d. F. des Vereinsförderungsgesetzes vom 18. 12. 1989 (BGBl. I S. 2212) muß bereits in der Satzung klargestellt sein, daß die S. unmittelbar und ausschließlich kirchliche, gemeinnützige oder mildtätige Zwecke verfolgt. Die Vorschriften müssen aber nicht nur in die Satzung aufgenommen, sondern auch vom Vorstand der Tätigkeit der S. genau beachtet werden, da das Finanzamt diesbezüglich in 3jährigem Abstand Prüfungen vornimmt.
Für die Anrechnung von Stiftungszuwendungen auf Sozialleistungen bedarf es einer differenzierten Betrachtung. Zuwendungen von Wohltätigkeitsstiftungen werden nach den Regeln von Zuwendungen der → freien Wohlfahrtspflege i. d. R. nicht als Einkommen (z. B. i. S. des BSHG, AFG, Wohngeldgesetzes, BAföG) angerechnet. Stiftungszuschüsse zu den laufenden Aufwendungen einer Pflegeeinrichtung müssen angerechnet werden, wenn es sich um nichtkirchliche Stiftungen des öffentlichen Rechts handelt. Zinsen aus Stiftungszuwendungen genießen den Anrechnungsschutz generell nicht.
Die selbständige S. ist in erster Linie für größere Zweckvermögen gedacht, für die die Notwendigkeit besteht, im Rechtsverkehr Träger von Rechten und Pflichten zu sein. Bei kleinerem Vermögen wird eine unselbständige S., die den vorhandenen Verwaltungsapparat einer treuhänderischen juristischen Person ausnutzt, besser sein. Kommt es eher auf den persönlichen Einsatz natürlicher Personen an, wird auch die Rechtsform eines → Vereins empfehlen.
Als Fachverband für S.fragen auf dem Gebiet der Wohlfahrtspflege arbeitet der Verband Deutscher Wohltätigkeitsstiftungen mit Sitz in Augsburg.

Lit. Ebersbach: Handbuch; Gitter: Stiftungszuwendungen; Strickrodt: Stiftungen.
Jutta Nöldeke/Josef Schmitz-Elsen

Stiftung Deutsche Jugendmarke e. V. wurde als rechtlich selbständiger Verein am 5. 3. 1965 gegründet. Der Verein verwaltet die Zuschlagserlöse, die ihm aus dem Verkauf der jährlich vom Bundesminister für Post und Telekommunikation heausgegebenen Sonderpostwertzeichen »Für die Jugend« zufließen. Die Stiftung Deutsche Jugendmarke e. V. hat satzungsgemäß die Aufgabe, mit den zur Verfügung stehenden Mitteln Maßnahmen zum Wohle der deutschen Jugend zu fördern. Er kann auf allen Gebieten der → Jugendhilfe tätig werden. Der Verein führt keine eigenen Maßnahmen durch. Seine Förderaktivitäten erstrecken sich ausschließlich auf Projekte, Programme und Experimente, denen überregionale (bundeszentrale), modellhafte und innovative Bedeutung zukommt und die insbesondere von den → freien Trägern der Jugendhilfe durchgeführt werden. Die Vergabe von Mitteln aus dem Zuschlagerlös der Jugendmarken erfolgt nach den Förderungsgrundsätzen der Stiftung Deutsche Jugendmarke e. V. Die Zuwendungen sind freiwillige Leistungen, auf die kein Rechtsanspruch besteht.

Der Vorsitz des Vereins wird vom → Bundesministerium für Familie, Senioren, Frauen und Jugend (BMFSFJ) wahrgenommen. Amtierender Vorsitzender: Ministerialdirigent Jochen Weitzel, Geschäftsführer: Ministerialrat Norbert Reinke.
Anschrift des Vereins:
Kennedyallee 105-107, 53175 Bonn, Tel.: (02 28) 9 59 58 11, Telefax: (02 28) 9 59 58 20. *Norbert Reinke*

Stiftung »Hilfswerk für behinderte Kinder« ist als rechtsfähige Stiftung des öffentlichen Rechts durch Bundesgesetz vom 17.12.1971 (BGBl. I S. 2018), das am 30.10.1972 in Kraft getreten ist (BGBl. I S. 2045), errichtet worden. Zweck der Stiftung ist es: a) an Behinderte (→ Körperbehinderte), deren Fehlbildungen mit der Einnahme thalidomidhaltiger Präparate der Firma Grünenthal GmbH in Stolberg durch die Mutter während der Schwangerschaft in Verbindung gebracht werden können (Conterganschadensfälle), Leistungen (Kapitalentschädigung und lebenslängliche Renten) zu erbringen. Deren Höhe richtet sich nach der Schwere des Körperschadens und der hierdurch hervorgerufenen Körperfunktionsstörungen; die lebenslangen Renten werden in zeitlichen Abständen unter Berücksichtigung der Lebenshaltungskosten angehoben; sie können bis zu 15 Jahren kapitalisiert werden; Ansprüche auf Leistungen konnten in den alten Bundesländern nur noch bis zum 31. 12. 1983, in den neuen Bundesländern bis zum 31. 12. 1993 bei der Stiftung geltend gemacht werden; b) Behinderten, vor allem solchen unter 21 Jahren, durch Förderung von Einrichtungen, Forschungs- und Erprobungsvorhaben Hilfe zu gewähren, um ihre Eingliederung in die Gesellschaft zu fördern (institutionelle Förderung); es werden Zuschüsse gewährt, schwerpunktmäßig für Behindertenwohnstätten.

Das Vermögen der Stiftung besteht aus zwei getrennt voneinander verwalteten Teilen. Ein Teil, 320 Mio. DM, zuzüglich der hierauf entfallenden Erträgnisse, ist ausschließlich für die Leistungen an Contergangeschädigte bestimmt. Der andere Vermögensteil, aus dessen Erträgnissen die Zuschüsse zur institutionellen Förderung gewährt werden, beträgt 100 Mio. DM. Die Stiftung ist berechtigt, Zuwendungen von dritter Seite anzunehmen, die, wenn der Zuwendende nicht etwas anderes bestimmt, für die institutionelle Förderung zu verwenden sind.

Die Stiftung untersteht der Aufsicht des → Bundesministeriums für Familie, Senioren, Frauen und Jugend (BMFSFJ).
Anschrift: Ludwig-Erhard-Platz 1, 53170 Bonn. *Gustav Koch*

Stiftung MITARBEIT ist eine 1962 gegründete überparteiliche Stiftung bürgerlichen Rechts, die sich die Förderung von Bürgerengagement und Selbsthilfeaktivitäten zum Ziel gesetzt hat. Unter dem Leitgedanken der Demokratieentwicklung von unten unterstützt sie bundesweit → Bürgerinitiativen und → Selbsthilfegruppen durch → Beratung und Information, Fach- und Fortbildungsveranstaltungen, Publikationen und → Öffentlichkeitsarbeit sowie in einzelnen Fällen auch mit kleinen finanziellen Starthilfezuschüssen. Als intermediäre Fachinstanz beteiligt sich die Stiftung MITARBEIT darüber hinaus an der Diskussion über die plebiszitäre Weiterentwicklung der repräsentativen Demokratie sowie an der konzeptionellen Entwicklung und praktischen Durchführung von Modellprojekten zur → Bürgerbeteiligung an politischen Entscheidungsprozessen. Vorrangige Ziele dabei sind die Förderung der Selbstbestimmungskompetenz von Betroffenen und die Stärkung der Teilhaberechte von Schwächeren. Für die Durchführung ihrer Arbeit erhält die Stiftung MITARBEIT öffentliche Zuschüsse, die durch Einnahmen aus Projekten und Spenden ergänzt werden müssen. Das Jahresbudget belief sich 1995 auf ca. 1,7 Mio. DM.
Stiftung MITARBEIT, Bornheimer Str. 37, D-53111 Bonn. *Adrian Reinert*

Stiftung »Mutter und Kind – Schutz des ungeborenen Lebens« wurde am 15. Juli 1984 errichtet (BGBl. I, 1993, S. 407). Zweck der Bundesstiftung ist es, Mittel für ergänzende Hilfen zur Verfügung zu stellen, die werdenden Müttern, die sich wegen einer Notlage an eine Schwangerschaftsberatungsstelle wenden, gewährt oder für die Zeit nach der Geburt zugesagt werden, um ihnen die Fortsetzung der Schwangerschaft zu erleichtern. Voraussetzung ist, daß Hilfe durch andere Sozialleistungen nicht oder nicht rechtzeitig möglich ist oder nicht ausreicht. Die Mittel aus der Bundesstiftung werden nicht auf → Sozialhilfe, → Arbeitslosengeld, → Arbeitslosenhilfe, → Kinder-

geld, → Wohngeld und andere Sozialleistungen angerechnet, sondern zusätzlich zu ihnen gezahlt. Ein Rechtsanspruch auf Leistungen der Bundesstiftung besteht nicht. In jedem Fall findet eine Überprüfung der Einkommenslage statt. Die Hilfen aus Mitteln der Bundesstiftung erhalten werdende Mütter nicht unmittelbar von der Bundesstiftung, sondern über Einrichtungen in den einzelnen Bundesländern. Eine Antragstellung hat bei der Beratungsstelle, bei der sich die werdende Mutter beraten läßt, zu erfolgen. Die Bundesstiftung ist am 1. 1. 1993 auf die neuen Bundesländer ausgeweitet worden. Sie hat dort den bis Ende 1992 eingerichteten Hilfsfonds für schwangere Frauen in Not abgelöst. Der aus Bundesmitteln stammende Jahresetat der Bundesstiftung beträgt z. Z. 200 Mio DM. Zuständig für die Bundesstiftung ist das → Bundesministerium für Familie, Senioren, Frauen und Jugend (BMFSFJ).
Anschrift: Bundesstiftung »Mutter und Kind – Schutz des ungeborenen Lebens«, 53107 Bonn. *Marc Axel Hornfeck*

Stiftung Rehabilitation Heidelberg (SRH-Gruppe) Die SRH-Gruppe ist aus der Umwandlung der Stiftung Rehabilitation Heidelberg und elf Tochter-GmbHs hervorgegangen, die am 1. 4. 96 in Kraft getreten ist. Sie ist ein Unternehmensverbund mit einer Holding (SRH) und elf rechtlich selbständigen Dienstleistungsunternehmen in Heidelberg, Karlsbad-Langensteinbach, Neckargemünd, Dresden, Wiesloch und Neresheim. Die SRH-Gruppe erbringt ambulante, teilstationäre und stationäre Dienstleistungen des Gesundheits-, Sozial- und Bildungswesens sowohl für Behinderte als auch für Nichtbehinderte. Als zukunftsorientierte Unternehmensgruppe verfolgt sie das Ziel, innovative und zugleich wirtschaftliche Dienstleistungen zu erbringen. Die Unternehmen der SRH-Gruppe bieten an sechs Standorten in der Bunderepublik Deutschland den Kunden qualifizierte Dienstleistungen an. Jährlich werden 15 000 Menschen von 3 700 Mitarbeitern betreut. Der Umsatz des gesamten Unternehmensverbunds beträgt rund 560 Mio. DM.
Die Tochter-GmbHs sind:
– Das Berufsförderungswerk Heidelberg gGmbH,
– das Kurpfalzkrankenhaus Heidelberg gGmbH,
– das Klinikum Karlsbad-Langensteinbach gGmbH,
– das Berufliche Bildungs- und Rehabilitationszentrum Karlsbad-Langensteinbach gGmbH,
– die Stephen-Hawking-Schule Neckargemünd gGmbH,
– das Berufsbildungswerk Neckargemünd gGmbH,
– das Fachkrankenhaus Neckargemünd gGmbH,
– die Rhein-Neckar-Werkstätten und Service gGmbH,
– das Berufliche Trainingszentrum Rhein-Neckar gGmbH Wiesloch,
– das Berufsbildungswerk Sachsen gGmbH Dresden,
– das Fachkrankenhaus Neresheim gGmbH. *Gerhard Domanski*

Stigmatisierung In der Rollentheorie (→ Rolle), der Ethnomethodologie und der Theorie des → symbolischen Interaktionismus bedeutet S. die entehrende und vom normalen gesellschaftlichen Umgang ausschließende Bewertung von → Verhaltens- oder sonstigen Auffälligkeiten. Die S. läßt sich als Unterfall der alltagsüblichen, die soziale Orientierung und → Interaktion strukturierenden Definitions- und Etikettierungsprozesse verstehen, deren negativste und intensivste Varianten sie umfaßt.
S. entstehen wie andere Etikettierungen im gesellschaftlichen Umgang, indem aus der Fülle tatsächlicher und möglicher Eigenschaften eine Auswahl getroffen und einer Person oder Klasse von Personen zugeschrieben wird (selektive Zuschreibung). Diese Zuschreibung erfolgt hierarchisiert, d. h., den einzelnen Merkmalen der Person oder Gruppe wird unterschiedliches Gewicht beigemessen, und sie erfolgt sektoriell-rollenspezifisch, d. h., die Eigenschaftshierarchien, die einer Person oder Gruppe im beruflichen Sektor zugeschrieben werden und ihre Handlungsmöglichkeiten dort determinieren, müssen nicht zwangsläufig auch im privaten zugeschrieben werden. Diese sektorielle Differenzierung ermöglicht einerseits das Ausweichen der von S. bedrohten Personen oder Gruppen in andere Handlungsbereiche, in denen dieselben Merkmale nicht oder nicht als besonders negative, von gleichrangigem Umgang abhaltende wahrgenommen und zugeschrieben werden, führt aber andererseits ebenso zu starken Belastungen durch Rollenkonflikte.
Anlaß zur S. können phylogenetische, physische, charakterliche oder einstellungsmäßige Auffälligkeiten geben. Alle S. sind kontextabhängig und somit relativ: was in einer → Bezugsgruppe, einer Region, einem Land oder Teil der Welt als Normalität oder positive Auffälligkeit verbucht wird, kann woanders oder zu einem anderen Zeitpunkt Anlaß zur S. geben. S. erfolgen zumeist nicht durch einmalige und gelegentliche Bezeichnungen; sie setzen vielmehr eine Verständigung der personalen Umwelt über die Merkmalszuschreibung und deren kontinuierliche Anwendung voraus. Das individuelle Opfer einer S. ist diesen Prozessen gegenüber dann relativ hilflos und wird in den meisten Fällen die Standards der Hauptgesellschaft für »Normalität« verin-

nerlichen und die Zuschreibungen in die Vorstellung von sich selbst (Selbstbild) integrieren. So erlebt sich der Stigmatisierte auch selbst als defizitär und entwickelt Schamgefühle und andere primär passive Reaktionsvarianten (Versuch, sich der Eigenschaft zu entledigen, sie geheimzuhalten, in anderen Rollen zu kompensieren, Selbstmitleid, Flucht in psychosomatische Krankheit: → Psychosomatik, → Selbsttötung).
Gruppen von Personen sind hingegen eher in der Lage, Gegenmacht zu mobilisieren und Gegenkulturen mit eigenen Standards aufzubauen (→ Subkultur). Während passive Reaktionsvarianten der Hauptgesellschaft im nachhinein Rechtfertigungen für ihre »Stigma-Theorien« liefern, setzt das offensive und kollektive Bekenntnis zur stigmatisierten Eigenschaft die Hauptgesellschaft unter Legitimationsdruck. Selbsts. unterdrückter → Minderheiten können daher als Waffe im gesellschaftlichen Konflikt (→ Sozialer Konflikt) benutzt werden, und zwar um so erfolgreicher, je deutlicher sie die soziale Ächtung als Verstoß gegen allgemein akzeptierte Werte (→ Norm) erscheinen lassen. In diesem Zusammenhang können auch provozierende Gegens. von Minderheiten gegenüber der Mehrheit eine aufklärerische Wirkung entfalten.
Lit. Albrecht, G.: Stigmatisierung; Becker, H. S.: Außenseiter; Goffman: Stigma; Schur, E. M.: Abweichendes Verhalten; Steinert: Etikettierung. *Sebastian Scheerer*

Störer → Polizeirecht

Strafanzeige/Strafantrag → Strafprozeß

Strafaussetzung Die rechtlichen Voraussetzungen finden sich in den §§ 56 ff. StGB. Bei Erwachsenen (ähnlich bei Jugendlichen nach dem JGG) setzt das Gericht → Freiheitsstrafen bis zu einem Jahr zur Bewährung aus, wenn eine günstige Sozialprognose für den Täter, nämlich die begründete Erwartung besteht, daß er künftig keine Straftaten mehr begehen wird. Bei Verurteilung zur Freiheitsstrafe von 6 Monaten bis 1 Jahr keine Strafaussetzung zur → Bewährung, wenn die Vollstreckung zur Verteidigung der Rechtsordnung geboten ist (§ 56 Abs. 3 StGB).
Bei Freiheitsstrafen zwischen 1 und 2 Jahren kann das Gericht unter denselben Voraussetzungen die Strafe zur Bewährung aussetzen, wenn nach der Gesamtwürdigung von Tat und Persönlichkeit des Verurteilten besondere Umstände vorliegen (§ 56 Abs. 2 StGB). Diese können in der Tat oder der Persönlichkeit des Verurteilten gegeben sein.
Die vom Gericht zu bestimmende Bewährungszeit liegt zwischen 2 und 5 Jahren (§ 56a StGB). Sie kann nachträglich verlängert oder verkürzt werden (jedoch nur innerhalb des Spielraums von 2 bis 5 Jahren). Das Gericht kann Auflagen und Weisungen für die Bewährungszeit erteilen (vgl. §§ 56b und 56c StGB). Es unterstellt den Verurteilten der Aufsicht und Leitung eines Bewährungshelfers, wenn dies angezeigt ist (§ 56d StGB).
Das Gericht widerruft die S., wenn der Verurteilte innerhalb der Bewährungszeit eine neue Straftat begeht oder beharrlich oder gröblich gegen ihm erteilte Weisungen oder Auflagen verstößt (vgl. § 56f StGB).
Wird die S. nicht widerrufen, erläßt das Gericht nach Ablauf der Bewährungszeit die Strafe (vgl. § 56g StGB).
S. zur Bewährung kann gem. §57 StGB auch nach Teilverbüßung (i. d. R. nach zwei Drittel der Strafhaft) oder im Gnadenwege (→ Gnadenwesen) erfolgen. Unter den Voraussetzungen des § 57a StGB kann das Gericht jetzt auch den Rest einer lebenslangen Freiheitsstrafe zur Bewährung aussetzen. Die Bewährungsentscheidung gem. §§ 57, 57a StGB wird von der Strafvollstreckungskammer getroffen (§ 78a GVG).
Hubert Harth

Strafbefehl ist eine richterliche Entscheidung, die an Stelle eines Strafurteils ergeht. Auf Antrag der Staatsanwaltschaft (→ Strafprozeß, → Strafrecht) können der Strafrichter und der Vorsitzende des Schöffengerichts (→ Strafgerichte) wegen eines Vergehens im schriftlichen Verfahren, also ohne vorherige Hauptverhandlung, eine → Geldstrafe festsetzen; ferner kann u. a. auch ein Entzug der Fahrerlaubnis (→ Maßregeln der Besserung und Sicherung) mit einer Sperre bis zu 2 Jahren ausgesprochen werden (§ 407 StPO). Auch der Jugendrichter und der Vorsitzende des Jugendschöffengerichts (→ Jugendgerichte) können gegen Heranwachsende bei Anwendung von Erwachsenenrecht (§ 105 JGG) entsprechende Rechtsfolgen festsetzen. Gegen Jugendliche darf ein S. nicht erlassen werden (§ 79 Abs. 1 JGG).
Seit der Änderung durch das Rechtspflegeentlastungsgesetz vom 11. 1. 1993 (BGBl. I 1993, S. 50) darf gegen Erwachsene, nicht jedoch gegen Heranwachsende (§ 109 Abs. 3 JGG), → Freiheitsstrafe mit → Strafaussetzung zur Bewährung verhängt werden, falls der Angeschuldigte (§ 157 StPO) einen Verteidiger hat oder ein solcher zuvor vom Gericht bestellt worden ist (§§ 407 Abs. 2, 408 b StPO).
Hat der Richter Bedenken, ohne Hauptverhandlung zu entscheiden, oder will er vom Antrag der Staatsanwaltschaft bei Festsetzung der Strafe abweichen, so beraumt er die Hauptverhandlung an. Der Beschuldigte kann gegen den S. binnen zwei Wochen nach Zustellung Einspruch einlegen. Durch den Einspruch erzwingt der Beschuldigte die Durchführung einer Hauptver-

handlung. In der Hauptverhandlung gilt seit der Änderung durch das Verbrechensbekämpfungsgesetz vom 28. 10. 1994 (BGBl. 1994, S. 3186) ein vereinfachtes Beweisaufnahmeverfahren; im Verfahren vor dem Strafrichter können – wie im beschleunigten Verfahren (Strafprozeß) – Beweisanträge leichter abgelehnt werden (§§ 411 Abs. 2 Satz 2, 420 StPO).
Erscheint der Beschuldigte ohne genügende Entschuldigung zur Hauptverhandlung nicht und wird er auch nicht wirksam durch einen Verteidiger vertreten (§ 411 Abs. 2 StPO), wird sein Einspruch ohne Beweisaufnahme durch Urteil verworfen (§ 412 StPO). Wird nicht rechtzeitig Einspruch eingelegt, so erlangt der S. die Wirkung eines rechtskräftigen Urteils (§ 410 StPO). Die Wiederaufnahme eines durch rechtskräftigen Strafbefehl abgeschlossenen Verfahrens zu ungunsten des Verurteilten (→ Wiederaufnahmeverfahren im Strafprozeß) ist allerdings unter erleichterten Voraussetzungen zugelassen (§ 373a StPO).
Nach Anklageerhebung und Eröffnung des Hauptverfahrens ist unter besonderen Voraussetzungen, insbesondere bei Ausbleiben eines Angeklagten in der Hauptverhandlung, ein Übergang in das Strafbefehlsverfahren möglich (§ 408a StPO). *Peter Gast*

Strafe Dem Begriff nach absichtliche Übelszufügung in Reaktion auf mißbilligtes Verhalten. Sie umfaßt nach dieser Definition sowohl Maßnahmen etwa im elterlichen und schulischen Bereich, Vertrags-, Ordnungs- und Disziplinars., wie auch die bedeutsame Kriminals. als jene, die nur in einem förmlichen staatlichen Gerichtsverfahren (→ Strafprozeß) von Richtern wegen einer Straftat (→ Strafrecht) verhängt werden kann.
Als im weitesten Sinne die Freiheit der ihr Unterworfenen begrenzender Zwang bedarf sie in jedem Fall einer Rechtfertigung. Diese kann – zumindest für die Kriminals. – nur anknüpfen an den in der Begriffsabstimmung vorausgesetzten Zusammenhang zwischen Übel und mißbilligter Handlung des S.täters. Während die »absoluten« S.theorien die S. schon deshalb für gerechtfertigt halten, weil der Täter eine Rechtsnorm schuldhaft verletzt hat, die S. somit die → Schuld des Täters und das begangene Unrecht vergelten soll (Repression), sehen die »relativen« Theorien die Rechtfertigung der S. darin, daß sie neuen Delikten des Täters vorbeugen, dieser abgeschreckt, unschädlich gemacht oder durch Erziehung etc. »resozialisiert« (→ Resozialisierung) werden soll (Spezialprävention), bzw. potentielle Rechtsbrecher durch Bestrafung des einzelnen Täters von der Begehung ähnlicher Taten abgehalten werden sollen (Generalprävention). Jeder dieser Ansätze ist mannigfachen Einwänden ausgesetzt, wenn er allein zur Begründung von S. herangezogen wird. Das gilt auch für die Resozialisierungstheorie als Unterart der Spezialprävention. Obwohl bestehend durch ihre sozialtherapeutische Komponente, impliziert sie Ungerechtigkeit insofern, als etwa Kapitalverbrecher, bei denen keine Wiederholungsgefahr besteht (NS-Täter oder sonstige, die aufgrund unwiederholbarer Motive handeln), konsequent straflos ausgehen müßten, während Bagatelltäter ohne sozialen Halt sich Besserungsmaßnahmen ausgesetzt sähen, die von der Schwere der Einzeltat nicht begründbar wären. Überdies wäre eine zwangsweise Erziehung selbstverantwortlicher Menschen sozialethisch (→ Sozialethik) bedenklich.
In der neueren Diskussion über Sinn und Zweck der Kriminals. überwiegen deshalb auch die Versuche, die S. als Komplexbegriff zu bestimmen, der in abgestufter Form je nach dem Stadium der S.rechtsverwirklichung Elemente der genannten drei Begründungen enthält (Vereinigungstheorien). Während die S.drohungen zum Schutz der Rechtsgüter auf generalpräventiven Erwägungen beruhen, soll der Schuldausgleich i. S. d. »absoluten« Theorie vornehmlich die S.verhängung begründen, wobei in diesem Rahmen auch general- und spezialpräventive Erwägungen Raum haben sollen. Nur Bestrafung nach dem Maß individueller Schuld vermag die Notwendigkeit der S. für die Rechtsgemeinschaft mit der Selbstverantwortung des Menschen in Einklang zu bringen. Beim Vollzug soll dagegen das Resozialisierungsmoment überwiegen (vgl. § 2 StVollzG), welches nunmehr den obigen Einwänden, die ihre Alleinbegründungsfunktion betreffen, nicht mehr ausgesetzt ist (→ Strafvollzug).
Als stärkste Reaktion der Gesellschaft auf → abweichendes Verhalten darf die Kriminals. nur bei Verletzung oder Gefährdung elementarer Lebensgüter des einzelnen oder überragender Gemeinschaftswerte eingesetzt werden. An diesem Maßstab muß sich auch der Gesetzgeber (→ Gesetzgebung) messen lassen. In dem Maße, in welchem er sich hiervon entfernt und etwa ein Handeln als strafbar ausweist, um nur gesellschaftliche Ordnungsprinzipien durchzusetzen, verliert die S. ihre Rechtfertigung. Strafandrohung und -verhängung werden dann zum bloßen gesellschaftspolitischen Steuerungselement und damit rechtswidrig. Ihnen fehlt das spezifische sittliche Unwerturteil, das S. von → Ordnungswidrigkeit elementar unterscheidet. Unter diesem Gesichtspunkt ist die Schaffung von einigen neuen Wirtschafts-, aber auch Umweltstraftaten in der jüngsten Zeit bedenklich.
Sinn und Zweck der S. sind die maßgebenden Leitgesichtspunkte für die konkrete S.zumessung. Sie beruht auf einer Gesamtwertung von Tatgeschehen und Täterpersönlichkeit. Hierbei vertritt die → Recht-

sprechung die sog. Spielraumtheorie, wonach innerhalb des gesetzlichen S.rahmens ein engerer Bereich besteht, innerhalb dessen eine S. noch als schuldangemessen anzuerkennen ist (BGH, Urteil vom 10. 11. 1954, in: BGHSt. 7, 28). Ihre Grundsätze sind in § 46 StGB zusammengefaßt. Als Hauptstrafarten kennt das StGB nur → Freiheitsstrafe oder → Geldstrafe. Die → Maßregeln der Besserung und Sicherung sind keine S. i. e. S.
Lit. Bruns: Strafzumessungsrecht; Jakobs: Strafrecht; Maurach u. a.: Strafrecht; Schmidhäuser: Strafe. *Jochen Schroers*

Strafentlassene → Hilfe zur Überwindung besonderer sozialer Schwierigkeiten

Straffälligenhilfe Inbegriff aller öffentlichen und privaten Hilfeformen zur → Resozialisierung der Straftäter. Sie umfaßt die soziale Gerichtshilfe (→ Gerichtshilfe, soziale), die Jugendgerichtshilfe, die soziale Hilfe in der → Untersuchungshaft und im → Strafvollzug, die Entlassenenhilfe (→ Haftentlassenenhilfe), die → Bewährungshilfe sowie begleitende Hilfen durch die → Familienfürsorge, durch allgemeine Sozialdienste, durch → Gemeinwesenarbeit oder durch prophylaktische Sozialarbeit. Z. T. übernehmen auch Spezialeinrichtungen wie Drogenberatungsstellen (→ Drogenberatung), Entziehungsanstalten, Alkoholikerfürsorge u. a. besondere Aufgaben im Rahmen der S. Einzubeziehen sind auch die Tätigkeiten von Initiativgruppen, ehrenamtlichen Helfern und → Selbsthilfegruppen von Straffälligen.
Durch die Zielvorstellungen der Resozialisierung sind auch die Maßnahmen und Reaktionsweisen der Justiz (→ Jugend-, → Familien- und → Strafgerichte) stärker als früher in die Nähe der S. gerückt. Die Forderung nach einem reinen, allein auf Resozialisierung ausgerichteten Maßnahmerecht statt einem repressiven Strafrecht zumindest im Jugendbereich macht mögliche weitere Entwicklungslinien der Ausweitung der S. deutlich.
Ausgangspunkt für die S. ist das Merkmal der Straffälligkeit, also der Verstoß gegen strafgesetzlich geschützte → Normen. Zielvorstellung der Hilfe ist daher in erster Linie die Vermeidung weiterer Straftaten. Dieses soll erreicht werden durch soziale → Integration des Täters, durch seine Resozialisierung in das gesellschaftliche Normensystem. Da jedoch i. d. R. die Normverletzung begründet ist in durch die Straftat deutlich werdenden persönlichen und sozialen Problemlagen der Betroffenen, umfaßt S. sowohl die Regelung der ökonomischen Lebenssituation wie auch die Betreuung und → persönliche Hilfe bei individuellen und psychisch begründeten Problemen. Damit ist S. als Teil einer umfassenden → Sozialarbeit / Sozialpädagogik zu sehen, die individuell wie auf das → soziale Umfeld bezogen die defizitären Lebenslagen besonders benachteiligter und ausgesonderter Personengruppen verbessern und nicht nur das Symptom der Straffälligkeit beseitigen will (→ Soziale Benachteiligung). S. hat sich mit der Tatsache auseinanderzusetzen, daß der überwiegende Teil der Verurteilten, besonders der aus der Strafhaft Entlassenen, der Unterschicht zuzurechnen ist. Dies hat nicht nur Konsequenzen für ihre methodischen Arbeitsansätze (Unterschichtsberatung), sondern auch für die Notwendigkeit der umfassenderen Aktivitäten. S. hat aufmerksam zu machen auf die Randständigkeit dieser Hilfeformen im gesamten sozialen Bereich wie auch auf die vor allem im ökonomischen Bereich umfassendere Hilfe, die zu leisten ist. Die derzeitige Praxis der S. ist gekennzeichnet durch eine Vielzahl staatlicher und privater Hilfeformen im jeweiligen kommunalen Bereich. Beklagt wird die Unkoordiniertheit dieser vielfältigen Hilfen, deren Undurchschaubarkeit für die Betroffenen und z. T. auch deren fehlende Qualifikation für die Behebung der vorhandenen Problemlagen. Entwicklungslinien zeichnen sich daher ab in Richtung auf eine Verstärkung materieller Hilfen und deren Bündelung in zentralisierten Organisationsformen und einen Ausbau der sozialpädagogischen, ambulanten und stadtteilnahen Beratungsansätze für diese Personengruppen. Außerdem ist eine verbesserte Kooperation und Koordination mit den sozialen Diensten der Justiz und dem Strafvollzug erforderlich, um so verstärkt Haftvermeidung und Haftreduzierung zu realisieren. Voraussetzung dafür sind fachliche Klärungen über Qualitäts- und Leistungsstandards, Bedarfsanalysen, regionale Sozialplanungen und Finanzierungszuständigkeiten.
Lit. Cornel u. a.: Handbuch; Geiger, M. u. a.: Straffällige Frauen; Maelicke, B. u. a.: Beratungsstellen. *Bernd Maelicke*

Strafgefangene → Strafvollzug

Strafgerichte sind Teil der ordentlichen Gerichtsbarkeit (im Unterschied zur besonderen Gerichtsbarkeit, der u. a. die → Arbeits-, → Sozial- und → Verwaltungsgerichte angehören) und wie alle Gerichte von der Exekutive getrennte, unabhängige, nur dem Gesetz unterworfene Institutionen der rechtsprechenden Gewalt (→ Rechtsprechung). Sie entscheiden im → Strafprozeß u. a. über die Eröffnung des Hauptverfahrens, über die → Schuld des Angeklagten, über die zu verhängende → Strafe und ggf. über → Maßregeln der Besserung und Sicherung. Ihr Aufbau, ihre sachliche und funktionelle Zuständigkeit wird durch das Gerichtsverfassungsgesetz (GVG) geregelt, die örtliche Zuständigkeit bestimmt sich nach den Vorschriften der §§ 7–21 Strafprozeßordnung (StPO), wonach u. a. das Gericht zu entscheiden hat, in dessen Bezirk sich der Tatort, der Wohnsitz des Angeschuldigten oder der Ergreifungsort (Festnahme) befindet. Die sachliche Zuständigkeit der in 1. Instanz entscheidenden S. ergibt sich aus der Art und Schwere der zur Last gelegten Tat. Beim Amtsgericht entscheidet der Strafrichter (Berufsrichter) über Vergehen, wenn die Tat nach der einschlägigen Bestimmung des Strafgesetzbuches (StGB) mit einer Höchststrafe von nicht mehr als 6 Monaten → Freiheitsentziehung bedroht ist oder die Staatsanwaltschaft Anklage beim Strafrichter erhoben hat und keine höhere Strafe als Freiheitsstrafe von 2 Jahren zu erwarten ist (§ 25 GVG). Das ebenfalls beim Amtsgericht bestehende Schöffengericht (1 Berufsrichter, 2 Schöffen) ist sachlich für Vergehen und Verbrechen zuständig, sofern nicht mehr als 4 Jahre Freiheitsentziehung oder die Unterbringung in einem psychiatrischen Krankenhaus oder eine → Sicherungsverwahrung zu erwarten ist (§§ 28, 74 Abs. 1 GVG), anderenfalls hat die große Strafkammer des Landgerichts (LG) mit 2 bzw. bei entsprechendem Umfang oder Schwierigkeit der Sache sowie Schwurgerichtssachen mit 3 Berufsrichtern und 2 Schöffen (§ 76 Abs. 2 GVG) zu entscheiden. Für schwere Verbrechen, so z. B. Mord, Totschlag, Kindestötung, ist eine Strafkammer des LG als sog. Schwurgericht (die ursprünglich mit 6 Geschworenen besetzten Schwurgerichte sind seit 1975 wie große Strafkammern besetzt) zuständig (§ 74 Abs. 2 GVG). Der beim Oberlandesgericht (OLG) bestehende Strafsenat entscheidet mit 3 bzw. bei entsprechendem Umfang oder Schwierigkeit der Sache mit 5 Berufsrichtern (§ 122 Abs. 2 GVG) in 1. Instanz über Staatsschutzdelikte und Völkermord (§ 120 GVG). Im Rechtsmittelverfahren (2. Instanz; → Rechtsmittel) ist die kleine Strafkammer des LG (1 Berufsrichter, 2 Schöffen) für Berufungen gegen die Urteile des Amtsgerichtes zuständig. Über die → Revision gegen die Urteile des Amtsgerichts (sog. Sprungrevision) sowie gegen die zweitinstanzlichen Urteile des LG entscheidet der Strafsenat des OLG. Über die Revision gegen die erstinstanzlichen Urteile des LG sowie OLG ist allein der Bundesgerichtshof (BGH; 5 Berufsrichter) zur Entscheidung berufen. Die Schuldfrage betreffende Entscheidungen erfordern eine 2/3-, die übrigen Entscheidungen eine einfache Mehrheit der beteiligten Richter und Schöffen. Die Schöffen üben während der Hauptverhandlung das Richteramt im vollen Umfang und mit gleichem Stimmrecht wie ein Berufsrichter aus (§ 30 GVG); sie werden durch einen beim Amtsgericht alle 4 Jahre zusammentretenden Schöffenwahlausschuß aus Vorschlagslisten, die von den Gemeindevertretungen erstellt werden, ausgewählt.

Für Verfahren gegen Jugendliche und Heranwachsende sind der Jugendrichter, das Jugendschöffengericht sowie die Jugendkammer, die auch über schwere Verbrechen zu entscheiden hat, zuständig (→ Jugendgerichte).

Lit. Fezer: Strafprozeßrecht; Peters, K.: Strafprozeß; Roxin: Strafverfahrensrecht.

Karl-Christian Schelzke

Strafgesetzbuch (StGB) → Strafrecht

Strafmündigkeit beginnt mit Vollendung des 14. Lebensjahres. § 19 StGB bestimmt, daß schuldunfähig ist, wer bei Begehung der Tat noch nicht 14 Jahre alt ist. Maßgebend ist das Alter der beschuldigten Person zur Zeit der Tatbegehung, nicht der Entdeckung, des Eintritts des Erfolges oder der Einleitung des → Ermittlungsverfahrens. Zweifel hinsichtlich des Alters der beschuldigten Person müssen sich immer zu deren Gunsten auswirken. Die Berechnung des Alters richtet sich nach §§ 186, 187 Abs. 2 BGB. Anhängige Ermittlungsverfahren gegen noch nicht Strafmündige sind von der Ermittlungsbehörde gem. § 170 Abs. 2 StPO einzustellen.
Jugendliche sind nur bedingt strafmündig; nach § 3 S. 1 JGG ist in jedem einzelnen Fall zu überprüfen, ob der Jugendliche zur Zeit der Tat nach seiner sittlichen und geistigen Entwicklung reif genug war, das Unrecht der Tat einzusehen und nach dieser Einsicht zu handeln. Fehlt es an dieser Feststellung, so ist das Verfahren einzustellen oder der Jugendliche in der Hauptverhandlung freizusprechen. In jedem Fall, in dem ein Kind oder ein Jugendlicher mangels S. nicht zur Verantwortung gezogen werden kann, können durch den Jugend- oder Vormundschaftsrichter → Erziehungsmaßnahmen angeordnet werden (§ 3 S. 2 JGG).

Manfred Oswald

Strafprozeß ist ein förmlich geregeltes Verfahren, in welchem der Staat stellvertretend für die Rechtsgemeinschaft feststellt, ob im Einzelfall durch eine begangene Straftat ein Strafanspruch entstanden ist. Im vorbereitenden Verfahren (→ Ermittlungsverfahren) überprüft die Staatsanwaltschaft ggf. durch ihre Hilfsbeamten (§ 152 Gerichtsverfassungsgesetz – GVG –), ob der durch die Strafanzeige eines Bürgers oder von Amts wegen bekanntgewordene Beschuldigte einer Straftat hinreichend verdächtig ist, und statt dessen bejahendenfalls, nachdem ihm → rechtliches Gehör gewährt wurde (§ 163a Abs. 1 Strafprozeßordnung – StPO –) und sofern nicht die Voraussetzungen einer Einstellung wegen geringer Schuld (§§ 153, 153a StPO) vorliegen, bei einem → Strafgericht an (vgl. jedoch auch → Strafbefehl). Ergibt sich kein für eine Anklageerhebung erforderlicher Tatverdacht, so wird das Ermittlungsver-

Strafrecht

fahren eingestellt (§ 170 Abs. 2 StPO). Nach Anklageerhebung entscheidet nunmehr das Gericht im sog. Zwischenverfahren (§§ 199–211 StPO), ob der Beschuldigte, der nach Anklageerhebung formal Angeschuldigter genannt wird (§ 157 StPO), auch nach Überzeugung des Gerichts einer Straftat hinreichend verdächtig ist. Ggf. wird das Hauptverfahren eröffnet und Termin zur Hauptverhandlung bestimmt, in der das Gericht über die → Schuld des seit der Eröffnung des Hauptverfahrens formal nun als Angeklagter (§ 157 StPO) bezeichneten Tatverdächtigen sowie über die auszusprechende → Strafe entscheidet und ggf. eine → Maßregel der Besserung und Sicherung (§§ 61–72 Strafgesetzbuch – StGB –) anordnet. Im S. besteht für Staatsanwaltschaft und Gericht die Pflicht zur Erforschung der materiellen Wahrheit (anders im Zivilverfahren; → Zivilprozeß). So ist der Staatsanwalt ausdrücklich verpflichtet (§ 160 Abs. 2 StPO), auch entlastende Umstände zu ermitteln (anders im anglo-amerikanischen Strafverfahren). Ohne vorherige Anklage, deren Erhebung allein der Staatsanwaltschaft zusteht (sog. Anklagemonopol, Ausnahmen bestehen jedoch für Privatklagedelikte, vgl. §§ 374ff. StPO), darf keine gerichtliche Untersuchung eines strafrechtlich relevanten Sachverhalts stattfinden (Anklageprinzip), die Durchführung des Strafverfahrens muß möglichst rasch erfolgen (Beschleunigungsgrundsatz) und die Hauptverhandlung unbeteiligten Personen zugänglich sein (Öffentlichkeitsgrundsatz gem. § 169, vgl. jedoch §§ 171a, 172 GVG sowie § 48 Jugendgerichtsgesetz – JGG –). Für die Urteilsfindung dürfen nur das in der Hauptverhandlung mündlich Vorgetragene und die eingeführten Beweismittel berücksichtigt werden (Prinzip der Mündlichbzw. Unmittelbarkeit). Nach Verkündung wird mit Ablauf der Rechtsmittelfrist, sofern keiner der Beteiligten → Rechtsmittel eingelegt hat, das Urteil rechtskräftig (→ Rechtskraft) und die ausgesprochene Strafe vollstreckbar (→ Strafvollzug), andernfalls beginnt das Rechtsmittelverfahren.

Lit. s.: → Strafgerichte.

Karl-Christian Schelzke

Strafrecht Inbegriff der Rechtsnormen, die für ein bestimmtes menschliches Verhalten eine bestimmte → Strafe oder Maßnahme (→ Maßregeln der Besserung und Sicherung) vorsehen. Den Kernbestand des materiellen S. enthält das Strafgesetzbuch (StGB) vom 15. 5. 1871 (zuletzt geändert durch das Verbrechensbekämpfungsgesetz vom 28. 10. 1994). Der »Besondere Teil« (§§ 80–358 StGB) bezeichnet mittels abstrakter Merkmale die strafrechtlich erheblichen Handlungen (Tatbestände). Grundlage der Ordnung bilden die geschützten Rechtsgüter (z.B. Eigentum, Ehre, Leben, Vermögen etc.). Der »Allgemeine Teil« legt Grundsätze fest, die die Geltung der Tatbestände des Besonderen Teils mitbestimmen (z.B. Versuch, Anstiftung), und stellt einen Sanktionenkatalog auf. Weitere → Normen strafrechtlichen Charakters finden sich in Nebengesetzen (z.B. Waffengesetz, → Betäubungsmittelgesetz). Nicht zum S. gehören die → Ordnungswidrigkeiten.

Sinn und Zweck des S. ist die Regelung äußeren menschlichen Verhaltens in einer Gesellschaft selbstverantwortlicher Wesen. Eine Straftat bedeutet dem Grunde nach Verletzung von elementaren Lebensgütern des einzelnen und überragenden Gemeinschaftswerten. Daß diese geschichtlichem Wandel unterliegen, zeigen die vielfachen Änderungen des StGB (z.B. → Schwangerschaftsabbruch, → Homosexualität). Gleiches gilt auch für die → Sanktionen, die deutlich Humanisierungstendenzen aufweisen. In jüngster Zeit mehren sich die Anzeichen dafür, daß das S. seine Bestimmung als »ultima ratio« einer Regelung menschlichen Zusammenlebens mehr und mehr verliert und insbes. in Nebengesetzen (z.B. Außenwirtschaftsgesetz – AGW – vom 20. 7. 1990 [BGBl. I 1457]) als wirtschafts- und gesellschaftspolitisches Instrument statt anderer Möglichkeiten der Kontrolle dort eingesetzt wird, wo angemessenere Mittel politisch nicht durchsetzbar oder finanzierbar sind. Bei Verstärkung dieser Tendenzen dürfte auch die → Strafe entwertet werden.

Die Straftat wird üblicherweise durch die Merkmale der Tatbestandsmäßigkeit, → Rechtswidrigkeit und Schuldhaftigkeit (→ Schuld) der Handlung definiert. Erstere bedeutet die Feststellung, daß die Handlung die Merkmale eines Tatbestandes des Besonderen Teils erfüllt. Rechtswidrigkeit bezeichnet den Widerspruch zu den allgemein geltenden Sollensanforderungen und den sich aus diesen ergebenden Werturteil (negativ: Fehlen von Rechtfertigungsgründen, z.B. Notwehr, § 32 StGB), während die Schuld sich darauf bezieht, ob dem Täter hinsichtlich seiner konkreten Handlung ein persönlicher Vorwurf gemacht werden kann.

Lit. Dreher, E. u.a.: StGB (Komm.); Eser u.a.: Strafrecht; Jescheck: Strafrecht; Schmidhäuser: Strafrecht. *Jochen Schroers*

Strafregister → Bundeszentralregister

Strafvollzug ist der Vollzug freiheitsentziehender Strafen sowie der → Sicherungsverwahrung (§ 66 StGB) in Justizvollzugsanstalten (bei Soldaten ggf. in Einrichtungen der Bundeswehr). Zum Vollzug der freiheitsentziehenden → Maßregeln der Besserung und Sicherung in psychiatrischen Krankenhäusern und Entziehungsanstalten (§§ 63 und 64 StGB) s. → Maßregelvollzug. Ein im Schrifttum auch gebräuchlicher weiter S.begriff bezieht diese Maßregeln mit ein. Zum S. bei Jugendlichen s. → Jugendstrafvollzug.

S. betrifft im wesentlichen männliche Strafgefangene. Der Anteil der strafgefangenen Frauen ist sehr gering (→ Frauenstrafvollzug). Der S. ist Gegenstand unterschiedlicher wissenschaftlicher Disziplinen wie Rechtswissenschaft, Pädagogik (→ Erziehungswissenschaft), Sozialpädagogik (→ Sozialarbeit/Sozialpädagogik), → Psychologie, → Soziologie und → Kriminologie. Soziologisch gesehen dient der S. der Verbrechenskontrolle und gehört damit in das Gesamtsystem → sozialer Kontrolle. Die Vollzugsanstalten sind als → »totale Institutionen« (Goffmann) zu begreifen, die die Entstehung einer besonderen Insassenkultur (→ Subkultur) bedingen.

Bestimmende Rechtsgrundlage für den S. bei Erwachsenen bildet das Strafvollzugsgesetz (StVollzG) vom 16. 3. 1976 (BGBl. I S. 581), zuletzt geändert durch Gesetz vom 17. 12. 1990 (BGBl. I S. 2847). Das StVollzG ist seit 1. 1. 1977 in Kraft; wesentliche Bestimmungen (z.B. Einbeziehung in die → Renten- und → Krankenversicherung) sollen jedoch erst durch noch zu erlassende besondere Bundesgesetze Geltung erlangen (§ 198 Abs. 3 StVollzG). Der Zeitpunkt für den Erlaß dieser Gesetze ist offen. Die Einbeziehung der Strafgefangenen in die → Arbeitslosenversicherung ist zwischenzeitlich erfolgt (§ 194 StVollzG).

Das StVollzG – Ergebnis wiederholter Versuche seit Ende des 19. Jh., eine umfassende gesetzliche Regelung des S. zu schaffen – beinhaltet Leistungen und Eingriffsbefugnisse der Vollzugsbehörden sowie Rechte und Pflichten der Inhaftierten, wobei die Rechte in vielen Bereichen allerdings nur ein Recht auf ermessensfehlerfreie Entscheidung (→ Ermessen) bedeuten.

Vollzugsziel ist die → Resozialisierung der Straftäter/-innen. Es ist in § 2 S. 1 StVollzG als die Befähigung der Gefangenen beschrieben, künftig in sozialer Verantwortung ein Leben ohne Straftaten zu führen. Der S. dient gem. § 2 S. 2 StVollzG zugleich dem Schutz der Allgemeinheit vor weiteren Straftaten. Der Schutzgedanke ist bei allen Resozialisierungsbemühungen zu beachten, versteht sich aber nicht als zusätzliches Vollzugsziel und schließt die Eingehung verantwortbarer Risiken nicht aus. Ebensowenig ist nach dem StVollzG der Schuldausgleich Vollzugsziel. Dem Schuldausgleich dient allein das durch den Richter bestimmte Strafmaß (§ 46 StGB, → Strafrecht) und nicht die Vollzugsgestaltung. Das Vollzugsziel ist in § 3 StVollzG durch allgemeine Gestaltungsgrundsätze näher konkretisiert: Angleichung des Lebens im Vollzug soweit wie möglich an die allgemeinen Lebensverhältnisse; Entgegenwirken von schädlichen Folgen des Freiheitsentzuges; Hilfe, sich in das Leben in Freiheit einzugliedern. Der S. versteht sich als Behandlungsvollzug. Der Behandlungsbegriff umfaßt alle der Resozialisierung dienenden Maßnahmen und Methoden und ist nicht – wie der Begriff suggeriert – einem an einem Krankheitsbegriff orientierten »medizinischen Modell« verpflichtet. Als Behandlungsideal gilt vielfach das ganzheitliche Handlungskonzept (→ systemischer Ansatz) der → Sozialtherapie, das persönliche und soziale Bedingungen aufeinander bezieht. In der Vollzugspraxis wird es jedoch nur selten umgesetzt (→ Sozialtherapeutische Anstalt).

Als Orientierungsrahmen für den Vollzugsablauf ist der Vollzugsplan (§ 7 StVollzG) gedacht, der auf Grund der mit Strafantritt grundsätzlich einzuleitenden Behandlungsuntersuchung (§ 6 StVollzG) erstellt wird und Angaben über bestimmte Behandlungsmaßnahmen enthalten muß. U. a. muß er sich äußern zur Frage der Unterbringung im geschlossenen oder offenen Vollzug, zum Arbeitseinsatz oder zu Lockerungen des Vollzugs. Zu den Vollzugslockerungen gehört z.B. die Möglichkeit, außerhalb der Anstalt einer Beschäftigung nachzugehen (→ Freigänger). Anstalten des offenen Vollzugs sehen im Gegensatz zu solchen des geschlossenen Vollzugs keine oder nur verminderte Vorkehrungen gegen Entweichungen vor (§ 141 Abs. 2 StVollzG). Der offene Vollzug ist gem. § 10 Abs. 1 StVollzG die Regelvollzugsform. In der Praxis bildet diese Regel allerdings immer noch die Ausnahme. Bedingt wird dieses Ergebnis durch die in § 201 Nr. 1 StVollzG enthaltene Übergangsregelung für Anstalten, mit deren Errichtung vor Inkrafttreten des StVollzG begonnen wurde. Sie dürfen Gefangene ausschließlich im geschlossenen Vollzug unterbringen, solange die räumlichen, personellen und organisatorischen Anstaltsverhältnisse dies erfordern.

Den S. kennzeichnet ein Spannungsverhältnis zwischen Vollzugsziel und dem Grundsatz von Sicherheit und Ordnung in der Anstalt, zu deren Durchsetzung den Vollzugsbehörden eine Reihe von Maßnahmen zur Verfügung stehen (§§ 81 bis 107 StVollzG). Ein weiterer Konflikt wird z. T. zwischen Resozialisierungsanspruch und Strafdauer gesehen. Zutreffen wird das vor allem auf lange Strafen, die durch ihre lang anhaltende Isolierung am wenigsten die Entwicklung von Fähigkeiten für ein eigenständiges Leben ermöglichen.

Den im S. tätigen → Sozialarbeiter/-innen kommt neben anderen Mitwirkenden, z.B. Ehrenamtlichen (→ Ehrenamtliche Tätigkeit im sozialen Bereich) gem. §§ 71ff. StVollzG die Aufgabe zu, Inhaftierte vom Zeitpunkt des Strafantritts bis zur Entlassung nach dem Grundsatz der Hilfe zur → Selbsthilfe mit einer Reihe von sozialen Hilfen zu unterstützen. Bei der Wahrnehmung der Interessen der Inhaftierten macht sich die Kollision von Resozialisierungsanspruch und Sicherheitsdenken besonders bemerkbar. Die daraus resultierenden Ziel- und Rollenkonflikte der Sozialarbeiter/-innen sind charakteristisch für die Sozialarbeit im S. Zudem sind viele notwendige Hilfe- und Betreuungsleistungen schon auf Grund eines unzureichenden Personalschlüssels nicht realisierbar.

Als Rechtsschutz gegen S.maßnahmen bieten sich dem Inhaftierten gerichtliche (Antrag auf → gerichtliche Entscheidung, § 109 StVollzG; Verfassungsbeschwerde, § 90 BVerfGG; Beschwerde bei der Europäischen Menschenrechtskommission) und außergerichtliche → Rechtsbehelfe (Beschwerde an den Anstaltsleiter und ggf. an einen Vertreter der Aufsichtsbehörde, § 108 StVollzG; → Dienstaufsichtsbeschwerde; Petition). Daneben bleibt die Möglichkeit, sich an die → Gefangenenmitverantwortung und den Anstaltsbeirat (§§ 162ff. StVollzG) zu wenden.

Der Anspruch der Resozialisierung im S. ist in der Praxis noch lange nicht verwirklicht. Er muß grundsätzlich auch kritisch gesehen werden. Es ist zu bezweifeln, daß in einer totalen Institution der Zwangscharakter von Maßnahmen überhaupt vermieden und Wege zu einer tatsächlichen Chancenverbesserung für das Leben in Freiheit entwickelt werden können. Die kritischen Positionen reichen bis hin zu der Forderung, S. überhaupt abzuschaffen, sei es z.B. durch Entwicklung von Alternativen zur Freiheitsstrafe (z.B. Arbeitsverpflichtungen) oder als extremer Standpunkt durch »Reprivatisierung« der Vorfälle, indem den Beteiligten die selbständige Regelung überlassen bleibt (z.B. Schlichtung, Wiedergutmachung; → Täter-Opfer-Ausgleich).

Lit. Driebold: Strafvollzug; Maelicke, B. u.a.: Sozialarbeit; Mathiesen: Mauern; Quensel: Sozialarbeit; Rusche u.a.: Sozialstruktur; Schwind u.a.: Strafvollzug; Walter, M.: Strafvollzug; Wassermann: StVollzG (Komm.). *Hannelore Häbel*

Straßburger System Das nach der Stadt Straßburg im Elsaß benannte S. hat wie das → Elberfelder System, aus dem es um 1907 herausgebildet worden ist, auf die soziale Arbeit (→ Sozialarbeit/Sozialpädagogik) bis heute nachhaltig eingewirkt, besonders auf deren Organisation.

Die Aufgaben der öffentlichen → Fürsorge, im Elberfelder System fast nur von ehrenamtlichen Mitarbeitern verantwortlich wahrgenommen, wurden im S. S. folgendermaßen neu verteilt: Die Hilfebedürftigen wandten sich direkt oder mittelbar zuerst an die Zentralstelle der Verwaltung (Armenrat, Armenamt) oder an die Bezirkskommission, in welcher mehrere Pflegebezirke zusammengefaßt waren. Hier wurde der jeweilige Fall von Verwaltungsfachkräften geprüft und die ihm adäquate Hilfemaßnahme eingeleitet; der Hilfeempfänger kam z.B. in ein Krankenhaus, oder er wurde einem für ihn geeigneten ehrenamtlichen Armenpfleger zugewiesen.

Das de facto schon deutlich in Innendienst und Außendienst gegliederte S. S. konnte dann leicht und mit einer gewissen Notwendigkeit die Fachkräfte aufnehmen, die ebenfalls seit 1907, als der → Deutsche Verein für öffentliche und private Fürsorge den Sozialberuf herbeigeführt hatte, an den neuen Sozialen Frauenschulen ausgebildet wurden und hauptberuflich vor allem in den Außendienst eintraten.

Lit. Orthbandt: Deutscher Verein. *Eberhard Orthbandt*

Streetwork Ende der 60er/Anfang der 70er Jahre taucht der Begriff »Streetwork«, entlehnt aus der angloamerikanischen und skandinavischen Fachdiskussion, erstmals im deutschsprachigen Raum auf zur Bezeichnung einer damals als innovativ geltenden aufsuchenden Form sozialer Arbeit insbesondere im Milieu »auffälliger« informeller Jugendgruppen und in den sich allmählich herausbildenden Lebensweltkonturen (→ Lebenswelt) der Drogen-Szene. Die Geschichte der S. als lebensweltzentrierter Arbeitsform läßt sich in Amerika auf direktem Wege zurückverfolgen bis in die zwanziger Jahre mit den milieuverankerten kriminalpräventiven Bemühungen der sog. sozialökonomischen Chicagoer Schule der → Soziologie. In Deutschland finden sich ebenfalls frühe Spuren, z.B. schon im letzten Jahrhundert in den Wirken der »Pilgernden Brüder«, aber auch in diesem Jahrhundert in der vor allem christlich-caritativ motivierten Milieuarbeit von Ordensleuten.

Auf diese historischen Vorbilder im deutschsprachigen Raum nehmen allerdings die Initiatoren kaum Bezug, die sich Ende der 60er Jahre verstärkt in lebensweltliche Zusammenhänge aufmachen, um jene zu erreichen, die herkömmliche Einrichtungen und Dienste sozialer Arbeit mieden, bzw. von diesen ausgegrenzt wurden. Ausgehend von konzeptionell und methodisch kaum reflektierten, meist auf angloamerikanische Vorbilder fixierten ersten Anfängen hat sich S. nach einer Phase der Ausbreitung in unterschiedlichen Zielgruppenszenen (auffällige »aggressive« informelle Jugendgruppen und »Jugendbanden«, Fans, Wohnungslose, Drogenkonsument/-innen) ab Ende der 70er bis Mitte der 80er Jahre zunehmend im Angebotsspektrum sozialer Arbeit etabliert. Ende der 80er bis Mitte der 90er Jahre erfährt die aufsuchende Prävention und Intervention in Zielgruppen-Milieus einen nachhaltigen Entwicklungsschub. Angesichts neuer gesellschaftlicher Herausforderungen (z.B. Aufbau der Jugend-/Sozialarbeit in der ehemaligen DDR) und verschärfter Problemlagen (Ausbreitung des HI-Virus, gesteigertes Gewaltpotential bei Jugendlichen, zunehmende Zahl an Drogentoten und obdachlosen Jugendlichen etc.) setzte eine in internationaler Perspektive einmalig breite nationale Modellförderung ein (z. B. Modellprogramme zur lebensweltnahen → AIDS-Arbeit, zum Aufbau niedrigschwelliger Ansätze der Drogenhilfe, »gegen Aggression und Gewalt« und »im grenzüberschreitenden Prostituiertenmilieu«). Aus den Dokumentationen der Modellpraxis und aus früheren selbstevaluativen Forschungsbemühungen (vgl. etwa Specht 1979, Steffan 1988) lassen sich zusammenfassend folgende streetworktypischen Konzeptrichtungen, Handlungsebenen und Problemfelder herauskristallisieren:

Von der konzeptionellen Ausrichtung her haben sich zwei Grundformen entwickelt: Mit ausgeprägtem Gemeinwesenbezug arbeiten sozialräumlich orientierte Projekte (etwa in der »→ Mobilen Jugendarbeit«). Daneben stehen Konzepte mit klarem Milieubezug, etwa bei der Arbeit in der Drogen-, Prostitutions- oder Fußballfanszene. Abstrahierend von konzeptions- und zielgruppenspezifischen Variationen sind Streetworker/-innen vor allem auf folgenden Handlungsebenen tätig: Knüpfen eines Kontaktnetzes in der Lebenswelt und Vertrauenserwerb; Pflege des Kontaktnetzes mit der Zielgruppe und Vertrauenserhalt; einzelfallorientierte psychosoziale Unterstützung; → Gruppen-/Cliquenarbeit; → Stadtteil-/→ Gemeinwesenarbeit; institutionelle Innovation in Hintergrundeinrichtungen und durch den Aufbau von Unterstützungsangeboten; Konfliktverhinderung/-vermittlung/Deeskalation; institutionelle Vernetzung und Verbundarbeit; Öffentlichkeitsarbeit, Interessenvertretung, Einmischung/Lobbyarbeit und Aktivierung; Rekrutierung von Ehrenamtlichen/Laienberater/-innen.

An arbeitsfeldtypischen Praxisproblemen benennen Praktiker/-innen immer wieder:
– einen hohen Erwartungs-Erfolgsdruck
– mangelnde institutionelle Absicherung der Kontakt-/Vertrauensarbeit im Milieu wegen fehlender niedrigschwelliger, problemlagenadäquater Hintergrund-/Komplementäreinrichtungen
– ein arbeitsbehinderndes rigides Rahmenreglement (vorgegebene invariable Arbeitszeiten, bürokratische Handgeldabrechnung etc.)
– ein mancherorts tiefgehendes Mißtrauens-/Spannungsverhältnis zu Strafermittlungs-/-verfolgungsbehörden, dessen besondere Brisanz in dem fehlenden Zeugnisverweigerungsrecht liegt (Ausnahme: Drogenarbeit).

Daneben stehen Streetworker/-innen durch die Notwendigkeit, sich auf milieudominante Normen, Verhaltensorientierungen und Lebensrhythmen einzulassen, in einem permanenten Spannungsverhältnis, in dem die schwierige subjektive Balance zwischen Nähe-Distanz, Identifikation-Abgrenzung, Miterleben-Mitleiden und Akzeptieren-Verändern gelingen muß.
Lit. Klose u. a.: Europäische Streetwork-Explorationsstudie; Specht, W.: Jugendkriminalität; Steffan: Streetwork; Streetcorner (Zeitschrift). *Werner Steffan*

Streik → Arbeitskampf

Streß Der medizinische Begriff des S. muß von dem umgangssprachlichen unterschieden werden. Unter S. versteht man eine zur Anpassung herausfordernde Belastung, die auf einen Organismus einwirkt. Eine Überlastung wird nicht S. im eigentlichen Sinne, sondern disstress genannt. Unter strain versteht man die Beanspruchung, d. h. die Auswirkung auf den Organismus; die Belastungsmomente selbst, wie z. B. körperliche Anstrengungen, unangenehme seelische Zustände, heißen Stressoren.
Die Beschreibung und Analyse des S.modells geht auf den Amerikaner Selye zurück. In diesem Modell wird beschrieben, in welcher Weise der Organismus des Menschen oder auch des Tieres auf eine Vielzahl verschiedener Umwelteinflüsse mit einem Anpassungsmechanismus reagiert. Dieses »allgemeine Adaptationssyndrom« besteht in einem stereotypen Reaktionsmuster, welches die Stadien der Alarmreaktion (Mobilisierung von Abwehrkräften), des Widerstandes (völlige Anpassung an den Stressor) und der Erschöpfung (Zusammenbruch bei anhaltender Einwirkung eines sehr starken Stressors) durchläuft.
Normalerweise erfüllt die S.reaktion ihren Zweck in Situationen, in denen Muskelarbeit geleistet wird. Auch im Falle geistiger Anforderungen mobilisiert die S.reaktion in zweckvollem Umfang Leistungsreserven. Ist also S. als Vorbereitung des Organismus auf eine tatsächliche Leistung absolut zweckmäßig, so ist das gleiche stereotyp ablaufende Reaktionsmuster bei einer psychosozialen Konfliktsituation, beispielsweise bei einer ausgebliebenen Beförderung im Dienst, unsinnig. Der Organismus ist aber programmiert, auch auf soziale, psychologische Reizeinflüsse und Konflikte mit S. zu antworten. Bei längerem Andauern starker Belastungszustände führt dieser leerlaufende S. zum Auftreten psychischer und bestimmter somatischer Störungen.
Beim S. handelt es sich also um ein spezifisches biologisches → Syndrom auf eine unspezifische Umwelt- oder Mitweltveränderung. Da aber das Zusammenspiel von → Krankheit, → Persönlichkeit und sozialen Verhältnissen höchst komplex ist und die Lebensbewältigungsfähigkeit (»coping«) des einzelnen stark variiert, erscheint das

S.modell zwar plausibel, bleibt aber wegen dieser Großräumigkeit auch oftmals von vagem Aussagewert, wenn nicht weitere differenzierende Modellbildungen hinzugezogen werden.
Lit. Gunderson u. a.: Life Stress.

Herbert Viefhues

Streuung Unter statistischer S. (Dispersion, → Statistik) versteht man die Verteilung der Einzelwerte (→ Variable) einer statistischen Reihe oder → Messung, i. d. R. um einen ihrer → Mittelwerte. Je größer die S. ist, um so weniger ist zu erwarten, daß ein Einzelwert dem Mittelwert entspricht. Das Ausmaß der S. läßt erkennen, in welchem Umfang zufällige Einflüsse wirksam sind. Zur Messung der S. dienen S.-Maße, die die Lage sämtlicher Einzelwerte ($x_1, x_2, \ldots x_n$) zu einem Mittelwert berücksichtigen. Als Mittelwerte dienen zumeist das arithmetische Mittel (Durchschnitt)

$$\bar{x} = \frac{1}{n} \sum_{i=1}^{n} x_i$$

oder der Zentralwert (Median). S.-Maße sind u. a.:
a) Der einfache durchschnittliche Abstand (e): Er wird errechnet als Summe der absoluten Beträge der Abstände der Einzelwerte vom arithmetischen Mittel, dividiert durch die Zahl der Einzelwerte:

$$e = \frac{1}{n} \sum_{i=1}^{n} [x_i - \bar{x}]$$

b) Die mittlere quadratische Abweichung (Varianz) ist der Quotient aus der Summe der quadrierten Abweichungen der Einzelwerte vom arithmetischen Mittel und der um 1 verminderten Anzahl der Einzelwerte:

$$s^2 = \frac{1}{n-1} \sum_{i=1}^{n} (x_i - \bar{x})^2$$

Die Quadratwurzel aus der Varianz wird als Standardabweichung (s) bezeichnet:

$$s = \sqrt{\frac{1}{n-1} \sum_{i=1}^{n} (x_i - \bar{x})^2}$$

Lit. → Statistik. *Dieter Deininger*

Strukturplan für das Bildungswesen → Bildung/Bildungswesen.

Stukturqualität → Qualitätssicherung.

Subjektivität ist (wie das »Subjekt« als ihr Träger) Zentralbegriff der bürgerlichen Selbst-Thematisierung seit dem Ausgang vorbürgerlicher Glaubensgewißheiten und ständegesellschaftlicher Geschlossenheit. Unter der historisch neuen Voraussetzung, daß das menschliche Verhältnis zur Objektwelt nicht aus einer kosmologisch vorgegebenen Einheit, vielmehr als technologisch aufgegebene Naturbeherrschung zu bestimmen sei, werden Subjekt und Objekt als prinzipiell unterschiedene fortschreitend rationaler (Selbst-)Bestimmung unterworfen. Nach dem Vorgang philosophischer Selbstreflexion, die von Descartes bis Fichte den Bedingungen erkenntnistheoretischer S. nachforschte und zuletzt das Subjekt zum (geistig) alles erzeugenden Prinzip übersteigerte, verband später die dialektische Theorie Subjekt und Objekt realistischer als wechselseitiges Vermittlungsverhältnis, das sich in den verschiedenen Daseinssphären (Natur; → Familie; → Gesellschaft; Staat; Selbst) nach unterschiedlichen Gesetzmäßigkeiten und Freiheitsgraden konkretisiert. S. ist dann eine Daseinsweise, die für alle »Lebendigkeit« spezifisch ist, sofern sie »sich selbst beständig zu dem machen muß, was sie ist« (Hegel), sich also selbständig reproduzieren muß. Im Falle menschlicher S. tritt hinzu, daß dieser Prozeß einerseits nicht instinktiv verläuft, sondern nur mit entsprechend gebildetem Willen, → Bewußtsein und Selbstbewußtsein zu leisten ist, daß andererseits menschliche S. sich nicht in Reproduktion erschöpft, sondern sich erst eigentlich in »freier Produktion (Spiel; Kunst; Philosophie) erfüllt, eine Seite der S., die vom romantisch-ästhetischen Denken verabsolutiert wird.
Die im 19. Jh. voll etablierte Klassengesellschaft widersprach eklatant jeder rationalen Selbstbestimmung der S. Die Kritik der → politischen Ökonomie wies in wissenschaftlicher Analyse insbes. nach, daß moderne Lohnarbeit eine ökonomisch-sachlich bestimmte Form der S. ist, die bürgerliche Freiheit zwar abstrakt-formal (Recht; Arbeitsmarkt) errungen hat, im menschlich konkreten Arbeitsprozeß dagegen substantielle Einbußen durch anwachsende Fremdbestimmtheit erfährt. Das arbeitende Subjekt wird so zwar zum Angelpunkt vergesellschafteter S., hinter den alle kulturellen Bedürfnisse als strukturell nachrangige zurücktreten. Es wird aber zugleich auch zum bloßen »subjektiven Faktor« neben den objektiven »verdinglicht« im ökonomischen Kalkül der ihm übergeordneten kapitalverwertenden S.form (Vogel, M. R.: Subjektivitätsformen), während der gesellschaftliche Reproduktionsprozeß als ganzer zum bewußtlos-unberechenbaren Mechanismus eines »automatischen Subjekts« (Marx) wird. Daß auch in dieser modernen Struktur noch die vorindustriell-patriarchalen Unterprivi-

legierungen aller spezifisch weiblichen und kindlichen S. fortdauern, hat die → Frauenbewegung nachdrücklich bewußt gemacht. Insofern hat die bürgerliche Vergesellschaftung ihre Hoffnung auf »Versöhnung« von → Individuum und Gesellschaft nicht einlösen können. Mit wachsender »Vormacht des Objektiven« (Adorno), neuerdings auch in Formen massenkultureller Unterhaltung und Propaganda, wird das Individuum immer präziser zum Subjekt gesellschaftlichen Handlungsbedarfs sozialisiert und behält immer weniger Spielraum zu spontaner Individuierung seiner selbst als einer individuell generierten und zentrierten S. Haben in Reaktion darauf neuere Wissenschaftskonzepte wie Strukturalismus und → Systemtheorie die Begriffe S. und Subjekt eilfertig getilgt, so bleibt doch die historische Erfahrung bedenkenswert, daß politische Gewaltsysteme immer auf die individuelle S. der »autoritären Persönlichkeit« und des »selbstherrlichen Ichs« angewiesen waren, gegen die Adorno die individuelle »Arbeit der Selbstbesinnung« nach Auschwitz angemahnt hat.
Lit. Adorno: Soziologie; Vogel, M. R.: Leben; Vogel, M. R.: Subjektivitätsformen.
Martin R. Vogel

Subkultur Eine abgrenzbare soziale Teilgruppe innerhalb der Gesamtgesellschaft wird als S. bezeichnet. Der Definition, Bestimmung und Abgrenzung einer S. von der → Gesellschaft werden spezifische Merkmale (→ Schicht, → Einkommen, Alter, Geschlecht, ethnische Zugehörigkeit, → Bewußtsein, → Verhalten, Lebensweise) zugrunde gelegt. Diese Bestimmungsmomente werden in der neueren Jugendkulturforschung ergänzt und teilweise abgelöst von Merkmalen wie Lebensstil, Milieu, eigene Räume und Orte, Auffassung von Individualität und Entfaltung von → Subjektivität; die S. sind erkenn- und unterscheidbar in Kleidung, Aktivitäten, Musik, Mode, Outfit und Styling.
Kultur umfaßt als Grundprinzip menschlichen Zusammenlebens die Leistungen und Einrichtungen, die Menschen zur Aneignung der Natur und zur Regelung ihrer Beziehungen untereinander entwickelt haben. Der aus der angelsächsischen Terminologie stammende Begriff der S. verweist in seiner Tradition auf relativ kohärente Teilkulturen, auf ein hierarchisches Verhältnis von Unter- und Überordnung zur Stammkultur bzw. zur dominanten bürgerlichen Kultur, auf deviante Problemgruppen und → abweichendes Verhalten oder auch auf oppositionelles, provozierendes Protestverhalten bzw. Widerstand (Selbstausbürgerung), auf Problemanzeigen für gesellschaftliche Krisen und Desintegrationsprozesse, auf eine Katalysatorfunktion, die richtungsweisend für gesellschaftlichen Wandel ist. In der neueren Jugendforschung wird vor dem Hintergrund der Individualisierungs- und Pluralisierungsthese, der jugendsoziologischen und -psychologischen Diskussion über die Verlängerung und Entstrukturierung der Jugendphase sowie den ambivalenten kulturellen Freisetzungsprozessen der Terminus S. von Begriffen wie Jugendkultur (→ Jugendkulturarbeit), Gruppenidentität, → Lebenswelt und Szene abgelöst. Der Perspektivenwechsel markiert individualitätsbezogene Jugendkulturen im Spannungsfeld von authentischer Gestalt und konsum-, kultur- und medienindustrieller Verwertung. Die Bedeutung von Jugendkulturen wird im Spannungsverhältnis von → Familie und Kultur, den komplexen Ablösungs- und Übergangsprozessen ins Erwachsenenalter interpretiert. Ihnen kommt für das → Individuum eine wichtige Entlastungs- und Stabilisierungsfunktion in der Bewältigung der Jugendphase und der Entwicklung von → Identität zu. Dabei umfassen Jugendkulturen als soziales Phänomen die gesamte Lebensweise der jeweiligen Gruppen. Sie schaffen Identität und Differenz, sie verbinden »nach innen« und grenzen »nach außen« ab; dazu gehören Wiedererkennung von Stil, von Bedeutungen, symbolischen Objekten, Selbstbildern und Orientierungen.
Die Geschichte der Erscheinungsformen von S. ist vor allem für die Jugend wiederholt rekonstruiert worden. Die empirische Jugendforschung in Deutschland datiert die Entstehung mit der bürgerlichen (Wandervogel-) und proletarischen (Arbeiter-) → Jugendbewegung auf die Zeit der Jahrhundertwende. Die Ausprägungen von S. und Jugendkulturen erfahren in der Weimarer Republik (bündische Jugend) eine große quantitative und qualitative Ausdifferenzierung. In der Geschichte der Bundesrepublik hat es unterschiedliche Erscheinungsformen von sub- und jugendkulturellen Gruppen gegeben; ihre Entstehung geht vielfach auf Einflüsse der angelsächsischen Länder (USA, England) zurück. So unterschiedliche Jugendkulturen wie Halbstarke, Rocker, Beatniks, Hippies, Teds, Mods, Punks, Shinheads, Fußballfans sind die auffallend expressiven Jugendkulturen in der Geschichte der Bundesrepublik; in den 90er Jahren werden immer wieder Ausdifferenzierungen und Stilvermischungen aufgelistet, die Zuschreibungen wie Negos, Stinos, Schickimickis, Yuppies, Skater oder Crash-Kids beinhalten. In Typisierungsversuchen wird unterschieden zwischen progressiven und regressiven S., zwischen Protestbewegungen und Actionkultur, oder auch zwischen verschiedenen Milieus: dem subkulturellen, dem gegenkulturellen, dem manieristischen und dem institutionell-integrierten Milieu. Viele subkulturelle Gruppen lassen sich sozial und politisch eindeutig zuordnen. Die Schnellebigkeit und mediale Vermittlung (Enteignung) von sich interna-

tional ausbreitenden Jugendkulturen zeigen aber gleichzeitig, daß sich viele kaum noch einem einheitlichen Raster (links, rechts; kommerziell, unabhängig) einfügen lassen. Unterschiedliche kulturell-ästhetische Praxen, Darstellungs- und Gestaltungsformen, Stilbildungsprozesse verweisen auf empirisch differenzierte Erfahrungen und Lebenslagen im jugendlichen Lebenszusammenhang sowie auf unterschiedliche Deutungen von Realität und Strategien der Lebensbewältigung. Jugendkulturen sind bedeutsame, offene und transitorische Sozialisationsinstanzen, in denen Such- und Orientierungsprozesse, radikale und intensive Experimente stattfinden.

Jugendkulturen realisieren ihre spezifische Lebensweise meist außerhalb der organisierten und angebotenen → Jugendarbeit. Dies gilt vor allem für rigide und verfestigte Gruppenstrukturen. In der sozialpädagogischen Diskussion gibt es Ansätze und Erfahrungen, mit Jugendlichen in jugendkulturellen Zusammenhängen zu arbeiten; dabei haben sich als spezifische Formen von Jugendarbeit und als Zugänge zu Jugendlichen vor allem → Streetwork, → Gemeinwesenarbeit, offene Jugendarbeit und spezifische Projekte (Punks, Fußballfans, rechte Jugendcliquen) bewährt. Zu den zentralen Begriffen für die pädagogische Theorie werden »dichte Beschreibung« oder »hermeneutische Rekonstruktion« gezählt; zur Praxis gehören Begriffe wie »Ernstnehmen«, »Zuhören« und »Geduld«, daneben geht es um Eigenaktivitäten und soziale Räume, Gemeinschaftserfahrungen, materielle Hilfen und Strategien der gesellschaftlichen Integration.

Lit. Baacke: Jugend; Clarke: Jugendkultur; Ferchhoff, W.: Jugendkulturen; Schröder, A.: Jugendgruppe; Schwendter: Subkultur.

Benno Hafeneger

Subsidiarität Bei dem Begriff S. (lateinisch subsidium = Rückhalt, Beistand, Schutz) handelt es sich um ein Prinzip der Gesellschaftslehre, das von der katholischen → Sozialehre besonders herausgearbeitet worden ist und seinen Niederschlag sowohl im Grundwerte- und Grundrechtsbewußtsein wie auch in einzelnen gesetzlichen Regelungen im sozialen Bereich (z.B. § 10 BSHG, § 4 KJHG – SGB VIII) gefunden hat.

Da das S.prinzip an das Personal- und an das Solidaritätsprinzip (→ Solidarität) anknüpft, erleichtert die gemeinsame Erläuterung dessen Verständnis. Das Personalprinzip besagt, jeder einzelne Mensch mit seinem individuellen Lebensentwurf hat seine Würde, um derentwillen ihm eine möglichst weitgehende Entfaltung seiner Persönlichkeit gesichert werden muß. Demgegenüber betont das Solidaritätsprinzip die gesellschaftliche Angewiesenheit, die gegenseitige Abhängigkeit und die Bindung aller an die Gesellschaft und verneint jeden beziehungslosen Individualismus. Das S.prinzip bringt die durch die beiden vorgenannten Prinzipien umfaßte Spannung zum Ausgleich, damit der Eigenständigkeit der Person möglichst weitgehend entsprochen werden kann. Eingefordert wird die Hilfe von oben nach unten, als Hilfe zur Selbsthilfe. S. bedeutet demnach, was einzelne, kleinere Institutionen (wie z.B. Familie), Gruppen (z.B. Verbände) oder Körperschaften (z.B. Gemeinden, Länder, Kirchen) aus eigener Kraft tun können, darf ihnen nicht von einer jeweils übergeordneten Instanz oder dem Staat durch Macht entzogen werden, damit die Kompetenz des jeweils personennäheren Lebenskreises erhalten bleibt. Gleichzeitig wird damit auch die Verantwortung der jeweils personennäheren Instanz angesprochen, Aufgaben, die von ihr selbst bewältigt werden können, aufzugreifen und nicht deren Erledigung der übergeordneten Instanz zu überlassen.

Das S.prinzip begründet einen bedingten Vorrang der → freien Träger, der oft als Funktionssperre für die → öffentlichen Träger fehlinterpretiert wird. Die richtige Auslegung dieses Prinzips lag auch dem Streit zur Verfassungsmäßigkeit von Bestimmungen des → Jugendwohlfahrtsgesetzes (JWG) und → Bundessozialhilfegesetzes (BSHG), BVerfG: Urteil vom 18.7. 1967, in: Kleinere Schriften des DV, H. 27, zugrunde, der mit einer Bestätigung der angefochtenen Vorschriften endete. Abgelehnt wurde nicht das vernünftige Prinzip, das sowohl den Menschen wie der gesamten Gesellschaft dient, sondern seine falsche Anwendung, wenn nämlich Aufgaben auf nicht leistungsfähige Instanzen übertragen, leistungsfähige aber an ihrer Wahrnehmung gehindert werden. Das → Bundesverfassungsgericht hat deshalb den Grundsatz der partnerschaftlichen Zusammenarbeit zum Wohle des → Hilfeempfängers als Kerngedanken hervorgehoben und damit zugleich einen Funktionsschutz für freie Träger begründet.

In dem 1992 neu eingeführten Artikel 3b EWG-Vertrag wurde der Grundsatz der S. für den gesamten EG-Bereich festgeschrieben. In der Erklärung Nr. 23 der Konferenz von Maastricht wird betont, daß zur Erreichung der im Vertrag zur Gründung der EG genannten Ziele eine Zusammenarbeit der EG mit den Verbänden der Wohlfahrtspflege und den Stiftungen als Trägern sozialer Einrichtungen und Dienste von großer Bedeutung ist.

Lit. Fuchs, W.: Subsidiaritätsprinzip; Giese: Wahlrecht; Weber, W.: Personalität.

Josef Schmitz-Elsen/Reiner Sans

Subventionen → Zuwendungen

Suchtprävention Eine der schwierigsten Aufgaben der Drogenarbeit stellt die S. dar.

In den Anfängen der bundesdeutschen Drogenarbeit wurde S. jahrelang identisch gesetzt mit Aufklärungskampagnen über die Wirkung, Verbreitung und den Konsum von illegalen → Drogen. Als Entwicklungsstand der S., der aus den Fehlern der Vergangenheit die Konsequenzen gezogen hat, gilt, daß bereits die allgemeine → Jugendarbeit dazu aufgerufen ist, Jugendlichen bei der Bewältigung von Lebensproblemen zu helfen, die einen Konsum oder auch eine Abhängigkeit von Drogen (→ Drogenabhängigkeit) aller Art zur Folge haben könnten. S. kann nicht nur Aufgabe von Spezialisten sein, wie z.B. von Mitarbeitern aus Drogenberatungstellen. Sie wird immer mehr zur Aufgabe in einer Vielzahl von Sozialfeldern.

Moderne S. berücksichtigt, daß es keine prämorbide Persönlichkeit gibt, die direkt zur Suchtmittelabhängigkeit führt (Projektgruppe TU-drop Berlin). Suchtverhalten entsteht in einem komplexen Geflecht von Wirkfaktoren und Bindungen. Wer einem bestimmten (gesellschaftlich unerwünschten) Verhalten oder Verhaltensmuster vorbeugen möchte, muß dieses Wirkgeflecht verstehen und zur Grundlage von S. machen. S. geschieht in den verschiedensten Lebensfeldern. Die Grundlage sollte ganzheitlich ausgerichtet, ursachenorientiert und adressatenbezogen sein. S. trennt nicht zwischen legalen und illegalen Substanzen. Sie bezieht gesunde Ernährung, sinnvolle Freizeitgestaltung und Kritikfähigkeit als wesentliche Aspekte ein. Zielgruppen sind Schüler, Eltern und andere Angehörige, Mediatoren und Multiplikatoren, Träger öffentlicher und öffentlichkeitswirksamer Funktionen (z.B. Sportler, Politiker).

S. kann sinnvollerweise nur prozeßorientiert und langfristig angelegt sein (Dembach u.a.). Die Methoden und das Vorgehen im S.projekt richtet sich nach dem Grad der Gefährdung der Bezugsgruppe bzw. des Individuums oder durch das Bezugssystem oder durch das nicht erwünschte Verhalten. Im primär- und im sekundärpräventiven Bereich sind die Maßnahmen deutlich drogenunspezifisch akzentuiert. Sie zielen auf die Stärkung der individuellen Kompetenz und die (Wieder-)Herstellung guter Beziehungen zwischen den Angehörigen eines Bezugsystems.

Nach der Ottawa-Charta der → Weltgesundheitsorganisation (WGO) von 1986 versteht man unter S. Entmythologisierung des Drogenkonsums, Erziehung zu Kritikfähigkeit in der Konsumgesellschaft, Kompetenzförderung und Aktivierung der Orientierung auf Selbsthilfe, Hilfen in Bezugssystemen (Netzwerke), bezugsgruppenzentrierte und gemeindenahe Projektangebote (Gross, W.).

Grundhaltungen in der S. sind Freiwilligkeit der Betroffenen, Offenheit der Einrichtung, Anstreben positiver Ziele, Drogenfreiheit, Pflegen eines persönlichen Umgangsstils, keine Ausgrenzung von Personen und Themen.

Am effektivsten erweisen sich S.projekte, wenn sie neben der Informationsvermittlung vor allem »Affektstrategien« (Aufbau von individueller und systemischer Kompetenz) und die Einbeziehung von Bezugs- und Vermittlungspersonen (Mitschüler, Eltern, Lehrer) realisieren.

Die lokale und regionale Vernetzung der S.arbeit ist durch die Aktivitäten vieler Gruppen und Verbände dringend erforderlich (IG-Metall).

Lit. Dembach u.a.: Drogenprävention; Deutsche Hauptstelle gegen Suchtgefahren: Drogenprävention; Feser: Drogenerziehung; Franke, M.: Prävention; Gross, W.: Sucht; Hurrelmann: Suchtprävention; IG-Metall: Suchtbuch; Janssen: Suchtprävention; Kollehn u.a.: Schüler.

Horst Brömer/Bernd-Michael Becker

Sucht/Suchtgefährdung Der Gebrauch bestimmter Substanzen, um Anregung oder Entspannung zu erleben, ist in unserer Gesellschaft weitgehend toleriert. Kaffee, Tee, Nikotin und Alkohol sind solche tolerierten Drogen. Darüber hinaus werden bestimmte Drogen ärztlich zur Schmerzlinderung, Entspannung und Stimmungsaufhellung verordnet. Der Gebrauch von illegalen Drogen dient i.d.R. zunächst ebenfalls der Anregung, Entspannung und Ablenkung. Die Substanzabhängigkeit (Sucht) wird nach dem DSM-IV (→ Klassifikationssysteme psychischer Störungen) definiert als eine körperliche → Abhängigkeit, nachgewiesen entweder durch Toleranz- oder Entzugserscheinungen. Es besteht eine pathologische Anwendung der Substanz, die zum Nachlassen der sozialen und beruflichen Leistung führt. Toleranz bedeutet, daß Dosissteigerung nötig wird, um den gleichen Effekt zu erzielen oder, daß bei gleichbleibender Dosis die Wirkung deutlich abnimmt. Entzug bedeutet, daß bei Verminderung oder Absetzen ein substanzspezifisches Entzugssyndrom auftritt. Fünf Substanzklassen sind mit Mißbrauch und Abhängigkeit verbunden: Alkohol, Schmerzmittel, Beruhigungs-/Schlafmittel, Anregungsmittel und Halluzinogene (→ Drogen).

Suchtgefährdung (Sg.) ist das Ausmaß der Gefahr, in eine Substanzabhängigkeit (→ Drogenabhängigkeit) zu geraten. Suchtgefährdet sind aus epidemiologischer Sicht insbes. Jugendliche ohne Schulabschluß und Berufsausbildung, die aus der Unterschicht oder »broken-home«-Situationen kommen und deren Eltern Mißbrauchsverhalten (Alkohol und Medikamente) zeigen. Vermutlich ist jeder Mensch potentiell suchtgefährdet, neigt zu »süchtiger Fehlhaltung« (Schulte, W. u.a.). Rothman (amerikanischer Psychiater) schätzt, daß 5% al-

ler Menschen bei Kontakt mit entsprechenden Drogen gefährdet sind, eine Sucht (S.) zu entwickeln. In süchtigem Maße läßt sich sehr vieles konsumieren: Drogen, Arbeit, Fernsehen, Essen, Autofahren, Spielen, Sexualität, Sport usw. Normale Tätigkeiten und Gewohnheiten können unter bestimmten Umfeldbedingungen oder persönlichen Veränderungen süchtige Merkmale erhalten.
S. entsteht nicht aufgrund einer einzigen Bedingung, sondern hat immer verschiedene Ursachen und Begleitumstände (multifaktorielle Genese), die je nach wissenschaftlicher Ausrichtung (insbes. Tiefenpsychologie, Gestalttherapie, Lerntheorie und Soziologie) unterschiedlich benannt und gewichtet werden.
Für das Vorliegen einer S. (psychische und physische Substanzabhängigkeit) beschreibt DSM-IV folgende Kriterien: 1) ein überwältigendes Verlangen oder echtes Bedürfnis (Zwang), das Mittel fortgesetzt zu nehmen und es auf jede Weise in die Hände zu bekommen (auch durch kriminelle Handlungen, Sekundärkriminalität); 2) Tendenz, die Dosis zu steigern (Toleranz, pharmakologische Gewöhnung); 3) psychische und i. d. R. auch physische Abhängigkeit von der Wirkung des Mittels. Die Abhängigkeit führt nach Unterbrechung des Drogenkonsums zu substanzspezifischen Entzugssyndromen; 4) schädliche Folgen für den Abhängigen und die Gesellschaft. S. ist demzufolge ein Zustand periodischer und chronischer Intoxikation, der für den Abhängigen und die Gemeinschaft schädlich ist und durch den wiederholten Gebrauch von Drogen erzeugt wird. Der Süchtige nimmt die Droge (häufig im Wechsel mit anderen Drogen) nicht mehr, um sich besser zu fühlen, sondern um einen unerträglichen Spannungszustand zu beseitigen. S. ist eine → Krankheit – radikale Passivierung der Persönlichkeit mit der Tendenz zur Selbstzerstörung – und als Krankheit im sozialversicherungsrechtlichen Sinn anerkannt (BSG, Urteil vom 18. 6. 1985, in BSGE 28, 114). Das bedeutet, daß → Rentenversicherungsträger und → Krankenversicherung die Behandlungskosten übernehmen müssen. Liegen die sozialversicherungsrechtlichen Voraussetzungen nicht vor, hat der → Sozialhilfeträger einzutreten. Zuständigkeit und Verfahren bei der Gewährung stationärer Maßnahmen für Alkohol-, Medikamenten- und Drogenabhängige sind in der Empfehlungsvereinbarung »Sucht« der Spitzenverbände der Sozialversicherungsträger geregelt. Danach sind für die Gewährung der Entzugsbehandlung grundsätzlich die Krankenversicherungsträger, für die Gewährung der Entwöhnungsbehandlung die Rentenversicherungsträger primär zuständig.
Lit. Ahrens, S.: Außenseiter; Kisker, K. P. u. a.: Psychosomatik; Schmidbauer, W. u. a.: Rauschdrogen; Schulte, W. u. a.: Psychiatrie; Siegert: Adoleszenzkrise; Wittchen u. a.: Manual.

Bernd-Michael Becker/Horst Brömer

Supervision ist ein durch Kontrakt verbindlich geregeltes Lehr- und Lernverfahren, das durch Erfahrungslernen die Fachlichkeit und die Persönlichkeit der Supervisanden sowie die Koordinationsfähigkeit von Arbeitsgruppen kontrolliert und entwickelt mit dem Ziel einer Steigerung der Effektivität ihrer Arbeit. S. ist somit eine systematische Reflexion des beruflichen Handelns und zielt auf Veränderungen im Erleben und Handeln (John u. a.). Dabei werden die beruflichen Handlungen im Kontext der individuellen, institutionellen und gesellschaftlichen Bedingungen reflektiert und der S.prozeß so gestaltet, daß die jeweilige Problemsicht in einem Kontinuum erscheint, welches sich sukzessiv diese verschiedenen Bedingungen erschließt (Wittenberger). S. beugt der Gefahr vor, daß die Arbeit der Fachkräfte unwirksam oder in ihrer Wirkung eingeschränkt wird. Sie ist somit ein Instrument der Qualitätssicherung und der Personalentwicklung. Die Kosten trägt daher der Anstellungsträger (NDV 3/93, Nr. 27, 28).
Das Erteilen von S. setzt eine qualifizierte Aus- oder Weiterbildung als Supervisor voraus. Durch die Gründung der → Deutschen Gesellschaft für Supervision (DGSv) sind Standards für diese Aus- und Weiterbildung zum Supervisor festgelegt. Die DGSv gilt als »Gütesiegel« und will zur Entwicklung der Professionalisierung von S. beitragen.
Der Begriff S. kommt aus dem Englischen und heißt übersetzt: (Ober-)Aufsicht, Beaufsichtigung, Überwachung; Supervisor heißt: Aufseher, Inspektor, Tutor. Die Entwicklung der supervisorischen Konzepte ist nach dem Zweiten Weltkrieg durch Einflüsse der niederländischen, amerikanischen und schweizerischen Sozialarbeit und S. geprägt worden (Belardi).
Als »Ursprungsland der S. wird die Sozialarbeit gesehen« (Weigand). Über das Casework psychotherapeutischer, gruppendynamischer und organisationssoziologischer Theorien und Konzepte hat sich das Verständnis von S. differenziert und professionalisiert.
S. wird in der sozialen Arbeit als ein wichtiges Instrument der Qualitätssicherung anerkannt. Das KJHG – SGB VIII führt Praxisberatung verpflichtend ein. Dieser Gesetzesauftrag zur Praxisberatung schließt S. ein (vgl. Empfehlungen des DV). S. wird ebenfalls in pädagogischen Bereichen (Schule, → Fort- und → Weiterbildung) der Wirtschaft und der Verwaltung zunehmend mehr und gezielt eingesetzt. Dieser Ausdehnungsprozeß der S. wird begleitet von

unterschiedlichen S.konzepten und Aus- und Weiterbildungsangeboten.
In der sozialen Arbeit wird S. nach Bedarf gewährt, insbesondere für Mitarbeiter, die in ihrem Berufsalltag mit besonders komplexen Problemen und großen Belastungen konfrontiert sind, neue Aufgaben übernehmen, sich als Berufsanfänger einarbeiten, in bestimmten Zeitabständen ihre Arbeit systematisch reflektieren wollen, oder wenn Konflikte mit Klienten, Mitarbeitern bzw. der Institution zu erarbeiten sind (vgl. 8. Jugendbericht, Seite 173). Zielgruppen der S. sind Personen in Arbeitsfeldern, deren Hauptaufgabe die berufliche Gestaltung von Beziehungen zu anderen Menschen sind und deren Dienstleistung nachhaltig Einfluß auf das Leben von Menschen haben. Dazu zählen nicht nur die Angehörigen sozialer, therapeutischer, beratender, pflegerischer und im weitesten Sinne bildender Berufe, sondern auch Verwaltungsfachkräfte (z.B. in Sozial- und Jugendämtern) und Personen, die Leitungs- und Führungspositionen innehaben.
Wesentliche Prinzipien, die einen erfolgreichen S.prozeß ermöglichen, sind Freiwilligkeit, d.h. S. kann nicht dienstlich angeordnet werden, sondern erfordert die Motivierung auch durch Leitung, die freie Auswahl des Supervisors sowie die Vertraulichkeit bzw. Verschwiegenheit bezogen auf die Inhalte und Fragen, die Gegenstand der S. waren. Ein wesentliches Element der S. ist der → Kontrakt. Bestandteile sind u.a.: Zielsetzungen, Sitzungsanzahl, Prozeßdauer, Ort, Zeitrahmen der Sitzungen, Formen und Methoden, Verschwiegenheit, Formen der Auswertung sowie das Honorar. Als »Dreier-Kontrakt« wird er zwischen dem Anstellungsträger, dem Supervisor und dem Supervisanden geschlossen. Es gibt Einzel-S., Gruppen-S., Team-S., Leitungs-S. und die kollegiale S. (→ kollegiale Beratung). Darüber hinaus kann S. den Anstoß zu Institutionsberatung und → Organisationsentwicklung geben. In den 70er Jahren entstand als Weiterentwicklung im Rahmen der → Familientherapie die sogenannte LifeS. Dabei wird der Supervisand während der Sitzung z.B. mit einer Familie oder einer Gruppe von seinem Supervisor beraten.
Supervisoren können mit unterschiedlicher Funktion für eine Organisation tätig werden. Gebräuchlich sind derzeit in der Praxis folgende Organisationsformen: externe S., S. in Stabsfunktionen und S. aus der Leitungsfunktion. Externe Supervisoren führen mit zeitlich befristetem Auftrag S. durch. Weil diese Supervisoren nicht zur Organisation gehören, können sie aus der Sicht eines Außenstehenden kritische Fragen an die Arbeit stellen und daher in besonderer Weise zur Innovation beitragen. Sie genießen bei den Supervisanden eine hohe Akzeptanz und erleichtern den Trägern einen flexiblen, bedarfsgerechten Einsatz. Supervisoren in Stabsfunktion gehören zur Organisation, allerdings ohne Dienst- und Fachaufsicht. Die Kontinuität dieser Organisationsform von S. stärkt die Wirksamkeit des beruflichen Handelns und verankert fachliche Linien durch Reflexion. Supervisoren in Stabsfunktion werden in der Regel zusätzlich mit Aufgaben der internen Fortbildung und Ausbildungsleitung beauftragt. Die S. aus der Leitungsfunktion ergänzt externe S. und S. in der Stabsfunktion. Bei der S. aus der Leitungsfunktion ist besondere Sorgfalt bei der Kontraktierung notwendig. Dies bezieht sich insbesondere auf die Prinzipien Vertraulichkeit, Freiwilligkeit und Wählbarkeit des Supervisors. Im Rahmen des Kontraktgespräches ist zu klären, welche Organisationsform für welches Ziel sinnvoll ist. Interne S. ist gezielt durch externe S.angebote zu ergänzen.
Lit. Belardi: Einführung; Belardi: Supervision; Caemmerer: Praxisberatung; Huppertz: Supervision; John, R. u.a.: Supervision; Marr u.a.: Supervision; Müller, H. u.a.: Leitung und Beratung; NDV 3/93; Empfehlungen zur Supervision; Strömbach u.a.: Supervision; Supervision: Sonderheft 1984; Supervision: Nr. 18, Geschichte; Wittenberger: Supervision. *Herbert Retaiski*

Symbiotische Beziehung In der Entwicklungssequenz, die von der extremen Abhängigkeit des Neugeborenen von der mütterlichen Fürsorge bis zur emotionalen und materiellen Selbständigkeit des jungen Erwachsenen führt, gibt es diese erste Stufe der biologischen Einheit zwischen dem Paar Mutter–Kind, in der einerseits der mütterliche → Narzißmus sich auf das Kind ausdehnt und andererseits das Kind die Mutter in sein inneres »narzißtisches Milieu« (Hoffer) einschließt. Das Neugeborene unterscheidet also in dieser Phase der Prä-Objektbeziehung noch nicht zwischen sich selbst und der mütterlichen Repräsentanz. Es lebt mit der Mutter in einer »Art von sozialer Symbiose« (Mahler), wobei die Mutter als Versorger und als Reizschutz (Khan) wirkt. Mahler hat diese Periode in der autistische, symbiotische und Separations-/Individuations-Phase (→ Ablösung, → Individuation) unterteilt und für jede der Subphasen signifikante Gefahrenpunkte für Entwicklungsstörungen aufgezeigt. Bei der von ihr beschriebenen symbiotischen Kindheitspsychose kommt es zu einer pathologischen Form der → Regression auf diese frühe Entwicklungsstufe.
Das ganze Leben über besteht eine Tendenz, eine tiefe Sehnsucht, wenigstens partiell die Bedingungen dieser frühen Stufe der totalen Versorgung und der Omnipotenzphantasien wiederzuerleben. Besonders auch die Berater-Klienten-Beziehung (→ Beratung) mobilisiert solche Tendenzen, die bei dem Klienten tiefe Abhängig-

keitswünsche und bei dem Berater Allmachtsvorstellungen erwecken (→ Helfersyndrom).
Lit. Freud, A.: Kinderentwicklung; Khan: Trauma; Mahler: Symbiose. *Willi Baumann*

Symbolischer Interaktionismus Theorierichtung der → Soziologie, die sich vor allem auf die Schriften von Mead (1863–1931) als ihren Ausgangspunkt beruft. Im Zentrum steht dabei ein Handlungsmodell, in dem es um die Herstellung von Bedeutungen, um die Reaktion auf solche Bedeutungen und um die Gemeinsamkeit von Bedeutungen zwischen mehreren Handelnden geht. Handeln orientiert sich an der vorweggenommenen Reaktion des anderen darauf und umgekehrt konstituiert diese Möglichkeit der Übernahme der → Rolle des anderen das eigene Selbst, die Vorwegnahme der eigenen Reaktion auf die vorweggenommene Erwartung der anderen. Mead unterscheidet Gesten (Handlungen, die beim anderen eine Reaktion unmittelbar auslösen) und Symbole (die Reaktion wird durch die Bedeutung der Handlung ausgelöst, nicht reflexartig, wie bei der Geste). »Signifikante Symbole« haben eine gemeinsame Bedeutung für beide Interaktionspartner. Die Orientierung am anderen erfolgt nur beim Kind an konkreten Personen, später an einem »generalisierten anderen«, einer verallgemeinerten vorweggenommenen Erwartung an das eigene Handeln.
Meads philosophisch/handlungstheoretische Ansätze wurden später in zwei verschiedene Richtungen weiterentwickelt: einerseits zu einer Sozialisations- und Persönlichkeitstheorie (→ Sozialisation), andererseits zu einer gesellschaftstheoretischen Haltung, in der die »soziale Konstruktion der Wirklichkeit« im Vordergrund steht. Dem s. I. verwandt und verpflichtet sind auch »dramaturgische« Handlungsmodelle (Goffman), die »Phänomenologie« (Schütz) und die »Ethnomethodologie« (Garfinkel). Der s. I. ist außerdem methodisch für die Soziologie wichtig geworden, weil von dieser Position aus die übliche Routine der empirischen Sozialforschung grundlegend angezweifelt wurde (z.B. Cicourel). Der s. I. selbst bevorzugte Beobachtungsmethoden (→ Beobachtung) und die subtile Interpretation (→ Auslegung) von Alltagsereignissen, um den Zugang zu den Bedeutungen zu bekommen, die die Handelnden selbst ihren Welten und ihrem Tun darin geben.
Von diesem Ansatz her hat es im s. I. immer eine Neigung zur Betrachtung und Untersuchung von Lebensweisen als »Subkulturen« und damit auch von »abweichenden« Lebensweisen gegeben. Vom allgemeinen Gedanken ausgehend, daß es sich bei den »Eigenschaften« von Menschen um Zuschreibungen handelt, die mit Hilfe von Kontrollprozeduren (wie Prüfungen, ärztlichen, psychologischen oder auch polizeilichen Untersuchungen) hergestellt werden, hat daher die aus dem s. I. stammende »Labeling«- oder Etikettierungs-Theorie (→ Labeling Approach, → Stigmatisierung) in der Kriminalsoziologie und generell in der Soziologie → abweichenden Verhaltens gerade in den letzten Jahren einige Bedeutung gewonnen. (Sie traf sich dabei mit Strömungen anderer Herkunft, wie etwa der → »Antipsychiatrie«.) Der Ansatzpunkt bei der »sozialen Konstruktion der Wirklichkeit« gibt dem s. I. eine gewisse Affinität zu wissenssoziologischen Fragestellungen, die auch die Soziologie selbst nicht ausnehmen können und daher die Frage nach der gesellschaftlichen Funktion auch soziologischer und psychologischer Begriffsbildungen und Theorien aufwerfen. Wenn aber sozialwissenschaftliches Wissen sich für Zuschreibungen und damit Kontrollen (→ Soziale Kontrolle) eignet (s.o.), stellt sich dem Sozialwissenschaftler (und sonstigen Verwender dieses Wissens) besonders unausweichlich die Frage, auf welcher Seite er steht. Der s. I. hat damit eine Tendenz, in Theoriebereiche zu führen, in denen man mit dem interaktionistischen Modell nicht mehr auskommt. Es handelt sich beim s. I. um einen Ansatz, der einerseits zur Selbstreflexion zwingt, andererseits aber dabei seine eingeschränkte Reichweite erweist und den Einbau in umfassendere gesellschaftstheoretische Konstruktionen nahelegt.
Lit. Arbeitsgruppe Bielefelder Soziologen: Alltagswissen; Berger, P. L. u.a.: Konstruktion; Cicourel: Methode; Garfinkel: Ethnomethodology; Goffman: Theater; Mead, G. H.: Geist; Mead, G. H.: Sozialität; Mead, G. H.: Sozialpsychologie; Schütz, A.: Aufbau; Steinert, H.: Handlungsmodell; Steinert, H.: Symbolische Interaktion; Weingarten, E. u.a.: Ethnomethodologie.
Heinz Steinert

Symptombehandlung Begriff aus den Krankheitsmodellen der Medizin und der daran orientierten → Psychotherapien, insbes. der → Psychoanalyse.
Symptome sind nach diesen Modellen einzelne Zeichen oder Erscheinungsbilder (→ Syndrom), die einen krankhaften Funktionszustand des Körpers oder der Psyche anzeigen (z.B. Fieber als Zeichen einer Infektion; Angst als Zeichen einer → Neurose). S. ist demnach ein – i.d.R. als ungeeignet bezeichnete (→ Symptomverschiebung) – Behandlung der Erscheinungsbilder im Gegensatz zur eigentlich notwendigen Behandlung ihrer Ursachen, z.B. einer Neurose. → Verhaltenstherapie wird u.a. nach diesem Modell als (oberflächliche) S. bezeichnet.
Neue sozialwissenschaftliche und psychotherapeutische Schulen (→ Labeling Ap-

proach, Verhaltenstherapie) lehnen das beschriebene Modell aus verschiedenen Gründen als ungeeignet für den Bereich der psychosozialen (»neurotischen«) Störungen ab (vgl. Keupp; Trojan).
Lit. Keupp: Krankheitsmythos; Trojan, A.: Etikettierung. *Gerhard Bühringer*

Symptomverschiebung Begriff aus den Krankheitsmodellen der Medizin und der daran orientierten → Psychotherapien, insbes. der → Psychoanalyse.
S. tritt nach diesen Theorien dann auf, wenn lediglich die Anzeichen oder Erscheinungsbilder einer Krankheit behandelt werden (→ Symptombehandlung), nicht aber deren Ursachen (z. B. treten statt des Bettnässens Zwangshandlungen auf, wenn die ursächliche → Neurose nicht behandelt wird). S. gemäß dem beschriebenen Modell wurden bisher nicht experimentell belegt.
Im sozialwissenschaftlich orientierten Krankheitsmodell der → Verhaltenstherapie wird das Auftreten zusätzlicher Störungen während einer Behandlung als Folge einer unzureichenden Analyse des Bedingungsgefüges der ursprünglichen Störungen interpretiert.
Lit. Keupp: Krankheitsmythos; Trojan, A.: Etikettierung. *Gerhard Bühringer*

Synanon → Drogentherapie

Syndrom Eine Reihe von Krankheitssymptomen, die im regelmäßigen Verbund auftreten. Obwohl ein solcher Symptomkomplex einer Zwischenstufe auf der Skala vom unspezifischen Symptom zur speziellen Diagnose steht, bleibt das S.ätiopathogenetisch unbestimmt. Eine Ausnahme bilden einige der organischen S., wie z. B. das Korsakoff-S. (→ Alkoholismus), die regelmäßig auf eine Hirnschädigung hinweisen. Mehr und mehr zeichnet sich ab, daß in der Psychiatrie die Tendenz besteht, statt sich bei bestimmten Krankheitseinheiten gleichzeitig mit der Diagnose auf eine Ätiologie festzulegen, lieber nach S. einzuordnen und offenzulassen, welchen Ursprungs der Symptomkomplex ist. Beim Herausarbeiten von Typen von Zustandsbildern versucht man dann etwa nach Kerns., Achsens. oder Rands. zu differenzieren. *Gerhard Irle*

Systemischer Ansatz wird verstanden als neue Art, die Welt zu sehen und zu kategorisieren. Entscheidend ist die Abkehr von einem linearen Ursache-Wirkungsdenken hin zu einem zirkulären Systemmodell, nach dem die Wirklichkeit eines → Individuums untrennbar mit seinem Kontext verbunden ist. Dies bedeutet, daß das → Verhalten von Personen nur im jeweiligen Zusammenspiel der für sie wichtigen Beziehungen verstanden werden kann. Der Begriff »systemisch« geht in seiner jetzigen Verwendung auf Gregory Bateson zurück, der – als einer der ersten – in der Schizophrenieforschung (→ Schizophrenie) mit der Theorie der → Doppelbindung Beziehungsmustern größere Bedeutung beigemessen hat als den individuellen Eigenschaften des einzelnen.
Grundlage dieses Denk- und Handlungsmodells bilden die → Kybernetik, die → Systemtheorie, die Kommunikationstheorie (→ Kommunikation) und der Konstruktivismus. Großen Einfluß auf den s.A. haben in jüngster Zeit die Arbeiten des Neurobiologen H. Maturana, dessen Theorie über den Beobachter darauf hinweist, daß jede Form des Erkennens durch die Struktur des Beobachters bestimmt ist. Erkenntnis ist demnach subjektgebunden; d. h. es gibt keine Möglichkeit, die Welt objektiv zu erfassen. Menschen, die miteinander kommunizieren, werden dementsprechend jeweils als Konstrukteure der für sie maßgebenden Wirklichkeit begriffen. Dies bedeutet, daß z. B. ein Sozialarbeiter die Realität, die er wahrnimmt, durch sein eigenes Verhalten mitgestaltet. So sind Bewertungen, wie sie häufig für Klienten gebraucht werden (z. B. pathologisch, defizitär, dysfunktional etc.), nicht objektive Beschreibungen von Realität, sondern Zuschreibungen, die von einem Beobachter getroffen werden. Das Konzept Maturanas besagt weiter, daß soziale Systeme als »nicht instruierbar« gelten. Die Reaktion eines sozialen Systems auf eine Handlung wird durch die Struktur des jeweiligen Systems bestimmt. Reaktionen können weder vorausgesagt werden, noch gibt es die Möglichkeit, gezielte Eingriffe vorzunehmen, um gewünschte und kalkulierbare Reaktionen zu erhalten.
Dies hat Konsequenzen für die Bewertung der eigenen Handlungen im Umgang mit Klienten. Interventionen können nicht festlegen, wie ein Klient darauf reagiert.
Bei dem s. A. geht es darum, bei den Klienten vorhandene Fähigkeiten, Strukturen und Ressourcen für die Zusammenarbeit zu nutzen. Daher gilt es, den Klienten in ihrem Bezugsrahmen zu begegnen und deren persönliche Kompetenzen zu steigern. Sozialarbeit in diesem Sinne ist ein kommunikativer Prozeß für die gemeinsame Entwicklung von Lösungsstrategien. Dabei kann der Sozialarbeiter sein eigenes Handeln als Teil eines zirkulären Prozesses verstehen, an dem er selbst beteiligt ist. Ziel ist es, den eigenen Prozeß der Konstruktion von Wirklichkeit zu erfassen. Dies erfordert die Reflexion (z. B. durch → Supervision) der eigenen Position im Klient-Helfer-System. Dabei kommt dem Erkennen der Einwirkungen des eigenen Kontextes (z. B. durch Auftrag der Institution, Kontroll- oder Beratungsfunktionen etc.) eine besondere Bedeutung zu.
Im psychosozialen Bereich findet der s. A. Anwendung in Beratung, Therapie und Supervision. Daneben findet er zunehmend

Systemische Sozialarbeit 942

Eingang in Konzepte von Organisationsberatung und → Organisationsentwicklung.
Lit. Goldbrunner: Problemfamilien; Ludewig: Systemische Therapie; Maturana u. a.: Erkenntnis; Reiter, L.: Familientherapie; Ulrich, H. u. a.: Anleitung; Vester, F.: Neuland. *Manfred Enders*

Systemische Sozialarbeit → Systemischer Ansatz

Systemtheorie Eine Betrachtungsweise oder ein allgemeines Modell, worin sich theoretische Vorstellungen in verschiedenen Wissensgebieten darstellen lassen. Die Auffassung eines abgegrenzten Wirklichkeitsbereiches als »System« bedeutet, daß man ihn als zusammengesetzt aus einer Reihe von Elementen darstellt, die in angebbaren Beziehungen zueinander stehen, aus denen sich das Verhalten dieser Elemente und des Gesamtsystems ableiten läßt. Von besonderem Interesse in den Sozialwissenschaften sind dabei die selbststeuernden (und damit zielstrebigen) Systeme geworden, die in allgemeiner Form in der → Kybernetik (Ashby) beschrieben werden. Begriffe wie »(negative) Rückkopplung« (→ »Feedback«) oder »Equilibrium« (der Gleichgewichtszustand, in den das System aufgrund seiner internen Mechanismen zurückkehrt), die heute fast schon zum umgangssprachlichen Wort- und Begriffsschatz gehören, stammen von da her.

Das Modell steht in einem sehr offensichtlichen Zusammenhang mit technisch-maschinellen Entwicklungen, besonders mit der Erfindung und Entwicklung des programmierbaren Computers, mit dessen Hilfe sich solche Systeme rechnerisch »simulieren« lassen. Vor der Verfügbarkeit und Popularität dieses elektronischen Modells hat sich der Systemgedanke im Modell des »Organismus« (also in einem biologischen Modell) ausgedrückt, besonders folgenreich auch in (sozial)darwinistischen Vorstellungen. Hier ist auch die historische Verbindungsstelle zum Funktionalismus, einer in Ethnologie und → Soziologie wichtig gewordenen Form von S., in der einzelne gesellschaftliche Institutionen und Erscheinungen aus ihrem »Funktion«, d. h. ihrem Beitrag zum Funktionieren und Überleben des Gesamtsystems verständlich gemacht werden (→ Gesellschaft).

Der einflußreichste Vertreter dieser Art von Theorie in der Soziologie war Parsons (s. Parsons: Soziale Systeme; Theorie; Sozialstruktur; die wohl umfassendste kritische Analyse ist die von Gouldner). In der gegenwärtigen deutschsprachigen Soziologie vertritt vor allem Luhmann Positionen systemtheoretischer Art. Bekannt wurde besonders seine Vorstellung von »Komplexitätsreduktion« als Aufgabe von sozialen Systemen. (Gesellschaftliche → Organisationen, → Normen, Institutionen ermöglichen erst den Umgang des Menschen mit seiner ohne Beschränkungen Informationsverarbeitungskapazität mit einer hochkomplexen Welt.) Ein Beispiel für die Anwendung kybernetischer und systemtheoretischer Modelle auf das Gebiet der → Psychologie ist das Buch von Miller u. a. (s. unten). Auch auf politikwissenschaftliche Fragestellungen wurde das System-Modell angewendet (etwa Deutsch; Easton: Systems Analysis). Da die S. außerhalb ihres technischen Anwendungsgebietes, besonders in den Sozialwissenschaften, nicht den Charakter einer geschlossenen Theorie, sondern den einer allgemeinen Modellvorstellung hat, können Elemente dieses Denkansatzes als »Einsprengsel« der verschiedensten Theorien auftreten – z. B. in Trieb- oder Sozialisationstheorien (→ Sozialisation).

Das systemtheoretische Modell (auch in seinen biologischen und funktionalistischen Varianten) hat eine »Schlagseite« in Richtung Stabilität und Konfliktfreiheit. Wenn man speziell Gesellschaftsordnungen unter dem systemtheoretischen Aspekt betrachtet, erhält man notwendig ein übermäßig harmonisches Bild: Herrschaftsverhältnisse erscheinen danach als »funktional notwendig« (und damit gerechtfertigt), Veränderungen des Gesellschaftsaufbaus, die nicht Reaktionen auf äußere Veränderungen sind, erscheinen als Störungen eines Gleichgewichtszustands (weshalb nach diesem Modell Gesellschaftssysteme jedenfalls kein eigenständiges Entwicklungs- und Veränderungspotential haben). Die Frage der »Systemintegration« (d. h. auch der Einpassung von »Subsystemen« in die übergeordneten Zwecke) rückt in den Vordergrund (→ Sozialer Konflikt). Die S. legt eher die (formale) Frage nahe, wie das System (am besten) funktioniert, und vermeidet eher die (inhaltliche) Frage, in wessen Interesse und zu wessen Nutzen (und auf wessen Kosten) es gerade so funktioniert, wie es das tut (→ Kritische Theorie).

Lit. Ashby: Design; Ashby: Kybernetik; Deutsch, K. W.: Politische Kybernetik; Easton: Systems Analysis; Gouldner: Krise; Luhmann: Aufklärung; Miller, G. A. u. a.: Strategien; Parsons: Soziale Systeme; Parsons: Sozialstruktur; Parsons: Theorie; Tjaden: Soziale Systeme. *Heinz Steinert*

T

Tabellenanalyse Eine Tabelle ist eine nach Merkmalen in Spalten (senkrecht) und Zeilen (waagerecht) gegliederte Übersicht zur Darstellung statistischer Ergebnisse (→ Statistik, → Erhebung). In der Tabellenüberschrift werden die dargestellte statistische Masse und der Zeitraum oder Zeitpunkt bezeichnet, für den die tabellarische Darstellung gilt, daneben zumeist auch die

Gliederungsmerkmale (z. B. werden Erwerbstätige nach Alter, Geschlecht und Beruf gegliedert). Die Gliederungsmerkmale sind im Tabellenkopf und in der Vorspalte (waagerechter bzw. senkrechter Teil des Tabellenrahmens) angegeben. Die in den Tabellenfeldern dargestellten Ergebnisse können absolute Zahlen, Verhältniszahlen, Beziehungszahlen oder auch Meß- und Indexziffern (→ Index) sein. Regeln für eine einheitliche tabellarische Darstellung statistischer Ergebnisse hat der Deutsche Normenausschuß im DIN-Blatt »Gestaltung statistischer Tabellen« zusammengestellt (DIN 55301).

Ziel der tabellarischen Darstellung ist zumeist ein Vergleich zwischen den in den Tabellenfeldern dargestellten statistischen Ergebnissen. Zusammengefaßte Ergebnisse finden sich i. d. R. in der ersten oder letzten Spalte sowie in der ersten oder letzten Zeile. Man bezeichnet diese Summenspalten und -zeilen auch als die »Randverteilung«; sie vermittelt einen ersten Überblick über den Tabelleninhalt und damit einen leichteren Zugang zu den übrigen Tabellenfeldern; häufig gewinnen diese erst ihren Aussagewert durch einen Vergleich mit den zugehörigen Werten der Randverteilung – z. B. durch Berechnung des Anteils oder der Abweichung.

Eine T. hat sowohl den Tabelleninhalt als auch seine häufig in einem kommentierenden Text enthaltene Beschreibung, ferner die Herkunft der → Daten und die Methode, mit der sie gewonnen wurden, genau zu beachten. Statistische Ergebnisse sind sowohl zufälligen Einflüssen als zumeist auch mit der Durchführung einer Erhebung zusammenhängenden sog. »systematischen Fehlern« (→ Fehler) ausgesetzt. Bei Stichprobenerhebungen (→ Stichprobe) ist außerdem der Zufallsfehler zu beachten. Tabellen sind je nach Zweck, für den sie bestimmt sind – detaillierte Ergebnisdarstellung oder Vermittlung eines raschen Überblicks über die wesentlichen Inhalte einer Statistik –, unterschiedlich tief gegliedert. Insbesondere bei tief gegliederten Tabellen können Einzelangaben vorkommen; in der amtlichen Statistik werden diese aus Datenschutzgründen in der Regel nicht veröffentlicht. Durch Weiterverarbeitung statistischer Ergebnisse, z. B. in einer Regressions- oder Korrelationsrechnung, kann das Ausmaß wechselseitiger Abhängigkeit der tabellarisch dargestellten Merkmalszusammenhänge mit dem Ziel quantifiziert werden, Gesetzmäßigkeiten zu erkennen.

Lit. s.: → Statistik. *Dieter Deininger*

Tagesbetreuung Das Inkrafttreten des → Kinder- und Jugendhilfegesetzes (KJHG – SGB VIII) hat die T. aufgewertet.
Es steht zu hoffen, daß ein Brückenschlag gelingt zwischen institutioneller T. in Einrichtungen und der familialen T. in Tagespflege. Im Gegensatz zu den institutionellen T.einrichtungen (→ Kindergarten, → Hort, → Kindertageseinrichtungen) werden im folgenden vor allem Problemlagen, Perspektiven und historische Bezüge der Tagespflege dargestellt.

§ 23 KJHG sieht vor, daß zur Förderung der Entwicklung des Kindes in den ersten Lebensjahren eine Tagespflege-Person vermittelt werden kann, die das Kind entweder in den eigenen Räumen oder im Familienhaushalt des Kindes tagsüber betreut.
Der im Zusammenhang mit dem Rechtsanspruch auf einen Kindergartenplatz angefügte § 24a KJHG sieht vor, daß bis zum 31. Dezember 1998 der Anspruch auch durch ein anderes geeignetes Förderungsangebot erfüllt werden kann. Landesrecht kann regeln, daß dazu auch Tagespflege, insbes. in Form der Großtagespflegestellen, die meistens von professionellen Erzieherinnen geführt werden, gehört.

In § 23 Abs. 2 schreibt das KJHG auch die Zusammenarbeit zwischen Pflegeperson und Personensorgeberechtigten vor, die einen Anspruch auf Beratung gegen den Jugendhilfeträger einschließt. Tagespflegepersonen sollen die entstehenden Aufwendungen einschließlich der Kosten der Erziehung ersetzt werden (§ 23 Abs. 3 KJHG). Zusammenschlüsse von Tagespflege-Personen (sog. »Tagesmüttervereine«) sollen beraten und unterstützt werden.

Zusätzlich kennt das KJHG nunmehr auch die Tagespflege als → Hilfe zur Erziehung (HzE) gemäß § 32, z. B. wenn dadurch eine → Fremdunterbringung in Vollzeitpflege oder im Heim vermieden werden kann.
Alle diese Neuregelungen stellen eine umfassende Aufwertung der Tagespflege dar.

1. Es wird anerkannt, daß T. in Einrichtungen und familiale Tagespflege gleichermaßen zur Förderung der Entwicklung des Kindes geeignet sind.
2. Durch die »Beratungs-Vorschrift« (§ 23 Abs. 4 KJHG) wird die Tagespflegepersonen-Gruppe erstmals als Organisationseinheit akzeptiert.
3. Nicht zuletzt stellt auch die Anerkennung der heilpädagogischen Wirkungen der Tagespflege (§§ 27 und 32 KJHG) eine Aufwertung der familialen T. dar.

Die Aufwertung der Tagespflege ist dem Engagement der Frauenbewegung der 70er Jahre und im besonderen der Tagesmütter-Bewegung seit Mitte der 70er Jahre zu verdanken. Von 1974 bis 1979 wurde im Auftrag des damaligen BMJFG das Modellprojekt »Tagesmütter« vom → Deutschen Jugendinstitut e. V. (DJI) wissenschaftlich begleitet und in seiner pädagogischen Ausgestaltung nach schwedischem Vorbild erprobt.
Wichtigste Ergebnisse der wissenschaftlichen Begleitung waren:
1. Bei halbtags betreuten Kinder hatte die T. sogar eine positive Auswirkung auf die Mutter-Kind-Beziehung.

2. Kinder, die halbtags betreut wurden und deren T. im 1. Lebensjahr begonnen wurde, waren im Vergleich mit Familienkindern in den relevanten Entwicklungs-Dimensionen besser entwickelt.
3. Die Zufriedenheit der Mütter mit ihrer Rolle war – ebenfalls im Vergleich zu Familienmüttern – am größten bei Halbtags-Berufstätigen.
Insbes. auch für die neuen Bundesländer, in denen sich Tagespflege als familiale Betreuungsform erst entwickeln muß, stellt der Bundesverband eine unverzichtbare Informationsbörse und Beratungskompetenz dar. Der ganz persönliche Erfahrungsaustausch zwischen Tagesmüttern wirkt dabei in besonderer Weise als »Modell« für weibliche Emanzipation, Ko-Evolution in Familien- und Frauenbeziehungen, → Empowerment durch → Selbsthilfegruppen und die Demokratisierung des gesamtgesellschaftlichen Lebens durch die Bürgerbeteiligung; die Tagesmütter-Bewegung hat sich kooperativ vernetzt mit der Mütter-Zentrums-Bewegung (→ Mütterzentren), Nachbarschaftshilfe- und anderen Familien-Selbsthilfe-Bewegungen (→ Selbsthilfe, → Selbsthilfegruppen, → Nachbarschaftshilfe).
In den nächsten Jahren steht eine bessere Verzahnung der »Kindergärten« und der Tagespflege an: Möglicherweise gelingt dies in der neuentstehenden Aufgabenzuschreibung für Gemeinden, Orte, Lebensumwelten für Kinder, Eltern, Familien zu gestalten.
Die Nachfrage nach Tagespflege bezogen auf das Alter der Kinder hat sich in den letzten Jahren auffallend geändert. Die Ausweitung des Erziehungsurlaubs auf drei Jahre senkte den Bedarf für kleine Kinder berufstätiger Mütter. Dafür wird Tagespflege vermehrt für Kinder im Kindergartenalter sowie für Schulkinder vor allem wegen fehlender Ganztagskindergarten- und Hortplätze in Anspruch genommen.
Lit. Blüml: System; Karlsson: Familientagespflege; Krauß u.a.: Kindertagespflege; Permien: Tagespflege; Schiemann: Pflegeelternschule. *Brigitte Martin*

Tageseinrichtungen für Kinder → Kindertageseinrichtungen, → Tagesbetreuung

Tagesförderstätte für schwerst- und mehrfachbehinderte Jugendliche und Erwachsene Die T. ist eine teilstationäre Einrichtung im Rahmen der → Eingliederungshilfe nach dem BSHG. Ihre Aufgabe besteht darin, durch geeignete psychologische, pädagogische und therapeutische Maßnahmen Menschen mit schweren Behinderungen die Teilhabe am Leben in der Gemeinschaft und die Ausübung einer der Behinderung entsprechenden Tätigkeit zu ermöglichen, zur Weiterentwicklung ihrer Gesamtpersönlichkeit beizutragen und sie ggf. auf die Arbeit in einer → Werkstatt für Behinderte vorzubereiten. Dies geschieht entweder in eigenständigen T. oder in besonderen Gruppen, die der Werkstatt für Behinderte oder anderen Einrichtungen der Behindertenhilfe angegliedert sind.
Immer mehr T. verstehen sich heute nicht mehr nur als betreuende Einrichtungen »unterhalb« der Werkstatt für Behinderte, sondern dieser gleichgestellt. Ihr Beschäftigungs- und Förderangebot gilt vor allem schwerst- und mehrfachbehinderten Menschen (→ Mehrfachbehinderte), die aufgrund extremer motorischer und kommunikativer Einschränkungen sowie eines erhöhten Pflegebedarfs in anderen Einrichtungen keinen Platz finden, weil dort entsprechende konzeptionelle, sachliche und/oder personelle Voraussetzungen fehlen. Ihr besonderer Rehabilitationsauftrag (→ Rehabilitation) liegt nicht in dem Bestreben, das Restarbeitsvermögen dieser Menschen im Sinne wirtschaftlicher Verwertbarkeit zu nutzen. Er besteht vielmehr darin, ein angepaßtes Angebot an Beschäftigungsmöglichkeiten zu schaffen, die der Arbeitswelt zuzuordnen sind und die den individuellen Fähigkeiten und Bedürfnissen schwerst- und mehrfachbehinderter Menschen entsprechen, um diesen eine angemessene Form der Lebensbewältigung und Lebensgestaltung zu ermöglichen. Entscheidend ist dabei der Grundsatz, daß für Menschen mit schwersten Behinderungen der soziale und (re)habilitative Charakter der Arbeit als gleichwertig anzusehen ist.
Um ihrem Auftrag gerecht zu werden, werden T. als kleinere, personell und sachlich entsprechend ausgestattete Einrichtungen bzw. Einrichtungsteile betrieben. Zur personellen Ausstattung gehören Fachkräfte für die einzelnen Arbeitsbereiche mit sozialpädagogischer → Zusatzausbildung, Erzieherinnen und Erzieher, ergo- und physiotherapeutisches Fachpersonal und → Pflegefachkräfte. Sonderdienste wie z.B. psychologische Hilfen oder logopädische Angebote sind dem Bedarf entsprechend einzurichten. Den Mitarbeiterinnen und Mitarbeitern ist eine Art und Umfang ihrer Tätigkeit entsprechende Teilnahme an Maßnahmen zur → Fortbildung und → Supervision zu ermöglichen. Räumliche Konzeption, Architektur und Ausstattung müssen den Bedürfnissen schwerst- und mehrfachbehinderter Menschen entsprechen und einen sinnvoll strukturierten Tagesablauf ermöglichen.
Lit. Bundesverband für Körper- und Mehrfachbehinderte u.a.: Konzeption; Bundesverband für Körper- und Mehrfachbehinderte: Vorstellungen; Bundesverband für Körper- und Mehrfachbehinderte: Werkstatt. *Reinhard Jankuhn*

Tagesklinik Teilstationäre Einrichtung zur psychiatrischen – heute auch der somatisch-

medizinischen-Behandlung während des Tages. Tageskliniken verfügen, im Gegensatz zu Tagesstätten, über weitgehend dieselben diagnostischen und therapeutischen Möglichkeiten wie vollstationäre Abteilungen. Psychiatrische T. können zur Behandlung aller psychiatrischen Störungen (→ Psychiatrie, → psychisch Kranke) eingesetzt werden, sofern die → Familie und die Umwelt die hier gegebenen offenen Behandlungsformen mitzutragen bereit sind und die Dichte der therapeutischen Angebote keine Überforderung darstellt. Lediglich bei manifester Suizidgefahr sollte von einer TK-Behandlung Abstand genommen werden. Die T. nimmt im Spektrum gemeindepsychiatrischer Therapieangebote (→ Gemeindepsychiatrie) die Mitte zwischen ambulanten Hilfen und der Klinik ein. Aufgabenschwerpunkte sind: a) (die → Krisenintervention) mit hohem präventiven Anteil. Vorrangig erscheint hier die Erhaltung der gewohnten Lebensbezüge, ähnlich wie dies auch sonst in der »freien Zeit«, neben der Arbeit etwa, gegeben ist; b) Psychotherapie für Patienten mit neurotischen Störungen oder Borderline-Erkrankungen (→ Borderline-Störung); c) Rehabilitation zur Wiedereingliederung in die Berufs- und Lebensgemeinschaft, vorwiegend für Langzeitpatienten mit dem Ziel der Verkürzung des vollstationären Krankenhausaufenthaltes. – Tageskliniken reduzieren die Gefahr sekundärer Behinderung durch Hospitalisation (→ Hospitalismus) und sozialen Reizentzug. Patienten und → therapeutisches Team orientieren sich im Behandlungsprozeß der T. mehr an verbliebenen Fähigkeiten bzw. Entwicklungsmöglichkeiten als an psychopathologischen Defiziten. Die tagesklinische Behandlung ist an den Prinzipien der → therapeutischen Gemeinschaft orientiert.
Lit. Bosch u.a.: Tagesklinik; Engelke, W.: Tagesklinik; Finzen: Klinik; Mühlich: Psychiatrie; Psychiatrische Praxis: Tageskliniken; Rave-Schwank u.a.: Tagesklinikpatienten; Seidel: Soziale Psychiatrie; Veltin: Leitfaden. *Ralf Seidel*

Tagesmütter → Tagesbetreuung

Tagespflege In der Tagespflege werden ältere Menschen tagsüber in einer Einrichtung gepflegt und betreut, ansonsten aber leben sie in ihrer eigenen Wohnung. Bei T.besuchern wird vorausgesetzt, daß sie transportfähig sind und daß die Versorgung in der eigenen Häuslichkeit während der Nacht, am Morgen, am Abend und am Wochenende sichergestellt ist. Eine ambulante Betreuung zu Hause kann zudem die T. ergänzen. Die erste T.einrichtung wurde 1973 in Frankfurt am Main eröffnet.
Alte Menschen, die dieses Angebot nutzen, werden an bis zu fünf oder sechs Tagen in der Woche morgens von einem Fahrdienst zu Hause abgeholt und etwa sechs bis acht Stunden später wieder zurückgebracht.
In T.einrichtungen, die sich auch »Altentagesheimstätten«, »Tagespflegehäuser« oder »Tagesheime« nennen, gibt es in der Regel drei Mahlzeiten am Tag, es werden therapeutisch-rehabilitative Maßnahmen nach ärztlicher Verordnung und pflegerische Hilfen angeboten. Auch Gruppen- und Beschäftigungsangebote sowie Angehörigenarbeit stehen oft auf dem Programm. Mitarbeiter in T.heimen sorgen oft auch für flankierende Angebote, wie häusliche Pflege oder »Essen auf Rädern«. Ziel der T. ist es, stationäre Pflege zu vermeiden oder hinauszuzögern, pflegende Angehörige zu entlasten, geistige und körperliche Ressourcen alter Menschen zu fördern und ihnen Kontakte zu anderen Personen zu ermöglichen.
Viele T.heime – sie unterliegen nicht der Heimaufsicht – sind an Alten- oder Pflegeheime angegliedert. Manche T.heime haben sich auch auf die Arbeit mit → psychisch kranken Menschen spezialisiert. Der Anteil jener älteren Menschen in der T., die psychisch betreut werden müssen, hat in den letzten Jahren erheblich zugenommen.
Im Jahre 1993 ermittelte das Kölner Otto-Blume-Institut für Sozialforschung und Gesellschaftspolitik im Auftrag des Kuratoriums Deutsche Altershilfe (KDA) bundesweit 3 178 T.plätze in 227 Einrichtungen. In der 1993 verfaßten Begründung des Regierungsentwurfs für das Pflegeversicherungsgesetz (→ Pflegeversicherung, gesetzliche) wird der Bedarf mit bundesweit 34 000 Plätzen beziffert. Das bestehende Angebot deckte somit 1993 nur ein Zehntel des Bedarfs. Zwar ist die Zahl der T.einrichtungen und -plätze inzwischen gestiegen. Die → Pflegekassen registrierten im April 1996 insgesamt 1 352 Institutionen, die als T.einrichtungen zugelassen werden wollten. Doch reicht das Angebot bei weitem noch nicht aus. Das KDA, das die Entwicklung der T. in Deutschland maßgeblich unterstützt hat, hat sich mit Erfolg dafür eingesetzt, daß dieses Angebot in den Leistungskatalog des Pflegeversicherungsgesetzes aufgenommen wurde.
Seit dem 1. April 1995 wird für die Betreuung in der T. und Nachtpflege von der Pflegeversicherung gezahlt. Nach dem Gesetz stehen erheblich Pflegebedürftigen (→ Pflegebedürftigkeit) der Pflegestufe I bis zu 750 DM im Monat für Aufwendungen der T. und Nachtpflege zu. Schwerpflegebedürftige (Pflegestufe II) können bis zu 1 500 DM und Schwerstpflegebedürftige (Pflegestufe III) bis zu 2 100 DM bekommen. Die Pflegekassen übernehmen allerdings nur Kosten für die Pflege und Betreuung in der Tagesstätte. Aufwendungen für Unterkunft und Verpflegung (sogenannte »Hotelkosten«) müssen die Pflegebedürftigen selbst tragen. Für die Investitionskosten der Einrichtungen sollen die

Länder aufkommen. Nach den in mehreren Ländern gültigen Übergangsvereinbarungen werden 1995/96 aber auch Pflegebedürftigen – ungerechtfertigterweise – Investitionskostenanteile über den zu zahlenden Tagessatz in Rechnung gestellt.
Die Tagessätze sind nicht einheitlich. Sie richten sich nach dem Grad der Pflegebedürftigkeit, dem Angebot der Einrichtung und den Bestimmungen in den einzelnen Bundesländern. Sie bewegen sich meist zwischen 75 und 120 Mark pro Tag. In den wenigen gerontopsychiatrischen T.einrichtungen liegen die Tagessätze allerdings meist über 140 DM. *Christopher Zörner*

Tagespflege für Kinder → Pflegekinderwesen, → Tagesbetreuung

Tarifvertrag – besondere Rechtsquelle im → Arbeitsrecht. Historisch: von den Arbeitnehmern kollektiv erkämpfte Vereinbarungen über Mindestlöhne und Mindestarbeitsbedingungen, die auf der Ebene des Einzelarbeitsvertrages (→ Vertrag) nicht durchzusetzen waren (→ Soziale Gerechtigkeit). Das T.system ist in Art. 9 Abs. 3 des → Grundgesetzes (GG) nunmehr verfassungsrechtlich geschützt, die T.parteien damit als Mitgestalter der Arbeits- und Wirtschaftsbedingungen anerkannt. Die Tarifhoheit der Verbände ist dennoch tendenziell bedroht durch staatliche Eingriffe, insbes. durch Druck auf → Arbeitskämpfe und Tarifabschlüsse.
T.parteien sind → Gewerkschaften, einzelne Arbeitgeber (dann: Haus-T.) und Vereinigungen von Arbeitgebern. Tarifgebunden sind die Mitglieder der T.parteien, also die Mitglieder der tarifschließenden Gewerkschaft und des Arbeitgeberverbandes. Praktisch bedeutsam ist jedoch, daß daneben für eine Vielzahl von → Arbeitsverhältnissen T. durch ausdrückliche oder stillschweigende arbeitsvertragliche Bezugnahme gelten. Ferner kann der Bundesminister für Arbeit T. für allgemeinverbindlich erklären. Diese T. gelten dann für sämtliche Arbeitnehmer im betreffenden Bereich (allgemeinverbindlich ist z.B. der Rahmen-T. im Baugewerbe).
T. bestehen aus einem obligatorischen und einem normativen Teil. Ersterer enthält die gegenseitigen Pflichten der T.parteien (insbes. Friedenspflicht während der Laufzeit des T.). Der normative Teil enthält Rechtsregeln, die wie Gesetze unmittelbar und zwingend auf das Arbeitsverhältnis einwirken. Abweichungen von den tarifvertraglichen Normen sind nur zugunsten des Arbeitnehmers möglich. Tarifnormen können sich auf den gesamten Regelungsbereich des → Arbeitsverhältnisses beziehen, wie Löhne, Zuschläge, Sonderzahlungen, betriebliche Ruhegelder, Arbeitszeit, Kündigungsfristen (→ Kündigung). Zu beachten ist, daß in T. sehr häufig Verfallsfristen enthalten sind, die sehr viel kürzer (3–6 Monate) als die gesetzlichen Verjährungsfristen sind. T. sind gem. § 8 Tarifvertragsgesetz (TVG) durch den Arbeitgeber an geeigneter Stelle im Betrieb auszulegen, eine Bestimmung, die sehr häufig verletzt wird.
Klaus Feser

Taschengeld in der Jugendhilfe Zu den Erziehungsaufgaben gehört es, Kindern und Jugendlichen ein T. zu zahlen, damit sie rechtzeitig einen eigenverantwortlichen Umgang mit Geld lernen und auch insoweit Gelegenheit zu selbständigen Entscheidungen erhalten. Dieser Grundsatz gilt nicht nur in der Familienerziehung, sondern erst recht im Rahmen von Erziehungshilfen (→ Hilfe zur Erziehung [HzE]) außerhalb der eigenen → Familie, also bei → Pflegestellen und Heimen (→ Heimerziehung). Das T. ist grundsätzlich zur freien Verfügung auszuzahlen und darf lediglich vorübergehend gesperrt werden, wenn dies aus dringenden erzieherischen Gründen erforderlich erscheint.
Das Kinder- und Jugendhilfegesetz (KJHG – SGB VIII) verwendet (wie das → Bundessozialhilfegesetz [BSHG]) in § 39 Abs. 2 statt des im pädagogischen Bereich weiterhin üblichen Begriffs T. den angemessenen → Barbetrages zur persönlichen Verfügung des Kindes oder des Jugendlichen, dessen Höhe von der nach Landesrecht zuständigen Behörde festgesetzt wird.
In der Praxis hat es sich bewährt, daß in der Höhe zwischen → Jugendhilfe und → Sozialhilfe nicht mehr unterschieden wird, da häufig in derselben → Einrichtung beide Hilfearten gemeinsam betreut werden.
Es ist zweckmäßig, die nach dem Gesetz vorgegebenen Altersgruppenstaffeln nicht zu groß zu bemessen, da in zu langer Zeitraum eines unveränderten T.betrages insbes. für jüngere Kinder unüberschaubar und deshalb nicht zu verstehen ist.
T. ist für die Erfüllung individueller Wünsche bestimmt und soll nicht der Befriedigung von Bedürfnissen dienen, die mit dem → Pflegesatz oder Nebenleistungen zum Pflegesatz einer Einrichtung abzugelten sind. Über die Verwendung des T. in der Jugendhilfe gibt es Empfehlungen der → Bundesarbeitsgemeinschaft der Landesjugendämter (BAGLJÄ). *Helmut Saurbier*

Taschengeld in der Sozialhilfe → Barbetrag, angemessener

Tatbestandsmäßigkeit → Rechtswidrigkeit

Täter-Opfer-Ausgleich Im Zentrum des T.-O.-A. steht der Gedanke, den staatlichen Strafanspruch zugunsten eines Ausgleichs zwischen Täter und Opfer zurückzustellen. Die Straftat ist ein → sozialer Konflikt, der zwischen den Beteiligten, Täter und Opfer, mit Hilfe eines Konfliktregelers friedlich, d. h. sozial, gelöst wird. Wichtige Bestandteile des T.-O.-A. sind das Schlichtungsgespräch, der Konfliktlösungsversuch, die positive Tatverarbeitung und die finanzielle Wiedergutmachung. Der Konfliktregeler hat die unterschiedlichen Interessen von Täter und Opfer zu beachten. Insbes. ist der Schocksituation des Opfers sensibel Rechnung zu tragen. Voraussetzung für eine effektive Konfliktregelungsarbeit ist die Umlern- und Veränderungsbereitschaft sowohl beim Konfliktregeler selber, als auch bei der Institution, die den T.-O.-A. durchführt. Es verlangt auch ein Abrücken von der reinen Täterorientierung und das Einüben neuer Rollenfunktionen. Die rechtliche Grundlage des T.-O.-A. liegt im Jugendstrafrecht (JStR) in den §§ 10, 45 und 47 JGG und im Erwachsenenstrafrecht in den § 46a StGB und § 153a StPO.

Die traditionelle Straffälligenarbeit (→ Straffälligenhilfe) hat sich durch die Ausblendung des Opfers ihrer friedensstiftenden und konfliktreduzierenden Funktion beraubt. Wenn H. von Hentig feststellt, daß »niemand als bewährt angesehen werden kann, der sich um sein Opfer nicht kümmert«, so stellt er damit einen wesentlichen Teil unserer Straffälligenarbeit in Frage. Bei der täterorientierten Sozialarbeit ist zu hinterfragen, ob die Rückfallquoten und Resozialisierungsmißerfolge nicht auch in der Vernachlässigung der Opferinteressen zu suchen sind. Ohne Aufarbeitung der Täter-Opfer-Problematik bleibt der eigentliche Konflikt ungeklärt. Genau an diesem Defizit der Verfahrens- und Sanktionspraxis setzt der T.-O.-A. an. Deshalb ist die Arbeit im Rahmen des T.-O.-A. auch ein Beitrag zur Rückfallvermeidung und zur Kriminalitätsprophylaxe. Die kriminalpolitische Bedeutung und Relevanz des T.-O.-A. ist inzwischen unbestritten, lediglich in der Frage, welche Delikte geeignet sind, gibt es noch Kontroversen. Indem Sozialarbeit hilft, den T.-O.-A. zu verwirklichen, trägt sie dazu bei, daß sich friedliche Konfliktlösungen in unserem demokratischen Gemeinwesen durchsetzen. *Karl Dürr*

Tatsächlicher Aufenthalt → Aufenthalt

Teamarbeit Im sozialen Bereich ist T. eine kooperative Arbeitsform, bei der mehrere Fachkräfte gemeinsam die Lösung von Aufgaben zu bearbeiten haben. T. erleichtert die Integration von Fachwissen unterschiedlicher Personen, z. B. wenn bestimmte Aufgaben nicht von einer Person gelöst werden können oder sollen, wenn komplexe Aufgaben zu lösen sind oder auch, wenn unkonturierte Probleme zur Lösung anstehen. T. ergänzt im Interesse wirksamer Hilfe für den Bürger die Linienorganisation da, wo bürokratische Strukturen allein sich negativ auf den Erfolg sozialpädagogischer Hilfen auswirken würden. T. dient der Erhöhung der Effektivität, der Verbesserung der Qualität der Arbeit und der Verbesserung der Arbeitsmotivation der Mitarbeiter/-innen. Grundprinzipien der T. sind Gleichordnung der Mitglieder unabhängig von der Position in der → Hierarchie oder der Besoldungsgruppe, vernetzte → Kommunikation und vernetzte → Kooperation. Teams können in die Hierarchie eingebaut sein, aber auch neben oder zwischen ihr stehen. Es gibt formalisierte und informelle Teams, Teams mit Entscheidungsfunktion und Teams mit Beratungsfunktion. Es kann homogen (z. B. nur Sozialarbeiter/-innen, zuständig als Team für einen Teambezirk) oder heterogen (z. B. bei Teams für Grundsatzfragen, Planungsteams besetzt mit unterschiedlichen Berufsgruppen) zusammengesetzte Teams geben. Optimal sind 5-7 Mitglieder. Die Teammitglieder müssen Fachleute sein, die umfassendes Wissen, komplexe Kenntnisse und Perspektivenvielfalt für die Erörterung des jeweiligen Problems mitbringen. Weitere sachverständige → Fachkräfte sollten von Fall zu Fall beratend zugezogen werden können.

Aus der Art der zu lösenden Probleme ergibt sich, daß im sozialen Bereich institutionalisierte Teams mit ständigen Mitgliedern und verbindlich zugeschriebenen Aufgaben und Zuständigkeiten notwendig sind. Daneben sind auch Teams sinnvoll, die – je nach zu beratendem Problem – in wechselnder Besetzung arbeiten.

Obwohl für T. gerade die geringe Regelungsdichte kennzeichnend ist, kommt es nicht ganz ohne Regelungen aus. Das Team sollte sich eine Geschäftsordnung geben und aus seiner Mitte ein Mitglied mit den geschäftsleitenden Funktionen betrauen. Die Übernahme der geschäftsleitenden Funktionen kann turnusmäßig wechseln. Zu den notwendigen Regeln der T. gehören insbes. solche über die Entscheidungsbildung, über die Beschlußfassung (z. B. Beschlußfähigkeit, Einstimmigkeitserfordernis, Enthaltungsmöglichkeit) sowie Diskussionsregeln. Die Aufgabe, die dem Team gestellt ist, sowie die Zielvorgabe müssen klar sein und sinnvoll in Einzelaufgaben gegliedert werden, die entsprechend dem Fachwissen auf die einzelnen Teammitglieder verteilt werden. Die Teammitglieder müssen sich untereinander als Fachleute akzeptieren, d.h., die Vorschläge und Informationen der anderen Teammitglieder zur Lösung des Problems müssen akzeptiert und in die eigenen Überlegungen einbezogen und weiterentwickelt werden. T. bedeutet, daß der Teamerfolg entscheidend ist und nicht der persönliche Erfolg eines einzelnen Mitglieds; Entscheidungen sind Gruppenentscheidungen, und das Team übernimmt dafür die Verantwortung. Jedes Teammitglied ist entsprechend seiner

Funktion im Team und entsprechend seinem Fachwissen mitverantwortlich für die Qualität des Ergebnisses.
Teamfähigkeit ist für die Besetzung und auch für die Arbeitsfähigkeit und die → Effizienz von Beratungen/Entscheidungen des Teams ein wichtiges Kriterium: insgesamt gesehen muß die Verwaltung jedoch mit dem Personal, das zur Verfügung steht, arbeiten; zudem ist Teamfähigkeit bis zu einem gewissen Grade erlernbar.
T. hat Fortbildungseffekte und führt zu gleichmäßigeren Entscheidungen in ähnlich gelagerten Fällen. Die Qualität von T. kann durch Übernahme von Vertiefungsgebieten erhöht werden. Allerdings sind auch Konstellationen möglich, z. B. wenn vor den Teamberatungen Koalitionen gesucht und Absprachen bezüglich des Ergebnisses getroffen werden, in denen T. unwirksam wird.
Lit. Abele: Teamentwicklung; Bauer, C.: Teamprinzip; Feldmann u. a.: Teamarbeit; Köln-Chorweiler: Teamarbeit; Sattler u. a.: Anleitungen; Schneider, H.: Team.

Ursula Feldmann

Techniken der sozialen Arbeit → Methoden der Sozialarbeit

Teilnahme am kulturellen Leben → Lebensunterhalt

Teilrente → Renten wegen Alters

Teilstationäre Pflegeeinrichtung In t. P. werden pflegebedürftige alte oder behinderte Menschen für eine nicht unwesentliche Dauer im Ablauf des Tages oder der Nacht pflegerisch versorgt; hierzu gibt es Einrichtungen der → Tages- und → Nachtpflege. In einem abgestuften Versorgungssystem (ambulant, teilstationär und stationär) soll die t. P. die häusliche Versorgung sichern helfen. Vgl. hierzu auch → Kurzzeitpflege. Zu den Zielen t. P. gehört es, pflegende Angehörige am Tage bzw. bei Nacht zu entlasten: T. P. sollen Berufstätigkeit, Kindererziehung oder auch nur Erholung von der oft kräftezehrenden häuslichen Pflege ermöglichen helfen. Die unmittelbare Zielgruppe der t. P. sind die Pflegebedürftigen (→ Pflegebedürftigkeit), deren Fähigkeiten und Fertigkeiten dort gefördert, zumindest erhalten werden sollen, um einen Umzug in eine → vollstationäre P. hinauszuzögern oder ganz zu vermeiden. Neben Pflegeangeboten, die tagsüber meist der Aktivierung und Rehabilitation der Pflegebedürftigen dienen, finden sich auch Angebote der sozialen Beratung und Betreuung, der Angehörigenberatung sowie Hol- und Bringdienste. Förderung und Erhaltung der körperlichen und geistigen Ressourcen der Pflegebedürftigen stehen neben den Kommunikationsangeboten im Vordergrund. T. P. exisitieren meist in räumlicher Nähe einer vollstationären oder ambulanten Pflegeeinrichtung, aber auch als sog. Solitäreinrichtungen. Um den Vorrang häuslicher Pflege vor der vollstationären Pflege auch leistungsrechtlich zu untermauern, haben Pflegebedürftige, die erheblich pflegebedürftig (mindestens Pflegestufe I) sind, nach § 41 SGB XI Anspruch auf teilstationäre Pflegeleistungen. Danach übernimmt die Pflegekasse monatlich Aufwendungen im Wert bis zu 750,– DM für Pflegebedürftige der Pflegestufe I, bis zu 1 500,– DM für Pflegebedürftige der Pflegestufe II und bis zu 2 100,– DM für Pflegebedürftige der Pflegestufe III. Mit abgegolten sind dabei die Aufwendungen der sozialen Betreuung und bis zum 31. 12. 1999 auch die medizinischen Behandlungspflege. Wird der Höchstwert der Sachleistung nicht voll ausgeschöpft, erhält der Pflegebedürftige nach § 41 Abs. 3 SGB XI anteilig noch → Pflegegeld.
Die → Pflegekassen bezahlen z. B. seit 1. 4. 1995 in Baden-Württemberg: Pflegestufe I: 52,50 DM; Stufe II: 75,– DM, Stufe III: 90,– DM pro Tag (inkl. Beförderung). Die Investitionskosten belaufen sich auf ca. 15,– DM bis 20,– DM pro Tag und Person, DM 10,50 muß für Unterkunft und Verpflegung aufgebracht werden; Unterkunft, Verpflegung und Investitionskosten werden vom Pflegebedürftigen und nicht von der Pflegekasse bezahlt. Dieser Umstand benachteiligt den Nutzer von t. P.: er muß nicht nur Kosten der eigenen Wohnung aufbringen, sondern zusätzlich noch die Unterkunftskosten der t. P. Während die Tagespflegeeinrichtungen regional unterschiedlich ausgelastet sind, spielt die Nachtpflege bislang in der Praxis eine eher untergeordnete Rolle.
Lit. Kuratorium Deutsche Altershilfe: Tagespflegeeinrichtungen; Lind: Tages- und Kurzzeitpflege.

Uwe Brucker

Telefonhilfen bestehen entweder in der Form von Telefonketten als → Selbsthilfe alter Menschen oder als zentrale Anruf- oder Nachfragestellen. Eine besondere Form der T. ist die → Telefonseelsorge.
In Telefonketten schließen sich alte Menschen zusammen. Es findet ein täglicher Telefonkontakt zu einer bestimmten Zeit mit anderen alten Menschen oder der Zentralstelle statt. Falls erforderlich, wird für Hilfe gesorgt.
Zentrale Anruf- oder Nachfragestellen sind i. d. R. einer Einrichtung der → Altenhilfe angegliedert.
T. sollen menschliche Kontakte fördern und damit der Vereinsamung entgegenwirken. Sie sollen den alten Menschen Sicherheit geben und bewirken, daß in Notsituationen Hilfe rechtzeitig herbeigerufen werden kann. Das gilt vor allem für behinderte und kranke alte Menschen.

Die Telekom trägt der besonderen Bedeutung des Fernsprechanschlusses für alte Menschen unter bestimmten Voraussetzungen durch Gebührenermäßigung Rechnung, desgleichen können im Einzelfall die Kosten für einen Fernsprechanschluß und seine Benutzung im Rahmen der → Sozialhilfe übernommen werden (→ Telefon, Kostenübernahme).

Nomenklatur des Deutschen Vereins

Telefon, Kostenübernahme Grundgebührenermäßigung sowie zusätzliche freie Gebühreneinheiten erhalten auf Antrag bei der Telekom: Einkommensschwache, die nach dem → Bundessozialhilfegesetz (BSHG) kein → Vermögen einzusetzen haben und deren → Einkommen den sozialhilferechtlichen → Bedarf der → Hilfe zum Lebensunterhalt nicht oder nur geringfügig überschreitet; Heimbewohner, die den → Barbetrag nach § 21 Abs. 3 S. 1 BSHG erhalten; Fernsprechteilnehmer, die wegen verminderter Erwerbsfähigkeit von der Zahlung der → Rundfunkgebühren befreit werden könnten – unabhängig vom Einkommen – dies sind insbes.: Sonderfürsorgeberechtigte i. S. v. § 27c → Bundesversorgungsgesetz (BVG), Blinde oder nicht nur vorübergehend wesentlich Sehbehinderte mit einer Minderung der Erwerbsfähigkeit von mind. 60% allein wegen der Sehbehinderung, Hörgeschädigte, Behinderte mit einer Minderung der Erwerbsfähigkeit von mind. 80%, die wegen ihres Leidens an öffentlichen Veranstaltungen ständig nicht teilnehmen können, Empfänger von → Hilfe zur Pflege nach dem Bundessozialhilfegesetz oder der → Kriegsopferfürsorge nach dem BVG, Empfänger einer Pflegezulage oder eines entsprechenden Freibetrages nach dem Lastenausgleichsgesetz (→ Lastenausgleich [LA]). Darüber hinaus ist eine Übernahme der Anschlußgebühr und der ermäßigten Gebühren nach dem BSHG möglich, wenn die persönlichen und wirtschaftlichen Anspruchsvoraussetzungen der → Hilfe zur Pflege, → Eingliederungshilfe für Behinderte oder evtl. auch der → Altenhilfe erfüllt werden. *Walter Tattermusch*

Telefonseelsorge Das vielfältige Angebot an → Beratung entspricht dem wachsenden Bedürfnis breiter Schichten einer industriebestimmten Gesellschaft, die plural in ihren Angeboten, wertneutral und unzureichend in ihrer Sinnvermittlung erfahren wird. Nicht nur der unter Leistungsdruck und Sachzwängen Unangepaßte und in seinen sozialen Beziehungen Gestörte, auch der Leistungsfähige erfährt sich zunehmend eingeengt in seinen Lebensäußerungen, Zwängen unterworfen, beziehungslos, unbergeborgen. Unter dem Leistungsdruck unausweichlicher Konflikte finden viele schwer zu einer »Dienststelle«, die Hemmnisschwelle für den oft Mißtrauischen ist zu hoch. Eher greift er zum Telefon als erster Kontaktbrücke. In einer breiten Öffentlichkeit bekanntgeworden, bietet die T. Ratsuchenden die Möglichkeit, Tag und Nacht befähigte und verschwiegene Gesprächspartner zu finden, die sie in ihrer jeweiligen Situation ernst nehmen, ihnen im Krisenfall beistehen und ihre Anonymität achten. Das Angebot der T. ist unspezifisch, grenzt den Kreis der möglichen Anrufer nicht auf bestimmte Konfliktfelder (z. B. Ehe- oder Erziehungsproblematik) ein. Der Katalog der Probleme, die an die T. herangetragen werden. ist darum weit gefächert, wobei das vorgebrachte Problem nicht identisch zu sein braucht mit dem eigentlichen Konflikt. Die Hilfe muß dementsprechend flexibel sein. Sie besteht im Hinhören und im Klären, im Ermutigen und Mittragen, im Hinführen zu eigener Entscheidung und im Hinweis auf geeignete Fachleute. In einigen Stellen kann das Gespräch, wenn nötig und gewünscht, in unmittelbarer persönlicher Begegnung weitergeführt werden. Die Mitarbeiter aus dem Kreis der haupt- und nebenamtlichen Kräfte, unter denen sich neben Geistlichen, Psychologen und Sozialarbeitern auch lebenserfahrene Männer und Frauen anderer Berufsgruppen finden (→ Ehrenamtliche Tätigkeit im sozialen Bereich), versuchen den anderen in vorurteilsfreier und unbedingter Offenheit anzunehmen. Wo eine weiterführende, begrenzte Krisenberatung (5 bis 15 Stunden) versucht wird, kann auf der beim Telefongespräch gewonnenen Vertrauensbeziehung aufgebaut werden. Der Anrufer hat vielleicht erstmals den Mut gefunden, sich seiner Lebensproblematik zu stellen, die den Hindergrund seines Konfliktes bildet. Die Beratungsgespräche erfordern einen für die Beratung ausgebildeten Mitarbeiter. Er wird ggf. den Ratsuchenden motivieren, sich einer längeren Fachberatung bzw. → Therapie zu stellen, oder, für den Fall, daß eine Vermittlung an → Fachkräfte nicht (oder erst später) möglich ist, eine Kurzberatung anbieten, um den Prozeß einer Fehlentwicklung aufzuhalten, oder er wird den Klienten befähigen, seine Probleme selbst anzugehen, um zu lernen, mit ihnen zu leben.

T.-Stellen arbeiten in fast allen europäischen Ländern und inzwischen in vielen Teilen der Welt (Zusammenschluß in IFOTES-International Federation of Telephonic Emergency Services/Genf). In der Bundesrepublik gibt es T. seit 1956. Bis 1995 waren es 91 Stellen; weitere 9 sind im Aufbau begriffen. Alle T.-Stellen in Deutschland sind unter der einheitlichen Telefonnummer 1 11 01 bzw. 1 11 02 erreichbar. Sie werden von beiden großen Kirchen getragen. Sie verstehen ihren Dienst nicht missionarisch, sondern als absichtslose »Erste Hilfe«. T. bezieht bewußt das Engagement des Nicht-Fachmanns ein und weiß sich angewiesen auf die Zusammenarbeit

mit allen institutionalisierten sozialen und therapeutischen Hilfeangeboten unserer Gesellschaft.
Lit. Pehl, K. u. a.: Angebot Hoffnung; Wieners, J. (Hrsg.): Telefonseelsorge. *Karl Pehl*

Tendenzbetriebe Für Unternehmen und Betriebe mit bestimmter Tendenz, sofern sie nämlich politischen, koalitionspolitischen, konfessionellen, karitativen, erzieherischen, wissenschaftlichen oder künstlerischen Bestimmungen sowie Zwecken der Berichterstattung oder Meinungsäußerung dienen, gilt das Betriebsverfassungsgesetz (BetrVG) nur eingeschränkt (§ 118 Abs. 1 BetrVG). In wirtschaftlichen Angelegenheiten gilt das Gesetz nur, soweit es um den Ausgleich oder die Milderung wirtschaftlicher Nachteile für die Arbeitnehmer geht (§ 118 Abs. 1 S. 2 BetrVG). Auf Religionsgemeinschaften und deren karitative und erzieherische Einrichtungen findet das Gesetz überhaupt keine Anwendung (§ 118 Abs. 2 BetrVG), weil die Religionsgemeinschaften ein verfassungsrechtliches Selbstbestimmungsrecht haben, das den Gesetzgeber bindet (BVerfGE 46, 73 und 95). Zu den sog. karitativen Einrichtungen gehören alle Einrichtungen im Bereich der → freien Wohlfahrtspflege, soweit sie nicht als kirchliche Einrichtungen innerhalb des → DCV und des → DW ohnehin von der Geltung des Gesetzes ganz ausgenommen sind. Sinn und Zweck dieser gesetzlichen Einschränkungen ist der Schutz der ideellen Zielrichtung insbes. auch bei sozialen Einrichtungen. Im Vordergrund steht der Zweck der bestmöglichen Hilfe. In den kirchlichen Einrichtungen wird Mitbestimmung durch besondere kircheneigene Mitarbeitervertretungs-Ordnungen ermöglicht.
Werner Hesse-Schiller

Test 1. Die wichtigste Bedeutung des Begriffs »T.« (= Probe) ist die eines psychodiagnostischen oder psychologischen T. Lienert definiert diesen als »... ein wissenschaftliches Routineverfahren zur Untersuchung eines oder mehrerer empirisch abgrenzbarer Persönlichkeitsmerkmale mit dem Ziel einer möglichst quantitativen Aussage über den relativen Grad der individuellen Merkmalsausprägung« (Lienert, S. 7, in Anlehnung an H. C. Warren). Der psychodiagnostische T. wird damit als eine spezifische Form des psychologischen → Experiments verstanden und setzt ein bestimmtes wissenschaftstheoretisches Konzept voraus: vor allem die Existenz verschiedener empirisch abgrenzbarer psychischer Merkmale oder Eigenschaften des Individuums, deren Ausprägungsgrad variieren kann, die also sog. → Variablen oder Veränderliche darstellen, die zudem meßbar, d. h. quantitativ faßbar sind, wobei eine Einstufung in eine größer(›)-kleiner(‹)Relation, d. h. eine → Messung auf Ordinalskalen-Niveau (→ Skala), bereits genügen kann. Die Annahme einer gewissen Konsistenz und Stabilität der Ausprägung von Persönlichkeitsmerkmalen (→ Persönlichkeit) und damit von einer gewisse Zeit überdauernder psychischer Unterschiede zwischen Individuen steht hinter der aufwendigen Konstruktion von vielfältigen psychodiagnostischen T., obgleich in neuerer Zeit immer deutlicher auch die Notwendigkeit herausgearbeitet wird, T. zu konstruieren, die Veränderungen der untersuchten Merkmale anzeigen, um etwa die Wirkung einer applizierten → Psycho- oder Pharmako-Therapie zu prüfen. Auch werden T. zur Bestimmung des jeweiligen Standes einer individuellen Entwicklung, z. B. der → Schulreife, erarbeitet.
Am Ende des 19. Jh. wurden die ersten Instrumente zur Bestimmung interindividueller Unterschiede entwickelt und angewendet. Damals standen vor allem Differenzierungen im intellektuellen Bereich (→ Intelligenz) und damit Intelligenztests im Vordergrund, die zum Vorbild nahezu aller neueren Intelligenz- und Schult. wurden. Heute nehmen psychodiagnostische T., die sich nun auf nahezu alle unterscheidbaren Bereiche des Individuums beziehen, in der psychologischen Praxis und wissenschaftlichen Diskussion einen breiten Raum ein. Einen Überblick über die gebräuchlichen Untersuchungsinstrumente und ihre Anwendungsbereiche gibt Brickenkamp.
Die Mehrzahl der vorliegenden Verfahren wurde auf der Grundlage der klassischen T.theorie konstruiert, die von einem »wahren« Wert und einem davon unabhängigen Meßfehler ausgeht und bestimmte Gütekriterien für einen psychodiagnostischen T. formuliert, die populationsabhängig sind, d. h. nur für die Bezugspopulation Geltung besitzen. Neuere theoretische Ansätze, die probabilistische T.theorie (an Wahrscheinlichkeitsbestimmungen orientiert), suchen diese Abhängigkeit der Bestimmungen von der Bezugspopulation abzulösen (Rasch-Modell). Z. Z. jedoch ist die Anwendung dieser probabilistischen Modelle noch sehr begrenzt, zumal vielfältige Fragen zur Bewertung der Güte von T. offen sind, die nach Vorstellungen der probabilistischen T.theorie konstruiert wurden. Jeder T. besteht im Prinzip aus zwei Komponenten: Es werden a) Situationen hergestellt – etwa durch Aufgaben, Fragen, Aussagen u. a. –, in denen diagnostisch bedeutsames Verhalten von der zu untersuchenden Person gefordert wird. Es wird b) das in der spezifischen Situation registrierte Verhalten der untersuchten Person interpretiert, d. h., das beobachtete Verhalten wird auf die zu bestimmenden Merkmale oder Eigenschaften der Person, etwa auf Fähigkeiten, Charakterzüge (→ Charakter), Interessen, Einstellungen (→ Attitüden) etc. hin ausgewertet.
Zur Herstellung der Untersuchungssituati-

on und der Verhaltensinterpretation liegen Anweisungen vor, die genau zu befolgen sind, um die interindividuelle Vergleichbarkeit und Kommunizierbarkeit der T.ergebnisse zu gewährleisten (Standardisierung, Darlegung des theoretischen Konzeptes). Ein T. soll definierten Gütekriterien genügen. Vor allem sind die Angaben zur → Objektivität, → Reliabilität und → Validität des Verfahrens zu prüfen. Die vielfältigen vorliegenden T. können sehr verschieden klassifiziert werden. Häufig werden Intelligenz- und Leistungs-T. Persönlichkeitst. gegenübergestellt.
2. Der Begriff »T.« bezeichnet auch bestimmte mathematisch-statistische Prüfverfahren: statistischer T. (→ Statistik).
3. Mit »T.« wird zudem die Gesamtheit der Untersuchungsrequisiten (das T.material) benannt.
4. Ferner wird der Vorgang des Untersuchens mit »T.« (Testen) gekennzeichnet.
Lit. Brickenkamp: Handbuch; Lienert: Testaufbau. *Ingrid M. Deusinger*

Testament Das T. ist – als Ausprägung des Grundsatzes der Testierfreiheit – ebenso wie der Erbvertrag – eine im → Erbrecht vorgesehene Verfügung von Todes wegen, die mit Einschränkungen schon ab dem 16. Lebensjahr getroffen werden kann (§§ 2229ff. BGB). Beim T. (§§ 1937ff. BGB) handelt es sich um eine einseitige, beim Erbvertrag (§ 2276 BGB; → Vertrag) um eine zweiseitige letztwillige Verfügung. Dazwischen steht als Sonderform das gemeinschaftliche Testament von Ehegatten, §§ 2265 ff. BGB.
Wesentliche Inhalte einer Verfügung von Todes wegen sind: die Bestimmung eines Erben (gewillkürte Erbfolge), die Ausschließung (Enterbung) eines Verwandten oder Ehegatten von der gesetzlichen Erbfolge, ein Vermächtnis, mit dem der Erblasser einem Dritten ein Recht auf einen bestimmten Vermögensgegenstand zuwendet, sowie eine Auflage und Anordnungen über die T.vollstreckung.
Zu unterscheiden ist das öffentliche T. vom privatschriftlichen T. (§ 2231 BGB). Beim öffentlichen T. kann der Erblasser seinen letzten Willen dem Notar gegenüber mündlich erklären oder seine Verfügung in offener oder geschlossener Schriftform dem Notar übergeben. Die Niederschrift bzw. das T. gibt der Notar in amtliche Verwahrung zum Nachlaßgericht. Beim privatschriftlichen T. sind zwingende Formvorschriften zu beachten (§ 2247 Abs. 1 BGB). Es hat im wesentlichen die gleichen Rechtswirkungen wie das öffentliche T., muß aber vom Erblasser eigenhändig geschrieben und unterschrieben sein. Einem Mißbrauch eigenhändiger T. kann durch amtliche Verwahrung (§ 2248 BGB) begegnet werden.
Das T. kann im Gegensatz zum Erbvertrag jederzeit widerrufen werden, z.B. durch Vernichtung und Neufassung. Die bloße Rücknahme aus der amtlichen Verwahrung ändert an der Wirksamkeit des T. nichts.
In der Praxis sind Fragen der fachkundigen Beratung über Form und Inhalt testamentarischer Verfügungen von Bedeutung. Aus Gründen der Rechtsklarheit und -sicherheit sollte im Zweifelsfall das öffentliche T. (zur Niederschrift eines Notars, §§ 2231 f. BGB – was bei Personen zwischen 16 und 18 Jahren ohnehin vorgeschrieben ist) gewählt werden.
Von den letztwilligen Verfügungen zu unterscheiden ist der Erbverzicht. Dabei handelt es sich um einen erbrechtlichen Verfügungsvertrag, oft im Zusammenhang mit Abfindungsverträgen, durch den die gesetzlichen Erben (Verwandte, Ehegatte) auf ihr gesetzliches Erbrecht, § 2346 BGB, oder testamentarisch oder erbvertraglich eingesetzte Erben der Vermächtnisnehmer auf das ihnen Zugewandte, einschließlich Pflichtteilsansprüchen § 2352 BGB, verzichten.
Lit. Dittmann u.a.: Testament; Drewes: Testament und Erbschaft; Mens: Testament; Tzschaschel: Ehegattentestament. *Jost Bauer*

Thanatologie → Sterbebegleitung

Themenzentrierte Interaktion (TZI) Ruth Cohn, Psychoanalytikerin und Gruppentherapeutin, war nach dem 2. Weltkrieg daran interessiert, Methoden für das Erziehungswesen zu entwickeln, die geeignet waren, ganzheitliches »lebendiges Lernen« in Familie, Schule, Universität, Organisationen, Mitarbeitergruppen etc. zu ermöglichen. Im Herbst 1955 gewann sie aus einem Gegenübertragungsseminar (→ Gegenübertragung) mit Psychoanalytikern die entscheidenden Anstöße für die von ihr entwickelte pädagogische Methode der »TZI«, die auf psychoanalytischen Theorien (Arbeit am → Widerstand vor der Arbeit am Inhalt: → Psychoanalyse), gruppen- und erlebnistherapeutischen Erfahrungen (insbes. die Beachtung von [Körper-]Gefühlen; → Gruppentherapie) und existentialphilosophischen Prämissen der → »humanistischen Psychologie« basiert.
Den philosophischen Hintergrund für Ruth Cohns System der TZI bilden folgende Axiome: a) Die Persönlichkeit ist eine psychosomatische Ganzheit, die eine Einheit von Wahrnehmen (→ Wahrnehmung), Fühlen und → Denken auszeichnet. b) Der Mensch verfügt über die Möglichkeit der freien Entscheidung innerhalb gewisser Kausalitätsgesetze. Diese bedingt »freie« Entscheidung ist durch die Gleichzeitigkeit von biologischer Autonomie (Eigenständigkeit) und sozialer Interdependenz (Allverbundenheit) paradox gekennzeichnet. c) Der Mensch lebt in der Notwendigkeit zu werten, woraus ihm die humane Verpflich-

Theoriebildung

tung erwächst, allem Lebendigen und seinem Wachstum Ehrfurcht entgegenzubringen.
Aus diesen Axiomen leiten sich die beiden grundlegenden Postulate der TZI ab: a) Sei dein eigener »chairman« (Vorsitzender, Leiter), d.h., sei der Leiter deiner selbst in der Gruppe! b) Störungen haben den Vorrang! – Beide Postulate stellen keine Forderungen, sondern Gesetze der psychischen Realität dar, bei deren Mißachtung es zu (Zer-)Störungen der psychischen und gruppalen Entwicklung kommt.
Aus diesen existentiellen Postulaten ergibt sich folgende Hauptregel: Versuche, in dieser Sitzung das zu geben und zu nehmen, was du geben und nehmen möchtest!
Jede Lernsituation in Gruppen wird bestimmt durch drei Faktoren: a) das »Ich« jedes einzelnen Lernenden, b) das »Wir« der Gruppe und c) das »Es«, das Thema als Gegenstand der Gruppenaktivität.
Diese drei gruppeninternen Faktoren bilden die Eckpunkte eines Dreiecks, die aufeinander bezogen sind. Darüber hinaus wird die Lernsituation sowohl durch institutionelle Rahmenbedingungen (Ort, Raum, Zeit etc.) als auch durch die Umweltbezüge der einzelnen Gruppenteilnehmer beeinflußt. Diese gruppenexternen Faktoren werden durch die Kugel (»globe«), die das Dreieck umschließt, symbolisiert. »TZI« besagt, daß mehrere Menschen dann zu einer Gruppe werden, wenn sie gemeinsame Themen/Aufgaben haben, daß aber daneben die → Interaktion zwischen den Teilnehmern und die Situation des einzelnen Individuums von gleichrangiger Bedeutung sind. Die Aufgaben des Leiters der TZI – Themen und Strukturen zu setzen, dynamische Balance zwischen Ich – Wir – Es, zwischen Fühlen und Denken zu halten und auf Störungen zu achten – haben zum Ziele, in der Gruppe → Angst zu reduzieren, eine vertrauensvolle und offene Haltung zum Menschen zu fördern und damit humanes und demokratisches Lehren und Lernen, d.h. »lebendiges Lernen« zu ermöglichen. Der Leiter bringt sich als »Modellpartizipant« »selektiv authentisch« in das Gruppengeschehen ein, wodurch er die Gruppenkohäsion und -lokomotion fördert.
TZI ist eine pädagogische Methode zum lebendigen Lernen in Gruppen. Sie ist für alle Lern- und Arbeitsgruppen indiziert, in denen eine Synthese von Persönlichkeitsentwicklung und sachorientiertem Arbeiten und eine bessere → Kommunikation und → Kooperation erreicht werden sollen.
Lit. Belz: Gruppe; Cohn: Interaktion; Kroeger: Seelsorge; Langmaak: Interaktion; Löhmer u.a.: TZI; Mahr: TZI-Gruppen; Rubner: Störung; Stollberg: Lernen.

Eike Rubner

Theoriebildung Heute läßt sich T. als Erkenntnisprozeß bestimmen, in dem sich Erfahrung und Wissen auf einer höchsten Bewußtseinsebene ausdrücken und in dem zugleich Voraussetzungen geschaffen werden zu noch besserer Erkenntnis. T. dient der Erklärung von Realität und der Ermöglichung von zukunftsorientiertem Handeln. Theorie ist immer auch das Bestreben zu weiterer Theorieentfaltung. Diese doppelte Funktion, Träger und Motor von Erkenntnis zu sein, äußert sich heute vor allem negativ im Konflikt zwischen Theorie und Praxis (→ Theorie-Praxis-Verhältnis) und in der Schwierigkeit der Entfaltung weitreichender Theorien (→ Systemtheorie, → kritische Theorie).
Seit der Neuzeit steht T. unter dem Anspruch naturwissenschaftlicher Prinzipien und Kriterien (→ Objektivität, → Positivismus). Grundvoraussetzungen für T. sind: Kausalität, also das Bestehen von Ursachen- und Wirkungszusammenhängen; Reduktion, d.h. die Möglichkeit, Wirklichkeit auf bestimmte Faktoren wie Konstante und Variable festlegen zu können; Überprüfbarkeit als Prinzip der Kontrolle und der Aussagegültigkeit von Theorie für jede Wirklichkeit, die den gleichen Voraussetzungen und Bedingungen unterliegt. Solche Grundvoraussetzungen stellen Axiome dar, die innerhalb einer Theorie nicht begründet und bewiesen werden müssen, sondern von denen eine Theorie von vornherein ausgeht.
Das Prinzip der Überprüfbarkeit ist entscheidend für die heutige T. Erklärungen, die nicht überprüfbar sind, können keinen Anspruch als Theorie stellen. Jede Theorie muß prinzipiell falsifizierbar sein (K. R. Popper), d.h., eine Theorie gilt so lange als wahr, solange sie nicht widerlegt ist. Ihre Verifikation liegt dann darin, daß sie allen Anstrengungen widersteht, sie zu widerlegen. In diesem Sinne ist Theorie immer vorläufig und nicht endgültig.
Kern der T. ist der Begriff. Der philosophische Streit, ob der Begriff Realität ausdrückt oder Abstraktion ist (Realismus oder Nominalismus), erscheint heute überwunden gegenüber der Forderung, daß Begriffe die Wirklichkeit, die sie ansprechen, klar und deutlich bestimmen müssen. Begriffe ergeben ein formales System der Neben-, Über- und Unterordnung. Die »höheren« Begriffe abstrahieren stärker als »niedere«, konkretere Begriffe. Begriffe stehen in einer Theorie in Zusammenhängen, wobei Begriffe einfacher Abstraktion von Begriffen höherer Abstraktion ableitbar sind. Einen Begriff, der selbst nicht mehr ableitbar ist, nennt man Kategorie. Jede Kategorie wirkt sich als Begriff für Begriffe und somit theoriestiftend aus. Mit Kategorialbegriffen erreichen Theorien hohe Reichweiten.
Im Bereich der Sozialwissenschaften ergeben sich für die Begriffs- und Theoriebildung im Unterschied zu naturwissenschaftlichen Bereichen besondere Schwierigkeiten. So gibt es hier keine Gesetze wie die

der Schwerkraft, sondern nur Kausalbeziehungen in der Art von Chancen. Etwa: Es besteht die Chance, daß → Frustration Aggression auslöst. Ebenso verträgt die soziale Wirklichkeit nicht im gleichen Maß Abstraktionen und Verkürzungen von → Variablen in der T. wie der Bereich der Naturwissenschaften. Das hat zur Folge, daß Theorien und Begriffe mit fortschreitender Abstraktion und Exaktheit immer bedeutungsloser und banaler werden können und entscheidende Zusammenhänge außerhalb der theoretischen Erklärung bleiben können. Andererseits besteht die Gefahr von schnell wechselnden Modebegriffen, die keine Erkenntnis sichern, sondern nur »sterile Aufgeregtheit« im Feld von Alltagstheorien, also von → Vorurteilen bewirken. Weber hat einen »mittleren« Weg eingeschlagen mit der Konstruktion des Idealtypus. Dabei handelt es sich um Begriffe, die aus den verschiedensten Elementen konkret gesellschaftlich-geschichtlicher Wirklichkeit frei zusammengesetzt sind und nur so weit und so lange gelten, als mit ihnen soziale Wirklichkeit zutreffend erklärt werden kann.

Die größte Schwierigkeit der T. im Bereich der Sozialwissenschaften besteht darin, daß es kaum noch »große« und umfassende Theorien gibt, sondern eine teilweise widersprüchliche Fülle von Theoremen, d. h. theoretischen Thesen, von Theorieansätzen und Theoriestücken. So gibt es für die Genese menschlicher → Identität unvermittelte phylogenetische und ontogenetische Theorieansätze und weiter z.B. für die Ontogenese lern-, rollen-, schichtentheoretische und psychoanalytische Erklärungen. Das Bemühen um weitreichende und tragfähige Theorien mit der Integration von Theorien unterer und mittlerer Reichweite, das dem Auseinanderdriften theoretischer Erkenntnisse entgegenwirken will, läuft auf die Entwicklung von Metatheorien hinaus. An den Bemühen um metatheoretische Erweiterung von Theorien zeigt sich die Krise der T. heute.

Lit. Albert: Theorie; Aufenanger u.a.: Handlung; Habermas: Handeln; Luhmann: Aufklärung; Ricoeur: Hermeneutik; Weber, M.: Wirtschaft; Wellmer: Gesellschaftstheorie. *Hermann Müller†*

Theorien der Sozialarbeit/Sozialpädagogik Ein T.-Überblick ist angesichts der Vielfalt und des Wandels der → Sozialbeit/Sozialpädagogik außerordentlich schwierig, zumal es keine geschlossene, allseits bekannten T. gibt, statt dessen viele Einzelentwürfe und T.ansätze von recht unterschiedlichem Niveau. Ein systematischer Überblick (Mühlum: Sozialarbeit) und eine interpretative Studie (Lowy: Sozialarbeit/Sozialpädagogik) ließen zu Beginn der 80er Jahre allenfalls Konturen einer eigenen Wissenschaft erkennen. Danach gewann die T.entwicklung allerdings eine neue Dynamik, so daß die letzte Dekade dieses Jahrhunderts von einem neuen Wissenschaftsanspruch der sozialen Arbeit geprägt wird (Engelke: Wissenschaft; Wendt: Sozial). Im übrigen ist die Notwendigkeit handlungsleitender T. für berufliche Sozialarbeit unbestritten – und ihre Anerkennung als Profession (→ Professionalisierung) von einer einschlägigen Zentralt. oder Leitwissenschaft abhängig. T. und Praxis der sozialen Arbeit leiden jedoch noch immer unter dem Begriffsdilemma »Sozialarbeit/Sozialpädagogik«, hinter dem sich nach wie vor unterschiedliche Auffassungen, Erfahrungen und Entwicklungen verbergen, sowie dem notleidenden → Theorie-Praxis-Verhältnis, das in der Berufs- und Wissenschaftsgeschichte kritisch reflektiert wird: Inwiefern können T. berufliches Handeln steuern und verbessern? Wieweit sind – umgekehrt – → Lebenswelt und Berufsalltag in T. angemessen berücksichtigt? Kontroverse Einschätzungen sind hier fast unvermeidlich. Sie hängen nicht zuletzt vom wissenschaftlichen Standort und den jeweils verfügbaren Wissen ab. Wissen aber kann in unterschiedlichem Maße reflektiert, systematisiert und methodisch geprüft sein (→ Theoriebildung). Nach diesen Kriterien lassen sich Erkenntnisstufen und T.stufen ableiten: Von einer Praxis i. S. bloßen Alltagshandelns kann eine reflektierte Praxis unterschieden werden, die sich auf Expertenwissen stützt, dieses kann systematisiert und weiterentwickelt werden zu Praxist., die eine Handlungslehre (z.B. für die → Ausbildung) begründen, welche wieder methodologisch zu reflektieren ist, womit die Metat. konstruiert würde. Analog zu anderen Sozialwissenschaften sind so drei Stufen zu unterscheiden: 1. Sozialarbeit/Sozialpädagogik als spezifisches sozialberufliches Handeln, also Praxis der sozialen Arbeit. 2. Systematisches Erklärungswissen für bzw. Satzsysteme über Sozialarbeit/Sozialpädagogik, als Theorie(n) der sozialen Arbeit. 3. T. über T. der Sozialarbeit/Sozialpädagogik, also Metat. der sozialen Arbeit. Eine eigenständige »Wissenschaft der sozialen Arbeit« müßte diese Stufen umfassen (Salustowicz: Disziplin).

Unter Wissenschaft kann sowohl eine Institution zur Organisation von Erkenntnisprozessen als auch ein Aussagesystem von begründbaren und überprüfbaren Erkenntnissen verstanden werden. Dazu wäre insbesondere der Gegenstandsbereich (das Erkenntnisobjekt) und die Methoden zur Erkenntnisgewinnung zu bestimmen. Beides ist für Sozialarbeit/Sozialpädagogik noch keineswegs hinreichend geklärt, weshalb bisher auch nur andeutungsweise von Sozialarbeitswissenschaft gesprochen werden kann. Dagegen zeigt, trotz methodologischer Probleme, die Sozialarbeitsforschung – i. S. empirischer Untersuchung sozialer

Problemlagen und sozialberuflichen Handelns (→ empirische Sozialforschung, → Praxisforschung) – schon deutlichere Konturen (Maier: Forschung).
Geschichte: Eine systematische Erkenntnisgewinnung und Ausformulierung von Praxist. entwickelte sich parallel zur Berufsgeschichte. Mit der Verberuflichung vormals ehrenamtlicher Helfer (→ Ehrenamtliche/freiwillige Tätigkeit im sozialen Bereich) im Bereich der Armenpflege und → Erziehungshilfe wuchs der Bedarf an → Ausbildung und mit dieser die Notwendigkeit theoretischer Fundierung. Entsprechend der funktionalen und institutionellen Trennung unterscheiden sich auch die Praxist. der Sozialarbeit und der Sozialpädagogik in der Geschichte.
Begriffsgeschichtlich verläuft die eine Linie von Almosenwesen, Armenpflege, Wohlfahrtspflege und Fürsorge (→ Fürsorge/Geschichte der Fürsorge) hin zur Sozialarbeit; die andere von der Anstaltserziehung, Jugend- und Sozialerziehung zur Sozialpädagogik. Beide sind im Grunde gesellschaftliche Ersatzleistungen für Funktionsverluste und Defizite in der modernen → Familie: Sozialarbeit als Ersatz für schwindende familiale und verwandtschaftliche Sicherungsleistungen, Sozialpädagogik als Ersatz für schwindende Erziehungsleistungen. Insofern gehören sie tatsächlich unterschiedlichen gesellschaftlichen Subsystemen, dem System der Sozialen Sicherung (→ Soziale Sicherheit) und dem Bildungswesens (→ Bildung/Bildungswesen) an, wie auch das tradierte Selbstverständnis der Berufsgruppen zeigt. Dieser institutionsgeschichtlichen Logik entspricht die wissenschaftsgeschichtliche Zuordnung der Praxist., die ihren vorläufigen Höhepunkt in den 20er Jahren zum einen in der Fürsorget. (Klumker, Peyser, Salomon), zum anderen in der Sozialpädagogik (Natorp, Nohl, Bäumer) fanden. Eine Scheidung, die ungeachtet aller Grenzüberschreitungen und Vermittlungsversuche bis heute nachwirkt. Nach dem Zusammenbruch der NS-Diktatur dominierte in der deutschen Sozialarbeit mit Rückgriff auf amerikanische Erfahrungen zunächst die »T. der Arbeitsformen« (→ Methoden der Sozialarbeit) sowie in der Sozialpädagogik, die ohnehin eine deutsche Besonderheit ist, die »T. der → Jugendhilfe«. Erst Ende der 60er Jahre setzte ein Wandlungsschub ein. Dem bis dahin beklagten T.defizit folgte eine wachsende T.produktion auf der Basis kontroverser Wissenschaftsalternativen, so daß sich erstmals eine neue sozialwissenschaftliche Disziplin für das Handlungsfeld der sozialen Arbeit abzeichnete. Jedenfalls wird in dieser Zeit verstärkt nach Sozialarbeitsforschung und einer eigenen Sozialarbeitswissenschaft verlangt, nicht zuletzt wegen der Ausbildungsreform und der Einrichtung von → Fachhochschulen.

Bei aller Vielfalt lassen sich die Praxist. der 60er und 70er Jahre als Erkenntnisinteressen und Funktionsbestimmungen ordnen und idealtypisch als sozialintegrative, d. h. auf Anpassung und Eingliederung zielende (z. B. Hollstein/Meinhold, Khella, Danckwerts) Konzepte gegenüberstellen (Mühlum: Sozialarbeit). Im ersten Fall dominiert die anthropologische Perspektive mit dem Begriff Gesellschaftsveränderung. Die Nähe zu den wissenschaftstheoretischen Grundpositionen ist evident, weshalb auch von geisteswissenschaftlich-hermeneutischen, kritisch-rationalen und dialektisch-kritischen T. gesprochen wurde. Zwischen den Polen »individuelle Anpassung« und »sozialer Umbruch« finden sich mittlere Positionen, die zeitgebunden als professionelle und emanzipatorische Ansätze bezeichnet werden und die T.entwicklung i. S. d. Professionalisierung der »Aufklärung« und der Alltagswende beeinflußten. Die unversöhnlich erscheinenden Extrempositionen wurden jedoch nicht nur durch diese vermittelnden T.beiträge abgefedert, sondern auch durch den Realitätsdruck der Praxis korrigiert. So galt im Hauptstrom der T. und Praxis sozialer Arbeit zu allen Zeiten beispielsweise das doppelte Mandat, das Hilfe und Kontrolle zugleich verlangt, aber ebenso auch die Doppelverpflichtung zur Änderung des → Sozialverhaltens und der Sozialverhältnisse.
Beim damaligen Stand der T.entwicklung (Thiersch/Rauschenbach: Sozialpädagogik/Sozialarbeit) werden fünf »zentrale Dimensionen sozialpädagogischer T.bildung« genannt (→ Lebenswelt der Adressaten, gesellschaftliche Funktion, Institution, professionelles Handeln und Wissenschaftscharakter der Sozialpädagogik/Sozialarbeit), die in den darauffolgenden Jahren allerdings nur unzureichend bearbeitet wurden. Nach der Professionalisierungsdebatte, die als theoretische Kontroverse ein ganzes Jahrhundert prägte, ist zwischenzeitlich sogar von T.müdigkeit und einem handlungstheoretischen Vakuum die Rede. Dabei behielten die Theorien – trotz mancher Versuche zur Vereinheitlichung – stets Affinitäten zur Sozialarbeit oder zur Sozialpädagogik. Auch die jüngste T.entwicklung bleibt zweispurig. Sie folgt zum einen dem deutschen T.strang der (Sozial-)Pädagogik (A), zum anderen dem internationalen Social Work (B).
Zu A: Die Anlehnung der Sozialpädagogik an die → Erziehungswissenschaft als Leitwissenschaft prägt fast die gesamte universitäre Lehre und Forschung. In die gleiche Richtung tendieren, ungeachtet ihres Untertitels, die Zeitschrift »Neue Praxis« und die Kommission »Sozialpädagogik« der Deutschen Gesellschaft für Erziehungswissenschaft (Thiersch/Grunwald: Zeitdiagnose). Nahezu alle Autoren dieser Richtung sind ausgewiesene Erziehungswissenschaftler

und betreiben die T. der Sozialpädagogik/Sozialarbeit in diesem Verständnis: Sozialpädagogik als »Pädagogik unter besonderen Bedeutungen«. Dennoch wird ihre »disziplinäre Heimatlosigkeit« hier ebenso beklagt wie die verbreitete Legitimationskrise und der Mangel an sozialpädagogischer T.bildung, die der Praxis nicht gerecht wurde. Stand noch vor kurzem die gesellschaftspolitische Funktion im Mittelpunkt des theoretischen Interesses, wird nun »das Pädagogische« vermißt und vor einer Überbetonung der gesellschaftlichen Perspektive gewarnt, statt dessen die → Alltags- und → Interaktionsorientieurng eingefordert. Die pädagogische Perspektive beginnt die professionstheoretische zu überlagern (Vahsen: Paradigmenwechsel). Theoretische Bemühungen sind nun z.B. darauf gerichtet, Sozialarbeit im Spannungsverhältnis zwischen → Individuum und → Gesellschaft, zwischen sozialberuflicher → Intervention und Autonomie zu verorten und »typologisches Fallverstehen« in die Lehre zu integrieren – als gäbe es dazu nicht eine lange Tradition der Sozialarbeit, beginnend mit Lehrfällen von Mary Richmond und Alice Salomon. Die jüngsten Versuche erziehungswissenschaftlich orientierter Sozialpädagogik. sind betont normativ – auf der Suche nach »kulturtheoretischen Bezugspunkten«, nach »sozialer Arbeit als gerechter Praxis« oder nach »Rekonstruktion von Subjektivität und selbstbestimmter Lehrpraxis« (Winkler: Theorie). Den gesellschaftlichen Begrenzungen und Beschädigungen soll soziale Arbeit durch Befähigung von Individuen zur Ausgestaltung autonomer Lebenspraxis entgegenwirken – eine theoretische Neufassung des klassischen Verständnisses von Sozialarbeit als Befähigungshilfe und des neueren → Empowerment.
Zu B: Die zweite T.linie steht in der Tradition des Social Work und stützt sich sowohl auf klassische Beiträge als auch auf aktuelle internationale Entwicklungen (→ International Council on Social Welfare [ICSW]). Sie lehnt sich nicht an eine einzelne universitäre Disziplin als Leitwissenschaft an, sondern beharrt auf der Notwendigkeit einer eigenen Sozialarbeitswissenschaft – zwischen den etablierten Human- und Gesellschaftswissenschaften –, weil nur eine solche wissenschaftliche Arbeitsteilung dem Problembereich gerecht werden könnte. Silvia Staub-Bernasconi faßt dieses Anliegen mit der ironischen Fragestellung auf, ob soziale Arbeit zu einfach oder zu komplex sei, um theorie- und wissenschaftswürdig zu sein. Diese T.linie wird überwiegend an → Fachhochschulen, in Berufsverbänden und Wohlfahrtsverbänden sowie der → Deutschen Gesellschaft für Sozialarbeit vertreten. Sie ist insofern praxisnäher und internationaler, aber wohl auch theoretisch bescheidener. Ein Beispiel dafür ist die Rezeption des amerikanischen Life-Model, mit dem ab 1983 ein Paradigmenwechsel eingeleitet wurde, der in der Tradition des ganzheitlichen Denkens in der Sozialarbeit steht und die zitierten T.varianten integriert: Dem individualisierenden Verständnis sozialer Arbeit, das anfangs am medizinischen Denkmodell – und damit an der Rolle des Arztes – orientiert war, und dem gesellschaftskritischen Verständnis, das vom soziologischen Denkmodell – und damit von der Rolle des (Sozial-)Politikers – ausging, tritt nun wieder ein integratives Verständnis von Person und Lebenswelt gegenüber, das als »ökologisches Denkmodell« die Mensch-Umwelt-Beziehung ins Zentrum rückt und mit einer dynamischen T. dieser Austauschbeziehungen einen neuen Untersuchungs- und Erklärungsansatz sozialer Arbeit begründet (Mühlum et al.: Umwelt). Die Grundgedanken dieses basalen Denkmodells sind einfach: Zwischen Person und Umwelt bestehen Austauschbeziehungen. Diese »Transaktionen« sind störanfällig. Störpotentiale liegen vor allem in lebensverändernden Ereignissen, belastenden Beziehungen und Umweltanforderungen. Bei Überforderung der Problemlösungskapazität von Individuen, Gruppen oder Netzwerken ist eine Sozialarbeit gefordert, die als institutionalisierte Hilfe für Person-Umwelt-Probleme gilt und dabei die ökologische und soziale Verträglichkeit zu berücksichtigen hat. Ihre sozialberuflichen Interventionen zielen somit gleichermaßen auf die Verbesserung des Anpassungs- und Reifungspotentials, was im Begriff des ökosozialen oder prozessualsystemischen Denkens deutlich wird (Staub-Bernasconi: Systemtheorie). Zu diesem T.modell gehören wiederum unterschiedliche Praxist., die mit Konzepten wie Netzwerk, Soziotop, Membership und Milieu, → Case Management und → Empowerment arbeiten (Engelke: Theorien). Wie unbefriedigend Sozialarbeitt. und Sozialpädagogik. sowie der Stand der T.bildung insgesamt auch sein mögen, sie beinhalten zusammengenommen durchaus Grundlagen für eine eigenständige Wissenschaft, deren Erkenntnisobjekt von einem doppelten Sachverhalt auszugehen hätte: 1. Der Mensch ist ein bio-psycho-soziales Wesen, das von den traditionellen Disziplinen nur ausschnitthaft wahrgenommen wird. Eine Zusammenschau fehlt. Soziale Arbeit müßte deshalb in T. und Praxis diese Segmentierung überwinden und eine ganzheitliche Sicht gewährleisten (→ Systemtheorie, → kritische Theorie),wie sie als »Person-in-der-Konfiguration« schon in den 20er Jahren eingeführt wurde und als holistischer Ansatz der 60er, systematisches Denken der 70er und ökosoziale Perspektive der 80er ihre Fortsetzung fand (Systematische Sozialarbeit, »Person-in Environment«-Perspektive).

2. Die individuelle und soziale Existenz des Menschen ist immer Belastungen ausgesetzt und prinzipiell vom Scheitern bedroht. Soziale Arbeit müßte daher in T. und Praxis von den psychosozialen, sozioökonomischen und soziokulturellen Problemen ausgehen, ihre Ursachen analysieren, Zusammenhänge aufdecken und dementsprechende Problemlösungsansätze erarbeiten, die stets auf die Verbesserung des (individuellen) Bewältigungsverhaltens und der (ökosozialen) Lebenswelt zielen.
Da dieser Anspruch mit einer erziehungswissenschaftlichen Orientierung allein nicht realisiert werden kann, muß die sozialpädagogische T.bildung durch T. der Sozialarbeit ergänzt werden. Ob sich diese als Sozialarbeitswissenschaft (Puhl, Wendt) oder übergreifend als Wissenschaft der Sozialen Arbeit (Engelke) durchsetzen wird, bleibt eine spannende Frage.
Fazit: Der Anspruch von Sozialpädagogik und Sozialarbeit auf eine theoretische Bearbeitung ihres Objektbereichs wird nicht mehr bestritten. Meinungsunterschiede gibt es allerdings bezüglich der T.kompetenz und -zuordnung. Unterschiedlich beurteilt werden auch die schon vorliegenden T.beiträge. Und vollends kontrovers ist die Forderung nach einer eigenen Zentraltheorie oder Leitwissenschaft. Als Zwischenbilanz einer langen T.geschichte läßt sich feststellen:
1. Die Wissenschaftsentwicklung kann sich den Anliegen der Sozialen Arbeit nicht länger verschließen (wissenschaftliche Arbeitsteilung);
2. Praxis- und Wissenschaftsanspruch der Sozialarbeit gewinnen an Konturen (Sozialarbeitswissenschaft);
3. Sozialarbeitswissenschaft und Sozialpädagogikwissenschaft sind als Elemente einer übergreifenden Disziplin vorstellbar (Wissenschaft der Sozialen Arbeit), die es weiter zu entwickeln gilt.
Lit. Dewe u. a.: Zugänge; Engelke: Wissenschaft; Engelke: Theorien; Lowy: Sozialarbeit; Maier, K.: Forschung; Mühlum: Sozialpädagogik; Mühlum u. a.: Umwelt; Puhl (Hg.): Sozialarbeitswissenschaft; Salustowicz: Disziplin; Staub-Bernasconi: Systemtheorie; Thiersch u. a.: Zeitdiagnose; Thiersch u. a.: Theorie; Vahsen: Paradigmenwechsel; Wendt: Sozial; Winkler: Theorie. *Albert Mühlum*

Theorie-Praxis-Verhältnis ist als theoretisches und praktisches Problem abhängig auch vom Wandel und von unterschiedlichen Auffassungen der beiden konstitutiven Begriffe »Theorie« und »Praxis«. Zum Problem wird es eigentlich erst, wenn und wo tradierte Praxis auf der Basis tradierter Ziele, Werte und Normen in Frage gestellt und die Ablösung einer traditionellen durch eine kritische Theorie gefordert wird.

Versteht man zunächst begrifflich unter Theorie ein wissenschaftliches Aussagensystem mit dem Ziel Erkenntnisfortschritt (→ Theoriebildung) und unter Praxis ein praktisches Handlungssystem bzw. einen sozialen, gesellschaftlichen Handlungs- und Interaktionszusammenhang, so kann man generell wie speziell in der Pädagogik verschiedene Entwicklungsstadien im Nacheinander menschlicher (philosophischer, kultureller, ökonomischer usw.) Entwicklung und verschiedene Auffassungen je nach wissenschaftstheoretischer Begründung (»Richtungen«, »Schulen«) unterscheiden. Die Bestimmung und besonders die Problematisierung dieses Verhältnisses setzt einen bestimmten Grad an Arbeitsteiligkeit, Differenzierung, Spezialisierung und evtl. → Professionalisierung in der gesellschaftlichen Entwicklung voraus und verstärkt sich mit der »Verwissenschaftlichung« der Pädagogik und Sozialpädagogik, d. h. deren Auffassung als Wissenschaft einerseits und als berufliche und professionelle Praxis andererseits anstelle einer naturwüchsigen, unreflektierten Kunst und Kunstlehre.
Wie bei unterschiedlicher wissenschaftstheoretischer Interpretation des T.-P.-V. in den verschiedenen Richtungen und Schulen der → Erziehungswissenschaft (z. B. der geisteswissenschaftlichen, der normativen Pädagogik, der empirisch-analytischen, der marxistischen, neomarxistischen und kritischen Erziehungswissenschaft usw.), stehen auch unterschiedliche wissenschaftspragmatische Lösungsversuche für die theoretischen und praktischen Probleme des T.-P.-V. neben- und teilweise gegeneinander: von der Utopie der Überwindung durch Vereinigung von Hand- und Kopfarbeit, von Unterricht und Arbeit (im polytechnischen Unterricht), von Lernarbeit und Lohnarbeit bis zur Lösung als technisches Problem in einer Sozialtechnologie der Erziehung, von der Brückenfunktion, die schon Herbart dem »Pädagogischen Takt« zugeschrieben hat, bis zur Überbrückung durch verbesserten Informationsfluß und andere diffusions- und kommunikationstheoretische Lösungsvorschläge bis hin zu praktisch-methodischen Handlungsformen wie wissenschaftliche Politikberatung, Praxisberatung (→ Supervision) und Aktions-, → Praxis- oder → Handlungsforschung.
Wie auch einige der Lösungshinweise schon zeigen, handelt es sich eben nicht nur um das Verhältnis von Aussagen- und Handlungssystemen, sondern auch um das von Personen- und Berufsgruppen und damit auch um soziale Verhältnisse und Beziehungen (»Forschergemeinschaft«, »Verhältnis von Forschern und Beforschten«, »Pädagogen und Pädagogikern« usw.). Damit fällt unser Problem auch unter Fragestellungen der sozialen Ungleichheit, der gesellschaftlichen Hierarchisierung und

etablierter Macht- und Herrschaftsverhältnisse bzw. ihrer Veränderung. Wie durchgängig es sich auf soziale Praxis auswirkt, zeigt sich noch im individuellen Sozialarbeiter-Klient-Verhältnis, das durchaus unter der Gefahr der »Herrschaft der Spezialisten« und der »Entmündigung durch Experten« stehen kann.
Auch in der pädagogischen und sozialen → Ausbildung ist häufig vom T.-P.-V. die Rede und wird dann verstanden als Verhältnis theoretischer und praktischer Ausbildungsteile und -anteile bzw. als das Problem der Vermittlung von Theorie und Praxis in Lehre und Forschung. Mit zunehmender Betonung der »Verwissenschaftlichung« von → Erziehung und → Sozialarbeit wird die Gefahr theorieloser Praxis und praxisloser Theorie immer öfter thematisiert und die Vermittlung oder Integration beider in verschiedenen Formen und Modellen der Ausbildungspraxis, wie → Projektstudium, einphasige Ausbildung, Berufspraxisbezug im Studium (→ Praktikum) und Wissenschaftsorientierung der Praxis, gesucht.
Das T.-P.-V. wurde in einer zeitlich-formalen Aufteilung von praktischer Ausbildung und theoretischer Lehre, als Verhältnis von Hochschule und praktischer Ausbildungsstätte, als Vermittlungsproblem von Wissenschaft und Berufspraxis, von wissenschaftlichem Wissen und professionellem Können, als Problem der Herstellung von Handlungskompetenz (→ soziale Kompetenz) in allen Ansätzen und Phasen der Studien- und Hochschulreform der Sozialarbeit/Sozialpädagogik relevant und deshalb vielfach, vielfältig und umfangreich thematisiert, häufig aber auch nur implizit berührt und abgehandelt. Auch in dem wissenschaftlichen Diskurs um Leitwissenschaft und Bezugswissenschaften der Sozialarbeit/Sozialpädagogik oder um die Entwicklung zu einer eigenständigen Wissenschaftsdisziplin Sozialarbeitswissenschaft spielt die Beziehung von Wissenschaft und wissenschaftlichen Theorien (der Sozialarbeit/Sozialpädagogik) zur Berufspraxis eine Rolle, deren Professionalisierungsproblem ebenfalls nach einer überzeugenden Lösung des T.-P.-V. verlangt. Schließlich geht auch die Diskussion um Expertentum oder Professionalität als charakteristisches und bestimmendes Merkmal beruflicher Handlungskompetenz der Sozialarbeit/Sozialpädagogik auf das T.-P.-V. zurück.

Lit. Benner: Theorie; Dahmer: Theorie; Dewe u. a.: Theorie-Praxis-Problem; Drerup: Erkenntnis; Habermas: Theorie; Heid: Theorie-Praxis-Verhältnis; Hornstein: Praxis; Illich u. a.: Entmündigung; Klafki u. a.: Theorie; Olk: Experten; Pfaffenberger: Ausbildung; Staub-Bernasconi: Professionalisierung. *Hans Pfaffenberger*

Therapeutenvariablen Spezifische verbale, nonverbale und soziale Verhaltensaspekte und Interventionsstrategien (→ Intervention) eines Therapeuten (Beraters, Helfers) zur Lösung von psychischen Problemen eines Hilfesuchenden (→ Gesprächsführung, Methoden der). Art, Umfang und zeitlicher Einsatz von T. unterscheiden sich je nach Therapietheorie, Persönlichkeit der Interagierenden, Problemsituation und Entwicklungsstand der → helfenden Beziehung. Ihre Wirksamkeit hängt von einer Vielzahl von Bedingungen ab.
Als hilfreiche und besonders in der → Gesprächspsychotherapie betonte Variablen gelten speziell 3: a) Echtheit/Selbstkongruenz, seltener Authentizität genannt. Sie bedeuten Offenheit, hilfreiche Ehrlichkeit und Übereinstimmen mit sich selbst seitens des Helfenden in seinen verbalen und nonverbalen Äußerungen. Es soll keine Sympathie vorgespielt und keine »Maske« getragen oder lediglich professionelles, technokratisches Verhalten gezeigt werden. b) Emotionale Wärme und Wertschätzung. Sie beinhalten das Akzeptieren des Hilfesuchenden in seiner spezifischen Persönlichkeit sowie offenes, nicht an Bedingungen geknüpftes Zuwenden und Verstehen und nicht-besitzergreifendes Sorgen. c) Verbalisierung emotionaler Erlebnisinhalte. Dies enthält ein einfühlsames Vergegenwärtigen und angemessenes Verbalisieren der Gefühle, der gefühlsmäßigen Bewertung von Ereignissen, fremden Personen, Wünschen, Wertpräferenzen, der Sichtweise der eigenen Person und der näheren und weiteren Umgebung des Hilfesuchenden (→ Empathie). Weitere bedeutsame T. (vgl. Bastine; Neuberger) sind Reduzieren von komplexen in überschau- und lösbare Situationen, Konfrontieren mit widersprüchlichen Aussagen, Unterbrechen von Handlungs- und Gedankenmustern, konkretes Ausprobieren von Alternativverhalten in → Rollenspielen oder in Realsituationen, → Verstärkung wünschenswerter Verhaltensaspekte durch Lob oder Münzverstärkungssysteme in Form von Punkten, Gutscheinen u. a. (→ Tokensystem). Aus der Vielzahl weiterer Strategien sind ferner noch gezieltes Problemlösen, Geben von Informationen und konkreten Ratschlägen zur Veränderung der Störungen verursachenden Umwelt zu nennen.

Lit. Bachmair u. a.: Beraten; Bastine: Psychotherapie; Fiedler: Gesprächsführung; Houben: Beratung; Neuberger: Mitarbeitergespräch; Weber, W.: Gesprächspsychotherapie. *Manfred Schneider*

Therapeutische Gemeinschaft Mit diesem Begriff (englisch: »therapeutic community«) bezeichnete Main im Jahre 1946 ein Behandlungsarrangement, das den Patienten als mithandelnden Partner in den therapeutischen Prozeß (→ Therapie) einbezog und den Einfluß des gesamten Krankenhausmilieus auf das therapeutische Geschehen berücksichtigte (→ Therapeutisches Team). Das geschah im Gegensatz zum traditionellen System psychiatrischer Krankenbehandlung, in welchem dem Patienten als Objekt diagnostischer und therapeutischer Maßnahmen eine passive Rolle zugewiesen wird. Die Bemühungen um eine Therapieform, die sich darauf beruft, daß sich die Verselbständigung der Kranken und Gestörten nur in einem freien, flexiblen und durchschaubaren sozialen System vollziehen kann, nahmen zu Beginn der 40er Jahre ihren Anfang in englischen Hospitälern. Angesichts der verschiedenen Ausgangspositionen der Initiatoren der t. G. und der Mischung psychodynamischer (→ Psychodynamik), pädagogischer, lerntheoretischer (→ Lernen) und soziodynamischer Elemente, die mit unterschiedlicher Gewichtung Eingang in die Grundsatzkataloge gefunden haben, kann nicht von einer Einheitlichkeit des Konzeptes und des Begriffes gesprochen werden. Neben der Leitidee der auf ein gemeinsames Ziel ausgerichteten partnerschaftlichen Zusammenarbeit, die sich zwischen Patienten und Therapeuten unter Ablösung der traditionellen personalbezogenen hierarchischen Krankenhausordnung vollzieht, sind es folgende Prinzipien, die in den Beschreibungen und Definitionen der t. G. immer wieder angeführt werden: Toleranz gegenüber → abweichendem Verhalten, freier Fluß von Information und Kommunikation, Auseinandersetzung mit der Wirklichkeit, Ausschöpfung des Interaktions- und Kommunikationspotentials in einem Patienten und Therapeuten einbeziehenden sozialen Lernprozeß. Ungeachtet der Variabilität der an den gemeinschaftstherapeutischen Prinzipien orientierten Arbeit gehören zwei Elemente zum methodischen Grundinventar: die Gemeinschaftssitzungen der therapeutischen Einheiten (Stationsversammlung, Hausparlament, Spitalversammlung, ward-session, ward-meeting, réunion de pavillon) und die Personalkonferenzen (Teamgespräche, staff-meeting). – Die Tatsache, daß es keine verbindliche Definition, kein einheitliches Konzept der t. G. gibt, hat Anlaß zu mancherlei Mißverständnissen gegeben und den Boden für Fehlentwicklungen bereitet. So sind die Urteile über die t. G. zwiespältig, trotz ihrer unübersehbaren Bedeutung für die Reformbestrebungen in der → Psychiatrie.

Durch das Behandlungskonzept der t. G. sind die Voraussetzungen partnerschaftlicher Zusammenarbeit zwischen Patient und Therapeuten gelegt worden, die in der heutigen Praxis gemeindepsychiatrischen Handelns (→ Gemeindepsychiatrie) nicht mehr wegzudenken sind, auch wenn sich die Organisationsformen von t. G. seit den Gründerjahren erheblich verändert haben. T. G. waren auch Wegbereiter für die Einbeziehung des familiären und sozialen Umfeldes im Behandlungskonzept, in der Angehörigenarbeit u. a. m. Daher ist das Handlungsprinzip der t. G. nach wie vor gültig, auch wenn die Organisationsformen sich erheblich geändert haben.

Lit. Autorengruppe Häcklingen/Uelzen: Ausgrenzen; Jones: Therapeutische Gemeinschaft; Kayser u. a.: Gruppenarbeit; Krüger: Therapeutische Gemeinschaft; Ploeger: Therapeutische Gemeinschaft.

Niels Pörksen

Therapeutisches Team Leistungsorientierte Arbeitsgruppe, die es sich zum Ziel gesetzt hat, die therapeutischen Aufgaben gemeinsam zu bewältigen. Ihr Arbeitsstil, die → Teamarbeit, zeichnet sich dadurch aus, daß die Teammitglieder die speziellen Kenntnisse und Erfahrungen ihres jeweiligen beruflichen Werdeganges, ihre unterschiedliche Sach- und Fachkompetenz (multiprofessionelles Team) partnerschaftlich in den therapeutischen Prozeß einbringen. Daraus resultiert letztlich ein solidarisches Denken und Handeln (Teambewußtsein, Teamgeist). Die gruppeninterne und nach außen gerichtete Kommunikations-/Interaktionsstruktur und -dynamik des t. T. entspricht den aus der Kleingruppenforschung bekannten Phänomenen (→ Gruppendynamik). Eine besondere Beachtung verdient dabei die Dynamik der Beziehungen zwischen dem t. T. und dem Einzelpatienten bzw. der Patientengruppe (→ Therapeutische Gemeinschaft). Das Vermögen, mit den auf dieser Ebene auftretenden Konflikten umzugehen, und die Fähigkeit, Probleme der Rollenbestimmung, Aufgabenverteilung und Verantwortungsabgrenzung zu lösen, stellen entscheidende Kriterien für die Qualifikation eines t. T. dar.

Die Bedeutung multiprofessioneller Teamarbeit ist in der Personalverordnung Psychiatrie (PVPsych) angemessen berücksichtigt. Der Leitfaden zur Qualitätsbeurteilung in Psychiatrischen Kliniken, erarbeitet von der Aktion Psychisch Kranke im Auftrag des → Bundesgesundheitsministeriums (BMG), weist ebenfalls auf die Bedeutung multiprofessioneller Teamarbeit für die Qualität psychiatrischen Handelns hin.

Niels Pörksen

Therapeutische Wohngemeinschaften → Wohngemeinschaften/Wohngruppen

Therapie Ein für die Wissenschaftsbereiche der Medizin, → Psychologie und → Psychiatrie gängiger Sammelbegriff, der alle Bemühungen umfaßt, Störungen und Leidenszustände aufzuheben oder doch zu lindern.

T. soll möglichst eingebettet sein in Vorsorge und Nachsorge, während die traditionelle Unterscheidung zwischen symptomatischer und ursächlicher T., nicht zuletzt aufgrund der Diskussion um das sog. medizinische Modell, hinfällig geworden ist. Auch bei körperlichen Störungen werden weitere Lebens- und Verhaltensbereiche einbezogen, die selten zu koordiniertem, therapeutischem Handeln führen. Dazu fehlen der therapeutischen Praxis, die vielfach durch historisch gewachsene Rollenerwartungen und -verteilungen (→ Rolle) bedingt ist, einheitliche gesetzliche Grundlagen; im wissenschaftlichen Bereich mangelt es an allgemeingültigen Theorien über → Psychotherapie, die sich auf Theorien über Änderungen des Verhaltens oder gar allgemeine Theorien über menschliches Verhalten berufen könnten. Statt dessen kann sich die therapeutische Praxis mit Ausnahme der streng naturwissenschaftlich orientierten medizinisch-therapeutischen Tätigkeit des → Arztes in ihren vielfältigen psychotherapeutischen oder sozialtherapeutischen (→ Sozialtherapie) Ansätzen nur im Ausnahmefall auf psychologische Theorien berufen. Neben der klassischen → Psychoanalyse und ihren Varianten stehen in den letzten Jahren vor allem → Verhaltens- und Gesprächstherapie (→ Gesprächspsychotherapie) im Vordergrund, die durch eine große Anzahl weiterer Methoden ergänzt werden, z.B.: → Gestalttherapie, → Bioenergetik, Körpert., → Gruppentherapie, → Transaktionsanalyse, Primärtherapie etc. Hinter diesen vielfältigen therapeutischen Ansätzen stehen nur in den seltensten Fällen überprüfbare → Hypothesen bestimmter psychologischer Theorien, und oft ergibt sich der Eindruck, daß der Prestigegehalt des Wortes »T.« auch wahlloses therapeutisches Handeln absichern soll.

Die inzwischen überwundene Konfrontation zwischen Psychoanalyse und Verhaltenst., die teilweise auch auf dem Arbeitsfeld der → Sozialarbeit ausgetragen wurde, hat gezeigt, daß es durchaus nützlich sein kann, auf den T.begriff gänzlich zu verzichten, zumal dieser im Gesundheitssystem der Bundesrepublik mit zahlreichen rechtlichen Problemen behaftet ist, sofern T. nicht durch Mediziner ausgeübt wird. Schwieriger als in medizinischen T. ist nämlich neben allgemein-definitorischen Problemen das Problem der therapeutischen Zielbestimmung, die Entscheidung über die jeweiligen Variablen der T. und schließlich die Fragen der Erfolgskriterien für T. Der Versuch, therapeutische Aktivitäten oder heilkundliche Tätigkeiten auch im Bereich der Sozialarbeit zu etablieren, ohne daß ihre Ausübung weitgehend auf Mediziner beschränkt ist, bleibt so lange offen, bis auf der einen Seite ein Psychotherapeutengesetz Gültigkeit erhält und auf der anderen Seite vorgesehene → Dienstleistungen, beispielsweise nach dem → Bundessozialhilfegesetz (BSHG) ausdrücklich als T.-Anspruch artikuliert sind. Bis zu einer solchen Entwicklung werden, auch im Bereich der Sozialarbeit, die unterschiedlichsten T.formen mehr oder weniger ohne legislative Fundierung angeboten und ausgeübt.
Lit. Hartig: Psychotherapieforschung; Strotzka: Psychotherapie. *Peter Barkey*

Tiefenpsychologie Die → Psychoanalyse wurde von S. Freud während ihrer Entwicklung viele Jahre lang auch T. genannt. Der Name stammt von der Vorstellung einer Schichtung, bei der das Unterbewußte die tiefste Schicht unter dem Vorbewußten und dem Bewußten ist. Es ist eine Psychologie des → Unbewußten, die sich hauptsächlich mit den Inhalten und Prozessen der Psyche befaßt, die durch eine psychische Kraft vom → Bewußtsein abgesperrt werden. Dabei kommt dem Unbewußten eine eigene Gesetzmäßigkeit zu, es ist nicht einfach als Negativ des Bewußten aufzufassen. Über eine Theorie von der Entstehung und der Behandlung der → Neurosen entwickelte sich die T. zu einer allgemeinen Theorie des menschlichen Seelenlebens. Standen zunächst die unbewußten Vorgänge im Es und Über-Ich im Brennpunkt der wissenschaftlichen Erforschung, so führte die Erkenntnis, daß auch bestimmte Aktionen des Ich, nämlich die → Abwehrmechanismen, unbewußt sein können, zu einer Ausweitung in Richtung einer psychoanalytischen Ich-Psychologie.
Lit. Waelder: Psychoanalyse. *Willi Baumann*

Tokensystem Verhaltenstherapeutische Technik (→ Verhaltenstherapie) aus dem Bereich der operanten → Konditionierung zum Aufbau von erwünschtem → Verhalten.

Definierte Verhaltensweisen werden zunächst mit Punkten, Chips oder Münzen (= tokens) verstärkt, die gesammelt und später in materielle oder soziale Verstärker (→ Verstärkung) eingetauscht werden können. Vorteile: unmittelbare und einfache Verstärkung sowie individuelle Eintauschmöglichkeit.

Anwendungsbereich: in stationären Einrichtungen bei schweren und chronifizierten psychiatrischen Störungen sowie bei geistig retardierten Personen (→ Retardierung) zum Aufbau und zur Aufrechterhaltung einfacher Verhaltensweisen der Tagesroutine; in der ersten Behandlungsphase bei Abhängigen (→ Abhängigkeit) sowie bei verhaltensgestörten (→ Verhaltensauffälligkeit) Kindern und Jugendlichen zur Stabilisierung der Tagesroutine; teilweise auch (umstrittene) Anwendung im außerklinischen Bereich (Schule; Lern- und Studienprogramme).

Anwendungsvoraussetzungen: a) klar definierte und möglichst mit dem Klienten abgesprochene Verhaltensweisen, b) fixierte Regeln für den Erhalt und Eintausch von tokens, c) rechtzeitige »Ausblendung« des T. bei nichtchronifizierten Störungen, d) hohe therapeutische Kompetenz und laufende

Überwachung, da T. die Gefahr autoritärer Kontrolle beinhalten.
Lit. Jehu u. a.: Verhaltensmodifikation; Kraemer u. a.: Therapiemanual; Pehl, K. u. a.: Angebot Hoffnung; Pielmaier: Verhaltenstherapie.
Gerhard Bühringer

Totale Institution Von Goffman eingeführter Begriff für eine Klasse von → Einrichtungen (u. a. Kloster, Gefängnis, Pflegeheim, Konzentrationslager, psychiatrische Anstalt), als deren gemeinsame Merkmale er nennt: a) Für »Insassen« ist die räumliche Trennung zwischen Lebensbereichen (Arbeit, Schlaf, soziale Kontakte) aufgehoben; ihre gesamten Aktivitäten unterliegen einer einzigen → Autorität. Ein Wechsel zwischen mehreren sozialen → Rollen ist nicht möglich; alle an »Insassen« gerichteten Erwartungen werden durch die »Insassen-Rolle« bestimmt. b) Bedürfnisse der »Insassen« werden, unabhängig von organisatorischen Notwendigkeiten, nach »bürokratischen Prinzipien« (→ Bürokratie) gehandhabt. c) In t. I. wird das Selbstbild des »Insassen« durch »Demütigungen« (z. B. Verlust von Eigentum, Rasur des Haupthaars) systematisch verändert. – Empirisch vorfindbare Merkmale von »Insassen«, wie Unterwürfigkeit und → Apathie, werden ursächlich durch Strukturen (a, b) und Prozesse (c) in t. I. erklärt.
Der wissenschaftliche Erkenntniswert des Konzepts t. I. ist umstritten; kritisiert werden u. a. unzureichende Präzision der Begrifflichkeit, mangelnde Objektivität bei Analyse und Schlußfolgerung. – Umstritten ist, ob in allen als t. I. bezeichneten Einrichtungen (Beispiel: Pflegeheim) die konstitutiven Merkmale für t. I. tatsächlich vorhanden sind.
Das Konzept wird auch benutzt, um bewußt emotionale Reaktionen auf Bedingungen in Einrichtungen hervorzurufen. Es hat dann die politische Funktion, die Situation von Insassen zu verbessern.
Lit. Eisenbach-Stangl: Totale Institution; Goffman: Asyle; McEwen: Institutions.
Reiner Höft-Dzemski

Träger → Leistungserbringer der sozialen Arbeit

Träger der Sozialhilfe → Sozialhilfeträger

Tranquilizer → Psychopharmaka

Transaktionsanalyse Die von Eric Berne (1910–1970) begründete T. (transactional analysis) ist eine auf der → Psychoanalyse aufbauende, pragmatisch ausgerichtete Persönlichkeitstheorie und zugleich eine Richtung der → Psychotherapie, deren Ziel es ist, Entwicklungs- und Veränderungsprozesse zu fördern. Unterschieden werden vier Bereiche:

1. Strukturanalyse als Analyse der → Persönlichkeit und ihrer Subsysteme. Im Mittelpunkt steht hier das Modell der Ich-Zustände (Erwachsenen-Ich, Eltern-Ich, Kindheits-Ich), wobei jeder Ich-Zustand als eine Gesamtheit von Verhaltensweisen, Denkmustern und Gefühlen verstanden wird.
2. Transaktionsanalyse (im engeren Sinne) als Analyse von Kommunikationsstrukturen, Streicheleinheiten (strokes) und Arten der Zeitgestaltung.
3. Skriptanalyse als Analyse des unbewußten Lebensplanes (Skript), der auf der Grundlage früher prägender Erfahrungen bis zum 7. Lebensjahr als kindlicher Erklärungszusammenhang entwickelt wird und dessen Strukturen im Erwachsenenalter wiederholt bzw. variiert werden.
4. Spielanalyse als Analyse von dabei auftretenden häufigen stereotypen Gefühls- und Verhaltensmustern (»Psychospiele«), die den Verhaltensspielraum im Hier-und-Jetzt einschränken.

Die T. geht im Kontext der → humanistischen Psychologie von einem positiven Menschenbild aus und betont dabei besonders die Fähigkeit zum → Denken und zur Selbstentscheidung bzw. -veränderung. Daraus ergibt sich ein gleichrangiges Verhältnis zwischen Therapeut/Berater/Pädagoge und Klient, das sich in der Formulierung von Verträgen (als Festlegung der jeweiligen Verantwortung) niederschlägt (→ Kontrakt).
In Deutschland ist die T. bisher vor allem im Bereich von → Organisationsentwicklung und Managementtraining bekannt geworden; sie findet neuerdings aber auch im Bereich der Sozialberufe wachsende Verbreitung, sowohl in der → Fortbildung als selbstreflexiver Lernansatz wie auch in → Beratung und → Supervision.
Als Grundlage einer Ausbildung in T. gibt es den vom Inhalt her standardisierten Grundlagenkurs »101«. Zwischen folgenden vier Ausbildungsschwerpunkten kann gewählt werden: Psychotherapie, Pädagogik, Organisation oder Beratung.
Lit. Babcock u. a.: Miteinander wachsen; Gündel: Transaktionsanalyse; Steiner: Zwischenmenschliche Beziehungen; Stewart u. a: Transaktionsanalyse. *Helmut Becker†*

Transfer »Transport« oder »Übertragung« des in einer »künstlichen« sozialen Situation (Therapiegruppe, gruppendynamisches Training) erarbeiteten Verhaltens in die Alltagssituation und ihre konkreten Problemlagen. 1958 stellte D. McGregor fest, daß isoliertes Gruppentraining, zumeist mit dem Ziel der Entwicklung der Einzelperson und weit weg vom Arbeitsplatz durchgeführt, zwar bestimmte soziale und innovative (→ Innovation) Fähigkeiten vermittelt (→ Kompetenz, soziale), deren Anwendbarkeit im Arbeitsalltag und insbes. in Arbeitsorganisationen aber begrenzt ist. a) In

isolierten Trainings erarbeitete Verhaltensänderungen haben nur geringe Stabilität, wenn nicht auch der Kontext mit geändert wird, der das Ausgangsverhalten geprägt und gefördert hat. b) In isolierten Trainings bleibt der T. der vermittelten Kommunikations- und Problemlösefertigkeiten (socialskills) ein individuelles Problem der Teilnehmer. Ein geregelter T. findet nicht statt; die innovativen Auswirkungen auf die Struktur der Zusammenarbeit und die Organisation selbst bleiben entsprechend gering. Neues Verhalten wird vom → sozialen Umfeld nicht bereitwillig akzeptiert. Im Gegenteil: Veränderungsbestrebungen induzieren gleichsam Widerstände im sozialen Umfeld gegen diese Veränderung. McGregor bezeichnete deshalb den T. als das Problem der angewandten → Gruppendynamik und befaßte sich als erster Sozialwissenschaftler systematisch mit Möglichkeiten, den T. zu verbessern. Im Rahmen der neueren institutionsbezogenen Gruppendynamik (→ Inservice-Training) und → Organisationsentwicklung wird deshalb der organisatorisch-strukturellen Verankerung von Verhaltensänderungen besondere Beachtung geschenkt (T.planung, T.modelle). Hier hat der Begriff T. auch eine weitere Bedeutung erhalten: die Implementierung einer sozialen Innovation (Neuerung) in einem sozialen System und deren Erhaltung, Weiterentwicklung und Weitervermittlung durch dieses System selbst.
Lit. Bennis u.a.: Änderung; Campbell u.a.: T-group; Cooper, C. L. u.a.: T-group; Doppler u.a.: Gruppendynamik; Doppler u.a.: Management; Katzenbach: Teams.

Bert Voigt/Klaus Doppler

Transfers, soziale Mit den Begriffen T. oder T.zahlung bezeichnet man in der Wirtschaftswissenschaft Leistungsströme, denen keine spezielle Gegenleistung im Produktionsprozeß gegenüberstehen. T.einkommen ist somit im Gegensatz zu Faktoreinkommen (Einkommen aus den Produktionsfaktoren Kapital oder Arbeit) kein Entgelt für die Nutzung eines Produktionsfaktors, sondern die Übertragung eines Anspruchs auf Güter oder Dienstleistungen außerhalb des marktmäßigen Verteilungsprozesses. Die amtliche → Statistik benutzt deshalb den Begriff T. nicht, sondern spricht in den → Volkswirtschaftlichen Gesamtrechnungen von »laufenden (Einkommens-)Übertragungen an private Haushalte« und von »laufenden Vermögensübertragungen«. In ihren sozialpolitischen Wirkungen sind die Begriffe T. und »laufende Übertragungen« weitgehend deckungsgleich. Es hat sich in der Literatur eingebürgert, von »Sozialtransfers« zu sprechen, wenn damit ein sozialpolitisches Ziel (→ Sozialpolitik) erreicht werden soll. Derartige T. können in zwei Formen gewährt werden: als → Geldleistung (monetäre T.), welche das verfügbare → Einkommen des T.empfängers unmittelbar erhöhen, wie z.B. → Wohngeld, Leistungen nach dem → Bundesausbildungsförderungsgesetz (BAföG), Geldleistungen der → Sozialhilfe; die zweite Form besteht in → Sachleistungen, die gleichbedeutend auch Realt. genannt werden. Sie erhöhen indirekt das verfügbare Einkommen des T.empfängers. Beispiele sind verbilligte Mieten in Sozialwohnungen, kostenlose oder verbilligte Inanspruchnahme von Kindergärten und Bildungseinrichtungen.
In ordnungspolitischer Sicht sind montäre T. Beispiele direkter Einkommenshilfen für spezifische Empfängergruppen. Sozial- und verteilungspolitische Ziele können so unmittelbar erreicht werden, ohne daß die Preisbildung auf Teilmärkten (z.B. Mieten auf dem Wohnungsmarkt) beeinflußt wird. Man spricht dann von marktkonformer Sozialpolitik. Bei der Gewährung s.T. in Form von objektbezogenen Subventionierungen (Beispiel: → Wohnungsbau, sozialer) sind die eintretenden Verzerrungen u.U. sehr schwer zu korrigieren (Beispiel: Erhebung einer Fehlbelegungsabgabe).
Lit. Albers: Transferzahlungen; BMA: Sozialbericht 1986; Transfer-Enquête-Kommission: Transfersystem. *Frank Klanberg†*

Transsexualität Als T. oder Transsexualismus (früher auch als → Transvestitismus) bezeichnet man eine Variante bzw. Störung der Geschlechtsidentität (→ Identität). Die Betroffenen lehnen sich gegen die ihnen bei der Geburt zuteil gewordene Geschlechtszuschreibung und die daran geknüpften Rollenerwartungen auf, erleben ihre körperlichen Geschlechtsmerkmale als fremd, nicht zu ihnen gehörend, empfinden sich dem anderen Geschlecht zugehörig und verhalten sich entsprechend. Dieses Auftreten bzw. Verhalten kann, muß aber nicht zwangsläufig, zu erheblichen sozialen Konflikten führen wie Ablehnung durch Angehörige und Kollegen, Verlust von Arbeitsplatz und Wohnung, Unvermittelbarkeit durch das Arbeitsamt und Abrutschen ins Prostitutionsmilieu. Es gibt aber auch Verläufe, bei denen der Geschlechtswechsel ohne größere intrapsychische und soziale Konflikte gelingt. Die meisten Transsexuellen streben einen Geschlechtswechsel bzw. eine hormonelle und operative »Geschlechtsumwandlung« an sowie die rechtliche Anerkennung als Angehörige des anderen Geschlechts (Personenstandsänderung).
Das Erleben der Diskrepanz zwischen körperlicher Anlage und Identität ist in der Regel eine Quelle großen Leidens, auch wenn sich die meisten Transsexuellen nicht als krank, sondern nur ihren Körper als »falsch« erleben. Für viele ist es ein Ärgernis, daß sie zur Erreichung ihres Ziels, der »Geschlechtsumwandlung«, auf medizinische Hilfe angewiesen sind. Sie fürchten

nichts mehr, als daß ihr gegengeschlechtliches Identitätserleben von den Behandlern in Frage gestellt und »wegtherapiert« werden könnte. Es kommt in der Behandlung, wie generell in der Begegnung mit Menschen mit transsexueller Symptomatik, darauf an, das gegengeschlechtliche Identitätserleben zu respektieren und die Betreffenden in ihrem Bemühen um → Integration in die entsprechende soziale → Rolle zu unterstützen. Sozialarbeiterische Probleme nehmen dabei oft einen großen Raum ein. Bevor mit körperlichen Behandlungsmaßnahmen (gegengeschlechtliche Hormone, operative Eingriffe) begonnen wird, müssen die sozialen Fragen geklärt sein. Unabhängig davon, ob körperliche Behandlungsmaßnahmen schließlich notwendig werden oder ob der Patient seine entsprechenden Wünsche und Vorstellungen aufgeben will, sollte die regelmäßige psychotherapeutische Arbeit den Kern der Behandlung darstellen.

Die Finanzierung der → Psychotherapie erfolgt entsprechend den Psychotherapierichtlinien der gesetzlichen → Krankenkassen. Bei entsprechender gutachterlicher Indikationsstellung sind die gesetzlichen Krankenkassen auch verpflichtet, die Kosten für somatische geschlechtsumwandelnde Maßnahmen zu übernehmen (BSG, Urteil vom 6. 8. 1987, Az 3 RK 15/86). Seit 8. 3. 1995 gilt dies auch für private Krankenversicherungen (BGH 4 ZR 153/94, abgedruckt in Recht & Psychiatrie 13 [1995] 97 f.).

Mit der Verabschiedung des Transsexuellengesetz (TSG), Gesetz über die Änderung der Vornamen und die Feststellung der Geschlechtszugehörigkeit in besonderen Fällen vom 10. 9. 1980 (BGBl. I S. 1654) wurde die jahrelange Rechtsunsicherheit Transsexueller beendet. Für nichtoperierte Transsexuelle soll die Vornamensänderung (sog. kleine Lösung) die soziale Integration in die neue Geschlechtsrolle erleichtern. Obwohl bei der kleinen Lösung nur der Vorname, nicht dagegen der → Personenstand geändert wird, besteht Rechtsanspruch darauf, anschließend mit der jeweils anderen Geschlechtsbezeichnung (Herr, Frau) angesprochen zu werden (BVerfG 2 BvR 1833/95, Beschluß vom 15. August 1996). Operierte Transsexuelle können ihren Personenstand ändern lassen (sog. große Lösung). Anträge auf Vornamens- und Personenstandsänderung sind beim zuständigen Amtsgericht formlos zu stellen.
Lit. Clement u.a.: Transsexualität; Désirat: Frau; Kamprad u.a.: Körper; Pfäfflin u.a.: Geschlechtsumwandlung.

Friedemann Pfäfflin

Transvestitismus ist eine sexuelle Verhaltensabweichung (→ Perversion), die zum → Fetischismus gehört und als generalisierter Kleiderfetischismus aufzufassen ist. Sie findet sich fast ausschließlich bei Männern. Im Gegensatz zu Transsexuellen (→ Transsexualität) sind sich Transvestiten ihrer männlichen → Identität sicher und streben keinen dauerhaften Rollenwechsel an. Das Tragen weiblicher Kleidung wird als sexuell erregend empfunden und nur zeitweilig praktiziert. → Leidensdruck entsteht meist erst, wenn Angehörige oder die Umwelt irritiert oder ablehnend reagieren. Übergänge zur Transsexualität kommen vor. Der Anschluß an die → Subkultur ist in Großstädten leichter und meist für die Betroffenen entlastend. Wird der T. zur Lebensform, ohne transsexuell zu werden, spricht man neuerdings von Transgenderismus.
Lit. Schorsch: Sexuelle Deviationen.

Friedemann Pfäfflin

Trauerarbeit Mit T. werden alle gezielten sozialarbeiterischen/beraterischen und therapeutischen Handlungsschritte bezeichnet, die sich auf Kinder, Jugendliche oder Erwachsene beziehen, die durch den Verlust einer nahen Bezugsperson (Hauptbindungsfigur) in eine seelische Krise geraten sind (→ Fremdunterbringung von Kindern; → Trennungs- und Scheidungsberatung). Die Trennung von einer Hauptbindungsfigur löst immer auch Trauer und Verlustängste aus. Die Gefühlsdynamik ist bei Kindern und Erwachsenen nahezu gleich; Bowlby differenziert vier Phasen:
1. »Phase des Protests«: Sie hält bei (Klein-)Kindern über Stunden, Tage und Wochen, bei Erwachsenen auch über Monate hin an. In dieser Zeit werden Wut, Schmerz und Enttäuschung agiert, gleichzeitig die Rückkehr der verlorenen Figur ständig erwartet.
2. »Phase der Verzweiflung«: Sie kann sich über Monate und Jahre hinziehen. Die intensive Beschäftigung mit der verlorenen Figur und das Gefühl der Hoffnungslosigkeit kennzeichnen diese Phase. In dieser Zeit machen sich auch häufig psychosomatische Symptome (Eßstörungen, Schlafstörungen, Kopfschmerzen etc.) bemerkbar.
3. »Phase der Gleichgültigkeit«: Der Verlust der nahen Bindungsfigur kann nur durch einen inneren »Totstellreflex« verwunden und ertragen werden.
4. »Phase der Reorganisation«: Der Prozeß des Trauerns mündet ein in die konstruktive Auseinandersetzung mit der veränderten Wirklichkeit. Sie ermöglicht die Akzeptanz des Verlusts und die Gestaltung neuer realitätsbezogener Lebensstrategien.

Durch die T. wird versucht, die sich individuell sehr unterschiedlich darstellenden »Verlaufsphasen« zu unterstützen und »Verständigungsbrücken« zum Umfeld der Betroffenen herzustellen. Ziel der T. ist es, mit dem Verlust einer nahen Bindungsfigur umgehen und die veränderte Wirklichkeit gestalten zu lernen.

Bowlby formuliert Trennungsbedingungen, die eine konstruktive Verarbeitung des Verlusts einer Hauptbindungsfigur begünstigen:
– Erhalt anderer wichtiger bisheriger Bindungen und Beziehungen und vertrauter Verhältnisse,
– Raum für die Auseinandersetzung mit dem Verlust,
– Unterstützung gefühlsorientierter Reaktionen,
– Herstellung von Klarheit über den Verlust und über die Perspektiven.
T. bezieht sich demnach nicht allein auf die Unterstützung des Betroffenen im Gespräch (→ Beratung, → Therapie), sondern auch auf die Herstellung und Organisation günstiger Trennungsbedingungen.
Lit. Bowlby: Trauer; Petry: Verlassen; Schmidbauer: Angst. *Josef Faltermeier*

Trauma Gemeint ist das psychische T., also ein Erlebnis, welches den Betreffenden überfordert hat und auf das er deswegen nicht adäquat reagieren konnte. Da eine solche Verarbeitung nicht möglich war, werden das Erlebnis und die damit zusammenhängenden Eindrücke aus dem → Bewußtsein verdrängt. Aber auch im unbewußten Zustand (→ Unbewußtes) entwickelt dieser traumatisch bedingte Komplex eine Wirkung, die unter Umständen zu einer neurotischen Störung (→ Neurose) führen kann. Dies gilt vor vorwiegend für frühe Traumen oder dort, wo das Trauma eine latent »neurotische« Person trifft. Dagegen kommt es bei einer nicht dergestalt vorbelasteten Person lediglich evtl. zu einer vorübergehenden reaktiven Störung, welche unter der Bezeichnung »posttraumatische Belastungsstörung« erfaßt wird. Es handelt sich um Reaktionen auf akute, außergewöhnliche Belastungen.
Neurotisierende T. hingegen sind seltener akute äußere Ereignisse wie Bombenangriffe, Naturkatastrophen usw. und viel häufiger Erlebnisse, die zu einem innerseelischen Konflikt führen (z. B. Verführungen ohne die Möglichkeit der schuld- und angstfreien Erledigung). Freud dachte zunächst an Erlebnisse, die dem Seelenleben innerhalb kurzer Zeit einen so starken Reizzuwachs bringen, daß die Erledigung oder Aufarbeitung derselben in normal gewohnter Weise mißglückt. Heute geht man davon aus, daß nicht so sehr akute Ereignisse, akute Versuchungen und → Frustrationen, sondern vielmehr dauerhafte kumulative Traumatisierungen von größerer Bedeutung für die Entstehung von Neurosen sind. So ist z. B. anzunehmen, daß fehlendes Einfühlungsvermögen, verwöhnende Haltung, dauerhafte Frustrationen, Ausnutzung des Kindes zur Befriedigung eigener neurotischer Bedürfnisse usw. von großer pathogener Wirksamkeit sind, während akute Ereignisse und Erlebnisse in einer sonst sicheren Atmosphäre und bei dauerhafter und zuverlässiger Zuwendung besser verarbeitet werden können.
Lit. Freud, S.: Werke, Bd. 1. *Stavros Mentzos*

Trebegänger Unter T. werden Kinder und Jugendliche verstanden, deren Konflikte in der → Familie, Schule, im Heim oder im Ausbildungs- oder Arbeitsbereich dazu führen, daß sie aus diesen Lebensbereichen ausbrechen und ohne feste Bleibe unterwegs sind. Der Begriff T. ist seit dem Ersten Weltkrieg bekannt und steht für sich treiben lassen, aussteigen, weglaufen, unterwegs sein, flüchten usw. T. sind i. d. R. mittellos, obdachlos und arbeitslos. Sie leben in der Anonymität der Großstädte. Die Notsituation, das Milieu und die Verführung bringen sie häufig zum Betteln, zu Diebstählen und zur Prostitution. Der Gebrauch von Alkohol, Haschisch, Tranquilizern, Heroin und das gelegentliche Dealen sind weitere Gefährdungsmerkmale (→ Drogenabhängigkeit). Trebegänger kommen sowohl aus begüterten als auch aus sozial benachteiligten Familien. Neben wirtschaftlichen und sozialen Konflikten herrscht in solchen Familien oft eine große Beziehungsarmut. Die betroffenen Kinder und Jugendlichen wachsen ohne ausreichende Bindung, Verläßlichkeit und Geborgenheit auf, so daß die innere Emigration (Drogen, Suizid, Depression) oder die äußere Emigration des Trebegehens auch als Schritt der Befreiung – in die falsche Richtung – zu deuten ist.
Die gesetzliche Grundlage für das Tätigwerden des → Jugendamtes (JA) ist § 42 → Kinder- und Jugendhilfegesetz (KJHG – SGB VIII).
Das KJHG gibt damit die Chance, die überholte Praxis des Rückführens, Einschließens und Verwahrens zu verlassen und sozialpädagogische Hilfe (Krisenintervention, Legalisierung) anzubieten. Voraussetzung für eine solche (T.-)Hilfe ist der Aufbau einer sozialpädagogischen/sozialtherapeutischen Hilfskette. Die Zunahme von immer jüngeren Trebegängern (9-10 Jahre) erfordert ein weiteres Nachdenken über Ursachen und Hilfen.
Von der → Familienpflege über die Schutzhilfe, von → Beratung über → Arbeitsvermittlung und Unterbringungen bis hin zu einer Grenzfallklinik und einem Sleep-in bedarf es einer differenzierten und unbürokratischen Angebotsvielfalt.
Die Biographie des T., sein Schädigungsgrad, das Ausbruchsmotiv, die Dauer des Unterwegsseins und das Aufenthaltsmilieu sind wichtige Kriterien zum Verstehen und Helfen. T. begreifen sich oft als Outlaws (Geächtete), deren alltägliche Not sie zu Lebensbewältigungen zwingt, die sie kriminalisieren und entwürdigen.
Um Trebegänger zu integrieren, sind auf sie abgestellte Ausbildungs-, Arbeits- und

Freizeitangebote notwendig. Die → Jugendarbeitslosigkeit produziert zusätzliche T. Sozialarbeit, die lediglich Kontakt und Beratung zur Verfügung stellt, ohne Wohnraum, Lehr- und Arbeitsstellen anzubieten, ist unzureichend. Hier wird klar, daß das Recht auf Arbeit gerade für die sozial Benachteiligten vehement einzuklagen ist. Individuelle Probleme des T. dürfen nicht davon ablenken, daß Trebegehen ein Ausbruch aus als inhuman und unsozial empfundenen Lebensbedingungen bedeutet. Sozialarbeit für T. heißt deshalb neben der individuellen Hilfe für T., zugleich als gesellschaftlicher Anwalt für die sozial Benachteiligten tätig zu sein.

Lit. Aichhorn: Jugend; Elger u.a.: Ausbruchsversuche; Hosemann u.a.: Trebegänger; Schaefers: Notausgänge; Trauernicht: Ausreißerinnen.   *Karl Dürr*

Trend als statistischer Begriff (→ Statistik), bezeichnet die glatte Komponente einer Zeitreihe im Gegensatz zu der zyklischen (insbesondere saisonalen) Komponente und der Zufallskomponente. Im Gegensatz zu den beiden letztgenannten Komponenten bringt der T. die mittel- und langfristige Entwicklungsrichtung zum Ausdruck, die in vielen Fällen auch Vermutungen über künftige Entwicklungstendenzen zuläßt.

Die Wirksamkeit eines T. läßt sich bereits aus einer graphischen Darstellung der Originalzeitreihenwerte erkennen. Einer mathematischen T.bestimmung dient das Verfahren der gleitenden Durchschnitte, bei dem die Originalwerte durch einen Durchschnittswert aus diesem und zwei oder mehr Nachbarwerten ersetzt werden; hierdurch werden zyklische Schwankungen ausgeschaltet. Ein weiteres Verfahren, das die Annahme über eine T.funktion (z. B. linear oder parabolisch) voraussetzt, ist die Methode der kleinsten Quadrate; hierbei ist die T.funktion dadurch bestimmt, daß die Summe der Quadrate der Abweichungen der Originalwerte von den T.werten ein Minimum ist. Ob zur Charakterisierung des T. eine lineare oder andere, z. B. eine parabolische Funktion gewählt wird, hängt sowohl von der Lage der Originalwerte zueinander als auch von der Art des in der Zeitreihe dargestellten Sachverhalts ab.

Dieter Deininger

Trennungs- und Scheidungsberatung hat sich aus → Eheberatung und → Familientherapie entwickelt und ist heute ein zentrales Leistungsangebot der → Jugendhilfe für sich trennende oder scheidende Eltern und die davon betroffenen Kinder. Wesentliche Anstöße bildeten die Eherechtsreform 1976 (→ Familienrecht), die Entscheidung des → Bundesverfassungsgerichts (BVerfG) zum gemeinsamen Sorgerecht 1982 (BVerfGE 61, 358; → Elterliche Sorge) und – für T. u. S. als Leistung der Jugendhilfe – das → Kinder- und Jugendhilfegesetz (KJHG – SGB VIII).

Bereits in den 80er Jahren wurde T. u. S. zunächst vorrangig von → Ehe-, → Familien- und → Erziehungsberatungsstellen angeboten, die damit auf den Anstieg der Scheidungshäufigkeit (→ Familie) und die Zahl der von Scheidung betroffenen Kinder sowie die Kenntnisse um die trennungsbedingten Auswirkungen auf deren Entwicklung reagierten. Parallel dazu wurde die traditionelle Vorstellung, daß sich Trennungs- und Scheidungskonflikte durch die Entscheidung des → Familiengerichts lösen ließen, zunehmend in Frage gestellt.

Befördert wurde diese Auffassung durch einen Verständniswandel in der familiensoziologischen Diskussion (→ Familiensoziologie): Danach ist Scheidung nicht das Ende einer Familie (Desorganisationsmodell), sondern stellt eine Übergangsphase dar, in der die familialen Beziehungen neu organisiert werden müssen (Reorganisationsmodell). Scheidung ist in diesem Verständnis kein singuläres Ereignis, sondern ein komplexer, sich über einen längeren Zeitraum erstreckender Veränderungsprozeß, der lange vor der juristischen Scheidung beginnt und lange darüber hinaus andauern kann. Die Beziehungen der Familienmitglieder werden durch die Ehescheidung nicht aufgelöst, sondern qualitativ verändert. Die Rolle des einzelnen in der Familie, die Beziehungen der Familienmitglieder untereinander, Aufgabenteilung sowie die Beziehungen zum sozialen Netz müssen neu gestaltet werden (vgl. Fthenakis/Kunze).

Von entscheidender Bedeutung für die psychosoziale Entwicklung von Kindern und Jugendlichen ist der kontinuierliche Kontakt der beiden Elternteile in der Nachscheidungsphase. So konnten bei Kindern, die den Kontakt zum getrenntlebenden Elternteil verloren hatten, stärkere → Verhaltensauffälligkeiten und psychosoziale Störungen festgestellt werden als bei Kindern, deren Eltern es gelungen war, auch nach der Trennung ihre Elternrolle in Absprache miteinander wahrzunehmen (vgl. Napp-Peters). Hinderlich für die kindliche Entwicklung sind Rivalitäten zwischen den Eltern und die sich daraus ergebenden Loyalitätskonflikte. Das eigentliche Problem für Kinder liegt nicht in der Scheidung der Eltern, sondern in deren unversöhnlicher Haltung zueinander.

Ein wichtiger Impuls, diese veränderte Sichtweise des familialen Scheidungsgeschehens auch im gerichtlichen Verfahren zu berücksichtigen, ging von der Rezeption der in den USA als Alternative zum klassischen, gegnerschaftlichen Streitverfahren entstandenen Divorce (→ Mediation) aus (vgl. Proksch). Mediation hat sich heute als spezieller Beratungsansatz in der T. u. S.

fest etabliert. Die positiven Eigenschaften dieses Ansatzes liegen in der Betonung des Neutralitätsgebots für die Beratungsperson, in der strukturierten, themenbezogenen, konsensorientierten Arbeitsweise und in der zeitlichen Begrenzung des Beratungsprozesses.
Mit § 17 KJHG wurde die Beratung in Fragen der Partnerschaft, Trennung und Scheidung in den Leistungskatalog der Jugendhilfe aufgenommen. Der Gesetzgeber trug damit den Entwicklungen in Wissenschaft und Praxis Rechnung. Zugrunde liegt das veränderte Verständnis von Ehescheidung als Reorganisation der Familie und von förderlichen oder belastenden Bedingungen für Kinder im Zusammenhang mit der Trennung ihrer Eltern. Die zentrale Aufgabe der Jugendhilfe besteht demnach darin, dem Kind den Zugang zu beiden Elternteilen offenzuhalten, insbesondere bei zerstrittenen Eltern über das Scheidungsurteil hinaus Brücken zu bauen und sie bei der Erarbeitung friedlicher Strategien zu unterstützen.
T. u. S. als Leistung der Jugendhilfe soll die Eltern in ihrem Bemühen unterstützen, auch unter den Bedingungen von Trennung und Scheidung die Voraussetzungen für die Wahrnehmung gemeinsamer Elternverantwortung zu schaffen. Sie soll einen Rahmen bieten, der es Eltern trotz emotionaler Verstrickung ermöglicht, den Blick von der konfliktbehafteten Paarebene auf die Elternebene mit der auch weiterhin bestehenden gemeinsamen Verantwortung zu lenken. Nach § 17 Abs. 2 KJHG sollen die Eltern im Falle der Trennung und Scheidung bei der Entwicklung eines einvernehmlichen Konzepts für die Wahrnehmung der elterlichen Sorge unterstützt werden, das als Grundlage für die richterliche Entscheidung über das Sorgerecht nach der Trennung und/oder der Scheidung dienen kann.
Umstritten war lange Zeit das Verhältnis zwischen der T. u. S. und der Verpflichtung der Jugendhilfe, nach § 50 KJHG im familiengerichtlichen Verfahren mitzuwirken.
Bis zum Inkrafttreten des KJHG kam das Jugendamt dieser Verpflichtung nach, indem es das Familiengericht unterstützte durch Unterbreitung eines Entscheidungsvorschlages oder Abgabe einer gutachterlichen Stellungnahme zur Frage, welcher der beiden Elternteile das Sorgerecht erhalten solle. Eine solche vorrangige Orientierung auf die richterliche Entscheidung trug jedoch indirekt zu einer Verschärfung der Streitigkeiten im Kampf der Eltern um das Kind bei. Damit wurde ungewollt die Frontstellung der Eltern verhärtet mit der Folge, daß die betroffenen Kinder in fast unlösbare Loyalitätskonflikte gerieten.
Die T. u. S. soll Kinder und Eltern bei der Neuorganisation ihrer Beziehungen unterstützen. Dies verlangt einen geschützten Raum, der es den Eltern ermöglicht, sich vertrauensvoll zu offenbaren, ohne befürchten zu müssen, daß Informationen gegen ihren Willen durch die Jugendhilfe an das Familiengericht weitergegeben werden. Die Brückenfunktion der Jugendhilfe, durch Unterstützung der Eltern beim Aufbau von Kommunikationsmöglichkeiten auch nach Trennung und Scheidung zur Entlastung von Kindern und Jugendlichen beizutragen, würde durch eine Mitwirkung im familiengerichtlichen Verfahren in Form der Abgabe einer → gutachterlichen Stellungnahme oder gar eines Entscheidungsvorschlages zur Regelung der elterlichen Sorge vereitelt. Nicht die Begutachtung ist die primär hilfreiche Tätigkeit für das »Kindeswohl«, sondern die deeskalierende, konfliktreduzierende Beratung und Unterstützung von Eltern im Interesse ihrer Kinder.
Gleichwohl wird, wenn T. u. S. bis zur Entscheidung durch das Familiengericht zu keinem einvernehmlichen Konzept der → elterlichen Sorge geführt hat, eine gutachterliche Stellungnahme teilweise für unentbehrlich gehalten: Das dem Jugendamt übertragene Wächteramt bestehe bei Trennungs- und Scheidungsverfahren über die Grenze des § 1666 BGB hinaus nicht nur in einer bloßen Abwehr von Gefahren für das Kindeswohl, sondern in einer Anwaltsfunktion für die Interessen von Kindern und Jugendlichen. Das Jugendamt habe deshalb in den streitigen Fällen in Form gutachterlicher Stellungnahmen (»fachliche Berichte«) dem Familiengericht das familiäre Beziehungsgefüge unter erzieherischen und sozialen Gesichtspunkten zur Entwicklung des Kindes oder des Jugendlichen darzulegen (so u.a. Bayerisches Staatsministerium). Da der rechtlich und fachlich für die vorrangig zu leistende Beratung erforderliche Vertrauensschutz eine erneute Datenerhebung notwendig macht, bedarf es hier einer personellen Trennung von Beratung und Mitwirkung.
Gerade in strittigen Scheidungsfällen jedoch besteht die Vertretung der Interessen von Kindern und Jugendlichen darin, das Vertrauen von Eltern und Kindern zu gewinnen und die Familie in der aktuellen Scheidungssituation, aber vor allem auch in der Nachscheidungsphase zu begleiten und zu unterstützen (vgl. u.a. DV; Mörsberger; Münder). Ziel der Arbeit ist eine Konfliktminderung und Verbesserung der elterlichen Kooperationsbereitschaft, orientiert an den Belangen ihrer Kinder. Die juristische Entscheidung ist eine Rahmenentscheidung, die zunächst Weichen stellen kann. Ihre Ausfüllung, ihre tatsächliche Umsetzung, obliegt jedoch weiterhin der autonomen Gestaltung durch die Eltern. Demzufolge kommt es entscheidend darauf an, ob die Jugendhilfe während des Scheidungsgeschehens und auch in der Zeit nach der gerichtlichen Entscheidung von beiden Elternteilen, d.h. insbesondere auch von

dem juristisch »unterlegenen« Elternteil, als kompetenter und vertrauenswürdiger Ansprechpartner akzeptiert werden kann.
Die Erstellung von Gutachten durch das Jugendamt ist in diesem Sinne hinderlich, weil sie aus dem Blick des Urteilens erfolgt, der von den Betroffenen nur zu leicht als Verurteilung erlebt wird. Trennung allein oder die Verweigerung der Kontaktaufnahme zum Jugendamt stellen für sich noch keinen Hinweis auf eine Kindeswohlgefährdung im Sinne des § 1666 BGB dar. Die Option für eine zukünftige vertrauensvolle Zusammenarbeit mit beiden Elternteilen nach der Scheidung ist deshalb im Interesse von Kindern und Jugendlichen höher zu gewichten als eine gutachterliche Stellungnahme des Jugendamtes, die nach § 50 Abs. 2 KJHG auch rechtlich nicht zwingend geboten ist (so u. a. auch DV; LJA Hessen; Mörsberger; Münder). Ein »Personalwechsel« brächte eine erneute Belastung für die Familie mit sich, da nochmals eine Offenbarung der Familiengeschichte abverlangt würde. Zugleich wäre ein solcher Wechsel der Vertrauensbildung abträglich, da nur schwer zu vermitteln ist, daß ein Datenaustausch innerhalb des Amtes ausgeschlossen ist. Auch ist zu erwarten, daß besonders zerstrittene Eltern sich in der T. u. S. strategisch verhalten, um das Jugendamt schließlich als stellungnehmenden Bündnispartner gewinnen zu können. Damit besteht eine erhebliche Gefahr, daß die ggf. drohende Begutachtung durch eine andere Person sich von vornherein störend auf den Beratungsprozeß auswirkt.
Deshalb sollen Beratung und Mitwirkung in der Hand einer Fachkraft liegen. Mit den Eltern ist abzusprechen, ob und was sie dem Gericht mitteilen wollen. Damit ist das Gerichtsverfahren integriert in den Beratungsprozeß, der über das Scheidungsurteil hinaus andauern kann. Von der Beratung her betrachtet, handelt es sich um die Dokumentation des Beratungsstandes zum Zeitpunkt der richterlichen Entscheidung, im Sinne einer dem Beratungsprozeß nicht schädlichen – weil nur mit Einverständnis möglichen – (Zwischen)Bilanz, deren schriftliche Fixierung den Eltern nicht nur im Hinblick auf die anstehende juristische Entscheidung, sondern auch im Hinblick auf die Nachscheidungsphase hilfreich sein kann. Sie enthält keine Wertungen, sondern beschränkt sich auf die Darstellung der Hinderungsgründe, die aus Sicht beider Eltern einer Einigung über das Sorgerecht derzeit noch im Wege stehen, enthält mögliche Teileinigungen (Kontakt zu anderen Bezugspersonen, Schulbesuch etc.) und die jeweiligen Vorstellungen über den Kontakt des Kindes oder Jugendlichen mit dem anderen Elternteil.
T. u. S. ist Krisenhilfe für die Familie und nicht Entscheidungshilfe für das Familiengericht. T. u. S. und Mitwirkung im familiengerichtlichen Verfahren sind kohärent. Dies ist Ausdruck der → Neuen Fachlichkeit der Jugendhilfe.
Lit. Bayrisches Staatsministerium für Arbeit: Empfehlungen; DV: Empfehlungen zur Beratung; Fthenakis u.a.: Familiensystem; Landesjugendamt Hessen: Empfehlung; Mörsberger, Th.: Trennungs- und Scheidungsberatung; Münder: Jugendhilfe und Justiz; Napp-Peters: Scheidungsfamilien; Proksch: Mediation. *Petra Fuchs*

Typologie Typen i.S.d. typologischen Persönlichkeitstheorien (→ Persönlichkeit) sind »Komplexe von dispositionellen Merkmalen« (Strunz, S. 156). Die genannten Merkmalskomplexe sollen bestimmte Aspekte der Eigenart eines Menschen in besonders »reiner« (»typischer«) Weise repräsentieren. Diese besonders reine Darstellung der Merkmalskomplexe bringt es mit sich, daß die so entworfenen Typen stets Ideal-Typen sind, die selten in dieser Form in der Realität vorzufinden sind.
Die im Alltag wohl bekannteste T. geht auf Hippokrates und von Galen zurück. Es ist die Einteilung in Sanguiniker, Choleriker, Melancholiker und Phlegmatiker. Bekannte T. der neueren Zeit stammen von Kretschmer, C. G. Jung (Extravertierte: → Extraversion, Introvertierte: → Introversion) und Spranger (Lebensformen, rezipiert als Werttypen). In der → Psychopathologie sind T. als Einteilungsgesichtspunkte (Neurose-, Psychopathie- und Psychosetypen; → Neurose, → Psychose) noch sehr gebräuchlich.
Lit. Strunz: Persönlichkeitstypen.
Klaudius Siegfried

U

Überalterung → Bevölkerung

Übergangseinrichtungen für psychisch kranke und behinderte Menschen dienen der regionalen/wohnortnahen außerklinisch-stationären psychiatrischen Versorgung. Sie wurden ab Mitte der 70er Jahre gegründet, in Konsequenz zu den Aussagen der Enquête zur Lage der Psychiatrie in der BRD (→ Gemeindepsychiatrie). Sie dienen der → Rehabilitation → psychisch kranker und (→ seelisch) behinderter Menschen, deren Eingliederung in ein spezifisch-therapeutisches Milieu (→ therapeutische Gemeinschaft) erfordert. Ziel: Rehabilitation nach einer psychiatrischen → Krankenhausbehandlung, um die sozialen Kompetenzen und die Arbeitsfähigkeit des Rehabilitanden zu stabilisieren und zu verbessern bzw. wiederherzustellen und ihn zu befähigen, die allgemeinen Anforderungen des Alltagslebens wieder bewältigen zu kön-

nen. Übergangseinrichtungen für psychisch kranke und behinderte Menschen gewähren überwiegend sozio-therapeutisch (→ Sozialtherapie) und beruflich bestimmte Rehabilitationsmaßnahmen einschließlich Unterkunft und Verpflegung. Die sozio-therapeutischen Maßnahmen im Wohnbereich werden ergänzt durch berufliche Trainingsmöglichkeiten sowie tagesstrukturierende Maßnahmen, welche in arbeits- und beschäftigungstherapeutisch orientierten Werkstätten (häufig integrierter Bestandteil der Einrichtung), angeschlossener oder in Kooperation stehender → Werkstatt für Behinderte (WfB)/Werkstatt für psychisch kranke Menschen (WfpK) und/oder in → (Selbsthilfe-)Firmen angeboten werden. In der BRD gibt es über 100 Übergangseinrichtungen, überwiegend mit einem Angebot von 15 bis 35 Wohnplätzen (aus therapeutischen Gründen: Überschaubarkeit der Einrichtung). Überwiegende personelle Ausstattung: Diplom-Psychologe/-Psychologin (→ Arzt/Ärztin), → Sozialarbeiter/-innen und Sozialpädagogen/Sozialpädagoginnen, → Krankenpfleger/-innen, Arbeits- und Beschäftigungstherapeut/-innen. Viele Übergangseinrichtungen entwickelten sich in den vergangenen Jahren zunehmend zu Langzeiteinrichtungen / Dauerwohnheimen für chronisch psychisch kranke Menschen. Ihre Zukunft als eigenständiger Baustein zur sozialen und beruflichen Eingliederung psychisch kranker Menschen steht in Frage. Die Finanzierung ist in der Regel durch Pflegesatzvereinbarungen (→ Pflegesatz) mit dem → überörtlichen Sozialhilfeträger geregelt. Die Einbeziehung der für Rehabilitation vorrangig zuständigen → Sozialversicherungsträger gelang nicht, obwohl Übergangseinrichtungen Leistungen der medizinischen und beruflichen Rehabilitation anbieten, die eindeutig in deren Zuständigkeitsbereich fallen. 1986 wurde, im Benehmen mit dem → BMA, von den → Renten- und Krankenversicherungsträgern (→ Krankenkasse) sowie der Bundesanstalt für Arbeit (→ Arbeitsverwaltung) eine Empfehlungsvereinbarung abgeschlossen, wonach sog. → Rehabilitationseinrichtungen für psychisch Kranke und Behinderte (RPK) geschaffen wurden. Diese – unter ärztlicher Leitung stehend – erbringen Leistungen zu Lasten der vorrangigen Sozialversicherungsträger. Diese RPKs stellen eine besondere Form von Übergangseinrichtungen dar, mit Schwerpunktsetzung bei der → medizinischen und → beruflichen Rehabilitation und mit begleitender psychosozialer Betreuung.
Lit. Bock u.a.: Psychiatrie; Dörner u.a.: Psychiatrie/Psychotherapie; Psychiatrie-Enquête-Kommission: Bericht.

Horst Steinhilber

Übergang von Ansprüchen wird im Rahmen der gesetzlich vorgesehenen Möglichkeiten bewirkt, durch die ein → Sozialleistungsträger bei Gewährung von Leistungen zum Ausgleich seiner Aufwendungen rechtlichen Zugriff auf Forderungen des Leistungsempfängers gegen Dritte erhält und damit in der Lage ist, den Grundsatz der → Subsidiarität nachträglich zur Geltung zu bringen.
Bei Bezug von → Sozialhilfe hat der Gesetzgeber für bürgerlich-rechtliche Unterhaltsansprüche den Ü. v. A. mit Wirkung vom 27. 6. 1993 in § 91 BSHG speziell geregelt. Seitdem verwirklicht sich der Übergang eines Unterhaltsanspruchs für die Zeit, für die Hilfe gewährt wird, kraft Gesetzes zu dem Zeitpunkt, in dem der Träger der Sozialhilfe entsprechende Aufwendungen tätigt, damit ist das Erfordernis, den Ü. v. A. im Wege der Überleitung durch Verwaltungsakt zu bewirken, für den Bereich der Inanspruchnahme Dritter wegen bürgerlich-rechtlicher → Unterhaltspflicht entfallen und besteht nach § 90 BSHG nur noch für alle sonstigen Ansprüche des → Hilfeempfängers gegen einen anderen, soweit dieser kein Leistungsträger im Sinne des § 12 SGB I ist.
Der stets auf die Höhe der geleisteten Sozialhilfe beschränkte Übergang eines Unterhaltsanspruchs vollzieht sich nur unter den – maßgeblich die Divergenzen von Unterhaltsrecht und Sozialhilferecht kennzeichnenden – Voraussetzungen, die in § 91 Abs. 1 und Abs. 2 BSHG (nicht sämtliche Fälle erfassend) aufgestellt sind. Sämtliche Fallgruppen, bei denen ein Übergang ausgeschlossen oder eingeschränkt ist, sowie die Fallgruppen, bei denen von einer Geltendmachung des übergegangenen Anspruchs abgesehen werden soll oder abgesehen werden kann, sind in den Empfehlungen des → Deutschen Vereins für die Heranziehung Unterhaltspflichtiger in der Sozialhilfe zusammenhängend (Rdnrn. 5-35) aufgeführt. Hervorzuheben ist: Gegenseitige Unterhaltsansprüche von Personen, die eine → Bedarfsgemeinschaft bilden, sind vom Forderungsübergang ausgeschlossen, weil bereits bei der Feststellung des Einkommens und Vermögens (→ Einsatz des Einkommens/Vermögens) eines Hilfesuchenden stets zu prüfen ist, ob unter Berücksichtigung aller einzusetzenden Einkommen und Vermögenswerte, die in der Bedarfs-/ (daher begrifflich auch:) Einsatzgemeinschaft vorhanden sind, überhaupt ein Anspruch auf Sozialhilfe besteht. Unterhaltsansprüche im Verwandtschaftsgrad von Enkeln und Großeltern oder entfernterem Grad gehen nicht über. Im Eltern-Kind-Verhältnis gilt dasselbe, wenn die Tochter/Hilfeempfängerin schwanger ist oder ihr leibliches Kind bis zur Vollendung des 6. Lebensjahres betreut (ist die Tochter noch minderjährig und unverheiratet, wird dementsprechend das Zusammenleben mit Eltern nicht wie in einer → Bedarfs-/Einsatz-

gemeinschaft behandelt). Der Übergang ist auch ausgeschlossen, wenn in Ausfüllung des durch die frühere Verwaltungsrechtsprechung bereits kasuistisch ausgeformten unbestimmten Rechtsbegriffs die Inanspruchnahme des Unterhaltspflichtigen eine »unbillige Härte« bedeuten würde; eine solche liegt von Gesetzes wegen vor bei Eltern bezogen auf die einem behinderten oder pflegebedürftigen Kind nach Vollendung des 21. Lebensjahres geleistete → Eingliederungshilfe oder → Hilfe zur Pflege.
§ 91 Abs. 2 S. 1 BSHG stellt sicher, daß der Unterhaltspflichtige den gleichen Schutz bezüglich Einkommen und Vermögen hat, den er hätte, wenn er der Empfänger der Sozialhilfe wäre. Dadurch wird der Übergang des zunächst festzustellenden bürgerlich-rechtlichen Unterhaltsanspruchs gegebenenfalls eingeschränkt, und der Übergang vollzieht sich nach dem Grundsatz der Meistbegünstigung dann nur in Höhe des geringeren Betrags. Deshalb ist eine sozialhilferechtliche Vergleichsberechnung erforderlich, die im Streitfall bei den ausschließlich zuständigen Zivilgerichten auch die Richter im Rahmen der Prüfung, ob die Klage schlüssig ist, zu kontrollieren haben. Da mit dem Unterhaltsanspruch inzwischen (Sozialhilfereformgesetz vom 23. 7. 1996, BGBl. I S. 1088) auch der unterhaltsrechtliche Auskunftsanspruch (§ 1605 BGB) übergeht, braucht der Sozialhilfeträger zur Einholung der notwendigen → Auskünfte über die Einkommens- und Vermögensverhältnisse des Unterhaltspflichtigen nicht länger auf der Grundlage von § 116 BSHG erforderlichenfalls den Ausgang eines Verwaltungsrechtsstreits abzuwarten, sondern kann die Auskünfte auch unmittelbar im Unterhaltsprozeß auf dem Weg einer Stufenklage erlangen.
Wenn es um die trotz der Leistungen der → Pflegeversicherung für die Sozialhilfepraxis wegen der ungedeckt bleibenden Kosten nach wie vor bedeutsamen Fälle übergegangener Unterhaltsansprüche von Eltern gegen ihre regelmäßig erwachsenen Kinder (nicht gesteigerte Unterhaltspflicht) geht, ist aufgrund der Vergleichsberechnung nur selten eine Abweichung von dem nach bürgerlichen Recht gefundenen Ergebnis zu erwarten: Aus der zwar schwer überschaubaren Praxis der Zivilgerichte, bei denen für solche Fälle nicht (voraussichtlich dann aber nach Abschluß der anstehenden Kindschaftsrechtsreform) die Familiengerichte zuständig sind, läßt sich nämlich zumindest die deutliche Tendenz entnehmen, neben erhöhten Selbstbehalten auch sonstige Verpflichtungen zu berücksichtigen, die in den von der »Düsseldorfer Tabelle« zugrundegelegten Unterhaltsrechtsverhältnissen (gesteigerte Unterhaltspflicht) bei der Feststellung der Leistungsfähigkeit nicht anerkannt werden; auch bei den der Sozialhilfepraxis vom Deutschen Verein zur Anwendung empfohlenen und in den Bereich des materiellen Unterhaltsrechts gehörenden Maßstäben erweist sich in aller Regel, daß der danach zu fordernde Unterhalt das aufgrund einer Vergleichsberechnung nicht einzusetzende Einkommen und Vermögen unangetastet läßt. Bei der gesteigerten Unterhaltspflicht zeigt die Vergleichsberechnung dagegen sehr häufig, daß bei Berücksichtigung des sozialhilferechtlichen Bedarfs des Unterhaltspflichtigen sowie der Personen, die mit ihm gegebenenfalls in einer (neuen) Bedarfsgemeinschaft leben, dem Pflichtigen nicht genügend Mittel verbleiben, um den nach unterhaltsrechtlichen Maßstäben gegen ihn bestehenden Anspruch voll oder gegebenenfalls auch nur in geringem Umfang durchsetzen zu können. Die seit der Neuregelung des § 91 BSHG (1993) auch im Schrifttum stark umstrittene Zulässigkeit einer – praktisch nur in Trennungs- und Scheidungssituationen (→ Trennungs- und Scheidungsberatung) in Betracht zu ziehenden – treuhänderischen Rückübertragung des übergegangenen Unterhaltsanspruchs zur gerichtlichen Geltendmachung durch den Hilfeempfänger ist inzwischen (1996) nach dem Gesetz möglich. Die entsprechende Regelung in § 91 Abs. 4 BSHG war während des Verfahrens zur Reform des Sozialhilferechts kaum vorherzusehen. Allerdings hatte die familiengerichtliche Praxis für die bei einer Rückübertragung wegen der zeitlichen und betragsmäßigen Aufspaltung des Unterhaltsanspruchs auftretenden prozeßrechtlichen Fragen bereits Lösungen entwickelt. Da der Hilfeempfänger regelmäßig im Sinne der Prozeßkostenhilfe bedürftig sein wird, entlastet eine Rückübertragung den Träger der Sozialhilfe auch im Hinblick auf die ihm bei eigener Rechtsverfolgung entstehenden Kosten: er muß den Hilfeempfänger aber von dessen auch bei Prozeßkostenhilfe bestehenden Risiko freistellen, im Fall des Unterliegens die gegnerischen Anwaltskosten zu tragen.
Lit. DV: Heranziehung Unterhaltspflichtiger; Plagemann: Ersatzpflichten Dritter; Scholz: Unterhalt und Sozialhilfe.
Gottfried Eichhoff

Über-Ich → Psychoanalyse

Überleitung → Übergang von Ansprüchen

Überörtliche Träger → Sozialhilfeträger

Überschuldung → Schuldnerberatung

Überstellungsübereinkommen → Gnadenwesen

Übertragung »ist nicht einfach das Zuschreiben der Eigenschaften ehemaliger Objekte neuen Objekten gegenüber, sondern der Versuch, mit jedem Objekt, das es

gestattet, eine infantile Situation wiederaufzurichten und wiederzubeleben, nach der man sich sehr sehnt, weil man sie entweder sehr genoß oder sehr vermißte« (Waelder). Dieser unbewußte Prozeß führt zu einer vom → Bewußtsein (→ Unbewußtes) nicht bemerkten Wiederholung von Verhaltensweisen, Phantasien und Gefühlen, von Liebe, Haß, Wut usw., die unter vielfältigen Umständen auftreten und mit einem besonderen Gefühl von Aktualität erlebt werden. Die Ausbildung der Ü. bis zur Ü.neurose und deren schrittweise Auflösung durch die Deutungsarbeit ist der Hauptbestandteil der psychoanalytischen Behandlung (→ Psychoanalyse). Die Anordnung der psychoanalytischen Situation (→ Setting) wurde entwickelt, um → Regressionen zu ermöglichen und die damit verbundene Ü. zur Entfaltung zu bringen. Die positive Ü. hat freundliche, warmherzige Gefühle oder intensive sexuelle Wünsche zum Inhalt. Bei der negativen Ü. überwiegen aggressive, feindliche Gefühle oder gar sadistische Wunschregungen (→ Sadismus).
Potentiell kann sich die Ü. auch außerhalb der analytischen Situation in jeglicher Art zwischenmenschlicher Beziehung entwickeln, wobei wiederum bestimmte Beziehungsarrangements die generelle Tendenz zur Ü. begünstigen. Der gezielte Umgang mit diesen extra-analytischen Erscheinungsformen der Ü., z.B. in der Beratungsarbeit (→ Beratung), erfordert eine besonders einfühlsame Handhabung, da durch die Ü. störende Gegenreaktionen (→ Gegenübertragung) ausgelöst werden.
Lit. Freud, S.: Übertragung; Waelder: Psychoanalyse. *Willi Baumann*

Übungs- und Erfahrungskurs Gestaltungsmöglichkeit für soziale Gruppenarbeit (→ Gruppenarbeit, soziale) nach § 29 → Kinder- und Jugendhilfegesetz (KJHG – SGB VIII). Zeitlich befristete Betreuung von Minderjährigen, die einer Unterstützung zur Überwindung von Entwicklungsschwierigkeiten oder Verhaltensproblemen bedürfen. Ü. und E. gehören zu den offenen pädagogisch-therapeutischen Hilfen, die im Vorfeld einschneidender Eingriffsformen (etwa der → Heimerziehung) wahrgenommen sollen. Die praktische Gestaltung folgt meist einem gruppenpädagogischen Ansatz (→ Gruppenpädagogik). Charakeristisch ist die Organisation von sozialen Lernprozessen als Wechsel von themen- und gesprächsorientierten Gruppentreffen und aktions- und erlebnisorientierten Angeboten (→ Soziales Lernen). Sie sind den sozialen Trainingskursen vergleichbar, die im Rahmen des JGG durchgeführt werden. Die Kurse dauern i.d.R. höchstens sechs Monate. *Brigitte Rehling*

Umgangsrecht in das Recht eines nichtsorgeberechtigten Elternteils (→ elterliche Sorge), persönlichen Kontakt mit seinem Kind zu pflegen. Dieses Recht bleibt kraft Gesetzes als Restbestand der → Personensorge bestehen (§ 1634 Abs. 1 BGB). Von größter Bedeutung ist das Umgangsrecht nach Ehescheidung der Eltern; über deren Ausübung sollen sie sich möglichst einigen (§ 1634 Abs. 1 BGB: »Wohlverhaltensklausel«). Dabei soll das → Jugendamt beratende Hilfe anbieten und bei der Ausführung vereinbarter oder gerichtlicher Regelungen Hilfestellung leisten (§ 17, 18 Abs. 4 Kinder- und Jugendhilfegesetz [KJHG – SGB VIII]). Gemäß § 1634 Abs. 2 BGB können die gerichtlichen Regelungen einzelne Modalitäten betreffen, z.B. Termine, Dauer, Ort, die Abholung des Kindes und dessen Kontakte mit Dritten bei dem anderen Elternteil, der ansonsten darüber zu befinden hat. Die Regelungen sind abänderbar (§ 1696 Abs. 1 BGB); Das Umgangsrecht kann auch eingeschränkt und (zeitweise) ausgeschlossen werden, wenn das → Kindeswohl es erfordert. Diese Regelungen kann das Gericht auch bei dauerndem Getrenntleben oder im Anschluß an eine Maßnahme nach § 1666 BGB treffen. Das Gericht hört vor seiner Entscheidung das Kind an (§ 50b FGG), dessen Äußerungen können von entscheidendem Gewicht sein. Dem Gerichtsbeschluß kann durch Androhung eines Zwangsmittels (§ 33 FGG) gegenüber den Eltern Nachdruck verliehen werden.
Dem Vater eines nichtehelichen Kindes steht das Umgangsrecht bisher nicht kraft Gesetzes zu. Die Mutter entscheidet über den Kontakt Kind-Vater, aber das Vormundschaftsgericht kann dem Vater das Umgangsrecht zusprechen, wenn dies dem Wohl des Kindes dient (§ 1711 BGB). Gesellschaftliche Veränderungen im Miteinander nichtverheirateter Eltern und deren Kinder sollen bei einer bevorstehenden Rechtsreform (→ Kindschaftsrechtsreform) auch durch eine einheitliche Regelung des Umgangsrechts für eheliche und nichteheliche Kinder berücksichtigt werden. Darüber hinaus soll auch der Umgang zwischen dem Kind und anderen nahen Bezugspersonen (z.B. Geschwister, Großeltern, Stiefelternteile und Pflegeeltern) in diesen Regelungskomplex miteinbezogen werden. Bisher fallen diese Personen unter den Begriff »Dritte« in § 1632 Abs. 2 und 3 BGB, über deren Kontakt mit dem Kind die sorgerechtsberechtigten Eltern entscheiden, ein Umgangsrecht steht ihnen nicht zu. In enger Beziehung mit dem elterlichen Umgangsrecht steht das Auskunftsrecht gem. § 1634 Abs. 3 BGB über die persönlichen Verhältnisse des Kindes, das nach geltendem Recht auch dem Vater des nichtehelichen Kindes unter den Voraussetzungen dieser Vorschrift wie anderen Elternteilen zusteht.
Lit. Arntzen: Sorge; Lempp: Ehescheidung; Oelkers: Umgangsrecht; Oelkers: Rechtsprechung. *Helga Danzig*

Umverteilung → Sozialer Ausgleich, → Sozialpolitik

Umweltökonomische Gesamtrechnung → Volkswirtschaftliche Gesamtrechnung

Unbestimmter Rechtsbegriff Vom → Gesetz verwandter allgemeiner Begriff (deshalb auch als unbestimmter Gesetzesbegriff bezeichnet), der im Gegensatz zum bestimmten Rechtsbegriff (z. B. »minderjährig«, »unverheiratet«) zur → Auslegung und Anwendung auf den Einzelfall der Ermittlung seines konkreten Sinngehalts bedarf. Die Auslegung ist grundsätzlich Rechtsfrage und als solche vom Gericht in vollem Umfange nachprüfbar. Es gibt den u. R. sowohl bei der Tatbestandsbeschreibung als auch – seltener – bei der Beschreibung der Rechtsfolgen. Beispiele: »Öffentliches Interesse«, »Angemessenheit«, »Gefahr«, »Härte«, »Krankheit«, »wichtiger Grund«, »Unterkunft«, »Haushalt«, »vorübergehend«, »regelmäßig«, »unbillig«, »geringfügig«, »zumuten«. Manche ursprünglich u. R. sind inzwischen auf Grund der → Rechtsprechung als nahezu bestimmt anzusehen. Der Sinngehalt eines u. R. kann sich entsprechend dem Zeitgeist oder gesellschaftlichen Anschauungen wandeln wie etwa der sozialhilferechtliche Zentralbegriff »Würde des Menschen«. Er ist aus dem Zusammenhang der Rechtsmaterie heraus zu ermitteln, in der er Verwendung findet, jedoch kann ein und derselbe Begriff in verschiedenen Rechtsgebieten einen unterschiedlichen Inhalt haben. So ist z. B. der Begriff → »Hilfsmittel«, obwohl im gleichen Kontext gebraucht, nach der Rechtsprechung des BSG im Krankenversicherungsrecht enger auszulegen als z. B. in der Sozialhilfe. Zumindest theoretisch kann ein u. R. nur einen richtigen Inhalt haben; bei seiner Ermittlung hat die Behörde grundsätzlich keinen Ermessensspielraum (→ Ermessen). Gegenstand der Erörterung in Lit. und Rechtsprechung ist schon seit langem die Frage, ob und in welchem Umfange die das Gesetz ausführende Behörde bei der Anwendung eines u. R. gleichwohl einen der gerichtlichen Nachprüfung entzogenen → Beurteilungsspielraum hat. Wegen der Einteilung der u. R. gleichwohl in verschiedene Unterkategorien wird auf die nachstehend zitierte Literatur verwiesen:

Lit. Erichsen u. a.: Verwaltungsrecht, S. 190 ff.; Forsthoff: Verwaltungsrecht, S. 84 ff.; Wallerath: Verwaltungsrecht, S. 118 ff.; Wolff, H. J. u. a.: Verwaltungsrecht I, S. 365 ff.
S. a.: → Altersstufen im Recht.

Manfred Streppel

Unbewußtes Von Freud entdeckte Gruppe psychischer Vorgänge und Inhalte, die erst nach Überwindung erheblicher → Widerstände dem → Bewußtsein zugänglich gemacht werden können.

Freud nahm an, daß das U. durch einen »Zensor« (in der späteren Nomenklatur die → Abwehrmechanismen des Ich) vom Vorbewußten und Bewußten getrennt wird. Diese defensive innere Abwehrinstanz »verdrängt« z. B. aggressive und sexuelle Impulse und Vorstellungen, da sie dem Wachdenken unzumutbar, verboten und angesichts geltender → Normen anstößig erscheinen (→ Verdrängung). Entscheidend ist jedoch, daß diese verdrängten Erlebensinhalte nicht wirklich ausgelöscht sind, sondern ihre dynamische Kraft und Wirksamkeit behalten und daher ständig unterdrückt werden müssen (→ Psychodynamik). Gelingt dies nicht vollständig, so kann es zur Bildung neurotischer Symptome kommen, die vom Bewußtsein als absurd und sinnlos erlebt werden. Im Alltagsleben findet das U. Ausdruck in Träumen oder in → Fehlleistungen, die mangels Zugang zum Bereich des U. als unverständlich und zufällig erscheinen, obgleich sie sinnvolle Ausdrucksmittel der unterdrückten Welt des U. sind. Auch das Phänomen der → Übertragung unbewußter Gefühle aus der Vergangenheit auf einen anderen Menschen könnte ohne die Annahme dieses U., in dem Eindrücke aus der frühen Kindheit aufbewahrt und gespeichert sind, die unter normalen Umständen weder vorbewußt noch bewußt sind, nicht hinreichend verstanden werden.
Gesetze des U.: Das U. arbeitet, ohne die Regeln der Logik zu beachten; ist über die Dimension der Zeit erhaben; Gegensätze können nebeneinander bestehenbleiben. Das U. unterliegt also nicht dem Realitätsprinzip, wie es kennzeichnend für das Bewußtsein ist, sondern wird vom → Lustprinzip regiert, das ungehemmte Triebentladung und unaufschiebbare Wunscherfüllung sucht. Im U. gibt es keinen Verzicht auf unmittelbare Triebbefriedigung, Umwege über Denken und gerichtetes Handeln sind nicht möglich.
Inhalte des U.: Das U. ist der direkten Beobachtung nicht zugänglich, sondern kann nur aufgrund von Erfahrungen, z. B. beim Studium von Träumen oder → Neurosen, erschlossen werden. Das U. besteht aus Triebrepräsentanzen, Objektvorstellungen und verdrängten Inhalten. Triebrepräsentanzen sind die psychische Äußerungform der Triebe, die uns als → Affekte entgegentreten. Bei jedem neurotischen Symptom sind viele Triebrepräsentanzen als Affekte gespeichert. Der Affekt an sich muß keineswegs unbewußt sein, unbewußt ist vielmehr die ursprünglich zu ihm gehörige Vorstellung. Allerdings kann der Affekt auch unterdrückt werden und zu körperlichen Symptomen, wie z. B. Herzklopfen, Schweißausbruch usw., führen (→ Somatisierung). Neben den Affekten gehören die eigentlichen Objekte zum Inhalt des U., sie werden als Erinnerungsspur von Objektwahrneh-

mungen mit den damit verbundenen Empfindungen gespeichert.
Der Bereich des Verdrängt-U. ist insofern am bedeutendsten, als er für das Entstehen neurotischer Phänomene verantwortlich zu machen ist. Inhalte, die ins Bewußtsein vordringen wollen, scheitern an den Abwehrmechanismen des Ich, und es entstehen chronische Konflikte, deren Abwehr die Neurose dienen soll.
Im U. sind alle emotional bedeutsamen Erlebnisse der persönlichen Lebensgeschichte in der erlebten → Subjektivität aufgespeichert, vor allem die prägenden Eindrücke der frühen Kindheitserlebnisse. Neben diesem persönlich U. existieren phylogenetische Inhalte, die C. G. Jung im »kollektiven U.« ansiedelte, wo sich die wichtigen Erfahrungen der menschlichen Art als instinktives Wissen niedergeschlagen haben.
Lit. Dolto, F.: Unbewußtes; Freud, S.: Unbewußtes; Mertens, W.: Psychoanalytische Grundbegriffe. *Hannelore Barth*

Unentgeltliche Beförderung Schwerbehinderter Rechtsgrundlage ist das → Schwerbehindertengesetz (SchwbG). Danach haben → Schwerbehinderte, deren Bewegungsfähigkeit im Straßenverkehr aufgrund ihrer Behinderung erheblich beeinträchtigt ist, sowie Gehörlose und Hilflose gegen Vorzeigen eines (grün) orangefarben gekennzeichneten Ausweises mit Beiblatt und Wertmarke Anspruch auf u. B. im Nahverkehr gegen Unternehmen, die öffentlichen Personenverkehr betreiben. I. d. R. muß eine Eigenbeteiligung von 120 DM jährlich (oder 60 DM halbjährlich) gezahlt werden. Blinde, Hilflose, typische Gruppen einkommensschwacher Schwerbehinderter sowie bestimmte Kriegsopfer (Besitzstandsregelung) erhalten die Wertmarke kostenlos. Der Behinderte muß grundsätzlich zwischen der »Freifahrt« und der Kraftfahrzeugsteuerermäßigung wählen (§§ 59 Abs. 1 und 60 SchwbG). Ausweis, Beiblatt und Wertmarke werden bei Vorliegen der Voraussetzungen auf Antrag von den → Versorgungsämtern ausgestellt (§ 4 SchwbG). Zur Benutzung der Bahn im 50-km-Umkreis wird ein Streckenverzeichnis ausgehändigt (§ 7 Abs. 2 SchwbAwV). Im Fernverkehr ist der Schwerbehinderte zahlungspflichtig. Im Nah- und Fernverkehr wird eine Begleitperson kostenlos befördert, wenn der Schwerbehinderte auf eine ständige Begleitung angewiesen und dies in dessen Ausweis eingetragen ist. Das gleiche gilt für das Handgepäck, den Krankenfahrstuhl, sonstige orthopädische → Hilfsmittel und den Blindenführhund (§ 59 Abs. 2 SchwbG). Zum Nahverkehr i. S. d. Gesetzes (§ 61 Abs. 1 SchwbG) gehören Straßen-, U- und S-Bahnen, Omnibusse, in einen Verkehrsverbund einbezogene Eisenbahnen, die Züge des Nahverkehrs (2. Wagenklasse; nur im Umkreis von 50 km um den Wohnort bzw. gewöhnlichen Aufenthaltsort des Schwerbehinderten) der Deutschen Bahn AG (§ 1 Schwerbehinderten-Nahverkehrszügeverordnung), nichtbundeseigene Regionalbahnen sowie der Linien-, Fähr- und Übersetzverkehr mit Wasserfahrzeugen im Orts- und Nachbarschaftsbereich. Die Fahrgeldausfälle werden den in Dienst genommenen Verkehrsunternehmen grundsätzlich pauschal nach Vomhundertsätzen ihrer Fahrgeldeinnahmen von Bund und Ländern erstattet (§§ 62 bis 64 SchwbG).
Lit. Cramer, H.: SchwbG (Komm.).
Roland Schauer

Unerlaubte Handlung Mit den Regelungen über die u. h. sollen Rechte und Rechtsgüter vor Eingriffen durch Dritte geschützt werden. Ein Schadensersatzanspruch (→ Schadensersatz) entsteht bei schuldhafter Verletzung a) von Leben, Körper, Gesundheit, Freiheit, Eigentum oder eines sonstigen Rechts, das von jedermann zu beachten ist (§ 823 Abs. 1 BGB), b) von Schutzgesetzen (§ 823 Abs. 2 BGB), z. B. Strafgesetzen, c) der Vorschriften in §§ 824-826 BGB. Auf Verschulden (→ Schuld) kommt es nicht an, wenn die Schadenszufügung auf einem Tatbestand der sog. Gefährdungshaftung beruht. Hier haftet z. B. der Tierhalter (§ 833 BGB), der KFZ-Halter (§§ 7 ff. StVG), die Luftverkehrsgesellschaft (§ 33 LuftVG) oder der Betreiber eines Kernkraftwerkes (§§ 25 ff. AtomG) auch ohne Verschulden. Gegen die in der Praxis zu enge Schutz bezogen auf die in § 823 und 826 BGB genannten Rechtsgüter wurde von der → Rechtsprechung gemessen an Art. 1 ff. GG zum umfassenden Persönlichkeitsschutz weiterentwickelt, der als sonstiges Recht im Sinne von § 823 Abs. 1 BGB anerkannt ist. Das gesteigerte Schutzbedürfnis der Person im Zusammenhang mit dem Schutz der Sozialdaten (→ Sozialgeheimnis, → Datenschutz) muß konsequenterweise mit in die zivilrechtliche Haftung einbezogen werden. Verletzungshandlungen sind ein Tun oder Unterlassen, das für den Schaden ursächlich sein muß (haftungsbegründende und haftungsausfüllende Kausalität → Kausalprinzip). Für die Bemessung eines ersatzpflichtigen Schadens wird nicht jede äquivalente Kausalität, sondern nur die sozialadäquate Kausalität herangezogen. Kennzeichnend für die u. H. ist ferner die → Rechtswidrigkeit (Widerrechtlichkeit) des Verhaltens. Sie kann jedoch im Einzelfall durch gesetzliche Rechtfertigungsgründe, z. B. Notwehr, Notstand, Selbsthilfe sowie durch → Einwilligung des Verletzten aufgehoben sein (§§ 227 ff. BGB). Schadensersatzansprüche aus u. H. können neben Ansprüchen aus Vertragsverletzungen und anderen Rechtsbeziehungen stehen, z. B. Haftungsfolgen wegen eines ärztlichen Kunstfehlers können sowohl aus einer Vertragsverletzung als auch einer u. H. begrün-

det werden und wahlweise oder zusammen geltend gemacht werden.
Für die Praxis der sozialen Arbeit sind für die Haftung aus Unterlassen eine Reihe bedeutsamer Pflichten zum Tätigwerden zu nennen, die sog. Abwendungspflichten (gesetzliche oder vertraglich übernommene → Aufsichtspflichten, sowie Amtspflichten [→ Amtshaftung], Verkehrssicherungs- und Organisationspflichten).
Lit. Brüggemeier: Deliktsrecht; Kötz: Deliktsrecht; Schleicher: Jugend- und Familienrecht; Schwab: Zivilrecht. *Jost Bauer*

UNESCO (United Nations Educational, Scientific and Cultural Organization; dt.: Organisation der Vereinten Nationen für Erziehung, Wissenschaft und Kultur), eine Sonderorganisation der Vereinten Nationen (→ United Nations [UN]), wurde 1945 unter dem Eindruck des Zusammenbruchs des internationalen Systems durch den Zweiten Weltkrieg gegründet. In der Präambel ihrer Satzung wird gefordert, daß, »da Kriege im Geiste der Menschen entstehen, auch die Bollwerke des Friedens im Geiste der Menschen errichtet werden müssen«. Diese »UNESCO-Idee« des Abbaus von Feindbildern durch → Erziehung und wissenschaftlich-kulturellen Austausch bestimmt bis heute das äußerst weite Arbeitsfeld der Organisation, das längst auch den internationalen Schutz der → Menschenrechte in Wissenschaft und Kultur mit umfaßt. Die Organe der UNESCO sind die Generalkonferenz, der Exekutivrat und das Sekretariat mit dem Generaldirektor. Die Generalkonferenz ist das oberste Entscheidungsorgan, das alle zwei Jahre am Sitz der Organisation in Paris tagt. Die 25. Generalkonferenz hat 1989 einen mittelfristigen Arbeitsplan (1990 bis 1995) beschlossen, dessen sieben Hauptprogrammpunkte zukunftsorientiert, die Zusammenhänge von Wissenschaft, Fortschritt und Umwelt berücksichtigende Schwerpunkte setzen; insbes. mit Alphabetisierungsprogrammen, Jugend- und Frauenausbildung soll die UNESCO einen aktiven Beitrag zur Entwicklungsstrategie des UN-Systems leisten. Mit dem Vorwurf der Politisierung der von ihr behandelten Themen traten 1984 die USA und 1985 das Vereinigte Königreich aus der UNESCO aus. Da sich die Organisation durch Beiträge der Mitgliedstaaten finanziert, hat dies die Haushaltslage und damit die Handlungsfähigkeit der UNESCO erheblich reduziert. Für das Haushaltsbiennium 1994/95 wurden 455 Mill. US-$ angesetzt, von denen Deutschland ca. 8% trägt. Von den 183 Mitgliedern (Stand: 1994) sind die große Mehrzahl Entwicklungsländer, die deshalb Beiträge nur in Höhe von 0,01% des Haushalts zu zahlen haben.
Die Zukunft der UNESCO wird davon abhängen, ob es gelingt, aus der durch den Zerfall der Sowjetunion noch gewachsenen politisch-kulturellen Pluralität der Mitgliedstaaten Gemeinsamkeiten zu formen, die in reale Programme umgesetzt werden können.
Lit. Hüfner, K.: UNESCO; Köhler, P. A.: Vereinte Nationen. *Peter A. Köhler*

Unfallrente Versicherte nach §§ 2 ff. → Sozialgesetzbuch (SGB) VII, deren Erwerbsfähigkeit infolge eines Versicherungsfalls, d. h. eines → Arbeitsunfalls oder einer → Berufskrankheit (§ 7 Abs. 1 SGB VII), über die 26. Woche nach dem Versicherungsfall um wenigstens 20% gemindert ist, haben Anspruch auf eine Rente (§ 56 Abs. 1 Satz 1 SGB VII). Anspruch hierauf haben auch die Hinterbliebenen eines Versicherten, dessen Tod infolge eines Versicherungsfalles eingetreten ist (§ 63 SGB VII). Die Höhe der Rente des Versicherten bemißt sich nach der Minderung der Erwerbsfähigkeit (MdE) und dem Jahresarbeitsverdienst (JAV). Die MdE (§ 56 Abs. 2 SGB VII) richtet sich nach dem Umfang der sich aus der Beeinträchtigung der körperlichen und geistigen Leistungsvermögens ergebenden verminderten Arbeitsmöglichkeiten auf dem gesamten Gebiet des Erwerbslebens. Bei Kindern und Jugendlichen ist gesetzlich klargestellt, daß die MdE nach den Auswirkungen zu bemessen ist, die sich bei Erwachsenen mit gleichen Gesundheitsschäden ergeben würden. Individuelle, besondere berufliche Kenntnisse und Erfahrungen, die nicht oder nur noch eingeschränkt genutzt werden können, sind zu berücksichtigen, soweit die sich hieraus ergebenden Nachteile nicht zumutbar durch die Nutzung sonstiger Fähigkeiten ausgeglichen werden können. Der JAV ist regelmäßig der Gesamtbetrag aller berücksichtigungsfähigen Entgelte und Arbeitseinkommen des Versicherten in den zwölf Kalendermonaten vor dem Monat, in dem der Versicherungsfall eingetreten ist (§ 82 SGB VII). Sonderregelungen (§§ 82 ff. SGB VII) bestehen für besondere Versichertengruppen (→ Schüler-Unfallversicherung). Ist infolge des Versicherungsfalls die Erwerbsfähigkeit vollständig entfallen (100% MdE), wird eine Vollrente geleistet, die zwei Drittel des JAV beträgt; ab einer Minderung der Erwerbsfähigkeit von mindestens 20% wird eine Teilrente entsprechend dem Grad der MdE geleistet (§ 56 Abs. 3 SGB VII). Bei Schwerverletzten (mindestens 50% MdE), die keiner Erwerbstätigkeit mehr nachgehen können und auch keine Rente aus der gesetzlichen → Rentenversicherung erhalten, sowie bei Arbeitslosen ist unter bestimmten Voraussetzungen die Rente zu erhöhen (§§ 57, 58 SGB VII). Für die Dauer der Heimpflege kann die Rente gemindert werden (§ 60 SGB VII). Bei mehreren Renten ist ein Höchstbetag zu beachten (§ 59 SGB VII).

Hinterbliebene: Witwen und Witwer erhalten bis zu ihrem Tode (§ 73 Abs. 6 SGB VII) oder bis zu ihrer Wiederverheiratung eine → Witwen- bzw. → Witwerrente (§ 65 SGB VII). Die Höhe ist gestaffelt nach bestimmten Zeiträumen und beträgt bis zum 3. Kalendermonat nach Ablauf des Monats, in dem der Versicherte verstorben ist, zwei Drittel des Jahresarbeitsverdienstes; nach Ablauf des 3. Kalendermonats wird eine Rente in Höhe von mindestens 30% des JAV gezahlt und in besonderen Fällen in Höhe von 40%. Beim Zusammentreffen der Unfallrente mit Erwerbseinkommen oder Erwerbsersatzeinkommen (z. B. Altersrente) erfolgt in bestimmten Grenzen eine Anrechnung in Höhe von 40% des verbleibenden anrechenbaren → Einkommens. Rentenleistungen an Verwandte der aufsteigenden Linie haben unter den besonderen Voraussetzungen des § 69 SGB VII zu erfolgen.
Lit. s.: → Unfallversicherung.

Günther Sokoll/Harald Dahm

Unfallverhütung ist die Summe der Maßnahmen zur Verhütung von → Arbeitsunfällen, → Berufskrankheiten und arbeitsbedingten Gesundheitsgefahren (→ Arbeitsschutz). Für die Durchführung der Maßnahmen ist der Unternehmer verantwortlich (§ 21 Abs. 1 → Sozialgesetzbuch [SGB] VII). Die Versicherten haben die Arbeitsschutzmaßnahmen des Unternehmers zu unterstützen und seine Anweisungen zu befolgen (§ 21 Abs. 2 SGB VII). Die Überwachung der Durchführung der Maßnahmen sowie eine zielgerichtete Beratung der Unternehmer und der Versicherten obliegt den → Berufsgenossenschaften (§ 17 SGB VII). Sie nehmen diese Aufgaben durch Aufsichtspersonen (Technische Aufsichtsbeamte) wahr. Die Berufsgenossenschaften haben das Recht und die Pflicht, Unfallverhütungsvorschriften zu erlassen (§ 15 SGB VII), im einzelnen: über Einrichtungen, Anordnungen und Maßnahmen, welche der Unternehmer zur Verhütung von Arbeitsunfällen, Berufskrankheiten und arbeitsbedingten Gesundheitsgefahren zu treffen haben, sowie die Form der Übertragung dieser Aufgaben auf andere Personen; über das Verhalten der Versicherten zur Verhütung von Arbeitsunfällen, Berufskrankheiten und arbeitsbedingten Gesundheitsgefahren; über vom Unternehmer zu veranlassende arbeitsmedizinische Untersuchungen und sonstige arbeitsmedizinische Maßnahmen vor, während und nach der Verrichtung von Arbeiten, die für Versicherte oder für Dritte mit arbeitsbedingten Gefahren für Leben und Gesundheit verbunden sind; über Voraussetzungen, die der → Arzt, der mit arbeitsmedizinischen Untersuchungen oder Maßnahmen beauftragt ist, zu erfüllen hat, sofern die ärztliche Untersuchung nicht durch eine staatliche Rechtsvorschrift vorgesehen ist; über die Sicherstellung einer wirksamen Ersten Hilfe durch den Unternehmer; über die Maßnahmen, die der Unternehmer zur Erfüllung der sich aus dem Gesetz über Betriebsärzte, Sicherheitsingenieure und andere Fachkräfte für Arbeitssicherheit (Arbeitssicherheitsgesetz vom 21. 12. 1973, BGBl. I S. 1885) ergebenden Pflichten zu treffen hat; über die Zahl der Sicherheitsbeauftragten, die nach § 22 SGB VII unter Berücksichtigung der in den Unternehmen für Leben und Gesundheit der Versicherten bestehenden arbeitsbedingten Gefahren und der Zahl der Beschäftigten zu bestellen sind. Die U.vorschriften gelten auch für Unternehmer und Beschäftigte von ausländischen Unternehmen, die eine Tätigkeit im Inland ausüben, ohne einer Berufsgenossenschaft anzugehören (§ 16 Abs. 2 SGB VII). Die U.vorschriften bedürfen der Genehmigung des → Bundesministeriums für Arbeit und Sozialordnung (BMA) im Benehmen mit den zuständigen obersten Verwaltungsbehörden der Länder; bei U.vorschriften landesunmittelbarer Berufsgenossenschaften entscheidet die Landesbehörde im Benehmen mit dem BMA. Der Verstoß gegen U.vorschriften stellt, unbeschadet etwaiger arbeitsrechtlicher, zivilrechtlicher oder strafrechtlicher Folgen, eine mit Bußgeld zu ahnende → Ordnungswidrigkeit dar (§ 209 SGB VII). Die Aufsichtspersonen können im Einzelfall Anordnungen zur Durchführung von U.vorschriften oder zur Abwendung besonderer Unfall- oder Gesundheitsgefahren treffen (§ 17 Abs. 1 SGB VII). – In Unternehmen mit regelmäßig mehr als 20 Beschäftigten hat der Unternehmer einen oder mehrere Sicherheitsbeauftragte zu bestellen, die den Unternehmer bei der Durchführung der ihm obliegenden Arbeitsschutzmaßnahmen unterstützen (§ 22 SGB VII). – Die Berufsgenossenschaften haben für die erforderliche Aus- und Fortbildung der Personen in den Unternehmen zu sorgen, die mit der Durchführung der Arbeitsschutzmaßnahmen betraut sind. – Der Präventionsauftrag der Berufsgenossenschaften erstreckt sich auch darauf, für eine wirksame Erste Hilfe in den Unternehmen zu sorgen (§ 14 SGB VII). – Die Berufsgenossenschaften können nach § 24 SGB VII überbetriebliche arbeitsmedizinische und sicherheitstechnische Dienste einrichten, die die Unternehmer zur Erfüllung ihrer Pflichten nach dem Arbeitssicherheitsgesetz in Anspruch nehmen können.

Dieter Waldeck

Unfallversicherung Die gesetzliche U. ist ein Zweig der → Sozialversicherung. Sie war bisher im 3. Buch der → Reichsversicherungsordnung (RVO) in den §§ 537 bis 1772 geregelt. Seit dem 1. Januar 1997 ist das Recht der gesetzlichen Unfallversicherung im → Sozialgesetzbuch (SGB) VII normiert. Aufgabe der U. ist es, nach Maß-

Unfallversicherung

gabe der Vorschriften des SGB VII sowohl mit allen geeigneten Mitteln → Arbeitsunfälle und → Berufskrankheiten sowie arbeitsbedingte Gesundheitsgefahren zu verhüten (→ Prävention), als auch nach Eintritt von Arbeitsunfällen und Berufskrankheiten die Gesundheit und Leistungsfähigkeit der Versicherten mit allen geeigneten Mitteln wiederherzustellen (→ Rehabilitation) und sie oder ihre Hinterbliebenen durch Geldleistungen zu entschädigen (Kompensation). Damit dient die U. in erster Linie dem Schutz der Arbeitnehmer. Über diese Schutzfunktion hinaus bezweckt sie die Entlastung der Unternehmer (Arbeitgeber), indem sie deren → Haftung den Versicherten, deren Angehörigen und Hinterbliebenen gegenüber beschränkt. Diese Haftungsprivilegierung dient dem Betriebsfrieden und garantiert darüber hinaus dem Verletzten einen zahlungsfähigen Schuldner, indem anstelle des Unternehmers der Träger der U. in die Leistungspflicht eintritt. In den Fällen, in denen der Unternehmer den Versicherungsfall vorsätzlich oder auf einem versicherten Weg herbeigeführt hat, bleibt jedoch seine Verpflichtung zum Ersatz des hierdurch entstandenen Personenschadens bestehen (§ 104 SGB VII). Als Geburtsstunde der U. wird die auf eine Anregung von Bismarck zurückzuführende Kaiserliche Botschaft Wilhelms I. vom 17. 11. 1881 an den Reichstag angesehen. Hierin war die Schaffung einer Versicherung für die Arbeitnehmer gegen Krankheit, Unfall und Invalidität und ihre Folgen, auf deren Leistungen ein Rechtsanspruch bestehen sollte, angeregt und vorgeschlagen worden, eine solche Versicherung im Wege der Selbstverwaltung zu organisieren. Die Rechtsgrundlage der U. geht auf das Unfallversicherungsgesetz vom 6. Juli 1884 (RGBl. I 69) zurück, durch das die Unternehmer zur Bildung von → Berufsgenossenschaften als Versicherungen auf Gegenseitigkeit bei Betriebsunfällen verpflichtet wurden. Im Gegenzug erfolgte durch das Gesetz eine weitgehende Freistellung der Unternehmer von ihrer allgemeinen zivilrechtlichen Haftpflicht gegenüber ihren Arbeitnehmern bei Betriebsunfällen. Dies führte auch zu einer rechtlichen Besserstellung der Arbeitnehmer, da sie nunmehr ihrem Arbeitgeber (Unternehmer) nicht mehr ein individuelles Verschulden nachweisen mußten, was im Einzelfall sehr schwierig war und vielfach zum Scheitern des Schadensersatzanspruches führte. Unterfielen zunächst nur einzelne, als besonders gefährlich eingeschätzte Industriebereiche (z.B. Bergwerke, Hütten, Steinbrüche etc.) dem Schutz der U., so sollten im Laufe der Jahre immer mehr Gewerbezweige hinzukommen. Auch wurde der Umfang des Versicherungsschutzes stetig erweitert. Träger der U. sind neben den gewerblichen und landwirtschaftlichen Berufsgenossenschaften der Bund, die Länder und Gemeinden bzw. Gemeindeunfallverbände.

Der versicherte Personenkreis wird in §§ 2 ff. SGB VII umschrieben. Er ist gegenüber dem bisherigen Recht (§§ 539-545 RVO) neu geordnet worden, aber weitgehend identisch. § 2 SGB VII bezeichnet den Kreis der kraft → Gesetzes Versicherten, der sich aus verschiedenen Personengruppen zusammensetzt, wie z.B. tatsächlich oder fiktiv Beschäftigte oder selbständig Tätige, die einer Erwerbstätigkeit nachgehen, sich hierfür (betriebsnah) aus- oder fortbilden bzw. sich Prüfungen bzw. Tests für die Aufnahme einer solchen Tätigkeit unterziehen; Kinder, Jugendliche und junge Erwachsene als Besucher von Erziehungseinrichtungen, allgemein- und berufsbildenden Schulen und Hochschulen (→ Schüler-Unfallversicherung); Personen, die im Interesse der Allgemeinheit tätig werden; Personen in stationärer Krankenhausbehandlung oder Rehabilitation auf Kosten eines Sozialversicherungsträgers oder solche, die auf Aufforderung zur Vorbereitung von berufsfördernden Maßnahmen eine bestimmte Stelle aufsuchen oder auf Kosten eines Unfallversicherungsträgers an Maßnahmen gegen Berufskrankheiten (§ 3 Berufskrankheiten-Verordnung) teilnehmen; Pflegepersonen nach § 19 SGB XI; Personen (einschließlich solcher im Freiheitsentzug), die wie Beschäftigte nach § 2 Abs. 1 Nr. 1 SGB VII tätig werden. § 3 SGB VII sieht für bestimmte Personengruppen (z.B. Unternehmer, in Unternehmen mitarbeitende Ehegatten, sich auf der Unternehmensstätte aufhaltende Personen) die Möglichkeit einer Versicherungspflicht kraft → Satzung des Unfallversicherungsträgers vor. Eine freiwillige Versicherung für bestimmte Personengruppen ist auf schriftlichen Antrag möglich (§ 6 SGB VII). Die Personengruppen, die Versicherungsfreiheit genießen, sind in § 4 SGB VII bestimmt; jene, die sich auf Antrag von der Versicherungspflicht befreien lassen können, werden in § 5 SGB VII aufgeführt. Versicherungsfälle sind nach § 7 SGB VII Arbeitsunfälle und Berufskrankheiten. Ein Eintreten der U. setzt zum einen voraus, daß die versicherte Tätigkeit zum Versicherungsfall geführt hat, d.h., sie muß wesentlich für dessen Eintritt kausal gewesen sein (→ Kausalitätsprinzip; Theorie der wesentlichen Bedingung). Wäre der Versicherungsfall auch ohne diese Tätigkeit eingetreten, z.B. bei einem Arbeitsunfall durch eine Naturkatastrophe oder bei einer Krankheit aufgrund einer sog. inneren Ursache (→ Berufskrankheit), so würde die U. nicht eintreten. Zum anderen ist Voraussetzung, daß der Körperschaden durch den Versicherungsfall verursacht worden ist. Verbotswidriges Handeln ist für einen Ausschluß des Versicherungsfalles nicht ausreichend (§ 7 Abs. 2 SGB VII). Eine teilweise oder

gänzliche Versagung von Leistungen ist unter bestimmten Voraussetzungen bei vorsätzlichem bzw. strafbarem Handeln möglich (§ 101 SGB VII).
Die U. erbringt dem Versicherten umfangreiche Leistungen, wie Heilbehandlung einschließlich Leistungen der medizinischen Rehabilitation (§§ 27 ff. SGB VII); berufsfördernde, soziale und ergänzende Leistungen zur Rehabilitation (§§ 35 ff. SGB VII); Leistungen bei → Pflegebedürftigkeit (§ 44 SGB VII); Geldleistungen während der Heilbehandlung und der → beruflichen Rehabilitation (§§ 45 ff. SGB VII). Führen die ergriffenen Maßnahmen der Heilbehandlung und Rehabilitation des Verletzten/Erkrankten nicht zu der Erlangung der vollen Erwerbsfähigkeit, so erhält der Versicherte eine → Unfallrente (§ 56 ff. SGB VII), deren Höhe sich nach der Minderung seiner Erwerbsfähigkeit und seinem letzten Jahresarbeitsverdienst bemißt. Hinterbliebene haben auch Anspruch auf Leistungen der U., wenn der Tod des Versicherten infolge eines Versicherungsfalles eingetreten ist, so z. B. auch Sterbegeld, Überführungskosten, → Hinterbliebenenrenten und Beihilfen (§§ 63 ff. SGB VII).
Lit. Schulin: Unfallversicherungsrecht.

Günther Sokoll/Harald Dahm

Ungleichheit → Soziale Ungleichheit

UNICEF (United Nations Children's Fund; dt.: Weltkinderhilfswerk der Vereinten Nationen) wurde 1946 von der Generalversammlung der Vereinten Nationen (→ United Nations [UN]) als »United Nations International Children's Emergency Fund« gegründet, um die Not der Kinder in den kriegszerstörten Ländern zu lindern. Ursprünglich nur auf die Nachkriegszeit befristet, verlieh man dem Kinderhilfswerk 1953 den Status einer ständigen Einrichtung der Vereinten Nationen. Unter der Verantwortung von deren Wirtschafts- und Sozialrat hat sich UNICEF in Verbindung humanitärer und entwicklungspolitischer Ziele der Hilfe für Kinder in den ärmsten und am wenigsten entwickelten Ländern verschrieben. In enger Zusammenarbeit mit dem UN-System umfaßt diese Hilfe insbes. direkte Unterstützung von staatlichen Maßnahmen zur Verbesserung der Gesundheit, Ernährung und Erziehung von Kindern, die Verbesserung sanitärer Grundeinrichtung, soziale Hilfen und Aufklärungsarbeit für Mütter (Propagierung der Vorteile des Stillens), und nicht zuletzt die traditionellen Nothilfen bei Naturkatastrophen. UNICEF finanziert sich ausschließlich aus Spenden. Vom Budget des Jahres 1993 in Höhe von 866 Mio. US-$ wurden dabei 75% von UN-Mitgliedstaaten aufgebracht, der Rest durch Spendenkampagnen wie etwa Großkartenverkauf, aber auch durch private Zuwendungen. Angesichts der wirtschaftlichen Krise vieler Entwicklungsländer sowie vor dem Hintergrund permanenter Bedrohung durch Kriege und Naturkatastrophen ist UNICEF mehr denn je bemüht, eine »große Allianz« für den Schutz der Kinder zu erreichen. Ein wichtiger Schritt dabei ist die Kinderrechtskonvention der Vereinten Nationen von 1989, in der universal geltende Normen zum Schutz der Kinder und zur Verbesserung ihrer Lebenssituation festgelegt wurden.
Lit. Eibach: UNICEF; Köhler, P. A.: Vereinte Nationen. *Peter A. Köhler*

United Nations Children's Fund → UNICEF

United Nations Educational, Scientific and Cultural Organization → UNESCO

United Nations (UN) Mit Hauptsitz in New York wurden die UN (dt.: Vereinte Nationen) am 24. 10. 1945 nach der Gründungskonferenz in San Francisco geschaffen. Gemäß der Charta der UN sind deren Ziele: den Weltfrieden und die internationale Sicherheit zu wahren; freundschaftliche Beziehungen zwischen den Nationen zu entwickeln; internationale wirtschaftliche, soziale, kulturelle und humanitäre Probleme durch internationale Zusammenarbeit zu lösen sowie sich für die Achtung der → Menschenrechte und Grundfreiheiten einzusetzen; als Mittelpunkt zu wirken, in welchem das Vorgehen der Völker zur Erreichung dieser gemeinsamen Ziele in Übereinstimmung gebracht wird.
Die Organisation beruht auf der souveränen Gleichheit aller ihrer derzeit mehr als 180 Mitglieder. Die UN ist kein überstaatliches Organ und sie wirkt nicht gesetzgeberisch. Hingegen verfügt sie über Einrichtungen, die den Mitgliedsstaaten die Zusammenarbeit ermöglichen und wo deren Vertreter ungeachtet der Größe und der Stärke des Staates als Sprecher für alle politischen Ansichten, sozialen Systeme und Kulturen frei auftreten können.
Die 6 Hauptorgane der UN sind die Generalversammlung, der Sicherheitsrat, der Wirtschafts- und Sozialrat, der Treuhandschaftsrat, der Internationale Gerichtshof und das Generalsekretariat. Im Verband der UN bestehen zahlreiche spezialisierte Sonderorganisationen, wie z. B. die → Internationale Arbeitsorganisation (IAO), die Organisation der Vereinten Nationen für Erziehung, Wissenschaft und Kultur (→ UNESCO), das Weltkinderhilfswerk der Vereinten Nationen (→ UNICEF), die → Weltgesundheitsorganisation (WGO), der Hohe Kommissar der UN für das Flüchtlingswesen (UNHCR) sowie spezielle institutionalisierte Programme (z. B. das UN-Entwicklungsprogramm UNDP oder das UN-Umweltprogramm UNEP).

Der größte Anteil finanzieller und personaler Aufwendungen der UN entfällt auf Interventionen zur Friedenssicherung (Beschlüsse des Sicherheitsrates – »Blauhelme«) sowie auf Maßnahmen, die zur Erzielung besserer Lebensverhältnisse aller Menschen auf dieser Erde eingesetzt werden. Der Wirtschafts- und Sozialrat der UN (ECOSOC) leitet und lenkt alle diesbezüglichen Aktivitäten des Generalsekretariats, der UN-Sonderorganisationen sowie der Spezialprogramme. Ferner führt er Konsultationen mit anerkannten nichtstaatlichen Organisationen, deren Aufgabengebiet in seinen Wirkungskreis fällt, durch (→ Internationale soziale Organisationen). Der Wirtschafts- und Sozialrat befaßt sich u.a. mit folgenden Bereichen: Planung für wirtschaftliche Entwicklung; finanzielle und technische Hilfe für Entwicklungsländer (→ Entwicklungshilfe); Industrialisierung; Verbesserung des Erziehungswesens; Kinderhilfe; Verhütung von Rassendiskriminierung; internationaler Flüchtlingsschutz; Bevölkerungsprobleme; Förderung der Gleichberechtigung und der Stellung der Frauen; Verbesserung des Sozialwesens; Schutz der Arbeitnehmer. Anhand von Studien, Untersuchungen und Berichten erarbeitet der Rat Empfehlungen. Er entwirft Abkommen zur Vorlage an die Generalversammlung der UN, beruft internationale Fachkonferenzen zu wichtigen Sozial- und Wirtschaftsfragen ein und fördert die Durchführung »Internationaler Jahre und Tage« zu weltweiten Problemen, um diese in der Öffentlichkeit und bei den Regierungen der Mitgliedsstaaten bewußter zu machen und Lösungen zu propagieren.
Derzeit konzentrieren sich Initiativen und Programme der UN auf folgende Schwerpunkte: Friedenssicherung, Hilfen für die Dritte Welt, Schutz der → Menschenrechte, Drogenbekämpfung, Schutz der natürlichen Umwelt und Kampf gegen → AIDS.
Anschrift: United Nations, General Secretariat, New York, N.Y. 10017, USA.
Lit. Köhler: Vereinte Nationen.   *Dirk Jarré*

Universität Der Begriff U. leitet sich aus dem lateinischen Wort »universitas« = »der Inbegriff aller Dinge eines Ganzen, die Gesamtheit, das Ganze« her und bezieht sich historisch auf die Gesamtheit der jeweils zeitgenössischen Wissenschaften bzw. der Lehrenden und Lernenden. In der Gesetzgebung der BRD ist der Begriff U. vorübergehend durch den Begriff Hochschule ersetzt worden, der neben den Wissenschaftlichen die Pädagogischen Hochschulen, die Kunsthochschulen, die → Fachhochschulen und sonstige staatliche bzw. staatlich anerkannte Hochschulen umfaßte (§ 1 HRG). Wegen der achthundertjährigen Traditionen bezeichnen sich die Wissenschaftlichen Hochschulen weiter als U., was einige Landesgesetzgeber zur erneuten Umbenennung der wissenschaftlichen Hochschulgesetze in »U.-gesetze« veranlaßte.
Die gegenwärtigen U. verfügen über ein unterschiedlich breites Spektrum von Disziplinen, besitzen das Recht der Verleihung des Doktorgrades und der Habilitation und dienen »entsprechend ihrer Aufgabenstellung der Pflege und Entwicklung der Wissenschaften und der Künste durch Forschung, Lehre und Studium« (§ 2 Abs. 1 HRG). Nach innen sind U. in Fakultäten/Fachbereiche (Zusammenfassung verwandter Fächer, Institute, Lehrstuhlbereiche) und in zentrale Einrichtungen für übergreifende Aufgaben (z.B. Hochschuldidaktik) gegliedert. Das Lehrangebot ist in Studiengängen organisiert, die i.d.R. auf zumindest 8 Semester und ein Prüfungssemester angelegt sind und mit dem Staats- bzw. einem wissenschaftlichen Examen abgeschlossen werden (z.B. → Diplom-Pädagoge/Diplom-Pädagogin). Jüngste, von den U. noch unterschiedlich wahrgenommene Aufgabe ist das Angebot praxisbezogener wissenschaftlicher Weiterbildungsveranstaltungen für professionelle Zielgruppen (auch ohne Hochschulzugangsberechtigung).
Die zentralen Merkmale gegenwärtiger U.: Einheit und Freiheit (von staatlicher Aufsicht) von Forschung und Lehre, einheitlich geregelter Hochschulzugang, Finanzierung durch den Staatshaushalt, akademische Selbstverwaltung bei staatlicher Rechtsaufsicht, Verbeamtung der Professorenschaft, das Graduierungswesen (Staatsexamen, Diplom-, Magister- bzw. Doktorgrade) sind Produkte des 19. Jh. Charakteristisch für die U.entwicklung im 20. Jh. ist die Expansion der Studentenzahlen. 1914 waren es mit den seit der Jh.wende zugelassenen Frauen 60 000, 1920 schon 120 000 Studierende. Nach den reduzierenden Eingriffen in der NS-Zeit wurde diese Größenordnung erst wieder in der BRD erreicht: Von geschätzten 110 000 im Jahr 1950 stieg die Zahl der Studierenden über 302 576 im WS 65/66 auf 1 060 002 im WS 87/88. Dieser quantitativen Expansion begegnete man mit einem Kapazitätsausbau: Bis 1965 wurden 4, zwischen 1965 und 1975 über 20 U. neu gegründet. Ende der 80er Jahre existierten in der BRD 68 U. bzw. Hochschulen mit U.rang. Die Personalstellen der Hochschulen stiegen von 58 400 im Jahre 1960 auf 205 300 im Jahre 1986. Durch die Entwicklung in den neuen Bundesländern (einschließlich Berlin-Ost) seit Beginn der 90er Jahre sind 17 neue U. hinzugekommen. Die Studierendenzahlen in der Bundesrepublik beliefen sich damit im Wintersemester 1994/95 auf 1 222 158, davon 128 464 an den Standorten der neuen Bundesländer. Hauptproblem der U. ist deren auch schon in den alten Bundesländern seit geraumer Zeit bestehende finanzielle Unterausstattung. Sie hat sich durch die erheblichen

Transferleistungen in die neuen Bundesländer verschärft und kann auch auf Grund der gegenwärtigen und zukünftig erwartbaren Knappheitssituation der öffentlichen Haushalte in Bund und Ländern zum Dauerproblem werden. Dies macht vom Grundsatz her eine tiefgreifende Reform der U. erforderlich. Der Erfolg eines solchen Reformprozesses wird entscheidend davon abhängen, ob sich die in der Vergangenheit gegenüber strukturellen Innovationen eher schwerfälligen U. neue Finanzierungsquellen erschließen und im Wettbewerb um Studierende, Lehrende, Studien- und Weiterbildungsangebote, Forschungsschwerpunkte und Dienstleistungen für die Region – auch gegenüber der Konkurrenz privater Hochschulen – bestehen können.
Lit. Prahl: Universität; Teichler: Hochschulwesen. *Werner Habel*

Untätigkeitsklage → Widerspruch

Unterbringungsgesetze der Länder: Baden-Württemberg (11. 4. 1983), Bayern (20. 4. 1982), Berlin (8. 3. 1985), Brandenburg (8. 2. 1996), Bremen (9. 4. 1979), Hamburg (22. 9. 1977), Hessen (19. 5. 1952), Mecklenburg-Vorpommern (1. 6. 1993), Niedersachsen (30. 5. 1978), Nordrhein-Westfalen (2. 12. 1969), Rheinland-Pfalz (17. 11. 1995), Saarland (11. 11. 1992), Sachsen (4. 7. 1994), Sachsen-Anhalt (30. 1. 1992), Schleswig-Holstein (26. 3. 1979), Thüringen (2. 2. 1994).
Die Gesetze waren ursprünglich Ausführungsgesetze zu Art. 2 Abs. 2 und 104 Abs. 2 → Grundgesetz (GG) und regelten ausschließlich die Unterbringung psychisch Kranker und Suchtkranker. Die von den meisten Bundesländern zwischenzeitlich erlassenen Gesetze für → psychische Kranke (PsychKG) regeln dagegen nicht nur die Unterbringung, sondern auch Hilfen und Schutzmaßnahmen für psychisch Kranke.
Alle Unterbringungs- und Psychischkrankengesetze mußten in ihrem verfahrensrechtlichen Teil an die bundeseinheitlichen Verfahrensvorschriften i.d.F. des neuen → Betreuungsrechts angepaßt werden. Die neuen Bundesländer haben entsprechende Gesetze erlassen.
Da die zwangsweise Unterbringung, regelmäßig in psychiatrischen Krankenhäusern oder Abteilungen, eine → Freiheitsentziehung darstellt, ist stets eine gerichtliche Anordnung erforderlich. Voraussetzung der Unterbringung ist stets eine behandlungsbedürftige erhebliche psychische Störung oder Behinderung (Psychisch Kranke, → Geistig Behinderte), → Psychose oder Suchtkrankheit (→ Sucht) und die Notwendigkeit, die hierdurch hervorgerufene Gefahren abzuwenden.
Die Terminologie bezüglich des Krankheitszustandes ist unterschiedlich: in neueren Gesetzen sind die in den früheren Gesetzen verwendeten Begriffe »Geisteskrankheit, Geistesschwäche« nicht mehr enthalten. Stets muß eine erhebliche Gefährdung des Kranken selbst oder anderer Personen bzw. der öffentlichen Sicherheit oder Ordnung gegeben sein. Die Formulierungen der einzelnen Gesetze unterscheiden sich auch hier beträchtlich. Viele Gesetze legen noch den Begriff der polizeilichen Gefahrenabwehr zugrunde mit der Folge, daß eine Selbstgefährdung (→ Suizid) nur von Bedeutung ist, wenn sie zugleich die öffentliche Sicherheit oder Ordnung stört. Nach den neueren Gesetzen sollte jedoch der Gesichtspunkt der Krisenintervention und der Hilfe für den psychisch Kranken oder Suchtkranken im Vordergrund stehen und auch eine → Stigmatisierung dieser Kranken vermieden werden.
Alle Gesetze gehen ihrem Sinne nach davon aus, daß die Anordnung der Unterbringung erforderlich sein muß, um die von dem Kranken ausgehenden Gefährdungen abzuwehren, d. h., daß dies auf andere Weise nicht möglich ist. Ferner muß die Unterbringung als Freiheitsentziehung in einem angemessenen Verhältnis zu der Art und dem Grade der Gefährdung stehen, die von dem Kranken ausgeht. Die Anordnung darf auch nur ergehen, wenn dieser mit der Unterbringung nicht einverstanden ist, wobei es auf den natürlichen Willen ankommt. Steht der Kranke unter → elterlicher Sorge, → Vormundschaft, (Sorgerechts-)→ Pflegschaft oder ist ein Betreuer mit entsprechendem Aufgabenkreis (§ 1896 BGB) bestellt, so hat der Sorgeberechtigte über die Unterbringung zu befinden, zu der er vormundschaftsgerichtlicher Genehmigung bedarf, wenn der Kranke mit der Unterbringung nicht einverstanden ist (§§ 1631 b, 1906 BGB).
Das Verfahren ist das der → freiwilligen Gerichtsbarkeit, das nunmehr bundeseinheitlich in den §§ 70 ff. FGG geregelt ist. Zuständig ist das Amtsgericht – Vormundschaftsgericht – und zwar i. d. R. das Amtsgericht, in dessen Bezirk das Bedürfnis der Unterbringung hervortritt (§ 70 Abs. 5 FGG). Der Betroffene ist ohne Rücksicht auf seine → Geschäftsfähigkeit verfahrensfähig (§ 70a FGG). Das Gericht hat den Betroffenen persönlich anzuhören und sich einen unmittelbaren Eindruck von ihm zu verschaffen, nur die persönliche Anhörung kann im Ausnahmefall unterbleiben (§ 70c FGG). Soweit es zur Wahrnehmung der Interessen des Betroffenen erforderlich ist, ist ihm ein Verfahrenspfleger zu bestellen (§ 70b FGG). Vor der Entscheidung ist ein Sachverständigengutachten eines Arztes für Psychiatrie oder eines in der Psychiatrie erfahrenen Arztes einzuholen (§ 70e FGG). Die Unterbringung ist zu befristen. Gegen den Beschluß des Amtsgerichts ist sofortige → Beschwerde, gegen den Beschluß des Landgerichts sofortige weitere Beschwerde

gegeben. Ist bei Ablauf der Frist eine weitere Unterbringung erforderlich, kann die Unterbringung verlängert werden. Das Verfahren für die erstmalige Maßnahme ist entsprechend anzuwenden (§ 70i Abs. 2 FGG). In dringenden Fällen ist eine vorläufige Unterbringung durch einstweilige Anordnung möglich (§ 70h FGG). Die sofortige behördliche und polizeiliche Unterbringung verbleibt in der Regelungskompetenz der Bundesländer. Wegen Art. 104 Abs. 2 GG ist spätestens am Tag nach der Einweisung eine richterliche Entscheidung herbeizuführen. Die Unterbringungs- und Psychischkrankengesetze der Bundesländer regeln auch weiterhin nicht nur die Voraussetzungen der Unterbringung (s. o.), sondern auch den Vollzug der Unterbringung, d. h. die Zulässigkeit von Zwangsmaßnahmen und Zwangsbehandlung, sowie die Rechte der Untergebrachten auf Kontakt nach außen (Besuch, Post- und Fernmeldeverkehr) sowie die Vollzugslockerungen (Ausgang, Urlaub).

Lit. Saage u. a.: Freiheitsentziehung.

Rolf Marschner

Unterbringungssachen sind neben den → Betreuungssachen durch das BtG in §§ 70 bis 70n FGG mit Wirkung vom 1. 1. 1992 (in den Ländern der ehemaligen DDR ohne Ost-Berlin mit Wirkung vom 3. 10. 1990) als bundeseinheitliches Verfahrensrecht geregelt. Es gilt sowohl für die zivilrechtliche Unterbringung als auch für die Anordnung einer freiheitsentziehenden Unterbringung nach den → Unterbringungsgesetzen oder PsychKG der Länder. Einheitlich zuständig ist das Amtsgericht → Vormundschaftsgericht (VG). Die materiellen Unterbringungsvoraussetzungen sind in §§ 1631b (Kinder), 1906 (Betreute) des → Bürgerlichen Gesetzbuchs (BGB) geregelt; ferner in den Unterbringungsgesetzen oder PsychKG der Länder. Die Verfahrensgarantien der §§ 70a bis 70g FGG sind elementar und dürfen insbesondere nicht durch die in § 70h FGG vorgesehene vorläufige Unterbringung unterlaufen werden.

Lit. s.: → Betreuungsrecht.

Manfred Wienand

Unterhaltspflicht Die gesetzliche U. entsteht täglich neu, wenn zeitgleich gegeben sind: ein Anspruchsgrund (ein auf → Verwandtschaft, → Ehe oder nichtehelicher Mutterschaft beruhendes Unterhaltsrechtsverhältnis) und zur Anspruchshöhe Bedürftigkeit des Gläubigers und Leistungsfähigkeit des Schuldners. Für den Anspruchsgrund und die Bedürftigkeit ist der Gläubiger darlegungs- und ggf. beweispflichtig. Mangelnde Leistungsfähigkeit hat der Schuldner zu beweisen. In Fällen mit Ausländerbeteiligung richtet sich die U. nach deutschem Recht, wenn der Berechtigte seinen gewöhnlichen → Aufenthalt in Deutschland hat (Haager Übereinkommen über das auf Unterhaltspflichten anwendbare Recht vom 2. 10. 1973; Art. 18 EGBGB). Die U. zwischen Verwandten in gerader Linie (§§ 1601 ff. → Bürgerliches Gesetzbuch [BGB]) und Ehegatten (§§ 1360; 1361 und 1569ff. BGB; bis 30. 6. 1977: §§ 58ff. EheG) ist gegenseitig und kann ggf. lebenslang bestehen. Die U. des Kindesvaters gegenüber der nichtehelichen Mutter ist einseitig und beginnt frühestens 4 Monate vor der Entbindung und endet spätestens 3 Jahre danach (§ 1615 l BGB). Die U. bei geradliniger Verwandschaft (also keine U. zwischen Geschwistern und Verschwägerten) besteht auch gegenüber einem im Ehebruch empfangenen Kind der Ehefrau, solange die Ehelichkeit nicht angefochten worden ist; (→ Scheineheliches Kind) und bei einer durch Adoption (→ Annahme als Kind) begründeten rechtlichen Verwandtschaft (§§ 1754 und 1755 BGB). Beruht die Verwandtschaft auf nichtehelicher Geburt, so ist erforderlich, daß der als Erzeuger in Betracht kommende Mann die Vaterschaft anerkannt hat oder daß sie das Gericht rechtskräftig festgestellt hat (Rechtsausübungssperre; Ausnahme: insbes. bei → einstweiliger Anordnung).

Einander unterhaltspflichtig sind ferner Personen, die miteinander verheiratet sind (in häuslicher Gemeinschaft oder getrennt leben, §§ 1360 ff. BGB; → Getrenntleben) oder verheiratet waren, wenn die Ehe durch Scheidung (→ Ehescheidung), Nichtigerklärung oder Aufhebung aufgelöst worden ist (§§ 1569 ff. BGB, §§ 26 und 37 EheG). In § 1569 BGB wird das Prinzip der Eigenverantwortung betont. Die einzelnen Unterhaltstatbestände sind dann aber in ihrem Zusammenwirken i. S. einer umfassenden Lebensstandardgarantie ausgestaltet. Alter und Krankheit müssen nicht ehebedingt sein; über den Aufstockungsunterhalt (§ 1573 Abs. 2 BGB) werden auch geringe Einkommensdifferenzen ausgeglichen; das Arbeitsmarktrisiko trägt der Unterhaltspflichtige. Gewisse Korrekturen brachte das Unterhaltsrechts-Änderungsgesetz vom 20. 2. 1986 (§§ 1573 Abs. 5, 1578 Abs. 1 und 1579 BGB). Das DDR-Unterhaltsrecht, das nachehelichen Unterhalt nur ausnahmsweise und regelmäßig begrenzt auf zwei Jahre gewährte (§ 29 Familiengesetzbuch-DDR), gilt fort für Ehegatten, deren Ehe vor dem 3. 10. 1990 geschieden worden ist und die am Beitrittstag ihren Wohnsitz oder gewöhnlichen Aufenthalt in der ehemaligen DDR hatten.

Eine U. kann auch durch → Vertrag begründet werden, z. B. zwischen einem → Stiefkind und seinem Stiefelternteil, zwischen Schwiegereltern und Schwiegerkindern oder zwischen Partnern einer nichtehelichen Lebensgemeinschaft.

Auf den gesetzlichen Unterhaltsanspruch für die Zukunft kann der Berechtigte im allgemeinen nicht verzichten (§ 1614 BGB); eine Ausnahme bildet der Unterhaltsanspruch des geschiedenen Ehegatten, auf den sogar schon vor der Heirat wirksam verzichtet werden kann (§ 1585c BGB). Zu Lasten des → Sozialhilfeträgers darf nicht auf Unterhalt verzichtet werden (BGH, Urteil vom 8. 12. 1982, in BGHZ 86, 82). Auch auf einen wirksamen Unterhaltsverzicht kann sich der Unterhaltspflichtige nicht berufen, wenn dies aufgrund einer späteren Entwicklung – z. B. Geburt eines Kindes – mit Treu und Glauben (§ 242 BGB) unvereinbar ist. (BGH, Urteil vom 28. 11. 1990, in FamRZ 1991, 306). Mehr als der zur Kindesbetreuung notwendige Unterhalt kann aber nicht verlangt werden (BGH, Urteil vom 30. 11. 1994, in FamRZ 1995, 291).

Der Unterhalt umfaßt den gesamten Lebensbedarf. Das Gesetz erwähnt in bezug auf einzelne Unterhaltsverhältnisse ausdrücklich besondere Bedarfsgruppen, wie → Erziehung, → Ausbildung, → Fortbildung und → Umschulung, → Kranken-, Alters- und Invalidenversicherung (Vorsorgeunterhalt). Eltern schulden ihren Kindern eine angemessene Vorbildung für einen Beruf (§ 1610 Abs. 2 BGB). Ihre U. umfaßt aber regelmäßig keine Zweitausbildung, es sei denn, die Weiterbildung (Studium) steht in engem sachlichen und zeitlichen Zusammenhang mit der abgeschlossenen praktischen Ausbildung und ist den Eltern wirtschaftlich zumutbar (BGH, Urteil vom 7. 6. 1989, in FamRZ 1989, 853 betr. sog. Abitur-Lehre-Studium-Fälle). In der Ausbildungsvariante mittlere Reife-Lehre-Fachoberschule-Fachhochschule hängt die U. der Eltern davon ab, ob das Kind von vornherein die Absicht hatte, nach der Lehre die Fachoberschule zu besuchen, um anschließend zu studieren (BGH, Urteil vom 30. 11. 1994, in FamRZ 1995, 416).

Der Unterhaltsbedarf eines volljährigen Kindes wird – insbes. wenn es nicht mehr bei einem Elternteil wohnt – mit einem festen Bedarfssatz (von 1 050 DM seit 1996) veranschlagt, auf den das volle → Kindergeld anzurechnen ist. Der Unterhalt minderjähriger Kinder wird allgemein der sog. Düsseldorfer Tabelle entnommen, die auf den durch → Rechtsverordnung festgelegten Mindestbedarfssätzen (§§ 1610 Abs. 3, 1615f BGB) aufbaut und nach Einkommensgruppen und Altersstufen gestaffelt ist. Maßgebend ist allein das Nettoeinkommen des barunterhaltspflichtigen Elternteils, weil der sorgeberechtigte Elternteil durch die Pflege und Erziehung einen gleichgewichtigen Unterhaltsbeitrag leistet (§ 1606 Abs. 3 S. 2 BGB).

Der Ehegattenunterhalt wird auf der Grundlage des aus dem Gleichberechtigungsgedanken folgenden Halbteilungsgrundsatzes berechnet, wobei von den Erwerbseinkünften zur pauschalen Abgeltung von allgemeinen mit der Berufstätigkeit verbundenen Ausgaben und als Erwerbsanreiz vorab ein Erwerbstätigenbonus von 1/7 von dem um Steuern, Sozialversicherungsabgaben und Werbungskosten bereinigten Einkommen abgezogen wird. Auch Kindesunterhalt und ehebedingte Schulden werden vorweg berücksichtigt. In die Unterhaltsberechnung werden nur die Einkünfte und Belastungen eingestellt, die die ehelichen Lebensverhältnisse in ihrer Entwicklung bis zur Rechtskraft der Scheidung geprägt haben. Einkünfte aus einer nach der Trennung aufgenommenen Erwerbstätigkeit werden nur dann als »prägend« behandelt, wenn sie auch ohne die Trennung aufgrund eines entsprechenden Lebensplans erzielt worden wären. Der Unterhalt kann nach Billigkeitsgesichtspunkten wegen Fehlverhaltens des Berechtigten reduziert werden (§§ 1611 und 1579 BGB; → Nichteheliche Lebensgemeinschaft), der Geschiedenen-Unterhalt auch wegen kurzer Ehedauer (bis zu 3 Jahren, gerechnet von der Eheschließung bis zur Zustellung des Scheidungsantrags), jedoch sind die Belange minderjähriger Kinder hierbei zu berücksichtigen (BVerfG, Beschluß vom 4. 7. 1989, in FamRZ 1989, 941).

Wer ganz oder teilweise außerstande ist, durch Einsatz des (effektiven oder potentiellen) Einkommens und Vermögens seinen – angemessenen – Unterhalt zu decken, ist (insoweit) bedürftig. Eine wichtige Rolle spielt dabei die Obliegenheit des Berechtigten zum Einsatz seiner Arbeitskraft. Ein nicht mehr in der Ausbildung stehendes volljähriges Kind ist gehalten, auch berufsfremde Tätigkeiten aufzunehmen. Den getrenntlebenden oder geschiedenen Ehegatten, der ein Kind unter 8 Jahren betreut, trifft keine Erwerbsobliegenheit. Bei Kindern zwischen 8 und 11 Jahren ist ein Teilerwerb zumutbar, ab 15 Jahren ein Vollerwerb (BGH-Rechtsprechung). Die Anrechnung von Einkünften des Berechtigten aus unzumutbarer Arbeit regelt § 1577 Abs. 2 BGB; s. dazu BGH, Urteil vom 24. 11. 1982, in FamRZ 1983, 147.

Unterhaltsbedürftig ist nicht, wer einen vorrangig Verpflichteten heranzuziehen vermag. Grundsätzlich haftet (auch der geschiedene) Ehegatte vor den Verwandten. (§ 1608 BGB). Die Mutter eines nichtehelichen Kindes muß sich vorrangig an den Kindesvater halten. Für das nichteheliche Kind kann statt des Betragsunterhalts der unbezifferte → Regelunterhalt verlangt werden, der dann in einem vereinfachten Beschlußverfahren (→ Vereinfachtes Verfahren) betragsmäßig festgelegt und ebenso einfach an neue Regelbedarfssätze angepaßt werden kann (§ 642b ZPO). Das Regelunterhaltssystem bringt dem Kind trotz seiner Kompliziertheit Vorteile (Künkel, B.: Regelunterhalt). Es soll auf alle Kinder ausgedehnt werden (Entwurf eines Kindesunterhaltsgesetzes vom 7. 3. 1996).

Die U. findet ihre Grenze in der Leistungsfähigkeit. Aus dem Sozialstaatsgedanken folgt, daß niemand wegen seiner U. sozialhilfebedürftig werden darf. Auch in den Fällen einer gesteigerten U., wie sie gegenüber minderjährigen unverheirateten Kindern besteht (§ 1603 Abs. 2 BGB), ist eine äußerste Opfergrenze, der sog. kleine oder notwendige Selbstbehalt, zu beachten. Die Höhe dieses notwendigen Eigenbedarfs muß geringfügig über dem Sozialhilfebedarf liegen. Die nach der Düsseldorfer Tabelle den Erwerbstätigen zugebilligten 1 500 DM (Stand: 1. 1. 1996) müssen bei hohen Unterkunftskosten (mehr als 650 DM warme Miete) nach oben korrigiert werden. Gegenüber einem volljährigen Kind in der Ausbildung und erst recht gegenüber Volljährigen mit eigener Lebensstellung muß dem Unterhaltspflichtigen der sog. große oder angemessene Selbstbehalt bleiben (§ 1603 Abs. 1 BGB); Höhe nach der Düsseldorfer Tabelle 1 800 DM (Stand: 1. 1. 1996). Der Selbstbehalt gegenüber dem geschiedenen Ehegatten ist gem. § 1581 BGB nach Billigkeit festzulegen und wird regelmäßig über dem notwendigen Unterhalt liegen (BGH, Urteil vom 18. 10. 1989, in FamRZ 1990, 260). Reichen die verfügbaren Mittel nicht für alle Unterhaltsberechtigten, ist die Rangfolge des § 1609 BGB einzuhalten. Zuerst kommen die minderjährigen unverheirateten Kinder und der Ehegatte (auch der geschiedene), dann die anderen Kinder. Das Rangverhältnis des geschiedenen zum neuen Ehegatten ist in § 1582 BGB geregelt; bei langer Ehe (15 Jahre) oder Kinderbetreuung geht der geschiedene Ehegatte dem neuen vor. Das ist verfassungsgemäß (BVerfG, Beschluß vom 10. 1. 1984, in BVerfGE 66, 84). Die Kinder teilen den Vorrang des geschiedenen Ehegatten. In beengten Verhältnissen müssen auch die Ansprüche der gleichrangig Berechtigten im Verhältnis gekürzt werden (Formel für die Kürzung im Mangelfall: Verteilungsmasse geteilt durch die Summe der Bedarfe).

Abgesehen vom Familienunterhalt (Naturalunterhalt) hat der Verpflichtete den gesetzlichen Unterhalt in Form einer Geldrente zu leisten, bei Sonderbedarf des Berechtigten schuldet er zusätzliche Zahlungen. Für vergangene Zeiträume kann laufender Unterhalt nur verlangt werden, wenn die Erfüllung der U. vom Gläubiger angemahnt worden ist (§ 1613 Abs. 1 BGB). Dazu ist es erforderlich, für die Zukunft die Zahlung eines bestimmten Betrages monatlich im voraus als Unterhalt zu verlangen oder ein Auskunftsverlangen mit der Forderung zu verbinden, den sich aus der Auskunft ergebenden Unterhalt zu zahlen (sog. Stufenmahnung).

Weil das Unterhaltsrecht wegen des lückenhaften Gesetzes weitgehend Richterrecht ist, haben fast alle Oberlandesgerichte zur Wahrung der Rechtseinheit in ihrem Bezirk Leitlinien als Orientierungshilfe herausgegeben (Künkel, B.: Leitlinien; Rahm, W. u. a.).

Lit. Adlerstein u. a.: Verwandtschaftsrecht; Büttner: Existenzminimum; Derleder: Unterhaltsrecht; DV: Sozialhilferecht; Göppinger: Unterhaltsrecht; Kalthoener u. a.: Unterhalt; Kohleiss: Sozialrecht; Köhler, W.: Unterhaltsrecht; Künkel, B.: Leitlinien; Künkel, B.: Regelunterhalt; Künkel, B.: Unterhaltsrecht; Rahm, W. u. a.: Familiengerichtsverfahren; Schellhorn: Unterhaltsrecht; Schellhorn: Vorschläge. *Bernd Künkel*

Unterhaltspflichtiger, Inanspruchnahme/ Heranziehung → Übergang von Ansprüchen

Unterhaltssicherungsgesetz (USG), das Gesetz über die Sicherung des Unterhalts der zum Wehrdienst einberufenen Wehrpflichtigen und ihrer Angehörigen vom 26. 7. 1957 (BGBl. I S. 1046) i. d. F. des Gesetzes vom 1. 6. 1990 (BGBl. I S. 769), soll der Sicherung des Unterhalts von Wehrpflichtigen, die Grundwehrdienst oder unbefristeten Wehrdienst oder Wehrübungen leisten, dienen. An Grundwehrdienstleistende werden allgemeine Leistungen (§ 5), Einzelleistungen (§ 6), Sonderleistungen (§ 7), Mietbeihilfen (§ 7 a) und Wirtschaftsbeihilfen (§ 7 b) auf Antrag gewährt. Allgemeine Leistungen werden an die Ehefrau, die ehelichen Kinder, Adoptivkinder und Stiefkinder gezahlt. Die Höhe der Leistungen ist weitgehend abhängig vom durchschnittlichen Nettoverdienst im Jahr vor der Einberufung (Bemessungsgrundlage). Die allgemeinen Leistungen betragen für die Ehefrau 60 v. H. der Bemessungsgrundlage sowie für jedes Kind 12 v. H. der Bemessungsgrundlage. Einzelleistungen werden an geschiedene Ehegatten, Eltern, Enkel, Adoptiveltern usw. gezahlt, wenn der Wehrpflichtige ihnen Unterhalt gewährt hat oder zu gewähren gehabt hätte. Zu den Sonderleistungen können bei Vorliegen der in § 7 aufgeführten Voraussetzungen → Krankenhilfe, → Hilfe für werdende Mütter und Wöchnerinnen, Beiträge zur gesetzlichen → Krankenversicherung und zur privaten Pflegeversicherung (ggf. für Wehrpflichtige und deren Familienangehörige), Ruhensbeiträge für privaten Krankenversicherung, Versicherungsbeiträge zu Versicherungen gegen Vermögensnachteile mit Ausnahme von Kfz-Versicherungen, Aufwendungen für den Bau von Eigenheimen oder eigengenutzten Wohnungen, Bestattungskosten für Familienangehörige (soweit kein anderer Versicherungsanspruch besteht), gehören. Bei unbefristetem Wehrdienst nach abgeleistetem Grundwehrdienst und bei Wehrübungen wird anstelle der genannten Leistungen Verdienstausfallentschädigung gezahlt (§§ 13 und 13a bis b). Der entstehende

Verdienstausfall wird in voller Höhe erstattet, höchstens pro Wehrdiensttag für Wehrpflichtige mit unterhaltsberechtigten Familienangehörigen 360 DM, im übrigen 300 DM, bei Selbständigen höchstens 600 DM. Bei Wehrübungen bis zu 3 Tagen gelten besondere Regelungen. Leistungen nach dem USG werden nicht an Personen gezahlt, die als Soldat auf Zeit oder Lebenszeit Gehalt beziehen.
Das USG findet auf Zivildienstleistende entsprechende Anwendung.

Walter Tattermusch

Unterhaltsvorschuß/Unterhaltsvorschußgesetz (UVG) Das UVG, das Gesetz zur Sicherung des Unterhalts alleinstehender Mütter und Väter durch U. und -ausfallleistungen vom 23. 7. 1979 (BGBl. I S. 1184), ist in seiner ursprünglichen Fassung am 1. 1. 1980 in Kraft getreten. Das Gesetz zur Änderung des UVG und der Unterhaltssicherungsverordnung vom 20. 12. 1991 (BGBl. I S. 2322) hat ab 1. 1. 1992 das UVG auch in den neuen Bundesländern einschließlich des ehemaligen Ostteils von Berlin eingeführt und zugleich die bis dahin in diesem Gebiet bestehende Unterhaltssicherungsverordnung unter Besitzstandswahrung bis zum 31. 12. 1992 für im Dezember 1991 bereits bestehende Ansprüche außer Kraft gesetzt.

Mit den Leistungen nach dem UVG soll ein typischerweise besonderen familiären und finanziellen Belastungen ausgesetzter Personenkreis von mehreren hunderttausend alleinstehenden Elternteilen (→ Alleinerziehende) gegen Verzögerungen oder Ausfall der monatlichen Unterhaltszahlungen für ihre Kinder durch eine subsidiär (→ Subsidiarität) eintretende Sozialleistung abgesichert werden.

Der Anspruch auf U. oder Unterhaltsersatzleistung (nach dem Gesetz kurz »Unterhaltsleistung«) steht dem unterhaltsberechtigten Kind (→ Unterhaltspflicht) ohne Rücksicht auf seine eigene Staatsangehörigkeit und die Staatsangehörigkeit seiner Eltern selbst zu, wenn folgende Voraussetzungen erfüllt sind:

– Das Kind darf das 6. Lebensjahr und nach einer durch das o. g. Änderungsgesetz ab 1. 1. 1993 eingeführten Leistungsverbesserung das 12. Lebensjahr noch nicht vollendet haben.

– Es muß in der Bundesrepublik Deutschland – und zwar für Leistungszeiträume ab 1. 1. 1992 einschließlich der neuen Bundesländer und des ehemaligen Ostteils von Berlin – bei einem seiner Elternteile leben, der ledig, verwitwet oder geschieden ist oder von seinem Ehegatten dauernd getrennt lebt. Wird das Kind ausschließlich von seinen Großeltern betreut oder ist es in einem Heim (→ Heimerziehung) oder in Vollpflege (→ Pflegekinder) bei Pflegeeltern untergebracht, so besteht kein Anspruch. Dauerndes → Getrenntleben der Eltern ist nach ausdrücklicher gesetzlicher Vorschrift auch dann anzunehmen, wenn ein Elternteil oder der Stiefelternteil des Kindes wegen Krankheit oder Behinderung oder aufgrund gerichtlicher Anordnung für voraussichtlich wenigstens 6 Monate in einer Anstalt (z. B. Krankenanstalt oder Gefängnis) untergebracht ist.

– Der barleistungspflichtige, nicht mit dem Kind zusammenlebende Elternteil zahlt nicht oder nicht regelmäßig mindestens denjenigen monatlichen Unterhalt für das Kind, der sich aus dem für seine Altersstufe jeweils geltenden Regelbedarf abzüglich des → Kindergeldes für ein erstes Kind in der jeweils geltenden Höhe ergibt. Das gleiche gilt, wenn ein Elternteil gestorben ist und dem Kind kein Anspruch auf → Waisenrente mindestens in dieser Höhe zusteht. Mit der Einführung des UVG in den neuen Bundesländern ab 1. 1. 1992 wurde dort der in Landesverordnungen festgelegte abweichende niedrigere Regelbedarf von 165 DM zugrunde gelegt, so daß sich unter Abzug des hälftigen Kindergeldes für erste Kinder derzeit 140 DM ergaben. Vom 1. 1. 1995 an bis zum 31. 12. 1995 wurde in den neuen Bundesländern der für die in dieser Zeit anspruchsberechtigten Kinder dieser Altersgruppe geltende Regelbedarf in Höhe von 262 DM und für die Altersgruppe von über 6 bis 12 Jahren von 317 DM – ebenfalls jeweils gekürzt um das halbe (seit 1. 1. 1994 von 50 auf 70 DM erhöhte) Erstkindergeld – gezahlt.

In den alten Bundesländern war demgegenüber für die Zeit vom 1. 7. 1992 bis zum 31. 12. 1995 durchgehend von Regelbedarfssätzen von 291 DM (bis 6 Jahre) bzw. 353 DM (über 6 bis 12 Jahre) auszugehen (zu den ab 1. 1. 1996 in den alten und den neuen Bundesländern immer noch in unterschiedlicher Höhe, aber je auf bundesrechtlicher Grundlage geltenden Beträgen).

Der Anspruch auf Unterhaltsleistung ist ausgeschlossen, wenn der alleinstehende Elternteil mit dem anderen Elternteil des Kindes – ob verheiratet oder nicht – zusammenlebt, wenn er sich weigert, Auskünfte zu erteilen, die zur Durchführung des Gesetzes erforderlich sind, oder wenn er nicht bereit ist, bei der Feststellung der Vaterschaft oder des Aufenthalts des anderen Elternteils mitzuwirken. Der Anspruch entfällt auch, wenn der alleinstehende Elternteil die Ehe mit einem Dritten eingeht, obwohl der hinzukommende Stiefelternteil gegenüber dem Kind nicht unterhaltspflichtig wird.

Der Regelbedarf wird jeweils bei einer ins Gewicht fallenden Änderung der Lebensverhältnisse – bisher in Abständen von jeweils etwa 2 Jahren – angepaßt. Dieser Betrag wird, sofern – wie i. d. R. – das gesetzliche Kindergeld oder eine an seine Stelle tretende öffentliche Leistung dem betreu-

enden Elternteil zusteht, um das halbe Kindergeld für ein erstes Kind (bis 31. 12. 1995 35 DM, seither 100 DM) gekürzt. Weiterhin werden ggf. Unterhaltszahlungen des anderen Elternteils oder Waisenbezüge und Schadenersatzrenten (→ Schadenersatz) aus Anlaß des Todes dieses Elternteils oder – ab 1. 1. 1993 – eines Stiefelternteils abgezogen. Nicht angerechnet werden demgegenüber etwaige sonstige Einkünfte des Kindes und das gesamte → Einkommen des betreuenden Elternteils. Die bei Erfüllung der Anspruchsvoraussetzungen monatlich zu zahlende Leistung wird auf Antrag des alleinstehenden Elternteils oder des → gesetzlichen Vertreters des Kindes vom örtlich zuständigen → Jugendamt gewährt. Nach ausdrücklicher gesetzlicher Vorschrift wird die Unterhaltsleistung rückwirkend längstens für die letzten 3 Kalendermonate vor Eingang des Antrags gezahlt; der Monat der Antragstellung wird hierbei nicht mitgezählt. Die Anspruchsdauer war früher auf insgesamt 3 Jahre und ist seit dem 1. 1. 1993 auf 6 Jahre begrenzt, die nicht zusammenhängen müssen.
Soweit die öffentliche Hand mit der Unterhaltsleistung für die vom Pflichtigen nicht erfüllten Unterhaltsansprüche eintritt, gehen diese Ansprüche auf das Land über; dieses hat sie sodann gegenüber dem Verpflichteten als eigene Ansprüche – erforderlichenfalls durch Klage beim Amtsgericht – geltend zu machen.
Durch das Jahressteuergesetz 1996 vom 11. 10. 1996 (BGBl. I S. 1250), das in seinem Schwerpunkt und auch in seinen hier maßgeblichen Teilen am 1. 1. 1996 in Kraft tritt, wird das UVG in seinem § 2 Abs. 2 (Anrechnungsvorschrift für Kindergeld und vergleichbare Leistungen) den Erfordernissen des neuen Familienleistungsausgleichs entsprechend dahingehend geändert, daß auch die hälftige Anrechnung des ab 1. 1. 1996 maßgebenden Kindergeldes für erste Kinder – also 1/2 von 200 DM monatlich – gewährleistet ist.
Im sachlichen und zeitlichen Zusammenhang mit dem neuen Familienleistungsausgleich (→ Familienleistungen) sind – in der Fünften Verordnung über die Anpassung und Erhöhung von Unterhaltsrenten für Minderjährige vom 25. 9. 1995 (BGBl. I S. 1190) die Regelbedarfssätze nach der Regelunterhalt-Verordnung geändert worden. Danach gelten in den westlichen Bundesländern für die drei Altersgruppen bis 6, 7 bis 12 bzw. 13 bis 18 Jahre Regelbedarfssätze von monatlich 349, 424 bzw. 502 DM (vorher: 291, 353 bzw. 418 DM). Für die östlichen Bundesländer wurden – nunmehr durch Verordnung des Bundes – 314, 380 bzw. 451 DM monatlich festgesetzt (vorher 262, 317 bzw. 376 DM).
§ 2 Abs. 1 des UVG übernimmt mit der dort verankerten sog. dynamischen Verweisung (die in § 2 Abs. 2 UVG ebenso für die Anrechnung des Kindergeldes eingeführt ist) ab 1. 1. 1996 unmittelbar die Regelbedarfssätze der Regelunterhalt-Verordnung in der vorgenannten Höhe, von der sodann der hälftige Anrechnungsbetrag aus dem von da an maßgebenden Kindergeld für erste Kinde, also 100 DM monatlich, abzusetzen ist. Hierdurch ergeben sich für die UVG-Leistung in den alten Bundesländern für 0- bis unter 6jährige monatliche Beträge von 249 DM und für 7- bis 12jährige von 324 DM; in den neuen Bundesländern belaufen sich die entsprechenden Größen von 214 DM bzw. 280 DM. Vom Unterhaltsschuldner bzw. im jeweils laufenden Monat eingehende Unterhaltszahlungen, Waisenbezüge etc. sind hiervon nach Maßgabe des § 2 Abs. 3 UVG abzusetzen.
Ein Vergleich der bis zum 31. 12. 1995 und der ab 1. 1. 1996 geltenden UVG-Leistungsbeträge ergibt zwar für die alten Bundesländer in der Altersgruppe bis 6 Jahren einen Minusbetrag von 7 DM monatlich und in der Altersgruppe von 7 bis 12 Jahren lediglich eine Steigerung von 6 DM (für die neuen Bundesländer sogar ein Minus von monatlich 13 bzw. 2 DM). Bezieht man jedoch in den Vergleich die ab 1. 1. 1996 geltenden Ansprüche auf Kindergeld und ggf. Kindergeldzuschlag mit ein, ergeben sich bei dieser sachlich gebotenen Gesamtbetrachtung in Bezug auf die wirtschaftliche Situation Alleinerziehender mit UVG-Leistung und Kindergeld ab 1. 1. 1996 durchweg Verbesserungen.
In sozialpolitischer Hinsicht verdient Beachtung, daß das Gesetz aus finanziellen Gründen zunächst nur die dringendsten Fälle – nämlich den Lebensbedarf von Kindern unter 6 Jahren für eine Zeit von maximal 3 Jahren – berücksichtigen konnte. Erst ab 1. 1. 1993, also 13 Jahre nach dem Inkrafttreten des UVG, wurde die im Gesetz zur Änderung des UVG und der Unterhaltssicherungsverordnung bereits verankerte Leistungsverbesserung, nämlich eine Erhöhung des Höchstalters auf 12 Jahre und eine Ausdehnung der maximalen Leistungsdauer auf 6 Jahre, in Kraft gesetzt.
Lit. Scholz, R.: UVG (Komm.).

Rainer Scholz

Unterkunft Die Bereitstellung von U. ist in den letzten Jahren zu einem zentralen Problem geworden, da nicht genügend Wohnungen zur Verfügung stehen. Dabei ist davon auszugehen, daß zu einem menschenwürdigen Leben (→ Menschenwürde) auch eine angemessene U. zu einem bezahlbaren Preis gehört. Da der notwendige Lebensunterhalt bei der → Hilfe zum Lebensunterhalt nach § 12 → Bundessozialhilfegesetz (BSHG) auch die U. umfaßt, ist der U.bedarf durch die → Sozialhilfe sicherzustellen. Dies setzt allerdings voraus, daß der Hilfesuchende (→ Hilfeempfänger/Hilfesuchender) eine U. durch Sachleistung wünscht (§ 3 Abs. 2 BSHG) und diese Form bei Ausübung pflichtgemäßen → Ermessens (§ 4 Abs. 2 BSHG) geeignet ist. Trotz des → Nachranges der Sozialhilfe sind die Ordnungsbehörden nicht vorrangig zuständig, da sie zur Abwendung des ordnungswidrigen Zustandes der → Obdachlosigkeit lediglich eine notdürftige U. zur Verfügung stellen müssen. Die Hilfe bei der Beschaffung und Erhaltung einer Wohnung ist im Rahmen der → Eingliederungshilfe für Behinderte (§§ 39 ff. BSHG) und als → Hilfe zur Überwindung besonderer sozialer Schwierigkeiten (§ 72 BSHG) oder ggf. als → Altenhilfe (§ 75 BSHG) den dort genannten Personen zu gewähren. → Asylbewerber sollen nach § 23 AsylVfG in der Regel in Gemeinschaftsunterkünften untergebracht werden.

Der Bedarf der Hilfe zum Lebensunterhalt bezüglich der laufenden Leistungen für die U. außerhalb von Einrichtungen wird nach § 22 Abs. 2 i.V.m. § 3 Abs. 1 VO zu § 22 BSHG abweichend von den → Regelsätzen bemessen. Die Kosten werden in Höhe der tatsächlichen Aufwendungen gewährt, soweit sie angemessen sind. Auch unangemessen hohe Aufwendungen sind als Bedarf so lange anzuerkennen, als es nicht möglich oder nicht zumutbar ist, die Aufwendungen durch Wohnungswechsel, durch Vermieten oder auf andere Weise zu senken. Kosten der U. sind die Miete, die Belastungen bei Eigentumswohnungen und Eigenheimen sowie Nutzungsentschädigungen bei vom Ordnungsamt beschlagnahmten oder zur Verfügung gestellten U. Zu den Kosten der U. zählen auch die Nebenkosten, wie z.B. für Flurlicht, Antennengebühr, Wasser- und Kanalbenutzungskosten, nicht aber die Heizungs- und die Warmwasserkosten. Schuldentilgung bei Hauseigentum kann nur dann berücksichtigt werden, wenn keine Stundung in Betracht kommt (BVerwG, Urteil vom 5. 10. 1972; BVerwGE 41, 23 = FEVS 19, 447). Dabei können die Tilgungsleistungen in Form eines → Darlehens übernommen werden (BVerwG, Urteil vom 24. 4. 1975; BVerwGE 48, 182 = NDV 1976, 31). In welcher Höhe U.kosten angemessen sind, richtet sich nach der Besonderheit des Einzelfalles (§ 3 Abs. 1 BSHG). Dabei sind die Höchstbeträge nach dem WoGG (→ Wohngeld) nicht heranzuziehen (BVerwG, Urteil vom 27. 11. 1986; BVerwGE 75, 168 = NDV 1987, 198), jedenfalls nicht als alleiniger Maßstab. Zu den bei der Hilfe zum Lebensunterhalt als Bedarf zu berücksichtigenden U.kosten gehören auch einmalige Kosten (→ Beihilfen, vgl. § 21 Abs. 1a BSHG), z.B. für die Wohnungsrenovierung und den Umzug (in eine angemessene U.). Nach § 15a BSHG ist auch die Übernahme von Mietrückständen möglich, wenn dies zur Sicherung der U. gerechtfertigt ist.

Bei der → Hilfe in besonderen Lebenslagen werden die Kosten der U. in der Einkommensgrenze erfaßt, wenn sie einen angemessenen Umfang nicht übersteigen. Von den → Sozialhilfeträgern werden einmalige Kosten der Unterkunft bei der Hilfe in besonderen Lebenslagen in der Einkommensgrenze nicht erfaßt. Hier ist dann aber bei Anwendung von § 84 Abs. 1 BSHG sowohl bezüglich der einmaligen als auch der im Einzelfall unvermeidbaren, den angemessenen Umfang übersteigenden Kosten zu prüfen, ob es sich um eine besondere Belastung handelt (bezüglich der Darlehenstilgung vgl. BVerwG, Urteil vom 9. 12. 1970; BVerwGE 37, 13 = NDV 1971).

Lit. Brühl: Wohnung; Schoch: Angemessenheit; Schoch: Berücksichtigung; Schoch: Hilfe; Schoch u.a.: Sozialhilferecht.
Dietrich Schoch

Unterstützungswohnsitzgesetz (UWG)
Das Gesetz über den Unterstützungswohnsitz vom 6. Juni 1870 (BGBl. S. 360) war bis zum 1. April 1924, als es durch die Verordnung über die Fürsorgepflicht (→ Reichsfürsorgepflichtverordnung – RFV –) vom 13. Februar 1924 (RGBl. S. 100) abgelöst wurde, das grundlegende deutsche Fürsorgegesetz. Den »Unterstützungswohnsitz« ersetzte § 7 RFV durch »gewöhnlichen → Aufenthalt«.
Lit. Orthbandt: Deutscher Verein.
Eberhard Orthbandt

Untersuchungshaft Freiheitsbeschränkung eines einer Straftat Verdächtigen aufgrund richterlichen → Haftbefehls, der Durchführung eines geordneten Strafverfahrens (→ Strafprozeß) dient. Sie ist keine Strafhaft und muß im allgemeinen auf eine ausgesprochene Strafe angerechnet werden. Nach 6 Monaten, und dann jeweils nach 3 Monaten, muß das OLG prüfen, ob die Haft noch angemessen ist. Die U. wird in gesonderten Vollzugsanstalten vollzogen. Dem Gefangenen dürfen nur solche Beschränkungen auferlegt werden, die der Zweck der U. oder die Ordnung und Sicherheit der Anstalt erfordern. Die erforderlichen Maßnahmen, die vom Richter angeordnet werden, sind in der U.vollzugsordnung geregelt. Der Gefangene darf ohne sein Einverständnis nicht mit anderen in demselben Haftraum untergebracht werden. Eine Arbeitspflicht besteht nicht, der Gefangene kann seine eigene Kleidung tragen und sich auch selbst verköstigen. Er darf i.d.R. alle 2 Wochen Besuch empfangen, darüber hinaus können Besuche aus wichtigen persönlichen, rechtlichen oder geschäftlichen Gründen genehmigt werden. Alle Besuche werden überwacht, ebenfalls Post darf der Gefangene unbeschränkt absenden und empfangen. Briefe können angehalten werden, wenn sie unlesbar sind, das Strafverfahren beeinträchtigen oder die Sicherheit und

Ordnung der Anstalt gefährden. Mit seinem Verteidiger darf der Gefangene ohne Erlaubnis und Überwachung mündlich und schriftlich verkehren. Die Anstalt soll dem Gefangenen soziale Hilfe anbieten, um die Auswirkung der Haft zu mildern, ihn bei der Aufrechterhaltung von familiären und sonstigen Bindungen unterstützen und ihm den Eintritt in geordnete Lebensverhältnisse erleichtern. Für erlittene U. erfolgt bei Freispruch Entschädigung nach dem Strafverfolgungsentschädigungsgesetz.

Ulrich Schneider

Unwirtschaftliches Verhalten kann nach § 25 Abs. 2 Nr. 2 → Bundessozialhilfegesetz (BSHG) Grund sein für die Kürzung der → Hilfe zum Lebensunterhalt auf das zum → Lebensunterhalt Unerläßliche (dies sind i.d.R. bis zu 20% des → Regelsatzes). Unwirtschaftlich ist ein Verhalten, das der geordneten Wirtschaftsführung eines auf Hilfe zum Lebensunterhalt angewiesenen Haushalts in besonderem Maße widerspricht. Zum u. V. i. S. eines nicht mehr hinnehmbaren »Lebens über den Verhältnissen« gehört insbes. ein verschwenderisches Verhalten oder ein Umgang mit den bereitgestellten Mitteln der Hilfe zum Lebensunterhalt, der außer Verhältnis zu dem Verbrauchsverhalten steht, das vom Empfänger einer auf den notwendigen Lebensunterhalt begrenzten Hilfe erwartet werden kann (z. B. wiederholter Verbrauch der vorhandenen Mittel für die Anschaffung von nicht zum notwendigen Lebensunterhalt gehörenden, die wirtschaftlichen Möglichkeiten offensichtlich überschreitenden Gegenständen; Haltung eines nicht unbedingt – z. B. zur Erwerbsausübung – benötigten Pkw, dessen Unterhaltungskosten den im Regelsatz enthaltenen Betrag für die Benutzung öffentlicher Verkehrsmittel deutlich übersteigen und die Bedarfsdeckung der Hilfe zum Lebensunterhalt gefährden). Auch der wiederholte vorzeitige Verbrauch der zur Verfügung stehenden Mittel (z. B. infolge fehlender Kenntnisse kostengünstiger Einkaufsmöglichkeiten) kann u. V. sein. Voraussetzung für die Kürzung der Hilfe zum Lebensunterhalt ist jedoch stets, daß der → Hilfeempfänger trotz Belehrung sein u. V. fortsetzt. Die (schriftliche und auf die Folgen der Fortsetzung des u. V. hinweisende) Belehrung über die Möglichkeit der Kürzung muß sich auf die konkreten Umstände des Einzelfalles beziehen; ein allgemeiner formularmäßiger Hinweis genügt nicht. Die Belehrung muß vor allem darin bestehen, dem Hilfeempfänger die Wege zu einem wirtschaftlichen Verhalten zu zeigen (unter Beachtung des rechtsstaatlichen → Verhältnismäßigkeitsgrundsatzes). Dies bedeutet, daß der Hilfeempfänger z. B. durch → persönliche Hilfe bei der Wirtschaftsplanung (etwa bei rechtzeitiger Zahlung laufender Verpflichtungen, beim Einkaufen unter Ausnutzung günstiger Angebote usw.) Gelegenheit zum Erlernen (eines seinen finanziellen Verhältnissen angepaßten) wirtschaftlichen Verhaltens erhält, und/oder daß bestimmte Maßnahmen zur Sicherung eines solchen Verhaltens ergriffen werden (z. B. wöchentliche statt monatliche Auszahlung der Hilfe, Aushändigung von Gutscheinen statt Bargeld). Hierzu gehört auch der Ausbau der sozialpädagogischen → Familienhilfe und der → Schuldnerberatung.

Peter Trenk-Hinterberger

Ursachenzusammenhang → Kausalprinzip

Urteil → Gerichtliche Entscheidungen

V

Validität oder Gültigkeit ist neben der → Objektivität und der → Reliabilität eines der drei zentralen Gütekriterien psychodiagnostischer Verfahren und/oder sozialwissenschaftlicher Forschungsinstrumente. Mit V. wird der Grad ausgedrückt, mit dem ein psychodiagnostisches Verfahren wirklich nur das mißt, was es zu messen vorgibt. Ein Intelligenztest etwa, dessen Ergebnisse durch die Prüfungsangst der Probanden beeinflußt wird, kann nicht als valide oder gültig angesehen werden, da die Angst als intervenierende → Variable in die Meßergebnisse mit einfließt.
Unter den drei Gütekriterien: → Objektivität, → Reliabilität und V. ist das letztere am schwierigsten zu realisieren.
Der Grad der Gültigkeit wird durch einen sogenannten V.koeffizienten ausgedrückt, der theoretisch zwischen 0 und 1,0 variieren kann. Dabei drückt die numerische Höhe des V.koeffizienten das Maß der erreichten Gültigkeit aus.

Manfred Laimer

Variable Unter diesem Begriff wird in der → empirischen Sozialforschung und hier besonders bei statistischer Hypothesenprüfung jede Art von Wirkungs- und Einflußgrößen oder jeder in der Untersuchung näher erfaßte und analysierte Untersuchungsaspekt verstanden.
Bei der Formulierung von Forschungshypothesen unterscheidet man grundsätzlich zwischen drei verschiedenen V.gruppen. Unter unabhängigen oder Stimulus-V. werden die in der → Hypothese unterstellten Determinanten verstanden. Diese haben einen hypothetischen Einfluß auf die sogenannten abhängigen oder Response-V. Der Einfluß von unabhängigen V. auf die abhängigen V. kann beeinflußt werden durch sogenannte »intervenierende« V., die je nach Untersuchungsansatz entweder als Störv. identifiziert oder als Organismusv. (innere Bedingungen) bezeichnet werden.

Unabhängige V. sind also alle Bedingungsgrößen, abhängige V. alle Bedingungsfolgen, intervenierende oder Störv. sind die in der Untersuchung nicht erfaßten Nebenbedingungen, die das Untersuchungsergebnis beeinflussen können.
Werden Untersuchungsergebnisse eindeutig durch zwar nicht beobachtbare, aber logisch erschließbare Bedingungen beeinflußt, so spricht man von sogenannten Organismusv. Diese sind identisch mit dem Begriff der sogenannten »hypothetischen Konstrukte«. Beispiele dafür sind u.a. → Motivation, → Intelligenz und → Einstellung.
Manfred Laimer

Varianz → Streuung

Vater-/Mutter-Kind-Einrichtungen bieten alleinstehenden Schwangeren sowie alleinerziehenden Müttern oder Vätern (→ Alleinstehende) und ihren Kindern in Not- oder Krisensituationen für eine gewisse Übergangsphase eine Wohn- und Lebensmöglichkeit sowie sozialpädagogische Hilfen zur Bewältigung ihrer Schwierigkeiten an.
In der Bundesrepublik Deutschland (alte Bundesländer) gibt es insgesamt 70 V.-/M.-K.-E. in überwiegend konfessioneller Trägerschaft mit 1 111 Plätzen für Schwangere sowie Mütter oder Väter und 1 154 Plätzen für Kinder (Stand: Juli 1987).
Die Einrichtungen wurden bisher fast ausschließlich von Frauen – überwiegend Müttern mit Kindern unter 6 Jahren – in Anspruch genommen. Im Kinder- und Jugendhilfegesetz werden aber auch die Väter als leistungsberechtigte Zielgruppe benannt (§ 19 KJHG – SGB VIII).
Zwei Grundtypen von V.-/M.-K.-E. können unterschieden werden: 1. Einrichtungen, in denen die Bewohner/-innen intensiv sozialpädagogisch betreut werden und – relativ häufig – in Gruppen leben (Einrichtungen mit Pflegesatz-Finanzierung; Rechtsgrundlage: KJHG - SGB VIII und Bundessozialhilfegesetz [BSHG]). 2. Einrichtungen, in denen die Frauen oder Männer in Appartements oder Wohnungen mit ihren Kindern selbständig leben und ihnen in zeitlich klar begrenztem Umfang sozialpädagogische Beratung angeboten wird. Einigen dieser Einrichtungen sind Kindertagesstätten angeschlossen, so daß die Bewohnerinnen und Bewohner während der Ausbildungszeit oder berufsbedingten Abwesenheit ihre Kinder dort unterbringen können.
Die Wohn-, Beratungs- und Betreuungsangebote der Einrichtungen unterliegen sowohl hinsichtlich der Problemlagen und Bedürfnisse der Klientel als auch hinsichtlich der pädagogischen und sozialwissenschaftlichen Grundlagen einem ständigen Wandel.
Die Mitarbeiterinnen und Mitarbeiter der V.-/M.-K.-E. in katholischer Trägerschaft werden von einer Referentin der Zentrale des Sozialdienstes katholischer Frauen in Dortmund, die der V.-/M.-K.-E. in evangelischer Trägerschaft von einer Referentin des Diakonischen Werks der EKD in Stuttgart fachlich begleitet und auf überregionaler Ebene vertreten.
Lit. BMJFFG: Lebenshilfe.
Petra Winkelmann

Vaterschaftsanerkennung nach §§ 1600 a ff. → Bürgerliches Gesetzbuch (BGB) ist der eine von zwei Wegen (der andere ist der → Vaterschaftsprozeß), um die nichteheliche Vaterschaft (→ Abstammung) rechtlich mit Wirkung für und gegen jedermann festzustellen und damit das Verhältnis der → Verwandtschaft zu dem Kinde zu begründen. Die V. muß zwingenden Erfordernissen genügen: Erklärung des Mannes, der Vater zu sein, in öffentlicher → Beurkundung (nicht widerrufbar; gültig auch, wenn vom Nichtvater abgegeben), und die gleichfalls öffentlicher Beurkundung bedürftige Zustimmung des Kindes (bis zum vollendeten 14. Lebensjahr durch den gesetzlichen Vertreter, § 1600 d). Beglaubigte Abschrift der Anerkennungserklärung wird dem Kinde, dem Geburts-Standesamt und der Mutter mitgeteilt (§ 1600 e Abs. 2). Die Zustimmung des Kindes und beteiligter gesetzlicher Vertreter kann wirksam nur binnen 6 Monaten nach Beurkundung der Anerkennungserklärung erteilt werden (§ 1600 e Abs. 3). Die V. ist unwirksam, wenn diesen zwingenden Erfordernissen nicht genügt ist (Heilung des Mangels nach 5 Jahren unbeanstandeter Beischreibung im Geburtenbuch des Kindes), oder wenn sie angefochten und rechtskräftig (→ Rechtskraft) festgestellt ist, daß der Mann nicht der Vater des Kindes ist (§ 1600 f Abs. 1). Berechtigt, die V. anzufechten, sind der Mann, das Kind und die Mutter, die der V. nicht zuzustimmen braucht, ggf. nach dem Tode des Mannes dessen Eltern (§ 1600 g). Die Fristen für die Anfechtung regeln die §§ 1600 h und i. Sie erfolgt (§ 1600 l) im Statusprozeß (§§ 640 ff., 641 ff. ZPO – eine Unterart des → Vaterschaftsprozesses); nach dem Tode des Kindes durch Antrag an das → Vormundschaftsgericht (VormschG) im Verfahren der → freiwilligen Gerichtsbarkeit.
Eberhard Schilken/Dieter Brüggemann

Vaterschaftsprozeß zur gerichtlichen Feststellung der nichtehelichen Vaterschaft (§§ 1600 n BGB, 640 Abs. 2 Nr. 1 ZPO). Sachlich zuständig ist das Amtsgericht (§ 23 a Nr. 2 GVG), örtlich (→ Zuständigkeit) das Gericht, bei dem die Pflegschaft (§ 1706 Nr. 1 BGB) oder → Vormundschaft (§ 1791 c BGB) für das Kind anhängig ist, oder, wenn keine Pflegschaft oder Vormundschaft anhängig ist, das Gericht, in dessen Bezirk das Kind seinen Wohnsitz,

ersatzweise gewöhnlichen → Aufenthalt hat (§ 641 a ZPO i.V.m. § 36 Abs. 1, § 4 FGG). Klagebefugt sind Kind oder Mann, nicht die Mutter (s. noch unten), auch nicht die Eltern des verstorbenen Mannes. Zum Termin ist, wenn, wie regelmäßig, das Kind gegen den Mann klagt, die Mutter unter Mitteilung der Klageschrift zu laden, sie kann den Verfahren beitreten (§ 640 e ZPO). Erforderliche Ermittlungen kann das Gericht auch von Amts wegen, d.h. ohne Beweisanträge (s. §§ 282, 359 Nr. 3 ZPO), vornehmen, z.B. → Blutgruppengutachten oder → erbbiologische Gutachten einholen. Auf Antrag kann das Gericht im Wege der → einstweiligen Anordnung bestimmen, daß der Mann dem Kinde Unterhalt (→ Unterhaltspflicht) zu zahlen oder für den Unterhalt Sicherheit zu leisten hat (§ 641 d ZPO); Anspruch und Notwendigkeit der Anordnung sind glaubhaft zu machen. Im Urteil ist der Mann festzustellen, der das Kind gezeugt hat. Das Gesetz stellt hierzu die Vermutung auf, daß der Mann das Kind gezeugt hat, der während der Empfängniszeit der Mutter beigewohnt hat; die Vermutung gilt jedoch nicht, wenn nach Würdigung aller Umstände schwerwiegende Zweifel an der Vaterschaft verbleiben (§ 1600 o Abs. 2 BGB). Auf Antrag hat das Gericht, wenn die Vaterschaft festgestellt wird, den Beklagten zugleich zu verurteilen, dem Kind den → Regelunterhalt zu leisten (§ 643 ZPO).
Beantragt nach dem Tode des Mannes das Kind oder nach dem Tode des Kindes die Mutter die Feststellung der Vaterschaft, so ist das → Vormundschaftsgericht (VormschG) zuständig (§ 1600 n Abs. 2 BGB, §§ 35, 43 FGG, → Freiwillige Gerichtsbarkeit).
Besondere Unterarten des V. sind Klagen auf → Anfechtung der Ehelichkeit des Kindes oder der → Vaterschaftsanerkennung (§ 640 Abs. 2 Nr. 2 und 3 ZPO).
Lit. Roth-Stielow: Abstammungsprozeß.

Eberhard Schilken/Dieter Brüggemann

VdK – Sozialverband VdK Deutschland e.V. Gegründet 1950 als Zusammenschluß örtlich entstandener Organisationen von Kriegsopfern und Menschen mit Behinderungen (→ Behinderte). Mit rund 1 Mio. Mitgliedern in 14 Landes-, rd. 400 Bezirks- und Kreisverbänden sowie rd. 10 000 Ortsverbänden ist der Sozialverband VdK die größte Organisation von Kriegsopfern und anderen Versorgungsberechtigten, Menschen mit Behinderungen und Rentnern (→ Kriegsopfer-/Behindertenverbände). Seine Ziele sind berufliche und gesellschaftliche Teilhabe und Teilnahme und soziale Sicherung der Kriegs- und Wehrdienstopfer und aller anderen Versorgungsberechtigten nach dem sozialen Entschädigungsrecht, der Menschen mit Behinderungen und/oder chronischen Erkrankungen und der Rentner. Der Sozialverband VdK als großer Sozial- und Dienstleistungsverband ist maßgeblich beteiligt am Zustandekommen und an der Weiterentwicklung des → Bundesversorgungsgesetzes (BVG), des Renten-, Unfall-, Kranken- und Pflegeversicherungsrechts (→ Sozial-, → Krankenversicherung), des → Sozialhilferechts sowie des Rehabilitationswesens (→ Rehabilitation) in der Bundesrepublik Deutschland. Er ist u.a. Mitglied in folgenden Organisationen: Deutsches Komitee (DK) für Europäische Zusammenarbeit der Kriegsteilnehmer und Kriegsopfer e.V. – Sektion der Confédération Européenne des Anciens Combattants (CEAC) in der Bundesrepublik; Weltveteranenverband (WVF), Deutscher Rat der Europäischen Bewegung, Action Européenne des Handicapés (AEH – europäischer Behindertenverband), Deutscher Spendenrat und → Deutscher Paritätischer Wohlfahrtsverband (DPWV). Darüber hinaus ist er Träger von Sozialstationen, Werkstätten für Behinderte, Berufsförderungswerken, Kindertagesstätten, Betreuungsvereinen, Fachselbsthilfegruppen, z.B. Schlafapnoe, Osteoporose, Tinnitus, Rückengeschädigte.
Anschrift: Wurzerstr. 4a, 53175 Bonn.

Ulrich Laschet

Verband alleinstehender Mütter und Väter (VAMV) vertritt seit seiner Gründung 1967 als Verband lediger Mütter die Interessen von Einelternfamilien, insbesondere von sorgeberechtigten Müttern oder Vätern. Die Mehrzahl der Mitglieder ist wie die Mehrzahl der Alleinerziehenden insgesamt geschieden und weiblich. Der VAMV ist bezogen auf die Mitgliederzahl der größte Einelternverband Deutschlands. Wichtige Themen für den VAMV sind nach wie vor Ehescheidungs- und Kindschaftsrecht (→ Kindschaftsrechtsreform), Unterhaltsprobleme, Kinderbetreuung sowie die materielle Existenzsicherung von Frauen. Der VAMV versteht sich vor allem als Frauen- und Familienverband, der Hilfe zur → Selbsthilfe und politische Interessenvertretung betreibt. Einzelne Untergliederungen bieten auch professionelle, psychosoziale Beratung an oder haben Kinderbetreuungsangebote entwickelt. Die Orts- und Landesvorstände sowie der Bundesvorstand werden nach dem Delegiertenprinzip gewählt und arbeiten ehrenamtlich; teilweise werden sie von hauptamtlichen Kräften unterstützt. In jedem Bundesland besteht ein Landesverband. Anschrift: VAMV Bundesvorstand, Von-Groote-Platz 20, 53173 Bonn.

Carola Schewe

Verband Deutscher Rentenversicherungsträger (VDR) Spitzenverband aller 27 → Rentenversicherungsträger der Bundesrepublik Deutschland (z.B. BfA, LVAen, Bundesknappschaft), die im Verband die ihnen kraft Gesetzes zugewiesenen Aufgaben koordinieren (einheitliche Auslegung der Gesetze) und die im Interesse der Gleichbehandlung aller Versicherten und Rentner gefaßten Beschlüsse der Verbandsorgane und -gremien durchführen (freiwillige Selbstbindung), über die Durchführung aber selbst entscheiden. Der VDR hat die gemeinsamen Angelegenheiten seiner Mitglieder wahrzunehmen, sie zu beraten und zu unterrichten. Er wirkt bei der Gestaltung von Gesetzentwürfen, Entwürfen von Verordnungen und Verwaltungsvorschriften sowie beim Abschluß zwischenstaatlicher Abkommen mit. Der VDR arbeitet mit den anderen Spitzenverbänden der → Sozialversicherung zusammen und ist Mitglied von internationalen Institutionen für soziale Sicherheit. Zur Erfüllung seiner Aufgaben betreibt er u. a. die Datenstelle der deutschen Rentenversicherung (Sitz in Würzburg; § 146 SGB VI). Der Verband besteht seit 1919 und ist ein eingetragener Verein mit Sitz in Frankfurt (Anschrift: Eysseneckstr. 55, 60322 Frankfurt a. M.).

Franz Ruland

Verbände der Freien Wohlfahrtspflege → Freie Wohlfahrtspflege

Verbraucherkreditgesetz (VerbrKrG) vom 17. 12. 1990 (BGBl. I S. 2840), geändert durch Gesetz vom 27. 4. 1993 (BGBl. I S. 509), löste zum 1. 1. 1991 das fast hundertjährige Abzahlungsgesetz ab und enthält für nahezu alle an Privatkunden gewährten oder vermittelten entgeltlichen Kredite je nach Kreditart unterschiedlich streng ausgestaltete Verbraucherschutzvorschriften. Als Kreditverträge erfaßt werden u. a. Darlehen (auch Überziehungskredite), Kauf-, Werk- und Dienstverträge mit Zahlungsaufschub (auch Abzahlungs- oder Ratenkauf), Teillieferungs- und Dauerlieferungsverträge (z. B. Zeitschriftenabonnement, Buchgemeinschaft, mehrbändiges Lexikon), Stundungsvereinbarungen und sonstige Finanzierungshilfen (auch Leasingverträge). Das VerbrKrG gilt nicht für »Kleinkredite« (bis 400 DM oder Zahlungsaufschub von nicht mehr als 3 Monaten), für Existenzgründungsdarlehen über 100 00 DM, für Arbeitgeberdarlehen mit niedrigeren als marktüblichen Zinsen, ferner nicht für Bürgschaften, Mietverträge (→ Mieterschutz) und Versicherungen. Kreditverträge bedürfen der Schriftform (Ausnahmen für Überziehungskredite und Versandhandel) und müssen bestimmte Mindestangaben enthalten (§ 4). Bei Verstößen gegen diese Formvorschriften ist der → Vertrag nichtig, wird aber – mit auf 4% reduziertem Zins – gültig, wenn der Verbraucher das Darlehen/die Leistung erhält. Ein Kreditvertrag wird erst wirksam, wenn ihn der Verbraucher nicht innerhalb einer Woche (nach Aushändigung einer von ihm zu unterschreibenden Belehrung) schriftlich widerruft (rechtzeitige Absendung genügt). Bei fehlender oder unrichtiger Belehrung erlischt das Widerrufsrecht erst nach beiderseits vollständiger Erbringung der Leistung, spätestens aber ein Jahr nach Vertragsschluß. Trotz Widerrufs wird ein Kreditvertrag allerdings wirksam, wenn der Verbraucher den bereits ausgezahlten Darlehensbetrag nicht innerhalb von zwei Wochen seit Auszahlung oder Widerruf zurückzahlt. Beim sog. finanzierten Abzahlungskauf (§ 9) bewirkt der Widerruf des Kreditvertrages auch die Unwirksamkeit des Kaufvertrages. Bei Mängeln der Kaufsache kann der Verbraucher unter bestimmten Voraussetzungen auch die Rückzahlung des Kredits verweigern. In der → Schuldnerberatung wichtige Regelungen zum Schutz des Verbrauchers bei Zahlungsverzug sind: Verzugszinsen werden grundsätzlich mit 5% über dem jeweiligen Bundesbankdiskontsatz berechnet. Teilzahlungen werden zunächst auf die Kosten, dann auf die Hauptforderung und zuletzt auf die Zinsen angerechnet.
Einschränkende Regelungen gelten für die Kündigung durch den Kreditgeber (§ 12) und für die Anspruchsdurchsetzung im → Mahnverfahren. Bei Umschuldungen kann ein Kreditvermittler nur dann eine Provision verlangen, wenn der neue Kredit nicht teurer ist als der abgelöste.
Lit. Bülow: VerbrKrG. *Hans-Ulrich Weth*

Verdrängung Eine Abwehrmethode, »derer sich das Ich in seinen eventuell zur Neurose führenden Konflikten bedient« (Freud, S.: Hemmung). Sie ist die Conditio sine qua non der Neurosenentwicklung (→ Neurose), da sie i. V. m. anderen → Abwehrmechanismen vorkommt, aber auch allein auftreten kann. »Sie kann als ein universeller psychischer Vorgang betrachtet werden, insofern sie der Bildung des Unbewußten als einem vom übrigen Psychischen getrennten Gebiet zugrunde liegt« (Laplanche u. a.). Freud hat das theoretische Modell der V. als Vorbild für Abwehrvorgänge überhaupt angesehen und anfänglich »Abwehr« mit »V.« gleichgesetzt.
V. besteht darin, daß Gedanken, Vorstellungen, Erinnerungen und Gefühle, die mit einem noch lustvoller Entladung drängenden Trieb zusammenhängen, vom → Bewußtsein ferngehalten werden müssen, weil die Triebbefriedigung dem Ich im Hinblick auf andere innere und äußere Anforderungen Unlust bereitet. Der Begriff bezieht sich auf Material, das schon einmal im Zusammenhang mit bewußtem Erleben gestanden hat (Nachv.) und auf psychische Inhalte, die ständig im → Unbewußten gehalten werden (Urv.), also niemals das Bewußtsein erreichen, außer im Prozeß einer psychoanalytischen Behandlung (→ Psychoanalyse). Die Notwendigkeit zur V. be-

steht das ganze Leben über dann, wenn äußere oder innere Erlebnisse verdrängte Ereignisse aus der frühen Kindheit (Kindheitsamnesie) mobilisieren. Da das Ich eine ständige Kraft aufwenden muß, um das Verdrängte in der V. zu halten (Gegenbesetzung, Reaktionsbildung), kann es unter bestimmten Bedingungen (Schwächung der Abwehr durch Krankheit, Reizüberflutung, im Schlaf, in Krisensituationen) zur Wiederkehr des Verdrängten in Form von Symptomen, Träumen, → Fehlleistungen, sogar im Verhalten politischer Systeme, kommen. Die V. und deren Schicksal spielt in der Symptombildung der → Hysterie eine entscheidende Rolle.
Lit. Freud, S.: Hemmung; Freud, S.: Verdrängung; Laplanche u. a.: Psychoanalyse..
Willi Baumann

Verein ist ein Zusammenschluß mehrerer Personen zur Erreichung eines bestimmten Zwecks. Er unterscheidet sich von der Gesellschaft des bürgerlichen Rechts dadurch, daß der Zusammenschluß auf längere Zeitdauer berechnet sein muß und eine körperschaftliche Verfassung – d. h. bestimmte Organe – haben muß und daß er grundsätzlich vom Mitgliederwechsel unabhängig ist. Zu unterscheiden sind nicht rechtsfähige und rechtsfähige V. Beide haben als Organisationsformen sozialer Arbeit erhebliche Bedeutung. Die weit überwiegende Zahl freigemeinnütziger Einrichtungen wird in der Form eines eingetragenen V. betrieben. Die zivilrechtliche Seite des V.rechts ist in den §§ 21 bis 79 des → Bürgerlichen Gesetzbuchs (BGB) geregelt.
Die Gründung eines nicht eingetragenen V. ist weder an eine bestimmte Form noch an eine Mindestzahl von Gründungsmitgliedern gebunden. Die Mitglieder müssen sich lediglich über die V.verfassung (→ Satzung) einigen, die mindestens den Zweck des V. und die Organisation der Organe enthalten muß.
Zur Gründung eines rechtsfähigen V. (→ Juristische Person) sind mindestens 7 Mitglieder erforderlich; später kann der Mitgliederbestand bis auf 3 absinken. Nur V., deren Zweck nicht auf eine erwerbswirtschaftliche Betätigung gerichtet ist, können die → Rechtsfähigkeit durch Eintragung in das V.register erlangen. Zur Eintragung in das V.register hat der Vorstand als gesetzlicher Vertreter des V. die von den Gründungsmitgliedern unterschriebene Satzung und das Protokoll der Gründungsversammlung vorzulegen.
Für den V. als Trägerorganisation sozialer Arbeit spricht vor allem seine demokratische Struktur. Diese kommt darin zum Ausdruck, daß oberstes Organ des V. grundsätzlich die Mitgliederversammlung ist, deren umfassende Zuständigkeit nur durch die Aufgaben der anderen Organe, die prinzipiell durch die Mitgliederversammlung ge-

wählt werden, begrenzt ist. Bei den V. auf überörtlicher Ebene, wie z. B. den großen Wohlfahrtsverbänden auf Landes- und Bundesebene, tritt an die Stelle der Mitgliederversammlung ein Repräsentationsorgan, das i. d. R. Vertreterversammlung genannt wird. Der Vorstand vertritt den V. gerichtlich und außergerichtlich und führt die Geschäfte des V. Der V. haftet für Schäden, die Mitglieder des Vorstands oder andere satzungsgemäß berufene Vertreter in Ausführung ihres Amtes anderen zufügen. Der eingetragene V. haftet jedoch grundsätzlich nur mit dem V.vermögen; die einzelnen Mitglieder können daher über den fälligen Mitgliedsbeitrag hinaus nicht in Anspruch genommen werden.
Die Begründung vereinsrechtlicher Arbeitspflichten darf nicht zur Umgehung zwingender arbeitsrechtlicher Schutzbestimmungen führen (»Scientology-Urteil« BAG, NZA 1995, 823 ff.)
Wie die Gründung des V., so bedürfen auch Änderungen der Satzung zu ihrer Wirksamkeit der Eintragung in das V. register, außerdem sind Änderungen in der Zusammensetzung des Vorstands einzutragen. Das V.register kann jeder Interessierte einsehen und sich Abschriften anfertigen. Auf Wunsch werden auch Abschriften erteilt.
Sowohl der eingetragene als auch der nicht eingetragene V. kann nach den §§ 51 bis 68 der Abgabenordnung 1977 i. d. F. des Vereinsförderungsgesetzes vom 18. 12. 1989 (BGBl. I S. 2212) als gemeinnützig anerkannt werden, wenn er ausschließlich und unmittelbar gemeinnützige, mildtätige oder kirchliche Zwecke verfolgt. Er genießt dann erhebliche Steuererleichterungen (→ Gemeinnützigkeit).
Lit. Klein, F.: Recht; Ott: Vereine; Sauter u. a.: Verein; Schleder: Vereine. *Reiner Sans*

Vereinbarungen über Leistungen, Vergütungen sowie die Prüfung der Einrichtungen Nach § 93 Abs. 2 → Bundessozialhilfegesetz (BSHG) sind mit dem Träger der Einrichtung oder seinem Verband V. abzuschließen über Inhalt, Umfang und Qualität der Leistungen (Leistungsv.); die Vergütung, die sich aus Pauschalen und Beträgen für einzelne Leistungsbereiche zusammensetzt (Vergütungsv.) und die Prüfung der Wirtschaftlichkeit und Qualität (→ Qualitätsstandards) der Leistungen (Prüfungsv.). Die V. müssen den Grundsätzen der Wirtschaftlichkeit, Sparsamkeit und Leistungsfähigkeit entsprechen.
Die Leistungsv. muß die wesentlichen Leistungsmerkmale festlegen, mindestens jedoch die betriebsnotwendigen Anlagen der Einrichtung, den von ihr zu betreuenden Personenkreis, Art, Ziel und Qualität der Leistung, Qualifikation des Personals sowie die erforderliche sächliche und personelle Ausstattung. In der V. ist die Verpflichtung der Einrichtung aufzunehmen,

im Rahmen des vereinbarten Leistungsangebotes → Hilfeempfänger aufzunehmen und zu betreuen. Die Leistungen müssen ausreichend, zweckmäßig und wirtschaftlich sein und dürfen das Maß des Notwendigen nicht überschreiten (§ 93a Abs. 1).
Die Vergütungsv. besteht mindestens aus den Pauschalen für Unterkunft und Verpflegung (Grundpauschale) und für die Maßnahmen (Maßnahmenpauschale) sowie aus einem Betrag für betriebsnotwendige Anlagen einschließlich ihrer Ausstattung (Investitionsbetrag). Förderungen aus öffentlichen Mitteln sind anzurechnen. Die Maßnahmepauschale wird nach Gruppen für Hilfeempfänger mit vergleichbarem Hilfebedarf kalkuliert (§ 93a Abs. 2).
In der Prüfungsv. vereinbaren die Träger der Sozialhilfe (→ Sozialhilfeträger) mit dem Träger der Einrichtung Grundsätze und Maßstäbe für die Wirtschaftlichkeit und die → Qualitätssicherung der Leistungen sowie für das Verfahren zur Durchführung von Wirtschaftlichkeits- und Qualitätsprüfungen (§ 93a Abs. 3).
Gemäß § 93b Abs. 1 BSHG sind die V. vor Beginn der jeweiligen Wirtschaftsperiode für einen zukünftigen Zeitraum (Vereinbarungszeitraum) abzuschließen; nachträgliche Ausgleiche sind nicht zulässig. Kommt eine V. innerhalb von sechs Wochen nicht zustande, nachdem eine Partei schriftlich zu Verhandlungen aufgefordert hat, entscheidet die Schiedsstelle auf Antrag einer Partei unverzüglich über die Gegenstände, über die keine Einigung erreicht werden konnte. Gegen die Entscheidung ist der Rechtsweg zu den Verwaltungsgerichten gegeben.
Das → Bundesministerium für Gesundheit (BMG) kann eine Rechtsverordnung erlassen über die nähere Abgrenzung der den Vergütungspauschalen und -beträgen zugrunde zu legenden Kostenarten und -bestandteile sowie die Zusammensetzung der Investitionsbeträge und den Inhalt und die Kriterien für die Ermittlung und Zusammensetzung der Maßnahmepauschalen, die Merkmale für die Bildung von Gruppen mit vergleichbarem Hilfebedarf sowie die Zahl der zu bildenden Gruppen (§ 93d Abs. 1).
Die überörtlichen Träger der Sozialhilfe und die kommunalen Spitzenverbände auf Landesebene schließen mit den Vereinigungen der Träger der Einrichtungen auf Landesebene gemeinsam und einheitlich Rahmenverträge zu den Leistungs-, Vergütungs- und Prüfungsv. ab (§ 93d Abs. 2).
Lit. Friedrich: Pflegesatzregelung; Igl: § 93 BSHG; Viegener: Prospektive Pflegesätze.
Werner Nunnenmann

Vereinfachtes Verfahren ist die gesetzliche Bezeichnung eines Rechtsgangs (§ 641 ff. ZPO) zur Durchsetzung der Anpassung von Unterhaltstiteln nach der i.d.R. periodisch erlassenen AnpassungsVO (→ Abänderungsklage), die deren Angleichung an veränderte Kosten der allgemeinen Lebenshaltung zu bestimmten Prozentsätzen vorsieht. Das Verfahren ist schematisiert, schriftlich ausgestaltet und wickelt sich in 3 »Takten« vor dem Rechtspfleger des Amtsgerichts ab, bei dem der Schuldner seinen allgemeinen Gerichtsstand hat: Antrag (Vordruckzwang); Anhörung des Gegners mit kurzen Fristen; Erlaß des Anpassungsbeschlusses rückwirkend ab Antragstellung (sofortige Beschwerde nur gegen betragsmäßig oder zeitlich fehlerhafte Festsetzungen oder Zulässigkeit des Verfahrens; andere Einwendungen nötigen, unbeschadet der Vollstreckbarkeit des Anpassungsbeschlusses, zur Anfechtung durch besondere Klage). Maschinelle Bearbeitung; kein Anwaltszwang; feste Gebühr des Gerichts (20 DM) zu Lasten des Schuldners. Die Anpassung im v. V. hat Vorrang vor der Abänderungsklage, sofern letztere nicht zu einem wesentlich abweichenden Ergebnis führt (aktuell besonders im Ehelichenunterhalt).
Lit. Brüggemann: Unterhaltsrenten (Komm.); Zöller u.a.: ZPO (Komm.).
Eberhard Schilken/Dieter Brüggemann

Vereinheitlichungsgesetz (VereinhG) Das Gesetz über die Vereinheitlichung des Gesundheitswesens vom 3. 7. 1934 (RGBl. I S. 531) regelt mit drei DVO die einheitliche Durchführung des ÖGD (→ Gesundheitsdienst, öffentlicher [ÖGD]). Verfassungsrechtlich gilt es als Landesrecht fort, soweit nicht neue Gesundheitsdienstgesetze – so in Schleswig-Holstein 1978, Berlin 1980, Bayern 1986, Brandenburg und Baden-Württemberg 1994 (weitere Länder folgen in Kürze) – an seine Stelle getreten sind oder in Ostdeutschland bis zur Neuregelung die VO über den öffentlichen Gesundheitsdienst und die Aufgaben der Gesundheitsämter in den Landkreisen und kreisfreien Städten vom 8. 8. 1990 (GVBl. I S. 1068) noch gilt. Es bildet die Grundlage für Organisation und Struktur des ÖGD und regelt umfassend seinen Aufgabenkreis mit Pflichten und Befugnissen nicht nur gegenüber dem Bürger. Es verpflichtet zur Einrichtung von → Gesundheitsämtern (GÄ) in staatlicher oder kommunaler Trägerschaft bei der unteren Verwaltungsbehörde unter Leitung eines → Amtsarztes. Wesentliche Aufgaben sind die Beobachtung und Dokumentation der gesundheitlichen Verhältnisse der Bevölkerung und sie berührender Umwelteinflüsse einschließlich der Orts-, Wohnungs-, Schul- und Krankenhaushygiene, die Anregung und Koordination gesundheitsrelevanter Maßnahmen u.a. bei der Krankheitsverhütung, die Aufsicht über Gesundheitseinrichtungen und Angehörige der Gesundheitsberufe, die Gesundheitsaufklärung, -beratung und -erziehung im Rahmen der Mütter- und → Säuglingsfürsorge sowie der Schulgesundheitspflege,

die Förderung von → Selbsthilfegruppen, von Vorsorge- und Vorbeugemaßnahmen für Risikogruppen, die Betreuung und Rehabilitationsförderung körperlich und geistig-seelisch Behinderter, Suchtkranker und -gefährdeter, die Mitwirkung beim Rettungsdienst, im Bäder- und Leichenwesen, die Begutachtung und Abgabe amtlicher Zeugnisse. Die von der GMK 1972 beschlossene Richtlinie für Ländergesetze zur Neuordnung des Gesundheitsdienstes nach weiterhin einheitlichen Grundsätzen empfiehlt, die Aufgabenstellung allgemeiner und damit zukunftsweisender als bisher auf allen Verwaltungsebenen zu regeln. Da die Durchführung weitgehend von der finanziellen Ausstattung der GÄ abhängt, so soweit diese in den Flächenstaaten seit 1945 kommunalisiert sind, allein von neuen Gesundheitsdienstgesetzen keine Verbesserung zu erwarten.
Lit. Bachmann: Arzt. *Gerhard Tölle*

Vereinsbetreuung Bei der V. sind zwei Fälle streng zu unterscheiden:
1) ein anerkannter Betreuungsverein als solcher (also als → juristische Person) wird zum Betreuer bestellt;
2) Mitarbeiter, Mitglieder oder dem Verein nahestehende Personen werden auf Vermittlung des Vereins als »natürliche Person« zum Betreuer bestellt (sog. »organisierte Einzelbetreuung«).
Die Bestellung eines anerkannten Betreuungsvereins als solchem zum Betreuer darf nur erfolgen, wenn die betreuungsbedürftige Person nicht durch eine oder mehrere natürliche Personen hinreichend betreut werden kann. Nachrangig zur V. als solcher ist dann noch die → Behördenbetreuung. Grundvoraussetzung der Bestellung ist, daß der Verein gemäß § 1908 f → Bürgerliches Gesetzbuch (BGB) als Betreuungsverein anerkannt ist oder als anerkannt gilt; die Anerkennungsvoraussetzungen sind im einzelnen durch die Landesausführungsgesetze zum BtG konkretisiert worden. Aus dem → Leitbild des → Betreuungsrechts, der persönlichen → Betreuung, folgt, daß der Verein auch im Falle der V. als solcher die Wahrnehmung der Betreuung einzelnen Personen zu übertragen hat. Dabei stellt sich der Verein finanziell ungünstiger, als wenn der Vereinsmitarbeiter mit seiner Zustimmung unmittelbar zum Vereinsbetreuer bestellt wird, denn dann kann zwar nicht der Vereinsbetreuer selbst, wohl aber der Verein Ersatz der Aufwendungen und eine Vergütung verlangen, welche bei Mittellosigkeit des Betreuten auch aus der Staatskasse zu zahlen sind. Allgemeine Verwaltungskosten werden dem Verein auf keinen Fall ersetzt. Wird ein anerkannter Betreuungsverein zum Betreuer bestellt, so haftet dieser für das Verschulden eines Vereinsmitglieds wie für ein Verschulden eines seiner Organe nach § 31 BGB.

Die Querschnittsaufgaben des Betreuungsvereins bei der Einführung und Anleitung des Betreuers sowie seiner → Fortbildung, Beratung und Unterstützung sind nach dem BtG nicht erstattungsfähig. Die meisten Landesausführungsgesetze sehen deshalb eine finanzielle Teilförderung durch das Land (sowie eine entsprechende Förderung durch die zuständige Kommune) vor, deren Grundsätze in Förderrichtlinien niedergelegt sind. Diese finanzielle Förderung reicht gegenwärtig bei weitem noch nicht aus, entscheidende Impulse für die Ausweitung der Betreuungsarbeit durch Vereine zu gewährleisten.
Lit. Wienand: Finanzierung.
Manfred Wienand

Vereinspflegschaft Wird die Anordnung einer → Pflegschaft notwendig, so geht das → Bürgerliche Gesetzbuch (BGB) grundsätzlich davon aus, daß für den Pflegling ein Einzelpfleger zu bestellen ist. Ist jedoch keine geeignete Person als Einzelpfleger vorhanden, so kann gem. §§ 1915, 1791 a BGB auch ein rechtsfähiger → Verein als Pfleger bestellt werden. Voraussetzung der Bestellung eines Vereins als Pfleger ist, daß der Verein in die Übernahme der Pflegschaft einwilligt und daß er von dem zuständigen → Landesjugendamt nach den gesetzlichen Kriterien des jeweiligen Landesgesetzgebers als zur Übernahme von Pflegschaften gem. § 54 KJHG für geeignet erklärt worden ist. Der Verein ist aus der Pflegschaft von Amts wegen gem. § 1887 BGB zu entlassen, wenn die Eignungserklärung durch das → Landesjugendamt widerrufen wird. Die Regeln über die → Vereinsvormundschaft finden im übrigen auf die Bestellung, Fortdauer, Führung und Beendigung der Pflegschaft eines Vereins analog Anwendung.
Lit. s.: → Abwesenheitspflegschaft, → Vereinsbetreuung. *Manfred Wienand*

Vereinsvormundschaft Findet sich für einen Mündel keine geeignete Person als Einzelvormund oder ist ein → Verein von den Eltern des Mündels nach § 1776 → Bürgerliches Gesetzbuch (BGB) berufen, so kann dieser als Vormund bestellt werden. Die V. ist der Einzelvormundschaft subsidiär. Voraussetzung der Bestellung ist, daß der Verein von dem zuständigen → Landesjugendamt als zur Übernahme von → Vormundschaften gem. § 54 KJHG – SGB VIII für geeignet erklärt wurde und daß der Verein in die Übernahme einwilligt, da für ihn die Übernahmeverpflichtung nach § 1785 BGB nicht besteht. Der Akt der Bestellung eines Vereins als Vormund geschieht vereinfacht durch schriftliche Verfügung des → Vormundschaftsgerichts (VG); einer Bestallungsurkunde bedarf es nicht. Der Verein

überträgt die Führung der Vormundschaft einem oder mehreren seiner Mitglieder, für die der Verein gem. § 31 BGB haftet. Die dem Vormund üblicherweise zustehenden Aufwendungsersatz- und Vergütungsansprüche erhält der Verein bei V. als solcher nicht, es sei denn für Aufwendungen bei einem vermögenden Mündel. Der Verein wird von Amts wegen aus der Vormundschaft entlassen, wenn sich ein geeigneter Einzelvormund findet.
Lit. s.: → Abwesenheitspflegschaft, → Vereinsbetreuung. *Manfred Wienand*

Vereinte Nationen → United Nations (UN)

Vererbung → Genetik

Verfolgungswahn → Paranoia

Verfügung von Todes wegen → Testament

Vergleich Man unterscheidet den außergerichtlichen V., den gerichtlichen V. (Prozeßv.) und den Zwangsv. im Konkurs und nach der V.ordnung.
a) Der außergerichtliche V. wird ohne Mitwirkung des Gerichts abgeschlossen und unterliegt den Vorschriften des materiellen Rechts (§ 779 → Bürgerliches Gesetzbuch – BGB –). Danach ist ein V. ein → Vertrag, durch den der Streit oder die Ungewißheit der Parteien über ein Rechtsverhältnis im Wege gegenseitigen Nachgebens beseitigt wird. Der V. ist unwirksam, wenn der nach seinem Inhalt als feststehend zugrunde gelegte Sachverhalt der Wirklichkeit nicht entspricht und der Streit oder die Ungewißheit bei Kenntnis der Sachlage nicht entstanden wäre.
b) Der gerichtliche V. oder Prozeßv. hat nach herrschender Meinung in Lit. und Rechtsprechung eine Doppelnatur. Er ist einerseits ein schuldrechtliches Geschäft nach § 779 BGB, andererseits aber eine Prozeßhandlung, deren Wirksamkeit sich nach den Grundsätzen des Prozeßrechts richtet. Zulässig ist der Prozeßv. nur insoweit, als die Parteien über den Streitgegenstand verfügen können. Der zulässige und ordnungsgemäß abgeschlossene Prozeßv. stellt einen Vollstreckungstitel (Schuldtitel) dar, aus welchem die → Zwangsvollstreckung betrieben werden kann (§ 794 Abs. 1 Nr. 1 ZPO). Der Prozeßv. beendet zumeist den Prozeß, und zwar je nach seinem Inhalt ganz oder teilweise.
c) Zur Abwendung des Konkurses oder auch noch im Konkurs kann ein V. (Zwangsv.) mit den Gläubigern geschlossen werden. Das V.-Verfahren ist in der V.ordnung vom 26. 2. 1935 sowie in der Konkursordnung (KO) vom 10. 2. 1877 i.d.F. der Bekanntmachung vom 20. 5. 1898 geregelt (§§ 173 ff. KO).
Lit. Palandt: BGB (Komm.). *Wolfgang Vomberg*

Vergleichsberechnung, sozialhilferechtliche → Übergang von Ansprüchen

Vergütungsvereinbarungen In der Pflegeversicherung (→ Pflegeversicherung, gesetzliche) werden zwischen den Trägern der Pflegeeinrichtung einerseits sowie den Pflegekassen, sonstigen Sozialversicherungsträgern und dem zuständigen Sozialhilfeträger andererseits V. geschlossen. Darin sind die Entgelte für Pflegeleistungen (im stationären Bereich auch die medizinische Behandlungspflege und die soziale Betreuung) festzulegen, wobei die Vergütungen leistungsorientiert – nicht kostenorientiert – zu gestalten sind (§ 84 Abs. 2 Satz 1 SGB XI). Die → Pflegekassen sind bei den Verhandlungen dem Grundsatz der Beitragssatzstabilität (§ 70 SGB XI) verpflichtet. Sie haben aber auch zu gewährleisten, daß die Pflegeeinrichtung den übernommenen Versorgungsauftrag bei wirtschaftlicher Betriebsführung erfüllen kann (§ 84 Abs. 2 Satz 3 SGB XI). Basis der V. im ambulanten Bereich sind Leistungskomplexe, in denen die im Rahmen der Pflege anfallenden Tätigkeiten gewichtet zusammengefaßt sind. Grundlage des Preises, den der einzelne Pflegedienst für die Leistungskomplexe erhält, sind Punktwerte, die jeweils für den Pflegedienst aufgrund seiner besonderen Strukturen ausgehandelt und mit den Leistungskomplexen zugeordneten Punktzahlen multipliziert werden.
Für die stationäre Pflege haben die Pflegeheime für eine Übergangszeit bis zum 31. 12. 1997 vergütungsrechtlich die Möglichkeiten nach Art. 49 a PflegeVG. Ab 1. 7. 1996 gelten zunächst die bestehenden Entgeltvereinbarungen weiter, auch wenn die Vereinbarung auf den 30. 6. 1996 befristet war. Vertragsverhandlungen sind im stationären Bereich nur dann zu führen, wenn ein Umstieg auf die neuen Vergütungsregelungen nach dem SGB XI beabsichtigt ist. Mit dieser Übergangsregelung soll gewährleistet werden, daß die Heime das ihnen am 30. 6. 1996 zustehende Gesamtbudget auch über diesen Zeitraum hinaus haben. Die vom MDK vorgenommenen Einstufungen der Pflegebedürftigen in Pflegestufen entfalten daher keine Wirkung für die Vergütungen; sie sind lediglich maßgebend für den Leistungsanspruch des Versicherten in der stationären Pflege. Soweit die Heimentgelte die vom Versicherten zu beanspruchenden Festbeträge (Pflegestufe I 2 000 DM, Pflegestufe II 2 500 DM, Pflegestufe III 2 800 DM, maximal jedoch 75% des Heimentgeltes) übersteigen, finanziert der Heimbewohner, ggf. der → Sozialhilfeträger, die Differenz zu dem am 30. 6. 1996 zu beanspruchenden → Pflegesatz. *Harald Kesselheim*

Verhalten Der scheinbar eindeutige Begriff »V.« ist wissenschaftshistorisch erst

als Gegenstand des → Behaviorismus thematisiert worden. Dabei stand anfangs vorwiegend das offene, beobachtbare V. als Untersuchungsobjekt im Vordergrund und wurde streng antimentalistisch verstanden. Erst neuere Formen des Neobehaviorismus haben den alten Gegensatz zwischen Erleben und V. dahingehend überwunden, daß auch Erleben aus beobachtbarem V. erschlossen und/oder über Fremd- und Selbstbeurteilung berücksichtigt werden kann. So gilt subjektives Erleben heute durchaus als V., dessen Untersuchung als Voraussetzung für V.änderungen gegenüber V.analyse und Veränderung beobachtbaren V. lediglich methodologische Schwierigkeiten bereitet. V. wird überwiegend als Reaktion auf bestimmte interne oder externe Reize verstanden und läßt sich auf drei Ebenen darstellen:
a) Durch → Befragung unterschiedlichster Form, psychologische → Tests oder → Inhaltsanalyse auf der subjektiv-sprachlichen Ebene.
b) Durch → Beobachtung der verschiedensten Formen auf der motorischen, nichtsprachlichen Ebene.
c) Durch → Messungen physiologischer Daten und allgemein-medizinischer Befunde auf der anatomisch-physiologischen Ebene.
In Abhängigkeit von der jeweils benutzten Methode lassen sich Übereinstimmungen auf den drei Ebenen beispielsweise hinsichtlich Zeitdauer, Intensität und Häufigkeit von V. so untersuchen, daß Zusammenhänge der verschiedenen V.bereiche mit oder ohne Zeitverschiebung erkennbar sind. Bei den meisten V.beobachtungen wird jedoch vorwiegend eine V.ebene ausgewählt, so daß die Zusammenhänge mit den anderen V.ebenen und die wechselseitigen Verlaufsmuster der V.bereiche unberücksichtigt bleiben.
Kennzeichnend für neuere Ansätze der → Verhaltenstherapie ist die sog. V.gleichung, in der ausgehend von einem bestimmten Problemv. versucht wird, die Organismusvariablen des Individuums ebenso zu erfassen wie die das Problemv. auslösenden Situationen, die Konsequenzen, die auf das Problemv. einsetzen, und die Bedingungen, unter denen das Problemv. mit Konsequenzen belegt wird. Dazu wird das V. als V.mangel oder V.exzeß in der Weise beschrieben, daß auch unproblematisches oder positives V. berücksichtigt werden kann. Bei den Problemsituationen werden vor allen Dingen aufrechterhaltende Bedingungen der → Verhaltensauffälligkeit protokolliert. Neben einer Entwicklungsanalyse werden die Fähigkeiten und Erfahrungen zur Selbstkontrolle überprüft, um schließlich die sozialen Beziehungen, die das gegenwärtige V. beeinflussen, und auch kulturelle und physikalische Umweltbedingungen zu erfassen. Wiederholte V.gleichungen unterschiedlicher Formalisierungsgrade bieten häufig bessere Ansätze für Veränderungsmöglichkeiten als ausführliche Problemdarstellungen. Der deutliche Trend, V. erst einmal selbst zu beobachten und zu analysieren, anstatt voreilig zugrundeliegende Prozesse als Ursachen zu untersuchen, hat sich im Bereich der → Sozialarbeit noch kaum durchgesetzt.
Lit. Kanfer u. a.: Verhaltenstherapie .

Peter Barkey

Verhaltensauffälligkeit Wenig trennscharfer Ober- bzw. Sammelbegriff, der, ohne allgemein gültige oder auch nur einheitliche Kriterien, so vielfältige und -schichtige Phänomene wie → Erziehungsschwierigkeiten, → Verwahrlosung, Störverhalten und → Delinquenz umfassen soll (→ Abweichendes Verhalten). Er wird gegenüber dem Begriff Verhaltensstörung bevorzugt, weil so offenkundig werden kann, daß nicht in jedem Fall die verhaltensauffällige Person bestimmte eindeutige Merkmale ausweist, sondern der Beobachter → Verhalten als auffällig wahrnimmt und damit seine → Wahrnehmung und deren Bezugssysteme sowie situationsspezifische Variablen einbezogen sind. Traditionelle psychologische und psychiatrische Kategorisierungen werden unter Hinweis auf berufsspezifische Wahrnehmungsnormierungen und -tendenzen in Frage gestellt. Ziel ist es, die jeweilig zugrunde liegenden → Normen und ihre Konstellationen in verschiedenen Situationen aufzudecken, um erhellen zu können, was bei wem in welchen Situationen als auffällig wahrgenommen wird und beständig ist, denn auch die scheinbar auf den ersten Blick erkennbare V. impliziert meist nicht benannte Normen. Sie sind selten im jeweiligen → Alltag des Wahrnehmens als leicht erkennbar, als daß immer gefragt würde, ist denn nicht eigentlich der Beobachter in seinem Wahrnehmen und Urteilen auffällig? Statt dessen wird dem beobachtete Individuum Ziel einer Merkmalszuschreibung: »verhaltensauffällig«. Noch bevor entschieden wird, ob das so beurteilte Verhalten überhaupt ausreichend konstant ist und so die Voraussetzung für weitere Analyse bietet, fragt der Beobachter schon: Warum ist die beobachtete Person verhaltensauffällig? Die Antworten verweisen in Abhängigkeit spezifischer Theorieperspektiven auf differente Prozesse. In Analogie zur Medizin gilt die verhaltensauffällige Person als krank. Die Krankheit muß geheilt werden, damit die V. wie andere Krankheitssymptome gebessert werden kann.
Aus psychoanalytischer Perspektive (→ Psychoanalyse) hat die verhaltensauffällige Person innerpsychische Prozesse insbes. in der frühen Kindheit so verarbeitet, daß aufgrund spezifischer Objektbeziehungen eine Konfliktkonstellation (→ Konflikt) auffäl-

liges Verhalten bedingt. Erst wenn die zugrundeliegenden Prozesse aufgearbeitet und bewußt sind, kann das auffällige Verhalten überwunden werden.
Unter der Perspektive lerntheoretischer Annahmen (→ Lernen) hat die verhaltensauffällige Person solche Lernprozesse durchlaufen, die zu der V. führen und/oder sie fördern. Es müssen erst neue Lernprozesse strukturiert werden, die nicht-auffälliges Verhalten lehren und fördern. Ein eigentlicher Unterschied beim Erwerb und Aufrechterhalten auffälligen und nicht-auffälligen Verhaltens wird nicht postuliert.
Die Labeling-Perspektive (→ Labeling Approach) stellt statt solcher individueller Zuschreibungen vorrangig gestörte oder zumindest auffällige soziale Austauschprozesse (→ Interaktion) an den Anfang von V. Soziale Austauschprozesse in ihrer ausdrücklich zu beschreibenden Alltagswirklichkeit und mit ihren Erwartungshintergründen werden als die einzig sinnvolle Ebene der Analyse und → Intervention V. gegenüber verstanden. Erst aus dieser Sicht lassen sich vorwiegend individuell orientierte, wenn nicht fixierte, Therapieansätze überwinden. Dadurch besteht die Verpflichtung, über individuelle Problemanalysen hinausgehend, V. kontinuierlich in bestimmten Situationen so zu untersuchen, daß weitgehend unabhängig von speziellen Inhalten – welches Verhalten gestört ist – Veränderungen zur Verringerung oder Vermeidung von V. geplant und eingesetzt werden können (→ Verhaltenstherapie).
Die Frage, warum ein Verhalten als auffällig imponiert, muß hinter Fragen nach den Bedingungen für V. zurückgestellt werden, sofern die zugrundeliegenden Normen als gültig vorausgesetzt werden können, was durchaus, insbes. für unterschiedliche Populationen, nicht immer gerechtfertigt ist.
Lit. Fatke: Schülerverhalten; Keupp: Abweichung. *Peter Barkey*

Verhaltensbeobachtung → Verhalten

Verhaltensforschung Registrierung des Verhaltens von Tieren in freier Natur sowie im kontrollierten Experiment mit dem Ziel, Gesetze der Verhaltenssteuerung zu ermitteln. Führend sind z. Z. die beiden wissenschaftlichen Schulen des → Behaviorismus (begründet 1912 von J. B. Watson und E. L. Thorndike; lebender Hauptvertreter des »Neobehaviorismus« B. F. Skinner) und der Ethologie (begründet in den 30er Jahren von K. Lorenz und N. Tinbergen).
Kennzeichnend für den Neobehaviorismus (auch Lerntheorie oder Verhaltenspsychologie genannt) sind u. a. folgende theoretische und methodologische Grundtendenzen: Alle verwendeten Begriffe sollen nicht inhaltlich, sondern operational definiert, d. h. auf Beobachtungs- und Meßvorschriften zurückgeführt werden. Als Elemente des Verhaltens werden Reiz-Reaktionszusammenhänge zugrunde gelegt, die zwar – z. B. im Fall des unbedingten Reflexes – angeboren sein können, für die man aber primär, soweit dies nicht ausdrücklich widerlegt wird, die Entstehung durch → Lernen postuliert. Als Ursache für Lernvorgänge wurde ursprünglich nur die → Verstärkung, d. h. Belohnung oder Bestrafung (= negative Verstärkung), vorausgesetzt; erst später trat das Imitationslernen als zusätzliche Lernform hinzu. Kennzeichnend für den Behaviorismus ist die beinahe konsequente – erst im Lauf der Zeit vielleicht schwächer werdende – Ablehnung der Existenz von angeborenen Komponenten in der Verhaltenssteuerung des Menschen außer Hunger, Durst und Sexualität. Im Einklang damit wurde der Begriff der (biologisch begründeten) → Reifung als wissenschaftlich unhaltbar betrachtet.
Eng verwandt mit dem Behaviorismus – oder ihm sogar als zugehörig zu betrachten – ist die Frustrations-Aggressions-Theorie (J. Dollard), die alles feindselige Verhalten als Reaktion auf durch äußere (z. B. soziale) Umstände bedingte verhinderte Bedürfnisbefriedigung auffaßt. Diese monokausale Vorstellung wurde zur Basis der Theorie von der frustrationsfreien bzw. → antiautoritären Erziehung, welche ihrerseits einen weltweiten Einfluß auf die Erziehungswirklichkeit in Familie und Schule erhielt und auf diesem Wege die heutige allgemeine Mentalität des mitmenschlichen Zusammenlebens mitprägte.
Die Ethologie arbeitet vorzugsweise mit den theoretischen Konzepten des Instinktverhaltens (→ Instinkt), der Reifung, der Prägung und – beim Lernverhalten – der Verknüpfung (Assoziation). Zwei kennzeichnende experimentelle Methoden sind der Attrappenversuch – zur Feststellung von auslösenden Reizen – und die isolierte Aufzucht (»Kaspar-Hauser«-Experiment), durch welche der vom Sozialkontakt abhängige Anteil der Verhaltensentwicklung ermittelt werden soll. Schon in den 40er Jahren begann die ethologische Betrachtung menschlichen Verhaltens, insbes. der → Aggression, des Grußverhaltens und der kindlichen Verhaltensentwicklung. Im Zentrum des Interesses liegen – im Unterschied zum Behaviorismus – angeborene Anteile des menschlichen Verhaltens, z. B. das Kindchenschema, die als angeboren nachgewiesene Mimik des Lächelns und der »Augengruß«. Die Anwendung von Kenntnissen der V. auf den Menschen erfolgt im Prinzip stets nur in 2 Schritten:
a) Abstrahieren von Funktionsprinzipien aus Beobachtungen an Tieren und deren Formulierung in abstrakter Sprache (wenn möglich: mathematischer oder im Funktionsschaltbild).
b) Gesonderte Untersuchung, ob entsprechende Prinzipien auch beim Menschen er-

kennbar sind; dies ist nur am Menschen nachprüfbar.
Diese Methode kommt z.T. zu deutlich andersartigen Deutungen menschlichen Verhaltens als die behavioristische: So vermag sie den unterschiedlichen Reifungsphasen vom Säugling bis zum Schulkind (→ Kindesalter) umfassender gerecht zu werden, und die Aggressivität des Menschen wird als vielursächlich und keinesfalls allein von → Frustrationen abhängig erkannt; hieraus ergibt sich auch keine theoretische Basis für die Vorstellung, weitestmögliches Vermeiden jeglicher Frustration diene der seelischen Ausgewogenheit und → Sozialisation des Kindes. Vielmehr verschafft sich das Kind soziale Erfahrung durch »aggressive soziale Exploration«, die vom Erwachsenen das gerechte und sinnvolle »Setzen und Durchsetzen von Grenzen« sowie ein Verhalten fordert, das den Kindern als »Vorbild und Modell« für → soziales Lernen und das Erwerben einer sinnvollen Selbstkontrolle dienen kann.
Lit. Eibl-Eibesfeldt: Verhaltensforschung; Hassenstein: Verhaltensbiologie.
Bernhard Hassenstein

Verhaltensmodifikation → Verhaltenstherapie

Verhaltensstörung → Verhaltensauffälligkeit

Verhaltenstherapie – oder umfassender Verhaltensmodifikation – umfaßt Therapieansätze (→ Therapie), die sich auf lerntheoretische Prinzipien berufen (→ Lernen). Sie ist dementsprechend alles andere als eine einheitliche Therapieform, wie sie oft propagiert wird oder für ihre Gegner erscheint. Verbindendes Moment der lerntheoretischen Ansätze für die V. ist die bewußte Ablehnung des sog. medizinischen Modells und ihr Vorgehen nach einem methodologischen → Behaviorismus (der Möglichkeiten der Beobachtbarkeit, der Kontrolle und der Wiederholung voraussetzt). Statt des medizinischen Modells, das überwiegend organische Störungen als Ursachen für → Verhaltensauffälligkeiten oder psychische Störungen im Individuum annimmt, betonen verhaltenstheoretisch orientierte Therapeuten die Umweltabhängigkeit des jeweiligen Symptomverhaltens (→ Abweichendes Verhalten). Nicht ein → Individuum ist zu diagnostizieren, sondern ein → Verhalten in einer bestimmten (Reiz-) Situation mit bestimmten Konsequenzen. Das Problem- oder Symptomverhalten wird in Abhängigkeit von den vorwiegend betroffenen Bereichen so analysiert, daß sich die Entscheidung für eine bestimmte verhaltenstherapeutische Technik ergibt. Aufgrund der neueren Entwicklungen zur »kognitiven V.« und zum »sozialen Behaviorismus« werden mit Ausnahme des methodologischen Vorgehens die Unterschiede zu anderen Therapieansätzen eher verwischt. Gleichwohl berufen sich die meisten verhaltenstherapeutischen Techniken auf Modelle des operanten oder klassischen Konditionierens (→ Konditionierung), des Modellernens, des aversiven klassischen Konditionierens als Gegenkonditionierung, der Außen- und Selbstkontrolle von → Angst und Erregungszuständen (→ Desensibilisierung), der biologischen Rückmeldung und ähnlicher Ansätze.
Mit der Ausdehnung verhaltenstherapeutischer Techniken werden auch Bereiche der → Sozialarbeit berührt, ohne daß, wie bei der Übernahme vergleichbarer individualtherapeutischer Ansätze (→ Individualpsychologie), vorzeitig ausschließlich individuelle Hilfeangebote ausgewählt werden. Über die Nützlichkeit einer solchen Integration therapeutischer Techniken in die Sozialarbeit läßt sich immer nur von Fall zu Fall entscheiden, da der Stand von Ausbildung und Fertigkeiten wie auch die rechtlichen Voraussetzungen kaum eine Grundlage bieten, V. als vorrangige Methode der Sozialarbeit anzuerkennen. Andererseits bieten die methodologischen Techniken der V. nützliche Hinweise für eine noch ausstehende Methodologie praktischer Hilfeangebote in der Sozialarbeit. Das dokumentiert sich dann am deutlichsten, wenn für ausgewählte Problembereiche, z.B. Arbeit im → Erziehungsheim, → Schularbeitenhilfe, Erziehungsbeistandschaft, stationäre oder ambulante Suchtkrankenhilfe (→ Drogentherapie), verschiedene Techniken verhaltenstherapeutischer Herkunft entwickelt und verglichen werden.
Lit. Feldhege u.a.: Verhaltenstrainingsprogramm; Hoffmann, N. u.a.: Verhaltenstherapie; Kanfer u.a.: Verhaltenstherapie; Schorr: Verhaltenstherapie. *Peter Barkey*

Verhältnismäßigkeitsgrundsatz Der V. wird nach dem im → Verwaltungsrecht üblichen Sprachgebrauch mit den Grundsätzen der Geeignetheit und der Erforderlichkeit zum sog. »Übermaßverbot« zusammengefaßt. Die Nichteinhaltung dieser Grundsätze macht einen → Verwaltungsakt rechtswidrig, selbst wenn er im übrigen von einer Rechtsgrundlage gedeckt ist. Wenn die Maßnahme der Verwaltung erforderlich und geeignet ist, den angestrebten Zweck zu erreichen, muß sie weiter daraufhin überprüft werden, ob die mit ihr verbundenen Nachteile nicht ihre Vorteile überwiegen. Die Verwaltung muß demnach unter mehreren möglichen Mitteln stets das wählen, das »im Verhältnis« zum angestrebten Erfolg am wenigsten belastet. Das → Bundesverfassungsgericht (BVerfGE 88, 203) hat parallel zum Übermaßverbot den Satz entwickelt, der Staat müsse zur Erfüllung seiner Schutzpflicht (gegenüber

dem ungeborenen Leben) ausreichende Maßnahmen normativer und tatsächlicher Art ergreifen, die dazu führen, daß ein – unter Berücksichtigung entgegenstehender Rechtsgüter – angemessener und als solcher wirksamer Schutz erreicht wird (Untermaßverbot).
Übermaß- und Untermaßverbot sind Beispiele für ungeschriebenes Verfassungsrecht. Sie wurden vor allem von der → Rechtsprechung des Bundesverwaltungsgerichts und des Bundesverfassungsgerichts aus dem Rechtsstaatsprinzip (Art. 20 GG) entwickelt. Der → Rechtsstaat ist gehalten – parallel zur Intention der → Grundrechte –, Eingriffe in die Freiheitssphäre des einzelnen so schonend wie möglich vorzunehmen. Für die Verwaltung bedeutet dies, daß sie sich nicht nur als Apparatur zum effektiven Vollzug von Normen zu verstehen, sondern auch Haupt- und Nebenfolgen einer Maßnahme ins Auge zu fassen und nach dem Grundsatz »im Zweifel für die freiheitlichere Lösung« gegeneinander abzuwägen hat. Um Haupt- und Nebenfolgen aber erkennen und gewichten zu können, bedarf es bestimmter Grundkenntnisse natur- und vor allem sozialwissenschaftlicher Art, wenn nicht die Abwägung von Vor- und Nachteilen einer Maßnahme ganz im Spekulativen verbleiben soll.
Der G. d. V. ist entwickelt worden am verwaltungsrechtlichen Eingriff (belastender Verwaltungsakt). Je mehr man aber mit dem Ausbau des Leistungsverwaltungsrechts (vor allem: Subventionsrecht, → Sozialrecht) erkennt, daß auch Leistungen die Situation des Betroffenen umgestalten und evtl. durch negative Nebenfolgen belasten können, desto mehr muß der G. d. V. auch hier Anwendung finden. Jedes Hineinwirken in soziale Beziehungen muß deshalb »folgenorientiert« sein, um die rechtsstaatlich gebotene Relation zwischen Zweck und Mittel einhalten zu können. In besonderer Weise gilt hier die Notwendigkeit sozialwissenschaftlicher Orientierung, da die Rechtsordnung im Bereich der → Sozialarbeit/Sozialpädagogik meist nur allgemeine Zielvorgaben und Schranken aufzeigt, die inhaltliche Ausgestaltung aber der Verwaltung überläßt.
Lit. Häberle: Wesensgehaltsgarantie; Haverkate: Rechtsfragen; Lerche: Übermaß.
Michael Stolleis

Verjährung Das Recht, von einem anderen ein Tun oder Unterlassen zu verlangen (Anspruch), unterliegt der Verjährung. Das ist die Grundregel des § 194 → Bürgerliches Gesetzbuch (BGB), die auch im → öffentlichen Recht Anwendung findet. Macht der Berechtigte seinen Anspruch verspätet geltend, kann der Verpflichtete die geforderte Leistung wegen des Zeitablaufs verweigern (§ 222 BGB).

Die allgemeine Verjährungsfrist beträgt 30 Jahre (§ 195 BGB). Kürzere Verjährungsfristen finden sich an vielen Stellen des Gesetzes (vgl. z. B. § 196 BGB: 2 Jahre; § 197 BGB: 4 Jahre). Zur Verjährung im Sozialrecht bestimmt § 45 Abs. 1 → Sozialgesetzbuch (SGB) I, daß Ansprüche auf → Sozialleistungen in 4 Jahren nach Ablauf des Kalenderjahres, in dem sie entstanden sind, verjähren. Von der Verjährung betroffen sind nur die jeweils fällig werdenden Einzelleistungen. Das »Stammrecht« (der Leistungsanspruch als solcher) ist jedoch unverjährbar (vgl. BSGE 34, 1 ff., 11). Allerdings kann die Geltendmachung der Verjährung, d.h. die Leistungsverweigerung, durch den Sozialversicherungsträger unter bestimmten Umständen einen Verstoß gegen Treu und Glauben oder eine unzulässige Rechtsausübung darstellen (vgl. BSG, Urteil vom 24. 3. 1977 in BSGE 43, 227; BSG, Urteil vom 25. 6. 1987, in SozR 1200 SGB I § 45 Nr. 7).
Für die Hemmung, die Unterbrechung und die Wirkung der Verjährung gelten die Vorschriften des BGB sinngemäß (§ 45 SGB I Abs. 2). Die Verjährung wird auch durch schriftlichen Antrag auf die Sozialleistung oder durch Erhebung eines → Widerspruchs unterbrochen (§ 45 Abs. 3 S. 1 SGB I). Nach deren Beendigung ist die volle Verjährungsfrist neu zu laufen (§ 217 BGB). *Wolfhart Burdenski*

Verläßlichkeit → Reliabilität

Verleugnung → Abwehrmechanismen

Vermächtnis → Testament

Vermögen Als V. ist die Gesamtheit der einer Person gehörenden, in Geld schätzbaren Güter mit einer gewissen Wertigkeit zu verstehen. V. können aber auch lediglich Rechte sein; Voraussetzung ist aber hier auch, daß es sich um ein in Geld schätzbares Gut handelt. Zum V. gehören somit Geld- und Geldeswerte, sonstige Sachen (bewegliche und unbewegliche), Forderungen (z. B. Wertpapiere, Bankguthaben) und sonstige vermögenswerte Rechte (z. B. Nießbrauch, Dienstbarkeiten, Urheberrechte). Gegenstände, die der Sicherung eines menschenwürdigen Lebens dienen, soweit sie ihrer Art und ihrem Umfang nach angemessen sind, zählen dagegen grundsätzlich nicht zum V.
Bei Geld oder geldwerten Gütern kann im Einzelfall die Abgrenzung des V. vom Einkommen schwierig sein. Nach der sog. Zuflußtheorie sind Einkommen i.S.d. → Bundessozialhilfegesetzes (BSHG) die im Bedarfszeitraum (bei längerem Bedarf = Monat des Zuflusses) erhaltenen Einkünfte (eine abweichende Meinung vertritt das BVerwG, das auf den Zahlungszeitraum, für den die Zahlung bestimmt ist, abstellt).

Vermögensbildung

Mit dem nicht verbrauchten Teil wachsen dann diese Einkünfte nach Ablauf des Bedarfsabschnitts dem V. zu.
Im Sozialleistungsrecht ist das V. vor allem bei der → Sozialhilfe (und → Kriegsopferfürsorge sowie teilweise der → Jugendhilfe) von wesentlicher Bedeutung bei Prüfung der Anspruchsvoraussetzungen bzw. des Umfangs der Kostenbeteiligung. Das BSHG schränkt in § 88 Abs. 1 den Begriff des V. zunächst dahingehend ein, daß nur die verwertbaren V.teile hierzu zählen. Nicht verwertbar können z. B. V.werte in Ländern, mit denen keine diplomatischen Beziehungen bestehen, oder Nutzungsrechte, die ausschließlich an die Person gebunden sind, sein. Die Herkunft des V. ist dagegen unerheblich.
Abgesehen davon, daß bei einzelnen Hilfen nach dem BSHG (z.B. §§ 43 Abs. 2, 72 Abs. 3 und 75 Abs. 4) V. nicht einzusetzen ist, darf nach § 88 Abs. 2 BSHG die Sozialhilfe vom Einsatz bestimmter V.teile nicht abhängig gemacht werden. Solches Schonv. ist vor allem ein kleiner Barbetrag (ab 1. 10. 1991 bei der → Hilfe zum Lebensunterhalt für den alleinstehenden → Hilfeempfänger 2500 DM und bei der → Hilfe in besonderen Lebenslagen 4500 DM), ein angemessener Hausrat, Gegenstände, die zur Aufnahme oder Fortsetzung der Berufsausbildung oder der Erwerbstätigkeit unentbehrlich sind sowie ein angemessenes Hausgrundstück und ein V. (unter bestimmten Voraussetzungen), das zur baldigen Beschaffung eines solchen Hausgrundstücks bestimmt ist.
Ob ein Hausgrundstück als angemessen einzustufen ist, bestimmt sich nach der Familiengröße, Größe, Zuschnitt und Ausstattung der Baulichkeit im Verhältnis zu den Wohnbedürfnissen, der Grundstücksgröße sowie dem Wert des Grundstückes einschließlich des Wohngebäudes. Nach der neueren → Rechtsprechung des BVerwG kommt es dabei auf den örtlichen Verkehrswert in durchschnittlichen Wohnlagen an.
Soweit die Voraussetzungen für ein Schonv. nicht vorliegen, ist weiter zu prüfen, ob der Einsatz oder die Verwertung des V. eine Härte (→ Härtefall) bedeutet (§ 88 Abs. 3 BSHG). Wird auch dies verneint, muß das V. eingesetzt werden, ggf. kann die Sozialhilfe als → Darlehen gewährt werden (§ 89 BSHG). Letzteres geschieht vor allem bei nicht mehr i.S.d. § 88 BSHG geschützten Hausgrundstücken, wobei der Rückzahlungsanspruch des → Sozialhilfeträgers dinglich gesichert wird, d. h. das Grundstück wird mit einer Hypothek (§§ 1113 ff. → Bürgerliches Gesetzbuch [BGB]) oder Grundschuld (§§ 1191 ff. BGB) belastet; hierzu bedarf es der schriftlichen Einwilligung des Darlehensnehmers.
Im → Jugendhilferecht gilt durch die Verweisung auf §§ 88, 89 BSHG (§ 93 Abs. 2 KJHG) der gleiche V.begriff.

Lit. DV: Einsatz des Vermögens; Gottschick u.a.: BSHG (Komm.); Knopp u.a.: BSHG (Komm.); Mergler u.a.: BSHG (Komm.); Schellhorn: BSHG (Komm.); Wendt, S.: Vermögensschutz; Zeitler: Hausgrundstück. *Helmut Zeitler*

Vermögensbildung Förderung der V. bei bislang vermögensarmen Personenkreisen ist für die Vermögenspolitik in der Bundesrepublik Deutschland das einzige Mittel, um ohne Enteignung und Umverteilung bestehenden → Vermögens eine gleichmäßigere personelle und soziale Vermögensverteilung herbeizuführen. Neben dem Ziel einer gerechteren Vermögensverteilung und der gesellschaftlichen Integration vermögensarmer Bevölkerungsgruppen wird dabei auch vielfach angestrebt, mit einer breiteren Streuung des Produktivvermögens die bestehende Konzentration wirtschaftlicher Verfügungsmacht in wenigen Händen abzubauen. Aus liberaler Sicht wird die Bildung von individuell frei verfügbarem Vermögen (Eigentum) bei bislang vermögensarmen Personen auch zur Erweiterung individueller Handlungsfreiheit und zur zusätzlichen wirtschaftlichen Absicherung als wünschenswert erachtet.
Da die Bildung neuen Vermögens nur aus laufendem → Einkommen erfolgen kann und dabei den Verzicht auf sofortige konsumtive Verwendung von Einkommensteilen, d. h. Sparen, erfordert, bieten sich 2 Ansätze für die Förderung der V. bei bislang vermögensarmen Personenkreisen an: erstens, eine Erhöhung der Sparwilligkeit hauptsächlich durch staatliche Sparförderung (Sparprämien) und zweitens, eine Erhöhung der Sparfähigkeit durch Gewährung zusätzlichen Einkommens zum Zwecke der V. Zum letzteren Ansatz wurde vielfach ein zusätzlicher »Investivlohn« für Arbeitnehmer vorgeschlagen.
Die Tarifpartner (vgl. → Tarifvertrag) hatten dazu bisher jedoch sehr unterschiedliche Vorstellungen zur Ausgestaltung, so daß auf absehbare Zeit kaum mit einer tariflichen Regelung zu rechnen ist. Vielfach werden statt dessen allein von Arbeitgeberseite Pläne zur betrieblichen Vermögensbeteiligung der Arbeitnehmer durchgeführt, hauptsächlich über Ausgabe von Belegschaftsaktien oder Gesellschaftsanteilen.

Lit. Guski u.a.: Vermögensbeteiligung; Mückl: Konzepte; Schultz, R.: Arbeitnehmer; Sievert: Investivlöhne; Willgerodt u.a.: Vermögen. *Hermann Scherl*

Vermögenssorge Bestandteil der → elterlichen Sorge, umfaßt das Recht und die Pflicht, das → Vermögen des Kindes zu verwalten (tatsächliche V.) und in gesetzlicher Vertretung in Vermögensangelegenheiten wahrzunehmen (§§ 1626 Abs. 1, 1629 Abs. 1 BGB). Dem Schutz des Kindesvermögens dienen Ge- und Verbote im

BGB (§§ 1640–1645, 1683; z. B. Schenkungsverbot, das Gebot zu wirtschaftlicher Geldanlage und ggf. Inventarisierung, die Genehmigungsbedürftigkeit mancher Geschäfte), Auslegungsregeln (§§ 1644, 1646), privatrechtliche Beschränkungsmöglichkeiten (§§ 1638 f.) und Bestimmungen über die Vermögenseinkünfte (§ 1649). Die Eltern haften ggf. nach §1664; zum Aufwendungsersatz vgl. § 1648. Bei Mißachtung gesetzlicher Gebote und (drohender) Gefährdung des Kindesvermögens kann das → Vormundschaftsgericht mit erforderlichen Maßnahmen in die V. eingreifen, sie u. U. auch entziehen (§§ 1666 Abs. 3, 1667–1669, 1683 Abs. 4); bei Konkurs eines Elternteils endet sie (§ 1670). Zum Schutz des »Stammvermögens« und seiner Verwendung für den Unterhalt des Kindes vgl. §§ 1602 Abs. 2, 1603 Abs. 2.

Helga Danzig

Vernehmung ist die mündliche Befragung von Zeugen und Sachverständigen (→ Gutachten) sowie im Zivilverfahren (→ Zivilprozeß) der Parteien, im Verwaltungs- und Finanzstreitverfahren (→ Verwaltungsprozeß) der Beteiligten und im → Ermittlungs-/Strafverfahren (→ Strafprozeß) der Beschuldigten/Angeklagten. Der Zeuge soll über Tatsachen, die er wahrgenommen hat, aussagen. Für jeden Zeugen besteht die Pflicht zum Erscheinen, zur wahren und vollständigen Aussage und zur Beeidigung. Bei Verstoß gegen diese Pflichten kann der Zeuge vorgeführt und mit Ordnungsgeld oder -haft belegt bzw. wegen Falschaussage oder Meineid bestraft werden. Die Pflicht zur Aussage kann durch → Zeugnis- oder Auskunftsverweigerungsrechte und durch Verschwiegenheitspflichten entfallen oder eingeschränkt sein (→ Schweigepflicht). Der Sachverständige soll für das Gericht Tatsachen und Erfahrungssätze beurteilen oder feststellen. Für ihn gelten ähnliche Rechte und Pflichten wie für den Zeugen. Die Parteien im → Zivilprozeß können auf Antrag der Gegenpartei zu bestimmten Beweisthemen gehört und auch beeidet werden. Sie sind zur Aussage und zur Eidesleistung nicht verpflichtet, jedoch kann das Gericht aus einer Weigerung im Rahmen der freien Beweiswürdigung (→ Beweis) entsprechende Schlüsse ziehen.

Im Ermittlungsverfahren ist dem Beschuldigten bei der ersten V. durch Polizei, Staatsanwaltschaft oder Gericht nach Feststellung seiner Personalien zu eröffnen, welche Tat ihm zur Last gelegt wird. Er ist ausdrücklich darauf hinzuweisen, daß es ihm nach dem Gesetz freisteht, sich zur Beschuldigung zu äußern oder nicht zur Sache auszusagen und jederzeit, auch schon vor seiner V., einen von ihm zu wählenden Verteidiger zu befragen (§ 136 StPO). V.methoden, die die Freiheit der Willensentschließung und der Willensbetätigung beeinträchtigen können, sind verboten (§ 136a StPO). Aussagen, die unter Verletzung dieser Vorschriften zustande gekommen sind, dürfen im Strafverfahren nicht verwertet werden.

Lit. Arntzen: Vernehmungspsychologie; Geerds: Vernehmungstechnik; Gössweiner-Saiko: Vernehmungskunde; Schmitz: Tatgeschehen. *Ernst Bauer*

Verordnung → Rechtsverordnung

Verordnungsblattgebühr → Arzneimittel, → Selbstbeteiligung in der Krankenversicherung

Verpflichtungsklage ist → Klage auf Erlaß eines beantragten, aber abgelehnten oder unterlassenen begünstigenden → Verwaltungsaktes. Die V. ist eine Leistungsklage. Der V. muß i.d.R. ein Vorverfahren vorangegangen sein (→ Widerspruch). Eine V. erheben kann i.d.R. nur derjenige, der geltend machen kann, durch die Ablehnung oder Unterlassung des Verwaltungsaktes in seinen Rechten verletzt zu sein; Ausschluß der Popularklage. Die V. ist fristgebunden; sie muß schriftlich erhoben werden, beim → Verwaltungsgericht (1. Instanz) genügt Niederschrift des Urkundsbeamten der Geschäftsstelle. Mit Erhebung der V. wird die Streitsache rechtshängig. Das der V. stattgebende Urteil (soweit die Ablehnung oder Unterlassung des Verwaltungsaktes rechtswidrig und der Kläger dadurch in seinen Rechten verletzt ist) ist ein Verpflichtungsurteil (→ Gerichtliche Entscheidungen); das Gericht erläßt den begehrten begünstigenden Verwaltungsakt nicht selbst (Grundsatz der Gewaltenteilung; → Sozialer Rechtsstaat). Bei fehlender Spruchreife lautet das Urteil auf Verpflichtung zur Neubescheidung unter Beachtung der Rechtsauffassung des Gerichts. Häufiger Anwendungsfall: der Verwaltungsakt ist Ermessensentscheidung der Behörde (→ Ermessen). Kommt die Behörde dem Verpflichtungsausspruch nicht nach, wird das Urteil vollstreckt (→ Vollstreckung öffentlicher Ansprüche). Wegen Einzelheiten s. VwGO: §§ 42, 68 Abs. 2, 74 Abs. 2, 75, 81 Abs. 1, 90, 113 Abs. 5; SGG: §§ 54 Abs. 1 und 2 S. 1, 78 Abs. 3, 87, 88 Abs. 1, 90, 94, 95, 131 Abs. 2 und 3; FGO: §§ 40, 44 Abs. 1, 46 Abs. 1, 47 Abs. 1 S. 2, 64 Abs. 1, 66, 101.

Peter Schmidt

Versammlungsrecht Art. 8 → Grundgesetz (GG) gewährt allen Deutschen das Recht, »sich ohne Anmeldung oder Erlaubnis friedlich und ohne Waffen zu versammeln« (Versammlungsfreiheit, → Demonstrationsrecht), sieht aber gesetzliche Einschränkungen für Versammlungen unter freiem Himmel vor. Näheres bestimmt das Versammlungsgesetz (VersG) vom 27. 7. 1953 (BGBl. I S. 684) i.d.F. der Bekannt-

machung vom 15. 11. 1978 (BGBl. I S. 1790).
Das V. gehört zu den »unentbehrlichen und grundlegenden Funktionselementen eines demokratischen Gemeinwesens« (BVerfG in: NJW 1985, S. 2395 – Brokdorf-Entscheidung –), da es die ständige geistige Auseinandersetzung und den Kampf der Meinungen als Lebenselement dieser Staatsform ermöglicht. Gleichzeitig dient es der Persönlichkeitsentfaltung des Demonstranten. Das → Grundrecht kann gem. Art. 9, 18, 21 GG verwirkt werden (vgl. auch § 1 VersG). Der Veranstalter einer öffentlichen Versammlung muß in der Einladung seinen Namen angeben; Störungen, die die ordnungsgemäße Durchführung verhindern sollen, sind zu unterlassen (§ 2 Abs. 1 und 2 VersG). Versammlungen in geschlossenen Räumen können u. a. verboten werden, wenn der Leiter waffentragende Teilnehmer zuläßt, einen gewalttätigen oder aufrührerischen Verlauf anstrebt bzw. Tatsachen auf vom Veranstalter vertretene oder geduldete, strafbare Äußerungen hinweisen (§ 5). Jede öffentliche Versammlung muß einen Leiter haben, der das → Hausrecht ausübt (§ 7), d. h. den Ablauf der Versammlung bestimmt, diese jederzeit unterbrechen oder schließen kann (§ 8). Der Leiter kann Teilnehmer, die die Ordnung gröblich stören, ausschließen (§ 11). Die Polizei kann – im wesentlichen, wenn sich die Verbotsgründe des § 5 realisieren – eine Versammlung auflösen (§ 13). Versammlungen unter freiem Himmel und Aufzüge sind 48 Stunden vorher behördlich anzumelden (§ 14). Sie können aus Gründen der öffentlichen Sicherheit und Ordnung verboten, von bestimmten Auflagen abhängig gemacht oder aufgelöst werden (§ 15). Spontandemonstrationen ohne Anmeldung stehen jedoch auch unter dem Schutz des Art. 8 GG und dürfen weder schematisch verboten noch aufgelöst werden.
Lit. Crombach: Versammlung; Dietel u.a.: Demonstrations- und Versammlungsfreiheit (Komm.); Maunz u.a.: GG (Komm.); Ossenbühl: Versammlungsfreiheit; Wolff, H. J. u.a.: Verwaltungsrecht III.

Gerhard Fuckner/Gerd Siekmann

Verschiebung → Abwehrmechanismen

Verschulden → Haftung, → Schuld

Versicherungsberechtigung → Krankenversicherung, → Rentenversicherung, → Pflegeversicherung, gesetzliche, → Arbeitslosenversicherung

Versicherungsprinzip Versicherung ist die gegenseitige Deckung zufälligen und schätzbaren Geldbedarfes zahlreicher gleichartig Bedrohter. Im Gesamtfeld sozialer Sicherung (→ Soziale Sicherheit) kommt Versicherung sowohl als Individualversicherung (Privatversicherung) als auch als → Sozialversicherung vor. Nach einer herkömmlichen Dreiteilung bildet a) Sozialversicherung zusammen mit b) Versorgung (→ Versorgungsprinzip) und c) Fürsorge das Gesamt öffentlich-rechtlicher sozialer Sicherung. Eine neue Dreiteilung vereinigt Sozialversicherung und → Beamtenversorgung zur a) Vorsorge, die zusammen mit b) → sozialer Entschädigung und c) Hilfs- und Förderungssystemen: → Ausbildungs- und Berufsförderung, → Wohngeld, → Kindergeld; → Sozialhilfe) das Gesamt öffentlich-rechtlicher sozialer Sicherung bildet. Individualversicherung ergänzt die Sozialversicherung im Hinblick auf Risiken, die von der Sozialversicherung nicht abgedeckt sind (z. B. Haftpflicht), im Hinblick auf Personenkreise, die von der Sozialversicherung nicht erfaßt sind (z. B. Selbständige, Hausfrauen), und hinsichtlich der Höhe (betriebliche Altersversicherung, Krankenzusatzversicherung usw.).
Der sozialpolitische Einsatz des Instruments »Versicherung« in Gestalt der Sozialversicherung erfordert vielfache Modifikation des V. Das gilt etwa für die Kategorien der gleichartigen Bedrohung, der »Homogenität« (die Sozialversicherung kennt grundsätzlich weder den Ausschluß »schlechter Risiken« noch die Bildung von Gefahrenklassen) und der Gegenseitigkeit der Deckung (in der Sozialversicherung weicht – z. B. bei der beitragsfreien Mitversicherung Angehöriger – die »Äquivalenz« weitgehend der → Solidarität). Die Beiträge werden weitgehend von Dritten (insbesondere Arbeitgebern), anderen → Sozialleistungsträgern (z. B. Bundesanstalt für Arbeit für die Kranken- und Rentenversicherung Arbeitsloser) oder vom Bund (z. B. für Wehrpflichtige) gezahlt und als Finanzierungsquelle durch Bundeszuschüsse ergänzt. Dementsprechend müssen versichertes Risiko, Versichertengemeinschaft (Versicherungspflicht, Versicherungsberechtigung) und Beitragspflicht in der Sozialversicherung grundsätzlich durch Gesetz definiert sein, während sie in der Individualversicherung primär den Bedingungen der Versicherer und dem Versicherungsvertrag überlassen sind.
Lit. Krause, P.: Fremdlasten; Mahr: Versicherung; Schmähl: Versicherungsprinzip; Schwebler: Versicherung; Zacher: Sozialversicherung; s. a. → Solidarität, → Sozialversicherung, → Versorgungsprinz.

Hans F. Zacher

Versorgungsamt Die V. sind Behörden der Länder, denen nach § 24 → Sozialgesetzbuch – Allgemeiner Teil – (SGB I) die Zuständigkeit zur Erbringung der Versorgungsleistungen nach dem Recht der sozialen Entschädigung (§ 5 SGB I) übertragen ist. Die V. unterstehen den Landesv. als Landesmittelbehörden und den Sozialmini-

sterien als obersten Fach- und Dienstaufsichtsbehörden (→ Fachaufsicht, → Dienstaufsicht). Die V. wurden durch das Gesetz über die Errichtung der Verwaltungsbehörden der → Kriegsopferversorgung vom 12. 3. 1951 (BGBl. I S. 169) geschaffen. Ursprünglich führten sie auch allein die Kriegsopferversorgung nach dem → Bundesversorgungsgesetz (BVG) durch. Seither wurden den V. folgende Aufgaben übertragen:
– seit 1957 die Versorgung der während des Wehrdienstes geschädigten Soldaten für die Zeit nach Beendigung des Wehrdienstes;
– seit 1965 die Versorgung der bei Zivildienstausübung an der Gesundheit geschädigten Kriegsdienstverweigerer;
– seit 1971 die Versorgung der Personen, die infolge einer staatlich empfohlenen Impfung einen Gesundheitsschaden erlitten haben;
– seit 1974 die Feststellung von Behinderungen nach dem → Schwerbehindertengesetz (SchwbG), des GdB sowie der sonstigen Vergünstigungsmerkmale;
– seit 1976 die Entschädigung von Opfern von Gewalttaten (→ Opferentschädigungsgesetz [OEG]);
– seit 1985 die Entscheidung und Leistung nach dem Bundeserziehungsgeldgesetz (→ Erziehungsgeld/-urlaub). *Kirsten Wachholz*

Versorgungsanstalt des Bundes und der Länder (VBL) → Zusatzversicherung

Versorgungsausgleich Durch den V., insbes. §§ 1587 bis 1587p → Bürgerliches Gesetzbuch (BGB), werden bei der → Ehescheidung die Anwartschaften auf Invaliditäts- und → Alterssicherung, die während der Ehezeit von beiden Partnern erworben wurden, zwischen ihnen geteilt und ausgeglichen, da sie als gemeinsame Leistung beider angesehen werden, unabhängig davon, wer in welcher Höhe diese Anwartschaften erworben hat. Der V. sichert oder begründet eine eigenständige Alterssicherung des während der → Ehe nicht oder nur zeitweise berufstätigen Ehegatten, in den meisten Fällen der Frau.
Das Vorgehen ist ähnlich wie bei der Aufteilung des Vermögens bei Beendigung der → Zugewinngemeinschaft durch Ehescheidung.
Der V. gilt für alle nach dem 30. 6. 1977 geschiedenen Ehen, unabhängig davon, wann sie geschlossen wurden.
Anwartschaften können vor allem begründet sein in der gesetzlichen → Rentenversicherung, in der → Beamtenversorgung, durch betriebliche → Altersversorgungen, private Versicherungen auf Rentenbasis, berufsständische Versorgungseinrichtungen.
Der Ausgleich wird durch das → Familiengericht vorgenommen, insbes. durch Übertragung oder Neubegründung von Rentenanwartschaften, reale Entrichtung von Beiträgen zur Rentenversicherung. Er wirkt sich erst aus, wenn beim Berechtigten die allgemeinen Voraussetzungen zum Bezug einer Versorgungsleistung erfüllt sind, z. B. Erreichen der Altersgrenze, Eintritt der Berufs- oder Erwerbsunfähigkeit. Er erfolgt unabhängig davon, ob nach der Scheidung Unterhalt (→ Unterhaltspflicht) gezahlt werden muß.
Kein V. bei grober Unbilligkeit (§ 1587c BGB).
Abweichende Vereinbarungen, auch völliger Ausschluß des V., sind möglich durch notariell beurkundeten Ehevertrag bei Heirat oder während der Ehe; im Zusammenhang mit der Scheidung jedoch nur mit Genehmigung des Familiengerichts.
Zur Geltung des Rechts des V. in dem in Art. 3 des Einigungsvertrages genannten Gebiet vgl. Art. 234, §§ 4 und 6 EGBGB.
Lit. Ambrock: Ehe (Komm.); Münchener Kommentar: Bd. 5. *Helga Gross*

Versorgungsprinzip bedeutet die Gewährung eines → Rechtsanspruchs gegenüber dem Staat auf generell festgestellte Leistungen ohne eigene Beitragsleistung (Weisser). Versorgung in diesem Sinne hat drei heterogene Wurzeln und Erscheinungsformen, deren Gemeinsamkeit darin besteht, daß sie → soziale Sicherheit auf andere Weise als durch Versicherung (→ Versicherungsprinzip) oder durch Fürsorge (→ Fürsorgeprinzip) bieten sollen. Von der Versicherung unterscheidet sich Versorgung, indem sie keine Eigenleistung der Gesicherten in Gestalt von Beiträgen voraussetzt. Von der Fürsorge unterscheidet sich Versorgung, indem an die Stelle der konkret-individuellen Bedürfnisprüfung eine generell-abstrakte (vermutlich) bedürfnisgerechte Regelung vor Leistungsgrund und -höhe tritt, sowie dadurch, daß die Leistungen i. d. R. auf mehr als das → Existenzminimum zielen. (Dagegen ist der Gegensatz: Versorgung = Rechtsanspruch, Fürsorge = kein Rechtsanspruch, überholt.)
Die drei Erscheinungsformen des V. sind:
a) Die → Beamtenversorgung (analog die Versorgung der Richter und Berufssoldaten) sichert grundsätzlich gegen die gleichen Risiken wie die → Sozialversicherung, ohne daß die Vorleistung der Beamten in Gestalt von Beiträgen ausgewiesen würde. Die Mittel für die Leistungen werden aus den allgemeinen Haushaltsmitteln des Dienstherrn erbracht. Mit dem Ausbau der Sozialversicherung trat die Gemeinsamkeit der Funktion von Beamtenversorgung und Sozialversicherung, Arbeitnehmer gegen bestimmte soziale Risiken (Alter, Invalidität usw.) zu schützen, mehr und mehr hervor. In diesem Sinne werden sie als Vorsorgesysteme zusammengefaßt.
b) Die Entschädigung für Sonderopfer (insbes. Kriegsopfer), die jemand dem Gemein-

Verstärkung

wesen erbracht hat (→ Soziale Entschädigung).
c) Die »gehobenen Sozialleistungen«, die außerhalb der Vorsorge- und Entschädigungssysteme zum Ausgleich besonderer Belastungen (→ Wohngeld, → Kindergeld) oder zur Herstellung von Chancengleichheit (→ Ausbildungs- und Berufsförderung) vorgesehen sind (zu ihnen als »besonderes Hilfs- und Förderungssystem« s.a. Stichwort Versicherungsprinzip).
Im Ausland werden zum Teil auch soziale Grundrisiken (z.B. Alter, Invalidität) durch Leistungen dieser Art (Kennzeichen: keine konkrete Bedürfnisprüfung; keine Beiträge) gedeckt (»demogrants«). Von einer allgemeinen Erstreckung dieser Methode an wird insofern von »Staatsbürgerversorgung« gesprochen.
Lit. Bley u.a.: Sozialrecht, S. 7ff.; Liefmann-Keil: Sozialpolitik, S. 134ff.; Schulin: Entschädigungsrecht; Sozialenquête-Kommission: Soziale Sicherung; Zacher: Grundtypen. *Hans F. Zacher*

Verstärkung Beim Konditionieren (→ Konditionierung) meint V. (Synonym: Bekräftigung; englisch: reinforcement) die Anwendung eines Verstärkers. Jedes Ereignis, das die Stärke eines → Verhaltens erhöht oder aufrechterhält, wird ein Verstärker genannt. Bei der klassischen Konditionierung löst der unbedingte Reiz als Verstärker die Reaktion aus; bei der operanten Konditionierung folgt der Verstärker dem Verhalten. Zu unterscheiden sind die positive und negative V. Positive V. steht für Belohnung; negative V. meint die Beendigung einer schädlichen Verhaltenskonsequenz, die ein voraufgegangenes Verhalten stärkt. Primäre Verstärker sind auf ein physiologisches Bedürfnissystem bezogen. So stärkt Nahrung das vorausgegangene Verhalten des hungrigen Organismus. Sekundäre Verstärker sind ehemals neutrale Ereignisse, die ein Verhalten nicht stärkten, aber aufgrund der Koppelung mit einem primären Verstärker selbst eine bekräftigende Wirkung erlangt haben (z. B. Geld). Wird während der Konditionierung jedesmal bekräftigt, so spricht man von einer kontinuierlichen V.; wird nur gelegentlich verstärkt, so wird von einer intermittierenden V. gesprochen, die im Vergleich zur kontinuierlichen Bekräftigung zu einer erhöhten Löschungsresistenz führt (Extinktion).
In der → Verhaltenstherapie wendet man das Prinzip der V. zum Aufbau bestimmter erwünschter Verhaltensweisen an. Auch im Erziehungsalltag läßt es sich mit Erfolg anwenden. Z. B. führt die zunächst kontinuierliche, später intermittierende Belohnung der richtigen Benutzung des Topfes während der Sauberkeitserziehung des Kindes zu einer hohen Löschungsresistenz des erwünschten Verhaltens. Die V. ist vermutlich keine notwendige Bedingung des →

Lernens, sondern bewirkt die Umsetzung des Gelernten in offenes Verhalten. Dies zeigt sich insbes. in Untersuchungen zum sog. Beobachtungslernen.
Von Selbstv. spricht man, wenn die Bekräftigung unter Kontrolle der lernenden Person ist, diese sich also selbst bekräftigt und damit nicht von der Vergabe der Verstärker durch andere Personen abhängig ist. Die Selbstv. ist in Form einer äußeren Bekräftigung (z. B. Selbstbelohnung durch Kauf eines begehrten Gegenstandes), aber auch als symbolisch produzierte Verhaltenskonsequenz (z. B. Antizipation eines Lobes) wirksam (interne V.) und für die Verfolgung langfristiger Ziele wichtig. Bestimmte Selbstbekräftigungsmuster (z. B. Selbstv. nur dann, wenn ein bestimmter Leistungsstand erreicht ist) können durch Beobachtung eines Modells (Vorbildes) erworben werden, das ähnliche Verhaltensmuster zeigt.
Lit. Bredenkamp u.a.: Lern- und Gedächtnispsychologie. *Jürgen Bredenkamp*

Vertiefungsgebiet → Sozialdienst, Allgemeiner (ASD)

Vertrag 1. Als V. im Privatrecht gilt jede von zwei oder mehreren (natürlichen und → juristischen) Personen erklärte Willensübereinstimmung im Hinblick auf einen rechtlich gewollten Erfolg (= zweiseitiges – im Gegensatz zum einseitigen Rechtsgeschäft, z. B. → Testament und Kündigung). Ein V. kommt durch einen Antrag und dessen nachfolgende Annahme (§§ 145 ff. BGB) zustande. Voraussetzung dafür ist i.d.R. die volle Geschäftsfähigkeit der Vertragspartner. Minderjährige können ohne Zustimmung des → gesetzlichen Vertreters in den Fällen der §§ 110 ff. BGB wirksame Verträge abschließen. Die grundsätzliche V.freiheit wird jedoch eingeschränkt durch gesetzlich vorgeschriebene Formzwänge, z. B. Schriftform, öffentliche → Beglaubigung und notarielle → Beurkundung (§§ 125 ff. BGB), durch Schutzvorschriften, z. B. bei → Minderjährigkeit, → Mieterschutz, Verbraucherschutz (→ Verbraucherkreditgesetz [VerbrKrG], Haustürwiderrufsgesetz [HWiG]) sowie durch die typisierten Schuldv. im Kauf-, Miet- und Arbeitsrecht und durch bedingungsfeindliche Rechtsgeschäfte bei der Eheschließung (§ 13 EheG), Adoption (§§ 1741 ff. BGB) und der Aufrechnung (§ 388 BGB).
Kennzeichnend für alle V. ist die gegenseitige Verpflichtung, die vereinbarten Leistungen und Gegenleistungen, Pflichten und Nebenpflichten entsprechend dem Grundsatz von Treu und Glauben (§§ 157, 242 BGB) zu erfüllen. Formmängel und Willensmängel führen entweder zur Nichtigkeit oder zur Anfechtbarkeit von V. (§§ 125 ff. 119 ff. BGB). Leistungsstörungen bei der Abwicklung von V. haben wei-

tere Gestaltungsrechte zur Folge, z. B. einen Anspruch auf Erfüllung, Rücktritt oder → Schadensersatz (§§ 275 ff., §§ 320 ff. BGB). Für Streitigkeiten aus V.verhältnissen ist der Zivilrechtsweg zu den ordentlichen Gerichten (→ Zivilgerichte) eröffnet.
2. Der öffentlich-rechtliche V. ist neben dem → Verwaltungsakt ein wichtiges Gestaltungsmittel für die öffentliche Verwaltung. Er dient auch der Entwicklung eines modernen Verständnisses partnerschaftlich orientierter Leistungsverwaltung unter Verzicht auf (hoheitliche) Eingriffsfunktionen, ist jedoch in seiner Bedeutung für den einheitlichen und gleichmäßigen Vollzug der Gesetze umstritten. Folglich sind auch die Grundsätze der privatrechtlichen V.freiheit nicht vollständig auf öffentlichrechtliche V. anwendbar.
Gemäß dem Grundsatz der → Gesetzmäßigkeit der Verwaltung (Art. 20 Abs. 3 GG i. V. m. § 31 SGB 1) gelten z. B. bei V.abschluß die Regeln des allgemeinen Verwaltungsverfahrens (§ 62 VwVfG/§ 61 SGB X). Neben diesen Einschränkungen gelten die oben dargestellten Regeln des V. im Privatrecht entsprechend. Über das V.recht hinaus gelten die von der Rechtsprechung zu den Grundsätzen von Treu und Glauben (§§ 157, 242 BGB) entwickelten Leitlinien entsprechend für das gesamte öffentliche Recht. Für Streitigkeiten aus öffentlich rechtlichen V. ist gem. § 40 VwGO der Verwaltungsrechtsweg eröffnet (→ Verwaltungsgerichte).
Lit. Brox: BGB; Hübner: BGB; Kopp: VerwVerfG; Papenheim u. a.: Verwaltungsrecht; Zeitler u. a.: SGB X (Komm.).

Jost Bauer

Vertragsärztliche Versorgung Die v. V. umfaßt nach § 73 Abs. 2 SGB V (→ Sozialgesetzbuch [SGB]) ärztliche Behandlung, zahnärztliche Behandlung einschließlich der Versorgung mit → Zahnersatz, Maßnahmen zur Früherkennung von Krankheiten (→ Früherkennungsuntersuchungen), ärztliche Betreuung bei Schwangerschaft und Mutterschaft, Verordnung von medizinischen Leistungen der Rehabilitation (→ Medizinische Rehabilitation), Anordnung der Hilfeleistung anderer Personen, Verordnung von → häuslicher Krankenpflege, → Arznei-, Verband-, → Heil- und → Hilfsmitteln, → Krankenhausbehandlung, Krankentransporten, → Kuren, ärztliche Beratung und Leistungen zur Empfängnisverhütung und bei Schwangerschaftsabbruch und Sterilisation.
Die v.V. zu Lasten der → Krankenkassen wird von den an der v.V. teilnehmenden Ärzten und Zahnärzten (Vertragsärzte) erbracht; Ärzte, die nicht an der v.V. teilnehmen, dürfen nach § 76 Abs. 1 SGB V nur in Notfällen in Anspruch genommen werden. Unter den an der v. V. teilnehmenden Vertragsärzten besteht grundsätzlich freie Wahl. Wird jedoch ohne zwingenden Grund ein anderer als einer der nächsterreichbaren Vertragsärzte in Anspruch genomen, hat der Versicherte die Mehrkosten zu tragen.
Die Zulassung als Vertragsarzt ist abhängig von der Eintragung in das Arztregister (Voraussetzung sind: Approbation als → Arzt, Ableistung einer Vorbereitungszeit, Antrag auf Eintragung), der Teilnahme an einem Einführungslehrgang für die vertragsärztliche Tätigkeit, der Eignung zur Ausübung vertragsärztlicher Tätigkeit (z. B. muß der Arzt in erforderlichem Maße für die Versorgung der Versicherten zur Verfügung stehen) sowie dem Antrag auf Zulassung.

Ernst Picard

Vertreter, gesetzlicher → Gesetzlicher Vertreter

Vertriebene → Bundesvertriebenengesetz

Verursachung → Kausalprinzip

Verwahrlosung ist ein Zentralbegriff der → Sozialarbeit/Sozialpädagogik. Als V. bezeichnete Sachverhalte sind jedoch auch Gegenstand der → Sozialpsychiatrie, → Psychologie, → Soziologie, → Erziehungswissenschaft und des Rechts. Dadurch ist die Mehrdeutigkeit des Begriffes bedingt. V. ist ferner vielschichtig: V. ist auf die leibliche, seelische, geistige, soziale und gesellschaftliche Wirklichkeit bezogen. Interpretation: Der in den genannten Disziplinen sowie in Art. 6 Abs. 3 und 11 Abs. 2 → Grundgesetz (GG) weiterhin verwendete, umgangssprachlich verwurzelte unbestimmte Begriff V. (→ Unbestimmter Rechtsbegriff) bedarf der Interpretation (Wertausfüllung), um ihn im Einzelfall anwenden zu können (Konkretisierung). Die → Rechtsprechung interpretiert V. als einen dem → Erziehungsziel entgegengesetzten Entwicklungsprozeß. Nach anderer Ansicht ist V. persistentes und generalisiertes Sozialversagen (Hartmann, K.). Die Interpretationen (zu ihrer Vielfalt vgl. Herriger, Vent) sind weitgehend Leerformeln. Sie räumen dem Anwender wegen ihrer Abstraktheit ein hohes Maß operativer Autonomie ein. Es besteht die Gefahr, daß der Beurteiler jeweils Maßstäbe derjenigen Gruppe zugrunde legt, der er sich zugehörig fühlt (→ Bezugsgruppe, Bezugsperson). Problematisch ist auch, das Verhalten von Angehörigen der Unterschicht mit ihnen fremden mittelständischen Normen zu messen. Gesellschaftliche und soziale Strukturen sind kritisch daraufhin zu reflektieren, inwiefern sie soziales Scheitern immer wieder neu begünstigen (→ Arbeitslosigkeit, → Obdachlosigkeit, → Drogenabhängigkeit). Der unreflektierte Begriff V. kann zu einem repressiven Instrumentarium werden.

Phänomenologie: V. umfaßt die manifesten Auffälligkeitsmerkmale, die sog. produktive Symptomatik wie z.B. gehäufte Schul- u. Lehrstellenflucht, persistente Aggressionen gegen Personen oder Objekte (crashkids), Weglaufen, Streunen (→ Trebegänger) als auch die intrapsychische V.struktur: mangelnde Frustrationstoleranz, depressive Grundstimmung mit fatalistischen Tendenzen, mangelnde Bindungsfähigkeit, Ich-Schwäche (sog. defektive Symptomatik). Maßgebend ist die Häufigkeit, Dauer und die Starrheit (zeitliche Dauer) der Auffälligkeitsmerkmale sowie deren prognostisch ungünstige Koppelung (→ Syndrom). Zu unterscheiden ist das asoziale und das antisoziale V.syndrom mit wiederholt aktenkundigen Reklamationen im Legalitätsbereich (kriminelle V.).

Ätiologie: V. ist in aller Regel multifaktoriell. Nach der empirisch recht gut abgesicherten Deprivationstheorie entstehen aufgrund fehlender oder unzulänglicher Zuwendung der Bezugspersonen zum Kind, insbes. Vernachlässigung mit eingesprengten Verwöhnungen bei diesem schwere seelische Schäden (emotionale Lücken), die bedingen, daß der junge Mensch ein Mindestmaß an gesellschaftlichen Spielregeln nicht einzuhalten vermag. Als weitere Ursachen werden z.B. genannt: Zuschreibungsprozesse der sozialen Instanzen, Überforderung in der Leistungsgesellschaft, Mängel der sozialen u. gesellschaftlichen Strukturen (→ Soziale Benachteiligung).

Operationalisierung: Im Rahmen der medico-psycho-sozialen Diagnose ist die Genese der Auffälligkeit (Anomie, → Verhaltensauffälligkeit) zu untersuchen, insbes. in ihrer Bedeutung für den Aufbau des personalen Gefüges. Sodann ist die → Prognose zu erstellen, inwieweit der einzelne sich zum Schaden seiner Personalisation und → Sozialisation zunehmend ausgliedert. Die prognostische Wertung ist bei Jugendlichen abhängig vom Erziehungsziel.

Hilfen: Das → Kinder- und Jugendhilfegesetz (KJHG – SGB VIII) verwendet den Begriff V. wegen seiner negativen Wertbesetzung zu Recht nicht mehr. Es sieht vielmehr einen detaillierten Katalog von Förderungsangeboten und (familienunterstützenden und -ergänzenden) → Hilfen zur Erziehung (HzE) vor, insbes. auch durch kompensatorischen Einsatz von Erziehungspersonen (→ Pflegekinder). Die Hilfen werden nicht mehr von stigmatisierenden Zuschreibungen – wie etwa V. – abhängig gemacht. Auswahl der Hilfeart und Umfang der Hilfe orientieren sich ausschließlich am erzieherischen Bedarf im Einzelfall (→ Individualisierungsprinzip). Für Jugendliche und Heranwachsende, die aufgrund ihrer aktuellen Lebenssituation (Punker-, Drogen-, Prostituierten-, Nichtseßhaften-Milieu) besonders gefährdet sind, sieht § 35 KJHG → intensive sozialpädagogische Einzelbetreuung vor. Neue Formen der → Heimerziehung haben die für V. früher übliche Heimerziehung abgelöst. Erziehung in einer Einrichtung über Tag und Nacht (Heim) kommt nur unter den Zielsetzungen des § 34 KJHG in Betracht. Alternative Wohnformen (→ Wohngemeinschaften für Jugendliche) werden sowohl als Übergangshilfen zwischen Heim und selbständiger Lebensführung als auch als eigenständige Hilfeform eingesetzt. Ist Hilfe voraussichtlich über längere Zeit – wie regelmäßig bei V. – zu leisten, soll die Entscheidung über die im Einzelfall indizierte Hilfeart im Zusammenwirken mehrerer → Fachkräfte getroffen werden. Der Mitwirkung und Mitgestaltung bei der Hilfegewährung wird durch § 36 KJHG Rechnung getragen.

Therapie: → Psychoanalyse ist in aller Regel wegen fehlenden Leidensdruckes kontraindiziert. Langzeitergebnisse bei Anwendung unterschiedlicher Methoden der → Psychotherapie sind bisher nicht hinreichend nachgewiesen. »Contracting« – die schriftliche Festlegung vereinbarter Verhaltensarrangements ohne Ausübung eines Machtgefälles mit Etablierung einer Schiedsinstanz – vermag aktuelle Verhaltensmodifikationen, auch bei Verwahrlosten, zu erzeugen, empirisch nachgewiesene Langzeitergebnisse in bezug auf die Änderung habitualisierter Verhaltensweisen liegen bislang nicht vor.

Lit. Aich: Verwahrlosung; Aichhorn: Jugend; Dworschak: Verwahrloste; Eberhard u.a.: Verwahrlosung; Gehrig: Jugend; Hartmann, K.: Verwahrlosungsforschung; Herriger: Verwahrlosung; Künzel: Jugendkriminalität; Meyer-Bornsen: Störungen; Miribung: Resozialisierung; Steinvorth: Diagnose; Vent: Bewertung; Vent: Verwahrlosung.
Helmut Vent

Verwaltung (öffentliche) ist die Tätigkeit des Staates, d.h. des Bundes, der Länder, der (→ Land-)Kreise (→ kreisfreie Städte), → Gemeinden und Gemeindeverbände (→ Landschafts-, → Landeswohlfahrts- und Zweckverbände) und der Körperschaften, → Anstalten und → Stiftungen des öffentlichen Rechts. Sie ist Teil der Exekutive und umfaßt alles staatliche Handeln, das nicht → Gesetzgebung und → Rechtsprechung ist. Die V. obliegt bei der Ausführung von Bundesgesetzen in Regelfall den Ländern (Art. 83 GG) als eigene Angelegenheiten oder als Auftragsv. Bei der Auftragsv. unterliegen sie der Bundesaufsicht. Bundeseigene V. ist vorgeschrieben für den auswärtigen Dienst, Bundeswasserstraßen- und Schiffahrtsv. (Art. 87 Abs. 1 GG), Bundeswehrv. (Art. 87b Abs. 1 GG), Luftverkehrsv. (Art. 87d Abs. 1 GG), Bundesautobahnen und -fernstraßen (Art. 90 Abs. 3 GG); Bundesnachrichtendienst, Bundeskriminalamt, Bundesgrenzschutz.

Die V. hat sich von der klassischen Eingriffsv., dem planmäßig zweckgerichteten Vollzug politischer Entscheidungen in Einzelmaßnahmen, auf ordnende, lenkende und leistende Aufgaben (z. B. → Daseinsvor- und -fürsorge, Entwicklungsplanung, Umweltschutz, V.- und Gebietsreformen) verlagert. Ihr Handeln ist vom Grundsatz der Gesetzmäßigkeit (Art. 20 Abs. 3 GG) bestimmt. Sie dient den Bedürfnissen der Bürger unter Abwägung der öffentlichen und individuellen Interessen. Nach dem Sozialstaatsprinzip (→ Sozialer Rechtsstaat) ist sie gemeinwohlverpflichtet.

Aufgabenbereiche: Allgemeine V.aufgaben, Finanzen, Recht, Sicherheit und Ordnung, Schule und Kultur, Sozial- und Gesundheitswesen, Bauwesen, öffentliche Einrichtungen, Wirtschaft und Verkehr. Vor dem Hintergrund fiskalischer Konsolidierungs- und Spardrucks sowie veränderter Aufgabenstrukturen, höherer Komplexität der Entscheidungszusammenhänge, veränderter Aufforderungen der Bürger an die V., veränderter Bedürfnisse der Beschäftigten und einem allgemeinen Wertewandel werden Verwaltungsreformen zu mehr Dienstleistungsorientierung und dezentraler Ressourcenverantwortung (→ Verwaltungsmodernisierung) durchgeführt. Wesentliche Reformziele: Ziel- und ergebnisorientierte Vereinfachung und Vereinheitlichung des V.aufbaues, Effizienzverbesserung, Bürgernähe und -aktivierung, Anpassung an veränderte Aufgaben infolge Strukturveränderungen, möglichste Kongruenz der V.grenzen von allgemeinen und Sonderv. in der allgemeine V. (Einheit der V.), Vergleichbarkeit der V.einheiten eines bestimmten Types durch → Controlling und Benchmarking zur Einbindung in ein System des Wettbewerbs, Leistungsvergleichs sowie der Leistungsbeurteilung, Organisation leistungsfähiger Träger, Transparenz des V.aufbaues.

Die gestaltende und vollziehende V. ist zum größten Teil hoheitlich. Nimmt der Staat als Fiskus am Rechtsverkehr teil, ist er wie jede andere natürliche oder → juristische Person des Privatrechtes an die geltende Rechtsordnung gebunden (z. B. Kauf von Ausrüstung, Betreiben öffentlicher Unternehmen).

V. wird auch als Subsystem des Obersystems → Gesellschaft bezeichnet. Je nach Betrachtungsweise kann V. als Informationsverarbeitungssystem, Produktionssystem, soziales System, Teil eines politischen Systems gesehen werden. Der Systemansatz ermöglicht eine Aufgliederung der »Einheit V.« und schließt die Darstellung des Zusammenwirkens mit der Legislative, Judikative sowie Gesellschaft und Wirtschaft ein (schwierige Abgrenzung).

Innerhalb der V. ist zwischen unmittelbarer und mittelbarer Staatsv. zu unterscheiden: unmittelbare Staatsv. wird von den staatlichen Behörden ausgeübt. Höchste V.behörde sind die Ministerien der Regierungen, Teileinheiten sind → Dezernat, Amt, Abteilung, Sachgebiet, Stelle (→ Behördenaufbau). Mittelbare Staatsv. ist die weitgehend mit der → Selbstverwaltung der öffentlichen Körperschaften (Art. 28 Abs. 3 GG), Anstalten, Stiftungen des öffentlichen Rechtes identischen V. Von der öffentlichen V. wird allgemein die Schaffung optimaler Voraussetzungen für auskömmliche Lebensbedingungen der Bürger erwartet (Beratung und Erbringen von bürger-, zeitgerechten und wirtschaftlichen Leistungen). Die V.reform ist bei sich wandelnden Anforderungen ständige Aufgabe (u. a. Orientierung zum Dienstleistungsunternehmen). Das Einbeziehen und Beteiligen der Bürger an V.entscheidungen (→ Bürgerbeteiligung, → Partizipation) erstreckt sich auf → ehrenamtliche Tätigkeit und Interessenverwirklichung, die z. T. ausdrücklich im Gesetz vorgesehen sind (z. B. im → Baugesetzbuch [BauGB]). Der Bürger ist jedoch auch in der Demokratie noch weitgehend Objekt der V., die sich ihm im Erscheinungsbild als geschlossenes System gegenüber bisher nur bedingt öffnet. Das Erscheinungsbild ist neben der individuellen Darstellung im wesentlichen in der Organisations- und Entscheidungsstruktur moderner Staatsv. angelegt (→ Organisation). Wenngleich die Interessen der einzelnen Bürgers mit denen der Öffentlichkeit nicht notwendig identisch sind, hat sich in der jüngeren Vergangenheit auf regionaler und überregionaler Ebene das Instrument des Interessenzusammenschlusses zu → Bürgerinitiativen zur Beeinflussung von politischen und V.entscheidungen durchgesetzt.

Lit. Banner: Behörde; Hesse, K.: Verfassungsrecht; Hoffmann-Riem: Verwaltung; KGSt.: Verwaltungsorganisation; Mayer, F. u. a.: Verwaltungsrecht; Naschold u. a.: Produktivität; Schmidt, J.: Wirtschaftlichkeit; Thieme u. a.: Verwaltung; Thieme: Verwaltungslehre; Wolff, H. J. u. a.: Verwaltungsrecht I. *Hans-Walter Böttcher*

Verwaltungsakt Wenn der Staat durch seine Behörden begünstigend oder belastend, leistend oder fordernd, gestaltend oder feststellend, unmittelbar und verbindlich in die Lebensumstände des einzelnen Bürgers eingreift, so geschieht dies überwiegend durch einen V. Neben dieser für die Praxis wichtigsten Rechtsfigur des → Verwaltungsrechts stehen der → Verwaltung zur Erfüllung ihrer Aufgaben weitere öffentlich-rechtliche Handlungsformen wie die → Rechtsverordnung, die → Satzung, der öffentlich-rechtliche → Vertrag und die sog. schlichte Verwaltungshandeln (z. B. Auskunft über die Sprechzeiten der Behörden, Ausgabe von Antragsformularen) zur Verfügung. Der Begriff des V. ist durch § 35

Verwaltungsakt

S. 1 VwVfG gesetzlich definiert: »Verwaltungsakt ist jede Verfügung, Entscheidung oder andere hoheitliche Maßnahme, die eine Behörde zur Regelung eines Einzelfalles auf dem Gebiet des öffentlichen Rechts trifft und die auf unmittelbare Rechtswirkung nach außen gerichtet ist.«

Von besonderer Bedeutung sind die gestaltenden V., durch die Rechte oder Pflichten begründet, aufgehoben oder abgeändert werden. Nach ihrer Wirkung werden sie in begünstigende und belastende V. untergliedert. Bedeutsam ist diese Einordnung für die Klageart im → Verwaltungsprozeß. Neben den gesetzlichen Bestimmungen, die die Behörde bei Vorliegen der Voraussetzungen zum Erlaß des V. verpflichten, ist in einer Vielzahl von Fällen der Verwaltung ein Ermessensspielraum eingeräumt. Auch in einem solchen Fall ist jedoch kein Raum für willkürliche Entscheidungen, die Behörden sind vielmehr verpflichtet, das ihnen eingeräumte → Ermessen pflichtgemäß und ohne sachfremde Erwägungen auszuüben. Ein belastender V. liegt vor, wenn vom Betroffenen ein Tun, Dulden oder Unterlassen verlangt wird, Rechte beschränkt oder entzogen werden. Da in die Freiheit des Bürgers eingegriffen wird, bedürfen solche belastenden V. regelmäßig einer Rechtsgrundlage (→ Gesetzmäßigkeit der Verwaltung, Art. 20 Abs. 3 GG).

Zu den wichtigsten Nebenbestimmungen gehören Befristung, Bedingung, Widerrufsvorbehalt und Auflage. Mit der Befristung wird die begünstigende oder belastende Wirkung des V. auf einen bestimmten Zeitraum begrenzt, mit der Bedingung wird er vom ungewissen Eintritt eines zukünftigen Ereignisses abhängig gemacht, und bei der Auflage wird dem Begünstigten ein Tun, Dulden oder Unterlassen vorgeschrieben. Grundsätzlich dürfen V. mit Nebenbestimmungen versehen werden, die Möglichkeiten der Behörden sind jedoch durch § 36 VwVfG beschränkt.

Im Interesse der Rechtssicherheit und Rechtsklarheit ist ein V. nur wirksam, wenn er seinem Inhalt nach hinreichend bestimmt ist. Eine besondere Form ist für den V. regelmäßig nicht vorgeschrieben. Ein schriftlicher oder schriftlich bestätigter V. muß auch schriftlich begründet werden, wobei die Behörde die wesentlichen tatsächlichen und rechtlichen Gründe ihrer Entscheidung dem Betroffenen mitzuteilen hat. Dies gilt insbes. auch für Ermessensentscheidungen. Nur in Ausnahmefällen ist eine Begründung des schriftlichen V. entbehrlich. Wirksam kann ein V. schließlich erst dann werden, wenn er dem Betroffenen bekanntgegeben worden ist. Ein schriftlicher V., der durch die Post übermittelt wird, gilt mit dem 3. Tage nach der Aufgabe zur Post als bekanntgegeben; die Behörde hat jedoch im Zweifel den Zugang und den Zeitpunkt nachzuweisen.

Verstößt eine Behörde bei Erlaß des V. gegen Vorschriften des Verfassungs- oder Verwaltungsrechts, gilt der Grundsatz, daß auch der rechtswidrige V. außer im Falle der Nichtigkeit wirksam und daher vom Betroffenen zunächst zu beachten ist. Die Rechtsfolgen richten sich nach der Schwere des Fehlers. Dementsprechend wird unterschieden zwischen Fehlern, die zur Nichtigkeit des V. führen, die die Aufhebbarkeit zur Folge haben (Rücknahme oder Widerruf durch die Behörde oder Aufhebung durch → gerichtliche Entscheidung und solchen Fehlern, die weder zur Nichtigkeit noch zur Aufhebbarkeit führen. Nichtig sind V. mit besonders schweren und offenkundigen Fehlern und in den gesetzlich aufgeführten Einzelfällen.

Die Unterscheidung zwischen Nichtigkeit und Aufhebbarkeit ist in der Praxis nur bei der Versäumung von Rechtsbehelfsfristen (1 Monat gem. §§ 70, 74 VwGO) von Bedeutung. Grundsätzlich sollte der Betroffene sich auch gegen den vermeintlich nichtigen V. mit den verwaltungsrechtlichen → Rechtsbehelfen zur Wehr setzen. Offenbare Unrichtigkeiten wie Schreibfehler, Rechenfehler u. ä. Mängel führen weder zur Fehlerhaftigkeit noch zur Nichtigkeit des V. Die Behörde kann solche Unrichtigkeiten jederzeit berichtigen. Zwischen diesen beiden Extremen liegt die für die Praxis bedeutungsvolle Gruppe der aufhebbaren V. Ein belastender V. ist aufzuheben, wenn er keine Rechtsgrundlage hat (Gesetzmäßigkeit der Verwaltung gem. Art. 20 Abs. 3 GG). Lehnt die Behörde den Erlaß eines begünstigenden V. ab, obwohl ein → Rechtsanspruch des betroffenen Bürgers besteht, wird die Behörde vom Gericht hierzu verpflichtet werden.

Die Aufhebung des V. durch die Behörde wird Rücknahme oder Widerruf genannt. Hat ein rechtswidriger V. begünstigende Wirkung für den Betroffenen, darf er von der Behörde nur mit Einschränkungen zurückgenommen werden. Insbes. bei Gewährung einer einmaligen oder laufenden Geldleistung ist die Rücknahme auch des rechtswidrigen V. verboten, soweit der Begünstigte auf den Bestand vertraut hat und sein Vertrauen unter Abwägung mit dem öffentlichen Interesse schutzwürdig ist. Diese Schutzwürdigkeit liegt regelmäßig vor, wenn der Begünstigte gewährte Leistungen verbraucht oder eine Vermögensdisposition getroffen hat, die nur noch unter unzumutbaren Nachteilen rückgängig gemacht werden kann. Für den Widerruf rechtmäßiger V. ist ebenfalls die Wirkung auf den Betroffenen von entscheidender Bedeutung. Wird der Bürger nicht begünstigt, so kann die Behörde auch nach Unanfechtbarkeit den V. mit Wirkung für die Zukunft widerrufen, es sei denn, daß ein V. gleichen Inhalts erneut erlassen werden müßte oder aus anderen Gründen ein Widerruf unzulässig ist. Begünstigt ein rechtmäßiger V. den Betroffenen, so ist er grundsätzlich nicht widerrufsfähig. Etwas anderes gilt nur, wenn der Widerruf durch Rechtsvorschrift zugelassen oder im V. selbst bereits als Nebenbestimmung vorbehalten ist, falls eine Auflage vom Begünstigten nicht erfüllt wurde oder wenn die Behörde auf Grund nachträglich eintretender Tatsachen berechtigt wäre, den Erlaß des V. zu verweigern und das öffentliche Interesse ohne den Widerruf gefährdet würde. Auch bei Änderung der Rechtslage (Gesetzesänderung) und zur Verhütung schwerer Nachteile für das Gemeinwohl ist der Behörde ausnahmsweise der Widerruf gestattet.

Lit. Görlitz: Verwaltungsakt; Kopp: VwVfG (Komm.); Luhmann: Verwaltungswissenschaft *Walter Roth*

Verwaltungsfachkräfte Den V. obliegen → Verwaltungsverfahren in Sozialhilfeangelegenheiten, vorrangig im → Sozial- und → Jugendamt (JA). Sie müssen für diese Tätigkeit qualifiziert sein. So schreibt z. B. das AG-BSHG des Landes Bayern vor, »die Träger sollen für die Erfüllung der Aufgaben als örtlicher Träger der Sozialhilfe persönlich und fachlich geeignete Kräfte in ausreichender Zahl beschäftigen« (Art. 1 Abs. 1 S. 3). Noch klarer regelt dies das → Kinder- und Jugendhilfegesetz (KJHG – SGB VIII) für die → Jugendhilfe im § 72. Danach sollen bei JÄ hauptberuflich nur Personen beschäftigt werden, »die sich für die jeweilige Aufgabe nach ihrer Persönlichkeit eignen und eine dieser Aufgabe entsprechende Ausbildung erhalten haben ... Fachkräfte verschiedener Fachrichtungen sollen zusammenwirken, soweit die jeweilige Aufgabe dies erfordert«.
Traditionell war die nach außen wirkende Tätigkeit der Behörden, die auf die Prüfung der Voraussetzungen, die Vorbereitung und den Erlaß eines → Verwaltungsaktes gerichtet ist, unstrittig den Verwaltungsbeamten, hilfsweise Verwaltungsangestellten, übertragen. Andere Fachdisziplinen (z. B. Wohlfahrtspflegerinnen, später Fürsorgerinnen u. a.) waren als Ermittlungsdienst zuarbeitend tätig.
Nach dem 2. Weltkrieg hat sich das Verständnis für → Sozialarbeit/Sozialpädagogik gewandelt, der angelaufene Umwandlungsprozeß hat die ehemals klaren Abgrenzungen durchlässiger gemacht und zu sehr unterschiedlichen Lösungsvorschlägen, Modellen und Regelungen geführt. Durchgängig erscheint dabei die Zielsetzung, die Teilung in → Innendienst und → Außendienst abzuschaffen, um weitmöglichst die gleichrangige Hilfe für den Bürger unter Zugrundelegung einer umfassenden Problemsicht realisieren zu können. V. sowie → Sozialarbeiter/-innen und Sozialpädagogen/Sozialpädagoginnen haben dabei unterschiedliche Einsatzfelder, die sich
– insbes. wenn → Ermessen ausgeübt wird
– überschneiden können. Dieser Überschneidungsbereich, der zur Sicherstellung einer möglichst nachhaltigen und rationellen Hilfe für den Bürger von großer Bedeutung ist, kann nur bei Beteiligung beider Berufsgruppen (V. sowie Sozialarbeiter/-innen und Sozialpädagogen/Sozialpädagoginnen) befriedigend gelöst werden. Dies erfordert eine Organisation der → sozialen Dienste (Sozialverwaltung), die auf Gleichrangigkeit bei Entscheidungen, Teamarbeit, berufsspezifische Qualifikation und mehr → Fortbildung aufgebaut ist.
Die Notwendigkeit und Zweckmäßigkeit der gleichberechtigten, organisierten Zusammenarbeit bei der Beurteilung und Abwendung einer Notsituation als gemeinsame Aufgabe von V. sowie Sozialarbeiter/-innen und Sozialpädagogen/Sozialpädagoginnen muß allen Organisationsüberlegungen zugrunde gelegt werden. Gleichrangigkeit in der jeweiligen Ebene muß sich unter Respektierung der berufsspezifischen Einsatzfelder auch in Leitungspositionen fortsetzen (→ Führungsmodelle).
V., denen bei kommunalen oder staatlichen Sozialverwaltungen Aufgaben übertragen sind, die nicht unmittelbar mit dem Vollzug von Sozialgesetzen zusammenhängen, z. B. Personalverwaltung, Haushaltsplanung und -vollzug, Diensträume, schaffen wesentliche Voraussetzungen, daß die Sozialverwaltung ihren Aufgaben gerecht werden kann. Von ihnen muß deshalb ein besonderes Verständnis und eine positive Einstellung zur Sozialarbeit bzw. Jugendhilfe verlangt werden.

Lit. Feldmann u. a.: Teamarbeit; KGSt.: Allgemeiner Sozialdienst. *Josef Maier*

Verwaltungsgerichte (allgemeine) üben auf dem Gebiet der (allgemeinen) Verwaltungsgerichtsbarkeit (→ Verwaltungsprozeß) durch unabhängige, nur dem Gesetz unterworfene Richter (Art. 97 Abs. 1 GG, § 25 DRiG) rechtsprechende Gewalt aus (Art. 92 GG, § 1 VwGO).
Die Verwaltungsgerichtsbarkeit ist im Grundsatz dreistufig (in Teilbereichen Ausschluß oder Beschränkung der → Berufung). V. (1. Instanz) und Oberv. – OVG – (z. T. als Verwaltungsgerichtshöfe – VGH – bezeichnet, § 184 VwGO) sind von den Ländern errichtete Landesgerichte (§ 2 VwGO); das Bundesv. – BVerwG – mit Sitz in Berlin – bald in Leipzig – ist einer der durch den Bund errichteten obersten Gerichtshöfe (Art. 95 Abs. 1 GG, § 2 VwGO).
V. sind Kollegialgerichte, die Entscheidungen erlassen i. d. R. Kollegien (zum Einzelrichter s. § 6 VwGO; zu Entscheidungen durch den Vorsitzenden oder Berichterstatter s. § 87a VwGO): beim V. (1. Instanz) Kammern, beim OVG und BVerwG Senate

(§§ 5 Abs. 2, 9 Abs. 2, 10 Abs. 2 VwGO). Die Kammern entscheiden in der Besetzung mit 3 (Berufs-)Richtern (Vorsitzendem und 2 weiteren Richtern) und 2 ehrenamtlichen Richtern (wegen Einzelheiten ihrer Wahl und Berufung s. §§ 19 ff. VwGO). Bei Beschlüssen außerhalb der mündlichen Verhandlung und Gerichtsbescheiden (→ Gerichtliche Entscheidungen) wirken ehrenamtliche Richter nicht mit. Die Senate beim OVG entscheiden in der Besetzung mit 3 Berufsrichtern (Vorsitzendem und 2 weiteren Richtern). Durch Landesgesetz kann bestimmt werden, daß die Senate in der Besetzung mit 5 Richtern entscheiden (2 können ehrenamtliche Richter sein), § 9 Abs. 3 VwGO. Zur Besetzung bei Zuständigkeit im ersten Rechtszug s. § 48 Abs. 1 VwGO s. § 9 Abs. 3 S. 2 VwGO. Die Senate beim BVerwG entscheiden in der Besetzung mit 5 Richtern (Vorsitzendem und 4 weiteren Richtern), bei Beschlüssen außerhalb der mündlichen Verhandlung in der Besetzung mit 3 Richtern (§ 10 Abs. 3 VwGO).

Zuständigkeit: V. (1. Instanz) ist Gericht des ersten Rechtszuges (Ausnahmen s. §§ 48, 50 VwGO). OVG entscheidet über Berufung gegen Urteil und Gerichtsbescheid des V. (1. Instanz), über → Beschwerde gegen andere gerichtliche Entscheidungen, nach § 145 VwGO über → Revision gegen Urteil des V. (1. Instanz); als Gericht des ersten Rechtszuges entscheidet OVG in den in § 48 VwGO genannten Fällen; außerdem ist OVG Normenkontrollgericht (Einzelheiten s. § 47 VwGO). BVerwG entscheidet über (zugelassene) Revision gegen Urteil des OVG, über (zugelassene) Sprungrevision gegen Urteil des V. (1. Instanz), über Beschwerden gegen Entscheidungen des OVG nach §§ 47 Abs. 7, 99 Abs. 2, 133 Abs. 1 VwGO; § 17a Abs. 4 S. 4 GVG; als Gericht des ersten Rechtszuges entscheidet es in den in § 50 VwGO genannten Fällen.

Peter Schmidt

Verwaltungsmodernisierung 1. Reformtraditionen in der öffentlichen Verwaltung. In den letzten 20 Jahren erlebte die öffentliche Verwaltung in der Bundesrepublik Deutschland mehrere »Reformwellen«, in denen jeweils verschiedene Aspekte des Verwaltungsaufbaus bzw. -ablaufs »modernisiert« wurden: von der Größe und dem regionalen Zuschnitt der Kommunalverwaltungen (Kreis-' und Gemeindegebietsreform) über den gezielten Ausbau von Planungs- und Informationskapazitäten bis hin zum Verhältnis zwischen Verwaltung und Bürgern (Diskussion um → »Bürgernähe« und Partizipationsverfahren) und zur Veränderung von → Hierarchien und Entscheidungsstrukturen (u.a. im Rahmen der Neuorganisation sozialer Dienste) (Wollmann 1996).

Die jüngste Welle konzeptioneller und praktischer »Reformversuche«, die vor allem die Kommunalverwaltungen betrifft, greift Themen dieser Reformtradition auf, zielt aber grundsätzlicher auf die Transformation des Modells der → Bürokratie als »rationaler Maschine« (Weber 1922), das sich angesichts der gesellschaftlichen Realität als zunehmend unflexibel und dysfunktional erweist.

Die Strukturprinzipien dieser »rationalen Maschine«, die jetzt verstärkt in die Diskussion geraten, sind:
– Aufspaltung von Zuständigkeitsbereichen:
Größere Aufgabenkomplexe werden in Teilaspekte zerlegt und diese dann »Stellen« zugeordnet. Im Resultat bearbeitet jeder Mitarbeiter nach dem »Ein-Mann-Prinzip« isolierte Teilbereiche, die – wenn sie inhaltlich-sachlich nicht weiter differenzierbar sind – nach regionalen oder alphanumerischen Gesichtspunkten weiter zergliedert werden (»Buchstabenprinzip«). Horizontale Kooperation wird dadurch erschwert.
– Hierarchische Entscheidungs- und Kontrollstruktur:
Die zergliederten Teilaspekte werden vertikal über eine vielstufige Hierarchie wieder zusammengefügt, wobei die Unterordnungsverhältnisse und die Anordnungs-, Kontroll- und Aufsichtsstrukturen klar geregelt sind. Alle formelle Macht und Verantwortung vereinigt sich in der Behördenleitung.
– Entsubjektivierung von Verwaltungsabläufen:
Eine durch Objektivität legitimierte Ordnung zwingt die Beschäftigten zur beständigen Abstraktion von subjektiven Motiven, Werten und Bedürfnissen, damit eine lückenlose Anwendung von Rechtsnormen möglich wird. Dieser Entsubjektivierung auf seiten der Beschäftigten entspricht die Transformation von Personen und Lebenszusammenhängen in »Fälle« und »Vorgänge«, die in Akten zum »Eigenleben« gelangen.
– Konditionale Programmierung:
Die Anlässe des Tätigwerdens der Verwaltung sind durch gesetzliche Regelungen vordefiniert, d.h. Ziele werden extern gesetzt und die Modi der Zielrealisierung durch Zweckprogramme festgelegt.

Diese Organisationsprinzipien, die Strukturmomente mit Verhaltensmaximen kombinieren, garantieren die formale Rationalität von Verwaltungsvollzügen und bilden die Grundlage einer durch Rationalität legitimierten Herrschaft.

Trotz unterschiedlicher Staatsverfassungen und nationaler »Verwaltungskulturen« hatten diese Strukturmomente öffentlicher Verwaltung Leitbildcharakter für den Aufbau »moderner« Verwaltungen in den OECD-Ländern (und darüber hinaus). Aus

diesem Grund waren Staats- und Kommunalverwaltung unterschiedlichster europäischer Länder gleichermaßen – wenn auch in durchaus unterschiedlichem Tempo – von den Krisenerscheinungen betroffen, die zur Infragestellung des Modells bürokratischer Herrschaft führten:
– die Finanzkrise der öffentlichen Haushalte zwingt zur Überprüfung der Aufgaben des Staates und der Kommunen sowie zur Rationalisierung der Aufgabenerfüllung;
– die Legitimationskrise einer gegenüber den Bürgerinteressen verselbständigten Bürokratie wird in den Begriffen der »Bürgernähe« bzw. »Kundenorientierung« reflektiert;
– die Anpassungskrise der »starren« Strukturprinzipien von Großorganisationen angesichts einer dynamischen gesellschaftlichen und wirtschaftlichen Umwelt legt Reformen nahe, die auf »Flexibilität« abzielen.
Diese Krisenerscheinungen boten in anderen OECD-Staaten bereits vor einigen Jahren Anlaß zu teilweise einschneidenden Reformen der öffentlichen Verwaltungen (Naschold 1995). In der Bundesrepublik war es vor allem die in früheren Zeiten weitgehend den bürokratischen Handlungslogiken verpflichtete → Kommunale Gemeinschaftsstelle für Verwaltungsvereinfachung (KGSt), die einen »Modernisierungsrückstand« der deutschen Kommunalverwaltung gegenüber anderen europäischen Staaten konstatierte und durch Tagungen und Gutachten (KGSt 1991, 1993, 1994 a und b) dazu beitrug, daß die Konzepte des »New Public Management« auch hierzulande als »Neues Steuerungsmodell« rezipiert wurden. Der strategische Kern der Konzepte besteht darin, das durch rechtlich vordefinierte Anlässe in Gang gesetzte und über hierarchiegebundene, meist zentralisierte Entscheidungen gesteuerte, regelgebundene Verwaltungshandeln durch eine neue Form öffentlicher Leistungen zu ersetzen, die geprägt ist von folgenden konstitutiven Merkmalen:
– es gilt das → Leitbild der Marktorientierung. Entsprechend werden Wettbewerbsinstrumente und -surrogate entwickelt, mit denen das Kostenbewußtsein zur und die Flexibilität von Leistungserbringung gesteigert werden sollen; dabei sind strategisch zu unterscheiden:
die eindeutige Orientierung am Bürger-/Kundeninteresse (→ Qualitätsmanagement) und
die Überprüfung der »Leistungstiefe« der öffentlichen Verwaltung (vgl. Naschold u. a. 1996) mit dem Ziel der Konzentration auf »Kernkompetenzen« (→ Finanzierung sozialer Dienste und Einrichtungen).
– Die Regelsteuerung wird durch Elemente von Ergebnissteuerung auf der Ebene der Organisationsstruktur und der Verfahrensbildung ersetzt bzw. ergänzt, um die starren Formen bürokratischen Handelns durch die Erschließung der Produktivitätsreserve »Eigeninitiative« zu überwinden. Dies beinhaltet
das Zusammenführen bisher zersplitterter Arbeitsbereiche mit dem Ziel der Gesamtprozeßoptimierung;
die Einführung von teilautonomen Arbeitsgruppen und Teamarbeit (»dezentrale Ergebnis- und Ressourcenverantwortung«);
die Übernahme von Managementinstrumenten und Führungsprinzipien aus der Privatwirtschaft;
– Transparenz über Kosten und Leistungen wird durch die Anwendung betriebswirtschaftlicher Instrumente hergestellt. Dadurch wird die dezentrale Leistungserbringung zentral steuerbar, beispielsweise durch
den Aufbau von Systemen der doppelten Buchführung und → Kostenrechnung;
die Einführung von → Controlling;
die Entwicklung von Kennzahlen und Indikatoren zur Betriebssteuerung;
die Gestaltung entscheidungsgerechter, einfacher Berichtswesenstrukturen;
die Nutzung einer progressiven Informatik.
2. Zentrale Themen des Neuen Steuerungsmodells
Die Elemente einer Verwaltungsreform, die vom Gedanken des »New Public Management« getragen ist, lassen sich modellartig zusammenfassen (vgl. KGSt 1993). Dabei ist allerdings zu berücksichtigen, daß die Implementierung dieser Elemente von den je spezifischen Verwaltungskulturen abhängt und deshalb eine konsistente Umsetzung aller Modellelemente eher unwahrscheinlich sein dürfte (vgl. Laux 1996).
2.1. Die Schaffung von Quasi-Märkten und Wettbewerb
Im Marktmodell unserer Gesellschaftsordnung wird unterstellt, daß sich Kunden in ihrer Nachfrage eines nutzenmaximierenden Kalküls bedienen, das Preise in Relation zu Qualitäten setzt. Damit werden parallel laufende Preis- und Qualitätswettbewerbe angeregt, die zur Optimierung von Kosten-Leistungs-Beziehungen führen. Die Übertragung des Marktmodells auf Bereiche, die bisher ausschließlich politisch gesteuert wurden, verdankt sich durch vergleichende Evaluationsstudien bisher nur wenig gesicherten, aber durch den Zusammenbruch des »realen Sozialismus« populären Annahme, Qualität und Flexibilität öffentlich erbrachter Leistungen seien über Instrumente der Marktsteuerung effektiver zu realisieren als über politische Steuerung (vgl. Naschold 1995).
Zur Umsetzung dieses Gedankens bietet sich der Weg der Privatisierung (→ Ausgründung) bisher durch öffentliche Träger betriebenen Einrichtungen oder die Auslagerung von Teilaufgaben (outsourcing) an. In diesem Kontext wird im Bereich der sozialen Arbeit das Verhältnis von → öffent-

lichen zu → freien Trägern neu definiert, beispielsweise durch den Übergang von institutioneller Förderung oder Projektförderung zum Abschluß von → Leistungsverträgen.

Wo die Etablierung »echter« Märkte nicht möglich ist oder nicht gewollt wird, bleibt zur Umsetzung der Marktorientierung die Schaffung von »Quasi-Märkten«, auf denen der Wettbewerb die Form von Leistungsvergleichen durch Kennziffern (»Benchmarking«) annimmt. Die Bewertung dieser Kennziffernvergleiche erfolgt allerdings nicht auf einem »Markt«, sondern über die tradierten Modi (kommunal)politischer Diskurse. Kennziffern sollen auf möglichst einfache Weise komplexe Sachverhalte darstellen und vergleichbar machen. Ihre Aussagekraft steht deshalb grundsätzlich unter den Vorbehalten, die gegenüber jeder Messung geltend gemacht werden können.

2.2. Die Kundenorientierung und die Behandlung der Öffentlichkeit sowie des Bürgers als Kunden

Trotz erheblicher Anstrengungen in der Vergangenheit, dem normativen Begriff der »Leistungsverwaltung« die Realität partnerschaftlich orientierten Verwaltungshandelns folgen zu lassen (vgl. die Diskussion um »Bürgernähe«, Grunow 1988), orientieren sich die Produktionsstrukturen öffentlicher Verwaltung weitgehend immer noch an der Logik der »Eingriffsverwaltung«: die Bürger/-innen können als Subjekte nur vermittelt über politische Aktivitäten auf Verwaltungshandeln Einfluß nehmen, stellen ansonsten aber als »Publikum«, »Klient/Klientinnen« etc. dessen Objekte dar. Demgegenüber kommt ihnen in der Konzeption »neuer Steuerung« eine hohe Bedeutung für verwaltungsinterne Produktionsprozesse zu: Als »Kunden« entscheiden sie mit über Umfang und Qualität der von der Verwaltung erbrachten Leistungen. Wenn allerdings in der Beziehung zwischen Bürger und Verwaltung keine »echten« Marktbeziehungen implementiert werden (wie z.B. in weiten Teilen der sozialen Arbeit), bleibt die Einflußnahme der »Kunden« indirekt: sie entscheiden durch ihre Aktivitäten nicht über das Wohl und Wehe des »Unternehmens«. Ihr Nachfrageverhalten wird vielmehr politisch interpretiert und erst auf diesem (Um)weg steuerungsrelevant.

Ferner verleitet der Kundenbegriff zum Verzicht auf Strukturen und Strategien einer bürgerorientierten Verwaltung mit direkten demokratischen Kontroll- und Beteiligungsformen (Grunow 1996).

2.3. Die dezentrale Ressourcen- und Ergebnisverantwortung

Während im klassischen Verwaltungsmodell die Entscheidung über die Ressourcenausstattung – wenn auch über den komplexen Prozeß kameralistischer Haushaltsaufstellung vermittelt – zentralisiert erfolgt, setzt die »Neue Steuerung« auf die Problemnähe dezentralisierter Verwaltungseinheiten, die nicht nur das Erzielen bestimmter Ergebnisse verantworten, sondern dafür auch Handlungsspielräume im Hinblick auf die Ressourcenverwendung erhalten. Dieses Konzept knüpft an die Überlegungen zur → Effektivität und → Effizienz teilautonomer Arbeitsgruppen an, die im Anschluß an »lean production«-Konzepte im Bereich der privaten Wirtschaft angestellt wurden (Kühl 1995).

Die entscheidenden Fragen zur dezentralen Ressourcen- und Ergebnisverantwortung sind, wie weitreichend die gewährte und wahrgenommene Autonomie ist, und welche Ziel/Ergebnisdimensionen überhaupt sinnvoll von dezentralen Arbeitsgruppen verantwortet werden können. Je komplexer die Ziele sind, d.h. je umfassender und verflochtener die Wirkungsketten, um so geringer wird der tatsächliche Einfluß einzelner Gruppen im Verhältnis zum Gesamtergebnis sein. Daher ist ein entsprechendes Prozeßmanagement vonnöten, welches wiederum vorsieht, daß grundsätzlich (betriebswirtschaftliche) Kosten und Erlöse (Leistungen) und Aufwendungen bzw. Erträge für einzelne Tätigkeiten ermittelt werden können.

2.4. Das Kontraktmanagement

Die Integration der teilautonomen Arbeitsgruppen wie auch die Anbindung der Verwaltung an die Politik erfolgt nicht auf den tradierten Wege der Befehls- und Kontrollhierarchie, die über formale Zuständigkeitsregelungen und Weisungen gesteuert wird, sondern über vertragliche Vereinbarungen (Kontrakte), in denen Ressourcen und Kompetenzen sowie Ziele und Ergebnisse festgehalten sind.

Das Kontraktmanagement versucht die Frage nach einer hinreichend flexiblen, d.h. den Anforderungen einer »turbulenten« gesellschaftlichen Umwelt genügenden Organisationsform öffentlicher Leistungen zu beantworten. Analog zu Entwicklungen im Bereich privater Unternehmen werden durch die Vorgabe zu erreichender Ziele oder zu realisierender Ergebnisse zentral Selbststeuerungsmechanismen initiiert.

2.5. Die Trennung des politischen Entscheidungsfindungsprozesses vom Managementprozeß der Leistungsproduktion

Der Gedanke des Kontraktmanagement findet auch auf das Verhältnis zwischen Politik (als Kontraktgeber) und Verwaltungsspitze (als Kontraktnehmer) Anwendung. Die Politik setzt die Ziele und die gewünschten Ergebnisse sowie den Budgetrahmen fest, die Verantwortung für die Ergebnisrealisierung und Ressourcenverwendung treffen die Fachämter.

Verwaltungshandeln wird damit als quasi-ökonomischer Prozeß betrachtet, der im politikfreien Raum abläuft, während umgekehrt die Ausführung politischer Entscheidungen einzig sachlogischen oder betriebsökonomischen Argumenten zu folgen scheint. Eine solche Konstruktion trifft auf rechtliche Bedenken (Pitschas 1996) und dürfte angesichts der kommunalpolitischen Realitäten auch eher unrealistisch sein, denn sie widerspricht der Tendenz der Aufwertung der kommunalen Ebene im politischen Diskurs der Bundesrepublik (Wollmann 1996).

2.6. Die Outputorientierung der Dienstleistungsproduktion

Die zentrale Steuerungsgröße in dem »Neuen Steuerungsmodell« sind nicht Verfahren und Regeln, sondern Ergebnisse, die auf vorab definierte Ziele bezogen und entsprechend über Kontrakte festgehalten werden. Dabei ist auf der Ergebnisebene zwischen dem unmittelbaren »Produktionsergebnis«, dem »Output«, und den u. U. mittel- bis langfristig erzielten Wirkungen, dem »Outcome« zu unterscheiden. Der »Output« wird in Bezug gesetzt zu den eingesetzten Produktionsfaktoren (»input«), womit über eine Produktivitätskennziffer eine größere Transparenz der für einzelne Verwaltungsleistungen jeweils anfallenden Kosten erreicht wird. Ein Vergleich der Leistungsfähigkeit input- bzw. outputorientierter Steuerung ist aber nur möglich, wenn die jeweiligen tatsächlichen Wirkungen und Wirkungsketten (der sog. »Outcome«) zum Gegenstand der Betrachtung gemacht werden.

Damit allein ist die Betriebswirtschaftslehre bislang überfordert. Die zentrale Steuerungsgröße für outputorientierte Steuerung ist das »Produkt« (KGSt 1993). Der Begriff »Produkt« ist zunächst nicht mehr als ein rein deskriptiver Begriff, der das Ergebnis eines Produktionsprozesses (im weitesten Sinne) bezeichnet, d. h. das, was diesem Produktionsprozeß als Resultat zugerechnet werden kann, sei es ein materielles »Ding« oder ein angestoßener Prozeß (d. h. das Korrelat zum zahlenmäßig faßbaren »Output«). Strategische Bedeutung hat der Begriff, weil er Ressourcen in Bezug zu Wirkungen setzt und deshalb Überlegungen zu Effektivität und Effizienz des Ressourceneinsatzes begrifflich zu fokussieren erlaubt. Deshalb ist die logische Kategorie des »Produkts« für die Implementierung von Controllingsystemen unverzichtbar, was allerdings noch nichts über die inhaltliche Reichweite des Begriffs selbst aussagt.

Denn gerade solche Leistungen werden als öffentliche Leistungen produziert und nicht von privaten Anbietern erbracht, deren »Erfolge« nicht unmittelbar gemessen werden können, sondern erst als mittel- oder langfristige Wirkung eintreten – oder auch nicht (beispielsweise die »Normalisierung« als »abweichender« Sozialisationsprozesse als Resultat von Hilfen zur Erziehung). Die Orientierung am »Output« und die Verwendung eines hierzu analogen inhaltsabstrakten »Produkt«-Begriffes greift hier eklatant zu kurz. Sie unterstellt, Ziel der Sozial- und Jugendhilfe (→ Ziele in der sozialen Arbeit) sei nicht die Erzielung bestimmter Wirkungen, sondern die Erbringung einer bestimmten Leistung als »Selbstzweck«. Die Produktdefinitionen für den Berich der Jugendhilfe (KGSt 1994) sind zu dem zu sehr an den Leistungstatbeständen des SGB VIII orientiert und nicht an wirkungsorientierten Ergebniszielen.

2.7. Systematische Konzepte der Personalentwicklung und des Personalmangements

Systematische → Personalentwicklung als Bestandteil von → Organisationsentwicklung ist zumindest für die Konzepte »Neue Steuerung« unabdingbar, die über den Weg des Kontraktmanagements die Einrichtung teilautonomer Arbeitsgruppen ansteuern. Dieser Schritt stellt erhöhte Anforderungen an die Motivation und Qualifikation des Personals, so daß gezielte Personalentwicklung ein elementarer Bestandteil der Implementation neuer Steuerungsmodelle sein muß.

Letztlich wird die Einführung von Kontraktmanagement und »dezentraler Ressourcenverantwortung« mit einer Veränderung der bisherigen Organisationsstrukturen einhergehen, die den Einsatz von Instrumenten der Organisationsentwicklung wie → Leitbild- und Strategieentwicklung erforderlich macht.

3. Neue Steuerung in der sozialen Arbeit

Soll soziale Arbeit als personenbezogene Dienstleistungsarbeit unter den Prämissen des »New Public Management« organisiert werden, fallen einige Besonderheiten ins Auge, die konzeptionell beachtet werden müssen:

– Produktion und Konsum der Leistung fallen zusammen; die Leistung wird »uno actu« in einem Zuge erstellt und abgesetzt. (Personenbezogene) Dienstleistungen sind nicht speicherbar. Sie stellen auch kein »Produkt« im materiellen Sinne dar. Die Qualität dieser Dienstleistung hängt deshalb in hohem Maße von der Interaktion zwischen »Leistungsanbieter« und »Kunde« ab und das Ergebnis der Leistung ist bedingt durch die Kooperationsfähigkeit und Kooperationswilligkeit des Adressaten der Dienstleistung. Der Konsument ist nicht nur »Nachfrager«, sondern gleichzeitig »Inputfaktor« für den Produktionsprozeß der Leistung, somit »Ko-Produzent«, ohne dessen Beteiligung vielleicht ein Leistungsangebot, aber keine Leistung zustandekommt! Dieser Umstand ist für die Bewertung eines »Outputs« von entscheidender Bedeutung, denn jeder »Output« einer tatsächlichen Leistung kann nur »Output« der Koproduktion sein, muß also beiden Kooperationspartnern zugerechnet werden. Hinzu kommt die Schwierigkeit der Meßbarkeit der Leistungen, die darin besteht, eine Interaktionsbeziehung zwischen konkreten Personen aufzubauen, aufrechtzuerhalten und quantitativ abzubilden. Das bedeutet, daß das »persönliche« Verhältnis zwischen Produzent und Kunde elementarer Bestandteil der Leistung und vor allem der Qualität der Leistung ist. Ebenso lassen sich Wirkungen dieses Ko-Produktionsprozesses kaum dem »input« zuordnen, sondern treten a) im biographischen Verlauf mit erheblicher Verzögerung auf und sind b) nicht der sozialen Intervention eindeutig zuzuordnen.

Damit sind personenbezogene Dienstleistungen »heterogene« Produkte, d. h. in ihrer Qualität nur sehr schwer vergleich- und kalkulierbar. Dies setzt auch ihrer Standardisierung Grenzen: die »Kontextbedingungen« (z. B. das persönliche Verhältnis) bestimmen die Konstitution eines Produktionsprozesses, der nicht von den beteiligten Personen ablösbar ist. Die Frage der Qualität von personenbezogenen Dienstleistungen kann somit in die Frage der professionellen Herstellung und Aufrechterhaltung »gelingender Interaktion« übergeführt werden.

Was soziale Arbeit von anderen personenbezogenen Dienstleistungen unterscheidet, ist die Tatsache, daß entweder die Rückkopplungs- und Regulierungsstrukturen eines Anbieter- oder die eines Nachfragemarktes fehlen. Trotz der Versuche, Marktanalogie herzustellen, bleibt das Auseinanderfallen von unmittelbaren Leistungsadressaten und Kostenträgern konstitutives Merkmal der ökonomischen Struktur öffentlicher Dienstleistungsproduktion und setzt der Implementation betriebswirtschaftlicher Instrumente logische und damit auch handlungspraktische Grenzen, die nicht durch Wettbewerbsrhetorik überwunden werden können: Nicht Marktkräfte, sondern politische Prozesse bestimmen in erster Linie die Organisationsziele bzw. das Leistungsspektrum (Oppen 1995).

Damit ist auch die Reichweite »kundenorientierter« Strategien im Kontext öffentlich organisierter Dienstleistungsarbeit strukturell begrenzt: Solange die Leistungserbringung nicht unmittelbar marktreguliert erfolgt, d. h. »schlüssige Tauschbeziehungen« (im Sinne Burlas) hergestellt sind, wird sie nicht von den Bedürfnissen der »Kunden« alleine gesteuert werden können. Auf »echten« Märkten wird die Befriedigung der Bedürfnisse von Nachfragern durch deren Zahlungsfähigkeit begrenzt, d. h. das verfügbare individuelle Budget steuert die Beeinflussung des ökonomischen Prozesses durch außerökonomische Bedürfnisse. Fehlt diese Budgetrestriktion beim Leistungsadressaten, so muß sie ersetzt werden durch die in Leistungsgesetzen formulierten »Stoppregeln« politischer Entscheidung über das sozialpolitisch zugestandene Maß an Leistungen. Die Qualität und Quantität von Leistungen wird bei öffentlich organisierten personenbezogenen Dienstleistungen somit innerhalb einer dreiteiligen Relation zwischen Leistungsadressaten (Bedürfnisse), Leistungsanbieter (Ressourcen) und Kostenträger (Politik) bestimmt, wobei jede dieser »Teile« eigene Interessen und Sichtweisen ausgebildet hat.

Lit. Burla: Management; Grunow: Kundenorientierung; Grunow: Verwaltung; KGSt: Outputorientierte Steuerung; KGSt: Ressourcenverantwortung; KGSt: Steuerungsmodell; KGSt: Verwaltungscontrolling; Kühl: Hierarchien; Laux: Neue Steuerungsmodelle; Naschold: Öffentlicher Sektor; Naschold: Ergebnissteuerung; Naschold: Produktivität; Oppen: Qualitätsmanagement; Pitschas: Jugendverwaltung; Weber: Wirtschaft; Wollmann: Verwaltungsmodernisierung.

*Heiner Brülle/Claus Reis/
Hans-Christoph Reiss*

Verwaltungsprozeß ist das durch die Verwaltungsgerichtsordnung (VwGO) geordnete Verfahren, in dem vor den allgemeinen → Verwaltungsgerichten in allen öffentlich-rechtlichen Streitigkeiten (→ Öffentliches Recht) nichtverfassungsrechtlicher Art, soweit die Streitigkeiten nicht durch Bundesgesetz einem anderen Gericht ausdrücklich zugewiesen sind (z. B. den besonderen Verwaltungsgerichten: Finanz- und → Sozialgerichte), → Rechtsschutz erlangt werden kann (§ 40). Der V. wird nicht von Amts wegen, sondern von demjenigen in Gang gesetzt, der Rechtsschutz begehrt, z. B. durch Erhebung der → Klage (§§ 81 f., 90) oder sonst durch Antragstellung. Die am V. Beteiligten haben die Herrschaft über ihn (Verfügungsgrundsatz): die Klage kann geändert oder zurückgenommen werden (§§ 91, 92), die Beteiligten können sich vergleichen (§ 106; → Vergleich) oder den Rechtsstreit in der Hauptsache für erledigt erklären (§ 161 Abs. 2); das Gericht darf über das Begehren des Klägers nicht hinausgehen (§ 88). Außerdem gelten: der Untersuchungsgrundsatz, d. h. das Gericht erforscht den Sachverhalt von Amts wegen, ohne an das Vorbringen und die Beweisanträge der Beteiligten gebunden zu sein (§ 86 Abs. 1); der Amtsbetrieb, d. h. Zustellung und Ladungen erfolgen von Amts wegen (§§ 56 Abs. 2, 85, 102 Abs. 1); dem Konzentrationsgrundsatz, das Bemühen um die Erledigung des Rechtsstreits in einer Verhandlung, dienen §§ 82 Abs. 2, 85, 86 Abs. 3, 87b, 104 Abs. 1; der Grundsatz der Mündlichkeit (§§ 101 Abs. 1, 103); der Grundsatz der Unmittelbarkeit (§§ 96 Abs. 1, 104); der Grundsatz der Öffentlichkeit (§ 55); zentraler Grundsatz ist die Gewährung → rechtlichen Gehörs.

Unter der Bindung der Rechtsprechung an Gesetz und Recht (Art. 20 Abs. 3 GG) entscheidet das Gericht nach seiner freien, aus dem Gesamtergebnis des Verfahrens ge-

wonnenen Überzeugung (§ 108 VwGO, Grundsatz der freien Beweiswürdigung). → Gerichtliche Entscheidungen sind i. d. R. zu begründen (§ 117 Abs. 2 VwGO für Urteile, § 122 Abs. 2 für Beschlüsse.
Der V. ist im Grundsatz kostenpflichtig. Gerichtskostenfreiheit besteht für Streitigkeiten in den Sachgebieten → Sozialhilfe, → Jugendhilfe, → Kriegsopfer- und Schwerbehindertenfürsorge sowie → Ausbildungsförderung (§ 188 VwGO). Wie im Zivilprozeß besteht die Möglichkeit der Bewilligung von → Prozeßkostenhilfe (§ 166 VwGO). → Anwaltszwang besteht nur für das Verfahren vor dem BVerwG (§ 67 Abs. 1 VwGO). *Peter Schmidt*

Verwaltungsrecht Unter den Gebieten des → öffentlichen Rechts hat das V. für die Praxis der sozialen Arbeit besondere Bedeutung.
Unter V. wird die Gesamtheit derjenigen → Rechtsnormen verstanden, die die Organisation und Tätigkeit der → Verwaltung regeln. Es besteht aus den Bereichen des Allgemeinen und des Besonderen V.
Allgemeines V.: Alle verwaltungsrechtlichen Normen, die für sämtliche Formen der Verwaltung und ihrer Tätigkeit gelten, werden dem Allgemeinen V. zugeordnet. Es bestand früher überwiegend aus ungeschriebenem Recht und wurde erst mit dem VwVfG vom 25. Mai 1976 und den im wesentlichen gleichlautenden Verfahrensgesetzen der Länder umfassend kodifiziert. Das Gesetz regelt die öffentlich-rechtliche Verwaltungstätigkeit der Behörden des Bundes und der Länder, soweit diese Bundesrecht im Auftrag des Bundes ausführen. Die Verwaltungsverfahrensgesetze der Länder gelten für die Verwaltungstätigkeit der Behörden der Länder. Das sozialrechtliche Verfahren ist im 10. Buch des → Sozialgesetzbuches (SGB) festgelegt. Es enthält wegen der im VwVfG zum Ausdruck kommenden rechtsstaatlichen Verfahrensgrundsätze zahlreiche Parallelregelungen, berücksichtigt daneben aber die Besonderheiten des Sozialrechts. Das → Verwaltungsverfahren ist einfach und zweckmäßig durchzuführen und an bestimmte Formen (z. B. Schriftlichkeit) nicht gebunden, es sei denn, daß dies in einer gesetzlichen Vorschrift ausdrücklich bestimmt ist. Beteiligt sein können am Verwaltungsverfahren natürliche und → juristische Personen, Vereinigungen und Behörden. Der einzelne Bürger kann Verfahrenshandlungen (z. B. Stellung eines Antrags) vornehmen, wenn er nach bürgerlichem Recht geschäftsfähig (→ Geschäftsfähigkeit) ist. Die juristischen Personen und Vereinigungen können dies durch ihre → gesetzlichen Vertreter oder besonders Beauftragte, die Behörden durch ihre Leiter, deren Vertreter oder Beauftragte. Jeder am Verwaltungsverfahren Beteiligte kann sich durch einen Bevollmächtigten (z. B. durch einen Rechtsanwalt) vertreten lassen. Greift ein Verwaltungsakt in die Rechte Beteiligter ein, so sind sie vor Erlaß anzuhören (→ Anhörung Beteiligter). Ausdrücklich wird den betroffenen Bürgern ein Recht auf → Akteneinsicht und Geheimhaltung (→ Datenschutz) eingeräumt.
Wegen der Rechtsschutzmöglichkeiten des Bürgers gegen Maßnahmen der Verwaltung (→ Rechtsschutz) verweist § 79 VwVfG auf die Bestimmungen der VwGO. I. d. R. ist der verwaltungsgerichtlichen Überprüfung ein Widerspruchsverfahren vorgeschaltet (§ 68 VwGO). Dabei wird verwaltungsintern das Verwaltungshandeln auf Rechtmäßigkeit und Zweckmäßigkeit überprüft. Stellt sich heraus, daß der → Widerspruch begründet ist, hilft die Behörde ab. Andernfalls endet das Vorverfahren mit dem Erlaß eines Widerspruchsbescheids. Dagegen kann → Klage beim zuständigen → Verwaltungsgericht erhoben werden. Der Widerspruch ist innerhalb eines Monats nach Bekanntgabe des Verwaltungsaktes bei der Behörde zu erheben (§ 70 VwGO), die Klage innerhalb eines Monats nach Zustellung des Widerspruchsbescheids (§ 74 VwGO). Sind Widerspruchs- oder Klagefrist ohne Verschulden versäumt worden, so ist auf Antrag → Wiedereinsetzung in den vorigen Stand zu gewähren. Der Antrag auf Wiedereinsetzung ist binnen 2 Wochen nach Wegfall des Grundes zu stellen, durch den der Bürger an der Fristwahrung gehindert war.
Besonderes V.: Das Besondere V. ist in einer fast unüberschaubaren Anzahl von Einzelgesetzen geregelt. Hat sich das V. zunächst im Bereich der sog. Eingriffsverwaltung entwickelt (belastender → Verwaltungsakt), so steht heute die leistende Verwaltung (→ Daseinsvorsorge) nach Bedeutung und Umfang im Vordergrund. Auch das Besondere V. kann allerdings in einzelne Rechtsgebiete untergliedert werden, von denen hier nur das Beamten- und Disziplinarrecht, Schul- und Ausbildungsrecht, Datenschutzrecht (→ Datenschutz), → Gesundheitsrecht, Lebensmittelrecht, Umweltschutzrecht, Naturschutzrecht, Energie- und Wasserrecht einschließlich Atomrecht, Baurecht, Wohnraumversorgungsrecht, Denkmalschutz, → Planungsrecht, Jugendrecht (→ Kinder- und Jugendhilfegesetz [KJHG – SGB VIII]), → Sozialrecht, → Polizeirecht, Vereins- und → Versammlungsrecht, → Ausländerrecht, Kommunalrecht, Wehrrecht, Gewerbe- und Berufsrecht, Haushalts- und Steuerrecht, Straßen- und Wegerecht und schließlich das Straßenverkehrsrecht genannt werden sollen. Für alle Gebiete des Besonderen V. gelten die Bestimmungen des Allgemeinen V., soweit sie nicht durch speziellere Regelungen verdrängt werden sowie die verfassungsrechtlichen Grundsätze. In der täglichen Praxis der sozialen Arbeit entstehen Probleme am

häufigsten in den Teilen des Besonderen V., die die Tätigkeit und Organisationen der leistenden Verwaltung regeln (insbes. im Sozialrecht). Für dieses Gebiet wurde mit Inkrafttreten des Allgemeinen Teils eines Sozialgesetzbuchs (SGB I) und des SGB X – Verwaltungsverfahren – eine Zusammenfassung von Bestimmungen geschaffen, die für alle Bereiche des Sozialrechts gleichermaßen gelten. Bis zu ihrer Einordnung in das SGB gelten das → Bundessozialhilfegesetz (BSHG), das → Bundesausbildungsförderungsgesetz (BAföG), das AFG (→ Arbeitsförderung/Arbeitsförderungsgesetz [AFG]), das → Schwerbehindertengesetz (SchwbG), das BKGG, das WoGG und eine Reihe anderer sozialrechtlicher Gesetze als besondere Teile des SGB. In Zeiten der Wohnungsknappheit und Wohnungsverteuerung wird die Beschaffung und Erhaltung einer angemessenen → Unterkunft zum besonderen Problem. Dementsprechend hat sich das Wohnraumversorgungsrecht als Teil des Besonderen V. entwickelt. Hierzu gehören die Bestimmungen über den sozialen → Wohnungsbau, die → Wohnungsbauförderung, die kommunale Wohnungsvermittlung und die Wohnungsaufsicht. Für diesen Problembereich sind darüber hinaus eine ganze Reihe sozialrechtlicher Bestimmungen von Bedeutung, so z. B. § 15a BSHG (Hilfe zur Sicherung der Unterkunft), § 40 Abs. 1 Nr. 6a BSHG (Hilfe bei der Beschaffung und Erhaltung einer → behindertengerechten Wohnung), § 72 Abs. 2 BSHG (Hilfe bei der Beschaffung und Erhaltung einer Wohnung für Personen mit besonderen sozialen Schwierigkeiten; → Hilfe zur Überwindung besonderer sozialer Schwierigkeiten) und § 75 Abs. 2 Nr. 1 BSHG (Hilfe bei der Beschaffung und Erhaltung einer altengerechten Wohnung; → Altenwohnung). Auch hier zeigt sich, daß der Untergliederung in einzelne Rechtsgebiete Bedürfnisse wissenschaftlicher Systematik und der Gesetzgebungstechnik zugrunde liegen. Auf die Lebensumstände des einzelnen Bürgers kann und wird durch Bestimmungen aus ganz verschiedenen Rechtsgebieten eingewirkt werden. Dies sollte in der Praxis der sozialen Arbeit stets bedacht werden, wenn juristische Probleme zu bearbeiten sind.

Lit. Achterberg: Allgemeines Verwaltungsrecht; Kopp: VwVfG (Komm.); Luhmann: Verwaltungswissenschaft. *Walter Roth*

Verwaltungsverfahren im Sinne der V.gesetze ist »die nach außen wirkende Tätigkeit der Behörden, die auf die Prüfung der Voraussetzungen, die Vorbereitung und den Erlaß eines Verwaltungsaktes oder auf den Abschluß eines öffentlich-rechtlichen Vertrages gerichtet ist; es schließt den Erlaß des Verwaltungsaktes oder den Abschluß des öffentlich-rechtlichen Vertrages ein« (§ 9 VwVfG; übereinstimmend die entsprechenden Bestimmungen in den Landesverwaltungsverfahrensgesetzen und in § 8 SGB X. Zum V. gehört auch die Entscheidung über den förmlichen → Rechtsbehelf des → Widerspruchs, für den als Vorverfahren vor der gerichtlichen Entscheidung die Vorschriften der VwGO (§§ 68 ff.: → Verwaltungsprozeß) bzw. des SGB X (§§ 62 f.) oder des VwVfG (§§ 79 f.) gelten.

Das V.recht unterscheidet zwischen dem allgemeinen V. und den besonderen Verfahrensarten. Besondere Verfahrensarten sind das förmliche V. (§§ 63 ff. VwVfG), das insbes. in Betracht kommt, wenn ein Verwaltungsvorhaben die Rechte und Interessen mehrerer Personen berührt (z. B. Bau eines Flughafens, Genehmigung von Grundwasserentnahme u. a.) und nur eingreift, wenn ein Gesetz es ausdrücklich anordnet, und das Planfeststellungsverfahren (§§ 72 VwVfG). Besondere V. sind ferner die Verwaltungszustellung und die Verwaltungsvollstreckung. Sie richten sich für Bundesbehörden nach dem Verwaltungszustellungsgesetz (VwZG) und nach dem Verwaltungsvollstreckungsgesetz (VwVG), für die sonstigen Behörden nach den entsprechenden Landesgesetzen; für die → Sozialleistungsträger greifen ergänzend die §§ 65 und 66 SGB X ein.

Die Einleitung eines Verfahrens hängt davon ab, ob das materielle Recht von einem unmittelbaren Tätigwerden der Behörden ausgeht (Offizialprinzip) oder einen → Antrag voraussetzt. Die Leistungen nach dem SGB sind mit wenigen Ausnahmen (z. B. → Sozialhilfe) von einem Antrag abhängig.

Das V. dient der Aufklärung des Sachverhaltes, der Ermittlung der für ihn maßgebenden Rechtssätze, der → Auslegung dieser Rechtssätze, der Subsumtion des Sachverhalts unter die Rechtssätze, dem Treffen einer Entscheidung und (i. d. R.) dem Vollzug der Entscheidung. Die Entscheidung besteht i. d. R. in dem Erlaß eines → Verwaltungsaktes; sie kann auch in dem Abschluß eines öffentlich-rechtlichen → Vertrages bestehen (vgl. §§ 54 ff. VwVfG, §§ 53 ff. SGB X).

Wer einen Antrag gestellt hat (im Sozialrecht ab Vollendung des 15. Lebensjahres, § 36 SGB I) oder an wen die Behörde einen Verwaltungsakt richten will, ist nicht Objekt, sondern Beteiligter des Verfahrens. Ein Beteiligter kann sich durch einen Bevollmächtigten vertreten lassen und zu Verhandlungen mit einem Beistand erscheinen (§ 13 SGB X). Werden auch die Interessen anderer Personen berührt, so kann die Behörde sie als weitere Beteiligte hinzuziehen. Hat der Ausgang des Verfahrens rechtsgestaltende Wirkung für einen Dritten, so ist dieser auf Antrag als Beteiligter hinzuzuziehen (§ 13 VwVfG, § 12 SGB X).

Das V. ist nicht an bestimmte Formen gebunden, soweit keine besonderen Rechts-

vorschriften für die Form bestehen (Nichtförmlichkeit). Die Aufklärung des Sachverhalts ist Aufgabe der Behörde (Untersuchungsgrundsatz § 20 SGB X). Dabei treffen denjenigen, zugunsten dessen die Behörde tätig wird, → Mitwirkungspflichten (s. für Sozialleistungen §§ 60 ff. SGB I). Im Umfange ihrer materiellen Betroffenheit sind die Beteiligten zu hören (→ Rechtliches Gehör, vgl. auch § 34 SGB I). Läßt sich ein entscheidungserheblicher Umstand mit den der Behörde gegebenen Mitteln nicht aufklären, so trägt beim belastenden Verwaltungsakt die Behörde, beim begünstigenden der Antragsteller die Folge (Grundsätze der materiellen Beweislast). S. a. → Akteneinsicht, → Amtshilfe, → Beratung, → Wiedereinsetzung in den vorigen Stand.
Lit. Erlenkämper u.a.: Sozialrecht; Giese u.a.: SGB I und X; Maurer: Verwaltungsrecht; Ule u.a.: Verwaltungsverfahrensrecht. *Jürgen Sauer*

Verwaltungsverfahrensgesetz (VwVfG) → Verwaltungsrecht

Verwaltungsvorschriften sind innerhalb einer → Verwaltung verbindliche Handlungsanweisungen mit dem Ziel der Sicherung einer gleichmäßigen Verwaltungspraxis. Teilweise interpretieren V. → unbestimmte Rechtsbegriffe und damit tatbestandliche Voraussetzungen einer → Rechtsnorm für behördliches Handeln (z. B. Eignung zum Führen von Kraftfahrzeugen im Straßenverkehr). Überwiegend enthalten V. jedoch Anordnungen für eine bestimmte Ermessenshandhabung (→ Ermessen) und sichern dadurch gerade für große Verwaltungsbereiche eine gleichmäßige Ermessensbetätigung (z. B. Straßenverkehrsrecht, Ausländerrecht). Der Bürger kann V. zu seinen Gunsten anspruchsbegründend nur insoweit geltend machen, als er unter der Geltung des Gleichbehandlungsgebots, Art. 3 GG (→ Gleichheits[grund]satz), beanspruchen kann, daß eine für ihn günstige rechtmäßige Verwaltungspraxis auch für seinen Fall Anwendung findet. *Karin Wolski*

Verwandtschaft Die durch → Abstammung begründete gegenseitige Beziehung von Personen, unterschieden nach (auf- bzw. absteigenden) Linien und Graden (§ 1589 BGB). V. in gerader Linie besteht in direkter Generationenfolge: Kind – Elternteil – Großelternteil. In der Seitenlinie sind zwei Personen verwandt, die von derselben dritten Person abstammen: Geschwister über die Eltern, Halbgeschwister über einen Elternteil. Kind – Tante: Der Großvater des Kindes ist Vater dessen Tante. Der Grad der V. richtet sich nach der Zahl der sie vermittelnden Geburten: Geschwister = 2. Grad; Kind – Tante = 3. Grad. V. zieht verschiedene Rechtsfolgen nach sich, z. B. im Unterhaltsrecht zwischen Verwandten gerader Linie (→ Unterhaltspflicht), für Eltern: → elterliche Sorge, ferner im → Erbrecht, → Zeugnisverweigerungsrecht, → Strafrecht, → Pflegekinderschutz. Bei Annahme Minderjähriger als Kind erlöschen bisherige V.verhältnisse, neue werden begründet (seit 1. 1. 1977).
Helga Danzig

Verwirkung Die V. ist ein Unterfall der unzulässigen Rechtsausübung. Die V. eines Rechts ist in allen Rechtsgebieten möglich, d. h. nicht nur im → Sozialrecht und im übrigen → öffentlichen Recht, sondern auch im Zivilrecht einschließlich des → Arbeitsrechts und im Prozeßrecht.
Die V. unterscheidet sich von der → Verjährung dadurch, daß der bloße Zeitablauf nicht genügt, um die Ausübung des Rechts als unzulässig anzusehen. Zu dem Ablauf einer längeren Zeitspanne müssen weitere Gesichtspunkte treten, welche die spätere Geltendmachung des Rechts mit der Wahrung von Treu und Glauben (vgl. § 242 → Bürgerliches Gesetzbuch [BGB]) als nicht vereinbar und dem Rechtspartner gegenüber wegen des illoyalen Verhaltens des Berechtigten als nicht zumutbar erscheinen lassen (vgl. BSGE 51, 260).
Die V. ist eine rechtsvernichtende Einwendung und im Prozeß von Amts wegen zu berücksichtigen (BGH NJW 66, 345).
Wolfhart Burdenski

Verwirrtheit → Gerontopsychiatrie

Verzinsung von Sozialleistungen Der Leistungsträger soll zur beschleunigten Bearbeitung jedes Einzelfalles angehalten werden. § 44 Abs. 1 → Sozialgesetzbuch (SGB) I bestimmt daher, daß Ansprüche auf Geldleistungen mit 4% zu verzinsen sind. Die Verzinsung beginnt frühestens nach Ablauf von sechs Kalendermonaten nach Eingang des vollständigen Leistungsantrags beim zuständigen Leistungsträger, beim Fehlen eines Antrags nach Ablauf eines Kalendermonats nach der Bekanntgabe der Entscheidung über die Leistung (§ 44 Abs. 1 SGB I). Die (Bearbeitungs-)Frist soll für den Leistungsträger nicht dadurch verkürzt werden, daß der Antrag bei einem unzuständigen Leistungsträger oder unvollständig (oder beides) eingereicht wird. Gibt der Leistungsträger Antragsvordrucke (vgl. § 17 Abs. 1 Nr. 3 SGB I) heraus, so gehört zum »vollständigen« Leistungsantrag auch die Beibringung der erforderlichen Urkunden (BSGE 65, 160).
Die Verzinsung umfaßt nicht das Stammrecht als solches, sondern die jeweils fälligen Einzelleistungen und erstreckt sich auf den Zeitraum bis zum Ablauf des Kalendermonats vor der Zahlung. Der (relativ geringe) Zinssatz ist verfassungsrechtlich nicht

zu beanstanden (BSG SozR 1200 § 44 SGB I Nr. 20). Verzinst werden volle DM-Beträge. Dabei ist der Kalendermonat mit 30 Tagen zugrunde zu legen (§ 44 Abs. 3 SGB I).

Wolfhart Burdenski

Volkshochschule (VHS) ist ein privatrechtliches oder öffentlich-rechtliches Dienstleistungsinstitut, das freiwillig oder zur Wahrnehmung kommunaler Pflichtaufgaben im Rahmen der → Erwachsenenbildung als vierte Säule des Bildungsgesamtsystems (→ Bildung/Bildungswesen) allgemein zugänglich ist, keine Gruppeninteressen vertritt und öffentlicher Kontrolle unterliegt. Der Bundes-Dachverband der Volkshochschulen, der DVV, beschließt im Juni 1996 eine Strukturreform: die drei Institute (Deutsches Institut für Erwachsenenbildung, Adolf Grimme Institut, Institut für internationale Zusammenarbeit) werden künftig als gGmbHs geführt.
Entstehungszusammenhang sind Volks- und Arbeiterbildungsansätze, die im 19. Jh. Bürgertum und Arbeiterschaft selbstbewußt fordern und initiieren, und die eine Massenbasis finden aufgrund des Modernisierungsdrucks und damit veränderter Anforderungsprofile im wirtschaftlichen Subsystem. Ersten Experimenten nach dänischem Vorbild (Grundtvig) seit 1905 (Heim-VHS Tingleff in Schleswig-Holstein) folgt im Rahmen der V.bewegung die Gründungsphase mit staatlicher Förderung in der Weimarer Republik seit 1919 mit dem Ziel der Erhaltung und Verjüngung der deutschen Kultur in völkischer Einheit auf demokratischer Grundlage. 1933 bis 1939 erfolgt die Auflösung oder Integration nach dem Verfahrenskriterium »Trägerschaft« in die Deutsche Arbeitsfront. 1945 bis 1949 Wiederaufnahme der Arbeit mit dem Ziel »reeducation«. In der DDR ab 1949 Arbeitsteilung zwischen VHS (Schwerpunkte: Schulabschlüsse/Hochschulvorbereitung) und Urania (Schwerpunkt: populärwissenschaftliche Allgemeinbildung). In der Bundesrepublik entwickelt sich ein offenes Angebot in kommunaler Zuständigkeit mit länder- und regionalspezifischen Schwerpunkten zwischen politischen Forderungen, Finanzierung, Markt und Ansprüchen des pädagogischen Personals.
Gesetzgeberische Zuständigkeit liegt laut → Grundgesetz (GG) bei den Ländern und äußert sich sehr unterschiedlich in verbaler Anerkennung oder Zuweisung finanzieller Mittel (Weiterbildungsgesetze). Ziel ist die Unterstützung von Menschen bei biographischen und gesellschaftlichen Veränderungen über ein durch öffentliche Budgets abgesichertes flächen- und bedarfsdeckendes und -weckendes Angebot im Bereich der allgemeinen, politischen, schulischen und beruflichen Bildung vor dem Hintergrund der vom »Zeitgeist« definierten sozialpolitischen und wirtschaftlichen Spezifika.

Hauptnutzergruppen sind nach den Kriterien »Geschlecht«, »Alter« und »Beruf« überproportional Frauen, jüngere Erwachsene ab 35 Jahre und Angestellte. Neue Zielgruppen sind Ausländer und »Junge Alte« von 55 bis 65 Jahren.
Lit. Dewe u. a.: Erwachsenenbildung; Döring: Weiterbildung; Peters, O. u. a.: Weiterbildung; Schäffter: Zielgruppenorientierung; Schmitz, E. u. a.: Erwachsenenbildung.

Jürgen Lange

Volkswirtschaftliche Gesamtrechnung Quantitative, wertmäßige, periodenbezogene (i. d. R. 1 Jahr) Ex-post-Erfassung der Produktions- und Einkommensströme und der damit verbundenen Vermögensänderungen einer Volkswirtschaft. Die v. G. des Statistischen Bundesamtes weist die Wirtschaftstätigkeit in 3 Sektoren nach: 1. Unternehmen einschließlich Landwirtschaft, freie Berufe, öffentliche Betriebe (wie Bahn, Post und Versorgungsunternehmen), Wohnungsvermietung; 2. Staat (Gebietskörperschaften und Sozialversicherungen); 3. private Haushalte und private Organisationen ohne Erwerbscharakter (wie Vereine, Parteien, Kirchen, Gewerkschaften, Wohlfahrtsverbände). Die wirtschaftlichen Beziehungen dieser 3 inländischen Sektoren mit dem Ausland werden in einem »Konto der übrigen Welt« zusammengefaßt. Ihre Wirtschaftstätigkeit wird durch jeweils 7 Kontenarten beschrieben: 1. Produktion von Waren und Dienstleistungen, 2. Einkommensentstehung, 3. → Einkommensverteilung, 4. Einkommensumverteilung, 5. Einkommensverwendung, 6. Vermögensveränderung und 7. Veränderung der Forderungen und Verbindlichkeiten.
Auf den Produktionskonten der v. G. werden grundsätzlich nur Markttransaktionen erfaßt, also nicht Produktion für den Eigenbedarf (Haushaltsproduktion), ehrenamtliche Tätigkeiten und Leistungen in der »Schattenwirtschaft«. Das Statistische Bundesamt versucht, durch sog. Zeitbudgeterhebungen bei Haushalten diese Lücke der v. G. zumindest teilweise zu schließen. Die Problematik solcher Erhebungen liegt in der Bewertung der unbezahlten familienwirtschaftlichen Tätigkeiten: Man kann entweder den (Stunden-)Lohn für entsprechende bezahlte Berufstätigkeit (als Putzfrau, Kindergärtnerin, Altenpfleger usw.) oder den entgangenen (Stunden-)Lohn (die »opportunity costs«), den man erzielen könnte, wenn man anstatt der Hausarbeit einer bezahlten Erwerbstätigkeit nachginge, in Ansatz bringen.
Die Zahlen der v. G. sind als Wohlstandsindikator auch deshalb in Zweifel gezogen worden, weil sie einen spezifischen Werteverzehr, nämlich den »Verbrauch von Umwelt«, als freies (d. h. unbegrenzt verfügba-

res und deshalb kostenloses) Gut behandelt haben. Die Problematik der Messung von »Umweltverbrauch« liegt wiederum in Bewertungsfragen: Man kann entweder versuchen, Umweltschäden (als »Nutzenentgang«) direkt über (Schatten-) Preise zu bewerten, oder man kann versuchen, »Vermeidungskosten« von Umweltschäden zu berechnen. Sowohl die Haushaltsproduktion als auch eine umweltökonomische Gesamtrechnung werden nicht in die v. G. einbezogen, sondern als sog. »Satellitensysteme« gesondert ausgewiesen.
Lit. Haslinger: Gesamtrechnung; Hölder, u. a.: Gesamtrechnung; Schäfer, D.: Haushaltsproduktion; Schweitzer u. a.: Zeitbudgeterhebungen. *Dieter Schäfer*

Volkszählung ist die umfassende Bestandsaufnahme der → Bevölkerung eines Gebietes, zumeist eines Staates, nach natürlichen, wirtschaftlichen, sozialen und kulturellen Merkmalen zu einem bestimmten Zeitpunkt. V.termine werden nach Möglichkeit international abgestimmt, damit für die meisten Länder vergleichbare → Daten zum ungefähr gleichen Zeitpunkt vorliegen. V. werden in etwa 10jährigen Abständen in der Regel in Form von Bevölkerungsbefragungen durchgeführt (→ Befragung). In der Bundesrepublik Deutschland fanden in den Jahren 1950, 1961, 1970 und 1987 V. statt, in der ehemaligen DDR in den Jahren 1950, 1964, 1971 und 1981. Verbunden mit der V. 1987 war eine Berufs-, Gebäude-, Wohnungs- und Arbeitsstättenzählung. Gegen die ursprünglich für 1983 geplante V. war Verfassungsbeschwerde erhoben worden. In seinem Urteil vom 15. 12. 1983 erkannte das Bundesverfassungsgericht die Notwendigkeit von V. an, verlangte jedoch vom Gesetzgeber, vor künftigen Erhebungen zu prüfen, inwieweit es andere Verfahren der Informationsgewinnung gibt, die das Recht des Bürgers auf informationelle Selbstbestimmung in geringerem Maße tangieren. Durch V. können umfassende Erkenntnisse über die sozioökonomische Lage einer → Bevölkerung, z. B. über Wohnverhältnisse, → Ausbildung, Erwerbstätigkeit und → Lebensunterhalt gewonnen werden. V. stellen damit eine wichtige Informationsquelle für Gesetzgebung und Verwaltung sowie für Wissenschaft und Forschung dar. Die durch V. gewonnenen Informationen dienen u. a. zur Ermittlung des Bedarfs an Infrastruktureinrichtungen wie Schulen, → Krankenhäusern und Altenheimen sowie als Grundlage für Bevölkerungsvorausberechnungen.
Dieter Deininger

Volljährigkeit tritt mit der Vollendung des 18. Lebensjahres ein (§ 2 → Bürgerliches Gesetzbuch [BGB]; → Altersstufen im Recht). Eine V.erklärung ist auch im Fall der Heirat eines Minderjährigen nicht möglich. Bei ausländischen Mitbürgern richtet sich die V. nach dem Gesetz des Heimatlandes (Art. 7 EGBGB).
Die V. bewirkt volle juristische Handlungsfähigkeit, d. h. unbeschränkte → Geschäftsfähigkeit (§ 104 ff. BGB), die unbeschränkte deliktische Haftung (§§ 823 bis 828 BGB), Prozeßfähigkeit (§§ 50 ff. ZPO), Ehemündigkeit (§ 1 EheG), aktives und passives Wahlrecht (Art. 38 Abs. 2 GG) sowie die volle → Strafmündigkeit. Als Straftäter können Personen zwischen dem 18. und 21. Lebensjahr als Heranwachsende weiterhin nach dem → Jugendstrafrecht behandelt werden (§§ 1 und 105 ff. JGG).
Mit der V. entfallen auch die Verantwortung im Rahmen der → elterlichen Sorge, der → Vormundschaft und → Pflegschaft wegen → Minderjährigkeit sowie die Jugendschutzbestimmungen (→ Jugendschutz), z. B. auch im Strafrecht.
Die gesetzliche Neuregelung der V. vom 31. 7. 1974 (BGBl. I S. 1713) war bis zuletzt umstritten. Die Kriterien »Mündigkeit« und »soziale Reife« sind unklar, werden aber überwiegend als entscheidende Orientierungspunkte für die Festlegung des V.alters angesehen. Aus Mangel an gesicherten Erkenntnissen über Reifungsprozesse bei jungen Menschen im Heranwachsendenalter (→ Jugendalter) ist die Entscheidung eher politisch zu verstehen.
Veränderte → Lebenslagen von Jugendlichen und jungen Erwachsenen, insbes. längere Ausbildungszeiten und damit verbundene wirtschaftliche Abhängigkeiten, haben den Weg in die Selbständigkeit und Eigenverantwortlichkeit wesentlich erschwert. Diese oft schwierige Übergangssituation erfordert über die V. hinaus spezielle Angebote der Beratung und Hilfe (Flexibilisierung des Übergangs).
Diesem Anspruch konnten in der Vergangenheit die Maßnahmen der §§ 6 und 75a JWG nur bedingt gerecht werden. Für junge Volljährige (§ 7 Abs. 1 Ziff. 3 → Kinder- und Jugendhilfegesetz [KJHG – SGB VIII]) sind ab 1994 im Rahmen einer → Soll-Leistung differenzierte Hilfeangebote (→ Hilfen für junge Menschen/Volljährige) von den → Jugendämtern zu gewährleisten (§ 41 KJHG – SGB VIII). Die Schaffung und Ausgestaltung z. B. von Wohn-, Ausbildungs- und Beschäftigungshilfen für junge Volljährige ist damit eine dringende Aufgabe für die kommunale → Jugendhilfe.
Lit. Kreft u. a.: Soziale Arbeit; Münder u. a.: KJHG (Komm.); Schäfer, H.: Volljährigkeit. *Jost Bauer*

Vollpflegestelle → Pflegestelle

Vollstationäre Pflegeeinrichtung Vollstationäre Pflege findet nach § 43 des Pflege-Versicherungsgesetzes überwiegend in → Einrichtungen der Alten- und Krankenhilfe statt. Dazu zählen unterschiedliche Typen von Heimen sowie geriatrische Kliniken oder gerontopsychiatrische Kliniken oder Abteilungen. Heime für Volljährige fallen unter den Regelungsbereich des → Heimgesetzes und seiner Verordnungen. Vollstationäre Pflege steht seit Einführung der → Pflegeversicherung in einem nachrangigen Verhältnis zu ambulanter, teilstationärer und Kurzzeitpflege. In einer v. P. erhält ein Pflegebedürftiger (→ Pflegebedürftigkeit) umfassende und bedarfsgerechte Pflege, Versorgung und Betreuung. Bei Pflege in vollstationären Einrichtungen der Behindertenhilfe nach §43 a Pflege-Versicherungsgesetz übernimmt die → Pflegekasse 10 v.H. des Pflegesatzes, max. jedoch 500,– DM zur Abgeltung der → Pflegeleistungen. Einrichtungen der Behindertenhilfe, in denen die berufliche und soziale Eingliederung, die schulische Ausbildung oder die Erziehung Behinderter im Vordergrund stehen, sind nach §71 Abs. 4 Pflege-Versicherungsgesetz keine vollstationäre Pflegeeinrichtungen. Die bauliche, sachliche und personelle Ausstattung ist darauf ausgerichtet, körperliche, geistige und soziale Fähigkeiten zu erhalten und zu verbessern, verlorene Kompetenzen wiederzugewinnen, die erforderliche Pflege ständig zu gewährleisten und sie reaktivierend zu gestalten. Funktionsräume für Therapie und Pflege, Gemeinschaftsflächen und Pflegeplätze bilden die räumlichen Voraussetzungen, wobei »die Erfüllung der Anforderungen der HeimMindBauV (nach dem Heimgesetz) nicht ... ausreicht, um einen möglichst weitgehenden Wohncharakter von Pflegeplätzen zu gewährleisten«. (Deutscher Verein: Nomenklatur der Altenhilfe S. 15) Im personellen Bereich müßten die Pflegedienste von ausgebildeten Fachkräften maßgeblich gestaltet werden.

Die Pflegeversicherung veranlaßt viele Heime zu konzeptionellen und organisatorischen Veränderungen. Sich auf einem sich formierenden »Pflegemarkt« behaupten zu können, bedarf eines grundlegenden Wechsels von der bisherigen Angebotsorientierung der v. P. und aller darin Beschäftigten hin zu einer künftigen Nachfrageorientierung. Die transparente Darstellung von Ausstattung und Leistungen wird auch eine zunehmende Spezialisierung auf bestimmte Hilfebedürftige mit sich bringen wie z.B. auf die Pflege und Betreuung gerontopsychiatrisch Veränderter, geriatrische Rehabilitation, die Pflege Sterbender, → Kurzzeitpflege, → betreutes Wohnen u.a. Auch die Finanzierung der v. P. erfährt Veränderungen. Waren bislang entweder der Selbstzahler oder das → Sozialamt die Kostenträger, so werden nach den Vorschriften des Pflege-Versicherungsgesetzes die Leistungen aufgeteilt in (1) Unterkunft und Verpflegung, (2) Pflege und (3) Investitionskosten. Die Kosten für (1) muß der Pflegebedürftige selbst aufbringen, im Falle seiner Bedürftigkeit der Sozialhilfeträger; für (2) erhält die v. P. die Aufwendungen entsprechend der Pflegestufe des Bewohners bis zu einem Betrag von max. DM 2 800 (zur Vermeidung von Härten kann ein Gesamtbetrag von DM 3 300 gezahlt werden). Darüber hinausgehende Kosten der Pflege bezahlt entweder der Pflegebedürftige selbst oder der Sozialhilfeträger; (3) werden durch Landesrecht bezuschußt; reicht der Zuschuß nicht aus, so bezahlt der Pflegebedürftige oder der Sozialhilfeträger den Differenzbetrag. Bis 31. 12. 1997 gelten Übergangsregelungen für die Finanzierung. Diese sollen abgelöst werden durch das sog. Standard-Pflegesatz-Modell, das tendenziell eine Vereinheitlichung der Entgelte für vergleichbare Pflegeleistungen vorsieht.

Lit. DV: Nomenklatur. *Uwe Brucker*

Vollstreckung öffentlicher Ansprüche ist die Durchsetzung von im → öffentlichen Recht begründeten Ansprüchen unter Einsatz staatlicher Zwangsmittel. V. setzt einen (vollstreckungsfähigen) Titel voraus. Ein solcher ist entweder ein → Verwaltungsakt, der unanfechtbar oder vor Eintritt seiner Unanfechtbarkeit von Gesetzes wegen oder aufgrund besonderer Anordnung vollziehbar ist (s. §80 Abs. 2 VwGO), oder eine → gerichtliche Entscheidung nach Eintritt ihrer → Rechtskraft oder aufgrund vorläufiger Vollstreckbarkeit. Man unterscheidet die V. zugunsten der öffentlichen Hand von derjenigen gegen die öffentliche Hand. Im ersten Fall wird, wenn ein Verwaltungsakt durchgesetzt werden soll, nach den Verwaltungsvollstreckungsgesetzen (VwVG) des Bundes und der Länder vollstreckt, auch dann, wenn der Verwaltungsakt erst nach rechtskräftiger Abweisung einer → Anfechtungsklage unanfechtbar geworden ist. Für die V. einer öffentlichrechtlichen Geldforderung verweist das VwVG auf die Vorschriften der Abgabenordnung (AO). Ein Verwaltungsakt, gerichtet auf die Herausgabe einer Sache, auf die Vornahme einer Handlung, auf Duldung oder Unterlassung, kann mittels → Ersatzvornahme, → Zwangsgeldes (ggf. Ersatzzwangshaft) oder unmittelbaren Zwanges durchgesetzt werden. Wahl des Zwangsmittels steht im → Ermessen der Behörde; Verhältnismäßigkeit (→ Verhältnismäßigkeitsgrundsatz) und Erforderlichkeit sind zu beachten (Einzelheiten s. §§6ff. VwVG Bund). Aus einer gerichtlichen Entscheidung und anderen in §168 Abs. 1 VwGO genannten Titeln wird zugunsten der öffentlichen Hand i.d.R. nach dem VwVG Bund vollstreckt (§169 VwGO); Vollstreckungsbehörde ist jedoch der Vorsitzende des Gerichts in erster Rechtszuges. – Die V. gegen die öffentliche Hand richtet sich nach den §§167, 168, 170 bis 172 VwGO, §§198, 199, 201 SGG, §§151 ff. FGO. Gerichtliche Entscheidung als Vollstrek-

kungstitel ist vor allem Leistungs- und Verpflichtungsurteil (→ Verpflichtungsklage).
Peter Schmidt

Vollstreckungsbescheid → Mahnverfahren

Vollstreckungsschutz ist im Prozeßrecht teils durch gesetzliche Schranken der Vollstreckung, teils durch Ermächtigung zu gerichtlichen Anordnungen vorgesehen und dient dem Schutz vor allzu weitgehenden Vollstreckungsmaßnahmen. V. zählt zum Wertsystem des sozialen → Rechtsstaates, steht aber in einem Spannungsverhältnis zu dem durch den Titel legitimierten Gläubigerinteresse.
Der Sicherung des → Existenzminimums dienen die Vorschriften über den → Pfändungsschutz. Gegen Verschleuderung von Pfändungsgut wirken §§ 817a, 813 Zivilprozeßordnung (ZPO) (Zuschlag in der Versteigerung nicht unter dem halben geschätzten Verkaufswert). Eine ratenweise Abtragung der Schuld eröffnen dem Schuldner § 813a ZPO (Aussetzung der Verwertung bis zu 1 Jahr unter Zahlungsfristen; ähnlich §§ 30a ff. Zwangsversteigerungsgesetz [ZVG] in der Grundstücksversteigerung) und § 900 Abs. 4 ZPO (Vertagung des Termins auf Abgabe der Offenbarungsversicherung gegen Nachweis ratenweiser Tilgung). Nach der Generalklausel des § 765a ZPO kann das Vollstreckungsgericht jede → Zwangsvollstreckungsmaßnahme ganz oder teilweise aufheben, untersagen oder einstweilen einstellen, wenn sie unter voller Würdigung des Schutzbedürfnisses des Gläubigers für den Schuldner wegen ganz besonderer Umstände eine mit den guten Sitten unvereinbare Härte darstellt.
Für Titel auf Räumung von Wohnraum ermöglichen §§ 721, 794a ZPO die gerichtliche Anordnung eines Räumungsschutzes durch Gewährung von Räumungsfristen bis zu 1 Jahr (ab Rechtskraft des Urteils bzw. Abschluß des Räumungsvergleichs).
Da Urteile von Amts wegen für vorläufig vollstreckbar zu erklären sind, sieht § 712 ZPO vor, daß das Prozeßgericht dem Schuldner auf Antrag gestatten kann, die Zwangsvollstreckung durch Sicherheitsleistung oder Hinterlegung abzuwenden, wenn die Vollstreckung ihm einen nicht zu ersetzenden Nachteil bringen würde und überwiegende Interessen des Gläubigers dem nicht entgegenstehen; ist der Schuldner dazu nicht in der Lage, so kann sogar das Urteil für nicht vollstreckbar erklärt oder bloße Sicherungsvollstreckung (Pfändung, aber keine Verwertung) angeordnet werden.
Lit. Zöller u. a.: ZPO (Komm.).
Eberhard Schilken

Vollzeitpflege → Pflegekinderwesen

Vorbehalt des Gesetzes → Gesetzmäßigkeit der Verwaltung

Vorbereitung auf das Alter Altern ist eine natürliche Entwicklung des menschlichen Lebens. Hierbei erfordert die V. a. d. A. eine sinnvolle individuelle und gemeinschaftsbezogene Lebensführung. Dabei gilt es, die für das Alter entscheidenden Veränderungen der persönlichen, gesundheitlichen und sozialen Lebensbedingungen zu erkennen und zu berücksichtigen und sich rechtzeitig auf das Leben im Alter einzustellen.
Das Alter ist keine genau abgegrenzte Lebensphase. Es ist das Ergebnis eines individuellen Lebensablaufes samt seiner sozialen Bezüge. Altern ist ein lebenslanger Prozeß, der individuell und gesellschaftlich beeinflußt werden kann:
– langfristig durch eine allgemeine Vorbereitung, die die verschiedenen Lebensphasen berücksichtigt, schon während der Schulzeit beginnt und im Erwachsenenalter fortgesetzt wird
– mittelfristig durch eine bewußte Vorbereitung vor dem Ausscheiden aus dem Arbeitsleben
– kurzfristig durch gezielte Angebote im Vorraum der Pensionierung sowie zu deren Bewältigung.
Die V. a. d. A. befähigt zu altersgerechten Entscheidungen und zum Handeln; sie soll zu einer positiven Auseinandersetzung mit der künftigen Lebensphase anregen und eine rechtzeitige Anpassung an veränderte Lebenssituationen ermöglichen. Der informierte alte Mensch hat die Chance, seine Probleme in Selbständigkeit und Eigenverantwortung zu lösen; damit ist auch die Wahrscheinlichkeit einer größeren Lebenszufriedenheit im Alter gegeben.
Wesentliche Themenbereiche der V. a. d. A. sind unter anderem:
– körperliche und seelische Gesundheit
– Bewältigung der letzten Jahre im Beruf
– Einkommens- und Rentensituation
– Wohnung und Wohnumfeld
– Aufgabenstellung und Betätigung im Alter
– Gestaltung der freien Zeit
– soziale Kontakte und mitmenschliche Beziehungen
– gesellschaftliche Veränderungen
– Sinnfragen des Lebens und Auseinandersetzung mit dem Tod.
Durch Publikationen, Referate und Vortragsreihen, Einzel- und Gruppengespräche, Kurse und Seminare, insbes. auch im Rahmen eines → Bildungsurlaubs (vor allem in einer Verbindung von Bildungs- und Erholungsmaßnahmen) können Themen der genannten Art angeboten und behandelt werden.
Die V. a. d. A. ist eine Aufgabe, die nicht nur von traditionellen Trägern der Schul- und → Erwachsenenbildung zu leisten ist, sondern auch von Arbeitnehmer- und Ar-

beitgeberorganisationen sowie von Betrieben, die entsprechende Themen in ihre Aus- und Fortbildungsmaßnahmen einbeziehen müssen. Erforderlich bleibt auch ein diesbezügliches Engagement der Träger der öffentlichen und → freien Wohlfahrtspflege sowie sonstiger Vereinigungen.
Nomenklatur des Deutschen Vereins

Vorbeugende Gesundheitshilfe umfaßt Maßnahmen, die bei einer Schwächung oder Gefährdung der → Gesundheit und noch vor Eintritt einer → Krankheit oder einer Behinderung geeignet sind, die Gefährdung abzuwenden und den Gesundheitszustand zu festigen. Sie dient auch dazu, → Pflegebedürftigkeit zu vermeiden. Leistungen der v. G. sind Ausdruck des Präventionsgedankens (→ Prävention).
Durch das → Gesundheits-Reformgesetz (GRG) wurde 1989 die v. G. verstärkt. In den neu geschaffenen §§ 20 bis 24 SGB V (→ Sozialgesetzbuch [SGB]) sind Ansprüche der Versicherten auf Leistungen der → Gesundheitsförderung, → Krankheitsverhütung und medizinischen Vorsorge gesetzlich verankert. Sie reichen von allgemeinen Aufklärungs- und Beratungsmaßnahmen (§ 20 SGB V) über Maßnahmen der Individual- und Gruppenprophylaxe zur Verhütung von Zahnerkrankungen (§§ 21 und 22 SGB V) bis hin zu ambulanten oder stationären Vorsorgebehandlungen (§§ 23 und 24 SGB V).
Damit wird dem Versicherten die Möglichkeit geboten, im Rahmen der von § 1 SGB V geforderten Eigenverantwortung den Eintritt einer Krankheit oder Behinderung zu vermeiden. Vom Ausbau der v. G. im Rahmen der gesetzlichen → Krankenversicherung hat sich der Gesetzgeber langfristig auch finanzielle Entlastungen in den Bereichen → Krankenbehandlung und Rehabilitation versprochen.
Bei der Kostenübernahme für → Zahnersatz wurde ein finanzieller Anreiz zur Inanspruchnahme v. G. geschaffen: Der von der → Krankenkasse zu übernehmende Kostenanteil erhöht sich um 10% für eigene Bemühungen der Versicherten zur Gesunderhaltung ihrer Zähne (§ 30 Abs. 2 S. 1 SGB V).
Der Ausbau der v. G. im Rahmen der gesetzlichen Krankenversicherung hatte zur Folge, daß Leistungen der v. G. nach § 36 → Bundessozialhilfegesetz (BSHG) an Bedeutung verloren. Da diese Leistungen i. d. R. denjenigen der gesetzlichen Krankenversicherung entsprechen sollen, bleiben kaum Möglichkeiten für zusätzliche Vorbeugungsmaßnahmen. § 36 BSHG hat deshalb im wesentlichen zweierlei Bedeutung:
1. Hilfesuchende, die nicht in der gesetzlichen Krankenversicherung versichert sind und auch sonst nicht die erforderliche v. G. aus eigenen Mitteln bzw. vorrangigen Leistungsansprüchen (z. B. Beamtenbeihilfe) erhalten können, ist v. G. im Rahmen des § 36 BSHG zu gewähren.
2. Hilfesuchende, die zwar Ansprüche auf Leistungen der gesetzlichen Krankenversicherung haben, aber hierzu einen Eigenanteil erbringen müssen, erhalten diesen Eigenanteil im Rahmen des § 36 BSHG vom → Sozialhilfeträger, wenn der Einsatz eigener Mittel nicht zugemutet werden kann. Dies ist vor allem von Bedeutung bei ambulanten Vorsorgekuren (→ Kur) nach § 23 Abs. 2 SGB V, deren Kosten die gesetzliche Krankenversicherung nicht vollständig trägt, und bei Müttergenesungskuren nach § 24 SGB V, soweit die gesetzliche Krankenversicherung die Kosten nicht vollständig trägt.
Da die v. G. nach § 36 BSHG zur → Hilfe in besonderen Lebenslagen gehört, gilt hinsichtlich des Einkommenseinsatzes (→ Einsatz des Einkommens/Vermögens) die → Einkommensgrenze des § 79 BSHG.
V. G. wird auch nach § 27d → Bundesversorgungsgesetz (BVG) gewährt. Sie gehört im Rahmen der → Kriegsopferfürsorge zur Hilfe in besonderen Lebenslagen und ist in Anlehnung an die genannten Bestimmungen des BSHG geregelt. In allen Sozialleistungsbereichen wird es im Einzelfall nicht immer möglich sein, zwischen v. G., Krankenbehandlung und Rehabilitation zu unterscheiden. Dies wird besonders deutlich in § 107 Abs. 2 SGB V, der sowohl die Definition für Vorsorgeeinrichtungen als auch für Rehabilitationseinrichtungen i. S. d. gesetzlichen Krankenversicherung zusammenfaßt.
Werner Hesse-Schiller

Vorbeugende Hilfe Durch v. H. sollen → Krankheiten, Behinderungen und andere Nachteile oder Notlagen, die dem einzelnen Bürger drohen, ausgeschlossen oder soweit wie möglich gemildert werden. Von besonderem Gewicht ist die → vorbeugende Gesundheitshilfe. Sie will vor allem durch Früherkennung und Vorsorge drohende Krankheiten verhüten oder mildern. Auch anderen Nachteilen oder Notlagen, z. B. drohender Berufs- oder Erwerbsunfähigkeit oder → Arbeitslosigkeit, sollte möglichst vorbeugend begegnet werden. Vorbeugen ist besser als heilen, lautet ein Sprichwort, das aber im täglichen Leben noch zu wenig beachtet wird. Gezielte Aufklärung und Beratung im Einzelfall kann die Inanspruchnahme v. H. fördern. Im Bereich der medizinischen v. H. sind die → Schutzimpfungen beispielhaft zu nennen. Neben der einzelfallbezogenen v. H. kommt bei stark verbreiteten Krankheiten, z. B. den Suchtkrankheiten, den allgemeinen Vorbeugemaßnahmen, vor allem der allgemeinen Aufklärung über gesundheitliche Gefahren und den allgemeinen Maßnahmen zur Förderung gesundheitlichen Verhaltens große Bedeutung bei.

Zur Vorbeugung sind zahlreiche Schutzvorschriften erlassen worden, z. B. im Bundes-Immissionsschutzgesetz, → Bundes-Seuchengesetz, Abfallbeseitigungsgesetz, Umweltschutzgesetz. Vorschriften zum Schutz bestimmter Personengruppen enthalten z. B. das Jugendschutzgesetz (→ Jugendschutz), Mutterschutzgesetz (→ Mutterschutz) und → Schwerbehindertengesetz. In den Sozialleistungsgesetzen sind ebenfalls Schutzvorschriften enthalten, z. B. über die → Unfallverhütung (§ 546 i. V. mit §§ 708 f. RVO) oder die Überwachung der Betriebe (§§ 172 f. RVO).
Die v. H. wird im Einzelfall von den → Sozialleistungsträgern nach Maßgabe der dafür geltenden Vorschriften gewährt. In § 4 → Sozialgesetzbuch – Allgemeiner Teil (SGB I) ist für die → Sozialversicherung, in § 5 SGB I für die → soziale Entschädigung bei Gesundheitsschäden dazu u. a. bestimmt, daß die Leistungsberechtigte ein Recht auf notwendige Maßnahmen zur Erhaltung der → Gesundheit und Leistungsfähigkeit hat. Zur Verwirklichung dieser → sozialen Rechte, aus denen unmittelbare Ansprüche nicht abgeleitet werden können (§ 2 Abs. 1 SGB I), sind in den Sozialleistungsgesetzen u. a. auch Vorschriften über v. H. enthalten, z. B. über Maßnahmen zur Förderung der Gesundheit (§ 20 SGB V), zur Verhütung von Krankheiten (§§ 21 bis 24 SGB V) und zur Früherkennung von Krankheiten (§§ 25 und 26 SGB V).
Im → Bundessozialhilfegesetz (BSHG) ist in § 6 Abs. 1 allgemein für die → Sozialhilfe bestimmt, daß diese vorbeugend gewährt werden soll, wenn dadurch eine dem einzelnen drohende Notlage ganz oder teilweise abgewendet werden kann. Das BSHG enthält außerdem spezielle Vorschriften über v. H., z. B. über die vorbeugende Gesundheitshilfe (§ 36), die → Eingliederungshilfe bei drohenden Behinderungen (§ 39 Abs. 3 S. 1), die Hilfe zur → Vorbereitung auf das Alter (§ 75 Abs. 3). Das → Kinder- und Jugendhilfegesetz (KJHG – SGB VIII) selbst hat weitgehend vorbeugenden Charakter. Nach § 1 Abs. 1 KJHG hat jeder junge Mensch ein Recht auf Förderung seiner Entwicklung und auf Erziehung zu einer eigenverantwortlichen und gemeinschaftsfähigen Persönlichkeit. Nach § 1 Abs. 3 KJHG soll die → Jugendhilfe zur Verwirklichung des Rechts nach Abs. 1 insbesondere junge Menschen in ihrer individuellen und sozialen Entwicklung fördern, Eltern und andere Erziehungsberechtigte bei der Erziehung beraten und unterstützen, Kinder und Jugendliche vor Gefahren für ihr Wohl schützen und dazu beitragen, positive Lebensbedingungen für junge Menschen und ihre Familien sowie eine kinder- und familienfreundliche Umwelt zu erhalten oder zu schaffen. Gegenüber den Leistungen der Sozialhilfe und der Jugendhilfe sind entsprechende Leistungen der anderen Sozialleistungsträger nach dem SGB vorrangig.
Lit. Burdenski u. a.: SGB (Komm.); Gottschick u. a.: BSHG (Komm.); Knopp u. a.: BSHG (Komm.); Mergler u. a.: BSHG (Komm.); Schellhorn u. a.: BSHG (Komm.).
Erich Dahlinger

Vorklasse V. wurden in den Jahren 1968 und 1969 von einzelnen Bundesländern an Grundschulen als Schulversuche eingerichtet. Es sollte dort überprüft werden, ob Kinder im 5. Lebensjahr durch entsprechende → Curricula gezielt auf die späteren Anforderungen in der Schule vorbereitet und in ihrer Intelligenzentwicklung gefördert werden können. Berichte über ein Frühförderprogramm in den USA (Headstart-Programm), mit dessen Hilfe man sozial benachteiligten Kindern vor dem Schuleintritt bessere Startchancen geben wollte (→ Soziale Benachteiligung), führten in der BRD zu bildungspolitischen Plänen einer verstärkten → kompensatorischen Erziehung. Durch V.versuche sollte geklärt werden, ob die dort erfaßten Kinder erfolgreicher zur → Schulreife geführt würden, ob ein höherer Leistungsstand und geringere Versetzungsschwierigkeiten in der Grundschule erreicht werden könnten.
1970 schlug der Deutsche Bildungsrat die Zusammenfassung der V. mit der 1. Klasse der Grundschule zur zweijährigen Eingangsstufe des Primarbereichs und damit zugleich die Vorverlegung des Einschulungsalters auf das 5. Lebensjahr sowie die Reduzierung der Kindergartenpopulation auf 2 Altersjahrgänge vor. Gegen diesen Vorschlag setzten sich Fachvertreter der → Kindergärten zur Wehr und entwickelten eigene Modellversuche, in denen sie die pädagogisch-konzeptionelle Überlegenheit des Kindergartens mit seinen altersgemischten Gruppen gegenüber den altershomogenen V. nachweisen konnten.
Weitere von Bund und Ländern geförderte Modellversuche führten zu einer umfassenden Weiterentwicklung der sozialpädagogischen Konzepte und einer Verbesserung der Rahmenbedingungen in den Kindergärten, so daß die Idee der V. nicht weiterverfolgt worden ist. Der Begriff V. steht in einigen Ländern (z. B. Bremen und Hessen) für die Einrichtungsform des → Schulkindergartens.
Heribert Mörsberger

Vorleistungspflicht Das System → sozialer Sicherheit – wie es in der Bundesrepublik Deutschland besteht – ist äußerst gegliedert und weist zahlreiche unterschiedliche → Zuständigkeiten auf. Dies ist besonders unangenehm und unverständlich für den Bürger, wenn zwar unbestritten ist, daß er einen bestimmten Anspruch auf Sozialleistungen hat, es jedoch zwischen mehreren Leistungsträgern streitig ist, wer zur

Vormundschaft

Leistung verpflichtet ist (→ Sozialleistungsträger).
Hier soll § 43 Abs. 1 des → Sozialgesetzbuches – Allgemeiner Teil – (SGB I) Abhilfe im Interesse des Bürgers schaffen. Derjenige Leistungsträger, an den sich der Leistungsberechtigte mit seinem Begehren (auch im Rahmen von → Beratung und → Auskunft, §§ 14, 15 SGB I) zeitlich zuerst gewandt hat, kann vorläufig leisten. Voraussetzung ist dabei jedoch, daß tatsächlich nur die Zuständigkeit und nicht der materiell-rechtliche Anspruch auf Sozialleistungen im Streit ist. Auch darf es sich nicht um eine Ermessensleistung handeln, da in diesem Fall nur ein Anspruch auf fehlerfreie Ermessensausübung besteht (→ Ermessen). Eine Ausnahme ist für den Fall der Ermessensschrumpfung zu machen, d. h. für den Fall, in dem nur eine bestimmte Ermessensentscheidung rechtmäßig sein kann.
Der Leistungsträger muß die vorläufige Leistung erbringen, wenn es der Leistungsberechtigte beantragt. In diesem Fall besteht also kein Ermessen mehr. Die vorläufigen Leistungen haben in diesem Fall spätestens nach Ablauf eines Kalendermonats nach Eingang des Antrags beim zuerst angegangenen Leistungsträger zu beginnen.
Der Umfang der Leistungen wird vom leistenden Träger nach pflichtgemäßem Ermessen bestimmt, wobei die Deckung des vorläufigen Bedarfs entscheidender Maßstab sein muß.
Gemäß § 43 Abs. 2 S. 1 i. V. m. §§ 43 Abs. 2 und Abs. 3 SGB I sind die vorläufigen Leistungen auf die endgültige Leistung anzurechnen, wobei ein Überschuß vom Leistungsempfänger zu erstatten ist. Dieser → Erstattungsanspruch steht nach § 43 Abs. 2 S. 2 SGB I nur dem eigentlich zur Leistung verpflichteten Leistungsträger zu.
Der vorleistende Leistungsträger hat gegenüber dem eigentlich zur Leistung verpflichteten Leistungsträger gemäß § 43 Abs. 3 SGB I i. V. m. § 102 SGB X einen öffentlich-rechtlichen Erstattungsanspruch.
Spezialgesetzliche Regelungen, die gemäß §37 SGB I den Vorrang haben, sind u. a. § 1735 RVO und § 6 RehaAnglG (vgl. Gesamtvereinbarung über die Gewährung vorläufiger Leistungen der Bundesarbeitsgemeinschaft für Rehabilitation vom 28. 4. 1977, in: BKK 1978, S. 176).
Im weiteren Umfang kann zur V. auch der Anspruch auf Vorschüsse gemäß § 42 Abs. 1 SGB I gezählt werden. Der Leistungsträger kann bzw. muß bei einem entsprechenden Antrag Vorschüsse leisten, wenn ein Anspruch auf → Geldleistungen dem Grunde nach besteht und nur zur Feststellung der Höhe voraussichtlich längere Zeit erforderlich sein wird.
Lit. Kretschmer u. a.: SGB (Komm.); Maier, K.: Leistungen; Maydell: Ersatz- und Erstattungsansprüche; Maydell u. a.: SGB (Komm.); Schellhorn: Vorschüsse

Bernd von Maydell

Vormundschaft ist auch nach der Reform durch das BtG die Bezeichnung des 3. Abschnitts des 4. Buches (Familienrecht) des → Bürgerlichen Gesetzbuchs (BGB). Das V.recht umfaßt die V. über Minderjährige, die → Betreuung psychisch kranker oder körperlich, geistig oder seelisch behinderter Erwachsener sowie die → Pflegschaft. Während sich die Pflegschaft nur auf einzelne oder einen Kreis von Angelegenheiten des Pfleglings bezieht, hat die V. grundsätzlich die allgemeine Fürsorge in persönlichen und Vermögensangelegenheiten des Mündels zum Gegenstand; die Betreuung ist nach dem Erforderlichkeitsprinzip grundsätzlich Teilbetreuung und nur im Ausnahmefall des gesondert anzuordnenden Einwilligungsvorbehalts (→ Betreuungsrecht) Totalbetreuung.
Mit der Fürsorge wird ein Vormund betraut, der die Stellung eines gesetzlichen Vertreters des Mündels erhält. Die Anordnung einer V., die Bestellung und Überwachung des Vormundes erfolgen in einem Verfahren der → freiwilligen Gerichtsbarkeit von Amts wegen. Zuständig ist das Amtsgericht als → Vormundschaftsgericht (VG). Als Vormund ist bei Minderjährigen vorrangig der von den Eltern Benannte zu berufen. Sind solche Personen nicht vorhanden oder sind diese ungeeignet, wählt das VG nach Anhörung des → Jugendamtes (JA), das auch jeden ihm zur Kenntnis gelangenden Fall unter notwendiger V. dem Gericht anzuzeigen hat, einen geeigneten Vormund aus und verpflichtet ihn zur treuen und gewissenhaften Führung der V. Die Übernahme des Amtes eines Vormunds ist staatsbürgerliche Pflicht eines jeden Deutschen und kann nur in den gesetzlich geregelten Fällen des § 1786 BGB abgelehnt werden. Ist ein geeigneter Vormund nicht bekannt, kann auch eine bestellte → Amtsvormundschaft des JA oder eine → Vereinsvormundschaft angeordnet werden. Der Einzelv. ist jedoch nach der Absicht des Gesetzes stets der Vorzug zu geben.
Die V. endet durch Wiedereintritt des elterlichen Sorgerechts und in jedem Fall mit Erlangung der Geschäftsfähigkeit durch → Volljährigkeit. Das Gewaltverhältnis zwischen Vormund und Mündel ist im wesentlichen dem der elterlichen Sorge nachgebildet.
Bei erheblichem Vermögen des Mündels unterliegt der Vormund des weiteren einer gesteigerten Rechenschaftspflicht. Bei Antritt seines Amtes hat er das gesamte Vermögen des Mündels zu inventarisieren und mindestens alle drei Jahre bezüglich seiner Verwaltung Rechnung zu legen. Diese Verpflichtung obliegt ihm gegenüber dem VG und gegenüber einem Gegenvormund, der bei vorhandenem Vermögen des Mündels als Aufsichtsorgan über die Vermögensverwaltung des Vormunds bestellt werden soll. Dessen Aufgabe ist es, Pflichtwidrigkeiten

des Vormunds dem Gericht anzuzeigen. Der Vormund führt im übrigen sein Amt eigenverantwortlich und selbständig. Er haftet dem Mündel ohne jede Einschränkung für schuldhafte Schädigungen. Auf der anderen Seite hat der Vormund Anspruch auf Ersatz der Aufwendungen, die ihm durch die Führung seines Amtes entstehen (einschließlich der Kosten einer angemessenen Schadensversicherung, [§ 1835 BGB], einer Vergütung unter den Voraussetzungen des § 1836 BGB sowie einer pauschalierten Aufwandsentschädigung [§ 1836a BGB]).
Das Amt des Vormunds endet ex lege mit der Aufhebung der V. oder mit dem Tod des Vormundes. Regelmäßig wird das Amt jedoch durch Entlassung des Vormunds aufgrund eines Beschlusses des Gerichts beendet werden. Die Entlassung hat insbes. dann zu erfolgen, wenn die Fortführung des Amtes, z. B. wegen pflichtwidrigen Verhaltens des Vormundes, die Interessen des Mündels gefährden würde.
Die Anordnung oder Ablehnung einer V., die Bestellung und Abberufung eines Vormundes durch Beschluß des VG kann mit der → Beschwerde angefochten werden. Neben Vormund, Mündel und JA sind auch die Eltern und der Ehegatte anfechtungsberechtigt.
Lit. s.: → Abwesenheitspflegschaft, → Betreuungsrecht, → Pflegschaft.

Manfred Wienand

Vormundschaftsgerichtshilfe Das → Kinder- und Jugendhilfegesetz (KJHG – SGB VIII) beschreibt in § 50 die gesetzliche Aufgabe des → Jugendamtes (JA), in Verfahren vor den → Vormundschaftsgerichten (VormschG) mitzuwirken und stellt den rechtlichen Rahmen für das Zusammenwirken von JA und VormschG dar.
Nach § 50 Abs. 1 S. 1 »unterstützt« das JA das VormschG bei allen Maßnahmen im Bereich der → elterlichen Sorge. Diese allgemeine Unterstützungsaufgabe wird in § 50 Abs. 1 S. 2 ergänzt durch die Pflicht des JA, in den in § 49 des Freiwilligen Gerichtsgesetzes (FGG) genannten Fällen »mitzuwirken«. Hinweise, wie diese Unterstützungs- und Mitwirkungsaufgabe zu verstehen ist, gibt § 50 Abs. 2. Danach soll das JA informierend tätig sein, es soll erzieherische und soziale Gesichtspunkte in das Verfahren einbringen und schließlich auf weitere Hilfsmöglichkeiten hinweisen (vgl. OLG Frankfurt, NDV 1992, S. 94). § 50 Abs. 3 normiert die Pflicht des JA, das VormschG anzurufen, wenn es dies zur Abwendung einer Gefährdung des → Kindeswohls für erforderlich hält. Das JA kann die Aufgaben nach § 50 auf Träger der freien Jugendhilfe delegieren, bleibt aber gegenüber dem VormschG für deren Erfüllung verantwortlich (§ 76 Abs. 1 und 2).
Mit diesen Regelungen hat das KJHG den Status des JA im vormundschaftsgerichtlichen Verfahren gegenüber dem alten Recht systematisch neu geordnet und inhaltlich geklärt. Das JA wirkt als eigenständige Fachbehörde im Verfahren selbständig und unabhängig gegenüber dem VormschG mit. Es erfüllt die Aufgaben nach § 50 in eigener Verantwortung und nicht im Wege der → Amtshilfe zur Erfüllung gerichtlicher Aufgaben. Damit ist es unvereinbar, dem VormschG eine Anordnungsbefugnis gegenüber dem JA hinsichtlich gerichtlicher Aufgaben (z. B. Ermittlungen) zu geben. Das JA hat die Stellung eines echten Beteiligten im Verfahren der → Freiwilligen Gerichtsbarkeit. Das VormschG hat es in den in § 49 FGG geregelten Fällen anzuhören. Die Entscheidungen, an denen es mitgewirkt hat, sind ihm bekanntzugeben (§ 49 Abs. 3 FGG), es hat ein eigenes Beschwerderecht (§ 20 Abs. 1 FGG) und die Möglichkeit, im Interesse Minderjähriger Beschwerde einzulegen (§ 57 Abs. 1 Nr. 9 FGG).
Diese Rechtslage hat für die fachlich-methodische Arbeitsweise des JA wichtige Konsequenzen. Es unterliegt der eigenen, fachlich zu begründenden Beurteilung der Aufgabenerfüllung, wie das JA der Mitwirkungspflicht inhaltlich und formal nachkommt. Dabei hat es stets den Zusammenhang von § 50 mit dem Leistungsteil des KJHG zu beachten. Es bleibt auch im gerichtlichen Verfahren die vorrangige Zielrichtung des JA, durch Beratung und Begleitung der Familie deren Erziehungsfähigkeit zugunsten der Kinder und Jugendlichen zu stärken. Deshalb kann es bei der Äußerung des JA im vormundschaftsgerichtlichen Verfahren (§ 50 Abs. 1 S. 2 Abs. 2) keine Verpflichtung zu einer schriftlichen, gutachtlichen Stellungnahme geben. Es liegt in der am Kindeswohl orientierten, freien Entscheidung des JA, ob, wie und in welchem Umfang es sich im gerichtlichen Verfahren äußert (vgl. Schellhorn/Wienand, KJHG, Rdnr. 4 zu 50). Inhaltlich führt der Vorrang sozialpädagogischer Fachlichkeit vor gerichtlicher Unterstützung dazu, daß JA dem Gericht keinen Entscheidungsvorschlag für zu treffende Maßnahmen unterbreiten muß. Wenn das VormschG JA-Mitarbeiter als Zeugen lädt, hat es für eine auf die konkrete Fragestellung bezogene → Aussagegenehmigung zu sorgen.
Das Spannungsverhältnis zwischen Jugendhilfe und Gericht ist auch für die Anrufung des VormschG nach § 50 Abs. 3 von Bedeutung. Das JA hat hier einen → Beurteilungsspielraum, ob einzuschätzen, ob Leistungen der Jugendhilfe nicht mehr zur Abwehr der Gefährdung eines Kindes ausreichen und deshalb die Einschaltung des VormschG erforderlich ist. Auch dieses letzte Mittel hat jedoch in der Regel zum Ziel, durch Eingriffe in das Sorgerecht der Eltern Leistungen der Jugendhilfe zu er-

möglichen, die ohne die Zustimmung der Personensorgeberechtigten nicht erbracht werden könnten.

Die Mitwirkung im vormundschaftsgerichtlichen Verfahren steht unter besonderen datenschutzrechtlichen Bedingungen. Diese Vorschriften zwingen das JA zu einer sorgfältigen Abwägung, ob die Interessen der Kinder es eher erfordern, Informationen an das Gericht weiterzugeben oder ob das Ziel der Jugendhilfe (noch) in Kooperation mit der Familie und unter Wahrung der Vertraulichkeit zu erreichen ist.

Systematisch von § 50 getrennt, regelt § 51 Aufgaben des JA im Adoptionsverfahren (→ Adoptionsvermittlungsgesetz). In § 51 Abs. 1 und 2 geht es dabei um die Belehrung und Beratung eines Elternteils, wenn die Ersetzung dessen Einwilligung in eine Adoption in Betracht kommt. § 51 Abs. 3 verpflichtet das JA, den Vater eines → nichtehelichen Kindes über seine Rechte zu beraten, wenn Dritte dieses Kind annehmen wollen.

Lit. Bauer u. a.: Recht und Familie; Fieseler u. a.: Recht; Münder u. a.: KJHG; Wiesner u. a.: SGB VIII. *Hans-Jürgen Schimke*

Vormundschaftsgericht (VormschG) ist ein staatliches Organ der → freiwilligen Gerichtsbarkeit, das vor allem im Bereich der Rechtsfürsorge für Minderjährige, Behinderte und Kranke tätig ist. Zu dem ihm übertragenen Aufgabenkreis gehören insbes.:
– die Anordnung und Überwachung der Betreuung (→ Betreuungsrecht), Pflegschaft und → Vormundschaft;
– die Ausübung des staatlichen Wächteramtes nach Art. 6 Abs. 2 Satz 2 GG zum Wohl des Kindes (→ Kindeswohl) durch Eingriffe in das elterliche Sorgerecht (→ elterliche Sorge) bei Elternversagen (§ 1666, 1666a BGB);
– die Erteilung von Genehmigungen für besonders weitreichende und schwerwiegende Entscheidungen der Eltern, Vormünder, Pfleger und Betreuer für Kinder, Mündel, Pfleglinge und Betreute, wie z.B. in den Fällen der §§ 112, 1411, 1595, 1597, 1600d, 1643-1645, 1821-1823, 1908i, 1915 BGB;
– Einzelentscheidungen über das elterliche Sorgerecht (→ Elternrecht), etwa bei ernsten Konflikten zwischen den Eltern über seine Ausübung, und zu den Teilbereichen → Personen- und → Vermögenssorge;
– die Entscheidung über die Aufhebung der Amtspflegschaft für das → nichteheliche Kind und die Befugnis seines Vaters zum persönlichen Umgang mit ihm;
– die Ehelicherklärung (→ Legitimation) gem. §§ 1723 ff. BGB;
– die Entscheidung über die → Abstammung eines Kindes, wenn das Kind oder der vermutete Vater gestorben ist, gem. §§ 1599 Abs. 2, 1600n Abs. 2 BGB;
– das Verfahren über die → Annahme als Kind gemäß §§ 1741ff. BGB;
– die Unterbringungssachen.

Demgegenüber sind die Regelung des Sorgerechts für eheliche Kinder während des → Getrenntlebens der Eltern und anläßlich der → Ehescheidung sowie die Regelung des persönlichen Umgangs eines Elternteils mit seinem ehelichen Kind dem → Familiengericht (FamG) übertragen. Sonstige Entscheidungen, die den persönlichen Umgang mit Kindern, den Anspruch auf ihre Herausgabe und das Recht zur Auskunft über ihre persönlichen Verhältnisse betreffen, sind recht unsystematisch teils dem FamG, teils dem VormschG vorbehalten.

Das VormschG ist als staatliches Aufsichts-, Kontroll- und Beratungsorgan zu verstehen. Es hat sich daher bei seiner Tätigkeit grundsätzlich auf Organisationsakte zu beschränken und greift nur ein, wenn es Anlaß dazu hat. Die konkrete Ausübung der Sorgerechte für die Betroffenen bleibt den Eltern, dem Vormund, Pfleger oder Betreuer vorbehalten. Konkrete Maßnahmen der Personen- oder Vermögenssorge sind dem VormschG nur ausnahmsweise gem. §§ 1693, 1846, 1908i, 1915 BGB in Eilfällen gestattet. Diese Trennung der Aufgaben zwischen Sorgeberechtigten und VormschG ist Ausdruck des im Familienrecht mit zunehmender Tendenz geltenden Grundsatzes, daß staatliche Eingriffe möglichst nur subsidiär erfolgen sollen und in erster Linie die (Sorge-)Rechtsinhaber selbst zur Regelung der Belange der Hilfsbedürftigen berufen sind, der Staat hingegen nur ein Wächteramt auszuüben hat. Dieses berechtigt das VormschG allerdings bereits dann zum Einschreiten, wenn objektive, von den sorgeberechtigten Personen unverschuldete Faktoren das Wohl eines Hilfsbedürftigen nachhaltig gefährden. Bei seinen Maßnahmen, zu deren Durchsetzung das VormschG Zwangsmittel anwenden kann (vgl. § 33 FGG), muß es den → Verhältnismäßigkeitsgrundsatz beachten, also möglichst das schonendste Mittel wählen.

Das von dem VormschG bei seiner Tätigkeit einzuhaltende Verfahren bestimmt sich nach dem FGG (→ Freiwillige Gerichtsbarkeit). Für die dem VormschG obliegenden Aufgaben sind grundsätzlich die Amtsgerichte zuständig. Ob dabei im Einzelfall der Richter oder der Rechtspfleger tätig wird, richtet sich nach dem Rechtspflegergesetz. Der Vormundschaftsrichter haftet bei Verletzung von Amtspflichten im Vergleich zu den sog. Spruchrichtern nach der ZPO in verschärftem Umfang. Im Gegensatz zum Familienrichter darf ein Richter schon in seinem ersten Berufsjahr als Vormundschaftsrichter tätig sein. Unabhängig davon muß sich das VormschG in vielen Fällen der Hilfe von Sachverständigen bedienen. Es hat oft Betroffene persönlich im Gerichtsgebäude oder vor Ort anzuhören.

Das VormschG wird bei der Erfüllung seiner Aufgaben von den zuständigen Behörden, insbes. dem → Jugendamt (JA) und der → Betreuungsbehörde, unterstützt. Gem. § 50 Abs. 3 → KJHG – SGB VIII hat das JA zur Abwendung einer Gefährdung des Kindeswohls das Gericht anzurufen. §§ 50 Abs. 1 KJHG – SGB VIII, 49, 49a FGG normieren einerseits die → Mitwirkungspflicht des JA im Gerichtsverfahren, andererseits die gerichtliche Pflicht zur Anhörung des JA. Wegen der besseren Sachkenntnis und fachlichen Kompetenz der genannten Behörden kommt ihren Stellungnahmen für die Entscheidungen des VormschG große Bedeutung zu. Diese unterliegen der → Beschwerde, zu deren Einlegung die Behörden in vielen Fällen selbst berechtigt sind.
Lit. Keidel u.a.: FGG (Komm.); Schellhorn u.a.: KJHG (Komm.). *Albrecht Weber*

Vormundschaftssachen sind Angelegenheiten der → freiwilligen Gerichtsbarkeit, mit deren Erledigung zum einen Teil die → Vormundschaftsgerichte (VG) und zum anderen Teil die → Familiengerichte betraut sind. Durch das 1. Eherechtsreformgesetz (EheRG) wurde den Familiengerichten die Regelung des Gewaltverhältnisses der Eltern zu ihren ehelichen Kindern übertragen. Es handelt sich dabei um Angelegenheiten des Sorgerechts (→ Elterliche Sorge), des Besuchsrechts und der → Herausgabe des Kindes an den anderen Elternteil gem. § 621 Zivilprozeßordnung (ZPO), § 23 Gerichtsverfassungsgesetz (GVG). Alle anderen V. sind im Zuständigkeitsbereich des Vormundschaftsgerichts verblieben. Örtlich zuständig ist grundsätzlich das Gericht des Wohnsitzes des oder der Kinder. Während der Anhängigkeit einer Ehesache ist allerdings ausschließlich dasjenige Familiengericht für die Angelegenheiten des § 621 ZPO zuständig, bei dem die Ehesache im ersten Rechtszug anhängig geworden ist. Die → Rechtsbehelfe gegen Entscheidungen in V. sind nicht einheitlich ausgestaltet, sondern richten sich nach den Erfordernissen des jeweils zu regelnden Sachverhalts. Regelmäßig kann eine Entscheidung des Gerichts durch unbefristete, einfache → Beschwerde ihrer Überprüfung zugeführt werden. Der Richter, dessen Entscheidung angefochten wurde, ist berechtigt, seine Entscheidung auf die Beschwerde hin selbst abzuändern. In den in § 60 Gesetz über Angelegenheiten der freiwilligen Gerichtsbarkeit (FGG) aufgeführten V. ist hingegen die befristete sofortige Beschwerde gegeben, über die ausschließlich das Beschwerdegericht zu entscheiden hat. Ist das Familiengericht zur Entscheidung berufen, werden die allgemeinen Regeln des FGG über die Beschwerde und weitere Beschwerde durch die Vorschrift des § 621e ZPO verdrängt. Entscheidungen der Familiengerichte in V. sind danach mit einer den Vorschriften über die → Berufung und → Revision im Zivilverfahren (→ Zivilprozeß) angeglichenen befristeten Beschwerde angreifbar. Die Beschwerde ist beim Rechtsmittelgericht durch Schriftsatz einzulegen und zu begründen. Für Verrichtungen, die die → Betreuung (→ Betreuungssachen) nach §§ 1896 ff. BGB betreffen, sowie für Verfahren über → Unterbringungssachen wurden durch das BtG (→ Betreungsrecht) detaillierte verfahrensmäßige Absicherungen in §§ 65 ff., 70 ff. FGG eingeführt.
Lit. s.: → Freiwillige Gerichtsbarkeit. *Manfred Wienand*

Vorrang des Gesetzes → Gesetzmäßigkeit der Verwaltung

Vorschulerziehung Der Begriff der V. wird gelegentlich i.w.S. gebraucht und meint dann die → Erziehung des Kindes von der Geburt bis zum 6. Lebensjahr (→ Kindesalter, → Frühkindliche Erziehung). In den letzten Jahren jedoch wurde der Begriff meist nur noch verwendet, um jene pädagogischen Maßnahmen zu umreißen, die der Schulvorbereitung des Kindes dienen. Dies kann innerhalb des → Kindergartens in der sog. Vermittlungsgruppe geschehen oder in der → Eingangsstufe des Primarbereichs oder auch in einer → Vorklasse. Ziel ist die Hinführung des Kindes auf die Anforderungen der Schule, d.h. Förderung der Arbeitshaltung, der Konzentrationsfähigkeit, der Wahrnehmung und Beherrschung des Zahlenraumes bis 20. Kritisiert wurden die Vorschulprogramme, weil sie statt einer ganzheitlichen Erziehung den Schwerpunkt auf das Trainieren kognitiver Kompetenzen gelegt haben.
Die V. soll insbes. auch Kinder aus benachteiligtem Milieu (z.B. → ausländische Kinder in → sozialen Brennpunkten) erfassen, um hier eine defizitäre familiale → Sozialisation auszugleichen (→ Kompensatorische Erziehung).
Lit. Belser: Curriculum-Materialien; Dollase: Früh- und Vorschulpädagogik; Grossmann, W.: KinderGarten; Zimmer: Curriculumentwicklung. *Wilma Aden-Grossmann*

Vorsorgeeinrichtungen im Sinne der gesetzlichen Krankenversicherung → Kur

Vorsorgekuren → Kur

Vorsorgeuntersuchungen → Früherkennungsuntersuchungen

Vorstrafe ist kein gesetzlicher, im StGB selbst definierter oder gebrauchter Begriff. Wie der Name sagt, bedeutet V. Verurteilung zu → Strafe, die einer erneuten Straftat vorausgeht (Rückfall). Da bei der Strafzumessung im konkreten Fall neben einer Bewertung des Tatgeschehens auch eine sol-

che der Täterpersönlichkeit zu erfolgen hat, wozu gem. § 46 StGB sein Vorleben, d.h. die Art seiner Lebensführung gehört, soweit sie in Beziehung zur Straftat steht, bildet die V. einen der zu berücksichtigenden Bemessungsfaktoren.
Nach einer von 1969 bis 1986 bestehenden Vorschrift (§ 48 StGB) führte unter bestimmten Voraussetzungen eine zweimalige V. zu einer obligatorischen Strafverschärfung. Nach Wegfall dieser Norm ist nun zwar eine individuellere Berücksichtigung möglich, die aber gleichwohl in einer Vielzahl von Fällen zu einer höheren Strafe führen dürfte. Maßgebend hierfür ist, ob die V. einschlägig ist, d.h. dasselbe oder ein ähnliches Delikt betrifft und sich daraus oder sonst erkennen läßt, daß sich der Täter bei der neuen Straftat die frühere Verurteilung nicht hat als Warnung dienen lassen. Hierbei darf aber nicht schematisch verfahren werden. Eine im → Bundeszentralregister getilgte oder tilgungsreife V. darf hingegen in keinem Fall berücksichtigt werden. Das Gericht hat in der Hauptverhandlung (→ Strafprozeß) die V. zu erörtern und im Urteil auszuführen, warum die V. im konkreten Fall straferschwerend wirkt. Das Fehlen einer V. wirkt regelmäßig strafmildernd, da Nichtbestrafung nicht als selbstverständlich vorausgesetzt werden kann.
V. ist eine der Voraussetzungen für die Anordnung der → Sicherungsverwahrung. Sie ist auch für die Wiederholungsgefahr beim → Haftbefehl von Bedeutung.
Über den mit der V. zusammenhängenden Begriff des Rückfalltäters besteht in der → Kriminologie keine Einigkeit. Während einige Theorien (z.B. → labeling approach) ihn ganz ablehnen und stattdessen mit kriminellen Karrieren und Verlaufsformen arbeiten, ist der herkömmlichen Kriminologie bislang eine einheitliche Definition des Rückfalltäters insbesondere in Bezug auf Basisdaten (z.B. Schwere der Delikte, Länge der Straftaten bzw. Verurteilungsintervalle etc.) nicht gelungen, was Wert und Vergleichbarkeit von Rückfallstatistiken stark relativiert. In der Strafverfolgungsstatistik liegt der ständig wachsende Anteil der Vorbestraften an den Verurteilten bei männlichen Tätern bei über 40%, wobei sich die meisten Rückfalltäter in der Altersgruppe bis 30 Jahre und bei den Vermögensdelikten finden.
Lit. Dreher u.a.: StGB (Komm.); Göppinger: Kriminologie; Kaiser: Kriminologie.
Jochen Schroers

Vorurteil Rein logisch gesehen ist das Vorurteil ein Grundzug menschlichen Denkens, weil wir in unseren alltäglichen Verrichtungen ständig unter Entscheidungsdruck stehen und daher ständig in vorläufiger Weise unsere Umwelt interpretieren müssen. Der Logiker Peirce nannte diese Schlußweise Abduktion und charakterisierte sie u.a. als »Rateinstinkt« mit hoher Treffsicherheit.
Dabei bezieht sich das Vorurteil auf einen Schatz von Erfahrungswerten, d.h. kognitiven Schemata und Skripts des Gedächtnisses, die eine Orientierungsfunktion in der Interpretation von Wahrnehmungen haben. Wir konstruieren und typisieren die soziale Realität mit Hilfe eines internen Anahmesystems, das je nach Forschungsrichtung als Alltagsbewußtsein (→ Alltag), Stereotypmodell, belief system, propositional attitude, innere Konstrukte, behavioral plans, scripts and schemata umschrieben wird. Widersprechende Wahrnehmungen (→ Wahrnehmung) und Informationen führen nicht sofort zu einer Revision des Annahmesystems aufgrund dessen »Trägheit« bzw. Zeitstabilität. Solche »im Umbau begriffenen« Annahmesysteme sind daher oft nicht widerspruchsfrei. Ein persönliches Annahmesystem als Teil der → Identität wird auch durch soziale Stereotypien beeinflußt. Soziale Stereotypien, d.h. generalisierende Behauptungen über Verhaltenseigentümlichkeiten, sind immer ein zweiseitiger Zuschreibungsprozeß von Merkmalen. Sie werden im Hinblick auf die Eigengruppe und zugleich mit Hinblick auf die Fremdgruppe gefällt. Neben der Orientierungsfunktion beschreiben sie oft »Wertgefälle«. Den Grad der Vereinfachung der Wirklichkeit spiegeln die Nationalitätenstereotypien wider.
Davon zu unterscheiden ist das ressentimentgespeiste Vorurteil von Einzelnen, Gruppen oder Kollektiven, das haßerfüllt, durch Fakten kaum korrigierbar, manchmal sogar regelrecht wahnhaft ist und nach gerechter Rache strebt (»Lynchjustiz«), wobei der Zweck jegliches destruktive Mittel heiligt. Die dem Ressentiment Verfallenen erleben sich immer als schuldlose Opfer gegenüber einem zum absolut Bösen dämonisierten, moralisch korrupten Feind. Immer liegt dem Ressentiment eine schwere Kränkung mit den Folgen des Neids oder der Eifersucht, ein Gefühl erlittener Ungerechtigkeit und Scham, sowie Ohnmachtsgefühle, dies zu ändern, zugrunde. Das irrationale Vorurteil stellt eines der gefährlichsten und folgenreichsten Probleme unserer Zeit dar, da »zivile« und technologisch hochentwickelte, vom → sozialen Wandel geprägte → Gesellschaften einerseits durch Statusunsicherheiten und Identitätsbedrohungen von Einzelnen oder sozialen Gruppen besonders in Krisenzeiten ein hohes Quantum an Ressentiments produzieren und andererseits dieses Ressentiment »abkühlen«, indem sie die Effizienz moderner → Verwaltung und Waffentechnologie in ihren Dienst stellen.
Die → Psychoanalyse untersucht systematisch die emotionale Fundierung solcher »Vorurteilskrankheiten« (A. und M. Mitscherlich 1967). Ihnen liegt – ähnlich einem neurotischen Symptom – ein unbewußter

Trieb-Abwehr-Konflikt zugrunde. »Modellkrankheit« für die der Unbewußtmachung unterworfenen Konflikthintergründe aus Kindheit und Jugend ist die sog. paranoide Psychose. Irrationale Vorurteile und unkorrigierbare Wahrnehmungsverzerrungen haben ihre dynamische Ursache in einem inneren Gespaltensein durch abgewehrte, d.h. unbewußte »emotionale Engramme« der eigenen Lebensgeschichte.
Aber auch durch Kindheitskonflikte wenig beeinträchtigte Persönlichkeiten können durch situative Zwänge bzw. starkem Konfliktdruck zur Übernahme ressentimentgeladener sozialer Stereotypien verführt werden. Hier bringt die moderne Kleingruppenforschung, die in Ansätzen bestehende Großgruppenforschung bzw. das Studium der Indoktrinationstechniken bei militanten Sekten oder politischen Parteien interessante Einblicke in die Anfälligkeit auch sonst stabiler Persönlichkeiten für eine funktionale seelische Regression, die vorübergehend zu schweren Ich-Einschränkungen mit wahnhafter Wahrnehmungsverzerrung und Kontrollverlusten gegenüber Triebdurchbrüchen führt.
Abschließend sei Lippmans (1964, S. 79ff.) Zusammenfassung der Bedeutung von Vorurteilen erwähnt: »Die Stereotypensysteme sind vielleicht Kern unserer persönlichen Überlegung und die Verteidigungswaffen unserer gesellschaftlichen Stellung. Sie sind ein geordnetes, mehr oder minder beständiges Weltbild, dem sich unsere Gewohnheiten, unser Geschmack, unsere Fähigkeiten, unser Trost und unsere Hoffnung angepaßt haben. Sie bieten vielleicht kein vollständiges Weltbild, aber sie sind das Bild einer möglichen Welt, auf das wir uns eingestellt haben... Ein Stereotypmodell ...ist nicht nur eine Methode, der großen, blühenden, summenden Unordnung der Wirklichkeit eine Ordnung unterzuschieben. Es ist nicht nur ein Kurzschluß... Es ist die Garantie unserer Selbstachtung: es ist die Projektion unseres Wertbewußtseins, unserer eigenen Stellung und unserer Rechte auf die Welt. Die Stereotypen sind daher in hohem Grade mit Gefühlen belastet, die ihnen zugehören.«
Lit. Festinger: Theory; Kelly: Psychology; Lippmann: Meinung; Mitscherlich: Unfähigkeit; Moscovici: Sozialer Wandel; Tajfel: Kategorisieren; Wurmser: Wirklichkeit. *Norbert Spangenberg*

Vorverfahren, gerichtliches → Ermittlungsverfahren, → Widerspruch

Voyeurismus Sexuelle Verhaltensabweichung (→ Perversion), bei der der direkte Kontakt zu einem Partner nicht zustande kommt, sondern durch das Belauschen bzw. heimliche Beschauen sexueller Handlungen Dritter ersetzt wird, meist verbunden mit → Masturbation. V. wird im DSM-III-R (→ Klassifikationssysteme psychischer Störungen) unter den Paraphilien geführt. Hintergrund dieses Verhaltens können verschiedene psychische Störungen sein, die mit Verhaltensdefiziten im Kontakt- und Beziehungsbereich einhergehen
Andreas Spengler

W

Wahlrecht → Wunsch- und Wahlrecht des Hilfeempfängers

Wahn Gegen Ende des 18. Jh. in die → Psychiatrie eingeführter Begriff, der weniger praktische als definitorische Schwierigkeiten bereitet. W. wird gewöhnlich verstanden als eine mit unmittelbarer Gewißheit erlebte, doch inhaltlich falsche Überzeugung, an der der Betroffene, trotz aller Gegengründe, unbeirrbar festhält. Diese grobe Beschreibung bedarf jedoch zumindest der Ergänzung durch das Merkmal der Vereinzelung des W.kranken (= Autismus). Die interpersonelle Ausbreitung des W. ist daher allenfalls in der engen Gemeinschaft des Betroffenen mit einem leicht beeinflußbaren Partner (induzierter W.), nicht aber als ein sich kollektiv ausbreitender »Massenw.« möglich.
W.bildungen können in unterschiedlicher Heftigkeit und Dauer im Rahmen verschiedener psychischer Erkrankungen (→ Psychose) auftreten; ihre Zuordnung ergibt sich aus der Untersuchung des W.aufbaues unter Berücksichtigung möglicher zusätzlich bestehender abnormer Erscheinungen, wie z. B. Sinnestäuschungen (→ Halluzination) oder Bewußtseinsstörungen. Die größte Bedeutung kommt dem W. bei schizophrenen Psychosen zu (→ Schizophrenie). Der Inhalt des W. kann sich aus allen menschlichen Erlebnisbereichen entwickeln, am häufigsten werden wahnhafte Vorstellungen von Verfolgung und Beeinträchtigung, Vergiftung, Erkrankung (→ Hypochondrie), Größe, Schuld und Versündigung (→ Schuldgefühl) geäußert. Umstritten ist nach wie vor, ob bestimmte W.bildungen zu eigenständigen Erkrankungsformen zusammengefaßt werden können (→ Paranoia).
Nach traditioneller Auffassung erscheint der W. als unverständliches, lebensgeschichtlich nicht weiter ableitbares, primär krankhaftes Phänomen, aus der Sicht der → Psychoanalyse und anderer psychodynamischer Richtungen dagegen als Ergebnis der → Projektion uneingestandener sexueller und aggressiver Triebimpulse und z. T. als verständlicher Ausdruck des Versuches, die Persönlichkeitsstabilität und den Bezug zur Umwelt über ein abgewandeltes Beziehungsgefüge wiederherzustellen. Auch neuere Klassifikationsbemühungen (→

Klassifikationssysteme psychischer Störungen) haben die definitorischen Schwierigkeiten nicht beseitigen können. Die Eigentümlichkeit des W. wird am ehesten in der Beziehung zum Betroffenen verständlich.
Lit. Baeyer: Wahn; Floru: Wahn; Häfner: Wahn; Huber, G. u. a.: Wahn; Schulte, W. u. a.: Wahn; Spitzer: Wahn.

Jürgen-H. Mauthe

Wahrnehmung wird von Legewie u. a. als »komplexer innerer Prozeß der bewußten Reizverarbeitung« definiert. Weit mehr als die sprichwörtlichen fünf Sinne versorgen den Menschen mit Informationen über seine Umgebung, seinen eigenen Körper, dessen Stellung und Lage: Gesichtssinn, Gehör, Geruchssinn, Geschmackssinn, Tastsinn, Temperatursinn, Schmerzsinn, Lagesinn (W. der Raumlage des eigenen Körpers), Stellungssinn (W. der Stellung der eigenen Gliedmaßen) und Kraftsinn (W. der Spannungsverteilung der körpereigenen Muskulatur). Von diesen ist der Gesichtssinn, das Sehen, der am gründlichsten untersuchte Teilbereich der menschlichen W.
Wahrgenommene (oder auch erlebte, anschauliche, phänomenale) Wirklichkeit ist weder wie die Kopie physikalischer Realität noch der Erregungsverhältnisse und -vorgänge in den Sinnesorganen und im Nervensystem. Läßt man nämlich z. B. in einem stockdunklen Raum in geeignet räumlich-zeitlichem Abstand zwei Lämpchen nacheinander aufleuchten, ist ein einziger Lichtpunkt zu sehen, der sich von einer Stelle zur anderen bewegt. Man sieht ihn auch dort leuchtend eine Bahn ziehen, wo objektiv gar kein Lämpchen leuchtet, und wo folglich auf der Netzhaut des Auges auch keine lichtempfindlichen Zellen erregt sein können. (Dieses Phänomen wurde von M. Wertheimer untersucht, stroboskopische Bewegung genannt und gab Anlaß zur Entwicklung der → Gestaltpsychologie.) Daraus folgt, daß W. zwar durch physikalisch Wirkliches veranlaßt und durch Vorgänge in Sinnesorganen und Nervensystem mitbedingt, jedoch keineswegs ausschließlich und vollständig bestimmt wird. Die entscheidende und ausschlaggebende Rolle für die W. spielen seelische Bedingungen und Gesetzmäßigkeiten. Will man das Handeln anderer Menschen verstehen, reicht folglich die Kenntnis objektiver Bedingungen nicht aus, man muß auch wissen, in welcher anschaulichen Weise sie diese objektiven Bedingungen erleben, auf die sie mit ihrem Handeln antworten und einwirken. Dieses Wissen ist jedoch ohne w.psychologische Kenntnisse nicht erreichbar. Der Beitrag des Psychischen zur W. läßt sich als Leistungen der Auswahl (Selektion), der Ordnung, Anordnung und Gliederung (Organisation) und der Deutung (Interpretation) bestimmen. Was aus der Fülle des infolge Erfüllung physikalischer und physiologischer Voraussetzungen grundsätzlich Wahrnehmbaren tatsächlich wahrgenommen wird, hängt nicht nur von der Beachtungsabsicht (willkürliche Aufmerksamkeit) des Wahrnehmenden ab. Die Auswahl des Wahrgenommenen wird außerdem von den Erfahrungen, Interessen, Wünschen, Bedürfnissen, Abneigungen und Wertmaßstäben des Wahrnehmenden, ja sogar von den Konventionen seines sozialen Milieus beeinflußt und mitbestimmt.
Mit Ordnung des Wahrgenommenen ist z. B. die Tatsache gemeint, daß Menschen anstelle eines Mosaiks verschieden heller, unterschiedlich gefärbter Punkte (entsprechend der Erregungsverteilung auf der Netzhaut des Auges) eine Welt mit Häusern, Bäumen, Menschen, Fahrzeugen u. a. m. sehen, eine Welt, in der Gegenstände ihre Größe, Form, Farbe und Helligkeit trotz Änderungen von Entfernung, Lage und Beleuchtung behalten. Alles in allem handelt es sich um das Zustandekommen von Anordnung, Gliederung, Zusammenhang, Gruppierung, Begrenzung, Sonderung, Größe, Form, Farbe, Helligkeit, Entfernung, Ruhe und Bewegung des Wahrgenommenen. Nachweislich geben dafür weder die physikalischen Verhältnisse noch die Erregungsverhältnisse in Sinnesorganen und Nervensystem, aber auch nicht – wie immer wieder behauptet wird – Kenntnis der objektiven Verhältnisse, Gewohnheit, Erfahrung, → Denken und Urteilen den Ausschlag. Die Ordnung des Gesehenen z. B. wird durch die von den Gestaltpsychologen experimentell ermittelten »Gestaltfaktoren« und »Gestaltgesetze« endgültig bestimmt. Indessen haben die Gestaltpsychologen (→ Gestaltpsychologie) niemals behauptet, Erfahrung, Gewohnheit, Denken und Urteilen seien völlig bedeutungslos für die W. Sie haben lediglich festgestellt, daß diese Einflüsse nicht den Ausschlag geben. Wahrgenommenes wird nicht nur ausgewählt und geordnet, sondern auch vom Wahrnehmenden gedeutet. Außer Bedingungen in der physikalischen Wirklichkeit, in Sinnesorganen und Nervensystem sind wohl vor allem Gemütszustand und Bedürfnislage des Wahrnehmenden (→ Bedürfnisse) von Bedeutung dafür, wie er auffaßt, was er wahrnimmt, wofür zahlreiche experimentelle Belege vorliegen.
Über die Erweiterung und Vertiefung der Kenntnis einzelner Tatsachen und Vorgänge sowie die Formulierung von »W.gesetzen« hinaus werden in der W.forschung zur Erklärung des Entstehens wahrgenommener Wirklichkeit auch theoretische Modelle konstruiert. Darunter sind Modelle, wie z. B. das von Lindsay und Norman, die Erkenntnisse der Anatomie und Physiologie von Sinnesorganen und Nervensystem mit der Annahme einer Art Vorrichtungen im W.system verknüpfen, die analog den Kom-

ponenten einer elektronischen Datenverarbeitungsanlage funktionieren. Nach diesem Modell wandeln die Sinnesrezeptoren empfangene Energie in elektrische Signale um. Von Zellverbindungen werden diese Signale zum Gehirn weitergeleitet. Dort gibt es spezialisierte Zellen, die z. B. beim Sehen nur auf bestimmte Muster reagieren. Dies ist das sog. »datengesteuerte« System. Obwohl in allen Abschnitten dieses Systems die Signale »verarbeitet« werden, reichen seine Leistungen nicht aus, alle W.phänomene zufriedenstellend zu erklären. Deshalb wird noch ein zweites System angenommen, dessen Funktionen näherungsweise als Erinnern (→ Gedächtnis) und Denken umschrieben werden können. Mittels Erwartungen dessen, was möglicherweise wahrzunehmen ist, wie auch mit Hilfe begrifflicher Klassifizierungen interpretiert dieses zweite, das sog. »konzeptgesteuerte« System, was das erste System bewirkt hat. Beide Systeme interagieren miteinander, daraus entsteht ein in sich stimmiges Weltbild. Dieses Modell ist so konstruiert, daß gesicherte Tatsachen erklärt und die im Modell enthaltenen Annahmen experimentell geprüft werden können.

Nach der Auffassung von J. J. Gibson indessen sind W.theorien, die behaupten, Sinnesorgane würden durch »Reize« aktiviert und die durch sie ausgelösten nervösen Impulse zum Gehirn weitergeleitet, wo sie »kognitiv« verarbeitet werden, unbrauchbar, weil sie zu viele Ungereimtheiten enthalten. Als Alternative entwickelte Gibson einen eigenen Ansatz. Kerngedanke ist die Auffassung von W. als einem System, das aktiv erkundend der Umwelt Information entnimmt. Denn nach Gibson ist das Reizangebot, von dem der wahrnehmende Organismus umgeben ist, räumlich und zeitlich strukturiert. Die Invarianten solcher Strukturen werden vom W.system registriert. Bezüglich des Sehens z. B. heißt das konkret: Reizquelle für das Auge ist nicht die Lichtquelle, sondern die beleuchtete Situation (Umgebungslicht). Infolge 1. der räumlichen Anordnung in der Umgebung (u. a. beleuchtete Oberflächen, die in verschiedene Richtungen orientiert sind), 2. der chemischen Zusammensetzung reflektierender Flächen und 3. von Schattierungen ist »Umgebungslicht« strukturiert. In der Struktur des Umgebungslichts ist die Information für das W.system enthalten. Somit entfällt die Notwendigkeit, dem Gehirn die Aufgabe zuzuschreiben, Information mit Hilfe »rationaler Kräfte«, eines »Gedächtnisses« oder sich formender »Felder« zu konstruieren. Das Gehirn steuert nur das W.system.

Lit. Bierhoff: Personenwahrnehmung; Gibson: Sinne; Gibson: Umwelt; Graumann, C. F.: Wahrnehmen; Hajos: Wahrnehmungspsychologie; Jahnke: Wahrnehmung; Kebeck: Wahrnehmung; Legewie u. a.: Psychologie; Lindsay u. a.: Psychologie; Mann: Sozialpsychologie; Metzger: Erkenntnisprozesse; Metzger: Gesetze; Metzger, u. a.: Allgemeine Psychologie; Wendt, D.: Psychologie.

Peter Moltke

Wahrungsmitteilung → Übergang von Ansprüchen

Waisenrente Falls beim Tod eines Elternteils dieser die im jeweiligen Sicherungssystem für eigene Rentenansprüche erforderlichen Voraussetzungen erfüllt hatte (→ Hinterbliebenenrente), gewähren alle sozialen Versicherungs- und Versorgungssysteme den ehelichen Kindern des Gesicherten ohne weitere Voraussetzungen und den Personen, die als Kinder gelten, bei Vorliegen der für diese Gleichstellung notwendigen Voraussetzungen W. oder Waisengeld. Der Kinderbegriff ist für die Renten- und Unfallversicherung sowie bei der Altershilfe für Landwirte identisch. Kinder und damit w.berechtigt sind danach die → ehelichen Kinder, die in den Haushalt des Versicherten aufgenommenen Stiefkinder, die für ehelich erklärten Kinder, die an Kindes Statt aufgenommenen Kinder (→ Annahme als Kind), die nichtehelichen Kinder eines männlichen Versicherten, wenn seine Vaterschaft oder seine → Unterhaltspflicht festgestellt ist, und die nichtehelichen Kinder einer Versicherten. W.berechtigt sind darüber hinaus die → Pflegekinder i. S. d. § 2 Abs. 1 S. 1 Nr. 2 des Bundeskindergeldgesetzes sowie die Enkel und Geschwister des Versicherten, die er in seinem Haushalt aufgenommen oder überwiegend unterhalten hat. Nach dem → Bundesversorgungsgesetz (BVG) und ebenso nach dem Gesetz zur Entschädigung der Opfer von Gewalttaten sind Enkel und Geschwister dagegen nicht w.berechtigt; Pflegekinder sind es nur dann, wenn der Verstorbene sie bereits seit einem vor der Schädigung oder vor Anerkennung der Folgen der Schädigung liegenden Zeitpunkt oder bei seinem Tode seit mindestens einem Jahr unentgeltlich unterhalten hat.

W. wird grundsätzlich bis zur Vollendung des 18. Lebensjahres gezahlt. Darüber hinaus wird W. längstens bis zur Vollendung des 27. Lebensjahres gewährt für ein Kind, das sich in Schul- oder Berufsausbildung befindet, ein → freiwilliges soziales Jahr i. S. d. Gesetzes zur Förderung eines freiwilligen sozialen Jahres leistet oder das körperlich oder geistig behindert ist. Bei Unterbrechung der Ausbildung durch Wehr- oder Ersatzdienst wird die Berechtigungsdauer um den entsprechenden Zeitraum verlängert. Eine Schulausbildung setzt voraus, daß sie Zeit- und Arbeitskraft der Waise voll in Anspruch nimmt. Wenn die Waise wie eine vollwertige Arbeitskraft entlohnt wird, besteht kein Anspruch auf

verlängerte W. Der W.anspruch wird durch eine Eheschließung nach dem 18. Lebensjahr nicht ausgeschlossen. Die Höhe der W. beträgt in der
– Rentenversicherung bei Halbwaisen $^1/_{10}$, bei Vollwaisen $^1/_5$ der → Erwerbsunfähigkeitsrente des Versicherten (§ 67 SGB VI) ohne den → Kinderzuschuß, aber unter Berücksichtigung von Zurechnungszeiten,
– Unfallversicherung bei Halbwaisen $^3/_{10}$, bei Halbwaisen $^1/_5$ des Jahresarbeitsverdienstes,
– Altershilfe für Landwirte (→ Alterssicherung für Landwirte) bei Halbwaisen 1/4, bei Vollwaisen die Hälfte des für einen unverheirateten Berechtigten berechneten Altersgeldes,
– nach dem BVG (ab 1995) bei Halbwaisen 188 DM, bei Vollwaisen 350 DM Grundrente (→ Grundsicherung) sowie bei Halbwaisen 327 DM, bei Vollwaisen 458 DM Ausgleichsrente.
Lit. Krause, P. u.a.: SGB (Komm.); Kretschmer u.a.: SGB (Komm.); Lauterbach: Unfallversicherung; Miesbach u.a.: Reichsknappschaftsgesetz (Komm.); Noell: Altershilfe; Rohr, K. u.a.: Bundesversorgungsrecht; Ruland: Unterhalt; Schönleiter u.a.: Bundesversorgung; Verband Deutscher Rentenversicherungsträger: RVO (Komm.) *Bernd von Maydell*

Waldorfpädagogik 1919 von R. Steiner als einheitliche Volks- und Höhere Schule konzipiert, heute als → Gesamtschule besonderer Prägung anzusprechen. Grundlage sind die Anthroposophie als Menschenkunde und die Entwicklungspsychologie. Aus der Menschenkunde ergibt sich die Idee der gleichmäßigen Förderung des praktischen, künstlerischen und intellektuellen Lernens. Aus der → Entwicklungspsychologie folgt der altersspezifische Lehrplan: Unterrichtsinhalte sollen sich an den Fähigkeiten und latenten Fragen der Schüler orientieren.
Heute finden die Versuche zur Integration allgemeiner und beruflicher Bildung, evtl. mit Doppelqualifikation durch Facharbeiterbrief und Hochschulreife (z.B. an der Hiberniaschule Herne) besondere Beachtung, weil der Gegensatz von Bildung und Ausbildung überwunden wird. Organisatorische Besonderheiten: Pädagogik der Förderung statt Auslese durch Schule. Daher kein Sitzenbleiben, sondern Unterricht in Jahrgangsklassen, soziale Koedukation, ggf. besondere Förderung schwacher oder schwieriger Schüler durch therapeutische und pädagogische Maßnahmen. In der überschaubaren Schule soll jeder Schüler seinen Ort und seine soziale → Identität finden können. Die Schule in freier Trägerschaft wird von Lehrern und Eltern gemeinsam verwaltet. Für Rechts- und Wirtschaftsfragen ist der Schulvereinsvorstand verantwortlich, für Unterricht und Erziehung das Lehrerkollegium, das sich durch Konferenzen und besondere Ausschüsse selbst verwaltet. 1996 gab es in Europa über 510 Waldorf- (oder R. Steiner-) Schulen, davon 162 in der Bundesrepublik Deutschland, ferner 166 in Übersee. Die deutschen Waldorfschulen sind im Bund der freien Waldorfschulen (Stuttgart) zusammengeschlossen; dieser unterhält drei Lehrerseminare zur grundständigen oder zusätzlichen Ausbildung zum Waldorflehrer.
Etwa 1 100 (in Deutschland 425) Waldorfkindergärten sind in der Internationalen Vereinigung der Waldorfkindergärten (Stuttgart) zusammengeschlossen. Kennzeichen u.a.: Anregung zum spielend nachahmenden Tun sinnvoller Tätigkeiten.
Ferner bestehen in Deutschland und im Ausland zahlreiche Heilpädagogische Institute und Camphill-Einrichtungen für → Heilpädagogik und → Sozialtherapie, die neben besonderer Unterrichtsmethodik vor allem künstlerische Therapie (Heileurythmie, Malen, Plastizieren, Musik- und Sprechtherapie) anwenden.
Lit. Leber, S.: Waldorfschule; Lindenberg: Waldorfschulen. *Christoph Lindenberg*

Wanderarbeitnehmer Art. 48 EWGV verbrieft die Freizügigkeit der Arbeitskräfte als eine der Freiheiten des Gemeinsamen Marktes → Europäische Gemeinschaften [EG]), die durch geeignete Maßnahmen zu verwirklichen sind. Die Verordnung (EWG) Nr. 1612/68 über die Freizügigkeit der Arbeitnehmer innerhalb der Gemeinschaft regelt zu diesem Zweck den unmittelbaren Zugang von Arbeitnehmern aus EG-Staaten (nicht aber aus Drittstaaten) zur Beschäftigung in einem anderen Mitgliedstaat (→ Arbeit/Beschäftigung in der EG), Fragen der → Arbeitsvermittlung, des Aufenthaltsrechts der W. und ihrer Familienangehörigen u.a. In Art. 7 Abs. 2 dieser sog. »Freizügigkeitsverordnung« wird die Gleichbehandlung von W. aus Mitgliedstaaten der EG mit Arbeitnehmern ihres Beschäftigungsstaates in bezug auf steuerliche und soziale Vergünstigungen (einschließlich Sozialhilfeleistungen [→ Sozialhilfe], → Wohngeld, Leistungen der → Ausbildungsförderung, Zugang zu Sozialwohnungen u.ä.) gewährleistet.
Art. 51 EGV ermächtigt den Rat, zum Zwecke der Herstellung der Freizügigkeit der Arbeitnehmer die notwendigen Maßnahmen auf dem Gebiet der → sozialen Sicherheit in der EG zu beschließen, um zu verhindern, daß die Mobilität des »Faktors Arbeit« und das Recht der Arbeitnehmer – und seit Anfang der 80er Jahre auch der Selbständigen –, in einem anderen Mitgliedstaat einer Erwerbstätigkeit nachzugehen, durch den Eintritt bzw. das Drohen sozialrechtlicher Nachteile verhindert werden.
Die Verordnungen (EWG) Nr. 1408/71 und 574/72 als sekundäres Gemeinschaftsrecht

haben ein System eingeführt, welches aus- und einwandernden Arbeitnehmern und Selbständigen nur aus Mitgliedstaaten der EU (und bislang nicht aus Drittstaaten) sowie ihren Familienangehörigen die Zusammenrechnung aller nach den verschiedenen mitgliedstaatlichen Rechtsvorschriften berücksichtigten Zeiten für den Erwerb und die Aufrechterhaltung des Anspruchs auf Leistungen der → sozialen Sicherheit sowie für die Berechnung derartiger Leistungen sichert. Darüber hinaus wird die Zahlung von Leistungen auch an Personen gewährleistet, die nicht im Beschäftigungsstaat, sondern im Hoheitsgebiet eines anderen Mitgliedstaats (z. B. ihres Heimatstaats) leben. Durch diese Gemeinschaftsverordnungen, die das »freizügigkeitsspezifische« EG-Sozialrecht ausmachen, sind die im übrigen nach wie vor unterschiedlichen – und sich auch unterschiedlich fortentwickelnden – Systeme der sozialen Sicherheit der Mitgliedstaaten koordiniert worden.

Die Verordnung (EWG) Nr. 1408/71 enthält in Titel I Allgemeine Rechtsvorschriften, in Titel II Kollisionsnormen, welche die nationale Rechtsordnung bestimmen, die bei Vorliegen bestimmter Sachverhalte maßgebend ist (i. d. R. das Recht des Beschäftigungsstaates), in Titel III besondere Vorschriften für die einzelnen Leistungsarten: Krankheit und Mutterschaft; Invalidität; Alter und Tod (Renten); Arbeitsunfälle und Berufskrankheiten; Familienleistungen und -beihilfen; Leistungen für unterhaltsberechtigte Kinder von Rentnern und Waisen, in Titel IV die Tätigkeit der Verwaltungskommission für die soziale Sicherheit der W. als Organ zur Umsetzung dieser Vorschriften, in Titel V die Zusammensetzung, Aufgabe und Arbeitsweise des Beratenden Ausschusses für die soziale Sicherheit der W., in Titel VI Vorschriften über die Zusammenarbeit der für die Umsetzung dieser Vorschriften allein zuständigen nationalen Behörden der Mitgliedstaaten, sowie in Titel VII Übergangs- und Schlußvorschriften. Anhänge enthalten Sonderregelungen und Vorbehalte zugunsten einzelner Mitgliedstaaten.

Lit. Deutscher Sozialrechtsverband e.V.: Europäisches Sozialrecht; Ewert, H.: Europäisches Sozialrecht; Klang: Freizügigkeit; Pompe: Wanderarbeitnehmer; Schuler: Internationales Sozialrecht; Schulte, B.: Nationales Sozialrecht; Schulte, B.: Sozialrecht; Schulte, B.: Supranationales Recht; Schulte, B. u. a.: Wechselwirkungen.

Bernd Schulte

Warenkorb → Bedarfsbemessungssystem

Wartezeit. Ein Anspruch auf Rente besteht in der gesetzlichen → Rentenversicherung nur, wenn die W. (i. d. R. 5 Jahre) vor Eintritt des Versicherungsfalles erfüllt ist. Einzige Ausnahme hiervon ist, daß Versicherten, die bereits vor Erfüllung einer W. von 5 Jahren erwerbsunfähig waren, ein Anspruch auf → Erwerbsunfähigkeitsrente eingeräumt wird, wenn sie eine W. von 20 Jahren zurückgelegt haben. Dies ist insbes. für Personen bedeutsam, die von Geburt an erwerbsunfähig sind oder vor Eintritt ins Berufsleben erwerbsunfähig wurden.

Verlängerte W. sind vorgeschrieben bei Altersrente wegen Arbeitslosigkeit oder Altersrente für Frauen (15 Jahre) und für langjährige Versicherte und Schwerbehinderte, Berufs- oder Erwerbsunfähige (35 Jahre).

Bei → Hinterbliebenenrente muß der verstorbene Versicherte die 5jährige W. erfüllt haben oder bis zu seinem Tode Rente bezogen haben.

Auf die W. werden Beitrags- (inkl. → Kindererziehungs-) u. → Ersatzzeiten angerechnet. Bei der 35jährigen W. können alle rentenrechtl. Zeiten (z. B. → Berücksichtigungszeiten) angerechnet werden.

Die W. kann bei Arbeitsunfall oder vor Ablauf von 6 Jahren nach Beendigung einer → Ausbildung bei Erwerbsunfähigkeit fingiert werden.

Lit. s.: → Renten wegen Alters. *Rudolf Kolb*

Wartung und Pflege → Hilfe zur Pflege

Wehrdienstverweigerung → Zivildienst

Weihnachtsbeihilfe → Einmalige Leistungen

Weiterbildung In den gegenwärtigen Konzeptionen ebenso wie in der Praxis der W. spiegelt sich – ähnlich wie in der → Erwachsenenbildung und der → Fortbildung – der Wandel von Zielen und Aufgaben des Lernens von Erwachsenen (→ Lernen im Erwachsenenalter) wider (zur begrifflichen Klärung und Abgrenzung: → Fortbildung). Unter W. in der sozialen Arbeit verstehen wir eine auf beruflicher Ausbildung und mehrjähriger Berufserfahrung aufbauende Höher- oder Zusatzqualifikation (→ Zusatzausbildung). Die W.maßnahmen sind i. d. R. berufsbegleitend organisiert und bereiten durch Erweiterung/Vertiefung spezifischer Kompetenzen (z. B. → Beratung, → Supervision, → Organisationsentwicklung, → Führung und Leitung in der sozialen Arbeit) auf die Wahrnehmung spezieller Funktionen und Positionen vor (z. B. Leitungsfachkraft, Supervisor). Sie schließen mit einem Zertifikat ab. Resultat einer W.maßnahme ist i. d. R. beruflicher Aufstieg und/oder die Übernahme weiterer Verantwortung.

Gegenwärtige Mindeststandards qualifizierter W.maßnahmen sind:
– Teilnehmerinnen und Teilnehmer sind Multiplikatoren für Innovationen im Arbeitsfeld und/oder in Organisationen;
– die i. d. R. mindestens zweijährige Dauer der W.maßnahme;

– die Integration von Praxisphasen in die W.maßnahme (z. B. Lehrsupervision, Lern- und Arbeitsfeldprojekte);
– die Beratung der Teilnehmerinnen und Teilnehmer durch Begleitsysteme (z. B. Mentoren);
– die Konzipierung und Begleitung der W.maßnahme durch Fachgremien (z. B. Fachliche Leitungen);
– ein Qualifikationsverfahren zur Erlangung des Zertifikats.

Entscheidend ist, daß Teilnehmerinnen und Teilnehmer an der Konkretisierung des W.ziels und der Konkretisierung des Funktionsbildes beteiligt sein müssen.
W.maßnahmen für → Fachkräfte aus der sozialen Arbeit werden i. d. R. bundeszentral von den in der → Konferenz der zentralen Fortbildungsinstitutionen für Jugendarbeit und Sozialarbeit zusammengeschlossenen Einrichtungen durchgeführt.
Die Akademie für Jugendarbeit und Sozialarbeit im → Deutschen Verein für öffentliche und private Fürsorge (DV) führt W.maßnahmen für Leitungsfachkräfte in drei Funktionen durch:
– Leitende Mitarbeiterinnen und Mitarbeiter in der Sozial- und Jugendhilfe,
– Supervision und Leitung von Mitarbeitergruppen der sozialen Arbeit,
– Aufsicht und Beratung für Einrichtungen der Jugendhilfe,
– Projekt: Leitung im sozialen Bereich in den neuen Bundesländern,
– Projekt: Organisationsgestaltung – zur Organisation, Planung und Steuerung sozialer Dienstleistungen.
Lit. s.: → Fortbildung.

Martin Scherpner/Manfred Wolf

Weiterführung des Haushalts, Hilfe zur → Hilfe zur Weiterführung des Haushalts

Weiterversicherung → Versicherungsberechtigung

Weltgesundheitsorganisation (WGO) – World Health Organization (WHO) – mit Generalsekretariat in Genf ist eine der wichtigsten Sonderorganisationen der Vereinten Nationen (→ United Nations [UN]). Der WGO gehören 166 Mitgliedsstaaten an. Sie ist als technisch/operationelle Organisation stark dezentralisiert und unterhält 6 Regionalbüros.
Obgleich bereits um 1850 erste Versuche erfolgten, eine formelle internationale Zusammenarbeit im Bereich des → Gesundheitswesens zu etablieren, entstand eine weltweite einheitliche Organisation erst 1948. Satzungsgemäßes Ziel der WGO ist es, »den höchstmöglichen Gesundheitszustand für alle Völker« zu erreichen. So gehört es zu den Aufgaben der Organisation, nationale Gesundheitsdienste zu beraten und zu unterstützen oder durchzuführen, epidemische und endemische Krankheiten zu bekämpfen, internationale Normen für Medikamente und Nahrungsmittel festzulegen, aber auch unter medizinischen Gesichtspunkten die Verbesserung von zahlreichen Aspekten der Arbeitswelt und der sonstigen Lebensbereiche zu fördern sowie für → gesundheitliche Aufklärung zu sorgen. Nach sehr erfolgreichen weltweiten Kampagnen gegen infektiöse Krankheiten durch Massenschutzimpfungen (z. B. Pocken) konnte in anderen Bereichen kaum Fortschritt erzielt werden (z. B. Malaria). Eine neue Herausforderung für die WGO stellt die rapide Ausbreitung von → AIDS, besonders in den Entwicklungsländern, dar. Das in den frühen 80er Jahren verabschiedete Strategieprogramm »Gesundheit für alle im Jahr 2000« zielt auf die Verstärkung der Gesundheitsfürsorge in der Familie, der Schule und am Arbeitsplatz, der Stärkung der Eigenverantwortlichkeit und der Vorsorge.
Anschrift des Regionalbüros für Europa: Scherfigsvej 8, DK-2100 Kopenhagen ø.

Dirk Jarré

Weltsozialgipfel Im März 1995 fand in Kopenhagen nach mehrjähriger Vorbereitung der ersten Weltgipfel für Soziale Entwicklung der → Vereinten Nationen statt. Er war gewissermaßen Kulmination früherer UN-Weltkonferenzen zu zentralen aktuellen Fragen der Menschheit: zu den Rechten des Kindes, zur Lage der Frauen, dem Rio-Gipfel zu Umwelt und Entwicklung, zur Menschenrechtskonferenz in Wien und zur Weltkonferenz zu Bevölkerungs- und Entwicklungsfragen in Kairo.
Grundlage des Weltsozialgipfels ist die Überzeugung einiger politischer Führungspersönlichkeiten, daß die sozialen Miseren und die weitverbreitete persönliche Unsicherheit mehr den Weltfrieden gefährden als die Unsicherheiten und die Aggressionsbereitschaft von Staaten. Zentrale Beratungsbereiche des Sozialgipfels waren daher Fragen der Verringerung der → Armut, der Förderung produktiver Beschäftigung und der Verstärkung der sozialen Integration. Bemerkenswert war dabei, daß insbesondere die regierungsunabhängigen Organisationen (NGOs), wie vor allem der → International Council on Social Welfare (ICSW) und andere die inhaltliche Ausrichtung des Gipfels mitbestimmten und entscheidend zu den Ergebnissen beitrugen.
Die von den Staatschefs unterzeichnete Erklärung von Kopenhagen verpflichtet die Staatengemeinschaft politisch vor allem dazu, für soziale Entwicklung förderliche wirtschaftliche, politische und rechtliche Rahmenbedingungen zu schaffen, extreme Armut in der Welt auszumerzen, das Ziel der Vollbeschäftigung weiterzuverfolgen, soziale Integration zu fördern, volle Gleichberechtigung und Gleichbehandlung zwischen Frauen und Männern zu realisieren,

Grundbildung und Basisgesundheitsdienste für alle Menschen bereitzustellen sowie mehr Mittel für soziale Entwicklung einzusetzen und diese besser zu nutzen. Ein umfassendes Aktionsprogramm konkretisiert und operationalisiert diese Verpflichtungen.
Es bleibt aber abzuwarten, in welchem Umfang das Engagement der Staatschefs eingelöst und zu Verbesserung der sozialen Lage in der Welt umgesetzt wird. NGOs haben hier eine entscheidende Wächter- und Mahnerfunktion zu erfüllen. In der Bundesrepublik Deutschland arbeitet dazu ein NGO-Forum Weltsozialgipfel, in dem entwicklungspolitisch und sozialpolitisch orientierte Organisationen vertreten sind.
Anschrift: NGO-Forum Weltsozialgipfel, c/o FES, Bad Godesberger Allee 149, 53170 Bonn. *Dirk Jarré*

Werdende Mütter und Wöchnerinnen, Hilfe für → Hilfe für werdende Mütter und Wöchnerinnen

Werkstatt für Behinderte W. f. B. bieten → Schwerbehinderten, die wegen Art oder Schwere ihrer Behinderung auf dem allgemeinen Arbeitsmarkt nicht, noch nicht oder noch nicht wieder beschäftigt werden können, Gelegenheit zur Teilhabe am Arbeitsleben (§ 54 → Schwerbehindertengesetz [SchwbG]). W. f. B. nehmen in erster Linie → geistig Behinderte auf, also Mitmenschen, die wegen ihrer Behinderung im erwerbsfähigen Alter keinen Zugang zum allgemeinen Arbeitsmarkt finden. Prinzipiell gilt der Grundsatz: »Alle Behinderten unter einem Dach.« Auch → körperlich Behinderte und zunehmend → seelisch Behinderte finden in den W. f. B. Aufnahme. Erstere jedoch nur, wenn ihnen eine Berufsausbildung in einem → Berufsförderungswerk oder in einem → Berufsbildungswerk nicht möglich ist. W. f. B. haben im Vergleich zu anderen Einrichtungen der → beruflichen Rehabilitation, die die Vermittlungsfähigkeit für den allgemeinen Arbeitsmarkt fördern, einen langfristigeren und umfassenderen Rehabilitationsauftrag. Zum Bildungsauftrag der W. f. B. gehört auch die Vermittlung einer angemessenen beruflichen Bildung für junge Menschen, denen die allgemeinen Wege der Berufsbildung nicht offen stehen. Dazu haben die Bundesarbeitsgemeinschaft der Werkstätten für Behinderte e. V. und die Bundesanstalt für Arbeit (→ Arbeitsverwaltung) am 28. 5. 1996 eine Vereinbarung über Rahmenprogramme für das Eingangsverfahren und den Trainingsbereich in W. f. B. abgeschlossen. Für W. f. B. ist ein Anerkennungsverfahren vorgesehen (§ 57 SchwbG). Zur Zeit gibt es in der Bundesrepublik einschließlich der neuen Bundesländer rd. 590 Werkstättenträger mit rd. 1 150 anerkannten oder vorläufig (in den neuen Bundesländern) anerkannten Betrieben mit 151 000 Plätzen für die Eingliederung in das Arbeitsleben (Trainings- und Arbeitsplätze). Benötigt werden nach heutigen Erkenntnissen etwa 200 000 Plätze. Die laufende Betriebsführung der W. f. B. wird überwiegend (etwa zu 98%) von → freien Trägern verantwortet. Zur Absprache der fachlichen Arbeit und zur gemeinsamen Vertretung werkstattspezifischer Probleme haben sich die Träger der W. f. B. zu einer »Bundesarbeitsgemeinschaft der Werkstätten für Behinderte (BAG/WfB)« zusammengeschlossen.
Nach Art und wegen der Schwere der Behinderung der in W. f. B. Tätigen können die W. f. B. i. d. R. ihre laufenden Kosten nicht selbst erwirtschaften. Der monatliche Durchschnittsverdienst pro Werkstattmitarbeiter beläuft sich zur Zeit auf ca. 230 DM. So sind fast alle auf komplettierende → Sozialhilfe angewiesen. Kostenträger für den Produktionsbereich sind die → überörtlichen Träger der Sozialhilfe, für den Trainingsbereich die BA.
Nach ihrem Grundauftrag, Gelegenheit zur Eingliederung in das Arbeitsleben zu bieten und zugleich die Persönlichkeit der Behinderten weiterzuentwickeln, steht die W. f. B. im Spannungsfeld von Ökonomie und Pädagogik. Dieses Spannungsfeld zeigt sich besonders in der Zahl und Qualifikation des Fachpersonals und im Stellenwert der begleitenden → sozialen Dienste. Ein wichtiges Problem ist auch die Frage, welche Behinderten eine W. f. B. aufnehmen soll. Nachdem das Problem der sog. »unteren Grenze« durch weitgehende Öffnung der W. f. B. auch für Schwerstbehinderte vorerst gelöst erschien, entbrennt nun erneut in einigen Bundesländern die Diskussion um sog. Fördergruppen für Schwerstbehinderte, die nicht Teil der W. f. B. sein sollen. Die BAG/WfB lehnt derartige Separierungstendenzen ab. Die Frage nach der Berechtigung des Konzeptes »alle Behinderten unter einem Dach« wird im Hinblick auf andere Gruppen (vor allem seelisch Behinderte) dringlicher. Weitgehend anerkannt ist zwischenzeitlich, daß W. f. B. für seelisch behinderte Menschen meist als örtlich getrennte Betriebsabteilungen der Träger geführt werden.
Einrichtungen, wie sie heute als »W. f. B.« bezeichnet werden, entstanden in der Weimarer Zeit in einigen Großstädten (Bremen, Düsseldorf, Frankfurt/M.). Entscheidende Impulse sind 1958 von der Gründung der → Bundesvereinigung Lebenshilfe für geistig Behinderte e. V. ausgegangen. Diese Impulse wurden durch holländische und englische Einrichtungen beeinflußt. Sie hießen damals »Beschützende Werkstätten«. 1961 wurde die Tätigkeit in einer W. f. B. als → Soll-Leistung in das → Bundessozialhilfegesetz (BSHG) aufgenommen, die 1964 in der → Eingliederungshilfe-Verordnung (EinglHVO) nach § 47 BSHG konkretisiert

worden ist. 1969 wurde mit der Verabschiedung des Arbeitsförderungsgesetzes (AFG; → Arbeitsförderung, Arbeitsförderungsgesetz) auch eine Beteiligung der BA vorgesehen. 1974 wurde der einheitliche Werkstattbegriff in das SchwbG aufgenommen. Die Werkstätten-Verordnung nach § 57 Abs. 3 SchwbG ist nach eingehender, teils sehr kontroverser Diskussion seit dem 21. 8. 1980 in Kraft.
Für die Gestaltung der Arbeit innerhalb der W. f. B. werden insbes. vier Probleme zu lösen sein, nämlich die Vermittlung einer angemessenen → beruflichen Bildung, die Gewährleistung eines angemessenen Entgeltes, die Fragen der Mitwirkung und Mitbestimmung am Betriebsgeschehen durch die Behinderten selbst und ihre Angehörigen.
Die Klärung der Rechtsstellung (§ 104 BGB; → Geschäftsfähigkeit) hat das Justizministerium zugesagt, noch in der laufenden Legislaturperiode in Angriff zu nehmen. Die Entwicklung der W. f. B. wird aber auch von der weiteren Entwicklung der Struktur des Erwerbslebens beeinflußt werden. Bei weiterer Ausweitung der Dienstleistungsberufe werden sich entsprechende Auswirkungen auf die Arbeitsangebote von W. f. B. ergeben.
Lit. Bundesarbeitsgemeinschaft Lebenshilfe: Handbuch; Bundesarbeitsgemeinschaft Lebenshilfe: Standortbestimmung; Bundesarbeitsgemeinschaft Werkstätten: Werkstättentag; Verband evangelischer Einrichtungen: Förderung; Verband evangelischer Einrichtungen: Materialien. *Dietrich Anders*

Werkzeugstörungen Bildhafte Bezeichnung für hirnorganisch verursachte Störungen des erlernten sprachlichen Ausdrucks und Verstehens (Aphasien), der zweckmäßigen Bewegungsausführung (Apraxie) und der Fähigkeit, Wahrgenommenes zu erkennen (→ Agnosie) bei Intaktheit der peripheren Wahrnehmungs- und Vollzugsorgane. Die Feststellung einer W. beweist eine Erkrankung im Bereich der dominanten Hirnhälfte (bei Rechtshändern links) und begründet damit die Indikation für technische Gehirnuntersuchungen.
Die Erforschung der W. führte zur Entwicklung einer »Hirnlokalisationslehre«, in der für jede psychische Einzelfunktion eine korrespondierende Hirnregion als deren »Zentrum« gesucht wurde. Diese Vorstellungen konnten jedoch den tatsächlichen, sehr viel komplexeren strukturellen Abhängigkeiten psychischer Einzelleistungen und deren Störungen nicht gerecht werden.
Formen: a) Motorische Aphasie: die Fähigkeit, sich mündlich oder schriftlich in Worten oder Sätzen auszudrücken, ist vermindert oder aufgehoben. Der Sprechantrieb ist gering, die Kranken können sich meist nur in hilflosem Telegrammstil mitteilen. Motorische Aphasien treten nur selten isoliert, häufiger dagegen in Kombination mit b) sensorisch-aphasischen Störungen auf. Hierbei ist das Sprachverständnis, auch der eigenen Sprache, gestört. Der Kranke ist wie in sprachfremder Umgebung. Gleichzeitig ist der Drang, zu sprechen, sehr groß, so daß es oft zu einem unverständlichen Redeschwall (Logorrhoe) kommt. Gestört ist dabei auch das Schriftverständnis (Lesen), das Schreiben und das Nachsprechen, weil die vorgesprochenen Wörter nicht richtig aufgefaßt werden können. c) Amnestische Aphasie: der Zugriff zum Sprachsymbol-Speicher ist gestört, es kommt zu Wortfindungsstörungen, von denen besonders Eigennamen und Substantive betroffen sind. d) Apraxie: Störungen der Fähigkeit, gelernte zweckmäßige Bewegungen auszuführen, charakterisiert durch Koordinationsstörungen, motorische Ungeschicklichkeit oder durch eine Unfähigkeit, einen bestimmten Bewegungsentwurf praktisch zu realisieren. e) Agnosie: Störung der Fähigkeit, optisch, akustisch oder taktil Wahrgenommenes zu erkennen.
Lit. Bochnik u. a.: Sprache; Poeck: Neurologie. *Werner Richtberg*

Widerspruch ist im Bereich des → öffentlichen Rechts außergerichtlicher → Rechtsbehelf zur Nachprüfung eines → Verwaltungsaktes auf Rechtmäßigkeit und Zweckmäßigkeit, i.d.R. durch die nächsthöhere Behörde (→ Behördenaufbau). Damit dient W. zugleich der Selbstkontrolle der → Verwaltung. W.-Verfahren muß vor Erhebung von → Anfechtungsklage/ → Verpflichtungsklage durchgeführt werden, daher Vorverfahren genannt (Ausnahmen sind durch Gesetz bestimmt, z. B.: den Verwaltungsakt hat eine oberste Bundes- oder Landesbehörde erlassen); ohne Vorverfahren ist Klage i.d.R. unzulässig (Ausnahme: Behörde bleibt untätig, dann Anfechtungs-/Verpflichtungsklage als »Untätigkeitsklage«). Damit dient W. auch der Entlastung der Gerichte (Filterwirkung). – W. hat i.d.R. aufschiebende Wirkung: Verwaltungsakt darf vor Erledigung des W. nicht vollzogen werden; Ausnahmen durch Gesetz bestimmt (z. B. § 90 Abs. 3 BSHG). – Wegen Einzelheiten s. VwGO: §§ 68 bis 73, 75, 80, 80 a; SGG: §§ 78, 83 bis 86, 88 Abs. 2; FGO: §§ 44 bis 46; Verweisungsvorschriften: § 79 VwVfG, § 62 SGB X.
W. ist auch Rechtsbehelf im Bereich des Zivil- und Zivilprozeßrechts (→ Zivilprozeß), z. B. gegen Mahnbescheid, § 694 ZPO (→ Mahnverfahren) und Anordnung des Arrestes (§ 924 ZPO). *Peter Schmidt*

Widerstand W. sind in jeder therapeutischen Arbeit wirksam. Sie sind Hindernisse, die sich gegen Veränderungen, die Erhellung der Symptome, auch gegen das vernünftige Ich des Patienten richten. Sie können bewußt, vorbewußt oder unbewußt wirksam werden. W. manifestieren sich in der Behandlungssituation u. a. als Schweigen, Vielreden, Versäumen von Stunden, Ausbleiben von Träumen (→ Psychoanalyse).

Freud stieß in seiner analytischen Arbeit sehr früh auf W., die sich der analytischen Kur entgegensetzten. Sie veranlaßten ihn, deren Bearbeitung zu einem Zentralpunkt der therapeutischen Arbeit werden zu lassen.

Als Motive der W. können die Gefahren der Wiederbelebung schmerzlicher oder peinlicher Vorstellungen und Gefühle, Erinnerungen traumatischer Erlebnisse und Erfahrungen (→ Trauma) oder das Bewußtwerden unbewußter, abgewehrter Triebregungen, Vorstellungen oder → Affekte angesehen werden (→ Abwehrmechanismen).

Lit. Freud, S. u. a.: Hysterie; Greenson: Technik; Sandler u. a.: Grundbegriffe.

Ursula Palzer

Wiederaufnahmeverfahren im Strafprozeß Die rechtlichen Voraussetzungen finden sich in den §§ 359 ff. Strafprozeßordnung (StPO). Jedes Strafverfahren zielt auf eine endgültige, nicht weiter anfechtbare, vollstreckbare Entscheidung (→ Gerichtliche Entscheidungen). Die endgültige Entscheidung ist mit der → Rechtskraft gegeben. Rechtskraft bedeutet aber auch das Festschreiben von Fehlurteilen. Das ist für das Rechtsgefühl unerträglich. Das geltende Recht läßt daher zur Beseitigung von Fehlentscheidungen die Durchbrechung der Rechtskraft im W. zu, allerdings nur in engen Grenzen.

Dabei ist die Wiederaufnahme zugunsten (§ 359 StPO) und zuungunsten des Verurteilten bzw. früheren Angeklagten (§ 362 StPO) zu unterscheiden. Für beide Fälle läßt sich zunächst feststellen, daß eine Wiederaufnahme nur dann stattfindet, wenn die Beweisgrundlagen des Urteils erschüttert sind.

Ein Wiederaufnahmeantrag zugunsten oder zuungunsten eines Verurteilten ist zulässig, wenn sich das rechtskräftige Strafurteil auf eine falsche Urkunde, ein falsches Zeugnis oder → Gutachten gründet, oder ein Richter oder ein Schöffe sich einer strafbaren Pflichtverletzung schuldig gemacht hat.

Weiterhin findet ein W. zugunsten eines Verurteilten statt, wenn ein zugrunde gelegtes Zivilurteil durch ein anderes rechtskräftiges Urteil aufgehoben ist und ferner, wenn neue Tatsachen oder Beweismittel beigebracht sind, die allein oder in Verbindung mit den früher erhobenen → Beweisen die Freisprechung des Angeklagten oder in Anwendung eines milderen Strafgesetzes eine geringere Bestrafung oder eine wesentlich andere Entscheidung über eine → Maßregel der Besserung und Sicherung zu begründen geeignet sind.

Zuungunsten des Verurteilten ist eine Wiederaufnahme auch möglich, wenn der Freigesprochene vor Gericht oder außergerichtlich ein glaubwürdiges Geständnis ablegt.

Verfahrensmäßig wird zunächst in einem Zulassungsverfahren entschieden, ob ein gesetzlicher Wiederaufnahmegrund geltend gemacht und unter Beweis gestellt wird (§§ 367, 368 StPO). Nach Zulassung der Wiederaufnahme wird in einer Hauptverhandlung erneut durch Urteil entschieden. Ausnahmsweise ist eine Freisprechung auch ohne Hauptverhandlung möglich (§ 370 ff. StPO). Das W. kann noch nach der Strafvollstreckung oder nach dem Tod des Verurteilten betrieben werden (§ 361 StPO).

Hubert Harth

Wiedereinsetzung in den vorigen Stand ist außerordentlicher → Rechtsbehelf. Sie eröffnet bei Versäumung einer gesetzlichen Frist (z. B. Rechtsmittelfrist) die Möglichkeit, die versäumte Rechts-(Prozeß-)handlung vorzunehmen. W. beseitigt also den Ausschluß von der Handlung (vgl. § 230 ZPO), die Bestandskraft bei → Verwaltungsakten, die → Rechtskraft bei → gerichtlichen Entscheidungen. Voraussetzungen für die W.: das die Wahrung der Frist hindernde Ereignis muß unverschuldet sein; verschuldet ist Säumnis, wenn diejenige Sorgfalt außer acht gelassen worden ist, die für einen gewissenhaft und sachgemäß Prozessierenden geboten und die ihm nach den Umständen zuzumuten ist. Verschulden des Vertreters (Bevollmächtigten, z. B. Rechtsanwalt) ist dem Vertretenen (Vollmachtgeber) zuzurechnen. Versäumte Rechtshandlung muß nach Wegfall des Hindernisses binnen zwei Wochen nachgeholt, W. innerhalb derselben Frist beantragt werden. Nach einem Jahr seit Ende der versäumten Frist ist W.antrag nicht mehr zulässig (Ausnahme: höhere Gewalt hat Antrag verhindert); Gedanke der Rechtssicherheit. Wegen Einzelheiten s. § 233 ZPO, § 60 VwGO, § 67 SGG, § 56 FGO, § 22 Abs. 2 FGG; § 70 Abs. 2 VwGO, § 32 VwVfG, § 27 SGB X.

Peter Schmidt

Wiedergutmachung Ausgleich für Schäden. Im Rechtssinne: Wiederherstellung des Zustandes, der bestehen würde, wenn der zum → Schadensersatz verpflichtende Umstand nicht eingetreten wäre, § 249 → Bürgerliches Gesetzbuch (BGB), jedoch in Abweichung von den objektiven und subjektiven Voraussetzungen eines Anspruchs oder einer Verpflichtung zu dessen Befriedigung; geregelt durch Spezialgesetze zum finanziellen Ausgleich für durch weltanschaulich, politisch, religiös oder rassisch begründete Verfolgungsmaßnahmen während der Herrschaft des Nationalsozialismus.

a) Rückerstattung: Von den Alliierten in den vier Besatzungszonen im wesentlichen übereinstimmend vorgeschriebene unmit-

Wiedergutmachung

telbare Rückgabe von feststellbaren Vermögensgegenständen (insbes. Grundstücken und Gewerbebetrieben) durch den jeweiligen Besitzer ohne Rücksicht auf dessen Verschulden bei Erwerb aus Zwangsveräußerung während der Verfolgungszeit, u. U. mit Rückgriffsmöglichkeit des Rückerstattungspflichtigen auf seine Rechtsvorgänger, deren Erwerb unter Ausnutzung der Verfolgungssituation als nichtig angesehen wird. Anmeldungsfrist: z. B. US-Amerikanische Zone 31. 12. 1948, Berlin (West) 15. 6. 1950.

b) Restitution durch Staatsvertrag hinsichtlich feststellbarer Vermögensgegenstände (z. B. Kunstgegenstände) von der Bundesrepublik Deutschland als reichsvermögenverwaltendes Rechtssubjekt (nicht Rechtsnachfolger).

c) Individualrückerstattung aus Reichsvermögen in Geld für durch Reichs- und Parteiorgane entzogene feststellbare Vermögensgegenstände, soweit sie in den Geltungsbereich des Bundesrückerstattungsgesetzes (Bundesrepublik Deutschland und West-Berlin) verbracht worden sind (bewegliche Vermögensgegenstände wie z. B. Schmucksachen und Edelmetall, Briefmarkensammlungen, Wohnungseinrichtungen, Warenlager usw.). Anmeldungsfristablauf: 1. 4. 1959.

d) W. nationalsozialistischen Unrechts für Angehörige des öffentlichen Dienstes durch Bundesgesetz erfolgt durch Gewährung von Wiedereinstellungsansprüchen für geschädigte Beamte und Angestellte sowie Arbeiter des öffentlichen Dienstes einschließlich der Versorgungsempfänger. Anmeldungsfrist: 31. 12. 1956, u. U. 30. 9. 1966.

e) Als W. im engeren Sinne versteht man die für bestimmte Fälle genormten Ansprüche auf Entschädigung in Geld, die sich gegen die Bundesrepublik Deutschland richten (Ansprüche wegen Schadens an Leben, Körper oder Gesundheit, Freiheit, Eigentum oder Vermögen, Beruf (einschließlich Ausbildung) sowie im wirtschaftlichen Fortkommen (einschließlich Versicherungsschaden). Die Normtatbestände waren in einander ähnelnden Ländergesetzen zunächst entwickelt und mit Bundesgesetz von 1956 einheitlich geregelt worden, in dem zunächst Bundesergänzungsgesetz genannten späteren Bundesentschädigungsgesetz (BEG), dessen abschließende Regelung in Form des sog. BEG-Schlußgesetzes von 1965 i. d. F. vom 22. 12. 1970 nebst Ausführungsverordnungen an bestimmte Voraussetzungen geknüpfte pauschalierte Ansprüche gewährt. Diese waren unter Beachtung von anspruchsvernichtenden Ausschlußfristen anzumelden und näher zu substantiieren.

Als Entschädigungen werden Renten, Abfindungen, Kapitalentschädigungen, Darlehen, Ausbildungsbeihilfen, Heilbeihilfen u. a. gewährt. Die Entschädigung ist von den Ländern zu leisten; ihnen gegenüber trägt der Bund einen gesetzlich bestimmten Anteil. Entschädigungsgerichte sind in erster Instanz das Landgericht (Entschädigungskammer), in der Berufungsinstanz das Oberlandesgericht (Entschädigungssenat), in der Revisionsinstanz der Bundesgerichtshof (Entschädigungssenat), und zwar im Verfahren der sog. ordentlichen Gerichtsbarkeit in Anwendung der Zivilprozeßordnung. Die Anmeldungsfristen sind endgültig am 31. 12. 1969 abgelaufen.

f) In zahlreichen sonstigen Vorschriften ist W. nationalsozialistischen Unrechts ebenfalls geregelt, so z. B. über die Behandlung der Verfolgten in der Sozialversicherung sowie in der Kriegsopferversorgung, zur W. nationalsozialistischen Unrechts auf dem Gebiete des Strafrechts, zur Anerkennung freier Ehen rassisch, politisch oder religiös Verfolgter usw.

g) W. abkommen regeln zwischen den Staaten darüber hinaus auch Entschädigungszahlungen in Geld an Regierungen der völkerrechtlichen Vertragspartner zum Ausgleich von ihren Staatsangehörigen während der Zeit des Nationalsozialismus zugefügter Schäden (z. B. Österreich), insbes. aber für die aus der Aufnahme von zahlreichen geschädigten Personen in den Staat Israel. – Für einige Sonderfälle sind Fonds gebildet worden.

h) Das Gesamtvolumen aller W. leistungen im weitesten Sinne, wie sie zum Ausgleich nationalsozialistischen Unrechts (ohne Reparationszahlungen an Staaten) insbes. Einzelpersonen gezahlt worden sind, wird unter Einschluß der noch zu erbringenden Leistungen die 100-Milliarden-Grenze wahrscheinlich überschreiten.

Eine vergleichbare W. in Geld für Staaten bzw. Einzelpersonen war in der DDR unbekannt und wurde (über Einzelvergünstigungen und sog. Ehrenpensionen ausschließlich für durch den Staat anerkannte Verfolgte des Naziregimes hinaus) insbes. auch gegenüber dem Staat Israel abgelehnt.

i) Allgemeine verwaltungsrechtliche Erwägungen haben dazu geführt, in Ausnahmefällen das Prinzip rechtskräftiger Entscheidungen dann zu vernachlässigen, wenn diese sich nachträglich als unrichtig erwiesen haben. Im Wege des sogenannten »Wiederaufgreifens« sind abgeschlossene Verfahren so zu einer erneuten Entscheidung zugeführt worden.

k) Soweit nach der bislang nur in der Bundesrepublik Deutschland und West-Berlin geltenden Regelung Wohnsitzvoraussetzungen von Verfolgten mit Wohnsitz in der ehemaligen DDR nicht erfüllt werden konnten, sah § 238 BEG für den Fall der Wiedervereinigung Deutschlands eine Erstreckung des Geltungsbereichs auf Gesamtdeutschland vor. Dem hat auch der Einigungsvertrag Rechnung getragen. Insoweit besteht die Möglichkeit der Anmeldung von Wiedergutmachungsansprüchen für Geschädigte mit Sitz in den neuen Bundesländern. Zuständig ist das Bundesjustizministerium.

Joachim Hauer

Wirkungsanalyse → Evaluation, → Selbstevaluation

Wirtschaftlichkeit ist eine Grundbedingung rationalen Handelns. Da mit jedem Handeln versucht wird, durch den Einsatz von Mitteln (Input) Zwecke (Output) zu erreichen, fordert das W.prinzip (auch ökonomisches Prinzip), daß die Handlungsmöglichkeit gewählt wird, welche die Relation aus Input und Output maximiert. Die bekannte Darstellung des W.prinzips geht von einem konstanten Zweckerfolg bzw. Mitteleinsatz aus: »Handele so, daß der Zweck Deines Handelns mit kleinstmöglichem Mitteleinsatz erreicht wird (Minimalprinzip), oder daß mit den gegebenen Mitteln die gesetzten Ziele in möglichst vollkommener Weise erreicht werden (Maximalprinzip)« (Reinermann). Sowohl Knappheit der Mittel als auch Unbegrenztheit der Bedürfnisse zwingen prinzipiell öffentliche und freigemeinnützige → Haushalte wie private Unternehmungen zur Beachtung des Zweck-/Mittelpostulats. Das Sparsamkeitsprinzip (als Hausvaterprinzip, Gebot der Enthaltsamkeit und letztlich Beschränkung der Aufgaben) kann im Widerspruch zur W. stehen. W. kann durch folgende Kennziffern (auch nebeneinander) dargestellt werden: W. (wirtschaftliche Effizienz) = hervorgebrachte Leistung/verbrauchte Einsatzmenge; Kostenw. = Quotient aus Kosten (in DM) und hervorgebrachten Leistungen in Mengen und bestimmten Eigenschaften, z. B. Anzahl der bearbeiteten Fälle zu den Verwaltungskosten (Basis für Zeit-, Betriebs-/Verwaltungs- und Verfahrensvergleiche im Rahmen von Ursachenforschung und Effizienzoptimierung).

Die volkswirtschaftliche W. geht über die betriebswirtschaftliche W. hinaus. Bei vielen öffentlichen Maßnahmen ist auch die Auswirkung auf die Umwelt zu beachten (volkswirtschaftliche Vor- und Nachteile; sog. soziale, gesellschaftliche gemeinwirtschaftliche Nutzen und Kosten). → Kosten-Nutzen-Analyse, Sozialbilanz und gesellschaftsbezogene Rechnungslegung berücksichtigen diesen Aspekt. Mehr als private Unternehmen haben öffentliche Institutionen solche positiven oder negativen Effekte in ihre Entscheidungen und Handlungen einzubeziehen. Stellt man diese einer physischen Nutzengröße (z. B. erkannte Tuberkulosekranke durch Reihenuntersuchung) die in Geld bewerteten sozialen Kosten gegenüber, spricht man analog zur Kostenw. von der Kostenwirksamkeit.

Probleme in der sozialen Arbeit sind, daß das Input-Output-Verhältnis nicht immer zahlenmäßig oder sonst eindeutig ausgedrückt werden kann, da der Output größtenteils weder marktgängig noch erfaßbar und bewertbar ist (Entscheidung durch politisches Werturteil) und daß über die Knappheit der Mittel alle Aktivitäten eines Trägers sozialer Arbeit zusammenhängen. Die maximale W. kann nur über ein Totalmodell erreicht werden (vgl. Böhret: Entscheidungshilfen).

Fügt man den betriebs- und volkswirtschaftlichen Zweck-Mittel-Kategorien außerökonomische Aspekte wie politische, kulturelle oder medizinische Zweckmäßigkeiten hinzu, ergibt sich aus der engeren die weiter gefaßte → Effizienz. Ihre → Operationalisierung ist wegen der einfließenden Werturteile und Werthaltungen besonders kompliziert, z. B.: wie effizient ist eine Maßnahme in bezug auf die Identifikation mit der Gemeindeverwaltung, die Integration in die örtliche Gemeinschaft, die kulturelle und soziale Umweltqualität? Erweitert man den Effizienzbegriff i.S. eines möglichst günstigen Verhältnisses zwischen erstrebtem Ziel (Soll) und eingetretenem Ergebnis (Ist) um qualitative Kategorien, gelangt man zur Effektivität (nach Peter Eichhorn).

Der W.begriff (z. B. nach § 6 HGrG, § 7 BHO/LHO, § 75 GONW u. a.) geht über den betriebs- und volkswirtschaftlichen W. hinaus, er ist mit der System/Gesamtrationalität identisch: Kosten und Nutzen einer Maßnahmealternative sind alle Nachteile und Vorteile im Hinblick auf die Systemzwecke und Systemfunktionen des Staates und seiner Verwaltung. Dieser W.begriff ist nicht operational, scheidet aber als »Gesamteffizienzprinzip« aus. Der reduzierten Anwendung des W.begriffs in der Praxis muß durch Suche, Entwicklung und Anwendung ergiebigerer Methoden begegnet werden.

Die von den öffentlichen Verwaltungen erwarteten und verlangten Dienstleistungen, Einrichtung und Transferzahlungen steigen ständig nach Art, Umfang und Standard, die Steuer- und Staatsquote ist dagegen relativ konstant. Überall und zu allen Zeiten muß daher intensiv über die Kunst, aus weniger mehr zu machen, nachgedacht werden. Die Verbesserung von W., Effizienz und → Effektivität sind Daueraufgaben. Zwei strategische Ansätze (→ Aufgabenkritik, → Controlling), die ein Organisationskonzept und den systematischen Einsatz von Methoden und Instrumenten umfassen, gewinnen an Bedeutung (→ Organisationsentwicklung).

Lit. Becker, B.: Verwaltung; Eichhorn, P.: Wirtschaftlichkeit; Reichard: Betriebswirtschaftslehre; Wöhe: Betriebswirtschaftslehre.

Heinrich-Peter Drenseck

Wirtschafts- und Sozialausschuß der Europäischen Gemeinschaft (WSA) → Europäische Gemeinschaften (EG), → United Nations (UN)

Wirtschafts- und Sozialrecht der Vereinten Nationen → United Nations (UN)

Witwenrente Die Versicherungs- und Versorgungssysteme, die den Fall des Alters, des Unfalls und der Invalidität abdecken, gewähren der Witwe eines Gesicherten W., falls in der Person des Verstorbenen die nach den jeweiligen Systemen erforderlichen Voraussetzungen erfüllt sind. Wie alle → Hinterbliebenenrenten haben diese Leistungen Unterhaltsersatzfunktion. Dem widerspricht nicht, daß die W. unabhängig von einem konkreten Unterhaltsbezug – unbedingt – geleistet werden, denn dies beruht auf der gesetzlichen Typisierung der innerehelichen Rollenverteilung zwischen Ehemann (Verdiener) und Ehefrau (Hausfrau). Es handelt sich somit um »typisierten Unterhaltsersatz«. Der Wegfall der W. infolge Wiederverheiratung macht diese Unterhaltsfunktion deutlich. Das in Anbetracht der Zunahme weiblicher Erwerbstätigkeit verändertes Rollenverständnis sowie die Neuordnung des → Ehe- und Familienrechts machen daher in nächster Zukunft – auch nach Inkrafttreten des → Rentenreformgesetzes 1992 (RRG 1992) – eine Reform notwendig (→ Rentenreform). Diese Reform ist durch die Sachverständigenkommission für die soziale Sicherung der Frau und der Hinterbliebenen vorbereitet worden, die in ihrem 1979 vorgelegten Gutachten die Einführung einer Teilhaberente vorgeschlagen hat. Die Bundesregierung ist diesem Vorschlag nicht gefolgt; vielmehr bleibt es nach dem am 1. 1. 1986 in Kraft getretenen Hinterbliebenenrenten- und Erziehungszeiten-Gesetzes (BGBl. 1985 I S. 1450) bei der abgeleiteten Hinterbliebenenrente, wobei allerdings anderweitiges Erwerbs- und Erwerbsersatzeinkommen in gewissem Umfang angerechnet werden.

Die Höhe der W. wird in den jeweiligen Sicherungssystemen unterschiedlich errechnet. In der → Rentenversicherung, nunmehr im SGB VI kodifiziert, erhält nach dem Tode des versicherten Ehemannes seine Witwe W., unter Anrechnung eigenen Einkommens, wenn dem Verstorbenen zur Zeit seines Todes Versicherungsrente zustand oder zu diesem Zeitpunkt die → Wartezeit für die Rente wegen Berufsunfähigkeit von ihm erfüllt ist oder als erfüllt gilt. Die Höhe der W. in der Rentenversicherung berechnet sich nunmehr nach SGB VI nach den Entgeltpunkten des verstorbenen Versicherten. Dabei werden nach dem RRG 1992 große und kleine W. als selbständige Leistungsarten behandelt (§ 46 SGB VI). Die kleine W. erhalten Witwen, die nicht wieder geheiratet haben und der versicherte Ehegatte die allgemeine Wartezeit erfüllt hat in Höhe von 25% der Rente des verstorbenen Ehegatten. Große W. in Höhe von 60% der Rente des verstorbenen Ehegatten erhalten Witwen, die das 45. Lebensjahr vollendet haben, ein Kind unter 18 Jahren erziehen oder berufs- und erwerbsunfähig sind. Der Witwe unter bestimmten Voraussetzungen gleichgestellt (Unterhaltsberechtigung, Berufsunfähigkeit, Erwerbsunfähigkeit, Erziehung eines waisenrentenberechtigten Kindes, Vollendung des 45. Lebensjahres) ist die frühere Ehefrau des Versicherten, deren Ehe vor dem 1. 7. 1977 geschieden, für nichtig erklärt oder aufgehoben ist. Bei einer Scheidung (→ Ehescheidung) nach dem 1. 7. 1977 entfällt eine Geschiedenen-W.; allerdings kann die Frau u.U. eine → Erziehungsrente beanspruchen, nunmehr § 47 SGB VI.

In der → Unfallversicherung beträgt die Höhe der W. bei Tod eines Versicherten durch → Arbeitsunfall in den Fällen, in denen in der Rentenversicherung die erhöhte W. gewährt wird, 2/5 des Jahresarbeitsverdienstes des Verstorbenen, ansonsten beträgt die Quote 3/10. Gegenüber der Regelung in der Rentenversicherung bestehen insoweit Unterschiede, als u. U. kein Rentenanspruch besteht, wenn eine sog. »Versorgungsehe« eingegangen wurde.

Nach dem → Bundesversorgungsgesetz (BVG) setzt sich die W. zusammen aus Grundrente, Ausgleichsrente und Schadensausgleich. Die Grundrente besteht in einem festen Betrag und ist eine pauschale Entschädigung für die aus dem Verlust des Ernährers entstandenen Nachteile. Sie wird ohne Rücksicht auf sonstiges → Einkommen gewährt. Die ebenfalls aus einem festen Betrag bestehende Ausgleichsrente wird in den Fällen gezahlt, die in den Versicherungssystemen zur erhöhten W. führen. Der Schadensausgleich soll wirtschaftlich besonders betroffenen Witwen helfen.

In der → Alterssicherung für Landwirte erhalten überlebende Ehegatten ehemaliger landwirtschaftlicher Unternehmer, die selbst nicht zu diesem Personenkreis gehören, Witwen- oder Witwerrente, soweit die Voraussetzungen des § 14 ALG erfüllt sind. Die Rente beträgt das 0,6fache der Rente wegen Erwerbsunfähigkeit des verstorbenen Ehegatten (§ 23 Abs. 5 ALG).

Lit. Krause, P. u.a.: SGB (Komm.); Kretschmer u.a.: SGB (Komm.); Lauterbach: Unfallversicherung; Maydell: Neuordnung; Miesbach u.a.: Reichsknappschaftsgesetz (Komm.); Noell: Altershilfe; Ruland: Unterhalt; Schönleiter u.a.: Bundesversorgung; Verband Deutscher Rentenversicherungsträger: RVO (Komm.).

Bernd von Maydell

Witwerrente erhielt der Ehemann nach dem Tode seiner Frau, falls in ihrer Person die nach dem jeweiligen System erforderlichen Voraussetzungen erfüllt waren (→ Hinterbliebenenrenten) und die Verstorbene den Unterhalt ihrer Familie überwiegend bestritten hatte (vormals § 1266 RVO). Diese erschwerende Bedingung war allen

Systemen mit Ausnahme der → Alterssicherung für Landwirte gemeinsam. Sie beruhte auf dem Unterhaltsersatzcharakter der Hinterbliebenenrente. Während der Gesetzgeber den Unterhaltsbedarf bei der Frau schlechthin unterstellt (→ Witwenrente), wurde die Bedarfslage beim Mann anders eingeschätzt. Diese Ungleichbehandlung beruhte auf der überkommenen Vorstellung einer innerehelichen Rollenteilung in Verdiener- und Nichtverdienerrollen. Diese legislative Einschätzung geriet zunehmend in Widerspruch zu der tatsächlichen Entwicklung weiblicher Erwerbstätigkeit und zu der mit Rücksicht auf diese gesellschaftlichen Veränderungen vorgenommenen Korrektur der ehelichen Rollenverteilung durch das 1. Eherechtsreformgesetz. Das → Bundesverfassungsgericht (BVerfGE 39, 169) hat die Überprüfung dieser Regelung daher zum Anlaß genommen, den Gesetzgeber zu einer Reform des Rentenrechts bis 1984 zu verpflichten (→ Rentenreform). Diese Reform ist zum 1. 1. 1986 realisiert worden. Das Gesetz zur Neuordnung der Hinterbliebenenrenten sowie zur Anerkennung von Kindererziehungszeiten in der gesetzlichen → Rentenversicherung (BGBl. 1985 I S. 1450; Erziehungszeiten) bestimmt, daß Witwer wie Witwen im Falle des Todes des Ehegatten eine abgeleitete Rente erhalten. Allerdings werden anderweitige Erwerbseinkommen und bestimmte Erwerbsersatzeinkommen in gewissem Umfang angerechnet. Damit entsprechen die Regelungen der W. hinsichtlich ihrer Voraussetzungen, ihrer Berechnung, ihres Wegfalls sowie der Einbeziehung der sog. »Geschiedenen-Witwers« denjenigen der Witwenrente. Dieser Gleichstellung ist nunmehr auch in der Kodifikation des SGB VI (§§ 46 ff.) Rechnung getragen worden. Zur Berechnung: Witwenrente.

Lit. Krause, P. u.a.: SGB (Komm.); Kretschmer u.a.: SGB (Komm.); Lauterbach: Unfallversicherung; Miesbach u.a.: Reichsknappschaftsgesetz (Komm.); Ruland: Unterhalt; Schönleiter u.a.: Bundesversorgung; Verband Deutscher Rentenversicherungsträger: RVO (Komm.).

Bernd von Maydell

Wohl des Kindes → Kindeswohl

Wohlfahrtspflege → Sozialarbeit/Sozialpädagogik, → Freie Wohlfahrtspflege

Wohlfahrtsstaat Heute Ausdruck für einen interventionistischen Staat, der in marktwirtschaftlich organisierten Industriegesellschaften umfassende Lebensvorsorge für seine Bürger betreibt und damit zugleich auch auf die Stabilität des demokratischen Systems abzielt. Nach E. Matzner wird der W. »als Verpflichtung zur Produktion materieller Sicherheit für kranke und alte Menschen, zur Schaffung gleicher Ausbildungschancen für die Jugend, zur Erreichung eines hohen Niveaus der Beschäftigung und des Wachstums des Realeinkommens bei hoher Umweltqualität, als auch im amerikanischen Sinne als staatliche Hilfe, die sich im wesentlichen auf Notfälle beschränkt, verstanden«. Die enorme Ausweitung wohlfahrtsstaatlicher Tätigkeit (wachsender Staatsanteil am Sozialprodukt) hier vor allem mit den neuartigen, sozialstrukturell bedingten Unsicherheiten und Risiken der modernen Industriegesellschaft in Verbindung gebracht. Die sozialen Standardrisiken (→ Soziale Sicherheit) die nach der Industriearbeiterschaft sukzessive immer weitere Bevölkerungsschichten erfaßten, konnten etwa ab der Mitte des 19. Jh. nicht mehr länger als ethisch-caritative Notlagen i. S. d. Armenpflege und → Fürsorge interpretiert werden, sondern verwandelten sich in soziale und politische Herausforderungen des bürgerlichen Staates (→ Sozialpolitik). Die in der Staatsphilosophie F. Hegels dementsprechend konsequent dargelegte Schutzfunktion der bürgerlichen → Gesellschaft für ihre Mitglieder (die Hegel noch auf die staatliche Pflicht für die Sorge der Armen begrenzte) weitete sich mit der gestaltenden Eigendynamik eines an Freiheit, Gleichheit und Gerechtigkeit orientierten Sozialpolitikverständnisses (so etwa in der Bundesrepublik im Rahmen der »sozialen Marktwirtschaft« L. Erhards) zu einer umfassenden Verantwortung und Tätigkeit des Staates für das soziale Wohl seiner Bürger.

Die seit der Krise der Sozialfinanzen ab Mitte der 70er Jahre immer wieder aufflammende Diskussion um die Grenzen des Sozialstaats (→ Sozialstaatsprinzip) wird im wesentlichen von drei Seiten geführt (E. Matzner):

1. Die konservative Richtung, Verfechter und Verteidiger des traditionellen W.verständnisses.

2. Die antietatistische Richtung, die »mehr Markt« und eine dementsprechende Eindämmung staatlicher Absicherung (Deregulierung) fordert.

3. Die neoreformistische Richtung, die ohne Aufgabe der zentralen Ziele für eine Reform des sozialstaatlichen Systems unter Stärkung des »autonomen Sektors« eintritt.

Weitgehende Übereinstimmung besteht heute in der Meinung, der W. sei in seinen gegenwärtigen Strukturen nicht mehr finanzierbar und müsse einem gerechten Umbau unterzogen werden.

Lit. Matzner: Wohlfahrtsstaat; Myrdal: Wohlfahrtsstaat; Narr u.a.: Wohlfahrtsstaat; Strasser: Sozialstaat. *Jürgen Plaschke*

Wohlfahrtsverbände → Freie Wohlfahrtspflege

Wohnen mit Service → Betreutes Wohnen für alte Menschen

Wohngeld

Wohngeld wird auf Antrag nach Maßgabe des Wohngeldgesetzes (WoGG) »zur wirtschaftlichen Sicherung angemessenen und familiengerechten Wohnens ... als Zuschuß zu den Aufwendungen für den Wohnraum gewährt« (§ 1 WoGG). Ob und in welcher Höhe ein Anspruch auf W. zusteht, hängt ab von der Zahl der zum Haushalt des Antragberechtigten gehörenden Familienmitglieder, der Höhe der zuschußfähigen Aufwendungen für Wohnraum und der Höhe des Familieneinkommens. Antragberechtigt ist der Mieter, Untermieter, mietähnlich Nutzungsberechtigte oder Heimbewohner; er erhält W. als Mietzuschuß. Miete i. S. d. WoGG ist das Entgelt für die Gebrauchsüberlassung von Wohnraum einschließlich üblicher Umlagen, jedoch ohne (Betriebs-) Kosten für Heizung und Warmwasser. Antragsberechtigt ist ferner der Eigentümer eines selbstgenutzten Eigenheims, einer Eigentumswohnung, der (Wohnungs-) Erbbauberechtigte, ferner der Inhaber eines Anspruchs auf Übereignung von Wohnraum oder auf Einräumung eines (Wohnungs-)Erbbaurechts; er erhält für die aufzubringende Belastung das W. als → Lastenzuschuß. Zur Belastung rechnen die Aufwendungen für den Kapitaldienst und die Bewirtschaftung, ohne (Betriebs-)Kosten für Heizung und Warmwasser. Bei Vorliegen der Voraussetzungen steht dem Antragberechtigten für den gesamten Familienhaushalt ein einheitlicher → Rechtsanspruch auf W. zu.

Die Aufwendungen für den Wohnraum werden nur bis zu Obergrenzen bezuschußt. Diese sind je nach Haushaltsgröße, Baualtersklasse, Ausstattung des Wohnraums (Bad, Sammelheizung) und Mietenstufe der Wohngemeinde unterschiedlich hoch. Das Familieneinkommen ist der Gesamtbetrag der Jahreseinkommen aller Mitglieder des Familienhaushalts. Zum Jahreseinkommen rechnen alle Einnahmen in Geld oder Geldeswert abzüglich der im Gesetz aufgeführten Einnahmearten und Beträge. W. wird nicht gewährt, wenn das Familieneinkommen den monatlichen Betrag überschreitet, der sich bei der zu berücksichtigenden Miete oder Belastung aus der für die Haushaltsgröße maßgebenden Anlage zum WoGG (Wohngeldtabelle) ergibt.

Das WoGG gilt als besonderer Teil des → Sozialgesetzbuchs (Art. II § 1 Nr. 14 SGB I). Beim Vollzug des WoGG sind deshalb das SGB I und SGB X zu beachten.

Das WoGG ist nach verschiedenen Vorläufern am 1. 4. 1965 in Kraft getreten. Es ist vielfach geändert worden und gilt ab 1. 1. 1993 i. d. F. der Bekanntmachung vom 1. 2. 1993 (BGBl. I S. 183), zuletzt geändert durch Art. 4 des Gesetzes vom 3. 2. 1995 (BGBl. I S. 158). Die Anlagen 1 bis 8 (Wohngeldtabellen) gelten i. d. F. vom 11. 3. 1992 (BGBl. I, S. 545). Einzelheiten regeln die Wohngeldverordnung (WoGV) i. d. F. der Bekanntmachung vom 30. 9. 1992 (BGBl. I S. 1686), geändert durch Artikel 2 der Verordnung vom 23. 7. 1996 (BGBl. I S. 1167), und die Allgemeine Verwaltungsvorschrift zum Wohngeldgesetz (WoGVwV), die ab 1. 1. 1995 als WoG-VwV 1995 i. d. F. der Bekanntmachung vom 19. 7. 1995 (BAnz. Nr. 146a vom 5. 8. 1995) gilt.

Nach dem ab 1. 4. 1991 in Kraft getretenen Fünften Teil des WoGG wird Mietern und mietähnlich Nutzungsberechtigten ohne besonderen Antrag in einem vereinfachten Verfahren pauschaliertes W. gewährt. Voraussetzung: Alle Mitglieder des Familienhaushalts beziehen laufende Leistungen der (ergänzenden) → Hilfe zum Lebensunterhalt nach dem → Bundessozialhilfegesetz (BSHG) oder → Bundesversorgungsgesetz (BVG) oder gelten (entsprechend § 31 Abs. 2 WoGG) als Empfänger dieser Leistungen. Das pauschalierte W. wird nach länderweise unterschiedlichen Vomhundertsätzen der anerkannten Aufwendungen für die Unterkunft (Wohnraum) bemessen. Es wird von den → Sozialämtern und Kriegsopferfürsorgestellen – insoweit als Wohngeldstellen – zusammen mit den Leistungen nach dem BSHG oder BVG, auf die es angerechnet wird, gewährt.

Durch den Einigungsvertrag i. V. m. dem Einigungsvertragsgesetz vom 23. 9. 1990 (BGBl. II S. 885, 1127) ist das WoGG mit den Maßgaben, die sich aus § 42 WoGG und der Überleitungsverordnung zum WoGG (ÜVWoGG), der Verordnung zur Durchführung des § 42 des WoGG vom 17. 12. 1990 (BGBl. I S. 2830), geändert durch das Gesetz vom 20. 6. 1991 (BGBl. I S. 1250, 1266), ergeben, ab 1. 1. 1991 in den 5 neuen Bundesländern und Berlin (Ost) – Beitrittsgebiet – eingeführt worden. Auf Grund des im Zusammenhang mit der Mietenreform im Beitrittsgebiet erlassenen Wohngeldsondergesetzes (WoGSoG), dem Gesetz über Sondervorschriften für die vereinfachte Gewährung von W. in dem in Art. 3 des Einigungsvertrages genannten Gebiet (Art. 1 des Gesetzes vom 20. 6. 1991, BGBl. I S. 1250), waren dort das WoGG, weitgehend die WoGV, ferner die ÜVWoGG vorübergehend nicht anzuwenden. Im Vergleich zum WoGG zeichnete sich das WoGSoG durch höhere Leistungen aus, es sah bis 30. Juni 1996 auch Zuschläge für Heizung und Warmwasser vor. Seine Geltungsdauer ist schrittweise bis zum 31. Dezember 1996 verlängert worden. Es galt i. d. F. Bekanntmachung vom 16. Dezember 1992 (BGBl. S. 2406), die zuletzt durch Artikel 12 des Gesetzes vom 15. 12. 1995 (BGBl. I, S. 1783, 1791) geändert worden ist.

Ab 1. Januar 1997 sind in den neuen Ländern wieder das WoGG, die WoGV und die WoGVwV anzuwenden. Durch das an diesem Tage in Kraft getretene Wohngeldüber-

leitungsgesetz (WoGÜG) vom 21. November 1996 (BGBl. I S. 1781) wurden für das Beitrittsgebiet einzelne befristete Vergünstigungen (§ 42 WoGG) vorgesehen, die »weiterhin eine angemessene soziale Flankierung des Überganges von preisgebundenen Mieten in das Vergleichsmietensystem gewährleisten« (BT-Drucks. 13/5512). Zugleich wurde die Überleitungsverordnung zum WoGG aufgehoben. Somit gelten im Bundesgebiet nur noch zwei Wohngeldsysteme: Das Tabellenwohngeld mit befristeten Sonderregelungen-»Ost« und das pauschalierte Wohngeld nach dem Fünften Teil des WoGG mit Besonderheiten für das Beitrittsgebiet (§ 42 Abs. 1 Nr. 4 WoGG).
Lit. Buchsbaum u. a.: Wohngeldrecht (Komm.); Driehaus: Wohngeldsondergesetz; Großmann u. a.: Wohngeld; Lenhard u. a.: Wohngeldrecht; Stadler u. a.: WoGG (Komm.). *Richard Buchsbaum*

Wohngemeinschaften für Drogenabhängige bilden ein wichtiges Element im Behandlungsangebot für drogenabhängige Menschen. → Drogenabhängigkeit als komplexes soziales, psychisches und emotionales sowie auch politisches Phänomen erfordert zur Bewältigung ein entsprechend komplexes Behandlungskonzept. Im Rahmen der Entstehung der verschiedenen Formen der → Drogentherapie haben W. zu Beginn der 70er Jahre im deutschsprachigen Raum die Funktion von Wegbereitern gehabt, die die rigide, konservativ-medizinische Versorgung Drogenabhängiger innerhalb der → Psychiatrie aufzuheben halfen und auch eine der wesentlichen Alternativen zur Strafverfolgung Drogenabhängiger darstellen.
Die W. f. D. ist besser bekannt unter der Begriff der → Therapeutischen (Wohn-)Gemeinschaft (TWG bzw. TG). Die TG ist ein Lebens- und Kooperationsmodell, das in vielen sozialen und ökonomischen Feldern vieler Staaten anzutreffen ist.
Die ersten W. f. D. formierten sich in der Form von → Selbsthilfegruppen (SHG). Die W. in Form der SHG entstand außerhalb von Institutionen, und zwar als Gegenangebot für süchtige junge Erwachsene. Ihre Ziele bestanden in der wirtschaftlichen Selbstversorgung, der Eigenverantwortung, der Gemeinsamkeit von Arbeit und Freizeit und dem Zusammenleben ohne Zeitbegrenzung (Lebensgemeinschaft). Die Position des einzelnen in der Gruppe richtet sich nach den im Alltag eingebrachten Erfahrungsqualifikationen im Arbeits- und Gruppenprozeß. Gruppenformen, -regeln und -traditionen werden in der SHG von allen Bewohnern getragen und entwickelt.
In der früheren DDR konnte neben dem staatlichen Gesundheitssystem eine Selbsthilfebewegung im Suchtbereich nur aufgrund des Engagements einzelner Fachleute und Betroffener entstehen und leben (Windischmann).
Aus der W. f. D. entwickelte sich die am weitesten verbreitete Therapieform für Drogenabhängige, stationäre Rehabilitation auf der Basis der Therapeutischen Gemeinschaft. Die Arbeit der Drogentherapie wird durch → Rentenversicherungsträger, → Krankenkassen und/oder → Sozialhilfeträger auf der Basis eines Tagespflegesatzes (→ Pflegesatz) finanziert, wenn sie die Voraussetzungen der Empfehlungsvereinbarungen vom 1978 erfüllen. Weiterhin wird die Arbeit mancher W. f. D. auf der Basis des § 72 → Bundessozialhilfegesetz (BSHG) bzw. der §§ 39/40 BSHG finanziert.
Die SHG und die W. f. D. sind heute vor allem im Nachsorgebereich des Verbundsystems »Suchthilfe« anzutreffen; finanziert oftmals auf der Grundlage des § 72 BSHG.
Beide Modelle zählen zu dem Sozialbereich, der als drogenfreies Umfeld ehemaligen Süchtigen einen neuen Start in ein selbstbestimmtes Leben ermöglicht.
Lit. Beß u.a.: Therapeutische Gemeinschaften; Brömer: Pioniere; Claus: Selbsthilfegruppen; Heckmann: Drogentherapie; Jones: Therapeutische Gemeinschaft; Makarenko: Werke; Windischmann: Abstinenzbewegung; Yablonski: Gemeinschaften; Yablonski: Synanon.
Horst Brömer/Bernd-Michael Becker

Wohngemeinschaften für Jugendliche wollen eine überschaubare, weitgehend autonome und auf Selbstversorgung eingerichtete Lebensform für Jugendliche außerhalb von Einrichtungen der → Heimerziehung sein, die im Rahmen der → Jugendhilfe belegt werden.
Entweder als eigenständige Einrichtung oder als ausgegliederter Bestandteil einer differenzierten Heimerziehung in Form vom Außenwohngruppen sind sie zu einem festen Bestandteil einer qualifizierten Erziehungshilfe (→ Hilfe zur Erziehung [HzE]) geworden.
Die Idee eines autonomen Lebens- und Lernraumes für Jugendliche außerhalb isolierter Anstalten ist entstanden im Rahmen der sog. »Heimkampagnen« Anfang der 70er Jahre. In Jugendwohnkollektiven sollten neue, auch politisch motivierte Lebens-, Lern- und Arbeitsformen für Studenten und Fürsorgezöglinge verwirklicht werden. Sowohl repressive Reaktionen von Polizei und Jugendbehörden als auch enorme interne Probleme vor allem im alltäglichen Zusammenleben haben die meisten dieser Jugendwohnkollektive bald wieder zerschlagen bzw. aufgelöst. Heute existieren kaum noch W. f. J., die sich bewußt als Jugendwohnkollektiv verstehen.
W. f. J. ermöglichen pädagogisch wertvolle Lern- und Erfahrungsräume, vermeiden die Isolation und → Stigmatisierung »klassi-

scher« Anstaltserziehung und eröffnen vielen Mitarbeitern befriedigendere Arbeitsbedingungen. Andererseits stellt das Leben und Arbeiten in W. f. J. aber auch erhöhte Anforderungen an die Selbständigkeit, Konfliktfähigkeit und persönliche Reife der Jugendlichen wie an das Engagement und die Belastbarkeit der Mitarbeiter.
In den letzten Jahren sind W. f. J. mehrfach auch als Alternativen zur »Geschlossenen Unterbringung« für besonders schwierige Jugendliche entstanden und versuchen durch intensive Beziehungsangebote in einem überschaubaren Lebensraum repressive Erziehung und Freiheitsbeschneidungen überflüssig zu machen (vgl. Diakonische Akademie).
Lit. AFET: Verbundsysteme; Birtsch u.a: Heimerziehung; Diakonische Akademie: Sorsum; Liebel u.a: Jugendwohnkollektive; Victor-Gollancz-Stiftung: Jugendwohnkollektive. *Christian Schrapper*

Wohngemeinschaften / Wohngruppen
Ausgehend von W. religiöser Laien- und Hausgemeinschaften, über Wohnkommunen und W. der Studenten- und Jugendprotestbewegung in den 60er Jahren bis hin zu W. mit reformpädagogischer oder rehabilitativer Zielsetzung (z. T. auch mit therapeutischem Effekt) im Bereich von Jugend- und Sozialarbeit, gibt es eine Vielfalt von W. typen, die einerseits auf Eigeninitiative und → Selbsthilfe basieren, andererseits durch Formen sozialpädagogischer Hilfen für ein vorübergehendes, mittel- oder langfristiges Zusammenleben von i.d.R. nicht verwandten Personen (3–7) geprägt sind; sie tragen den Charakter einer mehr oder weniger festen Lebensgemeinschaft. – Betreute oder beschützte W. werden zumeist von Trägern der Wohlfahrtspflege für Personen eingerichtet, die zu Teilbereichen der Hilfe von Mitbewohnern oder Dritter bedürfen. – In Fortentwicklung traditioneller Heimkomplexe haben sich vielfach Außenwohngruppen gebildet, in denen einerseits im Bedarfsfall Hilfen gewährleistet sind, andererseits dem Bewohner größere Selbständigkeit und Eigenverantwortung übertragen ist.
Die Zunahme von Ein-Personen-Haushalten, Angst vor Isolation, kritische Beurteilungen der Leistungsfähigkeit von Kleinstfamilien, verstärkte Autonomiebestrebungen junger Menschen, verschlechterte materielle Bedingungen (u. a. Verteuerung des Wohnraums) sowie die Suche nach alternativen Arbeits- und Lebensmöglichkeiten (z. B. Landkommunen, Alternative soziale Dienstleistungsprojekte) beleben immer wieder neu Diskussionen zu Fragen kollektiver Lebenformen. W. als Ort familienersetzender → Sozialisation sowie als Organisationsform, die zur Entinstitutionalisierung sozialer Hilfen beitragen kann, werden aus Gründen der Kommunikation und Ökonomie gesucht, aber auch als Gemeinschaften zur Vermittlung besonderer Lernerfahrungen und zur Lösung von Konfliktsituationen angeboten. Die Bewährung einer W. ist abhängig von ihrer Zusammensetzung, dem Selbstverständnis ihrer Mitglieder, von äußeren Bedingungen wie z.b. der Wohn- und Finanzsituation sowie ihrer gesellschaftlichen Akzeptanz. Im Bereich sozialer Arbeit ergeben sich je nach Typ der W. unterschiedliche Anforderungen an Funktion und Intensität des Mitarbeitereinsatzes.
Lit. Duss-von Werth u. a.: Kommune; Petzold u. a.: Therapeutische Wohngemeinschaften; Puch: Jugend. *Gerhard Haag*

Wohngemeinschaften/Wohngruppen für Behinderte und psychisch Kranke (→ Betreutes Wohnen Behinderter und psychisch Kranker) sind Teil einer gemeinde- und möglichst familiennahen (→ Gemeindepsychiatrie) → Rehabilitation und Versorgung (→ Komplementäre Dienste und Einrichtungen für → psychisch Kranke/→ seelisch Behinderte). Die nach den Besonderheiten des Einzelfalles notwendigen Hilfen reichen von medizinischen, berufsfördernden und ergänzenden Maßnahmen und Leistungen der → Rehabilitationsträger i. S. d. → Rehabilitationsangleichungsgesetze (RehaAnglG) bis zur nachrangigen (→ Nachrang der Sozialhilfe) → Eingliederungshilfe für Behinderte (§ 40 Abs. 1 Nrn. 5, 7, 8 → Bundessozialhilfegesetz [BSHG]) und der nachrangigen → Hilfe zum Lebensunterhalt nach Abschn. 2 des BSHG in Wohngemeinschaften für → Behinderte und psychisch Kranke sowie in Wohngruppen für Behinderte und psychisch Kranke bis zur nachrangigen → Hilfe in besonderen Lebenslagen (Eingliederungshilfe für Behinderte) nach Abschn. 3 des BSHG in Einrichtungen i. S. d. § 100 Abs. 1 Nr. 1 BSHG, die den Lebensunterhalt mit umfaßt.
Wohngruppen für Behinderte und psychisch Kranke sind unselbständige kleine Wohneinheiten von Heimen (→ Einrichtungen). Der Begriff WGR umfaßt insbesondere die innere Strukturierung in (Wohn-)Heimen zu Betreuungseinheiten; oder einem (Wohn-)Heim in räumlicher Entfernung zugeordneten Außenwgr., deren Bewohner die umfassende heimmäßige Hilfe zwar auch regelmäßig, jedoch nur in Teilbereichen, benötigen; Trainingswgr. als WGR. eines Heimes mit einer besonderen Aufgabenstellung, die auch als Außenwgr. organisiert sein können.
Wohngemeinschaften für Behinderte und psychisch Kranke nehmen Behinderte und psychisch Kranke auf, die in der Lage sind, mit Unterstützung der Mitbewohner und gelegentlicher professioneller Hilfen ihren Lebensbereich selbständig zu gestalten. Die den sozialpsychiatrischen und anderen Formen von → Übergangseinrichtungen zuge-

ordneten – im engen Wortsinn – »therapeutischen WG« setzen eine von vornherein befristete Aufenthaltsdauer sowie einen über ambulante Hilfe weit hinausgehenden Leistungsstandard voraus. Eine Sonderstellung nehmen die sog. »autonomen WG« ein. Sie werden von ihren Mitgliedern ohne öffentliche Zuschüsse eigenständig als Form der → Selbsthilfe, evtl. durch Laienhilfe (→ Ehrenamtliche Tätigkeit) gestützt, geführt.
Lit. BMJFFG: Beschütztes Wohnen; Brill: Betreutes Wohnen; Bundesarbeitsgemeinschaft der überörtlichen Träger der Sozialhilfe: Wohnformen; Schlitt: Wohngemeinschaften. *Udo Schlitt*

Wohnraumanpassung Die an den individuellen Bedürfnissen Älterer und → Behinderter ausgerichteten unterschiedlichen baulich-technischen Maßnahmen sollen die Selbständigkeit älterer und behinderter Menschen im häuslichen Umfeld auch bei eingeschränkter Mobilität bzw. beginnender → Hilfebedürftigkeit erhalten helfen. Das Recht der Pflegebedürftigen (→ Pflegebedürftigkeit) auf ein möglichst selbstbestimmtes und selbständiges Leben und Wohnen verlangt Wohnungen, in denen Pflege möglich ist. Die beträchtlichen Wohnungsmängel von Pflegebedürftigen können die Selbständigkeit entscheidend gefährden, z. T. den Pflegebedarf sogar verursachen. Das Spektrum der W.maßnahmen reicht von kleineren, einfachen Maßnahmen bis zu größeren Umbauten unterhalb der Schwelle einer kompletten Sanierung. Beispiele: Entrümpelung, Umstellen der vorhandenen Möbel, Beseitigung von Gefahrenquellen, Anbringen von Duschhaltegriffen, Einbau einer (bodengleichen) Dusche, rollstuhlgerechter Wohnungsumbau usw. Wichtig für eine erfolgreiche W. ist die individuelle Beratung der Betroffenen (s. Adressenverzeichnis der Beratungsstellen). Diese Hilfen sollten vorbeugend und nicht erst im akuten Notfall eingeleitet werden, weil nach einer Eskalation von Einzelproblemen eine Bewältigung innerhalb der Wohnung i. d. R. nur noch mit massivem Mitteleinsatz – wenn überhaupt – möglich ist. Die Schaffung adäquater Wohnverhältnisse läßt auch das vorhandene Potential an → Selbsthilfe zum Tragen kommen. Das → Pflegeversicherungsgesetz ermöglicht den Pflegekassen in § 40 Abs. 4 SGB XI, subsidiär finanzielle Zuschüsse für Maßnahmen zur Verbesserung des individuellen Wohnumfelds der Pflegebedürftigen bis zur Höhe von 5 000 DM je Einzelmaßnahme zu gewähren. Darüber hinaus bieten das → BSHG (§§ 39 ff.) und die → EingliederungshilfeVO sowie § 75 Abs. 2 Nr. 1 BSHG finanzielle Unterstützung. Ebenso bieten einzelne Kommunen Zuschüsse, über die man sich am besten vor Einleitung baulicher Maßnahmen beraten läßt.

Das Adressenverzeichnis der Wohnberatungsstellen kann bestellt werden: Bundesarbeitsgemeinschaft Wohnungsanpassung e. V. c/o Verbraucherzentrale Nordrhein-Westfalen; Mintropstr. 27, 40215 Düsseldorf.
Lit. BMFuS: Pflegebedürftige; Brucker: Umbau; Stemshorn (Hg.): Bauen; Stolarz: Wohnungsanpassung. *Uwe Brucker*

Wohnung → Unterkunft

Wohnung, behindertengerechte → Behindertengerechte Wohnung

Wohnungsbauförderung ist eine öffentliche Aufgabe von Bund, Ländern, Gemeinden und Gemeindeverbänden und hat das Ziel, Wohnungsmangel zu beseitigen und sozialen Wohnungsbau (→ Wohnungsbau, sozialer) als vordringliche Aufgabe zu fördern und für weite Kreise der Bevölkerung breitgestreutes Eigentum zu schaffen (§ 1 II. WoBauG). Das Zweite Wohnungsbaugesetz – II. WoBauG – i. d. F. vom 14. 8. 1990 (BGBl. I S. 1731), zuletzt geändert durch das Gesetz zur Förderung des Wohnungsbaues (WoBauFördG 1994) v. 6. 6. 1994 (BGBl. I S. 1184), ist die Rechtsgrundlage für die W. Seine Ziele: bevorzugt Bau von Einzeleigentum, ausreichende Wohnungsversorgung aller Bevölkerungsschichten entsprechend den unterschiedlichen Wohnbedürfnissen sicherstellen, insbes. für diejenigen Wohnungssuchenden, die hierzu selbst nicht in der Lage sind. Wohnungsbau ist das Schaffen am Wohnraum durch Neubau, durch Wiederaufbau zerstörter oder Wiederherstellung beschädigter Gebäude oder durch Ausbau oder Erweiterung bestehender Gebäude; Wohnungsbau ist auch die Modernisierung i. S. des § 17a (WoBauFördG).
Die W. erfolgt insbes. durch Einsatz öffentlicher Mittel, Übernahme von Bürgschaften, Wohngeld, Prämien für Wohnbausparer, Bereitstellung von Bauland, Steuer- und Gebührenvergünstigungen, Gewährung von Aufwendungszuschüssen und Aufwendungsdarlehen (§ 3 Abs. 1 II. WoBauG). Je nach Art der Förderung ist der Wohnungsbau gem. § 3 Abs. 2 II. WoBauG öffentlich geförderter Wohnungsbau (sowohl für den Mietwohnungsbau als auch für den Bau von Wohnungseigentum nach Größe, Ausstattung und Miethöhe für breite Schichten der Bevölkerung bestimmt), steuerbegünstigter Wohnungsbau, frei finanzierter Wohnungsbau (Wohnungsbauprämien bzw. Abschreibungserleichterungen nach § 10e EStG können in Anspruch genommen werden). Seit dem 1. 1. 96 ist durch die Neuregelung des Eigenheimzulagengesetzes (EigZulG BGBl. I 1995, S. 1783) die steuerliche Wohneigentumsförderung neu geregelt. § 10e EStG wurde umgestaltet dadurch, daß die bisher progressionsabhängige steu-

erliche Unterstützung auf eine allg. Eigenheimzulage umgestellt wurde. Vorrangig gefördert werden Familien mit Kindern und unteren und mittleren Einkommen. Die Grundförderung (über 8 Jahre bewilligt) beträgt bis zu DM 5 000 für Neubauten und bis zu DM 2 500 für Altbauten. Als bes. Kinderkomponente wurde das Baukindergeld auf DM 1 500 erhöht. Möglich ist nun auch (§ 17 EiGZulG) eine Eigenheimzulage zur Anschaffung von Genossenschaftsanteilen.

Der Bund hat die Rahmenkompetenz; er ist für die bundeseinheitliche Gesetzgebung (Steuer-, Bau- und Planungsrecht, Mietrecht) zuständig und stellt jährlich Mittel für den sozialen Wohnungsbau zur Verfügung. Die Länder sind für die Durchführung der W. zuständig und stellen aus ihrem Etat ebenfalls Mittel bereit. Sie bestimmen, ob die Mittel als Kapitalsubvention und/oder Aufwandssubvention gewährt werden. W.mittel (Bundes-, Landesmittel) werden von den Ländern oder den von ihnen beauftragten Stellen direkt an die Bauherren verteilt.

Im System der W. sind direkte und indirekte Förderung zu unterscheiden. Direkte Förderung erfolgt durch Objektförderung (Bau/Modernisierung von Miet- oder Eigentumswohnungen, durch zinsverbilligte Darlehen und/oder Aufwendungshilfen/Aufbaudarlehen und bei Wohneigentum zusätzlich Bausparförderung) und durch Subjektförderung (z. B. → Wohngeld, → Lastenzuschuß). Die indirekte Förderung erfolgt über Steuervergünstigungen (Einkommensteuer, Grunderwerbsteuer, Grundsteuer, Vermögensteuer, Erbschaftsteuer) oder über die Gestaltung der Rahmenbedingungen zur Wohnungsnutzung (Kündigungsschutz, Mietpreisregelungen).
Lit. Bundesministerium für Raumordnung, Bauwesen und Städtebau: Wohnungspolitik; Duvigneau u. a.: Wohnungspolitik.

Ursula Feldmann

Wohnungsbau, sozialer Innerhalb der → Wohnungsbauförderung ist der W., der öffentlich gefördert wird (s. W.), bedeutsam. Wohnungen des s. W. sind Haushalten vorbehalten, deren → Einkommen jeweils bestimmte, vom Gesetz § 25 II. WoBauG n. F. festgelegte Grenzen nicht überschreitet und/oder die zu einem besonders förderungswürdigen Personenkreis, z. B. kinderreiche Familien, junge Ehepaare, alleinerziehende Elternteile mit Kindern (→ Alleinerziehende), ältere Menschen, → Schwerbehinderte, Vertriebene und → Flüchtlinge, nach § 26 Abs. 2 Ziff. 2 II. WoBauG gehören.
Die Zielsetzung der Förderung ist in § 1 Abs. 1 II. WoBauG niedergelegt, nämlich »den Wohnungsbau unter besonderer Bevorzugung des Baues von Wohnungen, die nach Größe, Ausstattung und Miete oder Belastung für die breiten Schichten des Volkes bestimmt und geeignet sind (sozialer Wohnungsbau) als vordringliche Aufgabe zu fördern«.
Rechtsgrundlage ist das Zweite Wohnungsbaugesetz – II. WoBauG – i. d. F. vom 14. 8. 1990 (BGBl. I S. 1731), geändert durch das Gesetz zur Förderung des Wohnungsbaues vom 6. 6. 1994 (BGBl. I S. 1184).
Für den s. W. sind Bund, Länder, Gemeinden und Gemeindeverbände zuständig. Der Bund stellt den Ländern jährlich finanzielle Mittel für die W.förderung zur Verfügung. Die Länder setzen Mietobergrenzen für das Mietniveau im s. W. fest. Die Länder bestimmen, wie viele Sozialwohnungen jährlich als Mietwohnungen (1. Förderweg) und wie viele als selbstgenutztes Wohneigentum (2. Förderweg) gebaut werden und welchen Ausstattungsstandard die Wohnungen haben müssen. Die Obersten Landesbehörden für das Wohnungs- und Siedlungswesen stellen mehrjährige Programme zur Förderung des s. W. auf. Die Kommunen geben eigene Etatmittel für den s. W. und stellen den Bauherren Grundstücke für den W. zur Verfügung. Die öffentlichen Mittel werden entweder zur Finanzierung der Herstellungskosten oder als Zuschüsse zu den laufenden Aufwendungen in der Nutzungsphase gewährt. Zu unterscheiden sind daher Kapitalsubvention und Aufwandssubventionen. Schließlich gibt es die vereinbarte Förderung (3. Förderweg), mit der z. B. »Bestimmungen über Höhe und Einsatzart der Mittel, die Zweckbestimmung, Besetzungsrechte, die Beachtung von Einkommensgrenzen, die Höhe des Mietzinses ... getroffen werden« (§ 88 d II. WoBauG).
Seit Oktober 1994 gibt es die einkommensorientierte Förderung des sozialen Wohnungsneubaus auf Grundlage einer vertraglichen Vereinbarung zwischen Bauherr/Investor und der Förderungsstelle nach § 88 e II. WoBauG (4. Förderweg). Die Länder können den s. W. somit einkommensorientiert gestalten. Das Wohnungsbauförderungsgesetz vom 1. 10. 1994 (BGBl. I S. 1184) sieht eine Grundförderung und eine Zusatzförderung vor. Mit der Grundförderung werden Belegungsrechte (im Höchstfall 15 Jahre) an den Wohnungen bei einer bestimmten Höchstmiete (das Kostenmietprinzip ist ausdrücklich ausgeschlossen; die Miete soll sich am unteren Rand der ortsüblichen Vergleichsmiete orientieren) erworben. Die Zusatzförderung wird in Abhängigkeit vom Einkommen oder der individuellen Bedürftigkeit des Mieters berechnet und i. d. R. an ihn ausgezahlt. Bei Bedürftigkeit des Mieterhaushalts kann zusätzlich noch → Wohngeld beantragt werden. Die einkommensorientierte Förderung ist ein zielgenaues Instrument des sozialen und wirtschaftlichen Ausgleichs; Fehlbelegung ist damit nicht mehr möglich.

Für die öffentliche Förderung geht der Bauherr verschiedene staatliche Bindungen ein: Die Wohnungsbelegung unterliegt staatlicher Kontrolle, d. h., der Verfügungsberechtigte darf gem. §§ 4 und 5 WoBindG die Wohnung nur an solche Personen vermieten, die zu dem in § 25 II. WoBauG genannten begünstigten Personenkreis gehören. Die Einkommensgrenzen wurden 1994 ebenfalls angehoben und beziehen sich stärker als bisher auf das Nettoeinkommen des Haushalts. Der Staat bestimmt die Höhe des Mietpreises. Die 5. Verordnung zur Änderung wohnungsrechtl. Vorschriften vom 23. 7. 1996 (BGBl. I S. 1167) hebt die Pauschalen zur Änderung für die Instandsetzungs- und Verwaltungskosten an; sie sind im preisgebundenen s. W. Bestandteil der Kostenmiete (insbes. klass. 1. Förderweg); es ergeben sich Erhöhungen zw. DM 20,– und DM 40,– je m² Wohnfläche. Parallel erhöht sich auch die Instandhaltungs- u. Betriebskosten Pauschale bei der Wohngeld-Lastenrechnung. Der Staat bestimmt die Größe der Wohnung, d. h., es ist eine bestimmte Wohnungsgröße (§ 39 II. WoBauG) einzuhalten.
Trotz Neubaus schrumpft der Gesamtbestand an Sozialmietwohnungen. Derzeit gibt es etwa 2,5 Mio. Sozialwohnungen, von denen 800 000 bis zum Jahr 2000 aus der Belegungsbindung ausgenommen sein werden. Der s. W. ist, was den Neubau von Sozialmietwohnungen betrifft, bislang nicht ausreichend.
Die öffentliche Hand benötigt etwa 30% des Wohnungsbestandes als belegungsgebundenen und damit preiswerten Bestand. Ein großes Problem zum Nachteil derer, die heute auf eine preiswerte Wohnung angewiesen sind, liegt darin, daß insbes. alte Sozialwohnungen vielfach von Haushalten bewohnt sind, die nicht mehr zum begünstigten Personenkreis zählen, weil ihr Einkommen die vom Gesetz festgelegten Grenzen überschritten hat. Für diese Fälle gibt es das Instrument der Fehlbelegungsabgabe. Die hessische Lösung (Hessisches Gesetz zum Abbau der Fehlsubventionierung im Wohnungswesen [HessAFWoG] vom 25. 2. 1992 [GVBl. Hessen I S. 87]) sieht z. B. eine nach Haushaltseinkommen gestaffelte Ausgleichszahlung (§3) vor, die der jeweiligen Kommune (§ 13) zweckgebunden (§ 12) zusätzlich für den Bau von öffentlich geförderten Mietwohnungen zur Verfügung stehen soll. Eine einkommensorientierte Förderung, wie sie für den s. Wohnungsneubau bereits Gesetz ist, auch für den Wohnungsbestand vorzusehen, wäre zielgenauer als die Fehlbelegungsabgabe, die in den Ländern unterschiedlich gehandhabt wird.
Lit. BldW: Wohnen; Bundesminister für Raumordnung, Bauwesen und Städtebau u. a.: Wohnungssicherung; Busch-Geertsema u. a.: Wohnungsnotfälle; Duvigneau u. a: Wohnungspolitik; Heuer: Wohnungswirtschaft. *Ursula Feldmann*

Wohnungslosenhilfe → Obdachlosigkeit/Obdachlosenhilfe

Wohnungslosigkeit → Obdachlosigkeit/Obdachlosenhilfe, → Alleinstehende Wohnungslose, → Nichtseßhaftigkeit/Nichtseßhaftenhilfe

Wohnungspolitik ist – trotz des selbständig klingenden Begriffs – in Deutschland nur in besonderen Krisenphasen Gegenstand eigenständiger politischer Strategien, regelmäßig aber bloß Gradmesser für den jeweiligen Stand des Einflußkampfes zwischen versorgungsorientierter → Sozialpolitik und ertragsorientierter Wirtschaftspolitik. Die längerfristigen Gesichtspunkte von Sozial- und Baukultur, von Raumordnung und Stadtökologie geraten dabei ebenso regelmäßig ins Hintertreffen. Gegenstand der W. ist die Wohnung einerseits als Mittelpunkt sozialer Existenz, andererseits als Wirtschaftsgut, das teurer ist, als der normale Bewohner bezahlen kann, und zugleich längerlebiger, als es von einer Nutzergeneration aufgebraucht werden kann.
Für die Versorgung mit langlebigen Gütern des Sozialzusammenhangs kennt die → Gesellschaft zwei Grundformen: In den Bereichen z. B. der Bildung (→ Bildung/Bildungswesen) und des Verkehrs wird die Grundausstattung bedarfsorientiert gesellschaftlich beschafft und bewirtschaftet; im Bereich Wohnen dagegen wird trotz intensiver staatlicher Einflußnahme die Fiktion aufrechterhalten, die Bedarfsdeckung folge dem Marktprinzip von Angebot und Nachfrage mit ausgleichender öffentlicher Zugangsunterstützung – mit dem Ergebnis, daß die Ware Wohnung mit staatlicher Unterstützung zunehmend anbieterorientiert bereitgestellt und bewirtschaftet wird. Also fragt die W. in Knappheitsphasen nach Konditionsverbesserungen der Investoren, nicht nach Bedarfstrends der Nachfrager.
Diese Vielschichtigkeit spiegelt sich in den verfassungsrechtlichen Grundlagen der W. Während der Versorgungsauftrag nur indirekt aus dem zwar als verbindliche Rechtsnorm anerkannten, aber inhaltlich betont unverbindlich gehaltenen → Sozialstaatsprinzip (Art. 20 Abs. 1 → Grundgesetz [GG]) abzuleiten ist, sind die Interessen der Anbieter des Wirtschaftsguts Wohnung durch die in der Rechtsentwicklung sehr ausführlich konkretisierte Gewerbefreiheit und die Eigentumsgarantie (Art. 14 GG) justizfest geschützt; über die in zahlreichen Entscheidungen mit schwankenden Schwerpunkten ausgeübte Abwägung zwischen Eigentümerinteressen und Sozialbindung (Art. 14 Abs. 2 GG) nimmt das BVerfG intensiven Einfluß auf die W. Auch die verfassungsrechtliche Kompetenzzu-

Wohnungssicherung

ordnung weist eine Vielschichtigkeit aus. Aus der konkurrierenden Zuständigkeit für »das Wohnungswesen« (Art. 74 Nr. 18 GG) wäre der Bund zur einheitlichen Gesamtregelung in der Lage, hat davon aber nur in Teilbereichen (Rahmenregelungen für den Sozialen Wohnungsbau [→ Wohnungsbau, sozialer], Mietrecht, Wohngeld) Gebrauch gemacht, so daß die Länder neben ihrer Generalkompetenz für die Ausführung von Bundesgesetzen (Art. 83 GG) die übrigbleibenden Probleme landesrechtlich zu regeln haben (Art. 30, 72 Abs. 1 GG), also mindestens quantitativ die Hauptverantwortung tragen. Weil andererseits der Bund seine o. a. Sachkompetenz mit der Zuständigkeit für die Steuergesetzgebung kombiniert einsetzt zu intensiver steuerlicher Steuerung der Angebotsentwicklung als wichtigen Teilbereich der gesamtstaatlichen Wirtschaftskonjunktur, geraten landes- und bundespolitische Strategien zahlreich in Widerspruch zueinander (z. B. bei der Umwandlung von Miet- in Eigentumswohnungen).
Ziel der W. ist – wegen der o. a. inhaltlichen Offenheit des Sozialstaatsprinzips – nicht die Sicherung einer menschenwürdigen Wohnung für jedermann als Mittelpunkt sozialer Existenz; deshalb wird die seit langem diskutierte Forderung nach einem konkrete Ansprüche stützenden »Grundrecht auf Wohnung« auch von der herrschenden Meinung als durchaus unrealistisch abgelehnt. Tatsächlich zielt die W. in Deutschland seit Beginn staatlichen Engagements in diesem Bereich (Ende 19. Jh.) auf »Verbesserung der Wohnverhältnisse, namentlich der Minderbemittelten« (Art. 6 § 1 Preuß. WohnG v. 1918) und lehnt eine staatliche Sicherstellungspflicht damit ausdrücklich ab.
Zwar bezeichnet § 1 des oft als »Grundgesetz der W.« gefeierten (inzwischen II.) WoBauG die Förderung des Wohnungsbaus »für die breiten Schichten der Bevölkerung« als Gemeinschaftsaufgabe des Bundes, der Länder und der Gemeinden. Da Bund und Länder aber aus den o. a. Gründen ihr praktisches Engagement an der Konjunkturlage ihrer Haushalte offenhalten, tragen die Hauptlast der W. die Kommunen, weil alle Mängel, Widersprüche und Lücken der staatlichen W. sich als Anforderungen an die ordnungsbehördliche Verpflichtung des → Sozialhilfeträgers zur → Obdachlosenhilfe niederschlagen. Um die daraus erwachsenden mittel- und langfristigen Strukturprobleme einzudämmen, gar abzubauen, haben die Kommunen in den letzten Jahrzehnten eine immer weiter greifende lokale W. entwickelt, die inzwischen in den größten Städten den Stand umfassender Wohnversorgungs-Strategien für alle Einwohner erreicht hat.
Die Aufwendungen der Kommunen für ihre W. sind bislang nicht bezifferbar, weil sie weitgehend in anderen Ressorts subsumiert sind (Liegenschaftsverwaltung, → Sozialhilfe, Wirtschaftsförderung) oder über ausgelagerte selbständige Rechts- oder Finanzträger (städt. Wohnungsgesellschaften, Stadtwerke) abgewickelt werden. Die staatlichen Gesamtaufwendungen für die W. werden 1990 auf ca. 60 Mrd. DM geschätzt; über 2/3 davon sind indirekte, steuerliche Hilfen, deren Kassenwert nie zuverlässig berechnet wird. Steuerhilfen sind andererseits wegen ihrer besonders breiten Streuwirkung allenfalls zu 10–20% versorgungswirksam. Dieses Übergewicht steuerlicher Staatshilfen in der W. bildet deshalb zugleich die Rechtfertigung für die seit den Nachkriegsjahren übliche Doppelausrichtung der W. auf Verbesserung der Wohnverhältnisse und Förderung der Vermögens- und Eigentumsbildung breiter Schichten der Bevölkerung (z. B. § 1 Abs. 2 II. WoBauG). *Michael Schleicher*

Wohnungssicherung ist darauf gerichtet, Haushalten die Wohnung, in der sie leben, zu erhalten. Sicherungsfunktion für Wohnungsmieter haben einige Vorschriften des Mietrechts (§§ 535 ff. BGB). Allerdings sind eine Reihe von Tatbeständen vom Bestandschutz ausgenommen (z. B. Wohnraum innerhalb der Vermieterwohnung – Untermietverhältnisse –, Mieter mit Zeitmietverträgen, gewerbliche Zwischenvermietung, Einliegerwohnungen). W. erfolgt bei Vorliegen wirtschaftlicher Gründe durch → Wohngeld, durch Mietzuschüsse und durch → Lastenzuschuß an Eigentümer. Im Rahmen der → Sozialhilfe werden die Kosten für die Unterkunft gewährt (§ 3 Verordnung zu § 22 BSHG, → Regelsatz-VO). Wohnungsbeschaffungskosten und Mietkautionen können bei vorheriger Zustimmung des Trägers der Sozialhilfe übernommen werden. Erforderlich ist dafür eine schnelle und lückenlose Information über drohende Wohnungslosigkeit (vor allem durch Amtsgerichte bei Räumungsklagen, aber auch durch Wohnungsgesellschaften, Privatvermieter oder von sozialen Einrichtungen über bevorstehende Entlassungen) sowie aufsuchende Hilfe. Leistungen zur Sicherung der Unterkunft nach § 15 a BSHG n. F. sollen gewährt werden, wenn sie gerechtfertigt und notwendig sind und ohne sie Wohnungslosigkeit einzutreten droht. Die Geldleistungen können als Beihilfe oder als Darlehen gewährt werden. Nach § 15 a Abs. 2 BSHG sind Gerichte gehalten, dem zuständigen örtlichen Träger der Sozialhilfe oder der von diesem beauftragten Stelle unverzüglich mitzuteilen, daß eine Klage auf Räumung von Wohnraum eingegangen ist (→ Räumungsklage) und welche Angaben die Mitteilung enthalten muß. Ein anderes Instrument sind z. B. Mietausfallbürgschaften. Sinnvoll ist auf kommunaler Ebene die Einrichtung einer

→ Zentralen Fachstelle zur Sicherung der Wohnungsversorgung in Wohnungsnotfällen.

Ursula Feldmann

Wohnungsunternehmen (gemeinnützige, gemeinnützig orientierte) verkörpern (unbeschadet der Aufhebung des Wohnungsgemeinnützigkeitsgesetzes [WGG] im Jahre 1990) einen ganz besonderen – mittlerweile mehr als 100 Jahre existierenden – Unternehmenstypus in der Wohnungswirtschaft, der sich bis weit in die erste Hälfte des Jahrhunderts – und nun wieder – freiwillig wirtschaftliche und soziale Bindungen und Beschränkungen mit dem Ziel auferlegte, die Wohnversorgung breiter Schichten der Bevölkerung zu verbessern.
Gegründet in der Form von Aktiengesellschaften, Gesellschaften mit beschränkter Haftung oder als Wohnungsgenossenschaften zur Bekämpfung des Wohnungselends zu Beginn der Industrialisierung und zur Beseitigung der Wohnungsnot nach den beiden Kriegen, sind sie heute angesichts aktueller Wohnungsengpässe unverändert wichtige Partner von Gemeinden und Trägern der Wohlfahrtspflege und Träger der staatlichen → Wohnungspolitik.
Die im → Bundesverband deutscher Wohnungsunternehmen (bislang: Gesamtverband der Wohnungswirtschaft [GdW]) zusammengeschlossenen, gemeinnützig orientierten Gesellschaften und Genossenschaften kümmern sich – neben Neubau von Mietwohnungen und Eigentumsmaßnahmen – um die Sanierung und Weiterentwicklung spezieller Wohnanlagen, wie desolater Altbaugebiete oder Großsiedlungen.
Sie versorgen spezielle Bedarfsgruppen (Senioren, Alleinerziehende, Kinderreiche), die am Markt benachteiligt sind, mit adäquatem Wohnraum. Sie sind vielfach als Partner von Bund und Ländern Träger innovativer, experimenteller, fachübergreifender Projekte im Wohnungs- und Städtebau und im Sozialbereich. Sie unterstützen die Gemeinden bei der Unterbringung von in Not geratenen Bürgern. Die Kooperation von gemeinnützig orientierten Wohnungsunternehmen mit den Trägern der Sozialarbeit, z. B. beim Wohnen im Alter oder bei der Integration von Aussiedlern, ist eine wichtige Voraussetzung für sozial-verträgliche Bestandsentwicklung.

Hartmut Großhans

Wunsch- und Wahlrecht des Hilfeempfängers ist als gesetzlicher Begriff in § 3 Abs. 2 → Bundessozialhilfegesetz (BSHG), § 5 → Kinder- und Jugendhilfegesetz (KJHG - SGB VIII) und § 33 S. 2 SGB I (→ Sozialgesetzbuch [SGB]) geregelt.
In der → Sozialhilfe ist das W. u. W. die notwendige Ergänzung des → Individualisierungsprinzips und des → Bedarfsdeckungsprinzips. Aufgabe der Sozialhilfe ist es, dem Empfänger der Hilfe ein Leben zu ermöglichen, das der → Menschenwürde entspricht. Damit wird Art. 1 Grundgesetz (GG) konkretisiert. Indem das W. u. W. dem Hilfeempfänger (→ Hilfeempfänger/Hilfesuchender) die Möglichkeit eröffnet, seine Bedarfsdeckung unter den vorhandenen Möglichkeiten nach eigenen Vorstellungen zu gestalten, setzt es diese grundgesetzliche Verpflichtung direkt um. Der Hilfesuchende kann frei entscheiden, ob er öffentliche oder freie Hilfen und, wenn er letztere wählt, welche der pluralistischen Hilfeangebote er in Anspruch nehmen will. Dadurch ist das W. u. W. auch zu einem tragenden Pfeiler des Rechtsstatus der → freien Wohlfahrtspflege im Sozialstaat geworden. Der Hinweis von Kritikern, in der gesellschaftlichen Wirklichkeit sei das W. u. W. eingeschränkt, verkennt den Wesenskern dieses Rechtes. Er besteht darin, ein Ausgeliefertsein des hilfebedürftigen Bürgers an eine existentiell bedrückende Alternativlosigkeit zu verhindern.
Wünschen des Hilfesuchenden, die sich auf die Gestaltung der Hilfe richten, soll entsprochen werden, sofern dies nicht mit unverhältnismäßigen Mehrkosten verbunden ist. Dies gilt auch für den Wunsch, in einer solchen Einrichtung untergebracht zu werden, in der der Hilfeempfänger durch Geistliche seines Bekenntnisses betreut werden kann. In → Sozialhilferichtlinien werden Mehrkosten bei stationärer Unterbringung als nicht unverhältnismäßig angesehen, wenn sie nicht mehr als einen bestimmten Prozentsatz (Bayern 20%, Baden-Württemberg 10%) über den Kosten vergleichbarer Einrichtungen liegen. Der bislang noch nicht ausdiskutierte Begriff der »unverhältnismäßigen Mehrkosten« unterliegt im Streitfall der vollen gerichtlichen Nachprüfung.

Lit. Giese: Wahlrecht; Giese: Wunsch; Neumann, V.: Wahlrecht; Schellhorn u. a.: BSHG (Komm.).

Josef Schmitz-Elsen/Reiner Sans

Z

Zahlungsbefehl (veraltet für Mahnbescheid) → Mahnverfahren

Zahnersatz Zu den Leistungen der Krankenbehandlung gehört auch die → Kostenerstattung für Z. (§ 30 SGB V; → Sozialgesetzbuch [SGB]). Die → Krankenkassen erstatten den Versicherten 50 v. H. der Kosten der im Rahmen der vertragszahnärztlichen Versorgung durchgeführten medizinisch notwendigen Versorgung mit Z. (zahnärztliche Behandlung und zahntechnische Leistungen). Es handelt sich nicht um eine → Sachleistung, sondern um eine teilweise Erstattung der dem Versicherten entstandenen Kosten.
Für eigene Bemühungen des Versicherten zur Gesunderhaltung seiner Zähne erhöht

sich der Zuschuß zum Z. um 10 Prozentpunkte. Dieser erhöhte Zuschuß entfällt, wenn der Gebißzustand regelmäßige Zahnpflege nicht erkennen läßt und der Versicherte während der letzten 5 Jahre vor Beginn der Behandlung die Individualprophylaxe zur Verhütung von Zahnerkrankungen nach § 22 SGB V nicht in jedem Kalenderhalbjahr in Anspruch genommen hat (gilt nur für Versicherte, die das 6., aber noch nicht das 20. Lebensjahr vollendet haben) oder nach Vollendung des 20. Lebensjahres sich nicht wenigstens einmal jährlich zahnärztlich untersuchen lassen hat.
Der Zuschuß zum Z. erhöht sich um weitere 5 v. H., wenn der Versicherte seine Zähne regelmäßig gepflegt und in den letzten zehn Kalenderjahren vor Beginn der Behandlung diese Untersuchungen ohne Unterbrechung in Anspruch genommen hat.
Der Zuschuß der Krankenkasse zum Z. wird nur für Kosten erstattet, die für wissenschaftlich anerkannte Versorgungsformen entstanden sind. Wählen Versicherte einen aufwendigeren Z. als notwendig, so haben sie die dadurch entstandenen Mehrkosten in voller Höhe selbst zu tragen.
Versicherte, die nach dem 31. 12. 1978 geboren sind, haben – von bestimmten Fallgestaltungen abgesehen – seit 1. 1. 1997 keinen Anspruch auf Zuschuß bei Z. mehr.
Lit. Krauskopf: SozKV (Komm.) § 305 SGB V. *Ernst Picard*

Zeichnungsbefugnis Befugnis zur Schlußzeichnung von Schriftstücken für Geschäftsvorfälle eines übertragenen Aufgabengebietes. Die Z. ist i. d. R. Ausdruck der Entscheidungsbefugnis (→ Aufgabenübertragung). Sie liegt primär bei den gesetzlichen Vertretungsorganen von Behörden und Unternehmen (z. B. Behördenleiter, Inhaber eines Handelsgeschäfts), kann aber delegiert werden. Teilweise ist die Z. in → Gesetzen und anderen Vorschriften festgelegt. Nach dem Handelsrecht kann die Z. als Bestandteil der Handlungsvollmacht (Prokura) nur vom Geschäftsinhaber oder seinem → gesetzlichen Vertreter durch ausdrückliche Erklärung erteilt werden (§§ 48 ff. HGB). Innerhalb einer Behörde wird die Z. durch besondere Vorschriften und Anordnungen (z. B. Geschäftsordnungsbestimmungen) festgelegt. Für bestimmte Rechtsgeschäfte sind die Unterschriften von mehreren (zwei oder drei) vertretungsberechtigten Personen erforderlich (z. B. Abschluß von → Verträgen). Die Z. kann auch eine bestimmte Qualifikation voraussetzen. So darf nach dem Verwaltungsvollstreckungsgesetz die zwangsweise Vorführung bei einer Behörde nur von einem Bediensteten angeordnet werden, der die Befähigung zum Richteramt besitzt oder die Befähigung zum allgemeinen höheren Verwaltungsdienst erworben hat. Neben der Schlußzeichnung, mit der die Verantwortung für den sachlichen Inhalt übernommen wird, gibt es weitere Formen der Zeichnung: Mitzeichnung, Abzeichnung, Gegenzeichnung. Die Mitzeichnung macht das Mitwirken an einer Entscheidung deutlich, wobei der Mitzeichnende für den sachlichen Inhalt nur insoweit verantwortlich ist, als sein Aufgabengebiet berührt wird. Abzeichnung und Gegenzeichnung dienen vor allem der Information, → Kontrolle oder Sicherung (z. B. Gegenzeichnung bei Auszahlungsbelegen).
Das traditionelle Prinzip der Z. sieht vor, daß von der Behördenleitung alles entschieden und unterschrieben wird, was nicht ausdrücklich delegiert ist. Dieses Prinzip entspricht früheren Vorstellungen, nach denen die Geschäfte einer Behörde von einem Behördenchef mit einigen Gehilfen versehen werden konnten. Die nach Maß, Schwierigkeit und Differenziertheit ständig wachsenden Aufgaben haben aber eine Arbeitsteilung und Spezialisierung erforderlich gemacht (→ Organisation). Dabei sind Aufgaben schon immer bis zur sachbearbeitenden Ebene delegiert worden. Die Übertragung von Befugnissen ist jedoch oft noch nicht so weit fortgeschritten. Zeichnungs- und Entscheidungsbefugnisse sind häufig einer höheren Organisationsstufe zugeordnet als die Erledigung der Aufgaben.
Die weitestgehende Entfernung vom traditionellen Prinzip stellt die »Umkehrung« der Z. dar, wie sie für die hamburgische Verwaltung realisiert worden ist. Auch die → Kommunale Gemeinschaftsstelle für Verwaltungsvereinfachung (KGSt.) empfiehlt ihren Mitgliedern dieses System. Danach liegt die Zeichnungs- und Entscheidungsbefugnis im Grundsatz beim Sachbearbeiter. Diese Regelung setzt eine Festlegung der Sachbearbeiterfunktion voraus. Sachbearbeiter ist, wer im Ergebnis aufgrund eigener Überlegungen eigenständig und abschließend erarbeitet. Sie läßt für sachlich erforderliche Ausnahmen genügend Raum. Diese Ausnahmen müssen schriftlich festgelegt werden (Vorbehaltskataloge). Durch die Regelung werden sonst übliche »Stilübungen« bei Entwürfen weitgehend vermieden. Der einzelne Mitarbeiter wird entsprechend seinem Ausbildungsstand und seiner Leistungsfähigkeit beschäftigt. Mitverantwortung und Selbständigkeit bewirken größere Leistungsbereitschaft, Eigeninitiative und Identifikation mit der Aufgabe. Die Vorgesetzten haben mehr Zeit für Führungsaufgaben. Die Arbeitsabläufe werden verkürzt und beschleunigt, der Bürger weiß, mit wem er es zu tun hat. Insgesamt soll die Regelung einen Anstoß geben, die Delegation von Aufgaben, Befugnissen und Verantwortung weiter zu fördern. Delegation bedeutet dabei nicht Beliebigkeit der Entscheidung, sie geht vielmehr einher mit einer generellen Lenkung durch Richtlinien, Zielvorgaben

u. a. Delegation steht daher auch besonders in gedanklicher Verbindung zu den verschiedenen Management-Techniken, vor allem zum Management by Objectives (MbO – Führung durch Zielvorgabe oder Zielvereinbarung; → Führungsmodelle).

Ulrich Becker†

Zentrale Fachstelle Zur Sicherung der Wohnungsversorgung von Wohnungsnotfällen hat der → Deutsche Städtetag (Köln 1987) sowie die → Kommunale Gemeinschaftsstelle für Verwaltungsvereinfachung ([KGSt.,] Köln 1989) eine Rahmenkonzeption mit der Zielsetzung Einrichtung einer z. F. empfohlen. Diese Fachstelle soll mit den Mitteln der örtlichen → Sozial- und → Wohnungspolitik eine »dauerhafte« und »richtige« Wohnraumversorgung für alle Wohnungsnotfälle sichern. Die Aufgabenstellung dieser z. F. ist Sicherung und Beschaffung von Wohnraum für unmittelbar von → Obdachlosigkeit bedrohte Haushalte, Auflösung von Obdachloseneinrichtungen und sozialen Brennpunktgebieten (→ Sozialer Brennpunkt), Wohnungsbeschaffung für Haushalte in unzumutbaren Wohnverhältnissen sowie enge Kooperation mit der Wohnungswirtschaft. Die i. d. R. verteilten Zuständigkeiten einzelner Verwaltungseinheiten, die mit der Problemstellung → Wohnungssicherung und Wohnungsversorgung befaßt sind, sollen mit ihren Ressourcen und Kompetenzen in der Organisationseinheit z. F. zusammengefaßt werden. Diese Bündelung tangiert folgende Aufgaben bzw. Ämter: Mietschulden nach § 15a BSHG (Sozialamt), Wohnungsvermittlung, -belegung, Beschaffung preiswerter und adäquater Wohnungen (Wohnungsamt), Einweisung und sonstige ordnungsbehördliche Maßnahmen (Ordnungsamt), Verwaltung der Obdachlosenunterkünfte (Liegenschaftsamt) sowie Hilfen zur Abwendung drohender Wohnungsverluste (koordinierte Sozialdienste). Als vorrangige Aufgaben einer z. F. sind die Bearbeitung sämtlicher Informationen über Fakten, die zum Verlust der Wohnung führen können, Beratung der Bürger, die direkt oder perspektivisch von Wohnungsverlust bedroht sind einschließlich der notwendigen persönlichen und wirtschaftlichen Hilfen, die Sammlung aller Informationen, die aus Wohngebieten mit gehäuft aufgetretenen sozialen Problemen kommen, sowie die Erstellung entsprechender Hilfeprogramme anzusehen. Weiterhin soll neben der Steuerung des Einsatzes von öffentlichen Mitteln durch die Sammlung von Detailkenntnissen über den Wohnungsmarkt sichergestellt werden, daß einzelfall-, gruppen- und wohngebietsbezogene Hilfepläne/Konzepte erstellt und umgesetzt werden. Grundlage der Zielsetzung und Einrichtung einer z. F. ist die Möglichkeit, alle sozial- und wohnungspolitischen Initiativen miteinander zu verknüpfen bzw. aufeinander zu beziehen sowie alle relevanten Informationen dieser Problemstellung erfassen und in schnelles und adäquates Handeln ohne die bisher gängigen Reibungsverluste umsetzen zu können. Die Übertragung der vorgenannten Aufgabe an die z. f. führt zu einer fachlichen Gesamtverantwortung, die die Entwicklung und Umsetzung von Konzepten der Wohnraumsicherung, der Auflösung von Obdachloseneinrichtungen, der dauerhaften und richtigen Wohnraumversorgung auf der Grundlage von wohngebietsbezogenen Arbeitsansätzen (→ Gemeinwesenarbeit, → Stadtteilarbeit) sicherstellt und ständig fortschreibt. Dies kann jedoch nur in Zusammenarbeit mit weiteren Verwaltungseinheiten, mit verbandlichen und bürgerschaftlichen Trägern und unter der verpflichtenden Einbeziehung der Wohnungswirtschaft erfolgen. *Michael Schleicher*

Zentralisation 1. In der Organisationstheorie (→ Organisationssoziologie) ein Prinzip zur planmäßigen Zusammenfassung und Lenkung von Gliedern und Organen (Elementen) einer Einheit (System, z. B. → Verwaltung). Eine → Organisation ist zentralisiert, wenn und soweit ihre Elemente – mit Ausnahme des obersten Organs – der unbegrenzten → Weisung hinsichtlich ihrer Aufgabenwahrnehmung unterliegen.
2. In der Verwaltungslehre kennzeichnet das Begriffspaar Z./→ Dezentralisation die Verwaltungsorganisation des Staates insgesamt, berührt also den Bestand verschiedener Verwaltungsträger (Bund, Länder, Kreise, Gemeinden) und deren Beziehungen (Weisungsgebundenheit) zueinander. In der Bundesrepublik Deutschland ist der staatliche Verwaltungsaufbau dezentralisiert, wie sich bereits aus der verfassungsrechtlichen Garantie der → Selbstverwaltung ergibt (Art. 28 Abs. 2 → Grundgesetz [GG]).
Die Gegenüberstellung Z. – Dezentralisation wurde aus dem Bereich der Politik in das → Verwaltungsrecht übertragen und wird heute in verwirrender Weise gebraucht. Häufig wird sie – auch wegen des Zusammenhangs mit der Organisationslehre – mit der Gegenüberstellung → Konzentration/→ Dekonzentration vermischt. *Robert Groell*

Zentralstation → Sozialstation

Zentralwohlfahrtsstelle der Juden in Deutschland e. V. (ZWST) ist einer der sechs Spitzenverbände der → Freien Wohlfahrtspflege. Sie wurde im Jahre 1917 gegründet und verfügte bis zur Machtergreifung durch die Nationalsozialisten über eine breitgefächerte soziale Infrastruktur im Bereich der »offenen« und »geschlossenen« Sozialfürsorge. Die jüdische Bevölkerung betrug in Deutschland vor dem 2. Weltkrieg 600 000

Menschen, entsprechend groß war auch die Zahl der sozialen Einrichtungen, wie Krankenhäuser, Kinder-, Alten- und Pflegeheime.
Im Jahre 1939 wurde die ZWST zwangsaufgelöst; die meisten ihrer Mitarbeiter sind der Nazigewalt zum Opfer gefallen.
Die Wiedergründung der ZWST erfolgte im Jahre 1951. Ein kleiner Kreis von Überlebenden hat mit Hilfe jüdisch-amerikanischer Wohlfahrtsorganisationen die soziale Arbeit wieder aufgenommen und den Erfordernissen angepaßt. Die Mitglieder der ZWST sind 14 Landesverbände der jüdischen Gemeinden, 3 selbständige Gemeinden und der Jüdische Frauenbund.
Die Hauptziele des Verbandes sind:
– Vertretung seiner Mitglieder gegenüber den Bundes- und Landesbehörden, Fachgremien und internationalen allgemeinen und jüdischen Organisationen auf dem Gebiet der Wohlfahrtspflege
– Behandlung von Sozialangelegenheiten ihrer Mitglieder, Organisation und Durchführung der jüdischen freien und gemeindlichen Wohlfahrtspflege
– Förderung des sozialen Ausbildungswesens und fachliche Unterstützung der angeschlossenen Mitgliedsverbände.
Bedingt durch die zentrale geographische Lage zwischen Ost und West und die politischen Ereignisse dieses Jahrhunderts in Europa war Deutschland stets ein Drehpunkt jüdischer Migrationsbewegung. Dementsprechend war die ZWST als Dachorganisation der jüdischen Sozialdienste im Nachkriegsdeutschland gefordert, neben den klassischen Bereichen der sozialen Arbeit – wie Jugend- und Altenhilfe – auch Flüchtlingshilfe zu leisten.
Seit Beginn der 90er Jahre befaßt sich der Verband schwerpunktmäßig mit Integrationshilfe für jüdische Zuwanderer aus den Staaten der ehemaligen Sowjetunion. Das schnelle Wachstum der Mitgliederzahl der jüdischen Gemeinden und die sich wandelnden sozio-ökonomischen Verhältnisse zwingen die ZWST und deren Mitgliedsverbände, das bisherige Prinzip der sozialen Arbeit, nämlich der »Hilfe zur Selbsthilfe« weiter auszubauen und neue Wege bei der Planung und Durchführung der projektbezogenen Arbeit zu suchen. Psychosoziale Probleme im Zusammenhang mit den neuen Lebensumständen als Zuwanderer und der drohenden Langzeitarbeitslosigkeit erfordern von der jüdischen Sozialarbeit in Deutschland heute, Rahmenbedingungen zu schaffen, die die Betroffenen in die Lage versetzen, ihre Probleme selbst zu lösen.

Aviva Goldschmidt

Zentrum für Gemeinschaftshilfe → Sozialstation

Zertifizierung → DIN ISO EN 9004 ff.

Zeugnisverweigerungsrecht ist die Berechtigung, in gerichtlichen Verfahren bzw. in staatsanwaltschaftlichen → Ermittlungsverfahren die Aussage über persönliche Wahrnehmungen zu verweigern (§§ 52 ff. StPO, §§ 383 ff. ZPO, § 35 Abs. 3 SGB I, § 65 Abs. 2 SGB VIII (KJHG); vgl. auch § 161a StPO, §§ 495, 608, 621a, 624 ZPO, § 15 FGG, § 98 VwGO, § 118 SGG, § 46 ArbGG). Ein Z. kann auf persönlichen, auf sachlichen oder auf beruflichen Gründen beruhen. Aus persönlichem Grund zur Verweigerung des Zeugnisses berechtigt sind im wesentlichen Verlobte, Ehegatten und nahe Verwandte des Beschuldigten/einer Prozeßpartei (§ 52 Abs. 1 StPO, § 383 Abs. 1 Nr. 1 bis 3 ZPO). Als sachlicher Grund, das Zeugnis zu verweigern, ist die Gefahr anerkannt, daß der Zeuge sich selbst oder nahen Angehörigen durch seine Aussage bestimmte Nachteile bereiten würde (vgl. § 55 StPO, § 384 ZPO). Hinsichtlich des Rechts, aus beruflichen Gründen das Zeugnis zu verweigern, ist dreierlei zu unterscheiden:
a) Inhaber bestimmter »Vertrauensberufe« dürfen das Zeugnis über solche Wahrnehmungen verweigern, die sie in Ausübung ihres Berufes gemacht haben; zu ihnen zählen u. a. Geistliche, Rechtsanwälte, Ärzte, Apotheker, Hebammen und Mitglieder oder Beauftragte einer anerkannten Beratungsstelle nach §§ 3, 8 des Schwangerschaftskonfliktgesetzes sowie Berater für Fragen der Betäubungsmittelabhängigkeit in einer anerkannten Beratungsstelle (vgl. im einzelnen § 53 StPO, § 383 ZPO). § 53a StPO erstreckt dieses Z. unter bestimmten Voraussetzungen auch auf die »Berufshelfer« der Genannten. Dagegen sind staatlich anerkannte → Sozialarbeiter/-innen und Sozialpädagogen/Sozialpädagoginnen, → Erzieher/-innen, → Altenpfleger/-innen, Haus- und → Familienpflegerinnen und Angehörige entsprechender sozialer Berufe sowie in der sozialen Arbeit tätige → Verwaltungsfachkräfte als solche im Strafverfahren nicht zur Verweigerung des Zeugnisses berechtigt. Ein Z. aus beruflichem Grund gem. §§ 53, 53a StPO, § 383 ZPO besteht überdies nicht, soweit die Angehörigen der genannten Berufe von ihrer → Schweigepflicht wirksam entbunden sind (vgl. §§ 53 Abs. 2, 53a Abs. 2 StPO, § 383 Abs. 1 Nr. 6 ZPO).
b) In einem weiteren Sinne ist auch das Recht der Richter, Beamten und anderen Personen des öffentlichen Dienstes, die Aussage über Umstände zu verweigern, auf die sich ihre Pflicht zur Amtsverschwiegenheit (→ Amtsgeheimnis) bezieht, als Z. aus beruflichem Grund anzusehen (vgl. § 54 StPO, § 376 ZPO). Ein solches Recht besteht jedoch nicht, soweit diesen eine → Aussagegenehmigung erteilt ist.
c) Schließlich bestimmt § 35 Abs. 3 SGB I, daß eine Auskunfts- bzw. eine Zeugnis-

pflicht nicht besteht, soweit die mit einer solchen Auskunft bzw. einem solchen Zeugnis verbundene Übermittlung des → Sozialgeheimnisses nicht nach Maßgabe des § 35 Abs. 2 SGB I zulässig ist. Gem. § 65 Abs. 2 SGB VIII (KJHG) gilt dies auch, soweit eine Nutzung bestimmter Sozialdaten unzulässig wäre. Da § 35 SGB I nach herrschender Lehre nur die Leistungsträger (→ Sozialleistungsträger) i. S. d. § 12 SGB I direkt verpflichtet und berechtigt, sind die bei einem solchen beschäftigten Sozialarbeiter/-innen und Sozialpädagogen/Sozialpädagoginnen, Erzieher/-innen, Altenpfleger/-innen, Haus- und Familienpflegerinnen, Angehörigen entsprechender sozialer Berufe bzw. Verwaltungsfachkräfte gem. § 35 Abs. 3 SGB I nicht unmittelbar zur Verweigerung des Zeugnisses über Wahrnehmungen berechtigt, die sie in Ausübung ihres Amtes/Dienstes gemacht haben. Ihnen steht nach Maßgabe dieser Vorschrift jedoch ein abgeleitetes Z. insoweit zu, als der Leistungsträger selbst das Sozialgeheimnis – auch im Wege des Zeugnisses – gem. § 35 Abs. 2 SGB I nicht übermitteln bzw. gem. § 65 Abs. 1 SGB VIII (KJHG) nicht nutzen dürfte und den bei ihm Beschäftigten daher auch keine diesbezügliche Aussagegenehmigung erteilt, weil sonst durch unbefugte Übermittlung des Sozialgeheimnisses die Erfüllung der ihm obliegenden öffentlichen Aufgaben ernstlich gefährdet oder erheblich erschwert würde (vgl. § 39 Abs. 3 BRRG, § 62 Abs. 1 BBG, § 9 BAT). Erteilt der Dienstherr jedoch eine Aussagegenehmigung und ordnet er die Ablegung des Zeugnisses an, so steht dem Beamten/öffentlich Bediensteten ein abgeleitetes Z. gem. § 35 Abs. 3 SGB I nicht zu, es sei denn, er unterliegt insoweit einer persönlichen Schweigepflicht und das ihm abverlangte Verhalten verletzt die Würde des Menschen (vgl. § 38 Abs. 2 BRRG, § 56 Abs. 2 BBG, § 8 Abs. 2 BAT). Das → Bundesverfassungsgericht hat es in seinem in der Fachöffentlichkeit mit Zurückhaltung aufgenommenen Beschluß vom 19. 7. 1972 (NDV 1972, S. 331) für mit dem → Grundgesetz (GG) vereinbar erklärt, daß § 53 StPO Sozialarbeiter/-innen ein Z. nicht einräumt, und diesen Rechtsstandpunkt in seinen Beschlüssen vom 24. 5. 1977 (NDV 1978, S. 48) und 31. 5. 1988 (NJW 1988, S. 2945) durch die Feststellung indirekt bestätigt, daß Sozialarbeiter/-innen und Sozialpädagogen/Sozialpädagoginnen in Ausnahmefällen ein strafprozessuales Z. zustehen könne, das direkt aus dem Grundgesetz herzuleiten wäre. Hiergegen ist eingewandt worden, Art. 3 GG (→ Gleichheits[grund]satz) gebiete die Einführung eines generellen strafprozessualen Z. für staatlich anerkannte Sozialarbeiter/-innen und Sozialpädagogen/Sozialpädagoginnen, seitdem und insoweit diese einer strafrechtlich sanktionierten Schweigepflicht unterworfen sind, so daß der Beschluß des Bundesverfassungsgerichts vom 19. 7. 1972 nicht aufrechterhalten werden könne. Darüber hinaus ist – gleichsam im Vorgriff auf die angezeigte Klarstellung des Bundesverfassungsgerichts, daß allen staatlich anerkannten Sozialarbeiter/-innen und Sozialpädagogen/Sozialpädagoginnen ein Z. aus beruflichem Grund auch im Strafprozeß zustehen muß – eine Auslegung des § 35 SGB I befürwortet worden, derzufolge wenigstens allen in den Diensten eines öffentlich-rechtlichen Sozialleistungsträgers stehenden Sozialarbeiter/-innen und Sozialpädagogen/Sozialpädagoginnen schon heute ein unmittelbares Z. aus beruflichem Grund zusteht. Diese Rechtsauffassung hat allerdings wenig Widerhall gefunden.
Lit. Bundesarbeitsgemeinschaft der Hochschullehrer des Rechts ...: Zeugnisverweigerungsrecht; Damian: Geheimhaltungspflicht; Damian: Zeugnisverweigerungsrechte; Deutscher Berufsverband der Sozialarbeiter und Sozialpädagogen: Zeugnisverweigerungsrecht; DV: Gutachten vom 12. November 1981; Frommann: Offenbarung; Frommann: Zeugnisverweigerungsrecht; Karrer: Daten- und Persönlichkeitsschutz; Nix: Zeugnisverweigerungsrecht; Strunz: Persönlichkeitstypen.
Matthias Frommann

Ziele in der Sozialen Arbeit sind weder als geschlossenes theoretisches Konzept (→ Theorien der Sozialarbeit/Sozialpädagogik) noch als integriertes System sozialer Leistungen (→ Sozialleistungen) und Hilfen zu verstehen, sondern lassen sich am besten als gemeinsames Arbeitsfeld verschiedenster sozialer Akteure und Institutionen beschreiben. Wenn Soziale Arbeit (→ Sozialarbeit/Sozialpädagogik) insofern als loser Zusammenhang Institutionen, politische und normative Bedingungen, Ansprüche und → Normen einerseits und praktische Handlungsfelder der Sozialarbeit/ Sozialpädagogik andererseits subsumiert, ist es problematisch, Z. als gemeinsame verbindliche Bezugspunkte für dieses Arbeitsfeld zu beschreiben.
Kennzeichnend für die Soziale Arbeit ist ihre Komplementarität zu den zentralen gesellschaftlichen Institutionen wie → Familie, → Bildungswesen oder Erwerbsarbeit. Soziale Arbeit soll subsidiär auf Mängel und Fehlentwicklungen in diesen Bereichen einwirken. So unterstützt → Jugendhilfe Erziehungsprozesse, ohne einen eigenständigen Erziehungsauftrag zu haben; so bearbeitet das → Bundessozialhilfegesetz (BSHG) materielle soziale Notlagen, ohne daß Einkommensansprüche als Grundsicherungsstandards (→ Grundsicherung) festgelegt wären. Das → Sozialgesetzbuch (SGB) fixiert insofern lediglich normative Leitsätze Sozialer Arbeit (z. B. das Recht der Bürger/-innen auf menschenwürdiges

Dasein [→ Menschenwürde], die Förderung der Persönlichkeit oder die → Individualisierung der Hilfen), normative Standards der Leistungserbringung (z. B. Vermeidung und Abbau von Benachteiligung, die Nachrangigkeit [→ Nachrang der Sozial- und Jugendhilfe] zur Erwerbsarbeit oder zu familialen Unterstützungsleistungen) und der → Organisation (→ Subsidiarität, Trägerpluralität oder die Aufforderung zur Zusammenarbeit der unterschiedlichen Akteure). Z. sind vielfach gesellschaftshistorisch überformt und bedürfen der Rekonstruktion und Konstruktion auf drei Ebenen:
1) die Ebene staatlicher Sozial(versicherungs)politik (→ Sozialversicherung), die primär über Steuerungsmedien Recht und Geld Leistungsansprüche und Leistungsniveaus definiert und sichert;
2) die Ebene kommunaler Sozialpolitik, die insbesondere bei Vermittlungsprozessen der → Sozialplanung und → Sozialberichterstattung Bedarfe, Priorisierungen und Umsetzungsprogramme im Diskurs entwickelt;
3) die Ebene der Sozialarbeit/Sozialpädagogik als personenbezogene → Dienstleistung, die über kommunikative Verständigungsprozesse die konkrete Lebensführung (→ Lebenswelt) ihrer Adressat/-innen begleitet.
Während die Ebene der staatlichen Sozialpolitik mit den sozialstaatlichen Grundsatzz. und den o.g. Fixierungen über Anspruchsregelung, Zuständigkeiten und Leistungsniveaus keine durch Soziale Arbeit gestaltbaren Z.diskurse zuläßt, sind im folgenden die Z.bildungsprozesse in der kommunalen Sozialpolitik als strategisch-politische Prozesse von inhaltlichem Interesse.
Sozialplanung und Sozialberichterstattung sind wesentliche Instrumente zur zielorientierten Konstruktion, Reflexion und Wirkungsanalyse der Systeme der sozialen Dienstleistungsproduktion in der Kommune (Karsten/Otto 1990). Kontinuierliche und diskursiv angelegte Sozialberichterstattung dient dem administrativen System und der politischen Öffentlichkeit zur Rekonstruktion von → Lebenslagen und Lebensführungsmustern der Bürger/-innen in der Gebietskörperschaft. Auf der Basis öffentlich geführter Bewertungen der Lebenslagen und Lebensführungsmuster lassen sich Zielbildungsprozesse für die Leistungen sozialer Kommunalpolitik einleiten.
Hier geht es insbesondere um politische strategische Zielsetzungen. Strategische Z. beziehen sich nie allein auf den »output« öffentlicher Aktivitäten (siehe Abb.), sondern auf deren Wirkung in der gesellschaftlichen und ökonomischen Umwelt und nicht zuletzt auf den »outcome«, auf die in der Gesellschaft erzielten Auswirkungen und Veränderungen einschließlich des Problems der nicht-intendierten Folgen gesellschaftlicher Interventionen (Naschold u. a. 1996: 55).
Politische-strategische Z. in der Sozialen Arbeit ermöglichen eine Abkehr der unproduktiven konditionalen Programmierung öffentlicher Aufgaben (immer wenn, dann ...) (Naschold u. a. 1995: 56 f.), indem sie auf einer diskursiven Verständigung über soziale und gesellschaftliche Zustände und Z. beruhen.
In diesem Sinne ist Sozialberichterstattung wesentlich mehr als Leistungssteuerung, weil sie systematisch gesellschaftliche Entwicklungen auf der Ebene der → »Lebenswelt« mit Angeboten und Wirkungen des sozialpolitischen »Systems« verbindet. Sozialplanung moderiert den Zieldiskurs von Öffentlichkeit, Fachkräften und Politik. Dieses ist ein kontinuierlicher Prozeß, da strategische Z. nicht einfach statisch vorhanden sind, sondern öffentlich entwickelt, klar definiert, kontinuierlich angepaßt und deren Einlösung diskursiv bewertet werden müssen. Ausgehend von der durch Sozialplanung unterstützten Rekonstruktion lebensweltlicher Strukturen und Verarbeitungsformen müssen für den öffentlichen und politischen Diskurs insbesondere Wirkungs- und Auswirkungsziele in ihrem komplexen Zusammenhang von operativen Sozialleistungen und gesellschaftlichen Auswirkungen kontinuierlich reportiert werden. Für die konkrete operative Leistungserbringung und die öffentliche und politische Bewertung der Ergebnisse ist die Formulierung von Ergebnisz. wesentlich, die sich in der Regel auf eine Zeitperiode von einem Jahr bezieht. Auch diese Z.entwicklung ist von inputbezogenen, output-

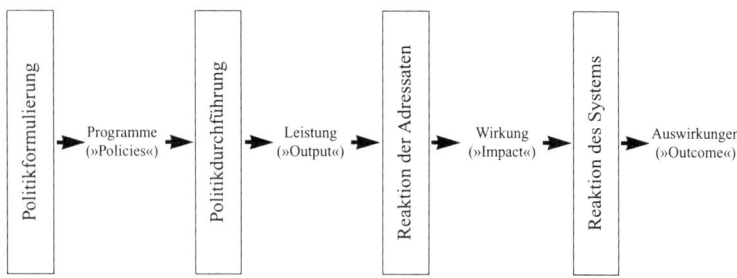

(Quelle: Naschold u. a. 1995: 51)

und wirkungsbezogenen Zielen zu unterscheiden. Die operative Steuerung läßt sich jedoch über outputorientierte Z.erreichungskennzahlen sowie über Kennzahlen zur Wirtschaftlichkeit und Prozeßqualität ausreichend unterstützen.
Soziale Arbeit ist mit dem Prozeß der Individualisierung (Beck 1986) an einem neuen Vergesellschaftungsmodus beteiligt, der einerseits einen Zuwachs individueller Entwicklungsmöglichkeiten und andererseits steigende Risikopotentiale für das Individuum bereithält. Soziale Arbeit leistet statt der Bewahrung und Reproduktion von Normalzuständen (Berger/Offe 1980) neue Formen gesellschaftlicher Orientierung und damit Standardisierung. Das heißt, Soziale Arbeit muß vor dem Hintergrund von Dienstleistungstheorie und Individualisierungstheorie ihre Adressaten nicht als Objekte normalisierter Zurichtungsprozesse, sondern als Subjekte betrachten, deren Einbeziehung und Mitwirkung im Prozeß der Leistungserbringung unabdingbar wird (Engel/Flösser/Gensink 1996: 52f.).
Die Normierung im § 36 SGB VIII gibt hierzu klare Verfahrensvorgaben und Qualitätsziele für den Hilfeplanungsprozeß (→ Hilfeplan) vor. Im alten Standard Sozialer Arbeit haben Fachkräfte als Expert/-innen → psychosoziale Diagnosen mit einer deutlichen Objektstellung ihrer Klientel zum Ausgangspunkt der Intervention gemacht. Heute stellt das → Kinder- und Jugendhilfegesetz (KJHG - SGB VIII) die Subjektstellung der Adressaten und den Aushandlungscharakter des Hilfeplanungsprozesses in den Vordergrund (Merchel 1994: 65f.). Selbst im BSHG wurde durch die Novelle 1996 der § 19 »Schaffung von Arbeitsgelegenheiten« im Absatz 4 um einen Auftrag zur Hilfeplanung unter Mitwirkung der Hilfesuchenden angereichert. Sozialarbeit organisiert und moderiert Aushandlungsprozesse mit ihren Adressat/-innen über Situationsdefinitionen und Z. persönlicher Entwicklung. Z. sind in diesem Sinne immer an das Subjekt gebunden und über kommunikative Verständigung intersubjektiv zwischen Adressat/-in und Fachkraft entwickelt. Die Z.findung und der geplante Umsetzungsprozeß sind jedoch nicht beliebig. Entscheidend ist die Abhängigkeit der Z. von den objektiven Bedingungen, insbesondere von der Verfügbarkeit der zur Realisierung von Z. erforderlichen Mittel.
Zur intersubjektiven Überprüfung der Z.erreichung und zur Bewertung der Z. und Ergebnisse individueller Hilfeplanung auf der Ebene der Programmierung kommunaler Sozialpolitik ist es erforderlich, Z. wirkungsorientiert zu formulieren und intersubjektiv vergleichbar zu gestalten. Besonders nützlich ist eine Wertung der Z.erreichung anhand biographischer Schwellen und Übergänge wie z. B. die Einschulung in eine weiterführende Schule, ein gelungener Schulabschluß oder eine absolvierte Berufsausbildung.
Lit. Beck: Risikogesellschaft; Berger u.a.: Entwicklungsdynamik; Bronke u.a.: Herrschaft; Engel u.a.: Qualitätsentwicklung; Karsten u.a.: Lebensräume; Merchel: Hilfeplanung; Naschold u.a.: Leistungstiefe; Schneider: Handlungsspielräume.

Heiner Brülle/Raimund Jung

Zielkonflikt Begriff aus der Planungs- und Entscheidungstheorie. Z. treten auf, wenn verschiedene gewünschte Endzustände als Ergebnis eines Planungs- und Entscheidungsprozesses (→ Planung) denkbar sind. Da es zur Erreichung eines Oberzieles notwendig sein kann, Hierarchien von konfligierenden Unter- oder Zwischenzielen zu bearbeiten, können Z. auch auftreten, wenn zwar Konsens über einen gewünschten Endzustand besteht, sich jedoch unterschiedliche Unterziele unterschiedlicher Interessenträger ausschließen.
In praktischen Entscheidungsprozessen besteht keine unbegrenzte Freiheit der beteiligten Akteure in der Auswahl ihrer Ziele. Innere und äußere Restriktionen sowie Interessenunterschiede zwischen Akteuren begrenzen Zielwahlmöglichkeiten. Restriktionen können z. B. sein: geringe gesellschaftliche Bedeutung eines Ziels (ein Ziel gilt gegenüber anderen als relativ unwichtig); fehlende Ressourcen lassen ein Ziel unerreichbar erscheinen; ideologische Barrieren verhindern, daß ein Ziel überhaupt »gedacht werden kann«. Auch Wahrnehmungseinschränkungen (z. B., es wird nicht das zugrundeliegende Problem, sondern nur das Symptom gesehen) oder methodische Restriktionen (das Ziel ist zwar denkbar, es gibt jedoch keine oder nur inakzeptable Mittel zur Zielerreichung) können die Freiheit der Zielwahl einschränken. Bereits wenn nur ein Entscheidungsträger an der Auswahl eines Handlungsziels beteiligt ist, entstehen häufig Z., da soziale Systeme nur selten ausschließlich auf die Lösung einer Aufgabe gerichtet sind. So können Ziele, die zur Wahl stehen, mit allgemeineren Organisationszielen konfligieren (z. B.: die optimale – die kostengünstige Lösung). Gehen die Ziele und Werte mehrerer Entscheidungsträger in einen Entscheidungsprozeß ein, so tritt neben das Problem der internen Z. die Schwierigkeit, daß unterschiedliche Beteiligte über unterschiedliche Ziel- und Werthierarchien verfügen können, oder oft auch unterschiedliche Macht haben, ihre Ziele durchzusetzen (z. B.: Kita-Initiative versus öffentliche Verwaltung bei der Zuschußgewährung).
Z. können unterschiedliche Folgen haben. Bei Ungleichgewichtigkeit von Zielen unterschiedlicher Akteure oder von Machtpositionen besteht oft die Tendenz, Z. zu verdecken. Wichtige Aspekte der Entscheidungsfindung werden dann vernachlässigt.

Auch Ideologien verdecken oft reale Z. (»angeborene Kriminalität« – »sozialisierender Strafvollzug«). Die Bemühung um eine offene Diskussion auch von konfligierenden Zielen kann dagegen die Qualität von Entscheidungsprozessen verbessern (→ Partizipation): Die realen Chancen zur Zielerreichung können erkannt, die mit unterschiedlichen Zielen verbundenen Interessen und die Folgen von Entscheidungen offengelegt werden. Diskursive Zielfindungs- und Entscheidungsverfahren (z. B. durch → Moderation oder an »runden Tischen«) haben sich bei der Bewältigung von Ziel- und Interessenkonflikten (bei z. B. in der Familientherapie, in der Arbeitswelt, bei militärischen Auseinandersetzungen) als besonders erfolgreich erwiesen. *Thomas Knorr-Siedow*

Zivildienst Z.leistende sind Wehrpflichtige, die von dem im → Grundgesetz (GG) verankerten → Grundrecht, aus Gewissensgründen den Kriegsdienst mit der Waffe zu verweigern, Gebrauch machen (Art. 4 Abs. 3 GG). Die anerkannten Kriegsdienstverweigerer haben statt des Wehrdienstes (→ Wehrpflicht) einen Ersatzdienst außerhalb der Bundeswehr zu leisten (Art. 12a Abs. 2 GG).
Das Zivildienstgesetz (ZDG) wurde am 13. 1. 1960 (BGBl. I S. 10) erlassen und erfuhr zahlreiche Novellierungen, die schließlich zur Neufassung des Gesetzes über den Zivildienst der Kriegsdienstverweigerer führten (ZDG vom 9. 8. 1973, BGBl. I S. 1015).
Das am 28. 2. 1983 (BGBl. I S. 203) verabschiedete Gesetz ist zum 1. 1. 1984 in Kraft getreten (Neufassung v. 28. 9. 1994 [BGBl. I S. 2811]).
Mit diesem neuen Gesetz ist die Anerkennung vor den Prüfungsausschüssen für ungediente Wehrpflichtige entfallen.
Im Z. erfüllen anerkannte Kriegsdienstverweigerer Aufgaben, die dem Allgemeinwohl dienen, vorrangig im sozialen Bereich (§ 1 ZDG). Die Dienstpflichtigen leisten den Z. in einer vom Bundesamt für den Z. (Sibille-Hartmann-Straße 2–6, 50969 Köln) anerkannten Beschäftigungsstelle (§§ 3 und 4 ZDG). Gegenwärtig sind 35 000 Beschäftigungsstellen (Einrichtungen der → freien Wohlfahrtspflege, kommunaler und freier Träger) mit 174 000 Z.plätzen anerkannt.
Der Z. dauert drei Monate länger als der Grundwehrdienst (§ 24 ZDG). Die Dienstleistenden (ZDL) sollen zu Beginn ihres Dienstes in Lehrgängen über Wesen und Aufgaben des Z. sowie über ihre Rechte und Pflichten als ZDL unterrichtet und in die Tätigkeit, für die sie vorgesehen sind, eingeführt werden (§ 25a ZDG).
Darüber hinaus hat der Gesetzgeber 1989 den Einweisungsdienst (§ 25b ZDG) geschaffen. Im Einweisungsdienst werden die Dienstleistenden in ihrer Beschäftigungsstelle zu Beginn ihres Dienstes in die Tätigkeit, für die sie vorgesehen sind, eingewiesen.
Der ZDL hat die gleichen staatsbürgerlichen Rechte wie jeder andere Staatsbürger. Diese Rechte werden jedoch im Rahmen der Erfordernisse des Z. durch die gesetzlichen Pflichten beschränkt (§ 25c ZDG).
Der Dienst in sozialen Einrichtungen konfrontiert den jungen Menschen vielmals mit schwerem Leid und Not. Das bedeutet oft eine große psychische und physische Belastung. Daher ist es wichtig, daß die ZDL mit ihren Fragen und Problemen nicht alleine gelassen werden und ihnen Ansprechpartner zur Seite stehen. Der ZDL darf nicht als »billige Arbeitskraft« gesehen werden, der seinen Dienst als »lästige Alternative« und staatlich verordneten »Zwangsdienst« ableistet. Er darf aber auch nicht voll verantwortlich eingesetzt werden. Die tägliche Arbeit der haupt- und nebenberuflichen Mitarbeiter in sozialen Einrichtungen erfährt durch den Einsatz von ZDL eine gute, nicht mehr wegzudenkende zusätzliche Hilfe und Ergänzung. Über 932 000 junge Männer haben seit Bestehen des ZDG Z. geleistet.
Die ZDL haben oft eine hohe Motivation für ihren sozialen Dienst, den sie meist als Friedensdienst sehen und auch verstanden wissen wollen. Sie möchten im Z. »etwas Sinnvolles machen«. ZDL bestätigen ihre Z.zeit als einen wertvollen Abschnitt in ihrem Leben. Durch die Tätigkeit in einer sozialen Einrichtung erhält der ZDL oft erste Kontakte zum sozialen Umfeld, die sein soziales Empfinden als junger Staatsbürger prägend beeinflussen. Nicht selten haben sich ZDL nach ihrem Z. für einen sozialen Beruf entschieden.
In Einrichtungen, in denen 5 oder mehr ZDL beschäftigt sind, wählen diese aus ihren Reihen einen Vertrauensmann und einen Stellvertreter (§ 37 ZDG). Es wird empfohlen, daß der Vertrauensmann an den Sitzungen des → Betriebs- oder → Personalrates der Dienststelle beratend teilnimmt, wenn Angelegenheiten behandelt werden, die auch die ZDL betreffen.
Der ZDL geht nach dem ZDG kein eigentliches Mitarbeiterverhältnis mit der Dienststelle ein, er sollte aber während seines Dienstes in den Mitarbeiterkreis der Einrichtung integriert werden.
Innerhalb der Bundesregierung trägt der Bundesminister für Familie, Senioren, Frauen und Jugend die politische Verantwortung für den Z. Beim → Bundesministerium für Familie, Senioren, Frauen und Jugend (BMFSFJ) werden die Aufgaben im Bereich des Z. vom Bundesbeauftragten für den Zivildienst wahrgenommen (§ 2 ZDG). Ein Beirat für den Z. beim BMFSFJ berät den Bundesminister in Fragen des Z. (§ 2a ZDG). Die verwaltungsmäßige Durchfüh-

rung des ZDG liegt beim Bundesamt für den Zivildienst.
Lit. Brecht, H. T.: Kriegsdienstverweigerung; Bundesamt für den Zivildienst: Leitfaden; DCV: Zivildienst; Elbert u. a.: Kriegsdienstverweigerung; Harrer u. a.: ZDG (Komm.). *Erwin Eipperle*

Zivilgerichte befassen sich als Teil der ordentlichen Gerichtsbarkeit mit bürgerlichen Rechtsstreitigkeiten und kraft besonderer gesetzlicher Zuweisung auch mit bestimmten öffentlich-rechtlichen Streitigkeiten (§ 13 Gerichtsverfassungsgesetz – GVG).
Die Zivilgerichtsbarkeit ist vierstufig gegliedert; es bestehen Amtsgerichte (AG), Landgerichte (LG), Oberlandesgerichte (OLG) als Ländergerichte und der Bundesgerichtshof (BGH) als oberstes Bundesgericht der ordentlichen Gerichtsbarkeit. In Bayern tritt hierzu noch das Bayerische Oberste Landgericht, das in Zivilsachen mit landesrechtlichem Zivilrecht entscheidet.
Das AG ist zuständig für vermögensrechtliche Streitigkeiten bis zu einem Wert von 10 000 DM und für Mietstreitigkeiten. Weiterhin ist das AG zuständig in Kindschaftssachen und für ehe- und familienbezogene Verfahren (§§ 23, 23a, 23b GVG). Für letztere sind am 1. 7. 1977 neue Abteilungen (→ Familiengericht) eingerichtet worden.
Das LG ist Berufungs- und Beschwerdegericht in den vom AG entschiedenen → Zivilprozessen. Darüber hinaus gehören vor das LG alle vermögensrechtlichen Streitigkeiten mit Wert über 10 000 DM und alle nichtvermögensrechtlichen Streitigkeiten, soweit diese nicht dem Familiengericht übertragen sind, sowie die Amtshaftungsprozesse (§ 839 BGB i. V. m. Art. 34 GG; → Amtshaftung).
Das OLG ist in der Hauptsache Berufungs- und Beschwerdegericht für die zivilrechtlichen Urteile und Beschlüsse der LG, in Kindschafts- und Familiensachen für die der AG (Familiengerichte).
Der BGH in Karlsruhe entscheidet als Revisionsinstanz über das → Rechtsmittel der → Revision gegen Endurteile der OLG (§ 133 Nr. 1 GVG) und gegen Endurteile der LG im Falle der sog. Sprungrevision des § 566a ZPO sowie über das Rechtsmittel der → Beschwerde gegen Entscheidungen der OLG, soweit die ZPO eine Beschwerde an den BGH zuläßt (§ 133 Nr. 2 GVG).
Lit. Thomas, H. u. a.: ZPO (Komm.). *Wolfgang Vomberg*

Zivilprozeß Der Name Z. ist erst im Mittelalter aufgekommen und hat dann in den deutschsprachigen Ländern, im romanischen Rechtskreis und in den nordischen Rechten ältere Bezeichnungen (z. B. processus iudicarius oder iudicis oder iuris) verdrängt.

Der Z. ist das staatlich angeordnete und geregelte Verfahren vor Gerichten (→ Zivilgerichte) zur Feststellung und zur Durchsetzung subjektiver, privater Rechte. Im Z. sind grundsätzlich zu erledigen alle bürgerlichen Rechtsstreitigkeiten und öffentlich-rechtlichen Streitsachen, die den ordentlichen Gerichten zur Behandlung im Z. zugewiesen sind. Bürgerliche oder privatrechtliche Streitigkeiten beschäftigen sich mit dem Rechtsverhältnis der Gesetzesunterworfenen zueinander, das nicht unmittelbar von ihrer Zugehörigkeit zu einem Gemeinwesen, sondern ausschließlich durch Gleichordnung der Beteiligten beherrscht wird. Indem der Z. den Parteien zur Durchsetzung ihrer Rechte verhilft, dient er auch der Rechtsfortbildung und der Bewährung objektiven Rechts.
Das Z.recht, geregelt in der wiederholt geänderten Zivilprozeßordnung vom 30. 1. 1877 i. d. F. der Bekanntmachung vom 12. 9. 1950 (BGBl. I S. 533) hat die Einrichtungen und die Voraussetzungen der Zivilrechtspflege, die Art, die Formen und die Wirkungen des → Rechtsschutzes und das Verfahren zu seiner Erlangung zum Gegenstand. Im Z. unterscheidet man das Erkenntnisverfahren (Urteilsverfahren), das Vollstreckungsverfahren (→ Zwangsvollstreckung) und das Arrestverfahren (einstweiliger Rechtsschutz; → Einstweilige Anordnung, → Einstweilige Verfügung). Der Z. wird durch die Parteien in Gang gesetzt. Danach wird der Prozeß (Rechtsstreit) durch das Gericht und die Parteien weiterbetrieben. Das Verfahren endet i. d. R. durch ein gerichtliches Urteil (→ Gerichtliche Entscheidungen), Prozeßvergleich (→ Vergleich) oder Klage(Antrags-)rücknahme.
Lit. Rosenberg u. a.: Zivilprozeßrecht; Stein, F. u. a.: ZPO (Komm.); Thomas, H. u. a.: ZPO (Komm.). *Wolfgang Vomberg*

Zuchtmittel sind die nach dem → Jugendgerichtsgesetz (JGG) am häufigsten (etwa 75% der Verurteilten) verhängten Maßnahmen. Sie sollen die Straftaten solcher Jugendlicher und Heranwachsender ahnden, die nachdrücklich in ihre Grenzen gewiesen werden müssen, aber noch nicht erheblich kriminell gefährdet erscheinen. Ist gleichzeitig eine erzieherische Einwirkung auf den Verurteilten angezeigt, so werden neben einem Z. geeignete → Erziehungsmaßregeln angeordnet. Z. (Verwarnung, Auflegung besonderer Pflichten und Jugendarrest) sind eigenständige jugendrechtliche Ahndungsmaßnahmen, die zwar fühlbare Reaktionen auf Fehlverhalten sind, den Verurteilten aber nicht als Bestraften abstempeln: sie gelten als Vorstrafen und gelangen nicht ins → Bundeszentralregister. Aus erzieherischen Gründen sollte öfter von der Auflage, den durch die Tat verursachten Schaden wiedergutzumachen und/oder sich persönlich bei dem Verletz-

ten zu entschuldigen, Gebrauch gemacht werden. Sie machte 1993 nur 8% der Auflagen aus; der Rest entfiel je zur Hälfte auf die Ableistung gemeinnütziger Arbeit und die Zahlung einer Geldauflage. Der Jugendarrest wird als Freizeitarrest für mindestens ein, höchstens zwei Wochenenden oder als Dauerarrest für mindestens eine, höchstens vier Wochen verhängt. Er wird unter Aufsicht eines Jugendrichters als Vollzugsleiter in gesonderten Arresträumen im Gericht (Freizeitarrest) oder in selbständigen Jugendarrestanstalten nach den Vorschriften der Jugendarrestvollzugsordnung vom 30. 11. 1976 (BGBl. I S. 3270) vollzogen. Im Dauerarrest werden erzieherische Kurse, Sport und gemeinsame Freizeit angeboten, während im Freizeitarrest nur ein Gespräch mit dem Jugendrichter stattfindet. Das seit einiger Zeit stark kritisierte Z. wurde 1993 gegen 11 400 junge Männer (17,4% der Verurteilten) und gegen 848 junge Frauen (11,6% der Verurteilten) verhängt.
Durch den Einigungsvertrag ist das JGG in den neuen Bundesländern mit der Maßgabe in Kraft gesetzt worden, daß dort das Wort Z. durch die Worte »Verwarnung, Erteilung von Auflagen und Jugendarrest« ersetzt wird (vgl. BGBl. II 1990, S. 957).
Lit. Brunner: Schadenswiedergutmachung; Frehsee: Wiedergutmachung; Hellmer: Identitätsbewußtsein; Schaffstein u.a.: Jugendstrafrecht. *Alexander Böhm*

Zugewinngemeinschaft Seit 1. 7. 1958 leben Ehegatten, soweit sie nicht durch Ehevertrag etwas andere vereinbart haben, im Güterstand der Z. (§§ 1363 bis 1390 → Bürgerliches Gesetzbuch [BGB]). Während der → Ehe behält und verwaltet jeder Ehegatte sein → Vermögen selbst. Am Ende der Ehe (bei Tod eines Ehegatten oder → Ehescheidung, Aufhebung oder Nichtigerklärung der Ehe) wird der während der Ehe erzielte Vermögenszuwachs (Zugewinn) ausgeglichen.
Wird die Ehe durch den Tod eines Ehegatten aufgelöst, erfolgt der Ausgleich des Zugewinns schematisch durch Erhöhung des Erbteils des überlebenden Ehegatten um $1/4$ unabhängig davon, ob sich das Vermögen des verstorbenen oder des überlebenden Ehegatten während der Ehe erhöht hat (§ 1371 BGB).
Endet die Ehe durch Scheidung (Aufhebung, Nichtigerklärung), wird der Zugewinn errechnet durch Vergleich des Vermögens beider Ehegatten bei der Eheschließung (Anfangsvermögen) und bei Scheidung (Endvermögen). Derjenige, der weniger erzielt hat, erhält die Hälfte des Überschusses des anderen als Ausgleichsforderung (§ 1378 BGB).
Obwohl die Vermögen der Ehegatten während der Ehe getrennt bleiben, kann die Z. nicht als Gütertrennung (→ Güterrecht, eheliches) mit Ausgleich des Zugewinns am Ende der Ehe bezeichnet werden. Während der Ehe bestehen Verfügungsbeschränkungen (§§ 1365 bis 1367 und 1369 BGB).
Durch Ehevertrag können die Ehegatten die Z. erweitern, einschränken oder ausschließen.
Zur Geltung der Z. in dem in Art. 3 des Einigungsvertrages genannten Gebiet nach dem Beitritt zur BRD vgl. Art. 234, §§ 4 und 6 EGBGB. *Helga Gross*

Zukunftswerkstatt Dieser Begriff bezeichnet eine Ende der 70er Jahre von Robert Jungk entwickelte Methode der → Bürgerbeteiligung zur Demokratisierung, die zunehmend auch als Arbeitsform in der → Erwachsenenbildung eingesetzt wird. Ziel der Z. ist es, Bürgerinnen und Bürgern eine frühe Teilhabe an gesellschaftlichen Planungs- und Entscheidungsprozessen zu ermöglichen, Auswirkungen von Krisen, Umwelt- und Politikveränderungen gemeinsam einzuschätzen und Möglichkeiten konstruktiver Mitwirkung bei Problemlösungen zu finden. In der Erwachsenenbildung hat sich die Z. als visionenentwickelnde Methode bewährt. Sie hilft, Standpunkte und kreative Zukunftsplanung für den Berufsalltag zu entwickeln.
Z. laufen in fünf Werkstattphasen ab: Vorbereitungs-, Kritik-, Phantasie-, Verwirklichungs- und Nachbereitungsphase, die jeweils besondere Moderationsaufgaben stellen. Wesentlich ist neben dem Entwurf »wünschenswerter Zukünfte« die Umsetzung in kleine, durchführbare Veränderungsschritte bzw. in politische Strategien. Je gemischter der Teilnehmerkreis, um so mehr unterschiedliche Blickrichtungen und Realisierungsmöglichkeiten kommen in einer Z. zusammen.
Lit. Jungk u. a.: Zukunftswerkstätten. *Beate Irskens*

Zurechnungsfähigkeit → Schuld, → Schuldunfähigkeit

Zurechnungszeit Die Z. schreibt bei frühem Tod oder bei Frühinvalidität die Versicherungszeit in der gesetzlichen → Rentenversicherung bis zum vollendeten 60. Lebensjahr fiktiv fort, allerdings wird die Zeit zwischen dem 55. und dem 60. Lebensjahr nur zu $1/3$, d. h. maximal mit 20 Monaten angerechnet. Die Z. ist wegen dieser Mindestsicherungsfunktion systemimmanentes Element der Versicherung. Die Berücksichtigung der Z. ist seit 1992 von keiner weiteren speziellen Voraussetzung abhängig. Es müssen jedoch insbes. bei den → Berufs- und → Erwerbsunfähigkeitsrenten die Voraussetzungen gegeben sein, von denen die Zahlung dieser Leistung abhängt (z. B. 36 Pflichtbeiträge in den letzten 5 Kalenderjahren). Die Bewertung der Z. als einer »beitragsfreien Zeit« erfolgt mit dem

Gesamtleistungswert, der von der individuell erzielten Beitragsdichte abhängt.
Franz Ruland

Zusatzausbildung Eine langfristige, berufsbegleitende → Fortbildung, i. d. R. über 2 Jahre, in der sich der Teilnehmer für ein bestimmtes Arbeitsfeld oder eine bestimmte Arbeitstechnik (→ Methoden) der → Sozialarbeit/Sozialpädagogik qualifiziert (→ Weiterbildung).
Die Z. stellen eine praxis- und problemorientierte Lernform dar, wobei die Reflexion von Prozeß und Erfahrung in der Lerngruppe neben der Vermittlung von Sachinformationen eine wesentliche Rolle spielt. Reflexion und Vermittlung erfolgen meist in 8-14tägigen Seminaren. Zwischen den Seminaren finden z. T. regionale Arbeitsgemeinschaften in Selbstverantwortung der Teilnehmer statt. Oder die Teilnehmer werden in Supervisionsgruppen (→ Supervision) z. T. auch durch Mentoren beraten. Bedingt durch die intensive Arbeitsform und die dabei zu vermittelnden Inhalte und Fähigkeiten ist die Teilnehmerzahl begrenzt (ca. 20–30). Berufliche Erfahrung (2–3 Jahre), sozialwissenschaftliche und/oder methodische Kenntnisse sind, je nach Z., Zugangsvoraussetzung. Die Z. erfüllen durch ihre Lehr- und Lernform weitgehend die Forderungen zeitgemäßer → Erwachsenenbildung. Sie sind notwendiger Bestandteil der Sozialarbeit/Sozialpädagogik und ergänzen die → Ausbildung im Hinblick einer praxisorientierten Spezialisierung und Vertiefung.
Träger der Z. sind vor allem die bundeszentralen Fortbildungsstätten (Akademien) der → freien und konfessionellen Träger. Die Akademien erteilen nach erfolgreicher Teilnahme ein Zertifikat. *Jürgen Mangold*

Zusatzurlaub für Schwerbehinderte gemäß § 47 → Schwerbehindertengesetz (SchwbG) tritt zu dem allgemeinen Erholungsurlaub hinzu und folgt dessen Regelungen. Er beträgt 5 Arbeitstage im Urlaubsjahr bei regelmäßiger Arbeitszeit von 5 Arbeitstagen in der Woche. Bei einer anderen Verteilung der Arbeitszeit, z. B. bei Teilzeit oder flexibler Arbeitszeit, ist der Umfang des Zusatzurlaubes entsprechend zu ermitteln.
Bei Anerkennung bzw. Eintritt der Schwerbehinderung im Urlaubsjahr entsteht der Anspruch auf den vollen Zusatzurlaub, gleichgültig wann im Jahr dieser Umstand erfolgt ist. Personen, die den Schwerbehinderten gleichgestellt sind (§ 2 SchwbG) haben keinen Anspruch auf Zusatzurlaub.
Jürgen Schmidt

Zusatzversicherung (-versorgung) ist die neben den gesetzlichen Rentenversicherungsleistungen gezahlte Versorgungsleistung für Angestellte und Arbeiter des öffentlichen Dienstes. Sie soll die Einkommenslücke zwischen den Rentenversicherungsleistungen und einer angemessenen, in Relation zu den Lohn- und Gehaltseinkommen stehenden Altersversorgung verringern. Grundsätzlich entspricht sie der Altersversorgung der Beamten und ist den Betriebsrentenregelungen der Privatwirtschaft ähnlich (→ Altersversorgung, betriebliche).
Den Arbeitnehmern des öffentlichen Dienstes wird durch privatrechtliche Versicherung im Leistungsfall ein zusätzlicher Anspruch auf Alters- und Hinterbliebenenversorgung (→ Hinterbliebenenrente), → Sterbegeld und Abfindung gesichert. Die Versorgungsrenten sind im Rahmen der Gesamtversorgung (Leistungen der gesetzlichen → Rentenversicherung sowie alle Einrichtungen der Zukunftsvorsorge, zu denen der Arbeitgeber Beiträge leistet) dynamisch. Mit der Änderung des Rechts der Zusatzversorgung des öffentlichen Dienstes ab 1. 1. 1985 zur Vermeidung einer Überversorgung wurde in der Berechnung der Versorgungsbezüge vom bisherigen Bruttosystem auf das Nettoverhältnis zwischen bisherigem und Gesamtversorgungseinkommen umgestellt.
Die Zusatzversorgung wird von öffentlich-rechtlichen Körperschaften und Anstalten als Pflichtversicherung durchgeführt, die teils auf Bundesgesetzen, teils noch auf Tarifordnungen des Reichs sowie → Tarifverträgen und Landesrecht beruhen. Einrichtung bzw. Träger der Z. des Bundes, der Länder, kommunalen Verwaltungen und Betriebe sowie von Zuwendungsempfängern (→ Zuwendungen) ist die Versorgungsanstalt des Bundes und der Länder (VBL), rechtsfähige Anstalt des öffentlichen Rechts, Sitz Karlsruhe. Die Aufsicht führt der Bundesminister der Finanzen. Sie ist für den Bereich der Bundesrepublik Deutschland Nachfolgerin der 1929 gegründeten Zusatzversorgungsanstalt des Reichs und der Länder. Mit dem Betriebsrentengesetz hat die VBL für den Bereich des öffentlichen Dienstes die Versorgungszusagen von öffentlichen Arbeitgebern im Gesetzesrahmen zu erfüllen.
Daneben gibt es eine Reihe weiterer Versorgungsanstalten, Zusatzversorgungskassen von Städten, kommunalen Verbänden sowie gesonderte Ruhegeldregelungen in einigen Bundesländern.
Lit. Schewe u. a.: Soziale Sicherung; VBL: Satzung.
Hans-Walter Böttcher

Zuständigkeit, sachliche und örtliche
Die Z.regelung ist Bestandteil der Ordnung des allgemeinen Staats- und Verwaltungsaufbaus. Diese erfordert, daß für die Regelung eines bestimmten Einzelverhältnisses nur eine Behörde berechtigt (und verpflichtet) sein darf. Das gilt für sämtliche Zweige

der → Verwaltung, so auch für die Leistungsverwaltung, wozu vor allem der soziale Bereich (→ Soziale Sicherheit) gehört. Da das → Sozialgesetzbuch – Allgemeiner Teil – (SGB I) an dem gegliederten Sozialleistungssystem festgehalten hat, bedeutet dies, daß dem Bürger im Einzelfall mehrere Leistungsträger gegenüberstehen können, die einen bei ihm vorhandenen Bedarf abdecken könnten. Welcher Träger die Leistung dann tatsächlich gewähren muß, richtet sich nach der gesetzlichen Z. Ist die Z. zwischen mehreren Leistungsträgern strittig, so sieht das → Sozialrecht verschiedentlich Vorleistungsverpflichtungen (→ Vorleistungspflicht) zum Schutz des Anspruchsberechtigten vor (z. B. §43 Abs. 1 SGB I, §2 SGB X, §6 Abs. 2 RehaAnglG, §38 AFG, §44 BSHG, §86d KJHG). Wird über einen Antrag nicht rechtzeitig entschieden und liegt ein Eilfall vor, kann eine → einstweilige Anordnung nach §123 VwGO erwirkt werden.

1. Die sachliche Z. beantwortet die Frage, welche Art von Behörde zuständig ist (z. B. → Krankenkasse, → Arbeitsamt, → Rentenversicherungsträger, → Versorgungsamt, → Sozialhilfeträger, → Jugendhilfeträger). Von Bedeutung ist dies auch innerhalb der → Sozialhilfe, da diese von örtlichen Trägern (→ Kreisfreie Städte und → Landkreise) und überörtlichen Trägern (Land, → Landeswohlfahrtsverbände, → Landschaftsverbände, Bezirke) durchgeführt wird. Nach §99 → Bundessozialhilfegesetz (BSHG) ist grundsätzlich der örtliche Träger der Sozialhilfe zuständig, es sei denn, nach dem sog. Enumerationsprinzip ergibt sich aus §100 BSHG i. V. m. dem Landesrecht die Z. des überörtlichen Trägers. Dies ist nach Bundesrecht für die Hilfen in besonderen Lebenslagen an → Behinderte und Kranke in teilstationären und stationären → Einrichtungen, für die Versorgung Behinderter mit → Körperersatzstücken, größeren orthopädischen und größeren anderen → Hilfsmitteln und für die Hilfe nach §72 BSHG in teilstationärer und stationärer Form vorgesehen. Infolge der Ermächtigung, landesrechtlich hiervon abzuweichen, bestehen inzwischen unterschiedliche Regelungen in den Bundesländern. Dies hat zum Teil auch finanzielle Gründe, denn die Z. im Sozialhilferecht beinhaltet gleichzeitig die Kostentragungspflicht. Hinsichtlich der Durchführung der Sozialhilfe können die überörtlichen Träger die örtlichen Träger und diese die kreisangehörigen Gemeinden je nach Landesrecht und Bestimmung des jeweiligen Trägers (→ Aufgabenübertragung) heranziehen. Im Jugendhilferecht (→ Jugendhilfe; → Kinder- und Jugendhilfegesetz [KJHG]) besteht nach §85 KJHG ab 1. 1. 1991 für Leistungen und Angebote grundsätzlich die alleinige Zuständigkeit des → Jugendamtes (JA).

2. Durch die örtliche Z. wird bestimmt, welcher von mehreren sachlich zuständigen Trägern zur Gewährung der Leistung im Einzelfall berechtigt und verpflichtet ist. Maßgebend ist grundsätzlich entweder der Wohnort, der gewöhnliche → Aufenthalt, der tatsächliche Aufenthalt oder der Beschäftigungsort bzw. der Ort der Tätigkeit. Im Sozialhilferecht gilt das Aufenthaltsprinzip; d. h., für Leistungen außerhalb von stationären → Einrichtungen ist der (sachlich zuständige) Träger örtlich zuständig, in dessen Bereich sich der Hilfesuchende (→ Hilfeempfänger/Hilfesuchender) tatsächlich aufhält (§97 Abs. 1 S. 1 BSHG). Diese örtliche Z. bleibt bis zur Beendigung der Hilfe auch dann bestehen, wenn der Träger der Sozialhilfe die Hilfe außerhalb seines Bereiches sicherstellt. Bei einer stationären Hilfe bestimmt sich dagegen die örtliche Zuständigkeit nach dem gewöhnlichen Aufenthalt des Hilfeempfängers vor Eintritt in die → Einrichtung (§97 Abs. 2 BSHG). Im Jugendhilferecht richtet sich die örtliche Z. grundsätzlich nach dem gewöhnlichen Aufenthalt der Eltern oder eines Elternteils und nur hilfsweise nach dem Aufenthalt des Kindes oder Jugendlichen (§§86 bis 86d KJHG).

Lit. Burdenski u. a.: SGB (Komm.); Gottschick u. a.: BSHG (Komm.); Knopp u. a.: BSHG (Komm.); Mergler u. a.: BSHG (Komm.); Schellhorn u. a.: BSHG (Komm.); Zeitler u. a.: SGB X (Komm.).

Helmut Zeitler

Zustimmung → Einwilligung, → Genehmigung

Zuwendungen sind ein traditionelles, häufig angewendetes Instrument zur öffentlichen → Finanzierung sozialer Dienste und Einrichtungen gemeinnütziger Träger. Die haushaltsrechtlichen Grundlagen dafür sind die §§23 und 44 Bundeshaushaltsordnung (BHO) sowie die dazugehörigen umfangreichen Verwaltungsvorschriften in den Vorl. VV-BHO (entsprechend Landeshaushaltsordnungen [LHO]). Zuwendungsgeber sind vor allem Kommunen und Länder, seltener der Bund.

Die Anlage zur Vorl. VV Nr. 1.2.4 zu §23 BHO kennzeichnet die Z. als »Geldleistungen des Bundes...,

2.1 die dem Empfänger zur Erfüllung seiner eigenen Aufgaben, an deren Förderung der Bund ein erhebliches Interesse hat, gewährt werden und

2.2 die Empfänger mit bestimmten Bedingungen und Auflagen für die Mittelverwendung zur Verfügung gestellt werden, ohne daß die Geldleistung ein Entgelt für eine Leistung ... ist...«

Im Vordergrund steht also das Interesse des gemeinnützigen Trägers an »seinen eigenen Aufgaben«. Das begründet die »Bedingungen und Auflagen« und i. d. R. »eine ange-

messene Eigenleistung« bei der »freiwilligen Tätigkeit« (so § 74 Abs. 1 KJHG – SGB VIII). Die »zweckentsprechende Verwendung« der Z. ist nachzuweisen und den öffentlichen Stellen ein sehr weitgehendes Prüfungsrecht einzuräumen (§ 44 Abs. 1 BHO). Z. sind also keine Gegenleistung, wie es bei den am Prinzip von Leistung und Gegenleistung orientierten → Leistungsverträgen der Fall ist (i. S. von § 55 BHO sowie Verdindungsordnung für Leistungen [VOL A und B]). Wenn gemeinnützige Träger Leistungen übernehmen, zu denen die öffentliche Hand verpflichtet ist, müßte demnach die Finanzierung über Leistungsverträge erfolgen und nicht über Z. Viele Einengungen der gemeinnützigen Träger würden damit entfallen.
Z. können sowohl für laufende Aufgaben als auch für einmalige Zwecke (z. B. Baumaßnahmen) gezahlt werden. Z. können als »Projektförderung« (»zur Deckung von Ausgaben des Zuwendungsempfängers für einzelne abgegrenzte Vorhaben«) oder als »institutionelle Förderung« (»zur Deckung der gesamten Ausgaben oder eines nicht abgegrenzten Teils der Ausgaben des Zuwendungsempfängers«) gezahlt werden (Nr. 2 Vorl. VV zu § 23 BHO: Zuwendungsarten; vgl. auch die Allgemeinen Nebenbestimmungen der Anlagen 1 und 2 zur Vorl. VV zu § 44 BHO). Z. können als »Anteilfinanzierung« (als »Anteil der zuwendungsfähigen Ausgaben«), als »Fehlbedarfsfinanzierung« (zur Deckung eines Fehlbedarfs), als »Festbetragsfinanzierung« (als fester Betrag zu den Ausgaben) oder ausnahmsweise auch als »Vollfinanzierung« gezahlt werden. In der Regel ist »die Bewilligung auf einen Höchstbetrag zu begrenzen«. (Nr. 2 Vorl. VV zu § 44 BHO: Finanzierungsarten). Z. werden grundsätzlich durch → Verwaltungsakt vergeben. Eine Vergabe durch Vertrag ist möglich, aber selten; auch dabei wären die Zuwendungsregeln einzuhalten. Eine über das Haushaltsjahr hinausreichende Bewilligung würde voraussetzen, daß der → Haushaltsplan entsprechende Verpflichtungsermächtigungen ausweist (i. S. von § 6 BHO).
Das Zuwendungsverfahren wird durch Antrag (mit Finanzierungs- bzw. Wirtschaftsplan) – Antragsprüfung – Bescheid – Verwendungsnachweis – Nachweisprüfung – ggf. Rückforderung bestimmt, mit meist zwischengeschalteten langwierigen Verhandlungen. Der Verwaltungsaufwand auf beiden Seiten ist beträchtlich. Dennoch kommt bei diesem »input-orientierten« System die Qualitäts- bzw. Nachfrageorientierung zu kurz. Im Vordergrund stehen die Einnahmen und Ausgaben. Die → Haushaltsgrundsätze der zeitlichen Bindung (Jährlichkeit), der strengen sachlichen Bindung der finanziellen Mittel (im festgesetzten Wirtschaftsplan detailliert), des Bruttoprinzips für die Einnahmen und Ausgaben lassen eine sachgerechte und wirtschaftliche Disposition kaum zu. Der Zwang zur wirtschaftlichen Verwendung der Mittel ist bei den meisten Finanzierungsarten der Z. nicht sehr ausgeprägt; Restmittel müssen nach dem Prinzip der Jährlichkeit am Ende des Jahres zurückgezahlt werden.
Bedingungen und Auflagen sowie Verwendungsnachweise und der Art ihrer Prüfung führen zu einer weitgehenden Bindung des gemeinnützigen Empfänger von Z. an die Regeln der öffentlichen Finanzwirtschaft (→ Haushaltsplan), obwohl die gemeinnützigen Träger ganz anderen rechtlichen Bedingungen und wirtschaftlichen Risiken ausgesetzt sind. Die gemeinnützigen Träger werden zum Denken im System der öffentlichen Finanzwirtschaft bei geringem eigenen fachlichen und wirtschaftlichen Dispositionsspielraum gezwungen, müssen jedoch zunehmend mit gewerblichen Unternehmen konkurrieren, die diesen Zwängen nicht unterworfen sind.
Zu den Nachteilen der Z. gehört die mangelnde Transparenz bei der Vergabe (u. U. unter miteinander konkurrierenden Trägern) und bei der Gestaltung der Bedingungen und Auflagen. Einen rechtlichen Anspruch auf Z. bzw. auf deren Höhe gibt es nicht. Im Zuge der → Verwaltungsmodernisierung müßten allerdings auch die finanziellen Beziehungen zu nichtöffentlichen Trägern auf eine neue Basis gestellt werden. Ähnliches gilt bei zunehmender Konkurrenz zu gewerblichen Unternehmen.
Lit. Freier: Dienstleistungen; Freier: Finanzierung; Münder: Übernahme.

Dietmar Freier

Zuzahlungen in der gesetzlichen Krankenversicherung → Selbstbeteiligung in der Krankenversicherung

Zwangseinweisungen → Unterbringungsgesetze

Zwangsgeld → Zwangsmittel

Zwangshaft → Zwangsmittel

Zwangsmittel sind die im Verwaltungs-Vollstreckungsgesetz (VwVG) vom 27. 4. 1953 (BGBl. I S. 157) und in den Vollstreckungs- und Polizeigesetzen der Länder vorgesehenen Möglichkeiten zur Durchsetzung wirksamer → Verwaltungsakte, die auf die Herausgabe von Sachen, die Vornahme von Handlungen oder auf die Duldung und Unterlassung von Handlungen gerichtet sind.
Z. sind die → Ersatzvornahme, das Zwangsgeld, der unmittelbare Zwang und z. T. die Zwangshaft. Sie müssen regelmäßig schriftlich und in einer angemessenen Frist angedroht worden sein. Die Wahl des Z. steht im → Ermessen der Behörden, sofern das Gesetz nichts anderes bestimmt. Z.

sind Beugemittel, nicht Strafen. Ihre Festsetzung muß verhältnismäßig (→ Verhältnismäßigkeitsgrundsatz) sein. Androhung, Festsetzung und die regelnde Anwendung eines Z. können als Verwaltungsakte mit den → Rechtsbehelfen (ohne aufschiebende Wirkung) angefochten werden, die gegen den durchzusetzenden Verwaltungsakt zulässig sind.
Lit. Forsthoff: Verwaltungsrecht; König, H.-G.: Vollstreckungsrecht; Maurer: Verwaltungsrecht; Wolff, H. J. u.a.: Verwaltungsrecht III.

Gerhard Fuckner/Gerd Siekmann

Zwangsneurose → Neurose

Zwangssymptome Von Zwangsängsten (→ Angst) bis Zwangsneurosen (→ Neurose) läßt sich eine Vielzahl von Auffälligkeiten beschreiben, die als bloße Gedanken, Vorstellungen oder aber auch Handlungsimpulse und konkretes Verhalten dadurch charakterisiert sind, daß sie beim Patienten auftreten und er sich gegen ihr Auftreten vergebens wehrt. Patienten klagen über ein Geschehen, das sie selbst als fremdartig, unheimlich, unsinnig oder gar unsittlich verwerfen, gleichzeitig jedoch erfolglos bekämpfen. Da das Auftreten der Z. gewöhnlich von ängstlichen Gefühlen begleitet oder auch eingeleitet wird, versuchen sich die Patienten bewußt zu wehren. Kennzeichnend ist ein → Leidensdruck; die Erlebnisweise des Fremdartigen bleibt in den meisten Fällen erhalten. Die Wiederholung der einzelnen Ideen und Vorstellungen kann so beherrschend sein, daß sie jede Eigenaktivität des Patienten lähmt. Erfolgversprechendes Vorgehen der → Verhaltenstherapie gegenüber Z. ist abhängig vom Schweregrad der Störungen, ergänzenden anderen Behandlungsmöglichkeiten und Ansätzen, das gedankliche Umgehen der Patienten mit den Symptomen zu verbessern. Ein vollständiger Therapieerfolg ist kurzfristig selten zu erreichen, zumal er nur bei langsam gesteigerter Aktivität des Patienten stabilisiert werden kann.

Peter Barkey

Zwangsunterbringung → Unterbringungsgesetze

Zwangsvollstreckung Verfahren nach den §§ 704 ff. ZPO zur zwangsweisen Durchsetzung von Ansprüchen (auf Leistung oder Unterlassung), die dem Berechtigten auf Grund sog. vollstreckbaren Titels gegen den Verpflichteten zustehen. Vollstreckbare Titel sind rechtskräftige (→ Rechtskraft) oder vorläufig vollstreckbare Urteile eines → Zivilgerichts, daneben (§ 794 ZPO) namentlich: vor Gericht geschlossene → Vergleiche; Vollstreckungsbescheide im → Mahnverfahren; Beschlüsse auf Festsetzung des → Regelunterhalts oder auf Unterhaltsanpassung im → vereinfachten Verfahren; → einstweilige Verfügungen und (in der → Ehescheidung) → einstweilige Anordnungen des Gerichts; ferner die vom → Jugendamt (JA) nach § 59 → Kinder- und Jugendhilfegesetz KJHG (SGB VIII) aufgenommenen Verpflichtungen zur Zahlung von Kindesunterhalt etc.; Entscheidungen des → Familiengerichts nach § 1632 → Bürgerliches Gesetzbuch (BGB) über die → Herausgabe des Kindes, die allerdings im Verfahren der → Freiwilligen Gerichtsbarkeit vollstreckt werden (§ 33 FGG).

Der Titel muß mit der Vollstreckungsklausel versehen sein, die den Eintritt der Vollstreckbarkeit – ggf. für oder gegen den Rechtsnachfolger eines Beteiligten (»Umschreibung des Titels«) – bescheinigt (»vollstreckbare Ausfertigung«). Die Vollstreckung erfolgt nur auf Antrag des Gläubigers nach Zustellung der Ausfertigung des Titels an den Schuldner. Zahlungsansprüche vollstreckt: der Gerichtsvollzieher in bewegliche Habe durch Pfändung (→ Beschlagnahme) und Versteigerung, das Amtsgericht als Vollstreckungsgericht in Forderungen und sonstige Rechte des Schuldners durch Pfändung und Überweisung zur Einziehung an den Gläubiger sowie in unbewegliches Vermögen des Schuldners durch Zwangsversteigerung und Zwangsverwaltung. Bei Pfändungen mehrerer Gläubiger in denselben Gegenstand geht die frühere der späteren vor. Fruchtloser Vollstreckungsversuch führt zur → Offenbarungsversicherung. Räumung und Herausgabe beweglicher und unbeweglicher Sachen vollstreckt der Gerichtsvollzieher, Handlungs- und Unterlassungspflichten das Prozeßgericht, ggf. das → Vormundschaftsgericht (VormschG), durch → Ersatzvornahme und Beugemittel (Geld, Haft); Willenserklärungen gelten mit Rechtskraft des Titels als abgegeben.

Lit. Brox u.a.: Zwangsvollstreckungsrecht; Rosenberg u.a.: Zwangsvollstreckungsrecht. *Eberhard Schilken/Dieter Brüggemann*

Zweckbestimmte Leistungen dürfen nach § 77 Abs. 1 → Bundessozialhilfegesetz (BSHG) nur insoweit als → Einkommen berücksichtigt werden, als die → Sozialhilfe im Einzelfall demselben Zweck dient. In der → Jugendhilfe ist die Regelung entsprechend anzuwenden (§§ 90 Abs. 4 und 93 Abs. 4 → Kinder- und Jugendhilfegesetz [KJHG – SGB VIII]). Voraussetzung ist, daß sich eine ausdrückliche Zweckbestimmung der Leistung aus einer öffentlich-rechtlichen Vorschrift (dazu gehören auch → Verwaltungsvorschriften) ergibt; nicht erfaßt sind Leistungen, deren Zweckbindung nur auf privatrechtlichen Vorschriften beruht. Liegt eine Zweckübereinstimmung mit der Sozialhilfe- bzw. Jugendhilfelei-

stung nicht vor, müssen die z. L. von dritter Seite als Einkommen außer Ansatz bleiben. Als z. L. in diesem Sinne sind z. B. anzusehen Ausbildungs- und → Erziehungsbeihilfen, Bestattungsgeld, Pflegegeld, → Wohngeld, nicht dagegen z. B. → Kindergeld.
Für die → Hilfe in besonderen Lebenslagen und in der Jugendhilfe für die Bemessung des Teilnahmebeitrags (§ 90 KJHG) oder Kostenbeitrags (§§ 91 bis 94 KJHG) gibt § 85 Nr. 1 BSHG die Möglichkeit, die Aufbringung der Mittel auch aus dem Einkommen unter der → Einkommensgrenze dann zu verlangen, wenn und soweit von einem anderen Leistungen für einen besonderen Zweck gewährt werden, der dem der Sozialhilfe- bzw. Jugendhilfeleistungen entspricht (→ Einsatz des Einkommens/Vermögens). Die Zweckbestimmung ist hier weiter gefaßt als bei § 77 Abs. 1 BSHG; es genügt jede erkennbare Zweckbestimmung, auch wenn sie nur vom Zuwendungsgeber ausgeht (hierunter fallen z. B. Kindergeld und regelmäßig auch Unterhaltsleistungen).
Lit. Imlau: Empfehlungen §§ 84 ff. BSHG; Schellhorn u. a.: Einkommensgrenzen.

Walter Schellhorn

Zweckentfremdung von Wohnraum kann in solchen Gemeinden eingeschränkt werden, »in denen die Versorgung der Bevölkerung mit ausreichendem Wohnraum zu angemessenen Bedingungen besonders gefährdet ist«; das MRVerbG ermächtigt in Art. 6 § 1 Abs. 1 die Landesregierungen, solche Gemeinden durch RechtsVO zu bestimmen. Für öffentlich geförderten Wohnraum gilt § 12 WoBindG.
Wohnraum wird dann anderen Zwecken zugeführt, wenn er
– für gewerbliche oder berufliche Zwecke verwendet wird,
– zur dauernden Fremdenbeherbergung verwendet wird,
– baulich derart verändert wird, daß er für Wohnzwecke nicht mehr geeignet ist,
– länger als drei Monate leersteht, obwohl eine Vermietung möglich und zumutbar wäre.
Eine Z. ist zu genehmigen, wenn ein überwiegendes öffentliches Interesse oder ein überwiegendes Interesse des Verfügungsberechtigten besteht. Die Genehmigung des Abbruchs von Wohnraum ist i. d. R. unter die Auflage zu stellen, daß ebensoviel Wohnraum wieder geschaffen wird, der hinsichtlich Größe und Mietpreis für durchschnittliche Familien tatsächlich bezahlbar ist. In Ausnahmefällen sind Ausgleichszahlungen möglich.
Im Gegensatz zur materiell-rechtlichen Regelung weist die Durchsetzungspraxis je nach landesrechtlicher Regelung schwere Mängel auf, weil wirksame Sanktionsmöglichkeiten fehlen – auch wenn die Bußgeldobergrenze auf 100 000 DM angehoben wurde.

Dieter von Lölhöffel

LITERATURVERZEICHNIS

Abel, L.: *Schutz* von Kindern und Jugendlichen in Einrichtungen und sonstigen Wohnformen, Stuttgart 1995

Abel-Schepping, E. M. u.a.: *Sozialgeheimnis*, in: Sozialmagazin 1981/3, S. 26

Abele, P.: Organisations- und *Teamentwicklung* in der Sozialverwaltung. Theoretische Konzepte und Anwendungsmöglichkeiten, München 1989

Abendroth, W.: Innerparteiliche und innerverbandliche *Demokratie* als Voraussetzung der politischen Demokratie, in: Politische Vierteljahresschrift 1964, S. 307

Achinger, H.: *Soziale Sicherheit* – eine historisch-soziologische Untersuchung neuer Hilfsmethoden, Stuttgart 1953

Achinger, H.: *Sozialpolitik* als Gesellschaftspolitik. Von der Arbeiterfrage zum Wohlfahrtsstaat, (Schriften des DV: Allgemeine Schriften, Bd. 249), Frankfurt a.M. (3. Aufl.) 1979

Achinger, H.: Sozialpolitik und *Wissenschaft*, Stuttgart 1963

Achinger, H./Ohl, D./Prestel, R./Schmerbeck, F. X./Pense, R. (Hrsg.): Neue Wege der *Fürsorge*. Rechtsgrundlagen, Arbeitsformen und Lebensbilder. Festschrift zum 75. Geburtstag von H. Muthesius, Köln/Berlin 1960

Achinger, H./Höffner, J./Muthesius, H./Neundörfer, L.: *Neuordnung* der sozialen Leistungen. Denkschrift auf Anregung des Herrn Bundeskanzlers erstattet, Köln 1955

Achtenhagen, F./Meyer, H. L. (Hrsg.): *Curriculumrevision* – Möglichkeiten und Grenzen, München (4. Aufl.) 1975

Achterberg, N.: *Allgemeines Verwaltungsrecht*, Heidelberg 1982

Acker, H. B./Weiskam, J.: *Organisationsanalyse*. Verfahren und Techniken praktischer Organisationsarbeit, Baden-Baden (9. Aufl.) 1972 ff.

Ackoff, R. L./Finnel, E. V./Gharajedaghi, J.: *Zukunftssicherung* durch Controlling, Stuttgart 1989

Adams, U.: *Nachhut* der Gesellschaft. Untersuchung einer Obdachlosensiedlung in einer westdeutschen Großstadt, Freiburg 1971

Adler, A.: Über den nervösen *Charakter*. Grundzüge einer vergleichenden Individualpsychologie und Psychotherapie, Frankfurt a.M. (7. Aufl.) 1982

Adler, A.: Die *Technik* der Individualpsychologie, 2 Bde., Frankfurt a.M. 1974

Adler, M.: *Neue Menschen*. Gedanken über sozialistische Erziehung, Berlin (2. Aufl.) 1926

Adlerstein, W./Wagenitz, T.: Das *Verwandtschaftsrecht* in den neuen Bundesländern, in: FamRZ 1990, S. 1169

Adolphs, H.: Prüfung der *Gemeindekasse*, Stuttgart/Berlin/Köln (2. Aufl.) 1979

Adolphs, H.: Das kommunale *Prüfungswesen* in den Bundesländern, in: KKZ 1989, S. 22 und S. 42

Adorno, T. W.: Zum Verhältnis von *Soziologie* und Psychologie, in: Adorno, T. W./Dirks, W. (Hrsg.): Sociologica. Aufsätze, Max Horkheimer zum sechzigsten Geburtstag gewidmet, (Frankfurter Beiträge zur Soziologie, Bd. 1), Frankfurt a.M. 1955, S. 11

Adorno, T. W.: *Spätkapitalismus* oder Industriegesellschaft, in: ders.: Aufsätze zur Gesellschaftstheorie und Methodologie, Frankfurt a.M. 1973

Adorno, T. W.: *Studien* zum autoritären Charakter, Frankfurt a.M. 1973

Adorno, T. W./Dirks, W. (Hrsg.): Soziologische *Exkurse*, Frankfurt a.M. 1956

Adorno, T. W./Albert, H./Dahrendorf, R./Habermas, J./Pilot, H./Popper, K. R.: Der *Positivismusstreit* in der deutschen Soziologie, Neuwied/Darmstadt (11. Aufl.) 1984

Aengenendt, H. u.a.: *Pflege '92* – Pflege '91 – Pflege '90. Hilfen für ein menschenwürdiges Leben, in: Selbsthilfe, Zeitschrift der Bundesarbeitsgemeinschaft Hilfe für Behinderte, Themenheft, H. 2-3, 1991

AFET → Arbeitsgemeinschaft für Erziehungshilfe

Afheldt, H.: *Infrastrukturbedarf* bis 1980, Stuttgart/Berlin/Köln 1967

Agde, G./Nagel, A./Richter, J.: Sicherheit auf *Spielplätzen*, Augsburg (3. Aufl.) 1989

AGJ → Arbeitsgemeinschaft für Jugendhilfe

Agnelli, G./Berenstein, A./Däubler, W./Delpérée, A./Fuchs, K./Kahn-Freund, O./Muhr, G./Randzio-Plath, C./Wiebringhaus, H.: Die Europäische *Sozialcharta*. Wege zu einer europäischen Sozialordnung? Baden-Baden 1978

Ahrens, D. P./Zierold, H.: *Entwicklungsplanung* in Kommune und Region. Theoretische Zusammenhänge, praktische Erfahrungen, konzeptionelle Perspektiven, (Dortmunder Beiträge zur Raumplanung, Bd. 40), Dortmund 1986

Ahrens, S.: *Außenseiter* und Agent, Stuttgart 1975

Aich, P.: Da weitere *Verwahrlosung* droht. Fürsorgeerziehung und Verwaltung. Zehn Sozialbiographien aus Behördenakten, Reinbek 1973

Aichberger, F.: *Angestelltenversicherungsgesetz* mit Nebengesetzen, Loseblattausgabe, München, Stand: Dezember 1990

Aichberger, F.: Sozialgesetzbuch. *Reichsversicherungsordnung* mit Nebengesetzen, Ausführungs- und Verfahrensvorschriften, Loseblattausgabe, München, Stand: Oktober 1995

Aichhorn, A.: Verwahrloste *Jugend*. Die Psychoanalyse in der Fürsorgeerziehung, Stuttgart/Bern (8. Aufl.) 1974

Albers, W.: Möglichkeiten einer stärker final orientierten *Sozialpolitik*, Göttingen 1976

Albers, W.: *Transferzahlungen* an Haushalte, in: Andel, N./Haller, H./Neumark, F. (Hrsg.): Handbuch der Finanzwissenschaft, Tübingen (3. Aufl.), Bd. 1 1977, Bd. 2 1980, Bd. 3 1981, Bd. 4 1983

Albert, H. (Hrsg.): *Theorie* und *Realität*. Ausgewählte Aufsätze zur Wissenschaftslehre der Sozialwissenschaften, Tübingen (2. Aufl.) 1972
Albert, H.: *Transzendentale Träumereien*. Karl-Otto Apels Sprachspiele und sein hermeneutischer Gott, Hamburg 1975
Albert, H.: *Wertfreiheit* als methodisches Prinzip, in: Beckerath, E. v. u.a. (Hrsg.): Probleme der normativen Ökonomik und der wirtschaftspolitischen Beratung, Berlin 1963
Albrecht, G.: *Gesellschaftspolitik,* Sozialpolitik, Volkswohlfahrtspolitik, in: Schmollers Jahrbuch 1961, S. 385
Albrecht G.: *Stigmatisierung,* in: Kaiser, G. u.a.: *Wörterbuch,* S. 318
Albrecht, G./Specht, T./Goergen, G./Großkopf, H.: *Lebensläufe*. Von der Armut zur „Nichtseßhaftigkeit" oder wie man „Nichtseßhafte" macht, Bielefeld 1990
Albrecht, G./Stallberg, F.-W. (Hrsg.): *Soziale Probleme*. Ein Handbuch, Opladen 1996
Albrecht, P. A./Schüler-Springorum, H. (Hrsg.): Jugendstrafe an *Vierzehn-* und *Fünfzehnjährigen,* München 1983
Alexy, R.: Theorie der juristischen *Argumentation*. Die Theorie des rationalen Diskurses als Theorie der juristischen Begründung, Frankfurt a.M. 1983
Alheit, P.: „*Lebensweltorientierung*" – Symptom einer Krise in der Weiterbildung?, in: Schlutz: *Erwachsenenbildung*
Allerbeck, K. R./Hoag, W.: *Jugend* ohne Zukunft? Einstellungen, Umwelt, Lebensperspektiven, München (4. Aufl.) 1986
Allport, G. W.: The Historical *Background* of Modern Social Psychology, in: Lindzey, G./Aronson, E. (Hrsg.): The Handbook of Social Psychology, Vol. 1, Reading (Massachusetts) u.a. (2. Aufl.) 1968, S. 1
Allport, G. W.: Gestalt und Wachstum in der *Persönlichkeit,* Königstein 1970
Allport, G. W.: *Werden* der Persönlichkeit, Frankfurt a.M. o.J.
Althaus, H./Betcke, W.: Handwörterbuch der *Wohlfahrtspflege,* Berlin 1938
Altner, G.: Das *Leben* auf Bestellung? Das gefährliche Dilemma der Gentechnologie, Freiburg 1988
Altrichter, H./Gstettner, P.: *Aktionsforschung* – ein abgeschlossenes Kapitel der deutschen Sozialwissenschaft?, in: Sozialwissenschaftliche Literatur Rundschau 1993, H. 26, S. 67
Altvater, E./Huisken, F. (Hrsg.): Materialien zur *Politischen Ökonomie* des Ausbildungssektors, Erlangen (4. Aufl.) 1972
Ambrock, E.: *Ehe* und Ehescheidung. Kommentar zu den Vorschriften des materiellen Rechts und des Verfahrensrechts, Berlin 1977
Amelang, M./Bartussek, D.: Differentielle Psychologie und *Persönlichkeitsforschung,* Stuttgart (3. Aufl.) 1990
Amendt, G.: *Sucht* – Profit – Sucht, Frankfurt a.M. 1984
Améry, J.: *Hand* an sich legen. Diskurs über den Freitod, Stuttgart 1983
Angele, G.: *Obdachlosigkeit*. Herausforderung an Pädagogik, Soziologie und Politik, Weinheim 1989
Angermeyer, M.: Möglichkeiten und Grenzen psychiatrischer Behandlung in der *Nachtklinik*, in: Psychiatrische Praxis 1974, S. 169
Antoch, R. F.: *Beziehung* und seelische Gesundheit, Frankfurt a.M. 1994
Antons, K./Schulz, W.: Normales Trinken und *Suchtentwicklung*. Theorie und empirische Ergebnisse interdisziplinärer Forschung zum sozialintegrierten Alkoholkonsum und süchtigen Alkoholismus, Göttingen, Bd. 1 (2. Aufl.) 1981, Bd. 2 1977
AOK-Bundesverband/Bundesverband der Betriebskrankenkassen/IKK-Bundesverband/See-Krankenkasse/Bundesverband der landwirtschaftlichen Krankenkassen/ Bundesknappschaft/Verband der Angestellten-Krankenkassen e.V./Verband der Arbeiter-Ersatzkassen e.V. (Hrsg.): *Hilfsmittelkatalog* einschließlich Hilfsmittelverzeichnis (Materialsammlung für die gesetzliche Krankenversicherung [MSK] III), Bonn, Stand: Februar 1996
Apel, K. O.: Transformation der *Philosophie,* Bd. 2, Frankfurt a.M. 1973
Apel, K. O./Böhler, D.: Funk-Kolleg praktische *Philosophie,* Ethik, 2 Bde., Frankfurt a.M. 1984
Arbeiterwohlfahrt: Umsetzung der *Pflegeversicherung* – Auswirkungen für die Arbeiterwohlfahrt (Strategiepapier), in: TuP 1995, S. 122
Arbeiterwohlfahrt, Bundesverband: *Praxisheft 23*. Für die sozialpädagogische Arbeit mit ausländischen und deutschen Kindern in Schülerhilfen, Bonn 1987
Arbeiterwohlfahrt: Arbeiterwohlfahrt fordert: Kein Abbau, sondern Weiterentwicklung der *Sozialhilfe*, in: TuP 1978, S.162
Arbeitsgemeinschaft Carolinenviertel im Verein Jugendhilfe e.V.: Zur Bestimmung stadtteilbezogener *Sozialarbeit,* 1978
Arbeitsgemeinschaft Deutscher Berufsförderungswerke: *Rehabilitationsvorbereitungslehrgänge* an Berufsförderungswerken, Hamburg o.J.
Arbeitsgemeinschaft für Erziehungshilfe (Hrsg.): Die Funktion der *Heimerziehung* im System der Jugendhilfe. Möglichkeiten, Voraussetzungen, Entwicklungstendenzen, Hannover 1976
Arbeitsgemeinschaft für Erziehungshilfe (Hrsg.): *Heimverzeichnis*. Verzeichnis der Erziehungsheime und Sondereinrichtungen für Minderjährige, Hannover (10. Aufl.) 1982
Arbeitsgemeinschaft für Erziehungshilfe (Hrsg.): *Verbundsysteme* als Organisationsform der Jugendhilfe, Hannover 1981/32

Arbeitsgemeinschaft für Jugendhilfe (Hrsg.): Außerfamiliale und außerunterrichtliche *Angebote* für Schulkinder, in: ForumJH 1991, S. 6

Arbeitsgemeinschaft für Jugendhilfe (Hrsg.): *Jugendhilfe 2000*, Visionen oder Illusionen? Tagungsdokumentation, Bonn 1994

Arbeitsgemeinschaft für Jugendhilfe (Hrsg.): *Kinderwelten* – Kinderrechte. Angebote für Kinder, Bonn 1993

Arbeitsgemeinschaft für Jugendhilfe: Sozialpädagogische Familienhilfe. *Stellungnahme* und Empfehlungen der AGJ, Sonderdruck aus „Forum Jugendhilfe"/AGJ-Mitteilungen Nr. 2/87, Bonn 1987

Arbeitsgemeinschaft sozialpolitischer Arbeitskreise (AG SPAK) (Hrsg.): *Obdachlosenpolitik* in der BRD, Berlin 1977

Arbeitsgruppe Bielefelder Soziologen (Hrsg.): *Alltagswissen,* Interaktion und gesellschaftliche Wirklichkeit, 2 Bde., Reinbek 1973

Arbeitskreis Firmen in der Deutschen Gesellschaft für Soziale Psychiatrie (Hrsg.): *Firmen* für psychisch Kranke, Rehburg-Loccum (2. Aufl.) 1985

Arbeitskreis junger Kriminologen (Hrsg.): Kritische *Kriminologie*. Positionen, Kontroversen, Perspektiven, München 1974

Arbeitskreis Stadterneuerung an deutschsprachigen Hochschulen/Institut für Stadt- und Regionalplanung der Technischen Universität Berlin (Hrsg.): *Jahrbuch* der Stadterneuerung, 1990/91 ff.

Arend, D./Hekele, K./Rudolph, M.: Sich am *Jugendlichen* orientieren. Konzeptionelle Grundlagen und Erfahrungen aus der Mobilen Betreuung des Verbundes Sozialtherapeutischer Einrichtungen (VSE) Celle, (Schriftenreihe der IGfH), Frankfurt a.M. 1987

Argyle, M.: Soziale *Interaktion,* Köln 1975

Ariès, P.: Geschichte der *Kindheit,* München/Wien 1978

Armborst, C.: Das *Verfahren* vor der Schiedsstelle nach § 94 BSHG, Kommentare zum *BSHG und SGB XI*, in: NDV 1996, S. 262

Armbruster, B./Baacke, D./Kübler, H.-D./Stoffers, M.: *Neue Medien* und Jugendhilfe, Neuwied 1984

Arndt, A.: Gesetzesrecht und Richterrecht, in: Böckenförde, E.-W./Lewald, W. (Hrsg.): Gesammelte juristische Schriften. Ausgewählte Aufsätze und Vorträge 1946-1972, München 1976

Arndt, J./Oberloskamp, H.: *Gutachtliche Stellungnahmen* in der sozialen Arbeit, Heidelberg (4. Aufl.) 1989

Arnold, E./Meyer-Stolte, K.: *Rechtspflegergesetz,* Kommentar, Bielefeld (3. Aufl.) 1978

Arnold, M.: *Solidarität* 2000. Die medizinische Versorgung und ihre Finanzierung nach der Jahrtausendwende, Stuttgart (2. vollst. überarb. Aufl.) 1995

Arnold, T./Wüstendörfer, W.: *Abschlußbericht* zum freiwilligen Ökologischen Jahr, hrsg. vom Bundesministerium für Familie, Senioren, Frauen und Jugend, Stuttgart/Berlin/Köln (2. Aufl.) 1996

Arnold, W.: *Betriebspädagogik* Begabung, in: ders. u.a.: *Psychologie,* Bd. 1

Arnold, W.: *Person,* Charakter, Persönlichkeit, München (4. Aufl.) 1975

Arnold, W./Eysenck, H. J./Meili, R. (Hrsg.): Lexikon der *Psychologie,* 3 Bde., Freiburg 1980

Arnold, W./Poser, E./Möller, M. (Hrsg.): *Suchtkrankheiten.* Diagnose, Therapie und analytischer Nachweis, Göttingen 1988

Arntzen, F.: Elterliche *Sorge* und Umgang mit Kindern. Ein Grundriß der forensischen Familienpsychologie, München (2. Aufl.) 1994

Arntzen, F.: *Vernehmungspsychologie*. Psychologie der Zeugenvernehmung, München (2. Aufl.) 1989

Arras, H./Schillinger, A./Schmid, E./Birk, H. J.: *Erfahrungen* der Gemeinden mit dem Städtebauförderungsgesetz, (Schriftenreihe des Bundesministers für Raumordnung, Bauwesen und Städtebau, Bd. 02.016), Bonn 1978

Ashby, W. R.: *Design* for a Brain, New York 1960

Ashby, W. R.: Einführung in die *Kybernetik,* Frankfurt a.M. 1974

Asper, K.: *Verlassenheit* und Selbstentfremdung, Olten 1987

Assmann, E.: Formen und rechtliche Komponenten der *Familienpolitik,* Bielefeld 1974

Assmann, G. u.a.: *Bedürfnis,* in: ders. u.a. (Hrsg.): Wörterbuch der marxistisch-leninistischen Soziologie, Opladen (3. Aufl.) 1983

Atteslander, P.: *Methoden* empirischer Sozialforschung, Berlin (6. Aufl.) 1991

Atzesberger, M.: *Sprachaufbau,* Sprachbehinderungen, pädagogische Hilfen, Stuttgart 1978

Auer, H.: Das *Berufsbild* des Kinder- und Jugendlichen-Psychotherapeuten, in: Biermann: *Kinderpsychotherapie*, Bd. 4, S. 838

Auerbach, W.: Beiträge zur *Sozialpolitik,* Neuwied/Berlin 1971

Auerbach, W. u.a.: *Sozialplan* für Deutschland, Hannover 1957

Auernheimer, G.: *Einführung* in die interkulturelle Erziehung, Darmstadt 1990

Aufenger, S./Lenssen, M. (Hrsg.): *Handlung* und Sinnstruktur, München 1986

Aufermann, J.: *Kommunikation* und Modernisierung. Meinungsführer und Gemeinschaftsempfang im Kommunikationsprozeß, München 1971

Ausubel, D. P.: Das *Jugendalter*. Fakten, Probleme, Theorie, München (6. Aufl.) 1979

Autorengruppe Häcklingen/Uelzen: *Ausgrenzen* ist leichter, Bonn 1981

Autorenkollektiv: Revolutionäre *Erziehung* im Kapitalismus und Sozialismus. Kritik der antiautoritären Erziehung, Köln 1973

Autorenkollektiv: *Kinderläden:* Revolution der Erziehung oder Erziehung zur Revolution, Reinbek 1971

Autorenkollektiv: Sozialistische *Projektarbeit* im Berliner Schülerladen Rote Freiheit, Frankfurt a.M. (2. Aufl.) 1971

Autorenkollektiv: *Schülerladen* rote Freiheit, Frankfurt a.M. 1971

Autzen, R./Becker, H.: *Wohnungsbestandssicherung.* Teil 1: Erneuerungsbedarf – Instandsetzungsförderung – Instandhaltungskontrolle, Berlin 1982, Teil 2: Engpässe in der Wohnungsversorgung, Berlin 1988

AWO → Arbeiterwohlfahrt

Axline, V.: *Kinderspieltherapie* im nicht-direktiven Verfahren. Beiträge zur Kinderpsychotherapie, München (8. Aufl.) 1993

Axmacher, D.: *Erwachsenenbildung* im Kapitalismus. Ein Beitrag zur politischen Ökonomie des Ausbildungssektors in der BRD, Frankfurt a.M. 1974

BA → Bundesanstalt für Arbeit

Baacke, D.: *Einführung* in die außerschulische Pädagogik, München (2. Aufl.) 1985

Baacke, D.: *Jugend* und Jugendkulturen, Weinheim/München (2. Aufl.) 1993

Baacke, D.: Die 6- bis 12jährigen. Einführung in Probleme des *Kindesalters,* Weinheim/Basel (6. Aufl.) 1995

Babcock, D. E./Keepers, T.D.: *Miteinander wachsen.* Transaktionsanalyse für Eltern und Erzieher, München (3. Aufl.) 1988

Bach, G. R./Goldberg, H.: Keine Angst vor *Aggression,* Frankfurt a.M. (8. Aufl.) 1990

Bach, H.: *Ausbildung* von hauptamtlichen Mitarbeitern in der Hilfe für Behinderte, in: Juwo. 1972, S. 356

Bach, H. (Hrsg.): *Familien* mit geistigbehinderten Kindern. Untersuchungen zur psychischen, sozialen und ökonomischen Lage, Berlin 1979

Bach, H.: *Geistigbehinderte* unter pädagogischem Aspekt, in: Deutscher Bildungsrat (Hrsg.): Gutachten und Studien der Bildungskommission. Sonderpädagogik, Bd. 3, Stuttgart (2. Aufl.) 1976

Bach, H. (Hrsg.): *Pädagogik* der Geistigbehinderten, (Handbuch der Sonderpädagogik, Bd. 5), Berlin 1979

Bach, H.: *Sonderpädagogik* im Grundriß, Berlin (15. Aufl.) 1995

Bach, H.: Allgemeine *Unterrichtslehre* der Sonderschule für Lernbehinderte, Berlin (3. Aufl.) 1976

Bach, H./Franke, B./Sachers, H./Schoppmann, B.: *Früherziehungsprogramme* für geistigbehinderte und entwicklungsverzögerte Säuglinge und Kleinkinder, Berlin (5. Aufl.) 1990

Bachmair, S./Faber, J./Hennig, C./Kolb, R./Willig, W.: *Beraten* will gelernt sein, Weinheim (4. Aufl.) 1989

Bachmann, W. (Hrsg.): Das Grüne Gehirn. Der *Arzt* des öffentlichen Gesundheitswesens, Loseblattausgabe, Percha (10. Aufl.) 1995

Bachof, O.: *Grundgesetz* und Richtermacht, Tübingen 1959

Backes, K. (Hrsg.): Handbuch für *Sonderschulen* in Nordrhein-Westfalen, Dortmund 1978

Backhaus-Maul, H./Olk, T: Von der *Subsidiarität* zu „out contracting". Zum Wandel der Beziehungen von Staat und Wohlfahrtsverbänden in der Sozialpolitik, in: Streeck, W. (Hrsg.): Staat und Verbände, (Politische Vierteljahresschrift, SH. 25), Opladen 1994, S. 100

Baddeley, A.: *Human Memory,* Hove 1990

Badinter, E.: Die *Mutterliebe.* Geschichte eines Gefühls vom 17. Jahrhundert bis heute, München (2. Aufl.) 1985

Badura, B./Gross, P.: Sozialpolitische *Perspektiven.* Eine Einführung in Grundlagen und Probleme sozialer Dienstleistungen, München 1976

Badura, P.: Das *Verwaltungsverfahren,* in: Erichsen u.a.: *Verwaltungsrecht*

Badura, W.: *Bedürfnisstruktur* und politisches System. Macht, Kultur und Kommunikation in „pluralistischen" Gesellschaften, Stuttgart/Berlin/Köln 1972

Baecker, D.: *Soziale Hilfe* als Funktionssystem der Gesellschaft, in: ZfS 1994, H. 2, S. 93

Baer, I.: *ISD,* in: Wacker, B.: *Adoptionen* aus dem Ausland. Erfahrungen, Probleme, Perspektiven, Reinbek (überarb. u. erw. Neuausgabe) 1994

Baer, I./Stahl, I./Wolff, R.: 70 Jahre *ISD,* in: NDV 1995, S. 14

Baer, R.: *Psychiatrie* für Juristen, München 1988

Baethge, M.: *Ausbildung* und Herrschaft. Unternehmerinteressen in der Bildungspolitik, Frankfurt a.M. (6. Aufl.) 1975

Baeyer, W. v.: Wähnen und *Wahn,* Stuttgart 1979

BAG → Bundesarbeitsgemeinschaft der Freien Wohlfahrtspflege

BAGJAW → Bundesarbeitsgemeinschaft Jugendsozialarbeit

BAGLJÄ → Bundesarbeitsgemeinschaft der Landesjugendämter und überörtlichen Erziehungsbehörden

Bahnmüller, R./Rauschenbach, T./Trede, W./Bendele, U.: *Diplom-Pädagogen* auf dem Arbeitsmarkt. Ausbildung, Beschäftigung und Arbeitslosigkeit in einem Beruf im Wandel, Weinheim/München 1988

Bahr, H. E./Gronemeyer, R. (Hrsg.): Konfliktorientierte *Gemeinwesenarbeit,* Neuwied/Darmstadt 1974

Bahrdt, H. P.: Die moderne *Großstadt.* Soziologische Überlegungen zum Städtebau, München (3. Aufl.) 1972

Bahrdt, H. P.: Die Krise der *Hierarchie* im Wandel der Kooperationsformen, in: Mayntz: *Bürokratische Organisation*

Baillet, D.: *Freinet* – praktisch, Weinheim/Basel 1983

Balint, A.: Die *Grundlagen* unseres Erziehungssystems, in: Zeitschrift für Psychoanalytische Pädagogik 1937, H. 11
Balint, M.: Der *Arzt*, sein Patient und die Krankheit, Stuttgart (7. Aufl.) 1988
Balke, K.: *Förderung* der Selbsthilfe-Kontaktstellen durch die Krankenkassenverbände nach § 20 Abs. 3 (a) SGB V, NAKOS-EXTRA Nr. 27, Berlin 1996
Bamberg, G./Baur, F.: *Statistik,* München/Wien (8. überarb. u. erw. Aufl.) 1993
Bandura, A.: *Lernen* am Modell. Ansätze zu einer sozial-kognitiven Lerntheorie, Stuttgart 1976
Bang, R.: Die *helfende Beziehung* als Grundlage der persönlichen Hilfe, München (2. Aufl.) 1970
Bank, H.-P./Kreikebohm, R.: Einige *Anmerkungen* zu sozialpolitischen Trends im vereinten Deutschland, in: ZSR 1991, S. 1
Banner, G.: Von der *Behörde* zum Dienstleistungsunternehmen. Die Behörden brauchen ein neues Steuerungsmodell, in: VOP 1991, S. 6
Bär, A.: Zum *Ermessen* und unbestimmten Rechtsbegriff im BSHG, in: ArchSozArb 1976, S. 85
Barby, J. V.: Städtebauliche *Infrastruktur* und Kommunalwirtschaft. Methoden zur Ermittlung des Investitionsaufwandes und der Folgekosten unter Einbeziehung der Grundausstattung, Bonn 1974
Bargel, T./Kuthe, M.: *Ganztagsschule*. Angebot, Nachfrage, Empfehlungen, Bonn 1990
Barkey, P./Langfeldt, H.-P./Neumann, G.: Pädagogisch-psychologische Diagnostik am Beispiel von *Lernschwierigkeiten,* Stuttgart/Bern 1976
Bar-Tal, D.: Prosocial *Behavior,* Washington/London 1976
Bartholomäi, R./Bodenbender, W./Hankel, H./Hüttel, R. (Hrsg.): *Sozialpolitik* nach 1945. Geschichte und Analysen, Bonn 1977
Bartlett, H.: Grundlagen beruflicher *Sozialarbeit*. Integrative Elemente einer Handlungstheorie für Sozialarbeiter/Sozialpädagogen, Freiburg (2. Aufl.) 1979
Barwig, K./Huber, B./Lörcher, K./Schumacher, C./Sieveking, K. (Hrsg.): Das neue *Ausländerrecht,* Baden-Baden 1991
Basaglia, F. (Hrsg.): Die negierte *Institution* oder die Gemeinschaft der Ausgeschlossenen, Frankfurt a.M. 1971
Bassarak, H. (Hrsg.): *ASD* – Allgemeiner Sozialer Dienst. Gegenwart und Zukunft in Ost und West, Düsseldorf 1992
Bast, H./Bernecker, A./Kastien, I./Schmitt, G./Wolff, R.: *Gewalt* gegen Kinder. Kindesmißhandlungen und ihre Ursachen. Handbuch für Diskussion und Aktion, Reinbek 1975
Bastian, G./Roth-Stielow, K./Schmeiduch, D.: 1. Eherechtsgesetz (*EheRG*). Das neue Ehe- und Scheidungsrecht, Kommentar, Stuttgart/Berlin/Köln 1977
Bastian, T. (Hrsg.): *Denken* – Schreiben – Töten. Zur neuen Euthanasie-Diskussion und zur Philosophie Peter Singers, Stuttgart 1990
Bastin, G.: Die soziometrischen *Methoden,* Bern/Stuttgart 1967
Bastine, R.: Ansätze zur Formulierung von *Interventionsstrategien* in der Psychotherapie, in: Jankowski, P./Tscheulin, D./Fietkau, H.-J./Mann, F. (Hrsg.): Klientenzentrierte Psychotherapie heute, Göttingen/Toronto/Zürich 1976, S. 193
Bastine, R.: Neue Formen der *Psychotherapie*. Auf dem Wege zu einer integrierten Psychotherapie, in: PsychHeute 1975
Bateson, G.: *Ökologie* des Geistes, Frankfurt a.M. 1985
Bateson, G./Jackson, D./Lidz, T./Wynne, L./Searles, H. F.: *Schizophrenie* und Familie. Beiträge zu einer neuen Theorie, Frankfurt a.M. 1975
Bateson, W.: Mendels Principles of *Heredity,* Cambridge 1909
Battegay, R.: Der Mensch in der *Gruppe,* Stuttgart, Bd. 1 (5. Aufl.) 1976, Bd. 2 (4. Aufl.) 1973, Bd. 3 (3. Aufl.) 1979
Battegay, R./Glatzel, J./Pöldinger, W./Rauchfleisch, U. (Hrsg.): *Handwörterbuch* der Psychiatrie, Stuttgart 1984
Battegay, R./Benedetti, G./Rauchfleisch, U.: Grundlagen und Methoden der *Sozialpsychiatrie,* Göttingen 1977
Battis, U.: *Partizipation* im Städtebaurecht, Berlin 1976
Bauer, C.: Das *Teamprinzip* in der öffentlichen Verwaltung. Analytische Darstellung und empirische Untersuchung, München 1995
Bauer, H. G.: Erlebnis- und *Abenteuerpädagogik*. Eine Literaturstudie, München (3. Aufl.) 1987
Bauer, H. G./Nickolai, W. (Hrsg.): *Erlebnispädagogik* in der sozialen Arbeit, Lüneburg (2. Aufl.) 1992
Bauer, J.: Die *Alzheimer Krankheit*. Neurobiologie, Psychosomatik, Diagnostik und Therapie, Stuttgart/New York 1994
Bauer, J./Dohmel, W./Schimke, H.-J.: *Recht und Familie*. Rechtsgrundlagen der Sozialisation, Neuwied/Kriftel/Berlin 1995
Bauer, M.: Verhaltensmodifikation durch *Modellernen,* Stuttgart 1979
Bauer, M./Berger, H.: Kommunale *Psychiatrie* auf dem Prüfstand, Stuttgart 1988
Bauer, M./Rose, H. (Hrsg.): Aktion *Psychisch Kranke* (Hrsg.): Ambulante Dienste für psychisch Kranke. Tagungsbericht, (Tagungsberichte, Bd. 6), Köln 1981
Bauer, M./Herrmann, H./Swoboda, A.: *Wohnheime* für seelisch Behinderte: eine alternative Behandlungsmöglichkeit zum PKH; aufgezeigt am Beispiel der Wohnheime des Vereins zur Förderung seelisch Behinderter e.V., Hannover, in: Psychiatrische Praxis 1976/3, S. 45

Bauer-Söllner, B.: Der *Großhaushalt* als Dienstleistungsbetrieb. Bedarfsorientierte Produktion in Einrichtungen der Wohlfahrtspflege, Stuttgart 1983

Bauer-Söllner, B.: *Hauswirtschaftliche Dienste* in ambulanter und stationärer Altenhilfe unter besonderer Berücksichtigung von Bildungsaspekten, in: Deutsches Zentrum für Altersfragen (Hrsg.): Expertisen zum ersten Altenbericht der Bundesregierung IV. Angebote und Bedarf im Kontext von Hilfe, Behandlung, beruflicher Qualifikation., Berlin 1993, S. 111

Bäuerle, W.: Soziale *Intervention* unter Handlungszwang. Aspekte der Entwicklung in Theorie und Technologie der Sozialarbeit und Sozialpädagogik, in: TuP 1973, S. 282

Bäuerle, W./Markmann, J. (Hrsg.): Reform der *Heimerziehung*. Materialien und Dokumente, Weinheim/Basel 1978

Baum, M.: *Familienfürsorge,* Berlin/Hannover/Frankfurt a.M. 1951

Bäumerich, G.: Das *Nachrangprinzip* der Sozialhilfe in seiner Ausgestaltung beim Einsatz des Einkommens, in: NDV 1988, S. 97

Bäumerich, G./Blosser-Reisen, L.: *Bekleidungs- und Heizungshilfen* (Schriften des DV: Kleinere Schriften, H. 60), Frankfurt a.M. (2. Aufl.) 1990

Baumgarten, R.: *Führungsstile* und Führungstechniken, Berlin 1977

Bayer, W. v.: *Erschöpfung* und Erschöpftsein, in: Der Nervenarzt 1961, S. 193

Bayerisches Staatsministerium des Inneren/Bayerischer Landesverband für Wanderdienst: Der nichtseßhafte *Mensch*, München 1938

Bayerisches Staatsministerium für Arbeit, Familie und Sozialordnung (Hrsg.): Vorläufige *Empfehlungen* für die Unterstützung von Familien in Trennung und Scheidung, Rundschreiben vom 19.2.1993

BBJ-Consult – Verein zur Förderung Kultureller und Beruflicher Bildung von Jugendlichen und jungen Erwachsenen e.V. (Hrsg.): *Handbuch* für Träger der Jugendsozialarbeit, Zentrale Beratungsstelle für Träger der Jugendhilfe, Berlin (2. Aufl.) 1995

Beauftragte der Bundesregierung für die Belange der Ausländer (Hrsg.): Zweiter *Bericht* über die Lage der Ausländer in der Bundesrepublik Deutschland, Bonn 1995

Bebber, F. F. van: Wie sage ich es der *Öffentlichkeit*? Presse und Öffentlichkeitsarbeit im sozialen Bereich, überarbeitet von G. Neises, (Schriften des DV: Kleinere Schriften, H. 63), Frankfurt a.M. (2. Aufl.) 1990

Becher, B.: Die *Verbände* der Freien Wohlfahrtspflege vor dem Zwang zur Neupositionierung: Strategisches Management und Organisationsentwicklung, in: NDV 1996, S. 178

Becher, B./Pankoke, E.: *Sozialadministration* und selbstaktive Felder. Neue Relationsprobleme kommunaler Sozialpolitik, in: ArchSozArb 1981, S. 219

Becher, M./Dinter, I./Schäffter, O.: Selbstorganisierte Projekte in der *Weiterbildung*. Individualisierung und Biographieorientierung als organisierende Prinzipien der Angebotsentwicklung, Berlin 1991

Beck, A. T./Rush, A. J./Shaw, B. F./Emery, G.: *Kognitive Therapie* der Depression, München 1994

Beck, J./Heinisch, F./Jouhy, E./Market, W./Müller, H./Pressel, A.: *Erziehung* in der Klassengesellschaft. Einführung in die Soziologie der Erziehung, München 1970

Beck, M. (Hrsg.): *Schriftspracherwerb* – Lese-Rechtschreibschwäche. Vom (manchmal dornigen) Weg zu einer Kulturtechnik, (Deutsche Gesellschaft für Verhaltenstherapie), Tübingen 1989

Beck, M./Seewald, H.: Zur *Reform* der amtlichen Sozialhilfestatistik, in: NDV 1994, S. 27

Beck, R.: *Familientherapie*. Modelle zur Veränderung familialer Beziehungsmuster, Bad Heilbrunn 1985

Beck, U.: *Gegengifte*. Die organisierte Unverantwortlichkeit, Frankfurt a.M. (3. Aufl.) 1990

Beck, U.: Die *Risikogesellschaft*. Auf dem Weg in eine andere Moderne, Frankfurt a.M. 1986

Beck, U./Brater, M./Tramsen, E.: *Beruf,* Herrschaft und Identität, in: SozWelt 1976, S. 180

Beck, U./Beck-Gernsheim, E. (Hrsg.): Riskante *Freiheiten*. Individualisierung in modernen Gesellschaften, Frankfurt a.M. 1994

Beck, U./Giddens, A./Lash, S.: Reflexive *Modernisierung*, Frankfurt a.M. 1996

Beckenbach, N.: *Industriesoziologie,* Berlin/New York 1991

Becker, B.: Öffentliche *Verwaltung,* Lehrbuch für Wissenschaft und Praxis, Percha 1989

Becker, E.: *Jahrbuch* für sozial-ökologische Forschung 1990, Frankfurt a.M. 1991

Becker, E.: Risikogesellschaft. Ökologische *Wachstumsbegrenzung* oder gesellschaftliche Entwicklung?, in: Universitas, Zeitschrift für interdisziplinäre Wissenschaft 1992, S. 166

Becker, E./Wagner, B.: Ökonomie der *Bildung,* Frankfurt a.M. 1977

Becker, H. S.: *Außenseiter*. Zur Soziologie abweichenden Verhaltens, Frankfurt a.M. 1981

Becker, N./Schorsch, E.: Die psychoanalytische Theorie sexueller *Deviationen,* in: Schorsch, E./Schmidt, G. (Hrsg.): Ergebnisse zur Sexualforschung, Köln 1975, S. 93

Becker, P./Schmidbauer, M.: Sozialhilfe als *Darlehen* nach § 15 b BSHG. Theorie und Praxis, in: Informationen zum Arbeitslosenrecht und Sozialhilferecht 1991, S. 3

Becker, U.: Zweck und Maß der *Organisation*, in: ders./Thieme, W. (Hrsg.): Handbuch der Organisation, H. 3.1., Köln 1976

Becker, W.: *Modernisierungsbedarf* der Berufsbildung in der Altenpflege – Grundzüge einer Reform, in: NDV 1996, S. 87

Beiderwieden, J./Windaus, E./Wolff, R.: Jenseits der *Gewalt* – Hilfen für mißhandelte Kinder, Basel/Frankfurt a.M. 1986

Beitzke, G.: *Familienrecht*. Ein Studienbuch, München (26. Aufl.) 1992

Belardi, N.: Supervision: Eine *Einführung* für soziale Berufe, Freiburg 1996

Belardi, N.: *Supervision*. Von der Praxisberatung zur Organisationsentwicklung, Paderborn 1992

Belardi, N./Eurich, G./Wangler, W.: *Gesellschaftsentwicklung* und soziologische Grundlagen, Bd. 3, in: ders. (Hrsg.): Soziale Arbeit, 5 Bde., Frankfurt a.M. 1980

Bellebaum, A.: *Abweichendes Verhalten*. Kriminalität und andere soziale Probleme, (Sozialwissenschaften, Bd. 6), Paderborn 1984

Bellebaum, A.: Soziologische *Grundbegriffe*. Eine Einführung für soziale Berufe, Stuttgart/Berlin/Köln (12. Aufl.) 1994

Bellebaum, A.: *Randgruppen* und Außenseiter, in: ders.: Soziologie der modernen Gesellschaft, Hamburg (3. Aufl.) 1980, S. 225

Bellebaum, A.: *Soziales Handeln* und soziale Normen, (Sozialwissenschaften, Bd. 4), Paderborn 1983

Belling, D. W./Eberl, C./Michlick, F.: Das *Selbstbestimmungsrecht* Minderjähriger bei medizinischen Eingriffen. Eine rechtsvergleichende Studie zum amerikanischen, englischen, französischen und deutschen Recht, Neuwied/Kriftel/Berlin 1994

Belschner, W./Koch, J. (Hrsg.): *Wohnwerkstatt*. Gesundheit braucht Gelegenheit, (Fundamente alternativer Architektur, Bd. 23), Karlsruhe 1989

Belser, H.: *Curriculum-Materialien* für Vorschule und Eingangsstufe, 3 Bde., Weinheim/Basel (3. Aufl.) 1975

Belz, H. (Hrsg.): Auf dem Weg zur arbeitsfähigen *Gruppe*, Mainz (2. Aufl.) 1992

Benda, C. E.: Die *Oligophrenien*, in: Kisker u.a.: *Psychiatrie*

Benda, E.: Die Arbeit der *Freien Wohlfahrtspflege* als Gestaltungselement des Sozialstaates, in: SozArb. 1989, S. 251

Benda, E.: Der *soziale Rechtsstaat*, in: ders. u.a.: *Verfassungsrecht*, § 17

Benda, E./Klein, E.: *Lehrbuch* des Verfassungsprozeßrechts, Heidelberg 1991

Benda, E./Maihofer, W./Vogel, H. J. (Hrsg.): Handbuch des *Verfassungsrechts* der Bundesrepublik Deutschland, Berlin/New York (2. Aufl.) 1994

Bender, E.: Die *Serientat* und der schwere wirtschaftliche Schaden, in: NJW 1971, S.789

Bendit, R./Heimbucher, A.: Von *Paolo Freire* lernen. Ein neuer Ansatz für Pädagogik und Sozialarbeit, München (2. Aufl.) 1979

Benedetti, G.: *Psychosentherapie*, Stuttgart 1983

Benedetti, G.: *Schizophrenie*, in: Müller, C. (Hrsg.) Lexikon der Psychiatrie. Gesammelte Abhandlungen der gebräuchlichen psychopathologischen Begriffe, Berlin/Heidelberg/New York 1973, S. 440

Benkert, O.: Psychiatrische *Parmakotherapie*, Berlin 1995

Benner, D.: Studien zur Theorie der *Erziehung* und Bildung, (Bd. 2, Pädagogik als Wissenschaft, Handlungstheorie und Reformpraxis), Weinheim/München 1995

Benner, D.: *Theorie* und Praxis, München 1966

Bennholdt-Thomsen, C.: Biosoziale Aspekte der *Reifungsbeschleunigung* bei der heutigen Jugend, in: Universitas 1957, S. 837

Benninghaus, H.: Einführung in die sozialwissenschaftliche *Datenanalyse*, München/Wien (2. völlig überarb. Aufl.) 1991

Bennis, W. G./Benne, K. D./Chin, R. (Hrsg.): *Änderung* des Sozialverhaltens, Stuttgart 1975

Berger, H.: *Untersuchungsmethode* und soziale Wirklichkeit. Eine Kritik an Interview und Einstellungsmessung in der Sozialforschung, Königstein (3. Aufl.) 1985

Berger, J. (Hrsg.): *Modernisierung* und Modernisierungstheorien, Leviathan 1996, H. 1

Berger, J./Offe, C.: Die *Entwicklungsdynamik* des Dienstleistungssektors, in: Leviathan 1980, H. 1, S. 41

Berger, P. A./Hradil, S. (Hrsg.): *Lebenslagen*, Lebensläufe, Lebensstile, (SozWelt, Sonderbd. 7), Göttingen 1990

Berger, P. L.: Einladung zur *Soziologie*. Eine humanistische Perspektive, Olten/Freiburg 1969

Berger, P. L./Luckmann, T.: Die gesellschaftliche *Konstruktion* der Wirklichkeit. Eine Theorie der Wissenssoziologie, Frankfurt a.M. (3. Aufl.) 1983

Berger, V.: Das neue *Heimgesetz*. Heimgesetz mit Erläuterungen und Anhang, München 1990

Berghahn, S./Fritzsche, A.: *Frauenrecht* in Ost- und Westdeutschland, Berlin 1991

Bergius, R.: *Entwicklung* als Stufenfolge, in: Thomae, H.: *Entwicklungspsychologie*, Bd. 3, S.104

Bergmann, J./Brandt, G./Körber, K./Mohl, E. T./Offe, C.: *Herrschaft*, Klassenverhältnis und Schichtung, in: Adorno, T. W. (Hrsg.): Spätkapitalismus oder Industriegesellschaft? Verhandlungen des 16. Deutschen Soziologentages, Stuttgart 1979

Bergmann, K./Frank, G. (Hrsg.): *Bildungsarbeit* mit Erwachsenen. Handbuch für selbstbestimmtes Lernen, Reinbek 1977

Bergmann, K./Frank, G.: *Lernen* mit Erwachsenen. Handbuch für selbstorganisiertes Lernen, Reinbek 1979

Berié, H.: Das *Sozialbudget*. Grundlage, Methode und Verfahren, Bonn 1970

Berliner Kinderläden: Antiautoritäre *Erziehung* und sozialistischer Kampf, Köln/Berlin 1970

Berndt, E.-B. u.a.: *Erziehung* der Erzieher: Das Bremer Reformmodell, Reinbek 1972

Berner, P.: *Psychiatrische Systematik*, Stuttgart (3. Aufl.) 1982

Bernfeld, S.: *Antiautoritäre Erziehung* und Psychoanalyse, 3 Bde., Berlin 1974

Bernfeld, S.: *Sisyphus* oder die Grenzen der Erziehung, Frankfurt a.M. 1973

Bernholz, P./Breyer, F.: Grundlagen der *politischen Ökonomie,* Tübingen (2. Aufl.) 1984

Bernsdorf, W. (Hrsg.): Wörterbuch der *Soziologie,* Stuttgart (2. Aufl.) 1969

Berry, G./Pesch, L. (Hrsg.): Welche Horte brauchen Kinder? Ein *Handbuch*, Neuwied/Kriftel/Berlin 1996

Bertelsmann, K./Colneric, N./Pfarr, H./Rust, U.: Handbuch der *Frauenerwerbstätigkeit*, Loseblattausgabe, Neuwied/Kriftel/Berlin 1993 ff.

Berthold, M. (Hrsg.): Zukunft der *Wohnungslosenhilfe*, (Reihe Materialien zur Wohnungslosenhilfe, Bd. 30), Bielefeld 1996

Bertram, H. (Hrsg.): Das *Individuum* und seine Familie. Familiäre Lebensformen im Lebensverlauf, (DJI, Familien-Survey 4), Opladen 1995

Berufsverband der Heilerziehungspfleger und Heilerziehungshelfer: *Berufsbild* des Heilerziehungspflegers und Heilerziehungshelfers, in: HEP-Informationen, 1983 und 1984

Besemer, C.: *Mediation*. Vermittlung in Konflikten, Karlsruhe (2. Aufl.) 1994

Beß, R./Brömer, H./Schaeffer-de Gooijer, A.: *Therapeutische Gemeinschaften* für süchtige Menschen in Europa, München 1991

Best, P.: Anmerkungen zur Forschungsstrategie in der *Obdachlosenfrage*, in: KrimJ 1972/3

Bethusy-Huc, V.: Das *Sozialleistungssystem* in der Bundesrepublik Deutschland, Tübingen (2. Aufl.) 1976

Bettermann, K. A./Neumann, F. L./Nipperdey, H. C. (Hrsg.): Die *Grundrechte*. Handbuch der Theorie und Praxis der Grundrechte, 4 Bde., Berlin 1966 ff.

Betz, D./Breuninger, H.: *Teufelskreis* Lernstörungen. Theoretische Grundlegung und Standardprogramm, München/Weinheim (2. überarb. Aufl.) 1987

Beugen, M. van: Agogische *Intervention*. Planung und Strategie, Freiburg 1972

Beuster, H./Marburger, H.: Handbuch der *Ersatz- und Erstattungsansprüche*, Loseblattausgabe, Regensburg (2. Aufl.) 1982, Stand: April 1985

BfA → Bundesversicherungsanstalt für Angestellte

Bickel, H./Jaeger, J.: Die *Inanspruchnahme* von Heimen im Alter, in: ZfGer. 1986, S. 30

Bieback, K.-J.: *Sozialstaatsprinzip* und Grundrechte, EuGRZ (Europäische Grundrechte-Zeitschrift) 1985, 657 ff.

Bielenberg, W./Krautzberger, M./Söfker, W.: *Baugesetzbuch*. Leitfaden und Kommentierung, München/Münster (2. Aufl.) 1988

Bielenberg, W./Erbguth, W./Runkel, P.: *Raumordnungs- und Landesplanungsrecht* des Bundes und der Länder. Ergänzbarer Kommentar und systematische Sammlung der Rechts- und Verwaltungsvorschriften, Loseblattausgabe, Pflichtfortsetzung, Bielefeld, Stand: April 1996

Bielenberg, W./Koopmann, K.-D./Krautzberger, M.: *Städtebauförderungsrecht,* Kommentar, Loseblattausgabe, München (3. Aufl.), Stand: Februar 1992

Bielenberg, W./Krautzberger, M./Söfker, W.: Das *Städtebaurecht* in den neuen Bundesländern, München/Berlin 1991

Bienwald, W.: *Betreuungsrecht*. Gesetz zur Reform des Rechts der Vormundschaft und Pflegschaft für Volljährige, Kommentar, Bielefeld 1992

Bierbrauer, G.: Die *Zuschreibung* von Verantwortlichkeit. Eine attributionstheoretische Analyse, in: Hassemer, W./Lüderssen, K. (Hrsg.): Sozialwissenschaften im Studium des Rechts. Bd. 3, Strafrecht und Kriminologie, München 1978, S.130

Bierfelder, W. (Hrsg.): Handwörterbuch des öffentlichen Dienstes. Das *Personalwesen,* Berlin 1976

Bierhoff, H. W.: *Personenwahrnehmung.* Vom ersten Eindruck zur sozialen Interaktion, Berlin/Heidelberg/New York 1986

Biermann, G.: *Autogenes Training* mit Kindern und Jugendlichen, München (2. Aufl.) 1978

Biesenkamp, R.: Ausbildungs- und *Beschäftigungsprojekte* in der Jugend- und Sozialhilfe. Erfahrungen aus der Projektarbeit und der Fortbildung, (Schriften des DV: Schriften allgemeinen Inhalts, Bd. 26), Frankfurt a.M. 1992

Biestek, F.: Wesen und Grundsätze der *helfenden Beziehung* in der sozialen Einzelhilfe, Freiburg (5. Aufl.) 1977

Birbaumer, N. (Hrsg.): Psychophysiologie der *Angst*, München (2. Aufl.) 1977

Birchmeier, A. K.: *Aphasie*. Therapie und Rehabilitation im kulturgeschichtlichen Zusammenhang, Berlin 1984

Birdwhistell, R. L.: *Kinesik,* in: GrDyn. 1974, S. 3

Birk, U.-A./Brühl, A./Conradis, W./Hofmann, A./Krahmer, U./Münder, J./Roscher, F./Schoch, D.: *Bundessozialhilfegesetz*. Lehr- und Praxiskommentar (LPKomm.-BSHG), Baden-Baden (4. Aufl.) 1994

Birkenbihl, V.F.: *Signale* des Körpers. Körpersprache verstehen, München 1985

Birtsch, V. u.a.: Außenwohngruppen – *Heimerziehung* außerhalb des Heimes, Frankfurt a.M. 1980

Birtsch, V./Rosenkranz, J. (Hrsg.): Mütter und Kinder im *Gefängnis,* Weinheim/München 1988

Bittner, U.: Ein *Klient* wird „gemacht", in: Kardorff, E. v./Koenen, E. (Hrsg.): Psyche in schlechter Gesellschaft. Zur Krise klinisch-psychologischer Tätigkeit, München/Wien 1981, S. 103

Bitzan, M./Klöck, T. (Hrsg.): Jahrbuch Gemeinwesenarbeit 5. *Politikstrategien* – Wendungen und Perspektiven, hrsg. vom Verein zur Förderung der sozialpolitischen Arbeit/VG, o. O. 1994

Blanck, R./Blanck, G.: *Ehe* und seelische Entwicklung, Stuttgart 1978

Blandow, J.: *Heimerziehung* und Jugendwohngemeinschaften, in: Blandow u.a.: *Erziehungshilfen,* S. 276

Blandow, J./Faltermeier, J. (Hrsg.): *Erziehungshilfen* in der Bundesrepublik Deutschland. Stand und Entwicklungen, (Schriften des DV: Arbeitshilfen, H. 36), Frankfurt a.M. 1989

Blandow, J./Faltermeier, J./Widemann, P. (Hrsg.): *Fremdplazierung* und präventive Jugendhilfe. Darstellungen und Analysen neuer Versuche, (Schriften des DV: Arbeitshilfen, H. 18), Frankfurt a.M. 1978

Blanke, B. (Hrsg.): *Krankheit* und Gemeinwohl. Gesundheitspolitik zwischen Staat, Sozialversicherung und Medizin, Opladen 1994

Blanke, E. A.: *Ausbildungsförderungsrecht.* Vorschriftensammlung mit einer erläuternden Einführung, Köln/Stuttgart (22. Aufl.) 1992

Blankertz, H.: Theorien und Modelle der *Didaktik,* München (11. Aufl.) 1980

Blaschke, D.: Soziale *Qualifikationen* im Erwerbsleben, (Beiträge zur Arbeitsmarkt- und Berufsforschung, Bd. 116), Nürnberg 1987

Bläsig, W.: Die *Rehabilitation* der Körperbehinderten, München 1967

Blasius, D.: Bürgerliche *Gesellschaft* und Kriminalität. Zur Sozialgeschichte Preußens im Vormärz, Göttingen 1976

Blätter der Wohlfahrtspflege: Grundrecht *Wohnen,* Themenheft, H. 2, 1992

Blau, P.: *Exchange* and Power in Social Life, New York 1964

Blaumeiser, H./Sturm, M./Wappelshamer, E.: Alte *Menschen* und ihre Erinnerungen, in: Geschichte und Gesellschaft 1988, S. 472

BldW → Blätter der Wohlfahrtspflege

Bleckmann, A.: *Europarecht,* Köln (5. Aufl.) 1990

Bleidick, U.: *Pädagogik der Behinderten.* Grundzüge einer Theorie der Erziehung behinderter Kinder und Jugendlicher, Berlin (5. Aufl.) 1982

Bleidick, U.: Sonderschule, in: Lenzen: *Enzyklopädie Erziehungswissenschaft,* Bd. 8, S. 270

Bleistein, R.: *Erziehungsauftrag* einst und jetzt, in: Juwo. 1992, S. 150

Bleuler, E.: Lehrbuch der *Psychiatrie,* bearb. von M. Bleuler, Berlin/Heidelberg/New York (15. Aufl.) 1983

Bley, H.: Alternative *Elementarprinzipien* des Sozialleistungsrechts, in: ZSR 1978, S. 1

Bley, H./Kreikebohm, R.: *Sozialrecht,* Neuwied/Kriftel/Berlin (7.Auflage) 1993

Bley, H./Gitter, W./Gurgel, H.-J./Heinze, H./Knopp, A./Müller, P./Schneider-Danwitz, N./Schroeter, K./Schwerdtfeger, G.: *Sozialgesetzbuch/Sozialversicherung.* Gesamtkommentar, Wiesbaden, Stand: Dezember 1995

Blimlinger, E./Ertl, A./Koch-Straube, U./ Wappelshammer, E.: *Lebensgeschichten.* Biographiearbeit mit alten Menschen, Hannover (2. Aufl.) 1996

Blinkert, B.: *Aktionsräume* von Kindern in der Stadt. Eine Untersuchung im Auftrag der Stadt Freiburg, Pfaffenweiler 1993

Bloesy, S./Kreft, D.: Sie fördern uns – sie fördern uns nicht. *Erfahrungen* und Probleme alternativer Projekte mit der Verwaltung, Berlin 1987

Blohmke, M./Ferber, C. v./Kisker, K. P./ Schaefer, H. (Hrsg.): Handbuch der *Sozialmedizin,* 3 Bde., Stuttgart 1976

Blos, P.: *Adoleszenz.* Eine psychoanalytische Interpretation, Stuttgart (6. Aufl.)1995

Blöschl, L.: Grundlagen und Methoden der *Verhaltenstherapie,* Bern/Stuttgart/Wien (5. Aufl.) 1979

Blösinger, H.: Möglichkeiten und Grenzen von *Aufklärung,* Beratung, Auskunft nach dem SGB-AT aus der Sicht der kreisfreien Städte, in: ZSR 1977, S.476

Blosser-Reisen, L. (Hrsg.): Grundlagen der *Haushaltsführung,* Baltmannsweiler (3. Aufl.) 1980

Blosser-Reisen, L.: Bedarfsgerechte *Versorgung* und Sicherung des Lebensunterhaltes in Haushalten von Sozialhilfeempfängern. Zur Problematik der Regelsatzbestimmung in der Sozialhilfe aus haushaltsökonomischer Sicht, in: Hauswirtschaft und Wissenschaft 1984, S. 181

Blüm, N.: *Reform* heißt Erhalten und Verändern, in: BABl. 1996, Nr. 7-8

Blum, W.: Die *Spruchstellen* und das heutige Erstattungs- und Zuständigkeitsrecht, in: NDV 1969, S.16

Blume, M./Kantowsky, D.: Assimilation, *Integration,* Isolation. Fallstudien zum Eingliederungsprozeß südostasiatischer Flüchtlinge, München 1988

Blume-Bannitza, C./Gros, H. J.: Der *Sozialarbeiter* in der Vormundschafts- und Familiengerichtshilfe. Teil II: Der Bericht des Jugendamtes. Zur Frage des Kindeswohls aus pädagogischer/psychologischer Sicht, Frankfurt a.M. 1981

Blüml, H.: Das *System* Familientagesbetreuung, in: Bundesministerium für Familie, Senioren, Frauen und Jugend (Hrsg.): Kinderbetreuung in Tagespflege. Tagesmütter-Handbuch, Stuttgart/Berlin/Köln 1996

Blüml, H./Helming, E./Schattner, H.: Sozialpädagogische *Familienhilfe* in Bayern, Abschlußbericht, DJI Materialien, München 1994

BMA → Bundesminister für Arbeit und Sozialordnung

BMBau → Bundesminister für Raumordnung, Bauwesen und Städtebau

BMBW → Bundesminister für Bildung und Wissenschaft

BMF → Bundesminister der Finanzen

BMFSFJ → Bundesminister für Familie, Senioren, Frauen und Jugend

BMFT → Bundesminister für Forschung und Technologie

BMFuS → Bundesminister für Familie und Senioren

BMJ → Bundesminister der Justiz

BMJFFG → Bundesminister für Jugend, Familie, Frauen und Gesundheit

BMJFG → Bundesminister für Jugend, Familie und Gesundheit

Bobrowski, P./Gaul, D.: Das *Arbeitsrecht* im Betrieb von der Einstellung bis zur Entlassung, 2 Bde., Heidelberg (7. Aufl.) 1979

Bochnik, H. J.: Faktoren nichtpsychotischer *Erschöpfungs- und Versagenszustände*, in: Forum der Psychiatrie 1961, S. 35

Bochnik, H. J./Richtberg, W.: *Depravation* Ausdruck und Folgen einer suchtspezifischen Besinnungsstörung, in: Keup, W. (Hrsg.): Folgen der Sucht, Stuttgart 1980

Bochnik, H. J./Richtberg, W. (Hrsg.): *Sprache – Sprechen – Verstehen*. Zur Psychopathologie und Praxis sprachlicher Kommunikationsstörungen, Erlangen 1984

Bock, T.: *Ehrenamtliche* gewinnen, vorbereiten und begleiten, in: Caritas 1996, Nr. 5, S. 220

Bock, T.: *Ressourcen* ehrenamtlicher Tätigkeit zur Erfüllung von Hilfeerwartungen, in: ArchSozArb 1988, S. 292

Bock, T./Weigand, H.: Handwerkbuch *Psychiatrie,* Bonn 1991

Bock, U.: Androgynie und *Feminismus*. Frauenbewegung zwischen Institution und Utopie, Weinheim 1988

Böckenförde, E.-W.: *Elternrecht* des Kindes. Recht des Staates, in: Essener Gespräche zum Thema Staat und Kirche, hrsg. von Marré, H./Stüting, J., Münster 1980, S. 54

Böckenförde, E.-W.: *Gesetz* und gesetzgebende Gewalt, Berlin (2. Aufl.) 1981

Böckenförde, E.-W.: *Grundrechtstheorie* und Grundrechtsinterpretation, in: NJW 1974, S. 1529

Böcker, F.: *Suizide* und Suizidversuche, Stuttgart 1973

Böckle, F./Reiter, J./Münk, H. J./Eid, V.: *Leben* in der Hand des Menschen, (Theologische Berichte, Bd. 20), Zürich 1991

Bödege, R.: *Definitionen*: Arbeitserprobung, Berufsfindung, Anpassung und Vorförderung, in: Bundesarbeitsgemeinschaft für Rehabilitation (Hrsg.): Symposium über ausgewählte leistungsrechtliche Probleme der medizinischen und beruflichen Rehabilitation aus dem Rehabilitations-Angleichungsgesetz und dem Sozialgesetzbuch – Allgemeiner Teil – sowie nachgehende Hilfe, Heidelberg 1977, S. 188

Bodenschatz, H.: Platz frei für das Neue Berlin. Geschichte der *Stadterneuerung* seit 1871, (Beiträge zur neueren Planungsgeschichte, Bd. 1), Berlin 1987

Bodenschatz, H./Heise, V./Korfmacher, J.: Schluß mit der *Zerstörung*? Stadterneuerung und städtische Opposition in Amsterdam, London und West-Berlin, Gießen 1983

Boeddinghaus, G./Dieckmann, J.: *Baunutzungsverordnung*, Kommentar, Essen (2. Aufl.) 1990

Boettcher, E. (Hrsg.): *Sozialpolitik* und Sozialreform. Ein Handbuch der Sozialpolitik, Tübingen 1957

Boetticher, K. W.: Aktiv im *Alter*. Eine Studie zur Wirklichkeit und Problematik des Alterns, Düsseldorf/Wien 1975

Bogs, W./Achinger, H./Meinhold, H./Neudörfer, L./Schreiber, W.: *Soziale Sicherung* in der Bundesrepublik Deutschland. Sozialenquête, Stuttgart/Berlin/Köln 1966

Bohley, P.: *Statistik*. Einführendes Lehrbuch für Wirtschafts- und Sozialwissenschaftler, München/Wien (5. überarb. u. ergänzte Aufl.) 1992

Bohling, W.: Die sozialpolitischen *Rechte* der Europäischen Sozialcharta. Ein Beitrag zur Entwicklung sozialer Grundrechte, in: Hauff, M. v. u.a.: *Sozialpolitik,* S. 17

Böhm, A.: Einführung in das *Jugendstrafrecht*, München (3. Aufl.) 1996

Böhm, A.: *Strafvollzug*, Frankfurt a.M. (2. Aufl.) 1986

Böhm, A./Braunmühl, E. v.: *Gleichberechtigung* im Kinderzimmer. Der vergessene Schritt zum Frieden, Düsseldorf 1994

Böhm, W.: Europäische *Sozialcharta*, Bonn 1978

Böhme, I.: „*Wissen* Sie, wie weh das tut? He!". Szenen aus der pädagogischen Arbeit mit ausländischen Kindern, Frankfurt a.M. (2. Aufl.) 1987

Böhmer, C./Siehr, K.: Das gesamte *Familienrecht,* Bd. 2: Das Internationale Recht, Frankfurt, Stand: August 1991

Bohn, I./Kreft, D./Münchmeier, R./Weigel, H.-G.: *Jugend und Gewalt*. Praxis und theoretische Reflexion des Aktionsprogrammes gegen Aggression und Gewalt seit 1992, Münster 1996

Böhnisch, L.: *Sozialpädagogik* des Kindes- und Jugendalters. Eine Einführung, Weinheim/München 1992

Böhnisch, L./Münchmeier, R.: Wozu *Jugendarbeit*?, Weinheim/München (3. Aufl.) 1992

Böhnisch, L./Müller-Stackebrandt, J./Schefold, W. (Hrsg.): *Jugendpolitik* im Sozialstaat, München 1980

Böhnisch, L./Münchmeier, R.: Pädagogik des *Jugendraumes*, Weinheim/München 1990

Böhnisch, L./Gängler, H./Rauschenbach, T. (Hrsg.): Handbuch *Jugendverbände*. Eine Ortsbestimmung der Jugendverbandsarbeit in Analysen und Selbstdarstellungen, Weinheim/München 1991

Böhnisch, L./Winter, R.: Männliche *Sozialisation*. Bewältigungsprobleme männlicher Geschlechtsidentität im Lebenslauf, Weinheim/München (2. Aufl.) 1994

Böhret, C./Junkers, M. T.: *Führungskonzepte* für die öffentliche Verwaltung. Darstellung – Kritik – Anwendungsprobleme, Stuttgart/Berlin/Köln 1975

Bolay, E./Herrmann, F.: *Jugendhilfeplanung* als politischer Prozeß. Beiträge zu einer Theorie sozialer Planung im kommunalen Raum, Neuwied/Kriftel/Berlin 1995

Böllinger, L./Stöver, H./Fietzek, L.: *Drogenpraxis*, Drogenrecht, Drogenpolitik. Ein Leitfaden für Drogenbenutzer, Eltern, Drogenberater, Ärzte und Juristen, Frankfurt a.M. (4. Aufl.) 1995

Bolte, K. M./Recker, H.: Vertikale *Mobilität*, in: König, R.: *Sozialforschung*, Bd. 5

Bolte, K. M./Kappe, D./Neidhardt, F.: *Soziale Schichtung* im Wandel, Opladen 1966, S. 233

Bolte, K. M./Hradil, S.: *Soziale Ungleichheit* in der Bundesrepublik Deutschland, Opladen (6. Aufl.) 1988

Bolte, K. M./Kappe, D./Neidhardt, F.: Soziale *Ungleichheit*, in: Bolte, K. M./Ortlieb, H. D./Dörge, F. W./Winkler, H. J. (Hrsg.): Struktur und Wandel der Gesellschaft, Opladen (3. Aufl.) 1974

Bolz, A./Griese, H. M. (Hrsg.): Deutsch-deutsche *Jugendforschung*. Theoretische und empirische Studien zur Lage der Jugend aus ostdeutscher Sicht, Weinheim/München 1995

Bommert, H.: Grundlagen der *Gesprächspsychotherapie*. Theorie – Praxis – Forschung, Stuttgart/Berlin/Köln (3. Aufl.) 1982

Bommes, M./Scherr, A.: *Soziale Arbeit* als Exklusionsvermeidung, Inklusionsvermittlung und/oder Erwartung, in: NPrax. 1996, S. 107

Bondy, C.: Die deutsche *Jugendbewegung*, in: Nohl, H./Pallot, L. (Hrsg.): Handbuch der Pädagogik, Bd. 5, Langensalza 1929 (Nachdruck 1981)

Bonfenbrenner, U.: Die *Ökologie* der menschlichen Entwicklung, Frankfurt a.M. 1981

Bonner Kommentar: Kommentar zum Bonner Grundgesetz, Bd. 4, Loseblattausgabe, Heidelberg seit 1950, Stand: Dezember 1995

Bönsch, M.: *Grundlegung* sozialer Lernprozesse heute. Verhaltenssicherheit und Demokratiefähigkeit, Weinheim/Basel 1994

Bönsch, M.: *Unterrichtskonzepte*. Studien zur Allgemeinen Didaktik, Baltmannsweiler 1986

Borchard, K.: Städtebauliche *Orientierungswerte*, in: Akademie für Raumforschung und Landesplanung (Hrsg.): Handwörterbuch der Raumforschung und Raumordnung, Bd. 3, Hannover (2. Aufl.) 1970, Sp. 3181

Borchard, K.: Orientierungswerte für die städtebauliche *Planung* – Flächenbedarf, Einzugsgebiete, Folgekosten, München 1974

Borchard, K.: *Richtwerte*, in: Albers, G./ Borchard, M./ders.: Richtzahlen und Strukturmodelle im Städtebau. Forschungsarbeit im Auftrag der Unabhängigen Kommission für den Aufbauplan der Freien und Hansestadt Hamburg, München 1967

Borchardt, K.-D./Grabitz, E.: Die rechtlichen *Grundlagen* der Europäischen Union, 1996

Borchert, G./Hase, F./Walz, S.: Gemeinschaftskommentar zum Sozialgesetzbuch – Schutz der Sozialdaten (GK-*SGB X 2*), Loseblattausgabe, Neuwied/Frankfurt a.M. 1989

Borchert, U.: *Zeitmanagement* als Leitungskriterium in der professionellen sozialen Arbeit, in: Boskamp, P./Knapp, R. (Hrsg.): Führung und Leitung in sozialen Organisationen. Handlungsorientierte Ansätze für neue Managementkompetenz, Neuwied/ Kriftel/Berlin 1996, S. 141

Borelli, S./Starck, S.: Die *Prostitution* als psychologisches Problem, BT-Drucks. 6/1552

Borkenau, P.: *Anlage* und Umwelt. Eine Einführung in die Verhaltensgenetik, Göttingen/Bern/Toronto/Seattle 1993

Born, G.: Probleme praktisch lösen. *Nachbarschaftshilfe* in einer Gemeinde, Freiburg (2. Aufl.) 1978

Bortz, J.: Lehrbuch der *empirischen Forschung*. Für Sozialwissenschaftler, Berlin/Heidelberg/New York 1984

Bortz, J.: *Statistik* für Sozialwissenschaftler, Berlin/Heidelberg/New York (4. vollst. überarb. Aufl.) 1993

Bosch, G./Veltin, A.: Die *Tagesklinik* als Teil der psychiatrischen Versorgung, Köln 1983

Böse, R.: Physiologische *Psychologie*. Einführung in die biologischen und physiologischen Grundlagen der Psychologie, Berlin/New York (2. Aufl.) 1987

Böse, R./Schiepek, G.: *Systemische Theorie* und Therapie. Ein Handwörterbuch, Heidelberg (2. Aufl.) 1994

Bosetzky, H./Heinrich, P.: *Mensch* und Organisation. Aspekte bürokratischer Sozialisation. Eine praxisorientierte Einführung in die Soziologie und Sozialpsychologie der Verwaltung. Köln (5. überarb. und erw. Aufl.) 1994

Boström, J./Günter, R. (Hrsg.): *Arbeiterinitiativen* im Ruhrgebiet, Hamburg 1976

Bott, G. (Hrsg.): Erziehung zum Ungehorsam: *Kinderläden* berichten aus der Praxis der antiautoritären Erziehung, Frankfurt a.M. 1970

Böttcher, R./Weber, K.: Erstes Gesetz zur Änderung des *Jugendgerichtsgesetzes,* in: Neue Zeitschrift für Strafrecht 1990, S. 561, und 1991, S. 7

Bottomore, T. B.: *Soziale Schichtung* und Mobilität, in: König, R.: *Sozialforschung,* Bd. 5

Boulet, P./ Krauss, E. J./Oelschlägel, D.: *Gemeinwesenarbeit* als Arbeitsprinzip, Bielefeld 1980

Bourdieu, P.: Sozialer *Sinn*. Kritik der theoretischen Vernunft, Frankfurt a.M. 1993

Bourdieu, P.: Die feinen *Unterschiede*. Kritik der gesellschaftlichen Urteilskraft, Frankfurt a.M. (8. Aufl.) 1996

Bourgett, J./Preusser, N./Völkel, R.: Jugendhilfe und kommunale *Sozialplanung* – eine sozialökologische Studie, Weinheim/Basel 1978

Bowers, D. G.: Basic Concepts of Survey *Feedback,* in: Pfeiffer,W. I./Jones, J. E.: The Annual Handbook for Group Facilitators, La Jolla, Calif., S. 221

Bowlby, J.: Verlust, *Trauer* und Depression, Frankfurt a.M. 1983

BpB → Bundeszentrale für politische Bildung

Brack, R.: Methode – Fetisch oder Arbeitsinstrument? in: Sozialarbeit/Travail Social 1976/1

Brack, R.: Methode – die *Suche* nach dem Allgemeinen im Besonderen, in: Projektgruppe Soziale Berufe: Sozialarbeit – *Expertisen,* Bd. 1, S. 216

Bracken, H. v.: *Humangenetische Psychologie*, in: Becker, P.E. (Hrsg.): Humangenetik, Bd. 1/2, Stuttgart 1969, S. 409

Bracken, H. v.: *Vorurteile* gegen behinderte Kinder, ihre Familien und Schulen, Berlin 1981

Brackmann, K.: *Handbuch* der *Sozialversicherung*. Eine systematische Darstellung, 5 Bde., Loseblattausgabe, St. Augustin, Stand: Januar 1996

Brackmann, K.: Die *Mitwirkung* des Leistungsberechtigten nach dem SGB – Allgemeiner Teil –, in: DOK 1976, S. 794

Bradford, L. P./Gibb, J. R./Benne, K. D. (Hrsg.): *Gruppentraining*: T-Gruppentheorie und Laboratoriumsmethode, Stuttgart 1972

Brand, I./Breitenbach, E./Maisel, V.: *Integrationsstörungen,* Würzburg (4. Aufl.) 1988

Brand, S.: Zur *Demokratisierung* des Planungsprozesses, in: Affeld, D. (Hrsg.): ARPUD '70 – Planung und Öffentlichkeit, Dortmund 1970, S.134

Brandel, E.: Die Bindung des Versicherungsträgers nach dem *Handwerkerversicherungsgesetz* an die Entscheidungen der Handwerkskammer, in: DRentVers. 1969, S. 142

Brandis, P.: *Geldstrafe* und Nettoeinkommen, Köln 1987

Brandstädter, F. J./Reinert, G./Schneewind, K. A.: *Pädagogische Psychologie*: Probleme und Perspektiven, Stuttgart 1979

Brater, M./Büchele, U./Herz, G.: *Berufsbildung* und Persönlichkeitsentwicklung, Stuttgart 1988

Braun, H.: Der *Deutsche Verein* im Geschehen seiner Zeit. Eine synoptische Darstellung, in: Muthesius: *Beiträge*

Braun, H.: Soziales Handeln und *soziale Sicherheit*. Alltagstechniken und gesellschaftliche Strategien, Frankfurt a.M. 1978

Braun, J. (Hrsg.): *Praxishandbuch* für Selbsthilfekontaktstellen, (ISAB-Schriftenreihe: Berichte aus Forschung und Praxis, Bd. 17), Köln 1993

Braun, J./Opielka, M.: *Selbsthilfeförderung* durch Selbsthilfekontaktstellen. Abschlußbericht der Begleitforschung zum Modellprogramm „Informations- und Unterstützungsstellen für Selbsthilfegruppen" im Auftrag des BMFuS, (Schriftenreihe des BMFuS, Bd. 14), Stuttgart/Berlin/Köln 1992

Braun, S. (Hrsg.): *Gerontopsychiatrie* und Altenarbeit III. Beiträge aus der Fortbildungsreihe „Gerontologisches Forum" im Landkreis Göppingen, Berlin 1995

Brauner, T./Hering, S./Zalfen, M.: Zur Theorie und Praxis des *Projektstudiums*. Modellversuch Soziale Studiengänge an der Gesamthochschule Kassel, Kassel 1976

Braunmühl, E. v.: *Antipädagogik*. Studien zur Abschaffung der Erziehung, Weinheim/Basel (8. Aufl.) 1993

Braunmühl, E. v.: Zur *Vernunft* kommen. Eine „Antipsychopädagogik", Weinheim/Basel 1990

Brauns, H.-J.: Zur *Infrastruktur* für kleine und mittlere soziale Organisationen. Anforderungen und Maßnahmen, in: SozArb. 1990, S. 7

Brauns, H.-J./Kramer, D.: *Informationstechnologien* – neue Aufgaben in der Sozialarbeit, in: BldW 1983, S. 194

Bräutigam, W./Christian, P./Rad, M. v.: *Psychosomatische Medizin*. (5. Aufl.) 1992

Bräutigam, W./Clement, U.: *Sexualmedizin* im Grundriß, Stuttgart (3. Aufl.) 1989

Brech, J./Greiff, R./Peuschow, S./Schäfer, H./Will, K.: *Anwaltsplanung* – eine gerechte Verteilung des Sachverstandes? in: Andritzky, M./Becker, P./Selle, G. (Hrsg.): Labyrinth Stadt, Köln 1975, S. 285

Brech, J./Greiff, R./Peuschow, S./Schäfer, H./Scholz, P./Will, K.: *Partizipation* bei der Stadtplanung. Literatursammlung, (Schriftenreihe des Bundesministers für Raumordnung, Bauwesen und Städtebau, Bd. 03.048), Bonn 1976

Brech, J./Greiff, R./Peuschow, S./Schäfer, H./Will, K.: *Planung* eines neuen Stadtteils – Darmstadt-Neu-Kranichstein, in: Andritzky, M./Becker, P./Selle, G. (Hrsg.): Labyrinth Stadt, Köln 1975, S. 157

Brecht, H. T.: *Kriegsdienstverweigerung* und Zivildienst. Kriegsdienstverweigerungs-Neuordnungsgesetz, Zivildienstgesetz, Wehrpflichtgesetz. Textausgabe zum Kriegsdienstverweigerungs- und zum Zivildienstgesetz mit Erläuterungen, München 1984

Bredenkamp, J./Wippich, W.: *Lern- und Gedächtnispsychologie,* 2 Bde., Stuttgart/Berlin/Köln 1977

Brenner, C.: Grundzüge der *Psychoanalyse,* Frankfurt a.M. (17. Aufl.) 1994

Bresch, C./Hausmann, R.: Klassische und molekulare *Genetik,* Berlin/Heidelberg/New York (3. Aufl.) 1972

Breuer, G.: Die Vorschriften des JWG über die „*Heimaufsicht*" und den „Schutz der Minderjährigen unter 16 Jahren in Heimen" und ihre Auswirkungen auf unsere Jugendwohnheime, in: Heimstatt 1962, S. 168

Breuer, K.-H.: *Jugendsozialarbeit,* Köln 1961

Breuer, K.-H.: *Jugendwohnheime* im Rahmen des KJHG, in: Die Heimstatt 1991, S. 30

Brezina, E./Stransky, E. (Hrsg.): Psychische *Hygiene,* Wien 1955

Brezinka, W.: Über *Absicht* und Erfolg der Erziehung, Konstanz 1969

Brezinka, W.: Metatheorie der *Erziehung,* München (4. Aufl.) 1978

Brezinka, W.: Erziehung als *Lebenshilfe.* Eine Einführung in die pädagogische Situation, Stuttgart (8. Aufl.) 1971

Brickenkamp, R. (Hrsg.): *Handbuch* psychologischer und pädagogischer Tests, Göttingen 1975

Briel, R./Mörsberger, H. (Hrsg.): Kinder brauchen *Horte.* Bestandsaufnahme – Praxisbeispiele – Perspektiven, Freiburg 1984

Brill, K.-E. (Hrsg.): *Betreutes Wohnen.* Arbeitsmaterialien, (Schriftenreihe der Arbeitsgemeinschaft Sozialpolitischer Arbeitskreise, Bd. M 90), München (2. Aufl.) 1989

Brill, K.-E. (Hrsg.): Betreutes Wohnen. Neue Wege in der psychiatrischen *Versorgung,* (Schriftenreihe der Arbeitsgemeinschaft Sozialpolitischer Arbeitskreise, Bd. M 89), München 1988

Bringewat, P.: Soziale Arbeit und strafrechtliche *Risiken,* in: Evangelische Jugend 1996, H. 2, S. 104

Brinkmann, C.: Die individuellen *Folgen* langfristiger Arbeitslosigkeit. Ergebnisse einer repräsentativen Längsschnittuntersuchung, in: Mitteilungen aus der Arbeitsmarkt- und Berufsforschung, 1984, S. 454

Brinkmann, W./Honig, M. S. (Hrsg.): *Kinderschutz* als sozialpolitische Praxis. Hilfe, Schutz und Kontrolle, München 1984

Brock, A.: *Arbeiterbildung* in Deutschland unter den Bedingungen des Kapitalismus, Bremen 1977

Brökling, E.: *Frauenkriminalität.* Darstellung und Kritik kriminologischer und devianzsoziologischer Theorien. Versuch einer Neubestimmung, Stuttgart 1980

Brömer, H.: Stationäre *Familientherapie* mit drogenabhängigen Eltern und deren Kindern, in: Schaltenbrand, J. (Hrsg.): Familienorientierte Drogenarbeit, Heidelberg 1992, S. 112

Brömer, H.: *Pioniere* ohne Auftrag. Die Geschichte einer Selbsthilfegruppe von Opiatabhängigen, in: Heckmann, W.: *Vielleicht,* S. 27

Brömer, H.: Stationäre *Suchttherapie* im Spannungsfeld – Aspekte der Beziehungen zwischen Hilfeeinrichtungen und zwischen Drogentherapeuten und Abhängigen, in: Nowak, M./Schifmann, R./Brinkmann, R. (Hrsg.): Drogensucht. Entstehungsbedingungen und therapeutische Praxis, Stuttgart/New York 1996

Bronke, K./Wenzel, G./Leibfried, S.: Soziale Dienste zwischen *Herrschaft* und öffentlicher Produktion, in: Olk, T./Otto, H.-U. (Hrsg.): Soziale Dienste im Wandel, Bd. 3, Neuwied/Frankfurt a.M. 1989, S. 23

Brownmiller, S.: Gegen unseren Willen. *Vergewaltigung* und Männerherrschaft, Frankfurt a.M. 1978

Brox, H.: Allgemeiner Teil des *Bürgerlichen Gesetzbuchs,* Köln/Berlin/Bonn/München (19. Aufl.) 1995

Brox, H.: *Erbrecht,* Köln/Berlin/Bonn/München (16. Aufl.) 1996

Brox, H./Rüthers, B./Jülicher, F./Schlüter, W.: *Arbeitskampfrecht,* Stuttgart (2. Aufl.) 1982

Brox, H./Walker, W. D.: *Zwangsvollstreckungsrecht,* Köln/Berlin/Bonn/München (5. Aufl.) 1996

Brück, G. W.: Allgemeine *Sozialpolitik,* Köln (2. Aufl.) 1981

Brucker, U.: Bei *Umbau* oder Umzug – was zahlt die Pflegekasse?, in: Forum Sozialstation 1995, Nr. 76, S. 36

Brückner, M./Holler, S.: *Frauenprojekte* und soziale Arbeit. Eine empirische Studie, Frankfurt a.M. 1990

Bruder, G.: *Partizipation* bei der Wohnungsplanung am Beispiel einer Obdachlosensiedlung, Freiburg 1976

Brüggemann, D.: Gesetz zur vereinfachten Abänderung von *Unterhaltsrenten,* Kommentar, Heidelberg 1976

Brüggemeier, G.: *Deliktsrecht.* Ein Hand- und Lehrbuch, Baden-Baden 1986

Brüggen, G.: Möglichkeiten und Grenzen der *Soziometrie.* Ein Beitrag zur Gruppendynamik der Schulklassen, Neuwied/Darmstadt 1974

Brügger, T./Voellmy, L.: Das *Beispielplatz-Buch,* Zürich 1984

Brugger, W.: *Menschenrechte* im modernen Staat, in: AöR 1989, S. 537

Brühl, A.: *Drogenrecht.* Ratgeber für Betroffene und ihre Helfer, München 1992

Brühl, A.: Mein Recht auf *Sozialhilfe,* München (12. Aufl.) 1995

Brühl, A.: Die *Wohnung* als Sachleistung der Sozialhilfe, in: ZfF 1991, S. 49

Bruhn, M.: *Qualitätsmanagement* für Dienstleistungen. Grundlagen, Konzepte, Methoden, Berlin/Heidelberg 1996

Bruhn, M./Tilmes, J.: *Social Marketing*: Einsatz des Marketing für nichtkommerzielle Organisationen, Stuttgart/Berlin/Köln (2. Aufl.) 1994

Brumlik, M.: Advokatorische *Ethik.* Zur Legitimation pädagogischer Eingriffe, Bielefeld 1992

Brümmerhoff, D.: Gesamtwirtschaftliches *Rechnungswesen,* Köln 1982

Brunner, R.: Die Auflage der *Schadenswiedergutmachung* im Jugendstrafrecht, in: ZBlJugR 1976, S. 269

Brunner, R./Titze, M.: Wörterbuch der *Individualpsychologie,* München (2. völl. neu überarb. Aufl.) 1995

Bruns, H.-J.: *Strafzumessungsrecht,* Köln/Berlin/Bonn/München (2. Aufl.) 1974

Bruns, H.-J.: Zur Antinomie der *Strafzwecke* im Jugendstrafrecht, in: Strafverteidiger 1982, S. 592

Brusten, M./Malinowski, P. (Hrsg.): *Jugend* – ein soziales Problem? (Beiträge zur sozialwissenschaftlichen Forschung 54), Opladen 1983

Buber, M.: Das *dialogische Prinzip,* Heidelberg (5. Aufl.) 1984

Buchholz, M. B. (Hrsg.): *Intimität.* Über die Veränderung des Privaten, Weinheim 1989

Buchner, A.: Implizites *Lernen.* Probleme und Perspektiven, Weinheim 1993

Buchsbaum, R.: Neues *Wohngeldrecht* '91. Wohngeldsondergesetz für die neuen Bundesländer – Neunte Wohngeldnovelle, Köln (4. Aufl.) 1991

Bücker, A./Feldhoff, K./Kohte, W.: Vom *Arbeitsschutz* zur Arbeitsumwelt. Europäische Herausforderungen für das deutsche Arbeitsrecht, Berlin/Neuwied/Kriftel 1994

Buer, F. (Hrsg.): Morenos therapeutische *Philosophie,* Leverkusen (2. Aufl.) 1991

Bues, H.: Freiwillige *betriebliche Sozialleistungen* in der Bundesrepublik Deutschland, Köln 1970

Bühl, W. L. (Hrsg.): *Konflikt* und Konfliktstrategie. Ansätze zu einer soziologischen Konflikttheorie, München 1972

Bühler, K.: Die geistige *Entwicklung* des Kindes, Jena (3. Aufl.) 1922

Buhr, P.: *Dynamik* von Armut. Dauer und biographische Bedeutung von Sozialhilfebezug, Opladen 1995

Bujard, O./Lange, U.: Theorie und Praxis der *Sozialhilfe.* Zur Situation der einkommensschwachen alten Menschen, (Schriftenreihe des BMJFG, Bd. 56), Stuttgart/Berlin/Köln 1978

Bulczak, G.: *Jugendanstalten,* in: Schwind u.a.: *Strafvollzug,* S. 96

Bulczak, G./Fleck, J./Jöcyks, K. D./Kreutzner, J./Scheschonka, W.: *Jugendstrafvollzugsgesetz-Entwurf,* Bonn 1988

Bülow, P.: *Verbraucherkreditgesetz,* Kommentar, Köln (2. Aufl.) 1993

Bundesamt für den Zivildienst (Hrsg.): *Leitfaden* für die Durchführung des Zivildienstes, Köln o.J.

Bundesanstalt für Arbeit: Überlegungen II zu einer vorausschauenden *Arbeitsmarktpolitik,* Nürnberg 1978

Bundesanstalt für Arbeit (Hrsg.): *Diplom-Sozialpädagoge* / Diplom-Sozialpädagogin. Diplom-Sozialarbeiter / Diplom-Sozialarbeiterin, Verfasser: H. Pfaffenberger, (Blätter zur Berufskunde, 2-IV A 30), Bielefeld (5. Aufl.) 1986

Bundesanstalt für Arbeit (Hrsg.): *Erzieher/ Erzieherin,* Verfasser: D. v. Derschau und M. Scherpner, (Blätter zur Berufskunde, 2-IV A 20), Bielefeld (7. Aufl.) 1995

Bundesanstalt für Arbeit (Hrsg.): *Kinderpfleger(in),* Verfasser: M. Lucks, I. Friese und G. Kischkel, (Blätter zur Berufskunde, 2-IV A 12), Bielefeld (6. Aufl.) 1988

Bundesanstalt für Arbeit (Hrsg.): Analytischer *Kinder- und Jugendlichenpsychotherapeut/*Analytische Kinder- und Jugendlichenpsychotherapeutin, Redaktion H. H. Hopf, (Blätter zur Berufskunde, 2-II B 31), Bielefeld (5. Aufl.) 1990

Bundesanzeiger Nr. 152a vom 15. August 1996, Jg. 48

Bundesarbeitsgemeinschaft der Freien Wohlfahrtspflege (Hrsg.): *Gesamtstatistik* der Einrichtungen der freien Wohlfahrtspflege, Bonn 1990, Stand: 1.1.1990

Bundesarbeitsgemeinschaft der Freien Wohlfahrtspflege (Hrsg.): Die Spitzenverbände der Freien *Wohlfahrtspflege.* Aufgaben und Finanzierung, Freiburg 1985

Bundesarbeitsgemeinschaft der Hochschullehrer des Rechts an Fachhochschulen und Fachbereichen des Sozialwesens in der Bundesrepublik Deutschland (Hrsg.): Resolution zur Einführung des *Zeugnisverweigerungsrechts,* in: Sozial Extra 1990, H. 1, S. 6

Bundesarbeitsgemeinschaft der Landesjugendämter und überörtlichen Erziehungsbehörden (BAGLJÄ): *Empfehlungen* zur Gewährung von Erziehungshilfe für unbegleitete minderjährige Flüchtlinge und Asylbewerber, Köln 1990

Bundesarbeitsgemeinschaft der Landesjugendämter und überörtlichen Erziehungsbehörden (BAGLJÄ): *Jugendhilfe* und junge Ausländer, Köln 1991

Bundesarbeitsgemeinschaft der Landesjugendämter und überörtlichen Erziehungsbehörden (BAGLJÄ): *Sozialpädagogische Hilfen* für junge Ausländer, Köln 1983

Bundesarbeitsgemeinschaft der überörtlichen Träger der Sozialhilfe (Hrsg.): *Rahmenempfehlungen* der überörtlichen Träger der Sozialhilfe zur Gestaltung der Hilfe für alleinstehende Wohnungslose, Karlsruhe 1996

Bundesarbeitsgemeinschaft der überörtlichen Träger der Sozialhilfe (Hrsg.): *Wohnformen* für Behinderte und sachliche Zuständigkeit nach dem Bundessozialhilfegesetz, Karlsruhe 1990

Bundesarbeitsgemeinschaft der Werkstätten für Behinderte: Dokumentation *Werkstättentag* 1992, Frankfurt a.M. 1992

Bundesarbeitsgemeinschaft für Nichtseßhaftenhilfe: Diskussionsentwurf zu einem *Grundsatzprogramm* für die Nichtseßhaftenhilfe – Allgemeiner Teil, Beilage der GefHi. 1981/3, Bielefeld 1981

Bundesarbeitsgemeinschaft für Rehabilitation (Hrsg.): *Arbeitshilfen* für die Rehabilitation, Frankfurt a.M. 1987 ff.

Bundesarbeitsgemeinschaft für Rehabilitation (Hrsg.): *Rahmenempfehlungen* zur ambulanten medizinischen Rehabilitation vom 2. November 1995, Frankfurt a.M. 1996

Bundesarbeitsgemeinschaft für Rehabilitation (Hrsg.): *Rehabilitation* Behinderter. Schädigung – Diagnostik – Therapie – Nachsorge, Wegweiser für Ärzte und weitere Fachkräfte der Rehabilitation, Köln (2., völlig neubearb. Aufl.) 1994

Bundesarbeitsgemeinschaft für Rehabilitation (Hrsg.): *Wegweiser*: Eingliederung von Behinderten in Arbeit, Beruf und Gesellschaft, Frankfurt a.M. (6. Aufl.) 1990

Bundesarbeitsgemeinschaft Jugendsozialarbeit (BAGJAW): *Jugendberufshilfe* und Jugendwohnen. Innovative Ansätze. Dokumentation zur Tagung der BAGJAW vom 5.-6. Oktober 1995 in Bonn, Bonn 1995

Bundesarbeitsgemeinschaft Jugendsozialarbeit (BAGJAW): Jugendwohnen im Rahmen der *Jugendsozialarbeit*. Ergebnisse einer Stichtagserhebung in Einrichtungen des Jugendwohnens mit ergänzenden Beiträgen, Bonn 1994

Bundesarbeitsgemeinschaft Werkstätten für Behinderte: *Werkstätten Tag 1992*

Bundesärztekammer: *Weißbuch*. Anfang und Ende des menschlichen Lebens, Köln 1988

Bundesforschungsanstalt für Landeskunde und Raumordnung (Hrsg.): *Infrastrukturentwicklung* unter veränderten Rahmenbedingungen, (Informationen zur Raumentwicklung, H. 11/12, 1988 und H. 1, 1989), Bonn 1989

Bundesforschungsanstalt für Landeskunde und Raumordnung (Hrsg.): *Perspektiven* der künftigen Bevölkerungsentwicklung in Deutschland (Teil 1: Fakten und Hypothesen; Teil 2: Regionale Bevölkerungsprognose der BfLR), Informationen zur Raumentwicklung, H. 9/10 und 11/12, Bonn 1992

Bundesknappschaft Bochum: Textausgabe des *Reichsknappschaftsgesetzes*, Loseblattausgabe, Bochum o.J.

Bundeskonferenz der Rektoren und Präsidenten kirchlicher Fachhochschulen in der Bundesrepublik Deutschland (Hrsg.): *Perspektiven* der kirchlichen Fachhochschulen in den 90er Jahren, Hannover 1990

Bundesminister der Finanzen: Das neue *Haushaltsrecht*, Bonn 1995

Bundesminister der Justiz (Hrsg.): *Schlußbericht* der Jugendstrafvollzugskommission, Köln 1980

Bundesminister für Arbeit und Sozialordnung (Hrsg.): *Sozialbericht 1986*, Bonn 1986

Bundesminister für Arbeit und Sozialordnung (Hrsg.): *Sozialbericht 1993*, Bonn 1994

Bundesminister für Arbeit und Sozialordnung (Hrsg.): *Soziale Sicherung* in der Bundesrepublik Deutschland, Bonn 1991

Bundesminister für Arbeit und Sozialordnung (Hrsg.): Bewegung, Spiel und *Sport mit Behinderten* und von Behinderung Bedrohten. Indikationskatalog und Methodenmanual, (Forschungsbericht Nr. 199), Bonn 1990

Bundesminister für Bildung und Wissenschaft (Hrsg.): *Bildungspolitische Zwischenbilanz*, Bonn 1976

Bundesminister für Bildung und Wissenschaft (Hrsg.): Bericht der Bundesregierung über die strukturellen Probleme des föderativen *Bildungssystems*, Bonn 1978

Bundesminister für Bildung und Wissenschaft (Hrsg.): *Grund- und Strukturdaten* 1979, Bonn 1979

Bundesminister für Familie, Senioren, Frauen und Jugend (Hrsg.): Hilfe- und *Pflegebedürftige* in privaten Haushalten. Endbericht, Bericht zur Repräsentativerhebung im Forschungsprojekt Möglichkeiten und Grenzen selbständiger Lebensführung, Stuttgart/Berlin/Köln (2. Aufl.) 1996

Bundesminister für Familie und Senioren (Hrsg.): *Erster Altenbericht*. Die Lebenssituation älterer Menschen in Deutschland, Bonn 1991

Bundesminister für Familie und Senioren (Hrsg.): Zur Berechnung des steuerfreien *Existenzminimums* für den Lebensunterhalt eines Kindes. Stellungnahme des Wissenschaftlichen Beirats für Familienfragen, (Schriftenreihe des BMFuS, Bd. 15), Stuttgart/Berlin/Köln 1992

Bundesminister für Familie und Senioren (Hrsg.): Familien und *Familienpolitik* im geeinten Deutschland. Zukunft des Humanvermögens, (Fünfter Familienbericht), Bonn 1994

Bundesminister für Forschung und Technologie (Hrsg.): Kommunales *Projektmanagement*. Ein Handbuch zur Planung und Durchführung von Projekten, Bonn 1976

Bundesminister für Frauen und Jugend (Hrsg.): Situation der *Kindergärten*, Krippen und Horte in den neuen Bundesländern, BT-Drucks. 12/661, Bonn 1991

Bundesminister für Jugend, Familie, Frauen und Gesundheit (Hrsg.): *Beschütztes Wohnen* für psychisch kranke und behinderte Menschen. Praktische Erfahrungen und Empfehlungen, (Schriftenreihe des BMJFFG, Bd. 221), Stuttgart/Berlin/Köln 1989

Bundesminister für Jugend, Familie, Frauen und Gesundheit (Hrsg.): Materialien zur *Familienpolitik* der Bundesregierung, Bonn 1989

Bundesminister für Jugend, Familie, Frauen und Gesundheit (Hrsg.): *7. Jugendbericht*: Jugendhilfe und Familie – die Entwicklung familienunterstützender Leistungen der Jugendhilfe und ihre Perspektiven, BT-Drucks. 10/6730, Bonn 1986

Bundesminister für Jugend, Familie, Frauen und Gesundheit (Hrsg.): *8. Jugendbericht*: Bericht über Bestrebungen und Leistungen der Jugendhilfe und ihre Perspektiven, BT-Drucks. 11/6576, Bonn 1990

Bundesminister für Jugend, Familie, Frauen und Gesundheit (Hrsg.): Möglichkeiten und Grenzen der *Lebenshilfe* für besonders sozial gefährdete Mädchen und Frauen, (Schriftenreihe des BMJFFG, Bd. 251), Bonn 1990

Bundesminister für Jugend, Familie, Frauen und Gesundheit (Hrsg.): Empfehlungen der Expertenkommission der Bundesregierung zur Reform der *Versorgung* im psychiatrischen und psychotherapeutisch/psychosomatischen Bereich auf der Grundlage des Modellprogramms Psychiatrie der Bundesregierung, Bonn 1988

Bundesminister für Jugend, Familie und Gesundheit (Hrsg.): *3. Familienbericht*: Die Lage der Familien in der Bundesrepublik Deutschland, BT-Drucks. 8/3121

Bundesminister für Jugend, Familie und Gesundheit (Hrsg.): Zur Reform des *Familienlastenausgleichs*. Gutachten des wissenschaftlichen Beirats für Familienfragen beim BMJFG, Bonn 1971

Bundesminister für Jugend, Familie und Gesundheit (Hrsg.): Bestandsanalyse nichtärztlicher *Heilberufe* und sonstiger Gesundheitsberufe, (Schriftenreihe des BMJFFG, Bd. 72), Stuttgart/Berlin/Köln 1979

Bundesminister für Jugend, Familie und Gesundheit (Hrsg.): *3. Jugendbericht*: Aufgaben und Wirksamkeit der Jugendämter in der Bundesrepublik Deutschland, Bonn 1972

Bundesminister für Jugend, Familie und Gesundheit (Hrsg.): *6. Jugendbericht*: Verbesserung der Chancengleichheit von Mädchen in der Bundesrepublik Deutschland, BT-Drucks. 10/1007, Bonn 1984

Bundesminister für Jugend, Familie und Gesundheit (Hrsg.): Mehr Chancen für die Jugend – zu Inhalt und Begriff einer offensiven *Jugendhilfe*, (Schriftenreihe des BMJFG, Bd. 13), Stuttgart/Berlin/Köln 1974

Bundesminister für Jugend, Familie und Gesundheit (Hrsg.): Nichteheliche *Lebensgemeinschaften* in der BRD, (Schriftenreihe des BMJFG, Bd. 170), Bonn 1985

Bundesminister für Raumordnung, Bauwesen und Städtebau (Hrsg.): Bauplanungsrechtliche *Instrumente* zum Schutz der Sozialstruktur, (Schriftenreihe Nr. 02, H. 02.034), Bonn 1985

Bundesminister für Raumordnung, Bauwesen und Städtebau (Hrsg.): *Wohnungspolitik* nach dem Zweiten Weltkrieg, (Schriftenreihe Forschung, Nr. 482), Bonn 1990

Bundesminister für Raumordnung, Bauwesen und Städtebau sowie für Familie und Senioren (Hrsg.): *Wohnungssicherung* und Wohnungsversorgung für einkommensschwache Haushalte. Dokumentation einer im Auftrag des Bundesministeriums für Raumordnung, Bauwesen und Städtebau sowie des Bundesministeriums für Familie und Senioren durchgeführten Expertentagung am 2. und 3. Dezember 1993 in Bonn, zsgst. vom Deutschen Verein für öffentliche und private Fürsorge e.V., Bonn 1994

Bundesminister für wirtschaftliche Zusammenarbeit und Entwicklung (Hrsg.): 9. Bericht zur *Entwicklungspolitik* der Bundesregierung, Bonn 1992 (erscheint ca. zweijährlich)

Bundesministerium für innerdeutsche Beziehungen (Hrsg.): DDR *Handbuch*, 2 Bde., Köln (3. Aufl.) 1985

Bundesrat: Begründung zum Gesetz zur Neuordnung des Kinder- und Jugendhilferechts (*Kinder- und Jugendhilfegesetz – KJHG*), BR-Drucks. 503/89

Bundesregierung: Bericht der Bundesregierung über die Erfahrungen mit den Vorschriften des Sozialgesetzbuchs – Allgemeiner Teil – über die *Aufklärungs-, Beratungs- und Auskunftspflicht* in allen Sozialleistungsbereichen, über den Zugang zu den Sozialleistungen sowie über die Eigenermittlungen der Leistungsträger, BT-Drucks. 8/2454

Bundesregierung: *Bedeutung* ehrenamtlicher Tätigkeit für unsere Gesellschaft. Antwort auf die Große Anfrage der Abgeordneten Riegert u.a., Deutscher Bundestag 13. Wahlperiode, BT-Drucks. 13/5674, 1.10.1996

Bundesregierung: Dritter Bericht der Bundesregierung über die Lage der *Behinderten* und die Entwicklung der Rehabilitation, BT-Drucks. 12/7148

Bundesregierung: Gesetzentwurf zur Reform des Kindschaftsrechts, *BT-Drucks. 13/4899*

Bundesregierung: Erfahrungsbericht zur *Mitwirkungsregelung,* BT-Drucks. 8/2429
Bundesregierung: Bericht zu Fragen der *Pflegebedürftigkeit,* BT-Drucks. 10/1943
Bundesregierung: Gesetz über *Prozeßkostenhilfe.* Empfehlung und Bericht des Ausschusses, BT-Drucks. 8/3694
Bundesregierung: Bericht der Bundesregierung über die Möglichkeiten einer Einbeziehung von Leistungen nach dem Bundessozialhilfegesetz in das *Rehabilitationsangleichungsgesetz* – Auftrag nach § 2 Abs. 3 des Gesetzes über die Angleichung der Leistungen zur Rehabilitation, BT-Drucks. 7/4535
Bundesregierung: *Städtebaubericht* 1970, BT-Drucks. 6/1497
Bundesregierung: *Stellungnahme* zum Bericht der Psychiatrie-Enquête-Kommission über die Lage der *Psychiatrie* in der Bundesrepublik Deutschland, BT-Drucks. 8/2565
Bundessozialhilfegesetz: Lehr- und Praxiskommentar *(LPKomm.-BSHG)* Baden-Baden (4. Aufl.) 1994
Bundesverband für Körper- und Mehrfachbehinderte (Hrsg.): *Konzeption* zur Eingliederung von Menschen mit schweren Körperbehinderungen in das Arbeitsleben der Werkstatt für Behinderte, Stuttgart 1994
Bundesverband für Körper- und Mehrfachbehinderte (Hrsg.): *Vorstellungen* zu einer humanen und solidarischen Behindertenpolitik, Düsseldorf 1987
Bundesverband für Körper- und Mehrfachbehinderte (Hrsg.): Konzeption „*Werkstatt* für Behinderte mit besonderem Auftrag", DAS, Bd. 1, Düsseldorf 1992
Bundesverband für spastisch Gelähmte und andere Körperbehinderte e.V. (Hrsg.): Gemeindenahe *Behindertenarbeit,* Düsseldorf o.J.
Bundesvereinigung der Deutschen Arbeitgeberverbände (Hrsg.): Zur *Neuordnung* der Pflegeabsicherung, Sonderdruck, Köln 1991
Bundesvereinigung der Deutschen Arbeitgeberverbände (Hrsg.): *Sozialarbeit* im Betrieb, (Arbeitsbericht des Ausschusses für Betriebliche Personalpolitik, Nr. 44), Bergisch-Gladbach 1984
Bundesvereinigung Deutscher Heimstätten e.V. (Hrsg.): *Bebauungsplan* nach BBauG und StBauFG, Bonn 1976
Bundesvereinigung Deutscher Heimstätten e.V. (Hrsg.): *Flächennutzungsplan* nach dem Bundesbaugesetz, Bonn 1978
Bundesvereinigung Evangelischer Kindergesttätten: Zur Diskussion: *Beruf* Erzieherin – Positionspapier, 2 Teile, Stuttgart 1992
Bundesvereinigung für seelische Gesundheit (Hrsg.): Was können *psychosoziale Arbeitsgemeinschaften* zur Förderung seelischer Gesundheit tun? Ein Tagungsbericht, Hamburg/Berlin 1985
Bundesvereinigung Lebenshilfe für geistig Behinderte e.V.: Pädagogische *Förderung* geistig behinderter Kinder im Kindergartenalter, Marburg o.J.
Bundesvereinigung Lebenshilfe für geistig Behinderte e.V. (Hrsg.): *Grundsatzprogramm* der Lebenshilfe für Behinderte, Marburg 1990
Bundesvereinigung Lebenshilfe für geistig Behinderte e.V. (Hrsg.): Wohnen heißt zu Hause sein. *Handbuch* für die Praxis gemeindenahen Wohnens von Menschen mit geistiger Behinderung, Marburg 1995
Bundesvereinigung Lebenshilfe für geistig Behinderte e.V. (Hrsg.): *Standortbestimmung* WfB. Dokumentation der Tagungsreferate und Protokolle 1990, Marburg o.J.
Bundesvereinigung Lebenshilfe für Geistig Behinderte e.V. (Hrsg.): *WfB-Handbuch* 1992. Ergänzbares Handbuch, Loseblattausgabe, Marburg
Bundesversicherungsanstalt für Angestellte (Hrsg.): *Kindererziehungsleistung* an Mütter der Geburtsjahrgänge vor 1921, Berlin 1988
Bundesversicherungsanstalt für Angestellte (Hrsg.): *Rehabilitation* in der Rentenversicherung, Berlin 1995
Bundeszentrale für politische Bildung (Hrsg.): *Kriminalität* und Strafrecht, (Informationen zur politischen Bildung, H. 248), München 1995
Bund-Länder-Kommission für Bildungsplanung (Hrsg.): *Bildungsgesamtplan,* 2*4 Bde., Stuttgart 1973
Bund-Länder-Kommission für Bildungsplanung (Hrsg.): *Fünfjährige* in Kindergärten, Vorklassen und Eingangsstufen. Bericht über eine Auswertung von Modellversuchen, Stuttgart 1976
Bungert, G.: *Weiter* im Text. Schreiben für Werbung, Presse und Öffentlichkeit, Zürich 1992
Burdenski, W.: Die „*Hilfe zur Arbeit*" nach den §§ 18-20, 25 BSHG, (Schriften des DV: Dissertationen, Diplomarbeiten, Dokumentationen, Bd. 10), Frankfurt a.M. 1987
Burdenski, W./Maydell, B. v./Schellhorn, W.: Gemeinschaftskommentar zum *Sozialgesetzbuch (SGB)* – Allgemeiner Teil -, Neuwied/Darmstadt (2. Aufl.) 1981
Burgdörfer, F.: Der *Altersaufbau* der Bevölkerung in international vergleichender bildlicher Darstellung, in: Akten des 18. Internationalen Soziologenkongresses, Bd. 4, 1963
Burger, A.: *Kostenmanagement,* München/Wien (2. Aufl.) 1995
Burger, A./Seidenspinner, G.: Jugend unter dem Druck der *Arbeitslosigkeit,* München 1977
Bürgerinitiative Düppel-Nord: *Anwaltsplanung* für die Neubausiedlung Düppel-Nord. Bericht Expertentagung '75, Berlin 1975 (Eigenverlag)

Burghardt, A./Rasch, W.: *Ausgrenzung* der psychisch kranken Straftäter in Sonderkliniken – Ende des Abschiebespiels?, in: Psychiatrische Praxis 1985, S. 73

Burla, S.: Rationales *Management* in Non-Profit-Organisationen, (Schriftenreihe des betriebswirtschaftlichen Instituts an der Universität Basel, Bd. 19), Bern/Stuttgart 1989

Burnham, J. B.: *Systemische Familienberatung*. Eine Lern- und Praxisanleitung für soziale Berufe, Weinheim/Basel 1995

Busch, U.: Die *Rechtsbeziehungen* zwischen Landkreis und herangezogener Gemeinde im Rahmen des § 96 BSHG, in: NDV 1974, S. 40

Busch-Geertsema, V./Ruhstrat, E.-U.: *Wohnungsnotfälle*. Sicherung der Wohnungsversorgung für wirtschaftlich oder sozial benachteiligte Haushalte, hrsg. vom Bundesministerium für Raumordnung, Bauwesen und Städtebau sowie für Familie und Senioren, vorgelegt von der Gesellschaft für Innovative Sozialforschung und Sozialplanung e.V. Bremen, Bonn 1994

Busch-Geertsema, V./Ruhstrat, E.-U.: *Wohnungsnotfälle* und Wohnungslosigkeit. Zwischen strukturellen Defiziten und defizitären Strukturen, Teil I und II, in: NDV 1995, S. 400 u. S. 443

Büschges, G.: *Einführung* in die Organisationssoziologie, Stuttgart 1983

Büschges, G./Abraham, M./Funk, W.: *Grundzüge* der Soziologie, München/Wien 1996

Busemann, A.: *Spiralmodell*, in: ders.: Krisenjahre im Ablauf der menschlichen Jugend, Ratingen (3. Aufl.) 1965

Busse, C. H.: *Stadtteilentwicklungsplanung* in Hamburg, in: Stadtbauwelt 1979, S. 99

Bussmann, W. (Hrsg.): *Lernen* in Verwaltungen und Policy-Netzwerken, Chur/Zürich 1994, S. 39

Büttner, H.: Viererlei Maß – Widersprüchliche Bemessung des *Existenzminimums* bei Sozialhilfe, Pfändung, Prozeßkostenhilfe und notwendigem Selbstbehalt im Unterhaltsrecht, in: FamRZ 1990, S. 459

Caemmerer, D. v. (Hrsg.): *Praxisberatung* (Supervision). Ein Quellenband, Freiburg 1970

Calliess, R.-P./Müller-Dietz, H.: *Strafvollzugsgesetz*, Kurzkommentar, München (6. Aufl.) 1994

Campbell, J. P./Dunette, M. D.: Effectiveness of *T-Group* Experiences in Managerial Training and Development, in: Psychological Bulletin 1969, S. 73

Caritas: *Caritas-Armutsuntersuchung*. Ergebnisse und Position, Themenheft, H. 10, 1992

Caritasverband der Erzdiözese München-Freising (Hrsg.): *Markt* und Ethik. Management sozialwirtschaftlicher Organisation, München 1996

Carstens, K.: Das Recht des *Europarats*, Berlin 1956

Cassel, D./Müller, H.: *Kreislaufanalyse* und volkswirtschaftliche Gesamtrechnung, Stuttgart 1975

Cattell, R. B.: *Abilities*: Their Structure, Growth and Action, Boston 1971

Cattell, R. B.: Die empirische Erforschung der *Persönlichkeit*, Weinheim 1973

Chajet, C./Shachtman, T.: *Image-Design*. Corporate Identity für Firmen, Marken und Produkte, Frankfurt a.M. 1995

Charlton, M./Bachmair, B. (Hrsg.): *Medienkommunikation* im Alltag. Interpretative Studien zum Medienhandeln von Kindern und Jugendlichen, München/New York/London/Paris 1990

Christoph, F.: Tödlicher *Zeitgeist* – Notwehr gegen Euthanasie, Köln 1991

Chrzanowski, G.: *Hypochondrie*, in: Eicke, D. (Hrsg.): Freud und die Folgen (Bd. 1), Die Psychologie des 20. Jahrhunderts (Bd. 2), München 1976, S. 697

Cicourel, A. V.: *Methode* und Messung in der Soziologie, Frankfurt a.M. 1975

Claessens, D.: *Familie* und Wertsystem. Eine Studie zur „zweiten sozio-kulturellen Geburt" des Menschen und der Belastbarkeit der Kernfamilie, Berlin (4. Aufl.) 1979

Claesson, B. H.: Vom Lieben und vom Kinderkriegen. *Sexualinformation* für Kinder, Frankfurt a.M. 1974

Clark, C.: *Brainstorming*. Methoden der Zusammenarbeit und Ideenfindung, München 1973

Clarke, J.: *Jugendkultur* als Widerstand, Frankfurt a.M. 1979

Classen, G.: *Menschenwürde* mit Rabatt. Das Asylbewerberleistungsgesetz und was man dagegen tun kann, hrsg. von Pro Asyl, Frankfurt a.M. 1994

Claus, J.: *Selbsthilfegruppen* für Drogenabhängige, in: Heckmann, W.: Praxis der Drogentherapie, Weinheim 1982

Clauss, G./Hiebsch, H.: *Kinderpsychologie*, Berlin-DDR (4. Aufl.) 1962

Claußen, B. (Hrsg.): *Elternbildung* als Aufgabe politischer Bildung, Bonn 1979

Claußen, B.: *Risikogesellschaft* und politische Bildung. Didaktische Dimensionen des ökologischen Gesellschaftskonflikts, in: Heitmeyer, W./Jacobi, J. (Hrsg.): Politische Sozialisation und Individualisierung, Weinheim/München 1991, S. 229

Claussen, H./Vent, H.: *Aufsichtspflicht* und Aufsichtspflichtverletzung unter besonderer Berücksichtigung von Einrichtungen der Jugendhilfe, AFET-Schrift, H. 12, Hannover 1995

Clemens, H./Lantermann, H./Henkel, K.-H./Millack, C./Engelking, H.: Kommentar zum *Besoldungsrecht* des Bundes und der Länder, Loseblattausgabe, Stuttgart/München o.J.

Clemens, H./Scheuring, O./Steingen, W./Wiese, F.: Kommentar zum *Bundesangestelltentarifvertrag*, Loseblattausgabe, Stuttgart/München o.J.

Clement, U./Senf, W. (Hrsg.): *Transsexualität.* Behandlung und Begutachtung, Stuttgart/New York 1996

Clemenz, M./Combe, A./Beier, C./Lützi, J./Spangenberg, N.: Soziale *Krise*, Institution und Familiendynamik, Opladen 1990

Cloerkes, G.: Einstellung und Verhalten gegenüber *Körperbehinderten.* Eine Bestandsaufnahme der Ergebnisse internationaler Forschung, Berlin 1979

Coe, R. M.: *Sociology of Medicine*, New York 1970

Coester, M.: Das *Kindeswohl* als Rechtsbegriff, (Arbeiten zur Rechtsvergleichung, Bd. 114), Frankfurt a.M. 1983

Cohen, A. K.: *Abweichung* und Kontrolle, München (4. Aufl.) 1975

Cohen, R.: Systematische Tendenzen bei *Persönlichkeitsbeurteilungen,* Bern 1969

Cohn, R. C.: Von der Psychoanalyse zur themenzentrierten *Interaktion*: Von der Behandlung einzelner zu einer Pädagogik für alle, Stuttgart (11. Aufl.) 1992

Colberg-Schrader, H./Derschau, D. v.: Sozialisationsfeld *Kindergarten*, in: Hurrelmann u.a.: *Handbuch*, S. 335

Colberg-Schrader, H./Krug, M.: *Lebensnahes Lernen* im Kindergarten. Zur Umsetzung des Curriculum Soziales Lernen, München (2. Aufl.) 1982

Colberg-Schrader, H./Krug, M./Pelzer, S.: Soziales *Lernen* im Kindergarten. Ein Praxisbuch des Deutschen Jugendinstitutes, München (3. Aufl.) 1993

Coleman, J. S.: Grundlagen der *Sozialtheorie,* 3 Bde., München 1994

Collatz, J.: *Effektivität*, Bedarf und Inanspruchnahme von medizinischen und psychosozialen Versorgungseinrichtungen für Frauen und Mütter mit Kindern, (Schriftenreihe des Bundesministeriums für Frauen und Jugend, Bd. 17), Stuttgart/Berlin/Köln 1994

Collins, A. H./Pancoast, D. L.: Das soziale Netz der *Nachbarschaft.* Als Partner professioneller Hilfe, Freiburg 1981

Collmer, P.: Die *persönliche Hilfe,* in: Achinger u.a.: *Fürsorge*

Combs, A. W./Avila, D. L./Purkey, W. W.: Die helfenden *Berufe*, Stuttgart 1975

Committee for the Study of the Future of Public Health (Hrsg.): The Future of *Public Health*, Washington DC 1988

Comte, A.: Rede über den Geist des *Positivismus*, Hamburg (3. Aufl.) 1979

Coogler, O.J.: Structured *Mediation* in Divorce Settlements, Lexington 1978

Cooper, C. L./Maugham, I. L.: *T-group:* A Survey of Research, London 1971

Cooper, D.: *Psychiatrie* und Anti-Psychiatrie, Frankfurt a.M. 1975

Corboz, R. J.: *Spätreife* und bleibende Unreife, Berlin/Heidelberg/New York 1967

Cornel, H.: *Geschichte* des Jugendstrafvollzugs. Ein Plädoyer für seine Abschaffung, Weinheim/Basel 1984

Cornel, H./Maelicke, B./Sannen, B.-R. (Hrsg.): *Handbuch* der Resozialisierung, Baden-Baden 1995

Cornel, H./Maelicke, B.: Recht der *Resozialisierung,* Baden-Baden (3. Aufl.) 1994

Correll, W.: *Lernstörungen* beim Schulkind. Ursachen, Formen, Überwindungsmöglichkeiten, Donauwörth (10. Aufl.) 1976

Coser, L. A.: Studien zur *Theorie* sozialer Konflikte, Neuwied/Darmstadt 1976

Council of Europe (Hrsg.): *Chart* Showing Signatures and Ratifications of Conventions and Agreements Concluded within the Council of Europe, Loseblattausgabe, Straßburg, Stand: März 1991

Costas, I.: *Grundlagen* der Wirtschafts- und Sozialstatistik, Frankfurt/New York 1985

Cramer, H.: *Schwerbehindertengesetz,* Kommentar, München (4. Aufl.) 1992

Creifelds, C.: *Rechtswörterbuch*, München (7. Aufl.) 1983

Creifelds, C.: *Staatsbürgertaschenbuch*, München (27. neu bearb. Aufl.) 1994

Cremer, C./Bader, C./Dudeck, A. (Hrsg.): *Frauen* in der sozialen Arbeit. Zur Theorie und Praxis feministischer Bildungs- und Sozialarbeit, München 1990

Crombach, E.: Die öffentliche *Versammlung* unter freiem Himmel, Berlin 1976

Cromm, J.: *Bevölkerungspolitik,* in: Sozialer Fortschritt 1989, S. 10

Cyprian, G./Frey, H. P./Heckmann, F. (Hrsg.): *Soziologie* für soziale Berufe, München 1992

Czada, R.: Konjunkturen des *Korporatismus*, in: Streeck, W. (Hrsg.): Staat und Verbände, (Politische Vierteljahresschrift, SH. 25), Opladen 1994, S. 37

Daheim, H.: Der *Beruf* in der modernen Gesellschaft. Versuch einer soziologischen Theorie beruflichen Handelns, Köln/Berlin 1967

Daheim, H. u.a. (Hrsg.): Untersuchungen zum 4. Jugendbericht. *Sozialisationsprobleme* arbeitender Jugendlicher, 2 Bde., München 1978

Dahlem, O./Giese, D./Igl, D./Klie, T.: Das *Heimgesetz.* Kommentar zum Gesetz über Altenheime, Altenwohnheime und Pflegeheime für Volljährige, Loseblattausgabe, Köln/Berlin/Bonn/München, Stand: Januar 1992

Dahlinger, E.: Die *Eingliederung* Behinderter. Aufgaben und Ziele bei der Eingliederung Behinderter. Eingliederungshilfe nach dem BSHG. Eingliederungshilfe nach dem SGB VIII, (Schriften des DV: Kleinere Schriften, H. 39), Frankfurt a.M. 1991

Dahlinger, E.: Die *Heranziehung* der Gemeinden bei der Durchführung von Aufgaben nach dem Bundessozialhilfegesetz, in: DÖV 1961, S. 938

Dahmer, I.: *Theorie* und Praxis, in: ders./Klafki, W. (Hrsg.): Geisteswissenschaftliche Pädagogik am Ausgang ihrer Epoche, Weinheim/Basel 1968

Dahrendorf, R.: *Bildung* ist Bürgerrecht, Hamburg 1965

Dahrendorf, R.: Homo *sociologicus*. Ein Versuch zur Geschichte, Bedeutung und Kritik der Kategorie der sozialen Rolle, Leverkusen (15. Aufl.) 1977

Dahrendorf, R.: *Pfade* aus Utopia. Zu einer Neuorientierung der soziologischen Analyse, in: ders.: Pfade aus Utopia. Arbeiten zur Theorie und Methode der Soziologie. München (3. Aufl.) 1974

Dahrendorf, R.: Die *soziale Schichtung* des deutschen Volkes, in: ders.: Gesellschaft und Demokratie in Deutschland, München 1971, S. 86

Dalichau, G./Grüner, H.: *Gesundheitsstrukturgesetz*. Gesetz zur Sicherung und Strukturverbesserung der gesetzlichen Krankenversicherung, Kommentar sowie Bundes- und Landesrecht, Loseblattausgabe, Starnberg, Stand: Mai 1993

Damian, H.-P.: *Geheimhaltungspflicht* und Zeugnisverweigerung der Sozialarbeiter/Sozialpädagogen – Versuch einer Bestandsaufnahme, in: NDV 1981, S. 202

Damian, H.-P.: *Zeugnisverweigerungsrechte* in der Sozialarbeit und Sozialpädagogik, in: BldW 1982/8, S. 196

Damkowski, W./Precht, C.: *Public-Management*. Neuere Steuerungskonzepte für den öffentlichen Sektor, Stuttgart/Berlin/Köln 1995

Damm, D./Fiege, J./Hübner, B. u.a.: *Jugendpolitik* in der Krise. Repression und Widerstand in Jugendfürsorge, Jugendverbänden, Jugendzentren, Heimerziehung, Frankfurt a.M. 1978

Damrau, W./Zimmermann, W.: *Betreuungsgesetz*, Kommentar, Stuttgart 1991

Dannecker, M.: Der Homosexuelle und die *Homosexualität*, Frankfurt a.M. (4. Aufl.) 1991

Dannecker, M./Reiche, R.: Der gewöhnliche *Homosexuelle*. Eine soziologische Untersuchung über männliche Homosexuelle in der BRD, Frankfurt a.M. (2. Aufl.) 1974

Däubler, W. (Hrsg.): *Arbeitskampfrecht*, Baden-Baden (2. Aufl.) 1987

Däubler, W.: Recht des *Europarats*. Einleitung, in: Däubler u.a.: *Arbeits- und Sozialordnung*, S. 465

Däubler, W.: Arbeitskampfrecht mit neuen *Konturen*, in: Arbeit und Recht, Zeitschrift für Arbeitsrechtspraxis 1992, H. 1

Däubler, W./Kittner, M./Lörcher, K.: Internationale *Arbeits- und Sozialordnung*, Köln (2. Aufl.) 1994

Däubler, W./Buchholz, S. u.a.: Kommentar zum *Bürgerlichen Gesetzbuch*. Alternativkommentar, Bd. 6: Erbrecht, Neuwied/Kriftel/Berlin (2. Aufl.) 1990

Daucher, H. (Hrsg.): *Ästhetische Erziehung* als Wissenschaft. Probleme, Positionen, Perspektiven, Köln 1979

Däumling, A. M.: *Sensitivity-Training*, in: GrPsyGrDyn. 1968, S. 113

Däumling, A. M./Fengler, J./Nellessen, L./Svensson, A.: Angewandte *Gruppendynamik*. Selbsterfahrung – Forschungsergebnisse – Trainingsmodelle, Stuttgart 1974

Davidoff, P.: *Anwaltsplanungsprinzip* und Pluralismus in der Planung, in: Lauritzen: Demokratie, S. 149

Davison, G. C./Neale, J. M.: *Klinische Psychologie,* München (2. Aufl.) 1984

DBS → Deutscher Berufsverband der Sozialarbeiter und Sozialpädagogen e.V.

DCV → Deutscher Caritasverband

Debus, G.: *Gefühle*, in: Herrmann, T./ Hofstätter, P./Huber, H./Weinert, F. (Hrsg.): Handbuch psychologischer Grundbegriffe, München 1977

Dechmann, M. D.: *Teilnahme* und Beobachtung als soziologisches Basisverhalten, Bern/Stuttgart 1978

Decker, F.: *Ausländer* im politischen Abseits. Möglichkeiten politischer Beteiligung, Frankfurt a.M. 1982

Degenhardt, K.-H. (Hrsg.): *Humangenetik*. Ein Leitfaden für Studium, Praxis und Klinik, Köln 1974

Degkwitz, R./Hoffmann, S. O./Kindt, H.: *Psychisch krank*. Einführung in die Psychiatrie für das klinische Studium, München/Wien 1982

Dembach, B./Kappel, S.: Sucht- und *Drogenprävention*, in: Deutsche Hauptstelle gegen Suchtgefahren: Jahrbuch, S. 134

Dennewitz, B.: *Verwaltung* und Verwaltungsrecht, Wien 1944

Denninger, E.: Über das *Verhältnis* von Menschenrechten zum positiven Recht, JZ 1982, S. 225

Depiereux, S.: Das neue *Haushaltsrecht* der Gemeinden, Siegburg (5. Aufl.) 1975

Dericum, C.: Fritz und Flori. *Tagebuch* einer Adoption, München 1978

Derleder, P.: *Unterhaltsrecht* versus Sozialhilferecht. Rechtsgrundsätze zur Überwindung der Divergenzen von Unterhaltsrecht und Sozialhilferecht durch die Familiengerichtsbarkeit, in: FuR 1991, S. 1

Derschau, D. v.: Die Ausbildung der *Erzieher* für Kindergarten, Heimerziehung und Jugendarbeit an den Fachschulen/Fachakademien für Sozialpädagogik, Gersthofen 1976

Derschau, D. v.: *Neuorientierung* der Kinderpflegerinnenausbildung, in: TuPSozPäd. 1986, S. 49

Désirat, K.: Die transsexuelle *Frau*. Zur Entwicklung und Beeinträchtigung weiblicher Geschlechtsidentität, (Beiträge zur Sexualforschung, Bd. 60), Stuttgart 1985

Dettling, W./Mielenz, J.: *Jugendhilfe 2000*. Visionen oder Illusionen?, (Arbeitstagung der AGJ 1994 in Potsdam), Bonn 1994

Deutsch, K. W.: *Politische Kybernetik*. Modelle und Perspektiven, Freiburg (3. Aufl.) 1973

Deutsch, M. A.: Theory of *Cooperation* and Competition, in: Human Relations 1949, S. 129

Deutsche AIDS-Hilfe (Hrsg.): *Sozialrecht* für Menschen mit HIV und Menschen mit AIDS, Berlin 1990

Deutsche Gesellschaft für Erziehungswissenschaft (Hrsg.): *Handbuch* Erziehungswissenschaft 1994/95. Verzeichnis der Institutionen und des Personals erziehungswissenschaftlicher Forschung und Lehre, Weinheim 1994, (erscheint zweijährlich)

Deutsche Gesellschaft für Hauswirtschaft (Hrsg.): *Qualitätsmerkmale* der Leistungen in Einrichtungen der Altenhilfe. Erarbeitet vom Fachausschuß Großhaushalt, Hohengehren 1993

Deutsche Gesellschaft für Kinder- und Jugendpsychiatrie: Denkschrift zur Lage der *Kinder- und Jugendpsychiatrie* in der Bundesrepublik, Marburg 1984

Deutsche Gesellschaft für Qualität e.V. (Hrsg.): Begriffe zum *Qualitätsmanagement*, DGQ-Schrift Nr. 11/04, Berlin (6. Aufl.) 1995

Deutsche Hauptstelle gegen Suchtgefahren (Hrsg.): *Abhängigkeit* bei Frauen und Männern, Freiburg 1990

Deutsche Hauptstelle gegen Suchtgefahren (Hrsg.): Mobile *Drogenprävention,* PR-Material der „Mobilen Drogenprävention", Hamm 1990

Deutsche Hauptstelle gegen Suchtgefahren (Hrsg.): *Jahrbuch* Sucht 1997 (erscheint jährlich)

Deutsche Vereinigung für Jugendgerichte und Jugendgerichtshilfen e.V. (Hrsg.): *Jugendhilfe in Strafverfahren* – Standort und Wandel, Hannover 1995

Deutscher, R./Fieseler, G./Maòr, H. (Hrsg.): *Lexikon* der sozialen Arbeit, Stuttgart/Berlin/Köln 1978

Deutscher Berufsverband der Sozialarbeiter und Sozialpädagogen e.V. (Hrsg.): *Berufsbild/Berufsordnung*, Essen 1974

Deutscher Berufsverband der Sozialarbeiter und Sozialpädagogen e.V. (Hrsg.): Ein *Berufsverband* zwischen Beharren und Verändern, Essen 1976

Deutscher Berufsverband der Sozialarbeiter und Sozialpädagogen e.V. (Kommission „Zeugnisverweigerungsrecht"): Sozialarbeit/Sozialpädagogik und das allgemeine strafprozessuale *Zeugnisverweigerungsrecht*, in: SArb. 1982/4, S. 97

Deutscher Bildungsrat: *Bericht '75*. Entscheidungen im Bildungswesen, Stuttgart 1975

Deutscher Bildungsrat (Hrsg.): Zur Förderung praxisnaher *Curriculumentwicklung*, (Empfehlungen der Bildungskommission des Deutschen Bildungsrates), Stuttgart 1974

Deutscher Bildungsrat: *Empfehlungen* der Bildungskommission. Strukturplan für das Bildungswesen, Bonn 1970

Deutscher Bildungsrat: Zur pädagogischen *Förderung* behinderter und von Behinderung bedrohter Kinder und Jugendlicher, (Empfehlungen der Bildungskommission des Deutschen Bildungsrates), Bonn 1973

Deutscher Bildungsrat: *Strukturplan* für das Bildungswesen, Stuttgart 1970

Deutscher Bundesjugendring (Hrsg.): *Handbuch* (erscheint jährlich)

Deutscher Bundesjugendring (Hrsg.): *Jugendverbände* im Spagat. Zwischen Erlebnis und Partizipation, Münster 1994

Deutscher Bundestag (Hrsg.): Chancen und Risiken der *Gentechnologie,* Bonn 1987

Deutscher Caritasverband (Hrsg.): *Behinderte Kinder*. Eine Aufgabe für Sonderkindergarten und Regelkindergarten, (Schriftenreihe des DCV: Unser Standpunkt, Nr.19), Freiburg 1984

Deutscher Caritasverband (Hrsg.): *Ehrenamtliche Tätigkeit* in der Caritas, (Schriftenreihe des DCV: Unser Standpunkt, Nr. 27), Freiburg 1995

Deutscher Caritasverband (Hrsg.): *Handbuch* für Hausaufgabenhilfe, Frankfurt a.M. 1983

Deutscher Caritasverband (Hrsg.): Zeit für ein *Leitbild*, Freiburg 1994

Deutscher Caritasverband (Hrsg.): Denkschrift zur *Neuordnung* der ambulanten Gesundheits- und sozialpflegerischen Dienste, (Schriftenreihe des DCV: Unser Standpunkt, Nr. 1), Freiburg 1974

Deutscher Caritasverband (Hrsg.): *Sozialstationen* im Alltag. Materialien, Handreichungen, Empfehlungen, (Schriftenreihe des DCV: Unser Standpunkt, Nr. 11), Freiburg 1978

Deutscher Caritasverband: *Zivildienst* und Caritas, Freiburg 1977

Deutscher Kinderschutzbund (Hrsg.): Schützt Kinder vor *Gewalt*. Vom reaktiven zum aktiven Kinderschutz, Weinheim/Basel 1983

Deutscher Landkreistag (Hrsg.): *Kreisrecht* in den Ländern der Bundesrepublik Deutschland, mit einer Einführung von Henneke, H.-G., Stuttgart/München/Hannover/Berlin/Weimar/Dresden 1994

Deutscher Mieterbund (Hrsg.): Das *Mieterlexikon*. Ein Nachschlagewerk für Fachleute und Laien, München 1991

Deutscher Paritätischer Wohlfahrtsverband (Hrsg.): Wessen wir uns schämen müssen in einem reichen Land... *Armutsbericht* des DPWV für die Bundesrepublik Deutschland, in: BldW 1989, S. 269 u. S. 342

Deutscher Paritätischer Wohlfahrtsverband (Hrsg.): *Output* ohne Input? Zur kommunalen Finanzierung der Jugendhilfe, Frankfurt a.M. 1995

Deutscher Sozialrechtsverband e.V. (Hrsg.): *Europäisches Sozialrecht.* Bundestagung des Deutschen Sozialrechtsverbandes e.V. – 9. bis 11. Oktober 1991 in Duisburg, Wiesbaden 1992

Deutscher Städtetag: Chancen und Grenzen der *Privatisierung* – 25 Thesen des Deutschen Städtetages, in: Der Städtetag 1995, S. 317

Deutscher Städtetag (Hrsg.): *Sicherung* der Wohnungsversorgung in Wohnungsnotfällen und Verbesserung der Lebensbedingungen in sozialen Brennpunkten – Empfehlungen und Hinweise, (DST-Beiträge zur Sozialpolitik, H. 21), Köln 1987

Deutscher Städtetag: Hinweise zur Arbeit in *sozialen Brennpunkten,* (Reihe: DST-Beiträge zur Sozialpolitik, H. 10), Köln 1979

Deutscher Verein für öffentliche und private Fürsorge (Hrsg.): Empfehlungen zur *Abgrenzung* von Arten der Sozialhilfe untereinander, mit ergänzenden Anm. von W. Hoppe, (Schriften des DV: Kleinere Schriften, H. 34), Frankfurt a.M. (2. Aufl.) 1978

Deutscher Verein für öffentliche und private Fürsorge (Hrsg.): Gemeinnützige und zusätzliche *Arbeit* in der Sozialhilfe, (Schriften des DV: Schriften allgemeinen Inhalts, Bd. 14), Frankfurt a.M. 1984

Deutscher Verein für öffentliche und private Fürsorge (Hrsg.): Gutachtliche Äußerung: Neues *Bedarfsbemessungssystem* für die Regelsätze in der Sozialhilfe. Ableitung der Regelsätze für sonstige Haushaltsangehörige, Sonderdruck, Frankfurt a.M. 1989

Deutscher Verein für öffentliche und private Fürsorge, Vorstand des DV: Eingabe des Vorstandes betreffend Erlaß eines *Bewahrungsgesetzes*, in: NDV 1927, S. 346

Deutscher Verein für öffentliche und private Fürsorge (Hrsg.): *Datenschutz* im sozialen Bereich, zusammengestellt von T. Mörsberger, (Schriften des DV: Arbeitshilfen, H. 20), Frankfurt a.M. 1981

Deutscher Verein für öffentliche und private Fürsorge (Hrsg.): Empfehlungen für den *Einsatz des Vermögens* in der Sozialhilfe, in: NDV 1992, S. 141

Deutscher Verein für öffentliche und private Fürsorge (Hrsg.): *Empfehlungen* zur bundeseinheitlichen Neuordnung der Berufsfachschul- und Fachschulausbildungen für soziale Berufe, in: NDV 1994, S. 326

Deutscher Verein für öffentliche und private Fürsorge (Hrsg.): *Empfehlungen* für die Anwendung der Vorschrift des § 79 Abs.1 Nr.2 und Abs.2 Nr.2 BSHG, in: NDV 1986, S. 257

Deutscher Verein für öffentliche und private Fürsorge (Hrsg.): *Empfehlungen* zur Heranziehung zu den Kosten und zur Überleitung von Ansprüchen nach dem *SGB VIII* (Kinder- und Jugendhilfegesetz), in: NDV 1993, S. 46

Deutscher Verein für öffentliche und private Fürsorge (Hrsg.): *Empfehlungen* des Deutschen Vereins *zur Beratung* in Fragen der Trennung und Scheidung und zur Mitwirkung der Jugendhilfe im familiengerichtlichen Verfahren, in: NDV 1992, S. 148

Deutscher Verein für öffentliche und private Fürsorge (Hrsg.): Mit uns auf *Erfolgskurs.* Fachberatung in Kindertagesstätten. Kongreßdokumentation bearb. v. Devivere, B./Irskens, B., (Schriften des DV: Materialien für die sozialpädagogische Praxis, Bd. 26), Frankfurt a.M. 1996

Deutscher Verein für öffentliche und private Fürsorge (Hrsg.): *Fachberatung* zwischen Beratung und Politik, eine kritische Bestandsaufnahme, bearb. v. Irskens, B./Engler, R., (Schriften des DV: Materialien für die sozialpädagogische Praxis, Bd. 23), Frankfurt a.M. 1992

Deutscher Verein für öffentliche und private Fürsorge (Hrsg.): *Fachliche Beratung,* Planung, Vernetzung. Zur Entwicklung eines neueren Aufgabenfeldes in der Altenhilfe, bearb. v. Hedtke-Becker, A./Mörsberger, T., (Schriften des DV: Sonderdrucke und Sonderveröffentlichungen, H. 11), Frankfurt a.M. 1991

Deutscher Verein für öffentliche und private Fürsorge (Hrsg.): *Familienpflege* im städtischen und ländlichen Bereich, (Schriften des DV: Kleinere Schriften, H. 1), Frankfurt a.M. 1986

Deutscher Verein für öffentliche und private Fürsorge (Hrsg.): Empfehlungen des Deutschen Vereins für eine bundeseinheitliche Ausbildungsordnung zur *Familienpflegerin,* in: NDV 1992, S. 37

Deutscher Verein für öffentliche und private Fürsorge (Hrsg.): Die *Fürsorge* in der gewandelten Welt von heute. Gesamtbericht über den Deutschen Fürsorgetag in Berlin 1959, (Schriften des DV: Allgemeine Schriften, Bd. 213), Frankfurt a.M. 1960

Deutscher Verein für öffentliche und private Fürsorge (Hrsg.): *Gesamtbericht* über den Deutschen Fürsorgetag des entsprechenden Jahres, (Schriften des DV: Allgemeine Schriften), Frankfurt a.M.

Deutscher Verein für öffentliche und private Fürsorge: *Gutachten vom 19. Juli 1965,* in: NDV 1965, S. 310

Deutscher Verein für öffentliche und private Fürsorge: *Gutachten vom 31. August 1966,* in: NDV 1966, S. 319

Deutscher Verein für öffentliche und private Fürsorge: *Gutachten vom 4. April 1967,* in: NDV 1967, S. 180

Deutscher Verein für öffentliche und private Fürsorge: *Gutachten vom 27. Juli 1969,* in: NDV 1969, S. 258

Deutscher Verein für öffentliche und private Fürsorge: *Gutachten vom 3. Mai 1974,* in: Gutachten zum Sozial- und Jugendhilferecht VI, (Schriften des DV: Kleinere Schriften, H. 58), Frankfurt a.M. 1978

Deutscher Verein für öffentliche und private Fürsorge: *Gutachten vom 12. November 1981* – F 6 235/81, 608 -. Zur Anwendbarkeit des § 54 StPO auf die Tätigkeit nichtkonfessioneller Verbände der freien Wohlfahrtspflege. Erstellt von M. Frommann, in: NDV 1982, S. 46

Deutscher Verein für öffentliche und private Fürsorge (Hrsg.): *Handbuch* der örtlichen *Sozialplanung*. Koordination und Bearbeitung U. Feldmann, (Schriften des DV: Allgemeine Schriften, Bd. 265), Frankfurt a.M. 1986

Deutscher Verein für öffentliche und private Fürsorge (Hrsg.): Aufbruchstimmung in der *Heimaufsicht?* Materialien zum Standard und zur Qualitätssicherung in der stationären Altenhilfe, bearb. v. Klie, T./Titz, K., (Schriften des DV: Sonderdrucke und Sonderveröffentlichungen, H. 16), Frankfurt a.m. 1993

Deutscher Verein für öffentliche und private Fürsorge (Hrsg.): Empfehlungen für die *Heranziehung Unterhaltspflichtiger*, (Schriften des DV: Kleinere Schriften, H. 17), Frankfurt a.M. 1992

Deutscher Verein für öffentliche und private Fürsorge (Hrsg.): Die „*Hilfe zur Arbeit*" im Spannungsfeld von Sozialhilfe und lokalen Beschäftigungsinitiativen, (Schriften des DV: Schriften allgemeinen Inhalts, Bd. 22), Frankfurt a.M. 1988

Deutscher Verein für öffentliche und private Fürsorge (Hrsg.): Empfehlungen des Deutschen Vereins zur Hilfeplanung nach § 36 KJHG, in: NDV 1994, S. 47

Deutscher Verein für öffentliche und private Fürsorge (Hrsg.): *Jugendhilfe*, in: Materialien zur Sozial- und Jugendhilfe, Bd. 2/1, bearbeitet von R. Wiesner, Frankfurt a.M. 1984

Deutscher Verein für öffentliche und private Fürsorge (Hrsg.): Stellungnahme des DV zum Gesetzentwurf der Bundesregierung zur Reform des *Kindschaftsrechts* und zur Stellungnahme des Bundesrates, in: NDV 1996, S. 241

Deutscher Verein für öffentliche und private Fürsorge (Hrsg.): *Kommunale Sozialberichterstattung*, von Schmid-Urban, P., (Schriften des DV: Arbeitshilfen, H. 41) Frankfurt a.M. 1992

Deutscher Verein für öffentliche und private Fürsorge: Übersicht, kritische Beurteilung und Lösungsmöglichkeiten zur Versorgung seelisch Behinderter/psychisch Kranker in stationären *komplementären Einrichtungen*, in: NDV 1981, S. 85

Deutscher Verein für öffentliche und private Fürsorge (Hrsg.): Vorläufige Empfehlungen für die Ermittlung des *Kostenbeitrags* bei der Hilfe zur Erziehung, bei der Inobhutnahme und der vorläufigen Unterbringung von Kindern und Jugendlichen sowie der Hilfe für junge Volljährige nach dem KJHG, in: NDV 1991, S. 137

Deutscher Verein für öffentliche und private Fürsorge (Hrsg.): *Mehrbedarf* nach §§ 23, 24 BSHG und Einkommensgrenzen nach §§ 79, 81 BSHG, (Schriften des DV: Sonderdrucke und Sonderveröffentlichungen, H. 9), Frankfurt a.M. 1991

Deutscher Verein für öffentliche und private Fürsorge (Hrsg.): Die *Neuordnung* des Fürsorgerechts als Teil einer Sozialreform. Gesamtbericht über den Deutschen Fürsorgetag in Essen 1957, (Schriften des DV: Allgemeine Schriften, Bd. 209), Frankfurt a.M. 1958

Deutscher Verein für öffentliche und private Fürsorge (Hrsg.): *Nomenklatur* der *Altenhilfe*, (Schriften des DV: Kleinere Schriften, H. 65), Frankfurt a.M. (2. völlig neubearb. Aufl.) 1992

Deutscher Verein für öffentliche und private Fürsorge (Hrsg.): Arbeitsmappe *örtliche Sozialplanung*. Leitfaden für die neuen Bundesländer, (Schriften des DV: Texte und Materialien, Bd. 7), Frankfurt a.M. 1993

Deutscher Verein für öffentliche und private Fürsorge (Hrsg.): Empfehlungen des Deutschen Vereins für die Bemessung des monatlichen *Pauschalbetrages* bei Vollzeitpflege (§§ 39, 33 SGB VIII) in den neuen Bundesländern, in: NDV 1991, S. 375

Deutscher Verein für öffentliche und private Fürsorge (Hrsg.): Sozialversicherungsrechtliche Absicherung des Risikos der *Pflegebedürftigkeit*, Sonderdruck, Frankfurt a.M. 1984

Deutscher Verein für öffentliche und private Fürsorge (Hrsg.): Gegenwartsaufgabe: Gesetzliche *Pflegeversicherung*. Positionspapier des Deutschen Vereins zur gesetzlichen Absicherung des Risikos der Pflegebedürftigkeit, in: NDV 1991, S. 369

Deutscher Verein für öffentliche und private Fürsorge (Hrsg.): Anleitung von *Praktikanten* in der Sozialarbeit, (Schriften des DV: Arbeitshilfen, H. 4), Frankfurt a.M. 1971

Deutscher Verein für öffentliche und private Fürsorge (Hrsg.): Soziale Arbeit in den 80er Jahren – Herausforderung durch veränderte *Rahmenbedingungen*. Gesamtbericht über den 70. Deutschen Fürsorgetag 1983 in Berlin, (Schriften des DV: Allgemeine Schriften, Bd. 263), Frankfurt a.M. 1984

Deutscher Verein für öffentliche und private Fürsorge (Hrsg.): Überlegungen zur *Schuldnerberatung* in der sozialen Arbeit, in: NDV 1988, S. 367

Deutscher Verein für öffentliche und private Fürsorge (Hrsg.): *Selbsthilfe* und ihre Aktivierung durch die soziale Arbeit. Gesamtbericht über den 68. Deutschen Fürsorgetag 1976 in Dortmund, (Schriften des DV: Allgemeine Schriften, Bd. 258), Frankfurt a.M. 1977

Deutscher Verein für öffentliche und private Fürsorge (Hrsg.): *Sozialdatenschutz* – Positionen, Diskussionen, Resultate. Konzept und Redaktion: M. Frommann, T. Mörsberger, W. Schellhorn, (Schriften des DV: Arbeitshilfen, H. 24), Frankfurt a.M. 1985

Deutscher Verein für öffentliche und private Fürsorge (Hrsg.): Empfehlungen zur Organisation des Kommunalen Allgemeinen *Sozialdienstes*, erläutert von U. Feldmann und W. Schellhorn, (Schriften des DV: Kleinere Schriften, H. 68), Frankfurt a.M. 1983

Deutscher Verein für öffentliche und private Fürsorge (Hrsg.): *Soziale Arbeit* im sozialen Konflikt. Gesamtbericht über den 67. Deutschen Fürsorgetag vom 10. bis 12.10.1973 in Stuttgart, (Schriften des DV: Allgemeine Schriften, Bd. 253), Frankfurt a.M. 1974

Deutscher Verein für öffentliche und private Fürsorge (Hrsg.): Strukturmerkmale für die Organisation kommunaler *sozialer Dienste*, in: NDV 1995, S. 307

Deutscher Verein für öffentliche und private Fürsorge (Hrsg.): Von der *Sozialhilfe* zur Pflegeversicherung, (Schriften des DV: Texte und Materialien, Bd. 9), Frankfurt a.M. 1995, S. 210

Deutscher Verein für öffentliche und private Fürsorge (Hrsg.): Vorschläge zur Weiterentwicklung des *Sozialhilferechts* (1990), Sonderdruck, Frankfurt a.M. 1991

Deutscher Verein für öffentliche und private Fürsorge (Hrsg.): Fürsorge und *Sozialreform*, Gesamtbericht über den Deutschen Fürsorgetag in Frankfurt a.M. 1955, Frankfurt a.M. 1956

Deutscher Verein für öffentliche und private Fürsorge (Hrsg.): Neues Bedarfsbemessungssystem („*Statistikmodell*") – Abgrenzung des durch den Regelsatz abgedeckten Bedarfs, in: NDV 1990, S. 157

Deutscher Verein für öffentliche und private Fürsorge: Stellungnahme zu den Anforderungen an eine *berufsqualifizierende Ausbildung* der Sozialarbeiter/Sozialpädagogen, in: NDV 1983, S. 129

Deutscher Verein für öffentliche und private Fürsorge (Hrsg.): *Stellungnahmen* des Deutschen Vereins zur Kindschaftsrechtsreform, in: NDV 1995, S. 137, S. 477, NDV 1996, S. 241

Deutscher Verein für öffentliche und private Fürsorge (Hrsg.): Empfehlungen für die Heranziehung *Unterhaltspflichtiger*, mit Erläuterungen von W. Schellhorn, (Schriften des DV: Kleinere Schriften, H. 17), Frankfurt a.M. (3. Aufl.) 1992

Deutscher Verein für öffentliche und private Fürsorge (Hrsg.): Empfehlungen des Deutschen Vereins für die Bemessung des monatlichen Pauschalbetrages bei *Vollzeitpflege* (§§ 39, 33 SGB VIII), in: NDV 1991, S. 1

Deutscher Verein für öffentliche und private Fürsorge (Hrsg.): Jugendhilfe im gesellschaftlichen *Wandel*. Konzept und Redaktion: J. Faltermeier, (Schriften des DV: Arbeitshilfen, H. 42), Frankfurt a.M. 1992

Deutscher Verein für öffentliche und private Fürsorge (Hrsg.): 4 Jahre Bundessozialhilfegesetz und Jugendwohlfahrtsgesetz – *Wege* in die Zukunft. Gesamtbericht über den 64. Deutschen Fürsorgetag 1965 in Köln, (Schriften des DV: Allgemeine Schriften, Bd. 232), Frankfurt a.M. 1966

Deutscher Verein für öffentliche und private Fürsorge (Hrsg.): Hilfe für alleinstehende *Wohnungslose* (Nichtseßhafte). Materialien zur Diskussion der Hilfepraxis und Orientierung der Hilfeplanung nach § 72 BSHG, zusammengestellt und bearbeitet von M. Kahn und S. Zuleeg, (Schriften des DV: Texte und Materialien, Bd. 1), Frankfurt a.M. 1990

Deutsche Shell AG: *Jugend '81*. Lebensentwürfe – Alltagskulturen – Zukunftsbilder, 3 Bde., Opladen 1982

Deutsches Institut für Normung e.V. (Hrsg.): *DIN EN ISO 9000*, Berlin o.J.

Deutsches Institut für Urbanistik: *Kommunale Entwicklungsplanung*: Mittelfristige Investitions- und Finanzplanung, (Reihe: Arbeitshilfen, H. 3), Berlin 1976

Deutsches Jugendinstitut (Hrsg.): Das Erprobungsprogramm im *Elementarbereich*, 3 Bde., München 1979

Deutsches Jugendinstitut (Hrsg.): Diskurs 1/91. Jugend und der *Ernstfall*: Einstieg ins Arbeitsleben in Ost und West, München 1991

Deutsches Jugendinstitut (Hrsg.): Projekt „*Integration* von Kindern mit besonderen Problemen". Integration behinderter Menschen. Bücherliste, München (2. Aufl.) 1984

Deutsches Jugendinstitut (Hrsg.): Immer diese *Jugend*! Ein zeitgeschichtliches Mosaik 1945 bis heute, München 1985

Deutsches Jugendinstitut (Hrsg.): Die neue *Jugenddebatte*. Was gespielt wird und um was es geht: Schauplätze und Hintergründe, München 1982

Deutsches Jugendinstitut (Hrsg.): Bibliographie *Jugendhilfe*. Literatur zu Jugendforschung, Jugendhilfe und Jugendpolitik, Weinheim/München 1991 und 1996, (erscheint jährlich)

Deutsches Jugendinstitut (Hrsg.): *Medienerziehung* bei Vorschulkindern, Weinheim/München 1990

Deutsches Jugendinstitut (Hrsg.): Handbuch Beratung im *Pflegekinderbereich*, München 1987

Deutsches Jugendinstitut (Hrsg.): Orte für *Kinder*. Auf der Suche nach neuen Wegen in der Kinderbetreuung, München 1994

Deutsches Zentrum für Altersfragen e.V. (DZA) (Hrsg.): *Expertisen* zum ersten Altenbericht der Bundesregierung. Expertisen zum ersten Teilbericht der Sachverständigenkommission zur Erstellung des Ersten Altenberichts der Bundesregierung, 5 Bde., Berlin 1991 bis 1993

Deutsche Vereinigung für den Sozialdienst im Krankenhaus: Sozialdienst im Krankenhaus. *Basisinformationen* für die Praxis, Sonderdruck, Mainz 1991

Deutsche Vereinigung für die Rehabilitation Behinderter e.V.: *Beratung* in der Rehabilitation. Bericht über eine Arbeitssitzung, Heidelberg 1977

Deutsche Vereinigung für die Rehabilitation Behinderter e.V.: Probleme der *Mehrfachbehinderten* in Medizin, Pädagogik, Pflege, Sozial- und Arbeitsleben. Bericht über den 24. Kongreß der Deutschen Vereinigung für die Rehabilitation Behinderter in Hamburg, Heidelberg 1971

Devereux, G.: *Angst* und Methode in den Verhaltenswissenschaften, Frankfurt a.M. 1984

Dewe B./Ferchhoff, W./Sünker, H.: *Alltagstheorien*, in: Eyferth u.a.: *Handbuch*, S. 56

Dewe, B./Frank, G./Huge, W.: Theorien der *Erwachsenenbildung*, München 1988

Dewe, B./Wohlfahrt, N. (Hrsg.): *Netzwerkförderung* und soziale Arbeit. Empirische Analysen in ausgewählten Handlungs- und Politikfeldern, Bielefeld 1991

Dewe, B./Ferchhoff, W./Scherr, A./Stüwe, G.: Professionelles *soziales Handeln*. Soziale Arbeit im Spannungsfeld zwischen Theorie und Praxis, Weinheim/München (2. überarb. Aufl.) 1995, S. 43

Dewe, B./Radtke, F.-O.: Was wissen Pädagogen über ihr Können? Professionstheoretische Überlegungen zum *Theorie-Praxis-Problem* in der Pädagogik, in: Oelkers, J./Tenorth, H.-E. (Hrsg.): Pädagogisches Wissen, Weinheim 1993, S. 143

Dewe, B./Otto, H.-U.: *Zugänge* zur Sozialpädagogik. Reflexive Wissenschaftstheorie und kognitive Identität, Weinheim/München 1996

Deyhle, A.: *Controlling-Leitlinie*. Stammsatz für eine „Controller's Toolbox" mit Gebrauchsanleitung, Gauting (16., kompl. neubearb. Aufl.) o.J.

Deyhle, A.: *Management-* & Controlling Brevier, Bd. 1: Manager & Controller im Team, Bd. II: Ziele sind Zahlen, Gauting (6. Aufl.) 1993

DGfE → Deutsche Gesellschaft für Erziehungswissenschaft

Diakonische Akademie (Hrsg.): Sozialpädagogische Wohngemeinschaft *Sorsum*. Modellbericht, Stuttgart 1985

Diakonisches Werk der EKD Württemberg e.V., Abteilung für Diakonie und Sozialstationen (Hrsg.): *Standards* in der hauswirtschaftlichen Versorgung. Eine Arbeitshilfe für ambulante hauswirtschaftliche Dienste, Stuttgart 1996

Dick, L. van: *Alternativschulen*. Information, Probleme, Erfahrungen, Reinbek 1979

Dieck, M./Hanisch, W./Keller, M.: Betriebsvergleich von Einzelwirtschaften der stationären *Altenhilfe*. Erhebung 1979 – Gesamtanalyse der Daten. Bd. 1, Theoretische Grundlage, Erläuterungen der Stichprobe, Analyse der Heimbereiche; Bd. 2, Analyse der Gesamtheime, Zusammenfassung, Anhang, Berlin 1980

Diederichsen, H.: Zur Reform des *Eltern-Kind-Verhältnisses*, in: FamRZ 1978, S. 461

Diehm, I.: *Erziehung* in der Einwanderungsgesellschaft. Konzeptionelle Überlegungen für die Elementarpädagogik, Frankfurt a.M. 1995

Dietel, A./Gintzel, K.: *Demonstrations- und Versammlungsfreiheit*, Kommentar zum Gesetz über Versammlungen und Aufzüge vom 24. Juli 1953, Köln/Berlin/Bonn/München (9. Aufl.) 1989

Dietz, R./Richardi, R.: *Betriebsverfassungsgesetz*, 2 Bde., München (6. Aufl.) 1982

Dietz, R./Richardi, R.: *Bundespersonalvertretungsgesetz*, Kommentar, 2 Bde., München (2. Aufl.) 1978

Dill, M./Gemsjäger, W.: *Arbeits- und Berufsförderung* von Behinderten, Stuttgart 1977

Dilling, H./Mombour, W./Schmidt, M. H. (Hrsg.): Internationale *Klassifikation* psychischer Störungen. ICD-10 Kapitel V (F), Klinisch-diagnostische Leitlinien, Bern/Göttingen/Toronto 1991

Ditfurth, H. v. (Hrsg.): Aspekte der *Angst*, Stuttgart (2. Aufl.) 1977

Dittmann, O./Reimann, W./Bengel, M.: *Testament* und Erbvertrag, Kommentar, München (2. Aufl.) 1986

Dittrich, G. G. (Hrsg.): *Demokratisierung* der Planung. Vorstellungen, Tatsachen, Thesen, Empfehlungen, Nürnberg 1975

DJI → Deutsches Jugendinstitut

Dokter, A./Freitag, E.: *Müttergenesung* – ein frauenspezifisches Gesundheitsangebot, in: Verband Deutscher Rentenversicherungsträger (Hrsg.): Modelle der Rehabilitation – psychologischer und gesellschaftlicher Kontext, (Klinische Psychologie in der Rehabilitationsklinik, Bd. 5), Frankfurt a.M. 1992, S. 111

Dollase, R.: Handbuch für *Früh- und Vorschulpädagogik*, Düsseldorf 1978

Dollase, R.: *Soziometrie* als Interventions- und Meßinstrument, in: GrDyn. 1975, S. 82

Dollase, R.: Soziometrische *Techniken*. Techniken der Erfassung und Analyse zwischenmenschlicher Beziehungen in Gruppen, Weinheim/Basel 1973

Dölle, H.: *Familienrecht*, 2 Bde., Heidelberg 1964/1965

Dölling, D.: *Diversion*, in: Sieverts, R./Schneider, H. J. (Hrsg.): Handwörterbuch der Kriminologie, Bd. 5, Berlin 1991, S. 275

Dolls, M./Hammeter, V.: *Organisation* des Jugendamtes, in: Deutsches Institut für Urbanistik: *Entwicklungsplanung*

Dolto, F.: Das *Unbewußte* und das Schicksal des Kindes, Stuttgart 1995

Doormann, L. (Hrsg.): Keiner schiebt uns weg. Zwischenbilanz der *Frauenbewegung* in der BRD, Weinheim/Basel 1979

Doorn, J. v.: Probleme der *Professionalisierung* in der Sozialarbeit, in: Otto, H./Utermann, K. (Hrsg.): Sozialarbeit als Beruf. Auf dem Weg zur Professionalisierung? München 1971

Doppler, K./Voigt, B.: *Entwicklung* und Tendenzen angewandter Gruppendynamik, in: GrPsyGrDyn. 1977, S. 34

Doppler, K./Voigt, B.: *Gruppendynamik* und der institutionelle Faktor. Dynamisierung und Stabilisierung von Verhaltens- und Systemstrukturen durch gruppendynamische Praxis, in: Ohlmeier, D./Voigt, B. (Hrsg.): Veränderung und Widerstand. Gruppen im Spannungsfeld zwischen Individuum und Institution, Göttingen 1979

Doppler, K. u.a.: Change *Management*. Den Unternehmenswandel gestalten, Frankfurt/New York (4. Aufl.) 1995

Döring, D./Hanesch, W./Huster, E.-U. (Hrsg.): *Armut* im Wohlstand, Frankfurt a.M. 1990

Döring, D./Hauser, R. (Hrsg.): *Soziale Sicherheit* in Gefahr. Zur Zukunft der Sozialpolitik, Frankfurt a.M. 1995

Döring, G. K.: *Empfängnisverhütung*. Ein Leitfaden für Ärzte und Studenten, Stuttgart (12. Aufl.) 1990

Döring, K.: *Weiterbildung* mit System. Zur Professionalisierung des quartären Bildungssektors, Weinheim 1988

Dörner, D.: Die *Logik* des Mißlingens, Reinbek 1990

Dörner, D.: Kybernetische *Modelle* in der Psychologie, in: Herrmann, T./Hofstätter, P./Huber, H./Weinert, F. (Hrsg.): Handbuch psychologischer Grundbegriffe, München 1977

Dörner, D.: *Problemlösen* als Informationsverarbeitung, Stuttgart (3. Aufl.) 1987

Dörner, K.: Tödliches *Mitleid* – Zur Frage der Unerträglichkeit des Lebens, Gütersloh (2. Aufl.) 1989

Dörner, K./Köchert, R./Laer, G. v./Scherer, K.: *Gemeindepsychiatrie*. Gemeindegesundheit zwischen Psychiatrie und Umweltschutz, Stuttgart/Berlin/Köln 1979

Dörner, K./Plog, U.: Irren ist menschlich oder Lehrbuch der *Psychiatrie/Psychotherapie*, Rehburg-Loccum 1984

Dörner, K./Plog, U. (Hrsg.): *Sozialpsychiatrie*. Psychisches Leiden zwischen Integration und Emanzipation, Neuwied/Berlin 1972

Dörrie, K.: Über das „Selbst" in der *Selbsthilfe* und neue Verknüpfungen sozialer Netze und Großsysteme, in: Versionen und Visionen für das Soziale. Diskussionen über Selbsthilfe- und Sozialpolitik aus Anlaß des zehnjährigen Bestehens von Sekis in Berlin, hrsg. von Sekis und dem DPWV, Berlin 1993, S. 49

Dörrie, K.: Leistung und Anspruch Freier *Wohlfahrtspflege*, in: DPWV-Nachr. 1974, S. 107

Dörrie, K./Schneider, U./Wißkirchen, M.: *Helfen* ohne zu kolonialisieren. Zur Rolle des Paritätischen Wohlfahrtsverbandes im deutsch-deutschen Einigungsprozeß, in: BldW 1991, S. 231

Dorsch, F./Häcker, H./Stapf, K. H. (Hrsg.): Dorsch Psychologisches *Wörterbuch*, Bern/Göttingen/Toronto/Seattle (12. überarb. u. erw. Aufl.) 1994

Dörschel, A.: *Arbeit* und Beruf in wirtschaftspädagogischer Betrachtung, Freiburg 1960

DPWV → Deutscher Paritätischer Wohlfahrtsverband

Drees, A.: *Freie Phantasien* in der Psychotherapie und in Balintgruppen, Göttingen 1985

Dreher, E./Tröndle, H.: *Strafgesetzbuch*, Kommentar, München (47. Aufl.) 1995

Dreier, A.: Was tut der Wind, wenn er nicht weht? Begegnung mit der *Kleinkind-Pädagogik* in Reggio Emilia, Weinheim/München 1995

Dreitzel, H. P.: Die gesellschaftlichen *Leiden* und Leiden an der Gesellschaft. Vorstudien zu einer Pathologie des Rollenverhaltens, Stuttgart (3. Aufl.) 1980

Drerup, H.: Wissenschaftliche *Erkenntnis* und gesellschaftliche Praxis, Weinheim 1987

Drewes, T.: *Testament und Erbschaft*, Niedernhausen 1996

Dreyer, J.: *Bestattungskosten* nach dem BSHG, in: ZfF 1983, S. 75

Driebold, R. (Hrsg.): *Strafvollzug*. Erfahrungen – Modelle – Alternativen, (Gruppenpsychotherapie und Gruppendynamik – Beiträge zur Sozialpsychologie und therapeutischen Praxis, Bd.18), Göttingen 1983

Driebold, R./Egg, R./Nellessen, L./Quensel, S./Schmitt, G.: Die sozialtherapeutische *Anstalt*, Göttingen 1984

Driehaus, H. J.: *Wohngeldsondergesetz* für die neuen Bundesländer. Einführung mit Texten, Herne/Berlin 1991

Driver, L./Mohr, J. (Hrsg.): *Familienpflege* ist nötig, weil Familie wichtig ist, Stuttgart 1991

Drygala, A./Hoppe, J./Stapelfeld, H./Iben, G. (Hrsg.): *Zärtlich sein*. Pädagogische Arbeit mit sozial benachteiligten Kindern, Ravensburg 1979

Du Bois-Reymond, M.: *Strategien* kompensatorischer Erziehung. Das Beispiel der USA, Frankfurt a.M 1974

Dudek, H.: *Selbstbestimmungstraining* durch Mitverantwortung, Berlin 1977

Dührssen, A.: *Psychogene Erkrankungen* bei Kindern und Jugendlichen. Eine Einführung in die allgemeine und spezielle Neurosenlehre, Göttingen 1992

Dümichen, P.: *Bau- und Planungsrecht*, Herford (2. Aufl.) 1978

Dümpelmann, L./Graf, P./Müller-Egloff, P./Terhorst, H.: Sozialpädagogisches *Projektstudium*. Berichte und Analysen von Versuchen an der Fachhochschule München, Weinheim/Basel 1977

Dünkel, F.: *Freiheitsentzug* für junge Rechtsbrecher, Bonn 1990

Dupuis, G./Kerkhoff, W. (Hrsg.): *Enzyklopädie* der Sonderpädagogik, der Heilpädagogik und ihrer Nachbargebiete, Berlin 1992

Dürckheim, K.: Erlebnis und Wandlung. Grundfragen der *Selbstfindung*, München 1983

Dürig, G.: Der Grundrechtssatz von der *Menschenwürde*, in: AöR 1956, S. 117

Dürkheim, E.: Der *Selbstmord*, Neuwied/Darmstadt 1973

Duss-von Werdt, J. (Hrsg.): *Kommune* und Großfamilie, Tübingen (2. Aufl.) 1973

Duss-von Werdt, J./Mähler, G./Mähler, H. G. (Hrsg.): Mediation. Die andere *Scheidung*, Stuttgart 1995

Düttner, G.: *Stadtentwicklungsplanung* und Kreisentwicklungsplanung im Gefüge öffentlicher Planung. Eine Studie zum Planungsverbund, Berlin (2. Aufl.) 1974

Duvigneau, H. J./Schönefeldt, L.: *Wohnungspolitik* und Wohnungswirtschaft in der Bundesrepublik Deutschland, (Gesamtverband Gemeinnütziger Wohnungsunternehmen, Materialien, Nr. 23), Köln 1989

Düwel, D.: Das *Amtsgeheimnis*, Berlin 1965

DV → Deutscher Verein für öffentliche und private Fürsorge

Dworschak, R.: Der *Verwahrloste* und seine Helfer. Aus der Praxis des Sozialarbeiters. Einzelfallhilfe in der Praxis der Sozialarbeit, Bd. 7, München 1969

Dychtwald, K.: *Körperbewußtsein*. Eine Synthese der östlichen und westlichen Wege zur Selbst-Wahrnehmung, Gesundheit und persönlichem Wachstum, Essen 1981

DZA → Deutsches Zentrum für Altersfragen

Eagle, C. J./Kolman, C.: „Weil ich ein Mädchen bin..." – Stark und selbstbewußt durch die *Pubertät*, Düsseldorf 1995

Easton, D.: A *Systems Analysis* of Political Life, New York 1965

Ebel, W.: Geschichte der *Gesetzgebung* in Deutschland, Göttingen (2. Aufl.) 1958

Eberhard, K.: Einführung in die Wissenschaftstheorie und *Forschungsstatistik* für soziale Berufe, Neuwied/Berlin (2. Aufl.) 1977

Eberhard, K./Kohlmetz, G.: *Verwahrlosung* und Gesellschaft. Logische und empirische Prüfung einiger soziologischer Thesen zur Verursachung der Verwahrlosung, Göttingen 1973

Ebersbach, H.: *Handbuch* des deutschen Stiftungsrechts, Göttingen 1972

Ebert, S.: Pestalozzi-Fröbel Verband: Zur *beruflichen Situation* der Erzieherinnen in Deutschland. Bestandsaufnahme und Perspektiven, München/Wien 1994

Ebert, S./Lost, C.: *Bilden* – erziehen – betreuen. In Erinnerung an Erika Hoffmann, München 1996

Eberwein, H. (Hrsg.): Behinderte und Nichtbehinderte lernen gemeinsam. *Handbuch* der Integrationspädagogik, Weinheim/Basel 1988

Ebli, H.: Professionelles soziales *Handeln* in der Schuldnerberatung?, (Schriften des DV: Dissertationen, Diplomarbeiten, Dokumentationen, Bd. 32), Frankfurt a.M. 1995

Ebsen, I.: Der sozialrechtliche *Herstellungsanspruch* – ein Beispiel geglückter richterlicher Rechtsfortbildung?, in: DVBl. 1987, S. 389

Eckert, J.: Wenn Kinder *Schaden* anrichten. Die Pflicht zur Beaufsichtigung von Minderjährigen und Behinderten in Elternhaus, Schule, Heim und Kindergarten, München 1993

Edding, F.: Ökonomie des *Bildungswesens* – Lehren und Lernen als Haushalt und Investition, Freiburg 1963

Egg, R.: Der Streitfall *Sozialtherapie*. Praxis und Ergebnis behandlungsorientierter Einrichtungen des Justizvollzuges, in: Müller-Dietz, H./Walter, M. (Hrsg.): Strafvollzug in den 90er Jahren. Perspektiven und Herausforderungen, Pfaffenweiler 1995, S. 55

Egner, E.: Der *Haushalt*. Eine Darstellung seiner volkswirtschaftlichen Gestalt, Berlin (2. Aufl.) 1976

Ehrhardt, H. E. (Hrsg.): Perspektiven der heutigen *Psychiatrie*, Frankfurt a.M. 1972

Ehrhardt, H. E.: Psychiatrie *(Psychopathologie)* Begutachtung, in: Sieverts, R./Schneider, H. (Hrsg.): Handwörterbuch der Kriminologie, Bd. 2, Berlin (2. Aufl.) 1977

Ehrhardt, H. E.: Der zivilrechtliche *Schutz* psychisch Kranker und Behinderter. Möglichkeiten und Grenzen einer gesetzlichen Neuregelung, in: ArchSozArb 1979, S. 171

Ehrhardt, H. E./Villinger, W.: *Forensische* und administrative *Psychiatrie*, in: Gruhle, H. W. (Hrsg.): Psychiatrie der Gegenwart, Bd. 3, Berlin 1961

Eibach, G.: UNICEF – Kinderhilfswerk der Vereinten Nationen, in: Wolfrum, R. (Hrsg.): Handbuch Vereinte Nationen, München (2. Aufl.) 1991, S. 934

Eibl-Eibesfeldt, I.: Die Biologie des menschlichen *Verhaltens*, München (3. Aufl.) 1995

Eibl-Eibesfeldt, I.: Grundriß der vergleichenden *Verhaltensforschung*, München (7. Aufl.) 1986

Eichenberg, K./Kloepfer, M.: *Gesetzgebung* im Rechtsstaat – Selbstbindungen der Verwaltung, (Veröffentlichung der Vereinigung der Deutschen Staatsrechtslehrer, Bd. 40), Berlin 1982

Eichenhofer, E.: *Internationales Sozialrecht*, München 1994

Eichenhofer, E.: Internationales Sozialrecht und Internationales *Privatrecht*, Baden-Baden 1987

Eichenhofer, E.: *Sozialrecht,* Tübingen, 1995

Eicher, H./Haase, W./Rauschenbach, F.: Die *Rentenversicherung* der Arbeiter und Angestellten, Loseblattausgabe, München, Stand Mai 1995

Eichhorn, P. (Hrsg.): *Verwaltungslexikon*, Baden-Baden (2. neu bearb. Aufl.) 1991

Eichhorn, P.: *Wirtschaftlichkeit* der Verwaltung, in: Chmielewicz, K./Eichhorn, P. (Hrsg.): Handwörterbuch der Öffentlichen Betriebswirtschaft, (Enzyklopädie der Betriebswirtschaftslehre, Bd. 11), Stuttgart 1989, S. 1797

Einsele, H.: *Strafvollzugsgesetz* und Straffälligenhilfe, in: Bundeszusammenschluß für Straffälligenhilfe (Hrsg.): Straffälligenhilfe im Umbruch, (Schriftenreihe des Bundeszusammenschlusses für Straffälligenhilfe, H. 12), Bonn 1972

Einsiedler, W.: Das *Spiel* der Kinder. Zur Pädagogik und Psychologie des Kinderspiels, Bad Heilbrunn 1991

Eisenbach-Stangl, I.: Über den Begriff der *totalen Institution:* zu seinem Inhalt und seiner Geschichte, in: Österreichische Zeitschrift für Soziologie 1978, S. 4

Eisenberg, U.: *Kriminologie,* Köln/Berlin/Bonn/München (4. Aufl.) 1996

Elbel, G.: Zur Neuberechnung des *Preisindex* für die Lebenshaltung auf Basis 1991, in: WiSta 1995, S. 801

Elbert, H./Fröbe, K.: *Kriegsdienstverweigerung* und Zivildienst, München 1983

Elger, W./Jordan, E./Hofmann, H.-J./Trauernicht, G.: *Ausbruchsversuche* von Jugendlichen, Weinheim/Basel 1984

Elger, W./Jordan, E./Münder, J.: *Erziehungshilfen* im Wandel, Münster 1987

Elhardt, S.: *Tiefenpsychologie.* Eine Einführung, Stuttgart/Berlin/Köln (9. Aufl.) 1984

Eliade, B.: Offener *Unterricht,* Weinheim/Basel 1975

Eliade, M.: *Geschichte* der religiösen Ideen, 3 Bde., Freiburg 1981

Elias, N.: Über den Prozeß der *Zivilisation.* Soziogenetische und psychogenetische Untersuchungen, 2. Bde., Frankfurt a.M. 1976

Ellis, A.: *Die rational-emotive Therapie.* Das innere Selbstgespräch bei seelischen Problemen und seine Veränderungen, München (3. Aufl.) 1982

Ellwein, T.: *Politik* und Planung, Stuttgart/Berlin/Köln 1968

Elschenbroich, D./Müller, H. (Hrsg.): Die *Kinder* der Fremden, Wiesbaden 1981

Enders, U. (Hrsg.): Zart war ich – bitter war's. Sexueller *Mißbrauch* an Mädchen und Jungen, Köln 1990

Enders-Dragässer, U./Fuchs, C.: *Interaktion* der Geschlechter. Sexismusstrukturen in der Schule, Weinheim/München (2. Aufl.) 1993

Endres, M. (Hrsg.): Krisen im *Jugendalter* – Gerd Biermann zur Vollendung des 80. Lebensjahres, München 1994

Endruweit, G.: *Organisationssoziologie,* Berlin/New York 1981

Engel, K.: Der Umgang mit *Heimdialyse-Patienten* aus der Sicht des Sozialarbeiters, in: NDV 1976, S. 193

Engel, M./Flösser, G./Gensink, G.: *Qualitätsentwicklung* in der Dienstleistungsgesellschaft – Perspektiven für die Soziale Arbeit, in: Heiner: *Qualitätsentwicklung*

Engel-Kemmler, J.-G./Maelicke, B./Scherpner, M. (Hrsg.): *Fortbilden* und Gestalten. Zur Vermittlung zwischen Ausbildung, Praxis und Fortbildung in der sozialen Arbeit, Weinheim/München 1990

Engelen-Kefer, U./Kühl, J./Peschel, P./Ullmann, H.: *Beschäftigungspolitik*, Köln (3. völlig neu bearb. Aufl.) 1995

Engelhardt, D./Höltershinken, D.: *Handbuch* der Elementarerziehung. Pädagogische Hilfen zur Arbeit in Tageseinrichtungen für Kinder, Loseblattausgabe, Seelze-Velber, Stand: 1992

Engelke, E. (Hrsg.): *Soziale Arbeit* als Ausbildung. Studienreform und -modelle, Freiburg 1996

Engelke, E.: *Theorien* der Sozialen Arbeit. Eine Einführung, Freiburg 1996

Engelke, E.: Soziale Arbeit als *Wissenschaft*. Eine Orientierung, Freiburg (2. Aufl.) 1993

Engelke, W.: Die psychiatrische *Tagesklinik* im Spannungsfeld von Sozialpsychiatrie und Psychotherapie, in: Sozialpsychiatrische Informationen 1989, S. 2

Enneccerus, L./Nipperdey, C.: Allgemeiner Teil des *Bürgerlichen Recht*s, Tübingen 1960

Erdheim, M.: Die gesellschaftliche *Produktion* von Unbewußtheit. Eine Einführung in den ethnopsychoanalytischen Prozeß, Frankfurt a.M. (4. Aufl.) 1992

Erhard, C.: *Strafzumessung* bei Vorbestraften unter dem Gesichtspunkt der Strafzumessungsschuld, Berlin 1992

Erichsen, H.-U.: *Elternrecht* – Kindeswohl – Staatsgewalt. Zur Verfassungsmäßigkeit staatlicher Einwirkungsmöglichkeiten auf die Kindeserziehung durch und aufgrund von Normen des elterlichen Sorgerechts und des Jugendhilferechts, Berlin 1985

Erichsen, H.-U./Martens, W. (Hrsg.): Allgemeines *Verwaltungsrecht,* Berlin (10 Aufl.) 1995

Erikson, E. H.: *Identität* und Lebenszyklus, Frankfurt a.M. 1966

Erikson, E. H.: *Kindheit* und Gesellschaft, Stuttgart (11. veränd. Aufl.) 1992

Erlenkämper, A./Fichte, W.: *Sozialrecht*. Allgemeiner Teil. Anspruchsvoraussetzungen und Rechtsgrundlagen des besonderen Sozialrechts, Verfahrensrecht, Köln/Berlin/Bonn/München (3. vollst. überarb. Aufl.) 1996, Stand: April 1995

Erler, G.: Nicht-eheliche *Lebensgemeinschaften* zwischen Alternative und „Normalität", in: FuR 1996, S. 10

Erning, G./Neumann, K./Reyer, J. (Hrsg.): *Geschichte* des Kindergartens, 2 Bde., Freiburg 1987
Ernst, K.: Praktische *Klinikpsychiatrie,* Stuttgart/Berlin/Köln (3. Aufl.) 1995
Ernst, W./Zinkahn, W./Bielenberg, W.: *Baugesetzbuch,* Kommentar, Loseblattausgabe, München, Stand: Mai 1995
Ertel, S./Kemmler, L./Stadler, M. (Hrsg.): *Gestalttheorie* in der modernen Psychologie, Darmstadt 1975
Ertle, C./Neidhardt, W. (Hrsg.): *Unterricht* mit Kindern in Not. Lehrer helfen ihren schwierigen Kindern, Bad Heilbrunn 1994
Esenwein-Rothe, I.: *Einführung* in die Demographie. Bevölkerungsstruktur und -prozeß aus der Sicht der Statistik, Stuttgart 1982
Eser, A.: *Schwangerschaftsabbruch.* Auf dem verfassungsgerichtlichen Prüfstand, Baden-Baden 1994
Eser, A./Burkhardt, B.: *Strafrecht,* München (4. Aufl.) 1992
Esser, H.: *Soziologie* – Allgemeine Grundlagen, Frankfurt/New York (2. Aufl.) 1993
Esser, H./Gaugler, E.: *Arbeitsmigration* und Integration. Sozialwissenschaftliche Grundlagen, (Materialien zur Arbeitsmigration und Ausländerbeschäftigung, Bd. 4), Königstein 1979
Esser, J.: *Innovationssysteme* in der Triadenkonkurrenz, in: Jahrbuch Arbeit und Technik 1994, Bonn 1994
Eurich, C.: Politische *Meinungsführer.* Theoretische Konzeptionen und empirische Analyse der Bedingungen persönlicher Einflußnahme im Kommunikationsprozeß, München 1976
Europarat (Hrsg.): Der *Europarat.* Aufbau, Ziele, Arbeit, Straßburg 1979
Evangelische Französisch-reformierte Gemeinde Frankfurt a.M. (Hrsg.): Lernziel *Integration.* H. 1: Erfahrungen bei der Einrichtung und Führung eines integrativen Kindergartens, 1982; H. 2: Wissenschaftliche Begleitung des Geschehens in einem integrativen Kindergarten – Zwischenbericht, 1983; H. 3: Wissenschaftliche Begleitung des Geschehens in einem integrativen Kindergarten – Endbericht, 1984, Bonn
Evangelischer Erziehungs-Verband e.V. (Hrsg.): *Jugendhilfe* in der Veränderung – Das betreute Wohnen und andere individualisierende Hilfeformen, Fortbildungsbrief 3/4, 1988
Evers, A.: *Der intermediäre Bereich.* Soziale Träger und Projekte zwischen Haushalt, Staat und Recht, in: Journal für Sozialforschung 1968, S. 189
Ewert, H.: Der Beitrag des Gerichtshofs der Europäischen Gemeinschaften zur Entwicklung eines *Europäischen Sozialrechts,* dargestellt am Beispiel der Verordnung (EWG) Nr.1408/71, München 1987
Ewert, O. M.(Hrsg.): *Entwicklungspsychologie,* Königstein 1972
Ewy, D./Ewy, R.: Die *Lamaze-Methode.* Der Weg zu einem positiven Geburtserlebnis, München 1984
Exner, K.: *Kriminologie,* Berlin/Göttingen/Heidelberg, (3. Aufl.) 1949
Eyermann, E./Fröhler, L./Kormann, J.: *Verwaltungsgerichtsordnung,* Kommentar, München (9. Aufl.) 1988
Eyferth, H./Otto, H. U./Thiersch, H. (Hrsg.): *Handbuch* zur Sozialarbeit/Sozialpädagogik, Neuwied/Darmstadt (2. Aufl.) 1986
Eyferth, H. u.a. (Hrsg.): *Studienmodell* für soziale Berufe, Neuwied/Berlin 1973
Eylert, M.: Rechtliche Probleme der schematisierenden materiellen *Sozialhilfeleistungen,* (Schriften des DV: Dissertationen, Diplomarbeiten, Dokumentationen, Bd. 16), Frankfurt a.M. 1990
Eysenck, H.-J.: The Structure of Human *Personality,* London 1959
Eysenck, H.-J.: Die *Ungleichheit* der Menschen. Ist Intelligenz erlernbar? Kiel 1984
Eysenck, H.-J./Rachmann, S.: *Neurosen* – Ursachen und Heilmethoden. Einführung in die moderne Verhaltenstheorie, Berlin (DDR) 1967

Fachhochschule Esslingen: Projektgruppe Öffentlichkeitsarbeit: Eine *Handreichung.* Öffentlichkeitsarbeit für soziale Institutionen, Esslingen 1995
Faix, W./Laier, A.: Soziale *Kompetenz,* Wiesbaden 1991
Falck, I.: *Resolution:* „Sterben aus der Sicht des Krankenhauses", „Sterben aus der Sicht der Öffentlichkeit", „Sterbebegleitung aus der Sicht der Familie", in: ZfGer., 1980/13, S. 565
Falck, I. (Hrsg.): *Sterbebegleitung* älterer Menschen – Ergebnisse einer Arbeitstagung der Deutschen Gesellschaft für Gerontologie im November 1979 in Berlin, (Beiträge zur Gerontologie und Altenarbeit, Bd. 32), Berlin 1980
Falkenberg, H.-D./Robens, M.: *Finanzbuchhaltung* und Abschluß, Hannover 1985
Faltermeier, J.: *Jugendhilfe:* Aktuelle Probleme und zukünftige Entwicklungen. Dokumentation einer Fachtagung für Jugendamtsleiter, (Schriften des DV: Schriften allgemeinen Inhalts, Bd. 24), Frankfurt a.M. 1989
Faltermeier, J.: Die *Neue Fachlichkeit* der Jugendhilfe im Rahmen der Trennungs- und Scheidungsberatung und bei der Mitwirkung im familiengerichtlichen Verfahren, in: Faltermeier, J./Fuchs, P.: *Trennungs- und Scheidungsberatung* durch die Jugendhilfe: Klärung der Rolle und Aufgaben öffentlicher und freier Träger. Dokumentation einer Fachtagung, (Schriften des DV: Schriften allgemeinen Inhalts, Bd. 30), Frankfurt a.M. 1992

Faltermeier, J./Sengling, D. u.a.: Wenn Kinder und Jugendliche an ihren *Lebenswelten* scheitern – Herausforderung an die Sozialpädagogik, (Schriften des DV: Arbeitshilfen, H. 22), Frankfurt a.M. 1983

Farny, D.: *Privatversicherung,* in: Albers, W./Born, K.-E./Dürr, E./Hesse, H./Kraft, A./Lampert, H./Rose, K. u.a.: Handwörterbuch der Wirtschaftswissenschaften (HdWW), Stuttgart/New York o.J., Bd. 6, S. 233

Farny, D: *Sozialversicherung,* in: Albers, W./Born, K.-E./Dürr, E./Hesse, H./Kraft, A./Lampert, H./Rose, K. u.a.: Handwörterbuch der Wirtschaftswissenschaften (HdWW), Stuttgart/New York o.J., Bd. 7, S. 160

Faßbender, P. F.: *Einstellungstheorien ,* in: Heigl-Evers, A./Streek, U. (Hrsg.): Sozialpsychologie, Bd. 1: Die Erforschung zwischenmenschlichen Beziehungen, (Psychologie des 20. Jahrhunderts), Weinheim 1979, S. 209

Fatke, R.: Schulumwelt und *Schülerverhalten.* Adaptionsprozesse in der Schule, München 1977

Faust, V.: *Psychopharmaka* in Stichworten, Landsberg am Lech 1992

Faust-Siehl, G./Klemm, K.: Die Zukunft beginnt in der *Grundschule.* Empfehlungen zur Neugestaltung der Primarstufe, Reinbek 1996

Faust-Siehl, G./Portmann, R. (AKG): Die ersten Wochen in der *Schule,* Frankfurt a.M. (2. Aufl.)1994

Federn, E.: Psychologie der *Gewalt,* in: AG der leitenden Strafvollzugsbeamten Österreichs (Hrsg.): Gewalt im Gefängnis, unveröffentl. Vorträge und Berichte, Pichl 1985, S. 7

Feest, C./Feest, J.: *Kinder-"Kriminalität ",* in: Kaiser, G. u.a.: *Wörterbuch,* S. 152

Feidel-Mertz, H.: *Arbeiterbildung* – oder Bildung für „Arbeitnehmer"? in: Hessische Blätter für Volksbildung 1973, S. 97

Feidel-Mertz, H.: Zur *Ideologie* der Arbeiterbildung, Frankfurt a.M. 1972

Feldhege, F. J./Krauthan, G.: *Verhaltenstrainingsprogramm* zum Aufbau sozialer Kompetenz, Berlin/Heidelberg/New York 1979

Feldkamp, M.: Das zerebralparetische Kind. Konzepte therapeutischer *Förderung,* München/Bad Kissingen/Berlin/Düsseldorf/Heidelberg 1996

Feldmann, U./Schellhorn, W.: *Empfehlungen* zur Organisation des kommunalen Allgemeinen Sozialdienstes, (Schriften des DV: Kleinere Schriften, H. 68), Frankfurt a.M. 1983

Feldmann, U./Schellhorn, W.: Empfehlungen zur *Teamarbeit* in sozialen Diensten, (Schriften des DV: Kleinere Schriften, H. 56), Frankfurt a.M. 1976

Feldmann, U./Reis, C.: „*Wohnungssicherung* und Wohnungsversorgung für einkommensschwache Haushalte." Literaturbericht und Materialauswertung zu einer im Auftrag des BMFuS sowie Raumordnung, Bauwesen und Städtewesen durchgeführten Expertentagung, Stuttgart/Berlin/Köln 1994

Feltes, T./Janssen, H./Kerner, H. J./Voss, M.: *Diversion* statt Strafe? Probleme und Gefahren einer neuen Strategie strafrechtlicher Sozialkontrolle, Heidelberg 1983

Feministische Studien: Schwerpunktthema: *Sozialpolitik* in Europa – Feministische Einwände, H. 2, 1996

Fend, H.: Gesellschaftliche *Bedingungen* schulischer Sozialisation. Soziologie der Schule I, Weinheim/Basel (5. Aufl.) 1979

Fend, H.: *Identitätsentwicklung* in der Adoleszenz. Lebensentwürfe, Selbstfindung und Weltaneignung in beruflichen, familiären und politisch-weltanschaulichen Bereichen, in: ders.: Entwicklungspsychologie der Adoleszenz in der Moderne, Bern/Stuttgart/Toronto 1991

Fend, H.: Die Entdeckung des Selbst und die Verarbeitung der *Pubertät,* in: ders.: Entwicklungspsychologie der Adoleszenz in der Moderne, Bd. 3, Bern/Stuttgart/Toronto 1994

Fend, H.: *Sozialisierung* und Erziehung. Eine Einführung in die Sozialisierungsforschung, Weinheim/Basel (8. Aufl.) 1976

Fend, H.: Vom Kind zum Jugendlichen. Der *Übergang* und seine Risiken, in ders.: Entwicklungspsychologie der Adoleszenz in der Moderne, Bd. 1, Bern/Stuttgart/Toronto 1992

Fengler, C./Fengler, T.: Alltag in der *Anstalt,* Rehburg-Loccum 1984

Fenichel, O.: Psychoanalytische *Neurosenlehre,* 3 Bde., Berlin 1983

Fenner, H.: Zur Problematik der unterschiedlichen *Mißbrauchscharakteristik* von Arzneimitteln, in: Münchner medizinische Wochenschrift 1976, S. 629

Fenwick, E.: *Pubertät* – ein Survival Guide für Eltern und Teenager, Ravensburg 1995

Ferber, C. v./Badura, B. (Hrsg.): *Laienpotential,* Patientenaktivierung und Gesundheitsselbsthilfe, München 1983

Ferchhoff, W. (Hrsg.): *Jugendkulturen* – Faszination und Ambivalenz. Einblick in jugendliche Lebenswelten, Weinheim/München 1995

Ferchhoff, W.: Jugendliche und *Jugendkulturen* zu Anfang der 90er Jahre, in: TuP 1991, S. 15

Feser, H.: *Drogenerziehung,* Albeck 1981

Festinger, L.: A *Theory* of Cognitive Dissonance, Evanston/Illinois 1957

Fett, A.: *Finanzierungssituation* der ambulanten Beratungs- und Behandlungsstellen, in: Deutsche Hauptstelle gegen die Suchtgefahren (Hrsg.): Jahrbuch Sucht 1997, (erscheint jährlich)

Feuerlein, W.: *Alkoholismus* – Mißbrauch und Abhängigkeit. Entstehung, Folgen, Therapie, Stuttgart (3. Aufl.) 1984
Fezer, G.: *Strafprozeßrecht,* München 1986
Fichter, W. (Hrsg.): Projektstudium und *Praxisbezug:* Reformmodelle der Lehrer- und Juristenausbildung, Frankfurt a.m. 1978
Fichtner, O.: Das Einsetzen der *Sozialhilfe,* in: BldW 1969, S. 130
Fichtner, O.: Die *Zukunft* der Sozialhilfe, in: NDV 1984, S. 284
Fiedler, P. A.: *Gesprächsführung* bei verhaltenstherapeutischer Exploration, in: Schulte, D. (Hrsg.): Diagnostik in der Verhaltenstherapie, München 1976, S. 128
Fieseler, G./Herborth, R.: *Recht* der Familie und Jugendhilfe. Arbeitsplatz Jugendamt/ Sozialer Dienst, Neuwied/Kriftel/Berlin (4. Aufl.) 1996
Fieseler, H./Schirmer, K.: Die Möglichkeiten der novellierten *Baunutzungsverordnung,* in: Deutsches Institut für Urbanistik (Hrsg.): Baufreiheit und Stadtentwicklung. Tagungsbericht, Berlin 1978, S. 123 und 155
Filipp, S.-H. (Hrsg.): Kritische *Lebensereignisse,* München 1990
Filsinger, D./Hinte, W.: *Praxisforschung*: Grundlagen, Rahmenbedingungen und Anwendungsbereiche eines Forschungsansatzes, in: Heiner, M. (Hrsg.): Praxisforschung in der sozialen Arbeit, Freiburg 1988, S. 34
Finger, C./Gayler, B.: *Animation* im Urlaub. Studie für Planer und Praktiker, Starnberg (2. Aufl.) 1990
Finger, P.: Zur *Einwilligung* des Betreuers in die Sterilisation eines geistig Behinderten nach § 1905 BGB, in: NDV 1989, S. 87 und S. 201
Finger, P.: Die *Ersetzung* der Einwilligung eines Elternteils in die Annahme als Kind nach § 1748 BGB, in: FuR 1990, S. 183
Finger, P.: *Familienrecht* mit familiensoziologischen und familienpolitischen Schwerpunkten, Heidelberg 1979, mit Nachtrag: Das neue Sorgerecht, 1981
Finger, P.: Reform der Rechtsberatung. *Rechtsberatung* als Sozialarbeit – Alternativen zum Recht, (Justiz und Gesellschaft 13), Heidelberg 1981
Finke, H.: Sondersysteme der Sozialversicherung – *Künstlersozialversicherung,* in: Maydell, B. v./Ruland, F. (Hrsg.): Sozialrechtshandbuch (SRH), Neuwied 1988, S. 879
Finzen, A.: *Medikamentenbehandlung* bei psychischen Störungen, Bonn (11. Aufl.) 1995
Finzen, A.: Die *Tagesklinik.* Psychiatrie als Lebensschule, München 1977
Firsching, K.: *Familienrecht,* München (4. Aufl.) 1979
Firsching, K./Hoffmann, B. v.: *Internationales Privatrecht* einschließlich der Grundzüge des internationalen Zivilverfahrensrechts, München (4. völlig neubearb. Aufl.) 1995
Fischer-Menshausen, H.: Finanzausgleich II, Grundzüge des *Finanzausgleichsrechts,* in: HdWW, Bd. 2, S. 608
Fischwasser, G.: Die Neuregelung des *Mutterschaftsrechts,* in: BKK 1968, Sp. 125 und 207
Fitting, K./Auffarth, F./Kaiser, H./Heither, F.: *Betriebsverfassungsgesetz* mit Wahlordnung, Handkommentar, München (17. Aufl.) 1992
Flaake K./King, V. (Hrsg.): *Weibliche Adoleszenz*: Zur Sozialisation junger Frauen, Frankfurt a.M. (3. Aufl.) 1995
Flach, F. F.: *Depression* als Lebenschance. Seelische Krisen und wie man sie nutzt, Reinbek 1978
Flade, A./Guder, R.: Segregation und Integration der *Ausländer.* Eine Untersuchung in hessischen Gemeinden, Darmstadt 1988
Flamm, F.: Begriffsanalytische Untersuchungen zu einem neuen *Jugendhilferecht,* Frankfurt a.M. 1977
Flamm, F.: *Koordination* und Kooperation als Arbeitsprinzip beim Vollzug der öffentlichen Hilfen, (Schriften des DV: Allgemeine Schriften, Bd. 241), Frankfurt a.M. 1967
Flamm, F.: *Sozialwesen* und soziale Arbeit in der Bundesrepublik Deutschland, (Schriften des DV: Allgemeine Schriften, Bd. 250), Frankfurt a.M. (3. Aufl.) 1980
Flechsig, K.-H./Garlichs, A./Haller, H.-D./Heipcke, K./Schlösser, H.: Probleme der Entscheidung über *Lernziele,* in: Achtenhagen u.a.: *Curriculumrevision,* S. 243
Flick, U./Kardoff, E. v./Keupp, H./Rosenstiel, L. v./Wolff, S. (Hrsg.): Handbuch der qualitativen *Sozialforschung.* Grundlagen, Konzepte, Methoden und ihre Anwendungen, München 1991
Flierl, H.: Freie und öffentliche *Wohlfahrtspflege.* Aufbau, Finanzierung, Geschichte, Verbände, München (2. überarb. Aufl.) 1992
Flitner, A. (Hrsg.): Das *Kinderspiel,* München (4. Aufl.) 1978
Flitner, A.: *Spielen* – Lernen. Praxis und Deutung des Kinderspiels, München (Neubearb.) 1996
Floru, L.: Der induzierte *Wahn,* in: Fortschritte der Neurologie-Psychiatrie und ihrer Grenzgebiete 1974, S. 76
Flosdorf, P. (Hrsg.): Theorie und Praxis stationärer *Erziehungshilfe,* 2 Bde., Freiburg 1988
Flösser, G. (Hrsg.): *Schule und Jugendhilfe.* Neuorientierung im deutsch-deutschen Übergang, Opladen 1996
Ford, D./Urban, H.: Systems of *Psychotherapy.* A Comparative Study, New York (5. Aufl.) 1963

Fordham, M.: Das Kind als Individuum. *Kinderpsychotherapie* aus der Sicht der analytischen Psychologie C. G. Jungs, München 1974

Forsthoff, E.: Die *Verwaltung* als Leistungsträger, Königsberg 1938

Forsthoff, E.: Lehrbuch des *Verwaltungsrechts*. Allgemeiner Teil, Bd. 1, München (10. Aufl.) 1973

Forum Jugendhilfe/AGJ-Mitteilungen: *Soziale Brennpunkte* – Projekte, Erfahrungsberichte, Richtlinien, Analysen/Arbeitsheft, in: Forum JH/AGJ-Mitt. 1976/3-4

Foucault, M.: *Überwachen* und Strafen. Die Geburt des Gefängnisses, Frankfurt a.M. 1976

Francis, E. K.: *Minderheiten*, in: Staatslexikon, Bd. 5, Freiburg 1960, Sp. 715

Frank, G./Wolf, M.: *Führen* und Leiten in sozialen Diensten. Eine Untersuchung zur Subjektivität von Leitungskräften, (Schriften des DV: Arbeitshilfen, H. 34), Frankfurt a.M. 1988

Frank, G./Reis, C./Wolf, M.: „Wenn man die *Ideologie* wegläßt, machen wir alle das gleiche". Das Praxisverständnis leitender Fachkräfte unter Bedingungen des Wandels der freien Wohlfahrtspflege, (Schriften des DV: Arbeitshilfen, H. 47), Frankfurt a.M. 1994

Frank, K./Pelzer, S.: *Hort*, Schule – und was noch? Betreuungsangebote für Schulkinder – Eine Bestandsaufnahme, hrsg. vom DJI, München 1996

Frank, L.: Allgemeine Regeln des Internationalen Sozialrechts – *Zwischenstaatliche Regelungen*, in: Maydell, B. v./Ruland, F. (Hrsg.): Sozialrechtshandbuch: (SRH), Neuwied/Kriftel/Berlin (2. Aufl.) 1996, S. 1577

Frank, U.: Probleme der Tagessatzhöhe im neuen *Geldstrafensystem*, in: NJW 1976, S. 2329

Frank, U.: Das „*Nettoeinkommen*" des § 40 II 2 StGB, in: MDR 1976, S. 626

Frank, W.: *Aufklärung*, Auskunft und Beratung nach dem SGB-AT, in: NDV 1977, S. 134

Frank, W.: *Gegenwartsaufgabe:* Gesetzliche Pflegeversicherung. Zur Absicherung des Risikos der Pflegebedürftigkeit. Die Position des Deutschen Vereins, in: NDV 1991, S. 411

Frank, W.: Die Rolle der *Kommunen* im System der sozialen Sicherung, in: NDV 1988, S. 308

Frank, W.: Standort und *Perspektiven* der Sozialhilfe im System sozialer Sicherung, in: ArchSozArb 1980, S. 13

Frank, W.: Versicherung des *Pflegerisikos* – Sicherung der Menschenwürde im Alter, in: Roos, A. (Hrsg.): Miteinander älter werden, Stuttgart 1990, S. 194

Frank, W.: Notwendigkeit, Ausgestaltung und Auswirkungen einer *Pflegeversicherung* auf den stationären Bereich, in: Brandt, H./Dennebaum, E.-M./Rückert, W. (Hrsg.): Stationäre Altenhilfe, Freiburg 1987, S. 227

Frank, W.: Zur *Umsetzung* der Pflegeversicherung, in: NDV 1994, S. 366

Frank, W./Schellhorn, W./Wienand, M.: *PflegeVG*. Textausgabe des Sozialgesetzbuches – Elftes Buch (SGB XI) – Soziale Pflegeversicherung mit einer systematischen Einführung, Neuwied/Kriftel/Berlin (2. Aufl.) 1995, Stand: April 1995

Franke, H.: Die *Bundesanstalt* für Arbeit im System der sozialen Sicherung, Stuttgart/Berlin/Köln 1985

Franke, M.: *Prävention* des Drogenmißbrauchs in der BRD, in: Hellbrügge, T. (Hrsg.): Drogen im Kindes- und Jugendalter, Lübeck 1987

Frankenberg, G.: *Demonstrationsfreiheit* – eine verfassungsrechtliche Skizze, in: Kritische Justiz 1981, S. 370

Frankl, V.E.: Theorie und Therapie der *Neurosen*. Einführung in Logotherapie und Existenzanalyse, München (5. Aufl.) 1983

Franz, W.: Der *Arbeitsmarkt*. Eine ökonomische Analyse, Mannheim/Leipzig/Wien/Zürich 1993

Freeman, D.: *Liebe* ohne Agression. Margaret Meads Legende von der Friedfertigkeit der Naturvölker, München 1983

Frehsee, D.: *Wiedergutmachung* statt Strafe, in: KrimJ 1982, S. 126

Freie und Hansestadt Hamburg, Behörde für Arbeit, Gesundheit und Soziales: Hamburger *Sozialberichte* zur Altenhilfeplanung, Hamburg 1994

Freier, D.: Soziale *Dienstleistungen* zwischen Reglementierung und Wettbewerb, in: NDV 1989, S. 369

Freier, D.: *Eigenständigkeit* für kommunale soziale Dienste und Einrichtungen – Chancen der Diskussion um „Privatisierung" fachlich nutzen!, in: NDV 1994, S. 210

Freier, D.: *Finanzierung* sozialer Dienste und Einrichtungen zwischen Bürokratie und Markt, in: TuP 1992, S. 402

Freier, D.: Öffentliche *Finanzierung* sozialer Dienste und Einrichtungen, in: TuP 1995, S. 388

Freier, D.: Zentralisation und Dezentralisation der *sozialen Dienste,* in: DV: *Soziale Arbeit*

Freinet, C.: Die moderne französische *Schule*, Paderborn 1965

Freire, P.: Erziehung als Praxis der *Freiheit*, Stuttgart 1979

Freire, P.: *Schule*, die Leben heißt, München 1986

Freire, P.: Pädagogik der *Unterdrückten*. Bildung als Praxis der Freiheit, Reinbek (3. Aufl.) 1979

Freitag, H. O.: *Gewohnheitsrecht* und *Rechtssystem*. Eine rechtstheoretische und verfassungsrechtliche Untersuchung zum Gewohnheitsrecht, Berlin 1976
French, W. L./Bell, C. H.: *Organisationsentwicklung*. Sozialwissenschaftliche Strategien zur Organisationsveränderung, Stuttgart/Bern (3. Aufl.) 1990
Frerich, J.: Das *Sozialleistungssystem* der Bundesrepublik Deutschland, München/Wien 1987
Freud, A.: Das *Ich* und die Abwehrmechanismen, Frankfurt a.M. (9. Aufl.) 1977
Freud, A.: Einführung in die Technik der *Kinderanalyse*, Frankfurt a.M. o.J.
Freud, A.: Wege und Irrwege in der *Kinderentwicklung*, Stuttgart (3. Aufl.) 1982
Freud, S.: Die endliche und unendliche *Analyse*, in: ders.: *Werke*, Bd. XVI
Freud, S.: Hysterie und *Angst*, Studienausgabe, Bd. VI, Frankfurt a.M. 1982
Freud, S.: *Hemmung*, Symptom und Angst, in: ders.: *Werke*, Bd. XIV
Freud, S.: Der *Humor*, in ders.: *Werke*, Bd. XIV, S. 381
Freud, S.: Über den psychischen Mechanismus *hysterischer Phänomene*, in: ders.: *Angst*
Freud, S.: Die Frage der *Laienanalyse*, in: ders.: Studienausgabe, Ergänzungsband (Schriften zur Behandlungstechnik), Frankfurt a.M. 1982
Freud, S.: Über einige neurotische *Mechanismen* bei Eifersucht, Paranoia und Homosexualität, in: ders.: *Werke*, Bd. XIII
Freud, S.: Analyse der *Phobie* eines fünfjährigen Knaben, in: ders.: *Werke*, Bd. VII
Freud, S.: Über *Psychoanalyse*. Fünf Vorlesungen, in: ders.: *Werke*, Bd. VII
Freud, S.: *Sexualleben*, Studienausgabe, Bd. V, Frankfurt a.M. 1982
Freud, S.: Drei Abhandlungen zur *Sexualtheorie*, in: ders.: *Sexualleben*
Freud, S.: Die zukünftigen Chancen der psychoanalytischen *Therapie*, in: ders.: Studienausgabe, Ergänzungsband (Schriften zur Behandlungstechnik), Frankfurt a.M. 1982
Freud, S.: Zur Dynamik der *Übertragung*, in: ders.: *Werke*, Bd. VIII
Freud, S.: Psychologie des *Unbewußten*, Studienausgabe, Bd. III, Frankfurt a.M. 1982
Freud, S.: Die *Verdrängung*, in: ders.: *Werke*, Bd. X
Freud, S.: Gesammelte *Werke* in Einzelbänden. Bd. 1: Werke aus den Jahren 1892 bis 1899, (5. Aufl.) 1977; Bd. 2/3: Die Traumdeutung, (6. Aufl.) 1976; Bd. 4: Zur Psychopathologie des Alltags, (8. Aufl.) 1983; Bd. 5: Werke aus den Jahren 1904-1905, (6. Aufl.) 1981; Bd. 6: Der Witz und seine Beziehung zum Unbewußten, (6. Aufl.) 1979; Bd. 7: Werke aus den Jahren 1906-1909, (6. Aufl.) 1977; Bd. 8: Werke aus den Jahren 1909-1913, (7. Aufl.) 1978; Bd. 9: Totem und Tabu, (6. Aufl.) 1978; Bd. 10: Werke aus den Jahren 1913-1917, (7. Aufl.) 1981; Bd. 11: Vorlesungen zur Einführung in die Psychoanalyse, (7. Aufl.) 1979; Bd. 12: Werke aus den Jahren 1917-1920, (5. Aufl.) 1979; Bd. 13: Jenseits des Lustprinzips u.a. Werke aus den Jahren 1920-1924, (8. Aufl.) 1976; Bd. 14: Werke aus den Jahren 1925-1931, (6. Aufl.) 1976; Bd. 15: Neue Folge der Vorlesungen zur Einführung in die Psychoanalyse, (7. Aufl.) 1980; Bd. 16: Werke aus den Jahren 1932-1939, (6. Aufl.) 1981; Bd. 17: Schriften aus dem Nachlaß 1892-1938, (7. Aufl.) 1983; Bd. 18: Gesamtregister der Bde. 1-17, (4. Aufl.) 1981; Frankfurt
Freud, S.: *Zwang*, Paranoia und Perversion, Studienausgabe, Bd. VII, Frankfurt a.M. 1982
Freud S./Breuer, J.: Studien über *Hysterie*, in: Freud, S.: *Werke*, Bd. I
Freudenberg, A.: *Gentechnik*. Grundwissen für den politisch-ethischen Dialog, Frankfurt a.M. 1990
Frey, B. S.: Moderne *Politische Ökonomie*. Die Beziehungen zwischen Wirtschaft und Politik, München 1977
Frey, K. (Hrsg.): *Curriculum*-Handbuch, 3 Bde., München/Zürich 1975
Frey, R.: Kommunale *Demokratie*. Beiträge für die Praxis der kommunalen Selbstverwaltung, Bonn 1976
Freye, H. E.: *Humangenetik*. Eine Einführung in die Erblehre des Menschen, Berlin (DDR) 1975
Fricke, S./Klotz, M./Paulich, P.: *Sexualerziehung*? Handbuch für die pädagogische Gruppenarbeit für Berater und Eltern, Reinbek 1983
Friebel, H. (Hrsg.): Von der Schule in den *Beruf*, Kap. 4: „Bremer Jugendstudie: Berufsfindung und Arbeitsmarkt", Opladen 1983
Friedländer, W. A./Pfaffenberger, H. (Hrsg.): Grundbegriffe und *Methoden* der Sozialarbeit, Neuwied/Berlin (2. Aufl.) 1974
Friedmann, J.: Ein konzeptionelles Modell für die Analyse von *Planungsverhalten*, in: Esser, J./Maschhold, F./Väth, W. (Hrsg.): Gesellschaftsplanung in kapitalistischen und sozialistischen Systemen, Gütersloh 1972, S. 212
Friedrich, U.: Die neue *Pflegesatzregelung* im Bundessozialhilfegesetz, in: NDV 1994, S. 166 u. 196
Friedrich, W./Griese, H. (Hrsg.): *Jugend* und Jugendforschung in der DDR. Gesellschaftspolitische Situationen, Sozialisation und Mentalitätsentwicklung in den achtziger Jahren, Opladen 1991
Friedrichs, J.: *Methoden* empirischer Sozialforschung, Opladen (14. Aufl.) 1990
Friedrichs, J.: *Stadtsoziologie*, Opladen 1995
Friedrichs, J./Lüdtke, H.: Teilnehmende *Beobachtung*. Einführung in die sozialwissenschaftliche Feldforschung, Weinheim/Basel (3. Aufl.) 1977

Fries, U./Hornung, U.: Betriebliche *Frauenförderung* in mittelständischen Dienstleistungsunternehmen der Region Dortmund – Abschlußbericht, Universität Dortmund, Fachbereich 14, 1996

Frießem, D. H. (Hrsg.): Kritische Stichwörter zur *Sozialpsychiatrie*, München 1979

Fritz, E.: Problematik der *Krankenpflege* und ihrer Berufsverbände, Hannover 1964

Fritz, J.: *Methoden* des sozialen Lernens, Weinheim/München (3. Aufl.) 1993

Fritz, J.: Theorie und *Pädagogik* des Spiels. Eine praxisorientierte Einführung, Weinheim/München 1991

Fritz, R.: Einführung in das *Aufgebotsverfahren* im Lastenausgleich, in: Informationsbrief für den Lastenausgleich, 1992, S. 111

Fritz, U./Streit, A. v.: Über weibliche *Homosexualität* und ihre wissenschaftliche Untersuchung, in: Sigusch, V.: Sexualität und Medizin, Köln 1979

Fromm, E.: Die *Furcht* vor der Freiheit, München 1995

Fromm, E.: *Haben* oder Sein, Stuttgart 1976

Frommann, M. (Hrsg.): Dezentrale Elektronische *Datenverarbeitung* in der sozialen Arbeit, (Schriften des DV: Arbeitshilfen, H. 31), Frankfurt a.M. 1987

Frommann, M.: *Fachausschuß VIII* – Soziale Berufe -, in: NDV 1992, S. 62

Frommann, M.: „Soweit eine *Offenbarung* nicht zulässig ist, besteht keine Zeugnispflicht ...", § 35 Abs. 3 SGB I und das strafprozessuale Zeugnisverweigerungsrecht staatlich anerkannter Sozialarbeiter/Sozialpädagogen, in: Mörsberger, T.: *Verschwiegenheitspflicht*

Frommann, M.: Schweigepflicht und Berufsauftrag des Sozialarbeiters – Ein Beitrag zur sozialrechtlichen Funktion des § 203 Abs. 1 Nr. 5 StGB, in: Frommann u.a.: *Sozialdatenschutz*

Frommann, M./Mörsberger, T./Schellhorn, W.: *Sozialdatenschutz* – Positionen, Diskussionen, Resultate, Frankfurt a.M. 1985

Fröscher, W. (Hrsg.): Die *Epilepsien*. Grundlagen, Klinik, Behandlung, Berlin 1994

Frowein, J. A./Peukert, W.: *Europäische Menschenrechtskonvention*. EMRK-Kommentar, Kehl/Straßburg/Arlington 1985

Fthenakis, W. E./Niesel, R./Kunze, H.-R.: *Ehescheidung*. Konsequenzen für Eltern und Kinder, München 1982

Fthenakis, W. E./Kunze, H.-R.: Trennung und Scheidung und ihre Bedeutung für das *Familiensystem*, in: Faltermeier u.a.: *Trennungs- und Scheidungsberatung*

Fuchs, M.: Das *Subsidiaritätsprinzip* im deutschen Recht und im EWG-Vertrag. Seine Bedeutung für die Freie Wohlfahrtspflege, in: ZfSH/SGB 1993, S. 303

Fuchs-Heiritz, W./Klima, R./Lautmann, R./Rammstedt, O./Wienold, H. (Hrsg.): *Lexikon* zur Soziologie, Opladen (3. Aufl.) 1994

Fuhrmann, E.: Die *Kinderhäuser* im Rheinland, in: Blandow u.a.: *Fremdplazierung*, S. 255

Fülgraff, B.: Offene *Hilfen* für Alte und Pflegebedürftige, in: Blohmke u.a.: *Sozialmedizin*, Bd. 3, S. 808

Fülgraff, B.: *Soziologie des Alterns*. Einige kritische Anmerkungen zu einem vernachlässigten Problem, in: ArchSozArb 1971, S. 120

Fülgraff, G./Barbey, I. (Hrsg.): Stereotaktische *Hirnoperationen* bei abweichendem Sexualverhalten, Berlin 1978

Funk, W.: Die *Informationspflichten* nach §§ 13 bis 15 SGB-AT. Ein Beitrag aus richterlicher Sicht, in: SGb. 1978, S. 45

Funkkolleg: Beratung in der *Erziehung*, Studienbegleitbrief 5 und 11, Weinheim/Basel 1975

Furian, M. (Hrsg.): *Sexualerziehung* kontrovers. Analysen – Perspektiven – Hilfen, Fellbach-Öffingen 1978

Fürstenau, P.: *Paradigmawechsel* in der Psychoanalyse, in: Studt, H. (Hrsg.): Psychosomatik in Forschung und Praxis, München 1983, S. 119

Fürstenau, P.: *Systembezüge* in der Psychoanalyse, in: FamDyn. 1984, S. 166

Fürstenau, P.: Institutionsberatung. Ein neuer Zweig angewandter Sozialwissenschaften, in ders.: Zur *Theorie* psychoanalytischer Praxis, Stuttgart (2. Aufl.)1992

Fürstenberg, F.: *Randgruppen* in der modernen Gesellschaft, in: SozWelt, 1965/3

Füsgen, I.: *Der ältere Patient*. Problemorientierte Diagnostik und Therapie, München/Wien/Baltimore 1995

Gabler-*Wirtschafts-Lexikon*, 6 Bde., Wiesbaden 1996

Gäde, E. G./Listing, T.: *Gruppen* erfolgreich leiten. Empfehlungen für die Zusammenarbeit mit Erwachsenen, Mainz 1992

Gaentzsch, G.: *Baugesetzbuch* – BauGB mit Synopse zum BBauG/StBauFG. Einführung, Übersichten und Erläuterungen zum neuen Recht, Köln 1987

Gaentzsch, G.: *Baunutzungsverordnung* 1977, Siegburg 1977

Gaertner, A. (Hrsg.): *Sozialtherapie*, Konzepte zur Prävention und Behandlung des psychosozialen Elends, Neuwied/Darmstadt 1982

Gage, N. L./Berliner, D. C.: *Pädagogische Psychologie*, Weinheim/Basel, (4. Aufl.) 1986

Gaiser, W./Kleinert, C.: *Wohnbedürfnisse* und Wohnsituation junger Erwachsener, in: RichtFest. Beschäftigungswirksamer Wohnungsbau – Chancen der Verbindung von Wohnungsbau und Arbeitsmarktpolitik. Dokumentation der Fachtagung vom 28.4.1994 im Dietrich-Keuning-Haus in Dortmund, (Bottroper Dokumente 18), Dortmund 1994, S. 74

Gaiser, W./Müller, H.-U.: Jugend und *Wohnen* – Biographische Aufgabe und gesellschaftspolitisches Problem, in: Markefka u.a.: *Handbuch*

Galliher, J. F./McCartney, J. L.: *Criminology,* Homewood, Ill., 1977

Galperin, P.: Auf der Suche nach dem *Regelsatz* von morgen, in: NDV 1982, S. 99

Galtung, J.: Strukturelle *Gewalt*. Beiträge zur Friedens- und Konfliktforschung, Reinbek o.J.

Galtung, J.: *Peace*, Peace Research and Violence, in: Journal of Peace Research 1969, H. 6, S. 167

Galuske, M./Rauschenbach, T.: *Jugendhilfe Ost*. Entwicklung, aktuelle Lage und Zukunft eines Arbeitsfeldes, Weinheim/München 1994

Galuske, M./Rauschenbach, T.: *Jugendhilfe-Ost* – Modernisierungen zwischen Kopie und Innovation. Eine aktuelle Bestandsaufnahme, in: ArchSozArb 1995, S. 26

Gamm, H. J./Koch, F. (Hrsg.): Bilanz der *Sexualpädagogik,* Frankfurt a.M. 1977

Gängler, H.: *Hilfe*, in: Krüger, H.-H./Helsper, W. (Hrsg.): Einführungskurs Erziehungswissenschaft. Bd. 1: Einführung in die Grundbegriffe und Grundfragen der Erziehungswissenschaft, Opladen (2. Aufl.) 1996, S. 131

Gängler, H./Rauschenbach, T.: „Sozialarbeitswissenschaft" ist die *Antwort*. Was aber war der Frage?, in: Grunwald, K./Ortmann, F./Rauschenbach, T./Treptow, R. (Hrsg.): Alltag, Nicht-Alltägliches und die Lebenswelt. Beiträge zur lebensweltorientierten Sozialpädagogik, Weinheim/München 1996, S. 157

Garfield, S. L.: *Psychotherapie* – ein eklektischer Ansatz, Weinheim/Basel 1982

Garfinkel, H.: Studies in *Ethnomethodology,* Englewood Cliffs 1967

Garret, H. E.: Developmental *Theory* of Intelligence, in: American Psychologist, 1946, S. 372

Garms-Homolová, V./Schaeffer, D.: Versorgung alter Menschen – *Sozialstationen* zwischen wachsendem Bedarf und Restriktionen, Freiburg 1992

Gaskin, K./Smith, J. D./Paulwitz, I.: Ein neues bürgerschaftliches *Europa*. Eine Untersuchung zur Verbreitung und Rolle von Volunteering in zehn europäischen Ländern, hrsg. von der Robert-Bosch-Stiftung, Freiburg 1996

Gasper, H. (Hrsg.): *Lexikon* der Sekten, Sondergruppen und Weltanschauungen. Fakten, Hintergründe, Klärungen, Freiburg/Basel/Wien (4. Aufl.) 1996

Gastiger, S.: *Freiheitsrecht* und Haftungsrecht in der stationären und ambulanten Altenhilfe, Freiburg 1989

Gastiger, S./Oswald, G.: *Familienrecht,* Stuttgart/Berlin/Köln 1978

Gebert, D.: *Organisationsentwicklung*. Probleme des geplanten organisatorischen Wandels, Stuttgart/Berlin/Köln 1974

Gebsattel, V. E. v.: Zur Frage der *Depersonalisation*, in: Der Nervenarzt 1937, S. 169

Geerds, F.: *Vernehmungstechnik,* Lübeck (5. Aufl.) 1977

Gehrig, L.: Verwahrloste *Jugend* – Verwahrloste Gesellschaft. Ein Krankheitssymptom unserer Zeit, Zürich 1983

Gehrmann, G./Müller, K.-D.: *Management* in sozialen Organisationen. Handbuch für die Praxis sozialer Arbeit, Berlin/Bonn/Regensburg (2. Aufl.) 1996

Gehrmann, G./Müller, K.-D.: Effektiver *Schutz* für Kinder und Familien, in: BldW 1996, S. 71

Geigel, R.: Der *Haftpflichtprozeß*. Mit Einschluß des materiellen Haftpflichtrechts, München (18. Aufl.) 1982

Geiger, M./Steinert, E.: *Straffällige Frauen* und das Konzept der „Durchgehenden sozialen Hilfe", hrsg. vom Bundesministerium für Frauen und Jugend, Stuttgart/Berlin/Köln 1993

Geiger, T.: Die *soziale Schichtung* des deutschen Volkes, Stuttgart 1967

Geisler, W.: Die *Sicherungsverwahrung* im englischen und deutschen Strafrecht, Berlin 1967

Geißler, H.: Neue *Soziale* Frage. Analysen und Dokumente, Freiburg 1976

Geißler, K. A./Hege, M.: *Konzepte* sozialpädagogischen Handelns, Weinheim/Basel (7. Aufl.) 1995

Geißler, P.: Neue Entwicklungen in der *bioenergetischen Analyse* I, in: Ströme-Rundbrief, Reichianische Körperarbeit 6, 1994, S. 72

Geißler, R. (Hrsg.): Soziale Schichtung und *Lebenschancen* in Deutschland, Stuttgart (2. völlig neubearb. u. aktual. Aufl.) 1994

Gemeinsame Verfassungskommission des Bundes und der Länder: *Protokolle* der Sitzungen und öffentlichen Anhörungen, Stellungnahmen der Sachverständigen und Arbeitsunterlagen, 1992/1993

Gerfeld, E.: *Sozialhygiene,* Sozialmedizin, prophylaktische Medizin, Berlin 1970

Gerhard, U./Schwarzer, A./Slupik, V.: Auf Kosten der *Frauen,* Weinheim/Basel 1988

Gerhard-Sonnenberg, G.: Marxistische *Arbeiterbildung* in der Weimarer Zeit, Köln 1976

Gerlach, I.: *Familie* und staatliches Handeln. Ideologie und politische Praxis in Deutschland, Opladen 1996

Gerlach, W.: *Therapien* und technische Hilfen. Aktuelles Lexikon für Ärzte und Krankenkassen mit Produktionsinformationen und Abbildungen, Karlsfeld bei München, Stand: Juli 1996

Germain, C./Gitterman, A.: Praktische *Sozialarbeit*. Das „Life Model" der sozialen Arbeit, Stuttgart 1983

Gernert, W.: *Jugendschutz* und Erziehung zur Mündigkeit. Zur Theorie und Praxis eines sozialpädagogischen Aufgabenfeldes, Frankfurt a.M. 1985

Gernert, W. (Hrsg.): *Kinder- und Jugendhilfegesetz* 1993 – Anspruch und praktische Umsetzung, Stuttgart/München/Hannover/Berlin/Weimar 1993

Gernert, W.: Sozialpädagogische *Prophylaxe* durch Jugendschutz, in: SozArb. 1989, S. 129

Gernert, W.: *Sozialarbeit* auf dem Prüfstand. Fachlicher Anspruch – Verwaltungskontrolle, Freiburg 1988

Gernhuber, J./Coester-Waltjen, D.: Lehrbuch des *Familienrechts,* München (4. völlig neu bearb. Aufl.) 1993

Gerspach, M.: *Einführung* in die Heilpädagogik, Frankfurt a.M. 1989

Gesellschaft für Organisationsentwicklung e.V. (Hrsg.): *Organisationsentwicklung,* Zs. seit 1982

Gibson, J. J.: Die *Sinne* und der Prozeß der Wahrnehmung, Stuttgart (2. Aufl.) 1982

Gibson, J. J.: Wahrnehmung und *Umwelt.* Der ökologische Ansatz in der visuellen Wahrnehmung, München 1982

Gibson, J. J.: Die *Wahrnehmung* der visuellen Welt, Weinheim/Basel 1973

Giddens, A.: Die *Klassenstruktur* fortgeschrittener Gesellschaften, Frankfurt a.M. 1983

Giddens, A.: Die *Konstitution* der Gesellschaft. Grundzüge einer Theorie der Strukturierung, Frankfurt/New York (2. Aufl.) 1995

Giese, D.: Die *Änderungen* des Sozialhilferechts durch das Gesetz zur Umsetzung des Föderalen Konsolidierungsprogramms (FKPG), in: ZfF 1993, S. 145

Giese, D.: *Aufwendungsersatz,* Kostenbeitrag und Heranziehung Unterhaltspflichtiger in der Sozial- und öffentlichen Jugendhilfe, in: ZfF 1975, S. 25

Giese, D.: 25 Jahre *Bundessozialhilfegesetz,* in: ZfSH/SGB 1986, S. 249, 305 und 374

Giese, D.: Konsequenzen der *Einheit* der kommunalen Verwaltung, in: NDV 1964, S. 336

Giese, D.: Die Rechtsgrundlagen der *persönlichen Hilfe,* in: DPWV (Hrsg.): Die persönliche Hilfe, (Schriftenreihe des DPWV, H. 33), Frankfurt a.M. 1966

Giese, D.: Das *Regelsatzsystem* der Sozialhilfe, in: ZfSH/SGB 1987, S. 505

Giese, D.: Einsetzen der Sozialhilfe, „Verbot" der *Schuldenübernahme* und rückwirkende Leistungsgewährung, in: ZfF 1976, S. 2

Giese, D.: Zum Subsidiaritätsprinzip und *Wahlrecht* in der öffentlichen Fürsorge, in: ZfSH/SGB 1976, S. 1

Giese, D.: Zur Geltung und Anwendung des § 3 Abs. 2 Satz 3 BSHG bei dem *Wunsch* nach häuslicher Pflege statt Heimpflege, in: RsDE, H. 4, 1989, S. 43

Giese, D./Melzer, G.: Die *Beratung* in der sozialen Arbeit, (Schriften des DV: Kleinere Schriften, H. 52), Frankfurt a.M. (2. Aufl.) 1978

Giese, D./Krahmer, U. (Hrsg.): Sozialgesetzbuch. Allgemeiner Teil und Verfahrensrecht (*SGB I und X*), Kommentar, Loseblattausgabe, Köln/Berlin/Bonn/München (2. Aufl.), Stand: 1996

Giesecke, H. (Hrsg.): *Freizeit- und Konsumerziehung,* Göttingen (3.Aufl.) 1974

Giesecke, H.: Die *Jugendarbeit,* München (6. Aufl.) 1983

Giesecke, H.: *Leben* nach der Arbeit. Ursprünge und Perspektiven der Freizeitpädagogik, München 1983

Giesecke, H.: *Pädagogik* als Beruf. Grundformen pädagogischen Handelns, Weinheim/München 1987

Giesecke, H.: *Politische Bildung.* Didaktik und Methodik für Schule und Jugendarbeit, Weinheim/München 1993

Giesecke, H. (Hrsg.): Offensive *Sozialpädagogik,* Göttingen (2. Aufl.) 1981

Gildemeister, R.: *Berufliche Sozialisation.* Berufsfeldanalyse und Projektarbeit, in: Kreutz u.a.: *Studienführer,* S. 149

Gildemeister, R.: Als *Helfer* überleben. Beruf und Identität in der Sozialarbeit/Sozialpädagogik, Neuwied/Darmstadt 1983

Gildemeister, R.: Neuere Aspekte der *Professionalisierungsdebatte,* in: NPrax. 1992, S. 207

Ginott, H. G.: *Gruppenpsychotherapie* mit Kindern. Theorie und Praxis der Spieltherapie, (Sozialpädagogische Reihe, Bd. 2), Weinheim (7. Aufl.) 1979

Gintzel, U. (Hrsg.): Erziehung in *Pflegefamilien.* Auf der Suche nach einer Zukunft, Münster 1996

Gintzel, U./Schrapper, C.: Intensive sozialpädagogische *Einzelbetreuung.* Konzeptionen, Kostenregelungen, Praxis, in: Soziale Praxis, H. 11, Münster 1991

Gitter, W.: *Schadensausgleich* im Arbeitsunfallrecht. Die soziale Unfallversicherung als Teil des allgemeinen Schadensrechts, Tübingen 1969

Gitter, W.: *Sozialrecht.* Ein Studienbuch, München 1981

Gitter, W.: Probleme der Anrechnung von *Stiftungszuwendungen* auf Sozialleistungen und als öffentliche Zuschüsse im Sinne von § 82 Abs. 5 SGB XI, in: ZfSH/SGB 1995, S. 393

Gitter, W./Schmitt, J.: *Heimgesetz,* Kommentar, Loseblattausgabe, München, Stand: Januar 1992

Glaap, W.: *ISO 9000* leicht gemacht. Praktische Hinweise und Hilfen zur Entwicklung und Einführung von QM-Systemen, München/Wien (2. überarb. Aufl.) 1995

Glagow, M./Willke, H. (Hrsg.): Dezentrale *Gesellschaftssteuerung.* Probleme der Integration polyzentrischer Gesellschaft, Pfaffenweiler 1987

Glasl, F./Houssaye, L. de la: *Organisationsentwicklung,* Bern 1975

Gläss, H./Herrmann, F.: Strategien der *Jugendhilfeplanung*. Theoretische und methodische Grundlagen für die Praxis, Weinheim/München 1994

Glatt, M.: Der *Alkoholiker* und die Hilfe, die er braucht, Wien 1978

Glatzel, J.: Die *Antipsychiatrie*. Psychiatrie in der Klinik, Stuttgart 1975

Glatzer, W. (Hrsg.): *Lebensverhältnisse* in Osteuropa. Prekäre Entwicklungen und neue Konturen, Frankfurt/New York 1996

Glatzer, W./Neumann, U.: Der Beitrag des *Lebenslagenkonzepts* zur Armuts- und Sozialberichterstattung, in: Hanesch, W. (Hrsg.): Lebenslageforschung und Sozialberichterstattung in den neuen Bundesländern, Düsseldorf 1993, S. 37

Glatzer, W./Zapf, W. (Hrsg.): *Lebensqualität* in der Bundesrepublik. Objektive Lebensbedingungen und subjektives Wohlbefinden, Frankfurt a.M. 1984

Glinka, J.: Qualitative sozialwissenschaftliche *Forschungsverfahren*, München 1997

Gloor Maung, P.: *Mediation* – wie wir uns einigen, wenn wir uns trennen. Ein Scheidungsratgeber, Freiburg 1996

Glücks, E./Ottemeier-Glücks, F. G. (Hrsg.): Geschlechtsbezogene *Pädagogik*. Ein Bildungskonzept zur Qualifizierung koedukativer Praxis durch parteiliche Mädchenarbeit und antisexistische Jungenarbeit, Münster (2. Aufl.) 1996

Goberg, O.: Taschen*kommentar* zum Heimgesetz und zugehörige Durchführungsverordnungen, Hannover 1991

Goetze, H.: *Personenzentrierte Spieltherapie*, Göttingen 1981

Goetze, H./Jaede, W.: Die nichtdirektive *Spieltherapie*, München 1974

Goffman, E.: *Asyle*. Über die soziale Situation psychiatrischer Patienten und anderer Insassen, Frankfurt a.M. 1974

Goffman, E.: *Interaktionsrituale*. Über Verhalten in direkter Kommunikation, Frankfurt a.M. 1971

Goffman, E.: *Stigma*. Über Techniken der Bewältigung beschädigter Identität, Frankfurt a.M. 1975

Goffman, E.: Wir alle spielen *Theater*. Die Selbstdarstellung im Alltag, München (5.Aufl.) 1985

Göhler, E.: Gesetz über *Ordnungswidrigkeiten*, Kurzkommentar, München (11. Aufl.) 1995

Golan, N.: *Krisenintervention* – Strategien psychosozialer Hilfen, Freiburg 1983

Goldbrunner, H.: Arbeit mit *Problemfamilien* – Systemische Perspektiven für Familientherapie und Sozialarbeit, Mainz (3. Aufl.) 1992

Goldstein, J./Freud, S./Solnit, A. J.: *Diesseits des Kindeswohls*, Frankfurt a.M. 1984

Goldstein, J./Freud, A./Solnit, A. J.: *Jenseits des Kindeswohls*, Frankfurt a.M. (2. Aufl.) 1991

Goleman, D.: Emotionale *Intelligenz*, München/Wien 1996

Goll, E.: Die freie *Wohlfahrtspflege* als eigener Wirtschaftssektor. Theorie und Empirie ihrer Verbände und Einrichtungen, Baden-Baden 1991

Gomez, P./Probst, G.: Die *Praxis* des ganzheitlichen Problemlösens. Vernetzt denken, unternehmerisch handeln, persönlich überzeugen, Bern/Stuttgart/Wien (2. überarb. Aufl.) 1997

Göppinger, H.: §§ *1589, 1593, 1600 a-1600 o und 1705-1740 g BGB*, in: Staudinger: *BGB* (Komm.)

Göppinger, H.: §§ *1591-1600 BGB*, in: Staudinger: *BGB* (Komm.)

Göppinger, H.: *Kriminologie*, München (4. Aufl.) 1980

Göppinger, H. (Hrsg.): *Unterhaltsrecht*, Bielefeld (5. Aufl.) 1987

Göppinger, H./Witter, H. (Hrsg.): Handbuch der *forensischen Psychiatrie*, Berlin 1972

Görg, M.: *Kreisentwicklungsplanung* als Ansatz für eine kommunale Entwicklungsplanung im ländlichen Raum (Beispiel Landkreis Nienburg), in: Mitteilungen des Informationskreises für Raumplanung e.V. 1979/10, S. 3

Görlitz, A.: Politische Funktionen der Lehre vom *Verwaltungsakt*, in: Politische Vierteljahresschrift 1971, S. 71

Gößling, S.: *Heim-Mitwirkungs-Verordnung*, Kurzkommentar, in: Das Altenheim 1976, S. 185

Gößling, S./Oesterreich, K./Cooper, B.: *Versorgungsaufgaben* bei alten Menschen und ihren Institutionen, in: Kisker, K. P. u.a.: *Psychiatrie*, Bd. 8, S. 347

Gössweiner-Saiko, T.: *Vernehmungskunde*, Graz 1979

Gottfredson, M./Hirschi, T.: A General *Theory* of Crime, Stanford, Cal. 1990

Gotthardt-Lorenz, A.: *Organisationsberatung* – Hilfe und Last für Sozialarbeit, Freiburg (2. Aufl.) 1992

Göttinger Kollektiv: *Lehrerausbildung* durch Projektstudium, Reinbek 1973

Gottschick, H./Giese, D.: Das *Bundessozialhilfegesetz*, Kommentar, Köln/Berlin/Bonn/München (9. neubearb. Aufl.) 1985

Gottschick, H./Giese, D.: *Ermessen* und unbestimmter Rechtsbegriff im BSHG unter besonderer Berücksichtigung des Abschnitts 4, in: NDV 1964, S. 375

Götz, A.: Das Bundeszentralregister. Zentralregister, Erziehungsregister und Gewerbezentralregister. Kommentar zum *Bundeszentralregistergesetz*, Stuttgart/Berlin/Köln (3. Aufl.) 1985

Götz, V.: Allgemeines *Polizei- und Ordnungsrecht*, Göttingen (12. neubearb. Aufl.) 1995

Gouldner, A.: Die westliche Soziologie in der *Krise*, Reinbek 1974

Gouldner, A.: *Reziprozität* und Autonomie, Frankfurt a.M. 1984

Graba, H.-U.: Die Abänderung von Unterhaltsvergleich und *Unterhaltsurteil,* in: NJW 1988, S. 2343

Graba, H.-U.: Die *Vollstreckungsgegenklage* bei Unterhaltsvergleich und Unterhaltsurteil, in: NJW 1989, S. 481

Grabendorff, W./Windscheid, C./Ilbertz, W./Widmaier, U.: *Bundespersonalvertretungsgesetz* mit Wahlordnung. Kommentar, Stuttgart/Berlin/Köln (7. Aufl.) 1991

Grabitz, E. (Hrsg.): Kommentar zum *EWG-Vertrag,* Loseblattausgabe, München, Stand: 1990

Grabitz, E. (Hrsg.): *Grundrechte* in Europa und USA. Ergebnisse eines Forschungsprojektes des Instituts für Integrationsforschung der Stiftung Europa-Kolleg Hamburg, Kehl/Straßburg/Arlington 1986

Grabitz, E./Hilf, M.: *Kommentar* zur Europäischen Union. Vertrag über die Europäische Union, Vertrag zur Gründung der Europäischen Gemeinschaft, Loseblattaus., München 1993 ff., Art. 123 ff., 130a ff.

Graf, P.: *Konzeptentwicklung,* Alling (2. Aufl.) 1996

Granderath, R.: *Vertretungszwang* und Grundgesetz, in: MDR 1972, S. 828

Grandi, W.: Die rentenrechtlichen *Zeiten* und die Wartezeit, in: Ruland: *Handbuch,* S. 645

Graumann, C. F.: *Interaktion* und Kommunikation, in: ders.: *Sozialpsychologie,* Bd. 7/2, S. 1109

Graumann, C. F. (Hrsg.): Handbuch der Psychologie, Bd. 7, *Sozialpsychologie,* Göttingen 1975

Graumann, C. F.: Nicht-sinnliche Bedingungen des *Wahrnehmens,* in: Metzger: *Allgemeine Psychologie*

Graumann, C. F./Heckhausen, H./Hofer, M./Weinert, E. (Hrsg.): *Pädagogische Psychologie.* Studienbegleitbriefe zum Funkkolleg Pädagogische Psychologie, 6 Bde., Weinheim/Basel 1976

Grawe, K./Donati, R./ Bernauer, F.: *Psychotherapie* im Wandel, Göttingen (4. Aufl.) 1995

Greenson, R. R.: *Technik* und Praxis der Psychoanalyse, Bd. 1, Stuttgart (3. Aufl.) 1981

Greese, D.: Die *Entdeckung* des Kindes als Politikwesen – Kinderrechte – Kinderinteressenvertretung – Kinderbeteiligung -, in: Münder, J./Jordan, E. (Hrsg.): Mut zur Veränderung. Soziale Arbeit zwischen Aufbruch und alltäglichen Mühen, Münster 1996

Gregor-Rauschtenberger, B./Hansel, J.: Innovative *Projektführung.* Erfolgreiches Führungsverhalten durch Supervision und Coaching, Berlin/Heidelberg/New York 1993

Greißinger, G.: *Beratungshilfegesetz,* Neuwied/Frankfurt a.M. 1990

Greßler, U./Göppel, R.: *Qualitätsmanagement.* Eine Einführung, Köln/München 1996

Greven-Aschoff, B.: Die bürgerliche *Frauenbewegung* in Deutschland 1894-1933, Göttingen 1981

Grewe, H.: *Arbeitsförderung,* Ausbildungsförderung, berufliche Bildung – ihre Neuordnung im Jahre 1969, in: Die Sozialordnung der Gegenwart, Jahrbuch 1970, S. 41

Griese, H.: Sozialwissenschaftliche *Jugendtheorien.* Eine Einführung, Weinheim (2. Aufl.) 1982

Grimm, D.: *Solidarität* als Rechtsprinzip, Frankfurt a.M. 1973

Grissemann, H.: *Spätlegasthenie* und funktionaler Analphabetismus. Integrative Behandlung von Lese- und Rechtschreibschwächen bei Jugendlichen und Erwachsenen, Bern/Stuttgart/Toronto 1984

Groddeck, N.: Theorie schulisch organisierter *Lernprozesse.* Rekonstruktionen zum Verhältnis von Schule, Gesellschaft und Erziehung, Weinheim/Basel 1977

Groddeck, N./Schumann, M. (Hrsg.): *Modernisierung* Sozialer Arbeit durch Methodenentwicklung und -reflexion, Freiburg 1994

Groeben, H. von der/Thiesing, J./Ehlermann, C. D. (Hrsg.): Kommentar zum *EWG-Vertrag,* 3 Bde., Baden-Baden (4. Aufl.) 1991

Groell, R./Mörsberger, T.: Stolperstein *Datenschutz.* Oder: Eine gute Gelegenheit, Grundfragen der sozialen Arbeit neu zu stellen, in: Frommann u.a.: *Sozialdatenschutz*

Grohnfeldt, M. (Hrsg.): Handbuch der *Sprachtherapie,* 8 Bde., Berlin 1989-1995

Gröll, J.: *Erziehung* im gesellschaftlichen Reproduktionsprozeß, Frankfurt a.M. 1975

Gronemeyer, T.: *Integration* durch Partizipation?, Frankfurt a.M. 1973

Gröschke, D.: *Praxiskonzepte* der Heilpädagogik, München/Basel 1989

Gross, H.: Das Recht der *elterlichen Sorge,* Neuregelung ab 1. 1. 1980, (Schriften des DV: Kleinere Schriften, H. 64), Frankfurt a.M. (2. Aufl.) 1980

Gross, W.: *Sucht* ohne Drogen, Frankfurt a.M. 1990

Großhans, H.: *Bürgerbeteiligung* – eine Chance für politische Emanzipation, in: Garten und Landschaft 1976/4, S. 210

Großhans, H.: *Integration* von Randgruppen in und durch kommunale Entwicklungsplanung, in: Seminar für Planungswesen der TU Braunschweig (Hrsg.): Soziale Randgruppen. Anforderungen an die Stadt- und Regionalplanung und Ansätze zur Problembewältigung aus der Sicht einzelner Fachplanungen, Braunschweig 1978, S. 157

Großhans, H.: *Öffentlichkeit* und Stadtentwicklungsplanung, Opladen (2.Aufl.) 1973

Großhans, H.: Wissenschaftliche *Politikberatung.* Modell zur Beteiligung der Bürger an der Bebauungsplanung gem. § 2a BBauG für die Stadt Beckum, in: Rühl, M./Walchshöfer, J. (Hrsg.): Politik und Kommunikation, Nürnberg 1978, S. 127

Großmann, E./Richter, G.: Das pauschalierte *Wohngeld,* Köln 1992
Grossmann, H. (Hrsg.): *Bürgerinitiativen.* Schritte zur Veränderung, Frankfurt a.M. 1971
Grossmann, W.: *KinderGarten.* Eine historisch-systematische Einführung in seine Entwicklung und Pädagogik, Weinheim/Basel (2. erw. Aufl.) 1994
Grossmann, W./Kallert, H. (Hrsg.): *Kinderkrippen* in der Großstadt. Eine Fallstudie, Frankfurt a.M. 1983
Groth, U./Schulz, R./Schulz-Rackoll, R.: *Handbuch* Schuldnerberatung. Neue Praxis der Wirtschaftssozialarbeit, Frankfurt/New York 1994
Grotjahn, M.: Kunst und Technik in der *analytischen Gruppentherapie,* Frankfurt a.M. 1985
Grün, O.: *Hierarchie,* in: Grochla, E. (Hrsg.): Handwörterbuch der Organisation, Stuttgart 1969, Sp. 677
Grüner, H./Dalichau, G.: *Sozialgesetzbuch,* Kommentar, Loseblattausgabe, Percha, Stand: März 1992
Grunow, D.: Auf dem Weg zur „neuen Fehlsteuerung"? Bürgernähe und *Kundenorientierung* in der Sozialverwaltung, in: Merchel, J./Schrapper, C. (Hrsg.): „Neue Steuerung" – Tendenzen der Organisationsentwicklung in der Sozialverwaltung, Münster 1996
Grunow, D.: *Rehabilitation* und Administration. Probleme organisierter Hilfe für alte Menschen, in: Ferber, C. v./Kaufmann, F.-X. (Hrsg.): Soziologie und Sozialpolitik, Sonderheft der KZfSS, Nr. 19, Opladen 1977, S. 386
Grunow, D.: Bürgernahe *Verwaltung,* Frankfurt a.M. 1988
Guardini, R.: Die *Lebensalter.* Ihre ethischen und pädagogischen Bedeutungen, Würzburg 1967
Gudjons, H./Teske, R./Winkel, R. (Hrsg.): Didaktische *Theorien,* Braunschweig (2. Aufl.) 1983
Guggenberger, B.: *Bürgerinitiativen* in der Parteiendemokratie, Stuttgart 1980
Guggenberger, B./Kempff, U. (Hrsg.): *Bürgerinitiativen* und repräsentatives System, Opladen (2. Aufl.) 1984
Guhrs, E./Lindner, K./Pagels, J./Reißmann, W.: Leitfaden für *Nutzen-Kosten-Untersuchungen,* Hamburg o.J.
Guilford, J. P.: The Nature of Human *Intelligence,* New York 1967
Guilford, J. P.: *Persönlichkeit.* Logik, Methodik und Ergebnisse ihrer quantitativen Erforschung, Weinheim/Basel (6. Aufl.) 1974
Gündel, J.: *Transaktionsanalyse.* Was sie kann, wie sie wirkt und wem sie hilft, Mannheim 1990
Gundermann, H.: Einführung in die Praxis der *Logopädie,* Berlin/Heidelberg/New York 1981
Gunderson, E. K./Rahe, R. H. (Hrsg.): *Life Stress* and Illness, Springfield, Ill., 1979

Günter, R./Hasse, R.: *Handbuch* der Bürgerinitiativen, Berlin 1976
Guski, H. G./Schneider, H. J.: Betriebliche *Vermögensbeteiligung* in der Bundesrepublik Deutschland, Köln 1983
Guss, K. (Hrsg.): *Gestalttheorie* und Erziehung, Darmstadt 1975
Guss, K.: *Psychologie* als Erziehungswissenschaft. Eine theorienkritische Untersuchung des Themas Lohn und Strafe, Stuttgart 1975
Guss, K. (Hrsg.): Gestalttheorie und *Sozialarbeit,* Darmstadt 1979
Gusy, C.: *Freiheitsentziehung* und Grundgesetz, in: NJW 1992, S. 457
Gutenberg, E.: Einführung in die *Betriebswirtschaftslehre,* Wiesbaden 1958
Güthoff, F./Jordan, E.: *Projektbericht* zum Forschungsvorhaben. Gründe und Folgen der Beendigung von Pflegeverhältnissen, Münster 1991
Gutjahr, K./Schrader, A.: Sexueller *Mädchenmißbrauch,* Köln 1990

Haack, F.-W.: *Jugendreligionen* – Ursachen, Trends, Reaktionen, München (2. Aufl.) 1980
Haack, F.-W.: Jugendreligionen. Zwischen *Scheinwelt,* Ideologie und Kommerz, München 1994
Haag, F.: Projektierte *Sozialarbeit,* in: Otto u.a.: *Sozialarbeit*
Haag, F./Krüger, H. u.a.: *Aktionsforschung.* Forschungsstrategien, Forschungsfelder und Forschungspläne, München 1972
Haarebrücker, J.: *Personengesellschafter* und Handwerkerversicherung, in: Amtliche Mitteilungen der LVA Rheinprovinz 1975, S. 207
Haas, P.: Die sieben Todsünden des *Sozialmanagers,* in: TuP 1990, S. 32
Haase, O.: *Musisches Leben,* Hannover 1951
Haase, W.: Internationale *Zusammenarbeit* im sozialen Bereich, in: Maydell, B. v./Kannengießer, W. (Hrsg.): Handbuch Sozialpolitik, Pfullingen 1988, S. 366
Haberfellner, R.: *Projektmanagement,* in: Freese, E. (Hrsg.): Handwörterbuch der Organisation, Stuttgart 1992, S. 2090
Haberkorn, K.: Betriebliche *Sozialpolitik,* München (2. Aufl.) 1978
Haberland, J.: Der *Asylkompromiß* vom 6. Dezember 1992 – ein Jahr danach, 1. Teil, in: Zeitschrift für Ausländerrecht und Ausländerpolitik (ZAR) 1994, S. 3; 2. Teil, in: ZAR 1994, S. 51
Haberland, J.: Die *Aufnahme* und Eingliederung von Spätaussiedlern, in: NDV 1994, S. 477; NDV 1995, S. 38, S. 86 u. S. 116
Haberland, J.: *Eingliederung* von Aussiedlern. Sammlung von Texten, die für die Eingliederung von Aussiedlern aus den osteuropäischen Staaten von Bedeutung sind, Leverkusen (6. Aufl.) 1994
Häberle, P. (Hrsg.): *Verfassungsgerichtsbarkeit,* Darmstadt 1976

Häberle, P.: Die *Wesensgehaltsgarantie* des Art.19 Abs. 2 Grundgesetz, Heidelberg (3. Aufl.) 1983

Habermas, J.: *Erkenntnis* und Interesse, Frankfurt a.M. 1975

Habermas, J.: Theorie des kommunikativen *Handelns,* 2Bde., Frankfurt a.m. 1981

Habermas, J.: Vorbereitende Bemerkungen zu einer Theorie *kommunikativer Kompetenz,* in: ders./Luhmann, N. (Hrsg.): Theorie der Gesellschaft oder Sozialtechnologie, Frankfurt a.M. 1974

Habermas, J.: *Legitimationsprobleme* im Spätkapitalismus, Frankfurt a.M. 1975

Habermas, J.: *Philosophische Anthropologie,* in: ders.: Kultur und Kritik. Verstreute Aufsätze, Frankfurt a.m. 1973, S. 89

Habermas, J.: Stichworte zur Theorie der *Sozialisation,* in: ders.: Kultur und Kritik. Verstreute Aufsätze, Frankfurt a.M. 1973

Habermas, J.: *Technik* und Wissenschaft als Ideologie, Frankfurt a.M. 1975

Habermas, J.: *Theorie* und Praxis. Sozialphilosophische Studien, Frankfurt a.M. 1978

Habich, R./Headey, B./Krause, P.: Armut im *Reichtum* – Ist die Bundesrepublik Deutschland eine Zwei-Drittel-Gesellschaft?, in: Rendtel, U./Wagner, G. (Hrsg.): Lebenslagen im Wandel: Zur Einkommensdynamik in Deutschland seit 1984, Frankfurt/New York 1991, S. 488

Habich, R./Noll, H.-H./u. Mitarb. v. Zapf, W.: Soziale Indikatoren und *Sozialberichterstattung.* Internationale Erfahrungen und gegenwärtiger Forschungsstand, Bundesamt f. Statistik, (Reihe „Statistik der Schweiz", Nr. 16), Bern 1994

Hacker, H.: Vom *Kindergarten* zur Grundschule: Theorie und Praxis eines kindgerechten Übergangs, Bad Heilbronn 1992

Hackney, H./Cormier, S. L.: *Beratungsstrategien,* Beratungsziele, München (2. Aufl.) 1982

Hacks, S./Ring, A./Böhm, P.: *Schmerzensgeldbeträge.* Über 1100 Urteile zur Höhe des Schmerzensgeldes mit den neuesten Entscheidungen deutscher und ausländischer Gerichte, München (17. Aufl.) 1995

Haddenbrock, S.: *Freiheit* und Unfreiheit des Menschen im Aspekt der forensischen Psychiatrie, in: JZ 1969, S. 121

Haddenbrock, S.: Strafrechtliche *Handlungsfähigkeit* und Schuldfähigkeit, in: Göppinger u.a.: *Forensische Psychiatrie,* S. 966

Haferkamp, H.: *Wohlfahrtsstaat* und soziale Probleme, Opladen 1984

Häfner, H.: *Krisenintervention,* in: Psychiatrische Praxis 1974, S. 139

Häfner, H.: Der echte *Wahn* und die „Verrücktheit" in der Politik, in: Studium Generale 1967, S. 611

Häfner, H./Hennerici, M. (Hrsg.): Psychische *Krankheiten* und Hirnfunktionen im Alter, Stuttgart/Jena/New York 1992

Hagemann-White, C.: *Beruf* und Familie für Frauen und Männer – die Suche nach egalitärer Gemeinschaft, in: Nauck, B./Onnen-Isemann, C. (Hrsg.): Familie im Brennpunkt von Wissenschaft und Forschung. Rosemarie Nave-Herz zum 60. Geburtstag gewidmet, Neuwied/Kriftel/Berlin 1995, S. 505

Hagemann-White, C./Wolff, R.: *Lebensumstände* und Erziehung, Frankfurt a.M. o.J.

Hagemeister, U.: *Lernen* und Lernhilfen bei behinderten Kindern und Jugendlichen, in: Jochheim u.a.: *Rehabilitation*

Hagen, W./Thomae, H./Mansfeld, E./Mathey, F. J.: *Jugendliche* in der Bewährung, Stuttgart 1958

Hagmüller, P./Müller, W./Schweizer, H.: *Berufsreife.* Merkmale und Instrumente zu ihrer Untersuchung, Hannover 1975

Hahn, K.: *Erziehung* zur Verantwortung, Stuttgart 1958

Haibach, M.: *Fundraising.* Spenden, Sponsoring, Stiftungen, Frankfurt/New York 1996

Hailbronner, K./Renner, G.: *Staatsangehörigkeitsrecht,* Kommentar, München 1991

Hajos, A.: Einführung in die *Wahrnehmungspsychologie,* Darmstadt 1980

Haller, L.: *Selbsthilfe* und ihre Aktivierung durch soziale Arbeit, in: KommPolBl. 1976, S.1064

Haller, M. v. (Hrsg.): *Aussteigen* oder rebellieren. Jugendliche gegen Staat und Gesellschaft, Reinbek 1981

Halmos, P.: *Beichtväter* des 20. Jahrhunderts – Psychologen und Lebensberater unter Ideologieverdacht, Zürich 1972

Hamburger Pflegekinderkongreß (Hrsg.): Mut zur Vielfalt, *Dokumentation,* Münster 1990

Hamm, B.: *Sozialraumanalyse* – Methode und Anwendungsbeispiele, in: Gegenwartskunde 1984, H.1, S. 49

Hanak, G./Stehr, J./Steinert, H.: *Ärgernisse* und Lebenskatastrophen. Über den alltäglichen Umgang mit „Kriminalität", Bielefeld 1989

Hanckel, C./Heyse, H./Kalweit, U. (Hrsg.): Psychologie macht Schule – *Berichte* aus der Schulpsychologie, Bonn 1994

Hanckel, C./Gangnus, W. (Hrsg.): *Schulpsychologie* heute, Bonn 1993

Hanefeld, U.: Das Sozio-ökonomische *Panel.* Grundlagen und Konzeption, Frankfurt/New York 1987

Hanesch, W. (Hrsg.): *Fachhochschule* und Arbeitslosigkeit. Perspektiven für Arbeitsmarkt und Ausbildung in der sozialen Arbeit, Weinheim/München 1989

Hanesch, W. (Hrsg.): *Sozialhilfeberatung* in freier Trägerschaft, Weinheim 1989

Hanesch, W. (Hrsg.): Sozialpolitische *Strategien* gegen Armut, Opladen 1995

Hanesch, W.: Zur *Zukunft* der sozialen Berufe, in: Krause, H.-J. (Hrsg.): Geschichte, Gegenwart und Zukunft sozialer Berufe, (Schriftenreihe der Fachhochschule Düsseldorf 1), Düsseldorf 1989, S. 71

Hanisch, H.: *Ersatzanspruch* gegen die Träger der gesetzlichen Rentenversicherung, in: DAngVers. 1964, S. 95

Hänn, R.: *Ambivalenz,* in: Arnold, W. u.a.: *Psychologie,* S. 75

Hannah, B.: *Jung:* His Life and Work, Boston 1991

Hans, W.: *Städtebauförderungsgesetz.* Kommentar, Loseblattausgabe, Percha Stand: 1984

Happe, B.: Die Zusammenarbeit der Wohlfahrtspflege auf örtlicher Ebene. *Arbeitsgemeinschaften* nach § 95 Abs. 1 BSHG, in: Der Städtetag 1967, S. 125

Harbauer, A.: Medizinische *Aspekte,* in: Bach, H.: *Pädagogik,* S. 447

Harbauer, H.: Die Rolle chronischer *Erkrankung* für die psychische Entwicklung des Kindes, in: Harbauer, H. u.a.: *Kinder- und Jugendpsychiatrie*

Harbauer, H.: *Geistig Behinderte.* Ein Ratgeber für Eltern, Erzieher und Ärzte, Stuttgart (2. Aufl.) 1976

Harbauer, H./Lempp, P./Nissen, G. /Strunk, P.: Lehrbuch der speziellen *Kinder- und Jugendpsychiatrie,* Berlin/Heidelberg/New York 1980

Harbordt, S.: *Computersimulation* in den Sozialwissenschaften, 2 Bde., Reinbek 1974

Haring, C.: *Psychiatrie,* Stuttgart 1989

Harmening, R.: *Lastenausgleich,* Kommentar, Loseblattausgabe, München, Stand: Januar 1991

Harms, G./Preissing, C.: *Rechtshandbuch* für Erzieherinnen, Berlin (2. Aufl.) 1992

Harnach-Beck, V.: Psychosoziale *Diagnostik* in der Jugendhilfe. Grundlagen und Methoden für Hilfeplan, Bericht und Stellungnahme, Weinheim/München 1995

Harrer, M./Haberland, J./Lüdtke, H.: *Zivildienstgesetz,* Kommentar mit ergänzenden Vorschriften, Opladen (3. Aufl.) 1986

Harris, R./Klie, T./Ramin, E.: *Heime* zum Leben. Wege zur bewohnerorientierten Qualitätssicherung, Hannover 1995

Hartfiel, G.: *Bedürfnis,* in: Bernsdorf: *Soziologie*

Hartfiel, G.: Soziale *Schichtung,* München 1978

Hartig, M.: Probleme und Methoden der *Psychotherapieforschung,* München 1975

Hartley, E. L.: *Sozialpsychologie,* in: Arnold, W. u.a.: Psychologie, Bd. 3, S. 2118

Hartmann, D.-D.: *Willkürverbot* und Gleichheitsgebot, Neuwied/Darmstadt 1972

Hartmann, H.: Empirische *Befunde* zum Ausgaben- und Verbrauchsverhalten von Sozialhilfeempfängern und Konsequenzen für den Regelsatz der Sozialhilfe. Zusammenfassung der Ergebnisse eines Forschungsprojekts „Regelsatz und Warenkorb in der Sozialhilfe", in: NDV 1985, S. 402

Hartmann, K.: Theoretische und empirische Beiträge zur *Verwahrlosungsforschung,* Berlin/Heidelberg/New York (2. Aufl.) 1977

Hasenritter, K.-H.: *PROSOZ* – Fallstudie über Prozeßverlauf und Ergebnisse eines ADV-Projektes in der Kommunalverwaltung, Fachhochschule für öffentliche Verwaltung NRW, Gelsenkirchen 1993

Häsing, H./Gutschmidt, G.: *Handbuch* Alleinerziehen, Reinbek 1994

Haslinger, F.: Volkswirtschaftliche *Gesamtrechnung,* München/Wien (5. Aufl.) 1990

Hassemer, R.: Die innerbehördliche *Schweigepflicht,* in: ZfJ 1993, S. 12

Hasselmann, K.-B.: *Beichtväter* des 20. Jahrhunderts? – Anmerkungen zur Rolle von Sozialarbeit und Beratung in gemeindlicher und diakonischer Arbeit, Göttingen 1982

Hassenstein, B.: *Verhaltensbiologie* des Kindes, München (4. Aufl.) 1987

Hauck, K. (Hrsg.): *SGB, Kommentar,* Loseblattausgabe, Berlin, Stand: Mai 1996

Hauck, K.: Die Kodifikation des *Sozialrechts* als Beitrag zur sozialen Sicherheit, in: Zacher, H. F. (Hrsg.): Soziale Sicherung durch soziales Recht, Stuttgart/Berlin/Köln 1975

Hauck, K./Haines, H.: Sozialgesetzbuch *(SGB),* Kommentar, Loseblattausgabe, Berlin/Bielefeld, Stand: 1992

Haueisen, F.: Die rechtliche Bedeutung der *Geltendmachung* des Anspruchs auf eine öffentlich-rechtliche Leistung, in: DOK 1965, S. 361

Hauff, M. v./Pfister Gaspary, B. (Hrsg.): Internationale *Sozialpolitik,* Stuttgart/New York 1982

Hauff, V. (Hrsg.): *Bürgerinitiativen* in der Gesellschaft, Villingen 1980

Hauser, J.: *Bevölkerungslehre.* Für Politik, Wirtschaft und Verwaltung, Bern/Stuttgart 1982

Hauser, R./Cramer-Schäfer, H./Nouverné, U.: *Armut,* Niedrigeinkommen und Unterversorgung in der Bundesrepublik Deutschland. Bestandsaufnahme und sozialpolitische Perspektiven, Frankfurt/New York 1981

Hauser, R./Neumann, U.: *Armut in der Bundesrepublik Deutschland.* Die sozialwissenschaftliche Thematisierung nach dem zweiten Weltkrieg, in: Leibfried, S./Voges, W. (Hrsg.): Armut im modernen Wohlfahrtsstaat, KZfSS Sonderheft 32, Opladen 1992, S. 237

Hauser, R./Hübinger, W.: Arme unter uns, Teil 1: Ergebnisse und Konsequenzen der *Caritas-Armutsuntersuchung,* hrsg. vom Deutschen Caritasverband, Freiburg 1993

Hauser, R./Glatzer, W./Hradil, S./Kleinhenz, G./Olk, T./Pankoke, E.: Ungleichheit und Sozialpolitik. Berichte zum sozialen und politischen Wandel in Ostdeutschland, Bd. 2, Opladen 1996

Häusler, J.: *Planung* als Zukunftsgestaltung. Voraussetzung, Methodik und Formen der Planung in soziotechnischen Systemen, Wiesbaden 1970

Haus Schwalbach (Hrsg.): Beiträge zur *Gruppenpädagogik*, Wiesbaden 1965

Hautzinger, M. (Hrsg.): *Kognitive Verhaltenstherapie* bei psychischen Erkrankungen, München/Berlin 1994

Haverkate, G.: *Rechtsfragen* des Leistungsstaats. Verhältnismäßigkeitsgebot und Freiheitsschutz im leistenden Staatshandeln, Tübingen 1983

HdSW – Handwörterbuch der Sozialwissenschaften. Die Enzyklopädie des Wissens von Gesellschaft, Staat und Wirtschaft, 12 Lexikonbde. und 1 Register-Bd., Göttingen 1952-1965

HdWW – Handwörterbuch der Wirtschaftswissenschaft, hrsg. von W. Albers u.a., 9 Lexikonbde. und 1 Register-Bd., Göttingen 1976 ff.

Hebe, H.: Grundfragen der *Ersatz- und Erstattungsansprüche*, in: ZfS 1973, S. 205

Heck, A./Krappmann, L./Preissing, C./Zimmer, J.: *Reform* des Kindergartens. Ein Programm und seine Folgen. Abschlußbericht zum Projekt „Evaluation des Erprobungsprogramms", Freie Universität Berlin 1995

Heckmann, W.: *Drogenkonsum* und Drogenabhängigkeit in unserer Gesellschaft, in: Psychosozial, H. 2/1980, S. 113

Heckmann, W.: *Drogentherapie* in der Praxis. Ein Arbeitsbuch für die 90er Jahre, Weinheim/Basel 1991

Heckmann, W. (Hrsg.): *Vielleicht* kommt es auf uns selber an, Frankfurt a.M. 1980

Hedtke-Becker, A./Schmidt, R. (Hrsg.): *Profile* Soziale Arbeit mit alten Menschen, Berlin/Frankfurt a.M. 1995

Heemskerk, J.: *Aspekte* und Ergebnisse zum Lernen im Erwachsenenalter, in: PsychErzUnt. 1974, S. 365

Heese, G. (Hrsg.): *Frühförderung* behinderter und von Behinderung bedrohter Kinder, Berlin 1978

Hege, M.: Engagierter *Dialog*. Ein Beitrag zur sozialen Einzelhilfe, München 1974

Hege, M.: Die Bedeutung der *Methoden* in der Sozialarbeit, in: Projektgruppe Soziale Arbeit: *Sozialarbeit – Expertisen*, Bd. 1, S. 145

Hegelheimer, A.: *Bildungs- und Arbeitskräfteplanung*, München 1970

Heghmanns, M.: Abweichung vom Nettoeinkommensprinzip bei der Bemessung von *Geldstrafe*, in: NStZ-Rechtsprechungs-Report Strafrecht 1994, S. 519

Hegselmann, R./Merkel, R. (Hrsg.): Zur Debatte über *Euthanasie*, Frankfurt a.M. 1991

Heid, H.: Das *Theorie-Praxis-Verhältnis* in der Pädagogik, in: Roth, L. (Hrsg.): Pädagogik. Handbuch für Studium und Praxis, München 1991, S. 949

Heidelberger Schriften zur Musiktherapie, Stuttgart/Bern

Heiden, H.-G. (Hrsg.): „*Niemand darf* wegen seiner Behinderung benachteiligt werden". Grundrecht und Alltag – eine Bestandsaufnahme, Reinbek 1996

Heigl-Evers, A. (Hrsg.): *Lewin* und die Folgen, (Die Psychologie des 20. Jahrhunderts, Bd. 8), München o.J.

Heigl-Evers, A. (Hrsg.): *Sozialpsychologie*, 2 Bde., Weinheim/Basel 1984

Heil, K.: *Altenhilfe* als Konzept der Stadterneuerung. Probleme alter Menschen im Prozeß der Sanierung und Modernisierung – Ansätze einer sensiblen Planungsstrategie, (Schriften des DV: Arbeitshilfen, H. 38), Frankfurt a.M. 1988

Heil, K./Feldmann, U./Franke, H. J./Großhans, H./Ließem, H./Mehl, H. P./Müller, H./Völkel, I./Weeber, R.: Sozialplanung und *Bundesbaugesetz* – Hilfen für die Bebauungsplanung, (Schriften des DV: Arbeitshilfen, H. 23), Frankfurt a.M. 1983

Heil, K./Romaus, R.: *Sanierung* Haidhausen, Münchener Gesellschaft für Stadterneuerung (MGS), München 1996

Heil, K. u.a.: Sozialplanung und *Stadterneuerung*. Situation, Anforderungen, Perspektiven, durchgeführt im Auftrag des BMBau, Berlin/Bonn 1992

Heim, E.: *Milieu-Therapie*. Erlernen sozialer Verhaltensmuster in der psychiatrischen Klinik, Stuttgart/Bern 1978

Heim, N.: Die *Kastration* und ihre Folgen bei Sexualstraftätern, (Kriminologische Studien 35), Göttingen 1980

Heimann, H.: Psychiatrische, psychologische und ethische *Implikationen* psychochirurgischer Maßnahmen unter besonderer Berücksichtigung der Hypothalamotomie bei Sexualdeviationen, in: Der Nervenarzt 1979, S. 682

Heimann, H.: *Psychiatrie* und Menschlichkeit, in: Confinia psychiatrica 1976/19, 24

Heimann, P.: Bemerkungen zur *Gegenübertragung*, in: Psyche 1964, S. 483

Heimann, P./Otto, G./Schulz, W.: *Unterricht*. Analyse und Planung, Hannover (9. Aufl.) 1977

Heiner, M. (Hrsg.): *Qualitätsentwicklung* durch Evaluation, Freiburg 1996

Heinrichs, J.: Modell *Familienplanung* – fünf Phasen institutioneller Aktivitäten, in: Sexualmedizin 1977, S. 483

Heinsohn, G. (Hrsg.): Das *Kibbuz-Modell*, Frankfurt a.M. 1982

Heintel, P./Krainz, E. E.: *Projektmanagement*. Eine Antwort auf die Hierarchiekrise?, Wiesbaden (3. Aufl.) 1994

Heinz, W./Hügel, C.: *Erzieherische Maßnahmen* im deutschen Jugendstrafrecht, (Schriftenreihe des BMJ), Bonn 1987

Heinz, W. R./Schöber, P. (Hrsg.): *Theorien kollektiven Verhaltens*, Neuwied/Darmstadt 1973

Heinze, T. u.a.: *Handlungsforschung* im pädagogischen Feld, München 1975

Heipcke, K.: *Lehrziele* und Handlungsziele im Unterricht, in: b:e 1974/8, S. 15

Heitmeyer, W.: Jugend, Staat und *Gewalt* in der politischen Risikogesellschaft, in: Heitmeyer, W./Möller, K./Sünker, H. (Hrsg.): Jugend – Staat – Gewalt. Politische Sozialisation von Jugendlichen, Jugendpolitik und politische Bildung, Weinheim/München 1989, S. 11

Heitmeyer, W./Olk, T.: *Individualisierung* von Jugend. Gesellschaftliche Prozesse, subjektive Verarbeitungsformen, jugendpolitische Konsequenzen, Weinheim 1990

Helfert, O.: Das *Erziehungsheim*, Neuwied/Berlin (2. Aufl.) 1977

Hellbrügge, T. u.a.: Münchener funktionelle *Entwicklungsdiagnostik*. Erstes Lebensjahr, München/Wien 1978

Helle, J.: Das neue *Betreuungsrecht*, in: DÄrztebl. 1991, S. 2234

Heller, E./Tennstedt, B.: Das *Selbstverständnis* der Erzieherin. Texte und Gespräche zur pädagogischen Arbeit in Kindertageseinrichtungen, Berlin/Weinheim/München 1993

Hellmer, J.: *Identitätsbewußtsein* und Wiedergutmachung. Zur Behandlung der Jugendkriminalität, in: JZ 1979, S. 41

Hellmer, J.: *Jugendkriminalität*, Neuwied/Darmstadt (4. Aufl.) 1980

Hellpach, W.: *Klinische Psychologie*, Stuttgart 1946

Hellstern, G. M./Wollmann, H.: *Evaluierung* in der öffentlichen Verwaltung – Zwecke und Anwendungsfelder, in: VerwFort. 1980, S. 61

Hellstern, G. M./Wollmann, H. (Hrsg.): *Experimentelle Politik* – Reformstrohfeuer oder Lernstrategie. Bestandsaufnahme und Evaluierung, Opladen 1983

Hemmer, E.: *Sozialplanpraxis* in der Bundesrepublik. Eine empirische Untersuchung, Köln 1988

Hemmer, K. P./Obereisenbuchner, M.: Die *Reform* der vorschulischen Erziehung: Eine Zwischenbilanz, München 1979

Hempel, M. (Hrsg.): *Verschieden* und doch gleich. Schule und Geschlechterverhältnisse in Ost und West, Bad Heilbrunn 1995

Hempel, W.: Der demokratische *Bundesstaat*, Berlin 1969

Hendler, R.: Die bürgerschaftliche *Mitwirkung* an der städtebaulichen Planung, Göttingen 1976

Henke, N.: Plädoyer für soziale Rechte, in: ZSR 1976, S. 429

Hennig, C./Knödler, U.: *Problemschüler – Problemfamilien*. Ein praktisches Lehrbuch zum systematischen Arbeiten mit schulschwierigen Kindern, Weinheim (4. Aufl.) 1995

Hennig, W.: Grundsätze des Rechts der *beruflichen Bildung* nach der Rechtsprechung des BSG, in: AuB 1975, S. 24

Hennig, W./Kühl, H./Heuer, E./Henke, N.: *Arbeitsförderungsgesetz* (AFG), Kommentar, Loseblattausgabe, Frankfurt, Stand: August 1992

Henning, H.: *Sozialpolitik III* (Geschichte), in: HdWW, Bd. 7, S. 85

Henrich, D.: *Internationales Familienrecht*, Frankfurt a.M. 1989

Henrich, F.: Die Bünde katholischer *Jugendbewegung*, München 1967

Henseler, H.: *Narzißtische Krisen*. Zur Psychodynamik des Selbstmords, Opladen (3. Aufl.) 1990

Hentig, H. v.: *Systemzwang* und Selbstbestimmung. Über die Bedingungen der Gesamtschule in der Industriegesellschaft, Stuttgart (5. Aufl.) 1977

Hepting, R./Gaaz, B.: *Personenstandsrecht*. Mit Eherecht und Internationalem Privatrecht, *Kommentar*, Loseblattausgabe, Frankfurt a.M., Stand: 1995

Hering, E.: Die verfassungsrechtlichen *Grundlagen* der Sozialhilfe und ihre Grenzen, in: NDV 1975, S. 148 und DÖV 1975, S. 8

Hermberg, P.: *Arbeiterbildung*, in: Handwörterbuch des deutschen Volksbildungswesens, Breslau 1932

Herrenknecht, A./Hätscher, B./Koospel, S.: Träume, Hoffnungen, Kämpfe. Ein Lesebuch zur *Jugendzentrumsbewegung*, Frankfurt a.M. 1977

Herriger, N.: *Empowerment* und das Modell der Menschenstärken. Bausteine für ein verändertes Menschenbild der Sozialen Arbeit, in: SozArb. 1995, S. 155

Herriger, N.: Empowerment und *Engagement*, in: SozArb. 1996, S. 290

Herriger, N.: *Verwahrlosung*. Eine Einführung in Theorien sozialer Auffälligkeit, München 1979

Herrmann, T. (Hrsg.): Psychologie der *Erziehungsstile*, Göttingen (4. Aufl.) 1974

Herrmann, T.: Lehrbuch der empirischen *Persönlichkeitsforschung*, Göttingen (6.Aufl.) 1991

Herz, O.: Ansätze und Beispiele für *Innovationsstrategien* in den USA, in: ZPäd. 1973, S. 583

Hess, D./Hartenstein, W./Smid, M.: *Auswirkungen* von Arbeitslosigkeit auf die Familie, in: Mitteilungen aus dem Arbeitsmarkt- und Berufsforschung 1991, S. 178

Hess, H./Schlochauer, U./Glaubitz, W.: Kommentar zum *Betriebsverfassungsgesetz* (BetrVG), Neuwied/Darmstadt (3. Aufl.) 1986

Hess, H./Mechler, A.: *Ghetto* ohne Mauern. Ein Bericht aus der Unterschicht, Frankfurt a.M. 1973

Hesse, E.: Erläuterungen zum Gesetz über den *Lastenausgleich* (Lastenausgleichsgesetz – LAG), in: Das Deutsche Bundesrecht, Loseblattausgabe, Baden-Baden, VII C 10, S. 147

Hesse, J. J.: Organisation kommunaler *Entwicklungsplanung*. Anspruch, Inhalt und Reichweite von Reorganisationsvorstellungen für das kommunale politisch-administrative System, (Schriften des Deutschen Instituts für Urbanistik, Bd. 57), Stuttgart/Berlin/Köln 1976

Hesse, J. J.: Stadtentwicklungsplanung: Zielfindungsprozesse und Zielvorstellungen, (Schriften des Deutschen Instituts für Urbanistik, Bd. 38), Stuttgart/Berlin/Köln (2. Aufl.) 1972

Hesse, K.: *Berufe* im Wandel, Stuttgart (2. Aufl.) 1972

Hesse, K.: Der unitarische *Bundesstaat*, Karlsruhe 1962

Hesse, K.: Bedeutung der *Grundrechte,* in: Benda u.a. (Hrsg.): *Verfassungsrecht*, § 5

Hesse, K.: Grundzüge des *Verfassungsrechts* der Bundesrepublik Deutschland, Karlsruhe (20. Aufl.) 1995

Hesse-Schiller, W.: Zu den Anspruchsvoraussetzungen für *häusliche Krankenpflege*, in: RsDE, H. 8, 1989, S. 75

Hesse-Schiller, W.: Rechts- und Finanzierungsprobleme in *Sozialstationen*, in: RsDE, H. 2, 1988, S. 1

Hesse-Schiller, W./Schmeller, F.: *Ergänzungsfunktion* der Sozialhilfe bei Leistungen der Pflegeversicherung zur häuslichen Pflege, in: NDV 1994, S. 449

Hesse-Schiller, W./Siebenhaar, B.: *Überschuldung* und Sozialhilfe, in: Reis u.a.: *Soziale Arbeit,* S. 151

Hetzer, H.: Angewandte *Entwicklungspsychologie* des Kindes- und Jugendalters, Heidelberg/Wiesbaden (3. Aufl.) 1995

Heuer, E.: Kommentar zum *Haushaltsrecht,* Loseblattausgabe, Neuwied, Stand: Februar 1992

Heuer, J. H. B.: Lehrbuch der *Wohnungswirtschaft,* Frankfurt a.M. 1985

Heyde, P.: Internationale *Sozialpolitik*, Heidelberg 1960

Heyde, T./Schmitz-Hartmann, H./Dieper, E.: Arbeitsschritte für die *Entwicklungsplanung* von Klein- und Mittelstädten, (Schriftenreihe des Bundesministers für Raumordnung, Bauwesen und Städtebau), Bonn 1977

Heyken, H.: *Entwicklungsplanung* in Wuppertal, in: Struktur 1976/6, S. 131

Hielscher, H.: *Spielen* macht Schule, Heidelberg 1981

Hierdeis, H. (Hrsg.): *Sozialistische Pädagogik* im 19. und 20. Jahrhundert, Bad Heilbrunn 1973

Hilger, M. L.: Das betriebliche *Ruhegeld,* Heidelberg 1959

Hill, W./Fehlbaum, R./Ulrich, P.: *Organisationslehre*, Bern/Stuttgart 1974

Hillmeier, H.: Basteln am *Konzept*, in: Scharinger, K. (Hrsg.): Nürnberger Forum der Jugendarbeit 1989, Nürnberg 1990

Himes, N. E.: Medical History of *Contraception,* New York 1970

Hinz-Rommel, W.: Interkulturelle *Kompetenz*. Ein neues Anforderungsprofil für die soziale Arbeit, Münster/New York 1994

Hippmann, H.-D.: *Statistik* für Wirtschafts- und Sozialwissenschaftler, Stuttgart 1994

Hirsch, F.: The Social *Limits* of Growth, London 1977

Hirsch, R. D./Kortus, R./Loos, H./Wächtler, C. (Hrsg.): *Gerontopsychiatrie* im Wandel: vom Defizit zur Kompetenz, Melsungen 1995

Hirschauer, P.: *Staat* und Gesellschaft: die wohlmeinenden Verführer, in: Littera 1966/7, S. 35

Höbel, B./Seibert, U.: *Bürgerinitiativen* und Gemeinwesenarbeit, München 1973

Hoernle, E.: Sozialistische *Jugenderziehung* und sozialistische Jugendbewegung, Berlin 1919

Höfer, R.: Betriebliche *Altersversorgung* – steuerliche und finanzielle Wirkungen, Wiesbaden 1973

Höfer, R.: *Gesetz* zur Verbesserung der betrieblichen Altersversorgung, 2 Bde., München (2. Aufl.) 1982/84

Hoff, E./Lappe, L./Lempert, W. (Hrsg.): *Arbeitsbiographie* und Persönlichkeitsentwicklung, Bern 1985

Hoffmann, B.: *Handbuch* des autogenen Trainings, München 1983

Hoffmann, K.: *Konsularrecht*. Kommentar, Loseblattausgabe, Starnberg 1975 ff.

Hoffmann, M.: *Zusammenleben* im Kindergarten: Dynamische Prozesse zwischen Kindern, Eltern und Erzieherinnen, Weinheim/München 1992

Hoffmann, N. (Hrsg.): Grundlagen *kognitiver Therapie*. Theoretische Modelle und praktische Anwendungen, Bern/Stuttgart/Wien 1979

Hoffmann, N./Frese, M.: *Verhaltenstherapie* in der Sozialarbeit, Salzburg 1975

Hoffmann, U./Beck, M.: Die neue *Sozialhilfe- und Asybewerberleistungsstatistik,* in: WiSta. 1995, S. 147

Hoffmann, D.: Der Begriff der *Ersatzvornahme* im neuen Polizeirecht, in: DÖV 1967, S. 296

Hoffmann-Bayer, M.: *Herausforderung,* in: Heckmann, W. (Hrsg.): Drogentherapie in der Praxis, Weinheim 1991, S. 240

Hoffmann-Bayer, M.: *Auf dem Weg* zu den Klienten, in: Buchholtz, F. (Hrsg.): Suchtarbeit, Freiburg 1989, S. 63

Hoffmann-Riem, C.: Das adoptierte Kind. *Familienleben* mit doppelter Elternschaft, München (3. Aufl.) 1989

Hoffmann-Riem, C.: Die *Sozialforschung* einer interpretativen Soziologie und Sozialpsychologie, in: KZfSS 1980, S. 339

Hoffmann-Riem, W.: *Art. 8 GG*, in: Wassermann: *Grundgesetz* (Komm.)

Hoffmann-Riem, W.: Bürgernahe *Verwaltung?* Analyse über das Verhältnis von Bürger und Verwaltung, Neuwied/Darmstadt 1979

Hofmann, A.: Neues *Berechnungssystem* für die Regelsätze von Kindern und Jugendlichen. Vollständiger „Warenkorb" des „Statistik-Modells" für Alleinstehende und Haushaltsvorstände, in: Informationen zum Arbeitslosenrecht und Sozialhilferecht 1989, S. 79

Hofmann, A.: Zur Höhe des *Eckregelsatzes* zum 1. Juli 1996 auf der Grundlage der EVS 1988, in: info also, (Informationen zum Arbeitslosenrecht und Sozialhilferecht), Baden-Baden, 1995, S. 71

Hofmann, H.: *Menschenrechtliche Autonomieansprüche,* JZ 1992, S. 165

Hofstätter, P. R.: *Gruppendynamik.* Kritik der Massenpsychologie, Reinbek o.J.

Hofstätter, P. R.: Einführung in die *Sozialpsychologie,* Stuttgart (5. Aufl.) 1973

Hohmann, M./Reich, H. H. (Hrsg.): Ein *Europa* für Mehrheiten und Minderheiten. Diskussionen um interkulturelle Erziehung, Münster 1989

Hohmeier, J./Pohl, H.-J. (Hrsg.): *Alter* als Stigma, Frankfurt a.M. 1978

Höhn, C.: Der Weg von und nach *Kairo,* in: Zeitschrift für Bevölkerungswissenschaft, S. 3

Höhn, E./Seidel, G.: *Soziometrie,* in: Graumann, C. F.: *Sozialpsychologie,* Bd. 7/1, S. 375

Höhne, G./Heubeck, G.: *Anpassung* betrieblicher Ruhegelder. Nach dem Gesetz zur Verbesserung der betrieblichen Altersversorgung vom 19.12.1974, Heidelberg (2. Aufl.) 1975

Hölder, E. u.a.: Wege zu einer Umweltökonomischen *Gesamtrechnung,* (Forum der Bundesstatistik, Bd. 16), Stuttgart 1991

Holder, J.: *Kommunikation,* Wiesbaden 1975

Hollihn, F.: *Partizipation* und Demokratie. Bürgerbeteiligung am kommunalen Planungsprozeß?, Baden-Baden 1978

Hollingshead, A. B./Redlich, F. C.: Der *Sozialcharakter* psychischer Störungen. Eine sozialpsychiatrische Untersuchung, Frankfurt a.M. 1975

Hollmann, E./Hoppe, J. R.: *Kinder-Gärten* pädagogisch/architektonisch konzipieren und bauen. Ein Anregbuch für Architekten und Pädagogen, (Schriften des DV: Materialien für die sozialpädagogische Praxis, Bd. 25), Frankfurt a.M. 1994

Hollstein-Brinkmann, H.: Soziale Arbeit und *Systemtheorien,* Freiburg 1993

Holzhauer, H.: Juristischer Aufbaukurs. Familien- und *Erbrecht,* Freiwillige Gerichtsbarkeit, Frankfurt a.M. (2. Aufl.) 1988

Homans, G. C.: *Elementarformen* sozialen Verhaltens, Opladen (2. Aufl.) 1972

Hondrich, K. O.: Menschliche *Bedürfnisse* und soziale Steuerung, Opladen 1975

Honecker, E.: *Bericht* des ZK der SED an den X. Parteitag, Berlin (Ost) 1981

Hoppe, J. R.: Erinnerungen von Erziehern an *Spielorte* in der eigenen Kindheit – eine Möglichkeit zur Gestaltung pädagogischer Spielräume in Kindertageseinrichtungen, in: Ehrhardt-Kramer, A./Hoppe, J. R.: Persönlichkeitsförderung als Ausbildungsauftrag, (Schriften des DV: Materialien für die sozialpädagogische Praxis, Bd. 13), Frankfurt a.M. 1986, S. 173

Horkheimer, M.: *Kritische Theorie,* Frankfurt a.M. (3. Aufl.) 1977

Horkheimer, M.: *Traditionelle* und Kritische Theorie, Frankfurt a.M. (10. Aufl.) 1984

Horkheimer, M./Adorno, T. W.: *Dialektik* der Aufklärung, Frankfurt a.M. (11. Aufl.) 1984

Hörmann, G.: *Verbraucher* und Schulden, Baden-Baden 1987

Horn, H.-J.: Der *Maßregelvollzug* im Spannungsfeld zwischen Besserung und Sicherung, in: Kerner, H. J./Göppinger, H./Streng, F. (Hrsg.): Kriminologie – Psychiatrie – Strafrecht. Festschrift für Heinz Leferenz zum 70. Geburtstag, Heidelberg 1983

Horn, H.-J.: Therapie von *Triebtätern,* in: Eisen: *Rechtsmedizin,* Bd. 3

Horn, K.: *Gewalt* – Aggression – Krieg. Studien zu einer psychoanalytisch orientierten Sozialpsychologie des Friedens, Baden-Baden 1988

Hornstein, W.: Die Bedeutung erziehungswissenschaftlicher Forschung für die *Praxis* sozialer Arbeit, in: NPrax. 1985, S. 463

Hörster, R.: *Kritik* alltagsorientierter Pädagogik, Weinheim/Basel 1984

Horstkotte, H.: Die Vorschriften des 1. Gesetzes zur Reform des Strafrechts über den Rückfall und die *Maßregeln* der Sicherung und Besserung, in: JZ 1970, S. 152

Hosemann, D./Hosemann, W.: *Trebegänger* und Verwahrloste in sozialpädagogischer Betreuung außerhalb von Familie und Heim, (Pädagogik und Soziologie 6), Berlin 1984

Hottelet, H./Braasch, P./Flosdorf, P./ Müller-Schöll, A./Sengling, D.: Offensive *Jugendhilfe.* Neue Wege für die Jugend, Stuttgart 1978

Houben, A.: Klinisch-psychologische *Beratung.* Ansätze einer psychoanalytisch fundierten Technik, München 1975

Hradil, S. (Hrsg.): Zwischen Bewußtsein und Sein. Die Vermittlung „objektiver" Lebensbedingungen und „subjektiver" Lebensweisen, Opladen 1992

Hradil, S.: *Sozialstrukturanalyse* in einer fortgeschrittenen Gesellschaft. Von Klassen und Schichten zu Lagen und Milieus, Opladen 1987

Huber, G.: *Psychiatrie,* Stuttgart (5. Aufl.) 1994

Huber, G. (Hrsg.): Endogene *Psychosen.* Diagnostik, Basissymptome und biologische Parameter, Stuttgart/New York 1982

Huber, G./Gross, G.: *Wahn*. Eine deskriptiv-phänomenologische Untersuchung schizophrenen Wahns, Stuttgart 1977

Huber, N.: Der *Heilerzieher*. Ausbildung und Beruf für die Behindertenhilfe, in: Juwo. 1972, S. 359

Huber-Nienhaus, S.: *Handbuch für Pflege- und Adoptiveltern*. Pädagogische, psychologische und rechtliche Fragen des Adoptions- und Pflegekinderwesens, Idstein (4. völlig überarb. Aufl.) 1993

Hübinger, W.: Prekärer *Wohlstand*. Neue Befunde zu Armut und sozialer Ungleichheit, Freiburg 1996

Hubmann, H./Rehbinder, M.: *Urheber- und Verlagsrecht*. Ein Studienbuch, München (8. Aufl.) 1995

Huch, K.J.: Einübung in die *Klassengesellschaft*. Über den Zusammenhang von Sozialstruktur und Sozialisation, Frankfurt a.M. 1975

Hüfner, K.: *UNESCO* – Organisation der Vereinten Nationen für Erziehung, Wissenschaft und Kultur, in: Wolfrum, R. (Hrsg.): Handbuch Vereinte Nationen, München (2. Aufl.) 1991, S. 916

Huizinga, J.: *Homo Ludens*. Vom Ursprung der Kultur im Spiel, Reinbek 1981

Hujer, R./Bauer, G./Knepel, H.: *Simulationsexperimente* mit dem Frankfurter Modell des Sonderforschungsbereichs 3, in: Langer, H. G./Martiensen, J./Quinke, H. (Hrsg.): Simulationsexperimente mit ökonometrischen Makromodellen, (Berichte der Gesellschaft für Mathematik und Datenverarbeitung, Bd. 146), München/Wien 1984, S. 267

Hüllinghorst, R.: Die Stellung der Beratungs- und *Behandlungsstellen* für Suchtkranke im Behandlungsverbund und ihre Finanzierung, in: Deutsche Hauptstelle gegen Suchtgefahren: *Jahrbuch,* S. 130

Hundertmarck, G./Ulshoefer, H.: *Kleinkindererziehung*. Lehrbücher für Sozialpädagogen, 3 Bde., München Bd. 1 und 2 1972, Bd. 3 (2. Aufl.) 1977

Hundsalz, A.: Die *Erziehungsberatung*. Grundlagen, Organisation, Konzepte und Methoden, Weinheim/München 1995

Hungenberg, H./Steffens, J.: *Krankenversicherung* der Rentner, St. Augustin (4. Aufl.) 1986

Hüppe, B./Schrapper, C. (Hrsg.): Freie *Wohlfahrt* und Sozialstaat. Der DPWV in NRW 1949-1989, Weinheim/München 1989

Huppertz, N.: *Supervision*. Analyse eines problematischen Kapitels der Sozialarbeit, Neuwied/Darmstadt 1975

Huppertz, N./Meier-Musahl, R.: Der *Hort* als sozialpädagogische Einrichtung, Freiburg 1997

Hurlock, E. B.: Die *Entwicklung* des Kindes, Weinheim/Basel (3. Aufl.) 1972

Hurrelmann, K.: *Erziehungssystem* und Gesellschaft, Opladen 1975

Hurrelmann, K.: Einführung in die *Sozialisationstheorie,* Weinheim 1986

Hurrelmann, K.: Die beste *Suchtprävention* ist ein gutes Selbstwertgefühl, in: Jugend und Gesellschaft 1990, H. 5, S. 2

Hurrelmann, K./Ulich, D. (Hrsg.): Neues *Handbuch* der Sozialisationsforschung, Weinheim/Basel (4. völlig neu bearb. Aufl.) 1991

Hurrelmann, K./Rosewitz, B./Wolf, H. K.: Lebensphase *Jugend*. Eine Einführung in die sozialwissenschaftliche Jugendforschung, Weinheim (4. Aufl.) 1995

Hurrelmann, K./Deutscher Kinderschutzbund: *Anti-Gewalt-Report,* Weinheim/Basel 1995

Hussy, W.: *Denkpsychologie*. Ein Lehrbuch, 2 Bde., Stuttgart/Berlin/Köln 1984 ff.

Hyman, H. H.: *Reference Groups,* in: International Encyclopaedia of the Social Sciences, New York/London 1968

Iben, G.: Der Begriff der sozialen *Benachteiligung,* in: Deppe-Wolfinger, H. (Hrsg.): Behindert und abgeschoben, Weinheim/Basel 1983

Iben, G. (Hrsg.): *Beraten* und Handeln. Zum Umgang zwischen Wissenschaftlern und Praktikern, München 1981

Iben, G.: Defizite bürgerlicher *Erziehung,* in: Giesecke, H. (Hrsg.): Ist die bürgerliche Erziehung am Ende?, München 1977

Iben, G.: Indikationen und sozialpädagogische Möglichkeiten der *Erziehungsbeistandschaft,* (Wissenschaftliche Informationsschriften des AFET, H. 3), Hannover 1969

Iben, G. (Hrsg.): Das Dialogische in der *Heilpädagogik,* Mainz 1988

Iben, G. (Hrsg.): *Heil- und Sonderpädagogik*. Einführung in Problembereiche und Studium, Kronberg 1975

Iben, G.: *Kinder* sozialer Randgruppen, in: Fthenakis, W. E. (Hrsg.): Tendenzen der Frühpädagogik, Düsseldorf 1984, S.127

Iben, G.: *Menschen* unterm Planquadrat. Sozialpolitische und sozialpädagogische Aspekte der amerikanischen Stadterneuerung, München 1971

Iben, G.: *Randgruppen* der Gesellschaft. Untersuchungen über Sozialstatus und Erziehungsverhalten obdachloser Familien, München (3. Aufl.) 1974

Iben, G./Drygala, A./Bingel, I./Fritz, R.: *Gemeinwesenarbeit* in sozialen Brennpunkten. Aktivierung, Beratung und kooperatives Handeln, München 1981

Iben, G./Drygala, A.: „Abweichende" und „defizitäre" *Sozialisation*, in: Neidhardt: *Sozialisation*

IGfH → Internationale Gesellschaft für Heimerziehung

Igl, G.: Die Neuregelung des *§ 93 BSHG,* in: ZfSH/SGB 1994, S. 39

Igl, G.: Rechtliche *Gestaltung* sozialer Pflege und Betreuungsverhältnisse, in: VSSR 1978, S. 202

Igl, G.: Das Leid mit der *Heimgesetz-Novellierung,* in: RsDE, H. 7, 1989, S. 47

Igl, G.: Das neue *Pflegeversicherungsrecht.* Soziale Pflegeversicherung, München 1995

Igl, G.: *Rechtsfragen* des freiwilligen sozialen Engagements. Rahmenbedingungen und Handlungsbedarf, Gutachten im Auftrag des BMFuS, (Schriftenreihe des BMFuS, Bd. 26), Stuttgart/Berlin/Köln 1994

Igl, G.: *SGB XI* als Herausforderung für die Kommunen, in: Dortmunder Beiträge zur angewandten Gerontologie, (Bd. 4), Hannover 1995, S. 208

IG-Metall (Hrsg.): Das *Suchtbuch* für die Arbeitswelt, Frankfurt a.M. 1991

Ilgenfritz, G.: *Reichsknappschaftsgesetz* mit Anmerkungen, Loseblattausgabe, St. Augustin, Stand: 1. Juli 1991

Illich, I. u.a.: *Entmündigung* durch Experten. Zur Kritik der Dienstleistungsberufe, Reinbek o.J.

Imlau, R.: *Empfehlungen* für die Anwendung der *§§ 84 ff.* BSHG, (Schriften des DV: Kleinere Schriften, H. 4), Frankfurt a.M. (3. Aufl.) 1975

Industriegewerkschaft Metall: *Qualität* des Lebens. Beiträge zur 4. internationalen Arbeitstagung der Industriegewerkschaft Metall für die Bundesrepublik Deutschland vom 11. bis 14. April 1972 in Oberhausen, 10 Bde., Frankfurt a.M. 1973 f.

Informationsdienst Soziale Indikatoren (ISI): *Abteilung* Soziale Indikatoren des Zentrums für Umfragen, Methoden und Analysen, Mannheim o.J.

Institut für Demoskopie Allensbach (Hrsg.): *Demoskopie* und Aufklärung. Ein Symposium, München/New York/London/Paris 1988

Institut für Entwicklungsplanung und Strukturforschung (Hrsg.): *Handbuch* der örtlichen und regionalen Familienpolitik, Hannover 1996

Institut für Europäische Politik (Hrsg.): Das *Europa* der Siebzehn. Bilanz und Perspektiven von 25 Jahren Europarat, Bonn 1974

Institut für Landes- und Stadtentwicklungsforschung Nordrhein-Westfalen (Hrsg.): *Bauen* für Behinderte in Nordrhein-Westfalen, Dortmund 1978

Institut für Sozialarbeit und Sozialpädagogik/Sozialpädagogisches Institut Berlin (Hrsg.): Die *Herausforderung* der Freien Wohlfahrtspflege durch Institutionen der Alternativszene, Frankfurt a.M. 1985

Institut für Sozialforschung und Betriebspädagogik e.V. (Hrsg.): *Lernen* und Arbeiten in der Werkstatt 1991

Internationale Gesellschaft für Heimerziehung (Hrsg.): *Heimerziehung* und Alternativen. Analysen und Ziele für Strategien. Zwischenbericht der Kommission Heimerziehung der obersten Landesjugendbehörden der Bundesarbeitsgemeinschaft der Freien Wohlfahrtspflege, Frankfurt a.M. 1977

Internationale Gesellschaft für Heimerziehung (Hrsg.): *Kinderhäuser* – Situation, Entwicklung und pädagogische Leistungsfähigkeit, bearb. von G. Hochmair, B. Möllhof, M. Möllhof, P. Völker, Frankfurt a.M. 1976

Internationales Arbeitsamt: Die *IAO* und die Welt der Arbeit, Genf 1977

Irskens, B./Weber, G.: Konzepte und Probleme teilnehmerorientierter *Fortbildung.* Erfahrungen mit zwei Fortbildungskursen, (Schriften des DV: Materialien für die sozialpädagogische Praxis, Bd. 7), Frankfurt a.M. 1982

Isay, R. A.: *Schwul* sein. Die psychologische Entwicklung des Homosexuellen, München/Zürich 1990

Isele, H. G.: Die Europäische *Sozialcharta,* Wiesbaden 1967

Isenberg, T./Malzahn, J. (Hrsg.): Wieviel *Krankheit* können Sie sich noch leisten? Kritische Bewertung aktueller Reformvorstellungen zur gesetzlichen Krankenversicherung, Frankfurt a.M. 1995

ISI → Informationsdienst Soziale Indikatoren

ISS → Institut für Sozialarbeit und Sozialpädagogik

Isselhorst, R./Scherpner, M.: *Koordination* der Behindertenarbeit im örtlichen Bereich, (Schriften des DV: Arbeitshilfen, H. 28), Frankfurt a.M. 1985

Issing, L. J. (Hrsg.): *Medienpädagogik* im Informationszeitalter, Weinheim 1987

Jacobi, P./Kriedemann, H./Maier, L./Peters, I.: *Sexfibel,* Leverkusen (2.Aufl.) 1974

Jacobson, E.: *Depression.* Vergleichende Untersuchung normaler, neurotischer und psychotisch-depressiver Zustände, Frankfurt a.M. 1977

Jaffé, A. (Hrsg.): Erinnerungen, Träume, Gedanken von *C. G. Jung,* Freiburg 1984

Jahn, K.: Das *Handwerkerversicherungsgesetz.* Kommentar mit allen Nebengesetzen, Verordnungen, Erlassen und einschlägigen Bestimmungen, Loseblattausgabe, St. Augustin, Stand: September 1986

Jahn, T.: *Krise* als gesellschaftliche Erfahrungsform. Umrisse eines sozial-ökologischen Gesellschaftskonzepts, Frankfurt a.M. 1991

Jahnke, J.: Interpersonale *Wahrnehmung,* Stuttgart 1975

Jakob, G.: Zwischen Dienst und *Selbstbezug.* Eine biographieanalytische Untersuchung ehrenamtlichen Engagements, Opladen 1993

Jakobs, G.: *Strafrecht* – Allgemeiner Teil. Die Grundlagen und die Zurechnungslehre – Lehrbuch, Berlin/New York (2. neubearb. u. erw. Aufl.) 1993

Jank, W./Meyer, H.: Didaktische *Modelle,* Frankfurt a.M. (3. Aufl.) 1994

Jans, K.-W./Hasenclever, C./Happe, G.: Grundzüge eines künftigen *Jugendhilferechts,* in: DV-Schreiben Nr. 245

Jans, K.-W./Happe, G./Saurbier, H. (Hrsg.): *Kinder- und Jugendhilferecht,* Kommentar, Loseblattausgabe, Köln, Stand: März 1996

Jansen, P.: *FGG.* Gesetz über die Angelegenheiten der freiwilligen Gerichtsbarkeit, Kommentar, 3 Bde., Berlin (2. Aufl.) 1969 ff.

Janssen, H. J.: *Suchtprävention* im Wandel, Hoheneck/Hamm 1991

Janssen-Jureit, M. (Hrsg.): *Frauenprogramm* gegen Diskriminierung. Gesetzgebung – Aktionspläne – Selbsthilfe. Ein Handbuch, Reinbek 1979

Jantsch, E.: Technological *Forecasting* in Perspective, Paris 1968

Jantz, K.: *Strukturprinzipien* der sozialen Sicherung in der Gegenwart, in: Schewe u.a.: Soziale Sicherung, (8. Aufl.) 1970

Jantzen, W.: *Sozialisation* und Behinderung. Studien zu sozialwissenschaftlichen Grundfragen der Behindertenpädagogik, Gießen 1974

Jarass, H. D./Pieroth, B.: *Grundgesetz* für die Bundesrepublik Deutschland, Kommentar, München (3. Aufl.) 1995

Jarosch, K./Müller, O. F./Piegler, J.: Das *Schmerzensgeld* in medizinischer und juristischer Sicht, Wien (4. Aufl.) 1980

Jauernig, O. (Hrsg.): *Bürgerliches Gesetzbuch.* Kommentar, München (7. Aufl.) 1994

Jayme, E./Hausmann, R.: *Internationales Privat- und Verfahrensrecht,* München (5. Aufl.) 1990

Jeand'Heur, B.: Der *Kindeswohlbegriff* aus verfassungsrechtlicher Sicht, Bonn 1991

Jehle, J. M./Sohn, W. (Hrsg.): Organisation und Kooperation der sozialen Dienste in der *Justiz,* Wiesbaden 1994

Jehle, O.: *Verhältnis* des § 15 zu § 97 und § 103 Abs. 3 BSHG, in: ZfF 1967, S. 162

Jehu, D./Hardiker, P./Yelloly, M./Shaw, M.: *Verhaltensmodifikation* in der Sozialarbeit/Sozialpädagogik, Freiburg 1977

Jencks, C.: *Chancengleichheit,* Reinbek 1973

Jescheck, H.-H.: Lehrbuch des *Strafrechts,* Allgemeiner Teil, Berlin (4. Aufl.) 1988

Jessnitzer, K.: Der gerichtliche *Sachverständige.* Ein Handbuch für die Praxis, Köln/Berlin/Bonn/München (9. Aufl.) 1988

Jochheim, K.-A./Scholz, J.F. (Hrsg.): *Rehabilitation,* 3 Bde., Stuttgart 1975

Jochimsen, R.: *Infrastruktur,* in: Handwörterbuch der Raumordnung, hrsg. von der Akademie für Raumforschung und Landesplanung, Hannover 1995

John, R./Fallner, H.: Handlungsmodell – *Supervision* – Beratung, Mayen 1980

John, W.: Ohne festen *Wohnsitz,* Bielefeld 1988

Jonas, F.: Geschichte der *Soziologie,* 2 Bde., Opladen (2. Aufl.) 1981

Jones, M.: Prinzipien der *therapeutischen Gemeinschaft.* Soziales Lernen und Sozialpsychiatrie, Stuttgart/Bern 1976

Joosten-Weiser, D.: *Multiple Sklerose* als sprachheilpädagogisches Problem, Frankfurt a.M. 1991

Jopt, U.-J.: *Im Namen des Kindes.* Plädoyer für die Abschaffung des alleinigen Sorgerechts, Hamburg 1992

Jordan, E.: Sozialpädagogische *Familienhilfe* – ein neues Praxisfeld der Jugendhilfe, in: NDV 1984, S.437

Jordan, E./Hofmann, H.-J./Wirbals, H.: Betroffenen- und *Bürgerbeteiligung,* in: DV: Handbuch Sozialplanung, S. 1131

Jordan, E./Sengling, D.: *Jugendhilfe.* Einführung in die Geschichte und Handlungsfelder, Organisationsformen und gesellschaftlichen Problemlagen, Weinheim/München (3. Aufl.) 1994

Jordan, E./Schone, R.: *Jugendhilfeplanung* – aber wie? Eine Arbeitshilfe für die Praxis, Münster 1992

Jordan, E./Elger, W./Hofmann, H.-J./Trauernicht, G.: *Jugendschutzstellen* und Bereitschaftspflegefamilien. Hilfen für Kinder und Jugendliche in Krisensituationen, (Sammlung Städtetag Nordrhein-Westfalen, Bd. 8), Köln 1985

Jouhy, E.: Zum Problem der *Wertsubstanz* und der Produktivkraft Mensch, in: Jahrbuch 1984 der Pädagogik der dritten Welt: Fortschrittstechnik und ihre Auswirkungen auf Erziehung und Identitätsbildung, Frankfurt a.M. 1985, S. 71

Jovic, N./Uchtenhagen, A. (Hrsg.): Psychische *Störungen* im Alter. Neue Wege – Hinweise für die Praxis, Zürich/Heidelberg 1990

Jugendwerk der Deutschen Shell AG (Hrsg.): *Jugend '92.* Lebenslagen, Orientierungen und Entwicklungsperspektiven im vereinigten Deutschland, 4 Bde., Opladen 1992

Jugendwerk der Deutschen Shell AG (Hrsg.): *Jugendliche* und Erwachsene '85. Generationen im Vergleich, 5 Bde., Opladen 1985

Jung, C. G.: *Erinnerungen* – Träume – Gedanken, Heitersheim (7. Aufl.) 1990

Jung, C. G.: Psychologische *Typen,* in: ders.: Gesammelte Werke, Bd. 6, Freiburg (12. Aufl.) 1976

Jung, K.: Grundgedanken zum *Rehabilitations-Angleichungsgesetz,* in: DOK 1974, S. 792

Jung, K.: Einbeziehung der *Sozialhilfe* in das Gesetz über die Angleichung der Leistungen zur Rehabilitation, in: NDV 1975, S. 161

Jung, K.: Soziale Pflegeversicherung durchgesetzt gegen alle *Widerstände,* in: BABl. 1994, H. 7, S. 5

Jung, K./Preuß, B.: *Rehabilitation* – die Angleichung der Leistungen. Ein Kommentar zum Rehabilitationsangleichungsgesetz, St. Augustin (2. Aufl.) 1975

Jung, K./Preuß, B.: Rechtsgrundlagen der Rehabilitation – Sammlung des gesamten *Rehabilitationrechts,* Loseblattausgabe, Starnberg, Stand Oktober 1995

Jungblut, G./Becker, E.: *Projektarbeit* als Lernprozeß, Projektgruppe „Textinterpretation und Unterrichtspraxis", Frankfurt a.M. 1974

Jungk, R./Müller, N. R.: *Zukunftswerkstätten.* Mit Phantasie gegen Routine und Resignation, München (5. überarb. u. akt. Aufl.) 1995

Junker, H.: Das *Beratungsgespräch.* Zur Theorie und Praxis kritischer Sozialarbeit, München (2. Aufl.) 1978

Juppe, F.: *Testament und Erbrecht* in 100 Fragen und Antworten, Augsburg 1996

Jürgens, A./Kröger, D./Marschner, R./Winterstein, P.: Das neue *Betreuungsrecht,* München 1991

Jussen, H./Claußen, W. (Hrsg.): Chancen für *Hörgeschädigte,* München 1991

Justizministerium Schleswig-Holstein: Bericht der *Reformkommission,* Kiel 1994

Kade, J.: *Erwachsenenbildung* und Identität. Eine empirische Studie zur Aneignung von Bildungsangeboten, Weinheim 1988

Kade, J.: Lebenslanges *Lernen* – mögliche Bildungswelten. Erwachsenenbildung, Biographie und Alltag, Opladen 1996

Kade, J.: *Universalisierung* und Individualisierung der Erwachsenenbildung. Über den Wandel eines pädagogischen Arbeitsfeldes im Kontext gesellschaftlicher Modernisierung, in: ZPäd. 1989, S. 789

Kade, J./Lüders, C./Hornstein, W.: Die *Gegenwart* des Pädagogischen, in: Oelkers, J./Tenorth, H. E. (Hrsg.): Pädagogisches Wissen, (ZPäd., 27. Beiheft), Weinheim/Basel 1991, S. 39

Kaden, R.: *Sehbehindert* – Blind. Medizinische, soziale und pädagogische Informationen für Betreuer und Betroffene, Stuttgart 1978

Kaelble, H. (Hrsg.): Geschichte der sozialen *Mobilität* seit der industriellen Revolution, Königstein 1978

Kähler, H. D.: *Erstgespräche* in der sozialen Einzelhilfe, Freiburg (3. Aufl.) 1997

Kähler, H. D.: *Komplexe Situationen* in der sozialen Arbeit am Beispiel von Erstgesprächen in der sozialen Einzelhilfe – Anmerkungen zu Dietrich Dörners „Die Logik des Mißlingens", in: ArchSozArb 1991, S. 135

Kähler, H. D.: Der professionelle Helfer als *Netzwerker* – oder: Beschreib mir Dein soziales Netzwerk und vielleicht erfahren wir, wie Dir zu helfen ist, in: ArchSozArb 1983, S. 225

Kähler, H. D./Schulte-Altedorneburg, M.: Selbstrecherchierte *Arbeitsfeldanalysen.* Eine programmatische Skizze mit Umsetzungshinweisen, in: ArchSozArb 1994, S. 173

Kainz, F.: *Sprachentwicklung* im Kindes- und Jugendalter, München 1964

Kaiser, E.: Unterrichtsformen, Differenzierung und *Individualisierung,* in: Roth, L. (Hrsg.): Pädagogik – Handbuch für Studium und Praxis, München 1991, S. 730

Kaiser, G.: *Kriminologie.* Ein Lehrbuch, Heidelberg (2. Aufl.) 1988

Kaiser, G./Kerner, H. J./Schöch, H.: *Strafvollzug.* Ein Lehrbuch, Heidelberg (4. Aufl.) 1992

Kaiser, G./Kerner, H. J./Sack, F./Schellhoss, H. (Hrsg.): Kleines Kriminologisches *Wörterbuch,* Heidelberg (3. Aufl.) 1993

Kalthoener, E./Büttner, H.: Prozeßkostenhilfe und *Beratungshilfe,* München 1988

Kalthoener, E./Büttner, H.: Die Rechtsprechung zur Höhe des *Unterhalts,* München (4. Aufl.) 1989

Kaminski, G.: Das *Bild* vom Anderen, Berlin 1959

Kamprad, B./Schiffels, W. (Hrsg.): Im falschen *Körper.* Alles über Transsexualität, Zürich 1991

Kanein/Renner: *Ausländerrecht,* Ausländergesetz und Asylverfahrensgesetz mit Artikel 16 a GG und materiellem Asylrecht sowie arbeits- und sozialrechtlichen Vorschriften, Kommentar von G. Renner, München (6. neubearb. Aufl.) 1993

Kanfer, F. H./Philipps, J. S.: Lerntheoretische Grundlagen der *Verhaltenstherapie,* München 1975

Kanter, G./Jung, K. W./Lammel, C./Jenschke, B./Schoch, H./Gulde, H. J./Hirsch, W./Lange, M./Nau, M.: *Rehabilitation* in den neuen Bundesländern – eine Bestandsaufnahme, in: Berufliche Rehabilitation, H. 2, Darmstadt 1993

Kanter, G. O.: *Lernbehinderungen,* Lernbehinderte – deren Erziehung und Rehabilitation, in: Deutscher Bildungsrat (Hrsg.): Gutachten und Studien der Bildungskommission. Sonderpädagogik, Bd. 3, Stuttgart (2. Aufl.) 1976

Kanter, G. O./Speck, O. (Hrsg.): *Pädagogik der Lernbehinderten.* Handbuch der Sonderpädagogik, Bd. 4, Berlin (2. Aufl.) 1980

Karas, F./Hinte, W.: Grundprogramm *Gemeinwesenarbeit.* Praxis des sozialen Lernens in offenen pädagogischen Feldern, Wuppertal 1978

Karlsson, M.: *Familientagespflege* in Europa. Bericht für die Europäische Kommission, Netzwerk „Kinderbetreuung und andere Maßnahmen zur Vereinbarkeit von Beruf und Familie" (DJI), München 1995

Karolus, G.: *Corporate Culture* und Corporate Identity in Non-Profit-Organisationen. Eine theoretische Gegenüberstellung beider Konzepte und konzeptionelle Überlegungen zur Anwendung in Non-Profit-Organisationen. (Schriften des DV: Dissertationen, Diplomarbeiten, Dokumentationen, Bd. 28) Frankfurt a.M. 1995

Karolus, S./Schwalb, H.: Gemeinwesenorientierte *Sozialarbeit* im ländlichen Raum, in: NDV 1989, S. 171

Karras, H.: Grundgedanken der *sozialistischen Pädagogik* in Karl Marx' Hauptwerk „Das Kapital", Frankfurt a.M. 1972

Karrer, J.: *Daten- und Persönlichkeitsschutz* im sozialen Bereich, in: Sozial 1984, S. 160 u. 176

Karstedt, O. (Hrsg.): *Handwörterbuch* der Wohlfahrtspflege 1924, Berlin 1924

Karsten, M. E.: *Migrationskindheit,* in: Hengst, H.: Kindheit in Europa. Zwischen Spielplatz und Computer, Frankfurt a.m. 1985, S. 201

Karsten, M. E.: *Sozialarbeit* mit Ausländern, München 1984

Karsten, M. E./Otto, H.-U.: *Lebensräume* gestalten statt verwalten. Der Beitrag der Sozialberichterstattung, in: Otto, H.-U./Karsten, M. E. (Hrsg.): Sozialberichterstattung. Lebensräume gestalten als neue Strategie kommunaler Sozialpolitik, Weinheim/München 1990, S. 9

Käser, R.: Neue *Perspektiven* in der Schulpsychologie. Handbuch der Schulpsychologie auf ökosystemischer Grundlage, Bern/Stuttgart/Wien 1993

Kasseler Kommentar. Sozialversicherungsrecht, Loseblattausgabe, München, Stand: Januar 1992

Katora, G.: *Organizing* and Memorizing, New York 1940

Katzenbach, J. R.: *Teams.* Der Schlüssel zur Hochleistungsorganisation, Wien 1993

Kaudewitz, F.: *Molekular- und Mikroben-Genetik,* Berlin/Heidelberg/New York 1973

Kaufmann, F.-X.: Warum nicht *Bevölkerungspolitik,* in: Rupp, S./Schwarz, K. (Hrsg.): Beiträge aus der bevölkerungswissenschaftlichen Forschung. Festschrift für Hermann Schubnell, (Schriftenreihe des Bundesinstituts für Bevölkerungsforschung, Bd. 11), Boppard 1983

Kaufmann, F.-X. (Hrsg.): Bürgernahe *Gestaltung* der sozialen Umwelt, Königstein 1977

Kaufmann, F.-X.: *Modernisierungsschübe,* Familie und Sozialstaat, München 1996

Kaufmann, F.-X.: *Sicherheit* als soziologisches und sozial-politisches Problem. Untersuchungen zu einer Wertidee hochdifferenzierter Gesellschaften, Stuttgart (2. Aufl.) 1973

Kaufmann, F.-X.: *Staat,* intermediäre Instanzen und Selbsthilfe. Bedingungsanalysen sozialpolitischer Intervention, München 1987

Kaufmann, F.-X./Schneider, S.: *Modelleinrichtungen.* Ein Instrument für experimentelle Reformvorhaben in der Sozialpolitik, in: NPrax. 1975, S. 206

Kayser, H. u.a.: *Gruppenarbeit* in der Psychiatrie. Erfahrungen mit der therapeutischen Gemeinschaft, Stuttgart (2. Aufl.) 1981

Kebbe, A.: Das Haus für *Kinder* – der Kindergarten der Zukunft?, (TuPSozPäd., TPS-extra 4), Bielefeld 1991

Kebeck, G.: *Wahrnehmung.* Theorien, Methoden und Forschungsergebnisse der Wahrnehmungspsychologie, Weinheim/München 1994

Keckeisen, W.: Die gesellschaftliche Definition abweichenden Verhaltens. Perspektiven und Grenzen des *Labeling approach,* München (2. Aufl.) 1976

Keidel, T./Kuntze, J./Winkler, K.: *Freiwillige Gerichtsbarkeit,* Kommentar, 2 Bde., München (12. Aufl.) 1986/1987

Keil, A.: *Jugendpolitik* und Bundesjugendplan. Analyse und Kritik der staatlichen Jugendförderung, München 1969

Keil, W.: Implizite *Persönlichkeitstheorie* und Urteile über andere, in: Zeitschrift für Sozialpsychologie 1970, S. 351

Keil, W.: *Psychologie* des Unterrichts, München 1977

Keilhacker, M.: *Erziehungsformen* in ihrer Bedeutung für die pädagogische Lage der Gegenwart, Stuttgart 1950

Keim, K. D./Vaskovics, L. (Hrsg.): Wege zur *Sozialplanung,* (Beiträge zur sozialwissenschaftlichen Forschung, Bd. 59), Opladen 1985

Keller, G./Thewalt, B.: Praktische *Schulpsychologie.* Vorbeugung und Erste Hilfe im Schulalltag, Heidelberg 1990

Kelly: Personal Construct *Psychology,* New York 1955

Kelsen, H.: Reine *Rechtslehre,* Wien 1934

Kemmler, L.: Die *Anamnese* in der Erziehungsberatung. Die Praxis der Anamneseerhebung und -auswertung für Psychologen, Sozialarbeiter, Ärzte und Pädagogen, Stuttgart/Bern (3. Aufl.) 1974

Kendler, T. S.: The *Development* of Discrimination Learning, in: Reese, H. W./Lipsitt, L. P. (Hrsg.): Advances in Child Development, Bd. 13, New York 1979

Kentler, H.: *Sexualerziehung,* Reinbek 1970

Kerbs, D.: Zum Begriff der *ästhetischen Erziehung,* in: Otto, G. (Hrsg.): Texte zur Ästhetischen Erziehung. Kunst, Didaktik, Medien, Braunschweig 1975

Kerkhoff, E. (Hrsg.): Handbuch *Praxis* der Sozialarbeit und Sozialpädagogik, 2 Bde., Düsseldorf 1981

Kernberg, O.F.: *Borderline-Störungen* und pathologischer Narzißmus, Frankfurt a.M. 1983

Kerscher, K.-H. I.: *Erziehung* und Sexualität. Zu den Grundlagen einer emanzipatorischen Sexualpädagogik, Gießen 1974

Kersting, H. J.: Die Kooperation zwischen *sozialer Berufspraxis* und Ausbildungsstätte, in: DV: *Rahmenbedingungen,* S. 593

Kersting, H. J.: *Supervision* in der sozialpädagogischen Ausbildung, in: Sozpäd. 1978, S. 78

Kersting, H. J/Klüsche, W.: Der *Modellstudiengang* am Fachbereich Sozialwesen der Fachhochschule Niederrhein, in: Kersting, H. J. (Hrsg.): Ausbildung für die soziale Arbeit auf europäischem Level. Das TEMPUS-Projekt SWEEL (Social Work Education on a European Level), Deutschland-Spanien-Ungarn, Mönchengladbach 1995, S. 66

Kesselheim, H.: Die Praxis der *Pflegeversicherung*. Texte, Erläuterungen und Materialien zum Recht der Pflegeversicherung, Loseblattausgabe, Filderstadt 1966 ff.

Kessler, R./Kreft, D./Kühnel, R./Münder, J./Roscher, F.: Soziale Arbeit und *Recht*. Eine Einführung in das Recht für Sozialarbeiter und Sozialpädagogen, Weinheim 1982

Ketelsen, J. V.: Sozialhilfe und *Gemeinschaftsrecht*, in: ZSR 1990, S. 331

Keup, W.: *Mißbrauch* von Schlaf- und Beruhigungsmitteln, in: Rheinisches Ärzteblatt 1979/1

Keupp, H.: *Abweichung* und Alltagsroutine. Die Labeling-Perspektive in Theorie und Praxis, Hamburg 1976

Keupp, H.: Die (Wieder-)Gewinnung von *Handlungskompetenz*. Empowerment in der psychosozialen Praxis, in: Verhaltenstherapie und psychosoziale Praxis 1993, S. 365

Keupp, H. (Hrsg.): Der *Krankheitsmythos* in der Psychopathologie. Darstellung einer Kontroverse, München/Wien 1972

Keupp, H./Röhrle, B. (Hrsg.): Soziale *Netzwerke*, Frankfurt a.M. 1987

KGSt → Kommunale Gemeinschaftsstelle für Verwaltungsvereinfachung

Khan, M. M. R.: Das kumulative *Trauma*, in: ders.: Selbsterfahrung in der Therapie, München 1977

Kickbusch, I./Trojan, A. (Hrsg.): *Gemeinsam* sind wir stärker, Frankfurt a.M. 1981

Kiehn, E.: Sozialpädagogisch betreutes *Jugendwohnen*, Freiburg (2. Aufl.) 1993

Kieselbach, T.: *Perspektiven* eines zukünftigen Umgangs mit beruflichen Umbrüchen, in: WSI Mitteilungen 1995, S. 769

Kießling, H./Buchna, J.: *Gemeinnützigkeit* im Steuerrecht. Die steuerlichen Begünstigungen für Vereine, Stiftungen und andere Körperschaften – steuerliche Spendenbehandlung, Achim (5. Aufl.) 1994

Kinstler, H.-J.: Zwischen *Hilfe*, Anwaltschaft und Dienstleistung. Aspekte sozialer Arbeit in der freien Wohlfahrtspflege, in: Hübinger, W./Hauser, R. (Hrsg.): Die Caritas-Armutsuntersuchung. Eine Bilanz, hrsg. im Auftrag des Deutschen Caritasverbandes e.V., Freiburg 1995, S. 198

Kiphard, E. J.: *Motopädagogik*, Dortmund (4. Aufl.) 1990

Kiphard, E. J.: *Mototherapie*, 2 Bde., Dortmund (3. Aufl.) 1990

Kirberger, W.: *Staatsentlastung* durch private Verbände. Die finanzpolitische Bedeutung der Mitwirkung privater Verbände bei der Erfüllung öffentlicher Aufgaben, Baden-Baden 1978

Kirchhof, P.: Verfassungsrechtlicher Schutz und internationaler Schutz der *Menschenrechte*: Konkurrenz oder Ergänzung, in: EuGRZ (Europäische Grundrechte-Zeitschrift) 1994, S. 16

Kirchner, G./Jung, W.: *Bundespersonalvertretungsgesetz*. Textausgabe mit Einführung, Neuwied/Darmstadt 1974

Kirsch, G.: Neue *Politische Ökonomie*, Düsseldorf (2. Aufl.) 1983

Kirschner, H.: Das *Gericht* erster Instanz der Europäischen Gemeinschaften: Aufbau, Zuständigkeiten, Verfahren, Köln/Berlin/Bonn/München 1995

Kisker, K. P./Lauter, H./Meyer, J.-E./Müller, C./Strömgren, E. (Hrsg.): *Psychiatrie* der Gegenwart, 9 Bde., Berlin/Heidelberg/New York u.a. (3. Aufl.) 1986 ff.

Kisker, K. P./Freyberger, H./Rose, H. K./Wulff, E. (Hrsg.): Psychiatrie, *Psychosomatik*, Psychotherapie, Stuttgart (5. Aufl.) 1991

Kiss, G.: Einführung in die soziologischen *Theorien*. Vergleichende Analyse soziologischer Hauptrichtungen, 3 Bde., Opladen, Bd.1 und 2 (3. Aufl.) 1977, Bd. 3 1986

Kitterer, W. (Hrsg.): *Sozialhilfe* und Finanzausgleich, (Schriftenreihe des Lorenz-von-Stein-Instituts für Verwaltungswissenschaften Kiel, Bd. 11), Heidelberg 1990

Kittner, M./Krasney, O. E.: *Sozialgesetzbuch*. Textausgabe mit Einleitungen, Köln (2. Aufl.) 1990

Klafki, W.: Studien zur *Bildungstheorie* und Didaktik, Weinheim/Basel 1975

Klafki, W.: Das pädagogische *Problem* des Elementaren und die Theorie der kategorialen Bildung, Weinheim/Basel (4. Aufl.) 1964

Klafki, W.: Neue *Studien* zur Bildungstheorie und Didaktik. Beiträge zur kritisch-konstruktiven Didaktik, Weinheim 1985

Klafki, W. u.a.: Funk-Kolleg. *Erziehungswissenschaft*, 3 Bde., Frankfurt, Bd. 1 (17. Aufl.) 1984, Bd. 2 (15. Aufl.) 1984, Bd. 3 (13. Aufl.) 1982

Klafki, W./Beckmann, H.-K./Rückriem, G. M.: Das Verhältnis von *Theorie* und Praxis in der Erziehungswissenschaft, in: Klafki u.a.: *Erziehungswissenschaft*

Klanberg, F.: *Armut* und ökonomische Ungleichheit in der Bundesrepublik Deutschland, Frankfurt a.M. 1978

Klanberg, F./Prinz, A.: *Soziale Sicherung* – aber wie?, in: Rolf, G./Spahn, P. B./Wagner, G. (Hrsg.): Sozialvertrag und Sicherung. Zur ökonomischen Theorie staatlicher Versicherungs- und Umverteilungssysteme, Frankfurt/New York 1988, S. 403

Klang, K.: Soziale Sicherheit und *Freizügigkeit* im EWG-Vertrag. Analyse der Grundsatzproblematik einer Norminterpretation durch den Gerichtshof der Europäischen Gemeinschaften, Baden-Baden 1986

Klaßen, T. F./Skiera, E./Wächter, B. (Hrsg.): Handbuch der reformpädagogischen und alternativen *Schulen* in Europa, Baltmannsweiler (2. Aufl.) 1990

Klatetzki, T. (Hrsg.):Flexible *Erziehungshilfen*. Ein Organisationskonzept in der Diskussion, Münster (2. überarb. Aufl.) 1995

Klatetzki, T./Winter, H.: Zwischen *Streetwork* und Heimerziehung. Flexible Betreuung durch das Rauhe Haus in Hamburg, in: NPrax. 1990, S. 1

Klauer, K. J.: *Lernbehindertenpädagogik,* Berlin (5. Aufl.) 1977

Klauer, K. J./Reinartz, A. (Hrsg.): *Sonderpädagogik* in allgemeinen Schulen, (Handbuch der Sonderpädagogik, Bd. 9), Berlin 1978

Klaus, G.: Wörterbuch der *Kybernetik,* Frankfurt a.M. 1969

Klein, F.: Gewahrte *Freiheit* bei gewährter Hilfe. Initiativen zur Entwicklung des sozialen Rechts und der sozialen Ordnung, Freiburg 1973

Klein, F.: Die häusliche *Früherziehung* des entwicklungsbehinderten Kindes, Bad Heilbrunn 1979

Klein, F.: Das *Recht* des sozial-caritativen Arbeitsbereichs, Frankfurt a.M. 1959

Klein, F.: Die *Verfassung* der deutschen Caritas, Freiburg 1966

Klein, G.: Integrative *Prozesse* in Kindergartengruppen. Über die gemeinsame Erziehung von behinderten und nichtbehinderten Kindern, Weinheim/München 1987

Klein, L./Vogt, H.: Leben in der *Familiengruppe.* Ein Praxisbuch über die große Altersmischung, Freiburg 1995

Klein, M.: Die *Psychoanalyse* des Kindes, Wien 1932

Klein, R.: Kommunale *Schuldenpolitik,* Stuttgart/Berlin/Köln 1977

Kleinhenz, G.: Probleme wissenschaftlicher Beschäftigung mit der *Sozialpolitik,* Berlin 1970

Kleinknecht, T.: *Führungsaufsicht,* in: Schwind u.a.: *Strafvollzug*

Klie, T.: *Heimaufsicht* – Praxis, Probleme, Perspektiven. Eine rechtstatsächliche Untersuchung zur Aufgabenwahrnehmung der Heimaufsicht nach dem Heimgesetz, Hannover 1988

Klie, T.: *Heimrecht.* Rechtsprechungssammlung zum Heimgesetz und Nebengebieten, Hannover 1996

Klie, T.: *Pflegeversicherung.* Einführung, Lexikon, Gesetzestext SGB XI mit Begründungen, Empfehlungen und Rundschreiben der Pflegekassen, Nebengesetze, Materialien, Hannover (3. neubearb. und erw. Aufl.) 1996

Klie, T./Lörcher, U.: Gefährdete Freiheit: Fixierungspraxis in Pflegeheimen und *Heimaufsicht,* Freiburg 1994

Klier, R./Brehmer/Zinke: Jugendhilfe in Strafverfahren – *Jugendgerichtshilfe* – Handbuch für die Praxis sozialer Arbeit, Berlin/Bonn/Regensburg 1995

Klimecki, R./Nokielski, H.: *Sozialmanagement.* Innovationszwang und Entwicklungspotentiale von Wohlfahrtsverbänden, in: Jahrbuch des Deutschen Caritasverbandes, Freiburg 1992

Klinger, R.: *Umsetzung* des AsylbLG in der Praxis, NDV 1994, S. 181

Klinger, R./Kunkel, P. C.: *Sozialdatenschutz* in der Praxis. Fälle und Lösungen, Stuttgart/München/Hannover 1990

Klix, F. (Hrsg.): Psychologische Beiträge zur *Analyse* kognitiver Prozesse, München 1977

Kloas, P. W./Peukert, R.: Jugend und *Beruf.* Ein Forschungsbericht, Frankfurt/Marburg/Wiesbaden 1984

Klockner, C./Simmel, M.: Berufliche Qualifikation von Sozialarbeitern in *Anwaltsplanerteams.* Gutachten im Rahmen des Projekts Anwaltsplanung des Instituts für Wohnen und Umwelt, Darmstadt 1975

Kloehn, E.: *Verhaltensstörungen* – Eine neue Kinderkrankheit?, München 1977

Klohe, D./Schwalb, H.:*Arbeitslosengeld,* Stuttgart/Berlin/Köln (2. neubearb. Aufl.) 1994

Klose, A./Steffan, W.: „EU-STREET-EX" – *Europäische Streetwork-Explorationsstudie.* Bd. 1: Überblick und zusammenfassende Auswertung, Bd. 2: Streetwork in Deutschland, Bd. 3: Streetwork in Europa, Bd. 4: Bibliographie und Projekte, (Forschungsberichte der FH Potsdam/FB Sozialwesen), Potsdam 1996

Klumker, C. J.: Schriften zur Jugendhilfe und *Fürsorge,* ausgewählt und eingeleitet von G. Neises, (Schriften des DV: Allgemeine Schriften, Bd. 243), Frankfurt a.M. 1968

Knieps, F.: *Krankenversicherung,* in: Maydell, B. v./Ruland, F. (Hrsg.): Sozialrechtshandbuch: (SRH), Neuwied/Kriftel/Berlin (2. Aufl.) 1996

Knischewski, E. (Hrsg.): *Alkoholismustherapie.* Vermittlung von Erfahrungsfeldern im stationären Bereich, (Eigendruck des Gesamtverbandes für Suchtkrankenhilfe), Kassel 1981

Knischewski, E.: *Sozialarbeiter* und Klient. Eine empirische Untersuchung, Weinheim 1978

Knittel, B.: *Betreuungsgesetz,* Kommentar, Loseblattausgabe, Starnberg-Percha, Stand: November 1992

Knopf, D./Möller, D./Schmidt, M.: Alltagsorientierung in der *Bildungsarbeit* mit Erwachsenen. Eine kritische Analyse von Paolo Freires Konzept der „Conscientizacion", Bensheim 1978

Knopp, A./Fichtner, O./Wienand, M. (Hrsg.): *Bundessozialhilfegesetz,* Kommentar, München (7. neubearb. Aufl.) 1992

Knorr, T./Kunert, H./Raehlmann, J./WahlTerlinden, U.: *Sozialplanung* und Aktivierung der Betroffenen, Königstein 1976

Kobi, E. E.: *Grundfragen* der Heilpädagogik. Eine Einführung in heilpädagogisches Denken, Bern/Stuttgart/Wien (5. bearb. u. erg. Aufl.) 1993

Kobi, E. E.: Heilpädagogik als *Herausforderung,* Luzern 1979

Kobi, J.-M.: *Management* des Wandels. Die weichen und harten Bausteine erfolgreicher Veränderung, Bern/Stuttgart/Wien (2. überarb. Aufl.) 1996

Kobus, W.: *Seelisch Behinderte,* in: Blohmke u.a.: *Sozialmedizin,* Bd. 3, S. 748

Koch, H./Hartmann, O.: Die *Rentenversicherung* im Sozialgesetzbuch unter besonderer Berücksichtigung der Angestelltenversicherung, Loseblattausgabe, Berlin/Wiesbaden, Stand: Juni 1990

Koch, M.: Die *Begriffe* Person, Persönlichkeit und Charakter, in: Lersch, P./Thomae, H. (Hrsg.): Persönlichkeitsforschung und Persönlichkeitstheorie, Göttingen 1960

Kochan, B. (Hrsg.): *Rollenspiel* als Methode sprachlichen und sozialen Lernens, Königstein 1981

Köckritz, S. v./Ermisch, G./Maatz, W. u.a.: *Bundeshaushaltsordnung* (BHO), Kommentar, Loseblattausgabe, München, Stand: 1990

Koenig, C./Pechstein, M.: Die *Europäische Union.* Der Vertrag von Maastricht, Tübingen 1995

Koeppel, P. (Hrsg.): *Kindschaftsrecht und Völkerrecht* im europäischen Kontext, Neuwied/Kriftel/Berlin 1996

Koepsel, K.: *Gefangenenmitverantwortung,* in: Schwind u.a.: *Strafvollzug,* S. 308

Kögler, A.: *Bürgerbeteiligung* und Planung. Eine Synopse bisheriger Methoden und Erfahrungen und Empfehlungen für die kommunale Praxis und gemeinnützige Wohnungswirtschaft, Hamburg 1974

Kohleiss, A.: *Sozialrecht* und Unterhaltsrecht, in: FamRZ 1991, S. 8

Köhler, A./Zacher, F. (Hrsg.): Ein Jahrhundert *Sozialversicherung* in der Bundesrepublik Deutschland, Frankreich, Großbritannien, Österreich und der Schweiz, Berlin 1981

Köhler, H.: Die *Planverwirklichungsgebote* als Instrumente des Städtebaurechts, Göttingen 1985

Köhler, H.: Jugend im Zwiespalt. Eine Psychologie der *Pubertät* für Eltern und Erzieher, Stuttgart (4. Aufl.) 1994

Köhler, L.: Theorie und Therapie narzißtischer *Persönlichkeitsstörungen,* in: Psyche 1978, S. 1001

Köhler, P. A.: Sozialpolitische und sozialrechtliche Aktivitäten in den *Vereinten Nationen,* Baden-Baden 1987

Köhler, W.: Handbuch des *Unterhaltsrechts,* München (7. Aufl.) 1987

Kohli, M. (Hrsg.): Soziologie des *Lebenslaufs,* Neuwied/Darmstadt 1978

Kohnstamm, R.: Praktische *Kinderpsychologie,* Bern (3. Aufl.) 1990

Kohut, H.: Die *Heilung* des Selbst, Frankfurt a.M. 1981

Kohut, H.: *Narzißmus.* Eine Theorie der psychoanalytischen Behandlung narzißtischer Persönlichkeitsstörungen, Frankfurt a.M. 1976

Kolb, M.: *Spiele* für den Herz- und Altenssport. Perspektive und Praxis einer spielorientierten Bewegungstherapie, Aachen (2. Aufl.) 1995

Kolb, R./Seidel, E.: *Rehabilitationsrecht,* Kommentar, Münster 1985

Kollehn, K./Weber, N.: Der drogengefährdete *Schüler,* Düsseldorf 1985

Kollmann, A.: Einführung in die *Genetik.* Studienbücher Biologie, Frankfurt a.M. (3. Aufl.) 1984

Köln-Chorweiler: *Teamarbeit* im Allgemeinen Sozialen Dienst – Konzeption des Allgemeinen Sozialen Dienstes (ASD), Gruppe I des Bezirksamtes Köln-Chorweiler, 1996

Kommission der EG: Mittelfristiges *Aktionsprogramm* der Gemeinschaft zur wirtschaftlichen und sozialen Eingliederung der am stärksten benachteiligten Gruppen (1989-1994), Luxemburg 1989

Kommission der EG: Leitfaden für *Gemeinschaftsinitiativen,* Brüssel 1991

Kommission der EG: Entwurf der Kommission für eine Empfehlung des Rates über gemeinsame *Kriterien* für ausreichende Zuwendungen und Leistungen in der Gemeinschaft, Brüssel 1991

Kommission der EG: *Strukturfonds* der Gemeinschaft: *1994-1999,* Luxemburg 1993

Kommission „Reform der Sozialhilfe": *Sozialhilfe* in besonderen Lebenslagen. Anregungen und Vorschläge zur Einführung des Sozialhilferechts in ein Sozialgesetzbuch, in: TuP 1973, S. 202

Kommunale Gemeinschaftsstelle für Verwaltungsvereinfachung: Organisation des Jugendamtes: *Allgemeiner Sozialdienst,* Bericht 1975/6

Kommunale Gemeinschaftsstelle für Verwaltungsvereinfachung: Funktionelle Organisation: *Arbeits- und Projektgruppen,* Bericht 1973/3

Kommunale Gemeinschaftsstelle für Verwaltungsvereinfachung: *Aufbauorganisation* in der Jugendhilfe, KGSt-Bericht 1995/3, Köln 1995

Kommunale Gemeinschaftsstelle für Verwaltungsvereinfachung: *Aufgabenkritik* – Neue Perspektiven auf der Grundlage von Erfahrungen, Bericht 1989/9

Kommunale Gemeinschaftsstelle für Verwaltungsvereinfachung: *Datenschutz* und Datensicherung, (KGSt-Gutachten), Köln 1983

Kommunale Gemeinschaftsstelle für Verwaltungsvereinfachung: Organisation des Jugendamtes: *Dekonzentration* sozialer Dienste, Bericht 1978/5

Kommunale Gemeinschaftsstelle für Verwaltungsvereinfachung: Funktionelle Organisation: Delegation von *Entscheidungsbefugnissen,* Bericht 1971/3

Kommunale Gemeinschaftsstelle für Verwaltungsvereinfachung: Integrierte *Fach- und Ressourcenplanung* in der Jugendhilfe, Bericht 3/1996, Köln 1996

Kommunale Gemeinschaftsstelle für Verwaltungsvereinfachung: Verwaltungsorganisation der *Gemeinden* (Aufgabengliederungsplan/Verwaltungsgliederungsplan), Köln (5. Aufl.) 1979

Kommunale Gemeinschaftsstelle für Verwaltungsvereinfachung: Organisation des Jugendamtes: *Jugendgerichtshilfe,* Bericht 1976/9 u. 19 und Bericht 1981/9

Kommunale Gemeinschaftsstelle für Verwaltungsvereinfachung: *Organisationsarbeit* im Neuen Steuerungsmodell, Bericht 1994/14, Köln 1994

Kommunale Gemeinschaftsstelle für Verwaltungsvereinfachung: *Organisationsuntersuchungen* in der Kommunalverwaltung, Köln (5. Aufl.) 1977

Kommunale Gemeinschaftsstelle für Verwaltungsvereinfachung: *Outputorientierte Steuerung* der Jugendhilfe, Bericht 9/1994, Köln 1994

Kommunale Gemeinschaftsstelle für Verwaltungsvereinfachung: Jugendhilfe: Ein *Planungsverfahren,* Köln 1981

Kommunale Gemeinschaftsstelle für Verwaltungsvereinfachung: Dezentrale *Ressourcenverantwortung*. Überlegungen zu einem neuen Steuerungsmodell, Bericht 12/1991, Köln 1991

Kommunale Gemeinschaftsstelle für Verwaltungsvereinfachung: Organisation des *Sozialamtes,* Bericht 1987/9 und Bericht 1989/16

Kommunale Gemeinschaftsstelle für Verwaltungsvereinfachung: Das Neue *Steuerungsmodell*. Begründung, Konturen, Umsetzung, Bericht 1993/5, Köln 1993

Kommunale Gemeinschaftsstelle für Verwaltungsvereinfachung: Das Neue *Steuerungsmodell* in kleineren und mittleren *Gemeinden*, Bericht 1995/8, Köln 1995

Kommunale Gemeinschaftsstelle für Verwaltungsvereinfachung: *Verwaltungscontrolling* im neuen Steuerungsmodell, Bericht 15/1994, Köln 1994

Kommunale Gemeinschaftsstelle für Verwaltungsvereinfachung: Grundlagen der *Verwaltungsorganisation,* Köln 1978

Kommunale Gemeinschaftsstelle für Verwaltungsvereinfachung: Funktionelle Organisation: Probleme der *Zielsuche,* Bericht 1975/18

König, E.: Theorie der *Erziehungswissenschaft,* 3 Bde., München, Bd. 1 und 2 1975, Bd. 3 1978

König, E./Zedler, P. (Hrsg.): *Bilanz* qualitativer Forschung, Bd. 1: Grundlagen qualitativer Forschung, Weinheim 1995

König, H.-G.: System des verwaltungsbehördlichen *Vollstreckungsrechts,* in: Bayerische Verwaltungsblätter 1967, S.262

König, K.: Kleine *Entwicklungspsychologie des Erwachsenenalters*, Göttingen/Zürich 1995

König, O. (Hrsg.): *Gruppendynamik*. Geschichte, Theorien, Methoden, Anwendungen, München/Wien, 1995

König, R. (Hrsg.): Handbuch der empirischen *Sozialforschung,* 14 Bde., Stuttgart (2. und 3. Aufl.) 1973 bis 1979

Konopka, G.: Soziale *Gruppenarbeit*: ein helfender Prozeß, Weinheim/Basel (6. Aufl.) 1978

Konopka, G.: *Heime* – Lückenbüßer oder Lebenschance. Soziale Gruppenarbeit in offenen und geschlossenen Einrichtungen, Wiesbaden 1971

Konrad, N.: *Fehleinweisung* in den psychiatrischen Maßregelvollzug, in: Neue Zeitschrift für Strafrecht 1991, S. 315

Kopp, F.: *Verwaltungsgerichtsordnung* (VwGO). Erläuterte Ausgabe, München (8. Aufl.) 1989

Kopp, F.: *Verwaltungsverfahrensgesetz*. Erläuterte Ausgabe, München (6. Aufl.) 1996

Köppe, G./Dieckmann, R.: Multiple Sklerose und *Sport*. Grundlagen und Wandlungsorientierungen, Aachen 1996

Kops, M.: Formen und Grundprinzipien des *Finanzausgleichs* I-III, in: WISU 5, 6, 7 1984

Körber, K./Seibel, W.: Versuche mit parteilicher *Planung,* in: Müller, C. W. u.a.: *Stadtplanung,* S. 146

Korczak, D.: *Lebensqualität-Atlas*. Umwelt – Kultur – Wohlstand – Versorgung, Sicherheit und Gesundheit in Deutschland , Opladen 1995

Korczak, D./Pfefferkorn, G.: Überschuldungssituation und *Schuldnerberatung* in der Bundesrepublik Deutschland, Studie im Auftrag des BMFuS und des BMJ, Stuttgart/Berlin/Köln 1992

Korinek, K./Müller, J. P./Schlaich, K.: Die *Verfassungsgerichtsbarkeit* im Gefüge der Staatsfunktionen – Besteuerung und Eigentum, (Veröffentlichungen der Vereinigung der Deutschen Staatsrechtslehrer, Bd. 39), Berlin 1981

Korn, E. u.a. (Hrsg.): Die *Jugendbewegung*. Welt und Wirkung, Düsseldorf/Köln 1963

Körner, H. H.: *Betäubungsmittelgesetz*, Arzneimittelgesetz, Kommentar, München (4. neubearb. Aufl.) 1994

Kosik, K.: Die *Dialektik* des Konkreten, Frankfurt a.M. 1973

Kotler, P.: *Marketing* für Nonprofit-Organisationen, Stuttgart 1978

Kotler, P./Bliemel, F.: *Marketing-Management*. Analyse, Planung, Umsetzung und Steuerung, Stuttgart (8. vollst. neubearb. u. erw. Aufl.) 1995

Kötz, H.: *Deliktsrecht* – Eine Einführung, Neuwied/Kriftel/Berlin (7. Aufl.) 1996

Kraemer, S./Jong, R. de: *Therapiemanual* für ein verhaltenstherapeutisches Stufenprogramm zur stationären Behandlung von Drogenabhängigen, München 1980

Kraft, V.: Der Wiener *Kreis,* Wien 1950

Krähenbühl, V./Jellouschek, H./Kohaus-Jellouschek, M./Weber, R.: *Stieffamilien*. Struktur – Entwicklung – Therapie, Freiburg (4. Aufl.) 1995

Krahmer, U.: *Sozialdatenschutz* nach SGB I und X. Einführung mit Schaubildern, Kommentar, Datenschutznormen, Köln/Berlin/Bonn/München 1996

Kraiker, C.: Beziehung und Deutung in der *Verhaltenstherapie,* in: Reinelt, T./Datler, W. (Hrsg.): Beziehung und Deutung im psychotherapeutischen Prozeß, Berlin/Heidelberg 1989, S. 129

Krämer, E.: *Zuwendungsrecht* – Zuwendungspraxis, Kommentar, Loseblattausgabe, Heidelberg, Stand: Oktober 1992

Krämer, F.: *Sozialarbeit* in der Gesellschaft, in: DPWV Bremen (Hrsg.): Soziale Aspekte, Bremen 1974

Krämer, G.: Alzheimer-Kranke betreuen. Praktische *Ratschläge* für den Alltag, Stuttgart 1995

Krämer, R.: *Nierenersatztherapie,* in: Franz, H. E. (Hrsg.): Dialyse 1990. 15. Internationale Dialysefachtagung für Krankenschwestern und Krankenpfleger, Ulm 1990

Krampen, G.: Einführungskurse zum *autogenen Training.* Ein Lehr- und Übungsbuch für die psychosoziale Praxis, Göttingen 1992

Krappmann, L.: Soziologische Dimensionen der *Identität.* Strukturelle Bedingungen für die Teilnahme an Interaktionsprozessen, Stuttgart (6. Aufl.) 1982

Krappmann, L./Peukert, U. (Hrsg.): *Altersgemischte Gruppen* in Kindertagesstätten. Reflexionen und Praxisberichte zu einer neuen Betreuungsform, Freiburg 1995

Krasney, O. E.: Zum Grundwert des *rechtlichen Gehörs* im SGB, in: ZSR 1978, S. 543

Krasney, O. E.: Sozialrechtliche *Vorschriften* bei der Betreuung Suchtkranker, Kassel (6. Aufl.) 1989

Kraus, R.: Politische Aussagen und praktische Auswirkungen eines *Landesjugendplanes,* aufgezeigt am Beispiel NRW (1950-1970), in: ArchSozArb 1972, S. 93

Krause, H.: *Gesetzgebung,* in: Erler, A./Kaufmann, E./Stammler, W. (Hrsg.): Handwörterbuch zur deutschen Rechtsgeschichte, Bd. 1, Berlin/Bielefeld 1964, Sp. 1606

Krause, H.-J.: Zur Aus- und Fortbildung von *Erzieherinnen.* Bestandsaufnahme und Reformvorschläge, Marburg 1978

Krause, P.: Die *Entwicklungsgeschichte* des Sozialgesetzbuches, in: BlStSozArbR 1977, S. 65

Krause, P.: *Fremdlasten* der Sozialversicherung, in: VSSR, Bd. 8, 1980, S. 115

Krause, P.: Empfiehlt es sich, soziale *Pflege- und Betreuungsverhältnisse* gesetzlich zu regeln? Verhandlungen des 52. Deutschen Juristentages Wiesbaden 1978, Gutachten E sowie Sitzungsbericht N, München 1978

Krause, P. u.a.: Gemeinschafts*kommentar* zum Sozialgesetzbuch. Verwaltungsverfahren GK-*SGB X 1,* Neuwied/Frankfurt a.M. 1991

Krause, P./Maydell, B. v./Merten, D./Gleitze, W.: Gemeinschaftskommentar zum Sozialgesetzbuch (*SGB IV*). Gemeinsame Vorschriften für die Sozialversicherung, Neuwied/Darmstadt (2. Aufl.) 1991

Krauskopf, D.: Soziale *Krankenversicherung,* Kommentar, Loseblattausgabe, München (3. Aufl.), Stand: Oktober 1995

Krauskopf, D.: Soziale *Krankenversicherung,* in: Maydell, B. v. (Hrsg.): Gemeinschaftskommentar zum Sozialgesetzbuch – Gesetzliche Krankenversicherung (GK-*SGB V),* Loseblattausgabe, Neuwied, Stand: Januar 1992

Krauß, G./Zauter, S.: *Kindertagespflege* in Hamburg. Grunddaten der Tagespflegeverhältnisse und Faktoren der Zufriedenheit und Stabilität, (Behörde für Schule, Jugend und Berufsbildung, Amt für Jugend), Hamburg 1993

Kraußlach, J./Düwer, F. W./Fellberg, G.: Aggressive Jugendliche. *Jugendarbeit* zwischen Kneipe und Knast, München (5. Aufl.) 1985

Krautzberger, M.: Das neue *Baugesetzbuch* – Das besondere Städtebaurecht, in: NVwZ 1987, S. 647

Krech, D./Crutchfield, R. S./Livson, N.: Elements of *Psychology,* New York 1974

Kreckel, R.: Politische Soziologie der sozialen *Ungleichheit,* Frankfurt/New York 1992

Kreckel, R. (Hrsg.): Soziale *Ungleichheiten,* in: SozWelt, Sonderbd. 2, Göttingen 1983

Kreft, D.: Zum Verhältnis von Organisationen und Institutionen sozialer Arbeit und *selbstorganisierten* (alternativen) *Projekten* und Initiativen, in: Reis u.a.: *Selbsthilfe,* S. 142

Kreft, D./Müller, C. W.: Sozialpädagogische *Familienhilfe,* in: NPrax. 1986, Sonderdruck, H. 2

Kreft, D./Lukas, H.: *Perspektivenwandel* der Jugendhilfe, 2 Bde., Nürnberg (2. Aufl.) 1993

Kreft, D./Münder, J.: *Soziale Arbeit* und Recht, Weinheim/Basel (3. Aufl.) 1990

Kreft, D./Mielenz, I. (Hrsg.): *Wörterbuch Soziale Arbeit.* Aufgaben, Praxisfelder, Begriffe und Methoden der Sozialarbeit und Sozialpädagogik, Weinheim/Basel (4. überarb. u. erw. Aufl.) 1996

Kreidenweis, H.: *EDV-Handbuch* Sozialwesen. Eine Marktübersicht mit Praxistips, Freiburg 1993

Kreienbrock, L.: Einführung in die *Stichprobenverfahren,* Lehr- und Übungsbuch der angewandten Statistik, München/Wien (2. Aufl.) 1993

Kreikebohm, R.: Die *Einrichtungsbegriffe* im Bundessozialhilfegesetz, in: RsDE, H. 6, 1989, S. 1

Kreikebohm, R.: Staatsbürgerversorgung – Grundrente – Mindestrente – garantiertes Grund- oder *Mindesteinkommen,* in: LdR 11/535

Kress, G./Senghaas, D. (Hrsg.): *Politikwissenschaft*. Eine Einführung in ihre Probleme, Frankfurt a.M. (2. Aufl.) 1970

Kress, U./Brinkmann, C./Wiedemann, E.: Entwicklung und Struktur der *Langzeitarbeitslosigkeit*, in: WSI Mitteilungen 1995, S. 741

Kretschmer, H.-J./Maydell, B. v./Schellhorn, W.: Gemeinschaftskommentar zum *Sozialgesetzbuch* – Allgemeiner Teil, Neuwied (3. Aufl.) 1996

Kreutz, H./Landwehr, R. (Hrsg.): *Studienführer* für Sozialarbeiter und Sozialpädagogen. Ausbildung und Beruf im Sozialwesen, Neuwied/Darmstadt 1977

Kreuzer, A.: *Jugendkriminalität*, in: Kaiser u.a.: *Wörterbuch*

Kreuzer, K. J. (Hrsg.): Handbuch der *Spielpädagogik*, Düsseldorf, Bd. 1 und 2 1983, Bd. 3 und 4 1984

Krieger, W.: *Der Allgemeine Sozialdienst*. Rechtliche und fachliche Grundlagen für die Praxis des ASD, Weinheim/München 1994

Kritz, J.: *Statistik* in den Sozialwissenschaften, Reinbek 1973

Kroeger, M.: Themenzentrierte *Seelsorge*. Über die Kombination klientenzentrierter und themenzentrierter Arbeit nach Carl R. Rogers und Ruth C. Cohn in der Theologie und schulischen Gruppenarbeit, Stuttgart/Berlin/Köln (4. Aufl.) 1989

Krohn, A.: *Hysteria*: The Elusive Neurosis, New York 1978

Krohne, H.: Theorien zur *Angst*, Stuttgart/Berlin/Köln, 1976

Kromrey, H.: Empirische *Sozialforschung*. Modelle und Methoden der Datenerhebung und Datenauswertung, Opladen (6. Aufl.) 1994

Kron, F. W.: *Grundwissen* Didaktik, München/Basel (2. Aufl.) 1994

Kronberger Kreis (Hrsg.): *Bürgersteuer* – Entwurf einer Neuordnung von direkten Steuern und Sozialleistungen, Bad Homburg v.d.H. 1986

Kropholler, J.: Das *Haager Abkommen* über den Schutz Minderjähriger, Bielefeld (2. Aufl.) 1977

Kropholler, J.: *Internationales Privatrecht*, Tübingen 1990

Krug, H./Grüner, H./Dalichau, G.: *Kinder- und Jugendhilfe*. Sozialgesetzbuch (SGB) – Achtes Buch (VIII), Kommentar, Loseblattausgabe, Starnberg-Percha, Stand: Juni 1992

Krug, W./Nourney, M./Schmidt, J.: *Wirtschafts- und Sozialstatistik*: Gewinnung von Daten, München/Wien (4. Aufl.) 1996

Krüger, H.: Geschlechtsspezifische *Modernisierung* im ehepartnerlichen Lebenslauf, in: Nauck, B./Onnen-Isemann, C. (Hrsg.): Familie im Brennpunkt von Wissenschaft und Forschung. Rosemarie Nave-Herz zum 60. Geburtstag gewidmet, Neuwied/Kriftel/Berlin 1995, S. 437

Krüger, H.: *Therapeutische Gemeinschaft* – ein sozialpsychiatrisches Prinzip, Stuttgart 1979

Krupp, H. J./Galler, H. P./Grohmann, H./Hauser, R./Wagner, G.: *Alternativen* der Rentenreform '84, Frankfurt a.M. 1981

Krupp, H. J./Wagner, G.: *Grundlagen* und Anwendung mikroanalytischer Modelle, in: Vierteljahreshefte zur Wirtschaftsforschung, 1982/1, S. 5

Krysmanski, H. J.: Soziologie des *Konflikts*. Materialien und Modelle, Reinbek 1971

Kübler, H.: *Organisation* und Führung in Behörden, 2 Bde., Stuttgart/Berlin/Köln (4. Aufl.) 1980

Küchenhoff, W.: *Jugendhilfe*, in: Lexikon der Pädagogik, Bd. 1, Freiburg/Basel/Wien 1970, S. 777

Kugler, R.: *Ausländerrecht*. Ein Handbuch, Göttingen (2. neubearb. Aufl.) 1995, Stand: März 1995

Kühl, S.: Wenn die Affen den Zoo regieren. Die Tücken der flachen *Hierarchien*, Frankfurt/New York (4. Aufl.) 1995

Kühn, D.: Kommunale *Sozialplanung*, Stuttgart/Berlin/Köln 1975

Kühn, D./Berhold, M./Feldmann, U./Franke, H.-J./Großhans, H./Jülich, P./Lölhöffel, D. v.: *Leitfaden* für kommunale Sozialplanung, (Schriften des DV: Schriften allgemeinen Inhalts, Bd. 10), Frankfurt a.M. (2. Aufl.) 1982

Kühn, F.: Neue *Steuerungsmodelle* der Sozialverwaltung – Chancen und Gefahren, in: NPrax. 1995, S. 340

Kühne, W./Wolff, B.: Die Gesetzgebung über den *Lastenausgleich*, Kommentar, Loseblattausgabe, Stuttgart/Berlin/Köln, Stand: Juli 1986

Kühnel, R./Randzio, J./Roscher, F.: *Dienstrecht* für die soziale Arbeit. Rechtsprobleme im Berufsalltag der Sozialarbeiter und Sozialpädagogen, (Studienliteratur für das Recht der Sozialen Arbeit, Bd. 6), Weinheim/Basel 1985

Kulenkampff, C.: Der *sozialpsychiatrische Dienst* – Stellung und Aufgaben in der Gemeindepsychiatrie, in: ÖffGesundhWesen 1986, S. 532

Kultusministerium Rheinland-Pfalz (Hrsg.): *Integriertes Lernen* mit schwerstbehinderten Kindern. Bericht über einen Schulversuch Teil II, Mainz 1983

Kunig, P.: Das *Rechtsstaatprinzip*. Überlegungen zu seiner Bedeutung für das Verfassungsrecht der Bundesrepublik Deutschland, Tübingen 1986

Kunkel, P.-C.: Grundlagen des *Jugendhilferechts*. Systematische Darstellung für Studium und Praxis, Baden-Baden 1995

Künkel, B.: *Leitlinien* der Oberlandesgerichte zur Bemessung des Unterhalts, in: DAVorm. 1988, S. 641

Künkel, B.: Die Neufestsetzung des *Regelunterhalts* (§ 642 b ZPO) und das Vereinfachte Verfahren (§ 641 I ZPO), in: DAVorm. 1984, S. 943

Kunz, E.: *Opferentschädigungsgesetz.* Gesetz über die Entschädigung für Opfer von Gewalttaten, München (2. Aufl.) 1989
Kunz, E./Wiedemann, E./Ruf, F.: *Heimgesetz,* München (7. Aufl.) 1995
Kunz, G.: *Interview,* in: Bernsdorf: *Soziologie*
Kunz, K.-L.: *Kriminologie.* Eine Grundlegung, Bern/Stuttgart/Wien 1994
Kunze, H.: Psychiatrie *Übergangseinrichtungen* und Heime. Psychisch Kranke und Behinderte im Abseits der Psychiatrie-Reform, (Forum der Psychiatrie, neue Folge, Bd. 12), Stuttgart 1981
Kunze, R./Bronner, O./Katz, A.: Die *Gemeindeordnung* für Baden-Württemberg, Stuttgart/Berlin/Köln (22. Aufl.), 1994
Kunze, T.: *Aufklärung,* Beratung und Auskunft im Sozialrecht – eine Untersuchung insbesondere zu §§ 13, 14, 15, SGB-AT, St. Augustin 1978
Künzel, E.: *Jugendkriminalität* und Verwahrlosung. Ihre Entstehung und Therapie in tiefenpsychologischer Sicht, Göttingen (5. Aufl.) 1976
Kupffer, H. (Hrsg.): Einführung in Theorie und Praxis der *Heimerziehung,* Heidelberg (3. Aufl.) 1982
Kuratorium Deutsche Altershilfe (Hrsg.): Praktiker bestimmen *Kreisaltenplan* mit. Psychosoziale Arbeitsgemeinschaft: Arbeit als Motor für kommunale Altenpolitik, („thema", H. 35), Köln 1990
Kuratorium Deutsche Altershilfe (Hrsg.): Arbeitshilfen für Planung und Betrieb von *Tagespflegeeinrichtungen,* Köln 1993
Kursbuch 24: *Schule* Schulung Unterricht, Berlin 1971
Kursbuch 50: *Bürgerinitiativen*/Bürgerprotest – Eine neue vierte Gewalt?, Berlin 1977
Kurtz, R./Prestera, H.: *Botschaften* des Körpers. Bodyreading. Ein illustrierter Leitfaden, München (3. Aufl.) 1984

Lachwitz, K.: Die *Pflegeversicherung* – Ein Fortschritt für Menschen mit geistiger Behinderung?, in: BtPrax 1994, S. 110
Lackner, K.: *Strafgesetzbuch.* Mit Erläuterungen, München (19. Aufl.) 1991
Ladewig, D. (Hrsg.): *Drogen* und Alkohol, Basel, Bd. 1 1980, Bd. 2 1982, Bd. 3 1984
Laing, R. D.: *Phänomenologie* der Erfahrung, Frankfurt a.M. 1975
Lakies, T.: Zum Schutz von Minderjährigen in Einrichtungen nach dem *Kinder- und Jugendhilfegesetz,* NDV 1991, S. 226
Lambers, H.: *Heimerziehung* als kritisches Lebensereignis. Eine empirische Längsschnittuntersuchung über Hilfeverläufe im Heim aus systemischer Sicht, Münster 1996
Lamberti, M./Lamour, C.: Die *Opiummafia,* Frankfurt a.M. 1973
Lammert, N./Klein, J./Kirey, K.-J.: Bürgernahe Organisation großstädtischer *Parteien,* (Forschungsbericht/Konrad-Adenauer-Stiftung, Bd. 29), Melle 1983
Lamnek, S.: Qualitative *Sozialforschung,* 2 Bde., München (3. Aufl.) 1995
Lamnek, S.: Theorien abweichenden *Verhaltens,* München (4. Aufl.) 1990
Lampert, H.: *Sozialpolitik I* (Staatliche), in: *HdWW,* Bd. 7, S. 60
Lampert, H./Englberger, J./Schüle, U.: Ordnungs- und prozeßpolitische Probleme der *Arbeitsmarktpolitik* in der Bundesrepublik Deutschland, (Volkswirtschaftliche Schriften, H. 411), Berlin 1991
Lampert, H.:/Kaufmann, F.-X./Zacher, H. F.: *Sozialpolitik,* in: Staatslexikon Bd. 5
Landauer, K.: Theorie der *Affekte* und andere Schriften der Ich-Organisation, Frankfurt a.M. 1991
Landesjugendamt Hessen (Hrsg.): Fachliche *Empfehlung* zur Durchführung der Beratung in Fragen der Partnerschaft, Trennung und Scheidung (§ 17 KJHG) und zur Mitwirkung im familiengerichtlichen Verfahren (§ 50 KJHG) vom 14.2.1992
Landesjugendamt Württemberg-Hohenzollern: *Jugendschutz* heute. Bericht der Jugendamtsleitertagung am 17./18. März 1988, Stuttgart 1988
Landesregierung Nordhein-Westfalen: Bericht der Landesregierung über die Lage der Jugend und über die Maßnahmen der Jugendhilfe im Lande gemäß § 20 des Ausführungsgesetzes zum Gesetz für Jugendwohlfahrt – 2. *Jugendbericht* 1972, Düsseldorf 1972
Landeswohlfahrtsverband Baden (Hrsg.): *Handbuch*/Gremien-Aufgaben, Karlsruhe 1992
Landeswohlfahrtsverband Hessen (Hrsg.): *LWV-Verbandsversammlung.* Hessisches Sozialparlament 1953 bis heute (1990), Kassel 1990
Landeswohlfahrtsverband Württemberg-Hohenzollern (Hrsg.): Von den Landarmenverbänden zum *Landeswohlfahrtsverband* 1889-1989, Stuttgart 1989
Landeswohlfahrtsverband Württemberg-Hohenzollern/Landesjugendamt Württemberg-Hohenzollern (Hrsg.): Arbeitsunterlage zum betreuten *Jugendwohnen,* Stuttgart 1987
Landkreistag Baden-Württemberg (Hrsg.): *Empfehlungen* zur Altenhilfe. Zugleich ein Beitrag zur Sozialplanung der Landkreise, Stuttgart (2. neubearb. Aufl.) 1987
Lang, C.: *Demenzen*: Diagnose und Differentialdiagnose, London/Glasgow/Weinheim/New York/Tokyo/Melbourne/Madras 1994
Lang, R./Haunert, F.: *Konzepte fehlen,* in: Sozialmarketing 1996, H. 4
Langbein, K./Martin, H. P./Sichrovsky, P./Weiss, H.: *Bittere Pillen,* Köln 1983
Lange, H./Köhler, H.: *BGB,* Allgemeiner Teil, München (18. Aufl.) 1983

Langelüddeke, A.: Die *Entmannung* von Sittlichkeitsverbrechern, Berlin 1963
Langelüddeke, A./Bresser, P.: *Gerichtliche Psychiatrie*, Berlin (4. Aufl.) 1976
Langen, A.: *Leitbild* und Unternehmenskultur. Die Rolle des Topmanagements, in: Simon, H.: Herausforderung Unternehmenskultur, Stuttgart 1990, S. 41
Langenbucher, W. R.: *Politik* und Kommunikation. Über die öffentliche Meinungsbildung, München/Zürich 1979
Langer-Stein, R./Pompe, P./Waskow, S./Zuleger, T.: *Arbeitsmarkt* Europa. Arbeitsrecht, Arbeitsschutz, Soziale Sicherung, Berufliche Bildung, Bonn 1991
Langmaak, B.: Themenzentrierte *Interaktion*. Einführende Texte rund ums Dreieck, Weinheim (2. Aufl.) 1994
Langmeier, J./Matĕjcek, Z.: Psychische *Deprivation* im Kindesalter, München/Wien 1977
Lapassade, G.: *Gruppen* – Organisationen – Institutionen, Stuttgart 1972
Laplanche, J./Pontalis, J.-B.: Das Vokabular der *Psychoanalyse*, 2 Bde., Frankfurt a.M. 1973
Laquer, W.: Die deutsche *Jugendbewegung*, Köln 1962
Larenz, K.: Allgemeiner Teil des deutschen *Bürgerlichen Rechts*, München (7. Aufl.) 1989
Lassahn, R.: Einführung in die *Pädagogik*, Heidelberg 1974
Lattke, R.: Sozialpädagogische *Gruppenarbeit*, Freiburg 1962
Lau, T./Treutner, E./Voss, G./Watzlawczik, G.: Innovative *Verwaltungsarbeit*, Frankfurt a.M. 1986
Laubenthal, F.: *Sucht* und Mißbrauch, Stuttgart 1964
Laufer, H.: Der *Föderalismus* der Bundesrepublik Deutschland, Stuttgart/Berlin/Köln (3. Aufl.) 1977
Laufer, H.: *Verfassungsgerichtsbarkeit* und politischer Prozeß. Studien zum Bundesverfassungsgericht der Bundesrepublik Deutschland, Tübingen 1968
Lauritzen, L. (Hrsg.): Mehr *Demokratie* im Städtebau. Beiträge zur Beteiligung der Bürger an Planungsentscheidungen, Hannover 1972
Lauterbach, H.: Gesetzliche *Unfallversicherung*, Kommentar zum 3. und 5. Buch der RVO, Stuttgart/Berlin/Köln (3. Aufl.) 1979
Lautmann, R. (Hrsg.): Seminar: Homosexualität und *Gesellschaft*, Frankfurt a.M. 1977
Lautmann, R.: *Justiz* – Die stille Gewalt. Teilnehmende Beobachtung und entscheidungssoziologische Analyse, Königstein 1972
Laux, E.: *Führung* und Führungsorganisation in der öffentlichen Verwaltung, Stuttgart/Berlin/Köln 1975
Laux, E.: *Führungsverhalten* und Führungsstil, in: Becker, U./Thieme, W. (Hrsg.): Handbuch der Verwaltung, Heft 5.7, Köln 1974
Laux, E.: „*Neue Steuerungsmodelle*" – brauchbare Ansätze zur Verwaltungsmodernisierung?, in: Merchel, J./Schrapper, C. (Hrsg.): „Neue Steuerung" – Tendenzen der Organisationsentwicklung in der Sozialverwaltung, Münster 1996
Lauxmann, F.: Die kranke *Hierarchie*, Stuttgart 1971
Leber, A.: *Heilpädagogik* – Was soll sie heilen?, in: Schneeberger, F. (Hrsg.): Erziehungserschwernisse. Antworten aus dem Werk Paul Moors, Luzern 1979
Leber, A. (Hrsg.): *Heilpädagogik*, (Wege der Forschung, Bd. 506), Darmstadt 1980
Leber, A.: *Heilpädagogik* (1984), in: Eyferth u.a.: *Handbuch*
Leber, A.: Ein Prototyp der *Traumabewältigung*? Zu Freuds Dilemma in „Jenseits des Lustprinzips", in: Becker, H./Leber, A. (Hrsg.): Psychose und Extremtraumatisierung, Teil I, (psychosozial, Bd. 37), München 1989, S. 22
Leber, S.: Die Pädagogik der *Waldorfschule* und ihre Grundlagen, Darmstadt (2. Aufl.) 1985
Leboyer, F.: Der sanfte *Weg* ins Leben, München 1974
Leder, H.-C.: *Professionalisierung* als Schlüssel zu Identität und Prestige in der Sozialarbeit. Wann wird sie in Deutschland Realität?, in: SozArb. 1992, S. 371
Legewie, H./Ehlers, W.: Knaurs moderne *Psychologie*, München 1992
Lehr, U.: *Gerontologie*: eine interdisziplinäre Wissenschaft, in: Kruse, A./Lehr, U./Rott, C. (Hrsg.): Gerontologie – eine interdisziplinäre Wissenschaft, München 1987, S. 4
Lehr, U.: *Psychologie* des Alterns, Heidelberg (5. Aufl.) 1984
Lehr, U.: Die *Rolle* der Mutter in der Sozialisation des Kindes, Darmstadt (2. Aufl.) 1978
Lehr, U.: Die Bedeutung der Familie im *Sozialisationsprozeß*, Bonn 1973
Lehr, U./Thomae, H.: *Konflikt*, seelische Belastung und Lebensalter, Köln/Opladen 1965
Lehr, U./Weinert, F.E. (Hrsg.): Entwicklung und *Persönlichkeit*. Beiträge zur Psychologie intra- und interindividueller Unterschiede, Stuttgart/Berlin/Köln 1975
Leibfried, S./Tennstedt, F. (Hrsg.): Politik der *Armut* und die Spaltung des Sozialstaates, Frankfurt a.M. 1985
Leidinger, F./Pittrich, W./Spöhring, W. (Hrsg.): Grauzonen der *Psychiatrie*. Die gerontopsychiatrische Versorgung auf dem Prüfstand, Bonn 1995
Leipert, C.: Gesellschaftliche *Berichterstattung*, Berlin/Heidelberg/New York 1978
Leman, K./Carlson, R.: *Kindheitserinnerungen*. Der Schlüssel zu Ihrer Persönlichkeit, München 1994

Lemert, E. M.: Der Begriff der sekundären *Devianz,* in: Lüdersen, K./Sack, F. (Hrsg.): Seminar: Abweichendes Verhalten I. Die selektiven Normen der Gesellschaft, Frankfurt a.M. 1975, S. 433

Lempert, W./Hoff, E./Lappe, L.: Konzeption zur Analyse der *Sozialisation durch Arbeit.* Theoretische Vorstudie, (Materialien aus der Bildungsforschung, Nr. 14, Max-Planck-Institut für Bildungsforschung), Berlin 1979

Lempp, R.: Die *Ehescheidung* und das Kind, München (4. Aufl.) 1989

Lempp, R.: Gerichtliche *Kinder- und Jugendpsychiatrie.* Ein Lehrbuch für Ärzte, Psychologen und Juristen, Stuttgart 1983

Lenckner, T.: *§ 203* StGB, in: Schönke u.a.: StGB *(Komm.)*

Lenckner, T.: *Strafe,* Schuld und Schuldfähigkeit, in: Göppinger u.a.: *Forensische Psychiatrie*

Lenhard, R./Brunn, R. v.: Das neue *Wohngeldrecht,* München (3. Aufl.) 1993

Lenz, A.: Ländlicher *Alltag* und familiäre Probleme. Eine qualitative Studie über Bewältigungsstrategien bei Erziehungs- und Familienproblemen, München 1993

Lenz, C. O. (Hrsg.): EG-Handbuch Recht im *Binnenmarkt,* Herne 1991

Lenz, W.: Medizinische *Genetik,* Stuttgart (6. Aufl.) 1983

Lenzen, D. (Hrsg.): *Enzyklopädie Erziehungswissenschaft,* 11 Bde. und 1 Registerbd., Stuttgart 1982-86

Lepper, M.: *Teams* in der öffentlichen Verwaltung, in: Die Verwaltung 1972, S.141

Lepsius, M. R.: *Sozialstruktur* und soziale Schichtung in der Bundesrepublik Deutschland, in: Löwenthal, R./Schwarz, H. P. (Hrsg.): Die zweite Republik. 25 Jahre Bundesrepublik Deutschland – eine Bilanz, Stuttgart 1974, S. 263

Lerche, P.: *Übermaß* und Verfassungsrecht. Zur Bindung des Gesetzgebers an die Grundsätze der Verhältnismäßigkeit und der Erforderlichkeit, Köln/Berlin/Bonn/ München 1961

Lessing, H./Liebel, M.: *Jugendzentrum,* in: Speichert, H. (Hrsg.): Kritisches Wörterbuch der Sozialarbeit/Sozialpädagogik, Reinbek 1979

Leßner, S.: *Aufklärungs-, Beratungs- und Auskunftspflicht* der Behörden gegenüber dem Bürger, in: SGb. 1974, S. 492

Leube, K.: System- und wachstumsorientierte sozialpädagogische *Familienarbeit,* in: Sozialmagazin 1990, H. 9, S. 26

Leune, J.: Illegale *Drogen,* in: Deutsche Hauptstelle gegen Suchtgefahren: *Jahrbuch,* S. 19

Leutz, G. A.: *Imagination* und Psychodrama, in: GrDyn. 1975, S. 97

Levitt, E. E.: Die Psychologie der *Angst,* Stuttgart/Berlin/Köln (4. Aufl.) 1979

Levy, D. M.: Maternal *Overprotection,* New York 1943

Lewin, K.: *Feldtheorie* in den Sozialwissenschaften, Bern/Stuttgart 1963

Lewis, O.: Die *Kinder* von Sanchez. Selbstporträt einer mexikanischen Familie, Frankfurt a.M. (2. Aufl.) 1984

Lichtenberg, H. (Hrsg.): Sozialpolitik in der *EG,* Baden-Baden 1986

Lichtenberg, P.: *AIDS* und Sozialleistungen. Leitfaden für Betroffene und Betreuer bei HIV-Infektionen und AIDS-Erkrankung, St. Augustin 1990

Lickona, T.: Wie man gute *Kinder* erzieht! Die moralische Entwicklung des Kindes von der Geburt bis zum Jugendalter und was Sie dazu beitragen können, München 1989

Liebel, M. u.a.: *Jugendwohnkollektive.* Alternativen zur Fürsorgeerziehung, München 1972

Liedloff, J.: Auf der *Suche* nach dem verlorenen Glück. Gegen die Zerstörung unserer Glücksfähigkeit in der frühen Kindheit, München 1990

Liefmann-Keil, E.: Ökonomische Theorie der *Sozialpolitik,* Berlin/Heidelberg/New York 1961, S. 134

Lienert, G. A.: *Testaufbau* und Testanalyse, Weinheim/Basel (3. Aufl.) 1969

Liermann, S.: Der Begriff „*Ersatzmutter*" im Embryonenschutzgesetz, in: FamRZ 1991, S. 1403

Liese, W.: *Geschichte* der Caritas, Freiburg 1922

Lievegoed, B. C.: *Lebenskrisen* – Lebenschancen. Die Entwicklung des Menschen zwischen Kindheit und Alter, München (3. Aufl.) 1983

Limbach, J: *Familienrecht* und sozialer Wandel, in: FuR 1995, S. 200

Limbach, J.: Die *gemeinsame Sorge* geschiedener Eltern in der Rechtspraxis, Köln 1989

Lind, S.: *Tages- und Kurzzeitpflege* auf dem Prüfstand, in: Evangelische Impulse 1995, H. 2, S. 15

Lindemann, K./Trenk-Hinterberger, P.: *Beratungshilfegesetz,* Kommentar, München 1987

Lindenberg, C.: *Waldorfschulen*: Angstfrei lernen, selbstbewußt handeln. Praxis eines verkannten Schulmodells, Reinbek 1975

Lindner, W.: *Pressearbeit* leicht gemacht. Ein Ratgeber für die Medienarbeit in Verein, Firma und Verband, Mönchengladbach 1992

Lindsay, P. H./Norman, D. A.: Einführung in die *Psychologie.* Informationsaufnahme und -verarbeitung beim Menschen, Berlin/Heidelberg/New York 1981

Lippe, P. v. der: Deskriptive *Statistik,* Stuttgart/Jena 1993

Lippe, P. v. der: *Wirtschaftsstatistik,* Stuttgart (4. Aufl.) 1990

Lipphardt, H.-R.: *Grundrechte* und Rechtsstaat, EuGRZ (Europäische Grundrechte-Zeitschrift) 1986, S. 149

Lippmann, W.: Die öffentliche *Meinung*, München 1964

Lisch, R./Kriz, J.: Grundlagen und Modelle der *Inhaltsanalyse*, Opladen 1978

Lisken, H./Denninger, E. (Hrsg.): Handbuch des *Polizeirechts*, München (2. neubearb. u. erw. Aufl.) 1996

Listing, T.: Betr.: *Gruppenleiter*. Gruppenpädagogisches Lernprogramm, Wiesbaden 1977

Littek, W./Rammert, W./Wachtler, G. (Hrsg.): *Einführung* in die Arbeits- und Industriesoziologie, Frankfurt a.M. (2. Aufl.) 1983

Loch, W. (Hrsg.): Die *Krankheitslehre* der Psychoanalyse, Stuttgart (5. Aufl.) 1989

Loch, W.: Theorie und Praxis von *Balint-Gruppen*. Gesammelte Aufsätze, Tübingen 1985

Loehmer, C./Standhardt, R.: *TZI*. Pädagogisch-therapeutische Gruppenarbeit nach Ruth C. Cohn, Stuttgart 1992

Löffler, M.: *Presserecht*. Kommentar, München (4. Aufl.) 1996

Löffler, M./Ricker, R.: Handbuch des *Presserechts*, München (3. Aufl.) 1994

Lohmann, S.: *Altenhilfe*, in: Oswald, W. D./Herrmann, W. M./Kanowski, S./Lehr, U. M./Thomae, H. (Hrsg.): Gerontologie, Stuttgart/Berlin/Köln (2. Aufl.) 1991, S. 15

Loos, E.: Die offene und halboffene *Anstalt* im Erwachsenenstraf- und Maßregelvollzug, Stuttgart 1970

Lörcher, K.: Europäische *Sozialcharta*, in: Däubler u.a.: Internationale *Arbeits- und Sozialordnung*, S. 579

Lorenz, K.: Die angeborenen Formen möglicher *Erfahrung*, in: Zeitschrift für Tierpsychologie 1943, S. 235

Lorenzer, A.: Zur Begründung einer materialistischen *Sozialisationstheorie*, Frankfurt a.M. 1973

Lösel, F./Köferl, P./Weber, F.: Meta-Evaluation der *Sozialtherapie*. Qualitative und quantitative Analysen zur Behandlungsforschung in sozialtherapeutischen Anstalten des Justizvollzugs, Stuttgart 1987

Lotmar, P.: *Professionalisierung* in der Sozialarbeit, in: Sozialarbeit/Travail Social 1969/8

Lotmar, P./Tondeur, E.: *Führen* in sozialen Organisationen: Ein Buch zum Nachdenken und Handeln, Bern (2. Aufl.) 1991

Löwe, H.: *Einführung* in die Lernpsychologie des Erwachsenenalters, Berlin (DDR) 1973

Löwe, H./Lehr, U./Birren, J. (Hrsg.): Psychologische Probleme des *Erwachsenenalters*, Stuttgart 1983

Lowen, A.: Bioenergetische *Analyse*. Eine Weiterentwicklung der Reichschen Therapie, in: Petzold, H. (Hrsg.): Die neuen Körpertherapien, Paderborn 1978

Lowen, A.: *Bioenergetik*. Therapie der Seele durch Arbeit mit dem Körper, Reinbek 1988

Löwenstein, K.: *Sozialismus* und Erziehung. Eine Auswahl aus den Schriften 1919-33, Berlin/Bonn/Wien 1976

Lowy, L.: Neue Wege in der *Erwachsenenbildung*, Düsseldorf 1969

Lowy, L.: *Sozialarbeit/Sozialpädagogik* als Wissenschaft im angloamerikanischen und deutschsprachigen Raum, Freiburg 1983

Luber, F.: *Bundessozialhilfegesetz*, Kommentar, Loseblattausgabe, Percha

Luber, F./Schock, R.: *Krankenhausfinanzierungsgesetz*, Textausgabe mit Erläuterungen und Verweisungen, 2 Bde., Loseblattausgabe, Starnberg, Stand: Januar 1991

Lübking, U.: *Datenschutz* in der Kommunalverwaltung. Rechtsgrundlagen – Organisation – Datensicherung, Berlin 1992

Lück, H. E.: Prosoziales *Verhalten*. Empirische Untersuchungen zur Hilfeleistung, Köln 1975

Lückert, H.-R.: *Konfliktpsychologie*. Einführung und Grundlegung, München/Basel 1957

Lückert, H.-R.: Der *Mensch*, das konfliktträchtige Wesen, München 1976

Ludemann, G.: *Rehabilitationsrecht* für psychisch Kranke und seelisch Behinderte. Gesetzliche Regelungen und rechtliche Rahmenbedingungen in der ambulanten und komplementären psychiatrischen Versorgung, Freiburg 1991

Ludewig, K.: *Systemische Therapie*. Grundlagen klinischer Theorie und Praxis, Stuttgart (3. Aufl.) 1995

Lüdtke, H.: Expressive Ungleichheit. Zur Soziologie der *Lebensstile*, Opladen 1989

Ludwig, M.: *Armutskarrieren*. Zwischen Abstieg und Aufstieg im Sozialstaat, Opladen, 1996

Luhmann, N.: Soziologische *Aufklärung*. Aufsätze zur Theorie sozialer Systeme, Opladen (3. Aufl.) 1972

Luhmann, N.: *Formen* des Helfens im Wandel gesellschaftlicher Bedingungen, in: Otto u.a.: *Sozialarbeit*

Luhmann, N.: Politische *Planung*, in: Civitas-Jahrbuch für Sozialwissenschaften, Bd. 17, S. 271

Luhmann, N.: *Soziale Systeme*. Grundrisse einer allgemeinen Theorie, Frankfurt a.M. (4. Aufl.) 1991

Luhmann, N.: Theorie der *Verwaltungswissenschaft*, Köln/Berlin 1966

Lukas, E.: Auch dein Leben hat *Sinn*. Logotherapeutische Wege zur Gesundung, Freiburg (2. Aufl.) 1984

Lukas, H.: *Sozialpädagogik/Sozialarbeitswissenschaft*. Entwicklungsstand und Perspektive einer eigenständigen Wissenschaftsdisziplin für das Handlungsfeld Sozialarbeit/Sozialpädagogik, (Sozialpädagogik, Sozialarbeit in Wissenschaft und Praxis, Bd. 4), Berlin 1979

Lukas, H./Strack, G. (Hrsg.): *Methodische Grundlagen* der Jugendhilfeplanung, Freiburg 1996

Lukesch, H./Perrez, M./Schneewind, K. A. (Hrsg.): Familiäre *Sozialisation* und Intervention, Bern/Stuttgart/Wien 1980

Lundt, P. V./Schiwy, P.: Deutsches *Gesundheitsrecht*, Loseblattausgabe, Starnberg, Stand: 1995

Lundt, P. V./Schiwy, P.: Deutsche *Seuchengesetze,* Kommentar, Loseblattausgabe, Starnberg-Percha, Stand: November 1991

Lüssi, P.: Systemische *Sozialarbeit.* Praktisches Lehrbuch der Sozialberatung, Bern/Stuttgart 1991

Luthe, H. O.: *Distanz*. Untersuchung zu einer vernachlässigten Kategorie, München 1985

Luthin, H.: *Gemeinsames Sorgerecht* nach der Scheidung, Bielefeld 1987

Lutz, B./Schmidt, G.: *Industriesoziologie*, in: König, R. *Sozialforschung*, Bd. 8, S. 101

Lutz, R. (Hrsg.): *Wohnungslose* und ihre Helfer, Bielefeld 1995

Lux, W.: Der Einfluß von *Total Quality Management* auf die organisatorische Gestaltung von KMU, Bern/Stuttgart/Wien, 1996

Maaßen, H. J./Schermer, J./Wiegand, D./Zipperer, M.: *SGB V* – Gesetzliche Krankenversicherung (GKV), Kommentar, Loseblattausgabe, Heidelberg, Stand: Januar 1992

Maccoby, E./Mnookin, R.-H.: Die *Schwierigkeiten* der Sorgerechtsregelung, in: FamRZ 1995, S. 1

Mackenroth, G.: Die Reform der *Sozialpolitik* durch einen deutschen Sozialplan, in: Albrecht, G. (Hrsg.): Verhandlungen auf der Sondertagung in Berlin, (Schriften des Vereins für Sozialpolitik, Neue Folge, Bd. 4), Berlin 1952

Mackensen, R./Thill-Thouet, L./Stark, U. (Hrsg.): *Bevölkerungsentwicklung* und Bevölkerungstheorie in Geschichte und Gegenwart, Frankfurt/New York 1989

Mäding, H.: *Haushaltsplanung* – Haushaltsvollzug – Haushaltskontrolle, Baden-Baden 1987

Maelicke, B. (Hrsg.): *Beratung* und Entwicklung sozialer Organisationen, Baden-Baden 1994

Maelicke, B.: Staatliche und außerstaatliche *Entlassenenhilfe,* in: Schwind u.a.: Strafvollzug, S. 359

Maelicke, B.: *Entlassung* und Resozialisierung. Untersuchungen zur Sozialarbeit mit Straffälligen, Heidelberg 1977

Maelicke, B.: Soziale Arbeit als soziale *Innovation*. Veränderungsbedarf und Innovationsstrategien, Weinheim/München 1984

Maelicke, B. (Hrsg.): *Qualitätsmanagement* in sozialen Betrieben und Unternehmen, Baden-Baden 1996

Maelicke, B./Simmedinger, R.: Wirkungsweise und Wirksamkeit von zentralen *Beratungsstellen* für Personen mit besonderen sozialen Schwierigkeiten, Stuttgart 1984

Maelicke, B./Ortner, H.: Alternative *Kriminalpolitik,* Weinheim 1988

Maelicke, B./Simmedinger, R.: *Sozialarbeit* und Strafjustiz, Weinheim 1987

Maelicke, H.: *Frauenkriminalität,* Frauenstrafvollzug und ambulante Alternativen, in: ZfStrVo. 1993, H. 4

Maelicke, H.: Der *Frauenstrafvollzug* in den Bundesländern, in: Neue Kriminalpolitik 1995, H. 1

Maelicke, H.: Ist Frauenstrafvollzug *Männersache*? Eine kritische Bestandsaufnahme des Frauenstrafvollzuges in den Ländern der Bundesrepublik Deutschland, (Schriften zur Gleichstellung der Frau, Bd. 12), Baden-Baden 1995

Maetzel, B.: Zum Zweck der Maßregel der *Sicherungsverwahrung,* in: NJW 1970, S.1263

Mager, R. F.: *Lernziele* und Unterricht. Neuausgabe nach der Ausgabe von 1977, Weinheim/Basel 1994

Mager, R. F.: *Zielanalyse,* Weinheim/Basel (2. Aufl.) 1975

Magnus, E.: Zur *Ausbildung* der deutschen Sozialarbeiter, Frankfurt a.M. 1953

Magnus, U./Dietrich, S.: Gemeinsame *elterliche Sorge* nach Scheidung – eine Erhebung beim Familiengericht Hamburg-Mitte, in: FamRZ 1986, S. 416

Maguire, M./Morgan, R./Reiner, R. (Hrsg.): The Oxford *Handbook* of Criminology, Oxford 1994

Mahler, M. S.: *Studien* über die drei ersten Lebensjahre, Frankfurt a.M. 1992

Mahler, M. S.: *Symbiose* und Individuation, Stuttgart (3. Aufl.) 1983

Mahler, M. S./Pine, F./Bergman, A.: Die psychische *Geburt* des Menschen. Symbiose und Individuation, Frankfurt a.M. (2. Aufl.) 1984

Mahr, A.: Die Störungsprioritätsregel in *TZI-Gruppen,* Göttingen 1979

Mahr, W.: *Versicherung*, in: Staatslexikon, Bd. 5, Freiburg (7. Aufl.) 1989, Sp. 193

Maibaum, K./Beie, F./Rademacher, M.: Die Praxis der *Arbeitsvermittlung,* Stuttgart/Berlin/Köln 1972

Maier, H.: *Bildungsökonomie*. Die Interdependenz von Bildungs- und Beschäftigungssystem, Stuttgart 1994

Maier, K. (Hrsg.): *Forschung* an Fachhochschulen für Soziale Arbeit, Freiburg 1996

Maier, K.: *Leistungen* bei ungeklärter Zuständigkeit, in: DAngVers. 1975, S.373

Maier, K.: *Sozialhilfeträger* oder gesetzliche Krankenkasse? Ersatzanspruch des Sozialhilfeträgers im Rangfolgeverhältnis zu den gesetzlichen Forderungsübergängen, in: DAngVers. 1968, S. 309

Maihofer, W.: *Rechtsstaat* und menschliche Würde, Frankfurt a.M. 1968

Makarenko, A. S.: Werke, 7 Bde., Berlin (DDR) 1956 ff.

Maletzke, G.: Psychologie der *Massenkommunikation*. Theorie und Systematik, Hamburg 1978

Maltzahn, B. v.: *Sorgerechtsreform* zum Wohl des Kindes, in: ZfJ, S. 108

Mandel, A./Mandel, K. H./Stadter, E./Zimmer, D.: Einübung in Partnerschaft durch *Kommunikationstherapie* und Verhaltenstherapie, München (10. Aufl.) 1979

Manderscheid, H.: *Marketingorientierung* in der sozialen Arbeit, in: Caritas 1991, S. 212

Manes, A.: *Versicherungswesen,* 3 Bde., Leipzig/Berlin (5. Aufl.) 1930/32

Mangold, W.: Empirische *Sozialforschung.* Grundlagen und Methoden, Heidelberg 1969

Mann, E.: Die Bundesanstalt für *Arbeit,* in: WiSta. 1991, S. 532

Mann, L.: *Sozialpsychologie,* Weinheim/Basel (7. Aufl.) 1984

Mannheim, K.: *Ideologie* und Utopie, Bonn 1929

Mannoni, M.: Das zurückgebliebene *Kind* und seine Mutter, Freiburg 1972

Mao Tse-Tung: Über die *Praxis,* Berlin 1978

Marburger, H.: *Akteneinsicht* durch Beteiligte im sozialrechtlichen Verwaltungsverfahren, in: SozVers. 1990, S. 118

Marburger, H.: Entwicklung und Konzepte der *Sozialpädagogik,* München 1979

Marcuse, H.: Der *eindimensionale Mensch.* Studien zur Ideologie der fortgeschrittenen Industriegesellschaften, Neuwied/Darmstadt (19. Aufl.) 1984

Marcuse, H.: *Triebstruktur* und Gesellschaft, Frankfurt a.M. 1973

Marcuse, H.: *Vernunft* und Revolution. Hegel und die Entstehung der Gesellschaftstheorie, Neuwied/Darmstadt (6. Aufl.) 1982

Marcuse, P./Staufenbiel, F. (Hrsg.): *Wohnen* und Stadtpolitik im Umbruch, Berlin 1991

Markefka, M.: *Vorurteile,* Minderheiten, Diskriminierung. Ein Beitrag zum Verständnis sozialer Gegensätze, Neuwied/Darmstadt (7. Aufl.) 1995

Markefka, M./Nave-Herz, R. (Hrsg.): *Handbuch* der Familien- und Jugendforschung, Bd. 2: Jugendforschung, Neuwied/Frankfurt a.M. 1989

Marquardt, K.: Öffentliche *Förderung* ehrenamtlicher Sozialarbeit in Europa, in: NDV 1995, S. 338 und S. 381

Marquardt, O.: *Anthropologie,* in: Ritter, J./Eisler, R. (Hrsg.): Historisches Wörterbuch der Philosophie, Bd. 1, Basel 1971, Sp. 362

Marr, D./Schmeets, M./Schwämmlein, D./Späth, L.: Unterschiedliche Organisationsformen von *Supervision,* in: NDV 1983, S.232

Martin, K. R.: Arbeitsweisen mit *Verhaltensgestörten* und Konsequenzen im Blick auf die Konzeption von Heimen, in: Archiv für angewandte Sozialpädagogik 1974, S. 97

Marx, K./Engels, F.: *Manifest* der Kommunistischen Partei, in: Marx-Engels-Werke, Bd. 4, Berlin (DDR), S. 459

Marzahn, C.: *Partizipation* und Selbsthilfe, in: Eyferth u.a.: *Handbuch,* S. 734

Marzahn, C. (Hrsg.): *Sozialpädagogik* – Institution, Partizipation, Selbstorganisation, Bremen 1978

Maslow, A. H.: *Psychologie* des Seins. Ein Entwurf, München 1973

Mathiesen, T.: Überwindet die *Mauern,* Neuwied/Darmstadt 1979

Matt, E.: Episode und Doppel-Leben: Zur *Delinquenz* Jugendlicher, in: MschrKrim. 1995, S. 153

Mattejat, F./Brumm, J.: Kommunikationspsychologische *Grundlagen,* in: Pongratz, L. J. (Hrsg.): Klinische Psychologie. Handbuch der Psychologie, Bd. 8/1, Göttingen 1976, S. 715

Matthes, J.: Gesellschaftspolitische Konzeptionen im *Sozialhilferecht,* Stuttgart 1964

Matthesius, R.-G./Jochheim, K.-A./Barolin, G. S./Heinz, C. (Hrsg.): ICIDH International Classification of Impairments, Disabilities, and Handicaps. Teil 1: Die ICIDH – Bedeutung und Perspektiven, Teil 2: Internationale *Klassifikation* der Schädigungen, Fähigkeitsstörungen und Beeinträchtigungen. Ein Handbuch zur Klassifikation der Folgeerscheinungen von Krankheit, Berlin/Wiesbaden 1995

Matthöfer, H.: Der Beitrag *politischer Bildung* zur Emanzipation der Arbeitnehmer. Materialien zur Frage des Bildungsurlaubs, Frankfurt a.M. 1971

Maturana, H. R.: *Erkennen.* Die Organisation und Verkörperung von Wirklichkeit, Braunschweig/Wiesbaden (2. Aufl.) 1985

Maturana, H. R./Varela, F.J.: Der Baum der *Erkenntnis.* Die biologischen Wurzeln des menschlichen Erkennens, München 1990

Matzner, E.: Der *Wohlfahrtsstaat* von morgen. Entwurf eines zeitgemäßen Musters staatlicher Intervention, Frankfurt/New York 1982

Mauke, M.: Die *Klassentheorie* von Marx und Engels, Frankfurt/Köln (5. Aufl.) 1977

Maunz, T./Schmidt-Bleitreu, B./Klein, F./Ulsamer, G.: *Bundesverfassungsgerichtsgesetz,* Kommentar, Loseblattausgabe, München, Stand: März 1992

Maunz, T./Dürig, G. u.a.: *Grundgesetz,* Kommentar, Loseblattausgabe, München, Stand: März 1994

Maurach, R./Gössel, K. H./Zipf, H.: *Strafrecht.* Allgemeiner Teil, 2 Teilbde., Heidelberg (7. Aufl.) 1989

Maurer, H.: Allgemeines *Verwaltungsrecht,* München (10. überarb. u. erg. Aufl.) 1995

Mause, L. de (Hrsg.): Hört ihr die *Kinder* weinen? Frankfurt a.M. 1980

Mauss, M.: Die *Gabe.* Form und Funktion des Austausches in archaischen Gesellschaften, Frankfurt a.M. (2. Aufl.) 1994

Mauthe, A./Segin, B./Selle, K.: *Mieterbeteiligung.* Mit- und Selbstverwaltungsmöglichkeiten für Mieter. Konzepte und Praxiserfahrungen, (Institut für Landes- und Stadtentwicklungsforschung, Schriften Nr. 32), Dortmund 1989

Maydell, B. v.: Betriebliche *Altersversorgung,* in: Sachverständigenkommission Alterssicherungssysteme, Gutachten der Sachverständigenkommission vom 19. November 1983, Berichtsbd. 2, S. 243, Stuttgart/Berlin/Köln 1983

Maydell, B. v. (Hrsg.): Soziale Rechte in der *EG.* Bausteine einer zukünftigen europäischen Sozialunion, Berlin 1990

Maydell, B. v.: *Ersatz- und Erstattungsansprüche* – eine Bestandsanalyse, in: ZfSH/SGB 1973, S. 265

Maydell, B. v.: *Geldschuld* und Geldwert. Die Bedeutung von Änderungen des Geldwertes für die Geldschulden, München 1974

Maydell, B. v. (Hrsg.): *Lexikon* des Rechts. Sozialrecht, Neuwied/Kriftel/Berlin (2. überarb. u. erw. Aufl.) 1994

Maydell, B. v. (Hrsg.): Gemeinschaftskommentar zum Sozialgesetzbuch – Gesetzliche Krankenversicherung (GK-*SGB V),* Loseblattausgabe, Neuwied, Stand: Januar 1992

Maydell, B. v.: Die „*sozialen Rechte"* im Allgemeinen Teil des Sozialgesetzbuches, in: DVBl. 1976, S. 1

Maydell, B. v./Schellhorn, W.: Gemeinschaftskommentar zum Sozialgesetzbuch – Zusammenarbeit der Leistungsträger und ihre Beziehungen zu Dritten (GK-*SGB X* 3), Neuwied/Darmstadt 1984

Maydell, B. v./Ruland, F. (Hrsg.): Sozialrechts*handbuch.* (SRH), Neuwied/Kriftel/Berlin 1988 und (2. Aufl.) 1996

Mayer, F./Kopp, F.: Allgemeines *Verwaltungsrecht,* Stuttgart (5. Aufl.) 1985

Mayer, K. U. (Hrsg.): *Lebensverläufe* und sozialer Wandel, (KZfSS, Sonderheft 31), Opladen 1990

Mayer, R. E.: *Denken* und Problemlösen. Eine Einführung in menschliches Denken und Lernen. Basistext Psychologie, Berlin/Heidelberg/New York 1979

Mayer-Tasch, P.C.: Die *Bürgerinitiativbewegung* – der aktive Bürger als rechts- und politikwissenschaftliches Problem, Reinbek 1976

Mayntz, R. (Hrsg.): *Bürokratische Organisation,* Köln/Berlin (2. Aufl.) 1971

Mayntz, R.: Das *Demokratisierungspotential* der Beteiligung Betroffener an öffentlicher Planung, in: Oertzen, H.-J. v. (Hrsg.): „Demokratisierung" und Funktionsfähigkeit der Verwaltung, Stuttgart 1974

Mayntz, R. (Hrsg.): *Implementation* politischer Programme, Königstein 1980

Mayntz, R.: Soziologie der öffentlichen *Verwaltung,* Heidelberg (3. Aufl.) 1985

Mayring, P.: *Einführung* in die qualitative Sozialforschung. Eine Anleitung zum qualitativen Denken, Weinheim (3. Aufl.) 1996

Mayring, P.: *Qualitative Inhaltsanalyse.* Grundlagen und Techniken, Weinheim/Basel 1983

Maywald, J./Weißmann, R.: Fachkräfte im Pflege-Kinderbereich – ein *Handbuch* zur Weiterbildung, hrsg. vom Arbeitskreis zur Förderung von Pflegekindern e.V., Berlin 1995

McEwen, C. A.: Continuities in the study of total and nontotal *institutions,* in: Annual Review of Sociology 1980, S.143

McGuire, W. J.: The Nature of Attitudes and *Attitude* Research, in: Lindzey, G./Aronson, E. (Hrsg.): Handbook of Social Psychology, Bd. 3, Reading, Mass., 1969

McIntosh, C. A./Finkle, J. L.: Die Kairoer *Bevölkerungs- und Entwicklungskonferenz* – ein neues Paradigma?, in: Zeitschrift für Bevölkerungswissenschaft 1995, S. 449

McKusick, V. A.: Medelian *Inheritance* in Man. Catalogs of Autosomal Dominant, Autosomal Rezessive and x-linked Phenotypes, Baltimore/London (5. Aufl.) 1978

Mead, G. H.: Gesammelte *Aufsätze,* 2 Bde., Frankfurt a.M. 1980/83

Mead, G. H.: *Geist,* Identität und Gesellschaft. Aus der Sicht des Sozialbehaviorismus, Frankfurt a.M. 1973

Mead, G. H.: Philosophie der *Sozialität.* Aufsätze zur Erkenntnisanthropologie, Frankfurt a.M. 1969

Mead, G. H.: *Sozialpsychologie,* Neuwied/Darmstadt 1969

Mead, M.: *Jugend* und Sexualität in primitiven Gesellschaften, 3 Bde., München 1981

Mehl, H. P./Dettling, A.: Die Freiburger *Zigeuner.* Auf der Suche nach einer neuen Identität, in: Freiburger Stadthefte 1978/25

Mehls, S.: *Leistungsverträge* statt Zuwendungen?, in: NDV 1996, S. 127

Meichsner, E./Seeger, R./Steenbock, R.: Kommunale Finanzplanung. Handbuch mit Vorschriften und systematischer Erläuterung für die mittelfristige *Finanzplanung* der Städte, Gemeinden und Gemeindeverbände, Loseblattausgabe, Köln/Stuttgart (2. Aufl.) 1974 ff.

Meier, A./Rabe-Kleberg, U. (Hrsg.): *Weiterbildung,* Lebenslauf, sozialer Wandel, Neuwied/Kriftel/Berlin 1993

Meifert-Diete, C./Soltau, R.: Frauen und *Sucht,* Reinbek 1984

Meili, P.: *Faktorenstruktur* und Intelligenzentwicklung, in: Schweizer Zeitschrift für Psychologie 1970, S. 404

Meinertz, F./Kausen, R.: *Heilpädagogik,* Bad Heilbrunn (6. Aufl.) 1981

Meinhold, M.: Sozio-ökologische *Konzepte.* Alternative Grundlage für die Familienarbeit, in: Hörmann, G. u.a. (Hrsg.): Familie und Familientherapie. Probleme – Perspektiven – Alternativen, Opladen 1988

Meinhold, M.: *Qualitätssicherung* und Qualitätsmanagement in der Sozialen Arbeit. Einführung und Arbeitshilfen, Freiburg 1996

Mellerowicz, K.: *Kosten* und Kostenrechnung, 2 Bde., Berlin Bd.1 (5. Aufl.) 1973, Bd.2/1 (5. Aufl.) 1974, Bd.2/2 (5. Aufl.) 1980

Meltzer, D.: Der *psychoanalytische Prozeß*, Stuttgart 1995

Melzer, G.: *Praxisanleitung* und Praxisberatung in der Sozialarbeit, (Schriften des DV: Kleinere Schriften, H. 40) Frankfurt a.M. (2. Aufl.) 1972

Melzer, W./Neubauer, P. (Hrsg.): Der *Kibbuz* als Utopie, Weinheim 1988

Mende, U.: Internationale *Sozialarbeit*. Eine einführende Betrachtung ihrer Organisation und Aufgabe, Neuwied/Darmstadt 1972

Meng, H. (Hrsg.): *Psychohygiene*, Basel 1939

Menne, K.: Aussagekraft und Nutzungsmöglichkeiten der amtlichen Jugendhilfestatistik zur Institutionellen *Beratung*, in: Rauschenbach, T./Schilling, M. (Hrsg.): Kinder- und Jugendhilfe im Spiegel ihrer Statistik, 1996

Menne, K.: *Erziehungsberatung* in den neuen Länder, in: Jugendhilfe 1994, S. 12

Mens, J. v.: *Testament*, Erbschaft, Schenkung, Niedernhausen (2. Aufl.) 1996

Mentzos, S.: *Hysterie*. Zur Psychodynamik unbewußter Inszenierungen, Frankfurt a.M. 1986

Mentzos, S.: Neurotische *Konfliktverarbeitung*. Einführung in die psychoanalytische Neurosenlehre unter Berücksichtigung neuer Perspektiven, Frankfurt a.M. 1982

Mentzos, S.: *„Neurasthenie"*: Erschöpfungs- und Versagenszustände, in: Monatskurse für die ärztliche Fortbildung 1979/11

Mentzos, S.: Psychodynamische Modelle in der *Psychiatrie*, Göttingen (3. Aufl.) 1993

Mentzos, S. (Hrsg.): *Psychose* und Konflikt. Zur Theorie und Praxis der analytischen Psychotherapie psychischer Störungen, Göttingen (2. Aufl.) 1995

Merchel, J.: Der Deutsche Paritätische Wohlfahrtsverband (*DPWV*). Seine Funktion im korporatistisch gefügten System sozialer Arbeit, Weinheim 1989

Merchel, J.: Von der psychosozialen Diagnose zur *Hilfeplanung*, in: Institut für Soziale Arbeit e.V. (Hrsg.): Hilfeplanung und Betroffenenbeteiligung, Münster 1994, S. 44

Merchel, J.: *Kooperative Jugendhilfeplanung*. Eine praxisbezogene Einführung, Opladen 1994

Merchel, J.: *Neue Steuerung* in der Jugendhilfe. Handlungsspezifische Differenzierungen im Kontext pluraler Trägerstrukturen, in: NDV 1996, S. 213 und S. 248

Merchel, J.: *Wohlfahrtsverbände* in der Kritik. Entwicklungen, Thesen und Reaktionen, in: TuP 1991, S. 174

Mergler, O.: Vierzig Jahre Spruchstellen für *Fürsorgestreitigkeiten*, in: ZfF 1988, S. 265

Mergler, O.: Die Bedeutung der *Kostenerstattung* zwischen den öffentlich-rechtlichen Trägern der Sozial- und Jugendhilfe, in: ZfF 1993, S. 121

Mergler, O./Zink, G./Dahlinger, E./Zeitler, H.: *Bundessozialhilfegesetz*, Kommentar, Loseblattausgabe, Stuttgart/Berlin/Köln (4. Aufl.), Stand: Mai 1996

Merkert, R.: *Medien* und Erziehung, Darmstadt 1992

Merten, D.: Zur Problematik der Aufnahme *sozialer Rechte* in das Sozialgesetzbuch, in: BlStSozArbR 1975, S. 357

Merten, K.: *Kommunikation*. Eine Begriffs- und Prozeßanalyse, Opladen 1977

Mertens, D.: *Arbeitsmarkt- und Berufsforschung*, Stuttgart/Berlin/Köln 1971

Mertens, W.: Kompendium *psychoanalytischer Grundbegriffe*, München 1992

Mertens, W.: Entwicklung der *Psychosexualität* und der Geschlechtsidentität, Bd. 2, 1994

Merton, R. K.: *Sozialstruktur* und Anomie, in: Sack, F./König, R. (Hrsg.): *Kriminalsoziologie*, Wiesbaden (3. Aufl.) 1979

Merz, F./Stelzl, I.: Einführung in die *Erbpsychologie*, Stuttgart/Berlin/Köln/ Mainz 1977

Merz, J.: *Microsimulation* – a Survey of Principles, Developments and Applications, in: International Journal of Forecasting 1991, H. 7, S. 77

Merz, J.: Statische mikroanalytische *Simulation* – Anforderungsprofil und Lösungsmöglichkeiten, (Arbeitspapier 124), Universität Frankfurt a.M. – Sonderforschungsbereich 3, Frankfurt/Mannheim 1983

Metzger, W.: Die Entwicklung der *Erkenntnisprozesse*, in: Thomae, H. Entwicklungspsychologie, S. 404

Metzger, W.: Psychologie in der *Erziehung*, Bochum 1971

Metzger, W.: *Gesetze* des Sehens, Frankfurt a.M. (3. Aufl.) 1975

Metzger, W./Erke, H. (Hrsg.): *Allgemeine Psychologie*. Handbuch der Psychologie, Bd.1/1, Göttingen 1966

Mewing, J.: *Mahnen* – Klagen – Vollstrecken, München (4. Aufl.) 1994

Meyer, A.-E./Richter, R./Grawe, K. u.a.: *Forschungsgutachten* zu Fragen eines Psychotherapeutengesetzes, Universitäts-Krankenhaus, Hamburg-Eppendorf 1991

Meyer, B. (Hrsg.): Hilfe vom *Bildschirm*. Computer in der sozialen Arbeit, Freiburg 1991

Meyer, B.: *Spielräume* in der Stadt, in: Kreuzer, K.J.: *Spielpädagogik*, Bd. 3, S. 591

Meyer, H.: Die Verletzung des *Anhörungsrechts* nach § 34 SGB I in der Rechtsprechung des BSG, in: SGb. 1979, S. 306

Meyer, H. L.: *Trainingsprogramm* zur Lernzielanalyse, Frankfurt a.M. (8. Aufl.) 1978

Meyer, J.: *Betäubungsmittelstrafrecht* in Westeuropa, Freiburg 1987

Meyer, J. E.: *Depersonalisation*, Darmstadt 1968

Meyer, K.: *Arbeiterbildung* in der Volkshochschule. Die Leipziger Richtung. Ein Beitrag zur Geschichte der deutschen Volksbildung in den Jahren 1922-33, Stuttgart 1969

Meyer, M.-K.: Jugendstrafe wegen „*Schwere der Schuld*", in: ZBlJugR 1984, S. 445

Meyer-Abich, K. M.: Kritik und Bildung der *Bedürfnisse*, in: ders./Birnbacher, D. (Hrsg.): Was braucht der Mensch, um glücklich zu sein. Bedürfnisforschung und Konsumkritik, München 1979, S.58

Meyer-Bornsen, C.: *Störungen* der Persönlichkeitsentwicklung und Verwahrlosung. Theoretische und empirische Verwahrlosungsforschung, Wien 1979

Meyerhoff, H.: Leitfaden der *Klinischen Psychologie*, München/Basel 1959

Michaelis, K.: *Rentenberechnung*, Rentenauszahlung, Rentenanpassung, in: Ruland: *Handbuch*, S. 700

Michaelis, K./Stephan, R.-P.: *Überleitung* des Rentenrechts auf das Beitrittsgebiet, in: DAngVers. 1991, S. 149

Michaelis, R.: *Verantwortung* ohne Verantwortlichkeit, in: DVBl. 1978, S. 125

Miehe, O.: Die *Anfänge* der Diskussion über eine strafrechtliche Sonderbehandlung junger Täter, in: Schaffstein, F./ders. (Hrsg.): Weg und Aufgabe des Jugendstrafrechts, Darmstadt 1975, S. 1

Mielenz, I.: Aufgaben der Jugendhilfe bei *Jugendarbeitslosigkeit* und Berufsnot junger Menschen (Hrsg.: AGJ), Bonn 1985

Mielenz, I.: Die *Strategien* der Einmischung. Soziale Arbeit zwischen Selbsthilfe und kommunaler Politik, in: NPrax. 1981, Sonderheft 6, S. 57

Mielenz, I.: „Die *Strukturmaximen* des 8. Jugendberichts im Spiegel der Jugendhilfepraxis", in: Faltermeier, J.: Der 8. Jugendbericht, Konsequenzen für die Praxis der Jugendhilfe. Ergebnisse einer Fachtagung des DV und der AGJ, (Schriften des DV: Schriften allgemeinen Inhalts, Bd. 28), Frankfurt a.M. 1991

Miesbach, H./Busl, W.: *Reichsknappschaftsgesetz*, Kommentar, Loseblattausgabe, München, Stand: Dezember 1991

Mietzel, G.: Wege in die *Entwicklungspsychologie*. Kindheit und Jugend, München 1989

Mietzel, G.: Psychologie in Unterricht und Erziehung. Einführung in die *pädagogische Psychologie* für Pädagogen und Psychologen, Göttingen (4. Aufl.) 1993

Miles, M. B. u.a.: *Feedback* von Befragungsergebnissen. Theorie und Bewertung, in: Bennis u.a.: *Änderung*

Milgram, S.: Das Milgram-*Experiment*. Zur Gehorsamsbereitschaft gegenüber Autorität, Reinbek 1995

Miller, G. A./Galanter, E./Pribram, K. H.: *Strategien* des Handelns. Pläne und Strukturen des Verhaltens, Stuttgart 1974

Miller, R.: Internationale *Sozialpolitik* – Aspekte 1984, BABl. 1984, S. 5

Mills, T. M.: Soziologie der *Gruppe*, München 1970

Miltner, W./Specht, W.: *Mobile Jugendarbeit* – ein stadtteilbezogenes Konzept, in: päd.ex.Soz.arb. 1978/1

Minister für Arbeit, Gesundheit und Soziales des Landes Nordrhein-Westfalen: *Bedarfsplanung* in der kommunalen Altenpolitik und -arbeit, Bd. 1 und 2, Dortmund 1995

Minister für Arbeit, Gesundheit und Soziales des Landes Nordrhein-Westfalen: Nordrhein-Westfalen *Landessozialberichte*, Düsseldorf seit 1992

Minister für Arbeit, Gesundheit und Soziales des Landes Nordrhein-Westfalen: *Landessozialbericht Bd. 2:* Wohnungsnot und Obdachlosigkeit, Düsseldorf (2. überarb. Aufl.) 1993

Minister für Arbeit, Gesundheit und Soziales des Landes Nordrhein-Westfalen: *Spielen*, Düsseldorf 1985

Ministerium für Soziales und Familie, Rheinland-Pfalz: *Behinderte* und Nichtbehinderte im Kindergarten, Pädagogische Arbeitshilfen, 1986

Ministerium für Soziales und Familie, Rheinland-Pfalz: *Landesplan* für behinderte Menschen 1982

Ministerium für Soziales und Familie, Rheinland-Pfalz: Behinderte im Kindergarten. Erster *Zwischenbericht* über Entwicklung und Förderung behinderter Kinder im Kindergarten und nichtbehinderter Kinder im Sonderkindergarten 1984

Ministerkomitee des Europarates: *Empfehlung Nr. R (85) 9* zur freiwilligen Arbeit im sozialen Bereich vom 21.6.85, in: Mitteilungen des deutschen Städtetages (Folge 5) 1986, S. 94

Miribung, J.: Die *Resozialisierung* Verwahrloster. Das Freiburger Modell als Ausgangspunkt, München 1978

Misselwitz, H.: *Politische Bildung* in den neuen Ländern: In Verantwortung für die Demokratie in ganz Deutschland, in: Bund Deutscher PfadfinderInnen 1991, S. 8

Mistele, R.: Der Beitrag des *Sozialarbeiters* bei der Rehabilitation des Dialyse-Patienten, in: Arbeitsmedizin-Sozialmedizin-Präventivmedizin 1978, S. 128

Mitscherlich, A.: Zur psychoanalytischen *Auffassung* psychosomatischer Krankheitsentstehung, in: Psyche 1954, S. 561

Mitscherlich, A.: Die *Unwirtlichkeit* unserer Städte. Anstiftung zum Unfrieden, Frankfurt a.M. 1976

Mitscherlich, A.: *Versuch*, die Welt besser zu bestehen, Frankfurt a.M. 1971

Mitscherlich, A./Mitscherlich, M.: Die *Unfähigkeit* zu trauern. Grundlagen kollektiven Verhaltens, München 1991

Mitschke, J.: *Steuer- und Transferordnung* aus einem Guß. Entwurf einer Neugestaltung der direkten Steuern und Sozialtransfers in der Bundesrepublik Deutschland, Baden-Baden 1985

Moch, M.: Familienergänzende *Erziehungshilfe* im Lebensfeld, Frankfurt a.m. 1990

Modoux, G.: *Budget* und Budgetkontrolle in mittleren und kleinen Unternehmungen, in: Die Orientierung (Sonderdruck) 1981, Nr. 77, Bern 1981

Moeller, M. L.: Anders *helfen*. Selbsthilfegruppen und Fachleute arbeiten zusammen, Stuttgart 1981

Moeller, M. L.: *Selbsthilfegruppen*. Selbstbehandlung und Selbsterkenntnis in eigenverantwortlichen Kleingruppen, Reinbek (2. Aufl.) 1996

Moeser, E.: Die Beteiligung des Bundestages an der staatlichen *Haushaltsgewalt,* Berlin 1978

Molitor, B.: *Soziale Sicherung,* München 1987

Molitor, G.: Die Anforderungen einer *Berufsfindung* und Arbeitserprobung aus psychologischer Sicht, in: Beschäftigungstherapie und Rehabilitation 1976/2, S. 84

Mollenhauer, K.: *Erziehung* und Emanzipation. Polemische Skizzen, München 1968

Mollenhauer, K.: Theorien zum *Erziehungsprozeß,* München (4. Aufl.) 1982

Mollenhauer, K.: *Jugendhilfe*. Soziologische Materialien, Heidelberg (2. Aufl.) 1973

Mollenhauer, K.: Einführung in die *Sozialpädagogik*. Probleme und Begriffe der Jugendhilfe, Weinheim/Basel (10. Aufl.) 1993

Möller, C.: Techniken der *Lernplanung,* Weinheim/Basel (5. Aufl.) 1976

Money, J.: *Lovemaps*. Clinical Concepts of Sexual Erotic Health and Pathology, Paraphilia and Gender Transposition in Childhood, Adolescence and Maturity, New York 1986

Montada, L.: *Themen*, Traditionen, Trends, in: Oerter u.a.: *Entwicklungspsychologie,* S. 4

Montagu, A.: Zum *Kind* reifen, Stuttgart 1984

Montessori, M.: *Grundgedanken* der Montessori-Pädagogik. Aus Maria Montessoris Schrifttum und Wirkungskreis, zusammengestellt v. Oswald, P./Schulz-Benesch, G., Freiburg (13. Aufl.) 1995

Montessori, M.: *Kinder* sind anders, Stuttgart (13. Aufl.) 1993

Moreno, J. L.: Gruppenpsychotherapie und *Psychodrama*. Einleitung in Theorie und Praxis, Stuttgart (2. Aufl.) 1973

Moreno, J. L.: Die Grundlagen der *Soziometrie*. Wege zur Neuordnung der Gesellschaft, Opladen (3. Aufl.) 1974

Moreno, J. L.: *Who* Shall Survive, Beacon, N.Y., (2. Aufl.) 1953

Moreno, J. L./Slavson, S. u.a.: *Gruppenpsychotherapie,* Bern 1957

Morgenthaler, F.: *Homosexualität,* in: Sigusch, V. (Hrsg.): Therapie sexueller Störungen, Stuttgart (2. Aufl.) 1980

Morgenthaler, F.: Die Stellung der *Perversionen* in Metapsychologie und Technik, in: ders.: Homosexualität, Heterosexualität, Perversion, Frankfurt a.M. 1984

Moritz, H. P.: *Perspektiven* für eine gesetzliche Neugestaltung des Jugendhilferechts, entwickelt am Beispiel der Erziehungsbeistandschaft, in: ZfJ 1989, S. 399

Morris, D.: Der *Mensch* mit dem wir leben. Ein Handbuch unseres Verhaltens, München/Zürich 1978

Mörsberger, T.: Die Angst vor der *Aufsichtspflicht,* in: TuPSozPäd. 1980/6

Mörsberger, T.: *Informationsmacht* und Sozialarbeit, in: BldW 1984/2, S.53

Mörsberger, T.: *Trennungs- und Scheidungsberatung* für Eltern ist Hilfe für deren Kinder ist Mitwirkung im familiengerichtlichen Verfahren, Jugendhilfe 1993, S. 164

Mörsberger, T.: *Verschwiegenheitpflicht* und Datenschutz. Ein Leitfaden für die Praxis der sozialen Arbeit, Freiburg 1985

Mörsberger, T./Restemeier, J.: *Helfen* mit Risiko. Zur Pflichtenstellung des Jugendamtes bei Kindesvernachlässigung, Neuwied/Kriftel/Berlin 1996

Moscovici, S.: *Sozialer Wandel* durch Minoritäten, München/Wien 1979

Moser, H.: Methoden der *Aktionsforschung*. Eine Einführung, München 1977

Moser, H.: *Praxis* der Aktionsforschung. Ein Arbeitsbuch, München 1977

Moser, H.: Grundlagen der *Praxisforschung,* Freiburg 1996

Mouton, I. S./Blake, R. R.: *Training* in Human Relation Skills, in: Group Psychotherapy 1961, S. 140

Moxley, D. P.: The Practice of *Case Management,* Newbury Park 1989

Mrozynski, P.: *Jugendhilfe* und Jugendstrafrecht, München 1980

Mrozynski, P.: *Rehabilitationsrecht*. Eine Darstellung der sozialrechtlichen Grundlagen unter Berücksichtigung der Rechtsprechung, München (3. Aufl.) 1992

Mrozynski, P.: *Kinder- und Jugendhilfegesetz* (SGB VIII), München (2. Aufl.) 1994

Muck, M./Schröter, K./Klüwer, R./Eberenz, U./Kennel, K./Horn, K.: Information über *Psychoanalyse.* Theoretische, therapeutische und interdisziplinäre Aspekte, Frankfurt a.M. 1974

Mückl, W.: Vermögenspolitische *Konzepte* in der Bundesrepublik Deutschland, Göttingen 1975

Mueller, U.: *Bevölkerungsstatistik* und Bevölkerungsdynamik. Methoden und Modelle der Demographie für Wirtschafts-, Sozial-, Biowissenschaftler und Mediziner, Berlin/New York 1993

Mühlich, W.: *Psychiatrie* und Architektur. Entwicklung konzeptorientierter Raumstruktur am Beispiel psychiatrischer Tagesbehandlung, Wunstorf 1978

Mühlum, A.: *Sozialpädagogik* und Sozialarbeit. Eine vergleichende Darstellung zur Bestimmung ihres Verhältnisses in historischer, berufspraktischer und theoretischer Perspektive, (Schriften des DV: Große Reihe IV), Frankfurt a.M. 1982

Mühlum, A.: *Sozialpädagogik und Sozialarbeit.* Ein Vergleich, (Schriften des DV: Dissertationen, Diplomarbeiten, Dokumentationen, Bd. 2), Frankfurt a.M. (2. neubearb. Aufl.) 1996

Mühlum, A./Olschowy, G./Oppl, H./Wendt, W. R.: *Umwelt* – Lebenswelt. Beiträge zur Theorie und Praxis ökosozialer Arbeit, Frankfurt a.m. 1986

Müllensiefen, D.: „*Neue Fachlichkeit*" in der sozialen Arbeit: Nur ein Etikett oder ein verheißungsvoller Paradigmenwechsel?, in: NDV 1995, S. 156

Müller, B.: Die *Last* der großen Hoffnungen. Methodisches Handeln und Selbstkontrolle in sozialen Berufen, Weinheim/München 1991

Müller, B.: *Qualitätsprodukt* Jugendhilfe. Kritische Thesen und praktische Vorschläge, Freiburg 1996

Müller, B.: *Sozialpädagogisches Können.* Ein Lehrbuch zur multiperspektivischen Fallarbeit, Freiburg (2. veränd. Aufl.) 1994

Müller, B.-J.: *Jugendwohnen* in der Sozialarbeit, in: Die Heimstatt 1991, S. 35

Müller, C. (Hrsg.): Lexikon der *Psychiatrie.* Gesammelte Abhandlungen der gebräuchlichsten psychopathologischen Begriffe, Berlin/Heidelberg/New York 1973

Müller, C.: *Psychiatrische Institutionen.* Ihre Möglichkeiten und Grenzen, Heidelberg 1981

Müller, C. W. (Hrsg.): *Begleitforschung* in der Sozialpädagogik. Ansätze und Berichte zur Evaluationsforschung in der Bundesrepublik, Weinheim/Basel 1978

Müller, C. W.: Wie Helfen zum *Beruf* wurde, Bd. 2: Eine Methodengeschichte der Sozialarbeit 1945-1985, Weinheim/Basel 1988

Müller, C. W. (Hrsg.): Einführung in die *Soziale Arbeit,* Weinheim/Basel 1985

Müller, C. W./Nimmermann, P. (Hrsg.): *Stadtplanung* und Gemeinwesenarbeit, München 1971

Müller H./Retaiski, H./Richtberg, W./Scherner, M. (Hrsg.): Lehren und Lernen von *Leitung und Beratung,* (Schriften des DV: Schriften allgemeinen Inhalts, Bd. 18), Frankfurt a.M. 1987

Müller, H. P.: Sozialstruktur und *Lebenstile.* Der neuere theoretische Diskurs über soziale Ungleichheit, Frankfurt a.M. (2. Aufl.) 1993

Müller, H. R./Schacke, J./Stimmer, F.: *Gemeindenahe* Suchtkrankenhilfe. Versorgungswirklichkeit und Entwicklungsmöglichkeiten am Beispiel einer Region, Hamburg 1990

Müller, H. W./Müller, S.: Akten/*Aktenanalyse,* in: Eyferth u.a.: *Handbuch,* S. 23

Müller, M.: Denkansätze in der *Heilpädagogik.* Eine systematische Darstellung heilpädagogischen Denkens und der Versuch einer Überwindung der „unreflektierten Paradigmenkonkurrenz", Heidelberg 1991

Müller, S.: *Aktenanalyse* in der Sozialarbeitsforschung, Weinheim/Basel 1980

Müller, S./Rauschenbach, T. (Hrsg.): Das soziale *Ehrenamt.* Nützliche Arbeit zum Nulltarif, Weinheim/München 1992

Müller, S./Otto, H. U. (Hrsg.): *Verstehen* oder kolonialisieren?, Bielefeld 1984

Müller, W.: Familie, Schule und Beruf. Analysen zur sozialen *Mobilität* und Statuszuweisung in der Bundesrepublik, Opladen 1975

Müller, W./Mayer, K.: *Chancengleichheit* durch Bildung?, Stuttgart 1976

Müller-Alten, L.: Reform der Prozeßkostenhilfe in *Familiensachen,* ZRP 1984, S. 306

Müller-Alten, L.: *Kinder* nicht verheirateter Eltern, in: ArchSozArb 1989, S. 112

Müller-Dietz, H.: *Strafzwecke* und Vollzugsziel. Ein Beitrag zum Verhältnis von Strafrecht und Strafvollzugsrecht, Tübingen 1973

Müller-Pozzi, H.: *Psychoanalytisches Denken.* Eine Einführung, Bern (2. überarb. Aufl.) 1995

Müller-Rolli, S. (Hrsg.): *Kulturpädagogik* und Kulturarbeit, München 1988

Müller-Schlotmann, R. M. L.: *Fremdunterbringung* mißhandelter und sexuell mißbrauchter Kinder. Überlegungen zu Interaktionsstörungen in Pflegefamilien, in: NPrax H. 1, 1996, S. 47

Müller-Schöll, A./Priepke, M.: Handlungsfeld: *Heimerziehung,* Tübingen 1982

Müller-Schöll, A./Priepke, M.: *Sozialmanagement.* Zur Förderung systematischen Entscheidens, Planens, Organisierens, Führens und Kontrollierens in Gruppen, Frankfurt/Berlin/München 1983

Müller-Stackebrandt, J.: *Bundesjugendplan* – Verteilungsplan oder Instrument zur Qualifizierung von Jugendarbeit, in: Böhnisch, L. u.a.: *Jugendpolitik,* S. 43

Müller-Trimmbusch, J./Stürmer, W.: *Stadtentwicklungsplanung* nach dem Organisationsmodell der KGSt – dargestellt am Beispiel von Siegen, in: Der Städtetag 1975, S. 191

Müller-Volbehr, J.: Der Begriff des *Sozialrechts* im Wandel, in: JZ 1978, S. 249

Müller-Wichmann, C.: *Zeitnot.* Untersuchungen zum „Freizeitproblem" unter pädagogischen Zugänglichkeit, Weinheim/Basel 1984

Mummendey, E. D.: Begriff und Messung von *Einstellungen,* in: Heigl-Evers, A./Streeck, U. (Hrsg.): Sozialpsychologie, Bd. 1: Die Erforschung der zwischenmenschlichen Beziehungen, (Psychologie des 20. Jahrhunderts), Weinheim 1979, S. 199

Münchner Kommentar zum Bürgerlichen Gesetzbuch (hrsg. von K. Rebmann und F. J. Säcker), 9 Bde., München (2. Aufl.) 1984 ff.

Münchmeier, R.: *Jugend*, in: Reinhold, G. (Hrsg.): Soziologie-Lexikon, München/Wien 1991, S. 286

Münder, J.: *Beratung*, Betreuung, Erziehung und Recht, Münster (2. Aufl.) 1991

Münder, J.: *Einführung* in das Kinder- und Jugendhilferecht. Eine Einführung, Münster 1996

Münder, J.: *Jugendhilfe und Justiz*: Die Notwendigkeit neuer Perspektiven, in: Jugendhilfe 1993, S. 146

Münder, J.: *Familien- und Jugendrecht*. Eine sozialwissenschaftlich orientierte Darstellung des Rechts der Sozialisation, Bd. 2: *Jugendhilferecht*, Weinheim/Basel (3. Aufl.) 1993

Münder, J. (Hrsg.): Zukunft der *Sozialhilfe*. Sozialpolitische Perspektiven nach 25 Jahren BSHG, Münster 1988

Münder, J.: Die *Übernahme* sozialstaatlicher Aufgaben durch freie Träger – eine Falle für die freien Träger?, (BBJ Consult Info 39/40), Berlin 1994, S. 69

Münder, J.: *Wahrnehmung* sozialstaatlicher Aufgaben durch gemeinnützige Träger, in: RsDE, H. 34, 1996, S. 1

Münder, J./Greese, D./Jordan, E./Kreft, D./Lakies, T./Lauer, H./Proksch, R./Schäfer, K.: Frankfurter Lehr- und Praxiskommentar zum *Kinder- und Jugendhilfegesetz*, Münster (2. Aufl.) 1993

Münder, J./Birk, U.-A.: *Sozialhilfe* und Arbeitslosigkeit. Möglichkeiten der Ämter, Gegenwehr der Betroffenen, Darmstadt/Neuwied (2. Aufl.) 1985

Münsterberg, E.: *Generalbericht* über die Tätigkeit des Deutschen Vereins für Armenpflege und Wohltätigkeit während der ersten 25 Jahre seines Bestehens 1880-1905, Leipzig 1905

Muthesius, H. (Hrsg.): *Beiträge* zur Entwicklung der deutschen Fürsorge. 75 Jahre DV, Köln/Berlin 1955

Mutschler, E.: Die *Evaluation* sozialpädagogischer/sozialer Praxis zur Effektivität helfender Beziehungen, in: ArchSozArb 1979, S. 81

Muuss, R. E.: *Adoleszenz*. Eine Einführung in die Theorien zur Psychologie des Jugendalters, Stuttgart 1971

Muuss, R. E.: *Risikokinder*. Ursachen und Auswirkungen von Entwicklungsgefahren, in: Sozialpädiatrie 1991, S. 822

Myrdal, G.: Jenseits des *Wohlfahrtsstaates*, Stuttgart 1961

Myschker, N.: *Verhaltensstörungen* bei Kindern und Jugendlichen. Erscheinungsformen – Ursachen – hilfreiche Maßnahmen, Stuttgart/Berlin/Köln (2. Aufl.) 1996

Nachrichten für *Dokumentation* (Zeitschrift), Darmstadt 1950 ff.

Nachtwey, R.: *Wildwuchs*, Pflege, Bricolage, Opladen 1987

Naegele, I. M./Portmann, R./Kalb, P. (Hrsg.): *Schulanfang*. Hilfen für Elternhaus, Kindergarten und Schule, Weinheim/Basel 1993

Naendrup, P.-H.: Sozialrechtliche *Solidarität*, in: ZSR 1984, S. 122

Nagel, K./Preuss-Lausitz, U.: *Thesen* zur wissenschaftlichen Begleitung von Versuchen und Modellen im Bildungssystem, in: Wulf, C.: *Evaluation*

Nahrstedt, W.: *Leben* in freier Zeit. Grundlagen und Aufgaben der Freizeitpädagogik, Darmstadt 1990

Najda, H.: Hilfe zur *Weiterführung* des Haushalts – Hilfe ohne Probleme?, in: ZfF 1972, S. 197

Naphtali, F.: *Wirtschaftsdemokratie*. Ihr Wesen, Weg und Ziel, Frankfurt a.M. 1966

Napier, A. Y.: Ich dachte, meine *Ehe* sei gut, bis meine Frau mir sagte, wie sie sich fühlt, Stuttgart 1990

Napp-Peters, A.: Familien nach der *Scheidung*, München 1995

Napp-Peters, A.: *Scheidungsfamilien*. Interaktionsmuster und kindliche Entwicklung, (Schriften des DV: Arbeitshilfen, H. 37), Stuttgart/Berlin/Köln/München 1988

Narr, W.-D./Offe, C. (Hrsg.): *Wohlfahrtsstaat* und Massenloyalität, Königstein 1975

Naschold, F.: *Ergebnissteuerung*, Wettbewerb, Qualitätspolitik. Entwicklungspfade des öffentlichen Sektors in Europa, Berlin 1995

Naschold, F.: *Produktivität* öffentlicher Dienstleistungen, in: Naschold, F./Pröhl, M. (Hrsg.): *Produktivität* öffentlicher Dienstleistungen, Gütersloh 1994

Naschold, F. u.a.: *Leistungstiefe* im öffentlichen Sektor. Erfahrungen, Konzepte, Methoden, Berlin 1996

Naschold, F./Pröhl, M. (Hrsg.): *Produktivität* öffentlicher Dienstleistungen, Gütersloh 1994

Nationale Kommission für das Internationale Jahr der Behinderten 1981 (Hrsg.): Besondere Probleme einzelner *Behindertengruppen*, Schlußbericht der Arbeitsgruppe 11, Bonn o.J.

Nationale Kommission für das Internationale Jahr der Behinderten 1981 (Hrsg.): *Bildung* für Behinderte (Vorschule, Schule, Hochschule, Weiterbildung), Schlußbericht der Arbeitsgruppe 3, Bonn o.J.

Nationale Kommission für das Internationale Jahr der Behinderten 1981 (Hrsg.): *Eingliederung* Behinderter in die Gesellschaft, Schlußbericht der Arbeitsgruppe 7, Bonn o.J.

Nauck, B./Onnen-Isemann, C. (Hrsg.): *Familie* im Brennpunkt von Wissenschaft und Forschung. Rosemarie Nave-Herz zum 60. Geburtstag gewidmet, Neuwied/Kriftel/Berlin 1995

Naucke, W.: *Strafrecht*. Eine Einführung, Neuwied/Kriftel/Berlin (7. Aufl.) *1995*

Nave-Herz, R.: *Familie* heute. Wandel der Familienstrukturen und Folgen für die Erziehung, Darmstadt 1994
Nave-Herz, R./Krüger, D.: *Ein-Eltern-Familien*. Eine empirische Studie zur Lebenssituation und Lebensplanung alleinerziehender Mütter und Väter, (Materialien zur Frauenforschung, Bd. 15), Bielefeld 1992
Nave-Herz, R./Markefka, M. (Hrsg.): *Handbuch der Familien- und Jugendforschung*, Bd. 1: Familienforschung, Neuwied/Frankfurt a.M. 1989
Neckel, S.: Status und *Scham*. Zur symbolischen Reproduktion sozialer Ungleichheit, Frankfurt/New York 1991
Nedelmann, C./Ferstl, H. (Hrsg.): Die Methode der *Balint-Gruppe*, Stuttgart 1989
Nees, A./Neubig, W./Zuodar, G.: *Sozialhilfe*. Leistungs- und Verfahrensrecht, Frankfurt/Berlin/München 1986
Negt, O.: *Soziologische Phantasie* und exemplarisches Lernen. Zur Theorie der Arbeiterbildung, Frankfurt a.M. (7. Aufl.) 1981
Neidhardt, F. (Hrsg.): Frühkindliche *Sozialisation* – Theorien und Analysen, Stuttgart (2. Aufl.) 1979
Neill, A. S.: Theorie und Praxis der *antiautoritären Erziehung*. Das Beispiel Summerhill, Reinbek o.J.
Neises, G.: *Bettler* und Gauner. Das Problem der Armen und Außenseiter in den letzten Phasen der vorindustriellen Epoche. Zugleich ein Beitrag zur Geschichte der deutschen Malthus-Rezeption in der ersten Hälfte des 19. Jahrhunderts, 1971 (unveröffentlichtes Manuskript)
Neises, G.: Auf der *Suche* nach den verlorenen Kunden, in: Socialmanagement 1994, H. 4, S. 40
Neisser, U.: *Kognitive Psychologie*, Stuttgart 1974
Nell-Breuning, O. v.: *Baugesetze* der Gesellschaft. Solidarität und Subsidiarität, Freiburg 1990
Nellessen, L. (Hrsg.): 12 Jahre *Gruppendynamik* in Deutschland. Bilanz und Perspektiven, in: GrPsyGrDyn. 1977/1-2
Nestmann, F.: Psychosoziale *Intervention* oder Nichtintervention: Die falsche Alternative, in: NPrax. 1990, S. 296
Neuberger, O.: Das *Mitarbeitergespräch*, München 1973
Neuffer, M.: Die Kunst des *Helfens*, Weinheim 1990
Neuhäuser, J.: *Sozialhilfeaufwand* 1993, in: WiSta. 1995, S. 147
Neuhäuser, J.: *Sozialhilfeempfänger* 1993, in: WiSta. 1995, S. 704
Neumann, E.: *Kunst* und schöpferisches Unbewußtes, Zürich 1954
Neumann, F.: Der *Funktionswandel* des Gesetzes im Recht der bürgerlichen Gesellschaft, in: ders.: Demokratischer und autoritärer Staat. Beiträge zur Soziologie der Politik, Frankfurt a.M. 1971, S. 1

Neumann, V.: *Freiheitsgefährdungen* im kooperativen Sozialstaat. Rechtsgrundlagen und Rechtsformen der Finanzierung der freien Wohlfahrtspflege, Köln/Berlin/Bonn/München 1992
Neumann, V.: Der goldene *Zügel*. Zur Einrichtung von Verbundsystemen ambulanter sozialer Dienste durch das Zuwendungsrecht, in: RsDE, H. 20, 1993, S. 2
Neumann, V./Schulin, B./Lachwitz, K./Trenk-Hinterberger, P.: *Reform* des Rehabilitationsrechts (Sozialgesetzbuch Bd. IX). Anforderungen aus der Sicht geistig behinderter Menschen, Freiburg 1992
Neun, H.: Psychosomatische *Einrichtungen*. Was sie (anders) machen und wie man sie finden kann, Göttingen (3. Aufl.) 1994
Neuner, G.: Zur Theorie der sozialistischen *Allgemeinbildung*, Berlin (DDR) 1973
Nickel, H.: *Entwicklungspsychologie* des Kindes- und Jugendalters, 2 Bde., Stuttgart/Bern 1975
Nicolay, J.: *Ko-respondenz*. Ein Beitrag zu einer Theorie des Handelns in der Sozialpädagogischen Familienhilfe, in: NPrax. 1996, S. 202
Nicolay, W./Knieps, F.: *Krankenversicherung*, in: Maydell, B. v./Ruland, F. (Hrsg.): Sozialrechtshandbuch (SRH), Neuwied (2. Aufl.) 1996, S. 612
Nicol-Verlag: Phasen der *Alkoholsucht*. Verzeichnis der Fachkrankenhäuser für Suchtkranke, Kassel (jährlich aktualisierte Ausgabe)
Niederberger, J.M./Bühler-Niederberger, D.: Formenvielfalt in der *Fremderziehung*. Zwischen Anlehnung und Konstruktion, Stuttgart 1988
Niedersächsischer Städteverband (Hrsg.): Inhalte der *Gemeindeentwicklungsplanung*, Hannover 1979
Niehl, F.: *Chancengleichheit* ohne Chance?, Stuttgart 1973
Nielsen, H./Nielsen, K.: *Familienhelfer* als Familienanwalt, (Schriften des DV: Schriften allgemeinen Inhalts, Bd. 15), Frankfurt a.M. 1984
Nielsen, H./Nielsen, K./Müller, C. W.: Sozialpädagogische *Familienhilfe*. Probleme, Prozesse und Langzeitwirkungen, Weinheim/Basel 1986
Nienstedt, M./Westermann, A.: *Pflegekinder*. Psychologische Beiträge zur Sozialisation von Kindern in Ersatzfamilien, Münster 1989
Niermann, J.: Wörterbuch der *DDR-Pädagogik*, Heidelberg 1974
Niermann, J.: *Sozialistische Pädagogik* in der DDR. Eine wissenschaftstheoretische Untersuchung, Heidelberg 1972
Nikles, B. W.: Die *Jugendhilfeplanung* nach dem neuen Kinder- und Jugendhilfegesetz als Steuerungsinstrument der Jugendhilfe, in: TuP 1991, S. 73
Nißl, G.: Die *Führungsaufsicht*, in: NStZ Rechtsprechungs-Report Strafrecht 1995, S. 525

Nittel, D.: *Report*: Biographieforschung, Frankfurt a.M. 1991
Nitz-Spatz, S./Spatz, J.: Den *Herausforderungen* stellen – Reform des ÖGD, in: Zeitschrift für Alternative Kommunalpolitik (AKP) H. 4, 1994
Nix, C.: Die *Vereinigungsfreiheit* im Strafvollzug, Gießen 1990
Nix, C.: Für ein *Zeugnisverweigerungsrecht* der Sozialarbeit, in: Sozialmagazin 1990, H. 12, S. 38
Noell, K.: Die *Altershilfe* für Landwirte. Mit Erläuterungen und Beispielen, Berlin 1983
Noelle-Neumann, E.: *Öffentlichkeit* als Bedrohung. Beiträge zur empirischen Kommunikationsforschung, Freiburg (2. Aufl.) 1979
Noelle-Neumann, E.: *Umfragen* in der Massengesellschaft. Einführung in die Methoden der Demoskopie, Reinbek 1963
Noelle-Neumann, E./Schulz, W./Wilke, J.: *Lexikon* Publizistik/Kommunikation, Frankfurt a.M. (5. Aufl.) 1991
Nohl, H.: Die *pädagogische Bewegung* in Deutschland und ihre Theorie, Frankfurt a.M. (10. Aufl.) 1988
Nohl, H./Pallat, L. (Hrsg.): Handbuch der *Pädagogik,* Faksimile-Druck der Original-Ausgabe 1928-1933, 5 Bde. und 1 Ergänzungs-Bd., Weinheim/Basel 1981
Nokielski, H./Pankoke, E.: Konstruktive *Netzwerkhilfe*. Ressourcenmanagement im Lebenszusammenhang Gemeinde, in: Deutscher Caritasverband (Hrsg.): Caritas '92. Jahrbuch des Deutschen Caritasverbandes, S. 37
Nöldeke, J.: Ende der Durststrecke bei den *BSHG-Regelsätzen*? Statistikmodell jetzt beschlußreif, in: TuP 1989, S. 92
Nölke, E.: *Jugend* und Marginalisierung, Opladen 1995
Noll, A. N. u.a.: *Arbeiterkinder* im Bildungssystem, Bonn 1976
Noll, H.-H.: Sieben Jahre nach dem *Schulabgang*: Verbleib, Verlauf und subjektive Bewertung der beruflichen Entwicklung von Haupt- und Realschulabsolventen, in: Kaiser, M./Nuthmann, R./Stegmann, H. (Hrsg.): Berufliche Verbleibsforschung in der Diskussion, Materialienband 1: Schulabgänger aus dem Sekundarbereich I beim Übergang in Ausbildung und Beruf, (Beiträge zur Arbeitsmarkt- und Berufsforschung, Bd. 90.1), Nürnberg 1985, S. 61
Noll, H.-H. (Hrsg.): *Sozialberichterstattung* – Konzepte, Methoden und Ergebnisse für Lebensbereiche und Bevölkerungsgruppen, Mannheim 1997
Noll, P.: *Gesetzgebungslehre,* Reinbek 1973
Nolte-Schefold, S.: Was Frauen über *Erbrecht* wissen sollten. Auswirkungen auf Lebensgemeinschaft Ehe, Alleinleben, Scheidung, Kinder, Unternehmensnachfolge, Schulden, Steuern, Düsseldorf 1996
Nomos-Kommentar zum europäischen Sozialrecht, Loseblattausgabe, Baden-Baden 1994 ff.

Nowak, J.: Soziale *Probleme* und soziale Bewegungen, Weinheim/Basel 1988
Nowak, M. (Hrsg.): *Europarat* und Menschenrechte. Dokumentation eines Seminars in Schloss Laudon gemeinsam mit dem Ludwig-Boltzmann-Institut für Menschenrechte vom 4.-6.Oktober 1993 anläßlich des Gipfeltreffens des Europarates in Wien vom 8.-9. Oktober 1993, Wien 1994
Nowotny, H./Knorr, K. D.: Die *Feldforschung,* in: Koolwijk, J.van/Wieken-Mayser, M. (Hrsg.): Techniken der empirischen Sozialforschung, Bd. 2 (Untersuchungsformen), München/Wien 1975
Nummer-Winkler, G.: *Chancengleichheit* und individuelle Förderung, Stuttgart 1977
Nyssen, F.: *Schule* im Kapitalismus, Köln 1970
Nyssen, F. (Hrsg.): *Schulkritik* als Kapitalismuskritik, Göttingen 1971

Oberholzer, A.: *Gärten* für Kinder, Stuttgart 1991
Oberlies, D.: *Geschlechtsspezifische Kriminalität* und Kriminalisierung, in: KZfSS 1990, S. 129
Oberloskamp, H.: Wie adoptiere ich ein *Kind?* Wie bekomme ich ein Pflegekind?, München (3. Aufl.) 1993
Oberloskamp, H.: Haager *Minderjährigenschutzabkommen,* Erläuterungen für die Praxis, Köln 1983
Oberloskamp, H.: Die *rechtliche Stellung* von Kindern und Jugendlichen nach dem Regierungsentwurf eines Gesetzes zur Neuordnung des Kinder- und Jugendhilferechts, in: ZfJ 1990, S. 260
Oberloskamp, H. (Hrsg.): *Vormundschaft,* Pflegschaft und Vermögenssorge bei Minderjährigen, München 1990
Oberloskamp, H.: Die *Zusammenarbeit* von Vormundschafts-/Familiengericht und Jugendamt, in: FamRZ 1992, S. 1241
Oberschall, A.: *Social Conflict* and Social Movements, Englewood Cliffs, N.Y., 1973
Obrecht, W.: *Sozialarbeits-Wissenschaft* als integrative Handlungswissenschaft. Ein metawissenschaftlicher Bezugsrahmen für eine Wissenschaft der Sozialen Arbeit, in: Merten, R./Sommerfeld, P./Koditek, T./Kurzer, S.: Sozialarbeitswissenschaft. Kontroversen und Perspektiven, Neuwied/Kriftel/Berlin 1996
Obrecht, W.: Theoretisches *Wissen* im professionellen Handeln in der sozialen Arbeit, in: Verein zur Förderung der akademischen Sozialen Arbeit (Hrsg.). Symposium Soziale Arbeit: Beiträge zur Theoriebildung und Forschung in der Sozialen Arbeit, Soziothek Köniz-Bern 1996
OECD – Organisation für wirtschaftliche Zusammenarbeit (Hrsg.): Begabung und *Bildungschancen,* Frankfurt a.M. 1967
Oelkers, H.: Die *Rechtsprechung* zur elterlichen Sorge. Eine Übersicht über die letzten fünf Jahre, in: FamRZ 1995, S. 1097, 1385

Oelkers, H.: Formelle und materiell-rechtliche Fragen des *Umgangsrechts* nach § 1634 BGB, in: FamRZ 1995, S. 449
Oelkers, J.: *Reformpädagogik.* Eine kritische Dogmengeschichte, Weinheim/München (3. vollst. bearb. u. erw. Aufl.) 1996
Oelkers, J./Prior, H.: *Soziales Lernen* in der Schule, Königstein 1982
Oelschlägel, D.: Wir sind der *Kulturverein,* in: päd.ex.Soz.arb. 1980/5
Oerter, R.: Psychologie des *Denkens,* München (6. Aufl.) 1980
Oerter, R.: Moderne *Entwicklungspsychologie,* München (21. Aufl.) 1987
Oerter, R.: *Psychologie* des Spiels. Ein handlungstheoretischer Ansatz, München 1993
Oerter, R./Montada, L. (Hrsg.): *Entwicklungspsychologie.* Ein Lehrbuch, Weinheim (3. vollst. überarb. Aufl.) 1995
Oesterreich, K.: Symposion über *Interventionsgerontologie* am 23. und 24. Februar in Heidelberg, in: ZfGer. 1978, S. 276
Oesterreich, K: *Gerontopsychiatrie.* Forschung, Lehre, Praxis, Perspektiven, München 1993
Oestreich, G.: *Lernen* und Konflikt. Wissenschaftliches Denken und Arbeiten zwischen Theorie und Praxis, (Schriften des DV: Arbeitshilfen, H. 15), Frankfurt a.M. 1976
Oestreich, G.: Wahrnehmen, Umdenken, Handeln. *Lernprojekte* – nicht nur – für Erwachsene, (Schriften des DV: Texte und Materialien, Bd. 6), Frankfurt a.M. 1992
Oestreicher, E./Schelter, K./Kunz, E.: *Bundessozialhilfegesetz* mit Recht der Kriegsopferfürsorge, Kommentar, Loseblattausgabe, Kommentar, Stand: März 1990
Oeter, K.: Psychosoziale Bedingungen der *Schwangerschaftsverhütung.* Ein medizinisch-soziologischer Beitrag zum kontrazeptiven Verhalten, in: KZfSS 1975, S. 224
Oevermann, U. u.a.: Die Methodologie der objektiven *Hermeneutik* und ihre allgemeine forschungslogische Bedeutung in den Sozialwissenschaften, in: Soeffner, H. G. (Hrsg.): Interpretative Verfahren in den Sozial- und Textwissenschaften, Stuttgart 1979
Offe, C. (Hrsg.): *„Arbeitsgesellschaft".* Strukturprobleme und Zukunftsperspektiven, Frankfurt/New York 1984
Offe, C.: Politische *Herrschaft* und Klassenstrukturen. Zur Analyse spätkapitalistischer Gesellschaftssysteme, in: Kress u.a.: *Politikwissenschaft*
Öhlinger, T.: Europäische *Sozialcharta,* in: Nowak, M. (Hrsg.): Europarat und Menschenrechte. Dokumentation eines Seminars in Schloss Laudon gemeinsam mit dem Ludwig-Boltzmann-Institut für Menschenrechte vom 4.-6.Oktober 1993 anläßlich des Gipfeltreffens des Europarates in Wien vom 8.-9. Oktober 1993, Wien 1994
Olbrich, J.: *Arbeiterbildung* in der Weimarer Zeit. Konzeption und Praxis, Braunschweig 1977

Olk, T.: Abschied vom *Experten.* Sozialarbeit auf dem Weg zu einer alternativen Professionalität, Weinheim/München 1986
Olk, T.: *Förderung* und Unterstützung freiwilliger sozialer Tätigkeiten. Eine neue Aufgabe für den Sozialstaat, in: Heinze, R. G./Offe, C. (Hrsg.): Formen der Eigenarbeit. Theorie, Empirie, Vorschläge, Opladen 1990, S. 244
Olk, T.: Zwischen *Korporatismus* und Pluralismus. Zur Zukunft der Freien Wohlfahrtspflege im bundesdeutschen Sozialstaat, in: Rauschenbach, T./Sachße, C./Olk, T. (Hrsg.): Von der Wertgemeinschaft zum Dienstleistungsunternehmen. Jugend- und Wohlfahrtsverbände im Umbruch, Frankfurt a.M. 1995, S. 98
Olk, T.: Jugendverbände im *Neokorporatismus,* in: Böhnisch, L./Gängler, H./Rauschenbach, T. (Hrsg.): Handbuch *Jugendverbände.* Eine Ortsbestimmung der Jugendverbandsarbeit in Analysen und Selbstdarstellungen, Weinheim/München 1991, S. 132
Olk, T.: Die professionelle *Zukunft* sozialer Arbeit. Zur Veränderung des beruflichen Selbstverständnisses in einem schwierigen Arbeitsfeld, in: Oppl, H./Tomaschek, A. (Hrsg.): Soziale Arbeit 2000, Bd. 2, Freiburg 1986, S. 107
Oltmanns, H. P./Mohn, H./Lehr, U.: Aktives *Altern:* Initiativen älterer Menschen, in: Staatsministerium Baden-Württemberg (Hrsg.): Altern als Chance und Herausforderung. Bericht der Kommission „Altern als Chance und Herausforderung" erstellt im Auftrag der Landesregierung von Baden-Württemberg, Stuttgart 1988, S. 175
Onderka, K./Schade, H.: Gilt die *Schweigepflicht* der Sozialarbeiter/Sozialpädagogen auch innerhalb der Behörde? Ein Beitrag zu §203 StGB, in: DV: *Datenschutz*
Opaschowski, H. W. (Hrsg.): Methoden der *Animation.* Praxisbeispiele, Bad Heilbrunn 1981
Opaschowski, H. W.: *Pädagogik* und Didaktik der Freizeit, Opladen 1987
Opaschowski, H. W./Raddatz, G.: *Freizeit* im Wertewandel, Hamburg 1982
Opielka, M.: Die ökosoziale *Frage,* Frankfurt a.M. 1985
Opp, K. H.: Methodologie der *Sozialwissenschaften.* Einführung in Probleme ihrer Theoriebildung, Reinbek 1976
Oppen, M.: *Qualitätsmanagement.* Grundverständnisse, Umsetzungsstrategien und ein Erfolgsbericht: die Krankenkassen, („Modernisierung des öffentlichen Sektors", Bd. 6), Berlin 1995
Oppermann, T.: *Europarecht.* Ein Studienbuch, München 1991
Orcutt, G./Merz, J./Quinke, H.: Microanalytic *Simulation Models* to Support Social and Financial Policy, Amsterdam 1985
Ordemann, H. J./Schomerus, R.: *Bundesdatenschutzgesetz* (BDSG), Kommentar, München (5. Aufl.) 1992

Orthbandt, E.: Der *Deutsche Verein* in der Geschichte der deutschen Fürsorge 1880-1980. Zum hundertjährigen Bestehen des DV aus Quellen erarbeitet und dargestellt, (Schriften des DV: Allgemeine Schriften, Bd. 260), Frankfurt a.M. 1980

Ortmann, F. (Hrsg.): *Sozialplanung* für wen? Widersprüche zwischen Planung, Gesellschaftsstruktur und Partizipation, Neuwied/Darmstadt 1976

Ortmann, G.: Formen der *Produktion*, Opladen 1995

Ortmann, R.: Zum Resozialisierungseffekt der *Sozialtherapie* anhand einer experimentellen Längsschnittstudie zu Justizvollzugsanstalten des Landes Nordrhein-Westfalen, in: Müller-Dietz, H./Walter, M. (Hrsg.): Strafvollzug in den 90er Jahren. Perspektiven und Herausforderungen, Pfaffenweiler 1995, S. 86

Ortner, A./Ortner, R.: *Verhaltens- und Lernschwierigkeiten*. Handbuch für die Grundschulpraxis, Weinheim/Basel 1995

Ossenbühl, F.: Zur *Erziehungskompetenz* des Staates, in: Habscheid, W./Gaul, H. F./Mikat, P. (Hrsg.): Festschrift für F. W. Bosch zum 65. Geburtstag, Bielefeld 1976, S. 751

Ossenbühl, F.: Vom unbestimmten *Gesetzesbegriff* zur letztverbindlichen Verwaltungsentscheidung, in: DVBl. 1974, S. 309

Ossenbühl, F.: *Staatshaftungsrecht*, München (4. Aufl.) 1991

Ossenbühl, F.: *Versammlungsfreiheit* und Spontandemonstration, in: Staat 1971, S. 53

Ossowski, L.: Zur *Bewährung* ausgesetzt. Bericht über Versuche kollektiver Bewährungshilfe, München 1972

Ossowski, S.: Die *Klassenstruktur* im sozialen Bewußtsein, Neuwied/Berlin 1962

Oswald, G./Müllensiefen, D.: Psychosoziale *Familienberatung*, Freiburg (3. Aufl.) 1990

Oswald, W. D./Herrmann, W. M./Kanowski, S./Lehr, U. M./Thomae, H. (Hrsg.): *Gerontologie*. Medizinische, psychologische und sozialwissenschaftliche Grundbegriffe, Stuttgart/Berlin/Köln (2. überarb. u. erw. Aufl.) 1991

Ott, S.: *Vereine* gründen und erfolgreich führen, München (4. Aufl.) 1991

Otter, C.: *Akzeleration*, in: Schule und Psychologie 1961, S. 368

Otto, H. U./Schneider, S. (Hrsg.): Gesellschaftliche Perspektiven der *Sozialarbeit*, 2 Bde., Neuwied/Darmstadt (3. Aufl.) 1975

Ottomeyer, K.: Ökonomische *Zwänge* und menschliche Beziehungen. Soziales Verhalten im Kapitalismus, Reinbek 1977

Overbeck, A.: Psychosoziale Entwicklung in der *Familie*. Interaktionsstrukturen und Sozialisation. Studienmaterialien, Eschborn 1994

Overbeck, G./Overbeck, A. (Hrsg.): Seelischer *Konflikt* – körperliches Leiden, Reinbek 1978

Oyen, R.: Berufliche *Rehabilitation* – Ausbildung, Arbeitsmarktchancen und betriebliche Integration von Behinderten, in: Institut für Arbeitsmarkt- und Berufsfoschung der Bundesanstalt für Arbeit (Hrsg.): Literaturdokumentation zur Arbeitsmarkt- und Berufsforschung, Sonderheft 8 (Ergänzung 1993-1994), Nürnberg 1995

Pädagogisches Forum: Dritte Welt und *Reformpädagogik*, Themenheft, H. 4, 1991

Pag, S./Schmuck, O.: Europa der Regionen – Akzeptanz durch *Bürgernähe*?, Bonn 1994

Pagenkopf, H.: *Kommunalrecht*, 2 Bde., Köln/Berlin/Bonn/München, Bd.1 (2. Aufl.) 1975, Bd. 2 (2. Aufl.) 1976

Pagenkopf, J.: *Simulation*, in: HdWW, Bd. 6 (1982), S. 536

Palandt, O.: *Bürgerliches Gesetzbuch*, Kommentar, München (56. Aufl.) 1997

Pankoke, E./Nokielski, H./Beine, T.: Neue Formen gesellschaftlicher *Selbststeuerung* in der Bundesrepublik Deutschland, Göttingen 1976

Pankoke, E./Nokielski, H.: *Verwaltungssoziologie*. Einführung in Probleme öffentlicher Verwaltung, Stuttgart/Berlin/Köln 1977

Papendorf, K./Schumann, K./Voss, M.: *Kritik* der Jugendstrafvollzugsreform, in: KrimJ 1980, S.81

Papenheim, H. G./Baltes, J.: *Verwaltungsrecht* für die soziale Praxis, Frechen (11. Aufl.) 1994

Papier, H.-J.: Der Einfluß des *Verfassungsrechts* auf das Sozialrecht, in: Maydell, B. v./Ruland, F. (Hrsg.): Sozialrechtshandbuch (SRH), Neuwied 1988, S. 114

Paritätisches Bildungswerk Berlin e.V. (Hrsg.): Zukunftsperspektiven der *Ambulanten Familienpflege*, Berlin 1995

Parkin, A. J.: *Memory* and Amnesia, Oxford 1987

Parsons, T.: Zur Theorie *sozialer Systeme*, Opladen 1976

Parsons, T.: *Sozialstruktur* und Persönlichkeit, Frankfurt a.M. 1968

Parsons, T.: Beiträge zur soziologischen *Theorie*, Neuwied/Darmstadt (3. Aufl.) 1973

Parsons, T./Shils, E.A. (Hrsg.): Toward a General *Theory of Action*, Cambridge, Mass., 1951

Passarge, E.: Elemente der klinischen *Genetik*, Frankfurt a.M. 1979

Peattie, L. R.: Überlegungen zur *Anwaltsplanung*, in: Lauritzen: Demokratie, S. 174

Pechstein, J.: Sozialpädiatrische *Zentren*, in: Deutscher Bildungsrat (Hrsg.): Gutachten und Studien der Bildungskommission. Sonderpädagogik, Bd. 6, Stuttgart 1975

Pechstein, J.: *Familiengerechtigkeit* als Gestaltungsgebot für die staatliche Ordnung. Zur Abgrenzung von Eingriff und Leistung bei Maßnahmen des sogenannten Familienlastenausgleichs, Baden-Baden 1994

Pehl, K./Elsner, F. M.: *Angebot Hoffnung.* Die Präsenz der Kirche in Telefonseelsorge und Beratungsdienst, Düsseldorf 1970

Pelinka, A.: *Bürgerinitiativen* – gefährlich oder notwendig?, Freiburg 1978

Penn, P.: Zirkuläres *Fragen,* in: FamDyn. 1983, S. 205

Perlman, H. H.: Soziale *Einzelhilfe* als problemlösender Prozeß, Freiburg (4. Aufl.) 1978

Perls, F. S.: *Gestalttherapie* in Aktion, Stuttgart (3. Aufl.) 1979

Perls, F. S.: *Grundlagen* der Gestalt-Therapie. Einführung und Sitzungsprotokolle, München (2. Aufl.) 1977

Perls, F. S.: Das *Ich,* der Hunger und die Aggression. Die Anfänge der Gestalttherapie, Stuttgart (3. Aufl.) 1985

Permien, H.: Kinder in der *Tagespflege*: Forschungsergebnisse, in: Bundesministerium für Familie, Senioren, Frauen und Jugend (Hrsg.): Kinderbetreuung in Tagespflege. Tagesmütter-Handbuch, Stuttgart/Berlin/Köln 1996

Perschke-Hartmann, C: Die doppelte *Reform.* Gesundheitspolitik von Blüm zu Seehofer, Opladen 1994

Pervin, L. A.: *Personality*: Theory, Assessment and Research, New York (2. Aufl.) 1975

Pestalozza, C.: *Verfassungsprozeßrecht,* München (3. Aufl.) 1991

Pestalozzi-Fröbel-Verband (Hrsg.): Zur *Erzieherausbildung* in der Bundesrepublik Deutschland. Tatsachen, Überlegungen, Forderungen, Berlin 1977

Peters, F. (Hrsg.): Jenseits von Familie und *Anstalt.* Entwicklungsperspektiven in der Heimerziehung, Bielefeld 1988

Peters, H.: Die *Geschichte* der sozialen Versicherung, St. Augustin (3. Aufl.) 1978

Peters, H.: Handbuch der *Krankenversicherung,* Kommentar, Loseblattausgabe, 2 Bde., Stuttgart/Berlin/Köln, Stand: Februar 1990

Peters, H.: Lehrbuch der *Verwaltung,* Berlin/Göttingen/Heidelberg 1949

Peters, H.: Die Verwaltung als eigenständige *Staatsgewalt,* Rektoratsrede, Krefeld 1965

Peters, K.: *Strafprozeß*. Ein Lehrbuch, Heidelberg (4. Aufl.) 1985

Peters, O./Keim, H./Urbach, D./Emmerling, D./Güttler, R./Otto, L.: Grundlagen der *Weiterbildung* – Recht einschließlich Praxishilfen, Loseblattausgabe, Neuwied/Kriftel/Berlin, Stand: September 1992

Peters, U. H.: Wörterbuch der *Psychiatrie* und medizinischen Psychologie, München (2. Aufl.) 1977

Petersen, K.: Empfehlungen zur Gewährung von *Krankenkostzulagen* in der Sozialhilfe, (Schriften des DV: Kleinere Schriften, H. 48), Frankfurt a.M. 1974

Petersen, K.: Inhalt und Bemessung des gesetzlichen *Mehrbedarfs* nach dem Bundessozialhilfegesetz, (Schriften des DV: Kleinere Schriften, H. 55), Frankfurt a.M. 1976

Petersen, K.: Die *Regelsätze* nach dem BSHG – ihre Bedeutung, Bemessung und Festsetzung, (Schriften des DV: Kleinere Schriften, H. 43), Frankfurt a.M. (2. Aufl.) 1983

Petersen, K. (Hrsg.): Sozialhilfe und *Rehabilitation*. Bericht über die Hauptausschußtagung am 2. und 3. Dezember 1974, (Schriften des DV: Allgemeine Schriften, Bd. 255), Frankfurt a.M. 1975

Petersen, K.: Das *Sozialgesetzbuch* – Allgemeiner Teil – und seine Bedeutung für die Jugendhilfe und Sozialhilfe, in: NDV 1976, S. 66

Petersen, K.: Die *Sozialplanung* und die Zusammenarbeit der Jugendämter und Träger der Sozialhilfe mit den Verbänden der freien Jugendhilfe und Wohlfahrtspflege, in: NDV 1969, S. 322

Petillon, H.: *Soziales Lernen* in der Grundschule: Anspruch und Wirklichkeit, Frankfurt a.M. 1993

Petry, H.: *Verlassen* und verlassen werden, Zürich 1991

Petzold, H. (Hrsg.): Angewandtes *Psychodrama* in Therapie, Pädagogik, Theater und Wirtschaft, Paderborn (2. Aufl.) 1978

Petzold, H./Vormann, G.: *Therapeutische Wohngemeinschaften,* München 1978

Peukert, R.: *Berufsträume* und Traumberufe, in: Zeitschrift für Berufs- und Wirtschaftspädagogik 1983, S. 503

Pfaff, A. B./Busch, S./Rindsfüßer, C.: *Kostendämpfung* in der gesetzlichen Krankenversicherung. Auswirkungen und Reformgesetzgebung 1989 und 1993 auf die Versicherten, Frankfurt/New York 1994

Pfaffenberger, H.: Zu Entwicklung und Reformen der *Ausbildung* für das Berufsfeld „Sozialarbeit/Sozialpädagogik" von 1945-1995, in: Engelke, E. (Hrsg.): *Soziale Arbeit* als Ausbildung. Studienreform und -modelle, Freiburg 1996, S. 28

Pfaffenberger, H.: Soziale *Fallarbeit* – Soziale Gruppenarbeit – Soziale Gemeinwesenarbeit, in: Kerkhoff: *Praxis,* Bd. 2, S. 3

Pfaffenberger, H.: *Sozialpädagogen/Sozialarbeiter*: Auf dem Wege zu einem modernen Dienstleistungsberuf?, in: TuP 1978/12

Pfaffenberger, H.: *Sozialpädagogik*/Sozialarbeitswissenschaft, in: Timmermann, M. (Hrsg.): Sozialwissenschaften – eine multidisziplinäre Einführung, Konstanz 1978

Pfaffenberger, H.: Das *Theorie- und Methodenproblem* der sozialpädagogischen und sozialen Arbeit, in: Röhrs, H. (Hrsg.): Die Sozialpädagogik und ihre Theorie, Frankfurt a.M. 1968

Pfaffenberger, H./Schenk, H. (Hrsg.): Sozialarbeit zwischen Berufung und Beruf. Professionalisierungs- und Verwissenschaftlichungsprobleme der Sozialarbeit, *Sozialpädagogik,* Münster/Hamburg 1993

Pfäfflin, F.: *Transsexualität*. Beiträge zur Psychopathologie, Psychodynamik und zum Verlauf, Stuttgart 1993

Pfäfflin, F./Junge, A. (Hrsg.): *Geschlechtsumwandlung*. Abhandlungen zur Transsexualität, Stuttgart/New York 1992

Pfarr, H./Bertelsmann, K.: *Diskriminierung* im Erwerbsleben, Baden-Baden 1989

Pfeifer-Schaupp, H.-U.: Jenseits der *Familientherapie*. Systemische Konzepte in der sozialen Arbeit, Freiburg 1995

Pfeiffer, C.: *Kriminalprävention* im Jugendgerichtsverfahren. Jugendrichterliches Handeln vor dem Hintergrund des Brücke-Projekts, Köln/Berlin/Bonn/München 1983

Pfister-Amende, M.: Die *Psychohygiene*. Grundlagen und Ziele, Basel 1949

Pflanz, M.: *Sozialer Wandel* und Krankheit. Ergebnisse und Probleme der medizinischen Soziologie, Stuttgart 1962

PflegeVG Handbuch – Sozialgesetzbuch XI, Altötting (4. Aufl.) 1996

Pfohl, S. J.: *Labeling Criminals*, in: Ross, H.L. (Hrsg.): Law and Deviance, Beverly Hills/London 1981, S. 65

Pfuhlmann, H./Spiegl, G.: Die Bundesanstalt für *Arbeit*, Stuttgart/Berlin/Köln 1987

Piaget, B./Inhelder, B.: Die *Entwicklung* der elementaren logischen Strukturen, Düsseldorf 1973

Piaget, J.: Intelligenz und *Affektivität* in der Entwicklung des Kindes. Hrsg. und übers. von A. Leber, Frankfurt a.M. 1995

Picard, E.: Der Streit um *die Behandlungspflege*, in: DOK 1996, S. 248

Piduch, E. A.: *Bundeshaushaltsrecht*, Kommentar, Loseblattausgabe, Stuttgart/Berlin/Köln, Stand: Januar 1995

Pielmaier, H.: *Verhaltenstherapie* bei delinquenten Jugendlichen, Stuttgart 1979

Pielmaier, H. (Hrsg.): Training sozialer *Verhaltensweisen*. Ein Programm für die Arbeit mit dissozialen Jugendlichen, München 1980

Pieroth, B./Schlink, B.: Staatsrecht. 2. *Grundrechte*, (Schwerpunkte, Bd. 14), o. O. (12. überarb. Aufl.) 1996

Pincus, A./Minahan, A.: Ein Praxismodell der *Sozialarbeit*, in: Specht, H. u.a.: Methodenintegration, S. 96

Pinding, M. (Hrsg.): *Krankenpflege* in unserer Gesellschaft. Aspekte aus Praxis und Forschung, Stuttgart 1972

Piontkowski, U.: Psychologie der *Interaktion*, München 1976

Pitschas, R.: *Armut* und soziale Benachteiligung in der Wohlstandsgesellschaft. Eine Herausforderung für die Sozialarbeit. Einführungsreferat zum 12. Sozialarbeitertag des DBS 1991 in Saarbrücken, in: Die Berufliche Sozialarbeit 1990, H. 5, S. 70

Pitschas, R.: Die *Jugendverwaltung* im marktwirtschaftlichen Wettbewerb? Balanceprobleme zwischen Rechtmäßigkeit, Wirtschaftlichkeit und Fachlichkeit, in: DÖV 1994, S. 973

Plagemann, H.: *Ersatzpflichtigen Dritter*, in: Maydell, B. v./Ruland, F. (Hrsg.): Sozialrechtshandbuch (SRH), Neuwied (2. Aufl.) 1996

Planungsgruppe PETRA: Thurau, H./Völker, U.: *Erziehungsstellen* – professionelle Erziehung in privaten Haushalten. Eine Studie über die Leistungsmöglichkeiten der Erziehungsstellen des Landeswohlfahrtsverbandes Hessen, hrsg. von der Internationalen Gesellschaft für erzieherische Hilfen, Frankfurt a.m. 1995

Plate, N: Neue *Rechtsprechung* zum nichtehelichen Zusammenleben, in: FuR 1995, S. 212 und S. 273

Platt, A. M.: The Child Savers: The Invention *of Delinquency*, Chicago, Ill., 1969

Ploeger, A.: Die *therapeutische Gemeinschaft* in der Psychotherapie und Sozialpsychiatrie. Theorie und Praxis, Stuttgart 1972

Plum, W./Schleusener, E.: Das *politische Verhalten* älterer Menschen in der Bundesrepublik Deutschland, Köln 1993

Poeck, K.: *Neurologie*. Ein Lehrbuch für Studierende und Ärzte, Berlin/Heidelberg/New York (6. Aufl.) 1982

Pöggeler, F. (Hrsg.): Handbuch der *Erwachsenenbildung*, 8 Bde., Stuttgart/Berlin/Köln 1973-85

Pohlmeier, H./ Deutsch, E./ Schreiber, H.L. (Hrsg.): *Forensische Psychiatrie* heute, Berlin 1986

Politische Akademie Eichholz (Hrsg.): *Familienpolitik* in der Industriegesellschaft, Bonn 1964

Polligkeit-Eiserhardt, H./Pense, R.: *Ziele* und Aufgaben des Deutschen Vereins in alter und neuer Zeit, in: Muthesius: *Beiträge*

Pompe, P.: Leistungen der sozialen Sicherheit bei Alter und Invalidität für *Wanderarbeitnehmer* nach Europäischem Gemeinschaftsrecht unter besonderer Berücksichtigung der Rechtsprechung des Europäischen Gerichtshofs und des Bundessozialgerichts, Köln 1986

Pongratz, L. J.: Lehrbuch der *Klinischen Psychologie*. Psychologische Grundlagen der Psychotherapie, Göttingen (2. Aufl.) 1975

Pongratz, L. J.: Psychologie menschlicher *Konflikte*, Göttingen 1961

Pongratz, L. J./Schäfer, M./Jürgensen, P./Weiße, D.: *Kinderdelinquenz*, München 1975

Popitz, H.: Die normative Konstruktion von *Gesellschaft*, Tübingen 1980

Pörksen, N.: *Kommunale Psychiatrie*. Das Mannheimer Modell, Reinbek 1974

Pörksen, T.: *Erfahrung* mit dem Modell „Tübingen", in: Ladewig: *Drogen*, Bd. 1

Possehl, K.: *Methoden* der Sozialarbeit. Theoretische Grundlagen und 15 Praxisbeispiele aus der Sozialen Einzelhilfe, Frankfurt/Berlin/Bern/New York/Paris/Wien 1993

Possehl, K.: Wissenschaftstheoretische Vorüberlegungen zur *Methodenentwicklung* in der Sozialarbeit, in: ArchSozArb 1990, S. 262

Prahl, H.-W.: Die *Universität*, Luzern/München 1981

Preiser, S.: *Kreativitätsforschung,* Darmstadt 1976

Preissing, C./Irskens, B.: *Damit wir wissen, was wir tun!* Methoden zur Erstellung eines pädagogischen Konzeptes im Team, (Schriften des DV: Materialien für die sozialpädagogische Praxis, Bd. 15), Frankfurt a.M. (2. geänd. Aufl.) 1990

Prell, S.: *Evaluation* und Selbstevaluation, in: Roth, L. (Hrsg.): Pädagogik – Handbuch für Studium und Praxis, München 1991, S. 869

Preller, L.: *Sozialpolitik.* Theoretische Ortung, Tübingen 1977

Pressel, I.: *Modellprojekt* Familienhilfe in Kassel – Bericht der wissenschaftlichen Begleitung, (Schriften des DV: Arbeitshilfen, H. 21), Frankfurt a.M. 1981

Presse- und Informationsamt der Bundesregierung (Hrsg.): *Gesellschaftliche Daten,* Stuttgart 1977

Presthus, R.: *Individuum* und Organisation. Typologie der Anpassung, Frankfurt a.M. 1966

Prinz, A.: Wie beeinflussen *Grundeinkommenssysteme* das Arbeitsangebot?, in: Konjunkturpolitik 1989, S. 110

Prior, H. (Hrsg.): *Soziales Lernen,* Düsseldorf 1976

Pro Familia (Hrsg.): Symposium *Familienplanung* – Unerwünscht? Ziel und Bedeutung der Familienplanung heute, (Arbeitsmaterialien), Frankfurt a.M. 1979

Pro Familia (Hrsg.): *Sexualpädagogik* und Familienplanung. Schwerpunktthema: Familienplanung in Europa, in: pro familia magazin 1985/2

Prognos AG (Hrsg.): Freie Wohlfahrtspflege im zukünftigen *Europa.* Herausforderung und Chancen im Europäischen Binnenmarkt, Köln 1991

Prognos AG (Hrsg.): *Modellprogramm* Psychiatrie. Finanzierung von Einrichtungen und Diensten, Stuttgart 1984

Projektgruppe Soziale Berufe (Hrsg.): *Sozialarbeit – Expertisen,* (3 Bde.), Bd. 1: Ausbildung und Qualifikation, Bd. 2: Problemwandel und Institutionen, Bd. 3: Professionalisierung und Arbeitsmarkt, (Juventa-Materialien, Bde. 53, 54 und 55), München 1981

Projektkoordination (Hrsg.): *Projektstudium* in der Lehrerbildung der Gesamthochschule Kassel aus der Sicht von Betroffenen, Hamburg 1981

Projektverbund „Bürgernähe der Sozialhilfeverwaltung" (Hrsg.): *Bürgernähe* der Sozialhilfeverwaltung, (Institut für Sozialforschung und Gesellschaftspolitik (ISG), Köln), Stuttgart/Berlin/Köln 1985

Prokla: *Klassen* und Herrschaft, Themenheft, H. 1, 1985

Proksch, R.: Die Geschichte der *Mediation,* in: Krabbe, H. (Hrsg.): Scheidung ohne Richter. Neue Lösungen für Trennungskonflikte, Reinbek 1991

Proksch, R.: *Sozialdatenschutz* in der Jugendhilfe, hrsg. vom Institut für Soziale Arbeit e.V., Münster 1996

Proksch, R.: *Vermittlung* (Mediation) in der juristischen Auseinandersetzung, in: GrDyn. 1994, S. 281

Prüß, K.-P./Tschoepe, A.: *Planung* und Sozialplanung. Eine Einführung in ihre Begriffe und Probleme, Weinheim/Basel 1974

Psychiatrie-Enquête-Kommission: *Bericht* über die Lage der Psychiatrie in der Bundesrepublik Deutschland – zur psychiatrischen und psychotherapeutisch/psychosomatischen Versorgung der Bevölkerung, BT-Drucks. 7/4200

Psychiatrische Praxis: *Tageskliniken*/Themenheft, in: Psychiatrische Praxis 1974/1

Puch, H.-J.: Inszenierte Gemeinschaften – *Gruppenangebote* in der Moderne, in: NPrax. 1991, S. 12

Puch, H.-J.: *Jugend* und Gemeinschaftswohnen, in: ArchSozArb 1982, S. 29

Puch, H.-J.: *Organisation* im Sozialbereich. Eine Einführung für soziale Berufe, Freiburg 1994

Puhl, R.: Machen Sie *Öffentlichkeitsarbeit?,* in: Sozialmagazin 19, 1994, H. 3, S. 38

Puhl, R. (Hrsg.): *Sozialarbeitswissenschaft.* Neue Chancen für theoriegeleitete soziale Arbeit, Weinheim/München 1996

Pulaski, M. A.: Piaget. Eine *Einführung* in seine Theorien und sein Werk, Frankfurt a.M. 1971

Puskeppeleit, J./Thränhardt, D.: Vom betreuten *Ausländer* zum gleichberechtigten Bürger. Perspektiven der Beratung und Sozialarbeit, der Selbsthilfe und Artikulation und der Organisation und Integration der eingewanderten Ausländer aus den Anwerbestaaten in der Bundesrepublik Deutschland, Freiburg 1990

Püttner, G. (Hrsg.): *Handbuch* der kommunalen Wissenschaft und Praxis, 6 Bde., Berlin/Heidelberg (2. Aufl.) 1983

Quatember, A.: Das Problem mit dem Begriff *Repräsentativität,* in: Allgemeines Statistisches Archiv 1996, S. 236

Quensel, S.: *Sozialarbeit* in totalen Institutionen, in: Hollstein, W./Meinhold, M. (Hrsg.): Sozialpädagogische Modelle, Frankfurt a.M. 1977

Quistorp, E. (Hrsg.): *Frauen* für den Frieden. Analysen, Dokumente und Aktionen aus der Friedensbewegung, Bensheim 1982

Raab, E./Rademacker, H./Winzen, G.: Handbuch *Schulsozialarbeit,* Weinheim/München 1987

Rabe-Kleberg, U./Krüger, H./Derschau, D. v. (Hrsg.): Qualifikation für *Erzieherarbeit,* 3 Bde., München 1981 ff.
Rabenstein, R./Reichel, R.: *Großgruppen-Animation.* Lernen und Spielen in großen Gruppen, Frankfurt a.M. (2. Aufl.) 1983
Rachmann, S.: *Angst* – Formen, Ursachen und Therapie, München/Wien 1975
Radbruch, G.: *Rechtsphilosophie,* Stuttgart (8. Aufl.) 1973
Radebold, H./Bechtler, H./Pina, I.: Therapeutische *Arbeit* mit älteren Menschen, Freiburg (2. Aufl.) 1984
Rahm, D.: *Gestaltungsberatung.* Grundlagen und Praxis integrativer Beratungsarbeit, Paderborn 1979
Rahm, W./Künkel, B.: Handbuch des *Familiengerichtsverfahrens,* Loseblattausgabe, Köln, Stand: Mai 1992
Rahn, D.: Situation der *Gerichtshilfe* und der Bewährungshilfe, in: NJW 1976, S. 838
Rahn, D.: *Umwelt* und Recht. Gerichtshilfe für Erwachsene – eine vordringliche Aufgabe, in: NJW 1973, S. 1357
Raiser, T.: *Mitbestimmungsgesetz,* Kommentar, Berlin/New York (2. neubearb. Aufl.) 1984
Ramm, T.: *Jugendrecht,* München 1990
Ramsauer, U./Stallbaum, M.: *Bundesausbildungsförderungsgesetz* (BAföG). Mit Förderungshöchstdauerverordnung, Härteverordnung, Darlehensverordnung und Teilerlassungsverordnung, Textausgabe mit Erläuterungen, München (3. Aufl.) 1991
Rappaport, J.: Ein *Plädoyer* für die Widersprüchlichkeit. Ein sozialpolitisches Konzept des „empowerment" anstelle präventiver Ansätze, in: Verhaltenstherapie und psychosoziale Praxis 1985, S. 257
Rasch, H. G.: Der *Preisindex* für die Lebenshaltung auf neuer Basis 1991, in: Deutsche Notar-Zeitschrift 1996, S. 50
Rasch, H. G.: Der *Preisindex* für die Lebenshaltung, Basis 1991, in: NJW 1996, S. 34
Rasch, W.: Die psychiatrisch-psychologische Beurteilung der sogenannten schweren seelischen *Abartigkeit,* in: Strafverteidiger 1991, S. 126
Rasch, W. (Hrsg.): *Forensische Sozialtherapie,* (Beiträge zur Strafvollzugswissenschaft, Bd. 16) Karlsruhe/Heidelberg 1977
Rasch, W.: *Gutachten* zur Situation und zu Entwicklungsmöglichkeiten in der Durchführung des Maßregelvollzugs nach §§ 63 und 64 StGB, in: Landschaftsverband Westfalen-Lippe (Hrsg.): Krank und/oder kriminell, Maßregelvollzug in Westfalen-Lippe, Münster 1984
Rat der EG (Hrsg.): *Richtlinie* vom 21.12.1988 über eine allgemeine Regelung zur Anerkennung der Hochschuldiplome, die eine mindestens dreijährige Berufsausbildung abschließen, 89/48/EWG
Rausch, E.: Das *Eigenschaftsproblem* in der Gestalttherapie der Wahrnehmung, in: Metzger, W.: *Allgemeine Psychologie*

Rauschenbach, T.: Ausbildung und *Arbeitsmarkt* für ErziehungswissenschaftlerInnen. Empirische Bilanz und konzeptionelle Perspektiven, in: Krüger, H.-H./Rauschenbach, T. (Hrsg.): *Erziehungswissenschaft.* Die Disziplin am Beginn einer neuen Epoche, Weinheim/München 1994, S. 275
Rauschenbach, T.: Zur *Ausbildungssituation* für soziale Berufe in der Bundesrepublik Deutschland, in: NDV 1990, S. 270
Rauschenbach, T.: Diplom-PädagogenInnen. *Bilanz* einer 20jährigen Akademisierungsgeschichte, in: Der pädagogische Blick 1993, H. 1, S. 5
Rauschenbach, T.: *Fachkräfte* in der Jugendhilfe. Bilanz einer vernachlässigten Erfolgsgeschichte, in: Wiesner u.a.: *KJHG,* S. 401
Rauschenbach, T.: *Jugendhilfe* als Arbeitsmarkt, in: Sachverständigenkommission 8. Jugendbericht (Hrsg.): Materialien zum 8. Jugendbericht, Bd. 1: Jugendhilfe – Historischer Rückblick und neuere Entwicklungen, München 1990, S. 225
Rauschenbach, T.: Sind nur *Lehrer* Pädagogen? Disziplinäre Selbstvergewisserung im Horizont des Wandels von Sozial- und Erziehungsberufen, in: ZPäd. 1992, S. 385
Rauschenbach, T.: *Professionalität* und Eigeninitiative im Spannungsfeld zwischen staatlichem Versorgungsauftrag und privater Verantwortung, in: Ministerium für Bildung, Jugend und Sport, Land Brandenburg: Professionalität und Eigeninitiative – zwei Säulen der modernen Jugendhilfe, Dokumentation Jugendhilfetag 24.-26. Januar 1996 in Cottbus, S. 12
Rauschenbach, T.: *Soziale Berufe,* in: Kreft u.a.: *Wörterbuch*
Rauschenbach, T./Beher, K./Knauer, D.: Die *Erzieherin.* Ausbildung und Arbeitsmarkt, Weinheim/München 1995
Rauschenbach, T./Krüger, H.-H. (Hrsg.): *Erziehungswissenschaft.* Die Disziplin am Beginn einer neuen Epoche, Weinheim/ München 1994
Rauschenbach, T./Christ, B.: Die *Mitarbeiterinnen* in der Kinder- und Jugendkulturarbeit. Expertise 8 zum Projekt „Kinder- und Jugendkulturarbeit in Nordrhein-Westfalen: Bestandsaufnahme – Perspektiven – Empfehlungen, hrsg. von der Landesarbeitsgemeinschaft Kulturpädagogische Dienste/Jugendkunstschulen NRW e.V., Unna 1994
Rauschenbach, T./Thiersch, H. (Hrsg.): Die herausgeforderte *Moral.* Lebensbewältigung in Erziehung und sozialer Arbeit, Bielefeld 1987
Rauschenbach, T./Schilling, M.: *Teilarbeitsmarkt* soziale Berufe, in: Böttcher, W./Klemm, K. (Hrsg.): Bildung in Zahlen. Statistisches Handbuch zu Daten und Trends im Bildungsbereich, Weinheim/ München 1995, S. 234

Rauscher, A.: *Solidarität*, in: Staatslexikon. Recht – Wirtschaft – Gesellschaft, Bd. IV, in 5 Bde., Freiburg/Basel/Wien (7. Aufl.) 1988, Sp. 1191

Rave-Schwank, M./Hüneke, M.: Zur Rehabilitation chronisch Kranker. Eine Nachuntersuchung von psychiatrischen *Tagesklinikpatienten*, in: Der Nervenarzt 1979, S. 800

Rawls, J.: Eine Theorie der *Gerechtigkeit*, Frankfurt a.M. (9. Aufl.) 1996

Recht und Psychiatrie: *Maßregelvollzug,* Themenheft, H. 2, 1989

Redl, F.: *Erziehungsprobleme* – Erziehungsberatung. Aufsätze, München 1978

Reggentin, H./Dettbarn-Reggentin, J.: „Wir wollen Unruhe in die Ratsparteien bringen". *Seniorenbeiräte* und -vertretungen in der Bundesrepublik, (Beiträge zur Demokratieentwicklung von unten, Bd. 1), Bonn 1990

Regierender Bürgermeister von Berlin (Hrsg.): Neustrukturierung der *sozialen Dienste*. Abschlußbericht, Berlin 1974

Reich, W.: *Charakteranalyse,* Frankfurt a.M. 1981

Reichard, C.: *Betriebswirtschaftslehre* der öffentlichen Verwaltung, Berlin/New York (2. Aufl.) 1987

Reichert, B./Dannecker, F./Kühr, C.: Handbuch des *Vereins- und Verbandsrechts,* Neuwied/Kriftel/Berlin (6. Aufl.) 1995

Reichert, H./Frank, W.: *Empfehlungen* zur Altenhilfe, (Schriftenreihe des Landkreistags Baden-Württemberg, Bd. 11), Stuttgart/Hannover/München (2. Aufl.) 1987

Reifarth, W.: Theorien menschlicher *Interaktion* und Kommunikation, (Schriften des DV: Arbeitshilfen, H. 14), Frankfurt a.M. (3. Aufl.) 1979

Reifner, U./Reis, C.: *Überschuldung* und Hilfen für überschuldete Haushalte in Europa, (Schriften des DV: DLA, Bd. 13) Frankfurt a.M. 1992

Reimann, H. L.: Das *Planspiel* im pädagogischen Arbeitsbereich, (Schriftenreihe der Bundesanstalt für politische Bildung, H. 95), Bonn 1972

Reimer, C.: *Prävention* und Therapie der Suizidalität, in: Kisker, K.P. u.a.: *Psychiatrie,* Bd. 2, S. 133

Reimer, F./König, W./Willis, E.: *Krankenhauspsychiatrie.* Ein Leitfaden für die praktische Arbeit, Stuttgart/Jena/New York (2. völlig neubearb. Aufl.) 1995

Reinartz, A./Sander, A. (Hrsg.): *Schulschwache Kinder* in der Grundschule, Weinheim/Basel 1982

Reinelt, T./Datler, W. (Hrsg.): *Beziehung* und Deutung im therapeutischen Prozeß aus der Sicht verschiedener therapeutischer Schulen, Berlin u.a. 1989

Reiner, A.: Ich sehe keinen Ausweg mehr. *Suizid* und Suizidverhütung. Konsequenzen für die Seelsorge, München/Mainz (2. Aufl.) 1976

Reinermann, H.: *Wirtschaftlichkeitsanalysen,* in: Becker, U./Thieme, W. (Hrsg.): Handbuch der Verwaltung, H. 4.6, Köln/Berlin/Bonn/München 1974

Reinermann, H./Reichmann, G.: Verwaltung und *Führungskonzepte* – Management by Objectives und seine Anwendungsvoraussetzungen, Berlin 1978

Reinicke, P.: Die *Berufsverbände* der Sozialarbeit und ihre Geschichte. Von den Anfängen bis zum Ende des zweiten Weltkrieges, (Schriften des DV: Dissertationen, Diplomarbeiten, Dokumentationen, Bd. 7), Frankfurt a.M. (2. Aufl.) 1990

Reinicke, P.: Sozialarbeit mit *Dialysepatienten*, in: SozArb. 1997, Jg. 46, S. 90

Reinicke, P.: Gesundheitliche *Hilfen*, in: Textor, M. R. (Hrsg.): *Allgemeiner Sozialdienst*. Ein *Handbuch* für soziale Berufe, Weinheim/Basel 1994, S. 139

Reinicke, P.: *Krankenhaus-Sozialarbeiter* als Partner in der Gesundheitsversorgung. Eine Einführung, Weinheim/Basel 1994

Reis, C.: *Konsum,* Kredit und Überschuldung. Zur Ökonomie und Soziologie des Konsumentenkredits, (Schriften des DV: Dissertationen, Diplomarbeiten, Dokumentationen, Bd. 21), Frankfurt a.M. 1992

Reis, C.: *Schuldnerberatung*. Eine Aufgabe für die soziale Arbeit, (Schriften des DV: Schriften allgemeinen Inhalts, Bd. 17), Frankfurt a.M. 1986

Reis, C./Dorenburg, H.: *Selbsthilfe*. Ausdruck sozialen Wandels – Sozialpolitisches Programm – Herausforderung für die soziale Arbeit?, (Schriften des DV: Arbeitshilfen, H. 26), Frankfurt a.M. 1986

Reis, C./Siebenhaar, B.: *Soziale Arbeit* und Schuldnerberatung, (Schriften des DV: Arbeitshilfen, H. 39), Frankfurt a.M. 1989

Reisch, H.: Die *Heranziehung* zu den Kosten nach dem KJHG, in: ZfJ 1991, S. 201

Reiser, H.: Die Weiterentwicklung der *sonderpädagogischen Förderung* in der Bundesrepublik Deutschland – Möglichkeiten und Grenzen, in: Vierteljahresschrift für Behindertenpädagogik 1995/34

Reiser, H./Loeken, H.: Das Zentrum für *Erziehungshilfe* der Stadt Frankfurt a.M. am Main. Kooperation von Schule und Jugendhilfe, Solms-Oberbiel 1993

Reiss, H.-C.: *Controlling* und Soziale Arbeit. Ein Beispiel aus der freien Wohlfahrtspflege, Neuwied/Kriftel/Berlin (2. völlig neubearb. Aufl.) 1997

Reiss, H.-C.: *Qualitätssicherung* als Controllingaufgabe, in: Maelicke, B. (Hrsg.): *Qualitätsmanagement* in sozialen Betrieben und Unternehmen, Baden-Baden 1996, S. 125

Reiter, L. (Hrsg.): Von der *Familientherapie* zur systemischen Perspektive, Berlin/Heidelberg/New York 1988

Reller, H./Kießig, M. (Hrsg.): Handbuch Religiöse *Gemeinschaften*. Freikirchen, Sondergemeinschaften, Sekten, Weltanschauungen, missionierende Religionen des Ostens, Neureligionen, Psycho-Organisationen, Gütersloh (4. völlig überarb. u. erw. Aufl.) 1993

Remer, A. (Hrsg.): *Verwaltungsführung*. Beiträge zur Organisation, Kooperationsstil und Personalarbeit in der öffentlichen Verwaltung, Berlin/New York 1982

Remschmidt, H.: *Kinder- und Jugendpsychiatrie*, Stuttgart (2. Aufl.) 1987

Rengeling, H.-W./Middeke, A./Gellermann, M.: *Rechtsschutz* in der Europäischen Union. Durchsetzung des Gemeinschaftsrechts vor europäischen und deutschen Gerichten, München 1994

Renner, G./Hailbronner, K.: *Staatsangehörigkeitsrecht, Kommentar*, München 1991

Renner, K.: Die *Institutionen* des Privatrechts und ihre soziale Funktion, Tübingen 1929

Reyer, J.: Wenn die Mütter arbeiten gingen... Eine sozialhistorische Studie zur Entstehung der öffentlichen *Kleinkindererziehung* im 19. Jahrhundert in Deutschland, Köln (2. Aufl.) 1995

Rheker, U.: Spiel und *Sport* für alle. Integrationssport für Familie, Verein und Freizeit, Aachen (2. Aufl.) 1995

Rhode-Dachser, C.: Das *Borderline-Syndrom*, in: Psyche 1979, S. 481

Richmond, M.: What is *Social Case-Work?*, New York 1922

Richter, H. E.: *Eltern*, Kind und Neurose. Psychoanalyse der kindlichen Rolle, Frankfurt a.M. o.J.

Richter, H. E.: Patient *Familie*. Entstehung, Struktur und Therapie von Konflikten in Ehe und Familie, Reinbek 1972

Richter, H. E.: *Familientherapie*, in: Praxis der Psychotherapie und Psychosomatik 1968, S. 303

Richter, H. E.: *Flüchten* oder Standhalten, Reinbek 1980

Richter, H. E.: Die *Gruppe*. Hoffnung auf einen neuen Weg, sich selbst und andere zu befreien. Psychoanalyse in Kooperation mit Gruppeninitiativen, Reinbek 1978

Richter, M. (Hrsg.): Die *Sozialreform* – Dokumente und Stellungnahmen, Loseblattausgabe, Bonn 1957 ff.

Richter, R.: Subtile *Distinktion*. Zur Reproduktion sozialer Ungleichheit, in: Österreichisches Jahrbuch für Soziologie 1989, S. 53

Ricoeur, P.: *Hermeneutik und Psychoanalyse*, München 1974

Riegel, R.: *Polizei- und Ordnungsrecht* des Bundes und der Länder. Textsammlung mit Einführung und erläuternden Hinweisen, Loseblattausgabe, Köln/Berlin/Bonn/München 1984

Riehl, W. H.: *Naturgeschichte* des Deutschen Volkes als Grundlage einer deutschen Sozialpolitik, 4 Bde., Stuttgart 1851-1869

Riemann, F.: Grundformen der *Angst*. Eine tiefenpsychologische Studie. Über die Ängste des Menschen und ihre Überwindung, München (9. Aufl.) 1975

Riesman, D.: Die einsame *Masse*. Eine Untersuchung der Wandlungen des amerikanischen Charakters, Reinbek (16. Aufl.) 1977

Riesner, S.: Junge *türkische Frauen* der zweiten Generation in der Bundesrepublik Deutschland. Eine Analyse von Sozialisationsbedingungen und Lebensentwürfen anhand lebensgeschichtlich orientierter Interviews, Frankfurt a.M. 1990

Rieth, E.: *Alkoholkrank?* Eine Einführung in die Probleme des Alkoholismus für Betroffene, Angehörige und Helfer, Wuppertal (7. Aufl.) 1983

Ringel, E.: Neue Untersuchungen zum *Selbstmordproblem*, Wien 1961

Rinne, H.: *Wirtschafts- und Bevölkerungsstatistik*. Erläuterungen, Erhebungen, Ergebnisse, München 1994

Rische, H.: *Ausgleichsansprüche* zwischen Sozialleistungsträgern, Freiburg 1978 (Diss.)

Ritsert, J.: *Gesellschaft*. Einführung in den Grundbegriff der Soziologie, Frankfurt/New York 1987

Ritsert, J.: *Inhaltsanalyse* und Ideologiekritik. Ein Versuch über kritische Sozialforschung, Königstein 1972

Ritsert, J./Becker, E.: *Grundzüge* sozialwissenschaftlich-statistischer Argumentation, Opladen 1971

Ritsert, J./Rolshausen, C.: Der *Konservativismus* der kritischen Theorie, Frankfurt a.M. 1971

Ritter, G. A.: Der *Sozialstaat*. Entstehung und Entwicklung im internationalen Vergleich, München (2. überarb. u. erw. Aufl.) 1991

Robert-Bosch-Stiftung (Hrsg.): *Fördern* und Beraten. Projekte sozialer Arbeit 1976-1983, Stuttgart 1985

Roberts, R. W./Nee, R. H. (Hrsg.): Konzepte der Sozialen *Einzelhilfe*. Stand der Entwicklung. Neue Anwendungsformen, Freiburg (3. Aufl.) 1982

Robinsohn, S. B.: *Bildungsreform* als Revision des Curriculum und ein Strukturkonzept für Curriculumentwicklung, Neuwied/Darmstadt (5. Aufl.) 1981

Rock, I./Palmer, St.: Das Vermächtnis der *Gestaltpsychologie*, in: Spektrum der Wissenschaft, Februar 1991, S. 68

Rode, K.: Zum Wesen der sog. *„sozialen Rechte"* im SGB-AT, in: SGb. 1977, S. 268

Rödel, U./Ronneberger, F./Walchshöfer, J.: *Entwicklung* von Strategien zur Einbeziehung der Öffentlichkeit in den Planungsprozeß für Standortprogramme, Essen 1972

Röder, G./Baeck, U.:Interessenausgleich und *Sozialplan*, München 1993

Roeder, P. W.: *Erziehung* und Gesellschaft, Weinheim/Berlin 1968_

Roell, M.: Die Geltung der *Grundrechte* für Minderjährige, Berlin 1984

Roellecke, G.: Der Begriff des positiven Gesetzes und das *Grundgesetz*, Mainz 1969

Rogers, C.: Der neue *Mensch*, Stuttgart 1983

Rogers, C. R.: *Encounter-Gruppen*. Das Erlebnis der menschlichen Begegnung, Frankfurt a.M. 1984

Rogge, J.-U.: *Kinder* können fernsehen, Reinbek 1990

Rohr, K./Sträßer, H.: *Bundesversorgungsrecht* mit Verfahrensrecht. Loseblattausgabe, St. Augustin, Stand: Juli 1991

Röhrig, P./Braun, J.: *IKOS* – Informations- und Kontaktstellen für Mitarbeit und Selbsthilfe als Element einer Selbsthilfe unterstützenden Sozial- und Gesundheitspolitik in Kommunen, in: NDV 1986, S. 323

Röhrs, H. (Hrsg.): Die Schulen der *Reformpädagogik* heute, Düsseldorf 1986

Rohwer-Kahlmann, H.: Die *Fürsorge*, in: ZSR 1967, S. 1

Rohwer-Kahlmann, H./Ströer, H.: *Sozialgesetzbuch* – Allgemeiner Teil –, Kommentar, München 1979

Rokeach, M.: The Nature and Meaning of *Dogmatism*, in: Psychological review 1954, S. 194

Rolff, H.-G.: *Bildungsplanung* als Innovationsprozeß, in: Hüfner, K./Naumann, J. (Hrsg.): Bildungsplanung: Ansätze, Modelle, Probleme, Stuttgart 1971

Rolff, H.-G.: *Chancengleichheit*, in: Wulf: *Erziehung*

Rolff, H.-G.: *Sozialisation* und Auslese durch die Schule, Heidelberg (9. Aufl.) 1980

Rolland, W.: 1. Eherechtsreformgesetz *(1. EheRG)*. Kommentar zum 1. Eherechtsreformgesetz inkl. Kommentar zum Gesetz zur Regelung von Härten im Versorgungsausgleich, Neuwied/Darmstadt (2. Aufl.) 1982

Rompel, H.-K.: Zur Neuordnung der *Sozialhilfestatistik* und zur Einführung der Asylbewerberleistungsstatistik, in: Staat und Wirtschaft in Hessen 1994, S. 338

Ronge, V./Schmieg, G. (Hrsg.): Politische *Planung* in Theorie und Praxis, München 1971

Ronge, V./Schmieg, G.: *Restriktionen* politischer Planung, Frankfurt a.M. 1973

Roscher, F.: Die „interne" *Nachrangregelung* des § 72 Abs. 1 Satz 2 BSHG, in: GefHi.1984/2, S. 26

Rose, H.: *Organisationsmodell* sozialer Arbeit in einer Mittelstadt, in: NDV 1972, S. 57

Röseler: Kommentierung des *AsylbLG*, in: Huber, B. (Hrsg.): Handbuch des Ausländer- und Asylrechts, Loseblattausgabe, München, Stand: 1996, B 166

Rosenberg, L.: Die *Beweislast* auf der Grundlage des BGB und der ZPO, München (5. Aufl.) 1965

Rosenberg, L.: *Zwangsvollstreckungsrecht*. Begr. v. Rosenberg, L., fortgeführt v. Gaul, H. F./Schilken, E., München (10. völlig neubearb. Aufl.) 1987

Rosenberg, L./Schwab, K.H.: *Zivilprozeßrecht*, München (14. Aufl.) 1986

Rosenmayr, L.: *Grundlagen* eines soziologischen Studiums des Alterns, in: ders. u.a.: *Alter Mensch*

Rosenmayr, L.: *Sozialgerontologie*, in: Oswald, W. D./Herrmann, W. M./Kanowski, S./Lehr, U. M./Thomae, H. (Hrsg.): Gerontologie, Stuttgart/Berlin/Köln (2. Aufl.) 1991, S. 530

Rosenmayr, L./Rosenmayr, H. (Hrsg.): Der *alte Mensch* in der Gesellschaft, Reinbek 1978

Rosenstiel, L. v./Molt, W./Rüttinger, B.: *Organisationspsychologie*, Stuttgart/Berlin/Köln (7. Aufl.) 1988

Rösner, E.: *Gesamtschule* – Was ist das eigentlich?, Aurich (6. Aufl.) 1990

Rößler, J./Tüllmann, M. (Hrsg.): Zwischen *Familienprinzip*, Professionalität und Organisation. Diskussionsbeiträge aus dem Veränderungsprozeß einer großen Einrichtung, (Schriftenreihe der IGfH), Frankfurt a.M. 1987

Rössler, W.: *Sozialpsychiatrische Dienste*. Gegenwärtige *Situation* und zukünftige Entwicklung, in: NDV 1988, S. 73

Rössler, W.: *Sozialpsychiatrische Dienste* in der Bundesrepublik Deutschland – ein Überblick, in: ÖffGesundhWesen 1992, S. 19

Rössler, W./Häfner, H./Martini, H./Heiden, W. an der/Jung, E./Löffler, W.: *Landesprogramm* zur Weiterentwicklung der außerstationären psychiatrischen Versorgung Baden-Württemberg – Analysen, Konzepte, Erfahrungen, Weinheim 1987

Rössler, W./Häfner, H./Heiden, W. an der/Kreuzer, S./Martini, H./Sundström, G.: Außerstationäre psychiatrische *Versorgung* – Landesprogramm Baden-Württemberg 1985, Weinheim/Basel 1985

Rössler, W./Salize, H. J./Biechele, U./Riecher-Rössler, A.: Stand und Entwicklung der psychiatrischen *Versorgung*, in: Nervenarzt 1994, S. 427

Roth, E. (Hrsg.): Sozialwissenschaftliche *Methoden*. Lehr- und Handbuch für die Forschung und Praxis, München/Wien (4. Aufl.) 1995

Roth, H. (Hrsg.): *Begabung* und Lernen. Ergebnisse und Folgerungen neuerer Forschungen, Stuttgart (12. Aufl.) 1980

Roth, J.: *Armut* in der Bundesrepublik. Untersuchungen und Reportagen zur Krise des Sozialstaats, Reinbek 1979

Roth-Stielow, K.: Der *Abstammungsprozeß*. Prozeßrecht – Materielles Recht, München (2. Aufl.) 1978

Rothe, F./Blanke, E. A.: *Bundesausbildungsförderungsgesetz*, Kommentar, Loseblattausgabe, Köln (5. Aufl.), Stand: März 1992

Rothe, S.: *Gewalt* in Familien. Familie im Brennpunkt von Wissenschaft und Forschung, in: Deutsches Jugendinstitut (DJI) (Hrsg.): Materialien zum Fünften Familienbericht, Weinheim/München 1994
Roxin, C.: *Strafverfahrensrecht*, München (22. Aufl.) 1991
Rubner, E. (Hrsg.): *Störung* als Beitrag am Gruppengeschehen. Zum Verständnis des Störungspostulats der TZI in Gruppen, Mainz 1992
Ruch, E. L./Zimbardo, P. G.: Lehrbuch der *Psychologie*, Berlin/Heidelberg/New York (3. Aufl.) 1978
Rudolf, G.: *Praxisleitfaden* Psychiatrie. Der depressive Patient in der ärztlichen Sprechstunde, Braunschweig (2. Aufl.) 1990
Rüfner, W.: *Amtshaftungsrecht*, in: Erichsen u.a.: *Verwaltungsrecht*
Rüfner, W.: Grundsätze einer verfassungsmäßigen und familiengerechten Ausgestaltung der Sozialhilfe. *Familienregelsatz* und Lohnabstand, in: NDV 1993, S. 363
Rüfner, W.: Einführung in das *Sozialrecht*, München (2. Aufl.) 1991
Ruge, B.: Bedingte *Entlassungs- und Bewährungshilfe*, Karlsruhe 1971
Ruhstrat, E.-U.: Ohne *Arbeit* keine Wohnung – ohne Wohnung keine Arbeit, Bielefeld 1991
Ruland, F.: Grundprinzipien des Rentenversicherungsrechts, in: ders.: *Rentenversicherung*, S. 481
Ruland, F.: Die Herstellung der *Rechtseinheit* in der gesetzlichen Rentenversicherung – Zum „Renten-Überleitungsgesetz", in: DRentVers. 1991, S. 518
Ruland, F.: Das *Rentenrecht* -Neuregelungen durch das Rentenreformgesetz 1992 -, in: DRentVers. 1989, S. 741
Ruland, F. (Hrsg.): Handbuch der gesetzlichen *Rentenversicherung*. Festschrift aus Anlaß des 100jährigen Bestehens der gesetzlichen Rentenversicherung, hrsg. im Auftrag des Vorstandes des Verbandes Deutscher Rentenversicherungsträger, Neuwied 1990
Ruland, F.: Das neue *Rentenversicherungsrecht*, in: NJW 1992, S. 1
Rürup, B./Sesselmeier, W.: *Einwanderungspolitik* im Spannungsfeld zwischen ökonomischer Notwendigkeit und gesellschaftlicher Akzeptanz, in: Informationen zur Ausländerarbeit, Nürnberg 1995, H. 3/4
Rusche, G./Kirchheimer, O.: *Sozialstruktur* und Strafvollzug, Frankfurt a.M. 1981
Rush, F.: Das bestgehütete Geheimnis: Sexueller *Kindesmißbrauch*, Berlin (2. Aufl.) 1984
Rüther, W.: *Abweichendes Verhalten* und labeling approach, Köln 1975
Rüthers, B.: Allgemeiner Teil des *BGB*, München (9. Aufl.) 1993
Rutschky, K.: Erregte *Aufklärung*. Kindesmißbrauch: Fakten und Fiktionen, Hamburg 1992

Saage, E./Göppinger, H.: *Freiheitsentziehung* und Unterbringung, München (3. Aufl.) 1994
Sachs, L.: *Angewandte Statistik*, Berlin u.a. (7. neu bearb. Aufl.) 1992
Sachße, C.: Mütterlichkeit als *Beruf*, Frankfurt a.m. 1986
Sachverständigenkommission zur Erstellung des 1. Altenberichts der Bundesregierung: *1. Teilbericht*, Bonn 1990
Sachverständigenrat zur Begutachtung der gesamtwirtschaftlichen Entwicklung: *Jahresgutachten* 1978–79 ff.
Sack, F.: *Abweichendes Verhalten* aus soziologischer Sicht. Folgen für die *Sozialarbeit*, in: Otto u.a.: *Sozialarbeit*
Sack, F./König, R.: *Kriminalsoziologie*, Wiesbaden (3. Aufl.) 1979
Sader, M.: *Psychologie der Gruppen*, München (2. Aufl.) 1979
Sagebiel, J. B.: *Persönlichkeit* als pädagogische Kompetenz in der beruflichen Weiterbildung, Frankfurt/Berlin/Bern/New York/Paris/Wien 1994
Sager, C./Singer-Kaplan, H. (Hrsg.): Handbuch der *Ehe-, Familien- und Gruppen-Therapie*, München 1972
Sahliger, U.: *Aufsichtspflicht* und Haftung in der Kinder- und Jugendarbeit, hrsg. v. Bundesjugendwerk der Arbeiterwohlfahrt, Münster (2. überarb. Aufl.) 1992
Salgo, L.: Der *Anwalt des Kindes*. Die Vertretung von Kindern in zivilrechtlichen Kinderschutzverfahren, Frankfurt a.M. 1996
Salgo, L. (Hrsg.): Vom Umgang der Justiz mit *Minderjährigen*. Kinder und Jugendliche in familien- und vormundschaftsgerichtlichen Verfahren, Neuwied/Kriftel/Berlin 1995
Salgo, L.: *Pflegekindschaft und Recht*, in: NPrax. 1984, S. 225
Salgo, L.: Pflegekindschaft und *Staatsintervention*, Darmstadt 1987
Salomon, A.: Die *Ausbildung* zum sozialen Beruf, Berlin 1927
Salomon, A.: Soziale *Diagnose*, Berlin 1926
Salomon, A.: Charakter ist Schicksal. *Lebenserinnerungen*, Weinheim 1983
Salomon, A.: Leitfaden der *Wohlfahrtspflege*, Leipzig/Berlin (3. Aufl.) 1928
Salustowicz, P.: Soziale Arbeit zwischen *Disziplin* und Profession, Weinheim 1995
Sandler, J./Freud, A.: Die Analyse der *Abwehr*, Stuttgart 1989
Sandler, J./Dare, C./Holder, A.: Die *Grundbegriffe* der psychoanalytischen Therapie, Stuttgart (2. Aufl.) 1979
Sänger, W.: *Berufsfindung* und Arbeitsplatzerprobung als berufsfördernde Maßnahmen, in: Arbeits- und Sozialrecht 1969/6-7, S. 144
Sartorius, W. (Hrsg.): ... auch wenn das *Kind* schon blau geschlagen ist, München 1979
Saß, H. W. (Hrsg.): *Antiautoritäre Erziehung* oder die Erziehung der Erzieher, Stuttgart 1972

Satir, V.: *Familienbehandlung*. Kommunikation und Beziehung in Theorie, Erleben und Therapie, Freiburg (5. Aufl.) 1985
Satir, V.: *Selbstwert* und Kommunikation. Familientherapie für Berater und zur Selbsthilfe, München (6. Aufl.) 1985
Sattler, A./Schmitz, H.: Teamfähiger werden. *Anleitungen* für Fach- und Führungskräfte, Köln 1990
Saurbier, H.: *Abgrenzungsfragen* zwischen Jugendhilfe und Sozialhilfe, in: NDV 1978, S. 7
Saurbier, H.: Streit um *Kostenerstattung* vor den Verwaltungsgerichten?, in: ZfF 1995, S. 57
Saurbier, H.: *Kündigung* der Fürsorgerechtsvereinbarung durch Träger der Jugend- oder der Sozialhilfe, in: ZfF 1996, S. 155
Sauter, E./Schweyer, G.: Der eingetragene *Verein*, München (14. Aufl.) 1990
Sbandi, P.: *Gruppenpsychologie*. Einführung in die Wirklichkeit der Gruppendynamik aus sozialpsychologischer Sicht, München 1975
Scarbath, H./Tewes, B. (Hrsg.): Sexualerziehung und *Persönlichkeitsentfaltung*, Weinheim 1982
Schaefers, C.: *Notausgänge*, Hannover 1980
Schäfer, D.: Die Rolle der *Fürsorge* im System sozialer Sicherung. Ein Beitrag zur Entwicklung und Begründung eines gegliederten Sozialleistungssystems, (Schriften des DV: Allgemeine Schriften, Bd. 231), Frankfurt a.M. 1966
Schäfer, D.: *Haushaltsproduktion* in gesamtwirtschaftlicher Betrachtung, in: WiSta. 1988, S. 309
Schäfer, D.: *Motive* sozialer Arbeit, (Schriftenreihe des DPWV, Bd. 30), Frankfurt a.M. 1964
Schäfer, D.: Soziale *Schäden*, soziale Kosten und soziale Sicherung. Argumente für ein Modell zur Integration aller Ausgleichsleistungen für Personenschäden in das soziale Sicherungssystem, Berlin 1972
Schäfer, G. E.: *Bildungsprozesse* im Kindesalter. Selbstbildung, Erfahrung und Lernen in der frühen Kindheit, Weinheim/München 1995
Schäfer, G. E. (Hrsg.): *Soziale Erziehung* in der Grundschule. Rahmenbedingungen, soziales Erfahrungsfeld, pädagogische Hilfen, Weinheim/München 1994
Schäfer, G. E.: *Spielphantasie* und Spielumwelt. Spielen, Bilden und Gestalten als Prozesse zwischen Innen und Außen, Weinheim/München 1989
Schäfer, H.: Die Herabsetzung der *Volljährigkeit*. Anspruch und Konsequenzen, (DJI-Dokumentation), München 1977
Schäfer, K./Schaller, K.: Kritische *Erziehungswissenschaft* und kommunikative Didaktik, Heidelberg 1973
Schäfer, R./Schirmer, K./Schmidt-Eichstaedt, G.: Arbeitsblätter zur novellierten *Baunutzungsverordnung*, Berlin 1978
Schäfers, B. (Hrsg.): Gesellschaftliche *Planung*. Materialien zur Planungsdiskussion in der BRD, Stuttgart 1973
Schaffstein, F.: *Schädliche Neigungen* und Schwere der Schuld als Voraussetzungen der Jugendstrafe, in: Lüttger, H. (Hrsg.): Festschrift für Ernst Heinitz zum 70. Geburtstag, Berlin 1972
Schaffstein, F./Beulke, W.: *Jugendstrafrecht*. Eine systematische Darstellung, Stuttgart/Berlin/Köln (12. Aufl.) 1995
Schäffter, O.: *Bildungsexperten* der Praxis, in: Gieseke, W. u.a.: Professionalität und Professionalisierung, Bad Heilbrunn 1988, S. 76
Schäffter, O.: Zielgruppenorientierung in der Erwachsenenbildung, Braunschweig 1981
Schalt, T.: Der *Freigang* im Jugendstrafvollzug – dargestellt am Beispiel der Fliedner-Häuser des Landes Hessen, Heidelberg 1977
Schamberger, R.: *Frühtherapie* bei geistigbehinderten Säuglingen und Kleinkindern. Untersuchungen bei Kindern mit Down-Syndrom, Weinheim/Basel 1978
Scharmann, T. (Hrsg.): Schule und Beruf als *Sozialisationsfaktoren*. Der Mensch als soziales und personales Wesen, Stuttgart 1966
Schätzler, J.-G.: Handbuch des *Gnadenrechts*, München 1976
Schaub, G.: *Arbeitsrechts*-Handbuch. Systematische Darstellung und Nachschlagewerk für die Praxis, München (8. Aufl.) 1996
Schaub, G./Schindele, F.: *Kurzarbeit* – Massenentlassung – Sozialplan, München 1993
Schäuble, G.: *Theorien*, Definitionen und Beurteilung der Armut, Berlin 1984
Schediwy, D.: Zwischen Sucht und Suche. *Frauenalkoholismus und Adoleszenz*, Pfaffenweiler 1995
Scheel, W./Steup, J.: *Gemeindehaushaltsrecht* Nordrhein-Westfalen, Kommentar, Köln (4. Aufl.) 1981
Scheffler, J. (Hrsg.): *Bürger* und Bettler. Materialien und Dokumente zur Geschichte der Nichtseßhaftenhilfe in der Diakonie 1854-1954, Bielefeld 1987
Scheflen, A. E.: *Körpersprache* und soziale Ordnung. Kommunikation als Verhaltenskontrolle, Stuttgart 1976
Schefold, W./Böhnisch, L.: *Jugendpolitik*, in: Markefka u.a.: Handbuch, S. 794
Schell, F. (Hrsg.): Die Jugend auf der *Datenautobahn*. Sozial-, gesellschafts- und bildungspolitische Aspekte von Multimedia, München 1995
Scheller, B.: *Jüdische Wohlfahrt* in Deutschland, Frankfurt a.M. 1987
Schellhorn, W.: *Aufklärung*, Beratung und Auskunft nach dem Sozialgesetzbuch, in: BlStSozArbR 1975, S. 362

Schellhorn, W.: Neues *Bedarfsbemessungssystem* für die Regelsätze der Sozialhilfe: Ableitung der Regelsätze für sonstige Haushaltsangehörige, in: NDV 1989, S. 157

Schellhorn, W.: *Einführung* eines neuen Bedarfsbemessungssystems für die Regelsätze in der Sozialhilfe, in: NDV 1990, S. 14

Schellhorn, W.: *Fürsorgerechtsvereinbarung* vom 26.5.1965, (Schriften des DV: Kleinere Schriften, H. 19), Frankfurt a.M. 1972

Schellhorn, W.: *Hauspflege* im BSHG, (Schriften des DV: Kleinere Schriften, H. 6), Frankfurt a.M. (3. Aufl.) 1977

Schellhorn, W.: *Pflegeversicherung und Sozialhilfe* – Fragen der Abgrenzung, Ergänzung und der Zusammenarbeit, in: NDV 1995, S. 54

Schellhorn, W.: Was wird aus der *Sozialhilfe?* Überlegungen zum 25jährigen Jubiläum des BSHG, in: NDV 1987, S. 241

Schellhorn, W.: Das Verhältnis von Sozialhilferecht und *Unterhaltsrecht* – aus der Sicht der Sozialhilfe, in: FuR 1990, S. 20

Schellhorn, W.: Empfehlungen für den Einsatz des *Vermögens* in der Sozialhilfe und der öffentlichen Jugendhilfe, (Schriften des DV: Kleinere Schriften, H. 46), Frankfurt a.M. 1971

Schellhorn, W.: *Vorschläge* zur Verbesserung des Verhältnisses zwischen Sozialhilferecht und Unterhaltsrecht, in: FuR 1991, S. 216

Schellhorn, W.: Die rechtliche Bedeutung der *Vorschriften* des Sozialgesetzbuches – Allgemeiner Teil – für die Sozialhilfe und die Jugendhilfe, in: NDV 1976, S. 162

Schellhorn, W.: *Vorschüsse* und vorläufige Leistungen nach dem Entwurf eines SGB-AT, in: BlStSozArbR 1974, S. 321

Schellhorn, W./Jirasek, H.: Einkommen, Einsatz des Einkommens, *Einkommensgrenzen,* in: Schellhorn u.a.: *Praktische Sozialhilfe*

Schellhorn, W./Jirasek, H./Seipp, P.: Das *Bundessozialhilfegesetz.* Ein Kommentar für Ausbildung, Praxis und Wissenschaft, weitergeführt von Schellhorn, Neuwied/Kriftel/Berlin (15. Aufl.) 1997

Schellhorn, W./Wienand, M.: Das Kinder- und Jugendhilfegesetz. (*KJHG* – SGB VIII), ein Kommentar für Ausbildung, Praxis und Wissenschaft, Neuwied/Kriftel/Berlin 1991

Schellhorn, W./Reinehr, W./Schwörer, H.: Die *Kostenerstattung* zwischen den Trägern der Sozialhilfe, der Jugendhilfe und der Kriegsopferfürsorge, Neuwied/Darmstadt 1966

Schellhorn, W./Jirasek, H.: *Praktische Sozialhilfe.* Rechts- und Verwaltungsvorschriften, systematische Darstellungen und Kommentare sowie Entscheidungen zum Recht und zur Praxis der Sozialhilfe, Loseblattausgabe, Neuwied/Darmstadt, Stand: November 1992

Schelsky, H.: *Schule* und Erziehung in der industriellen Gesellschaft, Würzburg 1957

Schelten, A.: Einführung in die *Berufspädagogik,* Stuttgart 1991

Schenda, R.: Das *Elend* der alten Leute. Informationen zur Sozialgerontologie für die Jüngeren, Düsseldorf 1972

Schenk, M.: Das Konzept des sozialen *Netzwerkes,* in: Neidhardt, F. (Hrsg.): Gruppensoziologie. Perspektiven und Materialien, in: KZfSS 1983, Sonderh. 25, S. 88

Schenk-Danzinger, L.: *Entwicklungspsychologie,* Wien/München o.J.

Scherhorn, G.: *Bedürfnis* und Bedarf. Sozioökonomische Grundbegriffe im Lichte der neueren Anthropologie, Berlin 1959

Scherhorn, G.: *Verhaltensforschung* und Konsumtheorie, in: Schmoller's Jahrbuch für Gesetzgebung, Verwaltung und Volkswirtschaft, 1960, S. 1

Scherpner, H.: *Altersfürsorge,* in: HdSW, Bd. 1, S. 106

Scherpner, H. (Hrsg.): Geschichte der *Jugendfürsorge,* bearb. von Hanna Scherpner, Göttingen (2. Aufl.) 1979

Scherpner, H. (Hrsg.): Theorie der *Fürsorge,* hrsg. von Hanna Scherpner, Göttingen (2. Aufl.) 1964

Scherpner, M./Richter-Markert W./Sitzenstuhl, I.: *Anleiten,* Beraten und Lehren: Prinzipien sozialarbeiterischen Handelns. Anregungen für die Praxisanleitung und Beratung von Mitarbeiterinnen, (Schriften des DV: Sonderdrucke und Sonderveröffentlichungen, H. 15), Frankfurt a.M. 1992

Scheuch, E. K.: Das Interview in der *Sozialforschung,* in: König, R.: *Sozialforschung,* Bd. 1

Scheuch, E. K.: Grundlegende Methoden und Techniken der empirischen *Sozialforschung,* in: König, R.: *Sozialforschung,* Bd. 3a, 2. Teil

Scheuerl, H.: Das *Spiel.* Untersuchungen über sein Wesen, seine pädagogischen Möglichkeiten und Grenzen, Weinheim/Basel (11. Aufl.) 1990

Scheuerl, H. (Hrsg.): Das Spiel, Bd. 2: *Theorien* des Spiels, Weinheim/Basel (11. Aufl.) 1991

Scheuner, U.: Das *Grundgesetz* in der Entwicklung zweier Jahrzehnte, in: AöR 1970, S. 353

Schewe, D./Schenke, K./Meurer, A./Hermsen, K.: Übersicht über die *soziale Sicherung,* Bonn (10. Aufl.) 1977

Schickler, W.: *Arbeitsbeschaffungsmaßnahmen,* Stuttgart/Berlin/Köln (3. Aufl.) 1989

Schiemann, C.: *Pflegeelternschule/*Tagespflege – Erziehungshilfe in Tagespflege, in: Bundesministerium für Familie, Senioren, Frauen und Jugend (Hrsg.): Kinderbetreuung in Tagespflege. Tagesmütter-Handbuch, Stuttgart/Berlin/Köln 1996

Schienstock, G.: *Managementsoziologie.* Ein Desiderat der Industriesoziologie?, in: Soz Welt 1991, S. 349

Schiewe, K.: *Sozial-Sponsoring*. Ein Ratgeber, Freiburg (2. Aufl.) 1995
Schiferer, H. R./Gröger, H./Scopec, M.: *Alfred Adler*. Eine Bildbiographie, München/Basel 1995
Schiller, H.: *Gruppenpädagogik* (Social Group Work) als Methode der Sozialarbeit. Darstellung und Analyse ihrer Theorie und Praxis, Wiesbaden 1963
Schlack, H. G.: *Sozialpädiatrische Zentren* – Modell eines interdisziplinären Behandlungsangebotes für Kinder und Jugendliche, in: Settertobulte, W./Palentien, C./Hurrelmann, K.: Gesundheitsversorgung für Kinder und Jugendliche, Heidelberg 1995, S. 221
Schlack, H. G./Schlack, U.: Sozialpädiatrische Strukturen des *Gesundheitswesens*, in: Schlack, H. G. (Hrsg.): Sozialpädiatrie. Gesundheit, Krankheit, Lebenswelten, Stuttgart/Jena/New York 1995, S. 117
Schlaich, K.: Das *Bundesverfassungsgericht*. Stellung, Verfahren, Entscheidungen, München (3. neubearb. Aufl.) 1994
Schlaich, L.: Aufgabe und Ausbildung von *Heilerziehungspflegern*, in: Sozpäd. 1966, S. 32
Schleder, H.: Steuerrecht der *Vereine*, Herne/Berlin (2. Aufl.) 1993
Schleicher, H.: *Jugend- und Familienrecht*, Köln (8. Aufl.) 1994
Schlitt, U.: *Wohngemeinschaften* für psychisch Kranke/seelisch Behinderte, in: DV: *Rahmenbedingungen*, S. 368
Schlüche, H.: Die *Fürsorgerechtsvereinbarung* in der Fassung vom 26.5.1965, in: ZfF 1968, S. 114
Schlüchter, E.: Das *Strafverfahren*, Köln/Berlin/Bonn/München (2. Aufl.) 1983
Schlummer, B.: *Erfolgreich Beraten* in Tageseinrichtungen für Kinder. Konzepte zwischen Fachberatung und Supervision, Aachen/Mainz 1995
Schlüter, W.: BGB *Familienrecht*, Heidelberg (6. Aufl.) 1993
Schlutz, E. (Hrsg.): *Erwachsenenbildung* zwischen Schule und sozialer Arbeit, Bad Heilbrunn 1983
Schmähl, W.: *Alterssicherung* und Einkommensverteilung, Tübingen 1977
Schmähl, W. (Hrsg.): *Versicherungsprinzip* und soziale Sicherung, Tübingen 1985
Schmeling, G.: Sozialrechtliche *Grundrechte* in der BRD. Ein Beitrag zu den §§ 1 bis 10 SGB-AT, in: SGb. 1976, S. 313
Schmid, A.: *Arbeitsmarktpolitik*, in: May, H. (Hrsg.): Handbuch zur ökonomischen Bildung, München/Wien (2. Aufl.) 1995, S. 229
Schmidbauer, M./Löhr, P.: *Fernsehpädagogik*, München/New York/London/Paris 1991
Schmidbauer, W.: Die *Angst* vor Nähe, München 1986
Schmidbauer, W./Scheidt, J. vom: Handbuch der *Rauschdrogen*, Frankfurt a.M. 1984
Schmidhäuser, E.: Vom Sinn der *Strafe*, Göttingen (2. Aufl.) 1971
Schmidhäuser, E.: *Strafrecht*, Allgemeiner Teil, Tübingen (2. Aufl.) 1984
Schmidle, P./Junge, H.: *Sozialisationsfeld* Heimerziehung, Freiburg 1975
Schmidt, A.: Zur *Idee* der kritischen Theorie, Frankfurt a.M. 1974
Schmidt, G.: Methode und Techniken der *Organisation*, Gießen (9. Aufl.) 1991
Schmidt, G./Böcker, F.: *Betreuungsrecht*, München 1991
Schmidt, G./Schorsch, E.: Sexuelle *Liberalisierung* und Emanzipation. Gegenwarts- und Zukunftsmodelle, in: Der Nervenarzt 1974, S. 147
Schmidt, H.-G.: *Kinder* reproduzieren ihre Lebenswelt, Opladen 1988
Schmidt, J.: Die *Amtshilfe* nach dem Verwaltungsverfahrensgesetz, in: Schmitt-Glaeser: *Verwaltungsverfahren*
Schmidt, J.: *Wirtschaftlichkeit* in der öffentlichen Verwaltung, Berlin (2. Aufl.) 1977
Schmidt, J./Keßler, B.: *Anamnese*. Methodische Probleme, Erhebungsstrategien und Schemata, Weinheim/Basel 1976
Schmidt, R.: Kausalität, Finalität und Freiheit. Perspektiven der *Individualpsychologie*, München 1995
Schmidt, S. (Hrsg.): Der Diskurs des radikalen *Konstruktivismus*, Frankfurt a.M. (2. Aufl.) 1988
Schmidt, W.: Die *Kindererziehungsleistung*, in: Ruland: *Handbuch*, S. 907
Schmidt-Aßmann, E.: Der *Rechtsstaat*, in: Isensee, J./Kirchhof, P. (Hrsg.): Handbuch des Staatsrechts der Bundesrepublik Deutschland, Bd. V, Heidelberg 1987, § 24
Schmidtchen, S.: Handeln in der *Kinderpsychotherapie*. Entwicklung und erste Überprüfung einer Theorie des zielgerichteten Therapeuten- und Klientenverhaltens, Stuttgart/Berlin/Köln 1978
Schmidtchen, S.: Klientenzentrierte *Spiel- und Familientherapie*, München/Weinheim (3. vollst. überarb. u. erw. Aufl.) 1991
Schmid-Urban, P.: Städtebauliche Planung und sozialer Anspruch. Zur Anwendung sozialplanerischer Instrumente des Städtebaurechts in der kommunalen Praxis, (Arbeitshefte des Instituts für Stadt- und Regionalplanung der Technischen Universität Berlin, Nr. 34), Berlin 1985
Schmid-Urban, P./Dilcher, R./Feldmann, U./Hanesch, W./Spiegelberg, R.: Kommunale *Sozialberichterstattung*, (Schriften des DV: Arbeitshilfen, H. 41), Frankfurt a.M. 1992
Schmitt, L.: *Bundessozialhilfegesetz*, Kommentar, Loseblattausgabe, München Stand: November 1994
Schmitt-Glaeser, W. (Hrsg.): *Verwaltungsverfahren*. Festschrift zum 50jährigen Bestehen des Boorberg-Verlags, Stuttgart/München/Hannover 1977

Schmitt-Wenkebach, B.: *Altersmischung* als Konzept einer Kindertagesstätte. Material von einer Fortbildung des Pestalozzi-Fröbel-Hauses, Berlin 1995

Schmitt-Wenkebach, B.: *Aufsichtspflicht* in Tageseinrichtungen für Kinder, hrsg. v. Arbeiterwohlfahrt-Bundesverband e.V., Bonn 1994

Schmitt-Wenkebach, B. (Hrsg.): *Elternbildung* als sozialpädagogische Aufgabe. Erfahrungen, Modelle, Vorschläge, Neuwied/Darmstadt 1977

Schmitt-Wenkebach, B.: Kooperation *Kindergarten* und Elternarbeit. Bedingungen, Möglichkeiten, Methoden, Inhalte. Praxishandbuch für Erzieher, Hannover/Dortmund 1976

Schmitt-Wenkebach, R.: Das *Haftungsrecht* in der Jugendarbeit, Neuwied/Darmstadt (2. Aufl.) 1981

Schmitz, B.: Einführung in die *Zeitreihenanalyse*. Modelle, Softwarebeschreibung, Anwendungen, (Methoden der Psychologie, Bd. 10), Bern/Stuttgart/Toronto 1989

Schmitz, E./Tietgens, H. (Hrsg.): *Erwachsenenbildung*, Stuttgart 1984

Schmitz, H.: *Tatgeschehen*, Zeugen und Polizei, Wiesbaden 1978

Schmuck, O. (Hrsg.): Vierzig Jahre *Europarat*. Renaissance in gesamteuropäischer Perspektive?, Bonn 1990

Schnapka, M.: Kinder und Jugendliche im *Ausländerrecht*, in: ZfJ 1990, S. 413

Schnapp, F. E.: Möglichkeiten und Grenzen von *Aufklärung*, Beratung, Auskunft nach dem SGB-AT aus rechtswissenschaftlicher Sicht, in: ZSR 1977, S. 449

Schneider, H.: *Team* und Teamarbeit, Bergisch Gladbach 1991

Schneider, H. J.: *Jugendkriminalität* im Sozialprozeß, Göttingen 1974

Schneider, H. R.: *Handlungsspielräume* in der Sozialarbeit, Bielefeld 1977

Schneider, H. R./Johrendt, N.: Kommunale *Jugendhilfeberichterstattung* und Jugendhilfeplanung, Bielefeld 1994

Schneider, K.: *Grenzerlebnisse*. Zur Praxis der Gestalttherapie, Köln 1990

Schneider, M.: Erziehung der *Erzieher?* Psychologische und politische Möglichkeiten der Verhaltensbeeinflussung bei Lehrern und Eltern, Frankfurt/Bern 1982

Schnell, R./Hill, P. B./Esser, E.: *Methoden* der empirischen Sozialforschung, München/Wien (5. völlig überarb. u. erw. Aufl.) 1995

Schober, K.: *Ausbildungswege* und berufliche Einmündung von „gescheiterten" Jugendlichen, in: Kaiser, M./Nuthmann, R./Stegmann, H. (Hrsg.): Berufliche Verbleibsforschung in der Diskussion, Materialienband 1: Schulgänger aus dem Sekundarbereich I beim Übergang in Ausbildung und Beruf, (Beiträge zur Arbeitsmarkt- und Berufsforschung, Bd. 90.1), Nürnberg 1985, S. 153

Schoch, D.: Zur *Angemessenheit* der Kosten der Unterkunft bei der Hilfe in besonderen Lebenslagen, in: NDV 1987, S. 70

Schoch, D.: *Barbetrag* zur persönlichen Verfügung oder Taschengeld? Stationen einer Entmündigung bei einem Heimaufenthalt, Baden-Baden 1993

Schoch, D.: Die *Bedarfsgemeinschaft* bei der Hilfe zum Lebensunterhalt, in: NDV 1984, S. 431

Schoch, D.: Zur *Berücksichtigung* der Kosten der Unterkunft, in: ZfSH/SGB 1987, S. 234

Schoch, D.: Rechtliche Rahmenbedingungen für die *Beteiligung* „sozial erfahrener Personen" im Widerspruchsausschuß und in der Sozialhilfekommission bei der Durchführung des Bundessozialhilfesetzes, in: ZfSH/SGB 1995, S. 569

Schoch, D.: Zum Einkommenseinsatz bei der *Hilfe* in besonderen Lebenslagen, in: ZfSH/SGB 1991, S. 176

Schoch, D.: Hilfe zum *Lebensunterhalt*. Das Buch zur Fernsehserie, ARD-Ratgeber Recht, Frankfurt a.M. 1996

Schoch, D.: Sozialhilfe. Ein *Leitfaden* für die Praxis, Köln/Berlin/Bonn/München 1995

Schoch, D.: *Sozialhilfe* mit einer Einführung in die Jugendhilfe, (Der Inspektor, Bd. 3), Köln (6. Aufl.) 1991

Schoch, D./Brühl, A./Schmidbauer, M.: *Sozialhilferecht*, (Fälle und Lösungen, Bd. 1), Baden-Baden (2. Aufl.) 1995

Scholler, H.: Enzyklopädie des Blinden- und *Sehbehindertenwesens*, Heidelberg 1990

Scholler, H./Krause, P.: Die Neukonzeption des Sozialhilferechts und die Situation *blinder Menschen*, München 1978

Scholler, H./Schloer, B.: Grundzüge des *Polizei- und Ordnungsrechts* in der Bundesrepublik Deutschland, Heidelberg (4. völlig neubearb. Aufl.) 1993

Scholz, G.: *Organisationsentwicklung* in der öffentlichen Verwaltung, in: VOP 1979, S. 11

Scholz, H.: *Unterhalt und Sozialhilfe*, in: Wendl, P./Staudigl, S.: Das Unterhaltsrecht in der familienrichterlichen Praxis. Die neuere Rechtsprechung des Bundesgerichtshofs und die Leitlinien der Oberlandesgerichte zum Unterhaltsrecht und zum Verfahren in Unterhaltsprozessen, München (3. Aufl.) 1995

Scholz, R.: *Jugendschutz*, Gesetz zum Schutze der Jugend in der Öffentlichkeit – Gesetz über die Verbreitung jugendgefährdender Schriften, Kommentar, München (2. Aufl.) 1992

Scholz, R.: *Unterhaltsvorschußgesetz*, Kommentar, Köln (2. Aufl.) 1992

Schöndube, C. u.a.: Der *Europarat*. 30 Jahre Europäische Einigung, Bonn 1979

Schönefelder, E./Kranz, G./Wanka, R.: Kommentar zum *Arbeitsförderungsgesetz*, Loseblattausgabe, Stuttgart, Stand: Mai 1990

Schönfelder, H.: *Hierarchie* und Management im Wandel der öffentlichen Verwaltung, Bad Harzburg 1972

Schonig, B.: *Reformpädagogik*, in: Lenzen: *Enzyklopädie Erziehungswissenschaft*, Bd. 8, S. 531

Schöning, C. G./Borchard, K.: *Städtebau* im Übergang zum 21. Jahrhundert, Stuttgart 1992

Schönke, A./Schröder, H.: *Strafgesetzbuch, Kommentar*, begründet von Schönke, A. (1.-6. Aufl.), fortgeführt von Schröder, H. (7.-17. Aufl.). Von Theodor Lenckner, München (24. neubearb. Aufl.) 1991

Schönke, A./Baur, F.: *Zwangsvollstreckungs-, Konkurs- und Vergleichsrecht*, Heidelberg (10. Aufl.) 1978

Schönleiter, W./Au, H./Schönleiter, U.: Handbuch der *Bundesversorgung,* Loseblattausgabe, München (2. Aufl.), Stand: Juli 1991

Schöpf, U.: Multikausale *Schäden* in der gesetzlichen Unfallversicherung. Gedanken zur systemgerechten Zuweisung arbeitsbedingter Gesundheitsrisiken, Berlin 1995

Schoreit, A./Dehn, J.: *Beratungshilfegesetz,* Prozeßkostenhilfegesetz, Kommentar, Heidelberg (5. Aufl.) 1995

Schorr, A.: Die *Verhaltenstherapie.* Ihre Geschichte von den Anfängen bis zur Gegenwart, Weinheim 1984

Schorsch, E.: *Sexuelle Deviationen:* Ideologie, Klinik, Kritik, in: ders./Schmidt, G. (Hrsg.): Ergebnisse zur Sexualforschung, Köln 1975

Schorsch, E./Galedary, G. /Haag, A./Hauch, M./Lohse, H.: *Perversion* als Straftat. Dynamik und Psychotherapie, Berlin/Heidelberg/New York/Tokyo 1985

Schrader, A./Nikles, B. W./Griese, H. M.: Die Zweite Generation. Sozialisation und *Akkulturation* ausländischer Kinder in der Bundesrepublik, Königstein (2. Aufl.) 1979

Schraml, W. J. (Hrsg.): *Klinische Psychologie* I. Theorie und Praxis, Bern/Stuttgart/Wien (3. Aufl.) 1975

Schrappe, O. (Hrsg.): Methoden der *Behandlung* von Alkohol-, Drogen- und Medikamentenabhängigkeit. Gemeinsamkeiten und Unterschiede, Stuttgart/New York 1983

Schrappe, O.: Über die *Depravation* bei Süchtigen. Randzonen menschlichen Verhaltens, in: Festschrift für Bürger-Prinz, Stuttgart 1963

Schrapper, C.: *Erziehungs-Aufseher,* Gerichts-Helfer oder mehr? Die „besonderen Erziehungshilfen" des Jugendamtes, in: Blandow u.a.: *Erziehungshilfen,* S. 58

Schreiber, W.: *Existenzsicherheit* in der industriellen Gesellschaft, Köln 1955

Schröder, A.: *Jugendgruppe* und Kulturwandel, Frankfurt a.M. 1991

Schröder, H.: Die Erforderlichkeit von *Sicherungsmaßregeln*, in: JZ 1970, S. 92

Schuchardt, E.: *Schritte* aufeinander zu. Soziale Integration Behinderter durch Weiterbildung, zur Situation in der Bundesrepublik Deutschland, Bad Heilbrunn 1987

Schulenberg, W. (Hrsg.): *Erwachsenenbildung,* Darmstadt 1978

Schuler, R.: Das *Internationale Sozialrecht* der Bundesrepublik Deutschland, Baden-Baden 1988

Schüler-Springorum, H. (Hrsg.): *Jugend* und Kriminalität, Frankfurt a.M. 1983

Schüler-Springorum, H.: Hauptprobleme einer gesetzlichen Regelung des *Jugendstrafvollzugs*, in: Herren, R./Kienapfel, D./Müller-Dietz, H. (Hrsg.): Kultur, Kriminalität, Strafrecht. Festschrift für T. Würtenberger zum 70. Geburtstag, Berlin 1977, S. 425

Schulin, B.: Soziales *Entschädigungsrecht*, in: Maydell, B. v./Ruland, F. (Hrsg.): Sozialrechtshandbuch (SRH), Neuwied 1988, S. 1041

Schulin, B.: Die Soziale Pflegeversicherung des SGB XI – *Grundstrukturen* und Probleme, in: NZS 1994, S. 433

Schulin, B. (Hrsg.): *Handbuch* des Sozialversicherungsrechts, Bd. 2. *Unfallversicherungsrecht*, München 1995

Schulin, B.: Der natürliche – vorrechtliche – *Kausalitätsbegriff* im zivilen Schadensersatzrecht, Berlin/New York 1976

Schulin, B.: *Solidarität* und Subsidiarität, in: Maydell, B. v./Kannengießer, W. (Hrsg.): Handbuch Sozialpolitik, Pfullingen 1988, S. 85

Schulin, B.: *Soziale Entschädigung* als Teilsystem kollektiven Schadensausgleichs, Hamburg 1981

Schulin, B.: *Sozialrecht.* Ein Studienbuch, Düsseldorf (3. Aufl.) 1989

Schulin, B. (Hrsg.): Handbuch des *Sozialversicherungsrechts*, Bd. 1 Krankenversicherungsrecht, München 1995

Schulin, B./Gebler, O.: Rechtliche *Grundlagen* und Probleme des Beratungswesens, in: VSSR 1992, S. 33

Schulte, A.: *Multikulturelle* Gesellschaft: Chance, Ideologie oder Bedrohung?, in: Aus Politik und Zeitgeschichte 1990, H. 23/24, S. 3

Schulte, B.: *Armut* und Armutsbekämpfung in der Europäischen Gemeinschaft. Mindesteinkommenssicherung und Sozialhilfe in EG-Sozialrecht und EG-Sozialpolitik, in: ZfSH/SGB 1992, S. 393

Schulte, B.: Neues *Bedarfsbemessungssystem* und aktuelle Regelsätze in der Sozialhilfe, in: NVZ 1990, S. 1146

Schulte, B.: Die Folgen der *EG-Integration* für die wohlfahrtsstaatlichen Regimes, in: ZSR 1991, S. 548

Schulte, B.: *Einführung,* in: Schulte, B.: *Sicherheit*, S. IX

Schulte, B.: Sozialhilfe in *Europa*, in: Kitterer: *Sozialhilfe*, S. 55

Schulte, B.: *Grundsicherung* – Sozialhilfe, in: Deutscher Sozialrechtsverband e.V.: *Sozialrecht,* S. 199

Schulte, B.: *Künstlersozialversicherung,* in: Maydell, B. v. (Hrsg.): Lexikon des Rechts – Sozialrecht, Neuwied/Darmstadt 1986, S. 190

Schulte, B.: Das Recht auf ein *Mindesteinkommen* in der Europäischen Gemeinschaft. Nationaler Status quo und supranationale Initiativen, in: SF 1991, S. 7

Schulte, B.: Der *Nachrang* der Sozialhilfe gegenüber Möglichkeiten der Selbsthilfe und Leistungen von dritter Seite, in: NJW 1989, S. 1241

Schulte, B.: Europäisches und *nationales Sozialrecht,* in: Nicolaysen, G./Rabe, H.-J. (Hrsg.): Europäisches Arbeits- und Sozialrecht. Europarecht Beiheft 1, Baden-Baden 1990, S. 35

Schulte, B. (Hrsg.): Soziale *Sicherheit* in der EG. Verordnungen (EWG) Nr. 1408/71 und 574/72 sowie andere Bestimmungen, München (3. Aufl.) 1997

Schulte, B.: *Sozialrecht,* in: Lenz, C. O.: *Binnenmarkt,* S. 331

Schulte, B.: Allgemeine Regeln des internationalen Sozialrechts – *supranationales Recht,* in: Maydell, B. v./Ruland, F. (Hrsg.): Sozialrechtshandbuch (SRH), Neuwied 1988, S. 1195

Schulte, B.: *Verteilungsprobleme* in der nur teilweise sozialhilfeberechtigten Bedarfs-(Einstands-) Gemeinschaft, in: ZfSH/SGB 1990, S. 471

Schulte, B./Trenk-Hinterberger, P.: Bundessozialhilfegesetz (*BSHG*) mit Durchführungsverordnung, München 1984

Schulte, B./Trenk-Hinterberger, P.: *Sozialhilfe.* Eine Einführung, Heidelberg (2. Aufl.) 1986

Schulte, B./Zacher, H. F. (Hrsg.): *Wechselwirkungen* zwischen dem Europäischen Sozialrecht und dem Sozialrecht der Bundesrepublik Deutschland. Colloquium des Max-Planck-Instituts für ausländisches und internationales Sozialrecht (München) zusammen mit dem Bundesministerium für Arbeit und Sozialordnung (Bonn) in Augsburg am 5. und 6. November 1990, Berlin 1992

Schulte, W./Tölle, R.: *Psychiatrie,* Berlin/Heidelberg/New York (4. Aufl.) 1977

Schulte, W./Tölle, R. (Hrsg.): *Wahn,* Stuttgart 1972

Schultz, I. H.: Das *autogene Training.* Konzentrierte Selbstentspannung. Versuch einer klinisch-praktischen Darstellung, Stuttgart (17. Aufl.) 1982

Schultz, R.: Gewinn- und Kapitalbeteiligung der *Arbeitnehmer,* München 1987

Schultz, T. W.: *Education* and Economic Growth, Chicago, Ill., 1961

Schulz, E. H.: Die *Führungsaufsicht,* (Freiburger Dissertation), Frankfurt/Bern 1982

Schulze, G.: Die *Erlebnisgesellschaft.* Kultursoziologie der Gegenwart, Frankfurt/New York 1993

Schulze, H./Johannsen, H. S.: *Stottern* bei Kinder im Vorschulalter, Ulm 1986

Schulz von Thun, F.: Miteinander reden: Störungen und *Klärungen,* Reinbek 1981

Schulz von Thun, F.: Miteinander *reden,* Bd. 2: Stile, Werte und Persönlichkeitsentwicklung, Reinbeck 1990

Schulze, T.: *Situation,* pädagogische, in: Lenzen: *Enzyklopädie Erziehungswissenschaft,* Bd. 1

Schumacher, W./Meyn, E.: *Bundes-Seuchengesetz.* Mit amtlicher Begründung und ausführlichen Erläuterungen für die Praxis sowie ergänzenden Rechtsvorschriften (Geschlechtskrankheitengesetz, Trinkwasser-Verordnung), Stuttgart (2. Aufl.) 1982

Schur, E. M.: *Abweichendes Verhalten* und soziale Kontrolle. Ettiketierung und gesellschaftliche Reaktion, Frankfurt a.M. 1974

Schur, M.: Zur Metapsychologie der *Somatisierung,* in: Overbeck u.a.: *Konflikt*

Schüttler, R.: Das psychiatrische *Krankenhaus.* Ungeliebtes Erbe oder zukunftsorientierte Notwendigkeit?, in: Hippius, H./Lauter, H./Ploog, D./Bieber, H./van Hout, L. (Hrsg.): Rehabilitation in der Psychiatrie, Berlin u.a. 1989, S. 215

Schütz, A.: Der sinnhafte *Aufbau* der sozialen Welt, Wien 1932

Schütz, A.: *Gesammelte Aufsätze,* 3 Bde., Den Haag 1971 f.

Schütz, A./Luckmann, T.: Strukturen der *Lebenswelt,* 2 Bde., Frankfurt a.M. 1979 und 1984

Schütz, K. V.: *Gruppenforschung* und Gruppenarbeit, Mainz 1989

Schütze, F.: *Ethnographie* und sozialwissenschaftliche Methoden der Feldforschung, in: Groddeck u.a.: *Modernisierung*

Schütze, F.: Die Technik des narrativen *Interviews* in Interaktionsfeldstudien. Dargestellt an einem Projekt zur Erforschung kommunaler Machtstrukturen, in: Arbeitsberichte und Forschungsmaterialien Nr. 1 der Universität Bielefeld, Fakultät Soziologie 1977

Schützenberger, A.: Einführung in das *Rollenspiel,* Stuttgart 1976

Schwab, D.: Das neue *Betreuungsrecht,* in: FamRZ 1990, S. 681

Schwab, D.: *Familienrecht,* München (5. Aufl.) 1989

Schwab, D.: Einführung in das *Zivilrecht,* Heidelberg (12. Aufl.) 1995

Schwalm, G.: *Kastration,* Sterilisation und Einwilligung in strafrechtlicher Sicht, in: Mergen, A. (Hrsg.): Die juristische Problematik in der Medizin, Bd. 3, München 1971

Schwartländer, J. (Hrsg.): *Menschenrechte und Demokratie,* Kehl/Straßburg/Arlington 1981

Schwartz, F.W./Badura, B.: *Public Health.* Ansätze zu Aufbaustudiengängen in Deutschland, hrsg von der Robert Bosch Stiftung, (Materialien und Berichte, Bd. 36), Gerlingen 1991

Schwartz, H.J.: Prozeßforschung in klientenzentrierter *Gesprächspsychotherapie,* Hamburg 1975 (Diss.)

Schwarz, K.: Die *Kurzschulen* Kurt Hahns. Ihre pädagogische Theorie und Praxis, Ratingen 1968

Schwarz, P.: Ehrenamtliches *Engagement* in Deutschland. Ergebnisse der Zeitbudgeterhebung 1991/92, in: WiSta. 1996, S. 259

Schwarz, P.: *Management* in Nonprofit Organisationen. Eine Führungs-, Organisations- und Planungslehre für Verbände, Sozialwerke, Vereine, Kirchen, Parteien usw., Bern/Stuttgart/Wien (2. aktual. Aufl.) 1995

Schwarz, P./Purtschert, R./Giroud, C.: Das Freiburger *Management-Modell* für Nonprofit-Organisationen (NPO), Bern/Stuttgart/Wien 1995

Schwarze, J.: *Netzplantechnik.* Eine Einführung in das Projektmanagement, Herne/Berlin (7. vollst. überarb. Aufl.) 1994

Schwarzer, A.: So fing es an. Zehn Jahre *Frauenbewegung,* Köln 1981

Schwarzer, R. (Hrsg.): *Beraterlexikon.* Ein praktisches Nachschlagwerk für Erziehung und Unterricht, München 1977

Schweitzer, H./Mühlenbrink, H./Späth, K.H.: *Projektstudium* in der Heimerziehung. Entwicklungsarbeit im sozialpädagogischen Feld 2, Frankfurt a.M. 1977

Schweitzer, H./Mühlenbrink, H./Späth, K.H.: Über die *Schwierigkeit,* soziale Institutionen zu verändern. Entwicklungsarbeit im sozialpädagogischen Feld 1, Frankfurt a.M. 1976

Schweitzer, R. v./Ehling, M./Schäfer, D. u.a.: *Zeitbudgeterhebungen.* Ziele, Methoden und neue Konzepte, (Forum der Bundesstatistik, Bd. 13) Stuttgart 1990

Schwendtler, R.: Theorie der *Subkultur,* Frankfurt a.M. (3. Aufl.) 1981

Schwind, H.-D./Blau, G. (Hrsg.): *Strafvollzug* in der Praxis. Eine Einführung in die Probleme und Realitäten des Strafvollzugs und der Entlassenenhilfe, Berlin/New York (2. Aufl.) 1988

Sckell, S.: Der *Deutsche Verein* für öffentliche und private Fürsorge. Eine Fallstudie über die institutionelle Zusammenarbeit von staatlicher Sozialverwaltung und freier Wohlfahrtspflege. Unveröffentlichte Diplomarbeit, Konstanz 1990

Scott, M. B./Lymann, S. M.: *Verantwortungen,* in: Steinert : *Symbolische Interaktion,* S. 294

Secord, P. F./Backman, C. W.: *Sozialpsychologie,* Frankfurt a.M. (4. Aufl.) 1983

Seehofer, H. u.a.: Solidarische *Pflegeversicherung.* Modell und Vorschläge zur Absicherung des Pflegerisikos, in: Gesellschaftspolitische Kommentare, Sonderausgabe, 2/1991

Seeler, W./Spille, R.: *Bürgerbeteiligung* an der Stadtentwicklungsplanung und im Wohnbereich bei Vorhaben im Hamburger Raum, (Schriftenreihe des Bundesministers für Raumordnung, Bauwesen und Städtebau, Bd. 03.056), Bonn 1977

Seidel, R.: *Soziale Psychiatrie* in der BRD am Beispiel der Tagesklinik des psychiatrischen Behandlungszentrums Mönchengladbach, in: Gaertner, A.: Sozialtherapie, Neuwied/Darmstadt 1982

Seifert, H. (Hrsg.): Reform der *Arbeitsmarktpolitik.* Herausforderungen für Politik und Wirtschaft, Köln 1995

Seifert, T.: *Lebensperspektiven* der Psychologie, Olten 1981

Seiler, G.: Ziele und Mittel des kommunalen Finanzausgleichs – Ein Rahmenkonzept für einen aufgabenbezogenen kommunalen *Finanzausgleich,* in: Pohmer, D. (Hrsg.): Probleme der Finanzausgleichs, Bd. 2, (Schriften des Vereins für Sozialpolitik, Bd. 96/2), Berlin 1980, S. 11

Seiler, H.: Erinnerung an die *Pädagogik,* in: Pfaffenberger, H./Schenk, H. (Hrsg.): Sozialarbeit zwischen Berufung und Beruf. Professionalisierungs- und Verwissenschaftlichungsprobleme der Sozialarbeit, Sozialpädagogik, Münster/Hamburg 1993

Seippel, A.: Handbuch Aktivierende *Gemeinwesenarbeit.* Konzepte – Bedingungen – Strategien – Methoden – Fallstudien, Gelnhausen/Berlin/Freiburg/Stein 1976

Selbsthilfe: *Pflege* '92 – Pflege '91 – Pflege '90. Hilfen für ein menschenwürdiges Leben, Themenheft, H. 2-3, 1991

Selbsthilfe-*Förderrichtlinien* der Krankenkassenverbände, NAKOS-PAPER Nr. 7, Berlin (4. Aufl.) 1994

Selbsthilfeförderung durch die Länder der Bundesrepublik Deutschland, NAKOS-PAPER Nr. 5, Berlin 1995

Selle, G.: Das Ästhetische *Projekt.* Plädoyer für eine kunstnahe Praxis in Weiterbildung und Schule, Unna 1992

Sellnow, R.: *Kosten-Nutzen-Analyse* und Stadtentwicklungsplanung, (Schriftenreihe des Deutschen Instituts für Urbanistik, Bd. 43), Stuttgart/Berlin/Köln (2. Aufl.) 1974

Selvini Palazzoli, M./Anolli, L./Di Blasio, P./Giossi, L./Pisano, J./Ricci, C./Sacchi, M. u.a.: Hinter den *Kulissen* der Organisation, Stuttgart (6. Aufl.) 1995

Senatsverwaltung für Schule, Jugend und Sport Berlin (Hrsg.): Perspektiven der *Kindertagesstättenarbeit,* ESF-Projekt, Berlin 1994

Senge, P. M.: Die fünfte *Disziplin.* Kunst und Praxis der lernenden Organisationen, Stuttgart 1996

Sengling, D./Schulte, G.: *Selbsthilfe* und Wohlfahrtsverbände, in: Versionen und Visionen für das Soziale. Diskussionen über Selbsthilfe- und Sozialpolitik aus Anlaß des zehnjährigen Bestehens von Sekis in Berlin, hrsg. von Sekis und dem DPWV, Berlin 1993, S. 107

Sennet, R.: *Autorität,* Frankfurt a.M. 1985
Serries, C./Hübinger, W.: Zur *Rolle* der Freien Wohlfahrtsverbände im Sozialstaat, in: „Weltweite Hilfe" 1991, Sonderteil 3, S. III 3
Seve, L.: *Marxismus* und Theorie der Persönlichkeit, Frankfurt a.M. (4. Aufl.) 1983
Seyfried, M.: *Suizidalität,* Suizidprophylaxe und Sozialarbeit, Regensburg 1995
Shaffer, J. B./Galinsky, H. D.: Handbuch der *Gruppenmodelle* 1, Gelnhausen/Freiburg 1976
Shaftel, F. R./Shaftel, G.: *Rollenspiel* als soziales Entscheidungstraining, München/Basel 1973
Sieber, H.: *Kooperation* für ein Mehr an Leistung, in: Forum Sozialstation 1996, Nr. 82, S. 18
Siedentopf, H.: Gemeindliche *Selbstverwaltungsgarantie* im Verhältnis zur Raumordnung und Landesplanung, Göttingen 1977
Siegel, E. V.: Weibliche *Homosexualität.* Psychoanalytische und therapeutische Praxis, München 1992
Siegert, M. T.: *Adoleszenzkrise* und Familienumwelt, Frankfurt a.m. 1979
Siepmann, H./Siepmann, U.: *Verwaltungsorganisation,* Stuttgart/Berlin/Köln (5. überarb. Aufl.) 1996
Sievers, B. (Hrsg.): *Organisationsentwicklung* als Problem, Stuttgart 1977_
Sievert, O.: Für *Investivlöhne,* Plädoyer für ein vernachlässigtes Konzept, Bad Homburg 1992
Simitis, S./Dammann, U./Mallmann, O./ Reh, H.-J.: Kommentar zum Bundesdatenschutzgesetz (*BDSG),* Baden-Baden (3. Aufl.) 1981
Simitis, S./Rosenkötter, L./Vogel, R./Boost-Muss, B./Frommann, M./Hopp, J./Koch, H./Zenz, G.: *Kindeswohl.* Eine interdisziplinäre Untersuchung über seine Verwirklichung in der vormundschaftsgerichtlichen Praxis, Frankfurt a.m. 1979
Simon, D.: Die *Unabhängigkeit* des Richters, Darmstadt 1975
Simon, F. B./Stierlin, H.: Die Sprache der *Familientherapie.* Ein Vokabular. Überblick, Kritik und Integration systemtherapeutischer Begriffe, Konzepte und Methoden, Stuttgart 1984
Simonsohn, B. (Hrsg.): *Jugendkriminalität,* Strafjustiz, Sozialpädagogik, Frankfurt a.M. 1972
Sinus-Institut: Die verunsicherte Generation. Jugend und *Wertewandel.* Bericht im Auftrag des BMJFG, Opladen 1983
Siporin, M.: *Introduction* to Social Work Practice, New York 1975
Slavson, S. R.: Einführung in die *Gruppentherapie* von Kindern und Jugendlichen, Göttingen 1971
Slesina, W.: Zur Theorie und Praxis der *Organisationsentwicklung,* in: Zeitschrift für Arbeitswissenschaft 1978, S. 165

Smilansky, S.: Wirkungen des sozialen *Rollenspiels* auf benachteiligte Vorschulkinder, in: Flitner: *Kinderspiel*
Soden, K. v.: *„Bewußtsein"* in Freuds Theorie, in: Psyche 1977, S. 975
Soergel, T./Siebert, W.: *Bürgerliches Gesetzbuch,* Kommentar, Bd. 8: *Familienrecht* II, Stuttgart/Berlin/Köln (12. Aufl.) 1987
Sollmann, U.: *Bioenergetik* in der Praxis. Streßbewältigung und Regeneration, Reinbek 1988
Söllner, A.: Grundriß des *Arbeitsrechts,* München (10. Aufl.) 1991
Sommermann, K.-P.: Der Schutz der *Menschenrechte* im Rahmen des Europarats, Speyer 1990
Sontag, P.: Die prozessuale Stellung des *Gerichtshelfers,* in: NJW 1976, S. 1436
Sorosky, A. D./Baran, A./Pannor, R.: *Adoption.* Zueinander kommen – miteinander leben, Eltern und Kinder erzählen, Reinbek 1990
Sozialenquête-Kommission (Bogs, W./ Achinger, H./Meinhold, H./Neundörfer, L./ Schreiber, W.): *Soziale Sicherung* in der Bundesrepublik Deutschland, Stuttgart/ Berlin/Köln 1966
Sozialministerium Niedersachsen: *Spielplatzfibel,* Hannover 1980
Sozialpädagogisches Institut Berlin (Hrsg.): *Soziale Arbeit* und Arbeitsmarkt, Berlin 1986
Sozialwissenschaftliche Forschung und Praxis für Frauen e.V. (Hrsg.): *Beiträge* zur feministischen Theorie und Praxis, München 1978ff.
Spahn, P. B./Galler, M. P./Kaiser, H./Kassella, T./Merz, J.: *Mikrosimulation* in der Steuerpolitik, Heidelberg 1992
Spearman, C.: The *Abilities* of Man, London 1927
Specht, H./Vickery, A. (Hrsg.): *Methodenintegration* in der Sozialarbeit zur Entwicklung eines einheitlichen Praxismodells, Freiburg 1980
Specht, W.: *Jugendkriminalität* und mobile Jugendarbeit. Ein stadtteilbezogenes Konzept von Street Work, Neuwied/Darmstadt 1979
Specht, W.: Konzept und Praxis einer *mobilen Jugendarbeit,* in: dj 1977, S. 458
Speck, O.: *Früherkennung* und Frühförderung behinderter Kinder, in: Deutscher Bildungsrat (Hrsg.): Gutachten und Studien der Bildungskommission. Sonderpädagogik, Bd. 3, Stuttgart 1973
Speck, O.: *Frühförderung* entwicklungsgefährdeter Kinder. Der pädagogische Auftrag zu einer interdisziplinären Aufgabe, München 1977
Speck, O.: Der geistigbehinderte *Mensch* und seine Erziehung, München (2. Aufl.) 1972
Speck, O./Peterander, F./Innerhofer, P. (Hrsg.): *Kindertherapie.* Interdisziplinäre Beiträge aus Forschung und Praxis, München/Basel 1987

Speck, O./Thalhammer, M.: Die *Rehabilitation* der Geistigbehinderten. Ein Beitrag zur sozialen Integration, München (2. Aufl.) 1977

Spellerberg, A.: Soziale Differenzierung durch *Lebensstile*. Eine empirische Untersuchung zur Lebensqualität in West- und Ostdeutschland, hrsg. vom Wissenschaftszentrum Berlin für Sozialforschung, Berlin 1996

Spengler, A. *Sadomasochisten* und ihre Subkulturen, Frankfurt a.M. 1979

Spiegel, H. v.: Aus *Erfahrung* lernen. Qualifizierung durch Selbstevaluation, Münster 1993

Spiegel, R.: Einführung in die *Psychopharmakologie*, Bern 1994

Spiegelhalter, F.: Der dritte *Sozialpartner*. Die Freie Wohlfahrtspflege – ihr finanzieller und ideeller Beitrag zum Sozialstaat, Freiburg 1990

Spieler, J.: *Schweigende* sprachscheue *Kinder*, Olten 1944

Spielmann, W./Kühnl, P.: *Blutgruppenkunde*, Stuttgart 1982

Spitz, R. A.: *Hospitalism*. An Inquiry into the Genesis of Psychiatric Conditions in Early Childhood. The Psychoanalytic Study of the Child, Bd. 1, 1945

Spitz, R. A.: Vom Säugling zum Kleinkind. Naturgeschichte der *Mutter-Kind-Beziehungen* im ersten Lebensjahr, Stuttgart (7. Aufl.) 1983

Spitzer, M.: Was ist *Wahn?* Untersuchung zum Wahnproblem, Berlin u.a. 1989

Spranger, E.: Psychologie des *Jugendalters*, Heidelberg (28. Aufl.) 1966

Sprey, T. (Hrsg.): Praxis der *Elternbildung*, Projekte, Hilfen, Perspektiven, München 1978

Stadler, O./Gutekunst, D./Forster, G.: *Wohngeldgesetz*, Kommentar, Loseblattausgabe, Stuttgart/München/Hannover, Stand: Oktober 1991

Stadt Essen: *Aktenführung* in den sozialen Diensten des Jugendamtes, Essen (2. Aufl.) 1997

Staemmler, F.-M.: Der leere Stuhl: Ein Beitrag zur Technik der *Gestalttherapie*, München 1995

Staley, B.: *Pubertät*. Überleben zwischen Anpassung und Freiheit, Stuttgart (2. Aufl.)1996

Ständige Konferenz der Kultusminister der Länder der Bundesrepublik Deutschland (KMK): *Empfehlungen* der Studienreformkommission Pädagogik/Sozialpädagogik/ Sozialarbeit, Bd. 2: Ausbildungsbereich *Sozialwesen* (Entwurf), Bonn, Mai 1984

Starck, C. (Hrsg.): *Bundesverfassungsgericht* und Grundgesetz. Festgabe aus Anlaß des 25jährigen Bestehens des Bundesverfassungsgerichts, 2 Bde., Tübingen 1976

Starck, C.: Der *Gesetzesbegriff* des Grundgesetzes. Ein Beitrag zum juristischen Gesetzesbegriff, Baden-Baden 1970

Stark, W.: *Empowerment*. Neue Handlungskompetenzen in der psychosozialen Praxis, Freiburg 1996

Statistisches Amt der Europäischen Gemeinschaften: Ausgaben und Einnahmen des *Sozialschutzes* 1980-1993, Luxemburg 1995

Statistisches Bundesamt (Hrsg.): Im Blickpunkt: *Ältere Menschen,* Stuttgart 1991

Statistisches Bundesamt (Hrsg.): *Ausländer,* (Fachserie 1, Reihe 2), Stuttgart (erscheint jährlich)

Statistisches Bundesamt (Hrsg.): Im *Blickpunkt.* Ausländische Bevölkerung in Deutschland, Stuttgart 1995

Statistisches Bundesamt (Hrsg.): Im *Blickpunkt*: *Familien* heute, Stuttgart 1995

Statistisches Bundesamt (Hrsg.): Das Arbeitsgebiet der *Bundesstatistik,* Ausgabe 1996, Stuttgart 1996

Statistisches Bundesamt (Hrsg.): *Datenreport.* Zahlen und Fakten über die Bundesrepublik Deutschland, Stuttgart (erscheint zweijährlich)

Statistisches Bundesamt (Hrsg.): *Einnahmen* und Ausgaben ausgewählter privater Haushalte, (Fachserie 15, Reihe 1), Stuttgart (erscheint vierteljährlich und jährlich)

Statistisches Bundesamt (Hrsg.): *Einrichtungen* und tätige Personen in der Jugendhilfe, (Fachserie 13, Reihe 6.3), Stuttgart (erscheint jährlich)

Statistisches Bundesamt (Hrsg.): Stand und Entwicklung der *Erwerbstätigkeit,* (Fachserie 1, Reihe 4.1.1), Stuttgart (erscheint jährlich)

Statistisches Bundesamt (Hrsg.): *Familien* heute. Strukturen, Verläufe und Einstellungen, Stuttgart 1990

Statistisches Bundesamt (Hrsg.): *Haushalte* und Familien, (Fachserie 1, Reihe 3), Stuttgart (erscheint jährlich)

Statistisches Bundesamt (Hrsg.): Erzieherische *Hilfen* und Aufwand für die Jugendhilfe, (Fachserie 13, Reihe 6.1), Stuttgart (erscheint jährlich)

Statistisches Bundesamt (Hrsg.): *Jugendhilfe,* (Fachserie 13, Reihe 6), Stuttgart (erscheint jährlich)

Statistisches Bundesamt (Hrsg.): *Maßnahmen* der Jugendarbeit im Rahmen der Jugendhilfe, (Fachserie 13, Reihe 6.2), Stuttgart (erscheint jährlich)

Statistisches Bundesamt (Hrsg.): Preise und *Preisindizes* für die Lebenshaltung, (Fachserie 17, Reihe 7), Stuttgart („Eilbericht" und „Monatsheft" erscheinen monatlich)

Statistisches Bundesamt (Hrsg.): *Rehabilitationsmaßnahmen,* (Fachserie 13, Reihe 5.2), Stuttgart (erscheint jährlich)

Statistisches Bundesamt (Hrsg.): *Schwangerschaftsabbrüche,* Fachserie 12, Reihe 3), Stuttgart (erscheint jährlich)

Statistisches Bundesamt (Hrsg.): *Schwerbehinderte,* (Fachserie 13, Reihe 5.1), Stuttgart (erscheint zweijährlich)

Statistisches Bundesamt (Hrsg.): Sozialleistungen/02. *Sozialhilfe,* (Fachserie 13, Reihe 2), Stuttgart (erscheint jährlich)
Statistisches Bundesamt (Hrsg.): *Statistisches Jahrbuch* für die Bundesrepublik Deutschland, Wiesbaden (erscheint jährlich)
Statistisches Bundesamt (Hrsg.): Stichproben in der amtlichen Statistik, Mainz 1960
Statistisches Bundesamt (Hrsg.): *Volkswirtschaftliche Gesamtrechnungen,* (Fachserie 18), Stuttgart (erscheint i.d.R. jährlich)
Statistisches Bundesamt (Hrsg.): Lange Reihe zur *Wirtschaftsentwicklung,* Stuttgart (erscheint zweijährlich)
Statistisches Landesamt Baden-Württemberg (Hrsg.): Das *Bildungswesen* in Baden-Württemberg, Stuttgart 1978
Staub-Bernasconi, S.: Stellen Sie sich vor: *Markt,* Ökologie und Management wären Konzepte einer Theorie und Wissenschaft sozialer Arbeit, in: Lewkowicz: *Soziale Arbeit,* S. 12
Staub-Bernasconi, S.: Soziale *Probleme* – Dimensionen ihrer Artikulation, Diessenhofen 1983
Staub-Bernasconi, S.: Ist soziale Arbeit zu einfach oder zu komplex, um theorie- und wissenschaftswürdig zu sein? Der Beitrag der Frauenbewegung zur *Professionalisierung* der Sozialarbeit/Sozialpädagogik, in: Pfaffenberger u.a.: *Sozialpädagogik,* S. 131
Staub-Bernasconi, S.: Das *Selbstverständnis* sozialer Arbeit in Europa: frei von Zukunft – voll von Sorgen?, in: SozArb. 1991, S. 2
Staub-Bernasconi, S.: *Soziale Arbeit* als eine besondere Art des Umgangs mit Menschen, Dingen und Ideen. Zur Entwicklung einer handlungstheoretischen Wissensbasis sozialer Arbeit, in: SozArb. 1986, S. 2
Staub-Bernasconi, S.: *Systemtheorie,* soziale Probleme und soziale Arbeit. Lokal, national, international oder: vom Ende der Bescheidenheit, Bern/Stuttgart/Wien 1995
Staudinger, J. v.: Kommentar zum *Bürgerlichen Gesetzbuch* mit Einführungsgesetz und Nebengesetzen, Berlin (12. Aufl.) 1978 ff.
Staudte, A. (Hrsg.): Ästhetisches *Lernen* auf neuen Wegen, Weinheim/Basel 1993
Staufer, J.: Sind *Schülerhilfen* eine Hilfe für Schüler?, in: TuP 1982/7
Staufer, J./Stickelmann, B.: Klient *Schule*? „Erfahrungen machen" im Spannungsfeld zwischen Jugendhilfe und Schule, Reinheim 1984
Stauss, E.: Überlegungen zur wirtschaftlichen Bedeutung der Freien *Wohlfahrtspflege,* in: IMis. 1963, S. 145
Stauss, E./Dörrie, K: *Geschichte,* Aufgaben, Struktur des DPWV, in: Stauss, E./Niemeyer, I. (Hrsg.): Deutscher Paritätischer Wohlfahrtsverband – Partner für freie soziale Arbeit, Wiesbaden 1987
Steffan, W.: *Streetwork* in der Drogenszene, Freiburg 1988
Stein, A.: Sozialtherapeutisches *Rollenspiel*. Erfahrungen mit einer Methode der psychosozialen Behandlung im Rahmen der Sozialarbeit/Sozialpädagogik, Neuwied/Kriftel/Berlin (2. erw. Aufl.) 1993
Stein, E.: Lehrbuch des *Staatsrechts,* Tübingen (9. Aufl.) 1984
Stein, F./Jonas, M.: Kommentar zur *Zivilprozeßordnung,* 4 Bde., Tübingen (20. Aufl.) 1977
Stein, O.: *Bedarf* und Bedürfnis, in: *HdSW,* Bd. 1, S. 707
Stein-Hilbers, M.: *Biologie* und Gefühl – Geschlechterbeziehungen im neuen Kindschaftsrecht, in: ZRP 1993, S. 256
Stein-Hilbers, M.: Wem „gehört" das *Kind*? Neue Familienstrukturen und veränderte Eltern-Kind-Beziehungen, Frankfurt/New York 1994
Steinbeck, H. H.: Das neue *total quality Management*. Qualität aus Kundensicht, Landsberg 1995
Steindorff, C.: Vom *Kindeswohl* zu den Kindesrechten, Neuwied/Kriftel/Berlin 1994
Steiner, C. M.: Macht ohne Ausbeutung. Zur Ökologie *zwischenmenschlicher Beziehungen,* Paderborn 1985
Steinert, H.: *Etikettierung* im Alltag, in: Heigel-Evers: *Lewin,* S. 388
Steinert, H.: Das *Handlungsmodell* des symbolischen Interaktionismus, in: Lenk, H. (Hrsg.): Handlungstheorien – interdisziplinär, Bd. 4, München 1977, S.79
Steinert, H. (Hrsg.): *Symbolische Interaktion*. Arbeiten zu einer reflexiven Soziologie, Stuttgart 1973
Steinert, J.-D.: *Migration* und Politik. Westdeutschland – Europa – Übersee 1945-61, Osnabrück 1995
Steinfatt, W.: *Handbuch* des Haushalts-, Kassen- und Rechnungswesens, Loseblattausgabe, Heidelberg, Stand: Januar 1996
Steinmeyer, H.D.: Betriebliche *Altersversorgung* und Arbeitsverhältnis. Das betriebliche Ruhegeld als Leistung im arbeitsvertraglichen Austauschverhältnis, München 1991
Steinmeyer, H.D.: Einführung in das internationale *Sozialrecht,* in: Maydell, B. v./Ruland, F. (Hrsg.): Sozialrechtshandbuch (SRH), Neuwied (2. Aufl.) 1996, S. 1501
Steinmüller, W.: *Informationstechnologie* und Gesellschaft. Einführung in die angewandte Informatik, Darmstadt 1993
Steinvorth, O.: *Diagnose*: Verwahrlosung, München (3. Aufl.) 1976
Stemmle, D. (Hrsg.): *Soziale Fragen* an der Schwelle zur Zukunft – neue Strategien für sozialtätige Organisationen und ihre Mitwirkenden, Bern, Stuttgart, Wien 1995
Stemmle, D./Nader, U./Neises, G. (Hrsg.): *Marketing* im Gesundheits- und Sozialbereich. Einführung und Grundlagen für die Praxis, Bern, Stuttgart, Wien 1992

Stemshorn, A. (Hrsg.): Barrierefrei *Bauen* für Behinderte und Betagte. DIN-Normen, Kommentar, Statistik, Wohnformen, Wohnungsbau, Außenanlagen, öffentliche Gebäude, Sport- und Freizeitanlagen, Werkstätten, Städtebau und Verkehr, Orientierung, Beratung, Selbsthilfe, Finanzierung, neue Bundesländer, Leinfelden-Echterdingen (3. überarb. u. erw. Aufl.) 1994

Stern, E.: Handbuch der *Klinischen Psychologie*, 2 Bde., Zürich, Bd.1 1954, Bd.2 1958

Stern, E.: Der *Mensch* in der zweiten Lebenshälfte. Psychologie des Alterns und des Alters, Zürich 1955

Stern, K.: Idee und Elemente eines Systems der *Grundrechte*, in: Isensee, J./Kirchhof, P. (Hrsg.): Handbuch des Staatsrechts der Bundesrepublik Deutschland, Bd. V, Heidelberg 1992, § 109

Sternel, F.: *Mietrecht* aktuell. Erläuterung der neuen Mietgesetze, aktuelle Rechtsprechung, Gesetzestexte, Köln (3. aktual. u. erw. Aufl.) 1996

Stewart, J./Joines, V.: Die *Transaktionsanalyse*, Freiburg 1990

Stickelmann, B.: Schulbezogene *Erziehungshilfen*, in: Blandow u.a.: *Erziehungshilfen*, S. 95

Stickelmann, B.: *Forschen* und Handeln, in: Heiner, M. (Hrsg.): Praxisforschung in der sozialen Arbeit, Freiburg 1988, S. 170

Stickelmann, B.: *Sozialarbeit* in der Schule, in: Kreft u.a.: *Perspektivenwandel*, Bd. 2, S. 317

Stickelmann, B.: Wie die *Wirklichkeit* sozialpädagogisch wird, in: Rauschenbach, T. u.a. (Hrsg.): Der sozialpädagogische Blick. Lebensweltorientierte Methoden in der sozialen Arbeit, Weinheim/München 1993, S. 175

Stickelmann, B. (Hrsg.): *Zuschlagen oder Zuhören*. Jugendarbeit mit gewaltorientierten Jugendlichen, Weinheim/München 1996

Stiefel, M.-L.: Hilfsbedürftigkeit und *Hilfenbedarf* älterer Menschen im Privathaushalt, Berlin 1983

Stierlin, H.: Von der *Psychoanalyse* zur Familientherapie: Theorie, Klinik, Stuttgart (2. Aufl.) 1980

Stierlin, H.: Das *Tun* des Einen ist das Tun des Anderen. Eine Dynamik menschlicher Beziehungen, Frankfurt a.M. 1976

Stierlin, H./Rücker-Embden, J./Wetzel, N./Wirsching, M.: Das erste *Familiengespräch*. Theorie-Praxis-Beispiele, Stuttgart (6. Aufl.) 1992

Stiftung Rehabilitation: Auf dem Weg zur umfassenden *Rehabilitation*, (Heidelberger Schriftenreihe zur Rehabilitation, Bd. 3), Heidelberg 1974

Stiksrud, A.: *Jugend* im Generationen-Kontext. Sozial- und entwicklungspsychologische Perspektiven, Opladen 1994

Stobbe, A.: Volkswirtschaftliches *Rechnungswesen*, Berlin/Heidelberg/New York (7. Aufl.) 1989

Stöckel, H.: Das Institut der *Führungsaufsicht*, in: Bayerische Verwaltungsblätter 1975/1, S. 5

Stöckel, H.: Der *Sozialdienst* in der Justiz, in: Frisch, W./Schmid, W. (Hrsg.): Festschrift für Hans-Jürgen Bruns zum 70. Geburtstag, Köln/Berlin/Bonn/München 1978

Stöckel, H.: *Presserecht*. Die Pressegesetze der Länder, München (7. Aufl.) 1994

Stolarz, H.: *Wohnungsanpassung* – kleine Maßnahmen mit großer Wirkung, Köln (erw. u. aktual. Neuausg.) 1996

Stollberg, D.: *Lernen,* weil es Spaß macht. Eine Einführung in die Themenzentrierte Interaktion, München (2. Aufl.) 1990

Stolleis, M.: Quellen zur Geschichte des *Sozialrechts*, hrsg. von W. Treue, Göttingen 1976

Stösser, A. v.: *Pflegestandards*. Erneuerung der Pflege durch Veränderung der Standards, Berlin/Heidelberg/New York (3. erw. u. überarb. Aufl.) 1994

Stösser, A. v.: *Qualitätsstandards* in der Altenpflege, Eigenverlag

Strasser, J.: Grenzen des *Sozialstaats?*, Köln (2. Aufl.) 1983

Straub, H.: Das Morenosche Psychodrama und seine Anwendungsmöglichkeiten im Rahmen einer psychiatrischen *Klinik*, in: Zeitschrift für Psychotherapie und medizinische Psychologie 1963/4

Straub, H.: Was ist *Psychodrama?*, in: Psych-Heute 1976/4, S. 27

Straub, H.: Das Psychodrama als *Therapieform* und – in Modifikation – als Mittel zur Erlangung sozialer Kompetenz, in: GrPsyGrDyn. 1977, S. 293

Strauss, A. L.: *Grundlagen* qualitativer Sozialforschung. Datenanalyse und Theoriebildung in der empirischen soziologischen Forschung, München 1994

Streinz, R.: *Europarecht*, Heidelberg (3. neubearb. Aufl.) 1996

Strickrodt, G.: *Stiftungen* in der Rechtsprechung, Baden-Baden, Bd. 1 1980, Bd. 2 1982

Strohmeier, K. P.: *Familienmodell* und familiale Lebensformen – ein handlungstheoretischer Bezugsrahmen, in: Nauck, B./Onnen-Isemann, C. (Hrsg.): Familie im Brennpunkt von Wissenschaft und Forschung. Rosemarie Nave-Herz zum 60. Geburtstag gewidmet, Neuwied/Kriftel/Berlin 1995, S. 17

Strohmeier, K. P.: *Sozialökologie* – Die sozialräumliche Dimension von Lebenslagen. Sozialarbeit als soziale Kommunalpolitik. Ansätze zur aktiven Gestaltung lokaler Lebensbedingungen, in: NPrax. 1981, Sonderh. 6, S. M

Strömbach, R./Fricke, P./Koch, H. B.: *Supervision*. Protokolle eines Lernprozesses, Gelnhausen/Freiburg/Nürnberg/München 1975

Strotzka, H. (Hrsg.): *Psychotherapie*: Grundlagen, Verfahren, Indikationen, München/Wien (2. Aufl.) 1978

Strunk, A. (Hrsg.): *Dienstleistungscontrolling*. Strategien zur Innovationssteuerung im Sozial- und Gesundheitssystem, Baden-Baden 1996

Strunk, A.: *Innovation* im Sozialleistungssystem durch Planung und Management, Bielefeld 1997

Strunk, P.: *Mutismus*, in: Harbauer, H. u.a.: *Kinder- und Jugendpsychiatrie*

Strunz, K.: Das Problem der *Persönlichkeitstypen*, in: Lersch, P./Thomae, H. (Hrsg.): Persönlichkeitsforschung und Persönlichkeitstheorie. Handbuch der Psychologie, Bd. 4, Göttingen 1960, S. 155

Stüwe, G.: Das Konzept der gegenseitigen *Akzeptanz*. Handlungsstrategien für eine multikulturelle Gesellschaft, in: BldW 1991, S. 106

Stüwe, G.: Zeitgemäßes *Gesellschaftsdesign*. Zur Diskussion um den Begriff der multikulturellen Gesellschaft, in: Sozial Extra 1991, H. 2, S. 6

Stüwe, G.: *Türkische Jugendliche*. Eine Untersuchung in Berlin-Kreuzberg, Bensheim (2. Aufl.) 1982

Suchodolski, B.: Einführung in die marxistische *Erziehungstheorie*, Köln 1972

Süllwold, F.: *Begabung* und Leistung, Hamburg 1976

Supervision: *Nr. 18, Geschichte* der Supervision, Frankfurt a.M 1989

Supervision: *Sonderheft 1984*. Weiterbildung zum Supervisor an bundeszentralen Fortbildungsinstituten für Jugend- und Sozialarbeit, Münster 1994

Sutura, C.: Das Leistungsspektrum von *Erziehungsberatungsstellen*. Ergebnisse einer Bundeskonferenz für Erziehungsberatung, Fürth 1994

Sykes, G. M./Matza, D.: *Techniken* der Neutralisierung. Eine Theorie der Delinquenz, in: Sack, F./König, R. (Hrsg.): Kriminalsoziologie, Frankfurt a.M. 1968, S. 360

Szasz, T.: Das Ritual der *Drogen*, Frankfurt a.M. 1980

Szasz, T. S.: *Geisteskrankheit* – ein moderner Mythos? Grundzüge einer Theorie des persönlichen Verhaltens, Freiburg 1972

Tajfel, H.: Soziales *Kategorisieren*, in: Moscovici, S. (Hrsg.) Forschungsgebiete der Sozialpsychologie 1, Frankfurt a.M. 1975, S. 345

Tartler, R.: Das *Alter* in der modernen Gesellschaft, Stuttgart 1961

Tauche, A.: *Lebenszusammenhänge* und soziale Hilfen, in: Bayerischer Wohlfahrtsdienst 1984, 36. Jg., Nr. 12

Tauche, A.: *Neues Denken* – Alte Erkenntnisse, in: NDV 1996, S. 24

Taudien, H.: *Grenzen* der Religionsfreiheit. Rechtliche Möglichkeiten zur Reaktion auf die Aktivitäten neuerer Glaubensgemeinschaften, (Münchener Texte und Analysen zur religiösen Situation), München 1987

Tausch, R.: *Gesprächspsychotherapie*, Göttingen (7. Aufl.) o.J.

Tausch, R./Tausch, A. M.: *Erziehungspsychologie*. Begegnung von Person zu Person, Göttingen/Toronto/Zürich (10. Aufl.) 1991

Teichler, U. (Hrsg.): Das *Hochschulwesen* in der Bundesrepublik Deutschland, Weinheim 1990

Tenbruck, F. H.: *Soziale Kontrolle*, in: Staatslexikon, Bd. 7, Freiburg 1962, Sp. 226

Tenckhoff, J.: *Jugendstrafe* wegen der Schwere der Schuld?, in: Juristische Rundschau 1977, S. 485

Tenorth, H.-E.: *Geschichte* der Erziehung. Einführung in die Grundzüge ihrer neuzeitlichen Entwicklung, Weinheim (2. Aufl.) 1992

Tews, H. P.: Soziologische *Alternsmodelle*. Zur Diskussion soziologischer Alternstheorien, in: ActGer. 1979, S. 179

Tews, H. P.: *Soziologie des Alterns*, Heidelberg (3. Aufl.) 1979

Textor, M. R. (Hrsg.): *Allgemeiner Sozialdienst*. Ein *Handbuch* für soziale Berufe, Weinheim/Basel 1994

Textor, M. R. (Hrsg.): Das Buch der *Familientherapie*. Sechs Schulen in Theorie und Praxis, Frankfurt a.M. 1988

Thalmann, W.: Die Verhandlungsführung des *Familienrichters* bei „existenzgefährdenden" Familiensachen unter Berücksichtigung des Kübler-Ross-Phänomens, in: FamRZ 1984, S. 634

Thielmann, H.: Die Geschichte der *Knappschaftsversicherung*, St. Augustin 1960

Thieme, W.: *Verwaltungslehre*, Köln/Berlin/Bonn/München (4. Aufl.) 1984

Thieme, W./Becker, U. (Hrsg.): Handbuch der *Verwaltung*, Köln/Berlin/Bonn/München 1974

Thiersch, H.: Unterstützung im *Alltag*, eine Notiz, in: Münder, J./Jordan, E. (Hrsg.): Mut zur Veränderung. Soziale Arbeit zwischen Aufbruch und alltäglichen Mühen, Münster 1996, S. 208

Thiersch, H.: *Heimerziehung*, in: ders.: Kritik und Handeln. Interaktionistische Aspekte der *Sozialpädagogik*, Neuwied/Darmstadt 1977

Thiersch, H.: *Lebenswelt* und Moral. Beiträge zur moralischen Orientierung sozialer Arbeit, Weinheim/München 1995

Thiersch, H.: Lebensweltorientierte *soziale Arbeit*, Weinheim (2. Aufl.) 1995

Thiersch, H./Rauschenbach, T.: Sozialpädagogik/Sozialarbeit: *Theorie* und Entwicklung, in: Eyferth u.a.: *Handbuch*, S. 984

Thiersch, H./Grunwald, K. (Hrsg.): *Zeitdiagnose* Soziale Arbeit. Zur wissenschaftlichen Leistungsfähigkeit der Sozialpädagogik in Theorie und Ausbildung, Weinheim/München 1995

Thimm, W. (Hrsg.): *Soziologie der Behinderten*. Materialien, Rheinstetten (5. Aufl.) 1978

Thole, W.: Stichworte zu einigen Fragen und Problemen Sozialer Arbeit, in: Sozialmagazin 1995, H. 2, S. 35

Thomä, H./Kächele, H.: *Lehrbuch* der psychoanalytischen Therapie, 2 Bde., Berlin (2. Aufl.) 1989 und 1992

Thomae, H.: *Entwicklungsbegriff* und Entwicklungstheorie, in: Thomae, H.: *Entwicklungspsychologie*, S. 3

Thomae, H. (Hrsg.): *Entwicklungspsychologie*, (Handbuch der Psychologie, Bd. 3), Göttingen (2. Aufl.) 1972

Thomae, H.: Der *Mensch* in der Entscheidung, München 1960

Thomae, H.: Theorien und Formen der *Motivation*, 2 Bde., (Enzyklopädie der Psychologie), Göttingen/Toronto/Zürich 1983

Thomae, H.: Das Problem der „sozialen *Reife*" von 14–20jährigen. Eine kritische Literaturanalyse, (Reihe: Wissenschaftliche Informationsschriften der AFET, H. 6), Hannover 1973

Thomae, I.: *Risikokinder*. Frühe Förderung und Erziehung entwicklungsverzögerter und behinderter Kleinkinder in der Familie, Köln 1976

Thomas, H./Putzo, H.: *Zivilprozeßordnung*. Mit Gerichtsverfassungsgesetz und den Einführungsgesetzen, München (19. neubearb. Aufl.) 1995

Thomas, I.: *Bedingungen* des Kinderspiels in der Stadt, Stuttgart 1979

Thomson, L. L.: Primary Mental *Abilities*, in: Psychometric Monography 1938/1

Thomssen, W.: *Deutungsmuster* – eine Kategorie der Analyse von gesellschaftlichem Bewußtsein, in: Weymann, A. (Hrsg.): Handbuch für die Soziologie der Erwachsenenbildung, Neuwied/Berlin 1980

Thorne, F.C.: Eklektische *Psychotherapie*, in: Petzold, H. (Hrsg.): Methodenintegration in der Psychotherapie, Paderborn 1982, S. 135

Thorun, W.: *Öffentlichkeitsarbeit* in der Jugend- und Sozialhilfe. Ein Grundriß für Ausbildung und Praxis, Neuwied/Berlin 1970

Thoß, E.: Total Global und Uniform: Sexuelle und reproduktive *Gesundheit* und Rechte, in: pro familia magazin 1996, H. 2, Gießen 1996

Thoß, E.: Plädoyer für ein *Programm* sexueller Kultur, in: pro familia magazin 1992, H.2, S. 12

Thürk, W. (Hrsg.): Recht im *Gesundheitswesen*, Loseblattausgabe, Köln/Berlin/Bonn /München, Stand: Dezember 1995

Thurstone, L. L.: Primary mental *abilities*, in: Psychometric monography 1938/1

Thust, W./Trenk-Hinterberger, P.: Recht der *Behinderten*. Eine systematische Darstellung für Praxis und Studium, Weinheim/ Basel (2. Aufl.) 1989

Tietze, W. (Hrsg.): *Früherziehung*. Trends, internationale Forschungsergebnisse, Praxisorientierungen, Neuwied/Kriftel/Berlin 1996

Tillmann, K.-J.: *Sozialisationstheorien*, Reinbek 1989

Tilly, C. L. R.: The *Rebellious Century* 1830-1930, Cambridge 1975

Tipke, K.: Die *Steuerrechtsordnung*, Köln 1993

Titze, M.: Die heilende Kraft des Lachens. Mit therapeutischem Humor *frühe Beschämungen* heilen, München 1995

Tjaden, K.H. (Hrsg.): *Soziale Systeme*, Neuwied/Darmstadt 1971

Tölle, R.: *Psychiatrie*, Berlin/Heidelberg/ New York (9. Aufl.) 1991

Toman, W.: *Motivation*, Persönlichkeit, Umwelt, Göttingen 1968

Töns, H.: *Arbeitsunfähigkeit* im Sinne der Krankenversicherung, in: DOK 1968, S.347

Tramer, M.: Allgemeine *Psychohygiene*, Basel 1960

Transfer-Enquête-Kommission: Das *Transfersystem* in der Bundesrepublik Deutschland, Schlußgutachten, Stuttgart 1981

Trauernicht, G.: *Ausreißerinnen* und Trebegängerinnen. Theoretische Erklärungsansätze, Problemdefinitionen der Jugendhilfe, strukturelle Verursachung der Familienflucht und Selbstaussagen der Mädchen, Münster 1989

Trautner, H. M.: Lehrbuch der *Entwicklungspsychologie*, Bd. 1: Grundlagen und Methoden, Göttingen (2. überarb. Aufl.) 1992, Bd. 2: Theorien und Befunde, Göttingen 1991

Trautner, H. M.: *Allgemeine Entwicklungspsychologie*, (Grundriß der Psychologie, Bd. 12) Stuttgart/Berlin/Köln 1995

Treibel, A.: *Migration* in modernen Gesellschaften. Soziale Folgen von Einwanderung und Gastarbeit, München 1990

Treml, A. K.: Über die beiden Grundverständnisse von *Erziehung*, in: Oelkers, B./Tenorth, H.-E. (Hrsg.): Pädagogisches Wissen, Weinheim 1993, S. 347

Trenk-Hinterberger, P.: Die *Hilfe zur Arbeit* nach §§ 19, 20 BSHG im Gefüge des Arbeits- und Sozialversicherungsrechts, in: NDV 1984, S. 405

Treptow, R.: Kulturelle *Aktivitäten* und Produktivitäten unter regionalen Gesichtspunkten, in: Sachverständigenkommission 8. Jugendbericht (Hrsg.): Materialien zum 8. Jugendbericht, Bd. 2: Lebensverhältnisse Jugendlicher, München 1990, S. 194

Treptow, R.: Raub der *Utopie*. Zukunftskonzepte bei Schütz und Bloch, Bielefeld 1985

Treuberg, E. v.: Mythos *Nichtseßhaftigkeit*, Bielefeld 1989

Triepel, H.: Der Weg der *Gesetzgebung* nach der neuen Reichsverfassung, in: AöR 1920, S. 276

Trojan, A.: Psychisch krank durch *Etikettierung*? München/Wien 1978

Trüb, C. L. P.: Literarische *Studie* zur geschichtlichen Entwicklung der Begriffe Soziale Hygiene, Soziale Medizin und Medizin-Soziologie, in: ÖffGesundhWesen 1977, S. 233

Trube, A.: *Sozialhilfe* und Neue Steuerungsmodelle, in: NDV 1996, S. 122 und S. 145

Tschoepe, A.: Neues *Bedarfsbemessungssystem* für die Regelsätze in der Sozialhilfe nach § 22 BSHG, in: NDV 1987, S. 433

Tugendhat, E.: Vorlesungen über *Ethik*, Frankfurt a.M. (3. Aufl.) 1995

Tulving, E.: Episodic and Semantic *Memory*, in: Tulving, E./Donaldson, W. (Hrsg.): Organization of Memory, New York/London 1972, S. 382

Tulving, E.: *Subjective Organization* and Effects of Repetition in Multi-trial Free-recall Learning, in: Journal of Verbal Learning and Verbal Behaviour 1996, S. 193

Tünte, W.: *Genetische Familienberatung*. Ein kurzer Leitfaden mit 50 Fragen und Antworten, (Schriftenreihe der Nestle Diät GmbH), 1979

Turegg, K. E. v./Kraus, E.: Lehrbuch des *Verwaltungsrechts*, Berlin (4. Aufl.) 1982

Twellmann, M.: Die deutsche *Frauenbewegung* 1843-1889, 2 Bde., Königstein 1972

Tyrnauer, G.: *Gefangenenselbstverwaltung* im Strafvollzug: Fortschrittliche Reform oder soziale Kontrolle?, in: KrimJ 1988, S. 97

Tzschaschel, H. U.: Das private *Ehegattentestament*, (Heidelberger Musterverträge 57), Heidelberg (12. überarb. Aufl.) 1994

Uexküll, T. v.: *Psychosomatische Medizin*, München/Wien (5. Aufl.) 1996

Uffrecht, B.: *Nachbarn* helfen sich selbst, Frankfurt/München (6. Aufl.) 1980

Ule, C. H./Laubinger, H.-W.: *Verwaltungsverfahrensrecht*. Ein Studienbuch, Köln/Berlin/Bonn/München (3. Aufl.) 1986

Ulich, D.: *Pädagogische Interaktion*. Theorien erzieherischen Handelns und sozialen Lernens, Weinheim/Basel (2. Aufl.) 1979

Ulich, D.: *Konflikt* und Persönlichkeit, München 1971

Ullrich, R./Ullrich de Muynek, R.: Das Assertiveness-Training-Programm ATP. Einübung von *Selbstvertrauen* und sozialer Kompetenz, München (2. Aufl.) 1978

Ulrich, H./Probst, G.: *Anleitung* zum ganzheitlichen Denken und Handeln, Bern/Stuttgart (3. Aufl.) 1991

Ulrich, O.: *Weltniveau*. In der Sackgasse des Industriesystems, Berlin 1979

Ulrich, P.: *Transformation* der ökonomischen Vernunft, Bern/Stuttgart (2. Aufl.) 1987

Ulsamer, M.: *Presse- und Öffentlichkeitsarbeit*, Stuttgart 1991

Undeutsch, U.: *Entwicklung* und Wachstum, in: Thomae, H. (Hrsg.): Entwicklungspsychologie. Handbuch der Psychologie, Bd. 3, Göttingen (2. Aufl.) 1959, S. 79

Ussel, J. van: *Sexualunterdrückung*. Geschichte der Sexualfeindschaft, Gießen (2. Aufl.) 1977

Vahsen, F. G. (Hrsg.): *Paradigmenwechsel* in der Sozialpädagogik, Bielefeld 1992

Vaskovics, L. A.: *Segregierte Armut* – Randgruppenbildung in Notunterkünften, Frankfurt a.M. 1976

Vasquez, A./Oury, F. u.a.: *Vorschläge* für die Arbeit im Klassenzimmer. Freinet-Pädagogik. Alternativen zum gewöhnlichen Schulleben, Reinbek 1978

VBL → Versorgungsanstalt des Bundes und der Länder

VDR → Verband Deutscher Rentenversicherungsträger

Veltin, A.: *Gemeindenahe Psychiatrie*. Das psychiatrische Behandlungszentrum Mönchengladbach, in: Psychiatrische Praxis 1977, S. 213

Veltin, A.: *Leitfaden* zur tagesklinischen Behandlung. Hrsg. vom BMJFFG, (Schriftenreihe des BMJFFG, Bd. 189), Stuttgart/Berlin/Köln 1986

Vent, H.: *Bewertung* abweichenden Verhaltens. Gerichtsentscheidungen zur Anordnung der Heimerziehung, in: RdJB 1981, S. 97

Vent, H.: *Verwahrlosung* Minderjähriger, Frankfurt a.M. 1979

Verband der Kriegs- und Wehrdienstopfer, Behinderten und Sozialrentner Deutschland (Hrsg.): Die *Absicherung* des Pflegefallrisikos. Ein Programm des VdK Deutschland, Bonn (3. Aufl.) 1991

Verband Deutscher Rentenversicherungsträger (Hrsg.): Sozialmedizinische *Begutachtung* in der gesetzlichen Rentenversicherung, Stuttgart/Jena/New York 1995

Verband Deutscher Rentenversicherungsträger (Hrsg.): Kommentar zur *Reichsversicherungsordnung*, 4. und 5. Buch, Loseblattausgabe, Weinheim, Stand: Januar 1991

Verband Deutscher Rentenversicherungsträger (Hrsg.): Kommentar zum Recht der Gesetzlichen *Rentenversicherung*. Sozialgesetzbuch. Erstes, Viertes, Sechstes und Zehntes Buch, Loseblattausgabe, Weinheim, Stand: Juli 1994

Verband evangelischer Einrichtungen für Menschen mit Geistiger und Seelischer Behinderung e.V. (Hrsg.): *Förderung* von Menschen mit schwersten Behinderungen in Werkstätten für Behinderte, Reutlingen (4. Aufl.) 1996

Verband evangelischer Einrichtungen für Menschen mit Geistiger und Seelischer Behinderung e.V. (Hrsg.): *Materialien* zur Werkstatt für Behinderte, (Arbeitshilfen 1990, Bd. 1), Stuttgart 1990

Vereinigung analytischer Kinder- und Jugendlichen-Psychotherapeuten (Hrsg.): Der *Kinder- und Jugendlichen-Psychotherapeut* – Entwicklung und Geschichte des Berufes – Aufgaben und Ausbildung, Schriesheim (4. Aufl.) 1992

Verein für Kommunalwissenschaften e.V. Arbeitsgemeinschaft für Jugendhilfe (Hrsg.): *Jugendhilfepraxis* im Wandel. Eine Arbeitshilfe zu Handlungsfeldern der Jugendhilfe, (Reader Jugendhilfe: Lehr- und Arbeitsmaterialien), Bonn 1996

Verein für Sozialplanung e.V./Stadt Bielefeld (Hrsg.): Organisation der Kommunalen *Sozialplanung*. Bestandsaufnahme und Perspektiven, Bielefeld 1994

Verein sozialwissenschaftliche Forschung und Praxis für Frauen (Hrsg.): Frauen gegen *Gentechnik* und *Reproduktionstechnik*, Materialsammlung zum Kongreß, Köln 1985

Verein zur Erforschung der Geschichte der sozialistischen Jugendbewegung in Frankfurt a.M. e.V. (Hrsg.): *Arbeiterjugendbewegung* in Frankfurt a.M. 1904-1945, Frankfurt a.M. 1978

Vernon, P. E.: The Structure of Human *Abilities*, London 1961

Verres-Muckel, M.: *Lernprobleme* Erwachsener. Befunde und Konzepte für die praktische Arbeit, Stuttgart/Berlin/Köln 1974

Versorgungsanstalt des Bundes und der Länder: Satzung, Karlsruhe 1977

Vester, F.: *Denken*, Lernen, Vergessen, München (18. Aufl.) 1991

Vester, F.: *Neuland* des Denkens, Stuttgart 1980

Vester, H.: Zur *Formulierung* von Verhaltenszielen, in: ZPäd. 1975, S. 867

Vetterle, H.: *Konstruktion* und Simulation mikroanalytischer Modelle, Augsburg 1986

Victor-Gollancz-Stiftung (Hrsg.): Reader zur Theorie und Strategie von *Gemeinwesenarbeit*, Frankfurt a.M. 1978

Victor-Gollancz-Stiftung (Hrsg.): Reader „*Jugendwohnkollektive*" der Arbeitsgruppe offene Jugendhilfe, (Reihe des Instituts für Sozialarbeit und Sozialpädagogik: Materialien zur Jugend- und Sozialarbeit, Bd. 5 und 6), Frankfurt a.M. 1974

Viefhues, H. (Hrsg.): Lehrbuch *Sozialmedizin*, Stuttgart 1981

Viefhues, H./Nülens, H. G./Kersken-Nülens, U. (Hrsg.): Soziale Dienste im *Krankenhaus*, Stuttgart/Berlin/Köln 1986

Viegener, G.: Prospektive *Pflegesätze* in Einrichtungen der Alten- und Behindertenhilfe nach der Änderung des Bundessozialhilfegesetzes, in: NDV 1994, S. 122

Vilmar, F. (Hrsg.): Modelle und Strategien der *Demokratisierung*, 2 Bde., Neuwied/Darmstadt 1973

Vilmar, F./Runge, B.: Auf dem Weg zur *Selbsthilfegesellschaft*?, Essen 1986

Visher, E. B./Visher, J. S.: Stiefeltern, *Stiefkinder* und ihre Familien. Probleme und Chancen, Weinheim (2. Aufl.) 1995

Voets, S. (Hrsg.): Sozialistische *Erziehung*. Texte zur Theorie und Praxis, Hamburg 1972

Vogel, F./Motulsk, A. G.: Human *Genetics*, Berlin/Heidelberg/New York 1979

Vogel, M. R.: *Erziehung* im Gesellschaftssystem, München (2. Aufl.) 1974

Vogel, M. R.: *Leben* als Subjekt und Prozeß. Zum Verhältnis von allgemeiner und individueller Reproduktion bei Hegel und Marx, Frankfurt a.M. 1987

Vogel, M. R.: Die grundsätzliche Rechtfertigung *persönlicher Hilfe*, in: NDV 1968, S. 219

Vogel, M. R.: Gesellschaftliche *Subjektivitätsformen*. Historische Voraussetzungen und theoretische Konzepte, Frankfurt/New York 1983

Vogel, W.: Bismarcks *Arbeiterversicherung*. Ihre Entstehung im Kräftespiel der Zeit, Braunschweig 1951

Vogt, F.: *Sozialhilferecht* mit öffentlicher Jugendhilfe, Heidelberg 1975

Voigt, F.: *Gruppendynamik*. Eine Möglichkeit zur Erweiterung der persönlichen und professionellen Kompetenz in sozialen Berufen, in: ArchSozArb 1975, S.290

Volckart, B.: *Maßregelvollzug*. Das Recht des Vollzuges der Unterbringung nach §§ 63, 64 StGB in einem psychiatrischen Krankenhaus und in einer Entziehungsanstalt, Neuwied/Darmstadt 1984

Volkholz, V.: *Krankenschwestern*, Krankenhaus, Gesundheitssystem. Eine Kritik, Stuttgart 1973

Vollmer, R.: *Krankenhausrecht* des Bundes, Textausgabe 1994/1995, Remagen, Stand: September 1994

Vollmer, R./Rüdiger, D./Falkenberg, H.-D.: *Pflege-Buchführungsverordnung* (PBV) 1995, Remagen (2. Aufl.), Stand: März 1996

Völzke, R.: Die *Methode* des biographischen Gesprächs in der Sozialpädagogik, (Denken und Handeln, Bd. 13), Bochum 1990

Vopel, K. W.: *Interaktionsspiele*, in: Reihe „Lebendiges Leben und Lernen", Teil I-IV, ISKO-Press, Hamburg (2. Aufl.) 1976

Voss, M./Papendorf, K.: Im Käfig des Erziehungsgedankens. Die scheiternde *Jugendstrafvollzugsreform*, in: Kritische Justiz 1981, S. 201

Voß, R.: Anpassung auf *Rezept*, Stuttgart 1987

Wacker, B.: *Adoptionen* aus dem Ausland. Erfahrungen, Probleme, Perspektiven, Reinbek 1994

Waelder, R.: Die Grundlagen der *Psychoanalyse*, Stuttgart (2. Aufl.) 1983

Wagner, A.: System einer integrierten *Entwicklungsplanung* im Bund, in den Ländern und in den Gemeinden, Berlin 1974

Wagner, A.: *Langzeitarbeitslosigkeit*: Vielfalt der Form und differenzierte soziale Lage, in: WSI Mitteilungen 1995, S. 749

Wagner, E.: Die *Pauschalierung* einmaliger Hilfen für Bekleidung, Wäsche und Schuhe nach § 21 BSHG – Plädoyer für eine Pauschalierung, in: NDV 1985, S. 411

Wagner, H.-G.: Soziale Sicherung der Empfänger von Leistungen nach dem *Arbeitsförderungsgesetz,* Stuttgart/Berlin/Köln, 1988

Wagner, K.: *Organisation* kommunaler Sozialarbeit. Eine Fallstudie, Stuttgart 1981

Wahl, D./Weinert, F. E./Huber, G. L.: Psychologie für die *Schulpraxis.* Ein handlungsorientiertes Lehrbuch für Lehrer, München (6. Aufl.) 1997

Walker, H. M./Lew, J.: Statistische *Methoden* für Psychologen, Soziologen und Pädagogen. Eine Einführung, Weinheim/Basel 1975

Wallerath, M.: Allgemeines *Verwaltungsrecht,* Siegburg (3. Aufl.) 1985

Walter, H.-J.: Der gestalttheoretische Ansatz in der *Psychotherapie,* in: Guss: *Gestalttheorie,* S. 227

Walter, M.: *Jugendkriminalität* – Eine systematische Darstellung, Stuttgart u.a. 1995

Walter, M.: *Strafvollzug,* Stuttgart/München/Hannover 1991

Walters, M./Carter, B./Pap, P./Silverstein, O.: Unsichtbare *Schlingen.* Die Bedeutung der Geschlechterrollen in der Familientherapie. Eine feministische Perspektive, Stuttgart 1991

Wanek, V.: Machtverteilung im *Gesundheitswesen.* Struktur und Auswirkungen, Frankfurt a.M. 1994

Wank, R./Börgmann, U.: Deutsches und europäisches *Arbeitsschutzrecht.* Eine Darstellung der Bereiche Arbeitsstätten, Geräte- und Anlagensicherheit, Gefahrstoffe und Arbeitsorganisation mit Abdruck der einschlägigen EG-Richtlinien, München 1992

Wanke, K.: Theorie der *Sucht,* Heidelberg 1986

Wanke, K.: Moderne *Suchtkrankenhilfe,* Kassel 1979

Wannagat, G.: Lehrbuch des *Sozialversicherungsrechts,* 2 Bde., Tübingen 1965

Wannagat, G./Rüfner, W./Thieme, W./Seewald, O.: *Sozialgesetzbuch* – Allgemeiner Teil –, Kommentar, Loseblattausgabe, Köln/Berlin/Bonn/München/Heidelberg, Stand: September 1990

Warner, T.: *Musische Erziehung* zwischen Kult und Kunst, Berlin 1954

Warwick, D. P.: *Bitter Pills.* Population Policies and their Implementation in Eight Developing Countries, New York 1982

Wassermann, R. (Hrsg.): Kommentar zum *Grundgesetz* für die Bundesrepublik Deutschland. Alternativkommentar, 2 Bde., Neuwied/Darmstadt (3. Aufl.) 1990

Wassermann, R. (Hrsg.): Kommentar zum *Strafvollzugsgesetz.* Alternativkommentar, Neuwied/Darmstadt (3. Aufl.) 1990

Waterkamp, R.: Handbuch politische *Planung,* Opladen 1978

Watzlawczik, G.: Das Dilemma der *Innovationsforschung,* in: Lau u.a.: *Verwaltungsarbeit,* S. 75

Watzlawick, P. (Hrsg.): Die erfundene *Wirklichkeit,* München 1986

Watzlawick, P./Beavin, J.H./Jackson, D.D.: Menschliche *Kommunikation.* Formen, Störungen, Paradoxien, Stuttgart/Bern (6. Aufl.) 1982

Watzlawick, P./Weakland, J. H./Fisch, R.: *Lösungen.* Zur Theorie und Praxis menschlichen Wandels, Stuttgart/Bern (3. Aufl.) 1984

Weber, C./Wedler, H. L.: *Psychosoziale Arbeitsgemeinschaft* Darmstadt: Strukturprobleme und Erfahrungen, in: Psychiatrische Praxis 1981/3, S.104

Weber, D. (Hrsg.): Wer nicht paßt, muß sterben. Euthanasie für das Jahr 2000, Oberursel 1990

Weber, G.: Kritische Anmerkungen zur sozialpädagogischen *Gruppenarbeit,* in: Otto u.a.: *Sozialarbeit*

Weber, H./Ziegenspeck, J.: Die deutschen *Kurzschulen.* Historischer Rückblick – gegenwärtige Situation – Perspektiven, Weinheim/Basel 1983

Weber, M.: Wirtschaft und *Gesellschaft,* Tübingen (5. Aufl.) 1980

Weber, M.: Die „*Objektivität*" sozialwissenschaftlicher Erkenntnis, in: ders.: *Wissenschaftslehre*

Weber, M.: Politik als Beruf, in: ders.: Gesammelte Politische Schriften, hrsg. von Winckelmann, J., Tübingen (5. Aufl.) 1988, S. 505

Weber, M.: Gesammelte Aufsätze zur *Wissenschaftslehre,* Tübingen (4. Aufl.) 1973

Weber, M./Rohleder, C.: Sexueller *Mißbrauch.* Jugendhilfe zwischen Aufbruch und Rückschritt, Münster 1995

Weber, W.: Maßnahmen zur *Berufsfindung* und Arbeitserprobung, in: Der medizinische Sachverständige 1973/1, S. 7

Weber, W.: Wege zum helfenden Gespräch. *Gesprächspsychotherapie* in der Praxis, München o.J.

Weber, W.: *Personalität,* Solidarität, Subsidiarität, in: Car. 1979, S. 163

Weeber & Partner: *Obdachlosigkeit* in den neuen Bundesländern, (Schriftenreihe Materialien zur Raumentwicklung H. 55 der Bundesforschungsanstalt für Landeskunde und Raumordnung), Bonn 1993

Weeber & Partner: *Wohnversorgung* für Menschen in Wohnungsnot. Gutachten für die Regierungskommission Notlagen, im Auftrag des Bundesministeriums für Gesundheit, Stuttgart 1996

Wegener-Spöhring, G.: *Aggressivität* im kindlichen Spiel. Grundlegung in den Theorien des Spiels und Erforschung ihrer Erscheinungsformen, Weinheim 1995

Wegener-Spöhring, G.: Interaktion im *Rollenspiel.* Initiierung, Prozesse, Analysen, in: Kreuzer, J. (Hrsg.): Handbuch der Spielpädagogik. Bd. 3: Das Spiel als Erfahrungsraum und Medium, Düsseldorf 1984, S. 55

Wegener-Spöhring, G./Zacharias, W. (Hrsg.): *Pädagogik* des Spiels – eine Zukunft der Pädagogik?, München 1990

Wehland, G.: *Stadtplanung*, Partizipation und kommunale Öffentlichkeit. Zum politischen Stellenwert von bürgerschaftlicher Mitwirkung im Bauleitplanverfahren, (Arbeitshefte des Instituts für Stadt- und Regionalplanung der Technischen Universität Berlin, Bd. 30), Berlin 1984

Wehle, G.: *Innovation*. Modewort oder erziehungswissenschaftlicher Begriff?, in: Westermanns pädagogische Beiträge 1974, S. 123

Wehling, H.G.: *Bevölkerungsentwicklung* und Bevölkerungspolitik in der Bundesrepublik, Stuttgart/Berlin/Köln 1988

Wehlitz, K.: Die *Altenhilfe* nach dem Bundessozialhilfegesetz, (Schriften des DV: Kleinere Schriften, H. 8), Frankfurt a.M. (3. Aufl.) 1975

Wehlitz, K.: Leitende Tätigkeit, Zusammenarbeit und Recht in der öffentlichen und privaten *Sozialarbeit*, Frankfurt a.M. 1972

Weichert, T.: *Sicherungsverwahrung* – verfassungsgemäß?, in: Strafverteidiger 1989, S. 265

Weidelener, H./Hemberger, F.: Deutsches *Staatsangehörigkeitsrecht*, München (3. Aufl.) 1991

Weidemann, B.: *Lehrerangst*, München (2. durchgesehene Aufl.) 1983

Weidenmann, B./Krapp, A./Hofer, M./Huber, G.L./Mandl, H. (Hrsg.): *Pädagogische Psychologie*, Ein Lehrbuch, Weinheim (3. Aufl.) 1986

Weidmann, A.: Die *Feldbeobachtung*, in: Koolwijk, J. van/Wieken-Mayser, M. (Hrsg.): Techniken der empirischen Sozialforschung. Ein Lehrbuch in 8 Bänden, Bd. 3: (Erhebungsmethoden) Beobachtung und Analyse von Kommunikation, München 1975

Weihrauch, M.: Die materiellen Voraussetzungen der *Sicherungsverwahrung*, in: NJW 1970, S. 1897

Weinberger, S.: Klientenzentrierte *Gesprächsführung*, Weinheim (3. Aufl.) 1988

Weinert, F. (Hrsg.): *Pädagogische Psychologie*, Königstein 1970

Weingart, P./Kroll, J./Bayertz, K.: *Rasse*, Blut und Gene. Geschichte der Eugenik und Rassenhygiene in Deutschland, Frankfurt a.M. (2. Aufl.) 1996

Weingarten, A./Willms, S.: Umgang mit aggressiven *Verhaltensweisen*, Stuttgart/Berlin/Köln 1978

Weingarten, E./Sack, F./Schenkein, J. (Hrsg.): Seminar: *Ethnomethodologie*. Beiträge zu einer phänomenologischen Soziologie des Alltagslebens, Frankfurt a.M. o.J.

Weisberg, R. W.: *Kreativität* und Begabung. Was wir mit Mozart, Einstein und Picasso gemeinsam haben, Heidelberg 1989

Weise, H.-J.: Epidemiologie sexuell übertragbarer *Krankheiten* in der Bundesrepublik Deutschland einschließlich Berlin (West), in: Bundesgesundheitsblatt 1983/9, S. 279

Weisser, G.: *Soziale Sicherheit*, in: HdSW, Bd. 9, S. 396

Weller, A.: *Sozialgeschichte* Südwestdeutschlands unter besonderer Berücksichtigung der sozialen und karitativen Arbeit vom späten Mittelalter bis zur Gegenwart, Stuttgart 1979

Wellmer, A.: Kritische *Gesellschaftstheorie* und Positivismus, Frankfurt a.M. (2. Aufl.) 1969

Wendt, D.: Allgemeine *Psychologie*, Stuttgart 1989

Wendt, P. U.: Quo Vadis, *Jugendarbeit*? Marktorientierte Jugendarbeit als Perspektive?, in: NDV 1996, S. 82

Wendt, S.: Zur gesetzlichen Neuregelung des *Vermögensschutzes* in § 88 Abs. 2 Bundessozialhilfegesetz, in: NDV 1991, S. 93

Wendt, W. R.: *Ökologie* und soziale Arbeit, Stuttgart 1982

Wendt, W. R.: *Ökosozial* denken und handeln. Grundlagen und Anwendungen in der Sozialarbeit, Freiburg 1990

Wendt, W. R. (Hrsg.): *Sozial* und wissenschaftlich arbeiten. Status und Positionen der Sozialarbeitswissenschaft, Freiburg 1994

Wendt, W. R. (Hrsg.): *Soziale Arbeit* im Wandel ihres Selbstverständnisses. Beruf und Identität, Freiburg 1995

Wendt, W. R.: *Unterstützung* fallweise. Case Management in der Sozialarbeit, Freiburg 1991

Wendt, W. R.: *Wirkung* und Effizienz sozialer Arbeit, in: Akademie für Sozialarbeit und Sozialpolitik e.V. (Hrsg.): Soziale Gerechtigkeit. Lebensbewältigung in der Konkurrenzgesellschaft, Bielefeld 1994, S. 58

Wendt, W. R. u.a.: *Zivilgesellschaft* und soziales Handeln. Bürgerschaftliches Engagement in eigenen und gemeinschaftlichen Belangen, Freiburg 1996

Wenzel, G.: *Regelsatzanhebung* unter Konsolidierungsgesetzen, in: NDV 1994, S. 127

Wenzel, G.: *Sozialhilfereform* und Sozialreform, in: ZSR 1995, S. 460

Werder, L. v.: Von der antiautoritären zur proletarischen *Erziehung*, Frankfurt a.M. 1972

Werder, L. v.: *Sozialistische Erziehung* in Deutschland. Geschichte des Klassenkampfes um den Ausbildungssektor 1848–1973, Frankfurt a.M. 1974

Werder, L. v./Wolff, R.: *Schulkampf*, Frankfurt a.M. 1970

Wertenbruch, W.: *Grundgesetz* und Menschenwürde. Ein kritischer Beitrag zur Verfassungswirklichkeit, Köln/Berlin/Bonn/München 1958

Wertenbruch, W./Freitag, H. O./Gitter, W./ Heinze, M./Henke, N./Rode, K./Roeßler, W./Schnapp, F. E./Tiemeyer, T./Viefhues, H.: Bochumer Kommentar zum *Sozialgesetzbuch* – Allgemeiner Teil –, Berlin 1979

Wertheimer, M.: Produktives *Denken,* Frankfurt a.M. 1957

Wertz, D. C./Fletscher, J. C. (Hrsg.): *Ethics and Human Genetics.* A Cross-cultural Perspective, Berlin/Heidelberg/New York 1989

Wesche, H.: Die Kooperation zwischen *sozialer Berufspraxis* und Ausbildungsstätte, in: DV: *Rahmenbedingungen,* S. 582

Weyer, M.: *Adoption* gelungen? Erfahrungsberichte über die Integration fremdländischer Kinder, Stuttgart 1985

Weymann, A.: *Altersgruppensoziologie,* in: Kerber, H./Schmieder, A. (Hrsg.): Spezielle Soziologie. Problemfelder, Forschungsbereiche, Anwendungsorientierungen, Reinbek 1994, S. 344

Weymann, A.: Schichtspezifische *Sozialisation* in der politischen Erwachsenenbildung, in: Mader, W./ders.: Erwachsenenbildung. Theoretische und empirische Studien zu einer handlungstheoretischen Didaktik, Bad Heilbrunn 1975

Wiater, W.: *Unterrichten* und lernen in der Schule. Eine Einführung in die Didaktik, Donauwörth 1993

Wichterich, C.: *Menschen nach Maß,* Bevölkerungspolitik in Nord und Süd, Göttingen 1994

Widemann, P.: *Neue Wege* in der Vollzeitpflege und die Rolle der Jugendämter und freien Träger, in: Gintzel, U. (Hrsg.): Erziehung in *Pflegefamilien.* Auf der Suche nach einer Zukunft, Münster 1996, S. 65

Widmaier, H. P. (Hrsg.): *Politische Ökonomie* des Wohlfahrtsstaates, Frankfurt a.M. 1974

Wiegand, R.: *Alfred Adler* und danach. Individualpsychologie zwischen Weltanschauung und Wissenschaft, München/Basel 1990

Wiemann, I.: Pflege- und *Adoptivkinder.* Familienbeispiele, Informationen, Konfliktlösungen, Reinbek 1991

Wienand, M.: *Bedeutungsgehalt* und Funktionen der sozialen Rechte. Freiburg 1980 (Diss.)

Wienand, M.: *Betreuungsrecht.* Textausgabe des Betreuungsgesetzes (BtG) und der Landesausführungsgesetze (AGBtG) mit einer systematischen Darstellung, Neuwied/Kriftel/Berlin (3. Aufl.) 1993

Wienand, M.: Die *Finanzierung* der Betreuungsvereine, in: FuR 1990, S. 281

Wienand, M.: *Geschäftsbericht* des Deutschen Vereins 1990/91, in: NDV 1991, S. 273

Wienand, M.: *Kernprobleme* des Betreuungsrechts, in: FuR 1990, S. 36

Wienand, M.: Grundlegende *Neuregelungen* des Sozialhilferechts, der Hilfe bei Abbruch einer Schwangerschaft und des Leistungsrechts für Asylbewerber, NZS 1993, S. 329

Wienand, M.: Das *Pflege-Versicherungsgesetz* im Überblick, in: NDV 1994, S. 361

Wienand, M.: *Psychotherapie,* Recht und Ethik. Konfliktfelder psychologisch-therapeutischen Handelns, Weinheim 1982

Wienand, M./Reis, C.: Betreuungsgesetz auf dem *Prüfstand,* (Schriften des DV: Texte und Materialien, Bd. 3) Frankfurt a.M. 1992

Wienekamp, R.: Die *Nachtklinik* der Anstalt Bethel, in: Psychiatrische Praxis 1974, S. 177

Wieners, J. (Hrsg.): Handbuch der *Telefonseelsorge,* Göttingen 1995

Wiesner, R.: Der mühsame *Weg* zu einem neuen Jugendhilfegesetz, in: RdJB 1990, S. 112

Wiesner, R./Zarbock, W.H. (Hrsg.): Das neue *Kinder- und Jugendhilfegesetz* (KJHG), Köln 1991

Wiesner, R./Kaufmann, F./Mörsberger, T./ Oberloskamp, H./Struck, J.: *SGB VIII – Kinder- und Jugendhilfe, Kommentar,* München 1995

Wiggershausen, R.: Die *Frankfurter Schule,* München/Wien 1986

Wilk, B.: Die Erkenntnis des *Schadens* und seines Ersatzes, (Schriften zum Bürgerlichen Recht, Bd. 84), Berlin 1983

Wilke, D.: Über *Verwaltungsverantwortung,* in: DÖV 1975, S. 509

Wilke, G./Wunderlich, G.: Soziales *Entschädigungsrecht.* Handkommentar zum Bundesversorgungsgesetz mit Vorschriften aus Soldatenversorgungs-, Opferentschädigungs- und Bundesseuchengesetz, Stuttgart/München/Hannover (6. Aufl.) 1987

Wille, R.: Zum heutigen Stand der *Kastrationsforschung,* in: Pohlmeier u.a.: *Forensische Psychiatrie,* S. 189

Willers, D.: *Sozialbewußtsein* wecken. Europäische Sozialcharta, in: BABl. 1986, S. 20

Willgerodt, H./Bartel, K./Schillert, U.: *Vermögen* für alle. Probleme der Bildung, Verteilung und Werthaltung des Vermögens in der Marktwirtschaft, Düsseldorf 1971

Willi, J.: *Therapie* der Zweierbeziehung, Reinbek (2 Aufl.) 1991

Willutzki, S.: *Familiengericht* und Jugendamt – neue Formen der Zusammenarbeit, in: ZfJ 1994, S. 202

Wils, J.-P/Mieth, D. (Hrsg.): *Ethik* ohne Chance? Erkundungen im technologischen Zeitalter, (Ethik in den Wissenschaften, Bd. 2), Tübingen (2. Aufl.) 1991

Windischmann, H.: Zur Geschichte der *Abstinenzbewegung* in der DDR, in: Beß u.a.: *Therapeutische Gemeinschaften,* S. 91

Windthorst, K./Sproll, H.-D.: *Staatshaftungsrecht,* München 1994

Wingen, M.: *Altern* heute und morgen – demographische Entwicklungen, in: Staatsministerium Baden-Württemberg (Hrsg.): Altern als Chance und Herausforderung. Bericht der Kommission „Altern als Chance und Herausforderung" erstellt im Auftrag der Landesregierung von Baden-Württemberg, Stuttgart 1988, S. 23

Wingen, M.: Grundfragen der *Bevölkerungspolitik*, Stuttgart/Berlin/Köln 1975

Wingen, M.: Zur Theorie und Praxis der *Familienpolitik*, (Schriften des DV: Allgemeine Schriften, Bd. 270), Frankfurt a.M. 1994

Wingen, M.: Familienpolitik – *Grundlagen* und aktuelle Probleme, Bonn/Stuttgart 1997

Winkel, R.: *Infrastruktur* in der Stadt- und Regionalplanung. Eine Untersuchung der Einflußfaktoren und Rahmenbedingungen, Frankfurt a.M. 1990

Winkler, G. (Hrsg.): *Sozialreport* 1995. Daten und Fakten zur sozialen Lage in den neuen Bundesländern, Berlin 1995

Winkler, K.: *Erbrecht* von A – Z, München (5. neubearb. Aufl.) 1995, Stand: Oktober 1995

Winkler, M.: Eine *Theorie* der Sozialpädagogik: Über Erziehung als Rekonstruktion von Subjektivität, Stuttgart 1988

Winnicot, D. W.: Die *therapeutische Arbeit* mit Kindern, München 1973

Winterfeld, A. v.: Die *Bewußtseinsstörung* im Strafrecht, in: NJW 1975, S. 2229

Wirbals, H.: Außerschulische *Jugendbildung* und ihre gesellschaftliche Absicherung, in: TuP 1977, S. 48

Wirth, G.: *Sprachstörungen,* Sprechstörungen und kindliche Hörstörungen, Köln (4. überarb. Aufl.) 1994

Wirth, W.: *Inanspruchnahme* sozialer Dienste. Bedingungen und Barrieren, Frankfurt/New York 1982

Wissenschaftlicher Beirat beim Bundesministerium der Finanzen (Hrsg.): Stellungnahme zur Finanzierung von *Pflegekosten,* (BMF-Dokumentation, Nr. 6/1990), Bonn 1990

Wissenschaftsrat (Hrsg.): Empfehlungen zu *Aufgaben* und Stellung der Fachhochschulen, Köln 1981

Wissenschaftsrat (Hrsg.): Empfehlungen zur *Entwicklung* der Fachhochschulen in den 90er Jahren, Köln 1991

Wissmann, M./Hauck, R. (Hrsg.): *Jugendprotest* im demokratischen Staat. Bericht und Materialien der Enquête-Kommission des Deutschen Bundestags, Stuttgart 1983

Wittchen, H.-U./Saß, H./Zaudig, M./Koehler, K.: Diagnostisches und Statistisches *Manual* Psychischer Störungen. DSM-III-R, Weinheim/Basel (3. Aufl.) 1991

Wittemann, P. (Hrsg.): In der *Fremde* zu Haus – ausländische Kinder und Jugendliche, Stuttgart 1984

Wittenberger, G.: *Supervision,* in: Eyferth u.a.: *Handbuch*

Wittern, A.: Grundriß des *Verwaltungsrechts,* Stuttgart (17. Aufl.) 1990

Wittmann, W.: Einführung in die *Finanzwissenschaft.* Teil III: Öffentliche Schuld, öffentlicher Haushalt, Finanzhaushalt, kommunale Finanzen, öffentliche Unternehmen, Sozialversicherung, Stuttgart (2. Aufl.) 1976, S. 131

Wittmann, W. W.: *Evaluationsforschung.* Aufgaben, Probleme und Anwendung, Berlin 1985

Wöhe, G.: Einführung in die Allgemeine *Betriebswirtschaftslehre,* München (18. Aufl.) 1993

Wohlfahrtswerk für Baden-Württemberg, Stuttgart in Zusammenarbeit mit dem DPWV (Hrsg.): Jugendsozialarbeit. Perspektiven einer ganzheitlichen Lebenshilfe für junge Menschen, Lebensweltorientierung als Maßstab, neue Organisations-, Finanzierungs- und Rechtsformen, in: BldW, Schwerpunkt „Jugendsozialarbeit", Stuttgart 1996, H. 4

Wohlleben, R.: *Arbeitsmarkt* und Berufsfindung für behinderte Jugendliche, in: Funke, E./Wendt, G. (Hrsg.): Rehabilitation '77 – Wege zur Prävention und Integration, Marburg 1977

Wolber, K.: Zur *Bedeutung* des § 16 SGB I, in: SozVers. 1990, S. 256

Wolf, K. (Hrsg.): *Entwicklungen* in der *Heimerziehung,* Münster (2. Aufl.) 1995

Wolff, H. J./Bachof, O.: *Verwaltungsrecht,* 3 Bde., München, Bd.1 (10. Aufl.) 1994, Bd.2 (5. Aufl., neubearbeitet von R. Stober) 1987, Bd.3 (4. Aufl.) 1978

Wolff, R.: *Betriebswirtschaftslehre*. Eine Einführung unter besonderer Berücksichtigung öffentlicher Betriebe, Stuttgart/Berlin/Köln (2. Aufl.) 1983

Wolffersdorff, C. v./Sprau-Kuhlen, V.: Geschlossene *Unterbringung* in Heimen. Kapitulation der Jugendhilfe?, München 1990

Wolfgang, M. E./Fiolio, T./Sellin, T.: *Delinquency* in a Birth Cohort, Chicago/London 1972

Wollasch, H.: Beiträge zur Geschichte der deutschen *Caritas* in der Zeit der Weltkriege. Zum 100. Geburtstag von Benedict Kreutz, Freiburg 1978

Wollenberg, J.: *Arbeiterbildung* in Kooperation von DGB und VHS, in: Demokratische Erziehung 1976, S. 449

Wollmann, H.: *Verwaltungsmodernisierung*: Ausgangsbedingungen, Reformanläufe und aktuelle Modernisierungsdiskurse, in: Reichard, C./Wollmann, H. (Hrsg.): Kommunalverwaltung im Modernisierungsschub?, Basel/Boston/Berlin 1996

Wolpe, J.: Praxis der *Verhaltenstherapie,* Stuttgart/Bern 1974

World Bank (Hrsg.): World *Development* Report 1990, Washington 1990

Wrong, D.H: Das übersozialisierte *Menschenbild* in der modernen Soziologie, in: Steinert: *Symbolische Interaktion,* S. 227

Wulf, C. (Hrsg.): Wörterbuch der *Erziehung*, München/Zürich (6. Aufl.) 1984
Wulf, C.: Theorien und Konzepte der *Erziehungswissenschaft*, München 1977
Wulf, C. (Hrsg.): *Evaluation*. Beschreibung und Bewertung von Unterricht, Curricula und Schulversuchen, München 1972
Wulf, C. (Hrsg.): Vom Menschen. Handbuch *Historische Anthropologie*, Weinheim/Basel 1996
Wulf, C. (Hrsg.): Einführung in die *pädagogische Anthropologie*, Weinheim/Basel 1994
Wulfers, W.: *Schulsozialarbeit*, Hamburg 1991
Wunder, M.: Prävention und neue *Bioethik*, in: Neuer-Miebach, T./Tarneden, R. (Hrsg.): Vom Recht auf Anderssein. Anfragen an pränatale Diagnostik und humangenetische Beratung, Marburg/Düsseldorf 1994
Wunderer, R. (Hrsg.): *Führungsgrundsätze* in Wirtschaft und öffentlicher Verwaltung, Stuttgart 1983
Wunderer, R./Grundwald, W.: *Führungslehre*, 2 Bde., Berlin 1984
Wurmser, L.: Die zerbrochene *Wirklichkeit*. Psychoanalyse als das Studium von Konflikt und Komplementarität, Berlin/Heidelberg/New York (2. Aufl.) 1993
Wurst, F.: *Sprachentwicklungsstörungen* und ihre Behandlung, Wien 1973
Würtenberger, T.: Das Recht auf *Erziehung*, in: JuWo 1972, S. 219
Wurzbacher, G. (Hrsg.): Die *Familie* als Sozialisationsfaktor, Stuttgart (2. Aufl.) 1977
Wurzbacher, G. (Hrsg.): Der *Mensch* als soziales und personales Wesen, Stuttgart 1963
Wüstenberg, W.: Soziale Kompetenz 1-2jähriger Kinder. *Krabbelstube* als Teil des sozialen Netzes und ihr Beitrag für die soziale Entwicklung des Kindes, Frankfurt a.M. 1992

Yablonsky, L.: Therapeutische *Gemeinschaften*, Weinheim 1990
Yablonsky, L.: *Psychodrama*. Die Lösung emotionaler Probleme durch das Rollenspiel, Stuttgart (2. Aufl.) 1981
Yablonsky, L.: *Synanon*, Stuttgart 1975

Zacharias, W. (Hrsg.): Schöne *Aussichten*? Ästhetische Bildung in einer technischmedialen Welt, Essen 1991
Zacharias, W. (Hrsg.): Spielraum für *Spielräume*. Zur Ökologie des Spiels, 2 Bde., (Materialien Spiel- und Kulturpädagogik Pädagogische Aktion e.V.), München 1985 und 1987
Zacher, H. F.: *Einführung*, in: ders. (Hrsg.): Materialien zum Sozialgesetzbuch, Loseblattausgabe, Percha, Stand: April 1979
Zacher, H. F.: *Elternrecht*, in: Isensee, J./Kirchhof, P. (Hrsg.): Handbuch des Staatsrechts der Bundesrepublik Deutschland, Bd. VI, Heidelberg 1989
Zacher, H. F.: Internationales und *Europäisches Sozialrecht*, Percha, 1980
Zacher, H. F.: *Fachhochschulen* für Sozialwesen in freier Trägerschaft, in: Caritas 1994, Nr. 4, S. 174
Zacher, H. F.: *Grundfragen* theoretischer und praktischer sozialrechtlicher Arbeit, in: Vierteljahresschrift für Sozialrecht 1976, S. 1
Zacher, H. F.: *Grundtypen* des Sozialrechts, in: Fürst, W./Herzog, R./Umbach, D. C. (Hrsg.): Festschrift für Wolfgang Zeidler, Berlin/New York 1987, S. 572
Zacher, H. F.: *Internationalisierung* und Europäisierung der sozialen Arbeit, in: NDV 1990, S. 283
Zacher, H. F.: Zum Sozialgesetzbuch. Stand und Probleme der *Kodifikation* des Sozialrechts, in: ArchSozArb 1974, S.1
Zacher, H. F.: *Soziale Gleichheit*. Zur Rechtsprechung des Bundesverfassungsgerichts zu Gleichheitssatz und Sozialstaatsprinzip, in: AöR 1968, S. 341
Zacher, H. F.: *Sozialgesetzbuch* (SGB), Textausgabe mit Hinweisen und Materialien, Loseblattausgabe, Percha, Stand: Juli 1992
Zacher, H. F.: *Sozialrecht*, Stuttgart 1978
Zacher, H. F.: Das *Sozialrecht im Wandel* von Wirtschaft und Gesellschaft, in: Bayerischer Wohlfahrtsdienst 1979, S.1
Zacher, H. F.: *Sozialversicherung*, Soziale Sicherheit, in: Farny, D./Helten, E./Koch, P./Schmidt, R. (Hrsg.): Handwörterbuch der Versicherung (HdV), Karlsruhe 1988, S. 795
Zacher, H. F.: Das soziale *Staatsziel*, in: Isensee, J./Kirchhof, P. (Hrsg.): Handbuch des Staatsrechts in der Bundesrepublik Deutschland, Bd. 1, Heidelberg 1987, S. 1045
Zapf, K.: Rückständige *Viertel*. Eine soziologische Analyse der städtebaulichen Sanierung in der Bundesrepublik, Frankfurt a.M. 1969
Zapf, W. (Hrsg.): *Lebensbedingungen* in der Bundesrepublik. Sozialer Wandel und Wohlfahrtsentwicklung, Frankfurt a.M. 1977
Zapf, W.: *Modernisierung*, Wohlfahrtsentwicklung und Transformation. Soziologische Aufsätze 1987-1994, Berlin 1994
Zapf, W.: *Sozialberichterstattung*: Möglichkeiten und Probleme, (Schriften der Kommission für wirtschaftlichen und sozialen Wandel, Bd. 125), Göttingen 1976
Zapf, W./Schupp, J./Habich, R. (Hrsg.): *Lebenslagen* im Wandel: Sozialberichterstattung im Längsschnitt, Frankfurt/New York 1995
Zapf, W./Habich, R. (Hrsg.): *Wohlfahrtsentwicklung* im vereinten Deutschland. Sozialstruktur, sozialer Wandel und Lebensqualität, Berlin 1996
Zarbock, W. H.: Internationales *Jugend- und Familienrecht*, Loseblattausgabe, Köln, Stand: Dezember 1991
Zaschke, W.: Internationale *Sozialpolitik*, in:

Aus Politik und Zeitgeschichte, 1984/51-52 B, S. 12

Zaudig, M.: *Demenz* und „leichte kognitive Beeinträchtigung" im Alter. Diagnostik, Früherkennung und Therapie, Bern/Göttingen/Toronto 1995

Zdrowomyslaw, N.: Kosten-, Leistungs- und *Erlösrechnung,* München/Wien 1995

Zeiher, H.: Die vielen *Räume* für der Kinder. Zum Wandel räumlicher Lebensbedingungen seit 1945, in: Preuss-Lausitz, U. u.a.: Kriegskinder, Konsumkinder, Krisenkinder. Zur Sozialisationsgeschichte seit dem Zweiten Weltkrieg, Weinheim/Basel 1983, S. 176

Zeintlinger, K.: Analyse, Präzisierung und Reformulierung der Aussagen zur psychodramatischen *Therapie* nach J. C. Moreno, Paderborn o.J.

Zeitler, H.: Der Schutz der *Anstaltsorte* im Kostenerstattungsrecht der Sozial- und Jugendhilfe, in: RsDE, H. 8, 1989, S. 1

Zeitler, H.: Das „angemessene" *Hausgrundstück* und das für dessen Anschaffung vorhandene Vermögen, in: NDV 1991, S. 73

Zeitler, H.: *Kostenerstattung* zwischen den Trägern der Sozialhilfe und zwischen den Trägern der Jugendhilfe, (Schriften des DV: Kleinere Schriften, H. 7), Frankfurt a.M. (3. Aufl.) 1984

Zeitler, H.: § 113 a BSHG (§ 89 h SGB VIII) und das *Schiedsverfahren* nach der Fürsorgerechtsvereinbarung (FRV), in: NDV 1995, S. 50

Zeitler, H./Schindler, H.: *Sozialgesetzbuch X* für die Praxis der Sozialhilfe und der Kinder- und Jugendhilfe. Kurzkommentierung, Köln 1996, Stand: Mai 1995

Zeitschrift für Erlebnispädagogik: *Projekte* im Evangelischen Jugenddorf Rendsburg, Themenheft, H. 2/3, 1990

Zeitschrift für Pädagogik: *Beiträge* zum 8. Kongreß der Deutschen Gesellschaft für Erziehungswissenschaft, 18. Beiheft, Weinheim/Basel 1983

Zentralstelle für Psychologische Information und Dokumentation (ZPID) (Hrsg.): *Inventory* of European Longitudinal Studies in the Behavioral and Medical Sciences, Update 1990-1994, Trier 1995

Zenz, G.: *Kindesmißhandlung* und Kindesrechte. Erfahrungswissen, Normstruktur und Entscheidungsrationalität, Frankfurt a.M. 1981

Zerbin-Rüdin, E.: Neuere Ergebnisse der *Oligophrenieforschung* mit besonderer Berücksichtigung genetischer Aspekte, in: Zeitschrift für Kinder- und Jugendpsychiatrie 1973, S. 171

Zerres, K./Rüdel, R.: *Selbsthilfegruppen* und Humangenetiker im Dialog. Erwartungen und Befürchtungen, Stuttgart 1993

Zetkin, C.: Zur Geschichte der proletarischen *Frauenbewegung* Deutschlands, Frankfurt a.M. o.J.

Zijderveld, A.C.: Die abstrakte *Gesellschaft.* Zur Soziologie von Anpassung und Protest, Frankfurt a.M. 1972

Zimbardo, P. G.: *Psychologie,* Berlin/Heidelberg/New York (6. neu bearb. Aufl.) 1995

Zimmer, J. (Hrsg.): *Curriculumentwicklung* im Vorschulbereich, 2 Bde., München (2. Aufl.) 1976

Zimmer, J. (Hrsg.): *Erziehung* in früher Kindheit, in: ders. (Hrsg.): Enzyklopädie Erziehungswissenschaft, Bd. 6, Stuttgart 1984

Zimmer, J. (Hrsg.): *Erziehung* in früher Kindheit, Bd. 6 der Enzyklopädie *Erziehungswissenschaft*. Handbuch und Lexikon der Erziehung in 11 Bde. und einem Registerbd., hrsg. von Lenzen, D., Stuttgart (2. Aufl.) 1992

Zimmermann, D.: Über Reichweite und Möglichkeiten integrierter *Landesentwicklungsplanung* (Beispiel Niedersachsen), in: Mitteilungen des Informationskreises für Raumplanung e.V. 1979/10, S. 13

Zimmermann, H.: Allgemeine Probleme und Methoden des *Finanzausgleichs,* in: Neumark, F. (Hrsg.): Handbuch der Finanzwissenschaft, Bd. IV, Tübingen 1980, S. 3

Zitelmann, A./Carl, T.: Didaktik der *Sexualerziehung,* Weinheim/Basel 1973

Zöfel, P.: *Statistik* in der Praxis, Stuttgart/Jena (3. überab. u. erg. Aufl.) 1992

Zöller: *Zivilprozeßordnung.* Mit Gerichtsverfassungsgesetz und den Einführungsgesetzen, mit Internationalem Zivilprozeßrecht, Kostenanmerkungen, Köln (20. neubearb. Aufl.) 1997

Zöller, P.: Zwischen *Sammelbüchse* und PC? Dienstleistungsmanagement in sozialkaritativen Organisationen, in: Biehal, F. (Hrsg.): Lean Service. Dienstleistungsmanagement der Zukunft für Unternehmen und Non-Profit-Organisationen, Bern/Stuttgart 1993, S. 176

Zuck, R.: Das Recht des *Bebauungsplans,* Stuttgart/München/Hannover (2. Aufl.) 1980

Zuleeg, M.: Der Schutz der *Grundrechte* in der Gemeinschaft, in: DÖV 1992, S. 937

Zulliger, H.: Heilende Kräfte im kindlichen *Spiel,* Frankfurt a.M. 1991

Zuschlag, B./Thielke, W.: *Konfliktsituationen* im Alltag, Stuttgart 1994

Zutt, J.: Zur Anthropologie der *Sucht,* in: Der Nervenarzt 1958, S. 439

Zweng, H./Scheerer, R./Buschmann, G./Dörr, G.: Handbuch der *Rentenversicherung,* Loseblattausgabe, Stuttgart (3. Aufl.), Stand: April 1995

Zwick, M. (Hrsg.): Einmal arm, immer arm? Neue *Befunde* zur Armut in Deutschland, Frankfurt/New York 1994

Zwierlein, E. (Hrsg.): *Handbuch* Integration und Ausgrenzung. Behinderte Mitmenschen in der Gesellschaft, Neuwied/Kriftel/Berlin 1996

Zwischenbericht der Enquête-Kommission Demographischer Wandel. Herausforderung unserer älter werdenden Gesellschaft an den einzelnen und die Politik, (*Zur Sache*. Themen parlamentarischer Beratung 4/94), hrsg. vom Deutschen Bundestag, Bonn 1994

Adamy, Wilhelm, Dr. rer. pol., Leiter der Abteilung Arbeitsmarktpolitik und Internationale Sozialpolitik des Deutschen Gewerkschaftsbundes – Bundesvorstand, Düsseldorf

Aden-Grossmann, Wilma, Dr. phil., Professorin für Sozialpädagogik an der Gesamthochschule Kassel

Aengenendt, Hans, †, Dr. phil., vormals Erster Vorsitzender der Bundesarbeitsgemeinschaft Hilfe für Behinderte e. V.

Alisch, Johanna, Majorin bei der Heilsarmee, Leiterin der Abteilung Öffentlichkeitsarbeit am Nationalen Hauptquartier der Heilsarmee, Köln

Altner, Günter, Dr. theol., Dr. rer. nat., Professor für Evangelische Theologie an der Universität Koblenz-Landau, Abteilung Koblenz

Anders, Dietrich, Vorsitzender der Bundesarbeitsgemeinschaft der Werkstätten für Behinderte, Frankfurt am Main, Geschäftsführer der Hamburger Werkstatt GmbH

Angor, Silke, Dipl.-Psychologin, Psychologieoberrätin beim Schulpsychologischen Dienst im staatlichen Schulamt für den Landkreis Offenbach und die Stadt Offenbach am Main

Apitzsch, Ursula, Dr. phil., Universitätsprofessorin für Politik und Soziologie am Fachbereich Gesellschaftswissenschaften der Johann Wolfgang Goethe-Universität, Frankfurt am Main

Arp, Manfred, Leitender Regierungsdirektor bei der Behörde für Inneres der Freien und Hansestadt Hamburg

Arp-Trojan, Annelies, Dipl.-Sozialpädagogin, 1. Vorsitzende der Vereinigung Analytischer Kinder- und Jugendlichen-Psychotherapeuten e.V., Hamburg; Wissenschaftliche Mitarbeiterin am Michael-Balint-Institut, Hamburg

Articus, Stephan, Dr. phil., Beigeordneter, ständiger stellvertretender Hauptgeschäftsführer und Finanzdezernent des Deutschen Städtetages, Köln; stellvertretender Vorsitzender des Deutschen Vereins, Frankfurt am Main

Bach, Heinz, Dr. phil., Professor am Institut für Sozialpädagogik der Universität Mainz

Baer, Ingrid, Assessorin jur., Direktorin des Internationalen Sozialdienstes – Deutscher Zweig e.V., Frankfurt am Main

Balke, Klaus, Dipl.-Geograph, Wissenschaftlicher Mitarbeiter der Nationalen Kontakt- und Informationsstelle (NAKOS), Berlin

Baltes, Joachim, Prof. Dr., Stadtrat beim Senator für Bau, Verkehr und Stadtentwicklung, Bremen

Baltz, Jochem, Assessor jur., Dipl.-Sozialarbeiter/Dipl.-Sozialpädagoge, Wissenschaftlicher Referent im Deutschen Verein, Frankfurt am Main

Bangert, Willi, †, Dipl.-Volkswirt, vormals Ministerialrat

Barden, Ingeburg, Dipl.-Pflegepädagogin, Referatsleiterin im Deutschen Caritasverband, Freiburg

Barkey, Peter, Dr. phil., Dipl.-Psychologe, Kreisbeigeordneter a. D., Kassel

Baross, Joachim von, Dipl.-Soziologe, stellvertretender Geschäftsführer des Bundesverbandes von Pro Familia e.V., Frankfurt am Main

Barth, Hannelore, Dipl.-Psychologin, Psychoanalytikerin, München

Barth, Wolfgang, Leiter des Referats „Migration", Arbeiterwohlfahrt – Bundesverband, Bonn

Barthel, Christian, Dr. phil., Leiter der Personalentwicklung der Stadt Offenbach, Abteilung Personalwesen und Organisationsentwicklung, Offenbach am Main

Bartnitzke, Klaus, Stadtrat a. D., Flensburg

Bauer, Ernst, Staatsanwalt, Wetzlar

Bauer, Hans G., Dipl.-Soziologe, freiberuflicher Mitarbeiter der Gesellschaft für Ausbildungsforschung und Berufsentwicklung e.V., München

Bauer, Jost, Professor an der Evangelischen Fachhochschule für Sozialwesen Reutlingen

Bauer, Manfred, Chefarzt der Psychiatrischen Klinik der Städtischen Kliniken Offenbach am Main

Bauer-Söllner, Brigitte, Dr., Dipl.-Haus- und Ernährungswirtin, Leinfelden-Echterdingen

Baumann, Detlef, Richter am Bundessozialgericht, Kassel

Baumann, Willi, Dr. med., Arzt für Neurologie und Psychiatrie, Psychotherapie, Psychoanalyse, Frankfurt am Main

Bechtler, Hildegard, Dr. phil., Dipl.-Sozialarbeiterin, Professorin für Sozialarbeit an der Evangelischen Fachhochschule für Sozialarbeit und Sozialpädagogik Berlin

Becker, Bernd-Michael, Dr. med., Chefarzt des Krankenhauses Reinickendorf, Karl-Bonhoeffer-Nervenklinik, Berlin

Becker, Egon, Dr. rer. nat., Professor am Fachbereich Erziehungswissenschaften der Johann Wolfgang Goethe-Universität Frankfurt am Main; Wissenschaftlicher Mitarbeiter im Institut für sozialökologische Forschung, Frankfurt am Main

Becker, Helmut, †, Dr. phil., vormals Professor für Pädagogik an der Johann Wolfgang Goethe-Universität Frankfurt am Main

Becker, Ulrich, †, Dr. jur. h. c., vormals Senatsdirektor

Bellebaum, Alfred, Dr. rer. pol., Dipl.-Volkswirt, Professor für Soziologie an der Universität Koblenz-Landau, Abteilung Koblenz; Honorarprofessor für Soziologie an der Universität Bonn

Bergs, Manfred, Professor und Rektor der Evangelischen Fachhochschule Hannover, Präsident der Bundeskonferenz der Rektoren und Präsidenten kirchlicher Fachhoch-

schulen in der Bundesrepublik Deutschland (RKV)
Berthelmann, Ronald, Dipl.-Pädagoge, Geschäftsführer des Deutschen Bundesjugendrings, Bonn
Berthold, Martin, Dipl.-Volkswirt, Abteilungsleiter im Diakonischen Werk der Evangelischen Kirche in Deutschland e.V. – Hauptgeschäftsstelle, Stuttgart
Bialonski, Heinz, Dr. med., Ministerialrat a. D., Königswinter
Bieback, Karl-Jürgen, Dr. jur., Universitätsprofessor an der Hochschule für Wirtschaft und Politik, Hamburg
Biesenkamp, Rainer, Dipl.-Psychologe, Wissenschaftlicher Referent im Deutschen Verein, Frankfurt am Main
Birtsch, Vera, Dr. phil., Dipl.-Psychologin, Leiterin des Amtes für Jugend der Freien und Hansestadt Hamburg
Blandow, Jürgen, Dr. phil., Professor für Sozialpädagogik an der Universität Bremen
Blanke, Ernst August, Dr. jur., Ministerialdirigent im Bundesministerium für Bildung, Wissenschaft, Forschung und Technologie, Bonn
Blankenfeld, Christine, Sozialwissenschaftlerin M. A., – Institut für Stadtplanung und Sozialforschung, Stuttgart
Blaschke, Dieter, Dr. Dr. rer. pol. habil., Dipl.-Sozialwirt, Leitender Wissenschaftlicher Direktor am Institut für Arbeitsmarkt- und Berufsforschung der Bundesanstalt für Arbeit, Nürnberg
Blaumeiser, Heinz, Dipl.-Physiker und Sozialwissenschaftler, Wien
Blosser-Reisen, Lore, Dr. agr., Professorin am Institut für Haushalts- und Konsumökonomik der Universität Hohenheim i. R., Nürtingen
Blumenberg, Franz-Jürgen, Dr. phil., Dipl.-Psychologe, Leiter des Wissenschaftlichen Instituts des Jugendhilfswerks Freiburg e.V. an der Universität Freiburg
Bock, Teresa, Dr. rer. pol., Dipl.-Sozialarbeiterin, em. Professorin an der Katholischen Fachhochschule, Nordrhein-Westfalen, Vizepräsidentin des Deutschen Caritasverbandes, Viersen
Böcker, Felix, Prof. Dr. med., Bayreuth
Bödege, Rolf, Dipl.-Psychologe, Verwaltungsleiter im Berufsförderungswerk Frankfurt am Main in Bad Vilbel
Böhm, Alexander, Dr. jur., Richter am Oberlandesgericht Zweibrücken i. R.; em. Professor für Kriminologie, Strafrecht und Strafvollzug an der Universität Mainz
Böhm, Reglindis, Präsidentin des Landgerichts Kassel
Bollermann, Gerd, Dr. phil., Dipl.-Pädagoge, Dipl.-Sozialarbeiter, Professor an der Fachhochschule für öffentliche Verwaltung Dortmund
Boogaart, Hilde van den, Dr., Dipl.-Kriminologin, Referentin der Justizbehörde in Hamburg
Boomgarden, Theo, Geschäftsführer des Vereins Outlaw e.V., Grefen
Borchardt, Klaus-Dieter, Dr. jur., Hauptverwaltungsrat im juristischen Dienst der Kommission der Europäischen Gemeinschaften, Brüssel
Bordt, Eva-Maria, Dipl.-Pädagogin, Referentin für Mädchen- und Frauensozialarbeit im Deutschen Paritätischen Wohlfahrtsverband – Gesamtverband e.V., Frankfurt am Main
Bosch, Gregor, Prof. Dr. med., Leiter der Abteilung für Sozialpsychiatrie im Rudolf-Virchow-Klinikum der Freien Universität Berlin i.R., Berlin
Bothmer, Henrik von, Dipl.-Sozialwirt, Geschäftsführer der Bundesarbeitsgemeinschaft Jugendsozialarbeit – BAG JAW, Bonn
Böttcher, Hans-Walter, Verwaltungsdirektor im Deutschen Verein, Frankfurt am Main
Brack, Ruth, Dipl.-Sozialarbeiterin, Master of Social Work, Gwatt/Schweiz
Brand, Ruth, Dipl.-Pädagogin, Präsidentin des European Anti-Poverty Network (eapn), Brüssel
Brandes, Hans, Dipl.-Sozialarbeiter, Freiburg
Braun, Dieter, Dipl.-Sozialarbeiter, Professor für Sozialpädagogik an der Fachhochschule Esslingen – Hochschule für Sozialwesen
Braun, Hans, Dr. phil., Dipl.-Soziologe, Professor für Soziologie und Sozialpolitik an der Universität Trier
Braunmühl, Ekkehard von, Publizist, Wiesbaden
Brauns, Hans-Jochen, Prof. Dr. jur., Geschäftsführer des Deutschen Paritätischen Wohlfahrtsverbandes – Landesverband Berlin e.V.; Vorsitzender des Deutschen Landesausschusses des International Council on Social Welfare, Frankfurt am Main
Braun-von der Brelie, Jutta, Dipl.-Soziologin, Wissenschaftliche Referentin im Deutschen Verein, Frankfurt am Main
Brede, Karola, Dr., Professorin am Fachbereich Gesellschaftswissenschaft an der Johann Wolfgang Goethe-Universität, Frankfurt am Main
Bredenkamp, Jürgen, Dr., Dipl.-Psychologe, Professor am Institut für Psychologie der Universität Bonn
Brömer, Horst, Dipl.-Psychologe, Geschäftsführer (Therapie) der Drogenhilfe Tannenhof Berlin e.V.
Brucker, Uwe, M. A., Fachgebietsleitung Pflege, Medizinischer Dienst der Spitzenverbände der Krankenkassen e. V., Essen
Brückers, Rainer, Dipl.-Sozialwissenschaftler, Bundesgeschäftsführer der Arbeiterwohlfahrt – Bundesverband e.V., Bonn
Brüggemann, Dieter, Dr. jur., Ministerialrat a. D., Celle
Brülle, Heiner, Dipl.-Soziologe, Abteilungsleiter/Sozialplaner der Abteilung Grundsatz und Planung der Stadt Wiesbaden

Brumlik, Micha, Dr., Professor für Erziehungswissenschaften – Schwerpunkt Sozialpädagogik – an der Universität Heidelberg

Buchsbaum, Richard, Dr. jur., Ministerialrat a. D., Bonn

Buhr, Petra, Dr. rer. pol., Dipl.-Soziologin, Wissenschaftliche Mitarbeiterin im Sonderforschungsbereich 186 der Universität Bremen

Bühringer, Gerhard, Dr. rer. soc., Leiter des Instituts für Therapieforschung, München

Bührlen-Enderle, Rotraut, Dipl.-Pädagogin, Akademische Oberrätin an der Universität Hannover

Burdenski, Wolfhart, Dr. jur., Bundesrichter a. D., Rechtsanwalt, Frankfurt am Main

Burmeister, Jürgen, Wissenschaftlicher Mitarbeiter des Institutes xit, Forschung, Planung, Beratung, Nürnberg

Busch, Max, †, Dr. phil., vormals Professor an der Bergischen Universität – Gesamthochschule Wuppertal

Büttner, Christian, Dr. phil., Dipl.-Psychologe, Wissenschaftlicher Mitarbeiter der Hessischen Stiftung Friedens- und Konfliktforschung, Frankfurt am Main

Christmann, Martina, Dipl.-Sozialarbeiterin, Vorsitzende der Deutschen Vereinigung für den Sozialdienst im Krankenhaus e. V., Mainz

Clement, Ulrich, Dr., Priv.-Dozent, Dipl.-Psychologe, Heidelberg

Cohrs, Heinrich-Wilhelm, Dipl.-Sozialarbeiter, Geschäftsführer der Arbeitsgemeinschaft für Erziehungshilfe (AFET) e. V. – Bundesvereinigung, Hannover

Colberg-Schrader, Hedi, Dipl.-Soziologin, Wissenschaftliche Mitarbeiterin im Deutschen Jugendinstitut e. V., München

Conen, Gabriele, Dr. päd., Bundesgeschäftsführerin der Evangelischen Aktionsgemeinschaft für Familienfragen, Bonn

Conrads, Bernhard, Dr., Bundesgeschäftsführer der Bundesvereinigung Lebenshilfe für geistig Behinderte e. V., Marburg

Däbritz, Susanne, Dipl.-Psychologin, Wissenschaftliche Referentin im Deutschen Verein, Frankfurt am Main

Dahlinger, Erich, Dr. jur., Direktor beim Landeswohlfahrtsverband Württemberg-Hohenzollern i. R., Böblingen

Dahm, Harald, Assessor jur., Referent der Geschäftsführung im Hauptverband der gewerblichen Berufsgenossenschaften e. V., St. Augustin

Dalichau, Gerhard, Vorsitzender Richter am Landessozialgericht Hessen, Darmstadt

Dangschat, Jens, Dr., Professor für Soziologie an der Forschungsstelle vergleichende Stadtforschung, Universität Hamburg

Dannecker, Martin, Dr. phil., Priv.-Dozent, Abteilung Sexualwissenschaft des Klinikums der Universität Frankfurt am Main

Danzig, Helga, Professorin an der Fachhochschule für Sozialarbeit und Sozialpädagogik Berlin i. R., Berlin

Daub, Ute, Dipl.-Soziologin, Dozentin an der Fachhochschule Frankfurt am Main, Fachbereich Sozialpädagogik

Degenhardt, Karl-Heinz, Dr. med., vormals Professor für Pädiatrie und Humangenetik, Bad Honnef

Deininger, Dieter, Dr. phil., Dipl.-Soziologe, Regierungsdirektor a. D., Wiesbaden

Dembowski, Barbara, Assessorin jur., Referentin beim Hessischen Datenschutzbeauftragten, Wiesbaden

Derschau, Dietrich von, Dr. phil., Direktor der Sozialpädagogischen Fachschulen der Landeshauptstadt München

Deusinger, Ingrid M., Dr. phil., Dipl.-Psychologin, Professorin für Psychologie an der Johann Wolfgang Goethe-Universität Frankfurt am Main

Deußer, Hannah, Assessorin jur., Amtsleiterin des Sozial- und Jugendamtes der Stadt Freiburg

Dieck, Margret, †, Dr. rer. pol., Dipl.-Volkswirtin, vormals Wissenschaftliche Leiterin im Deutschen Zentrum für Altersfragen e. V., Berlin

Dieckhoff, Uwe, Dipl.-Psychologe, Sozialdirektor der Senatsverwaltung Schule, Jugend und Sport, Berlin

Dieckmann, Helmut, Dipl.-Pädagoge, Wissenschaftlicher Referent im Deutschen Verein, Frankfurt am Main

Dietrich, Hans, Dipl.-Sozialwirt, Wissenschaftlicher Mitarbeiter am Institut für Arbeitsmarkt- und Berufsforschung der Bundesanstalt für Arbeit, Nürnberg

Domanski, Gerhard, Dipl.-Volkswirt, Leiter der Abteilung Marketing/PR der SHR-Holding, Heidelberg

Doppler, Klaus, Dr. phil., Berater für Organisationsentwicklung und Trainer für Gruppendynamik, München

Dörger, Ursula, Dr. phil., Dipl.-Pädagogin, Referatsleiterin im Hessischen Kultusministerium, Wiesbaden

Dörrie, Klaus, Dipl.-Sozialwirt, Hauptgeschäftsführer des Deutschen Paritätischen Wohlfahrtsverbandes – Gesamtverband e. V., Frankfurt am Main; stellvertretender Vorsitzender des Deutschen Vereins, Frankfurt am Main

Drees, Alfred, Dr. med., Professor am Zentrum für poetische Gesprächsführung, Krefeld

Dreier, Annette, Dr., Wissenschaftliche Assistentin an der Hochschule der Künste, Institut für Grundschulpädagogik, Berlin

Drenseck, Heinrich-Peter, M. A., Dipl.-Betriebswirt, Stadtdirektor und Stadtkämmerer der Stadt Herne

Drerup, Karl Thomas, Assessor jur., Justitiar beim Deutschen Blindenverband e. V., Bonn

Dupuis, Gregor, Dr. phil., Professor am Fachbereich Sondererziehung und Rehabilitation der Universität Dortmund

Dürk, Martin, Dipl.-Pädagoge, Kunsterzieher, Frankfurt am Main
Dürr, Karl, Dipl.-Psychologe, Sozialpädagoge, Berlin

Ebert, Sigrid, Dipl.-Psychologin, Fachstudiendirektorin, Vorsitzende des Pestalozzi-Fröbel-Verbandes e.V., Berlin
Ebsen, Ingwer, Dr. jur., Universitätsprofessor für öffentliches Recht und Sozialrecht an der Johann Wolfgang Goethe-Universität, Frankfurt am Main
Ehrhardt, Angelika, Dr., Dipl.-Pädagogin, Professorin an der Fachhochschule Wiesbaden
Ehrhardt, Helmut E., Dr. med. Dr. phil. Dr. jur. h.c., em. Professor, vormals Direktor des Instituts für Gerichtliche und Sozialpsychiatrie der Universität Marburg, Marburg
Eichhoff, Gottfried, Assessor jur., Wissenschaftlicher Referent im Deutschen Verein, Frankfurt am Main
Eickhoff, Dieter, Ministerialrat im Bundesministerium für Arbeit und Sozialordnung, Bonn
Eipperle, Erwin, Dipl.-Sozialarbeiter, Leiter der Arbeitsstelle Zivildienst im Deutschen Caritasverband e.V., Freiburg
Enders, Manfred, Dipl.-Pädagoge, Supervisor (DGSv), Oldenburg
Enders-Dragässer, Uta, Dr. rer. soc., Dipl.-Pädagogin, Wissenschaftliche Leiterin der Gesellschaft für sozialwissenschaftliche Frauenforschung e.V., Frankfurt am Main
Engels, Gerd, M.A., Geschäftsführer der Bundesarbeitsgemeinschaft Kinder- und Jugendschutz e.V., Bonn
Eschenröder, Christof T., Dipl.-Psychologe, Bremen
Esser, Ulrich, Dipl.-Psychologe, Erftstadt
Euler, Manfred, Dipl.-Volkswirt, Gruppenleiter a.D. im Statistischen Bundesamt, Wiesbaden

Faerber, Klaus-Peter, †, Dr. med., vormals Leitender Medizinaldirektor, Oberhausen
Falck, Ingeborg, Dr. med., em. Professorin am Fachbereich Medizin der Freien Universität Berlin
Falkenberg, Hans-Dieter, Steuerberater, Brühl
Faltermeier, Josef, Dipl.-Pädagoge, Sozialarbeiter grad., Wissenschaftlicher Referent im Deutschen Verein, Frankfurt am Main
Feldmann, Ursula, Dipl.-Sozialwirtin, Wissenschaftliche Referentin im Deutschen Verein, Frankfurt am Main
Ferber, Christian von, Dr. phil., Dipl.-Volkswirt, em. Universitätsprofessor für medizinische Soziologie an der Universität Düsseldorf
Feser, Klaus, Vorsitzender Richter am Landesarbeitsgericht, Erfurt
Fichtner, Otto, Beigeordneter a.D., Präsident des Landesamtes für Soziales und Versorgung des Landes Brandenburg i.R., Bremen

Finger, Peter, Dr. jur., Priv.-Dozent, Rechtsanwalt, Frankfurt am Main
Flosdorf, Peter, Dr. phil., Dipl.-Psychologe, Leiter des überregionalen Beratungs- und Behandlungszentrums Sankt Joseph i.R., Würzburg
Frank, Gerhard, Dr. phil., Dipl.-Soziologe, Professor am Fachbereich Sozialwesen der Georg-Simon-Ohm-Fachhochschule Nürnberg
Frank, Werner, Verbandsdirektor des Landeswohlfahrtsverbandes Württemberg-Hohenzollern, Stuttgart
Franke, Hans-Joachim, Dr. jur., Stadtdirektor der Stadt Bergisch Gladbach
Fraßa, Heinz-Jörg, Dipl.-Psychologe, Psychotherapeut und Unternehmensberater (Personalberater), Hamburg
Freier, Dietmar, Dipl.-Volkswirt, Sozialarbeiter, Leitender Senatsrat beim Senator für Soziales a.D., Berlin
Freitag, Elvira, Geschäftsführerin des Müttergenesungswerks, Stein/Mfr.
Freyer, Hannelore, Dipl.-Sozialwissenschaftlerin, Referentin für Sozialpolitik im Deutschen Roten Kreuz – Generalsekretariat, Bonn
Friede-Mohr, Christina, Dr. rer. pol., Leiterin des Referates „Grundsatzangelegenheiten, Bund-Länder-Beziehungen" im Bundesministerium für Gesundheit, Bonn
Friedrichs, Jürgen, Dr., Professor am Forschungsinstitut für Soziologie, Universität Köln
Frieling-Sonnenberg, Wilhelm, Dr. phil., Leiter einer Pflegeeinrichtung und des Instituts für Alternsfragen/altengerechte Projektierungen, Bielefeld
Friese, Sylvester, Sozialarbeiter grad., Stadtsozialoberamtsrat a.D., Freiburg
Fritz, Hartmut, Dipl.-Sozialarbeiter, Vorsitzender der Landesarbeitsgemeinschaft Soziale Brennpunkte Hessen e.V., Frankfurt am Main
Fritz, Wolfgang, Assessor jur., Oberregierungsrat, Wetzlar
Frommann, Matthias, Dr. jur., Professor an der Fachhochschule Frankfurt am Main
Fuchs, Petra, Assessorin jur., Dipl.-Pädagogin, Wissenschaftliche Referentin im Deutschen Verein, Frankfurt am Main
Fuckner, Gerhard, Leitender Ministerialrat, Personalreferent im Ministerium des Innern und für Sport des Landes Rheinland-Pfalz, Mainz
Fuhrmann, Emmy, Sozialarbeiterin grad., Düsseldorf
Fügen, Ingo, Prof. Dr. med., Chefarzt der Kliniken St. Antonius, III. Medizinische Klinik, Velbert-Neviges
Füssel, Hans-Peter, Dr., Professor für allgemeines Verwaltungsrecht und Sozialrecht an der Hochschule für Öffentliche Verwaltung, Bremen

Gaertner, Siegfried, Beigeordneter im Deutschen Landkreistag, Bonn

Gaiser, Wolfgang, Dr., Dipl.-Soziologe, Wissenschaftlicher Referent im Deutschen Jugendinstitut e.V., München

Gandow, Thomas, Provinzialpfarrer, Beauftragter für Sekten- und Weltanschauungsfragen der Evangelischen Kirche in Berlin-Brandenburg, Berlin

Gängler, Hans, Dr. rer. soc., Professor an der Philosophischen Fakultät der Universität Chemnitz

Gast, Peter, Oberstaatsanwalt, Dezernent bei der Staatsanwaltschaft beim Oberlandesgericht Frankfurt am Main

Geißler, Karlheinz, Dr. rer. pol., Dipl.-Handelslehrer, Professor für Wirtschafts- und Sozialpädagogik an der Universität der Bundeswehr, München

Gemsjäger, Werner, Dr. rer. pol., Assessor jur., Vizepräsident des Landesarbeitsamtes Hessen a. D., Frankfurt am Main

Gennrich, Rolf, Dipl.-Sozialpädagoge, Dipl.-Gerontologe, Langenfeld

Gerlach, Werner, Geschäftsführer des AOK-Landesverbandes Sachsen, Dresden

Gerspach, Manfred, Dr. phil., Professor am Fachbereich Sozialpädagogik der Fachhochschule Darmstadt

Giese, Dieter, Dr. jur., Honorarprofessor der Fachhochschule Frankfurt am Main

Glatzer, Wolfgang, Dr. phil., Dipl.-Soziologe, Professor für Soziologie am Fachbereich Gesellschaftswissenschaften der Universität Frankfurt am Main

Goldschmidt, Aviva, Sozialreferentin, Zentralwohlfahrtsstelle der Juden in Deutschland e.V., Frankfurt am Main

Göpfert-Divivier, Werner, Dipl.-Sozialpädagoge, Geschäftsführer des Instituts für Sozialforschung, Praxisberatung und Organisationsentwicklung, Saarbrücken

Göppinger, Horst, †, Prof. Dr. jur., vormals Richter am Oberlandesgericht Beuren

Gosejacob-Rolf, Hille, Dipl.-Sozialarbeiterin, Vorsitzende des Deutschen Berufsverbandes der Sozialarbeiter/Sozialarbeiterinnen, Sozialpädagogen/Sozialpädagoginnen, Heilpädagogen/Heilpädagoginnen e.V., Essen

Gößling, Siegfried, Verwaltungsratsvorsitzender der DSK Gesundheitsdienste gGmbH, Worms

Götz, Marion, Assessorin jur., Wissenschaftliche Referentin im Verband Deutscher Rentenversicherungsträger, Frankfurt am Main

Granitzka, Uta, Professorin am Fachbereich Sozialpädagogik der Fachhochschule Hildesheim-Holzminden

Greese, Dieter, Sozialarbeiter grad., Jugendamtsleiter der Stadt Essen

Griese, Hartmut, Dr. phil. habil., M. A., apl. Professor und Hochschuldozent am Fachbereich Erziehungswissenschaften der Universität Hannover

Groell, Robert, Sozialdezernent a. D., Siegburg

Grond, Erich, Prof. Dr. med., Internist und Psychotherapeut, Hagen

Gross, Helga, Assessorin jur., Frankfurt am Main

Großhans, Hartmut, Prof. Dr. rer. pol., Dipl.-Ingenieur, Leiter des Referats Wohnungs- und Städtebau, Forschung und Entwicklung beim GdW Bundesverband deutscher Wohnungsunternehmen e.V., Köln; Lehrbeauftragter an der Ruhr-Universität, Bochum

Großjohann, Klaus, Geschäftsführer des Kuratoriums Deutsche Altershilfe e.V., Köln

Groth, Jürgen, Geschäftsführer des Bundesverbandes privater Alten- und Pflegeheime e.V., Bonn

Gröttrup, Bernd, Dr. jur., Stadtrat der Stadt Braunschweig

Haag, Gerhard, Direktor im Deutschen Paritätischen Wohlfahrtsverband – Gesamtverband e.V. i. R., Butzbach

Haag, Herbert, †, Dr. rer. pol., vormals Steuerberater in Frankfurt am Main

Häbel, Hannelore, Assessorin jur., Dipl.-Pädagogin, Referentin im Sozialministerium Baden-Württemberg, Stuttgart

Habel, Werner, Prof. Dr., Akademischer Direktor, Leiter der Zentralstelle für Weiterbildung und Kontaktstudium der Universität Dortmund

Haberland, Jürgen, Ministerialrat im Bundesministerium des Innern, Bonn

Habermann, Bärbel, Assessorin jur., stellvertretende Geschäftsführerin und Abteilungsleiterin im Deutschen Verein, Frankfurt am Main

Häberle, Günther-Fritz, Dipl.-Ingenieur, Leiter der sozialgerontologischen Fachberatung, München

Habich, Roland, Dipl.-Soziologe, Koordinator der Abteilung „Sozialstruktur und Sozialberichterstattung" im Wissenschaftszentrum Berlin für Sozialforschung

Hafeneger, Benno, Dr. phil., Professor am Fachbereich Erziehungswissenschaften der Philipps-Universität Marburg

Haines, Hartmut, Dr. jur., Ministerialrat im Bundesministerium für Arbeit und Sozialordnung, Bonn

Hanesch, Walter, Dr. rer. pol., Professor für Sozialverwaltung am Fachbereich Sozialpädagogik der Fachhochschule Darmstadt

Hanke, Friedbert, Dipl.-Soziologe, Dipl.-Supervisor, Wissenschaftlicher Referent im Deutschen Verein, Frankfurt am Main

Happe, Günter, Dr. jur., Landesrat a. D., Münster

Harbauer, Hubert, †, Prof. Dr. med., vormals Leiter der Abteilung für Kinder- und Jugendpsychiatrie des Zentrums der Psychiatrie im Klinikum der Universität Frankfurt am Main

Harrer, Manfred, Ministerialdirektor im Bundesministerium für Arbeit und Sozialordnung, Bonn

Harth, Hubert, Leitender Oberstaatsanwalt bei der Staatsanwaltschaft beim Landgericht Frankfurt am Main

Hartung, Kurt, Dr. med., Kinderarzt, Sozialpädiater, em. Professor für Humanbiologie an der Technischen Universität Berlin, Frankfurt am Main

Haselbeck, Helmut, Prof. Dr. med., Leitender Arzt der Klinik für Psychiatrie und Psychotherapie des Zentralkrankenhauses Bremen-Ost

Hasselmann, Karl-Bernd, Propst des Ev.-Luth. Kirchenkreises Kiel

Hassenstein, Bernhard, Dr. rer. nat. Dr. h. c., Professor für Biologie an der Universität Freiburg

Hauer, Doris, Dipl.-Soziologin, Professorin an der Fachhochschule Wiesbaden

Hauer, Joachim, Rechtsanwalt und Notar, Eschborn

Hauser, Richard, Dr., Professor für Sozialpolitik am Institut für Konjunktur, Wachstum und Verteilung der Johann Wolfgang Goethe-Universität Frankfurt am Main

Hebenstreit-Müller, Sabine, Dr., Amtsleiterin des Amtes für soziale Dienste, Bremen

Hedtke-Becker, Astrid, Dipl.-Pädagogin, Professorin im Fachgebiet „Praxis sozialer Arbeit", Schwerpunkt Gesundheitswesen/Altenhilfe an der Hochschule für Sozialwesen, Mannheim

Heese, Gerhard, Dr. päd., Professor am Institut für Sonderpädagogik der Universität Zürich

Heid, Helmut, Dr., Dipl.-Handelslehrer, Professor für Pädagogik an der Universität Regensburg

Heil, Karolus, Dr. rer. nat., Dipl.-Soziologe, Professor für Planungstheorie am Institut für Stadt- und Regionalplanung der Technischen Universität Berlin

Heinz, Margarete, Dr. phil., Dipl.-Soziologin, Niedernhausen

Helfer, Inge, Dipl.-Sozialwirtin, Frankfurt am Main

Hellmann, Ulrich, Assessor jur., Personalleiter der Bundesvereinigung Lebenshilfe für geistig Behinderte e.V., Marburg

Hentschel, Claudia, Dipl.-Pädagogin, Wissenschaftliche Referentin im Deutschen Verein, Frankfurt am Main

Hepting, Reinhard, Dr. jur., Professor an der Universität Mainz

Herriger, Norbert, Dr. rer. soc., Professor für Soziologie an der Fachhochschule Düsseldorf, Fachbereich Sozialarbeit

Hesse-Schiller, Werner, Assessor jur., Geschäftsführer im Deutschen Paritätischen Wohlfahrtsverband – Gesamtverband e.V., Frankfurt am Main

Heun, Hans Dieter, Dr. phil., Professor an der Evangelischen Fachhochschule Darmstadt

Heymann, Hans-Karsten, Dipl.-Volkswirt, Jugendhilfeplaner im Amt für Kinderinteressen der Stadt Köln

Hoehne, Rainer, Dr. med., Kinderarzt, Professor an der Fachhochschule Nordostniedersachsen Lüneburg

Hoffmann, Hermann, Prof. Dr. Dr., erster Vorsitzender der Deutschen Multiple Sklerose Gesellschaft – Bundesverband e.V., Hannover

Höft-Dzemski, Reiner, Dipl.-Soziologe, Wissenschaftlicher Referent im Deutschen Verein, Frankfurt am Main

Hohnerlein, Eva-Maria, Dr. jur., Wissenschaftliche Referentin am Max-Planck-Institut für ausländisches und internationales Sozialrecht, München

Hollmann, Elisabeth, Dipl.-Pädagogin, Organisationsberaterin, Supervisorin DGSv, Oberursel

Holtmannspötter, Heinrich, Dipl.-Soziologe, Geschäftsführer der Bundesarbeitsgemeinschaft Wohnungslosenhilfe e.V., Bielefeld

Hoppe, Jörg Reiner, Dipl.-Pädagoge, Wissenschaftlicher Referent im Deutschen Verein, Frankfurt am Main

Hopster-Fiala, Christa, Dipl.-Sozialarbeiterin, Leiterin des Sozialdienstes für Frauen im Sozialamt der Stadt Frankfurt am Main a.D.

Hornfeck, Marc Axel, Geschäftsführer der Bundesstiftung „Mutter und Kind – Schutz des ungeborenen Lebens", Bonn

Hottelet, Harald, Geschäftsführer der Firma Sozialconsulting, Titisee/Neustadt

Huber, Bertold, Dr. jur., Richter am Verwaltungsgericht Frankfurt am Main

Hugoth, Matthias, Wissenschaftlicher Referent im Deutschen Caritasverband, Freiburg

Hüllinghorst, Rolf, Geschäftsführer der Deutschen Hauptstelle gegen die Suchtgefahren e.V., Hamm

Hüter-Becker, Antje, Physiotherapeutin, Chefredakteurin der Zeitschrift „Krankengymnastik – Zeitschrift für Physiotherapeuten", München

Iben, Gerd, Dr. phil., Professor am Institut für Sonder- und Heilpädagogik der Johann Wolfgang Goethe-Universität Frankfurt am Main

Igl, Gerhard, Dr. jur., Professor an der Universität Kiel, Lehrstuhl für öffentliches Recht und Sozialrecht

Imlau-Staupendahl, Robert, Dr. jur., Assessor jur., Wissenschaftlicher Referent im Deutschen Verein, Frankfurt am Main

Irle, Gerhard, Prof. Dr. med., Leitender Arzt der Evangelischen Nervenklinik Remscheid i. R., Osnabrück

Irskens, Beate, Dipl.-Pädagogin, Wissenschaftliche Referentin im Deutschen Verein, Frankfurt am Main

Jaeckel, Monika, Dipl.-Soziologin, Wissenschaftliche Mitarbeiterin im Deutschen Jugendinstitut e.V., München

Jankuhn, Reinhard, Dipl.-Sozialarbeiter, Referent beim Bundesverband für Körper- und Mehrfachbehinderte e.V., Düsseldorf

Jans, Bernhard, Dipl.-Soziologe, Dipl.-Sozialpädagoge, Bundesgeschäftsführer des Familienbundes der Deutschen Katholiken, Bonn

Jarré, Dirk, Abteilungsleiter im Deutschen Verein, Frankfurt am Main

Jockenhövel-Schiecke, Helga, Ethnologin, Flüchtlingsreferentin im Internationalen Sozialdienst – Deutscher Zweig e.V., Frankfurt am Main

Jung, Raimund, Dr. phil., Dipl.-Pädagoge, Fachbereichsleiter Personal und Organisation der Stadt Siegen

Kade, Jochen, Dr. phil. habil., Professor am Institut für Sozialpädagogik und Erwachsenenbildung der Universität Frankfurt am Main

Kahler, Barbara, Dipl.-Sozialwissenschaftlerin, Wissenschaftliche Referentin im Deutschen Verein, Frankfurt am Main

Kähler, Harro Dietrich, Dr., Professor für Sozialarbeit an der Fachhochschule Düsseldorf

Kahn, Marita, Dr., Assessorin jur., Nauort

Kallert, Heide, Dr. phil., Professorin am Institut für Sozialpädagogik und Erwachsenenbildung der Johann Wolfgang Goethe-Universität, Frankfurt am Main

Kammann, Werner, Dr., Ministerialrat im Bundesministerium für Familie, Senioren, Frauen und Jugend, Bonn

Kanzleiter, Gerda, Dipl.-Soziologin, Gewerkschaftssekretärin, München

Karolus, Stefan, Dipl.-Sozialarbeiter, Sozialdezernent im Landratsamt des Ortenaukreises i. R., Offenburg

Karsten, Maria-Eleonora, Dr. phil., Dipl.-Pädagogin, Professorin am Institut für Sozialpädagogik der Universität Lüneburg

Kawamura, Gabriele, Geschäftsführerin der Bundesarbeitsgemeinschaft für Straffälligenhilfe e.V., Bonn

Kerckhoff, Hermann C., Dipl.-Volkswirt, 1970-1992 Referent für Presse und Öffentlichkeitsarbeit der Bundesanstalt für Arbeit, Nürnberg

Kersting, Heinz J., Dr. paed., Bacc. theol., Professor für Didaktik und Methodik der sozialen Arbeit an der Fachhochschule Niederrhein, Abteilung Mönchengladbach

Kesselheim, Harald, Abteilungsleiter im AOK-Bundesverband, Bonn

Kill, Wolfgang, Dipl.-Verwaltungswissenschaftler, Sächsisches Staatsministerium für Soziales, Familie und Gesundheit, Dresden

Kirchhoff, Gerd, 1. Beigeordneter der Stadt Hilden

Kirchlechner, Berndt, Dr., Professor am Fachbereich Sozialpädagogik der Fachhochschule Frankfurt am Main

Klanberg, Frank, †, Dr. rer. pol. Dr. rer. nat., vormals Professor am Fachbereich Wirtschaftswissenschaften der Freien Universität Berlin

Klausch, Peter, Dipl.-Pädagoge, Geschäftsführer der Arbeitsgemeinschaft für Jugendhilfe (AGJ), Bonn

Kleebaur, Sabine, Sozialwissenschaftlerin M. A., Weeber+Partner – Institut für Stadtplanung und Sozialforschung, Stuttgart

Klein, Peter, Dr. phil., Bremen

Klie, Thomas, Dr. jur., Professor an der Evangelischen Fachhochschule Freiburg

Klier, Rudolf, Dipl.-Sozialarbeiter, Sozial- und Jugendamt Freiburg

Knieps, Franz, Assessor jur., Leiter der Verbandspolitischen Planung im AOK-Bundesverband, Bonn

Knischewski, Ernst, Sozialarbeiter grad., Geschäftsführer des Gesamtverbandes für Suchtkrankenhilfe i. R., Kassel

Knorr-Siedow, Thomas, Soziologe, M.A., Institut für Regionalentwicklung und Strukturplanung, Berlin

Koch, Gustav, Dr. jur., Bankdirektor i.R. in der Stiftung „Hilfswerk für behinderte Kinder", Bonn

Köhler, Peter A., Dr. jur., Wissenschaftlicher Referent am Max-Planck-Institut für ausländisches und internationales Sozialrecht, München

Kolb, Rudolf, Dr. rer. oec., Erster Direktor und Geschäftsführer des Verbandes Deutscher Rentenversicherungsträger i. R., Thurnau

Kolodziej, Viktor, Stadtverwaltungsdirektor der Stadt Freiburg

Konrad, Rudolf, Assessor jur., Wissenschaftlicher Referent im Deutschen Verein, Frankfurt am Main

Körner-Dammann, Marita, Dr. jur., Wissenschaftliche Mitarbeiterin am Institut für Arbeitsrecht der Johann Wolfgang Goethe-Universität Frankfurt am Main

Krahl, Klaus-Peter, Dipl.-Pädagoge, Dipl.-Supervisor, Praxis für Personalentwicklung und Organisationsberatung, Erzhausen

Krause, Peter, Dr., Wissenschaflicher Referent im Deutschen Institut für Wirtschaftsforschung, Berlin

Kreft, Dieter, Dipl.-Kameralist, Dipl.-Pädagoge, Staatssekretär a. D., Direktor des Instituts für Sozialarbeit und Sozialpädagogik e.V., Frankfurt am Main, Honorarprofessor der Fachhochschule Nordostniedersachsen, Fachbereich Sozialwesen, Lüneburg

Kruip, Gerhard, Dr. theol., habil., Direktor der Katholischen Akademie für Jugendfragen, Odenthal-Altenberg

Kühn, Dietrich, Dr. rer pol., Dipl.-Volkswirt, Professor am Fachbereich Sozialwesen der Fachhochschule Münster

Kulenkampff, Caspar, Prof. Dr. med., Landesrat a. D., Lübeck

Kulke, Dieter, Dipl.-Sozialwirt, Universität Trier, Fachbereich Soziologie

Kunas, Siegmar, Ministerialdirektor im Bundesministerium der Finanzen, Bonn

Künkel, Bernd, Richter am Oberlandesgericht, Hamburg
Kuper, Bernd-Otto, Assessor jur., Leiter der EU-Vertretung der Bundesarbeitsgemeinschaft der Freien Wohlfahrtspflege e.V., Brüssel
Kusche, Matthias, Dr., Dipl.-Pädagoge, Sozialarbeiter, Geschäftsführer des Therapiezentrums Wilgartswiesen

Laimer, Manfred, Dipl.-Psychologe, Sozialarbeiter grad., Professor für Psychologie an der Fachhochschule Köln
Lange, Jürgen, Bildungsreferent, Arbeit und Leben – DGB/VHS e.V., Landesarbeitsgemeinschaft Nordrhein-Westfalen, Abteilung Betriebsräte und soziale Kompetenz, Düsseldorf
Laschet, Ulrich, Bundesgeschäftsführer des Sozialverbandes VdK Deutschland e.V., Bonn
Lauer, Hubertus, Dr. jur., Professor am Fachbereich Sozialwesen der Fachhochschule Nordostniedersachsen Lüneburg
Lauer, Werner, Leiter der Abteilung Gesundheitshilfe im Deutschen Caritasverband e.V., Freiburg
Laux, Gerd, Dr. med., Dipl.-Psychologe, Priv.-Dozent, Professor, ärztlicher Direktor des Bezirkskrankenhauses Gabersee, Wasserburg/Inn
Leber, Aloys, Dr. phil, Dipl.-Psychologe, em. Professor am Fachbereich Erziehungswissenschaften der Johann Wolfgang Goethe-Universität Frankfurt am Main
Lechler, Walther H., Dr. med., 1. Vorsitzender des Förderkreises für Ganzheitsmedizin Bad Herrenalb e.V.
Ledig, Michael, Dipl.-Pädagoge, Dozent an der Sozialpädagogischen Fachschule, München
Leibfried, Stephan, Dr. jur., Professor am Zentrum für Sozialpolitik der Universität Bremen
Leisering, Lutz, Dr., Priv.-Dozent, Wissenschaftlicher Assistent im Sonderforschungsbereich 186 der Universität Bremen
Lenz, Michael, Referent für Presse- und Öffentlichkeitsarbeit in der Deutschen AIDS-Hilfe e.V., Berlin
Lenzen, Dieter, Dr., M. A., Professor für Philosophie der Erziehung am Institut für Allgemeine Pädagogik der Freien Universität Berlin; Vorsitzender der Deutschen Gesellschaft für Erziehungswissenschaft (DGfE)
Lichtenberg, Hagen, Dr. jur., Universitätsprofessor, Jean Monnet Lehrstuhl für Europarecht am Fachbereich Rechtswissenschaften der Universität Bremen
Lindenberg, Christoph, Kirchzarten
Lindlahr, Karl Otto, Referent beim Deutschen Landkreistag, Bonn
Lindner, Clausjohann, Dr. rer. pol., Professor an der Universität München
Lippenmeier, Norbert, Dipl.-Pädagoge, Dipl.-Sozialarbeiter, Studiengangskoordinator für Supervision an der Gesamthochschule Kassel
Listing, Thomas, Dipl.-Psychologe, Gutachter im Medizinischen Dienst der Krankenversicherungen Hessen, Oberursel
Lodde, Rolf, Dipl.-Theologe, Generalsekretär, SKM-Katholischer Verband für soziale Dienste in Deutschland e.V., Düsseldorf
Loges, Frank, Dr. rer. soc., Geschäftsführer der Bundesarbeitsgemeinschaft der Freien Wohlfahrtspflege e.V., Bonn
Lohbrunner, Herbert, Direktor des Pestalozzi-Fröbel-Hauses Berlin, Leiter der Berufsfachschule für Sozialwesen und Fachschule für Sozialpädagogik
Löhr, Holle Eva, Dr. jur., Leitende Oberstaatsanwältin, Itzehoe
Lölhöffel, Dieter von, Dr. rer. pol., Dipl.-Sozialwirt, Leitender Angestellter der Stadt Nürnberg im Stab „Stadtentwicklung"
Lotze, Rudolf, Pastor, Anstaltsleiter i. R., Wetter
Lübking, Uwe, Hauptreferent im Deutschen Städte- und Gemeindebund, Düsseldorf
Lukas, Helmut, Prof. Dr. phil. habil., Dipl.-Soziologe, Berlin
Luthe, Detlef, Dr. phil., Referent für Mittelbeschaffung im Sozialen Friedensdienst Bremen e.V.

Maas, Wolfgang, Dr. jur., Kreisdirektor der Kreisverwaltung Soest
Macht, Alois, Dipl.-Sozialwirt, Oberregierungsrat im Statistischen Bundesamt, Wiesbaden
Maelicke, Bernd, Dr. jur., Ministerialdirigent im Justizministerium Schleswig-Holstein, Kiel
Maelicke, Hannelore, Dipl.-Sozialarbeiterin, Dipl.-Kriminologin, Supervisorin, Kiel
Maier, Josef, Verwaltungsdirektor im Stadtjugendamt München a. D., München
Mangold, Jürgen, Dipl.-Pädagoge, Sozialarbeiter grad., Fachhochschullehrer an der Evangelischen Fachhochschule Ludwigshafen
Mann, Matthias, Assessor jur., Sozialdezernent der Stadt Offenbach am Main
Marciniak, Karl-Heinz, Sozialarbeiter grad., Referent im Diakonischen Werk der EKD e.V., Stuttgart, i. R.
Marks, Erich, Bundesgeschäftsführer der Deutschen Bewährungs-, Gerichts- und Straffälligenhilfe e.V. (DBH), Bonn
Marquardt, Jörg, Assessor jur., Referent beim Bundesvorstand des Reichsbundes der Kriegs- und Wehrdienstopfer, Behinderten, Sozialrentner und Hinterbliebenen e.V., Bonn
Marschner, Rolf, Dr. jur., Rechtsanwalt, Lehrbeauftragter an der Fachhochschule München
Martin, Brigitte, Dipl.-Psychologin, Wissenschaftliche Angestellte, Sozialpädiatrisches Zentrum der Kinderklinik des Kreiskrankenhauses, Lörrach

Martin, Klaus-Rainer, Dipl.-Sozialarbeiter, Heilpädagoge, Leiter der heilpädagogischen Einrichtung für Kinder und Jugendliche „Haus Sonnenschein" Reinfeld (Holstein)
Marx, Paul, Geschäftsführer des Frankfurter Vereins für soziale Heimstätten e.V., Frankfurt am Main
Matzat, Jürgen, Dipl.-Psychologe, Mitarbeiter an der Klinik für Psychosomatik und Psychotherapie der Universität Gießen
Mäurer, Horst-Christian, Prof. Dr. med., Mitglied des Sachverständigenrates der Ärzteschaft der Bundesarbeitsgemeinschaft für Rehabilitation, Frankfurt am Main
Mauthe, Jürgen-H., Dr. med., Leitender Medizinaldirektor des Niedersächsischen Landeskrankenhauses, Königslutter
Maydell, Bernd von, Prof. Dr. jur., Direktor des Max-Planck-Instituts für ausländisches und internationales Sozialrecht, München
Meggers, Niels, Dipl.-Volkswirt, Geschäftsbereichsleiter des Internationalen Jugendaustausch- und Besucherdienstes, Bonn
Mehl, Hans Peter, Dr. jur., Leitender Stadtverwaltungsdirektor i. R., Gundelfingen
Mehls, Sigurd, Dipl.-Kameralist, leitender Senatsrat der Senatsverwaltung für Schule, Jugend und Sport, Abteilung Jugendhilfe, Berlin
Meichsner, Erhard, Dr. rer. pol., Beigeordneter a. D., Unternehmensberater, Köln
Meier, Richard, Dr., Professor für Grundschulpädagogik an der Johann Wolfgang Goethe-Universität Frankfurt am Main
Meiners, Birgit, Dipl.-Psychologin, Wissenschaftliche Mitarbeiterin bei der Aktion Psychisch Kranke, Vereinigung zur Reform der Versorgung psychisch Kranker e.V., Bonn
Meireis, Holger, Dr. med., Leitender Medizinaldirektor im Stadtgesundheitsamt Frankfurt am Main
Menne, Klaus, Dipl.-Soziologe, Geschäftsführer der Bundeskonferenz für Erziehungsberatung e.V., Fürth
Mentzos, Stavros, Prof. Dr. med., Leiter der Abteilung für Psychotherapie und Psychosomatik des Zentrums der Psychiatrie im Klinikum der Johann Wolfgang Goethe-Universität Frankfurt am Main
Mergler, Otto, Assessor jur., Stadtdirektor a. D., Essen
Merz, Joachim, Dr. rer. pol., Professor für Statistik und Freie Berufe am Fachbereich Wirtschafts- und Sozialwissenschaften und Direktor des Forschungsinstituts „Freie Berufe" der Universität Lüneburg
Messing, Klemens, Dr. med., Dipl.-Biochemiker, Psychotherapeut und -analytiker, Obermedizinalrat, Leiter der HIV-Ambulanz des Instituts für Tropenmedizin, Berlin
Meyer, Ingo, Geschäftsführer des Deutschen Hilfswerks, Hamburg

Meyer auf der Heyde, Achim, Dipl.-Volkswirt, Dipl.-Kaufmann, Leiter der Behörde für Schule, Jugend und Berufsbildung, Hamburg
Mikuszeit, Helga, Dipl.-Sozialarbeiterin, Sachgebietsleiterin im BSD Pflegekinderhilfe des Jugendamtes der Stadt Frankfurt am Main
Moeller, Michael Lukas, Prof. Dr. med., Psychoanalytiker, Leiter der Abteilung Medizinische Psychologie am Zentrum der Psychosozialen Grundlagen der Medizin am Klinikum der Universität Frankfurt am Main
Moll, Heinrich-Otto, †, Dr. phil., vormals Lehrmusiktherapeut in Frankfurt am Main
Moll, Peter, Pfarrer, Schriftführer des Verbandes der Deutschen Evangelischen Bahnhofsmission e.V., Stuttgart
Moltke, Peter, Dr. phil. nat., Dipl.-Psychologe, Professor an der Universität Hildesheim
Mörsberger, Heribert, Dipl.-Volkswirt, Leiter der Abteilung Jugendhilfe im Deutschen Caritasverband e.V., Freiburg
Mörsberger, Thomas, Assessor jur., Direktor des Landesjugendamtes im Landeswohlfahrtsverband Baden, Karlsruhe
Mühlum, Albert, Dr. phil., Dipl.-Sozialwissenschaftler, Professor und Dekan des Fachbereiches Sozialwesen an der Fachhochschule Heidelberg
Müllensiefen, Dietmar, Dipl.-Pädagoge, Dipl.-Sozialarbeiter, Dozent an der Evangelischen Fachhochschule Freiburg
Müller, Hermann, †, Dr., vormals Professor für Soziologie an der Johann Wolfgang Goethe-Universität Frankfurt am Main
Müller-Alten, Lutz, Dr. jur., Professor an der Evangelischen Fachhochschule Darmstadt
Müller-Fehling, Norbert, Dipl.-Sozialarbeiter, Geschäftsführer des Bundesverbandes für Körper- und Mehrfachbehinderte, Düsseldorf
Müller-Schöll, Albrecht, †, Dr. rer. nat., vormals Direktor der Diakonischen Akademie, Stuttgart
Münchmeier, Richard, Dr. rer. soc., Professor an der Freien Universität Berlin, Fachbereich Erziehungswissenschaft, Psychologie und Sportwissenschaft, Institut für Sozial- und Kleinkindpädagogik
Münder, Johannes, Dr. jur., Professor am Institut für Sozialpädagogik der Technischen Universität Berlin, Vorstandsmitglied des SOS-Kinderdorfes e.V.
Muswieck, Wilfried, Dipl.-Pädagoge, Dipl.-Sozialpädagoge, Referent in der Bundesanstalt für Arbeit, Nürnberg

Nachtigäller, Christoph, Assessor jur., Geschäftsführer der Bundesarbeitsgemeinschaft Hilfe für Behinderte e.V., Bonn
Nakielski, Hans, Dipl.-Volkswirt, Leiter der Abteilung Information und Öffentlichkeitsarbeit beim Kuratorium Deutsche Altershilfe in Köln

Naujoks, Heidi, Assessorin jur., Verwaltungsrätin, Sozialdezernentin beim Landkreis Wesermarsch, Oldenburg
Nave-Herz, Rosemarie, Dr. Dr. h. c., Professorin an der Universität Oldenburg, Institut für Soziologie
Nedelmann, Carl, Dr. med., Direktor des Instituts für Psychoanalyse und Psychotherapie – Michael-Balint-Institut, Hamburg
Nees, Albin, Dr. jur., Staatssekretär im Sächsischen Staatsministerium für Soziales, Gesundheit und Familie, Dresden
Neises, Gerd, Dr. phil., München
Nellessen, Lothar, Dr. phil., Dipl.-Psychologe, Professor am Fachbereich Sozialwesen der Gesamthochschule Kassel
Neubert, Kurt, †, vormals Leitender Verwaltungsdirektor, Berater beim Bundesvorstand des Reichsbundes der Kriegs- und Wehrdienstopfer, Behinderten, Sozialrentner und Hinterbliebenen e.V., Bonn
Neuer-Miebach, Therese, Dr. rer. pol., Dipl.-Soziologin, Leiterin des Instituts Fort- und Weiterbildung der Bundesvereinigung Lebenshilfe für geistig Behinderte e.V., Marburg, Mitglied der Geschäftsführung
Neuffer, Manfred, Dr. phil., Professor am Fachbereich Sozialpädagogik der Fachhochschule Hamburg
Neumann, Volker, Dr. jur., Professor für öffentliches Recht und Sozialrecht an der Juristischen Fakultät der Universität Rostock
Niemann, Peter, Leiter der Rechtsabteilung im Diakonischen Werk der Evangelischen Kirche von Westfalen – Landesverband der Inneren Mission – e.V., Münster
Nokielski, Hans, Dr., Priv.-Dozent, Oberstudienrat im Hochschuldienst der Universität – Gesamthochschule Essen
Nöldeke, Jutta, Assessorin jur., Abteilungsleiterin im Deutschen Paritätischen Wohlfahrtsverband – Gesamtverband e.V. i. R., Dreieich
Nunnenmann, Werner, Oberverwaltungsrat beim Landeswohlfahrtsverband Baden, Karlsruhe

Oberloskamp, Helga, Dr. jur., Professorin an der Fachhochschule Köln, Fachbereich Sozialarbeit
Oesterreich, Klaus, †, Prof. Dr. med., vormals Leiter der Sektion Gerontopsychiatrie der Psychiatrischen Klinik der Universität Heidelberg, Neckargemünd
Oestreich, Gisela, Dr. phil., Dipl-Psychologin, em. Professorin am Institut für Pädagogische Psychologie der Universität Frankfurt am Main
Olk, Thomas, Dr., Professor für Sozialpädagogik an der Martin-Luther-Universität, Halle-Wittenberg
Oppen, Maria, Dr. phil., Wissenschaftliche Angestellte des Wissenschaftszentrums, Berlin
Orthbandt, Eberhard, Dr. phil., Frankfurt am Main

Oster, Rudolf, Ministerialdirigent und Leiter der Kommunalabteilung im Ministerium des Innern und für Sport, Rheinland-Pfalz
Ostner, Ilona, Dr., Professorin am Institut für Sozialpolitik der Georg-August-Universität, Göttingen
Oswald, Manfred, Staatsanwalt, Frankfurt am Main
Otto, Ulrich, Dr., Wissenschaftlicher Assistent am Institut für Erziehungswissenschaft der Universität Tübingen

Packbier-Copier, Hermann J., Leiter des Wohnstiftes am Rathaus, Wilhelmshaven
Palzer, Ursula, Dipl.-Psychologin, Psychoanalytikerin, Wiesbaden
Pankoke, Eckart, Dr., Professor für Soziologie an der Universität – Gesamthochschule Essen
Pehl, Karl, Pfarrer i. R., Kriftel/Ts.
Peretzki-Leid, Ulrike, Arbeitsdirektorin an der Klinikum Erfurt GmbH
Peter, Joachim, Journalist und Schriftsteller, Frankfurt am Main
Peters, Margarete, Dr. med., Leitende Medizinaldirektorin beim Stadtgesundheitsamt Frankfurt am Main
Peters, Uwe Henrik, Prof. Dr. med., Klinikdirektor, Präsident der Internationalen Gesellschaft germanophoner Psychiater, Köln
Peukert, Reinhard, Dr., Professor am Fachbereich Sozialwesen der Fachhochschule Wiesbaden
Pfaffenberger, Hans, Dr. phil., Dipl.-Psychologe, em. Professor für Sozialpädagogik und Sozialarbeit an der Universität Trier
Pfäfflin, Friedemann, Prof. Dr. med., leitender Oberarzt, Abteilung Psychotherapie und Leiter der Sektion Forensische Psychotherapie, Klinikum der Universität Ulm
Pfannendörfer, Gerhard, Geschäftsführender Redakteur der Zeitschrift „Blätter der Wohlfahrtspflege", Frankfurt am Main
Pflug, Konrad, Dipl.-Sozialarbeiter, Abteilungsleiter bei der Landeszentrale für Politische Bildung, Baden-Württemberg
Picard, Ernst, Stellvertretender Vorstandsvorsitzender des AOK-Bundesverbandes, Bonn
Plamper, Harald, Vorstand der Kommunalen Gemeinschaftsstelle für Verwaltungsvereinfachung (KGst), Köln
Plaschke, Jürgen, Dr. rer. pol. habil., Dipl.-Soziologe, Professor für Betriebswirtschaftslehre an der Berufsakademie Baden-Württemberg – Staatliche Studienakademie, Heidenheim
Pörksen, Niels, Dr. med., Chefarzt der Psychiatrischen Klinik der Krankenanstalten Gilead in den von Bodelschwinghschen Anstalten Bethel, Bielefeld
Pott, Elisabeth, Direktorin der Bundeszentrale für gesundheitliche Aufklärung, Köln
Preiser, Siegfried, Dr. phil. habil., Dipl.-Psychologe, Professor am Institut für Pädagogische Psychologie der Johann Wolfgang Goethe-Universität Frankfurt am Main

Pressel, Alfred, Dr. phil., Dipl.-Soziologe, Professor an der Universität Gesamthochschule Kassel

Pressel, Ingeborg, Dipl.-Soziologin, Professorin an der Universität Gesamthochschule Kassel

Proksch, Roland, Dr. jur., Professor an und Präsident der Evangelischen Fachhochschule Nürnberg und Vorsitzender des Bayerischen Jugendhilfeausschusses

Puhl, Ria, Dipl.-Soziologin, Redakteurin der Zeitschrift „Sozialmagazin", Frankfurt am Main

Rasch, Hans Georg, Dr. phil., Wiesbaden

Raßloff, Erhard, Dipl.-Verwaltungswirt, Leiter des Amtes für Wohnungswesen der Stadt Ratingen

Rathgeber, Richard, Dipl.-Soziologe, Pressereferent für Öffentlichkeitsarbeit beim Deutschen Jugendinstitut, München

Rauschenbach, Thomas, Dr. rer. soc., Professor für Sozialpädagogik an der Universität Dortmund

Recker, Engelbert, Dr. agr., Referent beim Deutschen Landkreistag, Bonn

Reggentin, Heike, Dipl.-Politologin, Leiterin des Instituts für sozialpolitische und gerontologische Studien, Berlin

Rehling, Brigitte, Dipl.-Sozialwissenschaftlerin und Supervisorin, Wissenschaftliche Mitarbeiterin im Institut für Sozialarbeit und Sozialpädagogik e.V., Frankfurt am Main

Reichardt, Dietrich, Dipl.-Pädagoge, Familientherapeut, Frankfurt am Main

Reichmann, Maria, Dipl.-Sozialarbeiterin, Paderborn

Reidegeld, Eckart, Dr. rer. pol., Dipl.-Handelslehrer, Professor für Verwaltung und Organisation, insbesondere Organisationssoziologie mit Kommunal- und Regionalpolitik sowie Sozialplanung an der Fachhochschule Dortmund

Reifarth, Wilfried, Dipl.-Psychologe, Wissenschaftlicher Referent im Deutschen Verein, Frankfurt am Main

Reindl, Richard, Dr. rer. soc., Dipl.-Pädagoge, Dipl.-Theologe, Referent der Zentrale des Sozialdienstes Katholischer Männer e.V., Düsseldorf

Reinert, Adrian, Dr. rer. soc., Geschäftsführer der Stiftung Mitarbeit, Bonn

Reinicke, Peter, Dipl.-Sozialarbeiter, Dipl.-Pädagoge, Professor für Sozialarbeit an der Evangelischen Fachhochschule Berlin

Reinke, Norbert, Geschäftsführer der Stiftung Deutsche Jugendmarke e.V., Bonn

Reis, Claus, Dr. phil., Dipl.-Soziologe, Wissenschaftlicher Referent im Deutschen Verein, Frankfurt am Main

Reiser, Helmut, Dr. phil., Professor für Heilpädagogik an der Johann Wolfgang Goethe-Universität Frankfurt am Main

Reiss, Hans-Christoph, Dr. rer. pol., Professor für das Management sozialer Einrichtungen, insbesondere Rehabilitation und Altenhilfe an der Fachhochschule Mainz

Remschmidt, Helmut, Prof. Dr. med., Dr. phil., Leiter der Klinik für Kinder- und Jugendpsychiatrie der Universität Marburg

Rendtorff, Barbara, Dr. phil., Dipl.-Soziologin, Frankfurt am Main

Retaiski, Herbert, Dipl.-Sozialarbeiter, Supervisor (DGSv), Wissenschaftlicher Referent im Deutschen Verein, Frankfurt am Main

Richtberg, Werner, Dr. phil., Dipl.-Psychologe, Zentrum der Psychiatrie im Klinikum der Johann Wolfgang Goethe-Universität Frankfurt am Main

Richter, Klaus, Dr. jur., Geschäftsführer a. D. des Städtetages Baden-Württemberg, Stuttgart

Richter-Junghölter, Gisela, Dipl.-Soziologin, Fortbildungsdozentin, Supervisorin, Familientherapeutin, Hungen

Riefers, Rudolf, Dipl.-Volkswirt, Pressereferent der Bund-Länder-Kommission für Bildungsplanung und Forschungsförderung, Bonn

Rießelmann, Benno, Dr., Landesinstitut für gerichtliche und soziale Medizin, Berlin

Rippe, Hans-Jörg, Dr. päd., Psychologe, Fachkoordinator der AOK Essen

Rische, Herbert, Dr. jur., Präsident der Bundesversicherungsanstalt für Angestellte, Berlin

Robbers, Jörg, Hauptgeschäftsführer der Deutschen Krankenhausgesellschaft, Düsseldorf

Rogge, Jan-Uwe, Dr. rer. soc., Gesellschaft für Kommunikation und Medien mbH, Bargteheide

Rohwer-Kahlmann, Harry, Dr. jur., em. Professor, Landessozialgerichtspräsident a. D., Bremen

Ronge, Hans-Gerd, Assessor jur., Wissenschaftlicher Referent im Deutschen Verein, Frankfurt am Main

Rose, Herwart, Dipl.-Sozialarbeiter, Magistratsdirektor, Leiter des Jugendamtes der Stadt Hanau

Roßbroich, Helmut, Leitender Landesverwaltungsdirektor a. D., früher Landschaftsverband Rheinland, Köln

Rössler, Wulf, Dr. med., Dipl.-Psychologe, Priv.-Dozent, Oberarzt der Psychiatrischen Klinik und Leiter der Arbeitsgruppe Versorgungsforschung am Zentralinstitut für Seelische Gesundheit, Mannheim

Roth, Walter, Regierungsdirektor im Hessischen Wirtschaftsministerium, nebenamtlicher Dozent für Rechtskunde in der Altenpflegeausbildung, Frankfurt am Main

Rothmayr, Angelika, Dipl.-Pädagogin, Studienrätin an einer Fachschule für Heilpädagogik

Rubner, Eike, Dr. phil., Psychoanalytiker, Klinischer Psychologe, Nußdorf am Inn

Rucht, Dieter, Dr. rer. pol., Privatdozent an der Freien Universität Berlin, Wissenschaftlicher Angestellter im Wissenschaftszentrum Berlin für Sozialforschung

Autorenverzeichnis

Ruland, Franz, Dr. jur., Professor, Erster Direktor und Geschäftsführer des Verbandes Deutscher Rentenversicherungsträger, Frankfurt am Main

Sagebiel, Juliane, Dipl.-Pädagogin, Freiberufliche Erwachsenenbildnerin, Lehrbeauftragte an der Fachhochschule München

Sans, Reiner, Assessor jur., Leiter des Referats Sozialrecht im Deutschen Caritasverband e.V., Freiburg

Sauer, Jürgen, Dr. jur., Gutachtenreferent im Deutschen Verein, Frankfurt am Main

Saurbier, Helmut, Landesrat a.D., vormals Leiter des Landesjugendamtes des Landschaftsverbandes Rheinland, Köln

Schäfer, Dieter, Dr. rer. pol., Dipl.-Volkswirt, em. Professor für Sozial- und Wirtschaftspolitik an der Universität Bamberg

Schäfer, Günter, Verwaltungsdirektor in der Bundesarbeitsgemeinschaft für Rehabilitation, Frankfurt am Main

Schäfer, Klaus, Dipl.-Pädagoge, Referatsleiter im Ministerium für Arbeit, Gesundheit und Soziales des Landes Nordrhein-Westfalen, Düsseldorf

Schäfer, Wolfgang, Assessor jur., Stadtdirektor der Stadt Dortmund

Schauer, Roland, Regierungsdirektor im Bundesministerium für Arbeit und Sozialordnung, Bonn

Scheepers, Clara, Ergotherapeutin, Vorsitzende des Deutschen Verbands der Ergotherapeuten, Karlsbad-Ittersbach

Scheerer, Sebastian, Dr. jur., Dipl.-Pädagoge, Professor für Kriminologie an der Universität Hamburg

Schefold, Werner, Dr. rer. soc., Dipl.-Soziologe, Professor für Sozialpädagogik an der Fakultät für Pädagogik der Universität der Bundeswehr, München

Scheid, Paul, †, Dr. phil., vormals Präsident der Deutschen Montessorigesellschaft und Chairman der International Schools Association

Schelhorn, Dirk, Dipl.-Ingenieur, freier Landschaftsarchitekt, Frankfurt am Main

Schellhorn, Walter, Geschäftsführer des Deutschen Vereins i.R., Kronberg

Schelzke, Karl-Christian, Oberstaatsanwalt a.D., Bürgermeister der Stadt Mühlheim a.M.

Scherl, Hermann, Dr. phil., Professor für Sozialpolitik an der Universität Erlangen-Nürnberg

Scherpner, Martin, Dipl.-Psychologe, stellvertretender Geschäftsführer und Abteilungsleiter im Deutschen Verein, Frankfurt am Main

Scherr, Albert, Dr. phil., Professor für Soziologie und Jugendarbeit an der Fachhochschule Darmstadt

Schewe, Carola, Wissenschaftliche Referentin, Vorsitzende des Verbandes Alleinerziehender Mütter und Väter – Bundesverband e.V., Bonn

Schildwächter, Klaus, Dr. med., MPH, Leitender Medizinaldirektor a.D., Bad Soden

Schilken, Eberhard, Dr. jur., Professor an und Direktor des Instituts für Verfahrensrecht und Allgemeine Verfahrensvergleichung der Universität Osnabrück

Schilling, Friedhelm, Dr. phil., Professor am Institut für Sportwissenschaft und Motologie der Universität Marburg

Schimke, Hans-Jürgen, Dr., Professor für Sozialpädagogik an der Evangelischen Fachhochschule Bochum

Schlack, Hans G., Prof. Dr. med., Leitender Arzt im Rheinischen Kinderneurologischen Zentrum – Gustav-Heinemann-Haus, Bonn

Schleicher, Michael, Abteilungsleiter beim Amt für Wohnungswesen der Stadt Köln

Schlitt, Udo, Dipl.-Pädagoge, Leiter der Abteilung Rehabilitation und Gesundheit des Deutschen Paritätischen Wohlfahrtsverbandes – Gesamtverband e.V., Frankfurt am Main

Schmeller, Franz, Leitender Verwaltungsdirektor im Landeswohlfahrtsverband Württemberg-Hohenzollern, Stuttgart

Schmid, Alfons, Dr., Professor für Polytechnik/Arbeitslehre mit Schwerpunkt Ökonomie an der Johann Wolfgang Goethe-Universität, Frankfurt am Main

Schmid-Urban, Petra, Dr., Dipl.-Soziologin, Leiterin der Abteilung Sozialplanung/Geschäftsleitung des Sozialreferats der Landeshauptstadt München

Schmidle, Marianne, M.A., Bundesreferentin, IN VIA Katholische Mädchensozialarbeit Deutscher Verband e.V., Freiburg

Schmidt, Jürgen, Assessor jur., Leiter der Hauptfürsorgestelle des Landschaftsverbandes Rheinland, Köln

Schmidt, Jürgen, Dipl.-Mathematiker, Regierungsdirektor im Statistischen Bundesamt, Wiesbaden

Schmidt, Peter, Richter am Bundesverwaltungsgericht, Berlin

Schmidt-Gante, Helmtraud, M.A., Sozialarbeiterin grad., Erziehungswissenschaftlerin, Mannheim

Schmitt, Walter, Dipl.-Soziologe, Referent in der Bundesanstalt für Arbeit, Nürnberg

Schmitt-Wenkebach, Barbara, M.A., Studiendirektorin am Pestalozzi-Fröbel-Haus, Berlin

Schmitz-Elsen, Josef, Assessor jur., Generalsekretär des Deutschen Caritasverbandes e.V., Freiburg

Schmollinger, Martin, Dipl.-Volkswirt, Geschäftsführer der Deutschen Vereinigung für die Rehabilitation Behinderter e.V., Heidelberg

Schneider, Manfred, Dr. phil., Dipl.-Psychologe, Psychologieoberrat bei der Bezirksregierung Koblenz

Schneider, Peter, Sozialarbeiter grad., stellvertretender Leiter des Jugendamtes der Stadt Bielefeld

Schneider, Ulrich, Staatsanwalt beim Landgericht Frankfurt am Main

Schoch, Dietrich, Dipl.-Verwaltungswirt, Dipl.-Kommunalbeamter, Regierungsdirektor, Verwaltungsfachhochschule Hessen, Abt. Frankfurt am Main

Scholle, Manfred, Dr. jur., Landesdirektor des Landschaftsverbandes Westfalen-Lippe, Münster; Vorsitzender des Deutschen Vereins, Frankfurt am Main

Scholz, Rainer, Dr. jur., Ministerialrat im Bundesministerium für Frauen und Jugend, Bonn

Scholz-Curtius, Gotthard, Dr. phil., Oberkirchenrat, Leiter der Kirchenverwaltung der Evangelischen Kirche in Hessen und Nassau, Darmstadt

Schrapper, Christian, Dr. phil., Dipl.-Pädagoge, Geschäftsführer des Instituts für Soziale Arbeit, Münster

Schreiber, Josef, Dr. jur., Stadtdirektor, Leiter des Sozialamtes der Stadt Nürnberg; Honorarprofessor an der Georg-Simon-Ohm-Fachhochschule Nürnberg

Schröder-Rosenstock, Karl, Dr. med., Dipl.-Psychologe, Arzt für Psychiatrie und Neurologie im Zentrum für Psychiatrie der Universität Gießen

Schroers, Jochen, Leitender Oberstaatsanwalt beim Oberlandesgericht Frankfurt am Main

Schulte, Bernd, Dr. jur., Wissenschaftlicher Referent am Max-Planck-Institut für ausländisches und internationales Sozialrecht, München

Schulz, Hartmut, Sozialarbeiter, Amtsleiter im Dezernat Landesjugendamt, Schulen des Landschaftsverbandes Rheinland, Köln

Schumm, Wilhelm, Dr. rer. pol., Dipl.-Soziologe, Professor für Soziologie an der Johann Wolfgang Goethe-Universität Frankfurt am Main

Schuster, Dieter, Dr., Leiter der Bibliothek des Deutschen Gewerkschaftsbundes – Bundesvorstand i. R., Düsseldorf

Schuster, Karlheinz, Dipl.-Verwaltungswirt, Verwaltungsrat in der Bundesanstalt für Arbeit, Nürnberg

Seidel, Ralf, Dr. med., Leitender Arzt der Rheinischen Landesklinik – Psychiatrisches Behandlungszentrum – Mönchengladbach

Senger, Ionka, Dipl.-Soziologin, Wissenschaftliche Referentin im Deutschen Verein, Frankfurt am Main

Sengling, Dieter, Dr. phil., Professor am Institut für Sozialpädagogik, Weiterbildung und Empirische Pädagogik der Universität Münster; Vorsitzender des Paritätischen Wohlfahrtsverbandes – Gesamtverband e. V., Frankfurt am Main

Seyfang, Eberhard, Geschäftsführer des Verbandes Evangelischer Diakonen- und Diakoninnengemeinschaften in Deutschland e. V., Bielefeld

Siegfried, Klaudius R., Dr. phil., Dipl.-Psychologe, Priv.-Dozent an der Johann Wolfgang Goethe-Universität, Frankfurt am Main

Siekmann, Gerd, Richter a. D., Hamburg

Siepmann, Heinrich, Assessor jur., Hauptgutachter a. D. der Kommunalen Gemeinschaftsstelle für Verwaltungsvereinfachung (KGSt) in Köln, selbständiger Organisationsberater

Simmel-Joachim, Monika, Dr. phil., Dipl.-Soziologin, Professorin an der Fachhochschule Wiesbaden; Vorsitzende des Paritätischen Bildungswerkes und stellvertretende Vorsitzende des Deutschen Paritätischen Wohlfahrtsverbandes – Gesamtverband e. V. –, Frankfurt am Main

Smentek, Günter, Dipl.-Pädagoge, Leiter des Landesjugendamtes Hessen, Wiesbaden

Sokoll, Günther, Dr., Hauptgeschäftsführer des Hauptverbandes der gewerblichen Berufsgenossenschaften e. V., Sankt Augustin

Solarová, Svetluse, Dr., Professorin für Sonderpädagogik an der Universität Dortmund

Spangenberg, Norbert, Dr. med. Dr. rer. soc., Privatdozent, Vertretungsprofessur am Institut für Psychoanalyse der Johann Wolfgang Goethe-Universität Frankfurt am Main

Spatz, Johannes, Leiter der Plan- und Leitstelle Gesundheit im Bezirksamt Hohenschönhausen von Berlin

Specht, Walther, Dr. rer. soc., Direktor im Diakonischen Werk der Evangelischen Kirche in Deutschland e. V. – Hauptgeschäftsstelle, Stuttgart

Spengler, Andreas, Prof. Dr. med., Ärztlicher Direktor des Niedersächsischen Landeskrankenhauses, Wunstorf

Spiegelberg, Rüdiger, Dr. phil., Soziologe M. A., Professor für Soziologie an der Evangelischen Fachhochschule Freiburg

Spiegelhalter, Franz, Dr. rer. pol., Dipl.-Volkswirt, Finanzdirektor im Deutschen Caritasverband e. V. i. R., Freiburg

Stabenow, Wolfgang, Dr. jur., Direktor bei der EG-Kommission a. D.

Stamatiou, Willem, Mag. phil., Leiter der Abteilung Publikationen des Europäischen Zentrums für Wohlfahrtspolitik und Sozialforschung, Wien

Stapelfeld, Hans, Dipl.-Pädagoge, Fachbereichsleiter in der Evangelischen Familienbildung, Frankfurt am Main

Staufer, Jochen, Dipl.-Pädagoge, Dipl.-Supervisor, Bad Homburg

Stefen, Rudolf, Vorsitzender der Deutschen Gesellschaft für Jugendschutz, Bonn

Steffan, Werner, Dr., Professor für Sozialarbeit und Sozialpädagogik an der Fachhochschule Potsdam

Stehling, Jürgen, Dr. jur., Oberstaatsanwalt beim Oberlandesgericht Frankfurt am Main

Steinert, Heinz, Dr. phil., Professor für Soziologie an der Johann Wolfgang Goethe-Universität Frankfurt am Main

Steinfatt, Wolfgang, Ministerialrat a. D., Meckenheim-Merl

Steinhilber, Horst, Dipl.-Pädagoge, Abteilungsleiter im Diakonischen Werk der Evangelischen Kirche in Deutschland e.V. – Hauptgeschäftsstelle, Stuttgart
Steinke, Bernd, Geschäftsführer der Bundesarbeitsgemeinschaft für Rehabilitation, Frankfurt am Main
Stickelmann, Bernd, Dr., Dipl.-Soziologe, Professor an der Fachhochschule Erfurt, Fachbereich Sozialwesen
Stolleis, Michael, Dr. jur., Professor für Öffentliches Recht und Neuere Rechtsgeschichte an der Johann Wolfgang Goethe-Universität Frankfurt am Main, Direktor am Max-Planck-Institut für europäische Rechtsgeschichte, Frankfurt am Main
Stösser, Adelheid von, Lehrerin für Pflegeberufe, Geschäftsführerin der Stösser-Standard, St. Katharinen
Straub, Helga Heika, Dipl.-Psychologin, Professsorin, Wissenschaftliche Leiterin des Moreno Instituts, Stuttgart
Streppel, Manfred, Ministerialrat a. D., Bonn
Strunk, Andreas, Dr., Dipl.-Ingenieur, Professor an der Fachhochschule für Sozialwesen, Esslingen
Sturm, Rainer, Dipl.-Komm., Geschäftsführer, Kommunalberatung, Herne
Suhre, Richard, Dipl.-Sozialarbeiter, Geschäftsführer der Deutschen Gesellschaft für soziale Psychiatrie e.V., Köln
Stüwe, Gerd, Dr. phil., Dipl.-Pädagoge, Professor an der Fachhochschule Frankfurt am Main

Tattermusch, Walter, Leitender Stadtverwaltungsdirektor, Leiter des Sozialamtes der Landeshauptstadt Stuttgart
Tauche, Almuth, Dipl.-Sozialpädagogin, Leitende Verwaltungsdirektorin, Leiterin des Allgemeinen Sozialdienstes der Landeshauptstadt München
Tennstedt, Florian, Dr., Professor für Sozialpolitik an der Gesamthochschule Kassel, Fachbereich Sozialwesen
Tenorth, Heinz-Elmar, Dr. phil., Professor am Institut für Allgemeine Pädagogik der Humboldt-Universität Berlin
Tent, Lothar, Dr. phil., Dipl.-Psychologe, em. Professor am Fachbereich Psychologie der Universität Marburg
Tews, Hans-Peter, Dr., Dipl.-Soziologe, Vizepräsident der Deutschen Gesellschaft für Gerontologie und Geriatrie, SRH-Gruppe, Heidelberg
Thiersch, Hans, Dr., Professor am Institut für Erziehungswissenschaft der Universität Tübingen
Thorun, Walter, Erziehungsdirektor a. D., Hamburg
Thoß, Elke, Dipl.-Soziologin, Geschäftsführerin von Pro Familia e.V. – Bundesverband, Frankfurt am Main
Thrun, Manfred, Direktor des Berufsförderungswerks Frankfurt am Main in Bad Vilbel

Titz, Klaus, Dipl.-Sozialpädagoge, Wissenschaftlicher Referent im Deutschen Verein, Frankfurt am Main
Tölle, Gerhard, Regierungsdirektor im Hessischen Ministerium für Jugend, Familie und Gesundheit, a. D. Wiesbaden
Trauernicht, Gitta, Dr., Staatsrätin, Behörde für Schule, Jugend und Berufsfindung, Freie und Hansestadt Hamburg
Trenczek, Thomas, Dr. jur., erster Vorsitzender der Landesgruppe Niedersachsen der Deutschen Vereinigung für Jugendgerichte und Jugendgerichtshilfen e.V., Hannover
Trenk-Hinterberger, Peter, Dr. jur., Professor für Arbeits- und Sozialrecht an der Universität Bamberg
Treptow, Rainer, Dr., Dipl.-Pädagoge, Tübingen
Tries, Christine, Assessorin jur., Wissenschaftliche Referentin im Deutschen Verein, Frankfurt am Main

Uffrecht, Bernhard, Vorsitzender des Paritätischen Bildungswerks Landesverband Bayern e.V., München

Vent, Helmut, Dr. jur., Dipl.-Pädagoge, em. Professor an der Fachhochschule für öffentliche Verwaltung Hamburg; Lehrbeauftragter an der Universität Hamburg
Viefhues, Herbert, Prof. Dr. med., D.M.S.A., Vorsitzender des Instituts für sozialmedizinische Forschung e.V., Herne
Viesel, Adelheid, Assessorin, Studiendirektorin, Frankfurt am Main
Villmow, Reinhard, Kinderdorfleiter beim Albert-Schweitzer-Familienwerk, Jugendhilfeeinrichtung in Uslar
Vogel, Martin R., Dr. phil., em. Professor für Soziologie der Erziehung an der Johann Wolfgang Goethe-Universität Frankfurt am Main, Oberursel
Voigt, Bert, Dr. rer. pol., Dipl.-Soziologe, Trainer für Gruppendynamik und Berater für Organisationsentwicklung, München
Vomberg, Wolfgang, Rechtsanwalt und Notar, Frankfurt am Main

Wabnitz, Reinhard Joachim, Dr. phil., M. rer. publ., Assessor jur., Ministerialdirektor, Leiter der Abteilung Kinder und Jugend im Bundesministerium für Familie, Senioren, Frauen und Jugend, Bonn
Wachholz, Kirsten, Assessorin jur., Regierungsoberrätin im Hessischen Landesamt für Versorgung und Soziales, Frankfurt am Main
Wagener, Hans Stefan, Leitender Verwaltungsdirektor im Wohnungsamt der Stadt Düsseldorf
Wagner, Harald, Sekretär der Gewerkschaft Öffentliche Dienste, Transport und Verkehr, Kreisverwaltung Frankfurt am Main
Wagner, Michael, Dr., Dipl.-Soziologe, Wissenschaftlicher Mitarbeiter am Max-Planck-Institut für Bildungsforschung, Berlin

Waldeck, Dieter, Dipl.-Ingenieur, stellvertretender Leiter der Berufsgenossenschaftlichen Zentrale für Sicherheit und Gesundheit BGZ, St. Augustin

Wallrafen-Dreisow, Helmut, Geschäftsführer der Sozial-Holding der Stadt Mönchengladbach GmbH

Walther, Hartmut, Dipl.-Pädagoge, Leiter des Landesjugendamtes Thüringen, Meiningen

Weber, Albrecht, Familienrichter, Ständiger Vertreter des Direktors des Amtsgerichtes Baden-Baden, z. Z. Wissenschaftlicher Mitarbeiter beim Bundesverfassungsgericht, Karlsruhe

Weber, Maria, stellvertretende Vorsitzende des Deutschen Gewerkschaftsbundes i. R., Essen

Weeber, Rotraut, Dr. phil., Soziologin, Weeber+Partner – Institut für Stadtplanung und Sozialforschung, Stuttgart

Wegener-Spöhring, Gisela, Dr. phil., Dr. habil., Professorin an der Philosophischen Fakultät III, Institut für Pädagogik II der Universität Würzburg

Weichlein, Emil, Leitender Ministerialrat im Büro des Bürgerbeauftragten des Landes Rheinland-Pfalz, Mainz

Weigand, Wolfgang, Dr., Vorsitzender der Deutschen Gesellschaft für Supervision, Professor für Erziehungswissenschaft, Fachhochschule Bielefeld

Weingarten, Andrea, Dr. phil., Dipl.-Psychologin, Psychotherapeutin, Bochum

Weitzel-Polzer, Esther, Dr. phil., Dipl.-Pädagogin, Professorin an der Fachhochschule Erfurt, Fachbereich Sozialwesen

Wendt, Wolf Rainer, Dr., Professor, Leiter der Abteilung Sozialwesen der Berufsakademie Stuttgart

Wenzel, Hans, ehemaliger Leiter des Fachreferats Eingliederungshilfen im Fachressort I der Zentralen Geschäftsführung des Internationalen Bundes freier Träger der Jugend-, Sozial- und Bildungsarbeit e.V., Frankfurt am Main

Wenzel, Joachim, Staatsanwalt beim Landgericht Frankfurt am Main

Werner, Heinz Hermann, Stadtdirektor, Leiter des Jugendamtes der Stadt Mannheim

Weth, Hans-Ulrich, Assessor jur., Professor an der Evangelischen Fachhochschule für Sozialwesen, Reutlingen

Widemann, Peter, M. A., Sozialarbeiter grad., Sozialrat in der Senatsverwaltung für Schule, Jugend und Sport des Landes Berlin

Wieler, Joachim, Dr. phil., Master of Social Work, Dipl.-Sozialarbeiter, Professor am Fachbereich Sozialwesen der Fachhochschule Erfurt

Wien, Lothar, Stadtdirektor a. D., Helmstedt

Wienand, Manfred, Dr. jur., Dipl.-Psychologe, Geschäftsführer des Deutschen Vereins, Frankfurt am Main

Wienand, Monika, Dipl.-Psychologin, Sozialarbeiterin grad., Professorin für Psychologie an der Katholischen Fachhochschule Mainz

Wiesner, Reinhard, Dr. jur., Ministerialrat im Bundesministerium für Familie, Senioren, Frauen und Jugend, Bonn

Wilken, Walter, Sozialpädagoge grad., Bundesgeschäftsführer des Deutschen Kinderschutzbundes e.V., Hannover

Willms, Siglind, Dipl.-Psychologin, Verhaltenstherapeutin, Münster

Wingen, Max, Prof. Dr., Ministerialdirektor a. D., Bonn

Winkelmann, Petra, Dipl.-Pädagogin, Referentin für Arbeit mit Alleinerziehenden und Mutter-Kind-Einrichtungen im Sozialdienst katholischer Frauen – Zentrale e.V., Dortmund

Winter, Hans-Peter, Dipl.-Ingenieur, Architekt, Abteilungsleiter beim Kuratorium Deutsche Altershilfe e.V., Köln

Wolf, Manfred, Dipl.-Sozialwirt, verantwortlicher Redakteur im Eigenverlag des Deutschen Vereins, Frankfurt am Main

Wolski, Karin, Richterin am Verwaltungsgericht Frankfurt am Main

Worch, Lutz, Dipl.-Kaufmann, Geschäftsführer und Wissenschaftlicher Leiter des Deutschen Zentralinstituts für soziale Fragen, Berlin

Zacher, Hans F., Dr. jur. Dr. h. c. mult, em. Professor, wissenschaftliches Mitglied des Max-Planck-Instituts für ausländisches und internationales Sozialrecht, München

Zahn, Dieter von, Assessor jur., Verwaltungsdirektor in der Bundesarbeitsgemeinschaft für Rehabilitation, Frankfurt am Main

Zarbock, Walter H., Assessor jur., Direktor des Deutschen Instituts für Vormundschaftswesen, Heidelberg

Zeitler, Helmut, Oberrevisionsdirektor beim Bayerischen Kommunalen Prüfungsverband i. R., München

Zielen, Viktor, Dr. med., Psychoanalytiker, Dozent und Lehranalytiker am C. G. Jung-Institut, Stuttgart

Zimmermann, Gertrud, Dr., Referatsleiterin im Bundesministerium für Familie, Senioren, Frauen und Jugend, Bonn

Zinda, Ursula, Dipl.-Sozialarbeiterin, Supervisorin, Bochum

Zindel, Gerhard, Verwaltungsdirektor beim Gesamtverband der landwirtschaftlichen Alterskassen, Kassel

Zörner, Christopher, Dipl.-Sozialpädagoge, Dipl.-Sozialarbeiter, Journalist für Gesundheitspolitik, Köln

Zwenzner, Karlheinz, Sozialarbeiter, stellvertretender Direktor des Internationalen Jugendaustausch- und Besucherdienstes der Bundesrepublik Deutschland e.V., Bonn